ŒUVRES COMPLÈTES

DE

J. J. ROUSSEAU

TOME III

Paris. — Imp. Bénard et Cie, rue Damiette, 2

ŒUVRES COMPLÈTES

DE

J. J. ROUSSEAU

AVEC DES NOTES HISTORIQUES

ET UNE TABLE ANALYTIQUE DES MATIÈRES

Nouvelle Edition Ornée de 25 Gravures

TOME TROISIÈME

LETTRES ÉCRITES DE LA MONTAGNE. — MÉLANGES ; THÉATRE. — POÉSIES. — BOTANIQUE. — MUSIQUE.

PARIS,

CHEZ ALEXANDRE HOUSSIAUX, LIBRAIRE

RUE DU JARDINET-S.-ANDRÉ-DES-ARTS, 3.

M DCCC LIII.

LETTRES

ÉCRITES

DE LA MONTAGNE.

Vitam impendere vero.

TABLEAU

DE LA

CONSTITUTION DE GENÈVE,

A l'époque où Rousseau publia les *Lettres de la montagne*,

ET PRÉCIS DES ÉVÉNEMENS QUI EN FURENT LA SUITE.

(P. G. Petitain.)

Notre auteur, dans ses *Confessions*, fait connoître toutes les circonstances qui se lient à la publication des *Lettres de la montagne*, et les motifs qui l'ont décidé à faire cet ouvrage. Mais les détails dans lesquels il entre à ce sujet ne suffisent pas pour bien comprendre tout ce qui regarde, dans ces Lettres, la politique et le gouvernement, si l'on n'a pas en outre une idée exacte de la constitution de Genève à l'époque où elles parurent. Cette connoissance n'est pas moins nécessaire pour l'intelligence parfaite des Lettres de Rousseau, en assez grand nombre, où il est question des troubles qui agitoient sa patrie et dont il fut la cause ou l'occasion. Cette considération nous décide à tracer un tableau abrégé de la constitution de Genève à l'époque dont il s'agit, et même à y joindre un précis des événemens qui s'y rapportent, par l'effet desquels il s'opéra dans cette république des changemens importans. L'intérêt général que ces événemens ont excité dans leur temps tient en grande partie aux écrits et à la personne de Rousseau; et puisque ces écrits subsistent et sont lus encore aujourd'hui, il n'est pas tellement affoibli qu'on ne sente le besoin d'avoir au moins, sur ce qui sert de texte à notre auteur, des notions suffisantes pour le comprendre parfaitement.

Il s'en falloit beaucoup que dans la république de Genève tous ses membres fussent *égaux en droits*, soit politiques, soit civils. Les Genevois étoient, sous ce double rapport, divisés en cinq classes bien distinctes : les *citoyens*, les *bourgeois*, les *habitans*, les *natifs*, et les *sujets*.

Les deux premières classes seules prenoient part au gouvernement et à la législation, avec cette différence entre elles qu'il n'y avoit que les citoyens qui pussent parvenir aux principales magistratures. Le citoyen devoit être fils d'un citoyen ou d'un bourgeois, et être né dans la ville. Le bourgeois étoit celui qui avoit obtenu des lettres de bourgeoisie; elles lui donnoient le droit de se livrer à tous les genres de commerce, et il ne pouvoit être expulsé que par jugement. Le fils d'un bourgeois restoit bourgeois comme son père, s'il naissoit hors du territoire. Le nombre des citoyens et bourgeois ensemble n'a jamais excédé seize cents.

La classe des habitans se composoit des étrangers qui avoient acheté le droit d'habiter dans la ville.

Les natifs étoient les enfans de ces habitans, nés dans la ville. Quoiqu'ils eussent acquis quelques prérogatives dont leurs pères étoient privés, ils n'avoient le droit de faire aucun commerce, beaucoup de professions leur étoient interdites, et cependant c'étoit sur eux principalement que portoit le fardeau des impôts. En toute espèce de charge publique la personne et les propriétés du natif étoient taxées plus que celles du citoyen et du bourgeois.

Enfin, les sujets étoient les habitans du territoire, qu'ils y fussent nés ou non. Leur dénomination seule donne l'idée de leur nullité sous tous les rapports (*).

(*) Il est singulier que Rousseau, dans ses écrits, n'ait fait aucune observation sur cette classification étrange, cause première de tous les troubles de Genève depuis l'époque de la réformation jusqu'à nos jours. Il en fait mention en quelques mots dans une note du *Contrat social*, livre I, chap. 6, mais

Si l'organisation civile et politique de l'état de Genève présentoit ainsi cinq classes d'hommes, le gouvernement de cet état offroit aussi dans son ensemble cinq *ordres* ou centres d'autorité dépendans les uns des autres, et dont voici les noms et les attributions.

1° Le *petit Conseil* ou Conseil des Vingt-Cinq, quelquefois nommé *Sénat*, composé de membres à vie, avoit la haute police et l'administration des affaires publiques, étoit juge en troisième ressort des procès civils et juge souverain des causes criminelles; il donnoit le droit de bourgeoisie, et avoit l'initiative dans tous les autres Conseils dont il faisoit lui-même partie.

2° Quatre *syndics* élus annuellement par le Conseil général dont il sera ci-après parlé, et choisis parmi les membres du petit Conseil, dirigeoient ce dernier, et se partageoient toutes les branches d'administration. Le premier syndic présidoit tous les Conseils.

3° Le Conseil qui avoit conservé la dénomination du *Deux-Cents*, quoique depuis 1738 le nombre en eût été porté à deux cent cinquante, nommoit aux places vacantes dans le petit Conseil, qui présentoit lui-même deux candidats pour chacune d'elles. Le Deux-Cents à son tour étoit élu par le petit Conseil, qui faisoit une promotion toutes les fois que la mort avoit réduit le nombre des membres à deux cents. Il avoit le droit de faire grâce, de battre monnoie, jugeoit en second ressort les procès civils, présentoit au Conseil général les candidats pour les premières charges de la république, et faisoit au petit Conseil, qui étoit tenu d'en délibérer, toutes les propositions qu'il jugeoit convenables au bien de l'état; mais lui-même ne pouvoit délibérer et prendre une décision que sur les questions qui lui étoient portées par le petit Conseil.

4° Le Conseil des *Soixante*, formé des membres du petit Conseil et de trente-cinq membres du Deux-Cents, ne s'assembloit que pour délibérer sur les affaires secrètes et de politique extérieure. C'étoit moins un *ordre* dans l'état, qu'une espèce de comité diplomatique, sans fonctions spéciales et sans autorité réelle.

5° Enfin, le *Conseil général* ou Conseil souverain, formé de tous les citoyens et bourgeois sans exception, avoit seulement le droit d'approuver ou de rejeter les propositions qui lui étoient faites, et rien n'y pouvoit être traité sans l'approbation du Deux-Cents. D'ailleurs, aucune loi ne pouvoit être faite, ni aucun impôt perçu sans la participation du Conseil général, qui de plus avoit le droit de guerre et de paix.

Un *Procureur général*, pris dans le Conseil des Deux-Cents, mais qui n'étoit attaché à aucun corps en particulier, faisoit office de partie publique pour la poursuite des délits, pour la surveillance des tutelles et curatelles, pour défendre et soutenir en toute chose les droits du fisc et du public en général. C'étoit en un mot l'homme de la loi; et, quoique sans autorité personnelle, il jouissoit de beaucoup de considération. Il étoit nommé par le Conseil général, sur une présentation en nombre double, faite par le Deux-Cents, et étoit élu pour trois ans, avec faculté d'être réélu pour trois autres années.

La surveillance de la police ordinaire et le jugement des causes civiles en première instance appartenoient à un tribunal de six membres nommés *Auditeurs*, et élus par le Conseil général. Ce tribunal étoit présidé par un membre du petit Conseil, qui portoit le titre de *Lieutenant*. Deux *Châtelains*, élus de même, exerçoient dans la campagne le même pouvoir que le tribunal dans la ville.

Le militaire de la république se composoit d'une garnison soldée de sept cent vingt hommes, divisée en douze compagnies, et de quatre régimens de milice bourgeoise, commandés par des membres du petit Conseil. Il y avoit en outre trois cents artilleurs et une compagnie de dragons.

Tout citoyen en charge étoit sujet au *grabeau*, véritable censure, dont l'usage même subsiste encore, mais beaucoup restreint et modifié. Voici quelle en étoit la forme : chaque Conseil s'assembloit à une époque déterminée pour *grabeler* ses subordonnés, et même, en certain cas, ses propres membres. En l'absence du grabelé, chaque membre, opinant à son tour, disoit ce qu'il pensoit du sujet dont il s'agissoit, tant en bien qu'en mal. Un certain nombre d'opinions défavorables étoit pour le grabelé un titre d'exclusion; mais dans les temps tranquilles, cette exclusion étoit à peu près sans exemple, et le président du corps grabelant, qui venoit rendre compte du résultat de l'opération au grabelé, n'avoit, pour l'ordinaire, à lui faire que des complimens. Les candidats pour un office étoient également, avant l'élection, grabelés par le corps élisant.

Outre cette censure dans l'ordre politique, il en existoit une seconde dans l'ordre moral, exercée d'un côté par le Consistoire, de l'autre par la *Chambre de réforme*. Cette chambre, composée d'un syndic et de quelques membres du petit Conseil et du Deux-Cents, veilloit uniquement à la répression du luxe et au maintien des lois somptuaires.

Quand des citoyens ou bourgeois, réunis en

sans se permettre aucune réflexion à ce sujet. Et ce qui ajoute à l'étonnement, c'est que dans cette même note, réduisant à *cinq* le nombre des classes, *y compris les simples étrangers*, il semble regarder les *sujets* (formant environ le tiers de la population totale) comme n'existant pas.

plus ou moins grand nombre, adressoient, sous forme de *représentations*, soit au petit Conseil, soit au Deux-Cents, leurs plaintes ou griefs contre quelque transgression de loi ou empiétement d'autorité, chacun de ces deux Conseils faisoit souvent valoir, pour toute raison, ce qu'ils appeloient leur *droit négatif*, droit par lequel ils se prétendoient autorisés à rejeter, sans être tenus d'en donner aucun motif, les demandes qui leur étoient faites.

Tous ces documens nous sont fournis par deux historiens genevois (*), et l'un d'eux y ajoute cette observation, que le gouvernement de Genève, sous ces formes populaires en apparence, formoit une véritable aristocratie héréditaire. « Un assez petit » nombre de familles patriciennes étoient en pos- » session des honneurs et des places importantes. » Les affaires de l'état se traitoient presque unique- » ment dans le petit Conseil ou dans celui des » Deux-Cents, et le Conseil général n'étoit assem- » blé chaque année que pour quelques élections, et » encore se trouvoit-il tellement dans la dépen- » dance du petit Conseil, que son influence étoit » presque nulle... Son élection, quelle qu'elle fût, » tomboit toujours sur les mêmes familles... D'ail- » leurs, il étoit composé d'individus dont un grand » nombre dépendoit, sous divers rapports, des » chefs de l'état; et si quelques citoyens avoient es- » sayé de remuer et de faire valoir d'anciennes » prérogatives, le petit Conseil leur auroit facile- » ment fermé la bouche par un acte d'autorité. » (PICOT, tome III, page 192.)

A la vérité le même historien nous apprend encore que, « Si les citoyens ne possédoient pas des » droits politiques considérables....., un gouver- » nement paternel ne négligeoit rien de ce qui » pouvoit contribuer à leur bonheur.....; ils étoient » aussi heureux qu'ils pouvoient raisonnablement » le désirer. » (*Ibid.*, page 195.)

Cet heureux état de choses se conçoit aisément dans une si petite république; mais il faut dire aussi que cette *paternité* du gouvernement n'avoit aucune garantie réelle, et elle se démentoit cruellement elle-même, quand ce gouvernement, ayant reçu des réclamations ou demandes auxquelles il s'étoit refusé d'accéder, avoit pu concevoir quelques craintes pour le maintien de son pouvoir. Les faits que Rousseau rapporte et qui n'ont pas été contestés, et beaucoup d'autres encore non moins graves, et dont il ne parle pas, prouvent trop bien que très-souvent les lois fondamentales et les formes conservatrices de la vie et des propriétés furent violées de la manière la plus odieuse, notamment lorsqu'en 1707, à l'occasion d'un mouvement populaire, le petit Conseil, s'étant procuré le secours de quatre cents soldats bernois et zurickois, fit fusiller en secret et dans sa prison Pierre Fatio, qui s'étoit montré le plus ardent défenseur de la liberté à cette époque, et qu'au mépris d'une amnistie solennelle, plus de quatre-vingts personnes furent exilées et flétries.

De nouveaux abus d'autorité excitèrent, en 1738, un mouvement semblable; il y eut prise d'armes et même hostilités ouvertes, pour la cessation desquelles la France, Zurick et Berne, offrirent leur arbitrage. Cet arbitrage fut accepté, et il en résulta l'édit constitutionnel de la même année, auquel les puissances médiatrices ajoutèrent un acte de garantie mutuelle.

Enfin, le décret lancé contre Rousseau, en 1762, fut le signal d'une troisième révolution, en donnant lieu à des représentations sur l'inobservation des lois à son égard. Le petit Conseil ne répondit aux *représentans* que par l'exercice du droit négatif. Ce refus de rendre justice amena de la part des citoyens et bourgeois, réunis en conseil général, celui d'élire des syndics, selon l'usage; ce qui étoit sans exemple dans les fastes de la république.

A peu près dans le même temps, un citoyen, nommé Robert Covelle, qui avoit encouru les censures ecclésiastiques pour une faute honteuse, refusa de se mettre à genoux devant le Consistoire, suivant l'usage; et ce refus qui, dans un autre temps, eût à peine attiré l'attention, appuyé cette fois par un assez grand nombre de citoyens, fut une cause nouvelle de discorde. Dans ces circonstances, l'ouvrage de Rousseau et une *Réponse aux Lettres écrites de la campagne*, brochure composée par quelques représentans, ne contribuèrent pas peu à exaspérer les esprits. « Genève, dit l'historien cité » plus haut, retraçoit le tableau que Rome avoit » déjà offert au monde : d'un côté, les patriciens, » formant le petit nombre, entraînés à des conces- » sions qui devenoient chaque jour plus considé- » rables; de l'autre, le peuple, abusant de sa force » et demandant toujours davantage à mesure qu'on » lui accordoit. »

Quatre ans s'étoient passés ainsi, quand le Sénat, pressé plus vivement que jamais, eut recours aux trois puissances garantes de l'exécution de l'édit de 1738. Les médiateurs n'ayant pu parvenir à accorder les parties contestantes, se retirèrent à Soleure, où ils rédigèrent une espèce de jugement sous le nom de *prononcé*, auquel le duc de Choiseul tenta de soumettre les Genevois en employant contre eux tous les moyens possibles de contrainte, excepté pourtant la force ouverte (*); mais la fer-

(*) D'YVERNOIS, *Tableau des deux dernières révolutions de Genève*, 1789, 2 vol. in-8°; PICOT, *Histoire de Genève*, 1811, 3 vol. in-8°.

(*) M. Lacretelle se trompe quand il dit dans son Histoire

meté des citoyens rendit ces moyens inutiles. Ils allèrent jusqu'à s'armer de pistolets au moment de se réunir en conseil général, menaçant de casser la tête au premier qui consentiroit à entendre seulement la lecture de ce prononcé, où ils ne voyoient autre chose que la loi de l'étranger, qu'on vouloit leur faire subir. Ils avoient réussi d'un autre côté à intéresser l'Angleterre en leur faveur, et Voltaire lui-même, en prenant intérêt à leur cause, y ajoutoit tout le poids de son influence personnelle. Enfin, renonçant à l'emploi de la force, le Sénat entama avec les citoyens des négociations qui amenèrent le traité de 1768, nommé *Édit de pacification*. Par cet édit, le Conseil général obtint l'élection de la moitié des membres du petit Conseil, et le droit appelé de *réélection*, c'est-à-dire, de pouvoir, chaque année, exclure du Sénat quatre de ses membres, lesquels, après une seconde exclusion de ce genre, n'y pouvoient plus rentrer. Ce droit fut surtout accordé au Conseil général, pour balancer l'abus du droit négatif, sur lequel on ne stipula rien.

Deux ans après, les dissensions recommencèrent, et cette fois ce furent les prétentions des natifs qui les firent naître. Mais comme, dès ce moment, il n'est plus question de Genève dans aucun écrit de Rousseau, ni dans ses Lettres, ces dissensions deviennent étrangères à notre objet. On sait trop bien d'ailleurs quel en fut le triste et dernier résultat.

Mais un événement qui se rapporte à ces derniers temps, et que ceux qui lisent et qui aiment notre auteur ne peuvent qu'apprendre avec intérêt, c'est l'établissement, à Genève, d'une constitution vraiment républicaine, faite pour prévenir à jamais tout trouble et dissension nouvelle, offrant tous les avantages attachés à cet ordre de choses dans un petit état, sans les inconvéniens qu'on en pourroit craindre dans un plus grand, telle enfin que Rousseau lui-même n'eût osé la prévoir et peut-être l'imaginer, mais qui n'en est que plus conforme à ces principes d'éternelle raison, d'ordre public et de justice rigoureuse, que ses écrits, entendus et interprétés comme ils doivent l'être, ne pouvoient manquer de rendre en quelque sorte populaires. On peut donc, sous plus d'un rapport, la considérer comme son ouvrage. Le 24 août 1814, la *nation genevoise* accepta, à une immense majorité des suffrages, un édit constitutionnel maintenant en pleine vigueur (*), et dont on paroît ressentir chaque jour davantage le bienfait. Plus de distinction de classes; tous les Genevois, habitant la ville ou son territoire, sont égaux en droits politiques et civils, avec la seule restriction admise dans la Charte françoise pour l'exercice des premiers dans les assemblées électorales, le payement d'une somme fixe en contributions directes. D'ailleurs, les principes de la même Charte se retrouvent dans la Charte genevoise, relativement à la distinction des trois pouvoirs et leur dépendance réciproque, à l'aptitude de tous les citoyens pour parvenir aux emplois, à la liberté de la presse, à la tolérance religieuse. En un mot, dans cette heureuse cité, qui, proportionnellement, offre, réunis dans son sein, plus de foyers de lumières, plus d'hommes d'un éminent mérite, plus de moyens de bonheur de toute espèce qu'en aucun lieu du monde, tout assure aux citoyens une existence sociale telle, que la théorie, même la plus sévère en *libéralité*, ne semble guère pouvoir en faire naître une plus propre à un corps politique. Puissent tous les membres de celui-ci, fidèles au *sacrifice* fait par eux *à la religion et à la patrie*, et consacré dans leur acte constitutionnel, surtout peu jaloux d'un agrandissement de territoire qu'une *loi éventuelle*, accolée à cet acte, fait voir avec regret, mis par eux dans l'ordre des possibles, même des vraisemblances, sentir constamment tout le bonheur de cette existence, et se rappeler aussi avec reconnoissance l'illustre et malheureux écrivain qui leur a certainement ouvert au moins les voies pour y parvenir!

(t. IV, p. 165) que M. de Choiseul fit entrer un corps de troupes dans Genève.

(*) Il a reçu depuis quelques modifications, mais qui ne sont d'aucune importance.

LETTRES

ÉCRITES

DE LA MONTAGNE.

AVERTISSEMENT.

C'est revenir tard, je le sens, sur un sujet trop rebattu, et déjà presque oublié. Mon état, qui ne me permet plus aucun travail suivi, mon aversion pour le genre polémique, ont causé ma lenteur à écrire et ma répugnance à publier. J'aurois même tout-à-fait supprimé ces lettres, ou plutôt je ne les aurois point écrites, s'il n'eût été question que de moi; mais ma patrie ne m'est pas tellement devenue étrangère, que je puisse voir tranquillement opprimer ses citoyens, surtout lorsqu'ils n'ont compromis leur droit qu'en défendant ma cause. Je serois le dernier des hommes, si, dans une telle occasion, j'écoutois un sentiment qui n'est plus ni douceur ni patience, mais foiblesse et lâcheté, dans celui qu'il empêche de remplir son devoir.

Rien de moins important pour le public, j'en conviens, que la matière de ces lettres. La constitution d'une petite république, le sort d'un petit particulier, l'exposé de quelques injustices, la réfutation de quelques sophismes; tout cela n'a rien en soi d'assez considérable pour mériter beaucoup de lecteurs : mais si mes sujets sont petits, mes objets sont grands, et dignes de l'attention de tout honnête homme. Laissons Genève à sa place, et Rousseau dans sa dépression, mais la religion, mais la liberté, la justice! voilà, qui que vous soyez, ce qui n'est pas au-dessous de vous.

Qu'on ne cherche pas même ici dans le style le dédommagement de l'aridité de la matière. Ceux que quelques traits heureux de ma plume ont si fort irrités, trouveront de quoi s'apaiser dans ces Lettres. L'honneur de défendre un opprimé eût enflammé mon cœur si j'avois parlé pour un autre : réduit au triste emploi de me défendre moi-même, j'ai dû me borner à raisonner; m'échauffer eût été m'avilir. J'aurai donc trouvé grâce en ce point devant ceux qui s'imaginent qu'il est essentiel à la vérité d'être dite froidement; opinion que pourtant j'ai peine à comprendre. Lorsqu'une vive persuasion nous anime, le moyen d'employer un langage glacé? Quand Archimède, tout transporté, couroit nu dans les rues de Syracuse, en avoit-il moins trouvé la vérité, parce qu'il se passionnoit pour elle? Tout au contraire, celui qui la sent ne peut s'abstenir de l'adorer; celui qui demeure froid ne l'a pas vue.

Quoi qu'il en soit, je prie les lecteurs de vouloir bien mettre à part mon beau style, et d'examiner seulement si je raisonne bien ou mal; car enfin, de cela seul qu'un auteur s'exprime en bons termes, je ne vois pas comment il peut s'ensuivre que cet auteur ne sait ce qu'il dit.

PREMIÈRE PARTIE.

LETTRE PREMIÈRE.

État de la question par rapport à l'auteur. Si elle est de la compétence des tribunaux civils. Manière injuste de la résoudre.

Non, monsieur, je ne vous blâme point de ne vous être pas joint aux représentans pour soutenir ma cause. Loin d'avoir approuvé moi-même cette démarche, je m'y suis opposé de tout mon pouvoir, et mes parens s'en sont retirés à ma sollicitation. L'on s'est tu quand il falloit parler; on a parlé quand il ne restoit qu'à se taire. Je prévis l'inutilité des représentations, j'en pressentis les conséquences : je jugeai que leurs suites inévitables troubleroient le repos public, ou changeroient la constitution de l'état. L'événement a trop justifié mes craintes. Vous voilà réduits à l'alternative qui m'effrayoit. La crise où vous êtes exige une autre délibération dont je ne suis plus l'objet. Sur ce qui a été fait vous demandez ce que vous devez faire : vous considérez que l'effet de ces démarches, étant relatif au corps de la bourgeoisie, ne retombera pas moins sur ceux qui s'en sont abstenus que sur ceux qui les ont faites. Ainsi, quels qu'aient été d'abord les divers avis, l'intérêt commun doit ici tout réunir. Vos droits réclamés et attaqués ne peuvent plus demeurer en doute; il faut qu'ils soient reconnus ou anéantis, et c'est leur évidence qui les met en péril. Il ne falloit pas approcher le flambeau durant l'orage; mais aujourd'hui le feu est à la maison.

Quoiqu'il ne s'agisse plus de mes intérêts, mon honneur me rend toujours partie dans cette affaire; vous le savez, et vous me consuitez toutefois comme un homme neutre; vous supposez que le préjugé ne m'aveuglera point, et que la passion ne me rendra point injuste: je l'espère aussi; mais, dans des circonstances si délicates, qui peut répondre de soi? Je sens qu'il m'est impossible de m'oublier dans une querelle dont je suis le sujet, et qui a mes malheurs pour première cause. Que ferai-je donc, monsieur, pour répondre à votre confiance et justifier votre estime autant qu'il est en moi? Le voici. Dans la juste défiance de moi-même, je vous dirai moins mon avis que mes raisons: vous les pèserez, vous comparerez, et vous choisirez. Faites plus, défiez-vous toujours, non de mes intentions, Dieu le sait, elles sont pures, mais de mon jugement. L'homme le plus juste, quand il est ulcéré, voit rarement les choses comme elles sont. Je ne veux sûrement pas vous tromper; mais je puis me tromper: je le pourrois en toute autre chose, et cela doit arriver ici plus probablement. Tenez-vous donc sur vos gardes, et quand je n'aurai pas dix fois raison, ne me l'accordez pas une.

Voilà, monsieur, la précaution que vous devez prendre, et voici celle que je veux prendre à mon tour. Je commencerai par vous parler de moi, de mes griefs, des durs procédés de vos magistrats: quand cela sera fait et que j'aurai bien soulagé mon cœur, je m'oublierai moi-même; je vous parlerai de vous, de votre situation, c'est-à-dire de la république; et je ne crois pas trop présumer de moi, si j'espère, au moyen de cet arrangement, traiter avec équité la question que vous me faites.

J'ai été outragé d'une manière d'autant plus cruelle, que je me flattois d'avoir bien mérité de la patrie. Si ma conduite eût eu besoin de grâce, je pouvois raisonnablement espérer de l'obtenir. Cependant, avec un empressement sans exemple, sans avertissement, sans citation, sans examen, on s'est hâté de flétrir mes livres; on a fait plus: sans égard pour mes malheurs, pour mes maux, pour mon état, on a décrété ma personne avec la même précipitation; l'on ne m'a pas même épargné les termes qu'on emploie pour les malfaiteurs. Ces messieurs n'ont pas été indulgens; ont-ils du moins été justes? C'est ce que je veux rechercher avec vous. Ne vous effrayez pas, je vous prie, de l'étendue que je suis forcé de donner à ces Lettres. Dans la multitude de questions qui se présentent, je voudrois être sobre en paroles: mais, monsieur, quoi qu'on puisse faire, il en faut pour raisonner.

Rassemblons d'abord les motifs qu'ils ont donnés de cette procédure, non dans le réquisitoire, non dans l'arrêt, porté dans le secret et resté dans les ténèbres (¹), mais dans les réponses du Conseil aux représentations des citoyens et bourgeois, ou plutôt dans les Lettres écrites de la campagne, ouvrage qui lui sert de manifeste, et dans lequel seul ils daignent raisonner avec vous.

« Mes livres sont, disent-ils, impies, scandaleux, téméraires, pleins de blasphèmes et de calomnies contre la religion. Sous l'apparence des doutes, l'auteur y a rassemblé tout ce qui peut tendre à saper, ébranler et détruire les principaux fondemens de la religion chrétienne révélée.

» Ils attaquent tous les gouvernemens.

» Ces livres sont d'autant plus dangereux et répréhensibles, qu'ils sont écrits en françois du style le plus séducteur, qu'ils paroissent sous le nom et la qualification d'un citoyen de Genève, et que, selon l'intention de l'auteur, l'*Émile* doit servir de guide aux pères, aux mères, aux précepteurs.

» En jugeant ces livres, il n'a pas été possible au Conseil de ne jeter aucun regard sur celui qui en étoit présumé l'auteur. »

Au reste, le décret porté contre moi n'est, continuent-ils, « ni un jugement, ni une sentence, mais un simple appointement provisoire, qui laissoit dans leur entier mes exceptions et défenses, et qui, dans le cas prévu, servoit de préparatoire à la procédure prescrite par les édits et par l'ordonnance ecclésiastique. »

(¹) Ma famille demanda par requête communication de cet arrêt. Voici la réponse:

Du 25 juin 1762.

« *En conseil ordinaire, vu la présente requête, arrête qu'il n'y a lieu d'accorder aux supplians les fins d'icelle.* »

LULLIN.

L'arrêt du parlement de Paris fut imprimé aussitôt que rendu. Imaginez ce que c'est qu'un état libre où l'on tient cachés de pareils décrets contre l'honneur et la liberté des citoyens.

A cela, les représentans, sans entrer dans l'examen de la doctrine, objectèrent : « que » le Conseil avoit jugé sans formalités prélimi» naires; que l'article LXXXVIII de l'ordonnance » ecclésiastique avoit été violé dans ce juge» ment ; que la procédure faite en 1562 contre » Jean Morelli à forme de cet article en mon» troit clairement l'usage, et donnoit par cet » exemple une jurisprudence qu'on n'auroit pas » dû mépriser ; que cette nouvelle manière de » procéder étoit même contraire à la règle du » droit naturel admise chez tous les peuples, » laquelle exige que nul ne soit condamné sans » avoir été entendu dans ses défenses; qu'on ne » peut flétrir un ouvrage sans flétrir en même » temps l'auteur dont il porte le nom ; qu'on ne » voit pas quelles exceptions et défenses il reste » à un homme déclaré impie, téméraire, scan» daleux dans ses écrits, et après la sentence » rendue et exécutée contre ces mêmes écrits, » puisque les choses n'étant point susceptibles » d'infamie, celle qui résulte de la combustion » d'un livre par la main du bourreau rejaillit » nécessairement sur l'auteur : d'où il suit qu'on » n'a pu enlever à un citoyen le bien le plus pré» cieux, l'honneur ; qu'on ne pouvoit détruire » sa réputation, son état, sans commencer par » l'entendre ; que les ouvrages condamnés et » flétris méritoient du moins autant de support » et de tolérance que divers autres écrits où » l'on fait de cruelles satires sur la religion, » et qui ont été répandus et même imprimés » dans la ville ; qu'enfin, par rapport aux gou» vernemens, il a toujours été permis dans » Genève de raisonner librement sur cette ma» tière générale ; qu'on n'y défend aucun livre » qui en traite ; qu'on n'y flétrit aucun auteur » pour en avoir traité, quel que soit son sen» timent ; et que, loin d'attaquer le gouverne» ment de la république en particulier, je ne » laisse échapper aucune occasion d'en faire » l'éloge. »

A ces objections il fut répliqué de la part du Conseil, « que ce n'est point manquer à la règle » qui veut que nul ne soit condamné sans l'en» tendre, que de condamner un livre après en » avoir pris lecture et l'avoir examiné suffi» samment ; que l'article LXXXVIII des ordon» nances n'est applicable qu'à un homme qui » dogmatise, et non à un livre destructif de la » religion chrétienne ; qu'il n'est pas vrai que » la flétrissure d'un ouvrage se communique à » l'auteur, lequel peut n'avoir été qu'impru» dent ou maladroit ; qu'à l'égard des ouvra» ges scandaleux, tolérés ou même imprimés » dans Genève, il n'est pas raisonnable de pré» tendre que pour avoir dissimulé quelquefois, » un gouvernement soit obligé de dissimuler » toujours ; que d'ailleurs les livres où l'on ne » fait que tourner en ridicule la religion ne » sont pas à beaucoup près aussi punissables » que ceux où sans détour on l'attaque par le » raisonnement ; qu'enfin ce que le Conseil doit » au maintien de la religion chrétienne dans sa » pureté, au bien public, aux lois, et à l'hon» neur du gouvernement, lui ayant fait porter » cette sentence, ne lui permet ni de la chan» ger ni de l'affoiblir. »

Ce ne sont pas là toutes les raisons, objections et réponses qui ont été alléguées de part et d'autre, mais ce sont les principales, et elles suffisent pour établir par rapport à moi la question de fait et de droit.

Cependant comme l'objet, ainsi présenté, demeure encore un peu vague, je vais tâcher de le fixer avec plus de précision, de peur que vous n'étendiez ma défense à la partie de cet objet que je n'y veux pas embrasser.

Je suis homme, et j'ai fait des livres ; j'ai donc fait aussi des erreurs (¹). J'en aperçois moi-même en assez grand nombre : je ne doute pas que d'autres n'en voient beaucoup davantage, et qu'il n'y en ait bien plus encore que ni moi ni d'autres ne voyons point. Si l'on ne dit que cela, j'y souscris.

Mais quel auteur n'est pas dans le même cas, ou s'ose flatter de n'y pas être ? Là-dessus donc point de dispute. Si l'on me réfute et qu'on ait raison, l'erreur est corrigée, et je me tais. Si l'on me réfute et qu'on ait tort, je me tais encore : dois-je répondre du fait d'autrui ? En tout état de cause, après avoir entendu les deux parties, le public est juge ; il prononce, le livre triomphe ou tombe, et le procès est fini.

(¹) Exceptons, si l'on veut, les livres de géométrie et leurs auteurs. Encore, s'il n'y a point d'erreurs dans les propositions mêmes, qui nous assurera qu'il n'y en ait point dans l'ordre de déduction, dans le choix, dans la méthode ? Euclide démontre, et parvient à son but ; mais quel chemin prend-il ? combien n'erre-t-il pas dans sa route ! La science a beau être infaillible, l'homme qui la cultive se trompe souvent.

Les erreurs des auteurs sont souvent fort indifférentes ; mais il en est aussi de dommageables, même contre l'intention de celui qui les commet. On peut se tromper au préjudice du public comme au sien propre ; on peut nuire innocemment. Les controverses sur les matières de jurisprudence, de morale, de religion, tombent fréquemment dans ce cas. Nécessairement un des deux disputans se trompe, et l'erreur sur ces matières, important toujours, devient faute ; cependant on ne la punit pas quand on la présume involontaire. Un homme n'est pas coupable pour nuire en voulant servir ; et si l'on poursuivoit criminellement un auteur pour des fautes d'ignorance ou d'inadvertance, pour de mauvaises maximes qu'on pourroit tirer de ses écrits très-conséquemment, mais contre son gré, quel écrivain pourroit se mettre à l'abri des poursuites ? Il faudroit être inspiré du Saint-Esprit pour se faire auteur, et n'avoir que des gens inspirés du Saint-Esprit pour juges.

Si l'on ne m'impute que de pareilles fautes, je ne m'en défends pas plus que de simples erreurs. Je ne puis affirmer n'en avoir point commis de telles, parce que je ne suis pas un ange ; mais ces fautes qu'on prétend trouver dans mes écrits peuvent fort bien n'y pas être, parce que ceux qui les y trouvent ne sont pas des anges non plus. Hommes et sujets à l'erreur ainsi que moi, sur quoi prétendent-ils que leur raison soit l'arbitre de la mienne, et que je sois punissable pour n'avoir pas pensé comme eux ?

Le public est donc aussi le juge des semblables fautes ; son blâme en est le seul châtiment. Nul ne peut se soustraire à ce juge ; et quant à moi je n'en appelle pas. Il est vrai que si le magistrat trouve ces fautes nuisibles, il peut défendre le livre qui les contient ; mais, je le répete, il ne peut punir pour cela l'auteur qui les a commises, puisque ce seroit punir un délit qui peut être involontaire, et qu'on ne doit punir dans le mal que la volonté. Ainsi ce n'est point encore là ce dont il s'agit.

Mais il y a bien de la différence entre un livre qui contient des erreurs nuisibles et un livre pernicieux. Des principes établis, la chaîne d'un raisonnement suivi, des conséquences déduites, manifestent l'intention de l'auteur, et cette intention, dépendant de sa volonté, rentre sous la juridiction des lois. Si cette intention est évidemment mauvaise, ce n'est plus erreur ni faute, c'est crime ; ici tout change. Il ne s'agit plus d'une dispute littéraire dont le public juge selon la raison, mais d'un procès criminel qui doit être jugé dans les tribunaux selon toute la rigueur des lois : telle est la position critique où m'ont mis des magistats qui se disent justes, et des écrivains zélés qui les trouvent trop clémens. Sitôt qu'on m'apprête des prisons, des bourreaux, des chaînes, quiconque m'accuse est un délateur ; il sait qu'il n'attaque pas seulement l'auteur, mais l'homme ; il sait que ce qu'il écrit peut influer sur mon sort (1) : ce n'est plus à ma seule réputation qu'il en veut, c'est à mon bonheur, à ma liberté, à ma vie.

Ceci, monsieur, nous ramène tout d'un coup à l'état de la question dont il me paroît que le public s'écarte. Si j'ai écrit des choses répréhensibles, on peut m'en blâmer, on peut supprimer le livre. Mais, pour le flétrir, pour m'attaquer personnellement, il faut plus : la faute ne suffit pas, il faut un délit, un crime ; il faut que j'aie écrit à mauvaise intention un livre pernicieux, et que cela soit prouvé, non comme un auteur prouve qu'un autre auteur se trompe, mais comme un accusateur doit convaincre devant le juge l'accusé. Pour être traité comme un malfaiteur, il faut que je sois convaincu de l'être. C'est la première question qu'il s'agit d'examiner. La seconde, en supposant le délit constaté, est d'en fixer la nature, le lieu où il a été commis, le tribunal qui doit en juger, la loi qui le condamne et la peine qui doit le punir. Ces deux questions une fois résolues décideront si j'ai été traité justement ou non.

Pour savoir si j'ai écrit des livres pernicieux,

(1) Il y a quelques années qu'à la première apparition d'un livre célèbre (*), je résolus d'en attaquer les principes que je trouvois dangereux. J'exécutois cette entreprise quand j'appris que l'auteur étoit poursuivi. A l'instant je jetai mes feuilles au feu (**), *jugeant qu'aucun devoir ne pouvoit autoriser* la bassesse de s'unir à la foule pour accabler un homme d'honneur opprimé. Quand tout fut pacifié, j'eus occasion de dire mon sentiment sur le même sujet dans d'autres écrits ; mais je l'ai dit sans nommer le livre ni l'auteur. J'ai cru devoir ajouter ce respect *pour* son malheur à l'estime que j'eus toujours pour sa personne. Je ne crois point que cette façon de penser me soit particulière ; elle est commune à tous les honnêtes gens. Sitôt qu'une affaire est portée au criminel, ils doivent se taire, à moins qu'ils ne soient appelés pour témoigner.

(*) Le livre *de l'Esprit*. Voyez l'*Avis* mis en tête des *Notes* de Rousseau en réfutation de l'ouvrage d'Helvétius.

(**) Il les jeta en effet au feu, mais conserva l'exemplaire du livre aux marges duquel elles étoient inscrites.

il faut en examiner les principes, et voir ce qu'il en résulteroit si ces principes étoient admis. Comme j'ai traité beaucoup de matières, je dois me restreindre à celles sur lesquelles je suis poursuivi, savoir, la religion et le gouvernement. Commençons par le premier article, à l'exemple des juges qui ne se sont pas expliqués sur le second

On trouve dans l'*Émile* la Profession de foi d'un prêtre catholique, et dans l'*Héloïse* celle d'une femme dévote. Ces deux pièces s'accordent assez pour qu'on puisse expliquer l'une par l'autre, et de cet accord on peut présumer avec quelque vraisemblance que si l'auteur qui a publié les livres où elles sont contenues ne les adopte pas en entier l'une et l'autre, du moins il les favorise beaucoup. De ces deux professions de foi, la première étant la plus étendue, et la seule où l'on ait trouvé le corps du délit, doit être examinée par préférence.

Cet examen, pour aller à son but, rend encore un éclaircissement nécessaire. Car, remarquez bien qu'éclaircir et distinguer les propositions que brouillent et confondent mes accusateurs, c'est leur répondre. Comme ils disputent contre l'évidence, quand la question est bien posée ils sont réfutés.

Je distingue dans la religion deux parties, outre la forme du culte qui n'est qu'un cérémonial. Ces deux parties sont le dogme et la morale. Je divise les dogmes encore en deux parties; savoir : celle qui, posant les principes de nos devoirs, sert de base à la morale, et celle qui, purement de foi, ne contient que des dogmes spéculatifs.

De cette division, qui me paroît exacte, résulte celle des sentimens sur la religion, d'une part en vrais, faux ou douteux, et de l'autre en bons, mauvais ou indifférens.

Le jugement des premiers appartient à la raison seule ; et si les théologiens s'en sont emparés, c'est comme raisonneurs, c'est comme professeurs de la science par laquelle on parvient à la connoissance du vrai et du faux en matière de foi. Si l'erreur en cette partie est nuisible, c'est seulement à ceux qui errent, et c'est seulement un préjudice pour la vie à venir, sur laquelle les tribunaux humains ne peuvent étendre leur compétence. Lorsqu'ils connoissent de cette matière, ce n'est plus comme juges du vrai et du faux, mais comme ministres des lois civiles qui règlent la forme extérieure du culte : il ne s'agit pas encore ici de cette partie; il en sera traité ci-après.

Quant à la partie de la religion qui regarde la morale, c'est-à-dire la justice, le bien public, l'obéissance aux lois naturelles et positives, les vertus sociales et tous les devoirs de l'homme et du citoyen, il appartient au gouvernement d'en connoître : c'est en ce point seul que la religion rentre directement sous sa juridiction, et qu'il doit bannir, non l'erreur dont il n'est pas juge, mais tout sentiment nuisible qui tend à couper le nœud social.

Voilà, monsieur, la distinction que vous avez à faire pour juger de cette pièce, portée au tribunal, non des prêtres, mais des magistrats. J'avoue qu'elle n'est pas toute affirmative. On y voit des objections et des doutes. Posons, ce qui n'est pas, que ces doutes soient des négations. Mais elle est affirmative dans sa plus grande partie ; elle est affirmative et démonstrative sur tous les points fondamentaux de la religion civile; elle est tellement décisive sur tout ce qui tient à la Providence éternelle, à l'amour du prochain, à la justice, à la paix, au bonheur des hommes, aux lois de la société, à toutes les vertus, que les objections, les doutes mêmes, y ont pour objet quelque avantage ; et je défie qu'on m'y montre un seul point de doctrine attaqué que je ne prouve être nuisible aux hommes ou par lui-même ou par ses inévitables effets.

La religion est utile et même nécessaire aux peuples. Cela n'est-il pas dit, soutenu, prouvé dans ce même écrit ? Loin d'attaquer les vrais principes de la religion, l'auteur les pose, les affermit de tout son pouvoir ; ce qu'il attaque, ce qu'il combat, ce qu'il doit combattre, c'est le fanatisme aveugle, la superstition cruelle, le stupide préjugé. Mais il faut, disent-ils, respecter tout cela. Mais pourquoi ? parce que c'est ainsi qu'on mène les peuples. Oui, c'est ainsi qu'on les mène à leur perte. La superstition est le plus terrible fléau du genre humain ; elle abrutit les simples, elle persécute les sages, elle enchaîne les nations, elle fait partout cent maux effroyables : quel bien fait-elle? Aucun ; si elle en fait, c'est aux tyrans ; elle est leur arme la plus terrible, et cela même est le plus grand mal qu'elle ait jamais fait.

Ils disent qu'en attaquant la superstition je veux détruire la religion même : comment le savent-ils? Pourquoi confondent-ils ces deux causes que je distingue avec tant de soin? Comment ne voient-ils point que cette imputation réfléchit contre eux dans toute sa force, et que la religion n'a point d'ennemis plus terribles que les défenseurs de la superstition? Il seroit bien cruel qu'il fût si aisé d'inculper l'intention d'un homme, quand il est si difficile de la justifier. Par cela même qu'il n'est pas prouvé qu'elle est mauvaise, on la doit juger bonne : autrement qui pourroit être à l'abri des jugemens arbitraires de ses ennemis? Quoi! leur simple affirmation fait preuve de ce qu'ils ne peuvent savoir; et la mienne, jointe à toute ma conduite, n'établit point mes propres sentimens? Quel moyen me reste donc de les faire connoître? Le bien que je sens dans mon cœur, je ne puis le montrer, je l'avoue; mais quel est l'homme abominable qui s'ose vanter d'y voir le mal qui n'y *fut jamais?*

Plus on seroit coupable de prêcher l'irréligion, dit très-bien M. d'Alembert, plus il est criminel d'en accuser ceux qui ne la prêchent pas en effet. Ceux qui jugent publiquement de mon christianisme montrent seulement l'espèce du leur; et la seule chose qu'ils ont prouvée est qu'eux et moi n'avons pas la même religion. Voilà précisément ce qui les fâche : on sent que le mal prétendu les aigrit moins que le bien même. Ce bien qu'ils sont forcés de trouver dans mes écrits les *dépite et les gêne;* réduits à le tourner en mal encore, ils sentent qu'ils se découvrent trop. Combien ils seroient plus à leur aise si ce bien n'y étoit pas!

Quand on ne me juge point sur ce que j'ai dit, mais sur ce qu'on assure que j'ai voulu dire, quand on cherche dans mes intentions le mal qui n'est pas dans mes écrits, que puis-je faire? Ils démentent mes discours par mes pensées ; quand j'ai dit blanc, ils affirment que j'ai voulu dire noir; ils se mettent à la place de Dieu pour faire l'œuvre du diable : comment dérober ma tête à des coups portés de si haut?

Pour prouver que l'auteur n'a point eu l'horrible intention qu'ils lui prêtent, je ne vois qu'un moyen, c'est d'en juger sur l'ouvrage. Ah! qu'on en juge ainsi, j'y consens; mais cette tâche n'est pas la mienne, et un examen suivi sous ce point de vue seroit de ma part une indignité. Non, monsieur, il n'y a ni malheur ni flétrissure qui puissent me réduire à cette abjection. Je croirois outrager l'auteur, l'éditeur, le lecteur même, par une justification d'autant plus honteuse qu'elle est plus facile. C'est dégrader la vertu que montrer qu'elle n'est pas un crime, c'est obscurcir l'évidence que prouver qu'elle est la vérité. Non, lisez et jugez vous-même. Malheur à vous, si, durant cette lecture, votre cœur ne bénit pas cent fois l'homme vertueux et ferme qui ose instruire ainsi les humains!

Eh! comment me résoudrois-je à justifier cet ouvrage, moi qui crois effacer par lui les fautes de ma vie entière, moi qui mets les maux qu'il m'attire en compensation de ceux que j'ai faits, moi qui, plein de confiance, espère un jour dire au Juge suprême : Daigne juger dans ta clémence un homme foible ; j'ai fait le mal sur la terre, mais j'ai publié cet écrit.

Mon cher monsieur, permettez à mon cœur gonflé d'exhaler de temps en temps ses soupirs ; mais soyez sûr que dans mes discussions je ne mêlerai ni déclamations ni plaintes : je n'y mettrai pas même la vivacité de mes adversaires; je raisonnerai toujours de sang-froid. Je reviens donc.

Tâchons de prendre un milieu qui vous satisfasse et qui ne m'avilisse pas. Supposons un moment la Profession de foi du vicaire adoptée en un coin du monde chrétien, et voyons ce qu'il en résulteroit en bien et en mal. Ce ne sera ni l'attaquer ni la défendre ; ce sera la juger par ses effets.

Je vois d'abord les choses les plus nouvelles sans aucune apparence de nouveautés; nul changement dans le culte, et de grands changemens dans les cœurs, des conversions sans éclat, de la foi sans dispute, du zèle sans fanatisme, de la raison sans impiété, peu de dogmes et beaucoup de vertus, la tolérance du philosophe et la charité du chrétien.

Nos prosélytes auront deux règles de foi qui n'en font qu'une : la raison et l'Évangile ; la seconde sera d'autant plus immuable qu'elle ne se fondera que sur la première, et nullement sur certains faits, lesquels, ayant besoin d'être attestés, remettent la religion sous l'autorité des hommes.

Toute la différence qu'il y aura d'eux aux autres chrétiens est que ceux-ci sont des gens qui disputent beaucoup sur l'Évangile sans se soucier de le pratiquer, au lieu que nos gens s'attacheront beaucoup à la pratique, et ne disputeront point.

Quand les chrétiens disputeurs viendront leur dire : Vous vous dites chrétiens sans l'être, car, pour être chrétiens, il faut croire en Jésus-Christ, et vous n'y croyez point ; les chrétiens paisibles leur répondront : « Nous ne savons » pas bien si nous croyons en Jésus-Christ » dans votre idée, parce que nous ne l'entendons pas ; mais nous tâchons d'observer ce » qu'il nous prescrit. Nous sommes chrétiens, » chacun à notre manière, nous, en gardant sa » parole, et vous, en croyant en lui. Sa charité » veut que nous soyons tous frères : nous la » suivons en vous admettant pour tels ; pour » l'amour de lui ne nous ôtez pas un titre que » nous honorons de toutes nos forces et qui nous » est aussi cher qu'à vous. »

Les chrétiens disputeurs insisteront sans doute. En vous renommant de Jésus, il faudroit nous dire à quel titre. Vous gardez, dites-vous, sa parole ; mais quelle autorité lui donnez-vous ? Reconnoissez-vous la révélation ? ne la reconnoissez-vous pas? Admettez-vous l'Évangile en entier ? ne l'admettez-vous qu'en partie ? Sur quoi fondez-vous ces distinctions? Plaisans chrétiens, qui marchandent avec le maître, qui choisissent dans sa doctrine ce qu'il leur plaît d'admettre et de rejeter !

A cela les autres diront paisiblement : « Mes » frères, nous ne marchandons point ; car notre » foi n'est pas un commerce : vous supposez » qu'il dépend de nous d'admettre ou de rejeter » comme il nous plaît ; mais cela n'est pas, et » notre raison n'obéit point à notre volonté. » Nous aurions beau vouloir que ce qui nous » paroît faux nous parût vrai, il nous paroîtroit faux malgré nous. Tout ce qui dépend » de nous est de parler selon notre pensée » ou contre notre pensée, et notre seul crime » est de ne vouloir pas vous tromper.

» Nous reconnoissons l'autorité de Jésus-» Christ parce que notre intelligence acquiesce » à ses préceptes et nous en découvre la sublimité. Elle nous dit qu'il convient aux hom» mes de suivre ces préceptes, mais qu'il étoit » au-dessus d'eux de les trouver. Nous admet» tons la révélation comme émanée de l'esprit » de Dieu, sans en savoir la manière, et sans » nous tourmenter pour la découvrir ; pourvu » que nous sachions que Dieu a parlé, peu nous » importe d'expliquer comment il s'y est pris » pour se faire entendre. Ainsi, reconnoissant » dans l'Évangile l'autorité divine, nous croyons » Jésus-Christ revêtu de cette autorité ; nous » reconnoissons une vertu plus qu'humaine » dans sa conduite, et une sagesse plus qu'hu» maine dans ses leçons. Voilà ce qui est bien » décidé pour nous. Comment cela s'est-il fait ? » Voilà ce qui ne l'est pas ; cela nous passe. » Cela ne vous passe pas, vous ; à la bonne » heure ; nous vous en félicitons de tout notre » cœur. Votre raison peut être supérieure à la » nôtre ; mais ce n'est pas à dire qu'elle doive » nous servir de loi. Nous consentons que vous » sachiez tout ; souffrez que nous ignorions » quelque chose.

» Vous nous demandez si nous admettons » tous les enseignemens qu'a donnés Jésus-» Christ. L'utilité, la nécessité de la plupart de » ces enseignemens nous frappe, et nous tâchons » de nous y conformer. Quelques-uns ne sont » pas à notre portée ; ils ont été donnés sans » doute pour des esprits plus intelligens que » nous. Nous ne croyons point avoir atteint les » limites de la raison humaine, et les hommes » plus pénétrans ont besoin de préceptes plus » élevés.

» Beaucoup de choses dans l'Évangile pas» sent notre raison, et même la choquent ; nous » ne les rejetons pourtant pas. Convaincus de » la foiblesse de notre entendement, nous sa» vons respecter ce que nous ne pouvons con» cevoir, quand l'association de ce que nous con» cevons nous le fait juger supérieur à nos lu» mières. Tout ce qui nous est nécessaire à » savoir pour être saints nous paroît clair dans » l'Évangile ; qu'avons-nous besoin d'entendre » le reste ? Sur ce point nous demeurerons igno» rans, mais exempts d'erreur, et nous n'en » serons pas moins gens de bien ; cette humble » réserve elle-même est l'esprit de l'Évangile.

» Nous ne respectons pas précisément ce livre » sacré comme livre, mais comme la parole et » la vie de Jésus-Christ. Le caractère de vé» rité, de sagesse et de sainteté qui s'y trouve,

» nous apprend que cette histoire n'a pas été » essentiellement altérée (1), mais il n'est pas » démontré pour nous qu'elle ne l'ait point été » du tout. Qui sait si les choses que nous » n'y comprenons pas ne sont point des » fautes glissées dans le texte? Qui sait si des » disciples si fort inférieurs à leur maître l'ont » bien compris et bien rendu partout? Nous ne » décidons point là-dessus; nous ne présumons » pas même, et nous ne vous proposons des » conjectures que parce que vous l'exigez.

» Nous pouvons nous tromper dans nos idées, » mais vous pouvez aussi vous tromper dans les » vôtres. Pourquoi ne le pourriez-vous pas étant » hommes? Vous pouvez avoir autant de bonne » foi que nous, mais vous n'en sauriez avoir » davantage : vous pouvez être plus éclairés, » mais vous n'êtes pas infaillibles. Qui jugera » donc entre les deux partis? sera-ce-vous? » Cela n'est pas juste. Bien moins sera-ce nous, » qui nous défions si fort de nous-mêmes. Lais» sons donc cette décision au Juge commun » qui nous entend; et puisque nous sommes » d'accord sur les règles de nos devoirs réci» proques, supportez-nous sur le reste comme » nous vous supportons. Soyons hommes de » paix, soyons frères; unissons-nous dans l'a» mour de notre commun maître, dans la pra» tique des vertus qu'il nous prescrit. Voilà ce » qui fait le vrai chrétien.

» Que si vous vous obstinez à nous refuser ce » précieux titre après avoir tout fait pour vivre » fraternellement avec vous, nous nous conso» lerons de cette injustice, en songeant que les » mots ne sont pas les choses, que les premiers » disciples de Jésus ne prenoient point le nom » de chrétiens, que le martyr Étienne ne le » porta jamais, et que, quand Paul fut converti » à la foi de Christ, il n'y avoit encore aucuns » chrétiens (2) sur la terre. »

Croyez-vous, monsieur, qu'une controverse ainsi traitée sera fort animée et fort longue, et qu'une des parties ne sera pas bientôt réduite au silence quand l'autre ne voudra point disputer?

Si nos prosélytes sont maîtres du pays où ils vivent, ils établiront une forme de culte aussi simple que leur croyance, et la religion qui résultera de tout cela sera la plus utile aux hommes par sa simplicité même. Dégagée de tout ce qu'ils mettent à la place des vertus, et, n'ayant ni rites superstitieux ni subtilités dans la doctrine, elle ira tout entière à son vrai but, qui est la pratique de nos devoirs. Les mots de *dévot* et d'*orthodoxe* y seront sans usage; la monotonie de certains sons articulés n'y sera pas la piété; il n'y aura d'impies que les méchans, ni de fidèles que les gens de bien.

Cette institution une fois faite, tous seront obligés par les lois de s'y soumettre, parce qu'elle n'est point fondée sur l'autorité des hommes, qu'elle n'a rien qui ne soit dans l'ordre des lumières naturelles, qu'elle ne contient aucun article qui ne se rapporte au bien de la société, et qu'elle n'est mêlée d'aucun dogme inutile à la morale, d'aucun point de pure spéculation.

Nos prosélytes seront-ils intolérans pour cela? Au contraire, ils seront tolérans par principe; ils le seront plus qu'on ne peut l'être dans aucune autre doctrine, puisqu'ils admettront toutes les bonnes religions qui ne s'admettent pas entre elles, c'est-à-dire toutes celles qui, ayant l'essentiel qu'elles négligent, font l'essentiel de ce qui ne l'est point. En s'attachant, eux, à ce seul essentiel, ils laisseront les autres en faire à leur gré l'accessoire, pourvu qu'ils ne le rejettent pas, ils les laisseront expliquer ce qu'ils n'expliquent point, décider ce qu'ils ne décident point. Ils laisseront à chacun ses rites, ses formules de foi, sa croyance; ils diront : Admettez avec nous les principes des devoirs de l'homme et du citoyen; du reste, croyez tout ce qu'il vous plaira. Quant aux religions qui sont essentiellement mauvaises, qui portent l'homme à faire le mal, ils ne les toléreront point, parce que cela même est contraire à la véritable tolérance, qui n'a pour but que la paix du genre humain. Le vrai tolérant ne tolère point le crime, il ne tolère aucun dogme qui rend les hommes méchans.

Maintenant supposons, au contraire, que nos prosélytes soient sous la domination d'autrui : comme gens de paix, ils seront soumis aux lois de leurs maîtres, même en matière de religion, à moins que cette religion ne fût es-

(1) Où en seroient les simples fidèles, si l'on ne pouvoit savoir cela que par des discussions de critique, ou par l'autorité des pasteurs? de quel front ose-t-on faire dépendre la foi de tant de science ou de tant de soumission?

(2) Ce nom leur fut donné quelques années après à Antioche pour la première fois.

sentiellement mauvaise; car alors, sans outrager ceux qui la professent, ils refuseroient de la professer. Ils leur diroient : Puisque Dieu nous appelle à la servitude, nous voulons être de bons serviteurs, et vos sentimens nous empêcheroient de l'être : nous connoissons nos devoirs, nous les aimons, nous rejetons ce qui nous en détache : c'est afin de vous être fidèles que nous n'adoptons pas la loi de l'iniquité.

Mais si la religion du pays est bonne en elle-même, et que ce qu'elle a de mauvais soit seulement dans des interprétations particulières, ou dans des dogmes purement spéculatifs, ils s'attacheront à l'essentiel, et toléreront le reste, tant par respect pour les lois que par amour pour la paix. Quand ils seront appelés à déclarer expressément leur croyance, ils le feront, parce qu'il ne faut point mentir; ils diront au besoin leur sentiment avec fermeté, même avec force; ils se défendront par la raison, si on les attaque. Du reste, ils ne disputeront point contre leurs frères; et, sans s'obstiner à vouloir les convaincre, ils leur resteront unis par la charité, ils assisteront à leurs assemblées, ils adopteront leurs formules, et, ne se croyant pas plus infaillibles qu'eux, ils se soumettront à l'avis du plus grand nombre en ce qui n'intéresse pas leur conscience et ne leur paroît pas importer au salut.

Voilà le bien, me direz-vous; voyons le mal. Il sera dit en peu de paroles. Dieu ne sera plus l'organe de la méchanceté des hommes. La religion ne servira plus d'instrument à la tyrannie des gens d'église et à la vengeance des usurpateurs; elle ne servira plus qu'à rendre les croyans bons et justes : ce n'est pas là le compte de ceux qui les mènent; c'est pis pour eux que si elle ne servoit à rien.

Ainsi donc la doctrine en question est bonne au genre humain, et mauvaise à ses oppresseurs. Dans quelle classe absolue la faut-il mettre? J'ai dit fidèlement le pour et le contre; comparez, et choisissez.

Tout bien examiné, je crois que vous conviendrez de deux choses : l'une, que ces hommes que je suppose se conduiroient en ceci très-conséquemment à la Profession de foi du vicaire; l'autre, que cette conduite seroit non-seulement irréprochable, mais vraiment chrétienne, et qu'on auroit tort de refuser à ces hommes bons et pieux le nom de chrétiens, puisqu'ils le mériteroient parfaitement par leur conduite, et qu'ils seroient moins opposés par leurs sentimens à beaucoup de sectes qui le prennent, et à qui on ne le dispute pas, que plusieurs de ces mêmes sectes ne sont opposées entre elles. Ce ne seroient pas, si l'on veut, des chrétiens à la mode de saint Paul, qui étoit naturellement persécuteur, et qui n'avoit pas entendu Jésus-Christ lui-même; mais ce seroient des chrétiens à la mode de saint Jacques, choisi par le maître en personne, et qui avoit reçu de sa propre bouche les instructions qu'il nous transmet. Tout ce raisonnement est bien simple, mais il me paroît concluant.

Vous me demanderez peut-être comment on peut accorder cette doctrine avec celle d'un homme qui dit que l'Évangile est absurde et pernicieux à la société? En avouant franchement que cet accord me paroît difficile, je vous demanderai à mon tour où est cet homme qui dit que l'Évangile est absurde et pernicieux. Vos messieurs m'accusent de l'avoir dit : et où? Dans *le Contrat social*, au chapitre de la religion civile. Voici qui est singulier! Dans ce même livre et dans ce même chapitre je pense avoir dit précisément le contraire; je pense avoir dit que l'Évangile est sublime, et le plus fort lien de la société [1]. Je ne veux pas taxer ces messieurs de mensonge; mais avouez que deux propositions si contraires dans le même livre et dans le même chapitre doivent faire un tout bien extravagant.

N'y auroit-il point ici quelque nouvelle équivoque, à la faveur de laquelle on me rendît plus coupable ou plus fou que je ne suis? Ce mot de *société* présente un sens un peu vague : il y a dans le monde des sociétés de bien des sortes, et il n'est pas impossible que ce qui sert à l'une nuise à l'autre. Voyons : la méthode favorite de mes agresseurs est toujours d'offrir avec art des idées indéterminées; continuons pour toute réponse à tâcher de les fixer.

Le chapitre dont je parle est destiné, comme on le voit par le titre, à examiner comment les institutions religieuses peuvent entrer dans la constitution de l'état. Ainsi ce dont il s'agit ici n'est point de considérer les religions comme

(1) *Contrat social.* (Voyez tome I, page 696.)

vraies ou fausses, ni même comme bonnes ou mauvaises en elles-mêmes, mais de les considérer uniquement par leurs rapports aux corps politiques, et comme parties de la législation.

Dans cette vue, l'auteur fait voir que toutes les anciennes religions, sans en excepter la juive, furent nationales dans leur origine, appropriées, incorporées à l'état, et formant la base, ou du moins faisant partie du système législatif.

Le christianisme, au contraire, est dans son principe une religion universelle, qui n'a rien d'exclusif, rien de local, rien de propre à tel pays plutôt qu'à tel autre. Son divin auteur, embrassant également tous les hommes dans sa charité sans bornes, est venu lever la barrière qui séparoit les nations, et réunir tout le genre humain dans un peuple de frères : *Car, en toute nation, celui qui le craint et qui s'adonne à la justice lui est agréable* (*). Tel est le véritable esprit de l'Évangile.

Ceux donc qui ont voulu faire du christianisme une religion nationale et l'introduire comme partie constitutive dans le système de la législation, ont fait par là deux fautes nuisibles, l'une à la religion, et l'autre à l'état. Ils se sont écartés de l'esprit de Jésus-Christ, dont le règne n'est pas de ce monde ; et, mêlant aux intérêts terrestres ceux de la religion, ils ont souillé sa pureté céleste, ils en ont fait l'arme des tyrans et l'instrument des persécuteurs. Ils n'ont pas moins blessé les saines maximes de la politique, puisqu'au lieu de simplifier la machine du gouvernement, ils l'ont composée, ils lui ont donné des ressorts étrangers, superflus; et, l'assujettissant à deux mobiles différens, souvent contraires, ils ont causé les tiraillemens qu'on sent dans tous les états chrétiens où l'on a fait entrer la religion dans le système politique.

Le parfait christianisme est l'institution sociale universelle ; mais, pour montrer qu'il n'est point un établissement politique, et qu'il ne concourt point aux bonnes institutions particulières, il falloit ôter les sophismes de ceux qui mêlent la religion à tout, comme une prise avec laquelle ils s'emparent de tout. Tous les établissemens humains sont fondés sur les passions humaines, et se conservent par elles : ce qui combat et détruit les passions n'est donc pas propre à fortifier ces établissemens. Comment ce qui détache les cœurs de la terre nous donneroit-il plus d'intérêt pour ce qui s'y fait? comment ce qui nous occupe uniquement d'une autre patrie nous attacheroit-il davantage à celle-ci?

Les religions nationales sont utiles à l'état comme parties de sa constitution, cela est incontestable ; mais elles sont nuisibles au genre humain, et même à l'état dans un autre sens : j'ai montré comment et pourquoi.

Le christianisme, au contraire, rendant les hommes justes, modérés, amis de la paix, est très-avantageux à la société générale ; mais il énerve la force du ressort politique, il complique les mouvemens de la machine, il rompt l'unité du corps moral ; et ne lui étant pas assez approprié, il faut qu'il dégénère, ou qu'il demeure une pièce étrangère et embarrassante.

Voilà donc un préjudice et des inconvéniens des deux côtés relativement au corps politique. Cependant il importe que l'état ne soit pas sans religion, et cela importe par des raisons graves, sur lesquelles j'ai partout fortement insisté ; mais il vaudroit mieux encore n'en point avoir, que d'en avoir une barbare et persécutante, qui, tyrannisant les lois mêmes, contrarieroit les devoirs du citoyen. On diroit que tout ce qui s'est passé dans Genève à mon égard n'est fait que pour établir ce chapitre en exemple, pour prouver par ma propre histoire que j'ai très-bien raisonné.

Que doit faire un sage législateur dans cette alternative? De deux choses l'une : la première, d'établir une religion purement civile, dans laquelle, renfermant les dogmes fondamentaux de toute bonne religion, tous les dogmes vraiment utiles à la société, soit universelle, soit particulière, il omette tous les autres qui peuvent importer à la foi, mais nullement au bien terrestre, unique objet de la législation : car comment le mystère de la Trinité, par exemple, peut-il concourir à la bonne constitution de l'état? en quoi ses membres seront-ils meilleurs citoyens quand ils auront rejeté le mérite des bonnes œuvres? et que fait au lien de la société civile le dogme du péché originel? Bien que le vrai christianisme soit une institution de paix, qui ne voit que le christianisme

(*) Act. X, 35

dogmatique ou théologique est, par la multitude et l'obscurité de ses dogmes, surtout par l'obligation de les admettre, un champ de bataille toujours ouvert entre les hommes, et cela sans qu'à force d'interprétations et de décisions on puisse prévenir de nouvelles disputes sur les décisions mêmes ?

L'autre expédient est de laisser le christianisme tel qu'il est dans son véritable esprit, libre, dégagé de tout lien de chair, sans autre obligation que celle de la conscience, sans autre gêne dans les dogmes que les mœurs et les lois. La religion chrétienne est, pour la pureté de sa morale, toujours bonne et saine dans l'état, pourvu qu'on n'en fasse pas une partie de sa constitution, pourvu qu'elle y soit admise uniquement comme religion, sentiment, opinion, croyance ; mais, comme loi politique, le christianisme dogmatique est un mauvais établissement.

Telle est, monsieur, la plus forte conséquence qu'on puisse tirer de ce chapitre, où, bien loin de taxer le *pur Évangile* [1] d'être pernicieux à la société, je le trouve, en quelque sorte, trop sociable, embrassant trop tout le genre humain, pour une législation qui doit être exclusive ; inspirant l'humanité plutôt que le patriotisme, et tendant à former des hommes plutôt que des citoyens [2]. Si je me suis trompé, j'ai fait une erreur en politique ; mais où est mon impiété?

La science du salut et celle du gouvernement sont très-différentes; vouloir que la première embrasse tout est un fanatisme de petit esprit ; c'est penser comme les alchimistes, qui, dans l'art de faire de l'or, voient aussi la médecine universelle, ou comme les mahométans, qui prétendent trouver toutes les sciences dans l'Alcoran. La doctrine de l'Évangile n'a qu'un objet, c'est d'appeler et sauver tous les hommes ; leur liberté, leur bien-être ici-bas n'y entre pour rien ; Jésus l'a dit mille fois. Mêler à cet objet des vues terrestres, c'est altérer sa simplicité sublime, c'est souiller sa sainteté par des intérêts humains : c'est cela qui est vraiment une impiété.

Ces distinctions sont de tout temps établies ; on ne les a confondues que pour moi seul. En ôtant des institutions nationales la religion chrétienne, je l'établis la meilleure pour le genre humain. L'auteur de *l'Esprit des lois* a fait plus ; il a dit que la musulmane étoit la meilleure pour les contrées asiatiques (*). Il raisonnoit en politique, et moi aussi. Dans quel pays a-t-on cherché querelle, je ne dis pas à l'auteur, mais au livre [1]? Pourquoi donc suis-je coupable ? ou pourquoi ne l'étoit-il pas ?

Voilà, monsieur, comment, par des extraits fidèles, un critique équitable parvient à connoître les vrais sentimens d'un auteur et le dessein dans lequel il a composé son livre. Qu'on examine tous les miens par cette méthode, je ne crains point les jugemens que tout honnête homme en pourra porter. Mais ce n'est pas ainsi que ces messieurs s'y prennent ; ils n'ont garde, ils n'y trouveroient pas ce qu'ils cherchent. Dans le projet de me rendre coupable à tout prix, ils écartent le vrai but de l'ouvrage : ils lui donnent pour but chaque erreur, chaque négligence échappée à l'auteur ; et si par hasard il laisse un passage équivoque, ils ne manquent pas de l'interpréter dans le sens qui n'est pas le sien. Sur un grand champ couvert d'une moisson fertile, ils vont triant avec soin quelques mauvaises plantes, pour accuser celui qui l'a semé d'être un empoisonneur.

Mes propositions ne pouvaient faire aucun mal à leur place, elles étoient vraies, utiles, honnêtes, dans le sens que je leur donnois. Ce sont leurs falsifications, leurs subreptions, leurs interprétations frauduleuses, qui les rendent punissables ; il faut les brûler dans leurs livres, et les couronner dans les miens.

Combien de fois les auteurs diffamés et le public indigné n'ont-ils pas réclamé contre cette

[1] *Lettres écrites de la campagne*, page 30.

[2] C'est merveille de voir l'assortiment de beaux sentimens qu'on va nous entassant dans les livres ; il ne faut pour cela que des mots, et les vertus en papier ne coûtent guère ; mais elles ne s'agencent pas tout-à-fait ainsi dans le cœur de l'homme, et il y a loin des peintures aux réalités. Le patriotisme et l'humanité sont, par exemple, deux vertus incompatibles dans leur énergie, et surtout chez un peuple entier. Le législateur qui les voudra toutes deux n'obtiendra ni l'une ni l'autre : cet accord ne s'est jamais vu ; il ne se verra jamais, parce qu'il est contraire à la nature, et qu'on ne peut donner deux objets à la même passion.

(*) Voyez Livre XXIV, chap. 26.

[1] Il est bon de remarquer que le livre de *l'Esprit des lois* fut imprimé pour la première fois à Genève, sans que les scholarques y trouvassent rien à reprendre, et que ce fut un pasteur qui corrigea l'édition.

manière odieuse de déchiqueter un ouvrage, d'en défigurer toutes les parties, d'en juger sur des lambeaux enlevés çà et là, au choix d'un accusateur infidèle, qui produit le mal lui-même en le détachant du bien qui le corrige et l'explique, en détorquant partout le vrai sens ! Qu'on juge La Bruyère ou La Rochefoucauld sur des maximes isolées, à la bonne heure ; encore sera-t-il juste de comparer et de compter. Mais, dans un livre de raisonnement, combien de sens divers ne peut pas avoir la même proposition, selon la manière dont l'auteur l'emploie et dont il la fait envisager ! Il n'y a peut-être pas une de celles qu'on m'impute, à laquelle, au lieu où je l'ai mise, la page qui précède ou celle qui suit ne serve de réponse, et que je n'aie prise en un sens différent de celui que lui donnent mes accusateurs. Vous verrez, avant la fin de ces lettres, des preuves de cela qui vous surprendront.

Mais qu'il y ait des propositions fausses, répréhensibles, blâmables en elles-mêmes, cela suffit-il pour rendre un livre pernicieux ? Un bon livre n'est pas celui qui ne contient rien de mauvais ou rien qu'on puisse interpréter en mal ; autrement il n'y auroit point de bons livres ; mais un bon livre est celui qui contient plus de bonnes choses que de mauvaises ; un bon livre est celui dont l'effet total est de mener au bien, malgré le mal qui peut s'y trouver. Eh ! que seroit-ce, mon Dieu ! si dans un grand ouvrage, plein de vérités utiles, de leçons d'humanité, de piété, de vertu, il étoit permis d'aller cherchant avec une maligne exactitude toutes les erreurs, toutes les propositions équivoques, suspectes, ou inconsidérées ; toutes les inconséquences qui peuvent échapper dans le détail à un auteur surchargé de matière, accablé de nombreuses idées qu'elle lui suggère, distrait des unes par les autres, et qui peut à peine assembler dans sa tête toutes les parties de son vaste plan : s'il étoit permis de faire un amas de toutes ses fautes, de les aggraver les unes par les autres, en rapprochant ce qui est épars, en liant ce qui est isolé ; puis, taisant la multitude de choses bonnes et louables qui les démentent, qui les expliquent, qui les rachètent, qui montrent le vrai but de l'auteur, de donner cet affreux recueil pour celui de ses principes, d'avancer que c'est là le résumé de ses vrais sentimens, et de le juger sur un pareil extrait ? Dans quel désert faudroit-il fuir, dans quel autre faudroit-il se cacher, pour échapper aux poursuites de pareils hommes, qui, sous l'apparence du mal, puniroient le bien, qui compteroient pour rien le cœur, les intentions, la droiture partout évidente, et traiteroient la faute la plus légère et la plus involontaire comme le crime d'un scélérat ? Y a-t-il un seul livre au monde, quelque vrai, quelque bon, quelque excellent qu'il puisse être, qui pût échapper à cette infâme inquisition ? Non, monsieur, il n'y en a pas un, pas un seul, non pas l'Évangile même : car le mal qui n'y seroit pas, ils sauroient l'y mettre par leurs extraits infidèles, par leurs fausses interprétations.

Nous vous déférons, oseroient-ils dire, *un livre scandaleux, téméraire, impie, dont la morale est d'enrichir le riche et de dépouiller* (1) *le pauvre ; d'apprendre aux enfans à renier leur mère et leurs frères* (2), *de s'emparer sans scrupule du bien d'autrui* (3), *de n'instruire point les méchans, de peur qu'ils ne se corrigent et qu'ils ne soient pardonnés* (4), *de haïr père, mère, femme, enfans, tous ses proches* (5) ; *un livre où l'on souffle partout le feu de la discorde* (6), *où l'on se vante d'armer le fils contre le père* (7), *les parens l'un contre l'autre* (8), *les domestiques contre leurs maîtres* (9), *où l'on approuve la violation des lois* (10), *où l'on impose en devoir la persécution* (11), *où, pour porter les peuples au brigandage, on fait du bonheur éternel le prix de la force et la conquête des hommes violens* (12).

Figurez-vous une âme infernale analysant ainsi tout l'Évangile, formant de cette calomnieuse analyse, sous le nom de *Profession de foi évangélique*, un écrit qui feroit horreur, et les dévots pharisiens prônant cet écrit d'un air de triomphe comme l'abrégé des leçons de Jésus-Christ. Voilà pourtant jusqu'où peut mener cette indigne méthode. Quiconque aura lu mes livres, et lira les imputations de ceux qui m'accusent, qui me jugent, qui me condamnent,

(1) Matth., XIII, 12 ; Luc, XIX, 26. — (2) Matth., XII, 48 ; Marc, III, 33. — (3) Marc, XI, 2 ; Luc, XIX, 30. — (4) Marc IV, 12 ; Jean, XII, 40. — (5) Luc, XIV, 26. — (6) Matth., X. 34 ; Luc, XII, 51, 52. — (7) Matth., X, 35 ; Luc, XII, 53. — (8) *Ibid.* — (9) Matth., X, 36. — (10) Matth., XII, 2 et seq. — (11) Luc, XIV, 23. — (12) Matth., XI, 12.

qui me poursuivent, verra que c'est ainsi que tous m'ont traité.

Je crois vous avoir prouvé que ces messieurs ne m'ont pas jugé selon la raison : j'ai maintenant à vous prouver qu'ils ne m'ont pas jugé selon les lois. Mais laissez-moi reprendre un instant haleine. A quels tristes essais me vois-je réduit à mon âge! Devois-je apprendre si tard à faire mon apologie? Étoit-ce la peine de commencer?

LETTRE II.

De la religion de Genève. Principes de la réformation. L'auteur entame la discussion des miracles.

J'ai supposé, monsieur, dans ma précédente lettre, que j'avois commis en effet contre la foi les erreurs dont on m'accuse, et j'ai fait voir que ces erreurs, n'étant point nuisibles à la société, n'étoient pas punissables devant la justice humaine. Dieu s'est réservé sa propre défense et le châtiment des fautes qui n'offensent que lui. C'est un sacrilége à des hommes de se faire les vengeurs de la Divinité, comme si leur protection lui étoit nécessaire. Les magistrats, les rois, n'ont aucune autorité sur les âmes; et pourvu qu'on soit fidèle aux lois de la société dans ce monde, ce n'est point à eux de se mêler de ce qu'on deviendra dans l'autre, où ils n'ont aucune inspection. Si l'on perdoit ce principe de vue, les lois faites pour le bonheur du genre humain en seroient bientôt le tourment; et, sous leur inquisition terrible, les hommes, jugés par leur foi plus que par leurs œuvres, seroient tous à la merci de quiconque voudroit les opprimer.

Si les lois n'ont nulle autorité sur les sentimens des hommes en ce qui tient uniquement à la religion, elles n'en ont point non plus en cette partie sur les écrits où l'on manifeste ces sentimens. Si les auteurs de ces écrits sont punissables, ce n'est jamais précisément pour avoir enseigné l'erreur, puisque la loi ni ses ministres ne jugent pas de ce qui n'est précisément qu'une erreur. L'auteur des *Lettres écrites de la campagne* paroît convenir de ce principe (¹). Peut-être même en accordant que *la politique et la philosophie pourront soutenir la liberté de tout écrire*, le pousseroit-il trop loin (page 50). Ce n'est pas ce que je veux examiner ici.

Mais voici comment vos messieurs et lui tournent la chose pour autoriser le jugement rendu contre mes livres et contre moi. Ils me jugent moins comme chrétien que comme citoyen; ils me regardent moins comme impie envers Dieu que comme rebelle aux lois; ils voient moins en moi le péché que le crime, et l'hérésie que la désobéissance. J'ai, selon eux, attaqué la religion de l'état; j'ai donc encouru la peine portée par la loi contre ceux qui l'attaquent. Voilà, je crois, le sens de ce qu'ils ont dit d'intelligible pour justifier leur procédé.

Je ne vois à cela que trois petites difficultés : la première, de savoir quelle est cette religion de l'état; la seconde, de montrer comment je l'ai attaquée; la troisième, de trouver cette loi selon laquelle j'ai été jugé.

Qu'est-ce que la religion de l'état? c'est la sainte réformation évangélique. Voilà, sans contredit, des mots bien sonnans. Mais qu'est-ce, à Genève aujourd'hui, que la sainte réformation évangélique? Le sauriez-vous, monsieur, par hasard? En ce cas, je vous en félicite : quant à moi, je l'ignore. J'avois cru le savoir ci-devant; mais je me trompois ainsi que bien d'autres, plus savans que moi sur tout autre point, et non moins ignorans sur celui-là.

Quand les réformateurs se détachèrent de l'Église romaine, ils l'accusèrent d'erreur; et, pour corriger cette erreur dans sa source, ils donnèrent à l'Écriture un autre sens que celui que l'Église lui donnoit. On leur demanda de quelle autorité ils s'écartoient ainsi de la doctrine reçue : ils dirent que c'étoit de leur autorité propre, de celle de leur raison. Ils dirent que le sens de la Bible étant intelligible et clair à tous les hommes en ce qui étoit du salut, chacun étoit juge compétent de la doctrine, et pouvoit interpréter la Bible, qui en est la règle, selon son esprit particulier; que tous s'accorderoient ainsi sur les choses essentielles; et que celles sur lesquelles ils ne pourroient s'accorder, ne l'étoient point.

Voilà donc l'esprit particulier établi pour unique interprète de l'Écriture; voilà l'autorité de l'Église rejetée; voilà chacun mis, pour la

(¹) *A cet égard*, dit-il page 22, *je retrouve assez mes maximes dans celles des représentations*. Et page 29, il regarde comme *incontestable que personne ne peut être poursuivi pour ses idées sur la religion*.

doctrine, sous sa propre juridiction. Tels sont les deux points fondamentaux de la réforme : reconnoître la Bible pour règle de sa croyance, et n'admettre d'autre interprète du sens de la Bible que soi. Ces deux points combinés forment le principe sur lequel les chrétiens réformés se sont séparés de l'Église romaine : et ils ne pouvoient moins faire sans tomber en contradiction ; car quelle autorité interprétative auroient-ils pu se réserver, après avoir rejeté celle du corps de l'Église?

Mais, dira-t-on, comment, sur un tel principe, les réformés ont-ils pu se réunir? Comment, voulant avoir chacun leur façon de penser, ont-ils fait corps contre l'Église catholique? Ils le devoient faire : ils se réunissoient en ceci, que tous reconnoissoient chacun d'eux comme juge compétent pour lui-même. Ils toléroient et ils devoient tolérer toutes les interprétations hors une, savoir, celle qui ôte la liberté des interprétations. Or cette unique interprétation qu'ils rejetoient étoit celle des catholiques. Ils devoient donc proscrire de concert Rome seule, qui les proscrivoit également tous. La diversité même de leurs façons de penser sur tout le reste étoit le lien commun qui les unissoit. C'étoient autant de petits états ligués contre une grande puissance, et dont la confédération générale n'ôtoit rien à l'indépendance de chacun.

Voilà comment la réformation évangélique s'est établie, et voilà comment elle doit se conserver. Il est bien vrai que la doctrine du plus grand nombre peut être proposée à tous comme la plus probable ou la plus autorisée ; le souverain peut même la rédiger en formule et la prescrire à ceux qu'il charge d'enseigner, parce qu'il faut quelque ordre, quelque règle dans les instructions publiques ; et qu'au fond l'on ne gêne en ceci la liberté de personne, puisque nul n'est forcé d'enseigner malgré lui : mais il ne s'ensuit pas de là que les particuliers soient obligés d'admettre précisément ces interprétations qu'on leur donne et cette doctrine qu'on leur enseigne. Chacun en demeure seul juge pour lui-même, et ne reconnoît en cela d'autre autorité que la sienne propre. Les bonnes instructions doivent moins fixer le choix que nous devons faire, que nous mettre en état de bien choisir. Tel est le véritable esprit de la réformation, tel en est le vrai fondement. La raison particulière y prononce, en tirant la foi de la règle commune qu'elle établit, savoir, l'Évangile ; et il est tellement de l'essence de la raison d'être libre, que, quand elle voudroit s'asservir à l'autorité, cela ne dépendroit pas d'elle. Portez la moindre atteinte à ce principe, et tout l'évangélisme croule à l'instant. Qu'on me prouve aujourd'hui qu'en matière de foi je suis obligé de me soumettre aux décisions de quelqu'un, dès demain je me fais catholique, et tout homme conséquent et vrai fera comme moi.

Or la libre interprétation de l'Écriture emporte non-seulement le droit d'en expliquer les passages, chacun selon son sens particulier, mais celui de rester dans le doute sur ceux qu'on trouve douteux, et celui de ne pas comprendre ceux qu'on trouve incompréhensibles. Voilà le droit de chaque fidèle, droit sur lequel ni les pasteurs ni les magistrats n'ont rien à voir. Pourvu qu'on respecte toute la Bible et qu'on s'accorde sur les points capitaux, on vit selon la réformation évangélique. Le serment des bourgeois de Genève n'emporte rien de plus que cela.

Or je vois déjà vos docteurs triompher sur ces points capitaux, et prétendre que je m'en écarte. Doucement, messieurs, de grâce ; ce n'est pas encore de moi qu'il s'agit, c'est de vous. Sachons d'abord quels sont, selon vous, ces points capitaux ; sachons quel droit vous avez de me contraindre à les voir où je ne les vois pas, et où peut-être vous ne les voyez pas vous-mêmes. N'oubliez point, s'il vous plaît, que me donner vos décisions pour lois, c'est vous écarter de la sainte réformation évangélique, c'est en ébranler les vrais fondemens ; c'est vous qui, par la loi, méritez punition.

Soit que l'on considère l'état politique de votre république lorsque la réformation fut instituée, soit que l'on pèse les termes de vos anciens édits *par rapport à la religion* qu'ils prescrivent, on voit que la réformation est partout mise en opposition avec l'Église romaine, et que les lois n'ont pour objet que d'abjurer les principes et le culte de celle-ci, destructifs de la liberté dans tous les sens.

Dans cette position particulière l'état n'existoit pour ainsi dire que par la séparation des deux Églises, et la république étoit anéantie si le papisme reprenoit le dessus. Ainsi la loi qui fixoit le culte évangélique n'y considéroit que l'abolition du culte romain. C'est ce qu'attestent les invectives, même indécentes, qu'on voit contre celui-ci dans vos premières ordonnances, et qu'on a sagement retranchées dans la suite quand le même danger n'existoit plus : c'est ce qu'atteste aussi le serment du consistoire, lequel consiste uniquement à empêcher *toutes idolâtries, blasphèmes, dissolutions, et autres choses contrevenantes à l'honneur de Dieu et à la réformation de l'Évangile*. Tels sont les termes de l'ordonnance passée en 1562. Dans la revue de la même ordonnance en 1576, on mit à la tête du serment, *de veiller sur tous scandales* (¹) : ce qui montre que, dans la première formule du serment, on n'avoit pour objet que la séparation de l'Église romaine. Dans la suite on pourvut encore à la police : cela est naturel quand un établissement commence à prendre de la consistance ; mais enfin, dans l'une et dans l'autre leçon, ni dans aucun serment de magistrats, de bourgeois, de ministres, il n'est question ni d'erreur ni d'hérésie. Loin que ce fût là l'objet de la réformation ni des lois, c'eût été se mettre en contradiction avec soi-même. Ainsi vos édits n'ont fixé, sous ce mot de *réformation*, que les points controversés avec l'Église romaine.

Je sais que votre histoire, et celle en général de la réforme, est pleine de faits qui montrent une inquisition très-sévère, et que, de persécutés, les réformateurs devinrent bientôt persécuteurs : mais ce contraste, si choquant dans toute l'histoire du christianisme, ne prouve autre chose dans la vôtre que l'inconséquence des hommes et l'empire des passions sur la raison. A force de disputer contre le clergé catholique, le clergé protestant prit l'esprit disputeur et pointilleux. Il vouloit tout décider, tout régler, prononcer sur tout ; chacun proposoit modestement son sentiment pour loi suprême à tous les autres : ce n'étoit pas le moyen de vivre en paix. Calvin, sans doute, étoit un grand homme, mais enfin c'étoit un homme, et, qui pis est, un théologien : il avoit d'ailleurs tout l'orgueil du génie qui sent sa supériorité, et qui s'indigne qu'on la lui dispute. La plupart de ses collègues étoient dans le même cas ; tous en cela d'autant plus coupables qu'ils étoient plus inconséquens.

Aussi quelle prise n'ont-ils pas donnée en ce point aux catholiques ! et quelle pitié n'est-ce pas de voir dans leur défense ces savans hommes, ces esprits éclairés qui raisonnoient si bien sur tout autre article, déraisonner si sottement sur celui-là ! ces contradictions ne prouvoient cependant autre chose, sinon qu'ils suivoient bien plus leurs passions que leurs principes. Leur dure orthodoxie étoit elle-même une hérésie. C'étoit bien là l'esprit des réformateurs, mais ce n'étoit pas celui de la réformation.

La religion protestante est tolérante par principe, elle est tolérante essentiellement ; elle l'est autant qu'il est possible de l'être, puisque le seul dogme qu'elle ne tolère pas est celui de l'intolérance. Voilà l'insurmontable barrière qui nous sépare des catholiques, et qui réunit les autres communions entre elles ; chacune regarde bien les autres comme étant dans l'erreur ; mais nulle ne regarde ou ne doit regarder cette erreur comme un obstacle au salut (¹).

Les réformés de nos jours, du moins les ministres, ne connoissent ou n'aiment plus leur religion. S'ils l'avoient connue et aimée, à la publication de mon livre ils auroient poussé de concert un cri de joie, ils se seroient tous unis avec moi, qui n'attaquois que leurs adversaires ; mais ils aiment mieux abandonner leur propre cause que de soutenir la mienne ; avec leur ton risiblement arrogant, avec leur rage de chicane et d'intolérance, ils ne savent plus ce qu'ils croient, ni ce qu'ils veulent, ni ce qu'ils disent. Je ne les vois plus que comme de mauvais valets des prêtres, qui les servent moins par amour pour eux que par haine contre moi (²). Quand ils auront bien disputé, bien chamaillé, bien ergoté, bien prononcé, tout au fort de leur petit triomphe, le clergé romain, qui maintenant rit et les laisse faire, viendra les

(¹) Ordonn. ecclés., tit. III, art. LXXV.

(¹) De toutes les sectes du christianisme, la luthérienne me paroît la plus inconséquente. Elle a réuni comme à plaisir contre elle seule toutes les objections qu'elles se font l'une à l'autre. Elle est en particulier intolérante comme l'Église romaine ; mais le grand argument de celle-ci lui manque : elle est intolérante sans savoir pourquoi.

(²) Il est assez superflu, je crois, d'avertir que j'excepte ici mon pasteur, et ceux qui sur ce point pensent comme lui.

J'ai appris depuis cette note à n'excepter personne, mais je la laisse, selon ma promesse, pour l'instruction de tout honnête homme qui peut être tenté de louer des gens d'église.

chasser, armé d'argumens *ad hominem* sans réplique ; et les battant de leurs propres armes, il leur dira : *Cela va bien ; mais à présent ôtez-vous de là, méchans intrus que vous êtes ; vous n'avez travaillé que pour nous.* Je reviens à mon sujet.

L'Église de Genève n'a donc et ne doit avoir, comme réformée, aucune profession de foi précise, articulée, et commune à tous ses membres. Si l'on vouloit en avoir une, en cela même on blesseroit la liberté évangélique, on renonceroit au principe de la réformation ; on violeroit la loi de l'état. Toutes les Églises protestantes qui ont dressé des formules de profession de foi, tous les synodes qui ont déterminé des points de doctrine, n'ont voulu que prescrire aux pasteurs celle qu'ils devoient enseigner, et cela étoit bon et convenable. Mais si ces Églises et ces synodes ont prétendu faire plus par ces formules, et prescrire aux fidèles ce qu'ils devoient croire ; alors, par de telles décisions, ces assemblées n'ont prouvé autre chose, sinon qu'elles ignoroient leur propre religion.

L'Église de Genève paroissoit depuis longtemps s'écarter moins que les autres du véritable esprit du christianisme, et c'est sur cette trompeuse apparence que j'honorai ses pasteurs d'éloges dont je les croyois dignes ; car mon intention n'étoit assurément pas d'abuser le public. Mais qui peut voir aujourd'hui ces mêmes ministres, jadis si coulans et devenus tout à coup si rigides, chicaner sur l'orthodoxie d'un laïc, et laisser la leur dans une si scandaleuse incertitude? On leur demande si Jésus-Christ est Dieu, ils n'osent répondre ; on leur demande quels mystères ils admettent, ils n'osent répondre. Sur quoi donc répondront-ils, et quels seront les articles fondamentaux, différens des miens, sur lesquels ils veulent qu'on se décide, si ceux-là n'y sont pas compris?

Un philosophe jette sur eux un coup d'œil rapide ; il les pénètre, il les voit ariens, sociniens : il le dit, et pense leur faire honneur ; mais il ne voit pas qu'il expose leur intérêt temporel, la seule chose qui généralement décide ici-bas de la foi des hommes.

Aussitôt alarmés, effrayés, ils s'assemblent, ils discutent, ils s'agitent, ils ne savent à quel saint se vouer ; et après force consultations (¹), délibérations, conférences, le tout aboutit à un amphigouri où l'on ne dit ni oui ni non, et auquel il est aussi peu possible de rien comprendre qu'aux deux plaidoyers de Rabelais (²). La doctrine orthodoxe n'est-elle pas bien claire; et ne la voilà-t-il pas en de sûres mains?

Cependant, parce qu'un d'entre eux, compilant force plaisanteries scolastiques, aussi bénignes qu'élégantes, pour juger mon christianisme, ne craint pas d'abjurer le sien ; tout charmés du savoir de leur confrère, et surtout de sa logique, ils avouent son docte ouvrage, et l'en remercient par une députation. Ce sont en vérité de singulières gens que messieurs vos ministres ! on ne sait ni ce qu'ils croient, ni ce qu'ils ne croient pas ; on ne sait pas même ce qu'ils font semblant de croire : leur seule manière d'établir leur foi est d'attaquer celle des autres : ils sont comme les jésuites, qui, dit-on, forçoient tout le monde à signer la constitution, sans vouloir la signer eux-mêmes. Au lieu de s'expliquer sur la doctrine qu'on leur impute, ils pensent donner le change aux autres églises, en cherchant querelle à leur propre défenseur ; ils veulent prouver par leur ingratitude qu'ils n'avoient pas besoin de mes soins, et croient se montrer assez orthodoxes en se montrant persécuteurs.

De tout ceci je conclus qu'il n'est pas aisé de dire en quoi consiste à Genève aujourd'hui la sainte réformation. Tout ce qu'on peut avancer de certain sur cet article est qu'elle doit consister principalement à rejeter les points contestés à l'Église romaine par les premiers réformateurs, et surtout par Calvin. C'est là l'esprit de votre institution ; c'est par là que vous êtes un peuple libre, et c'est par ce côté seul que la religion fait chez vous partie de la loi de l'état.

De cette première question je passe à la seconde, et je dis : Dans un livre où la vérité, l'utilité, la nécessité de la religion en général est établie avec la plus grande force, où, sans

(¹) *Quand on est bien décidé sur ce qu'on croit*, disoit à ce sujet un journaliste, *une profession de foi doit être bientôt faite.*

(²) Il y auroit peut-être eu quelque embarras à s'expliquer plus clairement sans être obligé de se rétracter sur certaines choses.

donner aucune exclusion ([1]), l'auteur préfère la religion chrétienne à tout autre culte, et la réformation évangélique à toute autre secte, comment se peut-il que cette même réformation soit attaquée? Cela paroît difficile à concevoir. Voyons cependant.

J'ai prouvé ci-devant en général, et je prouverai plus en détail ci-après, qu'il n'est pas vrai que le christianisme soit attaqué dans mon livre. Or, lorsque les principes communs ne sont pas attaqués, *on ne peut attaquer en particulier* aucune secte que de deux manières: savoir, indirectement, en soutenant les dogmes distinctifs de ses adversaires; ou directement, en attaquant les siens.

Mais comment aurois-je soutenu les dogmes distinctifs des catholiques, puisqu'au contraire ce sont les seuls que j'aie attaqués, et puisque c'est cette attaque même qui a soulevé contre moi le parti catholique, sans lequel il est sûr que les protestans n'auroient rien dit? Voilà, je l'avoue, une des choses les plus étranges dont on ait jamais ouï parler; mais elle n'en est pas moins vraie. Je suis confesseur de la foi protestante à Paris, et c'est pour cela que je le suis encore à Genève.

Et comment aurois-je attaqué les dogmes distinctifs des protestans, puisqu'au contraire ce sont ceux que j'ai soutenus avec le plus de force, puisque je n'ai cessé d'insister sur l'autorité de la raison en matière de foi, sur la libre interprétation des Écritures, sur la tolérance évangélique, et sur l'obéissance aux lois, même en matière de culte; tous dogmes distinctifs et radicaux de l'Église réformée, et sans lesquels, loin d'être solidement établie, elle ne pourroit pas même exister?

Il y a plus; voyez quelle force la forme même de l'ouvrage ajoute aux argumens en faveur des réformés. C'est un prêtre catholique qui parle, et ce prêtre n'est ni un impie ni un libertin: c'est un homme croyant et pieux, plein de candeur, de droiture, et malgré ses difficultés, ses objections, ses doutes, nourrissant au fond de son cœur le plus vrai respect pour le culte qu'il professe; un homme qui, dans les épanchemens les plus intimes, déclare qu'appelé dans ce culte au service de l'Eglise, il y remplit avec toute l'exactitude possible les soins qui lui sont prescrits; que sa conscience lui reprocheroit d'y manquer volontairement dans la moindre chose, que, dans le mystère qui choque le plus sa raison, il se recueille au moment de la consécration, pour la faire avec toutes les dispositions qu'exigent l'Église et la grandeur du sacrement; qu'il prononce avec respect les mots sacramentaux; qu'il donne à leur effet toute la foi *qui dépend de lui;* et que, quoi qu'il en soit de ce mystère inconcevable, il ne craint pas qu'au jour du jugement il soit puni pour l'avoir jamais profané dans son cœur (*).

Voilà comment parle et pense cet homme vénérable, vraiment bon, sage, vraiment chrétien, et le catholique le plus sincère qui peut-être ait jamais existé.

Écoutez toutefois ce que dit ce vertueux prêtre à un jeune homme protestant qui s'étoit fait catholique, et auquel il donne des conseils. « Retournez dans votre patrie, reprenez la religion de vos pères, suivez-la dans la sincérité de votre cœur, et ne la quittez plus; elle est très-simple et très-sainte; je la crois, de toutes les religions qui sont sur la terre, celle dont la morale est la plus pure, et dont la raison se contente le mieux (**). »

Il ajoute un moment après: « Quand vous voudrez écouter votre conscience, mille obstacles vains disparaîtront à sa voix. Vous sentirez que, dans l'incertitude où nous sommes, c'est une inexcusable présomption de professer une autre religion que celle où l'on est né, et une fausseté de ne pas pratiquer sincèrement celle qu'on professe. Si l'on s'égare, on s'ôte une grande excuse au tribunal du souverain Juge. Ne pardonnera-t-il pas plutôt l'erreur où l'on fut nourri, que celle qu'on osa choisir soi-même (***)? »

Quelques pages auparavant, il avoit dit: « Si j'avois des protestans à mon voisinage ou dans ma paroisse, je ne les distinguerois point de mes paroissiens en ce qui tient à la charité chrétienne; je les porterois tous également à s'entr'aimer, à se regarder comme frères, à respecter toutes les religions, et à vivre en paix chacun dans la sienne. Je pense que sol-

([1]) J'exhorte tout lecteur équitable à relire et peser dans l'*Emile* ce qui suit immédiatement la Profession de foi du vicaire, et où je reprends la parole.

(*) *Émile*, livre IV. (**) *Ibid.* (***) *Ibid.*

» liciter quelqu'un de quitter celle où il est né, » c'est le solliciter de mal faire, et par conséquent faire mal soi-même. En attendant de » plus grandes lumières, gardons l'ordre public; dans tous pays respectons les lois, ne » troublons point le culte qu'elles prescrivent, » ne portons point les citoyens à la désobéissance: car nous ne savons point certainement si c'est un bien pour eux de quitter » leurs opinions pour d'autres, et nous savons » certainement que c'est un mal de désobéir » aux lois. »

Voilà, monsieur, comment parle un prêtre catholique dans un écrit où l'on m'accuse d'avoir attaqué le culte des réformés, et où il n'en est pas dit autre chose. Ce qu'on auroit pu me reprocher, peut-être, étoit une partialité outrée en leur faveur, et un défaut de convenance en faisant parler un prêtre catholique comme jamais prêtre catholique n'a parlé. Ainsi j'ai fait en toute chose précisément le contraire de ce qu'on m'accuse d'avoir fait. On diroit que vos magistrats se sont conduits par gageure : quand ils auroient parié de juger contre l'évidence, ils n'auroient pu mieux réussir.

Mais ce livre contient des objections, des difficultés, des doutes ! Et pourquoi non, je vous prie? Où est le crime à un protestant de proposer ses doutes sur ce qu'il trouve douteux, et ses objections sur ce qu'il en trouve susceptible? Si ce qui vous paroît clair me paroît obscur, si ce que vous jugez démontré ne me semble pas l'être, de quel droit prétendez-vous soumettre ma raison à la vôtre, et me donner votre autorité pour loi, comme si vous prétendiez à l'infaillibilité du pape? N'est-il pas plaisant qu'il faille raisonner en catholique, pour m'accuser d'attaquer les protestans?

Mais ces objections et ces doutes tombent sur les points fondamentaux de la foi? Sous l'apparence de ces doutes on a rassemblé tout ce qui peut tendre à saper, ébranler et détruire les principaux fondemens de la religion chrétienne? Voilà qui change la thèse : et si cela est vrai, je puis être coupable; mais aussi c'est un mensonge, et un mensonge bien impudent de la part de gens qui ne savent pas eux-mêmes en quoi consistent les principes fondamentaux de leur christianisme. Pour moi, je sais très-bien en quoi consistent les principes fondamentaux du mien, et je l'ai dit. Presque toute la profession de foi de la Julie est affirmative; toute la première partie de celle du vicaire est affirmative, la moitié de la seconde partie est encore affirmative; une partie du chapitre de la religion civile est affirmative; la Lettre à M. l'archevêque de Paris est affirmative. Voilà, messieurs, mes articles fondamentaux : voyons les vôtres.

Ils sont adroits, ces messieurs; ils établissent la méthode de discussion la plus nouvelle et la plus commode pour des persécuteurs. Ils laissent avec art tous les principes de la doctrine incertains et vagues. Mais un auteur a-t-il le malheur de leur déplaire, ils vont furetant dans ses livres quelles peuvent être ses opinions. Quand ils croient les avoir bien constatées, ils prennent les contraires de ces mêmes opinions et en font autant d'articles de foi : ensuite ils crient à l'impie, au blasphème, parce que l'auteur n'a pas d'avance admis dans ses livres les prétendus articles de foi qu'ils ont bâtis après coup pour le tourmenter.

Comment les suivre dans ces multitudes de points sur lesquels ils m'ont attaqué? comment rassembler tous leurs libelles; comment les lire? qui peut aller trier tous ces lambeaux, toutes ces guenilles, chez les fripiers de Genève ou dans le fumier du *Mercure de Neufchâtel?* Je me perds, je m'embourbe au milieu de tant de bêtises. Tirons de ce fatras un seul article pour servir d'exemple, leur article le plus triomphant, celui pour lequel leurs prédicans (¹) se sont mis en campagne, et dont ils ont fait le plus de bruit : les miracles.

J'entre dans un long examen. Pardonnez-m'en l'ennui, je vous supplie. Je ne veux discuter ce point si terrible que pour vous épargner ceux sur lesquels ils ont moins insisté.

Ils disent donc : « Jean-Jacques Rousseau » n'est pas chrétien, quoiqu'il se donne pour » tel; car nous, qui certainement le sommes, » ne pensons pas comme lui. Jean-Jacques » Rousseau ne croit point à la révélation, quoi» qu'il dise y croire : en voici la preuve.

» Dieu ne révèle pas sa volonté immédiate-

(¹) Je n'aurois point employé ce terme, que je trouvois déprisant, si l'exemple du Conseil de Genève, qui s'en servoit en écrivant au cardinal de Fleury, ne m'eût appris que mon scrupule étoit mal fondé.

» ment à tous les hommes. Il leur parle par ses
» envoyés, et ces envoyés ont pour preuve de
» leur mission les miracles. Donc quiconque re-
» jette les miracles rejette les envoyés de Dieu ;
» et qui rejette les envoyés de Dieu rejette la
» révélation. Or Jean-Jacques Rousseau rejette
» les miracles. »

Accordons d'abord et le principe et le fait comme s'ils étoient vrais ; nous y reviendrons dans la suite. Cela supposé, le raisonnement précédent n'a qu'un défaut, c'est qu'il est fait directement contre ceux qui s'en servent. Il est très-bon pour les catholiques, mais très-mauvais pour les protestans. Il faut prouver à mon tour.

Vous trouverez que je me répète souvent ; mais qu'importe ? Lorsqu'une même proposition m'est nécessaire à des argumens tout différens, dois-je éviter de la reprendre ? Cette affectation seroit puérile. Ce n'est pas de variété qu'il s'agit, c'est de vérité, de raisonnemens justes et concluans. Passez le reste, et ne songez qu'à cela.

Quand les premiers réformateurs commencèrent à se faire entendre, l'Église universelle étoit en paix ; tous les sentimens étoient unanimes, il n'y avoit pas un dogme essentiel débattu parmi les chrétiens.

Dans cet état tranquille, tout à coup deux ou trois hommes élèvent leur voix, et crient dans toute l'Europe : Chrétiens, prenez garde à vous ; on vous trompe, on vous égare, on vous mène dans le chemin de l'enfer : le pape est l'antechrist, le suppôt de Satan ; son Église est l'école du mensonge. Vous êtes perdus si vous ne nous écoutez.

A ces premières clameurs, l'Europe étonnée resta quelques momens en silence, attendant ce qu'il en arriveroit. Enfin le clergé, revenu de sa première surprise, et voyant que ces nouveau-venus se faisoient des sectateurs, comme s'en fait toujours tout homme qui dogmatise, comprit qu'il falloit s'expliquer avec eux. Il commença par leur demander à qui ils en avoient avec tout ce vacarme. Ceux-ci répondent fièrement qu'ils sont les apôtres de la vérité, appelés à réformer l'Église, et à ramener les fidèles de la voie de perdition où les conduisoient les prêtres.

Mais, leur répliqua-t-on, qui vous a donné cette belle commission, de venir troubler la paix de l'Église et la tranquillité publique ? Notre conscience, dirent-ils, la raison, la lumière intérieure, la voix de Dieu, à laquelle nous ne pouvons résister sans crime : c'est lui qui nous appelle à ce saint ministère, et nous suivons notre vocation.

Vous êtes donc envoyés de Dieu ? reprirent les catholiques. En ce cas, nous convenons que vous devez prêcher, réformer, instruire, et qu'on doit vous écouter. Mais, pour obtenir ce droit, commencez par nous montrer vos lettres de créance. Prophétisez, guérissez, illuminez, faites des miracles, déployez les preuves de votre mission.

La réplique des réformateurs est belle, et vaut bien la peine d'être transcrite.

« Oui, nous sommes les envoyés de Dieu ;
» mais notre mission n'est point extraordinaire :
» elle est dans l'impulsion d'une conscience
» droite, dans les lumières d'un entendement
» sain. Nous ne vous apportons point une ré-
» vélation nouvelle, nous nous bornons à celle
» qui vous a été donnée, et que vous n'enten-
» dez plus. Nous venons à vous non pas avec
» des prodiges, qui peuvent être trompeurs,
» et dont tant de fausses doctrines se sont
» étayées, mais avec les signes de la vérité et
» de la raison, qui ne trompe point, avec ce
» livre saint, que vous défigurez, et que nous
» vous expliquons. Nos miracles sont des argu-
» mens invincibles, nos prophéties sont des
» démonstrations : nous vous prédisons que si
» vous n'écoutez la voix de Christ qui vous parle
» par nos bouches, vous serez punis comme
» des serviteurs infidèles, à qui l'on dit la vo-
» lonté de leurs maîtres, et qui ne veulent pas
» l'accomplir. »

Il n'étoit pas naturel que les catholiques convinssent de l'évidence de cette nouvelle doctrine, et c'est aussi ce que la plupart d'entre eux se gardèrent bien de faire. Or on voit que la dispute étant réduite à ce point ne pouvoit plus finir, et que chacun devoit se donner gain de cause ; les protestans soutenant toujours que leurs interprétations et leurs preuves étoient si claires qu'il falloit être de mauvaise foi pour s'y refuser ; et les catholiques, de leur côté, trouvant que les petits argumens de quelques particuliers, qui même n'étoient pas sans réplique, ne devoient pas l'emporter sur l'autorité de toute l'Église, qui, de tout temps, avoit autrement décidé qu'eux les points débattus.

Tel est l'état où la querelle est restée. On n'a cessé de disputer sur la force des preuves ; dispute qui n'aura jamais de fin, tant que les hommes n'auront pas tous la même tête.

Mais ce n'étoit pas de cela qu'il s'agissoit pour les catholiques. Ils prirent le change; et si, sans s'amuser à chicaner les preuves de leurs adversaires, ils s'en fussent tenus à leur disputer le droit de prouver, ils les auroient embarrassés, ce me semble.

« Premièrement, leur auroient-ils dit, votre » manière de raisonner n'est qu'une pétition » de principe; car si la force de vos preuves » est le signe de votre mission, il s'ensuit, pour » ceux qu'elles ne convainquent pas, que votre » mission est fausse, et qu'ainsi nous pouvons » légitimement, tous tant que nous sommes, » vous punir comme hérétiques, comme faux » apôtres, comme perturbateurs de l'Église et » du genre humain.

» Vous ne prêchez pas, dites-vous, des doc- » trines nouvelles ; et que faites-vous donc en » nous prêchant vos nouvelles explications? » Donner un nouveau sens aux paroles de l'É- » criture, n'est-ce pas établir une nouvelle doc- » trine, n'est-ce pas faire parler Dieu tout au- » trement qu'il n'a fait? ce ne sont pas les sons, » mais les sens des mots, qui sont révélés : » changer ces sens reconnus et fixés par l'Église, » c'est changer la révélation.

» Voyez de plus combien vous êtes injustes ! » Vous convenez qu'il faut des miracles pour » autoriser une mission divine; et cependant » vous, simples particuliers, de votre propre » aveu, vous venez nous parler avec empire, » et comme les envoyés de Dieu (1). Vous ré- » clamez l'autorité d'interpréter l'Écriture à » votre fantaisie, et vous prétendez nous ôter » la même liberté. Vous vous arrogez à vous » seuls un droit que vous refusez et à chacun » de nous, et à nous tous qui composons l'É- » glise. Quel titre avez-vous donc pour soumet- » tre ainsi nos jugemens communs à votre es- » prit particulier? Quelle insupportable suffi- » sance de prétendre avoir toujours raison, et » raison seuls contre tout le monde, sans vou- » loir laisser dans leur sentiment ceux qui ne » sont pas du vôtre, et qui pensent avoir raison » aussi (1) ! Les distinctions dont vous nous » payez seroient tout au plus tolérables si vous » disiez simplement votre avis, et que vous » en restassiez là ; mais point. Vous nous faites » une guerre ouverte ; vous soufflez le feu de » toutes parts. Résister à vos leçons, c'est être » rebelle, idolâtre, digne de l'enfer. Vous vou- » lez absolument convertir, convaincre, con- » traindre même. Vous dogmatisez, vous prê- » chez, vous censurez, vous anathématisez, » vous excommuniez, vous punissez, vous met- » tez à mort : vous exercez l'autorité des pro- » phètes, et vous ne vous donnez que pour des » particuliers. Quoi ! vous novateurs, sur votre » seule opinion, soutenus de quelques cen- » taines d'hommes, vous brûlez vos adversai- » res ! et nous, avec quinze siècles d'antiquité, » et la voix de cent millions d'hommes, nous » aurons tort de vous brûler? Non, cessez de » parler, d'agir en apôtres, ou montrez vos » titres ; ou, quand nous serons les plus forts, » vous serez très-justement traités en impos- » teurs. »

A ce discours, voyez-vous, monsieur, ce que nos réformateurs auroient eu de solide à répondre? Pour moi je ne le vois pas. Je pense qu'ils auroient été réduits à se taire ou à faire des miracles. Triste ressource pour des amis de la vérité !

Je conclus de là qu'établir la nécessité des miracles en preuve de la mission des envoyés de Dieu qui prêchent une doctrine nouvelle, c'est renverser la réformation de fond en com-

(1) Farel déclara, en propres termes, à Genève, devant le Conseil épiscopal, qu'il étoit envoyé de Dieu : ce qui fit dire à l'un des membres du Conseil ces paroles de Caïphe : *Il a blasphémé : qu'est-il besoin d'autre témoignage? Il a mérité la mort.* Dans la doctrine des miracles, il en falloit un pour répondre à cela. Cependant Jésus n'en fit point en cette occasion, ni Farel non plus. Froment déclara de même au magistrat qui lui défendoit de prêcher, *qu'il valoit mieux obéir à Dieu qu'aux hommes*, et continua de prêcher malgré la défense; conduite qui certainement ne pouvoit s'autoriser que par un ordre exprès de Dieu.

(1) Quel homme, par exemple, fut jamais plus tranchant, plus impérieux, plus décisif, plus divinement infaillible, à son gré, que Calvin, pour qui la moindre opposition, la moindre objection qu'on osoit lui faire, étoit toujours une œuvre de Satan, un crime digne du feu? Ce n'est pas au seul Servet qu'il en a coûté la vie pour avoir osé penser autrement que lui.

ble; c'est faire, pour me combattre, ce qu'on m'accuse faussement d'avoir fait.

Je n'ai pas tout dit, monsieur, sur ce chapitre; mais ce qui me reste à dire ne peut se couper, et ne fera qu'une trop longue lettre : il est temps d'achever celle-ci.

LETTRE III.

Continuation du même sujet (les miracles). Court examen de quelques autres accusations.

Je reprends, monsieur, cette question des miracles que j'ai entrepris de discuter avec vous; et, après avoir prouvé qu'établir leur nécessité c'étoit détruire le protestantisme, je vais chercher à présent quel est leur usage pour prouver la révélation.

Les hommes, ayant des têtes si diversement organisées, ne sauroient être affectés tous également des mêmes argumens, surtout en matière de foi. Ce qui paroît évident à l'un ne paroît pas même probable à l'autre; l'un par son tour d'esprit n'est frappé que d'un genre de preuves, l'autre ne l'est que d'un genre tout différent. Tous peuvent bien quelquefois convenir des mêmes choses; mais il est très-rare qu'ils en conviennent par les mêmes raisons : ce qui, pour le dire en passant, montre combien la dispute en elle-même est peu sensée : autant vaudroit vouloir forcer autrui de voir par nos yeux.

Lors donc que Dieu donne aux hommes une révélation que tous sont obligés de croire, il faut qu'il l'établisse sur des preuves bonnes pour tous, et qui par conséquent soient aussi diverses que les manières de voir de ceux qui doivent les adopter.

Sur ce raisonnement, qui me paroît juste et simple, on a trouvé que Dieu avoit donné à la mission de ses envoyés divers caractères qui rendoient cette mission reconnoissable à tous les hommes, petits et grands, sages et sots, savans et ignorans. Celui d'entre eux qui a le cerveau assez flexible pour s'affecter à la fois de tous ces caractères est heureux sans doute ; mais celui qui n'est frappé que de quelques-uns n'est pas à plaindre, pourvu qu'il en soit frappé suffisamment pour être persuadé.

Le premier, le plus important, le plus certain de ces caractères, se tire de la nature de la doctrine, c'est-à-dire de son utilité, de sa beauté [1], de sa sainteté, de sa vérité, de sa profondeur, et de toutes les autres qualités qui peuvent annoncer aux hommes les instructions de la suprême sagesse et les préceptes de la suprême bonté. Ce caractère est, comme j'ai dit, le plus sûr, le plus infaillible; il porte en lui-même une preuve qui dispense de toute autre : mais il est le moins facile à constater ; il exige, pour être senti, de l'étude, de la réflexion, des connoissances, des discussions qui ne conviennent qu'aux hommes sages qui sont instruits et qui savent raisonner.

Le second caractère est dans celui des hommes choisis de Dieu pour annoncer sa parole ; leur sainteté, leur véracité, leur justice, leurs mœurs pures et sans tache, leurs vertus inaccessibles aux passions humaines, sont, avec les qualités de l'entendement, la raison, l'esprit, le savoir, la prudence, autant d'indices respectables, dont la réunion, quand rien ne s'y dément, forme une preuve complète en leur faveur, et dit qu'ils sont plus que des hommes. Ceci est le signe qui frappe par préférence les gens bons et droits, qui voient la vérité partout où ils voient la justice, et n'entendent la voix de Dieu que dans la bouche de la vertu. Ce caractère a sa certitude encore, mais il n'est pas impossible qu'il trompe; et ce n'est pas un prodige qu'un imposteur abuse les gens de bien, ni qu'un homme de bien s'abuse lui-même, entraîné par l'ardeur d'un saint zèle qu'il prendra pour de l'inspiration.

Le troisième caractère des envoyés de Dieu est une émanation de la puissance divine, qui peut interrompre et changer le cours de la nature à la volonté de ceux qui reçoivent cette émanation. Ce caractère est sans contredit le plus brillant des trois, le plus frappant, le

[1] Je ne sais pourquoi l'on veut attribuer au progrès de la philosophie la belle morale de nos livres. Cette morale, tirée de l'Évangile, étoit chrétienne avant d'être philosophique. Les chrétiens l'enseignent sans la pratiquer, je l'avoue ; mais que font de plus les philosophes, si ce n'est de se donner à eux-mêmes beaucoup de louanges, qui, n'étant répétées par personne autre, ne prouvent pas grand'chose, à mon avis?

Les préceptes de Platon sont souvent très-sublimes ; mais combien n'erre-t-il pas quelquefois, et jusqu'où ne vont pas ses erreurs! Quant à Cicéron, peut-on croire que sans Platon ce rhéteur eût trouvé ses Offices? L'Evangile seul est, quant à la morale, toujours sûr, toujours vrai, toujours unique, et toujours semblable à lui-même.

plus prompt à sauter aux yeux ; celui qui, se marquant par un effet subit et sensible, semble exiger le moins d'examen et de discussion : par là ce caractère est aussi celui qui saisit spécialement le peuple, incapable de raisonnemens suivis, d'observations lentes et sûres, et en toute chose esclave de ses sens : mais c'est ce qui rend ce même caractère équivoque, comme il sera prouvé ci-après ; et en effet, pourvu qu'il frappe ceux auxquels il est destiné, qu'importe qu'il soit apparent ou réel? C'est une distinction qu'ils sont hors d'état de faire ; ce qui montre qu'il n'y a de signe vraiment certain que celui qui se tire de la doctrine, et qu'il n'y a par conséquent que les bons raisonneurs qui puissent avoir une foi solide et sûre : mais la bonté divine se prête aux foiblesses du vulgaire, et veut bien lui donner des preuves qui fassent pour lui.

Je m'arrête ici sans rechercher si ce dénombrement peut aller plus loin : c'est une discussion inutile à la nôtre ; car il est clair que quand tous ces signes se trouvent réunis, c'en est assez pour persuader tous les hommes, les sages, les bons, et le peuple ; tous, excepté les fous, incapables de raison, et les méchans, qui ne veulent être convaincus de rien.

Ces caractères sont des preuves de l'autorité de ceux en qui ils résident ; ce sont les raisons sur lesquelles on est obligé de les croire. Quand tout cela est fait, la vérité de leur mission est établie ; ils peuvent alors agir avec droit et puissance en qualité d'envoyés de Dieu. Les preuves sont les moyens ; la foi due à la doctrine est la fin. Pourvu qu'on admette la doctrine, c'est la chose la plus vaine de disputer sur le nombre et le choix des preuves ; et si une seule me persuade, vouloir m'en faire adopter d'autres est un soin perdu. Il seroit du moins bien ridicule de soutenir qu'un homme ne croit pas ce qu'il dit croire, parce qu'il ne le croit pas précisément par les mêmes raisons que nous disons avoir de le croire aussi.

Voilà, ce me semble, des principes clairs et incontestables : venons à l'application. Je me déclare chrétien ; mes persécuteurs disent que je ne le suis pas. Ils prouvent que je ne suis pas chrétien, parce que je rejette la révélation ; et ils prouvent que je rejette la révélation parce que je ne crois pas aux miracles.

Mais pour que cette conséquence fût juste, il faudroit de deux choses l'une : ou que les miracles fussent l'unique preuve de la révélation, ou que je rejetasse également les autres preuves qui l'attestent. Or, il n'est pas vrai que les miracles soient l'unique preuve de la révélation ; et il n'est pas vrai que je rejette les autres preuves, puisqu'au contraire on les trouve établies dans l'ouvrage même où l'on m'accuse de détruire la révélation [1].

Voilà précisément à quoi nous en sommes. Ces messieurs, déterminés à me faire, malgré moi, rejeter la révélation, comptent pour rien que je l'admette sur les preuves qui me convainquent, si je ne l'admets encore sur celles qui ne me convainquent pas ; et, parce que je ne le puis, ils disent que je la rejette. Peut-on rien concevoir de plus injuste et de plus extravagant?

Et voyez de grâce si j'en dis trop, lorsqu'ils me font un crime de ne pas admettre une preuve que non-seulement Jésus n'a pas donnée, mais qu'il a refusée expressément.

Il ne s'annonça pas d'abord par des miracles, mais par la prédication. A douze ans il disputoit déjà dans le temple avec les docteurs, tantôt les interrogeant et tantôt les surprenant par la sagesse de ses réponses. Ce fut là le commencement de ses fonctions, comme il le déclara lui-même à sa mère et à Joseph [2]. Dans le pays, avant qu'il fît aucun miracle, il se mit à prêcher aux peuples le royaume des cieux [3] ; et il avoit déjà rassemblé plusieurs disciples sans s'être autorisé près d'eux d'aucun signe, puisqu'il est dit que ce fut à Cana qu'il fit le premier [4].

Quand il fit ensuite des miracles, c'étoit le plus souvent dans des occasions particulières, dont le choix n'annonçoit pas un *témoignage*

(1) Il importe de remarquer que le vicaire pouvoit trouver beaucoup d'objections comme catholique, qui sont nulles pour un protestant. Ainsi le scepticisme dans lequel il reste ne prouve en aucune façon le mien, surtout après la déclaration très-expresse que j'ai faite à la fin de ce même écrit. On voit clairement, dans mes principes, que plusieurs des objections qu'il contient portent à faux.

(2) Luc, XI, 46, 47, 49.

(3) Matth., IV, 17.

(4) Jean, II, 11. Je ne puis penser que personne veuille mettre au nombre des signes publics de sa mission la tentation du diable et le jeûne de quarante jours.

public, et dont le but étoit si peu de manifester sa puissance, qu'on ne lui en a jamais demandé pour cette fin qu'il ne les ait refusés. Voyez là-dessus toute l'histoire de sa vie; écoutez surtout sa propre déclaration : elle est si décisive, que vous n'y trouverez rien à répliquer.

Sa carrière étoit déjà fort avancée, quand les docteurs, le voyant faire tout de bon le prophète *au milieu* d'eux, s'avisèrent de lui demander un signe. A cela qu'auroit dû répondre Jésus, selon vos messieurs? « Vous demandez » un signe, vous en avez eu cent. Croyez-vous » que je sois venu m'annoncer à vous pour le » Messie sans commencer par rendre témoi- » gnage de moi, comme si j'avois voulu vous » forcer à me méconnoître et vous faire errer » malgré vous? Non : Cana, le centenier, le » lépreux, les aveugles, les paralytiques, la » multiplication des pains, toute la Galilée, » toute la Judée, déposent pour moi. Voilà » mes signes : pourquoi feignez-vous de ne les » pas voir? »

Au lieu de cette réponse, que Jésus ne fit point, voici, monsieur, celle qu'il fit :

La nation méchante et adultère demande un signe, et il ne lui en sera point donné. Ailleurs il ajoute : *Il ne lui sera point donné d'autre signe que celui de Jonas le prophète. Et leur tournant le dos, il s'en alla* [1].

Voyez d'abord comment, blâmant cette manie des signes miraculeux, il traite ceux qui les demandent. Et cela ne lui arrive pas une fois seulement, mais plusieurs [2]. Dans le système de vos messieurs cette demande étoit très-légitime : pourquoi donc insulter ceux qui la faisoient?

Voyez ensuite à qui nous devons ajouter foi par préférence; d'eux, qui soutiennent que c'est rejeter la révélation chrétienne, que de ne pas admettre les miracles de Jésus pour les signes qui l'établissent; ou de Jésus lui-même, qui déclare qu'il n'a point de signe à donner.

Ils demanderont ce que c'est donc que le signe de Jonas le prophète? Je leur répondrai que c'est sa prédication aux Ninivites, précisément le même signe qu'employoit Jésus avec les Juifs, comme il l'explique lui-même [1]. On ne peut donner au second passage qu'un sens qui se rapporte au premier, autrement Jésus se seroit contredit. Or, dans le premier passage où l'on demande un miracle en signe, Jésus dit positivement qu'il n'en sera donné aucun. Donc le sens du second passage n'indique aucun signe miraculeux.

Un troisième passage, insisteront-ils, explique ce signe par la résurrection de Jésus [2]. Je le nie; il l'explique tout au plus par sa mort. Or la mort d'un homme n'est pas un miracle; ce n'en est pas même un qu'après avoir resté trois jours dans la terre un corps en soit retiré. Dans ce passage il n'est pas dit un mot de la résurrection. D'ailleurs quel genre de preuve seroit-ce de s'autoriser durant sa vie sur un signe qui n'aura lieu qu'après sa mort? Ce seroit vouloir ne trouver que des incrédules, ce seroit cacher la chandelle sous le boisseau. Comme cette conduite seroit injuste, cette interprétation seroit impie.

De plus, l'argument invincible revient encore. Le sens du troisième passage ne doit pas attaquer le premier, et le premier affirme qu'il ne sera point donné de signe, point du tout, aucun. Enfin, quoi qu'il en puisse être, il reste toujours prouvé, par le témoignage de Jésus même, que, s'il a fait des miracles durant sa vie, il n'en a point fait en signe de sa mission.

Toutes les fois que les Juifs ont insisté sur ce genre de preuve, il les a toujours renvoyés avec mépris, sans daigner jamais les satisfaire. Il n'approuvoit pas même qu'on prît en ce sens ses œuvres de charité. *Si vous ne voyez des prodiges et des miracles, vous ne croyez point*, disoit-il à celui qui le prioit de guérir son fils [3]. Parle-t-on sur ce ton-là quand on veut donner des prodiges en preuves?

Combien n'étoit-il pas étonnant que, s'il en eût tant donné de telles, on continuât sans cesse à lui en demander? *Quel miracle fais-tu*, lui disoient les Juifs, *afin que, l'ayant vu, nous croyions à toi? Moïse donna la manne dans le désert à nos pères; mais toi, quelle œuvre fais-tu* [4]? C'est à peu près, dans le sens de vos messieurs, et laissant à part la majesté royale,

(1) Marc, VIII, 12; Matth., XVI, 4. Pour abréger, j'ai fondu ensemble ces deux passages; mais j'ai conservé la distinction essentielle à la question.

(2) Conférez les passages suivans : Matth., XII, 39, 41; Marc, VIII, 12; Luc, XI, 29; Jean, II, 18, 19; IV, 48; V, 34, 36, 39.

(1) Matth., XII, 41; Luc, XI, 30, 32. (2) Matth., XII, 40. (3) Jean, IV, 48. (4) Jean, VI, 30, 31 et suiv.

comme si quelqu'un venoit dire à Frédéric : *On te dit un grand capitaine; et pourquoi donc? Qu'as-tu fait qui te montre tel? Gustave vainquit à Leipsick, à Lutzen; Charles à Frawstat, à Narva : mais où sont tes monumens? quelle victoire as-tu remportée? quelle place as-tu prise? quelle marche as-tu faite? quelle campagne t'a couvert de gloire? de quel droit portes-tu le nom de grand?* L'impudence d'un pareil discours est-elle concevable? et trouveroit-on sur la terre entière un homme capable de le tenir?

Cependant, sans faire honte à ceux qui lui en tenoient un semblable, sans leur accorder aucun miracle, sans les édifier au moins sur ceux qu'il avoit faits, Jésus, en réponse à leur question, se contente d'allégoriser sur le pain du ciel : aussi, loin que sa réponse lui donnât de nouveaux disciples, elle lui en ôta plusieurs de ceux qu'il avoit, et qui sans doute pensoient comme vos théologiens. La désertion fut telle, qu'il dit aux douze : *Et vous, ne voulez-vous pas aussi vous en aller?* Il ne paroît pas qu'il eût fort à cœur de conserver ceux qu'il ne pouvoit retenir que par des miracles.

Les Juifs demandoient un signe du ciel. Dans leur système, ils avoient raison. Le signe qui devoit constater la venue du Messie ne pouvoit pour eux être trop évident, trop décisif, trop au-dessus de tout soupçon, ni avoir trop de témoins oculaires : comme le témoignage immédiat de Dieu vaut toujours mieux que celui des hommes, il étoit plus sûr d'en croire au signe même, qu'aux gens qui disoient l'avoir vu; et pour cet effet le ciel étoit préférable à la terre.

Les Juifs avoient donc raison dans leur vue, parce qu'ils vouloient un Messie apparent et tout miraculeux. Mais Jésus dit, après le prophète, que le royaume des cieux ne vient point avec apparence; que celui qui l'annonce ne débat point, ne crie point, qu'on n'entend point sa voix dans les rues. Tout cela ne respire pas l'ostentation des miracles; aussi n'étoit-elle pas le but qu'il se proposoit dans les siens. Il n'y mettoit ni l'appareil ni l'authenticité nécessaires pour constater de vrais signes, parce qu'il ne les donnoit point pour tels. Au contraire, il recommandoit le secret aux malades qu'il guérissoit, aux boiteux qu'il faisoit marcher, aux possédés qu'il délivroit du démon. L'on eût dit qu'il craignoit que sa vertu miraculeuse ne fût connue : on m'avouera que c'étoit une étrange manière d'en faire la preuve de sa mission.

Mais tout cela s'explique de soi-même, sitôt que l'on conçoit que les Juifs alloient cherchant cette preuve où Jésus ne vouloit point qu'elle fût. *Celui qui me rejettera*, disoit-il, *qui le juge?* Ajoutoit-il, *Les miracles que j'ai faits le condamneront?* Non; mais, *La parole que j'ai portée le condamnera.* La preuve est donc dans la parole, et non pas dans les miracles.

On voit dans l'Évangile que ceux de Jésus étoient tous utiles; mais ils étoient sans éclat, sans apprêt, sans pompe; ils étoient simples comme ses discours, comme sa vie, comme toute sa conduite. Le plus apparent, le plus palpable qu'il ait fait, est sans contredit celui de la multiplication des cinq pains et des deux poissons, qui nourrirent cinq mille hommes. Non-seulement ses disciples avoient vu le miracle, mais il avoit, pour ainsi dire, passé par leurs mains; et cependant ils n'y pensoient pas, ils ne s'en doutoient presque pas. Concevez-vous qu'on puisse donner pour signes notoires au genre humain, dans tous les siècles, des faits auxquels les témoins les plus immédiats font à peine attention (1)?

Et tant s'en faut que l'objet réel des miracles de Jésus fût d'établir la foi, qu'au contraire il commençoit par exiger la foi avant que de faire le miracle. Rien n'est si fréquent dans l'Évangile. C'est précisément pour cela, c'est parce qu'un prophète n'est sans honneur que dans son pays, qu'il fit dans le sien très-peu de miracles (2); il est dit même qu'il n'en put faire à cause de leur incrédulité (3). Comment! c'étoit à cause de leur incrédulité qu'il en falloit faire pour les convaincre, si ces miracles avoient eu cet objet; mais ils ne l'avoient pas : c'étoient simplement des actes de bonté, de charité, de bienfaisance, qu'il faisoit en faveur de ses amis, et de ceux qui croyoient en lui; et c'étoit dans de pareils actes que consistoient les œuvres de miséricorde, vraiment dignes d'être siennes, qu'il disoit rendre témoignage de lui (4). Ces œuvres marquoient le pouvoir de bien faire plu-

(1) Marc, VI, 52. Il est dit que c'étoit à cause que leur cœur étoit stupide : mais qui s'oseroit vanter d'avoir un cœur plus intelligent dans les choses saintes que les disciples choisis par Jésus?

(2) Matth., XIII, 58. (3) Marc, VI, 5 (4) Jean, X, 25, 32, 38.

tôt que la volonté d'étonner ; c'étoient des vertus [1] plus que des miracles. Et comment la suprême Sagesse eût-elle employé des moyens si contraires à la fin qu'elle se proposoit? comment n'eût-elle pas prévu que les miracles dont elle appuyoit l'autorité de ses envoyés produiroient un effet tout opposé; qu'ils feroient suspecter la *vérité* de l'histoire, tant sur les miracles que sur la mission ; et que, parmi tant de solides preuves, *cela ne feroit que rendre* plus difficiles sur toutes les autres les gens éclairés et vrais? Oui, je le soutiendrai toujours, l'appui qu'on veut donner à la croyance en est le plus grand obstacle : ôtez les miracles de l'Évangile, et toute la terre est aux pieds de Jésus-Christ [2].

Vous voyez, monsieur, qu'il est attesté par l'Écriture même que dans la mission de Jésus-Christ les miracles ne sont point un signe tellement nécessaire à la foi qu'on n'en puisse avoir sans les admettre. Accordons que d'autres passages présentent un sens contraire à ceux-ci, ceux-ci réciproquement présentent un sens contraire aux autres, et alors je choisis, usant de mon droit, celui de ces sens qui me paroît le plus raisonnable et le plus clair. Si j'avois l'orgueil de vouloir tout expliquer, je pourrois, en vrai théologien, tordre et tirer chaque passage à mon sens; mais la bonne foi ne me permet point ces interprétations sophistiques : suffisamment autorisé dans mon sentiment [3] par ce que je comprends, je reste en paix sur ce que je ne comprends pas, et que ceux qui me l'expliquent me font encore moins comprendre. L'autorité que je donne à l'Évangile, je ne la donne point aux interprétations des hommes, et je n'entends pas plus les soumettre à la mienne que me soumettre à la leur. La règle est commune et claire en ce qui importe ; la raison qui l'explique est particulière, et chacun a la sienne, qui ne fait autorité que pour *lui*. Se laisser mener par autrui sur cette matière, c'est substituer l'explication au texte, c'est se soumettre aux hommes et non pas à Dieu.

Je reprends mon raisonnement; et, après avoir établi que les miracles ne sont pas un signe nécessaire à la foi, je vais montrer, en confirmation de cela, que les miracles ne sont pas un signe infaillible, et dont les hommes puissent juger.

Un miracle est, dans un fait particulier, un acte immédiat de la puissance divine, un changement sensible dans l'ordre de la nature, une exception réelle et visible à ses lois. Voilà l'idée dont il ne faut pas s'écarter, si l'on veut s'entendre en raisonnant sur cette matière. Cette idée offre deux questions à résoudre.

La première : Dieu peut-il faire des miracles? c'est-à-dire peut-il déroger aux lois qu'il a établies? Cette question, sérieusement traitée, seroit impie si elle n'étoit absurde : ce seroit faire trop d'honneur à celui qui la résoudroit négativement que de le punir ; il suffiroit de l'enfermer. Mais aussi quel homme a jamais nié que Dieu pût faire des miracles? Il falloit être Hébreu pour demander si Dieu pouvoit dresser des tables dans le désert.

Seconde question : Dieu veut-il faire des miracles? C'est autre chose. Cette question en

(1) C'est le mot employé dans l'Écriture; nos traducteurs le rendent par celui de miracles.

(2) Paul, prêchant aux Athéniens, fut écouté fort paisiblement jusqu'à ce qu'il leur parlât d'un homme ressuscité. Alors les uns se mirent à rire; les autres lui dirent : *Cela suffit, nous entendrons le reste une autre fois.* Je ne sais pas bien ce que pensent au fond de leurs cœurs ces bons chrétiens à la mode; mais s'ils croient à Jésus par ses miracles, moi j'y crois malgré ses miracles, et j'ai dans l'esprit que ma foi vaut mieux que la leur.

(3) Ce sentiment ne m'est point tellement particulier, qu'il ne soit aussi celui de plusieurs théologiens, dont l'orthodoxie est mieux établie que celle du clergé de Genève. Voici ce que m'écrivoit là-dessus un de ces messieurs, le 28 février 1764 :

« Quoi qu'en dise la cohue des modernes apologistes du » christianisme, je suis persuadé qu'il n'y a pas un mot dans » les livres sacrés d'où l'on puisse légitimement conclure que » les miracles aient été destinés à servir de preuves pour les » hommes de tous les temps et de tous les lieux. Bien loin de » là, ce n'étoit pas, à mon avis, le principal objet pour ceux » qui en furent les témoins oculaires. Lorsque les juifs demandoient des miracles à saint Paul, pour toute réponse il leur » prêchoit Jésus crucifié. A coup sûr, si Grotius, les auteurs » de la société de Boyle, Vernes, Vernet, etc., eussent été à la » place de cet apôtre, ils n'auroient rien eu de plus pressé que » d'envoyer chercher des tréteaux pour satisfaire à une demande qui cadre si bien avec leurs principes. Ces gens-là » croient faire merveille avec leurs ramas d'argumens; mais » un jour on doutera, j'espère, s'ils n'ont pas été compilés par » une société d'incrédules, sans qu'il faille être Hardouin pour » cela. »

Qu'on ne pense pas, au reste, que l'auteur de cette lettre soit mon partisan; tant s'en faut, il est un de mes adversaires. Il trouve seulement que les autres ne savent ce qu'ils disent. Il soupçonne peut-être pis : car la foi de ceux qui croient sur les miracles sera toujours très-suspecte aux gens éclairés. C'étoit le sentiment d'un des plus illustres réformateurs. *Non satis tuta fides eorum qui miraculis nituntur.* BEZ., *in Joan.*, cap. II, v. 23.

elle-même, et abstraction faite de toute autre considération, est parfaitement indifférente ; elle n'intéresse en rien la gloire de Dieu, dont nous ne pouvons sonder les desseins. Je dirai plus : s'il pouvoit y avoir quelque différence quant à la foi dans la manière d'y répondre, les plus grandes idées que nous puissions avoir de la sagesse et de la majesté divine seroient pour la négative : il n'y a que l'orgueil humain qui soit contre. Voilà jusqu'où la raison peut aller. Cette question, du reste, est purement oiseuse, et, pour la résoudre, il faudroit lire dans les décrets éternels ; car, comme on verra tout à l'heure, elle est impossible à décider par les faits. Gardons-nous donc d'oser porter un œil curieux sur ces mystères. Rendons ce respect à l'essence infinie, de ne rien prononcer d'elle : nous n'en connoissons que l'immensité.

Cependant, quand un mortel vient hardiment nous affirmer qu'il a vu un miracle, il tranche net cette grande question : jugez si l'on doit l'en croire sur sa parole ! Ils seroient mille, que je ne les en croirois pas.

Je laisse à part le grossier sophisme d'employer la preuve morale à constater des faits naturellement impossibles, puisque alors le principe même de la crédibilité, fondé sur la possibilité naturelle, est en défaut. Si les hommes veulent bien, en pareil cas, admettre cette preuve dans des choses de pure spéculation, ou dans des faits dont la vérité ne les touche guère, assurons-nous qu'ils seroient plus difficiles s'il s'agissoit pour eux du moindre intérêt temporel. Supposons qu'un mort vînt redemander ses biens à ses héritiers, affirmant qu'il est ressuscité, et requérant d'être admis à la preuve (1) ; croyez-vous qu'il y ait un seul tribunal sur la terre où cela lui fût accordé ? Mais encore un coup n'entamons pas ici ce débat : laissons aux faits toute la certitude qu'on leur donne, et contentons-nous de distinguer ce que le sens peut attester de ce que la raison peut conclure.

Puisqu'un miracle est une exception aux lois de la nature, pour en juger il faut connoître ces lois ; et pour en juger sûrement, il faut les connoître toutes : car une seule qu'on ne connoîtroit pas pourroit, en certains cas inconnus aux spectateurs, changer l'effet de celles qu'on connoîtroit. Ainsi, celui qui prononce qu'un tel ou tel acte est un miracle, déclare qu'il connoît toutes les lois de la nature, et qu'il sait que cet acte en est une exception.

Mais quel est ce mortel qui connoît toutes les lois de la nature ? Newton ne se vantoit pas de les connoître. Un homme sage, témoin d'un fait inouï, peut attester qu'il a vu ce fait, et l'on peut le croire : mais ni cet homme sage, ni nul autre homme sage sur la terre, n'affirmera jamais que ce fait, quelque étonnant qu'il puisse être, soit un miracle ; car comment peut-il le savoir ?

Tout ce qu'on peut dire de celui qui se vante de faire des miracles, est qu'il fait des choses fort extraordinaires : mais qui est-ce qui nie qu'il se fasse des choses fort extraordinaires ? J'en ai vu, moi, de ces choses-là et même j'en ai fait (1).

L'étude de la nature y fait faire tous les jours de nouvelles découvertes : l'industrie humaine se perfectionne tous les jours. La chimie curieuse a des transmutations, des précipitations, des détonations, des explosions, des phosphores, des pyrophores, des tremblemens de terre, et mille autres merveilles à faire signer mille fois le peuple qui les verroit. L'huile de gaïac et l'esprit de nitre ne sont pas des liqueurs fort rares ; mêlez-les ensemble, et vous verrez ce qu'il en arrivera ; mais n'allez pas faire cette épreuve dans une chambre, car vous pourriez bien mettre le feu à la maison (2). Si les prêtres de Baal avoient eu M. Rouelle au milieu d'eux, leur bûcher eût pris feu de lui-même, et Élie eût été pris pour dupe.

(1) Prenez bien garde que, dans ma supposition, c'est une résurrection véritable, et non pas une fausse mort, qu'il s'agit de constater.

(1) J'ai vu à Venise, en 1743, une manière de sorts assez nouvelle, et plus étranges que ceux de Préneste. Celui qui les vouloit consulter entroit dans une chambre, et y restoit seul *s'il le* désiroit. Là, d'un livre plein de feuillets blancs, il *en tiroit un* à son choix ; puis tenant cette feuille il *demandoit, non à voix haute, mais mentalement, ce qu'il vouloit savoir* ; ensuite il plioit sa feuille blanche, l'enveloppoit, la cachetoit, la plaçoit dans un livre ainsi cacheté ; enfin, après avoir récité certaines formules fort baroques, sans perdre son livre de vue, il en alloit tirer le papier, reconnoître le cachet, l'ouvrir, et il trouvoit sa réponse écrite.

Le magicien qui faisoit ces sorts étoit le premier secrétaire de l'ambassadeur de France, et il s'appeloit J. J. Rousseau.

Je me contentois d'être sorcier, parce que j'étois modeste : mais si j'avois eu l'ambition d'être prophète, qui m'eût empêché de le devenir ?

(2) Il y a des précautions à prendre pour réussir dans cette opération : l'on me dispensera bien, je pense, d'en mettre ici le récipé.

Vous versez de l'eau dans de l'eau, voilà de l'encre; vous versez de l'eau dans de l'eau, voilà un corps dur. Un prophète du collége de Harcourt va en Guinée, et dit au peuple : Reconnoissez le pouvoir de celui qui m'envoie; je vais convertir de l'eau en pierre : par des moyens connus du moindre écolier, il fait de la glace : voilà les Nègres prêts à l'adorer.

Jadis les prophètes faisoient descendre à leur voix le feu du ciel; aujourd'hui les enfans en font autant avec un petit morceau de verre. Josué fit arrêter le soleil; un faiseur d'almanachs va le faire éclipser; le prodige est encore plus sensible. Le cabinet de M. l'abbé Nollet est un laboratoire de magie, les récréations mathématiques sont un recueil de miracles; que dis-je? les foires même en fourmilleront, les Briochés n'y sont pas rares : le seul paysan de Nord-Hollande, que j'ai vu vingt fois allumer sa chandelle avec son couteau, a de quoi subjuguer tout le peuple, même à Paris; que pensez-vous qu'il eût fait en Syrie?

C'est un spectacle bien singulier que ces foires de Paris; il n'y en a pas une où l'on ne voie les choses les plus étonnantes, sans que le public daigne presque y faire attention; tant on est accoutumé aux choses étonnantes, et même à celles qu'on ne peut concevoir! On y voit, au moment que j'écris ceci, deux machines portatives séparées, dont l'une marche ou s'arrête exactement à la volonté de celui qui fait marcher ou arrêter l'autre. J'y ai vu une tête de bois qui parloit, et dont on ne parloit pas tant que de celle d'Albert-le-Grand. J'ai vu même une chose plus surprenante, c'étoit force têtes d'hommes, de savans, d'académiciens, qui couroient aux miracles des convulsions, et qui en revenoient tout émerveillés.

Avec le canon, l'optique, l'aimant, le baromètre, quels prodiges ne fait-on pas chez les ignorans? Les Européens, avec leurs arts, ont toujours passé pour des dieux parmi les barbares. Si, dans le sein même des arts, des sciences, des colléges, des académies, si, dans le milieu de l'Europe, en France, en Angleterre, un homme fût venu, le siècle dernier, armé de tous les miracles de l'électricité, que nos physiciens opèrent aujourd'hui, l'eût-on brûlé comme un sorcier, l'eût-on suivi comme un prophète? Il est à présumer qu'on eût fait l'un ou l'autre : il est certain qu'on auroit eu tort.

Je ne sais si l'art de guérir est trouvé, ni s'il se trouvera jamais : ce que je sais, c'est qu'il n'est pas hors de la nature. Il est tout aussi naturel qu'un homme guérisse, qu'il l'est qu'il tombe malade; il peut tout aussi bien guérir subitement que mourir subitement. Tout ce qu'on pourra dire de certaines guérisons, c'est qu'elles sont surprenantes, mais non pas qu'elles sont impossibles : comment prouverez-vous donc que ce sont des miracles? Il y a pourtant, je l'avoue, des choses qui m'étonneroient fort, si j'en étois le témoin : ce ne seroit pas tant de voir marcher un boiteux, qu'un homme qui n'avoit point de jambes; ni de voir un paralytique mouvoir son bras, qu'un homme qui n'en a qu'un reprendre les deux. Cela me frapperoit encore plus, je l'avoue, que de voir ressusciter un mort, car enfin un mort peut n'être pas mort (¹). Voyez le livre de M. Bruhier (*).

Au reste, quelque frappant que pût me paroître un pareil spectacle, je ne voudrois pour rien au monde en être témoin; car que sais-je ce qu'il en pourroit arriver? Au lieu de me rendre crédule, j'aurois grand'peur qu'il ne me rendît que fou. Mais ce n'est pas de moi qu'il s'agit : revenons.

On vient de trouver le secret de ressusciter des noyés; on a déjà cherché celui de ressusciter les pendus : qui sait si, dans d'autres genres de mort, on ne parviendra pas à rendre

(¹) *Lazare étoit déjà dans la terre.* Seroit-il le premier homme qu'on auroit enterré vivant? *Il y étoit depuis quatre jours.* Qui les a comptés? Ce n'est pas Jésus, qui étoit absent. *Il puoit déjà.* Qu'en savez-vous? Sa sœur le dit : voilà toute la preuve. L'effroi, le dégoût en eût fait dire autant à toute autre femme, quand même cela n'eût pas été vrai. *Jésus ne fait que l'appeler, et il sort.* Prenez garde de mal raisonner. Il s'agissoit de l'impossibilité physique; elle n'y est plus. Jésus faisoit bien plus de façons dans d'autres cas qui n'étoient pas plus difficiles : voyez la note qui suit. Pourquoi cette différence, si tout étoit également miraculeux? Ceci peut être une exagération, et ce n'est pas la plus forte que saint Jean ait faite; j'en atteste le dernier verset de son Évangile (a).

(*) Bruhier d'Ablaincourt, médecin célèbre, mort en 1756, auteur de plusieurs ouvrages, et principalement connu par celui qui a pour titre : *Dissertation sur l'incertitude des signes de la mort et l'abus des enterremens précipités.* Il a été réimprimé plusieurs fois et traduit en plusieurs langues.

G. P.

(a) Voici ce verset : *Sunt autem et alia multa quæ fecit Jesus : quæ si scribantur per singula, nec ipsum arbitror mundum capere posse eos, qui scribendi sunt, libros.*

la vie à des corps qu'on en avoit crus privés? On ne savoit jadis ce que c'étoit que d'abattre la cataracte; c'est un jeu maintenant pour nos chirurgiens. Qui sait s'il n'y a pas quelque secret trouvable pour la faire tomber tout d'un coup? Qui sait si le possesseur d'un pareil secret ne peut pas faire avec simplicité ce qu'un spectateur ignorant va prendre pour un miracle, et ce qu'un auteur prévenu peut donner pour tel (1)? Tout cela n'est pas vraisemblable; soit : mais nous n'avons point de preuve que cela soit impossible, et c'est de l'impossibilité physique qu'il s'agit ici. Sans cela, Dieu, déployant à nos yeux sa puissance, n'auroit pu nous donner que des signes vraisemblables, de simples probabilités; et il arriveroit de là que l'autorité des miracles n'étant fondée que sur l'ignorance de ceux pour qui ils auroient été faits, ce qui seroit miraculeux pour un siècle ou pour un peuple ne le seroit plus pour d'autres; de sorte que la preuve universelle étant en défaut, le système établi sur elle seroit détruit. Non, donnez-moi des miracles qui demeurent tels, quoi qu'il arrive, dans tous les temps et dans tous les lieux. Si plusieurs de ceux qui sont rapportés dans la Bible paroissent être dans ce cas, d'autres aussi paroissent n'y pas être. Réponds-moi donc, théologien ; prétends-tu que je passe le tout en bloc, ou si tu me permets le triage? Quand tu m'auras décidé ce point, nous verrons après.

Remarquez bien, monsieur, qu'en supposant tout au plus quelque amplification dans les circonstances, je n'établis aucun doute sur le fond de tous les faits. C'est ce que j'ai déjà dit, et qu'il n'est pas superflu de redire. Jésus, éclairé de l'esprit de Dieu, avoit des lumières si supérieures à celles de ses disciples, qu'il n'est pas étonnant qu'il ait opéré des multitudes de choses extraordinaires où l'ignorance des spectateurs a vu le prodige qui n'y étoit pas. A quel point, en vertu de ces lumières, pouvoit-il agir par des voies naturelles inconnues à eux et à nous (1)? Voilà ce que nous ne savons point, et ce que nous ne pouvons savoir. Les spectateurs des choses merveilleuses sont naturellement portés à les décrire avec exagération. Là-dessus on peut, de très-bonne foi, s'abuser soi-même en abusant les autres : pour peu qu'un fait soit au-dessus de nos lumières, nous le supposons au-dessus de la raison, et l'esprit voit enfin du prodige où le cœur nous fait désirer fortement d'en voir.

Les miracles sont, comme j'ai dit, les preuves des simples, pour qui les lois de la nature forment un cercle très-étroit autour d'eux. Mais la sphère s'étend à mesure que les hommes s'instruisent et qu'ils sentent combien il leur reste encore à savoir. Le grand physicien voit si loin les bornes de cette sphère, qu'il ne sauroit discerner un miracle au delà. *Cela ne se peut* est un mot qui sort rarement de la bouche des sages ; ils disent plus fréquemment : *Je ne sais.*

Que devons-nous donc penser de tant de miracles rapportés par des auteurs, véridiques, je n'en doute pas, mais d'une si crasse ignorance, et si pleins d'ardeur pour la gloire de leur maître? Faut-il rejeter tous ces faits? Non. Faut-il tous les admettre? Je l'ignore (2).

(1) On voit quelquefois, dans le détail des faits rapportés, une gradation qui ne convient point à une opération surnaturelle. On présente à Jésus un aveugle. Au lieu de le guérir à l'instant, il l'emmène hors de la bourgade ; là il oint ses yeux de salive, il pose ses mains sur lui, après quoi il lui demande s'il voit quelque chose. L'aveugle répond qu'il voit marcher des hommes qui lui paroissent comme des arbres ; sur quoi jugeant que la première opération n'est pas suffisante, Jésus la recommence, et enfin l'homme guérit.

Une autre fois, au lieu d'employer de la salive pure, il la délaie avec de la terre.

Or, je le demande, à quoi bon tout cela pour un miracle? La nature dispute-t-elle avec son maître? a-t-il besoin d'effort, d'obstination, pour se faire obéir? a-t-il besoin de salive, de terre, d'ingrédiens? a-t-il même besoin de parler, et ne suffit-il pas qu'il veuille? ou bien osera-t-on dire que Jésus, sûr de son fait, ne laisse pas d'user d'un petit manége de charlatan, comme pour se faire valoir davantage et amuser les spectateurs? Dans le système de vos messieurs, il faut pourtant l'un ou l'autre. Choisissez.

(1) Nos hommes de Dieu veulent à toute force que j'aie fait de Jésus un imposteur. Ils s'échauffent pour répondre à cette indigne accusation, afin qu'on pense que *je l'ai faite*; ils la supposent *avec un air de certitude*; ils y insistent, ils y reviennent affectueusement. Ah! si ces doux chrétiens pouvoient m'arracher à la fin quelque blasphème, quel triomphe, quel contentement, quelle édification pour leurs charitables âmes! avec quelle sainte joie ils apporteroient les tisons allumés au feu de leur zèle pour embraser mon bûcher!

(2) Il y en a dans l'Evangile qu'il n'est pas même possible de prendre au pied de la lettre sans renoncer au bon sens. Tels sont, par exemple, ceux des possédés. On reconnoît le diable à son œuvre, et les vrais possédés sont les méchans; la raison n'en reconnoîtra jamais d'autres. Mais passons : voici plus.

Jésus demande à un groupe de démons comment il s'appelle. Quoi! les démons ont des noms? les anges ont des noms. Ils

Nous devons les respecter sans prononcer sur leur nature, dussions-nous être cent fois décrétés. Car enfin l'autorité des lois ne peut s'étendre jusqu'à nous forcer de mal raisonner; et c'est pourtant ce qu'il faut faire pour trouver nécessairement un miracle où la raison ne peut voir qu'un fait étonnant.

Quand il seroit vrai que les catholiques ont un moyen sûr pour eux de faire cette distinction, que s'ensuivroit-il pour nous? Dans leur système, lorsque l'Église une fois reconnue a décidé qu'un tel fait est un miracle, il est un miracle; car l'Église ne peut se tromper. Mais ce n'est pas aux catholiques que j'ai affaire ici, c'est aux réformés. Ceux-ci ont très-bien réfuté quelques parties de la Profession de foi du vicaire, qui, n'étant écrite que contre l'Église romaine, ne pouvoit ni ne devoit rien prouver contre eux. Les catholiques pourront de même réfuter aisément ces lettres, parce que je n'ai point à faire ici aux catholiques, et que nos principes ne sont pas les leurs. Quand il s'agit de montrer que je ne prouve pas ce que je n'ai pas voulu prouver, c'est là que mes adversaires triomphent.

De tout ce que je viens d'exposer, je conclus que les faits les plus attestés, quand même on les admettroit dans toutes leurs circonstances, ne prouveroient rien, et qu'on peut même y soupçonner de l'exagération dans les circonstances, sans inculper la bonne foi de ceux qui les ont rapportés. Les découvertes continuelles qui se font dans les lois de la nature, celles qui probablement se feront encore, celles qui resteront toujours à faire; les progrès passés, présens et futurs de l'industrie humaine; les diverses bornes que donnent les peuples à l'ordre des possibles, selon qu'ils sont plus ou moins éclairés; tout nous prouve que nous ne pouvons connoître ces bornes. Cependant il faut qu'un miracle, pour être vraiment tel, les passe. Soit donc qu'il y ait des miracles, soit qu'il n'y en ait pas, il est impossible au sage de s'assurer que quelque fait que ce puisse être, en est un.

Indépendamment des preuves de cette impossibilité que je viens d'établir, j'en vois une autre non moins forte dans la supposition même : car, accordons qu'il y ait de vrais miracles; de quoi nous serviront-ils s'il y a aussi de faux miracles, desquels il est impossible de les discerner? Et faites bien attention que je n'appelle pas ici faux miracle un miracle qui n'est pas réel, mais un acte bien réellement surnaturel, fait pour soutenir une fausse doctrine. Comme le mot de *miracle* en ce sens peut blesser les oreilles pieuses, employons un autre mot, et donnons-lui le nom de *prestige* : mais souvenons-nous qu'il est impossible aux sens humains de discerner un prestige d'un miracle.

La même autorité qui atteste les miracles atteste aussi les prestiges; et cette autorité prouve encore que l'apparence des prestiges ne diffère en rien de celle des miracles. Comment donc distinguer les uns des autres? et que peut prouver le miracle, si celui qui le voit ne peut discerner par aucune marque assurée et tirée de la chose même, si c'est l'œuvre de Dieu, ou si c'est l'œuvre du démon? Il faudroit un second miracle pour certifier le premier.

Quand Aaron jeta sa verge devant Pharaon et qu'elle fut changée en serpent, les magiciens jetèrent aussi leurs verges, et elles furent changées en serpens. Soit que ce changement fût réel des deux côtés, comme il est dit dans l'Écriture, soit qu'il n'y eût de réel que le miracle d'Aaron et que le prestige des magiciens ne fût qu'apparent, comme le disent quelques théologiens; il n'importe; cette apparence étoit exactement la même; l'Exode n'y remarque aucune différence; et, s'il y en eût eu, les magiciens se seroient gardés de s'exposer au parallèle, ou, s'ils l'avoient fait, ils auroient été confondus.

purs esprits ont des noms? Sans doute, pour s'entr'appeler entre eux ou pour entendre quand Dieu les appelle? Mais qui leur a donné ces noms? en quelle langue en sont les mots? quelles sont les bouches qui prononcent ces mots, les oreilles que leurs sons frappent? Ce nom c'est *Légion*, car ils sont plusieurs, ce qu'apparemment Jésus ne savoit pas. Ces anges, ces intelligences sublimes dans le mal comme dans le bien, ces êtres célestes qui ont pu se révolter contre Dieu, qui osent combattre ses décrets éternels, se logent en tas dans le corps d'un homme! forcés d'abandonner ce malheureux, ils demandent de se jeter dans un troupeau de cochons; ils l'obtiennent, et ces cochons se précipitent dans la mer. Et ce sont là les augustes preuves de la mission du rédempteur du genre humain, les preuves qui doivent l'attester à tous les peuples de tous les âges, et dont nul ne sauroit douter, sous peine de damnation! Juste Dieu! la tête tourne; on ne sait où l'on est. Ce sont donc là, messieurs, les fondemens de votre foi? La mienne en a de plus sûrs, ce me semble.

Or les hommes ne peuvent juger des miracles que par leurs sens; et, si la sensation est la même, la différence réelle, qu'ils ne peuvent apercevoir, n'est rien pour eux. Ainsi le signe, comme signe, ne prouve pas plus d'un côté que de l'autre, et le prophète en ceci n'a pas plus d'avantage que le magicien. Si c'est encore là de mon beau style, convenez qu'il en faut un bien plus beau pour le réfuter.

Il est vrai que le serpent d'Aaron dévora les serpens des magiciens : mais, forcé d'admettre une fois la magie, Pharaon put fort bien n'en conclure autre chose sinon qu'Aaron étoit plus habile qu'eux dans cet art; c'est ainsi que Simon, ravi des choses que faisoit Philippe, voulut acheter des apôtres le secret d'en faire autant qu'eux.

D'ailleurs, l'infériorité des magiciens étoit due à la présence d'Aaron. Mais, Aaron absent, eux faisant les mêmes signes avoient droit de prétendre à la même autorité. Le signe en lui-même ne prouvoit donc rien.

Quand Moïse changea l'eau en sang, les magiciens changèrent l'eau en sang; quand Moïse produisit des grenouilles, les magiciens produisirent des grenouilles. Ils échouèrent à la troisième plaie : mais tenons-nous aux deux premières dont Dieu même avoit fait la preuve du pouvoir divin (¹). Les magiciens firent aussi cette preuve-là.

Quant à la troisième plaie, qu'ils ne purent imiter, on ne voit pas ce qui la rendoit si difficile, au point de marquer *que le doigt de Dieu étoit là*. Pourquoi ceux qui purent produire un animal, ne purent-ils produire un insecte? et comment, après avoir fait des grenouilles, ne purent-ils faire des poux? S'il est vrai qu'il n'y ait dans ces choses-là que le premier pas qui coûte, c'étoit assurément s'arrêter en beau chemin.

Le même Moïse, instruit par toutes ces expériences, ordonne que si un faux prophète vient annoncer d'autres dieux, c'est-à-dire une fausse doctrine, et que ce faux prophète autorise son dire par des prédictions ou des prodiges qui réussissent, il ne faut point l'écouter, mais le mettre à mort. On peut donc employer de vrais signes en faveur d'une fausse doctrine; un signe en lui-même ne prouve donc rien.

(¹) Exode, VII, 17.

La même doctrine des signes par des prestiges est établie en mille endroits de l'Écriture.

Bien plus; après avoir déclaré qu'il ne fera point de signes, Jésus annonce de faux Christs qui en feront, il dit qu'*ils feront de grands signes, des miracles capables de séduire les élus mêmes, s'il étoit possible* (¹). Ne seroit-on pas tenté, sur ce langage, de prendre les signes pour des preuves de fausseté?

Quoi! Dieu, maître du choix de ses preuves, quand il veut parler aux hommes, choisit par préférence celles qui supposent des connoissances qu'il sait qu'ils n'ont pas! Il prend pour les instruire la même voie qu'il sait que prendra le démon pour les tromper! Cette marche seroit-elle donc celle de la Divinité? Se pourroit-il que Dieu et le diable suivissent la même route? Voilà ce que je ne puis concevoir.

Nos théologiens, meilleurs raisonneurs, mais de moins bonne foi que les anciens, sont fort embarrassés de cette magie : ils voudroient bien pouvoir tout-à-fait s'en délivrer, mais ils n'osent; ils sentent que la nier ce seroit nier trop. Ces gens, toujours si décisifs, changent ici de langage; ils ne la nient ni ne l'admettent : ils prennent le parti de tergiverser, de chercher des faux-fuyans; à chaque pas ils s'arrêtent; ils ne savent sur quel pied danser.

Je crois, monsieur, vous avoir fait sentir où gît la difficulté. Pour que rien ne manque à sa clarté, la voici mise en dilemme.

Si l'on nie les prestiges, on ne peut prouver les miracles, parce que les uns et les autres sont fondés sur la même autorité.

Et si l'on admet les prestiges avec les miracles, on n'a point de règle sûre, précise et claire, pour distinguer les uns des autres : ainsi les miracles ne prouvent rien.

Je sais bien que nos gens, ainsi pressés, reviennent à la doctrine : mais ils oublient bonnement que si la doctrine est établie, le miracle est superflu; et que si elle ne l'est pas, elle ne peut rien prouver.

Ne prenez pas ici le change, je vous supplie; et de ce que je n'ai pas regardé les miracles comme essentiels au christianisme, n'allez pas

(¹) Matth., XXIV, 24; Marc, XIII, 22.

conclure que j'ai rejeté les miracles. Non, monsieur, je ne les ai rejetés ni ne les rejette : si j'ai dit des raisons pour en douter, je n'ai point dissimulé les raisons d'y croire. Il y a une grande différence entre nier une chose et ne la pas affirmer, entre la rejeter et ne pas l'admettre ; et j'ai si peu décidé ce point, que je défie qu'on trouve un seul endroit dans tous mes écrits où je sois affirmatif contre les miracles.

Eh ! comment l'aurois-je été malgré mes propres doutes, puisque partout où je suis, quant à moi, le plus décidé, je n'affirme rien encore ? Voyez quelles affirmations peut faire un homme qui parle ainsi dès sa préface (*).

« A l'égard de ce qu'on appellera la partie » systématique, qui n'est autre chose ici que » la marche de la nature, c'est là ce qui dé» routera le plus les lecteurs ; c'est aussi par » là qu'on m'attaquera sans doute, et peut-» être n'aura-t-on pas tort. On croira moins » lire un traité d'éducation que les rêveries » d'un visionnaire sur l'éducation. Qu'y faire ? » Ce n'est pas sur les idées d'autrui que j'é» cris, c'est sur les miennes. Je ne vois point » comme les autres hommes ; il y a long-temps » qu'on me l'a reproché. Mais dépend-il de moi » de me donner d'autres yeux, et de m'affecter » d'autres idées ? Non ; il dépend de moi de ne » point abonder dans mon sens, de ne point » croire être seul plus sage que tout le monde ; » il dépend de moi non de changer de senti» ment, mais de me défier du mien : voilà tout » ce que je puis faire, et ce que je fais. Que si » je prends quelquefois le ton affirmatif, ce » n'est point pour en imposer au lecteur ; c'est » pour lui parler comme je pense. Pourquoi » proposerois-je par forme de doute ce dont, » quant à moi, je ne doute point ? Je dis exac» tement ce qui se passe dans mon esprit.

» En exposant avec liberté mon sentiment, » j'entends si peu qu'il fasse autorité, que j'y » joins toujours mes raisons, afin qu'on les » pèse, et qu'on me juge. Mais quoique je ne » veuille point m'obstiner à défendre mes » idées, je ne me crois pas moins obligé de les » proposer ; car les maximes sur lesquelles je » suis d'un avis contraire à celui des autres ne » sont point indifférentes : ce sont de celles » dont la vérité ou la fausseté importe à con» noître, et qui font le bonheur ou le malheur » du genre humain. »

Un auteur qui ne sait lui-même s'il n'est point dans l'erreur, qui craint que tout ce qu'il dit ne soit un tissu de rêveries, qui, ne pouvant changer de sentiment, se défie du sien, qui ne prend point le ton affirmatif pour le donner, mais pour parler comme il pense ; qui, ne voulant point faire autorité, dit toujours ses raisons afin qu'on le juge, et qui même ne veut point s'obstiner à défendre ses idées ; un auteur qui parle ainsi à la tête de son livre, y veut-il prononcer des oracles ? veut-il donner des décisions ? et, par cette déclaration préliminaire, ne met-il pas au nombre des doutes ses plus fortes assertions ?

Et qu'on ne dise point que je manque à mes engagemens en m'obstinant à défendre ici mes idées ; ce seroit le comble de l'injustice. Ce ne sont point mes idées que je défends, c'est ma personne. Si l'on n'eût attaqué que mes livres, j'aurois constamment gardé le silence, c'étoit un point résolu. Depuis ma déclaration, faite en 1753, m'a-t-on vu répondre à quelqu'un, ou me taisois-je faute d'agresseurs ? Mais quand on me poursuit, quand on me décrète, quand on me déshonore pour avoir dit ce que je n'ai pas dit, il faut bien, pour me défendre, montrer que je ne l'ai pas dit. Ce sont mes ennemis qui, malgré moi, me remettent la plume à la main. Eh ! qu'ils me laissent en repos, et j'y laisserai le public ; j'en donne de bon cœur ma parole.

Ceci sert déjà de réponse à l'objection rétorsive que j'ai prévenue, de vouloir faire moi-même le réformateur en bravant les opinions de tout mon siècle ; car rien n'a moins l'air de bravade qu'un pareil langage, et ce n'est pas assurément prendre un ton de prophète que de parler avec tant de circonspection. J'ai regardé comme un devoir de dire mon sentiment en choses importantes et utiles ; mais ai-je dit un mot, ai-je fait un pas pour le faire adopter à d'autres ? quelqu'un a-t-il vu dans ma conduite l'air d'un homme qui cherchoit à se faire des sectateurs ?

En transcrivant l'écrit particulier qui fait tant d'imprévus zélateurs de la foi, j'avertis encore le lecteur qu'il doit se défier de mes ju-

(*) Préface d'*Émile*. (Tome 2, page 397.)

gemens ; que c'est à lui de voir s'il peut tirer de cet écrit quelques réflexions utiles ; que je ne lui propose ni le sentiment d'autrui ni le mien pour règle, que je le lui présente à examiner.

Et lorsque je reprends la parole, voici ce que j'ajoute encore à la fin :

« J'ai transcrit cet écrit, non comme une » règle des sentimens qu'on doit suivre en ma- » tière de religion, mais comme un exemple » de la manière dont on peut raisonner avec » son élève, pour ne point s'écarter de la mé- » thode que j'ai tâché d'établir. Tant qu'on ne » donne rien à l'autorité des hommes ni aux » préjugés des pays où l'on est né, les seules » lumières de la raison ne peuvent, dans l'in- » stitution de la nature, nous mener plus loin » que la religion naturelle, et c'est à quoi je me » borne avec mon Émile. S'il en doit avoir une » autre, je n'ai plus en cela le droit d'être son » guide ; c'est à lui seul de la choisir (*). »

Quel est après cela l'homme assez impudent pour m'oser taxer d'avoir nié les miracles, qui ne sont pas même niés dans cet écrit ? je n'en ai pas parlé ailleurs (¹)

Quoi ! parce que l'auteur d'un écrit publié par un autre, y introduit un raisonneur qu'il désapprouve (**), et qui, dans une dispute, rejette les miracles, il s'ensuit de là que non-seulement l'auteur de cet écrit, mais l'éditeur, rejette aussi les miracles ? Quel tissu de témérités ! Qu'on se permette de telles présomptions dans la chaleur d'une querelle littéraire, cela est très-blâmable et trop commun : mais les prendre pour des preuves dans les tribunaux ; voilà une jurisprudence à faire trembler l'homme le plus juste et le plus ferme, qui a le malheur de vivre sous de pareils magistrats.

L'auteur de la Profession de foi fait des objections tant sur l'utilité que sur la réalité des miracles, mais ces objections ne sont point des négations. Voici là-dessus ce qu'il dit de plus fort : « C'est l'ordre inaltérable de la nature » qui montre le mieux l'Être suprême. S'il ar- » rivoit beaucoup d'exceptions, je ne saurois » plus qu'en penser ; et pour moi je crois trop » en Dieu pour croire à tant de miracles si peu » dignes de lui (*). »

Or, je vous prie, qu'est-ce que cela dit ? Qu'une trop grande multitude de miracles les rendroit suspects à l'auteur ; qu'il n'admet point indistinctement toute sorte de miracles, et que sa foi en Dieu lui fait rejeter tous ceux qui ne sont pas dignes de Dieu. Quoi donc ! celui qui n'admet pas tous les miracles, rejette-t-il tous les miracles ? et faut-il croire à tous ceux de la légende, pour croire l'ascension de Christ ?

Pour comble, loin que les doutes contenus dans cette seconde partie de la Profession de foi puissent être pris pour des négations, les négations, au contraire, qu'elle peut contenir ne doivent être prises que pour des doutes. C'est la déclaration de l'auteur en la commençant, sur les sentimens qu'il va combattre : *Ne donnez*, dit-il, *à mes discours que l'autorité de la raison. J'ignore si je suis dans l'erreur. Il est difficile, quand on discute, de ne pas prendre quelquefois le ton affirmatif ; mais souvenez-vous qu'ici toutes mes affirmations ne sont que des raisons de douter* (**). Peut-on parler plus positivement ?

Quant à moi, je vois des faits attestés dans les saintes Écritures : cela suffit pour arrêter sur ce point mon jugement. S'ils étoient ailleurs, je rejetterois ces faits, ou je leur ôterois le nom de miracles ; mais parce qu'ils sont dans l'Écriture, je ne les rejette point. Je ne les admets pas non plus, parce que ma raison s'y refuse, et que ma décision sur cet article n'intéresse point mon salut. Nul chrétien judicieux ne peut croire que tout soit inspiré dans la Bible, jusqu'aux mots et aux erreurs. Ce qu'on doit croire inspiré est tout ce qui tient à nos devoirs ; car pourquoi Dieu auroit-il inspiré le reste ? Or, la doctrine des miracles n'y tient nullement ; c'est ce que je viens de prouver. Ainsi le *sentiment qu'on peut avoir* en cela n'a nul trait au respect qu'on doit aux livres sacrés.

D'ailleurs, il est impossible aux hommes de s'assurer que quelque fait que ce puisse être est un miracle (¹) ; c'est encore ce que j'ai

(*) Émile, livre IV. (Tome 2, page 602.)

(¹) J'en ai parlé depuis dans ma lettre à M. de Beaumont ; mais outre qu'on n'a rien dit sur cette Lettre, ce n'est pas sur ce qu'elle contient qu'on peut fonder les procédures faites avant qu'elle ait paru.

(**) Émile, livre IV. (Tome 2, page 591.)

(*) Émile, livre IV. (Tome 2, page 590.)

(**) Émile, livre IV. (Tome 2, page 587.)

(¹) Si ces messieurs disent que cela est décidé dans l'Écriture, et que je dois reconnoître pour miracle ce qu'elle me donne pour tel ; je réponds que c'est ce qui est en question, et j'ajoute que ce raisonnement de leur part est un cercle vicieux. Car

prouvé. Donc, en admettant tous les faits contenus dans la Bible, on peut rejeter les miracles sans impiété, et même sans inconséquence. Je n'ai pas été jusque-là.

Voilà comment vos messieurs tirent des miracles, qui ne sont pas certains, qui ne sont pas nécessaires, qui ne prouvent rien, et que je n'ai pas rejetés, la preuve évidente que je renverse les fondemens du christianisme, et que je ne suis pas chrétien.

L'ennui vous empêcheroit de me suivre si j'entrois dans le même détail sur les autres accusations qu'ils entassent pour tâcher de couvrir par le nombre l'injustice de chacune en particulier. Ils m'accusent, par exemple, de rejeter la prière. Voyez le livre, et vous trouverez une prière dans l'endroit même dont il s'agit. L'homme pieux qui parle (¹) ne croit pas, il est vrai, qu'il soit absolument nécessaire de demander à Dieu telle ou telle chose en particulier (²); il ne désapprouve point qu'on le fasse. Quant à moi, dit-il, je ne le fais pas, persuadé que Dieu est un bon père, qui sait mieux que ses enfans ce qui leur convient. Mais ne peut-on lui rendre aucun autre culte aussi digne de lui? Les hommages d'un cœur plein de zèle, les adorations, les louanges, la contemplation de sa grandeur, l'aveu de notre néant, la résignation à sa volonté, la soumission à ses lois, une vie pure et sainte, tout cela ne vaut-il pas bien des vœux intéressés et mercenaires? Près d'un Dieu juste, la meilleure manière de demander est de mériter d'obtenir. Les anges qui le louent autour de son trône, le prient-ils? Qu'auroient-ils à lui demander? Ce mot de *prière* est souvent employé dans l'Écriture pour *hommage*, *adoration*; et qui fait le plus est quitte du moins. Pour moi, je ne rejette aucune des manières d'honorer Dieu; j'ai toujours approuvé qu'on se joignît à l'Église qui le prie : je le fais; le prêtre savoyard le faisoit lui-même. L'écrit si violemment attaqué est plein de tout cela. N'importe : je rejette, dit-on, la prière; je suis un impie à brûler. Me voilà jugé.

Ils disent encore que j'accuse la morale chrétienne de rendre tous nos devoirs impraticables en les outrant. La morale chrétienne est celle de l'Évangile; je n'en reconnois point d'autre, et c'est en ce sens aussi que l'entend mon accusateur, puisque c'est des imputations où celle-là se trouve comprise qu'il conclut, quelques lignes après, que c'est par dérision que j'appelle l'Évangile divin (¹).

Or voyez si l'on peut avancer une fausseté plus noire, et montrer une mauvaise foi plus marquée, puisque, dans le passage de mon livre où ceci se rapporte, il n'est pas même possible que j'aie voulu parler de l'Évangile.

Voici, monsieur, ce passage; il est dans le second tome d'*Émile* (page 644). « En n'asservissant les honnêtes femmes qu'à de tristes » devoirs, on a banni du mariage tout ce qui » pouvoit le rendre agréable aux hommes. » Faut-il s'étonner si la taciturnité qu'ils voient » régner chez eux les en chasse, ou s'ils sont » peu tentés d'embrasser un état si déplai- » sant? A force d'outrer tous les devoirs, le » christianisme les rend impraticables et vains : » à force d'interdire aux femmes le chant, la » danse, et tous les amusemens du monde, il » les rend maussades, grondeuses, insuppor- » tables dans leurs maisons. »

Mais où est-ce que l'Évangile interdit aux femmes le chant et la danse? où est-ce qu'il les asservit à de tristes devoirs? Tout au contraire, il y est parlé des devoirs des maris, mais il n'y est pas dit un mot de ceux des femmes. Donc on a tort de me faire dire de l'Évangile

puisqu'ils veulent que le miracle serve de preuve à la révélation, ils ne doivent pas employer l'autorité de la révélation pour constater le miracle.

(¹) Un ministre de Genève, difficile assurément en christianisme, dans les jugemens qu'il porte du mien, affirme que j'ai dit, moi J. J. Rousseau, que je ne priois pas Dieu : il l'assure en tout autant de termes, cinq ou six fois de suite, et toujours en me nommant. Je veux porter respect à l'Église; mais oserois-je lui demander où j'ai dit cela? Il est permis à tout barbouilleur de papier de déraisonner et bavarder tant qu'il veut; mais il n'est pas permis à un bon chrétien d'être un calomniateur public.

(²) *Quand vous prierez*, dit Jésus, *priez ainsi*. Quand on prie avec des paroles, c'est bien fait de préférer celles-là; mais je ne vois point ici l'ordre de prier avec des paroles. Une autre prière est préférable, c'est d'être disposé à tout ce que Dieu veut. *Me voici, Seigneur, pour faire ta volonté*. De toutes les formules, l'oraison dominicale est, sans contredit, la plus parfaite; mais ce qui est plus parfait encore est l'entière résignation aux volontés de Dieu. *Non point ce que je veux, mais ce que tu veux*. Que dis-je? c'est l'oraison dominicale elle-même. Elle est tout entière dans ces paroles : *Que ta volonté soit faite*. Toute autre prière est superflue, et ne fait que contrarier celle-là. Que celui qui pense ainsi se trompe, cela peut être. Mais celui qui publiquement l'accuse à cause de cela de détruire la morale chrétienne, et de n'être pas chrétien, est-il un fort bon chrétien lui-même?

(¹) *Lettres écrites de la campagne*, page 11.

ce que je n'ai dit que des jansénistes, des méthodistes, et d'autres dévots d'aujourd'hui, qui font du christianisme une religion aussi terrible et déplaisante (¹), qu'elle est agréable et douce sous la véritable loi de Jésus-Christ.

Je ne voudrois pas prendre le ton du père Berruyer, que je n'aime guère, et que je trouve même de très-mauvais goût; mais je ne puis m'empêcher de dire qu'une des choses qui me charment dans le caractère de Jésus n'est pas seulement la douceur des mœurs, la simplicité, mais la facilité, la grâce, et même l'élégance. Il ne fuyoit ni les plaisirs ni les fêtes, il alloit aux noces, il voyoit les femmes, il jouoit avec les enfans, il aimoit les parfums, il mangeoit chez les financiers. Ses disciples ne jeûnoient point; son austérité n'étoit point fâcheuse. Il étoit à la fois indulgent et juste, doux aux foibles et terrible aux méchans. Sa morale avoit quelque chose d'attrayant, de caressant, de tendre; il avoit le cœur sensible, il étoit homme de bonne société. Quand il n'eût pas été le plus sage des mortels, il en eût été le plus aimable.

Certains passages de saint Paul, outrés ou mal entendus, ont fait bien des fanatiques, et ces fanatiques ont souvent défiguré et déshonoré le christianisme. Si l'on s'en fût tenu à l'esprit du maître, cela ne seroit pas arrivé. Qu'on m'accuse de n'être pas toujours de l'avis de saint Paul; on peut me réduire à prouver que j'ai quelquefois raison de n'en pas être; mais il ne s'ensuivra jamais de là que ce soit par dérision que je trouve l'Évangile divin. Voilà pourtant comment raisonnent mes persécuteurs.

Pardon, monsieur; je vous excède avec ces longs détails, je le sens, et je les termine: je n'en ai déjà que trop dit pour ma défense, et je m'ennuie moi-même de répondre toujours par des raisons à des accusations sans raison.

(¹) Les premiers réformés donnèrent d'abord dans cet excès avec une dureté qui fit bien des hypocrites; et les premiers jansénistes ne manquèrent pas de les imiter en cela. Un prédicateur de Genève, appelé Henri de La Marre, soutenoit en chaire que c'étoit pécher que d'aller à la noce plus joyeusement que Jésus-Christ n'étoit allé à la mort. Un curé janséniste soutenoit de même que les festins des noces étoient une invention du diable. Quelqu'un lui objecta là-dessus que Jésus-Christ y avoit pourtant assisté, et qu'il avoit même daigné y faire son premier miracle pour prolonger la gaîté du festin. Le curé, un peu embarrassé, répondit en grondant: *Ce n'est pas ce qu'il fit de mieux.*

LETTRE IV.

L'auteur se suppose coupable; il compare la procédure à la loi.

Je vous ai fait voir, monsieur, que les imputations tirées de mes livres en preuve que j'attaquois la religion établie par les *lois*, étoient fausses. C'est cependant sur ces imputations que j'ai été jugé coupable, et traité comme tel. Supposons maintenant que je le fusse en effet, et voyons en cet état la punition qui m'étoit due.

Ainsi que la vertu le vice a ses degrés.

Pour être coupable d'un crime, on ne l'est pas de tous. La justice consiste à mesurer exactement la peine à la faute; et l'extrême justice elle-même est une injure, lorsqu'elle n'a nul égard aux considérations raisonnables qui doivent tempérer la rigueur de la loi.

Le délit supposé réel, il nous reste à chercher quelle est sa nature, et quelle procédure est prescrite en pareil cas par vos lois.

Si j'ai violé mon serment de bourgeois comme on m'en accuse, j'ai commis un crime d'état, et la connoissance de ce crime appartient directement au Conseil; cela est incontestable.

Mais si tout mon crime consiste en erreur sur la doctrine, cette erreur fût-elle même une impiété, c'est autre chose. Selon vos édits, il appartient à un autre tribunal d'en connoître en premier ressort.

Et quand même mon crime seroit un crime d'état; si, pour le déclarer tel, il faut préalablement une décision sur la doctrine, ce n'est pas au Conseil de la donner. C'est bien à lui de punir le crime, mais non pas de le constater. Cela est formel par vos édits, comme nous verrons ci-après.

Il s'agit d'abord de savoir si j'ai violé mon serment de bourgeois; c'est-à-dire le serment qu'ont prêté *mes ancêtres quand ils* ont été admis à la bourgeoisie; car pour moi, n'ayant pas habité la ville, et n'ayant fait aucune fonction de citoyen, je n'en ai point prêté le serment. Mais passons.

Dans la formule de ce serment, il n'y a que deux articles qui pussent regarder mon délit. On promet, par le premier, *de vivre selon la réformation du saint Évangile*, et par le dernier, *de ne faire, ne souffrir aucunes pratiques, machinations ou entreprises contre la réformation du saint Évangile.*

Or, loin d'enfreindre le premier article, je m'y suis conformé avec une fidélité et même une hardiesse qui ont peu d'exemples, professant hautement ma religion chez les catholiques, quoique j'eusse autrefois vécu dans la leur; et l'on ne peut alléguer cet écart de mon enfance comme une infraction au serment, surtout depuis ma réunion authentique à votre Église en 1754, et mon rétablissement dans mes droits de bourgeoisie, notoire à tout Genève, et dont j'ai d'ailleurs des preuves positives.

On ne sauroit dire, non plus, que j'ai enfreint ce premier article par les livres condamnés, puisque je n'ai point cessé de m'y déclarer protestant. D'ailleurs, autre chose est la conduite, autre chose sont les écrits. Vivre selon la réformation, c'est professer la réformation, quoiqu'on se puisse écarter par erreur de sa doctrine dans de blâmables écrits, ou commettre d'autres péchés qui offensent Dieu, mais qui, par le seul fait, ne retranchent pas le délinquant de l'Église. Cette distinction, quand on pourroit la disputer en général, est ici dans le serment même, puisqu'on y sépare en deux articles ce qui n'en pourroit faire qu'un, si la profession de la religion étoit incompatible avec toute entreprise contre la religion. On y jure, par le premier, de vivre selon la réformation; et l'on y jure, par le dernier, de ne rien entreprendre contre la réformation. Ces deux articles sont très-distincts, et même séparés par beaucoup d'autres. Dans le sens du législateur, ces deux choses sont donc séparables. Donc, quand j'aurois violé ce dernier article, il ne s'ensuit pas que j'aie violé le premier.

Mais ai-je violé ce dernier article?

Voici comment l'auteur des *Lettres écrites de la campagne* établit l'affirmative, page 30:

« Le serment des bourgeois leur impose l'o» bligation de *ne faire, ne souffrir être faites* » *aucunes pratiques, machinations ou entrepri*» *ses contre la sainte réformation évangélique.* » Il semble que c'est *un peu* [1] pratiquer et » machiner contre elle, que de chercher à prou» ver dans deux livres si séduisans, que le pur » Évangile est absurde en lui-même et perni» cieux à la société. Le Conseil étoit donc obligé » de jeter un regard sur celui que tant de pré» somptions si véhémentes accusoient de cette » entreprise. »

Voyez d'abord que ces messieurs sont agréables! Il leur semble entrevoir de loin *un peu* de pratique et de machination: sur ce petit semblant éloigné d'une petite manœuvre, ils jettent un regard sur celui qu'ils en présument l'auteur; et ce regard est un décret de prise de corps.

Il est vrai que le même auteur s'égaie à prouver ensuite que c'est par pure bonté pour moi qu'ils m'ont décrété. *Le Conseil*, dit-il, *pouvoit ajourner personnellement M. Rousseau, il pouvoit l'assigner pour être ouï, il pouvoit le décréter... De ces trois partis, le dernier étoit incomparablement le plus doux... ce n'étoit au fond qu'un avertissement de ne pas revenir, s'il ne vouloit pas s'exposer à une procédure, ou, s'il vouloit s'y exposer, de bien préparer ses défenses* (page 31).

Ainsi plaisantoit, dit Brantôme, l'exécuteur de l'infortuné don Carlos, infant d'Espagne. Comme le prince crioit et vouloit se débattre: *Paix, monseigneur,* lui disoit-il en l'étranglant, *tout ce qu'on en fait n'est que pour votre bien.*

Mais quelles sont donc ces pratiques et machinations dont on m'accuse? *Pratiquer,* si j'entends ma langue, c'est se ménager des intelligences secrètes; *machiner*, c'est faire de sourdes menées, c'est faire ce que certaines gens font contre le christianisme et contre moi. Mais je ne conçois rien de moins secret, rien de moins caché dans le monde, que de publier un livre et d'y mettre son nom. Quand j'ai dit mon sentiment sur quelque matière que ce fût, je l'ai dit hautement, à la face du public; je me suis nommé, et puis je suis demeuré tranquille dans ma retraite: on me persuadera difficilement que cela ressemble à des pratiques et machinations.

Pour bien entendre l'esprit du serment et le sens des termes, il faut se transporter au temps où la formule en fut dressée, et où il s'agissoit essentiellement pour l'état de ne pas retomber sous le double joug qu'on venoit de secouer.

[1] Cet *un peu*, si plaisant et si différent du ton grave et décent du reste des Lettres, ayant été retranché dans la seconde édition, je m'abstiens d'aller en quête de la griffe à qui ce petit bout, non d'oreille, mais d'ongle, appartient.

Tous les jours on découvroit quelque nouvelle trame en faveur de la maison de Savoie, ou des évêques, sous prétexte de religion. Voilà sur quoi tombent clairement les mots de *pratiques* et de *machinations*, qui, depuis que la langue françoise existe, n'ont sûrement jamais été employés pour les sentimens généraux qu'un homme publie dans un livre où il se nomme, sans projet, sans vue particulière, et sans trait à aucun gouvernement. Cette accusation paroît si peu sérieuse à l'auteur même qui l'ose faire, qu'il me reconnoît *fidèle aux devoirs du citoyen* (page 8). Or, comment pourrois-je l'être, si j'avois enfreint mon serment de bourgeois?

Il n'est donc pas vrai que j'aie enfreint ce serment. J'ajoute que, quand cela seroit vrai, rien ne seroit plus inouï dans Genève en choses de cette espèce, que la procédure faite contre moi. Il n'y a peut-être pas de bourgeois qui n'enfreigne ce serment en quelque article (¹), sans qu'on s'avise pour cela de lui chercher querelle, et bien moins de le décréter.

On ne peut pas dire, non plus, que j'attaque la morale dans un livre où j'établis de tout mon pouvoir la préférence du bien général sur le bien particulier, et où je rapporte nos devoirs envers les hommes à nos devoirs envers Dieu, seul principe sur lequel la morale puisse être fondée, pour être réelle et passer l'apparence. On ne peut pas dire que ce livre tende en aucune sorte à troubler le culte établi ni l'ordre public, puisqu'au contraire j'y insiste sur le respect qu'on doit aux formes établies, sur l'obéissance aux lois en toute chose, même en matière de religion, et puisque c'est de cette obéissance prescrite qu'un prêtre de Genève m'a le plus aigrement repris.

Ce délit si terrible, et dont on fait tant de bruit, se réduit donc, en l'admettant pour réel, à quelque erreur sur la foi, qui, si elle n'est avantageuse à la société, lui est du moins très-indifférente, le grand mal qui en résulte étant la tolérance pour les sentimens d'autrui, par conséquent la paix dans l'état et dans le monde sur les matières de religion.

Mais je vous demande, à vous, monsieur, qui connoissez votre gouvernement et vos lois, à qui il appartient de juger, et surtout en première instance, des erreurs sur la foi que peut commettre un particulier : est-ce au Conseil? est-ce au consistoire? Voilà le nœud de la question.

Il falloit d'abord réduire le délit à son espèce. A présent qu'elle est connue, il faut comparer la procédure à la loi.

Vos édits ne fixent pas la peine due à celui qui erre en matière de foi, et qui publie son erreur. Mais, par l'article 88 de l'ordonnance ecclésiastique, au chapitre du consistoire, ils règlent l'ordre de la procédure contre celui qui dogmatise. Cet article est couché en ces termes :

S'il y a quelqu'un qui dogmatise contre la doctrine reçue, qu'il soit appelé pour conférer avec lui : s'il se range, qu'on le supporte sans scandale ni diffame; s'il est opiniâtre, qu'on l'admoneste par quelques fois pour essayer à le réduire. Si on voit enfin qu'il soit besoin de plus grande sévérité, qu'on lui interdise la sainte cène, et qu'on avertisse le magistrat, afin d'y pourvoir.

On voit par là, 1° que la première inquisition de cette espèce de délit appartient au consistoire;

2° Que le législateur n'entend point qu'un tel délit soit irrémissible, si celui qui l'a commis se repent et se range;

3° Qu'il prescrit les voies qu'on doit suivre pour ramener le coupable à son devoir :

4° Que ces voies sont pleines de douceur, d'égards, de commisération, tel qu'il convient à des chrétiens d'en user, à l'exemple de leur maître, dans les fautes qui ne troublent point la société civile, et n'intéressent que la religion;

5° Qu'enfin la dernière et plus grande peine qu'il prescrit est tirée de la nature du délit, comme cela devroit toujours être, en privant le coupable de la sainte cène et de la communion de l'Église, qu'il a offensée, et qu'il veut continuer d'offenser.

Après tout cela, le consistoire le dénonce au magistrat, qui doit alors y pourvoir; parce que la loi ne souffrant dans l'état qu'une seule religion, celui qui s'obstine à vouloir en professer et enseigner une autre, doit être retranché de l'état.

On voit l'application de toutes les parties de

(¹) Par exemple, de ne point sortir de la ville pour aller habiter ailleurs sans permission. Qui est-ce qui demande cette permission?

cette loi dans la forme de procédure suivie en 1565 contre Jean Morelli.

Jean Morelli, habitant de Genève, avoit fait et publié un livre, dans lequel il attaquoit la discipline ecclésiastique, et qui fut censuré au synode d'Orléans. L'auteur se plaignant beaucoup de cette censure, et ayant été, pour ce même livre, appelé au consistoire de Genève, n'y voulut point comparoître, et s'enfuit : puis étant revenu, avec la permission du magistrat, pour se réconcilier avec les ministres, il ne tint compte de leur parler ni de se rendre au consistoire, jusqu'à ce qu'y étant cité de nouveau, il comparut enfin ; et après de longues disputes, ayant refusé toute espèce de satisfaction, il fut déféré et cité au Conseil, où, au lieu de comparoître, il fit présenter par sa femme une excuse par écrit, et s'enfuit derechef de la ville.

Il fut donc enfin procédé contre lui, c'est-à-dire contre son livre; et comme la sentence rendue en cette occasion est importante, même quant aux termes, et peu connue, je vais vous la transcrire ici tout entière ; elle peut avoir son utilité.

« (1) Nous syndiques, juges des causes criminelles de cette cité, ayant entendu le rapport » du vénérable consistoire de cette église des » procédures tenues envers Jean Morelli, habitant de cette cité : d'autant que maintenant, » pour la seconde fois, il a abandonné cette » cité, et, au lieu de comparoître devant nous » et notre Conseil, quand il y étoit renvoyé, » s'est montré désobéissant : à ces causes et autres justes à ce nous mouvantes, séans pour » tribunal au lieu de nos ancêtres, selon nos anciennes coutumes, après bonne participation » de conseil avec nos citoyens, ayant Dieu et » ses saintes Écritures devant nos yeux, et invoqué son saint nom pour faire droit jugement, » disant : Au nom du Père, du Fils et du Saint-Esprit, *Amen*. Par cette nostre définitive sentence, laquelle donnons ici par écrit, avons » avisé par meure délibération de procéder plus » outre, comme en cas de contumace dudit » Morelli : surtout afin d'avertir tous ceux qu'il » appartiendra de se donner garde du livre, afin » de n'y être point abusés. Estant donc duement » informés des resveries et erreurs lesquelles y » sont contenues, et surtout que ledit livre tend » à faire schismes et troubles dans l'Église d'une » façon séditieuse, l'avons condamné et condamnons comme un livre nuisible et pernicieux ; et, pour donner exemple, ordonné et » ordonnons que l'un d'iceux soit présentement » bruslé : défendant à tous libraires d'en tenir » ni exposer en vente, et à tous citoyens, bourgeois et habitans de cette ville, de quelque » qualité qu'ils soient, d'en acheter ni avoir » pour y lire : commandant à tous ceux qui en » auroient, de nous les apporter, et ceux qui » sauroient où il en a, de le nous révéler dans » vingt-quatre heures, sous peine d'être rigoureusement punis.

» Et à vous, nostre lieutenant, commandons » que faciez mettre nostre présente sentence » à due et entière exécution.

» *Prononcée et exécutée le jeudi seizième jour* » *de septembre mil cinq cent soixante-trois.*

« Ainsi signé, P. CHENELAT. »

Vous trouverez, monsieur, des observations de plus d'un genre à faire en temps et lieu sur cette pièce. Quant à présent ne perdons pas notre objet de vue. Voilà comment il fut procédé au jugement de Morelli, dont le livre ne fut brûlé qu'à la fin du procès, sans qu'il fût parlé de bourreau ni de flétrissure, et dont la personne ne fut jamais décrétée, quoiqu'il fût opiniâtre et contumax.

Au lieu de cela, chacun sait comment le Conseil a procédé contre moi dans l'instant que l'ouvrage a paru, et sans qu'il ait même été fait mention du consistoire. Recevoir le livre par la poste, le lire, l'examiner, le déférer, le brûler, me décréter, tout cela fut l'affaire de huit ou dix jours : on ne sauroit imaginer une procédure plus expéditive.

Je me suppose ici dans le cas de la loi, dans le seul cas où je puisse être punissable. Car autrement de quel droit puniroit-on des fautes qui n'attaquent personne, et sur lesquelles les lois n'ont rien prononcé ?

L'édit a-t-il donc été observé dans cette affaire? Vous autres gens de bons sens, vous imagineriez, en l'examinant, qu'il a été violé comme à plaisir dans toutes ses parties. « Le » sieur Rousseau, disent les représentans, n'a » point été appelé au consistoire ; mais le ma-

(1) Extrait des procédures faites et tenues contre Jean Morelli. Imprimé à Genève, chez François Perrin, 1563, page 10.

» gnifique conseil a d'abord procédé contre » lui : il devoit être *supporté sans scandale;* » mais ses écrits ont été traités par un juge- » ment public, comme *téméraires, impies, scan-* » *daleux :* il devoit être *supporté sans diffame;* » mais il a été flétri de la manière la plus dif- » famante, ses deux livres ayant été lacérés et » brûlés par main du boureau.

» L'édit n'a donc pas été observé, continuent- » ils, tant à l'égard de la juridiction qui ap- » partient au consistoire, que relativement au » sieur Rousseau, qui devoit être appelé, sup- » porté sans scandale ni diffame, admonesté » par quelques fois, et qui ne pouvoit être jugé » qu'en cas d'opiniâtreté obstinée. »

Voilà sans doute qui vous paroît plus clair que le jour, et à moi aussi. Hé bien! non : vous allez voir comment ces gens, qui savent montrer le soleil à minuit, savent le cacher à midi.

L'adresse ordinaire aux sophistes est d'entasser force argumens pour en couvrir la foiblesse. Pour éviter des répétitions et gagner du temps, divisons ceux des *Lettres écrites de la campagne;* bornons-nous aux plus essentiels; laissons ceux que j'ai ci-devant réfutés; et, pour ne point altérer les autres, rapportons-les dans les termes de l'auteur.

C'est d'après nos lois, dit-il, *que je dois examiner ce qui s'est fait à l'égard de M. Rousseau.* Fort bien; voyons.

Le premier article du serment des bourgeois les oblige à vivre selon la réformation du saint Évangile. Or, je le demande, est-ce vivre selon l'Évangile, que d'écrire contre l'Évangile.

Premier sophisme. Pour voir clairement si c'est là mon cas, remettez dans la mineure de cet argument le mot *réformation,* que l'auteur en ôte, et qui est nécessaire pour que son raisonnement soit concluant.

Second sophisme. Il ne s'agit pas, dans cet article du serment, d'écrire selon la réformation, mais de vivre selon la réformation. Ces deux choses, comme on l'a vu ci-devant, sont distinguées dans le serment même; et l'on a vu encore s'il est vrai que j'aie écrit ni contre la réformation ni contre l'Évangile.

Le premier devoir des syndics et Conseil est de maintenir la pure religion.

Troisième sophisme. Leur devoir est bien de maintenir la pure religion, mais non pas de prononcer sur ce qui est ou n'est pas la pure religion. Le souverain les a bien chargés de maintenir la pure religion, mais il ne les a pas faits pour cela juges de la doctrine. C'est un autre corps qu'il a chargé de ce soin, et c'est ce corps qu'ils doivent consulter sur toutes les matières de religion, comme ils ont toujours fait depuis que votre gouvernement existe. En cas de délit en ces matières, deux tribunaux sont établis, l'un pour le constater, et l'autre pour le punir; cela est évident par les termes de l'ordonnance : nous y reviendrons ci-après.

Suivent les imputations ci-devant examinées, et que par cette raison je ne répéterai pas : mais je ne puis m'abstenir de transcrire ici l'article qui les termine; il est curieux.

Il est vrai que M. Rousseau et ses partisans prétendent que ces doutes n'attaquent point réellement le christianisme, qu'à cela près il continue d'appeler divin. Mais si un livre, caractérisé comme l'Évangile l'est dans les ouvrages de M. Rousseau, peut encore être appelé divin, qu'on me dise quel est donc le nouveau sens attaché à ce terme. En vérité, si c'est une contradiction, elle est choquante; si c'est une plaisanterie, convenez qu'elle est bien déplacée dans un pareil sujet (page 11).

J'entends. Le culte spirituel, la pureté du cœur, les œuvres de miséricorde, la confiance, l'humilité, la résignation, la tolérance, l'oubli des injures, le pardon des ennemis, l'amour du prochain, la fraternité universelle, et l'union du genre humain par la charité, sont autant d'inventions du diable. Seroit-ce là le sentiment de l'auteur et de ses amis? On le diroit à leurs raisonnemens et surtout à leurs œuvres. En vérité, si c'est une contradiction, elle est choquante; si c'est une plaisanterie, convenez qu'elle est bien déplacée dans un pareil sujet.

Ajoutez que la plaisanterie sur un pareil sujet est si fort du goût de ces messieurs, que, selon leurs propres maximes, elle eût dû, si je l'avois faite, me faire trouver grâce devant eux (page 25).

Après l'exposition de mes crimes, écoutez les raisons pour lesquelles on a si cruellement renchéri sur la rigueur de la loi dans la poursuite du criminel.

Ces deux livres paroissent sous le nom d'un

citoyen de Genève. L'Europe en témoigne son scandale. Le premier parlement d'un royaume voisin poursuit Émile *et son auteur. Que fera le gouvernement de Genève?*

Arrêtons un moment; je crois apercevoir ici quelque mensonge.

Selon notre auteur, le scandale de l'Europe força le conseil de Genève de sévir contre le livre et l'auteur d'*Émile*, à l'exemple du parlement de Paris : mais, au contraire, ce furent les décrets de ces deux tribunaux qui causèrent le scandale de l'Europe. Il y avoit peu de jours que le livre étoit public à Paris, lorsque le parlement le condamna (¹); il ne paroissoit encore en nul autre pays, pas même en Hollande, où il étoit imprimé; et il n'y eut, entre le décret du parlement de Paris et celui du conseil de Genève, que neuf jours d'intervalle (²); le temps à peu près qu'il falloit pour avoir avis de ce qui se passoit à Paris. Le vacarme affreux qui fut fait en Suisse sur cette affaire, mon expulsion de chez mon ami, les tentatives faites à Neufchâtel, et même à la cour, pour m'ôter mon dernier asile, tout cela vint de Genève et des environs, après le décret. On sait quels furent les instigateurs, on sait quels furent les émissaires; leur activité fut sans exemple; il ne tint pas à eux qu'on ne m'ôtât le feu et l'eau dans l'Europe entière, qu'il ne me restât pas une terre pour lit, pas une pierre pour chevet. Ne transposons donc point ainsi les choses, et ne donnons point, pour motif du décret de Genève, le scandale qui en fut l'effet.

Le premier parlement d'un royaume voisin poursuit Émile *et son auteur. Que fera le gouvernement de Genève?*

La réponse est simple. Il ne fera rien; il ne doit rien faire, ou plutôt il doit ne rien faire. Il renverseroit tout ordre judiciaire, il braveroit le parlement de Paris, il lui disputeroit la compétence en l'imitant. C'étoit précisément parce que j'étois décrété à Paris que je ne pouvois l'être à Genève. Le délit d'un criminel a certainement un lieu, et un lieu unique; il ne peut pas plus être coupable à la fois du même délit en deux états, qu'il ne peut être en deux lieux dans le même temps; et, s'il veut purger les deux décrets, comment voulez-vous qu'il se partage? En effet, avez-vous jamais ouï dire qu'on ait décrété le même homme en deux pays à la fois pour le même fait? C'en est ici le premier exemple, et probablement ce sera le dernier. J'aurai, dans mes malheurs, le triste honneur d'être à tous égards un exemple unique.

Les crimes les plus atroces, les assassinats même, ne sont pas et ne doivent pas être poursuivis par-devant d'autres tribunaux que ceux des lieux où ils ont été commis. Si un Genevois tuoit un homme, même un autre Genevois, en pays étranger, le conseil de Genève ne pourroit s'attribuer la connoissance de ce crime : il pourroit livrer le coupable s'il étoit réclamé, il pourroit en solliciter le châtiment; mais, à moins qu'on ne lui remît volontairement le jugement avec les pièces de la procédure, il ne le jugeroit pas, parce qu'il ne lui appartient pas de connoître d'un délit commis chez un autre souverain, et qu'il ne peut pas même ordonner les informations nécessaires pour le constater. Voilà la règle, et voilà la réponse à la question : *Que fera le gouvernement de Genève?* Ce sont ici les plus simples notions du droit public, qu'il seroit honteux au dernier magistrat d'ignorer. Faudra-t-il toujours que j'enseigne à mes dépens les élémens de la jurisprudence à mes juges?

Il devoit, suivant les auteurs des représentations, se borner à défendre provisionnellement le débit dans la ville (page 12). C'est en effet tout ce qu'il pouvoit légitimement faire pour contenter son animosité; c'est ce qu'il avoit déjà fait pour *la Nouvelle Héloïse*: mais voyant que le parlement de Paris ne disoit rien, et qu'on ne faisoit nulle part une semblable défense, il en eut honte, et la retira tout doucement (¹). *Mais une improbation si foible n'auroit-elle pas été taxée de secrète connivence?* Mais il y a long-temps que, pour d'autres écrits beaucoup moins tolérables, on taxe le conseil de Genève d'une connivence assez peu secrète, sans qu'il se mette fort en peine de ce jugement. *Personne, dit-on, n'auroit pu se scandaliser de la modération dont on auroit usé.*

(¹) C'étoit un arrangement pris avant que le livre parût.

(²) Le décret du parlement fut donné le 9 juin, et celui du Conseil le 19.

(¹) Il faut convenir que si l'*Émile* doit être défendu, l'*Héloïse* doit être tout au moins brûlée; les notes surtout en sont d'une hardiesse dont la Profession de foi du vicaire n'approche assurément pas.

Le cri public vous apprend combien on est scandalisé du contraire. *De bonne foi, s'il s'étoit agi d'un homme aussi désagréable au public que monsieur Rousseau lui étoit cher, ce qu'on appelle modération n'auroit-il pas été taxé d'indifférence, de tiédeur impardonnable?* Ce n'auroit pas été un si grand mal que cela, et l'on ne donne pas des noms si honnêtes à la dureté qu'on exerce envers moi pour mes écrits, ni au support que l'on prête à ceux d'un autre.

En continuant de me supposer coupable, supposons de plus que le conseil de Genève avoit droit de me punir, que la procédure eût été conforme à la loi, et que cependant, sans vouloir même censurer mes livres, il m'eût reçu paisiblement arrivant de Paris; qu'auroient dit les honnêtes gens? le voici :

« Ils ont fermé les yeux, ils le devoient. Que » pouvoient-ils faire? User de rigueur en cette » occasion eût été barbarie, ingratitude, in» justice même, puisque la véritable justice » compense le mal par le bien. Le coupable a » tendrement aimé sa patrie; il en a bien mé» rité; il l'a honorée dans l'Europe, et tandis » que ses compatriotes avoient honte du nom » genevois, il en a fait gloire, il l'a réhabilité » chez l'étranger. Il a donné ci-devant des con» seils utiles; il vouloit le bien public; il s'est » trompé, mais il étoit pardonnable. Il a fait » les plus grands éloges des magistrats, il cher» choit à leur rendre la confiance de la bour» geoisie; il a défendu la religion des minis» tres, il méritoit quelque retour de la part » de tous. Et de quel front eussent-ils osé sé» vir, pour quelques erreurs, contre le défen» seur de la Divinité, contre l'apologiste de la re» ligion si généralement attaquée, tandis qu'ils » toléroient, qu'ils permettoient même les » écrits les plus odieux, les plus indécens, les » plus insultans au christianisme, aux bonnes » mœurs, les plus destructifs de toute vertu, » de toute morale, ceux mêmes que Rousseau a » cru devoir réfuter? On eût cherché les mo» tifs secrets d'une partialité si choquante; on » les eût trouvés dans le zèle de l'accusé pour » la liberté, et dans les projets des juges pour » la détruire. Rousseau eût passé pour le mar» tyr des lois de sa patrie. Ses persécuteurs, » en prenant en cette seule occasion le masque » de l'hypocrisie, eussent été taxés de se jouer » de la religion, d'en faire l'arme de leur ven» geance et l'instrument de leur haine. Enfin, » par cet empressement de punir un homme » dont l'amour pour sa patrie est le plus grand » crime, ils n'eussent fait que se rendre odieux » aux gens de bien, suspects à la bourgeoisie et » méprisables aux étrangers.» Voilà, monsieur, ce qu'on auroit pu dire; voilà tout le risque qu'auroit couru le conseil dans le cas supposé du délit, en s'abstenant d'en connoître.

Quelqu'un a eu raison de dire qu'il falloit brûler l'Évangile ou les livres de M. Rousseau.

La commode méthode que suivent toujours ces messieurs contre moi! S'il leur faut des preuves, ils multiplient les assertions; et s'il leur faut des témoignages, ils font parler des quidams.

La sentence de celui-ci n'a qu'un sens qui ne soit pas extravagant, et ce sens est un blasphème.

Car quel blasphème n'est-ce pas de supposer l'Évangile et le recueil de mes livres si semblables dans leurs maximes qu'ils se suppléent mutuellement, et qu'on en puisse indifféremment brûler un comme superflu, pourvu que l'on conserve l'autre? Sans doute, j'ai suivi du plus près que j'ai pu la doctrine de l'Évangile; je l'ai aimée, je l'ai adoptée, étendue, expliquée, sans m'arrêter aux obscurités, aux difficultés, aux mystères, sans me détourner de l'essentiel : je m'y suis attaché avec tout le zèle de mon cœur; je me suis indigné, récrié de voir cette sainte doctrine ainsi profanée, avilie, par nos prétendus chrétiens, et surtout par ceux qui font profession de nous en instruire. J'ose même croire, et je m'en vante, qu'aucun d'eux ne parla plus dignement que moi du vrai christianisme et de son auteur. J'ai là-dessus le témoignage, l'applaudissement même de mes adversaires, non de ceux de Genève, à la vérité, mais de ceux dont la haine n'est point une rage, et à qui la passion n'a point ôté tout sentiment d'équité. Voilà ce qui est vrai; voilà ce que prouvent et ma *Réponse au roi de Pologne,* et ma *Lettre à M. d'Alembert,* et l'*Héloïse,* et l'*Émile,* et tous mes écrits, qui respirent le même amour pour l'Évangile, la même vénération pour Jésus-Christ. Mais qu'il s'ensuive de là qu'en rien je puisse approcher de mon maître, et que mes livres puissent suppléer à ses leçons, c'est ce qui est faux, absurde, abominable ; je déteste ce blasphème, et désavoue cette témérité. Rien ne peut se comparer à l'Évangile ; mais sa sublime simplicité n'est pas également à la portée de tout le monde. Il faut quelquefois, pour l'y *mettre*, l'exposer sous bien des jours. Il faut conserver ce *livre* sacré comme la *règle* du maître, et les *miens* comme les commentaires de *l'écolier*.

J'ai traité jusqu'ici la question d'une manière un peu générale ; rapprochons-la maintenant des faits, par le parallèle des procédures de 1563 et de 1762, et des raisons qu'on donne de leurs différences. Comme c'est ici le point décisif par rapport à moi, je ne puis, sans négliger ma cause, vous épargner ces détails, peut-être ingrats en eux-mêmes, mais intéressans, à bien des égards, pour vous et pour vos concitoyens. C'est une autre discussion, qui ne peut être interrompue, et qui tiendra seule une longue lettre. Mais, monsieur, encore un peu de courage ; ce sera la dernière de cette espèce dans laquelle je vous entretiendrai de moi.

LETTRE V.

Continuation du même sujet. Jurisprudence tirée des procédures faites en cas semblables. But de l'auteur en publiant la Profession de foi.

Après avoir établi, comme vous avez vu, la nécessité de sévir contre moi, l'auteur des Lettres prouve, comme vous allez voir, que la procédure faite contre Jean Morelli, quoique exactement conforme à l'ordonnance, et dans un cas semblabe au mien, n'étoit point un exemple à suivre à mon égard ; attendu, premièrement, que le Conseil, étant au-dessus de l'ordonnance, n'est point obligé de s'y conformer; que d'ailleurs mon crime, étant plus grave que le délit de Morelli, devoit être traité plus sévèrement. A ces preuves l'auteur ajoute qu'il n'est pas vrai qu'on m'ait jugé sans m'entendre, puisqu'il suffisoit d'entendre le livre même ; et que la flétrissure du livre ne tombe en aucune façon sur l'auteur ; qu'enfin les ouvrages qu'on reproche au Conseil d'avoir tolérés, sont innocens et tolérables en comparaison des miens.

Quant au premier article, vous aurez peut-être peine à croire qu'on ait osé mettre sans façon le petit Conseil au-dessus des lois Je ne connois rien de plus sûr pour vous en convaincre, que de vous transcrire le passage où ce principe est établi, et, de peur de changer le sens de ce passage en le tronquant, je le transcrirai tout entier.

(Page 4.) « L'ordonnance a-t-elle voulu lier » les mains à la puissance civile, et l'obliger à » ne réprimer aucun délit contre la religion » qu'après que le consistoire en auroit connu ? » Si cela étoit, il en résulteroit qu'on pourroit » impunément écrire contre la religion, que le » gouvernement seroit dans l'impuissance de » réprimer cette licence, et de flétrir aucun li- » vre de cette espèce ; car si l'ordonnance veut » que le délinquant paroisse d'abord au consis- » toire, l'ordonnance ne prescrit pas moins que, » *s'il se range, on le supporte sans diffame.* » Ainsi, quel qu'ait été son délit contre la re- » ligion, l'accusé, en faisant semblant de se » ranger, pourra toujours échapper ; et celui » qui auroit diffamé la religion par toute la » terre, au moyen d'un repentir simulé, devroit » être supporté *sans diffame*. Ceux qui connois- » sent l'esprit de sévérité, pour ne rien dire » de plus, qui régnoit lorsque l'ordonnance fut » compilée, pourront-ils croire que ce soit là » le sens de l'article 88 de l'ordonnance ?

» Si le consistoire n'agit pas, son inaction » enchaînera-t-elle le Conseil ? ou du moins » sera-t-il réduit à la fonction de délateur au- » près du consistoire ? Ce n'est pas là ce qu'a » entendu l'ordonnance, lorsqu'après avoir » traité de l'établissement, du devoir et du » pouvoir du consistoire, elle conclut que la » puissance civile reste en son entier, en sorte » qu'il ne soit en rien dérogé à son autorité, ni » au cours de la justice ordinaire, par aucunes » remontrances ecclésiastiques. Cette ordon- » nance ne suppose donc point, comme on le » fait dans les représentations, que dans cette » matière les ministres de l'Évangile soient des » juges plus naturels que les Conseils. Tout ce » qui est du ressort de l'autorité en matière de » religion est du ressort du gouvernement. » C'est le principe des protestans ; et c'est sin- » gulièrement le principe de notre constitu- » tion, qui, en cas de dispute, attribue aux » conseils le droit de décider sur le dogme. » Vous voyez, monsieur, dans ces dernières lignes, le principe sur lequel est fondé ce qui les précède. Ainsi, pour procéder dans cet examen avec ordre, il convient de commencer par la fin.

Tout ce qui est du ressort de l'autorité en matière de religion est du ressort du gouvernement.

Il y a ici dans le mot *gouvernement* une équivoque, qu'il importe beaucoup d'éclaircir; et je vous conseille, si vous aimez la constitution de votre patrie, d'être attentif à la distinction que je vais faire : vous en sentirez bientôt l'utilité.

Le mot de *gouvernement* n'a pas le même sens dans tous les pays, parce que la constitution des états n'est pas partout la même.

Dans les monarchies, où la puissance exécutive est jointe à l'exercice de la souveraineté, le gouvernement n'est autre chose que le souverain lui-même, agissant par ses ministres, par son conseil, ou par des corps qui dépendent absolument de sa volonté. Dans les républiques, surtout dans les démocraties, où le souverain n'agit jamais immédiatement par lui-même, c'est autre chose. Le gouvernement n'est alors que la puissance exécutive, et il est absolument distinct de la souveraineté.

Cette distinction est très-importante en ces matières. Pour l'avoir bien présente à l'esprit, on doit lire avec quelque soin dans le *Contrat social* les deux premiers chapitres du livre troisième, où j'ai tâché de fixer, par un sens précis, des expressions qu'on laissoit avec art incertaines, pour leur donner au besoin telle acception qu'on vouloit. En général, les chefs des républiques aiment extrêmement à employer le langage des monarchies. A la faveur de termes qui semblent consacrés, ils savent amener peu à peu les choses que ces mots signifient. C'est ce que fait ici très-habilement l'auteur des Lettres, en prenant le mot de *gouvernement,* qui n'a rien d'effrayant en lui-même, pour l'exercice de la souveraineté, qui seroit révoltant, attribué sans détour au petit Conseil.

C'est ce qu'il fait encore plus ouvertement dans un autre passage (page 66), où après avoir dit que *le petit Conseil est le gouvernement même*, ce qui est vrai en prenant ce mot de *gouvernement* dans un sens subordonné, il ose ajouter qu'à ce titre il exerce toute l'autorité qui n'est pas attribuée aux autres corps de l'état, prenant ainsi le mot de gouvernement dans le sens de la souveraineté; comme si tous les corps de l'état, et le Conseil général lui-même, étoient institués par le petit Conseil : car ce n'est qu'à la faveur de cette supposition qu'il peut s'attribuer à lui seul tous les pouvoirs que la loi ne donne expressément à personne. Je reprendrai ci-après cette question.

Cette équivoque éclaircie, on voit à découvert le sophisme de l'auteur. En effet, dire que tout ce qui est du ressort de l'autorité, en matière de religion, est du ressort du gouvernement, est une proposition véritable, si par ce mot de gouvernement on entend la puissance législative ou le souverain : mais elle est très-fausse, si l'on entend la puissance exécutive ou le magistrat; et l'on ne trouvera jamais dans votre république que le Conseil général ait attribué au petit Conseil le droit de régler en dernier ressort tout ce qui concerne la religion.

Une seconde équivoque, plus subtile encore, vient à l'appui de la première dans ce qui suit : *C'est le principe des protestans; et c'est singulièrement l'esprit de notre constitution, qui, dans le cas de dispute, attribue aux Conseils le droit de décider sur le dogme.* Ce droit, soit qu'il y ait dispute ou qu'il n'y en ait pas, appartient sans contredit *aux Conseils*, mais non pas *au Conseil*. Voyez comment, avec une lettre de plus ou de moins, on pourroit changer la constitution d'un état.

Dans les principes des protestans, il n'y a point d'autre Église que l'état, et point d'autre législateur ecclésiastique que le souverain. C'est ce qui est manifeste, surtout à Genève, où l'ordonnance ecclésiastique a reçu du souverain, dans le Conseil général, la même sanction que les édits civils.

Le souverain ayant donc prescrit, sous le nom de réformation, la doctrine qui devoit être enseignée à Genève, et la forme du culte qu'on y devoit suivre, a partagé entre deux corps le soin de maintenir cette doctrine et ce culte, tels qu'ils sont fixés par la loi : à l'un elle a remis la matière des enseignemens publics, la décision de ce qui est conforme ou contraire à la religion de l'état, les avertissemens et admonitions convenables, et même les punitions spirituelles, telles que l'excommunication; elle a chargé l'autre de pourvoir à l'exécution des lois sur ce point comme sur tout autre, et de punir civilement les prévaricateurs obstinés.

Ainsi toute procédure régulière sur cette matière doit commencer par l'examen du fait; savoir, s'il est vrai que l'accusé soit coupable d'un délit contre la religion; et, par la loi, cet examen appartient au seul consistoire.

Quand le délit est constaté, et qu'il est de nature à mériter une punition civile, c'est alors au magistrat seul de faire droit et de décerner cette punition. Le tribunal ecclésiastique dénonce le coupable au tribunal civil, et voilà comment s'établit sur cette matière la compétence du Conseil.

Mais lorsque le Conseil veut prononcer en théologien sur ce qui est ou n'est pas du dogme, lorsque le consistoire veut usurper la juridiction civile, chacun de ces corps sort de sa compétence; il désobéit à la loi et au souverain qui l'a portée, lequel n'est pas moins législateur en matière ecclésiastique qu'en matière civile, et doit être reconnu tel des deux côtés.

Le magistrat est toujours juge des ministres en tout ce qui regarde le civil, jamais en ce qui regarde le dogme; c'est le consistoire. Si le Conseil prononçoit les jugemens de l'Église, il auroit le droit d'excommunication; et, au contraire, ses membres y sont soumis eux-mêmes. Une contradiction bien plaisante dans cette affaire est que je suis décrété, pour mes erreurs, et que je ne suis pas excommunié. Le Conseil me poursuit comme apostat, et le consistoire me laisse au rang des fidèles! Cela n'est-il pas singulier?

Il est bien vrai que s'il arrive des dissensions entre les ministres sur la doctrine, et que, par l'obstination d'une des parties, ils ne puissent s'accorder ni entre eux ni par l'entremise des anciens, il est dit, par l'article XVIII, que la cause doit être portée au magistrat *pour y mettre ordre*.

Mais mettre ordre à la querelle n'est pas décider du dogme. L'ordonnance explique elle-même le motif du recours au magistrat; c'est l'obstination d'une des parties. Or, la police dans tout l'état, l'inspection sur les querelles, le maintien de la paix et de toutes les fonctions publiques, la réduction des obstinés, sont incontestablement du ressort du magistrat. Il ne jugera pas pour cela de la doctrine, mais il rétablira dans l'assemblée l'ordre convenable pour qu'elle puisse en juger.

Et quand le Conseil seroit juge de la doctrine en dernier ressort, toujours ne lui seroit-il pas permis d'intervertir l'ordre établi par la loi, qui attribue au consistoire la première connoissance en ces matières; tout de même qu'il ne lui est pas permis, bien que juge suprême, d'évoquer à soi les causes civiles, avant qu'elles aient passé aux premières appellations.

L'article XVIII dit bien qu'en cas que les ministres ne puissent s'accorder, la cause doit être portée au magistrat pour y mettre ordre; mais il ne dit point que la première connoissance de la doctrine pourra être ôté au consistoire par le magistrat; et il n'y a pas un seul exemple de pareille usurpation depuis que la république existe [1]. C'est de quoi l'auteur des Lettres paroît convenir lui-même, en disant qu'*en cas de dispute* les Conseils ont le droit de décider sur le dogme; car c'est dire qu'ils n'ont ce droit qu'après l'examen du consistoire, et qu'ils ne l'ont point quand le consistoire est d'accord.

Ces distinctions du ressort civil et du ressort ecclésiastique sont claires et fondées non-seulement sur la loi, mais sur la raison, qui

[1] Il y eut, dans le seizième siècle, beaucoup de disputes sur la prédestination, dont on auroit dû faire l'amusement des écoliers, et dont on ne manqua pas, selon l'usage, de faire une grande affaire d'état. Cependant ce furent les ministres qui la décidèrent, et même contre l'intérêt public. Jamais que je sache, depuis les édits, le petit Conseil ne s'est avisé de prononcer sur le dogme sans leur concours. Je ne connois qu'un jugement de cette espèce, et il fut rendu par le Deux-Cents. Ce fut dans la grande querelle de 1669, sur la grâce particulière. Après de longs et vains débats dans la compagnie et dans le consistoire, les professeurs, ne pouvant s'accorder, portèrent l'affaire au petit Conseil, qui ne la jugea pas. Le Deux-Cents l'évoqua et la jugea. L'importante question dont il s'agissoit étoit de savoir si Jésus étoit mort seulement pour le salut des élus, ou s'il étoit mort aussi pour le salut des damnés. Après bien des séances et de mûres délibérations, le magnifique Conseil des Deux-Cents prononça que Jésus n'étoit mort que pour le salut des élus. On conçoit bien que ce jugement fut une affaire de faveur, et que Jésus seroit mort pour les damnés, si le professeur Tronchin avoit eu plus de crédit que son adversaire. Tout cela sans doute est fort ridicule: on peut dire toutefois qu'il ne s'agissoit pas ici d'un dogme de foi, mais de l'uniformité de l'instruction publique, dont l'inspection appartient sans contredit au gouvernement. On peut ajouter que cette belle dispute avoit tellement excité l'attention, que toute la ville étoit en rumeur. Mais n'importe; les Conseils devoient apaiser la querelle sans prononcer sur la doctrine. La décision de toutes les questions qui n'intéressent personne, et où qui que ce soit ne comprend rien, doit toujours être laissée aux théologiens.

ne veut pas que les juges, de qui dépend le sort des particuliers, en puissent décider autrement que sur des faits constans, sur des corps de délit positifs, bien avérés, et non sur des imputations aussi vagues, aussi arbitraires que celles des erreurs sur la religion. Et de quelle sûreté jouiroient les citoyens, si, dans tant de dogmes obscurs, susceptibles de diverses interprétations, le juge pouvoit choisir au gré de sa passion celui qui chargeroit ou disculperoit l'accusé, pour le condamner ou l'absoudre?

La preuve de ces distinctions est dans l'institution même qui n'auroit pas établi un tribunal inutile; puisque si le Conseil pouvoit juger, surtout en premier ressort, des matières ecclésiastiques, l'institution du consistoire ne serviroit de rien.

Elle est encore en mille endroits de l'ordonnance, où le législateur distingue avec tant de soin l'autorité des deux ordres; distinction bien vaine, si, dans l'exercice de ses fonctions, l'un étoit en tout soumis à l'autre. Voyez dans les articles XXIII et XXIV la spécification des crimes punissables par les lois, et de ceux dont *la première inquisition appartient au consistoire.*

Voyez la fin du même article XXIV, qui veut qu'en ce dernier cas, après la conviction du coupable, le consistoire en fasse rapport au Conseil, en y ajoutant son avis : *afin,* dit l'ordonnance, *que le jugement concernant la punition soit toujours réservé à la seigneurie.* Termes d'où l'on doit inférer que le jugement concernant la doctrine appartient au consistoire.

Voyez le serment des ministres, qui jurent de se rendre pour leur part sujets et obéissans aux lois et au magistrat, en tant que leur ministère le porte, c'est-à-dire sans préjudicier à la liberté qu'ils doivent avoir d'enseigner selon que Dieu le leur commande. Mais où seroit cette liberté, s'ils étoient, par les lois, sujets pour cette doctrine aux décisions d'un autre corps que le leur?

Voyez l'article LXXX, où non-seulement l'édit prescrit au consistoire de veiller et pourvoir aux désordres généraux et particuliers de l'Église, mais où il l'institue à cet effet. Cet article a-t-il un sens, ou n'en a-t-il point? est-il absolu? n'est-il que conditionnel? et le consistoire établi par la loi n'auroit-il qu'une existence précaire, et dépendante du bon plaisir du Conseil?

Voyez l'article XCVII de la même ordonnance, où, dans les cas qui exigent punition civile, il est dit que le consistoire, ayant ouï les parties et fait les remontrances et censures ecclésiastiques, doit rapporter le tout au Conseil, lequel, *sur son rapport,* remarquez bien la répétition de ce mot, *avisera d'ordonner et faire jugement selon l'exigence du cas.* Voyez enfin ce qui suit dans le même article, et n'oubliez pas que c'est le souverain qui parle : *Car combien que ce soient choses conjointes et inséparables que la seigneurie et supériorité que Dieu nous a donnée, et le gouvernement spirituel qu'il a établi dans son Église, elles ne doivent nullement être confuses, puisque celui qui a tout empire de commander, et auquel nous voulons rendre toute sujétion, comme nous devons, veut être tellement reconnu auteur du gouvernement politique et ecclésiastique, que cependant il a expressément discerné tant les vocations que l'administration de l'un et de l'autre.*

Mais comment ces administrations peuvent-elles être distinguées sous l'autorité commune du législateur, si l'une peut empiéter à son gré sur celle de l'autre? S'il n'y pas là de la contradiction, je n'en saurois voir nulle part.

A l'article LXXXVIII, qui prescrit expressément l'ordre de procédure qu'on doit observer contre ceux qui dogmatisent, j'en joins un autre, qui n'est pas moins important, c'est l'article LIII, au titre *du catéchisme,* où il est ordonné que ceux qui contreviendront au bon ordre, après avoir été remontrés suffisamment, s'ils persistent, soient appelés au consistoire, *et si lors ils ne veulent obtempérer* aux remontrances qui leur seront faites, *qu'il en soit fait rapport à la seigneurie.*

De quel bon ordre est-il parlé là? Le titre le dit; c'est du bon ordre en matière de doctrine, puisqu'il ne s'agit que du catéchisme, qui en est le sommaire.

D'ailleurs, le maintien du bon ordre en général paroît bien plus appartenir au magistrat qu'au tribunal ecclésiastique. Cependant voyez quelle gradation! Premièrement *il faut remontrer;* si le coupable persiste, *il faut l'appeler au consistoire;* enfin, s'il ne veut obtempérer, *il faut faire rapport à la seigneurie.* En toute matière de foi, le dernier ressort est toujours attribué aux Conseils; telle est la loi, telles sont toutes vos lois. J'attends de voir quelque article, quelque passage dans vos édits, en vertu duquel le petit Conseil s'attribue aussi le premier ressort, et puisse faire tout d'un coup d'un pareil délit le sujet d'une procédure criminelle.

Cette marche n'est pas seulement contraire à la loi; elle est contraire à l'équité, au bon sens, à l'usage universel. Dans tous les pays du monde, la règle veut qu'en ce qui concerne une science ou un art, on prenne, avant que de prononcer, le jugement des professeurs dans cette science, ou des experts en cet art : pourquoi, dans la plus obscure, dans la plus difficile de toutes les sciences; pourquoi, lorsqu'il s'agit de l'honneur et de la liberté d'un homme, d'un citoyen, les magistrats négligeroient-ils les précautions qu'ils prennent dans l'art le plus mécanique au sujet du plus vil intérêt?

Encore une fois, à tant d'autorités, à tant de raisons qui prouvent l'illégalité et l'irrégularité d'une telle procédure, quelle loi, quel édit oppose-t-on pour la justifier? Le seul passage qu'ait pu citer l'auteur des Lettres est celui-ci, dont encore il transpose les termes pour en altérer l'esprit :

Que toutes les remontrances ecclésiastiques se fassent en telle sorte, que par le consistoire ne soit en rien dérogé à l'autorité de la seigneurie ni de la justice ordinaire; mais que la puissance civile demeure en son entier (¹).

Or voici la conséquence qu'il en tire : « Cette » ordonnance ne suppose donc point, comme » on le fait dans les représentations, que les » ministres de l'Évangile soient dans ces ma- » tières des juges plus naturels que les Con- » seils. » Commençons d'abord par remettre le mot Conseil au singulier, et pour cause.

Mais où est-ce que les représentans ont supposé que les ministres de l'Évangile fussent, dans ces matières, des juges plus naturels que le Conseil (²)?

Selon l'édit, le consistoire et le Conseil sont juges naturels, chacun dans sa partie, l'un de la doctrine, et l'autre du délit. Ainsi la puissance civile et l'ecclésiastique restent chacune en son entier sous l'autorité commune du souverain : et que signifieroit ici ce mot même de *puissance civile*, s'il n'y avoit une autre *puissance* sous-entendue? Pour moi, je ne vois rien dans ce passage qui change le sens naturel de ceux que j'ai cités. Et bien loin de là, les lignes qui suivent les confirment, en déterminant l'état où le consistoire doit avoir mis la procédure, avant qu'elle soit portée au Conseil. C'est précisément la conclusion contraire à celle que l'auteur en voudroit tirer.

Mais voyez comment, n'osant attaquer l'ordonnance par les termes, il l'attaque par les conséquences.

« L'ordonnance a-t-elle voulu lier les mains » à la puissance civile, et l'obliger à ne répri- » mer aucun délit contre la religion qu'après » que le consistoire en auroit connu? Si cela » étoit ainsi, il en résulteroit qu'on pourroit » impunément écrire contre la religion : car, » en faisant semblant de se ranger, l'accusé » pourroit toujours échapper, et celui qui au- » roit diffamé la religion par toute la terre de- » vroit être supporté sans diffame, au moyen » d'un repentir simulé (page 14). »

C'est donc pour éviter ce malheur affreux, cette impunité scandaleuse, que l'auteur ne veut pas qu'on suive la loi à la lettre. Toutefois, seize pages après, le même auteur vous parle ainsi :

« La politique et la philosophie pourront » soutenir cette liberté de tout écrire; mais » nos lois l'ont réprouvée : or il s'agit de savoir » si le jugement du Conseil contre les ouvrages » de M. Rousseau et le décret contre sa per- » sonne sont contraires à nos lois, et non de » savoir s'ils sont conformes à la philosophie » et à la politique (page 30). »

Ailleurs encore cet auteur, convenant que

(¹) Ordonnances ecclésiastiques, art. XCVII.

(²) *L'examen et la discussion de cette matière*, disent-ils page 42, *appartiennent mieux aux ministres de l'Évangile qu'au magnifique Conseil.* Quelle est la matière dont il s'agit dans ce passage? c'est la question si, sous l'apparence des doutes, j'ai rassemblé dans mon livre tout ce qui peut tendre à saper, ébranler et détruire les principaux fondemens de la religion chrétienne. L'auteur des Lettres part de là pour faire dire aux représentans, que dans ces matières les ministres sont des juges plus naturels que les Conseils. Ils sont sans contredit des juges plus naturels de la question de théologie, mais non pas de la peine due au délit; et c'est aussi ce que les représentans n'ont ni dit ni fait entendre.

la flétrissure d'un livre n'en détruit pas les arguments, et peut même leur donner une publicité plus grande, ajoute : « A cet égard, je re» trouve assez mes maximes dans celles des » représentations. Mais ces maximes ne sont » pas celles de nos lois (page 22). »

En resserrant et liant tous ces passages, je leur trouve à peu près le sens qui suit :

Quoique la philosophie, la politique et la raison puissent soutenir la liberté de tout écrire, on doit, dans notre état, punir cette liberté, parce que nos lois la réprouvent. Mais il ne faut pourtant pas suivre nos lois à la lettre, parce qu'alors on ne puniroit pas cette liberté.

A parler vrai, j'entrevois là je ne sais quel galimatias qui me choque ; et pourtant l'auteur me paroît homme d'esprit : ainsi, dans ce résumé, je penche à croire que je me trompe, sans qu'il me soit possible de voir en quoi. Comparez donc vous-même les pages 14, 22, 50, et vous verrez si j'ai tort ou raison.

Quoi qu'il en soit, en attendant que l'auteur nous montre ces autres lois où les préceptes de la philosophie et de la politique sont réprouvés, reprenons l'examen de ses objections contre celle-ci.

Premièrement, loin que, de peur de laisser un délit impuni, il soit permis dans une république au magistrat d'aggraver la loi, il ne lui est pas même permis de l'étendre aux délits sur lesquels elle n'est pas formelle ; et l'on sait combien de coupables échappent en Angleterre, à la faveur de la moindre distinction subtile dans les termes de la loi. *Quiconque est plus sévère que les lois*, dit Vauvenargues, *est un tyran* (1).

Mais voyons si la conséquence de l'impunité, dans l'espèce dont il s'agit, est si terrible que l'a faite l'auteur des Lettres.

Il faut, pour bien juger de l'esprit de la loi, se rappeler ce grand principe, que les meilleures lois criminelles sont toujours celles qui tirent de la nature des crimes les châtimens qui leur sont imposés. Ainsi les assassins doivent être punis de mort ; les voleurs, de la perte de leur bien, ou, s'ils n'en ont pas, de celle de leur liberté, qui est alors le seul bien qui leur reste. De même, dans les délits qui sont uniquement contre la religion, les peines doivent être tirées uniquement de la religion ; telle est, par exemple, la privation de la preuve par serment en choses qui l'exigent ; telle est encore l'excommunication, prescrite ici comme la peine la plus grande de quiconque a dogmatisé contre la religion, sauf ensuite le renvoi au magistrat, pour la peine civile due au délit civil, s'il y en a.

Or il faut se ressouvenir que l'ordonnance, l'auteur des Lettres, et moi, ne parlons ici que d'un délit simple contre la religion. Si le délit étoit complexe, comme si, par exemple, j'avois imprimé mon livre dans l'état sans permission, il est incontestable que, pour être absous devant le consistoire, je ne le serois pas devant le magistrat.

Cette distinction faite, je reviens, et je dis : Il y a cette différence entre les délits contre la religion et les délits civils, que les derniers font aux hommes ou aux lois un tort, un mal réel, pour lequel la sûreté publique exige nécessairement réparation et punition ; mais les autres sont seulement des offenses contre la Divinité, à qui nul ne peut nuire, et qui pardonne au repentir. Quand la Divinité est apaisée, il n'y a plus de délit à punir, sauf le scandale, et le scandale se répare en donnant au repentir la même publicité qu'a eue la faute. La charité chrétienne imite alors la clémence divine : et ce seroit une inconséquence absurde de venger la religion par une rigueur que la religion réprouve. La justice humaine n'a et ne doit avoir nul égard au repentir, je l'avoue ; mais voilà précisément pourquoi, dans une espèce de *délit que le repentir peut réparer*, l'ordonnance a pris des mesures pour que le tribunal civil n'en prît pas d'abord connoissance.

L'inconvénient terrible que l'auteur trouve à laisser impunis civilement les délits contre la religion, n'a donc pas la réalité qu'il lui donne ; et la conséquence qu'il en tire, pour prouver que tel n'est pas l'esprit de la loi, n'est point juste, contre les termes formels de la loi.

Ainsi, quel qu'ait été le délit contre la reli-

(1) Comme il n'y a point à Genève de lois pénales proprement dites, le magistrat inflige arbitrairement la peine des crimes, ce qui est assurément un grand défaut dans la législation, et un abus énorme dans un état libre. Mais cette autorité du magistrat ne s'étend qu'aux crimes contre la loi naturelle, et reconnus tels dans toute société, ou aux choses spécialement défendues par la loi positive ; elle ne va pas jusqu'à forger un délit imaginaire où il n'y en a point ; ni, sur quelque délit que ce puisse être, jusqu'à renverser, de peur qu'un coupable n'échappe, l'ordre de la procédure fixé par la loi.

gion, ajoute-t-il, *l'accusé, en faisant semblant de se ranger, pourra toujours échapper*. L'ordonnance ne dit pas *s'il fait semblant de se ranger;* elle dit, *s'il se range;* et il y a des règles aussi certaines qu'on en puisse avoir en tout autre cas pour distinguer ici la réalité de la fausse apparence, surtout quant aux effets extérieurs, seuls compris sous ce mot, *s'il se range*.

Si le délinquant, s'étant rangé, retombe, il commet un nouveau délit plus grave, et qui mérite un traitement plus rigoureux. Il est relaps, et les voies de le ramener à son devoir sont plus sévères. Le Conseil a là-dessus pour modèle les formes judiciaires de l'inquisition (¹): et si l'auteur des Lettres n'approuve pas qu'il soit aussi doux qu'elle, il doit au moins lui laisser toujours la distinction des cas; car il n'est pas permis, de peur qu'un délinquant ne retombe, de le traiter d'avance comme s'il étoit déjà retombé.

C'est pourtant sur ces fausses conséquences que cet auteur s'appuie pour affirmer que l'édit, dans cet article, n'a pas eu pour objet de régler la procédure, et de fixer la compétence des tribunaux. Qu'a donc voulu l'édit, selon lui? Le voici.

Il a voulu empêcher que le consistoire ne sévît contre des gens auxquels on imputeroit ce qu'ils n'auroient peut-être point dit, ou dont on auroit exagéré les écarts; qu'il ne sévît, dis-je, contre ces gens-là sans en avoir conféré avec eux, sans avoir essayé de les gagner.

Mais qu'est-ce que sévir, de la part du consistoire? C'est excommunier, et déférer au Conseil. Ainsi, de peur que le consistoire ne défère trop légèrement un coupable au Conseil, l'édit le livre tout d'un coup au Conseil. C'est une précaution d'une espèce toute nouvelle. Cela est admirable que, dans le même cas, la loi prenne tant de mesures pour empêcher le consistoire de sévir précipitamment, et qu'elle n'en prenne aucune pour empêcher le Conseil de sévir précipitamment; qu'elle porte une attention si scrupuleuse à prévenir la diffamation, et qu'elle n'en donne aucune à prévenir le supplice; qu'elle pourvoie à tant de choses pour qu'un homme ne soit pas excommunié mal à propos, et qu'elle ne pourvoie à rien pour qu'il ne soit pas brûlé mal à propos; qu'elle craigne si fort la rigueur des ministres, et si peu celle des juges! C'étoit bien fait assurément de compter pour beaucoup la communion des fidèles; mais ce n'étoit pas bien fait de compter pour si peu leur sûreté, leur liberté, leur vie; et cette même religion qui prescrivoit tant d'indulgence à ses gardiens, ne devoit pas donner tant de barbarie à ses vengeurs.

Voilà toutefois, selon notre auteur, la solide raison pourquoi l'ordonnance n'a pas voulu dire ce qu'elle dit. Je crois que l'exposer c'est assez y répondre. Passons maintenant à l'application; nous ne la trouverons pas moins curieuse que l'interprétation.

L'article LXXXVIII n'a pour objet que celui qui dogmatise, qui enseigne, qui instruit. Il ne parle point d'un simple auteur, d'un homme qui ne fait que publier un livre, et qui, au surplus, se tient en repos. A dire la vérité, cette distinction me paroît un peu subtile; car, comme disent très-bien les représentans, on dogmatise par écrit tout comme de vive voix. Mais admettons cette subtilité; nous y trouverons une distinction de faveur pour adoucir la loi, non de rigueur pour l'aggraver.

Dans tous les états du monde, la police veille avec le plus grand soin sur ceux qui instruisent, qui enseignent, qui dogmatisent: elle ne permet ces sortes de fonctions qu'à gens autorisés; il n'est pas même permis de prêcher la bonne doctrine, si l'on n'est reçu prédicateur. Le peuple aveugle est facile à séduire; un homme qui dogmatise attroupe; et bientôt il peut ameuter. La moindre entreprise en ce point est toujours regardée comme un attentat punissable à cause des conséquences qui peuvent en résulter.

Il n'en est pas de même de l'auteur d'un livre; s'il enseigne, au moins il n'attroupe point, il n'ameute point: il ne force personne à l'écouter, à le lire; il ne vous recherche point, il ne vient que quand vous le recherchez vous-même; il vous laisse réfléchir sur ce qu'il vous dit, il ne dispute point avec vous, ne s'anime point, ne s'obstine point, ne lève point vos doutes, ne résout point vos objections, ne vous poursuit point: voulez-vous le quitter, il vous quitte; et, ce qui est ici l'article important, il ne parle pas au peuple.

(¹) Voyez le *Manuel des Inquisiteurs*.

Aussi jamais la publication d'un livre ne fut-elle regardée par aucun gouvernement du même œil que les pratiques d'un dogmatiseur. Il y a même des pays où la liberté de la presse est entière; mais il n'y en a aucun où il soit permis à tout le monde de dogmatiser indifféremment. Dans les pays où il est défendu d'imprimer des livres sans permission, ceux qui désobéissent sont punis quelquefois pour avoir désobéi; mais la preuve qu'on ne regarde pas au fond ce que dit un livre comme une chose importante, est la facilité avec laquelle on laisse entrer dans l'état ces mêmes livres que, pour n'en pas paroître approuver les maximes, on n'y laisse pas imprimer.

Tout ceci est vrai, surtout des livres qui ne sont point écrits pour le peuple, tels qu'ont toujours été les miens. Je sais que votre Conseil affirme dans ses réponses que, *selon l'intention de l'auteur, l'Émile doit servir de guide aux pères et aux mères* (¹) : mais cette assertion n'est pas excusable, puisque j'ai manifesté dans la préface, et plusieurs fois dans le livre, une intention toute différente. Il s'agit d'un nouveau système d'éducation, dont j'offre le plan à l'examen des sages, et non pas d'une méthode pour les pères et mères, à laquelle je n'ai jamais songé. Si quelquefois, par une figure assez commune, je parois leur adresser la parole, c'est, ou pour me faire mieux entendre, ou pour m'expliquer en moins de mots. Il est vrai que j'entrepris mon livre à la sollicitation d'une mère : mais cette mère, toute jeune et tout aimable qu'elle est, a de la philosophie, et connoît le cœur humain; elle est par la figure un ornement de son sexe, et par le génie une exception. C'est pour les esprits de la trempe du sien que j'ai pris la plume, non pour des messieurs tel ou tel, ni pour d'autres messieurs de pareille étoffe, qui me lisent sans m'entendre, et qui m'outragent sans me fâcher.

Il résulte de la distinction supposée, que si la procédure prescrite par l'ordonnance contre un homme qui dogmatise n'est pas applicable à l'auteur d'un livre, c'est qu'elle est trop sévère pour ce dernier. Cette conséquence si naturelle, cette conséquence que vous et tous mes lecteurs tirez sûrement ainsi que moi, n'est point celle de l'auteur des Lettres. Il en tire une toute contraire. Il faut l'écouter lui-même : vous ne m'en croiriez pas si je vous parlois d'après lui.

« Il ne faut que lire cet article de l'ordonnance, pour voir évidemment qu'elle n'a en » vue que cet ordre de personnes qui répandent par leurs discours des principes estimés » dangereux. *Si ces personnes se rangent*, y » est-il dit, *qu'on les supporte sans diffame.* » Pourquoi? c'est qu'alors on a une sûreté » raisonnable qu'elles ne répandront plus cette » ivraie, c'est qu'elles ne sont plus à craindre. » Mais qu'importe la rétractation vraie ou simulée de celui qui, par la voie de l'impression, a imbu tout le monde de ses opinions? » Le délit est consommé, il subsistera toujours, et ce délit, aux yeux de la loi, est de » la même espèce que tous les autres, où le » repentir est inutile dès que la justice en a » pris connoissance. »

Il y a là de quoi s'émouvoir; mais calmons-nous et raisonnons. Tant qu'un homme dogmatise, il fait du mal continuellement; jusqu'à ce qu'il se soit rangé, cet homme est à craindre; sa liberté même est un mal, parce qu'il en use pour nuire, pour continuer de dogmatiser. Que s'il se range à la fin, n'importe; les enseignemens qu'il a donnés sont toujours donnés, et le délit à cet égard est autant consommé qu'il peut l'être. Au contraire, aussitôt qu'un livre est publié, l'auteur ne fait plus de mal, c'est le livre seul qui en fait. Que l'auteur soit libre ou arrêté, le livre va toujours son train. La détention de l'auteur peut être un châtiment que la loi prononce; mais elle n'est jamais un remède au mal qu'il a fait, ni une précaution pour en arrêter le progrès.

Ainsi les remèdes à ces deux maux ne sont pas les mêmes. Pour tarir la source du mal que fait le dogmatiseur, il n'y a nul moyen prompt et sûr que de l'arrêter : mais arrêter l'auteur, c'est ne remédier à rien du tout; c'est, au contraire, augmenter la publicité du livre, et par conséquent empirer le mal, comme le dit très-bien ailleurs l'auteur des Lettres. Ce n'est donc pas là un préliminaire à la procédure, ce n'est pas une précaution convenable à la chose; c'est une peine qui ne doit être infligée que par jugement, et qui n'a d'utilité que

(¹) Pages 22 et 23 des représentations imprimées.

le châtiment du coupable. A moins donc que son délit ne soit un délit civil, il faut commencer par raisonner avec lui, l'admonester, le convaincre, l'exhorter à réparer le mal qu'il a fait, à donner une rétractation publique, à la donner librement afin qu'elle fasse son effet, et à la motiver si *bien*, que ses derniers sentimens ramènent ceux qu'ont égarés les premiers. *Si*, loin de se ranger, il s'obstine, alors seulement on doit sévir *contre lui*. Telle est certainement la marche pour aller au bien de la chose; tel est le but de la loi; tel sera celui d'un sage gouvernement qui *doit bien moins se proposer de punir l'auteur, que d'empêcher l'effet de l'ouvrage* (page 25).

Comment ne le serait-ce pas pour l'auteur d'un livre, puisque l'ordonnance, qui suit en tout les voies convenables à l'esprit du christianisme, ne veut pas même qu'on arrête le dogmatiseur, avant d'avoir épuisé tous les moyens possibles pour le ramener au devoir? Elle aime mieux courir les risques du mal qu'il peut continuer de faire, que de manquer à la charité. Cherchez, de grâce, comment de cela seul on peut conclure que la même ordonnance veut qu'on débute contre l'auteur par un décret de prise de corps.

Cependant l'auteur des Lettres, après avoir déclaré qu'il retrouvoit assez ses maximes sur cet article dans celles des représentans, ajoute, *Mais ces maximes ne sont pas celles de nos lois*, et un moment après il ajoute encore, que *ceux qui inclinent à une pleine tolérance pourroient tout au plus critiquer le Conseil de n'avoir pas, dans ce cas, fait taire une loi dont l'exercice ne leur paroît pas convenable* (page 25). Cette conclusion doit surprendre, après tant d'efforts pour prouver que la seule loi qui paroît s'appliquer à mon délit, ne s'y applique pas nécessairement. Ce qu'on reproche au Conseil n'est point de n'avoir pas fait taire une loi qui existe, c'est d'en avoir fait parler une qui n'existe pas.

La logique employée ici par l'auteur me paroît toujours nouvelle. Qu'en pensez-vous, monsieur? connoissez-vous beaucoup d'argumens dans la forme de celui-ci?

La loi force le Conseil à sévir contre l'auteur du livre.

Et où est-elle cette loi qui force le Conseil à sévir contre l'auteur du livre?

Elle n'existe pas, à la vérité; mais il en existe une autre qui, ordonnant de traiter avec douceur celui qui dogmatise, ordonne par conséquent de traiter avec rigueur l'auteur dont elle ne parle point.

Ce raisonnement devient plus étrange encore pour qui sait que ce fut comme auteur et non comme dogmatiseur que Morelli fut poursuivi: il avoit aussi fait un livre, et ce fut pour ce livre seul qu'il fut accusé. Le corps du délit, selon la maxime de notre auteur, étoit dans le livre même; l'auteur n'avoit pas besoin d'être entendu; cependant il le fut; et non-seulement on l'entendit, mais on suivit de point en point toute la procédure prescrite par ce même article de l'ordonnance, qu'on nous dit ne regarder ni les livres ni les auteurs. On ne brûla même le livre qu'après la retraite de l'auteur; jamais il ne fut décrété, l'on ne parla pas du bourreau (1); enfin tout cela se fit sous les yeux du législateur, par les rédacteurs de l'ordonnance, au moment qu'elle venoit de passer, dans le temps même où régnoit cet esprit de sévérité qui, selon notre anonyme, l'avoit dictée, et qu'il allègue en justification très-claire de la rigueur exercée aujourd'hui contre moi.

Or écoutez là-dessus la distinction qu'il fait. Après avoir exposé toutes les voies de douceur dont on usa envers Morelli, le temps qu'on lui donna pour se ranger, la procédure lente et régulière qu'on suivit avant que son livre fût brûlé, il ajoute: « Toute cette marche est très-
» sage. Mais en faut-il conclure que, dans tous
» les cas, et dans des cas très-différens, il en
» faille absolument tenir une semblable? Doit-
» on procéder contre un homme absent qui at-
» taque la religion, de la même manière qu'on
» procéderoit contre un homme présent qui

(1) Ajoutez la circonspection du magistrat dans toute cette affaire, sa marche lente et graduelle dans la procédure, le rapport du consistoire, l'appareil du jugement. Les syndics montent sur leur tribunal public, ils invoquent le nom de Dieu, ils ont sous leurs yeux la sainte Écriture; après une mûre délibération, apres avoir pris conseil des citoyens, ils prononcent leur jugement devant le peuple, afin qu'il en sache les causes; ils le font imprimer et publier, et tout cela pour la simple condamnation d'un livre, sans flétrissure, sans décret contre l'auteur, opiniâtre et contumax. Ces messieurs, depuis lors, ont appris à disposer moins cérémonieusement de l'honneur et de la liberté des hommes, et surtout des citoyens; car il est à remarquer que Morelli ne l'étoit pas.

» censure la discipline (page 17)? » C'est-à-dire en d'autres termes, *doit-on procéder contre un homme qui n'attaque point les lois, et qui vit hors de leur juridiction, avec autant de douceur que contre un homme qui vit sous leur juridiction, et qui les attaque?* Il ne sembleroit pas en effet que cela dût faire une question. Voici, j'en suis sûr, la première fois qu'il a passé par l'esprit humain d'aggraver la peine d'un coupable, uniquement parce que le crime n'a pas été commis dans l'état.

« A la vérité, continue-t-il, on remarque dans » les représentations à l'avantage de M. Rousseau, que Morelli avoit écrit contre un point » de discipline, au lieu que les livres de » M. Rousseau, au sentiment de ses juges, attaquent proprement la religion. Mais cette » remarque pourroit bien n'être pas généralement adoptée; et ceux qui regardent la religion comme l'ouvrage de Dieu, et l'appui » de la constitution, pourront penser qu'il est » moins permis de l'attaquer que des points de » discipline, qui, n'étant que l'ouvrage des » hommes, peuvent être suspects d'erreur, et » du moins susceptibles d'une infinité de formes » et de combinaisons différentes (page 18). »

Ce discours, je vous l'avoue, me paroîtroit tout au plus passable dans la bouche d'un capucin; mais il me choqueroit fort sous la plume d'un magistrat. Qu'importe que la remarque des représentans ne soit pas généralement adoptée, si ceux qui la rejettent ne le font que parce qu'ils raisonnent mal?

Attaquer la religion est sans contredit un plus grand péché devant Dieu que d'attaquer la discipline. Il n'en est pas de même devant les tribunaux humains, qui sont établis pour punir les crimes, non les péchés, et qui ne sont pas les vengeurs de Dieu, mais des lois.

La religion ne peut jamais faire partie de la législation, qu'en ce qui concerne les actions des hommes. La loi ordonne de faire ou de s'abstenir; mais elle ne peut ordonner de croire. Ainsi quiconque n'attaque point la pratique de la religion, n'attaque point la loi.

Mais la discipline établie par la loi fait essentiellement partie de la législation, elle devient loi elle-même. Quiconque l'attaque attaque la loi, et ne tend pas à moins qu'à troubler la constitution de l'état. Que cette constitution fût, avant d'être établie, susceptible de plusieurs formes et combinaisons différentes, en est-elle moins respectable et sacrée sous une de ces formes, quand elle en est une fois revêtue à l'exclusion de toutes les autres? et dès lors la loi politique n'est-elle pas constante et fixe, ainsi que la loi divine?

Ceux donc qui n'adopteroient pas en cette affaire la remarque des représentans, auroient d'autant plus de tort que cette remarque fut faite par le Conseil même dans la sentence contre le livre de Morelli, qu'elle accuse surtout de *tendre à faire schisme et trouble dans l'état, d'une manière séditieuse;* imputation dont il seroit difficile de charger le mien.

Ce que les tribunaux civils ont à défendre n'est pas l'ouvrage de Dieu, c'est l'ouvrage des hommes; ce n'est pas des âmes qu'ils sont chargés, c'est des corps; c'est de l'état, et non de l'Église, qu'ils sont les vrais gardiens; et, lorsqu'ils se mêlent des matières de religion, ce n'est qu'autant qu'elles sont du ressort des lois, autant que ces matières importent au bon ordre et à la sûreté publique. Voilà les saines maximes de la magistrature. Ce n'est pas, si l'on veut, la doctrine de la puissance absolue, mais c'est celle de la raison. Jamais on ne s'en écartera dans les tribunaux civils, sans donner dans les plus funestes abus, sans mettre l'état en combustion, sans faire des lois et de leur autorité le plus odieux brigandage. Je suis fâché pour le peuple de Genève que le Conseil le méprise assez pour l'oser leurrer par de tels discours, dont les plus bornés et les plus superstitieux de l'Europe ne sont plus les dupes. Sur cet article, vos représentans raisonnent en hommes d'état, et vos magistrats raisonnent en moines.

Pour prouver que l'exemple de Morelli ne fait pas règle, l'auteur des Lettres oppose à la procédure faite contre lui celle qu'on fit en 1632 contre Nicolas Antoine, un pauvre fou, qu'à la sollicitation des ministres le Conseil fit brûler pour le bien de son âme. Ces auto-da-fé n'étoient pas rares jadis à Genève; et il paroît, par ce qui me regarde, que ces messieurs ne manquent pas de goût pour les renouveler.

Commençons toujours par transcrire fidèlement les passages, pour ne pas imiter la méthode de mes persécuteurs.

« Qu'on oie le procès de Nicolas Antoine.

» L'ordonnance ecclésiastique existoit, et on » étoit assez près du temps où elle avoit été » rédigée, pour en connoître l'esprit : Antoine » fut-il cité au consistoire? Cependant, parmi » tant de voix qui s'élevèrent contre cet arrêt » sanguinaire, et au milieu des efforts que fi- » rent pour le sauver les gens humains et mo- » dérés, y eut-il quelqu'un qui réclamât con- » tre l'irrégularité de la procédure? Morelli fut » cité au consistoire; *Antoine ne le fut pas : la* » citation au consistoire n'est pas nécessaire » dans tous les cas (page 17). »

Vous croirez là-dessus que le Conseil procéda d'emblée contre Nicolas Antoine, comme il a fait contre moi, et qu'il ne fut pas seulement question du consistoire ni des ministres : vous allez voir.

Nicolas Antoine ayant été, dans un de ses accès de fureur, sur le point de se précipiter dans le Rhône, le magistrat se détermina à le tirer du logis public où il étoit, pour le mettre à l'hôpital, où les médecins le traitèrent. Il y resta quelque temps, proférant divers blasphèmes contre la religion chrétienne. « Les ministres le » voyoient tous les jours, et tâchoient, lorsque » sa fureur paroissoit un peu calmée, de le faire » revenir de ses erreurs; ce qui n'aboutit à » rien, Antoine ayant dit qu'il persisteroit dans » ses sentimens jusqu'à la mort, qu'il étoit prêt à » souffrir pour la gloire *du grand Dieu d'Israël.* » N'ayant pu rien gagner sur lui, ils en infor- » mèrent le Conseil, où ils le représentèrent » pire que Servet, Gentilis, et tous les autres » anti-trinitaires, concluant à ce qu'il fût mis » en chambre close; ce qui fut exécuté ([1]). »

Vous voyez là d'abord pourquoi il ne fut pas cité au consistoire; c'est qu'étant grièvement malade, et entre les mains des médecins, il lui étoit impossible d'y comparoître. Mais s'il n'alloit pas au consistoire, le consistoire ou ses membres le voyoient tous les jours, l'exhortoient tous les jours : enfin, n'ayant pu rien gagner sur lui, ils le dénoncent au conseil, le représentent pire que d'autres qu'on avoit punis de mort, requièrent qu'il soit mis en prison; et sur leur réquisition cela est exécuté.

En prison même, les ministres firent de leur mieux pour le ramener, entrèrent avec lui dans la discussion de divers passages de l'Ancien Testament; et le conjurèrent, par tout ce qu'ils purent imaginer de plus touchant, de renoncer à ses erreurs ([1]) : mais il y demeura ferme. Il le fut aussi devant le magistrat qui lui fit subir les interrogatoires ordinaires. Lorsqu'il fut question de juger cette affaire, le magistrat consulta encore les ministres, qui comparurent en Conseil au nombre de quinze, tant pasteurs que professeurs. Leurs opinions furent partagées; mais l'avis du plus grand nombre fut suivi, et Nicolas exécuté. De sorte que le procès fut tout ecclésiastique, et que Nicolas fut, pour ainsi dire, brûlé par la main des ministres.

Tel fut, monsieur, l'ordre de la procédure, dans laquelle l'auteur des Lettres nous assure qu'Antoine ne fut pas cité au consistoire : d'où il conclut que cette citation n'est donc pas toujours nécessaire. L'exemple vous paroît-il bien choisi?

Supposons qu'il le soit, que s'ensuivra-t-il? Les représentans concluoient d'un fait en confirmation d'une loi. L'auteur des Lettres conclut d'un fait contre cette même loi. Si l'autorité de chacun de ces deux faits détruit celle de l'autre, reste la loi dans son entier. Cette loi, quoiqu'une fois enfreinte, en est-elle moins expresse? et suffiroit-il de l'avoir violée une fois, pour avoir droit de la violer toujours?

Concluons à notre tour. Si j'ai dogmatisé, je suis certainement dans le cas de la loi; si je n'ai pas dogmatisé, qu'a-t-on à me dire? Aucune loi n'a parlé de moi ([2]). Donc on a transgressé la loi qui existe, ou supposé celle qui n'existe pas.

Il est vrai qu'en jugeant l'ouvrage on n'a pas jugé définitivement l'auteur : on n'a fait encore que le décréter, et l'on compte cela pour rien. Cela me paroît dur cependant. Mais ne soyons jamais injustes, même envers ceux qui le sont envers nous, et ne cherchons point l'iniquité où elle peut ne pas être. Je ne fais point un

([1]) *Histoire de Genève*, in-12, tome II, pages 550 et suiv., à la note.

([1]) S'il y eût renoncé, eût-il également été brûlé? Selon la maxime de l'auteur des Lettres, il auroit dû l'être. Cependant il paroît qu'il ne l'auroit pas été, puisque, malgré son obstination, le magistrat ne laissa pas de consulter les ministres. Il le regardoit en quelque sorte comme étant encore sous leur juridiction.

([2]) Rien de ce qui ne blesse aucune loi naturelle ne devient criminel que lorsqu'il est défendu par quelque loi positive. Cette remarque a pour but de faire sentir aux raisonneurs superficiels que mon dilemme est exact.

crime au Conseil, ni même à l'auteur des Lettres, de la distinction qu'ils mettent entre l'homme et le livre, pour se disculper de m'avoir jugé sans m'entendre. Les juges ont pu voir la chose comme ils la montrent; ainsi je ne les accuse en cela ni de supercherie ni de mauvaise foi; je les accuse seulement de s'être trompés à mes dépens en un point très-grave: et se tromper pour absoudre est pardonnable; mais se tromper pour punir est une erreur bien cruelle.

Le Conseil avançoit, dans ses réponses, que, malgré la flétrissure de mon livre, je restois, quant à ma personne, dans toutes mes exceptions et défenses.

Les auteurs des représentations répliquent qu'on ne comprend pas quelles exceptions et défenses il reste à un homme déclaré impie, téméraire, scandaleux, et flétri même par la main du bourreau dans des ouvrages qui portent son nom.

« Vous supposez ce qui n'est point, dit à cela » l'auteur des Lettres; savoir, que le jugement » porte sur celui dont l'ouvrage porte le nom: » mais ce jugement ne l'a pas encore effleuré; » ses exceptions et défenses lui restent donc » entières (page 21). »

Vous vous trompez vous-même, dirois-je à cet écrivain. Il est vrai que le jugement qui qualifie et flétrit le livre n'a pas encore attaqué la vie de l'auteur; mais il a déjà tué son honneur: ses exceptions et défenses lui restent encore entières pour ce qui regarde la peine afflictive; mais il a déjà reçu la peine infamante: il est déjà flétri et déshonoré autant qu'il dépend de ses juges; la seule chose qui leur reste à décider, c'est s'il sera brûlé ou non.

La distinction sur ce point entre le livre et l'auteur est inepte, puisqu'un livre n'est pas punissable. Un livre n'est en lui-même *ni impie ni téméraire*; ces épithètes ne peuvent tomber que sur la doctrine qu'il contient; c'est-à-dire sur l'auteur de cette doctrine. Quand on brûle un livre, que fait là le bourreau? Déshonore-t-il les feuillets du livre? Qui jamais ouït dire qu'un livre eût de l'honneur?

Voilà l'erreur; en voici la source: un usage mal entendu.

On écrit beaucoup de livres; on en écrit peu avec un désir sincère d'aller au bien. De cent ouvrages qui paroissent, soixante au moins ont pour objet des motifs d'intérêt ou d'ambition; trente autres, dictés par l'esprit de parti, par la haine, vont, à la faveur de l'anonyme, porter dans le public le poison de la calomnie et de la satire. Dix peut-être, et c'est beaucoup, sont écrits dans de bonnes vues: on y dit la vérité qu'on sait, on y cherche le bien qu'on aime. Oui; mais où est l'homme à qui l'on pardonne la vérité? Il faut donc se cacher pour la dire. Pour être utile impunément, on lâche son livre dans le public, et l'on fait le plongeon.

De ces divers livres, quelques-uns des mauvais, et à peu près tous les bons, sont dénoncés et proscrits dans les tribunaux: la raison de cela se voit sans que je la dise. Ce n'est, au surplus, qu'une simple formalité, pour ne pas paroître approuver tacitement ces livres. Du reste, pourvu que les noms des auteurs n'y soient pas, ces auteurs, quoique tout le monde les connoisse et les nomme, ne sont pas connus du magistrat. Plusieurs même sont dans l'usage d'avouer ces livres pour s'en faire honneur, et de les renier pour se mettre à couvert; le même homme sera l'auteur ou ne le sera pas devant le même homme, selon qu'ils seront à l'audience ou dans un souper. C'est alternativement oui ou non, sans difficulté, sans scrupule. De cette façon la sûreté ne coûte rien à la vanité. C'est là la prudence et l'habileté que l'auteur des Lettres me reproche de n'avoir pas eue, et qui pourtant n'exige pas, ce me semble, que, pour l'avoir, on se mette en grands frais d'esprit.

Cette manière de procéder contre des livres anonymes, dont on ne veut pas connoître les auteurs, est devenue un usage judiciaire. Quand on veut sévir contre le livre, on le brûle, parce qu'il n'y a personne à entendre, et qu'on voit *bien que l'auteur qui se cache n'est pas d'humeur* à l'avouer; sauf à rire le soir avec lui-même des informations qu'on vient d'ordonner le matin contre lui. Tel est l'usage.

Mais lorsqu'un auteur maladroit, c'est-à-dire un auteur qui connoît son devoir, qui le veut remplir, se croit obligé de ne rien dire au public qu'il ne l'avoue, qu'il ne se nomme, qu'il ne se montre pour en répondre, alors l'équité, qui ne doit pas punir comme un crime la maladresse d'un homme d'honneur, veut qu'on procède avec lui d'une autre manière; elle veut qu'on ne sépare point la cause du livre de celle de l'homme, puisqu'il déclare, en mettant son nom, ne les vouloir point séparer; elle veut qu'on ne juge l'ouvrage, *qui ne peut répondre*, qu'après avoir ouï l'auteur, *qui répond pour lui*. Ainsi, *bien* que condamner un livre anonyme *soit* en effet ne condamner que le livre, condamner un livre *qui porte le nom de l'auteur*, c'est condamner l'auteur même; et quand on ne l'a pas mis à portée de répondre, c'est le juger sans l'avoir entendu.

L'assignation préliminaire, même, si l'on veut, le décret de prise de corps, est donc indispensable en pareil cas avant de procéder au jugement du livre : et vainement diroit-on, avec l'auteur des Lettres, que le délit est évident, qu'il est dans le livre même; cela ne dispense point de suivre la forme judiciaire qu'on suit dans les plus grands crimes, dans les plus avérés, dans les mieux prouvés. Car, quand toute la ville auroit vu un homme en assassiner un autre, encore ne jugeroit-on point l'assassin sans l'entendre, ou sans l'avoir mis à portée d'être entendu.

Et pourquoi cette franchise d'un auteur qui se nomme tourneroit-elle ainsi contre lui? Ne doit-elle pas, au contraire, lui mériter des égards? ne doit-elle pas imposer aux juges plus de circonspection que s'il ne se fût pas nommé? Pourquoi, quand il traite des questions hardies, s'exposeroit-il ainsi, s'il ne se sentoit rassuré contre les dangers par des raisons qu'il peut alléguer en sa faveur, et qu'on peut présumer, sur sa conduite même, valoir la peine d'être entendues? L'auteur des Lettres aura beau qualifier cette conduite d'imprudence et de maladresse, elle n'en est pas moins celle d'un homme d'honneur, qui voit son devoir où d'autres voient cette imprudence, qui sent n'avoir rien à craindre de quiconque voudra procéder avec lui justement, et qui regarde comme une lâcheté punissable de publier des choses qu'on ne veut pas avouer.

S'il n'est question que de la réputation d'auteur, a-t-on besoin de mettre son nom à son livre? qui ne sait comment on s'y prend pour en avoir tout l'honneur sans rien risquer, pour s'en glorifier sans en répondre, pour prendre un air humble à force de vanité? De quels auteurs d'une certaine volée ce petit tour d'adresse est-il ignoré? qui d'entre eux ne sait qu'il est même au-dessous de la dignité de se nommer, comme si chacun ne devoit pas, en lisant l'ouvrage, deviner le grand homme qui l'a composé?

Mais ces messieurs n'ont vu que l'usage ordinaire; et, loin de voir l'exception qui se faisoit en ma faveur, ils l'ont fait servir contre moi. Ils devoient brûler le livre sans faire mention de l'auteur, ou, s'ils en vouloient à l'auteur, attendre qu'il fût présent ou contumax pour brûler le livre. Mais point; ils brûlent le livre comme si l'auteur n'étoit pas connu, et décrètent l'auteur comme si le livre n'étoit pas brûlé. Me décréter après m'avoir diffamé! Que me vouloient-ils donc encore? que me réservoient-ils de pis dans la suite? Ignoroient-ils que l'honneur d'un honnête homme lui est plus cher que la vie? Quel mal reste-t-il à lui faire quand on a commencé par le flétrir? que me sert de me présenter innocent devant les juges, quand le traitement qu'ils me font avant de m'entendre est la plus grande peine qu'ils pourroient m'imposer si j'étois jugé criminel!

On commence par me traiter à tous égards comme un malfaiteur qui n'a plus d'honneur à perdre, et qu'on ne peut punir désormais que dans son corps; et puis on dit tranquillement que je reste dans toutes mes exceptions et défenses! Mais comment ces exceptions et défenses effaceront-elles l'ignominie et le mal qu'on m'aura fait souffrir d'avance et dans mon livre et dans ma personne, quand j'aurai été promené dans les rues par des archers; quand, aux maux qui m'accablent, on aura pris soin d'ajouter les rigueurs de la prison? Quoi donc! pour être juste, doit-on confondre dans la même classe et dans le même traitement toutes les fautes et tous les hommes? pour un acte de franchise, appelé maladresse, faut-il débuter par traîner un citoyen sans reproche dans les prisons comme un scélérat? Et quel avantage aura donc devant les juges l'estime publique et l'intégrité de la vie entière, si cinquante ans d'honneur vis-à-vis du moindre indice [1] ne sauvent un homme d'aucun affront?

[1] Il y auroit à l'examen beaucoup à rabattre des présomptions que l'auteur des Lettres affecte d'accumuler contre moi. Il dit, par exemple, que les livres déférés paroissent sous le

« La comparaison d'*Émile* et du *Contrat social* » avec d'autres ouvrages qui ont été tolérés, et » la partialité qu'on en prend occasion de re- » procher au Conseil, ne me semblent pas fon- » dées. Ce ne seroit pas bien raisonner que de » prétendre qu'un gouvernement, parce qu'il » auroit une fois dissimulé, seroit obligé de » dissimuler toujours : si c'est une négligence, » on peut la redresser ; si c'est un silence forcé » par les circonstances ou par la politique, il » y auroit peu de justice à en faire la matière » d'un reproche. Je ne prétends point justifier » les ouvrages désignés dans les représenta- » tions ; mais, en conscience, y a-t-il parité » entre des livres où l'on trouve des traits » épars et indiscrets contre la religion, et des » livres où, sans détour, sans ménagement, » on l'attaque dans ses dogmes, dans sa morale, » dans son influence sur la société civile? Fai- » sons impartialement la comparaison de ces » ouvrages, jugeons-en par l'impression qu'ils » ont faite dans le monde : les uns s'impriment » et se débitent partout; on sait comment y ont » été reçus les autres. » (Pages 23 et 24.)

J'ai cru devoir transcrire d'abord ce paragraphe en entier ; je le reprendrai maintenant par fragmens : il mérite un peu d'analyse.

Que n'imprime-t-on pas à Genève ? que n'y tolère-t-on pas? Des ouvrages qu'on a peine à lire sans indignation s'y débitent publiquement; tout le monde les lit, tout le monde les aime : les magistrats se taisent, les ministres sourient ; l'air austère n'est plus de bon air. Moi seul et mes livres avons mérité l'animadversion du Conseil ; et quelle animadversion ! l'on ne peut même l'imaginer plus violente ni plus terrible. Mon Dieu ! je n'aurois jamais cru d'être un si grand scélérat !

*La comparaison d'*Émile *et du* Contrat social *avec d'autres ouvrages tolérés ne me semble pas fondée*. Ah ! je l'espère.

Ce ne seroit pas bien raisonner de prétendre qu'un gouvernement, parce qu'il auroit une fois dissimulé, seroit obligé de dissimuler toujours. Soit : mais voyez les temps, les lieux, les personnes ; voyez les écrits sur lesquels on dissimule, et ceux qu'on choisit pour ne plus dissimuler ; voyez les auteurs qu'on fête à Genève, et voyez ceux qu'on y poursuit.

Si c'est une négligence on peut la redresser. On le pouvoit, on l'auroit dû ; l'a-t-on fait? Mes écrits et leur auteur ont été flétris sans avoir mérité de l'être, et ceux qui l'ont mérité ne sont pas moins tolérés qu'auparavant. L'exception n'est que pour moi seul.

Si c'est un silence forcé par les circonstances et par la politique, il y auroit peu de justice à en faire la matière d'un reproche. Si l'on vous force à tolérer des écrits punissables ; tolérez donc aussi ceux qui ne le sont pas. La décence au moins exige qu'on cache au peuple ces choquantes acceptions de personnes, qui punissent le foible innocent des fautes du puissant coupable. Quoi ! ces distinctions scandaleuses sont-elles donc des raisons, et feront-elles toujours des dupes? Ne diroit-on pas que le sort de quelques satires obscènes intéresse beaucoup les potentats, et que votre ville va être écrasée si l'on n'y tolère, si l'on n'y imprime, si l'on n'y vend publiquement ces mêmes ouvrages qu'on proscrit dans le pays des auteurs? Peuples, combien on vous en fait accroire, en faisant si souvent intervenir les puissances pour autoriser le mal qu'elles ignorent et qu'on veut faire en leur nom !

Lorsque j'arrivai dans ce pays, on eût dit que tout le royaume de France étoit à mes trousses : on brûle mes livres à Genève ; c'est pour complaire à la France : on m'y décrète ; la France le veut ainsi : l'on me fait chasser du canton de Berne ; c'est la France qui l'a demandé : l'on me poursuit jusque dans ces montagnes ; si l'on m'en eût pu chasser, c'eût encore été la France. Forcé par mille outrages, j'écris une lettre apologétique (*) ; pour le coup tout étoit perdu : j'étois entouré, surveillé ; la France envoyoit des espions pour me guetter, des soldats pour m'enlever, des brigands pour m'assassiner ; il étoit même imprudent de sortir de ma maison : tous les dangers me venoient toujours de la France, du parlement, du clergé, de la cour même ; on ne vit de la vie un pauvre

même format que mes autres ouvrages. Il est vrai qu'ils étoient in-12 et in-8° : sous quel format sont donc ceux des autres auteurs? Il ajoute qu'ils étoient imprimés par le même libraire ; voilà ce qui n'est pas. L'*Émile* fut imprimé par des libraires différens du mien, et avec des caractères qui n'avoient servi à nul autre de mes écrits. Ainsi l'indice qui résultoit de cette confrontation n'étoit point contre moi, il étoit à ma décharge.

(*) La Lettre à M. de Beaumont.

barbouilleur de papier devenir, pour son malheur, un homme aussi important. Ennuyé de tant de bêtises, je vais en France; je connoissois les François, et j'étois malheureux! On m'accueille, on me caresse, je reçois mille honnêtetés, et il ne tient qu'à moi d'en recevoir davantage. Je retourne tranquillement chez moi. L'on tombe des nues; on n'en revient pas; on blâme fortement mon étourderie, mais on cesse de me menacer de la France. On a raison : si jamais des assassins daignent terminer mes souffrances, ce n'est sûrement pas de ce pays-là qu'ils viendront (*).

Je ne confonds point les diverses causes de mes disgrâces; je sais bien discerner celles qui sont l'effet des circonstances, l'ouvrage de la triste nécessité, de celles qui me viennent uniquement de la haine de mes ennemis. Eh! plût à Dieu que je n'en eusse pas plus à Genève qu'en France, et qu'ils n'y fussent pas plus implacables! Chacun sait aujourd'hui d'où sont partis les coups qu'on m'a portés, et qui m'ont été les plus sensibles. Vos gens me reprochent mes malheurs comme s'ils n'étoient pas leur ouvrage. Quelle noirceur plus cruelle que de me faire un crime à Genève des persécutions qu'on me suscitoit dans la Suisse, et de m'accuser de n'être admis nulle part, en me faisant chasser de partout? Faut-il que je reproche à l'amitié qui m'appela dans ces contrées le voisinage de mon pays? J'ose en attester tous les peuples de l'Europe; y en a-t-il un seul, excepté la Suisse, où je n'eusse pas été reçu, même avec honneur? Toutefois, dois-je me plaindre du choix de ma retraite? Non, malgré tant d'acharnement et d'outrages, j'ai plus gagné que perdu; j'ai trouvé un homme. Ame noble et grande! ô George Keith! mon protecteur, mon ami, mon père! où que vous soyez, où que j'achève mes tristes jours, et dussé-je ne vous revoir de ma vie, non, je ne reprocherai point au ciel mes misères; je leur dois votre amitié.

En conscience, y a-t-il parité entre des livres où l'on trouve quelques traits épars et indiscrets contre la religion, et des livres où, sans détour, sans ménagement, on l'attaque dans ses dogmes, dans sa morale, dans son influence sur la société?

En conscience!... Il ne siéroit pas à un impie tel que moi d'oser parler de conscience... surtout vis-à-vis de ces bons chrétiens... ainsi je me tais... C'est pourtant une singulière conscience que celle qui fait dire à des magistrats : Nous souffrons volontiers qu'on blasphème, mais nous ne souffrons pas qu'on raisonne! Otons, monsieur, la disparité des sujets; c'est avec ces mêmes façons de penser que les Athéniens applaudissoient aux impiétés d'Aristophane, et firent mourir Socrate.

Une des choses qui me donnent le plus de confiance dans mes principes est de trouver leur application toujours juste dans les cas que j'avois le moins prévus; tel est celui qui se présente ici. Une des maximes qui découlent de l'analyse que j'ai faite de la religion et de ce qui lui est essentiel, est que les hommes ne doivent se mêler de celle d'autrui qu'en ce qui les intéresse; d'où il suit qu'ils ne doivent jamais punir des offenses ([1]) faites uniquement à Dieu, qui saura bien les punir lui-même. *Il faut honorer la Divinité, et ne la venger jamais*, disent, après Montesquieu, les représentans : ils ont raison. Cependant les ridicules outrageans, les impiétés grossières, les blasphèmes contre la religion, sont punissables, jamais les raisonnemens. Pourquoi cela? parce que, dans le premier cas, on n'attaque pas seulement la religion, mais ceux qui la professent; on les insulte, on les outrage dans leur culte, on marque un mépris révoltant

(*) Il ne peut être ici question que du voyage pédestre fait par lui à Pontarlier. (Tome I, page 326.) Mais, d'après le récit de Rousseau en cet endroit des *Confessions*, ce voyage n'avoit alors pour but que d'éprouver le Hongrois Sauttérn ou Sauttersheim, qu'on avoit voulu lui rendre suspect, et il n'y parle nullement de *bon accueil*, de *caresses* et *honnêtetés* qui lui aient été faites dans le cours de ce voyage, soit à Pontarlier, soit ailleurs. G. P.

([1]) Notez que je me sers de ce mot *offenser Dieu*, selon l'usage, quoique je sois très-éloigné de l'admettre dans son sens propre, et que je le trouve très-mal appliqué; comme si quelque être que ce soit, un homme, un ange, le diable même, pouvoit jamais offenser Dieu! Le mot que nous rendons par *offenses* est traduit, comme presque tout le reste, du texte sacré; c'est tout dire. Des hommes enfarinés de leur théologie ont rendu et défiguré ce livre admirable selon leurs petites idées, et voilà de quoi l'on entretient la folie et le fanatisme du peuple. Je trouve très-sage la circonspection de l'Église romaine sur les traductions de l'Écriture en langue vulgaire; et comme il n'est pas nécessaire de proposer toujours au peuple les méditations voluptueuses du Cantique des Cantiques, ni les malédictions continuelles de David contre ses ennemis, ni les subtilités de saint Paul sur la grâce, il est dangereux de lui proposer la sublime morale de l'Évangile dans les termes qui ne rendent pas exactement le sens de l'auteur; car, pour peu qu'on s'en écarte en prenant une autre route, on va très-loin.

pour ce qu'ils respectent, et par conséquent pour eux. De tels outrages doivent être punis par les lois, parce qu'ils retombent sur les hommes, et que les hommes ont droit de s'en ressentir. Mais où est le mortel sur la terre qu'un raisonnement doive offenser? Où est celui qui peut se fâcher de ce qu'on le traite en homme, et qu'on le suppose raisonnable? Si le raisonneur se trompe ou nous trompe, et que vous vous intéressiez à lui ou à nous, montrez-lui son tort, désabusez-nous, battez-le de ses propres armes. Si vous n'en voulez pas prendre la peine, ne dites rien, ne l'écoutez pas, laissez-le raisonner ou déraisonner, et tout est fini sans bruit, sans querelle, sans insulte quelconque pour qui que ce soit. Mais sur quoi peut-on fonder la maxime contraire de tolérer la raillerie, le mépris, l'outrage, et de punir la raison? la mienne s'y perd.

Ces messieurs voient si souvent M. de Voltaire; comment ne leur a-t-il point inspiré cet esprit de tolérance qu'il prêche sans cesse, et dont il a quelquefois besoin? S'ils l'eussent un peu consulté dans cette affaire, il me paroît qu'il eût pu leur parler à peu près ainsi :

« Messieurs, ce ne sont point les raisonneurs » qui font du mal, ce sont les cafards. La phi» losophie peut aller son train sans risque; le » peuple ne l'entend pas ou la laisse dire, et lui » rend tout le dédain qu'elle a pour lui. Raison» ner est, de toutes les folies des hommes, celle » qui nuit le moins au genre humain; et l'on » voit même des gens sages entichés parfois de » cette folie-là. Je ne raisonne pas, moi, cela » est vrai; mais d'autres raisonnent : quel mal » en arrive-t-il? Voyez tel, tel et tel ouvrage : » n'y a-t-il que des plaisanteries dans ces livres» là? Moi-même enfin, si je ne raisonne pas, je » fais mieux, je fais raisonner mes lecteurs. » Voyez mon chapitre des Juifs; voyez le même » chapitre plus développé dans le *Sermon des* » *Cinquante* : il y a là du raisonnement, ou » l'équivalent, je pense. Vous conviendrez aussi » qu'il y a peu de *détour*, et quelque chose de » plus que *des traits épars et indiscrets*.

» Nous avons arrangé que mon grand crédit » à la cour et ma toute-puissance prétendue » vous serviroient de prétexte pour laisser cou» rir en paix les jeux badins de mes vieux ans : » cela est bon; mais ne brûlez pas pour cela » des écrits plus graves, car alors cela seroit » trop choquant.

» J'ai tant prêché la tolérance! Il ne faut pas » toujours l'exiger des autres, et n'en jamais » user avec eux. Ce pauvre homme croit en » Dieu, passons-lui cela, il ne fera pas secte : » il est ennuyeux; tous les raisonneurs le sont : » nous ne mettrons pas celui-ci de nos sou» pers; du reste, que nous importe? Si l'on » brûloit tous les livres ennuyeux, que devien» droient les bibliothèques? et si l'on brûloit » tous les gens ennuyeux, il faudroit faire un » bûcher du pays. Croyez-moi, laissons raison» ner ceux qui nous laissent plaisanter; ne » brûlons ni gens ni livres, et restons en paix; » c'est mon avis. » Voilà, selon moi, ce qu'eût pu dire d'un meilleur ton M. de Voltaire; et ce n'eût pas été là, ce me semble, le plus mauvais conseil qu'il auroit donné (*).

Faisons impartialement la comparaison de ces ouvrages; jugeons-en par l'impression qu'ils ont faite dans le monde. J'y consens de tout mon cœur. *Les uns s'impriment et se débitent partout; on sait comment y ont été reçus les autres.*

Ces mots, *les uns* et *les autres*, sont équivoques. Je ne dirai pas sous lesquels l'auteur entend mes écrits : mais ce que je puis dire, c'est qu'on les imprime dans tous les pays, qu'on les traduit dans toutes les langues, qu'on a même fait à la fois deux traductions de l'*Émile* à Londres, honneur que n'eut jamais aucun autre livre, excepté l'*Héloïse*, au moins que je sache. Je dirai, de plus, qu'en France, en Angleterre, en Allemagne, même en Italie, on me plaint, on m'aime, on voudroit m'accueillir, et qu'il n'y a partout qu'un cri d'indignation contre le Conseil de Genève. Voilà ce que je sais du sort de mes écrits; j'ignore celui des autres.

Il est temps de finir. Vous voyez, monsieur, que dans cette lettre et dans la précédente je me suis supposé coupable; mais dans les trois premières j'ai montré que je ne l'étois pas. Or jugez de ce qu'une procédure injuste contre un coupable doit être contre un innocent!

(*) Voltaire répondit à cette plaisanterie par le libelle intitulé : *Sentimens des citoyens*, dans lequel il représente Rousseau ayant une *maladie honteuse* et traînant de village en village une femme de mauvaise vie. Il laissa attribuer à d'autres ce libelle odieux qui eût obscurci sa gloire, si un demi-siècle de prescription et des monumens indestructibles ne l'avoient déjà rendue inattaquable à cette époque (1765). M. P.

Cependant ces messieurs, bien déterminés à laisser subsister cette procédure, ont hautement déclaré que le bien de la religion ne leur permettoit pas de reconnoître leur tort, ni l'honneur du gouvernement de réparer leur injustice. Il faudroit un ouvrage entier pour montrer les conséquences de cette maxime, qui consacre et change en arrêt du destin toutes les iniquités des *ministres* des lois. Ce n'est pas de cela qu'il s'agit encore, et je ne me suis proposé jusqu'ici que d'examiner si l'injustice avoit été commise, et non si elle devoit être réparée. Dans le cas de l'affirmative, nous verrons ci-après quelle ressource vos lois se sont ménagée pour remédier à leur violation. En attendant, que faut-il penser de ces juges inflexibles qui procèdent dans leurs jugemens aussi légèrement que s'ils ne tiroient point à conséquence, et qui les maintiennent avec autant d'obstination que s'ils y avoient apporté le plus mûr examen?

Quelque longues qu'aient été ces discussions, j'ai cru que leur objet vous donneroit la patience de les suivre; j'ose même dire que vous le deviez, puisqu'elles sont autant l'apologie de vos lois que la mienne. Dans un pays libre et dans une religion raisonnable, la loi qui rendroit criminel un livre pareil au mien seroit une loi funeste, qu'il faudroit se hâter d'abroger pour l'honneur et le bien de l'état. Mais, grâces au ciel, il n'existe rien de tel parmi vous, comme je viens de le prouver, et il vaut mieux que l'injustice dont je suis la victime soit l'ouvrage du magistrat que des lois; car les erreurs des hommes sont passagères, mais celles des lois durent autant qu'elles. Loin que l'ostracisme qui m'exile à jamais de mon pays soit l'ouvrage de mes fautes, je n'ai jamais mieux rempli mon devoir de citoyen qu'au moment que je cesse de l'être, et j'en aurois mérité le titre par l'acte qui m'y fait renoncer.

Rappelez-vous ce qui venoit de se passer, il y avoit peu d'années, au sujet de l'article *Genève* de M. d'Alembert. Loin de calmer les murmures excités par cet article, l'écrit publié par les pasteurs les avoit augmentés; et il n'y a personne qui ne sache que mon ouvrage leur fit plus de bien que le leur. Le parti protestant, mécontent d'eux, n'éclatoit pas, mais il pouvoit éclater d'un moment à l'autre; et malheureusement les gouvernemens s'alarment de si peu de chose en ces matières, que les querelles des théologiens, faites pour tomber dans l'oubli d'elles-mêmes, prennent toujours de l'importance par celle qu'on leur veut donner.

Pour moi, je regardois comme la gloire et le bonheur de la patrie d'avoir un clergé d'un esprit si rare dans son ordre, et qui, sans s'attacher à la doctrine purement spéculative, rapportoit tout à la morale et aux devoirs de l'homme et du citoyen. Je pensois que, sans faire directement son apologie, justifier les maximes que je lui supposois et prévenir les censures qu'on en pourroit faire, étoit un service à rendre à l'état. En montrant que ce qu'il négligeoit n'étoit ni certain, ni utile, j'espérois contenir ceux qui voudroient lui en faire un crime : sans le nommer, sans le désigner, sans compromettre son orthodoxie, c'étoit le donner en exemple aux autres théologiens.

L'entreprise étoit hardie, mais elle n'étoit pas téméraire; et, sans des circonstances qu'il étoit difficile de prévoir, elle devoit naturellement réussir. Je n'étois pas seul de ce sentiment; des gens très-éclairés, d'illustres magistrats même, pensoient comme moi. Considérez l'état religieux de l'Europe au moment où je publiai mon livre, et vous verrez qu'il étoit plus que probable qu'il seroit partout accueilli. La religion, décréditée en tout lieu par la philosophie, avoit perdu son ascendant jusque sur le peuple. Les gens d'église, obstinés à l'étayer par son côté foible, avoient laissé miner tout le reste; et l'édifice entier, portant à faux, étoit prêt à s'écrouler. Les controverses avoient cessé parce qu'elles n'intéressoient plus personne; et la paix régnoit entre les différens partis, parce que nul ne se soucioit plus du sien. Pour ôter les mauvaises branches, on avoit abattu l'arbre; pour le replanter, il falloit n'y laisser que le tronc.

Quel moment plus heureux pour établir solidement la paix universelle, que celui où l'animosité des partis suspendue laissoit tout le monde en état d'écouter la raison? A qui pouvoit déplaire un ouvrage où, sans blâmer, du moins sans exclure personne, on faisoit voir qu'au fond tous étoient d'accord, que tant de dissensions ne s'étoient élevées, que tant de sang n'avoit été versé que pour des malentendus; que chacun devoit rester en repos dans son culte, sans troubler celui des autres; que partout on devoit servir Dieu, aimer son prochain, obéir aux lois, et qu'en cela seul consistoit l'essence de toute bonne religion? C'étoit établir à la fois la liberté philosophique et la piété religieuse; c'étoit concilier l'amour de l'ordre et les égards pour les préjugés d'autrui; c'étoit, sans détruire les divers partis, les ramener tous au terme commun de l'humanité et de la raison : loin d'exciter des querelles, c'étoit couper la racine à celles qui germent encore, et qui renaîtront infailliblement d'un jour à l'autre, lorsque le zèle du fanatisme, qui n'est qu'assoupi, se réveillera : c'étoit, en un mot, dans ce siècle pacifique par indifférence, donner à chacun des raisons très-fortes d'être toujours ce qu'il est maintenant sans savoir pourquoi.

Que de maux tout prêts à renaître n'étoient point prévenus si l'on m'eût écouté! Quels inconvéniens étoient attachés à cet avantage? Pas un, non, pas un. Je défie qu'on m'en montre un seul probable et même possible, si ce n'est l'impunité des erreurs innocentes, et l'impuissance des persécuteurs. Eh! comment se peut-il qu'après tant de tristes expériences, et dans un siècle si éclairé, les gouvernemens n'aient pas encore appris à jeter et briser cette arme terrible, qu'on ne peut manier avec tant d'adresse qu'elle ne coupe la main qui s'en veut servir? L'abbé de Saint-Pierre vouloit qu'on ôtât les écoles de théologie, et qu'on soutînt la religion. Quel parti prendre pour parvenir sans bruit à ce double objet qui, bien vu, se confond en un? Le parti que j'avois pris.

Une circonstance malheureuse, en arrêtant l'effet de mes bons desseins, a rassemblé sur ma tête tous les maux dont je voudrois délivrer le genre humain. Renaîtra-t-il jamais un autre ami de la vérité que mon sort n'effraie pas? Je l'ignore. *Qu'il soit plus sage, s'il a le* même zèle, en sera-t-il plus heureux? J'en doute. Le moment que j'avois saisi, puisqu'il est manqué, ne reviendra plus. Je souhaite de tout mon cœur que le parlement de Paris ne se repente pas un jour lui-même d'avoir remis dans la main de la superstition le poignard que j'en faisois tomber.

Mais laissons les lieux et les temps éloignés, et retournons à Genève. C'est là que je veux vous ramener par une dernière observation, que vous êtes bien à portée de faire, et qui doit certainement vous frapper. Jetez les yeux sur ce qui se passe autour de vous. Quels sont ceux qui me poursuivent? quels sont ceux qui me défendent? Voyez parmi les représentans l'élite de vos citoyens : Genève en a-t-elle de plus estimables? Je ne veux point parler de mes persécuteurs; à Dieu ne plaise que je souille jamais ma plume et ma cause des traits de la satire! je laisse sans regret cette arme à mes ennemis. Mais comparez et jugez vous-même. De quel côté sont les mœurs, les vertus, la solide piété, le plus vrai patriotisme? Quoi! j'offense les lois, et leurs plus zélés défenseurs sont les miens! j'attaque le gouvernement, et les meilleurs citoyens m'approuvent! j'attaque la religion, et j'ai pour moi ceux qui ont le plus de religion! Cette seule observation dit tout; elle seule montre mon vrai crime et le vrai sujet de mes disgrâces. Ceux qui me haïssent et m'outragent font mon éloge en dépit d'eux. Leur haine s'explique d'elle-même. Un Genevois peut-il s'y tromper?

LETTRE VI.

S'il est vrai que l'auteur attaque les gouvernemens. Courte analyse de son livre. La procédure faite à Genève est sans exemple, et n'a été suivie en aucun pays.

Encore une lettre, monsieur, et vous êtes délivré de moi. Mais je me trouve, en la commençant, dans une situation bien bizarre, obligé de l'écrire, et ne sachant de quoi la remplir. Concevez-vous qu'on ait à se justifier d'un crime qu'on ignore, et qu'il faille se défendre sans savoir de quoi l'on est accusé? C'est pourtant ce que j'ai à faire au sujet des gouvernemens. Je suis, non pas accusé, mais jugé, mais flétri, pour avoir publié deux ouvrages *téméraires, scandaleux, impies, tendans à détruire la religion chrétienne et tous les gouvernemens.* Quant à la religion, nous avons eu du moins quelque prise pour trouver ce qu'on a voulu dire, et nous l'avons examiné. Mais, quant aux gouvernemens, rien ne peut nous fournir le moindre indice. On a toujours évité toute espèce d'explication sur ce point : on n'a jamais voulu dire en quel lieu j'entreprenois ainsi de les détruire, ni comment, ni pourquoi, ni rien de ce qui peut constater que le délit n'est pas imaginaire. C'est comme si l'on jugeoit quelqu'un pour avoir tué un homme, sans dire ni où, ni qui, ni quand, pour un meurtre abstrait. A l'inquisition, l'on force bien l'accusé de deviner de quoi on l'accuse; mais on ne le juge pas sans dire sur quoi.

L'auteur des *Lettres écrites de la campagne* évite avec le même soin de s'expliquer sur ce prétendu délit; il joint également la religion et les gouvernemens dans la même accusation générale; puis, entrant en matière sur la religion, il déclare vouloir s'y borner, et il tient parole. Comment parviendrons-nous à vérifier l'accusation qui regarde les gouvernemens, si ceux qui l'intentent refusent de dire sur quoi elle porte?

Remarquez même comment, d'un trait de plume, cet auteur change l'état de la question. Le Conseil prononce que mes livres tendent à détruire tous les gouvernemens; l'auteur des Lettres dit seulement que les gouvernemens y sont livrés à la plus audacieuse critique. Cela est fort différent. Une critique, quelque audacieuse qu'elle puisse être, n'est point une conspiration. Critiquer ou blâmer quelques lois, n'est pas renverser toutes les lois. Autant vaudroit accuser quelqu'un d'assassiner les malades, lorsqu'il montre les fautes des médecins.

Encore une fois, que répondre à des raisons qu'on ne veut pas dire? Comment se justifier contre un jugement porté sans motif? Que sans preuve de part ni d'autre ces messieurs disent que je veux renverser tous les gouvernemens, et que je dise, moi, que je ne veux pas renverser tous les gouvernemens, il y a dans ces assertions parité exacte, excepté que le préjugé est pour moi; car il est à présumer que je sais mieux que personne ce que je veux faire.

Mais où la parité manque, c'est dans l'effet de l'assertion. Sur la leur, mon livre est brûlé, ma personne est décrétée; et ce que j'affirme ne rétablit rien. Seulement, si je prouve que l'accusation est fausse et le jugement inique, l'affront qu'ils m'ont fait retourne à eux-mêmes: le décret, le bourreau, tout y devroit retourner, puisque nul ne détruit si radicalement le gouvernement que celui qui en tire un usage directement contraire à la fin pour laquelle il est institué.

Il ne suffit pas que j'affirme, il faut que je prouve; et c'est ici qu'on voit combien est déplorable le sort d'un particulier soumis à d'injustes magistrats, quand ils n'ont rien à craindre du souverain, et qu'ils se mettent au-dessus des lois. D'une affirmation sans preuve ils font une démonstration; voilà l'innocent puni. Bien plus, de sa défense même ils lui font un nouveau crime, et il ne tiendroit pas à eux de le punir encore d'avoir prouvé qu'il étoit innocent.

Comment m'y prendre pour montrer qu'ils n'ont pas dit vrai, pour prouver que je ne détruis point les gouvernemens? Quelque endroit de mes écrits que je défende, ils diront que ce n'est pas celui-là qu'ils ont condamné, quoiqu'ils aient condamné tout, le bon comme le mauvais, sans nulle distinction. Pour ne leur laisser aucune défaite, il faudroit donc tout reprendre, tout suivre d'un bout à l'autre, livre à livre, page à page, ligne à ligne, et presque enfin mot à mot. Il faudroit de plus examiner tous les gouvernemens du monde, puisqu'ils disent que je les détruis tous. Quelle entreprise! Que d'années y faudroit-il employer? Que d'*in-folio* faudroit-il écrire? et, après cela, qui les liroit?

Exigez de moi ce qui est faisable. Tout homme sensé doit se contenter de ce que j'ai à vous dire: vous ne voulez sûrement rien de plus.

De mes deux livres, brûlés à la fois sous des imputations communes, il n'y en a qu'un qui traite du droit politique et des matières de gouvernement. Si l'autre en traite, ce n'est que dans un extrait du premier. Ainsi je suppose que c'est sur celui-ci seulement que tombe l'accusation. Si cette accusation portoit sur quelque passage particulier, on l'auroit cité sans doute; on en auroit du moins extrait quelque maxime fidèle ou infidèle, comme on a fait sur les points concernant la religion.

C'est donc le système établi dans le corps de l'ouvrage qui détruit les gouvernemens: il ne s'agit donc que d'exposer ce système, ou de faire une analyse du livre; et si nous n'y voyons évidemment les principes destructifs dont il s'agit, nous saurons du moins où les chercher dans l'ouvrage, en suivant la méthode de l'auteur

Mais, monsieur, si durant cette analyse, qui sera courte, vous trouvez quelque conséquence à tirer, de grâce, ne vous pressez pas. Attendez que nous en raisonnions ensemble : après cela vous y reviendrez si vous voulez.

Qu'est-ce qui fait que l'état est un? C'est l'union de ses membres. Et d'où naît l'union de ses membres? De l'obligation qui les lie. Tout est d'accord jusqu'ici.

Mais quel est le fondement de cette obligation? Voilà où les auteurs se divisent. Selon les uns, c'est la force; selon d'autres, l'autorité paternelle; selon d'autres, la volonté de Dieu. Chacun établit son principe et attaque celui des autres : je n'ai pas moi-même fait autrement; et, suivant la plus saine partie de ceux qui ont discuté ces matières, j'ai posé pour fondement du corps politique la convention de ses membres; j'ai réfuté les principes différens du mien.

Indépendamment de la vérité de ce principe, il l'emporte sur tous les autres par la solidité du fondement qu'il établit; car quel fondement plus sûr peut avoir l'obligation parmi les hommes, que le libre engagement de celui qui s'oblige? On peut disputer tout autre principe ([1]) ; on ne sauroit disputer celui-là.

Mais par cette condition de la liberté, qui en renferme d'autres, toutes sortes d'engagemens ne sont pas valides, même devant les tribunaux humains. Ainsi, pour déterminer celui-ci, l'on doit en expliquer la nature, on doit en trouver l'usage et la fin, on doit prouver qu'il est convenable à des hommes, et qu'il n'a rien de contraire aux lois naturelles : car il n'est pas plus permis d'enfreindre les lois naturelles par le contrat social, qu'il n'est permis d'enfreindre les lois positives par les contrats des particuliers, et ce n'est que par ces *lois* mêmes qu'existe la liberté qui donne force à l'engagement.

J'ai, pour résultat de cet examen, que l'établissement du contrat social est un pacte d'une espèce particulière, par lequel chacun s'engage envers tous; d'où s'ensuit l'engagement réciproque de tous envers chacun, qui est l'objet immédiat de l'union.

Je dis que cet engagement est d'une espèce particulière, en ce qu'étant absolu, sans condition, sans réserve, il ne peut toutefois être injuste ni susceptible d'abus, puisqu'il n'est pas possible que le corps se veuille nuire à lui-même, tant que le tout ne veut que pour tous.

Il est encore d'une espèce particulière, en ce qu'il lie les contractans sans les assujettir à personne, et qu'en leur donnant leur seule volonté pour règle, il les laisse aussi libres qu'auparavant.

La volonté de tous est donc l'ordre, la règle suprême; et cette règle générale et personnifiée est ce que j'appelle le souverain.

Il suit de là que la souveraineté est indivisible, inaliénable, et qu'elle réside essentiellement dans tous les membres du corps.

Mais comment agit cet être abstrait et collectif? Il agit par des lois, et il ne sauroit agir autrement.

Et qu'est-ce qu'une loi? C'est une déclaration publique et solennelle de la volonté générale sur un objet d'intérêt commun.

Je dis sur un objet d'intérêt commun, parce que la loi perdroit sa force, et cesseroit d'être légitime, si l'objet n'en importoit à tous.

La loi ne peut par sa nature avoir un objet particulier et individuel : mais l'application de la loi tombe sur des objets particuliers et individuels.

Le pouvoir législatif, qui est le souverain, a donc besoin d'un autre pouvoir qui exécute, c'est-à-dire qui réduise la loi en actes particuliers. Ce second pouvoir doit être établi de manière qu'il exécute toujours la loi, et qu'il n'exécute *jamais que la loi. Ici* vient l'institution du gouvernement.

Qu'est-ce que le gouvernement? C'est un corps intermédiaire établi entre les sujets et le souverain pour leur mutuelle correspondance, chargé de l'exécution des lois et du maintien de la liberté tant civile que politique.

Le gouvernement, comme partie intégrante du corps politique, participe à la volonté générale qui le constitue; comme corps lui-même,

([1]) Même celui de la volonté de Dieu, du moins quant à l'application. Car bien qu'il soit clair que ce que Dieu veut l'homme doit le vouloir, il n'est pas clair que Dieu veuille qu'on préfère tel gouvernement à tel autre, ni qu'on obéisse à Jacques plutôt qu'à Guillaume. Or voilà de quoi il s'agit.

il a sa volonté propre. Ces deux volontés quelquefois s'accordent, et quelquefois se combattent. C'est de l'effet combiné de ce concours et de ce conflit que résulte le jeu de toute la machine.

Le principe qui constitue les diverses formes du gouvernement consiste dans le nombre des membres qui le composent. Plus ce nombre est petit, plus le gouvernement a de force; plus le nombre est grand, plus le gouvernement est foible; et comme la souveraineté tend toujours au relâchement, le gouvernement tend toujours à se renforcer. Ainsi le corps exécutif doit l'emporter à la longue sur le corps législatif; et quand la loi est enfin soumise aux hommes, il ne reste que des esclaves et des maîtres; l'état est détruit.

Avant cette destruction, le gouvernement doit, par son progrès naturel, changer de forme et passer par degrés du grand nombre au moindre.

Les diverses formes dont le gouvernement est susceptible se réduisent à trois principales. Après les avoir comparées par leurs avantages et par leurs inconvéniens, je donne la préférence à celle qui est intermédiaire entre les deux extrêmes, et qui porte le nom d'aristocratie. On doit se souvenir ici que la constitution de l'état et celle du gouvernement sont deux choses très-distinctes, et que je ne les ai pas confondues. Le meilleur des gouvernemens est l'aristocratique; la pire des souverainetés est l'aristocratique.

Ces discussions en amènent d'autres sur la manière dont le gouvernement dégénère, et sur les moyens de retarder la destruction du corps politique.

Enfin, dans le dernier livre, j'examine, par voie de comparaison avec le meilleur gouvernement qui ait existé, savoir celui de Rome, la police la plus favorable à la bonne constitution de l'état; puis je termine ce livre et tout l'ouvrage par des recherches sur la manière dont la religion peut et doit entrer comme partie constitutive dans la composition du corps politique.

Que pensiez-vous, monsieur, en lisant cette analyse courte et fidèle de mon livre? Je le devine. Vous disiez en vous-même : Voilà l'histoire du gouvernement de Genève. C'est ce qu'ont dit, à la lecture du même ouvrage, tous ceux qui connoissent votre constitution.

Et en effet, ce contrat primitif, cette essence de la souveraineté, cet empire des lois, cette institution du gouvernement, cette manière de le resserrer à divers degrés pour compenser l'autorité par la force, cette tendance à l'usurpation, ces assemblées périodiques, cette adresse à les ôter, cette destruction prochaine enfin, qui vous menace et que je voulois prévenir, n'est-ce pas trait pour trait l'image de votre république, depuis sa naissance jusqu'à ce jour?

J'ai donc pris votre constitution, que je trouvois belle, pour modèle des institutions politiques; et vous proposant en exemple à l'Europe, loin de chercher à vous détruire, j'exposois les moyens de vous conserver. Cette constitution, toute bonne qu'elle est, n'est pas sans défaut; on pouvoit prévenir les altérations qu'elle a souffertes, la garantir du danger qu'elle court aujourd'hui. J'ai prévu ce danger, je l'ai fait entendre, j'indiquois les préservatifs : étoit-ce la vouloir détruire, que de montrer ce qu'il falloit faire pour la maintenir? C'étoit par mon attachement pour elle que j'aurois voulu que rien ne pût l'altérer. Voilà tout mon crime : j'avois tort peut-être; mais si l'amour de la patrie m'aveugla sur cet article, étoit-ce à elle de m'en punir?

Comment pouvois-je tendre à renverser tous les gouvernemens, en posant en principes tous ceux du vôtre? Le fait seul détruit l'accusation. Puisqu'il y avoit un gouvernement existant sur mon modèle, je ne tendois donc pas à détruire tous ceux qui existoient. Eh! monsieur, si je n'avois fait qu'un système, vous êtes bien sûr qu'on n'auroit rien dit : on se fût contenté de reléguer le *Contrat social*, avec *la République de Platon*, *l'Utopie* et *les Sévarambes*, dans le pays des chimères. Mais je peignois un objet existant, et l'on vouloit que cet objet changeât de face. Mon livre portoit témoignage contre l'attentat qu'on alloit faire : voilà ce qu'on ne m'a pas pardonné.

Mais voici ce qui vous paroîtra bizarre. Mon livre attaque tous les gouvernemens, et il n'est proscrit dans aucun! Il en établit un seul, il le propose en exemple, et c'est dans celui-là qu'il est brûlé! N'est-il pas singulier que les gouvernemens attaqués se taisent, et que le gouvernement respecté sévisse? Quoi! le magistrat de Genève se fait le protecteur des autres gouvernemens contre le sien même! il punit son propre citoyen d'avoir préféré les lois de son pays à toutes les autres! Cela est-il concevable? et le croiriez-vous si vous ne l'eussiez vu? Dans tout le reste de l'Europe quelqu'un s'est-il avisé de flétrir l'ouvrage? Non, pas même l'état où il a été imprimé (¹); pas même la France, où les magistrats sont là-dessus si sévères. Y a-t-on défendu le livre? rien de semblable : on n'a pas laissé d'abord entrer l'édition de Hollande; mais on l'a contrefaite en France, et l'ouvrage y court sans difficulté. C'étoit donc une affaire de commerce et non de police : on préféroit le profit du libraire de France au profit du libraire étranger : voilà tout.

Le *Contrat social* n'a été brûlé nulle part qu'à Genève, où il n'a pas été imprimé; le seul magistrat de Genève y a trouvé des principes destructifs de tous les gouvernemens. A la vérité, ce magistrat n'a point dit quels étoient ces principes; en cela je crois qu'il a fort prudemment fait.

L'effet des défenses indiscrètes est de n'être point observées et d'énerver la force de l'autorité. Mon livre est dans les mains de tout le monde à Genève; et que n'est-il également dans tous les cœurs! Lisez-le, monsieur, ce livre si décrié, mais si nécessaire; vous y verrez partout la loi mise au-dessus des hommes; vous y verrez partout la liberté réclamée, mais toujours sous l'autorité des lois, sans lesquelles la liberté ne peut exister, et sous lesquelles on est toujours libre, de quelque façon qu'on soit gouverné. Par là je ne fais pas, dit-on, ma cour aux puissances; tant pis pour elles; car je fais leurs vrais intérêts, si elles savoient les voir et les suivre. Mais les passions aveuglent les hommes sur leur propre bien. Ceux qui soumettent les lois aux passions humaines sont les vrais destructeurs des gouvernemens : voilà les gens qu'il faudroit punir.

Les fondemens de l'état sont les mêmes dans tous les gouvernemens, et ces fondemens sont mieux posés dans mon livre que dans aucun autre. Quand il s'agit ensuite de comparer les diverses formes de gouvernement, on ne peut éviter de peser séparément les avantages et les inconvéniens de chacun : c'est ce que je crois avoir fait avec impartialité. Tout balancé, j'ai donné la préférence au gouvernement de mon pays. Cela étoit naturel et raisonnable; on m'auroit blâmé si je ne l'eusse pas fait. Mais je n'ai point donné d'exclusion aux autres gouvernemens; au contraire, j'ai montré que chacun avoit sa raison qui pouvoit le rendre préférable à tout autre, selon les hommes, les temps et les lieux. Ainsi, loin de détruire tous les gouvernemens, je les ai tous établis.

En parlant du gouvernement monarchique en particulier, j'en ai bien fait valoir l'avantage, et je n'en ai pas non plus déguisé les défauts. Cela est, je pense, du droit d'un homme qui raisonne; et quand je lui aurois donné l'exclusion, ce qu'assurément je n'ai pas fait, s'ensuivroit-il qu'on dût m'en punir à Genève? Hobbes a-t-il été décrété dans quelque monarchie, parce que ses principes sont destructifs de tout gouvernement républicain? et fait-on le procès chez les rois aux auteurs qui rejettent et dépriment les républiques? Le droit n'est-il pas réciproque? et les républicains ne sont-ils pas souverains dans leur pays comme les rois le sont dans le leur? Pour moi, je n'ai rejeté aucun gouvernement, je n'en ai méprisé aucun. En les examinant, en les comparant, j'ai tenu la balance, et j'ai calculé les poids : je n'ai rien fait de plus.

On ne doit punir la raison nulle part, ni même le raisonnement; cette punition prouveroit trop contre ceux qui l'infligeroient. Les représentans ont très-bien établi que mon livre, où je ne sors pas de la thèse générale, *n'attaquant point le gouvernement de Genève*, et imprimé hors du territoire, ne peut être considéré que dans le nombre de ceux qui traitent du droit naturel et politique, sur lesquels les lois ne donnent au Conseil aucun pouvoir, et qui se sont toujours vendus publiquement dans la ville, quelque principe qu'on y avance, et quelque sentiment qu'on y soutienne. Je ne suis pas le seul qui, discutant par abstraction des questions de politique, ait pu les traiter avec

(¹) Dans le fort des premières clameurs, causées par les procédures de Paris et de Genève, le magistrat surpris défendit les deux livres : mais, sur son propre examen, ce sage magistrat a bien changé de sentiment, surtout quant au *Contrat Social*.

quelque hardiesse : chacun ne le fait pas, mais tout homme a droit de le faire ; plusieurs usent de ce droit, et je suis le seul qu'on punisse pour en avoir usé. L'infortuné Sidney pensoit comme moi, mais il agissoit ; c'est pour son fait et non pour son livre, qu'il eut l'honneur de verser son sang. Althusius, en Allemagne, s'attira des ennemis ; mais on ne s'avisa pas de le poursuivre criminellement (*). Locke, Montesquieu, l'abbé de Saint-Pierre, ont traité les mêmes matières, et souvent avec la même liberté tout au moins. Locke en particulier les a traitées exactement dans les mêmes principes que moi. Tous trois sont nés sous des rois, ont vécu tranquilles, et sont morts honorés dans leur pays. Vous savez comment j'ai été traité dans le mien.

Aussi soyez sûr que, loin de rougir de ces flétrissures, je m'en glorifie, puisqu'elles ne servent qu'à mettre en évidence le motif qui me les attire, et que ce motif n'est que d'avoir bien mérité de mon pays. La conduite du Conseil envers moi m'afflige sans doute, en rompant des nœuds qui m'étoient si chers ; mais peut-elle m'avilir ? Non, elle m'élève, elle me met au rang de ceux qui ont souffert pour la liberté. Mes livres, quoi qu'on fasse, porteront toujours témoignage d'eux-mêmes, et le traitement qu'ils ont reçu ne fera que sauver de l'opprobre ceux qui auront l'honneur d'être brûlés après eux.

SECONDE PARTIE.

LETTRE VII.

État présent du Gouvernement de Genève, fixé par l'édit de la médiation.

Vous m'aurez trouvé diffus, monsieur ; mais il falloit l'être, et les sujets que j'avois à traiter ne se discutent pas par des épigrammes. D'ailleurs ces sujets m'éloignent moins qu'il ne semble de celui qui vous intéresse. En parlant de moi, je pensois à vous ; et votre question tenoit si bien à la mienne, que l'une est déjà résolue avec l'autre ; il ne me reste que la conséquence à tirer. Partout où l'innocence n'est pas en sûreté, rien n'y peut être ; partout où les lois sont violées impunément, il n'y a plus de liberté.

Cependant, comme on peut séparer l'intérêt d'un particulier de celui du public, vos idées sur ce point sont encore incertaines ; vous persistez à vouloir que je vous aide à les fixer. Vous demandez quel est l'état présent de votre république, et ce que doivent faire ses citoyens. Il est plus aisé de répondre à la première question qu'à l'autre.

Cette première question vous embarrasse sûrement moins par elle-même que par les solutions contradictoires qu'on lui donne autour de vous. Des gens de très-bon sens vous disent : Nous sommes le plus libre de tous les peuples ; et d'autres gens de très-bon sens vous disent : Nous vivons sous le plus dur esclavage. Lesquels ont raison ? me demandez-vous. Tous, monsieur, mais à différens égards : une distinction très-simple les concilie. Rien n'est plus libre que votre état légitime ; rien n'est plus servile que votre état actuel.

Vos lois ne tiennent leur autorité que de vous ; vous ne reconnoissez que celles que vous faites ; vous ne payez que les droits que vous imposez ; vous élisez les chefs qui vous gouvernent ; ils n'ont droit de vous juger que par des formes prescrites. En Conseil général, vous êtes législateurs, souverains, indépendans de toute puissance humaine ; vous ratifiez les traités, vous décidez de la paix et de la guerre ; vos magistrats eux-mêmes vous traitent de *magnifiques, très-honorés et souverains seigneurs* : voilà votre liberté ; voici votre servitude.

Le corps chargé de l'exécution de vos lois en est l'interprète et l'arbitre suprême ; il les fait parler comme il lui plaît ; il peut les faire taire ; il peut même les violer sans que vous puissiez y mettre ordre, il est au-dessus des lois.

Les chefs que vous élisez ont, indépendamment de votre choix, d'autres pouvoirs qu'ils ne tiennent pas de vous, et qu'ils étendent aux

(*) Althusen ou Althusius, jurisconsulte protestant, né vers le milieu du seizième siècle, fut professeur de droit à Herborn, et syndic à Brême. Il publia, en 1603, un livre intitulé : *Politica methodicè digesta*, qui fit beaucoup de bruit dans son temps, et où il soutenoit que le peuple est la source de toute autorité, de toute majesté, que les rois ne sont que ses mandataires, qu'il peut les changer à son gré, même les punir de mort s'il juge qu'ils ont mérité cette peine. Althusen mourut dans les premières années du dix-septième siècle. G. P.

dépens de ceux qu'ils en tiennent. Limités dans vos élections à un petit nombre d'hommes, tous dans les mêmes principes et tous animés du même intérêt, vous faites avec un grand appareil un choix de peu d'importance. Ce qui importeroit dans cette affaire seroit de pouvoir rejeter tous ceux entre lesquels on vous force de choisir. Dans une élection libre en apparence, vous êtes si gênés de toutes parts, que vous ne pouvez pas même élire un premier syndic ni un syndic de la garde : le chef de la république et le commandant de la place ne sont pas à votre choix.

Si l'on n'a pas le droit de mettre sur vous de nouveaux impôts, vous n'avez pas celui de rejeter les vieux. Les finances de l'état sont sur un tel pied, que, sans votre concours, elles peuvent suffire à tout. On n'a donc jamais besoin de vous ménager dans cette vue, et vos droits à cet égard se réduisent à être exempts en partie, et à n'être jamais nécessaires.

Les procédures qu'on doit suivre en vous jugeant sont prescrites; mais, quand le Conseil veut ne les pas suivre, personne ne peut l'y contraindre, ni l'obliger à réparer les irrégularités qu'il commet. Là-dessus je suis qualifié pour faire preuve, et vous savez si je suis le seul.

En Conseil général, votre souveraine puissance est enchaînée : vous ne pouvez agir que quand il plaît à vos magistrats, ni parler que quand ils vous interrogent. S'ils veulent même ne point assembler de Conseil général, votre autorité, votre existence est anéantie, sans que vous puissiez leur opposer que de vains murmures qu'ils sont en possession de mépriser.

Enfin, si vous êtes souverains seigneurs dans l'assemblée, en sortant de là vous n'êtes plus rien. Quatre heures par an souverains subordonnés, vous êtes sujets le reste de la vie, et livrés sans réserve à la discrétion d'autrui.

Il vous est arrivé, messieurs, ce qui arrive à tous les gouvernemens semblables au vôtre. D'abord la puissance législative et la puissance exécutive qui constitue la souveraineté n'en sont pas distinctes. Le peuple souverain veut par lui-même, et par lui-même il fait ce qu'il veut. Bientôt l'incommodité de ce concours de tous à toute chose force le peuple souverain de charger quelques-uns de ses membres d'exécuter ses volontés. Ces officiers, après avoir rempli leur commission, en rendent compte, et rentrent dans la commune égalité. Peu à peu ces commissions deviennent fréquentes, enfin permanentes. Insensiblement il se forme un corps qui agit toujours. Un corps qui agit toujours ne peut pas rendre compte de chaque acte ; il ne rend plus compte que des principaux; bientôt il vient à bout de n'en rendre d'aucun. Plus la puissance qui agit est active, plus elle énerve la puissance qui veut. La volonté d'hier est censée être aussi celle d'aujourd'hui ; au lieu que l'acte d'hier ne dispense pas d'agir aujourd'hui. Enfin l'inaction de la puissance qui veut la soumet à la puissance qui exécute : celle-ci rend peu à peu ses actions indépendantes, bientôt ses volontés ; au lieu d'agir pour la puissance qui veut, elle agit sur elle. Il ne reste alors dans l'état qu'une puissance agissante, c'est l'exécutive. La puissance exécutive n'est que la force ; et, où règne la seule force, l'état est dissous. Voilà, monsieur, comment périssent à la fin tous les états démocratiques.

Parcourez les annales du vôtre, depuis le temps où vos syndics, simples procureurs établis par la communauté pour vaquer à telle ou telle affaire, lui rendoient compte de leur commission le chapeau bas, et rentroient à l'instant dans l'ordre des particuliers, jusqu'à celui où ces mêmes syndics, dédaignant les droits de chefs et de juges qu'ils tiennent de leur élection, leur préfèrent le pouvoir arbitraire d'un corps dont la communauté n'élit point les membres, et qui s'établit au-dessus d'elle contre les lois : suivez les progrès qui séparent ces deux termes ; vous connoîtrez à quel point vous en êtes, et par quels degrés vous y êtes parvenus.

Il y a deux siècles qu'un politique auroit pu prévoir ce qui vous arrive. Il auroit dit : *L'institution que vous formez est bonne* pour le présent, et mauvaise pour l'avenir ; elle est bonne pour établir la liberté publique, mauvaise pour la conserver ; et ce qui fait maintenant votre sûreté, sera dans peu la matière de vos chaînes. Ces trois corps qui rentrent tellement l'un dans l'autre, que du moindre dépend l'activité du plus grand, sont en équilibre tant que l'action du plus grand est nécessaire et que la législation ne peut se passer du législateur,

Mais quand une fois l'établissement sera fait, le corps qui l'a formé manquant de pouvoir pour le maintenir, il faudra qu'il tombe en ruine; et ce seront vos lois mêmes qui causeront votre destruction. Voilà précisément ce qui vous est arrivé. C'est, sauf la disproportion, la chute du gouvernement polonois par l'extrémité contraire. La constitution de la république de Pologne n'est bonne que pour un gouvernement où il n'y a plus rien à faire. La vôtre, au contraire, n'est bonne qu'autant que le corps législatif agit toujours.

Vos magistrats ont travaillé de tous les temps et sans relâche à faire passer le pouvoir suprême du Conseil général au petit Conseil par la gradation du Deux-Cents; mais leurs efforts ont eu des effets différens, selon la manière dont ils s'y sont pris. Presque toutes leurs entreprises d'éclat ont échoué, parce qu'alors ils ont trouvé de la résistance, et que, dans un état tel que le vôtre, la résistance publique est toujours sûre, quand elle est fondée sur les lois.

La raison de ceci est évidente. Dans tout état, la loi parle où parle le souverain. Or, dans une démocratie où le peuple est souverain, quand les divisions intestines suspendent toutes les formes et font taire toutes les autorités, la sienne seule demeure; et où se porte alors le plus grand nombre, là résident la loi et l'autorité.

Que si les citoyens et les bourgeois réunis ne sont pas le souverain, les Conseils sans les citoyens et bourgeois le sont beaucoup moins encore, puisqu'ils n'en font que la moindre partie en quantité. Sitôt qu'il s'agit de l'autorité suprême, tout rentre à Genève dans l'égalité, selon les termes de l'édit : *Que tous soient contens en degré de citoyens et bourgeois, sans vouloir se préférer et s'attribuer quelque autorité et seigneurie par-dessus les autres.* Hors du Conseil général, il n'y a point d'autre souverain que la loi ; mais quand la loi même est attaquée par ses ministres, c'est au législateur à la soutenir. Voilà ce qui fait que, partout où règne une véritable liberté, dans les entreprises marquées le peuple a presque toujours l'avantage.

Mais ce n'est pas par des entreprises marquées que vos magistrats ont amené les choses au point où elles sont; c'est par des efforts modérés et continus, par des changemens presque insensibles dont vous ne pouviez prévoir la conséquence, et qu'à peine même pouviez-vous remarquer. Il n'est pas possible au peuple de se tenir sans cesse en garde contre tout ce qui se fait, et cette vigilance lui tourneroit même à reproche. On l'accuseroit d'être inquiet et remuant, toujours prêt à s'alarmer sur des riens. Mais de ces riens-là sur lesquels on se tait, le Conseil sait avec le temps faire quelque chose : ce qui se passe actuellement sous vos yeux en est la preuve.

Toute l'autorité de la république réside dans les syndics qui sont élus dans le Conseil général. Ils y prêtent serment, parce qu'il est leur seul supérieur; et ils ne le prêtent que dans ce Conseil, parce que c'est à lui seul qu'ils doivent compte de leur conduite, de leur fidélité à remplir le serment qu'ils y ont fait. Ils jurent de rendre bonne et droite justice; ils sont les seuls magistrats qui jurent cela dans cette assemblée, parce qu'ils sont les seuls à qui ce droit soit conféré par le souverain (1), et qui l'exercent sous sa seule autorité. Dans le jugement public des criminels ils jurent encore seuls devant le peuple, en se levant (2) et haussant leurs bâtons, *d'avoir fait droit jugement, sans haine ni faveur, priant Dieu de les punir s'ils ont fait au contraire.* Et jadis les sentences criminelles se rendoient en leur nom seul, sans qu'il fût fait mention d'autre Conseil que de celui des citoyens, comme on le voit par la sentence de Morelli, ci-devant transcrite, et par celle de Valentin Gentil, rapportée dans les Opuscules de Calvin.

Or vous sentez bien que cette puissance exclusive, ainsi reçue immédiatement du peuple, gêne beaucoup les prétentions du Conseil. Il est donc naturel que, pour se délivrer de cette dépendance, il tâche d'affoiblir peu à peu l'autorité des syndics, de fondre dans le Conseil

(1) Il n'est conféré à leur lieutenant qu'en sous-ordre, et c'est pour cela qu'il ne prête point serment en Conseil général. *Mais*, dit l'auteur des Lettres, *le serment que prêtent les membres du Conseil est-il moins obligatoire? et l'exécution des engagemens contractés avec la Divinité même dépend-elle du lieu dans lequel on les contracte?* Non, sans doute : mais s'ensuit-il qu'il soit indifférent dans quels lieux et dans quelles mains le serment soit prêté? et ce choix ne marque-t-il pas ou par qui l'autorité est conférée, ou à qui l'on doit compte de l'usage qu'on en fait? à quels hommes d'état avons-nous affaire, s'il faut leur dire ces choses-là? Les ignorent-ils, ou s'ils feignent de les ignorer?

(2) Le Conseil est présent aussi : mais ses membres ne jurent point, et demeurent assis.

la juridiction qu'ils ont reçue, et de transmettre insensiblement à ce corps permanent, dont le peuple n'élit point les membres, le pouvoir grand, mais passager, des magistrats qu'il élit. Les syndics eux-mêmes, loin de s'opposer à ce changement, doivent aussi le favoriser, parce qu'ils sont syndics seulement tous les quatre ans, et qu'ils peuvent même ne pas l'être ; au lieu que, quoi qu'il arrive, ils sont conseillers toute leur vie, le grabeau n'étant plus qu'un vain cérémonial (¹).

Cela gagné, l'élection des syndics deviendra de même une cérémonie tout aussi vaine que l'est déjà la tenue des Conseils généraux ; et le petit Conseil verra fort paisiblement les exclusions ou préférences que le peuple peut donner pour le syndicat à ses membres, lorsque tout cela ne décidera plus de rien.

Il a d'abord, pour parvenir à cette fin, un grand moyen dont le peuple ne peut connoître ; c'est la police intérieure du Conseil, dont, quoique réglée par les édits, il peut diriger la forme à son gré (²), n'ayant aucun surveillant qui l'en empêche ; car, quant au procureur-général, on doit en ceci le compter pour rien (³). Mais cela ne suffit pas encore : il faut accoutumer le peuple même à ce transport de juridiction. Pour cela on ne commence pas par ériger dans d'importantes affaires des tribunaux composés de seuls conseillers, mais on en érige d'abord de moins remarquables sur des objets peu intéressans. On fait ordinairement présider ces tribunaux par un syndic, auquel on substitue quelquefois un ancien syndic, puis un conseiller, sans que personne y fasse attention ; on répète sans bruit cette manœuvre jusqu'à ce qu'elle fasse usage : on la transporte au criminel. Dans une occasion plus importante on érige un tribunal pour juger des citoyens. A la faveur de la loi des récusations on fait présider ce tribunal par un conseiller. Alors le peuple ouvre les yeux et murmure. On lui dit : De quoi vous plaignez-vous? voyez les exemples ; nous n'innovons rien.

Voilà, monsieur, la politique de vos magistrats. Ils font leurs innovations peu à peu, lentement, sans que personne en voie la conséquence ; et quand enfin l'on s'en aperçoit, et qu'on y veut porter remède, ils crient qu'on veut innover.

Et voyez, en effet, sans sortir de cet exemple, ce qu'ils ont dit à cette occasion. Ils s'appuyoient sur la loi des récusations ; on leur répond : La loi fondamentale de l'état veut que les citoyens ne soient jugés que par leurs syndics. Dans la concurrence de ces deux lois, celle-ci doit exclure l'autre ; en pareil cas, pour les observer toutes deux, on devroit plutôt élire un syndic *ad actum*. A ce mot, tout est perdu. Un syndic *ad actum !* innovation ! Pour moi, je ne vois rien là de si nouveau qu'ils disent : si c'est le mot, on s'en sert tous les ans aux élections ; si c'est la chose, elle est encore moins nouvelle, puisque les premiers syndics qu'ait *eus la ville n'ont été syndics qu'ad actum*. Lorsque le procureur-général est récusable, n'en faut-il pas un autre *ad actum* pour faire ses

(¹) Dans la première institution, les quatre syndics nouvellement élus, et les quatre anciens syndics, rejetoient tous les ans huit membres des seize restans du petit Conseil, et en proposoient huit nouveaux, lesquels passoient ensuite aux suffrages du Deux-Cents pour être admis ou rejetés. Mais insensiblement on ne rejeta des vieux conseillers que ceux dont la conduite avoit donné prise au blâme ; et lorsqu'ils avoient commis quelque faute grave, on n'attendoit pas les élections pour les punir, mais on les mettoit d'abord en prison, et on leur faisoit leur procès comme au dernier particulier. Par cette règle d'anticiper le châtiment, et de le rendre sévère, les conseillers restés étant tous irréprochables, ne donnoient aucune prise à l'exclusion ; ce qui changea cet usage en la formalité cérémonieuse et vaine qui porte aujourd'hui le nom de *grabeau*. Admirable effet des gouvernemens libres, où les usurpations mêmes ne peuvent s'établir qu'à l'appui de la vertu !

Au reste, le droit réciproque des deux Conseils empêcheroit seul aucun des deux d'oser s'en servir sur l'autre, sinon de concert avec lui, de peur de s'exposer aux représailles. Le grabeau ne sert proprement qu'à les tenir bien unis contre la bourgeoisie, et à faire sauter l'un par l'autre les membres qui n'auroient pas l'esprit du corps.

(²) C'est ainsi que, dès l'année 1655, le petit Conseil et le Deux-Cents établirent dans leurs corps la ballotte et les billets contre l'édit.

(³) Le procureur-général, établi pour être homme de la loi, n'est que l'homme du Conseil. Deux causes font presque toujours exercer cette charge contre l'esprit de son institution : l'une est le vice de l'institution même, qui fait de cette magistrature un degré pour parvenir au Conseil ; au lieu qu'un procureur-général ne devoit rien voir au-dessus de sa place, et qu'il devoit lui être interdit par la loi d'aspirer à nulle autre : la seconde cause est l'imprudence du peuple, qui confie cette charge à des hommes apparentés dans le Conseil, ou qui sont de famille en possession d'y entrer, sans considérer qu'ils ne manqueront pas ainsi d'employer contre lui les armes qu'il leur donne pour sa défense. J'ai ouï des Genevois distinguer l'homme du peuple d'avec l'homme de la loi, comme si ce n'étoit pas la même chose. Les procureurs-généraux devroient être, durant leurs six ans, les chefs de la bourgeoisie, et devenir son conseil après cela : mais ne la voilà-t-il pas bien protégée et bien conseillée, et n'a-t-elle pas fort à se féliciter de son choix?

fonctions? et les adjoints tirés du Deux-Cents pour remplir les tribunaux, que sont-ils autre chose que des conseillers *ad actum?* Quand un nouvel abus s'introduit, ce n'est point innover que d'y proposer un nouveau remède; au contraire, c'est chercher à rétablir les choses sur l'ancien pied. Mais ces messieurs n'aiment point qu'on fouille ainsi dans les antiquités de leur ville; ce n'est que dans celles de Carthage et de Rome qu'ils permettent de chercher l'explication de vos lois.

Je n'entreprendrai point le parallèle de celles de leurs entreprises qui ont manqué et de celles qui ont réussi : quand il y auroit compensation dans le nombre, il n'y en auroit point dans l'effet total. Dans une entreprise exécutée ils gagnent des forces; dans une entreprise manquée ils ne perdent que du temps. Vous, au contraire, qui ne cherchez et ne pouvez chercher qu'à maintenir votre constitution, quand vous perdez, vos pertes sont réelles; et quand vous gagnez, vous ne gagnez rien. Dans un progrès de cette espèce, comment espérer de rester au même point?

De toutes les époques qu'offre à méditer l'histoire instructive de votre gouvernement, la plus remarquable par sa cause, et la plus importante par son effet, est celle qui a produit le règlement de la médiation. Ce qui donna lieu primitivement à cette célèbre époque fut une entreprise indiscrète, faite hors de temps par vos magistrats. Ils avoient doucement usurpé le droit de mettre des impôts. Avant d'avoir assez affermi leur puissance, ils voulurent abuser de ce droit. Au lieu de réserver ce coup pour le dernier, l'avidité le leur fit porter avant les autres, et précisément après une commotion qui n'étoit pas bien assoupie. Cette faute en attira de plus grandes, difficiles à réparer. Comment de si fins politiques ignoroient-ils une maxime aussi simple que celle qu'ils choquèrent en cette occasion? Par tout pays, le peuple ne s'aperçoit qu'on attente à sa liberté que lorsqu'on attente à sa bourse; ce qu'aussi les usurpateurs adroits se gardent bien de faire que tout le reste ne soit fait. Ils voulurent renverser cet ordre, et s'en trouvèrent mal (¹). Les suites de cette affaire produisirent les mouvemens de 1734, et l'affreux complot qui en fut le fruit.

Ce fut une seconde faute pire que la première. Tous les avantages du temps sont pour eux; ils se les ôtent dans les entreprises brusques, et mettent la machine dans le cas de se remonter tout d'un coup : c'est ce qui faillit arriver dans cette affaire. Les événemens qui précédèrent la médiation leur firent perdre un siècle, et produisirent un autre effet défavorable pour eux; ce fut d'apprendre à l'Europe que cette bourgeoisie qu'ils avoient voulu détruire, et qu'ils peignoient comme une populace effrénée, savoit garder dans ses avantages la modération qu'ils ne connurent jamais dans les leurs.

Je ne dirai pas si ce recours à la médiation doit être compté comme une troisième faute. Cette médiation fut ou parut offerte : si cette offre fut réelle ou sollicitée, c'est ce que je ne puis ni ne veux pénétrer; je sais seulement que, tandis que vous couriez le plus grand danger, tout garda le silence, et que ce silence ne fut rompu que quand le danger passa dans l'autre parti. Du reste, je veux d'autant moins imputer à vos magistrats d'avoir imploré la médiation, qu'oser même en parler est à leurs yeux le plus grand des crimes.

Un citoyen se plaignant d'un emprisonnement illégal, injuste et déshonorant, demandoit comment il falloit s'y prendre pour recourir à la garantie. Le magistrat auquel il s'adressoit osa lui répondre que cette seule proposition méritoit la mort. Or, vis-à-vis du souverain, le crime seroit aussi grand, et plus grand peut-être de la part du Conseil que de la part d'un simple particulier; et je ne vois pas où l'on en peut trouver un digne de mort dans un second recours, rendu légitime par la garantie qui fut l'effet du premier.

Encore un coup, je n'entreprends point de discuter une question si délicate à traiter et si difficile à résoudre. J'entreprends simplement d'examiner, sur l'objet qui nous occupe, l'état

(¹) L'objet des impôts établis en 1716 étoit la dépense des nouvelles fortifications. Le plan de ces nouvelles fortifications étoit immense, et il a été exécuté en partie. De si vastes fortifications rendoient nécessaire une grosse garnison, et cette grosse garnison avoit pour but de tenir les citoyens et bourgeois sous le joug. On parvenoit par cette voie à former, à leurs dépens, les fers qu'on leur préparoit. Le projet étoit bien lié, mais il marchoit dans un ordre rétrograde. Aussi n'a-t-il pu réussir.

de votre gouvernement, fixé ci-devant par le règlement des plénipotentiaires, mais dénaturé maintenant par les nouvelles entreprises de vos magistrats. Je suis obligé de faire un long circuit pour aller à mon but; mais daignez me suivre, et nous nous retrouverons bien.

Je n'ai point la témérité de vouloir critiquer ce règlement; au contraire, j'en admire la sagesse et j'en respecte l'impartialité. J'y crois voir les intentions les plus droites et les dispositions les plus judicieuses. Quand on sait combien de choses étoient contre vous dans ce moment critique, combien vous aviez de préjugés à vaincre, quel crédit à surmonter, que de faux exposés à détruire; quand on se rappelle avec quelle confiance vos adversaires comptoient vous écraser par les mains d'autrui; l'on ne peut qu'honorer le zèle, la constance et les talens de vos défenseurs, l'équité des puissances médiatrices, et l'intégrité des plénipotentiaires qui ont consommé cet ouvrage de paix.

Quoi qu'on en puisse dire, l'édit de la médiation a été le salut de la république; et quand on ne l'enfreindra pas, il en sera la conservation. Si cet ouvrage n'est pas parfait en lui-même, il l'est relativement; il l'est quant aux temps, aux lieux, aux circonstances; il est le meilleur qui vous pût convenir. Il doit vous être inviolable et sacré par prudence, quand il ne le seroit pas par nécessité; et vous n'en devriez pas ôter une ligne, quand vous seriez les maîtres de l'anéantir. Bien plus, la raison même qui le rend nécessaire le rend nécessaire dans son entier. Comme tous les articles balancés forment l'équilibre, un seul article altéré le détruit. Plus le règlement est utile, plus il seroit nuisible ainsi mutilé. Rien ne seroit plus dangereux que plusieurs articles pris séparément et détachés du corps qu'ils affermissent. Il vaudroit mieux que l'édifice fût rasé qu'ébranlé. Laissez ôter *une seule pierre à la* voûte, et vous serez écrasés sous ses ruines.

Rien n'est plus facile à sentir par l'examen des articles dont le Conseil se prévaut et de ceux qu'il veut éluder. Souvenez-vous, monsieur, de l'esprit dans lequel j'entreprends cet examen. Loin de vous conseiller de toucher à l'édit de la médiation, je veux vous faire sentir combien il vous importe de n'y laisser porter nulle atteinte. Si je parois critiquer quelques articles, c'est pour montrer de quelle conséquence il seroit d'ôter ceux qui les rectifient. Si je parois proposer des expédiens qui ne s'y rapportent pas, c'est pour montrer la mauvaise foi de ceux qui trouvent des difficultés insurmontables où rien n'est plus aisé que de lever ces difficultés. Après cette explication j'entre en matière sans scrupule, bien persuadé que je parle à un homme trop équitable pour me prêter un dessein tout contraire au mien.

Je sens bien que si je m'adressois aux étrangers, il conviendroit, pour me faire entendre, de commencer par un tableau de votre constitution; mais ce tableau se trouve déjà tracé suffisamment pour eux dans l'article *Genève* de M. d'Alembert (*); et un exposé plus détaillé seroit superflu pour vous, qui connoissez vos lois politiques mieux que moi-même, ou qui du moins en avez vu le jeu de plus près. Je me borne donc à parcourir les articles du règlement qui tiennent à la question présente, et qui peuvent le mieux en fournir la solution.

Dès le premier je vois votre gouvernement composé de cinq ordres subordonnés, mais indépendans; c'est-à-dire existans nécessairement, dont aucun ne peut donner atteinte aux droits et attributs d'un autre; et, dans ces cinq ordres, je vois compris le Conseil général. Dès là je vois dans chacun des cinq une portion particulière du gouvernement; mais je n'y vois point la puissance constitutive qui les établit, qui les lie, et de laquelle ils dépendent tous : je n'y vois point le souverain. Or dans tout état politique il faut une puissance suprême, un centre où tout se rapporte, un principe d'où tout dérive, un souverain qui puisse tout.

Figurez-vous, monsieur, que quelqu'un vous rendant compte de la constitution de l'Angleterre, vous parle ainsi : « Le gouvernement » de la Grande-Bretagne est composé de *quatre* » *ordres dont aucun ne peut attenter* aux droits » et attributions des autres; savoir, le roi, la » chambre haute, la chambre basse, et le par» lement. » Ne diriez-vous pas à l'instant : Vous vous trompez : il n'y a que trois ordres? Le parlement, qui, lorsque le roi y siége, les comprend tous, n'en est pas un quatrième : il est le

(*) Ce tableau n'est rien moins que suffisant, et c'est ce qui nous a décidés à y suppléer par un tableau plus complet mis en tête du présent ouvrage. G. P.

tout; il est le pouvoir unique et suprême, duquel chacun tire son existence et ses droits. Revêtu de l'autorité législative, il peut changer même la loi fondamentale en vertu de laquelle chacun de ces ordres existe; il le peut, et de plus il l'a fait.

Cette réponse est juste; l'application en est claire: et cependant il y a encore cette différence, que le parlement d'Angleterre n'est souverain qu'en vertu de la loi, et seulement par attribution et députation; au lieu que le Conseil général de Genève n'est établi ni député de personne; il est souverain de son propre chef; il est la loi vivante et fondamentale qui donne vie et force à tout le reste et qui ne connoît d'autres droits que les siens. Le Conseil général n'est pas un ordre dans l'état, il est l'état même. L'article second porte que les syndics ne pourront être pris que dans le Conseil des Vingt-Cinq. Or les syndics sont des magistrats annuels que le peuple élit et choisit, non-seulement pour être ses juges, mais pour être ses protecteurs au besoin contre les membres perpétuels des Conseils qu'il ne choisit pas [1].

L'effet de cette restriction dépend de la différence qu'il y a entre l'autorité des membres du Conseil et celle des syndics. Car si la différence n'est très-grande, et qu'un syndic n'estime pas plus son autorité annuelle comme syndic que son autorité perpétuelle comme conseiller, cette élection lui sera presque indifférente; il fera peu pour l'obtenir, et ne fera rien pour la justifier. Quand tous les membres du Conseil, animés du même esprit, suivront les mêmes maximes, le peuple, sur une conduite commune à tous, ne pouvant donner d'exclusion à personne, ni choisir que des syndics déjà conseillers, loin de s'assurer par cette élection des patrons contre les attentats du Conseil, ne fera que donner au Conseil de nouvelles forces pour opprimer la liberté.

[1] En attribuant la nomination des membres du petit Conseil au Deux-Cents, rien n'étoit plus aisé que d'ordonner cette attribution selon la loi fondamentale: il suffisoit pour cela d'ajouter qu'on ne pourroit entrer au Conseil qu'après avoir été auditeur. De cette manière, la gradation des charges étoit mieux observée, et les trois Conseils concouroient au choix de celui qui fait tout mouvoir; ce qui étoit non-seulement important, mais indispensable pour maintenir l'unité de la constitution. Les Genevois pourront ne pas sentir l'avantage de cette clause, vu que le choix des auditeurs est aujourd'hui de peu d'effet: mais on l'eût considéré bien différemment, quand cette charge fût devenue la seule porte du Conseil.

Quoique ce même choix eût lieu pour l'ordinaire dans l'origine de l'instruction, tant qu'il fut libre, il n'eut pas la même conséquence. Quand le peuple nommoit les conseillers lui-même, ou quand il les nommoit indirectement par les syndics qu'il avoit nommés, il lui étoit indifférent et même avantageux de choisir ses syndics parmi des conseillers déjà de son choix [1]; et il étoit sage alors de préférer des chefs déjà versés dans les affaires: mais une considération plus importante eût dû l'emporter aujourd'hui sur celle-là, tant il est vrai qu'un même usage a des effets différens par les changemens des usages qui s'y rapportent, et qu'en cas pareil c'est innover que n'innover pas.

L'article III du règlement est plus considérable. Il traite du Conseil général légitimement assemblé: il en traite pour fixer les droits et attributions qui lui sont propres, et il lui en rend plusieurs que les Conseils inférieurs avoient usurpés. Ces droits en totalité sont grands et beaux sans doute, mais premièrement ils sont spécifiés, et par cela seul limités; ce qu'on pose exclut ce qu'on ne pose pas, et même le mot *limités* est dans l'article. Or il est de l'essence de la puissance souveraine de ne pouvoir être limitée: elle peut tout, ou elle ne peut rien. Comme elle contient éminemment toutes les puissances actives de l'état, et qu'il n'existe que par elle, elle n'y peut reconnoître d'autres droits que les siens et ceux qu'elle communique. Autrement les possesseurs de ces droits ne feroient point partie du corps politique; ils lui seroient étrangers par ces droits qui ne seroient pas en lui; et la personne morale, manquant d'unité, s'évanouiroit.

Cette limitation même est positive en ce qui concerne les impôts. Le Conseil souverain lui-même n'a pas le droit d'abolir ceux qui étoient

[1] Le petit Conseil, dans son origine, n'étoit qu'un choix fait entre le peuple, par les syndics, de quelques notables et prud'hommes pour leur servir d'assesseurs. Chaque syndic en choisissoit quatre ou cinq dont les fonctions finissoient avec les siennes; quelquefois même il les changeoit durant le cours de son syndicat. *Henri*, dit *l'Espagne*, fut le premier conseiller à vie en 1487, et il fut établi par le Conseil général. Il n'étoit pas même nécessaire d'être citoyen pour remplir ce poste. La loi n'en fut faite qu'à l'occasion d'un certain Michel Guillet de Thonon, qui, ayant été mis du Conseil étroit, s'en fit chasser pour avoir usé de mille finesses ultramontaines qu'il apportoit de Rome, où il avoit été nourri. Les magistrats de la ville, alors vrais Genevois et pères du peuple, avoient toutes ces subtilités en horreur.

établis avant 1714. Le voilà donc à cet égard soumis à une puissance supérieure. Quelle est cette puissance?

Le pouvoir législatif consiste en deux choses inséparables : faire les lois, et les maintenir; c'est-à-dire avoir inspection sur le pouvoir exécutif. Il n'y a point d'état au monde où le souverain n'ait cette inspection. Sans cela toute liaison, toute subordination manquant entre ces deux pouvoirs, le dernier ne dépendroit point de l'autre ; l'exécution n'auroit aucun rapport nécessaire aux lois ; la *loi* ne seroit qu'un mot, et ce mot ne signifieroit rien. Le Conseil général eut de tout temps ce droit de protection sur son propre ouvrage, il l'a toujours exercé. Cependant il n'en est point parlé dans cet article ; et s'il n'y étoit suppléé dans un autre, par ce seul silence votre état seroit renversé. Ce point est important ; et j'y reviendrai ci-après.

Si vos droits sont bornés d'un côté dans cet article, ils y sont étendus de l'autre par les paragraphes III et IV: mais cela fait-il compensation? Par les principes établis dans le *Contrat social,* on voit que, malgré l'opinion commune, les alliances d'état à état, les déclarations de guerre et les traités de paix, ne sont pas des actes de souveraineté, mais de gouvernement; et ce sentiment est conforme à l'usage des nations qui ont le mieux connu les vrais principes du droit politique. L'exercice extérieur de la puissance ne convient point au peuple; les grandes maximes d'état ne sont pas à sa portée ; il doit s'en rapporter là-dessus à ses chefs, qui, toujours plus éclairés que lui sur ce point, n'ont guère intérêt à faire au dehors des traités désavantageux à la patrie ; l'ordre veut qu'il leur laisse tout l'éclat extérieur, et qu'il s'attache uniquement au solide. Ce qui importe essentiellement à chaque citoyen, c'est l'observation des lois au dedans, la propriété des biens, la sûreté des particuliers. Tant que tout ira bien sur ces trois points, laissez les Conseils négocier et traiter avec l'étranger ; ce n'est pas de là que viendont vos dangers les plus à craindre. C'est autour des individus qu'il faut rassembler les droits du peuple ; et quand on peut l'attaquer séparément, on le subjugue toujours. Je pourrois alléguer la sagesse des Romains, qui, laissant au sénat un grand pouvoir au dehors, le forçoient dans la ville à respecter le dernier citoyen. Mais n'allons pas si loin chercher des modèles. Les bourgeois de Neufchâtel se sont conduits bien plus sagement sous leurs princes que vous sous vos magistrats (¹). Ils ne font ni la paix ni la guerre, ils ne ratifient point les traités, mais ils jouissent en sûreté de leurs franchises; et comme la loi n'a point présumé que dans une petite ville un petit nombre d'honnêtes bourgeois seroient des scélérats, on ne réclame point dans leurs murs, on n'y connoît pas même l'odieux droit d'emprisonner sans formalités. Chez vous on s'est toujours laissé séduire à l'apparence, et l'on a négligé l'essentiel. On s'est trop occupé du Conseil général, et pas assez de ses membres : il falloit moins songer à l'autorité, et plus à la liberté. Revenons aux Conseils généraux.

Outre les limitations de l'article III, les articles V et VI en offrent de bien plus étranges; un corps souverain qui ne peut ni se former ni former aucune opération de lui-même, et soumis absolument, quant à son activité et quant aux matières qu'il traite, à des tribunaux subalternes. Comme ces tribunaux n'approuveront certainement pas des propositions qui leur seroient en particulier préjudiciables, si l'intérêt de l'état se trouve en conflit avec le leur, le dernier a toujours la préférence, parce qu'il n'est permis au législateur de connoître que de ce qu'ils ont approuvé.

A force de tout soumettre à la règle, on détruit la première des règles, qui est la justice et le bien public. Quand les hommes sentiront-ils qu'il n'y a point de désordre aussi funeste que le pouvoir arbitraire, avec lequel ils pensent y remédier? Ce pouvoir est lui-même le pire de tous les désordres : employer un tel moyen pour les prévenir, c'est tuer les gens afin qu'ils n'aient pas la fièvre.

Une grande troupe formée en tumulte peut faire beaucoup de mal. Dans une assemblée nombreuse, quoique régulière, si chacun peut dire et proposer ce qu'il veut, on perd bien du temps à écouter des folies, et l'on peut être en danger d'en faire. Voilà des vérités incontestables. Mais est-ce prévenir l'abus d'une manière raisonnable, que de faire dépendre cette as-

(¹) Ceci soit dit en mettant à part les abus, qu'assurément je suis bien éloigné d'approuver.

semblée uniquement de ceux qui voudroient l'anéantir, et que nul n'y puisse rien proposer que ceux qui ont le plus grand intérêt de lui nuire? Car, monsieur, n'est-ce pas exactement là l'état des choses? et y a-t-il un seul Genevois qui puisse douter que si l'existence du Conseil général dépendoit *tout*-à-fait du petit Conseil, le Conseil général ne fût pour jamais supprimé!

Voilà pourtant le corps qui seul convoque ces assemblées et qui seul y propose ce qu'il lui plaît : car pour le Deux-Cents, il ne fait que répéter les ordres du petit Conseil ; et quand une fois celui-ci sera délivré du Conseil général, le Deux-Cents ne l'embarrassera guère ; il ne fera que suivre avec lui la route qu'il a frayée avec vous.

Or, qu'ai-je à craindre d'un supérieur incommode dont je n'ai jamais besoin, qui ne peut se montrer que quand je le lui permets, ni répondre que quand je l'interroge? Quand je l'ai réduit à ce point, ne puis-je pas m'en regarder comme délivré?

Si l'on dit que la loi de l'état a prévenu l'abolition des Conseils généraux en les rendant nécessaires à l'élection des magistrats et à la sanction des nouveaux édits, je réponds, quant au premier point, que toute la force du gouvernement étant passée des mains des magistrats élus par le peuple dans celles du petit Conseil qu'il n'élit point et d'où se tirent les principaux de ces magistrats, l'élection et l'assemblée où elle se fait ne sont plus qu'une vaine formalité sans consistance, et que des Conseils généraux tenus pour cet unique objet peuvent être regardés comme nuls. Je réponds encore que, par le tour que prennent les choses, il seroit même aisé d'éluder cette loi sans que le cours des affaires en fût arrêté ; car supposons que, soit par la réjection de tous les sujets présentés, soit sous d'autres prétextes, on ne procède point à l'élection des syndics, le Conseil, dans lequel leur juridiction se fond insensiblement, ne l'exercera-t-il pas à leur défaut, comme il l'exerce dès à présent indépendamment d'eux? N'ose-t-on pas déjà vous dire que le petit Conseil, même sans les syndics, est le gouvernement? donc, sans les syndics, l'état n'en sera pas moins gouverné. Et quant aux nouveaux édits, je réponds qu'ils ne seront jamais assez nécessaires pour qu'à l'aide des anciens et de ses usurpations ce même Conseil ne trouve aisément le moyen d'y suppléer. Qui se met au-dessus des anciennes lois peut bien se passer des nouvelles.

Toutes les mesures sont prises pour que vos assemblées générales ne soient jamais nécessaires. Non-seulement le Conseil périodique, institué ou plutôt rétabli (¹) l'an 1707, n'a jamais été tenu qu'une fois et seulement pour l'abolir (²) ; mais, par le paragraphe V du troisième article du règlement, il a été pourvu sans vous et pour toujours aux frais de l'administration. Il n'y a que le seul cas chimérique d'une guerre indispensable, où le Conseil général doive absolument être convoqué.

Le petit Conseil pourroit donc supprimer absolument les Conseils généraux sans autre inconvénient que de s'attirer quelques représentations qu'il est en possession de rebuter, ou d'exciter quelques vains murmures qu'il peut mépriser sans risque ; car, par les articles VII, XXIII, XXIV, XXV, XLIII, toute espèce de résistance est défendue en quelque cas que ce puisse être, et les ressources qui sont hors de la constitution n'en font pas partie et n'en corrigent pas les défauts.

Il ne le fait pas toutefois, parce qu'au fond cela lui est très-indifférent, et qu'un simulacre de liberté fait endurer plus patiemment la servitude. Il vous amuse à peu de frais, soit par des élections sans conséquence quant au pouvoir qu'elles confèrent et quant au choix des sujets élus, soit par des lois qui paroissent importantes, mais qu'il a soin de rendre vaines, en ne les observant qu'autant qu'il lui plaît.

D'ailleurs on ne peut rien proposer dans ces assemblées, on n'y peut rien discuter, on n'y peut délibérer sur rien. Le petit Conseil y préside, et par lui-même, et par les syndics qui n'y portent que l'esprit du corps. Là même il

(¹) Ces Conseils périodiques sont aussi anciens que la législation, comme on le voit par le dernier article de l'ordonnance ecclésiastique. Dans celle de 1576, imprimée en 1735, ces Conseils sont fixés de cinq en cinq ans; mais dans l'ordonnance de 1561, imprimée en 1562, ils étoient fixés de trois en trois ans. Il n'est pas raisonnable de dire que ces conseils n'avoient pour objet que la lecture de cette ordonnance, puisque l'impression qui en fut faite en même temps donnoit à chacun la facilité de la lire à toute heure à son aise, sans qu'on eût besoin pour cela seul de l'appareil d'un Conseil général. Malheureusement on a pris grand soin d'effacer bien des traditions anciennes, qui seroient maintenant d'un grand usage pour l'éclaircissement des édits.

(²) J'examinerai ci-après cet édit d'abolition.

est magistrat encore et maître de son souverain. N'est-il pas contre toute raison que le corps exécutif règle la police du corps législatif, qu'il lui prescrive les matières dont il doit connoître, qu'il lui interdise le droit d'opiner, qu'il exerce sa puissance absolue jusque dans les actes faits pour la contenir?

Qu'un corps si nombreux [1] ait besoin de police et d'ordre, je l'accorde; mais que cette police et cet ordre ne renversent pas le but de son institution. Est-ce donc une chose plus difficile d'établir la règle sans servitude entre quelques centaines d'hommes naturellement graves et froids, qu'elle ne l'étoit à Athènes, dont on nous parle, dans l'assemblée de plusieurs milliers de citoyens emportés, bouillans, et presque effrénés; qu'elle ne l'étoit dans la capitale du monde, où le peuple en corps exerçoit en partie la puissance exécutive; et qu'elle ne l'est aujourd'hui même dans le grand Conseil de Venise, aussi nombreux que votre Conseil général? On se plaint de l'impolice qui règne dans le parlement d'Angleterre; et toutefois, dans ce corps composé de plus de sept cents membres, où se traitent de si grandes affaires, où tant d'intérêts se croisent, où tant de cabales se forment, où tant de têtes s'échauffent, où chaque membre a le droit de parler, tout se fait, tout s'expédie, cette grande monarchie va son train : et chez vous, où les intérêts sont si simples, si peu compliqués, où l'on n'a, pour ainsi dire, à régler que les affaires d'une famille, on vous fait peur des orages comme si tout alloit renverser! Monsieur, la police de votre Conseil général est la chose du monde la plus facile; qu'on veuille sincèrement l'établir pour le bien public, alors tout y sera libre, et tout s'y passera plus tranquillement qu'aujourd'hui.

Supposons que dans le règlement on eût pris la méthode opposée à celle qu'on a suivie; qu'au lieu de fixer les droits du Conseil général, on eût fixé ceux des autres Conseils, ce qui par là même eût montré les siens : convenez qu'on eût trouvé dans le seul petit Conseil un assemblage de pouvoirs bien étrange pour un état libre et démocratique, dans des chefs que le peuple ne choisit point et qui restent en place toute leur vie.

D'abord l'union de deux choses partout ailleurs incompatibles : savoir, l'administration des affaires de l'état, et l'exercice suprême de la justice sur les biens, la vie et l'honneur des citoyens.

Un ordre, le dernier de tous par son rang, et le premier par sa puissance.

Un Conseil inférieur, sans lequel tout est mort dans la république, qui propose seul, qui décide le premier, et dont la seule voix, même dans son propre fait, permet à ses supérieurs d'en avoir une.

Un corps qui reconnoît l'autorité d'un autre, et qui seul a la nomination des membres de ce corps auquel il est subordonné.

[1] Les Conseils généraux étoient autrefois très-fréquens à Genève, et tout ce qui se faisoit de quelque importance y étoit porté. En 1707, M. le syndic Chouet disoit, dans une harangue devenue célèbre, que de cette fréquence venoit jadis la foiblesse et le malheur de l'état : nous verrons bientôt ce qu'il en faut croire. Il insiste aussi sur l'extrême augmentation du nombre des membres, qui rendroit aujourd'hui cette fréquence impossible, affirmant qu'autrefois cette assemblée ne passoit pas deux à trois cents, et qu'elle est à présent de treize à quatorze cents. Il y a des deux côtés beaucoup d'exagération.

Les plus anciens Conseils généraux étoient au moins de cinq à six cents membres; on seroit peut-être bien embarrassé d'en citer un seul qui n'ait été que de deux ou trois cents. En 1420, on y en compta sept cent vingt, stipulant pour tous les autres, et peu de temps après on reçut encore plus de deux cents bourgeois.

Quoique la ville de Genève soit devenue plus commerçante et plus riche, elle n'a pu devenir beaucoup plus peuplée, les fortifications n'ayant pas permis d'agrandir l'enceinte de ses murs, et ayant fait raser ses faubourgs. D'ailleurs, presque sans territoire et à la merci de ses voisins pour sa subsistance, elle n'auroit pu s'agrandir sans s'affoiblir. En 1404, on y compta treize cents feux faisant au moins treize mille âmes. Il n'y en a guère plus de vingt mille aujourd'hui; rapport bien éloigné de celui de 3 à 14. Or de ce nombre il faut déduire encore celui des natifs, habitans, étrangers, qui n'entrent pas au Conseil général; nombre fort augmenté relativement à celui des bourgeois, depuis le refuge des François et le progrès de l'industrie. Quelques Conseils généraux sont allés de nos jours à quatorze et même à quinze cents; mais communément ils n'approchent pas de ce nombre; si quelques-uns même vont à treize, ce n'est que dans des occasions critiques où tous les bons citoyens croiroient manquer à leur serment de s'absenter, et où les magistrats, de leur côté, font venir du dehors leurs cliens pour favoriser leurs manœuvres : or ces manœuvres, inconnues au quinzième siècle, n'exigeoient point alors de pareils expédiens. Généralement le nombre ordinaire roule entre huit et neuf cents, quelquefois il reste au-dessous de celui de l'an 1420, surtout lorsque l'assemblée se tient en été, et qu'il s'agit de choses peu importantes. J'ai moi-même assisté, en 1754, à un Conseil général qui n'étoit certainement pas de sept cents membres.

Il résulte de ces diverses considérations que, tout balancé, le Conseil général est à peu près aujourd'hui, quant au nombre, ce qu'il étoit il y a deux ou trois siècles, ou du moins que la différence est peu considérable. Cependant tout le monde y parloit alors; la police et la décence qu'on y voit régner aujourd'hui n'étoient pas établies. On crioit quelquefois; mais le peuple étoit libre, le magistrat respecté, et le Conseil s'assembloit fréquemment. Donc M. le syndic Chouet accusoit faux et raisonnoit mal.

Un tribunal suprême duquel on appelle : ou bien, au contraire, un juge inférieur qui préside dans les tribunaux supérieurs au sien ;

Qui, après avoir siégé comme juge inférieur dans le tribunal dont on appelle, non-seulement va siéger comme juge suprême dans le tribunal où il est appelé, mais n'a dans ce tribunal suprême que les collègues qu'il s'est lui-même choisis.

Un ordre enfin qui seul a son activité propre, qui donne à tous les autres la leur, et qui, dans tous, soutenant les résolutions qu'il a prises, opine deux fois et vous trois ([1]).

L'appel du petit Conseil au Deux-Cents est un véritable jeu d'enfant ; c'est une farce en politique s'il en fut jamais : aussi n'appelle-t-on pas proprement cet appel un appel ; c'est une grâce qu'on implore en justice, un recours en cassation d'arrêt : on ne comprend pas ce que c'est. Croit-on que si le petit Conseil n'eût bien senti que ce dernier recours étoit sans conséquence, il s'en fût volontairement dépouillé comme il fit ? Ce désintéressement n'est pas dans ses maximes.

Si les jugemens du petit Conseil ne sont pas toujours confirmés au Deux-Cents, c'est dans les affaires particulières et contradictoires, où il n'importe guère au magistrat laquelle des deux parties perde ou gagne son procès ; mais dans les affaires qu'on poursuit d'office, dans toute affaire où le Conseil lui-même prend intérêt, le Deux-Cents répare-t-il jamais ses injustices, protége-t-il jamais l'opprimé, ose-t-il ne pas confirmer tout ce qu'a fait le Conseil, usa-t-il jamais une seule fois avec honneur de son droit de faire grâce ? Je rappelle à regret des temps dont la mémoire est terrible et nécessaire. Un citoyen que le Conseil immole à sa vengeance a recours au Deux-Cents. L'infortuné s'avilit jusqu'à demander grâce ; son innocence n'est ignorée de personne ; toutes les règles ont été violées dans son procès : la grâce est refusée, et l'innocent périt. Fatio sentit si bien l'inutilité du recours au Deux-Cents, qu'il ne daigna pas s'en servir.

Je vois clairement ce qu'est le Deux-Cents, à Zurich, à Berne, à Fribourg, et dans les autres états aristocratiques ; mais je ne saurois voir ce qu'il est dans votre constitution, ni quelle place il y tient. Est-ce un tribunal supérieur ? en ce cas il est absurde que le tribunal inférieur y siége. Est-ce un corps qui représente le souverain ? en ce cas c'est au représenté de nommer son représentant. L'établissement du Deux-Cents ne peut avoir d'autre fin que de modérer le pouvoir énorme du petit Conseil ; et au contraire il ne fait que donner plus de poids à ce même pouvoir. Or, tout corps qui agit constamment contre l'esprit de son institution est mal institué.

Que sert d'appuyer ici sur des choses notoires qui ne sont ignorées d'aucun Genevois ? Le Deux-Cents n'est rien par lui-même ; il n'est que le petit Conseil qui reparoît sous une autre forme. Une seule fois il voulut tâcher de secouer le joug de ses maîtres et se donner une existence indépendante, et par cet unique effort l'état faillit être renversé. Ce n'est qu'au seul Conseil général que le Deux-Cents doit encore une apparence d'autorité. Cela se vit bien clairement dans l'époque dont je parle, et cela se verra bien mieux dans la suite, si le petit Conseil parvient à son but : ainsi, quand, de concert avec ce dernier, le Deux-Cents travaille à déprimer le Conseil général, il travaille à sa propre ruine ; et s'il croit suivre les brisées du Deux-Cents de Berne, il prend bien grossièrement le change. Mais on a presque toujours vu dans ce corps peu de lumières et moins de courage ; et cela ne peut guère être autrement par la manière dont il est rempli ([1]).

([1]) Dans un état qui se gouverne en république, et où l'on parle la langue françoise, il faudroit se faire un langage à part pour le gouvernement. Par exemple, *délibérer*, *opiner*, *voter*, sont trois choses très-différentes, et que les François ne distinguent pas assez. *Délibérer*, c'est peser le pour et le contre ; *opiner*, c'est dire son avis et le motiver, *voter*, c'est donner son suffrage quand il ne reste plus qu'à recueillir les voix. On met d'abord la matière en délibération : au premier tour on opine ; on vote au dernier. Les tribunaux ont partout à peu près les mêmes formes ; mais comme dans les monarchies, le public n'a pas besoin d'en apprendre les termes, ils restent consacrés au barreau. C'est par une autre inexactitude de la langue en ces matières que M. de Montesquieu, qui la savoit si bien, n'a pas laissé de dire toujours *la puissance exécutrice*, blessant ainsi l'analogie, et faisant adjectif le mot *exécuteur* qui est substantif. C'est la même faute que s'il eût dit, *le pouvoir législateur*.

([1]) Ceci s'entend en général, et seulement de l'esprit du corps ; car je sais qu'il y a dans le Deux-Cents des membres très-éclairés, et qui ne manquent pas de zèle : mais incessamment sous les yeux du petit Conseil, livrés à sa merci, sans appui, sans ressource, et sentant bien qu'ils seroient abandonnés de leur corps, ils s'abstiennent de tenter des démarches inutiles qui ne feroient que les compromettre et les perdre. La

Vous voyez, monsieur, combien, au lieu de spécifier les droits du Conseil souverain, il eût été plus utile de spécifier les attributions des corps qui lui sont subordonnés ; et sans aller plus loin, vous voyez plus évidemment encore que, par la force de certains articles pris séparément, le petit Conseil est l'arbitre suprême des lois, et par elles du sort de tous les particuliers. Quand on considère les droits des citoyens et bourgeois assemblés en Conseil général, rien n'est plus brillant ; mais considérez hors de là ces mêmes citoyens et bourgeois comme individus, que sont-ils ? que deviennent-ils ? Esclaves d'un pouvoir arbitraire, ils sont livrés sans défense à la merci de vingt-cinq despotes : les Athéniens du moins en avoient trente. Et que dis-je vingt-cinq ? neuf suffisent pour un jugement civil, treize pour un jugement criminel (1). Sept ou huit, d'accord dans ce nombre, vont être pour vous autant de décemvirs : encore les décemvirs furent-ils élus par le peuple ; au lieu qu'aucun de ces juges n'est de votre choix : et l'on appelle cela être libres !

LETTRE VIII.

Esprit de l'édit de la médiation. Contre-poids qu'il donne à la puissance aristocratique. Entreprise du petit Conseil d'anéantir ce contre-poids par voie de fait. Examen des inconvéniens allégués. Système des édits sur les emprisonnemens.

J'ai tiré, monsieur, l'examen de votre gouvernement présent du règlement de la médiation par lequel ce gouvernement est fixé ; mais, loin d'imputer aux médiateurs d'avoir voulu vous réduire en servitude, je prouverois aisément, au contraire, qu'ils ont rendu votre situation meilleure à plusieurs égards qu'elle n'étoit avant les troubles qui vous forcèrent d'accepter leurs bons offices. Ils ont trouvé une ville en armes ; tout étoit à leur arrivée dans un état de crise et de confusion qui ne leur permettoit pas de tirer de cet état la règle de leur ouvrage. Ils sont remontés aux temps pacifiques, ils ont étudié la constitution primitive de votre gouvernement : dans les progrès qu'il avoit déjà faits, pour le remonter il eût fallu le refondre ; la raison, l'équité, ne permettoient pas qu'ils vous en donnassent un autre, et vous ne l'auriez pas accepté. N'en pouvant donc ôter les défauts, ils ont borné leurs soins à l'affermir tel que l'avoient laissé vos pères : ils l'ont corrigé même en divers points ; et des abus que je viens de remarquer, il n'y en a pas un qui n'existât dans la république long-temps avant que les médiateurs en eussent pris connoissance. Le seul tort qu'ils semblent vous avoir fait a été d'ôter au législateur tout exercice du pouvoir exécutif, et l'usage de la force à l'appui de la justice : mais en vous donnant une ressource aussi sûre et plus légitime, ils ont changé ce mal apparent en un vrai bienfait ; en se rendant garans de vos droits, ils vous ont dispensés de les défendre vous mêmes. Eh ! dans la misère des choses humaines, quel bien vaut la peine d'être acheté du sang de nos frères ? La liberté même est trop chère à ce prix.

Les médiateurs ont pû se tromper, ils étoient hommes ; mais ils n'ont point voulu vous tromper, ils ont voulu être justes, cela se voit, même cela se prouve ; et tout montre en effet que ce qui est équivoque ou défectueux dans leur ouvrage, vient souvent de nécessité, quelquefois d'erreur, jamais de mauvaise volonté. Ils avoient à concilier des choses presque incompatibles, les droits du peuple et les prétentions du Conseil, l'empire des lois et la puissance des hommes, l'indépendance de l'état et la *garantie du règlement*. Tout cela ne pouvoit se faire sans un peu de contradiction ; et c'est de cette contradiction que votre magistrat tire avantage, en tournant tout en sa faveur, et faisant servir la moitié de vos lois à violer l'autre.

Il est clair d'abord que le règlement lui-même n'est point une loi que les médiateurs aient voulu imposer à la république, mais seulement un accord qu'ils ont établi entre ses membres, et qu'ils n'ont par conséquent porté

vile tourbe bourdonne et triomphe ; le sage se tait et gémit tout bas.

Au reste, le Deux-Cents n'a pas toujours été dans le discrédit où il est tombé. Jadis, il jouit de la considération publique et de la confiance des citoyens : aussi lui laissoient-ils sans inquiétude exercer les droits du Conseil général, que le petit Conseil tâcha dès lors d'attirer à lui par cette voie indirecte. Nouvelle preuve de ce qui sera dit plus bas, que la bourgeoisie de Genève est peu remuante, et ne cherche guère à s'intriguer des affaires d'état.

(1) Édits civils, tit. I, art. XXXVI.

nulle atteinte à sa souveraineté. Cela est clair, dis-je, par l'article XLIV, qui laisse au Conseil général, légitimement assemblé, le droit de faire aux articles du règlement tel changement qu'il lui plaît. Ainsi les médiateurs ne mettent point leur volonté au-dessus de la sienne, ils n'interviennent qu'en cas de division. C'est le sens de l'article XV.

Mais de là résulte aussi la nullité des réserves et limitations données dans l'article III aux droits et attributions du Conseil général : car si le Conseil général décide que ces réserves et limitations ne borneront plus sa puissance, elles ne la borneront plus ; et quand tous les membres d'un état souverain règlent son pouvoir sur eux-mêmes, qui est-ce qui a droit de s'y opposer ? Les exclusions qu'on peut inférer de l'article III ne signifient donc autre chose, sinon que le Conseil général se renferme dans leurs limites jusqu'à ce qu'il trouve à propos de les passer.

C'est ici l'une des contradictions dont j'ai parlé, et l'on en démêle aisément la cause. Il étoit d'ailleurs bien difficile aux plénipotentiaires, pleins des maximes de gouvernemens tout différens, d'approfondir assez les vrais principes du vôtre. La constitution démocratique a jusqu'à présent été mal examinée. Tous ceux qui en ont parlé, ou ne la connoissoient pas, ou y prenoient trop peu d'intérêt, ou avoient intérêt de la présenter sous un faux jour. Aucun d'eux n'a suffisamment distingué le souverain du gouvernement, la puissance législative de l'exécutive. Il n'y a point d'état où ces deux pouvoirs soient si séparés, et où l'on ait tant affecté de les confondre. Les uns s'imaginent qu'une démocratie est un gouvernement où tout le peuple est magistrat et juge ; d'autres ne voient la liberté que dans le droit d'élire ses chefs, et, n'étant soumis qu'à des princes, croient que celui qui commande est toujours le souverain. La constitution démocratique est certainement le chef-d'œuvre de l'art politique : mais plus l'artifice en est admirable, moins il appartient à tous les yeux de le pénétrer. N'est-il pas vrai, monsieur, que la première précaution de n'admettre aucun Conseil général légitime que sous la convocation du petit Conseil, et la seconde précaution de n'y souffrir aucune proposition qu'avec l'approbation du petit Conseil, suffisoient seules pour maintenir le Conseil général dans la plus entière dépendance ? La troisième précaution, d'y régler la compétence des matières, étoit donc la chose du monde la plus superflue. Et quel eût été l'inconvénient de laisser au Conseil général la plénitude des droits suprêmes, puisqu'il n'en peut faire aucun usage qu'autant que le petit Conseil le lui permet ? En ne bornant pas les droits de la puissance souveraine, on ne la rendoit pas dans le fait moins dépendante, et l'on évitoit une contradiction : ce qui prouve que c'est pour n'avoir pas bien connu votre constitution qu'on a pris des précautions vaines en elles-mêmes et contradictoires dans leur objet.

On dira que ces limitations avoient seulement pour fin de marquer les cas où les Conseils inférieurs seroient obligés d'assembler le Conseil général. J'entends bien cela ; mais n'étoit-il pas plus naturel et plus simple de marquer les droits qui leur étoient attribués à eux-mêmes, et qu'ils pouvoient exercer sans le concours du Conseil général ? Les bornes étoient-elles moins fixées par ce qui est au-deçà que par ce qui est au-delà ? et lorsque les Conseils inférieurs vouloient passer ces bornes, n'est-il pas vrai qu'ils avoient besoin d'être autorisés ? Par là, je l'avoue, on mettoit plus en vue tant de pouvoirs réunis dans les mêmes mains, mais on présentoit les objets dans leur jour véritable ; on tiroit de la nature de la chose le moyen de fixer les droits respectifs des divers corps, et l'on sauvoit toute contradiction.

A la vérité, l'auteur des Lettres prétend que le petit Conseil, étant le gouvernement même, doit exercer à ce titre toute l'autorité qui n'est pas attribuée aux autres corps de l'état : mais c'est supposer la sienne antérieure aux édits ; c'est supposer que le petit Conseil, source primitive de la puissance, garde ainsi tous les droits qu'il n'a pas aliénés. Reconnoissez-vous, monsieur, dans ce principe celui de votre constitution ? Une preuve si curieuse mérite de nous arrêter un moment.

Remarquez d'abord qu'il s'agit là (¹) du pouvoir du petit Conseil, mis en opposition avec

(¹) *Lettres écrites de la campagne*, page 66.

celui des syndics, c'est-à-dire de chacun de ces deux pouvoirs séparé de l'autre. L'édit parle du pouvoir des syndics sans le Conseil, et ne parle point du pouvoir du Conseil sans les syndics. Pourquoi cela? Parce que le Conseil sans les syndics est le gouvernement. Donc le silence même des édits sur le pouvoir du Conseil, loin de prouver la nullité de ce pouvoir, en prouve l'étendue. Voilà sans doute une conclusion bien neuve. Admettons-la toutefois, pourvu que l'antécédent soit prouvé.

Si c'est parce que le petit Conseil est le gouvernement que les édits ne parlent point de son pouvoir, ils diront du moins que le petit Conseil est le gouvernement, à moins que de preuve en preuve leur silence n'établisse toujours le contraire de ce qu'ils ont dit.

Or je demande qu'on me montre dans vos édits où il est dit que le petit Conseil est le gouvernement; et en attendant je vais vous montrer, moi, où il est dit tout le contraire. Dans l'édit politique de 1568, je trouve le préambule conçu dans ces termes: *Pour ce que le gouvernement et estat de cette ville consiste par quatre syndicques, le Conseil des Vingt-Cinq, le Conseil des Soixante, des Deux-Cents, du général, et un lieutenant en la justice ordinaire, avec autres offices, selon que bonne police le requiert, tant pour l'administration du bien public que de la justice, nous avons recueilli l'ordre qui jusqu'ici a été observé... afin qu'il soit gardé à l'avenir... comme s'ensuit.*

Dès l'article premier de l'édit de 1738, je vois encore que *cinq ordres composent le gouvernement de Genève*. Or de ces cinq ordres les quatre syndics tout seuls en font un; le Conseil des Vingt-Cinq, où sont certainement compris quatre syndics, en fait un autre, et les syndics entrent encore dans les trois suivans. Le petit Conseil sans les syndics n'est donc pas le gouvernement.

J'ouvre l'édit de 1707, et j'y vois à l'article v, en propres termes, que *messieurs les syndics ont la direction et le gouvernement de l'état.* A l'instant je ferme le livre, et je dis: Certainement, selon les édits, le petit Conseil sans les syndics n'est pas le gouvernement, quoique l'auteur des Lettres affirme qu'il l'est.

On dira que moi-même j'attribue souvent dans ces Lettres le gouvernement au petit Conseil. J'en conviens; mais c'est au petit Conseil présidé par les syndics; et alors il est certain que le gouvernement provisionnel y réside dans le sens que je donne à ce mot : mais ce sens n'est pas celui de l'auteur des Lettres, puisque dans le mien le gouvernement n'a que les pouvoirs qui lui sont donnés par les lois, et que dans le sien, au contraire, le gouvernement a tous les pouvoirs que la loi ne lui ôte pas.

Reste donc dans toute sa force l'objection des représentans, que, quand l'édit parle des syndics, il parle de leur puissance, et que, quand il parle du Conseil, il ne parle que de son devoir. Je dis que cette objection reste dans toute sa force; car l'auteur des Lettres n'y répond que par une assertion démentie par tous les édits. Vous me ferez plaisir, monsieur, si je me trompe, de m'apprendre en quoi pèche mon raisonnement.

Cependant cet auteur, très-content du sien, demande comment, *si le législateur n'avoit pas considéré de cet œil le petit Conseil, on pourroit concevoir que dans aucun endroit de l'édit il n'en réglât l'autorité, qu'il la supposât partout, et qu'il ne la déterminât nulle part* (1).

J'oserai tenter d'éclaircir ce profond mystère. Le législateur ne règle point la puissance du Conseil, parce qu'il ne lui en donne aucune indépendamment des syndics; et lorsqu'il la suppose, c'est en le supposant aussi présidé par eux. Il a déterminé la leur, par conséquent il est superflu de déterminer la sienne. Les syndics ne peuvent pas tout sans le Conseil, mais le Conseil ne peut rien sans les syndics; il n'est rien sans eux, il est moins que n'étoit le Deux-Cents, même lorsqu'il fut présidé par l'auditeur Sarrazin.

Voilà, je crois, la seule manière raisonnable d'expliquer le silence des édits sur le pouvoir du Conseil; mais ce n'est pas celle qu'il convient aux magistrats d'adopter. On eût prévenu dans le règlement leurs singulières interprétations, si l'on eût pris une méthode contraire, et qu'au lieu de marquer les droits du Conseil général, on eût déterminé les leurs. Mais, pour n'avoir pas voulu dire ce que n'ont pas dit les édits, on a fait entendre ce qu'ils n'ont jamais supposé.

(1) *Lettres écrites de la campagne*, page 67.

Que de choses contraires à la liberté publique et aux droits des citoyens et bourgeois ! et combien n'en pourrois-je pas ajouter encore ! Cependant tous ces désavantages qui naissoient ou sembloient naître de votre constitution, et qu'on n'auroit pu détruire sans l'ébranler, ont été balancés et réparés avec la plus grande sagesse par des compensations qui en naissoient aussi; et telle étoit précisément l'intention des médiateurs, qui, selon leur propre déclaration, fut *de conserver à chacun ses droits, ses attributions particulières provenant de la loi fondamentale de l'état.* M. Micheli Ducret, aigri par ses malheurs contre cet ouvrage, dans lequel il fut oublié, l'accuse de renverser l'institution fondamentale du gouvernement, et de dépouiller les citoyens et bourgeois de leurs droits; sans vouloir voir combien de ces droits, tant publics que particuliers, ont été conservés ou rétablis par cet édit, dans les articles III, IV, X, XI, XII, XXII, XXX, XXXI, XXXII, XXXIV, XLII, et XLIV; sans songer surtout que la force de tous ces articles dépend d'un seul qui vous a aussi été conservé ; article essentiel, article équipondérant à tous ceux qui vous sont contraires, et si nécessaire à l'effet de ceux qui vous sont favorables, qu'ils seroient tous inutiles si l'on venoit à bout d'éluder celui-là, ainsi qu'on l'a entrepris. Nous voici parvenus au point important; mais, pour en bien sentir l'importance, il falloit peser tout ce que je viens d'exposer.

On a beau vouloir confondre l'indépendance et la liberté : ces deux choses sont si différentes, que même elles s'excluent mutuellement. Quand chacun fait ce qu'il lui plaît, on fait souvent ce qui déplaît à d'autres, et cela ne s'appelle pas un état libre. La liberté consiste moins à faire sa volonté, qu'à n'être pas soumis à celle d'autrui; elle consiste encore à ne pas soumettre la volonté d'autrui à la nôtre. Quiconque est maître ne peut être libre ; et régner, c'est obéir. Vos magistrats savent cela mieux que personne, eux qui, comme Othon, n'omettent rien de servile pour commander [1]. Je ne connois de volonté vraiment libre que celle à laquelle nul n'a droit d'opposer de la résistance; dans la liberté commune, nul n'a droit de faire ce que la liberté d'un autre lui interdit, et la vraie liberté n'est jamais destructive d'elle-même. Ainsi la liberté sans la justice est une véritable contradiction; car, comme qu'on s'y prenne, tout gêne dans l'exécution d'une volonté désordonnée.

Il n'y a donc point de liberté sans lois, ni où quelqu'un est au-dessus des lois : dans l'état même de nature, l'homme n'est libre qu'à la faveur de la loi naturelle, qui commande à tous. Un peuple libre obéit, mais il ne sert pas ; il a des chefs, et non pas des maîtres ; il obéit aux lois, mais il n'obéit qu'aux lois, et c'est par la force des lois qu'il n'obéit pas aux hommes. Toutes les barrières qu'on donne dans les républiques au pouvoir des magistrats ne sont établies que pour garantir de leurs atteintes l'enceinte sacrée des lois : ils en sont les ministres, non les arbitres; ils doivent les garder, non les enfreindre. Un peuple est libre, quelque forme qu'ait son gouvernement, quand, dans celui qui le gouverne, il ne voit point l'homme, mais l'organe de la loi. En un mot, la liberté suit toujours le sort des lois, elle règne ou périt avec elles ; je ne sache rien de plus certain.

Vous avez des lois bonnes et sages, soit en elles-mêmes, soit par cela seul que ce sont des lois. Toute condition imposée à chacun par tous ne peut être onéreuse à personne, et la pire des lois vaut encore mieux que le meilleur maître; car tout maître a des préférences, et la loi n'en a jamais.

Depuis que la constitution de votre état a pris une forme fixe et stable, vos fonctions de législateur sont finies : la sûreté de l'édifice veut qu'on trouve à présent autant d'obstacles pour y toucher, qu'il falloit d'abord de facilités pour le construire. Le droit négatif des Conseils pris en ce sens est l'appui de la républi-

[1] *En général*, dit l'auteur des Lettres, *les hommes craignent encore plus d'obéir qu'ils n'aiment à commander.* Tacite en jugeoit autrement, et connoissoit le cœur humain. Si la maxime étoit vraie, les valets des grands seroient moins insolens avec les bourgeois ; et l'on verroit moins de fainéans ramper dans la cour des princes. Il y a peu d'hommes d'un cœur assez sain pour savoir aimer la liberté. Tous veulent commander ; à ce prix, nul ne craint d'obéir. Un petit parvenu se donne cent maîtres pour acquérir dix valets. Il n'y a qu'à voir la fierté des nobles dans les monarchies ; avec quelle emphase ils prononcent ces mots de *service* et de *servir* ; combien ils s'estiment grands et respectables quand ils peuvent avoir l'honneur de dire, *le roi mon maître* ; combien ils méprisent des républicains qui ne sont que libres, et qui certainement sont plus nobles qu'eux.

que : l'article VI du règlement est clair et précis ; je me rends sur ce point aux raisonnemens de l'auteur des Lettres, je les trouve sans réplique ; et quand ce droit, si justement réclamé par vos magistrats, seroit contraire à vos intérêts, il faudroit souffrir et vous taire. Des hommes droits ne doivent jamais fermer les yeux à l'évidence, ni disputer contre la vérité.

L'ouvrage est consommé, il ne s'agit plus que de le rendre inaltérable. Or l'ouvrage du législateur ne s'altère et ne se détruit jamais que d'une manière : c'est quand les dépositaires de cet ouvrage abusent de leur dépôt, et se font obéir au nom des lois en leur désobéissant eux-mêmes [1]. Alors la pire chose naît de la meilleure, et la loi qui sert de sauvegarde à la tyrannie est plus funeste que la tyrannie elle-même. Voilà précisément ce que prévient le droit de représentation stipulé dans vos édits, et restreint mais confirmé par la médiation. Ce droit vous donne inspection, non plus sur la législation comme auparavant, mais sur l'administration ; et vos magistrats, tout-puissans au nom des lois, seuls maîtres d'en proposer au législateur de nouvelles, sont soumis à ses jugemens s'ils s'écartent de celles qui sont établies. Par cet article seul votre gouvernement, sujet d'ailleurs à plusieurs défauts considérables, devient le meilleur qui jamais ait existé : car quel meilleur gouvernement que celui dont toutes les parties se balancent dans un parfait équilibre, où les particuliers ne peuvent transgresser les lois, parce qu'ils sont soumis à des juges, et où ces juges ne peuvent pas non plus les transgresser, parce qu'ils sont surveillés par le peuple ?

Il est vrai que pour trouver quelque réalité dans cet avantage, il ne faut pas le fonder sur un vain droit. Mais qui dit un droit ne dit pas une chose vaine. Dire à celui qui a transgressé la loi qu'il a transgressé la loi, c'est prendre une peine bien ridicule ; c'est lui apprendre une chose qu'il sait aussi bien que vous.

Le droit est, selon Puffendorff, une qualité morale par laquelle il nous est dû quelque chose. La simple liberté de se plaindre n'est donc pas un droit, ou du moins c'est un droit que la nature accorde à tous, et que la loi d'aucun pays n'ôte à personne. S'avisa-t-on jamais de stipuler dans les lois que celui qui perdroit un procès auroit la liberté de se plaindre ? S'avisa-t-on jamais de punir quelqu'un pour l'avoir fait ? Où est le gouvernement, quelque absolu qu'il puisse être, où tout citoyen n'ait pas le droit de donner des mémoires au prince ou à son ministre sur ce qu'il croit utile à l'état ? et quelle risée n'exciteroit pas un édit public par lequel on accorderoit formellement aux sujets le droit de donner de pareils mémoires ? Ce n'est pourtant pas dans un état despotique, c'est dans une république, c'est dans une démocratie, qu'on donne authentiquement aux citoyens, aux membres du souverain, la permission d'user auprès de leur magistrat de ce même droit que nul despote n'ôta jamais au dernier de ses esclaves.

Quoi ! ce droit de représentation consisteroit uniquement à remettre un papier qu'on est même dispensé de lire au moyen d'une réponse sèchement négative [1] ? Ce droit, si solennellement stipulé en compensation de tant de sacrifices, se borneroit à la rare prérogative de demander et ne rien obtenir ? Oser avancer une telle proposition, c'est accuser les médiateurs d'avoir usé avec la bourgeoisie de Genève de la plus indigne supercherie ; c'est offenser la probité des plénipotentiaires, l'équité des puissances médiatrices ; c'est blesser toute bienséance, c'est outrager même le bon sens.

Mais enfin quel est ce *droit* ? jusqu'où s'étend-il ? comment *peut-il* être exercé ? Pourquoi rien de tout cela n'est-il spécifié dans l'article VII ? Voilà des questions raisonnables ; elles offrent des difficultés qui méritent examen.

La solution d'une seule nous donnera celle

[1] Jamais le peuple ne s'est rebellé contre les lois que les chefs n'aient commencé par les enfreindre en quelque chose. C'est sur ce principe certain qu'à la Chine, quand il y a quelque révolte dans une province, on commence toujours par punir le gouverneur. En Europe, les rois suivent constamment la maxime contraire : aussi voyez comment prospèrent leurs états ! La population diminue partout d'un dixième tous les trente ans ; elle ne diminue point à la Chine. Le despotisme oriental se soutient, parce qu'il est plus sévère sur les grands que sur le peuple : il tire ainsi de lui-même son propre remède. J'entends dire qu'on commence à prendre à la Porte la maxime chrétienne. Si cela est, on verra dans peu ce qu'il en résultera.

[1] Telle, par exemple, que celle que fit le Conseil, le 10 août 1763, aux représentations remises le 8 à M. le premier syndic par un grand nombre de citoyens et bourgeois.

de toutes les autres, et nous dévoilera le véritable esprit de cette institution.

Dans un état tel que le vôtre, où la souveraineté est entre les mains du peuple, le législateur existe toujours, quoiqu'il ne se montre pas toujours. Il n'est rassemblé et ne parle authentiquement que dans le Conseil général : mais hors du Conseil général il n'est pas anéanti : ses membres sont épars, mais il ne sont pas morts; ils ne peuvent parler des lois, mais ils peuvent toujours veiller sur l'administration des lois; c'est un droit, c'est même un devoir attaché à leurs personnes, et qui ne peut leur être ôté dans aucun temps. De là le droit de représentation. Ainsi la représentation d'un citoyen, d'un bourgeois, ou de plusieurs, n'est que la déclaration de leur avis sur une matière de leur compétence. Ceci est le sens clair et nécessaire de l'édit de 1707 dans l'article v, qui concerne les représentations.

Dans cet article on proscrit avec raison la voie des signatures, parce que cette voie est une manière de donner son suffrage, de voter par tête, comme si déjà l'on étoit en Conseil général, et que la forme du Conseil général ne doit être suivie que lorsqu'il est légitimement assemblé. La voie des représentations a le même avantage sans avoir le même inconvénient. Ce n'est pas voter en Conseil général, c'est opiner sur les matières qui doivent y être portées; puisqu'on ne compte pas les voix, ce n'est pas donner son suffrage, c'est seulement dire son avis. Cet avis n'est à la vérité que celui d'un particulier ou de plusieurs; mais ces particuliers étant membres du souverain, et pouvant le représenter quelquefois par leur multitude, la raison veut qu'alors on ait égard à leur avis, non comme à une décision, mais comme à une proposition qui la demande, et qui la rend quelquefois nécessaire.

Ces représentations peuvent rouler sur deux objets principaux, et la différence de ces objets décide de la diverse manière dont le Conseil doit faire droit sur ces mêmes représentations. De ces deux objets, l'un est de faire quelque changement à la loi, l'autre de réparer quelque transgression de la loi. Cette division est complète, et comprend toute la matière sur laquelle peuvent rouler les représentations. Elle est fondée sur l'édit même, qui, distinguant les termes selon ses objets, impose au procureur général de faire des *instances* ou des *remontrances*, selon que les citoyens lui ont fait des *plaintes* ou des *réquisitions* [1].

Cette distinction une fois établie, le Conseil auquel ces représentations sont adressées doit les envisager bien différemment, selon celui de ces deux objets auquel elles se rapportent. Dans les états où le gouvernement et les lois ont déjà leur assiette, on doit, autant qu'il se peut, éviter d'y toucher, et surtout dans les petites républiques, où le moindre ébranlement désunit tout. L'aversion des nouveautés est donc généralement bien fondée; elle l'est surtout pour vous qui ne pouvez qu'y perdre; et le gouvernement ne peut apporter un trop grand obstacle à leur établissement; car, quelque utiles que fussent des lois nouvelles, les avantages en sont presque toujours moins sûrs que les dangers n'en sont grands. A cet égard, quand le citoyen, quand le bourgeois a proposé son avis, il a fait son devoir; il doit au surplus avoir assez de confiance en son magistrat pour le juger capable de peser l'avantage de ce qu'il lui propose, et porté à l'approuver s'il le croit utile au bien public. La loi a donc très-sagement pourvu à ce que l'établissement et même la proposition de pareilles nouveautés ne passât pas sans l'aveu des Conseils; et voilà en quoi doit consister le droit négatif qu'ils réclament, et qui, selon moi, leur appartient incontestablement.

Mais le second objet, ayant un principe tout opposé, doit être envisagé bien différemment. Il ne s'agit pas ici d'innover; il s'agit, au contraire, d'empêcher qu'on n'innove; il s'agit, non d'établir de nouvelles lois, mais de maintenir les anciennes. Quand les choses tendent au changement par leur pente, il faut sans cesse de nouveaux soins pour les arrêter. Voilà ce que les citoyens et bourgeois, qui ont un si grand intérêt à prévenir tout changement, se propo-

[1] *Requérir* n'est pas seulement demander, mais demander en vertu d'un droit qu'on a d'obtenir. Cette acception est établie par toutes les formules judiciaires dans lesquelles ce terme de palais est employé. On dit *requérir justice*; on n'a jamais dit *requérir grâce*. Ainsi, dans les deux cas, les citoyens avoient également droit d'exiger que leurs *réquisitions* ou leurs *plaintes*, rejetées par les Conseils inférieurs, fussent portées en Conseil général. Mais, par le mot ajouté dans l'article vi de l'édit de 1738, ce droit est restreint seulement au cas de la plainte, comme il sera dit dans le texte.

sent dans les plaintes dont parle l'édit. Le législateur, existant toujours, voit l'effet ou l'abus de ses lois : il voit si elles sont suivies ou transgressées, interprétées de bonne ou de mauvaise foi ; il y veille, il y doit veiller : cela est de son droit, de son devoir, même de son serment. C'est ce devoir qu'il remplit dans les représentations, c'est ce droit alors qu'il exerce ; et il seroit contre toute raison, il seroit même indécent de vouloir étendre le droit négatif du Conseil à cet objet-là.

Cela seroit contre toute raison, quant au législateur ; parce qu'alors toute la solennité des lois seroit vaine et ridicule, et que réellement l'état n'auroit point d'autre loi que la volonté du petit Conseil, maître absolu de négliger, mépriser, violer, tourner à sa mode les règles qui lui seroient prescrites, et de prononcer *noir* où la loi diroit *blanc*, sans en répondre à personne. A quoi bon s'assembler solennellement dans le temple de Saint-Pierre, pour donner aux édits une sanction sans effet ; pour dire au petit Conseil : *Messieurs, voilà le corps de lois que nous établissons dans l'état, et dont nous vous rendrons les dépositaires, pour vous y conformer quand vous le jugerez à propos, et pour le transgresser quand il vous plaira ?*

Cela seroit contre la raison, quant aux représentations ; parce qu'alors le droit stipulé par un article exprès de l'édit de 1707, et confirmé par un article exprès de l'édit de 1738, seroit un droit illusoire et fallacieux, qui ne signifieroit que la liberté de se plaindre inutilement quand on est vexé ; liberté qui, n'ayant jamais été disputée à personne, est ridicule à établir par la loi.

Enfin cela seroit indécent en ce que, par une telle supposition, la probité des médiateurs seroit outragée, que ce seroit prendre vos magistrats pour des fourbes et vos bourgeois pour des dupes d'avoir négocié, traité, transigé avec tant d'appareil, pour mettre une des parties à l'entière discrétion de l'autre, et d'avoir compensé les concessions les plus fortes par des sûretés qui ne signifieroient rien.

Mais, disent ces messieurs, les termes de l'édit sont formels : *Il ne sera rien porté au Conseil général qu'il n'ait été traité et approuvé, d'abord dans le Conseil des Vingt-Cinq, puis dans celui des Deux-Cents.*

Premièrement, qu'est-ce que cela prouve autre chose dans la question présente, si ce n'est une marche réglée et conforme à l'ordre, et l'obligation dans les Conseils inférieurs de traiter et approuver préalablement ce qui doit être porté au Conseil général ? Les Conseils ne sont-ils pas tenus d'approuver ce qui est prescrit par la loi ? Quoi ! si les Conseils n'approuvoient pas qu'on procédât à l'élection des syndics, n'y devroit-on plus procéder ? et si les sujets qu'ils proposent sont rejetés, ne sont-ils pas contraints d'approuver qu'il en soit proposé d'autres ?

D'ailleurs, qui ne voit que ce droit d'approuver et de rejeter, pris dans son sens absolu, s'applique seulement aux propositions qui renferment des nouveautés, et non à celles qui n'ont pour objet que le maintien de ce qui est établi ? Trouvez-vous du bon sens à supposer qu'il faille une approbation nouvelle pour réparer les transgressions d'une ancienne loi ? Dans l'approbation donnée à cette loi, lorsqu'elle fut promulguée, sont contenues toutes celles qui se rapportent à son exécution. Quand les Conseils approuvèrent que cette loi seroit établie, ils approuvèrent qu'elle seroit observée, par conséquent qu'on en puniroit les transgresseurs ; et quand les bourgeois, dans leurs plaintes, se bornent à demander réparation sans punition, l'on veut qu'une telle proposition ait de nouveau besoin d'être approuvée ? Monsieur, si ce n'est pas là se moquer des gens, ditesmoi comment on peut s'en moquer.

Toute la difficulté consiste donc ici dans la seule question de fait. La loi a-t-elle été transgressée ou ne l'a-t-elle pas été ? Les citoyens et bourgeois disent qu'elle l'a été ; les magistrats le nient. Or voyez, je vous prie, si l'on peut rien concevoir de moins raisonnable en pareil cas que ce droit négatif qu'ils s'attribuent. On leur dit : Vous avez transgressé la loi ; ils répondent : Nous ne l'avons pas transgressée : et, devenus ainsi juges suprêmes dans leur propre cause, les voilà justifiés, contre l'évidence, par leur seule affirmation.

Vous me demanderez si je prétends que l'affirmation contraire soit toujours l'évidence. Je ne dis pas cela ; je dis que quand elle le seroit, vos magistrats ne s'en tiendroient pas moins, contre l'évidence, à leur prétendu droit négatif. Le cas est actuellement sous vos yeux. Et pour qui doit être ici le préjugé le plus légitime? Est-il croyable, est-il naturel que des particuliers sans pouvoir, sans autorité, viennent dire à leurs magistrats qui peuvent être demain leurs juges, *Vous avez fait une injustice*, lorsque cela n'est pas vrai? que peuvent espérer ces particuliers d'une démarche aussi folle, quand même ils seroient sûrs de l'impunité? Peuvent-ils penser que des magistrats si hautains jusque dans leurs torts, iront convenir sottement des torts mêmes qu'ils n'auroient pas? Au contraire, y a-t-il rien de plus naturel que de nier les fautes qu'on a faites? N'a-t-on pas intérêt de les soutenir? et n'est-on pas toujours tenté de le faire lorsqu'on le peut impunément et qu'on a la force en main? Quand le foible et le fort ont ensemble quelque dispute, ce qui n'arrive guère qu'au détriment du premier, le sentiment par cela seul le plus probable est toujours que c'est le plus fort qui a tort.

Les probabilités, je le sais, ne sont pas des preuves; mais dans des faits notoires comparés aux lois, lorsque nombre de citoyens affirment qu'il y a injustice, et que le magistrat accusé de cette injustice affirme qu'il n'y en a pas, qui peut être juge, si ce n'est le public instruit? et où trouver ce public instruit à Genève, si ce n'est dans le Conseil général composé des deux partis?

Il n'y a point d'état au monde où le sujet lésé par un magistrat injuste ne puisse, par quelque voie, porter sa plainte au souverain; et la crainte que cette ressource inspire est un frein qui contient beaucoup d'iniquités. En France même, où l'attachement des parlemens aux lois est extrême, la voie judiciaire est ouverte contre eux en plusieurs cas par des requêtes en cassation d'arrêt. Les Genevois sont privés d'un pareil avantage; la partie condamnée par les Conseils ne peut plus, en quelque cas que ce puisse être, avoir aucun recours au souverain. Mais ce qu'un particulier ne peut faire pour son intérêt privé, tous peuvent le faire pour l'intérêt commun : car toute transgression des lois, étant une atteinte portée à la liberté, devient une affaire publique; et quand la voix publique s'élève, la plainte doit être portée au souverain. Il n'y auroit sans cela ni parlement, ni sénat, ni tribunal sur la terre qui fût armé du funeste pouvoir qu'ose usurper votre magistrat; il n'y auroit point dans aucun état de sort aussi dur que le vôtre. Vous m'avouerez que ce seroit là une étrange liberté!

Le droit de représentation est intimement lié à votre constitution; il est le seul moyen possible d'unir la liberté à la subordination, et de maintenir le magistrat dans la dépendance des lois sans altérer son autorité sur le peuple. Si les plaintes sont clairement fondées, si les raisons sont palpables, on doit présumer le Conseil assez équitable pour y déférer. S'il ne l'étoit pas, ou que les griefs n'eussent pas ce degré d'évidence qui les met au-dessus du doute, le cas changeroit, et ce seroit alors à la volonté générale de décider; car dans votre état cette volonté est le juge suprême et l'unique souverain. Or comme, dès le commencement de la république, cette volonté avoit toujours des moyens de se faire entendre, et que ces moyens tenoient à votre constitution, il s'ensuit que l'édit de 1707, fondé d'ailleurs sur un droit immémorial, et sur l'usage constant de ce droit, n'avoit pas besoin de plus grande explication.

Les médiateurs, ayant eu pour maxime fondamentale de s'écarter des anciens édits le moins qu'il étoit possible, ont laissé cet article tel qu'il étoit auparavant, et même y ont renvoyé. Ainsi, par le règlement de la médiation, votre droit sur ce point est demeuré parfaitement le même, puisque l'article qui le pose est rappelé tout entier.

Mais les médiateurs n'ont pas vu que les changemens qu'ils étoient forcés de faire à d'autres articles les obligeoient, pour être conséquens, d'éclaircir celui-ci, et d'y ajouter de nouvelles explications que leur travail rendoit nécessaires. L'effet des représentations des particuliers négligées est de devenir enfin la voix du public, et d'obvier ainsi au déni de justice. Cette transformation étoit alors légitime, et conforme à la loi fondamentale qui par tout pays arme en dernier ressort le souverain de la force publique pour l'exécution de ses volontés.

Les médiateurs n'ont pas supposé ce déni de justice. L'événement prouve qu'ils l'ont dû supposer. Pour assurer la tranquillité publique, ils ont jugé à propos de séparer du droit la puissance, et de supprimer même les assemblées et députations pacifiques de la bourgeoisie; mais puisqu'ils lui ont d'ailleurs confirmé son droit, ils devoient lui fournir dans la forme de l'institution d'autres moyens de le faire valoir, à la place de ceux qu'ils lui ôtoient. Ils ne l'ont pas fait : leur ouvrage, à cet égard, est donc resté défectueux ; car le droit étant demeuré le même doit toujours avoir les mêmes effets.

Aussi voyez avec quel art vos magistrats se prévalent de l'oubli des médiateurs ! En quelque nombre que vous puissiez être, ils ne voient plus en vous que des particuliers; et, depuis qu'il vous a été interdit de vous montrer en corps, ils regardent ce corps comme anéanti : il ne l'est pas toutefois, puisqu'il conserve tous ses droits, tous ses priviléges, et qu'il fait toujours la principale partie de l'état et du législateur. Ils partent de cette supposition fausse pour vous faire mille difficultés chimériques sur l'autorité qui peut les obliger d'assembler le Conseil général. Il n'y a point d'autorité qui le puisse, hors celle des lois, quand ils les observent : mais l'autorité de la loi qu'ils transgressent retourne au législateur; et, n'osant nier tout-à-fait qu'en pareil cas cette autorité ne soit dans le plus grand nombre, ils rassemblent leurs objections sur les moyens de le constater. Ces moyens seront toujours faciles, sitôt qu'ils seront permis; et ils seront sans inconvénient, puisqu'il est aisé d'en prévenir les abus.

Il ne s'agissoit là ni de tumultes ni de violences : il ne s'agissoit point de ces ressources quelquefois nécessaires, mais toujours terribles, qu'on vous a très-sagement interdites; non que vous en ayez jamais abusé, puisqu'au contraire vous n'en usâtes jamais qu'à la dernière extrémité, seulement pour votre défense, et toujours avec une modération qui peut-être eût dû vous conserver le droit des armes, si quelque peuple eût pu l'avoir sans danger. Toutefois je bénirois le ciel, quoi qu'il arrive, de ce qu'on n'en verra plus l'affreux appareil au milieu de vous. *Tout est permis dans les maux extrêmes*, dit plusieurs fois l'auteur des Lettres. Cela fût-il vrai, tout ne seroit pas expédient. Quand l'excès de la tyrannie met celui qui la souffre au-dessus des lois, encore faut-il que ce qu'il tente pour la détruire lui laisse quelque espoir d'y réussir. Voudroit-on vous réduire à cette extrémité? je ne puis le croire ; et quand vous y seriez, je pense encore moins qu'aucune voie de fait pût jamais vous en tirer. Dans votre position, toute fausse démarche est fatale, tout ce qui vous induit à la faire est un piége; et, fussiez-vous un instant les maîtres, en moins de quinze jours vous seriez écrasés pour jamais. Quoi que fassent vos magistrats, quoi que dise l'auteur des Lettres, les moyens violens ne conviennent point à la cause juste : sans croire qu'on veuille vous forcer à les prendre, je crois qu'on vous les verroit prendre avec plaisir, et je crois qu'on ne doit pas vous faire envisager comme une ressource ce qui ne peut que vous ôter toutes les autres. La justice et les lois sont pour vous. Ces appuis, je le sais, sont bien foibles contre le crédit de l'intrigue; mais ils sont les seuls qui vous restent : tenez-vous-y jusqu'à la fin.

Eh ! comment approuverois-je qu'on voulût troubler la paix civile pour quelque intérêt que ce fût, moi qui lui sacrifiai le plus cher de tous les miens? Vous le savez, monsieur, j'étois désiré, sollicité; je n'avois qu'à paroître, mes droits étoient soutenus, peut-être mes affronts réparés. Ma présence eût du moins intrigué mes persécuteurs, et j'étois dans une de ces positions enviées dont quiconque aime à faire un rôle se prévaut toujours avidement. J'ai préféré l'exil perpétuel de ma patrie; j'ai renoncé à tout, même à l'espérance, plutôt que d'exposer la tranquillité publique : j'ai mérité d'être cru sincère, lorsque je parle en sa faveur.

Mais pourquoi supprimer des assemblées paisibles et purement civiles, qui ne pouvoient avoir qu'un objet légitime, puisqu'elles restoient toujours dans la subordination due au magistrat? Pourquoi, laissant à la bourgeoisie le droit de faire des représentations, ne les lui pas laisser *faire avec l'ordre et l'authenticité convenables* ? *Pourquoi lui ôter les moyens d'en délibérer* entre elle, et, pour éviter des assemblées trop nombreuses, au moins par ses députés? Peut-on rien imaginer de mieux réglé, de plus décent, de plus convenable, que les assemblées par compagnies, et la forme de traiter qu'a suivie la bourgeoisie pendant qu'elle a été la maîtresse de l'état? N'est-il pas d'une police mieux entendue de voir monter à l'Hôtel-de-Ville une trentaine de députés au nom de tous leurs concitoyens, que de voir toute une bourgeoisie y monter en foule, chacun ayant sa déclaration à faire, et nul ne pouvant parler que pour soi? Vous avez vu, monsieur, les représentans en grand nombre, forcés de se diviser par pelotons pour ne pas faire tumulte et cohue, venir séparément par bandes de trente ou quarante, et mettre dans leur démarche encore plus de bienséance et de modestie qu'il ne leur en étoit prescrit par la loi. Mais tel est l'esprit de la bourgeoisie de Genève; toujours plutôt en deçà qu'en delà de ses droits, elle est ferme quelquefois; elle n'est jamais séditieuse. Toujours la loi sans le cœur, toujours le respect du magistrat sous les yeux, dans le temps même où la plus vive indignation devoit animer sa colère, et où rien ne l'empêchoit de la contenter, elle ne s'y livra jamais. Elle fut juste étant la plus forte; même elle sut pardonner. En eût-on pu dire autant de ses oppresseurs? On sait le sort qu'ils lui firent éprouver autrefois; on sait celui qu'ils lui préparoient encore.

Tels sont les hommes vraiment dignes de la liberté, parce qu'ils n'en abusent jamais, qu'on charge pourtant de liens et d'entraves comme la plus vile populace. Tels sont les citoyens, les membres du souverain qu'on traite en sujets, et plus mal que des sujets même, puisque, dans les gouvernemens les plus absolus, on permet des assemblées de communautés qui ne sont présidées d'aucun magistrat.

Jamais, comme qu'on s'y prenne, des règlemens contradictoires ne pourront être observés à la fois. On permet, on autorise le droit de représentation; et l'on reproche aux représentans de manquer de consistance, en les empêchant d'en avoir! Cela n'est pas juste; et quand on vous met hors d'état de faire en corps vos démarches, il ne faut pas vous objecter que vous n'êtes que des particuliers. Comment ne voit-on point que si le poids des représentations dépend du nombre des représentans, quand elles sont générales, il est impossible de les faire un à un? Et quel ne seroit pas l'embarras du magistrat, s'il avoit à lire successivement les mémoires ou à écouter les discours d'un millier d'hommes, comme il y est obligé par la loi!

Voici donc la facile solution de cette grande difficulté que l'auteur des Lettres fait valoir comme insoluble [1] : que lorsque le magistrat n'aura eu nul égard aux plaintes des particuliers portées en représentations, il permette l'assemblée des compagnies bourgeoises; qu'il la permette séparément, en des lieux, en des temps différens; que celles de ces compagnies qui voudront à la pluralité des suffrages appuyer les représentations, le fassent par leurs députés; qu'alors le nombre des députés représentans se compte : leur nombre total est fixe; on verra bientôt si leurs vœux sont ou ne sont pas ceux de l'état.

Ceci ne signifie pas, prenez-y bien garde, que ces assemblées partielles puissent avoir aucune autorité, si ce n'est de faire entendre leur sentiment sur la matière des représentations. Elles n'auront, comme assemblées autorisées pour ce seul cas, nul autre droit que celui des particuliers : leur objet n'est pas de changer la loi, mais de juger si elle est suivie; ni de redresser des griefs, mais de montrer le besoin d'y pourvoir : leur avis, fût-il unanime, ne sera jamais qu'une représentation. On saura seulement par là si cette représentation mérite qu'on y défère, soit pour assembler le Conseil général, si les magistrats l'approuvent, soit pour s'en dispenser, s'ils l'aiment mieux, en faisant droit par eux-mêmes sur les justes plaintes des citoyens et bourgeois.

Cette voie est simple, naturelle, sûre; elle est sans inconvénient. Ce n'est pas même une loi nouvelle à faire, c'est seulement un article à révoquer pour ce seul cas. Cependant si elle effraie encore trop vos magistrats, il en reste une autre non moins facile, et qui n'est pas plus nouvelle; c'est de rétablir les Conseils généraux périodiques, et d'en borner l'objet aux plaintes mises en représentations durant l'intervalle écoulé de l'un à l'autre, sans qu'il soit permis d'y porter aucune autre question. Ces assemblées, qui, par une distinction très-importante [1], n'auroient pas l'autorité du souverain, mais du magistrat suprême, loin de pouvoir rien innover, ne pourroient qu'empêcher toute innovation de la part des Conseils, et remettre toutes choses dans l'ordre de la législation, dont le corps, dépositaire de la force publique, peut maintenant s'écarter sans gêne autant qu'il lui plaît. En sorte que, pour faire tomber ces assemblées d'elles-mêmes, les ma-

(1) Page 88.

(1) Voyez le *Contrat social*, liv III, chap. XVII.

gistrats n'auroient qu'à suivre exactement les lois : car la convocation d'un Conseil général seroit inutile et ridicule lorsqu'on n'auroit rien à y porter; et il y a grande apparence que c'est ainsi que se perdit l'usage des Conseils généraux périodiques au seizième siècle, comme il a été dit ci-devant.

Ce fut dans la vue que je viens d'exposer qu'on les rétablit en 1707; et cette vieille question, renouvelée aujourd'hui, fut décidée alors par le fait même des trois Conseils généraux consécutifs, au dernier desquels passa l'article concernant le droit de représentation. Ce droit n'étoit pas contesté, mais éludé : les magistrats n'osoient disconvenir que, lorsqu'ils refusoient de satisfaire aux plaintes de la bourgeoisie, la question ne dût être portée en Conseil général : mais comme il appartient à eux seuls de le convoquer, ils prétendoient sous ce prétexte pouvoir en différer la tenue à leur volonté, et comptoient lasser à force de délais la constance de la bourgeoisie. Toutefois son droit fut enfin si bien reconnu, qu'on fit, dès le 9 avril, convoquer l'assemblée générale pour le 5 mai; *afin*, dit le placard, *de lever par ce moyen les insinuations qui ont été répandues que la convocation en pourroit être éludée et renvoyée encore loin.*

Et qu'on ne dise pas que cette convocation fut forcée par quelque acte de violence ou par quelque tumulte tendant à sédition, puisque tout se traitoit alors par députations, comme le Conseil l'avoit désiré, et que jamais les citoyens et bourgeois ne furent plus paisibles dans leurs assemblées, évitant de les faire trop nombreuses et de leur donner un air imposant. Ils poussèrent même si loin la décence, et j'ose dire la dignité, que ceux d'entre eux qui portoient habituellement l'épée la posèrent toujours pour y assister [1]. Ce ne fut qu'après que tout fut fait, c'est-à-dire à la fin du troisième *Conseil* général, qu'il y eut un cri d'armes causé par la faute du Conseil, qui eut l'imprudence d'envoyer trois compagnies de la garnison, la baïonnette au bout du fusil, pour forcer deux ou trois cents citoyens encore assemblés à Saint-Pierre.

Ces Conseils périodiques, rétablis en 1707, furent révoqués cinq ans après; mais par quels moyens et dans quelles circonstances? Un court examen de cet édit de 1712 nous fera juger de sa validité.

Premièrement, le peuple, effrayé par les exécutions et proscriptions récentes, n'avoit ni liberté, ni sûreté; il ne pouvoit plus compter sur rien, après la frauduleuse amnistie qu'on employa pour le surprendre. Il croyoit à chaque instant revoir à ses portes les Suisses qui servirent d'archers à ces sanglantes exécutions. Mal revenu d'un effroi que le début de l'édit étoit très-propre à réveiller, il eût tout accordé par la seule crainte; il sentoit bien qu'on ne l'assembloit pas pour donner la loi, mais pour la recevoir.

Les motifs de cette révocation, fondés sur les dangers des Conseils généraux périodiques, sont d'une absurdité palpable à qui connoît le moins du monde l'esprit de votre constitution et celui de votre bourgeoisie. On allègue les temps de peste, de famine et de guerre, comme si la famine ou la guerre étoit un obstacle à la tenue d'un Conseil; et quant à la peste, vous m'avouerez que c'est prendre ses précautions de loin. On s'effraie de l'ennemi, des malintentionnés, des cabales; jamais on ne vit des gens si timides : l'expérience du passé devoit les rassurer. Les fréquens Conseils généraux ont été, dans les temps les plus orageux, le salut de la république, comme il sera montré ci-après; et jamais on n'y a pris que des résolutions sages et courageuses. On soutient ces assemblées contraires à la constitution, dont elles sont le plus ferme appui; on les dit contraires aux édits, et elles sont établies *par les édits; on les accuse de nouveauté*, et elles sont aussi anciennes que la législation. Il n'y a pas une ligne dans ce préambule qui ne soit une fausseté ou une extravagance : et c'est sur ce bel exposé que la révocation passe, sans programme antérieur qui ait instruit les membres de l'assemblée de la proposition qu'on leur vouloit faire, sans leur donner le loisir d'en délibérer entre eux, même d'y penser, et dans un temps où la bourgeoisie, mal instruite de l'histoire de son

[1] Ils eurent la même attention en 1734, dans leurs représentations du 4 mars, appuyées de mille ou douze cents citoyens ou bourgeois en personne, dont pas un seul n'avoit l'épée au côté. Ces soins, qui paroîtroient minutieux dans tout autre état, ne le sont pas dans une démocratie, et caractérisent peut-être mieux un peuple que des traits plus éclatans.

gouvernement, s'en laissoit aisément imposer par le magistrat !

Mais un moyen de nullité plus grave encore est la violation de l'édit dans sa partie à cet égard la plus importante, savoir la manière de déchiffrer les billets ou de compter les voix. Car dans l'article IV de l'édit de 1707, il est dit qu'on établira quatre secrétaires *ad actum* pour recueillir les suffrages, deux des Deux-Cents et deux du peuple, lesquels seront choisis sur-le-champ par M. le premier syndic, et prêteront serment dans le temple : et toutefois, dans le Conseil général de 1712, sans aucun égard à l'édit précédent, on fait recueillir les suffrages par les deux secrétaires d'état. Quelle fut donc la raison de ce changement ? et pourquoi cette manœuvre illégale dans un point si capital, comme si l'on eût voulu transgresser à plaisir la loi qui venoit d'être faite ? On commence par violer dans un article l'édit qu'on veut annuler dans un autre ! Cette marche est-elle régulière ? Si, comme porte cet édit de révocation, l'avis du Conseil fut approuvé *presque unanimement* [1], pourquoi donc la surprise et la consternation que marquoient les citoyens en sortant du Conseil, tandis qu'on voyoit un air de triomphe et de satisfaction sur les visages des magistrats [2] ? Ces différentes contenances sont-elles naturelles à gens qui viennent d'être unanimement du même avis ?

[1] Par la manière dont il m'est rapporté qu'on s'y prit, cette unanimité n'étoit pas difficile à obtenir, et il ne tint qu'à ces messieurs de la rendre complète.

Avant l'assemblée, le secrétaire d'état Mestrezat dit : *Laissez-les venir : je les tiens.* Il employa, dit-on, pour cette fin, les deux mots *approbation* et *réjection*, qui depuis sont demeurés en usage dans les billets : en sorte que, quelque parti qu'on prît, tout revenoit au même. Car, si l'on choisissoit *approbation*, l'on approuvoit l'avis des Conseils, qui rejetoit l'assemblée périodique ; et si l'on prenoit *réjection*, l'on rejetoit l'assemblée périodique. Je n'invente pas ce fait, et je ne le rapporte pas sans autorité, je prie le lecteur de le croire : mais je dois à la vérité de dire qu'il ne me vient pas de Genève, et à la justice d'ajouter que je ne le crois pas vrai : je sais seulement que l'équivoque de ces deux mots abusa bien des votans sur celui qu'ils devoient choisir pour exprimer leur intention, et j'avoue encore que je ne puis imaginer aucun motif honnête, ni aucune excuse légitime à la transgression de la loi, dans le recueillement des suffrages. Rien ne prouve mieux la terreur dont le peuple étoit saisi, que le silence avec lequel il laissa passer cette irrégularité.

[2] Ils disoient entre eux en sortant, et bien d'autres l'entendirent : *Nous venons de faire une grande journée.* Le lendemain nombre de citoyens furent se plaindre qu'on les avoit trompés, et qu'ils n'avoient point entendu rejeter les assemblées générales, mais l'avis des Conseils. On se moqua d'eux.

Ainsi donc, pour arracher cet édit de révocation, l'on usa de terreur, de surprise, vraisemblablement de fraude, et, tout au moins, on viola certainement la loi. Qu'on juge si ces caractères sont compatibles avec ceux d'une loi sacrée, comme on affecte de l'appeler.

Mais supposons que cette révocation soit légitime, et qu'on n'en ait pas enfreint les conditions [1] ; quel autre effet peut-on lui donner, que de remettre les choses sur le pied où elles étoient avant l'établissement de la loi révoquée, et par conséquent la bourgeoisie dans le droit dont elle étoit en possession ? Quand on casse une transaction, les parties ne restent-elles pas comme elles étoient avant qu'elle fût passée ?

Convenons que ces Conseils généraux périodiques n'auroient eu qu'un seul inconvénient, mais terrible : c'eût été de forcer les magistrats et tous les ordres de se contenir dans les bornes de leurs devoirs et de leurs droits. Par cela seul je sais que ces assemblées si effarouchantes ne seront jamais rétablies, non plus que celles de la bourgeoisie par compagnies ; mais aussi n'est-ce pas de cela qu'il s'agit : je n'examine point ici ce qui doit ou ne doit pas se faire, ce qu'on fera ni ce qu'on ne fera pas. Les expédiens que j'indique simplement comme possibles et faciles, comme tirés de votre constitution, n'étant plus conformes aux nouveaux édits, ne peuvent passer que du consentement des Conseils ; et mon avis n'est assurément pas qu'on les leur propose : mais, adoptant un moment la supposition de l'auteur des Lettres, je résous des objections frivoles ; je fais voir qu'il cherche dans la nature des choses des obstacles qui n'y sont point ; qu'ils ne sont tous que dans la mauvaise volonté du Conseil ; et qu'il y avoit, s'il l'eût voulu, cent moyens de lever ces prétendus obstacles, sans altérer la constitution, sans troubler l'ordre, et sans jamais exposer le repos public.

Mais, pour rentrer dans la question, tenons-nous exactement au dernier édit, et vous n'y verrez pas une seule difficulté réelle contre l'effet nécessaire du droit de représentation.

[1] Ces conditions portent qu'*aucun changement à l'édit n'aura force, qu'il n'ait été approuvé dans ce souverain Conseil.* Reste donc à savoir si les infractions de l'édit ne sont pas des changemens à l'édit.

1. Celle d'abord de fixer le nombre des représentans est vaine par l'édit même, qui ne fait aucune distinction du nombre, et ne donne pas moins de force à la représentation d'un seul qu'à celle de cent.

2. Celle de donner à des particuliers le droit de faire assembler le Conseil général est vaine encore, puisque ce droit, dangereux ou non, ne résulte pas de l'effet nécessaire des représentations. Comme il y a tous les ans deux Conseils généraux pour les élections, il n'en faut point pour cet effet assembler d'extraordinaire. Il suffit que la représentation, après avoir été examinée dans les Conseils, soit portée au plus prochain Conseil général, quand elle est de nature à l'être [1]. La séance n'en sera pas même prolongée d'une heure, comme il est manifeste à qui connoît l'ordre observé dans ces assemblées. Il faut seulement prendre la précaution que la proposition passe aux voix avant les élections : car si l'on attendoit que l'élection fût faite, les syndics ne manqueroient pas de rompre aussitôt l'assemblée, comme ils firent en 1735.

3. Celle de multiplier les Conseils généraux est levée avec la précédente; et quand elle ne le seroit pas, où seroient les dangers qu'on y trouve? c'est ce que je ne saurois voir.

On frémit en lisant l'énumération de ces dangers dans les *Lettres écrites de la campagne*, dans l'édit de 1712, dans la harangue de M. Chouet : mais vérifions. Ce dernier dit que la république ne fut tranquille que quand ces assemblées devinrent plus rares. Il y a là une petite inversion à rétablir. Il falloit dire que ces assemblées devinrent plus rares quand la république fut tranquille. Lisez, monsieur, les fastes de votre ville durant le seizième siècle. Comment secoua-t-elle le double joug qui l'écrasoit? Comment étouffa-t-elle les factions qui la déchiroient? Comment résista-t-elle à ses voisins avides, qui ne la secouroient que pour l'asservir? Comment s'établit dans son sein la liberté évangélique et politique? Comment sa constitution prit-elle de la consistance? Comment se forma le système de son gouvernement? L'histoire de ces mémorables temps est un enchaînement de prodiges. Les tyrans, les voisins, les ennemis, les amis, les sujets, les citoyens, la guerre, la peste, la famine, tout sembloit concourir à la perte de cette malheureuse ville. On conçoit à peine comment un état déjà formé eût pu échapper à tous ces périls. Non-seulement Genève en échappe, mais c'est durant ces crises terribles que se consomme le grand ouvrage de sa législation. Ce fut par ses fréquens Conseils généraux [1], ce fut par la prudence et la fermeté que ses citoyens y portèrent, qu'ils vainquirent enfin tous les obstacles, et rendirent leur ville libre et tranquille, de sujette et déchirée qu'elle étoit auparavant; ce fut après avoir tout mis en ordre au dedans, qu'ils se virent en état de faire au dehors la guerre avec gloire. Alors le Conseil souverain avoit fini ses fonctions; c'étoit au gouvernement de faire les siennes : il ne restoit plus aux Genevois qu'à défendre la liberté qu'ils venoient d'établir, et à se montrer aussi braves soldats en campagne qu'ils s'étoient montrés dignes citoyens au Conseil : c'est ce qu'ils firent. Vos annales attestent partout l'utilité des Conseils généraux; vos messieurs n'y voient que des maux effroyables. Ils font l'objection, mais l'histoire la résout.

4. Celle de s'exposer aux saillies du peuple, quand on avoisine de grandes puissances, se résout de même. Je ne sache point en ceci de meilleure réponse à des sophismes que des faits constans. Toutes les résolutions des Conseils généraux ont été dans tous les temps aussi pleines de sagesse que de courage; jamais elles ne furent insolentes ni lâches : on y a quelquefois juré de mourir pour la patrie; mais je défie qu'on m'en cite un seul, même de ceux où le peuple a le plus influé, dans lequel on ait par étourderie indisposé les puissances voisines, non plus qu'un seul où l'on ait rampé devant elles. Je ne ferois pas un pareil défi pour tous les arrêtés du petit Conseil : mais passons. Quand il s'agit de nouvelles résolutions à prendre, c'est aux Conseils inférieurs de les propo-

(1) J'ai distingué ci-devant les cas où les Conseils sont tenus de l'y porter, et ceux où ils ne le sont pas.

(1) Comme on les assembloit alors dans tous les cas *ardus*, selon les édits, et que ces cas ardus revenoient très-souvent dans ces temps orageux, le Conseil général étoit alors plus fréquemment convoqué que n'est aujourd'hui le Deux-Cents. Qu'on en juge par une seule époque. Durant les huit premiers mois de l'année 1540, il se tint dix-huit Conseils généraux; et cette année n'eut rien de plus extraordinaire que celles qui avoient précédé et que celles qui suivirent.

ser, au Conseil général de les rejeter ou de les admettre ; il ne peut rien faire de plus, on ne dispute pas de cela : cette objection porte donc à faux.

5. Celle de jeter du doute et de l'obscurité sur toutes les lois, n'est pas plus solide, parce qu'il ne s'agit pas ici d'une interprétation vague, générale, et susceptible de subtilités, mais d'une application nette et précise d'un fait à la loi. Le magistrat peut avoir ses raisons pour trouver obscure une chose claire ; mais cela n'en détruit pas la clarté. Ces messieurs dénaturent la question. Montrer par la lettre d'une loi qu'elle a été violée, n'est pas proposer des doutes sur cette loi. S'il y a dans les termes de la loi un seul sens selon lequel le fait soit justifié, le Conseil, dans sa réponse, ne manquera pas d'établir ce sens. Alors la représentation perd sa force, et si l'on y persiste, elle tombe infailliblement en Conseil général : car l'intérêt de tous est trop grand, trop présent, trop sensible, surtout dans une ville de commerce, pour que la généralité veuille jamais ébranler l'autorité, le gouvernement, la législation, en prononçant qu'une loi a été transgressée, lorsqu'il est possible qu'elle ne l'ait pas été.

C'est au législateur, c'est au rédacteur des lois à n'en pas laisser les termes équivoques. Quand ils le sont, c'est à l'équité du magistrat d'en fixer le sens dans la pratique : quand la loi a plusieurs sens, il use de son droit en préférant celui qu'il lui plaît ; mais ce droit ne va point jusqu'à changer le sens littéral des lois, et à leur en donner un qu'elles n'ont pas ; autrement il n'y auroit plus de loi. La question ainsi posée est si nette, qu'il est facile au bon sens de prononcer, et ce bon sens qui prononce se trouve alors dans le Conseil général. Loin que de là naissent des discussions interminables, c'est par là qu'au contraire on les prévient ; c'est par là qu'élevant les édits au-dessus des interprétations arbitraires et particulières que l'intérêt ou la passion peut suggérer, on est sûr qu'ils disent toujours ce qu'ils disent, et que les particuliers ne sont plus en doute, sur chaque affaire, du sens qu'il plaira au magistrat de donner à la loi. N'est-il pas clair que les difficultés dont il s'agit maintenant n'existeroient plus, si l'on eût pris d'abord ce moyen de les résoudre ?

6. Celle de soumettre les Conseils aux ordres des citoyens est ridicule. Il est certain que des représentations ne sont pas des ordres, non plus que la requête d'un homme qui demande justice n'est pas un ordre ; mais le magistrat n'en est pas moins obligé de rendre au suppliant la justice qu'il demande, et le Conseil de faire droit sur les représentations des citoyens et bourgeois. Quoique les magistrats soient les supérieurs des particuliers, cette supériorité ne les dispense pas d'accorder à leurs inférieurs ce qu'ils leur doivent ; et les termes respectueux qu'emploient ceux-ci pour le demander n'ôtent rien au droit qu'ils ont de l'obtenir. Une représentation est, si l'on veut, une ordre donné au Conseil, comme elle est un ordre donné au premier syndic, à qui on la présente, de la communiquer au Conseil ; car c'est ce qu'il est toujours obligé de faire, soit qu'il approuve la représentation, soit qu'il ne l'approuve pas.

Au reste, quand le Conseil tire avantage du mot de *représentation* qui marque infériorité, en disant une chose que personne ne dispute, il oublie cependant que ce mot employé dans le règlement n'est pas dans l'édit auquel il renvoie, mais bien celui de *remontrances*, qui présente un tout autre sens : à quoi l'on peut ajouter qu'il y a de la différence entre les remontrances qu'un corps de magistrature fait à son souverain, et celles que des membres du souverain font à un corps de magistrature. Vous direz que j'ai tort de répondre à une pareille objection ; mais elle vaut bien la plupart des autres.

7. Celle enfin d'un homme en crédit contestant le sens ou l'application d'une loi qui le condamne, et séduisant le public en sa faveur, est telle que je crois devoir m'abstenir de la qualifier. Eh ! qui donc a connu la bourgeoisie de Genève pour un peuple servile, ardent, imitateur, stupide, ennemi des lois, et si prompt à s'enflammer pour les intérêts d'autrui ? Il faut que chacun ait bien vu le sien compromis dans les affaires publiques, avant qu'il puisse se résoudre à s'en mêler.

Souvent l'injustice et la fraude trouvent des protecteurs ; jamais elles n'ont le public pour elles : c'est en ceci que la voix du peuple est la voix de Dieu ; mais malheureusement cette voix sacrée est toujours foible dans les affaires contre le cri de la puissance, et la plainte de l'innocence opprimée s'exhale en murmures méprisés par la tyrannie. Tout ce qui se fait par brigue et séduction se fait par préférence au profit de ceux qui gouvernent ; cela ne sauroit être autrement. La ruse, le préjugé, l'intérêt, la crainte, l'espoir, la vanité, les couleurs spécieuses, un air d'ordre et de subordination, tout est pour des hommes habiles constitués en autorité et versés dans l'art d'abuser le peuple. Quand il s'agit d'opposer l'adresse à l'adresse, ou le crédit au crédit, quel avantage immense n'ont pas dans une petite ville les premières familles, toujours unies pour dominer, leurs amis, leurs cliens, leurs créatures, tout cela joint à tout le pouvoir des Conseils, pour écraser des particuliers qui oseroient leur faire tête avec des sophismes pour toutes armes ! Voyez autour de vous dans cet instant même. L'appui des lois, l'équité, la vérité, l'évidence, l'intérêt commun, le soin de la sûreté particulière, tout ce qui devroit entraîner la foule suffit à peine pour protéger des citoyens respectés qui réclament contre l'iniquité la plus manifeste ; et l'on veut que, chez un peuple éclairé, l'intérêt d'un brouillon fasse plus de partisans que n'en peut faire celui de l'état ! Ou je connois mal votre bourgeoisie et vos chefs, ou si jamais il se fait une seule représentation mal fondée, ce qui n'est pas encore arrivé que je sache, l'auteur, s'il n'est méprisable, est un mot perdu.

Est-il besoin de réfuter des objections de cette espèce, quand on parle à des Genevois ? Y a-t-il dans votre ville un seul homme qui n'en sente la mauvaise foi ? et peut-on sérieusement balancer l'usage d'un droit sacré, fondamental, confirmé, nécessaire, par des inconvéniens *chimériques, que ceux mêmes qui les* objectent savent mieux que personne ne pouvoir exister ; tandis qu'au contraire ce droit enfreint ouvre la porte aux excès de la plus odieuse oligarchie, au point qu'on la voit attenter déjà sans prétexte à la liberté des citoyens, et s'arroger hautement le pouvoir de les emprisonner sans astriction ni condition, sans formalité d'aucune espèce, contre la teneur des lois les plus précises, et malgré toutes les protestations ?

L'explication qu'on ose donner à ces lois est plus insultante encore que la tyrannie qu'on exerce en leur nom. De quels raisonnemens on vous paie ! Ce n'est pas assez de vous traiter en esclaves, si l'on ne vous traite encore en enfans. Eh Dieu ! comment a-t-on pu mettre en doute des questions aussi claires, comment a-t-on pu les embrouiller à ce point ? Voyez, monsieur, si les poser n'est pas les résoudre. En finissant par là cette lettre, j'espère ne la pas allonger de beaucoup.

Un homme peut être constitué prisonnier de trois manières : l'une, à l'instance d'un autre homme, qui fait contre lui partie formelle ; la seconde, étant surpris en flagrant délit, et saisi sur-le-champ, ou, ce qui revient au même, pour crime notoire, dont le public est témoin ; et la troisième, d'office, par la simple autorité du magistrat, sur des avis secrets, sur des indices ; ou sur d'autres raisons qu'il trouve suffisantes.

Dans le premier cas, il est ordonné par les lois de Genève que l'accusateur revête les prisons, ainsi que l'accusé ; et de plus, s'il n'est pas solvable, qu'il donne caution des dépens et de l'adjugé. Ainsi l'on a de ce côté, dans l'intérêt de l'accusateur, une sûreté raisonnable que le prévenu n'est pas arrêté injustement.

Dans le second cas, la preuve est dans le fait même, et l'accusé est en quelque sorte convaincu par sa propre détention.

Mais, dans le troisième cas, on n'a ni la même sûreté que dans le premier, ni la même évidence que dans le second ; et c'est pour ce dernier cas que la loi, supposant le magistrat équitable, prend seulement des mesures pour qu'il ne soit pas surpris.

Voilà les principes sur lesquels le législateur se dirige dans ces trois cas ; en voici maintenant *l'application.*

Dans le cas de la partie formelle, on a, dès le commencement, un procès en règle qu'il faut suivre dans toutes les formes judiciaires ; c'est pourquoi l'affaire est d'abord traitée en première instance. L'emprisonnement ne peut être fait, *si, parties ouïes, il n'a été permis par justice* (1). Vous savez que ce qu'on appelle à Genève la justice est le tribunal du lieutenant et

(1) Édits civils, tit. XII, art. 1.

de ses assistans, appelés *auditeurs*. Ainsi c'est à ces magistrats et non à d'autres, pas même aux syndics, que la plainte en pareil cas doit être portée; et c'est à eux d'ordonner l'emprisonnement des deux parties, sauf alors le recours de l'une des deux aux syndics, si, selon les termes de l'édit, *elle se sentoit grevée par ce qui aura été ordonné* (¹). Les trois premiers articles du titre XII sur les matières criminelles se rapportent évidemment à ce cas-là.

Dans le cas du flagrant délit, soit pour crime, soit pour excès que la police doit punir, il est permis à toute personne d'arrêter le coupable; mais il n'y a que les magistrats chargés de quelque partie du pouvoir exécutif, tels que les syndics, le Conseil, le lieutenant, un auditeur, qui puissent l'écrouer; un conseiller ni plusieurs ne le pourroient pas; et le prisonnier doit être interrogé dans les vingt-quatre heures. Les cinq articles suivans du même édit se rapportent uniquement à ce second cas, comme il est clair, tant par l'ordre de la matière que par le nom de *criminel* donné au prévenu, puisqu'il n'y a que le seul cas du flagrant délit ou du crime notoire, où l'on puisse appeler criminel un accusé avant que son procès lui soit fait. Que si l'on s'obstine à vouloir qu'*accusé* et *criminel* soient synonymes, il faudra, par ce même langage, qu'*innocent* et *criminel* le soient aussi.

Dans le reste du titre XII il n'est plus question d'emprisonnement; et depuis l'article IX inclusivement, tout roule sur la procédure et sur la forme du jugement, dans toute espèce de procès criminel. Il n'y est point parlé des emprisonnemens faits d'office.

Mais il en est parlé dans l'édit politique sur l'office des quatre syndics. Pourquoi cela? parce que cet article tient immédiatement à la liberté civile, que le pouvoir exercé sur ce point par le magistrat est un acte de gouvernement plutôt que de magistrature, et qu'un simple tribunal de justice ne doit pas être revêtu d'un pareil pouvoir. Aussi l'édit l'accorde-t-il aux syndics seuls, non au lieutenant ni à aucun autre magistrat.

Or, pour garantir les syndics de la surprise dont j'ai parlé, l'édit leur prescrit de *mander* premièrement *ceux qu'il appartiendra d'examiner*, *d'interroger*, et enfin *de faire emprisonner, si mestier est*. Je crois que, dans un pays libre, la loi ne pouvoit pas moins faire pour mettre un frein à ce terrible pouvoir. Il faut que les citoyens aient toutes les sûretés raisonnables qu'en faisant leur devoir ils pourront coucher dans leur lit.

L'article suivant du même titre rentre, *comme il est manifeste*, dans le cas du crime notoire et du flagrant délit; de même que l'article premier du titre des matières criminelles, dans le même édit politique. Tout cela peut paroître une répétition : mais, dans l'édit civil, la matière est considérée quant à l'exercice de la justice, et dans l'édit politique, quant à la sûreté des citoyens. D'ailleurs les lois ayant été faites en différens temps, et ces lois étant l'ouvrage des hommes, on n'y doit pas chercher un ordre qui ne se démente jamais et une perfection sans défaut. Il suffit qu'en méditant sur le tout, et en comparant les articles, on y découvre l'esprit du législateur et les raisons du dispositif de son ouvrage.

Ajoutez une réflexion. Ces droits si judicieusement combinés, ces droits réclamés par les représentans en vertu des édits, vous en jouissiez sous la souveraineté des évêques, Neufchâtel en jouit sous ses princes; et à vous, républicains, on veut les ôter! Voyez les articles X, XI, et plusieurs autres des franchises de Genève, dans l'acte d'Ademarus Fabri. Ce monument n'est pas moins respectable aux Genevois que ne l'est aux Anglois la grande Chartre, encore plus ancienne; et je doute qu'on fût bien venu chez ces derniers à parler de leur Chartre avec autant de mépris que l'auteur des Lettres ose en marquer pour la vôtre.

Il prétend qu'elle a été abrogée par les constitutions de la république (¹). Mais, au contraire, je vois très-souvent dans vos édits ce mot, *comme d'ancienneté*, qui renvoie aux usages anciens, par conséquent aux droits sur

(¹) Edits civils, tit. XII, art. 2.

(¹) C'étoit par une logique toute semblable qu'en 1742 on n'eut aucun égard au traité de Soleure de 1579, soutenant qu'il étoit suranné, quoiqu'il fût déclaré perpétuel dans l'acte même, qu'il n'ait jamais été abrogé par aucun autre, et qu'il ait été rappelé plusieurs fois notamment dans l'acte de médiation.

lesquels ils étoient fondés; et comme si l'évêque eût prévu que ceux qui devoient protéger les franchises, les attaqueroient, je vois qu'il déclare dans l'acte même qu'elles seront perpétuelles, sans que le non-usage ni aucune prescription les puisse abolir. Voici, vous en conviendrez, une opposition bien singulière. Le savant syndic Chouet dit, dans son Mémoire à mylord Towsend, que le peuple de Genève entra, par la réformation, dans les droits de l'évêque, qui étoit prince temporel et spirituel de cette ville : l'auteur des Lettres nous assure au contraire que ce même peuple perdit en cette occasion les franchises que l'évêque lui avoit accordées. Auquel des deux croirons-nous?

Quoi! vous perdez, étant libres, des droits dont vous jouissiez étant sujets! Vos magistrats vous dépouillent de ceux que vous accordèrent vos princes! Si telle est la liberté que vous ont acquise vos pères, vous avez de quoi regretter le sang qu'ils versèrent pour elle. Cet acte singulier, qui vous rendant souverains vous ôta vos franchises, valoit bien, ce me semble, la peine d'être énoncé; et du moins, pour le rendre croyable, on ne pouvoit le rendre trop solennel. Où est-il donc cet acte d'abrogation? Assurément, pour se prévaloir d'une pièce aussi bizarre, le moins qu'on puisse faire est de commencer par la montrer.

De tout ceci je crois pouvoir conclure avec certitude qu'en aucun cas possible la loi dans Genève n'accorde aux syndics, ni à personne, le droit absolu d'emprisonner les particuliers sans astriction ni condition. Mais n'importe : le Conseil, en réponse aux représentations, établit ce droit sans réplique. Il n'en coûte que de vouloir, et le voilà en possession. Telle est la commodité du droit négatif.

Je me proposois de montrer dans cette lettre que le droit de représentation, intimement lié à la forme de votre constitution, n'étoit pas un droit illusoire et vain; mais qu'ayant été formellement établi par l'édit de 1707, et confirmé par celui de 1758, il devoit nécessairement avoir un effet réel; que cet effet n'avoit pas été stipulé dans l'acte de la médiation, parce qu'il ne l'étoit pas dans l'édit; et qu'il ne l'avoit pas été dans l'édit, tant parce qu'il résultoit alors par lui-même de la nature de votre constitution, que parce que le même édit en établissoit la sûreté d'une autre manière; que ce droit, et son effet nécessaire, donnant seul de la consistance à tous les autres, étoit l'unique et véritable équivalent de ceux qu'on avoit ôtés à la bourgeoisie; que cet équivalent, suffisant pour établir un solide équilibre entre toutes les parties de l'état, montroit la sagesse du règlement qui, sans cela, seroit l'ouvrage le plus inique qu'il fût possible d'imaginer; qu'enfin les difficultés qu'on élevoit contre l'exercice de ce droit étoient des difficultés frivoles, qui n'existoient que dans la mauvaise volonté de ceux qui les proposoient, et qui ne balançoient en aucune manière les dangers du droit négatif absolu. Voilà, monsieur, ce que j'ai voulu faire; c'est à vous à voir si j'ai réussi.

LETTRE IX.

Manière de raisonner de l'auteur des *Lettres écrites de la campagne*. Son vrai but dans cet écrit. Choix de ses exemples. Caractère de la bourgeoisie de Genève. Preuve par les faits. Conclusion.

J'ai cru, monsieur, qu'il valoit mieux établir directement ce que j'avois à dire, que de m'attacher à de longues réfutations. Entreprendre un examen suivi des *Lettres écrites de la campagne* seroit s'embarquer dans une mer de sophismes. Les saisir, les exposer, seroit, selon moi, les réfuter; mais ils nagent dans un tel flux de doctrine, ils en sont si fort inondés, qu'on se noie en voulant les mettre à sec.

Toutefois, en achevant mon travail, je ne puis me dispenser de jeter un coup d'œil sur celui de cet auteur. Sans analyser les subtilités politiques dont il vous leurre, je me contenterai d'en examiner les principes, et de vous montrer dans quelques exemples le vice de ses raisonnemens.

Vous en avez vu ci-devant l'inconséquence par rapport à moi : par rapport à votre république, ils sont plus captieux quelquefois, et ne sont jamais plus solides. Le seul et véritable objet de ces lettres est d'établir le prétendu droit négatif dans la plénitude que lui donnent les usurpations du Conseil. C'est à ce but que tout se rapporte, soit directement, par un enchaînement nécessaire, soit indirectement, par un tour d'adresse, en donnant le change au public sur le fond de la question.

Les imputations qui me regardent sont dans le premier cas. Le Conseil m'a jugé contre la loi : des représentations s'élèvent. Pour établir le droit négatif, il faut éconduire les représentans; pour les éconduire, il faut prouver qu'ils ont tort; pour *prouver qu'ils ont tort, il faut* soutenir que je suis coupable, mais coupable à tel point, que pour punir mon crime il a fallu déroger à la loi.

Que les hommes frémiroient au premier mal qu'ils font, s'ils voyoient qu'ils se mettent dans la triste nécessité d'en toujours faire, d'être méchans toute leur vie pour avoir pu l'être un moment, et de poursuivre jusqu'à la mort le malheureux qu'ils ont une foi persécuté !

La question de la présidence des syndics dans les tribunaux criminels se rapporte au second cas. Croyez-vous qu'au fond le Conseil s'embarrasse beaucoup que ce soient des syndics ou des conseillers qui président, depuis qu'il a fondu les droits des premiers dans tout le corps ? Les syndics, jadis choisis parmi tout le peuple ([1]), ne l'étant plus que dans le Conseil, de chefs qu'ils étoient des autres magistrats, sont demeurés leurs collègues; et vous avez pu voir clairement dans cette affaire que vos syndics, peu jaloux d'une autorité passagère, ne sont plus que des conseillers. Mais on feint de traiter cette question comme importante, pour vous distraire de celle qui l'est véritablement, pour vous laisser croire encore que vos premiers magistrats sont toujours élus par vous, et que leur puissance est toujours la même.

Laissons donc ici ces questions accessoires; que, par la manière dont l'auteur les traite, on voit qu'il ne prend guère à cœur. Bornons-nous à peser les raisons qu'il allègue en faveur du droit négatif, auquel il s'attache avec plus de soin, et par lequel seul, admis ou rejetés, vous êtes esclaves ou libres.

L'art qu'il emploie le plus adroitement pour cela est de réduire en propositions générales un système dont on verroit trop aisément le foible s'il en faisoit toujours l'application. Pour vous écarter de l'objet particulier, il flatte votre amour-propre en étendant vos vues sur de grandes questions; et tandis qu'il met ces questions hors de la portée de ceux qu'il veut séduire, il les cajole et les gagne en paroissant les traiter en homme d'état. Il éblouit ainsi le peuple *pour l'aveugler*, et change en thèses de philosophie des questions qui n'exigent que du bon sens, afin qu'on ne puisse l'en dédire, et que, ne l'entendant pas, on n'ose le désavouer.

Vouloir le suivre dans ses sophismes abstraits, seroit tomber dans la faute que je lui reproche. D'ailleurs, sur des questions ainsi traitées, on prend le parti qu'on veut sans avoir jamais tort : car il entre tant d'élémens dans ces propositions, on peut les envisager par tant de faces, qu'il y a toujours quelque côté susceptible de l'aspect qu'on veut leur donner. Quand on fait pour tout le public en général un livre de politique, on y peut philosopher à son aise : l'auteur, ne voulant qu'être lu et jugé par les hommes instruits de toutes les nations et versés dans la matière qu'il traite, abstrait et généralise sans crainte; il ne s'appesantit pas sur les détails élémentaires. Si je parlois à vous seul, je pourrois user de cette méthode; mais le sujet de ces Lettres intéresse un peuple entier, composé dans son plus grand nombre d'hommes qui ont plus de sens et de jugement que de lecture et d'étude, et qui, pour n'avoir pas le jargon scientifique, n'en sont que plus propres à saisir le vrai dans toute sa simplicité. Il faut opter en pareil cas entre l'intérêt de l'auteur et celui des lecteurs; et qui veut se rendre plus utile doit se résoudre à être moins éblouissant.

Une autre source d'erreurs et de fausses applications est d'avoir laissé les idées de ce droit négatif trop vagues, trop inexactes; ce qui sert à citer avec un air de preuve les exemples qui s'y rapportent le moins, à détourner vos concitoyens de leur objet par la pompe de ceux qu'on leur présente, à soulever leur orgueil contre leur raison, et à les consoler doucement de n'être pas plus libres que les maîtres du monde. On fouille avec érudition dans l'obscurité des siècles; on vous promène avec faste chez les peuples de l'antiquité; on vous étale

([1]) On poussoit si loin l'attention pour qu'il n'y eût dans ce choix ni exclusion ni préférence autre que celle du mérite, que, par un édit qui a été abrogé, deux syndics devoient toujours être pris dans le bas de la ville et deux dans le haut.

successivement Athènes, Sparte, Rome, Carthage; on vous jette aux yeux le sable de la Libye, pour vous empêcher de voir ce qui se passe autour de vous.

Qu'on fixe avec précision, comme j'ai tâché de faire, ce droit négatif, tel que prétend l'exercer le Conseil, et je soutiens qu'il n'y eut jamais un seul gouvernement sur la terre où le législateur, enchaîné de toutes manières par le corps exécutif, après avoir livré les lois sans réserve à sa merci, fût réduit à les lui voir expliquer, éluder, transgresser à volonté, sans pouvoir jamais apporter à cet abus d'autre opposition, d'autre droit, d'autre résistance, qu'un murmure inutile et d'impuissantes clameurs.

Voyez en effet à quel point votre anonyme est forcé de dénaturer la question, pour y rapporter moins mal à propos ses exemples.

Le droit négatif n'étant pas, dit-il page 110, *le pouvoir de faire des lois, mais d'empêcher que tout le monde indistinctement ne puisse mettre en mouvement la puissance qui fait les lois, et ne donnant pas la facilité d'innover, mais le pouvoir de s'opposer aux innovations, va directement au grand but que se propose une société politique, qui est de se conserver en conservant sa constitution.*

Voilà un droit négatif très-raisonnable; et, dans le sens exposé, ce droit est en effet une partie si essentielle de la constitution démocratique, qu'il seroit généralement impossible qu'elle se maintînt, si la puissance législative pouvoit toujours être mise en mouvement par chacun de ceux qui la composent. Vous concevez qu'il n'est pas difficile d'apporter des exemples en confirmation d'un principe aussi certain.

Mais si cette notion n'est point celle du droit négatif en question, s'il n'y a pas dans ce passage un seul mot qui ne porte à faux par l'application que l'auteur en veut faire, vous m'avouerez que les preuves de l'avantage d'un droit négatif tout différent ne sont pas fort concluantes en faveur de celui qu'il veut établir.

Le droit négatif n'est pas celui de faire des lois... Non, mais il est celui de se passer de lois. Faire de chaque acte de sa volonté une loi particulière, est bien plus commode que de suivre des lois générales, quand même on en seroit soi-même l'auteur. *Mais d'empêcher que tout le monde indistinctement ne puisse mettre en mouvement la puissance qui fait les lois.* Il falloit dire, au lieu de cela : *Mais d'empêcher que qui que ce soit ne puisse protéger les lois contre la puissance qui les subjugue.*

Qui ne donnant pas la facilité d'innover.... Pourquoi non? Qui est-ce qui peut empêcher d'innover celui qui a la force en main, et qui n'est obligé de rendre compte de sa conduite à personne? *Mais le pouvoir d'empêcher les innovations.* Disons mieux, *le pouvoir d'empêcher qu'on ne s'oppose aux innovations.*

C'est ici, monsieur, le sophisme le plus subtil, et qui revient le plus souvent dans l'écrit que j'examine. Celui qui a la puissance exécutive n'a jamais besoin d'innover par des actions d'éclat. Il n'a jamais besoin de constater cette innovation par des actes solennels. Il lui suffit, dans l'exercice continu de sa puissance, de plier peu à peu chaque chose à sa volonté, et cela ne fait jamais une sensation bien forte.

Ceux, au contraire, qui ont l'œil assez attentif et l'esprit assez pénétrant pour remarquer ce progrès et pour en prévoir la conséquence, n'ont, pour l'arrêter, qu'un de ces deux partis à prendre : ou de s'opposer d'abord à la première innovation qui n'est jamais qu'une bagatelle, et alors on les traite de gens inquiets, brouillons, pointilleux, toujours prêts à chercher querelle; ou bien de s'élever enfin contre un abus qui se renforce, et alors on crie à l'innovation. Je défie que, quoi que vos magistrats entreprennent, vous puissiez, en vous y opposant, éviter à la fois ces deux reproches. Mais à choix, préférez le premier. Chaque fois que le Conseil altère quelque usage, il a son but que personne ne voit, et qu'il se garde bien de montrer. Dans le doute, arrêtez toujours toute nouveauté, petite ou grande. Si les syndics étoient dans l'usage d'entrer au Conseil du pied droit, et qu'ils y voulussent entrer du pied gauche, je dis qu'il faudroit les en empêcher.

Nous avons ici la preuve bien sensible de la facilité de conclure le pour et le contre par la méthode que suit notre auteur. Car appliquez au droit de représentation des citoyens ce qu'il applique au droit négatif des Conseils, et vous trouverez que sa proposition générale convient encore mieux à votre application qu'à la sienne. *Le droit de représentation*, direz-vous, *n'étant pas le droit de faire des lois, mais d'empêcher que la puissance qui doit les administrer ne les transgresse, et ne donnant pas le pouvoir d'innover, mais de s'opposer aux nouveautés, va directement au grand but que se propose une société politique, celui de se conserver en conservant sa constitution.* N'est-ce pas exactement là ce que les représentans avoient à dire? et ne semble-t-il pas que l'auteur ait raisonné pour eux? Il ne faut point que les mots nous donnent le change sur les idées. Le prétendu droit négatif du Conseil est réellement un droit positif, et le plus positif même que l'on puisse imaginer, puisqu'il rend le petit Conseil seul maître direct et absolu de l'état et de toutes les lois; et le droit de représentation, pris dans son vrai sens, n'est lui-même qu'un droit négatif. Il consiste uniquement à empêcher la puissance exécutive de rien exécuter contre les lois.

Suivons les aveux de l'auteur sur les propositions qu'il présente; avec trois mots ajoutés, il aura posé le mieux du monde votre état présent.

Comme il n'y auroit point de liberté dans un état où le corps chargé de l'exécution des lois auroit droit de les faire parler à sa fantaisie, puisqu'il pourroit faire exécuter comme des lois ses volontés les plus tyranniques....

Voilà, je pense, un tableau d'après nature; vous allez voir un tableau de fantaisie mis en opposition.

Il n'y auroit point aussi de gouvernement dans un état où le peuple exerceroit sans règle la puissance législative. D'accord, mais qui est-ce qui a proposé que le peuple exerçât sans règle la puissance législative?

Après avoir ainsi posé un autre droit négatif que celui dont il s'agit, l'auteur s'inquiète beaucoup pour savoir où l'on doit placer ce droit négatif dont il ne s'agit point, et il établit là-dessus un principe qu'assurément je ne contesterai pas. C'est que, *si cette force négative peut sans inconvénient résider dans le gouvernement, il sera de la nature et du bien de la chose qu'on l'y place.* Puis viennent les exemples, que je ne m'attacherai pas à suivre, parce qu'ils sont trop éloignés de nous, et de tout point étrangers à la question.

Celui seul de l'Angleterre, qui est sous nos yeux, et qu'il cite avec raison comme un modèle de la juste balance des pouvoirs respectifs, mérite un moment d'examen; et je ne me permets ici qu'après lui la comparaison du petit au grand.

Malgré la puissance royale, qui est très-grande, la nation n'a pas craint de donner encore au roi la voix négative. Mais comme il ne peut se passer long-temps de la puissance législative, et qu'il n'y auroit pas de sûreté pour lui à l'irriter, cette force négative n'est dans le fait qu'un moyen d'arrêter les entreprises de la puissance législative; et le prince, tranquille dans la possession du pouvoir étendu que la constitution lui assure, sera intéressé à la protéger (page 117).

Sur ce raisonnement et sur l'application qu'on en veut faire, vous croiriez que le pouvoir exécutif du roi d'Angleterre est plus grand que celui du Conseil à Genève, que le droit négatif qu'a ce prince est semblable à celui qu'usurpent vos magistrats, que votre gouvernement ne peut pas plus se passer que celui d'Angleterre de la puissance législative, et qu'enfin l'un et l'autre ont le même intérêt de protéger la constitution. Si l'auteur n'a pas voulu dire cela, qu'a-t-il donc voulu dire, et que fait cet exemple à son sujet?

C'est pourtant tout le contraire à tous égards. Le roi d'Angleterre, revêtu par les lois d'une si grande puissance pour les protéger, n'en a point pour les enfreindre : personne, en pareil cas, ne lui voudroit obéir, chacun craindroit pour sa tête; les ministres eux-mêmes la peuvent perdre s'ils irritent le parlement : on y examine sa propre conduite. Tout Anglois, à l'abri des lois, peut braver la puissance royale; le dernier du peuple peut exiger et obtenir la réparation la plus authentique s'il est le moins du monde offensé : supposé que le prince osât enfreindre la loi dans la moindre chose, l'infraction seroit à l'instant relevée; il est sans droit, et seroit sans pouvoir pour la soutenir.

Chez vous la puissance du petit Conseil est absolue à tous égards; il est le ministre et le prince, la partie et le juge tout à la fois : il ordonne, et il exécute; il cite, il saisit, il emprisonne, il juge, il punit lui-même, il a la force en main pour tout faire; tous ceux qu'il emploie sont irrecherchables; il ne rend compte de sa conduite ni de la leur à personne; il n'a rien à craindre du législateur, auquel il a seul droit d'ouvrir la bouche, et devant lequel il n'ira pas s'accuser. Il n'est jamais contraint de réparer ses injustices; et tout ce que peut espérer de plus heureux l'innocent qu'il opprime, c'est d'échapper enfin sain et sauf, mais sans satisfaction ni dédommagement.

Jugez de cette différence par les faits les plus récens. On imprime à Londres un ouvrage violemment satirique contre les ministres, le gouvernement, le roi même. Les imprimeurs sont arrêtés : la loi n'autorise pas cet arrêt : un murmure public s'élève, il faut les relâcher. L'affaire ne finit pas là ; les ouvriers prennent à leur tour le magistrat à partie ; et ils obtiennent d'immenses dommages et intérêts. Qu'on mette en parallèle avec cette affaire celle du sieur Bardin, libraire à Genève ; j'en parlerai ci-après. Autre cas: il se fait un vol dans la ville ; sans indice et sur des soupçons en l'air, un citoyen est emprisonné contre les lois ; sa maison est fouillée, on ne lui épargne aucun des affronts faits pour les malfaiteurs. Enfin son innocence est reconnue, il est relâché ; il se plaint, on le laisse dire, et tout est fini.

Supposons qu'à Londres j'eusse eu le malheur de déplaire à la cour ; que, sans justice et sans raisons, elle eût saisi le prétexte d'un de mes livres pour le faire brûler et me décréter : j'aurois présenté requête au parlement, comme ayant été jugé contre les lois ; je l'aurois prouvé, j'aurois obtenu la satisfaction la plus authentique, et le juge eût été puni, peut-être cassé.

Transportons maintenant M. Wilkes (*) à Genève, disant, écrivant, imprimant, publiant contre le petit Conseil le quart de ce qu'il a dit, écrit, imprimé, publié hautement à Londres contre le gouvernement, la cour, le prince. Je n'affirmerai pas absolument qu'on l'eût fait mourir, quoique je le pense ; mais sûrement il eût été saisi dans l'instant même, et dans peu très-grièvement puni ([1]).

On dira que M. Wilkes étoit membre du corps législatif dans son pays ; et moi, ne l'étois-je pas aussi dans le mien ? Il est vrai que l'auteur des Lettres veut qu'on n'ait aucun égard à la qualité de citoyen. *Les règles*, dit-il, *de la procédure sont et doivent être égales pour tous les hommes : elles ne dérivent pas du droit de la cité ; elles émanent du droit de l'humanité* (page 54).

Heureusement pour vous le fait n'est pas vrai ([2]) ; et quant à la maxime, c'est sous des mots très-honnêtes cacher un sophisme bien cruel. L'intérêt du magistrat, qui, dans votre état, le rend souvent partie contre le citoyen, jamais contre l'étranger, exige, dans le premier cas, que la loi prenne des précautions beaucoup plus grandes pour que l'accusé ne soit pas condamné injustement. Cette distinction n'est que trop bien confirmée par les faits. Il n'y a peut-être pas, depuis l'établissement de la république, un seul exemple d'un jugement injuste contre un étranger : et qui comptera dans

(*) Jean Wilkes, l'un des aldermen de Londres, élu membre de la Chambre des Communes en 1761, s'y montra l'adversaire le plus redoutable du ministère et de l'autorité royale, et à ce titre fut long-temps l'idole du peuple anglois, qui lui donna des marques d'affection poussée même jusqu'au délire. Wilkes, ayant publié un écrit des plus virulens contre les ministres et contre le roi lui-même, fut mis à la Tour par ordre du gouvernement. Cette incarcération fit naître un procès, aux débats duquel toute la nation prit l'intérêt le plus vif, et dont le résultat fut non-seulement l'entier acquittement et la mise en liberte de Wilkes, mais la prise à partie des magistrats, contre lesquels il obtint une indemnité de quatre mille livres sterling. Comme d'ailleurs il avoit plus de jactance et d'audace que de talent réel, et que sa conduite privée ne le rendoit rien moins que digne d'estime, son extrême popularité ne lui procura aucun des avantages que sans doute il se promettoit, et sur la fin de sa carrière législative, également méprisé des deux partis, il retomba dans l'obscurité dont il ne sortit plus jusqu'à sa mort, arrivée en 1797. G. P.

([1]) La loi mettant M. Wilkes à couvert de ce côté, il a fallu, pour l'inquiéter, prendre un autre tour ; et c'est encore la religion qu'on a fait intervenir dans cette affaire (*).

([2]) Le droit de recours à la grâce n'appartenoit par l'édit qu'aux citoyens et bourgeois ; mais par leurs bons offices ce droit et d'autres furent communiqués aux natifs et habitans, qui, ayant fait cause commune avec eux, avoient besoin des mêmes précautions pour leur sûreté ; les étrangers en sont demeurés exclus. L'on sent aussi que le choix de quatre parens ou amis pour assister le prévenu dans un procès criminel n'est pas fort utile à ces derniers ; il ne l'est qu'à ceux que le magistrat peut avoir intérêt de perdre, et à qui la loi donne leur ennemi naturel pour juge. Il est étonnant même qu'après tant d'exemples effrayans les citoyens et bourgeois n'aient pas pris plus de mesures pour la sûreté de leurs personnes, et que toute la matière criminelle reste, sans édits et sans lois, presque abandonnée à la discrétion du Conseil. Un service pour lequel seul les Genevois et tous les hommes justes doivent bénir à jamais les médiateurs, est l'abolition de la question préparatoire. J'ai toujours sur les lèvres un rire amer quand je vois tant de beaux livres, où les Européens s'admirent et se font compliment sur leur humanité, sortir des mêmes pays où l'on s'amuse à disloquer et briser les membres des hommes, en attendant qu'on sache s'ils sont coupables ou non. Je définis la torture un moyen presque infaillible employé par le fort pour charger le foible des crimes dont il le veut punir.

(*) Wilkes avoit composé et fait imprimer, sous le titre d'*Essai sur la femme*, un poëme obscène dans lequel il faisoit figurer l'évêque Warburton. G. P.

vos annales combien il y en a d'injustes et même d'atroces contre des citoyens? Du reste, il est très-vrai que les précautions qu'il importe de prendre pour la sûreté de ceux-ci peuvent sans inconvénient s'étendre à tous les prévenus, parce qu'elles n'ont pas pour but de sauver le coupable, mais de garantir l'innocent. C'est pour cela qu'il n'est fait aucune exception dans l'article XXX du règlement, qu'on voit assez n'être utile qu'aux Genevois. Revenons à la comparaison du droit négatif dans les deux états.

Celui du roi d'Angleterre consiste en deux choses : à pouvoir seul convoquer et dissoudre le corps législatif, et à pouvoir rejeter les lois qu'on lui propose : mais il ne consista jamais à empêcher la puissance législative de connoître des infractions qu'il peut faire à la loi.

D'ailleurs cette force négative est bien tempérée : premièrement par la loi triennale ([1]) qui l'oblige de convoquer un nouveau parlement au bout d'un certain temps; de plus, par sa propre nécessité, qui l'oblige à le laisser presque toujours assemblé ([2]); enfin, par le droit négatif de la chambre des communes, qui en a, vis-à-vis de lui-même, un non moins puissant que le sien.

Elle est tempérée encore par la pleine autorité que chacune des deux chambres une fois assemblée a sur elle-même, soit pour proposer, traiter, discuter, examiner les lois et toutes les matières du gouvernement, soit par la partie de la puissance exécutive qu'elles exercent, et conjointement, et séparément, tant dans la chambre des communes, qui connoît des griefs publics et des atteintes portées aux lois, que dans la chambre des pairs, juges suprêmes dans les matières criminelles, et surtout dans celles qui ont rapport aux crimes d'état.

Voilà, monsieur, quel est le droit négatif du roi d'Angleterre. Si vos magistrats n'en réclament qu'un pareil, je vous conseille de ne le leur pas contester. Mais je ne vois point quel besoin, dans votre situation présente, ils peuvent jamais avoir de la puissance législative, ni ce qui peut les contraindre à la convoquer pour agir réellement dans quelque cas que ce puisse être, puisque de nouvelles lois ne sont jamais nécessaires à gens qui sont au-dessus des lois; qu'un gouvernement qui subsiste avec ses finances, et n'a point de guerre, n'a nul besoin de nouveaux impôts; et qu'en revêtant le corps entier du pouvoir des chefs qu'on en tire, on rend le choix de ces chefs presque indifférent.

Je ne vois pas même en quoi pourroit les contenir le législateur, qui, quand il existe, n'existe qu'un instant, et ne peut jamais décider que l'unique point sur lequel ils l'interrogent.

Il est vrai que le roi d'Angleterre peut faire la guerre et la paix; mais outre que cette puissance est plus apparente que réelle, du moins quant à la guerre, j'ai déjà fait voir ci-devant (page 74) et dans le *Contrat social*, que ce n'est pas de cela qu'il s'agit pour vous, et qu'il faut renoncer aux droits honorifiques quand on veut jouir de la liberté. J'avoue encore que ce prince peut donner et ôter les places au gré de ses vues, et corrompre en détail le législateur. C'est précisément ce qui met tout l'avantage du côté du Conseil, à qui de pareils moyens sont peu nécessaires, et qui vous enchaîne à moindres frais. La corruption est un abus de la liberté; mais elle est une preuve que la liberté existe, et l'on n'a pas besoin de corrompre les gens que l'on tient en son pouvoir. Quant aux places, sans parler de celles dont le Conseil dispose, ou par lui-même, ou par le Deux-Cents, il fait mieux pour les plus importantes : il les remplit de ses propres membres, ce qui lui est plus avantageux encore; car on est toujours plus sûr de ce qu'on fait par ses mains que de ce qu'on fait par celles d'autrui. L'histoire d'Angleterre est pleine de preuves de la résistance qu'ont faite les officiers royaux à leurs princes, quand ils ont voulu transgresser les lois. Voyez si vous trouverez chez vous bien des traits d'une résistance pareille faite au Conseil par les officiers de l'état, même dans les cas les plus odieux. Quiconque à Genève est aux gages de la république, cesse à l'instant même d'être citoyen; il n'est plus que l'esclave et le satellite des Vingt-Cinq, prêt à fouler aux pieds la patrie et les lois sitôt qu'ils l'ordonnent. Enfin la loi, qui ne laisse en Angleterre aucune puissance

([1]) Devenue septennale par une faute dont les Anglois ne sont pas à se repentir.

([2]) Le parlement, n'accordant les subsides que pour une année, force ainsi le roi de les lui redemander tous les ans.

au roi pour mal faire, lui en donne une très-grande pour faire le bien : il ne paroît pas que ce soit de ce côté que le Conseil est jaloux d'étendre la sienne.

Les rois d'Angleterre, assurés de leurs avantages, sont intéressés à protéger la constitution présente, parce qu'ils ont peu d'espoir de la changer : vos magistrats, au contraire, sûrs de se servir des formes de la vôtre pour en changer tout-à-fait le fond, sont intéressés à conserver ses formes comme l'instrument de leurs usurpations. Le dernier pas dangereux qu'il leur reste à faire est celui qu'ils font aujourd'hui. Ce pas fait, ils pourront se dire encore plus intéressés que le roi d'Angleterre à conserver la constitution établie, mais par un motif bien différent. Voilà toute la parité que je trouve entre l'état politique de l'Angleterre et le vôtre : je vous laisse à juger dans lequel est la liberté.

Après cette comparaison, l'auteur, qui se plaît à vous présenter de grands exemples, vous offre celui de l'ancienne Rome. Il lui reproche avec dédain ses tribuns brouillons et séditieux : il déplore amèrement, sous cette orageuse administration, le triste sort de cette malheureuse ville, qui pourtant, n'étant rien encore à l'érection de cette magistrature, eut sous elle cinq cents ans de gloire et de prospérités, et devint la capitale du monde. Elle finit enfin parce qu'il faut que tout finisse ; elle finit par les usurpations de ses grands, de ses consuls, de ses généraux, qui l'envahirent : elle périt par l'excès de sa puissance ; mais elle ne l'avoit acquise que par la bonté de son gouvernement. On peut dire en ce sens que ses tribuns la détruisirent (1).

Au reste, je n'excuse pas les fautes du peuple romain ; je les ai dites dans le *Contrat social* : je l'ai blâmé d'avoir usurpé la puissance exécutive, qu'il devoit seulement contenir (1) ; j'ai montré sur quels principes le tribunat devoit être institué, les bornes qu'on devoit lui donner, et comment tout cela se pouvoit faire. Ces règles furent mal suivies à Rome ; elles auroient pu l'être mieux. Toutefois voyez ce que fit le tribunat avec ses abus : que n'eût-il point fait bien dirigé ? Je vois peu ce que veut ici l'auteur des Lettres : pour conclure contre lui-même, j'aurois pris le même exemple qu'il a choisi.

Mais n'allons pas chercher si loin ces illustres exemples, si fastueux par eux-mêmes et si trompeurs par leur application. Ne laissez point forger vos chaînes par l'amour-propre. Trop petits pour vous comparer à rien, restez vous-mêmes, et ne vous aveuglez point sur votre position. Les anciens peuples ne sont plus un modèle pour les modernes ; ils leur sont trop étrangers à tous égards. Vous surtout, Genevois, gardez votre place, et n'allez point aux objets élevés qu'on vous présente pour vous cacher l'abîme qu'on creuse au-devant de vous. Vous n'êtes ni Romains, ni Spartiates, vous n'êtes pas même Athéniens. Laissez là ces grands noms qui ne vous vont point. Vous êtes des marchands, des artisans, des bourgeois, toujours occupés de leurs intérêts privés, de leur travail, de leur trafic, de leur gain ; des gens pour qui la liberté même n'est qu'un moyen d'acquérir sans obstacle et de posséder en sûreté.

Cette situation demande pour vous des maximes particulières. N'étant pas oisifs comme étoient les anciens peuples, vous ne pouvez, comme eux, vous occuper sans cesse du gouvernement : mais par cela même que vous pou-

(1) Les tribuns ne sortoient point de la ville ; ils n'avoient aucune autorité hors de ses murs : aussi les consuls, pour se soustraire à leur inspection, tenoient-ils quelquefois les comices dans la campagne. Or les fers des Romains ne furent point forgés dans Rome, mais dans ses armées, et ce fut par leurs conquêtes qu'ils perdirent leur liberté. Cette perte ne vint donc pas des tribuns.

Il est vrai que César se servit d'eux comme Sylla s'étoit servi du sénat ; chacun prenoit les moyens qu'il jugeoit les plus prompts ou les plus sûrs pour parvenir : mais il falloit bien que quelqu'un parvînt ; et qu'importoit qui de Marius ou de Sylla, de César ou de Pompée, d'Octave ou d'Antoine, fût l'usurpateur ? Quelque parti qui l'emportât, l'usurpation n'en étoit pas moins inévitable ; il falloit des chefs aux armées éloignées, et il étoit sûr qu'un de ces chefs deviendroit le maître de l'état. Le tribunat ne faisoit pas à cela la moindre chose.

Au reste, cette même sortie que fait ici l'auteur des *Lettres écrites de la campagne* sur les tribuns du peuple, avoit été déjà faite, en 1715, par M. de Chapeaurouge, conseiller d'état, dans un Mémoire contre l'office de procureur-général. M. Louis Le Fort, qui remplissoit alors cette charge avec éclat, lui fit voir, dans une très-belle lettre en réponse à ce Mémoire, que le crédit et l'autorité des tribuns avoient été le salut de la république, et que sa destruction n'étoit point venue d'eux, mais des consuls. Sûrement le procureur-général Le Fort ne prévoyoit guère par qui seroit renouvelé de nos jours le sentiment qu'il réfutoit si bien.

(1) Voyez le *Contrat social*, livre IV, chap. v. Je crois qu'on trouvera dans ce chapitre, qui est fort court, quelques bonnes maximes sur cette matière.

vez moins y veiller de suite, il doit être institué de manière qu'il vous soit plus aisé d'en voir les manœuvres et de pourvoir aux abus. Tout soin public que votre intérêt exige doit vous être rendu d'autant plus facile à remplir, que c'est un soin qui vous coûte et que vous ne prenez pas volontiers. Car vouloir vous en décharger tout-à-fait, c'est vouloir cesser d'être libres. Il faut opter, dit le philosophe bienfaisant; et ceux qui ne peuvent supporter le travail n'ont qu'à chercher le repos dans la servitude.

Un peuple inquiet, désœuvré, remuant, et, faute d'affaires particulières, toujours prêt à se mêler de celles de l'état, a besoin d'être contenu, je le sais; mais, encore un coup, la bourgeoisie de Genève est-elle ce peuple-là? Rien n'y ressemble moins; elle en est l'antipode. Vos citoyens, tout absorbés dans leurs occupations domestiques, et toujours froids sur le reste, ne songent à l'intérêt public que quand le leur propre est attaqué. Trop peu soigneux d'éclairer la conduite de leurs chefs, ils ne voient les fers qu'on leur prépare que quand ils en sentent le poids. Toujours distraits, toujours trompés, toujours fixés sur d'autres objets, ils se laissent donner le change sur le plus important de tous, et vont toujours cherchant le remède, faute d'avoir su prévenir le mal. A force de compasser leurs démarches, ils ne les font jamais qu'après coup. Leurs lenteurs les auroient déjà perdus cent fois, si l'impatience du magistrat ne les eût sauvés, et si, pressé d'exercer ce pouvoir suprême auquel il aspire, il ne les eût lui-même avertis du danger.

Suivez l'historique de votre gouvernement: vous verrez toujours le Conseil, ardent dans ses entreprises, les manquer le plus souvent par trop d'empressement à les accomplir; et vous verrez toujours la bourgeoisie revenir enfin sur ce qu'elle a laissé faire sans y mettre opposition.

En 1570, l'état étoit obéré de dettes et affligé de plusieurs fléaux. Comme il étoit malaisé, dans la circonstance, d'assembler souvent le Conseil général, on y propose d'autoriser les Conseils de pourvoir aux besoins présens: la proposition passe. Ils partent de là pour s'arroger le droit perpétuel d'établir des impôts, et pendant plus d'un siècle on les laisse faire sans la moindre opposition.

En 1714, on fait, par des vues secrètes ([1]), l'entreprise immense et ridicule des fortifications, sans daigner consulter le Conseil général, et contre la teneur des édits. En conséquence de ce beau projet, on établit pour dix ans des impôts sur lesquels on ne consulte pas davantage. Il s'élève quelques plaintes; on les dédaigne, et tout se tait.

En 1725, le terme des impôts expire; il s'agit de les prolonger. C'étoit pour la bourgeoisie le moment tardif, mais nécessaire, de revendiquer son droit négligé si long-temps. Mais la peste de Marseille et la banque royale ayant dérangé le commerce, chacun, occupé des dangers de sa fortune, oublie ceux de sa liberté. Le Conseil, qui n'oublie pas ses vues, renouvelle en Deux-Cents les impôts, sans qu'il soit question du Conseil général.

A l'expiration du second terme les citoyens se réveillent, et, après cent soixante ans d'indolence, ils réclament enfin tout de bon leur droit. Alors, au lieu de céder ou temporiser, on trame une conspiration ([2]). Le complot se découvre; les bourgeois sont forcés de prendre les armes, et par cette violente entreprise le Conseil perd en un moment un siècle d'usurpation.

A peine tout semble pacifié, que, ne pouvant endurer cette espèce de défaite, on forme un nouveau complot. Il faut derechef recourir aux armes: les puissances voisines interviennent, et les droits mutuels sont enfin réglés.

En 1650, les Conseils inférieurs introduisent

([1]) Il en a été parlé ci devant, page 7[illegible].

([2]) Il s'agissoit de former, par une enceinte barricadée, une espèce de citadelle autour de l'élévation sur laquelle est l'Hôtel-de-Ville, pour asservir de là tout le peuple. Les bois déjà préparés pour cette enceinte, un plan de disposition pour la garnir, les ordres donnés en conséquence aux capitaines de la garnison, des transports de munitions et d'armes de l'arsenal à l'Hôtel-de-Ville, le tamponnement de vingt-deux pièces de canon dans un boulevard éloigné, le transmarchement clandestin de plusieurs autres, en un mot tous les apprêts de la plus violente entreprise faits sans l'aveu des Conseils par le syndic de la garde et d'autres magistrats, ne purent suffire, quand tout cela fut découvert, pour obtenir qu'on fît le procès aux coupables, ni même qu'on improuvât nettement leur projet. Cependant la bourgeoisie, alors maîtresse de la place, les laissa paisiblement sortir sans troubler leur retraite, sans leur faire la moindre insulte, sans entrer dans leurs maisons, sans inquiéter leurs familles, sans toucher à rien qui leur appartînt. En tout autre pays le peuple eût commencé par massacrer ces conspirateurs et mettre leurs maisons au pillage.

dans leurs corps une manière de recueillir les suffrages, meilleure que celle qui est établie, mais qui n'est pas conforme aux édits. On continue en Conseil général de suivre l'ancienne, où se glissent bien des abus; et cela dure cinquante ans et davantage, avant que les citoyens songent à se plaindre de la contravention ou à demander l'introduction d'un pareil usage dans le Conseil dont ils sont membres. Ils la demandent enfin; et ce qu'il y a d'incroyable est qu'on leur oppose tranquillement ce même édit qu'on viole depuis un demi-siècle.

En 1707, un citoyen (*) est jugé clandestinement contre les lois, condamné, arquebusé dans la prison; un autre est pendu sur la déposition d'un seul faux témoin connu pour tel; un autre est trouvé mort. Tout cela passe, et il n'en est plus parlé qu'en 1754, que quelqu'un s'avise de demander au magistrat des nouvelles du citoyen arquebusé trente ans auparavant.

En 1736, on érige des tribunaux criminels sans syndics. Au milieu des troubles qui régnoient alors, les citoyens, occupés de tant d'autres affaires, ne peuvent songer à tout. En 1758, on répète la même manœuvre; celui qu'elle regarde veut se plaindre; on le fait taire, et tout se tait. En 1762, on la renouvelle encore (¹). Les citoyens se plaignent enfin l'année suivante. Le Conseil répond : Vous venez trop tard; l'usage est établi.

En juin 1762, un citoyen, que le Conseil avoit pris en haine, est flétri dans ses livres, et personnellement décrété contre l'édit le plus formel. Ses parens, étonnés, demandent, par requête, communication du décret : elle leur est refusée, et tout se tait. Au bout d'un an d'attente, le citoyen flétri, voyant que nul ne proteste, renonce à son droit de cité. La bourgeoisie ouvre enfin les yeux, et réclame contre la violation de la loi : il n'était plus temps.

Un fait plus mémorable par son espèce, quoiqu'il ne s'agisse que d'une bagatelle, est celui du sieur Bardin. Un libraire commet à son correspondant des exemplaires d'un livre nouveau; avant que les exemplaires arrivent, le livre est défendu. Le libraire va déclarer au magistrat sa commission, et demander ce qu'il doit faire. On lui ordonne d'avertir quand les exemplaires arriveront : ils arrivent; il les déclare; on les saisit : il attend qu'on les lui rende ou qu'on les lui paie; on ne fait ni l'un ni l'autre : il les redemande, on les garde : il présente requête pour qu'ils soient renvoyés, rendus, ou payés; on refuse tout. Il perd ses livres; et ce sont des hommes publics, chargés de punir le vol, qui les ont gardés!

Qu'on pèse bien toutes les circonstances de ce fait, et je doute qu'on trouve aucun autre exemple semblable dans aucun parlement, dans aucun sénat, dans aucun conseil, dans aucun divan, dans quelque tribunal que ce puisse être. Si l'on voulait attaquer le droit de propriété sans raison, sans prétexte, et jusque dans sa racine, il serait impossible de s'y prendre plus ouvertement. Cependant l'affaire passe, tout le monde se tait, et, sans des griefs plus graves, il n'eût jamais été question de celui-là. Combien d'autres sont restés dans l'obscurité, faute d'occasion pour les mettre en évidence!

Si l'exemple précédent est peu important en lui-même, en voici un d'un genre bien différent. Encore un peu d'attention, monsieur, pour cette affaire, et je supprime toutes celles que je pourrois ajouter.

Le 20 novembre 1763, au Conseil général assemblé pour l'élection du lieutenant et du trésorier, les citoyens remarquent une différence entre l'édit imprimé qu'ils ont et l'édit manuscrit dont un secrétaire d'état fait lecture, en ce que l'élection du trésorier doit par le premier se faire avec celle des syndics, et par le

(*) Pierre Fatio. Voir le *Précis* mis en tête de cet ouvrage. G. P.

(¹) Et à quelle occasion! Voilà une inquisition d'état à faire frémir. Est-il concevable que, dans un pays libre, on punisse criminellement un citoyen pour avoir, dans une lettre à un autre citoyen, non imprimée, raisonné en termes décens et mesurés sur la conduite du magistrat envers un troisième citoyen? Trouvez-vous des exemples de violences pareilles dans les gouvernemens les plus absolus? A la retraite de M. de Silhouette, je lui écrivis une lettre qui courut Paris (*a*). Cette lettre étoit d'une hardiesse que je ne trouve pas moi-même exempte de blâme; c'est peut-être la seule chose répréhensible que j'aie écrite en ma vie. Cependant m'a-t-on dit le moindre mot à ce sujet? on n'y a pas même songé. En France, on punit les libelles; on fait très-bien : mais on laisse aux particuliers une liberté honnête de raisonner entre eux sur les affaires publiques. et il est inouï qu'on ait cherché querelle à quelqu'un pour avoir, dans des lettres restées manuscrites, dit son avis, sans satire et sans invective, sur ce qui se fait dans les tribunaux. Après avoir tant aimé le gouvernement républicain, faudra-t-il changer de sentiment dans ma vieillesse, et trouver enfin qu'il y a plus de véritable liberté dans les monarchies que dans nos républiques?

(*a*) Voyez cette lettre au livre X des *Confessions*, tome I, page 280.

second avec celle du lieutenant. Ils remarquent de plus que l'élection du trésorier, qui, selon l'édit, doit se faire tous les trois ans, ne se fait que tous les six ans selon l'usage, et qu'au bout des trois ans on se contente de proposer la confirmation de celui qui est en place.

Ces différences du texte de la loi entre le manuscrit du Conseil et l'édit imprimé, qu'on n'avoit point encore observées, en font remarquer d'autres qui donnent de l'inquiétude sur le reste. Malgré l'expérience qui apprend aux citoyens l'inutilité de leurs représentations les mieux fondées, ils en font à ce sujet de nouvelles, demandant que le texte original des édits soit déposé en chancellerie, ou dans tel autre lieu public au choix du Conseil, où l'on puisse comparer ce texte avec l'imprimé.

Or vous vous rappellerez, monsieur, que par l'article XLII de l'édit de 1758, il est dit qu'on fera imprimer *au plus tôt* un code général des lois de l'état qui contiendra tous les édits et règlemens. Il n'a pas encore été question de ce code au bout de vingt-six ans; et les citoyens ont gardé le silence (¹) !

Vous vous rappellerez encore que, dans un mémoire imprimé en 1745, un membre proscrit des Deux-Cents jeta de violens soupçons sur la fidélité des édits imprimés en 1715, et réimprimés en 1735, deux époques également suspectes. Il dit avoir collationné sur des édits manuscrits ces imprimés, dans lesquels il affirme avoir trouvé quantité d'erreurs dont il a fait note; et il rapporte les propres termes d'un édit de 1556, omis tout entier dans l'imprimé. A des imputations si graves le Conseil n'a rien répondu; et les citoyens ont gardé le silence !

Accordons, si l'on veut, que la dignité du Conseil ne lui permettoit pas de répondre alors aux imputations d'un proscrit. Cette même dignité, l'honneur compromis, la fidélité suspectée, exigeoient maintenant une vérification que tant d'indices rendoient nécessaires, et que ceux qui la demandoient avoient droit d'obtenir.

Point du tout. Le petit Conseil justifie le changement fait à l'édit par un ancien usage, auquel le Conseil général ne s'étant pas opposé dans son origine, n'a plus droit de s'opposer aujourd'hui.

Il donne pour raison de la différence qui est entre le manuscrit du Conseil et l'imprimé, que ce manuscrit est un recueil des édits avec les changemens pratiqués, et consentis par le silence du Conseil général; au lieu que l'imprimé n'est que le recueil des mêmes édits, tels qu'ils ont passé en Conseil général.

Il justifie la confirmation du trésorier contre l'édit qui veut que l'on en élise un autre, encore par un ancien usage. Les citoyens n'aperçoivent pas une contravention aux édits, qu'il n'autorise par des contraventions antérieures; ils ne font pas une plainte qu'il ne rebute, en leur reprochant de ne s'être pas plaints plus tôt.

Et, quant à la communication du texte original des lois, elle est nettement refusée (¹), soit *comme étant contraire aux règles*, soit parce que les citoyens et bourgeois ne *doivent connoître d'autre texte des lois que le texte imprimé*, quoique le petit Conseil en suive un autre et le fasse suivre en Conseil général (²).

Il est donc contre les règles que celui qui a passé un acte ait communication de l'original de cet acte, lorsque les variantes dans les copies les lui font soupçonner de falsification ou

(¹) De quelle excuse, de quel prétexte peut-on couvrir l'inobservation d'un article aussi exprès et aussi important? Cela ne se conçoit pas. Quand par hasard on en parle à quelques magistrats en conversation, ils répondent froidement: *Chaque édit particulier est imprimé: rassemblez-les.* Comme si l'on étoit sûr que tout fût imprimé, et comme si le recueil de ces chiffons formoit un corps de lois complet, un code général, revêtu de l'authenticité requise et tel que l'annonce l'article XLII! Est-ce ainsi que ces messieurs remplissent un engagement aussi formel? Quelles conséquences sinistres ne pourroit-on pas tirer de pareilles omissions!

(¹) Ces refus si durs et si sûrs à toutes les représentations les plus raisonnables et les plus justes, paroissent peu naturels. Est-il concevable que le Conseil de Genève, composé dans sa majeure partie d'hommes éclairés et judicieux, n'ait pas senti le scandale odieux et même effrayant de refuser à des hommes libres, à des membres du législateur, la communication du texte authentique des lois, et de fomenter ainsi comme à plaisir des soupçons produits par l'air de mystère et de ténèbres dont il s'environne sans cesse à leurs yeux? Pour moi, je penche à croire que ces refus lui coûtent, mais qu'il s'est prescrit pour règle de faire tomber l'usage des représentations par des réponses constamment négatives. En effet, est-il à présumer que les hommes les plus patiens ne se rebutent pas de demander pour ne rien obtenir? Ajoutez la proposition déjà faite en Deux-Cents d'informer contre les auteurs des dernières représentations, pour avoir usé d'un droit que la loi leur donne. Qui voudra désormais s'exposer à des poursuites pour des démarches qu'on sait d'avance être sans succès? Si c'est là le plan que s'est fait le petit Conseil, il faut avouer qu'il le suit très-bien.

(²) Extrait des registres du Conseil du 7 décembre 1763, en réponse aux représentations verbales faites le 21 novembre par six citoyens ou bourgeois.

d'incorrection; et il est dans la règle qu'on ait deux différens textes des mêmes lois, l'un pour les particuliers, et l'autre pour le gouvernement! Ouïtes-vous jamais rien dire de semblable? Et toutefois sur toutes ces découvertes tardives, sur tous ces refus révoltans, les citoyens, éconduits dans leurs demandes les plus légitimes, se taisent, attendent, et demeurent en repos!

Voilà, monsieur, des faits notoires dans votre ville, et tous plus connus de vous que de moi. J'en pourrois ajouter cent autres, sans compter ceux qui me sont échappés : ceux-ci suffiront pour juger si la bourgeoisie de Genève est ou fut jamais, je ne dis pas remuante et séditieuse, mais vigilante, attentive, facile à s'émouvoir pour défendre ses droits les mieux établis et le plus ouvertement attaqués.

On nous dit qu'*une nation vive, ingénieuse, et très-occupée de ses droits politiques, auroit un extrême besoin de donner à son gouvernement une force négative* (page 170). En expliquant cette force négative, on peut convenir du principe. Mais est-ce à vous qu'on en veut faire l'application? A-t-on donc oublié qu'on vous donne ailleurs plus de sang-froid qu'aux autres peuples (page 154)? Et comment peut-on dire que celui de Genève s'occupe beaucoup de ses droits politiques, quand on voit qu'il ne s'en occupe jamais que tard, avec répugnance, et seulement quand le péril le plus pressant l'y contraint? De sorte qu'en n'attaquant pas si brusquement les droits de la bourgeoisie, il ne tient qu'au Conseil qu'elle ne s'en occupe jamais.

Mettons un moment en parallèle les deux partis, pour juger duquel l'activité est le plus à craindre, et où doit être placé le droit négatif pour modérer cette activité.

D'un côté je vois un peuple très-peu nombreux, paisible et froid, composé d'hommes laborieux, amateurs du gain, soumis pour leur propre intérêt aux lois et à leurs ministres, tout occupés de leur négoce ou de leurs métiers : tous, égaux par leurs droits et peu distingués par la fortune, n'ont entre eux ni chefs ni cliens; tous, tenus par leur commerce, par leur état, par leurs biens, dans une grande dépendance du magistrat, ont à le ménager; tous craignent de lui déplaire : s'ils veulent se mêler des affaires publiques, c'est toujours au préjudice des leurs. Distraits d'un côté par des objets plus intéressans pour leurs familles, de l'autre arrêtés par des considérations de prudence, par l'expérience de tous les temps, qui leur apprend combien, dans un aussi petit état que le vôtre, où tout particulier est incessamment sous les yeux du Conseil, il est dangereux de l'offenser, ils sont portés par les raisons les plus fortes à tout sacrifier à la paix; car c'est par elle seule qu'ils peuvent prospérer : et dans cet état de choses, chacun, trompé par son intérêt privé, aime encore mieux être protégé que libre, et fait sa cour pour faire son bien.

De l'autre côté, je vois dans une petite ville, dont les affaires sont au fond très-peu de chose, un corps de magistrats indépendant et perpétuel, presque oisif par état, faire sa principale occupation d'un intérêt très-grand et très-naturel pour ceux qui commandent, c'est d'accroître incessamment son empire, car l'ambition comme l'avarice se nourrit de ses avantages; et plus on étend sa puissance, plus on est dévoré du désir de tout pouvoir. Sans cesse attentif à marquer des distances trop peu sensibles dans ses égaux de naissance, il ne voit en eux que ses inférieurs, et brûle d'y voir ses sujets. Armé de toute la force publique, dépositaire de toute l'autorité, interprète et dispensateur des lois qui le gênent, il s'en fait une arme offensive et défensive, qui le rend redoutable, respectable, sacré pour tous ceux qu'il veut outrager. C'est au nom même de la loi qu'il peut la transgresser impunément. Il peut attaquer la constitution en feignant de la défendre; il peut punir comme un rebelle quiconque ose la défendre en effet. Toutes les entreprises de ce corps lui deviennent faciles; il ne laisse à personne le droit de les arrêter ni d'en connoître : il peut agir, différer, suspendre; il peut séduire, effrayer, punir ceux qui lui résistent; et s'il daigne employer pour cela des prétextes, c'est plus par bienséance que par nécessité. Il a donc la volonté d'étendre sa puissance et le moyen de parvenir à tout ce qu'il veut. Tel est l'état relatif du petit Conseil et de la bourgeoisie de Genève. Lequel de ces deux corps doit avoir le pouvoir négatif pour arrêter les entreprises de l'autre? L'auteur des Lettres assure que c'est le premier.

Dans la plupart des états, les troubles internes viennent d'une populace abrutie et stupide, échauffée d'abord par d'insupportables vexations, puis ameutée en secret par des brouillons adroits, revêtus de quelque autorité qu'ils veulent étendre. Mais est-il rien de plus faux qu'une pareille idée appliquée à la bourgeoisie de Genève, à sa partie au moins qui fait face à la puissance pour le maintien des lois? Dans tous les temps, cette partie a toujours été l'ordre moyen entre les riches et les pauvres, entre les chefs de l'état et la populace. Cet ordre, composé d'hommes à peu près égaux en fortune, en état, en lumières, n'est ni assez élevé pour avoir des prétentions, ni assez bas pour n'avoir rien à perdre. Leur grand intérêt, leur intérêt commun, est que les lois soient observées, les magistrats respectés, que la constitution se soutienne, et que l'état soit tranquille. Personne dans cet ordre ne jouit à nul égard d'une telle supériorité sur les autres, qu'il puisse les mettre en jeu pour son intérêt particulier. C'est la plus saine partie de la république, la seule qu'on soit assuré ne pouvoir, dans sa conduite, se proposer d'autre objet que le bien de tous. Aussi voit-on toujours dans leurs démarches communes une décence, une modestie, une fermeté respectueuse, une certaine gravité d'hommes qui se sentent dans leur droit et qui se tiennent dans leur devoir. Voyez, au contraire, de quoi l'autre parti s'étaie: de gens qui nagent dans l'opulence, et du peuple le plus abject. Est-ce dans ces deux extrêmes, l'un fait pour acheter, l'autre pour se vendre, qu'on doit chercher l'amour de la justice et des lois? C'est par eux toujours que l'état dégénère : le riche tient la loi dans sa bourse, et le pauvre aime mieux du pain que la liberté. Il suffit de comparer ces deux partis, pour juger lequel doit porter aux lois la première atteinte. Et cherchez en effet dans votre histoire si tous les complots ne sont pas toujours venus du côté de la magistrature, et si jamais les citoyens ont eu recours à la force que lorsqu'il l'a fallu pour s'en garantir.

On raille sans doute, quand, sur les conséquences du droit que réclament vos concitoyens, on vous représente l'état en proie à la brigue, à la séduction, au premier venu. Ce droit négatif que veut avoir le Conseil fut inconnu jusqu'ici : quels maux en est-il arrivé? il en fût arrivé d'affreux, s'il eût voulu s'y tenir quand la bourgeoisie a fait valoir le sien. Rétorquez l'argument qu'on tire de deux cents ans de prospérité; que peut-on répondre? Ce gouvernement, direz-vous, établi par le temps, soutenu par tant de titres, autorisé par un si long usage, consacré par ses succès, et où le droit négatif des Conseils fut toujours ignoré, ne vaut-il pas bien cet autre gouvernement arbitraire dont nous ne connoissons encore ni les propriétés ni ses rapports avec notre bonheur, et où la raison ne peut nous montrer que le comble de notre misère?

Supposer tous les abus dans le parti qu'on attaque, et n'en supposer aucun dans le sien, est un sophisme bien grossier et bien ordinaire, dont tout homme sensé doit se garantir. Il faut supposer des abus de part et d'autre, parce qu'il s'en glisse partout; mais ce n'est pas à dire qu'il y ait égalité dans leurs conséquences. Tout abus est un mal, souvent inévitable, pour lequel on ne doit pas proscrire ce qui est bon en soi. Mais comparez, et vous trouverez, d'un côté des maux sûrs, des maux terribles, sans bornes et sans fin; de l'autre, l'abus même difficile, qui, s'il est grand, sera passager, et tel que, quand il a lieu, il porte toujours avec lui son remède. Car, encore une fois, il n'y a de liberté possible que dans l'observation des lois ou de la volonté générale; et il n'est pas plus dans la volonté générale de nuire à tous, que dans la volonté particulière de nuire à soi-même. Mais supposons cet abus de la liberté aussi naturel que l'abus de la puissance. Il y aura toujours cette différence entre l'un et l'autre, que l'abus de la liberté tourne au préjudice du peuple qui en abuse, et, le punissant de son propre tort, le force à en chercher le remède: ainsi, de ce côté, le mal n'est jamais qu'une crise, il ne peut faire un état permanent; au lieu que l'abus de la puissance, ne tournant point au préjudice du puissant, mais du foible, est, par sa nature, sans mesure, sans frein, sans limites; il ne finit que par la destruction de celui qui seul en ressent le mal. Disons donc qu'il faut que le gouvernement appartienne au petit nombre, l'inspection sur le gouvernement à la généralité; et que si de part ou d'autre l'abus est inévitable, il vaut encore mieux qu'un peuple soit malheureux par sa faute qu'opprimé sous la main d'autrui.

Le premier et le plus grand intérêt public est toujours la justice. Tous veulent que les conditions soient égales pour tous, et la justice n'est que cette égalité. Le citoyen ne veut que les lois et que l'observation des lois. Chaque particulier dans le peuple sait bien que s'il y a des exceptions, elles ne seront pas en sa faveur. Ainsi tous craignent les exceptions; et qui craint les exceptions, aime la loi. Chez les chefs, c'est tout autre chose : leur état même est un état de préférence, et ils cherchent des préférences partout (¹). S'ils veulent des lois, ce n'est pas pour leur obéir, c'est pour en être les arbitres. Ils veulent des lois pour se mettre à leur place et pour se faire craindre en leur nom. Tout les favorise dans ce projet : ils se servent des droits qu'ils ont, pour usurper sans risque ceux qu'ils n'ont pas. Comme ils parlent toujours au nom de la loi, même en la violant, quiconque ose la défendre contre eux est un séditieux, un rebelle; il doit périr : et pour eux, toujours sûrs de l'impunité dans leurs entreprises, le pis qui leur arrive est de ne pas réussir. S'ils ont besoin d'appui, partout ils en trouvent. C'est une ligue naturelle que celle des forts; et ce qui fait la foiblesse des foibles est de ne pouvoir se liguer ainsi. Tel est le destin du peuple, d'avoir toujours au dedans et au dehors ses parties pour juges. Heureux quand il en peut trouver d'assez équitables pour le protéger contre leurs propres maximes, contre ce sentiment si gravé dans le cœur humain, d'aimer et favoriser les intérêts semblables aux nôtres! Vous avez eu cet avantage une fois, et ce fut contre toute attente. Quand la médiation fut acceptée, on vous crut écrasés; mais vous eûtes des défenseurs éclairés et fermes, des médiateurs intègres et généreux : la justice et la vérité triomphèrent. Puissiez-vous être heureux deux fois! vous aurez joui d'un bonheur bien rare, et dont vos oppresseurs ne paroissent guère alarmés.

(¹) La justice dans le peuple est une vertu d'état; la violence et la tyrannie est de même dans les chefs un vice d'état. Si nous étions à leurs places, nous autres particuliers, nous deviendrions comme eux, violens, usurpateurs, iniques. Quand des magistrats viennent donc nous prêcher leur intégrité, leur modération, leur justice, ils nous trompent, s'ils veulent obtenir ainsi la confiance que nous ne leur devons pas : non qu'ils ne puissent avoir personnellement ces vertus dont ils se vantent; mais alors ils font une exception, et ce n'est pas aux exceptions que la loi doit avoir égard.

Après vous avoir étalé tous les maux imaginaires d'un droit aussi ancien que votre constitution, et qui jamais n'a produit aucun mal, on pallie, on nie ceux du droit nouveau qu'on usurpe, et qui se font sentir dès aujourd'hui. Forcé d'avouer que le gouvernement peut abuser du droit négatif jusqu'à la plus intolérable tyrannie, on affirme que ce qui arrive n'arrivera pas, et l'on change en possibilité sans vraisemblance ce qui se passe aujourd'hui sous vos yeux. Personne, ose-t-on dire, ne dira que le gouvernement ne soit équitable et doux; et remarquez que cela se dit en réponse à des représentations où l'on se plaint des injustices et des violences du gouvernement. C'est là vraiment ce qu'on peut appeler du beau style; c'est l'éloquence de Périclès, qui, renversé par Thucydide à la lutte, prouvoit aux spectateurs que c'étoit lui qui l'avoit terrassé.

Ainsi donc, en s'emparant du bien d'autrui sans prétexte, en emprisonnant sans raison les innocens, en flétrissant un citoyen sans l'ouïr, en jugeant illégalement un autre, en protégeant les livres obscènes, en brûlant ceux qui respirent la vertu, en persécutant leurs auteurs, en cachant le vrai texte des lois, en refusant les satisfactions les plus justes, en exerçant le plus dur despotisme, en détruisant la liberté qu'ils devroient défendre, en opprimant la patrie dont ils devroient être les pères, ces messieurs se font compliment à eux-mêmes sur la grande équité de leurs jugemens; ils s'extasient sur la douceur de leur administration, ils affirment avec confiance que tout le monde est de leur avis sur ce point. Je doute fort toutefois que cet avis soit le vôtre, et je suis sûr au moins qu'il n'est pas celui des représentans.

Que l'intérêt particulier ne me rende point injuste. C'est de tous nos penchans celui contre lequel je me tiens le plus en garde, et auquel j'espère avoir le mieux résisté. Votre magistrat est équitable dans les choses indifférentes, je le crois porté même à l'être toujours; ses places sont peu lucratives; il rend la justice et ne la vend point; il est personnellement intègre, désintéressé; et je sais que dans ce Conseil si despotique il règne encore de la droiture et des vertus. En vous montrant les conséquences du droit négatif, je vous ai moins dit ce qu'ils feront, devenus souverains, que ce qu'ils continueront à faire pour l'être. Une fois reconnus tels, leur intérêt sera d'être toujours justes, et il l'est dès aujourd'hui d'être justes le plus souvent : mais malheur à quiconque osera recourir aux lois encore, et réclamer la liberté ! C'est contre ces infortunés que tout devient permis, légitime. L'équité, la vertu, l'intérêt même ne tiennent point devant l'amour de la domination ; et celui qui sera juste, étant le maître, n'épargne aucune injustice pour le devenir.

Le vrai chemin de la tyrannie n'est point d'attaquer directement le bien public ; ce seroit réveiller tout le monde pour le défendre : mais c'est d'attaquer successivement tous ses défenseurs, et d'effrayer quiconque oseroit encore aspirer à l'être. Persuadez à tous que l'intérêt public n'est celui de personne, et par cela seul la servitude est établie, car quand chacun sera sous le joug, où sera la liberté commune ? Si quiconque ose parler est écrasé dans l'instant même, où seront ceux qui voudront l'imiter ! et quel sera l'organe de la généralité quand chaque individu gardera le silence ? Le gouvernement sévira donc contre les zélés et sera juste avec les autres, jusqu'à ce qu'il puisse être injuste avec tous impunément. Alors sa justice ne sera plus qu'une économie pour ne pas dissiper sans raison son propre bien.

Il y a donc un sens dans lequel le conseil est juste, et doit l'être par intérêt ; mais il y en a un dans lequel il est du système qu'il s'est fait d'être souverainement injuste ; et mille exemples ont dû vous apprendre combien la protection des lois est insuffisante contre la haine du magistrat. Que sera-ce lorsque, devenu seul maître absolu par son droit négatif, il ne sera plus gêné par rien dans sa conduite, et ne trouvera plus d'obstacle à ses passions ? Dans un si petit état, où nul ne peut se cacher dans la foule, qui ne vivra pas alors dans d'éternelles frayeurs, et ne sentira pas à chaque instant de sa vie le malheur d'avoir ses égaux pour maîtres ? Dans les grands états, les particuliers sont trop loin du prince et des chefs pour en être vus ; leur petitesse les sauve ; et pourvu que le peuple paie, on le laisse en paix. Mais vous ne pourrez faire un pas sans sentir le poids de vos fers. Les parens, les amis, les protégés, les espions de vos maîtres, seront plus vos maîtres qu'eux ; vous n'oserez ni défendre vos droits, ni réclamer votre bien, crainte de vous faire des ennemis ; les recoins les plus obscurs ne pourront vous dérober à la tyrannie, il faudra nécessairement en être satellite ou victime. Vous sentirez à la fois l'esclavage politique et le civil, à peine oserez-vous respirer en liberté. Voilà, monsieur, où doit naturellement vous mener l'usage du droit négatif tel que le Conseil se l'arroge. Je crois qu'il n'en voudra pas faire un usage aussi funeste, mais il le pourra certainement ; et la seule certitude qu'il peut impunément être injuste vous fera sentir les mêmes maux que s'il l'étoit en effet.

Je vous ai montré, monsieur, l'état de votre constitution tel qu'il se présente à mes yeux. Il résulte de cet exposé que cette constitution, prise dans son ensemble, est bonne et saine, et qu'en donnant à la liberté ses véritables bornes, elle lui donne en même temps toute la solidité qu'elle doit avoir. Car, le gouvernement ayant un droit négatif contre les innovations du législateur, et le peuple un droit négatif contre les usurpations du Conseil, les lois seules règnent, et règnent sur tous ; le premier de l'état ne leur est pas moins soumis que le dernier, aucun ne peut les enfreindre, nul intérêt particulier ne peut les changer, et la constitution demeure inébranlable.

Mais si au contraire les ministres des lois en deviennent les seuls arbitres, et qu'ils puissent les faire parler ou taire à leur gré ; si le droit de représentation, seul garant des lois et de la liberté, n'est qu'un droit illusoire et vain, qui n'ait en aucun cas aucun effet nécessaire, je ne vois point de servitude pareille à la vôtre ; et l'image de la liberté n'est plus chez vous qu'un leurre méprisant et puéril, qu'il est même indécent d'offrir à des hommes sensés. Que sert alors d'assembler le législateur, puisque la volonté du Conseil est l'unique loi ? Que sert d'élire solennellement des magistrats qui d'avance étoient déjà vos juges, et qui ne tiennent de cette élection qu'un pouvoir qu'ils exerçoient auparavant ? Soumettez-vous de bonne grâce, et renoncez à ces jeux d'enfans, qui, devenus frivoles, ne sont pour vous qu'un avilissement de plus.

Cet état, étant le pire où l'on puisse tomber, n'a qu'un avantage : c'est qu'il ne sauroit changer qu'en mieux. C'est l'unique ressource des maux extrêmes ; mais cette ressource est toujours grande, quand des hommes de sens et de cœur la sentent et savent s'en prévaloir. Que la certitude de ne pouvoir tomber plus bas que vous n'êtes doit vous rendre fermes dans vos démarches ! mais soyez sûrs que vous ne sortirez point de l'abîme tant que vous serez divisés, tant que les uns voudront agir et les autres rester tranquilles.

Me voici, monsieur, à la conclusion de ces lettres. Après vous avoir montré l'état où vous êtes, je n'entreprendrai point de vous tracer la route que vous devez suivre pour en sortir. S'il en est une, étant sur les lieux mêmes, vous et vos concitoyens la devez voir mieux que moi : quand on sait où l'on est et où l'on doit aller, on peut se diriger sans peine.

L'auteur des Lettres dit que, *s'y on remarquoit dans un gouvernement une pente à la violence, il ne faudroit pas attendre à la redresser que la tyrannie s'y fût fortifiée* (page 172). Il dit encore, en supposant un cas qu'il traite à la vérité de chimère, qu'*il resteroit un remède triste, mais légal, et qui, dans ce cas extrême, pourroit être employé comme on emploie la main d'un chirurgien quand la gangrène se déclare* (page 101). Si vous êtes ou non dans ce cas supposé chimérique, c'est ce que je viens d'examiner. Mon conseil n'est donc plus ici nécessaire; l'auteur des Lettres vous l'a donné pour moi. Tous les moyens de réclamer contre l'injustice sont permis, quand ils sont paisibles; à plus forte raison sont permis ceux qu'autorisent les lois.

Quand elles sont transgressées dans des cas particuliers, vous avez le droit de représentation pour y pourvoir; mais quand ce droit même est contesté, c'est le cas de la garantie. Je ne l'ai point mise au nombre des moyens qui peuvent rendre efficace une représentation ; les médiateurs eux-mêmes n'ont point entendu l'y mettre, puisqu'ils ont déclaré ne vouloir porter nulle atteinte à l'indépendance de l'état, et qu'alors cependant ils auroient mis, pour ainsi dire, la clef du gouvernement dans leur poche (1). Ainsi, dans le cas particulier, l'effet des représentations rejetées est de produire un Conseil général; mais l'effet du droit même de représentation rejeté paroît être le recours à la garantie. Il faut que la machine ait en elle-même tous les ressorts qui doivent la faire jouer : quand elle s'arrête, il faut appeler l'ouvrier pour la remonter.

Je vois trop où va cette ressource, et je sens encore mon cœur patriote en gémir. Aussi, je le répète, je ne vous propose rien : qu'oserois-je dire? Délibérez avec vos concitoyens, et ne comptez les voix qu'après les avoir pesées. Défiez-vous de la turbulente jeunesse, de l'opulence insolente, et de l'indigence vénale ; nul salutaire conseil ne peut venir de ces côtés-là. Consultez ceux qu'une honnête médiocrité garantit des séductions de l'ambition et de la misère ; ceux dont une honorable vieillesse couronne une vie sans reproche; ceux qu'une longue expérience a versés dans les affaires publiques; ceux qui, sans ambition dans l'état, n'y veulent d'autre rang que celui de citoyens; enfin ceux qui, n'ayant jamais eu pour objet dans leurs démarches que le bien de la patrie et le maintien des lois, ont mérité par leurs vertus l'estime du public et la confiance de leurs égaux.

Mais surtout réunissez-vous tous. Vous êtes perdus sans ressource si vous restez divisés. Et pourquoi le seriez-vous quand de si grands intérêts communs vous unissent? Comment, dans un pareil danger, la basse jalousie et les petites passions osent-elles se faire entendre? Valent-elles qu'on les contente à si haut prix? et faudra-t-il que vos enfans disent un jour en pleurant sur leurs fers : Voilà le fruit des dissensions de nos pères? En un mot, il s'agit moins ici de délibération que de concorde : le choix du parti que vous prendrez n'est pas la plus grande affaire ; fût-il mauvais en lui-même, prenez-le tous ensemble ; par cela seul il deviendra le meilleur, et vous ferez toujours ce qu'il faut faire, pourvu que vous le fassiez de concert. Voilà mon avis, monsieur, et je finis par où j'ai commencé. En vous obéissant, j'ai rempli mon dernier devoir envers la patrie. Maintenant je prends congé de ceux qui l'habitent ; il ne leur reste aucun mal à me faire, et je ne puis plus leur faire aucun bien.

(1) La conséquence d'un tel système eût été d'établir un tribunal de la médiation résidant à Genève, pour connoître des transgressions des lois. Par ce tribunal la souveraineté de la république eût bientôt été détruite : mais la liberté des citoyens eût été beaucoup plus assurée qu'elle ne peut l'être si l'on ôte le droit de représentation. Or de n'être souverain que de nom ne signifie pas grand'chose ; mais d'être libre en effet signifie beaucoup.

VISION

DE PIERRE DE LA MONTAGNE, DIT LE VOYANT (*).

Ici sont les trois chapitres de la VISION DE PIERRE DE LA MONTAGNE, dit LE VOYANT, concernant la désobéissance et damnable rébellion de Pierre Duval, dit *Pierrot des dames*.

CHAPITRE PREMIER.

1 Et j'étois dans mon pré, fauchant mon regain, et il faisoit chaud, et j'étois las, et un prunier de prunes vertes étoit près de moi.

2. Et, me couchant sous le prunier, je m'endormis.

3. Et durant mon sommeil j'eus une vision, et j'entendis une voix aigre et éclatante comme le son d'un cornet de postillon.

4. Et cette voix étoit tantôt foible et tantôt forte, tantôt grosse et tantôt claire; passant successivement et rapidement des sons les plus graves aux plus aigus, comme le miaulement d'un chat sur une gouttière, ou comme la déclamation du révérend Imers, diacre du Val-de-Travers.

5. Et la voix, s'adressant à moi, me dit ainsi : Pierre le Voyant, mon fils, écoute mes paroles. Et je me tus en dormant, et la voix continua.

6. Écoute le parole que je t'adresse de la part de l'esprit, et la retiens dans ton cœur. Répands-la par toute la terre et par tout le Val-de-Travers, afin qu'elle soit en édification à tous les fidèles,

7. Et afin qu'instruits du châtiment du rebelle Pierre Duval, dit Pierrot des dames, ils apprennent à ne plus mépriser les nocturnes inspirations de la voix.

8. Car je l'avois choisi dans l'abjection de son esprit, et dans la stupidité de son cœur, pour être mon interprète.

9. J'en avois fait l'honorable successeur de ma servante *la Batizarde* (1), afin qu'il portât, comme elle, dans toute l'Église, la lumière de mes inspirations.

10. Je l'avois chargé d'être, comme elle, l'organe de ma parole, afin que ma gloire fût manifestée et qu'on vît que je puis, quand il me plaît, tirer de l'or de la boue, et des perles du fumier.

11. Je lui avois dit : Va, parle à ton frère errant Jean-Jacques, qui se fourvoie, et le ramène au bon chemin.

12. Car dans le fond ton frère Jean-Jacques est un bon-homme, qui ne fait tort à personne, qui craint Dieu, et qui aime la vérité.

13. Mais, pour le ramener d'un égarement, ce peuple y tombe lui-même; et, pour vouloir le rendre à la foi, ce peuple renonce à la loi.

14. Car la loi défend de venger les offenses qu'on a reçues, et eux outragent sans cesse un homme qui ne les a point offensés.

15. La loi ordonne de rendre le bien pour le mal, et eux lui rendent le mal pour le bien.

16. La loi ordonne d'aimer ceux qui nous haïssent, et eux haïssent ceux qui les aiment.

17. La loi ordonne d'user de miséricorde, et eux n'usent pas même de justice.

18. La loi défend de mentir, et il n'y a sorte de mensonge qu'ils n'inventent contre lui.

19. La loi défend la médisance, et ils le calomnient sans cesse.

(*) Au livre XII des *Confessions* (page 334), Rousseau fait connoître l'objet qu'il avoit en vue, et celui qu'il vouloit ridiculiser en écrivant cette plaisanterie. G. P.

(1) Vieille commère de la lie du peuple, qui jadis se piquoit d'avoir des visions.

20. Ils l'accusent d'avoir dit que les femmes n'avoient point d'âme, et il dit, au contraire, que toutes les femmes aimables en ont au moins deux.

21. Ils l'accusent de ne pas croire en Dieu, et nul n'a si fortement prouvé l'existence de Dieu.

22. Ils disent qu'il est l'Antechrist, et nul n'a si dignement honoré le Christ.

23. Ils disent qu'il veut troubler leurs consciences, et jamais il ne leur a parlé de religion.

24. Que s'ils lisent des livres faits pour sa défense en d'autres pays, est-ce sa faute? et les a-t-il priés de les lire? mais, au contraire, c'est pour ne les avoir point lus qu'ils croient qu'il y a dans ces livres de mauvaises choses qui n'y sont point, et qu'ils ne croient point que les bonnes choses qui y sont y soient en effet.

25. Car ceux qui les ont lus en pensent tout autrement, et le disent lorsqu'ils sont de bonne foi.

26. Toutefois ce peuple est bon naturellement; mais on le trompe, et il ne voit qu'on lui fait défendre la cause de Dieu avec les armes de Satan.

27. Tirons-les de la mauvaise voie où on les mène, et ôtons cette pierre d'achoppement de devant leurs pieds.

CHAPITRE II.

1. Va donc, et parle à ton frère errant Jean-Jacques, et lui adresse en mon nom ces paroles. Ainsi a dit la voix de la part de l'esprit :

2. Mon fils Jean-Jacques, tu t'égares dans tes idées. Reviens à toi, sois docile, et reçois mes paroles de correction.

3. Tu crois en Dieu, puissant, intelligent, bon, juste, et rémunérateur; et en cela tu fais bien.

4. Tu crois en Jésus son fils, son Christ, et en sa parole; et en cela tu fais bien.

5. Tu suis de tout ton pouvoir les préceptes du saint Évangile; et en cela tu fais bien.

6. Tu aimes les hommes comme ton prochain, et les chrétiens comme tes frères; tu fais le bien quand tu peux, et ne fais jamais de mal à personne que pour ta défense et celle de la justice.

7. Fondé sur l'expérience, tu attends peu d'équité de la part des hommes; mais tu mets ton espoir dans l'autre vie, qui te dédommagera des misères de celle-ci : et en tout cela tu fais bien.

8. Je connois tes œuvres : j'aime les bonnes ; ton cœur et ma clémence effaceront les mauvaises. Mais une chose me déplaît en toi.

9. Tu t'obstines à rejeter les miracles : et que t'importent les miracles? puisqu'au surplus tu crois à la loi sans eux, n'en parle point, et ne scandalise plus les foibles.

10. Et lorsque toi, Pierre Duval, dit Pierrot des dames, auras dit ces paroles à ton frère errant Jean-Jacques, il sera saisi d'étonnement.

11. Et voyant que toi, qui es un brutal et un stupide, tu lui parles raisonnablement et honnêtement, il sera frappé de ce prodige, et il reconnoîtra le doigt de Dieu ;

12. Et se prosternant en terre, il dira : Voilà mon frère Pierrot des dames qui prononce des discours sensés et honnêtes; mon incrédulité se rend à ce signe évident. Je crois aux miracles, car aucun n'est plus grand que celui-là.

13. Et tout le Val-de-Travers, témoin de ce double prodige, entonnera des cantiques d'allégresse ; et l'on criera de toutes parts dans les six communautés : Jean-Jacques croit aux miracles, et des discours sensés sortent de la bouche de Pierrot des dames. Le Tout-Puissant se montre à ses œuvres; que son saint nom soit béni.

14. Alors, confus d'avoir insulté un homme paisible et doux, ils s'empresseront à lui faire oublier leurs outrages; et ils l'aimeront comme leur proche, et il les aimera comme ses frères ; des cris séditieux ne les ameuteront plus; l'hypocrisie exhalera son fiel en vains murmures, que les femmes mêmes n'écouteront point; la paix de Christ régnera parmi les chrétiens, et le scandale sera ôté du milieu d'eux.

15. C'est ainsi que j'avais parlé à Pierre Duval, dit Pierrot des dames, lorsque je daignai le choisir pour porter ma parole à son frère errant.

16. Mais, au lieu d'obéir à la mission que je lui avois donnée, et d'aller trouver Jean-Jacques, comme je le lui avois commandé, il s'est défié de ma promesse, et n'a pu croire au miracle dont il devoit être l'instrument; féroce

comme l'onagre du désert, et têtu comme la mule d'Édom, il n'a pu croire qu'on pût mettre de discours persuasifs dans sa bouche, et s'est obstiné dans sa rébellion.

17. C'est pourquoi, l'ayant rejeté, je t'ordonne à toi, Pierre de la Montagne, dit le Voyant, d'écrire cet anathème, et de le lui adresser, soit directement, soit par le public, à ce qu'il n en prétende cause d'ignorance, et que chacun apprenne, par l'accomplissement du châtiment que je lui annonce, à ne plus désobéir aux saintes visions.

CHAPITRE III.

1. Ici sont les paroles dictées par la voix, sous le prunier des prunes vertes, à moi Pierre de la Montagne, dit le Voyant, pour être la sentence portée en icelles dûment signifiée et prononcée audit Pierre Duval, dit Pierrot des dames, afin qu'il se prépare à son exécution, et que tout le peuple en étant témoin devienne sage par cet exemple, et apprenne à ne plus désobéir aux saintes visions.

2. Homme de col roide, craignois-tu que celui qui fit donner par des corbeaux la nourriture charnelle au prophète, ne pût donner par toi la nourriture spirituelle à ton frère? craignois-tu que celui qui fit parler une ânesse ne pût faire parler un cheval?

3. Au lieu d'aller avec droiture et confiance remplir la mission que je t'avois donnée, tu t'es perdu dans l'égarement de ton mauvais cœur; de peur d'amener ton frère à résipiscence, tu n'as point voulu lui porter ma parole; au lieu de cela, te livrant à l'esprit de cabale et de mensonge, tu as divulgué l'ordre que je t'avais donné en secret; et, supprimant malignement le bien que je t'avois chargé de dire, tu lui as faussement substitué le mal dont je ne t'avois pas parlé.

4. C'est pourquoi j'ai porté contre toi cet arrêt irrévocable, dont rien ne peut éloigner ni changer l'effet. Toi donc, Pierre Duval, dit Pierrot des dames, écoute et tremble; car voici, ton heure approche; sa rapidité se réglera sur la soif.

5. Je connois toutes tes machinations secrètes: tes complots ont été formés en buvant: c'est en buvant qu'ils seront punis. Depuis la nuit mémorable de ta vision jusqu'à ce jour, treizième du mois d'élul (1), à la neuvième heure (2), il s'est passé cent seize heures.

6. Pour te donner, dans ma clémence, le temps de te reconnoître et de t'amender, je t'accorde de pouvoir boire encore cent quinze rasades de vin pur, ou leur valeur, mesurées dans la même tasse où tu bus ton dernier coup la veille de ta vision.

7. Mais sitôt que tes lèvres auront touché la cent seizième rasade, il faut mourir; et avant qu'elle soit vidée tu mourras subitement.

8. Et ne pense pas m'abuser sur le compte en buvant furtivement ou dans des coupes de diverses mesures; car je te suis partout de l'œil, et ma mesure est aussi sûre que celle du pain de ta servante, et que le trébuchet où tu pèses tes écus.

9. En quelque temps et en quelque lieu que tu boives la cent seizième rasade, tu mourras subitement.

10. Si tu la bois au fond de ta cave, caché seul, entre des tonneaux de piquette, tu mourras subitement.

11. Si tu la bois à table dans ta famille, à la fin de ton maigre dîner, tu mourras subitement.

12. Si tu bois avec Joseph Clerc, cherchant avec lui dans le vin quelque mensonge, tu mourras subitement.

13. Si tu la bois chez le maire Baillod, écoutant un de ses vieux sermons, tu t'endormiras pour toujours, même sans qu'il continue de le lire.

14. Si tu la bois causant en secret chez M. le professeur, fût-ce en arrangeant quelque vision nouvelle, tu mourras subitement.

15. Mortel heureux jusqu'à ton dernier instant et au-delà, tu mettras, en expirant, plus d'esprit dans ton estomac que n'en rendra ta cervelle; et la plus pompeuse oraison funèbre, où tes visions seront célébrées, te rendra plus d'honneur après ta mort que tu n'en eus de tes jours.

(1) Le mois d'élul répond à peu près à notre mois d'août.
(2) La neuvième heure en cette saison fait environ les de heures après midi.

16. Boy, trop heureux Pierre Boy, hâte-toi de boire; tu ne peux trop te presser d'aller cueillir les lauriers qui t'attendent dans le pays des visions. Tu mourras; mais grâce à celle-ci, ton nom vivra parmi les hommes. Boy, Pierre Boy, va promptement à l'immortalité qui t'est due. Ainsi soit-il, amen, amen.

17. Et lorsque j'entendis ces paroles, moi, Pierre de la Montagne, dit le Voyant, je fus saisi d un grand effroi, et je dis à la voix :

18. A Dieu ne plaise que j'annonce ces choses sans en être assuré par un signe! je connois mon frère Pierrot des dames; il veut avoir des visions à lui tout seul. Il ne voudra pas croire aux miennes, encore qu'on m'ait appelé *le Voyant*. Mais, s'il en doit advenir comme tu dis, donne-moi un signe sous l'autorité duquel je puisse parler.

19. Et comme j'achevois ces mots, voici, je fus éveillé par un coup terrible; et portant la main sur ma tête, je me sentis la face tout en sang; car je saignois beaucoup du nez, et le sang me ruisseloit du visage : toutefois, après l'avoir étanché comme je pus, je me levai sans autre blessure, sinon que j'avois le nez meurtri et fort enflé.

20. Puis, regardant autour de moi d'où pouvoit me venir cette atteinte, je vis enfin qu'une prune étoit tombée de l'arbre et m'avoit frappé.

21. Voyant la prune auprès de moi, je la pris; et, après l'avoir bien considérée, je reconnus qu'elle étoit fort saine, fort grosse, fort verte et fort dure, comme l'état de mon nez en faisoit foi.

22. Alors mon entendement s'étant ouvert, je vis que la prune en cet état ne pouvoit naturellement être tombée d'elle-même, joint que la juste direction sur le bout de mon nez étoit une autre merveille non moins manifeste, qui confirmoit la première, et montroit clairement l'œuvre de l'esprit.

23. Et rendant grâce à la voix d'un signe si notoire, je résolus de publier la vision, comme il m'avoit été commandé, et de garder la prune en témoignage de mes paroles, ainsi que j'ai fait jusqu'à ce jour.

J. J. ROUSSEAU,

CITOYEN DE GENÈVE,

A M. D'ALEMBERT,

De l'académie françoise, de l'académie royale des sciences de Paris, de celle de Prusse, de la société royale de Londres de l'académie royale des belles-lettres de Suède, et de l'Institut de Bologne;

SUR SON ARTICLE *GENÈVE*, DANS LE VIIe VOLUME DE L'ENCYCLOPÉDIE,

ET PARTICULIÈREMENT SUR LE PROJET D'ÉTABLIR UN THÉATRE DE COMÉDIE EN CETTE VILLE.

Dî meliora piis, erroremque hostibus illum
VIRG., Georg., III, v. 513.

PRÉFACE.

J'ai tort si j'ai pris en cette occasion la plume sans nécessité. Il ne peut m'être ni avantageux ni agréable de m'attaquer à M. d'Alembert. Je considère sa personne; j'admire ses talents, j'aime ses ouvrages; je suis sensible au bien qu'il a dit de mon pays: honoré moi-même de ses éloges, un juste retour d'honnêteté m'oblige à toutes sortes d'égards envers lui; mais les égards ne l'emportent sur les devoirs que pour ceux dont toute la morale consiste en apparences. Justice et vérité, voilà les premiers devoirs de l'homme. Humanité, patrie, voilà ses premières affections. Toutes les fois que des ménagemens particuliers lui font changer cet ordre, il est coupable. Puis-je l'être en faisant ce que j'ai dû? Pour me répondre il faut avoir une patrie à servir, et plus d'amour pour ses devoirs que de crainte de déplaire aux hommes.

Comme tout le monde n'a pas sous les yeux l'Encyclopédie, je vais transcrire ici de l'article *Genève* le passage qui m'a mis la plume à la main. Il auroit dû l'en faire tomber, si j'aspirois à l'honneur de bien écrire; mais j'ose en rechercher un autre, dans lequel je ne crains la concurrence de personne. En relisant ce passage isolé, plus d'un lecteur sera surpris du zèle qui l'a pu dicter: en le lisant dans son article, on trouvera que la comédie, qui n'est pas à Genève, et qui pourroit y être, tient la huitième partie de la place qu'occupent les choses qui y sont.

« On ne souffre point de Comédie à Genève: ce » n'est pas qu'on y désapprouve les spectacles en » eux-mêmes; mais on craint, dit-on, le goût de » parure, de dissipation et de libertinage que les » troupes de comédiens répandent parmi la jeunesse. » Cependant ne seroit-il pas possible de remédier à » cet inconvénient par des lois sévères et bien exé- » cutées sur la conduite des comédiens? Par ce » moyen Genève auroit des spectacles et des mœurs, » et jouiroit de l'avantage des uns et des autres; les » représentations théâtrales formeroient le goût des » citoyens, et leur donneroient une finesse de tact, » une délicatesse de sentiment qu'il est très-difficile » d'acquérir sans ce secours: la littérature en profi- » teroit sans que le libertinage fît des progrès; et » Genève réuniroit la sagesse de Lacédémone à la » politesse d'Athènes. Une autre considération, digne » d'une république si sage et si éclairée, devroit » peut-être l'engager à permettre les spectacles. Le » préjugé barbare contre la profession de comédien, » l'espèce d'avilissement où nous avons mis ces hom- » mes si nécessaires au progrès et au soutien des » arts, est certainement une des principales causes » qui contribuent au déréglement que nous leur re- » prochons: ils cherchent à se dédommager, par les » plaisirs, de l'estime que leur état ne peut obtenir. » Parmi nous, un comédien qui a des mœurs est

» doublement respectable; mais à peine lui en sait-» on gré. Le traitant qui insulte à l'indigence publi-» que et qui s'en nourrit, le courtisan qui rampe et » qui ne paie point ses dettes : voilà l'espèce d'hom-» mes que nous honorons le plus. Si les comédiens » étoient non-seulement soufferts à Genève, mais » contenus d'abord par des règlemens sages, pro-» tégés ensuite et même considérés dès qu'ils en se-» roient dignes, enfin absolument placés sur la même » ligne que les autres citoyens, cette ville auroit » bientôt l'avantage de posséder ce qu'on croit si » rare, et qui ne l'est que par notre faute, une » troupe de comédiens estimables. Ajoutons que » cette troupe deviendroit bientôt la meilleure de » l'Europe : plusieurs personnes pleines de goût et » de dispositions pour le théâtre, et qui craignent » de se déshonorer parmi nous en s'y livrant, ac-» courroient à Genève, pour cultiver non-seulement » sans honte, mais même avec estime, un talent si » agréable et si peu commun. Le séjour de cette » ville, que bien des François regardent comme » triste par la privation des spectacles, deviendroit » alors le séjour des plaisirs honnêtes, comme il est » celui de la philosophie et de la liberté; et les étran-» gers ne seroient plus surpris de voir que, dans une » ville où les spectacles décens et réguliers sont » défendus, on permette des farces grossières et sans » esprit, aussi contraires au bon goût qu'aux bonnes » mœurs. Ce n'est pas tout : peu à peu l'exemple des » comédiens de Genève, la régularité de leur con-» duite, et la considération dont elle les feroit jouir, » serviroient de modèle aux comédiens des autres » nations, et de leçon à ceux qui les ont traités jus-» qu'ici avec tant de rigueur et même d'inconsé-» quence. On ne les verroit pas d'un côté pensionnés » par le gouvernement, et de l'autre un objet d'a-» nathème : nos prêtres perdroient l'habitude de les » excommunier, et nos bourgeois de les regarder » avec mépris; et une petite république auroit la » gloire d'avoir réformé l'Europe sur ce point, plus » important peut-être qu'on ne pense. »

Voilà certainement le tableau le plus agréable et le plus séduisant qu'on pût nous offrir; mais voilà en même temps le plus dangereux conseil qu'on pût nous donner. Du moins, tel est mon sentiment; et mes raisons sont dans cet écrit. Avec quelle avidité la jeunesse de Genève, entraînée par une autorité d'un si grand poids, ne se livrera-t-elle point à des idées auxquelles elle n'a déjà que trop de penchant! Combien, depuis la publication de ce volume, de jeunes Genevois, d'ailleurs bons citoyens, n'attendent-ils que le moment de favoriser l'établissement d'un théâtre, croyant rendre un service à la patrie, et presque au genre humain! Voilà le sujet de mes alarmes, voilà le mal que je voudrois prévenir. Je rends justice aux intentions de M. d'Alembert, j'espère qu'il voudra bien la rendre aux miennes : je n'ai pas plus d'envie de lui déplaire que lui de nous nuire. Mais enfin, quand je me tromperois, ne dois-je pas agir, parler, selon ma conscience et mes lumières? Ai-je dû me taire? l'ai-je pu, sans trahir mon devoir et ma patrie?

Pour avoir droit de garder le silence en cette occasion, il faudroit que je n'eusse jamais pris la plume sur des sujets moins nécessaires. Douce obscurité qui fit trente ans mon bonheur, il faudroit avoir toujours su t'aimer, il faudroit qu'on ignorât que j'ai eu quelques liaisons avec les éditeurs de l'Encyclopédie, que j'ai fourni quelques articles à l'ouvrage, que mon nom se trouve avec ceux des auteurs; il faudroit que mon zèle pour mon pays fût moins connu, qu'on supposât que l'article *Genève* m'eût échappé, ou qu'on ne pût inférer de mon silence que j'adhère à ce qu'il contient! Rien de tout cela ne pouvant être, il faut donc parler : il faut que je désavoue ce que je n'approuve point, afin qu'on ne m'impute pas d'autres sentimens que les miens. Mes compatriotes n'ont pas besoin de mes conseils, je le sais bien; mais moi, j'ai besoin de m'honorer, en montrant que je pense comme eux sur nos maximes. Je n'ignore pas combien cet écrit, si loin de ce qu'il devroit être, est loin même de ce que j'aurois pu faire en de plus heureux jours. Tant de choses ont concouru à le mettre au-dessous du médiocre où je pouvois autrefois atteindre, que je m'étonne qu'il ne soit pas pire encore. J'écrivois pour ma patrie; s'il étoit vrai que le zèle tînt lieu de talent, j'aurois fait mieux que jamais; mais j'ai vu ce qu'il falloit faire, et n'ai pu l'exécuter. J'ai dit froidement la vérité : qui est-ce qui se soucie d'elle? Triste recommandation pour un livre! Pour être utile il faut être agréable; et ma plume a perdu cet art-là. Tel me disputera malignement cette perte. Soit : cependant je me sens déchu, et l'on ne tombe pas au-dessous de rien.

Premièrement, il ne s'agit plus ici d'un vain babil de philosophie, mais d'une vérité de pratique importante à tout un peuple. Il ne s'agit plus de parler au petit nombre, mais au public; ni de faire penser les autres, mais d'expliquer nettement ma pensée. Il a donc fallu changer de style : pour me faire mieux entendre à tout le monde, j'ai dit moins de choses en plus de mots; et voulant être clair et simple, je me suis trouvé lâche et diffus.

Je comptois d'abord sur une feuille ou deux d'impression tout au plus : j'ai commencé à la hâte; et mon sujet s'étendant sous ma plume, je l'ai laissée aller sans contrainte. J'étois malade et triste; et, quoique j'eusse grand besoin de distraction, je me sentois si peu en état de penser et d'écrire, que, si l'idée d'un devoir à remplir ne m'eût soutenu, j'aurois jeté cent fois mon papier au feu. J'en suis devenu moins sévère à moi-même. J'ai cherché dans mon travail quelque amusement qui me le fît supporter. Je me suis jeté dans toutes les digressions qui se sont présentées, sans prévoir combien, pour soulager mon ennui, j'en préparois peut-être au lecteur.

Le goût, le choix, la correction, ne sauroient se trouver dans cet ouvrage. Vivant seul, je n'ai pu le montrer à personne. J'avais un Aristarque (*) sévère et judicieux; je ne l'ai plus, je n'en veux plus (¹) : mais je le regretterai sans cesse, et il manque bien plus encore à mon cœur qu'à mes écrits.

La solitude calme l'âme et apaise les passions que le désordre du monde a fait naître. Loin des vices qui nous irritent, on en parle avec moins d'indignation; loin des maux qui nous touchent, le cœur en est moins ému. Depuis que je ne vois plus les hommes, j'ai presque cessé de haïr les méchans. D'ailleurs le mal qu'ils m'ont fait à moi-même m'ôte le droit d'en dire d'eux. Il faut désormais que je leur pardonne, pour ne leur pas ressembler. Sans y songer, je substituerois l'amour de la vengeance à celui de la justice : il vaut mieux tout oublier. J'espère qu'on ne me trouvera plus cette âpreté qu'on me reprochoit, mais qui me faisoit lire; je consens d'être moins lu, pourvu que je vive en paix.

A ces raisons il s'en joint une autre plus cruelle, et que je voudrois en vain dissimuler; le public ne la sentiroit que trop malgré moi. Si, dans les essais sortis de ma plume, ce papier est encore au-dessous des autres, c'est moins la faute des circonstances que la mienne; c'est que je suis au-dessous de moi-même. Les maux du corps épuisent l'âme : à force de souffrir elle perd son ressort. Un instant de fermentation passagère produisit en moi quelque lueur de talent : il s'est montré tard, il s'est éteint de bonne heure. En reprenant mon état naturel, je suis rentré dans le néant. Je n'eus qu'un moment, il est passé; j'ai la honte de me survivre. Lecteur, si vous recevez ce dernier ouvrage avec indulgence, vous accueillerez mon ombre; car, pour moi, je ne suis plus (*).

A Montmorency, le 20 mars 1758.

(*) Cet aristarque tant regretté étoit Diderot.

(¹) *Ad amicum etsi produxeris gladium, non desperes; est enim regressus. Ad amicum si aperueris os triste, non timeas: est enim concordatio: excepto convicio, et improperio, et superbiâ, et mysterii revelatione, et plagâ dolosâ; in his omnibus effugiet amicus.* Ecclesiastic., XXXII, 26, 27 (*a*).

(*a*) « Si vous avez tiré l'épée contre votre ami, n'en désespérez pas, car il y a moyen de revenir. Si vous l'avez attristé par vos paroles, ne craignez rien, il est possible encore de vous réconcilier avec lui. Mais pour l'outrage, le reproche injurieux, la révélation du secret et la plaie faite à son cœur en trahison, point de grâce à ses yeux : il s'éloignera sans retour. » Cette traduction est de Marmontel (*Mémoires*, livre VII). G. P.

(*) Voici ce que raconte Dusaulx dans le récit d'un dîner fait chez lui par Rousseau avec quelques autres convives. « On » lui fit remarquer sur mes tablettes tous ses livres exposés sur » le même rayon. Il s'émut à cet aspect : Ah! les voilà, s'écria-t-il, je les rencontre partout; il semble qu'ils me poursuivent. Que ces gens-là m'ont fait de mal..... et de plaisir! » Il s'en approche; il les frappe ou les caresse l'un après » l'autre.

. . . .

» Saisissant sa *Lettre à d'Alembert* concernant les spectacles : Voici mon livre favori, voici mon Benjamin! C'est que » je l'ai produit sans effort, du premier jet, et dans les momens les plus lucides de ma vie. On a beau faire, on ne me » ravira jamais à cet égard la gloire d'avoir fait une œuvre » d'homme. » *De mes rapports avec J. J. Rousseau*, page 101 G. P.

J. J. ROUSSEAU,

CITOYEN DE GENÈVE,

A M. D'ALEMBERT.

J'ai lu, monsieur, avec plaisir votre article GENÈVE, dans le septième volume de l'Encyclopédie. En le relisant avec plus de plaisir encore, il m'a fourni quelques réflexions, que j'ai cru pouvoir offrir, sous vos auspices, au public et à mes concitoyens. Il y a beaucoup à louer dans cet article; mais si les éloges dont vous honorez ma patrie m'ôtent le droit de vous en rendre, ma sincérité parlera pour moi : n'être pas de votre avis sur quelques points, c'est assez m'expliquer sur les autres.

Je commencerai par celui que j'ai le plus de répugnance à traiter et dont l'examen me convient le moins, mais sur lequel, par la raison que je viens de dire, le silence ne m'est pas permis : c'est le jugement que vous portez de la doctrine de nos ministres en matière de foi. Vous avez fait de ce corps respectable un éloge très-beau, très-vrai, très-propre à eux seuls dans tous les clergés du monde, et qu'augmente encore la considération qu'ils vous ont témoignée, en montrant qu'ils aiment la philosophie, et ne craignent pas l'œil du philosophe. Mais, monsieur, quand on veut honorer les gens, il faut que ce soit à leur manière, et non pas à la nôtre, de peur qu'ils ne s'offensent avec raison des louanges nuisibles, qui, pour être données à bonne intention, n'en blessent pas moins l'état, l'intérêt, les opinions, ou les préjugés de ceux qui en sont l'objet. Ignorez-vous que tout nom de secte est odieux, et que de pareilles imputations, rarement sans conséquence pour des laïcs, ne le sont jamais pour des théologiens?

Vous me direz qu'il est question de faits et non de louanges, et que le philosophe a plus d'égard à la vérité qu'aux hommes; mais cette prétendue vérité n'est pas si claire ni si indifférente que vous soyez en droit de l'avancer sans de bonnes autorités, et je ne vois pas où l'on en peut prendre pour prouver que les sentimens qu'un corps professe et sur lesquels il se conduit ne sont pas les siens. Vous me direz encore que vous n'attribuez point à tout le corps ecclésiastique les sentimens dont vous parlez; mais vous les attribuez à plusieurs; et plusieurs, dans un petit nombre, font toujours une si grande partie, que le tout doit s'en ressentir.

Plusieurs pasteurs de Genève n'ont, selon vous, qu'un socinianisme parfait. Voilà ce que vous déclarez hautement à la face de l'Europe. J'ose vous demander comment vous l'avez appris : ce ne peut être que par vos propres conjectures, ou par le témoignage d'autrui, ou sur l'aveu des pasteurs en question.

Or, dans les matières de pur dogme et qui ne tiennent point à la morale, comment peut-on juger de la foi d'autrui par conjecture? comment peut-on même en juger sur la déclaration d'un tiers, contre celle de la personne intéressée? qui sait mieux que moi ce que je crois ou ne crois pas? et à qui doit-on s'en rapporter là-dessus plutôt qu'à moi-même? Qu'après avoir tiré des discours ou des écrits d'un honnête homme des conséquences sophistiques et désavouées, un prêtre acharné poursuive l'auteur sur ces conséquences, le prêtre fait son métier, et n'étonne personne; mais devons-nous honorer les gens de bien comme un fourbe les persécute? et le philosophe imitera-t-il des raisonnemens captieux dont il fut si souvent la victime?

Il resteroit donc à penser, sur ceux de nos pasteurs que vous prétendez être sociniens parfaits et rejeter les peines éternelles, qu'ils vous ont confié là-dessus leurs sentimens particuliers. Mais, si c'étoit en effet leur sentiment et qu'ils vous l'eussent confié, sans doute ils vous l'auroient dit en secret, dans l'honnête et libre épanchement d'un commerce philosophique ; ils l'auroient dit au philosophe et non pas à l'auteur. Ils n'en ont donc rien fait, et ma preuve est sans réplique : c'est que vous l'avez publié.

Je ne prétends point pour cela juger ni blâmer la doctrine que vous leur imputez ; je dis seulement qu'on n'a nul droit de la leur imputer, à moins qu'ils ne la reconnoissent; et j'ajoute qu'elle ne ressemble en rien à celle dont ils nous instruisent. Je ne sais ce que c'est que le socinianisme, ainsi je n'en puis parler ni en bien ni en mal (et même, sur quelques notions confuses de cette secte et de son fondateur, je me sens plus d'éloignement que de goût pour elle) : mais, en général, je suis l'ami de toute religion paisible, où l'on sert l'Être éternel selon la raison qu'il nous a donnée. Quand un homme ne peut croire ce qu'il trouve absurde, ce n'est pas sa faute, c'est celle de sa raison (1) : et comment concevrai-je que Dieu le punisse de ne s'être pas fait un entendement (2)

(1) Je crois voir un principe qui, bien démontré comme il pourroit l'être, arracheroit à l'instant les armes des mains à l'intolérant et au superstitieux, et calmeroit cette fureur de faire des prosélytes qui semble animer les incrédules : c'est que la raison humaine n'a pas de mesure commune bien déterminée, et qu'il est injuste à tout homme de donner la sienne pour règle à celle des autres.

Supposons de la bonne foi, sans laquelle toute dispute n'est que du caquet. Jusqu'à certain point il y a des principes communs, une évidence commune, et de plus, chacun a sa propre raison qui le détermine : ainsi ce sentiment ne mène point au scepticisme; mais aussi, les bornes générales de la raison n'étant point fixées, et nul n'ayant inspection sur celle d'autrui, voilà tout d'un coup le fier dogmatique arrêté. Si jamais on pouvoit établir la paix où règnent l'intérêt, l'orgueil et l'opinion, c'est par là qu'on termineroit à la fin les dissensions des prêtres et des philosophes. Mais peut-être ne seroit-ce le compte ni des uns ni des autres : il n'y auroit plus ni persécutions ni disputes : les premiers n'auroient personne à tourmenter, les seconds personne à convaincre; autant vaudroit quitter le métier.

Si l'on me demandoit là-dessus pourquoi donc je dispute moi-même, je répondrois que je parle au plus grand nombre, que j'expose des vérités de pratique, que je me fonde sur l'expérience, que je remplis mon devoir, et qu'après avoir dit ce que je pense, je ne trouve point mauvais qu'on ne soit pas de mon avis.

(2) Il faut se ressouvenir que j'ai à répondre à un auteur qui n'est pas protestant ; et je crois lui répondre en effet, en mon-

contraire à celui qu'il a reçu de lui? Si un docteur venoit m'ordonner de la part de Dieu de croire que la partie est plus grande que le tout, que pourrois-je penser en moi-même, sinon que cet homme vient m'ordonner d'être fou? Sans doute l'orthodoxe, qui ne voit nulle absurdité dans les mystères, est obligé de les croire : mais si le socinien y en trouve, qu'a-t-on à lui dire? Lui prouvera-t-on qu'il n'y en a pas? Il commencera, lui, par vous prouver que c'est une absurdité de raisonner sur ce qu'on ne sauroit entendre. Que faire donc? Le laisser en repos.

Je ne suis pas plus scandalisé que ceux qui, servant un Dieu clément, rejettent l'éternité des peines, s'ils la trouvent incompatible avec sa justice. Qu'en pareil cas ils interprètent de leur mieux les passages contraires à leur opinion, plutôt que de l'abandonner; que peuvent-ils faire autre chose? Nul n'est plus pénétré que moi d'amour et de respect pour le plus sublime de tous les livres : il me console et m'instruit tous les jours, quand les autres ne m'inspirent plus que du dégoût. Mais je soutiens que, si l'Écriture elle-même nous donnoit de Dieu quelque idée indigne de lui, il faudroit la rejeter en cela, comme vous rejetez en géométrie les démonstrations qui mènent à des conclusions absurdes; car, de quelque authenticité que puisse être le texte sacré, il est encore plus croyable que la Bible soit altérée, que Dieu injuste ou malfaisant.

Voilà, monsieur, les raisons qui m'empêcheroient de blâmer ces sentimens dans d'équitables et modérés théologiens, qui de leur propre doctrine apprendroient à ne forcer personne à l'adopter. Je dirai plus : des manières de penser si convenables à une créature raisonnable et faible, si dignes d'un créateur juste et miséricordieux, me paroissent préférables à cet assentiment stupide qui fait de l'homme une bête, et à cette barbare intolérance qui se plaît à tourmenter dès cette vie ceux qu'elle destine aux tourmens éternels dans l'autre. En ce sens je vous remercie pour ma patrie de l'esprit de philosophie et d'humanité que vous reconnoissez dans son clergé, et de la justice que vous aimez à lui rendre; je suis d'accord avec vous sur ce point. Mais, pour être philosophes et tolérans (1), il ne s'ensuit pas que ses membres soient hérétiques. Dans le nom de parti que vous leur donnez, dans les dogmes que vous dites être les leurs, je ne puis ni vous approuver ni vous suivre. Quoiqu'un tel système n'ait rien peut-être que d'honorable à ceux qui l'adoptent, je me garderai de l'attribuer à mes pasteurs, qui ne l'ont pas adopté, de peur que l'éloge que j'en pourrois faire ne fournît à d'autres le sujet d'une accusation très-grave, et ne nuisît à ceux que j'aurois prétendu louer. Pourquoi me chargerois-je de la profession de foi d'autrui? N'ai-je pas trop appris à craindre ces imputations téméraires? Combien de gens se sont chargés de la mienne en m'accusant de manquer de religion, qui sûrement ont fort mal lu dans mon cœur! Je ne les taxerai point d'en manquer eux-mêmes; car un des devoirs qu'elle m'impose est de respecter les secrets des consciences. Monsieur, jugeons les actions des hommes, et laissons Dieu juger de leur foi.

En voilà trop peut-être sur un point dont l'examen ne m'appartient pas, et n'est pas

trant que ce qu'il accuse nos ministres de faire dans notre religion s'y feroit inutilement, et se fait nécessairement dans plusieurs autres sans qu'on y songe.

Le monde intellectuel, sans en excepter la géométrie, est plein de vérités incompréhensibles, et pourtant incontestables, parce que la raison qui les démontre existantes ne peut les toucher, pour ainsi dire, à travers les bornes qui l'arrêtent, mais seulement les apercevoir. Tel est le dogme de l'existence de Dieu, tels sont les mystères admis dans les communions protestantes. Les mystères qui heurtent la raison, pour me servir des termes de M. d'Alembert, sont tout autre chose. Leur contradiction même les fait entrer dans ses bornes; elle a toutes les prises imaginables pour sentir qu'ils n'existent pas : car, bien qu'on ne puisse voir une chose absurde, rien n'est si clair que l'absurdité. Voilà ce qui arrive lorsqu'on soutient à la fois deux propositions contradictoires. Si vous me dites qu'un espace d'un pouce est aussi un espace d'un pied, vous ne dites point du tout une chose mystérieuse, obscure, incompréhensible; vous dites au contraire une absurdité lumineuse et palpable, une chose évidemment fausse. De quelque genre que soient les démonstrations qui l'établissent, elles ne sauroient l'emporter sur celle qui la détruit, parce qu'elle est tirée immédiatement des notions primitives qui servent de base à toute certitude humaine. Autrement, la raison, déposant contre elle-même, nous forceroit à la récuser; et, loin de nous faire croire ceci ou cela, elle nous empêcheroit de plus rien croire, attendu que tout principe de foi seroit détruit. Tout homme, de quelque religion qu'il soit, qui dit croire à de pareils mystères, en impose donc, ou ne sait ce qu'il dit.

(1) Sur la tolérance chrétienne on peut consulter le chapitre qui porte ce titre dans le onzième livre de la *Doctrine chrétienne* de M. le professeur Vernet. On y verra par quelles raisons l'Église doit apporter encore plus de ménagement et de circonspection dans la censure des erreurs sur la foi, que dans celle des fautes contre les mœurs, et comment s'allient, dans les règles de cette censure, la douceur du chrétien, la raison du sage, et le zèle du pasteur.

aussi le sujet de cette lettre. Les ministres de Genève n'ont pas besoin de la plume d'autrui pour se défendre (1); ce n'est pas la mienne qu'ils choisiroient pour cela, et de pareilles discussions sont trop loin de mon inclination pour que je m'y livre avec plaisir : mais, ayant à parler du même article où vous leur attribuez des opinions que nous ne leur connoissons point, me taire sur cette assertion, c'étoit y paroître adhérer, et c'est ce que je suis fort éloigné de faire. Sensible au bonheur que nous avons de posséder un corps de théologiens philosophes et pacifiques, ou plutôt un corps d'officiers de morale (2) et de ministres de la vertu, je ne vois naître qu'avec effroi toute occasion pour eux de se rabaisser jusqu'à n'être plus que des gens d'église. Il nous importe de les conserver tels qu'ils sont. Il nous importe qu'ils jouissent eux-mêmes de la paix qu'ils nous font aimer, et que d'odieuses disputes de théologie ne troublent plus leur repos ni le nôtre. Il nous importe enfin d'apprendre toujours, par leurs leçons et par leur exemple, que la douceur et l'humanité sont aussi les vertus du chrétien.

Je me hâte de passer à une discussion moins grave et moins sérieuse, mais qui nous intéresse encore assez pour mériter nos réflexions, et dans laquelle j'entrerai plus volontiers, comme étant un peu plus de ma compétence; c'est celle du projet d'établir un théâtre de comédie à Genève. Je n'exposerai point ici mes conjectures sur les motifs qui vous ont pu porter à nous proposer un établissement si contraire à nos maximes. Quelles que soient vos raisons, il ne s'agit pour moi que des nôtres ; et tout ce que je me permettrai de dire à votre égard, c'est que vous serez sûrement le premier philosophe (1) qui jamais ait excité un peuple libre, une petite ville, et un état pauvre, à se charger d'un spectacle public.

Que de questions je trouve à discuter dans celle que vous semblez résoudre ! Si les spectacles sont bons ou mauvais en eux-mêmes? s'ils peuvent s'allier avec les mœurs? si l'austérité républicaine les peut comporter? s'il faut les souffrir dans une petite ville? si la profession de comédien peut être honnête? si les comédiennes peuvent être aussi sages que d'autres femmes? si de bonnes lois suffisent pour réprimer les abus? si ces lois peuvent être bien observées? etc. Tout est problème encore sur les vrais effets du théâtre, parce que les disputes qu'il occasione ne partageant que les gens d'église et les gens du monde, chacun ne l'envisage que par ses préjugés. Voilà, monsieur, des recherches qui ne seroient pas indignes de votre plume. Pour moi, sans croire y suppléer, je me contenterai de chercher, dans cet essai, les éclaircissemens que vous nous avez rendus nécessaires; vous priant de considérer qu'en disant mon avis, à votre exemple, je remplis un devoir envers ma patrie ; et qu'au moins, si je me trompe dans mon sentiment, cette erreur ne peut nuire à personne.

Au premier coup d'œil jeté sur ces institutions, je vois d'abord qu'un spectacle est un amusement; et, s'il est vrai qu'il faille des amusemens à l'homme, vous conviendrez au moins qu'ils ne sont permis qu'autant qu'ils sont nécessaires, et que tout amusement inutile est un mal pour un être dont la vie est si courte et le temps si précieux. L'état d'homme a ses plaisirs, qui dérivent de sa nature, et naissent de ses travaux, de ses rapports, de ses besoins ; et ces plaisirs, d'autant plus doux que celui qui les goûte a l'ame plus saine, rendent quiconque en sait jouir peu sensible à tous les autres. Un

(1) C'est ce qu'ils viennent de faire, à ce qu'on m'écrit, par une déclaration publique. Elle ne m'est point parvenue dans ma retraite; mais j'apprends *que le public l'a reçue avec applaudissement*. Ainsi, non-seulement je jouis du plaisir de leur avoir le premier rendu l'honneur qu'ils méritent, mais de celui d'entendre mon jugement unanimement confirmé. Je sens bien que cette déclaration rend le début de ma lettre entièrement superflu, et le rendroit peut-être indiscret dans tout autre cas : mais, étant sur le point de le supprimer, j'ai vu que, parlant du même article qui y a donné lieu, la même raison subsistoit encore, et qu'on pourroit toujours prendre mon silence pour une espèce de consentement. Je laisse donc ces réflexions d'autant plus volontiers, que, si elles viennent hors de propos sur une affaire heureusement terminée, elles ne contiennent en général rien que d'honorable à l'église de Genève, et que d'utile aux hommes en tout pays.

(2) C'est ainsi que l'abbé de Saint-Pierre appeloit toujours les ecclésiastiques, soit pour dire ce qu'ils sont en effet, soit pour exprimer ce qu'ils devroient être.

(1) De deux célèbres historiens, tous deux philosophes, tous deux chers à M. d'Alembert, le moderne (*) seroit de son avis peut-être ; mais Tacite, qu'il aime, qu'il médite, qu'il daigne traduire, le grave Tacite, qu'il cite si volontiers, et qu'à l'obscurité près il imite si bien quelquefois, en eût-il été de même?

G. P.

(*) Hume.

père, un fils, un mari, un citoyen, ont des devoirs si chers à remplir, qu'ils ne leur laissent rien à dérober à l'ennui. Le bon emploi du temps rend le temps plus précieux encore ; et mieux on le met à profit, moins on en sait trouver à perdre. Aussi voit-on constamment que l'habitude du *travail* rend l'inaction insupportable, et qu'une bonne conscience éteint le goût des plaisirs frivoles : mais c'est le mécontentement de soi-même, c'est le poids de l'oisiveté, c'est l'oubli des goûts simples et naturels, qui rendent si nécessaire un amusement étranger. Je n'aime point qu'on ait besoin d'attacher incessamment son cœur sur la scène, comme s'il étoit mal à son aise au-dedans de nous. La nature même a dicté la réponse de ce barbare (1) à qui l'on vantoit les magnificences du cirque et des jeux établis à Rome. Les Romains, demanda ce bon homme, n'ont-ils ni femme, ni enfans? Le barbare avoit raison. L'on croit s'assembler au spectacle, et c'est là que chacun s'isole ; c'est là qu'on va oublier ses amis, ses voisins, ses proches, pour s'intéresser à des fables, pour pleurer les malheurs des morts, ou rire aux dépens des vivans. Mais j'aurois dû sentir que ce langage n'est plus de saison dans notre siècle. Tâchons d'en prendre un qui soit mieux entendu.

Demander si les spectacles sont bons ou mauvais en eux-mêmes, c'est faire une question trop vague ; c'est examiner un rapport avant que d'avoir fixé les termes. Les spectacles sont faits pour le peuple, et ce n'est que par leurs effets sur lui qu'on peut déterminer leurs qualités absolues. Il peut y avoir des spectacles d'une infinité d'espèces (2) : il y a de peuple à peuple une prodigieuse diversité de mœurs, de tempéramens, de caractères. L'homme est un, je l'avoue ; mais l'homme modifié par les religions, par les gouvernemens, par les lois, par les coutumes, par les préjugés, par les climats, devient si différent de lui-même, qu'il ne faut plus chercher parmi nous ce qui est bon aux hommes en général, mais ce qui leur est bon dans tel temps ou dans tel pays. Ainsi les pièces de Ménandre, faites pour le théâtre d'Athènes, étoient déplacées sur celui de Rome : ainsi les combats des gladiateurs, qui, sous la république, animoient le courage et la valeur des Romains, n'inspiroient, sous les empereurs, à la populace de Rome, que l'amour du sang et la cruauté : du même objet offert au même peuple en différens temps, il apprit d'abord à mépriser sa vie, et ensuite à se jouer de celle d'autrui.

Quant à l'espèce des spectacles, c'est nécessairement le plaisir qu'ils donnent, et non leur utilité, qui la détermine. Si l'utilité peut s'y trouver, à la bonne heure ; mais l'objet principal est de plaire, et, pourvu que le peuple s'amuse, cet objet est assez rempli. Cela seul empêchera toujours qu'on ne puisse donner à ces sortes d'établissemens tous les avantages dont ils seroient susceptibles, et c'est s'abuser beaucoup que de s'en former une idée de perfection qu'on ne sauroit mettre en pratique sans rebuter ceux qu'on croit instruire. Voilà d'où naît la diversité des spectacles selon les goûts divers des nations. Un peuple intrépide, grave et cruel, veut des fêtes meurtrières et périlleuses, où brillent la valeur et le sang-froid. Un peuple féroce et bouillant veut du sang, des combats, des passions atroces. Un peuple voluptueux veut de la musique et des danses. Un peuple galant veut de l'amour et de la politesse. Un peuple badin veut de la plaisanterie et du ridicule. *Trahit sua quemque voluptas.* Il faut, pour leur plaire, des spectacles qui favorisent leurs penchans, au lieu qu'il en faudroit qui les modérassent.

(1) Chrysost. in Matth., Homel. 38.

(2) « Il peut y avoir des spectacles blâmables en eux-mêmes, » comme ceux qui sont inhumains ou indécens et licencieux : » tels étoient quelques-uns des spectacles parmi les païens. » Mais il en est aussi d'indifférens en eux-mêmes, qui ne deviennent mauvais que par l'abus qu'on en fait. Par exemple, les » pièces de théâtre n'ont rien de mauvais en tant qu'on y trouve » une peinture des caractères et des actions des hommes, où » l'on pourroit même donner des leçons agréables et utiles » pour toutes les conditions : mais si l'on y débite une morale » relâchée, si les personnes qui exercent cette profession mènent une vie licencieuse et servent à corrompre les autres, » si de tels spectacles entretiennent la vanité, la fainéantise, » le luxe, l'impudicité, il est visible alors que la chose tourne » en abus, et qu'à moins qu'on ne trouve le moyen de corriger » ces abus ou de s'en garantir, il vaut mieux renoncer à cette » sorte d'amusement. » *Instructions chrétiennes* (*), tome III, livre III, chap. XVI.

Voilà l'état de la question bien posé. Il s'agit de savoir si la morale du théâtre est nécessairement relâchée, si les abus sont inévitables, si les inconvéniens dérivent de la nature de la chose, ou s'ils viennent de causes qu'on ne puisse écarter.

(*) 5 vol. in-8. *Amsterdam*, 1755. C'est un ouvrage du même professeur Vernet, auteur de la *Doctrine chrétienne* précédemment citée.

G. P.

La scène, en général, est un tableau des passions humaines, dont l'original est dans tous les cœurs : mais si le peintre n'avoit soin de flatter ces passions, les spectateurs seroient bientôt rebutés, et ne voudroient plus se voir sous un aspect qui les fît mépriser d'eux-mêmes. Que s'il donne à quelques-unes des couleurs odieuses, c'est seulement à celles qui ne sont point générales, et qu'on hait naturellement. Ainsi l'auteur ne fait encore en cela que suivre le sentiment du public; et alors ces passions de rebut sont toujours employées à en faire valoir d'autres, sinon plus légitimes, du moins plus au gré des spectateurs. Il n'y a que la raison qui ne soit bonne à rien sur la scène. Un homme sans passions, ou qui les domineroit toujours, n'y sauroit intéresser personne; et l'on a déjà remarqué qu'un stoïcien, dans la tragédie, seroit un personnage insupportable : dans la comédie, il feroit rire tout au plus.

Qu'on n'attribue donc pas au théâtre le pouvoir de changer des sentimens ni des mœurs qu'il ne peut que suivre et embellir. Un auteur qui voudroit heurter le goût général composeroit bientôt pour lui seul. Quand Molière corrigea la scène comique, il attaqua des modes, des ridicules; mais il ne choqua pas pour cela le goût du public (¹); il le suivit ou le développa, comme fit aussi Corneille de son côté. C'étoit l'ancien théâtre qui commençoit à choquer ce goût, parce que, dans un siècle devenu plus poli, le théâtre gardoit sa première grossièreté. Aussi, le goût général ayant changé depuis ces deux auteurs, si leurs chefs-d'œuvre étoient encore à paroître, tomberoient-ils infailliblement aujourd'hui. Les connoisseurs ont beau les admirer toujours, si le public les admire encore, c'est plus par honte de s'en dédire que par un vrai sentiment de leurs beautés. On dit que jamais une bonne pièce ne tombe vraiment je le crois bien; c'est que jamais une bonne pièce ne choque les mœurs (¹) de son temps. Qui est-ce qui doute que sur nos théâtres la meilleure pièce de Sophocle ne tombât tout à plat? On ne sauroit se mettre à la place de gens qui ne nous ressemblent point.

Tout auteur qui veut nous peindre des mœurs étrangères a pourtant grand soin d'approprier sa pièce aux nôtres. Sans cette précaution, l'on ne réussit jamais, et le succès même de ceux qui l'ont prise a souvent des causes bien différentes de celles que lui suppose un observateur superficiel. Quand *Arlequin sauvage* (*) est si bien accueilli des spectateurs, pense-t-on que ce soit par le goût qu'ils prennent pour le sens et la simplicité de ce personnage, et qu'un seul d'entre eux voulût pour cela lui ressembler? C'est, tout au contraire, que cette pièce favorise leur tour d'esprit, qui est d'aimer et rechercher les idées neuves et singulières. Or il n'y en a point de plus neuves pour eux que celles de la nature. C'est précisément leur aversion pour les choses communes qui les ramène quelquefois aux choses simples.

Il s'ensuit de ces premières observations que l'effet général du spectacle est de renforcer le caractère national, d'augmenter les inclinations naturelles, et de donner une nouvelle énergie à toutes les passions. En ce sens il sembleroit que cet effet, se bornant à charger et non changer les mœurs établies, la comédie seroit bonne aux bons et mauvaise aux méchans. Encore, dans le premier cas, resteroit-il toujours à savoir si les passions trop irritées ne dégénèrent point en vices. Je sais que la poétique du théâtre prétend faire tout le contraire, et purger les passions en les excitant : mais j'ai peine à bien concevoir cette règle. Seroit-ce que, pour devenir tempérant et sage, il faut commencer par être furieux et fou?

(¹) Pour peu qu'il anticipât, ce Molière lui-même avoit peine à se soutenir; le plus parfait de ses ouvrages tomba dans sa naissance, parce qu'il le donna trop tôt, et que le public n'étoit pas mûr encore pour le *Misanthrope*.

Tout ceci est fondé sur une maxime évidente : savoir, qu'un peuple suit souvent des usages qu'il méprise, ou qu'il est prêt à mépriser, sitôt qu'on osera lui en donner l'exemple. Quand, de mon temps, on jouoit la fureur des pantins, on ne faisoit que dire au théâtre ce que pensoient ceux mêmes qui passoient leur journée à ce sot amusement : mais les goûts constans d'un peuple, ses coutumes, ses vieux préjugés, doivent être respectés sur la scène. Jamais poète ne s'est bien trouvé d'avoir violé cette loi.

(¹) Je dis le goût ou les mœurs indifféremment; car, bien que l'une de ces choses ne soit pas l'autre, elles ont toujours une origine commune et souffrent les mêmes révolutions. Ce qui ne signifie pas que le bon goût et les bonnes mœurs règnent toujours en même temps; proposition qui demande éclaircissement et discussion, mais qu'un certain état du goût répond toujours à certain état de mœurs, ce qui est incontestable.

(*) Comédie de Delisle de La Drevetière, jouée au Théâtre Italien, en 1721, et reprise plusieurs fois avec un égal succès.

« Eh! non, ce n'est pas cela, disent les partisans du théâtre. La tragédie prétend bien » que toutes les passions dont elle fait des tableaux nous émeuvent, mais elle ne veut pas » toujours que notre affection soit la même que » celle du personnage tourmenté par une passion. Le plus souvent, au contraire, son but » est d'exciter en nous des sentimens opposés » à ceux qu'elle prête à ses personnages. » Ils disent encore que, si les auteurs abusent du pouvoir d'émouvoir les cœurs pour mal placer l'intérêt, cette faute doit être attribuée à l'ignorance et à la dépravation des artistes et non point à l'art. Ils disent enfin que la peinture fidèle des passions et des peines qui les accompagnent suffit seule pour nous les faire éviter avec tout le soin dont nous sommes capables.

Il ne faut, pour sentir la mauvaise foi de toutes ces réponses, que consulter l'état de son cœur à la fin d'une tragédie. L'émotion, le trouble et l'attendrissement qu'on sent en soi-même, et qui se prolongent après la pièce, annoncent-ils une disposition bien prochaine à surmonter et régler nos passions? Les impressions vives et touchantes dont nous prenons l'habitude, et qui reviennent si souvent, sont-elles bien propres à modérer nos sentimens au besoin? Pourquoi l'image des peines qui naissent des passions effaceroit-elle celle des transports de plaisir et de joie qu'on en voit aussi naître, et que les auteurs ont soin d'embellir encore pour rendre leurs pièces plus agréables? Ne sait-on pas que toutes les passions sont sœurs, qu'une seule suffit pour en exciter mille, et que les combattre l'une par l'autre n'est qu'un moyen de rendre le cœur plus sensible à toutes? Le seul instrument qui serve à les purger est la raison; et j'ai déjà dit que la raison n'avoit nul effet au théâtre. Nous ne partageons pas les affections de tous les personnages, il est vrai; car, leurs intérêts étant opposés, il faut bien que l'auteur nous en fasse préférer quelqu'un, autrement nous n'en prendrions point du tout: mais, loin de choisir pour cela les passions qu'il veut nous faire aimer, il est forcé de choisir celles que nous aimons. Ce que j'ai dit du genre des spectacles doit s'entendre encore de l'intérêt qu'on y fait régner. A Londres, un drame intéresse en faisant haïr les François; à Tunis, la belle passion seroit la piraterie; à Messine, une vengeance bien savoureuse; à Goa, l'honneur de brûler des juifs. Qu'un auteur (1) choque ces maximes, il pourra faire une fort belle pièce où l'on n'ira point: et c'est alors qu'il faudra taxer cet auteur d'ignorance, pour avoir manqué à la première loi de son art, à celle qui sert de base à toutes les autres, qui est de réussir. Ainsi le théâtre purge les passions qu'on n'a pas, et fomente celles qu'on a. Ne voilà-t-il pas un remède bien administré?

Il y a donc un concours de causes générales et particulières qui doivent empêcher qu'on ne puisse donner aux spectacles la perfection dont on les croit susceptibles, et qu'ils ne produisent les effets avantageux qu'on semble en attendre. Quand on supposeroit même cette perfection aussi grande qu'elle peut être, et le peuple aussi bien disposé qu'on voudra; encore ces effets se réduiroient-ils à rien, faute de moyens pour les rendre sensibles. Je ne sache que trois sortes d'instrumens à l'aide desquels on puisse agir sur les mœurs d'un peuple; savoir, la force des lois, l'empire de l'opinion, et l'attrait du plaisir. Or les lois n'ont nul accès au théâtre, dont la moindre contrainte feroit (2) une peine et non pas un amusement. L'opinion n'en dépend point, puisqu'au lieu de faire la loi au public, le théâtre la reçoit de lui; et, quant au plaisir qu'on y peut prendre, tout son effet est de nous y ramener plus souvent.

Examinons s'il en peut avoir d'autres. Le théâtre, me dit-on, dirigé comme il peut et doit l'être, rend la vertu aimable et le vice odieux. Quoi donc! avant qu'il y eût des comé-

(1) Qu'on mette, pour voir, sur la scène françoise un homme droit et vertueux, mais simple et grossier, sans amour, sans galanterie, et qui ne fasse point de belles phrases; qu'on y mette un sage sans préjugé, qui, ayant reçu un affront d'un spadassin, refuse de s'aller faire égorger par l'offenseur; et qu'on épuise tout l'art du théâtre pour rendre ces personnages intéressans comme le Cid au peuple françois: j'aurai tort si l'on réussit.

(2) Les lois peuvent déterminer les sujets, la forme des pièces, la manière de les jouer; mais elles ne sauroient forcer le public à s'y plaire. L'empereur Néron, chantant au théâtre, faisoit égorger ceux qui s'endormoient; encore ne pouvoit-il tenir tout le monde éveillé: et peu s'en fallut que le plaisir d'un court sommeil ne coûtât la vie à Vespasien (*). Nobles acteurs de l'Opéra de Paris, ah! si vous eussiez joui de la puissance impériale, je ne gémirois pas maintenant d'avoir trop vécu!

(*) SUETON., in Vespas., cap. IV. — TACIT., Ann. XVI, 5. G. P.

dies n'aimoit-on point les gens de bien? ne haïssoit-on point les méchans? et ces sentimens sont-ils plus foibles dans les lieux dépourvus de spectacles? Le théâtre rend la vertu plus aimable..... Il opère un grand prodige de faire ce que la nature et la raison font avant lui! Les méchans sont haïs sur la scène..... Sont-ils aimés dans la société quand on les y connoît pour tels? Est-il bien sûr que cette haine soit plutôt l'ouvrage de l'auteur que des forfaits qu'il leur fait commettre? Est-il bien sûr que le simple récit de ces forfaits nous en donneroit moins d'horreur que toutes les couleurs dont il nous les peint? Si tout son art consiste à nous montrer les malfaiteurs pour nous les rendre odieux, je ne vois point ce que cet art a de si admirable, et l'on ne prend là-dessus que trop d'autres leçons sans celle-là. Oserai-je ajouter un soupçon qui me vient? Je doute que tout homme à qui l'on exposera d'avance les crimes de Phèdre ou de Médée ne les déteste plus encore au commencement qu'à la fin de la pièce; et si ce doute est fondé, que faut-il penser de cet effet si vanté du théâtre?

Je voudrois bien qu'on me montrât clairement et sans verbiage par quels moyens il pourroit produire en nous des sentimens que nous n'aurions pas, et nous faire juger des êtres moraux autrement que nous n'en jugeons en nous-mêmes. Que toutes ces vaines prétentions approfondies sont puériles et dépourvues de sens! Ah! si la beauté de la vertu étoit l'ouvrage de l'art, il y a long-temps qu'il l'auroit défigurée. Quant à moi, dût-on me traiter de méchant encore pour oser soutenir que l'homme est né bon, je le pense et crois l'avoir prouvé: la source de l'intérêt qui nous attache à ce qui est honnête, et nous inspire de l'aversion pour le mal, est en nous et non dans les pièces. Il n'y a point d'art pour produire cet intérêt, mais seulement pour s'en prévaloir. L'amour du beau (1) est un sentiment aussi naturel au cœur humain que l'amour de soi-même; il n'y naît point d'un arrangement de scènes; l'auteur ne l'y porte pas, il l'y trouve; et de ce pur sentiment qu'il flatte naissent les douces larmes qu'il fait couler.

Imaginez la comédie aussi parfaite qu'il vous plaira; où est celui qui, s'y rendant pour la première fois, n'y va pas déjà convaincu de ce qu'on y prouve, et déjà prévenu pour ceux qu'on y fait aimer? Mais ce n'est pas de cela qu'il est question; c'est d'agir conséquemment à ses principes et d'imiter les gens qu'on estime. Le cœur de l'homme est toujours droit sur tout ce qui ne se rapporte pas personnellement à lui. Dans les querelles dont nous sommes purement spectateurs, nous prenons à l'instant le parti de la justice, et il n'y a point d'acte de méchanceté qui ne nous donne une vive indignation, tant que nous n'en tirons aucun profit: mais quand notre intérêt s'y mêle, bientôt nos sentimens se corrompent; et c'est alors seulement que nous préférons le mal qui nous est utile, au bien que nous fait aimer la nature. N'est-ce pas un effet nécessaire de la constitution des choses, que le méchant tire un double avantage de son injustice et de la probité d'autrui? Quel traité plus avantageux pourroit-il faire, que d'obliger le monde entier d'être juste, excepté lui seul, en sorte que chacun lui rendît fidèlement ce qui lui est dû, et qu'il ne rendît ce qu'il doit à personne? Il aime la vertu, sans doute; mais il l'aime dans les autres, parce qu'il espère en profiter; il n'en veut point pour lui, parce qu'elle lui seroit coûteuse. Que va-t-il donc voir au spectacle? Précisément ce qu'il voudroit trouver partout; des leçons de vertu pour le public, dont il s'excepte, et des gens immolant tout à leur devoir, tandis qu'on n'exige rien de lui.

J'entends dire que la tragédie mène à la pitié par la terreur; soit. Mais quelle est cette pitié? Une émotion passagère et vaine, qui ne dure pas plus que l'illusion qui l'a produite; un reste de sentiment naturel, étouffé bientôt par les passions; une pitié stérile, qui se repaît de quelques larmes, et n'a jamais produit le moindre acte d'humanité. Ainsi pleuroit le sanguinaire Sylla au récit des maux qu'il n'avoit pas faits lui-même: ainsi se cachoit le tyran de Phère au spectacle, de peur qu'on ne le vît

(1) C'est du beau moral qu'il est ici question. Quoi qu'en disent les philosophes, cet amour est inné dans l'homme, et sert de principe à la conscience. Je puis citer en exemple de cela la petite pièce de *Nanine*, qui a fait murmurer l'assemblée, et ne s'est soutenue que par la grande réputation de l'auteur; et cela parce que l'honneur, la vertu, les purs sentimens de la nature, y sont préférés à l'impertinent préjugé des conditions.

gémir avec Andromaque et Priam (*), tandis qu'il écoutoit sans émotion les cris de tant d'infortunés qu'on égorgeoit tous les jours par ses ordres. Tacite rapporte (**) que Valérius-Asiaticus, accusé calomnieusement par l'ordre de Messaline, qui vouloit le faire périr, se défendit par-devant l'empereur d'une manière qui toucha extrêmement ce prince et arracha des larmes à Messaline elle-même. *Elle entra dans* une chambre voisine pour se remettre, après avoir, tout en pleurant, averti Vitellius à l'oreille de ne pas laisser échapper l'accusé. Je ne vois pas au spectacle une de ces pleureuses de loges si fières de leurs larmes que je ne songe à celles de Messaline pour ce pauvre Valérius-Asiaticus.

Si, selon la remarque de Diogène-Laërce, le cœur s'attendrit plus volontiers à des maux feints qu'à des maux véritables; si les imitations du théâtre nous arrachent quelquefois plus de pleurs que ne feroit la présence même des objets imités, c'est moins, comme le pense l'abbé du Bos, parce que les émotions sont plus foibles et ne vont jamais jusqu'à la douleur ('), que parce qu'elles sont pures et sans mélange d'inquiétude pour nous-mêmes. En donnant des pleurs à ces fictions, nous avons satisfait à tous les droits de l'humanité, sans avoir plus rien à mettre du nôtre; au lieu que les infortunés en personne exigeroient de nous des soins, des soulagemens, des consolations, des travaux, qui pourroient nous associer à leurs peines, qui coûteroient du moins à notre indolence, et dont nous sommes bien aises d'être exemptés. On diroit que notre cœur se resserre, de peur de s'attendrir à nos dépens.

Au fond, quand un homme est allé admirer de belles actions dans des fables et pleurer des malheurs imaginaires, qu'a-t-on encore à exiger de lui? N'est-il pas content de lui-même? Ne s'applaudit-il pas de sa belle âme? Ne s'est-il pas acquitté de tout ce qu'il doit à la vertu par l'hommage qu'il vient de lui rendre? Que voudroit-on qu'il fît de plus? Qu'il la pratiquât lui-même? Il n'a point de rôle à jouer : il n'est pas comédien.

Plus j'y réfléchis, et plus je trouve que tout ce qu'on met en représentation au théâtre on ne l'approche pas de nous, on l'en éloigne. Quand je vois le *Comte d'Essex*, le règne d'Élisabeth se recule à mes yeux de dix siècles; et si l'on jouoit un événement arrivé hier dans Paris, on me le feroit supposer du temps de Molière. Le théâtre a ses règles, ses maximes, sa morale à part, ainsi que son langage et ses vêtemens. On se dit bien que rien de tout cela ne nous convient, et l'on se croiroit aussi ridicule d'adopter les vertus de ses héros que de parler en vers et d'endosser un habit à la romaine. Voilà donc à peu près à quoi servent tous ces grands sentimens et toutes ces brillantes maximes qu'on vante avec tant d'emphase; à les reléguer à jamais sur la scène, et à nous montrer la vertu comme un jeu de théâtre, bon pour amuser le public, mais qu'il y auroit de la folie à vouloir transporter sérieusement dans la société. Ainsi la plus avantageuse impression des meilleures tragédies est de réduire à quelques affections passagères, stériles et sans effet, tous les devoirs de l'homme; à nous faire applaudir de notre courage en louant celui des autres, de notre humanité en plaignant les maux que nous aurions pu guérir, de notre charité en disant au pauvre. Dieu vous assiste!

On peut, il est vrai, donner un appareil plus simple à la scène, et rapprocher dans la comédie le ton du théâtre de celui du monde : mais de cette manière on ne corrige pas les mœurs, on les peint; et un laid visage ne paroît point laid à celui qui le porte. Que si l'on veut les corriger par leur charge, on quitte la vraisemblance de la nature, et le tableau ne fait plus d'effet. La charge ne rend pas les objets haïssables, elle ne les rend que ridicules; et de là résulte un très-grand inconvénient, c'est qu'à force de craindre les ridicules, les vices n'effraient plus, et qu'on ne sauroit guérir les premiers sans fomenter les autres. Pourquoi, direz-vous, supposer cette opposition nécessaire? Pourquoi, monsieur? Parce que les bons ne tournent point les méchans en dérision, mais les écrasent de leur mépris, et que

(*) PLUTARQUE, *de la Fortune d'Alexandre*, II, § 2. Voyez le même trait dans Montaigne, liv. II, chap. XXVII. G. P.

(**) Annal. XI, 2. G. P.

(') Il dit que le poëte ne nous afflige qu'autant que nous le voulons; qu'il ne nous fait aimer ses héros qu'autant qu'il nous plaît. Cela est contre toute expérience. Plusieurs s'abstiennent d'aller à la tragédie, parce qu'ils en sont émus au point d'en être incommodés; d'autres, honteux de pleurer au spectacle, y pleurent pourtant malgré eux; et ces effets ne sont pas assez rares pour n'être qu'une exception à la maxime de cet auteur.

rien n'est moins plaisant et risible que l'indignation de la vertu. Le ridicule, au contraire, est l'arme favorite du vice. C'est par elle qu'attaquant dans le fond des cœurs le respect qu'on doit à la vertu, il éteint enfin l'amour qu'on lui porte.

Ainsi tout nous force d'abandonner cette vaine idée de perfection qu'on nous veut donner de la forme des spectacles, dirigés vers l'utilité publique. C'est une erreur, disoit le grave Muralt (*), d'espérer qu'on y montre fidèlement les véritables rapports des choses : car, en général, le poète ne peut qu'altérer ces rapports pour les accommoder au goût du peuple. Dans le comique, il les diminue et les met au-dessous de l'homme ; dans le tragique, il les étend pour les rendre héroïques, et les met au-dessus de l'humanité. Ainsi jamais ils ne sont à sa mesure, et toujours nous voyons au théâtre d'autres êtres que nos semblables. J'ajouterai que cette différence est si vraie et si reconnue, qu'Aristote en fait une règle dans sa Poétique (**) : *Comœdia enim deteriores, tragœdia meliores quam nunc sunt, imitari conantur.* Ne voilà-il pas une imitation bien entendue, qui se propose pour objet ce qui n'est point, et laisse, entre le défaut et l'excès, ce qui est, comme une chose inutile? Mais qu'importe la vérité de l'imitation, pourvu que l'illusion y soit? Il ne s'agit que de piquer la curiosité du peuple. Ces productions d'esprit, comme la plupart des autres, n'ont pour but que les applaudissemens. Quand l'auteur en reçoit et que les acteurs les partagent, la pièce est parvenue à son but et l'on n'y cherche point d'autre utilité. Or, si le bien est nul, reste le mal ; et comme celui-ci n'est pas douteux, la question me paroît décidée. Mais passons à quelques exemples qui puissent en rendre la solution plus sensible.

Je crois pouvoir avancer, comme une vérité facile à prouver en conséquence des précédentes, que le théâtre françois, avec les défauts qui lui restent, est cependant à peu près aussi parfait qu'il peut l'être, soit pour l'agrément, soit pour l'utilité ; et que ces deux avantages y sont dans un rapport qu'on ne peut troubler sans ôter à l'un plus qu'on ne donneroit à l'autre, ce qui rendroit ce même théâtre moins parfait encore. Ce n'est pas qu'un homme de génie ne puisse inventer un genre de pièces préférable à ceux qui sont établis : mais ce nouveau genre, ayant besoin pour se soutenir des talens de l'auteur, périra nécessairement avec lui ; et ses successeurs, dépourvus des mêmes ressources, seront toujours forcés de revenir aux moyens communs d'intéresser et de plaire. Quels sont ces moyens parmi nous? Des actions célèbres, de grands noms, de grands crimes, et de grandes vertus dans la tragédie ; le comique et le plaisant dans la comédie ; et toujours l'amour dans toutes deux (¹). Je demande quel profit les mœurs peuvent tirer de tout cela.

On me dira que, dans ces pièces, le crime est toujours puni, et la vertu toujours récompensée. Je réponds que, quand cela seroit, la plupart des actions tragiques n'étant que de pures fables, des événemens qu'on sait être de l'invention du poète ne font pas une grande impression sur les spectateurs ; à force de leur montrer qu'on veut les instruire, on ne les instruit plus. Je réponds encore que ces punitions et ces récompenses s'opèrent toujours par des moyens si peu communs, qu'on n'attend rien de pareil dans le cours naturel des choses humaines. Enfin je reponds en niant le fait. Il n'est ni ne peut être généralement vrai : car cet objet n'étant point celui sur lequel les auteurs dirigent leurs pièces, ils doivent rarement l'atteindre, et souvent il seroit un obstacle au succès. Vice ou vertu, qu'importe, pourvu qu'on impose par un air de grandeur? Aussi la scène françoise, sans contredit la plus parfaite, ou du moins la plus régulière qui ait encore existé, n'est-elle pas moins le triomphe des grands scélérats que des plus illustres héros : témoin Catilina, Mahomet, Atrée, et beaucoup d'autres.

Je comprends bien qu'il ne faut pas toujours regarder à la catastrophe pour juger de l'effet moral d'une tragédie, et qu'à cet égard l'objet est rempli quand on s'intéresse pour l'infortuné

(*) Il est plus d'une fois question de cet écrivain dans *la Nouvelle Héloïse*. Voyez, ci-devant, tome II, pages 1[4]6 et 348. G. P.

(**) Chap. VI. G. P.

(¹) Les Grecs n'avoient pas besoin de fonder sur l'amour le principal intérêt de leur tragédie, et ne l'y fondoient pas en effet. La nôtre, qui n'a pas la même ressource, ne sauroit se passer de cet intérêt. On verra dans la suite la raison de cette différence.

vertueux plus que pour l'heureux coupable : ce qui n'empêche point qu'alors la prétendue règle ne soit violée. Comme il n'y a personne qui n'aimât mieux être Britannicus que Néron, je conviens qu'on doit compter en ceci pour bonne la pièce qui les représente, quoique Britannicus y périsse. Mais, par le même principe, quel jugement porterons-nous d'une tragédie où, bien que les criminels soient punis, ils nous sont présentés sous un aspect si favorable, que tout l'intérêt est pour eux ; où Caton, le plus grand des humains, fait le rôle d'un pédant, où Cicéron, le sauveur de la république, Cicéron, de tous ceux qui portèrent le nom de pères de la patrie le premier qui en fut honoré et le seul qui le mérita, nous est montré comme un vil rhéteur, un lâche; tandis que l'infâme Catilina, couvert de crimes qu'on n'oseroit nommer, près d'égorger tous ses magistrats et de réduire sa patrie en cendres, fait le rôle d'un grand homme, et réunit, par ses talens, sa fermeté, son courage, toute l'estime des spectateurs? Qu'il eût, si l'on veut, une âme forte; en étoit-il moins un scélérat détestable? et falloit-il donner aux forfaits d'un brigand le coloris des exploits d'un héros? A quoi donc aboutit la morale d'une pareille pièce, si ce n'est à encourager des Catilina, et à donner aux méchants habiles le prix de l'estime publique due aux gens de bien? Mais tel est le goût qu'il faut flatter sur la scène ; telles sont les mœurs d'un siècle instruit. Le savoir, l'esprit, le courage, ont seuls notre admiration; et toi, douce et modeste vertu, tu restes toujours sans honneurs! Aveugles que nous sommes au milieu de tant de lumières, victimes de nos applaudissemens insensés, n'apprendrons-nous jamais combien mérite de mépris et de haine tout homme qui abuse, pour le malheur du genre humain, du génie et des talens que lui donna la nature!

Atrée et *Mahomet* n'ont pas même la foible ressource du dénoûment. Le monstre qui sert de héros à chacune de ces pièces achève paisiblement ses forfaits, en jouit; et l'un des deux le dit en propres termes au dernier vers de la tragédie :

> Et je jouis enfin du prix de mes forfaits.

Je veux bien supposer que les spectateurs, renvoyés avec cette belle maxime, n'en concluront pas que le crime a donc un prix de plaisir et de jouissance; mais je demande enfin de quoi leur aura profité la pièce où cette maxime est mise en exemple.

Quant à *Mahomet*, le défaut d'attacher l'admiration publique au coupable y seroit d'autant plus grand, que celui-ci a bien un autre coloris, si l'auteur n'avoit eu soin de porter sur un second personnage un intérêt de respect et de vénération capable d'effacer ou de balancer au moins la terreur et l'étonnement que Mahomet inspire. La scène surtout qu'ils ont ensemble est conduite avec tant d'art, que Mahomet, sans se démentir, sans rien perdre de la supériorité qui lui est propre, est pourtant éclipsé par le simple bon sens et l'intrépide vertu de Zopire (¹). Il falloit un auteur qui sentît bien sa force pour oser mettre vis-à-vis l'un de l'autre deux pareils interlocuteurs. Je n'ai jamais ouï faire de cette scène en particulier tout l'éloge dont elle me paroît digne ; mais je n'en connois pas une au théâtre françois où la main d'un grand maître soit plus sensiblement empreinte, et où le sacré caractère de la vertu l'emporte plus sensiblement sur l'élévation du génie.

Une autre considération qui tend à justifier cette pièce, c'est qu'il n'est pas seulement question d'étaler deux forfaits, mais les forfaits du fanatisme en particulier, pour apprendre au peuple à le connoître et s'en défendre. Par malheur, de pareils soins sont très-inutiles, et ne sont pas toujours sans danger. Le fanatisme n'est pas une erreur, mais une fureur aveugle et stupide que la raison ne retient jamais. L'unique secret pour l'empêcher de naître est de

(¹) Je me souviens d'avoir trouvé dans Omar plus de chaleur et d'élévation vis-à-vis de Zopire, que dans Mahomet lui-même; et je prenois cela pour un défaut. En y pensant mieux, j'ai changé d'opinion. Omar, emporté par son fanatisme, ne doit parler de son maître qu'avec cet enthousiasme de zèle et d'admiration qui l'élève au-dessus de l'humanité. Mais Mahomet n'est pas fanatique; c'est un fourbe qui, sachant bien qu'il n'est pas question de faire l'inspiré vis-à-vis de Zopire, cherche à le gagner par une confiance affectée et par des motifs d'ambition. Ce ton de raison doit le rendre moins brillant qu'Omar, par cela même qu'il est plus grand et qu'il sait mieux discerner les hommes. Lui-même dit ou fait entendre tout cela dans la scène. C'étoit donc ma faute si je ne l'avois pas senti. Mais voilà ce qui nous arrive à nous autres petits auteurs : en voulant censurer les écrits de nos maîtres, notre étourderie nous y fait relever mille fautes qui sont des beautés pour les hommes de jugement.

contenir ceux qui l'excitent. Vous avez beau démontrer à des fous que leurs chefs les trompent, ils n'en sont pas moins ardens à les suivre. Que si le fanatisme existe une fois, je ne vois encore qu'un seul moyen d'arrêter son progrès, c'est d'employer contre lui ses propres armes. Il ne s'agit ni de raisonner ni de convaincre; il faut laisser là la philosophie, fermer les livres, prendre le glaive et punir les fourbes. De plus, je crains bien, par rapport à Mahomet, qu'aux yeux des spectateurs sa grandeur d'âme ne diminue beaucoup l'atrocité de ses crimes; et qu'une pareille pièce, jouée devant des gens en état de choisir, ne fît plus de Mahomets que de Zopires. Ce qu'il y a du moins de bien sûr, c'est que de pareils exemples ne sont guère encourageans pour la vertu.

Le noir Atrée n'a aucune de ces excuses, l'horreur qu'il inspire est à pure perte; il ne nous apprend rien qu'à frémir de son crime, et, quoiqu'il ne soit grand que par sa fureur, il n'y a pas dans toute la pièce un seul personnage en état par son caractère de partager avec lui l'attention publique : car, quant au doucereux Plisthène, je ne sais comment on l'a pu supporter dans une pareille tragédie. Sénèque n'a point mis d'amour dans la sienne : et puisque l'auteur moderne a pu se résoudre à l'imiter dans tout le reste, il auroit bien dû l'imiter encore en cela. Assurément il faut avoir un cœur bien flexible pour souffrir des entretiens galans à côté des scènes d'Atrée.

Avant de finir sur cette pièce, je ne puis m'empêcher d'y remarquer un mérite qui semblera peut-être un défaut à bien des gens. Le rôle de Thyeste est peut-être de tous ceux qu'on a mis sur notre théâtre le plus sentant le goût antique. Ce n'est point un héros courageux, ce n'est point un modèle de vertu; on ne peut pas dire non plus que ce soit un scélérat (¹) : c'est un homme foible, et pourtant intéressant, par cela seul qu'il est homme et malheureux. Il me semble aussi que, par cela seul, le sentiment qu'il excite est extrêmement tendre et touchant; car cet homme tient de bien près à chacun de nous, au lieu que l'héroïsme nous accable encore plus qu'il ne nous touche, parce que après tout nous n'y avons que faire. Ne seroit-il pas à désirer que nos sublimes auteurs daignassent descendre un peu de leur continuelle élévation, et nous attendrir quelquefois pour la simple humanité souffrante, de peur que, n'ayant de la pitié que pour des héros malheureux, nous n'en ayons jamais pour personne? Les anciens avoient des héros, et mettoient des hommes sur leurs théâtres; nous, au contraire, nous n'y mettons que des héros, et à peine avons-nous des hommes. Les anciens parloient de l'humanité en phrases moins apprêtées; mais ils savoient mieux l'exercer. On pourroit appliquer à eux et à nous un trait rapporté par Plutarque (*), et que je ne puis m'empêcher de transcrire. Un vieillard d'Athènes cherchoit place au spectacle et n'en trouvoit point; de jeunes gens, le voyant en peine, lui firent signe de loin; il vint; mais ils se serrèrent et se moquèrent de lui. Le bon homme fit ainsi le tour du théâtre, fort embarrassé de sa personne et toujours hué de la belle jeunesse. Les ambassadeurs de Sparte s'en aperçurent, et, se levant à l'instant, placèrent honorablement le vieillard au milieu d'eux. Cette action fut remarquée de tout le spectacle, et applaudie d'un battement de mains universel. *Eh! que de maux!* s'écria le bon vieillard d'un ton de douleur; *les Athéniens savent ce qui est honnête, mais les Lacédémoniens le pratiquent.* Voilà la philosophie moderne et les mœurs anciennes. Je reviens à mon sujet. Qu'apprend-on dans *Phèdre* et dans *OEdipe*, sinon que l'homme n'est pas libre, et que le ciel le punit des crimes qu'il lui fait commettre? Qu'apprend-on dans *Médée*, si ce n'est jusqu'où la fureur de la jalousie peut rendre une mère cruelle et dénaturée? Suivez la plupart des pièces du *Théâtre-François*; vous trouverez presque dans toutes des monstres abominables et des actions atroces, utiles, si l'on veut, à donner de l'intérêt aux pièces et de l'exercice aux vertus, mais dangereuses certainement, en ce qu'elles accoutument les yeux du peuple à des horreurs qu'il ne devroit pas même connoître, et à des forfaits qu'il ne devroit pas supposer possibles. Il n'est pas même vrai que

(¹) La preuve de cela, c'est qu'il intéresse. Quant à la faute dont il est puni, elle est ancienne, elle est trop expiée; et puis c'est peu de chose pour un méchant de théâtre, qu'on ne tient point pour tel s'il ne fait frémir d'horreur.

(*) Dicts notables des Lacédémoniens, § 69. G. P.

le meurtre et le parricide y soient toujours odieux. A la faveur de je ne sais quelles commodes suppositions, on les rend permis, ou pardonnables. On a peine à ne pas excuser Phèdre incestueuse et versant le sang innocent : Syphax empoisonnant sa femme, le jeune Horace poignardant sa sœur, Agamemnon immolant sa fille, Oreste égorgeant sa mère, ne laissent pas d'être des personnages intéressans. Ajoutez que l'auteur, pour faire parler chacun selon son caractère, est forcé de mettre dans la bouche des méchans leurs maximes et leurs principes, revêtus de tout l'éclat des beaux vers et débités d'un ton imposant et sentencieux, pour l'instruction du parterre.

Si les Grecs supportoient de pareils spectacles, c'étoit comme leur représentant des antiquités nationales qui couroient de tout temps parmi le peuple, qu'ils avoient leurs raisons pour se rappeler sans cesse, et dont l'odieux même entroit dans leurs vues. Dénuée des mêmes motifs et du même intérêt, comment la même tragédie peut-elle trouver parmi vous des spectateurs capables de soutenir les tableaux qu'elle leur présente, et les personnages qu'elle y fait agir? L'un tue son père, épouse sa mère, et se trouve le frère de ses enfans; un autre force un fils d'égorger son père; un troisième fait boire au père le sang de son fils. On frissonne à la seule idée des horreurs dont on pare la scène françoise pour l'amusement du peuple le plus doux et le plus humain qui soit sur la terre. Non.... je le soutiens, et j'en atteste l'effroi des lecteurs, les massacres des gladiateurs n'étoient pas si barbares que ces affreux spectacles. On voyoit couler du sang, il est vrai; mais on ne souilloit pas son imagination de crimes qui font frémir la nature.

Heureusement la tragédie, telle qu'elle existe, est si loin de nous, elle nous présente des êtres si gigantesques, si boursouflés, si chimériques, que l'exemple de leurs vices n'est guère plus contagieux que celui de leurs vertus n'est utile, et qu'à proportion qu'elle veut moins nous instruire, elle nous fait aussi moins de mal. Mais il n'en est pas ainsi de la comédie, dont les mœurs ont avec les nôtres un rapport plus immédiat, et dont les personnages ressemblent mieux à des hommes. Tout en est mauvais et pernicieux, tout tire à conséquence pour les spectateurs; et le plaisir même du comique étant fondé sur un vice du cœur humain, c'est une suite de ce principe que plus la comédie est agréable et parfaite, plus son effet est funeste aux mœurs. Mais, sans répéter ce que j'ai déjà dit de sa nature, je me contenterai d'en faire ici l'application, et de jeter un coup d'œil sur votre théâtre comique.

Prenons-le dans sa perfection, c'est-à-dire à sa naissance. On convient, et on le sentira chaque jour davantage, que Molière est le plus parfait auteur comique dont les ouvrages nous soient connus : mais qui peut disconvenir aussi que le théâtre de ce même Molière, des talens duquel je suis plus l'admirateur que personne, ne soit une école de vices et de mauvaises mœurs, plus dangereuse que les livres mêmes où l'on fait profession de les enseigner? Son plus grand soin est de tourner la bonté et la simplicité en ridicule, et de mettre la ruse et le mensonge du parti pour lequel on prend intérêt : ses honnêtes gens ne sont que des gens qui parlent; ses vicieux sont des gens qui agissent, et que les plus brillans succès favorisent le plus souvent : enfin l'honneur des applaudissemens, rarement pour le plus estimable, est presque toujours pour le plus adroit.

Examinez le comique de cet auteur : partout vous trouverez que les vices de caractère en sont l'instrument, et les défauts naturels le sujet; que la malice de l'un punit la simplicité de l'autre, et que les sots sont les victimes des méchans : ce qui, pour n'être que trop vrai dans le monde, n'en vaut pas mieux à mettre au théâtre avec un air d'approbation, comme pour exciter les âmes perfides à punir, sous le nom de sottise, la candeur des honnêtes gens.

Dat veniam corvis, vexat censura columbas (*).

Voilà l'esprit général de Molière et de ses imitateurs. Ce sont des gens qui, tout au plus, raillent quelquefois les vices, sans jamais faire aimer la vertu ; de ces gens, disoit un ancien, qui savent bien moucher la lampe, mais qui n'y mettent jamais d'huile.

Voyez comment, pour multiplier ses plaisanteries, cet homme trouble tout l'ordre de la société; avec quel scandale il renverse tous les rapports les plus sacrés sur lesquels elle est

(*) JUVÉNAL, Sat. II, v. 63.

fondée; comment il tourne en dérision les respectables droits des pères sur leurs enfans, des maris sur leurs femmes, des maîtres sur leurs serviteurs! il fait rire, il est vrai, et n'en devient que plus coupable, en forçant, par un charme invincible, les sages mêmes de se prêter à des railleries qui devroient attirer leur indignation. J'entends dire qu'il attaque les vices; mais je voudrois bien que l'on comparât ceux qu'il attaque avec ceux qu'il favorise. Quel est le plus blâmable d'un bourgeois sans esprit et vain qui fait sottement le gentilhomme, ou du gentilhomme fripon qui le dupe? Dans la pièce dont je parle, ce dernier n'est-il pas l'honnête homme? n'a-t-il pas pour lui l'intérêt? et le public n'applaudit-il pas à tous les tours qu'il fait à l'autre? Quel est le plus criminel d'un paysan assez fou pour épouser une demoiselle, ou d'une femme qui cherche à déshonorer son époux? Que penser d'une pièce où le parterre applaudit à l'infidélité, au mensonge, à l'impudence de celle-ci, et rit de la bêtise du manant puni? C'est un grand vice d'être avare et de prêter à usure; mais n'en est-ce pas un plus grand encore à un fils de voler son père, de lui manquer de respect, de lui faire mille insultans reproches, et, quand ce père irrité lui donne sa malédiction, de répondre d'un air goguenard qu'il n'a que faire de ses dons? Si la plaisanterie est excellente, en est-elle moins punissable? et la pièce où l'on fait aimer le fils insolent qui l'a faite en est-elle moins une école de mauvaises mœurs?

Je ne m'arrêterai point à parler des valets. Ils sont condamnés par tout le monde (¹); et il seroit d'autant moins juste d'imputer à Molière les erreurs de ses modèles et de son siècle, qu'il s'en est corrigé lui-même. Ne nous prévalons ni des irrégularités qui peuvent se trouver dans les ouvrages de sa jeunesse, ni de ce qu'il y a de moins bien dans ses autres pièces, et passons tout d'un coup à celle qu'on reconnoît unanimement pour son chef-d'œuvre; je veux dire, *le Misanthrope.*

Je trouve que cette comédie nous découvre mieux qu'aucune autre la véritable vue dans laquelle Molière a composé son théâtre, et nous peut mieux faire juger de ses vrais effets. Ayant à plaire au public, il a consulté le goût le plus général de ceux qui le composent: sur ce goût il s'est formé un modèle, et sur ce modèle un tableau des défauts contraires dans lequel il a pris ses caractères comiques, et dont il a distribué les divers traits dans ses pièces. Il n'a donc point prétendu former un honnête homme, mais un homme du monde; par conséquent il n'a point voulu corriger les vices, mais les ridicules; et comme j'ai déjà dit, il a trouvé dans le vice même un instrument très-propre à y réussir. Ainsi, voulant exposer à la risée publique tous les défauts opposés aux qualités de l'homme aimable, de l'homme de société, après avoir joué tant d'autres ridicules, il lui restoit à jouer celui que le monde pardonne le moins, le ridicule de la vertu: c'est ce qu'il a fait dans *le Misanthrope.*

Vous ne sauriez me nier deux choses: l'une, qu'Alceste, dans cette pièce, est un homme droit, sincère, estimable, un véritable homme de bien; l'autre, que l'auteur lui donne un personnage ridicule. C'en est assez, ce me semble, pour rendre Molière inexcusable. On pourroit dire qu'il a joué dans Alceste, non la vertu, mais un véritable défaut, qui est la haine des hommes. A cela je réponds qu'il n'est pas vrai qu'il ait donné cette haine à son personnage: il ne faut pas que ce nom de misanthrope en impose, comme si celui qui le porte étoit ennemi du genre humain. Une pareille haine ne seroit pas un défaut, mais une dépravation de la nature et le plus grand de tous les vices. Le vrai misanthrope est un monstre. S'il pouvoit exister, il ne feroit pas rire, il feroit horreur. Vous pouvez avoir vu à la Comédie italienne une pièce intitulée, *La vie est un songe.* Si vous vous rappelez le héros de cette pièce, voilà le vrai misanthrope.

Qu'est-ce donc que le misanthrope de Molière? Un homme de bien qui déteste les mœurs de son siècle et la méchanceté de ses contemporains; qui, précisément parce qu'il aime ses semblables, hait en eux les maux qu'ils se font

(¹) Je ne décide pas s'il faut en effet les condamner. Il se peut que les valets ne soient plus que les instrumens des méchancetés des maitres, depuis que ceux-ci leur ont ôté l'honneur de l'invention. Cependant je douterois qu'en ceci l'image trop naïve de la société fût bonne au théâtre. Supposé qu'il faille quelques fourberies dans les pièces, je ne sais s'il ne vaudroit pas mieux que les valets seuls en fussent chargés, et que les honnêtes gens fussent aussi des gens honnêtes au moins sur la scène

réciproquement et les vices dont ces maux sont l'ouvrage. S'il étoit moins touché des erreurs de l'humanité, moins indigné des iniquités qu'il voit, seroit-il plus humain lui-même? Autant vaudroit soutenir qu'un tendre père aime mieux les enfans d'autrui que les siens, parce qu'il s'irrite des fautes de ceux-ci, et ne dit jamais rien aux autres.

Ces sentimens du misanthrope sont parfaitement développés dans son *rôle*. Il *dit*, je l'avoue, qu'*il* a conçu une haine effroyable contre le genre humain. Mais en quelle occasion le dit-il (¹)? Quand, outré d'avoir vu son ami trahir lâchement son sentiment et tromper l'homme qui le lui demande, il s'en voit encore plaisanter lui-même au plus fort de sa colère. Il est naturel que cette colère dégénère en emportement et lui fasse dire alors plus qu'il ne pense de sang-froid. D'ailleurs, la raison qu'il rend de cette haine universelle en justifie pleinement la cause :

Les uns parce qu'ils sont méchans,
Et les autres pour être aux méchans complaisans.

Ce n'est donc pas des hommes qu'il est ennemi, mais de la méchanceté des uns et du support que cette méchanceté trouve dans les autres. S'il n'y avoit ni fripons ni flatteurs, il aimeroit tout le genre humain. Il n'y a pas un homme de bien qui ne soit misanthrope en ce sens; ou plutôt les vrais misanthropes sont ceux qui ne pensent pas ainsi; car, au fond, je ne connois point de plus grand ennemi des hommes que l'ami de tout le monde, qui, toujours charmé de tout, encourage incessamment les méchans, et flatte, par sa coupable complaisance, les vices d'où naissent tous les désordres de la société.

Une preuve bien sûre qu'Alceste n'est point misanthrope à la lettre, c'est qu'avec ses brusqueries et ses incartades il ne laisse pas d'intéresser et de plaire. Les spectateurs ne voudroient pas, à la vérité, lui ressembler, parce que tant de droiture est fort incommode; mais aucun d'eux ne seroit fâché d'avoir affaire à quelqu'un qui lui ressemblât : ce qui n'arriveroit pas s'il étoit l'ennemi déclaré des hommes. Dans toutes les autres pièces de Molière, le personnage ridicule est toujours haïssable ou méprisable. Dans celle-là, quoique Alceste ait des défauts réels dont on n'a pas tort de rire, on sent pourtant au fond du cœur un respect pour lui dont on ne peut se défendre. En cette occasion, la force de la vertu l'emporte sur l'art de l'auteur et fait honneur à son caractère. Quoique Molière fît des pièces répréhensibles, il étoit personnellement honnête homme; et jamais le pinceau d'un honnête homme ne sut couvrir de couleurs odieuses les traits de la droiture et de la probité. Il y a plus : Molière a mis dans la bouche d'Alceste un si grand nombre de ses propres maximes, que plusieurs ont cru qu'il s'étoit voulu peindre lui-même. Cela parut dans le dépit qu'eut le parterre, à la première représentation, de n'avoir pas été, sur le sonnet, de l'avis du misanthrope : car on vit bien que c'étoit celui de l'auteur.

Cependant ce caractère si vertueux est présenté comme ridicule. Il l'est, en effet, à certains égards; et ce qui démontre que l'intention du poëte est bien de le rendre tel, c'est celui de l'ami Philinte, qu'il met en opposition avec le sien. Ce Philinte est le sage de la pièce; un de ces honnêtes gens du grand monde dont les maximes ressemblent beaucoup à celles des fripons; de ces gens si doux, si modérés, qui trouvent toujours que tout va bien, parce qu'ils ont intérêt que rien n'aille mieux; qui sont toujours contens de tout le monde, parce qu'ils ne se soucient de personne; qui, autour d'une bonne table, soutiennent qu'il n'est pas vrai que le peuple ait faim; qui, le gousset bien garni, trouvent fort mauvais qu'on déclame en faveur des pauvres; qui, de leur maison bien fermée, verroient voler, piller, égorger, massacrer tout le genre humain sans se plaindre, attendu que Dieu les a doués d'une douceur très-méritoire à supporter les malheurs d'autrui.

On voit bien que le flegme raisonneur de celui-ci est très-propre à redoubler et faire sortir d'une manière comique les emportemens de l'autre : et le tort de Molière n'est pas d'avoir fait du misanthrope un homme colère et bilieux, mais de lui avoir donné des fureurs puériles sur

(¹) J'avertis qu'étant sans livres, sans mémoire, et n'ayant pour tous matériaux qu'un confus souvenir des observations que j'ai faites autrefois au spectacle, je puis me tromper dans mes citations et renverser l'ordre des pièces. Mais quand mes exemples seroient peu justes, mes raisons ne le seroient pas moins, attendu qu'elles ne sont point tirées de telle ou telle pièce, mais de l'esprit général du théâtre que j'ai bien étudié.

des sujets qui ne devoient pas l'émouvoir. Le caractère du misanthrope n'est pas à la disposition du poète; il est déterminé par la nature de sa passion dominante. Cette passion est une violente haine du vice, née d'un amour ardent pour la vertu, aigri par le spectacle continuel de la méchanceté des hommes. Il n'y a donc qu'une âme grande et noble qui en soit susceptible. L'horreur et le mépris qu'y nourrit cette même passion pour tous les vices qui l'ont irritée sert encore à les écarter du cœur qu'elle agite. De plus, cette contemplation continuelle des désordres de la société le détache de lui-même pour fixer toute son attention sur le genre humain. Cette habitude élève, agrandit ses idées, détruit en lui des inclinations basses qui nourrissent et concentrent l'amour-propre; et de ce concours naît une certaine force de courage, une fierté de caractère qui ne laisse prise au fond de son âme qu'à des sentimens dignes de l'occuper.

Ce n'est pas que l'homme ne soit toujours homme; que la passion ne le rende souvent foible, injuste, déraisonnable; qu'il n'épie peut-être les motifs cachés des actions des autres avec un secret plaisir d'y voir la corruption de leurs cœurs; qu'un petit mal ne lui donne souvent une grande colère, et qu'en l'irritant à dessein un méchant adroit ne pût parvenir à le faire passer pour méchant lui-même : mais il n'en est pas moins vrai que tous moyens ne sont pas bons à produire ces effets, et qu'ils doivent être assortis à son caractère pour le mettre en jeu; sans quoi, c'est substituer un autre homme au misanthrope, et nous le peindre avec des traits qui ne sont pas les siens.

Voilà donc de quel côté le caractère du misanthrope doit porter ses défauts; et voilà aussi de quoi Molière fait un usage admirable dans toutes les scènes d'Alceste avec son ami, où les froides maximes et les railleries de celui-ci, démontant l'autre à chaque instant, lui font dire mille impertinences très-bien placées: mais ce caractère âpre et dur, qui lui donne tant de fiel et d'aigreur dans l'occasion, l'éloigne en même temps de tout chagrin puéril qui n'a nul fondement raisonnable, et de tout intérêt personnel trop vif, dont il ne doit nullement être susceptible. Qu'il s'emporte sur tous les désordres dont il n'est que le témoin, ce sont toujours de nouveaux traits au tableau; mais qu'il soit froid sur celui qui s'adresse directement à lui : car, ayant déclaré la guerre aux méchans, il s'attend bien qu'ils la lui feront à leur tour. S'il n'avoit pas prévu le mal que lui fera sa franchise, elle seroit une étourderie et non pas une vertu. Qu'une femme fausse le trahisse, que d'indignes amis le déshonorent, que de foibles amis l'abandonnent, il doit le souffrir sans en murmurer : il connoît les hommes.

Si ces distinctions sont justes, Molière a mal saisi le misanthrope. Pense-t-on que ce soit par erreur? Non sans doute. Mais voilà par où le désir de faire rire aux dépens du personnage l'a forcé de le dégrader contre la vérité du caractère.

Après l'aventure du sonnet, comment Alceste ne s'attend-il point aux mauvais procédés d'Oronte? Peut-il en être étonné quand on l'en instruit, comme si c'étoit la première fois de sa vie qu'il eût été sincère, ou la première fois que sa sincérité lui eût fait un ennemi? Ne doit-il pas se préparer tranquillement à la perte de son procès, loin d'en marquer d'avance un dépit d'enfant?

> Ce sont vingt mille francs qu'il m'en pourra coûter;
> Mais pour vingt mille francs j'aurai droit de pester.

Un misanthrope n'a que faire d'acheter si cher le droit de pester, il n'a qu'à ouvrir les yeux; et il n'estime pas assez l'argent pour croire avoir acquis sur ce point un nouveau droit par la perte d'un procès. Mais il falloit faire rire le parterre.

Dans la scène avec Dubois, plus Alceste a de sujets de s'impatienter, plus il doit rester flegmatique et froid, parce que l'étourderie du valet n'est pas un vice. Le misanthrope et l'homme emporté sont deux caractères très-différens : c'étoit là l'occasion de les distinguer. Molière ne l'ignoroit pas. Mais il falloit faire rire le parterre.

Au risque de faire aussi rire le lecteur à mes dépens, j'ose accuser cet auteur d'avoir manqué de très-grandes convenances, une très-grande vérité, et peut-être de nouvelles beautés de situation : c'étoit de faire un tel changement à son plan, que Philinte entrât comme acteur nécessaire dans le nœud de sa pièce, en sorte qu'on pût mettre les actions de Philinte et d'Alceste dans une apparente opposition avec leurs principes, et dans une conformité parfaite avec leurs caractères. Je veux dire qu'il falloit que le misanthrope fût toujours furieux contre les vices publics, et toujours tranquille sur les méchancetés personnelles dont il étoit la victime. Au contraire, le philosophe Philinte devoit voir tous les désordres de la société avec un flegme stoïque, et se mettre en fureur au moindre mal qui s'adressoit directement à lui. En effet, j'observe que ces gens si paisibles sur les injustices publiques sont toujours ceux qui font le plus de bruit au moindre tort qu'on leur fait, et qu'ils ne gardent leur philosophie qu'aussi long-temps qu'ils n'en ont pas besoin pour eux-mêmes. Ils ressemblent à cet Irlandois qui ne vouloit pas sortir de son lit, quoique le feu fût à la maison. La maison brûle, lui crioit-on. Que m'importe? répondoit-il, je n'en suis que le locataire. A la fin le feu pénétra jusqu'à lui. Aussitôt il s'élance, il court, il crie, il s'agite; il commence à comprendre qu'il faut quelquefois prendre intérêt à la maison qu'on habite, quoiqu'elle ne nous appartienne pas.

Il me semble qu'en traitant les caractères en question sur cette idée, chacun des deux eût été plus vrai, plus théâtral, et que celui d'Alceste eût fait incomparablement plus d'effet : mais le parterre alors n'auroit pu rire qu'aux dépens de l'homme du monde; et l'intention de l'auteur étoit qu'on rît aux dépens du misanthrope (1).

Dans la même vue, il fait tenir quelquefois des propros d'humeur d'un goût tout contraire à celui qu'il lui donne. Telle est cette pointe de la scène du sonnet,

> La peste de ta chute, empoisonneur au diable!
> En eusses-tu fait une à te casser le nez!

pointe d'autant plus déplacée dans la bouche du misanthrope, qu'il vient d'en critiquer de plus supportables dans le sonnet d'Oronte; et il est bien étrange que celui qui la fait propose un instant après la chanson du *roi Henri* pour un modèle de goût. Il ne sert de rien de dire que ce mot échappe dans un moment de dépit; car le dépit ne dicte rien moins que des pointes; et Alceste, qui passe sa vie à gronder, doit avoir pris, même en grondant, un ton conforme à son tour d'esprit :

> Morbleu! vil complaisant! vous louez des sottises!

C'est ainsi que doit parler le misanthrope en colère. Jamais une pointe n'ira bien après cela. Mais il falloit faire rire le parterre; et voilà comment on avilit la vertu.

Une chose assez remarquable, dans cette comédie, est que les charges étrangères que l'auteur a données au rôle du misanthrope l'ont forcé d'adoucir ce qui étoit essentiel au caractère. Ainsi, tandis que dans toutes ses autres pièces les caractères sont chargés pour faire plus d'effet, dans celle-ci seule les traits sont émoussés pour la rendre plus théâtrale. La même scène dont je viens de parler m'en fournit la preuve. On y voit Alceste tergiverser et user de détours pour dire son avis à Oronte. Ce n'est point là le misanthrope : c'est un honnête homme du monde qui se fait peine de tromper celui qui le consulte. La force du caractère vouloit qu'il lui dît brusquement, *Votre sonnet ne vaut rien, jetez-le au feu* : mais cela auroit ôté le comique qui naît de l'embarras du misanthrope et de ses *je ne dis pas cela* répétés, qui pourtant ne sont au fond que des mensonges. Si Philinte, à son exemple, lui eût dit en cet endroit, *Et que dis-tu donc, traître?* qu'avoit-il à répliquer? En vérité, ce n'est pas la peine de rester misanthrope pour ne l'être qu'à demi; car, si l'on se permet le premier ménagement et la première altération de la vérité, où sera la raison suffisante pour s'arrêter jusqu'à ce qu'on devienne aussi faux qu'un homme de cour?

L'ami d'Alceste doit le connoître. Comment ose-t-il lui proposer de visiter des juges, c'est-à-dire, en termes honnêtes, de chercher à les corrompre? Comment peut-il supposer qu'un homme capable de renoncer même aux bienséances par amour pour la vertu, soit capable de manquer à ses devoirs par intérêt? Sollici-

(1) Je ne doute point que, sur l'idée que je viens de proposer, un homme de génie ne pût faire un nouveau *Misanthrope* non moins vrai, non moins naturel que l'Athénien, égal en mérite à celui de Molière, et sans comparaison plus instructif. Je ne vois qu'un inconvénient à cette nouvelle pièce, c'est qu'il seroit impossible qu'elle réussit : car, quoi qu'on dise, en choses qui déshonorent, nul ne rit de bon cœur à ses dépens. Nous voila rentrés dans mes principes (*).

(*) C'est précisément cette idée de Rousseau sur un *nouveau Misanthrope* à mettre en scène qu'a voulu réaliser Fabre d'Églantine, dans la pièce intitulée *Philinte*, ou *la Suite du Misanthrope*. Il y a suivi de point en point toutes ses indications, et l'on peut dire que les scènes les plus remarquables de cette comédie appartiennent à notre auteur. D'ailleurs l'assertion de Rousseau sur l'impossibilité de réussir dans la pièce dont il avoit ainsi tracé le plan a été tout-à-fait démentie par l'événement; car le *Philinte* de Fabre, malgré ses nombreux défauts, a eu un très-grand succès, et est resté au théâtre.

ter un juge! Il ne faut pas être misanthrope, il suffit d'être honnête homme pour n'en rien faire. Car enfin, quelque tour qu'on donne à la chose, ou celui qui sollicite un juge l'exhorte à remplir son devoir, et alors il lui fait une insulte, ou il lui propose une acception de personnes, et alors il veut le séduire, puisque toute acception de personnes est un crime dans un juge, qui doit connoître l'affaire et non les parties, et ne voir que l'ordre et la loi. Or je dis qu'engager un juge à faire une mauvaise action, c'est la faire soi-même; et qu'il vaut mieux perdre une cause juste que de faire une mauvaise action. Cela est clair, net; il n'y a rien à répondre. La morale du monde a d'autres maximes, je ne l'ignore pas. Il me suffit de montrer que, dans tout ce qui rendoit le misanthrope si ridicule, il ne faisoit que le devoir d'un homme de bien; et que son caractère étoit mal rempli d'avance, si son ami supposoit qu'il pût y manquer.

Si quelquefois l'habile auteur laisse agir ce caractère dans toute sa force, c'est seulement quand cette force rend la scène plus théâtrale, et produit un comique de contraste ou de situation plus sensible. Telle est, par exemple, l'humeur taciturne et silencieuse d'Alceste, et ensuite la censure intrépide et vivement apostrophée de la conversation chez la coquette :

Allons, ferme, poussez, mes bons amis de cour.

Ici l'auteur a marqué fortement la distinction du médisant et du misanthrope. Celui-ci, dans son fiel âcre et mordant, abhorre la calomnie et déteste la satire. Ce sont les vices publics, ce sont les méchans en général qu'il attaque. La basse et secrète médisance est indigne de lui, il la méprise et la hait dans les autres; et quand il dit du mal de quelqu'un, il commence par le lui dire en face. Aussi, durant toute la pièce, ne fait-il nulle part plus d'effet que dans cette scène, parce qu'il est là ce qu'il doit être, et que, s'il fait rire le parterre, les honnêtes gens ne rougissent pas d'avoir ri.

Mais, en général, on ne peut nier que, si le misanthrope étoit plus misanthrope, il ne fût beaucoup moins plaisant, parce que sa franchise et sa fermeté, n'admettant jamais de détour, ne le laisseroient jamais dans l'embarras. Ce n'est donc pas par ménagement pour lui que l'auteur adoucit quelquefois son caractère; c'est au contraire pour le rendre plus ridicule. Une autre raison l'y oblige encore, c'est que le misanthrope de théâtre, ayant à parler de ce qu'il voit, doit vivre dans le monde, et par conséquent tempérer sa droiture et ses manières par quelques-uns de ces égards de mensonge et de fausseté qui composent la politesse, et que le monde exige de quiconque y veut être supporté. S'il s'y montroit autrement, ses discours ne feroient plus d'effet. L'intérêt de l'auteur est bien de le rendre ridicule, mais non pas fou; et c'est ce qu'il paroîtroit aux yeux du public, s'il étoit tout-à-fait sage.

On a peine à quitter cette admirable pièce quand on a commencé de s'en occuper; et, plus on y songe, plus on y découvre de nouvelles beautés. Mais enfin, puisqu'elle est, sans contredit, de toutes les comédies de Molière celle qui contient la meilleure et la plus saine morale, sur celle-là jugeons des autres; et convenons que, l'intention de l'auteur étant de plaire à des esprits corrompus, ou sa morale porte au mal, ou le faux bien qu'elle prêche est plus dangereux que le mal même; en ce qu'il séduit par une apparence de raison; en ce qu'il fait préférer l'usage et les maximes du monde à l'exacte probité; en ce qu'il fait consister la sagesse dans un certain milieu entre le vice et la vertu; en ce qu'au grand soulagement des spectateurs, il leur persuade que, pour être honnête homme, il suffit de n'être pas un franc scélérat.

J'aurois trop d'avantage si je voulois passer de l'examen de Molière à celui de ses successeurs, qui, n'ayant ni son génie ni sa probité, n'en ont que mieux suivi ses vues intéressées, en s'attachant à flatter une jeunesse débauchée et des femmes sans mœurs. Ce sont eux qui, les premiers, ont introduit ces grossières équivoques, non moins proscrites par le goût que par l'honnêteté, qui firent long-temps l'amusement des mauvaises compagnies, l'embarras des personnes modestes, et dont le meilleur ton, lent dans ses progrès, n'a pas encore purifié certaines provinces. D'autres auteurs, plus réservés dans leurs saillies, laissant les premiers amuser les femmes perdues, se chargèrent d'encourager les filous. Regnard, un des moins libres, n'est pas le moins dangereux (*). C'est une chose incroyable qu'avec l'agrément de la police on joue publiquement au milieu de Paris une comédie où, dans l'appartement d'un oncle qu'on vient de voir expirer, son neveu, l'honnête homme de la pièce, s'occupe avec son digne cortége de soins que les lois paient de la corde; et qu'au lieu des larmes que la seule humanité fait verser en pareil cas aux indifférens mêmes, on égaie à l'envi de plaisanteries barbares le triste appareil de la mort. Les droits les plus sacrés, les plus touchans sentimens de la nature, sont joués dans cette odieuse scène. Les tours les plus punissables y sont rassemblés comme à plaisir avec un enjouement qui fait passer tout cela pour des gentillesses. Faux acte, supposition, vol, fourberie, mensonge, inhumanité, tout y est, et tout y est applaudi. Le mort s'étant avisé de renaître, au grand déplaisir de son cher neveu, et ne voulant point ratifier ce qui s'est fait en son nom, on trouve le moyen d'arracher son consentement de force; et tout se termine au gré des acteurs et des spectateurs, qui, s'intéressant malgré eux à ces misérables, sortent de la pièce avec cet édifiant souvenir d'avoir été dans le fond de leur cœur complices des crimes qu'ils ont vu commettre.

Osons le dire sans détour : Qui de nous est assez sûr de lui pour supporter la représentation d'une pareille comédie sans être de moitié des tours qui s'y jouent? Qui ne seroit pas un peu fâché si le filou venoit à être surpris ou manquer son coup? Qui ne devient pas un moment filou soi-même en s'intéressant pour lui? Car s'intéresser pour quelqu'un qu'est-ce autre chose que se mettre en sa place? Belle instruction pour la jeunesse, que celle où les hommes faits ont bien de la peine à se garantir de la séduction du vice! Est-ce à dire qu'il ne soit jamais permis d'exposer au théâtre des actions blâmables? Non; mais, en vérité, pour savoir mettre un fripon sur la scène, il faut un auteur bien honnête homme.

Ces défauts sont tellement inhérens à notre théâtre, qu'en voulant les en ôter on le défigure. Nos auteurs modernes, guidés par de meilleures intentions, font des pièces plus épurées; mais aussi qu'arrive-t-il? Qu'elles n'ont plus de vrai comique et ne produisent aucun effet. Elles instruisent beaucoup, si l'on veut; mais elles ennuient encore davantage. Autant vaudroit aller au sermon.

Dans cette décadence du théâtre, on se voit contraint d'y substituer aux véritables beautés éclipsées de petits agrémens capables d'en imposer à la multitude. Ne sachant plus nourrir la force du comique et des caractères, on a renforcé l'intérêt de l'amour. On a fait la même chose dans la tragédie pour suppléer aux situations prises dans des intérêts d'état qu'on ne connoît plus, et aux sentimens naturels et simples qui ne touchent plus personne. Les auteurs concourent à l'envi, pour l'utilité publique, à donner une nouvelle énergie et un nouveau coloris à cette passion dangereuse; et, depuis Molière et Corneille, on ne voit plus réussir au théâtre que des romans sous le nom de pièces dramatiques.

L'amour est le règne des femmes. Ce sont elles qui nécessairement y donnent la loi; parce que, selon l'ordre de la nature, la résistance leur appartient, et que les hommes ne peuvent vaincre cette résistance qu'aux dépens de leur liberté. Un effet naturel de ces sortes de pièces est donc d'étendre l'empire du sexe, de rendre des femmes et de jeunes filles les précepteurs du public, et de leur donner sur les spectateurs le même pouvoir qu'elles ont sur leurs amans. Pensez-vous, monsieur, que cet ordre soit sans inconvénient, et qu'en augmentant avec tant de soin l'ascendant des femmes, les hommes en seront mieux gouvernés?

Il peut y avoir dans le monde quelques femmes dignes d'être écoutées d'un honnête homme; mais est-ce d'elles en général qu'il doit prendre conseil? et n'y auroit-il aucun moyen d'honorer leur sexe à moins d'avilir le nôtre? Le plus charmant objet de la nature, le plus capable d'émouvoir un cœur sensible et de le porter au bien, est, je l'avoue, une femme

(*) Notre texte, qui n'est autre que celui de l'édition de Genève, diffère beaucoup ici de celui de l'édition de 1801, dans laquelle, après ces mots, *une jeunesse débauchée et des femmes sans mœurs*, on lit immédiatement ce qui suit : *Je ne ferai pas à Dancourt l'honneur de parler de lui; ses pièces n'effarouchent pas par des termes obscènes; mais il faut n'avoir de chaste que les oreilles pour les pouvoir supporter. Regnard, plus modeste, n'est pas moins dangereux : laissant l'autre amuser les femmes perdues, il se charge, lui, d'encourager les filous. C'est une chose incroyable, etc.* G. P.

aimable et vertueuse; mais cet objet céleste, où se cache-t-il? N'est-il pas bien cruel de le contempler avec tant de plaisir au théâtre, pour en trouver de si différens dans la société? Cependant le tableau séducteur fait son effet. L'enchantement causé par ces prodiges de sagesse tourne au profit des femmes sans honneur. Qu'un jeune homme n'ait vu le monde que sur la scène, le premier moyen qui s'offre à lui pour aller à la vertu est de chercher une maîtresse qui l'y conduise, espérant bien trouver une Constance (*) ou une Cénie (1) tout au moins. C'est ainsi que, sur la foi d'un modèle imaginaire, sur un air modeste et touchant, sur une douceur contrefaite, *nescius auræ fallacis*, le jeune insensé court se perdre en pensant devenir un sage.

Ceci me fournit l'occasion de proposer une espèce de problème. Les anciens avoient en général un très-grand respect pour les femmes (2); mais ils marquoient ce respect en s'abstenant de les exposer au jugement du public, et croyoient honorer leur modestie en se taisant sur leurs autres vertus. Ils avoient pour maxime que le pays où les mœurs étoient les plus pures étoit celui où l'on parloit le moins des femmes, et que la femme la plus honnête étoit celle dont on parloit le moins. C'est sur ce principe qu'un Spartiate, entendant un étranger faire de magnifiques éloges d'une dame de sa connoissance, l'interrompit en colère: Ne cesseras-tu point, lui dit-il, de médire d'une femme de bien (**)? De là venoit encore que, dans leur comédie, les rôles d'amoureuses et de filles à marier ne représentoient jamais que des esclaves ou des filles publiques. Ils avoient une telle idée de la modestie du sexe, qu'ils auroient cru manquer aux égards qu'ils lui devoient, de mettre une honnête fille sur la scène, seulement en représentation (1). En un mot, l'image du vice à découvert les choquoit moins que celle de la pudeur offensée.

Chez nous, au contraire, la femme la plus estimée est celle qui fait le plus de bruit, de qui l'on parle le plus, qu'on voit le plus dans le monde, chez qui l'on dîne le plus souvent, qui donne le plus impérieusement le ton, qui juge, tranche, décide, prononce, assigne au talent, au mérite, aux vertus, leurs degrés et leurs places, et dont les humbles savans mendient le plus bassement la faveur. Sur la scène, c'est pis encore. Au fond, dans le monde elles ne savent rien, quoiqu'elles jugent de tout; mais au théâtre, savantes du savoir des hommes, philosophes, grâce aux auteurs, elles écrasent notre propre sexe de ses propres talens: et les imbéciles spectateurs vont bonnement apprendre des femmes ce qu'ils ont pris soin de leur dicter. Tout cela, dans le vrai, c'est se moquer d'elles, c'est les taxer d'une vanité puérile; et je ne doute pas que les plus sages n'en soient indignées. Parcourez la plupart des pièces modernes: c'est toujours une femme qui sait tout, qui apprend tout aux hommes; c'est toujours la dame de cour qui fait dire le catéchisme au petit Jehan de Saintré. Un enfant ne sauroit se nourrir de son pain, s'il n'est coupé par sa gouvernante. Voilà l'image de ce qui se passe aux nouvelles pièces. La bonne est sur le théâtre, et les enfans sont dans le parterre. Encore une fois, je ne nie pas que cette méthode n'ait ses avantages, et que de tels précepteurs ne puissent donner du poids et du prix à leurs leçons. Mais revenons à ma question. De l'usage antique et du nôtre, je demande lequel est le plus honorable aux femmes, et rend le mieux à leur sexe les vrais respects qui lui sont dus.

La même cause qui donne, dans nos pièces

(*) Personnage du *Fils naturel*, drame de Diderot. G. P.

(1) Ce n'est point par étourderie que je cite *Cénie* en cet endroit, quoique cette charmante pièce soit l'ouvrage d'une femme (***); car cherchant la vérité de bonne foi, je ne sais point déguiser ce qui fait contre mon sentiment; et ce n'est pas à une femme, mais aux femmes que je refuse les talens des hommes. J'honore d'autant plus volontiers ceux de l'auteur de *Cénie* en particulier, qu'ayant à me plaindre de ses discours, je lui rends un hommage pur et désintéressé, comme tous les éloges sortis de ma plume.

(2) Ils leur donnoient plusieurs noms honorables que nous n'avons plus, ou qui sont bas et surannés parmi nous. On sait quel usage Virgile a fait de celui de *Matres* dans une occasion où les mères troyennes n'étoient guère sages (****). Nous n'avons à la place que le mot de *Dames*, qui ne convient pas à toutes, qui même vieillit insensiblement, et qu'on a tout-à-fait proscrit du ton à la mode. J'observe que les anciens tiroient volontiers leurs titres d'honneur des droits de la nature, et que nous ne tirons les nôtres que des droits du rang.

(**) PLUTARQUE, *Dicts notables des Lacédémoniens*, § 16 et 31. G. P.

(***) Madame de Graffigny. G. P.

(****) *Æneid.*, lib. V, v. 654. — *Idem*, lib. VII, v. 389 et 392. G. P.

(1) S'ils en usoient autrement dans les tragédies, c'est que, suivant le système politique de leur théâtre, ils n'étoient pas fâchés qu'on crût que les personnes d'un haut rang n'ont pas besoin de pudeur, et font toujours exception aux règles de la morale

tragiques et comiques, l'ascendant aux femmes sur les hommes, le donne encore aux jeunes gens sur les vieillards; et c'est un autre renversement des rapports naturels, qui n'est pas moins répréhensible. Puisque l'intérêt y est toujours pour les amans, il s'ensuit que les personnages avancés en âge n'y peuvent jamais faire que des rôles en sous-ordre. Ou, pour former le nœud de l'intrigue, ils servent d'obstacles aux vœux des jeunes amans, et alors il sont haïssables; ou ils sont amoureux eux-mêmes, et alors ils sont ridicules. *Turpe senex miles* (*). On en fait, dans les tragédies, des tyrans, des usurpateurs; dans les comédies, des jaloux, des usuriers, des pédans, des pères insupportables, que tout le monde conspire à tromper. Voilà sous quel honorable aspect on montre la vieillesse au théâtre; voilà quel respect on inspire pour elle aux jeunes gens. Remercions l'illustre auteur de *Zaïre* et de *Nanine* d'avoir soustrait à ce mépris le vénérable Lusignan et le bon vieux Philippe Humbert. Il en est quelques autres encore : mais cela suffit-il pour arrêter le torrent du préjugé public, et pour effacer l'avilissement où la plupart des auteurs se plaisent à montrer l'âge de la sagesse, de l'expérience et de l'autorité? Qui peut douter que l'habitude de voir toujours dans les vieillards des personnages odieux au théâtre, n'aide à les faire rebuter dans la société, et qu'en s'accoutumant à confondre ceux qu'on voit dans le monde avec les radoteurs et les Gérontes de la comédie, on ne les méprise tous également? Observez à Paris, dans une assemblée, l'air suffisant et vain, le ton ferme et tranchant d'une impudente jeunesse, tandis que les anciens, craintifs et modestes, ou n'osent ouvrir la bouche, ou sont à peine écoutés. Voit-on rien de pareil dans les provinces et dans les lieux où les spectacles ne sont point établis? et par toute la terre, hors les grandes villes, une tête chenue et des cheveux blancs n'impriment-ils pas toujours du respect? On me dira qu'à Paris les vieillards contribuent à se rendre méprisables en renonçant au maintien qui leur convient, pour prendre indécemment la parure et les manières de la jeunesse, et que, faisant les galans à son exemple, il est très-simple qu'on la leur préfère dans son métier : mais c'est tout au contraire pour n'avoir nul autre moyen de se faire supporter, qu'ils sont contraints de recourir à celui-là; et ils aiment encore mieux être soufferts à la faveur de leurs ridicules, que de ne l'être point du tout. Ce n'est pas assurément qu'en faisant les agréables ils le deviennent en effet, et qu'un galant sexagénaire soit un personnage fort gracieux, mais son indécence même lui tourne à profit : c'est un triomphe de plus pour une femme, qui, traînant à son char un Nestor, croit montrer que les glaces de l'âge ne garantissent point des feux qu'elle inspire. Voilà pourquoi les femmes encouragent de leur mieux ces doyens de Cythère, et ont la malice de traiter d'hommes charmans de vieux fous, qu'elles trouveroient moins aimables s'ils étoient moins extravagans. Mais revenons à mon sujet.

Ces effets ne sont pas les seuls que produit l'intérêt de la scène uniquement fondé sur l'amour. On lui en attribue beaucoup d'autres plus graves et plus importans, dont je n'examine point ici la réalité, mais qui ont été souvent et fortement allégués par les écrivains ecclésiastiques. Les dangers que peut produire le tableau d'une passion contagieuse sont, leur a-t-on répondu, prévenus par la manière de le présenter : l'amour qu'on expose au théâtre y est rendu légitime, son but est honnête, souvent il est sacrifié au devoir et à la vertu, et, dès qu'il est coupable, il est puni. Fort bien : mais n'est-il pas plaisant qu'on prétende ainsi régler après coup les mouvemens du cœur sur les préceptes de la raison, et qu'il faille attendre les événemens pour savoir quelle impression l'on doit recevoir des situations qui les amènent? Le mal qu'on reproche au théâtre n'est pas précisément d'inspirer des passions criminelles, mais de disposer l'âme à des sentimens trop tendres, qu'on satisfait ensuite aux dépens de la vertu. Les douces émotions qu'on y ressent n'ont pas par elles-mêmes un objet déterminé, mais elles en font naître le besoin; elles ne donnent pas précisément de l'amour, mais elles préparent à en sentir; elles ne choisissent pas la personne qu'on doit aimer, mais elles nous forcent à faire ce choix. Ainsi elles ne sont innocentes ou criminelles que par l'usage que nous en faisons selon notre caractère,

(*) Ovid. Amor., I, 9, v. 4. G. P.

et ce caractère est indépendant de l'exemple. Quand il seroit vrai qu'on ne peint au théâtre que des passions légitimes, s'ensuit-il de là que les impressions sont plus foibles, que les effets en sont moins dangereux? Comme si les vives images d'une tendresse innocente étoient moins douces, moins séduisantes, moins capables d'échauffer un cœur sensible, que celles d'un amour criminel, à qui l'horreur du vice sert au moins de contre-poison! Mais si l'idée de l'innocence embellit quelques instans le sentiment qu'elle accompagne, bientôt les circonstances s'effacent de la mémoire, tandis que l'impression d'une passion si douce reste gravée au fond du cœur. Quand le patricien Manilius fut chassé du sénat de Rome pour avoir donné un baiser à sa femme en présence de sa fille (*), à ne considérer cette action qu'en elle-même, qu'avoit-elle de répréhensible? rien sans doute; elle annonçoit même un sentiment louable. Mais les chastes feux de la mère en pouvoient inspirer d'impurs à la fille. C'étoit donc d'une action fort honnête faire un exemple de corruption. Voilà l'effet des amours permis du théâtre.

On prétend nous guérir de l'amour par la peinture de ses foiblesses. Je ne sais là-dessus comment les auteurs s'y prennent; mais je vois que les spectateurs sont toujours du parti de l'amant foible, et que souvent ils sont fâchés qu'il ne le soit pas davantage. Je demande si c'est un grand moyen d'éviter de lui ressembler.

Rappelez-vous, monsieur, une pièce à laquelle je crois me souvenir d'avoir assisté avec vous, il y a quelques années, et qui nous fit un plaisir auquel nous nous attendions peu, soit qu'en effet l'auteur y eût mis plus de beautés théâtrales que nous n'avions pensé, soit que l'actrice prêtât son charme ordinaire au rôle qu'elle faisoit valoir. Je veux parler de la *Bérénice* de Racine. Dans quelle disposition d'esprit le spectateur voit-il commencer cette pièce? Dans un sentiment de mépris pour la foiblesse d'un empereur et d'un Romain, qui balance, comme le dernier des hommes, entre sa maîtresse et son devoir; qui, flottant incessamment dans une déshonorante incertitude, avilit par des plaintes efféminées ce caractère presque divin que lui donne l'histoire; qui fait chercher dans un vil soupirant de ruelle le bienfaiteur du monde et les délices du genre humain. Qu'en pense le même spectateur après la représentation? Il finit par plaindre cet homme sensible qu'il méprisoit, par s'intéresser à cette même passion dont il lui faisoit un crime, par murmurer en secret du sacrifice qu'il est forcé d'en faire aux lois de la patrie. Voilà ce que chacun de nous éprouvoit à la représentation. Le rôle de Titus, très-bien rendu, eût fait de l'effet s'il eût été plus digne de lui; mais tous sentirent que l'intérêt principal étoit pour Bérénice, et que c'étoit le sort de son amour qui déterminoit l'espèce de la catastrophe. Non que ses plaintes continuelles donnassent une grande émotion durant le cours de la pièce : mais au cinquième acte, où, cessant de se plaindre, l'air morne, l'œil sec et la voix éteinte, elle faisoit parler une douleur froide approchant du désespoir, l'art de l'actrice ajoutoit au pathétique du rôle; et les spectateurs, vivement touchés, commençoient à pleurer quand Bérénice ne pleuroit plus. Que signifioit cela, sinon qu'on trembloit qu'elle ne fût renvoyée; qu'on sentoit d'avance la douleur dont son cœur seroit pénétré; et que chacun auroit voulu que Titus se laissât vaincre, même au risque de l'en moins estimer? Ne voilà-t-il pas une tragédie qui a bien rempli son objet, et qui a bien appris aux spectateurs à surmonter les foiblesses de l'amour?

L'événement dément ces vœux secrets; mais qu'importe? le dénoûment n'efface point l'effet de la pièce. La reine part sans le congé du parterre : l'empereur la renvoie *invitus invitam* (*), on peut ajouter *invito spectatore*. Titus a beau rester Romain, il est seul de son parti; tous les spectateurs ont épousé Bérénice.

Quand même on pourroit me disputer cet effet, quand même on soutiendroit que l'exemple de force et de vertu qu'on voit dans Titus vainqueur de lui-même fonde l'intérêt de la pièce, et fait qu'en plaignant Bérénice on est bien aise de la plaindre, on ne feroit que rentrer en cela dans mes principes, parce que, comme je l'ai déjà dit, les sacrifices faits au devoir et à la vertu ont toujours un charme se-

(*) PLUTARQUE, Vie de Marcus Caton, § 33. G. P.

(*) SUETON., *in Tito*, cap. VII.

cret, même pour les cœurs corrompus : et la preuve que ce sentiment n'est point l'ouvrage de la pièce, c'est qu'ils l'ont avant qu'elle commence. Mais cela n'empêche pas que certaines passions satisfaites ne leur semblent préférables à la vertu même, et que, s'ils sont contens de voir Titus vertueux et magnanime, ils ne le fussent encore plus de le voir heureux et foible, ou du moins qu'ils ne consentissent volontiers à l'être à sa place. Pour rendre cette vérité sensible, imaginons un dénoûment tout contraire à celui de l'auteur. Qu'après avoir mieux consulté son cœur, Titus, ne voulant ni enfreindre les lois de Rome, ni vendre le bonheur à l'ambition, vienne, avec des maximes opposées, abdiquer l'empire aux pieds de Bérénice; que, pénétrée d'un si grand sacrifice, elle sente que son devoir seroit de refuser la main de son amant, et que pourtant elle l'accepte ; que tous deux, enivrés des charmes de l'amour, de la paix, de l'innocence, et renonçant aux vaines grandeurs, prennent, avec cette douce joie qu'inspirent les vrais mouvemens de la nature, le parti d'aller vivre heureux et ignorés dans un coin de la terre ; qu'une scène si touchante soit animée des sentimens tendres et pathétiques que le sujet fournit, et que Racine eût si bien fait valoir; que Titus, en quittant les Romains, leur adresse un discours tel que la circonstance et le sujet le comportent : n'est-il pas clair, par exemple, qu'à moins qu'un auteur ne soit de la dernière maladresse, un tel discours doit faire fondre en larmes toute l'assemblée? La pièce, finissant ainsi, sera, si l'on veut, moins bonne, moins instructive, moins conforme à l'histoire ; mais en fera-t-elle moins de plaisir? et les spectateurs en sortiront-ils moins satisfaits? Les quatre premiers actes subsisteroient à peu près tels qu'ils sont; et cependant on en tireroit une leçon directement contraire. Tant il est vrai que les tableaux de l'amour font toujours plus d'impression que les maximes de la sagesse, et que l'effet d'une tragédie est tout-à-fait indépendant de celui du dénoûment (*)!

Veut-on savoir s'il est sûr qu'en montrant les suites funestes des passions immodérées la tragédie apprenne à s'en garantir; que l'on consulte l'expérience. Ces suites funestes sont représentées très-fortement dans *Zaïre* : il en coûte la vie aux deux amans : et il en coûte bien plus que la vie à Orosmane, puisqu'il ne se donne la mort que pour se délivrer du plus cruel sentiment qui puisse entrer dans un cœur humain, le remords d'avoir poignardé sa maîtresse. Voilà donc assurément des leçons très-énergiques. Je serois curieux de trouver quelqu'un, homme ou femme, qui s'osât vanter d'être sorti d'une représentation de *Zaïre* bien prémuni contre l'amour. Pour moi, je crois entendre chaque spectateur dire en son cœur à la fin de la tragédie : Ah ! qu'on me donne une Zaïre, je ferai bien en sorte de ne la pas tuer. Si les femmes n'ont pu se lasser de courir en foule à cette pièce enchanteresse et d'y faire courir les hommes, je ne dirai point que c'est pour s'encourager, par l'exemple de l'héroïne, à n'imiter pas un sacrifice qui lui réussit si mal; mais c'est parce que, de toutes les tragédies qui sont au théâtre, nulle autre ne montre avec plus de charmes le pouvoir de l'amour et l'empire de la beauté, et qu'on y apprend encore, pour surcroît de profit, à ne pas juger sa maîtresse sur les apparences. Qu'Orosmane immole Zaïre à sa jalousie, une femme sensible y voit sans effroi le transport de la passion : car c'est un moindre malheur de périr par la main de son amant, que d'en être médiocrement aimée.

Qu'on nous peigne l'amour comme on voudra : il séduit, ou ce n'est pas lui. S'il est mal peint, la pièce est mauvaise ; s'il est bien peint, il offusque tout ce qui l'accompagne. Ses combats, ses maux, ses souffrances, le rendent plus touchant encore que s'il n'avoit nulle résistance à vaincre. Loin que ses tristes effets rebutent, il n'en devient que plus intéressant par ses malheurs mêmes. On se dit malgré soi qu'un sentiment si délicieux console de tout. Une si douce image amollit insensiblement le cœur : on prend de la passion ce qui mène au plaisir ; on en laisse ce qui tourmente. Personne ne se croit obligé d'être un héros ; et c'est ainsi qu'admirant l'amour honnête on se livre à l'amour criminel.

Ce qui achève de rendre ses images dange-

(*) Il y a dans le septième tome de *Pamela* un examen très-judicieux de l'*Andromaque* de Racine, par lequel on voit que cette pièce ne va pas mieux à son but prétendu que toutes les autres.

reuses, c'est précisément ce qu'on fait pour les rendre agréables; c'est qu'on ne le voit jamais régner sur la scène qu'entre des âmes honnêtes; c'est que les deux amans sont toujours des modèles de perfection. Et comment ne s'intéresseroit-on pas pour une passion si séduisante entre deux cœurs dont le caractère est déjà si intéressant par lui-même? Je doute que, dans toutes nos pièces dramatiques, on en trouve une seule où l'amour mutuel n'ait pas la faveur du spectateur. Si quelque infortuné brûle d'un feu non partagé, on en fait le rebut du parterre. On croit faire merveilles de rendre un amant estimable ou haïssable, selon qu'il est bien ou mal accueilli dans ses amours; de faire toujours approuver au public les sentimens de sa maîtresse, et de donner à la tendresse tout l'intérêt de la vertu : au lieu qu'il faudroit apprendre aux jeunes gens à se défier des illusions de l'amour, à fuir l'erreur d'un penchant aveugle qui croit toujours se fonder sur l'estime, et à craindre quelquefois de livrer un cœur vertueux à un objet indigne de ses soins. Je ne sache guère que *le Misanthrope* où le héros de la pièce ait fait un mauvais choix (¹). Rendre le misanthrope amoureux n'étoit rien; le coup du génie est de l'avoir fait amoureux d'une coquette. Tout le reste du théâtre est un trésor de femmes parfaites. On diroit qu'elles s'y sont toutes réfugiées. Est-ce là l'image fidèle de la société? Est-ce ainsi qu'on nous rend suspecte une passion qui perd tant de gens bien nés? Il s'en faut peu qu'on ne nous fasse croire qu'un honnête homme est obligé d'être amoureux, et qu'une amante aimée ne sauroit n'être pas vertueuse. Nous voilà fort bien instruits!

Encore une fois, je n'entreprends point de juger si c'est bien ou mal fait de fonder sur l'amour le principal intérêt du théâtre; mais je dis que, si ses peintures sont quelquefois dangereuses, elles le seront toujours quoi qu'on fasse pour les déguiser. Je dis que c'est en parler de mauvaise foi, ou sans le connoître, de vouloir en rectifier les impressions par d'autres impressions étrangères qui ne les accompagnent point jusqu'au cœur, ou que le cœur en a bientôt séparées; impressions qui même en déguisent les dangers, et donnent à ce sentiment trompeur un nouvel attrait par lequel il perd ceux qui s'y livrent.

Soit qu'on déduise de la nature des spectacles, en général, les meilleures formes dont ils sont susceptibles, soit qu'on examine tout ce que les lumières d'un siècle et d'un peuple éclairés ont fait pour la perfection des nôtres, je crois qu'on peut conclure de ces considérations diverses que l'effet moral du spectacle et des théâtres ne sauroit jamais être bon ni salutaire en lui-même, puisqu'à ne compter que leurs avantages, on n'y trouve aucune sorte d'utilité réelle sans inconvéniens qui la surpassent. Or, par une suite de son inutilité même, le théâtre, qui ne peut rien pour corriger les mœurs, peut beaucoup pour les altérer. En favorisant tous nos penchans, il donne un nouvel ascendant à ceux qui nous dominent; les continuelles émotions qu'on y ressent nous énervent, nous affoiblissent, nous rendent plus incapables de résister à nos passions; et le stérile intérêt qu'on prend à la vertu ne sert qu'à contenter notre amour-propre, sans nous contraindre à la pratiquer. Ceux de mes compatriotes qui ne désapprouvent pas les spectacles en eux-mêmes ont donc tort.

Outre ces effets du théâtre relatifs aux choses représentées, il en a d'autres non moins nécessaires, qui se rapportent directement à la scène et aux personnages représentans; et c'est à ceux-là que les Genevois déjà cités attribuent le goût de luxe, de parure et de dissipation, dont ils craignent avec raison l'introduction parmi nous. Ce n'est pas seulement la fréquentation des comédiens, mais celle du théâtre, qui peut amener ce goût par son appareil et la parure des acteurs. N'eût-il d'autre effet que d'interrompre à certaines heures le cours des affaires civiles et domestiques, et d'offrir une ressource assurée à l'oisiveté, il n'est pas possible que la commodité d'aller tous les jours régulièrement au même lieu

(¹) Ajoutons le *Marchand de Londres*, pièce admirable, et dont la morale va plus directement au but qu'aucune pièce françoise que je connoisse (*).

(*) Le titre de cette pièce, en anglois, est *Arden-Feversham*. Son auteur est le célèbre Lillo, dont Diderot s'est fait l'apologiste et l'imitateur. Elle a été traduite comme *tragédie bourgeoise*, par Clément de Genève (*Paris*, 1781). Cette traduction a été réimprimée plusieurs fois. Antérieurement il en avoit paru quelques scènes dans le *Pour et Contre* de l'abbé Prévost. G. P.

s'oublier soi-même et s'occuper d'objets étrangers ne donne au citoyen d'autres habitudes et ne lui forme de nouvelles mœurs. Mais ces changemens seront-ils avantageux ou nuisibles? c'est une question qui dépend moins de l'examen du spectacle que de celui des spectateurs. Il est sûr que ces changemens les amèneront tous à peu près au même point. C'est donc par l'état où chacun étoit d'abord qu'il faut estimer les différences.

Quand les amusemens sont indifférens par leur nature (et je veux bien pour un moment considérer les spectacles comme tels), c'est la nature des occupations qu'ils interrompent qui les fait juger bons ou mauvais, surtout lorsqu'ils sont assez vifs pour devenir des occupations eux-mêmes, et substituer leur goût à celui du travail. La raison veut qu'on favorise les amusemens des gens dont les occupations sont nuisibles, et qu'on détourne des mêmes amusemens ceux dont les occupations sont utiles. Une autre considération générale est qu'il n'est pas bon de laisser à des hommes oisifs et corrompus le choix de leurs amusemens, de peur qu'ils ne les imaginent conformes à leurs inclinations vicieuses, et ne deviennent aussi malfaisans dans leurs plaisirs que dans leurs affaires. Mais laissez un peuple simple et laborieux se délasser de ses travaux quand et comme il lui plaît; jamais il n'est à craindre qu'il abuse de cette liberté : et l'on ne doit point se tourmenter à lui chercher des divertissemens agréables; car, comme il faut peu d'apprêts aux mets que l'abstinence et la faim assaisonnent, il n'en faut pas non plus beaucoup aux plaisirs de gens épuisés de fatigue, pour qui le repos seul en est un très-doux. Dans une grande ville, pleine de gens intrigans, désœuvrés, sans religion, sans principes, dont l'imagination, dépravée par l'oisiveté, la fainéantise, par l'amour du plaisir et par de grands besoins, n'engendre que des monstres et n'inspire que des forfaits; dans une grande ville où les mœurs et l'honneur ne sont rien, parce que chacun, dérobant aisément sa conduite aux yeux du public, ne se montre que par son crédit et n'est estimé que par ses richesses; la police ne sauroit trop multiplier les plaisirs permis, ni trop s'appliquer à les rendre agréables pour ôter aux particuliers la tentation d'en chercher de plus dangereux. Comme les empêcher de s'occuper c'est les empêcher de malfaire, deux heures par jour dérobées à l'activité du vice sauvent la douzième partie des crimes qui se commettroient; et tout ce que les spectacles vus ou à voir causent d'entretiens dans les cafés et autres refuges des fainéans et fripons du pays, est encore autant de gagné pour les pères de famille, soit sur l'honneur de leurs filles ou de leurs femmes, soit sur leur bourse ou sur celle de leurs fils.

Mais, dans les petites villes, dans les lieux moins peuplés, où les particuliers, toujours sous les yeux du public, sont censeurs nés les uns des autres, et où la police a sur tous une inspection facile, il faut suivre des maximes toutes contraires. S'il y a de l'industrie, des arts, des manufactures, on doit se garder d'offrir des distractions relâchantes à l'âpre intérêt qui fait ses plaisirs de ses soins, et enrichit le prince de l'avarice des sujets. Si le pays, sans commerce, nourrit les habitans dans l'inaction, loin de fomenter en eux l'oisiveté à laquelle une vie simple et facile ne les porte déjà que trop, il faut la leur rendre insupportable, en les contraignant, à force d'ennui, d'employer utilement un temps dont ils ne sauroient abuser. Je vois qu'à Paris, où l'on juge de tout sur les apparences, parce qu'on n'a pas le loisir de rien examiner, on croit, à l'air de désœuvrement et de langueur dont frappent au premier coup d'œil la plupart des villes de province, que les habitans, plongés dans une stupide inaction, n'y font que végéter, ou tracasser et se brouiller ensemble. C'est une erreur dont on reviendroit aisément si l'on songeoit que la plupart des gens de lettres qui brillent à Paris, la plupart des découvertes utiles et des inventions nouvelles, y viennent de ces provinces si méprisées. Restez quelque temps dans une petite ville, où vous aurez cru d'abord ne trouver que des automates; non-seulement vous y verrez bientôt des gens beaucoup plus sensés que vos singes des grandes villes, mais vous manquerez rarement d'y découvrir dans l'obscurité quelque homme ingénieux qui vous surprendra par ses talens, par ses ouvrages, que vous surprendrez encore plus en les admirant, et qui, vous montrant des prodiges de travail, de patience et d'industrie, croira ne vous montrer que des choses communes à Paris. Telle est la simplicité du vrai génie : il n'est ni intrigant ni actif; il ignore le chemin des honneurs et de la fortune, et ne songe point à le chercher ; il ne se compare à personne ; toutes ses ressources sont en lui seul : insensible aux outrages et peu sensible aux louanges, s'il se connoît, il ne s'assigne point sa place, et jouit de lui-même sans s'apprécier.

Dans une petite ville on trouve, proportion gardée, moins d'activité, sans doute, que dans une capitale, parce que les passions sont moins vives et les besoins moins pressans ; mais plus d'esprits originaux, plus d'industrie inventive, plus de choses vraiment neuves, parce qu'on y est moins imitateur, qu'ayant peu de modèles, chacun tire plus de soi-même, et met plus du sien dans tout ce qu'il fait; parce que l'esprit humain, moins étendu, moins noyé parmi les opinions vulgaires, s'élabore et fermente mieux dans la tranquille solitude; parce qu'en voyant moins on imagine davantage ; enfin, parce que, moins pressé du temps, on a plus le loisir d'étendre et digérer ses idées.

Je me souviens d'avoir vu dans ma jeunesse, aux environs de Neufchâtel, un spectacle assez agréable, et peut-être unique sur la terre, une montagne entière couverte d'habitations dont chacune fait le centre des terres qui en dépendent; en sorte que ces maisons, à distances aussi égales que les fortunes des propriétaires, offrent à la fois aux nombreux habitans, de cette montagne le recueillement de la retraite et les douceurs de la société. Ces heureux paysans, tous à leur aise, francs de tailles, d'impôts, de subdélégués, de corvées, cultivent avec tout le soin possible des biens dont le produit est pour eux, et emploient le loisir que cette culture leur laisse à faire mille ouvrages de leurs mains, et à mettre à profit le génie inventif que leur donna la nature. L'hiver surtout, temps où la hauteur des neiges leur ôte une communication facile, chacun, renfermé bien chaudement, avec sa nombreuse famille, dans sa jolie et propre maison de bois (1) qu'il a bâtie lui-même, s'occupe de mille travaux amusans, qui chassent l'ennui de son asile, et ajoutent à son bien-être. Jamais menuisier, serrurier, vitrier, tourneur de profession, n'entra dans le pays ; tous le sont pour eux-mêmes, aucun ne l'est pour autrui : dans la multitude de meubles commodes et même élégans qui composent leur ménage et parent leur logement, on n'en voit pas un qui n'ait été fait de la main du maître. Il leur reste encore du loisir pour inventer et faire mille instrumens divers, d'acier, de bois, de carton, qu'ils vendent aux étrangers, dont plusieurs même parviennent jusqu'à Paris, entre autres ces petites horloges de bois qu'on y voit depuis quelques années. Ils en font aussi de fer ; ils font même des montres ; et, ce qui paroît incroyable, chacun réunit à lui seul toutes les professions diverses dans lesquelles se subdivise l'horlogerie, et fait tous ses outils lui-même.

Ce n'est pas tout : ils ont des livres utiles et sont passablement instruits ; ils raisonnent sensément de toutes choses, et de plusieurs avec esprit (1). Ils font des siphons, des aimans, des lunettes, des pompes, des baromètres, des chambres noires; leurs tapisseries sont des multitudes d'instrumens de toute espèce : vous prendriez le poêle d'un paysan pour un atelier de mécanique et pour un cabinet de physique expérimentale. Tous savent un peu dessiner, peindre et chiffrer ; la plupart jouent de la flûte ; plusieurs ont un peu de musique et chantent juste. Ces arts ne leur sont point enseignés par des maîtres, mais leur passent, pour ainsi dire, par tradition. De ceux que j'ai vus savoir la musique, l'un me disoit l'avoir apprise de son père, un autre de sa tante, un autre de son cousin ; quelques-uns croyoient l'avoir toujours sue. Un de leurs plus fréquens amusemens est de chanter avec leurs femmes et leurs enfans

(1) Je crois entendre un bel esprit de Paris se récrier, pourvu qu'il ne lise pas lui-même, à cet endroit comme à bien d'autres, et démontrer doctement aux dames (car c'est surtout aux dames que ces messieurs démontrent) qu'il est impossible qu'une maison de bois soit chaude. Grossier mensonge ! erreur de physique ! Ah ! pauvre auteur ! Quant à moi, je crois la démonstration sans réplique. Tout ce que je sais, c'est que les Suisses passent chaudement leur hiver, au milieu des neiges, dans des maisons de bois.

(1) Je puis citer en exemple un homme de mérite, bien connu dans Paris, et plus d'une fois honoré des suffrages de l'Académie des Sciences ; c'est M. Rivaz, célèbre Valaisan. Je sais bien qu'il n'a pas beaucoup d'égaux parmi ses compatriotes; mais enfin c'est en vivant comme eux qu'il apprit à les surpasser.

les psaumes à quatre parties; et l'on est tout étonné d'entendre sortir de ces cabanes champêtres l'harmonie forte et mâle de Goudimel (*), depuis si long-temps oubliée de nos savans artistes.

Je ne pouvois non plus me lasser de parcourir ces charmantes demeures, que les habitans de m'y témoigner la plus franche hospitalité. Malheureusement j'étois jeune; ma curiosité n'étoit que celle d'un enfant, et je songeois plus à m'amuser qu'à m'instruire. Depuis trente ans, le peu d'observations que je fis se sont effacées de ma mémoire. Je me souviens seulement que j'admirois sans cesse, en ces hommes singuliers, un mélange étonnant de finesse et de simplicité, qu'on croiroit presque incompatibles, et que je n'ai plus observé nulle part. Du reste, je n'ai rien retenu de leurs mœurs, de leur société, de leurs caractères. Aujourd'hui, que j'y porterois d'autres yeux, faut-il ne revoir plus cet heureux pays! Hélas! il est sur la route du mien!

Après cette légère idée, supposons qu'au sommet de la montagne dont je viens de parler, au centre des habitations, on établisse un spectacle fixe et peu coûteux, sous prétexte, par exemple, d'offrir une honnête récréation à des gens continuellement occupés, et en état de supporter cette petite dépense; supposons encore qu'ils prennent du goût pour ce même spectacle, et cherchons ce qui doit résulter de son établissement.

Je vois d'abord que leurs travaux, cessant d'être leurs amusemens aussitôt qu'ils en auront un autre, celui-ci les dégoûtera des premiers; le zèle ne fournira plus tant de loisir, ni les mêmes inventions. D'ailleurs il y aura chaque jour un temps réel de perdu pour ceux qui assisteront au spectacle; et l'on ne se remet pas à l'ouvrage l'esprit rempli de ce qu'on vient de voir; on en parle, ou l'on y songe. Par conséquent relâchement de travail : premier préjudice.

Quelque peu qu'on paie à la porte, on y paie enfin; c'est toujours une dépense qu'on ne fait soit pas. Il en coûte pour soi, pour sa femme, pour ses enfans, quand on les y mène, et il les y faut mener quelquefois. De plus, un ouvrier ne va point dans une assemblée se montrer en habit de travail; il faut prendre plus souvent ses habits des dimanches, changer de linge plus souvent, se poudrer, se raser : tout cela coûte du temps et de l'argent. Augmentation de dépense : deuxième préjudice.

Un travail moins assidu et une dépense plus forte exigent un dédommagement. On le trouvera sur le prix des ouvrages qu'on sera forcé de renchérir. Plusieurs marchands, rebutés de cette augmentation, quitteront les *Montagnons* (¹), et se pourvoiront chez les autres Suisses leurs voisins, qui, sans être moins industrieux, n'auront point de spectacles, et n'augmenteront point leurs prix. Diminution de débit : troisième préjudice.

Dans les mauvais temps les chemins ne sont pas praticables, et comme il faudra toujours, dans ces temps-là, que la troupe vive, elle n'interrompra pas ses représentations. On ne pourra donc éviter de rendre le spectacle abordable en tout temps. L'hiver il faudra faire des chemins dans la neige, peut-être les paver; et Dieu veuille qu'on n'y mette pas des lanternes! Voilà des dépenses publiques; par conséquent des contributions de la part des particuliers. Établissement d'impôts : quatrième préjudice.

Les femmes des Montagnons, allant d'abord pour voir, et ensuite pour être vues, voudront être parées; elles voudront l'être avec distinction; la femme de M. le châtelain ne voudra pas se montrer au spectacle mise comme celle du maître d'école; la femme du maître d'école s'efforcera de se mettre comme celle du châtelain. De là naîtra bientôt une émulation de parure qui ruinera les maris, les gagnera peut-être, et qui trouvera sans cesse mille nouveaux moyens d'éluder les lois somptuaires. Introduction du luxe : cinquième préjudice.

Tout le reste est facile à concevoir. Sans mettre en ligne de compte les autres inconvéniens dont j'ai parlé, ou dont je parlerai dans la suite, sans avoir égard à l'espèce du spectacle et à ses effets moraux, je m'en tiens uniquement à ce qui regarde le travail et le gain, et je crois

(*) Ce musicien, un des plus célèbres du seizième siècle, naquit à Besançon, en 1520; il mourut assassiné à Lyon, en 1572, par suite de la journée de la Saint-Barthélemi. Ayant embrassé la réforme, il mit en chant à quatre parties les psaumes de David, traduits en vers par de Bèze et Marot; ces psaumes se chantent encore dans tous les cantons de la Suisse protestante.

(¹) C'est le nom qu'on donne dans le pays aux habitans de cette montagne.

montrer, par une conséquence évidente, comment un peuple aisé, mais qui doit son bien-être à son industrie, changeant la réalité contre l'apparence, se ruine à l'instant qu'il veut briller.

Au reste, il ne faut point se récrier contre la chimère de ma supposition; je ne la donne que pour telle, et ne veux que rendre sensibles du plus au moins ses suites inévitables. Otez quelques circonstances, vous retrouverez ailleurs d'autres *montagnons;* et *mutatis mutandis*, l'exemple a son application.

Ainsi, quand il seroit vrai que les spectacles ne sont pas mauvais en eux-mêmes, on auroit toujours à chercher s'ils ne le deviendroient point à l'égard du peuple auquel on les destine. En certains lieux ils seront utiles pour attirer les étrangers, pour augmenter la circulation des espèces, pour exciter les artistes, pour varier les modes, pour occuper les gens trop riches ou aspirant à l'être, pour les rendre moins malfaisans, pour distraire le peuple de ses misères, pour lui faire oublier ses chefs en voyant ses baladins, pour maintenir et perfectionner le goût quand l'honnêteté est perdue, pour couvrir d'un vernis de procédés la laideur du vice, pour empêcher, en un mot, que les mauvaises mœurs ne dégénèrent en brigandage. En d'autres lieux ils ne serviroient qu'à détruire l'amour du travail, à décourager l'industrie, à ruiner les particuliers, à leur inspirer le goût de l'oisiveté, à leur faire chercher les moyens de subsister sans rien faire, à rendre un peuple inactif et lâche, à l'empêcher de voir les objets publics et particuliers dont il doit s'occuper, à tourner la sagesse en ridicule, à substituer un jargon de théâtre à la pratique des vertus, à mettre toute la morale en métaphysique, à travestir les citoyens en beaux esprits, les mères de famille en petites maîtresses, et les filles en amoureuses de comédie. L'effet général sera le même sur tous les hommes; mais les hommes, ainsi changés, conviendront plus ou moins à leur pays. En devenant égaux, les mauvais gagneront, les bons perdront encore davantage; tous contracteront un caractère de mollesse, un esprit d'inaction, qui ôtera aux uns de grandes vertus, et préservera les autres de méditer de grands crimes.

De ces nouvelles réflexions il résulte une conséquence directement contraire à celle que je tirois des premières: savoir que, quand le peuple est corrompu, les spectacles lui sont bons, et mauvais quand il est bon lui-même. Il sembleroit donc que ces deux effets contraires devroient s'entre-détruire, et les spectacles rester indifférens à tous : mais il y a cette différence, que l'effet qui renforce le bien et le mal, étant tiré de l'esprit des pièces, est sujet comme elles à mille modifications qui le réduisent presque à rien; au lieu que celui qui change le bien en mal, et le mal en bien, résultant de l'existence même du spectacle, est un effet constant, réel, qui revient tous les jours et doit l'emporter à la fin.

Il suit de là que, pour juger s'il est à propos ou non d'établir un théâtre en quelque ville, il faut premièrement savoir si les mœurs y sont bonnes ou mauvaises : question sur laquelle il ne m'appartient peut-être pas de prononcer par rapport à nous. Quoi qu'il en soit, tout ce que je puis accorder là-dessus, c'est qu'il est vrai que la comédie ne nous fera point de mal, si plus rien ne nous en peut faire.

Pour prévenir les inconvéniens qui peuvent naître de l'exemple des comédiens, vous voudriez qu'on les forçât d'être honnêtes gens. Par ce moyen, dites-vous, on auroit à la fois des spectacles et des mœurs, et l'on réuniroit les avantages des uns et des autres. Des spectacles et des mœurs! Voilà qui formeroit vraiment un spectacle à voir, d'autant plus que ce seroit la première fois. Mais quels sont les moyens que vous nous indiquez pour contenir les comédiens? Des lois sévères et bien exécutées. C'est au moins avouer qu'ils ont besoin d'être contenus, et que les moyens n'en sont pas faciles. Des lois sévères! La première est de n'en point souffrir. Si nous enfreignons celle-là, que deviendra la sévérité des autres? Des lois bien exécutées! Il s'agit de savoir si cela se peut : car la force des lois a sa mesure; celle des vices qu'elles répriment a aussi la sienne. Ce n'est qu'après avoir comparé ces deux quantités et trouvé que la première surpasse l'autre, qu'on peut s'assurer de l'exécution des lois. La connoissance de ces rapports fait la véritable science du législateur : car, s'il ne s'agissoit que de publier édits sur édits, règlemens sur règlemens, pour remédier aux abus à mesure qu'ils naissent, on diroit sans doute de fort belles choses, mais qui, pour la plupart, resteroient sans effet, et serviroient d'indications de ce qu'il faudroit faire, plutôt que de moyens pour l'exécuter. Dans le fond, l'institution des lois n'est pas une chose si merveilleuse, qu'avec du sens et de l'équité tout homme ne pût très-bien trouver de lui-même celles qui, bien observées, seroient les plus utiles à la société. Où est le plus petit écolier de droit qui ne dressera pas un code d'une morale aussi pure que celle des lois de Platon? Mais ce n'est pas de cela seul qu'il s'agit; c'est d'approprier tellement ce code au peuple pour lequel il est fait, et aux choses sur lesquelles on y statue, que son exécution s'ensuive du seul concours de ces convenances; c'est d'imposer au peuple, à l'exemple de Solon, moins les meilleures lois en elles-mêmes, que les meilleures qu'il puisse comporter dans la situation donnée. Autrement il vaut encore mieux laisser subsister les désordres, que de les prévenir, ou d'y pourvoir par des lois qui ne seront point observées: car, sans remédier au mal, c'est encore avilir les lois.

Une autre observation, non moins importante, est que les choses de mœurs et de justice universelle ne se règlent pas, comme celles de justice particulière et de droit rigoureux, par des édits et par des lois; ou, si quelquefois les lois influent sur les mœurs, c'est quand elles en tirent leur force. Alors elles leur rendent cette même force par une sorte de réaction bien connue des vrais politiques. La première fonction des éphores de Sparte, en entrant en charge, étoit une proclamation publique (*) par laquelle ils enjoignoient aux citoyens, non pas d'observer les lois, mais de les aimer, afin que l'observation ne leur en fût point dure. Cette proclamation, qui n'étoit pas un vain formulaire, montre parfaitement l'esprit de l'institution de Sparte, par laquelle les lois et les mœurs, intimement unies dans le cœur des citoyens, n'y faisoient, pour ainsi dire, qu'un même corps. Mais ne nous flattons pas de voir Sparte renaître au sein du commerce et de l'amour du gain. Si nous avions les mêmes maximes, on pourroit établir à Genève un spectacle sans aucun risque; car jamais citoyen ni bourgeois n'y mettroit le pied.

Par où le gouvernement peut-il donc avoir prise sur les mœurs? Je réponds que c'est par l'opinion publique. Si nos habitudes naissent de nos propres sentimens dans la retraite, elles naissent de l'opinion d'autrui dans la société. Quand on ne vit pas en soi, mais dans les autres, ce sont leurs jugemens qui règlent tout; rien ne paroît bon ni désirable aux particuliers, que ce que le public a jugé tel, et le seul bonheur que la plupart des hommes connoissent est d'être estimés heureux.

Quant au choix des instrumens propres à diriger l'opinion publique, c'est une autre question, qu'il seroit superflu de résoudre pour vous, et que ce n'est pas ici le lieu de résoudre pour la multitude. Je me contenterai de montrer, par un exemple sensible, que ces instrumens ne sont ni des lois ni des peines, ni nulle espèce de moyens coactifs. Cet exemple est sous vos yeux; je le tire de votre patrie: c'est celui du tribunal des maréchaux de France, établis juges suprêmes du point d'honneur.

De quoi s'agissoit-il dans cette institution? de changer l'opinion publique sur les duels, sur la réparation des offenses, et sur les occasions où un brave homme est obligé, sous peine d'infamie, de tirer raison d'un affront l'épée à la main. Il s'ensuit de là,

Premièrement, que, la force n'ayant aucun pouvoir sur les esprits, il falloit écarter avec le plus grand soin tout vestige de violence du tribunal établi pour opérer ce changement. Ce mot même de *tribunal* étoit mal imaginé: j'aimerois mieux celui de *cour d'honneur*. Ses seules armes devoient être l'honneur et l'infamie: jamais de récompense utile, jamais de punition corporelle, point de prison, point d'arrêts, point de gardes armés; simplement un appariteur, qui auroit fait ses citations en touchant l'accusé d'une baguette blanche, sans qu'il s'ensuivît aucune autre contrainte pour le faire comparoître. Il est vrai que ne pas comparoître au terme fixé par-devant les juges de l'honneur, c'étoit s'en confesser dépourvu, c'étoit se condamner soi-même. De là résultoit naturellement note d'infamie, dégradation de noblesse, incapacité de servir le roi dans ses tribunaux, dans ses armées, et autres punitions de ce

(*) PLUTARQUE, Trait. *des Délais de la justice divine*, § 5. G. P.

genres qui tiennent immédiatement à l'opinion ou en sont un effet nécessaire.

Il s'ensuit, en second lieu, que, pour déraciner le préjugé public, il falloit des juges d'une grande autorité sur la matière en question ; et, quant à ce point, l'instituteur entra parfaitement dans l'esprit de l'établissement ; car, dans une nation toute guerrière, qui peut mieux juger des justes occasions de montrer son courage et de celles où l'honneur offensé demande satisfaction, que d'anciens militaires chargés de titres d'honneur, qui ont blanchi sous les lauriers, et prouvé cent fois au prix de leur sang qu'ils n'ignorent pas quand le devoir veut qu'on en répande ?

Il suit, en troisième lieu, que, rien n'étant plus indépendant du pouvoir suprême que le jugement du public, le souverain devoit se garder, sur toutes choses, de mêler ses décisions arbitraires parmi des arrêts faits pour représenter ce jugement, et, qui plus est, pour le déterminer. Il devoit s'efforcer au contraire de mettre la cour d'honneur au-dessus de lui, comme soumis lui-même à ses décrets respectables. Il ne falloit donc pas commencer par condamner à mort tous les duellistes indistinctement : ce qui étoit mettre d'emblée une opposition choquante entre l'honneur et la loi ; car la loi même ne peut obliger personne à se déshonorer. Si tout le peuple a jugé qu'un homme est poltron, le roi, malgré toute sa puissance, aura beau le déclarer brave, personne n'en croira rien ; et cet homme, passant alors pour un poltron qui veut être honoré par force, n'en sera que plus méprisé. Quant à ce que disent les édits, que c'est offenser Dieu de se battre, c'est un avis fort pieux sans doute ; mais la loi civile n'est point juge des péchés ; et toutes les fois que l'autorité souveraine voudra s'interposer dans les conflits de l'honneur et de la religion, elle sera compromise des deux côtés. Les mêmes édits ne raisonnent pas mieux quand ils disent qu'au lieu de se battre il faut s'adresser aux maréchaux : condamner ainsi le combat sans distinction, sans réserve, c'est commencer par juger soi-même ce qu'on renvoie à leur jugement. On sait bien qu'il ne leur est pas permis d'accorder le duel, même quand l'honneur outragé n'a plus d'autres ressources : et, selon les préjugés du monde, il y a beaucoup de semblables cas : car, quant aux satisfactions cérémonieuses dont on a voulu payer l'offensé, ce sont de véritables jeux d'enfant.

Qu'un homme ait le droit d'accepter une réparation pour lui-même et de pardonner à son ennemi, en ménageant cette maxime avec art, on la peut substituer insensiblement au féroce préjugé qu'elle attaque : mais il n'en est pas de même quand l'honneur des gens auxquels le nôtre est lié se trouve attaqué ; dès lors il n'y a plus d'accommodement possible. Si mon père a reçu un soufflet, si ma sœur, ma femme ou ma maîtresse est insultée, conserverai-je mon honneur en faisant bon marché du leur ? Il n'y a ni maréchaux ni satisfaction qui suffisent, il faut que je les venge ou que je me déshonore ; les édits ne me laissent que le choix du supplice ou de l'infamie. Pour citer un exemple qui se rapporte à mon sujet, n'est-ce pas un concert bien entendu entre l'esprit de la scène et celui des lois, qu'on aille applaudir au théâtre ce même Cid qu'on iroit voir pendre à la Grève ?

Ainsi l'on a beau faire ; ni la raison, ni la vertu, ni les lois ne vaincront l'opinion publique tant qu'on ne trouvera pas l'art de la changer. Encore une fois, cet art ne tient point à la violence. Les moyens établis ne serviroient, s'ils étoient pratiqués, qu'à punir les braves gens et sauver les lâches : mais heureusement ils sont trop absurdes pour pouvoir être employés, et n'ont servi qu'à faire changer de noms aux duels. Comment falloit-il donc s'y prendre ? Il falloit, ce me semble, soumettre absolument les combats particuliers à la juridiction des maréchaux, soit pour les juger, soit pour les prévenir, soit même pour les permettre. Non-seulement il falloit leur laisser le droit d'accorder le champ quand ils le jugeroient à propos ; mais il étoit important qu'ils usassent quelquefois de ce droit, ne fût-ce que pour ôter au public une idée assez difficile à détruire, et qui seule annule toute leur autorité ; savoir, que, dans les affaires qui passent par-devant eux, ils jugent moins sur leur propre sentiment que sur la volonté du prince. Alors il n'y avoit point de honte à leur demander le combat dans une occasion nécessaire ; il n'y en avoit pas même à s'en abstenir quand les raisons de l'accorder n'étoient pas jugées suffisantes ; mais il y en aura toujours à leur dire : Je suis offensé, faites en sorte que je sois dispensé de me battre.

Par ce moyen, tous les appels secrets seroient infailliblement tombés dans le décri, quand l'honneur offensé pouvant se défendre et le courage se montrer au champ d'honneur, on eût très-justement suspecté ceux qui se seroient cachés pour se battre, et quand ceux que la cour d'honneur eût jugés s'être mal [1] battus seroient, en qualité de *vils assassins*, restés soumis aux tribunaux criminels. Je conviens que plusieurs duels n'étant jugés qu'après coup, et d'autres même étant solennellement autorisés, il en auroit d'abord coûté la vie à quelques braves gens ; mais c'eût été pour la sauver dans la suite à des infinités d'autres : au lieu que du sang qui se verse malgré les édits naît une raison d'en verser davantage.

Que seroit-il arrivé dans la suite ? A mesure que la cour d'honneur auroit acquis de l'autorité sur l'opinion du peuple par la sagesse et le poids de ses décisions, elle seroit devenue peu à peu plus sévère, jusqu'à ce que les occasions légitimes se réduisant tout-à-fait à rien, le point d'honneur eût changé de principes, et que les duels fussent entièrement abolis. On n'a pas eu tous ces embarras, à la vérité ; mais aussi l'on a fait un établissement inutile. Si les duels aujourd'hui sont plus rares, ce n'est pas qu'ils soient méprisés ni punis ; c'est parce que les mœurs ont changé [2] : et la preuve que ce changement vient de causes toutes différentes auxquelles le gouvernement n'a point de part, la preuve que l'opinion publique n'a nullement changé sur ce point, c'est qu'après tant de soins mal entendus, tout gentilhomme qui ne tire pas raison d'un affront l'épée à la main n'est pas moins déshonoré qu'auparavant.

Une quatrième conséquence de l'objet du même établissement est que, nul homme ne pouvant vivre civilement sans honneur, tous les états où l'on porte une épée, depuis le prince jusqu'au soldat, et tous les états même où l'on n'en porte point, doivent ressortir à cette cour d'honneur, les uns pour rendre compte de leur conduite et de leurs actions, les autres de leurs discours et de leurs maximes, tous également sujets à être honorés ou flétris, selon la conformité ou l'opposition de leur vie ou de leurs sentimens aux principes de l'honneur établis dans la nation, et réformés insensiblement par le tribunal sur ceux de la justice et de la raison. Borner cette compétence aux nobles et aux militaires, c'est couper les rejetons et laisser la racine ; car si le point d'honneur fait agir la noblesse, il fait parler le peuple : les uns ne se battent que parce que les autres les jugent ; et, pour changer les actions dont l'estime publique est l'objet, il faut auparavant changer les jugemens qu'on en porte. Je suis convaincu qu'on ne viendra jamais à bout d'opérer ces changemens sans y faire intervenir les femmes mêmes, de qui dépend en grande partie la manière de penser des hommes.

De ce principe il suit encore que le tribunal doit être plus ou moins redouté dans les diverses conditions, à proportion qu'elles ont plus ou moins d'honneur à perdre, selon les idées vulgaires, qu'il faut toujours prendre ici pour règles. Si l'établissement est bien fait, les grands et les princes doivent trembler au seul nom de la cour d'honneur. Il auroit fallu qu'en l'instituant on y eût porté tous les démêlés personnels existans alors entre les premiers du royaume ; que le tribunal les eût jugés définitivement autant qu'ils pouvoient l'être par les seules lois de l'honneur ; que ces jugemens eussent été sévères ; qu'il y eût eu des cessions de pas et de rang personnelles et indépendantes du droit des places, des interdictions du port des armes, ou de paroître devant la face du prince, ou d'autres punitions semblables, nulles par elles-mêmes, grièves par l'opinion, jusqu'à l'infamie inclusivement, qu'on auroit pu regarder comme la peine capitale décernée par la cour d'honneur ; que toutes ces peines eussent eu, par le concours de l'autorité suprême, les mêmes effets qu'a naturellement le jugement public quand la

(1) Mal, c'est-à-dire, non-seulement en lâche et avec fraude, mais injustement et sans raison suffisante ; ce qui se fût naturellement présumé de toute affaire non portée au tribunal.

(2) Autrefois les hommes prenoient querelle au cabaret : on les a dégoûtés de ce plaisir grossier en leur faisant bon marché des autres. Autrefois ils s'égorgeoient pour une maitresse : en vivant plus familièrement avec les femmes, ils ont trouvé que ce n'étoit pas la peine de se battre pour elles. L'ivresse et l'amour ôtés, il reste peu d'importans sujets de dispute. Dans le monde on ne se bat plus que pour le jeu. Les militaires ne se battent plus que pour des passe-droits, ou pour n'être pas forcés de quitter le service. Dans ce siècle éclairé chacun sait calculer, à un écu près, ce que valent son honneur et sa vie.

force n'annule point ses décisions ; que le tribunal n'eût point statué sur des bagatelles, mais qu'il n'eût jamais rien fait à demi ; que le roi même y eût été cité quand il jeta sa canne par la fenêtre, de peur, dit-il, de frapper un gentilhomme ([1]) ; qu'il eût comparu en accusé avec sa partie ; qu'il eût été jugé solennellement ; condamné à faire réparation au gentilhomme pour l'affront indirect qu'il lui avoit fait ; et que le tribunal lui eût en même temps décerné un prix d'honneur pour la modération du monarque dans la colère. Ce prix, qui devoit être un signe très-simple, mais visible, porté par le roi durant toute sa vie, lui eût été, ce me semble, un ornement plus honorable que ceux de la royauté, et je ne doute pas qu'il ne fût devenu le sujet des chants de plus d'un poète. Il est certain que, quant à l'honneur, les rois eux-mêmes sont soumis plus que personne aux jugemens du public, et peuvent par conséquent, sans s'abaisser, comparoître au tribunal qui le représente. Louis XIV étoit digne de faire de ces choses-là ; et je crois qu'il les eût faites si quelqu'un les lui eût suggérées.

Avec toutes ces précautions et d'autres semblables, il est fort douteux qu'on eût réussi, parce qu'une pareille institution est entièrement contraire à l'esprit de la monarchie; mais il est très-sûr que, pour les avoir négligées, pour avoir voulu mêler la force et les lois dans des matières de préjugés, et changer le point d'honneur par la violence, on a compromis l'autorité royale, et rendu méprisables des lois qui passoient leur pouvoir.

Cependant en quoi consistoit ce préjugé qu'il s'agissoit de détruire? Dans l'opinion la plus extravagante et la plus barbare qui jamais entra dans l'esprit humain : savoir, que tous les devoirs de la société sont suppléés par la bravoure; qu'un homme n'est plus fourbe, fripon, calomniateur; qu'il est civil, humain, poli, quand il sait se battre; que le mensonge se change en vérité, que le vol devient légitime, la perfidie honnête, l'infidélité louable, sitôt qu'on soutient tout cela le fer à la main; qu'un affront est toujours bien réparé par un coup d'épée, et qu'on n'a jamais tort avec un homme pourvu qu'on le tue. Il y a, je l'avoue, une autre sorte d'affaire où la gentillesse se mêle à la cruauté, et où l'on ne tue les gens que par hasard ; c'est celle où l'on se bat au premier sang. Au premier sang, grand Dieu! Et qu'en veux-tu faire de ce sang, bête féroce? le veux-tu boire? Le moyen de songer à ces horreurs sans émotion? Tels sont les préjugés que les rois de France, armés de toute la force publique, ont vainement attaqués. L'opinion, reine du monde, n'est point soumise au pouvoir des rois; ils sont eux-mêmes ses premiers esclaves.

Je finis cette longue digression, qui malheureusement ne sera pas la dernière ; et de cet exemple, trop brillant peut-être, *si parva licet componere magnis*, je reviens à des applications plus simples. Un des infaillibles effets d'un théâtre établi dans une aussi petite ville que la nôtre sera de changer nos maximes, ou, si l'on veut, nos préjugés et nos opinions publiques ; ce qui changera nécessairement nos mœurs contre d'autres, meilleures ou pires, je n'en dis rien encore, mais sûrement moins convenables à notre constitution. Je demande, monsieur, par quelles lois efficaces vous remédierez à cela. Si le gouvernement peut beaucoup sur les mœurs, c'est seulement par son institution primitive : quand une fois il les a déterminées, non-seulement il n'a plus le pouvoir de les changer, à moins qu'il ne change, *il a même bien de la peine à les maintenir contre* les accidens inévitables qui les attaquent, et contre la pente naturelle qui les altère. Les opinions publiques, quoique si difficiles à gouverner, sont pourtant par elles-mêmes très-mobiles et changeantes. Le hasard, mille causes fortuites, mille circonstances imprévues, font ce que la force et la raison ne sauroient faire : ou plutôt c'est précisément parce que le hasard les dirige que la force n'y peut rien ;

([1]) M. de Lauzun. Voilà, selon moi, des coups de canne bien noblement appliqués (*).

(*) Le fait est raconté en détail dans les Mémoires de Saint-Simon, tome X, page 89-94, édition de Strasbourg; mais ce que Rousseau ne pouvoit savoir, et ce que ces Mémoires nous apprennent, c'est que ces coups de canne si *noblement appliqués* étoient la juste punition d'une insolence de Lauzun qui est à peine croyable. Du temps de Rousseau les Mémoires de Saint-Simon étoient au moins connus de quelques personnes, et l'on sait que l'abbé de Voisenon en avoit fait un extrait pour amuser Louis XV. Par là l'anecdote de la canne a pu se répandre dans le monde, et Rousseau l'a pu entendre rapporter sans qu'on y joignît les circonstances qui justifient le roi en cette occasion. Aussi Saint-Simon, en racontant ce trait de Louis XIV, dit-il que c'est *la plus belle action de sa vie*. Cet éloge est exagéré sans doute, mais au moins il est vrai de dire que Louis XIV justement irrité, mais restant maître de sa colère, y montra un sentiment exquis de ce qu'il devoit à la fois aux convenances et à lui-même.

G. P.

comme les dés qui partent de la main, quelque impulsion qu'on leur donne, n'en amènent pas plus aisément le point désiré.

Tout ce que la sagesse humaine peut faire est de prévenir les changemens, d'arrêter de loin tout ce qui les amène; mais sitôt qu'on les souffre et qu'on les autorise, on est rarement maître de leurs effets, et l'on ne peut jamais se répondre de l'être. Comment donc préviendrons-nous ceux dont nous aurons volontairement introduit la cause? A l'imitation de l'établissement dont je viens de parler, nous proposerez-vous d'instituer des censeurs? Nous en avons déjà (¹); et si toute la force de ce tribunal suffit à peine pour nous maintenir tels que nous sommes, quand nous aurons ajouté une nouvelle inclinaison à la pente des mœurs, que fera-t-il pour arrêter ce progrès? Il est clair qu'il n'y pourra plus suffire. La première marque de son impuissance à prévenir les abus de la comédie sera de la laisser établir. Car il est aisé de prévoir que ces deux établissemens ne sauroient subsister long-temps ensemble, et que la comédie tournera les censeurs en ridicule, ou que les censeurs feront chasser les comédiens.

Mais il ne s'agit pas seulement ici de l'insuffisance des lois pour réprimer de mauvaises mœurs en laissant subsister leur cause. On trouvera, je le prévois, que, l'esprit rempli des abus qu'engendre nécessairement le théâtre, et de l'impossibilité générale de prévenir ces abus, je ne réponds pas assez précisément à l'expédient proposé, qui est d'avoir des comédiens honnêtes gens, c'est-à-dire de les rendre tels. Au fond, cette discussion particulière n'est plus fort nécessaire: tout ce que j'ai dit jusqu'ici des effets de la comédie, étant indépendant des mœurs des comédiens, n'en auroit pas moins lieu quand ils auroient bien profité des leçons que vous nous exhortez à leur donner, et qu'ils deviendroient par nos soins autant de modèles de vertu. Cependant, par égard au sentiment de ceux de mes compatriotes qui ne voient d'autre danger dans la comédie que le mauvais exemple des comédiens, je veux bien rechercher encore si, même dans leur supposition, cet expédient est praticable avec quelque espoir de succès, et s'il doit suffire pour les tranquilliser.

En commençant par observer les faits avant de raisonner sur les causes, je vois en général que l'état de comédien est un état de licence et de mauvaises mœurs; que les hommes y sont livrés au désordre; que les femmes y mènent une vie scandaleuse; que les uns et les autres, avares et prodigues tout à la fois, toujours accablés de dettes et toujours versant l'argent à pleines mains, sont aussi peu retenus sur leurs dissipations, que peu scrupuleux sur les moyens d'y pourvoir. Je vois encore que par tout pays leur profession est déshonorante; que ceux qui l'exercent, excommuniés ou non, sont partout méprisés (¹), et qu'à Paris même, où ils ont plus de considération et une meilleure conduite que partout ailleurs, un bourgeois craindroit de fréquenter ces mêmes comédiens qu'on voit tous les jours à la table des grands. Une troisième observation, non moins importante, est que ce dédain est plus fort partout où les mœurs sont plus pures, et qu'il y a des pays d'innocence et de simplicité où le métier de comédien est presque en horreur. Voilà des faits incontestables. Vous me direz qu'il n'en résulte que des préjugés. J'en conviens: mais ces préjugés étant universels, il faut leur chercher une cause universelle; et je ne vois pas qu'on la puisse trouver ailleurs que dans la profession même à laquelle ils se rapportent. A cela vous répondrez que les comédiens ne se rendent méprisables que parce qu'on les méprise. Mais pourquoi les eût-on méprisés, s'ils n'eussent été méprisables? Pourquoi penseroit-on plus mal de leur état que des autres, s'il n'avoit rien qui l'en distinguât? Voilà ce qu'il faudroit examiner, peut-être, avant de les justifier aux dépens du public.

Je pourrois imputer ces préjugés aux déclamations des prêtres, si je ne les trouvois établis chez les Romains avant la naissance du christianisme, et non-seulement courant vaguement

(¹) Le consistoire et la chambre de réforme (*).

(*) Voyez le *Tableau de la Constitution de Genève* qui précède, dans la présente édition, les *Lettres de la montagne*. G. P.

(¹) Si les Anglois ont inhumé la célèbre Oldfield à côté de leurs rois, ce n'étoit pas son métier, mais son talent, qu'ils vouloient honorer. Chez eux les grands talens ennoblissent dans les moindres états; les petits avilissent dans les plus illustres. Et quant à la profession des comédiens, les mauvais et les médiocres sont méprisés à Londres autant ou plus que partout ailleurs.

dans l'esprit du peuple, mais autorisés par des lois expresses qui déclaroient les acteurs infâmes, leur ôtoient le titre et les droits de citoyens romains, et mettoient les actrices au rang des prostituées. Ici toute autre raison manque, hors celle qui se tire de la nature de la chose. Les prêtres païens et les dévots, plus favorables que contraires à des spectacles qui faisoient partie des jeux consacrés à la religion (¹), n'avoient aucun intérêt à les décrier, et ne les décrioient pas en effet. Cependant on pouvoit dès lors se récrier, comme vous faites, sur l'inconséquence de déshonorer des gens qu'on protége, qu'on paie, qu'on pensionne : ce qui, à vrai dire, ne me paroît pas si étrange qu'à vous; car il est à propos quelquefois que l'état encourage et protége des professions déshonorantes mais inutiles, sans que ceux qui les exercent en doivent être plus considérés pour cela.

J'ai lu quelque part que ces flétrissures étoient moins imposées à de vrais comédiens qu'à des histrions et farceurs qui souilloient leurs jeux d'indécence et d'obscénités : mais cette distinction est insoutenable; car les mots de comédien et d'histrion étoient parfaitement synonymes, et n'avoient d'autre différence, sinon que l'un étoit grec et l'autre étrusque. Cicéron, dans le livre de l'*Orateur*, appelle histrions les deux plus grands acteurs qu'ait jamais eus Rome, Ésope et Roscius : dans son plaidoyer pour ce dernier, il plaint un si honnête homme d'exercer un métier si peu honnête (*). Loin de distinguer entre les comédiens, histrions et farceurs, ni entre les acteurs des tragédies et ceux des comédies, la loi couvre indistinctement du même opprobre tous ceux qui montent sur le théâtre : *Quisquis in scenam prodierit, ait prætor, infamis est* (**). Il est vrai seulement que cet opprobre tomboit moins sur la représentation même que sur l'état où l'on en faisoit métier, puisque la jeunesse de Rome représentoit publiquement, à la fin des grandes pièces, les Atellanes ou Exodes sans déshonneur. A cela près, on voit, dans mille endroits, que tous les comédiens indifféremment étoient esclaves, et traités comme tels quand le public n'étoit pas content d'eux.

Je ne sache qu'un seul peuple qui n'ait pas eu là-dessus les maximes de tous les autres, ce sont les Grecs. Il est certain que chez eux la profession du théâtre étoit si peu déshonnête, que la Grèce fournit des exemples d'acteurs chargés de certaines fonctions publiques, soit dans l'état, soit en ambassade. Mais on pourroit trouver aisément les raisons de cette exception. 1° La tragédie ayant été inventée chez les Grecs aussi bien que la comédie, ils ne pouvoient jeter d'avance une impression de mépris sur un état dont on ne connoissoit pas encore les effets; et, quand on commença de les connoître, l'opinion publique avait déjà pris son pli. 2° Comme la tragédie avoit quelque chose de sacré dans son origine, d'abord ses acteurs furent plutôt regardés comme des prêtres que comme des baladins. 3° Tous les sujets des pièces n'étant tirés que des antiquités nationales dont les Grecs étoient idolâtres, ils voyoient dans ces mêmes acteurs moins des gens qui jouoient des fables, que des citoyens instruits qui représentoient aux yeux de leurs compatriotes l'histoire de leur pays. 4° Ce peuple, enthousiaste de sa liberté jusqu'à croire que les Grecs étoient les seuls hommes libres par nature (¹), se rappeloit avec un vif sentiment de plaisir ses anciens malheurs et les crimes de ses maîtres. Ces grands tableaux l'instruisoient sans cesse, et il ne pouvoit se défendre d'un peu de respect pour les organes de cette instruction. 5° La tragédie n'étant d'abord jouée que par des hommes, on ne voyoit point sur leur théâtre ce mélange scandaleux d'hommes et de femmes qui fait des nôtres autant d'écoles de mauvaises mœurs. 6° Enfin leurs spectacles n'avoient rien de la mesquinerie de ceux d'aujourd'hui. Leurs théâtres n'étoient point élevés par l'intérêt et par l'avarice ; ils n'étoient point renfermés dans d'obscures prisons; leurs acteurs n'avoient pas besoin de mettre à contribution les spectateurs,

(¹) Tite-Live dit (***) que les jeux scéniques furent introduits à Rome l'an 390, à l'occasion d'une peste qu'il s'agissoit d'y faire cesser. Aujourd'hui l'on fermeroit les théâtres pour le même sujet, et sûrement cela seroit plus raisonnable.

(*) Les citations ici ne sont point exactes. Dans son plaidoyer pour le comédien Roscius, Cicéron fait à la vérité (§ 6) un bel éloge de ses vertus, de son mérite personnel ; mais en cet endroit comme dans tout le reste du plaidoyer, on ne voit rien de défavorable à la profession que Roscius exerçoit. G. P.

(**) Dig., lib. II, § *De his qui notantur infamiâ*. G. P.

(***) Lib. VII, cap. II. G. P.

(¹) Iphigénie le dit en termes exprès dans la tragédie d'Euripide qui porte le nom de cette princesse. (Acte V, scène v.)

ni de compter du coin de l'œil les gens qu'ils voyoient passer la porte, pour être sûrs de leur souper.

Ces grands et superbes spectacles donnés sous le ciel, à la face de toute une nation, n'offroient de toutes parts que des combats, des victoires, des prix, des objets capables d'inspirer aux Grecs une ardente émulation, et d'échauffer leurs cœurs de sentimens d'honneur et de gloire. C'est au milieu de cet imposant appareil, si propre à élever et remuer l'âme, que les acteurs, animés du même zèle, partageoient, selon leurs talens, les honneurs rendus aux vainqueurs des jeux, souvent aux premiers hommes de la nation. Je ne suis pas surpris que, loin de les avilir, leur métier, exercé de cette manière, leur donnât cette fierté de courage et ce noble désintéressement qui sembloit quelquefois élever l'acteur à son personnage. Avec tout cela, jamais la Grèce, excepté Sparte, ne fut citée en exemple de bonnes mœurs; et Sparte, qui ne souffroit point de théâtre (*), n'avoit garde d'honorer ceux qui s'y montrent.

Revenons aux Romains, qui, loin de suivre à cet égard l'exemple des Grecs, en donnèrent un tout contraire. Quand leurs lois déclaroient les comédiens infâmes, étoit-ce dans le dessein d'en déshonorer la profession? Quelle eût été l'utilité d'une disposition si cruelle? Elles ne la déshonoroient point, elles rendoient seulement authentique le déshonneur qui en est inséparable; car jamais les bonnes lois ne changent la nature des choses, elles ne font que la suivre; et celles-là seules sont observées. Il ne s'agit donc pas de crier d'abord contre les préjugés, mais de savoir premièrement si ce ne sont que des préjugés; si la profession de comédien n'est point en effet déshonorante en elle-même; car si, par malheur, elle l'est, nous aurons beau statuer qu'elle ne l'est pas, au lieu de la réhabiliter, nous ne ferons que nous avilir nous-mêmes.

Qu'est-ce que le talent du comédien? L'art de se contrefaire, de revêtir un autre caractère que le sien, de paroître différent de ce qu'on est, de se passionner de sang-froid, de dire autre chose que ce qu'on pense, aussi naturellement que si l'on le pensoit réellement, et d'oublier enfin sa propre place à force de prendre celle d'autrui. Qu'est-ce que la profession du comédien? Un métier par lequel il se donne en représentation pour de l'argent, se soumet à l'ignominie et aux affronts qu'on achète le droit de lui faire, et met publiquement sa personne en vente. J'adjure tout homme sincère de dire s'il ne sent pas au fond de son âme qu'il y a *dans ce trafic de soi-même quelque* chose de servile et de bas. Vous autres philosophes, qui vous prétendez si fort au-dessus des préjugés, ne mourriez-vous pas tous de honte, si, lâchement travestis en rois, il vous falloit aller faire aux yeux du public un rôle différent du vôtre, et exposer vos majestés aux huées de la populace? Quel est donc, au fond, l'esprit que le comédien reçoit de son état, un mélange de bassesse, de fausseté, de ridicule orgueil, et d'indigne avilissement, qui le rend propre à toutes sorte de personnages, hors le plus noble de tous, celui d'homme, qu'il abandonne.

Je sais que le jeu du comédien n'est pas celui d'un fourbe qui veut en imposer, qu'il ne prétend pas qu'on le prenne en effet pour la personne qu'il représente, ni qu'on le croie affecté des passions qu'il imite, et qu'en donnant cette imitation pour ce qu'elle est, il la rend tout-à-fait innocente. Aussi ne l'accusé-je pas d'être précisément un trompeur, mais de cultiver, pour tout métier, le talent de tromper les hommes, et de s'exercer à des habitudes qui, ne pouvant être innocentes qu'au théâtre, ne servent partout ailleurs qu'à malfaire. Ces hommes si bien parés, si bien exercés au ton de la galanterie et aux accens de la passion, n'abuseront-ils jamais de cet art pour séduire de jeunes personnes? Ces valets filous, si subtils de la langue et de la main sur la scène, dans les besoins d'un métier plus dispendieux que lucratif n'auront-ils jamais de distractions utiles? Ne prendront-ils jamais la bourse d'un fils prodigue ou d'un père avare pour celle de Léandre ou d'Argan (¹)? Partout la tentation

(*) Rousseau a reconnu lui-même la fausseté de cette assertion. Voyez dans la *Correspondance* sa lettre à M. Le Roy, du 4 novembre 1758. G. P.

(¹) On a relevé ceci comme outré et comme ridicule. On a eu raison. Il n'y a point de vice dont les comédiens soient moins accusés que de la friponnerie; leur métier, qui les occupe beaucoup, et leur donne même des sentimens d'honneur à certains égards, les éloigne d'une telle bassesse. Je laisse ce

de malfaire augmente avec la facilité ; et il faut que les comédiens soient plus vertueux que les autres hommes, s'ils ne sont pas plus corrompus.

L'orateur, le prédicateur, pourra-t-on me dire encore, paient de leur personne ainsi que le comédien. La différence est très-grande. Quand l'orateur se montre, c'est pour parler, et non pour se donner en spectacle : il ne représente que lui-même, il ne fait que son propre rôle, ne parle qu'en son propre nom, ne dit ou ne doit dire que ce qu'il pense : l'homme et le personnage étant le même être, il est à sa place ; il est dans le cas de tout autre citoyen qui remplit les fonctions de son état. Mais un comédien sur la scène, étalant d'autres sentimens que les siens, ne disant que ce qu'on lui fait dire, représentant souvent un être chimérique, s'anéantit, pour ainsi dire, s'annule avec son héros ; et, dans cet oubli de l'homme, s'il en reste quelque chose, c'est pour être le jouet des spectateurs. Que dirai-je de ceux qui semblent avoir peur de valoir trop par eux-mêmes, et se dégradent jusqu'à représenter des personnages auxquels ils seroient bien fâchés de ressembler ? C'est un grand mal sans doute de voir tant de scélérats dans le monde faire des rôles d'honnêtes gens ; mais y a-t-il rien de plus odieux, de plus choquant, de plus lâche, qu'un honnête homme à la comédie faisant le rôle de scélérat, et déployant tout son talent pour faire valoir de criminelles maximes dont lui-même est pénétré d'horreur ?

Si l'on ne voit en tout ceci qu'une profession peu honnête, on doit voir encore une source de mauvaises mœurs dans le désordre des actrices, qui force et entraîne celui des acteurs. Mais pourquoi ce désordre est-il inévitable ? Ah ! pourquoi ? Dans tout autre temps on n'auroit pas besoin de le demander ; mais dans ce siècle où règnent si fièrement les préjugés et l'erreur sous le nom de philosophie, les hommes, abrutis par leur vain savoir, ont fermé leur esprit à la voix de la raison, et leur cœur à celle de la nature.

Dans tout état, dans tout pays, dans toute condition, les deux sexes ont entre eux une liaison si forte et si naturelle, que les mœurs de l'un décident toujours de celles de l'autre, non que ces mœurs soient toujours les mêmes, mais elles ont toujours le même degré de bonté, modifié dans chaque sexe par les penchans qui lui sont propres. Les Angloises sont douces et timides ; les Anglois sont durs et féroces. D'où vient cette apparente opposition ? De ce que le caractère de chaque sexe est ainsi renforcé, et que c'est aussi le caractère national de porter tout à l'extrême. A cela près, tout est semblable. Les deux sexes aiment à vivre à part ; tous deux font cas des plaisirs de la table ; tous deux se rassemblent pour boire après le repas, les hommes le vin, les femmes du thé ; tous deux se livrent au jeu sans fureur, et s'en font un métier plutôt qu'une passion ; tous deux ont un grand respect pour les choses honnêtes ; tous deux aiment la patrie et les lois ; tous deux honorent la foi conjugale, et, s'ils la violent, ils ne se font point un honneur de la violer ; la paix domestique plaît à tous deux ; tous deux sont silencieux et taciturnes ; tous deux difficiles à émouvoir ; tous deux emportés dans leurs passions ; pour tous deux l'amour est terrible et tragique, il décide du sort de leurs jours ; il ne s'agit pas de moins, dit Muralt, que d'y laisser la raison ou la vie ; enfin tous deux se plaisent à la campagne, et les dames angloises errent aussi volontiers dans leurs parcs solitaires, qu'elles vont se montrer à Waux-hall. De ce goût commun pour la solitude naît aussi celui des lectures contemplatives et des romans dont l'Angleterre est inondée (*). Ainsi tous deux, plus recueillis avec eux-mêmes, se livrent moins à des imitations frivoles, prennent mieux le goût des vrais plaisirs de la vie, et songent moins à paroître heureux qu'à l'être.

J'ai cité les Anglois par préférence, parce qu'ils sont, de toutes les nations du monde, celle où les mœurs des deux sexes paroissent d'abord le plus contraires. De leur rapport dans ce pays-là nous pouvons conclure pour les autres : toute la différence consiste en ce que la vie des femmes est un développement continuel de leurs mœurs ; au lieu que celles des hommes s'effaçant davantage dans l'uniformité

passage, parce que je me suis fait une loi de ne rien ôter ; mais je le désavoue hautement comme une très-grande injustice.

(*) Ils y sont, comme les hommes, sublimes ou détestables. On n'a jamais fait encore, en quelque langue que ce soit, de roman égal à *Clarisse*, ni même approchant.

des affaires, il faut attendre, pour en juger, de les voir dans les plaisirs. Voulez-vous donc connoître les hommes, étudiez les femmes. Cette maxime est générale, et jusque-là tout le monde sera d'accord avec moi. Mais si j'ajoute qu'il n'y a point de bonnes mœurs pour les femmes hors d'une vie retirée et domestique; si je dis que les paisibles soins de la famille et du ménage sont leur partage, que la dignité de leur sexe est dans la modestie, que la honte et la pudeur sont en elles inséparables de l'honnêteté, que rechercher les regards des hommes c'est déjà s'en laisser corrompre, et que toute femme qui se montre se déshonore; à l'instant va s'élever contre moi cette philosophie d'un jour, qui naît et meurt dans le coin d'une grande ville, et veut étouffer de là le cri de la nature et la voix unanime du genre humain.

Préjugés populaires! me crie-t-on; petites erreurs de l'enfance! tromperies des lois et de l'éducation! La pudeur n'est rien; elle n'est qu'une invention des lois sociales pour mettre à couvert les droits des pères et des époux, et maintenir quelque ordre dans les familles. Pourquoi rougirions-nous des besoins que nous donna la nature? Pourquoi trouverions-nous un motif de honte dans un acte aussi indifférent en soi et aussi utile dans ses effets que celui qui concourt à perpétuer l'espèce? Pourquoi, les désirs étant égaux des deux parts, les démonstrations en seroient-elles différentes? Pourquoi l'un des deux sexes se refuseroit-il plus que l'autre aux penchans qui leur sont communs? Pourquoi l'homme auroit-il sur ce point d'autres lois que les animaux?

Tes pourquoi, dit le dieu, ne finiroient jamais.

Mais ce n'est pas à l'homme, c'est à son auteur qu'il les faut adresser. N'est-il pas plaisant qu'il faille dire pourquoi j'ai honte d'un sentiment naturel, si cette honte ne m'est pas moins naturelle que ce sentiment même? Autant vaudroit me demander aussi pourquoi j'ai ce sentiment. Est-ce à moi de rendre compte de ce qu'a fait la nature? Par cette manière de raisonner, ceux qui ne voient pas pourquoi l'homme est existant devroient nier qu'il existe.

J'ai peur que ces grands scrutateurs des conseils de Dieu n'aient un peu légèrement pesé ses raisons. Moi, qui ne me pique pas de les connoître, j'en crois voir qui leur ont échappé. Quoi qu'ils en disent, la honte qui voile aux yeux d'autrui les plaisirs de l'amour est quelque chose : elle est la sauvegarde commune que la nature a donnée aux deux sexes dans un état de foiblesse et d'oubli d'eux-mêmes qui les livre à la merci du premier venu : c'est ainsi qu'elle couvre leur sommeil des ombres de la nuit, afin que, durant ce temps de ténèbres, ils soient moins exposés aux attaques les uns des autres : c'est ainsi qu'elle fait chercher à tout animal souffrant la retraite et les lieux déserts, afin qu'il souffre et meure en paix hors des atteintes qu'il ne peut plus repousser.

A l'égard de la pudeur du sexe en particulier, quelle arme plus douce eût pu donner cette même nature à celui qu'elle destinoit à se défendre? Les désirs sont égaux! Qu'est-ce à dire? Y a-t-il de part et d'autre mêmes facultés de les satisfaire? Que deviendroit l'espèce humaine si l'ordre de l'attaque et de la défense étoit changé? L'assaillant choisiroit, au hasard, des temps où la victoire seroit impossible; l'assailli seroit laissé en paix quand il auroit besoin de se rendre, et poursuivi sans relâche quand il seroit trop foible pour succomber; enfin le pouvoir et la volonté toujours en discorde, ne laissant jamais partager les désirs, l'amour ne seroit plus le soutien de la nature, il en seroit le destructeur et le fléau.

Si les deux sexes avoient également fait et reçu les avances, la vaine importunité n'eût point été sauvée, des feux toujours languissans dans une ennuyeuse liberté ne se fussent jamais irrités, le plus doux de tous les sentimens eût à peine effleuré le cœur humain, et son objet eût été mal rempli. L'obstacle apparent qui semble éloigner cet objet est au fond ce qui le rapproche. Les désirs voilés par la honte n'en deviennent que plus séduisans; en les gênant, la pudeur les enflamme : ses craintes, ses détours, ses réserves, ses timides aveux, sa tendre et naïve finesse, disent mieux ce qu'elle croit taire que la passion ne l'eût dit sans elle : c'est elle qui donne du prix aux faveurs, et de la douceur aux refus. Le véritable amour possède en effet ce que la seule pudeur lui dispute : ce mélange de foiblesse et de modestie le rend plus touchant et plus tendre; moins il obtient, plus la valeur de ce qu'il obtient en augmente ; et c'est ainsi qu'il jouit à la fois de ses privations et de ses plaisirs.

Pourquoi, disent-ils, ce qui n'est pas honteux à l'homme le seroit-il à la femme? pourquoi l'un des sexes se feroit-il un crime de ce que l'autre se croit permis? Comme si les conséquences étoient les mêmes des deux côtés! comme si tous les austères devoirs de la femme ne dérivoient pas de cela seul, qu'un enfant doit avoir un père! Quand ces importantes considérations nous manqueroient, nous aurions toujours la même réponse à faire, et toujours elle seroit sans réplique : ainsi l'a voulu la nature, c'est un crime d'étouffer sa voix. L'homme peut être audacieux, telle est sa destination (¹); il faut bien que quelqu'un se déclare; mais toute femme sans pudeur est coupable et dépravée, parce qu'elle foule aux pieds un sentiment naturel à son sexe.

Comment peut-on disputer la vérité de ce sentiment? toute la terre n'en rendît-elle pas l'éclatant témoignage, la seule comparaison des sexes suffiroit pour la constater. N'est-ce pas la nature qui pare les jeunes personnes de ces traits si doux, qu'un peu de honte rend plus touchans encore? N'est-ce pas elle qui met dans leurs yeux ce regard timide et tendre auquel on résiste avec tant de peine? N'est-ce pas elle qui donne à leur teint plus d'éclat et à leur peau plus de finesse, afin qu'une modeste rougeur s'y laisse mieux apercevoir? N'est-ce pas elle qui les rend craintives afin qu'elles fuient, et foibles afin qu'elles cèdent? A quoi bon leur donner un cœur plus sensible à la pitié, moins de vitesse à la course, un corps moins robuste, une stature moins haute, des muscles plus délicats, si elle ne les eût destinées à se laisser vaincre? Assujetties aux incommodités de la grossesse et aux douleurs de l'enfantement, ce surcroît de travail exigeoit-il une diminution de forces? Mais, pour les réduire à cet état pénible, il les falloit assez fortes pour ne succomber qu'à leur volonté, et assez foibles pour avoir toujours un prétexte de se rendre. Voilà précisément le point où les a placées la nature.

Passons du raisonnement à l'expérience. Si la pudeur étoit un préjugé de la société et de l'éducation, ce sentiment devroit augmenter dans les lieux où l'éducation est plus soignée, et où l'on raffine incessamment sur les lois sociales; il devroit être plus foible partout où l'on est resté plus près de l'état primitif. C'est tout le contraire (¹). Dans nos montagnes, les femmes sont timides et modestes; un mot les fait rougir, elles n'osent lever les yeux sur les hommes, et gardent le silence devant eux. Dans les grandes villes, la pudeur est ignoble et basse : c'est la seule chose dont une femme bien élevée auroit honte; et l'honneur d'avoir fait rougir un honnête homme n'appartient qu'aux femmes du meilleur air.

L'argument tiré de l'exemple des bêtes ne conclut point et n'est point vrai. L'homme n'est point un chien ni un loup. Il ne faut qu'établir dans son espèce les premiers rapports de la société pour donner à ses sentimens une moralité toujours inconnue aux bêtes. Les animaux ont un cœur et des passions, mais la sainte image de l'honnête et du beau n'entra jamais que dans le cœur de l'homme.

Malgré cela, où a-t-on pris que l'instinct ne produit jamais chez les animaux des effets sem-

(¹) Distinguons cette audace de l'insolence et de la brutalité; car rien ne part de sentimens plus opposés et n'a d'effets plus contraires. Je suppose l'amour innocent et libre, ne recevant de loi que de lui-même ; c'est à lui seul qu'il appartient de présider à ses mystères, et de former l'union des personnes ainsi que celle des cœurs. Qu'un homme insulte à la pudeur du sexe, et attente avec violence aux charmes d'un jeune objet qui ne sent rien pour lui; sa grossièreté n'est point passionnée, elle est outrageante; elle annonce une âme sans mœurs, sans délicatesse, incapable à la fois d'amour et d'honnêteté. Le plus grand prix des plaisirs est dans le cœur qui les donne : un véritable amant ne trouveroit que douleur, rage et désespoir, dans la possession même de ce qu'il aime, s'il croyoit n'en point être aimé.

Vouloir contenter insolemment ses désirs sans l'aveu de celle qui les fait naître, est l'audace d'un satyre ; celle d'un homme est de savoir les témoigner sans déplaire, de les rendre intéressans, de faire en sorte qu'on les partage, d'asservir les sentimens avant d'attaquer la personne. Ce n'est pas encore assez d'être aimé, les désirs partagés ne donnent pas seuls le droit de les satisfaire; il faut de plus le consentement de la volonté. Le cœur accorde en vain ce que la volonté refuse. L'honnête homme et l'amant s'en abstient, même quand il pourroit l'obtenir. Arracher ce consentement tacite, c'est user de toute la violence permise en amour. Le lire dans les yeux, le voir dans les manières, malgré le refus de la bouche, c'est l'art de celui qui sait aimer; s'il achève alors d'être heureux, il n'est point brutal, il est honnête : il n'outrage point la pudeur, il la respecte, il la sert; il lui laisse l'honneur de défendre encore ce qu'elle eût peut-être abandonné.

(¹) Je m'attends à l'objection. Les femmes sauvages n'ont point de pudeur, car elles vont nues. Je réponds que les nôtres en ont encore moins, car elles s'habillent. Voyez la fin de cet Essai, au sujet des filles de Lacédémone.

blables à ceux que la honte produit parmi les hommes ? Je vois tous les jours des preuves du contraire. J'en vois se cacher dans certains besoins, pour dérober aux sens un objet de dégoût ; je les vois ensuite, au lieu de fuir, s'empresser d'en couvrir les vestiges. Que manque-t-il à ces soins pour avoir un air de décence et d'honnêteté, sinon d'être pris par des hommes ? Dans leurs amours, je vois des caprices, des choix, des refus concertés qui tiennent de bien près à la maxime d'irriter la passion par les obstacles. A l'instant même où j'écris ceci, j'ai sous les yeux un exemple qui le confirme. Deux jeunes pigeons, dans l'heureux temps de leurs premières amours, m'offrent un tableau bien différent de la sotte brutalité que leur prêtent nos prétendus sages. La blanche colombe va suivant pas à pas son bien-aimé, et prend chasse elle-même aussitôt qu'il se retourne. Reste-t-il dans l'inaction, de légers coups de bec le réveillent : s'il se retire, on le poursuit ; s'il se défend, un petit vol de six pas l'attire encore : l'innocence de la nature ménage les agaceries et la molle résistance avec un art qu'auroit à peine la plus habile coquette. Non, la folâtre Galatée ne faisoit pas mieux, et Virgile eût pu tirer d'un colombier l'une de ses plus charmantes images.

Quand on pourroit nier qu'un sentiment particulier de pudeur fût naturel aux femmes, en seroit-il moins vrai que, dans la société, leur partage doit être une vie domestique et retirée, et qu'on doit les élever dans des principes qui s'y rapportent ? Si la timidité, la pudeur, la modestie, qui leur sont propres, sont des inventions sociales, il importe à la société que les femmes acquièrent ces qualités, il importe de les cultiver en elles ; et toute femme qui les dédaigne offense les bonnes mœurs. Y a-t-il au monde un spectacle aussi touchant, aussi respectable, que celui d'une mère de famille entourée de ses enfans, réglant les travaux de ses domestiques, procurant à son mari une vie heureuse, et gouvernant sagement la maison ? C'est là qu'elle se montre dans toute la dignité d'une honnête femme ; c'est là qu'elle impose vraiment du respect, et que la beauté partage avec honneur les hommages rendus à la vertu.

Une maison dont la maîtresse est absente est un corps sans âme, qui bientôt tombe en corruption ; une femme hors de sa maison perd son plus grand lustre ; et, dépouillée de ses vrais ornemens, elle se montre avec indécence. Si elle a un mari, que cherche-t-elle parmi les hommes ? Si elle n'en a pas, comment s'expose-t-elle à rebuter, par un maintien peu modeste, celui qui seroit tenté de le devenir ? Quoi qu'elle puisse faire, on sent qu'elle n'est pas à sa place en public ; et sa beauté même, qui plaît sans intéresser, n'est qu'un tort de plus que le cœur lui reproche. Que cette impression nous vienne de la nature ou de l'éducation, elle est commune à tous les peuples du monde ; partout on considère les femmes à proportion de leur modestie ; partout on est convaincu qu'en négligeant les manières de leur sexe elles en négligent les devoirs ; partout on voit qu'alors, tournant en effronterie la mâle et ferme assurance de l'homme, elles s'avilissent par cette odieuse imitation, et déshonorent à la fois leur sexe et le nôtre.

Je sais qu'il règne en quelques pays des coutumes contraires ; mais voyez aussi quelles mœurs elles ont fait naître. Je ne voudrois pas d'autre exemple pour confirmer mes maximes. Appliquons aux mœurs des femmes ce que j'ai dit ci-devant de l'honneur qu'on leur porte. Chez tous les anciens peuples policés elles vivoient très-renfermées ; elles se montroient rarement en public, jamais avec des hommes ; elles ne se promenoient point avec eux ; elles n'avoient point la meilleure place au spectacle, elles ne s'y mettoient point en montre (1) ; il ne leur étoit pas même permis d'assister à tous, et l'on sait qu'il y avoit peine de mort contre celles qui s'oseroient montrer aux jeux olympiques.

Dans la maison elles avoient un appartement particulier où les hommes n'entroient point. Quand leurs maris donnoient à manger, elles se présentoient rarement à table ; les honnêtes femmes en sortoient avant la fin du repas, et les autres n'y paroissoient point au commencement. Il n'y avoit aucune assemblée commune pour les deux sexes ; ils ne passoient point la

(1) Au théâtre d'Athènes, les femmes occupoient une galerie haute appelée *cercis*, peu commode pour voir et pour être vues : mais il paroît, par l'aventure de Valérie et de Sylla (*), qu'au cirque de Rome elles étoient mêlées avec les hommes.

(*) PLUTARQUE, *Vie de Sylla*, § 72. — La galerie dont il est parlé dans cette note pour le théâtre d'Athènes, étoit réservée aux femmes honnêtes et qui tenoient à leur réputation. Quant aux courtisanes, il paroît qu'elles se plaçoient soit parmi les hommes, soit dans une galerie particulière. *Voyage d'Anacharsis*, chap. XI. G. P.

journée ensemble. Ce soin de ne pas se rassasier les uns des autres faisoit qu'on s'en revoyoit avec plus de plaisir : il est sûr qu'en général la paix domestique étoit mieux affermie, et qu'il régnoit plus d'union entre les époux (¹) qu'il n'en règne aujourd'hui.

Tels étoient les usages des Perses, des Grecs, des Romains, et même des Égyptiens, malgré les mauvaises plaisanteries d'Hérodote, qui se réfutent d'elles-mêmes. Si quelquefois les femmes sortoient des bornes de cette modestie, le cri public montroit que c'étoit une exception. Que n'a-t-on pas dit de la liberté du sexe à Sparte? On peut aussi comprendre par la *Lisistrata* d'Aristophane combien l'impudence des Athéniennes étoit choquante aux yeux des Grecs ; et, dans Rome déjà corrompue, avec quel scandale ne vit-on point encore les dames romaines se présenter au tribunal des triumvirs !

Tout est changé. Depuis que des foules de barbares, traînant avec eux leurs femmes dans leurs armées, eurent inondé l'Europe, la licence des camps, jointe à la froideur naturelle des climats septentrionaux, qui rend la réserve moins nécessaire, introduisit une autre manière de vivre, que favorisèrent les livres de chevalerie, où les belles dames passoient leur vie à se faire enlever par des hommes, en tout bien et en tout honneur. Comme ces livres étoient les écoles de galanterie du temps, les idées de liberté qu'ils inspirent s'introduisirent surtout dans les cours et les grandes villes, où l'on se pique davantage de politesse ; par le progrès même de cette politesse, elle dut enfin dégénérer en grossièreté. C'est ainsi que la modestie naturelle au sexe est peu à peu disparue, et que les mœurs des vivandières se sont transmises aux femmes de qualité.

Mais voulez-vous savoir combien ces usages, contraires aux idées naturelles, sont choquans pour qui n'en a pas l'habitude? jugez-en par la surprise et l'embarras des étrangers et provinciaux à l'aspect de ces manières si nouvelles pour eux. Cet embarras fait l'éloge des femmes de leur pays ; et il est à croire que celles qui le causent en seroient moins fières, si la source leur en étoit mieux connue. Ce n'est point qu'elles en imposent; c'est plutôt qu'elles font rougir, et que la pudeur, chassée par la femme de ses discours et de son maintien, se réfugie dans le cœur de l'homme.

Revenant maintenant à nos comédiennes, je demande comment un état dont l'unique objet est de se montrer en public, et, qui pis est, de se montrer pour de l'argent, conviendroit à d'honnêtes femmes, et pourroit compatir en elles avec la modestie et les bonnes mœurs. A-t-on besoin même de disputer sur les différences morales des sexes pour sentir combien il est difficile que celle qui se met à prix en représentation ne s'y mette bientôt en personne, et ne se laisse jamais tenter de satisfaire des désirs qu'elle prend tant de soin d'exciter? Quoi! malgré mille timides précautions, une femme honnête et sage, exposée au moindre danger, a bien de la peine encore à se conserver un cœur à l'épreuve ; et ces jeunes personnes audacieuses, sans autre éducation qu'un système de coquetterie et des rôles amoureux, dans une parure très-peu modeste (¹), sans cesse entourées d'une jeunesse ardente et téméraire, au milieu des douces voix de l'amour et du plaisir, résisteront, à leur âge, à leur cœur, aux objets qui les environnent, aux discours qu'on leur tient, aux occasions toujours renaissantes, et à l'or auquel elles sont d'avance à demi vendues! Il faudroit nous croire une simplicité d'enfant pour vouloir nous en imposer à ce point. Le vice a beau se cacher dans l'obscurité, son empreinte est sur les fronts des coupables : l'audace d'une femme est le signe assuré de sa honte ; c'est pour avoir trop à rougir qu'elle ne rougit plus ; et si quelquefois la pudeur survit à la chasteté, que doit-on penser de la chasteté quand la pudeur même est éteinte?

Supposons, si l'on veut, qu'il y ait eu quelques exceptions; supposons

Qu'il en soit jusqu'à trois que *l'on* pourroit nommer.

Je veux bien croire là-dessus ce que je n'ai jamais ni vu ni ouï dire. Appellerons-nous un métier honnête celui qui fait d'une honnête

(¹) On en pourroit attribuer la cause à la facilité du divorce ; mais les Grecs en faisoient peu d'usage, et Rome subsistoit cinq cents ans avant que personne s'y prévalût de la loi qui le permettoit.

(¹) Que sera-ce, en leur supposant la beauté qu'on a raison d'exiger d'elles? Voyez les *Entretiens sur le Fils naturel* (*).

(*) Ou *Dorval et moi*, ouvrage de Diderot. G. P.

femme un prodige, et qui nous porte à mépriser celles qui l'exercent, à moins de compter sur un miracle continuel? L'immodestie tient si bien à leur état, et elles le sentent si bien elles-mêmes, qu'il n'y en a pas une qui ne se crût ridicule de feindre au moins de prendre pour elle les discours de sagesse et d'honneur qu'elle débite au public. De peur que ces maximes sévères ne fissent un progrès nuisible à son intérêt, l'actrice est toujours la première à parodier son rôle et à détruire son propre ouvrage. Elle quitte, en atteignant la coulisse, la morale du théâtre aussi bien que sa dignité; et si l'on prend des leçons de vertu sur la scène, on les va bien vite oublier dans les foyers.

Après ce que j'ai dit ci-devant, je n'ai pas besoin, je crois, d'expliquer encore comment le désordre des actrices entraîne celui des acteurs, surtout dans un métier qui les force à vivre entre eux dans la plus grande familiarité. Je n'ai pas besoin de montrer comment d'un état déshonorant naissent des sentimens déshonnêtes, ni comment les vices divisent ceux que l'intérêt commun devroit réunir. Je ne m'étendrai pas sur mille sujets de discorde et de querelles, que la distribution des rôles, le partage de la recette, le choix des pièces, la jalousie des applaudissemens, doivent exciter sans cesse, principalement entre les actrices, sans parler des intrigues de galanterie. Il est plus inutile encore que j'expose les effets que l'association du luxe et de la misère, inévitable entre ces gens-là, doit naturellement produire. J'en ai déjà trop dit pour vous et pour les hommes raisonnables; je n'en dirois jamais assez pour les gens prévenus qui ne veulent pas voir ce que la raison leur montre, mais seulement ce qui convient à leurs passions ou à leurs préjugés.

Si tout cela tient à la profession du comédien, que ferons-nous, monsieur, pour prévenir des effets inévitables? Pour moi, je ne vois qu'un seul moyen; c'est d'ôter la cause. Quand les maux de l'homme lui viennent de sa nature ou d'une manière de vivre qu'il ne peut changer, les médecins les préviennent-ils? Défendre au comédien d'être vicieux, c'est défendre à l'homme d'être malade.

S'ensuit-il de là qu'il faille mépriser tous les comédiens? Il s'ensuit, au contraire, qu'un comédien qui a de la modestie, des mœurs, de l'honnêteté est, comme vous l'avez très-bien dit, doublement estimable, puisqu'il montre par là que l'amour de la vertu l'emporte en lui sur les passions de l'homme et sur l'ascendant de sa profession. Le seul tort qu'on lui peut imputer est de l'avoir embrassée : mais trop souvent un écart de jeunesse décide du sort de la vie; et, quand on se sent un vrai talent, qui peut résister à son attrait? Les grands acteurs portent avec eux leur excuse; ce sont les mauvais qu'il faut mépriser.

Si j'ai resté si long-temps dans les termes de la proposition générale, ce n'est pas que je n'eusse eu plus d'avantage encore à l'appliquer précisément à la ville de Genève : mais la répugnance de mettre mes concitoyens sur la scène m'a fait différer autant que je l'ai pu de parler de nous. Il y faut pourtant venir à la fin; et je n'aurois rempli qu'imparfaitement ma tâche, si je ne cherchois, sur notre situation particulière, ce qui résultera de l'établissement d'un théâtre dans notre ville, au cas que votre avis et vos raisons déterminent le gouvernement à l'y souffrir. Je me bornerai à des effets si sensibles, qu'ils ne puissent être contestés de personne qui connoisse un peu notre constitution.

Genève est riche, il est vrai; mais, quoiqu'on n'y voie point ces énormes disproportions de fortune qui appauvrissent tout un pays pour enrichir quelques habitans et sèment la misère autour de l'opulence, il est certain que, si quelques Genevois possèdent d'assez grands biens, plusieurs vivent dans une disette assez dure, et que l'aisance du plus grand nombre vient d'un travail assidu, d'économie et de modération, plutôt que d'une richesse positive. Il y a bien des villes plus pauvres que la nôtre où le bourgeois peut donner beaucoup plus à ses plaisirs, parce que le territoire qui le nourrit ne s'épuise pas, et que son temps n'étant d'aucun prix, il peut le perdre sans préjudice. Il n'en va pas ainsi parmi nous, qui, sans terres pour subsister, n'avons tous que notre industrie. Le peuple genevois ne se soutient qu'à force de travail, et n'a le nécessaire qu'autant qu'il se refuse tout superflu : c'est une des raisons de nos lois somptuaires. Il me semble que ce qui doit d'abord frapper tout étranger entrant dans Genève, c'est l'air de vie et d'activité qu'il y voit régner. Tout s'occupe, tout est en mouvement, tout s'empresse à son travail et à ses affaires. Je ne crois pas que nulle autre aussi petite ville au monde offre un pareil spectacle. Visitez le quartier Saint-Gervais, toute l'horlogerie de l'Europe y paroît rassemblée. Parcourez le Molard et les rues basses, un appareil de commerce en grand, des monceaux de ballots, de tonneaux confusément jetés, une odeur d'Inde et de droguerie, vous font imaginer un port de mer. Aux Pâquis, aux Eaux-Vives, le bruit et l'aspect des fabriques d'indienne et de toile peinte semblent vous transporter à Zurich. La ville se multiplie en quelque sorte par les travaux qui s'y font; et j'ai vu des gens, sur ce premier coup d'œil, en estimer le peuple à cent mille âmes. Les bras, l'emploi du temps, la vigilance, l'austère parcimonie; voilà les trésors du Genevois; voilà avec quoi nous attendons un amusement de gens oisifs, qui, nous ôtant à la fois le temps et l'argent, doublera réellement notre perte.

Genève ne contient pas vingt-quatre mille âmes, vous en convenez. Je vois que Lyon, bien plus riche à proportion, et du moins cinq ou six fois plus peuplé, entretient exactement un théâtre, et que, quand ce théâtre est un opéra, la ville n'y sauroit suffire. Je vois que Paris, la capitale de la France et le gouffre des richesses de ce grand royaume, en entretient trois assez médiocrement, et un quatrième en certains temps de l'année. Supposons ce quatrième (*) permanent. Je vois que, dans plus de six cent mille habitans, ce rendez-vous de l'opulence et de l'oisiveté fournit à peine journellement au spectacle mille ou douze cents spectateurs, tout compensé. Dans le reste du royaume, je vois Bordeaux, Rouen, grands ports de mer; je vois Lille, Strasbourg, grandes villes de guerre, pleines d'officiers oisifs qui passent leur vie à attendre qu'il soit midi et huit heures, avoir un théâtre de comédie : encore faut-il des taxes involontaires pour le soutenir. Mais combien d'autres villes incomparablement plus grandes que la nôtre, combien de siéges de parlemens et de cours souveraines, ne peuvent entretenir une comédie à demeure!

Pour juger si nous sommes en état de mieux faire, prenons un terme de comparaison bien connu, tel, par exemple, que la ville de Paris. Je dis donc que si plus de six cent mille habitans ne fournissent journellement et l'un dans l'autre aux théâtres de Paris que douze cents spectateurs, moins de vingt-quatre mille habitans n'en fourniront certainement pas plus de quarante-huit à Genève : encore faut-il déduire les *gratis* de ce nombre, et supposer qu'il n'y a pas proportionnellement moins de désœuvrés à Genève qu'à Paris; supposition qui me paroît insoutenable.

Or, si les comédiens françois, pensionnés du roi, et propriétaires de leur théâtre, ont bien de la peine à se soutenir à Paris avec une assemblée de trois cents spectateurs par représentation (¹), je demande comment les comédiens de Genève se soutiendront avec une assemblée de quarante-huit spectateurs pour toute ressource. Vous me direz qu'on vit à meilleur compte à Genève qu'à Paris. Oui; mais les billets d'entrée coûteront aussi moins à proportion : et puis la dépense de la table n'est rien pour des comédiens; ce sont les habits, c'est la parure qui leur coûte : il faudra faire venir tout cela de Paris, ou dresser des ouvriers maladroits. C'est dans les lieux où toutes les choses sont communes qu'on les fait à meilleur marché. Vous direz encore qu'on les assujettira à nos lois somptuaires. Mais c'est en vain qu'on voudroit porter la réforme sur le théâtre; jamais Cléopâtre et Xerxès ne goûteront notre simplicité.

(¹) Si je ne compte point le concert spirituel, c'est qu'au lieu d'être un spectacle ajouté aux autres il n'en est que le supplément. Je ne compte pas non plus les petits spectacles de la Foire; mais aussi je la compte toute l'année, au lieu qu'elle ne dure pas six mois. En recherchant, par comparaison, s'il est possible qu'une troupe subsiste à Genève, je suppose partout des rapports plus favorables à l'affirmative que ne les donnent les faits connus (*).

(*) Les trois théâtres *permanens* à Paris étoient le Théâtre-François, l'Opéra et la Comédie-Italienne; le quatrième étoit ce *Théâtre de la Foire* où Piron et Le Sage ont fait représenter toutes leurs petites pièces.
G. P.

(¹) Ceux qui ne vont au spectacle que les beaux jours, où l'assemblée est nombreuse, trouveront cette estimation trop foible; mais ceux qui, pendant dix ans, les auront suivis, comme moi, bons et mauvais jours, la trouveront sûrement trop forte. S'il faut donc diminuer le nombre journalier de trois cents spectateurs à Paris, il faut diminuer proportionnellement celui de quarante-huit à Genève, ce qui renforce mes objections.

L'état des comédiens étant de paroître, c'est leur ôter le goût de leur métier de les en empêcher, et je doute que jamais bon acteur consente à se faire quaker. Enfin l'on peut m'objecter que la troupe de Genève, étant bien moins nombreuse que celle de Paris, pourra subsister à bien moindres frais. D'accord : mais cette différence sera-t-elle en raison de celle de quarante-huit à trois cents? Ajoutez qu'une troupe plus nombreuse a aussi l'avantage de pouvoir jouer plus souvent : au lieu que, dans une petite troupe où les doubles manquent, tous ne sauroient jouer tous les jours : la maladie, l'absence d'un seul comédien fait manquer une représentation, et c'est autant de perdu pour la recette.

Le Genevois aime excessivement la campagne; on en peut juger par la quantité de maisons répandues autour de la ville. L'attrait de la chasse et la beauté des environs entretiennent ce goût salutaire. Les portes, fermées avant la nuit, ôtent la liberté de la promenade au dehors, et les maisons de campagne étant si près, fort peu de gens aisés couchent en ville durant l'été. Chacun, ayant passé la journée à ses affaires, part le soir à portes fermantes, et va dans sa petite retraite respirer l'air le plus pur et jouir du plus charmant paysage qui soit sous le ciel. Il y a même beaucoup de citoyens et bourgeois qui y résident toute l'année, et n'ont point d'habitation dans Genève. Tout cela est autant de perdu pour la comédie; et, pendant toute la belle saison, il ne restera presque, pour l'entretenir, que des gens qui n'y vont jamais. A Paris, c'est tout autre chose ; on allie fort bien la comédie avec la campagne, et tout l'été l'on ne voit, à l'heure où finissent les spectacles, que carrosses sortir des portes. Quant aux gens qui couchent en ville, la liberté d'en sortir à toute heure les tente moins que les incommodités qui l'accompagnent ne les rebutent. On s'ennuie sitôt des promenades publiques, il faut aller chercher si loin la campagne, l'air en est si empesté d'immondices et la vue si peu attrayante, qu'on aime mieux aller s'enfermer au spectacle. Voilà donc encore une différence au désavantage de nos comédiens, et une moitié de l'année perdue pour eux. Pensez-vous, monsieur, qu'ils trouveront aisément sur le reste à remplir un si grand vide? Pour moi, je ne vois aucun autre remède à cela que de changer l'heure où l'on ferme les portes, d'immoler notre sûreté à nos plaisirs, et de laisser une place forte ouverte pendant la nuit ([1]), au milieu de trois puissances dont la plus éloignée n'a pas demi-lieue à faire pour arriver à nos glacis.

Ce n'est pas tout : il est impossible qu'un établissement si contraire à nos anciennes maximes soit généralement applaudi. Combien de généreux citoyens verront avec indignation ce monument du luxe et de la mollesse s'élever sur les ruines de notre antique simplicité, et menacer de loin la liberté publique ! Pensez-vous qu'ils iront autoriser cette innovation de leur présence, après l'avoir hautement improuvée? Soyez sûr que plusieurs vont sans scrupule au spectacle à Paris, qui n'y mettront jamais les pieds à Genève, parce que le bien de leur patrie leur est plus cher que leur amusement. Où sera l'imprudente mère qui osera mener sa fille à cette dangereuse école? et combien de femmes respectables croiroient se déshonorer en y allant elles-mêmes ! Si quelques personnes s'abstiennent à Paris d'aller au spectacle, c'est uniquement par un principe de religion, qui sûrement ne sera pas moins fort parmi nous; et nous aurons de plus les motifs de mœurs, de vertu, de patriotisme, qui retiendront encore ceux que la religion ne retiendroit pas ([2]).

J'ai fait voir qu'il est absolument impossible qu'un théâtre de comédie se soutienne à Genève par le seul concours des spectateurs. Il faudra donc de deux choses l'une : ou que les riches se cotisent pour le soutenir, charge onéreuse qu'assurément ils ne seront pas d'humeur à

([1]) Je sais que toutes nos grandes fortifications sont la chose du monde la plus inutile, et que, quand nous aurions assez de troupes pour les défendre, cela seroit fort inutile encore : car sûrement on ne viendra pas nous assiéger. Mais, pour n'avoir point de siége à craindre, nous n'en devons pas moins veiller à nous garantir de toute surprise : rien n'est si facile que d'assembler des gens de guerre à notre voisinage. Nous avons trop appris l'usage qu'on en peut faire, et nous devons songer que les plus mauvais droits hors d'une place se trouvent excellens quand on est dedans.

([2]) Je n'entends point par là qu'on puisse être vertueux sans religion : j'eus long-temps cette opinion trompeuse, dont je suis trop désabusé. Mais j'entends qu'un croyant peut s'abstenir quelquefois, par des motifs de vertus purement sociales, de certaines actions indifférentes par elles-mêmes et qui n'intéressent point immédiatement la conscience, comme est celle d'aller aux spectacles dans un lieu où il n'est pas bon qu'on les souffre.

supporter long-temps; ou que l'état s'en mêle et le soutienne à ses propres frais. Mais comment le soutiendra-t-il? Sera-ce en retranchant sur les dépenses nécessaires, auxquelles suffit à peine son modique revenu, de quoi pourvoir à celle-là? ou bien destinera-t-il à cet usage important les sommes que l'économie et l'intégrité de l'administration permet quelquefois de mettre en réserve pour les plus pressans besoins? Faudra-t-il réformer notre petite garnison, et garder nous-mêmes nos portes? faudra-t-il réduire les foibles honoraires de nos magistrats? ou nous ôterons-nous pour cela toute ressource au moindre accident imprévu? Au défaut de ces expédiens, je n'en vois plus qu'un qui soit praticable: c'est la voie des taxes et impositions, c'est d'assembler nos concitoyens et bourgeois en conseil général dans le temple de Saint-Pierre, et là de leur proposer gravement d'accorder un impôt pour l'établissement de la comédie. A Dieu ne plaise que je croie nos sages et dignes magistrats capables de faire jamais une proposition semblable! et, sur votre propre article, on peut juger assez comment elle seroit reçue.

Si nous avions le malheur de trouver quelque expédient propre à lever ces difficultés, ce seroit tant pis pour nous; car cela ne pourroit se faire qu'à la faveur de quelque vice secret qui, nous affoiblissant encore dans notre petitesse, nous perdroit enfin tôt ou tard. Supposons pourtant qu'un beau zèle du théâtre nous fît faire un pareil miracle; supposons les comédiens bien établis dans Genève, bien contenus par nos lois, la comédie florissante et fréquentée; supposons enfin notre ville dans l'état où vous dites qu'ayant des mœurs et des spectacles elle réuniroit les avantages des uns et des autres: avantages au reste qui me semblent peu compatibles; car celui des spectacles, n'étant que de suppléer aux mœurs, est nul partout où les mœurs existent.

Le premier effet sensible de cet établissement sera, comme je l'ai déjà dit, une révolution dans nos usages, qui en produira nécessairement une dans nos mœurs. Cette révolution sera-t-elle bonne ou mauvaise? c'est ce qu'il est temps d'examiner.

Il n'y a point d'état bien constitué où l'on ne trouve des usages qui tiennent à la forme du gouvernement et servent à la maintenir. Tel étoit, par exemple, autrefois à Londres celui des coteries, si mal à propos tournées en dérision par les auteurs du *Spectateur*. A ces coteries, ainsi devenues ridicules, ont succédé les cafés et les mauvais lieux. Je doute que le peuple anglois ait beaucoup gagné au change. Des coteries semblables sont maintenant établies à Genève sous le nom de *cercles*; et j'ai lieu, monsieur, de juger, par votre article, que vous n'avez point observé sans estime le ton de sens et de raison qu'elles y font régner. Cet usage est ancien parmi nous, quoique son nom ne le soit pas. Les coteries existoient dans mon enfance sous le nom de *sociétés*; mais la forme en étoit moins bonne et moins régulière. L'exercice des armes qui nous rassemble tous les printemps, les divers prix qu'on tire une partie de l'année, les fêtes militaires que ces prix occasionent, le goût de la chasse, commun à tous les Genevois, réunissant fréquemment les hommes, leur donnoient occasion de former entre eux des sociétés de table, des parties de campagne, et enfin des liaisons d'amitié: mais ces assemblées, n'ayant pour objet que le plaisir et la joie, ne se formoient guère qu'au cabaret. Nos discordes civiles, où la nécessité des affaires obligeoit de s'assembler plus souvent et de délibérer de sang-froid, firent changer ces sociétés tumultueuses en des rendez-vous plus honnêtes. Ces rendez-vous prirent le nom de cercles; et d'une fort triste cause sont sortis de très-bons effets (1).

Ces cercles sont des sociétés de douze ou quinze personnes qui louent un appartement commode qu'on pourvoit à frais communs de meubles et de provisions nécessaires. C'est dans cet appartement que se rendent tous les après-midi ceux des associés que leurs affaires ou leurs plaisirs ne retiennent point ailleurs. On s'y rassemble; et là, chacun se livrant sans gêne aux amusemens de son goût, on joue, on cause, on lit, on boit, on fume. Quelquefois on y soupe, mais rarement, parce que le Genevois est rangé, et se plaît à vivre avec sa famille. Souvent aussi l'on va se promener ensemble, et les amusemens qu'on se donne sont des exercices propres à rendre et mainte-

(1) Je parlerai ci-après des inconvéniens.

nir le corps robuste. Les femmes et les filles, de leur côté, se rassemblent par sociétés, tantôt chez l'une, tantôt chez l'autre. L'objet de cette réunion est un petit jeu de commerce, un goûter, et comme on peut bien croire, un intarissable babil. Les hommes, sans être fort sévèrement exclus de ces sociétés, s'y mêlent assez rarement; et je penserois plus mal encore de ceux qu'on y voit toujours que de ceux qu'on n'y voit jamais.

Tels sont les amusemens journaliers de la bourgeoisie de Genève. Sans être dépourvus de plaisir et de gaîté, ces amusemens ont quelque chose de simple et d'innocent qui convient à des mœurs républicaines; mais, dès l'instant qu'il y aura comédie, adieu les cercles, adieu les sociétés! Voilà la révolution que j'ai prédite, tout cela tombe nécessairement. Et si vous m'objectez l'exemple de Londres, cité par moi-même, où les spectacles établis n'empêchoient point les coteries, je répondrai qu'il y a, par rapport à nous, une différence extrême; c'est qu'un théâtre, qui n'est qu'un point dans cette ville immense, sera dans la nôtre un grand objet qui absorbera tout.

Si vous me demandez ensuite où est le mal que les cercles soient abolis... Non, monsieur, cette question ne viendra pas d'un philosophe: c'est un discours de femme ou de jeune homme qui traitera nos cercles de corps-de-garde, et croira sentir l'odeur du tabac. Il faut pourtant répondre; car, pour cette fois, quoique je m'adresse à vous, j'écris pour le peuple, et sans doute il y paroît; mais vous m'y avez forcé.

Je dis premièrement que si c'est une mauvaise chose que l'odeur du tabac, c'en est une fort bonne de rester maître de son bien, et d'être sûr de coucher chez soi. Mais j'oublie déjà que je n'écris pas pour des d'Alembert. Il faut m'expliquer d'une autre manière.

Suivons les indications de la nature, consultons le bien de la société: nous trouverons que les deux sexes doivent se rassembler quelquefois, et vivre ordinairement séparés. Je l'ai dit tantôt par rapport aux femmes, je le dis maintenant par rapport aux hommes. Ils se sentent autant et plus qu'elles de leur trop intime commerce: elles n'y perdent que leurs mœurs, et nous y perdons à la fois nos mœurs et notre constitution; car ce sexe plus foible, hors d'état de prendre notre manière de vivre, trop pénible pour lui, nous force de prendre la sienne, trop molle pour nous; et ne voulant plus souffrir de séparation, faute de pouvoir se rendre hommes, les femmes nous rendent femmes.

Cet inconvénient, qui dégrade l'homme, est très-grand partout; mais c'est surtout dans les états comme le nôtre qu'il importe de le prévenir. Qu'un monarque gouverne des hommes ou des femmes, cela lui doit être assez indifférent, pourvu qu'il soit obéi; mais dans une république il faut des hommes (1).

Les anciens passoient presque leur vie en plein air, ou vaquant à leurs affaires, ou réglant celles de l'état sur la place publique, ou se promenant à la campagne, dans les jardins, au bord de la mer, à la pluie, au soleil, et presque toujours tête nue (2). A tout cela point de femmes; mais on savoit bien les trouver au besoin; et nous ne voyons point, par leurs écrits et par les échantillons de leurs conversations qui nous restent, que l'esprit, ni le goût, ni l'amour même, perdissent rien à cette réserve. Pour nous, nous avons pris des manières toutes contraires: lâchement dévoués aux volontés du sexe que nous devrions protéger et non servir, nous avons appris à le mépriser en lui obéissant, à l'outrager par nos soins railleurs; et chaque femme de Paris rassemble dans son appartement un sérail d'hommes plus femmes qu'elle, qui savent rendre à la beauté toutes sortes d'hommages, hors celui du cœur dont elle est digne. Mais voyez ces mêmes

(1) On me dira qu'il en faut aux rois pour la guerre. Point du tout. Au lieu de trente mille hommes, ils n'ont, par exemple, qu'à lever cent mille femmes. Les femmes ne manquent pas de courage: elles préfèrent l'honneur à la vie: quand elles se battent, elles se battent bien. L'inconvénient de leur sexe est de ne pouvoir supporter les fatigues de la guerre et l'intempérie des saisons. Le secret est donc d'en avoir toujours le triple de ce qu'il en faut pour se battre, afin de sacrifier les deux autres tiers aux maladies et à la mortalité.

Qui croiroit que cette plaisanterie, dont on voit assez l'application, ait été prise en France au pied de la lettre par des gens d'esprit?

(2) Après la bataille gagnée par Cambyse sur Psammenite, on distinguoit parmi les morts les Égyptiens, qui avoient toujours la tête nue, à l'extrême dureté de leurs crânes; au lieu que les Perses, toujours coiffés de leurs grosses tiares, avoient les crânes si tendres, qu'on les brisoit sans effort. Hérodote lui-même fut, long-temps après, témoin de cette différence (*).

(*) HÉRODOTE, livre III, chap. XII. Cité aussi par Montaigne, livre I chap. XXXV. G. P.

hommes, toujours contraints dans ces prisons volontaires, se lever, se rasseoir, aller et venir sans cesse à la cheminée, à la fenêtre, prendre et poser cent fois un écran, feuilleter des livres, parcourir des tableaux, tourner, pirouetter par la chambre, tandis que l'idole, étendue sans mouvement dans sa chaise longue, n'a d'actif que la langue et les yeux. D'où vient cette différence, si ce n'est que la nature, qui impose aux femmes cette vie sédentaire et casanière, en prescrit aux hommes une tout opposée, et que cette inquiétude indique en eux un vrai besoin? Si les Orientaux, que la chaleur du climat fait assez transpirer, font peu d'exercice et ne se promènent point, au moins ils vont s'asseoir en plein air et respirer à leur aise; au lieu qu'ici les femmes ont grand soin d'étouffer leurs amis dans de bonnes chambres bien fermées.

Si l'on compare la force des hommes anciens à celle des hommes d'aujourd'hui, on n'y trouve aucune espèce d'égalité. Nos exercices de l'Académie sont des jeux d'enfans auprès de ceux de l'ancienne gymnastique : on a quitté la paume comme trop fatigante; on ne peut plus voyager à cheval. Je ne dis rien de nos troupes. On ne conçoit plus les marches des armées grecques et romaines. Le chemin, le travail, le fardeau du soldat romain fatigue seulement à le lire, et accable l'imagination. Le cheval n'étoit pas permis aux officiers d'infanterie. Souvent les généraux faisoient à pied les mêmes journées que leurs troupes. Jamais les deux Caton n'ont autrement voyagé, ni seuls, ni avec leurs armées. Othon lui-même, l'efféminé Othon, marchoit, armé de fer, à la tête de la sienne, allant au-devant de Vitellius. Qu'on trouve à présent un seul homme de guerre capable d'en faire autant. Nous sommes déchus en tout. Nos peintres et nos sculpteurs se plaignent de ne plus trouver de modèles comparables à ceux de l'antique. Pourquoi cela? L'homme a-t-il dégénéré? L'espèce a-t-elle une décrépitude physique ainsi que l'individu? Au contraire; les Barbares du Nord, qui ont, pour ainsi dire, peuplé l'Europe d'une nouvelle race, étoient plus grands et plus forts que les Romains, qu'ils ont vaincus et subjugués. Nous devrions donc être plus forts nous-mêmes, qui, pour la plupart, descendons de ces nouveau-venus. Mais les premiers Romains vivoient en hommes ([1]), et trouvoient dans leurs continuels exercices la vigueur que la nature leur avoit refusée; au lieu que nous perdons la nôtre dans la vie indolente et lâche où nous réduit la dépendance du sexe. Si les Barbares dont je viens de parler vivoient avec les femmes, ils ne vivoient pas pour cela comme elles; c'étoient elles qui avoient le courage de vivre comme eux, ainsi que faisoient aussi celles de Sparte. La femme se rendoit robuste, et l'homme ne s'énervoit pas.

Si ce soin de contrarier la nature est nuisible au corps, il l'est encore plus à l'esprit. Imaginez quelle peut être la trempe de l'âme d'un homme uniquement occupé de l'importante affaire d'amuser les femmes, et qui passe sa vie entière à faire pour elles ce qu'elles devroient faire pour nous quand, épuisés de travaux dont elles sont incapables, nos esprits ont besoin de délassement. Livrés à ces puériles habitudes, à quoi pourrions-nous jamais nous élever de grand? Nos talens, nos écrits se sentent de nos frivoles occupations ([2]); agréables, si l'on veut,

([1]) Les Romains étoient les hommes les plus petits et les plus foibles de tous les peuples de l'Italie, et cette différence étoit si grande, dit Tite-Live, qu'elle s'apercevoit au premier coup d'œil dans les troupes des uns et des autres. Cependant l'exercice et la discipline prévalurent tellement sur la nature, que les foibles firent ce que ne pouvoient faire les forts, et les vainquirent (*).

([2]) Les femmes en général n'aiment aucun art, ne se connoissent à aucun, et n'ont aucun génie. Elles peuvent réussir aux petits ouvrages qui ne demandent que de la légèreté d'esprit, du goût, de la grâce, quelquefois même de la philosophie et du raisonnement. Elles peuvent acquérir de la science, de l'érudition, des talens, et tout ce qui s'acquiert à force de travail. Mais ce feu céleste qui échauffe et embrase l'âme, ce génie qui consume et dévore, cette brûlante éloquence, ces transports sublimes qui portent leurs ravissemens jusqu'au fond des cœurs, manqueront toujours aux écrits des femmes : ils sont tous froids et jolis comme elles : ils auront tant d'esprit que vous voudrez, jamais d'âme; ils seroient cent fois plutôt sensés que passionnés. Elles ne savent ni décrire ni sentir l'amour même. La seule Sapho, que je sache, et une autre, méritèrent d'être exceptées. Je parierois tout au monde que les *Lettres Portu-*

(*) Les recherches les plus scrupuleuses n'ont pu nous faire découvrir dans Tite-Live aucun passage qui eût quelque rapport avec l'assertion qui lui est attribuée dans cette note. D'ailleurs un trait aussi saillant n'eût pu manquer d'être saisi par Montesquieu ou par Machiavel, et leurs ouvrages n'en offrent aucune trace. César (*de Bello Gall.*, lib. I, cap. xxx) dit à la vérité que la petite stature de ses soldats étoit pour les Gaulois qu'il avoit à combattre un sujet de mépris. Végèce (*de Re milit.*, lib. I, cap. I) s'exprime à peu près dans le même sens en parlant des Gaulois, des Germains et des Espagnols. Mais, dans la comparaison à faire des Romains avec les autres peuples de l'Italie, aucun trait semblable ne se trouve dans Tite-Live : tout dispose donc à croire que Rousseau ne le cite ici que sur la foi de quelque écrivain moderne dont il ne s'est pas donné la peine d'examiner à fond le témoignage.

G. P.

mais petits et froids comme nos sentimens, ils ont pour tout mérite ce tour facile qu'on n'a pas grande peine à donner à des riens. Ces foules d'ouvrages éphémères qui naissent journellement, n'étant faits que pour amuser des femmes, et n'ayant ni force ni profondeur, volent tous de la toilette au comptoir. C'est le moyen de récrire incessamment les mêmes, et de les rendre toujours nouveaux. On m'en citera deux ou trois qui serviront d'exceptions; mais moi, j'en citerai cent mille qui confirmeront la règle. C'est pour cela que la plupart des productions de notre âge passeront avec lui : et la postérité croira qu'on fit bien peu de livres dans ce même siècle où l'on en fait tant.

Il ne seroit pas difficile de montrer qu'au lieu de gagner à ces usages, les femmes y perdent. On les flatte sans les aimer ; on les sert sans les honorer : elles sont entourées d'agréables, mais elles n'ont plus d'amans ; et le pis est que les premiers, sans avoir les sentimens des autres, n'en usurpent pas moins tous les droits. La société des deux sexes, devenue trop commune et trop facile, a produit ces deux effets, et c'est ainsi que l'esprit général de la galanterie étouffe à la fois le génie et l'amour.

Pour moi, j'ai peine à concevoir comment on rend assez peu d'honneur aux femmes pour leur oser adresser sans cesse ces fades propos galans, ces complimens insultans et moqueurs, auxquels on ne daigne pas même donner un air de bonne foi : les outrager par ces évidens mensonges, n'est-ce pas leur déclarer assez nettement qu'on ne trouve aucune vérité obligeante à leur dire? Que l'amour se fasse illusion sur les qualités de ce qu'on aime, cela n'arrive que trop souvent; mais est-il question d'amour dans tout ce maussade jargon? ceux mêmes qui s'en servent ne s'en servent-ils pas également pour toutes les femmes? et ne seroient-ils pas au désespoir qu'on les crût sérieusement amoureux d'une seule? Qu'ils ne s'en inquiètent pas. Il faudroit avoir d'étranges idées de l'amour pour les en croire capables, et rien n'est plus éloigné de son ton que celui de la galanterie. De la manière que je conçois cette passion terrible, son trouble, ses égaremens, ses palpitations, ses transports, ses brûlantes expressions, son silence plus énergique, ses inexprimables regards, que leur timidité rend téméraires, et qui montrent les désirs par la crainte ; il me semble qu'après un langage aussi véhément, si l'amant venoit à dire une fois, *je vous aime*, l'amante indignée lui diroit, *vous ne m'aimez plus*, et ne le reverroit de sa vie.

Nos cercles conservent encore parmi nous quelque image des mœurs antiques. Les hommes entre eux, dispensés de rabaisser leurs idées à la portée des femmes et d'habiller galamment la raison, peuvent se livrer à des discours graves et sérieux sans crainte du ridicule. On ose parler de patrie et de vertu sans passer pour rabâcheur ; on ose être soi-même sans s'asservir aux maximes d'une caillette. Si le tour de la conversation devient moins poli, les raisons prennent plus de poids ; on ne se paye point de plaisanterie ni de gentillesse ; on ne se tire point d'affaire par de bons mots ; on ne se ménage point dans la dispute ; chacun, se sentant attaqué de toutes les forces de son adversaire, est obligé d'employer toutes les siennes pour se défendre. C'est ainsi que l'esprit acquiert de la justesse et de la vigueur. S'il se mêle à tout cela quelques propos licencieux, il ne faut point trop s'en effaroucher ; les moins grossiers ne sont pas toujours les plus honnêtes, et ce langage un peu rustaud est préférable encore à ce style plus recherché, dans lequel les deux sexes se séduisent mutuellement et se familiarisent décemment avec le vice. La manière de vivre, plus conforme aux inclinations de l'homme, est aussi mieux assortie à son tempérament : on ne reste point toute la journée établi sur une chaise; on se livre à des jeux d'exercice, on va, on vient ; plusieurs cercles se tiennent à la campagne, d'autres s'y rendent. On a des jardins pour la promenade, des cours spacieuses pour s'exercer, un grand lac pour nager, tout le pays ouvert pour la chasse ; et il ne faut pas croire que cette chasse se fasse aussi commodément qu'aux environs de Paris, où l'on trouve le gibier sous ses pieds

gaises ont été écrites par un homme (*). Or, partout où dominent les femmes, leur goût doit aussi dominer : et voilà ce qui détermine celui de notre siècle.

(*) On sait positivement aujourd'hui que ces Lettres, dont M. Barbier a donné en 1806 une nouvelle édition, sont réellement d'une religieuse portugaise qui s'appeloit *Mariamne Alcoforada*, et qu'elles furent adressées au comte de Chamilly, dit alors *comte de Saint-Léger*. Voyez la *Notice* de M. Barbier en tête de son édition, et le feuilleton du *Journal de l'Empire*, du 5 janvier 1810. G. P.

et où l'on tire à cheval. Enfin ces honnêtes et innocentes institutions rassemblent tout ce qui peut contribuer à former dans les mêmes hommes des amis, des citoyens, des soldats, et par conséquent tout ce qui convient le mieux à un peuple libre.

On accuse d'un défaut les sociétés des femmes, c'est de les rendre médisantes et satiriques; et l'on peut bien comprendre en effet que les anecdotes d'une petite ville n'échappent pas à ces comités féminins; on pense bien aussi que les maris absens y sont peu ménagés; et que toute femme jolie et fêtée n'a pas beau jeu dans le cercle de sa voisine. Mais peut-être y a-t-il dans cet inconvénient plus de bien que de mal, et toujours est-il incontestablement moindre que ceux dont il tient la place : car lequel vaut le mieux qu'une femme dise avec ses amies du mal de son mari, ou que, tête à tête avec un homme, elle lui en fasse; qu'elle critique le désordre de sa voisine, ou qu'elle l'imite? Quoique les Genevoises disent assez librement ce qu'elles savent, et quelquefois ce qu'elles conjecturent, elles ont une véritable horreur de la calomnie, et l'on ne leur entendra jamais intenter contre autrui des accusations qu'elles croient fausses; tandis qu'en d'autres pays les femmes, également coupables par leur silence et par leurs discours, cachent, de peur de représailles, le mal qu'elles savent, et publient par vengeance celui qu'elles ont inventé.

Combien de scandales publics ne retiennent pas la crainte de ces sévères observatrices! Elles font presque dans notre ville la fonction de censeurs. C'est ainsi que, dans les beaux temps de Rome, les citoyens, surveillans les uns des autres, s'accusoient publiquement par zèle pour la justice : mais quand Rome fut corrompue, et qu'il ne resta plus rien à faire pour les bonnes mœurs que de cacher les mauvaises, la haine des vices qui les démasque en devint un. Aux citoyens zélés succédèrent des délateurs infâmes; et au lieu qu'autrefois les bons accusoient les méchans, ils en furent accusés à leur tour. Grâce au ciel, nous sommes loin d'un terme si funeste. Nous ne sommes point réduits à nous cacher à nos propres yeux de peur de nous faire horreur. Pour moi, je n'en aurai pas meilleure opinion des femmes, quand elles seront plus circonspectes : on se ménagera davantage quand on aura plus de raisons de se ménager, et quand chacune aura besoin pour elle-même de la discrétion dont elle donnera l'exemple aux autres.

Qu'on ne s'alarme donc point tant du caquet des sociétés de femmes. Qu'elles médisent tant qu'elles voudront, pourvu qu'elles médisent entre elles. Des femmes véritablement corrompues ne sauroient supporter long-temps cette manière de vivre; et, quelque chère que leur pût être la médisance, elles voudroient médire avec des hommes. Quoi qu'on m'ait pu dire à cet égard, je n'ai jamais vu aucune de ces sociétés sans un secret mouvement d'estime et de respect pour celles qui la composoient. Telle est, me disois-je, la destination de la nature, qui donne différens goûts aux deux sexes, afin qu'ils vivent séparés et chacun à sa manière [1]. Ces aimables personnes passent ainsi leurs jours, livrées aux occupations qui leur conviennent, ou à des amusemens innocens et simples, très-propres à toucher un cœur honnête et à donner bonne opinion d'elles. Je ne sais ce qu'elles ont dit, mais elles ont vécu ensemble; elles ont pu parler des hommes, mais elles se sont passées d'eux; et tandis qu'elles critiquoient si sévèrement la conduite des autres, au moins la leur étoit irréprochable.

Les cercles d'hommes ont aussi leurs inconvéniens, sans doute : quoi d'humain n'a pas les siens? On joue, on boit, on s'enivre, on passe les nuits : tout cela peut être vrai, tout cela peut être exagéré. Il y a partout mélange de bien et de mal, mais à diverses mesures. On abuse de tout : axiome trivial, sur lequel on ne doit ni tout rejeter ni tout admettre. La règle pour choisir est simple. Quand le bien surpasse le mal, la chose doit être admise malgré ses inconvéniens; quand le mal surpasse le bien, il la faut rejeter même avec ses avantages. *Quand la chose est bonne en elle-même* et n'est mauvaise que dans ses abus, quand les abus

[1] Ce principe, auquel tiennent toutes les bonnes mœurs est développé d'une manière plus claire et plus étendue dans un manuscrit dont je suis dépositaire, et que je me propose de publier, s'il me reste assez de temps pour cela, quoique cette annonce ne soit guère propre à lui concilier d'avance la faveur des dames.

On comprendra facilement que le manuscrit dont je parlois dans cette note étoit celui de *la Nouvelle Héloïse*, qui parut deux ans après cet ouvrage (*).

(*) Voyez la quatrième Partie, lettre x (tome II, page 227.) G. P.

peuvent être prévenus sans beaucoup de peine, ou tolérés sans grand préjudice, ils peuvent servir de prétextes et non de raison pour abolir un usage utile : mais ce qui est mauvais en soi sera toujours mauvais [1], quoi qu'on fasse pour en tirer un bon usage. Telle est la différence essentielle des cercles aux spectacles.

Les citoyens d'un même état, les habitans d'une même ville ne sont point des anachorètes, ils ne sauroient vivre toujours seuls et séparés; quand ils le pourroient, il ne faudroit pas les y contraindre. Il n'y a que le plus farouche despotisme qui s'alarme à la vue de sept ou huit hommes assemblés, craignant toujours que leurs entretiens ne roulent sur leurs misères.

Or, de toutes les sortes de liaisons qui peuvent rassembler les particuliers dans une ville comme la nôtre, les cercles forment, sans contredit, la plus raisonnable, la plus honnête, et la moins dangereuse, parce qu'elle ne veut ni ne peut se cacher, qu'elle est publique, permise, et que l'ordre et la règle y règnent. Il est même facile à démontrer que les abus qui peuvent en résulter naîtroient également de toutes les autres, ou qu'elles en produiroient de plus grands encore. Avant de songer à détruire un usage établi, on doit avoir bien pesé ceux qui s'introduiront à sa place. Quiconque en pourra proposer un qui soit praticable et duquel ne résulte aucun abus, qu'il le propose, et qu'ensuite les cercles soient abolis; à la bonne heure. En attendant, laissons, s'il le faut, passer la nuit à boire à ceux qui, sans cela, la passeroient peut-être à faire pis.

Toute intempérance est vicieuse, et surtout celle qui nous ôte la plus noble de nos facultés. L'excès du vin dégrade l'homme, aliène au moins sa raison pour un temps, et l'abrutit à la longue. Mais enfin le goût du vin n'est pas un crime; il en fait rarement commettre; il rend l'homme stupide et non pas méchant [2]. Pour une querelle passagère qu'il cause, il forme cent attachemens durables. Généralement parlant, les buveurs ont de la cordialité, de la franchise; ils sont presque tous bons, droits, justes, fidèles, braves et honnêtes gens, à leur défaut près. En ose-t-on dire autant des vices qu'on substitue à celui-là? ou bien prétend-on faire de toute une ville un peuple d'hommes sans défauts et retenus en toute chose? Combien de vertus apparentes cachent souvent des vices réels! le sage est sobre par tempérance, le fourbe l'est par fausseté. Dans les pays de mauvaises mœurs, d'intrigues, de trahisons, d'adultères, on redoute un état d'indiscrétion où le cœur se montre sans qu'on y songe. Partout les gens qui abhorrent le plus l'ivresse sont ceux qui ont le plus d'intérêt à s'en garantir. En Suisse, elle est presque en estime; à Naples, elle est en horreur : mais au fond laquelle est le plus à craindre, de l'intempérance du Suisse ou de la réserve de l'Italien?

Je le répète, il vaudroit mieux être sobre et vrai, non-seulement pour soi, même pour la société; car tout ce qui est mal en morale est mal encore en politique. Mais le prédicateur s'arrête au mal personnel, le magistrat ne voit que les conséquences publiques; l'un n'a pour objet que la perfection de l'homme où l'homme n'atteint point; l'autre, que le bien de l'état autant qu'il y peut atteindre : ainsi tout ce qu'on a raison de blâmer en chaire ne doit pas être puni par les lois. Jamais peuple n'a péri par l'excès du vin, tous périssent par le désordre des femmes. La raison de cette différence est claire : le premier de ces deux vices détourne des autres, le second les engendre tous. La diversité des âges y fait encore. Le vin tente moins la jeunesse et l'abat moins aisément; un sang ardent lui donne d'autres désirs; dans l'âge des passions toutes s'enflamment au feu d'une seule; la raison s'altère en naissant; et l'homme, encore indompté, devient indisciplinable avant que d'avoir porté le joug des lois. Mais qu'un sang à demi glacé cherche un secours qui le ranime, qu'une liqueur bienfaisante supplée aux es-

(1) Je parle dans l'ordre moral : car dans l'ordre physique il n'y a rien d'absolument mauvais. Le tout est bien.

(2) Ne calomnions point le vice même; n'a-t-il pas assez de sa laideur? Le vin ne donne pas de la méchanceté, il la décèle. Celui qui tua Clitus dans l'ivresse fit mourir Philotas de sang-froid. Si l'ivresse a ses fureurs, quelle passion n'a pas les siennes? La différence est que les autres restent au fond de l'âme, et que celle-là s'allume et s'éteint à l'instant. A cet emportement près, qui passe et qu'on évite aisément, soyons sûrs que quiconque fait dans le vin de méchantes actions, couve à jeun de méchans desseins.

prits qu'il n'a plus [1] : quand un vieillard abuse de ce doux remède, il a déjà rempli ses devoirs envers sa patrie, il ne la prive que du rebut de ses ans. Il a tort, sans doute : il cesse avant la mort d'être citoyen. Mais l'autre ne commence pas même à l'être : il se rend plutôt l'ennemi public, par la séduction de ses complices, par l'exemple et l'effet de ses mœurs corrompues, surtout par la morale pernicieuse qu'il ne manque pas de répandre pour les autoriser. Il vaudroit mieux qu'il n'eût point existé.

De la passion du jeu naît un plus dangereux abus, mais qu'on prévient ou réprime aisément. C'est une affaire de police, dont l'inspection devient plus facile et mieux séante dans les cercles que dans les maisons particulières. L'opinion peut beaucoup encore en ce point; et sitôt qu'on voudra mettre en honneur les jeux d'exercice et d'adresse, les cartes, les dés, les jeux de hasard, tomberont infailliblement. Je ne crois pas même, quoi qu'on en dise, que ces moyens oisifs et trompeurs de remplir sa bourse prennent jamais grand crédit chez un peuple raisonneur et laborieux, qui connoît trop le prix du temps et de l'argent pour aimer à les perdre ensemble.

Conservons donc les cercles, même avec leurs défauts; car ces défauts ne sont pas dans les cercles, mais dans les hommes qui les composent; et il n'y a point dans la vie sociale de forme imaginable sous laquelle ces mêmes défauts ne produisent de plus nuisibles effets. Encore un coup, ne cherchons point la chimère de la perfection, mais le mieux possible selon la nature de l'homme et la constitution de la société. Il y a tel peuple à qui je dirois : Détruisez cercles et coteries, ôtez toute barrière de bienséance entre les sexes; remontez, s'il est possible, jusqu'à n'être que corrompus. Mais vous, Genevois, évitez de le devenir, s'il est temps encore : craignez le premier pas, qu'on ne fait jamais seul, et songez qu'il est plus aisé de garder de bonnes mœurs que de mettre un terme aux mauvaises.

Deux ans seulement de comédie, et tout est bouleversé. L'on ne sauroit se partager entre tant d'amusemens : l'heure des spectacles étant celle des cercles les fera dissoudre; il s'en détachera trop de membres : ceux qui resteront seront trop peu assidus pour être d'une grande ressource les uns aux autres, et laisser subsister long-temps les associations. Les deux sexes réunis journellement dans un même lieu; les parties qui se lieront pour s'y rendre; les manières de vivre qu'on y verra dépeintes et qu'on s'empressera d'imiter; l'exposition des dames et demoiselles parées tout de leur mieux et mises en étalage dans des loges comme sur le devant d'une boutique, en attendant les acheteurs; l'affluence de la belle jeunesse, qui viendra de son côté s'offrir en montre, et trouvera bien plus beau de faire des entrechats au théâtre que l'exercice à Plain-Palais; les petits soupers de femmes qui s'arrangeront en sortant, ne fût-ce qu'avec les actrices; enfin le mépris des anciens usages qui résultera de l'adoption des nouveaux; tout cela substituera bientôt l'agréable vie de Paris et les bons airs de France à notre ancienne simplicité; et je doute un peu que des Parisiens à Genève y conservent long-temps le goût de notre gouvernement.

Il ne faut point le dissimuler, les intentions sont droites encore; mais les mœurs inclinent déjà visiblement vers la décadence, et nous suivons de loin les traces des mêmes peuples dont nous ne laissons pas de craindre le sort. Par exemple, on m'assure que l'éducation de la jeunesse est généralement beaucoup meilleure qu'elle n'étoit autrefois; ce qui pourtant ne peut guère se prouver qu'en montrant qu'elle fait de meilleurs citoyens. Il est certain que les enfans font mieux la révérence; qu'ils savent plus galamment donner la main aux dames, et leur dire une infinité de gentillesses pour lesquelles je leur ferois, moi, donner le fouet; qu'ils savent décider, trancher, interroger, couper la parole aux hommes, importuner tout le monde, sans modestie et sans discrétion. On me dit que cela les forme : je conviens que cela les forme à être impertinens; et c'est, de toutes les choses qu'ils apprennent par cette méthode, la seule qu'ils n'oublient point. Ce n'est pas tout. Pour les retenir auprès des femmes, qu'ils sont destinés à désennuyer, on a soin de les élever précisément comme elles, on les garantit du so-

[1] Platon dans ses lois permet aux seuls vieillards l'usage du vin; et même il leur en permet quelquefois l'excès.

leil, du vent, de la pluie, de la poussière, afin qu'ils ne puissent jamais rien supporter de tout cela. Ne pouvant les préserver entièrement du contact de l'air, on fait du moins qu'il ne leur arrive qu'après avoir perdu la moitié de son ressort. On les prive de tout exercice; on leur ôte toutes leurs facultés; on les rend ineptes à tout autre usage qu'aux soins auxquels ils sont destinés, et la seule chose que les femmes n'exigent pas de ces vils esclaves est de se consacrer à leur service à la façon des Orientaux. A cela près, tout ce qui les distingue d'elles, c'est que la nature leur en ayant refusé les grâces, ils y substituent des ridicules. A mon dernier voyage à Genève, j'ai déjà vu plusieurs de ces jeunes demoiselles en justaucorps, les dents blanches, la main potelée, la voix flûtée, un joli parasol vert à la main, contrefaire assez maladroitement les hommes.

On étoit plus grossier de mon temps. Les enfans, rustiquement élevés, n'avoient point de teint à conserver, et ne craignoient point les injures de l'air, auxquelles ils s'étoient aguerris de bonne heure. Les pères les menoient avec eux à la chasse, en campagne, à tous leurs exercices, dans toutes les sociétés. Timides et modestes devant les gens âgés, ils étoient hardis, fiers, querelleurs entre eux; ils n'avoient point de frisure à conserver; ils se défioient à la lutte, à la course, aux coups, ils se battoient à bon escient; se blessoient quelquefois, et puis s'embrassoient en pleurant. Ils revenoient au logis suant, essoufflés, déchirés : c'étoient de vrais polissons; mais ces polissons ont fait des hommes qui ont dans le cœur du zèle pour servir la patrie et du sang à verser pour elle. Plaise à Dieu qu'on en puisse dire autant un jour de nos beaux petits messieurs requinqués, et que ces hommes de quinze ans ne soient pas des enfans à trente!

Heureusement ils ne sont point tous ainsi. Le plus grand nombre encore a gardé cette antique rudesse, conservatrice de la bonne constitution ainsi que des bonnes mœurs. Ceux même qu'une éducation trop délicate amollit pour un temps seront contraints, étant grands, de se plier aux habitudes de leurs compatriotes. Les uns perdront leur âpreté dans le commerce du monde; les autres gagneront des forces en les exerçant; tous deviendront, je l'espère, ce que furent leurs ancêtres, ou du moins ce que leurs pères sont aujourd'hui. Mais ne nous flattons pas de conserver notre liberté en renonçant aux mœurs qui nous l'ont acquise.

Je reviens à nos comédiens; et toujours, en leur supposant un succès qui me paroît impossible, je trouve que ce succès attaquera notre constitution, non-seulement d'une manière indirecte en attaquant nos mœurs, mais immédiatement en rompant l'équilibre qui doit régner entre les diverses parties de l'état pour conserver le corps entier dans son assiette.

Parmi plusieurs raisons que j'en pourrois donner, je me contenterai d'en choisir une qui convient mieux au plus grand nombre, parce qu'elle se borne à des considérations d'intérêt et d'argent, toujours plus sensibles au vulgaire que des effets moraux, dont il n'est pas en état de voir les liaisons avec leurs causes ni l'influence sur le destin de l'état.

On peut considérer les spectacles, quand ils réussissent, comme une espèce de taxe qui, bien que volontaire, n'en est pas moins onéreuse au peuple, en ce qu'elle lui fournit une continuelle occasion de dépense à laquelle il ne résiste pas. Cette taxe est mauvaise, non-seulement parce qu'il n'en revient rien au souverain, mais surtout parce que la répartition, loin d'être proportionnelle, charge le pauvre au-delà de ses forces, et soulage le riche en suppléant aux amusemens plus coûteux qu'il se donneroit au défaut de celui-là. Il suffit, pour en convenir, de faire attention que la différence du prix des places n'est ni ne peut être en proportion de celle des fortunes des gens qui les remplissent. A la Comédie-Françoise, les premières loges et le théâtre sont à quatre francs pour l'ordinaire, et à six quand on tierce, le parterre est à vingt sous; on a même tenté plusieurs fois de l'augmenter. Or, on ne dira pas que le bien des plus riches qui vont au théâtre n'est que le quadruple du bien des plus pauvres qui vont au parterre. Généralement parlant, les premiers sont d'une opulence excessive, et la plupart des autres n'ont rien [1]. Il

[1] Quand on augmenteroit la différence du prix des places en proportion de celle des fortunes, on ne rétabliroit point pour cela l'équilibre. Ces places inférieures, mises à trop bas prix, seroient abandonnées à la populace; et chacun, pour

en est de ceci comme des impôts sur le blé, sur le vin, sur le sel, sur toute chose nécessaire à la vie, qui ont un air de justice au premier coup d'œil, et sont au fond très-iniques; car le pauvre, qui ne peut dépenser que pour son nécessaire, est forcé de jeter les trois quarts de ce qu'il dépense en impôts, tandis que, ce même nécessaire n'étant que la moindre partie de la dépense du riche, l'impôt lui est presque insensible (¹). De cette manière, celui qui a peu paye beaucoup, et celui qui a beaucoup paye peu : je ne vois pas quelle grande justice on trouve à cela.

On me demandera qui force le pauvre d'aller aux spectacles. Je répondrai, premièrement, ceux qui les établissent et lui en donnent la tentation; en second lieu, sa pauvreté même, qui, le condamnant à des travaux continuels, sans espoir de les voir finir, lui rend quelque délassement plus nécessaire pour les supporter. Il ne se tient point malheureux de travailler sans relâche quand tout le monde en fait de même : mais n'est-il pas cruel à celui qui travaille de se priver des récréations des gens oisifs? Il les partage donc; et ce même amusement, qui fournit un moyen d'économie au riche, affoiblit doublement le pauvre, soit par un surcroît réel de dépenses, soit par moins de zèle au travail, comme je l'ai ci-devant expliqué.

De ces nouvelles réflexions il suit évidemment, ce me semble, que les spectacles modernes, où l'on n'assiste qu'à prix d'argent, tendent partout à favoriser et augmenter l'inégalité des fortunes, moins sensiblement, il est vrai, dans les capitales que dans une petite ville comme la nôtre. Si j'accorde que cette inégalité, portée jusqu'à certain point, peut avoir ses avantages, certainement vous m'accorderez aussi qu'elle doit avoir des bornes, surtout dans un petit état, et surtout dans une république. Dans une monarchie, où tous les ordres sont intermédiaires entre le prince et le peuple, il peut être assez indifférent que quelques hommes passent de l'un à l'autre; car, comme d'autres les remplacent, ce changement n'interrompt point la progression. Mais dans une démocratie, où les sujets et le souverain ne sont que les mêmes hommes considérés sous différens rapports, sitôt que le plus petit nombre l'emporte en richesses sur le plus grand, il faut que l'état périsse ou change de forme. Soit que le riche devienne plus riche ou le pauvre plus indigent, la différence des fortunes n'en augmente pas moins d'une manière que de l'autre; et cette différence, portée au-delà de sa mesure, est ce qui détruit l'équilibre dont j'ai parlé.

Jamais, dans une monarchie, l'opulence d'un particulier ne peut le mettre au-dessus du prince; mais, dans une république, elle peut aisément le mettre au-dessus des lois. Alors le gouvernement n'a plus de force, et le riche est toujours le vrai souverain. Sur ces maximes incontestables il reste à considérer si l'inégalité n'a pas atteint parmi nous le dernier terme où elle peut parvenir sans ébranler la république. Je m'en rapporte là-dessus à ceux qui connoissent mieux que moi notre constitution et la répartition de nos richesses. Ce que je sais, c'est que, le temps seul donnant à l'ordre des choses une pente naturelle vers cette inégalité et un progrès successif jusqu'à son dernier terme, c'est une grande imprudence de l'accélérer encore par des établissemens qui la favorisent. Le grand Sully, qui nous aimoit, nous l'eût bien su dire : Spectacles et comédies dans toute petite république, et surtout dans Genève, affoiblissement d'état.

Si le seul établissement du théâtre nous est si nuisible, quel fruit tirerons-nous des pièces qu'on y représente? Les avantages mêmes qu'elles peuvent procurer aux peuples pour lesquels elles ont été composées nous tourneront à préjudice, en nous donnant pour instruction ce qu'on leur a donné pour censure, ou du moins en dirigeant nos goûts et nos inclinations sur les choses du monde qui nous

en occuper de plus honorables, *dépenseroit* toujours au-delà de ses moyens. C'est une observation que l'on peut faire aux spectacles de la Foire. La raison de ce désordre est que les premiers rangs sont alors un terme fixe dont les autres se rapprochent toujours sans qu'on le puisse éloigner. Le pauvre tend sans cesse à s'élever au-dessus de ses vingt sous : mais le riche, pour le fuir, n'a plus d'asile au-delà de ses quatre francs; il faut, malgré lui, qu'il se laisse accoster : et, si son orgueil en souffre, sa bourse en profite.

(¹) Voilà pourquoi les *imposteurs* de Bodin et autres fripons publics établissent toujours leurs monopoles sur les choses nécessaires à la vie, afin d'affamer doucement le peuple sans que le riche en murmure. Si le moindre objet de luxe ou de faste étoit attaqué, tout seroit perdu; mais, pourvu que les grands soient contens, qu'importe que le peuple vive?

conviennent le moins. La tragédie nous représentera des tyrans et des héros. Qu'en avons-nous à faire? Sommes-nous faits pour en avoir ou le devenir? Elle nous donnera une vaine admiration de la puissance et de la grandeur. De quoi nous servira-t-elle? Serons-nous plus grands ou plus puissans pour cela? Que nous importe d'aller étudier sur la scène les devoirs des rois, en négligeant de remplir les nôtres? La stérile admiration des vertus de théâtre nous dédommagera-t-elle des vertus simples et modestes qui font le bon citoyen? Au lieu de nous guérir de nos ridicules, la comédie nous portera ceux d'autrui; elle nous persuadera que nous avons tort de mépriser des vices qu'on estime si fort ailleurs. Quelque extravagant que soit un marquis, c'est un marquis enfin. Concevez combien ce titre sonne dans un pays assez heureux pour n'en point avoir; et, qui sait combien de courtauds croiront se mettre à la mode en imitant les marquis du siècle dernier? Je ne répéterai point ce que j'ai déjà dit de la bonne foi toujours raillée, du vice adroit toujours triomphant, et de l'exemple continuel des forfaits mis en plaisanterie. Quelles leçons pour un peuple dont tous les sentimens ont encore leur droiture naturelle, qui croit qu'un scélérat est toujours méprisable, et qu'un homme de bien ne peut être ridicule! Quoi! Platon bannissoit Homère de sa république, et nous souffrirons Molière dans la nôtre! que pourroit-il nous arriver de pis que de ressembler aux gens qu'il nous peint, même à ceux qu'il nous fait aimer?

J'en ai dit assez, je crois, sur leur chapitre; et je ne pense guère mieux des héros de Racine, de ces héros si parés, si doucereux, si tendres, qui, sous un air de courage et de vertu, ne nous montrent que les modèles des jeunes gens dont j'ai déjà parlé, livrés à la galanterie, à la mollesse, à l'amour, à tout ce qui peut efféminer l'homme et l'attiédir sur le goût de ses véritables devoirs. Tout le théâtre françois ne respire que la tendresse; c'est la grande vertu à laquelle on y sacrifie toutes les autres, ou du moins qu'on y rend la plus chère aux spectateurs. Je ne dis pas qu'on ait tort en cela, quant à l'objet du poète : je sais que l'homme sans passions est une chimère; que l'intérêt du théâtre n'est fondé que sur les passions; que le cœur ne s'intéresse point à celles qui lui sont étrangères, ni à celles qu'on n'aime pas à voir en autrui, quoiqu'on y soit sujet soi-même. L'amour de l'humanité, celui de la patrie, sont les sentimens dont les peintures touchent le plus ceux qui en sont pénétrés : mais quand ces deux passions sont éteintes, il ne reste que l'amour proprement dit pour leur suppléer, parce que son charme est plus naturel et s'efface plus difficilement du cœur que celui de toutes les autres. Cependant il n'est pas également convenable à tous les hommes : c'est plutôt comme supplément des bons sentimens que comme bon sentiment lui-même qu'on peut l'admettre; non qu'il ne soit louable en soi, comme toute passion bien réglée, mais parce que les excès en sont dangereux et inévitables.

Le plus méchant des hommes est celui qui s'isole le plus, qui concentre le plus son cœur en lui-même; le meilleur est celui qui partage également ses affections à tous ses semblables. Il vaut beaucoup mieux aimer une maîtresse que de s'aimer seul au monde. Mais quiconque aime tendrement ses parens, ses amis, sa patrie, et le genre humain, se dégrade par un attachement désordonné qui nuit bientôt à tous les autres, et leur est infailliblement préféré. Sur ce principe, je dis qu'il y a des pays où les mœurs sont si mauvaises, qu'on seroit trop heureux d'y pouvoir remonter à l'amour; d'autres où elles sont assez bonnes pour qu'il soit fâcheux d'y descendre, et j'ose croire le mien dans ce dernier cas. J'ajouterai que les objets trop passionnés sont plus dangereux à nous montrer qu'à personne, parce que nous n'avons naturellement que trop de penchant à les aimer. Sous un air flegmatique et froid, le Genevois cache un âme ardente et sensible, plus facile à émouvoir qu'à retenir. Dans ce séjour de la raison, la beauté n'est pas étrangère ni sans empire; le levain de la mélancolie y fait souvent fermenter l'amour; les hommes n'y sont que trop capables de sentir les passions violentes, les femmes de les inspirer; et les tristes effets qu'elles y ont quelquefois produits ne montrent que trop le danger de les exciter par des spectacles touchans et tendres. Si les héros de quelques pièces soumettent l'amour au devoir, en admirant leur force le cœur se prête à leur foiblesse; on apprend moins à se donner leur courage qu'à se mettre dans le cas d'en avoir besoin. C'est plus d'exercice pour la vertu; mais qui l'ose exposer à ces combats mérite d'y succomber. L'amour, l'amour même, prend son masque pour la surprendre; il se pare de son enthousiasme, il usurpe sa force, il affecte son langage; et quand on s'aperçoit de l'erreur, qu'il est tard pour en revenir! Que d'hommes bien nés, séduits par ces apparences, d'amans tendres et généreux qu'ils étoient d'abord, sont devenus par degrés de vils corrupteurs, sans mœurs, sans respect pour la foi conjugale, sans égards pour les droits de la confiance et de l'amitié! Heureux qui sait se reconnoître au bord du précipice et s'empêcher d'y tomber! Est-ce au milieu d'une course rapide qu'on doit espérer de s'arrêter? est-ce en s'attendrissant tous les jours qu'on apprend à surmonter la tendresse? On triomphe aisément d'un foible penchant; mais celui qui connut le véritable amour et l'a su vaincre, ah! pardonnons à ce mortel, s'il existe, d'oser prétendre à la vertu!

Ainsi, de quelque manière qu'on envisage les choses, la même vérité nous frappe toujours. Tout ce que les pièces de théâtre peuvent avoir d'utile à ceux pour qui elles ont été faites, nous deviendra préjudiciable, jusqu'au goût que nous croirons avoir acquis par elles, et qui ne sera qu'un faux goût, sans tact, sans délicatesse, substitué mal à propos parmi nous à la solidité de la raison. Le goût tient à plusieurs choses: les recherches d'imitation qu'on voit au théâtre, les comparaisons qu'on a lieu d'y faire, les réflexions sur l'art de plaire aux spectateurs, peuvent le faire germer, mais non suffire à son développement. Il faut de grandes villes, il faut des beaux-arts et du luxe, il faut un commerce intime entre les citoyens, il faut une étroite dépendance les uns des autres, il faut de la galanterie et même de la débauche, il faut des vices qu'on soit forcé d'embellir, pour faire chercher à tout des formes agréables, et réussir à les trouver. Une partie de ces choses nous manquera toujours, et nous devons trembler d'acquérir l'autre.

Nous aurons des comédiens, mais quels? Une bonne troupe viendra-t-elle de but en blanc s'établir dans une ville de vingt-quatre mille âmes? Nous en aurons donc d'abord de mauvais, et nous serons d'abord de mauvais juges. Les formerons-nous, ou s'ils nous formeront? Nous aurons de bonnes pièces; mais, les recevant pour telles sur la parole d'autrui, nous serons dispensés de les examiner, et ne gagnerons pas plus à les voir jouer qu'à les lire. Nous n'en ferons pas moins les connoisseurs, les arbitres du théâtre; nous n'en voudrons pas moins décider pour notre argent, et n'en serons que plus ridicules. On ne l'est point pour manquer de goût, quand on le méprise; mais c'est l'être que s'en piquer et n'en avoir qu'un mauvais. Et qu'est-ce au fond que ce goût si vanté? l'art de se connoître en petites choses. En vérité, quand on en a une aussi grande à conserver que la liberté, tout le reste est bien puéril.

Je ne vois qu'un remède à tant d'inconvéniens; c'est que, pour nous approprier les drames de notre théâtre, nous les composions nous-mêmes, et que nous ayons des auteurs avant des comédiens. Car il n'est pas bon qu'on nous montre toutes sortes d'imitations, mais seulement celles des choses honnêtes et qui conviennent à des hommes libres (¹). Il est sûr que des pièces tirées, comme celles des Grecs, des malheurs passés de la patrie ou des défauts présens du peuple, pourroient offrir aux spectateurs des leçons utiles. Alors quels seront les héros de nos tragédies? des Berthelier? des Lévrery? Ah! dignes citoyens! vous fûtes des héros, sans doute; mais votre obscurité vous avilit, vos noms communs déshonorent vos grandes âmes (²), et nous ne sommes plus assez

(¹) *Si quis ergo in nostram urbem venerit, qui animi sapientiâ in omnes possit sese vertere formas, et omnia imitari, volueritque poëmata sua ostentare, venerabimur quidem ipsum, ut sacrum, admirabilem, et jucundum: dicemus autem non esse ejusmodi hominem in republicâ nostrâ, neque fas esse ut insit; mittemusque in aliam urbem, unguento caput ejus perungentes, lanâque coronantes. Nos autem austeriori minusque jucundo utemur poëtâ, fabularumque fictore, utilitatis gratiâ, qui decori nobis rationem exprimat, et quæ dici debent dicat in his formulis quas a principio pro legibus tulimus, quando cives erudire aggressi sumus.* Plat., De Republ., lib. III.

(²) Philibert Berthelier fut le Caton de notre patrie; avec cette différence, que la liberté publique finit par l'un et commença par l'autre. Il tenoit une belette privée quand il fut arrêté: il rendit son épée avec cette fierté qui sied si bien à la vertu malheureuse; puis il continua de jouer avec sa belette, sans daigner répondre aux outrages de ses gardes. Il mourut comme doit mourir un martyr de la liberté.

Jean Lévrery fut le Favonius de Berthelier, non pas en imi-

grands nous-mêmes pour vous savoir admirer. Quels seront nos tyrans? Des gentilshommes de la Cuiller ([1]), des évêques de Genève, des comtes de Savoie, des ancêtres d'une maison avec laquelle nous venons de traiter, et à qui nous devons du respect. Cinquante ans plus tôt, je ne répondrois pas que le diable ([2]) et l'antechrist n'y eussent aussi fait leur rôle. Chez les Grecs, peuple d'ailleurs assez badin, tout étoit grave et sérieux sitôt qu'il s'agissoit de la patrie; mais, dans ce siècle plaisant où rien n'échappe au ridicule, hormis la puissance, on n'ose parler d'héroïsme que dans les grands états, quoiqu'on n'en trouve que dans les petits.

Quant à la comédie, il n'y faut pas songer: elle causeroit chez nous les plus affreux désordres; elle serviroit d'instrument aux factions, aux partis, aux vengeances particulières. Notre ville est si petite, que les peintures de mœurs les plus générales y dégénéreroient bientôt en satires et en personnalités. L'exemple de l'ancienne Athènes, ville incomparablement plus peuplée que Genève, nous offre une leçon frappante: c'est au théâtre qu'on y prépara l'exil de plusieurs grands hommes et la mort de Socrate; c'est par la fureur du théâtre qu'Athènes périt; et ses désastres ne justifièrent que trop le chagrin qu'avoit témoigné Solon aux premières représentations de Thespis (*). Ce qu'il y a de bien sûr pour nous, c'est qu'il faudra mal augurer de la république, quand on verra les citoyens, travestis en beaux esprits, s'occuper à faire des vers françois et des pièces de théâtre; talens qui ne sont point les nôtres et que nous ne posséderons jamais. Mais que M. de Voltaire daigne nous composer des tragédies sur le modèle de *la Mort de César*, du premier acte de *Brutus;* et, s'il nous faut absolument un théâtre, qu'il s'engage à le remplir toujours de son génie, et à vivre autant que ses pièces!

Je serois d'avis qu'on pesât mûrement toutes ces réflexions avant de mettre en ligne de compte le goût de parure et de dissipation que doit produire parmi notre jeunesse l'exemple des comédiens. Mais enfin cet exemple aura son effet encore; et si généralement partout les lois sont insuffisantes pour réprimer des vices qui naissent de la nature des choses, comme je crois l'avoir montré, combien plus le seront-elles parmi nous, où le premier signe de leur foiblesse sera l'établissement des comédiens! car ce ne seront point eux proprement qui auront introduit ce goût de dissipation; au contraire, ce même goût les aura prévenus, les aura introduits eux-mêmes, et ils ne feront que fortifier un penchant déjà tout formé, qui, les ayant fait admettre, à plus forte raison les fera maintenir avec leurs défauts.

Je m'appuie toujours sur la supposition qu'ils subsisteront commodément dans une aussi petite ville; et je dis que, si nous les honorons, comme vous le prétendez, dans un pays où tous sont à peu près égaux, ils seront les égaux de tout le monde, et auront de plus la faveur publique qui leur est naturellement acquise. Ils ne seront point, comme ailleurs, tenus en respect par les grands dont ils recherchent la bienveillance et dont ils craignent la disgrâce. Les magistrats leur en imposeront: soit. Mais ces magistrats auront été particuliers; ils auront pu être familiers avec eux; ils auront des en-

tant puérilement ses discours et ses manières, mais en mourant volontairement comme lui, sachant bien que l'exemple de sa mort seroit plus utile à son pays que sa vie. Avant d'aller à l'échafaud, il écrivit sur le mur de sa prison cette épitaphe qu'on avoit faite à son prédécesseur.

Quid mihi mors nocuit? Virtus post fata virescit:
Nec cruce, nec sævi gladio perit illa tyranni.

« Quel mal la mort me fait-elle? La vertu s'accroît dans le » danger; elle n'est point soumise à la croix, ni au glaive d'un » tyran cruel. »

([1]) C'étoit une confrérie de gentilshommes savoyards qui avoient fait vœu de brigandage contre la ville de Genève, et qui, pour marque de leur association, portoient une cuiller pendue au cou (*).

([2]) J'ai lu dans ma jeunesse une tragédie de l'*Escalade*, où le diable étoit en effet un des acteurs. On me disoit que cette pièce ayant une fois été représentée, ce personnage, en entrant sur la scène, se trouva double, comme si l'original eût été jaloux qu'on eût l'audace de le contrefaire, et qu'à l'instant l'effroi fit fuir tout le monde et finir la représentation. Ce conte est burlesque, et le paroîtra bien plus à Paris qu'à Genève; cependant, qu'on se prête aux suppositions, on trouvera dans cette double apparition un effet théâtral et vraiment effrayant. Je n'imagine qu'un spectacle plus simple et plus terrible encore, c'est celui de la main sortant du mur et traçant des mots inconnus au festin de Balthazar. Cette seule idée fait frissonner. Il me semble que nos poëtes lyriques sont loin de ces inventions sublimes; ils font, pour épouvanter, un fracas de décorations sans effet. Sur la scène même il ne faut pas tout dire à la vue, mais ébranler l'imagination.

(*) Il en est parlé au livre II des *Confessions*. Voyez ci-devant tome I, page 92. G. P.

(*) PLUTARQUE, *Vie de Solon*, § 62. G. P.

fans qui le seront encore, des femmes qui aimeront le plaisir. Toutes ces liaisons seront des moyens d'indulgence et de protection auxquels il sera impossible de résister toujours. Bientôt les comédiens, sûrs de l'impunité, la procureront encore à leurs imitateurs : c'est par eux qu'aura commencé le désordre; mais on ne voit plus où il pourra s'arrêter. Les femmes, la jeunesse, les riches, les gens oisifs, tout sera pour eux, tout éludera des lois qui les gênent, tout favorisera leur licence : chacun, cherchant à les satisfaire, croira travailler pour ses plaisirs. Quel homme osera s'opposer à ce torrent, si ce n'est peut-être quelque ancien pasteur rigide qu'on n'écoutera point, et dont le sens et la gravité passeront pour pédanterie chez une jeunesse inconsidérée? Enfin, pour peu qu'ils joignent d'art et de manége à leur succès, je ne leur donne pas trente ans pour être arbitres de l'état (¹). On verra les aspirans aux charges briguer leur faveur pour obtenir les suffrages : les élections se feront dans les loges des actrices, et les chefs d'un peuple libre seront les créatures d'une bande d'histrions. La plume tombe des mains à cette idée. Qu'on l'écarte tant qu'on voudra, qu'on m'accuse d'outrer la prévoyance; je n'ai plus qu'un mot à dire. Quoi qu'il arrive, il faudra que ces gens-là réforment leurs mœurs parmi nous, ou qu'ils corrompent les nôtres. Quand cette alternative aura cessé de nous effrayer, les comédiens pourront venir, ils n'auront plus de mal à nous faire.

Voilà, monsieur, les considérations que j'avois à proposer au public et à vous sur la question qu'il vous a plu d'agiter dans un article où elle étoit, à mon avis, tout-à-fait étrangère. Quand mes raisons, moins fortes qu'elles ne me paroissent, n'auroient pas un poids suffisant pour contrebalancer les vôtres, vous conviendrez au moins que, dans un aussi petit état que la république de Genève, toutes innovations sont dangereuses, et qu'il n'en faut jamais faire sans des motifs urgens et graves. Qu'on nous montre donc la pressante nécessité de celle-ci. Où sont les désordres qui nous forcent de recourir à un expédient si suspect? Tout est-il perdu sans cela? Notre ville est-elle si grande, le vice et l'oisiveté y ont-ils déjà fait un tel progrès, qu'elle ne puisse plus désormais subsister sans spectacles (*)? Vous nous dites qu'elle en souffre de plus mauvais qui choquent également le goût et les mœurs : mais il y a bien de la différence entre montrer de mauvaises mœurs et attaquer les bonnes; car ce dernier effet dépend moins des qualités du spectacle que de l'impression qu'il cause. En ce sens, quel rapport entre quelques farces passagères et une comédie à demeure, entre les polissonneries d'un charlatan et les représentations régulières des ouvrages dramatiques, entre des tréteaux de foire élevés pour réjouir la populace et un théâtre estimé où les honnêtes gens penseront s'instruire? L'un de ces amusemens est sans conséquence et reste oublié dès le lendemain; mais l'autre est une affaire importante qui mérite toute l'attention du gouvernement. Par tout pays il est permis d'amuser les enfans, et peut être enfant qui veut sans beaucoup d'inconvéniens. Si ces fades spectacles manquent de goût, tant mieux; on s'en rebutera plus vite : s'ils sont grossiers, ils seront moins séduisans. Le vice ne s'insinue guère en choquant l'honnêteté, mais en prenant son image; et les mots sales sont plus contraires à la politesse qu'aux bonnes mœurs. Voilà pourquoi les expressions sont toujours plus recherchées et les oreilles plus scrupuleuses dans les pays plus corrompus. S'aperçoit-on que les entretiens de la halle échauffent beaucoup la jeunesse qui les écoute? Si font bien les discrets propos du théâtre, et il vaudroit mieux qu'une jeune fille vît cent parades qu'une seule représentation de l'*Oracle* (**).

Au reste, j'avoue que j'aimerois mieux, quant à moi, que nous pussions nous passer entièrement de tous ces tréteaux, et que, petits

(¹) On doit toujours se souvenir que, pour que la comédie se soutienne à Genève, il faut que ce goût y devienne une fureur; s'il n'est que modéré, il faudra qu'elle tombe. La raison veut donc qu'en examinant les effets du théâtre on les mesure sur une cause capable de le soutenir.

(*) Grimm, dans sa *Correspondance*, s'attache à prouver que Rousseau n'a pas dépeint les mœurs de sa patrie telles qu'elles sont, mais comme il les a imaginées. Les Genevois, dit-il, obligés de s'adonner aux arts et au commerce, ont amassé des richesses, et par elles ont contracté tous les besoins qu'elles font naître. A en croire le même écrivain, il s'en falloit bien qu'ils eussent alors la réputation des vertus que Rousseau leur suppose. (Voyez la *Correspondance littéraire*, édition de Furne, tome II, pages 288 et suiv.) G. P.

(**) Comédie de Saint-Foix G. P.

et grands, nous sussions tirer nos plaisirs et nos devoirs de notre état et de nous-mêmes; mais, de ce qu'on devroit peut-être chasser les bateleurs, il ne s'ensuit pas qu'il faille appeler les comédiens. Vous avez vu dans votre propre pays la ville de Marseille se défendre long-temps d'une pareille innovation, résister même aux ordres réitérés du ministre, et garder encore, dans ce mépris d'un amusement frivole, une image honorable de son ancienne liberté. Quel exemple pour une ville qui n'a point encore perdu la sienne!

Qu'on ne pense pas surtout faire un pareil établissement par manière d'essai, sauf à l'abolir quand on en sentira les inconvéniens : car ces inconvéniens ne se détruisent pas avec le théâtre qui les produit, ils restent quand leur cause est ôtée; et, dès qu'on commence à les sentir, ils sont irrémédiables. Nos mœurs altérées, nos goûts changés, ne se rétabliront pas comme ils se seront corrompus; nos plaisirs mêmes, nos innocens plaisirs, auront perdu leurs charmes, le spectacle nous en aura dégoûtés pour toujours. L'oisiveté devenue nécessaire, les vides du temps que nous ne saurons plus remplir nous rendront à charge à nous-mêmes; les comédiens, en partant, nous laisseront l'ennui pour arrhes de leur retour; il nous forcera bientôt à les rappeler ou à faire pis. Nous aurons mal fait d'établir la comédie, nous ferons mal de la laisser subsister, nous ferons mal de la détruire : après la première faute, nous n'aurons plus que le choix de nos maux.

Quoi! ne faut-il donc aucun spectacle dans une république? Au contraire, il en faut beaucoup. C'est dans les républiques qu'ils sont nés, c'est dans leur sein qu'on les voit briller avec un véritable air de fête. A quels peuples convient-il mieux de s'assembler souvent et de former entre eux les doux liens du plaisir et de la joie, qu'à ceux qui ont tant de raisons de s'aimer et de rester à jamais unis? Nous avons déjà plusieurs de ces fêtes publiques; ayons-en davantage encore, je n'en serai que plus charmé. Mais n'adoptons point ces spectacles exclusifs qui renferment tristement un petit nombre de gens dans un antre obscur; qui les tiennent craintifs et immobiles dans le silence et l'inaction; qui n'offrent aux yeux que cloisons, que pointes de fer, que soldats, qu'affligeantes images de la servitude et de l'inégalité. Non, peuples heureux, ce ne sont pas là vos fêtes. C'est en plein air, c'est sous le ciel qu'il faut vous rassembler et vous livrer aux doux sentimens de votre bonheur. Que vos plaisirs ne soient efféminés ni mercenaires, que rien de ce qui sent la contrainte et l'intérêt ne les empoisonne, qu'ils soient libres et généreux comme vous, que le soleil éclaire vos innocens spectacles; vous en formerez un vous-mêmes, le plus digne qu'il puisse éclairer.

Mais quels seront enfin les objets de ces spectacles? qu'y montrera-t-on? Rien, si l'on veut. Avec la liberté, partout où règne l'affluence le bien-être y règne aussi. Plantez au milieu d'une place un piquet couronné de fleurs, rassemblez-y le peuple, et vous aurez une fête. Faites mieux encore : donnez les spectateurs en spectacles; rendez-les acteurs eux-mêmes; faites que chacun se voie et s'aime dans les autres, afin que tous en soient mieux unis. Je n'ai pas besoin de renvoyer aux jeux des anciens Grecs : il en est de plus modernes, il en est d'existans encore et je les trouve précisément parmi nous. Nous avons tous les ans des revues, des prix publics, des rois de l'arquebuse, du canon, de la navigation. On ne peut trop multiplier des établissemens si utiles (¹) et si agréables; on ne peut trop avoir de semblables rois. Pourquoi ne ferions-nous pas, pour nous rendre dispos

(¹) Il ne suffit pas que le peuple ait du pain et vive dans sa condition; il faut qu'il y vive agréablement, afin qu'il en remplisse mieux les devoirs, qu'il se tourmente moins pour en sortir, et que l'ordre public soit mieux établi. Les bonnes mœurs tiennent plus qu'on ne pense à ce que chacun se plaise dans son état. Le manége et l'esprit d'intrigue viennent d'inquiétude et de mécontentement; tout va mal quand l'un aspire à l'emploi d'un autre. Il faut aimer son métier pour le bien faire. L'assiette de l'état n'est bonne et solide que quand, tous se sentant à leur place, les forces particulières se réunissent et concourent au bien public, au lieu de s'user l'une contre l'autre, comme elles font dans tout état mal constitué. Cela posé, que doit-on penser de ceux qui voudroient ôter au peuple les fêtes, les plaisirs, et toute espèce d'amusement, comme autant de distractions qui le détournent de son travail? Cette maxime est barbare et fausse. Tant pis, si le peuple n'a de temps que pour gagner son pain; il lui en faut encore pour le manger avec joie, autrement il ne le gagnera pas long-temps. Ce Dieu juste et bienfaisant qui veut qu'il s'occupe, veut aussi qu'il se délasse; la nature lui impose également l'exercice et le repos, le plaisir et la peine. Le dégoût du travail accable plus les malheureux que le travail même. Voulez-vous donc rendre un peuple actif et laborieux, donnez-lui des fêtes, offrez-lui des amusemens qui lui fassent aimer son état, et l'empêchent d'en envier un plus doux. Des jours ainsi perdus feront mieux valoir tous les autres. Présidez à ses plaisirs pour les rendre honnêtes; c'est le vrai moyen d'animer ses travaux.

et robustes, ce que nous faisons pour nous exercer aux armes? La république a-t-elle moins besoin d'ouvriers que de soldats? Pourquoi, sur le modèle des prix militaires, ne fonderions-nous pas d'autres prix de gymnastique, pour la lutte, pour la course, pour le disque, pour divers exercices du corps? Pourquoi n'animerions-nous pas nos bateliers par des joutes sur le lac? Y auroit-il au monde un plus brillant spectacle que de voir sur ce vaste et superbe bassin des centaines de bateaux, élégamment équipés, partir à la fois, au signal donné, pour aller enlever un drapeau arboré au but, puis servir de cortége au vainqueur revenant en triomphe recevoir le prix mérité? Toutes ces sortes de fêtes ne sont dispendieuses qu'autant qu'on le veut bien, et le seul concours les rend assez magnifiques. Cependant il faut y avoir assisté chez le Genevois pour comprendre avec quelle ardeur il s'y livre. On ne le reconnoît plus : ce n'est plus ce peuple si rangé qui ne se départ point de ses règles économiques; ce n'est plus ce long raisonneur qui pèse tout, jusqu'à la plaisanterie, à la balance du jugement. Il est vif, gai, caressant; son cœur est alors dans ses yeux comme il est toujours sur ses lèvres; il cherche à communiquer sa joie et ses plaisirs; il invite, il presse, il force, il se dispute les survenans. Toutes les sociétés n'en font qu'une, tout devient commun à tous. Il est presque indifférent à quelle table on se mette : ce seroit l'image de celles de Lacédémone, s'il n'y régnoit un peu plus de profusion; mais cette profusion même est alors bien placée, et l'aspect de l'abondance rend plus touchant celui de la liberté qui la produit.

L'hiver, temps consacré au commerce privé des amis, convient moins aux fêtes publiques. Il en est pourtant une espèce dont je voudrois bien qu'on se fît moins de scrupule; savoir, les bals entre de jeunes personnes à marier. Je n'ai jamais bien conçu pourquoi l'on s'effarouche si fort de la danse et des assemblées qu'elle occasione : comme s'il y avoit plus de mal à danser qu'à chanter; que l'un et l'autre de ces amusemens ne fût pas également une inspiration de la nature; et que ce fût un crime à ceux qui sont destinés à s'unir de s'égayer en commun par une honnête récréation! L'homme et la femme ont été formés l'un pour l'autre : Dieu veut qu'ils suivent leur destination; et certainement le premier et le plus saint de tous les liens de la société est le mariage. Toutes les fausses religions combattent la nature; la nôtre seule, qui la suit et la règle, annonce une institution divine et convenable à l'homme. Elle ne doit point ajouter sur le mariage, aux embarras de l'ordre civil, des difficultés que l'Évangile ne prescrit pas, et que tout bon gouvernement condamne. Mais qu'on me dise où de jeunes personnes à marier auront occasion de prendre du goût l'une pour l'autre, et de se voir avec plus de décence et de circonspection que dans une assemblée où les yeux du public, incessamment ouverts sur elles, les forcent à la réserve, à la modestie, à s'observer avec le plus grand soin. En quoi Dieu est-il offensé par un exercice agréable, salutaire, propre à la vivacité des jeunes gens, qui consiste à se présenter l'un à l'autre avec grâce et bienséance, et auquel le spectateur impose une gravité dont on n'oseroit sortir un instant? Peut-on imaginer un moyen plus honnête de ne point tromper autrui, du moins quant à la figure, et de se montrer avec les agrémens et les défauts qu'on peut avoir aux gens qui ont intérêt de nous bien connoître avant de s'obliger à nous aimer? Le devoir de se chérir réciproquement n'emporte-t-il pas celui de se plaire? et n'est-ce pas un soin digne de deux personnes vertueuses et chrétiennes qui cherchent à s'unir, de préparer ainsi leur cœur à l'amour mutuel que Dieu leur impose.

Qu'arrive-t-il dans ces lieux où règne une contrainte éternelle, où l'on punit comme un crime la plus innocente gaîté, où les jeunes gens des deux sexes n'osent jamais s'assembler en public, et où l'indiscrète sévérité d'un pasteur ne sait prêcher au nom de Dieu qu'une gêne servile, et la tristesse et l'ennui? On élude une tyrannie insupportable que la nature et la raison désavouent. Aux plaisirs permis dont on prive une jeunesse enjouée et folâtre, elle en substitue de plus dangereux : les tête-à-tête adroitement concertés prennent la place des assemblées publiques. A force de se cacher comme si l'on étoit coupable, on est tenté de le devenir. L'innocente joie aime à s'évaporer au grand jour, mais le vice est ami des ténèbres, et jamais l'innocence et le mystère n'habitèrent long-temps ensemble.

Pour moi, loin de blâmer de si simples amusemens, je voudrois au contraire qu'ils fussent publiquement autorisés, et qu'on y prévînt tout désordre particulier en les convertissant en bals solennels et périodiques, ouverts indistinctement à toute la jeunesse à marier; je voudrois qu'un magistrat ([1]), nommé par le conseil, ne dédaignât pas de présider à ces bals. Je voudrois que les pères et mères y assistassent, pour veiller sur leurs enfans, pour être témoins de leurs grâces et de leur adresse, des applaudissemens qu'ils auroient mérités, et jouir ainsi du plus doux spectacle qui puisse toucher un cœur paternel. Je voudrois qu'en général toute personne mariée y fût admise au nombre des spectateurs et des juges, sans qu'il fût permis à aucune de profaner la dignité conjugale en dansant elle-même; car à quelle fin honnête pourroit-elle se donner ainsi en montre au public? Je voudrois qu'on formât dans la salle une enceinte commode et honorable, destinée aux gens âgés de l'un et de l'autre sexe, qui, ayant déjà donné des citoyens à la patrie, verroient encore leurs petits-enfans se préparer à le devenir. Je voudrois que nul n'entrât ni ne sortît sans saluer ce parquet, et que tous les couples de jeunes gens vinssent, avant de commencer leur danse et après l'avoir finie, y faire une profonde révérence, pour s'accoutumer de bonne heure à respecter la vieillesse. Je ne doute pas que cette agréable réunion des deux termes de la vie humaine ne donnât à cette assemblée un certain coup d'œil attendrissant, et qu'on ne vît quelquefois couler dans le parquet des larmes de joie et de souvenir, capables peut-être d'en arracher à un spectateur sensible. Je voudrois que tous les ans, au dernier bal, la jeune personne qui, durant les précédens, se seroit comportée le plus honnêtement, le plus modestement, et auroit plu davantage à tout le monde, au jugement du parquet, fût honorée d'une couronne par la main du *seigneur commis* ([2]), et du titre de reine du bal, qu'elle porteroit toute l'année. Je voudrois qu'à la clôture de la même assemblée on la reconduisît en cortége; que le père et la mère fussent félicités et remerciés d'avoir une fille si bien née, et de l'élever si bien. Enfin, je voudrois que, si elle venoit à se marier dans le cours de l'an, la seigneurie lui fît un présent ou lui accordât quelque distinction publique, afin que cet honneur fût une chose assez sérieuse pour ne pouvoir jamais devenir un sujet de plaisanterie.

Il est vrai qu'on auroit souvent à craindre un peu de partialité, si l'âge des juges ne laissoit toute la préférence au mérite. Et quand la beauté modeste seroit quelquefois favorisée, quel en seroit le grand inconvénient? Ayant plus d'assauts à soutenir, n'a-t-elle pas besoin d'être plus encouragée? N'est-elle pas un don de la nature, ainsi que les talens? Où est le mal qu'elle obtienne quelques honneurs qui l'excitent à s'en rendre digne, et puissent contenter l'amour-propre sans offenser la vertu?

En perfectionnant ce projet dans les mêmes vues, sous un air de galanterie et d'amusement on donneroit à ces fêtes plusieurs fins utiles qui en feroient un objet important de police et de bonnes mœurs. La jeunesse, ayant des rendez-vous sûrs et honnêtes, seroit moins tentée d'en chercher de plus dangereux. Chaque sexe se livreroit plus patiemment, dans les intervalles, aux occupations et aux plaisirs qui lui sont propres, et s'en consoleroit plus aisément d'être privé du commerce continuel de l'autre. Les particuliers de tout état auroient la ressource d'un spectacle agréable, surtout aux pères et mères. Les soins pour la parure de leurs filles seroient pour les femmes un objet d'amusement qui feroit diversion à beaucoup d'autres: et cette parure, ayant un objet innocent et louable, seroit là tout-à-fait à sa place. Ces occasions de s'assembler pour s'unir, et d'arranger des établissemens, seroient des moyens fréquens de rapprocher des familles divisées, et d'affermir la paix si nécessaire dans notre état. Sans altérer l'autorité des pères, les inclinations des enfans seroient un peu plus en liberté; le premier choix dépendroit un peu plus de leur cœur; les convenances d'âge, d'humeur, de goût, de caractère, seroient un

([1]) A chaque corps de métier, à chacune des sociétés publiques dont est composé notre état, préside un de ces magistrats, sous le nom de *seigneur-commis*. Ils assistent à toutes les assemblées, et même aux festins. Leur présence n'empêche point une honnête familiarité entre les membres de l'association; mais elle maintient tout le monde dans le respect qu'on doit porter aux lois, aux mœurs, à la décence, même au sein de la joie et du plaisir. Cette institution est très-belle, et forme un des grands liens qui unissent le peuple à ses chefs.

([2]) Voyez la note précédente.

peu plus consultées; on donneroit moins à celles d'état et de biens, qui font des nœuds mal assortis quand on les suit aux dépens des autres. Les liaisons devenant plus faciles, les mariages seroient plus fréquens; ces mariages, moins circonscrits par les mêmes conditions, préviendroient les partis, tempéreroient l'excessive inégalité, maintiendroient mieux le corps du peuple dans l'esprit de sa constitution. Ces bals, ainsi dirigés, ressembleroient moins à un spectacle public qu'à l'assemblée d'une grande famille; et du sein de la joie et des plaisirs naîtroient la conversation, la concorde et la prospérité de la république (¹).

Sur ces idées, il seroit aisé d'établir à peu de frais, et sans danger, plus de spectacles qu'il n'en faudroit pour rendre le séjour de notre ville agréable et riant, même aux étrangers, qui, ne trouvant rien de pareil ailleurs, y viendroient au moins pour voir une chose unique; quoiqu'à dire le vrai, sur beaucoup de fortes raisons, je regarde ce concours comme un inconvénient bien plus que comme un avantage; et je suis persuadé, quant à moi, que jamais étranger n'entra dans Genève qu'il n'y ait fait plus de mal que de bien.

Mais savez-vous, monsieur, qui l'on devroit s'efforcer d'attirer et de retenir dans nos murs? Les Genevois mêmes, qui, avec un sincère amour pour leur pays, ont tous une si grande inclination pour les voyages, qu'il n'y a point de contrée où l'on n'en trouve de répandus. La moitié de nos concitoyens, épars dans le reste de l'Europe et du monde, vivent et meurent loin de la patrie; et je me citerois moi-même avec plus de douleur si j'y étois moins inutile. Je sais que nous sommes forcés d'aller chercher au loin les ressources que notre terrain nous refuse, et que nous pourrions difficilement subsister si nous nous y tenions renfermés. Mais au moins que ce bannissement ne soit pas éternel pour tous : que ceux dont le ciel a béni les travaux viennent, comme l'abeille, en rapporter le fruit dans la ruche; réjouir leurs concitoyens du spectacle de leur fortune; animer l'émulation des jeunes gens; enrichir leur pays de leur richesse, et jouir modestement chez eux des biens honnêtement acquis chez les autres. Sera-ce avec des théâtres, toujours moins parfaits chez nous qu'ailleurs, qu'on les y fera revenir? Quitteront-ils la comédie de Paris ou de Londres pour aller revoir celle de Genève? Non, non, monsieur, ce n'est pas ainsi qu'on les peut ramener. Il faut que chacun sente qu'il ne sauroit trouver ailleurs ce qu'il a laissé dans son pays; *il faut qu'un charme invincible le rappelle au séjour qu'il n'auroit point dû quitter*; il faut que le souvenir de leurs premiers exercices, de leurs premiers spectacles, de leurs premiers plaisirs, reste profondément gravé dans leurs cœurs; il faut que les douces impressions faites durant la jeunesse demeurent et se renforcent dans un âge avancé, tandis que mille autres s'effacent; il faut qu'au milieu de la pompe des grands états et de leur triste magnificence une voix secrète leur crie

(¹) Il me paroît plaisant d'imaginer quelquefois les jugemens que plusieurs porteront de mes goûts, sur mes écrits. Sur celui-ci, l'on ne manquera pas de dire : « Cet homme est fou de » la danse. » Je m'ennuie à voir danser. « Il ne peut souffrir la » comédie. » J'aime la comédie à la passion. « Il a de l'aversion » pour les femmes. » Je ne serai que très-bien justifié là-dessus. « Il est mécontent des comédiens. » J'ai tout sujet de m'en louer, et l'amitié du seul d'entre eux que j'ai connu particulièrement (*) ne peut qu'honorer un honnête homme. Même jugement sur les poëtes dont je suis forcé de censurer les pièces : ceux qui sont morts ne seront pas de mon goût, et je serai piqué contre les vivans. La vérité est que Racine me charme; et que je n'ai jamais manqué volontairement une représentation de Molière. Si j'ai moins parlé de Corneille, c'est qu'ayant peu fréquenté ses pièces, et manquant de livres, il ne m'est pas assez resté dans la mémoire pour le citer. Quant à l'auteur d'*Atrée* et de *Catilina*, je ne l'ai jamais vu qu'une fois, et ce fut pour en recevoir un service. J'estime son génie et respecte sa vieillesse; mais, quelque honneur que je porte à sa personne, je ne dois que justice à ses pièces, et je ne sais point acquitter mes dettes aux dépens du bien public et de la vérité. Si mes écrits m'inspirent quelque fierté, c'est par la pureté d'intention qui les dicte, c'est par un désintéressement dont peu d'auteurs m'ont donné l'exemple, et que fort peu voudront imiter. Jamais vue particulière ne souilla le désir d'être utile aux autres qui m'a mis la plume à la main, et j'ai presque toujours écrit contre mon propre intérêt. *Vitam impendere vero*; voilà la devise que j'ai choisie et dont je me sens digne. Lecteurs, je puis me tromper moi-même, mais non pas vous tromper volontairement; craignez mes erreurs et non ma mauvaise foi. L'amour du bien public est la seule passion qui me fait parler au public; je sais alors m'oublier moi-même; et si quelqu'un m'offense, je me tais sur son compte de peur que la colère ne me rende injuste. Cette maxime est bonne à mes ennemis, en ce qu'ils me nuisent à leur aise et sans crainte de représailles; aux lecteurs, qui ne craignent pas que ma haine leur en impose, et surtout à moi, qui, restant en paix tandis qu'on m'outrage, n'ai du moins que le mal qu'on me fait, et non celui que j'éprouverois encore à le rendre. Sainte et pure vérité, à qui j'ai consacré ma vie, non, jamais mes passions ne souilleront le sincère amour que j'ai pour toi; l'intérêt ni la crainte ne sauroient altérer l'hommage que j'aime à t'offrir, et ma plume ne te refusera jamais rien que ce qu'elle craint d'accorder à la vengeance!

(*) Jelyote, acteur de l'Opéra. G. P.

incessamment au fond de l'âme : Ah ! où sont les jeux et les fêtes de ma jeunesse? où est la concorde des citoyens? où est la fraternité publique? où est la pure joie et la véritable allégresse? où sont la paix, la liberté, l'équité, l'innocence? Allons rechercher tout cela. Mon Dieu ! avec le cœur du Genevois, avec une ville aussi riante, un pays aussi charmant, un gouvernement aussi juste, des plaisirs si vrais et si purs, et tout ce qu'il faut pour savoir le goûter, à quoi tient-il que nous n'adorions tous la patrie?

Ainsi rappeloit ses citoyens, par des fêtes modestes et des jeux sans éclat, cette Sparte que je n'aurai jamais assez citée pour l'exemple que nous devrions en tirer ; ainsi dans Athènes, parmi les beaux-arts, ainsi dans Suse, au sein du luxe et de la mollesse, le Spartiate ennuyé soupiroit après ses grossiers festins et ses fatigans exercices. C'est à Sparte que, dans une laborieuse oisiveté, tout étoit plaisir et spectacle ; c'est là que les plus rudes travaux passoient pour des récréations, et que les moindres délassemens formoient une instruction publique ; c'est là que les citoyens, continuellement assemblés, consacroient la vie entière à des amusemens qui faisoient la grande affaire de l'état, et à des jeux dont on ne se délassoit qu'à la guerre.

J'entends déjà les plaisans me demander si, parmi tant de merveilleuses instructions, je ne veux point aussi, dans nos fêtes genevoises, introduire les danses des jeunes Lacédémoniennes. Je réponds que je voudrois bien nous croire les yeux et les cœurs assez chastes pour supporter un tel spectacle, et que de jeunes personnes, dans cet état, fussent à Genève, comme à Sparte, couvertes de l'honnêteté publique ; mais, quelque estime que je fasse de mes compatriotes, je sais trop combien il y a loin d'eux aux Lacédémoniens, et je ne leur propose des institutions de ceux-ci que celles dont ils ne sont pas encore incapables. Si le sage Plutarque s'est chargé de justifier l'usage en question, pourquoi faut-il que je m'en charge après lui? Tout est dit en avouant que cet usage ne convenoit qu'aux élèves de Lycurgue ; que leur vie frugale et laborieuse, leurs mœurs pures et sévères, la force d'âme qui leur étoit propre, pouvoient seules rendre innocent, sous leurs yeux, un spectacle si choquant pour tout peuple qui n'est qu'honnête.

Mais pense-t-on qu'au fond l'adroite parure de nos femmes ait moins son danger qu'une nudité absolue, dont l'habitude tourneroit bientôt les premiers effets en indifférence, et peut-être en dégoût? Ne sait-on pas que les statues et les tableaux n'offensent les yeux que quand un mélange de vêtemens rend les nudités obscènes? Le pouvoir immédiat des sens est foible et borné : c'est par l'entremise de l'imagination qu'ils font leurs plus grands ravages : c'est elle qui prend soin d'irriter les désirs, en prêtant à leurs objets encore plus d'attraits que ne leur en donna la nature ; c'est elle qui découvre à l'œil avec scandale ce qu'il ne voit pas seulement comme nu, mais comme devant être habillé. Il n'y a point de vêtement si modeste au travers duquel un regard enflammé par l'imagination n'aille porter les désirs. Une jeune Chinoise, avançant un bout de pied couvert et chaussé, fera plus de ravage à Pékin que n'eût fait la plus belle fille du monde dansant toute nue au bas du Taygète. Mais quand on s'habille avec autant d'art et si peu d'exactitude que les femmes le font aujourd'hui, quand on ne montre moins que pour faire désirer davantage, quand l'obstacle qu'on oppose aux yeux ne sert qu'à mieux irriter l'imagination, quand on ne cache une partie de l'objet que pour parer celle qu'on expose.

Heu! male tum mites defendit pampinus uvas (*).

Terminons ces nombreuses digressions. Grâce au ciel, voici la dernière : je suis à la fin de cet écrit. Je donnois les fêtes de Lacédémone pour modèle de celles que je voudrois voir parmi nous. Ce n'est pas seulement par leur objet, mais aussi par leur simplicité, que je les trouve recommandables : sans pompe, sans luxe, sans appareil, tout y respiroit, avec un charme secret de patriotisme qui les rendoit intéressantes, un certain esprit martial convenable à des hommes libres (¹) : sans af-

(*) VIRG., *Georg.*, I, v. 448. G. P.

(¹) Je me souviens d'avoir été frappé dans mon enfance d'un spectacle assez simple, et dont pourtant l'impression m'est toujours restée, malgré le temps et la diversité des objets. Le régiment de Saint-Gervais avoit fait l'exercice, et, selon la coutume, on avoit soupé par compagnies : la plupart de ceux qui les composoient se rassemblèrent, après le souper, dans la place de Saint-Gervais, et se mirent à danser tous ensemble,

faires et sans plaisirs, au moins de ce qui porte ces noms parmi nous, ils passoient, dans cette douce uniformité, la journée sans la trouver trop longue, et la vie sans la trouver trop courte. Ils s'en retournoient chaque soir, gais et dispos, prendre leur frugal repas, contens de leur patrie, de leurs concitoyens et d'eux-mêmes. Si l'on demande quelque exemple de ces divertissemens publics, en voici un rapporté par Plutarque (*). Il y avoit, dit-il, toujours trois danses en autant de bandes, selon la différence des âges; et ces danses se faisoient au chant de chaque bande. Celle des vieillards commençoit la première, en chantant le couplet suivant :

> Nous avons été jadis
> Jeunes, vaillans et hardis.

Suivoit celle des hommes, qui chantoient à leur tour, en frappant de leurs armes en cadence :

> Nous le sommes maintenant,
> A l'épreuve à tout venant.

Ensuite venoient les enfans, qui leur répondoient en chantant de toute leur force :

> Et nous bientôt le serons,
> Qui tous vous surpasserons.

Voilà, monsieur, les spectacles qu'il faut à des républiques. Quant à celui dont votre article *Genève* m'a forcé de traiter dans cet essai, si jamais l'intérêt particulier vient à bout de l'établir dans nos murs, j'en prévois les tristes effets; j'en ai montré quelques-uns, j'en pourrois montrer davantage. Mais c'est trop craindre un malheur imaginaire que la vigilance de nos magistrats saura prévenir. Je ne prétends point instruire des hommes plus sages que moi : il me suffit d'en avoir dit assez pour consoler la jeunesse de mon pays d'être privée d'un amusement qui coûteroit si cher à la patrie. J'exhorte cette heureuse jeunesse à profiter de l'avis qui termine votre article. Puisse-t-elle connoître et mériter son sort! puisse-t-elle sentir toujours combien le solide bonheur est préférable aux vains plaisirs qui le détruisent! puisse-t-elle transmettre à ces descendans les vertus, la liberté, la paix qu'elle tient de ses pères! c'est le dernier vœu par lequel je finis mes écrits, c'est celui par lequel finira ma vie (*).

officiers et soldats, autour de la fontaine, sur le bassin de laquelle étoient montés les tambours, les fifres et ceux qui portoient les flambeaux. Une danse de gens égayés par un long repas sembleroit n'offrir rien de fort intéressant à voir; cependant l'accord de cinq ou six cents hommes en uniforme, se tenant tous par la main, et formant une longue bande qui serpentoit en cadence et sans confusion, avec mille tours et retours, mille espèces d'évolutions figurées, le choix des airs qui les animoient; le bruit des tambours, l'éclat des flambeaux, un certain appareil militaire au sein du plaisir, tout cela formoit une sensation très-vive qu'on ne pouvoit supporter de sang-froid. Il étoit tard, les femmes étoient couchées; toutes se relevèrent. Bientôt les fenêtres furent pleines de spectatrices qui donnoient un nouveau zèle aux acteurs : elles ne purent tenir long-temps à leurs fenêtres, elles descendirent; les maîtresses venoient voir leurs maris, les servantes apportoient du vin; les enfans même, éveillés par le bruit, accoururent demi-vêtus entre les pères et les mères. La danse fut suspendue : ce ne furent qu'embrassemens, ris, santés, caresses. Il résulta de tout cela un attendrissement général que je ne saurois peindre, mais que, dans l'allégresse universelle, on éprouve assez naturellement au milieu de tout ce qui nous est cher. Mon père, en m'embrassant, fut saisi d'un tressaillement que je crois sentir et partager encore. « Jean-Jacques, me disoit-il, aime » ton pays. Vois-tu ces bons Genevois? ils sont tous amis, ils » sont tous frères, la joie et la concorde règnent au milieu » d'eux. Tu es Genevois; tu verras un jour d'autres peuples; » mais, quand tu voyagerois autant que ton père, tu ne trou» veras jamais leurs pareils. »

On voulut recommencer la danse, il n'y eut plus moyen, on ne savoit plus ce qu'on faisoit, *toutes les têtes étoient tournées* d'une ivresse plus douce que celle du vin. Après avoir resté quelque temps encore à rire et à causer sur la place, il fallut se séparer : chacun se retira paisiblement avec sa famille; et voilà comment ces aimables et prudentes femmes ramenèrent leurs maris, non pas en troublant leurs plaisirs, mais en allant les partager. Je sens bien que ce spectacle dont je fus si touché seroit sans attrait pour mille autres : il faut des yeux faits pour le voir, et un cœur fait pour le sentir. Non, il n'y a de pure joie que la joie publique, et les vrais sentimens de la nature ne règnent que sur le peuple. Ah! dignité, fille de l'orgueil et mère de l'ennui, jamais tes tristes esclaves eurent-ils un pareil moment en leur vie?

(*) *Dicts notables des Lacédémoniens*, § 69. G. P.

(*) D'Alembert ne pouvoit pas laisser cette lettre sans réponse. Cette réponse se trouve dans l'édition de Poinçot, t. XVI, et dans celle de Genève, tome II du *Supplément* (**). Rousseau n'en dit qu'un mot dans une lettre particulière, mais ce mot la caractérise fortement. « M. d'Alembert m'a envoyé son recueil » où j'ai vu la réponse. Je m'étois tenu à l'examen de la ques» tion, j'avois oublié l'adversaire. Il n'a pas fait de même : il a » plus parlé de moi que je n'avois parlé de lui; il a donc tort. » (Lettre au chevalier de Lorenzy, 21 mai 1759.)

Au reste, la question générale mise à part, les lecteurs pourront être curieux de savoir quel a été dans le fait le résultat de la lettre de Rousseau pour Genève particulièrement. Le spectacle n'y étoit pas un plaisir tout-à-fait et de tout temps inconnu. Indépendamment des *Mystères* et autres représentations de cette espèce qui là, comme ailleurs, avoient eu lieu dans le temps où ce genre d'amusement se confondoit presque avec les cérémonies du culte divin, et qui cessèrent peu de temps après la réformation, les historiens de Genève nous apprennent que, dans le cours du dix-septième siècle, les autorités civiles et ecclésiastiques sévirent plus d'une fois contre des jeunes gens qui s'étoient permis de jouer des espèces de comédies dans des maisons particulières; qu'en 1714, le conseil ayant autorisé quelques représentations de sauteurs et de marionnettes, le consistoire les fit cesser, s'étant plaint de ce que quelques acteurs se mêloient aux marionnettes, et *jouoient des pièces de Molière* et des scènes italiennes; qu'enfin en 1738, lorsque les

(**) Elle se trouve aussi dans l'édition publiée par M. Musset-Pathay.

agens des trois puissances médiatrices s'occupoient à calmer les troubles civils, et pendant le temps que dura cette médiation, une troupe de comédiens vint s'établir dans la ville, malgré les représentations des pasteurs et d'une partie de la bourgeoisie. Le Conseil, dit l'historien qui nous donne ces détails, n'avoit pas cru pouvoir refuser ce divertissement aux médiateurs. (PICOT, *Hist. de Genève*, tome III, p. 284.)

Postérieurement à cette époque, les progrès toujours croissans de l'industrie et du commerce firent naître mille besoins nouveaux parmi lesquels celui des représentations dramatiques n'étoit pas de nature à se faire le moins sentir. Voltaire, qui, en 1755, vint fixer sa résidence aux portes de Genève, trouva donc les esprits tout préparés pour cette innovation à laquelle il croyoit sa gloire poétique intéressée. Il avoit monté chez lui un théâtre où la bonne compagnie de Genève se rendoit en foule, excitée par le double attrait du plaisir et de la vanité. Mais pour amener les choses au point de maturité nécessaire à l'exécution de son projet favori, l'établissement d'un spectacle dans la ville même, il restoit un pas à faire, et l'article *Genève* fut publié dans l'Encyclopédie; car on sait que cet article est sinon de Voltaire, au moins écrit en grande partie sous sa dictée. La *Lettre à d'Alembert* déconcerta tout à coup le projet de Voltaire. *Indè iræ.* On ne peut douter en effet que ce ne fût la principale cause de la haine qu'il conçut contre son auteur, et qui lui dicta depuis tant d'injures en prose et en vers aussi indignes de son génie que déshonorantes pour sa mémoire.

Cependant l'effet produit par la lettre de Rousseau devoit naturellement s'affoiblir chaque jour au milieu de tant de causes qui agissoient en sens contraire. Huit ans n'étoient pas encore écoulés depuis la publication de cette lettre, qu'on vit à Genève (avril 1766) un entrepreneur monter, même à grands frais, un théâtre avec la permission du gouvernement, et cela au milieu même des dissensions civiles qui s'étoient renouvelées plus vives que jamais. Mais peu de temps après la salle fut brûlée (février 1768), et une lettre de Rousseau à d'Ivernois, du 26 avril même année, nous apprend qu'il ne dépendit pas de Voltaire qu'on ne crût que cet incendie étoit l'effet d'un dessein prémédité, et que Rousseau en avoit été l'instigateur.

Il passe en effet pour constant aujourd'hui que ce désastre fut l'ouvrage de ceux que l'on appeloit alors *les représentans*, dont Rousseau avoit défendu les droits, mais sans jamais autoriser, par ses discours ou par son exemple, le moindre excès coupable. Quoi qu'il en soit, le sénat n'osa pas donner une permission nouvelle pour le rétablissement de la comédie, et les particuliers qui en ressentoient le plus vivement la privation n'eurent d'autre ressource que de se cotiser, en 1775, pour faire construire une salle de spectacle à Châtelaine, village françois à demi-lieue de Genève.

Les choses restèrent en cet état jusqu'à ce qu'une révolution nouvelle opérée par le ministre françois de Vergennes, en 1782, et dont le récit est étranger à l'objet de cette note, vint détruire toutes les institutions populaires, ouvrage des derniers temps, et rétablit dans son entier le régime aristocratique, tel qu'il existoit en 1738. Les *cercles* furent défendus, on abolit les milices et les exercices militaires, et tous les citoyens furent désarmés. Dès ce moment il n'y eut plus d'obstacle à l'établissement d'un théâtre permanent à Genève. Pour l'amusement des militaires étrangers qui avoient pris possession de la ville, le gouvernement avoit fait venir des comédiens qui restèrent après l'édit de pacification. Bientôt lui-même fit construire pour eux un vaste et bel édifice, le même qui subsiste encore : l'ouverture de cette nouvelle salle se fit le 18 octobre 1783.

Depuis la chute du gouvernement aristocratique de 1782, arrivée en 1789, la comédie n'a existé et n'existe encore à Genève que d'une manière passagère. Il y avoit sans doute défaut de justesse dans la proportion d'après laquelle Rousseau établissoit que la ville ne pouvoit fournir chaque jour pour le soutien de son théâtre, que quarante à cinquante spectateurs. Mais il est vrai de dire qu'en général, et encore actuellement, malgré les nouveaux progrès du luxe et de la richesse, les habitudes sociales et le goût du travail font que l'empressement à jouir de ce plaisir n'est pas grand. La tragédie qui intéressoit davantage les personnes instruites, en si grand nombre à Genève, est là comme inaccessible. Insensiblement donc, et sans que l'autorité intervînt ou influât en aucune manière, l'usage s'est établi de n'avoir des comédiens à Genève que pendant deux ou trois mois au plus. Un directeur de spectacle va ainsi d'une ville de Suisse à une autre, et le plaisir, devenu plus rare, acquiert ainsi plus d'attrait, mais n'en a jamais eu réellement assez pour amener dans les mœurs et les habitudes privées un changement sensible. Il en est donc maintenant à Genève comme dans nos villes de France des troisième et quatrième ordres, et il est prouvé, par le fait, qu'en employant toute son éloquence pour empêcher l'établissement d'un spectacle dans sa patrie, l'illustre philosophe de Genève a fait plus de bruit que la chose ne valoit. G. P.

RÉPONSE

A UNE LETTRE ANONYME,

DONT LE CONTENU SE TROUVE EN CARACTÈRE ITALIQUE DANS CETTE RÉPONSE.

Je suis sensible aux attentions dont m'honorent ces messieurs que je ne connois point, mais il faut que je réponde à ma manière, car je n'en ai qu'une.

Des gens de loi, qui estiment, etc., M. Rousseau, ont été surpris et affligés de son opinion, dans sa lettre à M. d'Alembert, sur le tribunal des maréchaux de France.

J'ai cru dire des vérités utiles. Il est triste que de telles vérités surprennent, plus triste qu'elles affligent, et bien plus triste encore qu'elles affligent des gens de loi.

Un citoyen aussi éclairé que M. Rousseau...

Je ne suis point un citoyen éclairé, mais seulement un citoyen zélé.

N'ignore pas qu'on ne peut justement dévoiler aux yeux de la nation les fautes de la législation.

Je l'ignorois, je l'apprends. Mais qu'on me permette à mon tour une petite question. Bodin, Loisel, Fénelon, Boulainvilliers, l'abbé de Saint-Pierre, le président de Montesquieu, le marquis de Mirabeau, l'abbé de Mably, tous bons François et gens éclairés, ont-ils ignoré qu'on ne peut justement dévoiler aux yeux de la nation les fautes de la législation? On a tort d'exiger qu'un étranger soit plus savant qu'eux sur ce qui est juste ou injuste dans leur pays.

On ne peut justement dévoiler aux yeux de la nation les fautes de la législation.

Cette maxime peut avoir une application particulière et circonscrite selon les lieux et les personnes. Voici la première fois, peut-être, que la justice est opposée à la vérité.

On ne peut justement dévoiler aux yeux de la nation les fautes de la législation.

Si quelqu'un de nos citoyens m'osoit tenir un pareil discours à Genève, je le poursuivrois criminellement, comme traître à la patrie.

On ne peut justement dévoiler aux yeux de la nation les fautes de la législation.

Il y a dans l'application de cette maxime quelque chose que je n'entends point. J. J. Rousseau, citoyen de Genève, imprime un livre en Hollande, et voilà qu'on lui dit en France qu'on ne peut justement dévoiler aux yeux de la nation les fautes de la législation! Ceci me paroît bizarre. Messieurs, je n'ai point l'honneur d'être votre compatriote; ce n'est point pour vous que j'écris; je n'imprime point dans votre pays; je ne me soucie point que mon livre y vienne; si vous me lisez, ce n'est pas ma faute.

On ne peut justement dévoiler aux yeux de la nation les fautes de la législation.

Quoi donc! sitôt qu'on aura fait une mauvaise institution dans quelque coin du monde, à l'instant il faudra que tout l'univers la respecte en silence? il ne sera plus permis à personne de dire aux autres peuples qu'ils feroient mal de l'imiter? Voilà des prétentions assez nouvelles, et un fort singulier droit des gens.

Les philosophes sont faits pour éclairer le ministère, le détromper de ses erreurs, et respecter ses fautes.

Je ne sais pourquoi sont faits les philosophes, ni ne me soucie de le savoir.

Pour éclairer le ministère....

J'ignore si on peut éclairer le ministère.

Le détromper de ses erreurs....

J'ignore si l'on peut détromper le ministère de ses erreurs.

Et respecter ses fautes...

J'ignore si l'on peut respecter les fautes du ministère.

Je ne sais rien de ce qui regarde le ministère, parce que ce mot n'est pas connu dans mon pays, et qu'il peut avoir des sens que je n'entends pas.

De plus, M. Rousseau ne nous paroît pas raisonner en politique....

Ce mot sonne trop haut pour moi. Je tâche de raisonner en bon citoyen de Genève. Voilà tout.

Lorsqu'il admet dans un état une autorité supérieure à l'autorité souveraine....

J'en admets trois seulement : premièrement, l'autorité de Dieu, et puis celle de la loi naturelle, qui dérive de la constitution de l'homme; et puis celle de l'honneur, plus forte sur un cœur honnête que tous les rois de la terre.

Ou du moins indépendante d'elle.

Non pas seulement indépendante, mais supérieure. Si jamais l'autorité souveraine [1] pouvoit être en conflit avec une des trois précédentes, il faudroit que la première cédât en cela. Le blasphémateur Hobbes est en horreur pour avoir soutenu le contraire.

Il ne se rappeloit pas dans ce moment le sentiment de Grotius....

[1] Nous pourrions bien ne pas nous entendre les uns les autres sur le sens que nous donnons à ce mot; et, comme il n'est pas bon que nous nous entendions mieux, nous ferons bien de n'en pas disputer.

Je ne saurois me rappeler ce que je n'ai jamais su; et probablement je ne saurai jamais ce que je ne me soucie point d'apprendre.

Adopté par les encyclopédistes....

Le sentiment d'aucun des encyclopédistes n'est une règle pour ses collègues. L'autorité commune est celle de la raison : je n'en reconnois point d'autre.

Les encyclopédistes ses confrères.

Les amis de la vérité sont tous mes confrères.

Le temps nous empêche d'exposer plusieurs autres objections....

Le devoir m'empêcheroit peut-être de les résoudre. Je sais l'obéissance et le respect que je dois, dans mes actions et dans mes discours, aux lois et aux maximes du pays dans lequel j'ai le bonheur de vivre; mais il ne s'ensuit pas de là que je ne doive écrire aux Genevois que ce qui convient aux Parisiens.

Qui exigeroient une conversation....

Je n'en dirai pas plus en conversation que par écrit; il n'y a que Dieu et le Conseil de Genève à qui je doive compte de mes maximes.

Qui priveroit M. Rousseau d'un temps précieux pour lui et pour le public.

Mon temps est inutile au public, et n'est plus d'un grand prix pour moi-même : mais j'en ai besoin pour gagner mon pain; c'est pour cela que je cherche la solitude.

A Montmorency, le 15 octobre 1758.

MÉLANGES.

DE
L'IMITATION THÉATRALE,
ESSAI TIRÉ DES DIALOGUES DE PLATON.

AVERTISSEMENT.

Ce petit écrit n'est qu'une espèce d'extrait de divers endroits où Platon traite de l'imitation théâtrale (*). Je n'y ai guère d'autre part que de les avoir rassemblés et liés dans la forme d'un discours suivi, au lieu de celle du dialogue qu'ils ont dans l'original. L'occasion de ce travail fut la *Lettre à M. d'Alembert sur les Spectacles*; mais, n'ayant pu commodément l'y faire entrer, je le mis à part pour être employé ailleurs, ou tout-à-fait supprimé. Depuis lors cet écrit, étant sorti de mes mains, se trouva compris, je ne sais comment, dans un marché qui ne me regardoit pas. Le manuscrit m'est revenu : mais le libraire l'a réclamé comme acquis par lui de bonne foi, et je n'en veux pas dédire celui qui le lui a cédé. Voilà comment cette bagatelle passe aujourd'hui à l'impression.

DE
L'IMITATION THÉATRALE.

Plus je songe à l'établissement de notre république imaginaire, plus il me semble que nous lui avons prescrit des lois utiles et appropriées à la nature de l'homme. Je trouve, surtout, qu'il importoit de donner, comme nous avons fait, des bornes à la licence des poètes, et de leur interdire toutes les parties de leur art qui se rapportent à l'imitation. Nous reprendrons même, si vous voulez, ce sujet, à présent que les choses plus importantes sont examinées; et, dans l'espoir que vous ne me dénoncerez pas à ces dangereux ennemis, je vous avouerai que je regarde tous les auteurs dramatiques comme les corrupteurs du peuple, ou de quiconque, se laissant amuser par leurs images, n'est pas capable de les considérer sous leur vrai point de vue, ni de donner à ces fables le correctif dont elles ont besoin. Quelque respect que j'aie pour Homère, leur modèle et leur premier maître, je ne crois pas lui devoir plus qu'à la vérité; et pour commencer par m'assurer d'elle, je vais d'abord rechercher ce que c'est qu'imitation.

Pour imiter une chose il faut en avoir l'idée. Cette idée est abstraite, absolue, unique, et indépendante du nombre d'exemplaires de cette chose qui peuvent exister dans la nature. Cette idée est toujours antérieure à son exécution : car l'architecte qui construit un palais a l'idée d'un palais avant que de commencer le sien. Il n'en fabrique pas le modèle, il le suit; et ce modèle est d'avance dans son esprit.

Borné par son art à ce seul objet, cet artiste ne sait faire que son palais ou d'autres palais semblables; mais il y en a de bien plus universels, qui font tout ce que peut exécuter au monde quelque ouvrier que ce soit, tout ce que produit la nature, tout ce que peuvent faire de visible au ciel, sur la terre, aux enfers, les dieux mêmes. Vous comprenez bien que ces artistes si merveilleux sont des peintres; et même le plus ignorant des hommes en peut faire autant avec un miroir. Vous me direz que le peintre ne fait pas ces choses, mais leurs images : autant en fait l'ouvrier qui les fabri-

(*) Voyez notamment le deuxième livre des *Lois*, et le dixième de la *République*. G. P.

que réellement, puisqu'il copie un modèle qui existoit avant elles.

Je vois là trois palais bien distincts : premièrement, le modèle ou l'idée originale qui existe dans l'entendement de l'architecte, dans la nature, ou tout au moins dans son auteur, avec toutes les idées possibles dont il est la source ; en second lieu, le palais de l'architecte, qui est l'image de ce modèle ; et, enfin, le palais du peintre, qui est l'image de celui de l'architecte. Ainsi, Dieu, l'architecte, et le peintre, sont les auteurs de ces trois palais. Le premier palais est l'idée originale, existante par elle-même ; le second en est l'image, le troisième est l'image de l'image, ou ce que nous appelons proprement imitation. D'où il suit que l'imitation ne tient pas, comme on croit, le second rang, mais le troisième dans l'ordre des êtres, et que, nulle image n'étant exacte et parfaite, l'imitation est toujours d'un degré plus loin de la vérité qu'on ne pense.

L'architecte peut faire plusieurs palais sur le même modèle, le peintre plusieurs tableaux du même palais : mais quant au type ou modèle original, il est unique ; car si l'on supposoit qu'il y en eût deux semblables, ils ne seroient plus originaux ; ils auroient un modèle original commun à l'un et à l'autre, et c'est celui-là seul qui seroit le vrai. Tout ce que je dis ici de la peinture est applicable à l'imitation théâtrale : mais, avant d'en venir là, examinons plus en détail les imitations du peintre.

Non-seulement il n'imite dans ses tableaux que les images des choses ; savoir : les productions sensibles de la nature, et les ouvrages des artistes : il ne cherche pas même à rendre exactement la vérité de l'objet, mais l'apparence ; il le peint tel qu'il paroît être, et non pas tel qu'il est. Il le peint sous un seul point de vue ; et, choisissant ce point de vue à sa volonté, il rend, selon qu'il lui convient, le même objet agréable ou difforme aux yeux des spectateurs. Ainsi jamais il ne dépend d'eux de juger de la chose imitée en elle-même ; mais ils sont forcés d'en juger sur une certaine apparence, et comme il plaît à l'imitateur : souvent même ils n'en jugent que par l'habitude, et il entre de l'arbitraire jusque dans l'imitation (¹).

L'art de représenter les objets est fort différent de celui de les faire connoître. Le premier plaît sans instruire ; le second instruit sans plaire. L'artiste qui lève un plan et prend des dimensions exactes ne fait rien de fort agréable à la vue ; aussi son ouvrage n'est-il recherché que par les gens de l'art. Mais celui qui trace une perspective flatte le peuple et les ignorans, parce qu'il ne leur fait rien connoître, et leur offre seulement l'apparence de ce qu'ils connoissent déjà. Ajoutez que la mesure, nous donnant successivement une dimension et puis l'autre, nous instruit lentement de la vérité des choses ; au lieu que l'apparence nous offre le tout à la fois, et, sous l'opinion d'une

(¹) L'expérience nous apprend que la belle harmonie ne flatte point une oreille non prévenue, qu'il n'y a que la seule habitude qui nous rende agréables les consonnances, et nous les fasse distinguer des intervalles les plus discordans. Quant à la simplicité des rapports sur laquelle on a voulu fonder le plaisir de l'harmonie, j'ai fait voir dans l'Encyclopédie, au mot *Consonnance*, que ce principe est insoutenable ; et je crois facile à prouver que toute notre harmonie est une invention barbare et gothique qui n'est devenue que par trait de temps un art d'imitation. Un magistrat studieux (*) qui, dans ses momens de loisir, au lieu d'aller entendre de la musique, s'amuse à en approfondir les systèmes, a trouvé que le rapport de la quinte n'est de deux à trois que par approximation, et que ce rapport est rigoureusement incommensurable. Personne au moins ne sauroit nier qu'il ne soit tel sur nos clavecins en vertu du tempérament ; ce qui n'empêche pas ces quintes ainsi tempérées de nous paroître agréables. Or, où est, en pareil cas, la simplicité du rapport qui devroit nous les rendre telles ? Nous ne savons point encore si notre système de musique n'est pas fondé sur de pures conventions ; nous ne savons point si les principes n'en sont pas tout-à-fait arbitraires, et si tout autre système substitué à celui-là ne parviendroit pas par l'habitude à nous plaire également. C'est une question discutée ailleurs. Par une analogie assez naturelle, ces réflexions pourroient en exciter d'autres, au sujet de la peinture, sur le ton d'un tableau, sur l'accord des couleurs, sur certaines parties du dessin où il entre peut-être plus d'arbitraire qu'on ne pense, et où l'imitation même peut avoir des règles de convention. Pourquoi les peintres n'osent-ils entreprendre des imitations nouvelles, qui n'ont contre elles que leur nouveauté, et paroissent d'ailleurs tout-à-fait du ressort de l'art ? Par exemple, c'est un jeu pour eux de faire paroître en relief une surface plane : pourquoi donc nul d'entre eux n'a-t-il tenté de donner l'apparence d'une surface plane à un relief ? S'ils font qu'un plafond paroisse une voûte, pourquoi ne font-ils pas qu'une voûte paroisse un plafond ? Les ombres, diront-ils, changent d'apparence à divers points de vue ; ce qui n'arrive pas de même aux surfaces planes. Levons cette difficulté, et prions un peintre de peindre et colorier une statue de manière qu'elle paroisse plate, rase, et de la même couleur, sans aucun dessin, dans un seul jour et sous un seul point de vue. Ces nouvelles considérations ne seroient peut-être pas indignes d'être examinées par l'amateur éclairé qui a si bien philosophé sur cet art.

(*) M. de Boisgelou, conseiller au Grand Conseil, mort en 1764. Voir le *Dictionnaire de Musique*, article SYSTÈME. G. P.

plus grande capacité d'esprit, flatte le sens en séduisant l'amour-propre.

Les représentations du peintre, dépourvues de toute réalité, ne produisent même cette apparence qu'à l'aide de quelques vaines ombres et de quelques légers simulacres qu'il fait prendre pour la chose même. S'il y avoit quelque mélange de vérité dans ses imitations, il faudroit qu'il connût les objets qu'il imite; il seroit naturaliste, ouvrier, physicien, avant d'être peintre. Mais, au contraire, l'étendue de son art n'est fondée que sur son ignorance; et il ne peint tout que parce qu'il n'a besoin de rien connoître. Quand il nous offre un philosophe en méditation, un astronome observant les astres, un géomètre traçant des figures, un tourneur dans son atelier, sait-il pour cela tourner, calculer, méditer, observer les astres? Point du tout; il ne sait que peindre. Hors d'état de rendre raison d'aucune des choses qui sont dans son tableau, il nous abuse doublement par ses imitations, soit en nous offrant une apparence vague et trompeuse, dont ni lui ni nous ne saurions distinguer l'erreur, soit en employant des mesures fausses pour produire cette apparence, c'est-à-dire en altérant toutes les véritables dimensions selon les lois de la perspective : de sorte que, si le sens du spectateur ne prend pas le change et se borne à voir le tableau tel qu'il est, il se trompera sur tous les rapports des choses qu'on lui présente, ou les trouvera tous faux. Cependant l'illusion sera telle, que les simples et les enfans s'y méprendront, qu'ils croiront voir des objets que le peintre lui-même ne connoît pas, et des ouvriers à l'art desquels il n'entend rien.

Apprenons, par cet exemple, à nous défier de ces gens universels, habiles dans tous les arts, versés dans toutes les sciences, qui savent tout, qui raisonnent de tout, et semblent réunir à eux seuls les talens de tous les mortels. Si quelqu'un nous dit connoître un de ces hommes merveilleux, assurons-le, sans hésiter, qu'il est la dupe des prestiges d'un charlatan, et que tout le savoir de ce grand philosophe n'est fondé que sur l'ignorance de ses admirateurs, qui ne savent point distinguer l'erreur d'avec la vérité, ni l'imitation d'avec la chose imitée.

Ceci nous mène à l'examen des auteurs tragiques et d'Homère leur chef [1] : car plusieurs assurent qu'il faut qu'un poète tragique sache tout; qu'il connoisse à fond les vertus et les vices, la politique et la morale, les lois divines et humaines, et qu'il doit avoir la science de toutes les choses qu'il traite, ou qu'il ne fera jamais rien de bon. Cherchons donc si ceux qui relèvent la poésie à ce point de sublimité ne s'en laissent point imposer aussi par l'art imitateur des poètes; si leur admiration pour ces immortels ouvrages ne les empêche point de voir combien ils sont loin du vrai, de sentir que ce sont des couleurs sans consistance, de vains fantômes, des ombres; et que, pour tracer de pareilles images, il n'y a rien de moins nécessaire que la connoissance de la vérité : ou bien s'il y a dans tout cela quelque utilité réelle, et si les poètes savent en effet cette multitude de choses dont le vulgaire trouve qu'ils parlent si bien.

Dites-moi, mes amis : si quelqu'un pouvoit avoir à son choix le portrait de sa maîtresse ou l'original, lequel penseriez-vous qu'il choisît? Si quelque artiste pouvoit faire également la chose imitée ou son simulacre, donneroit-il la préférence au dernier, en objets de quelque prix, et se contenteroit-il d'une maison en peinture quand il pourroit s'en faire une en effet? Si donc l'auteur tragique savoit réellement les choses qu'il prétend peindre, qu'il eût les qualités qu'il décrit, qu'il sût faire lui-même tout ce qu'il fait faire à ses personnages, n'exerceroit-il pas leurs talens? ne pratiqueroit-il pas leurs vertus? n'élèveroit-il pas des monumens à sa gloire plutôt qu'à la leur? et n'aimeroit-il pas mieux faire lui-même des actions louables, que se borner à louer celles d'autrui? Certainement le mérite en seroit tout autre; et il n'y a pas de raison pourquoi, pouvant le plus, il se borneroit au moins. Mais que penser de celui qui nous veut enseigner ce qu'il n'a pas pu apprendre? Et qui ne riroit de voir une troupe imbécile aller admirer tous les ressorts de la politique et du cœur humain mis en jeu par un étourdi de vingt ans, à qui le moins sensé de l'assemblée

[1] C'étoit le sentiment commun des anciens, que tous leurs auteurs tragiques n'étoient que les copistes et les imitateurs d'Homère. Quelqu'un disoit des tragédies d'Euripide : *Ce sont les restes des festins d'Homère qu'un convive emporte chez lui.*

ne voudroit pas confier la moindre de ses affaires?

Laissons ce qui regarde les talens et les arts. Quand Homère parle si bien du savoir de Machaon, ne lui demandons point compte du sien sur la même matière. Ne nous informons point des malades qu'il a guéris, des élèves qu'il a faits en médecine, des chefs-d'œuvre de gravure et d'orfévrerie qu'il a finis, des ouvriers qu'il a formés, des monumens de son industrie. Souffrons qu'il nous enseigne tout cela, sans savoir s'il en est instruit. Mais quand il nous entretient de la guerre, du gouvernement, des lois, des sciences qui demandent la plus longue étude et qui importent le plus au bonheur des hommes, osons l'interrompre un moment, et l'interroger ainsi : O divin Homère! nous admirons vos leçons, et nous n'attendons pour les suivre que de voir comment vous les pratiquez vous-même; si vous êtes réellement ce que vous vous efforcez de paroître; si vos imitations n'ont pas le troisième rang, mais le second après la vérité, voyons en vous le modèle que vous nous peignez dans vos ouvrages; montrez-nous le capitaine, le législateur, et le sage, dont vous nous offrez si hardiment le portrait. La Grèce et le monde entier célèbrent les bienfaits des grands hommes qui possédèrent ces arts sublimes dont les préceptes vous coûtent si peu. Lycurgue donna des lois à Sparte, Charondas à la Sicile et à l'Italie, Minos aux Crétois, Solon à nous. S'agit-il des devoirs de la vie, du sage gouvernement de la maison, de la conduite d'un citoyen dans tous les états; Thalès de Milet et le Scythe Anacharsis donnèrent à la fois l'exemple et les préceptes. Faut-il apprendre à d'autres ces mêmes devoirs, et instituer des philosophes et des sages qui pratiquent ce qu'on leur a enseigné; ainsi fit Zoroastre aux mages, Pythagore à ses disciples, Lycurgue à ses concitoyens. Mais vous, Homère, s'il est vrai que vous ayez excellé en tant de parties; s'il est vrai que vous puissiez instruire les hommes et les rendre meilleurs; s'il est vrai qu'à l'imitation vous ayez joint l'intelligence, et le savoir aux discours; voyons les travaux qui prouvent votre habileté, les états que vous avez institués, les vertus qui vous honorent, les disciples que vous avez faits, les batailles que vous avez gagnées, les richesses que vous avez acquises. Que ne vous êtes-vous concilié des foules d'amis? que ne vous êtes-vous fait aimer et honorer de tout le monde? Comment se peut-il que vous n'ayez attiré près de vous que le seul Cléophile? encore n'en fîtes-vous qu'un ingrat. Quoi! un Protagore d'Abdère, un Prodicus de Chio, sans sortir d'une vie simple et privée, ont attroupé leurs contemporains autour d'eux, leur ont persuadé d'apprendre d'eux seuls l'art de gouverner son pays, sa famille et soi-même; et ces hommes si merveilleux, un Hésiode, un Homère, qui savoient tout, qui pouvoient tout apprendre aux hommes de leur temps, en ont été négligés au point d'aller errant, mendiant par tout l'univers, et chantant leurs vers de ville en ville comme de vils baladins! Dans ces siècles grossiers, où le poids de l'ignorance commençoit à se faire sentir, où le besoin et l'avidité de savoir concouroient à rendre utile et respectable tout homme un peu plus instruit que les autres, si ceux-ci eussent été aussi savans qu'ils sembloient l'être, s'ils avoient eu toutes les qualités qu'ils faisoient briller avec tant de pompe, ils eussent passé pour des prodiges; ils auroient été recherchés de tous; chacun se seroit empressé pour les avoir, les posséder, les retenir chez soi; et ceux qui n'auroient pu les fixer avec eux les auroient plutôt suivis par toute la terre que de perdre une occasion si rare de s'instruire et de devenir des héros pareils à ceux qu'on leur faisoit admirer (¹).

Convenons donc que tous les poètes, à commencer par Homère, nous représentent dans leurs tableaux, non le modèle des vertus, des talens, des qualités de l'âme, ni les autres objets de l'entendement et des sens qu'ils n'ont pas en eux-mêmes, mais les images de tous ces objets tirées d'objets étrangers; et qu'ils ne sont pas plus prêts en cela de la vérité quand ils nous offrent les traits d'un héros ou d'un capitaine, qu'un peintre qui, nous peignant un géomètre ou un ouvrier, ne regarde point à l'art, où il n'entend rien, mais seulement aux couleurs et à la figure. Ainsi font illusion les noms

(¹) Platon ne veut pas dire qu'un homme entendu pour ses intérêts et versé dans les affaires lucratives ne puisse, en trafiquant de la poésie, ou par d'autres moyens, parvenir à une grande fortune. Mais il est fort différent de s'enrichir et s'illustrer par le métier de poète, ou de s'enrichir et de s'illustrer par les talens que le poète prétend enseigner. Il est vrai qu'on pouvoit alléguer à Platon l'exemple de Tyrtée; mais il se fût tiré d'affaire avec une distinction, en le considérant plutôt comme orateur que comme poète.

et les mots à ceux qui, sensibles au rhythme et à l'harmonie, se laissent charmer à l'art enchanteur du poète, et se *livrent* à la séduction par l'attrait du *plaisir*; en sorte qu'ils prennent les images d'objets qui ne sont connus ni d'eux ni des auteurs pour les objets mêmes, et craignent d'être détrompés d'une erreur qui les flatte, soit en donnant le change à leur ignorance, soit par les sensations agréables dont cette erreur est accompagnée.

En effet, ôtez au plus brillant de ces tableaux le charme des vers et des ornemens étrangers qui l'embellissent; dépouillez-le du coloris de la poésie *ou du style*, et *n'y laissez* que le dessin, vous aurez peine à le reconnoître : ou, s'il est reconnoissable, il ne plaira plus; semblable à ces enfans plutôt jolis que beaux, qui, parés de leur seule fleur de jeunesse, perdent avec elle toutes leurs grâces, sans avoir rien perdu de leurs traits.

Non-seulement l'imitateur ou l'auteur du simulacre ne connoît que l'apparence de la chose imitée, mais la véritable intelligence de cette chose n'appartient pas même à celui qui l'a faite. Je vois dans ce tableau des chevaux attelés au char d'Hector; ces chevaux ont des harnois, des mors, des rênes; l'orfévre, le forgeron, le sellier, ont fait ces diverses choses, le peintre les a représentées; mais ni l'ouvrier qui les fait, ni le peintre qui les dessine, ne savent ce qu'elles doivent être : c'est à l'écuyer ou au conducteur qui s'en sert à déterminer leur forme sur leur usage; c'est à lui seul de juger si elles sont bien ou mal, et d'en corriger les défauts. Ainsi, dans tout instrument possible, il y a trois objets de pratique à considérer; savoir, l'usage, la fabrique, et l'imitation. Ces deux derniers arts dépendent manifestement du premier, et il n'y a rien d'imitable dans la nature à quoi l'on ne puisse appliquer les mêmes distinctions.

Si l'utilité, la bonté, la beauté d'un instrument, d'un animal, d'une action, se rapportent à l'usage qu'on en tire; s'il n'appartient qu'à celui qui les met en œuvre d'en donner le modèle et de juger si ce modèle est fidèlement exécuté : loin que l'imitateur soit en état de prononcer sur les qualités des choses qu'il imite, cette décision n'appartient pas même à celui qui les a faites. L'imitateur suit l'ouvrier dont il copie l'ouvrage, l'ouvrier suit l'artiste qui sait s'en servir, et ce dernier seul apprécie également la chose et son imitation; ce qui confirme que les tableaux du poète et du peintre n'occupent que la troisième place après le premier modèle ou la vérité.

Mais le poète, qui n'a pour juge qu'un peuple ignorant auquel il cherche à plaire, comment ne défigurera-t-il pas, pour le flatter, les objets qu'il lui présente? Il imitera ce qui paroît beau à la multitude, sans se soucier s'il l'est en effet. S'il peint la valeur, aura-t-il Achille pour juge? S'il peint la ruse, Ulysse le reprendra-t-il? Tout au contraire, Achille et Ulysse seront ses personnages; Thersite et Dolon, ses spectateurs.

Vous m'objecterez que le philosophe ne sait pas non plus lui-même tous les arts dont il parle, et qu'il étend souvent ses idées aussi loin que le poète étend ses images. J'en conviens : mais le philosophe ne se donne pas pour savoir la vérité, il la cherche; il examine, il discute, il étend nos vues, il nous instruit même en se trompant; il propose ses doutes pour des doutes, ses conjectures pour des conjectures, et n'affirme que ce qu'il sait. Le philosophe qui raisonne soumet ses raisons à notre jugement; le poète et l'imitateur se fait juge lui-même. En nous offrant ses images, il les affirme conformes à la vérité : il est donc obligé de la connoître si son art a quelque réalité; en peignant tout il se donne pour tout savoir. Le poète est le peintre qui fait l'image; le philosophe est l'architecte qui lève le plan : l'un ne daigne pas même approcher de l'objet pour le peindre; l'autre mesure avant de tracer.

Mais, de peur de nous abuser par de fausses analogies, tâchons de voir plus distinctement à quelle partie, à quelle faculté de notre âme se rapportent les imitations du poète, et considérons d'abord d'où vient l'illusion de celles du peintre. Les mêmes corps vus à diverses distances ne paroissent pas de même grandeur, ni leurs figures également sensibles, ni leurs couleurs de la même vivacité. Vus dans l'eau, ils changent d'apparence; ce qui étoit droit paroît brisé; l'objet paroît flotter avec l'onde. A travers un verre sphérique ou creux, tous les rapports des traits sont changés; à l'aide du clair et des ombres, une surface plane se relève ou se creuse au gré du peintre ; son pinceau grave des traits aussi profonds que le ciseau du sculpteur; et, dans les reliefs qu'il sait tracer sur la toile, le toucher, démenti par la vue, laisse à douter auquel des deux on doit se fier. Toutes ces erreurs sont évidemment dans les jugemens précipités de l'esprit. C'est cette foiblesse de l'entendement humain, toujours pressé de juger sans connoître, qui donne prise à tous ces prestiges de magie par lesquels l'optique et la mécanique abusent nos sens. Nous concluons, sur la seule apparence, de ce que nous connoissons à ce que nous ne connoissons pas; et nos inductions fausses sont la source de mille illusions.

Quelles ressources nous sont offertes contre ces erreurs? Celles de l'examen et de l'analyse. La suspension de l'esprit, l'art de mesurer, de peser, de compter, sont les secours que l'homme a pour vérifier les rapports des sens, afin qu'il ne juge pas de ce qui est grand ou petit, rond ou carré, rare ou compacte, éloigné ou proche, par ce qui paroît l'être, mais par ce que le nombre, la mesure et le poids lui donnent pour tel. La comparaison, le jugement des rapports trouvés par ces diverses opérations, appartiennent incontestablement à la faculté raisonnante; et ce jugement est souvent en contradiction avec celui que l'apparence des choses nous fait porter. Or, nous avons vu ci-devant que ce ne sauroit être par la même faculté de l'âme qu'elle porte des jugemens contraires des mêmes choses considérées sous les mêmes relations. D'où il suit que ce n'est point la plus noble de nos facultés, savoir, la raison, mais une faculté différente et inférieure, qui juge sur l'apparence, et se livre au charme de l'imitation. C'est ce que je voulois exprimer ci-devant en disant que la peinture, et généralement l'art d'imiter, exerce ses opérations loin de la vérité des choses, en s'unissant à une partie de notre âme dépourvue de prudence et de raison, et incapable de rien connoître par elle-même de réel et de vrai (1). Ainsi l'art d'imiter, vil par sa nature et par la faculté de l'âme sur laquelle il agit, ne peut que l'être encore par ses productions, du moins quant au sens matériel qui nous fait juger des tableaux du peintre. Considérons maintenant le même art appliqué par les imitations du poète immédiatement au sens interne, c'est-à-dire à l'entendement.

La scène représente les hommes agissant volontairement ou par force, estimant leurs actions bonnes ou mauvaises selon le bien ou le mal qu'ils pensent leur en revenir, et diversement affectés, à cause d'elles, de douleur ou de volupté. Or, par les raisons que nous avons déjà discutées, il est impossible que l'homme ainsi présenté soit jamais d'accord avec lui-même; et comme l'apparence et la réalité des objets sensibles lui en donnent des opinions contraires, de même il apprécie différemment les objets de ses actions, selon qu'ils sont éloignés ou proches, conformes ou opposés à ses passions; et ses jugemens, mobiles comme elles, mettent sans cesse en contradiction ses désirs, sa raison, sa volonté, et toutes les puissances de son âme.

La scène représente donc tous les hommes, et même ceux qu'on nous donne pour modèles, comme affectés autrement qu'ils ne doivent l'être pour se maintenir dans l'état de modération qui leur convient. Qu'un homme sage et courageux perde son fils, son ami, sa maîtresse, enfin l'objet le plus cher à son cœur, on ne le verra point s'abandonner à une douleur excessive et déraisonnable; et si la foiblesse humaine ne lui permet pas de surmonter tout-à-fait son affliction, il la tempérera par la constance ; une juste honte lui fera renfermer en lui-même une partie de ses peines ; et, contraint de paroître aux yeux des hommes, il rougiroit de dire et faire en leur présence plusieurs choses qu'il dit et fait étant seul. Ne pouvant être en lui tel qu'il veut, il tâche au moins de s'offrir aux autres tel qu'il doit être. Ce qui le trouble et l'agite, c'est la douleur et la passion ; ce qui l'arrête et le contient, c'est la raison et la loi; et dans ces mouvemens opposés sa volonté se déclare toujours pour la dernière.

En effet, la raison veut qu'on supporte patiemment l'adversité, qu'on n'en aggrave pas le poids par des plaintes inutiles, qu'on n'estime pas les choses humaines au-delà de leur prix, qu'on n'épuise pas à pleurer ses maux

(1) Il ne faut pas prendre ici ce mot de *partie* dans un sens exact, comme si Platon supposoit l'âme réellement divisible ou composée. La division qu'il suppose, et qui lui fait employer le mot de *parties*, ne tombe que sur les divers genres d'opérations par lesquelles l'âme se modifie, et qu'on appelle autrement *facultés*.

les forces qu'on a pour les adoucir, et qu'enfin l'on songe quelquefois qu'il est impossible à l'homme de prévoir l'avenir, et de se connoître assez lui-même pour savoir si ce qui lui arrive est un bien ou un mal pour lui.

Ainsi se comportera l'homme judicieux et tempérant, en proie à la mauvaise fortune. Il tâchera de mettre à profit ses revers mêmes, comme un joueur prudent cherche à tirer parti d'un mauvais point que le hasard lui amène; et, sans se lamenter comme un enfant qui tombe et pleure auprès de la pierre qui l'a frappé, il saura porter, s'il le faut, un fer salutaire à sa blessure, et la faire saigner pour la guérir. Nous dirons donc que la constance et la fermeté dans les disgrâces sont l'ouvrage de la raison, et que le deuil, les larmes, le désespoir, les gémissemens, appartiennent à une partie de l'âme opposée à l'autre, plus débile, plus lâche, et beaucoup inférieure en dignité.

Or, c'est de cette partie sensible et foible que se tirent les imitations touchantes et variées qu'on voit sur la scène. L'homme ferme, prudent, toujours semblable à lui-même, n'est pas si facile à imiter; et, quand il le seroit, l'imitation, moins variée, n'en seroit pas si agréable au vulgaire; il s'intéresseroit difficilement à une image qui n'est pas la sienne, et dans laquelle il ne reconnoîtroit ni ses mœurs, ni ses passions : jamais le cœur humain ne s'identifie avec des objets qu'il sent lui être absolument étrangers. Aussi l'habile poète, le poète qui sait l'art de réussir, cherchant à plaire au peuple et aux hommes vulgaires, se garde bien de leur offrir la sublime image d'un cœur maître de lui, qui n'écoute que la voix de la sagesse; mais il charme les spectateurs par des caractères toujours en contradiction, qui veulent et ne veulent pas, qui font retentir le théâtre de cris et de gémissemens, qui nous forcent à les plaindre, lors même qu'ils font leur devoir, et à penser que c'est une triste chose que la vertu, puisqu'elle rend ses amis si misérables. C'est par ce moyen qu'avec des imitations plus faciles et plus diverses le poète émeut et flatte davantage les spectateurs.

Cette habitude de soumettre à leurs passions les gens qu'on nous fait aimer altère et change tellement nos jugemens sur les choses louables, que nous nous accoutumons à honorer la foiblesse d'âme sous le nom de sensibilité, et à traiter d'hommes durs et sans sentiment ceux en qui la sévérité du devoir l'emporte, en toute occasion, sur les affections naturelles. Au contraire, nous estimons comme gens d'un bon naturel ceux qui, vivement affectés de tout, sont l'éternel jouet des événemens; ceux qui pleurent comme des femmes la perte de ce qui leur fut cher; ceux qu'une amitié désordonnée rend injustes pour servir leurs amis; ceux qui ne connoissent d'autre règle que l'aveugle penchant de leur cœur; ceux qui, toujours loués du sexe qui les subjugue et qu'ils imitent, n'ont d'autres vertus que leurs passions, ni d'autre mérite que leur foiblesse. Ainsi l'égalité, la force, la constance, l'amour de la justice, l'empire de la raison, deviennent insensiblement des qualités haïssables, des vices que l'on décrie; les hommes se font honorer par tout ce qui les rend dignes de mépris; et ce renversement des saines opinions est l'infaillible effet des leçons qu'on va prendre au théâtre.

C'est donc avec raison que nous blâmions les imitations du poète, et que nous les mettions au même rang que celles du peintre, soit pour être également éloignées de la vérité, soit parce que l'un et l'autre, flattant également la partie sensible de l'âme, et négligeant la rationnelle, renversent l'ordre de nos facultés, et nous font subordonner le meilleur au pire. Comme celui qui s'occuperoit dans la république à soumettre les bons aux méchans, et les vrais chefs aux rebelles, seroit ennemi de la patrie et traître à l'état; ainsi le poète imitateur porte les dissensions et la mort dans la république de l'âme, en élevant et nourrissant les plus viles facultés aux dépens des plus nobles, en épuisant et usant ses forces sur les moins dignes de l'occuper, en confondant par de vains simulacres le vrai beau avec l'attrait mensonger qui plaît à la multitude, et la grandeur apparente avec la véritable grandeur.

Quelles âmes fortes oseront se croire à l'épreuve du soin que prend le poète de les corrompre ou de les décourager? Quand Homère ou quelque auteur tragique nous montre un héros surchargé d'affliction, criant, lamentant, se frappant la poitrine; un Achille, fils d'une déesse, tantôt étendu par terre et répandant des deux mains du sable ardent sur sa tête, tantôt errant comme un forcené sur le rivage, et mêlant au bruit des vagues ses hurlemens effrayans; un Priam, vénérable par sa dignité, par son grand âge, par tant d'illustres enfans, se roulant dans la fange, souillant ses cheveux blancs, faisant retentir l'air de ses imprécations, et apostrophant les dieux et les hommes; qui de nous, insensible à ces plaintes, ne s'y livre pas avec une sorte de plaisir? qui ne sent pas naître en soi-même le sentiment qu'on nous représente? qui ne loue pas sérieusement l'art de l'auteur, et ne le regarde pas comme un grand poète, à cause de l'expression qu'il donne à ses tableaux, et des affections qu'il nous communique? Et cependant, lorsqu'une affliction domestique et réelle nous atteint nous-mêmes, nous nous glorifions de la supporter modérément, de ne nous en point laisser accabler jusqu'aux larmes; nous regardons alors le courage que nous nous efforçons d'avoir comme une vertu d'homme, et nous nous croirions aussi lâches que des femmes de pleurer et gémir comme ces héros qui nous ont touchés sur la scène. Ne sont-ce pas de fort utiles spectacles que ceux qui nous font admirer des exemples que nous rougirions d'imiter, et où l'on nous intéresse à des foiblesses dont nous avons tant de peine à nous garantir dans nos propres calamités? La plus noble faculté de l'âme, perdant ainsi l'usage et l'empire d'elle-même, s'accoutume à fléchir sous la loi des passions; elle ne réprime plus nos pleurs et nos cris; elle nous livre à notre attendrissement pour des objets qui nous sont étrangers; et sous prétexte de commisération pour des malheurs chimériques, loin de s'indigner qu'un homme vertueux s'abandonne à des douleurs excessives, loin de nous empêcher de l'applaudir dans son avilissement, elle nous laisse applaudir nous-mêmes de la pitié qu'il nous inspire; c'est un plaisir que nous croyons avoir gagné sans foiblesse, et que nous goûtons sans remords.

Mais en nous laissant ainsi subjuguer aux douleurs d'autrui, comment résisterons-nous aux nôtres? et comment supporterons-nous plus courageusement nos propres maux que ceux dont nous n'apercevons qu'une vaine image? Quoi! serons-nous les seuls qui n'aurons point de prise sur notre sensibilité? Qui est-ce qui ne s'appropriera pas, dans l'occasion, ces mouvemens auxquels il se prête si volontiers? Qui est-ce qui saura refuser à ses propres malheurs les larmes qu'il prodigue à ceux d'un autre? J'en dis autant de la comédie, d'un rire indécent qu'elle nous arrache, de l'habitude qu'on y prend de tourner tout en ridicule, même les objets les plus sérieux et les plus graves, et de l'effet presque inévitable par lequel elle change en bouffons et plaisans de théâtre les plus respectables des citoyens. J'en dis autant de l'amour, de la colère, et de toutes les autres passions, auxquelles devenant de jour en jour plus sensibles par amusement et par jeu, nous perdons toute force pour leur résister quand elles nous assaillent tout de bon. Enfin, de quelque sens qu'on envisage le théâtre et ses imitations, on voit toujours qu'animant et fomentant en nous les dispositions qu'il faudroit contenir et réprimer, il fait dominer ce qui devroit obéir; loin de nous rendre meilleurs et plus heureux, il nous rend pires et plus malheureux encore, et nous fait payer aux dépens de nous-mêmes le soin qu'on y prend de nous plaire et de nous flatter.

Quand donc, ami Glaucus, vous rencontrerez des enthousiastes d'Homère; quand ils vous diront qu'Homère est l'instituteur de la Grèce et le maître de tous les arts; que le gouvernement des états, la discipline civile, l'éducation des hommes, et tout l'ordre de la vie humaine, sont enseignés dans ses écrits; honorez leur zèle; aimez et supportez-les comme des hommes doués de qualités exquises; admirez avec eux les merveilles de ce beau génie; accordez-leur avec plaisir qu'Homère est le poète par excellence, le modèle et le chef de tous les auteurs tragiques : mais songez toujours que les *hymnes en l'honneur des dieux et les louanges* des grands hommes sont la seule espèce de poésie qu'il faut admettre dans la république; et que, si l'on y souffre une fois cette muse imitative qui nous charme et nous trompe par la douceur de ses accens, bientôt les actions des hommes n'auront plus pour objet ni la loi, ni les choses bonnes et belles, mais la douleur et la volupté; les passions excitées domineront au lieu de la raison; les citoyens ne seront plus des hommes vertueux et justes, toujours soumis au devoir et à l'équité, mais des hommes sensibles et foibles qui feront le bien ou le mal indifféremment, selon qu'ils seront entraînés par leur penchant. Enfin, n'oubliez jamais qu'en bannissant de notre état les drames et pièces de théâtre, nous ne suivons point un entêtement barbare, et ne méprisons point les beautés de l'art; mais nous leur préférons les beautés immortelles qui résultent de l'harmonie de l'âme et de l'accord de ses facultés.

Faisons plus encore. Pour nous garantir de toute partialité, et ne rien donner à cette antique discorde *qui règne entre les philosophes* et les poètes, n'ôtons rien à la poésie et à l'imitation de ce qu'elles peuvent alléguer pour leur défense, ni à nous des plaisirs innocens qu'elles peuvent nous procurer. Rendons cet honneur à la vérité, d'en respecter jusqu'à l'image, et de laisser la liberté de se faire entendre à tout ce qui se renomme d'elle. En imposant silence aux poètes, accordons à leurs amis la liberté de les défendre, et de nous montrer, s'ils peuvent, que l'art condamné par nous comme nuisible n'est pas seulement agréable, mais utile à la république et aux citoyens. Écoutons leurs raisons d'une oreille impartiale, et convenons de bon cœur que nous aurons beaucoup gagné pour nous-mêmes, s'ils prouvent qu'on peut se livrer sans risque à de si douces impressions. Autrement, mon cher Glaucus, comme un homme sage, épris des charmes d'une maîtresse, voyant sa vertu prête à l'abandonner, rompt, quoiqu'à regret, une si douce chaîne, et sacrifie l'amour au devoir et à la raison; ainsi, livrés dès notre enfance aux attraits séducteurs de la poésie, et trop sensibles peut-être à ses beautés, nous nous munirons pourtant de force et de raison contre ses prestiges : si nous osons donner quelque chose au goût qui nous attire, nous craindrons au moins de nous livrer à nos premières amours; nous nous dirons toujours *qu'il n'y a rien de sérieux ni d'utile* dans tout cet appareil dramatique : en prêtant quelquefois nos oreilles à la poésie, nous garantirons nos cœurs d'être abusés par elle, et nous ne souffrirons point qu'elle trouble l'ordre et la liberté, ni dans la république intérieure de l'âme, ni dans celle de la société humaine. Ce n'est pas une légère alternative que de se rendre meilleur ou pire, et l'on ne sauroit peser avec trop de soin la délibération qui nous y conduit. O mes amis! c'est, je l'avoue, une douce chose de se livrer aux charmes d'un talent enchanteur, d'acquérir par lui des biens, des honneurs, du pouvoir, de la gloire : mais la puissance, et la gloire, et la richesse, et les plaisirs, tout s'éclipse et disparoît comme une ombre auprès de la justice et de la vertu.

NARCISSE,

OU

L'AMANT DE LUI-MÊME,

COMÉDIE,

COMPOSÉE EN 1733, ET JOUÉE LE 18 DÉCEMBRE 1752.

PRÉFACE.

J'ai écrit cette comédie à l'âge de dix-huit ans, et je me suis gardé de la montrer, aussi long-temps que j'ai tenu quelque compte de la réputation d'auteur. Je me suis enfin senti le courage de la publier, mais je n'aurai jamais celui d'en rien dire. Ce n'est donc pas de ma pièce, mais de moi-même qu'il s'agit ici.

Il faut, malgré ma répugnance, que je parle de moi; il faut que je convienne des torts que l'on m'attribue, ou que je m'en justifie. Les armes ne seront pas égales, je le sens bien; car on m'attaquera avec des plaisanteries, et je ne me défendrai qu'avec des raisons: mais pourvu que je convainque mes adversaires, je me soucie très-peu de les persuader; en travaillant à mériter ma propre estime, j'ai appris à me passer de celle des autres, qui, pour la plupart, se passent bien de la mienne. Mais s'il ne m'importe guère qu'on pense bien ou mal de moi, il m'importe que personne n'ait droit d'en mal penser; et il importe à la vérité, que j'ai soutenue, que son défenseur ne soit point accusé justement de ne lui avoir prêté son secours que par caprice ou par vanité, sans l'aimer et sans la connoître.

Le parti que j'ai pris, dans la question que j'examinois il y a quelques années, n'a pas manqué de me susciter une multitude d'adversaires (¹) plus attentifs peut-être à l'intérêt des gens de lettres qu'à l'honneur de la littérature. Je l'avois prévu, et je m'étois bien douté que leur conduite, en cette occasion, prouveroit en ma faveur plus que tous mes discours. En effet ils n'ont déguisé ni leur surprise ni leur chagrin de ce qu'une académie s'étoit montrée intègre si mal à propos. Ils n'ont épargné contre elle, ni les invectives indiscrètes, ni même les faussetés (¹), pour tâcher d'affoiblir le poids de son jugement. Je n'ai pas non plus été oublié dans leurs déclamations. Plusieurs ont entrepris de me réfuter hautement: les sages ont pu voir avec quelle force, et le public avec quel succès ils l'ont fait. D'autres plus adroits, connoissant le danger de combattre directement des vérités démontrées, ont habilement détourné sur ma personne une attention qu'il ne falloit donner qu'à mes raisons; et l'examen des accusations qu'ils m'ont intentées a fait oublier les accusations

(¹) On m'assure que plusieurs trouvent mauvais que j'appelle mes adversaires mes adversaires; et cela me paroît assez croyable dans un siècle où l'on n'ose plus rien appeler par son nom. J'apprends aussi que chacun de mes adversaires se plaint, quand je réponds à d'autres objections que les siennes, que je perds mon temps à me battre contre des chimères; ce qui me prouve une chose, dont je me doutois déjà bien, savoir, qu'ils ne perdent point le leur à se lire ou à s'écouter les uns les autres. Quant à moi, c'est une peine que j'ai cru devoir prendre; et j'ai lu les nombreux écrits qu'ils ont publiés contre moi, depuis la première réponse dont je fus honoré jusqu'aux quatre sermons allemands, dont l'un commence à peu près de cette manière: « Mes frères, si Socrate revenoit parmi nous, » et qu'il vît l'état florissant où sont les sciences en Europe; » que dis-je en Europe? en Allemagne; que dis-je en Allemagne? » en Saxe; que dis-je en Saxe? à Leipsick; que dis-je à Leipsick? » dans cette université: alors, saisi d'étonnement, et pénétré » de respect, Socrate s'assiéroit modestement parmi nos écoliers; et, recevant nos leçons avec humilité, il perdroit bientôt avec nous cette ignorance dont il se plaignoit si justement. » J'ai lu tout cela, et n'y ai fait que peu de réponses, peut-être en ai-je encore trop fait: mais je suis fort aise que ces messieurs les aient trouvées assez agréables pour être jaloux de la préférence. Pour les gens qui sont choqués du mot ADVERSAIRES, je consens de bon cœur à le leur abandonner, pourvu qu'ils veuillent bien m'en indiquer un autre par lequel je puisse désigner, non-seulement tous ceux qui ont combattu mon sentiment, soit par écrit, soit, plus prudemment et plus à leur aise, dans les cercles de femmes et de beaux esprits, où ils étoient bien sûrs que je n'irois pas me défendre; mais encore ceux qui, feignant aujourd'hui de croire que je n'ai point d'adversaires, trouvoient d'abord sans réplique les réponses de mes adversaires, puis, quand j'ai répliqué, m'ont blâmé de l'avoir fait, parce que, selon eux, on ne m'avoit point attaqué. En attendant ils permettront que je continue d'appeler mes adversaires mes adversaires; car, malgré la politesse de mon siècle, je suis grossier comme les Macédoniens de Philippe.

(¹) On peut voir, dans le *Mercure* d'août 1752, le désaveu de l'Académie de Dijon, au sujet de je ne sais quel écrit attribué faussement par l'auteur à l'un des membres de cette académie.

plus graves que je leur intentois moi-même C'est donc à ceux-ci qu'il faut répondre une fois.

Ils prétendent que je ne pense pas un mot des vérités que j'ai soutenues, et qu'en démontrant une proposition je ne laissois pas de croire le contraire; c'est-à-dire que j'ai prouvé des choses si extravagantes, qu'on peut affirmer que je n'ai pu les soutenir que par jeu. Voilà un bel honneur qu'ils font en cela à la science qui sert de fondement à toutes les autres; et l'on doit croire que l'art de raisonner sert de beaucoup à la découverte de la vérité, quand on le voit employer avec succès à démontrer des folies.

Ils prétendent que je ne pense pas un mot des vérités que j'ai soutenues : c'est sans doute de leur part une manière nouvelle et commode de répondre à des argumens sans réponse, de réfuter les démonstrations même d'Euclide, et tout ce qu'il y a de démontré dans l'univers. Il me semble, à moi, que ceux qui m'accusent si témérairement de parler contre ma pensée ne se font pas eux-mêmes un grand scrupule de parler contre la leur : car ils n'ont assurément rien trouvé dans mes écrits ni dans ma conduite qui ait dû leur inspirer cette idée, comme je le prouverai bientôt; et il ne leur est pas permis d'ignorer que, dès qu'un homme parle sérieusement, on doit penser qu'il croit ce qu'il dit, à moins que ses actions ou ses discours ne le démentent; encore cela même ne suffit-il pas toujours pour s'assurer qu'il n'en croit rien.

Ils peuvent donc crier autant qu'il leur plaira qu'en me déclarant contre les sciences j'ai parlé contre mon sentiment : à une assertion aussi téméraire, dénuée également de preuve et de vraisemblance, je ne sais qu'une réponse; elle est courte et énergique, et je les prie de se la tenir pour faite.

Ils prétendent encore que ma conduite est en contradiction avec mes principes, et il ne faut pas douter qu'ils n'emploient cette seconde instance à établir la première; car il y a beaucoup de gens qui savent trouver des preuves à ce qui n'est pas. Ils diront donc qu'en faisant de la musique et des vers on a mauvaise grâce à déprimer les beaux-arts, et qu'il y a dans les belles-lettres, que j'affecte de mépriser, mille occupations plus louables que d'écrire des comédies. Il faut répondre aussi à cette accusation.

Premièrement, quand même on l'admettroit dans toute sa rigueur, je dis qu'elle prouveroit que je me conduis mal, mais non que je ne parle pas de bonne foi. S'il étoit permis de tirer des actions des hommes la preuve de leurs sentimens, il faudroit dire que l'amour de la justice est banni de tous les cœurs, et qu'il n'y a pas un seul chrétien sur la terre. Qu'on me montre des hommes qui agissent toujours conséquemment à leurs maximes, et je passe condamnation sur les miennes. Tel est le sort de l'humanité; la raison nous montre le but, et les passions nous en écartent. Quand il seroit vrai que je n'agis pas selon mes principes, on n'auroit donc pas raison de m'accuser pour cela seul de parler contre mon sentiment, ni d'accuser mes principes de fausseté.

Mais si je voulois passer condamnation sur ce point, il me suffiroit de comparer les temps pour concilier les choses. Je n'ai pas toujours eu le bonheur de penser comme je fais. Long-temps séduit par les préjugés de mon siècle, je prenois l'étude pour la seule occupation digne d'un sage, je ne regardois les sciences qu'avec respect, et les savans qu'avec admiration [1]. Je ne comprenois pas qu'on pût s'égarer en démontrant toujours, ni mal faire en parlant toujours de sagesse. Ce n'est qu'après avoir vu les choses de près que j'ai appris à les estimer ce qu'elles valent; et quoique dans mes recherches j'aie toujours trouvé *satis eloquentiæ, sapientiæ parum*, il m'a fallu bien des réflexions, bien des observations, et bien du temps, pour détruire en moi l'illusion de toute cette vaine pompe scientifique. Il n'est pas étonnant que, durant ces temps de préjugés et d'erreurs où j'estimois tant la qualité d'auteur, j'aie quelquefois aspiré à l'obtenir moi-même. C'est alors que furent composés les vers et la plupart des autres écrits qui sont sortis de ma plume, et entre autres cette petite comédie. Il y auroit peut-être de la dureté à me reprocher aujourd'hui ces amusemens de ma jeunesse, et on auroit tort au moins de m'accuser d'avoir contredit en cela des principes qui n'étoient pas encore les miens. Il y a long-temps que je ne mets plus à toutes ces choses aucune espèce de prétention; et hasarder de les donner au public dans ces circonstances, après avoir eu la prudence de les garder si long-temps, c'est dire assez que je dédaigne également la louange et le blâme qui peuvent leur être dus; car je ne pense plus comme l'auteur dont ils sont l'ouvrage. Ce sont des enfans illégitimes que l'on caresse encore avec plaisir en rougissant d'en être le père, à qui l'on fait ses derniers adieux, et qu'on envoie chercher fortune sans beaucoup s'embarrasser de ce qu'ils deviendront.

Mais c'est trop raisonner d'après des suppositions chimériques. Si l'on m'accuse sans raison de cultiver les lettres que je méprise, je m'en défends sans nécessité; car, quand le fait seroit vrai, il n'y auroit en cela aucune inconséquence : c'est ce qui me reste à prouver.

Je suivrai pour cela, selon ma coutume, la méthode simple et facile qui convient à la vérité. J'établirai de nouveau l'état de la question, j'exposerai de nouveau mon sentiment; et j'attendrai que sur cet exposé on veuille me montrer en quoi mes actions démentent mes discours. Mes adversaires, de leur côté, n'auront garde de demeurer sans réponse, eux qui possèdent l'art merveilleux de disputer pour et contre sur toutes sortes de sujets. Ils commenceront, selon leur coutume, par établir une autre question à leur fantaisie; ils me la feront résoudre comme il leur conviendra; pour m'attaquer plus commodément, ils me feront raisonner, non à ma manière, mais à la leur; ils détourneront habilement les yeux du lecteur de l'objet essentiel, pour les fixer à droite et à gauche; ils combattront un fantôme, et prétendront m'avoir vaincu : mais j'aurai fait ce que je dois faire; et je commence.

[1] Toutes les fois que je songe à mon ancienne simplicité, je ne puis m'empêcher d'en rire. Je ne lisois pas un livre de morale ou de philosophie que je ne crusse y voir l'âme et les principes de l'auteur. Je regardois tous ces graves écrivains comme des hommes modestes, sages, vertueux, irréprochables. Je me formois de leur commerce des idées angéliques, et je n'aurois approché de la maison de l'un d'eux que comme d'un sanctuaire. Enfin je les ai vus; ce préjugé puéril s'est dissipé, et c'est la seule erreur dont ils m'aient guéri.

« La science n'est bonne à rien et ne fait jamais que du » mal, car elle est mauvaise par sa nature. Elle n'est pas » moins inséparable du vice que l'ignorance de la vertu. » Tous les peuples lettrés ont toujours été corrompus, tous » les peuples ignorans ont été vertueux : en un mot, il » n'y a de vices que parmi les savans, ni d'homme ver- » tueux que celui qui ne sait rien. Il y a donc un moyen » pour nous de redevenir honnêtes gens ; c'est de nous » hâter de proscrire la science et les savans, de brûler » nos bibliothèques, fermer nos académies, nos colléges, » nos universités, et de nous replonger dans toute la » barbarie des premiers siècles. »

Voilà ce que mes adversaires ont très-bien réfuté : aussi jamais n'ai-je dit ni pensé un seul mot de tout cela, et l'on ne sauroit rien imaginer de plus opposé à mon système que cette absurde doctrine qu'ils ont la bonté de m'attribuer. Mais voici ce que j'ai dit et qu'on n'a point réfuté.

Il s'agissoit de savoir si le rétablissement des sciences et des arts a contribué à épurer nos mœurs.

En montrant, comme je l'ai fait, que nos mœurs ne se sont point épurées (¹), la question étoit à peu près résolue.

Mais elle en renfermoit implicitement une autre plus générale et plus importante, sur l'influence que la culture des sciences doit avoir en toute occasion sur les mœurs des peuples. C'est celle-ci, dont la première n'est qu'une conséquence, que je me proposai d'examiner avec soin.

Je commençai par les faits, et je montrai que les mœurs ont dégénéré chez tous les peuples du monde à mesure que le goût de l'étude et des lettres s'est étendu parmi eux.

Ce n'étoit pas assez; car, sans pouvoir nier que ces choses eussent toujours marché ensemble, on pouvoit nier que l'une eût amené l'autre : je m'appliquai donc à montrer cette liaison nécessaire. Je fis voir que la source de nos erreurs sur ce point vient de ce que nous confondons nos vaines et trompeuses connoissances avec la souveraine intelligence qui voit d'un coup d'œil la vérité de toutes choses. La science prise d'une manière abstraite mérite toute notre admiration. La folle science des hommes n'est digne que de risée et de mépris.

Le goût des lettres annonce toujours chez un peuple un commencement de corruption qu'il accélère très-promptement. Car ce goût ne peut naître ainsi dans toute une nation que de deux mauvaises sources que l'étude entretient et grossit à son tour; savoir, l'oisiveté, et le désir de se distinguer. Dans un état bien constitué, chaque citoyen a ses devoirs à remplir; et ces soins importans lui sont trop chers pour lui laisser le loisir de vaquer à de frivoles spéculations. Dans un état bien constitué, tous les citoyens sont si bien égaux, que nul ne peut être préféré aux autres comme le plus savant ni même comme le plus habile, mais tout au plus comme le meilleur : encore cette dernière distinction est-elle souvent dangereuse; car elle fait des fourbes et des hypocrites.

Le goût des lettres, qui naît du désir de se distinguer, produit nécessairement des maux infiniment plus dangereux que tout le bien qu'elles font n'est utile; c'est de rendre à la fin ceux qui s'y livrent très-peu scrupuleux sur les moyens de réussir. Les premiers philosophes se firent une grande réputation en enseignant aux hommes la pratique de leurs devoirs et les principes de la vertu. Mais bientôt ces préceptes étant devenus communs, il fallut se distinguer en frayant des routes contraires. Telle est l'origine des systèmes absurdes des Leucippe, des Diogène, des Pyrrhon, des Protagore, des Lucrèce. Les Hobbes, les Mandeville, et mille autres, ont affecté de se distinguer de même parmi nous; et leur dangereuse doctrine a tellement fructifié, que, quoiqu'il nous reste de vrais philosophes ardens à rappeler dans nos cœurs les lois de l'humanité et de la vertu, on est épouvanté de voir jusqu'à quel point notre siècle raisonneur a poussé dans ses maximes le mépris des devoirs de l'homme et du citoyen.

Le goût des lettres, de la philosophie et des beaux-arts anéantit l'amour de nos premiers devoirs et de la véritable gloire. Quand une fois les talens ont envahi les honneurs dus à la vertu, chacun veut être un homme agréable, et nul ne se soucie d'être homme de bien. De là naît encore cette autre conséquence, qu'on ne récompense dans les hommes que les qualités qui ne dépendent pas d'eux : car nos talens naissent avec nous, nos vertus seules nous appartiennent.

Les premiers et presque les uniques soins qu'on donne à notre éducation sont les fruits et les semences de ces ridicules préjugés. C'est pour nous enseigner les lettres qu'on tourmente notre misérable jeunesse : nous savons toutes les règles de la grammaire avant que d'avoir ouï parler des devoirs de l'homme : nous savons tout ce qui s'est fait jusqu'à présent avant qu'on nous ait dit un mot de ce que nous devons faire; et, pourvu qu'on exerce notre babil, personne ne se soucie que nous sachions agir ni penser. En un mot, il n'est prescrit d'être savant que dans les choses qui ne peuvent nous servir de rien; et nos en-

(¹) Quand j'ai dit que nos mœurs s'étoient corrompues, je n'ai pas prétendu dire pour cela que celles de nos aïeux fussent bonnes, mais seulement que les nôtres étoient encore pires. Il y a, parmi les hommes, mille sources de corruption; et, quoique les sciences soient peut-être la plus abondante et la plus rapide, il s'en faut bien que ce soit la seule. La ruine de l'empire romain, les invasions d'une multitude de barbares, ont fait un mélange de tous les peuples qui a dû nécessairement détruire les mœurs et les coutumes de chacun d'eux. Les croisades, le commerce, la découverte des Indes, la navigation, les voyages de long cours, et d'autres causes encore que je ne veux pas dire, ont entretenu et augmenté le désordre. Tout ce qui facilite la communication entre les diverses nations porte aux unes, non les vertus des autres, mais leurs crimes, et altère, chez toutes, les mœurs qui sont propres à leur climat et à la constitution de leur gouvernement. Les sciences n'ont donc pas fait tout le mal, elles y ont seulement leur bonne part; et celui surtout qui leur appartient en propre, c'est d'avoir donné à nos vices une couleur agréable, un certain air honnête qui nous empêche d'en avoir horreur. Quand on joua pour la première fois la comédie du *Méchant*, je me souviens qu'on ne trouvoit pas que le rôle principal répondît au titre. Cléon ne parut qu'un homme ordinaire; il étoit, disoit-on, comme tout le monde (*). Ce scélérat abominable, dont le caractère si bien exposé auroit dû faire frémir sur eux-mêmes tous ceux qui ont le malheur de lui ressembler, parut un caractère tout-à-fait manqué; et ses noirceurs passèrent pour des gentillesses, parce que tel qui se croyoit un fort honnête homme s'y reconnoissoit trait pour trait.

(*) Voyez l'anecdote à ce sujet dans notre *Appendice aux Confessions*, tome I page 388. G. F.

fans sont précisément élevés comme les anciens athlètes des jeux publics, qui, destinant leurs membres robustes à un exercice inutile et superflu, se gardoient de les employer jamais à aucun travail profitable.

Le goût des lettres, de la philosophie et des beaux-arts, amollit les corps et les âmes. Le travail du cabinet rend les hommes délicats, affoiblit leur tempérament; et l'âme garde difficilement sa vigueur quand le corps a perdu la sienne. L'étude use la machine, épuise les esprits, détruit la force, énerve le courage; et cela seul montre assez qu'elle n'est pas faite pour nous : c'est ainsi qu'on devient lâche et pusillanime, incapable de résister également à la peine et aux passions. Chacun sait combien les habitans des villes sont peu propres à soutenir les travaux de la guerre, et l'on n'ignore pas quelle est la réputation des gens de lettres en *fait de bravoure* [1]. Or rien n'est plus justement suspect que l'honneur d'un poltron.

Tant de réflexions sur la foiblesse de notre nature ne servent souvent qu'à nous détourner des entreprises généreuses. A force de méditer sur les misères de l'humanité, notre imagination nous accable de leur poids, et trop de prévoyance nous ôte le courage en nous ôtant la sécurité. C'est bien en vain que nous prétendons nous munir contre les accidens imprévus. « Si la science, essayant de nous » armer de nouvelles défenses contre les inconvéniens » naturels, nous a plus imprimé en la fantaisie leur gran- » deur et leur poids, qu'elle n'a ses raisons et vaines sub- » tilitez à nous en couvrir [2]. »

Le goût de la philosophie relâche tous les liens d'estime et de bienveillance qui attachent les hommes à la société; et c'est peut-être le plus dangereux des maux qu'elle engendre. Le charme de l'étude rend bientôt insipide tout autre attachement. De plus, à force de réfléchir sur l'humanité, à force d'observer les hommes, le philosophe apprend à les apprécier selon leur valeur; et il est difficile d'avoir bien de l'affection pour ce qu'on méprise. Bientôt il réunit en sa personne tout l'intérêt que les hommes vertueux partagent avec leurs semblables; son mépris pour les autres tourne au profit de son orgueil : son amour-propre augmente en même proportion que son indifférence pour le reste de l'univers. La famille, la patrie, deviennent pour lui des mots vides de sens : il n'est ni parent, ni citoyen, ni homme; il est philosophe.

En même temps que la culture des sciences retire en quelque sorte de la paresse le cœur du philosophe, elle y engage en un autre sens celui de l'homme de lettres, et toujours avec un égal préjudice pour la vertu. Tout homme qui s'occupe des talens agréables veut plaire, être admiré, et il veut être admiré plus qu'un autre; les applaudissemens publics appartiennent à lui seul : je dirois qu'il fait tout pour les obtenir, s'il ne faisoit encore plus pour en priver ses concurrens. De là naissent, d'un côté, les raffinemens du goût et de la politesse, ville et basse flatterie, soins séducteurs, insidieux, puérils, qui, à la longue, rappetissent l'âme et corrompent le cœur; et, de l'autre, les jalousies, les rivalités, les haines d'artiste, si renommées, la perfide calomnie, la fourberie, la trahison, et tout ce que le vice a de plus lâche et de plus odieux. Si le philosophe méprise les hommes, l'artiste s'en fait bientôt mépriser, et tous deux concourent enfin à les rendre méprisables.

Il y a plus; et de toutes les vérités que j'ai proposées à la considération des sages, voici la plus étonnante et la plus cruelle. Nos écrivains regardent tous comme le chef-d'œuvre de la politique de notre siècle les sciences, les arts, le luxe, le commerce, les lois, et les autres liens qui, resserrant entre les hommes les nœuds de la société [1] par l'intérêt personnel, les mettent tous dans une dépendance mutuelle, leur donnent des besoins réciproques et des intérêts communs, et obligent chacun d'eux de concourir au bonheur des autres pour pouvoir faire le sien. Ces idées sont belles, sans doute, et présentées sous un jour favorable; mais, en les examinant avec attention et sans partialité, on trouve beaucoup à rabattre des avantages qu'elles semblent présenter d'abord.

C'est donc une chose bien merveilleuse que d'avoir mis les hommes dans l'impossibilité de vivre entre eux sans se prévenir, se supplanter, se tromper, se trahir, se détruire mutuellement! Il faut désormais se garder de nous laisser jamais voir tels que nous sommes : car pour deux hommes dont les intérêts s'accordent, cent mille peut-être leur sont opposés, et il n'y a d'autre moyen, pour réussir, que de tromper ou perdre tous ces gens-là. Voilà la source funeste des violences, des trahisons, des perfidies, et de toutes les horreurs qu'exige nécessairement un état de chose où chacun, feignant de travailler à la fortune ou à la réputation des autres, ne cherche qu'à élever la sienne au-dessus d'eux et à leurs dépens.

Qu'avons-nous gagné à cela? Beaucoup de babil, des riches et des raisonneurs, c'est-à-dire, des ennemis de la vertu et du sens commun. En revanche nous avons perdu l'innocence et les mœurs. La foule rampe dans la misère; tous sont les esclaves du vice. Les crimes non commis sont déjà dans le fond des cœurs, et il ne manque à leur exécution que l'assurance de l'impunité.

Étrange et funeste constitution, où les richesses accumulées facilitent toujours les moyens d'en accumuler de plus grandes, et où il est impossible à celui qui n'a rien d'acquérir quelque chose; où l'homme de bien n'a nul moyen de sortir de la misère, où les plus fripons sont les plus honorés, et où il faut nécessairement renoncer à la vertu pour devenir un honnête homme! Je sais que les déclamateurs ont dit cent fois tout cela; mais ils le disoient en déclamant, et moi je le dis sur des raisons : ils ont aperçu le mal, et moi j'en découvre les causes; et je fais voir surtout une chose très-consolante et très-utile, en montrant que tous ces vices n'appar-

[1] Voici un exemple moderne pour ceux qui me reprochent de n'en citer que d'anciens. La république de Gênes, cherchant à subjuguer plus aisément les Corses, n'a pas trouvé de moyen plus sûr que d'établir chez eux une académie. Il ne me seroit pas difficile d'allonger cette note, mais ce seroit faire tort à l'intelligence des seuls lecteurs dont je me soucie.

[2] MONTAIGNE, Livre III, chap. 12. G. P.

[1] Je me plains de ce que la philosophie relâche les liens de la société, qui sont formés par l'estime et la bienveillance mutuelle; et je me plains de ce que les sciences, les arts, et tous les autres objets de commerce, resserrent les liens de la société par l'intérêt personnel. C'est qu'en effet on ne peut resserrer un de ces liens que l'autre ne se relâche d'autant. Il n'y a donc point en ceci de contradiction.

tiennent pas tant à l'homme, qu'à l'homme mal gouverné [1].

Telles sont les vérités que j'ai développées et que j'ai tâché de prouver dans les divers écrits que j'ai publiés sur cette matière. Voici maintenant les conclusions que j'en ai tirées.

La science n'est point faite pour l'homme en général. Il s'égare sans cesse dans sa recherche; et s'il l'obtient quelquefois, ce n'est presque jamais qu'à son préjudice. Il est né pour agir et penser, et non pour réfléchir. La réflexion ne sert qu'à le rendre malheureux, sans le rendre meilleur ni plus sage : elle lui fait regretter les biens passés, et l'empêche de jouir du présent; elle lui présente l'avenir heureux pour le séduire par l'imagination et le tourmenter par les désirs, et l'avenir malheureux, pour le lui faire sentir d'avance. L'étude corrompt ses mœurs, altère sa santé, détruit son tempérament, et gâte souvent sa raison : si elle lui apprenoit quelque chose, je le trouverois encore fort mal dédommagé.

J'avoue qu'il y a quelques génies sublimes qui savent pénétrer à travers les voiles dont la vérité s'enveloppe, quelques âmes privilégiées, capables de résister à la bêtise de la vanité, à la basse jalousie, et aux autres passions qu'engendre le goût des lettres. Le petit nombre de ceux qui ont le bonheur de réunir ces qualités est la lumière et l'honneur du genre humain; c'est à eux seuls qu'il convient, pour le bien de tous, de s'exercer à l'étude, et cette exception même confirme la règle : car si tous les hommes étoient des Socrates, la science alors ne leur seroit pas nuisible, mais ils n'auroient aucun besoin d'elle.

Tout peuple qui a des mœurs, et qui par conséquent respecte ses lois, et ne veut point raffiner sur ses anciens usages, doit se garantir avec soin des sciences, et surtout des savans, dont les maximes sentencieuses et dogmatiques lui apprendroient bientôt à mépriser ses usages et ses lois; ce qu'une nation ne peut jamais faire sans se corrompre. Le moindre changement dans les coutumes, fût-il même avantageux à certains égards, tourne toujours au préjudice des mœurs. Car les coutumes sont la morale du peuple; et dès qu'il cesse de les respecter, il n'a plus de règle que ses passions, ni de frein que les lois, qui peuvent quelquefois contenir les méchans, mais jamais les rendre bons D'ailleurs, quand la philosophie a une fois appris au peuple à mépriser ses coutumes, il trouve bientôt le secret d'éluder ses lois. Je dis donc qu'il en est des mœurs d'un peuple comme de l'honneur d'un homme; c'est un trésor qu'il faut conserver, mais qu'on ne recouvre plus quand on l'a perdu [1].

Mais quand un peuple est une fois corrompu à un certain point, soit que les sciences y aient contribué ou non, faut-il les bannir ou l'en préserver pour le rendre meilleur, ou pour l'empêcher de devenir pire? C'est une autre question dans laquelle je me suis positivement déclaré pour la négative. Car premièrement, puisqu'un peuple vicieux ne revient jamais à la vertu, il ne s'agit pas de rendre bons ceux qui ne le sont plus, mais de conserver tels ceux qui ont le bonheur de l'être. En second lieu, les mêmes causes qui ont corrompu les peuples servent quelquefois à prévenir une plus grande corruption : c'est ainsi que celui qui s'est gâté le tempérament par un usage indiscret de la médecine est forcé de recourir encore aux médecins pour se conserver en vie. Et c'est ainsi que les arts et les sciences, après avoir fait éclore les vices, sont nécessaires pour les empêcher de se tourner en crimes; elles les couvrent au moins d'un vernis qui ne permet pas au poison de s'exhaler aussi librement : elles détruisent la vertu, mais

[1] Je remarque qu'il règne actuellement dans le monde une multitude de petites maximes qui séduisent les simples par un faux air de philosophie, et qui, outre cela, sont très-commodes pour terminer les disputes d'un ton important et décisif, sans avoir besoin d'examiner la question. Telle est celle-ci : « Les « hommes ont partout les mêmes passions; partout l'amour-« propre et l'intérêt les conduisent; donc ils sont partout les « mêmes. » Quand les géomètres ont fait une supposition qui, de raisonnement en raisonnement, les conduit à une absurdité, ils reviennent sur leurs pas, et démontrent ainsi la supposition fausse. La même méthode, appliquée à la maxime en question, en montreroit aisément l'absurdité. Mais raisonnons autrement. Un sauvage est un homme, et un Européen est un homme. Le demi-philosophe conclut aussitôt que l'un ne vaut pas mieux que l'autre; mais le philosophe dit : En Europe, le gouvernement, les lois, les coutumes, l'intérêt, tout met les particuliers dans la nécessité de se tromper mutuellement et sans cesse; tout leur fait un devoir du vice; il faut qu'ils soient méchans pour être sages, car il n'y a point de plus grande folie que de faire le bonheur des fripons aux dépens du sien. Parmi les sauvages, l'intérêt personnel parle aussi fortement que parmi nous, mais il ne dit pas les mêmes choses : l'amour de la société et le soin de leur commune défense sont les seuls liens qui les unissent : ce mot de PROPRIÉTÉ, qui coûte tant de crimes à nos honnêtes gens, n'a presque aucun sens parmi eux : ils n'ont entre eux nulle discussion d'intérêt qui les divise; rien ne les porte à se tromper l'un l'autre, l'estime publique est le seul bien auquel chacun aspire, et qu'ils méritent tous. Il est très-possible qu'un sauvage fasse une mauvaise action, mais il n'est pas possible qu'il prenne l'habitude de mal faire, car cela ne lui seroit bon à rien. Je crois qu'on peut faire une très-juste estimation des mœurs des hommes sur la multitude des affaires qu'ils ont entre eux : plus ils commercent ensemble, plus ils admirent leurs talens et leur industrie, plus ils se friponnent décemment et adroitement, et plus ils sont dignes de mépris. Je le dis à regret, l'homme de bien est celui qui n'a besoin de tromper personne, et le sauvage est cet homme-là.

Illum non populi fasces, non purpura regum
Flexit, et infidos agitans discordia fratres;
Non res romanæ, perituraque regna : neque ille
Aut doluit miserans inopem, aut invidit habenti.

VIRG., Georg., II, 495.

[1] Je trouve dans l'histoire un exemple unique, mais frappant, qui semble contredire cette maxime : c'est celui de la fondation de Rome faite par une troupe de bandits, dont les descendans devinrent, en peu de générations, le plus vertueux peuple qui ait jamais existé. Je ne serois pas en peine d'expliquer ce fait, si c'en étoit ici le lieu; mais je me contenterai de remarquer que les fondateurs de Rome étoient moins des hommes dont les mœurs fussent corrompues que des hommes dont les mœurs n'étoient point formées : ils ne méprisoient pas la vertu, mais ils ne la connoissoient pas encore; car ces mots VERTUS et VICES sont des notions collectives qui ne naissent que de la fréquentation des hommes. Au surplus, on tireroit un mauvais parti de cette objection en faveur des sciences; car des deux premiers rois de Rome qui donnèrent une forme à la république, et instituèrent ses coutumes et ses mœurs, l'un ne s'occupoit que de guerres; l'autre, que de rites sacrés, les deux choses du monde les plus éloignées de la philosophie.

elles en laissent le simulacre public (¹), qui est toujours une belle chose : elles introduisent à sa place la politesse et les bienséances; et à la crainte de paroître méchant elles substituent celle de paroître ridicule.

Mon avis est donc, et je l'ai déjà dit plus d'une fois, de laisser subsister et même d'entretenir avec soin les académies, les colléges, les universités, les bibliothèques, les spectacles, et tous les autres amusemens qui peuvent faire quelque diversion à la méchanceté des hommes, et les empêcher d'occuper leur oisiveté à des choses plus dangereuses. Car, dans une contrée où il ne seroit plus question d'honnêtes gens ni de bonnes mœurs, il vaudroit encore mieux vivre avec des fripons qu'avec des brigands.

Je demande maintenant où est la contradiction de cultiver moi-même des goûts dont j'approuve le progrès. Il ne s'agit plus de porter les peuples à bien faire, il faut seulement les distraire de faire le mal; il faut les occuper à des niaiseries pour les détourner des mauvaises actions; il faut les amuser au lieu de les prêcher. Si mes écrits ont édifié le petit nombre des bons, je leur ai fait tout le bien qui dépendoit de moi; et c'est peut-être les servir utilement encore que d'offrir aux autres des objets de distraction qui les empêchent de songer à eux. Je m'estimerois trop heureux d'avoir tous les jours une pièce à faire siffler, si je pouvois à ce prix contenir pendant deux heures les mauvais desseins d'un seul des spectateurs, et sauver l'honneur de la fille ou de la femme de son ami, le secret de son confident, ou la fortune de son créancier. Lorsqu'il n'y a plus de mœurs, il ne faut songer qu'à la police; et l'on sait assez que la musique et les spectacles en sont un des plus importans objets.

S'il reste quelque difficulté à ma justification, j'ose le dire hardiment, ce n'est vis-à-vis ni du public ni de mes adversaires; c'est vis-à-vis de moi seul; car ce n'est qu'en m'observant moi-même que je puis juger si je dois me compter dans le petit nombre, et si mon âme est en état de soutenir le faix des exercices littéraires. J'en ai senti plus d'une fois le danger; plus d'une fois je les ai abandonnés, dans le dessein de ne les plus reprendre; et renonçant à leur charme séducteur, j'ai sacrifié à la paix de mon cœur les seuls plaisirs qui pouvoient encore le flatter. Si dans les langueurs qui m'accablent, si sur la fin d'une carrière pénible et douloureuse j'ai osé les reprendre encore quelques momens pour charmer mes maux, je crois au moins n'y avoir mis ni assez d'intérêt ni assez de prétention pour mériter à cet égard les justes reproches que j'ai faits aux gens de lettres.

(¹) Ce simulacre est une certaine douceur de mœurs qui supplée quelquefois à leur pureté, une certaine apparence d'ordre qui prévient l'horrible confusion, une certaine admiration des belles choses qui empêche les bonnes de tomber tout-à-fait dans l'oubli. C'est le vice qui prend le masque de la vertu, non comme l'hypocrisie pour tromper et trahir, mais pour s'ôter, sous cette aimable et sacrée effigie, l'horreur qu'il a de lui-même quand il se voit à découvert.

Il me falloit une épreuve pour achever la connoissance de moi-même, et je l'ai faite sans balancer. Après avoir reconnu la situation de mon âme dans les succès littéraires, il me restoit à l'examiner dans les revers. Je sais maintenant qu'en penser, et je puis mettre le public au pire. Ma pièce a eu le sort qu'elle méritoit et que j'avois prévu; mais, à l'ennui près qu'elle m'a causé, je suis sorti de la représentation bien plus content de moi et à plus juste titre que si elle eût réussi.

Je conseille donc à ceux qui sont si ardens à chercher des reproches à me faire, de vouloir mieux étudier mes principes, et mieux observer ma conduite, avant que de m'y taxer de contradiction et d'inconséquence. S'ils s'aperçoivent jamais que je commence à briguer les suffrages du public, ou que je tire vanité d'avoir fait de jolies chansons, ou que je rougisse d'avoir écrit de mauvaises comédies, ou que je cherche à nuire à la gloire de mes concurrens, ou que j'affecte de mal parler des grands hommes de mon siècle pour tâcher de m'élever à leur niveau en les rabaissant au mien, ou que j'aspire à des places d'académie, ou que j'aille faire ma cour aux femmes qui donnent le ton, ou que j'encense la sottise des grands, ou que, cessant de vouloir vivre du travail de mes mains, je tienne à ignominie le métier que je me suis choisi et fasse des pas vers la fortune; s'ils remarquent, en un mot, que l'amour de la réputation me fasse oublier celui de la vertu, je les prie de m'en avertir, et même publiquement, et je leur promets de jeter à l'instant au feu mes écrits et mes livres, et de convenir de toutes les erreurs qu'il leur plaira de me reprocher.

En attendant, j'écrirai des livres, je ferai des vers et de la musique, si j'en ai le talent, le temps, la force et la volonté : je continuerai à dire très-franchement tout le mal que je pense des lettres et de ceux qui les cultivent (¹), et croirai n'en valoir pas moins pour cela. Il est vrai qu'on pourra dire quelque jour, « cet ennemi si déclaré des » sciences, des arts, fit pourtant et publia des pièces de » théâtre; » et ce discours sera, je l'avoue, une satire très-amère, non de moi, mais de mon siècle.

(¹) J'admire combien la plupart des gens de lettres ont pris le change dans cette affaire-ci. Quand ils ont vu les sciences et les arts attaqués, ils ont cru qu'on en vouloit personnellement à eux, tandis que, sans se contredire eux-mêmes, ils pourroient tous penser, comme moi, que, quoique ces choses aient fait beaucoup de mal à la société, il est très-essentiel de s'en servir aujourd'hui comme d'une médecine au mal qu'elles ont causé, ou comme de ces animaux malfaisans qu'il faut écraser sur la morsure. En un mot, il n'y a pas un homme de lettres qui, s'il peut soutenir dans sa conduite l'examen de l'article précédent, ne puisse dire en sa faveur ce que je dis en la mienne; et cette manière de raisonner me paroît leur convenir d'autant mieux, qu'entre nous ils se soucient fort peu des sciences, pourvu qu'elles continuent de mettre les savans en honneur. C'est comme les prêtres du paganisme, qui ne tenoient à la religion qu'autant qu'elle les faisoit respecter.

NARCISSE,

OU L'AMANT DE LUI-MÊME.

PERSONNAGES.

LISIMON.
VALÈRE, } enfans de Lisimon.
LUCINDE, }
ANGÉLIQUE, } frère et sœur, pupilles de Lisimon.
LÉANDRE, }
MARTON, suivante.
FRONTIN, valet de Valère.

La scène est dans l'appartement de Valère.

SCÈNE I.

LUCINDE, MARTON.

LUCINDE.

Je viens de voir mon frère se promener dans le jardin; hâtons-nous, avant son retour, de placer son portrait sur sa toilette.

MARTON.

Le voilà, mademoiselle, changé dans ses ajustemens de manière à le rendre méconnoissable. Quoiqu'il soit le plus joli homme du monde, il brille ici en femme encore avec de nouvelles grâces.

LUCINDE.

Valère est, par sa délicatesse et par l'affectation de sa parure, une espèce de femme cachée sous des habits d'homme; et ce portrait, ainsi travesti, semble moins le déguiser que le rendre à son état naturel.

MARTON.

Eh bien, où est le mal? Puisque les femmes aujourd'hui cherchent à se rapprocher des hommes, n'est-il pas convenable que ceux-ci fassent la moitié du chemin, et qu'ils tâchent de gagner en agrémens autant qu'elles en solidité? Grâce à la mode, tout s'en mettra plus aisément de niveau.

LUCINDE.

Je ne puis me faire à des modes aussi ridicules. Peut-être notre sexe aura-t-il le bonheur de n'en plaire pas moins, quoiqu'il devienne plus estimable. Mais pour les hommes, je plains leur aveuglement. Que prétend cette jeunesse étourdie en usurpant tous nos droits? Espèrent-ils de mieux plaire aux femmes en s'efforçant de leur ressembler?

MARTON.

Pour celui-là, ils auroient tort, et les femmes se naissent trop mutuellement pour aimer ce qui leur ressemble. Mais revenons au portrait. Ne craignez-vous point que cette petite raillerie ne fâche monsieur le chevalier?

LUCINDE.

Non, Marton; mon frère est naturellement bon; il est même raisonnable, à son défaut près. Il sentira qu'en lui faisant par ce portrait un reproche muet et badin, je n'ai songé qu'à le guérir d'un travers qui choque jusqu'à cette tendre Angélique, cette aimable pupille de mon père que Valère épouse aujourd'hui. C'est lui rendre service que de corriger les défauts de son amant; et tu sais comment j'ai besoin des soins de cette chère amie pour me délivrer de Léandre, son frère, que mon père veut aussi me faire épouser.

MARTON.

Si bien que ce jeune inconnu, ce Cléonte que vous vîtes l'été dernier à Passy, vous tient toujours fort au cœur?

LUCINDE.

Je ne m'en défends point; je compte même sur la parole qu'il m'a donnée de reparoître bientôt, et sur la promesse que m'a faite Angélique d'engager son frère à renoncer à moi.

MARTON.

Bon, renoncer! Songez que vos yeux auront plus de force pour serrer cet engagement, qu'Angélique n'en sauroit avoir pour le rompre.

LUCINDE.

Sans disputer sur tes flatteries, je te dirai que comme Léandre ne m'a jamais vue, il sera aisé à sa sœur de le prévenir, et de lui faire entendre que ne pouvant être heureux avec une femme dont le cœur est engagé ailleurs, il ne sauroit mieux faire que de s'en dégager par un refus honnête.

MARTON.

Un refus honnête! Ah! mademoiselle, refuser une femme faite comme vous, avec quarante mille écus, c'est une honnêteté dont jamais Léandre ne sera capable. (*A part.*) Si elle savoit que Léandre et Cléonte ne sont que la même personne, un tel refus changeroit bien d'épithète.

LUCINDE.

Ah! Marton, j'entends du bruit; cachons vite ce portrait. C'est sans doute mon frère qui revient; et, en nous amusant à jaser, nous nous sommes ôté le loisir d'exécuter notre projet.

MARTON.

Non, c'est Angélique.

SCÈNE II.

ANGÉLIQUE, LUCINDE, MARTON.

ANGÉLIQUE.

Ma chère Lucinde, vous savez avec quelle répugnance je me prêtai à votre projet, quand vous fîtes changer la parure du portrait de Valère en des ajustemens de femme. A présent que je vous vois prête à l'exécuter je tremble que le déplaisir de se voir jouer ne l'indispose contre nous. Renonçons, je vous prie, à ce frivole badinage. Je sens que je ne puis trouver de goût à m'égayer au risque du repos de mon cœur.

LUCINDE.

Que vous êtes timide! Valère vous aime trop pour prendre en mauvaise part tout ce qui lui viendra de la vôtre, tant que vous ne serez que sa maîtresse. Songez que vous n'avez plus qu'un jour à donner carrière à vos fantaisies, et que le tour des siennes ne viendra que trop tôt. D'ailleurs, il est question de le guérir d'un foible qui l'expose à la raillerie, et voilà proprement l'ouvrage d'une maîtresse. Nous pouvons corriger les défauts d'un amant : mais, hélas! il faut supporter ceux d'un mari.

ANGÉLIQUE.

Que lui trouvez-vous, après tout, de si ridicule? Puisqu'il est aimable, a-t-il si grand tort de s'aimer? et ne lui en donnons-nous pas l'exemple? Il cherche à plaire. Ah! si c'est un défaut, quelle vertu plus charmante un homme pourroit-il apporter dans la société?

MARTON.

Surtout dans la société des femmes.

ANGÉLIQUE.

Enfin, Lucinde, si vous m'en croyez, nous supprimerons et le portrait, et tout cet air de raillerie qui peut aussi bien passer pour une insulte que pour une correction.

LUCINDE.

Oh! non. Je ne perds pas ainsi les frais de mon industrie. Mais je veux bien courir seule les risques du succès; et rien ne vous oblige d'être complice dans une affaire dont vous pouvez n'être que témoin.

MARTON.

Belle distinction!

LUCINDE.

Je me réjouis de voir la contenance de Valère. De quelque manière qu'il prenne la chose, cela fera toujours une scène assez plaisante.

MARTON.

J'entends : le prétexte est de corriger Valère; mais le vrai motif est de rire à ses dépens. Voilà le génie et le bonheur des femmes. Elles corrigent souvent les ridicules en ne songeant qu'à s'en amuser.

ANGÉLIQUE.

Enfin, vous le voulez; mais je vous avertis que vous me répondrez de l'événement.

LUCINDE.

Soit.

ANGÉLIQUE.

Depuis que nous sommes ensemble, vous m'avez fait cent pièces dont je vous dois la punition. Si cette affaire-ci me cause la moindre tracasserie avec Valère, prenez garde à vous.

LUCINDE.

Oui, oui.

ANGÉLIQUE.

Songez un peu à Léandre.

LUCINDE.

Ah! ma chère Angélique...

ANGÉLIQUE.

Oh! si vous me brouillez avec votre frère, je vous jure que vous épouserez le mien. (*Bas.*) Marton, vous m'avez promis le secret.

MARTON, *bas.*

Ne craignez rien.

LUCINDE.

Enfin, je...

MARTON.

J'entends la voix du chevalier. Prenez au plus tôt votre parti, à moins que vous ne vouliez lui donner un cercle de filles à sa toilette.

LUCINDE.

Il faut bien éviter qu'il nous aperçoive. (*Elle met le portrait sur la toilette.*) Voilà le piége tendu.

MARTON.

Je veux un peu guetter mon homme pour voir...

LUCINDE.

Paix. Sauvons-nous.

ANGÉLIQUE.

Que j'ai de mauvais pressentimens de tout ceci!

SCÈNE III.

VALÈRE, FRONTIN.

VALÈRE.

« Sangaride, ce jour est un grand jour pour vous (*). »

FRONTIN.

Sangaride, c'est-à-dire Angélique. Oui, c'est un grand jour que celui de la noce, et qui même allonge diablement tous ceux qui le suivent.

VALÈRE.

Que je vais goûter de plaisir à rendre Angélique heureuse!

FRONTIN.

Auriez-vous envie de la rendre veuve?

VALÈRE.

Mauvais plaisant... Tu sais à quel point je l'aime. Dis-moi; que connois-tu qui puisse manquer à sa félicité? Avec beaucoup d'amour, quelque peu d'esprit, et une figure... comme tu vois, on peut, je pense, se tenir toujours assez sûr de plaire.

FRONTIN.

La chose est indubitable, et vous en avez fait sur vous-même la première expérience.

VALÈRE.

Ce que je plains en tout cela, c'est je ne sais combien de petites personnes que mon mariage fera

(*) Vers d'*Atys*, opéra de Quinault, acte I, scène II. (A. P.

sécher de regret, et qui vont ne savoir plus que faire de leur cœur.

FRONTIN.

Oh! que si. Celles qui vous ont aimé, par exemple, s'occuperont à bien détester votre chère moitié. Les autres... Mais où diable les prendre, ces autres-là?

VALÈRE.

La matinée s'avance; il est temps de m'habiller pour aller voir Angélique. Allons. (*Il se met à sa toilette.*) Comment me trouves-tu ce matin? Je n'ai point de feu dans les yeux; j'ai le teint battu; il me semble que je ne suis point à l'ordinaire.

FRONTIN.

A l'ordinaire! Non, vous êtes seulement à votre ordinaire.

VALÈRE.

C'est une fort méchante habitude que l'usage du rouge; à la fin je ne pourrai m'en passer, et je serai du dernier mal sans cela. Où est donc ma boîte à mouches? Mais que vois-je là? un portrait..... Ah! Frontin, le charmant objet!..... Où as-tu pris ce portrait?

FRONTIN.

Moi? Je veux être pendu si je sais de quoi vous me parlez.

VALÈRE.

Quoi! ce n'est pas toi qui as mis ce portrait sur ma toilette?

FRONTIN.

Non, que je meure!

VALÈRE.

Qui seroit-ce donc?

FRONTIN.

Ma foi, je n'en sais rien. Ce ne peut être que le diable, ou vous.

VALÈRE.

A d'autres! On t'a payé pour te taire.... Sais-tu bien que la comparaison de cet objet nuit à Angélique?.... Voilà, d'honneur, la plus jolie figure que j'aie vue de ma vie. Quels yeux, Frontin!... Je crois qu'ils ressemblent aux miens.

FRONTIN.

C'est tout dire.

VALÈRE.

Je lui trouve beaucoup de mon air.... Elle est, ma foi, charmante.... Ah! si l'esprit soutient tout cela.... Mais son goût me répond de son esprit. La friponne est connoisseuse en mérite!

FRONTIN.

Que diable! Voyons donc toutes ces merveilles.

VALÈRE.

Tiens, tiens. Penses-tu me duper avec ton air niais! Me crois-tu novice en aventures?

FRONTIN, *à part.*

Ne me trompé-je point? C'est lui.... c'est lui-même. Comme le voilà paré! Que de fleurs! que de pompons! C'est sans doute quelque tour de Lucinde; Marton y sera tout au moins de moitié. Ne troublons point leur badinage. Mes indiscrétions précédentes m'ont coûté trop cher.

VALÈRE.

Hé bien! monsieur Frontin reconnoîtroit-il l'original de cette peinture?

FRONTIN.

Pouh! si je le connois! Quelques centaines de coups de pied au cul, et autant de soufflets, que j'ai eu l'honneur d'en recevoir en détail, ont bien cimenté la connoissance.

VALÈRE.

Une fille, des coups de pied! Cela est un peu gaillard.

FRONTIN.

Ce sont de petites impatiences domestiques qui la prennent à propos de rien.

VALÈRE.

Comment! l'aurois-tu servie?

FRONTIN.

Oui, monsieur; et j'ai même l'honneur d'être toujours son très-humble serviteur.

VALÈRE.

Il seroit assez plaisant qu'il y eût dans Paris une jolie femme qui ne fût pas de ma connoissance!... Parle-moi sincèrement. L'original est-il aussi aimable que le portrait?

FRONTIN.

Comment, aimable! savez-vous, monsieur, que si quelqu'un pouvoit approcher de vos perfections, je ne trouverois qu'elle seule à vous comparer?

VALÈRE, *considérant le portrait.*

Mon cœur n'y résiste pas.... Frontin, dis-moi le nom de cette belle.

FRONTIN, *à part.*

Ah! ma foi, me voilà pris sans vert.

VALÈRE.

Comment s'appelle-t-elle? Parle donc.

FRONTIN.

Elle s'appelle.... elle s'appelle.... elle ne s'appelle point. C'est une fille anonyme, comme tant d'autres.

VALÈRE.

Dans quels tristes soupçons me jette ce coquin! Se pourrait-il que des traits aussi charmans ne fussent que ceux d'une grisette?

FRONTIN.

Pourquoi non? La beauté se plaît à parer des visages qui ne tirent leur fierté que d'elle.

VALÈRE.

Quoi! c'est.....

FRONTIN.

Une petite personne bien coquette, bien minaudière, bien vaine, sans grand sujet de l'être; en un mot, un vrai petit-maître femelle.

VALÈRE.

Voilà comment ces faquins de valets parlent des gens qu'ils ont servis. Il faut voir, cependant. Dis-moi où elle demeure.

FRONTIN.

Bon, demeurer! est-ce que cela demeure jamais?

VALÈRE.

Si tu m'impatientes... Où loge-t-elle, maraud?

FRONTIN.

Ma foi, monsieur, à ne vous point mentir, vous le savez tout aussi bien que moi

VALÈRE.

Comment?

FRONTIN.

Je vous jure que je ne connois pas mieux que vous l'original de ce portrait.

VALÈRE.

Ce n'est pas toi qui l'as placé là?

FRONTIN.

Non, la peste m'étouffe!

VALÈRE.

Ces idées que tu m'en as données....

FRONTIN.

Ne voyez-vous pas que vous me les fournissiez vous-même? Est-ce qu'il y a quelqu'un dans le monde aussi ridicule que cela?

VALÈRE.

Quoi! je ne pourrai découvrir d'où vient ce portrait? Le mystère et la difficulté irritent mon empressement. Car, je te l'avoue, j'en suis très-réellement épris.

FRONTIN, *à part.*

La chose est impayable! Le voilà amoureux de lui-même.

VALÈRE.

Cependant, Angélique, la charmante Angélique.... En vérité, je ne comprends rien à mon cœur, et je veux voir cette nouvelle maîtresse avant que de rien déterminer sur mon mariage.

FRONTIN.

Comment, monsieur! vous ne.... Ah! vous vous moquez.

VALÈRE.

Non, je te dis très-sérieusement que je ne saurois offrir ma main à Angélique, tant que l'incertitude de mes sentimens sera un obstacle à notre bonheur mutuel. Je ne puis l'épouser aujourd'hui : c'est un point résolu.

FRONTIN.

Oui, chez vous. Mais monsieur votre père, qui a fait aussi ses petites résolutions à part, est l'homme du monde le moins propre à céder aux vôtres; vous savez que son foible n'est pas la complaisance.

VALÈRE.

Il faut la trouver, à quelque prix que ce soit. Allons, Frontin, courons, cherchons partout.

FRONTIN.

Allons, courons, volons; faisons l'inventaire et le signalement de toutes les jolies filles de Paris. Peste! le bon petit livre que nous aurions là! Livre rare, dont la lecture n'endormiroit pas.

VALÈRE.

Hâtons-nous. Viens achever de m'habiller.

FRONTIN.

Attendez, voici tout à propos monsieur votre père. Proposons-lui d'être de la partie.

VALÈRE.

Tais-toi, bourreau. Le malheureux contre-temps!

SCÈNE IV.

LISIMON, VALÈRE, FRONTIN.

LISIMON, *qui doit toujours avoir le ton brusque.*

Hé bien, mon fils?

VALÈRE.

Frontin, un siége à monsieur.

LISIMON.

Je veux rester debout. Je n'ai que deux mots à te dire.

VALÈRE.

Je ne saurois, monsieur, vous écouter que vous ne soyez assis.

LISIMON.

Que diable! il ne me plaît pas, moi. Vous verrez que l'impertinent fera des complimens avec son père.

VALÈRE.

Le respect...

LISIMON.

Oh! le respect consiste à m'obéir et à ne me point gêner. Mais, qu'est-ce? encore en déshabillé? un jour de noces? voilà qui est joli! Angélique n'a donc point encore reçu ta visite?

VALÈRE.

J'achevois de me coiffer, et j'allois m'habiller pour me présenter décemment devant elle.

LISIMON.

Faut-il tant d'appareil pour nouer des cheveux et mettre un habit? Parbleu! dans ma jeunesse, nous usions mieux du temps; et, sans perdre les trois quarts de la journée à faire la roue devant un miroir, nous savions à plus juste titre avancer nos affaires auprès des belles.

VALÈRE.

Il semble cependant que, quand on veut être aimé, on ne sauroit prendre trop de soin pour se rendre aimable, et qu'une parure si négligée ne devoit pas annoncer des amans bien occupés du soin de plaire.

LISIMON.

Pure sottise. Un peu de négligence sied quelquefois bien quand on aime. Les femmes nous tenoient plus de compte de nos empressemens que du temps que nous aurions perdu à notre toilette ; et, sans affecter tant de délicatesse dans la parure, nous en avions davantage dans le cœur. Mais laissons cela. J'avois pensé à différer ton mariage jusqu'à l'arrivée de Léandre, afin qu'il eût le plaisir d'y assister, et que j'eusse, moi, celui de faire tes noces et celles de ta sœur en un même jour.

VALÈRE, *bas.*

Frontin, quel bonheur !

FRONTIN.

Oui, un mariage reculé, c'est toujours autant de gagné sur le repentir.

LISIMON.

Qu'en dis-tu, Valère? Il semble qu'il ne seroit pas séant de marier la sœur sans attendre le frère, puisqu'il est en chemin.

VALÈRE.

Je dis, mon père, qu'on ne peut rien de mieux pensé.

LISIMON.

Ce délai ne te feroit donc pas de peine?

VALÈRE.

L'empressement de vous obéir surmontera toujours toutes mes répugnances.

LISIMON.

C'étoit pourtant dans la crainte de te mécontenter que je ne te l'avois pas proposé.

VALÈRE.

Votre volonté n'est pas moins la règle de mes désirs que celle de mes actions. (*Bas.*) Frontin, quel bon homme de père !

LISIMON.

Je suis charmé de te trouver si docile : tu en auras le mérite à bon marché; car, par une lettre que je reçois à l'instant, Léandre m'apprend qu'il arrive aujourd'hui.

VALÈRE.

Hé bien, mon père?

LISIMON.

Hé bien, mon fils, par ce moyen rien ne sera dérangé.

VALÈRE.

Comment ! vous voudriez le marier en arrivant?

FRONTIN.

Marier un homme tout botté !

LISIMON.

Non pas cela, puisque d'ailleurs Lucinde et lui ne s'étant jamais vus, il faut bien leur laisser le loisir de faire connoissance : mais il assistera au mariage de sa sœur, et je n'aurai pas la dureté de faire languir un fils aussi complaisant.

VALÈRE.

Monsieur.....

LISIMON.

Ne crains rien ; je connois et j'approuve ton empressement, pour te jouer un aussi mauvais tour.

VALÈRE.

Mon père.....

LISIMON.

Laissons cela, te dis-je; je devine tout ce que tu pourrois me dire.

VALÈRE.

Mais, mon père... j'ai fait... des réflexions...

LISIMON.

Des réflexions, toi? j'avois tort. Je n'aurois pas deviné celui-là. Sur quoi donc, s'il vous plaît, roulent vos méditations sublimes?

VALÈRE.

Sur les inconvéniens du mariage.

FRONTIN.

Voilà un texte qui fournit.

LISIMON.

Un sot peut réfléchir quelquefois; mais ce n'est jamais qu'après la sottise. Je reconnois là mon fils.

VALÈRE.

Comment ! après la sottise? Mais je ne suis pas encore marié.

LISIMON.

Apprenez, monsieur le philosophe, qu'il n'y a nulle différence de ma volonté à l'acte. Vous pouviez moraliser quand je vous proposai la chose et que vous en étiez vous-même si empressé; j'aurois de bon cœur écouté vos raisons : car vous savez si je suis complaisant.

FRONTIN.

Oh ! oui, monsieur; nous sommes là-dessus en état de vous rendre justice.

LISIMON.

Mais, aujourd'hui que tout est arrêté, vous pouvez spéculer à votre aise; ce sera, s'il vous plaît, sans préjudice de la noce.

VALÈRE.

La contrainte redouble ma répugnance. Songez, je vous supplie, à l'importance de l'affaire. Daignez m'accorder quelques jours....

LISIMON.

Adieu, mon fils; tu seras marié ce soir, ou... tu m'entends. Comme j'étois la dupe de la fausse déférence du pendard !

SCÈNE V.

VALÈRE, FRONTIN.

VALÈRE.

Ciel ! dans quelle peine me jette son inflexibilité !

FRONTIN.

Oui, marié ou déshérité ! épouser une femme ou la misère ! on balanceroit à moins.

VALÈRE.

Moi balancer ! non ; mon choix étoit encore incertain, l'opiniâtreté de mon père l'a déterminé.

FRONTIN.

En faveur d'Angélique ?

VALÈRE.

Tout au contraire.

FRONTIN.

Je vous félicite, monsieur, d'une résolution aussi héroïque. Vous allez mourir de faim en digne martyr de la liberté. Mais s'il étoit question d'épouser le portrait ? hem ! le mariage ne vous paroîtroit plus si affreux ?

VALÈRE.

Non ; mais si mon père prétendoit m'y forcer, je crois que j'y résisterois avec la même fermeté, et je sens que mon cœur me ramèneroit vers Angélique sitôt qu'on m'en voudroit éloigner.

FRONTIN.

Quelle docilité ! Si vous n'héritez pas des biens de monsieur votre père, vous hériterez au moins de ses vertus. (*Regardant le portrait.*) Ah !

VALÈRE.

Qu'as-tu ?

FRONTIN.

Depuis votre disgrâce, ce portrait me semble avoir pris une physionomie famélique, un certain air allongé.

VALÈRE.

C'est trop perdre de temps à des impertinences. Nous devrions déjà avoir couru la moitié de Paris. (*Il sort.*)

FRONTIN.

Au train dont vous allez, vous courrez bientôt les champs. Attendons cependant le dénoûment de tout ceci ; et, pour feindre de mon côté une recherche imaginaire, allons nous cacher dans un cabaret.

SCÈNE VI.

ANGÉLIQUE, MARTON.

MARTON.

Ah ! ah ! ah ! ah ! la plaisante scène ! Qui l'eût jamais prévue ? Que vous avez perdu mademoiselle, à n'être point ici cachée avec moi, quand il s'est si bien épris de ses propres charmes !

ANGÉLIQUE.

Il s'est vu par mes yeux.

MARTON.

Quoi ! vous auriez la foiblesse de conserver des sentimens pour un homme capable d'un pareil travers ?

ANGÉLIQUE.

Il te paroît donc bien coupable ? Qu'a-t-on cependant à lui reprocher, que le vice universel de son âge ? Ne crois pas pourtant qu'insensible à l'outrage du chevalier, je souffre qu'il me préfère ainsi le premier visage qui le frappe agréablement. J'ai trop d'amour pour n'avoir pas de la délicatesse ; et Valère me sacrifiera ses folies dès ce jour, ou je sacrifierai mon amour à ma raison.

MARTON.

Je crains bien que l'un ne soit aussi difficile que l'autre.

ANGÉLIQUE.

Voici Lucinde. Mon frère doit arriver aujourd'hui : prends bien garde qu'elle ne le soupçonne d'être son inconnu, jusqu'à ce qu'il en soit temps.

SCÈNE VII.

LUCINDE, ANGÉLIQUE MARTON.

MARTON.

Je gage, mademoiselle, que vous ne devineriez jamais quel a été l'effet du portrait. Vous en rirez sûrement.

LUCINDE.

Eh ! Marton, laissons là le portrait ; j'ai bien d'autres choses en tête. Ma chère Angélique, je suis désolée, je suis mourante. Voici l'instant où j'ai besoin de tout votre secours. Mon père vient de m'annoncer l'arrivée de Léandre ; il veut que je me dispose à le recevoir aujourd'hui et à lui donner la main dans huit jours.

ANGÉLIQUE.

Que trouvez-vous donc là de si terrible ?

MARTON.

Comment, terrible ! Vouloir marier une belle personne de dix-huit ans avec un homme de vingt-deux, riche et bien fait ! en vérité cela fait peur, et il n'y a point de fille en âge de raison à qui l'idée d'un tel mariage ne donnât la fièvre.

LUCINDE.

Je ne veux rien vous cacher ; j'ai reçu en même temps une lettre de Cléonte ; il sera incessamment à Paris ; il va faire agir auprès de mon père ; il me conjure de différer mon mariage : enfin il m'aime toujours. Ah ! ma chère, seriez-vous insensible aux alarmes de mon cœur ! et cette amitié que vous m'avez jurée .....

ANGÉLIQUE.

Plus cette amitié m'est chère, et plus je dois souhaiter d'en voir resserrer les nœuds par votre mariage avec mon frère. Cependant, Lucinde, votre repos est le premier de mes désirs, et mes vœux sont encore plus conformes aux vôtres que vous ne pensez.

LUCINDE.

Daignez donc vous rappeler vos promesses. Faites bien comprendre à Léandre que mon cœur ne sauroit être à lui, que.....

MARTON.

Mon Dieu! ne jurons de rien. Les hommes ont tant de ressources et les femmes tant d'inconstance, que si Léandre se mettoit bien dans la tête de vous plaire, je parie qu'il en viendroit à bout malgré vous.

LUCINDE.

Marton!

MARTON.

Je ne lui donne pas deux jours pour supplanter votre inconnu sans vous en laisser même le moindre regret.

LUCINDE.

Allons, continuez.... Chère Angélique, je compte sur vos soins; et, dans le trouble qui m'agite, je cours tout tenter auprès de mon père pour différer, s'il est possible, un hymen que la préoccupation de mon cœur me fait envisager avec effroi. (*Elle sort.*)

ANGÉLIQUE.

Je devrois l'arrêter. Lisimon n'est pas homme à céder aux sollicitations de sa fille; et toutes ses prières ne feront qu'affermir ce mariage, qu'elle-même souhaite d'autant plus quelle paroît le craindre. Si je me plais à jouir pendant quelques instans de ses inquiétudes, c'est pour lui en rendre l'événement plus doux. Quelle autre vengeance pourroit être autorisée par l'amitié?

MARTON.

Je vais la suivre, et, sans trahir notre secret, l'empêcher, s'il se peut, de faire quelque folie.

SCÈNE VIII.

ANGÉLIQUE.

Insensée que je suis! mon esprit s'occupe à des badineries pendant que j'ai tant d'affaires avec mon cœur. Hélas! peut-être qu'en ce moment Valère confirme son infidélité. Peut-être qu'instruit de tout, et honteux de s'être laissé surprendre, il offre par dépit son cœur à quelque autre objet. Car voilà les hommes; ils ne se vengent jamais avec plus d'emportement que quand ils ont le plus de tort. Mais le voici, bien occupé de son portrait.

SCÈNE IX.

ANGÉLIQUE, VALÈRE.

VALÈRE, *sans voir Angélique.*

Je cours sans savoir où je dois chercher cet objet charmant. L'amour ne guidera-t-il point mes pas?

ANGÉLIQUE, *à part.*

Ingrat! il ne les conduit que trop bien.

VALÈRE.

Ainsi l'amour a toujours ses peines. Il faut que je les éprouve à chercher la beauté que j'aime, ne pouvant en trouver à me faire aimer.

ANGÉLIQUE, *à part.*

Quelle impertinence! Hélas! comment peut-on être si fat et si aimable tout à la fois?

VALÈRE.

Il faut attendre Frontin; il aura peut-être mieux réussi. En tout cas, Angélique m'adore....

ANGÉLIQUE, *à part.*

Ah! traître, tu connois trop mon foible.

VALÈRE.

Après tout, je sens toujours que je ne perdrai rien auprès d'elle; le cœur, les appas, tout s'y trouve.

ANGÉLIQUE, *à part.*

Il me fera l'honneur de m'agréer pour son pis aller.

VALÈRE.

Que j'éprouve de bizarrerie dans mes sentimens! Je renonce à la possession d'un objet charmant, et auquel, dans le fond, mon penchant me ramène encore. Je m'expose à la disgrâce de mon père pour m'entêter d'une belle, peut-être indigne de mes soupirs, peut-être imaginaire, sur la seule foi d'un portrait tombé des nues et flatté à coup sûr. Quel caprice! quelle folie! Mais quoi! la folie et les caprices ne sont-ils pas le relief d'un homme aimable? (*Regardant le portrait.*) Que de grâces!..... Quels traits!..... Que cela est enchanté!..... Que cela est divin! qu'Angélique ne se flatte pas de soutenir la comparaison avec tant de charmes.

ANGÉLIQUE, *saisissant le portrait.*

Je n'ai garde assurément. Mais qu'il me soit permis de partager votre admiration. La connoissance des charmes de cette heureuse rivale adoucira du moins la honte de ma défaite.

VALÈRE.

O ciel!

ANGÉLIQUE.

Qu'avez-vous donc? vous paroissez tout interdit. Je n'aurois jamais cru qu'un petit-maître fût si aisé à décontenancer.

VALÈRE.

Ah! cruelle, vous connoissez tout l'ascendant

que vous avez sur moi, et vous m'outragez sans que je puisse répondre.

ANGÉLIQUE.

C'est fort mal fait, en vérité; et régulièrement vous devriez me dire des injures. Allez, chevalier, j'ai pitié de votre embarras : voilà votre portrait; et je suis d'autant moins fâchée que vous en aimiez l'original, que vos sentimens sont sur ce point tout-à-fait d'accord avec les miens.

VALÈRE.

Quoi ! vous connoissez la personne?...

ANGÉLIQUE.

Non-seulement je la connois, mais je puis vous dire qu'elle est ce que j'ai de plus cher au monde.

VALÈRE.

Vraiment, voici du nouveau; et le langage est un peu singulier dans la bouche d'une rivale.

ANGÉLIQUE.

Je ne sais; mais il est sincère. (*A part.*) S'il se pique, je triomphe.

VALÈRE.

Elle a donc bien du mérite?

ANGÉLIQUE.

Il ne tient qu'à elle d'en avoir infiniment.

VALÈRE.

Point de défaut, sans doute?

ANGÉLIQUE.

Oh! beaucoup. C'est une petite personne bizarre, capricieuse, éventée, étourdie, volage, et surtout d'une vanité insupportable. Mais, quoi! elle est aimable avec tout cela, et je prédis d'avance que vous l'aimerez jusqu'au tombeau.

VALÈRE.

Vous y consentez donc?

ANGÉLIQUE.

Oui.

VALÈRE.

Cela ne vous fâchera point?

ANGÉLIQUE.

Non.

VALÈRE, *à part.*

Son indifférence me désespère. (*Haut.*) Oserois-je me flatter qu'en ma faveur vous voudrez bien resserrer encore votre union avec elle?

ANGÉLIQUE.

Ce tout ce que je demande.

VALÈRE, *outré.*

Vous dites tout cela avec une tranquillité qui me charme.

ANGÉLIQUE.

Comment donc! vous vous plaigniez tout à l'heure de mon enjouement, et à présent vous vous fâchez de mon sang-froid. Je ne sais plus quel ton prendre avec vous.

VALÈRE, *bas.*

Je crève de dépit. (*Haut.*) Mademoiselle m'accorde-t-elle la faveur de me faire faire connoissance avec elle?

ANGÉLIQUE.

Voilà, par exemple, un genre de service que je suis bien sûre que vous n'attendez pas de moi : mais je veux passer votre espérance, et je vous le promets encore.

VALÈRE.

Ce sera bientôt, au moins?

ANGÉLIQUE.

Peut-être dès aujourd'hui.

VALÈRE.

Je n'y puis plus tenir. (*Il veut s'en aller.*)

ANGÉLIQUE, *à part.*

Je commence à bien augurer de tout ceci; il a trop de dépit pour n'avoir plus d'amour. (*Haut.*) Où allez-vous, Valère?

VALÈRE.

Je vois que ma présence vous gêne, et je vais vous céder la place.

ANGÉLIQUE.

Ah! point. Je vais me retirer moi-même : il n'est pas juste que je vous chasse de chez vous.

VALÈRE.

Allez, allez; souvenez-vous que qui n'aime rien ne mérite pas d'être aimée.

ANGÉLIQUE.

Il vaut encore mieux n'aimer rien que d'être amoureux de soi-même.

SCÈNE X.

VALÈRE.

Amoureux de soi-même! est-ce un crime de sentir un peu ce qu'on vaut? Je suis cependant bien piqué. Est-il possible qu'on perde un amant tel que moi sans douleur? On diroit qu'elle me regarde comme un homme ordinaire. Hélas! je me déguise en vain le trouble de mon cœur, et je tremble de l'aimer encore après son inconstance. Mais non; tout mon cœur n'est qu'à ce charmant objet. Courons tenter de nouvelles recherches, et joignons au soin de faire mon bonheur celui d'exciter la jalousie d'Angélique. Mais voici Frontin.

SCÈNE XI.

VALÈRE, FRONTIN, *ivre.*

FRONTIN.

Que diable! je ne sais pourquoi je ne puis me tenir; j'ai pourtant fait de mon mieux pour prendre des forces.

VALÈRE.

Eh bien! Frontin, as-tu trouvé?....

FRONTIN.

Oh! oui, monsieur.

VALÈRE.

Ah, ciel! serait-il possible?

FRONTIN.

Aussi j'ai bien eu de la peine.

VALÈRE.

Hâte-toi donc de me dire.....

FRONTIN.

Il m'a fallu courir tous les cabarets du quartier.

VALÈRE.

Des cabarets!

FRONTIN.

Mais j'ai réussi au-delà de mes espérances.

VALÈRE.

Conte-moi donc.....

FRONTIN.

C'étoit un feu..... une mousse.....

VALÈRE.

Que diable barbouille cet animal?

FRONTIN.

Attendez que je reprenne la chose par ordre.

VALÈRE.

Tais-toi, ivrogne, faquin; ou réponds-moi sur les ordres que je t'ai donnés au sujet de l'original du portrait.

FRONTIN.

Ah! oui, l'original; justement. Réjouissez-vous, réjouissez-vous, vous dis-je.

VALÈRE.

Hé bien?

FRONTIN.

Il n'est déjà ni à la Croix-blanche, ni au Lion-d'or, ni à la Pomme-de-Pin, ni.....

VALÈRE.

Bourreau, finiras-tu?

FRONTIN.

Patience. Puisqu'il n'est pas là, il faut qu'il soit ailleurs; et.... Oh! je le trouverai, je le trouverai....

VALÈRE.

Il me prend des démangeaisons de l'assommer; sortons.

SCÈNE XII.

FRONTIN.

Me voilà, en effet, assez joli garçon..... Ce plancher est diablement raboteux. Ou en étois-je? Ma foi, je n'y suis plus. Ah! si fait.....

SCÈNE XIII.

LUCINDE, FRONTIN.

LUCINDE.

Frontin, où est ton maître?

FRONTIN.

Mais, je crois qu'il se cherche actuellement.

LUCINDE.

Comment! il se cherche?

FRONTIN.

Oui, il se cherche pour s'épouser.

LUCINDE.

Qu'est-ce que c'est que ce galimatias?

FRONTIN.

Ce galimatias! vous n'y comprenez donc rien?

LUCINDE.

Non, en vérité.

FRONTIN.

Ma foi, ni moi non plus : je vais pourtant vous l'expliquer, si vous voulez.

LUCINDE.

Comment m'expliquer ce que tu ne comprends pas?

FRONTIN.

Oh dame! j'ai fait mes études, moi.

LUCINDE.

Il est ivre, je crois. Eh! Frontin, je t'en prie, rappelle un peu ton bon sens; tâche de te faire entendre.

FRONTIN.

Pardi, rien n'est plus aisé. Tenez. C'est un portrait.... métamor.... non, métaphor.... oui, métaphorisé. C'est mon maître, c'est une fille.... vous avez fait un certain mélange.... Car j'ai deviné tout ça, moi. Hé bien, peut-on parler plus clairement?

LUCINDE.

Non, cela n'est pas possible.

FRONTIN.

Il n'y a que mon maître qui n'y comprenne rien; car il est devenu amoureux de sa ressemblance.

LUCINDE.

Quoi! sans se reconnoître?

FRONTIN.

Oui, et c'est bien ce qu'il y a d'extraordinaire.

LUCINDE.

Ah! je comprends tout le reste. Et qui pouvoit prévoir cela? Cours vite, mon pauvre Frontin; vole chercher ton maître, et dis-lui que j'ai *les choses les plus pressantes à lui communiquer*. Prends garde, surtout, de ne lui point parler de tes devinations. Tiens, voilà pour.....

FRONTIN.

Pour boire, n'est-ce pas?

LUCINDE.

Eh non, tu n'en as pas de besoin.

FRONTIN.

Ce sera par précaution.

SCÈNE XIV.

LUCINDE.

Ne balançons pas un instant, avouons tout; et, quoi qu'il m'en puisse arriver, ne souffrons pas qu'un frère si cher se donne un ridicule par les moyens mêmes que j'avois employés pour l'en guérir. Que je suis malheureuse! j'ai désobligé mon frère; mon père, irrité de ma résistance, n'en est que plus absolu; mon amant absent n'est point en état de me secourir; je crains les trahisons d'une amie, et les précautions d'un homme que je ne puis souffrir: car je le hais sûrement, et je sens que je préférerois la mort à Léandre.

SCÈNE XV.

ANGÉLIQUE, LUCINDE, MARTON.

ANGÉLIQUE.

Consolez-vous, Lucinde; Léandre ne veut pas vous faire mourir. Je vous avoue cependant qu'il a voulu vous voir sans que vous le sussiez.

LUCINDE.

Hélas! tant pis.

ANGÉLIQUE.

Mais savez-vous bien que voilà un tant pis qui n'est pas trop modeste?

MARTON.

C'est une petite veine du sang fraternel.

LUCINDE.

Mon Dieu! que vous êtes méchantes! Après cela qu'a-t-il dit?

ANGÉLIQUE.

Il m'a dit qu'il seroit au désespoir de vous obtenir contre votre gré.

MARTON.

Il a même ajouté que votre résistance lui faisoit plaisir en quelque manière. Mais il a dit cela d'un certain air....... Savez-vous qu'à bien juger de vos sentimens pour lui, je gagerois qu'il n'est guère en reste avec vous? Haïssez-le toujours de même, il ne vous rendra pas mal le change.

LUCINDE.

Voilà une façon de m'obéir qui n'est pas trop polie.

MARTON.

Pour être poli avec nous autres femmes il ne faut pas toujours être si obéissant.

ANGÉLIQUE.

La seule condition qu'il a mise à sa renonciation est que vous recevrez sa visite d'adieu.

LUCINDE.

Oh! pour cela non; je l'en quitte.

ANGÉLIQUE.

Ah! vous ne sauriez lui refuser cela. C'est d'ailleurs un engagement que j'ai pris avec lui. Je vous avertis même confidemment qu'il compte beaucoup sur le succès de cette entrevue, et qu'il ose espérer qu'après avoir paru à vos yeux vous ne résisterez plus à cette alliance.

LUCINDE.

Il a donc bien de la vanité!

MARTON.

Il se flatte de vous apprivoiser.

ANGÉLIQUE.

Et ce n'est que sur cet espoir qu'il a consenti au traité que je lui ai proposé.

MARTON.

Je vous réponds qu'il n'accepte le marché que parce qu'il est bien sûr que vous ne le prendrez pas au mot.

LUCINDE.

Il faut être d'une fatuité bien insupportable. Hé bien! il n'a qu'à paroître: je serai curieuse de voir comment il s'y prendra pour étaler ses charmes; et je vous donne ma parole qu'il sera reçu d'un air... Faites-le venir, il a besoin d'une leçon; comptez qu'il la recevra... instructive.

ANGÉLIQUE.

Voyez-vous, ma chère Lucinde, on ne tient pas tout ce qu'on se propose; je gage que vous vous radoucirez.

MARTON.

Les hommes sont furieusement adroits; vous verrez qu'on vous apaisera.

LUCINDE.

Soyez en repos là-dessus.

ANGÉLIQUE.

Prenez-y garde, au moins; vous ne direz pas qu'on ne vous a point avertie.

MARTON.

Ce ne sera pas notre faute si vous vous laissez surprendre.

LUCINDE.

En vérité je crois que vous voulez me faire devenir folle.

ANGÉLIQUE, *bas, à Marton.*

La voilà au point. (*Haut.*) Puisque vous le voulez donc, Marton va vous l'amener.

LUCINDE.

Comment?

MARTON.

Nous l'avons laissé dans l'antichambre; il va être ici à l'instant.

LUCINDE.

O cher Cléonte! que ne peux-tu voir la manière dont je reçois tes rivaux!

SCÈNE XVI.

ANGÉLIQUE, LUCINDE, MARTON, LÉANDRE

ANGÉLIQUE.

Approchez, Léandre, venez apprendre à Lucinde à mieux connoître son propre cœur; elle croit vous haïr, et va faire tous ses efforts pour vous mal recevoir : mais je vous réponds, moi, que toutes ces marques apparentes de haine sont en effet autant de preuves réelles de son amour pour vous.

LUCINDE, *toujours sans regarder Léandre.*

Sur ce pied-là il doit s'estimer bien favorisé, je vous assure. Le mauvais petit esprit!

ANGÉLIQUE.

Allons, Lucinde, faut-il que la colère vous empêche de regarder les gens?

LÉANDRE.

Si mon amour excite votre haine, connoissez combien je suis criminel. (*Il se jette aux genoux de Lucinde.*)

LUCINDE.

Ah, Cléonte! ah, méchante Angélique!

LÉANDRE.

Léandre vous a trop déplu pour que j'ose me prévaloir sous ce nom des grâces que j'ai reçues sous celui de Cléonte. Mais si le motif de mon déguisement en peut justifier l'effet, vous le pardonnerez à la délicatesse d'un cœur dont le foible est de vouloir être aimé pour lui-même.

LUCINDE.

Levez-vous, Léandre; un excès de délicatesse n'offense que les cœurs qui en manquent, et le mien est aussi content de l'épreuve que le vôtre doit l'être du succès. Mais vous, Angélique! ma chère Angélique a eu la cruauté de se faire un amusement de mes peines!

ANGÉLIQUE.

Vraiment, il vous siéroit bien de vous plaindre! Hélas! vous êtes heureux l'un et l'autre, tandis que je suis en proie aux alarmes.

LÉANDRE.

Quoi! ma chère sœur, vous avez songé à mon bonheur, pendant même que vous aviez des inquiétudes sur le vôtre! Ah! c'est une bonté que je n'oublierai jamais. (*Il lui baise la main.*)

SCÈNE XVII.

LÉANDRE, VALÈRE, ANGÉLIQUE, LUCINDE, MARTON.

VALÈRE.

Que ma présence ne vous gêne point. Comment! mademoiselle, je ne connoissois pas toutes vos conquêtes ni l'heureux objet de votre préférence : et j'aurai soin de me souvenir, par humilité, qu'après avoir soupiré le plus constamment, Valère a été le plus maltraité.

ANGÉLIQUE.

Ce seroit mieux fait que vous ne pensez, et vous auriez besoin en effet de quelques leçons de modestie.

VALÈRE.

Quoi! vous osez joindre la raillerie à l'outrage, et vous avez le front de vous applaudir quand vous devriez mourir de honte!

ANGÉLIQUE.

Ah! vous vous fâchez; je vous laisse; je n'aime pas les injures.

VALÈRE.

Non, vous demeurerez; il faut que je jouisse de toute votre honte.

ANGÉLIQUE.

Hé bien! jouissez.

VALÈRE.

Car j'espère que vous n'aurez pas la hardiesse de tenter votre justification....

ANGÉLIQUE.

N'ayez-pas peur.

VALÈRE.

Et que vous ne vous flattez pas que je conserve encore les moindres sentimens en votre faveur.

ANGÉLIQUE.

Mon opinion là-dessus ne changera rien à la chose.

VALÈRE.

Je vous déclare que je ne veux plus avoir pour vous que de la haine.

ANGÉLIQUE.

C'est fort bien fait.

VALÈRE, *tirant le portrait.*

Et voici désormais l'unique objet de tout mon amour.

ANGÉLIQUE.

Vous avez raison. Et moi je vous déclare que j'ai pour monsieur (*Montrant son frère*) un attachement qui n'est de guère inférieur au vôtre pour l'original de ce portrait.

VALÈRE.

L'ingrate! Hélas! il ne me reste plus qu'à mourir

ANGÉLIQUE.

Valère, écoutez. J'ai pitié de l'état où je vous vois Vous devez convenir que vous êtes le plus injust des hommes de vous emporter sur une apparenc d'infidélité dont vous m'avez vous-même donné l'exemple; mais ma bonté veut bien encore aujourd'hui passer par-dessus vos travers.

VALÈRE.

Vous verrez qu'on me fera la grâce de me pardonner!

ANGÉLIQUE.

En vérité, vous ne le méritez guère. Je vais cependant vous apprendre à quel prix je puis m'y résoudre. Vous m'avez ci-devant témoigné des sentimens que j'ai payés d'un retour trop tendre pour un ingrat : malgré cela, vous m'avez indignement outragée par un amour extravagant conçu sur un simple portrait avec toute la légèreté, et, j'ose dire, toute l'étourderie de votre âge et de votre caractère. Il n'est pas temps d'examiner si j'ai dû vous imiter, et ce n'est pas à vous, qui êtes coupable, qu'il conviendroit de blâmer ma conduite.

VALÈRE.

Ce n'est pas moi, grands dieux ! mais voyons où tendent ces beaux discours.

ANGÉLIQUE.

Le voici. Je vous ai dit que je connoissois l'objet de votre nouvel amour, et cela est vrai. J'ai ajouté que je l'aimois tendrement, et cela n'est encore que trop vrai. En vous avouant son mérite, je ne vous ai point déguisé ses défauts. J'ai fait plus, je vous ai promis de vous le faire connoître : et je vous engage à présent ma parole de le faire dès aujourd'hui, dès cette heure même ; car je vous avertis qu'il est plus près de vous que vous ne pensez.

VALÈRE.

Qu'entends-je ! quoi ! sa...

ANGÉLIQUE.

Ne m'interrompez point, je vous prie. Enfin, la vérité me force encore à vous répéter que cette personne vous aime avec ardeur, et je puis vous répondre de son attachement comme du mien propre. C'est à vous maintenant de choisir, entre elle et moi, celle à qui vous destinez toute votre tendresse : choisissez, chevalier; mais choisissez dès cet instant et sans retour.

MARTON.

Le voilà, ma foi, bien embarrassé. L'alternative est plaisante. Croyez-moi, monsieur, choisissez le portrait; c'est le moyen d'être à l'abri des rivaux.

LUCINDE.

Ah ! Valère, faut-il balancer si long-temps pour suivre les impressions du cœur ?

VALÈRE, *aux pieds d'Angélique, et jetant le portrait.*

C'en est fait; vous avez vaincu, belle Angélique, et je sens combien les sentimens qui naissent du caprice sont inférieurs à ceux que vous inspirez. (*Marton ramasse le portrait.*) Mais, hélas ! quand tout mon cœur revient à vous, puis-je me flatter qu'il me ramènera le vôtre ?

ANGÉLIQUE.

Vous pourrez juger de ma reconnoissance par le sacrifice que vous venez de me faire. Levez-vous, Valère, et considérez bien ces traits.

LÉANDRE, *regardant aussi.*

Attendez donc ! Mais je crois reconnoître cet objet-là !... C'est... oui, ma foi, c'est lui...

VALÈRE.

Qui, lui ? Dites donc elle. C'est une femme à qui je renonce, comme à toutes les femmes de l'univers, sur qui Angélique l'emportera toujours.

ANGÉLIQUE.

Oui, Valère; c'étoit une femme jusqu'ici : mais j'espère que ce sera désormais un homme supérieur à ces petites foiblesses qui dégradoient son sexe et son caractère.

VALÈRE.

Dans quelle étrange surprise vous me jetez !

ANGÉLIQUE.

Vous devriez d'autant moins méconnoître cet objet, que vous avez eu avec lui le commerce le plus intime, et qu'assurément on ne vous accusera pas de l'avoir négligé. Otez à cette tête cette parure étrange que votre sœur y a fait ajouter...

VALÈRE.

Ah ! que vois-je ?

MARTON.

La chose n'est-elle pas claire ? vous voyez le portrait, et voilà l'original.

VALÈRE.

O ciel ! et je ne meurs pas de honte !

MARTON.

Eh ! monsieur, vous êtes peut-être le seul de votre ordre qui la connoissiez.

ANGÉLIQUE.

Ingrat ! avois-je tort de vous dire que j'aimois l'original de ce portrait ?

VALÈRE.

Et moi je ne veux plus l'aimer que parce qu'il vous adore.

ANGÉLIQUE.

Vous voulez bien que, pour affermir notre réconciliation, je vous présente Léandre mon frère ?

LÉANDRE.

Souffrez, monsieur...

VALÈRE.

Dieux ! quel comble de félicité ! Quoi ! même quand j'étois ingrat, Angélique n'étoit pas infidèle !

LUCINDE.

Que je prends de part à votre bonheur ! et que le mien même en est augmenté !

SCÈNE XVIII.

LISIMON, LÉANDRE, VALÈRE, ANGÉLIQUE, LUCINDE, MARTON.

LISIMON.

Ah ! vous voici tous rassemblés fort à propos. Valère et Lucinde ayant tous deux résisté à leurs mariages, j'avois d'abord résolu de les y contraindre : mais j'ai réfléchi qu'il faut quelquefois être bon père, et que la violence ne fait pas toujours des mariages heureux. J'ai donc pris le parti de rompre dès aujourd'hui tout ce qui avoit été arrêté; et voici les nouveaux arrangemens que j'y substitue : Angélique m'épousera; Lucinde ira dans un couvent; Valère sera déshérité; et quant à vous, Léandre, vous prendrez patience, s'il vous plaît.

MARTON.

Fort bien, ma foi ! voilà qui est toisé on ne peut pas mieux.

LISIMON.

Qu'est-ce donc ? vous voilà tout interdits ! Est-ce que ce projet ne vous accommode pas ?

MARTON.

Voyez si pas un d'eux desserrera les dents ! La peste des sots amans et de la sotte jeunesse dont l'inutile babil ne tarit point, et qui ne savent pas trouver un mot dans une occasion nécessaire !

LISIMON.

Allons, vous savez tous mes intentions; vous n'avez qu'à vous y conformer.

LÉANDRE.

Eh ! monsieur, daignez suspendre votre courroux. Ne lisez-vous pas le repentir des coupables dans leurs yeux et dans leur embarras ! et voulez-vous confondre les innocens dans la même punition ?

LISIMON.

Çà, je veux bien avoir la foiblesse d'éprouver leur obéissance encore une fois. Voyons un peu. Eh bien ! monsieur Valère, faites-vous toujours des réflexions ?

VALÈRE.

Oui, mon père; mais, au lieu des peines du mariage, elles ne m'en offrent plus que les plaisirs.

LISIMON.

Oh ! oh ! vous avez bien changé de langage ! Et toi, Lucinde, aimes-tu toujours bien ta liberté ?

LUCINDE.

Je sens, mon père, qu'il peut être doux de la perdre sous les lois du devoir.

LISIMON.

Ah ! les voilà tous raisonnables. J'en suis charmé. Embrassez-moi, mes enfans, et allons conclure ces heureux hyménées. Ce que c'est qu'un coup d'autorité frappé à propos !

VALÈRE.

Venez, belle Angélique; vous m'avez guéri d'un ridicule qui faisoit la honte de ma jeunesse, et je vais désormais éprouver près de vous que, quand on aime bien, on ne songe plus à soi-même.

LES PRISONNIERS DE GUERRE.

COMÉDIE (*)

PERSONNAGES.

GOTERNITZ, gentilhomme hongrois.
MACKER, Hongrois.
DORANTE, officier françois, prisonnier de guerre.
SOPHIE, fille de Goternitz.
FRÉDÉRICH, officier hongrois, fils de Goternitz.
JACQUARD, Suisse, valet de Dorante.

La scène est en Hongrie.

SCÈNE I.

DORANTE, JACQUARD.

JACQUARD.

Par mon foy, monsir, moi l'y comprendre rien à sti pays l'Ongri; le fin l'être pon, et les ommes méchans : l'être pas naturel, cela.

DORANTE.

Si tu ne t'y trouves pas bien, rien ne t'oblige d'y demeurer. Tu es mon domestique, et non pas prisonnier de guerre comme moi; tu peux t'en aller quand il te plaira.....

JACQUARD.

Oh! moi point quitter fous; moi fouloir pas être plus libre que mon maître.

DORANTE.

Mon pauvre Jacquard, je suis sensible à ton attachement; il me consoleroit dans ma captivité, si j'étois capable de consolation.

JACQUARD.

Moi point souffrir que fous l'affliche touchours, touchours : fous poire comme moi, fous consolir tout l'apord.

DORANTE.

Quelle consolation! O France! ô ma patrie! que ce climat barbare me fait sentir ce que tu vaux! quand reverrai-je ton heureux séjour? quand finira cette honteuse inaction où je languis, tandis que mes *glorieux* compatriotes moissonnent des lauriers *sur les traces de mon roi?*

JACQUARD.

Oh! fous l'afre été pris combattant pravement. Les ennemis que fous afre tués l'être encore pli malates que fous.

DORANTE.

Apprends que, dans le sang qui m'anime, la gloire acquise ne sert que d'aiguillon pour en rechercher davantage. Apprends que, quelque zèle qu'on ait à remplir son devoir pour lui-même, l'ardeur s'en augmente encore par le noble désir de mériter l'estime de son maître en combattant sous ses yeux. *Ah! quel n'est pas le bonheur de quiconque peut obtenir celle du mien! et qui sait mieux que ce grand prince peut, sur sa propre expérience, juger du mérite et de la valeur?*

JACQUARD.

Pien, pien : fous l'être pientôt tiré te sti prisonnache; monsir fotre père afre écrit qu'il trafaillir pour faire échange fous.

DORANTE.

Oui, mais le temps en est encore incertain; et cependant le roi fait chaque jour de nouvelles conquêtes.

JACQUARD.

Pardi! moi l'être pien content t'aller tant seulement à celles qu'il fera encore. Mais fous l'être pli amoureux, pisque fous fouloir tant partir.

DORANTE.

Amoureux! de qui?... (*A part.*) Auroit-il pénétré mes feux secrets?

JACQUARD.

Là, te cette temoiselle Claire, te cette cholie fille te notre bourgeois; à qui fous faire tant te petits douceurs. (*A part.*) Oh! chons pien d'autres doutances, mais il faut faire semplant te rien.

DORANTE.

Non, Jacquard, l'amour que tu me supposes n'est

(*) Rousseau composa cette pièce en 1743, après les désastres des François en Bavière et en Bohême. Voyez les *Confessions*, livre VII, tome I, page 177.

point capable de ralentir mon empressement de retourner en France. Tous climats sont indifférens pour l'amour. Le monde est plein de belles dignes des services de mille amans, mais on n'a qu'une patrie à servir.

JACQUARD.

A propos te belles, savre-fous que l'être aprèstimain que notre prital te bourgeois épouse le fille de monsir Goternitz ?

DORANTE.

Comment ! que dis-tu?

JACQUARD.

Que la mariache de monsir Macker avec mamecelle Sophie, qui étoit différé chisque à l'arrivée ti frère te la temoicelle, doit se terminer dans teux jours, parce qu'il avre été échangé pli tôt qu'on n'avre cru, et qu'il arriver aucherdi.

DORANTE.

Jacquard, que me dis-tu là ! comment le sais-tu?

JACQUARD.

Par mon foy, je l'afre appris toute l'heure en pivant pouteille avec in falet te la maison.

DORANTE, *à part.*

Cachons mon trouble... (*Haut.*) Je réfléchis que le messager doit être arrivé ; va voir s'il n'y a point de nouvelles pour moi.

JACQUARD, *à part.*

Diaple ! l'y être in noufelle te trop, à ce que che fois. (*Revenant.*) Monsir, che safre point où l'être la poutique te sti noufelle.

DORANTE.

Tu n'as qu'à parler à mademoiselle Claire, qui, pour éviter que mes lettres ne soient ouvertes à la poste, a bien voulu se charger de les recevoir sous une adresse convenue, et de me les remettre secrètement.

SCÈNE II.

DORANTE.

Quel coup pour ma flamme ! C'en est donc fait, trop aimable Sophie, il faut vous perdre pour jamais, et vous allez devenir la proie d'un riche mais ridicule et grossier vieillard ! Hélas ! sans m'en avoir encore fait l'aveu, tout commençoit à m'annoncer de votre part le plus tendre retour ! Non, quoique les injustes préjugés de son père contre les François dussent être un obstacle invincible à mon bonheur, il ne falloit pas moins qu'un pareil événement pour assurer la sincérité des vœux que je fais pour retourner promptement en France. Les ardens témoignages que j'en donne ne sont-ils point plutôt les efforts d'un esprit qui s'excite par la considération de son devoir, que les effets d'un zèle assez sincère? Mais que dis-je ! ah ! que la gloire n'en murmure point ; de si beaux feux ne sont pas faits pour lui nuire : un cœur n'est jamais assez amoureux, il ne fait pas du moins assez de cas de l'estime de sa maîtresse, quand il balance à lui préférer son devoir, son pays et son roi.

SCÈNE III.

MACKER, DORANTE, GOTERNITZ.

MACKER.

Ah ! voici ce prisonnier que j'ai en garde. Il faut que je le prévienne sur la façon dont il doit se conduire avec ma future ; car ces François, qui, dit-on, se soucient si peu de leurs femmes, sont des plus accommodans avec celles d'autrui : mais je ne veux point chez moi de ce commerce-là, et je prétends du moins que mes enfans soient de mon pays.

GOTERNITZ.

Vous avez là d'étranges opinions de ma fille.

MACKER.

Mon Dieu ! pas si étranges. Je pense que la mienne la vaut bien ; et si... Brisons là-dessus... Seigneur Dorante !

DORANTE.

Monsieur?

MACKER.

Savez-vous que je me marie?

DORANTE.

Que m'importe?

MACKER.

C'est qu'il m'importe à moi que vous appreniez que je ne suis pas d'avis que ma femme vive à la françoise.

DORANTE.

Tant pis pour elle.

MACKER.

Eh ! oui, mais tant mieux pour moi.

DORANTE.

Je n'en sais rien.

MACKER.

Oh ! nous ne demandons pas votre opinion là-dessus : je vous avertis seulement que je souhaite de ne vous trouver jamais avec elle, et que vous évitiez de me donner à cet égard des ombrages sur sa conduite.

DORANTE.

Cela est trop juste, et vous serez satisfait.

MACKER.

Ah ! le voilà complaisant une fois, quel miracle !

DORANTE.

Mais je compte que vous y contribuerez de votre côté autant qu'il sera nécessaire.

MACKER.

Oh ! sans doute, et j'aurai soin d'ordonner à ma femme de vous éviter en toute occasion.

DORANTE.

M'éviter ! gardez-vous-en bien. Ce n'est pas ce que je veux dire.

MACKER.

Comment ?

DORANTE.

C'est vous, au contraire, qui devez éviter de vous apercevoir du temps que je passerai auprès d'elle. Je ne lui rendrai des soins que le plus discrètement qu'il me sera possible ; et vous, en mari prudent, vous n'en verrez que ce qu'il vous plaira.

MACKER.

Comment diable ! vous vous moquez; et ce n'est pas là mon compte.

DORANTE.

C'est pourtant tout ce que je puis vous promettre ; et c'est même tout ce que vous m'avez demandé.

MACKER.

Parbleu ! celui-là me passe ; il faut être bien endiablé après les femmes d'autrui pour tenir un tel langage à la barbe des maris.

GOTERNITZ.

En vérité, seigneur Macker, vos discours me font pitié, et votre colère me fait rire. Quelle réponse vouliez-vous que fît monsieur à une exhortation aussi ridicule que la vôtre ? La preuve de la pureté de ses intentions est le langage même qu'il vous tient : s'il vouloit vous tromper, vous prendroit-il pour son confident ?

MACKER.

Je me moque de cela; fou qui s'y fie. Je ne veux point qu'il fréquente ma femme, et j'y mettrai bon ordre.

DORANTE.

A la bonne heure ; mais, comme je suis votre prisonnier et non pas votre esclave, vous ne trouverez pas mauvais que je m'acquitte avec elle, en toute occasion, des devoirs de politesse que mon sexe doit au sien.

MACKER.

Eh, morbleu ! tant de politesses pour la femme ne tendent qu'à faire affront au mari. Cela me met dans des impatiences... Nous verrons... nous verrons... Vous êtes méchant, monsieur le François; oh ! parbleu ! je le serai plus que vous.

DORANTE.

A la maison, cela peut être ; mais j'ai peine à croire que vous le soyez fort à la guerre.

GOTERNITZ.

Tout doux, seigneur Dorante; il est d'une nation...

DORANTE.

Oui, quoique la vraie valeur soit inséparable de la générosité, je sais, malgré la cruauté de la vôtre, en estimer la bravoure. Mais cela le met-il en droit d'insulter un soldat qui n'a cédé qu'au nombre, et qui, je pense, a montré assez de courage pour devoir être respecté, même dans sa disgrâce ?

GOTERNITZ.

Vous avez raison. Les lauriers ne sont pas moins le prix du courage que de la victoire. Nous-mêmes, depuis que nous cédons aux armes triomphantes de votre roi, nous ne nous en tenons pas moins glorieux, puisque la même valeur qu'il emploie à nous attaquer montre la nôtre à nous défendre. Mais voici Sophie.

SCÈNE IV.

GOTERNITZ, MACKER, SOPHIE, DORANTE.

GOTERNITZ.

Approchez, ma fille ; venez saluer votre époux. Ne l'acceptez-vous pas avec plaisir de ma main ?

SOPHIE.

Quand mon cœur en seroit le maître, il ne le choisiroit pas ailleurs qu'ici.

MACKER.

Fort bien, belle mignonne ; mais... (*A Dorante.*) Quoi ! vous ne vous en allez pas ?

DORANTE.

Ne devez-vous pas être flatté que mon admiration confirme la bonté de votre choix ?

MACKER.

Comme je ne l'ai pas choisie pour vous, votre approbation me paroît ici peu nécessaire.

GOTERNITZ.

Il me semble que ceci commence à durer trop pour un badinage. Vous voyez, monsieur, que le seigneur Macker est inquiété de votre présence : c'est un effet qu'un cavalier de votre figure peut produire naturellement sur l'époux le plus raisonnable.

DORANTE.

Eh bien ! il faut donc le délivrer d'un spectateur incommode : aussi bien ne puis-je supporter le tableau d'une union aussi disproportionnée. Ah ! monsieur, comment pouvez-vous consentir vous-même que tant de perfections soient possédées par un homme si peu fait pour les connoître !

SCÈNE V.

MACKER, GOTERNITZ, SOPHIE.

MACKER.

Parbleu ! voilà une nation bien extraordinaire, des prisonniers bien incommodes ! le valet me boit mon vin, le maître caresse ma fille. (*Sophie fait une mine.*) Ils vivent chez moi comme s'ils étaient en pays de conquêtes.

GOTERNITZ.

C'est la vie la plus ordinaire aux François; ils y sont tout accoutumés.

MACKER.

Bonne excuse, ma foi! Ne faudra-t-il point encore, en faveur de la coutume, que j'approuve qu'il me fasse cocu?

SOPHIE.

Ah ciel! quel homme!

GOTERNITZ.

Je suis aussi scandalisé de votre langage que ma fille en est indignée. Apprenez qu'un mari qui ne montre à sa femme ni estime ni confiance l'autorise, autant qu'il est en lui, à ne les pas mériter. Mais le jour s'avance; je vais monter à cheval pour aller au-devant de mon fils qui doit arriver ce soir.

MACKER.

Je ne vous quitte pas; j'irai avec vous, s'il vous plaît.

GOTERNITZ.

Soit; j'ai même bien des choses à vous dire, dont nous nous entretiendrons en chemin.

MACKER.

Adieu, mignonne : il me tarde que nous soyons mariés, pour vous mener voir mes champs et mes bêtes à cornes; j'en ai le plus beau parc de la Hongrie.

SOPHIE.

Monsieur, ces animaux-là me font peur

MACKER.

Va, va, poulette, tu y seras bientôt aguerrie avec moi.

SCENE VI.

SOPHIE.

Quel époux! quelle différence de lui à Dorante, en qui les charmes de l'amour redoublent par les grâces de ses manières et de ses expressions! Mais, hélas! il n'est point fait pour moi. A peine mon cœur ose-t-il s'avouer qu'il l'aime; et je dois trop me féliciter de ne le lui avoir point avoué à lui-même. Encore s'il m'étoit fidèle, la bonté de mon père me laisseroit, malgré sa prévention en ses engagemens, quelque lueur d'espérance. Mais la fille de Macker partage l'amour de Dorante; il lui dit sans doute les mêmes choses qu'à moi; peut-être est-elle la seule qu'il aime. Volages François! que les femmes sont heureuses que vos infidélités les tiennent en garde contre vos séductions! Si vous étiez aussi constans que vous êtes aimables, quels cœurs vous résisteroient? Le voici. Je voudrois fuir, et je ne puis m'y résoudre; je voudrois lui paroître tranquille, et je sens que je l'aime jusqu'à ne pouvoir cacher mon dépit.

SCÈNE VII.

DORANTE, SOPHIE.

DORANTE.

Il est donc vrai, madame, que ma ruine est conclue, et que je vais vous perdre sans retour! J'en mourrois, sans doute, si la mort étoit la pire des douleurs. Je ne vivrai que pour vous porter dans mon cœur plus long-temps, et pour me rendre digne, par ma conduite et par ma constance, de votre estime et de vos regrets.

SOPHIE.

Se peut-il que la perfidie emprunte un langage aussi noble et aussi passionné!

DORANTE.

Que dites-vous? quel accueil! est-ce là la juste pitié que méritent mes sentimens?

SOPHIE.

Votre douleur est grande en effet, à en juger par le soin que vous avez pris de vous ménager des consolations.

DORANTE.

Moi, des consolations! en est-il pour votre perte?

SOPHIE.

C'est-à-dire en est-il besoin?

DORANTE.

Quoi! belle Sophie, pouvez-vous?...

SOPHIE.

Réservez, je vous en prie, la familiarité des ces expressions pour la belle Claire; et sachez que Sophie, telle qu'elle est, belle ou laide, se soucie d'autant moins de l'être à vos yeux, qu'elle vous croit aussi mauvais juge de la beauté que du mérite.

DORANTE.

Le rang que vous tenez dans mon estime et dans mon cœur est une preuve du contraire. Quoi! vous m'avez cru amoureux de la fille de Macker!

SOPHIE.

Non, en vérité. Je ne vous fais pas l'honneur de vous croire un cœur fait pour aimer. Vous êtes, comme tous les jeunes gens de votre pays, un homme fort convaincu de ses perfections, qui se croit destiné à tromper les femmes, et jouant l'amour auprès d'elles, mais qui n'est pas capable d'en ressentir.

DORANTE.

Ah! se peut-il que vous me confondiez dans cet ordre d'amans sans sentimens et sans délicatesse, pour quelques vains badinages qui prouvent eux-mêmes que mon cœur n'y a point de part, et qu'il étoit à vous tout entier?

SOPHIE.

La preuve me paroît singulière. Je serois curieuse

d'apprendre les légères subtilités de cette philosophie françoise.

DORANTE.

Oui, j'en appelle, en témoignage de la sincérité de mes feux, à cette conduite même que vous me reprochez. J'ai dit à d'autres de petites douceurs, il est vrai; j'ai folâtré auprès d'elles : mais ce badinage et cet enjouement sont-ils le langage de l'amour? Est-ce sur ce ton que je me suis exprimé près de vous? Cet abord timide, cette émotion, ce respect, ces tendres soupirs, ces douces larmes, ces transports que vous me faites éprouver, ont-ils quelque chose de commun avec cet air piquant et badin que la politesse et le ton du monde nous font prendre auprès des femmes indifférentes? Non, Sophie, les ris et la gaîté ne sont point le langage du sentiment. Le véritable amour n'est ni téméraire ni évaporé; la crainte le rend circonspect; il risque moins par la connoissance de ce qu'il peut perdre; et, comme il en veut au cœur encore plus qu'à la personne, il ne hasarde guère l'estime de la personne qu'il aime pour en acquérir la possession.

SOPHIE.

C'est-à-dire, en un mot, que, contens d'être tendres pour vos maîtresses, vous n'êtes que galans, badins et téméraires près des femmes que vous n'aimez point. Voilà une constance et des maximes d'un nouveau goût, fort commodes pour les cavaliers; je ne sais si les belles de votre pays s'en contentent de même.

DORANTE.

Oui, madame, cela est réciproque, et elles ont bien autant d'intérêt que nous, pour le moins, à les établir.

SOPHIE.

Vous me faites trembler pour les femmes capables de donner leur cœur à des amans formés à une pareille école.

DORANTE.

Eh! pourquoi ces craintes chimériques? n'est-il pas convenu que ce commerce galant et poli qui jette tant d'agrément dans la société n'est point de l'amour? il n'est que le supplément. Le nombre des cœurs vraiment faits pour aimer est si petit, et parmi ceux-là il y en a si peu qui se rencontrent, que tout languiroit bientôt si l'esprit et la volupté ne tenoient quelquefois la place du cœur et du sentiment. Les femmes ne sont point les dupes des aimables folies que les hommes font autour d'elles. Nous en sommes de même par rapport à leur coquetterie, elles ne séduisent que nos sens. C'est un commerce fidèle où l'on ne se donne réciproquement que pour ce qu'on est. Mais il faut avouer, à la honte du cœur, que ces heureux badinages sont souvent mieux récompensés que les plus touchantes expressions d'une flamme ardente et sincère.

SOPHIE.

Nous voici précisément où j'en voulois venir. Vous m'aimez, dites-vous, uniquement et parfaitement; tout le reste n'est que jeux d'esprit : je le veux; je le crois. Mais alors il me reste toujours à savoir quel genre de plaisir vous pouvez trouver à faire, dans un goût différent, la cour à d'autres femmes, et à rechercher pourtant auprès d'elles le prix du véritable amour.

DORANTE.

Ah! madame, quel temps prenez-vous pour m'engager dans des dissertations! Je vais vous perdre, hélas! et vous voulez que mon esprit s'occupe d'autres choses que de sa douleur!

SOPHIE.

La réflexion ne pouvoit venir plus mal à propos; il falloit la faire plus tôt, ou ne la point faire du tout.

SCÈNE VIII.

DORANTE, SOPHIE, JACQUARD.

JACQUARD.

St, st, monsir, monsir!

DORANTE.

Je crois qu'on m'appelle.

JACQUARD.

Oh! moi fenir, pisque fous point aller.

DORANTE.

Eh bien! qu'est-ce?

JACQUARD.

Monsir, afec la permission te montame, l'être ain piti l'écriture.

DORANTE.

Quoi? une lettre?

JACQUARD.

Chistement.

DORANTE.

Donne-la-moi.

JACQUARD.

Tiantre! non; mamecelle Claire m'afre chargé te ne la donne fous qu'en grand secrètement.

SOPHIE.

Monsieur Jacquard est exact, il veut suivre ses ordres.

DORANTE.

Donne toujours, butor; tu fais le mystérieux fort à propos.

SOPHIE.

Cessez de vous inquiéter. Je ne suis point incommode, et je vais me retirer pour ne pas gêner votre empressement.

SCÈNE IX.

SOPHIE, DORANTE.

DORANTE, *à part.*

Cette lettre de mon père lui donne de nouveaux soupçons, et vient tout à propos pour les dissiper. (*Haut.*) Eh quoi! madame, vous me fuyez!

SOPHIE, *ironiquement.*

Seriez-vous disposé à me mettre de moitié dans vos confidences?

DORANTE.

Mes secrets ne vous intéressent pas assez pour vouloir y prendre part?

SOPHIE.

C'est au contraire qu'ils vous sont trop chers pour les prodiguer.

DORANTE.

Il me siéroit mal d'en être plus avare que de mon propre cœur.

SOPHIE.

Aussi logez-vous tout au même lieu.

DORANTE.

Cela ne tient du moins qu'à votre complaisance.

SOPHIE.

Il y a dans ce sang-froid une méchanceté que je suis tentée de punir. Vous seriez bien embarrassé si, pour vous prendre au mot, je vous priois de me communiquer cette lettre.

DORANTE.

J'en serois seulement fort surpris; vous vous plaisez trop à nourrir d'injustes sentimens sur mon compte, pour chercher à les détruire.

SOPHIE.

Vous vous fiez fort à ma discrétion..... je vois qu'il faut lire la lettre pour confondre votre témérité.

DORANTE.

Lisez-la pour vous convaincre de votre injustice.

SOPHIE.

Non, commencez par me la lire vous-même; j'en jouirai mieux de votre confusion.

DORANTE.

Nous allons voir. (*Il lit.*) « Que j'ai de joie mon » cher Dorante... »

SOPHIE.

Mon cher Dorante! l'expression est galante, vraiment.

DORANTE.

« Que j'ai de joie, mon cher Dorante, de pouvoir » terminer vos peines!... »

SOPHIE.

Oh! je n'en doute pas, vous avez tant d'humanité!

DORANTE.

« Vous voilà délivré des fers où vous languissiez... »

SOPHIE.

Je ne languirai pas dans les vôtres.

DORANTE.

« Hâtez-vous de venir me rejoindre... »

SOPHIE.

Cela s'appelle être pressée.

DORANTE.

« Je brûle de vous embrasser... »

SOPHIE.

Rien n'est si commode que de déclarer franchement ses besoins.

DORANTE.

« Vous êtes échangé contre un jeune officier qui » s'en retourne actuellement où vous êtes.. »

SOPHIE.

Mais je n'y comprends plus rien.

DORANTE.

« Blessé dangereusement, il fut fait prisonnier » dans une affaire où je me trouvai... »

SOPHIE.

Une affaire où se trouva mademoiselle Claire!

DORANTE.

Qui vous parle de mademoiselle Claire?

SOPHIE.

Quoi! cette lettre n'est pas d'elle?

DORANTE.

Non, vraiment; elle est de mon père, et mademoiselle Claire n'a servi que de moyen pour me la faire parvenir; voyez la date et le seing.

SOPHIE.

Ah! je respire.

DORANTE.

Écoutez le reste. (*Il lit.*) « A force de secours et » de soins, j'ai eu le bonheur de lui sauver la vie; » je lui ai trouvé tant de reconnoissance, que je ne » puis trop me féliciter des services que je lui ai » rendus. J'espère qu'en le voyant vous partagerez » mon amitié pour lui, et que vous le lui témoi- » gnerez »

SOPHIE, *à part.*

L'histoire de ce jeune officier a tant de rapport avec... Ah! si c'étoit lui!... Tous mes doutes seront éclaircis ce soir.

DORANTE.

Belle Sophie, vous voyez votre erreur. Mais de quoi me sert que vous connoissiez l'injustice de vos soupçons? en serai-je mieux récompensé de ma fidélité?

SOPHIE.

Je voudrois inutilement vous déguiser encore le secret de mon cœur; il a trop éclaté avec mon dépit : vous voyez combien je vous aime, et vous

Bardet del. Pourvoyeur sc.

[illegible]

devez mesurer le prix de cet aveu sur les peines qu'il m'a coûtées.

DORANTE.

Aveu charmant! pourquoi faut-il que des momens si doux soient mêlés d'alarmes, et que le jour où vous partagez mes feux soit celui qui les rend le plus à plaindre!

SOPHIE.

Ils peuvent encore l'être moins que vous ne pensez. L'amour perd-il sitôt courage? et quand on aime assez pour tout entreprendre, manque-t-on de ressources pour être heureux?

DORANTE.

Adorable Sophie! quels transports vous me causez! Quoi! vos bontés... je pourrois... Ah! cruelle! vous promettez plus que vous ne voulez tenir!

SOPHIE.

Moi, je ne promets rien. Quelle est la vivacité de votre imagination! J'ai peur que nous ne nous entendions pas.

DORANTE.

Comment?

SOPHIE.

Le triste hymen que je crains n'est point tellement conclu que je ne puisse me flatter d'obtenir du moins un délai de mon père; prolongez votre séjour ici jusqu'à ce que la paix ou des circonstances plus favorables aient dissipé les préjugés qui vous le rendent contraire.

DORANTE.

Vous voyez l'empressement avec lequel on me rappelle: puis-je trop me hâter d'aller réparer l'oisiveté de mon esclavage? Ah! s'il faut que l'amour me fasse négliger le soin de ma réputation, doit-ce être sur des espérances aussi douteuses que celles dont vous me flattez? Que la certitude de mon bonheur serve du moins à rendre ma faute excusable. Consentez que des nœuds secrets.

SOPHIE.

Qu'osez-vous me proposer? Un cœur bien amoureux ménage-t-il si peu la gloire de ce qu'il aime? Vous m'offensez vivement.

DORANTE.

J'ai prévu votre réponse, et vous avez dicté la mienne. Forcé d'être malheureux ou coupable, c'est l'excès de mon amour qui me fait sacrifier mon bonheur à mon devoir, puisque ce n'est qu'en vous perdant que je puis me rendre digne de vous posséder.

SOPHIE.

Ah! qu'il est aisé d'étaler de belles maximes quand le cœur les combat foiblement! parmi tant de devoirs à remplir, ceux de l'amour sont-ils donc comptés pour rien? et n'est-ce que la vanité de me coûter des regrets qui vous a fait désirer ma tendresse?

DORANTE.

J'attendois de la pitié, et je reçois des reproches; vous n'avez, hélas! que trop de pouvoir sur ma vertu, il faut fuir pour ne pas succomber. Aimable Sophie, trop digne d'un plus beau climat, daignez recevoir les adieux d'un amant qui ne vivroit qu'à vos pieds s'il pouvoit conserver votre estime en immolant la gloire à l'amour. (*Il l'embrasse.*)

SOPHIE.

Ah! que faites-vous?

SCÈNE X.

MACKER, FRÉDÉRICH, GOTERNITZ, DORANTE, SOPHIE.

MACKER.

Oh! oh! notre future, tubleu! comme vous y allez! C'est donc avec monsieur que vous vous accordez pour la noce! je lui suis obligé, ma foi. Eh bien! beau-père, que dites-vous de votre progéniture? Oh! je voudrois, parbleu! que nous en eussions vu quatre fois davantage, seulement pour lui apprendre à n'être pas si confiant.

GOTERNITZ.

Sophie, pourriez-vous m'expliquer ce que veulent dire ces étranges façons?

DORANTE.

L'explication est toute simple; je viens de recevoir avis que je suis échangé, et là-dessus je prenois congé de mademoiselle, qui, aussi bien que vous, monsieur, a eu pendant mon séjour ici beaucoup de bontés pour moi.

MACKER.

Oui, des bontés! oh! cela s'entend.

GOTERNITZ.

Ma foi, seigneur Macker, je ne vois pas qu'il y ait tant à se récrier pour une simple cérémonie de compliment.

MACKER.

Je n'aime point tous ces complimens à la françoise.

FRÉDÉRICH.

Soit: mais comme ma sœur n'est point encore votre femme, il me semble que les vôtres ne sont guère propres à lui donner envie de la devenir.

MACKER.

Eh! corbleu! monsieur, si votre séjour de France vous a appris à applaudir à toutes les sottises des femmes, apprenez que les flatteries de Jean-Mathias Macker ne nourriront jamais leur orgueil.

FRÉDÉRICH.

Pour cela, je le crois.

DORANTE.

Je vous avouerai, monsieur, qu'également épris des charmes et du mérite de votre adorable fille, j'aurois fait ma félicité suprême d'unir mon sort au sien, si les cruels préjugés qui vous ont été inspirés contre ma nation n'eussent mis un obstacle invincible au bonheur de ma vie.

FRÉDÉRICH.

Mon père, c'est là sans doute un de vos prisonniers?

GOTERNITZ.

C'est cet officier pour lequel vous avez été échangé.

FRÉDÉRICH.

Quoi! Dorante?

GOTERNITZ.

Lui-même.

FRÉDÉRICH.

Ah! quelle joie pour moi de pouvoir embrasser le fils de mon bienfaiteur!

SOPHIE, *joyeuse.*

C'étoit mon frère, et je l'ai deviné

FRÉDÉRICH.

Oui, monsieur, redevable de la vie à monsieur votre père, qu'il me seroit doux de vous marquer ma reconnoissance et mon attachement par quelque preuve digne des services que j'ai reçus de lui!

DORANTE.

Si mon père a été assez heureux pour s'acquitter envers un cavalier de votre mérite des devoirs de l'humanité, il doit plus s'en féliciter que vous-même. Cependant, monsieur, vous connoissez mes sentimens pour mademoiselle votre sœur; si vous daignez protéger mes feux, vous acquitterez au-delà vos obligations : rendre un honnête homme heureux, c'est plus que de lui sauver la vie.

FRÉDÉRICH.

Mon père partage mes obligations, et j'espère bien que, partageant aussi ma reconnoissance, il ne sera pas moins ardent que moi à vous la témoigner.

MACKER.

Mais il me semble que je joue ici un assez joli personnage.

GOTERNITZ.

J'avoue, mon fils, que j'avois cru voir en monsieur quelque inclination pour votre sœur; mais, pour prévenir la déclaration qu'il m'en auroit pu faire, j'ai si bien manifesté en toute occasion l'antipathie et l'éloignement qui séparoit notre nation de la sienne, qu'il s'étoit épargné jusqu'ici des démarches inutiles de la part d'un ennemi avec qui, quelque obligation que je lui aie d'ailleurs, je ne puis ni ne dois établir aucune liaison.

MACKER.

Sans doute, et c'est un crime de lèse-majesté à mademoiselle de vouloir aussi s'approprier ainsi les prisonniers de la reine.

GOTERNITZ.

Enfin je tiens que c'est une nation avec laquelle il est mieux de toute façon de n'avoir aucun commerce; trop orgueilleux amis, trop redoutables ennemis; heureux qui n'a rien à démêler avec eux!

FRÉDÉRICH.

Ah! quittez, mon père, ces injustes préjugés. Que n'avez-vous connu cet aimable peuple que vous haïssez, et qui n'auroit peut-être aucun défaut s'il avoit moins de vertus! Je l'ai vue de près, cette heureuse et brillante nation, je l'ai vue paisible au milieu de la guerre, cultivant les sciences et les beaux-arts, et livrée à cette charmante douceur de caractère qui en tout temps lui fait recevoir également bien tous les peuples du monde, et rend la France en quelque manière la patrie commune du genre humain. Tous les hommes sont les frères des François. La guerre anime leur valeur sans exciter leur colère. Une brutale fureur ne leur fait point haïr leurs ennemis; un sot orgueil ne les leur fait point mépriser. Ils les combattent noblement, sans calomnier leur conduite, sans outrager leur gloire; et tandis que nous leur faisons la guerre en furieux, ils se contentent de nous la faire en héros.

GOTERNITZ.

Pour cela, on ne sauroit nier qu'ils ne se montrent plus humains et plus généreux que nous.

FRÉDÉRICH.

Eh! comment ne le seroient-ils pas sous un maître dont la bonté égale le courage! Si ses triomphes le font craindre, ses vertus doivent-elles moins le faire admirer? conquérant redoutable, il semble à la tête de ses armées un père tendre au milieu de sa famille, et forcé de dompter l'orgueil de ses ennemis, il ne les soumet que pour augmenter le nombre de ses enfans.

GOTERNITZ.

Oui, mais avec toute sa bravoure, non content de subjuguer ses ennemis par la force, ce prince croit-il qu'il soit bien beau d'employer encore l'artifice, et de séduire, comme il fait, les cœurs des étrangers et de ses prisonniers de guerre?

MACKER.

Fi! que cela est laid de débaucher ainsi les sujets d'autrui! Oh bien! puisqu'il s'y prend comme cela, je suis d'avis qu'on punisse sévèrement tous ceux des nôtres qui s'avisent d'en dire du bien.

FRÉDÉRICH.

Il faudra donc châtier tous vos guerriers qui tomberont dans ses fers, et je prévois que ce ne sera pas une petite tâche.

DORANTE.

Oh! mon prince, qu'il m'est doux d'entendre les

louanges que ta vertu arrache de la bouche de tes ennemis! voilà les seuls éloges dignes de toi.

GOTERNITZ.

Non, le titre d'ennemis ne doit point nous empêcher de rendre justice au mérite. J'avoue même que le commerce de nos prisonniers m'a bien fait changer d'opinion sur le compte de leur nation : mais considérez, mon fils, que ma parole est engagée, que je me ferois une méchante affaire de consentir à une alliance contraire à nos usages et à nos préjugés; et que, pour tout dire enfin, une femme n'est jamais assez en droit de compter sur le cœur d'un François pour que nous puissions nous assurer du bonheur de votre sœur en l'unissant à Dorante.

DORANTE.

Je crois, monsieur, que vous voulez bien que je triomphe, puisque vous m'attaquez par le côté le plus fort. Ce n'est point en moi-même que j'ai besoin de chercher des motifs pour rassurer l'aimable Sophie sur mon inconstance, ce sont ses charmes et son mérite qui seuls me les fournissent; qu'importe en quels climats elle vive? son règne sera toujours partout où l'on a des yeux et des cœurs.

FRÉDÉRICH.

Entends-tu, ma sœur? cela veut dire que si jamais il devient infidèle tu trouveras dans son pays tout ce qu'il faut pour t'en dédommager.

SOPHIE.

Votre temps sera mieux employé à plaider sa cause auprès de mon père qu'à m'interpréter ses sentimens.

GOTERNITZ.

Vous voyez, seigneur Macker, qu'ils sont tous réunis contre nous; nous aurons affaire à trop forte partie : ne ferions-nous pas mieux de céder de bonne grâce?

MACKER.

Qu'est-ce que cela veut dire? manque-t-on ainsi de parole à un homme comme moi?

FRÉDÉRICH.

Oui, cela se peut faire par préférence.

GOTERNITZ.

Obtenez le consentement de ma fille, je ne rétracte point le mien; mais je ne vous ai pas promis de la contraindre. D'ailleurs, à vous parler vrai, je ne vois plus pour vous ni pour elle les mêmes agrémens dans ce mariage : vous avez conçu sur le compte de Dorante des ombrages qui pourroient devenir entre elle et vous une source d'aigreurs réciproques. Il est trop difficile de vivre paisiblement avec une femme dont on soupçonne le cœur d'être engagé ailleurs.

MACKER.

Ouais, vous le prenez sur ce ton? Oh! têtebleu, je vous ferai voir qu'on ne se moque pas ainsi des gens. Je m'en vais tout à l'heure porter ma plainte contre lui et contre vous : nous apprendrons un peu à ces beaux messieurs à venir nous enlever nos maîtresses dans notre propre pays; et, si je ne puis me venger autrement, j'aurai du moins le plaisir de dire partout pis que pendre de vous et des François.

SCÈNE XI.

GOTERNITZ, DORANTE, FRÉDÉRICH, SOPHIE.

GOTERNITZ.

Laissons-le s'exhaler en vains murmures; en unissant Sophie à Dorante je satisfais en même temps à la tendresse paternelle et à la reconnoissance : avec des sentimens si légitimes je ne crains la critique de personne.

DORANTE.

Ah! monsieur, quels transports!

FRÉDÉRICH.

Mon père, il nous reste encore le plus fort à faire. Il s'agit d'obtenir le consentement de ma sœur, et je vois là de grandes difficultés; épouser Dorante, et aller en France! Sophie ne s'y résoudra jamais.

GOTERNITZ.

Comment donc! Dorante ne seroit-il pas de son goût? en ce cas je la soupçonnerois fort d'en avoir changé.

FRÉDÉRICH.

Ne voyez-vous pas les menaces qu'elle me fait pour lui avoir enlevé le seigneur Jean-Mathias Macker?

GOTERNITZ.

Elle n'ignore pas combien les François sont aimables.

FRÉDÉRICH.

Non; mais elle sait que les Françoises le sont encore plus, et voilà ce qui l'épouvante.

SOPHIE.

Point du tout : car je tâcherai de le devenir avec elles; et tant que je plairai à Dorante je m'estimerai la plus glorieuse de toutes les femmes.

DORANTE.

Ah! vous le serez éternellement, belle Sophie! Vous êtes pour moi le prix de ce qu'il y a de plus estimable parmi les hommes. C'est à la vertu de mon père, au mérite de ma nation, à la gloire de mon roi, que je dois le bonheur dont je vais jouir avec vous : on ne peut être heureux sous de plus beaux auspices.

PYGMALION,

SCÈNE LYRIQUE (*).

PERSONNAGES.

PYGMALION. GALATHÉE.

La scène est à Tyr.

Le théâtre représente un atelier de sculpteur. Sur les côtés on voit des blocs de marbre, des groupes, des statues ébauchées. Dans le fond est une autre statue cachée sous un pavillon d'une étoffe légère et brillante, orné de crépines et de guirlandes.

Pygmalion, assis et accoudé, rêve dans l'attitude d'un homme inquiet et triste, puis, se levant tout à coup, il prend sur une table les outils de son art, va donner par intervalles quelques coups de ciseau sur quelques-unes de ses ébauches, se recule et regarde d'un air mécontent et découragé.

PYGMALION.

Il n'y a point là d'âme ni de vie; ce n'est que de la pierre. Je ne ferai jamais rien de tout cela.

O mon génie! où es-tu? mon talent, qu'es-tu devenu? Tout mon feu s'est éteint, mon imagination s'est glacée; le marbre sort froid de mes mains.

Pygmalion, ne fais plus des dieux, tu n'es qu'un vulgaire artiste... Vils instrumens, qui n'êtes plus ceux de ma gloire, allez, ne déshonorez point mes mains.

(Il jette avec dédain ses outils, puis se promène quelque temps en rêvant, les bras croisés.)

Que suis-je devenu! quelle étrange révolution s'est faite en moi!...

Tyr, ville opulente et superbe, les monumens des arts dont tu brilles ne m'attirent plus, j'ai perdu le goût que je prenois à les admirer : le commerce des artistes et des philosophes me devient insipide; l'entretien des peintres et des poètes est sans attrait pour moi, la louange et la gloire n'élèvent plus mon âme; les éloges de ceux qui en recevront de la postérité ne me touchent plus, l'amitié même a perdu pour moi ses charmes.

(*) Cette scène, que Rousseau composa sans doute pendant son séjour à Motiers, fut représentée à Paris pour la première fois le 30 octobre 1775, et parut imprimée dans la même année chez la veuve Duchesne (in-8° de 29 pages). En tête de cette brochure est une lettre datée de Lyon, 26 novembre 1770, et signée *Coignet*, négociant à Lyon, par laquelle ledit Coignet nous apprend que cette scène fut dès ce temps-là représentée à Lyon par des acteurs de société, et qu'il en a fait la musique, à l'exception de deux morceaux, qu'il déclare être de Rousseau, savoir, l'*andante* de l'ouverture, et le premier morceau de l'interlocution qui caractérise, avant que Pygmalion ait parlé, les coups de ciseau qu'il donne sur ses ébauches. C'est cette musique qui fut exécutée à Paris lors des premières représentations en 1775; elle y fut même gravée tant en partition qu'en parties séparées. Mais quelque temps après on la jugea beaucoup trop foible pour l'ouvrage, et M. Baudron, maintenant encore chef d'orchestre au Théâtre-François, se chargea d'y faire une musique nouvelle, dans laquelle il nous a dit lui-même avoir conservé le second des deux morceaux faits par Rousseau, que l'on vient d'indiquer. Cette seconde musique, qui n'a point été gravée, est celle qui s'exécute maintenant à Paris quand on y représente *Pygmalion*, et les directeurs de spectacle en province l'ont généralement adoptée (*).

Il paroit que Rousseau ne s'est pas senti assez fort pour faire cette musique lui-même. Voici l'anecdote qu'on lit à ce sujet dans l'*Avertissement* qui précède le recueil des Romances de Rousseau, gravé après sa mort.

Pendant son dernier séjour à Paris, quelqu'un l'ayant prié de corriger les fautes existantes dans le *Pygmalion* imprimé, qui en contient en effet beaucoup, il eut la complaisance de le lire, et de faire sur son propre manuscrit les corrections demandées. Quel dommage, dit quelqu'un présent à cette lecture, que *le petit faiseur* n'ait pas mis une telle scène en musique! (On sait que Rousseau désignoit lui-même ainsi l'auteur prétendu de son *Devin du village*, et dont il se disoit le *prête-nom.*) « Vraiment, répondit-il, s'il ne l'a pas fait, c'est qu'il » n'en étoit pas capable. Mon petit faiseur ne peut enfler que » les pipeaux. Il y faudroit un grand faiseur. Je ne connois que » M. Gluck en état d'entreprendre cet ouvrage, et je voudrois » bien qu'il daignât s'en charger. »

L'éditeur du Rousseau *compacte* (1817) s'est étrangement mépris en disant que *Pygmalion* reçut les honneurs de la parodie, sous le titre de *Brioché, ou l'Origine des Marionnettes.* Cette pièce, représentée et imprimée en 1753, vingt ans avant qu'on ne connût le *Pygmalion* de Rousseau, est la parodie d'un opéra du même nom représenté en 1748. G. P.

(*) A la première représentation avec la nouvelle musique, le public, accoutumé à l'ancienne, cria du parterre : *La musique de Coignet, la musique de Coignet!* et l'orchestre fut obligé de la jouer. Par un hasard singulier et flatteur pour Coignet, il assistoit à cette représentation. La musique de Pygmalion a été refaite une troisième fois, en 1822, par M. Plantade, pour le *Cercle des arts*, qui n'eut qu'une existence éphémère. Lafond, des François, jouoit le rôle de Pygmalion.

M. P.

Et vous, jeunes objets, chefs-d'œuvre de la nature, que mon art osoit imiter, et sur les pas desquels les plaisirs m'attiroient sans cesse, vous, mes charmans modèles, qui m'embrasiez à la fois des feux de l'amour et du génie, depuis que je vous ai surpassés, vous m'êtes tous indifférens.

(Il s'assied, et contemple tout autour de lui.)

Retenu dans cet atelier par un charme inconcevable, je n'y sais rien faire, et je ne puis m'en éloigner. J'erre de groupe en groupe, de figure en figure; mon ciseau, foible, incertain, ne reconnoît plus son guide : ces ouvrages grossiers, restés à leur timide ébauche, ne sentent plus la main qui jadis les eût animés....

(Il se lève impétueusement.)

C'en est fait, c'en est fait; j'ai perdu mon génie... si jeune encore, je survis à mon talent.

Mais quelle est donc cette ardeur interne qui me dévore? qu'ai-je en moi qui semble m'embraser? Quoi! dans la langueur d'un génie éteint, sent-on ces émotions, sent-on ces élans des passions impétueuses, cette inquiétude insurmontable, cette agitation secrète qui me tourmente et dont je ne puis démêler la cause?

J'ai craint que l'admiration de mon propre ouvrage ne causât la distraction que j'apportois à mes travaux; je l'ai caché sous ce voile.... mes profanes mains ont osé couvrir ce monument de leur gloire. Depuis que je ne le vois plus, je suis plus triste, et ne suis pas plus attentif.

Qu'il va m'être cher, qu'il va m'être précieux, cet immortel ouvrage! Quand mon esprit éteint ne produira plus rien de grand, de beau, de digne de moi, je montrerai ma Galathée, et je dirai : Voilà mon ouvrage. O ma Galathée! quand j'aurai tout perdu, tu me resteras, et je serai consolé.

(Il s'approche du pavillon, puis se retire; va, vient, et s'arrête quelquefois à le regarder en soupirant.)

Mais pourquoi la cacher? Qu'est-ce que j'y gagne? Réduit à l'oisiveté, pourquoi m'ôter le plaisir de contempler la plus belle de mes œuvres?.. Peut-être y reste-t-il quelque défaut que je n'ai pas remarqué; peut-être pourrai-je encore ajouter quelque ornement à sa parure : aucune grâce imaginable ne doit manquer à un objet si charmant... peut-être cet objet ranimera-t-il mon imagination languissante. Il la faut revoir, l'examiner de nouveau. Que dis-je? Eh! je ne l'ai point encore examinée : je n'ai fait jusqu'ici que l'admirer.

(Il va pour lever le voile, et le laisse retomber comme effrayé.)

Je ne sais quelle émotion j'éprouve en touchant ce voile; une frayeur me saisit; je crois toucher au sanctuaire de quelque divinité. Pygmalion, c'est une pierre, c'est ton ouvrage.... Qu'importe? on sert des dieux dans nos temples, qui ne sont pas d'une autre matière, et n'ont pas été faits d'une autre main.

(Il lève le voile en tremblant, et se prosterne. On voit la statue de Galathée posée sur un piédestal fort petit, mais exhaussé par un gradin de marbre, formé de quelques marches demi-circulaires.)

O Galathée! recevez mon hommage. Oui, je me suis trompé : j'ai voulu vous faire nymphe, et je vous ai faite déesse. Vénus même est moins belle que vous.

Vanité, foiblesse humaine! je ne puis me lasser d'admirer mon ouvrage; je m'enivre d'amour-propre; je m'adore dans ce que j'ai fait.... Non, jamais rien de si beau ne parut dans la nature; j'ai passé l'ouvrage des dieux....

Quoi! tant de beautés sortent de mes mains! Mes mains les ont donc touchées.... ma bouche a donc pu.... Je vois un défaut. Ce vêtement couvre trop le nu; il faut l'échancrer davantage; les charmes qu'il recèle doivent être mieux annoncés.

(Il prend son maillet et son ciseau; puis, s'avançant lentement, il monte, en hésitant, les gradins de la statue qu'il semble n'oser toucher. Enfin, le ciseau déjà levé, il s'arrête.)

Quel tremblement! quel trouble!.... Je tiens le ciseau d'une main mal assurée.... Je ne puis.... je n'ose.... je gâterai tout.

(Il s'encourage; et enfin, présentant son ciseau, il en donne un seul coup, et saisi d'effroi, il le laisse tomber en poussant un grand cri.)

Dieux! je sens la chair palpitante repousser le ciseau!....

(Il redescend tremblant et confus.)

.... Vaine terreur, fol aveuglement... Non... je n'y toucherai point; les dieux m'épouvantent. Sans doute elle est déjà consacrée à leur rang.

(Il la considère de nouveau.)

Que veux-tu changer? regarde; quels nouveaux charmes veux-tu lui donner?... Ah! c'est sa perfection qui fait son défaut.... Divine Galathée! moins parfaite, il ne te manqueroit rien.

(Tendrement.)

Mais il te manque une âme : ta figure ne peut s'en passer.

(Avec plus d'attendrissement encore.)

Que l'âme faite pour animer un tel corps doit être belle!

(Il s'arrête long-temps. Puis, retournant s'asseoir, il dit d'une voix lente et changée :)

Quels désirs osé-je former! quels vœux insensés! qu'est-ce que je sens?... O ciel! le voile de l'illusion tombe, et je n'ose voir dans mon cœur : j'aurois trop à m'en indigner.

(Longue pause dans un profond accablement.)

.... Voilà donc la noble passion qui m'égare! c'est donc pour cet objet inanimé que je n'ose sortir d'ici!..... un marbre! une pierre! une masse informe et dure, travaillée avec ce fer!... Insensé, rentre en toi-même; gémis sur toi; vois ton erreur, vois ta folie.

..... Mais non.....

(Impétueusement.)

Non, je n'ai point perdu le sens; non, je n'extravague point; non, je ne me reproche rien. Ce n'est point de ce marbre mort que je suis épris, c'est d'un être vivant qui lui ressemble, c'est de la figure qu'il offre à mes yeux. En quelque lieu que soit cette figure adorable, quelque corps qui la porte, et quelque main qui l'ait faite, elle aura tous les vœux de mon cœur. Oui, ma seule folie est de discerner la beauté, mon seul crime est d'y être sensible. Il n'y a rien là dont je doive rougir.

(Moins vivement, mais toujours avec passion.)

Quels traits de feu semblent sortir de cet objet pour embraser mes sens, et retourner avec mon âme à leur source! Hélas! il reste immobile et froid, tandis que mon cœur embrasé par ses charmes voudroit quitter mon corps pour aller échauffer le sien. Je crois dans mon délire pouvoir m'élancer hors de moi, je crois pouvoir lui donner ma vie et l'animer de mon âme. Ah! que Pygmalion meure pour vivre dans Galathée!... Que dis-je, ô ciel! Si j'étois elle, je ne la verrois pas, je ne serois pas celui qui l'aime. Non, que ma Galathée vive, et que je ne sois pas elle. Ah! que je sois toujours un autre, pour vouloir toujours être elle, pour la voir, pour l'aimer, pour en être aimé!..

(Transport.)

Tourmens, vœux, désirs, rage, impuissance, amour terrible, amour funeste.... Oh! tout l'enfer est dans mon cœur agité.... Dieux puissans, dieux bienfaisans, dieux du peuple, qui connûtes les passions des hommes, ah! vous avez tant fait de prodiges pour de moindres causes! voyez cet objet, voyez mon cœur, soyez justes, et méritez vos autels.

(Avec un enthousiasme plus pathétique.)

Et toi, sublime essence qui te caches aux sens et te fais sentir aux cœurs, âme de l'univers, principe de toute existence, toi qui par l'amour donnes l'harmonie aux élémens, la vie à la matière, le sentiment aux corps, et la forme à tous les êtres; feu sacré, céleste Vénus, par qui tout se conserve et se reproduit sans cesse; ah! où est ton équilibre? où est ta force expansive? où est la loi de la nature dans le sentiment que j'éprouve? où est ta chaleur vivifiante dans l'inanité (a) de mes vains désirs? Tous tes feux sont concentrés dans mon cœur, et le froid de la mort reste sur ce marbre; je péris par l'excès de vie qui lui manque. Hélas! je n'attends point un prodige; il existe, il doit cesser; l'ordre est troublé, la nature est outragée; rends leur empire à ses lois, rétablis son cours bienfaisant, et verse également ta divine influence. Oui, deux êtres manquent à la plénitude des choses; partage-leur cette ardeur dévorante qui consume l'un sans animer l'autre : c'est toi qui formas par ma main ces charmes et ces traits qui n'attendent que le sentiment et la vie; donne-lui la moitié de la mienne, donne-lui tout, s'il le faut, il me suffira de vivre en elle. O toi qui daignes sourire aux hommages des mortels, ce qui ne sent rien ne t'honore pas; étends ta gloire avec tes œuvres. Déesse de la beauté, épargne cet affront à la nature, qu'un si parfait modèle soit l'image de ce qui n'est pas.

(Il revient à lui par degrés avec un mouvement d'assurance et de joie.)

Je reprends mes sens. Quel calme inattendu! quel courage inespéré me ranime! Une fièvre mortelle embrasoit mon sang : un baume de confiance et d'espoir court dans mes veines; je crois me sentir renaître.

Ainsi le sentiment de notre dépendance sert quelquefois à notre consolation. Quelque malheureux que soient les mortels, quand ils ont invoqué les dieux ils sont plus tranquilles.....

Mais cette injuste confiance trompe ceux qui font des vœux insensés.... Hélas! en l'état où je suis on invoque tout, et rien ne nous écoute; l'espoir qui nous abuse est plus insensé que le désir.

Honteux de tant d'égaremens, je n'ose plus même en contempler la cause. Quand je veux lever les yeux sur cet objet fatal, je sens un nouveau trouble, une palpitation me suffoque, une secrète frayeur m'arrête....

(Ironie amère.)

... Eh! regarde, malheureux; deviens intrépide; ose fixer une statue.

(Il la voit s'animer, et se détourne saisi d'effroi et le cœur serré de douleur.)

Qu'ai-je vu? dieux! qu'ai-je cru voir? Le coloris des chairs, un feu dans les yeux, des mouvemens même.... Ce n'est pas assez d'espérer le prodige; pour comble de misère, enfin, je l'ai vu....

(Excès d'accablement.)

Infortuné, c'en est donc fait.... ton délire est à

(a) VAR... *dans l'égarement.*

son dernier terme.... ta raison t'abandonne ainsi que ton génie.... ne la regrette point, ô Pygmalion! sa perte couvrira ton opprobre.....

(Vive indignation.)

Il est trop heureux pour l'amant d'une pierre de devenir un homme à visions.

(Il se retourne, et voit la statue se mouvoir et descendre elle-même les gradins par lesquels il a monté sur le piédestal. Il se jette à genoux, et lève les mains et les yeux au ciel.)

Dieux immortels! Vénus! Galathée! ô prestige d'un amour forcené!

GALATHÉE *se touche, et dit :*

Moi.

PYGMALION, *transporté.*

Moi

GALATHÉE, *se touchant encore.*

C'est moi.

PYGMALION

Ravissante illusion qui passes jusqu'à mes oreilles, ah! n'abandonne jamais mes sens.

GALATHÉE *fait quelques pas, et touche un marbre.*

Ce n'est plus moi.

(Pygmalion, dans une agitation, dans des transports qu'il a peine à contenir, suit tous ses mouvemens, l'écoute, l'observe avec une avide attention qui lui permet à peine de respirer. Galathée s'avance vers lui et le regarde; il se lève précipitamment, lui tend les bras, et la regarde avec extase. Elle pose une main sur lui; il tressaille, prend cette main, la porte à son cœur, et la couvre d'ardens baisers.)

GALATHÉE, *avec un soupir.*

Ah! encore moi.

PYGMALION.

Oui, cher et charmant objet, oui, digne chef-d'œuvre de mes mains, de mon cœur et des dieux; c'est toi, c'est toi seule; je t'ai donné tout mon être; je ne vivrai plus que par toi.

L'ENGAGEMENT TÉMÉRAIRE,

COMÉDIE EN TROIS ACTES (*).

AVERTISSEMENT.

Rien n'est plus plat que cette pièce. Cependant j'ai gardé quelque attachement pour elle, à cause de la gaîté du troisième acte, et de la facilité avec laquelle elle fut faite en trois jours, grâce à la tranquillité et au contentement d'esprit où je vivois alors, sans connoître l'art d'écrire, et sans aucune prétention. Si je fais moi-même l'édition générale, j'espère avoir assez de raison pour en retrancher ce barbouillage, sinon je laisse à ceux que j'aurai chargés de cette entreprise le soin de juger de ce qui convient, soit à sa mémoire, soit au goût présent du public.

PERSONNAGES.

DORANTE, ami de Valère.	LISETTE, suivante d'Isabelle.
VALÈRE, ami de Dorante.	CARLIN, valet de Dorante.
ISABELLE, veuve.	UN NOTAIRE.
ÉLIANTE, cousine d'Isabelle.	UN LAQUAIS.

La scène est dans le château d'Isabelle.

ACTE PREMIER.

SCÈNE I.

ISABELLE, ÉLIANTE.

ISABELLE.

L'hymen va donc enfin serrer des nœuds si doux;
Valère, à son retour, doit être votre époux :
Vous allez être heureuse. Ah! ma chère Éliante!

ÉLIANTE.

Vous soupirez? Eh bien! si l'exemple vous tente,
Dorante vous adore, et vous le voyez bien.
Pourquoi gêner ainsi votre cœur et le sien?
Car vous l'aimez un peu; du moins je le soupçonne.

ISABELLE.

Non, l'hymen n'aura plus de droits sur ma personne,
Cousine; un premier choix m'a trop mal réussi.

ÉLIANTE.

Prenez votre revanche en faisant celui-ci.

ISABELLE.

Je veux suivre la loi que j'ai su me prescrire;
Ou du moins... Car Dorante a voulu me séduire,
Sous le feint nom d'ami s'emparer de mon cœur.
Serois-je donc ainsi la dupe d'un trompeur,
Qui, par le succès même, en seroit plus coupable,
Et qui l'est trop, peut-être?

ÉLIANTE.

Il est donc pardonnable.

ISABELLE.

Point; il ne m'aura pas trompée impunément.
Il vient. Éloignons-nous, ma cousine, un moment.
Il n'est pas de son but aussi près qu'il le pense;
Et je veux à loisir méditer ma vengeance.

SCÈNE II.

DORANTE.

Elle m'évite encor! Que veut dire ceci?
Sur l'état de son cœur quand serai-je éclairci?
Harsardons de parler... Son humeur m'épouvante :
Carlin connoît beaucoup sa nouvelle suivante;
(Il aperçoit Carlin.)
Je veux... Carlin!

SCENE III.

CARLIN, DORANTE.

CARLIN.

Monsieur?

DORANTE.

Vois-tu bien ce château?

CARLIN.

Oui, depuis fort long-temps.

DORANTE.

Qu'en dis-tu?

CARLIN.

Qu'il est beau.

DORANTE.

Mais encor?

(*) Composée en 1747. Cette comédie fut représentée en 1748 sur le théâtre de la Chevrette, chez M. de Bellegarde. Rousseau nous apprend (*Confessions*, tom. I, pag. 179) qu'il y joua lui-même un rôle, et qu'après l'avoir étudié six mois, il fallut le lui souffler d'un bout à l'autre.

CARLIN.

Beau, très-beau, plus beau qu'on ne peut être.
Que diable !

DORANTE.

Et si bientôt j'en devenois le maître,
T'y plairois-tu ?

CARLIN.

Selon : s'il nous restoit garni ;
Cuisine foisonnante, et cellier bien fourni ;
Pour vos amusemens, Isabelle, Éliante ;
Pour ceux du sieur Carlin, Lisette la suivante ;
Mais, oui, je m'y plairois.

DORANTE.

Tu n'es pas dégoûté.
Hé bien ! réjouis-toi, car il est...

CARLIN.

Acheté?

DORANTE.

Non, mais gagné bientôt.

CARLIN.

Bon ! par quelle aventure ?
Isabelle n'est pas d'âge ni de figure
A perdre ses châteaux en quatre coups de dé.

DORANTE.

Il est à nous, te dis-je, et tout est décidé
Déjà dans mon esprit...

CARLIN.

Peste ! la belle emplette !
Résolue à part vous ? c'est une affaire faite,
Le château désormais ne sauroit nous manquer.

DORANTE.

Songe à me seconder au lieu de te moquer.

CARLIN.

Oh ! monsieur, je n'ai pas une tête si vive ;
Et j'ai tant de lenteur dans l'imaginative,
Que mon esprit grossier, toujours dans l'embarras,
Ne sait jamais jouir des biens que je n'ai pas :
Je serois un Crésus sans cette maladresse.

DORANTE.

Sais-tu, mon tendre ami, qu'avec ta gentillesse
Tu pourrois bien, pour prix de ta moralité,
Attirer sur ton dos quelque réalité ?

CARLIN.

Ah ! de moraliser je n'ai plus nulle envie.
Comme on te traite, hélas ! pauvre philosophie !
Çà, vous pouvez parler, j'écoute sans souffler.

DORANTE.

Apprends donc un secret qu'à tous il faut céler,
Si tu le peux, du moins.

CARLIN.

Rien ne m'est plus facile.

DORANTE.

Dieu le veuille ! en ce cas tu pourras m'être utile.

CARLIN.

Voyons.

DORANTE.

J'aime Isabelle.

CARLIN.

Oh ! quel secret ! Ma foi,
Je le savois sans vous.

DORANTE.

Qui te l'a dit ?

CARLIN.

Vous.

DORANTE.

Moi ?

CARLIN.

Oui, vous : vous conduisez avec tant de mystère
Vos intrigues d'amour, qu'en cherchant à les taire,
Vos airs mystérieux, tous vos tours et retours
En instruisent bientôt la ville et les faubourgs.
Passons. A votre amour la belle répond-elle ?

DORANTE.

Sans doute.

CARLIN.

Vous croyez être aimé d'Isabelle ?
Quelle preuve avez-vous du bonheur de vos feux ?

DORANTE.

Parbleu ! messer Carlin, vous êtes curieux.

CARLIN.

Oh ! ce ton-là, ma foi, sent la bonne fortune ;
Mais trop de confiance en fait manquer plus d'une.
Vous le savez fort bien.

DORANTE.

Je suis sûr de mon fait,
Isabelle en tous lieux me fuit.

CARLIN.

Mais en effet,
C'est de sa tendre ardeur une preuve constante !

DORANTE.

Écoute jusqu'au bout. Cette veuve charmante
A la fin de son deuil déclara sans retour
Que son cœur pour jamais renonçoit à l'amour.
Presque dès ce moment mon âme en fut touchée ;
Je la vis, je l'aimai ; mais toujours attachée
Au vœu qu'elle avoit fait, je sentis qu'il faudroit
Ménager son esprit par un détour adroit :
Je feignis pour l'hymen beaucoup d'antipathie,
Et, réglant mes discours sur sa philosophie,
Sous le tranquille nom d'une douce amitié,
Dans ses amusemens je fus mis de moitié.

CARLIN.

Peste ! ceci va bien. En amusant les belles
On vient au sérieux. Il faut rire auprès d'elles ;
Ce qu'on fait en riant est autant d'avancé.

DORANTE.

Dans ces ménagemens plus d'un an s'est passé.
Tu peux bien te douter qu'après toute une année
On est plus familier qu'après une journée ;
Et mille aimables jeux se passent entre amis.

Qu'avec un étranger on n'auroit pas permis.
Or, depuis quelque temps j'aperçois qu'Isabelle
Se comporte avec moi d'une façon nouvelle.
Sa cousine toujours me reçoit de même œil;
Mais, sous l'air affecté d'un favorable accueil,
Avec tant de réserve Isabelle me traite,
Qu'il faut ou qu'en secret prévoyant sa défaite
Elle veuille éviter de m'en faire l'aveu,
Ou que d'un autre amant elle approuve le feu.

CARLIN.

Eh! qui voudriez-vous qui pût ici lui plaire?
Il n'entre en ce château que vous seul et Valère,
Qui, près de la cousine en esclave enchaîné,
Va bientôt par l'hymen voir son feu couronné.

DORANTE.

Moi donc, n'apercevant aucun rival à craindre,
Ne dois-je pas juger que, voulant se contraindre,
Isabelle aujourd'hui cherche à m'en imposer
Sur le progrès d'un feu qu'elle veut déguiser?
Mais, avec quelque soin qu'elle cache sa flamme,
Mon cœur a pénétré le secret de son âme;
Ses yeux ont sur les miens lancé ces traits charmans,
Présages fortunés du bonheur des amans.
Je suis aimé, te dis-je; un retour plein de charmes
Paie enfin mes soupirs, mes transports et mes larmes.

CARLIN.

Économisez mieux ces exclamations;
Il est, pour les placer, d'autres occasions
Où cela fait merveille. Or, quant à notre affaire,
Je ne vois pas encor ce que mon ministère,
Si vous êtes aimé, peut en votre faveur:
Que vous faut-il de plus?

DORANTE.

L'aveu de mon bonheur.
Il faut qu'en ce château... Mais j'aperçois Lisette.
Va m'attendre au logis. Surtout, bouche discrète.

CARLIN.

Vous offensez, monsieur, les droits de mon métier.
On doit choisir son monde, et puis s'y confier.

DORANTE, *le rappelant.*

Ah! j'oubliois... Carlin, j'ai reçu de Valère
Une lettre d'avis que, pour certaine affaire
Qu'il ne m'explique pas, il arrive aujourd'hui.
S'il vient, cours aussitôt m'en avertir ici.

SCÈNE IV.

DORANTE, LISETTE.

DORANTE.

Ah! c'est toi, belle enfant! Eh! bonjour, ma Lisette:
Comment vont les galans? A ta mine coquette
On pourroit bien gager au moins pour deux ou trois:
Plus le nombre en est grand, et mieux on fait son choix.

LISETTE.

Vous me prêtez, monsieur, un petit caractère,
Mais fort joli vraiment!

DORANTE.

Bon, bon! point de colère.
Tiens, avec ces traits-là, Lisette, par ta foi,
Peux-tu défendre aux gens d'être amoureux de toi?

LISETTE.

Fort bien. Vous débitez la fleurette à merveilles,
Et vos galans discours enchantent les oreilles.
Mais au fait, croyez-moi.

DORANTE.

Parbleu! tu me ravis,
(Feignant de vouloir l'embrasser.)
J'aime à te prendre au mot.

LISETTE.

Tout doux, monsieur!

DORANTE.

Tu ris,
Et je veux rire aussi.

LISETTE.

Je le vois. Malepeste!
Comme à m'interpréter, monsieur, vous êtes leste!
Je m'entends autrement, et sais qu'auprès de nous
Ce jargon séduisant de messieurs tels que vous
Montre, par ricochet, où le discours s'adresse.

DORANTE.

Quoi! tu penserois donc qu'épris de ta maîtresse....

LISETTE.

Moi? je ne pense rien: mais, si vous m'en croyez,
Vous porterez ailleurs des feux trop mal payés.

DORANTE, *vivement.*

Ah! je l'avois prévu: l'ingrate a vu ma flamme,
Et c'est pour m'accabler qu'elle a lu dans mon âme.

LISETTE.

Qui vous a dit cela?

DORANTE.

Qui me l'a dit? c'est toi.

LISETTE.

Moi? je n'y songe pas.

DORANTE.

Comment?

LISETTE.

Non, par ma foi.

DORANTE.

Et ces feux mal payés, est-ce un rêve? est-ce un conte?

LISETTE.

Diantre! comme au cerveau d'abord le feu vous monte!
Je ne m'y frotte plus.

DORANTE.

Ah! daigne m'éclaircir.
Quel plaisir peux-tu prendre à me faire souffrir?

LISETTE.

Et pourquoi si long-temps, vous, me faire mystère
D'un secret dont je dois être dépositaire?
J'ai voulu vous punir par un peu de souci.
Isabelle n'a rien aperçu jusqu'ici.

(A part.) (Haut.)
C'est mentir. Mais gardez qu'elle ne vous soupçonne;
Car je doute en ce cas que son cœur vous pardonne.
Vous ne sauriez penser jusqu'où va sa fierté.

DORANTE.

Me voilà retombé dans ma perplexité.

LISETTE.

Elle vient. Essayez de lire dans son âme,
Et surtout avec soin cachez-lui votre flamme;
Car vous êtes perdu si vous la laissez voir.

DORANTE.

Hélas! tant de lenteur me met au désespoir.

SCÈNE V.

ISABELLE, DORANTE, LISETTE.

ISABELLE.

Ah! Dorante, bonjour. Quoi! tous deux tête à tête!
Eh mais! vous faisiez donc votre cour à Lisette?
Elle est vraiment gentille et de bon entretien.

DORANTE.

Madame, il me suffit qu'elle vous appartient
Pour rechercher en tout le bonheur de lui plaire.

ISABELLE.

Si c'est là votre objet, rien ne vous reste à faire,
Car Lisette s'attache à tous mes sentimens.

DORANTE.

Ah! madame....

ISABELLE.

Oh! surtout, quittons les complimens,
Et laissons aux amans ce vulgaire langage.
La sincère amitié de son froid étalage
A toujours dédaigné le fade et vain secours :
On n'aime point assez quand on le dit toujours.

DORANTE.

Ah! du moins une fois heureux qui peut le dire

LISETTE, *bas.*

Taisez-vous donc, jaseur.

ISABELLE.

J'oserois bien prédire
Que, sur le ton touchant dont vous vous exprimez,
Vous aimerez bientôt, si déjà vous n'aimez.

DORANTE.

Moi, madame?

ISABELLE.

Oui, vous.

DORANTE.

Vous me raillez, sans doute?

LISETTE, *à part.*

Oh! ma foi, pour le coup mon homme est en déroute.

ISABELLE.

Je crois lire en vos yeux des symptômes d'amour.

DORANTE.

(Haut, à Lisette, avec affectation.)
Madame, en vérité... Pour lui faire ma cour,
Faut-il en convenir?

LISETTE, *bas.*

Bravo! prenez courage.
(Haut, à Dorante.)
Mais il faut bien, monsieur, aider au badinage.

ISABELLE.

Point ici de détour : parlez-moi franchement;
Seriez-vous amoureux?

LISETTE, *bas vivement.*

Gardez de...

DORANTE.

Non, vraiment,
Madame, il me déplaît fort de vous contredire.

ISABELLE.

Sur ce ton positif, je n'ai plus rien à dire :
Vous ne voudriez pas, je crois, m'en imposer.

DORANTE.

J'aimerois mieux mourir que de vous abuser.

LISETTE, *bas.*

Il ment, ma foi, fort bien; j'en suis assez contente,

ISABELLE.

Ainsi donc votre cœur, qu'aucun objet ne tente,
Les a tous dédaignés, et jusques aujourd'hui
N'en a point rencontré qui fût digne de lui?

DORANTE, *à part.*

Ciel! se vit-on jamais en pareille détresse!

LISETTE.

Madame, il n'ose pas, par pure politesse,
Donner à ce discours son approbation;
Mais je sais que l'amour est son aversion.
(Bas, à Dorante.)
Il faut ici du cœur.

ISABELLE.

Eh bien! j'en suis charmée,
Voilà notre amitié pour jamais confirmée,
Si, ne sentant du moins nul penchant à l'amour,
Vous y voulez pour moi renoncer sans retour.

LISETTE.

Pour vous plaire, madame, il n'est rien qu'il ne fasse.

ISABELLE.

Vous répondez pour lui! c'est de mauvaise grâce.

DORANTE.

Hélas! j'approuve tout : dictez vos volontés.
Tous vos ordres par moi seront exécutés.

ISABELLE.

Ce ne sont point des lois, Dorante, que j'impose;
Et si vous répugnez à ce que je propose,
Nous pouvons dès ce jour nous quitter bons amis.

DORANTE.

Ah! mon goût à vos vœux sera toujours soumis.

ISABELLE.

Vous êtes complaisant, je veux être indulgente;
Et pour vous en donner une preuve évidente,
Je déclare à présent qu'un seul jour, un objet,
Doivent borner le vœu qu'ici vous avez fait.

Tenez pour ce jour seul votre cœur en défense;
Évitez de l'amour jusques à l'apparence
Envers un seul objet que je vous nommerai;
Résistez aujourd'hui, demain je vous ferai
Un don....

DORANTE, *vivement.*

A mon choix?

ISABELLE.

Soit, il faut vous satisfaire;
Et je vous laisserai régler votre salaire.
Je n'en excepte rien que les lois de l'honneur :
Je voudrois que le prix fût digne du vainqueur.

DORANTE.

Dieux! quels légers travaux pour tant de récompense!

ISABELLE.

Oui : mais si vous manquez un moment de prudence,
Le moindre acte d'amour, un soupir, un regard,
Un trait de jalousie enfin, de votre part,
Vous privent à l'instant du droit que je vous laisse :
Je punirai sur moi votre propre foiblesse,
En vous voyant alors pour la dernière fois :
Telles sont du pari les immuables lois.

DORANTE.

Ah! que vous m'épargnez de mortelles alarmes!
Mais quel est donc enfin cet objet plein de charmes
Dont les attraits pour moi sont tant à redouter?

ISABELLE.

Votre cœur aisément pourra les rebuter :
Ne craignez rien.

DORANTE.

Et c'est?

ISABELLE.

C'est moi.

DORANTE.

Vous?

ISABELLE.

Oui, moi-même.

DORANTE.

Qu'entends-je!

ISABELLE.

D'où vous vient cette surprise extrême?
Si le combat avoit moins de facilité,
Le prix ne vaudroit pas ce qu'il auroit coûté.

LISETTE.

Mais regardez-le donc; sa figure est à peindre!

DORANTE, *à part.*

Non, je n'en reviens pas. Mais il faut me contraindre.
Cherchons en cet instant à remettre mes sens.
Mon cœur contre soi-même a lutté trop long-temps;
Il faut un peu de trève à cet excès de peine.
La cruelle a trop vu le penchant qui m'entraîne,
Et je ne sais prévoir, à force d'y penser,
Si l'on veut me punir ou me récompenser.

SCÈNE VI.

ISABELLE, LISETTE.

LISETTE.

De ce pauvre garçon le sort me touche l'âme.
Vous vous plaisez par trop à maltraiter sa flamme,
Et vous le punissez de sa fidélité.

ISABELLE.

Va, Lisette, il n'a rien qu'il n'ait bien mérité.
Quoi! pendant si long-temps il m'aura pu séduire,
Dans ses piéges adroits il m'aura su conduire;
Il aura, sous le nom d'une douce amitié...

LISETTE.

Fait prospérer l'amour?

ISABELLE.

Et j'en aurois pitié!
Il faut que ces trompeurs trouvent dans nos caprices
Le juste châtiment de tous leurs artifices.
Tandis qu'ils sont amans, ils dépendent de nous :
Leur tour ne vient que trop sitôt qu'ils sont époux.

LISETTE.

Ce sont bien, il est vrai, les plus francs hypocrites!
Ils vous savent long-temps faire les chattemites :
Et puis gare la griffe. Oh! d'avance auprès d'eux
Prenons notre revanche.

ISABELLE, *en soi-même.*

Oui, le tour est heureux.

(A Lisette.)

Je médite à Dorante une assez bonne pièce
Où nous aurons besoin de toute ton adresse.
Valère en peu de jours doit venir de Paris?

LISETTE.

Il arrive aujourd'hui, Dorante en a l'avis.

ISABELLE.

Tant mieux, à mon projet cela vient à merveilles.

LISETTE.

Or, expliquez-nous donc la ruse sans pareilles.

ISABELLE.

Valère et ma cousine, unis d'un même amour,
Doivent se marier peut-être dès ce jour.
Je veux de mon dessein la faire confidente.

LISETTE.

Que ferez-vous, hélas! de la pauvre Éliante?
Elle gâtera tout. Avez-vous oublié
Qu'elle est la bonté même, et que, peu délié,
Son esprit n'est pas fait pour le moindre artifice,
Et moins encor son cœur pour la moindre malice?

ISABELLE.

Tu dis fort bien, vraiment; mais pourtant mon projet
Demanderoit... Attends... Mais oui, voilà le fait.
Nous pouvons aisément la tromper elle-même;
Cela n'en fait que mieux pour notre stratagème.

LISETTE.

Mais si Dorante, enfin, par l'amour emporté,

Tombe dans quelque piége où vous l'aurez jeté,
Vous ne pousserez pas, du moins, la raillerie
Plus loin que ne permet une plaisanterie?

ISABELLE.

Qu'appelles-tu, plus loin? Ce sont ici des jeux,
Mais dont l'événement doit être sérieux.
Si Dorante est vainqueur et si Dorante m'aime,
Qu'il demande ma main, il l'a dès l'instant même;
Mais si son foible cœur ne peut exécuter
La loi que par ma bouche il s'est laissé dicter,
Si son étourderie un peu trop loin l'entraîne,
Un éternel adieu va devenir la peine
Dont je me vengerai de sa séduction,
Et dont je punirai son indiscrétion.

LISETTE.

Mais s'il ne commettoit qu'une faute légère
Pour qui la moindre peine est encor trop sévère?

ISABELLE.

D'abord, à ses dépens nous nous amuserons;
Puis nous verrons après ce que nous en ferons.

ACTE SECOND.

SCÈNE I.

ISABELLE, LISETTE.

LISETTE.

Oui, tout a réussi, madame, par merveilles.
Éliante écoutoit de toutes ses oreilles,
Et sur nos propos feints, dans sa vaine terreur,
Nous donne bien, je pense, au diable de bon cœur.

ISABELLE.

Elle croit tout de bon que j'en veux à Valère?

LISETTE.

Et que trouvez-vous là que de fort ordinaire?
D'une amie en secret s'approprier l'amant,
Dame! attrape qui peut.

ISABELLE.

Ah! très-assurément
Ce procédé va mal avec mon caractère.
D'ailleurs...

LISETTE.

Vous n'aimez point l'amant qui sait lui plaire,
Et la vertu vous dit de lui laisser son bien.
Ah! qu'on est généreux quand il n'en coûte rien!

ISABELLE.

Non, quand je l'aimerois, je ne suis pas capable...

LISETTE.

Mais croyez-vous au fond d'être bien moins coupable?

ISABELLE.

Le tour, je te l'avoue, est malin.

LISETTE.

Très-malin

ISABELLE.

Mais....

LISETTE.

Les frais en sont faits, il faut en voir la fin,
N'est-ce pas?

ISABELLE.

Oui. Je vais faire la fausse lettre:
A Valère feignant de la vouloir remettre,
Tu tâcheras tantôt, mais très-adroitement,
Qu'elle parvienne aux mains de Dorante.

LISETTE

Oh! vraiment,
Carlin est si nigaud que...

ISABELLE.

Le voici lui-même:
Rentrons. Il vient à point pour notre stratagème.

SCÈNE II.

CARLIN.

Valère est arrivé; moi j'accours à l'instant,
Et voilà la façon dont Dorante m'attend.
Où diable le chercher? Hom, qu'il m'en doit de belles!
On dit qu'au dieu Mercure on a donné des ailes:
Il en faut en effet pour servir un amant,
S'il ne nourrit son monde assez légèrement
Pour compenser cela. Quelle maudite vie
Que d'être assujettis à tant de fantaisie!
Parbleu! ces maîtres-là sont de plaisans sujets!
Ils prennent, par ma foi, leurs gens pour leurs valets!

SCÈNE III.

ÉLIANTE, CARLIN.

ÉLIANTE, *sans voir Carlin.*

Ciel! que viens-je d'entendre? et qui voudra le croire?
Inventa-t-on jamais perfidie aussi noire?

CARLIN.

Éliante paroît; elle a les yeux en pleurs!
A qui diable en a-t-elle?

ÉLIANTE.

A de telles noirceurs
Qui pourroit reconnoître Isabelle et Valère?

CARLIN.

Ceci couvre à coup sûr quelque nouveau mystère.

ÉLIANTE.

Ah! Carlin, qu'à propos je te rencontre ici!

CARLIN.

Et moi, très à propos je vous y trouve aussi,
Madame, si je puis vous y marquer mon zèle.

ÉLIANTE.

Cours appeler Dorante, et dis-lui qu'Isabelle,
Lisette, et son ami, nous trahissent tous trois.

CARLIN.

Je le cherche moi-même, et déjà par deux fois
J'ai couru jusqu'ici pour lui pouvoir apprendre
Que Valère au logis est resté pour l'attendre.

ÉLIANTE.

Valère? Ah! le perfide! il méprise mon cœur,
Il épouse Isabelle; et sa coupable ardeur,
A son ami Dorante arrachant sa maîtresse,
Outrage en même temps l'honneur et la tendresse.

CARLIN.

Mais de qui tenez-vous un si bizarre fait?
Il faut se défier des rapports qu'on nous fait.

ÉLIANTE.

J'en ai, pour mon malheur, la preuve trop certaine.
J'étois par pur hasard dans la chambre prochaine;
Isabelle et Lisette arrangeoient leur complot.
A travers la cloison, jusques au moindre mot,
J'ai tout entendu...

CARLIN.

Mais, c'est de quoi me confondre;
A cette preuve-là je n'ai rien à répondre.
Que puis-je cependant faire pour vous servir?

ÉLIANTE.

Lisette en peu d'instans sûrement doit sortir
Pour porter à Valère elle-même une lettre
Qu'Isabelle en ses mains tantôt a dû remettre.
Tâche de la surprendre, ouvre-la, porte-la
Sur-le-champ à Dorante; il pourra voir par là
De tout leur noir complot la trame criminelle.
Qu'il tâche à prévenir cette injure cruelle,
Mon outrage est le sien.

CARLIN.

Madame, la douleur
Que je ressens pour vous dans le fond de mon cœur...
Allume dans mon âme... une telle colère...
Que mon esprit... ne peut... Si je tenois Valère....
Suffit... Je ne dis rien... Mais, ou nous ne pourrons,
Madame, vous servir... ou nous vous servirons.

ÉLIANTE.

De mon juste retour tu peux tout te promettre.
Lisette va venir : souviens-toi de la lettre.
Un autre procédé seroit plus généreux;
Mais contre les trompeurs on peut agir comme eux.
Faute d'autre moyen pour le faire connoître,
C'est en le trahissant qu'il faut punir un traître.

SCÈNE IV.

CARLIN.

Souviens-toi! c'est bien dit : mais pour exécuter
Le vol qu'elle demande, il y faut méditer.
Lisette n'est pas grue, et le diable m'emporte
Si l'on prend ce qu'elle a que de la bonne sorte.
Je n'y vois qu'embarras. Examinons pourtant
Si l'on ne pourroit point.... Le cas est important;
Mais il s'agit ici de ne point nous commettre,
Car mon dos.... C'est Lisette, et j'aperçois la lettre.
Éliante, ma foi, ne s'est trompée en rien.

SCÈNE V.

CARLIN, LISETTE, *avec une lettre dans le sein.*

LISETTE, *à part.*

Voilà déjà mon drôle aux aguets : tout va bien.

CARLIN.

(A part.) (Haut.)
Hasardons l'aventure. Eh! comment va Lisette?

LISETTE.

Je ne te voyois pas; on diroit qu'en vedette
Quelqu'un t'auroit mis là pour détrousser les gens.

CARLIN.

Mais, j'aimerois assez à piller les passans
Qui te ressembleroient.

LISETTE.

Aussi peu redoutables?

CARLIN.

Non, des gens qui seroient autant que toi volables.

LISETTE.

Que leur volerois-tu? pauvre enfant! je n'ai rien.

CARLIN.

Carlin de ces rien-là s'accommoderoit bien.
(Essayant d'escamoter la lettre.)
Par exemple, d'abord je tâcherois de prendre....

LISETTE.

Fort bien; mais de ma part tâchant de me défendre,
Vous ne prendriez rien, du moins pour le moment.
(Elle met la lettre dans la poche de son tablier du côté de Carlin.)

CARLIN.

Il faudroit donc tâcher de m'y prendre autrement.
Qu'est-ce que cette lettre? où vas-tu donc la mettre?

LISETTE, *feignant d'être embarrassée.*

Cette lettre, Carlin? Eh mais, c'est une lettre....
Que je mets dans ma poche.

CARLIN.

Oh! vraiment, je le vois.
Mais voudrois-tu me dire à qui?...
(Il tâche encore de prendre la lettre.)

LISETTE, *mettant la lettre dans l'autre poche opposée à Carlin.*

Déjà deux fois
Vous avez essayé de la prendre par ruse.
Je voudrois bien savoir....

CARLIN.

Je te demande excuse;
Je dois à tes secrets ne prendre aucune part.
Je voulois seulement savoir si par hasard
Cette lettre n'est point pour Valère ou Dorante.

LISETTE.

Et si c'étoit pour eux...

CARLIN.

D'abord, je me présente,
Ainsi que je ferois même en tout autre cas,
Pour la porter moi-même et vous sauver des pas.

LISETTE.

Elle est pour d'autres gens.

CARLIN.

Tu mens; voyons la lettre.

LISETTE.

Et si, vous la donnant, je vous faisois promettre
De ne la point montrer, me le tiendriez-vous?

CARLIN.

Oui, Lisette, en honneur, j'en jure à tes genoux.

LISETTE.

Vous m'apprenez comment il faudra me conduire.
De ne la point montrer on a su me prescrire;
J'ai promis en honneur.

CARLIN.

Oh! c'est un autre point:
Ton honneur et le mien ne se ressemblent point.

LISETTE.

Ma foi, monsieur Carlin, j'en serois très-fâchée.
Voyez l'impertinent!

CARLIN.

Ah! vous êtes cachée!
Je connois maintenant quel est votre motif.
Votre esprit en détours seroit moins inventif,
Si la lettre touchoit un autre que vous-même:
Un traître rival est l'objet du stratagème,
Et j'ai, pour mon malheur, trop su le pénétrer
Par vos précautions pour ne la point montrer.

LISETTE.

Il est vrai; d'un rival devenue amoureuse,
De vos soins désormais je suis peu curieuse.

CARLIN, *en déclamant.*

Oui, perfide, je vois que vous me trahissez
Sans retour pour mes soins, pour mes travaux passés.
Quand je vous promenois par toutes les guinguettes,
Lorsque je vous aidois à plisser vos cornettes,
Quand je vous faisois voir la Foire ou l'Opéra,
Toujours, me disiez-vous, notre amour durera.
Mais déjà d'autres feux ont chassé de ton âme
Le charmant souvenir de ton ancienne flamme.
Je sens que le regret m'accable de vapeurs;
Barbare, c'en est fait, c'est pour toi que je meurs!

LISETTE.

Non, je t'aime toujours. Mais il tombe en foiblesse.
(Pendant que Lisette le soutient et lui fait sentir son flacon, Carlin lui vole la lettre.)
Pourquoi vouloir aussi lui cacher ma tendresse?
C'est moi qui l'assassine. Eh! vite mon flacon.
(A part.)
Sens, sens, mon pauvre enfant. Ah! le rusé fripon!
(Haut.)
Comment te trouves-tu?

CARLIN.

Je reviens à la vie.

LISETTE.

De la mienne bientôt ta mort seroit suivie.

CARLIN.

Ta divine liqueur m'a tout reconforté.

LISETTE, *à part.*

C'est ma lettre, coquin, qui t'a ressuscité.
(Haut.)
Avec toi cependant trop long-temps je m'amuse;
Il faudra que je rêve à trouver quelque excuse,
Et déjà je devrois être ici de retour.
Adieu, mon cher Carlin.

CARLIN

Tu t'en vas, mon amour?
Rassure-moi, du moins, sur ta persévérance.

LISETTE.

Eh quoi! peux-tu douter de toute ma constance?
(A part.)
Il croit m'avoir dupée, et rit de mes propos:
Avec tout leur esprit, les hommes sont des sots

SCÈNE VI.

CARLIN.

A la fin je triomphe, et voici ma conquête.
Ce n'est pas tout; il faut encore un coup de tête:
Car, à Dorante ainsi si je vais la porter,
Il la rend aussitôt sans la décacheter;
La chose est immanquable: et cependant Valère
Vous lui souffle Isabelle, et, sous mon ministère,
Je verrai ses appas, je verrai ses écus
Passer en d'autres mains, et mes projets perdus!
Il faut ouvrir la lettre.... Eh! oui; mais si je l'ouvre,
Et par quelque malheur que mon vol se découvre,
Valère pourroit bien..... La peste soit du sot!
Qui diable le saura? moi, je n'en dirai mot.
Lisette aura sur moi quelque soupçon peut-être:
Et bien! nous mentirons... Allons, servons mon maître,
Et contentons surtout ma curiosité.
La cire ne tient point, tout est déjà sauté;
Tant mieux: la refermer sera chose facile.....
(Il lit en parcourant.)
Diable! voyons ceci.

« Je vous préviens par cette lettre, mon cher Valère, supposant que vous arriverez aujourd'hui, comme nous en sommes convenus. Dorante est notre dupe plus que jamais: il est toujours persuadé que c'est à Éliante que vous en voulez, et j'ai imaginé là-dessus un stratagème assez plaisant pour nous amuser à ses dépens, et l'empêcher de troubler notre mariage. J'ai fait avec lui une espèce de pari, par lequel il s'est engagé à ne me donner d'ici à demain aucune marque d'amour ni de jalousie, sous peine de ne me voir jamais. Pour

» le séduire plus sûrement, je l'accablerai de ten-
» dresses outrées, que vous ne devez prendre à son
» égard que pour ce qu'elles valent; s'il manque à
» son engagement, il m'autorise à rompre avec lui
» sans détour; et s'il l'observe, il nous délivre de
» ses importunités jusqu'à la conclusion de l'affaire.
» Adieu. Le notaire est déjà mandé : tout est prêt
» pour l'heure marquée, et je puis être à vous dès
» ce soir. »

ISABELLE.

Tubleu! le joli style!
Après de pareils tours on ne dit rien, sinon
Qu'il faut pour les trouver être femme ou démon.
Oh! que voici de quoi bien réjouir mon maître!
Quelqu'un vient; c'est lui-même.

SCÈNE VII.

DORANTE, CARLIN.

DORANTE.

Où te tiens-tu donc, traître?
Je te cherche partout.

CARLIN.

Moi, je vous cherche aussi :
Ne m'avez-vous pas dit de revenir ici?

DORANTE.

Mais pourquoi si long-temps?...

CARLIN.

Donnez-vous patience.
Si vous montrez en tout la même pétulance,
Nous allons voir beau jeu.

DORANTE.

Qu'est-ce que ce discours?

CARLIN.

Ce n'est rien; seulement à vos tendres amours
Il faudra dire adieu.

DORANTE.

Quelle sotte nouvelle
Viens-tu?...

CARLIN.

Point de courroux. Je sais bien qu'Isabelle
Dans le fond de son cœur vous aime uniquement;
Mais, pour nourrir toujours un si doux sentiment,
Voyez comme de vous elle parle à Valère.

DORANTE.

L'écriture, en effet, est de son caractère.
(Il lit la lettre.)
Que vois-je? malheureux! d'où te vient ce billet?

CARLIN.

Allez-vous soupçonner que c'est moi qui l'ai fait?

DORANTE.

D'où te vient-il? te dis-je.

CARLIN.

A la chère suivante
Je l'ai surpris tantôt par ordre d'Éliante.

DORANTE.

D'Éliante! Comment?

CARLIN.

Elle avoit découvert
Toute la trahison qu'arrangeoient de concert
Isabelle et Lisette, et, pour vous en instruire,
Jusqu'en ce vestibule a couru me le dire.
La pauvre enfant pleuroit.

DORANTE.

Ah! je suis confondu!
Aveuglé que j'étois! comment n'ai-je pas dû,
Dans leurs airs affectés, voir leur intelligence?
On abuse aisément un cœur sans défiance.
Ils se rioient ainsi de ma simplicité!

CARLIN.

Pour moi, depuis long-temps je m'en étois douté.
Continuellement on les trouvoit ensemble.

DORANTE.

Ils se voyoient fort peu devant moi, ce me semble.

CARLIN.

Oui, c'étoit justement pour mieux cacher leur jeu.
Mais leurs regards...

DORANTE.

Non pas; ils se regardoient peu,
Par affectation.

CARLIN.

Parbleu! voilà l'affaire.

DORANTE.

Chez moi-même à l'instant ayant trouvé Valère,
J'aurois dû voir au ton dont parlant de leurs nœuds
D'Éliante avec art il faisoit l'amoureux,
Que l'ingrat ne cherchoit qu'à me donner le change.

CARLIN.

Jamais crédulité fut-elle plus étrange?
Mais que sert le regret? et qu'y faire après tout?

DORANTE.

Rien; je veux seulement savoir si jusqu'au bout
Ils oseront porter leur lâche stratagème.

CARLIN.

Quoi! vous prétendez donc être témoin vous-même?

DORANTE.

Je veux voir Isabelle, et, feignant d'ignorer
Le prix qu'à ma tendresse elle a su préparer,
Pour la mieux détester je prétends me contraindre,
Et sur son propre exemple apprendre l'art de feindre.
Toi, va tout préparer pour partir dès ce soir.

CARLIN, *va et revient.*

Peut-être...

DORANTE.

Quoi?

CARLIN.

J'y cours.

DORANTE.

Je suis au désespoir.

Elle vient. A ses yeux déguisons ma colère.
Qu'elle est charmante! Hélas! comment se peut-il faire
Qu'un esprit aussi noir anime tant d'attraits?

SCÈNE VIII.

ISABELLE, DORANTE.

ISABELLE.

Dorante, il n'est plus temps d'affecter désormais
Sur mes vrais sentimens un secret inutile.
Quand la chose nous touche, on voit la moins habile
A l'erreur qu'elle feint se livrer rarement.
Je prétends avec vous agir plus franchement.
Je vous aime, Dorante; et ma flamme sincère,
Quittant ces vains dehors d'une sagesse austère
Dont le faste sert mal à déguiser le cœur,
Veut bien à vos regards dévoiler son ardeur.
Après avoir long-temps vanté l'indifférence,
Après avoir souffert un an de violence,
Vous ne sentez que trop qu'il n'en coûte pas peu
Quand on se voit réduite à faire un tel aveu.

DORANTE.

Il faut en convenir; je n'avois pas l'audace
De m'attendre, madame, à cet excès de grâce.
Cet aveu me confond, et je ne puis douter
Combien, en le faisant, il a dû vous coûter.

ISABELLE.

Votre discrétion, vos feux, votre constance,
Ne méritoient pas moins que cette récompense;
C'est au plus tendre amour, à l'amour éprouvé,
Qu'il faut rendre l'espoir dont je l'avois privé.
Plus vous auriez d'ardeur, plus, craignant ma colère,
Vous vous attacheriez à ne pas me déplaire;
Et mon exemple seul a pu vous dispenser
De me cacher un feu qui devoit m'offenser.
Mais quand à vos regards toute ma flamme éclate,
Sur vos vrais sentimens peut-être je me flatte,
Et je ne les vois point ici se déclarer
Tels qu'après cet aveu j'aurois pu l'espérer.

DORANTE.

Madame, pardonnez au trouble qui me gêne,
Mon bonheur est trop grand pour le croire sans peine.
Quand je songe quel prix vous m'avez destiné,
De vos rares bontés je me sens étonné.
Mais moins à ces bontés j'avois droit de prétendre,
Plus au retour trop dû vous devez vous attendre.
Croyez, sous ces dehors de la tranquillité,
Que le fond de mon cœur n'est pas moins agité.

ISABELLE.

Non, je ne trouve point que votre air soit tranquille;
Mais il semble annoncer plus de torrens de bile
Que de transports d'amour : je ne crois pas pourtant
Que mon discours, pour vous, ait eu rien d'insultant,
Et sans trop me flatter, d'autres à votre place
L'auroient pu recevoir d'un peu meilleure grâce.

DORANTE.

A d'autres, en effet, il eût convenu mieux
Avec autant de goût on a de meilleurs yeux,
Et je ne trouve point, sans doute, en mon mérite,
De quoi justifier ici votre conduite :
Mais je vois qu'avec moi vous voulez plaisanter;
C'est à moi de savoir, madame, m'y prêter.

ISABELLE.

Dorante, c'est pousser bien loin la modestie :
Ceci n'a point trop l'air d'une plaisanterie :
Il nous en coûte assez en déclarant nos feux,
Pour ne pas faire un jeu de semblables aveux.
Mais je crois pénétrer le secret de votre âme;
Vous craignez que, cherchant à tromper votre flamme,
Je ne veuille abuser du défi de tantôt
Pour tâcher aujourd'hui de vous prendre en défaut.
Je ne vous cache point qu'il me paroît étrange
Qu'avec autant d'esprit on prenne ainsi le change :
Pensez-vous que des feux qu'allument nos attraits
Nous redoutions si fort les transports indiscrets,
Et qu'un amour ardent jusqu'à l'extravagance
Ne nous flatte pas mieux qu'un excès de prudence?
Croyez, si votre sort dépendoit du pari,
Que c'est de le gagner que vous seriez puni.

DORANTE.

Madame, vous jouez fort bien la comédie;
Votre talent m'étonne, il me fait même envie;
Et, pour savoir répondre à des discours si doux,
Je voudrois en cet art exceller comme vous :
Mais, pour vouloir trop loin pousser le badinage,
Je pourrois à la fin manquer mon personnage,
Et reprenant peut-être un ton trop sérieux...

ISABELLE.

A la plaisanterie il n'en feroit que mieux.
Tout de bon, je ne sais où de cette boutade
Votre esprit a pêché la grotesque incartade.
Je m'en amuserois beaucoup en d'autres temps.
Je ne veux point ici vous gêner plus long-temps.
Si vous prenez ce ton par pure gentillesse,
Vous pourriez l'assortir avec la politesse :
Si vos mépris pour moi veulent se signaler,
Il faudra bien chercher de quoi m'en consoler.

DORANTE, *en fureur.*

Ah! per...

ISABELLE, *l'interrompant vivement*

Quoi!

DORANTE, *faisant effort pour se calmer*

Je me tais

ISABELLE, *à part.*

De peur d'étourderie,
Allons faire en secret veiller sur sa furie.
Dans ses emportemens je vois tout son amour...
Je crains bien à la fin de l'aimer à mon tour.

(Elle sort en faisant d'un air poli, mais railleur, une révérence à Dorante.)

SCÈNE IX

DORANTE.

Me suis-je assez long-temps contraint en sa présence?
Ai-je montré près d'elle assez de patience?
Ai-je assez observé ses perfides noirceurs?
Suis-je assez poignardé de ses fausses douleurs?
Douceurs pleines de fiel, d'amertume et de larmes,
Grands dieux! que pour mon cœur vous eussiez eu de charmes,
Si sa bouche parlant avec sincérité,
N'eût pas au fond du sien trahi la vérité!
J'en ai trop enduré, je devois la confondre;
A cette lettre enfin qu'eût-elle osé répondre?
Je devois à mes yeux un peu l'humilier;
Je devois... Mais plutôt songeons à l'oublier.
Fuyons, éloignons-nous de ce séjour funeste;
Achevons d'étouffer un feu que je déteste:
Mais ne partons qu'après avoir tiré raison
Du perfide Valère et de sa trahison.

ACTE TROISIÈME.

SCÈNE I.

LISETTE, DORANTE, VALÈRE.

LISETTE.

Que vous êtes tous deux ardens à la colère!
Sans moi vous alliez faire une fort belle affaire!
Voilà mes bons amis si prompts à s'engager;
Ils sont encor plus prompts souvent à s'égorger.

DORANTE.

J'ai tort, mon cher Valère, et t'en demande excuse:
Mais pouvois-je prévoir une semblable ruse?
Qu'un cœur bien amoureux est facile à duper!
Il n'en falloit pas tant, hélas! pour me tromper.

VALÈRE.

Ami, je suis charmé du bonheur de ta flamme.
Il manquoit à celui qui pénètre mon âme
De trouver dans ton cœur les mêmes sentimens,
Et de nous voir heureux tous deux en même temps.

LISETTE, *à Valère.*

Vous pouvez en parler tout-à-fait à votre aise;
Mais pour monsieur Dorante, il faut, ne lui déplaise,
Qu'il nous fasse l'honneur de prendre son congé.

DORANTE.

Quoi! songes-tu?...

LISETTE.

C'est vous qui n'avez pas songé
A la loi qu'aujourd'hui vous prescrit Isabelle.
On peut se battre, au fond, pour une bagatelle,
Avec les gens qu'on croit qu'elle veut épouser:
Mais Isabelle est femme à s'en formaliser;
Elle va, par orgueil, mettre en sa fantaisie
Qu'un tel combat s'est fait par pure jalousie;
Et, sur de tels exploits, je vous laisse à juger
Quel prix à vos lauriers elle doit adjuger.

DORANTE.

Lisette, ah! mon enfant, serois-tu bien capable
De trahir mon amour en me rendant coupable?
Ta maîtresse de tout se rapporte à ta foi;
Si tu veux me sauver cela dépend de toi.

LISETTE.

Point, je veux lui conter vos brillantes prouesses,
Pour vous faire ma cour.

DORANTE.

Hélas! de mes foiblesses
Montre quelque pitié.

LISETTE.

Très-noble chevalier,
Jamais un paladin ne s'abaisse à prier:
Tuer d'abord les gens, c'est la bonne manière.

VALÈRE.

Peux-tu voir de sang-froid comme il se désespère,
Lisette? Ah! sa douleur auroit dû t'attendrir.

LISETTE.

Si je lui dis un mot, ce mot pourra l'aigrir,
Et contre moi peut-être il tirera l'épée.

DORANTE.

J'avois compté sur toi, mon attente est trompée;
Je n'ai plus qu'à mourir.

LISETTE.

Oh! le rare secret!
Mais il est du vieux temps, j'en ai bien du regret;
C'étoit un beau prétexte.

VALÈRE.

Eh! ma pauvre Lisette
Laisse de ces propos l'inutile défaite;
Sers-nous si tu le peux, si tu le veux du moins,
Et compte que nos cœurs acquitteront tes soins.

DORANTE.

Si tu rends de mes feux l'espérance accomplie,
Dispose de mes biens, dispose de ma vie;
Cette bague d'abord...

LISETTE, *prenant la bague.*

Quelle nécessité?
Je prétends vous servir par générosité.
Je veux vous protéger auprès de ma maîtresse.
Il faut qu'elle partage enfin votre tendresse;
Et voici mon projet. Prévoyant de vos coups,
Elle m'avoit tantôt envoyé près de vous
Pour empêcher le mal, et ramener Valère,
Afin qu'il ne vous pût éclaircir le mystère;
Que si je ne pouvois autrement tout parer,
Elle m'avoit chargé de vous tout déclarer

C'est donc ce que j'ai fait quand vous vouliez vous bat-
Et qu'il vous a fallu, monsieur, tenir à quatre. [tre,
Mais je devois, de plus, observer avec soin
Les gestes, dits et faits dont je serois témoin,
Pour voir si vous étiez fidèle à la gageure.
Or, si je m'en tenois à la vérité pure,
Vous sentez bien, je crois, que c'est fait de vos feux :
Il faudra donc mentir ; mais pour la tromper mieux
Il me vient dans l'esprit une nouvelle idée...

DORANTE.

Qu'est-ce ?...

VALÈRE.

Dis-nous un peu...

LISETTE.

Je suis persuadée...
Non... Si... si fait... Je crois... Ma foi, je n'y suis plus.

DORANTE.

Morbleu !

LISETTE.

Mais à quoi bon tant de soins superflus ?
L'idée est toute simple ; écoutez bien, Dorante :
Sur ce que je dirai, bientôt impatiente,
Isabelle chez vous va vous faire appeler.
Venez ; mais comme si j'avois su vous céler
Le projet qu'aujourd'hui sur vous elle médite,
Vous viendrez sur le pied d'une simple visite,
Approuvant froidement tout ce qu'elle dira,
Ne contredisant rien de ce qu'elle voudra.
Ce soir un feint contrat pour elle et pour Valère
Vous sera proposé pour vous mettre en colère :
Signez-le sans façon ; vous pouvez être sûr
D'y voir partout du blanc pour le nom du futur.
Si vous vous tirez bien de votre petit rôle,
Isabelle, obligée à tenir sa parole,
Vous cède le pari peut-être dès ce soir,
Et le prix, par la loi, reste en votre pouvoir.

DORANTE.

Dieux ! quel espoir flatteur succède à ma souffrance !
Mais n'abuses-tu point ma crédule espérance ?
Puis-je compter sur toi ?

LISETTE.

Le compliment est doux !
Vous me payez ainsi de ma bonté pour vous ?

VALÈRE.

Il est fort question de te mettre en colère !
Songe à bien accomplir ton projet salutaire,
Et, loin de t'irriter contre ce pauvre amant,
Connois à ses terreurs l'excès de son tourment.
Mais je brûle d'ardeur de revoir Éliante :
Ne puis-je pas entrer ? Mon âme impatiente...

LISETTE.

Que les amans sont vifs ! Oui, venez avec moi.
(A Dorante.)
Vous, de votre bonheur fiez-vous à ma foi,
Et retournez chez vous attendre des nouvelles.

SCÈNE II.

DORANTE.

Je verrois terminer tant de peines cruelles !
Je pourrois voir enfin mon amour couronné !
Dieux ! à tant de plaisirs serois-je destiné ?
Je sens que les dangers ont irrité ma flamme ;
Avec moins de fureur elle brûloit mon âme
Quand je me figurois, par trop de vanité,
Tenir déjà le prix dont je m'étois flatté.
Quelqu'un vient. Évitons de me laisser connoître.
Avant le temps prescrit je ne dois point paroître.
Hélas ! mon foible cœur ne peut se rassurer,
Et je crains encor plus que je n'ose espérer.

SCÈNE III.

ÉLIANTE, VALÈRE.

ÉLIANTE.

Oui, Valère, déjà de tout je suis instruite ;
Avec beaucoup d'adresse elles m'avoient séduite
Par un entretien feint entre elles concerté,
Et que, sans m'en douter, j'avois trop écouté.

VALÈRE.

Eh quoi ! belle Éliante, avez-vous donc pu croire
Que Valère, à ce point ennemi de sa gloire,
De son bonheur surtout, cherchât en d'autres nœuds
Le prix dont vos bontés avoient flatté ses vœux ?
Ah ! que vous avez mal jugé de ma tendresse !

ÉLIANTE.

Je conviens avec vous de toute ma foiblesse.
Mais que j'ai bien payé trop de crédulité !
Que n'avez-vous pu voir ce qu'il m'en a coûté !
Isabelle, à la fin par mes pleurs attendrie,
A par un franc aveu calmé ma jalousie ;
Mais cet aveu pourtant, en exigeant de moi
Que sur un tel secret je donnasse ma foi
Que Dorante par moi n'en auroit nul indice.
A mon amour pour vous j'ai fait ce sacrifice :
Mais il m'en coûte fort pour le tromper ainsi.

VALÈRE.

Dorante est, comme vous, instruit de tout ceci.
Gardez votre secret en affectant de feindre.
Isabelle, bientôt, lasse de se contraindre,
Suivant notre projet peut-être, dès ce jour,
Tombe en son propre piége et se rend à l'amour.

SCÈNE IV.

ISABELLE, ÉLIANTE, VALÈRE,
ET LISETTE *un peu après.*

ISABELLE, *en soi-même.*

Ce sang-froid de Dorante et me pique et m'outrage.
Il m'aime donc bien peu, s'il n'a pas le courage
De rechercher du moins un éclaircissement !

LISETTE, *arrivant.*
Dorante va venir, madame, en un moment.
J'ai fait en même temps appeler le notaire.

ISABELLE.
Mais il nous faut encor le secours de Valère.
Je crois qu'il voudra bien nous servir aujourd'hui.
J'ai bonne caution qui me répond de lui.

VALÈRE.
Si mon zèle suffit et mon respect extrême,
Vous pourriez bien, madame, en répondre vous même.

ISABELLE.
J'ai besoin d'un mari seulement pour ce soir,
Voudriez-vous bien l'être?

ÉLIANTE.
Eh mais! il faudra voir.
Comment! il vous faut donc des cautions, cousine,
Pour pleiger vos maris?

LISETTE.
Oh! oui; car pour la mine,
Elle trompe souvent.

ISABELLE, *à Valère.*
Hé bien! qu'en dites-vous?

VALÈRE.
On ne refuse pas, madame, un sort si doux;
Mais d'un terme trop court...

ISABELLE.
Il est bon de vous dire,
Au reste, que ceci n'est qu'un hymen pour rire.

LISETTE.
Dorante est là; sans moi, vous alliez tout gâter.

ISABELLE.
J'espère que son cœur ne pourra résister
Au trait que je lui garde.

SCÈNE V.

ISABELLE, DORANTE, ÉLIANTE, VALÈRE, LISETTE.

ISABELLE.
Ah! vous voilà, Dorante!
De vous voir aussi peu je ne suis pas contente:
Pourquoi me fuyez-vous? Trop de présomption
M'a fait croire, il est vrai, qu'un peu de passion
De vos soins près de moi pouvoit être la cause:
Mais faut-il pour cela prendre si mal la chose?
Quand j'ai voulu tantôt, par de trop doux aveux,
Engager votre cœur à dévoiler ses feux,
Je n'avois pas pensé que ce fût une offense
A troubler entre nous la bonne intelligence;
Vous m'avez cependant, par des airs suffisans,
Marqué trop clairement vos mépris offensans;
Mais, si l'amant méprise un si foible esclavage,
Il faut bien que l'ami du moins m'en dédommage;
Ma tendresse n'est pas un tel affront, je croi,
Qu'il faille m'en punir en rompant avec moi.

DORANTE.
Je sens ce que je dois à vos bontés, madame:
Mais vos sages leçons ont si touché mon âme,
Que, pour vous rendre ici même sincérité,
Peut-être mieux que vous j'en aurai profité.

ISABELLE, *bas, à Lisette.*
Lisette, qu'il est froid! il a l'air tout de glace.

LISETTE, *bas.*
Bon! c'est qu'il est piqué; c'est par pure grimace.

ISABELLE.
Depuis notre entretien, vous serez bien surpris
D'apprendre en cet instant le parti que j'ai pris.
Je vais me marier.

DORANTE, *froidement.*
Vous marier! vous-même?

ISABELLE.
En personne. D'où vient cette surprise extrême?
Ferois-je mal, peut-être?

DORANTE.
Oh! non: c'est fort bien fait.
Cet hymen-là s'est fait avec un grand secret.

ISABELLE.
Point. C'est sur le refus que vous m'avez su faire
Que je vais épouser..... devinez.

DORANTE.
Qui?

ISABELLE.
Valère.

DORANTE.
Valère? Ah! mon ami, je t'en fais compliment.
Mais Éliante donc?...

ISABELLE.
Me cède son amant.

DORANTE.
Parbleu! voilà, madame, un exemple bien rare!

LISETTE.
Avant le mariage, oui, le fait est bizarre;
Car si c'étoit après, ah! qu'on en céderoit
pour se débarrasser!

ISABELLE, *bas, à Lisette.*
Lisette, il me paroît
Qu'il ne s'anime point.

LISETTE, *bas.*
Il croit que l'on badine:
Attendez le contrat, et vous verrez sa mine.

ISABELLE, *à part.*
Périssent mon caprice et mes jeux insensés!

UN LAQUAIS.
Le notaire est ici.

DORANTE.
Mais c'est être pressés:
Le contrat dès ce soir! Ce n'est pas raillerie?

ISABELLE.
Non, sans doute, monsieur; et même je vous prie,
En qualité d'ami, de vouloir y signer.

DORANTE.

A vos ordres toujours je dois me résigner.

ISABELLE, *bas.*

S'il signe, c'en est fait, il faut que j'y renonce.

SCÈNE VI.

LE NOTAIRE, ISABELLE, DORANTE, ÉLIANTE, VALÈRE, LISETTE.

LE NOTAIRE.

Requiert-on que tout haut le contrat je prononce?

VALÈRE.

Non, monsieur le notaire; on s'en rapporte en tout
A ce qu'a fait madame; il suffit qu'à son goût
Le contrat soit passé.

ISABELLE, *regardant Dorante d'un air de dépit.*

Je n'ai pas lieu de craindre
Que de ce qu'il contient personne ait à se plaindre.

LE NOTAIRE.

Or, puisqu'il est ainsi, je vais sommairement,
En bref, succinctement, compendieusement,
Résumer, expliquer, en style laconique,
Les points articulés en cet acte authentique,
Et jouxte la minute entre mes mains restant,
Ainsi que selon droit et coutume s'entend.
D'abord pour les futurs. Item pour leurs familles,
Bisaïeul, trisaïeuls, père, enfans, fils, et filles,
Du moins réputés tels, ainsi que par la loi
Quem nuptiæ monstrant, il appert faire foi.
Item pour leur pays, séjour et domicile,
Passé, présent, futur, tant aux champs qu'à la ville.
Item pour tous leurs biens, acquêts, conquêts, dotaux,
Préciput, hypothèque, et biens paraphernaux.
Item encor pour ceux de leur estoc et ligne...

LISETTE.

Item vous nous feriez une faveur insigne
Si, de ces mots cornus le poumon dégagé,
Il vous plaisoit, monsieur, abréger l'abrégé.

VALÈRE.

Au vrai, tous ces détails nous sont fort inutiles.
Nous croyons le contrat plein de clauses subtiles;
Mais on n'a nul désir de les voir aujourd'hui.

LE NOTAIRE.

Voulez-vous procéder, approuvant icelui,
A le corroborer de votre signature?

ISABELLE.

Signons, je le veux bien, voilà mon écriture.
A vous, Valère

ÉLIANTE, *bas, à Isabelle.*

Au moins ce n'est pas tout de bon;
Vous me l'avez promis, cousine?

ISABELLE.

Eh! mon Dieu! non.
Dorante veut-il bien nous faire aussi la grâce?...
(Elle lui présente la plume.)

DORANTE.

Pour vous plaire, madame, il n'est rien qu'on ne fasse.

ISABELLE, *à part.*

Le cœur me bat : je crains la fin de tout ceci.

DORANTE, *à part.*

Le futur est en blanc; tout va bien jusqu'ici.

ISABELLE, *bas.*

Il signe sans façon!... A la fin je soupçonne...
(A Lisette.)
Ne me trompez-vous point?

LISETTE.

En voici d'une bonne!
Il seroit fort plaisant que vous le pensassiez!

ISABELLE.

Hélas! Et plût au ciel que vous me trompassiez!
Je serois sûre au moins de l'amour de Dorante.

LISETTE.

Pour en faire quoi?

ISABELLE.

Rien. Mais je serois contente.

LISETTE, *à part.*

Que les pauvres enfans se contraignent tous deux!

ISABELLE, *à Valère.*

Valère, enfin l'hymen va couronner nos vœux;
Pour en serrer les nœuds sous un heureux auspice
Faisons, en les formant, un acte de justice.
A Dorante à l'instant je cède le pari.
J'avois cru qu'il m'aimoit, mais mon esprit guéri
S'aperçoit de combien je m'étois abusée.
En secret mille fois je m'étois accusée
De le désespérer par trop de cruauté.
Dans un piége assez fin il s'est précipité;
Mais il ne m'est resté, pour fruit de mon adresse,
Que le regret de voir que son cœur sans tendresse
Bravoit également et la ruse et l'amour.
Choisissez donc, Dorante, et nommez en ce jour
Le prix que vous mettez au gain de la gageure :
Je dépends d'un époux, mais je me tiens bien sûre
Qu'il est trop généreux pour vous le disputer.

VALÈRE.

Jamais plus justement vous n'auriez pu compter
Sur mon obéissance.

DORANTE.

Il faut donc vous le dire;
Je demande.....

ISABELLE.

Eh bien! quoi?

DORANTE.

La liberté d'écrire.

ISABELLE.

D'écrire?

LISETTE.

Il est donc fou?

VALÈRE.

Que demandes-tu là?

DORANTE.

Oui, d'écrire mon nom dans le blanc que voilà.

ISABELLE.

Ah! vous m'avez trahie!

DORANTE, *à ses pieds.*

Eh quoi! belle Isabelle,
Ne vous lassez-vous point de m'être si cruelle?
Faut-il encor....

SCÈNE VII.

CARLIN, *botté, et un fouet à la main;* LE NOTAIRE, ISABELLE, DORANTE, ÉLIANTE, VALÈRE, LISETTE.

CARLIN.

Monsieur, les chevaux sont tout prêts,
La chaise nous attend.

DORANTE.

La peste des valets!

CARLIN.

Monsieur, le temps se passe.

VALÈRE.

Eh! quelle fantaisie
De nous troubler?...

CARLIN.

Il est six heures et demie.

DORANTE.

Te tairas-tu?...

CARLIN.

Monsieur, nous partirons trop tard.

DORANTE.

Voilà bien, à mon gré, le plus maudit bavard!
Madame, pardonnez.....

CARLIN.

Monsieur, il faut me taire:
Mais nous avons ce soir bien du chemin à faire.

DORANTE.

Le grand diable d'enfer puisse-t-il t'emporter!

ÉLIANTE.

Lisette, explique-lui....

LISETTE.

Bon! veut-il m'écouter?
Et peut-on dire un mot où parle monsieur Carle!

CARLIN, *un peu vite.*

Eh! parle, au nom du ciel! avant qu'on parle, parle:
Parle, pendant qu'on parle: et, quand on a parlé,
Parle encor, pour finir sans avoir déparlé.

DORANTE.

Toi déparleras-tu, parleur impitoyable?
(A Isabelle.)
Puis-je enfin me flatter qu'un penchant favorable
Confirmera le don que vos lois m'ont promis?

ISABELLE.

Je ne sais si ce don vous est si bien acquis,
Et j'entrevois ici de la friponnerie.
Mais, en punition de mon étourderie,
Je vous donne ma main et vous laisse mon cœur.

DORANTE, *baisant la main d'Isabelle.*

Ah! vous mettez par là le comble à mon bonheur.

CARLIN.

Que diable font-ils donc, aurois-je la berlue?

LISETTE.

Non, vous avez, mon cher, une très-bonne vue,
(Riant.)
Témoin la lettre...

CARLIN.

Eh bien! de quoi veux-tu parler?

LISETTE.

Que j'ai tant eu de peine à me faire voler.

CARLIN.

Quoi! c'étoit tout exprès?...

LISETTE.

Mon Dieu! quel imbécile!
Tu t'imaginois donc être le plus habile?

CARLIN.

Je sens que j'avois tort; cette ruse d'enfer
Te doit donner le pas sur monsieur Lucifer.

LISETTE.

Jamais comparaison ne fut moins méritée,
Au bien de mon prochain toujours je suis portée:
Tu vois que par mes soins ici tout est content,
Ils vont se marier, en veux-tu faire autant?

CARLIN.

Tope, j'en fais le saut; mais sois bonne diablesse;
A me cacher tes tours mets toute ton adresse;
Toujours dans la maison fais prospérer le bien;
Nargue du demeurant quand je n'en saurai rien.

LISETTE.

Souvent, parmi les jeux, le cœur de la plus sage
Plus qu'elle ne voudroit en badinant s'engage.
Belles, sur cet exemple apprenez en ce jour
Qu'on ne peut sans danger se jouer à l'amour.

LES MUSES GALANTES

BALLET,

Représenté en 1745 devant le duc de Richelieu; en 1747, sur le théâtre de l'Opéra; en 1761, devant le prince de Conti.

AVERTISSEMENT.

Cet ouvrage est si médiocre en son genre, et le genre en est si mauvais, que, pour comprendre comment il m'a pu plaire, il faut sentir toute la force de l'habitude et des préjugés. Nourri, dès mon enfance, dans le goût de la musique françoise et de l'espèce de poésie qui lui est propre, je prenois le bruit pour de l'harmonie, le merveilleux pour de l'intérêt, et des chansons pour un opéra.

En travaillant à celui-ci, je ne songeois qu'à me donner des paroles propres à déployer les trois caractères de musique dont j'étois occupé : dans ce dessein, je choisis Hésiode pour le genre élevé et fort, Ovide pour le tendre, Anacréon pour le gai. Ce plan n'étoit pas mauvais, si j'avois mieux su le remplir.

Cependant, quoique la musique de cette pièce ne vaille guère mieux que la poésie, on ne laisse pas d'y trouver de temps en temps des morceaux pleins de chaleur et de vie. L'ouvrage a été exécuté plusieurs fois avec assez de succès : savoir en 1745, devant M. le duc de Richelieu qui le destinoit pour la cour; en 1747, sur le théâtre de l'Opéra; et, en 1761, devant M. le prince de Conti (¹). Ce fut même sur l'exécution de quelques morceaux que j'en avois fait répéter chez M. de la Popelinière, que M. Rameau, qui les entendit, conçut contre moi cette violente haine dont il n'a cessé de donner des marques jusqu'à sa mort.

PERSONNAGES DU PROLOGUE.

L'AMOUR.	LES MUSES.
APOLLON.	LES GRACES.
LA GLOIRE.	TROUPES DE JEUX ET DE RIS.

PERSONNAGES DU BALLET.

EUTERPE, sous le nom d'ÉGLÉ.	ÉRITHIE.
POLYCRATE.	THÉMIRE.
OVIDE.	UN SONGE.
ANACRÉON.	UN HOMME DE LA FÊTE.
HÉSIODE.	TROUPES DE JEUNES SAMIENNES.
DORIS.	PEUPLE.

(¹) Voyez, au livre VII des *Confessions*, la note de la page 176, tome I. G. P.

PROLOGUE.

Le théâtre représente le mont Parnasse; Apollon y paroît sur son trône, et les Muses sont assises autour de lui.

SCÈNE I.

APOLLON ET LES MUSES.

Naissez, divins esprits, naissez, fameux héros;
Brillez par les beaux-arts, brillez par la victoire;
Méritez d'être admis au temple de mémoire;
Nous réservons à votre gloire
Un prix digne de vos travaux.

APOLLON.

Muses, filles du ciel, que votre gloire est pure
Que vos plaisirs sont doux!
Les plus beaux dons de la nature
Sont moins brillans que ceux qu'on tient de vous.
Sur ce paisible mont, loin du bruit et des armes,
Des innocens plaisirs vous goûtez les douceurs.
La fière ambition, l'amour ni ses faux charmes,
Ne troublent point vos cœurs.

LES MUSES.

Non, non, l'amour ni ses faux charmes
Ne troubleront jamais nos cœurs.

(On entend une symphonie brillante et douce alternativement.)

SCÈNE II.

APOLLON, LES MUSES, L'AMOUR, LA GLOIRE.

(La Gloire et l'Amour descendent du même char.)

APOLLON.

Que vois-je? ô ciel! dois-je le croire?
L'Amour dans le char de la Gloire!

LA GLOIRE.

Quelle triste erreur vous séduit!
Voyez ce dieu charmant, soutien de mon empire:
Par lui l'amant triomphe, et le guerrier soupire;
Il forme les héros, et sa voix les conduit

Il faut lui céder la victoire
Quand on veut briller à ma cour :
Rien n'est plus chéri de la Gloire
Qu'un grand cœur guidé par l'Amour.

APOLLON.

Quoi ! mes divins lauriers d'un enfant téméraire
Ceindroient le front audacieux !

L'AMOUR.

Tu méprises l'Amour, éprouve sa colère.
Aux pieds d'une beauté sévère
Va former d'inutiles vœux.
Qu'un exemple éclatant montre aux cœurs amoureux
Que de moi seul dépend le don de plaire ;
Que les talens, l'esprit, l'ardeur sincère,
Ne font point les amans heureux.

APOLLON.

Ciel ! quel objet charmant se retrace à mon âme !
Quelle soudaine flamme
Il inspire à mes sens !
C'est ton pouvoir, Amour, que je ressens :
Du moins à mes soupirs naissans
Daigne rendre Daphné sensible.

L'AMOUR.

Je te rendrois heureux ! je prétends te punir.

APOLLON.

Quoi ! toujours soupirer sans pouvoir la fléchir !
Cruel ! que ma peine est terrible !

(Il s'en va.)

L'AMOUR.

C'est la vengeance de l'Amour.

LES MUSES.

Fuyons un tyran perfide,
Craignons à notre tour.

LA GLOIRE.

Pourquoi cet effroi timide ?
Apollon régnoit parmi vous,
Souffrez que l'Amour y préside
Sous des auspices plus doux.

L'AMOUR.

Ah ! qu'il est doux, qu'il est charmant de plaire !
C'est l'art le plus nécessaire.
Ah ! qu'il est doux, qu'il est flatteur
De savoir parler au cœur !

(Les Muses, persuadées par l'Amour, répètent ces quatre vers.)

L'AMOUR.

Accourez, Jeux et Ris, doux séducteurs des belles ;
Vous par qui tout cède à l'Amour,
Confirmez mon triomphe, et parez ce séjour
De myrtes et de fleurs nouvelles :
Grâces plus brillantes qu'elles,
Venez embellir ma cour.

SCÈNE III.

L'AMOUR, LA GLOIRE, LES MUSES, LES GRACES, TROUPES DE JEUX ET DE RIS.

CHŒUR.

Accourons, accourons dans ce nouveau séjour ;
Soupirez, beautés rebelles.
Par nous tout cède à l'Amour.

(On danse.)

LA GLOIRE.

Les vents, les affreux orages
Font par d'horribles ravages
La terreur des matelots :
Amour, quand ta voix le guide,
On voit l'alcyon timide
Braver la fureur des flots.
Tes divines flammes
Des plus foibles âmes
Peuvent faire des héros.

(On danse.)

CHŒUR.

Gloire, Amour, sur les cœurs partagez la victoire ;
Que le myrte au laurier soit uni dès ce jour.
Que les soins rendus à la Gloire
Soient toujours payés par l'Amour.

L'AMOUR.

Quittez, Muses, quittez ce désert trop stérile ;
Venez de vos appas enchanter l'univers ;
Après avoir orné mille climats divers,
Que l'empire des lis soit votre heureux asile !
Au milieu des beaux-arts puissiez-vous y briller
De votre plus vive lumière !
Un règne glorieux vous y fera trouver
Des amans dignes de vous plaire,
Et des héros à célébrer.

LES MUSES GALANTES.

PREMIÈRE ENTRÉE.

Le théâtre représente un bocage, au travers duquel on voit des hameaux.

SCÈNE I.

ÉGLÉ, DORIS.

DORIS.

L'Amour va vous offrir la plus charmante fête,

Déjà pour disputer chaque berger s'apprête :
Le don de votre main au vainqueur est promis.
Qu'Hésiode est à plaindre ! hélas ! il vous adore ;
Mais les jeux d'Apollon sont des arts qu'il ignore ;
De ses tendres soupirs il va perdre le prix.

ÉGLÉ.

Doris, j'aime Hésiode, et plus que l'on ne pense
Je m'occupe de son bonheur :
Mais c'est en éprouvant ses feux et sa constance
Que j'ai dû m'assurer qu'il méritoit mon cœur.

DORIS.

A vos engagemens pourrez-vous vous soustraire ?

ÉGLÉ.

Je ne sais point, Doris, manquer de foi.

DORIS.

Comment avec vos feux accorder votre loi ?

ÉGLÉ.

Tu verras dès ce jour tout ce qu'Églé peut faire.

DORIS.

Églé, dans nos hameaux inconnue, étrangère,
Jouit sur tous les cœurs d'un pouvoir mérité ;
Rien ne lui doit être impossible,
Avec le secours invincible
De l'esprit et de la beauté.

ÉGLÉ.

J'aperçois Hésiode.

DORIS.

Accablé de tristesse,
Il plaint le malheur de ses feux.

ÉGLÉ.

Je saurai dissiper la douleur qui le presse :
Mais pour quelques instans cachons-nous à ses yeux.

SCÈNE II.

HÉSIODE.

Églé méprise ma tendresse ;
Séduite par les chants de mes heureux rivaux,
Son cœur en est le prix : et seul dans ces hameaux
J'ignore les secrets de l'art qu'elle couronne !
Églé le sait, et m'abandonne !
Je vais la perdre sans retour.
A de frivoles chants se peut-il qu'elle donne
Un prix qui n'étoit dû qu'au plus parfait amour ?

(On entend une symphonie douce.)

Quelle douce harmonie ici se fait entendre !...
Elle invite au repos... Je ne puis m'en défendre...
Mes yeux appesantis laissent tarir leurs pleurs...
Dans le sein du sommeil je cède à ses douceurs.

SCÈNE III.

ÉGLÉ, HÉSIODE, *endormi.*

ÉGLÉ.

Commencez le bonheur de ce berger fidèle,
Songes ; en ce séjour Euterpe vous appelle.
Accourez à ma voix, parlez à mon amant ;
Par vos images séduisantes,
Par vos illusions charmantes,
Annoncez-lui le destin qui l'attend.

(Entrée des Songes.)

UN SONGE.

Songes flatteurs,
Quand d'un cœur misérable
Vos soins apaisent les douleurs,
Douces erreurs,
Du sort impitoyable
Suspendez long-temps les rigueurs ;
Réveil, éloignez-vous :
Ah ! que *le sommeil* est doux !
Mais quand un songe favorable
Présage un bonheur véritable,
Sommeil, éloignez-vous :
Ah ! que le réveil est doux !

(Les Songes se retirent.)

ÉGLÉ.

Toi pour qui j'ai quitté mes sœurs et le Parnasse,
Toi que le ciel a fait digne de mon amour,
Tendre berger, d'une feinte disgrâce
Ne crains point l'effet en ce jour.
Reçois le don des vers. Qu'un nouveau feu t'anime.
Des transports d'Apollon ressens l'effet sublime ;
Et, par tes chants divins t'élevant jusqu'aux cieux,
Ose en les célébrant te rendre égal aux dieux.

(Une lyre suspendue à un laurier s'élève à côté d'Hésiode.)

Amour, dont les ardeurs ont embrasé mon âme,
Daigne animer mes dons de ta divine flamme :
Nous pouvons du génie exciter les efforts ;
Mais les succès heureux sont dus à tes transports.

SCÈNE IV.

HÉSIODE.

Où suis-je ? quel réveil ! quel nouveau feu m'inspire ?
Quel nouveau jour me luit ? Tous mes sens sont surpris !

(Il aperçoit la lyre.)

Mais quel prodige étonne mes esprits ?

(Il la touche, et elle rend des sons.)

Dieux, quels sons éclatans partent de cette lyre !
D'un transport inconnu j'éprouve le délire !
Je forme sans effort des chants harmonieux !
O lyre ! ô cher présent des dieux !
Déjà par ton secours je parle leur langage.
Le plus puissant de tous excite mon courage,
Je reconnois l'Amour à des transports si beaux,
Et je vais triompher de mes jaloux rivaux.

SCÈNE V.

HÉSIODE, TROUPE DE BERGERS *qui s'assemblent pour la fête.*

CHOEUR.

Que tout retentisse,
Que tout applaudisse

A nos chants divers !
Que l'écho s'unisse,
Qu'Églé s'attendrisse
A nos doux concerts !
Doux espoir de plaire,
Animez nos jeux !
Apollon va faire
Un amant heureux.
Flatteuse victoire !
Triomphe enchanteur !
L'amour et la gloire
Suivront le vainqueur.

(On danse, après quoi Hésiode s'approche pour disputer.)

CHŒUR.

O berger ! déposez cette lyre inutile ;
Voulez-vous dans nos jeux disputer en ce jour ?

HÉSIODE.

Rien n'est impossible à l'Amour.
Je n'ai point fait de l'art une étude servile,
Et ma voix indocile
Ne s'est jamais unie aux chalumeaux.
Mais, dans le succès que j'espère,
J'attends tout du feu qui m'éclaire,
Et rien de mes foibles travaux.

CHŒUR.

Chantez, berger téméraire ;
Nous allons admirer vos prodiges nouveaux.

HÉSIODE *commence.*

Beau feu qui consumez mon âme,
Inspirez à mes chants votre divine ardeur :
Portez dans mon esprit cette brillante flamme
Dont vous brûlez mon cœur...

CHŒUR, *qui interrompt Hésiode.*

Sa lyre efface nos musettes.
Ah ! nous sommes vaincus !
Fuyons dans nos retraites.

SCÈNE VI.

HÉSIODE, ÉGLÉ.

HÉSIODE.

Belle Églé... Mais, ô ciel ! quels charmes inconnus !...
Vous êtes immortelle, et j'ai pu m'y méprendre !
Vos célestes appas n'ont-ils pas dû m'apprendre
Qu'il n'est permis qu'aux dieux de soupirer pour vous ?
Hélas ! à chaque instant, sans pouvoir m'en défendre,
Mon trop coupable cœur accroît votre courroux.

ÉGLÉ.

Ta crainte offense ma gloire.
Tu mérites le prix qu'ont promis mes sermens ;
Je le dois à ta victoire,
Et le donne à tes sentimens.

HÉSIODE.

Quoi ! vous seriez ?... O ciel ! est-il possible ?
Muse, vos dons divins ont prévenu mes vœux :
Dois-je espérer encor que votre âme sensible
Daigne aimer un berger et partager mes feux ?

ÉGLÉ.

La vertu des mortels fait leur rang chez les dieux.
Une âme pure, un cœur tendre et sincère,
Sont les biens les plus précieux ;
Et quand on sait aimer le mieux,
On est le plus digne de plaire.

(Aux bergers.)

Calmez votre dépit jaloux,
Bergers, rassemblez-vous :
Venez former les plus riantes fêtes.
Je me plais dans vos bois, je chéris vos musettes :
Reconnoissez Euterpe et célébrez ses feux.

SCÈNE VII.

ÉGLÉ, HÉSIODE, LES BERGERS, DORIS.

CHŒUR.

Muse charmante, muse aimable,
Qui daignez parmi nous fixer vos tendres vœux,
Soyez-nous toujours favorable,
Présidez toujours à nos jeux.

(On danse.)

DORIS.

Dieux qui gouvernez la terre,
Tout répond à votre voix.
Dieux qui lancez le tonnerre,
Tout obéit à vos lois.
De votre gloire éclatante,
De votre grandeur brillante
Nos cœurs ne sont point jaloux :
D'autres biens sont faits pour nous.
Unis d'un amour sincère,
Un berger, une bergère,
Sont-ils moins heureux que vous ?

SECONDE ENTRÉE.

Le théâtre représente les jardins d'Ovide à Thômes ; et dans l fond, des montagnes affreuses parsemées de précipices, et couvertes de neiges.

SCÈNE I.

OVIDE.

Cruel amour, funeste flamme,
Faut-il encor t'abandonner mon âme ?
Cruel amour, funeste flamme,
Le sort d'Ovide est-il d'aimer toujours ?
Dans ces climats glacés, au fond de la Scythie,
Contre tes feux n'est-il point de secours ?

J'y brûle, hélas! pour la jeune Érithie :
Pour moi, sans elle, il n'est plus de beaux jours.
Cruel amour, etc.
Achève du moins ton ouvrage,
Soumets Érithie à son tour.
Ici tout languit sans amour,
Et de son cœur encore elle ignore l'usage!
Ces fleurs dans mes jardins l'attirent chaque jour,
Et je vais par des jeux... C'est elle, ô doux présage!
Je m'éloigne à regret : mais bientôt sur mes pas
Tout va lui parler le langage
Du dieu charmant qu'elle ne connoît pas.

SCÈNE II.

ÉRITHIE.

C'en est donc fait! et dans quelques momens
Diane à ses autels recevra mes sermens!
Jardins chéris, rians bocages,
Hélas! à mes jeux innocens
Vous n'offrirez plus vos ombrages!
Oiseaux, vos séduisans ramages
Ne charmeront donc plus mes sens!
Vain éclat, grandeur importune,
Heureux qui dans l'obscurité
N'a point soumis à la fortune
Son bonheur et sa liberté!
Mais quels concerts se font entendre?
Quel spectacle enchanteur ici vient me surprendre?

SCÈNE III.

La statue de l'Amour s'élève au fond du théâtre, et toute la suite d'Ovide vient former des danses et des chants autour d'Érithie.

CHOEUR.

Dieu charmant, dieu des tendres cœurs,
Règne à jamais, lance tes flammes;
Eh! quel bien flatteroit nos âmes
S'il n'étoit de tendres ardeurs?
Chantons, ne cessons point de célébrer ses charmes;
Qu'il occupe tous nos momens;
Ce dieu ne se sert de ses armes
Que pour faire d'heureux amans.
Les soins, les pleurs et les soupirs,
Sont les tributs de son empire;
Mais tous les biens qu'il en retire,
Il nous les rend par les plaisirs.
(On danse.)

ÉRITHIE.

Quels doux concerts, quelle fête agréable!
Que je trouve charmant ce langage nouveau!
Quel est donc ce dieu favorable?
(Elle considère la statue.)
Hélas! c'est un enfant; mais quel enfant aimable!
Pourquoi cet arc et ce bandeau,
Ce carquois, ces traits, ce flambeau?

UN HOMME DE LA FÊTE.

Ce foible enfant est le maître du monde;
La nature s'anime à sa flamme féconde,
Et l'univers sans lui périroit avec nous
Reconnoissez, belle Érithie,
Un dieu fait pour régner sur vous,
Il veut de votre aimable vie
Vous rendre les instans plus doux.
Étendez les droits légitimes
Du plus puissant des immortels;
Tous les cœurs seront ses victimes
Quand vous servirez ses autels.

ÉRITHIE.

Ces aimables leçons ont trop l'art de me plaire.
Mais quel est donc ce dieu dont on veut me parler?

OVIDE.

De ses plus doux secrets discret dépositaire,
A vous seul en ces lieux je dois les révéler.

SCÈNE IV.

ÉRITHIE, OVIDE.

OVIDE.

C'est un aimable mystère
Qui de ses biens charmans assaisonne le prix :
Plus on les a sentis,
Et mieux on sait les taire.

ÉRITHIE.

J'ignore encor quels sont des biens si doux;
Mais je brûle de m'en instruire.

OVIDE.

Vous l'ignorez? n'en accusez que vous;
Déjà dans mes regards vous auriez dû le lire.

ÉRITHIE.

Vos regards?... Dans ses yeux quel poison séducteur!
Dieux! quel trouble confus s'élève dans mon cœur!

OVIDE.

Trouble charmant, que mon âme partage,
Vous êtes le premier hommage
Que l'aimable Érithie ait offert à l'Amour.

ÉRITHIE.

L'Amour est donc ce dieu si redoutable?

OVIDE.

L'Amour est ce dieu favorable
Que mon cœur enflammé vous annonce en ce jour;
Profitons des bienfaits que sa main nous prépare :
Unis par ses liens...

ÉRITHIE.

Hélas! on nous sépare!
Du temple de Diane on me commet le soin;
Tout le peuple d'Ithome en veut être témoin.
Et je dois dès ce jour...

OVIDE.

Non, charmante Érithie,
Les peuples mêmes de Scythie
Sont soumis au vainqueur dont nous suivons les lois :
Il faut les attendrir, il faut unir nos voix.
Est-il des cœurs que notre amour ne touche,
S'il s'explique à la fois
Par vos larmes et par ma bouche? [gloire
Mais on approche... on vient... Amour si pour ta
Dans un exil affreux il faut passer mes jours,
De mon encens du moins conserve la mémoire,
A mes tendres accens accorde ton secours.

SCÈNE V.

OVIDE, ÉRITHIE, TROUPES DE SARMATES.

CHŒUR.

Célébrons la gloire éclatante
De la déesse des forêts :
Sans soins, sans peine et sans attente,
Nous subsistons par ses bienfaits :
Célébrons la beauté charmante
Qui va la servir désormais :
Que sa main long-temps lui présente
Les offrandes de ses sujets.

(On danse.)

LE CHEF DES SARMATES.

Venez, belle Érithie...

OVIDE.

Ah! daignez m'écouter!
De deux tendres amans différez le supplice :
Ou si vous achevez ce cruel sacrifice,
Voyez les pleurs que vous m'allez coûter.

CHŒUR.

Non, elle est promise à Diane :
Nos engagemens sont des lois :
Qui pourroit être assez profane
Pour priver les dieux de leurs droits!

OVIDE ET ÉRITHIE.

Du plus puissant des dieux nos cœurs sont le partage,
Notre amour est son ouvrage :
Est-il des droits plus sacrés?
Par une injuste violence
Les dieux ne sont point honorés.
Ah! si votre indifférence
Méprise nos douleurs,
A ce dieu qui nous assemble
Nous jurons de mourir ensemble
Pour ne plus séparer nos cœurs.

CHŒUR.

Quel sentiment secret vient attendrir nos âmes
Pour ces amans infortunés?
Par l'Amour l'un à l'autre ils étoient destinés;
Que l'Amour couronne leurs flammes!

OVIDE.

Vous comblez mon bonheur, peuple trop généreux.
Quel prix de ce bienfait sera la récompense ?
Puissiez-vous par mes soins, par ma reconnoissance,
Apprendre à devenir heureux!
L'Amour vous appelle,
Écoutez sa voix;
Que tout soit fidèle
A ses douces lois.
Des biens dont l'usage
Fait le vrai bonheur,
Le plus doux partage
Est un tendre cœur.

TROISIÈME ENTRÉE.

Le théâtre représente le péristyle du temple de Junon à Samos.

SCÈNE I.

POLYCRATE, ANACRÉON.

ANACRÉON.

Les beautés de Samos aux pieds de la déesse [vœux :
Par votre ordre aujourd'hui vont présenter leurs
Mais, seigneur, si j'en crois le soupçon qui me presse,
Sous ce zèle mystérieux
Un soin plus doux vous intéresse.

POLYCRATE.

On ne peut sur la tendresse
Tromper les yeux d'Anacréon.
Oui, le plus doux penchant m'entraîne :
Mais j'ignore à la fois le séjour et le nom
De l'objet qui m'enchaîne.

ANACRÉON.

Je conçois le détour :
Parmi tant de beautés vous espérez connoître
Celle dont les attraits ont fixé votre amour;
Mais cet amour enfin...

POLYCRATE.

Un instant le fit naître :
Ce fut dans ces superbes jeux
Où mes heureux succès célébrés par ta lyre...

ANACRÉON.

Ce jour, il m'en souvient, je devins amoureux
De la jeune Thémire.

POLYCRATE.

Eh quoi! toujours de nouveaux feux?

ANACRÉON.

A de beaux yeux aisément mon cœur cède;
Il change de même aisément :
L'amour à l'amour y succède,
Le goût seul du plaisir y règne constamment.

POLYCRATE.

Bientôt une douce victoire
T'a sans doute asservi son cœur?

ANACRÉON.

Ce triomphe manque à ma gloire,
Et ce plaisir à mon bonheur.

POLYCRATE.

Mais on vient... Que d'appas! Ah! les cœurs les plus sages,
En voyant tant d'attraits, doivent craindre des fers.

ANACRÉON.

Junon, dans ce beau jour, les plus tendres hommages
Ne sont pas ceux qui te seront offerts.

SCÈNE II.

POLYCRATE, ANACRÉON,

TROUPE DE JEUNES SAMIENNES, *qui viennent offrir leurs hommages à la déesse.*

HYMNE A JUNON.

Reine des dieux, mère de l'univers,
Toi par qui tout respire,
Qui combles cet empire
De tes biens les plus chers,
Junon, vois ces offrandes :
Nos cœurs que tu demandes
Vont te les présenter.
Que tes mains bienfaisantes
De nos mains innocentes
Daignent les accepter!

(On danse.)

Thémire, portant une corbeille de fleurs, entre dans le temple à la tête des jeunes Samiennes.

POLYCRATE, *apercevant Thémire.*

O bonheur!

ANACRÉON.

O plaisir extrême!

POLYCRATE.

Quels traits charmans! Quels regards enchanteurs!

ANACRÉON.

Ah! qu'avec grâce elle porte ces fleurs!

POLYCRATE.

Ces fleurs! que dites-vous? C'est la beauté que j'aime.

ANACRÉON.

C'est Thémire elle-même.

POLYCRATE.

Ami trop cher, rival trop dangereux,
Ah! que je crains tes redoutables feux!
De mon cœur agité fais cesser le martyre;
Porte à d'autres appas tes volages désirs,
Laisse-moi goûter les plaisirs
De te chérir toujours, et d'adorer Thémire.

ANACRÉON.

Si ma flamme étoit volontaire,
Je l'immolerois à l'instant :
Mais l'amour dans mon cœur n'en est pas moins sincère
Pour n'être pas toujours constant.
La gloire et la grandeur, au gré de votre envie,
Vous assurent les plus beaux jours :
Mais que ferois-je de la vie,
Sans les plaisirs, sans les amours?

POLYCRATE.

Eh! que te servira ta vaine résistance!
Ingrat, évite ma présence.

ANACRÉON.

Vous calmerez cet injuste courroux;
Il est trop peu digne de vous.

SCÈNE III.

POLYCRATE.

Transports jaloux, tourmens que je déteste,
Ah! faut-il me livrer à vos tristes fureurs?
Faut-il toujours qu'une rage funeste
Inspire avec l'amour la haine et ses horreurs?
Cruel Amour, ta fatale puissance
Désunit plus de cœurs
Qu'elle n'en met d'intelligence.
Je vois Thémire : ô transports enchanteurs!

SCÈNE IV.

POLYCRATE, THÉMIRE

POLYCRATE.

Thémire, en vous voyant la résistance est vaine,
Tout cède à vos attraits vainqueurs.
Heureux l'amant dont les tendres ardeurs
Vous feront partager la chaîne
Que vous donnez à tous les cœurs!

THÉMIRE.

Je fuis les soupirs, les langueurs,
Les soins, les tourmens, les alarmes :
Un plaisir qui coûte des pleurs
Pour moi n'aura jamais de charmes.

POLYCRATE.

C'est un tourment de n'aimer rien;
C'est un tourment affreux d'aimer sans espérance
Mais il est un suprême bien,
C'est de s'aimer d'intelligence.

THÉMIRE.

Non, je crains jusqu'aux nœuds assortis par l'Amour.

POLYCRATE.

Ah! connoissez du moins les biens qu'il vous apprête.
Vous devez à Junon le reste de ce jour :
Demain une illustre conquête
Vous est promise en ce séjour.

SCÈNE V.

THÉMIRE.

Il me cachoit son rang, je feignois à mon tour.
Polycrate m'offre un hommage

Qui combleroit l'ambition :
Un sort plus doux me flatte davantage,
Et mon cœur en secret chérit Anacréon.
Sur les fleurs, d'une aile légère,
On voit voltiger les Zéphyrs :
Comme eux d'une ardeur passagère
Je voltige sur les plaisirs.
D'une chaîne redoutable,
Je veux préserver mon cœur
L'Amour m'amuseroit comme un enfant aimable,
Je le crains comme un fier vainqueur.

SCÈNE VI.

ANACRÉON, THÉMIRE.

ANACRÉON.

Belle Thémire, enfin le roi vous rend les armes,
L'aveu de tous les cœurs autorise le mien :
Si l'amour animoit vos charmes,
Il ne leur manqueroit plus rien.

THÉMIRE.

Vous m'annoncez par cette indifférence
Combien le choix vous paroîtroit égal.
Qui voit sans peine un rival
N'est pas loin de l'inconstance.

ANACRÉON.

Vous faites à ma flamme une cruelle offense,
Vous la faites surtout à ma sincérité.
En amour même
Je dis la vérité,
Et quand je n'aime plus, je ne dis plus que j'aime.

THÉMIRE.

Quand on sent une ardeur extrême,
On a moins de tranquillité.

ANACRÉON.

Thémire, jugez mieux de ma fidélité.
Ah! qu'un amant a de folie
D'aimer, de haïr tour à tour!
Ce qu'il donne à la jalousie,
Je le donne tout à l'amour.

THÉMIRE.

Je crains ce qu'il en coûte à devenir trop tendre;
Non, l'amour dans les cœurs cause trop de tourmens.

ANACRÉON.

Si l'hiver dépare nos champs,
Est-ce à Flore de les défendre?
S'il est des maux pour les amans,
Est-ce à l'Amour qu'il faut s'en prendre?
Sans la neige et les orages,
Sans les vents et leurs ravages,
Les fleurs naîtroient en tous temps.
Sans la froide indifférence,
Sans la fière résistance,
Tous les cœurs seroient contens.

THÉMIRE.

Vous vous piquez d'être volage :
Si je forme des nœuds, je veux qu'ils soient constans.

ANACRÉON.

L'excès de mon ardeur est un plus digne hommage
Que la fidélité des vulgaires amans;
Il vaut mieux aimer davantage,
Et ne pas aimer si long-temps.

THÉMIRE.

Non, rien ne peut fixer un amant si volage.

ANACRÉON.

Non, rien ne peut payer des transports si charmans.

THÉMIRE.

Vous séduisez plutôt que de convaincre;
Je vois l'erreur, et je me laisse vaincre.
Ah! trompez-moi long-temps par ces tendres discours.
L'illusion qui plait devroit durer toujours.

ANACRÉON.

C'est en passant votre espérance
Que je prétends vous tromper désormais;
Vous attendrez mon inconstance,
Et ne l'éprouverez jamais.

(Ensemble.)

Unis par les mêmes désirs,
Unissons mon sort et le vôtre;
Toujours fidèles aux plaisirs,
Nous devons l'être l'un à l'autre.

SCÈNE VII.

POLYCRATE, THÉMIRE, ANACRÉON.

POLYCRATE.

Demeure, Anacréon; je suspends mon courroux,
Et veux bien un instant t'égaler à moi-même.
Je n'abuserai point de mon pouvoir suprême :
Que Thémire décide et choisisse entre nous.
Dites quels sont les nœuds que votre âme préfère,
N'hésitez point à les nommer :
Je jure de confirmer
Le choix que vous allez faire.

THÉMIRE.

Je connois tout le prix du bonheur de vous plaire.
Si j'osois m'y livrer; cependant en ce jour,
Seigneur, vous pourriez croire
Que je donne tout à la gloire;
Je veux tout donner à l'amour.
Pardonnez à mon cœur un penchant invincible.

POLYCRATE.

Il suffit. Je cède en ce moment;
Allez, soyez unis : je puis être sensible;
Mais je n'oublirai point ma gloire et mon serment.

THÉMIRE et ANACRÉON.

Digne exemple des rois, dont le cœur équitable
Triomphe de soi-même en couronnant nos feux,

Puisse toujours le ciel prévenir tous vos vœux !
Que votre règne aimable,
Par un bonheur constant à jamais mémorable,
Éternise vos jours heureux !

POLYCRATE, *à Anacréon.*

Commence d'accomplir un si charmant présage ;
Rentre dans ma faveur, ne quitte point ma cour ;
Que l'amitié du moins me dédommage
Des disgrâces de l'amour.
Que tout célèbre cette fête.
L'heureux Anacréon voit combler ses désirs :
Accourez, chantez sa conquête
Comme il a chanté vos plaisirs.

SCÈNE VIII.

ANACRÉON, THÉMIRE, PEUPLES DE SAMOS.

CHŒUR.

Que tout célèbre cette fête.
L'heureux Anacréon voit combler ses désirs :
Accourons, chantons sa conquête
Comme il a chanté nos plaisirs.

(On danse.)

ANACRÉON, *alternativement avec le chœur*

Jeux, brillez sans cesse :
Sans vous la tendresse
Languiroit toujours.
Au plus tendre hommage
Un doux badinage
Prête du secours.

(On danse.

Quand pour plaire aux belles
On voit autour d'elles
Folâtrer l'Amour,
Dans leur cœur le traître
Est bientôt le maître,
Et rit à son tour.

LE

DEVIN DU VILLAGE,

INTERMÈDE,

Représenté à Fontainebleau, devant le Roi, les 18 et 24 octobre 1752; et à Paris, par l'Académie royale de Musique, le jeudi 1er mars 1753.

AVERTISSEMENT.

Quoique j'aie approuvé les changemens que mes amis jugèrent à propos de faire à cet intermède quand il fut joué à la cour, et que son succès leur soit dû en grande partie, je n'ai pas jugé à propos de les adopter aujourd'hui, et cela par plusieurs raisons. La première est que, puisque cet ouvrage porte mon nom, il faut que ce soit le mien, dût-il en être plus mauvais; la seconde, que ces changemens pouvoient être fort bien en eux-mêmes, et ôter pourtant à la pièce cette unité si peu connue, qui seroit le chef-d'œuvre de l'art, si l'on pouvoit la conserver sans répétition et sans monotonie. Ma troisième raison est que cet ouvrage n'ayant été fait que pour mon amusement, son vrai succès est de me plaire : or personne ne sait mieux que moi comment il doit être pour me plaire le plus (*).

A M. DUCLOS,

HISTORIOGRAPHE DE FRANCE, L'UN DES QUARANTE DE L'ACADÉMIE FRANÇOISE ET DE CELLE DES BELLES-LETTRES.

Souffrez, monsieur, que votre nom soit à la tête de cet ouvrage, qui, sans vous, n'eût point vu le jour. Ce sera ma première et unique dédicace : puisse-t-elle vous faire autant d'honneur qu'à moi !

Je suis, de tout mon cœur,

Monsieur,

Votre très humble et très-obéissant serviteur,

J. J. ROUSSEAU.

(*) Cet *Avertissement*, qui n'est point dans l'édition originale, est placé en tête de la partition gravée en 1754; conséquemment ce que l'auteur y dit des *changemens* faits à sa pièce, et qu'*il n'a pas jugé à propos d'adopter*, ne s'applique qu'à la musique. En effet, il nous apprend lui-même, dans ses *Confessions*, qu'il consentit à ce que Francueil et Jelyotte fissent un autre récitatif plus analogue au goût qui régnoit alors dans cette partie de l'art musical. Au reste, il est bon de savoir que le récitatif fait par Rousseau a été postérieurement rétabli au théâtre. On croit communément que la musique du *Devin du village*, telle qu'elle s'exécute maintenant à l'Opéra, a, depuis Rousseau, subi de grands changemens dans la partie instrumentale; nous avons pris sur ce point des informations certaines, et voici le fait dans son exacte vérité. L'accompagnement du récitatif se réduisant, dans la partition, à une basse chiffrée sans l'emploi d'aucun autre instrument, et celui du chant n'en offrant presque point d'autre que deux parties de violon avec la basse, on a jugé que la partition ne pouvoit rester en cet état de simplicité, pour être exécutée dans une salle aussi vaste que celle de l'Opéra. M. Lefebvre, bibliothécaire de cet établissement, a fait avec autant de goût que de réserve les *remplissages* que cette circonstance nécessitoit. Il a coupé tous les repos du récitatif par des accords confiés aux différens instrumens, mais constamment fournis par la basse telle que le compositeur l'a donnée. Pour le chant, il en a, dans les mêmes vues, complété les parties d'orchestre dont l'effet, sans ce complément, pouvoit paroître trop foible. Les amateurs ont généralement applaudi à ces changemens; cependant il reste à savoir si les effets harmoniques ainsi renforcés, en altérant les rapports établis par le compositeur entre le chant et l'accompagnement, n'ont pas détruit cette *unité* qu'il fait avec raison valoir, et dénaturé jusqu'à un certain point son ouvrage. Ce qu'il y a de certain, c'est qu'il s'est fortement prononcé lui-même contre tout changement de cette espèce dans une note que l'éditeur de sa musique posthume nous apprend avoir été trouvée écrite de sa main, et conçue en ces termes : « Dans TOUTE MA MUSIQUE je prie instamment qu'on ne mette » aucun remplissage partout où je n'en ai pas mis. » — Voyez le recueil des Romances gravé en 1781, *in-fol.*, page 1. G. P.

LE DEVIN DU VILLAGE.

PERSONNAGES.

COLIN. — LE DEVIN.
COLETTE. — TROUPE DE JEUNES GENS DU VILLAGE.

Le théâtre représente d'un côté la maison du Devin; de l'autre, des arbres et des fontaines; et dans le fond, un hameau.

SCÈNE I.

COLETTE, *soupirant, et s'essuyant les yeux de son tablier.*

J'ai perdu tout mon bonheur;
J'ai perdu mon serviteur;
Colin me délaisse.

Hélas! il a pu changer!
Je voudrois n'y plus songer :
J'y songe sans cesse.

J'ai perdu mon serviteur;
J'ai perdu tout mon bonheur;
Colin me délaisse.

Il m'aimoit autrefois, et ce fut mon malheur.
Mais quelle est donc celle qu'il me préfère?
Elle est donc bien charmante! Imprudente bergère!
Ne crains-tu point les maux que j'éprouve en ce jour?
Colin m'a pu changer; tu peux avoir ton tour.

Que me sert d'y rêver sans cesse?
Rien ne peut guérir mon amour,
Et tout augmente ma tristesse.

J'ai perdu mon serviteur;
J'ai perdu tout mon bonheur;
Colin me délaisse.

Je veux le haïr... je le dois...
Peut-être il m'aime encor... Pourquoi me fuir sans cesse?
Il me cherchoit tant autrefois!

Le Devin du canton fait ici sa demeure;
Il sait tout : il saura le sort de mon amour :
Je le vois, et je veux m'éclaircir en ce jour.

SCÈNE II.

LE DEVIN, COLETTE.

Tandis que le Devin s'avance gravement, Colette compte dans sa main de la monnoie, puis elle la plie dans un papier, et la présente au Devin, après avoir un peu hésité à l'aborder.

COLETTE, *d'un air timide.*

Perdrai-je Colin sans retour?
Dites-moi s'il faut que je meure.

LE DEVIN, *gravement.*

Je lis dans votre cœur, et j'ai lu dans le sien.

COLETTE.

O dieux!

LE DEVIN.

Modérez-vous.

COLETTE.

Eh bien?
Colin...

LE DEVIN.

Vous est infidèle.

COLETTE.

Je me meurs.

LE DEVIN.

Et pourtant il vous aime toujours.

COLETTE, *vivement.*

Que dites-vous?

LE DEVIN.

Plus adroite et moins belle,
La dame de ces lieux...

COLETTE.

Il me quitte pour elle!

LE DEVIN.

Je vous l'ai déjà dit, il vous aime toujours.

COLETTE, *tristement.*

Et toujours il me fuit!

LE DEVIN.

Comptez sur mon secours.
Je prétends à vos pieds ramener le volage.
Colin veut être brave, il aime à se parer :
Sa vanité vous a fait un outrage
Que son amour doit réparer.

COLETTE.

Si des galans de la ville
J'eusse écouté les discours,
Ah! qu'il m'eût été facile
De former d'autres amours!

Mise en riche demoiselle,
Je brillerois tous les jours;
De rubans et de dentelle
Je chargerois mes atours.

Pour l'amour de l'infidèle
J'ai refusé mon bonheur;
J'aimois mieux être moins belle
Et lui conserver mon cœur.

LE DEVIN.

Je vous rendrai le sien, ce sera mon ouvrage.
Vous, à le mieux garder appliquez tous vos soins;
Pour vous faire aimer davantage,
Feignez d'aimer un peu moins.

L'amour croît, s'il s'inquiète;
Il s'endort, s'il est content :
La bergère un peu coquette
Rend le berger plus constant.

COLETTE.

A vos sages leçons Colette s'abandonne.

LE DEVIN.

Avec Colin prenez un autre ton.

COLETTE.

Je feindrai d'imiter l'exemple qu'il me donne.

LE DEVIN.

Ne l'imitez pas tout de bon;
Mais qu'il ne puisse le connoître.
Mon art m'apprend qu'il va paroître;
Je vous appellerai quand il en sera temps.

SCÈNE III.

LE DEVIN.

J'ai tout su de Colin, et ces pauvres enfans
Admirent tous les deux la science profonde
Qui me fait deviner tout ce qu'ils n'ont appris.
Leur amour à propos en ce jour me seconde;
En les rendant heureux, il faut que je confonde
De la dame du lieu les airs et les mépris.

SCÈNE IV.

LE DEVIN, COLIN.

COLIN.

L'amour et vos leçons m'ont enfin rendu sage,
Je préfère Colette à des biens superflus :
Je sus lui plaire en habit de village,
Sous un habit doré qu'obtiendrois-je de plus?

LE DEVIN.

Colin, il n'est plus temps, et Colette t'oublie.

COLIN.

Elle m'oublie, ô ciel! Colette a pu changer!

LE DEVIN.

Elle est femme, jeune et jolie;
Manqueroit-elle à se venger?

COLIN.

Non, Colette n'est point trompeuse,
Elle m'a promis sa foi :
Peut-elle être l'amoureuse
D'un autre berger que moi?

LE DEVIN.

Ce n'est point un berger qu'elle préfère à toi;
C'est un beau monsieur de la ville.

COLIN.

Qui vous l'a dit?

LE DEVIN, *avec emphase.*

Mon art.

COLIN.

Je n'en saurois douter.
Hélas! qu'il m'en va coûter
Pour avoir été trop facile (*)!

Aurois-je donc perdu Colette sans retour?

LE DEVIN.

On sert mal à la fois la fortune et l'amour.
D'être si beau garçon quelquefois il en coûte.

COLIN.

De grâce, apprenez-moi le moyen d'éviter
Le coup affreux que je redoute.

LE DEVIN.

Laisse-moi seul un moment consulter.

(Le Devin tire de sa poche un livre de grimoire et un petit bâton de Jacob, avec lesquels il fait un charme. De jeunes paysannes, qui venoient le consulter, laissent tomber leurs présens, et se sauvent tout effrayées en voyant ses contorsions.)

Le charme est fait. Colette en ce lieu va se rendre;
Il faut ici l'attendre.

COLIN.

A l'apaiser pourrai-je parvenir?
Hélas! voudra-t-elle m'entendre?

LE DEVIN.

Avec un cœur fidèle et tendre
On a droit de tout obtenir.
(A part.)
Sur ce qu'elle doit dire allons la prévenir.

SCÈNE V.

COLIN.

Je vais revoir ma charmante maîtresse.
Adieu, châteaux, grandeurs, richesse,
Votre éclat ne me tente plus.
Si mes pleurs, mes soins assidus,
Peuvent toucher ce que j'adore,
Je vous verrai renaître encore,
Doux momens que j'ai perdus.

Quand on sait aimer et plaire,
A-t-on besoin d'autre bien?
Rends-moi ton cœur, ma bergère,
Colin t'a rendu le sien.

Mon chalumeau, ma houlette,
Soyez mes seules grandeurs;
Ma parure est ma Colette,
Mes trésors sont ses faveurs.

Que de seigneurs d'importance
Voudroient bien avoir sa foi!
Malgré toute leur puissance,
Ils sont moins heureux que moi.

(*) On lit dans l'édition de Genève, et dans toutes celles qui ont été faites postérieurement sans exception,

Pour avoir été trop facile
A m'en laisser conter par les dames de cour!

mais ce dernier vers n'est dans aucune édition antérieure, à partir de l'édition originale de 1753; il n'est point dans la partition gravée en 1754; enfin, il n'est point dans le manuscrit autographe de cette partition déposé à la bibliothèque de la Chambre des Députés. Voilà bien assez de raisons pour décider la suppression de ce vers, quelle que soit la cause de son insertion dans l'édition de Genève, qui fait autorité en tant d'autres points. G. P.

SCÈNE VI.

COLIN, COLETTE, *parée.*

COLIN, *à part.*

Je l'aperçois... Je tremble en m'offrant à sa vue...
... Sauvons-nous... Je la perds si je fuis...

COLETTE, *à part.*

Il me voit... Que je suis émue!
Le cœur me bat...

COLIN.

Je ne sais où j'en suis.

COLETTE.

Trop près, sans y songer, je me suis approchée.

COLIN.

Je ne puis m'en dédire, il la faut aborder.

(A Colette, d'un ton radouci, et d'un air moitié riant, moitié embarrassé.)

Ma Colette... êtes-vous fachée?
Je suis Colin : daignez me regarder.

COLETTE, *osant à peine jeter les yeux sur lui.*

Colin m'aimoit; Colin m'étoit fidèle :
Je vous regarde, et ne vois plus Colin.

COLIN.

Mon cœur n'a point changé; mon erreur trop cruelle
Venoit d'un sort jeté par quelque esprit malin :
Le Devin l'a détruit; je suis, malgré l'envie,
Toujours Colin, toujours plus amoureux.

COLETTE.

Par un sort, à mon tour, je me sens poursuivie.
Le Devin n'y peut rien.

COLIN.

Que je suis malheureux!

COLETTE.

D'un amant plus constant....

COLIN.

Ah! de ma mort suivie,
Votre infidélité....

COLETTE.

Vos soins sont superflus;
Non, Colin, je ne t'aime plus.

COLIN.

Ta foi ne m'est point ravie;
Non, consulte mieux ton cœur:
Toi-même en m'ôtant la vie,
Tu perdrois tout ton bonheur.

COLETTE.

(A part.) (A Colin.)
Hélas! Non, vous m'avez trahie,
Vos soins sont superflus :
Non, Colin, je ne t'aime plus.

COLIN.

C'en est donc fait; vous voulez que je meure;
Et je vais pour jamais m'éloigner du hameau.

COLETTE, *rappelant Colin qui s'éloigne lentement.*

Colin!

COLIN.

Quoi?

COLETTE.

Tu me fuis?

COLIN.

Faut-il que je demeure
Pour vous voir un amant nouveau?

DUO.

COLETTE.

Tant qu'à mon Colin j'ai su plaire,
Je vivois dans les plaisirs.

COLIN.

Quand je plaisois à ma bergère,
Mon sort combloit mes désirs.

COLETTE.

Depuis que son cœur me méprise,
Un autre a gagné le mien.

COLIN.

Après le doux nœud qu'elle brise,
Seroit-il un autre bien?

(D'un ton pénétré.)

Ma Colette se dégage!

COLETTE.

Je crains un amant volage.

(Ensemble.)

Je me dégage à mon tour.
Mon cœur devenu paisible,
Oublira, s'il est possible,
Que tu lui fus { cher / chère } un jour.

COLIN.

Quelque bonheur qu'on me promette
Dans les nœuds qui me sont offerts,
J'eusse encor préféré Colette
A tous les biens de l'univers.

COLETTE.

Quoiqu'un seigneur jeune, aimable,
Me parle aujourd'hui d'amour,
Colin m'eût semblé préférable
A tout l'éclat de la cour.

COLIN, *tendrement.*

Ah, Colette!

COLETTE, *avec un soupir.*

Ah! berger volage,
Faut-il t'aimer malgré moi!

(Colin se jette aux pieds de Colette; elle lui fait remarquer à son chapeau un ruban fort riche qu'il a reçu de la dame. Colin le jette avec dédain. Colette lui en donne un plus simple dont elle étoit parée, et qu'il reçoit avec transport.)

(Ensemble.)

A jamais Colin { je t'engage / t'engage }

Mon / Son cœur et ma / sa foi.
Qu'un doux mariage
M'unisse avec toi.
Aimons toujours sans partage ;
Que l'amour soit notre loi.

A jamais, etc.

SCÈNE VII.

LE DEVIN, COLIN, COLETTE.

LE DEVIN.

Je vous ai délivrés d'un cruel maléfice ;
Vous vous aimez encor malgré les envieux.

COLIN.

(Ils offrent chacun un présent au Devin.)

Quel don pourroit jamais payer un tel service !

LE DEVIN, *recevant des deux mains.*

Je suis assez payé si vous êtes heureux.
Venez, jeunes garçons, venez, aimables filles,
Rassemblez-vous, venez les imiter ;
Venez, galans bergers, venez, beautés gentilles,
En chantant leur bonheur apprendre à le goûter.

SCÈNE VIII.

LE DEVIN, COLIN, COLETTE, GARÇONS ET FILLES DU VILLAGE.

CHŒUR.

Colin revient à sa bergère ;
Célébrons un retour si beau.
Que leur amitié sincère
Soit un charme toujours nouveau.
Du Devin de notre village
Chantons le pouvoir éclatant :
Il ramène un amant volage,
Et le rend heureux et constant.

(On danse.)

ROMANCE.

COLIN.

Dans ma cabane obscure
Toujours soucis nouveaux ;
Vent, soleil ou froidure,
Toujours peine et travaux.
Colette, ma bergère,
Si tu viens l'habiter,
Colin, dans sa chaumière,
N'a rien à regretter.
Des champs, de la prairie,
Retournant chaque soir,
Chaque soir plus chérie,
Je viendrai te revoir :
Du soleil dans nos plaines
Devançant le retour,
Je charmerai mes peines
En chantant notre amour.

(On danse une pantomime.)

LE DEVIN.

Il faut tous à l'envi
Nous signaler ici :
Si je ne puis sauter ainsi,
Je dirai pour ma part une chanson nouvelle.

(Il tire une chanson de sa poche.)

I.

L'art à l'Amour est favorable,
Et sans art l'Amour sait charmer ;
A la ville on est plus aimable,
Au village on sait mieux aimer.
Ah ! pour l'ordinaire,
L'Amour ne sait guère
Ce qu'il permet, ce qu'il défend ;
C'est un enfant, c'est un enfant.

COLIN *avec le chœur répète le refrain.*

Ah ! pour l'ordinaire,
L'Amour ne sait guère
Ce qu'il permet, ce qu'il défend ;
C'est un enfant, c'est un enfant.

(Regardant la chanson.)

Elle a d'autres couplets ! je la trouve assez belle.

COLETTE, *avec empressement.*

Voyons, voyons ; nous chanterons aussi.

(Elle prend la chanson.)

II.

Ici de la simple nature
L'Amour suit la naïveté ;
En d'autres lieux, de la parure
Il cherche l'éclat emprunté.
Ah ! pour l'ordinaire,
L'Amour ne sait guère
Ce qu'il permet, ce qu'il défend ;
C'est un enfant, c'est en enfant.

CHŒUR.

C'est un enfant, c'est un enfant.

COLIN.

III.

Souvent une flamme chérie
Est celle d'un cœur ingénu ;
Souvent par la coquetterie
Un cœur volage est retenu.
Ah ! pour l'ordinaire, etc.

(A la fin de chaque couplet le chœur répète toujours ce vers :)

C'est un enfant, c'est un enfant.

LE DEVIN.

IV.

L'Amour, selon sa fantaisie,
Ordonne et dispose de nous ;

Ce dieu permet la jalousie,
Et ce dieu punit les jaloux.
Ah ! pour l'ordinaire, etc.

COLIN.

V.

A voltiger de belle en belle,
On perd souvent l'heureux instant;
Souvent un berger trop fidèle
Est moins aimé qu'un inconstant.
Ah ! pour l'ordinaire, etc.

COLETTE.

VI.

A son caprice on est en butte,
Il veut les ris, il veut les pleurs;
Par les... par les...

COLIN, *lui aidant à lire.*

Par les rigueurs on le rebute.

COLETTE.

On l'affoiblit par les faveurs.

(Ensemble.)

Ah ! pour l'ordinaire,
L'Amour ne sait guère
Ce qu'il permet, ce qu'il défend;
C'est un enfant, c'est un enfant.

CHŒUR.

C'est un enfant, c'est un enfant.

(On danse.)

COLETTE.

Avec l'objet de mes amours,
Rien ne m'afflige, tout m'enchante :
Sans cesse il rit, toujours je chante.
C'est une chaîne d'heureux jours.
Quand on sait bien aimer, que la vie est charmante!
Tel, au milieu des fleurs qui brillent sur son cours,
Un doux ruisseau coule et serpente.
Quand on sait bien aimer, que la vie est charmante!

(On danse.)

COLETTE.

Allons danser sous les ormeaux,
Animez-vous, jeunes fillettes :
Allons danser sous les ormeaux,
Galans, prenez vos chalumeaux.

(Les Villageoises répètent ces quatre vers.)

COLETTE.

Répétons mille chansonnettes;
Et, pour avoir le cœur joyeux,
Dansons avec nos amoureux;
Mais n'y restons jamais seulettes.
Allons danser sous les ormeaux, etc.

LES VILLAGEOISES.

Allons danser sous les ormeaux, etc.

COLETTE.

A la ville on fait bien plus de fracas;
Mais sont-ils aussi gais dans leurs ébats?
Toujours contens,
Toujours chantans;
Beauté sans fard,
Plaisir sans art :
Tous leurs concerts valent-ils nos musettes?
Allons danser sous les ormeaux, etc.

LES VILLAGEOISES.

Allons danser sous les ormeaux, etc.

LA

DÉCOUVERTE DU NOUVEAU MONDE,

TRAGÉDIE EN TROIS ACTES (*)

PERSONNAGES.

LE CACIQUE de l'île de Guanaban, conquérant d'une partie des Antilles.
DIGIZÉ, épouse du Cacique.
CARIME, princesse américaine.
COLOMB, chef de la flotte espagnole.
ALVAR, officier castillan.
LE GRAND-PRÊTRE des Américains.
NOZIME, Américain.
TROUPE DE SACRIFICATEURS AMÉRICAINS.
TROUPE D'ESPAGNOLS ET D'ESPAGNOLES DE LA FLOTTE.
TROUPE D'AMÉRICAINS ET D'AMÉRICAINES.

La scène est dans l'île de Guanahan.

ACTE PREMIER.

Le théâtre représente la forêt sacrée où les peuples de Guanahan venoient adorer leurs dieux.

SCÈNE I.

LE CACIQUE, CARIME.

LE CACIQUE.

Seule en ces bois sacrés! eh! qu'y faisoit Carime?

CARIME.

Eh! quel autre que vous devroit le savoir mieux?
De mes tourmens secrets j'importunois les dieux;
J'y pleurois mes malheurs : m'en faites-vous un crime?

LE CACIQUE.

Loin de vous condamner, j'honore la vertu
Qui vous fait près des dieux chercher la confiance
Que l'effroi vient d'ôter à mon peuple abattu.
Cent présages affreux, troublant notre assurance,
Semblent du ciel annoncer le courroux;
Si nos crimes ont pu mériter sa vengeance,
Vos vœux l'éloigneront de nous
En faveur de votre innocence.

CARIME.

Quel fruit espérez-vous de ces détours honteux?
Cruel! vous insultez à mon sort déplorable.
Ah! si l'amour me rend coupable,
Est-ce à vous à blâmer mes feux?

LE CACIQUE.

Quoi! vous parlez d'amour en ces momens funestes!
L'amour échauffe-t-il des cœurs glacés d'effroi?

CARIME.

Quand l'amour est extrême,
Craint-on d'autre malheur
Que la froideur
De ce qu'on aime?
Si Digizé vous vantoit son ardeur,
Lui répondriez-vous de même?

LE CACIQUE.

Digizé m'appartient par des nœuds éternels;
En partageant mes feux elle a rempli mon trône;
Et, quand nous confirmons nos sermens mutuels,
L'amour le justifie, et le devoir l'ordonne.

CARIME.

L'amour et le devoir s'accordent rarement :
Tour à tour seulement ils règnent dans une âme.
L'amour forme l'engagement,
Mais le devoir éteint la flamme.
Si l'hymen a pour vous des attraits si charmans,
Redoublez avec moi ses doux engagemens :
Mon cœur consent à ce partage :
C'est un usage établi parmi nous.

LE CACIQUE.

Que me proposez-vous, Carime! quel langage?

CARIME.

Tu t'offenses, cruel, d'un langage si doux!
Mon amour et mes pleurs excitent ton courroux!
Tu vas triompher en ce jour.

(*) Composée à Lyon en 1740. (Voyez *Confessions*, tome I, page 151.) Rousseau avoit fait la musique du premier acte.
M. P.

Ah! si tes yeux ont plus de charmes,
Ton cœur a-t-il autant d'amour?

LE CACIQUE.

Cessez de vains regrets, votre plainte est injuste :
Ici vos pleurs blessent mes yeux.
Carime, ainsi que vous, en cet asile auguste,
Mon cœur a ses secrets à révéler aux dieux.

CARIME.

Quoi! barbare, au mépris tu joins enfin l'outrage!
Va, tu n'entendras plus d'inutiles soupirs;
A mon amour trahi tu préfères ma rage :
Il faudra te servir au gré de tes désirs.

LE CACIQUE.

Que son sort est à plaindre!
Mais les fureurs n'obtiendront rien.
Pour un cœur fait comme le mien
Ses pleurs étoient bien plus à craindre.

SCÈNE II.

LE CACIQUE.

Lieu terrible, lieu révéré,
Séjour des dieux de cet empire,
Déployez dans les cœurs votre pouvoir sacré :
Dieux, calmez un peuple égaré,
De ses sens effrayés dissipez ce délire;
Ou, si votre puissance enfin n'y peut suffire,
N'usurpez plus un nom vainement adoré.
Je me le cache en vain, moi-même je frissonne;
Une sombre terreur m'agite malgré moi.
Cacique malheureux, ta vertu t'abandonne;
Pour la première fois ton courage s'étonne;
La crainte et la frayeur se font sentir à toi.
Lieu terrible, lieu révéré,
Séjour des dieux de cet empire,
Déployez dans les cœurs votre pouvoir sacré :
Rassurez un peuple égaré,
De ses sens effrayés dissipez ce délire;
Ou, si votre puissance enfin n'y peut suffire,
N'usurpez plus un nom vainement adoré.
Mais quel est le sujet de ces craintes frivoles?
Les vains pressentimens d'un peuple épouvanté,
Les mugissemens des idoles,
Ou l'aspect effrayant d'un astre ensanglanté?
Ah! n'ai-je tant de fois enchaîné la victoire,
Tant vaincu de rivaux, tant obtenu de gloire,
Que pour la perdre enfin par de si foibles coups?
Gloire frivole! eh! sur quoi comptons-nous?
Mais je vois Digizé. Cher objet de ma flamme,
Tendre épouse, ah! mieux que les dieux,
L'éclat de tes beaux yeux
Ranimera mon âme.

SCÈNE III.

DIGIZÉ, LE CACIQUE.

DIGIZÉ.

Seigneur, vos sujets éperdus,
Saisis d'effroi, d'horreur, cèdent à leurs alarmes;
Et, parmi tant de cris, de soupirs et de larmes,
C'est pour vous qu'ils craignent le plus.
Quel que soit le sujet de leur terreur mortelle,
Ah! fuyons, cher époux, fuyons, sauvons vos jours.
Par une crainte, hélas! qui menace leur cours,
Mon cœur sent une mort réelle.

LE CACIQUE.

Moi fuir! leur cacique! leur roi!
Leur père enfin! l'espères-tu de moi?
Sur la vaine terreur dont ton esprit se blesse,
Moi, fuir! ah! Digizé, que me proposes-tu?
Un cœur chargé d'une foiblesse
Conserveroit-il ta tendresse
En abandonnant la vertu?
Digizé, je chéris le nœud qui nous assemble;
J'adore tes appas, ils peuvent tout sur moi :
Mais j'aime encor mon peuple autant que toi,
Et la vertu plus que tous deux ensemble.

SCÈNE IV.

NOZIME, LE CACIQUE, DIGIZÉ.

NOZIME.

Par votre ordre, seigneur, les prêtres rassemblés
Vont bientôt en ces lieux commencer le mystère.

LE CACIQUE.

Et les peuples?

NOZIME.

Toujours également troublés,
Tous frémissent au bruit d'un mal imaginaire.
Ils disent qu'en ces lieux des enfans du soleil
Doivent bientôt descendre en superbe appareil.
Tout tremble à leur nom seul, et ces hommes terribles
Affranchis de la mort, aux coups inaccessibles,
Doivent tout asservir à leur pouvoir fatal :
Trop fiers d'être immortels, leur orgueil sans égal
Des rois fait leurs sujets, des peuples leurs esclaves.
Leurs récits effrayans étonnent les plus braves.
J'ai vainement cherché les auteurs insensés
De ces bruits...

LE CACIQUE.

Laissez-nous, Nozime; c'est assez.

DIGIZÉ.

Grands dieux! que produira cette terreur publique?
Quel sera ton destin, infortuné cacique?
Hélas! ce doute affreux ne trouble-t-il que moi?

LE CACIQUE.

Mon sort est décidé; je suis aimé de toi.
Dieux puissans, dieux jaloux de mon bonheur suprême,

Des fiers enfans du ciel secondez les projets :
Armez à votre gré la terre, l'enfer même;
Je puis braver et la foudre et vos traits.
Déployez contre moi votre injuste vengeance,
J'en redoute peu les effets :
Digizé seule en sa puissance
Tient mon bonheur et mes succès. [prême,
Dieux puissans, dieux jaloux de mon bonheur su-
Des fiers enfans du ciel secondez les projets :
Armez à votre gré la terre, l'enfer même;
Je puis braver et la foudre et vos traits.

DIGIZÉ.

Où vous emporte un excès de tendresse?
Ah! n'irritons pas les dieux :
Plus on prétend braver les cieux,
Plus on sent sa propre foiblesse.
Ciel, protecteur de l'innocence,
Éloigne nos dangers, dissipe notre effroi.
Eh! des foibles humains qui prendra la défense,
S'ils n'osent espérer en toi?
Du plus parfait amour la flamme légitime
Auroit-elle offensé tes yeux?
Ah! si des feux si purs devant toi sont un crime,
Détruis la race humaine et ne fais que des dieux.
Ciel, protecteur de l'innocence,
Éloigne nos dangers, dissipe notre effroi.
Eh! des foibles humains qui prendra la défense,
S'ils n'osent espérer en toi?

LE CACIQUE.

Chère épouse, suspends d'inutiles alarmes :
Plus que de vains malheurs tes pleurs me vont couler.
Ai-je, quand tu verses des larmes,
De plus grands maux à redouter?
Mais j'entends retentir les instrumens sacrés,
Les prêtres vont paroître :
Gardez-vous de laisser connoître
Le trouble auquel vous vous livrez.

SCÈNE V.

LE CACIQUE, LE GRAND-PRÊTRE, DIGIZÉ, TROUPE DE PRÊTRES.

LE GRAND-PRÊTRE.

C'est ici le séjour de nos dieux formidables;
Ils rendent en ces lieux leurs arrêts redoutables;
Que leur présence en nous imprime un saint respect!
Tout doit frémir à leur aspect.

LE CACIQUE.

Prêtres sacrés des dieux qui protégent ces îles,
Implorez leur secours sur mon peuple et sur moi;
Obtenez d'eux qu'ils bannissent l'effroi
Qui vient troubler ces lieux tranquilles.
Des présages affreux
Répandent l'épouvante;
Tout gémit dans l'attente
De cent maux rigoureux.
Par vos accens terribles
Évoquez les destins :
Si nos maux sont certains,
Ils seront moins sensibles.

LE GRAND-PRÊTRE, *alternativement avec le chœur.*

Ancien du monde, être des jours,
Sois attentif à nos prières;
Soleil, suspends ton cours
Pour éclaircir nos mystères!

LE GRAND-PRÊTRE.

Dieux qui veillez sur cet empire,
Manifestez vos soins, soyez nos protecteurs.
Bannissez de vaines terreurs,
Un signe seul vous peut suffire :
Le vil effroi peut-il frapper des cœurs
Que votre confiance inspire?

CHŒUR.

Ancien du monde, être des jours,
Sois attentif à nos prières;
Soleil, suspends ton cours
Pour éclairer nos mystères.

LE GRAND-PRÊTRE.

Conservez à son peuple un prince généreux :
Que, de votre pouvoir digne dépositaire,
Il soit heureux comme les dieux,
Puisqu'il remplit leur ministère,
Et qu'il est bienfaisant comme eux!

CHŒUR.

Ancien du monde, etc.

LE GRAND-PRÊTRE.

C'en est assez. Que l'on fasse silence.
De nos rites sacrés déployons la puissance,
Que vos sublimes sons, vos pas mystérieux,
De l'avenir, soustrait aux mortels curieux,
Dans mon cœur inspiré portent la connoissance.
Mais la fureur divine agite mes esprits;
Mes sens sont étonnés, mes regards éblouis;
La nature succombe aux efforts réunis
De ces ébranlemens terribles...
Non, des transports nouveaux affermissent mes sens;
Mes yeux avec effort percent la nuit des temps...
Écoutez du destin les décrets inflexibles!
Cacique infortuné,
Tes exploits sont flétris, ton règne est terminé :
Ce jour en d'autres mains fait passer ta puissance :
Tes peuples, asservis sous un joug odieux,
Vont perdre pour jamais les plus chers dons des cieux,
Leur liberté, leur innocence.
Fiers enfans du soleil, vous triomphez de nous;
Vos arts sur nos vertus vous donnent la victoire :
Mais, quand nous tombons sous vos coups,
Craignez de payer cher nos maux et votre gloire.
Des nuages confus naissent de toutes parts...
Les siècles sont voilés à mes foibles regards.

LE CACIQUE.

De vos arts mensongers cessez les vains prestiges.

(Les prêtres se retirent, après quoi l'on entend le chœur suivant derrière le théâtre.)

CHŒUR *derrière le théâtre.*

O ciel! ô ciel! quels prodiges nouveaux!
Et quels monstres ailés paroissent sur les eaux!

DIGIZÉ.

Dieux! quels sont ces nouveaux prodiges?

CHŒUR *derrière le théâtre.*

O ciel! ô ciel! etc.

LE CACIQUE.

L'effroi trouble les yeux de ce peuple timide;
Allons apaiser ses transports.

DIGIZÉ.

Seigneur, où courez-vous? quel vain espoir vous guide?
Contre l'arrêt des dieux que servent vos efforts?
Mais il ne m'entend plus, il fuit. Destin sévère!
Ah! ne puis-je du moins, dans ma douleur amère,
Sauver un de ses jours au prix de mille morts!

ACTE SECOND.

Le théâtre représente un rivage entrecoupé d'arbres et de rochers. On voit, dans l'enfoncement, débarquer la flotte espagnole, au son des trompettes et des timbales.

SCÈNE I.

COLOMB, ALVAR, TROUPE D'ESPAGNOLS ET D'ESPAGNOLES.

CHŒUR.

Triomphons, triomphons sur la terre et sur l'onde!
Donnons des lois à l'univers:
Notre audace en ce jour découvre un nouveau monde;
Il est fait pour porter nos fers.

COLOMB, *tenant d'une main une épée nue, et de l'autre l'étendard de Castille.*

Climats dont à nos yeux s'enrichit la nature,
Inconnus aux humains, trop négligés des cieux,
Perdez la liberté:

(Il plante l'étendard en terre.)

Mais portez, sans murmure,
Un joug encor plus précieux.
Chers compagnons, jadis l'Argonaute timide
Éternisa son nom dans les champs de Colchos:
Aux rives de Gadès l'impétueux Alcide
Borna sa course et ses travaux:
Un art audacieux, en nous servant de guide,
De l'immense Océan nous a soumis les flots.
Mais qui célébrera notre troupe intrépide
A l'égal de tous ces héros?
Célébrez ce grand jour d'éternelle mémoire;
Entrez, par les plaisirs, au chemin de la gloire:
Que vos yeux enchanteurs brillent de toutes parts,
De ce peuple sauvage étonnez les regards.

CHŒUR.

Célébrons ce grand jour d'éternelle mémoire;
Que nos yeux enchanteurs brillent de toutes parts.

(On danse.)

ALVAR.

Fière Castille, étends partout tes lois,
Sur toute la nature exerce ton empire;
Pour combler tes brillans exploits,
Un monde entier n'a pu suffire.
Maîtres des élémens, héros dans les combats,
Répandons en ces lieux la terreur, le ravage;
Le ciel en fit notre partage,
Quand il rendit l'abord de ces climats
Accessible à notre courage.
Fière Castille, etc.

(Danses guerrières.)

UNE CASTILLANE.

Volez, conquérans redoutables,
Allez remplir de grands destins:
Avec des armes plus aimables,
Nos triomphes sont plus certains.
Qu'ici d'une gloire immortelle
Chacun se couronne à son tour.
Guerriers, vous y portez l'empire d'Isabelle,
Nous y portons l'empire de l'Amour.
Volez, conquérans, etc.

(Danses.)

ALVAR ET LA CASTILLANE.

Jeunes beautés, guerriers terribles,
Unissez-vous, soumettez l'univers.
Si quelqu'un se dérobe à des coups invincibles,
Par de beaux yeux qu'il soit chargé de fers.

COLOMB.

C'est assez exprimer notre allégresse extrême,
Nous devons nos momens à de plus doux transports.
Allons aux habitans qui vivent sur ces bords
De leur nouveau destin porter l'arrêt suprême.
Alvar, de nos vaisseaux ne vous éloignez pas;
Dans ces détours cachés dispersez vos soldats:
La gloire d'un guerrier est assez satisfaite
S'il peut favoriser une heureuse retraite.
Allez, si nous avons à livrer des combats,
Il sera bientôt temps d'illustrer votre bras.

CHŒUR.

Triomphons, triomphons sur la terre et sur l'onde;
Portons nos lois au bout de l'univers:
Notre audace en ce jour découvre un nouveau monde;
Nous sommes faits pour lui donner des fers.

SCÈNE II.

CARIME.

Transports de ma fureur, amour, rage funeste,
Tyrans de la raison, où guidez-vous mes pas?

C'est assez déchirer mon cœur par vos combats;
Ah! du moins éteignez un feu que je déteste
Par mes pleurs ou par mon trépas.
Mais je l'espère en vain, l'ingrat y règne encore:
Ses outrages cruels n'ont pu me dégager;
Je reconnois toujours, hélas! que je l'adore,
Par mon ardeur à m'en venger.
Transports de ma fureur, etc.
Mais que servent ces pleurs?.. Qu'elle pleure elle-même...
C'est ici le séjour des enfans du soleil:
Voilà de leur abord le superbe appareil;
Qu'y viens-je faire, hélas! dans ma fureur extrême?
Je viens leur livrer ce que j'aime,
Pour leur livrer ce que je hais!
Oses-tu l'espérer, infidèle Carime?
Les fils du ciel sont-ils faits pour le crime?
Ils détesteront tes forfaits.
Mais s'ils avoient aimé... s'ils ont des cœurs sensibles...
Ah! sans doute ils le sont, s'ils ont reçu le jour.
Le ciel peut-il former des cœurs inaccessibles
Aux tourmens de l'amour?

SCÈNE III.

ALVAR, CARIME.

ALVAR.

Que vois-je? quel éclat! Ciel! comment tant de charmes
Se trouvent-ils en ces déserts?
Que serviront ici la valeur et les armes?
C'est à nous d'y porter des fers.

CARIME, *en action de se prosterner.*

Je suis encor, seigneur, dans l'ignorance
Des hommages qu'on doit...

ALVAR, *la retenant.*

J'en puis avoir reçus;
Mais où brille votre présence
C'est à vous seule qu'ils sont dus.

CARIME.

Quoi donc! refusez-vous, seigneur, qu'on vous adore?
N'êtes-vous pas des dieux?

ALVAR.

On ne doit adorer que vous seule en ces lieux;
Au titre de héros nous aspirons encore.
Mais daignez m'instruire à mon tour
Si mon cœur, en ce lieu sauvage,
Doit, en vous, admirer l'ouvrage
De la nature ou de l'Amour.

CARIME.

Vous séduisez le mien par un si doux langage,
Je n'en attendois pas de tels en ce séjour.

ALVAR.

L'Amour veut, par mes soins, réparer en ce jour
Ce qu'ici vos appas ont de désavantage:
Ces lieux grossiers ne sont pas faits pour vous;
Daignez nous suivre en un climat plus doux.
Avec tant d'appas en partage,
L'indifférence est un outrage
Que vous ne craindrez pas de nous.

CARIME.

Je ferai plus encore; et je veux que cette île,
Avant la fin du jour, reconnoisse vos lois.
Les peuples, effrayés, vont d'asile en asile
Chercher leur sûreté dans le fond de nos bois;
Le cacique lui-même, en d'obscures retraites,
A déposé ses biens les plus chéris.
Je connois les détours de ces routes secrètes.
Des otages si chers...

ALVAR.

Croyez-vous qu'à ce prix
Nos cœurs soient satisfaits d'emporter la victoire?
Notre valeur suffit pour nous la procurer.
Vos soins ne serviront qu'à ternir notre gloire,
Sans la mieux assurer.

CARIME.

Ainsi tout se refuse à ma juste colère!

ALVAR.

Juste ciel! vous pleurez! ai-je pu vous déplaire?
Parlez, que falloit-il?...

CARIME.

Il falloit me venger.

ALVAR.

Quel indigne mortel a pu vous outrager?
Quel monstre a pu former ce dessein téméraire?

CARIME.

Le cacique.

ALVAR.

Il mourra: c'est fait de son destin.
Tous moyens sont permis pour punir une offense;
Pour courir à la gloire il n'est qu'un seul chemin,
Il en est cent pour la vengeance.
Il faut venger vos pleurs et vos appas.
Mais mon zèle empressé n'est pas ici le maître:
Notre chef en ces lieux va bientôt reparoître:
Je vais tout préparer pour marcher sur vos pas.

(Ensemble.)

Vengeance, Amour, unissez-vous,
Portez partout le ravage.
Quand vous animez le courage,
Rien ne résiste à vos coups.

ALVAR.

La colère en est plus ardente,
Quand ce qu'on aime est outragé.

CARIME.

Quand l'amour en haine est changé,
La rage est cent fois plus puissante.

(Ensemble.)

Vengeance, Amour, unissez-vous, etc.

ACTE TROISIÈME.

Le théâtre change, et représente les appartemens du Cacique.

SCÈNE I.

DIGIZÉ.

Tourmens des tendres cœurs, terreurs, crainte fatale,
Tristes pressentimens, vous voilà donc remplis !
Funeste trahison d'une indigne rivale,
Noirs crimes de l'amour, restez-vous impunis?

Hélas! dans mon effroi timide,
Je ne soupçonnois pas, cher et fidèle époux,
De quelle main perfide
Te viendroient de si rudes coups.
Je connois trop ton cœur, le sort qui nous sépare
Terminera tes jours :
Et je n'attendrai pas qu'une main moins barbare
Des miens vienne trancher le cours.

Tourmens des tendres cœurs, terreurs, crainte fatale,
Tristes pressentimens, etc.

Cacique redouté, quand cette heureuse rive
Retentissoit partout de tes faits glorieux,
Qui t'eût dit qu'on verroit ton épouse captive
Dans le palais de tes aïeux ?

SCÈNE II.

DIGIZÉ, CARIME.

DIGIZÉ.

Venez-vous insulter à mon sort déplorable?

CARIME.

Je viens partager vos ennuis.

DIGIZÉ.

Votre fausse pitié m'accable
Plus que l'état même où je suis.

CARIME.

Je ne connois point l'art de feindre :
Avec regret je vois couler vos pleurs.
Mon désespoir a causé vos malheurs;
Mais mon cœur commence à vous plaindre,
Sans pouvoir guérir vos douleurs.
Renonçons à la violence :
Quand le cœur se croit outragé,
A peine a-t-on puni l'offense
Qu'on sent moins le plaisir que donne la vengeance
Que le regret d'être vengé.

DIGIZÉ.

Quand le remède est impossible,
Vous regrettez les maux où vous me réduisez.
C'est quand vous les avez causés
Qu'il y falloit être sensible.

(Ensemble.)

Amour, Amour, tes cruelles fureurs,
Tes injustes caprices,
Ne cesseront-ils point de tourmenter les cœurs?
Fais-tu de nos supplices
Tes plus chères douceurs?
Nos tourmens font-ils tes délices?
Te nourris-tu de nos pleurs?
Amour, Amour, tes cruelles fureurs,
Tes injustes caprices,
Ne cesseront-ils point de tourmenter les cœurs?

CARIME.

Quel bruit ici se fait entendre !
Quels cris ! quels sons étincelans !

DIGIZÉ.

Du Cacique en fureur les transports violens...
Si c'était lui... Grands dieux! qu'ose-t-il entreprendre?
Le bruit redouble, hélas! peut-être il va périr.
Ciel, juste ciel, daigne le secourir !

(On entend des décharges de mousqueterie qui se mêlent au bruit de l'orchestre.)

(Ensemble.)

Dieux ! quel fracas! quel bruit! quels éclats de tonnerre !
Le soleil irrité renverse-t-il la terre?

SCÈNE III.

COLOMB, *suivi de quelques guerriers,* DIGIZÉ, CARIME.

COLOMB.

C'est assez. Épargnons de foibles ennemis.
Qu'ils sentent leur foiblesse avec leur esclavage ;
Avec tant de fierté, d'audace, et de courage,
Ils n'en seront que plus punis.

DIGIZÉ.

Cruels! qu'avez-vous fait? Mais, ô ciel! c'est lui-même!

SCÈNE IV.

ALVAR, LE CACIQUE, *désarmé*, COLOMB, DIGIZÉ, CARIME.

ALVAR.

Je l'ai surpris, qui, seul, ardent, et furieux,
Cherchoit à pénétrer jusqu'en ces mêmes lieux.

COLOMB.

Parle, que voulois-tu dans ton audace extrême?

LE CACIQUE.

Voir Digizé, t'immoler, et mourir.

COLOMB.

Ta barbare fierté ne peut se démentir :
Mais, réponds, qu'attends-tu de ma juste colère?

LE CACIQUE.

Je n'attends rien de toi; va, remplis tes projets.
Fils du Soleil, de tes heureux succès

Rends grâce aux foudres de ton père,
Dont il t'a fait dépositaire.
Sans ces foudres brûlans, ta troupe en ces climats
N'auroit trouvé que le trépas.

COLOMB.

Ainsi donc ton arrêt est dicté par toi-même.

CARIME.

Calmez votre colère extrême;
Accordez aux remords prêts à me déchirer
De deux tendres époux la vie et la couronne.
J'ai fait leurs maux, je veux les réparer :
Ou, si votre rigueur l'ordonne,
Avec eux je veux expirer.

COLOMB.

Daignent-ils recourir à la moindre prière?

LE CACIQUE.

Vainement ton orgueil l'espère,
Et jamais mes pareils n'ont prié que les dieux.

CARIME, *à Alvar*.

Obtenez ce bienfait si je plais à vos yeux.

CARIME, ALVAR, DIGIZÉ.

Excusez deux époux, deux amans trop sensibles;
Tout leur crime est dans leur amour.
Ah! si vous aimiez un jour,
Voudriez-vous à votre tour
Ne rencontrer que des cœurs inflexibles?

CARIME.

Ne vous rendrez-vous point?

COLOMB.

Allez, je suis vaincu.
Cacique malheureux, remonte sur ton trône.

(On lui rend son épée.)

Reçois mon amitié, c'est un bien qui t'est dû.
Je songe, quand je te pardonne,
Moins à leurs pleurs qu'à ta vertu.

(A Carime.)

Pour ces tristes climats la vôtre n'est pas née.
Sensible aux feux d'Alvar, daignez les couronner.
Venez montrer l'exemple à l'Espagne étonnée,
Quand on pourroit punir, de savoir pardonner.

LE CACIQUE.

C'est toi qui viens de le donner;
Tu me rends Digizé, tu m'as vaincu par elle.
Tes armes n'avoient pu dompter mon cœur rebelle,
Tu l'as soumis par tes bienfaits.
Sois sûr, dès cet instant, que tu n'auras jamais
D'ami plus empressé, de sujet plus fidèle.

COLOMB.

Je te veux pour ami, sois sujet d'Isabelle.
Vante-nous désormais ton éclat prétendu,
Europe : en ce climat sauvage,
On éprouve autant de courage,
On y trouve plus de vertu.
O vous que des deux bouts du monde
Le destin rassemble en ces lieux!
Venez, peuples divers, former d'aimables jeux:
Qu'à vos concerts l'écho réponde:
Enchantez les cœurs et les yeux.
Jamais une plus digne fête
N'attira vos regards.
Nos jeux sont les enfans des arts,
Et le monde en est la conquête.
Hâtez-vous, accourez, venez de toutes parts,
O vous que des deux bouts du monde
Le destin rassemble en ces lieux,
Venez former d'aimables jeux.

SCÈNE V.

COLOMB, DIGIZÉ, CARIME, LE CACIQUE, ALVAR, PEUPLES ESPAGNOLS ET AMÉRICAINS.

CHŒUR.

Accourons, accourons, formons d'aimables jeux;
Qu'à nos concerts l'écho réponde :
Enchantons les cœurs et les yeux.

UN AMÉRICAIN.

Il n'est point de cœur sauvage
Pour l'amour;
Et dès qu'on s'engage
En ce séjour,
C'est sans partage.
Point d'autres plaisirs
Que de douces chaînes :
Nos uniques peines
Sont nos vains désirs,
Quand des inhumaines
Causent nos soupirs.
Il n'est point, etc.

UNE ESPAGNOLE.

Voguons,
Parcourons
Les ondes,
Nos plaisirs auront leur tour.
Découvrir
De nouveaux mondes,
C'est offrir
De nouveaux myrtes à l'Amour.

Plus loin que Phébus n'étend
Sa carrière,
Plus loin qu'il ne répand
Sa lumière,
L'Amour fait sentir ses feux
Soleil, tu fais nos jours; l'amour les rend heureux.

Voguons, etc.

CHŒUR.

Répandons dans tout l'univers
Et nos trésors et l'abondance;

Unissons par notre alliance
Deux mondes séparés par l'abîme des mers.

Air

AJOUTÉ A LA FÊTE DU TROISIÈME ACTE.

DIGIZÉ.

Triomphe, Amour, règne en ces lieux;
Retour de mon bonheur, doux transports de ma flamme
Plaisirs charmans, plaisir des dieux,
Enchantez, enivrez mon âme;
Coulez, torrens délicieux.
Fille de la vertu, tranquillité charmante,
Tu n'exclus point des cœurs l'aimable volupté,
Les doux plaisirs font la félicité,
Mais c'est toi qui la rends constante.

FRAGMENS D'IPHIS*,

TRAGÉDIE,

POUR L'ACADÉMIE ROYALE DE MUSIQUE.

PERSONNAGES.

ORTULE, roi d'Élide.
PHILOXIS, prince de Mycènes.
ANAXARETTE, fille du feu roi d'Élide.
ÉLISE, princesse de la cour d'Ortule.
IPHIS, officier de la maison d'Ortule.
ORANE, suivante d'Élise.
UN CHEF DES GUERRIERS DE PHILOXIS.
CHOEUR DE GUERRIERS.
CHOEUR DE LA SUITE D'ANAXARETTE.
CHOEUR DE DIEUX ET DE DÉESSES.
CHOEUR DE SACRIFICATEURS ET DE PEUPLES.
CHOEUR DE FURIES DANSANTES.

SCÈNE I.

Le théâtre représente un rivage; et, dans le fond, une mer couverte de vaisseaux.

ÉLISE, ORANE.

ORANE.

Princesse, enfin votre joie est parfaite;
Rien ne troublera plus vos feux.
Philoxis de retour, Philoxis amoureux,
Vient d'obtenir du roi la main d'Anaxarette;
Elle consent sans peine à ce choix glorieux;
L'aspect d'un souverain puissant, victorieux,
Efface dans son cœur la plus vive tendresse :
Le trop constant Iphis n'est plus rien à ses yeux,
La seule grandeur l'intéresse.

ÉLISE.

En vain tout paroît conspirer
A favoriser ma flamme;
Je n'ose point encor, chère Orane, espérer
Qu'il devienne sensible aux tourmens de mon âme :
Je connois trop Iphis, je ne puis m'en flatter.
Son cœur est trop constant, son amour est trop tendre:
Non, rien ne pourra l'arrêter;
Il saura même aimer sans pouvoir rien prétendre.

ORANE.

Eh quoi! vous penseriez qu'il osât refuser
Un cœur qui borneroit les vœux de cent monarques?

ÉLISE.

Hélas! il n'a déjà que trop su mépriser
De mes feux les plus tendres marques.

ORANE.

Pourroit-il oublier sa naissance, son rang,
Et l'éclat dont brille le sang
Duquel les dieux vous ont fait naître?

ÉLISE.

Quels que soient les aïeux dont il a reçu l'être,
Iphis sait mériter un plus illustre sort,
Et, par un courageux effort,
Se frayer le chemin d'une cour plus brillante.
Ses aimables vertus, sa valeur éclatante,
Ont su lui captiver mon cœur.
Je me ferois honneur
D'une semblable foiblesse,
Si, pour répondre à mon ardeur,
L'ingrat employoit sa tendresse :
Mais, peu touché de ma grandeur,
Et moins encor de mon amour extrême,
Il a beau savoir que je l'aime,
Je n'en suis pas mieux dans son cœur.
Il ose soupirer pour la fille d'Ortule :
Elle-même, jusqu'à ce jour,
A su partager son amour;
Et, malgré sa fierté, malgré tout son scrupule,
Je l'ai vu s'attendrir et l'aimer à son tour.
Seule de son secret je tiens la confidence,
Elle m'a fait l'aveu de leurs plus tendres feux.
Oh! qu'une telle confiance
Est dure à supporter pour mon cœur amoureux!

ORANE.

Quel que soit l'excès de sa flamme,
Elle brise aujourd'hui les nœuds les plus charmans.

(*) Composés à Chambéri vers 1738. (Voyez les *Confessions*, tome I, page 151.)

Si l'amour régnoit bien dans le fond de son âme,
Oubliroit-elle ainsi les vœux et les sermens?
Laissez agir le temps, laissez agir vos charmes.
Bientôt Iphis, irrité des mépris,
De la beauté dont son cœur est épris,
Va vous rendre les armes.

Air.

Pour finir vos peines
Amour va lancer ses traits.
Faites briller vos attraits,
Formez de douces chaînes.
Pous finir vos peines
Amour va lancer ses traits.

ÉLISE.

Orane, malgré moi la crainte m'intimide.
Hélas! je sens couler mes pleurs.
Iphis, que tu serois perfide,
Si sans les partager tu voyois mes douleurs!
Mais c'est assez tarder; cherchons Anaxarette :
Philoxis en ces lieux lui prépare une fête.
Je dois l'accompagner. Orane, suivez-moi.

SCÈNE II.

IPHIS.

Amour, que de tourmens j'endure sous ta loi!
Que mes maux sont cruels! que ma peine est extrême!
Je crains de perdre ce que j'aime;
J'ai beau m'assurer sur son cœur,
Je sens, hélas! que son ardeur
M'est une trop foible assurance
Pour me rendre mon espérance.
Je vois déjà sur ce rivage
Un rival orgueilleux, couronné de lauriers,
Au milieu de mille guerriers,
Lui présenter un doux hommage :
En cet état ose-t-on refuser
Un amant tout couvert de gloire?
Hélas! je ne puis accuser
Que sa grandeur et sa victoire.
De funestes pressentimens
Tour à tour dévorent mon âme;
Mon trouble augmente à tous momens.
Anaxarette.... Dieux.... trahiriez-vous ma flamme?

Air.

Quel prix de ma constante ardeur,
Si vous deveniez infidèle!
Élise étoit charmante et belle,
J'ai cent fois refusé son cœur.
Quel prix de ma constante ardeur,
Si vous deveniez infidèle!

SCÈNE III.

LE ROI, PHILOXIS.

LE ROI.

Prince, je vous dois aujourd'hui,
L'éclat dont brille la couronne;
Votre bras est le seul appui
Qui vient de rassurer mon trône :
Vous avez terrassé mes plus fiers ennemis.
Tout parle de votre victoire.
Des sujets révoltés vouloient ternir ma gloire,
Votre valeur les a soumis :
Jugez de la grandeur de ma reconnoissance
Par l'excès du bienfait que j'ai reçu de vous.
Vous possédez déjà la suprême puissance;
Soyez encore heureux époux.
Je dispose d'Anaxarette;
Ortule, en expirant, m'en laissa le pouvoir.
Philoxis, si sa main peut flatter votre espoir,
A former cet hymen aujourd'hui je m'apprête.

PHILOXIS.

Que ne vous dois-je point, seigneur!
Que mes plaisirs sont doux, qu'ils sont remplis de charmes!
Ah! l'heureux succès de mes armes
Est bien payé par un si grand bonheur!

Air.

Tendre amour, aimable espérance,
Régnez à jamais dans mon cœur.
Je vois récompenser la plus parfaite ardeur,
Je reçois aujourd'hui le prix de ma constance.
Ce que j'ai senti de souffrance
N'est rien auprès de mon bonheur.
Tendre amour, aimable espérance,
Régnez à jamais dans mon cœur,
Je vais posséder ce que j'aime :
Ah! Philoxis est trop heureux!

LE ROI.

Je sens une joie extrême
De pouvoir combler vos vœux.

(Ensemble.)

La paix succède aux plus vives alarmes,
Livrons-nous aux plus doux plaisirs,
Goûtons, goûtons-en tous les charmes;
Nous ne formerons plus d'inutiles désirs.

LE ROI.

La gloire a couronné vos armes,
Et l'hymen en ce jour couronne vos soupirs.

(Ensemble.)

La paix succède, etc.

LE ROI.

Prince, je vais pour cet ouvrage
Tout préparer dès ce moment;
Vous allez être heureux amant :
C'est le fruit de votre courage.

Et moi, pour annoncer en ces lieux mon bonheur,
Allons, sur mes vaisseaux triomphant et vainqueur,
Des dépouilles de ma conquête.
Faire un hommage aux pieds d'Anaxarette.

SCÈNE IV.

ANAXARETTE.

Air.

Je cherche en vain à dissiper mon trouble;
Non, rien ne sauroit l'apaiser :
J'ai beau m'y vouloir opposer,
Malgré moi ma peine redouble.

Enfin il est donc vrai, j'épouse Philoxis,
Et j'ai pu consentir à trahir ma tendresse;
C'est inutilement que mon cœur s'intéresse
Au bonheur de l'aimable Iphis!

Falloit-il, dieux puissans! qu'une si douce flamme,
Dont j'attendois tout mon bonheur,
N'ait pu passer jusqu'en mon âme
Sans offenser ma gloire et mon honneur?

Je cherche en vain, etc.

Je sens encor tout mon amour,
Quoique pour l'étouffer l'ambition m'inspire,
Et je m'aperçois qu'à leur tour
Mes yeux versent des pleurs, et que mon cœur soupire.

Mais quoi! pourrois-je balancer?
Pour deux objets puis-je m'intéresser?
L'un est roi triomphant, l'autre amant sans naissance:
Ah! sans rougir je ne puis y penser,
Et j'en sens trop la différence
Pour oser encore hésiter.
Non, sachons mieux nous acquitter
Des lois que la gloire m'impose :
Régnons; mon rang ne me propose
Qu'une couronne à souhaiter;
Et je ne serois plus digne de la porter
Si je désirois autre chose.

SCÈNE V.

ÉLISE, ANAXARETTE, SUITE D'ANAXARETTE *qui entre avec Élise.*

ÉLISE.

Philoxis est enfin de retour en ces lieux,
Il ramène avec lui l'Amour et la Victoire;
Et cet amant, comblé de gloire,
En vient faire hommage à vos yeux :
Ces vaisseaux triomphans, autour de ce rivage,
Semblent annoncer ses exploits.
Nos ennemis vaincus et soumis à nos lois
Sont des preuves de son courage.
Princesse, dans cet heureux jour
Vous allez partager l'éclat qui l'environne.
Qu'avec plaisir on porte une couronne,
Quand on la reçoit de l'Amour!

ANAXARETTE.

Je sens l'excès de mon bonheur extrême,
Et je vois accomplir mes plus tendres désirs.
Hélas! que ne puis-je de même
Voir finir mes tendres soupirs!

(On entend des trompettes et des timbales derrière le théâtre.)

Mais qu'entends-je? quel bruit de guerre
Vient en ces lieux frapper les airs?

ÉLISE.

Quels sons harmonieux! Quels éclatans concerts!

(Ensemble.)

Ciel! quel auguste aspect paroît sur cette terre!

SCÈNE VI.

Ici quatre trompettes paraissent sur le théâtre, suivis d'un grand nombre de guerriers vêtus magnifiquement.

ANAXARETTE, ÉLISE, SUITE D'ANAXARETTE, CHEF DES GUERRIERS, CHŒUR DE GUERRIERS.

LE CHEF DES GUERRIERS, *à Anaxarette.*

Recevez, aimable princesse,
L'hommage d'un amant tendre et respectueux.
C'est de sa part que, dans ces lieux,
Nous venons vous offrir ses vœux et sa richesse.

(En cet endroit on voit entrer, au son des trompettes, plusieurs guerriers, vêtus légèrement, qui portent des présens magnifiques, à la fin desquels est un beau trophée; ils forment une marche, et vont en dansant offrir leurs présens à la princesse, pendant que le chef des guerriers chante.)

LE CHEF DES GUERRIERS.

Régnez à jamais sur son cœur,
Partagez son amour extrême,
Et que de sa flamme même
Puisse naître votre ardeur!
Et vous, guerriers, chantons l'heureuse chaîne
Qui va couronner nos vœux :
Honorons notre souveraine,
Sous ses lois vivons sans peine
Soyons à jamais heureux.

CHŒUR DES GUERRIERS.

Chantons, chantons l'heureuse chaîne
Qui va couronner nos vœux :
Honorons notre souveraine,
Sous ses lois vivons sans peine;
Soyons à jamais heureux.

ÉLISE.

Jeunes cœurs, en ce séjour
Rendez-vous sans plus attendre,
Craignez d'irriter l'Amour.
Chaque cœur doit à son tour
Devenir amoureux et tendre.
On veut en vain se défendre,
Il faut aimer un jour.

COURTS FRAGMENS

DE LUCRÈCE,

TRAGÉDIE EN PROSE (*).

PERSONNAGES.

LUCRÈCE.
COLLATIN, mari de Lucrèce.
LUCRÉTIUS, père de Lucrèce.
SEXTUS, fils de Tarquin.
BRUTUS.
PAULINE, confidente de Lucrèce.
SULPITIUS, confident de Sextus.

La scène est à Rome.

SCÈNE I.

LUCRÈCE, PAULINE.

PAULINE.

Me pardonnerez-vous une sincérité que je vous dois? Rome a vu avec applaudissement votre première destination; tous les vœux du peuple, ainsi que le choix de Tarquin, vous unissoient à son successeur. Quel autre, disoit-on, que l'héritier de la couronne, seroit digne de posséder Lucrèce? Qu'elle remplisse un trône qu'elle doit honorer! qu'elle fasse le bonheur de Sextus, pour qu'il apprenne d'elle à faire celui des Romains!

Tout changea, au grand désespoir du prince contre le gré du roi, du peuple, et ce seroit offenser votre raison de ne dire pas de vous-même. Votre inflexible père rompit un mariage qui devoit faire le plus ardent de ses vœux; Collatin, bourgeois de Rome, obtint le prix dont Sextus s'étoit vainement flatté. . . . .

. . . .

Je n'ose vous parler du plus amoureux ni du plus aimable; mais il est impossible que vous ne sentiez pas, malgré vous-même, lequel des deux méritoit le mieux un tel prix.

(*) Ce fut en 1754, pendant son voyage à Genève, que Rousseau fit cette esquisse informe. (*Confessions*, tome I, page 206.) Elle étoit écrite au crayon et presque illisible quand elle fut imprimée pour la première fois en 1792. M. P.

LUCRÈCE.

Songez que vous parlez à la femme de Collatin, et que, puisqu'il est mon époux, il fut le plus digne de l'être.

PAULINE.

Je dois penser là-dessus ce que vous m'ordonnerez de croire; mais le public, jaloux de la seule liberté qui lui reste, et dont les jugemens ne sont soumis à personne, n'a pas donné au choix de Lucrétius la même approbation que vous. Le moyen de n'être pas difficile sur le mérite de quiconque osoit prétendre à Lucrèce? L'on trouvoit à tous égards Collatin moins pardonnable en cela que Sextus; et votre délicatesse ne doit pas s'offenser si le public a peine à croire que vous pensiez sur ce point autrement qu'il ne pense lui-même.

LUCRÈCE.

Que le peuple connoit mal les hommes, et qu'il sait mal placer son estime! . . . .

. . . .

PAULINE.

Je crains que votre gloire n'ait plus à souffrir de cette réserve excessive qu'elle ne feroit de l'excès contraire, et qu'on n'attribue plutôt le goût d'une vie si solitaire et si retirée au regret de l'époux que vous avez perdu qu'à l'amour de celui que vous possédez . . . .

. . . .

et je crain[illegible] 'on ne vous soupçonne de prendre contre un reste [illegible] enchant des précautions peu dignes de votre grande âme.

LUCRÈCE.

J'aperçois un étranger. Dieux! que vois-je?

PAULINE.

C'est Sulpitius, un affranchi du prince.

LUCRÈCE.

De Sextus? Que vient faire cet homme en ces lieux?

SCÈNE II.

LUCRÈCE, PAULINE, SULPITIUS.

SULPITIUS.

Vous avertir, madame, de la prochaine arrivée de votre époux, et vous remettre une lettre de sa part.

LUCRÈCE.

De la part de qui?

SULPITIUS.

De Collatin.

LUCRÈCE.

Donnez. (*A part.*) Dieux! (*A Pauline.*) Lisez.

PAULINE *lit.*

« Le roi vient de partir pour un voyage de vingt-» quatre heures qui me laisse le loisir d'aller vous » embrasser. Il n'est pas nécessaire d'ajouter que » j'en profite, mais il l'est de vous avertir que le » prince Sextus souhaite de m'accompagner. Faites-» lui donc préparer un logement convenable: son-» gez, en recevant l'héritier de la couronne, que » c'est de lui que dépend le sort et la fortune de » votre époux. »

LUCRÈCE, *à Pauline.*

Faites ce qu'il faut pour recevoir le prince. (*A Sulpitius.*) Dites à Collatin que c'est à regret que je ne seconde pas mieux ses intentions; et, en lui parlant de l'état d'abattement où je suis depuis deux jours, ajoutez que ma santé dérangée ne me permet ni d'agir, ni de voir personne que lui seul. . . .

. . . .

(*A part.*) Dieux qui voyez mon cœur, éclairez ma raison: faites que je ne cesse point d'être vertueuse; vous savez bien que je veux l'être, et je le serai toujours si vous le voulez ainsi que moi!

SCÈNE....

PAULINE, SULPITIUS.

SULPITIUS.

Eh bien! Pauline, que vous semble du trouble de Lucrèce à la nouvelle de l'arrivée du prince? et d'où croyez-vous que lui viendroient tant d'alarmes, si ce n'étoit de son propre cœur?

PAULINE.

Je crains bien que nous ne nous soyons trop pressés de juger Lucrèce. Ah! croyez-moi, Sulpitius, ce n'est pas une âme qu'il faille mesurer sur les nôtres. Vous savez qu'en entrant dans sa maison je pensois comme vous sur ses inclinations; que je me flattois, d'accord comme je l'espérois avec son propre cœur, de seconder facilement les vues du prince. Depuis que j'ai appris à connoître ce caractère doux et sensible, mais vertueux et inébranlable, je me suis convaincue que Lucrèce, pleinement maîtresse de son cœur et de ses passions, n'est capable de rien aimer que son époux et son devoir.

SULPITIUS.

Me croyez-vous la dupe de ces grands mots? et avez-vous oublié que, selon moi, *devoir* et *vertu* ne sont que des leurres spécieux dont les hommes adroits savent couvrir leurs intérêts? Personne ne croit à la vertu, mais chacun seroit bien aise que les autres y crussent. Pensez que Lucrèce ne sauroit tant aimer son devoir qu'elle n'aime encore plus son bonheur; et je suis bien trompé dans mes observations, si jamais elle peut le trouver autrement qu'en faisant celui de Sextus.

PAULINE.

Je crois me connoître en sentimens, et vous devez mieux que personne me rendre justice à cet égard. J'ai sondé les siens avec un soin digne de l'intérêt qu'y prend le prince qui nous emploie, et avec toute l'adresse nécessaire pour ne lui point paroître suspecte; j'ai exposé son cœur à toutes les épreuves les plus sûres et contre lesquelles la plus profonde dissimulation est le moins en garde: tantôt je l'ai plainte de ce qu'elle avoit perdu, tantôt je l'ai louée de ce qu'elle avoit préféré; tantôt flattant la vanité, tantôt offensant l'amour-propre, j'ai tâché d'exciter tour à tour sa jalousie, sa tendresse; et toutes les fois qu'il a été question de Sextus, je l'ai toujours trouvée aussi tranquille que sur tout autre sujet, et toujours prête également à continuer ou cesser la conversation, sans apparence de plaisir ou de peine.

SULPITIUS.

Il faut donc, malgré toute la tendresse dont vous me flattez, que mon cœur se connoisse mieux en amour que le vôtre; car j'en ai plus vu dans le moment où je viens d'observer Lucrèce, que vous n'avez fait depuis six mois que vous êtes à son service: et l'émotion que lui vient de causer le seul nom de Sextus me fait juger de celle qu'a dû lui causer sa vue autrefois.

PAULINE.

Depuis deux jours sa santé est tellement altérée que l'esprit s'en ressent; et ses seules langueurs ont vraisemblablement pu produire l'effet que vous attribuez à la lettre de son mari. J'avoue que mes observations peuvent me tromper; mais trop de pénétration ne vous tromperoit-elle point aussi?

SULPITIUS.

Nous devons du moins désirer que l'erreur ne soit pas de mon côté, et fomenter ou même allumer un amour d'où dépend le bonheur du nôtre: vous savez que les promesses de Sextus sont au prix du succès de nos soins.

PAULINE.

Nous devons chercher nos avantages dans les foiblesses de ceux que nous servons. Je le sens d'autant mieux que notre union ayant été mise à ce prix, mon bonheur dépend du succès. Mais l'intérêt que nous avons à profiter de l'erreur d'autrui ne nous porte point à nous tromper nous-mêmes, et l'avantage que nous devons tirer des fautes de Lucrèce n'est pas une raison d'espérer qu'elle en fasse : d'ailleurs je vous avoue qu'après avoir vu de près cette aimable et vertueuse femme je me trouve moins propre que je ne m'y attendois à seconder les desseins du prince. Je croyois... Sa douceur demande tellement grâce pour sa sagesse, qu'à peine aperçoit-on les charmes de son caractère qu'on perd le courage et la volonté de souiller une âme si pure.

Je continuerai de servir Sextus comme vous l'exigez ([1]); il ne tiendra pas à moi que ce ne soit avec succès : mais ne seroit-ce pas vous tromper que de vous promettre de tous mes soins plus d'effet que je n'en attends moi-même? Adieu : le temps s'écoule ; il faut aller exécuter les ordres de Lucrèce. Quand le prince sera venu, au premier moment de liberté que j'aurai, j'aurai soin de vous en faire avertir. . . .

. . . .

SCÈNE....

BRUTUS, COLLATIN.

BRUTUS, *prenant et serrant Collatin par la main.*

Crois-moi, Collatin, crois que l'âme de Brutus, aussi fière que la tienne, trouve plus grand et plus beau d'être compté parmi des hommes tels que nous, fût-ce même au dernier rang, que d'être le premier à la cour de Tarquin.

COLLATIN.

Ah! Brutus, quelle différence! Ta grandeur est toute au fond de ton âme, et j'ai besoin de chercher la mienne dans la fortune. . . . .

. . . .

SCÈNE....

SEXTUS, SULPITIUS.

SEXTUS.

Ami, prends pitié de mes égaremens, et pardonne mes discours insensés; mais compte sur ma docilité pour tous tes avis. Tu me vois enivré d'amour au point que je ne suis plus capable de me conduire. Supplée donc à cet oubli de moi-même, conduis les pas de ton aveugle maître, et fais qu'avec mon bonheur je te doive le retour de ma raison.

SULPITIUS.

Songez que nous avons ici plus d'une sorte de précautions à prendre, et que l'arrivée du père de Lucrèce doit nous rendre encore plus circonspects. Je vous l'ai dit, seigneur, je soupçonne ce voyage avec Brutus de renfermer quelque mystère : j'ai cru voir, à l'air dont ils nous observoient, qu'ils craignoient d'être observés eux-mêmes; j'ignore ce qui se trame en secret, mais Lucrétius nous regarde de mauvais œil. Je vous avoue que ce Brutus m'a toujours déplu ([1]).

Ah! seigneur, plût au Ciel! mais... Pardonnez si mon zèle inquiet me donne une défiance que votre courage dédaigne, mais utile à votre sûreté et peut-être à celle de l'état.

SEXTUS.

Ami, que de vains soucis! Mais seulement que je voie Lucrèce, je suis content de mourir à ses pieds : et que tout l'univers périsse ([2])!

SULPITIUS.

Elle met ses soins à vous éviter... Cependant vous la verrez; le moment vient d'en être pris. Au nom des dieux! allez l'attendre, et me laissez pourvoir au reste.

SCÈNE....

SULPITIUS.

Jeune insensé! nul n'a perdu la raison que toi-même, et mon malheur veut que mon sort dépende du tien. Il faut absolument pénétrer les desseins de Brutus : un secret entretien où Collatin a été admis me donne quelque espoir de tout apprendre par cet homme facile et borné. J'ai déjà su gagner sa confiance : qu'il soit l'aveugle instrument de mes projets; que je puisse éventer par lui les complots que je soupçonne; qu'il me serve à monter au plus haut degré de faveur : qu'il livre sans le savoir sa femme au prince; qu'enfin l'amour, épuisé par la possession, me laisse la facilité d'écarter le mari et de rester seul maître et favori de Sextus, et de soumettre un jour sous son nom tous les Romains à mon empire ([3]).

SCÈNE....

PAULINE, SULPITIUS.

PAULINE.

Non, Sulpitius, c'est vainement que j'aurois parle; elle ne veut point voir le prince; et ce qu'elle a refusé aux raisons de Collatin, elle ne l'auroit pas accordé aux prétextes que vous m'avez suggérés. D'ailleurs, chaque fois que je voulois ouvrir la bouche, sa présence m'inspiroit une résistance invinci-

([1]) Cet endroit est chargé de ratures.

([1]) Ces deux couplets sont effacés par un trait dans le manuscrit original.

([2]) Il y a dans ces deux couplets beaucoup de ratures qui les rendent presque indéchiffrables.

([3]) Le manuscrit est très-chargé de ratures.

ble. Loin de ses yeux je veux tout ce qui vous plaît, mais devant elle je ne puis plus rien vouloir que d'honnête.

SULPITIUS.

Puisqu'une vaine timidité l'emporte, que mes raisons ni votre intérêt n'ont pu vous déterminer à parler, il ne nous reste qu'à ménager entre eux une rencontre qui paroisse imprévue. . . . . . .
. . . .

SCÈNE....

LUCRÈCE.

Cruelle vertu, quel prix nous offres-tu qui soit digne des sacrifices que tu nous coûtes! la raison peut m'égarer à ta poursuite, mais mon cœur me crie qu'il faut te suivre, et je te suivrai jusqu'au bout.
. . . .

SCÈNE....

LUCRÈCE, PAULINE.

LUCRÈCE.

Ne vaut-il pas mieux qu'un méchant meure, que mon père soit obéi, et que la patrie soit libre, que si, à force de pitié, Lucrèce oublioit sa vertu? . .
. . . .

LUCRÈCE, *rentrant.*

(A Pauline, d'un ton froid, mais un peu altéré.)

Secourez ce malheureux.

SCÈNE....

SEXTUS.

Je ne sais quelle image sacrée se présente sans cesse entre elle et moi. Dans ces yeux si doux je crois voir un dieu qui m'épouvante, et je sens, aux combats que j'éprouve en la voyant, que sa pudeur n'est pas moins céleste que sa beauté. . . . .
. . . .

SCÈNE....

SEXTUS.

O Lucrèce! ô beauté céleste, charme et supplice de mon infâme cœur! ô vertu digne des adorations des dieux, et souillée par le plus vil des mortels! .
. . . .

SCÈNE....

LUCRÈCE.

Juste ciel! un homme mort! Hélas! il ne souffre plus; son âme est paisible. Ainsi, dans deux heures... O innocence! où est ton prix? O vie humaine! où est ton bonheur?... Tendre et malheureux père!... Et toi qui m'appelois ton épouse!... Ah! j'étois pourtant vertueuse. . . . .
. . . .

SCÈNE....

LUCRÈCE.

Monstre! si j'expire par ta rage, ma mort n'est pour toi qu'un nouveau forfait; et ta main infâme ne sait punir le crime qu'après l'avoir partagé (¹).

(¹) Par le désordre qui règne dans ces dernières scènes on peut se faire une idée de celui qui existe dans le manuscrit.

PROJET POUR L'ÉDUCATION

DE M. DE SAINTE-MARIE (*).

Vous m'avez fait l'honneur, monsieur, de me confier l'instruction de messieurs vos enfans : c'est à moi d'y répondre par tous mes soins et par toute l'étendue des lumières que je puis avoir; et j'ai cru que, pour cela, mon premier objet devoit être de bien connoître les sujets auxquels j'aurai affaire. C'est à quoi j'ai principalement employé le temps qu'il y a que j'ai l'honneur d'être dans votre maison; et je crois d'être suffisamment au fait à cet égard pour pouvoir régler là-dessus le plan de leur éducation. Il n'est pas nécessaire que je vous fasse compliment, monsieur, sur ce que j'y ai remarqué d'avantageux; l'affection que j'ai conçue pour eux se déclarera par des marques plus solides que des louanges, et ce n'est pas un père aussi tendre et aussi éclairé que vous l'êtes qu'il faut instruire des belles qualités de ses enfans.

Il me reste à présent, monsieur, d'être éclairci par vous-même des vues particulières que vous pouvez avoir sur chacun d'eux, du degré d'autorité que vous êtes dans le dessein de m'accorder à leur égard, et des bornes que vous donnerez à mes droits pour les récompenses et les châtimens.

Il est probable, monsieur, que, m'ayant fait la faveur de m'agréer dans votre maison avec un appointement honorable et des distinctions flatteuses, vous avez attendu de moi des effets qui répondissent à des conditions si avantageuses; et l'on voit bien qu'il ne falloit pas tant de frais ni de façons pour donner à messieurs vos enfans un précepteur ordinaire qui leur apprît leur rudiment, l'orthographe et le catéchisme : je me promets bien aussi de justifier de tout mon pouvoir les espérances favorables que vous avez pu concevoir sur mon compte; et, tout plein d'ailleurs de fautes et de foiblesses, vous ne me trouverez jamais à me démentir un instant sur le zèle et l'attachement que je dois à mes élèves.

Mais, monsieur, quelques soins et quelques peines que je puisse prendre, le succès est bien éloigné de dépendre de moi seul. C'est l'harmonie parfaite qui doit régner entre nous, la confiance que vous daignerez m'accorder, et l'autorité que vous me donnerez sur mes élèves qui décidera de l'effet de mon travail. Je crois, monsieur, qu'il vous est tout manifeste qu'un homme qui n'a sur des enfans des droits de nulle espèce, soit pour rendre ses instructions aimables, soit pour leur donner du poids, ne prendra jamais d'ascendant sur des esprits qui, dans le fond, quelque précoces qu'on les veuille supposer, règlent toujours, à certain âge, les trois quarts de leurs opérations sur les impressions des sens. Vous sentez aussi qu'un maître obligé de porter ses plaintes sur toutes les fautes d'un enfant se gardera bien, quand il le pourroit avec bienséance, de se rendre insupportable en renouvelant sans cesse de vaines lamentations; et, d'ailleurs, mille petites occasions décisives de faire une correction, ou de flatter à propos, s'échappent dans l'absence d'un père et d'une mère, ou dans des momens où il seroit messéant de les interrompre aussi désagréablement; et l'on n'est plus à temps d'y revenir dans un autre instant, où le changement des idées d'un enfant lui rendroit pernicieux ce qui auroit été salutaire; enfin un enfant qui ne tarde pas à s'apercevoir de l'impuissance d'un maître à son égard en prend occasion de faire

(1) Ce petit écrit a été fait vers la fin de 1740; Rousseau avoit alors vingt-huit ans. Il est adressé à M. Bonnot de Mably, grand-prévôt de Lyon, et frère des célèbres abbés de Mably et de Condillac. Qu'il y a loin du style de ce projet d'éducation à celui de l'Émile!

peu de cas de ses défenses et de ses préceptes, et de détruire sans retour l'ascendant que l'autre s'efforçoit de prendre. Vous ne devez pas croire, monsieur, qu'en parlant sur ce ton-là je souhaite de me procurer le droit de maltraiter messieurs vos enfans par des coups; je me suis toujours déclaré contre cette méthode ; rien ne me paroîtroit plus triste pour M. de Sainte-Marie que s'il ne restoit que cette voie de le réduire ; et j'ose me promettre d'obtenir désormais de lui tout ce qu'on aura lieu d'en exiger, par des voies moins dures et plus convenables, si vous goûtez le plan que j'ai l'honneur de vous proposer. D'ailleurs, à parler franchement, si vous pensez, monsieur, qu'il y eût de l'ignominie à monsieur votre fils d'être frappé par des mains étrangères, je trouve aussi de mon côté qu'un honnête homme ne sauroit guère mettre les siennes à un usage plus honteux que de les employer à maltraiter un enfant : mais, à l'égard de M. de Sainte-Marie, il ne manque pas de voies de le châtier, dans le besoin, par des mortifications qui lui feroient encore plus d'impression, et qui produiroient de meilleurs effets; car, dans un esprit ausi vif que le sien, l'idée des coups s'effacera aussitôt que la douleur, tandis que celle d'un mépris marqué, ou d'une privation sensible, y restera beaucoup plus long-temps.

Un maître doit être craint; il faut pour cela que l'élève soit bien convaincu qu'il est en droit de le punir : mais il doit surtout être aimé; et quel moyen a un gouverneur de se faire aimer d'un enfant à qui il n'a jamais à proposer que des occupations contraires à son goût, si d'ailleurs il n'a le pouvoir de lui accorder certaines petites douceurs de détail qui ne coûtent presque ni dépenses ni perte de temps, et qui ne laissent pas, étant ménagées à propos, d'être extrêmement sensibles à un enfant, et de l'attacher beaucoup à son maître? J'appuierai peu sur cet article, parce qu'un père peut, sans inconvénient, se conserver le droit exclusif d'accorder des grâces à son fils, pourvu qu'il y apporte les précautions suivantes, nécessaires surtout à M. de Sainte-Marie, dont la vivacité et le penchant à la dissipation demandent plus de dépendance. 1° Avant que de lui faire quelque cadeau, savoir secrètement du gouverneur s'il a lieu d'être satisfait de la conduite de l'enfant. 2° Déclarer au jeune homme que quand il a quelque grâce à demander, il doit le faire par la bouche de son gouverneur, et que, s'il lui arrive de la demander de son chef, cela seul suffira pour l'en exclure. 3° Prendre de là occasion de reprocher quelquefois au gouverneur qu'il est trop bon, que son trop de facilité nuira au progrès de son élève, et que c'est à sa prudence à lui de corriger ce qui manque à la modération d'un enfant. 4° Que si le maître croit avoir quelque raison de s'opposer à quelque cadeau qu'on voudroit faire à son élève, refuser absolument de le lui accorder jusqu'à ce qu'il ait trouvé le moyen de fléchir son précepteur. Au reste, il ne sera point du tout nécessaire d'expliquer au jeune enfant, dans l'occasion, qu'on lui accorde quelque faveur, précisément parce qu'il a bien fait son devoir; mais il vaut mieux qu'il conçoive que les plaisirs et les douceurs sont les suites naturelles de la sagesse et de la bonne conduite, que s'il les regardoit comme des récompenses arbitraires qui peuvent dépendre du caprice, et qui, dans le fond, ne doivent jamais être proposées pour l'objet et le prix de l'étude et de la vertu.

Voilà tout au moins, monsieur, les droits que vous devez m'accorder sur monsieur votre fils, si vous souhaitez de lui donner une heureuse éducation, et qui réponde aux belles qualités qu'il montre à bien des égards, mais qui actuellement sont offusquées par beaucoup de mauvais plis qui demandent d'être corrigés à bonne heure, et avant que le temps ait rendu la chose impossible. Cela est si vrai, qu'il s'en faudra beaucoup, par exemple, que tant de précautions ne soient nécessaires envers M. de Condillac; il a autant besoin d'être poussé que l'autre d'être retenu, et je saurai bien prendre de moi-même tout l'ascendant dont j'aurai besoin sur lui : mais pour M. de Sainte-Marie, c'est un coup de partie pour son éducation, que de lui donner une bride qu'il sente, et qui soit capable de le retenir; et, dans l'état où sont les choses, les sentimens que vous souhaitez, monsieur, qu'il ait sur mon compte, dépendent beaucoup plus de vous que de moi-même.

Je suppose toujours, monsieur, que vous n'auriez garde de confier l'éducation de messieurs vos enfans à un homme que vous ne croiriez pas digne de votre estime; et ne pensez point, je vous prie, que, par le parti que j'ai pris de m'attacher sans réserve à votre maison dans une occasion délicate, j'aie prétendu vous engager vous-même en aucune manière. Il y a bien de la différence entre nous : en faisant mon devoir autant que vous m'en laisserez la liberté, je ne suis responsable de rien ; et, dans le fond, comme vous êtes, monsieur, le maître et le supérieur naturel de vos enfans, je ne suis pas en droit de vouloir, à l'égard de leur éducation, forcer votre goût de se rapporter au mien : ainsi, après vous avoir fait les représentations qui m'ont paru nécessaires, s'il arrivoit que vous n'en jugeassiez pas de même, ma conscience seroit quitte à cet égard, et il ne me resteroit qu'à me conformer à votre volonté. Mais pour vous, monsieur, nulle considération humaine ne peut balancer ce que vous devez aux mœurs et à l'éducation de messieurs vos enfans; et je ne trouverois nullement mauvais qu'après m'avoir découvert des défauts que vous n'auriez peut-être pas d'abord aperçus, et qui seroient d'une certaine conséquence pour mes élèves, vous vous pourvussiez ailleurs d'un meilleur sujet.

J'ai donc lieu de penser que tant que vous me souffrez dans votre maison vous n'avez pas trouvé en moi de quoi effacer l'estime dont vous m'aviez honoré. Il est vrai, monsieur, que je pourrois me plaindre que, dans les occasions où j'ai pu commettre quelque faute, vous ne m'ayez pas fait l'honneur de m'en avertir tout uniment : c'est une grâce que je vous ai demandée en entrant chez vous, et qui marquoit du moins ma bonne volonté; et si ce n'est en ma propre considération, ce seroit du moins pour celle de messieurs vos enfans, de qui l'intérêt seroit que je devinsse un homme parfait, s'il étoit possible.

Dans ces suppositions, je crois, monsieur, que vous ne devez pas faire difficulté de communiquer à M. votre fils les bons sentimens que vous pouvez avoir sur mon compte, et que, comme il est impossible que mes fautes et mes foiblesses échappent à des yeux aussi clairvoyans que les vôtres, vous ne sauriez trop éviter de vous en entretenir en sa présence; car ce sont des impressions qui portent coup, et, comme dit M. de La Bruyère, le premier soin des enfans est de chercher les endroits foibles de leurs maîtres, pour acquérir le droit de les mépriser : or, je demande quelle impression pourroient faire les leçons d'un homme pour qui son écolier auroit du mépris.

Pour me flatter d'un heureux succès dans l'éducation de M. votre fils, je ne puis donc pas moins exiger que d'en être aimé, craint et estimé. Que si l'on me répondoit que tout cela devoit être mon ouvrage, et que c'est ma faute si je n'y ai pas réussi, j'aurois à me plaindre d'un jugement si injuste. Vous n'avez jamais eu d'explication avec moi sur l'autorité que vous me permettiez de prendre à son égard : ce qui étoit d'autant plus nécessaire, que je commence un métier que je n'ai jamais fait; que, lui ayant trouvé d'abord une résistance parfaite à mes instructions et une négligence excessive pour moi, je n'ai su comment le réduire; et qu'au moindre mécontentement il couroit chercher un asile inviolable auprès de son papa, auquel peut-être il ne manquoit pas ensuite de conter les choses comme il lui plaisoit.

Heureusement le mal n'est pas grand à l'âge où il est; nous avons eu le loisir de nous tâtonner, pour ainsi dire, réciproquement, sans que ce retard ait pu porter encore un grand préjudice à ses progrès, que d'ailleurs la délicatesse de sa santé n'auroit pas permis de pousser beaucoup (¹); mais comme les mauvaises habitudes, dangereuses à tout âge, le sont infiniment plus à celui-là, il est temps d'y mettre ordre sérieusement, non pour le charger d'études et de devoirs, mais pour lui donner à bonne heure un pli d'obéissance et de docilité qui se trouve tout acquis quand il en sera temps.

Nous approchons de la fin de l'année : vous ne sauriez, monsieur, prendre une occasion plus naturelle que le commencement de l'autre pour faire un petit discours à M. votre fils, à la portée de son âge, qui, lui mettant devant les yeux les avantages d'une bonne éducation, et les inconvéniens d'une enfance négligée, le dispose à se prêter de bonne grâce à ce que la connoissance de son intérêt bien entendu nous fera dans la suite exiger de lui; après quoi

(¹) Il étoit fort languissant quand je suis entré dans la maison; aujourd'hui sa santé s'affermit visiblement.

vous auriez la bonté de me déclarer en sa présence que vous me rendez le dépositaire de votre autorité sur lui, et que vous m'accordez sans réserve le droit de l'obliger à remplir son devoir par tous les moyens qui me paroîtront convenables; lui ordonnant, en conséquence, de m'obéir comme à vous-même, sous peine de votre indignation. Cette déclaration, qui ne sera que pour faire sur lui une plus vive impression, n'aura d'ailleurs d'effet que conformément à ce que vous aurez pris la peine de me prescrire en particulier.

Voilà, monsieur, les préliminaires qui me paroissent indispensables pour s'assurer que les soins que je donnerai à M. votre fils ne seront pas des soins perdus. Je vais maintenant tracer l'esquisse de son éducation, telle que j'en avois conçu le plan sur ce que j'ai connu jusqu'ici de son caractère et de vos vues. Je ne le propose point comme une règle à laquelle il faille s'attacher, mais comme un projet qui, ayant besoin d'être refondu et corrigé par vos lumières et par celles de M. l'abbé de...., servira seulement à lui donner quelque idée du génie de l'enfant à qui nous avons affaire. Et je m'estimerai trop heureux que M. votre frère veuille bien me guider dans les routes que je dois tenir : il peut être assuré que je me ferai un principe inviolable de suivre entièrement, et selon toute la petite portée de mes lumières et de mes talens, les routes qu'il aura pris la peine de me prescrire avec votre agrément.

Le but que l'on doit se proposer dans l'éducation d'un jeune homme, c'est de lui former le cœur, le jugement et l'esprit; et cela dans l'ordre que je les nomme. La plupart des maîtres, les pédans surtout, regardent l'acquisition et l'entassement des sciences comme l'unique objet d'une belle éducation, sans penser que souvent, comme dit Molière,

Un sot savant est sot plus qu'un sot ignorant.

D'un autre côté, bien des pères, méprisant assez tout ce qu'on appelle études, ne se soucient guère que de former leurs enfans aux exercices du corps et à la connaissance du monde. Entre ces extrémités nous prendrons un juste milieu pour conduire M. votre fils. Les sciences ne doivent pas être négligées; j'en parlerai tout à l'heure. Mais aussi elles ne doivent pas précéder les mœurs, surtout dans un esprit pétillant et plein de feu, peu capable d'attention jusqu'à un certain âge et dont le caractère se trouvera décidé très à bonne heure. A quoi sert à un homme le savoir de Varron si d'ailleurs il ne sait pas penser juste? Que s'il a eu le malheur de laisser corrompre son cœur, les sciences sont dans sa tête comme autant d'armes entre les mains d'un furieux. De deux personnes également engagées dans le vice, le moins habile fera toujours le moins de mal; et les sciences, même les plus spéculatives et les plus éloignées en apparence de la société, ne laissent pas d'exercer l'esprit et de lui donner, en l'exerçant, une force dont il est facile d'abuser dans le commerce de la vie, quand on a le cœur mauvais.

Il y a plus à l'égard de M. de Sainte-Marie. Il a conçu un dégoût si fort contre tout ce qui porte le nom d'étude et d'application, qu'il faudra beaucoup d'art et de temps pour le détruire : et il seroit fâcheux que ce temps-là fût perdu pour lui; car il y auroit trop d'inconvéniens à le contraindre; et il vaudroit encore mieux qu'il ignorât entièrement ce que c'est qu'études et que sciences, que de ne les connoître que pour les détester.

A l'égard de la religion et de la morale, ce n'est point par la multiplicité des préceptes qu'on pourra parvenir à lui en inspirer des principes solides qui servent de règle à sa conduite pour le reste de sa vie. Excepté les élémens à la portée de son âge, on doit moins songer à fatiguer sa mémoire d'un détail de lois et de devoirs, qu'à disposer son esprit et son cœur à les connoître et à les goûter, à mesure que l'occasion se présentera de les lui développer; et c'est par là même que ces préparatifs sont tout-à-fait à la portée de son âge et de son esprit, parce qu'ils ne renferment que des sujets curieux et intéressans sur le commerce civil, sur les arts et les métiers, et sur la manière variée dont la Providence a rendu tous les hommes utiles et nécessaires les uns aux autres. Ces sujets, qui sont plutôt des matières de conversations et de promenades que d'études réglées, auront encore divers avantages dont l'effet me paroît infaillible.

Premièrement, n'affectant point désagréablement son esprit par des idées de contrainte et d'étude réglée, et n'exigeant pas de lui une attention pénible et continue, ils n'auront rien de nuisible à sa santé. En second lieu, ils accoutumeront à bonne heure son esprit à la réflexion et à considérer les choses par leurs suites et par leurs effets. Troisièmement, ils le rendront curieux et lui inspireront du goût pour les sciences naturelles.

Je devrois ici aller au-devant d'une impression qu'on pourroit recevoir de mon projet, en s'imaginant que je ne cherche qu'à m'égayer moi-même et à me débarrasser de ce que les leçons ont de sec et d'ennuyeux, pour me procurer une occupation plus agréable. Je ne crois pas, monsieur, qu'il puisse vous tomber dans l'esprit de penser ainsi sur mon compte. Peut-être jamais homme ne se fit une affaire plus importante que celle que je me fais de l'éducation de messieurs vos enfans, pour peu que vous veuilliez seconder mon zèle. Vous n'avez pas eu lieu de vous apercevoir jusqu'à présent que je cherche à fuir le travail : mais je ne crois point que, pour se donner un air de zèle et d'occupation, un maître doive affecter de surcharger ses élèves d'un travail rebutant et sérieux, de leur montrer toujours une contenance sévère et fâchée, et de se faire ainsi à leurs dépens la réputation d'homme exact et laborieux. Pour moi, monsieur, je le déclare une fois pour toutes; jaloux jusqu'au scrupule de l'accomplissement de mon devoir, je suis incapable de m'en relâcher jamais; mon goût ni mes principes ne me portent ni à la paresse ni au relâchement : mais de deux voies pour m'assurer le même succès, je préférerai toujours celle qui coûtera le moins de peine et de désagrément à mes élèves; et j'ose assurer, sans vouloir passer pour un homme très-occupé, que moins ils travailleront en apparence, et plus en effet je travaillerai pour eux.

S'il y a quelques occasions où la sévérité soit nécessaire à l'égard des enfans, c'est dans les cas où les mœurs sont attaquées, ou quand il s'agit de corriger de mauvaises habitudes. Souvent, plus un enfant a d'esprit, et plus la connoissance de ses propres avantages le rend indocile sur ceux qui lui restent à acquérir. De là le mépris des inférieurs, la désobéissance aux supérieurs, et l'impolitesse avec les égaux : quand on se croit parfait, dans quels travers ne donne-t-on pas! M. de Sainte-Marie a trop d'intelligence pour ne pas sentir ses belles qualités; mais, si l'on n'y prend garde, il y comptera trop, et négligera d'en tirer tout le parti qu'il faudroit. Ces semences de vanité ont déjà produit en lui bien des petits penchans nécessaires à corriger. C'est à cet égard, monsieur, que nous ne saurions agir avec trop de correspondance; et il est très-important que, dans les occasions où l'on aura lieu d'être mécontent de lui, il ne trouve de toutes parts qu'une apparence de mépris et d'indifférence, qui le mortifiera d'autant plus que ces marques de froideur ne lui seront point ordinaires. C'est punir l'orgueil par ses propres armes et l'attaquer dans sa source même; et l'on peut s'assurer que M. de Sainte-Marie est trop bien né pour n'être pas infiniment sensible à l'estime des personnes qui lui sont chères.

La droiture du cœur, quand elle est affermie par le raisonnement, est la source de la justesse de l'esprit : un honnête homme pense presque toujours juste; et quand on est accoutumé dès l'enfance à ne pas s'étourdir sur la réflexion, et à ne se livrer au plaisir présent qu'après en avoir pesé les suites et balancé les avantages avec les inconvéniens, on a presque, avec un peu d'expérience, tout l'acquis nécessaire pour former le jugement. Il semble en effet que le bon sens dépend encore plus des sentimens du cœur que des lumières de l'esprit, et l'on éprouve que les gens les plus savans et les plus éclairés ne sont pas toujours ceux qui se conduisent le mieux dans les affaires de la vie : ainsi, après avoir rempli M. de Sainte-Marie de bons principes de morale, on pourroit le regarder en un sens comme assez avancé dans la science du raisonnement. Mais s'il est quelque point important dans son éducation, c'est sans contredit celui-là; et l'on ne sauroit trop bien lui apprendre à connoître les hommes, à savoir les prendre par leurs vertus et même par leurs foibles, pour les amener à son but, et à choisir toujours le meilleur parti dans les occasions difficiles. Cela dépend en partie de la manière dont on l'exercera à considérer les objets et à les retourner de toutes leurs faces, et en partie de l'usage du monde. Quant au premier point, vous y pouvez contribuer beaucoup, monsieur, et avec un très-grand succès, en feignant quelquefois de le consulter sur la manière dont vous devez vous conduire dans des incidens d'invention ; cela flattera sa vanité, et il ne regardera point comme un travail le temps qu'on mettra à délibérer sur une affaire où sa voix sera comptée pour quelque chose. C'est dans de telles conversations qu'on peut lui donner le plus de lumières sur la science du monde, et il apprendra plus dans deux heures de temps par ce moyen qu'il ne feroit en un an par des instructions en règle : mais il faut observer de ne lui présenter que des matières proportionnées à son âge, et surtout l'exercer long-temps sur des sujets où le meilleur parti se présente aisément, tant afin de l'amener facilement à le trouver comme de lui-même, que pour éviter de lui faire envisager les affaires de la vie comme une suite de problèmes où, les divers partis paroissant également probables, il seroit presque indifférent de se déterminer plutôt pour l'un que pour l'autre; ce qui le mèneroit à l'indolence dans le raisonnement, et à l'indifférence dans la conduite.

L'usage du monde est aussi d'une nécessité absolue, et d'autant plus pour M. de Sainte-Marie, que, né timide, il a besoin de voir souvent compagnie pour apprendre à s'y trouver en liberté, et à s'y conduire avec ces grâces et cette aisance qui caractérisent l'homme du monde et l'homme aimable. Pour cela, monsieur, vous auriez la bonté de m'indiquer deux ou trois maisons où je pourrois le mener quelquefois par forme de délassement et de récompense. Il est vrai qu'ayant à corriger en moi-même les défauts que je cherche à prévenir en lui, je pourrois paroître peu propre à cet usage. C'est à vous, monsieur, et à madame sa mère, à voir ce qui convient, et à vous donner la peine de le conduire quelquefois avec vous si vous jugez que cela lui soit plus avantageux. Il sera bon aussi que quand on aura du monde on le retienne dans la chambre, et qu'en l'interrogeant quelquefois et à propos sur les matières de la conversation, on lui donne lieu de s'y mêler insensiblement. Mais il y a un point sur lequel je crains de ne me pas trouver tout-à-fait de votre sentiment. Quand M. de Sainte-Marie se trouve en compagnie sous vos yeux, il badine et s'égaie autour de vous, et n'a des yeux que pour son papa, tendresse bien flatteuse et bien aimable; mais il est contraint d'aborder une autre personne ou de lui parler, aussitôt il est décontenancé, il ne peut marcher ni dire un seul mot, ou bien il prend l'extrême, et lâche quelque indiscrétion. Voilà qui est pardonnable à son âge : mais enfin on grandit, et ce qui convenoit hier ne convient plus aujourd'hui; et j'ose dire qu'il n'apprendra jamais à se présenter tant qu'il gardera ce défaut. La raison en est qu'il n'est point en compagnie quoiqu'il y ait du monde autour de lui; de peur d'être contraint de se gêner, il affecte de ne voir personne, et le papa lui sert d'objet pour se distraire de tous les autres. Cette hardiesse forcée, bien loin de détruire sa timidité, ne fera sûrement que l'enraciner davantage tant qu'il n'osera point envisager une assemblée ni répondre à ceux qui lui adressent la parole. Pour prévenir cet inconvénient, je crois, monsieur, qu'il seroit bien de le tenir quelquefois éloigné de vous, soit à table, soit ailleurs, et de le livrer aux étrangers pour l'accoutumer de se familiariser avec eux.

On concluroit très-mal si, de tout ce que je viens de dire, on concluoit que, me voulant débarrasser de la peine d'enseigner, ou peut-être par mauvais goût méprisant les sciences, je n'ai nul dessein d'y former monsieur votre fils, et qu'après lui avoir enseigné les élémens indispensables je m'en tiendrai là, sans me mettre en peine de le pousser dans les études convenables. Ce n'est pas ceux qui me connoîtront qui raisonneroient ainsi; on sait mon goût déclaré pour les sciences, et je les ai assez cultivées pour avoir dû y faire des progrès pour peu que j'eusse eu de disposition.

On a beau parler au désavantage des études, et tâcher d'en anéantir la nécessité et d'en grossir les mauvais effets, il sera toujours beau et utile de savoir; et quant au pédantisme, ce n'est pas l'étude même qui le donne, mais la mauvaise disposition du sujet. Les vrais savans sont polis, et ils sont modestes, parce que la connoissance de ce qui leur manque les empêche de tirer vanité de ce qu'ils ont; et il n'y a que les petits génies et les demi-savans qui, croyant de savoir tout, méprisent orgueilleusement ce qu'ils ne connoissent point. D'ailleurs, le goût des lettres est d'une grande ressource dans la vie, même pour un homme d'épée. Il est bien gracieux de n'avoir pas toujours besoin du concours des autres hommes pour se procurer des plaisirs; et il se commet tant d'injustices dans le monde, l'on y est sujet à tant de revers, qu'on a souvent occasion de s'estimer heureux de trouver des amis et des consolateurs dans son cabinet, au défaut de ceux que le monde nous ôte ou nous refuse.

Mais il s'agit d'en faire naître le goût à monsieur votre fils, qui témoigne actuellement une aversion horrible pour tout ce qui sent l'application. Déjà la violence n'y doit concourir en rien, j'en ai dit la raison ci-devant; mais, pour que cela revienne naturellement, il faut remonter jusqu'à la source de cette antipathie. Cette source est un goût excessif de dissipation qu'il a pris en badinant avec ses frères et sa sœur, qui fait qu'il ne peut souffrir qu'on l'en distraie un instant, et qu'il prend en aversion tout ce qui produit cet effet; car d'ailleurs je me suis convaincu qu'il n'a nulle haine pour l'étude en elle-même, et qu'il y a même des dispositions dont on peut se promettre beaucoup. Pour remédier à cet inconvénient, il faudroit lui procurer d'autres amusemens qui le détachassent des niaiseries auxquelles il s'occupe, et pour cela le tenir un peu séparé de ses frères et de sa sœur : c'est ce qui ne se peut guère faire dans un appartement comme le mien, trop petit pour les mouvemens d'un enfant aussi vif, et où même il seroit dangereux d'altérer sa santé, si l'on vouloit le contraindre d'y rester trop renfermé. Il seroit plus important, monsieur, que vous ne pensez, d'avoir une chambre raisonnable pour y faire son étude et son séjour ordinaire; je tâcherois de la lui rendre aimable par ce que je pourrois lui présenter de plus riant, et ce seroit déjà beaucoup de gagné que d'obtenir qu'il se plût dans l'endroit où il doit étudier. Alors, pour le détacher insensiblement de ces badinages puérils, je me mettrois de moitié de tous ses amusemens, et je lui en procurerois de plus propres à lui plaire et à exciter sa curiosité : de petits jeux, des découpures, un peu de dessin, la musique, les instrumens, un prisme, un microscope, un verre ardent, et mille autres petites curiosités, me fourniroient des sujets de le divertir et de l'attacher peu à peu à son appartement, au point de s'y plaire plus que partout ailleurs. D'un autre côté, on auroit soin de me l'envoyer dès qu'il seroit levé, sans qu'aucun prétexte pût l'en dispenser; l'on ne permettroit point qu'il allât dandinant par la maison, ni qu'il se réfugiât près de vous aux heures de son travail; et afin de lui faire regarder l'étude comme d'une importance que rien ne pourroit balancer, on éviteroit de prendre ce temps pour le peigner, le friser, ou lui donner quelque autre soin nécessaire. Voici, par rapport à moi, comment je m'y prendrois pour l'amener insensiblement à l'étude, de son propre mouvement. Aux heures où je voudrois l'occuper, je lui retrancherois toute espèce d'amusement, et je lui proposerois le travail de cette heure-là; s'il ne s'y livroit pas de bonne grâce, je ne ferois pas même semblant de m'en apercevoir, et je le laisserois seul et sans amusement se morfondre, jusqu'à ce que l'ennui d'être absolument sans rien faire l'eût ramené de lui-même à ce que j'exigeois de lui; alors j'affecterois de répandre un enjouement et une gaîté sur son travail, qui lui fît sentir la différence qu'il y a, même pour le plaisir, de la fainéantise à une occupation honnête. Quand ce moyen ne réussiroit pas, je ne le maltraiterois point; mais je lui retrancherois toute récréation pour ce jour-là, en lui disant froidement que je ne prétends point le faire étudier par force, mais que le divertissement n'étant légitime que quand il est le délassement du travail, ceux qui ne font rien n'en ont aucun besoin. De plus, vous auriez la bonté de convenir avec moi d'un signe par lequel, sans apparence d'intelligence, je pourrois vous témoigner, de même qu'à madame sa mère, quand je serois mécontent de lui. Alors la froideur et l'indifférence qu'il trouveroit de toutes parts, sans cependant lui faire le moindre reproche, le surprendroit d'autant plus, qu'il ne s'apercevroit point que je me fusse plaint de lui; et il se porteroit à croire que comme la récompense naturelle du devoir est l'amitié et les caresses de ses supérieurs, de même la fainéantise et l'oisiveté portent avec elles un certain caractère méprisable qui se fait d'abord sentir, et qui refroidit tout le monde à son égard.

J'ai connu un père tendre qui ne s'en fioit pas tellement à un mercenaire sur l'instruction de ses enfans, qu'il ne voulût lui-même y avoir l'œil : le bon père, pour ne rien négliger de tout ce qui pouvoit donner de l'émulation à ses enfans, avoit adopté les mêmes moyens que j'expose ici. Quand il revoyoit ses enfans, il jetoit, avant que de les aborder, un coup d'œil sur leur gouverneur : lorsque celui-ci touchoit de la main droite le premier bouton de son habit, c'étoit une marque qu'il étoit content, et le père caressoit son fils à son ordinaire : si le gouverneur touchoit le second, alors c'étoit marque d'une parfaite satisfaction, et le père ne donnoit point de bornes à la tendresse de ses caresses, et y ajoutoit ordinairement quelque cadeau, mais sans affectation : quand le gouverneur ne faisoit aucun signe, cela vouloit dire qu'il étoit mal satisfait, et la froideur du père répondoit au mécontentement du maître ; mais quand de la main gauche celui-ci touchoit sa première boutonnière, le père faisoit sortir son fils de sa présence, et alors le gouverneur lui expliquoit les fautes de l'enfant. J'ai vu ce jeune seigneur acquérir en peu de temps de si grandes perfections, que je crois qu'on ne peut trop bien augurer d'une méthode qui a produit de si bons effets : ce n'est aussi qu'une harmonie et une correspondance parfaite entre un père et un précepteur qui peut assurer le succès d'une bonne éducation ; et comme le meilleur père se donneroit vainement des mouvemens pour bien élever son fils, si d'ailleurs il le laissoit entre les mains d'un précepteur inattentif, de même le plus intelligent et le plus zélé de tous les maîtres prendroit des peines inutiles, si le père, au lieu de le seconder, détruisoit son ouvrage par des démarches à contre-temps.

Pour que monsieur votre fils prenne ses études à cœur, je crois, monsieur, que vous devez témoigner y prendre vous-même beaucoup de part : pour cela vous auriez la bonté de l'interroger quelquefois sur ses progrès, mais dans les temps seulement et sur les matières où il aura le mieux fait, afin de n'avoir que du contentement et de la satisfaction à lui marquer, non pas cependant par de trop grands éloges, propres à lui inspirer de l'orgueil et à le faire trop compter sur lui-même. Quelquefois aussi, mais plus rarement, votre examen rouleroit sur les matières où il se sera négligé : alors vous vous informeriez de sa santé et des causes de son relâchement avec des marques d'inquiétude qui lui en communiqueroient à lui-même.

Quand vous, monsieur, ou madame sa mère, aurez quelque cadeau à lui faire, vous aurez la bonté de choisir les temps où il y aura le plus lieu d'être content de lui, ou du moins de m'en avertir d'avance, afin que j'évite dans ce temps-là de l'exposer à me donner sujet de m'en plaindre; car à cet âge-là les moindres irrégularités portent coup.

Quant à l'ordre même de ses études, il sera très-simple pendant les deux ou trois premières années. Les élémens du latin, de l'histoire et de la géographie, partageront son temps. A l'égard du latin, je n'ai point dessein de l'exercer par une étude trop méthodique, et moins encore par la composition des thèmes. Les thèmes, suivant M. Rollin, sont la croix des enfans; et, dans l'intention où je suis de lui rendre ses études aimables, je me garderai bien de le faire passer par cette croix, ni de lui mettre dans la tête les mauvais gallicismes de mon latin au lieu de celui de Tite-Live, de César et de Cicéron : d'ailleurs un jeune homme, surtout s'il est destiné à l'épée, étudie le latin pour l'entendre et non pour l'écrire, chose dont il ne lui arrivera pas d'avoir besoin une fois dans sa vie. Qu'il traduise donc les anciens auteurs, et qu'il prenne dans leur lecture le goût de la bonne latinité et de la belle littérature : c'est tout ce que j'exigerai de lui à cet égard.

Pour l'histoire et la géographie, il faudra seulement lui en donner d'abord une teinture aisée, d'où je bannirai tout ce qui sent trop la sécheresse et l'étude, réservant pour un âge plus avancé les difficultés les plus nécessaires de la chronologie et de la sphère. Au reste, m'écartant un peu du plan ordinaire des études, je m'attacherai beaucoup plus à l'histoire moderne qu'à l'ancienne, parce que je la crois beaucoup plus convenable à un officier ; et que d'ailleurs je suis convaincu sur l'histoire moderne en général de ce que dit M. l'abbé de... de celle de France en particulier, qu'elle n'abonde pas moins en grands traits que l'histoire ancienne, et qu'il n'a manqué que de meilleurs historiens pour les mettre dans un aussi beau jour.

Je suis d'avis de supprimer à M. de Sainte-

Marie toutes ces espèces d'études où, sans aucun usage solide, on fait languir la jeunesse pendant nombre d'années : la rhétorique, la logique et la philosophie scolastique sont, à mon sens, toutes choses très-superflues pour lui, et que d'ailleurs je serois peu propre à lui enseigner. Seulement, quand il en sera temps, je lui ferai lire la *Logique* de Port-Royal, et, tout au plus, l'*Art de parler* du P. Lami, mais sans l'amuser d'un côté au détail des tropes et des figures, ni de l'autre aux vaines subtilités de la dialectique : j'ai dessein seulement de l'exercer à la précision et à la pureté dans le style, à l'ordre et à la méthode dans ses raisonnemens, et à se faire un esprit de justesse qui lui serve à démêler le faux orné, de la vérité simple, toutes les fois que l'occasion s'en présentera.

L'histoire naturelle peut passer aujourd'hui, par la manière dont elle est traitée, pour la plus intéressante de toutes les sciences que les hommes cultivent, et celle qui nous ramène le plus naturellement de l'admiration des ouvrages à l'amour de l'ouvrier : je ne négligerai pas de le rendre curieux sur les matières qui y ont rapport, et je me propose de l'y introduire dans deux ou trois ans par la lecture du Spectacle de la nature, que je ferai suivre de celle de Nieuwentit.

On ne va pas loin en physique sans le secours des mathématiques; et je lui en ferai faire une année, ce qui servira encore à lui apprendre à raisonner conséquemment et à s'appliquer avec un peu d'attention, exercice dont il aura grand besoin : cela le mettra aussi à portée de se faire mieux considérer parmi les officiers, dont une teinture de mathématiques et de fortifications fait une partie du métier.

Enfin, s'il arrive que mon élève reste assez long-temps entre mes mains, je hasarderai de lui donner quelque connoissance de la morale et du droit naturel par la lecture de Puffendorff et de Grotius, parce qu'il est digne d'un honnête homme et d'un homme raisonnable de connoître les principes du bien et du mal, et les fondemens sur lesquels la société dont il fait partie est établie.

En faisant succéder ainsi les sciences les unes aux autres, je ne perdrai point l'histoire de vue, comme le principal objet de toutes ses études et celui dont les branches s'étendent le plus loin sur toutes les autres sciences : je le ramènerai, au bout de quelques années, à ses premiers principes avec plus de méthode et de détail; et je tâcherai de lui en faire tirer alors tout le profit qu'on peut espérer de cette étude.

Je me propose aussi de lui faire une récréation amusante de ce qu'on appelle proprement belles-lettres, comme la connoissance des livres et des auteurs, la critique, la poésie, le style, l'éloquence, le théâtre, et en un mot tout ce qui peut contribuer à lui former le goût et à lui présenter l'étude sous une face riante.

Je ne m'arrêterai pas davantage sur cet article, parce que après avoir donné une légère idée de la route que je m'étois à peu près proposé de suivre dans les études de mon élève, j'espère que monsieur votre frère voudra bien vous tenir la promesse qu'il vous a faite de nous dresser un projet qui puisse me servir de guide dans un chemin aussi nouveau pour moi. Je le supplie d'avance d'être assuré que je m'y tiendrai attaché avec un exactitude et un soin qui le convaincra du profond respect que j'ai pour ce qui vient de sa part; et j'ose vous répondre qu'il ne tiendra pas à mon zèle et à mon attachement que messieurs ses neveux ne deviennent des hommes parfaits.

RÉPONSE AU MÉMOIRE ANONYME

INTITULÉ :

SI LE MONDE QUE NOUS HABITONS EST UNE SPHÈRE, ETC. ;

Inséré dans le Mercure de juillet, page 131.

MONSIEUR,

Attiré par le titre de votre mémoire, je l'ai lu avec toute l'avidité d'un homme qui, depuis plusieurs années, attendoit impatiemment avec toute l'Europe le résultat de ces fameux voyages entrepris par plusieurs membres de l'Académie royale des Sciences, sous les auspices du plus magnifique de tous les rois. J'avouerai franchement, monsieur, que j'ai eu quelque regret de voir que ce que j'avois pris pour le précis des observations de ces grands hommes n'étoit effectivement qu'une conjecture hasardée peut-être un peu hors de propos. Je ne prétends pas pour cela avilir ce que votre mémoire contient d'ingénieux ; mais vous permettrez, monsieur, que je me prévale du même privilége que vous vous êtes accordé, et dont, selon vous, tout homme doit être en possession, qui est de dire librement sa pensée sur le sujet dont il s'agit.

D'abord il me paroît que vous avez choisi le temps le moins convenable pour faire part au public de votre sentiment. Vous nous assurez, monsieur, que vous n'avez point en vue de ternir la gloire de messieurs les académiciens observateurs, ni de diminuer le prix de la générosité du roi. Je suis assurément très-porté à justifier votre cœur sur cet article ; et il paroît aussi, par la lecture de votre mémoire, qu'en effet des sentimens si bas sont très-éloignés de votre pensée. Cependant vous conviendrez, monsieur, que si vous aviez en effet tranché la difficulté, et que vous eussiez fait voir que la figure de la terre n'est point cause de la variation qu'on a trouvée dans la mesure de différens degrés de latitude, tout le prix des soins et des fatigues de ces messieurs, les frais qu'il en a coûté et la gloire qui en doit être le fruit, seroient bien près d'être anéantis dans l'opinion publique. Je ne prétends pas pour cela, monsieur, que vous ayez dû déguiser ou cacher aux hommes la vérité, quand vous avez cru la trouver, par des considérations particulières ; je parlerois contre mes principes les plus chers. La vérité est si précieuse à mon cœur, que je ne fais entrer nul autre avantage en comparaison avec elle. Mais, monsieur, il n'étoit ici question que de retarder votre mémoire de quelques mois, ou plutôt de l'avancer de quelques années. Alors vous auriez pu avec bienséance user de la liberté qu'ont tous les hommes de dire ce qu'ils pensent sur certaines matières ; et il eût sans doute été bien doux pour vous, si vous eussiez rencontré juste, d'avoir évité au roi la dépense de deux si longs voyages, et à ces messieurs les peines qu'ils ont souffertes et les dangers qu'ils ont essuyés. Mais aujourd'hui que les voici de retour, avant que d'être au fait des observations qu'ils ont faites, des conséquences qu'ils en ont tirées ; en un mot, avant que d'avoir vu leurs relations et leurs découvertes, il paroît, monsieur, que vous deviez moins vous hâter de proposer vos objections, qui, plus elles auroient de force, plus aussi seroient propres à ralentir l'empressement et la reconnoissance du public, et à priver ces messieurs de la gloire légitimement due à leurs travaux.

Il est question de savoir si la terre est sphérique ou non. Fondé sur quelques argumens, vous vous décidez pour l'affirmative. Autant que je suis capable de porter mon jugement sur ces matières, vos raisonnemens ont de la solidité ; la conséquence cependant ne m'en paroît pas invinciblement nécessaire.

En premier lieu, l'autorité dont vous fortifiez votre cause, *en vous associant avec les anciens*, est bien foible à mon avis. Je crois que la prééminence qu'ils ont très-justement conservée sur les modernes en fait de poésie et d'éloquence ne s'étend pas jusqu'à la physique et l'astronomie ; et je doute qu'on osât mettre Aristote et Ptolémée en comparaison avec le chevalier Newton et M. Cassini : ainsi, monsieur, ne vous flattez pas de tirer un grand avantage de leur appui. On peut croire, sans offenser la mémoire de ces grands hommes, qu'il a échappé quelque chose à leurs lumières. Destitués, comme ils ont été, des expériences et des instrumens *nécessaires, ils n'ont* pas dû prétendre à la gloire d'avoir tout connu ; et si l'on met leur disette en comparaison avec les secours dont nous jouissons aujourd'hui, on verra que leur opinion ne doit pas être d'un grand poids contre le sentiment des modernes : je dis des modernes en général, parce qu'en effet vous les rassemblez tous contre vous, en vous déclarant contre les deux nations qui tiennent sans contredit le premier rang dans les sciences dont il s'agit; car vous avez en tête les François d'une part et les Anglois de l'autre, lesquels à la vérité ne s'accordent pas entre eux sur la figure de la terre, mais qui se réunissent en ce point, de nier sa sphéricité. En vérité, monsieur, si la gloire de vaincre augmente à proportion du nombre et de la valeur des adversaires, votre victoire, si vous la remportez, sera accompagnée d'un triomphe bien flatteur.

Votre première preuve, tirée de la tendance egale des eaux vers leur centre de gravité, me paroît avoir beaucoup de force, et j'avoue de bonne foi que je n'y sais pas de réponse satisfaisante. En effet, s'il est vrai que la superficie de la mer soit sphérique, il faudra nécessairement ou que le globe entier suive la même figure, ou bien que les terres des rivages soient horriblement escarpées dans les lieux de leurs allongemens. D'ailleurs, et je m'étonne que ceci vous ait échappé, on ne sauroit concevoir que le cours des rivières pût tendre de l'équateur vers les pôles, suivant l'hypothèse de M. Cassini. Celle de M. Newton seroit aussi sujette aux mêmes inconvéniens, mais dans un sens contraire ; c'est-à-dire des lieux bas vers les parties plus élevées, principalement aux environs des cercles polaires, et dans les régions froides où *l'élévation* deviendroit plus sensible : cependant l'expérience nous apprend qu'il y a quantité de rivières qui suivent cette direction.

Que pourroit-on répondre à de si fortes instances ? Je n'en sais rien du tout. Remarquez cependant, monsieur, que votre démonstration, ou celle du P. Tacquet, est fondée sur ce principe, que toutes les parties de la masse terraquée tendent par leur pesanteur vers un centre commun qui n'est qu'un point et n'a par conséquent aucune longueur ; et sans doute il n'étoit pas probable qu'un axiome si évident, et qui fait le fondement de deux parties considérables des mathématiques, pût devenir sujet à être contesté. Mais quand il s'agira de concilier des démonstrations contradictoires avec des faits assurés, que ne pourra-t-on point contester ? J'ai vu dans la préface des Élémens d'astronomie de M. Fizes, professeur en mathématiques de Montpellier, un raisonnement qui tend à montrer que dans l'hypothèse de Copernic, et suivant les principes de la pesanteur établis par Descartes, il s'ensuivroit que le centre de gravité de chaque partie de la terre devroit être, non pas le centre commun du globe, mais la portion de l'axe qui répondroit perpendiculairement à cette partie, et que par conséquent la figure de la terre se trouveroit cylindrique. Je n'ai garde assurément de vouloir soutenir un si étonnant paradoxe, lequel pris à la rigueur est évidemment faux ; mais qui nous répondra que la terre une fois démontrée oblongue par de constantes observations, quelque physicien plus subtil et plus hardi que moi n'adopteroit pas quelque hypothèse approchante ? Car enfin, diroit-il, c'est une nécessité en physique que ce qui doit être se trouve d'accord avec ce qui est.

Mais ne chicanons point ; je veux accorder votre premier argument. Vous avez démontré que la superficie de la mer, et par conséquent celle de la terre, doit être sphérique ; si, par l'expérience, je démontrois qu'elle ne l'est point, tout votre raisonnement pourroit-il détruire la force de ma conséquence? Supposons pour un moment que cent épreuves exactes et réitérées vinssent à nous convaincre qu'un degré de latitude a constamment plus de longueur à mesure qu'on approche de l'équateur, serois-je moins en droit d'en conclure à mon tour : Donc la terre est effectivement plus courbée vers les pôles que vers l'équateur : donc elle s'allonge en ce sens-là : donc c'est un sphéroïde? Ma démonstration, fondée sur les opérations les plus fidèles de la géométrie, seroit-elle moins évidente que la vôtre établie sur un principe universellement accordé? Où les faits parlent, n'est-ce pas au raisonnement à se taire? Or, c'est pour constater le fait en question que plusieurs membres de l'Académie ont entrepris les voyages du Nord et du Pérou ; c'est donc à l'Académie à en décider, et votre argument n'aura point de force contre sa décision.

Pour éluder d'avance une conclusion dont vous sentez la nécessité, vous tâchez de jeter de l'incertitude sur les opérations faites en divers lieux et à plusieurs reprises par MM. Picart, de La Hire et Cassini, pour tracer la fameuse méridienne qui traverse la France, lesquelles donnèrent lieu à M. Cassini de soupçonner le premier de l'irrégularité dans la rondeur du globe, quand il se fut assuré que les degrés mesurés vers le septentrion avoient quelque longueur de moins que ceux qui s'avançoient vers le Midi.

Vous distinguez deux manières de considérer la surface de la terre. Vue de loin, comme par exemple depuis la lune, vous l'établissez sphérique ; mais, regardée de près, elle ne vous paroît plus telle, à cause de ses inégalités : car, dites-vous, les rayons tirés du centre au sommet des plus hautes montagnes ne seront pas égaux à ceux qui seront bornés à la superficie de la mer. Ainsi les arcs de cercle, quoique proportionnels entre eux, étant inégaux suivant l'inégalité des rayons, il se peut très-bien que les différences qu'on a trouvées entre les degrés mesurés, quoique avec toute l'exactitude et la précision dont l'attention humaine est capable, viennent des différentes élévations sur lesquelles ils ont été pris, lesquels ont dû donner des arcs inégaux en grandeur, quoique égales portions de leurs cercles respectifs.

J'ai deux choses à répondre à cela. En premier lieu, monsieur, je ne crois point que la seule inégalité des hauteurs sur lesquelles on a fait les observations ait suffi pour donner des différences bien sensibles dans la mesure des degrés. Pour s'en convaincre, il faut considérer que, suivant le sentiment commun des géographes, les plus hautes montagnes ne sont non plus capables d'altérer la figure de la terre, sphérique ou autre, que quelques grains de sable ou de gravier sur une boule de deux ou trois pieds de diamètre. En effet, on convient généralement aujourd'hui qu'il n'y a point de montagne qui ait une lieue perpendiculaire sur la surface de la terre ; une lieue cependant ne seroit pas grand'-chose en comparaison d'un circuit de huit ou neuf mille. Quant à la hauteur de la surface de la terre même par-dessus celle de la mer, et derechef de la mer par-dessus certaines terres, comme, par exemple, du Zuyderzée au-dessus de la Nord-Hollande, on sait qu'elles sont peu considérables. Le cours modéré de la plupart des fleuves et des rivières ne peut être que l'effet d'une pente extrêmement douce. J'avouerai cependant que ces différences prises à la rigueur seroient bien capables d'en apporter dans les mesures : mais, de bonne foi, seroit-il raisonnable de tirer avantage de toute la différence qui se peut trouver entre la cime de la plus haute montagne et les terres inférieures à la mer? les observations qui ont donné lieu aux nouvelles conjectures sur la figure de la terre ont-elles été prises à des distances si énormes? Vous n'ignorez pas sans doute, monsieur, qu'on eut soin, dans la construction de la grande méridienne, d'établir des stations sur les hauteurs les plus égales qu'il fut possible : ce fut même une occasion qui contribua beaucoup à la perfection des niveaux.

Ainsi, monsieur, en supposant, avec vous, que la terre est sphérique, il me reste maintenant à faire voir que cette supposition, de la manière que vous la prenez, est une pure pétition de principe. Un moment d'attention, et je m'explique.

Tout votre raisonnement roule sur ce théorème démontré en géométrie, *que deux cercles étant concentriques, si l'on mène des rayons jusqu'à la circonférence du grand, les arcs coupés par ces rayons seront inégaux et plus grands à proportion qu'ils seront portions de plus grands cercles*. Jusqu'ici tout est bien; votre principe est incontestable: mais vous me paroissez moins heureux dans l'application que vous en faites aux degrés de latitude. Qu'on divise un méridien terrestre en trois cent soixante parties égales par des rayons menés du centre, ces parties égales, selon vous, seront des degrés par lesquels on mesurera l'élévation du pôle. J'ose, monsieur, m'inscrire en faux contre un pareil sentiment, et je soutiens que ce n'est point là l'idée qu'on doit se faire des degrés de latitude. Pour vous en convaincre d'une manière invincible, voyons ce qui résulteroit de là, en supposant pour un moment que la terre fût un sphéroïde oblong. Pour faire la division des degrés, j'inscris un cercle dans une ellipse représentant la figure de la terre. Le petit axe sera l'équateur, et le grand sera l'axe même de la terre: je divise le cercle en trois cent soixante degrés, de sorte que les deux axes passent par quatre de ces divisions; par toutes les autres divisions je mène des rayons que je prolonge jusqu'à la circonférence de l'ellipse. Les arcs de cette courbe, compris entre les extrémités des rayons, donneront l'étendue des degrés, lesquels seront évidemment inégaux (une figure rendroit tout ceci plus intelligible, je l'omets pour ne pas effrayer les yeux des dames qui lisent ce journal), mais dans un sens contraire à ce qui doit être; car les degrés seront plus longs vers les pôles, et plus courts vers l'équateur, comme il est manifeste à quiconque a quelque teinture de géométrie. Cependant il est démontré que, si la terre est oblongue, les degrés doivent avoir plus de longueur vers l'équateur que vers les pôles. C'est à vous, monsieur, à sauver la contradiction.

Quelle est donc l'idée qu'on se doit former des degrés de latitude? le terme même de l'élévation du pôle vous l'apprend. Des différens degrés de cette élévation tirez de part et d'autre des tangentes à la superficie de la terre; les intervalles compris entre les points d'attouchement donneront les degrés de latitude: or il est bien vrai que, si la terre étoit sphérique, tous ces points correspondroient aux divisions qui marqueroient les degrés de la circonférence de la terre, considérée comme circulaire; mais si elle ne l'est point, ce ne sera plus la même chose. Tout au contraire de votre système, les pôles étant plus élevés, les degrés y devroient être plus grands; ici la terre étant plus courbée vers les pôles, les degrés sont plus petits. C'est le plus ou moins de courbure, et non l'éloignement du centre, qui influe sur la longueur des degrés d'élévation du pôle. Puis donc que votre raisonnement n'a de justesse qu'autant que vous supposez que la terre est sphérique, j'ai été en droit de dire que vous vous fondez sur une pétition de principe; et, puisque ce n'est pas du plus grand ou moindre éloignement du centre que résulte la longueur des degrés de latitude, je conclurai derechef que votre argument n'a de solidité en aucune de ses parties.

Il se peut que le terme de *degré*, équivoque dans le cas dont il s'agit, vous ait induit en erreur: autre chose est un degré de la terre considéré comme la trois-cent-soixantième partie d'une circonférence circulaire, et autre chose un degré de latitude considéré comme la mesure de l'élévation du pôle par-dessus l'horizon; et, quoiqu'on puisse prendre l'un pour l'autre dans le cas que la terre soit sphérique, il s'en faut beaucoup qu'on en puisse faire de même, si sa figure est irrégulière.

Prenez garde, monsieur, que quand j'ai dit que la terre n'a pas de pente considérable, je l'ai entendu, non par rapport à sa figure sphérique, mais par rapport à sa figure naturelle, oblongue ou autre; figure que je regarde comme déterminée dès le commencement par les lois de la pesanteur et du mouvement, et à laquelle l'équilibre ou le niveau des fluides peut très-bien être assujetti: mais sur ces matières on ne peut hasarder aucun raisonnement, que le fait même ne nous soit mieux connu.

Pour ce qui est de l'inspection de la lune, il est bien vrai qu'elle nous paroît sphérique, et elle l'est probablement; mais il ne s'ensuit point du tout que la terre le soit aussi. Par quelle règle sa figure seroit-elle assujettie à celle de la lune, plutôt par exemple qu'à celle de Jupiter, planète d'une tout autre importance, et qui pourtant n'est pas sphérique? La raison que vous tirez de l'ombre de la terre n'est guère plus forte: si le cercle se montroit tout entier, elle seroit sans réplique; mais vous savez, monsieur, qu'il est difficile de distinguer une petite portion de courbe d'avec l'arc d'un cercle plus ou moins grand. D'ailleurs on ne croit point que la terre s'éloigne si fort de la figure sphérique, que cela doive occasioner sur la surface de la lune une ombre sensiblement irrégulière, d'autant plus que la terre étant considérablement plus grande que la lune, il ne paroît jamais sur celle-ci qu'une bien petite partie de son circuit.

Je suis, etc.

ROUSSEAU

Chambéry, 20 septembre 1733.

MÉMOIRE

A S. E.

MONSEIGNEUR LE GOUVERNEUR DE SAVOIE.

J'ai l'honneur d'exposer très-respectueusement à son excellence le triste détail de la situation où je me trouve, la suppliant de daigner écouter la générosité de ses pieux sentimens pour y pourvoir de la manière qu'elle jugera convenable.

Je suis sorti très-jeune de Genève, ma patrie, ayant abandonné mes droits pour entrer dans le sein de l'Église, sans avoir cependant jamais fait aucune démarche, jusque aujourd'hui, pour implorer des secours, dont j'aurois toujours tâché de me passer s'il n'avoit plu à la Providence de m'affliger par des maux qui m'en ont ôté le pouvoir. J'ai toujours eu du mépris et même de l'indignation pour ceux qui ne rougissent point de faire un trafic honteux de leur foi, et d'abuser des bienfaits qu'on leur accorde. J'ose dire qu'il a paru par ma conduite que je suis bien éloigné de pareils sentimens. Tombé, encore enfant, entre les mains de feu monseigneur l'évêque de Genève (*), je tâchai de répondre, par l'ardeur et l'assiduité de mes études, aux vues flatteuses que ce respectable prélat avoit sur moi. Madame la baronne de Warens voulut bien condescendre à la prière qu'il lui fit de prendre soin de mon éducation, et il ne dépendit pas de moi de témoigner à cette dame par mes progrès le désir passionné que j'avois de la rendre satisfaite de l'effet de ses bontés et de ses soins.

Ce grand évêque ne borna pas là ses bontés; il me recommanda encore à M. le marquis de Bonac, ambassadeur de France auprès du Corps helvétique. Voilà les trois seuls protecteurs à qui j'ai eu obligation du moindre secours; il est vrai qu'ils m'ont tenu lieu de tout autre, par la manière dont ils ont daigné me faire éprouver leur générosité. Ils ont envisagé en moi un jeune homme assez bien né, rempli d'émulation, et qu'ils entrevoyoient pourvu de quelques talens, et qu'ils se proposoient de pousser. Il me seroit glorieux de détailler à son excellence ce que ces deux seigneurs avoient eu la bonté de concerter pour mon établissement; mais la mort de monseigneur l'évêque de Genève, et la maladie mortelle de M. l'ambassadeur, ont été la fatale époque du commencement de tous mes désastres.

Je commençai aussi moi-même d'être attaqué de la langueur qui me met aujourd'hui au tombeau. Je retombai par conséquent à la charge de madame de Warens, qu'il faudroit ne pas connoître pour croire qu'elle eût pu démentir ses premiers bienfaits, en m'abandonnant dans une si triste situation.

Malgré tout, je tâchai, tant qu'il me resta quelques forces, de tirer parti de mes foibles talens : mais de quoi servent les talens dans ce pays? Je le dis dans l'amertume de mon cœur, il vaudroit mille fois mieux n'en avoir aucun. Eh! n'éprouvé-je pas encore aujourd'hui le retour plein d'ingratitude et de dureté des gens pour lesquels j'ai achevé de m'épuiser en leur enseignant, avec beaucoup d'assiduité et d'application, ce qui m'avoit coûté bien des soins et des travaux à apprendre? Enfin, pour comble de disgrâces, me voilà tombé dans une maladie affreuse, qui me défigure. Je suis désor-

(*) M. de Bernex, évêque de Genève, mourut à Annecy le 23 avril 1734; ce mémoire doit avoir été écrit dans la même année. Le gouverneur de Savoie étoit alors le comte Louis Picon. Quant à la maladie de Rousseau dont il est ici question, voyez *Confessions*, tome I, page 114.

mais renfermé sans pouvoir presque sortir du lit et de la chambre, jusqu'à ce qu'il plaise à Dieu de disposer de ma courte mais misérable vie.

Ma douleur est de voir que madame de Warens a déjà trop fait pour moi ; je la trouve, pour le reste de mes jours, accablée du fardeau de mes infirmités dont son extrême bonté ne lui laisse pas sentir le poids, mais qui n'incommode pas moins ses affaires, déjà trop resserrées par ses abondantes charités, et par l'abus que des misérables n'ont que trop souvent fait de sa confiance.

J'ose donc, sur le détail de tous ces faits, recourir à son excellence, comme au père des affligés. Je ne dissimulerai point qu'il est dur à un homme de sentimens, et qui pense comme je fais, d'être obligé, faute d'autre moyen, d'implorer des assistances et des secours : mais tel est le décret de la Providence. Il me suffit, en mon particulier, d'être bien assuré que je n'ai donné, par ma faute, aucun lieu ni à la misère, ni aux maux dont je suis accablé. J'ai toujours abhorré le libertinage et l'oisiveté ; et, tel que je suis, j'ose être assuré que personne, de qui j'ai l'honneur d'être connu, n'aura, sur ma conduite, mes sentimens et mes mœurs, que de favorables témoignages à rendre.

Dans un état donc aussi déplorable que le mien, et sur lequel je n'ai nul reproche à me faire, je crois qu'il n'est pas honteux à moi d'implorer de son excellence la grâce d'être admis à participer aux bienfaits établis par la piété des princes pour de pareils usages. Ils sont destinés pour des cas semblables aux miens, ou ne le sont pour personne.

En conséquence de cet exposé, je supplie très-humblement son excellence de vouloir me procurer une pension, telle qu'elle jugera raisonnable, sur la fondation que la piété du roi Victor a établie à Annecy, ou de tel autre endroit qu'il lui semblera bon, pour pouvoir subvenir aux nécessités du reste de ma triste carrière.

De plus, l'impossibilité où je me trouve de faire des voyages, et de traiter aucune affaire civile, m'engage à supplier encore son excellence qu'il lui plaise de faire régler la chose de manière que ladite pension puisse être payée ici en droiture, et remise entre mes mains, ou celles de madame la baronne de Warens, qui voudra bien, à ma très-humble sollicitation, se charger de l'employer à mes besoins. Ainsi jouissant, pour le peu de jours qu'il me reste, des secours nécessaires pour le temporel, je recueillerai mon esprit et mes forces pour mettre mon âme et ma conscience en paix avec Dieu ; pour me préparer à commencer, avec courage et résignation, le voyage de l'éternité, et pour prier Dieu sincèrement et sans distraction pour la parfaite prospérité et la très-précieuse conservation de son excellence.

J. J. ROUSSEAU

MÉMOIRE

REMIS, LE 19 AVRIL 1742, A M. BOUDET, ANTONIN,

QUI TRAVAILLE A L'HISTOIRE DE FEU M. DE BERNEX, ÉVÊQUE DE GENÈVE. (*)

Dans l'intention où l'on est de n'omettre dans l'histoire de M. de Bernex aucun des faits considérables qui peuvent servir à mettre ses vertus chrétiennes dans tout leur jour, on ne sauroit oublier la conversion de madame la baronne de Warens de La Tour, qui fut l'ouvrage de ce prélat.

Au mois de juillet de l'année 1726, le roi de Sardaigne étant à Évian, plusieurs personnes de distinction du pays de Vaud s'y rendirent pour voir la cour. Madame de Warens fut du nombre; et cette dame, qu'un pur motif de curiosité avoit amenée, fut retenue par des motifs d'un genre supérieur, et qui n'en furent pas moins efficaces pour avoir été moins prévus. Ayant assisté par hasard à un des discours que ce prélat prononçoit avec ce zèle et cette onction qui portoient dans les cœurs le feu de sa charité, madame de Warens en fut émue au point qu'on peut regarder cet instant comme l'époque de sa conversion. La chose cependant devoit paroître d'autant plus difficile, que cette dame, étant très-éclairée, se tenoit en garde contre les séductions de l'éloquence, et n'étoit pas disposée à céder sans être pleinement convaincue. Mais quand on a l'esprit juste et le cœur droit, que peut-il manquer pour goûter la vérité, que le secours de la grâce? et M. de Bernex n'étoit-il pas accoutumé à la porter dans les cœurs les plus endurcis? Madame de Warens vit le prélat; ses préjugés furent détruits; ses doutes furent dissipés; et pénétrée des grandes vérités qui lui étoient annoncées, elle se détermina à rendre à la Foi, par un sacrifice éclatant, le prix des lumières dont elle venoit de l'éclairer.

Le bruit du dessein de madame de Warens ne tarda pas à se répandre dans le pays de Vaud. Ce fut un deuil et des alarmes universelles. Cette dame y étoit adorée, et l'amour qu'on avoit pour elle se changea en fureur contre ce qu'on appeloit ses séducteurs et ses ravisseurs. Les habitans de Vevay ne parloient pas moins que de mettre le feu à Évian, et de l'enlever à main armée au milieu même de la cour. Ce projet insensé, fruit ordinaire d'un zèle fanatique, parvint aux oreilles de sa majesté; et ce fut à cette occasion qu'elle fit à M. de Bernex cette espèce de reproche si glorieux, qu'il faisoit des conversions bien bruyantes. Le roi fit partir sur-le-champ madame de Warens pour Annecy, escortée de quarante de ses gardes. Ce fut là où, quelque temps après, sa majesté l'assura de sa protection dans les termes les plus flatteurs, et lui assigna une pension qui doit passer pour une preuve éclatante de la piété et de la générosité de ce prince, mais qui n'ôte point à madame de Warens le mérite d'avoir abandonné de grands biens et un rang brillant dans sa patrie, pour suivre la voix du Seigneur, et se livrer sans réserve à sa providence. Il eut même la bonté de lui offrir d'augmenter cette pension de sorte qu'elle pût figurer avec tout l'éclat qu'elle souhaiteroit, et de lui procurer la situation la plus gracieuse, si elle vouloit se rendre à Turin, auprès de la reine. Mais madame de Warens n'abusa point des bontés du monarque: elle alloit acquérir les plus grands biens en participant à ceux que l'Église répand sur les

(*) M. Boudet publia la vie de cet évêque en 1750, in-12, à Paris. M. P.

fidèles; et l'éclat des autres n'avoit désormais plus rien qui pût la toucher. C'est ainsi qu'elle s'en explique à M. de Bernex ; et c'est sur ces maximes de détachement et de modération qu'on l'a vue se conduire constamment depuis lors.

Enfin le jour arriva où M. de Bernex alloit assurer à l'Église la conquête qu'il lui avoit acquise. Il reçut publiquement l'abjuration de madame de Warens, et lui administra le sacrement de confirmation le 8 septembre 1726, jour de la Nativité de Notre-Dame, dans l'église de la Visitation, devant la relique de saint François de Sales. Cette dame eut l'honneur d'avoir pour marraine, dans cette cérémonie, madame la princesse de Hesse, sœur de la princesse de Piémont, depuis reine de Sardaigne. Ce fut un spectacle touchant de voir une jeune dame d'une naissance illustre, favorisée des grâces de la nature et enrichie des biens de la fortune, et qui, peu de temps auparavant, faisoit les délices de sa patrie, s'arracher du sein de l'abondance et des plaisirs, pour venir déposer au pied de la croix du Christ l'éclat et les voluptés du monde, et y renoncer pour jamais. M. de Bernex fit à ce sujet un discours très-touchant et très-pathétique : l'ardeur de son zèle lui prêta ce jour-là de nouvelles forces; toute cette nombreuse assemblée fondit en larmes; et les dames, baignées de pleurs, vinrent embrasser madame de Warens, la féliciter, et rendre grâces à Dieu avec elle de la victoire qu'il lui faisoit remporter. Au reste, on a cherché inutilement, parmi tous les papiers de feu M. de Bernex, le discours qu'il prononça en cette occasion, et qui, au témoignage de tous ceux qui l'entendirent, est un chef-d'œuvre d'éloquence; et il y a lieu de croire que, quelque beau qu'il soit, il a été composé sur-le-champ et sans préparation.

Depuis ce jour-là, M. de Bernex n'appela plus madame de Warens que sa fille, et elle l'appeloit son père. Il a en effet toujours conservé pour elle les bontés d'un père; et il ne faut pas s'étonner qu'il regardât avec une sorte de complaisance l'ouvrage de ses soins apostoliques, puisque cette dame s'est toujours efforcée de suivre, d'aussi près qu'il lui a été possible, les saints exemples de ce prélat, soit dans son détachement des choses mondaines, soit dans son extrême charité envers les pauvres; deux vertus qui définissent parfaitement le caractère de madame de Warens.

Le fait suivant peut entrer aussi parmi les preuves qui constatent les actions miraculeuses de M. de Bernex.

Au mois de septembre 1729, madame de Warens, demeurant dans la maison de M. de Boige, le feu prit au four des cordeliers, qui donnoit dans la cour de cette maison, avec une telle violence, que ce four, qui contenoit un bâtiment assez grand, entièrement plein de fascines et de bois sec, fut bientôt embrasé. Le feu, porté par un vent impétueux, s'attacha au toit de la maison, et pénétra même par les fenêtres dans les appartemens. Madame de Warens donna aussitôt des ordres pour arrêter les progrès du feu, et pour faire transporter ses meubles dans son jardin. Elle étoit occupée à ces soins, quand elle apprit que M. l'évêque étoit accouru au bruit du danger qui la menaçoit, et qu'il alloit paroître à l'instant; elle fut au-devant de lui. Ils entrèrent ensemble dans le jardin; il se mit à genoux, ainsi que tous ceux qui étoient présens, du nombre desquels j'étois, et commença à prononcer des oraisons avec cette ferveur qui étoit inséparable de ses prières. L'effet en fut sensible, le vent qui portoit les flammes par-dessus la maison jusque près du jardin, changea tout à coup, et les éloigna si bien, que le four, quoique contigu, fut entièrement consumé, sans que la maison eût d'autre mal que le dommage qu'elle avoit reçu auparavant. C'est un fait connu de tout Annecy, et que moi, écrivain du présent mémoire, ai vu de mes propres yeux.

M. de Bernex a continué constamment à prendre le même intérêt dans tout ce qui regardoit madame de Warens. Il fit faire le portrait de cette dame, disant qu'il souhaitoit qu'il restât dans sa famille, comme un monument honorable d'un de ses plus heureux travaux. Enfin, quoiqu'elle fût éloignée de lui, il lui a donné, peu de temps avant que de mourir, des marques de son souvenir, et en a même laissé dans son testament. Après la mort de ce prélat, madame de Warens s'est entièrement consacrée à la solitude et à la retraite, disant qu'après avoir perdu son père rien ne l'attachoit plus au monde.

NOTES

EN RÉFUTATION DE L'OUVRAGE D'HELVÉTIUS, INTITULÉ : *DE L'ESPRIT*.

AVIS DE L'ÉDITEUR

Rousseau, prêt à quitter l'Angleterre, et voulant se défaire de ses livres, avait prié son hôte, M. Dawenport, de lui trouver un acheteur. « Parmi ces » livres, lui écrivoit-il en février 1767, il y a le li» vre *de l'Esprit, in-4⁰*, première édition, qui est » rare, et où j'ai fait quelques notes aux marges ; je » voudrois bien que ce livre ne tombât qu'entre » des mains amies. » A cet égard son désir a été pleinement satisfait. Il traita directement de ses livres avec un François nommé Dutens, établi depuis long-temps à Londres, connu en France par quelques écrits, et avec lequel Rousseau a été quelque temps en correspondance. Dutens nous apprend lui-même, dans une brochure dont il sera ci-après parlé, qu'il acheta tous ces livres, au nombre d'environ mille volumes, moyennant une rente de dix livres sterling, et que ce fut cet exemplaire de l'ouvrage d'Helvétius qui le détermina principalement à cette acquisition ; mais Rousseau, dit-il, « ne » consentit à me les vendre qu'à condition que, » *pendant sa vie*, je ne publierois point les notes » que je pourrois trouver sur les livres qu'il me » vendoit, et que, lui vivant, l'exemplaire du livre » *de l'Esprit* ne sortiroit point de mes mains. »

« Il paroît, dit encore Dutens, qu'il avoit entre» pris de réfuter cet ouvrage de M. Helvétius, mais » qu'il avoit abandonné cette idée dès qu'il l'avoit » vu persécuté (*). M. Helvétius ayant appris que » j'étois en possession de cet exemplaire, me fit » proposer de le lui envoyer. J'étois lié par ma pro» messe : je le représentai à M. Helvétius ; il ap» prouva ma délicatesse, et se réduisit à me prier » de lui extraire quelques-unes des remarques qui » portoient le plus coup contre ses principes, et de » les lui communiquer ; ce que je fis. Il fut telle» ment alarmé du danger que couroit un édifice » qu'il avoit pris tant de plaisir à élever, qu'il me » répondit sur-le-champ, afin d'effacer les impres» sions qu'il ne doutoit pas que ces notes n'eussent » faites sur mon esprit. Il m'annonçoit une autre » lettre par le courrier suivant, mais la mort l'en» leva huit ou dix jours après. »

(*) Cette conjecture de Dutens est confirmée par Rousseau lui-même, qui s'en explique formellement dans une note des *Lettres de la montagne*, page 8 de ce volume.

Après la mort de Rousseau, Dutens, dégagé de sa promesse envers lui, songea à faire jouir le public des notes dont il était possesseur ; il en a fait l'objet d'une brochure publiée à Paris sous le titre de *Lettre à M. D. B.* (De Bure, alors libraire à Paris), 1779, in-12. Il y rapporte les passages du livre *de l'Esprit* auxquels les notes de Rousseau s'appliquent, puis transcrit immédiatement celles-ci, en y joignant au besoin quelques éclaircissements. A la fin de la même brochure se trouvent les deux lettres d'Helvétius à Dutens, dont il vient d'être parlé (*).

C'est cette brochure de Dutens que nous allons reproduire ici presque tout entière, ce qui lui appartient en propre dans ce petit ouvrage ne pouvant guère être séparé des notes de Rousseau dont il facilite l'intelligence. Quant à l'exemplaire qui contient celles-ci en original, il est maintenant en la possession de M. De Bure.

Le grand but de M. Helvétius dans son ouvrage est de réduire toutes les facultés de l'homme à une existence purement matérielle. Il débute par avancer, Disc. 1, ch. 1, page 1 (**), « que nous avons en nous deux facultés, ou, » s'il l'ose dire, *deux puissances passives* ; la » sensibilité physique et la mémoire ; et il défi» nit la mémoire une sensation continuée, mais » affoiblie. » A quoi Rousseau répond : *Il me semble qu'il faudroit distinguer les impressions purement organiques et locales, des impressions*

(*) La *Lettre à M. D. B.*, et les deux lettres d'Helvétius qui y font suite, ont été réimprimées dans l'édition de Genève, in-8⁰, tome III du premier *Supplément*.

(**) Les renvois de ces pages se rapportent au tome premier des œuvres d'Helvétius, publiées en 1818 par madame veuve Lepetit, 5 volumes in-8⁰.

qui affectent tout l'individu; les premières ne sont que de simples sensations; les autres sont des sentimens. Et un peu plus bas il ajoute : *Non pas, la mémoire est la faculté de se rappeler la sensation, mais la sensation, même affoiblie, ne dure pas continuellement.*

« *La mémoire*, continue Helvétius, Disc. 1, » chap. 1, pag 6, ne peut être qu'un des or» ganes de la sensibilité physique : le principe » qui sent en nous doit être nécessairement le » principe qui se ressouvient, puisque *se res» souvenir*, comme je vais le prouver, n'est pro» prement que *sentir.*» *Je ne sais pas encore,* dit Rousseau, *comme il va prouver cela; mais je sais bien que sentir l'objet présent, et sentir l'objet absent, sont deux opérations dont la différence mérite bien d'être examinée.*

« Lorsque, par une suite de mes idées, » ajoute l'auteur, Disc. 1, chap. 1, page 7, ou » par l'ébranlement que certains sons causent » dans l'organe de mon oreille, je me rappelle » l'image d'un chêne; alors mes organes inté» rieurs doivent nécessairement se trouver à » peu près dans la même situation où ils étoient » à la vue de ce chêne; or, cette situation des » organes doit incontestablement produire une » sensation; il est donc évident que se ressou» venir c'est sentir.»

Oui, dit Rousseau, *vos organes intérieurs se trouvent à la vérité dans la même situation où ils étoient à la vue du chêne, mais par l'effet d'une opération très-différente.* Et quant à ce que vous dites que cette situation doit produire une sensation, *Qu'appelez-vous sensation?* dit-il. *Si une sensation est l'impression transmise par l'organe extérieur à l'organe intérieur, la situation de l'organe intérieur a beau être supposée la même, celle de l'organe extérieur manquant, ce défaut seul suffit pour distinguer le souvenir de la sensation. D'ailleurs, il n'est pas vrai que la situation de l'organe intérieur soit la même dans la mémoire et dans la sensation; autrement il seroit impossible de distinguer le souvenir de la sensation d'avec la sensation. Aussi l'auteur se sauve-t-il par un* A PEU PRÈS; *mais une situation d'organes, qui n'est qu'à peu près la même, ne doit pas produire exactement le même effet.*

« Il est donc évident, dit Helvétius, Disc. 1, » chap. 1, page 7, que se ressouvenir c'est sen» tir.» *Il y a cette différence,* répond Rousseau, *que la mémoire produit une sensation semblable, et non pas le sentiment; et cette autre différence encore, que la cause n'est pas la même.*

L'auteur, Disc. 1, chap. 1, p. 8, ayant posé son principe, se croit en droit de conclure ainsi : « Je dis encore que c'est dans la capacité » que nous avons d'apercevoir les ressemblan» ces ou les différences, les convenances ou les » disconvenances qu'ont entre eux les objets » divers, que consistent toutes les opérations » de l'esprit. Or cette capacité n'est que la sen» sibilité physique même : tout se réduit donc » à sentir.» *Voici qui est plaisant!* s'écrie son adversaire, *après avoir légèrement affirmé qu'apercevoir et comparer sont la même chose, l'auteur conclut en grand appareil que juger c'est sentir. La conclusion me paroît claire; mais c'est de l'antécédent qu'il s'agit.*

L'auteur répète sa conclusion d'une autre manière, Disc. 1, chap. 1, pages 8, 9, et dit : « La conclusion de ce que je viens de dire, » c'est que si tous les mots des diverses langues » ne désignent jamais que des objets, ou les » rapports de ces objets avec nous et entre eux; » tout l'esprit par conséquent consiste à com» parer et nos sensations et nos idées, c'est-à» dire à voir les ressemblances et les différences, » les convenances et les disconvenances qu'el» les ont entre elles. Or, comme le jugement » n'est que cette apercevance elle-même, ou » du moins que le prononcé de cette aperce» vance, il s'ensuit que toutes les opérations de » l'esprit se réduisent à juger.» Rousseau oppose à cette conclusion une distinction lumineuse : APERCEVOIR LES OBJETS, dit-il, C'EST SENTIR; APERCEVOIR LES RAPPORTS, C'EST JUGER (*).

« La question renfermée dans ses bornes,

(*) Dutens nous apprend que cette objection fut celle qui alarma le plus Helvétius, lorsqu'il la lui communiqua; et c'est à cette occasion qu'il se crut obligé de publier la lettre que lui écrivit Helvétius à ce sujet, lettre par laquelle « non-seulement, » dit-il, Helvétius ne bannit point de l'esprit les doutes que » Rousseau y introduit, mais dont il appréhende lui-même le » peu d'effet, puisqu'il en annonce une autre sur le même sujet, » qu'il eût écrite sans doute s'il eût vécu. » Cette lettre d'Helvétius, réimprimée, comme il a été dit plus haut, dans l'édition de Genève, est en effet aussi foible de raisonnement que de style : et quoiqu'il eût pu paroître intéressant de voir aux prises l'auteur d'*Émile* et celui de *l'Esprit*, elle ne nous a pas paru mériter de trouver place dans cette édition. G. P.

» continue l'auteur *de l'Esprit*, Disc. 1, chap. » 1, page 9, j'examinerai maintenant si juger » n'est pas sentir. Quand je juge de la grandeur » ou de la couleur des objets qu'on me présente, » il est évident que le jugement porté sur les » différentes impressions que ces objets ont » faites sur mes sens n'est proprement qu'une » sensation; que je puis dire également, je juge » ou je sens que, de deux objets, l'un, que » j'appelle *toise*, fait sur moi une impression » différente de celui que j'appelle *pied*; que la » couleur que je nomme *rouge* agit sur mes yeux » différemment de celle que je nomme *jaune*; » et j'en conclus qu'en pareil cas *juger* n'est ja- » mais que sentir. » *Il y a ici un sophisme très-subtil et très-important à bien remarquer*, reprend Rousseau : *autre chose est sentir une différence entre une toise et un pied, et autre chose mesurer cette différence. Dans la première opération l'esprit est purement passif, mais dans l'autre il est actif. Celui qui a plus de justesse dans l'esprit pour transporter par la pensée le pied sur la toise, et voir combien de fois il y est contenu, est celui qui en ce point a l'esprit le plus juste et juge le mieux.* Et quant à la conclusion, « qu'en pareil cas juger n'est jamais que » sentir, » Rousseau soutient que *c'est autre chose, parce que la comparaison du jaune et du rouge n'est pas la sensation du jaune ni celle du rouge.*

L'auteur se fait ensuite cette objection, Disc. 1, chap. 1, page 9 : « Mais, dira-t-on, » supposons qu'on veuille savoir si la force est » préférable à la grandeur du corps, peut-on » assurer qu'alors juger soit sentir? Oui, ré- » pondrai-je; car, pour porter un jugement » sur ce sujet, ma mémoire doit me tracer suc- » cessivement les tableaux des situations diffé- » rentes où je puis me trouver le plus commu- » nément dans le cours de ma vie. » *Comment!* réplique à cela Rousseau; *la comparaison successive de mille idées est aussi un sentiment! Il ne faut pas disputer des mots, mais l'auteur se fait là un étrange dictionnaire.*

Enfin Helvétius finit ainsi, Disc. 1, chap. 1, page 12 : Mais, dira-t-on, comment jusqu'à » ce jour a-t-on supposé en nous une faculté de » juger distincte de la faculté de sentir? L'on » ne doit cette supposition, répondrai-je, qu'à » l'impossibilité où l'on s'est cru jusqu'à pré- » sent d'expliquer d'aucune autre manière cer- » taines erreurs de l'esprit. » *Point du tout*, reprend Rousseau. *C'est qu'il est très-simple de supposer que deux opérations d'espèces différentes se font par deux différentes facultés.*

A la fin du premier discours, Disc. 1, ch. 4, page 40, M. Helvétius, revenant à son grand principe, dit : « Rien ne m'empêche mainte- » nant d'avancer que *juger*, comme je l'ai déjà » prouvé, n'est proprement que *sentir*. » *Vous n'avez rien prouvé sur ce point*, répond Rousseau; *sinon que vous ajoutez au sens du mot* SENTIR *le sens que nous donnons au mot* JUGER: *vous réunissez sous un mot commun deux facultés essentiellement différentes.* Et sur ce que Helvétius dit encore, Disc. 1, chap. 4, p. 40, que « l'esprit peut être considéré comme la fa- » culté productrice de nos pensées, et n'est, en » ce sens, que sensibilité et mémoire », Rousseau met en note : SENSIBILITÉ, MÉMOIRE, JUGEMENT (*).

Dans son second discours, M. Helvétius avance, Disc. II, chap. 4, pages 62, 63, « que » nous ne concevons pas des idées analogues » aux nôtres, que nous n'avons d'*estime sentie* » que pour cette espèce d'idées; et de là cette » haute opinion que chacun est, pour ainsi » dire, forcé d'avoir de soi-même, et qu'il ap- » pelle la nécessité où nous sommes de nous es- » timer préférablement aux autres. Mais, ajou- » te-t-il, Disc. II, chap. 4, page 64, on me » dira que l'on voit quelques gens reconnoître » dans les autres plus d'esprit qu'en eux. Oui, » répondrai-je, on voit des hommes en faire » l'aveu; et cet aveu est d'une belle âme. Ce- » pendant ils n'ont, pour celui qu'ils avouent » leur supérieur, qu'une *estime sur parole* : ils » ne font que donner à l'opinion publique la » préférence sur la leur, et convenir que ces » personnes sont plus estimées, sans être inté- » rieurement convaincus qu'elles soient plus » estimables. » *Cela n'est pas vrai*, reprend brusquement Rousseau. *J'ai long-temps médité sur un sujet, et j'en ai tiré quelques vues avec toute l'attention que j'étois capable d'y mettre.*

(*) Les notes qu'on vient de lire ont toutes pour objet de combattre la proposition principale qui sert de base à l'ouvrage d'Helvétius, et Dutens observe avec raison que cet ouvrage n'étant composé que de chapitres sans liaison, d'idées décousues, de petits contes et de bons mots, les notes qui suivent ne sont aussi que des sorties sur des sentimens particuliers. G. P.

Je communique ce même sujet à un autre homme; et, durant notre entretien, je vois sortir du cerveau de cet homme des foules d'idées neuves et de grandes vues sur ce même sujet qui m'en avoit fourni si peu. Je ne suis pas assez stupide pour ne pas sentir l'avantage de ses vues et de ses idées sur les miennes : je suis donc forcé de sentir intérieurement que cet homme a plus d'esprit que moi, et de lui accorder dans mon cœur une estime sentie, supérieure à celle que j'ai pour moi. Tel fut le jugement que Philippe second porta de l'esprit d'Alonzo Perez, et qui fit que celui-ci s'estima perdu.

Helvétius veut appuyer son sentiment d'un exemple, et dit, Disc. II, chap. 4, page 64, note : « En poésie, Fontenelle seroit sans peine » convenu de la supériorité du génie de Cor» neille sur le sien, mais il ne l'auroit pas sen» tie. Je suppose, pour s'en convaincre, qu'on » eût prié ce même Fontenelle de donner, en » fait de poésie, l'idée qu'il s'étoit formée de la » perfection ; il est certain qu'il n'auroit en ce » genre proposé d'autres règles fines que celles » qu'il avoit lui-même aussi bien observées » que Corneille. » Mais Rousseau objecte à cela : *Il ne s'agit pas de règles; il s'agit du génie qui trouve les grandes images et les grands sentimens. Fontenelle auroit pu se croire meilleur juge de tout cela que Corneille, mais non pas aussi bon inventeur : il étoit fait pour sentir le génie de Corneille, et non pour l'égaler. Si l'auteur ne croit pas qu'un homme puisse sentir la supériorité d'un autre dans son propre genre, assurément il se trompe beaucoup : moi-même je sens la sienne, quoique je ne sois pas de son sentiment. Je sens qu'il se trompe en homme qui a plus d'esprit que moi : il a plus de vues et plus lumineuses, mais les miennes sont plus saines. Fénelon l'emportoit sur moi à tous égards : cela est certain.* A ce sujet Helvétius ayant laissé échapper l'expression « du poids importun de » l'estime », Rousseau le relève en s'écriant : *Le poids importun de l'estime! Eh Dieu! rien n'est si doux que l'estime, même pour ceux qu'on croit supérieurs à soi.*

« Ce n'est peut-être qu'en vivant loin des so» ciétés, dit Helvétius, Disc. II, ch. 6, p. 75, » qu'on peut se défendre des illusions qui les » séduisent. Il est du moins certain que, dans » ces mêmes sociétés, on ne peut conserver une » vertu toujours forte et pure, sans avoir habi» tuellement présent à l'esprit le principe de » l'utilité publique; sans avoir une connoissance » profonde des véritables intérêts de ce public, » et, par conséquent, de la morale et de la po» litique. » *A ce compte*, répond Rousseau, *il n'y a de véritable probité que chez les philosophes. Ma foi, ils font bien de s'en faire compliment les uns aux autres.*

Conséquemment au principe que venoit d'avancer l'auteur, il dit, Disc. II, ch. 6, p. 75; note : « que Fontenelle définissoit le mensonge, » *taire une vérité qu'on doit.* Un homme sort du » lit d'une femme, il en rencontre le mari : » *D'où venez-vous?* lui dit celui-ci. Que lui ré» pondre? Lui doit-on alors la vérité? *Non*, dit » Fontenelle, *parce qu'alors la vérité n'est utile » à personne.* » *Plaisant exemple!* s'écrie Rousseau : *comme si celui qui ne se fait pas un scrupule de coucher avec la femme d'autrui s'en faisoit un de dire un mensonge! Il se peut qu'un adultère soit obligé de mentir, mais l'homme de bien ne veut être ni menteur ni adultère* (*).

Lorsqu'il dit, Disc. II, chap. 12, page 112, « Qu'un poète dramatique fasse une bonne tra» gédie sur un plan déjà connu, c'est, dit-on, » un plagiaire méprisable; mais qu'un général » se serve dans une campagne de l'ordre de ba» taille et des stratagèmes d'un autre général, » il n'en paroît souvent que plus estimable » : l'autre le relève en disant : *Vraiment, je le crois bien! le premier se donne pour l'auteur d'une pièce nouvelle, le second ne se donne pour rien; son objet est de battre l'ennemi. S'il faisoit un livre sur les batailles, on ne lui pardonneroit pas plus le plagiat qu'à l'auteur dramatique.* Rousseau n'est pas plus indulgent envers M. Helvétius lorsque celui-ci altère les faits pour autoriser ses principes. Par exemple, lorsque voulant prouver que, « dans tous les siècles et dans

(*) Helvétius a dit : « Tout devient légitime, et même ver» tueux, pour le salut public. » Rousseau a mis en note, à côté : *Le salut public n'est rien, si tous les particuliers ne sont en sûreté.* — Cette note de Rousseau ne fait point partie de celles que Dutens a publiées; nous la devons à l'éditeur de 1801, qui l'a trouvée sans doute dans l'exemplaire que nous avons dit plus haut être encore en la possession de M. De Bure. Dutens a pu la juger digne de peu d'attention, et l'omettre comme telle dans sa brochure; mais les événemens survenus depuis donnent à cette note un prix inestimable et qui sera senti par tous les lecteurs. L'éditeur de 1801 en aura sans doute aussi remarqué l'importance, et il faut lui savoir gré de cette découverte. Que n'a-t-il eu partout le même bonheur! G. P.

» tous les pays, la probité n'est que l'habitude » des actions utiles à sa nation, il allègue, » Disc. II, chap. 13, page 120, l'exemple des » Lacédémoniens qui permettoient le vol, et » conclut ensuite, Disc. II, chap. 13, p. 123, » que le vol, nuisible à tout peuple riche, mais » utile à Sparte, y devoit être honoré ; » Rousseau remarque *que le vol n'étoit permis qu'aux enfans, et qu'il n'est dit nulle part que les hommes volassent*, ce qui est vrai. Et sur le même sujet l'auteur, dans une note, ayant dit « qu'un » jeune Lacédémonien, plutôt que d'*avouer* son » larcin, se laissa, sans crier, dévorer le ven- » tre par un jeune renard qu'il avoit volé et ca- » ché sous sa robe ; » son critique le reprend ainsi avec raison : *Il n'est dit nulle part que l'enfant fût questionné : il ne s'agissoit que de ne pas déceler son vol, et non de le nier. Mais l'auteur est bien aise de mettre adroitement le mensonge au nombre des vertus lacédémoniennes.*

M. Hélvétius, Disc. II, chap. 15, p. 144, faisant l'apologie du luxe, porte l'esprit du paradoxe jusqu'à dire que les femmes galantes, dans un sens politique, sont plus utiles à l'état que les femmes sages. Mais Rousseau répond : *L'une soulage des gens qui souffrent ; l'autre favorise des gens qui veulent s'enrichir : en excitant l'industrie des artisans du luxe, elle en augmente le nombre ; en faisant la fortune de deux ou trois, elle en excite vingt à prendre un état où ils resteront misérables ; elle multiplie les sujets dans les professions inutiles ; et les fait manquer dans les professions nécessaires.*

Dans une autre occasion, Disc. II, chap. 25, page 221, note, M. Helvétius, remarquant que « l'envie permet à chacun d'être le pané- » gyriste de sa probité, et non de son esprit, » Rousseau, loin d'être de son avis, dit : *Ce n'est point cela; mais c'est qu'en premier lieu la probité est indispensable, et non l'esprit, et qu'en second lieu il dépend de nous d'être honnêtes gens, et non pas gens d'esprit.*

Enfin, dans le premier chapitre du troisième Discours, page 229, l'auteur entre dans la question de l'éducation et de l'égalité naturelle des esprits. Voici le sentiment de Rousseau, exprimé dans une de ses notes : *Le principe duquel l'auteur déduit, dans les chapitres suivans, l'égalité naturelle des esprits, et qu'il a tâché d'établir au commencement de cet ouvrage, est que les jugemens humains sont purement passifs. Ce principe a été établi et discuté avec beaucoup de philosophie et de profondeur dans l'*Encyclopédie, *article* ÉVIDENCE. *J'ignore quel est l'auteur de cet article; mais c'est certainement un très-grand métaphysicien ; je soupçonne l'abbé de* Condillac *ou M. de Buffon. Quoi qu'il en soit, j'ai tâché de combattre ce principe et d'établir l'activité de nos jugemens dans les notes que j'ai écrites au commencement de ce livre, et surtout dans la première partie de la Profession de foi du vicaire savoyard. Si j'ai raison, et que le principe de M. Helvétius et de l'auteur susdit soit faux, les raisonnemens des chapitres suivans, qui n'en sont que des conséquences, tombent, et il n'est pas vrai que l'inégalité des esprits soit l'effet de la seule éducation, quoiqu'elle y puisse influer beaucoup.*

LE PERSIFLEUR (*).

Dès qu'on m'a appris que les écrivains qui s'étoient chargés d'examiner les ouvrages nouveaux avoient, par divers accidens, successivement résigné leurs emplois, je me suis mis en tête que je pourrois fort bien les remplacer; et, comme je n'ai pas la mauvaise vanité de vouloir être modeste avec le public, j'avoue franchement que je m'en suis trouvé très-capable; je soutiens même qu'on ne doit jamais parler autrement de soi, que quand on est bien sûr de n'en pas être la dupe. Si j'étois un auteur connu, j'affecterois peut-être de débiter des contre-vérités à mon désavantage, pour tâcher, à leur faveur, d'amener adroitement dans la même classe les défauts que je serois contraint d'avouer : mais actuellement le stratagème seroit trop dangereux; le lecteur, par provision, me joueroit infailliblement le tour de tout prendre au pied de la lettre : or, je le demande à mes chers confrères, est-ce là le compte d'un auteur qui parle mal de soi?

Je sens bien qu'il ne suffit pas tout-à-fait que je sois convaincu de ma grande capacité, et qu'il seroit assez nécessaire que le public fût de moitié dans cette conviction : mais il m'est aisé de montrer que cette réflexion, même prise comme il faut, tourne presque toute à mon profit. Car, remarquez, je vous prie, que, si le public n'a point de preuves que je sois pourvu des talens convenables pour réussir dans l'ouvrage que j'entreprends, *on ne peut pas dire* non plus qu'il en ait du contraire. Voilà donc déjà pour moi un avantage considérable sur la plupart de mes concurrens : j'ai réellement vis-à-vis d'eux une avance relative de tout le chemin qu'ils ont fait en arrière.

(*) Rousseau, dans ses *Confessions* (tome I, page 180), nous apprend que ce morceau devoit être la première feuille d'un écrit périodique projeté pour être fait alternativement entre Diderot et lui. « Des événemens imprévus, dit-il, nous barrèrent, et le projet en demeura là. » G. P

Je pars ainsi d'un préjugé favorable, et je le confirme par les raisons suivantes, très-capables, à mon avis, de dissiper pour jamais toute espèce de doute désavantageux sur mon compte.

1° On a publié depuis un grand nombre d'années une infinité de journaux, feuilles et autres ouvrages périodiques, en tout pays et en toute langue, et j'ai apporté la plus scrupuleuse attention à ne jamais rien lire de tout cela. D'où je conclus que, n'ayant point la tête farcie de ce jargon, je suis en état d'en tirer des productions beaucoup meilleures en elles-mêmes, quoique peut-être en moindre quantité. Cette raison est bonne pour le public; mais j'ai été contraint de la retourner pour mon libraire, en lui disant que le jugement engendre plus de choses à mesure que la mémoire en est moins chargée, et qu'ainsi les matériaux ne nous manqueroient pas.

2° Je n'ai pas trouvé non plus à propos, et à peu près par la même raison, de perdre beaucoup de temps à l'étude des sciences ni à celle des auteurs anciens. La physique systématique est depuis long-temps reléguée dans le pays des romans; la physique expérimentale ne me paroît plus que l'art d'arranger agréablement de jolis brimborions, et la géométrie, celui de se passer du raisonnement à l'aide de quelques formules.

Quant aux anciens, il m'a semblé que, dans les jugemens que j'aurois à porter, la probité ne vouloit pas que je donnasse le change à mes lecteurs, ainsi que faisoient jadis nos savans en substituant frauduleusement à mon avis qu'ils attendroient, celui d'Aristote ou de Cicéron, dont ils n'ont que faire : grâce à l'esprit de nos modernes, il y a long-temps que ce scandale a cessé, et je me garderai bien d'en ramener la pénible mode. Je me suis seulement appliqué à la lecture des dictionnaires; et j'y ai fait un tel profit, qu'en moins de trois mois je me suis vu en état de décider de tout avec autant d'assurance et d'autorité que si j'avois eu deux ans d'étude. J'ai de plus acquis un petit recueil de passages latins tirés de divers poètes, où je trouverai de quoi broder et enjoliver mes feuilles, en les ménageant avec économie afin qu'ils durent long-temps. Je sais combien les vers latins, cités à propos, donnent de relief à un philosophe; et, par la même raison, je me suis fourni de quantité d'axiomes et de sentences *philosophiques* pour orner mes dissertations, quand il sera question de poésie. Car je n'ignore pas que c'est un devoir indispensable, pour quiconque aspire à la réputation d'auteur célèbre, de parler pertinemment de toutes les sciences, hors celle dont il se mêle. D'ailleurs, je ne sens point du tout la nécessité d'être fort savant pour juger les ouvrages qu'on nous donne aujourd'hui. Ne diroit-on pas qu'il faut avoir lu le père Pétau, Montfaucon, etc., et être profond dans les mathématiques, etc., pour juger Tanzaï, Grigri, Angola, Misapouf, et autres sublimes productions de ce siècle?

Ma dernière raison, et, dans le fond, la seule dont j'avois besoin, est tirée de mon objet même. Le but que je me propose dans le travail médité est de faire l'analyse des ouvrages nouveaux qui paroîtront, d'y joindre mon sentiment, et de communiquer l'un et l'autre au public; or, dans tout cela, je ne vois pas la moindre nécessité d'être savant. Juger sainement et impartialement, bien écrire, savoir sa langue; ce sont là, ce me semble, toutes les connoissances nécessaires en pareil cas: mais ces connoissances, qui est-ce qui se vante de les posséder mieux que moi et à un plus haut degré? A la vérité je ne saurois pas bien démontrer que cela soit réellement tout-à-fait comme je le dis, mais c'est justement à cause de cela que je le crois encore plus fort: on ne peut trop sentir soi-même ce qu'on veut persuader aux autres. Serois-je donc le premier qui, à force de se croire un fort habile homme, l'auroit aussi fait croire au public? et si je parviens à lui donner de moi une semblable opinion, qu'elle soit bien ou mal fondée, n'est-ce pas, pour ce qui me regarde, à peu près la même chose dans le cas dont il s'agit?

On ne peut donc nier que je ne sois très-fondé à m'ériger en Aristarque, en juge souverain des ouvrages nouveaux, louant, blâmant, critiquant à ma fantaisie, sans que personne soit en droit de me taxer de témérité, sauf à tous et un chacun de se prévaloir contre moi du droit de représailles, que je leur accorde de très-grand cœur, désirant seulement qu'il leur prenne en gré de dire du mal de moi de la même manière et dans le même sens que je m'avise d'en dire du bien.

C'est par une suite de ce principe d'équité que, n'étant point connu de ceux qui pourroient devenir mes adversaires, je déclare que toute critique ou observation personnelle sera pour toujours bannie de mon journal. Ce ne sont que des livres que je vais examiner; le mot d'auteur ne sera pour moi que l'esprit du livre même, il ne s'étendra point au-delà; et j'avertis positivement que je ne m'en servirai jamais dans un autre sens: de sorte que si, dans mes jours de mauvaise humeur, il m'arrive quelquefois de dire: Voilà un sot, un impertinent écrivain, c'est l'ouvrage seul qui sera taxé d'impertinence et de sottise, et je n'entends nullement que l'auteur en soit moins un génie du premier ordre, et peut-être même un digne académicien. Que sais-je, par exemple, si l'on ne s'avisera point de régaler mes feuilles des épithètes dont je viens de parler? or on voit bien d'abord que je ne cesserai pas pour cela d'être un homme de beaucoup de mérite.

Comme tout ce que j'ai dit jusqu'à présent paroîtroit un peu vague, si je n'ajoutois rien pour exposer plus nettement mon projet et la manière dont je me propose de l'exécuter, je vais prévenir mon lecteur sur certaines particularités de mon caractère, qui le mettront au fait de ce qu'il peut s'attendre à trouver dans mes écrits.

Quand Boileau a dit de l'homme en général qu'il changeoit du blanc au noir, il a croqué mon portrait en deux mots, en qualité d'individu. Il l'eût rendu plus précis, s'il y eût ajouté toutes les autres couleurs avec les nuances intermédiaires. Rien n'est si dissemblable à moi que moi-même; c'est pourquoi il seroit inutile de tenter de me définir autrement que par cette variété singulière; elle est telle dans mon esprit, qu'elle influe de temps à autre jusque sur mes sentimens. Quelquefois je suis un dur et féroce misanthrope; en d'autres momens, j'entre en extase au milieu des charmes de la société et des délices de l'amour. Tantôt je suis austère et dévot, et, pour le bien de mon âme, je fais tous mes efforts pour rendre durables ces saintes dispositions : mais je deviens bientôt un franc libertin; et, comme je m'occupe alors beaucoup plus de mes sens que de ma raison, je m'abstiens constamment d'écrire dans ces momens-là. C'est sur quoi il est bon que mes lecteurs soient suffisamment prévenus, de peur qu'ils ne s'attendent à trouver dans mes feuilles des choses que certainement ils n'y verront jamais. En un mot, un protée, un caméléon, une femme, sont des êtres moins changeans que moi : ce qui doit dès l'abord ôter aux curieux toute espérance de me reconnoître quelque jour à mon caractère; car ils me trouveront toujours sous quelque forme particulière, qui ne sera la mienne que pendant ce moment-là. Et ils ne peuvent pas même espérer de me reconnoître à ces changemens; car, comme ils n'ont point de période fixe, ils se feront quelquefois d'un instant à l'autre, et, d'autres fois, je demeurerai des mois entiers dans le même état. C'est cette irrégularité même qui fait le fond de ma constitution. Bien plus, le retour des mêmes objets renouvelle ordinairement en moi des dispositions semblables à celles où je me suis trouvé la première fois que je les ai vus; c'est pourquoi je suis assez constamment de la même humeur avec les mêmes personnes. De sorte qu'à entendre séparément tous ceux qui me connoissent, rien ne paroîtroit moins varié que mon caractère : mais allez aux derniers éclaircissemens, l'un vous dira que je suis badin; l'autre, grave; celui-ci me prendra pour un ignorant, l'autre pour un homme fort docte; en un mot, autant de têtes, autant d'avis. Je me trouve si bizarrement disposé à cet égard, qu'étant un jour abordé par deux personnes à la fois, avec l'une desquelles j'avois accoutumé d'être gai jusqu'à la folie, et plus ténébreux qu'Héraclite avec l'autre, je me sentis si puissamment agité, que je fus contraint de les quitter brusquement, de peur que le contraste des passions opposées ne me fît tomber en syncope.

Avec tout cela, à force de m'examiner je n'ai pas laissé que de démêler en moi certaines dispositions dominantes et certains retours presque périodiques qui seroient difficiles à remarquer à tout autre qu'à l'observateur le plus attentif, en un mot qu'à moi-même : c'est à peu près ainsi que toutes les vicissitudes et les irrégularités de l'air n'empêchent pas que les marins et les habitans de la campagne n'y aient remarqué quelques circonstances annuelles et quelques phénomènes, qu'ils ont réduits en règle pour prédire à peu près le temps qu'il fera dans certaines saisons. Je suis sujet, par exemple, à deux dispositions principales, qui changent assez constamment de huit en huit jours, et que j'appelle mes âmes hebdomadaires : par l'une, je me trouve sagement fou; par l'autre, follement sage; mais de telle manière pourtant que, la folie l'emportant sur la sagesse dans l'un et dans l'autre cas, elle a surtout manifestement le dessus dans la semaine où je m'appelle sage; car alors le fond de toutes les matières que je traite, quelque raisonnable qu'il puisse être en soi, se trouve presque entièrement absorbé par les futilités et les extravagances dont j'ai toujours soin de l'habiller. Pour mon âme folle, elle est bien plus sage que cela; car, bien qu'elle tire toujours de son propre fonds le texte sur lequel elle argumente, elle met tant d'art, tant d'ordre, et tant de force dans ses raisonnemens et dans ses preuves, qu'une folie ainsi déguisée ne diffère presque en rien de la sagesse. Sur ces idées, que je garantis justes, ou à peu près, je trouve un petit problème à proposer à mes lecteurs, et je les prie de vouloir bien décider laquelle c'est de mes deux âmes qui a dicté cette feuille.

Qu'on ne s'attende donc point à ne voir ici que de sages et graves dissertations : on y en verra sans doute; et où seroit la variété? Mais je ne garantis point du tout qu'au milieu de la plus profonde métaphysique il ne me prenne tout d'un coup une saillie extravagante, et qu'emboîtant mon lecteur dans l'Icosaèdre de Bergerac, je ne le transporte tout d'un coup dans la lune, tout comme, à propos de l'Arioste et de l'Hippogriffe, je pourrois fort bien lui citer Platon, Locke, ou Malebranche.

Au reste, toutes matières seront de ma compétence : j'étends ma juridiction indistinctement sur tout ce qui sortira de la presse; je m'arrogerai même, quand le cas y écherra, le droit de révision sur les jugemens de mes confrères; et, non content de me soumettre toutes les imprimeries de France, je me propose aussi de faire, de temps en temps, de bonnes excursions hors du royaume, et de me rendre tributaires l'Italie, la Hollande, et même l'Angleterre, chacune à son tour, promettant, foi de voyageur, la véracité la plus exacte dans les actes que j'en rapporterai.

Quoique le lecteur se soucie sans doute assez peu des détails que je lui fais ici de moi et de mon caractère, j'ai résolu de ne pas lui en faire grâce d'une seule ligne; c'est autant pour son profit que pour ma commodité que j'en agis ainsi. Après avoir commencé par me persifler moi-même, j aurai tout le temps de persifler les autres; j'ouvrirai les yeux, j'écrirai ce que je vois, et l'on trouvera que je me serai assez bien acquitté de ma tâche.

Il me reste à faire excuse d'avance aux auteurs que je pourrois maltraiter à tort, et au public, de tous les éloges injustes que je pourrois donner aux ouvrages qu'on lui présente; ce ne sera jamais volontairement que je commettrai de pareilles erreurs. Je sais que l'impartialité dans un journaliste ne sert qu'à lui faire des ennemis de tous les auteurs, pour n'avoir pas dit, au gré de chacun d'eux, assez de bien de lui, ni assez de mal de ses confrères : c'est pour cela que je veux toujours rester inconnu. Ma grande folie est de vouloir ne consulter que la raison et ne dire que la vérité : de sorte que, suivant l'étendue de mes lumières et la disposition de mon esprit on pourra trouver en moi, tantôt un critique plaisant et badin, tantôt un censeur sévère et bourru, non pas un satirique amer n un puéril adulateur. Les jugemens peuvent êtr faux, mais le juge ne sera jamais inique.

LA REINE FANTASQUE,

CONTE (*).

Il y avoit autrefois un roi qui aimoit son peuple.... Cela commence comme un conte de fée, interrompit le druide. C'en est un aussi, répondit Jalamir. Il y avoit donc un roi qui aimoit son peuple, et qui, par conséquent, en étoit adoré. Il avoit fait tous ses efforts pour trouver des ministres aussi bien intentionnés que lui; mais, ayant enfin reconnu la folie d'une pareille recherche, il avoit pris le parti de faire par lui-même toutes les choses qu'il pouvoit dérober à leur malfaisante activité. Comme il étoit fort entêté du bizarre projet de rendre ses sujets heureux, il agissoit en conséquence; et une conduite si singulière lui donnoit parmi les grands un ridicule ineffaçable. Le peuple le bénissoit; mais, à la cour, il passoit pour un fou. A cela près, il ne manquoit pas de mérite : aussi s'appeloit-il Phénix.

Si ce prince étoit extraordinaire, il avoit une femme qui l'étoit moins, Vive, étourdie, capricieuse, folle par la tête, sage par le cœur, bonne par tempérament, méchante par caprice, voilà, en quatre mots, le portrait de la reine. Fantasque étoit son nom : nom célèbre qu'elle avoit reçu de ses ancêtres en ligne féminine, et dont elle soutenoit dignement l'honneur. Cette personne si illustre et si raisonnable étoit le charme et le supplice de son cher époux; car elle l'aimoit aussi fort sincèrement, peut-être à cause de la facilité qu'elle avoit à le tourmenter. Malgré l'amour réciproque qui régnoit entre eux, ils passèrent plusieurs années sans pouvoir obtenir aucun fruit de leur union. Le roi en étoit pénétré de chagrin, et la reine s'en mettoit dans des impatiences dont ce bon prince ne se ressentoit pas tout seul : elle s'en prenoit à tout le monde de ce qu'elle n'avoit point d'enfans. Il n'y avoit pas un courtisan à qui elle ne demandât étourdiment quelque secret pour en avoir, et qu'elle ne rendît responsable du mauvais succès.

Les médecins ne furent point oubliés; car la reine avoit pour eux une docilité peu commune, et ils n'ordonnoient pas une drogue qu'elle ne fît préparer très-soigneusement, pour avoir le plaisir de la leur jeter au nez à l'instant qu'il la falloit prendre. Les derviches eurent leur tour; il fallut recourir aux neuvaines, aux vœux, surtout aux offrandes. Et malheur aux desservans des temples où sa majesté alloit en pèlerinage! elle fourrageoit tout; et, sous prétexte d'aller respirer un air prolifique, elle ne manquait jamois de mettre sens dessus dessous toutes les cellules des moines. Elle portoit aussi leurs reliques, et s'affubloit alternativement de tous leurs différens équipages : tantôt c'étoit un cordon blanc, tantôt une ceinture de cuir, tantôt un capuchon, tantôt un scapulaire; il n'y avoit sorte de mascarade monastique dont sa dévotion ne s'avisât; et comme elle avoit un petit air éveillé qui la rendoit charmante sous tous ces déguisemens, elle n'en quittoit aucun sans avoir eu soin de s'y faire peindre.

Enfin, à force de dévotions si bien faites, à force de médecines si sagement employées, le ciel et la terre exaucèrent les vœux de la reine: elle devint grosse au moment qu'on commençoit à en désespérer. Je laisse à deviner la joie du roi et celle du peuple. Pour la sienne, elle alla, comme toutes ses passions, jusqu'à l'extravagance : dans ses transports, elle cassoit et

(*) Jean-Jacques avoit parié qu'on pouvoit faire un conte *supportable et même gai, sans intrigue, sans amour, sans mariage et sans polissonnerie*. *La Reine fantasque* fut le résultat de la gageure; elle remplit toutes ces conditions. M. Musset-Pathay pense qu'elle fut faite pour la société du *Bout-du-Banc* qui se rassembloit chez mademoiselle Quinault. (Voyez son *Histoire de Rousseau*, tome 2, page 302.)

brisoit tout; elle embrassoit indifféremment tout ce qu'elle rencontroit, hommes, femmes, courtisans, valets : c'étoit risquer de se faire étouffer que se trouver sur son passage. Elle ne connoissoit point, disoit-elle, de ravissement pareil à celui d'avoir un enfant à qui elle pût donner le fouet tout à son aise dans ses momens de mauvaise humeur.

Comme la grossesse de la reine avoit été long-temps inutilement attendue, elle passoit pour un de ces événemens extraordinaires dont tout le monde veut avoir l'honneur. Les médecins l'attribuoient à leurs drogues, les moines à leurs reliques, le peuple à ses prières, et le roi à son amour. Chacun s'intéressoit à l'enfant qui devoit naître, comme si c'eût été le sien; et tous faisoient des vœux sincères pour l'heureuse naissance du prince, car on en vouloit un; et le peuple, les grands et le roi réunissoient leurs désirs sur ce point. La reine trouva fort mauvais qu'on s'avisât de lui prescrire de qui elle devoit accoucher, et déclara qu'elle prétendoit avoir une fille, ajoutant qu'il lui paroissoit assez singulier que quelqu'un osât lui disputer le droit de disposer d'un bien qui n'appartenoit incontestablement qu'à elle seule.

Phénix voulut en vain lui faire entendre raison : elle lui dit nettement que ce n'étoient point là ses affaires, et s'enferma dans son cabinet pour bouder, occupation chérie à laquelle elle employoit régulièrement au moins six mois de l'année. Je dis six mois, non de suite, c'eût été autant de repos pour son mari, mais pris dans des intervalles propres à le chagriner.

Le roi comprenoit fort bien que les caprices de la mère ne détermineroient pas le sexe de l'enfant; mais il étoit au désespoir qu'elle donnât ainsi ses travers en spectacle à toute la cour. Il eût sacrifié tout au monde pour que l'estime universelle eût justifié l'amour qu'il avoit pour elle; et le bruit qu'il fit mal à propos en cette occasion ne fut pas la seule folie que lui eût fait faire le ridicule espoir de rendre sa femme raisonnable.

Ne sachant plus à quel saint se vouer, il eut recours à la fée Discrète son amie, et la protectrice de son royaume. La fée lui conseilla de prendre les voies de la douceur, c'est-à-dire, de demander excuse à la reine. Le seul but, lui dit-elle, de toutes les fantaisies des femmes est de désorienter un peu la morgue masculine, et d'accoutumer les hommes à l'obéissance qui leur convient. Le meilleur moyen que vous ayez de guérir les extravagances de votre femme est d'extravaguer avec elle. Dès le moment que vous cesserez de contrarier ses caprices, assurez-vous qu'elle cessera d'en avoir, et qu'elle n'attend, pour devenir sage, que de vous avoir rendu bien complétement fou. Faites donc les choses de bonne grâce, et tâchez de céder en cette occasion, pour obtenir tout ce que vous voudrez dans une autre. Le roi crut la fée, et, pour se conformer à son avis, s'étant rendu au cercle de la reine, il la prit à part, lui dit tout bas qu'il étoit fâché d'avoir contesté contre elle mal à propos, et qu'il tâcheroit de la dédommager à l'avenir, par sa complaisance, de l'humeur qu'il pouvoit avoir mise dans ses discours en disputant impoliment contre elle.

Fantasque, qui craignit que la douceur de Phénix ne la couvrît seule de tout le ridicule de cette affaire, se hâta de lui répondre que sous cette excuse ironique elle voyoit encore plus d'orgueil que dans les disputes précédentes; mais que, puisque les torts d'un mari n'autorisoient point ceux d'une femme, elle se hâtoit de céder en cette occasion comme elle avoit toujours fait. Mon prince et mon époux, ajouta-t-elle tout haut, m'ordonne d'accoucher d'un garçon, et je sais trop bien mon devoir pour manquer d'obéir. Je n'ignore pas que quand sa majesté m'honore des marques de sa tendresse, c'est moins pour l'amour de moi que pour celui de son peuple, dont l'intérêt ne l'occupe guère moins la nuit que le jour; je dois imiter un si noble désintéressement, et je vais demander au divan un mémoire instructif du nombre et du sexe des enfans qui conviennent à la famille royale; mémoire important au bonheur de l'état, et sur lequel toute reine doit apprendre à régler sa conduite pendant la nuit.

Ce beau soliloque fut écouté de tout le cercle avec beaucoup d'attention, et je vous laisse à penser combien d'éclats de rire furent assez maladroitement étouffés. Ah! dit tristement le roi en sortant et haussant les épaules, je vois bien que, quand on a une femme folle, on ne peut éviter d'être un sot.

La fée Discrète, dont le sexe et le nom contrastoient quelquefois plaisamment dans son caractère, trouva cette querelle si réjouissante, qu'elle résolut de s'en amuser jusqu'au bout. Elle dit publiquement au roi qu'elle avoit consulté les comètes qui président à la naissance des princes, et qu'elle pouvoit lui répondre que l'enfant qui naîtroit de lui seroit un garçon; mais en secret elle assura la reine qu'elle auroit une fille.

Cet avis rendit tout à coup Fantasque aussi raisonnable qu'elle avoit été capricieuse jusque alors. Ce fut avec une douceur et une complaisance infinies qu'elle prit toutes les mesures possibles pour désoler le roi et toute la cour. Elle se hâta de faire faire une layette des plus superbes, affectant de la rendre si propre à un garçon, qu'elle devint ridicule à une fille : il fallut, dans ce dessein, changer plusieurs modes; mais tout cela ne lui coûtoit rien. Elle fit préparer un beau collier de l'ordre, tout brillant de pierreries, et voulut absolument que le roi nommât d'avance le gouverneur et le précepteur du jeune prince.

Sitôt qu'elle fut sûre d'avoir une fille, elle ne parla que de son fils, et n'omit aucune des précautions inutiles qui pouvoient faire oublier celles qu'on auroit dû prendre. Elle rioit aux éclats en se peignant la contenance étonnée et bête qu'auroient les grands et les magistrats qui devoient orner ses couches de leur présence. Il me semble, disoit-elle à la fée, voir d'un côté notre vénérable chancelier arborer de grandes lunettes pour vérifier le sexe de l'enfant; et de l'autre, sa sacrée majesté baisser les yeux et dire en balbutiant : « Je croyois.... la fée m'a» voit pourtant dit.... Messieurs, ce n'est pas » ma faute; » et d'autres apophthogmes aussi spirituels, recueillis par les savans de la cour, et bientôt portés jusqu'aux extrémités des Indes.

Elle se représentoit avec un plaisir malin le désordre et la confusion que ce merveilleux événement alloit jeter dans toute l'assemblée. Elle se figuroit d'avance les disputes, l'agitation de toutes les dames du palais, pour réclamer, ajuster, concilier en ce moment imprévu les droits de leurs importantes charges, et toute la cour en mouvement pour un béguin.

Ce fut aussi dans cette occasion qu'elle inventa le décent et spirituel usage de faire haranguer par les magistrats en robe le prince nouveau-né. Phénix voulut lui représenter que c'étoit avilir la magistrature à pure perte, et jeter un comique extravagant sur tout le cérémonial de la cour, que d'aller en grand appareil étaler du phébus à un petit marmot avant qu'il le pût entendre, ou du moins y répondre.

Eh! tant mieux! reprit vivement la reine, tant mieux pour votre fils! Ne seroit-il pas trop heureux que toutes les bêtises qu'ils ont à lui dire fussent épuisées avant qu'il les entendît? et voudriez-vous qu'on lui gardât pour l'âge de raison des discours propres à le rendre fou? Pour Dieu, laissez-les haranguer tout leur bien-aise, tandis qu'on est sûr qu'il n'y comprend rien, et qu'il en a l'ennui de moins : vous devez savoir de reste qu'on n'en est pas toujours quitte à si bon marché. Il en fallut passer par là; et, de l'ordre exprès de sa majesté, les présidens du sénat et des académies commencèrent à composer, étudier, raturer, et feuilleter leur Vaumorière et leur Démosthène, pour apprendre à parler à un embryon.

Enfin le moment critique arriva. La reine sentit les premières douleurs avec des transports de joie dont on ne s'avise guère en pareille occasion. Elle se plaignoit de si bonne grâce, et pleuroit d'un air si riant, qu'on eût cru que le plus grand de ses plaisirs étoit celui d'accoucher.

Aussitôt ce fut dans tout le palais une rumeur épouvantable. Les uns couroient chercher le roi, d'autres les princes, d'autres les minis tres, d'autres le sénat; le plus grand nombre et les plus pressés alloient pour aller, et, roulant leur tonneau comme Diogène, avoient pour toute affaire de se donner un air affairé. Dans l'empressement de rassembler tant de gens nécessaires, la dernière personne à qui l'on songea fut l'accoucheur, et le roi, que son trouble mettoit hors de lui, ayant demandé par mégarde une sage-femme, cette inadvertance excita parmi les dames du palais des ris immodérés, qui, joints à la bonne humeur de la reine, firent l'accouchement le plus gai dont on eût jamais entendu parler.

Quoique Fantasque eût gardé de son mieux le secret de la fée, il n'avoit pas laissé de transpirer parmi les femmes de sa maison; et celles-ci le gardèrent si soigneusement elles-mêmes, que le bruit fut plus de trois jours à s'en répandre par toute la ville : de sorte qu'il n'y avoit depuis long-temps que le roi seul qui n'en sût rien. Chacun étoit donc attentif à la scène qui se préparoit ; l'intérêt public fournissant un prétexte à tous les curieux de s'amuser aux dépens de la famille royale, ils se faisoient une fête d'épier la contenance de leurs majestés, et de voir comment, avec deux promesses contradictoires, la fée pourroit se tirer d'affaire, et conserver son crédit.

Oh çà, monseigneur, dit Jalamir au druide en s'interrompant, convenez qu'il ne tient qu'à moi de vous impatienter dans les règles; car vous sentez bien que voici le moment des digressions, des portraits, et de cette multitude de belles choses que tout auteur homme d'esprit ne manque jamais d'employer à propos dans l'endroit le plus intéressant pour amuser ses lecteurs. Comment! par dieu, dit le druide, t'imagines-tu qu'il y en ait d'assez sots pour lire tout cet esprit-là? Apprends qu'on a toujours celui de le passer, et qu'en dépit de M. l'auteur on a bientôt couvert son étalage des feuillets de son livre. Et toi, qui fais ici le raisonneur, penses-tu que tes propos vaillent mieux que l'esprit des autres, et que, pour éviter l'imputation d'une sotise, il suffise de dire qu'il ne tiendroit qu'à toi de la faire? Vraiment, il ne falloit que le dire pour le prouver ; et malheureusement je n'ai pas, moi, la ressource de tourner les feuillets. Consolez-vous, lui dit doucement Jalamir ; d'autres les tourneront pour vous si jamais on écrit ceci. Cependant considérez que voilà toute la cour rassemblée dans la chambre de la reine ; que c'est la plus belle occasion que j'aurai jamais de vous peindre tant d'illustres originaux, et la seule peut-être que vous aurez de les connoître. Que Dieu t'entende! repartit plaisamment le druide ; je ne les connoîtrai que trop par leurs actions : fais-les donc agir si ton histoire a besoin d'eux et n'en dis mot s'ils sont inutiles; je ne veux point d'autres portraits que les faits. Puisqu'il n'y a pas moyen, dit Jalamir, d'égayer mon récit par un peu de métaphysique, j'en vais tout bêtement reprendre le fil. Mais conter pour conter est d'un ennui... Vous ne savez pas combien de belles choses vous allez perdre. Aidez-moi, je vous prie, à me retrouver ; car l'essentiel m'a tellement emporté, que je ne sais plus à quoi j'en étois du conte.

A cette reine, dit le druide impatienté, que tu as tant de peine à faire accoucher, et avec laquelle tu me tiens depuis une heure en travail. Oh! oh! reprit Jalamir, croyez-vous que les enfans des rois se pondent comme des œufs de grives? Vous allez voir si ce n'étoit pas bien la peine de pérorer. La reine donc, après bien des cris et des ris, tira enfin les curieux de peine et la fée d'intrigue, en mettant au jour une fille et un garçon plus beaux que la lune et le soleil, et qui se ressembloient si fort qu'on avoit peine à les distinguer, ce qui fit que dans leur enfance on se plaisoit à les habiller de même. Dans ce moment si désiré, le roi, sortant de la majesté pour se rendre à la nature, fit des extravagances qu'en d'autres temps il n'eût pas laissé faire à la reine; et le plaisir d'avoir des enfans le rendoit si enfant lui-même, qu'il courut sur son balcon crier à pleine tête : *Mes amis, réjouissez-vous tous ; il vient de me naître un fils, et à vous un père, et une fille à ma femme.* La reine, qui se trouvoit pour la première fois de sa vie à pareille fête, ne s'aperçut pas de tout l'ouvrage qu'elle avoit fait, et la fée, qui connoissoit son esprit fantasque, se contenta, conformément à ce qu'elle avoit désiré, de lui annoncer d'abord une fille. La reine se la fit apporter, et, ce qui surprit fort les spectateurs, elle l'embrassa tendrement à la vérité, mais les larmes aux yeux, et avec un air de tristesse qui cadroit mal avec celui qu'elle avoit eu jusque alors. J'ai déjà dit qu'elle aimoit sincèrement son époux : elle avoit été touchée de l'inquiétude et de l'attendrissement qu'elle avoit lu dans ses regards durant ses souffrances. Elle avoit fait, dans un temps à la vérité singulièrement choisi, des réflexions sur la cruauté qu'il y avoit à désoler un mari si bon ; et quand on lui présenta sa fille, elle ne songea qu'au regret qu'auroit le roi de n'avoir pas un fils. Discrète, à qui l'esprit de son sexe et le don de féerie apprenoient à lire facilement dans les cœurs, pénétra sur-le-champ ce qui se passoit dans celui de la reine ; et, n'ayant plus de raison pour lui déguiser la vérité, elle fit apporter le jeune prince. La reine, revenue de sa surprise, trouva l'expédient si plaisant qu'elle en fit des éclats de rire dangereux dans l'état où elle étoit.

Elle se trouva mal. On eut beaucoup de peine à la faire revenir ; et, si la fée n'eût répondu de sa vie, la douleur la plus vive alloit succéder aux transports de joie dans le cœur du roi et sur les visages des courtisans.

Mais voici ce qu'il y eut de plus singulier dans toute cette aventure : le regret sincère qu'avoit la reine d'avoir tourmenté son mari lui fit prendre une affection plus vive pour le jeune prince que pour sa sœur ; et le roi, de son côté, qui adoroit la reine, marqua la même préférence à la fille qu'elle avoit souhaitée. Les caresses indirectes que ces deux iniques époux se faisoient ainsi l'un à l'autre devinrent bientôt un goût très-décidé, et la reine ne pouvoit non plus se passer de son fils que le roi de sa fille.

Ce double événement fit un grand plaisir à tout le peuple, et le rassura du moins pour un temps sur la frayeur de manquer de maîtres. Les esprits forts, qui s'étoient moqués des promesses de la fée, furent moqués à leur tour; mais ils ne se tinrent pas pour battus, disant qu'ils n'accordoient pas même à la fée l'infaillibilité du mensonge, ni à ses prédictions la vertu de rendre impossibles les choses qu'elle annonçoit : d'autres, fondés sur la prédilection qui commençoit à se déclarer, poussèrent l'impudence jusqu'à soutenir qu'en donnant un fils à la reine et une fille au roi, l'événement avoit de tout point démenti la prophétie.

Tandis que tout se disposoit pour la pompe du baptême des deux nouveau-nés, et que l'orgeuil humain se préparoit à briller humblement aux autels des dieux... Un moment, interrompit le druide; tu me brouilles d'une terrible açon. Apprends-moi, je te prie, en quel lieu nous sommes. D'abord, pour rendre la reine enceinte, tu la promenois parmi des reliques et des capuchons ; après cela tu nous as tout à coup fait passer aux Indes ; à présent tu viens me parler du baptême, et puis des autels des dieux. Par le grand Thamiris! je ne sais plus si, dans la cérémonie que tu prépares, nous allons adorer Jupiter, la bonne Vierge ou Mahomet. Ce n'est pas qu'à moi, druide, il m'importe beaucoup que tes deux bambins soient baptisés ou circoncis; mais encore faut-il observer le costume, et ne pas m'exposer à prendre un évêque pour le muphti, et le Missel pour l'Alcoran. Le grand malheur! lui dit Jalamir; d'aussi fins que vous s'y tromperoient bien. Dieu garde de mal tous les prélats qui ont des sérails et prennent pour de l'arabe le latin du bréviaire! Dieu fasse paix à tous les honnêtes cafards qui suivent l'intolérance du prophète de la Mecque, toujours prêts à massacrer saintement le genre humain pour la plus grande gloire du Créateur! Mais vous devez vous ressouvenir que nous sommes dans un pays de fées, où l'on n'envoie personne en enfer pour le bien de son âme, où l'on ne s'avise point de regarder au prépucé des gens pour les damner ou les absoudre, et où la mitre et le turban vert couvrent également les têtes sacrées, pour servir de signalement aux yeux des sages et de parure à ceux des sots.

Je sais bien que les lois de la géographie, qui règlent toutes les religions du monde, veulent que les deux nouveau-nés soient musulmans; mais on ne circoncit que les mâles, et j'ai besoin que mes jumeaux soient administrés tous deux ; ainsi trouvez bon que je les baptise. Fais, fais, dit le druide ; voilà, foi de prêtre, un choix le mieux motivé dont j'aie entendu parler de ma vie.

La reine, qui se plaisoit à bouleverser toute étiquette, voulut se lever au bout de six jours, et sortir le septième, sous prétexte qu'elle se portoit bien. En effet, elle nourrissoit ses enfans : exemple odieux, dont toutes les femmes lui représentèrent très-fortement les conséquences. Mais Fantasque, qui craignoit les ravages du lait répandu, soutint qu'il n'y a point de temps plus perdu pour le plaisir de la vie que celui qui vient après la mort, que le sein d'une femme morte ne se flétrit pas moins que celui d'une nourrice, ajoutant d'un ton de duègne qu'il n'y a point de si belle gorge aux yeux d'un mari que celle d'une mère qui nourrit ses enfans. Cette intervention des maris dans des soins qui les regardent si peu fit beaucoup rire les dames ; et la reine, trop jolie pour l'être *impunément, leur parut dès lors, malgré* ses caprices, presque aussi ridicule que son époux, qu'elles appeloient par dérision le bourgeois de Vaugirard.

Je te vois venir, dit aussitôt le druide; tu voudrois me donner insensiblement le rôle de Schah-Baban, et me faire demander s'il y a aussi un Vaugirard aux Indes comme un Madrid au bois de Boulogne, un Opéra dans Paris, et un philosophe à la cour. Mais poursuis ta rapsodie, et ne me tends plus de ces piéges; car n'étant ni marié, ni sultan, ce n'est pas la peine d'être un sot.

Enfin, dit Jalamir sans répondre au druide, tout étant prêt, le jour fut pris pour ouvrir les portes du ciel aux deux nouveau-nés. La fée se rendit de bon matin au palais, et déclara aux augustes époux qu'elle alloit faire à chacun de leurs enfans un présent digne de leur naissance et de son pouvoir. Je veux, dit-elle, avant que l'eau magique les dérobe à ma protection, les enrichir de mes dons et leur donner des noms plus efficaces que ceux de tous les pieds plats du calendrier, puisqu'ils exprimeront les perfections dont j'aurai soin de les douer en même temps; mais, comme vous devez connoître mieux que moi les qualités qui conviennent au bonheur de votre famille et de vos peuples, choisissez vous-même, et faites ainsi d'un seul acte de volonté sur chacun de vos deux enfans ce que vingt ans d'éducation font rarement dans la jeunesse, et que la raison ne fait plus dans un âge avancé.

Aussitôt grande altercation entre les deux époux. La reine prétendoit seule régler à sa fantaisie le caractère de toute sa famille; et le bon prince, qui sentoit toute l'importance d'un pareil choix, n'avoit garde de l'abandonner au caprice d'une femme dont il adoroit les folies sans les partager. Phénix vouloit des enfans qui devinssent un jour des gens raisonnables : Fantasque aimoit mieux avoir de jolis enfans; et, pourvu qu'ils brillassent à six ans, elle s'embarrassoit fort peu qu'ils fussent des sots à trente. La fée eut beau s'efforcer de mettre leurs majestés d'accord, bientôt le caractère des nouveau-nés ne fut plus que le prétexte de la dispute; et il n'étoit pas question d'avoir raison, mais de se mettre l'un l'autre à la raison.

Enfin Discrète imagina un moyen de tout ajuster sans donner le tort à personne : ce fut que chacun disposât à son gré de l'enfant de son sexe. Le roi approuva un expédient qui pourvoyoit à l'essentiel, en mettant à couvert des bizarres souhaits de la reine l'héritier présomptif de la couronne; et voyant les deux enfans sur les genoux de leur gouvernante, il se hâta de s'emparer du prince, non sans regarder sa sœur d'un œil de commisération. Mais Fantasque, d'autant plus mutinée qu'elle avoit moins raison de l'être, courut comme une emportée à la jeune princesse, et la prenant aussi dans ses bras : Vous vous unissez tous, dit-elle, pour m'excéder; mais, afin que les caprices du roi tournent malgré lui-même au profit d'un de ses enfans, je déclare que je demande pour celui que je tiens tout le contraire de ce qu'il demandera pour l'autre. Choisissez maintenant, dit-elle au roi d'un air de triomphe; et puisque vous trouvez tant de charmes à tout diriger, décidez d'un seul mot le sort de votre famille entière. La fée et le roi tâchèrent en vain de la dissuader d'une résolution qui mettoit ce prince dans un étrange embarras; elle n'en voulut jamais démordre, et dit qu'elle se félicitoit beaucoup d'un expédient qui feroit rejaillir sur sa fille tout le mérite que le roi ne sauroit pas donner à son fils! Ah! dit ce prince outré de dépit, vous n'avez jamais eu pour votre fille que de l'aversion, et vous le prouvez dans l'occasion la plus importante de sa vie; mais, ajouta-t-il dans un transport de colère dont il ne fut pas le maître, pour la rendre parfaite en dépit de vous, je demande que cet enfant-ci vous ressemble. Tant mieux pour vous et pour lui, reprit vivement la reine; mais je serai vengée, et votre fille vous ressemblera. A peine ces mots furent-ils lâchés de part et d'autre avec une impétuosité sans égale, que le roi, désespéré de son étourderie, les eût bien voulu retenir; mais c'en étoit fait, et les deux enfans étoient doués sans retour des caractères demandés. Le garçon reçut le nom de prince Caprice; et la fille s'appela la princesse Raison; nom bizarre qu'elle illustra si bien qu'aucune femme n'osa le porter depuis.

Voilà donc le futur successeur au trône orné de toutes les perfections d'une jolie femme, et la princesse sa sœur destinée à posséder un jour toutes les vertus d'un honnête homme et les qualités d'un bon roi; partage qui ne paroissoit pas des mieux entendus, mais sur lequel on ne pouvoit plus revenir. Le plaisant fut que l'amour mutuel des deux époux agissant en cet instant avec toute la force que lui rendoient toujours, mais souvent trop tard, les occasions essentielles, et la prédilection ne cessant d'agir, chacun trouva celui de ses enfans qui devoit lui ressembler le plus mal partagé des deux, et songea moins à le féliciter qu'à le plaindre. Le roi prit sa fille dans ses bras, et la serrant tendrement : Hélas! lui dit-il, que te serviroit la beauté même de ta mère sans son talent pour la faire valoir? Tu seras trop raisonnable pour faire tourner la tête à personne. Fantasque, plus circonspecte sur ses propres vérités, ne dit pas tout ce qu'elle pensoit de la sagesse du roi futur; mais il étoit aisé de douter, à l'air triste dont elle le caressoit, qu'elle eût au fond du cœur une grande opinion de son partage. Cependant le roi, la regardant avec une sorte de confusion, lui fit quelques reproches sur ce qui s'étoit passé. Je sens mes torts, lui dit-il, mais ils sont votre ouvrage; nos enfans auroient valu beaucoup mieux que nous, vous êtes cause qu'ils ne feront que nous ressembler. Au moins, dit-elle aussitôt, en sautant au cou de son mari, je suis sûre qu'ils s'aimeront autant qu'il est possible. Phénix, touché de ce qu'il y avoit de tendre dans cette saillie, se consola par cette réflexion qu'il avoit si souvent occasion de faire, qu'en effet la bonté naturelle et un cœur sensible suffisent pour tout réparer.

Je devine si bien tout le reste, dit le druide à Jalamir en l'interrompant, que j'achèverois le conte pour toi. Ton prince Caprice fera tourner la tête à tout le monde, et sera trop bien l'imitateur de sa mère pour n'en pas être le tourment. Il bouleversera le royaume en voulant le réformer. Pour rendre ses sujets heureux, il les mettra au désespoir, s'en prenant toujours aux autres de ses propres torts : injuste pour avoir été imprudent, le regret de ses fautes lui en fera commettre de nouvelles. Comme la sagesse ne le conduira jamais, le bien qu'il voudra faire augmentera le mal qu'il aura fait. En un mot, quoiqu'au fond il soit bon, sensible et généreux, ses vertus mêmes lui tourneront à préjudice : et sa seule étourderie, unie à tout son pouvoir, le fera plus haïr que n'auroit fait une méchanceté raisonnée. D'un autre côté, ta princesse Raison, nouvelle héroïne du pays des fées, deviendra un prodige de sagesse et de prudence; et, sans avoir d'adorateurs, se fera tellement adorer du peuple, que chacun fera des vœux pour être gouverné par elle : sa bonne conduite, avantageuse à tout le monde et à elle-même, ne fera du tort qu'à son frère, dont on opposera sans cesse les travers à ses vertus, et à qui la prévention publique donnera tous les défauts qu'elle n'aura pas, quand même il ne les auroit pas lui-même. Il sera question d'intervertir l'ordre de la succession au trône, d'asservir la marotte à la quenouille, et la fortune à la raison. Les docteurs exposeront avec emphase les conséquences d'un tel exemple, et prouveront qu'il vaut mieux que le peuple obéisse aveuglément aux enragés que le hasard peut lui donner pour maîtres, que de se choisir lui-même des chefs raisonnables; que, quoiqu'on interdise à un fou le gouvernement de son propre bien, il est bon de lui laisser la suprême disposition de nos biens et de nos vies; que le plus insensé des hommes est encore préférable à la plus sage des femmes; et que le mâle ou le premier né, fût-il un singe ou un loup, il faudroit en bonne politique qu'une héroïne ou un ange, naissant après lui, obéît à ses volontés. Objections et répliques de la part des séditieux, dans lesquelles Dieu sait comme on verra briller ta sophistique éloquence; car je te connois, c'est surtout à médire de ce qui se fait que ta bile s'exhale avec volupté; et ton amère franchise semble se réjouir de la méchanceté des hommes par le plaisir qu'elle prend à la leur reprocher.

Tubleu! père druide, comme vous y allez! dit Jalamir tout surpris; quel flux de paroles! Où diable avez-vous pris de si belles tirades? Vous ne prêchâtes de votre vie aussi bien dans le bois sacré, quoique vous n'y parliez pas plus vrai. Si je vous laissois faire, vous changeriez bientôt un conte de fées en un traité de politique, et l'on trouveroit quelque jour, dans les cabinets des princes, Barbe-Bleue ou Peau-d'âne au lieu de Machiavel. Mais ne vous mettez point tant en frais pour deviner la fin de mon conte.

Pour vous montrer que les dénoûmens ne me manquent pas au besoin, j'en vais dans quatre mots expédier un, non pas aussi savant que le vôtre, mais peut-être aussi naturel, et à coup sûr plus imprévu.

Vous saurez donc que les deux enfans jumeaux étant, comme je l'ai remarqué, fort semblables de figure, et de plus habillés de même, le roi, croyant avoir pris son fils, tenoit sa fille entre ses bras au moment de l'influence ; et que la reine, trompée par le choix de son mari, ayant aussi pris son fils pour sa fille, la fée profita de cette erreur pour douer les deux enfans de la manière qui leur convenoit le mieux. Caprice fut donc le nom de la princesse, Raison celui du prince son frère ; et, en dépit des bizarreries de la reine, tout se trouva dans l'ordre naturel. Parvenu au trône après la mort du roi, Raison fit beaucoup de bien et fort peu de bruit, cherchant plutôt à remplir ses devoirs qu'à s'acquérir de la réputation ; il ne fit ni guerre aux étrangers, ni violence à ses sujets, et reçut plus de bénédictions que d'éloges. Tous les projets formes sous le précédent règne furent exécutés sous celui-ci ; et en passant de la domination du père sous celle du fils, les peuples, deux fois heureux, crurent n'avoir pas changé de maître. La princesse Caprice, après avoir fait perdre la vie ou la raison à des multitudes d'amans tendres et aimables, fut enfin mariée à un roi voisin qu'elle préféra parce qu'il portoit la plus longue moustache et sautoit le mieux à cloche-pied. Pour Fantasque, elle mourut d'une indigestion de pieds de perdrix en ragoût qu'elle voulut manger avant de se mettre au lit, où le roi se morfondoit à l'attendre, un soir qu'à force d'agaceries elle l'avoit engagé à venir coucher avec elle.

TRADUCTION

DU PREMIER LIVRE

DE L'HISTOIRE DE TACITE.

AVERTISSEMENT.

Quand j'eus le malheur de vouloir parler au public, je sentis le besoin d'apprendre à écrire, et j'osai m'essayer sur Tacite. Dans cette vue, entendant médiocrement le latin, et souvent n'entendant point mon auteur, j'ai dû faire bien des contre-sens particuliers sur ses pensées : mais si je n'en ai point fait un général sur son esprit, j'ai rempli mon but; car je ne cherchois pas à rendre les phrases de Tacite, mais son style; ni de dire ce qu'il a dit en latin, mais ce qu'il eût dit en françois.

Ce n'est donc ici qu'un travail d'écolier; j'en conviens, et je ne le donne que pour tel. Ce n'est de plus qu'un simple fragment, un essai; j'en conviens encore : un si rude jouteur m'a bientôt lassé. Mais ici les essais peuvent être admis en attendant mieux; et, avant que d'avoir une bonne traduction complète, il faut supporter encore bien des thèmes. C'est une grande entreprise qu'une pareille traduction : quiconque en sent assez la difficulté pour pouvoir la vaincre persévérera difficilement. Tout homme en état de suivre Tacite est bientôt tenté d'aller seul.

Je commencerai cet ouvrage par le second consulat de Galba et l'unique de Vinius. Les 720 premières années de Rome ont été décrites par divers auteurs avec l'éloquence et la liberté dont elles étoient dignes. Mais après la bataille d'Actium, qu'il fallut se donner un maître pour avoir la paix, ces grands génies disparurent. L'ignorance des affaires d'une république devenue étrangère à ses citoyens, le goût effréné de la flatterie, la haine contre les chefs, altérèrent la vérité de mille manières; tout fut loué ou blâmé par passion, sans égard pour la postérité : mais, en démêlant les vues de ces écrivains, elle se prêtera plus volontiers aux traits de l'envie et de la satire, qui flatte la malignité par un faux air d'indépendance, qu'à la basse adulation, qui marque la servitude et rebute par sa lâcheté. Quant à moi, Galba, Vitellius, Othon, ne m'ont fait ni bien ni mal; Vespasien commença ma fortune, Tite l'augmenta, Domitien l'acheva, j'en conviens; mais un historien qui se consacre à la vérité doit parler sans amour et sans haine. Que s'il me reste assez de vie, je réserve pour ma vieillesse la riche et paisible matière des règnes de Nerva et de Trajan; rares et heureux temps où l'on peut penser librement et dire ce que l'on pense.

J'entreprends une histoire pleine de catastrophes, de combats, de séditions, terrible même durant la paix : quatre empereurs égorgés, trois guerres civiles, plusieurs étrangères, et la plupart mixtes : des succès en Orient, des revers en Occident, des troubles en Illyrie; la Gaule ébranlée, l'Angleterre conquise et d'abord abandonnée; les Sarmates et les Suèves commençant à se montrer; les Daces illustrés par de mutuelles défaites; les Parthes, joués par un faux Néron, tout prêts à prendre les armes : l'Italie, après les malheurs de tant de siècles, en proie à de nouveaux désastres dans celui-ci; des villes écrasées ou consumées dans les fertiles régions de la Campanie; Rome dévastée par le feu, les plus anciens temples brûlés; le Capitole même livré aux flammes par les mains des citoyens; le culte profané, des adultères publics, les mers couvertes d'exilés, les îles pleines de meurtres; des cruautés plus atroces dans la capitale, où les biens, le rang, la vie privée ou publique, tout étoit également imputé à crime, et où le plus irrémissible étoit la vertu : les délateurs non moins odieux par leurs fortunes que par leurs forfaits; les uns faisoient trophée du sacerdoce et du consulat, dépouilles de leurs victimes; d'autres, tout-puissans tant au dedans qu'au dehors, portant partout le trouble, la haine, et l'effroi : les maîtres trahis par leurs esclaves, les patrons par leurs affranchis; et, pour comble enfin, ceux qui manquoient d'ennemis, opprimés par leurs amis mêmes.

Ce siècle, si fertile en crimes, ne fut pourtant pas sans vertus : on vit des mères accompagner leurs enfans dans leur fuite, des femmes suivre leurs maris en exil, des parens intrépides, des gendres inébranlables, des esclaves même à l'épreuve des tourmens. On vit de grands hommes, fermes dans toutes les adversités, porter et quitter la vie avec une constance digne de nos pères. A ces multitudes d'événemens humains se joignirent les prodiges du ciel et de la terre, les signes tirés de la foudre, les présages de toute espèce, obscurs ou manifestes, sinistres ou favorables : jamais les plus tristes calamités du peuple romain, jamais les plus justes jugemens du ciel ne montrèrent avec tant d'évidence que si les dieux songent à nous, c'est moins pour nous conserver que pour nous punir.

Mais, avant que d'entrer en matière, pour développer les causes des événemens qui semblent souvent l'effet du hasard, il convient d'exposer l'état de Rome, le génie des armées, les mœurs des provinces, et ce qu'il y avoit de sain et de corrompu dans toutes les régions du monde.

Après les premiers transports excités par la mort de Néron, il s'étoit élevé des mouvemens divers non-seulement au sénat, parmi le peuple et les bandes prétoriennes, mais entre tous les chefs et dans toutes les légions : le secret de l'empire étoit enfin dévoilé, et l'on voyoit que le prince pouvoit s'élire ailleurs que dans la capitale. Mais le sénat, ivre de joie, se pressoit, sous un nouveau prince encore éloigné, d'abuser de la liberté qu'il venoit d'usurper : les principaux de l'ordre équestre n'étoient guère moins contens; la plus saine partie du peuple qui tenoit aux grandes maisons, les cliens, les affranchis des proscrits et des exilés, se livroient à l'espérance. La vile populace, qui ne bougeoit du cirque et des théâtres, les esclaves perfides, ou ceux qui, à la honte de Néron, vivoient des dépouilles des gens de bien, s'affligeoient et ne cherchoient que des troubles.

La milice de Rome, de tout temps attachée aux Césars, et qui s'étoit laissé porter à déposer Néron plus à force d'art et de sollicitations que de son bon gré, ne recevant point le donatif promis au nom de Galba, jugeant de plus que les services et les récompenses militaires auroient moins lieu durant la paix, et se voyant prévenue dans la faveur du prince par les légions qui l'avoient élu, se livroit à son penchant pour les nouveautés, excitée par la trahison de son préfet Nymphidius qui aspiroit à l'empire. Nymphidius périt dans cette entreprise; mais, après avoir perdu le chef de la sédition, ses complices ne l'avoient pas oubliée, et glosoient sur la vieillesse et l'avarice de Galba. Le bruit de sa sévérité militaire, autrefois si louée, alarmoit ceux qui ne pouvoient souffrir l'ancienne discipline; et quatorze ans de relâchement sous Néron leur faisoient autant aimer les vices de leurs princes, que jadis ils respectoient leurs vertus. On répandoit aussi ce mot de Galba, qui eût fait honneur à un prince plus libéral, mais qu'on interprétoit par son humeur : *Je sais choisir mes soldats, et non les acheter.*

Vinius et Lacon, l'un le plus vil, et l'autre le plus méchant des hommes, le décrioient par leur conduite; et la haine de leurs forfaits retomboit sur son indolence. Cependant Galba venoit lentement, et ensanglantoit sa route : il fit mourir Varron, consul désigné, comme complice de Nymphidius, et Turpilien, consulaire, comme général de Néron. Tous deux, exécutés sans avoir été entendus et sans forme de procès, passèrent pour innocens. A son arrivée il fit égorger par milliers les soldats désarmés, présage funeste pour son règne, et de mauvais augure même aux meurtriers. La légion qu'il amenoit d'Espagne, jointe à celle que Néron avoit levée, remplirent la ville de nouvelles troupes qu'augmentoient encore les nombreux détachemens d'Allemagne, d'Angleterre et d'Illyrie, choisis et envoyés par Néron aux Portes Caspiennes, où il préparoit la guerre d'Albanie, et qu'il avoit rappelées pour réprimer les mouvemens de Vindex; tous gens à beaucoup entreprendre, sans chef encore, mais prêts à servir le premier audacieux.

Par hasard on apprit dans ce même temps les meurtres de Macer et de Capiton. Galba fit mettre à mort le premier par l'intendant Garucianus, sur l'avis certain de ses mouvemens en Afrique; et l'autre, commençant aussi à remuer en Allemagne, fut traité de même avant l'ordre du prince par Aquinus et Valens, lieutenans-généraux. Plusieurs crurent que Capiton, quoique décrié pour son avarice et pour sa débauche, étoit innocent des trames qu'on lui imputoit, mais que ses lieutenans, s'étant vainement efforcés de l'exciter à la guerre, avoient ainsi couvert leur crime; et que Galba, soit par légèreté, soit de peur d'en trop apprendre, prit le parti d'approuver une conduite qu'il ne pouvoit plus réparer. Quoi qu'il en soit, ces assassinats firent un mauvais effet; car, sous un prince une fois odieux, tout ce qu'il fait, bien ou mal, lui attire le même blâme. Les affranchis, tout puissans à la cour, y vendoient tout : les esclaves, ardens à profiter d'une occasion passagère, se hâtoient sous un vieillard d'assouvir leur avidité. On éprouvoit toutes les calamités du règne précédent, sans les excuser de même : il n'y avoit pas jusqu'à l'âge de Galba qui n'excitât la risée et le mépris du peuple, accoutumé à la jeunesse de Néron, et à ne juger des princes que sur la figure.

Telle étoit à Rome la disposition d'esprit la plus générale chez une si grande multitude. Dans les provinces, Rufus, beau parleur et bon chef en temps de paix, mais sans expérience militaire, commandoit en Espagne. Les Gaules conservoient le souvenir de Vindex et des faveurs de Galba, qui venoit de leur accorder le droit de bourgeoisie romaine, et, de plus, la suppression des impôts. On excepta pourtant de cet honneur les villes voisines des armées d'Allemagne, et l'on en priva même plusieurs de leur territoire; ce qui leur fit supporter avec un double dépit leurs propres pertes et les grâces faites à autrui. Mais où le danger étoit grand à proportion des forces, c'étoit dans les armées d'Allemagne, fières de leur récente victoire, et craignant le blâme d'avoir favorisé d'autres partis; car elles n'avoient abandonné Néron qu'avec peine. Verginius ne s'étoit pas d'abord déclaré pour Galba; et s'il étoit douteux qu'il eût aspiré à l'empire, il étoit sûr que l'armée le lui avoit offert : ceux même qui ne prenoient aucun intérêt à Capiton ne laissoient pas de murmurer de sa mort. Enfin Verginius ayant été rappelé sous un faux semblant d'amitié, les troupes, privées de leur chef, le voyant retenu et accusé, s'en offensoient comme d'une accusation tacite contre elles-mêmes.

Dans la Haute-Allemagne, Flaccus, vieillard infirme qui pouvoit à peine se soutenir et qui n'avoit ni autorité ni fermeté, étoit méprisé de l'armée qu'il commandoit; et ses soldats, qu'il ne pouvoit contenir même en plein repos, animés par sa foiblesse, ne connoissoient plus de frein. Les légions de la Basse-Allemagne restèrent longtemps sans chef consulaire. Enfin Galba leur donna Vitellius, dont le père avoit été censeur et trois fois consul; ce qui parut suffisant. Le calme régnoit dans l'armée d'Angleterre; et, parmi tous ces mouvemens de guerres civiles, les légions qui la composoient furent celles qui se comportèrent le mieux, soit à cause de leur éloignement et de la mer qui les enfermoit, soit que leurs fréquentes expéditions leur apprissent à ne haïr que l'ennemi. L'Illyrie n'étoit pas moins paisible, quoique ses légions, appelées par Néron, eussent, durant leur séjour en Italie, envoyé des députés à Verginius : mais ces armées, trop séparées pour unir leurs forces et mêler leurs vices, furent par ce salutaire moyen maintenues dans leur devoir.

Rien ne remuoit encore en Orient. Mucianus, homme également célèbre dans les succès et dans les revers, tenoit la Syrie avec quatre légions. Ambitieux dès sa jeunesse, il s'étoit lié aux grands; mais bientôt, voyant sa fortune dissipée, sa personne en danger, et suspectant la colère du prince, il s'alla cacher en Asie, aussi près de l'exil qu'il fut ensuite du rang suprême. Unissant la mollesse à l'activité, la douceur et l'arrogance, les talens bons et mauvais; outrant la débauche dans l'oisiveté, mais ferme et courageux dans l'occasion; estimable en public, blâmé dans sa vie privée; enfin si séduisant, que ses inférieurs, ses proches ni ses égaux ne pouvoient lui résister; il lui étoit plus aisé de donner l'empire que de l'usurper. Vespasien, choisi par Néron, faisoit la guerre en Judée avec trois légions, et se montra si peu contraire à Galba, qu'il lui envoya *Tite son fils pour lui rendre* hommage et cultiver ses bonnes grâces, comme nous dirons ci-après. Mais leur destin se cachoit encore, et ce n'est qu'après l'événement qu'on a remarqué les signes et les oracles qui promettoient l'empire à Vespasien et à ses enfans.

En Égypte, c'étoit aux chevaliers romains au lieu des rois qu'Auguste avoit confié le commandement de la province et des troupes; précaution qui parut nécessaire dans un pays abondant en blé, d'un abord difficile, et dont le peuple changeant et superstitieux ne respecte ni magistrats ni lois. Alexandre, Égyptien, gouvernoit alors ce royaume. L'Afrique et ses légions, après la mort de Macer, ayant souffert la domination particulière, étoient prêtes à se donner au premier venu : les deux Mauritanies, la Rhétie, la Norique, la Thrace et toutes les nations qui n'obéissoient qu'à des intendans, se tournoient pour ou contre, selon le voisinage des armées et l'impulsion des plus puissans : les provinces sans défense, et surtout l'Italie, n'avoient pas même le choix de leurs fers, et n'étoient que le prix des vainqueurs. Tel étoit l'état de l'empire romain quand Galba, consul pour la deuxième fois, et Vinius son collègue, commencèrent leur dernière année et presque celle de la république.

Au commencement de janvier on reçut avis de Propinquus, intendant de la Belgique, que les légions de la Germanie supérieure, sans respect pour leur serment, demandoient un autre empereur, et que, pour rendre leur révolte moins odieuse, elles consentoient qu'il fût élu par le sénat et le peuple romain. Ces nouvelles accélérèrent l'adoption dont Galba délibéroit auparavant en lui-même et avec ses amis, et dont le bruit étoit grand depuis quelque temps dans toute la ville, tant par la licence des nouvellistes qu'à cause de l'âge avancé de Galba. La raison, l'amour de la patrie, dictoient les vœux du petit nombre; mais la multitude passionnée, nommant tantôt l'un tantôt l'autre, chacun son protecteur ou son ami, consultoit uniquement ses désirs secrets ou sa haine pour Vinius, qui, devenant de jour en jour plus puissant, devenoit plus odieux en même mesure; car, comme sous un maître infirme et crédule les fraudes sont plus profitables et moins dangereuses, la facilité de Galba augmentoit l'avidité des parvenus, qui mesuroient leur ambition sur leur fortune.

Le pouvoir du prince étoit partagé entre le consul Vinius et Lacon, préfet du prétoire : mais Icelus, affranchi de Galba, et qui, ayant reçu l'anneau, portoit dans l'ordre équestre le nom de Marcian, ne leur cédoit point en crédit. Ces favoris, toujours en discorde, et jusque dans les moindres choses ne consultant chacun que son intérêt, formoient deux factions pour le choix du successeur à l'empire; Vinius étoit pour Othon; Icelus et Lacon s'unissoient pour le rejeter, sans en préférer un autre. Le public, qui ne sait rien taire, ne laissoit pas ignorer à Galba l'amitié d'Othon et de Vinius, ni l'alliance qu'ils projetoient entre eux par le mariage de la fille de Vinius et d'Othon, l'une veuve et l'autre garçon; mais je crois qu'occupé du bien de l'état, Galba jugeoit qu'autant eût valu laisser à Néron l'empire que de le donner à Othon. En effet, Othon, négligé dans son enfance, emporté dans sa jeunesse, se rendit si agréable à Néron par l'imitation de son luxe, que ce fut à lui, comme associé à ses débauches, qu'il confia Poppée, la principale de ses courtisanes, jusqu'à ce qu'il se fût défait de sa femme Octavie; mais, le soupçonnant d'abuser de son dépôt, il le relégua en Lusitanie sous le nom de gouverneur. Othon, ayant administré sa province avec douceur, passa des premiers dans le parti contraire, y montra de l'activité; et, tant que la guerre dura, s'étant distingué par sa magnificence, il conçut tout d'un coup l'espoir de se faire adopter, espoir qui devenoit chaque jour plus ardent, tant par la faveur des gens de guerre que par celle de la cour de Néron, qui comptoit le retrouver en lui.

Mais, sur les premières nouvelles de la sé

dition d'Allemagne et avant que d'avoir rien d'assuré du côté de Vitellius, l'incertitude de Galba sur les lieux où tomberoit l'effort des armées, et la défiance des troupes mêmes qui étoient à Rome, le déterminèrent à se donner un collègue à l'empire, comme à l'unique parti qu'il crût lui rester à prendre. Ayant donc assemblé, avec Vinius et Lacon, Celsus consul désigné, et Géminus préfet de Rome, après quelques discours sur sa vieillesse, il fit appeler Pison, soit de son propre mouvement, soit, selon quelques-uns, à l'instigation de Lacon, qui, par le moyen de Plautus, avoit lié amitié avec Pison, et le portant adroitement sans paroître y prendre intérêt, étoit secondé par la bonne opinion publique. Pison, fils de Crassus et de Scribonia, tous deux d'illustres maisons, suivoit les mœurs antiques, homme austère, à le juger équitablement, triste et dur selon ceux qui tournent tout en mal, et dont l'adoption plaisoit à Galba par le côté même qui choquoit les autres.

Prenant donc Pison par la main, Galba lui parla, dit-on, de cette manière : « Si, comme » particulier, je vous adoptois, selon l'usage, » par-devant les pontifes, il nous seroit hono- » rable, à moi, d'admettre dans ma famille » un descendant de Pompée et de Crassus; à » vous, d'ajouter à votre noblesse celle des » maisons Lutatienne et Sulpicienne. Mainte- » nant, appelé à l'empire du consentement des » dieux et des hommes, l'amour de la patrie et » votre heureux naturel me portent à vous of- » frir, au sein de la paix, ce pouvoir suprême » que la guerre m'a donné et que nos ancêtres » se sont disputé par les armes. C'est ainsi que » le grand Auguste mit au premier rang après » lui, d'abord son neveu Marcellus, ensuite » Agrippa son gendre, puis ses petits-fils, et » enfin Tibère, fils de sa femme : mais Au- » guste choisit son successeur dans sa maison; » je choisis le mien dans sa république, non » que je manque de proches ou de compagnons » d'armes : mais je n'ai point moi-même brigué » l'empire, et vous préférer à mes parens et » aux vôtres, c'est montrer assez mes vrais » sentimens. Vous avez un frère illustre ainsi » que vous, votre aîné et digne du rang où » vous montez, si vous ne l'étiez encore plus. » Vous avez passé sans reproche l'âge de la » jeunesse et des passions : mais vous n'avez » soutenu jusqu'ici que la mauvaise fortune; il » vous reste une épreuve plus dangereuse à » faire en résistant à la bonne; car l'adversité » déchire l'âme, mais le bonheur la corrompt. » Vous aurez beau cultiver toujours avec la » même constance l'amitié, la foi, la liberté, » qui sont les premiers biens de l'homme, un » vain respect les écartera malgré vous; les » flatteurs vous accableront de leurs fausses » caresses, poison de la vraie amitié, et cha- » cun ne songera qu'à son intérêt. Vous et moi » nous parlons aujourd'hui l'un à l'autre avec » simplicité; mais tous s'adresseront à notre » fortune plutôt qu'à nous; car on risque » beaucoup à montrer leur devoir aux princes, » et rien à leur persuader qu'ils le font.

» Si la masse immense de cet empire eût pu » garder d'elle-même son équilibre, j'étois » digne de rétablir la république; mais depuis » long-temps les choses en sont à tel point, que » tout ce qui reste à faire en faveur du peuple » romain, c'est, pour moi, d'employer mes » derniers jours à lui choisir un bon maître, » et, pour vous, d'être tel durant tout le cours » des vôtres. Sous les empereurs précédens, » l'état n'étoit l'héritage que d'une seule fa- » mille : par nous le choix de ses chefs lui » tiendra lieu de liberté; après l'extinction » des Jules et des Claudes, l'adoption reste » ouverte au plus digne. Le droit du sang et » de la naissance ne mérite aucune estime et » fait un prince au hasard; mais l'adoption » permet le choix, et la voix publique l'indi- » que. Ayez toujours sous les yeux le sort de » Néron, fier d'une longue suite de Césars; ce » n'est ni le pays désarmé de Vindex, ni l'uni- » que légion de Galba, mais son luxe et ses » cruautés qui nous ont délivrés de son joug, » quoiqu'un empereur proscrit fût alors un évé- » nement sans exemple. Pour nous, que la » guerre et l'estime publique ont élevés, sans » mériter d'ennemis, n'espérons pas n'en point » avoir; mais, après ces grands mouvemens » de tout l'univers, deux légions émues doi- » vent peu vous effrayer. Ma propre élévation » ne fut pas tranquille; et ma vieillesse, la » seule chose qu'on me reproche, disparoîtra » devant celui qu'on a choisi pour la soutenir. » Je sais que Néron sera toujours regretté des

» méchans; c'est à vous et à moi d'empêcher » qu'il ne le soit aussi des gens de bien. Il n'est » pas temps d'en dire ici davantage, et cela » seroit superflu si j'ai fait en vous un bon » choix. La plus simple et la meilleure règle à » suivre dans votre conduite, c'est de chercher » ce que vous auriez approuvé ou blâmé sous » un autre prince. Songez qu'il n'en est pas » ici comme des monarchies, où une seule fa- » *mille commande, et tout le reste obéit,* et » que vous allez gouverner un peuple qui ne » peut supporter ni une servitude extrême ni » une entière liberté. » Ainsi parloit Galba en homme qui fait un souverain, tandis que tous les autres prenoient d'avance le ton qu'on prend avec un souverain déjà fait.

On dit que de toute l'assemblée qui tourna les yeux sur Pison, même de ceux qui l'observoient à dessein, nul ne put remarquer en lui la moindre émotion de plaisir ou de trouble. Sa réponse fut respectueuse envers son empereur et son père, modeste à l'égard de lui-même; rien ne parut changé dans son air et dans ses manières; on y voyoit plutôt le pouvoir que la volonté de commander. On délibéra ensuite si la cérémonie de l'adoption se feroit devant le peuple, au sénat, ou dans le camp. On préféra le camp, pour faire honneur aux troupes, comme ne voulant point acheter leur faveur par la flatterie ou à prix d'argent, ni dédaigner de l'acquérir par les moyens honnêtes. Cependant le peuple environnoit le palais, impatient d'apprendre l'importante affaire qui s'y traitoit en secret, et dont le bruit s'augmentoit encore par les vains efforts qu'on faisoit pour l'étouffer.

Le dix de janvier, le jour fut obscurci par de grandes pluies, accompagnées d'éclairs, de tonnerres, et de signes extraordinaires du courroux céleste. Ces présages, qui jadis eussent rompu les comices, ne détournèrent point Galba d'aller au camp; soit qu'il les méprisât comme des choses fortuites, soit que, les prenant pour des signes réels, il en jugeât l'événement inévitable. Les gens de guerre étant donc assemblés en grand nombre, il leur dit, dans un discours grave et concis, qu'il adoptoit Pison, à l'exemple d'Auguste, et suivant l'usage militaire, qui laisse aux généraux le choix de leurs lieutenans. Puis, de peur que son silence au sujet de la sédition ne la fît croire plus dangereuse, il assura fort que, n'ayant été formée dans la quatrième et la dix-huitième légion que par un petit nombre de gens, elle s'étoit bornée à des murmures et des paroles, et que dans peu tout seroit pacifié. Il ne mêla dans son discours ni flatteries ni promesses. Les tribuns, les centurions, et quelques soldats voisins applaudirent; mais tout le reste gardoit un morne silence, se voyant privés dans la guerre du donatif qu'ils avoient même exigé durant la paix. Il paroît que la moindre libéralité arrachée à l'austère parcimonie de ce vieillard eût pu lui concilier les esprits. Sa perte vint de cette antique roideur et de cet excès de sévérité qui ne convient plus à notre foiblesse.

De là s'étant rendu au sénat, il n'y parla ni moins simplement ni plus longuement qu'aux soldats. La harangue de Pison fut gracieuse et bien reçue; plusieurs le félicitoient de bon cœur; ceux qui l'aimoient le moins, avec plus d'affectation; et le plus grand nombre, par intérêt pour eux-mêmes, sans aucun souci de celui de l'état. Durant les quatre jours suivans, qui furent l'intervalle entre l'adoption et la mort de Pison, il ne fit ni ne dit plus rien en public.

Cependant les fréquens avis du progrès de la défection en Allemagne, et la facilité avec laquelle les mauvaises nouvelles s'accréditoient à Rome, engagèrent le sénat à envoyer une députation aux légions révoltées; et il fut mis secrètement en délibération si Pison ne s'y joindroit point lui-même, pour lui donner plus de poids, en ajoutant la majesté impériale à l'autorité du sénat. On vouloit que Lacon, préfet du prétoire, fût aussi du voyage; mais il s'en excusa. Quant aux députés, le sénat en ayant laissé le choix à Galba, on vit, par la plus honteuse inconstance, des nominations, des refus, des substitutions, des brigues pour aller ou pour demeurer, selon l'espoir ou la crainte dont chacun étoit agité.

Ensuite il fallut chercher de l'argent; et, tout bien pesé, il parut très-juste que l'état eût recours à ceux qui l'avoient appauvri. Les dons versés par Néron montoient à plus de soixante millions. Il fit donc citer tous les donataires, leur redemandant les neuf dixièmes de ce qu'ils avoient reçu, et dont à peine leur restoit-il l'autre dixième partie; car également avides et dissipateurs, et non moins prodigues du bien d'autrui que du leur, ils n'avoient conservé, au lieu de terres et de revenus, que les instrumens ou les vices qui avoient acquis et consumé tout cela. Trente chevaliers romains furent préposés au recouvrement; nouvelle magistrature onéreuse par les brigues et par le nombre. On ne voyoit que ventes, huissiers; et le peuple, tourmenté par ces vexations, ne laissoit pas de se réjouir de voir ceux que Néron avoit enrichis aussi pauvres que ceux qu'il avoit dépouillés. En ce même temps, Taurus et Nason, tribuns prétoriens; Pacensis, tribun des milices bourgeoises; et Fronto, tribun du guet, ayant été cassés, cet exemple servit moins à contenir les officiers qu'à les effrayer, et leur fit craindre qu'étant tous suspects, on ne voulût les chasser l'un après l'autre.

Cependant Othon, qui n'attendoit rien d'un gouvernement tranquille, ne cherchoit que de nouveaux troubles. Son indigence, qui eût été à charge même à des particuliers, son luxe, qui l'eût été même à des princes, son ressentiment contre Galba, sa haine pour Pison, tout l'excitoit à remuer. Il se forgeoit même des craintes pour irriter ses désirs. N'avoit-il pas été suspect à Néron lui-même? Falloit-il attendre encore l'honneur d'un second exil en Lusitanie ou ailleurs? Les souverains ne voient-ils pas toujours avec défiance et de mauvais œil ceux qui peuvent leur succéder? Si cette idée lui avoit nui près d'un vieux prince, combien plus lui nuiroit-elle auprès d'un jeune homme naturellement cruel, aigri par un long exil! Que s'ils étoient tentés de se défaire de lui, pourquoi ne les préviendroit-il pas, tandis que Galba chanceloit encore, et avant que Pison fût affermi? Les temps de crise sont ceux où conviennent les grands efforts; et c'est une erreur de temporiser, quand les délais sont plus dangereux que l'audace. Tous les hommes meurent également, c'est la loi de la nature; mais la postérité les distingue par la gloire ou l'oubli. Que si le même sort attend l'innocent et le coupable, il est plus digne d'un homme de courage de ne pas périr sans sujet.

Othon avoit le cœur moins efféminé que le corps. Ses plus familiers esclaves et affranchis, accoutumés à une vie trop licencieuse pour une maison privée, en rappelant la magnificence du palais de Néron, les adultères, les fêtes nuptiales, et toutes les débauches des princes, à un homme ardent après tout cela, le lui montroient en proie à d'autres par son indolence, et à lui s'il osoit s'en emparer. Les astrologues l'animoient encore, en publiant que d'extraordinaires mouvemens dans les cieux lui annonçoient une année glorieuse: genre d'hommes fait pour leurrer les grands, abuser les simples, qu'on chassera sans cesse de notre ville, et qui s'y maintiendra toujours. Poppée en avoit secrètement employé plusieurs qui furent l'instrument funeste de son mariage avec l'empereur. Ptolomée, un d'entre eux, qui avoit accompagné Othon, lui avoit promis qu'il survivroit à Néron; et l'événement, joint à la vieillesse de Galba, à la jeunesse d'Othon, aux conjectures, et aux bruits publics, lui fit ajouter qu'il parviendroit à l'empire. Othon, suivant le penchant qu'a l'esprit humain de s'affectionner aux opinions par leur obscurité même, prenoit tout cela pour de la science et pour des avis du destin: et Ptolomée ne manqua pas, selon la coutume, d'être l'instigateur du crime dont il avoit été le prophète.

Soit qu'Othon eût ou non formé ce projet, il est certain qu'il cultivoit depuis long-temps les gens de guerre, comme espérant succéder à l'empire ou l'usurper. En route, en bataille, au camp, nommant les vieux soldats par leur nom, et, comme ayant servi avec eux sous Néron, les appelant *camarades*, il reconnoissoit les uns, s'informoit des autres, et les aidoit tous de sa bourse ou de son crédit. Il entremêloit tout cela de fréquentes plaintes, de discours équivoques sur Galba, et de ce qu'il y a de plus propre à émouvoir le peuple. Les fatigues des marches, la rareté des vivres, la dureté du commandement, il envenimoit tout, comparant les anciennes et agréables navigations de la Campanie et des villes grecques avec les longs et rudes trajets des Pyrénées et des Alpes, où l'on pouvoit à peine soutenir le poids de ses armes.

Pudens, un des confidens de Tigellinus, séduisant diversement les plus remuans, les plus obérés, les plus crédules, achevoit d'allumer les esprits déjà échauffés des soldats. Il en vint au point que, chaque fois que Galba mangeoit chez Othon, l'on distribuoit cent sesterces par tête à la cohorte qui étoit de garde, comme pour sa part du festin; distribution que, sous l'air d'une largesse publique, Othon soutenoit encore par d'autres dons particuliers. Il étoit même si ardent à les corrompre, et la stupidité du *préfet qu'on trompoit jusque sous ses* yeux fut si grande, que, sur une dispute de Proculus, lancier de la garde, avec un voisin pour quelque borne commune, Othon acheta tout le champ du voisin et le donna à Proculus.

Ensuite il choisit pour chef de l'entreprise qu'il méditoit Onomastus, un de ses affranchis, qui lui ayant amené Barbius et Veturius, tous deux bas officiers des gardes, après les avoir trouvés à l'examen rusés et courageux, il les chargea de dons, de promesses, d'argent pour en gagner d'autres; et l'on vit ainsi deux manipulaires entreprendre et venir à bout de disposer de l'empire romain. Ils mirent peu de gens dans le secret; et tenant les autres en suspens, ils les excitoient par divers moyens; les chefs, comme suspects par les bienfaits de Nymphidius; les soldats, par le dépit de se voir frustrés du donatif si longtemps attendu : rappelant à quelques-uns le souvenir de Néron, ils rallumoient en eux le désir de l'ancienne licence : enfin ils les effrayoient tous par la peur d'un changement dans la milice.

Sitôt qu'on sut la défection de l'armée d'Allemagne, le venin gagna les esprits déjà émus des légions et des auxiliaires. Bientôt les malintentionnés se trouvèrent si disposés à la sédition, et les bons si tièdes à la réprimer, que, le quatorze de janvier, Othon revenant de souper eût été enlevé, si l'on n'eût craint les erreurs de la nuit, les troupes cantonnées par toute la ville, et le peu d'accord qui règne dans la chaleur du vin. Ce ne fut pas l'intérêt de l'état qui retint ceux qui méditoient à jeun de souiller leurs mains dans le sang de leur prince, mais le danger qu'un autre ne fût pris dans l'obscurité pour Othon par les soldats des armées de Hongrie et d'Allemagne qui ne le connoissoient pas. Les conjurés étouffèrent plusieurs indices de la sédition naissante; et ce qui en parvint aux oreilles de Galba fut éludé par Lacon, homme incapable de lire dans l'esprit des soldats, ennemi de tout bon conseil qu'il n'avoit pas donné, et toujours résistant à l'avis des sages.

Le quinze de janvier, comme Galba sacrifioit au temple d'Apollon, l'aruspice Umbricius, sur le triste aspect des entrailles, lui dénonça d'actuelles embûches et un ennemi domestique, tandis qu'Othon, qui étoit présent, se réjouissoit de ces mauvais augures et les interprétoit favorablement pour ses desseins. Un moment après, Onomastus vint lui dire que l'architecte et les experts l'attendoient; mot convenu pour lui annoncer l'assemblée des soldats et les apprêts de la conjuration. Othon fit croire à ceux qui demandoient où il alloit, que, près d'acheter une vieille maison de campagne, il vouloit auparavant la faire examiner; puis, suivant l'affranchi à travers le palais de Tibère au Vélabre, et de là vers la colonne dorée sous le temple de Saturne, il fut salué empereur par vingt-trois soldats, qui le placèrent aussitôt sur une chaire curule, tout consterné de leur petit nombre, et l'environnèrent l'épée à la main. Chemin faisant, ils furent joints par un nombre à peu près égal de leurs camarades. Les uns, instruits du complot, l'accompagnoient à grands cris avec leurs armes; d'autres, frappés du spectacle, se disposoient en silence à prendre conseil de l'événement.

Le tribun Martialis, qui étoit de garde au camp, effrayé d'une si prompte et si grande entreprise, ou craignant que la sédition n'eût gagné ses soldats et qu'il ne fût tué en s'y opposant, fut soupçonné par plusieurs d'en être complice. Tous les autres tribuns et centurions préférèrent aussi le parti le plus sûr au plus honnête. Enfin tel fut l'état des esprits, qu'un petit nombre ayant entrepris un forfait détestable, plusieurs l'approuvèrent et tous le souffrirent.

Cependant Galba, tranquillement occupé de son sacrifice, importunoit les dieux pour un empire qui n'étoit plus à lui, quand tout à coup un bruit s'éleva que les troupes enlevoient un sénateur qu'on ne nommoit pas, mais qu'on sut ensuite être Othon. Aussitôt on vit accourir des gens de tous les quartiers ; et à mesure qu'on les rencontroit, plusieurs augmentoient le mal et d'autres l'atténuoient, ne pouvant en cet instant même renoncer à la flatterie. On tint conseil, et il fut résolu que Pison sonderoit la disposition de la cohorte qui étoit de garde au palais, réservant l'autorité encore entière de Galba pour de plus pressans besoins. Ayant donc assemblé les soldats devant les degrés du palais, Pison leur parla ainsi : « Compagnons, il y a six jours que je fus » nommé César sans prévoir l'avenir, et sans » savoir si ce choix me seroit utile ou funeste; » c'est à vous d'en fixer le sort pour la ré» publique et pour nous. Ce n'est pas que je » craigne pour moi-même, trop instruit par » mes malheurs à ne point compter sur la pro» spérité : mais je plains mon père, le sénat et » l'empire, en nous voyant réduits à recevoir » la mort ou à la donner, extrémité non moins » cruelle pour des gens de bien, tandis qu'a» près les derniers mouvemens on se félicitoit » que Rome eût été exempte de violence et de » meurtres, et qu'on espéroit avoir pourvu, » par l'adoption, à prévenir toute cause de » guerre après la mort de Galba.

» Je ne vous parlerai ni de mon nom ni de » mes mœurs; on a peu besoin de vertus pour » se comparer à Othon. Ses vices, dont il fait » toute sa gloire, ont ruiné l'état quand il étoit » ami du prince. Est-ce par son air, par sa » démarche, par sa parure efféminée, qu'il se » croit digne de l'empire? On se trompe beau» coup si l'on prend son luxe pour de la libé» ralité. Plus il saura perdre, et moins il saura » donner. Débauches, festins, attroupemens » de femmes, voilà les projets qu'il médite, » et, selon lui, les droits de l'empire, dont la » volupté sera pour lui seul, la honte et le » déshonneur pour tous; car jamais souverain » pouvoir acquis par le crime ne fut vertueu» sement exercé. Galba fut nommé César par » le genre humain, et je l'ai été par Galba de » votre consentement. Compagnons, j'ignore » s'il vous est indifférent que la république, le » sénat et le peuple ne soient que de vains » noms; mais je sais au moins qu'il vous im» porte que des scélérats ne vous donnent pas » un chef.

» On a vu quelquefois des légions se révolter » contre leurs tribuns. Jusqu'ici votre gloire » et votre fidélité n'ont reçu nulle atteinte, et » Néron lui-même vous abandonna plutôt qu'il » ne fut abandonné de vous. Quoi ! verrons» nous une trentaine au plus de déserteurs et de » transfuges, à qui l'on ne permettroit pas de » se choisir seulement un officier, faire un » empereur? Si vous souffrez un tel exemple, » si vous partagez le crime en le laissant com» mettre, cette licence passera dans les pro» vinces; nous périrons par les meurtres, et » vous par les combats, sans que la solde en » soit plus grande pour avoir égorgé son » prince, que pour avoir fait son devoir : mais » le donatif n'en vaudra pas moins, reçu de » nous pour le prix de la fidélité, que d'un » autre pour le prix de la trahison. »

Les lanciers de la garde ayant disparu, le reste de la cohorte, sans paroître mépriser le discours de Pison, se mit en devoir de préparer ses enseignes plutôt par hasard, et, comme il arrive en ces momens de trouble, sans trop savoir ce qu'on faisoit, que par une feinte insidieuse, comme on l'a cru dans la suite. Celsus fut envoyé au détachement de l'armée d'Illyrie vers le portique de Vipsanius. On ordonna aux primipilaires Serenus et Sabinus d'amener les soldats germains du temple de la Liberté. On se défioit de la légion marine, aigrie par le meurtre de ses soldats que Galba avoit fait tuer à son arrivée. Les tribuns Cerius, Subrinus et Longinus, allèrent au camp prétorien pour tâcher d'étouffer la sédition naissante avant qu'elle eût éclaté. Les soldats menacèrent les deux premiers; mais Longin fut maltraité et désarmé, parce qu'il n'avoit pas passé par les grades militaires, et qu'étant dans la confiance de Galba il en étoit plus suspect aux rebelles. La légion de mer ne balança pas à se joindre aux prétoriens : ceux du détachement d'Illyrie, présentant à Celsus la pointe des armes, ne voulurent point l'écouter; mais les troupes d'Allemagne hésitèrent long-temps, n'ayant pas encore recouvré leurs forces, et ayant perdu toute mauvaise volonté depuis que, revenues malades de la longue navigation d'Alexandrie où Néron les avoit envoyées, Galba n'épargnoit ni soin ni dépense pour les rétablir. La foule du peuple et des esclaves, qui durant ce temps remplissoit le palais, demandoit à cris perçans la mort d'Othon et l'exil des conjurés, comme ils auroient demandé quelque scène dans les jeux publics; non que le jugement ou le zèle excitât des clameurs qui changèrent d'objet dès le même jour, mais par l'usage établi d'enivrer chaque prince d'acclamations effrénées et de vaines flatteries.

Cependant Galba flottoit entre deux avis. Celui de Vinius étoit qu'il falloit armer les esclaves, rester dans le palais et en barricader les avenues; qu'au lieu de s'offrir à des gens échauffés on devoit laisser le temps aux révoltés de se repentir et aux fidèles de se rassurer; que si la promptitude convient aux forfaits, le temps favorise les bons desseins; qu'enfin l'on auroit toujours la même liberté d'aller s'il étoit nécessaire, mais qu'on n'étoit pas sûr d'avoir celle du retour au besoin.

Les autres jugeoient qu'en se hâtant de prévenir le progrès d'une sédition foible encore et peu nombreuse, on épouvanteroit Othon même, qui, s'étant livré furtivement à des inconnus, profiteroit, pour apprendre à représenter, de tout le temps qu'on perdroit dans une lâche indolence. Falloit-il attendre qu'ayant pacifié le camp il vînt s'emparer de la place, et monter au Capitole aux yeux mêmes de Galba, tandis qu'un si grand capitaine et ses braves amis, renfermés dans les portes et le seuil du palais, l'inviteroient pour ainsi dire à les assiéger? Quel secours pouvoit-on se promettre des esclaves, si on laissoit refroidir la faveur de la multitude, et sa première indignation plus puissante que tout le reste? D'ailleurs, disoient-ils, le parti le moins honnête est aussi le moins sûr; et, dût-on succomber au péril, il vaut encore mieux l'aller chercher; Othon en sera plus odieux, et nous en aurons plus d'honneur. Vinius résistant à cet avis fut menacé par Lacon à l'instigation d'Icelus, toujours prêt à servir sa haine particulière aux dépens de l'état.

Galba, sans hésiter plus long-temps, choisit le parti le plus spécieux. On envoya Pison le premier au camp, appuyé du crédit que devoient lui donner sa naissance, le rang auquel il venoit de monter, et sa colère contre Vinius, véritable ou supposée telle par ceux dont Vinius étoit haï et que leur haine rendoit crédules. A peine Pison fut parti, qu'il s'éleva un bruit, d'abord vague et incertain, qu'Othon avoit été tué dans le camp : puis, comme il arrive aux mensonges importans, il se trouva bientôt des témoins oculaires du fait, qui persuadèrent aisément tous ceux qui s'en réjouissoient ou qui s'en soucioient peu; mais plusieurs crurent que ce bruit étoit répandu et fomenté par les amis d'Othon, pour attirer Galba par le leurre d'une bonne nouvelle.

Ce fut alors que, les applaudissemens et l'empressement outré gagnant plus haut qu'une populace imprudente, la plupart des chevaliers et des sénateurs, rassurés et sans précaution, forcèrent les portes du palais, et, courant au-devant de Galba, se plaignoient que l'honneur de le venger leur eût été ravi. Les plus lâches, et, comme l'effet le prouva, les moins capables d'affronter le danger, téméraires en paroles et braves de la langue, affirmoient tellement ce qu'ils savoient le moins, que, faute d'avis certains, et vaincu par ces clameurs, Galba prit une cuirasse, et, n'étant ni d'âge ni de force à soutenir le choc de la foule, se fit porter dans sa chaise. Il rencontra, sortant du palais, un gendarme nommé Julius Atticus, qui, montrant son glaive tout sanglant, s'écria qu'il avoit tué Othon. *Camarade*, lui dit Galba, *qui vous l'a commandé?* Vigueur singulière d'un homme attentif à réprimer la licence militaire, et qui ne se laissoit pas plus amorcer par les flatteries qu'effrayer par les menaces!

Dans le camp les sentimens n'étoient plus douteux ni partagés, et le zèle des soldats étoit tel, que, non contens d'environner Othon de leurs corps et de leurs bataillons, ils le placèrent au milieu des enseignes et des drapeaux, dans l'enceinte où étoit peu auparavant la statue d'or de Galba. Ni tribuns ni centurions ne pouvoient approcher, et les simples soldats crioient qu'on prît garde aux officiers. On n'entendoit que clameurs, tumultes, exhortations mutuelles. Ce n'étoient pas les tièdes et les discordantes acclamations d'une populace qui flatte son maître; mais tous les soldats qu'on voyoit accourir en foule étoient pris par la main, embrassés tout armés, amenés devant lui, et, après leur avoir dicté le serment, ils recommandoient l'empereur aux troupes et les troupes à l'empereur. Othon, de son côté, tendant les bras, saluant la multitude, envoyant des baisers, n'omettoit rien de servile pour commander.

Enfin, après que toute la légion de mer lui eut prêté le serment, se confiant en ses forces et voulant animer en commun tous ceux qu'il avoit excités en particulier, il monta sur le rempart du camp, et leur tint ce discours :

« Compagnons, j'ai peine à dire sous quel » titre je me présente en ce lieu : car, élevé » par vous à l'empire, je ne puis me regarder » comme particulier, ni comme empereur » tandis qu'un autre commande ; et l'on ne » peut savoir quel nom vous convient à vous- » mêmes qu'en décidant si celui que vous pro- » tégez est le chef ou l'ennemi du peuple ro- » main. Vous entendez que nul ne demande » ma punition qu'il ne demande aussi la vôtre, » tant il est certain que nous ne pouvons nous » sauver ou périr qu'ensemble, et vous devez » juger de la facilité avec laquelle le clément » Galba a peut-être déjà promis votre mort » par le meurtre de tant de milliers de sol- » dats innocens que personne ne lui deman- » doit. Je frémis en me rappelant l'horreur » de son entrée et de son unique victoire, » lorsqu'aux yeux de toute la ville il fit déci- » mer les prisonniers supplians qu'il avoit re- » çus en grâce. Entré dans Rome sous de tels » auspices, quelle gloire a-t-il acquise dans le » gouvernement, si ce n'est d'avoir fait mou- » rir Sabinus et Marcellus en Espagne, Chilon » dans les Gaules, Capiton en Allemagne, » Macer en Afrique, Cingonius en route, » Turpilien dans Rome, et Nymphidius au » camp? Quelle armée ou quelle province si » reculée sa cruauté n'a-t-elle point souillée » et déshonorée, ou, selon lui, lavée et puri- » fiée avec du sang? car, traitant les crimes » de remèdes et donnant de faux noms aux » choses, il appelle la barbarie sévérité, l'ava- » rice économie, et discipline tous les maux » qu'il vous fait souffrir. Il n'y a pas sept mois » que Néron est mort, et Icelus a déjà plus » volé que n'ont fait Elius, Polyclète et Vati- » nius. Si Vinius lui-même eût été empereur, » il eût gouverné avec moins d'avarice et de » licence ; mais il nous commande comme à » ses sujets, et nous dédaigne comme ceux » d'un autre. Ses richesses seules suffisent » pour ce donatif qu'on vous vante sans cesse » et qu'on ne vous donne jamais.

» Afin de ne pas même laisser d'espoir à » son successeur, Galba a rappelé d'exil un » homme qu'il jugeoit avare et dur comme » lui. Les dieux vous ont avertis par les signes » les plus évidens, qu'ils désapprouvoient » cette élection. Le sénat et le peuple romain » ne lui sont pas plus favorables : mais leur » confiance est toute en votre courage ; car » vous avez la force en main pour exécuter » les choses honnêtes, et sans vous les meil- » leurs desseins ne peuvent avoir d'effet. Ne » croyez pas qu'il soit ici question de guerres » ni de périls, puisque toutes les troupes sont » pour nous, que Galba n'a qu'une cohorte en » toge dont il n'est pas le chef, mais le prison- » nier, et dont le seul combat à votre aspect et » à mon premier signe va être à qui m'aura le » plus tôt reconnu. Enfin ce n'est pas le cas » de temporiser dans une entreprise qu'on ne » peut louer qu'après l'exécution. »

Aussitôt, ayant fait ouvrir l'arsenal, tous coururent aux armes sans ordre, sans règle, sans distinction des enseignes prétoriennes et des légionnaires, de l'écu des auxiliaires et du bouclier romain ; et, sans que ni tribun ni centurion s'en mêlât, chaque soldat, devenu son propre officier, s'animoit et s'excitoit lui-même à mal faire par le plaisir d'affliger les gens de bien.

Déjà Pison, effrayé du frémissement de la sédition croissante et du bruit des clameurs qui retentissoit jusque dans la ville, s'étoit mis à la suite de Galba qui s'acheminoit vers la place. Déjà, sur les mauvaises nouvelles apportées par Celsus, les uns parloient de retourner au palais, d'autres d'aller au Capitole, le plus grand nombre d'occuper les rostres. Plusieurs se contentoient de contredire l'avis des autres ; et, comme il arrive dans les mauvais succès, le parti qu'il n'étoit plus temps de prendre sembloit alors le meilleur. On dit que Lacon méditoit à l'insu de Galba de faire tuer Vinius ; soit qu'il espérât adoucir les soldats par ce châtiment, soit qu'il le crût complice d'Othon, soit enfin par un mouvement de haine. Mais le temps et le lieu l'ayant fait balancer par la crainte de ne pouvoir plus arrêter le sang après avoir commencé d'en répandre, l'effroi des survenans, la dispersion du cortége, et le trouble de ceux qui s'étoient d'abord montrés si pleins de zèle et d'ardeur, achevèrent de l'en détourner.

Cependant, entraîné çà et là, Galba cédoit à l'impulsion des flots de la multitude, qui, remplissant de toutes parts les temples et les basiliques, n'offroit qu'un aspect lugubre. Le peuple et les citoyens, l'air morne et l'oreille attentive, ne poussoient point de cris; il ne régnoit ni tranquillité ni tumulte, mais un silence qui marquoit à la fois la frayeur et l'indignation. On dit pourtant à Othon que le peuple prenoit les armes: sur quoi il ordonna de forcer les passages et d'occuper les postes importans. Alors, comme s'il eût été question non de massacrer dans leur prince un vieillard désarmé, mais de renverser Pacore ou Vologèse du trône des Arsacides, on vit les soldats romains écrasant le peuple, foulant aux pieds les sénateurs, pénétrer dans la place à la course de leurs chevaux et à la pointe de leurs armes, sans respecter le Capitole ni les temples des dieux, sans craindre les princes présens et à venir, vengeurs de ceux qui les ont précédés.

A peine aperçut-on les troupes d'Othon, que l'enseigne de l'escorte de Galba, appelé, dit-on, Vergilio, arracha l'image de l'empereur et la jeta par terre. A l'instant tous les soldats se déclarent, le peuple fuit, quiconque hésite voit le fer prêt à le percer. Près du lac de Curtius, Galba tomba de sa chaise par l'effroi de ceux qui le portoient, et fut d'abord enveloppé. On a rapporté diversement ses dernières paroles selon la haine ou l'admiration qu'on avoit pour lui: quelques-uns disent qu'il demanda d'un ton suppliant quel mal il avoit fait, priant qu'on lui laissât quelques jours pour payer le donatif; mais plusieurs assurent que, présentant hardiment la gorge aux soldats, il leur dit de frapper s'ils croyoient sa mort utile à l'état. Les meurtriers écoutèrent peu ce qu'il pouvoit dire. On n'a pas bien su qui l'avoit tué: les uns nomment Terentius, d'autres Lecanius; mais le bruit commun est que Camurius, soldat de la quinzième légion, lui coupa la gorge. Les autres lui déchiquetèrent cruellement les bras et les jambes, car la cuirasse couvroit la poitrine; et leur barbare férocité chargeoit encore de blessures un corps déjà mutilé.

On vint ensuite à Vinius, dont il est pareillement douteux si le subit effroi lui coupa la voix, ou s'il s'écria qu'Othon n'avoit point ordonné sa mort; paroles qui pouvoient être l'effet de sa crainte, ou plutôt l'aveu de sa trahison, sa vie et sa réputation portant à le croire complice d'un crime dont il étoit cause.

On vit ce jour-là dans Sempronius Densus un exemple mémorable pour notre temps. C'étoit un centurion de la cohorte prétorienne, chargé par Galba de la garde de Pison: il se jeta le poignard à la main au-devant des soldats en leur reprochant leur crime; et, du geste et de la voix attirant les coups sur lui seul, il donna le temps à Pison de s'échapper quoique blessé. Pison se sauva dans le temple de Vesta, où il reçut asile par la pitié d'un esclave qui le cacha dans sa chambre; précaution plus propre à différer sa mort que la religion ni le respect des autels. Mais Florus, soldat des cohortes britanniques, qui depuis longtemps avoit été fait citoyen par Galba, et Statius Murcus, lancier de la garde, tous deux particulièrement altérés du sang de Pison, vinrent de la part d'Othon le tirer de son asile, et le tuèrent à la porte du temple.

Cette mort fut celle qui fit le plus de plaisir à Othon; et l'on dit que ses regards avides ne pouvoient se lasser de considérer cette tête, soit que, délivré de toute inquiétude, il commençât alors à se livrer à la joie, soit que, son ancien respect pour Galba et son amitié pour Vinius mêlant à sa cruauté quelque image de tristesse, il se crût plus permis de prendre plaisir à la mort d'un concurrent et d'un ennemi. Les têtes furent mises chacune au bout d'une pique et portées parmi les enseignes des cohortes et autour de l'aigle de la légion: c'étoit à qui feroit parade de ses mains sanglantes, à qui, faussement ou non, se vanteroit d'avoir commis ou vu ces assassinats, comme d'exploits glorieux et mémorables. Vitellius trouva dans la suite plus de cent vingt placets de gens qui demandoient récompense pour quelque fait notable de ce jour-là: il les fit tous chercher et mettre à mort, non pour honorer Galba, mais selon la maxime des princes de pourvoir à leur sûreté présente par la crainte des châtimens futurs.

Vous eussiez cru voir un autre sénat et un autre peuple. Tout accouroit au camp : chacun s'empressoit à devancer les autres, à maudire Galba, à vanter le bon choix des troupes, à baiser les mains d'Othon ; moins le zèle étoit sincère, plus on affectoit d'en montrer. Othon de son côté ne rebutoit personne, mais des yeux et de la voix tâchoit d'adoucir l'avide férocité des soldats. Ils ne cessoient de demander le supplice de Celsus, consul désigné, et, jusqu'à l'extrémité, fidèle ami de Galba : son innocence et ses services étoient des crimes qui les irritoient. On voyoit qu'ils ne cherchoient qu'à faire périr tout homme de bien, et commencer les meurtres et le pillage : mais Othon qui pouvoit commander les assassinats n'avoit pas encore assez d'autorité pour les défendre. Il fit donc lier Celsus, affectant une grande colère, et le sauva d'une mort présente en feignant de le réserver à des tourmens plus cruels.

Alors tout se fit au gré des soldats. Les prétoriens se choisirent eux-mêmes leurs préfets. A Firmus, jadis manipulaire, puis commandant du guet, et qui, du vivant même de Galba, s'étoit attaché à Othon, ils joignirent Licinius Proculus, que son étroite familiarité avec Othon fit soupçonner d'avoir favorisé ses desseins. En donnant à Sabinus la préfecture de Rome, ils suivirent le sentiment de Néron, sous lequel il avoit eu le même emploi; mais le plus grand nombre ne voyoit en lui que Vespasien son frère : ils sollicitèrent l'affranchissement des tributs annuels que, sous le nom de congés à temps, les simples soldats payoient aux centurions. Le quart des manipulaires étoit aux vivres ou dispersé dans le camp; et pourvu que le droit du centurion ne fût pas oublié, il n'y avoit sorte de vexations dont ils s'abstinssent, ni sorte de métiers dont ils rougissent. Du profit de leurs voleries et des plus serviles emplois ils payoient l'exemption du service militaire; et quand ils s'étoient enrichis, les officiers, les accablant de travaux et de peine, les forçoient d'acheter de nouveaux congés. Enfin, épuisés de dépense et perdus de mollesse, ils revenoient au manipule pauvres et fainéans, de laborieux qu'ils en étoient partis et de riches qu'ils y devoient retourner. Voilà comment, également corrompus tour à tour par la licence et par la misère, ils ne cherchoient que mutineries, révoltes, et guerres civiles. De peur d'irriter les centurions en gratifiant les soldats à leurs dépens, Othon promit de payer du fisc les congés annuels; établissement utile, et depuis confirmé par tous les bons princes pour le maintien de la discipline. Le préfet Lacon, qu'on feignit de reléguer dans une île, fut tué par un garde envoyé pour cela par Othon : Icelus fut puni publiquement en qualité d'affranchi.

Le comble des maux dans un jour si rempli de crimes fut l'allégresse qui le termina. Le préteur de Rome convoqua le sénat; et, tandis que les autres magistrats outroient à l'envi l'adulation, les sénateurs accourent, décernent à Othon la puissance tribunitienne, le nom d'Auguste, et tous les honneurs des empereurs précédens, tâchant d'effacer ainsi les injures dont ils venoient de le charger, et auxquelles il ne parut point sensible. Que ce fût clémence ou délai de sa part, c'est ce que le peu de temps qu'il a régné n'a pas permis de savoir.

S'étant fait conduire au Capitole, puis au palais, il trouva la place ensanglantée des morts qui y étoient encore étendus, et permit qu'ils fussent brûlés et enterrés. Verania, femme de Pison, Scribonianus son frère, et Crispine, fille de Vinius, recueillirent leurs corps, et, ayant cherché les têtes, les rachetèrent des meurtriers qui les avoient gardées pour les vendre.

Pison finit ainsi la trente-unième année d'une vie passée avec moins de bonheur que d'honneur. Deux de ses frères avoient été mis à mort, Magnus par Claude, et Crassus par Néron : lui-même, après un long exil, fut six jours César, et, par une adoption précipitée, sembla n'avoir été préféré à son aîné que pour être mis à mort avant lui. Vinius vécut quarante-sept ans avec des mœurs inconstantes : son père étoit de famille prétorienne; son aïeul maternel fut au nombre des proscrits. Il fit avec infamie ses premières armes sous Calvisius Sabinus, lieutenant-général, dont la femme, indécemment curieuse de voir l'ordre du camp, y entra de nuit en habit d'homme, et, avec la même impudence, parcourut les gardes et tous les postes, après avoir commencé par souiller le lit conjugal ; crime dont on taxa Vinius d'être complice. Il fut donc chargé de chaînes par ordre de Caligula : mais bientôt les révolutions des temps l'ayant fait délivrer, il monta sans reproche de grade en grade. Après sa préture, il obtint avec applaudissement le commandement d'une légion ; mais, se déshonorant derechef par la plus servile bassesse, il vola une coupe d'or dans un festin de Claude, qui ordonna le lendemain que de tous les convives on servît le seul Vinius en vaisselle de terre. Il ne laissa pas de gouverner ensuite la Gaule narbonnoise, en qualité de proconsul, avec la plus sévère intégrité. Enfin, devenu tout à coup ami de Galba, il se montra prompt, hardi, rusé, méchant, habile selon ses desseins, et toujours avec la même vigueur. On n'eut point d'égard à son testament à cause de ses grandes richesses ; mais la pauvreté de Pison fit respecter ses dernières volontés.

Le corps de Galba, négligé long-temps, et chargé de mille outrages dans la licence des ténèbres, reçut une humble sépulture dans ses jardins particuliers, par les soins d'Argius, son intendant et l'un de ses plus anciens domestiques. Sa tête, plantée au bout d'une lance, et défigurée par les valets et goujats, fut trouvée le jour suivant devant le tombeau de Patrobe, affranchi de Néron, qu'il avoit fait punir, et mise avec son corps déjà brûlé. Telle fut la fin de Sergius Galba, après soixante et treize ans de vie et de prospérité sous cinq princes, et plus heureux sujet que souverain. Sa noblesse étoit ancienne, et sa fortune immense. Il avoit un génie médiocre, point de vices, et peu de vertus. Il ne fuyoit ni ne cherchoit la réputation : sans convoiter les richesses d'autrui, il étoit ménager des siennes, avare de celles de l'état. Subjugué par ses amis et ses affranchis, et juste ou méchant par leur caractère, il laissoit faire également le bien et le mal, approuvant l'un et ignorant l'autre ; mais un grand nom et le malheur des temps lui faisoient imputer à vertu ce qui n'étoit qu'indolence. Il avoit servi dans sa jeunesse en Germanie avec honneur, et s'étoit bien comporté dans le proconsulat d'Afrique : devenu vieux, il gouverna l'Espagne citérieure avec la même équité. En un mot, tant qu'il fut homme privé, il parut au-dessus de son état ; et tout le monde l'eût jugé digne de l'empire, s'il n'y fût jamais parvenu.

A la consternation que jeta dans Rome l'atrocité de ces récentes exécutions, et à la crainte qu'y causoient les anciennes mœurs d'Othon, se joignit un nouvel effroi par la défection de Vitellius, qu'on avait cachée du vivant de Galba, en laissant croire qu'il n'y avoit de révolte que dans l'armée de la Haute-Allemagne. C'est alors qu'avec le sénat et l'ordre équestre, qui prenoient quelque part aux affaires publiques, le peuple même déploroit ouvertement la fatalité du sort, qui sembloit avoir suscité pour la perte de l'empire deux hommes, les plus corrompus des mortels par la mollesse, la débauche, l'impudicité. On ne voyoit pas seulement renaître les cruautés commises durant la paix, mais l'horreur des guerres civiles où Rome avoit été si souvent prise par ses propres troupes, l'Italie dévastée, les provinces ruinées. Pharsale, Philippes, Pérouse et Modène, ces noms célèbres par la désolation publique, revenoient sans cesse à la bouche. Le monde avoit été presque bouleversé quand des hommes dignes du souverain pouvoir se le disputèrent. Jules et Auguste vainqueurs avoient soutenu l'empire, Pompée et Brutus eussent relevé la république. Mais étoit-ce pour Vitellius ou pour Othon qu'il falloit invoquer les dieux? et quelque parti qu'on prît entre de tels compétiteurs, comment éviter de faire des vœux impies et des prières sacriléges, quand l'événement de la guerre ne pouvoit dans le vainqueur montrer que le plus méchant? Il y en avoit qui songeoient à Vespasien et à l'armée d'Orient ; mais, quoiqu'ils préférassent Vespasien aux deux autres, ils ne laissoient pas de craindre cette nouvelle guerre comme une source de nouveaux malheurs : outre que la réputation de Vespasien étoit encore équivoque ; car il est le seul parmi tant de princes que le rang suprême ait changé en mieux.

Il faut maintenant exposer l'origine et les causes des mouvemens de Vitellius. Après la défaite et la mort de Vindex, l'armée, qu'une victoire sans danger et sans peine venoit d'enrichir, fière de sa gloire et de son butin, et préférant le pillage à la paye, ne cherchoit que guerres et que combats. Long-temps le service avoit été infructueux et dur, soit par la rigueur du climat et des saisons, soit par la sévérité de la discipline, toujours inflexible durant la paix, mais que les flatteries des séducteurs et l'impunité des traîtres énervent dans les guerres civiles. Hommes, armes, chevaux, tout s'offroit à qui sauroit s'en servir et s'en illustrer; et, au lieu qu'avant la guerre les armées étant éparses sur les frontières, chacun ne connoissoit que sa compagnie et son bataillon, alors les légions rassemblées contre Vindex, ayant comparé leur force à celle des Gaules, n'attendoient qu'un nouveau prétexte pour chercher querelle à des peuples qu'elles ne traitoient plus d'amis et de compagnons, mais de rebelles et de vaincus. Elles comptoient sur la partie des Gaules qui confine au Rhin, et dont les habitans ayant pris le même parti les excitoient alors puissamment contre les galbiens, nom que par mépris pour Vindex ils avoient donné à ses partisans. Le soldat, animé contre les Éduens et les Séquanois, et mesurant sa colère sur leur opulence, dévoroit déjà dans son cœur le pillage des villes et des champs et les dépouilles des citoyens. Son arrogance et son avidité, vices communs à qui se sent le plus fort, s'irritoient encore par les bravades des Gaulois, qui, pour faire dépit aux troupes, se vantoient de la remise du quart des tributs, et du droit qu'ils avoient reçu de Galba.

A tout cela se joignoit un bruit adroitement répandu et inconsidérément adopté, que les légions seroient décimées et les plus braves centurions cassés. De toutes parts venoient des nouvelles fâcheuses : rien de Rome que de sinistre; la mauvaise volonté de la colonie lyonnoise et son opiniâtre attachement pour Néron étoit la source de mille faux bruits. Mais la haine et la crainte particulière, jointes à la sécurité générale qu'inspiroient tant de forces réunies, fournissoient dans le camp une assez ample matière au mensonge et à la crédulité.

Au commencement de décembre, Vitellius, arrivé dans la Germanie inférieure, visita soigneusement les quartiers où, quelquefois avec prudence et plus souvent par ambition, il effaçoit l'ignominie, adoucissoit les châtimens, et rétablissoit chacun dans son rang ou dans son honneur. Il répara surtout avec beaucoup d'équité les injustices que l'avarice et la corruption avoient fait commettre à Capiton en avançant ou déplaçant les gens de guerre. On lui obéissoit plutôt comme à un souverain que comme à un proconsul, mais il étoit souple avec les hommes fermes. Libéral de son bien, prodigue de celui d'autrui, il étoit d'une profusion sans mesure, que ses amis, changeant, par l'ardeur de commander, ses vertus en vices, appeloient douceur et bonté. Plusieurs dans le camp cachoient sous un air modeste et tranquille beaucoup de vigueur à mal faire; mais Valens et Cécina, lieutenans-généraux, se distinguoient par une avidité sans bornes qui n'en laissoit point à leur audace. Valens surtout, après avoir étouffé les projets de Capiton et prévenu l'incertitude de Verginius, outré de l'ingratitude de Galba, ne cessoit d'exciter Vitellius en lui vantant le zèle des troupes. Il lui disoit que sur sa réputation Hordeonius ne balanceroit pas un moment; que l'Angleterre seroit pour lui; qu'il auroit des secours de l'Allemagne; que toutes les provinces flottoient sous le gouvernement précaire et passager d'un vieillard; qu'il n'avoit qu'à tendre les bras à la fortune et courir au-devant d'elle; que les doutes convenoient à Verginius, simple chevalier romain, fils d'un père inconnu, et qui, trop au-dessous du rang suprême, pouvoit le refuser sans risque : mais quant à lui, dont le père avoit eu trois consulats, la censure, et César pour collègue, que plus il avoit de titres pour aspirer à l'empire, plus il lui étoit dangereux de vivre en homme privé. Ces discours agitant Vitellius, portoient dans son esprit indolent plus de désirs que d'espoir.

Cependant Cécina, grand, jeune, d'une belle figure, d'une démarche imposante, ambitieux, parlant bien, flattoit et gagnoit les soldats de l'Allemagne supérieure. Questeur en Bétique, il avoit pris des premiers le parti de Galba, qui lui donna le commandement d'une légion : mais ayant reconnu qu'il détournoit les deniers publics, il le fit accuser de péculat; ce que Cécina supportant impatiemment, il s'efforça de tout brouiller et d'ensevelir ses fautes sous les ruines de la république. Il y avoit déjà dans l'armée assez de penchant à la révolte; car elle avoit de concert pris parti contre Vindex, et ce ne fut qu'après la mort de Néron qu'elle se déclara pour Galba, en quoi même elle se laissa prévenir par les cohortes de la Germanie inférieure. De plus, les peuples de Trèves, de

Langres, et de toutes les villes dont Galba avoit diminué le territoire et qu'il avoit maltraitées par les rigoureux édits, mêlés dans les quartiers des légions, les excitoient par des discours séditieux; et les soldats, corrompus par les habitans, n'attendoient qu'un homme qui voulût profiter de l'offre qu'ils avoient faite à Verginius. La cité de Langres avoit, selon l'ancien usage, envoyé aux légions le présent des mains enlacées, en signe d'hospitalité. Les députés affectant une contenance affligée, commencèrent à raconter de chambrée en chambrée les injures qu'ils recevoient et les grâces qu'on faisoit aux cités voisines; puis, se voyant écoutés, ils échauffoient les esprits par l'énumération des mécontentemens donnés à l'armée et de ceux qu'elle avoit encore à craindre.

Enfin tout se préparant à la sédition, Hordeonius renvoya les députés et les fit sortir de nuit pour cacher leur départ. Mais cette précaution réussit mal, plusieurs assurant qu'ils avoient été massacrés, et que si l'on ne prenoit garde à soi, les plus braves soldats qui avoient osé murmurer de ce qui se passoit seroient ainsi tués de nuit à l'insu des autres. Là-dessus les légions s'étant liguées par un engagement secret, on fit venir les auxiliaires, qui d'abord donnèrent de l'inquiétude aux cohortes et à la cavalerie qu'ils environnoient, et qui craignirent d'en être attaquées. Mais bientôt tous avec la même ardeur prirent le même parti; mutins plus d'accord dans la révolte qu'ils ne furent dans leur devoir.

Cependant le premier janvier les légions de la Germanie inférieure prêtèrent solennellement le serment de fidélité à Galba, mais à contre-cœur et seulement par la voix de quelques-uns dans les premiers rangs; tous les autres gardoient le silence, chacun n'attendant que l'exemple de son voisin, selon la disposition naturelle aux hommes de seconder avec courage les entreprises qu'ils n'osent commencer. Mais l'émotion n'étoit pas la même dans toutes les légions. Il régnoit un si grand trouble dans la première et dans la cinquième, que quelques-uns jetèrent des pierres aux images de Galba. La quinzième et la seizième, sans aller au-delà du murmure et des menaces, cherchoient le moment de commencer la révolte. Dans l'armée supérieure, la quatrième et la vingt-deuxième légion, allant occuper les mêmes quartiers, brisèrent les images de Galba ce même premier de janvier; la quatrième sans balancer, la vingt-deuxième ayant d'abord hésité se détermina de même : mais pour ne pas paroître avilir la majesté de l'empire elles jurèrent au nom du sénat et du peuple romain, mots surannés depuis long-temps. On ne vit ni généraux ni officiers faire le moindre mouvement en faveur de Galba; plusieurs même dans le tumulte cherchoient à l'augmenter, quoique jamais de dessus le tribunal ni par de publiques harangues; de sorte que jusque-là on n'auroit su à qui s'en prendre.

Le proconsul Hordeonius, simple spectateur de la révolte, n'osa faire le moindre effort pour réprimer les séditieux, contenir ceux qui flottoient, ou ranimer les fidèles : négligent et craintif, il fut clément par lâcheté. Nonius Receptus, Donatius Valens, Romilius Marcellus, Calpurnius Repentinus, tous quatre centurions de la vingt-deuxième légion, ayant voulu défendre les images de Galba, les soldats se jetèrent sur eux et les lièrent. Après cela il ne fut plus question de la foi promise ni du serment prêté; et, comme il arrive dans les séditions, tout fut bientôt du côté du plus grand nombre. La même nuit, Vitellius étant à table à Cologne, l'enseigne de la quatrième légion le vint avertir que les deux légions, après avoir renversé les images de Galba, avoient juré fidélité au sénat et au peuple romain; serment qui fut trouvé ridicule. Vitellius, voyant l'occasion favorable, et résolu de s'offrir pour chef, envoya des députés annoncer aux légions que l'armée supérieure s'étoit révoltée contre Galba, qu'il falloit se préparer à faire la guerre aux rebelles, ou, si l'on aimoit mieux la paix, à reconnoître un autre empereur, et qu'ils couroient moins de risque à l'élire qu'à l'attendre.

Les quartiers de la première légion étoient les plus voisins. Fabius Valens, lieutenant-général, fut le plus diligent, et vint le lendemain, à la tête de la cavalerie de la légion et des auxiliaires, saluer Vitellius empereur. Aussitôt ce fut parmi les légions de la province à qui préviendroit les autres; et l'armée supérieure laissant ces mots spécieux de sénat et de peuple romain, reconnut aussi Vitellius, le trois de janvier, après s'être jouée durant deux jours du nom de la république. Ceux de Trèves, de Langres et de Cologne, non moins ardens que les gens de guerre, offroient à l'envi, selon leurs moyens, troupes, chevaux, armes, argent. Ce zèle ne se bornoit pas aux chefs des colonies et des quartiers, animés par le concours présent et par les avantages que leur promettoit la victoire; mais les manipules, et même les simples soldats, transportés par instinct, et prodigues par avarice, venoient, faute d'autres biens, offrir leur paye, leur équipage, et jusqu'aux ornemens d'argent dont leurs armes étoient garnies.

Vitellius, ayant remercié les troupes de leur zèle, commit aux chevaliers romains le service auprès du prince, que les affranchis faisoient auparavant. Il acquitta du fisc les droits dus aux centurions par les manipulaires. Il abandonna beaucoup de gens à la fureur des soldats, et en sauva quelques-uns en feignant de les envoyer en prison. Propinquus, intendant de la Belgique, fut tué sur-le-champ ; mais Vitellius sut adroitement soustraire aux troupes irritées Julius Burdo, commandant de l'armée navale, taxé d'avoir intenté des accusations et ensuite tendu des piéges à Fontéius Capiton. Capiton étoit regretté ; et parmi ces furieux on pouvoit tuer impunément, mais non pas épargner sans ruse. Burdo fut donc mis en prison, et relâché bientôt après la victoire, quand les soldats furent apaisés. Quant au centurion Crispinus, qui s'étoit souillé du sang de Capiton, et dont le crime n'étoit pas équivoque à leurs yeux, ni la personne regrettable à ceux de Vitellius, il fut livré pour victime à leur vengeance. Julius Civilis, puissant chez les Bataves, échappa au péril par la crainte qu'on eut que son supplice n'aliénât un peuple si féroce ; d'autant plus qu'il y avoit dans Langres huit cohortes bataves auxiliaires de la quatorzième légion, lesquelles s'en étoient séparées par l'esprit de discorde qui régnoit en ce temps-là, et qui pouvoient produire un grand effet en se déclarant pour ou contre. Les centurions Nonius, Donatius, Romilius, Calpurnius, dont nous avons parlé, furent tués par l'ordre de Vitellius, comme coupables de fidélité, crime irrémissible chez les rebelles. Valérius Asiaticus, commandant de la Belgique, et dont peu après Vitellius épousa la fille, se joignit à lui. Julius Blæsus, gouverneur du Lyonnois, en fit de même avec les troupes qui venoient à Lyon; savoir : la légion d'Italie et l'escadron de Turin ; celles de la Rhétique ne tardèrent point à suivre cet exemple.

Il n'y eut pas plus d'incertitude en Angleterre. Trebellius Maximus qui y commandoit s'étoit fait haïr et mépriser de l'armée par ses vices et son avarice ; haine que fomentoit Roscius Cælius, commandant de la vingtième légion, brouillé depuis long-temps avec lui, mais à l'occasion des guerres civiles devenu son ennemi déclaré. Trebellius traitoit Cælius de séditieux, de perturbateur de la discipline; Cælius l'accusoit à son tour de piller et ruiner les légions. Tandis que les généraux se déshonoroient par ces opprobres mutuels, les troupes perdant tout respect en vinrent à tel excès de licence que les cohortes et la cavalerie se joignirent à Cælius, et que Trebellius, abandonné de tous et chargé d'injures, fut contraint de se réfugier auprès de Vitellius. Cependant, sans chef consulaire, la province ne laissa pas de rester tranquille, gouvernée par les commandans des légions que le droit rendoit tous égaux, mais que l'audace de Cælius tenoit en respect.

Après l'accession de l'armée britannique, Vitellius, bien pourvu d'armes et d'argent, résolut de faire marcher ses troupes par deux chemins et sous deux généraux. Il chargea Fabius Valens d'attirer à son parti les Gaules, ou, sur leur refus, de les ravager, et de déboucher en Italie par les Alpes cottiennes; il ordonna à Cécina de gagner la crête des Pennines par le plus court chemin. Valens eut l'élite de l'armée inférieure avec l'aigle de la cinquième légion, et assez de cohortes et de cavalerie pour lui faire une armée de quarante mille hommes. Cécina en conduisit trente mille de l'armée supérieure, dont la vingt-unième légion faisoit la principale force. On joignit à l'une et à l'autre armée des Germains auxiliaires, dont Vitellius recruta aussi la sienne, avec laquelle il se préparoit à suivre le sort de la guerre.

Il y avoit entre l'armée et l'empereur une opposition bien étrange. Les soldats, pleins d'ardeur, sans se soucier de l'hiver ni d'une paix prolongée par indolence, ne demandoient qu'à combattre; et, persuadés que la diligence est surtout essentielle dans les guerres civiles, où il est plus question d'agir que de consulter, ils vouloient profiter de l'effroi des Gaules et des lenteurs de l'Espagne, pour envahir l'Italie et marcher à Rome. Vitellius, engourdi et dès le milieu du jour surchargé d'indigestion et de vin, consumoit d'avance les revenus de l'empire dans un vain luxe et des festins immenses; tandis que le zèle et l'activité des troupes suppléoient au devoir du chef, comme si, présent lui-même, il eût encouragé les braves et menacé les lâches.

Tout étant prêt pour le départ, elles en demandèrent l'ordre, et sur-le-champ donnèrent à Vitellius le surnom de Germanique; mais, même après la victoire, il défendit qu'on le nommât César. Valens et son armée eurent un favorable augure pour la guerre qu'ils alloient faire; car, le jour même du départ, un aigle, planant doucement à la tête des bataillons, sembla leur servir de guide; et durant un long espace les soldats poussèrent tant de cris de joie et l'aigle s'en effraya si peu, qu'on ne douta pas sur ces présages d'un grand et heureux succès.

L'armée vint à Trèves en toute sécurité, comme chez des alliés. Mais, quoiqu'elle reçût toutes sortes de bons traitemens à Divodure, ville de la province de Metz, une terreur panique fit prendre sans sujet les armes aux soldats pour la détruire. Ce n'étoit point l'ardeur du pillage qui les animoit, mais une fureur, une rage, d'autant plus difficile à calmer qu'on en ignoroit la cause. Enfin, après bien des prières et le meurtre de quatre mille hommes, le général sauva le reste de la ville. Cela répandit une telle terreur dans les Gaules, que de toutes les provinces où passoit l'armée on voyoit accourir le peuple et les magistrats supplians, les chemins se couvrir de femmes, d'enfans, de tous les objets les plus propres à fléchir un ennemi même, et qui, sans avoir de guerre, imploroient la paix.

A Toul, Valens apprit la mort de Galba et l'élection d'Othon. Cette nouvelle, sans effrayer ni réjouir les troupes, ne changea rien à leurs desseins; mais elle détermina les Gaulois qui, haïssant également Othon et Vitellius, craignoient de plus celui-ci. On vint ensuite à Langres, province voisine, et du parti de l'armée; elle y fut bien reçue, et s'y comporta honnêtement. Mais cette tranquillité fut troublée par les excès des cohortes détachées de la quatorzième légion, dont j'ai parlé ci-devant, et que Valens avoit jointes à son armée. Une querelle, qui devint émeute, s'éleva entre les Bataves et les légionnaires; et les uns et les autres ayant ameuté leurs camarades, on étoit sur le point d'en venir aux mains, si, par le châtiment de quelques Bataves, Valens n'eût rappelé les autres à leur devoir. On s'en prit mal à propos aux Éduens du sujet de la querelle. Il leur fut ordonné de fournir de l'argent, des armes et des vivres, gratuitement. Ce que les Éduens firent par force, les Lyonnois le firent volontiers : aussi furent-ils délivrés de la légion italique et de l'escadron de Turin qu'on emmenoit, et on ne laissa que la dix-huitième cohorte à Lyon, son quartier ordinaire. Quoique Manlius Valens, commandant de la légion italique, eût bien mérité de Vitellius, il n'en reçut aucun honneur. Fabius l'avoit desservi secrètement; et, pour mieux le tromper, il affectoit de le louer en public.

Il régnoit entre Vienne et Lyon d'anciennes discordes que la dernière guerre avoit ranimées : il y avoit eu beaucoup de sang versé de part et d'autre, et des combats plus fréquens et plus opiniâtres que s'il n'eût été question que des intérêts de Galba ou de Néron. Les revenus publics de la province de Lyon avoient été confisqués par Galba sous le nom d'amende. Il fit, au contraire, toutes sortes d'honneurs aux Viennois, ajoutant ainsi l'envie à la haine de ces deux peuples, séparés seulement par un fleuve, qui n'arrêtoit pas leur animosité. Les Lyonnois, animant donc le soldat, l'excitoient à détruire Vienne, qu'ils accusoient de tenir leur colonie assiégée, de s'être déclarée pour Vindex, et d'avoir ci-devant fourni des troupes pour le service de Galba. En leur montrant ensuite la grandeur du butin, ils animoient la colère par la convoitise; et, non contens de les exciter en secret : « Soyez, leur di» soient-ils hautement, nos vengeurs et les » vôtres, en détruisant la source de toutes les » guerres des Gaules : là, tout vous est étran» ger ou ennemi; ici vous voyez une colonie

» romaine et une portion de l'armée toujours » fidèle à partager avec vous les bons et les » mauvais succès : la fortune peut nous être » contraire, ne nous abandonnez pas à des en» nemis irrités. » Par de semblables discours, ils échauffèrent tellement l'esprit des soldats, que les officiers et les généraux désespéroient de les contenir. Les Viennois, qui n'ignoroient pas le péril, vinrent au-devant de l'armée avec des voiles et des bandelettes, et, se prosternant devant les soldats, baisant leurs pas, embrassant leurs genoux et leurs armes, ils calmèrent leur fureur. Alors Valens leur ayant fait distribuer trois cents sesterces par tête, on eut égard à l'ancienneté et à la dignité de la colonie; et ce qu'il dit pour le salut et la conservation des habitans fut écouté favorablement. On désarma pourtant la province, et les particuliers furent obligés de fournir à discrétion des vivres au soldat; mais on ne douta point qu'ils n'eussent à grand prix acheté le général. Enrichi tout à coup, après avoir long-temps sordidement vécu, il cachoit mal le changement de sa fortune; et, se livrant sans mesure à tous ses désirs irrités par une longue abstinence, il devint un vieillard prodigue, d'un jeune homme indigent qu'il avoit été.

En poursuivant lentement sa route, il conduisit l'armée sur les confins des Allobroges et des Voconces; et, par le plus infâme commerce, il régloit les séjours et les marches sur l'argent qu'on lui payoit pour s'en délivrer. Il imposoit les propriétaires des terres et les magistrats des villes avec une telle dureté, qu'il fut prêt à mettre le feu au Luc, ville des Voconces, qui l'adoucirent avec de l'argent. Ceux qui n'en avoient point l'apaisoient en lui livrant leurs femmes et leurs filles. C'est ainsi qu'il marcha jusqu'aux Alpes.

Cécina fut plus sanguinaire et plus âpre au butin. Les Suisses, nation gauloise, illustre autrefois par ses armes et par ses soldats, et maintenant par ses ancêtres, ne sachant rien de la mort de Galba et refusant d'obéir à Vitellius, irritèrent l'esprit brouillon de son général. La vingt-unième légion, ayant enlevé la paye destinée à la garnison d'un fort où les Suisses entretenoient depuis long-temps des milices du pays, fut cause, par sa pétulance et son avarice, du commencement de la guerre. Les Suisses irrités interceptèrent des lettres que l'armée d'Allemagne écrivoit à celle de Hongrie, et retinrent prisonniers un centurion et quelques soldats. Cécina, qui ne cherchoit que la guerre, et prévenoit toujours la réparation par la vengeance, lève aussitôt son camp et dévaste le pays. Il détruisit un lieu que ses eaux minérales faisoient fréquenter, et qui, durant une longue paix, s'étoit embelli comme une ville. Il envoya ordre aux auxiliaires de la Rhétique de charger en queue les Suisses qui faisoient face à la légion. Ceux-ci, féroces loin du péril et lâches devant l'ennemi, élurent bien au premier tumulte Claude Sévère pour leur général; mais, ne sachant ni s'accorder dans leurs délibérations, ni garder leurs rangs, ni se servir de leurs armes, ils se laissoient défaire, tuer par nos vieux soldats, et forcer dans leurs places, dont tous les murs tomboient en ruines. Cécina d'un côté avec une bonne armée, de l'autre les escadrons et les cohortes rhétiques composés d'une jeunesse exercée aux armes et bien disciplinée, mettoient tout à feu et à sang. Les Suisses, dispersés entre deux, jetant leurs armes, et la plupart épars ou blessés, se réfugièrent sur les montagnes, d'où chassés par une cohorte thrace qu'on détacha après eux, et poursuivis par l'armée des Rhétiens, on les massacroit dans les forêts et jusque dans leurs cavernes. On en tua par milliers, et l'on en vendit un grand nombre. Quand on eut fait le dégât, on marcha en bataille à Avanche, capitale du pays. Ils envoyèrent des députés pour se rendre, et furent reçus à discrétion. Cécina fit punir Julius Alpinus, un de leurs chefs, comme auteur de la guerre, laissant au jugement de Vitellius la grâce ou le châtiment des autres.

On auroit peine à dire qui, du soldat ou de l'empereur, se montra le plus implacable aux députés helvétiens. Tous, les menaçant des armes et de la main, crioient qu'il falloit détruire leur ville; et Vitellius même ne pouvoit modérer sa fureur. Cependant Claudius Cossus, un des députés, connu par son éloquence, sut l'employer avec tant de force et la cacher avec tant d'adresse sous un air d'effroi, qu'il adoucit l'esprit des soldats, et, selon l'inconstance ordinaire au peuple, les rendit aussi portés à la clémence qu'ils l'étoient d'abord à la cruauté; de sorte qu'après beaucoup de pleurs, ayant imploré grâce d'un ton plus rassis, ils obtinrent le salut et l'impunité de leur ville.

Cécina, s'étant arrêté quelques jours en Suisse pour attendre les ordres de Vitellius et se préparer au passage des Alpes, y reçut l'agréable nouvelle que la cavalerie syllanienne, qui bordoit le Pô, s'étoit soumise à Vitellius. Elle avoit servi sous lui dans son proconsulat d'Afrique; puis Néron, l'ayant rappelée pour l'envoyer en Égypte, la retint pour la guerre de Vindex. Elle étoit ainsi demeurée en Italie, où ses décurions, à qui Othon étoit inconnu et qui se trouvoient liés à Vitellius, vantant la force des légions qui s'approchoient et ne parlant que des armées d'Allemagne, l'attirèrent dans son parti. Pour ne point s'offrir les mains vides, ces troupes déclarèrent à Cécina qu'elles joignoient aux possessions de leur nouveau prince les forteresses d'au-delà du Pô : savoir, Milan, Novarre, Ivrée et Verceil; et comme une seule brigade de cavalerie ne suffisoit pas pour garder une si grande partie de l'Italie, il y envoya les cohortes des Gaules, de Lusitanie et de Bretagne, auxquelles il joignit les enseignes allemandes et l'escadron de Sicile. Quant à lui, il hésita quelque temps s'il ne traverseroit point les monts Rhétiens pour marcher dans la Norique contre l'intendant Petronius, qui, ayant rassemblé les auxiliaires et fait couper les ponts, sembloit vouloir être fidèle à Othon. Mais, craignant de perdre les troupes qu'il avoit envoyées devant lui, trouvant aussi plus de gloire à conserver l'Italie, et jugeant qu'en quelque lieu que l'on combattît, la Norique ne pouvoit échapper au vainqueur, il fit passer les troupes des alliés, et même les pesans bataillons légionnaires par les Alpes Pennines, quoiqu'elles fussent encore couvertes de neige.

Cependant, au lieu de s'abandonner aux plaisirs et à la mollesse, Othon, renvoyant à d'autres temps le luxe et la volupté, surprit tout le monde en s'appliquant à rétablir la gloire de l'empire. Mais ces fausses vertus ne faisoient prévoir qu'avec plus d'effroi le moment où ses vices reprendroient le dessus. Il fit conduire au Capitole Marius Celsus, consul désigné, qu'il avoit feint de mettre aux fers pour le sauver de la fureur des soldats, et voulut se donner une réputation de clémence en dérobant à la haine des siens une tête illustre. Celsus, par l'exemple de sa fidélité pour Galba, dont il faisoit gloire, montroit à son successeur ce qu'il en pouvoit attendre à son tour. Othon, ne jugeant pas qu'il eût besoin de pardon, et voulant ôter toute défiance à un ennemi réconcilié, l'admit au nombre de ses plus intimes amis, et dans la guerre qui suivit bientôt en fit l'un de ses généraux. Celsus, de son côté, s'attacha sincèrement à Othon, comme si c'eût été son sort d'être toujours fidèle au parti malheureux. Sa conservation fut agréable aux grands, louée du peuple, et ne déplut pas même aux soldats, forcés d'admirer une vertu qu'ils haïssoient.

Le châtiment de Tigellinus ne fut pas moins applaudi, par une cause toute différente. Sophonius Tigellinus, né de parens obscurs, souillé dès son enfance, et débauché dans sa vieillesse, avoit, à force de vices, obtenu les préfectures de la police, du prétoire, et d'autres emplois dus à la vertu, dans lesquels il montra d'abord sa cruauté, puis son avarice et tous les crimes d'un méchant homme. Non content de corrompre Néron et de l'exciter à mille forfaits, il osoit même en commettre à son insu, et finit par l'abandonner et le trahir. Aussi nulle punition ne fut-elle plus ardemment poursuivie, mais par divers motifs, de ceux qui détestoient Néron et de ceux qui le regrettoient. Il avoit été protégé près de Galba par Vinius, dont il avoit sauvé la fille, moins par pitié, lui qui commit tant d'autres meurtres, que pour s'étayer du père au besoin. Car les scélérats, toujours en crainte des révolutions, se ménagent de loin des amis particuliers qui puissent les garantir de la haine publique, et, sans s'abstenir du crime, s'assurent ainsi de l'impunité. Mais cette ressource ne rendit Tigellinus que plus odieux, en ajoutant à l'ancienne aversion qu'on avoit pour lui celle que Vinius venoit de s'attirer. On accouroit de tous les quartiers dans la place et dans le palais : le cirque surtout et les théâtres, lieux où la licence du peuple est plus grande, retentissoient de clameurs séditieuses. Enfin Tigellinus, ayant reçu aux eaux de Sinuesse l'ordre de mourir, après de honteux délais cherchés dans les bras des femmes, se coupa la gorge avec un rasoir, terminant ainsi une vie infâme par une mort tardive et déshonnête.

Dans ce même temps on sollicitoit la punition de Calvia Crispinilla ; mais elle se tira d'affaire à force de défaites, et par une connivence qui ne fit pas honneur au prince. Elle avoit eu Néron pour élève de débauche : ensuite, ayant passé en Afrique pour exciter Macer à prendre les armes, elle tâcha tout ouvertement d'affamer Rome. Rentrée en grâce à la faveur d'un mariage consulaire, et échappée aux règnes de Galba, d'Othon et de Vitellius, elle resta fort riche et sans enfans; deux grands moyens de crédit dans tous les temps, bons et mauvais.

Cependant Othon écrivoit à Vitellius lettres sur lettres, qu'il souilloit de cajoleries de femmes, lui offrant argent, grâces, et tel asile qu'il voudroit choisir pour y vivre dans les plaisirs; Vitellius lui répondoit sur le même ton. Mais ces offres mutuelles, d'abord sobrement ménagées et couvertes des deux côtés d'une sotte et honteuse dissimulation, dégénérèrent bientôt en querelles, chacun reprochant à l'autre avec la même vérité ses vices et sa débauche. Othon rappela les députés de Galba, et en envoya d'autres, au nom du sénat, aux deux armées d'Allemagne, aux troupes qui étoient à Lyon, et à la légion d'Italie. Les députés restèrent auprès de Vitellius, mais trop aisément pour qu'on crût que c'étoit par force. Quant aux prétoriens qu'Othon avoit joints comme par honneur à ces députés, on se hâta de les renvoyer avant qu'ils se mêlassent parmi les légions. Fabius Valens leur remit des lettres au nom des armées d'Allemagne pour les cohortes de la ville et du prétoire, par lesquelles, parlant pompeusement du parti de Vitellius, on les pressoit de s'y réunir. On leur reprochoit vivement d'avoir transféré à Othon l'empire décerné long-temps auparavant à Vitellius. Enfin, usant pour les gagner de promesses et de menaces, on leur parloit comme à des gens à qui la paix n'étoit rien, et qui ne pouvoient soutenir la guerre : mais tout cela n'ébranla point la fidélité des prétoriens.

Alors Othon et Vitellius prirent le parti d'envoyer des assassins, l'un en Allemagne et l'autre à Rome, tous deux inutilement. Ceux de Vitellius, mêlés dans une si grande multitude d'hommes inconnus l'un à l'autre, ne furent pas découverts ; mais ceux d'Othon furent bientôt trahis par la nouveauté de leurs visages parmi des gens qui se connoissoient tous. Vitellius écrivit à Titien, frère d'Othon, que sa vie et celle de ses fils lui répondroient de sa mère et de ses enfans. L'une et l'autre famille fut conservée. On douta du motif de la clémence d'Othon ; mais Vitellius, vainqueur, eut tout l'honneur de la sienne.

La première nouvelle qui donna de la confiance à Othon lui vint d'Illyrie, d'où il apprit que les légions de Dalmatie, de Pannonie et de la Mœsie, avoient prêté serment en son nom. Il reçut d'Espagne un semblable avis, et donna par édit des louanges à Cluvius Rufus ; mais on sut, bientôt après, que l'Espagne s'étoit retournée du côté de Vitellius. L'Aquitaine, que Julius Cordus avoit aussi fait déclarer pour Othon, ne lui resta pas plus fidèle. Comme il n'étoit pas question de foi ni d'attachement, chacun se laissoit entraîner çà et là selon sa crainte ou ses espérances. L'effroi fit déclarer de même la province narbonnoise en faveur de Vitellius, qui, le plus proche et le plus puissant, parut aisément le plus légitime. Les provinces les plus éloignées et celles que la mer séparoit des troupes restèrent à Othon, moins pour l'amour de lui, qu'à cause du grand poids que donnoient à son parti le nom de Rome et l'autorité du sénat, outre qu'on penchoit naturellement pour le premier reconnu (¹). L'armée de Judée, par les soins de Vespasien, et les légions de Syrie, par ceux de Mucianus, prêtèrent serment à Othon. L'Égypte et toutes les provinces d'Orient reconnoissoient son autorité. L'Afrique lui rendoit la même obéissance, à l'exemple de Carthage, où, sans attendre les ordres du proconsul Vipsanius Apronianus, Crescens, affranchi de Néron, se mêlant, comme ses pareils, des affaires de la république dans les temps de calamités, avoit, en réjouissance de la nouvelle élection, donné des fêtes au peuple, qui se livroit étourdiment à tout. Les autres villes imitèrent Carthage. Ainsi

(¹) L'élection de Vitellius avoit précédé celle d'Othon ; mais, au-delà des mers, le bruit de celle-ci avoit prévenu le bruit de l'autre : ainsi Othon étoit, dans ces régions, le premier reconnu.

les armées et les provinces se trouvoient tellement partagées, que Vitellius avoit besoin des succès de la guerre pour se mettre en possession de l'empire.

Pour Othon, il faisoit comme en pleine paix les fonctions d'empereur, quelquefois soutenant la dignité de la république, mais plus souvent l'avilissant en se hâtant de régner. Il désigna son frère Titianus consul avec lui, jusqu'au premier de mars; et cherchant à se concilier l'armée d'Allemagne, il destina les deux mois suivans à Verginius, auquel il donna Poppæus Vopiscus pour collègue, sous prétexte d'une ancienne amitié; mais plutôt, selon plusieurs, pour faire honneur aux Viennois. Il n'y eut rien de changé pour les autres consulats aux nominations de Néron et de Galba. Deux Sabinus, Cælius et Flave, restèrent désignés pour mai et juin; Arius Antonius et Marius Celsus, pour juillet et août; honneur dont Vitellius même ne les priva pas après sa victoire. Othon mit le comble aux dignités des plus illustres vieillards, en y ajoutant celles d'augures et de pontifes, et consola la jeune noblesse récemment rappelée d'exil, en lui rendant le sacerdoce dont avoient joui ses ancêtres. Il rétablit dans le sénat Cadius Rufus, Pedius Blæsus, et Sevinus Promptinus, qui en avoient été chassés sous Claude pour crime de concussion. L'on s'avisa, pour leur pardonner, de changer le mot de *rapine* en celui de *lèse-majesté ;* mot odieux en ces temps-là et dont l'abus faisoit tort aux meilleures lois.

Il étendit aussi ses grâces sur les villes et les provinces. Il ajouta de nouvelles familles aux colonies d'Hispalis et d'Emerita : il donna le droit de bourgeoisie romaine à toute la province de Langres; à celle de la Bétique, les villes de la Mauritanie; à celle d'Afrique et de Cappadoce, de nouveaux droits trop brillans pour être durables. Tous ces soins et les besoins pressans qui les exigeoient ne lui firent point oublier ses amours; et il fit rétablir, par décret du sénat, les statues de Poppée. Quelques-uns relevèrent aussi celles de Néron; l'on dit même qu'il délibéra s'il ne lui feroit point une oraison funèbre pour plaire à la populace. Enfin le peuple et les soldats, croyant bien lui faire honneur, crièrent durant quelques jours, *vive Néron Othon !* acclamations qu'il feignit d'ignorer, n'osant les défendre, et rougissant de les permettre.

Cependant, uniquement occupés de leurs guerres civiles, les Romains abandonnoient les affaires de dehors. Cette négligence inspira tant d'audace aux Roxolans, peuples sarmate, que, dès l'hiver précédent, après avoir défait deux cohortes, ils firent avec beaucoup de confiance une irruption dans la Mœsie au nombre de neuf mille chevaux. Le succès, joint à leur avidité, leur faisant plutôt songer à piller qu'à combattre, la troisième légion jointe aux auxiliaires les surprit épars et sans discipline. Attaqués par les Romains en bataille, les Sarmates, dispersés au pillage ou déjà chargés de butin, et ne pouvant dans des chemins glissans s'aider de la vitesse de leurs chevaux, se laissoient tuer sans résistance. Tel est le caractère de ces étranges peuples, que leur valeur semble n'être pas en eux. S'ils donnent en escadrons, à peine une armée peut-elle soutenir leur choc; s'ils combattent à pied, c'est la lâcheté même. Le dégel et l'humidité, qui faisoient alors glisser et tomber leurs chevaux, leur ôtoient l'usage de leurs piques et de leurs longues épées à deux mains. Le poids des cataphractes, sorte d'armure faite de lames de fer ou d'un cuir très-dur qui rend les chefs et les officiers impénétrables aux coups, les empêchoit de se relever quand le choc des ennemis les avoit renversés; et ils étoient étouffés dans la neige, qui étoit molle et haute. Les soldats romains, couverts d'une cuirasse légère, les renversoient à coups de traits ou de lances, selon l'occasion, et les perçoient d'autant plus aisément de leurs courtes épées, qu'ils n'ont point la défense du bouclier. Un petit nombre échappèrent et se sauvèrent dans les marais, où la rigueur de l'hiver et leurs blessures les firent périr. Sur ces nouvelles, on donna à Rome une statue triomphale à Marcus Apronianus, qui commandoit en Mœsie, et les ornemens consulaires à Fulvius Aurelius, Julianus Titius, et Numisius Lupus, colonels des légions. Othon fut charmé d'un succès dont il s'attribuoit l'honneur, comme d'une guerre conduite sous ses auspices et par ses officiers, au profit de l'état.

Tout à coup il s'éleva sur le plus léger sujet, et du côté dont on se défioit le moins, une sédition qui mit Rome à deux doigts de sa ruine.

Othon, ayant ordonné qu'on fît venir dans la ville la dix-septième cohorte qui étoit à Ostie, avoit chargé Varius Crispinus, tribun prétorien, du soin de la faire armer. Crispinus, pour prévenir l'embarras, choisit le temps où le camp étoit tranquille et le soldat retiré, et, ayant fait ouvrir l'arsenal, commença, dès l'entrée de la nuit, à faire charger les fourgons de la cohorte. L'heure rendit le motif suspect; et ce qu'on avoit fait pour empêcher le désordre en produisit un très-grand. La vue des armes donna à des gens pris de vin la tentation de s'en servir. Les soldats s'emportent, et, traitant de traîtres leurs officiers et tribuns, les accusent de vouloir armer le sénat contre Othon. Les uns, déjà ivres, ne savoient ce qu'ils faisoient; les plus méchans ne cherchoient que l'occasion de piller : la foule se laissoit entraîner par son goût ordinaire pour les nouveautés, et la nuit empêchoit qu'on ne pût tirer parti de l'obéissance des sages. Le tribun, voulant réprimer la sédition, fut tué, de même que les plus sévères centurions; après quoi, s'étant saisis des armes, ces emportés montèrent à cheval, et, l'épée à la main, prirent le chemin de la ville et du palais.

Othon donnoit un festin ce jour-là à ce qu'il y avoit de plus grand à Rome dans les deux sexes. Les convives, redoutant également la fureur des soldats et la trahison de l'empereur, ne savoient ce qu'ils devoient craindre le plus, d'être pris s'ils demeuroient, ou d'être poursuivis dans leur fuite; tantôt affectant de la fermeté, tantôt décelant leur effroi, tous observoient le visage d'Othon, et, comme on étoit porté à la défiance, la crainte qu'il témoignoit augmentoit celle qu'on avoit de lui. Non moins effrayé du péril du sénat que du sien propre, Othon chargea d'abord les préfets du prétoire d'aller apaiser les soldats, et se hâta de renvoyer tout le monde. Les magistrats fuyoient çà et là, jetant les marques de leurs dignités; les vieillards et les femmes, dispersés par les rues dans les ténèbres, se déroboient aux gens de leur suite. Peu rentrèrent dans leurs maisons; presque tous cherchèrent chez leurs amis et les plus pauvres de leurs cliens des retraites mal assurées.

Les soldats arrivèrent avec une telle impétuosité, qu'ayant forcé l'entrée du palais, ils blessèrent le tribun Julius Martialis et Vitellius Saturninus qui tâchoient de les retenir, et pénétrèrent jusque dans la salle du festin, demandant à voir Othon. Partout ils menaçoient des armes et de la voix, tantôt leurs tribuns et centurions, tantôt le corps entier du sénat : furieux et troublés d'une aveugle terreur, faute de savoir à qui s'en prendre, ils en vouloient à tout le monde. Il fallut qu'Othon, sans égard pour la majesté de son rang, montât sur un sofa, d'où, à force de larmes et de prières, les ayant contenus avec peine, il les renvoya au camp, coupables et mal apaisés. Le lendemain, les maisons étoient fermées, les rues désertes, le peuple consterné, comme dans une ville prise, et les soldats baissoient les yeux moins de repentir que de honte. Les deux préfets, Proculus et Firmus, parlant avec douceur ou dureté, chacun selon son génie, firent à chaque manipule des exhortations qu'ils conclurent par annoncer une distribution de cinq mille sesterces par tête. Alors Othon, ayant hasardé d'entrer dans le camp, fut environné des tribuns et des centurions, qui, jetant leurs ornemens militaires, lui demandoient congé et sûreté. Les soldats sentirent le reproche, et, rentrant dans leur devoir, crioient qu'on menât au supplice les auteurs de la révolte.

Au milieu de tous ces troubles et de ces mouvemens divers, Othon voyoit bien que tout homme sage désiroit un frein à tant de licence; il n'ignoroit pas non plus que les attroupemens et les rapines mènent aisément à la guerre civile une multitude avide des séditions qui forcent le gouvernement à la flatter. Alarmé du danger où il voyoit Rome et le sénat, mais jugeant impossible d'exercer tout d'un coup avec la dignité convenable un pouvoir acquis par le crime, il tint enfin le discours suivant :

« Compagnons, je ne viens ici ni ranimer » votre zèle en ma faveur, ni réchauffer votre » courage; je sais que l'un et l'autre ont tou- » jours la même vigueur : je viens vous exhor- » ter au contraire à les contenir dans de justes » bornes. Ce n'est ni l'avarice ou la haine, » causes de tant de troubles dans les armées, » ni la calomnie ou quelque vaine terreur, c'est » l'excès seul de votre affection pour moi qui » a produit avec plus de chaleur que de raison » le tumulte de la nuit dernière; mais, avec les

» motifs les plus honnêtes, une conduite inconsidérée peut avoir les plus funestes effets. » Dans la guerre que nous allons commencer, » est-ce le temps de communiquer à tous chaque avis qu'on reçoit, et faut-il délibérer de » chaque chose devant tout le monde? L'ordre » des affaires ni la rapidité de l'occasion ne le » permettroient pas; et comme il y a des » choses que le soldat doit savoir, il y en a » d'autres qu'il doit ignorer. L'autorité des » chefs et la rigueur de la discipline demandent qu'en plusieurs occasions les centurions » et les tribuns eux-mêmes ne sachent qu'obéir. Si chacun veut qu'on lui rende raison » des ordres qu'il reçoit, c'en est fait de l'obéissance, et par conséquent de l'empire. » Que sera-ce lorsqu'on osera courir aux armes » dans le temps de la retraite et de la nuit; » lorsqu'un ou deux hommes perdus et pris de » vin, car je ne puis croire qu'une telle frénésie en ait saisi davantage, tremperont leurs » mains dans le sang de leurs officiers, lorsqu'ils oseront forcer l'appartement de leur » empereur?

» Vous agissiez pour moi, j'en conviens; » mais combien l'affluence dans les ténèbres et » la confusion de toutes choses fournissoient-elles une occasion facile de s'en prévaloir » contre moi-même! S'il étoit au pouvoir de » Vitellius et de ses satellites de diriger nos inclinations et nos esprits, que voudroient-ils » de plus que de nous inspirer la discorde et la » sédition, qu'exciter à la révolte le soldat » contre le centurion, le centurion contre le » tribun, et, gens de cheval et de pied, nous » entraîner ainsi tous pêle-mêle à notre perte? » Compagnons, c'est en exécutant les ordres » des chefs et non en les contrôlant qu'on fait » heureusement la guerre; et les troupes les » plus terribles dans la mêlée sont les plus » tranquilles hors du combat. Les armes et la » valeur sont votre partage; laissez-moi le soin » de les diriger. Que deux coupables seulement expient le crime d'un petit nombre : » que les autres s'efforcent d'ensevelir dans un » éternel oubli la honte de cette nuit, et que » de pareils discours contre le sénat ne s'entendent jamais dans aucune armée. Non, les » Germains mêmes, que Vitellius s'efforce d'exciter contre nous, n'oseroient menacer ce » corps respectable, le chef et l'ornement de » l'empire. Quels seroient donc les vrais enfans » de Rome ou de l'Italie qui voudroient le sang » et la mort des membres de cet ordre, dont la » splendeur et la gloire montrent et redoublent » l'opprobre et l'obscurité du parti de Vitellius? S'il occupe quelques provinces, s'il » traîne après lui quelque simulacre d'armée, » le sénat est avec nous; c'est par lui que nous » sommes la république, et que nos ennemis le » sont aussi de l'état. Pensez-vous que la majesté de cette ville consiste dans des amas de » pierres et de maisons, monumens sans âme » et sans voix, qu'on peut détruire ou rétablir » à son gré? L'éternité de l'empire, la paix » des nations, mon salut et le vôtre, tout dépend de la conservation du sénat. Institué solennellement par le premier père et le fondateur de cette ville pour être immortel » comme elle, et continué sans interruption » depuis les rois jusqu'aux empereurs, l'intérêt commun veut que nous le transmettions à » nos descendans tel que nous l'avons reçu de » nos aïeux : car c'est du sénat que naissent » les successeurs à l'empire, comme de vous » les sénateurs. »

Ayant ainsi tâché d'adoucir et contenir la fougue des soldats, Othon se contenta d'en faire punir deux; sévérité tempérée, qui n'ôta rien au bon effet du discours. C'est ainsi qu'il apaisa, pour le moment, ceux qu'il ne pouvoit réprimer.

Mais le calme n'étoit pas pour cela rétabli dans la ville. Le bruit des armes y retentissoit encore, et l'on y voyoit l'image de la guerre. Les soldats n'étoient pas attroupés en tumulte; mais, déguisés et dispersés par les maisons, ils épioient, avec une attention maligne, tous ceux que leur rang, leur richesse ou leur gloire exposoient aux discours publics. On crut même qu'il s'étoit glissé dans Rome des soldats de Vitellius pour sonder les dispositions des esprits. Ainsi la défiance étoit universelle, et l'on se croyoit à peine en sûreté renfermé chez soi. Mais c'étoit encore pis en public, où chacun, craignant de paroître incertain dans les nouvelles douteuses ou peu joyeux dans les favorables, couroit avec une avidité marquée audevant de tous les bruits. Le sénat assemblé ne savoit que faire, et trouvoit partout des difficultés : se taire étoit d'un rebelle, parler étoit d'un flatteur; et le manége de l'adulation n'étoit pas ignoré d'Othon, qui s'en étoit servi si long-temps. Ainsi, flottant d'avis en avis, sans s'arrêter à aucun, l'on ne s'accordoit qu'à traiter Vitellius de parricide et d'ennemi de l'état : les plus prévoyans se contentoient de l'accabler d'injures sans conséquence, tandis que d'autres n'épargnoient pas ses vérités, mais à grands cris, et dans une telle confusion de voix, que chacun profitoit du bruit pour l'augmenter sans être entendu.

Des prodiges attestés par divers témoins augmentoient encore l'épouvante. Dans le vestibule du Capitole les rênes du char de la Victoire disparurent. Un spectre de grandeur gigantesque fut vu dans la chapelle de Junon. La statue de Jules-César dans l'île du Tibre se tourna, par un temps calme et serein, d'occident en orient. Un bœuf parla dans l'Étrurie. Plusieurs bêtes firent des monstres. Enfin l'on remarqua mille autres pareils phénomènes qu'on observoit en pleine paix dans les siècles grossiers, et qu'on ne voit plus aujourd'hui que quand on a peur. Mais ce qui joignit la désolation présente à l'effroi pour l'avenir, fut une subite inondation du Tibre, qui crût à tel point, qu'ayant rompu le pont Sublicius, les débris dont son lit fut rempli le firent refluer par toute la ville, même dans les lieux que leur hauteur sembloit garantir d'un pareil danger. Plusieurs furent surpris dans les rues, d'autres dans les boutiques et dans les chambres. A ce désastre se joignit la famine chez le peuple par la disette des vivres et le défaut d'argent. Enfin, le Tibre, reprenant son cours, emporta des îles dont le séjour des eaux avoit ruiné les fondemens. Mais à peine le péril passé laissa-t-il songer à d'autres choses, qu'on remarqua que la voie flaminienne et le champ de Mars, par où devoit passer Othon, étoient comblés. Aussitôt, sans songer si la cause en étoit fortuite ou naturelle, ce fut un nouveau prodige qui présageoit tous les malheurs dont on étoit menacé.

Ayant purifié la ville, Othon se livra aux soins de la guerre; et, voyant que les Alpes Pennines, les Cottiennes, et toutes les autres avenues des Gaules étoient bouchées par les troupes de Vitellius, il résolut d'attaquer la Gaule narbonnoise avec une bonne flotte dont il étoit sûr : car il avoit rétabli en légion ceux qui avoient échappé au massacre du pont Milvius, et que Galba avoit fait emprisonner; et il promit aux autres légionnaires de les avancer dans la suite. Il joignit à la même flotte avec les cohortes urbaines plusieurs prétoriens, l'élite des troupes, lesquels servoient en même temps de conseil et de garde aux chefs. Il donna le commandement de cette expédition aux primipilaires Antonius Novellus et Suedius Clemens, auxquels il joignit Emilius Pacensis, en lui rendant le tribunat que Galba lui avoit ôté. La flotte fut laissée aux soins d'Oscus, affranchi, qu'Othon chargea d'avoir l'œil sur la fidélité des généraux. A l'égard des troupes de terre, il mit à leur tête Suetonius Paulinus, Marius Celsus, et Annius Gallus; mais il donna sa plus grande confiance à Licinius Proculus, préfet du prétoire. Cet homme, officier vigilant dans Rome, mais sans expérience à la guerre, blâmant l'autorité de Paulin, la vigueur de Celsus, la maturité de Gallus, tournoit en mal tous les caractères, et, ce qui n'est pas fort surprenant, l'emportoit ainsi par son adroite méchanceté sur des gens meilleurs et plus modestes que lui.

Environ ce temps-là, Cornelius Dolabella fut relégué dans la ville d'Aquin, et gardé moins rigoureusement que sûrement, sans qu'on eût autre chose à lui reprocher qu'une illustre naissance et l'amitié de Galba. Plusieurs magistrats et la plupart des consulaires suivirent Othon par son ordre, plutôt sous le prétexte de l'accompagner, que pour partager les soins de la guerre. De ce nombre étoit Lucius Vitellius, qui ne fut distingué ni comme ennemi ni comme frère d'un empereur. C'est alors que, les soucis changeant d'objet, nul ordre ne fut exempt de péril ou de crainte. Les premiers du sénat, chargés d'années et amollis par une longue paix, une noblesse énervée et qui avoit oublié l'usage des armes, des chevaliers mal exercés, ne faisoient tous que mieux déceler leur frayeur par leurs efforts pour la cacher. Plusieurs cependant, guerriers à prix d'argent et braves de leurs richesses, étaloient par une imbécile vanité des armes brillantes, de superbes chevaux, de pompeux équipages, et tous les apprêts du luxe et de la volupté pour ceux de la guerre. Tandis que les sages veilloient au repos de la république, mille étourdis, sans prévoyance, s'enorgueillissoient d'un vain espoir; plusieurs, qui s'étoient mal conduits durant la paix, se réjouissoient de tout ce désordre, et tiroient du danger présent leur sûreté personnelle.

Cependant le peuple, dont tant de soins passoient la portée, voyant augmenter le prix des denrées, et tout l'argent servir à l'entretien des troupes, commença de sentir les maux qu'il n'avoit fait que craindre après la révolte de Vindex, temps où la guerre allumée entre les Gaules et les légions, laissant Rome et l'Italie en paix, pouvoit passer pour externe. Car depuis qu'Auguste eut assuré l'empire aux Césars, le peuple romain avoit toujours porté ses armes au loin, et seulement pour la gloire et l'intérêt d'un seul. Les règnes de Tibère et de Caligula n'avoient été que menacés de guerres civiles. Sous Claude les premiers mouvemens de Scribonianus furent aussitôt réprimés que connus; et Néron même fut expulsé par des rumeurs et des bruits plutôt que par la force des armes. Mais ici l'on avoit sous les yeux des légions, des flottes, et, ce qui étoit plus rare encore, les milices de Rome et les prétoriens en armes. L'Orient et l'Occident, avec toutes les forces qu'on laissoit derrière soi, eussent fourni l'aliment d'une longue guerre à de meilleurs généraux. Plusieurs, s'amusant aux présages, vouloient qu'Othon différât son départ jusqu'à ce que les boucliers sacrés fussent prêts. Mais, excité par la diligence de Cécina, qui avoit déjà passé les Alpes, il méprisa de vains délais dont Néron s'étoit mal trouvé.

Le quatorze de mars il chargea le sénat du soin de la république, et rendit aux proscrits rappelés tout ce qui n'avoit point encore été dénaturé de leurs biens confisqués par Néron; don très-juste et très-magnifique en apparence, mais qui se réduisoit presque à rien par la promptitude qu'on avoit mise à tout vendre. Ensuite dans une harangue publique il fit valoir en sa faveur la majesté de Rome, le consentement du peuple et du sénat, et parla modestement du parti contraire, accusant plutôt les légions d'erreur que d'audace, sans faire aucune mention de Vitellius, soit ménagement de sa part, soit précaution de la part de l'auteur du discours: car, comme Othon consultoit Suétone Paulin et Marius Celsus sur la guerre, on crut qu'il se servoit de Galerius Trachalus dans les affaires civiles. Quelques-uns démêlèrent même le genre de cet orateur, connu par ses fréquens plaidoyers et par son style ampoulé, propre à remplir les oreilles du peuple. La harangue fut reçue avec ces cris, ces applaudissemens faux et outrés qui sont l'adulation de la multitude. Tous s'efforçoient à l'envi d'étaler un zèle et des vœux dignes de la dictature de César ou de l'empire d'Auguste; ils ne suivoient même en cela ni l'amour ni la crainte, mais un penchant bas et servile; et comme il n'étoit plus question d'honnêteté publique, les citoyens n'étoient que de vils esclaves flattant leur maître par intérêt. Othon, en partant, remit à Salvius Titianus, son frère, le gouvernement de Rome et le soin de l'empire.

TRADUCTION

DE L'APOCOLOKINTOSIS DE SÉNÈQUE,

SUR LA MORT DE L'EMPEREUR CLAUDE (*).

Je veux raconter aux hommes ce qui s'est passé dans les cieux le treize octobre, sous le consulat d'Acilius Marcellus et d'Acilius Aviola, dans la nouvelle année qui commence cet heureux siècle (¹). Je neferai ni tort ni grâce. Mais si l'on demande comment je suis si bien instruit; premièrement je ne répondrai rien, s'il me plaît; car qui m'y pourra contraindre? ne sais-je pas que me voilà devenu libre par la mort de ce galant homme qui avoit très-bien vérifié le proverbe, qu'il faut naître ou monarque ou sot.

Que si je veux répondre, je dirai comme un autre tout ce qui me viendra dans la tête. Demanda-t-on jamais caution à un historien juré? Cependant si j'en voulois une, je n'ai qu'à citer celui qui a vu Drusille monter au ciel; il vous dira qu'il a vu Claude y monter aussi tout clochant. Ne faut-il pas que cet homme voie, bon gré mal gré, tout ce qui se fait là-haut? n'est-il pas inspecteur de la voie appienne par laquelle on sait qu'Auguste et Tibère sont allés se faire dieux? Mais ne l'interrogez que tête à tête : il ne dira rien en public; car, après avoir juré dans le sénat qu'il avoit vu l'ascension de Drusille, indigné qu'au mépris d'une si bonne nouvelle personne ne voulût croire à ce qu'il avoit vu, il protesta en bonne forme qu'il verroit tuer un homme en pleine rue qu'il n'en diroit rien. Pour moi, je peux jurer, par le bien que je lui souhaite, qu'il m'a dit ce que je veux publier. Déjà

> Par un plus court chemin l'astre qui nous éclaire
> Dirigeoit à nos yeux sa course journalière;
> Le dieu fantasque et brun qui préside au repos
> A de plus longues nuits prodiguoit ses pavots :
> La blafarde Cynthie, aux dépens de son frère,
> De sa triste lueur éclairoit l'hémisphère.
> Et le difforme hiver obtenoit les honneurs
> De la saison des fruits et du dieu des buveurs :
> Le vendangeur tardif, d'une main engourdie,
> Ôtoit encor du cep quelque grappe flétrie.

Mais peut-être parlerai-je aussi clairement en disant que c'étoit le treizième d'octobre. A l'égard de l'heure, je ne puis vous la dire exactement; mais il est à croire que là-dessus les philosophes s'accorderont mieux que les horloges (¹). Quoi qu'il en soit, supposons qu'il étoit entre six et sept; et puisque, non contens de décrire le commencement et la fin du jour, les poètes, plus actifs que des manœuvres, n'en peuvent laisser en paix le milieu, voici comment dans leur langue j'exprimerois cette heure fortunée :

> Déjà du haut des cieux le dieu de la lumière
> Avoit en deux moitiés partagé l'hémisphère,
> Et pressant de la main ses coursiers déjà las,
> Vers l'hespbérique bord accéléroit leurs pas ;

quand Mercure, que la folie de Claude avoit toujours amusé, voyant son âme obstruée de toutes parts chercher vainement une issue, prit à part une des trois Parques, et lui dit : Comment une femme a-t-elle assez de cruauté pour

(*) *Cette traduction paroît avoir été faite en même temps que la précédente; c'est-à-dire en 1754, époque où, pour apprendre à écrire*, Rousseau essayoit de traduire.

(¹) Quoique les jeux séculaires eussent été célébrés par Auguste, Claude, prétendant qu'il avoit mal calculé, les fit célébrer aussi; ce qui donnoit à rire au peuple, quand le crieur public annonça, dans la forme ordinaire, des jeux que nul homme vivant n'avoit vus, ni ne reverroit. Car, non-seulement plusieurs personnes encore vivantes avoient vu ceux d'Auguste, mais même il y eut des histrions qui jouèrent aux uns et aux autres; et Vitellius n'avoit pas honte de dire à Claude, malgré la proclamation, *Sæpè facias.*

(¹) La mort de Claude fut long-temps cachée au peuple, jusqu'à ce qu'Agrippine eût pris ses mesures pour ôter l'empire à Britannicus et l'assurer à Néron; ce qui fit que le public n'en savoit exactement ni le jour ni l'heure.

voir un misérable dans des tourmens si longs et si peu mérités? Voilà bientôt soixante-quatre ans qu'il est en querelle avec son âme. Qu'attends-tu donc encore? souffre que les astrologues, qui depuis son avénement annoncent tous les ans et tous les mois son trépas, disent vrai du moins une fois. Ce n'est pas merveille, j'en conviens, s'ils se trompent en cette occasion : car qui trouvera jamais son heure? et qui sait comment il peut rendre l'esprit? Mais n'importe; fais toujours ta charge : qu'il meure, et cède l'empire au plus digne.

Vraiment, répondit *Clotho*, je voulois lui laisser quelques jours pour faire citoyens romains ce peu de gens qui sont encore à l'être, puisque c'étoit son plaisir de voir Grecs, Gaulois, Espagnols, Bretons, et tout le monde en toge. Cependant, comme il est bon de laisser quelques étrangers pour graine, soit fait selon votre volonté. Alors elle ouvre une boîte et en tire trois fuseaux : l'un pour Augurinus, l'autre pour Babe et le troisième pour Claude : ce sont, dit-elle, trois personnages que j'expédierai dans l'espace d'un an à peu d'intervalle entre eux, afin que celui-ci n'aille pas tout seul. Sortant de se voir environné de tant de milliers d'hommes, que deviendroit-il abandonné tout d'un coup à lui-même? Mais ces deux camarades lui suffiront.

Elle dit : et d'un tour fait sur un vil fuseau,
Du stupide mortel abrégeant l'agonie,
Elle tranche le cours de sa royale vie.
A l'instant Lachésis, une de ses deux sœurs,
Dans un habit paré de festons et de fleurs,
Et le front couronné des lauriers du Permesse,
D'une toison d'argent prend une blanche tresse
Dont son adroite main forme un fil délicat.
Le fil sur le fuseau prend un nouvel éclat.
De sa rare beauté les sœurs sont étonnées;
Et toutes à l'envi, de guirlandes ornées,
Voyant briller leur laine et s'enrichir encor,
Avec un fil doré filent le siècle d'or.
De la blanche toison la laine détachée,
Et de leurs doigts légers rapidement touchée,
Coule à l'instant sans peine, et file et s'embellit;
De mille et mille tours le fuseau se remplit.
Qu'il passe les longs jours et la trame fertile
Du rival de Céphale et du vieux roi de Pyle!
Phœbus, d'un chant de joie annonçant l'avenir,
De fuseaux toujours neufs s'empresse à les servir,
Et cherchant sur sa lyre un ton qui les séduise,
Les trompe heureusement sur le temps qui s'épuise.
Puisse un si doux travail, dit-il, être éternel!
Les jours que vous filez ne sont pas d'un mortel :
Il me sera semblable et d'air et de visage,
De la voix et des chants il aura l'avantage.
Des siècles plus heureux renaîtront à sa voix;
Sa loi fera cesser le silence des lois.
Comme on voit du matin l'étoile radieuse
Annoncer le départ de la nuit ténébreuse,
Ou tel que le soleil, dissipant les vapeurs,
Rend la lumière au monde et l'allégresse aux cœurs
Tel César va paroître; et la terre éblouie
A ses premiers rayons est déjà réjouie.

Ainsi dit Apollon; et la Parque, honorant la grande âme de Néron, ajoute encore de son chef plusieurs années à celles qu'elle lui file à pleines mains. Pour Claude, tous ayant opiné que sa trame pourrie fût coupée, aussitôt il cracha son âme et cessa de paroître en vie. Au moment qu'il expira, il écoutoit des comédiens; par où l'on voit que si je les crains ce n'est pas sans cause. Après un son fort bruyant de l'organe dont il parloit le plus aisément, son dernier mot fut : *Foin! je me suis embrené.* Je ne sais au vrai ce qu'il fit de lui, mais ainsi faisoit-il toutes choses.

Il seroit superflu de dire ce qui s'est passé depuis sur la terre. Vous le savez tous, et il n'est pas à craindre que le public en perde la mémoire. Oublia-t-on jamais son bonheur? Quant à ce qui s'est passé au ciel, je vais vous le rapporter; et vous devez, s'il vous plaît, m'en croire. D'abord on annonça à Jupiter un quidam d'assez bonne taille, blanc comme une chèvre, branlant la tête et traînant le pied droit d'un air fort extravagant. Interrogé d'où il étoit, il avoit murmuré entre ses dents je ne sais quoi qu'on ne put entendre et qui n'étoit ni grec ni latin ni dans aucune langue connue.

Alors Jupiter, s'adressant à Hercule, qui ayant couru toute la terre en devoit connoître tous les peuples, le chargea d'aller examiner de quel pays étoit cet homme. Hercule, aguerri contre tant de monstres, ne laissa pas de se troubler en abordant celui-ci : frappé de cette étrange face, de ce marcher inusité, de ce beuglement rauque et sourd, moins semblable à la voix d'un animal terrestre qu'au mugissement d'un monstre marin : Ah! dit-il, voici mon treizième travail. Cependant, en regardant mieux, il crut démêler quelques traits d'un homme. Il l'arrête et lui dit aisément en grec bien tourné :

D'où viens-tu? quel es-tu? de quel pays es-tu?

A ce mot, Claude, voyant qu'il y avoit là des beaux esprits, espéra que l'un d'eux écriroit son histoire; et s'annonçant pour César par un vers d'Homère, il dit,

Les vents m'ont amené des rivages troyens.

Mais le vers suivant eût été plus vrai,

Dont j'ai détruit les murs, tué les citoyens.

Cependant il en auroit imposé à Hercule, qui est un assez bon-homme de dieu, sans la Fièvre, qui, laissant toutes les autres divinités à Rome, seule avoit quitté son temple pour le suivre. Apprenez, lui dit-elle, qu'il ne fait que mentir; je puis le savoir, moi qui ai demeuré tant d'années avec lui : c'est un bourgeois de Lyon ; il est né dans les Gaules à dix-sept milles de Vienne ; il n'est pas Romain, vous dis-je, c'est un franc Gaulois, et il a traité Rome à la gauloise. C'est un fait qu'il est de Lyon, où Licinius a commandé si long-temps. Vous qui avez couru plus de pays qu'un vieux muletier, devez savoir ce que c'est que Lyon, et qu'il y a loin du Rhône au Xanthe.

Ici Claude, enflammé de colère, se mit à grogner le plus haut qu'il put. Voyant qu'on ne l'entendoit point, il fit signe qu'on arrêtât la Fièvre ; et du geste dont il faisoit décoller les gens (seul mouvement que ses deux mains sussent faire), il ordonna qu'on lui coupât la tête. Mais il n'étoit non plus écouté que s'il eût parlé encore à ses affranchis (¹).

Oh ! oh ! l'ami, lui dit Hercule, ne va pas faire ici le sot. Te voici dans un séjour où les rats rongent le fer; déclare promptement la vérité avant que je te l'arrache. Puis prenant un ton tragique pour lui en mieux imposer, il continua ainsi :

Nomme à l'instant les lieux où tu reçus le jour,
Ou ta race avec toi va périr sans retour.
De grands rois ont senti cette lourde massue,
Et ma main dans ses coups ne s'est jamais déçue ;
Tremble de l'éprouver encor à tes dépens.
Quel murmure confus entends-je entre tes dents ?
Parle, et ne me tiens pas plus long-temps en attente :
Quels climats ont produit cette tête branlante ?
Jadis, dans l'Hespérie, au triple Géryon,
J'allai porter la guerre, et, par occasion,
De ses nobles troupeaux, ravis dans son étable,
Ramenai dans Argos le trophée honorable.
En route, au pied d'un mont doré par l'orient,
Je vis se réunir dans un séjour riant
Le rapide courant de l'impétueux Rhône
Et le cours incertain de la paisible Saône :
Est-ce là le pays où tu reçus le jour?

Hercule, en parlant de la sorte, affectoit plus d'intrépidité qu'il n'en avoit dans l'âme, et ne laissoit pas de craindre la main d'un fou. Mais Claude, lui voyant l'air d'un homme résolu qui n'entendoit pas raillerie, jugea qu'il n'étoit pas là comme à Rome, où nul n'osoit s'égaler à lui, et que partout le coq est maître sur son fumier. Il se remit donc à grogner ; et autant qu'on put l'entendre, il sembla parler ainsi :

J'espérois, ô le plus fort de tous les dieux ! que vous me protégeriez auprès des autres, et que, si j'avois eu à me renommer de quelqu'un, c'eût été de vous qui me connoissiez si bien : car, souvenez-vous-en, s'il vous plaît, quel autre que moi tenoit audience devant votre temple durant les mois de juillet et d'août? Vous savez ce que j'ai souffert là de misères, jour et nuit à la merci des avocats. Soyez sûr, tout robuste que vous êtes, qu'il vous a mieux valu purger les étables d'Augias que d'essuyer leurs criailleries; vous avez avalé moins d'ordures (¹).

Or dites-nous quel dieu nous ferons de cet homme-ci. En ferons-nous un dieu d'Épicure, parce qu'il ne se soucie de personne, ni personne de lui? un dieu stoïcien, qui, dit Varron, ne pense ni n'engendre? N'ayant ni cœur ni tête, il semble assez propre à le devenir. Eh ! messieurs, s'il eût demandé cet honneur à Saturne même, dont, présidant à ses jeux, il fit durer le mois toute l'année, il ne l'eût pas obtenu. L'obtiendra-t-il de Jupiter, qu'il a condamné pour cause d'inceste, autant qu'il étoit en lui, en faisant mourir Silanus, son gendre? et cela, pourquoi? parce que ayant une sœur d'une humeur charmante, et que tout le monde appeloit Vénus, il aima mieux l'appeler Junon. Quel si grand crime est-ce donc, direz-vous, de fêter discrètement sa sœur ! La loi ne le permet-elle pas à demi dans Athènes, et dans l'Égypte en plein (²) ?... A Rome... Oh ! à Rome ! ignorez-vous que les rats mangent le fer? Notre sage bouleverse tout. Quant à lui, j'ignore ce qu'il faisoit dans sa chambre ; mais

(¹) On sait combien cet imbécile avoit peu de considération dans sa maison : à peine le maître du monde avoit-il un valet qui lui daignât obéir. Il est étonnant que Sénèque ait osé dire tout cela, lui qui étoit si courtisan, mais Agrippine avoit besoin de lui et il le savoit bien.

(¹) Il y a ici très-évidemment une lacune, que je ne vois pourtant marquée dans aucune édition.

(²) On sait qu'il étoit permis en Égypte d'épouser sa sœur de père et de mère : et cela étoit aussi permis à Athènes, mais pour la sœur de mère seulement. Le mariage d'Elpinice et de Cimon en fournit un exemple.

le voilà maintenant furetant le ciel pour se faire dieu, non content d'avoir en Angleterre un temple où les barbares le servent comme tel.

A la fin, Jupiter s'avisa qu'il falloit arrêter les longues disputes, et faire opiner chacun à son rang. Pères conscrits, dit-il à ses collègues, au lieu des interrogations que je vous avois permises, vous ne faites que battre la campagne; j'entends que la cour reprenne ses formes ordinaires: que penseroit de nous ce postulant, tel qu'il soit?

L'ayant donc fait sortir, il alla aux voix, en commençant par le père Janus. Celui-ci, consul d'un après-dîner, désigné le premier juillet, ne laissoit pas d'être homme à deux envers, regardant à la fois devant et derrière. En vrai pilier de barreau, il se mit à débiter fort disertement beaucoup de belles choses que le scribe ne put suivre, et que je ne répéterai pas de peur de prendre un mot pour l'autre. Il s'étendit sur la grandeur des dieux; soutint qu'ils ne devoient pas s'associer des faquins. Autrefois, dit-il, c'étoit une grande affaire que d'être fait dieu; aujourd'hui ce n'est plus rien [1]. Vous n'avez déjà rendu cet homme-ci que trop célèbre. Mais, de peur qu'on ne m'accuse d'opiner sur la personne et non sur la chose, mon avis est que désormais on ne déifie plus aucun de ceux qui broutent l'herbe des champs ou qui vivent des fruits de la terre; que si, malgré ce sénatus-consulte, quelqu'un d'eux s'ingère à l'avenir de trancher du dieu, soit de fait, soit en peinture, je le dévoue aux Larves; et j'opine qu'à la première foire sa déité reçoive les étrivières et soit mise en vente avec les nouveaux esclaves.

Après cela vint le tour du divin fils de Vica-Pota, désigné consul grippe-sou, et qui gagnoit sa vie à grimeliner et vendre les petites villes. Hercule, passant donc à celui-ci, lui toucha galamment l'oreille; et il opina en ces termes: Attendu que le divin Claude est du sang du divin Auguste et du sang de la divine Livie son aïeule, à laquelle il a même confirmé son brevet de déesse; qu'il est d'ailleurs un prodige de science, et que le bien public exige un adjoint à l'écot de Romulus; j'opine qu'il soit dès ce jour créé et proclamé dieu en aussi bonne forme qu'il s'en soit jamais fait, et que cet événement soit ajouté aux métamorphoses d'Ovide.

Quoiqu'il y eût divers avis, il paroissoit que Claude l'emporteroit; et Hercule, qui sait battre le fer tandis qu'il est chaud, couroit de côté et d'autre, criant: Messieurs, un peu de faveur; cette affaire-ci m'intéresse: dans une autre occasion vous disposerez aussi de ma voix; il faut bien qu'une main lave l'autre.

Alors le divin Auguste, s'étant levé, pérora fort pompeusement, et dit: Pères conscrits, je vous prends à témoin que depuis que je suis dieu je n'ai pas dit un seul mot, car je ne me mêle que de mes affaires. Mais comment me taire en cette occasion? comment dissimuler ma douleur, que le dépit aigrit encore? C'est donc pour la gloire de ce misérable que j'ai rétabli la paix sur mer et sur terre, que j'ai étouffé les guerres civiles, que Rome est affermie par mes lois et ornée par mes ouvrages? O peres conscrits, je ne puis m'exprimer; ma vive indignation ne trouve point de termes, je ne puis que redire après l'éloquent Messala: L'état est perdu! cet imbécile, qui paroît ne pas savoir troubler l'eau, tuoit les hommes comme des mouches. Mais que dire de tant d'illustres victimes? Les désastres de ma famille me laissent-ils des larmes pour les malheurs publics? Je n'ai que trop à parler des miens [1]. Ce galant homme que vous voyez, protégé par mon nom durant tant d'années, me marqua sa reconnoissance en faisant mourir Lucius Silanus, un de mes arrière-petits-neveux, et deux Julies mes arrière-petites-nièces, l'une par le fer, l'autre par la faim. Grand Jupiter, si vous l'admettez parmi nous, à tort ou non, ce sera sûrement à votre blâme. Car, dis-moi, je te prie, ô divin Claude! pourquoi tu fis tant tuer de gens sans les entendre, sans même t'informer de leurs crimes.—C'étoit ma coutume.—Ta coutume? on ne la connoît pas ici. Jupiter, qui règne depuis tant d'années, a-t-il jamais rien

[1] Je ne saurois me persuader qu'il n'y ait pas encore une lacune entre ces mots, *Olim, inquit, magna res erat deum fieri*, et ceux-ci, *Jam fama nimium fecisti*. Je n'y vois ni liaison, ni transition, ni aucune espèce de sens, à les lire ainsi de suite.

[1] Je n'ai point traduit ces mots, *etiamsi Phormea græce nescit ego scio.* ENTIKONTONYKHNΔIHΣ *senescit* ou *se nescit*, parce que je n'y entends rien du tout. Peut-être aurois-je trouvé quelque éclaircissement dans les adages d'Érasme mais je ne suis pas à portée de les consulter.

fait de semblable? Quand il estropia son fils, le tua-t-il? Quand il pendit sa femme, l'étrangla-t-il? Mais toi, n'as-tu pas mis à mort Messaline, dont j'étois le grand-oncle ainsi que le tien (1)? Je l'ignore, dis-tu? Misérable! ne sais-tu pas qu'il t'est plus honteux de l'ignorer que de l'avoir fait!

Enfin Caïus Caligula s'est ressuscité dans son successeur. L'un fait tuer son beau-père (2), et l'autre son gendre (3). L'un défend qu'on donne au fils de Crassus le surnom de grand; l'autre le lui rend et lui fait couper la tête. Sans respect pour un sang illustre, il fait périr dans une même maison Scribonie, Tristonie, Assarion, et même Crassus le grand, ce pauvre Crassus si complétement sot qu'il eût mérité de régner. Songez, pères conscrits, quel monstre ose aspirer à siéger parmi nous. Voyez, comment déifier une telle figure vil ouvrage des dieux irrités? A quel culte, à quelle foi pourra-t-il prétendre? qu'il réponde, et je me rends. Messieurs, messieurs, si vous donnez la divinité à de telles gens, qui diable reconnoîtra la vôtre? En un mot, pères conscrits, je vous demande, pour prix de ma complaisance et de ma discrétion, de venger mes injures. Voilà mes raisons et voici mon avis.

Comme ainsi soit que le divin Claude a tué son beau-père Appius Silanus, ses deux gendres, Pompeius Magnus et Lucianus Silanus, Crassus beau-père de sa fille, cet homme si sobre (4) et en tout si semblable à lui, Scribonie belle-mère de sa fille, Messaline sa propre femme, et mille autres dont les noms ne finiroient point; j'opine qu'il soit sévèrement puni, qu'on ne lui permette plus de siéger en justice, qu'enfin banni sans retard il ait à vider l'Olympe en trois jours, et le ciel en un mois.

Cet avis fut suivi tout d'une voix. A l'instant le Cyllénien (5) lui tordant le cou, le tire au séjour

D'où nul, dit on, ne retourna jamais.

(1) Par l'adoption de Drusus, Auguste étoit l'aïeul de Claude, mais il étoit aussi son grand-oncle par la jeune Antonia, mère de Claude et nièce d'Auguste.

(2) M. Silanus. — (3) Pompeius Magnus.

(4) Je n'ai guère besoin, je crois, d'avertir que ce mot est pris ironiquement. Suétone, après avoir dit qu'en tout temps, en tout lieu, Claude étoit toujours prêt à manger et boire, ajoute qu'un jour, ayant senti de son tribunal l'odeur du dîner des saliens, il planta là toute l'audience, et courut se mettre à table avec eux.

(5) Mercure.

En descendant par la voie sacrée ils trouvent un grand concours dont Mercure demande la cause. Parions, dit-il, que c'est sa pompe funèbre: et en effet, la beauté du convoi, où l'argent n'avoit pas été épargné, annonçoit bien l'enterrement d'un dieu. Le bruit des trompettes, des cors, des instrumens de toute espèce, et surtout de la foule, étoit si grand que Claude lui-même pouvoit l'entendre. Tout le monde étoit dans l'allégresse; le peuple romain marchoit légèrement comme ayant secoué ses fers. Agathon et quelques chicaneurs pleuroient tout bas dans le fond du cœur. Les jurisconsultes, maigres, exténués (1), commençoient à respirer et sembloient sortir du tombeau. Un d'entre eux, voyant les avocats la tête basse déplorer leur perte, leur dit en s'approchant: Ne vous le disois-je pas, que les saturnales ne dureroient pas toujours?

Claude en voyant ses funérailles comprit enfin qu'il étoit mort. On lui beugloit à pleine tête ce chant funèbre en jolis vers heptasyllabes:

O cris! ô perte! ô douleurs:
De nos funèbres clameurs
Faisons retentir la place:
Que chacun se contrefasse:
Crions d'un commun accord,
Ciel! ce grand homme est donc mort!
Il est donc mort ce grand homme!
Hélas! vous savez tous comme,
Sous la force de son bras,
Il mit tout le monde à bas.
Falloit-il vaincre à la course;
Falloit-il jusque sous l'ourse,
Des Bretons presque ignorés,
Du Cauce aux cheveux dorés,
Mettre l'orgueil à la chaîne,
Et sous la hache romaine
Faire trembler l'Océan;
Falloit-il, en moins d'un an,
Dompter le Parthe rebelle;
Falloit-il d'un bras fidèle
Bander l'arc, lancer des traits
Sur des ennemis défaits,
Et d'une audace guerrière
Blesser le Mède au derrière;
Notre homme étoit prêt à tout,
De tout il venoit à bout.
Pleurons ce nouvel oracle,
Ce grand prononceur d'arrêts,
Ce Minos que par miracle
Le ciel forma tout exprès.
Ce phénix des beaux génies
N'épuisoit point les parties
En plaidoyers superflus;
Pour juger sans se méprendre

(1) Un juge qui n'avoit d'autre loi que sa volonté donnoit peu d'ouvrage à ces messieurs-là.

Il lui suffisoit d'entendre
Une des deux tout au plus.
Quel autre toute l'année
Voudra siéger désormais,
Et n'avoir, dans la journée,
De plaisir que les procès?
Minos, cédez-lui la place;
Déjà son ombre vous chasse
Et va juger aux enfers.
Pleurez, avocats à vendre;
Vos cabinets sont déserts.
Rimeurs qu'il daignoit entendre,
A qui lirez-vous vos vers?
Et vous, qui comptiez d'avance
Des cornets et de la chance
Tirer un ample trésor,
Pleurez, brelandier célèbre,
Bientôt un bûcher funèbre
Va consumer tout votre or.

Claude se délectoit à entendre ses louanges, et auroit bien voulu s'arrêter plus long-temps; mais le héraut des dieux, lui mettant la main au collet et lui enveloppant la tête de peur qu'il ne fût reconnu, l'entraîna par le champ de Mars, et le fit descendre aux enfers entre le Tibre et la voie couverte.

Narcisse ayant coupé par un plus court chemin, vint frais, sortant du bain, au-devant de son maître, et lui dit : Comment! les dieux chez les hommes! Allons, allons, dit Mercure, qu'on se dépêche de nous annoncer. L'autre voulant s'amuser à cajoler son maître, il le hâta d'aller à coups de caducée, et Narcisse partit sur-le-champ. La pente est si glissante, et l'on descend si facilement, que, tout goutteux qu'il étoit, il arrive en un moment à la porte des enfers. A sa vue, le monstre aux cent têtes dont parle Horace s'agite, hérisse ses horribles crins; et Narcisse, accoutumé aux caresses de sa jolie levrette blanche, éprouva quelque surprise à l'aspect d'un grand vilain chien noir à long poil, peu agréable à rencontrer dans l'obscurité. Il ne laissa pas pourtant de s'écrier à haute voix : Voici Claude César. Aussitôt une foule s'avance en poussant des cris de joie et chantant,

Il vient, réjouissons-nous.

Parmi eux étoient Caïus Silius, consul désigné, Junius Prætorius, Sextius Trallus, Helvius Trogus, Cotta Tectus, Valens, Fabius, chevaliers romains que Narcisse avoit tous expédiés. Au milieu de la troupe chantante étoit le pantomime Mnester, à qui sa beauté avoit coûté la vie. Bientôt le bruit que Claude arrivoit parvint jusqu'à Messaline; et l'on vit accourir les premiers au-devant de lui ses affranchis Polybe, Myron, Harpocrate, Amphæus et Pheronacte, qu'il avoit envoyés devant pour préparer sa maison. Suivoient les deux préfets Justus Catonius, et Rufus fils de Pompée; puis ses amis Saturnius Lucius, et Pedo Pompeius, et Lupus, et Celer Asinius consulaires; enfin la fille de son frère, la fille de sa sœur, son gendre, son beau-père, sa belle-mère, et presque tous ses parens. Toute cette troupe accourt au-devant de Claude, qui les voyant s'écria : Bon! je trouve partout des amis! Par quel hasard êtes-vous ici?

Comment, scélérat! dit Pedo Pompeius, par quel hasard? et qui nous y envoya que toi-même, bourreau de tous tes amis? Viens, viens devant le juge; ici je t'en montrerai le chemin. Il le mène au tribunal d'Éaque, lequel précisément se faisoit rendre compte de la loi Cornelia sur les meurtriers. Pedo fait inscrire son homme, et présente une liste de trente sénateurs, trois cent quinze chevaliers romains, deux cent vingt-un citoyens et d'autres en nombre infini tous tués par ses ordres.

Claude effrayé tournoit les yeux de tous côtés pour chercher un défenseur; mais aucun ne se présentoit. Enfin, P. Petronius, son ancien convive et beau parleur comme lui, requit vainement d'être admis à le défendre. Pedo l'accuse à grands cris, Petrone tâche de répondre; mais le juste Éaque le fait taire, et, après avoir entendu seulement l'une des parties, condamne l'accusé en disant :

Il est traité comme il traita les autres.

A ces mots il se fit un grand silence. Tout le monde, étonné de cette étrange forme, la soutenoit sans exemple; mais Claude la trouva plus inique que nouvelle. On disputa long-temps sur la peine qui lui seroit imposée. Quelques-uns disoient qu'il falloit faire un échange; que Tantale mourroit de soif s'il n'étoit secouru; qu'Ixion avoit besoin d'enrayer, et Sisyphe de reprendre haleine : mais comme relâcher un vétéran, c'eût été laisser à Claude l'espoir d'obtenir un jour la même grâce, on aima mieux imaginer quelque nouveau supplice qui, l'assujettissant à un vain travail, irritât incessamment sa cupidité par une espérance illusoire. Éaque ordonna donc qu'il jouât aux dés ave un cornet percé, et d'abord on le vit se tourmenter inutilement à courir après ses dés :

Car à peine agitant le mobile cornet
Aux dés prêts à partir il demande sonnet (*),
Que, malgré tous ses soins, entre ses doigts avides,
Du cornet défoncé, panier des Danaïdes,
Il sent couler les dés; ils tombent et souvent
Sur la terre, entraîné par ses gestes rapides,
Son bras avec effort jette un cornet de vent.
Ainsi pour terrasser son adroit adversaire (1)
Sur l'arène un athlète, enflammé de colère,
Du ceste qu'il élève espère le frapper;
L'autre gauchit, esquive, a le temps d'échapper;
Et le coup, frappant l'air avec toute sa force,
Au bras qui l'a porté donne une rude entorse.

Là-dessus, Caligula, paroissant tout à coup, se mit à le réclamer comme son esclave. Il produisoit des témoins qui l'avoient vu le charger de soufflets et d'étrivières. Aussitôt il lui fut adjugé par Éaque; et Caligula le donna à Ménandre son affranchi, pour en faire un de ses gens.

(*) *Sonnet* est ici pour la rime; il faut *sonnez*. M. P.

(1) J'ai pris la liberté de substituer cette comparaison à celle de Sisyphe, employée par Sénèque, et trop rebattue depuis cet auteur.

TRADUCTION

DE L'ODE DE JEAN PUTHOD (*),

Sur le mariage de CHARLES-EMMANUEL, roi de Sardaigne et duc de Savoie, avec la princesse ÉLISABETH DE LORRAINE.

Muse, vous exigez de moi que je consacre au roi de nouveaux chants ; inspirez-moi donc des vers dignes d'un si grand monarque.

Le terrible dieu des combats avoit semé la discorde entre les peuples de l'Europe : toute l'Italie retentissoit du bruit des armes, pendant que la triste Paix entendoit du fond d'un antre obscur les tumultes furieux excités par les humains, et voyoit les campagnes inondées de nouveaux flots de sang. Elle distingue de loin un héros enflammé par sa valeur ; c'est Charles qu'elle reconnoît, chargé de glorieuses dépouilles. La déesse l'aborde en soupirant, et tâche de le fléchir par ses larmes.

Prince, lui dit-elle, quels charmes trouvez-vous dans l'horreur du carnage ? Épargnez des ennemis vaincus ; épargnez-vous vous-même, et n'exposez plus votre tête sacrée à de si grands périls ; le cruel Mars vous a trop long-temps occupé. Vous êtes chargé d'une ample moisson de palmes ; il est temps désormais que la paix ait part à vos soins, et que vous livriez votre cœur à des sentimens plus doux. Pour le prix de cette paix, les dieux vous ont destiné une jeune et divine princesse du sang des rois, illustre par tant de héros que l'auguste maison de Lorraine a produits, et qu'elle compte parmi ses ancêtres. Un si digne présent est la récompense de vos vertus royales, de votre amour pour l'équité, de la sainteté de vos mœurs, et de cette douce humanité si naturelle à votre âme pure.

Le monarque acquiesce aux exhortations des dieux. Hâtez-vous, généreuse princesse ;

(*) Il nous a paru inutile d'imprimer le texte latin ou italien pour les morceaux traduits de Tacite, de Sénèque et du Tasse qui font partie de ce volume, parce que ces auteurs sont entre les mains de tout le monde. Le même motif n'existant pas pour l'ode latine de J. Puthod, nous avons cru convenable d'en joindre ici le texte à la traduction.

In nuptias CAROLI EMMANUELIS *invictissimi Sardiniæ regis, ducis Sabaudiæ, etc.; et reginæ augustissimæ* ELISABETHÆ A LOTHARINGIA.

Ergò nunc vatem, mea musa, regi
Plectra jussisti nova dedicare ?
Ergò da magnum celebrare digno
Carmine regem.

Inter Europæ populos furorem
Impius belli deus excitàrat ;
Omnis armorum strepitu fremebat
Itala tellus.

Interim cæco latitans sub antro
Mœsta Pax diros hominum tumultus
Audit, udantesque videt recenti
Sanguine campos.

Cernit heroem procul æstuantem ;
Carolum agnoscit spoliis onustum ;
Diva suspirans adit, atque mentem
Flectere tentat.

Te quid armorum juvat, inquit, horror ?
Parce jam victis, tibi parce, princeps,
Ne caput sacrum per aperta belli
Mitte pericla.

Te diù Mavors ferus occupavit
Teque palmarum seges ampla ditat ;
Nunc plus pacem cole, mitiores
Concipe sensus.

Ecce divinam super puellam,
Præmium pacis, tibi destinàrunt
Sanguinem regum, Lotharæque claram
Stemmate gentis.

Scilicet tantum meruère munus
Regiæ dotes, amor unus æqui,
Sanctitas morum pietasque castæ
Hospita mentis.

Paruit princeps monitis deorum.
Ergò festina, generosa virgo,
Nec soror, nec te lacrymis moretur
Anxia mater.

ne vous laissez point retarder par les larmes d'une sœur et d'une mère affligées. Que ces monts couverts de neige, dont le sommet se perd dans les cieux, ne vous effraient point : leurs cimes élevées s'abaisseront pour favoriser votre passage.

Voyez avec quel cortége brillant marche cette charmante épouse ; les grâces environnent son char, et son visage modeste est fait pour plaire.

Cependant le roi écoute avec empressement tous les éloges que répand la renommée. Il part, accompagné d'une cour pompeuse. Il vole, emporté par l'impatience de son amour. Tel que l'éclatant Phœbus efface dans le ciel, par la vivacité de ses rayons, la lumière des autres astres ; ainsi brille cet auguste prince au milieu de tous ses courtisans.

Charles, généreux sang des héros, quels accords assez sublimes, quels vers assez majestueux pourrai-je employer pour chanter dignement les vertus de ta grande âme et l'intrépidité de ta valeur ? Ce sera, grand prince, en méditant sur les hauts faits de tes magnanimes aïeux que leur vertu a consacrés : car tu cours à la gloire par le même chemin qu'ils ont pris pour y parvenir.

Soit que tu remportes de la guerre les plus glorieux trophées, ou qu'en paix tu cultives les beaux-arts, mille monumens illustres témoignent la grandeur de ton règne.

Mais redoublez vos chants d'allégresse ; je vois arriver cette reine divine que le ciel accorde à nos vœux. Elle vient ; c'est elle qui a ramené de doux loisirs parmi les peuples. A son abord l'hiver fuit ; toutes les routes se parent d'une herbe tendre ; les champs brillent de verdure et se couvrent de fleurs. Aussitôt les maîtres et les serviteurs quittent leur labourage, et accourent pleins de joie. Royale épouse, les cœurs volent de toutes parts au-devant de vous.

Voyez comment, au milieu des torrens d'une flamme bruyante, le feu prend toutes sortes de figures ; voyez fuir la nuit ; voyez cette pluie d'astres qui semblent se détacher du ciel.

Le bruit se fait entendre dans les montagnes, et passe bien loin au-dessus de leurs cimes massives ; les sapins d'alentour étonnés en frémissent, et les échos des Alpes en redoublent le retentissement.

Vivez, bon roi ; parcourez la plus longue carrière. Vivez de même, digne épouse. Que votre postérité vive éternellement, et donne ses lois à la Savoie.

Montium nec te nive candidorum
Terreat surgens super astra moles
Se tibi sensim juga celsa prono
Culmine sistent.

Cernis ? ô quantâ speciosa pompâ
Ambulat ! currum teneri lepores
Ambiunt, sponsæ sedet et modestæ
Gratia vultu.

Rex ut attentâ bibit aure famam !
Splendidâ latè comitatus aulâ,
Ecce confestìm volat inquieto
Raptus amore.

Qualis in cœlo radiis coruscans
Vulgus astrorum tenebris recondit
Phœbus, augusto micat inter omnes
Lumine princeps.

Carole, heroum generose sanguis,
Quâ lyrâ vel quo satis ore possim
Mentis excelsæ titulos et ingens
Dicere pectus ?

Nempè magnorum meditans avorum
Facta, quos virtus sua consecravit,
Arte quâ cœlum meruêre, cœlum
Scandere tendis.

Clara seu bello referas trophæa,
Seu colas artes placidus quietas,
Mille te monstrant monumenta magnum
Inclita regem.

Venit, ô ! festos geminate plausus ;
Venit optanti data diva terræ,
Blanda quæ tandem populis revexit
Otia, venit.

Hujus adventu, fugiente brumâ,
Omnis aprili via ridet herbâ ;
Floribus spirant, viridique lucent
Gramine campi.

Protinùs pagis benè feriatis
Exeunt læti proceres, coloni ;
Obviàm passim tibi corda currunt,
Regia conjux.

Aspicis ? Crebrâ crepitante flammâ,
Ignis ut cunctas simulat figuras,
Ut fugat noctem, riguis ut æther
Depluit astris.

Audiunt colles, et opaca longè
Colla submittunt, trepidæque circùm
Contremunt pinus, iteratque voces
Alpibus Echo.

Vive ter centum, bone rex, per annos ;
Sic thori consors bona, vive ; vestrum
Vivat æternùm genus, et Sabaudis
Imperet arvis.

Offerebat regi, etc.

JOHANNES PUTHOD, *canonicus Ruvensis.* G. P.

OLINDE ET SOPHRONIE,

ÉPISODE,

Tiré du second chant de la Jérusalem délivrée, du Tasse (*).

Tandis que le tyran se prépare à la guerre, Ismène un jour se présente à lui; Ismène, qui de dessous la tombe peut faire sortir un corps mort, et lui rendre le sentiment et la parole; Ismène, qui peut, au son des paroles magiques, effrayer Pluton jusqu'en son palais, qui commande aux démons en maître, les emploie à ses œuvres impies, et les enchaîne ou délie à son gré.

Chrétien jadis, aujourd'hui mahométan, il n'a pu quitter tout-à-fait ses anciens rites, et, les profanant à de criminels usages, mêle et confond ainsi les deux lois qu'il connoît mal. Maintenant, du fond des antres où il exerce ses arts ténébreux, il vient à son seigneur dans le danger public : à mauvais roi, pire conseiller.

Sire, dit-il, la formidable et victorieuse armée arrive. Mais nous, remplissons nos devoirs; le ciel et la terre seconderont notre courage. Doué de toutes les qualités d'un capitaine et d'un roi, vous avez de loin tout prévu, vous avez pourvu à tout; et, si chacun s'acquitte ainsi de sa charge, cette terre sera le tombeau de vos ennemis.

Quant à moi, je viens de mon côté partager vos périls et vos travaux. J'y mettrai pour ma part les conseils de la vieillesse et les forces de l'art magique. Je contraindrai les anges bannis du ciel à concourir à mes soins. Je veux commencer mes enchantemens par une opération dont il faut vous rendre compte.

Dans le temple des chrétiens, sur un autel souterrain, est une image de celle qu'ils adorent, et que leur peuple ignorant fait la mère de leur dieu, né, mort, et enseveli. Le simulacre, devant lequel une lampe brûle sans cesse, est enveloppé d'un voile, et entouré d'un grand nombre de vœux suspendus en ordre, et que les crédules dévots y portent de toutes parts.

Il s'agit d'enlever de là cette effigie, et de la transporter de vos propres mains dans votre mosquée; là j'y attacherai un charme si fort, qu'elle sera, tant qu'on l'y gardera, la sauvegarde de vos portes; et, par l'effet d'un nouveau mystère, vous conserverez dans vos murs un empire inexpugnable.

A ces mots, le roi persuadé court impatient à la maison de Dieu, force les prêtres, enlève sans respect le chaste simulacre, et le porte à ce temple impie où un culte insensé ne fait qu'irriter le ciel. C'est là, c'est dans ce lieu profane et sur cette sainte image, que le magicien murmure ses blasphèmes.

Mais, le matin du jour suivant, le gardien du temple immonde ne vit plus l'image où elle étoit la veille, et, l'ayant cherchée en vain de tous côtés, courut avertir le roi, qui, ne doutant pas que les chrétiens ne l'eussent enlevée, en fut transporté de colère.

Soit qu'en effet ce fût un coup d'adresse d'une main pieuse, ou un prodige du ciel indigné que l'image de sa souveraine soit prostituée en un lieu souillé, il est édifiant, il est juste de faire céder le zèle et la piété des hommes, et de croire que le coup est venu d'en haut.

(*) On ignore l'époque précise où Rousseau traduisit cet épisode. On sait seulement que ce fut dans les dernières années de sa vie. M. P.

Le roi fit faire dans chaque église et dans chaque maison la plus importune recherche, et décerna de grands prix et de grandes peines à qui révéleroit ou recéleroit le vol. Le magicien de son côté déploya sans succès toutes les forces de son art pour en découvrir l'auteur : le ciel, au mépris de ses enchantemens et de lui, tint l'œuvre secrète, de quelque part qu'elle pût venir.

Mais le tyran, furieux de se voir cacher le délit qu'il attribue toujours aux fidèles, se livre contre eux à la plus ardente rage. Oubliant toute prudence, tout respect humain, il veut, à quelque prix que ce soit, assouvir sa vengeance. « Non, non, s'écrioit-il, la menace ne » sera pas vaine; le coupable a beau se cacher, » il faut qu'il meure; ils mourront tous, et lui » avec eux.

» Pourvu qu'il n'échappe pas, que le juste, » que l'innocent périsse : qu'importe? Mais » qu'ai-je dit? l'innocent! Nul ne l'est; et dans » cette odieuse race en est-il un seul qui ne soit » notre ennemi? Oui, s'il en est d'exempts de ce » délit, qu'ils portent la peine due à tous pour » leur haine; que tous périssent; l'un comme » voleur, et les autres comme chrétiens. Venez, » mes loyaux, apportez la flamme et le fer; » tuez et brûlez sans miséricorde. »

C'est ainsi qu'il parle à son peuple. Le bruit de ce danger parvient bientôt aux chrétiens. Saisis, glacés d'effroi par l'aspect de la mort prochaine, nul ne songe à fuir ni à se défendre; nul n'ose tenter les excuses ni les prières. Timides, irrésolus, ils attendoient leur destinée, quand ils virent arriver leur salut d'où ils l'espéroient le moins.

Parmi eux étoit une vierge déjà nubile, d'une âme sublime, d'une beauté d'ange, qu'elle néglige, ou dont elle ne prend que les soins dont l'honnêteté se pare; et ce qui ajoute au prix de ses charmes, dans les murs d'une étroite enceinte elle les soustrait aux yeux et aux vœux des amans.

Mais est-il des murs que ne perce quelque rayon d'une beauté digne de briller aux yeux et d'enflammer les cœurs? Amour, le souffrirois-tu? Non; tu l'as révélée aux jeunes désirs d'un adolescent. Amour, qui, tantôt Argus et tantôt aveugle, éclaires les yeux de ton flambeau ou les voiles de ton bandeau, malgré tous les gardiens, toutes les clôtures, jusque dans les plus chastes asiles tu sus porter un regard étranger.

Elle s'appelle Sophronie, Olinde est le nom du jeune homme : tous deux ont la même patrie et la même foi. Comme il est modeste autant qu'elle est belle, il désire beaucoup, espère peu, ne demande rien, et ne sait ou n'ose se découvrir. Elle, de son côté, ne le voit pas, ou n'y pense pas, ou le dédaigne; et le malheureux perd ainsi ses soins ignorés, mal connus, ou mal reçus.

Cependant on entend l'horrible proclamation, et le moment du massacre approche. Sophronie, aussi généreuse qu'honnête, forme le projet de sauver son peuple. Si sa modestie l'arrête, son courage l'anime et triomphe, ou plutôt ces deux vertus s'accordent et s'illustrent mutuellement.

La jeune vierge sort seule au milieu du peuple. Sans exposer ni cacher ses charmes, en marchant elle recueille ses yeux, resserre son voile, et en impose par la réserve de son maintien. Soit art ou hasard, soit négligence ou parure, tout concourt à rendre sa beauté touchante. Le ciel, la nature, et l'amour, qui la favorisent, donnent à ses négligences l'effet de l'art.

Sans daigner voir les regards qu'elle attire à son passage, et sans détourner les siens, elle se présente devant le roi, ne tremble point en voyant sa colère, et soutient avec fermeté son féroce aspect. Seigneur, lui dit-elle, daignez suspendre votre vengeance et contenir votre peuple. Je viens vous découvrir et vous livrer le coupable que vous cherchez, et qui vous a si fort offensé.

A l'honnête assurance de cet abord, à l'éclat subit de ces chastes et fières grâces, le roi, confus et subjugué, calme sa colère et adoucit son visage irrité. Avec moins de sévérité, lui dans l'âme, elle sur le visage, il en devenoit amoureux. Mais une beauté revêche ne prend point un cœur farouche, et les douces manières sont les amorces de l'amour.

Soit surprise, attrait, ou volupté, plutôt qu'attendrissement, le barbare se sentit ému. Déclare-moi tout, lui dit-il; voilà que j'ordonne qu'on épargne ton peuple. Le coupable, reprit-elle, est devant vos yeux; voilà la main dont ce vol est l'œuvre. Ne cherchez personne autre; c'est moi qui ai ravi l'image, et je suis celle que vous devez punir.

C'est ainsi que, se dévouant pour le salut de son peuple, elle détourne courageusement le malheur public sur elle seule. Le tyran, quelque temps irrésolu, ne se livre pas si tôt à sa furie accoutumée. Il l'interroge. Il faut, dit-il, que tu me déclares qui t'a donné ce conseil, et qui t'a aidée à l'exécuter.

Jalouse de ma gloire, je n'ai voulu, répond-elle, en faire part à personne. Le projet, l'exécution, tout vient de moi seule, et seule j'ai su mon secret. C'est donc sur toi seule, lui dit le roi, que doit tomber ma vengeance. Cela est juste, reprend-elle; je dois subir toute la peine, comme j'ai remporté tout l'honneur.

Ici le courroux du tyran commence à se rallumer. Il lui demande où elle a caché l'image. Elle répond : Je ne l'ai point cachée, je l'ai brûlée, et j'ai cru faire une œuvre louable de la garantir ainsi des outrages des mécréans. Seigneur, est-ce le voleur que vous cherchez? il est en votre présence. Est-ce le vol? vous ne le reverrez jamais.

Quoiqu'au reste ces noms de voleur et de vol ne conviennent ni à moi ni à ce que j'ai fait, rien n'est plus juste que de reprendre ce qui fut pris injustement. A ces mots, le tyran pousse un cri menaçant, sa colère n'a plus de frein. Vertu, beauté, courage, n'espérez plus trouver grâce devant lui. C'est en vain que, pour la défendre d'un barbare dépit, l'amour lui fait un bouclier de ses charmes.

On la saisit. Rendu à toute sa cruauté, le roi la condamne à périr sur un bûcher. Son voile, sa chaste mante, lui sont arrachés; ses bras délicats sont meurtris de rudes chaînes. Elle se tait; son âme forte, sans être abattue, n'est pas sans émotion; et les roses éteintes sur son visage y laissent la candeur de l'innocence plutôt que la pâleur de la mort.

Cet acte héroïque aussitôt se divulgue. Déjà le peuple accourt en foule. Olinde accourt aussi tout alarmé. Le fait étoit sûr, la personne encore douteuse : ce pouvoit être la maîtresse de son cœur. Mais sitôt qu'il aperçoit la belle prisonnière en cet état, sitôt qu'il voit les ministres de sa mort occupés à leur dur office, il s'élance, il heurte la foule,

Et crie au roi : Non, non : ce vol n'est point de son fait, c'est par folie qu'elle s'en ose vanter. Comment une jeune fille sans expérience pourroit-elle exécuter, tenter, concevoir même une pareille entreprise? comment a-t-elle trompé les gardes? comment s'y est-elle prise pour enlever la sainte image? Si elle l'a fait, qu'elle s'explique. C'est moi, sire, qui ai fait le coup. Tel fut, tel fut l'amour dont même sans retour il brûla pour elle.

Il reprend ensuite : Je suis monté de nuit jusqu'à l'ouverture par où l'air et le jour entrent dans votre mosquée, tentant des routes presque inaccessibles, j'y suis entré par un passage étroit. Que celle-ci cesse d'usurper la peine qui m'est due : j'ai seul mérité l'honneur de la mort; c'est à moi qu'appartiennent ces chaînes, ce bûcher, ces flammes : tout cela n'est destiné que pour moi.

Sophronie lève sur lui les yeux : la douceur, la pitié, sont peintes dans ses regards. Innocent infortuné, lui dit-elle, que viens-tu faire ici? Quel conseil t'y conduit? quelle fureur t'y traîne? Crains-tu que sans toi mon âme ne puisse supporter la colère d'un homme irrité? Non, pour une seule mort je me suffis à moi seule, et je n'ai pas besoin d'exemple pour apprendre à la souffrir.

Ce discours qu'elle tient à son amant ne le fait point rétracter ni renoncer à son dessein. Digne et grand spectacle où l'amour entre en lice avec la vertu magnanime, où la mort est le prix du vainqueur, et la vie la peine du vaincu! Mais, loin d'être touché de ce combat de constance et de générosité, le roi s'en irrite,

Et s'en croit insulté, comme si ce mépris du supplice retomboit sur lui. Croyons-en, dit-il, à tous deux; qu'ils triomphent l'un et l'autre, et partagent la palme qui leur est due. Puis il fait signe aux sergens, et dans l'instant Olinde est dans les fers. Tous deux liés et adossés au même pieu, ne peuvent se voir en face.

On arrange autour d'eux le bûcher; et déjà l'on excite la flamme, quand le jeune homme, éclatant en gémissemens, dit à celle avec laquelle il est attaché : C'est donc là le lien duquel j'espérois m'unir à toi pour la vie! C'est donc là ce feu dont nos cœurs devoient brûler ensemble!

O flammes! ô nœuds qu'un sort cruel nous destine! hélas! vous n'êtes pas ceux que l'amour m'avoit promis! Sort cruel qui nous sépara durant la vie, et nous joint plus durement encore à la mort! Ah! puisque tu dois la subir aussi funeste, je me console, en la partageant avec toi, de t'être uni sur ce bûcher, n'ayant pu l'être à la couche nuptiale. Je pleure, mais sur ta triste destinée, et non sur la mienne, puisque je meurs à tes côtés.

Oh! que la mort me sera douce, que les tourmens me seront délicieux, si j'obtiens qu'au dernier moment, tombant l'un sur l'autre, nos bouches se joignent pour exhaler et recevoir au même instant nos derniers soupirs! Il parle, et ses pleurs étouffent ses paroles. Elle le tance avec douceur, et le remontre en ces termes :

Ami, le moment où nous sommes exige d'autres soins et d'autres regrets! Ah! pense, pense à tes fautes et au digne prix que Dieu promet aux fidèles : souffre en son nom; les tourmens te seront doux. Aspire avec joie au séjour céleste : vois le ciel comme il est beau; vois le soleil, dont il semble que l'aspect riant nous appelle et nous console.

A ces mots, tout le peuple païen éclate en sanglots, tandis que le fidèle ose à peine gémir à plus basse voix. Le roi même, le roi sent au fond de son âme dure je ne sais quelle émotion prête à l'attendrir; mais, en la pressentant, il s'indigne, s'y refuse, détourne les yeux, et part sans vouloir se laisser fléchir. Toi seule, ô Sophronie! n'accompagne point le deuil général; et, quand tout pleure sur toi, toi seule ne pleures pas!

En ce péril pressant survient un guerrier, ou paroissant tel, d'une haute et belle apparence, dont l'armure et l'habillement étranger annonçoient qu'il venoit de loin : le tigre, fameuse enseigne qui couvre son casque, attira tous les yeux, et fit juger avec raison que c'étoit Clorinde.

Dès l'âge le plus tendre elle méprisa les mignardises de son sexe : jamais ses courageuses mains ne daignèrent toucher le fuseau, l'aiguille et les travaux d'Arachné; elle ne voulut ni s'amollir par des vêtemens délicats, ni s'environner timidement de clôtures. Dans les camps même, la vraie honnêteté se fait respecter, et partout sa force et sa vertu fut sa sauvegarde : elle arma de fierté son visage, et se plut à le rendre sévère; mais il charme, tout sévère qu'il est.

D'une main encore enfantine elle apprit à gouverner le mors d'un coursier, à manier la pique et l'épée; elle endurcit son corps sur l'arène, se rendit légère à la course; sur les rochers, à travers les bois, suivit à la piste les bêtes féroces; se fit guerrière enfin, et, après avoir fait la guerre en homme aux lions dans les forêts, combattit en lion dans les camps parmi les hommes.

Elle venoit des contrées persanes pour résister de toute sa force aux chrétiens : ce n'étoit pas la première fois qu'ils éprouvoient son courage : souvent elle avoit dispersé leurs membres sur la poussière et rougi les eaux de leur sang. L'appareil de mort qu'elle aperçoit en arrivant la frappe : elle pousse son cheval, et veut savoir quel crime attire un tel châtiment.

La foule s'écarte; et Clorinde, en considérant de près les deux victimes attachées ensemble, remarque le silence de l'une et les gémissemens de l'autre. Le sexe le plus foible montre en cette occasion plus de fermeté; et, tandis qu'Olinde pleure de pitié plutôt que de crainte, Sophronie se tait, et, les yeux fixés vers le ciel, semble avoir déjà quitté le séjour terrestre.

Clorinde, encore plus touchée du tranquille silence de l'une que des douloureuses plaintes de l'autre, s'attendrit sur leur sort jusqu'aux larmes; puis, se tournant vers un vieillard qu'elle aperçut auprès d'elle : Dites-moi, je vous prie, lui demanda-t-elle, qui sont ces jeunes gens, et pour quel crime ou par quel malheur ils souffrent un pareil supplice.

Le vieillard en peu de mots ayant pleinement satisfait à sa demande, elle fut frappée d'étonnement; et, jugeant bien que tous deux étoient innocens, elle résolut, autant que le pourroient sa prière ou ses armes, de les garantir de la mort. Elle s'approche, en faisant retirer la flamme prête à les atteindre : elle parle ainsi à ceux qui l'attisoient :

Qu'aucun de vous n'ait l'audace de poursuivre cette cruelle œuvre jusqu'à ce que j'aie parlé au roi : je vous promets qu'il ne vous saura pas mauvais gré de ce retard. Frappés de son air grand et noble, les sergens obéirent : alors elle s'achemina vers le roi, et le rencontra qui venoit au-devant d'elle.

Seigneur, lui dit-elle, je suis Clorinde; vous m'avez peut-être ouï nommer quelquefois. Je viens m'offrir pour défendre avec vous la foi commune et votre trône : ordonnez; soit en pleine campagne ou dans l'enceinte des murs, quelque emploi qu'il vous plaise m'assigner, je l'accepte, sans craindre les plus périlleux ni dédaigner les plus humbles.

Quel pays, lui répond le roi, est si loin de l'Asie et de la route du soleil, où l'illustre nom de Clorinde ne vole pas sur les ailes de la gloire? Non, vaillante guerrière, avec vous je n'ai plus ni doute ni crainte; et j'aurois moins de confiance en une armée entière venue à mon secours, qu'en votre seule assistance.

Oh! que Godefroi n'arrive-t-il à l'instant même! Il vient trop lentement à mon gré. Vous me demandez un emploi? Les entreprises difficiles et grandes sont les seules dignes de vous : commandez à nos guerriers; je vous nomme leur général. La modeste Clorinde lui rend grâce, et reprend ensuite :

C'est une chose bien nouvelle sans doute que le salaire précède les services; mais ma confiance en vos bontés me fait demander, pour prix de ceux que j'aspire à vous rendre, la grâce de ces deux condamnés. Je les demande en pur don, sans examiner si le crime est bien avéré, si le châtiment n'est point trop sévère, et sans m'arrêter aux signes sur lesquels je préjuge leur innocence.

Je dirai seulement que, quoiqu'on accuse ici les chrétiens d'avoir enlevé l'image, j'ai quelque raison de penser autrement : cette œuvre du magicien fut une profanation de notre loi, qui n'admet point d'idoles dans nos temples, et moins encore celles des dieux étrangers.

C'est donc à Mahomet que j'aime à rapporter le miracle; et sans doute il l'a fait pour nous apprendre à ne pas souiller ses temples par d'autres cultes. Qu'Ismène fasse à son gré ses enchantemens, lui dont les exploits sont des maléfices : pour nous guerriers, manions le glaive; c'est là notre défense, et nous ne devons espérer qu'en lui.

Elle se tait; et, quoique l'âme colère du roi ne s'apaise pas sans peine, il voulut néanmoins lui complaire, plutôt fléchi par sa prière et par la raison d'état que par la pitié. Qu'ils aient, dit-il, la vie et la liberté : un tel intercesseur peut-il éprouver des refus? Soit pardon, soit justice, innocens je les absous, coupables je leur fais grâce.

Ils furent ainsi délivrés, et là fut couronné le sort vraiment aventureux de l'amant de Sophronie. Eh! comment refuseroit-elle de vivre avec celui qui voulut mourir pour elle? Du bûcher ils vont à la noce; d'amant dédaigné, de patient même, il devient heureux époux, et montra ainsi dans un mémorable exemple que les preuves d'un amour véritable ne laissent point insensible un cœur généreux.

LE LÉVITE D'ÉPHRAIM(*).

CHANT PREMIER.

Sainte colère de la vertu, viens animer ma voix : je dirai les crimes de Benjamin et les vengeances d'Israël; je dirai des forfaits inouïs, et des châtimens encore plus terribles. Mortels, respectez la beauté, les mœurs, l'hospitalité : soyez justes sans cruauté, miséricordieux sans foiblesse ; et sachez pardonner au coupable plutôt que de punir l'innocent.

O vous, hommes débonnaires, ennemis de toute inhumanité ; vous qui, de peur d'envisager les crimes de vos frères, aimez mieux les laisser impunis, quel tableau viens-je offrir à vos yeux ? Le corps d'une femme coupé par pièces, ses membres déchirés et palpitans envoyés aux douze tribus ; tout le peuple saisi d'horreur, élevant jusqu'au ciel une clameur unanime, et s'écriant de concert : Non, jamais rien de pareil ne s'est fait en Israël depuis le jour où nos pères sortirent d'Égypte jusqu'à ce jour. Peuple saint, rassemble-toi : prononce sur cet acte horrible, et décerne le prix qu'il a mérité. A de tels forfaits, *celui qui détourne* ses regards est un lâche, un déserteur de la justice; la véritable humanité les envisage pour les connoître, pour les juger, pour les détester. Osons entrer dans ces détails, et remontons à la source des guerres civiles qui firent périr une des tribus, et coûtèrent tant de sang aux autres. Benjamin, triste enfant de douleur, qui donnas la mort à ta mère, c'est de ton sein qu'est sorti le crime qui t'a perdu ; c'est ta race impie qui put le commettre, et qui devoit trop l'expier.

Dans les jours de liberté, où nul ne régnoit sur le peuple du Seigneur, il fut un temps de licence où chacun, sans reconnoître ni magistrat ni juge, étoit seul son propre maître et faisoit tout ce qui lui sembloit bon. Israël, alors épars dans les champs, avoit peu de grandes villes, et la simplicité de ses mœurs rendoit superflu l'empire des lois. Mais tous les cœurs n'étoient pas également purs, et les méchans trouvoient l'impunité du vice dans la sécurité de la vertu.

Durant un de ces courts intervalles de calme et d'égalité qui restent dans l'oubli, parce que nul n'y commande aux autres et qu'on n'y fait point de mal, un Lévite des monts d'Éphraïm vit dans Bethléem une jeune fille qui lui plut. Il lui dit : Fille de Juda, tu n'es pas de ma tribu, tu n'as point de frère ; tu es comme les filles de Salphaad, et je ne puis t'épouser selon la loi du Seigneur (¹). Mais mon cœur est à toi ; viens avec moi, vivons ensemble ; nous serons unis et libres ; tu feras mon bonheur, et je ferai le

(*) Composé au mois de juin 1762, pendant que Rousseau échappoit à la prise de corps décernée contre lui. Voyez les *Confessions*, tome I, pages 306 et 310 ; voyez aussi dans la Bible les chapitres 19, 20 et 21 du *Livre des Juges*.

(¹) *Nombres*, chap. XXXVI, v. 8. Je sais que les enfans de Lévi pouvoient se marier dans toutes les tribus, mais non dans le cas supposé.

tien. Le Lévite étoit jeune et beau; la jeune fille sourit; ils s'unirent, puis il l'emmena dans ses montagnes.

Là, coulant une douce vie, si chère aux cœurs tendres et simples, il goûtoit dans sa retraite les charmes d'un amour partagé; là, sur un sistre d'or fait pour chanter les louanges du Très-Haut, il chantoit souvent les charmes de sa jeune épouse. Combien de fois les coteaux du mont Hébal retentirent de ses aimables chansons! Combien de fois il la mena sous l'ombrage, dans les vallons de Sichem, cueillir des roses champêtres et goûter le frais au bord des ruisseaux! Tantôt il cherchoit dans les creux des rochers des rayons d'un miel doré dont elle faisoit ses délices; tantôt dans le feuillage des oliviers il tendoit aux oiseaux des piéges trompeurs, et lui apportoit une tourterelle craintive qu'elle baisoit en la flattant; puis, l'enfermant dans son sein, elle tressailloit d'aise en la sentant se débattre et palpiter. Fille de Bethléem, lui disoit-il, pourquoi pleures-tu toujours ta famille et ton pays? Les enfans d'Éphraïm n'ont-ils point aussi des fêtes? les filles de la riante Sichem sont-elles sans grâces et sans gaîté? les habitans de l'antique Atharot manquent-ils de force et d'adresse? Viens voir leurs jeux et les embellir. Donne-moi des plaisirs, ô ma bien-aimée! en est-il pour moi d'autres que les tiens?

Toutefois la jeune fille s'ennuya du Lévite, peut-être parce qu'il ne lui laissoit rien à désirer. Elle se dérobe et s'enfuit vers son père, vers sa tendre mère, vers ses folâtres sœurs. Elle y croit retrouver les plaisirs innocens de son enfance, comme si elle y portoit le même âge et le même cœur.

Mais le Lévite abandonné ne pouvoit oublier sa volage épouse. Tout lui rappeloit dans sa solitude les jours heureux qu'il avoit passés auprès d'elle, leurs jeux, leurs plaisirs, leurs querelles, et leurs tendres raccommodemens. Soit que le soleil levant dorât la cime des montagnes de Gelboé, soit qu'au soir un vent de mer vînt rafraîchir leurs roches brûlantes, il erroit en soupirant dans les lieux qu'avoit aimés l'infidèle; et la nuit, seul dans sa couche nuptiale, il abreuvoit son chevet de ses pleurs.

Après avoir flotté quatre mois entre le regret et le dépit, comme un enfant chassé du jeu par les autres feint n'en vouloir plus en brûlant de s'y remettre, puis enfin demande en pleurant d'y rentrer, le Lévite, entraîné par son amour, prend sa monture; et suivi de son serviteur avec deux ânes d'Épha chargés de ses provisions et de dons pour les parens de la jeune fille, il retourne à Bethléem pour se réconcilier avec elle, et tâcher de la ramener.

La jeune femme, l'apercevant de loin, tressaille, court au-devant de lui, et, l'accueillant avec caresses, l'introduit dans la maison de son père; lequel apprenant son arrivée, accourt aussi plein de joie, l'embrasse, le reçoit, lui, son serviteur, son équipage, et s'empresse à le bien traiter. Mais le Lévite ayant le cœur serré ne pouvoit parler; néanmoins, ému par le bon accueil de la famille, il leva les yeux sur sa jeune épouse, et lui dit : Fille d'Israël, pourquoi me fuis-tu? quel mal t'ai-je fait? La jeune fille se mit à pleurer en se couvrant le visage. Puis il dit au père : Rendez-moi ma compagne; rendez-la-moi pour l'amour d'elle; pourquoi vivroit-elle seule et délaissée? Quel autre que moi peut honorer comme sa femme celle que j'ai reçue vierge?

Le père regarda sa fille, et la fille avoit le cœur attendri du retour de son mari. Le père dit donc à son gendre : Mon fils, donnez-moi trois jours; passons ces trois jours dans la joie, et le quatrième jour, vous et ma fille partirez en paix. Le Lévite resta donc trois jours avec son beau-père et toute sa famille, mangeant et buvant familièrement avec eux : et la nuit du quatrième jour, se levant avant le soleil, il voulut partir. Mais son beau-père l'arrêtant par la main lui dit : Quoi! voulez-vous partir à jeun? Venez fortifier votre estomac, et puis vous partirez. Ils se mirent donc à table; et après avoir mangé et bu, le père lui dit : Mon fils, je vous supplie de vous réjouir avec nous encore aujourd'hui. Toutefois le Lévite se levant vouloit partir; il croyoit ravir à l'amour le temps qu'il passoit loin de sa retraite, livré à d'autres qu'à sa bien-aimée. Mais le père, ne pouvant se résoudre à s'en séparer, engagea sa fille d'obtenir encore cette journée; et la fille, caressant son mari, le fit rester jusqu'au lendemain.

Dès le matin, comme il étoit prêt à partir, il fut encore arrêté par son beau-père, qui le força de se mettre à table en attendant le grand jour; et le temps s'écouloit sans qu'ils s'en aperçussent. Alors le jeune homme s'étant levé pour partir avec sa femme et son serviteur, et ayant préparé toute chose : O mon fils, lui dit le père, vous voyez que le jour s'avance, et que le soleil est sur son déclin : ne vous mettez pas si tard en route : de grâce, réjouissez mon cœur encore le reste de cette journée; demain dès le point du jour vous partirez sans retard. Et, en disant ainsi, le bon vieillard étoit tout saisi; ses yeux paternels se remplissoient de larmes. Mais le Lévite ne se rendit point et voulut partir à l'instant.

Que de regrets coûta cette séparation funeste! Que de touchans adieux furent dits et recommencés! Que de pleurs les sœurs de la jeune fille versèrent sur son visage! Combien de fois elles la reprirent tour à tour dans leurs bras! Combien de fois sa mère éplorée, en la serrant derechef dans les siens, sentit les douleurs d'une nouvelle séparation! Mais son père, en l'embrassant, ne pleuroit pas : ses muettes étreintes étoient mornes et convulsives; des soupirs tranchans soulevoient sa poitrine. Hélas! il sembloit prévoir l'horrible sort de l'infortunée. Oh! s'il eût su qu'elle ne reverroit jamais l'aurore!... S'il eût su que ce jour étoit le dernier de ses jours!... Ils partent enfin, suivis des tendres bénédictions de toute leur famille, et de vœux qui méritoient d'être exaucés. Heureuse famille, qui, dans l'union la plus pure, coule au sein de l'amitié ses paisibles jours, et semble n'avoir qu'un cœur à tous ses membres! O innocence des mœurs, douceur d'âme, antique simplicité, que vous êtes aimables! Comment la brutalité du vice a-t-elle pu trouver place au milieu de vous? Comment les fureurs de la barbarie n'ont-elles pas respecté vos plaisirs?

CHANT SECOND.

Le jeune Lévite suivoit sa route avec sa femme, son serviteur et son bagage, transporté de joie de ramener l'amie de son cœur, et inquiet du soleil et de la poussière, comme une mère qui ramène son enfant chez la nourrice et craint pour lui les injures de l'air. Déjà l'on découvroit la ville de Jébus à main droite, et ses murs, aussi vieux que les siècles, leur offroient un asile aux approches de la nuit. Le serviteur dit donc à son maître : Vous voyez le jour prêt à finir; avant que les ténèbres nous surprennent, entrons dans la ville des Jébuséens, nous y chercherons un asile; et demain, poursuivant notre voyage, nous pourrons arriver à Géba.

A Dieu ne plaise, dit le Lévite, que je loge chez un peuple infidèle, et qu'un Cananéen donne le couvert au ministre du Seigneur! Non: mais allons jusques à Gabaa chercher l'hospitalité chez nos frères. Ils laissèrent donc Jérusalem derrière eux; ils arrivèrent après le coucher du soleil à la hauteur de Gabaa, qui est de la tribu de Benjamin. Ils se détournèrent pour y passer la nuit : et y étant entrés ils allèrent s'asseoir dans la place publique; mais nul ne leur offrit un asile, et ils demeuroient à découvert.

Hommes de nos jours, ne calomniez pas les mœurs de vos pères. Ces premiers temps, il est vrai, n'abondoient pas comme les vôtres en commodités de la vie; de vils métaux n'y suffisoient pas à tout : mais l'homme avoit des entrailles qui faisoient le reste; l'hospitalité n'étoit pas à vendre, et l'on n'y trafiquoit pas des vertus. Les fils de Jémini n'étoient pas les seuls, sans doute, dont les cœurs de fer fussent endurcis : mais cette dureté n'étoit pas commune. Partout avec la patience on trouvoit des frères; le voyageur dépourvu de tout ne manquoit de rien.

Après avoir attendu long-temps inutilement, le Lévite alloit détacher son bagage pour en faire à la jeune fille un lit moins dur que la terre nue, quand il aperçut un homme vieux revenant sur le tard de ses champs et de ses travaux rustiques. Cet homme étoit comme lui des monts d'Éphraïm, et il étoit venu s'établir autrefois dans cette ville parmi les enfans de Benjamin.

Le vieillard, élevant les yeux, vit un homme et une femme assis au milieu de la place, avec un serviteur, des bêtes de somme et du bagage. Alors, s'approchant, il dit au Lévite : Étranger, d'où êtes-vous? et où allez-vous? Lequel lui répondit : Nous venons de Bethléem, ville de Juda; nous retournons dans notre demeure sur le penchant du mont d'Éphraïm d'où nous étions venus : et maintenant nous cherchions l'hospice du Seigneur ; mais nul n'a voulu nous loger. Nous avons du grain pour nos animaux, du pain, du vin pour moi, pour votre servante, et pour le garçon qui nous suit ; nous avons tout ce qui nous est nécessaire, il nous manque seulement le couvert. Le vieillard lui répondit : Paix vous soit, mon frère ! vous ne resterez point dans la place : si quelque chose vous manque, que le crime en soit sur moi. Ensuite il les mena dans sa maison, fit décharger leur équipage, garnir le râtelier pour leurs bêtes ; et, ayant fait laver les pieds à ses hôtes, il leur fit un festin de patriarches, simple et sans faste, mais abondant.

Tandis qu'ils étoient à table avec leur hôte et sa fille [1], promise à un jeune homme du pays, et que, dans la gaîté d'un repas offert avec joie, ils se délassoient agréablement, les hommes de cette ville, enfans de Bélial, sans joug, sans frein, sans retenue, et bravant le ciel comme les Cyclopes de mont Etna, vinrent environner la maison, frappant rudement à la porte, et criant au vieillard d'un ton menaçant : Livre-nous ce jeune étranger que sans congé tu reçois dans nos murs ; que sa beauté nous paie le prix de cet asile, et qu'il expie ta témérité. Car ils avoient vu le Lévite sur la place, et, par un reste de respect pour le plus sacré de tous les droits, n'avoient pas voulu le loger dans leurs maisons pour lui faire violence ; mais ils avoient comploté de revenir le surprendre au milieu de la nuit ; et ayant su que le vieillard lui avoit donné retraite, ils accouroient sans justice et sans honte pour l'arracher de sa maison.

Le vieillard, entendant ces forcenés, se trouble, s'effraie, et dit au Lévite : Nous sommes perdus : ces méchans ne sont pas des gens que la raison ramène, et qui reviennent jamais de ce qu'ils ont résolu. Toutefois il sort au-devant d'eux pour tâcher de les fléchir. Il se prosterne, et, levant au ciel ses mains pures de toute rapine, il leur dit : O mes frères ! quels discours avez-vous prononcés ! Ah ! ne faites pas ce mal devant le Seigneur ; n'outragez pas ainsi la nature, ne violez pas la sainte hospitalité. Mais voyant qu'ils ne l'écoutoient point, et que, prêts à le maltraiter lui-même, ils alloient forcer la maison, le vieillard, au désespoir, prit à l'instant son parti ; et faisant signe de la main pour se faire entendre au milieu du tumulte, il reprit d'une voix plus forte : Non, moi vivant, un tel forfait ne déshonorera point mon hôte et ne souillera point ma maison : mais écoutez, hommes cruels, les supplications d'un malheureux père. J'ai une fille, encore vierge, promise à l'un d'entre vous ; je vais l'amener pour vous être immolée ; mais seulement que vos mains sacriléges s'abstiennent de toucher au Lévite du Seigneur. Alors, sans attendre leur réponse, il court chercher sa fille pour racheter son hôte aux dépens de son propre sang.

Mais le Lévite, que jusqu'à cet instant la terreur rendoit immobile, se réveillant à ce déplorable aspect, prévient le généreux vieillard, s'élance au-devant de lui, le force à rentrer avec sa fille, et prenant lui-même sa compagne bien-aimée sans lui dire un seul mot, sans lever les yeux sur elle, l'entraîne jusqu'à la porte, et la livre à ces maudits. Aussitôt ils entourent la jeune fille à demi morte, la saisissent, se l'arrachent sans pitié ; tels dans leur brutale furie qu'au pied des Alpes glacées un troupeau de loups affamés surprend une foible génisse, se jette sur elle et la déchire, au retour de l'abreuvoir. O misérables ! qui détruisez votre espèce par les plaisirs destinés à la reproduire, comment cette beauté mourante ne glace-t-elle point vos féroces désirs ? Voyez ses yeux déjà fermés à la lumière, ses traits effacés, son visage éteint ; la pâleur de la mort a couvert ses joues, les violettes livides en ont chassé les roses ; elle n'a plus de voix pour gémir ; ses mains n'ont plus de force pour repousser vos outrages. Hélas ! elle est déjà morte ! Barbares indignes du nom d'hommes, vos hurlemens ressemblent aux cris de l'horrible hyène, et comme elle vous dévorez les cadavres.

Les approches du jour qui rechasse les bêtes farouches dans leurs tanières ayant dispersé ces brigands, l'infortunée use le reste de sa force à se traîner jusqu'au logis du vieillard : elle tombe à la porte la face contre terre et les bras étendus sur le seuil. Cependant, après avoir passé la nuit à remplir la maison de son

[1] Dans l'usage antique, les femmes de la maison ne se mettoient pas à table avec leurs hôtes quand c'étoient des hommes ; mais lorsqu'il y avoit des femmes, elles s'y mettoient avec elles.

hôte d'imprécations et de pleurs, le Lévite prêt à sortir ouvre la porte et trouve dans cet état celle qu'il a tant aimée. Quel spectacle pour son cœur déchiré! Il élève un cri plaintif vers le ciel vengeur du crime : puis adressant la parole à la jeune fille : Lève-toi, lui dit-il, fuyons la malédiction qui couvre cette terre : viens, ô ma compagne! je suis cause de ta perte, je serai ta consolation ; périsse l'homme injuste et vil qui jamais te reprochera ta misère! tu m'es plus respectable qu'avant nos malheurs. La jeune fille ne répond point : il se trouble ; son cœur saisi d'effroi commence à craindre de plus grands maux ; il l'appelle derechef, il la regarde, il la touche ; elle n'étoit plus. O fille trop aimable et trop aimée! c'est donc pour cela que je t'ai tirée de la maison de ton père! Voilà donc le sort que te préparoit mon amour! Il acheva ces mots prêt à la suivre, et ne lui survéquit que pour la venger.

Dès cet instant, occupé du seul projet dont son âme étoit remplie, il fut sourd à tout autre sentiment; l'amour, les regrets, la pitié, tout en lui se change en fureur; l'aspect même de ce corps, qui devroit le faire fondre en larmes, ne lui arrache plus ni plaintes ni pleurs : il le contemple d'un œil sec et sombre ; il n'y voit plus qu'un objet de rage et de désespoir. Aidé de son serviteur, il le charge sur sa monture et l'emporte dans sa maison. Là, sans hésiter, sans trembler, le barbare ose couper ce corps en douze pièces ; d'une main ferme et sûre il frappe sans crainte, il coupe la chair et les os, il sépare la tête et les membres ; et après avoir fait aux tribus ces envois effroyables il les précède à Maspha, déchire ses vêtemens, couvre sa tête de cendres, se prosterne à mesure qu'ils arrivent, et réclame à grands cris la justice du Dieu d'Israël.

CHANT TROISIÈME.

Cependant vous eussiez vu tout le peuple de Dieu s'émouvoir, s'assembler, sortir de ses demeures, accourir de toutes les tribus à Maspha devant le Seigneur, comme un nombreux essaim d'abeilles se rassemble en bourdonnant autour de leur roi. Ils vinrent tous, ils vinrent de toutes parts, de tous les cantons, tout d'accord comme un seul homme, depuis Dan jusqu'à Bersabée, et depuis Galaad jusqu'à Maspha.

Alors le Lévite s'étant présenté dans un appareil lugubre, fut interrogé par les anciens devant l'assemblée sur le meurtre de la jeune fille, et il leur parla ainsi : « Je suis entré dans » Gabaa, ville de Benjamin, avec ma femme » pour y passer la nuit; et les gens du pays » ont entouré la maison où j'étois logé, voulant » m'outrager et me faire périr. J'ai été forcé » de livrer ma femme à leur débauche, et elle » est morte en sortant de leurs mains. Alors » j'ai pris son corps, je l'ai mis en pièces, et je » vous les ai envoyées à chacun dans vos limites. Peuple du Seigneur, j'ai dit la vérité; » faites ce qui vous semblera juste devant le » Très-Haut. »

A l'instant il s'éleva dans tout Israël un seul cri, mais éclatant, mais unanime : Que le sang de la jeune femme retombe sur ses meurtriers! Vive l'Éternel! nous ne rentrerons point dans nos demeures, et nul de nous ne retournera sous son toit, que Gabaa ne soit exterminé. Alors le Lévite s'écria d'une voix forte : Béni soit Israël qui punit l'infamie et venge le sang innocent! Fille de Bethléem, je te porte une bonne nouvelle; ta mémoire ne restera point sans honneur. En disant ces mots, il tomba sur sa face, et mourut. Son corps fut honoré de funérailles publiques. Les membres de la jeune femme furent rassemblés et mis dans le même sépulcre, et tout Israël pleura sur eux.

Les apprêts de la guerre qu'on alloit entreprendre commencèrent par un serment solennel de mettre à mort quiconque négligeroit de s'y trouver. Ensuite on fit le dénombrement de tous les Hébreux portant armes, et l'on choisit dix de cent, cent de mille, et mille de dix mille, la dixième partie du peuple entier, dont on fit une armée de quarante mille hommes qui devoit agir contre Gabaa, tandis qu'un pareil nombre étoit chargé des convois de munitions et de vivres pour l'approvisionnement de l'armée. Ensuite le peuple vint à Silo devant l'arche du Seigneur, en disant : Quelle tribu commandera les autres contre les enfans de Benjamin? Et le Seigneur répondit : C'est le sang de Juda qui crie vengeance ; que Juda soit votre chef.

Mais, avant de tirer le glaive contre leurs frères, ils envoyèrent à la tribu de Benjamin des hérauts, lesquels dirent aux Benjamites : Pourquoi cette horreur se trouve-t-elle au milieu de vous? Livrez-nous ceux qui l'ont commise, afin qu'ils meurent, et que le mal soit ôté du sein d'Israël.

Les farouches enfans de Jémini, qui n'avoient pas ignoré l'assemblée de Maspha, ni la résolution qu'on y avoit prise, s'étant préparés de leur côté, crurent que leur valeur les dispensoit d'être justes. Ils n'écoutèrent point l'exhortation de leurs frères; et, loin de leur accorder la satisfaction qu'ils leur devoient, ils sortirent en armes de toutes les villes de leur partage, et accoururent à la défense de Gabaa, sans se laisser effrayer par le nombre, et résolus de combattre seuls tout le peuple réuni. L'armée de Benjamin se trouva de vingt-cinq mille hommes tirant l'épée, outre les habitans de Gabaa, au nombre de sept cents hommes bien aguerris; maniant les armes des deux mains avec la même adresse, et tous si excellens tireurs de frondes qu'ils pouvoient atteindre un cheveu, sans que la pierre déclinât de côté ni d'autre.

L'armée d'Israël s'étant assemblée, et ayant élu ses chefs, vint camper devant Gabaa, comptant emporter aisément cette place. Mais les Benjamites, étant sortis en bon ordre, l'attaquent, la rompent, la poursuivent avec furie; la terreur les précède et la mort les suit. On voyoit les forts d'Israël en déroute tomber par milliers sous leur épée, et les champs de Rama se couvrir de cadavres, comme les sables d'Élath se couvrent des nuées de sauterelles qu'un vent brûlant apporte et tue en un jour. Vingt-deux mille hommes de l'armée d'Israël périrent dans ce combat : mais leurs frères ne se découragèrent point; et se fiant à leur force et à leur grand nombre encore plus qu'à la justice de leur cause, ils vinrent le lendemain se ranger en bataille dans le même lieu.

Toutefois, avant que de risquer un nouveau combat, ils étoient montés la veille devant le Seigneur, et pleurant jusqu'au soir en sa présence ils l'avoient consulté sur le sort de cette guerre. Mais il leur dit : Allez, et combattez; votre devoir dépend-il de l'événement?

Comme ils marchoient donc vers Gabaa, les Benjamites firent une sortie par toutes les portes; et, tombant sur eux avec plus de fureur que la veille, ils les défirent et les poursuivirent avec un tel acharnement que dix-huit mille hommes de guerre périrent encore ce jour-là dans l'armée d'Israël. Alors tout le peuple vint derechef se prosterner et pleurer devant le Seigneur; et, jeûnant jusqu'au soir, ils offrirent des oblations et des sacrifices. Dieu d'Abraham, disoient-ils en gémissant, ton peuple, épargné tant de fois dans ta juste colère, périra-t-il pour vouloir ôter le mal de son sein? Puis, s'étant présentés devant l'arche redoutable, et consultant derechef le Seigneur par la bouche de Phinées, fils d'Éléazar, ils lui dirent : Marcherons-nous encore contre nos frères, ou laisserons-nous en paix Benjamin? La voix du Tout-Puissant daigna leur répondre : Marchez, et ne vous fiez plus en votre nombre, mais au Seigneur, qui donne et ôte le courage comme il lui plaît; demain je livrerai Benjamin entre vos mains.

A l'instant ils sentent déjà dans leurs cœurs l'effet de cette promesse. Une valeur froide et sûre, succédant à leur brutale impétuosité, les éclaire et les conduit. Ils s'apprêtent posément au combat, et ne s'y présentent plus en forcenés, mais en hommes sages et braves qui savent vaincre sans fureur, et mourir sans désespoir. Ils cachent des troupes derrière le coteau de Gabaa, et se rangent en bataille avec le reste de leur armée; ils attirent loin de la ville les Benjamites, qui, sur leurs premiers succès, pleins d'une confiance trompeuse, sortent plutôt pour les tuer que pour les combattre; ils poursuivent avec impétuosité l'armée qui cède et recule à dessein devant eux; ils arrivent après elle jusqu'où se joignent les chemins de Béthel et de Gabaa, et crient en s'animant au carnage : Ils tombent devant nous comme les premières fois. Aveugles qui, dans l'éblouissement d'un vain succès, ne voient pas l'ange de la vengeance qui vole déjà sur leurs rangs, armé du glaive exterminateur!

Cependant le corps de troupes caché derrière le coteau sort de son embuscade en bon ordre au nombre de dix mille hommes, et s'étendant autour de la ville, l'attaque, la force, en passe tous les habitans au fil de l'épée; puis, élevant une grande fumée, il donne à l'armée le signal convenu, tandis que le Benjamite acharné s'excite à poursuivre sa victoire.

Mais les forts d'Israël, ayant aperçu le signal, firent face à l'ennemi en Baal-Thamar. Les Benjamites, surpris de voir les bataillons d'Israël se former, se développer, s'étendre, fondre sur eux, commencèrent à perdre courage; et, tournant le dos, ils virent avec effroi les tourbillons de fumée qui leur annonçoient le désastre de Gabaa. Alors, frappés de terreur à leur tour, ils connurent que le bras du Seigneur les avoit atteints; et, fuyant en déroute vers le désert, ils furent environnés, poursuivis, tués, foulés aux pieds; tandis que divers détachemens entrant dans les villes y mettoient à mort chacun dans son habitation.

En ce jour de colère et de meurtre, presque toute la tribu de Benjamin, au nombre de vingt-six mille hommes, périt sous l'épée d'Israël; savoir dix-huit mille hommes dans leur première retraite depuis Menuha jusqu'à l'est du coteau, cinq mille dans la déroute vers le désert, deux mille qu'on atteignit près de Guidhon, et le reste dans les places qui furent brûlées, et dont tous les habitans, hommes et femmes, jeunes et vieux, grands et petits, jusqu'aux bêtes, furent mis à mort, sans qu'on fît grâce à aucun; en sorte que ce beau pays, auparavant si vivant, si peuplé, si fertile, et maintenant moissonné par la flamme et par le fer, n'offroit plus qu'une affreuse solitude couverte de cendres et d'ossemens.

Six cents hommes seulement, dernier reste de cette malheureuse tribu, échappèrent au glaive d'Israël, et se réfugièrent au rocher de Rhimmon, où ils restèrent cachés quatre mois, pleurant trop tard le forfait de leurs frères et la misère où il les avoit réduits.

Mais les tribus victorieuses, voyant le sang qu'elles avoient versé, sentirent la plaie qu'elles s'étoient faite. Le peuple vint, et, se rassemblant devant la maison du Dieu fort, éleva un autel sur lequel il lui rendit ses hommages, lui offrant des holocaustes et des actions de grâces; puis, élevant sa voix, il pleura; il pleura sa victoire après avoir pleuré sa défaite. Dieu d'Abraham, s'écrioient-ils dans leur affliction, ah! où sont tes promesses? et comment ce mal est-il arrivé à ton peuple, qu'une tribu soit éteinte en Israël? Malheureux humains, qui ne savez ce qui vous est bon, vous avez beau vouloir sanctifier vos passions, elles vous punissent toujours des excès qu'elles vous font commettre; et c'est en exauçant vos vœux injustes que le ciel vous les fait expier.

CHANT QUATRIÈME.

Après avoir gémi du mal qu'ils avoient fait dans leur colère, les enfans d'Israël y cherchèrent quelque remède qui pût rétablir en son entier la race de Jacob mutilée. Émus de compassion pour les six cents hommes réfugiés au rocher de Rhimmon, ils dirent : Que ferons-nous pour conserver ce dernier et précieux reste d'une de nos tribus presque éteinte? Car ils avoient juré par le Seigneur, disant : Si jamais aucun d'entre nous donne sa fille au fils d'un enfant de Jémini, et mêle son sang au sang de Benjamin. Alors, pour éluder un serment si cruel, méditant de nouveaux carnages, ils firent le dénombrement de l'armée pour voir si, malgré l'engagement solennel, quelqu'un d'eux avoit manqué de s'y rendre, et il ne s'y trouva nul des habitans de Jabès de Galaad. Cette branche des enfans de Manassès, regardant moins à la punition du crime qu'à l'effusion du sang fraternel, s'étoit refusée à des vengeances plus atroces que le forfait, sans considérer que le parjure et la désertion de la cause commune sont pires que la cruauté. Hélas! la mort, la mort barbare fut le prix de leur injuste pitié. Dix mille hommes détachés de l'armée d'Israël reçurent et exécutèrent cet ordre effroyable : Allez, exterminez Jabès de Galaad et tous ses habitans, hommes, femmes, enfans, excepté les seules filles vierges, que vous amènerez au camp, afin qu'elles soient données en mariage aux enfans de Benjamin. Ainsi, pour réparer la désolation de tant de meurtres, ce peuple farouche en commit de plus grands; semblable en sa furie à ces globes de fer lancés par nos machines embrasées, lesquels, tombés à terre après leur premier effet, se relèvent avec une impétuosité nouvelle, et, dans leurs bonds inattendus, renversent et détruisent des rangs entiers.

Pendant cette exécution funeste, Israël envoya des paroles de paix aux six cents de Benjamin réfugiés au rocher de Rhimmon; et ils revinrent parmi leurs frères. Leur retour ne fut point un retour de joie : ils avoient la contenance abattue et les yeux baissés; la honte et le remords couvroient leurs visages; et tout Israël consterné poussa des lamentations en voyant ces tristes restes d'une de ses tribus bénites, de laquelle Jacob avoit dit : « Benjamin » est un loup dévorant; au matin il déchirera » sa proie, et le soir il partagera le butin.»

Après que les dix mille hommes envoyés à Jabès furent de retour, et qu'on eut dénombré les filles qu'ils amenoient, il ne s'en trouva que quatre cents, et on les donna à autant de Benjamites, comme une proie qu'on venoit de ravir pour eux. Quelles noces pour de jeunes vierges timides dont on vient d'égorger les frères, les pères, les mères, devant leurs yeux, et qui reçoivent des liens d'attachement et d'amour par des mains dégouttantes du sang de leurs proches! Sexe toujours esclave ou tyran, que l'homme opprime ou qu'il adore, et qu'il ne peut pourtant rendre heureux ni l'être, qu'en le laissant égal à lui.

Malgré ce terrible expédient il restoit deux cents hommes à pourvoir; et ce peuple cruel dans sa pitié même, et à qui le sang de ses frères coûtoit si peu, songeoit peut-être à faire pour eux de nouvelles veuves, lorsqu'un vieillard de Lébona parlant aux anciens, leur dit : Hommes israélites, écoutez l'avis d'un de vos frères. Quand vos mains se lasseront-elles du meurtre des innocens? Voici les jours de la solennité de l'Éternel en Silo. Dites ainsi aux enfans de Benjamin : Allez, et mettez des embûches aux vignes; puis quand vous verrez que les filles de Silo sortiront pour danser avec des flûtes, alors vous les envelopperez, et, ravissant chacun sa femme, vous retournerez vous établir avec elles au pays de Benjamin.

Et quand les pères ou les frères des jeunes filles viendront se plaindre à nous, nous leur dirons : Ayez pitié d'eux pour l'amour de nous et de vous-mêmes qui êtes leurs frères, puisque n'ayant pu les pourvoir après cette guerre et ne pouvant leur donner nos filles contre le serment, nous serons coupables de leur perte si nous les laissons périr sans descendans.

Les enfans donc de Benjamin firent ainsi qu'il leur fut dit; et, lorsque les jeunes filles sortirent de Silo pour danser, ils s'élancèrent et les environnèrent. La craintive troupe fuit, se disperse; la terreur succède à leur innocente gaîté; chacune appelle à grands cris ses compagnes, et court de toutes ses forces. Les ceps déchirent leurs voiles, la terre est jonchée de leurs parures. La course anime leur teint et l'ardeur des ravisseurs. Jeunes beautés, où courez-vous? En fuyant l'oppresseur qui vous poursuit, vous tombez dans des bras qui vous enchaînent. Chacun ravit la sienne, et s'efforçant de l'apaiser, l'effraie encore plus par ses caresses que par sa violence. Au tumulte qui s'élève, aux cris qui se font entendre au loin, tout le peuple accourt : les pères et les mères écartent la foule et veulent dégager leurs filles; les ravisseurs autorisés défendent leur proie; enfin les anciens font entendre leur voix, et le peuple, ému de compassion pour les Benjamites, s'intéresse en leur faveur.

Mais les pères, indignés de l'outrage fait à leurs filles, ne cessoient point leurs clameurs. Quoi! s'écrioient-ils avec véhémence, des filles d'Israël seront-elles asservies et traitées en esclaves sous les yeux du Seigneur? Benjamin nous sera-t-il comme le Moabite et l'Iduméen ? Où est la liberté du peuple de Dieu? Partagée entre la justice et la pitié, l'assemblée prononce enfin que les captives seront remises en liberté et décideront elles-mêmes de leur sort. Les ravisseurs, forcés de céder à ce jugement, les relâchent à regret, et tâchent de substituer à la force des moyens plus puissans sur leurs jeunes cœurs. Aussitôt elles s'échappent et fuient toutes ensemble; ils les suivent, leur tendent les bras, et leur crient : Filles de Silo, serez vous plus heureuses avec d'autres? Les restes de Benjamin sont-ils indignes de vous fléchir? Mais plusieurs d'entre elles, déjà liées par des attachemens secrets, palpitoient d'aise d'échapper à leurs ravisseurs. Axa, la tendre Axa parmi les autres, en s'élançant dans les bras de sa mère qu'elle voit accourir, jette furtivement les yeux sur le jeune Elmacin auquel elle étoit promise, et qui venoit plein de douleur et de rage la dégager au prix de son sang. Elmacin la revoit, tend les bras, s'écrie et ne peut parler; la course et l'émotion l'ont mis hors d'haleine. Le Benjamite aperçoit ce transport, ce coup d'œil; il devine tout, il gémit; et, prêt à se retirer, il voit arriver le père d'Axa.

C'étoit le même vieillard auteur du conseil donné aux Benjamites. Il avoit choisi lui-même Elmacin pour son gendre; mais sa probité l'avoit empêché d'avertir sa fille du risque auquel il exposoit celles d'autrui.

Il arrive; et la prenant par la main : Axa, lui dit-il, tu connois mon cœur : j'aime Elmacin; il eût été la consolation de mes vieux jours; mais le salut de ton peuple et l'honneur de ton père doivent l'emporter sur lui. Fais ton devoir, ma fille, et sauve-moi de l'opprobre parmi mes frères; car j'ai conseillé tout ce qui s'est fait. Axa baisse la tête, et soupire sans répondre; mais enfin levant les yeux elle rencontre ceux de son vénérable père. Ils ont plus dit que sa bouche. Elle prend son parti. Sa voix foible et tremblante prononce à peine dans un foible et dernier adieu le nom d'Elmacin qu'elle n'ose regarder; et, se retournant à l'instant demi-morte, elle tombe dans les bras du Benjamite.

Un bruit s'excite dans l'assemblée. Mais Elmacin s'avance et fait signe de la main. Puis élevant la voix : Écoute, ô Axa! lui dit-il, mon vœu solennel. Puisque je ne puis être à toi, je ne serai jamais à nulle autre : le seul souvenir de nos jeunes ans, que l'innocence et l'amour ont embellis, me suffit. Jamais le fer n'a passé sur ma tête, jamais le vin n'a mouillé mes lèvres; mon corps est aussi pur que mon cœur: prêtres du Dieu vivant, je me voue à son service; recevez le Nazaréen du Seigneur.

Aussitôt, comme par une inspiration subite, toutes les filles, entraînées par l'exemple d'Axa, imitent son sacrifice; et, renonçant à leurs premières amours, se livrent aux Benjamites qui les suivoient. A ce touchant aspect il s'élève un cri de joie au milieu du peuple : Vierges d'Éphraïm, par vous Benjamin va renaître. Béni soit le Dieu de nos pères! il est encore des vertus en Israël.

LETTRES A SARA (*).

Jam nec spes animi credula mutui.
Hor., lib. iv, od. 1.

AVERTISSEMENT.

On comprendra sans peine comment une espèce de défi a pu faire écrire ces quatre lettres. On demandoit si un amant d'un demi-siècle pouvoit ne pas faire rire. Il m'a semblé qu'on pouvoit se laisser surprendre à tout âge; qu'un barbon pouvoit même écrire jusqu'à quatre lettres d'amour, et intéresser encore les honnêtes gens, mais qu'il ne pouvoit aller jusqu'à six sans se déshonorer. Je n'ai pas besoin de dire ici mes raisons; on peut les sentir en lisant ces lettres : après leur lecture, on en jugera.

PREMIÈRE LETTRE.

Tu lis dans mon cœur, jeune Sara; tu m'as pénétré, je le sais, je le sens. Cent fois le jour ton œil curieux vient épier l'effet de tes charmes. A ton air satisfait, à tes cruelles bontés, à tes méprisantes agaceries, je vois que tu jouis en secret de ma misère; tu t'applaudis avec un souris moqueur du désespoir où tu plonges un malheureux, pour qui l'amour n'est plus qu'un opprobre. Tu te trompes, Sara; je suis à plaindre, mais je ne suis point à railler : je ne suis point digne de mépris, mais de pitié, parce que je ne m'en impose ni sur ma figure ni sur mon âge, qu'en aimant je me sens indigne de plaire, et que la fatale illusion qui m'égare m'empêche de te voir telle que tu es, sans m'empêcher de me voir tel que je suis. Tu peux m'abuser sur tout, hormis sur moi-même : tu peux me persuader tout au monde, excepté que tu puisses partager mes feux insensés. C'est le pire de mes supplices de me voir comme tu me vois; tes trompeuses caresses ne sont pour moi qu'une humiliation de plus, et j'aime avec la certitude affreuse de ne pouvoir être aimé.

Sois donc contente. Hé bien oui, je t'adore; oui, je brûle pour toi de la plus cruelle des passions. Mais tente, si tu l'oses, de m'enchaîner à ton char, comme un soupirant à cheveux gris, comme un barbon qui veut faire l'agréable, et dans son extravagant délire, s'imagine avoir des droits sur un jeune objet. Tu n'auras pas cette gloire, ô Sara! ne t'en flatte pas : tu ne me verras point à tes pieds vouloir t'amuser avec le jargon de la galanterie, ou t'attendrir avec des propos langoureux. Tu peux m'arracher des pleurs, mais ils sont moins d'amour que de rage. Ris, si tu veux, de ma foiblesse; tu ne riras pas au moins de ma crédulité.

Je te parle avec emportement de ma passion, parce que l'humiliation est toujours cruelle, et que le dédain est dur à supporter; mais ma passion, toute folle qu'elle est, n'est point emportée; elle est à la fois vive et douce comme toi. Privé de tout espoir, je suis mort au bonheur, et ne vis que de ta vie. Tes plaisirs sont mes seuls plaisirs; je ne puis avoir d'autres jouissances que les tiennes, ni former d'autres vœux que tes vœux. J'aimerois mon rival même si tu l'aimois : si tu ne l'aimois pas, je voudrois qu'il pût mériter ton amour; qu'il eût mon cœur pour t'aimer plus dignement, et te rendre plus heureuse. C'est le seul désir permis à quiconque ose aimer sans être aimable. Aime, et sois

(*) Si Jean-Jacques avoit réellement le demi-siècle qu'il se donne dans l'avertissement, ces lettres seroient de 1762. Mais comme en 1752, pendant ses amours avec madame d'Houdetot, il se traitoit de *barbon*, ces expressions ne doivent pas être prises à la lettre. On ignore quelle est celle à qui ces quatre lettres sont adressées. M. P.

aimée, ô Sara! Vis contente, et je mourrai content.

SECONDE LETTRE.

Puisque je vous ai écrit, je veux vous écrire encore : ma première faute en attire une autre. Mais je saurai m'arrêter, soyez-en sûre ; et c'est la manière dont vous m'aurez traité durant mon délire, qui décidera de mes sentimens à votre égard quand j'en serai revenu. Vous avez beau feindre de n'avoir pas lu ma lettre, vous mentez; je le sais, vous l'avez lue. Oui, vous mentez sans me rien dire, par l'air égal avec lequel vous croyez m'en imposer. Si vous êtes la même qu'auparavant, c'est parce que vous avez été toujours fausse, et la simplicité que vous affectez avec moi me prouve que vous n'en avez jamais eu. Vous ne dissimulez ma folie que pour l'augmenter ; vous n'êtes pas contente que je vous écrive, si vous ne me voyez encore à vos pieds; vous voulez me rendre aussi ridicule que je peux l'être ; vous voulez me donner en spectacle à vous-même, peut-être à d'autres ; et vous ne vous croyez pas assez triomphante si je ne suis déshonoré.

Je vois tout cela, fille artificieuse, dans cette feinte modestie par laquelle vous espérez m'en imposer, dans cette feinte égalité par laquelle vous semblez vouloir me tenter d'oublier ma faute, en paroissant vous-même n'en rien savoir. Encore une fois, vous avez lu ma lettre ; je le sais, je l'ai vu. Je vous ai vue, quand j'entrois dans votre chambre, poser précipitamment le livre où je l'avois mise ; je vous ai vue rougir, et marquer un moment de trouble. Trouble séducteur et cruel, qui peut-être est encore un de vos piéges, et qui m'a fait plus de mal que tous vos regards. Que devins-je à cet aspect, qui m'agite encore ? Cent fois, en un instant, prêt à me précipiter aux pieds de l'orgueilleuse, que de combats, que d'efforts pour me retenir ! Je sortis pourtant, je sortis palpitant de joie d'échapper à l'indigne bassesse que j'allois faire. Ce seul moment me venge de tous tes outrages. Sois moins fière, ô Sara ! d'un penchant que je peux vaincre, puisqu'une fois en ma vie j'ai déjà triomphé de toi.

Infortuné ! j'impute à ta vanité des fictions de mon amour-propre. Que n'ai-je le bonheur de pouvoir croire que tu t'occupes de moi, ne fût-ce que pour me tyranniser ! Mais daigner tyranniser un amant grison seroit lui faire trop d'honneur encore. Non, tu n'as point d'autre art que ton indifférence : ton dédain fait toute ta coquetterie, tu me désoles sans songer à moi. Je suis malheureux jusqu'à ne pouvoir t'occuper au moins de mes ridicules, et tu méprises ma folie jusqu'à ne daigner pas même t'en moquer. Tu as lu ma lettre, et tu l'as oubliée ; tu ne m'as point parlé de mes maux, parce que tu n'y songeois plus. Quoi ! je suis donc nul pour toi ! Mes fureurs, mes tourmens, loin d'exciter ta pitié, n'excitent pas même ton attention ! Ah ! où est cette douceur que tes yeux promettent? où est ce sentiment si tendre qui paroît les animer?... Barbare !... insensible à mon état, tu dois l'être à tout sentiment honnête. Ta figure promet une âme; elle ment; tu n'as que de la férocité... Ah, Sara ! j'aurois attendu de ton bon cœur quelque consolation dans ma misère !

TROISIÈME LETTRE.

Enfin rien ne manque plus à ma honte, et je suis aussi humilié que tu l'as voulu. Voilà donc à quoi ont abouti mon dépit, mes combats, mes résolutions, ma constance ! Je serois moins avili si j'avois moins résisté. Qui moi ! j'ai fait l'amour en jeune homme? j'ai passé deux heures aux genoux d'un enfant? j'ai versé sur ses mains des torrens de larmes? j'ai souffert qu'elle me consolât, qu'elle me plaignît, qu'elle essuyât mes yeux ternis par les ans? j'ai reçu d'elle des leçons de raison, de courage? j'ai bien profité de ma longue expérience et de mes tristes réflexions ! Combien de fois j'ai rougi d'avoir été à vingt ans ce que je redeviens à cinquante ! Ah ! je n'ai donc vécu que pour me déshonorer ! Si du moins un vrai repentir me ramenoit à des sentimens plus honnêtes ! Mais non ; je me complais, malgré moi, dans ceux que tu m'inspires, dans le délire où tu me plonges, dans l'abaissement où tu m'as réduit Quand je m'imagine, à mon âge, à genoux devant toi, tout mon cœur se soulève et s'irrite; mais il s'oublie et se perd dans les ravissemens que j'y ai sentis. Ah! je ne me voyois pas alors ; je ne voyois que toi, fille adorée : tes charmes, tes sentimens, tes discours remplissoient, formoient tout mon être ; j'étois jeune de ta jeunesse, sage de ta raison, vertueux de ta vertu. Pouvois-je mépriser celui que tu honorois de ton estime? pouvois-je haïr celui que tu daignois appeler ton ami? Hélas! cette tendresse de père que tu me demandois d'un ton si touchant, ce nom de fille que tu voulois recevoir de moi, me faisoient bientôt rentrer en moi-même : tes propos si tendres, tes caresses si pures, m'enchantoient et me déchiroient; des pleurs d'amour et de rage couloient de mes yeux. Je sentois que je n'étois heureux que par ma misère, et que, si j'eusse été plus digne de plaire, je n'aurois pas été si bien traité.

N'importe. J'ai pu porter l'attendrissement dans ton cœur. La pitié le ferme à l'amour, je le sais; mais elle en a pour moi tous les charmes. Quoi! j'ai vu s'humecter pour moi tes beaux yeux! j'ai senti tomber sur ma joue une de tes larmes! Oh! cette larme, quel embrasement dévorant elle a causé! et je ne serois pas le plus heureux des hommes! Ah! combien je le suis, au-dessus de ma plus orgueilleuse attente!

Oui, que ces deux heures reviennent sans cesse, qu'elles remplissent de leur retour ou de leur souvenir le reste de ma vie. Eh! qu'a-t-elle eu de comparable à ce que j'ai senti dans cette attitude? J'étois humilié, j'étois insensé, j'étois ridicule; mais j'étois heureux; et j'ai goûté dans ce court espace plus de plaisirs que je n'en eus dans tout le cours de mes ans. Oui, Sara, oui, charmante Sara, j'ai perdu tout repentir, toute honte; je ne me souviens plus de moi, je ne sens que le feu qui me dévore; je puis dans tes fers braver les huées du monde entier. Que m'importe ce que je peux paroître aux autres? j'ai pour toi le cœur d'un jeune homme, et cela me suffit. L'hiver a beau couvrir l'Etna de ses glaces, son sein n'est pas moins embrasé.

QUATRIÈME LETTRE.

Quoi! c'étoit vous que je redoutois! c'étoit vous que je rougissois d'aimer! O Sara! fille adorable! âme plus belle que ta figure! si je m'estime désormais quelque chose, c'est d'avoir un cœur fait pour sentir tout ton prix. Oui, sans doute, je rougis de l'amour que j'avois pour toi; mais c'est parce qu'il étoit trop rampant, trop languissant, trop foible, trop peu digne de son objet. Il y a six mois que mes yeux et mon cœur dévorent tes charmes; il y a six mois que t m'occupes seule, et que je ne vis que pour toi : mais ce n'est que d'hier que j'ai appris à t'aimer. Tandis que tu me parlois, et que des discours dignes du ciel sortoient de ta bouche, je croyois voir changer tes traits, ton air, ton port, ta figure; je ne sais quel feu surnaturel luisoit dans tes yeux; des rayons de lumière sembloient t'entourer. Ah, Sara! si réellement tu n'es pas une mortelle, si tu es l'ange envoyé du ciel pour ramener un cœur qui s'égare, dis-le-moi, peut-être il est temps encore. Ne laisse plus profaner ton image par des désirs formés malgré moi. Hélas! si je m'abuse dans mes vœux, dans mes transports, dans mes téméraires hommages, guéris-moi d'une erreur qui t'offense, apprends-moi comment il faut t'adorer.

Vous m'avez subjugué, Sara, de toutes les manières; et si vous me faites aimer ma folie, vous me la faites cruellement sentir. Quand je compare votre conduite à la mienne, je trouve un sage dans une jeune fille, et je ne sens en moi qu'un vieux enfant. Votre douceur, si pleine de dignité, de raison, de bienséance, m'a dit tout ce que ne m'eût pas dit un accueil plus sévère; elle m'a fait plus rougir de moi que n'eussent fait vos reproches; et l'accent un peu plus grave que vous avez mis hier dans vos discours m'a fait aisément connoître que je n'aurois pas dû vous exposer à me les tenir deux fois. Je vous entends, Sara; et j'espère vous prouver aussi que si je ne suis pas digne de vous plaire par mon amour, je le suis par les sentimens qui l'accompagnent. Mon égarement sera aussi court qu'il a été grand; vous me l'avez montré, cela suffit, j'en saurai sortir, soyez-en sûre. quelque aliéné que je puisse être, si j'en avois vu toute l'étendue, jamais je n'aurois fait le premier pas. Quand je méritois des censures, vous ne m'avez donné que des avis, et vous avez bien voulu ne me voir que foible lorsque j'étois criminel. Ce que vous ne m'avez pas dit, je sais me le dire; je sais donner à ma conduite auprès de vous le nom que vous ne lui avez pas donné; et si j'ai pu faire une bassesse sans la connoître, je vous ferai voir que je ne porte point un cœur bas. Sans doute c'est moins mon âge que le vôtre qui me rend coupable. Mon mépris pour moi m'empêchoit de voir toute l'indignité de ma démarche. Trente ans de différence ne me montroient que ma honte, et me cachoient vos dangers. Hélas! quels dangers! Je n'étais pas assez vain pour en supposer : je n'imaginois pas pouvoir tendre un piége à votre innocence; et si vous eussiez été moins vertueuse, j'étois un suborneur sans en rien savoir.

O Sara! ta vertu est à des épreuves plus dangereuses, et tes charmes ont mieux à choisir. Mais mon devoir ne dépend ni de ta vertu ni de tes charmes; sa voix me parle et je le suivrai. Qu'un éternel oubli ne peut-il te cacher mes erreurs! Que ne les puis-je oublier moi-même! Mais non, je le sens, j'en ai pour la vie, et le trait s'enfonce par mes efforts pour l'arracher. C'est mon sort de brûler, jusqu'à mon dernier soupir, d'un feu que rien ne peut éteindre, et auquel chaque jour ôte un degré d'espérance, et en ajoute un de déraison. Voilà ce qui ne dépend pas de moi; mais voici, Sara, ce qui en dépend. Je vous donne ma foi d'homme qui ne la faussa jamais, que je ne vous reparlerai de mes jours de cette passion ridicule et malheureuse que j'ai pu peut-être empêcher de naître, mais que je ne puis plus étouffer. Quand je dis que je ne vous en parlerai pas, j'entends que rien en moi ne vous dira ce que je dois taire. J'impose à mes yeux le même silence qu'à ma bouche : mais, de grâce, imposez aux vôtres de ne plus venir m'arracher ce triste secret. Je suis à l'épreuve de tout, hors de vos regards : vous savez trop combien il vous est aisé de me rendre parjure. Un triomphe si sûr pour vous, et si flétrissant pour moi, pourroit-il flatter votre belle âme? Non, divine Sara, ne profane pas le temple où tu es adorée, et laisse au moins quelque vertu dans ce cœur à qui tu as tout ôté.

Je ne puis ni ne veux reprendre le malheureux secret qui m'est échappé; il est trop tard, il faut qu'il vous reste; et il est si peu intéressant pour vous, qu'il seroit bientôt oublié si l'aveu ne s'en renouveloit sans cesse. Ah! je serois trop à plaindre dans ma misère, si jamais je ne pouvois me dire que vous la plaignez; et vous devez d'autant plus la plaindre, que vous n'aurez jamais à m'en consoler. Vous me verrez toujours tel que je dois être, mais connoissez-moi toujours tel que je suis; vous n'aurez plus à censurer mes discours, mais souffrez mes lettres : c'est tout ce que je vous demande. Je n'approcherai de vous que comme d'une divinité devant laquelle on impose silence à ses passions. Vos vertus suspendront l'effet de vos charmes; votre présence purifiera mon cœur; je ne craindrai point d'être un séducteur en ne vous disant rien qu'il ne vous convienne d'entendre; je cesserai de me croire ridicule quand vous ne me verrez jamais tel; et je voudrai n'être plus coupable, quand je ne pourrai l'être que loin de vous.

Mes lettres! Non. Je ne dois pas même désirer de vous écrire, et vous ne devez le souffrir jamais. Je vous estimerois moins si vous en étiez capable. Sara, je te donne cette arme, pour t'en servir contre moi. Tu peux être dépositaire de mon fatal secret, tu n'en peux être la confidente. C'est assez pour moi que tu le saches, ce seroit trop pour toi de l'entendre répéter. Je me tairai : qu'aurois-je de plus à te dire. Bannis-moi, méprise-moi désormais, si tu revois jamais ton amant dans l'ami que tu t'es choisi. Sans pouvoir te fuir, je te dis adieu pour la vie. Ce sacrifice étoit le dernier qui me restoit à te faire; c'étoit le seul qui fût digne de tes vertus et de mon cœur.

POÉSIES.

AVERTISSEMENT.

J'ai eu le malheur autrefois de refuser des vers à des personnes que j'honorois et que je respectois infiniment, parce que je m'étois désormais interdit d'en faire. J'ose espérer cependant que ceux que je publie aujourd'hui ne les offenseront point ; et je crois pouvoir dire, sans trop de raffinement, qu'ils sont l'ouvrage de mon cœur, et non de mon esprit. Il est même aisé de s'apercevoir que c'est un enthousiasme impromptu, si je puis parler ainsi, dans lequel je n'ai guère songé à briller. De fréquentes répétitions dans les pensées et même dans les tours, et beaucoup de négligence dans la diction, n'annoncent pas un homme fort empressé de la gloire d'être un bon poète. Je déclare de plus que, si l'on me trouve jamais à faire des vers galans, ou de ces sortes de belles choses qu'on appelle des jeux d'esprit, je m'abandonne volontiers à toute l'indignation que j'aurai méritée.

Il faudroit m'excuser auprès de certaines gens d'avoir loué ma bienfaitrice! et, auprès des personnes de mérite, de n'en avoir pas assez dit de bien. Le silence que je garde à l'égard des premiers n'est pas sans fondement ; quant aux autres, j'ai l'honneur de les assurer que je serai toujours infiniment satisfait de m'entendre faire le même reproche.

Il est vrai qu'en félicitant madame de Warens sur son penchant à faire du bien je pouvois m'étendre sur beaucoup d'autres vérités non moins honorables pour elle. Je n'ai point prétendu être ici un panégyriste, mais simplement un homme sensible et reconnoissant qui s'amuse à décrire ses plaisirs.

On ne manquera pas de s'écrier : Un malade faire des vers ! un homme à deux doigts du tombeau ! C'est précisément pour cela que j'ai fait des vers. Si je me portois moins mal, je me croirois comptable de mes occupations au bien de la société ; l'état où je suis ne me permet de travailler qu'à ma propre satisfaction. Combien de gens qui regorgent de biens et de santé ne passent pas autrement leur vie entière ! Il faudroit aussi savoir si ceux qui me feront ce reproche sont disposés à m'employer à quelque chose de mieux.

LE VERGER
DES CHARMETTES (*).

Rara domus tenuem non aspernatur amicum,
Raraque non humilem calcat fastosa clientem.

Verger cher à mon cœur, séjour de l'innocence,
Honneur des plus beaux jours que le ciel me dispense,
Solitude charmante, asile de la paix,
Puissé-je, heureux verger, ne vous quitter jamais !
O jours délicieux, coulés sous vos ombrages !
De Philomèle en pleurs les languissans ramages,
D'un ruisseau fugitif le murmure flatteur,
Excitent dans mon âme un charme séducteur.
J'apprends sur votre émail à jouir de la vie :
J'apprends à méditer sans regret, sans envie,
Sur les frivoles goûts des mortels insensés ;
Leurs jours tumultueux, l'un par l'autre poussés,
N'enflamment point mon cœur du désir de les suivre.
A de plus grands plaisirs je mets le prix de vivre.
Plaisirs toujours charmans, toujours doux, toujours purs,
A mon cœur enchanté vous êtes toujours sûrs.
Soit qu'au premier aspect d'un beau jour près d'éclore
J'aille voir ces coteaux qu'un soleil levant dore,
Soit que vers le midi, chassé par son ardeur,
Sous un arbre touffu je cherche la fraîcheur ;
Là, portant avec moi Montaigne ou La Bruyère,
Je ris tranquillement de l'humaine misère ;
Ou bien, avec Socrate et le divin Platon,
Je m'exerce à marcher sur les pas de Caton :
Soit qu'une nuit brillante, en étendant ses voiles,
Découvre à mes regards la lune et les étoiles ;
Alors, suivant de loin La Hire et Cassini,
Je calcule, j'observe, et, près de l'infini,
Sur ces mondes divers que l'éther nous recèle,
Je pousse, en raisonnant, Huyghens et Fontenelle :
Soit enfin que, surpris d'un orage imprévu,
Je rassure, en courant, le berger éperdu,
Qu'épouvantent les vents qui sifflent sur sa tête,
Les tourbillons, l'éclair, la foudre, la tempête ;

(*) Pour la composition de cette pièce, voyez les *Confessions*, tome I, page 116 et note. Rousseau avoit alors 24 ans.

Toujours également heureux et satisfait,
Je ne désire point un bonheur plus parfait.
O vous, sage Warens, élève de Minerve,
Pardonnez ces transports d'une indiscrète verve;
Quoique j'eusse promis de ne rimer jamais,
J'ose chanter ici les fruits de vos bienfaits.
Oui, si mon cœur jouit du sort le plus tranquille,
Si je suis la vertu dans un chemin facile,
Si je goûte en ces lieux un repos innocent,
Je ne dois qu'à vous seule un si rare présent.
Vainement des cœurs bas, des âmes mercenaires,
Par des avis cruels plutôt que salutaires,
Cent fois ont essayé de m'ôter vos bontés :
Ils ne connoissent pas le bien que vous goûtez
En faisant des heureux, en essuyant des larmes :
Ces plaisirs délicats pour eux n'ont point de char-
De Tite et de Trajan les libérales mains |mes.
N'excitent dans leurs cœurs que des ris inhumains.
Pourquoi faire du bien dans le siècle où nous sommes?
Se trouve-t-il quelqu'un, dans la race des hommes,
Digne d'être tiré du rang des indigens?
Peut-il dans la misère être d'honnêtes gens?
Et ne vaut-il pas mieux employer ses richesses
A jouir des plaisirs, qu'à faire des largesses?
Qu'ils suivent à leur gré ces sentimens affreux,
Je me garderai bien de rien exiger d'eux.
Je n'irai pas ramper, ni chercher à leur plaire;
Mon cœur sait, s'il le faut, affronter la misère,
Et, plus délicat qu'eux, plus sensible à l'honneur,
Regarde de plus près au choix d'un bienfaiteur.
Oui, j'en donne aujourd'hui l'assurance publique,
Cet écrit en sera le témoin authentique,
Que, si jamais le sort m'arrache à vos bienfaits,
Mes besoins jusqu'aux leurs ne recourront jamais.
Laissez des envieux la troupe méprisable
Attaquer des vertus dont l'éclat les accable.
Dédaignez leurs complots, leur haine, leur fureur;
La paix n'en est pas moins au fond de votre cœur,
Tandis que, vils jouets de leurs propres furies,
Alimens des serpens dont elles sont nourries,
Le crime et les remords portent au fond des leurs
Le triste châtiment de leurs noires horreurs.
Semblables en leur rage à la guêpe maligne,
De travail incapable, et de secours indigne,
Qui ne vit que de vols, et dont enfin le sort
Est de faire du mal en se *donnant la mort*,
Qu'ils exhalent en vain leur colère impuissante;
Leurs menaces pour vous n'ont rien qui m'épouvante;
Ils voudroient d'un grand roi vous ôter les bienfaits;
Mais de plus nobles soins illustrent ses projets:
Leur basse jalousie et leur fureur injuste
N'arriveront jamais jusqu'à son trône auguste :
Et le monstre qui règne en leurs cœurs abattus
N'est pas fait pour braver l'éclat de ses vertus.
C'est ainsi qu'un bon roi rend son empire aimable;
Il soutient la vertu que l'infortune accable :
Quand il doit menacer, la foudre est dans ses mains.
Tout roi, sans s'élever au-dessus des humains,
Contre les criminels peut lancer le tonnerre;
Mais, s'il fait des heureux, c'est un dieu sur la terre.
Charles, on reconnaît ton empire à ces traits;
Ta main porte en tous lieux la joie et les bienfaits;
Tes sujets égalés éprouvent ta justice;
On ne réclame plus, par un honteux caprice,
Un principe odieux, proscrit par l'équité,
Qui, blessant tous les droits de la société,
Brise les nœuds sacrés dont elle étoit unie,
Refuse à ses besoins la meilleure partie,
Et prétend affranchir de ses plus justes lois
Ceux qu'elle fait jouir de ses plus riches droits.
Ah! s'il t'avoit suffi de te rendre terrible,
Quel autre, plus que toi, pouvoit être invincible,
Quand l'Europe t'a vu, guidant tes étendards,
Seul entre tous ses rois briller aux champs de Mars?
Mais ce n'est pas assez d'épouvanter la terre;
Il est d'autres devoirs que les soins de la guerre;
Et c'est par eux, grand roi, que ton peuple aujourd'hui
Trouve en toi son vengeur, son père et son appui.
Et vous, sage Warens, que ce héros protége,
En vain la calomnie en secret vous assiége,
Craignez peu ses effets, bravez son vain courroux;
La vertu vous défend, et c'est assez pour vous :
Ce grand roi vous estime, il connoît votre zèle,
Toujours à sa parole il sait être fidèle;
Et, pour tout dire enfin, garant de ses bontés,
Votre cœur vous répond que vous les méritez.
On me connoît assez, et ma muse sévère
Ne sait point dispenser un encens mercenaire;
Jamais d'un vil flatteur le langage affecté
N'a souillé dans mes vers l'auguste vérité.
Vous méprisez vous-même un éloge insipide,
Vos sincères vertus n'ont point l'orgueil pour guide.
Avec vos ennemis convenons, s'il le faut,
Que la sagesse en vous n'exclut point tout défaut.
Sur cette terre, hélas! telle est notre misère,
Que la perfection n'est qu'erreur et chimère,
Connoître mes travers est mon premier souhait,
Et je fais peu de cas de tout homme parfait.
La haine quelquefois donne un avis utile :
Blâmez cette bonté trop douce et trop facile
Qui souvent à leurs yeux a causé vos malheurs.
Reconnoissez en vous les *foibles* des bons cœurs :
Mais sachez qu'en secret l'éternelle sagesse
Hait leurs fausses vertus plus que votre foiblesse,
Et qu'il vaut mieux cent fois se montrer à ses yeux
Imparfait comme vous, que vertueux comme eux.
Vous donc dès mon enfance attachée à m'instruire,
A travers ma misère, hélas! qui crûtes lire
Que de quelques talents le Ciel m'avoit pourvu,
Qui daignâtes former mon cœur à la vertu,

Vous que j'ose appeler du tendre nom de mère,
Acceptez aujourd'hui cet hommage sincère,
Le tribut légitime et trop bien mérité,
Que ma reconnoissance offre à la vérité.
Oui, si quelques douceurs assaisonnent ma vie;
Si j'ai pu jusqu'ici me soustraire à l'envie;
Si, le cœur plus sensible, et l'esprit moins grossier,
Au-dessus du vulgaire on m'a vu élever;
Enfin, si chaque jour je jouis de moi-même,
Tantôt en m'élançant jusqu'à l'Être suprême,
Tantôt en méditant, dans un profond repos,
Les erreurs des humains, et leurs biens, et leurs
Tantôt, philosophant sur les lois naturelles, [maux;
J'entre dans le secret des causes éternelles,
Je cherche à pénétrer tous les ressorts divers,
Les principes cachés qui meuvent l'univers;
Si, dis-je, en mon pouvoir j'ai tous ces avantages,
Je le répète encor, ce sont là vos ouvrages,
Vertueuse Warens : c'est de vous que je tiens
Le vrai bonheur de l'homme et les solides biens.
Sans craintes, sans désirs, dans cette solitude,
Je laisse aller mes jours exempts d'inquiétude :
O que mon cœur touché ne peut-il à son gré
Peindre sur ce papier, dans un juste degré,
Des plaisirs qu'il ressent la volupté parfaite !
Présent dont je jouis, passé que je regrette,
Temps précieux, hélas ! je ne vous perdrai plus
En bizarres projets, en soucis superflus.
Dans ce verger charmant j'en partage l'espace.
Sous un ombrage frais tantôt je me délasse ;
Tantôt avec Leibnitz, Malebranche et Newton,
Je monte ma raison sur un sublime ton,
J'examine les lois des corps et des pensées;
Avec Locke je fais l'histoire des idées ;
Avec Képler, Wallis, Barrow, Raynaud, Pascal,
Je devance Archimède, et je suis L'Hospital (¹).
Tantôt, à la physique appliquant mes problèmes,
Je me laisse entraîner à l'esprit des systèmes :
Je tâtonne Descarte et ses égaremens,
Sublimes, il est vrai, mais frivoles romans.
J'abandonne bientôt l'hypothèse infidèle,
Content d'étudier l'histoire naturelle.
Là, Pline et Nieuwentit, m'aidant de leur savoir,
M'apprennent à penser, ouvrir les yeux, et voir.
Quelquefois, descendant de ces vastes lumières,
Des différens mortels je suis les caractères.
Quelquefois, m'amusant jusqu'à la fiction,
Télémaque et Séthos me donnent leur leçon ;
Ou bien dans Cléveland j'observe la nature,
Qui se montre à mes yeux touchante et toujours pure.
Tantôt aussi, de Spon parcourant les cahiers,
De ma patrie en pleurs je relis les dangers.

(¹) Le marquis de L'Hospital, auteur de l'*Analyse des infiniment petits*, et de plusieurs autres ouvrages de mathématiques.

Genève, jadis sage, ô ma chère patrie!
Quel démon dans ton sein produit la frénésie?
Souviens-toi qu'autrefois tu donnas des héros,
Dont le sang t'acheta les douceurs du repos.
Transportés aujourd'hui d'une soudaine rage,
Aveugles citoyens, cherchez-vous l'esclavage ?
Trop tôt peut-être, hélas ! pourrez-vous le trouver :
Mais, s'il est encor temps, c'est à vous d'y songer.
Jouissez des bienfaits que Louis vous accorde.
Rappelez dans vos murs cette antique concorde.
Heureux si, reprenant la foi de vos aïeux,
Vous n'oubliez jamais d'être libre comme eux !
O vous, tendre Racine ! ô vous, aimable Horace !
Dans mes loisirs aussi vous trouvez votre place ;
Claville, Saint-Aubin, Plutarque, Mézerai,
Despréaux, Cicéron, Pope, Rollin, Barclai,
Et vous, trop doux La Mothe, et toi, touchant Voltaire,
Ta lecture à mon cœur restera toujours chère.
Mais mon goût se refuse à tout frivole écrit
Dont l'auteur n'a pour but que d'amuser l'esprit :
Il a beau prodiguer la brillante antithèse,
Semer partout des fleurs, chercher un tour qui plaise:
Le cœur, plus que l'esprit, a chez moi des besoins,
Et, s'il n'est attendri, rebute tous ces soins.
C'est ainsi que mes jours s'écoulent sans alarmes.
Mes yeux sur mes malheurs ne versent point de lar-
Si des pleurs quelquefois altèrent mon repos, [mes.
C'est pour d'autres sujets que pour mes propres
Vainement la douleur, les craintes, la misère, [maux.
Veulent décourager la fin de ma carrière ;
D'Épictète asservi la stoïque fierté
M'apprend à supporter les maux, la pauvreté ;
Je vois, sans m'affliger, la langueur qui m'accable ;
L'approche du trépas ne m'est point effroyable ;
Et le mal dont mon corps se sent presque abattu
N'est pour moi qu'un sujet d'affermir ma vertu.

ÉPITRE

A M. BORDES.

Toi qu'aux jeux du Parnasse Apollon même guide,
Tu daignes exciter une muse timide;
De mes foibles essais juge trop indulgent,
Ton goût à ta bonté cède en m'encourageant.
Mais, hélas ! je n'ai point, pour tenter la carrière,
D'un athlète animé l'assurance guerrière;
Et, dès les premiers pas, inquiet et surpris,
L'haleine m'abandonne, et je renonce au prix.
Bordes, daigne juger de toutes mes alarmes;
Vois quels sont les combats, et quelles sont les armes.
Ces lauriers sont bien doux, sans doute, à remporter;

Mais quelle audace à moi d'oser les disputer !
Quoi ! j'irois, sur le ton de ma lyre rustique,
Faire jurer en vers une muse helvétique ;
Et, prêchant durement de tristes vérités,
Révolter contre moi les lecteurs irrités !
Plus heureux, si tu veux, encor que téméraire,
Quand mes foibles talents trouveroient l'art de plaire;
Quand, des sifflets publics par bonheur préservés,
Mes vers des gens de goût pourroient être approuvés,
Dis-moi, sur quel sujet s'exercera ma muse?
Tout poëte est menteur, et le métier l'excuse ;
Il sait en mots pompeux faire, d'un riche fat,
Un nouveau Mécénas, un pilier de l'état.
Mais moi, qui connois peu les usages de France,
Moi, fier républicain que blesse l'arrogance,
Du riche impertinent je dédaigne l'appui,
S'il le faut mendier en rampant devant lui ;
Et ne sais applaudir qu'à toi, qu'au vrai mérite :
La sotte vanité me révolte et m'irrite.
Le riche me méprise, et, malgré son orgueil,
Nous nous voyons souvent à peu près du même œil.
Mais, quelque haine en moi que le travers inspire,
Mon cœur sincère et franc abhorre la satire :
Trop découvert peut-être, et jamais criminel,
Je dis la vérité sans l'abreuver de fiel.
Ainsi toujours ma plume, implacable ennemie
Et de la flatterie et de la calomnie,
Ne sait point en ses vers trahir la vérité ;
Et, toujours accordant un tribut mérité,
Toujours prête à donner des louanges acquises,
Jamais d'un vil Crésus n'encensa les sottises.
O vous qui, dans le sein d'une humble obscurité,
Nourrissez les vertus avec la pauvreté,
Dont les désirs bornés dans la sage indigence
Méprisent sans orgueil une vaine abondance,
Restes trop précieux de ces antiques temps
Où des moindres apprêts nos ancêtres contens,
Recherchés dans leurs mœurs, simples dans leur parure,
Ne sentoient de besoins que ceux de la nature ;
Illustres malheureux, quels lieux habitez-vous?
Dites, quels sont vos noms? Il me sera trop doux
D'exercer mes talens à chanter votre gloire,
A vous éterniser au temple de Mémoire ;
Et quand mes foibles vers n'y pourroient arriver,
Ces noms si respectés sauront les conserver.
Mais pourquoi m'occuper d'une vaine chimère?
Il n'est plus de sagesse où règne la misère ;
Sous le poids de la faim le mérite abattu
Laisse en un triste cœur abattre la vertu.
Tant de pompeux discours sur l'heureuse indigence
M'ont bien l'air d'être nés du sein de l'abondance :
Philosophe commode, on a toujours grand soin
De prêcher des vertus dont on n'a pas besoin.
Bordes, cherchons ailleurs des sujets pour ma muse;
De la pitié qu'il fait souvent le pauvre abuse,
Et, décorant du nom de sainte charité
Les noms dont on nourrit sa vile oisiveté,
Sous l'aspect des vertus que l'infortune opprime
Cache l'amour du vice et le penchant au crime.
J'honore le mérite aux rangs les plus abjects,
Mais je trouve à louer peu de pareils sujets.
Non, célébrons plutôt l'innocente industrie
Qui sait multiplier les douceurs de la vie,
Et, salutaire à tous, dans ses utiles soins,
Par la route du luxe apaise les besoins.
C'est par cet art charmant que sans cesse enrichie
On voit briller au loin ton heureuse patrie [1].
Ouvrage précieux, superbes ornemens,
On diroit que Minerve, en ses amusemens,
Avec l'or et la soie a d'une main savante
Formé de vos dessins la tissure élégante.
Turin, Londres, en vain, pour vous le disputer,
Par de jaloux efforts veulent vous imiter :
Vos mélanges charmans, assortis par les grâces,
Les laissent de bien loin s'épuiser sur vos traces.
Le bon goût les dédaigne et triomphe chez vous ;
Et tandis qu'entraînés par leur dépit jaloux,
Dans leurs ouvrages froids ils forcent la nature,
Votre vivacité, toujours brillante et pure,
Donne à ce qu'elle pare un œil plus délicat,
Et même à la beauté prête encor de l'éclat.
Ville heureuse, qui fais l'ornement de la France
Trésor de l'univers, source de l'abondance,
Lyon, séjour charmant des enfans de Plutus,
Dans tes tranquilles murs tous les arts sont reçus.
D'un sage protecteur le goût les y rassemble ;
Apollon et Plutus, étonnés d'être ensemble,
De leurs longs différends ont peine à revenir,
Et demandent quel dieu les a pu réunir.
On reconnoît tes soins, Pallu [2] : tu nous ramènes
Les siècles renommés et de Tyr et d'Athènes :
De mille éclats divers Lyon brille à la fois,
Et son peuple opulent semble un peuple de rois.
Toi, digne citoyen de cette ville illustre,
Tu peux contribuer à lui donner du lustre :
Par tes heureux talens tu peux la décorer,
Et c'est lui faire un vol que de plus différer.
Comment oses-tu bien me proposer d'écrire,
Toi, que Minerve même avoit pris soin d'instruire,
Toi, de ses dons divins possesseur négligent,
Qui viens parler pour elle encore en l'outrageant?
Ah ! si du feu divin qui brille en ton ouvrage
Une étincelle au moins eût été mon partage,
Ma muse, quelque jour, attendrissant les cœurs,
Peut-être sur la scène eût fait couler des pleurs.
Mais je te parle en vain : insensible à mes plaintes,
Par de cruels refus tu confirmes mes craintes,

[1] La ville de Lyon.
[2] Intendant de Lyon.

Et je vois qu'impuissante à fléchir tes rigueurs,
Blanche [1] n'a pas encore épuisé ses malheurs.

ÉPITRE

A M. PARISOT,

ACHEVÉE LE 10 JUILLET 1742.

Ami, daigne souffrir qu'à tes yeux aujourd'hui
Je dévoile ce cœur plein de trouble et d'ennui :
Toi qui connus jadis mon âme tout entière,
Seul *en qui je trouvois un ami tendre*, un père,
Rappelle encor pour moi tes premières bontés ;
Rends tes soins à mon cœur, il les a mérités.
Ne crois pas qu'alarmé par de frivoles craintes
De ton silence ici je te fasse des plaintes ;
Que par de faux soupçons, indignes de tous deux,
Je puisse t'accuser d'un mépris odieux.
Non, tu voudrois en vain t'obstiner à te taire :
Je sais trop expliquer ce langage sévère
Sur ce triste projet que je t'ai dévoilé ;
Sans m'avoir répondu, ton silence a parlé.
Je ne m'excuse point dès qu'un ami me blâme ;
Le vil orgueil n'est pas le vice de mon âme :
J'ai reçu quelquefois de solides avis
Avec bonté donnés, avec zèle suivis.
J'ignore ces détours dont les vaines adresses
En autant de vertus transforment nos foiblesses,
Et jamais mon esprit, sous de fausses couleurs,
Ne sut à tes regards déguiser ses erreurs.
Mais qu'il me soit permis, par un soin légitime,
De conserver du moins des droits à ton estime :
Pèse mes sentimens, mes raisons, et mon choix,
Et décide mon sort pour la dernière fois.
Né dans l'obscurité, j'ai fait dès mon enfance
Des caprices du sort la triste expérience ;
Et s'il est quelque bien qu'il ne m'ait point ôté,
Même par ses faveurs il m'a persécuté.
Il m'a fait naître libre, hélas ! pour quel usage ?
Qu'il m'a vendu bien cher un si vain avantage !
Je suis libre, en effet ; mais de ce bien cruel
J'ai reçu plus d'ennuis que d'un malheur réel.
Ah ! s'il falloit un jour, absent de ma patrie,
Traîner chez l'étranger ma languissante vie,
S'il falloit bassement ramper auprès des grands,
Que n'en ai-je appris l'art dès mes plus jeunes ans !
Mais sur d'autres leçons on forma ma jeunesse.
On me dit de remplir mes devoirs sans bassesse,
De respecter les grands, les magistrats, les rois,
De chérir les humains et d'obéir aux lois :
Mais on m'apprit aussi qu'ayant par ma naissance
Le droit de partager la suprême puissance,
Tout petit que j'étois, foible, obscur citoyen,
Je faisois cependant membre du souverain ;
Qu'il falloit soutenir un si noble avantage
Par le cœur d'un héros, par les vertus d'un sage ;
Qu'enfin la liberté, ce cher présent des cieux,
N'est qu'un fléau fatal pour les cœurs vicieux.
Avec le lait, chez nous, on suce ces maximes,
Moins pour s'enorgueillir de nos droits légitimes
Que pour savoir un jour se donner à la fois
Les meilleurs magistrats et les plus sages lois.
Vois-tu, me disoit-on, ces nations puissantes
Fournir rapidement leurs carrières brillantes ?
Tout ce vain appareil qui remplit l'univers
N'est qu'un frivole éclat qui leur cache leurs fers.
Par leur propre valeur ils forgent leurs entraves :
Ils font les conquérans, et sont de vils esclaves ;
Et leur vaste pouvoir, que l'art avoit produit,
Par le luxe bientôt se retrouve détruit.
Un soin bien différent ici nous intéresse,
Notre plus grande force est dans notre foiblesse :
Nous vivons sans regret dans l'humble obscurité ;
Mais du moins dans nos murs on est en liberté.
Nous n'y connoissons point la superbe arrogance,
Nuls titres fastueux, nulle injuste puissance.
De sages magistrats, établis par nos voix,
Jugent nos différends, font observer nos lois.
L'art n'est point le soutien de notre république :
Être juste est chez nous l'unique politique ;
Tous les ordres divers, sans inégalité,
Gardent chacun le rang qui leur est affecté.
Nos chefs, nos magistrats, simples dans leur parure,
Sans étaler ici le luxe et la dorure,
Parmi nous cependant ne sont point confondus :
Ils en sont distingués, mais c'est par leurs vertus.
Puisse durer toujours cette union charmante !
Hélas ! on voit si peu de probité constante !
Il n'est rien que le temps ne corrompe à la fin ;
Tout, jusqu'à la sagesse, est sujet au déclin.
Par ces réflexions ma raison exercée
M'apprit à mépriser cette pompe insensée
Par qui l'orgueil des grands brille de toutes parts,
Et du peuple imbécile attire les regards.
Mais, qu'il m'en coûta cher, quand, pour toute ma vie,
La foi m'eut éloigné du sein de ma patrie ;
Quand je me vis enfin, sans appui, sans secours,
A ces mêmes grandeurs contraint d'avoir recours !
Non, je ne puis penser, sans répandre des larmes,
A ces momens affreux, pleins de trouble et d'alarmes,
Où j'éprouvai qu'enfin tous ces beaux sentimens,
Loin d'adoucir mon sort, irritoient mes tourmens.
Sans doute à tous les yeux la misère est horrible,
Mais pour qui sait penser elle est bien plus sensible.

[1] *Blanche de Bourbon*, tragédie de M. Bordes, qu'au grand regret de ses amis il se refuse constamment de mettre au théâtre.

A force de ramper un lâche en peut sortir :
L'honnête homme à ce prix n'y sauroit consentir.
Encor, si de vrais grands recevoient mon hommage,
Ou qu'ils eussent du moins le mérite en partage,
Mon cœur, par les respects noblement accordés,
Reconnoîtroit des dons qu'il n'a pas possédés :
Mais faudra-t-il qu'ici mon humble obéissance
De ces fiers campagnards nourrisse l'arrogance?
Quoi! de vils parchemins, par faveur obtenus,
Leur donneront le droit de vivre sans vertus!
Et malgré mes efforts, sans mes respects serviles,
Mon zèle et mes talens resteront inutiles!
Ah! de mes tristes jours voyons plutôt la fin
Que de jamais subir un si lâche destin.
Ces discours insensés troubloient ainsi mon âme;
Je les tenois alors, aujourd'hui je les blâme :
De plus sages leçons ont formé mon esprit;
Mais de bien des malheurs ma raison est le fruit.
Tu sais, cher Parisot, quelle main généreuse
Vint tarir de mes maux la source malheureuse;
Tu le sais, et tes yeux ont été les témoins
Si mon cœur sait sentir ce qu'il doit à ses soins.
Mais mon zèle enflammé peut-il jamais prétendre
De payer les bienfaits de cette mère tendre?
Si par les sentimens on y peut aspirer,
Ah! du moins par les miens j'ai droit de l'espérer.
Je puis compter pour peu ses bontés secourables :
Je lui dois d'autres biens, des biens plus estimables,
Les biens de la raison, les sentimens du cœur,
Même par les talens quelques droits à l'honneur.
Avant que sa bonté, du sein de la misère,
Aux plus tristes besoins eût daigné me soustraire,
J'étois un vil enfant, du sort abandonné,
Peut-être dans la fange à périr destiné,
Orgueilleux avorton, dont la fierté burlesque
Mêloit comiquement l'enfance au romanesque,
Aux bons faisoit pitié, faisoit rire les fous
Et des sots quelquefois excitoit le courroux.
Mais les hommes ne sont que ce qu'on les fait être :
A peine à ses regards j'avois osé paroître,
Que, de ma bienfaitrice apprenant mes erreurs,
Je sentis le besoin de corriger mes mœurs :
J'abjurai pour toujours ces maximes féroces,
Du préjugé natal fruits amers et précoces,
Qui, dès les jeunes ans, par leurs âcres levains,
Nourrissent *la fierté des cœurs républicains*;
J'appris à respecter une noblesse illustre,
Qui même à la vertu sait ajouter du lustre.
Il ne seroit pas bon dans la société
Qu'il fût entre les rangs moins d'inégalité.
Irai-je faire ici, dans ma vaine marotte,
Le grand déclamateur, le nouveau don Quichotte?
Le destin sur la terre a réglé les états,
Et pour moi sûrement ne les changera pas.
Ainsi de ma raison si long-temps languissante
Je me formai dès lors une raison naissante :
Par les soins d'une mère incessamment conduit,
Bientôt de ses bontés je recueillis le fruit;
Je connus que surtout cette roideur sauvage
Dans le monde aujourd'hui seroit d'un triste usage;
La modestie alors devint chère à mon cœur;
J'aimai l'humanité, je chéris la douceur ;
Et, respectant des grands le rang et la naissance,
Je souffris leurs hauteurs, avec cette espérance
Que, malgré tout l'éclat dont ils sont revêtus,
Je les pourrai du moins égaler en vertus.
Enfin, pendant deux ans, au sein de ta patrie,
J'appris à cultiver les douceurs de la vie.
Du Portique autrefois la triste austérité
A mon goût peu formé mêloit sa dureté :
Épictète et Zénon, dans leur fierté stoïque,
Me faisoient admirer ce courage héroïque
Qui, faisant des faux biens un mépris généreux,
Par la seule vertu prétend nous rendre heureux.
Long-temps de cette erreur la brillante chimère
Séduisit mon esprit, roidit mon caractère;
Mais, malgré tant d'efforts, ces vaines fictions
Ont-elles de mon cœur banni les passions?
Il n'est permis qu'à Dieu, qu'à l'essence suprême,
D'être toujours heureuse, et seule par soi-même :
Pour l'homme, tel qu'il est pour l'esprit et le cœur,
Otez les passions, il n'est plus de bonheur.
C'est toi, cher Parisot, c'est ton commerce aimable
De grossier que j'étois, qui me rendit traitable :
Je reconnus alors combien il est charmant
De joindre à la sagesse un peu d'amusement.
Des amis plus polis, un climat moins sauvage,
Des plaisirs innocents m'enseignèrent l'usage :
Je vis avec transport ce spectacle enchanteur
Par la route des sens qui sait aller au cœur.
Le mien, qui jusqu'alors avoit été paisible,
Pour la première fois enfin devint sensible :
L'amour, malgré mes soins, heureux à m'égarer,
Auprès de deux beaux yeux m'apprit à soupirer.
Bons mots, vers élégans, conversations vives,
Un repas égayé par d'aimables convives,
Petits jeux de commerce et d'où le chagrin fuit,
Où, sans risquer la bourse, on délasse l'esprit;
En un mot, les attraits d'une vie opulente,
Qu'aux vœux de l'étranger la richesse présente,
Tous les plaisirs du goût, le charme des beaux-arts,
A mes yeux enchantés brilloient de toutes parts.
Ce n'est pas cependant que mon âme égarée
Donnât dans le travers d'une mollesse outrée :
L'innocence est le bien le plus cher à mon cœur;
La débauche et l'excès sont des objets d'horreur :
Les coupables plaisirs sont les tourmens de l'âme,
Ils sont trop achetés s'ils sont dignes de blâme.
Sans doute le plaisir, pour être un bien réel,
Doit rendre l'homme heureux et non pas criminel :

Mais il n'est pas moins vrai que de notre carrière
Le ciel ne défend pas d'adoucir la misère ;
Et, pour finir ce point trop long-temps débattu,
Rien ne doit être outré, pas même la vertu.

Voilà de mes erreurs un abrégé fidèle :
C'est à toi de juger, ami, sur ce modèle,
Si je puis, près des grands implorant de l'appui,
A la fortune encor recourir aujourd'hui.
De la gloire est-il temps de rechercher le lustre ?
Me voici presque au bout de mon sixième lustre :
La moitié de mes jours dans l'oubli sont passés,
Et déjà du travail mes esprits sont lassés.
Avide de science, avide de sagesse,
Je n'ai point aux plaisirs prodigué ma jeunesse :
J'osai d'un temps si cher faire un meilleur emploi;
L'étude et la vertu furent la seule loi
Que je me proposai pour régler ma conduite.
Mais ce n'est point par art qu'on acquiert du mérite :
Que sert un vain travail par le ciel dédaigné,
Si de son but toujours on se voit éloigné?
Comptant par mes talens d'assurer ma fortune,
Je négligeai ces soins, cette brigue importune,
Ce manége subtil, par qui cent ignorans
Ravissent la faveur et les bienfaits des grands.

Le succès cependant trompe ma confiance :
De mes foibles progrès je sens peu d'espérance ;
Et je vois qu'à juger par des effets si lents,
Pour briller dans le monde il faut d'autres talens.
Eh ! qu'y ferois-je, moi, de qui l'abord timide
Ne sait point affecter cette audace intrépide,
Cet air content de soi, ce ton fier et joli
Qui du rang des badauds sauve l'homme poli ?
Faut-il donc aujourd'hui m'en aller dans le monde
Vanter impudemment ma science profonde,
Et, toujours en secret démenti par mon cœur,
Me prodiguer l'encens et les degrés d'honneur ?
Faudra-t-il, d'un dévot affectant la grimace,
Faire servir le ciel à gagner une place,
Et, par l'hypocrisie assurant mes projets,
Grossir l'heureux essaim de ces hommes parfaits,
De ces humbles dévots, de qui la modestie
Compte par leurs vertus tous les jours de leur vie?
Pour glorifier Dieu leur bouche a tour à tour
Quelque nouvelle grâce à rendre chaque jour.
Mais l'orgueilleux en vain d'une adresse chrétienne,
Sous la gloire de Dieu veut étaler la sienne :
L'homme vraiment sensé fait le mépris qu'il doit
Des mensonges du fat et du sot qui les croit.

Non, je ne puis forcer mon esprit, né sincère,
A déguiser ainsi mon propre caractère ;
Il en coûteroit trop de contrainte à mon cœur :
A cet indigne prix je renonce au bonheur.
D'ailleurs il faudroit donc, fils lâche et mercenaire,
Trahir indignement les bontés d'une mère,
Et, payant en ingrat tant de bienfaits reçus,
Laisser à d'autres mains les soins qui lui sont dus.
Ah ! ces soins sont trop chers à ma reconnoissance.
Si le ciel n'a rien mis de plus en ma puissance,
Du moins d'un zèle pur les vœux trop mérités
Par mon cœur chaque jour lui seront présentés.
Je sais trop, il est vrai, que ce zèle inutile
Ne peut lui procurer un destin plus tranquille :
En vain dans sa langueur je veux la soulager ;
Ce n'est pas les guérir que de les partager.
Hélas ! de ses tourmens le spectacle funeste
Bientôt de mon courage étouffera le reste :
C'est trop lui voir porter, par d'éternels efforts,
Et les peines de l'âme et les douleurs du corps.
Que lui sert de chercher dans cette solitude
A fuir l'éclat du monde et son inquiétude,
Si jusqu'en ce désert, à la paix destiné,
Le sort lui donne encore, à lui nuire acharné,
D'un affreux procureur le voisinage horrible,
Nourri d'encre et de fiel, dont la griffe terrible
De ses tristes voisins est plus crainte cent fois,
Que le hussard cruel du pauvre Bavarois ?

Mais c'est trop t'accabler du récit de nos peines :
Daigne me pardonner, ami, ces plaintes vaines ;
C'est le dernier des biens permis aux malheureux
De voir plaindre leurs maux par les cœurs généreux.
Telle est de mes malheurs la peinture naïve.
Juge de l'avenir sur cette perspective ;
Vois si je dois encor, par des soins impuissans,
Offrir à la fortune un inutile encens.
Non, la gloire n'est point l'idole de mon âme ;
Je n'y sens point brûler cette divine flamme
Qui, d'un génie heureux animant les ressorts,
Le force à s'élever par de nobles efforts
Que m'importe après tout ce que pensent les hommes?
Leurs honneurs, leurs mépris, font-ils ce que nous [sommes?
Et qui ne sait pas l'art de s'en faire admirer
A la félicité ne peut-il aspirer ?
L'ardente ambition a l'éclat en partage,
Mais les plaisirs du cœur font le bonheur du sage.
Que ces plaisirs sont doux à qui sait les goûter !
Heureux qui les connoit et sait s'en contenter !
Jouir de leurs douceurs dans un état paisible,
C'est le plus cher désir auquel je suis sensible.
Un bon livre, un ami, la liberté, la paix.
Faut-il pour vivre heureux former d'autres souhaits?
Les grandes passions sont des sources de peine :
J'évite les dangers où leur penchant entraîne ;
Dans leurs piéges adroits si l'on me voit tomber,
Du moins je ne fais pas gloire d'y succomber.
De mes égaremens mon cœur n'est point complice :
Sans être vertueux je déteste le vice ;
Et le bonheur en vain s'obstine à se cacher,
Puisque enfin je connois où je dois le chercher.

ÉPITRE
A M. DE L'ÉTANG,

VICAIRE DE MARCOUSSIS.

(1751.)

En dépit du destin jaloux,
Cher abbé, nous irons chez vous.
Dans votre franche politesse,
Dans votre gaîté sans rudesse,
Parmi vos bois et vos coteaux
Nous irons chercher le repos :
Nous irons chercher le remède
Au triste ennui qui nous possède,
A ces affreux charivaris,
A tout ce fracas de Paris.
O ville où règne l'arrogance,
Où les plus grands fripons de France
Régentent les honnêtes gens,
Où les vertueux indigens
Sont des objets de raillerie;
Ville où la charlatanerie,
Le ton haut, les airs insolens,
Écrasent les humbles talens
Et tyrannisent la fortune;
Ville où l'auteur de Rodogune
A rampé devant Chapelain;
Où d'un petit magot vilain
L'amour fit le héros des belles;
Où tous les roquets des ruelles
Deviennent des hommes d'état;
Où le jeune et beau magistrat
Étale, avec les airs d'un fat,
Sa perruque pour tout mérite;
Où le savant, bas parasite,
Chez Aspasie ou chez Phryné,
Vend de l'esprit pour un dîné.
Paris, malheureux qui t'habite!
Mais plus malheureux mille fois
Qui t'habite de son pur choix,
Et dans un climat plus tranquille
Ne sait point se faire un asile
Inabordable aux noirs soucis,
Tel qu'à mes yeux est Marcoussis!
Marcoussis qui sait tant nous plaire,
Marcoussis dont pourtant j'espère
Vous voir partir un beau matin
Sans vous en pendre de chagrin!
Accordez donc, mon cher vicaire,
Votre demeure hospitalière
A gens dont le soin le plus doux
Est d'aller passer près de vous
Les momens dont ils sont les maîtres.
Nous connoissons déjà les êtres
Du pays et de la maison;
Nous en chérissons le patron,
Et désirons, s'il est possible,
Qu'à tous autres inaccessible,
Il destine en notre faveur
Son loisir et sa bonne humeur.
De plus, prières des plus vives
D'éloigner tous fâcheux convives,
Taciturnes, mauvais plaisans,
Ou beaux parleurs, ou médisans.
Point de ces gens que Dieu confonde,
De ces sots dont Paris abonde,
Et qu'on y nomme beaux esprits,
Vendeurs de fumée à tout prix
Au riche faquin qui les gâte,
Vils flatteurs de qui les empâte,
Plus vils détracteurs du bon sens
De qui méprise leur encens.
Point de ces fades petits-maîtres,
Point de ces hobereaux champêtres
Tout fiers de quelques vains aïeux
Presque aussi méprisables qu'eux.
Point de grondeuses pigrièches,
Voix aigre, teint noir, et mains sèches;
Toujours syndiquant les appas
Et les plaisirs qu'elles n'ont pas,
Dénigrant le prochain par zèle,
Se donnant à tous pour modèle,
Médisantes par charité,
Et sages par nécessité.
Point de Crésus, point de canaille;
Point surtout de cette racaille
Que l'on appelle grands seigneurs,
Fripons sans probité, sans mœurs,
Se raillant du pauvre vulgaire
Dont la vertu fait la chimère;
Mangeant fièrement notre bien;
Exigeant tout, n'accordant rien,
Et dont la fausse politesse,
Rusant, patelinant sans cesse,
N'est qu'un piége adroit pour duper
Le sot qui s'y laisse attraper.
Point de ces fendans militaires
A l'air rogue, aux mines altières,
Fiers de commander des goujats,
Traitant chacun du haut en bas,
Donnant la loi, tranchant du maître,
Bretailleurs, fanfarons peut-être,
Toujours prêts à battre ou tuer,
Toujours parlant de leur métier,
Et cent fois plus pédans, me semble,
Que tous les ergoteurs ensemble.
Loin de nous tous ces ennuyeux.
Mais si, par un sort plus heureux
Il se rencontre un honnête homme
Qui d'aucun grand ne se renomme,

Qui soit aimable comme vous,
Qui sache rire avec les fous,
Et raisonner avec le sage,
Qui n'affecte point de langage
Qui ne dise point de bon mot,
Qui ne soit pas non plus un sot,
Qui soit gai sans chercher à l'être,
Qui soit instruit sans le paroître,
Qui ne rite que par gaîté,
Et jamais par malignité,
De mœurs droites sans être austères,
Qui soit simple dans ses manières,
Qui veuille vivre pour autrui,
Afin qu'on vive aussi pour lui;
Qui sache assaisonner la table
D'appétit, d'humeur agréable;
Ne voulant point être admiré,
Ne voulant point être ignoré,
Tenant son coin comme les autres,
Mêlant ses folies aux nôtres,
Raillant sans jamais insulter,
Raillé sans jamais s'emporter,
Aimant le plaisir sans crapule,
Ennemi du petit scrupule,
Buvant sans risquer sa raison,
Point philosophe hors de saison;
En un mot d'un tel caractère
Qu'avec lui nous puissions nous plaire,
Qu'avec nous il se plaise aussi:
S'il est un homme fait ainsi,
Donnez-le-nous, je vous supplie,
Mettez-le en notre compagnie;
Je brûle déjà de le voir,
Et de l'aimer, c'est mon devoir:
Mais c'est le vôtre, il faut le dire,
Avant que de nous le produire,
De le connoître. C'est assez;
Montrez-le-nous si vous osez.

FRAGMENT D'UNE ÉPITRE

A M. BORDES.

Après un carême ennuyeux,
Grâce à Dieu, voici la semaine
Des divertissemens pieux.
On va de neuvaine en neuvaine,
Dans chaque église on se promène;
Chaque autel y charme les yeux;
Le luxe et la pompe mondaine
Y brillent à l'honneur des cieux.
Là maint agile énergumène
Sert d'arlequin dans ces saints lieux;
Le moine ignorant s'y démène,
Récitant, à perte d'haleine,
Ses orémus mystérieux,
Et criant d'un ton furieux,
Fora, fora, par saint Eugène!
Rarement la semonce est vaine;
Diable et frà s'entendent bien mieux,
L'un à l'autre obéit sans peine.
Sur des objets plus gracieux
La diversité me ramène.
Dans ce temple délicieux
Où ma dévotion m'entraîne,
Quelle agitation soudaine
Me rend tous mes sens précieux?
Illumination brillante,
Peinture d'une main savante,
Parfums destinés pour les dieux,
Mais dont la volupté divine
Délecte l'humaine narine
Avant de se porter aux cieux!
Et toi, musique ravissante,
Du Carcani chef-d'œuvre harmonieux,
Que tu plais quand Catine chante!
Elle charme à la fois notre oreille et nos yeux.
Beaux sons, que votre effet est tendre!
Heureux l'amant qui peut s'attendre
D'occuper en d'autres momens
La bouche qui vous fait entendre,
A des soins encor plus charmans!
Mais ce qui plus ici m'enchante,
C'est mainte dévote piquante,
Au teint frais, à l'œil tendre et doux,
Qui, pour éloigner tout scrupule,
Vient à la Vierge, à deux genoux,
Offrir, dans l'ardeur qui la brûle,
Tous les vœux qu'elle attend de nous.
Tels sont les familiers colloques,
Tels sont les ardens soliloques
Des gens dévots en ce saint lieu.
Ma foi, je ne m'étonne guères,
Quand on fait ainsi ses prières,
Qu'on ait du goût à prier Dieu.

IMITATION LIBRE

D'UNE CHANSON ITALIENNE

DE MÉTASTASE.

Grâce à tant de tromperies,
Grâce à tes coquetteries,

Nice, je respire enfin.
Mon cœur, libre de sa chaîne,
Ne déguise plus sa peine;
Ce n'est plus un songe vain.

Toute ma flamme est éteinte :
Sous une colère feinte
L'amour ne se cache plus.
Qu'on te nomme en ton absence,
Qu'on t'adore en ma présence,
Mes sens n'en sont point émus.

En paix sans toi je sommeille;
Tu n'es plus, quand je m'éveille,
Le premier de mes désirs.
Rien de ta part ne m'agite;
Je t'aborde et je te quitte
Sans regrets et sans plaisirs.

Le souvenir de tes charmes,
Le souvenir de mes larmes,
Ne fait nul effet sur moi.
Juge enfin comme je t'aime :
Avec mon rival lui-même
Je pourrois parler de toi.

Sois fière, sois inhumaine,
Ta fierté n'est pas moins vaine
Que le seroit ta douceur.
Sans être ému je t'écoute,
Et tes yeux n'ont plus de route
Pour pénétrer dans mon cœur.

D'un mépris, d'une caresse,
Mes plaisirs ou ma tristesse
Ne reçoivent plus la loi.
Sans toi j'aime les bocages;
L'horreur des antres sauvages
Peut me déplaire avec toi.

Tu me parois encor belle;
Mais, Nice, tu n'es plus celle
Dont mes sens sont enchantés.
Je vois, devenu plus sage,
Des défauts sur ton visage
Qui me sembloient des beautés.

Lorsque je brisai ma chaîne,
Dieux! que j'éprouvai de peine!
Hélas! je crus en mourir :
Mais, quand on a du courage,
Pour se tirer d'esclavage
Que ne peut-on point souffrir?

Ainsi du piége perfide
Un oiseau simple et timide
Avec effort échappé,
Au prix des plumes qu'il laisse,
Prend des leçons de sagesse
Pour n'être plus attrapé.

Tu crois que mon cœur t'adore,
Voyant que je parle encore
Des soupirs que j'ai poussés;
Mais tel, au port qu'il désire,
Le nocher aime à redire
Les périls qu'il a passés.

Le guerrier couvert de gloire
Se plaît, après la victoire,
A raconter ses exploits;
Et l'esclave, exempt de peine,
Montre avec plaisir la chaîne
Qu'il a traînée autrefois.

Je m'exprime sans contrainte;
Je ne parle point par feinte,
Pour que tu m'ajoutes foi;
Et, quoi que tu puisses dire,
Je ne daigne pas m'instruire
Comment tu parles de moi.

Tes appas, beauté trop vaine,
Ne te rendront pas sans peine
Un aussi fidèle amant.
Ma perte est moins dangereuse;
Je sais qu'une autre trompeuse
Se trouve plus aisément (*).

(*) Cette chanson a été réclamée par M. de Nivernais, qui l'a comprise dans ses œuvres. Jean-Jacques ne s'est jamais donné pour en être l'auteur; elle lui a été attribuée par les premiers éditeurs de ses œuvres. Voici les variantes qui existent entre l'édition de Genève et celle de Marc-Michel Rey.

M. M. Rey.	Mon cœur, libre de sa chaîne Ne déguise plus sa peine; Ce n'est plus un songe vain.
Éd. de Gen.	Non, non, ce n'est point un songe; Mon cœur, libre sans mensonge, Ne triomphe plus en vain.
M. M. Rey.	Qu'on t'adore en ma présence.
Éd. de Gen.	Qu'on te lorgne en ma présence.
M. M. Rey.	Juge enfin comme je t'aime.
Éd. de Gen.	Juge enfin comment je t'aime.
M. M. Rey.	Sois fière, sois inhumaine.
Éd. de Gen.	Sois tendre, sois inhumaine.
M. M. Rey.	Mes plaisirs ou ma tristesse.
Éd. de Gen.	Ma gaîté ni ma tristesse.
M. M. Rey.	L'horreur des antres sauvages Peut me déplaire avec toi.
Éd. de Gen.	Eh bien! des déserts sauvages Me déplairoient avec toi.
M. M. Rey.	Hélas! je crus en mourir.
Éd. de Gen.	Hélas! je crus d'en mourir.
M. M. Rey.	Un oiseau simple et timide.
Éd. de Gen.	Cet oiseau jeune et timide.
M. M. Rey.	Voyant que je parle encore.
Éd. de Gen.	Parce que je parle encore.

L'ALLÉE DE SYLVIE.

Qu'à m'égarer dans ces bocages
Mon cœur goûte de voluptés!
Que je me plais sous ces ombrages!
Que j'aime ces flots argentés!
Douce et charmante rêverie,
Solitude aimable et chérie,
Puissiez-vous toujours me charmer!
De ma triste et lente carrière
Rien n'adouciroit la misère,
Si je cessois de vous aimer.
Fuyez de cet heureux asile,
Fuyez de mon âme tranquille,
Vains et tumultueux projets :
Vous pouvez promettre sans cesse
Et le bonheur et la sagesse,
Mais vous ne les donnez jamais.
Quoi! l'homme ne pourra-t-il vivre,
A moins que son cœur ne se livre
Aux soins d'un douteux avenir?
Et si le temps coule si vite,
Au lieu de retarder sa fuite,
Faut-il encor la prévenir?
Oh! qu'avec moins de prévoyance
La vertu, la simple innocence,
Font des heureux à peu de frais!
Si peu de bien suffit au sage,
Qu'avec le plus léger partage
Tous ses désirs sont satisfaits.
Tant de soins, tant de prévoyance,
Sont moins des fruits de la prudence
Que des fruits de l'ambition.
L'homme content du nécessaire
Craint peu la fortune contraire,
Quand son cœur est sans passion.
Passions, source de délices,
Passions, source de supplices;
Cruels tyrans, doux séducteurs,
Sans vos fureurs impétueuses,
Sans vos amorces dangereuses,
La paix seroit dans tous les cœurs.
Malheur au mortel méprisable
Qui dans son âme insatiable
Nourrit l'ardente soif de l'or!
Que du vil penchant qui l'entraîne
Chaque instant il trouve la peine
Au fond même de son trésor!
Malheur à l'âme ambitieuse
De qui l'insolence odieuse
Veut asservir tous les humains!
Qu'à ses rivaux toujours en butte,
L'abîme apprêté pour sa chute
Soit creusé de ses propres mains!
Malheur à tout homme farouche,
A tout mortel que rien ne touche
Que sa propre félicité!
Qu'il éprouve dans sa misère,
De la part de son propre frère,
La même insensibilité!
Sans doute un cœur né pour le crime
Est fait pour être la victime
De ces affreuses passions;
Mais jamais du Ciel condamnée
On ne vit une âme bien née
Céder à leurs séductions.
Il en est de plus dangereuses,
De qui les amorces flatteuses
Déguisent bien mieux le poison,
Et qui toujours, dans un cœur tendre,
Commencent à se faire entendre
En faisant taire la raison :
Mais du moins leurs leçons charmantes
N'imposent que d'aimables lois;
La haine et ses fureurs sanglantes
S'endorment à leur douce voix.
Des sentimens si légitimes
Seront-ils toujours combattus?
Nous les mettons au rang des crimes,
Ils devroient être des vertus.
Pourquoi de ces penchans aimables
Le Ciel nous fait-il un tourment?
Il en est tant de plus coupables
Qu'il traite moins sévèrement?
O discours trop remplis de charmes,
Est-ce à moi de vous écouter?
Je fais avec mes propres armes
Les maux que je veux éviter.
Une langueur enchanteresse
Me poursuit jusqu'en ce séjour;
J'y veux moraliser sans cesse,
Et toujours j'y songe à l'amour.
Je sens qu'une âme plus tranquille
Plus exempte de tendres soins,
Plus libre en ce charmant asile,
Philosopheroit beaucoup moins.
Ainsi du feu qui me dévore
Tout sert à fomenter l'ardeur :
Hélas! n'est-il pas temps encore
Que la paix règne dans mon cœur?
Déjà de mon septième lustre
Je vois le terme s'avancer;
Déjà la jeunesse et son lustre
Chez moi commence à s'effacer.
La triste et sévère sagesse
Fera bientôt fuir les amours,
Bientôt la pesante vieillesse
Va succéder à mes beaux jours.
Alors les ennuis de la vie

Chassant l'aimable volupté,
On verra la philosophie
Naître de la nécessité ;
On me verra, par jalousie,
Prêcher mes caduques vertus,
Et souvent blâmer par envie
Les plaisirs que je n'aurai plus.
Mais, malgré les glaces de l'âge,
Raison, malgré ton vain effort,
Le sage a souvent fait naufrage
Quand il croyoit toucher au port.
O sagesse, aimable chimère,
Douce illusion de nos cœurs,
C'est sous ton divin caractère
Que nous encensons nos erreurs.
Chaque homme t'habille à sa mode ;
Sous le masque le plus commode
A leur propre félicité
Ils déguisent tous leur foiblesse,
Et donnent le nom de sagesse
Au penchant qu'ils ont adopté.
Tel, chez la jeunesse étourdie,
Le vice instruit par la folie,
Et d'un faux titre revêtu,
Sous le nom de philosophie,
Tend des piéges à la vertu.
Tel, dans une route contraire,
On voit le fanatique austère
En guerre avec tous ses désirs,
Peignant Dieu toujours en colère,
Et ne s'attachant, pour lui plaire,
Qu'à fuir la joie et les plaisirs.
Ah ! s'il existoit un vrai sage,
Que, différent en son langage,
Et plus différent en ses mœurs,
Ennemi des vils séducteurs,
D'une sagesse plus aimable,
D'une vertu plus sociable,
Il joindroit le juste milieu
A cet hommage pur et tendre
Que tous les cœurs auroient dû rendre
Aux grandeurs, aux bienfaits de Dieu !

ÉNIGME.

Enfant de l'art, enfant de la nature,
Sans prolonger les jours j'empêche de mourir :
Plus je suis vrai, plus je fais d'imposture.
Et je deviens trop jeune à force de vieillir.

VIRELAI

A MADAME LA BARONNE DE WARENS

Madame, apprenez la nouvelle
De la prise de quatre rats;
Quatre rats n'est pas bagatelle,
Aussi n'en badiné-je pas :
Et je vous mande avec grand zèle
Ces vers qui vous diront tout bas,
Madame, apprenez la nouvelle
De la prise de quatre rats.
A l'odeur d'un friand appas,
Rats sont sortis de leur caselle ;
Mais ma trappe, arrêtant leurs pas,
Les a, par une mort cruelle,
Fait passer de vie à trépas.
Madame, apprenez la nouvelle
De la prise de quatre rats.
Mieux que moi savez qu'ici-bas
N'a pas qui veut fortune telle ;
C'est triomphe qu'un pareil cas :
Le fait n'est pas d'une alumelle.
Ainsi donc avec grand soulas,
Madame, apprenez la nouvelle
De la prise de quatre rats.

VERS

POUR MADAME DE FLEURIEU,

Qui, m'ayant vu dans une assemblée, sans que j'eusse l'honneur d'être connu d'elle, dit à M. l'intendant de Lyon que je paroissois avoir de l'esprit, et qu'elle le gageroit sur ma seule physionomie.

Déplacé par le sort, trahi par la tendresse,
Mes maux sont comptés par mes jours.
Imprudent quelquefois, persécuté toujours,
Souvent le châtiment surpasse la foiblesse.
O fortune ! à ton gré comble-moi de rigueurs;
Mon cœur regrette peu tes frivoles grandeurs,
De tes biens inconstans sans peine il te tient quitte.
Un seul dont je jouis ne dépend point de toi :
La divine Fleurieu m'a jugé du mérite;
Ma gloire est assurée, et c'est assez pour moi.

VERS

A MADEMOISELLE THÉODORE,

QUI NE PARLOIT JAMAIS A L'AUTEUR QUE DE MUSIQUE.

Sapho, j'entends ta voix brillante
Pousser des sons jusques aux cieux ;
Le Maure ne chante pas mieux.
Mais quoi ! toujours des chants ! crois-tu que l'harmonie
Seule ait droit de borner tes soins et tes plaisirs ?
Ta voix, en déployant sa douceur infinie,
Veut en vain sur ta bouche arrêter nos désirs ;
Tes yeux charmans en inspirent mille autres,
Qui méritoient bien mieux d'occuper tes loisirs.
Mais tu n'es point, dis-tu, sensible à nos soupirs,
Et tes goûts ne sont point les nôtres.
Quel goût trouves-tu donc à de frivoles sons ?
Ah ! sans tes fiers mépris, sans tes rebuts sauvages,
Cette bouche charmante auroit d'autres usages
Bien plus délicieux que de vaines chansons.
Trop sensible au plaisir, quoi que tu puisses dire,
Parmi de froids accords tu sens peu de douceur ;
Mais, entre tous les biens que ton âme désire,
En est-il de plus doux que les plaisirs du cœur ?
Le mien est délicat, tendre, empressé, fidèle,
Fait pour aimer jusqu'au tombeau.
Si du parfait bonheur tu cherches le modèle,
Aime-moi seulement, et laisse là Rameau.

ÉPITAPHE

DE DEUX AMANS QUI SE SONT TUÉS A SAINT-ÉTIENNE EN FOREZ AU MOIS DE JUIN 1770 (*).

Ci gisent deux amans : l'un pour l'autre ils vécurent,
L'un pour l'autre ils sont morts, et les lois en murmurent.
La simple piété n'y trouve qu'un forfait ;
Le sentiment admire, et la raison se tait.

STROPHES

AJOUTÉES A CELLES DONT SE COMPOSE LE SIÈCLE PASTORAL IDYLLE DE GRESSET (**).

Mais qui nous eût transmis l'histoire
De ces temps de simplicité ?
Étoit-ce au temple de mémoire
Qu'ils gravoient leur félicité ?
La vanité de l'art d'écrire
L'eût bientôt fait évanouir ;
Et, sans songer à le décrire,
Ils se contentoient d'en jouir.

Des traditions étrangeres
En parlent sans obscurité ;
Mais dans ces sources mensongères
Ne cherchons point la vérité :
Cherchons-la dans le cœur des hommes,
Dans ces regrets trop superflus
Qui disent dans ce que nous sommes
Tout ce que nous ne sommes plus.

Qu'un savant des fastes des âges
Fasse la règle de sa foi ;
Je sens de plus sûrs témoignages
De la mienne au-dedans de moi.
Ah ! qu'avec moi le ciel rassemble,
Apaisant enfin son courroux,
Un autre cœur qui me ressemble,
L'âge d'or renaîtra pour nous.

VERS

SUR LA FEMME (*)

Objet séduisant et funeste,
Que j'adore et que je déteste,
Toi que la nature embellit
Des agrémens du corps et des dons de l'esprit,
Qui de l'homme fais un esclave,
Qui t'en moques quand il se plaint,
Qui l'accables quand il te craint,
Qui le punis quand il te brave ;
Toi, dont le front doux et serein
Porte le plaisir dans nos fêtes ;
Toi, qui soulèves les tempêtes
Qui tourmentent le genre humain ;
Être ou chimère inconcevable,
Abîme de maux et de biens,

(*) Le jeune homme s'appeloit Faldoni, la jeune personne Thérèse Monier.

(**) Rousseau a mis cette idylle en musique ; elle fait partie du recueil de ses romances gravées. Les trois strophes qu'il y a ajoutées ont été évidemment composées pour faire suite à l'avant-dernière des strophes de Gresset, et remplacer la dernière qui présentoit à l'imagination de notre philosophe une idée trop chagrine. Voici ces deux strophes :

Ne peins-je point une chimère ?
Ce charmant siècle a-t-il été ?
D'un auteur témoin oculaire
En sait-on la réalité ?
J'ouvre les fastes : sur cet âge
Partout je trouve des regrets :
Tous ceux qui m'en offrent l'image
Se plaignent d'être nés après.

J'y lis que la terre fut teinte
Du sang de son premier berger ;
Depuis ce jour, de maux atteinte,
Elle s'arma pour le venger.
Ce n'est donc qu'une belle fable ;
N'envions rien à nos aïeux.
En tout temps l'homme fut coupable,
En tout temps il fut malheureux.

G. P.

(*) Publiés pour la première fois en 1824, dans l'édition donnée par M. Musset-Pathay.

Seras-tu donc toujours la source inépuisable
De nos mépris et de nos entretiens ?

BOUQUET

D'UN ENFANT A SA MÈRE.

Ce n'est point en offrant des fleurs
Que je veux peindre ma tendresse ;
De leur parfum, de leurs couleurs,
En peu d'instans le charme cesse.
La rose naît en un moment,
En un moment elle est flétrie :
Mais ce que pour vous mon cœur sent
Ne finira qu'avec la vie.

INSCRIPTION

MISE AU BAS D'UN PORTRAIT DE FRÉDÉRIC II.

Il pense en philosophe, et se conduit en roi.

DERRIÈRE L'ESTAMPE.

La gloire, l'intérêt ; voilà son dieu, sa loi.

QUATRAIN

A MADAME DUPIN.

Raison, ne sois point éperdue,
Près d'elle on te trouve toujours ;
Le sage te perd à sa vue,
Et te retrouve en ses discours.

QUATRAIN

MIS PAR LUI-MÊME AU-DESSOUS D'UN DE CES NOMBREUX PORTRAITS QUI PORTOIENT SON NOM, ET DONT IL ÉTOIT SI MÉCONTENT (*).

Hommes savans dans l'art de feindre,
Qui me prêtez des traits si doux,
Vous aurez beau vouloir me peindre,
Vous ne peindrez jamais que vous.

(*) Voyez le second Dialogue de *Rousseau juge de Jean-Jacques*. G. P.

N. B. — A en croire Fréron, rendant compte à sa manière de la *Lettre sur la musique françoise*, Rousseau « a daigné » enrichir *anciennement* le Mercure d'un grand nombre de pièces de poésie, imprimées sous son nom, auxquelles le public, » insensible aux bonnes choses, n'a pas fait la plus petite attention. (*Lettres sur quelques écrits de ce temps*, tome XI, p. 331.) » — Fréron écrivoit ceci en juin 1753. Ce n'est pas sur la foi d'un pareil témoignage que nous pouvions être tentés de faire à cet égard des recherches dont le résultat, au moins sous le rapport littéraire, eût été certainement de très-peu d'intérêt pour les lecteurs. D'ailleurs la fausseté du fait leur sera sans doute suffisamment prouvée par ce passage d'une lettre à l'abbé Raynal, du 25 juillet 1750 : « Une chose singulière c'est qu'ayant autrefois publié un seul ouvrage (*la Dissertation sur la musique* » *moderne*), où certainement il n'est point question de poésie, on me fasse aujourd'hui poëte malgré moi ; on vient tous les » jours me faire compliment sur des pièces de vers que je n'ai point faites et que je ne suis point capable de faire. C'est l'identité du nom de l'auteur et du mien qui m'attire cet honneur. J'en serois flatté, sans doute, etc. » G. P.

LETTRES ÉLÉMENTAIRES

SUR LA BOTANIQUE,

A MADAME DELESSERT (*).

LETTRE PREMIÈRE.

Du 22 août 1771.

Votre idée d'amuser un peu la vivacité de votre fille, et de l'exercer à l'attention sur des objets agréables et variés comme les plantes, me paroît excellente, mais je n'aurois osé vous la proposer, de peur de faire le monsieur Josse. Puisqu'elle vient de vous, je l'approuve de tout mon cœur, et j'y concourrai de même, persuadé qu'à tout âge l'étude de la nature émousse le goût des amusemens frivoles, prévient le tumulte des passions, et porte à l'âme une nourriture qui lui profite en la remplissant du plus digne objet de ses contemplations.

Vous avez commencé par apprendre à la petite les noms d'autant de plantes que vous en aviez de communes sous les yeux : c'étoit précisément ce qu'il falloit faire. Ce petit nombre de plantes qu'elle connoît de vue sont les pièces de comparaison pour étendre ses connoissances: mais elles ne suffisent pas. Vous me demandez un petit catalogue des plantes les plus connues avec des marques pour les reconnoître. Je trouve à cela quelque embarras : c'est de vous donner par écrit ces marques ou caractères d'une manière claire et cependant peu diffuse. Cela me paroît impossible sans employer la langue de la chose ; et les termes de cette langue forment un vocabulaire à part que vous ne sauriez entendre, s'il ne vous est préalablement expliqué.

D'ailleurs, ne connoître simplement les plantes que de vue, et ne savoir que leurs noms, ne peut être qu'une étude trop insipide pour des esprits comme les vôtres; et il est à présumer que votre fille ne s'en amuseroit pas long-temps. Je vous propose de prendre quelques notions préliminaires de la structure végétale ou de l'organisation des plantes, afin, dussiez-vous ne faire que quelques pas dans le plus beau, dans le plus riche des trois règnes de la nature, d'y marcher du moins avec quelques lumières. Il ne s'agit donc pas encore de la nomenclature, qui n'est qu'un savoir d'herboriste. J'ai toujours cru qu'on pouvoit être un très-grand botaniste sans connoître une seule plante par son nom ; et, sans vouloir faire de votre fille un très-grand botaniste, je crois néanmoins qu'il lui sera toujours utile d'apprendre à bien voir ce qu'elle regarde. Ne vous effarouchez pas au reste de l'entreprise. Vous connoîtrez bientôt qu'elle n'est pas grande. Il n'y a rien de compliqué ni de difficile à suivre dans ce que j'ai à vous proposer. Il ne s'agit que d'avoir la patience de commencer par le commencement. Après cela on n'avance qu'autant qu'on veut.

Nous touchons à l'arrière-saison, et les plantes dont la structure a le plus de simplicité sont déjà passées. D'ailleurs je vous demande quel-

(*) Ces Lettres au nombre de huit, et formant le commencement d'un cours abrégé de botanique, ont été particulièrement goûtées en Angleterre, et l'on y a bientôt senti le besoin qu'elles fussent continuées sur le même plan. C'est ce qu'a fait avec succès M. Martyn, professeur de botanique à l'université de Cambridge. Il a publié vingt-quatre Lettres familières qui font suite à celles de notre auteur, et qui ont été traduites en François par M. de La Montagne. Cette traduction a été insérée tout entière dans l'édition de Poinçot (**). G. P.

(**) Elle se trouve aussi dans le tome VII de l'édition donnée par M. Musset-Pathay.

que temps pour mettre un peu d'ordre dans mes observations. Mais, en attendant que le printemps nous mette à portée de commencer et de suivre le cours de la nature, je vais toujours vous donner quelques mots du vocabulaire à retenir.

Une plante parfaite est composée de racine, de tige, de branches, de feuilles, de fleurs et de fruits (car on appelle fruit en botanique, tant dans les herbes que dans les arbres, toute la fabrique de la semence). Vous connoissez déjà tout cela, du moins assez pour entendre le mot; mais il y a une partie principale qui demande un plus grand examen; c'est la *fructification*, c'est-à-dire la *fleur* et le *fruit*. Commençons par la fleur, qui vient la première. C'est dans cette partie que la nature a renfermé le sommaire de son ouvrage; c'est par elle qu'elle le perpétue, et c'est aussi de toutes les parties du végétal la plus éclatante pour l'ordinaire, toujours la moins sujette aux variations.

Prenez un lis. Je pense que vous en trouverez encore aisément en pleine fleur. Avant qu'il s'ouvre, vous voyez à l'extrémité de la tige un bouton oblong, verdâtre, qui blanchit à mesure qu'il est prêt à s'épanouir; et quand il est tout-à-fait ouvert, vous voyez son enveloppe blanche prendre la forme d'un vase divisé en plusieurs segmens. Cette partie enveloppante et colorée qui est blanche dans le lis, s'appelle la *corolle*, et non pas la fleur comme chez le vulgaire, parce que la fleur est un composé de plusieurs parties dont la corolle est seulement la principale.

La corolle du lis n'est pas d'une seule pièce, comme il est facile à voir. Quand elle se fane et tombe, elle tombe en six pièces bien séparées, qui s'appellent des *pétales*. Ainsi la corolle du lis est composée de six pétales. Toute corolle de fleur qui est ainsi de plusieurs pièces s'appelle *corolle polypétale*. Si la corolle n'étoit que d'une seule pièce, comme par exemple le liseron, appelé clochette des champs, elle s'appelleroit *monopétale*. Revenons à notre lis.

Dans la corolle vous trouverez, précisément au milieu, une espèce de petite colonne attachée tout au fond et qui pointe directement vers le haut. Cette colonne prise dans son entier s'appelle le *pistil*: prise dans ses parties, elle se divise en trois: 1° sa base renflée en cylindre avec trois angles arrondis tout autour; cette base s'appelle le *germe*; 2° un filet posé sur le germe: ce filet s'appelle *style*; 3° le style est couronné par une espèce de chapiteau avec trois échancrures: ce chapiteau s'appelle le *stigmate*. Voilà en quoi consiste le pistil et ses trois parties.

Entre le pistil et la corolle vous trouvez six autres corps bien distincts, qui s'appellent les *étamines*. Chaque étamine est composée de deux parties; savoir, une plus mince par laquelle l'étamine tient au fond de la corolle, et qui s'appelle le *filet*; une plus grosse qui tient à l'extrémité supérieure du filet, et qui s'appelle *anthère*. Chaque anthère est une boîte qui s'ouvre quand elle est mûre, et verse une poussière jaune très-odorante, dont nous parlerons dans la suite. Cette poussière jusqu'ici n'a point de nom françois; chez les botanistes on l'appelle le *pollen*, mot qui signifie poussière.

Voilà l'analyse grossière des parties de la fleur. A mesure que la corolle se fane et tombe, le germe grossit, et devient une capsule triangulaire allongée, dont l'intérieur contient des semences plates distribuées en trois loges. Cette capsule, considérée comme l'enveloppe des graines, prend le nom de *péricarpe*. Mais je n'entreprendrai pas ici l'analyse du fruit. Ce sera le sujet d'une autre lettre.

Les parties que je viens de vous nommer se trouvent également dans les fleurs de la plupart des autres plantes, mais à divers degrés de proportion, de situation et de nombre. C'est par l'analogie de ces parties, et par leurs diverses combinaisons, que se déterminent les diverses familles du règne végétal; et ces analogies des parties de la fleur se lient avec d'autres analogies des parties de la plante qui semblent n'avoir aucun rapport à celles-là. Par exemple, ce nombre de six étamines, quelquefois seulement trois, de six pétales ou divisions de la corolle; et cette forme triangulaire à trois loges de l'ovaire, déterminent toute la famille des liliacées; et dans toute cette même famille, qui est très-nombreuse, les racines sont toutes des oignons ou *bulbes*, plus ou moins marquées, et variées quant à leur figure ou composition. L'oignon du lis est composé d'écailles en recouvrement; dans l'asphodèle, c'est une liasse de navets allongés ; dans le safran, ce sont deux bulbes l'une sur l'autre; dans le colchique, à côté l'une de l'autre, mais toujours des bulbes.

Le lis, que j'ai choisi parce qu'il est de la saison, et aussi à cause de la grandeur de sa fleur et de ses parties qui les rend plus sensibles, manque cependant d'une des parties constitutives d'une fleur parfaite, savoir le calice. Le *calice* est une partie verte et divisée communément en cinq folioles, qui soutient et embrasse par le bas la corolle, et qui l'enveloppe tout entière avant son épanouissement, comme vous aurez pu le remarquer dans la rose. Le calice, qui accompagne presque toutes les autres fleurs, manque à la plupart des liliacées, comme la tulipe, la jacinthe, le narcisse, la tubéreuse, etc., et même l'oignon, le poireau, l'ail, qui sont aussi de véritables liliacées, quoiqu'elles paroissent fort différentes au premier coup d'œil. Vous verrez encore que, dans toute cette même famille, les tiges sont simples et peu rameuses, les feuilles entières et jamais découpées; *observations qui confirment*, dans cette famille, l'analogie de la fleur et du fruit par celle des *autres parties* de la plante. Si vous suivez ces détails avec quelque attention, et que vous vous les rendiez familiers par des observations fréquentes, vous voilà déjà en état de déterminer par l'inspection attentive et suivie d'une plante, si elle est ou non de la famille des liliacées, et cela sans savoir le nom de cette plante. Vous voyez que ce n'est plus ici un simple travail de la mémoire ; mais une étude d'observations et de faits, vraiment digne d'un naturaliste. Vous ne commencerez pas par dire tout cela à votre fille, et encore moins dans la suite, quand vous serez initiée dans les mystères de la végétation ; mais vous ne lui développerez par degrés que ce qui peut convenir à son âge et à son sexe, en la guidant pour trouver les choses par elle-même plutôt qu'en les lui apprenant. Bonjour, chère cousine ; si tout ce fatras vous convient, je suis à vos ordres.

LETTRE II.

Du 18 octobre 1771.

Puisque vous saisissez si bien, chère cousine, les premiers linéamens des plantes, quoique si légèrement marqués, que votre œil clairvoyant sait déjà distinguer un air de famille dans les liliacées, et que notre chère petite botaniste s'amuse de corolles et de pétales, je vais vous proposer une autre famille sur laquelle elle pourra derechef exercer son petit savoir ; avec un peu plus de difficultés pourtant, je l'avoue, à cause des fleurs beaucoup plus petites, du feuillage plus varié ; mais avec le même plaisir de sa part et de la vôtre, du moins si vous en prenez autant à suivre cette route fleurie que j'en trouve à vous la tracer.

Quand les premiers rayons du printemps auront éclairé vos progrès en vous montrant dans les jardins les jacinthes, les tulipes, les narcisses, les jonquilles et les muguets, dont l'analyse vous est déjà connue, d'autres fleurs arrêteront bientôt vos regards, et vous demanderont un nouvel examen. Telles seront les giroflées ou voiliers; telles les juliennes ou girardes. Tant que vous les trouverez doubles, ne vous attachez pas à leur examen ; elles seront défigurées, ou, si vous voulez, parées à notre mode ; la nature ne s'y trouvera plus : elle refuse de se reproduire par des monstres ainsi mutilés ; car, si la partie la plus brillante, savoir la corolle, s'y multiplie, c'est aux dépens des parties les plus essentielles qui disparoissent sous cet éclat.

Prenez donc une giroflée simple, et procédez à l'analyse de sa fleur. Vous y trouverez d'abord une partie extérieure qui manque dans les liliacées, savoir le calice. Ce calice est de quatre pièces, qu'il faut bien appeler feuilles ou folioles, puisque nous n'avons point de mot propre pour les exprimer, comme le mot pétales pour les pièces de la corolle. Ces quatre pièces, pour l'ordinaire, sont inégales de deux en deux, c'est-à-dire deux folioles opposées l'une à l'autre, égales entre elles, plus petites ; et les deux autres, aussi égales entre elles et opposées, plus grandes, et surtout par le bas où leur arrondissement fait en dehors une bosse assez sensible.

Dans ce calice vous trouverez une corolle composée de quatre pétales dont je laisse à part la couleur, parce qu'elle ne fait point caractère. Chacun de ces pétales est attaché au réceptacle ou fond du calice par une partie étroite et pâle qu'on appelle l'*onglet*, et déborde le calice par une partie plus large et plus colorée, qu'on appelle la *lame.*

Au centre de la corolle est un pistil allongé, cylindrique ou à peu près, terminé par un style très-court, lequel est terminé lui-même par un stigmate oblong, *bifide*, c'est-à-dire partagé en deux parties qui se réfléchissent de part et d'autre.

Si vous examinez avec soin la position respective du calice et de la corolle, vous verrez que chaque pétale, au lieu de correspondre exactement à chaque foliole du calice, est posé au contraire entre les deux, de sorte qu'il répond à l'ouverture qui les sépare, et cette position alternative a lieu dans toutes les espèces de fleurs qui ont un nombre égal de pétales à la corolle et de folioles au calice.

Il nous reste à parler des étamines. Vous les trouverez dans la giroflée au nombre de six, comme dans les liliacées, mais non pas de même égales entre elles, ou alternativement inégales; car vous en verrez seulement deux en opposition l'une de l'autre, sensiblement plus courtes que les quatre autres qui les séparent, et qui en sont aussi séparées de deux en deux.

Je n'entrerai pas ici dans le détail de leur structure et de leur position; mais je vous préviens que, si vous y regardez bien, vous trouverez la raison pourquoi ces deux étamines sont plus courtes que les autres, et pourquoi deux folioles du calice sont plus bossues, ou, pour parler en termes de botanique, plus gibbeuses, et les deux autres plus aplaties.

Pour achever l'histoire de notre giroflée, il ne faut pas l'abandonner après avoir analysé sa fleur, mais il faut attendre que la corolle se flétrisse et tombe, ce qu'elle fait assez promptement, et remarquer alors ce que devient le pistil, composé, comme nous l'avons dit ci-devant, l'ovaire ou péricarpe, du style ou du stigmate. L'ovaire s'allonge beaucoup et s'élargit un peu à mesure que le fruit mûrit : quand il est mûr, cet ovaire ou fruit devient une espèce de gousse plate appelée *silique.*

Cette silique est composée de deux valvules posées l'une sur l'autre, et séparées par une cloison fort mince appelée *médiastin.*

Quand la semence est tout-à-fait mûre, les valvules s'ouvrent de bas en haut pour lui donner passage, et restent attachées au stigmate par leur partie supérieure.

Alors on voit des graines plates et circulaires posées sur les deux faces du médiastin; et si l'on regarde avec soin comment elles y tiennent, on trouve que c'est par un court pédicule qui attache chaque grain alternativement à droite et à gauche aux sutures du médiastin; c'est-à-dire à ses deux bords, par lesquels il étoit comme cousu avec les valvules avant leur séparation.

Je crains fort, chère cousine, de vous avoir un peu fatiguée par cette longue description, mais elle étoit nécessaire pour vous donner le caractère essentiel de la nombreuse famille des *crucifères* ou fleurs en croix, laquelle compose une classe entière dans presque tous les systèmes des botanistes; et cette description, difficile à entendre ici sans figure, vous deviendra plus claire, j'ose l'espérer, quand vous la suivrez avec quelque attention, ayant l'objet sous les yeux.

Le grand nombre d'espèces qui composent la famille des crucifères a déterminé les botanistes à la diviser en deux sections qui, quant à la fleur, sont parfaitement semblables, mais diffèrent sensiblement quant au fruit.

La première section comprend les crucifères *à silique*, comme la giroflée dont je viens de parler, la julienne, le cresson de fontaine, les choux, les raves, les navets, la moutarde, etc.

La seconde section comprend les crucifères *à silicule*, c'est-à-dire dont la silique en diminutif est extrêmement courte, presque aussi large que longue, et autrement divisée en dedans; comme entre autres le cresson alenois, dit *nasitort* ou *natou*, le thlaspi, appelé *taraspi* par les jardiniers, le cochléaria, la lunaire, qui, quoique la gousse en soit fort grande, n'est pourtant qu'une silicule, parce que sa longueur excède peu sa largeur. Si vous ne connoissez ni le cresson alenois, ni le cochléaria, ni le thlaspi, ni la lunaire, vous connoissez, du moins je le présume, la bourse-à-pasteur, si commune parmi les mauvaises herbes des jardins. Hé bien, cousine, la bourse-à-pasteur est une crucifère à silicule, dont la silicule est triangulaire. Sur celle-là vous pouvez vous former une idée des autres, jusqu'à ce qu'elles vous tombent sous la main.

Il est temps de vous laisser respirer, d'autant plus que cette lettre, avant que la saison vous permette d'en faire usage, sera, j'espère, suivie de plusieurs autres, où je pourrai ajouter ce qui reste à dire de nécessaire sur les crucifères, et que je n'ai pas dit dans celle-ci. Mais il est bon peut-être de vous prévenir dès à présent que dans cette famille, et dans beaucoup d'autres, vous trouverez souvent des fleurs beaucoup plus petites que la giroflée, et quelquefois si petites, que vous ne pourrez guère examiner leurs parties qu'à la faveur d'une loupe, instrument dont un botaniste ne peut se passer, non plus que d'une pointe, d'une lancette, et d'une paire de bons ciseaux fins à découper. En pensant que votre zèle maternel peut vous mener jusque-là, je me fais un tableau charmant de ma belle cousine empressée avec son verre à éplucher des morceaux de fleurs, cent fois moins fleuries, moins fraîches et moins agréables qu'elle. Bonjour, cousine, jusqu'au chapitre suivant.

LETTRE III.

Du 16 mai 1772.

Je suppose, chère cousine, que vous avez bien reçu ma précédente réponse, quoique vous ne m'en parliez point dans votre seconde lettre. Répondant maintenant à celle-ci, j'espère, sur ce que vous m'y marquez, que la maman, bien rétablie, est partie en bon état pour la Suisse, et je compte que vous n'oublierez pas de me donner avis de l'effet de ce voyage et des eaux qu'elle va prendre. Comme tante Julie a dû partir avec elle, j'ai chargé M. G., qui retourne au Val-de-Travers, du petit herbier qui lui est destiné, et je l'ai mis à votre adresse, afin qu'en son absence vous puissiez le recevoir et vous en servir, si tant est que parmi ces échantillons informes il se trouve quelque chose à votre usage. Au reste, je n'accorde pas que vous ayez des droits sur ce chiffon. Vous en avez sur celui qui l'a fait, les plus forts et les plus chers que je connoisse; mais pour l'herbier, il fut promis à votre sœur, lorsqu'elle herborisoit avec moi dans nos promenades à la Croix de Vague, et que vous ne songiez à rien moins dans celles où mon cœur et mes pieds vous suivoient avec grand'maman en Vaise. Je rougis de lui avoir tenu parole si tard et si mal; mais enfin elle avoit sur vous, à cet égard, ma parole et l'antériorité. Pour vous, chère cousine, si je ne vous promets pas un herbier de ma main, c'est pour vous en procurer un plus précieux de la main de votre fille, si vous continuez à suivre avec elle cette douce et charmante étude qui remplit d'intéressantes observations sur la nature ces vides du temps que les autres consacrent à l'oisiveté ou à pis. Quant à présent reprenons le fil interrompu de nos familles végétales.

Mon intention est de vous décrire d'abord six de ces familles pour vous familiariser avec la structure générale des parties caractéristiques des plantes. Vous en avez déjà deux; reste à quatre qu'il faut encore avoir la patience de suivre : après quoi, laissant pour un temps les autres branches de cette nombreuse lignée, et passant à l'examen des parties différentes de la fructification, nous ferons en sorte que sans peut-être connoître beaucoup de plantes, vous ne serez du moins jamais en terre étrangère parmi les productions du règne végétal.

Mais je vous préviens que si vous voulez prendre des livres et suivre la nomenclature ordinaire, avec beaucoup de noms vous aurez peu d'idées; celles que vous aurez se brouilleront, et vous ne suivrez bien ni ma marche ni celle des autres, et n'aurez tout au plus qu'une connoissance de mots. Chère cousine, je suis jaloux d'être votre seul guide dans cette partie. Quand il en sera temps, je vous indiquerai les livres que vous pourrez consulter. En attendant, ayez la patience de ne lire que dans celui de la nature et de vous en tenir à mes lettres.

Les pois sont à présent en pleine fructification. Saisissons ce moment pour observer leur caractère. Il est un des plus curieux que puisse offrir la botanique. Toutes les fleurs se divisent généralement en régulières et irrégulières. Les premières sont celles dont toutes les parties s'écartent uniformément du centre de la fleur, et aboutiroient ainsi par leurs extrémités extérieures à la circonférence d'un cercle. Cette uniformité fait qu'en présentant à l'œil les fleurs de cette espèce, il n'y distingue ni dessus ni dessous, ni droite ni gauche; telles sont les deux familles ci-devant examinées. Mais, au premier coup d'œil, vous verrez qu'une fleur de pois est irrégulière, qu'on y distingue aisément dans la corolle la partie plus longue, qui doit être en haut, de la plus courte, qui doit être en bas, et qu'on connoît fort bien, en présentant la fleur vis-à-vis de l'œil, si on la tient dans sa situation naturelle ou si on la renverse. Ainsi, toutes les fois qu'examinant une fleur irrégulière on parle du haut et du bas, c'est en la plaçant dans sa situation naturelle.

Comme les fleurs de cette famille sont d'une construction fort particulière, non-seulement il faut avoir plusieurs fleurs de pois et les disséquer successivement, pour observer toutes leurs parties l'une après l'autre, il faut même suivre le progrès de la fructification depuis la première floraison jusqu'à la maturité du fruit.

Vous trouverez d'abord un calice *monophylle*, c'est-à-dire d'une seule pièce terminée en cinq pointes bien distinctes, dont deux un peu plus larges sont en haut, et les trois plus étroites en bas. Ce calice est recourbé vers le bas, de même que le pédicule qui le soutient, lequel pédicule est très-délié, très-mobile; en sorte que la fleur suit aisément le courant de l'air et présente ordinairement son dos au vent et à la pluie.

Le calice examiné, on l'ôte, en le déchirant délicatement de manière que le reste de la fleur demeure entier, et alors vous voyez clairement que la corolle est polypétale.

Sa première pièce est un grand et large pétale qui couvre les autres et occupe la partie supérieure de la corolle, à cause de quoi ce grand pétale a pris le nom de *pavillon*. On l'appelle aussi l'*étendard*. Il faudroit se boucher les yeux et l'esprit pour ne pas voir que ce pétale est là comme un parapluie pour garantir ceux qu'il couvre des principales injures de l'air.

En enlevant le pavillon comme vous avez fait le calice, vous remarquerez qu'il est emboîté de chaque côté par une petite oreillette dans les pièces latérales, de manière que sa situation ne puisse être dérangée par le vent.

Le pavillon ôté laisse à découvert ces deux pièces latérales auxquelles il étoit adhérent par ses oreillettes : ces pièces latérales s'appellent les *ailes*. Vous trouverez en les détachant qu'emboîtées encore plus fortement avec celle qui reste, elles n'en peuvent être séparées sans quelque effort. Aussi les ailes ne sont guère moins utiles pour garantir les côtés de la fleur que le pavillon pour la couvrir.

Les ailes ôtées vous laissent voir la dernière pièce de la corolle; pièce qui couvre et défend le centre de la fleur, et l'enveloppe, surtout par-dessous, aussi soigneusement que les trois autres pétales enveloppent le dessus et les côtés. Cette dernière pièce, qu'à cause de sa forme on appelle la *nacelle*, est comme le coffre-fort dans lequel la nature a mis son trésor à l'abri des atteintes de l'air et de l'eau.

Après avoir bien examiné ce pétale, tirez-le doucement par-dessous en le pinçant légèrement par la quille, c'est-à-dire par la prise mince qu'il vous présente, de peur d'enlever avec lui ce qu'il enveloppe : je suis sûr qu'au moment où ce dernier pétale sera forcé de lâcher prise et de déceler le mystère qu'il cache, vous ne pourrez en l'apercevant vous abstenir de faire un cri de surprise et d'admiration.

Le jeune fruit qu'enveloppoit la nacelle est construit de cette manière : une membrane cylindrique terminée par dix filets bien distincts entoure l'ovaire, c'est-à-dire l'embryon de la gousse. Ces dix filets sont autant d'étamines qui se réunissent par le bas autour du germe, et se terminent par le haut en autant d'anthères jaunes dont la poussière va féconder le stigmate qui termine le pistil, et qui, quoique jaune aussi par la poussière fécondante qui s'y attache, se distingue aisément des étamines par sa figure et par sa grosseur. Ainsi ces dix étamines forment encore autour de l'ovaire une dernière cuirasse pour le préserver des injures du dehors.

Si vous y regardez de bien près, vous trouverez que ces dix étamines ne font par leur base un seul corps qu'en apparence : car, dans la partie supérieure de ce cylindre, il y a une pièce ou étamine qui d'abord paroît adhérente aux autres, mais qui, à mesure que la fleur se fane et que le fruit grossit, se détache et laisse une ouverture en dessus par laquelle ce fruit grossissant peut s'étendre en entr'ouvrant et écartant de plus en plus le cylindre qui, sans cela, le comprimant et l'étranglant tout autour, l'empêcheroit de grossir et de profiter. Si la fleur n'est pas assez avancée, vous ne verrez pas cette étamine détachée du cylindre ; mais passez un camion dans deux petits trous que vous trouverez près du réceptacle à la base de cette étamine, et bientôt vous verrez l'étamine avec son anthère suivre l'épingle et se détacher des neuf autres qui continueront toujours de faire ensemble un seul corps, jusqu'à ce qu'elles se flétrissent et dessèchent quand le germe fécondé devient gousse et qu'il n'a plus besoin d'elles.

Cette *gousse*, dans laquelle l'ovaire se change en mûrissant, se distingue de la *silique* des crucifères, en ce que dans la *silique* les graines sont attachées alternativement aux deux sutures, au lieu que dans la *gousse* elles ne sont attachées que d'un côté, c'est-à-dire à une seulement des deux sutures, tenant alternativement à la vérité aux deux valves qui la composent, mais toujours du même côté. Vous saisirez parfaitement cette différence si vous ouvrez en même temps la *gousse* d'un pois et la *silique* d'une giroflée, ayant attention de ne les prendre ni l'une ni l'autre en parfaite maturité, afin qu'après l'ouverture du fruit les graines restent attachées par leurs ligamens à leurs sutures et à leurs valvules.

Si je me suis bien fait entendre, vous comprendrez, chère cousine, quelles étonnantes précautions ont été cumulées par la nature pour amener l'embryon du pois à maturité, et le garantir surtout, au milieu des plus grandes pluies, de l'humidité qui lui est funeste, sans cependant l'enfermer dans une coque dure qui en eût fait une autre sorte de fruit. Le suprême ouvrier, attentif à la conservation de tous les êtres, a mis de grands soins à garantir la fructification des plantes des atteintes qui lui peuvent nuire ; mais il paroît avoir redoublé d'attention pour celles qui servent à la nourriture de l'homme et des animaux, comme la plupart des légumineuses. L'appareil de la fructification du pois est, en diverses proportions, le même dans toute cette famille. Les fleurs y portent le nom de *papilionacées*, parce qu'on a cru y voir quelque chose de semblable à la figure d'un papillon : elles ont généralement un *pavillon*, deux *ailes*, une *nacelle*, ce qui fait communément quatre pétales irréguliers. Mais il y a des genres où la nacelle se divise dans sa longueur en deux pièces presque adhérentes par la quille, et ces fleurs-là ont réellement cinq pétales ; d'autres, comme le trèfle des prés, ont toutes leurs parties attachées en une seule pièce, et, quoique papilionacées, ne laissent pas d'être monopétales.

Les papilionacées ou légumineuses sont une des familles des plantes les plus nombreuses et les plus utiles. On y trouve les féves, les genêts, les luzernes, sainfoins, lentilles, vesces, gesses, les haricots, dont le caractère est d'avoir la nacelle contournée en spirale, ce qu'on prendroit d'abord pour un accident ; il y a des arbres, entre autres, celui qu'on appelle vulgairement *acacia*, et qui n'est pas le véritable acacia ; l'indigo, la réglisse, en sont aussi : mais nous parlerons de tout cela plus en détail dans la suite. Bonjour cousine. J'embrasse tout ce que vous aimez.

LETTRE IV.

Du 19 juin 1772.

Vous m'avez tiré de peine, chère cousine, mais il me reste encore de l'inquiétude sur ces maux d'estomac appelés maux de cœur, dont votre maman sent les retours dans l'attitude d'écrire. Si c'est seulement l'effet d'une plénitude de bile, le voyage et les eaux suffiront pour l'évacuer ; mais je crains bien qu'il n'y ait à ces accidens quelque cause locale qui ne sera pas si facile à détruire, et qui demandera toujours d'elle un grand ménagement, même après son rétablissement. J'attends de vous des nouvelles de ce voyage, aussitôt que vous en aurez ; mais j'exige que la maman ne songe à m'écrire que pour m'apprendre son entière guérison.

Je ne puis comprendre pourquoi vous n'avez pas reçu l'herbier. Dans la persuasion que tante Julie étoit déjà partie, j'avois remis le paquet à M. G. pour vous l'expédier en passant à Dijon. Je n'apprends d'aucun côté qu'il soit parvenu ni dans vos mains, ni dans celles de votre sœur, et je n'imagine plus ce qu'il peut être devenu.

Parlons de plantes, tandis que la saison de les observer nous y invite. Votre solution sur la question que je vous avois faite sur les étamines des crucifères est parfaitement juste, et me prouve bien que vous m'avez entendu, ou plutôt que vous m'avez écouté; car vous n'avez besoin que d'écouter pour entendre. Vous m'avez bien rendu raison de la gibbosité de deux folioles du calice, et de la brièveté relative de deux étamines, dans la giroflée, par la courbure de ces deux étamines. Cependant, un pas de plus vous eût menée jusqu'à la cause première de cette structure : car si vous recherchez encore pourquoi ces deux étamines sont ainsi recourbées et par conséquent raccourcies, vous trouverez une petite glande implantée sur le réceptacle, entre l'étamine et le germe, et c'est cette glande qui, éloignant l'étamine, et la forçant à prendre le contour, la raccourcit nécessairement. Il y a encore sur le même réceptacle deux autres glandes, une au pied de chaque paire des grandes étamines; mais ne leur faisant point faire de contour, elles ne les raccourcissent pas, parce que ces glandes ne sont pas, comme les deux premières, en dedans, c'est-à-dire entre l'étamine et le germe, mais en dehors, c'est-à-dire entre la paire d'étamines et le calice. Ainsi ces quatre étamines, soutenues et dirigées verticalement en droite ligne, débordent celles qui sont recourbées, et semblent plus longues parce qu'elles sont plus droites. Ces quatre glandes se trouvent, ou du moins leurs vestiges, plus ou moins visiblement dans presque toutes les fleurs crucifères, et dans quelques-unes bien plus distinctes que dans la giroflée. Si vous demandez encore pourquoi ces glandes, je vous répondrai qu'elles sont un des instrumens destinés par la nature à unir le règne végétal au règne animal, et les faire circuler l'un dans l'autre : mais, laissant ces recherches un peu trop anticipées, revenons, quant à présent, à nos familles.

Les fleurs que je vous ai décrites jusqu'à présent sont toutes polypétales. J'aurois dû commencer peut-être par les monopétales régulières dont la structure est beaucoup plus simple : cette grande simplicité même est ce qui m'en a empêché. Les monopétales régulières constituent moins une famille qu'une grande nation dans laquelle on compte plusieurs familles bien distinctes; en sorte que, pour les comprendre toutes sous une indication commune, il faut employer des caractères si généraux et si vagues, que c'est paroître dire quelque chose, en ne disant en effet presque rien du tout. Il vaut mieux se renfermer dans des bornes plus étroites, mais qu'on puisse assigner avec plus de précision.

Parmi les monopétales irrégulières il y a une famille dont la physionomie est si marquée qu'on en distingue aisément les membres à leur air. C'est celle à laquelle on donne le nom de fleurs en gueule, parce que ces fleurs sont fendues en deux lèvres, dont l'ouverture, soit naturelle, soit produite par une légère compression des doigts, leur donne l'air d'une gueule béante. Cette famille se subdivise en deux sections ou lignées : l'une, des fleurs en lèvres, ou *labiées*; l'autre, des fleurs en masque, ou *personnées*; car le mot latin *persona* signifie un masque, nom très-convenable assurément à la plupart des gens qui portent parmi nous celui de *personnes*. Le caractère commun à toute la famille est non-seulement d'avoir la corolle monopétale, et, comme je l'ai dit, fendue en deux lèvres ou babines, l'une supérieure, appelée *casque*, l'autre inférieure, appelée *barbe*, mais d'avoir quatre étamines presque sur un même rang, distinguées en deux paires, l'une plus longue, et l'autre plus courte. L'inspection de l'objet vous expliquera mieux ces caractères que ne peut faire le discours.

Prenons d'abord les *labiées*. Je vous en donnerois volontiers pour exemple la sauge, qu'on trouve dans presque tous les jardins. Mais la construction particulière et bizarre de ses étamines qui l'a fait retrancher par quelques botanistes du nombre des labiées, quoique la nature ait semblé l'y inscrire, me porte à chercher un autre exemple dans les orties mortes, et particulièrement dans l'espèce appelée vulgairement *ortie blanche*, mais que les botanistes appellent plutôt *lamier blanc*, parce qu'elle n'a nul rapport à l'ortie par sa fructification, quoiqu'elle en ait beaucoup par son feuillage. L'ortie blanche, si commune partout, durant très-long-temps en fleur, ne doit pas vous être difficile à trouver. Sans m'arrêter ici à l'élégante situation des fleurs, je me borne à leur structure. L'ortie blanche porte une fleur monopétale labiée, dont le casque est concave et recourbé en forme de voûte, pour recouvrir le reste de la fleur, et particulièrement ses étamines, qui se tiennent toutes quatre assez serrées sous l'abri de son toit. Vous discernerez aisément la paire plus longue et la paire plus courte, et, au milieu des quatre, le style de la même couleur, mais qui s'en distingue en ce qu'il est simplement fourchu par son extrémité, au lieu d'y porter une anthère comme font les étamines. La barbe, c'est-à-dire la lèvre inférieure, se replie et pend en en-bas, et, par cette situation, laisse voir presque jusqu'au fond le dedans de la corolle. Dans les *lamiers* cette barbe est refendue en longueur dans son milieu, mais cela n'arrive pas de même aux autres labiées.

Si vous arrachez la corolle, vous arracherez avec elle les étamines qui y tiennent par leurs filets, et non pas au réceptacle, où le style restera seul attaché. En examinant comment les étamines tiennent à d'autres fleurs, on les trouve généralement attachées à la corolle quand elle est monopétale, et au réceptacle ou au calice quand la corolle est polypétale : en sorte qu'on peut, en ce dernier cas, arracher les pétales sans arracher les étamines. De cette observation l'on tire une règle belle, facile, et même assez sûre, pour savoir si une corolle est d'une seule pièce ou de plusieurs, lorsqu'il est difficile, comme il l'est quelquefois, de s'en assurer immédiatement.

La corolle arrachée reste percée à son fond, parce qu'elle étoit attachée au réceptacle, laissant une ouverture circulaire par laquelle le pistil et ce qui l'entoure pénétroit au dedans du tube et de la corolle. Ce qui entoure ce pistil dans le lamier et dans toutes les labiées, ce sont quatre embryons qui deviennent quatre graines nues, c'est-à-dire sans aucune enveloppe; en sorte que ces graines, quand elles sont mûres, se détachent, et tombent à terre séparément. Voilà le caractère des labiées.

L'autre lignée ou section, qui est celle des *personnées*, se distingue des labiées; premièrement par sa corolle, dont les deux lèvres ne sont pas ordinairement ouvertes et béantes, mais fermées et jointes, comme vous le pourrez voir dans la fleur de jardin appelée *muaude* ou *mufle de veau*, ou bien, à son défaut, dans la linaire, cette fleur jaune à éperon, si commune en cette saison dans la campagne. Mais un caractère plus précis et plus sûr est qu'au lieu d'avoir quatre graines nues au fond du calice, comme les labiées, les personnées y ont toutes une capsule qui renferme les graines, et ne s'ouvre qu'à leur maturité pour les répandre. J'ajoute à ces caractères qu'un grand nombre de labiées sont ou des plantes odorantes et aromatiques, telles que l'origan, la marjolaine, le thym, le serpolet, le basilic, la menthe, l'hysope, la lavande, etc., ou des plantes odorantes et puantes, telles que diverses espèces d'orties mortes, staquis, crapaudines, marrube; quelques-unes seulement, telles que le bugle, la brunelle, la toque, n'ont pas d'odeur, au lieu que les personnées sont pour la plupart des plantes sans odeur, comme la muflaude, la linaire, l'euphraise, la pédiculaire, la crête de coq, l'orobanche, la cimbalaire, la velvote, la digitale; je ne connois guère d'odorantes dans cette branche que la scrophulaire, qui sente et qui pue, sans être aromatique. Je ne puis guère vous citer ici que des plantes qui vraisemblablement ne vous sont pas connues, mais que peu à peu vous apprendrez à connoître, et dont au moins, à leur rencontre, vous pourrez par vous-même déterminer la famille. Je voudrois même que vous tâchassiez d'en déterminer la lignée ou section par la physionomie, et que vous vous exerçassiez à juger, au simple coup d'œil, si la fleur en gueule que vous voyez est une labiée, ou une personnée. La figure extérieure de la corolle peut suffire pour vous guider dans ce choix, que vous pourrez vérifier ensuite en ôtant la corolle, et regardant au fond du calice; car, si vous avez bien jugé, la fleur que vous aurez nommée labiée vous montrera quatre graines nues, et celle que vous aurez nommée personnée vous montrera un péricarpe : le contraire vous prouveroit que vous vous êtes trompée; et, par un second examen de la même plante, vous préviendrez une erreur semblable pour une autre fois. Voilà, chère cousine, de l'occupation pour quelques promenades. Je ne tarderai pas à vous en préparer pour celles qui suivront.

LETTRE V.

Du 16 juillet 1772.

Je vous remercie, chère cousine, des bonnes nouvelles que vous m'avez données de la maman. J'avois espéré le bon effet du changement d'air, et je n'en attends pas moins des eaux, et surtout du régime austère prescrit durant leur usage. Je suis touché du souvenir de cette bonne amie, et je vous prie de l'en remercier pour moi. Mais je ne veux pas absolument qu'elle m'écrive durant son séjour en Suisse; et, si elle veut me donner directement de ses nouvelles, elle a près d'elle un bon secrétaire (*) qui s'en acquittera fort bien. Je suis plus charmé que surpris qu'elle réussisse en Suisse : indépendamment des grâces de son âge, et de sa gaîté vive et caressante, elle a dans le caractère un fond de douceur et d'égalité dont je l'ai vue donner quelquefois à la grand'maman l'exemple charmant qu'elle a reçu de vous. Si votre sœur s'établit en Suisse, vous perdrez l'une et l'autre une grande douceur dans la vie, et elle surtout des avantages difficiles à remplacer. Mais votre pauvre maman qui, porte à porte, sentoit pourtant si cruellement sa séparation d'avec vous, comment supportera-t-elle la sienne à une si grande distance? C'est de vous encore qu'elle tiendra ses dédommagemens et ses ressources. Vous lui en ménagez une bien précieuse en assouplissant dans vos douces mains la bonne et forte étoffe de votre favorite, qui, je n'en doute point, deviendra par vos soins aussi pleine de grandes qualités que de charmes. Ah! cousine, l'heureuse mère que la vôtre!

Savez-vous que je commence à être en peine du petit herbier? Je n'en ai d'aucune part aucune nouvelle, quoique j'en aie eu de M. G. depuis son retour, par sa femme, qui ne me dit pas de sa part un seul mot sur cet herbier. Je lui en ai demandé des nouvelles; j'attends sa réponse. J'ai grand'peur que, ne passant pas à Lyon, il n'ait confié le paquet à quelque quidam qui, sachant que c'étoient des herbes sèches, aura pris tout cela pour du foin. Cependant, si, comme je l'espère encore, il parvient enfin à votre sœur Julie ou à vous, vous trouverez que je n'ai pas laissé d'y prendre quelque soin. C'est une perte qui, quoique petite, ne me seroit pas facile à réparer promptement, surtout à cause du catalogue, accompagné de divers petits éclaircissemens, écrits sur-le-champ, et dont je n'ai gardé aucun double.

Consolez-vous, bonne cousine, de n'avoir pas vu les glandes des crucifères. De grands botanistes très-bien oculés ne les ont pas mieux vues. Tournefort lui-même n'en fait aucune mention. Elles sont bien claires dans peu de genres, quoiqu'on en trouve des vestiges presque dans tous, et c'est à force d'analyser des fleurs en croix, et d'y voir toujours des inégalités au réceptacle, qu'en les examinant en particulier on a trouvé que ces glandes appartenoient au plus grand nombre des genres, et qu'on les suppose par analogie dans ceux même où on ne les distingue pas.

Je comprends qu'on est fâché de prendre tant de peine sans apprendre les noms des plantes qu'on examine. Mais je vous avoue de bonne foi qu'il n'est pas entré dans mon plan de vous épargner ce petit chagrin. On prétend que la botanique n'est qu'une science de mots qui n'exerce que la mémoire, et n'apprend qu'à nommer des plantes : pour moi, je ne connois point d'étude raisonnable qui ne soit qu'une science de mots; et auquel des deux, je vous prie, accorderai-je le nom de botaniste, de celui qui sait cracher un nom ou une phrase à l'aspect d'une plante, sans rien connoître à sa structure, ou de celui qui, connoissant très-bien cette structure, ignore néanmoins le nom très-arbitraire qu'on donne à cette plante en tel ou en tel pays? Si nous ne donnons à vos enfans qu'une occupation amusante, nous manquons la meilleure moitié de notre but, qui est, en les amusant, d'exercer leur intelligence, et de les accoutumer à l'attention. Avant de leur apprendre à nommer ce qu'ils voient, commençons par leur apprendre à le voir. Cette science, oubliée dans toutes les éducations, doit faire la plus importante partie de la leur. Je ne le redirai jamais assez; apprenez-leur à ne jamais se payer de mots, et à croire ne rien savoir de ce qui n'est entré que dans leur mémoire.

Au reste, pour ne pas trop faire le méchant, je vous nomme pourtant des plantes sur les-

(*) La sœur de madame Delessert, que Rousseau appeloit tante Julie. G. P.

quelles, en vous les faisant montrer, vous pouvez aisément vérifier mes descriptions. Vous n'aviez pas, je le suppose, sous vos yeux une ortie blanche en lisant l'analyse des labiées; mais vous n'aviez qu'à envoyer chez l'herboriste du coin chercher de l'ortie blanche fraîchement cueillie, vous appliquiez à sa fleur ma description, et ensuite, examinant les autres parties de la plante de la manière dont nous traiterons ci-après, vous connoissiez l'ortie blanche infiniment mieux que l'herboriste qui la fournit ne la connoîtra de ses jours; encore trouverons-nous dans peu le moyen de nous passer d'herboriste : mais il faut premièrement achever l'examen de nos familles; ainsi je viens à la cinquième, qui, dans ce moment, est en pleine fructification.

Représentez-vous une longue tige assez droite, garnie alternativement de feuilles pour l'ordinaire découpées assez menu, lesquelles embrassent par leur base des branches qui sortent de leurs aisselles. De l'extrémité supérieure de cette tige partent, comme d'un centre, plusieurs pédicules ou rayons, qui, s'écartant circulairement et régulièrement comme les côtes d'un parasol, couronnent cette tige en forme d'un vase plus ou moins ouvert. Quelquefois ces rayons laissent un espace vide dans leur milieu, et représentent alors plus exactement le creux du vase; quelquefois aussi ce milieu est fourni d'autres rayons plus courts, qui, montant moins obliquement, garnissent le vase, et forment, conjointement avec les premiers, la figure à peu près d'un demi-globe, dont la partie convexe est tournée en dessus.

Chacun de ces rayons ou pédicules est terminé à son extrémité non pas encore par une fleur, mais par un autre ordre de rayons plus petits qui couronnent chacun des premiers, précisément comme ces premiers couronnent la tige.

Ainsi, voilà deux ordres pareils et successifs; l'un, de grands rayons qui terminent la tige; l'autre, de petits rayons semblables qui terminent chacun des grands.

Les rayons des petits parasols ne se subdivisent plus, mais chacun d'eux est le pédicule d'une petite fleur dont nous parlerons tout à l'heure.

Si vous pouvez vous former l'idée de la figure que je viens de vous décrire, vous aurez celle de la disposition des fleurs dans la famille des *ombellifères* ou *porte-parasols*, car le mot latin *umbella* signifie un parasol.

Quoique cette disposition régulière de la fructification soit frappante et assez constante dans toutes les ombellifères, ce n'est pourtant pas elle qui constitue le caractère de la famille : ce caractère se tire de la structure même de la fleur, qu'il faut maintenant vous décrire.

Mais il convient, pour plus de clarté, de vous donner ici une distinction générale sur la disposition relative de la fleur et du fruit dans toutes les plantes; distinction qui facilite extrêmement leur arrangement méthodique, quelque système qu'on veuille choisir pour cela.

Il y a des plantes, et c'est le plus grand nombre, par exemple l'œillet, dont l'ovaire est évidemment renfermé dans la corolle. Nous donnerons à celles-là le nom de *fleurs infères*, parce que les pétales embrassant l'ovaire prennent leur naissance au-dessous de lui.

Dans d'autres plantes en assez grand nombre, l'ovaire se trouve placé, nom dans les pétales, mais au-dessous d'eux : ce que vous pouvez voir dans la rose; car le gratte-cul, qui en est le fruit, est ce corps vert et renflé que vous voyez au-dessous du calice, par conséquent aussi au-dessous de la corolle, qui, de cette manière, couronne cet ovaire et ne l'enveloppe pas. J'appellerai celles-ci *fleurs supères*, parce que la corolle est au-dessus du fruit. On pourroit faire des mots plus francisés, mais il me paroît avantageux de vous tenir toujours le plus près qu'il se pourra des termes admis dans la botanique, afin que, sans avoir besoin d'apprendre ni le latin ni le grec, vous puissiez néanmoins entendre passablement le vocabulaire de cette science, pédantesquement tiré de ces deux langues, comme si pour connoître les plantes, il falloit commencer par être un savant grammairien.

Tournefort exprimoit la même distinction en d'autres termes : dans le cas de la fleur *infère*, il disoit que le pistil devenoit fruit; dans le cas de la fleur *supère*, il disoit que le calice devenoit fruit. Cette manière de s'exprimer pouvoit être aussi claire, mais elle n'étoit certainement pas aussi juste. Quoi qu'il en soit, voici une occasion d'exercer, quand il en sera temps, vos jeunes élèves à savoir démêler les mêmes idées, rendues par des termes tout différens.

Je vous dirai maintenant que les plantes ombellifères ont la fleur *supère*, ou posée sur le fruit. La corolle de cette fleur est à cinq pétales appelés réguliers; quoique souvent les deux pétales, qui sont tournés en dehors dans les fleurs qui bordent l'ombelle, soient plus grands que les trois autres.

La figure de ces pétales varie selon les genres, mais le plus communément elle est en cœur; l'onglet qui porte sur l'ovaire est fort mince; la lame va en s'élargissant: son bord est *émarginé* (légèrement échancré), ou bien il se termine en une pointe qui, se repliant en dessus, donne encore au pétale l'air d'être émarginé, quoiqu'on le vît pointu s'il étoit déplié.

Entre chaque pétale est une étamine dont l'anthère, débordant ordinairement la corolle, rend les cinq étamines plus visibles que les cinq pétales. Je ne fais pas ici mention du calice, parce que les ombellifères n'en ont aucun bien distinct.

Du centre de la fleur partent deux styles garnis chacun de leur stigmate, et assez apparens aussi, lesquels, après la chute des pétales et des étamines, restent pour couronner le fruit.

La figure la plus commune de ce fruit est un ovale un peu allongé, qui, dans sa maturité, s'ouvre par la moitié, et se partage en deux semences nues attachées au pédicule, lequel, par un art admirable, se divise en deux, ainsi que le fruit, et tient les graines séparément suspendues, jusqu'à leur chute.

Toutes ces proportions varient selon les genres, mais en voilà l'ordre le plus commun. Il faut, je l'avoue, avoir l'œil très-attentif pour bien distinguer sans loupe de si petits objets; mais ils sont si dignes d'attention, qu'on n'a pas regret à sa peine.

Voici donc le caractère propre de la famille des ombellifères. Corolle supère à cinq pétales, cinq étamines, deux styles portés sur un fruit nu *disperme*, c'est-à-dire *composé de deux graines* accolées.

Toutes les fois que vous trouverez ces caractères réunis dans une fructification, comptez que la plante est une ombellifère, quand même elle n'auroit d'ailleurs, dans son arrangement, rien de l'ordre ci-devant marqué. Et quand vous trouveriez tout cet ordre de parasols conforme à ma description, comptez qu'il vous trompe, s'il est démenti par l'examen de la fleur.

S'il arrivoit, par exemple, qu'en sortant de lire ma lettre vous trouvassiez, en vous promenant, un sureau encore en fleur, je suis presque assuré qu'au premier aspect vous diriez, voilà une ombellifère. En y regardant, vous trouveriez grande ombelle, petite ombelle, petites fleurs blanches, corolle supère, cinq étamines: c'est une ombellifère assurément; mais voyons encore: je prends une fleur.

D'abord, au lieu de cinq pétales, je trouve une corolle à cinq divisions, il est vrai, mais néanmoins d'une seule pièce: or, les fleurs des ombellifères ne sont pas monopétales. Voilà bien cinq étamines; mais je ne vois point de styles, et je vois plus souvent trois stigmates que deux; plus souvent trois graines que deux: or, les ombellifères n'ont jamais ni plus ni moins de deux stigmates, ni plus ni moins de deux graines pour chaque fleur. Enfin, le fruit du sureau est une baie molle, et celui des ombellifères est sec et nu. Le sureau n'est donc pas une ombellifère.

Si vous revenez maintenant sur vos pas en regardant de plus près à la disposition des fleurs, vous verrez que cette disposition n'est qu'en apparence celle des ombellifères. Les grands rayons, au lieu de partir exactement du même centre, prennent leur naissance les uns plus haut, les autres plus bas; les petits naissent encore moins régulièrement: tout cela n'a point l'ordre invariable des ombellifères. L'arrangement des fleurs du sureau est en *corymbe*, ou bouquet, plutôt qu'en ombelles. Voilà comment, en nous trompant quelquefois, nous finissons par apprendre à mieux voir.

Le *chardon-roland*, au contraire, n'a guère le port d'une ombellifère, et néanmoins c'en est une, puisqu'il en a tous les caractères dans sa fructification. Où trouver, me direz-vous, le chardon-roland? par toute la campagne; tous les grands chemins en sont tapissés à droite et à gauche: le premier paysan peut vous le montrer, et vous le connoîtriez presque vous-même à la hauteur bleuâtre ou vert-de-mer de ses feuilles, à leurs durs piquans, et à leur consistance lisse et coriace comme du parchemin. Mais on peut laisser une plante aussi intraitable; elle n'a pas assez de beauté pour dédommager des blessures qu'on se fait en l'examinant : et fût-elle cent fois plus jolie, ma petite cousine, avec ses petits doigts sensibles, seroit bientôt rebutée de caresser une plante de si mauvaise humeur.

La famille des ombellifères est nombreuse, et si naturelle, que ses genres sont très-difficiles à distinguer : ce sont des frères que la grande ressemblance fait souvent prendre l'un pour l'autre. Pour aider à s'y reconnoître, on a imaginé des distinctions principales qui sont quelquefois utiles, mais sur lesquelles il ne faut pas non plus trop compter. Le foyer d'où partent les rayons, tant de la grande que de la petite ombelle, n'est pas toujours nu; il est quelquefois entouré de folioles, comme d'une manchette. On donne à ces folioles le nom d'*involucre* (enveloppe). Quand la grande ombelle a une manchette, on donne à cette manchette le nom de *grand involucre* : on appelle *petits involucres* ceux qui entourent quelquefois les petites ombelles. Cela donne lieu à trois sections des ombellifères.

1° Celles qui ont grand involucre et petits involucres;

2° Celles qui n'ont que les petits involucres seulement;

3° Celles qui n'ont ni grand ni petits involucres.

Il sembleroit manquer une quatrième division de celles qui ont un grand involucre et point de petits; mais on ne connoît aucun genre qui soit constamment dans ce cas.

Vos étonnans progrès, chère cousine, et votre patience m'ont tellement enhardi que, comptant pour rien votre peine, j'ai osé vous décrire la famille des ombellifères sans fixer vos yeux sur aucun modèle; ce qui a rendu nécessairement votre attention beaucoup plus fatigante. Cependant j'ose douter, lisant comme vous savez faire, qu'après une ou deux lectures de ma lettre, une ombellifère en fleurs échappe à votre esprit en frappant vos yeux; et dans cette saison, vous ne pouvez manquer d'en trouver plusieurs dans les jardins et dans la campagne.

Elles ont, la plupart, des fleurs blanches. Telles sont la carotte, le cerfeuil, le persil, la ciguë, l'angélique, la berce, la berle, la boucage, le chervis ou girole, la percepierre, etc. Quelques-unes, comme le fenouil, l'anet, le panais, sont à fleurs jaunes : il y en a peu à fleurs rougeâtres, et point d'aucune autre couleur.

Voilà, me direz-vous, une belle notion générale des ombellifères : mais comment tout ce vague savoir me garantira-t-il de confondre la ciguë avec le cerfeuil et le persil, que vous venez de nommer avec elle? La moindre cuisinière en saura là-dessus plus que nous avec toute notre doctrine. Vous avez raison. Mais cependant, si nous commençons par les observations de détails, bientôt, accablés par le nombre, la mémoire nous abandonnera, et nous nous perdrons dès le premier pas dans ce règne immense : au lieu que, si nous commençons par bien reconnoître les grandes routes, nous nous égarerons rarement dans les sentiers, et nous nous retrouverons partout sans beaucoup de peines. Donnons cependant quelque exception à l'utilité de l'objet, et ne nous exposons pas, tout en analysant le règne végétal, à manger par ignorance une omelette à la ciguë.

La petite ciguë des jardins est une ombellifère, ainsi que le persil et le cerfeuil. Elle a la fleur comme l'un et l'autre (¹); elle est avec le dernier, dans la section qui a la petite enveloppe et qui n'a pas la grande; elle leur ressemble assez par son feuillage, pour qu'il ne soit pas aisé de vous en marquer par écrit les différences. Mais voici des caractères suffisans pour ne vous y pas tromper.

Il faut commencer par voir en fleurs ces diverses plantes; car c'est en cet état que la ciguë a son caractère propre. C'est d'avoir sous chaque petite ombelle un petit involucre composé de trois petites folioles pointues, assez longues, et toutes trois tournées en dehors; au lieu que les folioles des petites ombelles du cerfeuil l'enveloppent tout autour, et sont tournées également de tous les côtés. A l'égard du persil, à peine a-t-il quelques courtes folioles, fines comme des cheveux, et distribuées indifféremment, tant dans la grande ombelle que

(¹) La fleur de persil est un peu jaunâtre; mais plusieurs fleurs d'ombellifères paroissent jaunes, à cause de l'ovaire et des anthères, et ne laissent pas d'avoir les pétales blancs.

dans les petites, qui toutes sont claires et maigres.

Quand vous vous serez bien assurée de la ciguë en fleurs, vous vous confirmerez dans votre jugement en froissant légèrement et flairant son feuillage; car son odeur puante et vireuse ne vous la laissera pas confondre avec le persil ni avec le cerfeuil, qui, tous deux, ont des odeurs agréables. Bien sûre enfin de ne pas faire de quiproquo, vous examinerez ensemble et séparément ces trois plantes dans tous leurs états et par toutes leurs parties, surtout par le feuillage, qui les accompagne plus constamment que la fleur; et par cet examen, comparé et répété jusqu'à ce que vous ayez acquis la certitude du coup d'œil, vous parviendrez à distinguer et connoître imperturbablement la ciguë. L'étude nous mène ainsi jusqu'à la porte de la pratique; après quoi celle-ci fait la facilité du savoir.

Prenez haleine, chère cousine, car voilà une lettre excédante; je n'ose même vous promettre plus de discrétion dans celle qui doit la suivre, mais après cela nous n'aurons devant nous qu'un chemin bordé de fleurs. Vous en méritez une couronne pour la douceur et la constance avec laquelle vous daignez me suivre à travers ces broussailles, sans vous rebuter de leurs épines.

LETTRE VI.

Du 2 mai 1773.

Quoiqu'il vous reste, chère cousine, bien des choses à désirer dans les notions de nos cinq premières familles, et que je n'aie pas toujours su mettre mes descriptions à la portée de notre petite *botanophile* (amatrice de la botanique), je crois néanmoins vous en avoir donné une idée suffisante pour pouvoir, après quelques mois d'herborisation, vous familiariser avec l'idée générale du port de chaque famille : en sorte qu'à l'aspect d'une plante vous puissiez conjecturer à peu près si elle appartient à quelqu'une des cinq familles, et à laquelle, sauf à vérifier ensuite, par l'analyse de la fructification, si vous vous êtes trompée ou non dans votre conjecture. Les ombellifères, par exemple, vous ont jetée dans quelque embarras, mais dont vous pouvez sortir quand il vous plaira, au moyen des indications que j'ai jointes aux descriptions; car enfin les carottes, les panais, sont choses si communes, que rien n'est plus aisé, dans le milieu de l'été, que de se faire montrer l'une ou l'autre en fleurs dans un potager. Or, au simple aspect de l'ombelle et de la plante qui la porte, on doit prendre une idée si nette des ombellifères, qu'à la rencontre d'une plante de cette famille, on s'y trompera rarement au premier coup d'œil. Voilà tout ce que j'ai prétendu jusqu'ici, car il ne sera pas question si tôt des genres et des espèces; et encore une fois, ce n'est pas une nomenclature de perroquet qu'il s'agit d'acquérir, mais une science réelle, et l'une des sciences les plus aimables qu'il soit possible de cultiver. Je passe donc à notre sixième famille avant de prendre une route plus méthodique : elle pourra vous embarrasser d'abord, autant et plus que les ombellifères. Mais mon but n'est, quant à présent, que de vous en donner une notion générale, d'autant plus que nous avons bien du temps encore avant celui de la pleine floraison, et que ce temps, bien employé, pourra vous aplanir des difficultés contre lesquelles il ne faut pas lutter encore.

Prenez une de ces petites fleurs qui, dans cette saison, tapissent les pâturages, et qu'on appelle ici *pâquerettes, petites marguerites*, ou *marguerites* tout court. Regardez-la bien, car, à son aspect, je suis sûr de vous surprendre en vous disant que cette fleur, si petite et si mignonne, est réellement composée de deux ou trois cents autres fleurs, toutes parfaites, c'est-à-dire ayant chacune sa corolle, son germe, son pistil, ses étamines, sa graine, en un mot aussi parfaite en son espèce qu'une fleur de jacinthe ou de lis. Chacune de ses folioles, *blanches en dessus, roses en dessous*, qui forment comme une couronne autour de la marguerite, et qui ne vous paroissent tout au plus qu'autant de petits pétales, sont réellement autant de véritables fleurs; et chacun de ces petits brins jaunes que vous voyez dans le centre, et que d'abord vous n'avez peut-être pris que pour des étamines, sont encore autant de fleurs. Si vous aviez déjà les doigts exercés aux dissections botaniques, que vous vous armassiez d'une bonne loupe et de beaucoup de patience, je pourrois vous convaincre de cette vérité par vos propres yeux; mais, pour le présent, il faut commencer, s'il vous plaît, par m'en croire sur parole, de peur de fatiguer votre attention sur des atomes. Cependant, pour vous mettre au moins sur la voie, arrachez une des folioles blanches de la couronne; vous croirez d'abord cette foliole plate d'un bout à l'autre; mais regardez-la bien par le bout qui étoit attaché à la fleur, vous verrez que ce bout n'est pas plat, mais rond et creux en forme de tube, et que de ce tube sort un petit filet à deux cornes : ce filet est le style fourchu de cette fleur, qui, comme vous voyez, n'est plate que par le haut.

Regardez maintenant les brins jaunes qui sont au milieu de la fleur que je vous ai dit être autant de fleurs eux-mêmes : si la fleur est assez avancée, vous en verrez plusieurs tout autour, lesquels sont ouverts dans le milieu, et même découpés en plusieurs parties. Ce sont ces corolles monopétales qui s'épanouissent, et dans lesquelles la loupe vous feroit aisément distinguer le pistil et même les anthères dont il est entouré : ordinairement les fleurons jaunes, qu'on voit au centre, sont encore arrondis et non percés; ce sont des fleurs comme les autres, mais qui ne sont pas encore épanouies; car elles ne s'épanouissent que successivement en avançant des bords vers le centre. En voilà assez pour vous montrer à l'œil la possibilité que tous ces brins, tant blancs que jaunes, soient réellement autant de fleurs parfaites; et c'est un fait très-constant: vous voyez néanmoins que toutes ces petites fleurs sont pressées et renfermées dans un calice qui leur est commun, et qui est celui de la marguerite. En considérant toute la marguerite comme une seule fleur, ce sera donc lui donner un nom très-convenable que de l'appeler *une fleur composée*; or il y a un grand nombre d'espèces et de genres de fleurs formées comme la marguerite d'un assemblage d'autres fleurs plus petites, contenues dans un calice commun. Voilà ce qui constitue la sixième famille dont j'avois à vous parler, savoir celle des *fleurs composées*.

Commençons par ôter ici l'équivoque du mot de fleur, en restreignant ce nom dans la présente famille à la fleur composée, et donnant celui de *fleurons* aux petites fleurs qui la composent : mais n'oublions pas que, dans la précision du mot, ces fleurons eux-mêmes sont autant de véritables fleurs.

Vous avez vu dans la marguerite deux sortes de fleurons, savoir, ceux de couleur jaune qui remplissent le milieu de la fleur, et les petites languettes blanches qui les entourent : les premiers sont, dans leur petitesse, assez semblables de figure aux fleurs du muguet ou de la jacinthe, et les seconds ont quelque rapport aux fleurs du chèvrefeuille. Nous laisserons aux premiers le nom de *fleurons*, et, pour distinguer les autres, nous les appellerons *demi-fleurons*; car, en effet, ils ont assez l'air de fleurs monopétales qu'on auroit rognées par un côté en n'y laissant qu'une languette qui feroit à peine la moitié de la corolle.

Ces deux sortes de fleurons se combinent dans les fleurs composées de manière à diviser toute la famille en trois sections bien distinctes.

La première section est formée de celles qui ne sont composées que de languettes ou demi-fleurons, tant au milieu qu'à la circonférence : on les appelle *fleurs demi-fleuronnées;* et la fleur entière dans cette section est toujours d'une seule couleur, le plus souvent jaune. Telle est la fleur appelée dent-de-lion ou pissenlit; telles sont les fleurs de laitues, de chicorée (celle-ci est bleue), de scorsonère, de salsifis, etc.

La seconde section comprend les *fleurs fleuronnées*, c'est-à-dire qui ne sont composées que de fleurons, tous pour l'ordinaire aussi d'une seule couleur: telles sont les fleurs d'immortelle, de bardane, d'absynthe, d'armoise, de chardon, d'artichaut, qui est un chardon lui-même, dont on mange le calice et le réceptacle encore en bouton avant que la fleur soit éclose et même formée. Cette bourre, qu'on ôte du milieu de l'artichaut, n'est autre chose que l'assemblage des fleurons qui commencent à se former, et qui sont séparés les uns des autres par de longs poils implantés sur le réceptacle.

La troisième section est celle des fleurs qui rassemblent les deux sortes de fleurons. Cela se fait toujours de manière que les fleurons entiers occupent le centre de la fleur, et les demi-fleurons forment le contour et la circonférence, comme vous avez vu dans la pâquerette. Les fleurs de cette section s'appellent *radiées*, les botanistes ayant donné le nom de *rayon* au contour d'une fleur composée, quand il est formé de languettes ou demi-fleurons. A l'égard de l'aire ou du centre de la fleur occupé par les fleurons, on l'appelle le *disque*, et on donne aussi quelquefois ce même nom de disque à la surface du réceptacle où sont plantés tous les fleurons et demi-fleurons. Dans les fleurs radiées, le disque est souvent d'une couleur et le rayon d'une autre : cependant il y a aussi des genres et des espèces où tous les deux sont de la même couleur.

Tâchons à présent de bien déterminer dans votre esprit l'idée d'une *fleur composée*. Le trèfle ordinaire fleurit en cette saison ; sa fleur est pourpre : s'il vous en tomboit une sous la main, vous pourriez, en voyant tant de petites fleurs rassemblées, être tentée de prendre le tout pour une fleur composée. Vous vous tromperiez ; en quoi ? En ce que, pour constituer une fleur composée, il ne suffit pas d'une agrégation de plusieurs petites fleurs, mais qu'il faut de plus qu'une ou deux des parties de la fructification leur soient communes, de manière que toutes aient part à la même, et qu'aucune n'ait la sienne séparément. Ces deux parties communes sont le calice et le réceptacle. Il est vrai que la fleur de trèfle, ou plutôt le groupe de fleurs qui n'en semblent qu'une, paroît d'abord portée sur une espèce de calice; mais écartez un peu ce prétendu calice, et vous verrez qu'il ne tient point à la fleur, mais qu'il est attaché au-dessous d'elle au pédicule qui la porte. Ainsi ce calice apparent n'en est point un ; il appartient au feuillage et non pas à la fleur ; et cette prétendue fleur n'est en effet qu'un assemblage de fleurs légumineuses fort petites, dont chacune a son calice particulier, et qui n'ont absolument rien de commun entre elles que leur attache au même *pédicule*. L'usage est pourtant de prendre tout cela pour une seule fleur ; mais c'est une fausse idée, ou, si l'on veut absolument regarder comme une fleur un bouquet de cette espèce, il ne faut pas du moins l'appeler une *fleur composée*, mais une *fleur agrégée* ou une tête (*flos aggregatus, flos capitatus, capitulum*). Et ces dénominations sont en effet quelquefois employées en ce sens par les botanistes.

Voilà, chère cousine, la notion la plus simple et la plus naturelle que je puisse vous donner de la famille, ou plutôt de la nombreuse classe des composées, et des trois sections ou familles dans lesquelles elles se subdivisent. Il faut maintenant vous parler de la structure des fructifications particulières à cette classe, et cela nous mènera peut-être à en déterminer le caractère avec plus de précision.

La partie la plus essentielle d'une fleur composée est le réceptacle sur lequel sont plantés, d'abord les fleurons et demi-fleurons, et ensuite les graines qui leur succèdent. Ce réceptacle, qui forme un disque d'une certaine étendue, fait le centre du calice, comme vous pouvez voir dans le pissenlit, que nous prendrons ici pour exemple. Le calice, dans toute cette famille, est ordinairement découpé jusqu'à la base en plusieurs pièces, afin qu'il puisse se fermer, se rouvrir et se renverser, comme il arrive dans le progrès de la fructification, sans y causer de déchirure. Le calice du pissenlit est formé de deux rangs de folioles insérés l'un dans l'autre, et les folioles du rang extérieur qui soutient l'autre se recourbent et replient en bas vers le pédicule, tandis que les folioles du rang intérieur restent droites pour entourer et contenir les demi-fleurons qui composent la fleur.

Une forme encore des plus communes aux calices de cette classe est d'être *imbriqués*, c'est-à-dire formés de plusieurs rangs de folioles en recouvrement, les unes sur les joints des autres, comme les tuiles d'un toit. L'artichaut, le bluet, la jacée, la scorsonère, vous offrent des exemples de calices imbriqués.

Les fleurons et demi-fleurons enfermés dans le calice sont plantés fort dru sur son disque ou réceptacle en quinconce, ou comme les cases d'un damier. Quelquefois ils s'entretouchent à nu sans rien d'intermédiaire, quelquefois ils sont séparés par des cloisons de poils ou de petites écailles qui restent attachées au réceptacle quand les graines sont tombées. Vous voilà sur la voie d'observer les différences de calices et de réceptacles ; parlons à présent de la structure des fleurons et demi-fleurons, en commençant par les premiers.

Un fleuron est une fleur monopétale, régulière, pour l'ordinaire, dont la corolle se fend dans le haut en quatre ou cinq parties. Dans cette corolle sont attachés, à son tube, les filets des étamines au nombre de cinq : ces cinq filets se réunissent par le haut en un petit tube rond qui entoure le pistil, et ce tube n'est autre chose que les cinq anthères ou étamines réunies circulairement en un seul corps. Cette réunion des étamines forme, aux yeux des botanistes, le caractère essentiel des fleurs composées, et n'appartient qu'à leurs fleurons exclusivement à toutes sortes de fleurs. Ainsi vous aurez beau trouver plusieurs fleurs portées sur un même disque, comme dans les scabieuses et le chardon à foulon ; si les anthères ne se réunissent pas en un tube autour du pistil, et si la corolle ne porte pas sur une seule graine nue, ces fleurs ne sont pas des fleurons et ne forment pas une fleur composée. Au contraire, quand vous trouveriez dans une fleur unique les anthères ainsi réunies en un seul corps, et la corolle supère posée sur une seule graine, cette fleur, quoique seule, seroit un vrai *fleuron*, et appartiendroit à la famille des composées, dont il vaut mieux tirer ainsi le caractère d'une structure précise, que d'une apparence trompeuse.

Le pistil porte un style plus long d'ordinaire que le fleuron au-dessus duquel on le voit s'élever à travers le tube formé par les anthères. Il se termine le plus souvent, dans le haut, par un stigmate fourchu dont on voit aisément les deux petites cornes. Par son pied, le pistil ne porte pas immédiatement sur le réceptacle, non plus que le fleuron, mais l'un et l'autre y tiennent par le germe qui leur sert de base, lequel croît et s'allonge à mesure que le fleuron se dessèche ; et devient enfin une graine longuette qui reste attachée au réceptacle, jusqu'à ce qu'elle soit mûre. Alors elle tombe si elle est nue, ou bien le vent l'emporte au loin si elle est couronnée d'une aigrette de plumes, et le réceptacle reste à découvert tout nu dans des genres, ou garni d'écailles ou de poils dans d'autres.

La structure des demi-fleurons est semblable à celle des fleurons ; les étamines, le pistil et la graine y sont arrangés à peu près de même : seulement dans les fleurs radiées il y a plusieurs genres où les demi-fleurons du contour sont sujets à avorter, soit parce qu'ils manquent d'étamines, soit parce que celles qu'ils ont sont stériles, et n'ont pas la force de féconder le germe ; alors la fleur ne graine que par les fleurons du milieu.

Dans toute la classe des composées, la graine est toujours *sessile*, c'est-à-dire qu'elle porte immédiatement sur le réceptacle sans aucun pédicule intermédiaire. Mais il y a des graines dont le sommet est couronné par une aigrette quelquefois sessile, et quelquefois attachée à la graine par un pédicule. Vous comprenez que l'usage de cette aigrette est d'éparpiller au loin les semences, en donnant plus de prise à l'air pour les emporter et semer à distance.

A ces descriptions informes et tronquées, je dois ajouter que les calices ont pour l'ordinaire la propriété de s'ouvrir quand la fleur s'épanouit, de se refermer quand les fleurons se sèment et tombent, afin de contenir la jeune graine et l'empêcher de se répandre avant sa maturité ; enfin de se rouvrir et de se renverser tout-à-fait pour offrir dans leur centre une aire plus large aux graines qui grossissent en mûrissant. Vous avez dû souvent voir le pissenlit dans cet état, quand les enfans le cueillent pour souffler dans ses aigrettes, qui forment un globe autour du calice renversé.

Pour bien connoître cette classe, il faut en suivre les fleurs dès avant leur épanouissement jusqu'à la pleine maturité du fruit, et c'est dans cette succession qu'on voit des métamorphoses et un enchaînement de merveilles qui tiennent tout esprit sain qui les observe dans une continuelle admiration. Une fleur commode pour ces observations est celle des soleils, qu'on rencontre fréquemment dans les vignes et dans les jardins. Le soleil, comme vous voyez, est une radiée. La reine-marguerite, qui, dans l'automne, fait l'ornement des parterres, en est une aussi. Les chardons (¹) sont des fleuronnées : j'ai déjà dit que la scorsonère et le pissenlit sont des demi-fleuronnées. Toutes ces fleurs sont assez grosses pour pouvoir être disséquées et étudiées à l'œil nu sans le fatiguer beaucoup.

Je ne vous en dirai pas davantage aujourd'hui sur la famille ou classe des composées. Je tremble déjà d'avoir trop abusé de votre pa-

(¹) Il faut prendre garde de n'y pas mêler le chardon-à-foulon ou des bonnetiers, qui n'est pas un vrai chardon.

tience par des détails que j'aurois rendus plus clairs si j'avois su les rendre plus courts, mais il m'est impossible de sauver la difficulté qui naît de la petitesse des objets. Bonjour, chère cousine.

LETTRE VII.

Sur les arbres fruitiers.

J'attendois de vos nouvelles, chère cousine, sans impatience, parce que M. T., que j'avois vu depuis la réception de votre précédente lettre, m'avoit dit avoir laissé votre maman et toute votre famille en bonne santé. Je me réjouis d'en avoir la confirmation par vous-même, ainsi que des bonnes et fraîches nouvelles que vous me donnez de ma tante Gonceru. Son souvenir et sa bénédiction ont épanoui de joie un cœur à qui, depuis long-temps, on ne fait plus guère éprouver de ces sortes de mouvemens. C'est par elle que je tiens encore à quelque chose de bien précieux sur la terre; et tant que je la conserverai, je continuerai, quoi qu'on fasse, à aimer la vie. Voici le temps de profiter de vos bontés ordinaires pour elle et pour moi; il me semble que ma petite offrande prend un prix réel en passant par vos mains. Si votre cher époux vient bientôt à Paris, comme vous me le faites espérer, je le prierai de vouloir bien se charger de mon tribut annuel (*); mais, s'il tarde un peu, je vous prie de me marquer à qui je dois le remettre, afin qu'il n'y ait point de retard et que vous n'en fassiez pas l'avance comme l'année dernière, ce que je sais que vous faites avec plaisir, mais à quoi je ne dois pas consentir sans nécessité.

Voici, chère cousine, les noms des plantes que vous *m'avez envoyées en dernier lieu*. J'ai ajouté un point d'interrogation à ceux dont je suis en doute, parce que vous n'avez pas eu soin d'y mettre des feuilles avec la fleur, et que le feuillage est souvent nécessaire pour déterminer l'espèce à un aussi mince botaniste que moi. En arrivant à Fourrière, vous trouverez la plupart des arbres fruitiers en fleur, et je me souviens que vous aviez désiré quelques directions sur cet article. Je ne puis en ce moment vous tracer là-dessus que quelques mots très à la hâte, étant très-pressé, et afin que vous ne perdiez pas encore une saison pour cet examen.

Il ne faut pas, chère amie, donner à la botanique une importance qu'elle n'a pas; c'est une étude de pure curiosité, et qui n'a d'autre utilité réelle que celle que peut tirer un être pensant et sensible de l'observation de la nature et des merveilles de l'univers. L'homme a dénaturé beaucoup de choses pour les mieux convertir à son usage: en cela il n'est point à blâmer; mais il n'en est pas moins vrai qu'il les a souvent défigurées, et que, quand dans les œuvres de ses mains, il croit étudier vraiment la nature, il se trompe. Cette erreur a lieu surtout dans la société civile; elle a lieu de même dans les jardins. Ces fleurs doubles, qu'on admire dans les parterres, sont des monstres dépourvus de la faculté de produire leur semblable, dont la nature a doué tous les êtres organisés. Les arbres fruitiers sont à peu près dans le même cas par la greffe: vous aurez beau planter des pepins de poires et de pommes des meilleures espèces, il n'en naîtra jamais que des sauvageons. Ainsi, pour connoître la poire et la pomme de la nature, il faut les chercher, non dans les potagers, mais dans les forêts. La chair n'en est pas si grosse et si succulente, mais les semences en mûrissent mieux, en multiplient davantage, et les arbres en sont infiniment plus grands et plus vigoureux. Mais j'entame ici un article qui me mèneroit trop loin: revenons à nos potagers.

Nos arbres fruitiers, quoique greffés, gardent dans leur fructification tous les caractères botaniques qui les distinguent; et c'est par l'étude attentive de ces caractères, aussi bien que par les transformations de la greffe, qu'on s'assure qu'il n'y a, par exemple, qu'une seule espèce de poire sous mille noms divers, par lesquels la forme et la saveur de leurs fruits les a fait distinguer en autant de prétendues espèces qui ne sont, au fond, que des variétés. Bien plus, la poire et la pomme ne sont que deux espèces du même genre, et leur unique différence bien caractéristique est que le pédicule de la pomme entre dans un enfoncement du fruit, et celui de la poire tient à un prolongement du fruit un peu allongé. De même tou-

(*) La rente de 100 liv. qu'il faisoit à sa tante Gonceru. G. P.

tes les sortes de cerises, guignes, griottes, bigarreaux, ne sont que des variétés d'une même espèce : toutes les prunes ne sont qu'une espèce de prunes; le genre de la prune contient trois espèces principales, savoir : la prune proprement dite, la cerise et l'abricot, qui n'est aussi qu'une espèce de prune. Ainsi, quand le savant Linnæus, divisant le genre dans ses espèces, a dénommé la *prune* prune, la prune cerise, et la prune abricot, les ignorans se sont moqués de lui; mais les observateurs ont admiré la justesse de ses réductions, etc. Il faut courir, je me hâte.

Les arbres fruitiers entrent presque tous dans une famille nombreuse, dont le caractère est facile à saisir, en ce que les étamines, en grand nombre, au lieu d'être attachées au réceptacle, sont attachées au calice, par les intervalles que laissent les pétales entre eux; toutes les fleurs sont polypétales et à cinq communément. Voici les principaux caractères génériques.

Le genre de la poire, qui comprend aussi la pomme et le coing. Calice monophylle à cinq pointes. Corolle à cinq pétales attachés au calice, une vingtaine d'étamines toutes attachées au calice. Germe ou ovaire infère, c'est-à-dire au-dessous de la corolle, cinq styles. Fruits charnus à cinq logettes, contenant des graines, etc.

Le genre de la prune, qui comprend l'abricot, la cerise et le laurier-cerise. Calice, corolle et anthères à peu près comme la poire; mais le germe est supère, c'est-à-dire dans la corolle, et il n'y a qu'un style. Fruit plus aqueux que charnu, contenant un noyau, etc.

Le genre de l'amande, qui comprend aussi la pêche. Presque comme la prune, si ce n'est que le germe est velu, et que le fruit, mou dans la pêche, sec dans l'amande, contient un noyau dur, raboteux, parsemé de cavités, etc.

Tout ceci n'est que bien grossièrement ébauché, mais c'en est assez pour vous amuser cette année. Bonjour, chère cousine.

LETTRE VIII.

Sur les Herbiers.

Du 11 avril 1773.

Grâce au ciel, chère cousine, vous voilà rétablie. Mais ce n'est pas sans que votre silence et celui de M. G., que j'avois instamment prié de m'écrire un mot à son arrivée, ne m'ait causé bien des alarmes. Dans des inquietudes de cette espèce, rien n'est plus cruel que le silence, parce qu'il fait tout porter au pis; mais tout cela est déjà oublié, et je ne sens plus que le plaisir de votre rétablissement. Le retour de la belle saison, la vie moins sédentaire de Fourrière, et le plaisir de remplir avec succès la plus douce ainsi que la plus respectable des fonctions, achèveront bientôt de l'affermir, et vous en sentirez moins tristement l'absence passagère de votre mari, au milieu des chers gages de son attachement, et des soins continuels qu'*ils* vous demandent.

La terre commence à verdir, les arbres à bourgeonner, les fleurs à s'épanouir : il y en a déjà de passées; un moment de retard pour la botanique nous reculeroit d'une année entière : ainsi j'y passe sans autre préambule.

Je crains que nous ne l'ayons traitée jusqu'ici d'une manière trop abstraite, en n'appliquant point nos idées sur des objets déterminés; c'est le défaut dans lequel je suis tombé, principalement à l'égard des ombellifères. Si j'avois commencé par vous en mettre une sous les yeux, je vous aurois épargné une application très-fatigante sur un objet imaginaire, et à moi des descriptions difficiles, auxquelles un simple coup d'œil auroit suppléé. Malheureusement, à la distance où la loi de la nécessité me tient de vous, je ne suis pas à portée de vous montrer du doigt les objets; mais si, chacun de notre côté, nous en pouvons avoir sous les yeux de semblables, nous nous entendrons très-bien l'un l'autre en parlant de ce que nous voyons. Toute la difficulté est qu'il faut que l'indication vienne de vous; car vous envoyer d'ici des plantes sèches seroit ne rien faire. Pour bien reconnoître une plante, il faut commencer par la voir sur pied. Les herbiers servent de mémoratifs pour celles qu'on a déjà connues; mais ils font mal connoître celles qu'on n'a pas vues auparavant. C'est donc à vous de m'envoyer des plantes que vous voudrez connoître et que vous aurez cueillies sur pied; et c'est à moi de vous les nommer, de les classer, de les décrire, jusqu'à ce que, par des idées comparatives, devenues familières à vos yeux et à votre esprit, vous parveniez à classer, ranger, et nommer vous-même celles que vous verrez pour la première fois; science qui seule distingue le vrai botaniste de l'herboriste ou nomenclateur. Il s'agit donc ici d'apprendre à préparer, dessécher et conserver les plantes, ou échantillons de plantes, de manière à les rendre faciles à reconnoître et à déterminer; c'est, en un mot, un herbier que je vous propose de commencer. Voici une grande occupation qui, de loin, se prépare pour notre petite amatrice; car, quant à présent, et pour quelque temps encore, il faudra que l'adresse de vos doigts supplée à la foiblesse des siens.

Il y a d'abord une provision à faire: savoir, cinq ou six mains de papier gris, et à peu près autant de papier blanc, de même grandeur, assez fort et bien collé, sans quoi les plantes se pourriroient dans le papier gris, ou du moins les fleurs y perdroient leur couleur; ce qui est une des parties qui les rendent reconnoissables, et par lesquelles un herbier est agréable à voir. Il seroit encore à désirer que vous eussiez une presse de la grandeur de votre papier, ou du moins deux bouts de planches bien unies, de manière qu'en plaçant vos feuilles entre deux, vous les y puissiez tenir pressées par les pierres ou autres corps pesans dont vous chargerez la planche supérieure. Ces préparatifs faits, voici ce qu'il faut observer pour préparer vos plantes de manière à les conserver et les reconnoître.

Le moment à choisir pour cela est celui où la plante est en pleine fleur, et où même quelques fleurs commencent à tomber pour faire place au fruit qui commence à paroître. C'est dans ce point où toutes les parties de la fructification sont sensibles, qu'il faut tâcher de prendre la plante pour la dessécher dans cet état.

Les petites plantes se prennent tout entières avec leurs racines, qu'on a soin de bien nettoyer avec une brosse, afin qu'il n'y reste point de terre. Si la terre est mouillée, on la laisse sécher pour la brosser, ou bien on lave la racine; mais il faut avoir alors la plus grande attention de la bien essuyer et dessécher avant de la mettre entre les papiers, sans quoi elle s'y pourriroit infailliblement, et communiqueroit sa pourriture aux autres plantes voisines. Il ne faut cependant s'obstiner à conserver les racines qu'autant qu'elles ont quelques singularités remarquables; car, dans le plus grand nombre, les racines ramifiées et fibreuses ont des formes si semblables, que ce n'est pas la peine de les conserver. La nature, qui a tant fait pour l'élégance et l'ornement dans la figure et la couleur des plantes en ce qui frappe les yeux, a destiné les racines uniquement aux fonctions utiles, puisque, étant cachées dans la terre, leur donner une structure agréable eût été cacher la lumière sous le boisseau.

Les arbres et toutes les grandes plantes ne se prennent que par échantillon; mais il faut que cet échantillon soit si bien choisi, qu'il contienne toutes les parties constitutives du genre et de l'espèce, afin qu'il puisse suffire pour reconnoître et déterminer la plante qui l'a fourni. Il ne suffit pas que toutes les parties de la fructification y soient sensibles, ce qui ne serviroit qu'à distinguer le genre, il faut qu'on y voie bien le caractère de la foliation et de la ramification, c'est-à-dire la naissance et la forme des feuilles et des branches, et même, autant qu'il se peut, quelque portion de la tige; car, comme vous verrez dans la suite, tout cela sert à distinguer les espèces différentes des mêmes genres qui sont parfaitement semblables par la fleur et le fruit. Si les branches sont trop épaisses, on les amincit avec un couteau ou canif, en diminuant adroitement par-dessous de leur épaisseur, autant que cela se peut, sans couper et mutiler les feuilles. Il y a des botanistes qui ont la patience de fendre l'écorce de la branche et d'en tirer adroitement le bois, de façon que l'écorce rejointe paroît vous montrer encore la branche entière, quoique le bois n'y soit plus: au moyen de quoi l'on n'a point entre les papiers des épaisseurs et bosses trop considérables, qui gâtent, défigurent l'herbier, et font prendre une mauvaise forme aux plantes. Dans les plantes où les fleurs et les feuilles ne viennent pas en même temps, ou naissent trop loin les unes des autres, on prend une petite branche à fleurs et une petite branche à feuilles; et, les plaçant ensemble dans le même papier, on offre ainsi à l'œil les diverses parties de la même plante, suffisantes pour la faire reconnoître. Quant aux plantes où l'on ne trouve que des feuilles, et dont la fleur n'est pas encore venue ou est déjà passée, il les faut laisser, et attendre, pour les reconnoître, qu'elles montrent leur visage. Une plante n'est pas plus sûrement reconnoissable à son feuillage qu'un homme à son habit.

Tel est le choix qu'il faut mettre dans ce qu'on cueille : il en faut mettre aussi dans le moment qu'on prend pour cela. Les plantes cueillies le matin à la rosée, ou le soir à l'humidité, ou le jour durant la pluie, ne se conservent point. Il faut absolument choisir un temps sec, et même, dans ce temps-là, le moment le plus sec et le plus chaud de la journée, qui est en été entre onze heures du matin et cinq ou six heures du soir. Encore alors, si l'on y trouve la moindre humidité, faut-il les laisser, car infailliblement elles ne se conserveront pas.

Quand vous avez cueilli vos échantillons, vous les apportez au logis, toujours bien au sec, pour les placer et arranger dans vos papiers. Pour cela vous faites votre premier lit de deux feuilles au moins de papier gris, sur lesquelles vous placez une feuille de papier blanc, et sur cette feuille vous arrangez votre plante, prenant grand soin que toutes ses parties, surtout les feuilles et les fleurs, soient bien ouvertes et bien étendues dans leur situation naturelle. La plante un peu flétrie, mais sans l'être trop, se prête mieux pour l'ordinaire à l'arrangement qu'on lui donne sur le papier avec le pouce et les doigts. Mais il y en a de rebelles qui se grippent d'un côté, pendant qu'on les arrange de l'autre. Pour prévenir cet inconvénient, j'ai des plombs, des gros sous, des liards, avec lesquels j'assujettis les parties que je viens d'arranger, tandis que j'arrange les autres, de façon que, quand j'ai fini, ma plante se trouve presque toute couverte de ces pièces qui la tiennent en état. Après cela on pose une seconde feuille blanche sur la première, et on la presse avec la main, afin de tenir la plante assujettie dans la situation qu'on lui a donnée, avançant ainsi la main gauche qui presse à mesure qu'on retire avec la droite les plombs et les gros sous qui sont entre les papiers : on met ensuite deux autres feuilles de papier gris sur la seconde feuille blanche, sans cesser un seul moment de tenir la plante assujettie, de peur qu'elle ne perde la situation qu'on lui a donnée. Sur ce papier gris on met une autre feuille blanche; sur cette feuille une plante qu'on arrange et recouvre comme ci-devant, jusqu'à ce qu'on ait placé toute la moisson qu'on a apportée, et qui ne doit pas être nombreuse pour chaque fois, tant pour éviter la longueur du travail, que de peur que, durant la dessiccation des plantes, le papier ne contracte quelque humidité par leur grand nombre; ce qui gâteroit infailliblement vos plantes, si vous ne vous hâtiez de les changer de papier avec les mêmes attentions; et c'est même ce qu'il faut faire de temps en temps, jusqu'à ce qu'elles aient bien pris leur pli, et qu'elles soient toutes assez sèches.

Votre pile de plantes et de papiers ainsi arrangée doit être mise en presse, sans quoi les plantes se gripperoient : il y en a qui veulent être plus pressées, d'autres moins; l'expérience vous apprendra cela, ainsi qu'à les changer de papier à propos, et aussi souvent qu'il faut, sans vous donner un travail inutile. Enfin, quand vos plantes seront bien sèches, vous les mettrez bien proprement chacune dans une feuille de papier, les unes sur les autres, sans avoir besoin de papiers intermédiaires, et vous aurez ainsi un herbier commencé, qui s'augmentera sans cesse avec vos connoissances, et contiendra enfin l'histoire de toute la végétation du pays : au reste il faut toujours tenir un herbier bien serré et un peu en presse; sans quoi les plantes, quelque sèches qu'elles fussent, attireroient l'humidité de l'air et se gripperoient encore.

Voici maintenant l'usage de tout ce travail pour parvenir à la connoissance particulière des plantes, et à nous bien entendre lorsque nous en parlerons.

Il faut cueillir deux échantillons de chaque plante : l'un, plus grand, pour le garder; l'autre, plus petit, pour me l'envoyer. Vous les numéroterez avec soin, de façon que le grand et le petit échantillon de chaque espèce aient toujours le même numéro. Quand vous aurez une douzaine ou deux d'espèces ainsi desséchées, vous me les enverrez dans un petit cahier par quelque occasion. Je vous enverrai le nom et la description des mêmes plantes; par le moyen des numéros, vous les reconnoîtrez dans votre herbier, et de là sur la terre, où je suppose que vous aurez commencé de les bien examiner. Voilà un moyen sûr de faire des progrès aussi sûrs et aussi rapides qu'il est possible loin de votre guide.

N. B. J'ai oublié de vous dire que les mêmes papiers peuvent servir plusieurs fois, pourvu qu'on ait soin de les bien aérer et dessécher auparavant. Je dois ajouter aussi que l'herbier doit être tenu dans le lieu le plus sec de la maison, et plutôt au premier qu'au rez-de-chaussée (*).

(*) Dans le *Dictionnaire élémentaire de botanique* de Bulliard, revu par Richard (in-8°, Paris, 1802), au mot HERBIER, se trouve une assez longue citation que l'auteur de cet article annonce être extraite d'un manuscrit de Rousseau. Cette citation ne peut mieux trouver sa place qu'ici, et nous la ferons précéder de ce que dit Bulliard ou Richard à cette occasion.

« On sait que Jean-Jacques Rousseau aimoit passionnément la botanique, et qu'il travailloit même à faire dans cette science quelques réformes avantageuses. Il s'est long-temps occupé de l'art de la dessiccation des plantes; il nous a laissé plusieurs herbiers de différents formats. Parmi les livres rares et précieux qui composent la bibliothèque du savant Malesherbes, on trouve deux petits herbiers de Jean-Jacques, faits avec tout le soin et tout l'art possibles : l'un est de format in-8°, et ne renferme que des *cryptogames*; et l'autre, de format in-4°, est composé de plantes à fleurs distinctes.

» M. Tournevel ayant appris que j'étois sur le point de faire imprimer cet ouvrage, a bien voulu concourir de la manière la plus obligeante à en augmenter l'utilité, en me communiquant un manuscrit du philosophe genevois, sur la nécessité d'un herbier, et sur les moyens les plus simples et les plus avantageux en même temps de travailler à s'en faire un.

» Jean-Jacques, après avoir montré la nécessité d'un herbier; après s'être élevé contre ces prétendus botanistes qui ont des herbiers de huit à dix mille plantes étrangères, et qui ne connoissent pas celles qu'ils foulent continuellement aux pieds, dit :

« On peut se faire un très-bon herbier sans savoir un mot » de botanique; tous ceux qui se disposent à étudier la botanique devroient commencer par là. Quand ils auroient desséché » un assez bon nombre de plantes, et qu'il ne s'agiroit plus que » d'y ajouter les noms, il y a des gens qui leur rendroient ce » service pour de l'argent, ou pour quelque chose d'équivalent; » d'ailleurs, n'avons-nous pas dans presque toutes les villes un » peu considérables des jardins botaniques où les plantes sont » disposées dans un ordre méthodique, marquées d'un étiquet, » sur lequel leur nom est inscrit? Pour peu que l'on ait une » idée de la méthode adoptée, et les premières notions de l'A, » B, C de la botanique, c'est-à-dire, les premiers éléments de » cette science, on y trouve les plantes que l'on cherche; on » les compare; on en prend les noms, et c'en est assez; l'usage » fait le reste, et nous rend botanistes. Mais ne comptez guère » sur les meilleurs livres de botanique, pour nommer, d'après » eux, des plantes que vous ne connoîtriez pas : si ces livres ne » sont pas accompagnés de bonnes figures, ils vous fatigueront » sans succès; à chaque pas ils vous offriront de nouvelles » difficultés, et ne vous apprendront rien..... Ne vous attendez » point à conserver une plante dans tout son éclat : celles qui » se dessèchent le mieux perdent encore beaucoup de leur fraîcheur... De tous les moyens employés à la dessiccation des » plantes, le plus simple, celui de la pression, est le préférable » pour un herbier. Les couleurs peuvent être conservées aussi » bien que par la dessiccation au sable, et les plantes desséchées » y sont moins volumineuses et moins fragiles... Ayez une bonne » provision de quatre sortes de papiers : 1° du papier gris, épais » et peu collé; 2° du papier gris, épais et collé; 3° du gros papier blanc sur lequel on puisse écrire; et 4° du papier blanc » sur lequel vous fixerez vos plantes, lorsque la dessiccation » sera complète... Lorsque vous voudrez dessécher une plante, » il faut la cueillir par un beau temps; et lorsque ses fleurs » seront épanouies, laissez-la quelques heures se faner à l'air » libre... Dès que ses parties seront amollies, étendez-la avec » soin sur une feuille de papier gris de la première espèce dont » j'ai parlé; mettez dessous cette feuille une feuille de carton, » et dessus, douze à quinze doubles de papier de la première » espèce; mettez le tout entre deux ais de bois, ou deux planches bien unies, que vous chargerez d'abord médiocrement, » et dont vous augmenterez peu à peu la pression, à mesure que » la dessiccation s'opérera. Il est plus avantageux de se servir » de ces petites presses de brocheuses, parce que l'on serre si » peu et autant qu'on le veut; au bout d'une heure ou deux, » serrez-la davantage, et laissez-la ainsi vingt-quatre heures au » plus; retirez-la ensuite; changez-la de papier, et mettez dessous une autre feuille de carton bien sèche, ainsi que les » feuilles de papier que vous allez mettre dessus; remettez le » tout en presse; serrez plus que la première fois; laissez ainsi » deux jours votre plante sans y toucher; changez-la encore » une troisième fois de papier; mais prenez du papier gris collé; » serrez encore davantage la presse, et ne mettez dessus que » trois ou quatre doubles de papier, ou seulement une feuille de » carton dessus et une dessous; laissez-la ainsi en presse deux » ou trois fois vingt-quatre heures; si, lorsque vous retirerez » votre plante, elle ne vous paroît pas assez privée de son » humidité, vous la changerez encore plusieurs fois de papiers. » (Il y a des plantes qu'il suffit de changer deux fois de papiers, et d'autres qu'il faut changer jusqu'à six fois : celles qui » sont de nature aqueuse exigent qu'on en accélère la dessiccation.) Mais si, au contraire, les parties qui la composent ont » déjà perdu de leur flexibilité, il faut la mettre dans une feuille » de gros papier blanc, où on la laissera en presse jusqu'à ce » que la dessiccation soit parfaitement achevée; ce sera alors » qu'il faudra songer à assurer pour long-temps la conservation » de votre plante; elle pourra être employée à la formation de » votre herbier; il ne s'agit plus que de la fixer, de la nommer » et de la mettre en place... Pour garantir votre herbier des » ravages qu'y feroient les insectes, il faut tremper le papier » sur lequel vous voulez fixer vos plantes dans une forte dissolution d'alun, le faire bien sécher, et y attacher vos plantes » avec de petites bandelettes de papier, que vous collerez avec » de la colle à bouche : c'est avec cette colle que vous pourrez » aussi assujettir les organes de la fructification des plantes, » lorsque vous aurez eu la patience de les disséquer à part... » Il seroit bon d'avoir plusieurs échantillons de la même » plante, surtout si elle est sujette à varier... Il faut renfermer » vos plantes dans des boîtes de tilleul que vous étiqueterez; il » faut qu'elles soient en un lieu sec, etc. »

G. P.

DEUX LETTRES

A M. DE MALESHERBES.

PREMIÈRE LETTRE.

Sur la formation des Herbiers et sur la Synonymie.

Si j'ai tardé si long-temps, monsieur, à répondre en détail à la lettre que vous avez eu la bonté de m'écrire le 5 janvier, ç'a été d'abord dans l'idée du voyage dont vous m'aviez prévenu, et auquel je n'ai appris que dans la suite que vous aviez renoncé, et ensuite par mon travail journalier, qui m'est venu tout d'un coup en si grande abondance, que, pour ne rebuter personne, j'ai été obligé de m'y livrer tout entier : ce qui a fait à la botanique une diversion de plusieurs mois. Mais enfin voilà la saison revenue, et je me prépare à recommencer mes courses champêtres, devenues, par une longue habitude, nécessaires à mon humeur et à ma santé.

En parcourant ce qui me restoit en plantes sèches, je n'ai guère trouvé hors de mon herbier, auquel je ne veux pas toucher, que quelques doubles de ce que vous avez déjà reçu ; et cela ne valant pas la peine d'être rassemblé pour un premier envoi, je trouverois convenable de me faire, durant cet été, de bonnes fournitures, de les préparer, coller et ranger durant l'hiver; après quoi je pourrois continuer de même, d'année en année, jusqu'à ce que j'eusse épuisé tout ce que je pourrois fournir. Si cet arrangement vous convient, monsieur, je m'y conformerai avec exactitude ; et dès à présent je commencerai mes collections. Je désirerois seulement savoir quelle forme vous préférez. Mon idée seroit de faire le fond de chaque herbier sur du papier à lettre tel que celui-ci ; c'est ainsi que j'en ai commencé un pour mon usage, et je sens chaque jour mieux que la commodité de ce format compense amplement l'avantage qu'ont de plus les grands herbiers. Le papier sur lequel sont les plantes que je vous ai envoyées vaudroit encore mieux, mais je ne puis retrouver du même; et l'impôt sur les papiers a tellement dénaturé leur fabrication, que je n'en puis plus trouver pour noter qui ne perce pas. J'ai le projet aussi d'une forme de petits herbiers à mettre dans la poche pour les plantes en miniature, qui ne sont pas les moins curieuses, et je n'y ferois entrer néanmoins que des plantes qui pourroient y tenir entières, racine et tout ; entre autres, la plupart des mousses, les glaux, peplis, montia, sagina, passe-pierre, etc. Il me semble que ces herbiers mignons pourroient devenir charmans et précieux en même temps. Enfin, il y a des plantes d'une certaine grandeur qui ne peuvent conserver leur port dans un petit espace, et des échantillons si parfaits, que ce seroit dommage de les mutiler. Je destine à ces belles plantes du papier grand et fort ; et j'en ai déjà quelques-unes qui font un fort bel effet dans cette forme.

Il y a long-temps que j'éprouve les difficultés de la nomenclature, et j'ai souvent été tenté d'abandonner tout-à-fait cette partie. Mais il faudroit en même temps renoncer aux livres et à profiter des observations d'autrui ; et il me semble qu'un des plus grands charmes de la botanique est, après celui de voir par soi-même, celui de vérifier ce qu'ont vu les autres : donner, sur le témoignage de mes propres yeux, mon assentiment aux observations fines et justes d'un auteur me paroît une véritable jouissance ; au lieu que, quand je ne trouve pas ce qu'il dit, je suis toujours en inquiétude si ce n'est point moi qui vois mal. D'ailleurs, ne pouvant voir par moi-même que si peu de chose, il faut bien sur le reste me fier à ce que d'autres ont vu ; et leurs différentes nomenclatures me forcent pour cela de percer de mon mieux le chaos de la synonymie. Il a fallu, pour ne pas m'y perdre, tout rapporter à une nomenclature particulière ; et j'ai choisi celle de Linnæus, tant par la préférence que j'ai donnée à son système, que parce que ses noms, composés seulement de deux mots, me délivrent des longues phrases des autres. Pour y rapporter sans peine celles de Tournefort, il me faut très-souvent recourir à l'auteur commun que tous citent assez constamment, savoir Gaspard Bauhin. C'est dans son *Pinax* que je cherche leur concordance : car Linnæus me paroît faire une chose convenable et juste, quand Tournefort n'a fait que prendre la phrase de Bauhin, de citer l'auteur original, et non pas celui qui l'a transcrit, comme on fait très-injustement en France. De sorte que, quoique presque toute la nomenclature de Tournefort soit tirée mot à mot du *Pinax*, on croiroit, à lire les botanistes françois, qu'il n'a jamais existé ni Bauhin ni *Pinax* au monde ; et, pour comble, ils font encore un crime à Linnæus de n'avoir pas imité leur partialité. A l'égard des plantes dont Tournefort n'a pas tiré les noms du *Pinax*, on en trouve aisément la concordance dans les auteurs françois linnæistes, tels que Sauvages, Gouan, Gérard, Guettard, et d'Alibard, qui l'a presque toujours suivi.

J'ai fait cet hiver une seule herborisation dans le bois de Boulogne, et j'en ai rapporté quelques mousses. Mais il ne faut pas s'attendre qu'on puisse compléter tous les genres, même par une espèce unique. Il y en a de bien difficiles à mettre dans un herbier, et il y en a de si rares, qu'ils n'ont jamais passé et vraisemblablement ne passeront jamais sous mes yeux. Je crois que, dans cette famille et celle des algues, il faut se tenir aux genres, dont on rencontre assez souvent des espèces, pour avoir le plaisir de s'y reconnoître, et négliger ceux dont la vue ne nous reprochera jamais notre ignorance, ou dont la figure extraordinaire nous fera faire effort pour la vaincre. J'ai la vue fort courte, mes yeux deviennent mauvais, et je ne puis plus espérer de recueillir que ce qui se présentera fortuitement dans les lieux à peu près où je saurai qu'est ce que je cherche. A l'égard de la manière de chercher, j'ai suivi M. de Jussieu dans sa dernière herborisation, et je la trouvai si tumultueuse et si peu utile pour moi, que, quand il en auroit encore fait, j'aurois renoncé à l'y suivre. J'ai accompagné son neveu l'année dernière, moi vingtième, à Montmorency, et j'en ai rapporté quelques jolies plantes, entre autres la *lysimachia tenella*, que je crois vous avoir envoyée. Mais j'ai trouvé dans cette herborisation que les indications de Tournefort et de Vaillant sont très-fautives, ou que, depuis eux, bien des plantes ont changé de sol. J'ai cherché entre autres, et j'ai engagé tout le monde à chercher avec soin le *plantago monanthos* à la queue de l'étang de Montmorency, et dans tous les endroits où Tournefort et Vaillant l'indiquent, et nous n'en avons pu trouver un seul pied : en revanche, j'ai trouvé plusieurs plantes de remarque, et même tout près de Paris, dans des lieux où elles ne sont point indiquées. En général j'ai toujours été malheureux en cherchant d'après les autres. Je trouve encore mieux mon compte à chercher de mon chef.

J'oubliois, monsieur, de vous parler de vos livres. Je n'ai fait encore qu'y jeter les yeux ; et comme ils ne sont pas de taille à porter dans la poche, et que je ne lis guère l'été dans la chambre, je tarderai peut-être jusqu'à la fin de l'hiver prochain à vous rendre ceux dont vous n'aurez pas affaire avant ce temps-là. J'ai commencé de lire l'*Anthologie de Pontedera,* et j'y trouve contre le système sexuel des objections qui me paroissent bien fortes, et dont je ne sais pas comment Linnæus s'est tiré. Je suis souvent tenté d'écrire dans cet auteur et dans les autres les noms de Linnæus à côté des leurs pour me reconnoître. J'ai déjà même cédé à cette tentation pour quelques-uns, n'imaginant à cela rien que d'avantageux pour l'exemplaire. Je sens pourtant que c'est une liberté que je n'aurois pas dû prendre sans votre agrément, et je l'attendrai pour continuer.

Je vous dois des remercîmens, monsieur, pour l'emplacement que vous avez eu la bonté de m'offrir pour la dessiccation des plantes : mais, quoique ce soit un avantage dont je sens bien la privation, la nécessité de les visiter souvent, et l'éloignement des lieux, qui me feroit consumer beaucoup de temps en courses, m'empêchent de me prévaloir de cette offre.

La fantaisie m'a pris de faire une collection de fruits et de graines de toute espèce, qui devroient, avec un herbier, faire la troisième partie d'un cabinet d'histoire naturelle. Quoique j'aie encore acquis très-peu de chose, et que je ne puisse espérer de rien acquérir que très-lentement et par hasard, je sens déjà pour cet objet le défaut de place : mais le plaisir de parcourir et visiter incessamment ma petite collection peut seule me payer la peine de la faire; et, si je la tenois loin de mes yeux, je cesserois d'en jouir. Si, par hasard, vos gardes et jardiniers trouvoient quelquefois sous leurs pas des faînes de hêtres, des fruits d'aunes, d'érables, de bouleau, et généralement de tous les fruits secs des arbres des forêts ou d'autres ; qu'ils en ramassassent, en passant, quelques-uns dans leurs poches, et que vous voulussiez bien m'en faire parvenir quelques échantillons par occasion, j'aurois un double plaisir d'en orner ma collection naissante.

Excepté l'*Histoire des Mousses* par Dillenius, j'ai à moi les autres livres de botanique dont vous m'envoyez la note : mais, quand je n'en aurois aucun, je me garderois assurément de consentir à vous priver, pour mon agrément, du moindre des amusemens qui sont à votre portée. Je vous prie, monsieur, d'agréer mon respect.

LETTRE II.

Sur les Mousses.

A Paris, le 19 décembre 1771.

Voici, monsieur, quelques échantillons de mousses que j'ai rassemblés à la hâte, pour vous mettre à portée au moins de distinguer les principaux genres avant que la saison de les observer soit passée. C'est une étude à laquelle j'employai délicieusement l'hiver que j'ai passé à Wootton, où je me trouvois environné de montagnes, de bois et de rochers tapissés de capillaires et de mousses des plus curieuses. Mais, depuis lors, j'ai si bien perdu cette famille de vue, que ma mémoire éteinte ne me fournit presque plus rien de ce que j'avois acquis en ce genre; et n'ayant point l'ouvrage de Dillenius, guide indispensable dans ces recherches, je ne suis parvenu qu'avec beaucoup d'efforts, et souvent avec doute, à déterminer les espèces que je vous envoie. Plus je m'opiniâtre à vaincre les difficultés par moi-même et sans le secours de personne, plus je me confirmé dans l'opinion que la botanique, telle qu'on la cultive, est une science qui ne s'acquiert que par tradition : on montre la plante, on la nomme; sa figure et son nom se gravent ensemble dans la mémoire. Il y a peu de peine à retenir ainsi la nomenclature d'un grand nombre de plantes : mais, quand on se croit pour cela botaniste, on se trompe, on n'est qu'herboriste; et quand il s'agit de déterminer par soi-même et sans guide les plantes qu'on n'a jamais vues, c'est alors qu'on se trouve arrêté tout court, et qu'on est au bout de sa doctrine. Je suis resté plus ignorant encore en prenant la route contraire. Toujours seul et sans autre maître que la nature, j'ai mis des efforts incroyables à de très-foibles progrès. Je suis parvenu à pouvoir, en bien travaillant, déterminer à peu près les genres; mais pour les espèces, dont les différences sont souvent très-peu marquées par la nature, et plus mal énoncées par les auteurs, je n'ai pu parvenir à en distinguer avec certitude qu'un très-petit nombre, surtout dans la famille des mousses, et surtout dans les genres difficiles, tels que les hypnum, les jungermania, les lichens. Je crois pourtant être sûr de celles que je vous envoie, à une ou deux près que j'ai désignées par un point interrogant, afin que vous puissiez vérifier, dans Vaillant et dans Dillenius, si je me suis trompé ou non. Quoi qu'il en soit, je crois qu'il faut commencer à connoître empiriquement un certain nombre d'espèces pour parvenir à déterminer les autres, et je croi que celles que je vous envoie peuvent suffire, en les étudiant bien, à vous familiariser avec la famille et à en distinguer au moins les genres au premier coup d'œil par le *facies* propre à chacun d'eux. Mais il y a une autre difficulté, c'est que les mousses ainsi disposées par brins n'ont point sur le papier le même coup d'œil qu'elles ont sur la terre rassemblées par touffes ou gazons serrés. Ainsi l'on herborise inutilement dans un herbier et surtout dans un moussier, si l'on n'a commencé par herboriser sur la terre. Ces sortes de recueils doivent servir seulement de mémoratifs, mais non pas d'instruction première. Je doute cependant, monsieur, que vous trouviez aisément le temps et la patience de vous appesantir à l'examen de chaque touffe d'herbe ou de mousse que vous trouverez en votre chemin. Mais voici le moyen qu'il me semble que vous pourriez prendre pour analyser avec succès toutes les productions végétales de vos environs, sans vous ennuyer à des détails minutieux, insupportables pour les esprits accoutumés à généraliser les idées et à regarder toujours les objets en grand. Il faudroit inspirer à quelqu'un de vos laquais, garde ou garçon jardinier, un peu de goût pour l'étude des plantes, et le mener à votre suite dans vos promenades, lui faire cueillir les plantes que vous ne connoîtriez pas, particulièrement les mousses et les graminées, deux familles difficiles et nombreuses. Il faudroit qu'il tâchât de les prendre dans l'état de floraison où leurs caractères déterminans sont les plus marqués. En prenant deux exemplaires de chacun, il en mettroit un à part pour me l'envoyer, sous le même numéro que le semblable qui vous resteroit, et sur lequel vous feriez mettre ensuite le nom de la plante, quand je vous l'aurois envoyé. Vous vous éviteriez ainsi le travail de cette détermination, et ce travail ne seroit qu'un plaisir pour moi, qui en ai l'habitude et qui m'y livre avec passion. Il me semble, monsieur, que de cette manière vous auriez fait en peu de temps le relevé des productions végétales de vos terres et des environs; et que, vous livrant sans fatigue au plaisir d'observer, vous pourriez encore, au moyen d'une nomenclature assurée, avoir celui de comparer vos observations avec celles des auteurs. Je ne me fais pourtant pas fort de tout déterminer. Mais la longue habitude de fureter des campagnes m'a rendu familières la plupart des plantes indigènes. Il n'y a que les jardins et productions exotiques où je me trouve en pays perdu. Enfin ce que je n'aurai pu déterminer sera pour vous, monsieur, un objet de recherche et de curiosité qui rendra vos amusemens plus piquans. Si cet arrangement vous plaît, je suis à vos ordres, et vous pouvez être sûr de me procurer un amusement très-intéressant pour moi.

J'attends la note que vous m'avez promise pour travailler à la remplir autant qu'il dépendra de moi. L'occupation de travailler à des herbiers remplira très-agréablement mes beaux jours d'été. Cependant je ne prévois pas d'être jamais bien riche en plantes étrangères; et, selon moi, le plus grand agrément de la botanique est de pouvoir étudier et connoître la nature autour de soi plutôt qu'aux Indes. J'ai été pourtant assez heureux pour pouvoir insérer dans le petit recueil que j'ai eu l'honneur de vous envoyer quelques plantes curieuses, et entre autres le vrai papier, qui jusqu'ici n'étoit point connu en France, pas même de M. de Jussieu. Il est vrai que je n'ai pu vous en envoyer qu'un brin bien misérable, mais c'en est assez pour distinguer ce rare et précieux souchet. Voilà bien du bavardage; mais la botanique m'entraîne, et j'ai le plaisir d'en parler avec vous : accordez-moi, monsieur, un peu d'indulgence.

Je ne vous envoie que de vieilles mousses; j'en ai vainement cherché de nouvelles dans la campagne. Il n'y en aura guère qu'au mois de février, parce que l'automne a été trop sec; encore faudra-t-il les chercher au loin. On n'en trouve guère autour de Paris que les mêmes répétées.

QUINZE LETTRES

ADRESSÉES

A MADAME LA DUCHESSE DE PORTLAND.

LETTRE PREMIÈRE.

A Wootton, le 20 octobre 1766.

Vous avez raison, madame la duchesse, de commencer la correspondance, que vous me faites l'honneur de me proposer, par m'envoyer des livres pour me mettre en état de la soutenir : mais je crains que ce soit peine perdue; je ne retiens plus rien de ce que je lis; je n'ai plus de mémoire pour les livres, il ne m'en reste que pour les personnes, pour les bontés qu'on a pour moi; et j'espère à ce titre profiter plus avec vos lettres qu'avec tous les livres de l'univers. Il en est un, madame, où vous savez si bien lire, et où je voudrois bien apprendre à épeler quelques mots après vous. Heureux qui sait prendre assez de goût à cette intéressante lecture pour n'avoir besoin d'aucune autre, et qui, méprisant les instructions des hommes, qui sont menteurs, s'attache à celles de la nature, qui ne ment point! Vous l'étudiez avec autant de plaisir que de succès; vous la suivez dans tous ses règnes; aucune de ses productions ne vous est étrangère; vous savez assortir les fossiles, les minéraux, les coquillages, cultiver les plantes, apprivoiser les oiseaux : et que n'apprivoiseriez-vous pas? Je connois un animal un peu sauvage qui vivroit avec grand plaisir dans votre ménagerie, en attendant l'honneur d'être admis un jour en momie dans votre cabinet.

J'aurois bien les mêmes goûts si j'étois en état de les satisfaire; mais un solitaire et un commençant de mon âge doit rétrécir beaucoup l'univers, s'il veut le connoître; et moi, qui me perds comme un insecte parmi les herbes d'un pré, je n'ai garde d'aller escalader les palmiers de l'Afrique ni les cèdres du Liban. Le temps presse, et, loin d'aspirer à savoir un jour la botanique, j'ose à peine espérer d'herboriser aussi bien que les moutons qui paissent sous ma fenêtre, et de savoir comme eux trier mon foin.

J'avoue pourtant, comme les hommes ne sont guère conséquens, et que les tentations viennent par la facilité d'y succomber, que le jardin de mon excellent voisin, M. de Granville, m'a donné le projet ambitieux d'en connoître les richesses : mais voilà précisément ce qui prouve que, ne sachant rien, je ne suis fait pour rien apprendre. Je vois les plantes, il me les nomme, je les oublie; je les revois, il me les renomme, je les oublie encore; et il ne résulte de tout cela que l'épreuve que nous faisons sans cesse, moi de sa complaisance, et lui de mon incapacité. Ainsi, du côté de la botanique, peu d'avantage; mais un très-grand pour le bonheur de la vie, dans celui de cultiver la société d'un voisin bienfaisant, obligeant, aimable, et, pour dire encore plus, s'il est possible, à qui je dois l'honneur d'être connu de vous.

Voyez donc, madame la duchesse, quel ignare correspondant vous vous choisissez, et ce qu'il pourra mettre du sien contre vos lumières. Je suis en conscience obligé de vous avertir de la mesure des miennes; après cela, si vous daignez vous en contenter, à la bonne heure; je n'ai garde de refuser un accord si avantageux pour moi. Je vous rendrai de l'herbe pour vos plantes, des rêveries pour vos observations; je m'instruirai cependant par vos bontés : et puissé-je un jour, devenu meilleur herboriste, orner de quelques fleurs la couronne que vous doit la botanique, pour l'honneur que vous lui faites de la cultiver!

J'avois apporté de Suisse quelques plantes sèches qui se sont pourries en chemin ; c'est un herbier à recommencer, et je n'ai plus pour cela les mêmes ressources. Je détacherai toutefois de ce qui me reste quelques échantillons des moins gâtés, auxquels j'en joindrai quelques-uns de ce pays en fort petit nombre, selon l'étendue de mon savoir, et je prierai M. Granville de vous les faire passer quand il en aura l'occasion ; mais il faut auparavant les trier, les démoisir, et surtout retrouver les noms à moitié perdus, ce qui n'est pas pour moi une petite affaire. Et, à propos des noms, comment parviendrons-nous, madame, à nous entendre ? Je ne connois point les noms anglois ; ceux que je connois sont tous du *Pinax* de Gaspard Bauhin ou du *Species plantarum* de M. Linnæus, et je ne puis en faire la synonymie avec Gérard, qui leur est antérieur à l'un et à l'autre, ni avec le *Synopsis*, qui est antérieur au second, et qui cite rarement le premier ; en sorte que mon *Species* me devient inutile pour vous nommer l'espèce de plante que j'y connois, et pour y rapporter celle que vous pouvez me faire connoître. Si par hasard, madame la duchesse, vous aviez aussi le *Species plantarum* ou le *Pinax*, ce point de réunion nous seroit très-commode pour nous entendre, sans quoi je ne sais pas trop comment nous ferons.

J'avois écrit à mylord maréchal deux jours avant de recevoir la lettre dont vous m'avez honoré. Je lui en écrirai bientôt une autre pour m'acquitter de votre commission, et pour lui demander ses félicitations sur l'avantage que son nom m'a procuré près de vous. J'ai renoncé à tout commerce de lettres, hors avec lui seul et un autre ami. Vous serez la troisième, madame la duchesse, et vous me ferez chérir toujours plus la botanique, à qui je dois cet honneur. Passé cela, la porte est fermée aux correspondances. Je deviens de jour en jour plus paresseux ; il m'en coûte beaucoup d'écrire à cause de mes incommodités ; et content d'un si bon choix je m'y borne, bien sûr que, si je l'étendois davantage, le même bonheur ne m'y suivroit pas.

Je vous supplie, madame la duchesse, d'agréer mon profond respect.

LETTRE II.

A Wootton, le 12 février 1767.

Je n'aurois pas, madame la duchesse, tardé un seul instant de calmer, si je l'avois pu, vos inquiétudes sur la santé de mylord maréchal ; mais je craignis de ne faire, en vous ecrivant, qu'augmenter ces inquiétudes, qui devinrent pour moi des alarmes. La seule chose qui me rassurât étoit que j'avois de lui une lettre du 22 novembre ; et je présumois que ce qu'en disoient les papiers publics ne pouvoit guère être plus récent que cela. Je raisonnai là-dessus avec M. Granville, qui devoit partir dans peu de jours, et qui se chargea de vous rendre compte de ce que nous avions pensé, en attendant que je pusse, madame, vous marquer quelque chose de plus positif : dans cette lettre du 22 novembre, mylord maréchal me marquoit qu'il se sentoit vieillir et affoiblir, qu'il n'écrivoit plus qu'avec peine, qu'il avoit cessé d'écrire à ses parens et amis, et qu'il m'écriroit désormais fort rarement à moi-même. Cette résolution, qui peut-être étoit déjà l'effet de sa maladie, fait que son silence depuis ce temps-là me surprend moins, mais il me chagrine extrêmement. J'attendois quelque réponse aux lettres que je lui ai écrites ; je la demandois incessamment, et j'espérois vous en faire part aussitôt ; il n'est rien venu. J'ai aussi écrit à son banquier à Londres, qui ne savoit rien non plus, mais qui, ayant fait des informations, m'a marqué qu'en effet mylord maréchal avoit été fort malade, mais qu'il étoit beaucoup mieux. Voilà tout ce que j'en sais, madame la duchesse. Probablement vous en savez davantage à présent vous-même ; et, cela supposé, j'oserois vous supplier de vouloir bien me faire écrire un mot pour me tirer du trouble où je suis. A moins que des amis charitables ne m'instruisent de ce qu'il m'importe de savoir, je ne suis pas en position de pouvoir l'apprendre par moi-même.

Je n'ose presque plus vous parler de plantes, depuis que, vous ayant trop annoncé les chiffons que j'avois apportés de Suisse, je n'ai pu encore vous rien envoyer. Il faut, madame, vous avouer toute ma misère : outre que ces débris valoient peu la peine de vous être offerts, j'ai été retardé par la difficulté d'en trouver les noms, qui manquoient à la plupart ;

et cette difficulté mal vaincue m'a fait sentir que j'avois fait une entreprise trop pénible à mon âge, en voulant m'obstiner à connoître les plantes tout seul. Il faut, en botanique, commencer par être guidé ; il faut du moins apprendre empiriquement les noms d'un certain nombre de plantes avant de vouloir les étudier méthodiquement : il faut premièrement être herboriste, et puis devenir botaniste après, si l'on peut. J'ai voulu faire le contraire, et je m'en suis mal trouvé. Les livres des botanistes modernes n'instruisent que les botanistes, ils sont inutiles aux ignorans. Il nous manque un livre vraiment élémentaire, avec lequel un homme qui n'auroit jamais vu de plantes pût parvenir à les étudier seul. Voilà le livre qu'il me faudroit au défaut d'instructions verbales ; car où les trouver? Il n'y a point autour de ma demeure d'autres herboristes que les moutons. Une difficulté plus grande est que j'ai de très-mauvais yeux pour analyser les plantes par les parties de la fructification. Je voudrois étudier les mousses et les gramens qui sont à ma portée ; je m'éborgne, et je ne vois rien. Il semble, madame la duchesse, que vous ayez exactement deviné mes besoins en m'envoyant les deux livres qui me sont le plus utiles. Le *Synopsis* comprend des descriptions à ma portée et que je suis en état de suivre sans m'arracher les yeux, et le *Petiver* m'aide beaucoup par ses figures, qui prêtent à mon imagination autant qu'un objet sans couleur peut y prêter. C'est encore un grand défaut des botanistes modernes de les avoir négligées entièrement. Quand j'ai vu dans mon Linnæus la classe et l'ordre d'une plante qui m'est inconnue, je voudrois me figurer cette plante, savoir si elle est grande ou petite, si la fleur est bleue ou rouge, me représenter son port. Rien. Je lis une description caractéristique, d'après laquelle je ne puis rien me représenter. Cela n'est-il pas désolant?

Cependant, madame la duchesse, je suis assez fou pour m'obstiner, ou plutôt je suis assez sage ; car ce goût est pour moi une affaire de raison. J'ai quelquefois besoin d'art pour me conserver dans ce calme précieux au milieu des agitations qui troublent ma vie, pour tenir au loin ces passions haineuses que vous ne connoissez pas, que je n'ai guère connues que dans les autres, et que je ne veux pas laisser approcher de moi. Je ne veux pas, s'il est possible, que de tristes souvenirs viennent troubler la paix de ma solitude. Je veux oublier les hommes et leurs injustices. Je veux m'attendrir chaque jour sur les merveilles de celui qui les fit pour être bons, et dont ils ont si indignement dégradé l'ouvrage. Les végétaux dans nos bois et dans nos montagnes sont encore tels qu'ils sortirent originairement de ses mains, et c'est là que j'aime à étudier la nature ; car je vous avoue que je ne sens plus le même charme à herboriser dans un jardin. Je trouve qu'elle n'y est plus la même ; elle y a plus d'éclat, mais elle n'y est pas si touchante. Les hommes disent qu'*ils* l'embellissent, et moi je trouve qu'ils la défigurent. Pardon, madame la duchesse ; en parlant des jardins j'ai peut-être un peu médit du vôtre; mais si j'étois à portée, je lui ferois bien réparation. Que n'y puis-je faire seulement cinq ou six herborisations à votre suite, sous M. le docteur Solander! Il me semble que le petit fonds de connoissances que je tâcherois de rapporter de ses instructions et des vôtres suffiroit pour ranimer mon courage, souvent prêt à succomber sous le poids de mon ignorance. Je vous annonçois du bavardage et des rêveries ; en voilà beaucoup trop. Ce sont des herborisations d'hiver ; quand il n'y a plus rien sur la terre, j'herborise dans ma tête, et malheureusement je n'y trouve que de mauvaise herbe. Tout ce que j'ai de bon s'est réfugié dans mon cœur, madame la duchesse, et il est plein des sentimens qui vous sont dus.

Mes chiffons de plantes sont prêts ou à peu près ; mais, faute de savoir les occasions pour les envoyer, j'attendrai le retour de M. Granville pour le prier de vous les faire parvenir.

LETTRE III.

Wootton, 28 février 1767

MADAME LA DUCHESSE,

Pardonnez mon importunité : je suis trop touché de la bonté que vous avez eue de me tirer de peine sur la santé de mylord maréchal, pour différer à vous en remercier. Je suis peu sensible à mille bons offices où ceux qui veulent me les rendre à toute force consultent plus leur goût que le mien. Mais les soins pareils à celui que vous avez bien voulu prendre en cette occasion m'affectent véritablement, et me trouveront toujours plein de reconnoissance. C'est aussi, madame la duchesse, un sentiment qui sera joint désormais à tous ceux que vous m'avez inspirés.

Pour dire à présent un petit mot de botanique, voici l'échantillon d'une plante que j'ai trouvée attachée à un rocher, et qui peut-être vous est très-connue, mais que pour moi je ne connoissois point du tout. Par sa figure et par sa fructification, elle paroît appartenir aux fougères; mais, par sa substance et par sa stature, elle semble être de la famille des mousses. J'ai de trop mauvais yeux, un trop mauvais microscope, et trop peu de savoir pour rien décider là-dessus. Il faut, madame la duchesse, que vous acceptiez les hommages de mon ignorance et de ma bonne volonté; c'est tout ce que je puis mettre de ma part dans notre correspondance, après le tribut de mon profond respect.

LETTRE IV.

A Wootton, le 29 avril 1767.

Je reçois, madame la duchesse, avec une nouvelle reconnoissance, les nouveaux témoignages de votre souvenir et de vos bontés dans le livre que M. Granville m'a remis de votre part, et dans l'instruction que vous avez bien voulu me donner sur la petite plante qui m'étoit inconnue. Vous avez trouvé un très-bon moyen de ranimer ma mémoire éteinte, et je suis très-sûr de n'oublier jamais ce que j'aurai le bonheur d'apprendre de vous. Ce petit *adiantum* n'est pas rare sur nos rochers, et j'en ai même vu plusieurs pieds sur des racines d'arbres, qu'il sera facile d'en détacher pour le transplanter sur vos murs.

Vous aurez occasion, madame, de redresser bien des erreurs dans le petit misérable débris de plantes que M. Granville veut bien se charger de vous faire tenir. J'ai hasardé de donner des noms du *Species* de Linnæus à celles qui n'en avoient point; mais je n'ai eu cette confiance qu'avec celle que vous voudriez bien marquer chaque faute, et prendre la peine de m'en avertir. Dans cet espoir, j'y ai même joint une petite plante qui me vient de vous, madame la duchesse, par M. Granville, et dont n'ayant pu trouver le nom par moi-même, j'ai pris le parti de le laisser en blanc. Cette plante me paroît approcher de l'ornithogale (*Star of Bethlehem*) plus que d'aucune que je connoisse; mais, sa fleur étant close, et sa racine n'étant pas bulbeuse, je ne puis imaginer ce que c'est. Je ne vous envoie cette plante que pour vous supplier de vouloir bien me la nommer.

De toutes les grâces que vous m'avez faites, madame la duchesse, celle à laquelle je suis le plus sensible, et dont je suis le plus tenté d'abuser, est d'avoir bien voulu me donner plusieurs fois des nouvelles de la santé de mylord maréchal. Ne pourrois-je point encore, par votre obligeante entremise, parvenir à savoir si mes lettres lui parviennent? Je fis partir, le 16 de ce mois, la quatrième que je lui ai écrite depuis sa dernière. Je ne demande point qu'il y réponde, je désirerois seulement d'apprendre s'il les reçoit. Je prends bien toutes les précautions qui sont en mon pouvoir pour qu'elles lui parviennent; mais les précautions qui sont en mon pouvoir à cet égard, comme à beaucoup d'autres, sont bien peu de chose dans la situation où je suis.

Je vous supplie, madame la duchesse, d'agréer avec bonté mon profond respect.

LETTRE V.

Ce 10 juillet 1767.

Permettez, madame la duchesse, que, quoique habitant hors de l'Angleterre, je prenne la liberté de me rappeler à votre souvenir. Celui de vos bontés m'a suivi dans mes voyages et contribue à embellir ma retraite. J'y ai apporté le dernier livre que vous m'avez envoyé; et je m'amuse à faire la comparaison des plantes de ce canton avec celles de votre île. Si j'osois me flatter, madame la duchesse, que mes observations pussent avoir pour vous le moindre intérêt, le désir de vous plaire me les rendroit plus importantes; et l'ambition de vous appartenir me fait aspirer au titre de votre herboriste, comme si j'avois les connoissances qui me rendroient digne de le porter. Accordez-moi, madame, je vous en supplie, la permission de joindre ce titre au nouveau nom que je substitue à celui sous lequel j'ai vécu si malheureux. Je dois cesser de l'être sous vos auspices; et l'herboriste de madame la duchesse de Portland se consolera sans peine de la mort de J. J. Rousseau. Au reste, je tâcherai bien que ce ne soit pas là un titre purement honoraire; je souhaite qu'il m'attire aussi l'honneur de vos ordres, et je le mériterai du moins par mon zèle à les remplir.

Je ne signe point ici mon nouveau nom, et je ne date point du lieu de ma retraite (*), n'ayant pu demander encore la permission que j'ai besoin d'obtenir pour cela. S'il vous plaît, en attendant, m'honorer d'une réponse, vous pourrez, madame la duchesse, l'adresser, sous mon ancien nom, à Mess.., qui me la feront parvenir. Je finis par remplir un devoir qui m'est bien précieux, en vous suppliant, madame la duchesse, d'agréer ma très-humble reconnoissance et les assurances de mon profond respect.

LETTRE VI.

12 septembre 1767.

Je suis d'autant plus touché, madame la duchesse, des nouveaux témoignages de bonté dont il vous a plu m'honorer, que j'avois quelque crainte que l'éloignement ne m'eût fait oublier de vous. Je tâcherai de mériter toujours par mes sentimens les mêmes grâces, et les mêmes souvenirs par mon assiduité à vous les rappeler. Je suis comblé de la permission que vous voulez bien m'accorder, et très-fier de l'honneur de vous appartenir en quelque chose. Pour commencer, madame, à remplir des fonctions que vous me rendez précieuses, je vous envoie ci-joints deux petits échantillons de plantes que j'ai trouvées à mon voisinage, parmi les bruyères qui bordent un parc, dans un terrain assez humide, où croissent aussi la camomille odorante, le *Sagina procumbens*, l'*Hieracium umbellatum* de Linnæus, et d'autres plantes que je ne puis vous nommer exactement, n'ayant point encore ici mes livres de botanique, excepté le *Flora Britannica*, qui ne m'a pas quitté un seul moment.

De ces deux plantes, l'une, n° 2, me paroît être une petite gentiane, appelée dans le *Synopsis*, *Centaurium palustre luteum minimum nostras*. Flor. Brit. 151.

Pour l'autre, n° 1, je ne saurois dire ce que c'est, à moins que ce ne soit peut-être une *élatine* de Linnæus, appelée par Vaillant *Alsinastrum serpyllifolium*, etc. La phrase s'y rapporte assez bien; mais l'*élatine* doit avoir huit étamines, et je n'en ai jamais pu découvrir que quatre. La fleur est très-petite; et mes yeux, déjà foibles naturellement, ont tant pleuré, que je les perds avant le temps : ainsi je ne me fie plus à eux. Dites-moi de grâce ce qu'il en est, madame la duchesse; c'est moi qui devrois, en vertu de mon emploi, vous instruire; et c'est vous qui m'instruisez. Ne dédaignez pas de continuer, je vous en supplie, et permettez que je vous rappelle la plante à fleur jaune que vous envoyâtes l'année dernière à M. Granville, et dont je vous ai renvoyé un exemplaire pour en apprendre le nom.

Et à propos de M. Granville, mon bon voisin, permettez, madame, que je vous témoigne l'inquiétude que son silence me cause. Je lui ai écrit, et il ne m'a point répondu, lui qui est si exact. Seroit-il malade? J'en suis véritablement en peine.

Mais je le suis plus encore de mylord maréchal, mon ami, mon protecteur, mon père, qui m'a totalement oublié. Non, madame, cela ne sauroit être. Quoi qu'on ait pu faire, je puis être dans sa disgrâce, mais je suis sûr qu'il m'aime toujours. Ce qui m'afflige de ma position, c'est qu'elle m'ôte les moyens de lui écrire. J'espère pourtant en avoir dans peu l'occasion, et je n'ai pas besoin de vous dire avec quel empressement je la saisirai. En attendant, j'implore vos bontés pour avoir de ses nouvelles, et, si j'ose ajouter, pour lui faire dire un mot de moi.

J'ai l'honneur d'être, avec un profond respect,

Madame la duchesse,

Votre très-humble et très-obéissant serviteur,

HERBORISTE.

(*) Le château de Trye, où Rousseau étoit sous le nom de Renou. G. P.

P. S. J'avois dit au jardinier de M. Davenpor que je lui montrerois les rochers où croissoit le petit *adiantum*, pour que vous pussiez, madame, en emporter des plantes. Je ne me pardonne point de l'avoir oublié. Ces rochers sont au midi de la maison et regardent le nord. Il est très-aisé d'en détacher des plantes, parce qu'il y en a qui croissent sur des racines d'arbres.

Le long retard, madame, du départ de cette lettre, causé par des difficultés qui tiennent à ma situation, me met à portée de rectifier avant qu'elle parte ma balourdise sur la plante ci-jointe n° 1. Car ayant dans l'intervalle reçu mes livres de botanique, j'y ai trouvé, à l'aide des figures, que Michelius avoit fait un genre de cette plante sous le nom de *Linocarpon*, et que Linnæus l'avoit mise parmi les espèces du lin. Elle est aussi dans le *Synopsis* sous le nom de *Radiola*, et j'en aurois trouvé la figure dans la *Flora Britannica* que j'avois avec moi; mais précisément la planche 15, où est cette figure, se trouve omise dans mon exemplaire et n'est que dans le *Synopsis*, que je n'avois pas. Ce long verbiage a pour but, madame la duchesse, de vous expliquer comment ma bévue tient à mon ignorance, à la vérité, mais non pas à ma négligence. Je n'en mettrai jamais dans la correspondance que vous me permettez d'avoir avec vous, ni dans mes efforts pour mériter un titre dont je m'honore; mais, tant que dureront les incommodités de ma position présente, l'exactitude de mes lettres en souffrira, et je prends le parti de fermer celle-ci sans être sûr encore du jour où je la pourrai faire partir.

LETTRE VII.

Ce 4 janvier 1768.

Je n'aurois pas tardé si long-temps, madame la duchesse, à vous faire mes très-humbles remercîmens pour la peine que vous avez prise d'écrire en ma faveur à mylord maréchal et à M. Granville, si je n'avois été détenu près de trois mois dans la chambre d'un ami qui est tombé malade chez moi, et dont je n'ai pas quitté le chevet durant tout ce temps, sans pouvoir donner un moment à nul autre soin. Enfin la providence a béni mon zèle; je l'ai guéri presque malgré lui. Il est parti hier bien rétabli; et le premier moment que son départ me laisse est employé, madame, à remplir auprès de vous un devoir que je mets au nombre de mes plus grands plaisirs.

Je n'ai reçu aucune nouvelle de mylord maréchal; et, ne pouvant lui écrire directement d'ici, j'ai profité de l'occasion de l'ami qui vient de partir, pour lui faire passer une lettre : puisse-t-elle le trouver dans cet état de santé et de bonheur que les plus tendres vœux de mon cœur demandent au ciel pour lui tous les jours! J'ai reçu de mon excellent voisin, M. Granville, une lettre qui m'a tout réjoui le cœur. Je compte de lui écrire dans peu de jours.

Permettrez-vous, madame la duchesse, que je prenne la liberté de disputer avec vous sur la plante sans nom que vous aviez envoyée à M. Granville, et dont je vous ai renvoyé un exemplaire avec les plantes de Suisse, pour vous supplier de vouloir bien me la nommer? Je ne crois pas que ce soit le *viola lutea*, comme vous me le marquez; ces deux plantes n'ayant rien de commun, ce me semble, que la couleur jaune de la fleur. Celle en question me paroît être de la famille des liliacées; à six pétales, six étamines en plumasseau : si la racine étoit bulbeuse, je la prendrois pour un ornithogale; ne l'étant pas, elle me paroît ressembler fort à un *anthericum ossifragum* de Linnæus, appelé par Gaspard Bauhin *pseudo asphodelus anglicus* ou *scoticus*. Je vous avoue, madame, que je serois très-aise de m'assurer du vrai nom de cette plante; car je ne peux être indifférent sur rien de ce qui me vient de vous.

Je ne croyois pas qu'on trouvât en Angleterre plusieurs des nouvelles plantes dont vous venez d'orner vos jardins de Bullstrode; mais, pour trouver la nature riche partout, il ne faut que des yeux qui sachent voir ses richesses. Voilà, madame la duchesse, ce que vous avez et ce qui me manque; si j'avois vos connoissances, en herborisant dans mes environs, je suis sûr que j'en tirerois beaucoup de choses qui pourroient peut-être avoir leur place à Bullstrode. Au retour de la belle saison, je prendrai note des plantes que j'observerai, à mesure que je pourrai les connoître; et, s'il s'en trouvoit quelqu'une qui vous convînt, je trouverois les moyens de vous l'envoyer, soit en nature, soit en graines. Si, par exemple, madame, vous vouliez faire semer le *gentiana filiformis*, j'en recueillerois facilement de la graine l'automne prochain; car j'ai découvert un canton où elle est en abondance. De grâce, madame la duchesse, puisque j'ai l'honneur de vous appartenir, ne laissez pas sans fonction un titre où je mets tant de gloire. Je n'en connois point, je proteste, qui me flatte davantage que celle d'être toute ma vie, avec un profond respect, madame la duchesse, votre très-humble et très-obéissant serviteur.

HERBORISTE.

LETTRE VIII.

A Lyon, le 2 juillet 1768.

S'il étoit en mon pouvoir, madame la duchesse, de mettre de l'exactitude dans quelque correspondance, ce seroit assurément dans celle dont vous m'honorez; mais, outre l'indolence et le découragement qui me subjuguent chaque jour davantage, les tracas secrets dont on me tourmente absorbent malgré moi le peu d'activité qui me reste, et me voilà maintenant embarqué dans un grand voyage, qui seul seroit une terrible affaire pour un paresseux tel que moi. Cependant, comme la botanique en est le principal objet, je tâcherai de l'approprier à l'honneur que j'ai de vous appartenir, en vous rendant compte de mes herborisations, au risque de vous ennuyer, madame, de détails triviaux qui n'ont rien de nouveau pour vous. Je pourrois vous en faire d'intéressans sur le jardin de l'École vétérinaire de cette ville, dont les directeurs, naturalistes, botanistes, et de plus très-aimables, sont en même temps très-communicatifs; mais les richesses exotiques de ce jardin m'accablent, me troublent par leur multitude; et, à force de voir à la fois trop de choses, je ne discerne et ne retiens rien du tout. J'espère me trouver un peu plus à l'aise dans les montagnes de la grande Chartreuse, où je compte aller herboriser la semaine prochaine avec deux de ces messieurs, qui veulent bien faire cette course, et dont les lumières me la rendront très-utile. Si j'eusse été à portée de consulter plus souvent les vôtres, madame la duchesse, je serois plus avancé que je ne suis.

Quelque riche que soit le jardin de l'École vétérinaire, je n'ai cependant pu y trouver le *gentiana campestris* ni le *swertia perennis*; et comme le *gentiana filiformis* n'étoit pas même encore sorti de terre avant mon départ de Trye, il m'a par conséquent été impossible d'en recueillir de la graine, et il se trouve qu'avec le plus grand zèle pour faire les commissions dont vous avez bien voulu m'honorer, je n'ai pu encore en exécuter aucune. J'espère être à l'avenir moins malheureux, et pouvoir porter avec plus de succès un titre dont je me glorifie.

J'ai commencé le catalogue d'un herbier dont on m'a fait présent, et que je compte augmenter dans mes courses. J'ai pensé, madame la duchesse, qu'en vous envoyant ce catalogue, ou du moins celui des plantes que je puis avoir à double, si vous preniez la peine d'y marquer celles qui vous manquent, je pourrois avoir l'honneur de vous les envoyer fraîches ou sèches, selon la manière que vous le voudriez, pour l'augmentation de votre jardin ou de votre herbier. Donnez-moi vos ordres, madame, pour les Alpes, dont je vais parcourir quelques-unes; je vous demande en grâce de pouvoir ajouter au plaisir que je trouve à mes herborisations celui d'en faire quelques-unes pour votre service. Mon adresse fixe, durant mes courses, sera celle-ci :

A monsieur Renou, chez Mess...

J'ose vous supplier, madame la duchesse, de vouloir bien me donner des nouvelles de mylord maréchal, toutes les fois que vous me ferez l'honneur de m'écrire. Je crains bien que tout ce qui se passe à Neuchâtel n'afflige son excellent cœur : car je sais qu'il aime toujours ce pays-là, malgré l'ingratitude de ses habitans. Je suis affligé aussi de n'avoir plus de nouvelles de M. Granville; je lui serai toute ma vie attaché.

Je vous supplie, madame la duchesse, d'agréer avec bonté mon profond respect.

LETTRE IX.

A Bourgoin en Dauphiné, le 21 août 1769.

Madame la duchesse,

Deux voyages consécutifs immédiatement après la réception de la lettre dont vous m'avez honoré le 5 juin dernier, m'ont empêché de vous témoigner plus tôt ma joie, tant pour la conservation de votre santé que pour le rétablissement de celle du cher fils dont vous étiez en alarmes, et ma gratitude pour les marques de souvenir qu'il vous a plu m'accorder. Le second de ces voyages a été fait à votre intention; et, voyant passer la saison de l'herborisation que j'avois en vue, j'ai préféré dans cette occasion le plaisir de vous servir à l'honneur de vous répondre. Je suis donc parti avec quelques amateurs pour aller sur le mont Pila, à douze ou quinze lieues d'ici, dans l'espoir, madame la duchesse, d'y trouver quelques plantes ou quelques graines qui méritassent de trouver place dans votre herbier ou dans vos jardins : je n'ai pas eu le bonheur de remplir à mon gré mon attente. Il étoit trop tard pour les fleurs et pour les graines; la pluie et d'autres accidens nous ayant sans cesse contrariés, m'ont fait faire un voyage aussi peu utile qu'agréable; et je n'ai presque rien rapporté. Voici pourtant, madame la duchesse, une note des débris de ma chétive collecte. C'est une courte liste des plantes dont j'ai pu conserver quelque chose en nature, et j'ai ajouté une étoile à chacune de celles dont j'ai recueilli quelques graines, la plupart en bien petite quantité. Si parmi les plantes ou parmi les graines il se trouve quelque chose ou le tout qui puisse vous agréer, daignez, madame, m'honorer de vos ordres, et me marquer à qui je pourrois envoyer le paquet, soit à Lyon, soit à Paris, pour vous le faire parvenir. Je tiens prêt le tout pour partir immédiatement après la réception de votre note; mais je crains bien qu'il ne se trouve rien là digne d'y entrer, et que je ne continue d'être à votre égard un serviteur inutile malgré son zèle.

J'ai la mortification de ne pouvoir, quant à présent, vous envoyer, madame la duchesse, de la graine de *gentiana filiformis*, la plante étant très-petite, très-fugitive, difficile à remarquer pour les yeux qui ne sont pas botanistes, un curé, à qui j'avois compté m'adresser pour cela, étant mort dans l'intervalle, et ne connoissant personne dans le pays à qui pouvoir donner ma commission.

Une foulure que je me suis faite à la main droite par une chute, ne me permettant d'écrire qu'avec beaucoup de peine, me force à finir cette lettre plutôt que je n'aurois désiré. Daignez, madame la duchesse, agréer avec bonté le zèle et le profond respect de votre très-humble et très-obéissant serviteur,

HERBORISTE.

LETTRE X.

A Monquin, le 21 décembre 1769.

C'est, madame la duchesse, avec bien de la honte et du regret que je m'acquitte si tard du petit envoi que j'avois eu l'honneur de vous annoncer, et qui ne valoit assurément pas la peine d'être attendu. Enfin, puisque mieux vaut tard que jamais, je fis partir jeudi dernier, pour Lyon, une boîte à l'adresse de monsieur le chevalier Lambert, contenant les plantes et graines dont je joins ici la note. Je désire extrêmement que le tout vous parvienne en bon état; mais comme je n'ose espérer que la boîte ne soit pas ouverte en route, et même plusieurs fois, je crains fort que ces herbes, fragiles et déjà gâtées par l'humidité, ne vous arrivent absolument détruites ou méconnoissables. Les graines au moins pourroient, madame la duchesse, vous dédommager des plantes, si elles étoient plus abondantes; mais vous pardonnerez leur misère aux divers accidens qui ont, là-dessus, contrarié mes soins. Quelques-uns de ces accidens ne laissent pas d'être risibles, quoiqu'ils m'aient donné bien du chagrin. Par exemple, les rats ont mangé sur ma table presque toute la graine de bistorte que j'y avois étendue pour la faire sécher; et, ayant mis d'autres graines sur ma fenêtre pour le même effet, un coup de vent a fait voler dans la chambre tous mes papiers, et j'ai été condamné à la pénitence de Psyché; mais il a fallu la faire moi-même, et les fourmis ne sont point venues m'aider. Toutes ces contrariétés m'ont d'autant plus fâché, que j'aurois bien voulu qu'il pût aller jusqu'à Callwich un peu de superflu de Bullstrode; mais je tâcherai d'être mieux fourni une autre fois; car, quoique les honnêtes gens qui disposent de moi, fâchés de me voir trouver des douceurs dans la botanique, cherchent à me rebuter de cet innocent amusement en y versant le poison de leurs viles âmes, ils ne me forceront jamais à y renoncer volontairement. Ainsi, madame la duchesse, veuillez bien m'honorer de vos ordres et me faire mériter le titre que vous m'avez permis de prendre; je tâcherai de suppléer à mon ignorance, à force de zèle pour exécuter vos commissions.

Vous trouverez, madame, une ombellifère à laquelle j'ai pris la liberté de donner le nom de *seseli Halleri*, faute de savoir la trouver dans le *Species*, au lieu qu'elle est bien décrite dans la dernière édition des Plantes de Suisse de M. Haller, nº 762. C'est une très-belle plante, qui est plus belle encore en ce pays que dans les contrées plus méridionales, parce que les premières atteintes du froid lavent son vert foncé d'un beau pourpre, et surtout la couronne des graines, car elle ne fleurit que dans l'arrière-saison, ce qui fait aussi que les graines ont peine à mûrir et qu'il est difficile d'en recueillir. J'ai cependant trouvé le moyen d'en ramasser quelques-unes que vous trouverez, madame la duchesse, avec les autres. Vous aurez la bonté de les recommander à votre jardinier, car, encore un coup, la plante est belle, et si peu commune, qu'elle n'a pas même encore un nom parmi les botanistes. Malheureusement le specimen que j'ai l'honneur de vous envoyer est mesquin et en fort mauvais état; mais les graines y suppléeront.

Je vous suis extrêmement obligé, madame, de la bonté que vous avez eue de me donner des nouvelles de mon excellent voisin M. Granville, et des témoignages du souvenir de son aimable nièce miss Dewes. J'espère qu'elle se rappelle assez les traits de son vieux berger, pour convenir qu'il ne ressemble guère à la figure de cyclope qu'il a plu à M. Hume de faire graver sous mon nom. Son graveur a peint mon visage comme sa plume a peint mon caractère. Il n'a pas vu que la seule chose que tout cela peint fidèlement est lui-même.

Je vous supplie, madame la duchesse, d'agréer avec bonté mon profond respect.

LETTRE XI.

A Paris, le 17 avril 1772.

J'ai reçu, madame la duchesse, avec bien de la reconnoissance, et la lettre dont vous m'avez honoré le 17 mars, et le nombreux envoi des graines dont vous avez bien voulu enrichir ma petite collection. Cet envoi en fera de toutes manières la plus considérable partie, et réveille déjà mon zèle pour la compléter autant qu'il se peut. Je suis bien sensible aussi à la bonté qu'a M. le docteur Solander d'y vouloir contribuer pour quelque chose; mais comme je n'ai rien trouvé, dans le paquet, qui m'indiquât ce qui pouvoit venir de lui, je reste en doute si le petit nombre de graines ou fruits que vous me marquez qu'il m'envoie étoit joint au même paquet, ou s'il en a fait un autre à part qui, cela supposé, ne m'est pas encore parvenu.

Je vous remercie aussi, madame la duchesse, de la bonté que vous avez de m'apprendre l'heureux mariage de miss Dewes et de M. Sparrow; je m'en réjouis de tout mon cœur, et pour elle si bien faite pour rendre un honnête homme heureux et pour l'être, et pour son digne oncle, que l'heureux succès de ce mariage comblera de joie dans ses vieux jours.

Je suis bien sensible au souvenir de mylord Nuncham; j'espère qu'il ne doutera jamais de mes sentimens, comme je ne doute point de ses bontés. Je me serois flatté durant l'ambassade de mylord Harcourt du plaisir de le voir à Paris, mais on m'assure qu'il n'y est point venu, et ce n'est pas une mortification pour moi seul.

Avez-vous pu douter un instant, madame la duchesse, que je n'eusse reçu avec autant d'empressement que de respect le livre des jardins anglois que vous avez bien voulu penser à m'envoyer? Quoique son plus grand prix fût venu pour moi de la main dont je l'aurois reçu, je n'ignore pas celui qu'il a par lui-même, puisqu'il est estimé et traduit dans ce pays; et d'ailleurs j'en dois aimer le sujet, ayant été le premier en terre ferme à célébrer et faire connoître ces mêmes jardins. Mais celui de Bullstrode, où toutes les richesses de la nature sont rassemblées et assorties avec autant de savoir que de goût, mériteroit bien un chantre particulier.

Pour faire une diversion de mon goût à mes occupations, je me suis proposé de faire des herbiers pour les naturalistes et amateurs qui voudront en acquérir. Le règne végétal, le plus riant des trois, et peut-être le plus riche, est très-négligé et presque oublié dans les cabinets d'histoire naturelle, où il devroit briller par préférence. J'ai pensé que de petits herbiers, bien choisis et faits avec soin, pourroient favoriser le goût de la botanique, et je vais travailler cet été à des collections que je mettrai, j'espère, en état d'être distribuées dans un an d'ici. Si par hasard il se trouvoit parmi vos connoissances quelqu'un qui voulût acquérir de pareils herbiers, je les servirois de mon mieux, et je continuerai de même s'ils sont contens de mes essais. Mais je souhaiterois particulièrement, madame la duchesse, que vous m'honorassiez quelquefois de vos ordres, et de mériter toujours, par des actes de mon zèle, l'honneur que j'ai de vous appartenir.

LETTRE XII.

A Paris, le 19 mai 1772.

Je dois, madame la duchesse, le principal plaisir que m'ait fait le poëme sur les jardins anglois, que vous avez eu la bonté de m'envoyer, à la main dont il me vient. Car mon ignorance dans la langue angloise, qui m'empêche d'en entendre la poésie, ne me laisse pas partager le plaisir que l'on prend à le lire. Je croyois avoir eu l'honneur de vous marquer, madame, que nous avons cet ouvrage traduit ici; vous avez supposé que je préférerois l'original, et cela seroit très-vrai si j'étois en état de le lire, mais je n'en comprends tout au plus que les notes, qui ne sont pas, à ce qu'il me semble, la partie la plus intéressante de l'ouvrage. Si mon étourderie m'a fait oublier mon incapacité, j'en suis puni par mes vains efforts pour la surmonter. Ce qui n'empêche pas que cet envoi ne me soit précieux comme un nouveau témoignage de vos bontés et une nouvelle marque de votre souvenir. Je vous supplie, madame la duchesse, d'agréer mon remercîment et mon respect.

Je reçois en ce moment, madame, la lettre que vous me fîtes l'honneur de m'écrire l'année dernière en date du 25 mars 1771. Celui qui me l'envoie de Genève (M. Moultou) ne me dit point les raisons de ce long retard : il me marque seulement qu'il n'y a pas de sa faute; voilà tout ce que j'en sais.

LETTRE XIII.

Paris, le 19 juillet 1772.

C'est, madame la duchesse, par un quiproquo bien inexcusable, mais bien involontaire, que j'ai si tard l'honneur de vous remercier des fruits rares que vous avez eu la bonté de m'envoyer de la part de M. le docteur Solander, et de la lettre du 24 juin, par laquelle vous avez bien voulu me donner avis de cet envoi. Je dois aussi à ce savant naturaliste des remercîmens, qui seront accueillis bien plus favorablement, si vous daignez, madame la duchesse, vous en charger comme vous avez fait l'envoi, que venant directement d'un homme qui n'a point l'honneur d'être connu de lui. Pour comble de grâce, vous voulez bien encore me promettre les noms des nouveaux genres lorsqu'il leur en aura donné : ce qui suppose aussi la description du genre, car les noms dépourvus d'idées ne sont que des mots, qui servent moins à orner la mémoire qu'à la charger. A tant de bontés de votre part, je ne puis vous offrir, madame, en signe de reconnoissance, que le plaisir que j'ai de vous être obligé.

Ce n'est point sans un vrai déplaisir que j'apprends que ce grand voyage, sur lequel toute l'Europe savante avoit les yeux, n'aura pas lieu. C'est une grande perte pour la cosmographie, pour la navigation et pour l'histoire naturelle en général, et c'est, j'en suis très-sûr, un chagrin pour cet homme illustre que le zèle de l'instruction publique rendoit insensible aux périls et aux fatigues dont l'expérience l'avoit déjà si parfaitement instruit. Mais je vois chaque jour mieux que les hommes sont partout les mêmes, et que le progrès de l'envie et de la jalousie fait plus de mal aux âmes, que celui des lumières, qui en est la cause, ne peut faire de bien aux esprits.

Je n'ai certainement pas oublié, madame la duchesse, que vous aviez désiré de la graine du *gentiana filiformis* ; mais ce souvenir n'a fait qu'augmenter mon regret d'avoir perdu cette plante, sans me fournir aucun moyen de la recouvrer. Sur le lieu même où je la trouvai, qui est à Trye, je la cherchai vainement l'année suivante, et soit que je n'eusse pas bien retenu la place ou le temps de sa florescence, soit qu'elle n'eût point grené, et qu'elle ne se fût pas renouvelée, il me fut impossible d'en trouver le moindre vestige. J'ai éprouvé souvent la même mortification au sujet d'autres plantes que j'ai trouvées disparues de lieux où auparavant on les rencontroit abondamment ; par exemple, le *plantago uniflora*, qui jadis bordoit l'étang de Montmorency et dont j'ai fait en vain l'année dernière la recherche avec de meilleurs botanistes et qui avoient de meilleurs yeux que moi ; je vous proteste, madame la duchesse, que je ferois de tout mon cœur le voyage de Trye pour y cueillir cette petite gentiane et sa graine, et vous faire parvenir l'une et l'autre, si j'avois le moindre espoir de succès. Mais ne l'ayant pas trouvée l'année suivante, étant encore sur les lieux, quelle apparence qu'au bout de plusieurs années, où tous les renseignemens qui me restoient encore se sont effacés, je puisse retrouver la trace de cette petite et fugace plante ? Elle n'est point ici au Jardin du Roi, ni, que je sache, en aucun autre jardin, et très-peu de gens même la connoissent. A l'égard du *carthamus lanatus*, j'en joindrai de la graine aux échantillons d'herbiers que j'espère vous envoyer à la fin de l'hiver.

J'apprends, madame la duchesse, avec une bien douce joie, le parfait rétablissement de mon ancien et bon voisin M. Granville. Je suis très-touché de la peine que vous avez prise de m'en instruire, et vous avez par là redoublé le prix d'une si bonne nouvelle.

Je vous supplie, madame la duchesse, d'agréer, avec mon respect, mes vifs et vrais remercîmens de toutes vos bontés.

LETTRE XIV.

A Paris, le 22 octobre 1773.

J'ai reçu, dans son temps, la lettre dont m'a honoré madame la duchesse, le 7 octobre ; quant à celle dont il est fait mention, écrite quinze jours auparavant, je ne l'ai point reçue : la quantité de sottes lettres qui me venoient de toutes parts par la poste me force à rebuter toutes celles dont l'écriture ne m'est pas connue, et il se peut qu'en mon absence la lettre de madame la duchesse n'ait pas été distinguée des autres. J'irois la réclamer à la poste, si l'expérience ne m'avoit appris que mes lettres disparoissoient aussitôt qu'elles sont rendues, et qu'il ne m'est plus possible de les ravoir. C'est ainsi que j'en ai perdu une de M. de Linnæus, que je n'ai jamais pu ravoir, après avoir appris qu'elle étoit de lui, quoique j'aie employé pour cela le crédit d'une personne qui en a beaucoup dans les postes.

Le témoignage du souvenir de M. Granville, que madame la duchesse a eu la bonté de me transmettre, m'a fait un plaisir auquel rien n'eût manqué, si j'eusse appris en même temps que sa santé étoit meilleure.

M. de Saint-Paul doit avoir fait passer à madame la duchesse deux échantillons d'herbiers portatifs qui me paroissoient plus commodes et presque aussi utiles que les grands. Si j'avois le bonheur que l'un ou l'autre, ou tous les deux, fussent du goût de madame la duchesse, je me ferois un vrai plaisir de les continuer, et cela me conserveroit pour la botanique un reste de goût presque éteint, et que je regrette. J'attends là-dessus les ordres de madame la duchesse, et je la supplie d'agréer mon respect.

LETTRE XV.

A Paris, le 11 juillet 1776.

Le témoignage de souvenir et de bonté dont m'honore madame la duchesse de Portland est un cadeau bien précieux que je reçois avec autant de reconnoissance que de respect. Quant à l'autre cadeau quelle m'annonce, je la supplie de permettre que je ne l'accepte pas. Si la magnificence en est digne d'elle, elle n'est proportionnée ni à ma situation ni à mes besoins. Je me suis défait de tous mes livres de botanique, j'en ai quitté l'agréable amusement, devenu trop fatigant pour mon âge. Je n'ai pas un pouce de terre pour y mettre du persil ou des œillets, à plus forte raison des plantes d'Afrique; et, dans ma plus grande passion pour la botanique, content du foin que je trouvois sous mes pas, je n'eus jamais de goût pour les plantes étrangères qu'on ne trouve parmi nous qu'en exil et dénaturées dans les jardins des curieux. Celles que veut bien m'envoyer madame la duchesse seroient donc perdues entre mes mains; il en seroit de même, par la même raison, de l'*herbarium amboïnense*, et cette perte seroit regrettable à proportion du prix de ce livre et de l'envoi. Voilà la raison qui m'empêche d'accepter ce superbe cadeau; si toutefois ce n'est pas l'accepter que d'en garder le souvenir et la reconnoissance, en désirant qu'il soit employé plus utilement.

Je supplie très-humblement madame la duchesse d'agréer mon profond respect.

On vient de m'envoyer la caisse; et, quoique j'eusse extrêmement désiré d'en retirer la lettre de madame la duchesse, il ma paru plus convenable, puisque j'avois à la rendre, de la renvoyer sans l'ouvrir.

LETTRE

A M. DU PEYROU.

10 octobre 1764.

Traité historique des plantes qui croissent dans la Lorraine et les Trois-Évêchés, par M. P. J. Buc'hoz, avocat au parlement de Metz, docteur en médecine, etc.

Cet ouvrage, dont deux volumes ont déjà paru, en aura vingt in-8°, avec des planches gravées.

J'en étois ici, monsieur, quand j'ai reçu votre docte lettre; je suis charmé de vos progrès. Je vous exhorte à continuer; vous serez notre maître, et vous aurez tout l'honneur de notre futur savoir. Je vous conseille pourtant de consulter M. Marais sur les noms des plantes, plus que sur leur étymologie; car *asphodelos*, et non pas *asphodeilos*, n'a pour racine aucun mot qui signifie ni *mort* ni *herbe*, mais tout au plus un verbe qui signifie *je tue*, parce que les pétales de l'asphodèle ont quelque ressemblance à des fers de pique. Au reste, j'ai connu des asphodèles qui avoient de longues tiges et des feuilles semblables à celles des lis. Peut-être fallut-il dire correctement *du genre des asphodèles*. La plante aquatique est bien nénuphar, autrement *nymphæa*, comme je disois. Il faut redresser ma faute sur le calament, qui ne s'appelle pas en latin *calamentum*, mais *calamintha*, comme qui diroit belle menthe.

Le temps ni mon état présent ne m'en laissent pas dire davantage. Puisque mon silence doit parler pour moi, vous savez, monsieur, combien j'ai à me taire.

LETTRE

A M. LIOTARD, LE NEVEU,

HERBORISTE A GRENOBLE.

Bourgoin, le 7 novembre 1768.

J'ai reçu, monsieur, les deux lettres que vous m'avez fait l'amitié de m'écrire. Je n'ai point fait de réponse à la première, parce qu'elle étoit une réponse elle-même, et qu'elle n'en exigeoit pas. Je vous envoie ci-joint le catalogue qui étoit avec la seconde, et sur lequel j'ai marqué les plantes que je serois bien aise d'avoir. Les dénominations de plusieurs d'entre elles ne sont pas exactes, ou du moins ne sont pas dans mon *Species* de l'édition de 1762. Vous m'obligerez de vouloir bien les y rapporter, avec le secours de M. Clappier, que je remercie, et que je salue. J'accepte l'offre de quelques mousses que vous voulez bien y joindre pourvu que vous ayez la bonté d'y mettre aussi très-exactement les noms; car je serois peut-être fort embarrassé pour les déterminer sans le secours de mon *Dillenius*, que je n'ai plus. A l'égard du prix, je le réglerois de bon cœur si je pouvois n'écouter que la libéralité que j'y voudrois mettre; mais, ma situation me forçant de me borner en toutes choses aux prix communs, je vous prie de vouloir bien régler celui-là de façon que vous y trouviez honnêtement votre compte, sans oublier de joindre à cette note celle des ports, et autres menus frais qui doivent vous être remboursés; et, comme je n'ai aucune correspondance à Grenoble, je vous enverrai le montant par le courrier, à moins que vous ne m'indiquiez quelque autre voie. L'offre de venir vous-même est obligeante; mais je ne l'accepte pas, attendu que je n'en pourrois profiter, qu'il ne fait plus le temps d'herboriser, et que je ne suis pas en état de sortir pour cela. Portez-vous bien, mon cher monsieur Liotard; je vous salue de tout mon cœur.

RENOU.

Pourriez-vous me dire si le *pistacia therebenthus* et l'*osiris alba* croissent auprès de Grenoble? Je crois avoir trouvé l'un et l'autre au-dessus de la Bastille (*), mais je n'en suis pas sûr.

NEUF LETTRES

ADRESSÉES

A M. DE LA TOURETTE,

CONSEILLER EN LA COUR DES MONNOIES DE LYON (**).

PREMIÈRE LETTRE.

A Monquin, le 17 ' ' 69 (***).

J'ai différé, monsieur, de quelques jours à vous accuser la réception du livre que vous avez eu la bonté de m'envoyer de la part de M. Gouan, et à vous remercier, pour me débarrasser auparavant d'un envoi que j'avois à faire, et me ménager le plaisir de m'entretenir un peu plus long-temps avec vous.

Je ne suis pas surpris que vous soyez revenu d'Italie plus satisfait de la nature que des hommes; c'est ce qui arrive généralement aux bons observateurs, même dans les climats où elle est moins belle. Je sais qu'on trouve peu de penseurs dans ce pays-là; mais je ne conviendrois pas tout-à-fait qu'on n'y trouve à satisfaire que les yeux, j'y voudrois ajouter les oreilles. Au reste, quand j'appris votre voyage, je craignis, monsieur, que les autres parties de l'histoire naturelle ne fissent quelque tort à la botanique, et que vous ne rapportassiez de ce pays-là plus de raretés pour votre cabinet que de plantes pour votre herbier. Je présume, au ton de votre lettre, que je ne me suis pas beaucoup trompé. Ah! monsieur, vous feriez grand tort à la botanique de l'abandonner après lui avoir si bien montré, par le bien que vous lui avez déjà fait, celui que vous pouvez encore lui faire.

Vous me faites bien sentir et déplorer ma misère, en me demandant compte de mon herborisation de Pila. J'y allai dans une mauvaise saison, par un très-mauvais temps, comme vous savez, avec de très-mauvais yeux, et avec des compagnons de voyage encore plus ignorans que moi, et privé par conséquent de la ressource pour y suppléer que j'avois à la grande Chartreuse. J'ajouterai qu'il n'y a point, selon moi, de comparaison à faire entre les deux herborisations, et que celle de Pila me paroît aussi pauvre que celle de la Chartreuse est abondante et riche. Je n'aperçus pas une *astrantia*, pas une *pirola*, pas une soldanelle, pas une ombellifère, excepté le *meum*; pas une saxifrage, pas une gentiane, pas une légumineuse, pas une belle didyname, excepté la mélisse à grandes fleurs. J'avoue aussi que nous errions sans guides, et sans savoir où chercher les places riches, et je ne suis pas étonné qu'avec tous les avantages qui me manquoient, vous ayez trouvé dans cette triste et vilaine montagne des richesses que je n'y ai pas vues. Quoi qu'il en soit, je vous envoie, monsieur, la courte liste de ce que j'y ai vu, plutôt que de ce que j'en ai rapporté; car la pluie et la maladresse on fait que presque tout ce que j'avois recueilli s'est trouvé gâté et pourri à mon arrivée ici. Il n'y a dans tout cela que deux ou trois plantes qui m'aient

(*) Montagne auprès de laquelle Grenoble est située. G. P.

(**) Il étoit en outre secrétaire de l'Académie des Sciences et Belles-Lettres de cette ville. G. P.

(***) Pour l'explication de cette manière de dater, comme pour connoître le motif du quatrain placé en tête de chacune des lettres qui vont suivre, voyez dans la *Correspondance* la note qui se rapporte à la lettre à l'abbé M**, du 9 février 1770. G. P.

fait un grand plaisir. Je mets à leur tête le *sonchus alpinus*, plante de cinq pieds de haut, dont le feuillage et le port sont admirables, et à qui ses grandes et belles fleurs bleues donnent un éclat qui la rendroit digne d'entrer dans votre jardin. J'aurois voulu, pour tout au monde, en avoir des graines : mais cela ne me fut pas possible, le seul pied que nous trouvâmes étant tout nouvellement en fleurs : et, vu la grandeur de la plante, et qu'elle est extrêmement aqueuse, à peine en ai-je pu conserver quelques débris à demi pourris. Comme j'ai trouvé en route quelques autres plantes assez jolies, j'en ai ajouté séparément la note, pour ne pas la confondre avec ce que j'ai trouvé sur la montagne. Quant à la désignation particulière des lieux, il m'est impossible de vous la donner ; car, outre la difficulté de la faire intelligiblement, je ne m'en souviens pas moi-même ; ma mauvaise vue et mon étourderie font que je ne sais presque jamais où je suis ; je ne puis venir à bout de m'orienter, et je me perds à chaque instant quand je suis seul, sitôt que je perds mon renseignement de vue.

Vous souvenez-vous, monsieur, d'un petit souchet que nous trouvâmes en assez grande abondance auprès de la grande Chartreuse, et que je crus d'abord être le *cyperus fuscus, Lin.?* Ce n'est point lui et il n'en est fait aucune mention que je sache, ni dans le *Species,* ni dans aucun auteur de botanique, hors le seul *Michelius*, dont voici la phrase : *Cyperus radice repente, odorâ, locustis unciam longis et lineam latis, Tab.* 31. *f.* 1. Si vous avez, monsieur, quelque renseignement plus précis ou plus sûr dudit souchet, je vous serois très-obligé de vouloir bien m'en faire part.

La botanique devient un tracas si embarrassant et si dispendieux quand on s'en occupe avec autant de passion, que, pour y mettre de la réforme, je suis tenté de me défaire de mes livres de plantes. La nomenclature et la synonymie forment une étude immense et pénible ; quand on ne veut qu'observer, s'instruire, et s'amuser entre la nature et soi, l'on n'a pas besoin de tant de livres. Il en faut peut-être pour prendre quelque idée du système végétal, et apprendre à observer ; mais, quand une fois on a les yeux ouverts, quelque ignorant d'ailleurs qu'on puisse être, on n'a plus besoin de livres pour voir et admirer sans cesse. Pour moi, du moins, en qui l'opiniâtreté a mal suppléé à la mémoire, et qui n'ai fait que bien peu de progrès, je sens néanmoins qu'avec les gramens d'une cour ou d'un pré j'aurois de quoi m'occuper tout le reste de ma vie sans m'ennuyer un moment. Pardon, monsieur, de tout ce long bavardage. Le sujet fera mon excuse auprès de vous. Agréez, je vous supplie, mes très-humbles salutations.

LETTRE II.

Monquin, le $17\frac{26}{1}70$.

Pauvres aveugles que nous sommes !
Ciel, démasque les imposteurs,
Et force leurs barbares cœurs
A s'ouvrir aux regards des hommes !

C'en est fait, monsieur, pour moi de la botanique ; il n'en est plus question quant à présent, et il y a peu d'apparence que je sois dans le cas d'y revenir. D'ailleurs je vieillis, je ne suis plus ingambe pour herboriser ; et des incommodités qui m'avoient laissé d'assez longs relâches menacent de me faire payer cette trêve. C'est bien assez désormais pour mes forces des courses de nécessité ; je dois renoncer à celles d'agrément, ou les borner à des promenades qui ne satisfont pas l'avidité d'un botanophile. Mais, en renonçant à une étude charmante, qui pour moi s'étoit transformée en passion, je ne renonce pas aux avantages qu'elle m'a procurés, et surtout, monsieur, à cultiver votre connoissance et vos bontés, dont j'espère aller dans peu vous remercier en personne. C'est à vous qu'il faut renvoyer toutes les exhortations que vous me faites sur l'entreprise d'un dictionnaire botanique, dont il est étonnant que ceux qui cultivent cette science sentent si peu la nécessité. Votre âge, monsieur, vos talens, vos connoissances, vous donnent les moyens de former, diriger et exécuter supérieurement cette entreprise ; et les applaudissemens avec lesquels vos premiers essais ont été reçus du public vous sont garans de ceux avec lesquels il accueilleroit un travail plus considérable. Pour moi, qui ne suis dans cette étude, ainsi que dans beaucoup d'autres, qu'un écolier ratale, de pentapétale, et enfin de polypétale, indiquent une corolle d'une seule pièce, ou de deux, de trois, de quatre, de cinq, etc.; enfin, d'une multitude indéterminée de pièces.

Pétaloïde. Qui a des pétales. Ainsi la fleur *pétaloïde* est l'opposé de la fleur *apétale*.

Quelquefois ce mot entre comme seconde racine dans la composition d'un autre mot, dont la première racine est un nom de nombre: alors il signifie une corolle monopétale profondément divisée en autant de sections qu'en indique la première racine. Ainsi la corolle tripétaloïde est divisée en trois segmens ou demi-pétales, la pentapétaloïde en cinq, etc.

Pétiole. Base allongée qui porte la feuille. Le mot *pétiole* est opposé à *sessile*, à l'égard des feuilles, comme le mot *pédicule* l'est à l'égard des fleurs et des fruits. (Voyez Pédicule, Sessiles.)

Pinnatifide. Dont les côtés sont divisés en plusieurs lanières ou lobes par des incisions profondes qui n'atteignent point le milieu longitudinal, ou la nervure médiaire.

Pinnée. Une feuille ailée à plusieurs rangs s'appelle feuille pinnée.

Pistil. Organe femelle de la fleur qui surmonte le germe, et par lequel celui-ci reçoit l'intromission fécondante de la poussière des anthères : le pistil se prolonge ordinairement par un ou plusieurs styles, quelquefois aussi il est couronné immédiatement par un ou plusieurs stigmates, sans aucun style intermédiaire. Le stigmate reçoit la poussière prolifique du sommet des étamines, et la transmet par le pistil dans l'intérieur du germe, pour féconder l'ovaire. Suivant le système sexuel, la fécondation des plantes ne peut s'opérer que par le concours des deux sexes; et l'acte de la fructification n'est plus que celui de la génération. Les filets des étamines sont les vaisseaux spermatiques, les anthères sont les testicules, la poussière qu'elles répandent est la liqueur séminale, le stigmate devient la vulve, le style est la trompe ou le vagin, et le germe fait l'office d'utérus ou de matrice.

Pivotante. Racine qui a un tronc principal enfoncé perpendiculairement dans la terre.

Placenta. Réceptacle des semences. C'est le corps auquel elles sont immédiatement attachées. M. Linnæus n'admet point ce nom de *Placenta*, et emploie toujours celui de réceptacle. Ces mots rendent pourtant des idées fort différentes. Le réceptacle est la partie par où le fruit tient à la plante : le placenta est la partie par où les semences tiennent au péricarpe. Il est vrai que quand les semences sont nues, il n'y a point d'autre placenta que le réceptacle : mais toutes les fois que le fruit est angiosperme, le réceptacle et le placenta sont différens.

Les cloisons (*dissepimenta*) de toutes les capsules à plusieurs loges sont de véritables placentas, et dans des capsules uniloges il ne laisse pas d'y avoir souvent des placentas autres que le péricarpe.

Plante. Production végétale composée de deux parties principales, savoir : la racine par laquelle elle est attachée à la terre ou à un autre corps dont elle tire sa nourriture, et l'herbe par laquelle elle inspire et respire l'élément dans lequel elle vit. De tous les végétaux connus, la truffe est presque le seul qu'on puisse dire n'être pas plante.

Plantes. Végétaux disséminés sur la surface de la terre, pour la vêtir et la parer. Il n'y a point d'aspect aussi triste que celui de la terre nue; il n'y en a point d'aussi riant que celui des montagnes couronnées d'arbres, des rivières bordées de bocages, des plaines tapissées de verdure, et des vallons émaillés de fleurs.

On ne peut disconvenir que les plantes ne soient des corps organisés et vivans, qui se nourrissent et croissent par intussusception, et dont chaque partie possède en elle-même une vitalité isolée et indépendante des autres, puisqu'elles ont la faculté de se reproduire (*).

Poils ou Soies. Filets plus ou moins solides et fermes qui naissent sur certaines parties des plantes; ils sont carrés ou cylindriques, droits ou couchés, fourchés ou simples, subulés ou en hameçons; et ces diverses figures sont des caractères assez constans pour pouvoir servir à classer ces plantes. Voyez l'ouvrage de M. Guettard, intitulé *Observations sur les Plantes.*

Pollen. *Voyez* Poussière.

Polygamie. Pluralité d'habitation. Une classe

(*) Cet article ne paroît pas achevé, non plus que beaucoup d'autres, quoiqu'on ait rassemblé dans les trois paragraphes ci-dessus, qui composent celui-ci, trois morceaux de l'auteur, tous sur autant de chiffons. (*Note des éditeurs de Genève.*)

LETTRE III.

Monquin, le $17\frac{22}{2}70$.

Pauvres aveugles que nous sommes, etc.

Ne faites, monsieur, aucune attention à la bizarrerie de ma date; c'est une formule générale qui n'a nul trait à ceux à qui j'écris, mais seulement aux honnêtes gens qui disposent de moi avec autant d'équité que de bonté. C'est, pour ceux qui se laissent séduire par la puissance et tromper par l'imposture, un avis qui les rendra plus inexcusables si, jugeant sur des choses que tout devroit leur rendre suspectes, ils s'obstinent à se refuser aux moyens que prescrit la justice pour s'assurer de la vérité.

C'est avec regret que je vois reculer, par mon état et par la mauvaise saison, le moment de me rapprocher de vous. J'espère cependant ne pas tarder beaucoup encore. Si j'avois quelques graines qui valussent la peine de vous être présentées, je prendrois le parti de vous les envoyer d'avance, pour ne pas laisser passer le temps de les semer; mais j'avois fort peu de chose, et je le joignis avec des plantes de Pila, dans un envoi que je fis il y a quelques mois à madame la duchesse de Portland, et qui n'a pas été plus heureux, selon toute apparence, que celui que j'ai fait à M. Gouan, puisque je n'ai aucune nouvelle ni de l'un ni de l'autre. Comme celui de madame de Portland étoit plus considérable, et que j'y avois mis plus de soin et de temps, je le regrette davantage; mais il faut bien que j'apprenne à me consoler de tout. J'ai pourtant encore quelques graines d'un fort beau *seseli* de ce pays, que j'appelle *seseli Halleri*, parce que je ne le trouve pas dans *Linnæus*. J'en ai aussi d'une plante d'Amérique, que j'ai fait semer dans ce pays avec d'autres graines qu'on m'avoit données, et qui seule a réussi. Elle s'appelle *gombaut* dans les îles, et j'ai trouvé que c'étoit l'*hibiscus esculentus;* il a bien levé, bien fleuri; et j'en ai tiré d'une capsule quelques graines bien mûres, que je vous porterai avec le *seseli*, si vous ne les avez pas. Comme l'une de ces plantes est des pays chauds, et que l'autre grène fort tard dans nos campagnes, je présume que rien ne presse pour les mettre en terre, sans quoi je prendrois le parti de vous les envoyer.

Votre *galium rotundifolium*, monsieur, est bien lui-même à mon avis, quoiqu'il doive avoir la fleur blanche, et que le vôtre l'ait flave; mais comme il arrive à beaucoup de fleurs blanches de jaunir en séchant, je pense que les siennes sont dans le même cas. Ce n'est point du tout mon *rubia peregrina*, plante beaucoup plus grande, plus rigide, plus âpre, et de la consistance tout au moins de la garance ordinaire, outre que je suis certain d'y avoir vu des baies que n'a pas votre *galium*, et qui sont le caractère générique des *rubia*. Cependant je suis, je vous l'avoue, hors d'état de vous en envoyer un échantillon. Voici, là-dessus, mon histoire.

J'avois souvent vu en Savoie et en Dauphiné la garance sauvage, et j'en avois pris quelques échantillons. L'année dernière, à Pila, j'en vis encore; mais elle me parut différente des autres, et il me semble que j'en mis un specimen dans mon portefeuille. Depuis mon retour, lisant, par hasard, dans l'article *rubia peregrina*, que sa feuille n'avoit point de nervure en dessus, je me rappelai ou crus me rappeler que mon *rubia* de Pila n'en avoit point non plus; de là je conclus que c'étoit le *rubia peregrina*. En m'échauffant sur cette idée, je vins à conclure la même chose des autres garances que j'avois trouvées dans ces pays, parce qu'elles n'avoient d'ordinaire que quatre feuilles; pour que cette conclusion fût raisonnable, il auroit fallu chercher les plantes et vérifier; voilà ce que ma paresse ne me permit point de faire, vu le désordre de mes paperasses, et le temps qu'il auroit fallu mettre à cette recherche. Depuis la réception, monsieur, de votre lettre, j'ai mis plus de huit jours à feuilleter tous mes livres et papiers l'un après l'autre, sans pouvoir retrouver ma plante de Pila, que j'ai peut-être jetée avec tout ce qui est arrivé pourri. J'en ai retrouvé quelques-unes des autres; mais j'ai eu la mortification d'y trouver la nervure bien marquée, qui m'a désabusé, du moins sur celles-là. Cependant ma mémoire, qui me trompe si souvent, me retrace si bien celle de Pila, que j'ai peine encore à en démordre, et je ne désespère pas qu'elle ne se retrouve dans mes papiers ou dans mes livres. Quoi qu'il en soit, figurez-vous dans l'échantillon ci-joint les feuilles un peu plus larges et sans nervure; voilà ma plante de Pila.

Quelqu'un de ma connoissance a souhaité d'acquérir mes livres de botanique en entier, et demande même la préférence; ainsi je ne me prévaudrois point sur cet article de vos obligeantes offres. Quant au fourrage épars dans des chiffons, puisque vous ne dédaignez pas de le parcourir, je le ferai remettre à M. Pasquet; mais il faut auparavant que je feuillette et vide mes livres dans lesquels j'ai la mauvaise habitude de fourrer, en arrivant, les plantes que j'apporte, parce que cela est plus tôt fait. J'ai trouvé le secret de gâter, de cette façon, presque tous mes livres, et de perdre presque toutes mes plantes, parce qu'elles tombent et se brisent sans que j'y fasse attention, tandis que je feuillette et parcours le livre, uniquement occupé de ce que j'y cherche.

Je vous prie, monsieur, de faire agréer mes remercîments et salutations à monsieur votre frère. Persuadé de ses bontés et des vôtres, je me prévaudrai volontiers de vos offres dans l'occasion. Je finis, sans façon, en vous saluant, monsieur, de tout mon cœur.

LETTRE IV.

Monquin, le 17$\frac{16}{1}$70.

Pauvres aveugles que nous sommes, etc.

Voici, monsieur, mes misérables herbailles, où j'ai bien peur que vous ne trouviez rien qui mérite d'être ramassé, si ce n'est des plantes que vous m'avez données vous-même, dont j'avois quelques-unes à double, et dont, après en avoir mis plusieurs dans mon herbier, je n'ai pas eu le temps de tirer le même parti des autres. Tout l'usage que je vous conseille d'en faire est de mettre le tout au feu. Cependant, si vous avez la patience de feuilleter ce fatras, vous y trouverez, je crois, quelques plantes qu'un officier obligeant a eu la bonté de m'apporter de Corse, et que je ne connois pas.

Voici aussi quelques graines du *seseli Halleri*. Il y en a peu, et je ne l'ai recueilli qu'avec beaucoup de peine, parce qu'il grène fort tard et mûrit difficilement en ce pays : mais il devient, en revanche, une très-belle plante, tant par son beau port que par la teinte de pourpre que les premières atteintes du froid donnent à ses ombelles et à ses tiges. Je hasarde aussi d'y joindre quelques graines de *gombaut*, quoique vous ne m'en ayez rien dit, et que peut-être vous l'ayez ou ne vous en souciiez pas, et quelques graines de l'*heptaphyllon*, qu'on ne s'avise guère de ramasser, et qui peut-être ne lève pas dans les jardins, car je ne me souviens pas d'y en avoir jamais vu.

Pardon, monsieur, de la hâte extrême avec laquelle je vous écris ces deux mots, et qui m'a fait presque oublier de vous remercier de l'*asperula taurina*, qui m'a fait bien grand plaisir. Si nos chemins étaient praticables pour les voitures, je serois déjà près de vous. Je vous porterai le catalogue de mes livres, nous y marquerons ceux qui peuvent vous convenir; et si l'acquéreur veut s'en défaire, j'aurai soin de vous les procurer. Je ne demande pas mieux, monsieur, je vous assure, que de cultiver vos bontés; et si jamais j'ai le bonheur d'être un peu mieux connu de vous que de monsieur **, qui dit si bien me connoître, j'espère que vous ne m'en trouverez pas indigne. Je vous salue de tout mon cœur.

Avez-vous le *dianthus superbus?* Je vous l'envoie à tout hasard. C'est réellement un bien bel œillet, et d'une odeur bien suave, quoique foible. J'ai pu recueillir de la graine bien aisément, car il croît en abondance dans un pré qui est sous mes fenêtres. Il ne devroit être permis qu'aux chevaux du soleil de se nourrir d'un pareil foin.

LETTRE V.

A Paris, le 17$\frac{4}{7}$70.

Pauvres aveugles que nous sommes, etc.

Je voulois, monsieur, vous rendre compte de mon voyage en arrivant à Paris; mais il m'a fallu quelques jours pour m'arranger et me remettre au courant avec mes anciennes connoissances. Fatigué d'un voyage de deux jours, j'en séjournai trois ou quatre à Dijon, d'où, par la même raison, j'allai faire un pareil séjour à Auxerre, après avoir eu le plaisir de voir en passant M. de Buffon, qui me fit l'accueil le plus obligeant. Je vis aussi à Montbard M. Daubenton le subdélégué, lequel, après une heure ou deux de promenade ensemble dans le jardin, me dit que j'avois déjà des commencemens, et qu'en continuant de travailler je pourrois devenir un peu botaniste. Mais, le lendemain l'étant allé voir avant mon départ, je parcourus avec lui sa pépinière, malgré la pluie qui nous incommodoit fort; et n'y connoissant presque rien, je démentis si bien la bonne opinion qu'il avoit eue de moi la veille, qu'il rétracta son éloge et ne me dit plus rien du tout. Malgré ce mauvais succès, je n'ai pas laissé d'herboriser un peu durant ma route, et de me trouver en pays de connoissance dans la campagne et dans les bois. Dans presque toute la Bourgogne j'ai vu la terre couverte, à droite et à gauche, de cette même grande gentiane jaune que je n'avois pu trouver à Pila. Les champs, entre Montbard et Chably, sont pleins de *bulbocastanum,* mais la bulbe en est beaucoup plus âcre qu'en Angleterre, et presque immangeable; l'*œnanthe fistulosa* et la coquelourde (*pulsatilla*) y sont aussi en quantité : mais n'ayant traversé la forêt de Fontainebleau que très à la hâte, je n'y ai rien vu du tout de remarquable que le *geranium grandiflorum*, que je trouvai sous mes pieds par hasard une seule fois.

J'allai hier voir M. Daubenton au Jardin du Roi; j'y rencontrai, en me promenant, M. Richard, jardinier de Trianon, avec lequel je m'empressai, comme vous jugez bien, de faire connoissance. Il me promit de me faire voir son jardin, qui est beaucoup plus riche que celui du roi à Paris : ainsi me voilà à portée de faire, dans l'un et dans l'autre, quelque connoissance avec les plantes exotiques, sur lesquelles, comme vous avez pu voir, je suis parfaitement ignorant. Je prendrai, pour voir Trianon plus à mon aise, quelque moment où la cour ne sera pas à Versailles, et je tâcherai de me fournir à double de tout ce qu'on me permettra de prendre, afin de pouvoir vous envoyer ce que vous pourriez ne pas avoir. J'ai aussi vu le jardin de M. Cochin, qui m'a paru fort beau; mais, en l'absence du maître, je n'ai osé toucher à rien. Je suis, depuis mon arrivée, tellement accablé de visites et de dîners, que si ceci dure, il est impossible que j'y tienne, et malheureusement je manque de force pour me défendre. Cependant, si je ne prends bien vite un autre train de vie, mon estomac et ma botanique sont en grand péril. Tout ceci n'est pas le moyen de reprendre la copie de musique d'une façon bien lucrative: et j'ai peur qu'à force de dîner en ville je ne finisse par mourir de faim chez moi. Mon âme navrée avoit besoin de quelque dissipation, je le sens; mais je crains de n'en pouvoir ici régler la mesure, et j'aimerois encore mieux être tout en moi que tout hors de moi. Je n'ai point trouvé, monsieur, de société mieux tempérée et qui me convînt mieux que la vôtre; point d'accueil plus selon mon cœur que celui que, sous vos auspices, j'ai reçu de l'adorable Mélanie. S'il m'étoit donné de me choisir une vie égale et douce, je voudrois, tous les jours de la mienne, passer la matinée au travail, soit à ma copie, soit sur mon herbier; dîner avec vous et Mélanie; nourrir ensuite, une heure ou deux, mon oreille et mon cœur des sons de sa voix et de ceux de sa harpe; puis me promener tête à tête avec vous le reste de la journée, en herborisant et philosophant selon notre fantaisie. Lyon m'a laissé des regrets qui m'en rapprocheront quelque jour peut-être : si cela m'arrive, vous ne serez pas oublié, monsieur, dans mes projets; puissiez-vous concourir à leur exécution! Je suis fâché de ne savoir pas ici l'adresse de monsieur votre frère, s'il y est encore : je n'aurois pas tardé si longtemps à l'aller voir, me rappeler à son souvenir, et le prier de vouloir bien me rappeler quelquefois au vôtre et à celui de M**.

Si mon papier ne finissoit pas, si la poste n'alloit pas partir, je ne saurois pas finir moi-même. Mon bavardage n'est pas mieux ordonné sur le papier que dans la conversation. Veuillez supporter l'un comme vous avez supporté l'autre. *Vale, et me ama.*

LETTRE VI.

A Paris, le 17 $\frac{26}{9}$ 70.

Pauvres aveugles que nous sommes, etc.

Je ne voulois, monsieur, m'accuser de mes torts qu'après les avoir réparés; mais le mauvais temps qu'il fait et la saison qui se gâte me punissent d'avoir négligé le Jardin du Roi tandis qu'il faisoit beau, et me mettent hors d'état de vous rendre compte, quant à présent, du *plantago uniflora*, et des autres plantes curieuses dont j'aurois pu vous parler si j'avois su mieux profiter des bontés de M. de Jussieu. Je ne désespère pas pourtant de profiter encore de quelque beau jour d'automne pour faire ce pèlerinage et aller recevoir, pour cette année, les adieux de la syngénésie : mais, en attendant ce moment, permettez, monsieur, que je prenne celui-ci pour vous remercier, quoique tard, de la continuation de vos bontés et de vos lettres, qui me feront toujours le plus vrai plaisir, quoique je sois peu exact à y répondre. J'ai encore à m'accuser de beaucoup d'autres omissions pour lesquelles je n'ai pas moins besoin de pardon. Je voulois aller remercier monsieur votre frère de l'honneur de son souvenir, et lui rendre sa visite ; j'ai tardé d'abord, et puis j'ai oublié son adresse. Je le revis une fois à la comédie italienne; mais nous étions dans des loges éloignées, je ne pus l'aborder, et maintenant j'ignore même s'il est encore à Paris. Autre tort inexcusable : je me suis rappelé de ne vous avoir point remercié de la connoissance de M. Robinet, et de l'accueil obligeant que vous m'avez attiré de lui. Si vous comptez avec votre serviteur, il restera trop insolvable; mais puisque nous sommes en usage, moi de faillir, vous de pardonner, couvrez encore cette fois mes fautes de votre indulgence, et je tâcherai d'en avoir moins besoin dans la suite, pourvu toutefois que vous n'exigiez pas de l'exactitude dans mes réponses; car ce devoir est absolument au-dessus de mes forces, surtout dans ma position actuelle. Adieu, monsieur; souvenez-vous quelquefois, je vous supplie, d'un homme qui vous est bien sincèrement attaché, et qui ne se rappelle jamais sans plaisir et sans regret les promenades charmantes qu'il a eu le bonheur de faire avec vous.

On a représenté *Pygmalion* à Montigny, je n'y étois pas, ainsi je n'en puis parler. Jamais le souvenir de ma première Galathée ne me laissera le désir d'en voir une autre.

LETTRE VII.

A Paris, le 17$\frac{28}{11}$70.

Pauvres aveugles que nous sommes, etc.

Je ne sais presque plus, monsieur, comment oser vous écrire, après avoir tardé si longtemps à vous remercier du trésor de plantes sèches que vous avez eu la bonté de m'envoyer en dernier lieu. N'ayant pas encore eu le temps de les placer, je ne les ai pas extrêmement examinées ; mais je vois à vue de pays qu'elles sont belles et bonnes ; je ne doute pas qu'elles ne soient bien dénommées, et que toutes les observations que vous me demandez ne se réduisent à des approbations. Cet envoi me remettra, je l'espère, un peu dans le train de la botanique, que d'autres soins m'ont fait extrêmement négliger depuis mon arrivée ici ; et le désir de vous témoigner ma bien impuissante, mais bien sincère reconnoissance, me fournira peut être avec le temps quelque chose à vous envoyer. Quant à présent je me présente tout-à-fait à vide, n'ayant des semences dont vous m'envoyez la note que le seul *doronicum pardalianches* que je crois vous avoir déjà donné, et dont je vous envoie mon misérable reste. Si j'eusse été prévenu quand j'allai à Pila l'année dernière, j'aurois pu apporter aisément un litron de semences du *prenanthes purpurea*, et il y en a quelques autres, comme le *tamus* et la gentiane perfoliée, que vous devez trouver aisément autour de vous. Je n'ai pas oublié le *plantago monanthos*, mais on n'a pu me le donner au Jardin du Roi, où il n'y en avoit qu'un seul pied sans fleur et sans fruit ; j'en ai depuis recouvré un petit vilain échantillon que je vous enverrai avec autre chose, si je ne trouve pas mieux ; mais comme il croît en abondance autour de l'étang de Montmorency, j'y compte aller herboriser le printemps prochain, et vous envoyer, s'il se peut, plantes et graines. Depuis que je suis à Paris, je n'ai été encore que trois ou quatre fois au Jardin du Roi; quoiqu'on m'y accueille avec la plus grande honnêteté, et qu'on m'y donne volontiers des échantillons de plantes, je vous avoue que je n'ai pu m'enhardir encore à demander des graines. Si j'en viens là, c'est pour vous servir que j'en aurai le courage, mais cela ne peut venir tout d'un coup. J'ai parlé à M. de Jussieu du *papyrus* que vous avez rapporté de Naples ; il doute que ce soit le vrai papier *nilotica*. Si vous pouviez lui envoyer, soit plante, soit graines, soit par moi, soit par d'autres, j'ai vu que cela lui feroit grand plaisir, et ce seroit peut-être un excellent moyen d'obtenir de lui beaucoup de choses qu'alors nous aurions bonne grâce à demander, quoique je sache bien par expérience qu'il est charmé d'obliger gratuitement ; mais j'ai besoin de quelque chose pour m'enhardir, quand il faut demander.

Je remets avec cette lettre à MM. Boy de La Tour, qui s'en retournent, une boîte contenant une araignée de mer, qui vient de bien loin ; car on me l'a envoyée du golfe du Mexique. Comme cependant ce n'est pas une pièce bien rare, et qu'elle a été fort endommagée dans le trajet, j'hésitois à vous l'envoyer ; mais on me dit qu'elle peut se raccommoder et trouver place encore dans un cabinet ; cela supposé, je vous prie de lui en donner une dans le vôtre, en considération d'un homme qui vous sera toute sa vie bien sincèrement attaché. J'ai mis dans la même boîte les deux ou trois semences de doronic et autres que j'avois sous la main. Je compte l'été prochain me remettre au courant de la botanique pour tâcher de mettre un peu du mien dans une correspondance qui m'est précieuse, et dont j'ai eu jusqu'ici seul tout le profit. Je crains d'avoir poussé l'étourderie au point de ne vous avoir pas remercié de la complaisance de M. Robinet, et des honnêtetés dont il m'a comblé. J'ai aussi laissé repartir d'ici M. de Fleurieu sans aller lui rendre mes devoirs, comme je le devois et voulois faire. Ma volonté, monsieur, n'aura jamais de tort auprès de vous ni des vôtres ; mais ma négligence m'en donne souvent de bien inexcusables, que je vous prie toutefois d'excuser dans votre miséricorde. Ma femme a été très-sensible à l'honneur de votre souvenir, et nous vous prions l'un et l'autre d'agréer nos très-humbles salutations.

LETTRE VIII.

A Paris, le 17$\frac{21}{4}$72.

Pauvres aveugles que nous sommes, etc.

J'ai reçu, monsieur, avec grand plaisir, de vos nouvelles, des témoignages de votre souvenir, et des détails de vos intéressantes occupations. Mais vous me parlez d'un envoi de plantes par M. l'abbé Rosier, que je n'ai point reçu. Je me souviens bien d'en avoir reçu un de votre part, et de vous en avoir remercié, quoiqu'un peu tard, avant votre voyage de Paris ; mais depuis votre retour à Lyon, votre lettre a été pour moi votre premier signe de vie ; et j'en ai été d'autant plus charmé, que j'avois presque cessé de m'y attendre.

En apprenant les changemens survenus à Lyon, j'avois si bien préjugé que vous vous regarderiez comme affranchi d'un dur esclavage, et que, dégagé de devoirs, respectables assurément, mais qu'un homme de goût mettra difficilement au nombre de ses plaisirs, vous en goûteriez un très-vif à vous livrer tout entier à l'étude de la nature, que j'avois résolu de vous en féliciter. Je suis fort aise de pouvoir du moins exécuter après coup, et sur votre propre témoignage, une résolution que ma paresse ne m'a pas permis d'exécuter d'avance, quoique très-sûr que cette félicitation ne viendroit pas mal à propos.

Les détails de vos herborisations et de vos découvertes m'ont fait battre le cœur d'aise. Il me semble que j'étois à votre suite, et que je partageois vos plaisirs ; ces plaisirs si purs, si doux, que si peu d'hommes savent goûter, et dont, parmi ce peu-là, moins encore sont dignes, puisque je vois, avec autant de surprise que de chagrin, que la botanique elle-même n'est pas exempte de ces jalousies, de ces haines couvertes et cruelles qui empoisonnent et déshonorent tous les autres genres d'études. Ne me soupçonnez point, monsieur, d'avoir abandonné ce goût délicieux ; il jette un charme toujours nouveau sur ma vie solitaire. Je m'y livre pour moi seul, sans succès, sans progrès, presque sans communication, mais chaque jour plus convaincu que les loisirs livrés à la contemplation de la nature sont les momens de la vie où l'on jouit le plus délicieu sement de soi. J'avoue pourtant que, depuis votre départ, j'ai joint un petit objet d'amour-propre à celui d'amuser innocemment et agréablement mon oisiveté. Quelques fruits étrangers, quelques graines qui me sont par hasard tombées entre les mains, m'ont inspiré la fantaisie de commencer une très-petite collection en ce genre. Je dis commencer, car je serois bien fâché de tenter de l'achever, quand la chose me seroit possible, n'ignorant pas que, tandis qu'on est pauvre, on ne sent que le plaisir d'acquérir; et que, quand on est riche, au contraire, on ne sent que la privation de ce qui nous manque, et l'inquiétude inséparable du désir de compléter ce qu'on a. Vous devez depuis long-temps en être à cette inquiétude, vous, monsieur, dont la riche collection rassemble en petit presque toutes les productions de la nature, et prouve, par son bel assortiment, combien M. l'abbé Rosier a eu raison de dire qu'elle est l'ouvrage du choix et non du hasard. Pour moi, qui ne vais que tâtonnant dans un petit coin de cet immense labyrinthe, je rassemble fortuitement et précieusement tout ce qui me tombe sous la main, et non-seulement j'accepte avec ardeur et reconnoissance les plantes que vous voulez bien m'offrir; mais, si vous vous trouviez avec cela quelques fruits ou graines surnuméraires et de rebut dont vous voulussiez bien m'enrichir, j'en ferois la gloire de ma petite collection naissante. Je suis confus de ne pouvoir, dans ma misère, rien vous offrir en échange, au moins pour le moment. Car, quoique j'eusse rassemblé quelques plantes depuis mon arrivée à Paris, ma négligence et l'humidité de la chambre que j'ai d'abord habitée ont tout laissé pourrir. Peut-être serai-je plus heureux cette année, ayant résolu d'employer plus de soin dans la dessiccation de mes plantes, et surtout de les coller à mesure qu'elles sont sèches; moyen qui m'a paru le meilleur pour les conserver. J'aurai mauvaise grâce, ayant fait une recherche vaine, de vous faire valoir une herborisation que j'ai faite à Montmorency l'été dernier avec la Caterve du Jardin du Roi; mais il est certain qu'elle ne fut entreprise de ma part que pour trouver le *plantago monanthos*, que j'eus le chagrin d'y chercher inutilement. M. de Jussieu le jeune, qui vous a vu sans doute à Lyon, aura pu vous dire avec quelle ardeur je priai tous ces messieurs, sitôt que nous approchâmes de la queue de l'étang, de m'aider à la recherche de cette plante, ce qu'ils firent, et entre autres M. Thouin, avec une complaisance et un soin qui méritoient un meilleur succès.

Nous ne trouvâmes rien; et, après deux heures d'une recherche inutile, au fort de la chaleur, et le jour le plus chaud de l'année, nous fûmes respirer et faire la halte sous des arbres qui n'étoient pas loin, concluant unanimement que le *plantago uniflora*, indiqué par Tournefort et M. de Jussieu aux environs de l'étang de Montmorency, en avoit absolument disparu. L'herborisation au surplus fut assez riche en plantes communes; mais tout ce qui vaut la peine d'être mentionné se réduit à l'*osmonde royale*, le *lythrum hyssopifolia*, le *lysimachia tenella*, le *peplis portula*, le *drosera rotundifolia*, le *cyperus fuscus*, le *schœnus nigricans*, et l'*hydrocotyle*, naissantes avec quelques feuilles petites et rares, sans aucune fleur.

Le papier me manque pour prolonger ma lettre. Je ne vous parle point de moi, parce que je n'ai plus rien de nouveau à vous en dire, et que je ne prends plus aucun intérêt à ce que disent, publient, impriment, inventent, assurent, et prouvent, à ce qu'ils prétendent, mes contemporains, de l'être imaginaire et fantastique auquel il leur a plu de donner mon nom. Je finis donc mon bavardage avec ma feuille, vous priant d'excuser le désordre et le griffonnage d'un homme qui a perdu toute habitude d'écrire, et qui ne la reprend presque que pour vous. Je vous salue, monsieur, de tout mon cœur, et vous prie de ne pas m'oublier auprès de monsieur et madame de Fleurieu.

LETTRE IX.

A Paris, le 17 $\frac{?}{?}$73.

Pauvres aveugles que nous sommes, etc.

Votre seconde lettre, monsieur, m'a fait sentir bien vivement le tort d'avoir tardé si longtemps à répondre à la précédente, et à vous remercier des plantes qui l'accompagnoient,

Ce n'est pas que je n'aie été bien sensible à votre souvenir et à votre envoi ; mais la nécessité d'une vie trop sédentaire et l'inhabitude d'écrire des lettres en augmentent journellement la difficulté, et je sens qu'il faudra renoncer bientôt à tout commerce épistolaire, même avec les personnes qui, comme vous, monsieur, me l'ont toujours rendu instructif et agréable.

Mon occupation principale et la diminution de mes forces ont ralenti mon goût pour la botanique, au point de craindre de le perdre tout-à-fait. Vos lettres et vos envois sont bien propres à le ranimer. Le retour de la belle saison y contribuera peut-être : mais je doute qu'en aucun temps ma paresse s'accommode de long-temps de la fantaisie des collections. Celle de graines qu'a faite M. Thouin avoit excité mon émulation, et j'avois tenté de rassembler en petit autant de diverses semences et de fruits, soit indigènes, soit exotiques, qu'il en pourroit tomber sous ma main : j'ai fait bien des courses dans cette intention. J'en suis revenu avec des moissons assez raisonnables ; et beaucoup de personnes obligeantes ayant contribué à les augmenter, je me suis bientôt senti, dans ma pauvreté, de l'embarras des richesses ; car, quoique je n'aie pas en tout un millier d'espèces, l'effroi m'a pris en tentant de ranger tout cela ; et, la place d'ailleurs me manquant pour y mettre une espèce d'ordre, j'ai presque renoncé à cette entreprise ; et j'ai des paquets de graines qui m'ont été envoyés d'Angleterre et d'ailleurs, depuis assez long-temps, sans que j'aie encore été tenté de les ouvrir. Ainsi, à moins que cette fantaisie ne se ranime, elle est, quant à présent, à peu près éteinte.

Ce qui pourra contribuer, avec le goût de la promenade qui ne me quittera jamais, à me conserver celui d'un peu d'herborisation, c'est l'entreprise des petits herbiers en miniature que je me suis chargé de faire pour quelques personnes, et qui, quoique uniquement composés de plantes des environs de Paris, me tiendront toujours un peu en haleine pour les ramasser et les dessécher.

Quoi qu'il arrive de ce goût attiédi, il me laissera toujours des souvenirs agréables des promenades champêtres dans lesquelles j'ai eu l'honneur de vous suivre, et dont la botanique a été le sujet ; et, s'il me reste de tout cela quelque part dans votre bienveillance, je ne croirai pas avoir cultivé sans fruit la botanique, même quand elle aura perdu pour moi ses attraits. Quant à l'admiration dont vous me parlez, méritée ou non, je ne vous en remercie pas, parce que c'est un sentiment qui n'a jamais flatté mon cœur. J'ai promis à M. de Châteaubourg que je vous remercîrois de m'avoir procuré le plaisir d'apprendre par lui de vos nouvelles, et je m'acquitte avec plaisir de ma promesse. Ma femme est très-sensible à l'honneur de votre souvenir, et nous vous prions, monsieur, l'un et l'autre, d'agréer nos remercîmens et nos salutations.

LETTRE

A M. L'ABBÉ DE PRAMONT.

N. B. — L'abbé de Pramont avoit confié à Rousseau une collection de planches gravées représentant des plantes, et accompagnées d'un texte explicatif pour chaque plante. Rousseau les a rangées suivant la méthode de Linnée, et a joint au texte des notes en assez grand nombre. Ce Recueil, en deux volumes grand *in-folio* contenant 598 planches, et ayant pour titre *la Botanique mise à la portée de tout le monde, par les sieur et dame Regnault, Paris*, 1774 (*), est actuellement déposé à la bibliothèque de la Chambre des Députés. En tête est, avec l'original de la lettre qu'on va lire, une Table raisonnée et méthodique faite par Rousseau avec beaucoup de soin.

A Paris, le 13 avril 1778.

Vos planches gravées, monsieur, sont revues et arrangées comme vous l'avez désiré. Vous êtes prié de vouloir bien les faire retirer. Elles pourroient se gâter dans ma chambre, et n'y feroient plus qu'un embarras, parce que la peine que j'ai eue à les arranger me fait craindre d'y toucher derechef. Je dois vous prévenir, monsieur, qu'il y a quelques feuilles du discours extrêmement barbouillées et presque inlisibles ; difficiles même à relier sans rogner de l'écriture que j'ai quelquefois prolon-

(*) Il forme maintenant trois volumes ; mais à l'époque où Rousseau l'eut entre les mains, on n'avoit encore publié que les deux premiers. G. P.

gée étourdiment sur la marge. Quoique j'aie assez rarement succombé à la tentation de faire des remarques, l'amour de la botanique et le désir de vous complaire m'ont quelquefois emporté. Je ne puis écrire lisiblement que quand je copie, et j'avoue que je n'ai pas eu le courage de doubler mon travail en faisant des brouillons. Si ce griffonnage vous dégoûtoit de votre exemplaire, après l'avoir parcouru, je vous offre, monsieur, le remboursement, avec l'assurance qu'il ne restera pas à ma charge. Agréez, monsieur, mes très-humbles salutations.

La *Table méthodique* dont il vient d'être parlé est précédée d'un court préliminaire et terminée par cette observation :

« La méthode de Linnæus n'est pas, à la vérité, parfaitement naturelle. Il est impossible de réduire en un ordre méthodique et en » même temps vrai et exact les productions de » la nature qui sont si variées et qui ne se rapprochent que par des gradations insensibles. » Mais un système de botanique n'est point » une histoire naturelle : c'est une table, une » méthode qui, à l'aide de quelques caractères » remarquables et à peu près constans, ap- » prend à rassembler les végétaux connus, et à » y ramener les nouveaux individus qu'on dé- » couvre. Ce moyen est nécessaire pour en fa- » ciliter l'étude et fixer la mémoire. Ainsi au- » cun système botanique n'est véritablement » naturel. Le meilleur est celui qui se trouve » fondé sur les caractères les plus fixes et les » plus aisés à connoître. »

Quant aux notes qu'on trouve presque sur chaque feuille du Recueil en question, elles prouvent une profonde connoissance de la matière et sont quelquefois rédigées d'une manière piquante. En voici deux prises au hasard.

Sur la grande capucine, n° 128.

« Madame de Linnée a remarqué que ses » fleurs rayonnent et jettent une sorte de lueur » avant le crépuscule. Ce que je vois de plus » sûr dans cette observation, c'est que les » dames dans ce pays-là se lèvent plus matin » que dans celui-ci. »

Sur la mélisse ou citronelle, n° 214.

« Chaque auteur la gratifie d'une vertu. » *C'est comme les fées marraines*, dont cha- » cune douoit sa filleule de quelque beauté ou » qualité particulière. »

FRAGMENS

POUR

UN DICTIONNAIRE

DES

TERMES D'USAGE EN BOTANIQUE,

AVEC DES ARTICLES SUPPLÉMENTAIRES (*)

INTRODUCTION.

Le premier malheur de la botanique est d'avoir été regardée dès sa naissance comme une partie de la médecine. Cela fit qu'on ne s'attacha qu'à trouver ou supposer des vertus aux plantes, et qu'on négligea la connoissance des plantes mêmes ; car comment se livrer aux courses immenses et continuelles qu'exige cette recherche, et en même temps aux travaux sédentaires du laboratoire, et aux traitemens des malades, par lesquels on parvient à s'assurer de la nature des substances végétales, et de leurs effets dans le corps humain? Cette fausse manière d'envisager la botanique en a long-temps rétréci l'étude, au point de la borner presque aux plantes usuelles; et de réduire la chaîne végétale à un petit nombre de chaînons interrompus; encore ces chaînons mêmes ont-ils été très-mal étudiés, parce qu'on y regardoit seulement la matière, et non pas l'organisation. Comment se seroit-on beaucoup occupé de la structure organique d'une substance, ou plutôt d'une masse ramifiée, qu'on ne songeoit qu'à piler dans un mortier? On ne cherchoit des plantes que pour trouver des remèdes; on ne cherchoit pas des plantes, mais des simples. C'étoit fort bien fait, dira-t-on; soit : mais il n'en a pas moins résulté que, si l'on connoissoit fort bien les remèdes, on ne laissoit pas de connoître fort mal les plantes; et c'est tout ce que j'avance ici.

La botanique n'étoit rien; il n'y avoit point d'étude de la botanique, et ceux qui se piquoient le plus de connoître les plantes n'avoient aucune idée, ni de leur structure, ni de l'économie végétale. Chacun connoissoit de vue cinq ou six plantes de son canton, auxquelles il donnoit des noms au hasard, enrichis de vertus merveilleuses qu'il lui plaisoit de leur supposer; et chacune de ces plantes, changée en panacée universelle, suffisoit seule pour immortaliser tout le genre humain. Ces plantes, transformées en baume et en emplâtres, disparoissoient promptement, et faisoient bientôt place à d'autres, auxquelles de nouveaux venus, pour se distinguer, attribuoient les mêmes effets. Tantôt c'étoit une plante nouvelle qu'on décoroit d'anciennes vertus, et tantôt d'anciennes plantes proposées sous de nouveaux noms suffisoient pour enrichir de nouveaux charlatans. Ces plantes avoient des noms vulgaires, différens dans chaque canton; et ceux

(*) On a senti qu'il faudroit ajouter peu de chose à ces *Fragmens* pour en former, sinon un *Dictionnaire*, au moins un Vocabulaire encore fort abrégé sans doute, mais assez complet dans son ensemble pour suffire aux personnes qui ne font de l'étude de la botanique qu'un objet de distraction et d'amusement. Dans cette vue, on a, dans une petite collection publiée en 1802 sous le titre de *Botanique de J. J. Rousseau*, ajouté par forme de *supplément aux Fragmens* une suite de petits articles pour lesquels on a annoncé s'être servi en grande partie du Dictionnaire de Bulliard, revu et augmenté par Richard.

Nous avons pensé que tous ces articles insérés dans leur ordre et incorporés aux Fragmens eux-mêmes rendroient ceux-ci d'un usage plus général, et conviendroient à la plus grande partie des lecteurs. Ces articles, imprimés en petit texte, se distingueront facilement de ceux de Rousseau. G. P.

qui les indiquoient pour leurs drogues ne leur donnoient que des noms connus tout au plus dans le lieu qu'ils habitoient; et, quand leurs récipés couroient dans d'autres pays, on ne savoit plus de quelle plante il y étoit parlé; chacun en substituoit une à sa fantaisie, sans autre soin que de lui donner le même nom. Voilà tout l'art que les Myrepsus, les Hildegardes, les Suardus, les Villanova, et les autres docteurs de ces temps-là, mettoient à l'étude des plantes dont ils ont parlé dans leurs livres; et il seroit difficile peut-être au peuple d'en reconnoître une seule sur leurs noms ou sur leurs descriptions.

A la renaissance des lettres tout disparut pour faire place aux anciens livres : il n'y eut plus rien de bon et de vrai que ce qui étoit dans Aristote et dans Gallien. Au lieu d'étudier les plantes sur la terre, on ne les étudioit plus que dans Pline et Dioscoride; et il n'y a rien de si fréquent dans les auteurs de ces temps-là que d'y voir nier l'existence d'une plante par l'unique raison que Dioscoride n'en a pas parlé. Mais ces doctes plantes, il falloit pourtant les trouver en nature pour les employer selon les préceptes du maître. Alors on s'évertua, l'on se mit à chercher, à observer, à conjecturer; et chacun ne manqua pas de faire tous ses efforts pour trouver dans la plante qu'il avoit choisie les caractères décrits dans son auteur; et, comme les traducteurs, les commentateurs, les praticiens, s'accordoient rarement sur le choix, on donnoit vingt noms à la même plante, et à vingt plantes le même nom, chacun soutenant que la sienne étoit la véritable, et que toutes les autres, n'étant pas celles dont Dioscoride avoit parlé, devoient être proscrites de dessus la terre. De ce conflit résultèrent enfin des recherches, à la vérité plus attentives, et quelques bonnes observations qui méritèrent d'être conservées, mais en même temps un tel chaos de nomenclature, que les médecins et les herboristes avoient absolument cessé de s'entendre entre eux. Il ne pouvoit plus y avoir communication de lumières, et il n'y avoit plus que des disputes de mots et de noms, et même toutes les recherches et descriptions utiles étoient perdues, faute de pouvoir décider de quelle plante chaque auteur avoit parlé.

Il commença pourtant à se former de vrais botanistes, tel que Clusius, Cordus, Césalpin, Gesner, et à se faire de bons livres, et instructifs, sur cette matière, dans lesquels même on trouve déjà quelques traces de méthode. Et c'étoit certainement une perte que ces pièces devinssent inutiles et inintelligibles par la seule discordance des noms. Mais de cela même que les auteurs commençoient à réunir les espèces, et à séparer les genres, chacun selon sa manière d'observer le port et la structure apparente, il résulta de nouveaux inconvéniens et une nouvelle obscurité, parce que chaque auteur, réglant sa nomenclature sur sa méthode, créoit de nouveaux genres, ou séparoit les anciens, selon que le requéroit le caractère des siens : de sorte qu'espèces et genres tout étoit tellement mêlé, qu'il n'y avoit presque pas de plante qui n'eût autant de noms différens qu'il y avoit d'auteurs qui l'avoient décrite; ce qui rendoit l'étude de la concordance aussi longue et souvent plus difficile que celle des plantes mêmes.

Enfin parurent ces deux illustres frères qui ont plus fait eux seuls pour le progrès de la botanique que tous les autres ensemble qui les ont précédés et même suivis, jusqu'à Tournefort : hommes rares, dont le savoir immense, et les solides travaux, consacrés à la botanique, les rendent dignes de l'immortalité qu'ils leur ont acquise; car, tant que cette science naturelle ne tombera pas dans l'oubli, les noms de Jean et de Gaspard Bauhin vivront avec elle dans la mémoire des hommes.

Ces deux hommes entreprirent, chacun de son côté, une histoire universelle des plantes; et, ce qui se rapporte plus immédiatement à cet article, ils entreprirent l'un et l'autre d'y joindre une synonymie, c'est-à-dire une liste exacte des noms que chacune d'elles portoit dans tous les auteurs qui les avoient précédés. Ce travail devenoit absolument nécessaire pour qu'on pût profiter des observations de chacun d'eux; car, sans cela, il devenoit presque impossible de suivre et démêler chaque plante à travers tant de noms différens.

L'aîné a exécuté à peu près cette entreprise dans les trois volumes in-folio qu'on a imprimés après sa mort, et il y a joint une critique si juste, qu'il s'est rarement trompé dans ses synonymies.

Le plan de son frère étoit encore plus vaste, comme il paroît par le premier volume qu'il en a donné, et qui peut faire juger de l'immensité de tout l'ouvrage, s'il eût eu le temps de l'exécuter; mais, au volume près dont je viens de parler, nous n'avons que les titres du reste dans son Pinax; et ce Pinax, fruit de quarante ans de travail, est encore aujourd'hui le guide de tous ceux qui veulent travailler sur cette matière, et consulter les anciens auteurs.

Comme la nomenclature des Bauhin n'étoit formée que des titres de leurs chapitres, et que ces titres comprenoient ordinairement plusieurs mots, de là vient l'habitude de n'employer pour noms des plantes que des phrases louches assez longues, ce qui rendoit cette nomenclature non-seulement traînante et embarrassante, mais pédantesque et ridicule. Il y auroit à cela, je l'avoue, quelque avantage, si ces phrases avoient été mieux faites; mais, composées indifféremment des noms des lieux d'où venoient ces plantes, des noms des gens qui les avoient envoyées, et même des noms d'autres plantes avec lesquelles on leur trouvoit quelque similitude, ces phrases étoient des sources de nouveaux embarras et de nouveaux doutes, puisque la connoissance d'une seule plante exigeoit celle de plusieurs autres, auxquelles sa phrase renvoyoit, et dont les noms n'étoient pas plus déterminés que le sien.

Cependant les voyages de long cours enrichissoient incessamment la botanique de nouveaux trésors, et tandis que les anciens noms accabloient déjà la mémoire, il en falloit inventer de nouveaux sans cesse pour les plantes nouvelles qu'on découvroit. Perdus dans ce labyrinthe immense, les botanistes, forcés de chercher un fil pour s'en tirer, s'attachèrent enfin sérieusement à la méthode. Herman, Rivin, Ray, proposèrent chacun la sienne; mais l'immortel Tournefort l'emporta sur eux tous: il rangea le premier, systématiquement, tout le règne végétal; et, réformant en partie la nomenclature, la combina par ses nouveaux genres avec celle de Gaspar Bauhin. Mais loin de la débarrasser de ses longues phrases, ou il en ajouta de nouvelles, ou il chargea les anciennes des additions que sa méthode le forçoit d'y faire. Alors s'introduisit l'usage barbare de lier les nouveaux noms aux anciens par un *qui quæ quod* contradictoire, qui d'une même plante faisoit deux genres tout différens.

Dens leonis qui *pilosella folio minus villoso; Doria* quæ *jacobæa orientalis limoni folio; Titanokeratophyton* quod *litophyton marinum albicans.*

Ainsi la nomenclature se chargeoit; les noms des plantes devenoient non-seulement des phrases, mais des périodes. Je n'en citerai qu'un seul, de Plukenet, qui prouvera que je n'exagère pas. « Gra-
» men *myloicophorum carolinianum*, *seu gramen*
» *altissimum, panicula maxima speciosa, e spicis*
» *majoribus compressiusculis utrinque pinnatis*
» *blattam molendariam quodammodo referentibus,*
» *composita, foliis convolutus mucronatis pungen-*
» *tibus.* » Almag. 137.

C'en étoit fait de la botanique si ces pratiques eussent été suivies. Devenue absolument insupportable, la nomenclature ne pouvoit plus subsister dans cet état, et il falloit de toute nécessité qu'il s'y fit une réforme, ou que la plus riche, la plus aimable, la plus facile des trois parties de l'histoire naturelle fût abandonnée.

Enfin M. Linnæus, plein de son système sexuel, et des vastes idées qu'il lui avoit suggérées, forma le projet d'une refonte générale, dont tout le monde sentoit le besoin, mais dont nul n'osoit tenter l'entreprise. Il fit plus, il l'exécuta; et, après avoir préparé, dans son *Critica botanica*, les règles sur lesquelles ce travail devoit être conduit, il détermina, dans son *Genera plantarum*, les genres des plantes, ensuite les espèces dans son *Species;* de sorte que, gardant tous les anciens noms qui pouvoient s'accorder avec ces nouvelles règles, et refondant tous les autres, il établit enfin une nomenclature éclairée, fondée sur les vrais principes de l'art, qu'il avoit lui-même exposés. Il conserva tous ceux des anciens genres qui étoient vraiment naturels; il corrigea, simplifia, réunit, ou divisa les autres, selon que le requéroient les vrais caractères; et, dans la confection des noms, il suivoit, quelquefois même un peu trop sévèrement, ses propres règles.

A l'égard des espèces, il falloit bien, pour les déterminer, des descriptions et des différences; ainsi les phrases restoient toujours indispensables; mais, s'y bornant à un petit nombre de mots techniques bien choisis et bien adaptés, il s'attacha à faire de bonnes et brèves définitions tirées des vrais caractères de la plante, bannissant rigoureusement tout ce qui lui étoit étranger. Il fallut pour cela créer, pour ainsi dire, à la botanique une nouvelle langue qui épargnât ce long circuit de paroles qu'on voit dans les anciennes descriptions. On s'est plaint que les mots de cette langue n'étoient pas tous dans Cicéron. Cette plainte auroit un sens raisonnable, si Cicéron eût fait un traité complet de botanique. Ces mots cependant sont tous grecs ou latins, expressifs, courts, sonores, et forment même des constructions élégantes par leur extrême précision. C'est dans la pratique journalière de l'art qu'on sent tout l'avantage de cette nouvelle langue, aussi commode et nécessaire aux botanistes qu'est celle de l'algèbre aux géomètres.

Jusque-là M. Linnæus avoit déterminé le plus grand nombre des plantes connues, mais il ne les avoit pas nommées; car ce n'est pas nommer une chose que de la définir : une phrase ne sera jamais un vrai nom, et n'en sauroit avoir l'usage. Il pourvut à ce défaut par l'invention des noms triviaux qu'il joignit à ceux des genres pour distinguer les espèces. De cette manière le nom de chaque plante n'est composé jamais que de deux mots; et ces deux mots seuls, choisis avec discernement et appliqués avec justesse, font souvent mieux connoître la plante que ne faisoient les longues phrases de Micheli et de Plukenet. Pour la connoître mieux encore et plus régulièrement, on a la phrase qu'il faut savoir sans doute, mais qu'on n'a plus besoin de répéter à tout propos lorsqu'il ne faut que nommer l'objet.

Rien n'étoit plus maussade et plus ridicule, lorsqu'une femme ou quelqu'un de ces hommes qui leur ressemblent, vous demandoit le nom d'une herbe ou d'une fleur dans un jardin, que la nécessité de cracher en réponse une longue enfilade de mots latins, qui ressembloient à des évocations magiques; inconvénient suffisant pour rebuter ces personnes frivoles d'une étude charmante offerte avec un appareil aussi pédantesque.

Quelque nécessaire, quelque avantageuse, que fût cette réforme, il ne falloit pas moins que le profond savoir de M. Linnæus pour la faire avec succès, et que la célébrité de ce grand naturaliste pour la faire universellement adopter. Elle a d'abord éprouvé de la résistance, elle en éprouve encore; cela ne sauroit être autrement : ses rivaux dans la même carrière regardent cette adoption comme un aveu d'infériorité qu'ils n'ont garde de faire; sa nomenclature paroît tenir tellement à son système qu'on ne s'avise guère de l'en séparer; et les botanistes du premier ordre, qui se croient obligés, par hauteur, de n'adopter le système de personne, et d'avoir chacun le sien, n'iront pas sacrifier leurs prétentions aux progrès d'un art dont l'amour dans ceux qui le professent est rarement désintéressé.

Les jalousies nationales s'opposent encore à l'admission d'un système étranger. On se croit obligé de soutenir les illustres de son pays, surtout lorsqu'ils ont cessé de vivre; car même l'amour-propre, qui faisoit souffrir avec peine leur supériorité durant leur vie, s'honore de leur gloire après leur mort.

Malgré tout cela, la grande commodité de cette nouvelle nomenclature, et son utilité, que l'usage a fait connaître, l'ont fait adopter presque universellement dans toute l'Europe, plus tôt ou plus tard à la vérité, mais enfin à peu près partout, et même à Paris. M. de Jussieu vient de l'établir au Jardin du Roi, préférant ainsi l'utilité publique à la gloire d'une nouvelle refonte, que sembloit demander la méthode des familles naturelles, dont son illustre oncle est l'auteur. Ce n'est pas que cette nomenclature linnéenne n'ait encore ses défauts, et ne laisse de grandes prises à la critique; mais, en attendant qu'on en trouve une plus parfaite, à qui rien ne manque, il vaut cent fois mieux adopter celle-là que de n'en avoir aucune, ou de retomber dans les phrases de Tournefort et de Gaspar Bauhin. J'ai même peine à croire qu'une meilleure nomenclature pût avoir désormais assez de succès pour proscrire celle-ci, à laquelle les botanistes de l'Europe sont déjà tout accoutumés; et c'est par la double chaîne de l'habitude et de la commodité qu'ils y renonceroient avec plus de peine encore qu'ils n'en eurent à l'adopter. Il faudroit, pour opérer ce changement, un auteur dont le crédit effaçât celui de M. Linnæus, et à l'autorité duquel l'Europe entière voulût se soumettre une seconde fois, ce qui me paroît difficile à espérer; car si son système, quelque excellent qu'il puisse être, n'est adopté que par une seule nation, il jettera la botanique dans un nouveau labyrinthe, et nuira plus qu'il ne servira.

Le travail même de M. Linnæus, bien qu'immense, reste encore imparfait, tant qu'il ne comprend pas toutes les plantes connues, et tant qu'il n'est pas adopté par tous les botanistes sans exception; car les livres de ceux qui ne s'y soumettent pas exigent de la part des lecteurs le même travail pour la concordance auquel ils étoient forcés pour les livres qui ont procédé. On a obligation à M. Crantz, malgré sa passion contre M. Linnæus, d'avoir, en rejetant son système, adopté sa nomenclature. Mais M. Haller, dans son grand et excellent Traité des plantes alpines, rejette à la fois l'un et l'autre, et M. Adanson fait encore plus; il prend une nomenclature toute nouvelle, et ne fournit aucun renseignement pour y rapporter celle de M. Linnæus. M. Haller cite toujours les genres et quelquefois les phrases des espèces de M. Linnæus, mais M. Adanson n'en cite jamais ni genre ni phrase. M. Haller s'attache à une synonymie exacte, par laquelle, quand il n'y joint pas la phrase de M. Linnæus, on peut du moins la trouver indirectement par le rapport des synonymes. Mais M. Linnæus et ses livres sont tout-à-fait nuls pour M. Adanson et pour ses lecteurs; il ne laisse aucun renseignement par lequel on s'y puisse reconnoître : ainsi il faut opter entre M. Linnæus et M. Adanson, qui l'exclut sans miséricorde, et jeter tous les livres de l'un ou de l'autre au feu, ou bien il faut entreprendre un nouveau travail, qui ne sera ni court ni facile, pour faire accorder deux nomenclatures qui n'offrent aucun point de réunion.

De plus, M. Linnæus n'a point donné une synonymie complète. Il s'est contenté, pour les plantes anciennes connues, de citer les Bauhin et Clusius, et une figure de chaque plante. Pour les plantes exotiques découvertes récemment, il a cité un ou deux auteurs modernes, et les figures de Rheedi, de Rumphius, et quelques autres, et s'en est tenu là. Son entreprise n'exigeoit pas de lui une compilation plus étendue, et c'étoit assez qu'il donnât un seul renseignement sûr pour chaque plante dont il parloit.

Tel est l'état actuel des choses. Or, sur cet exposé, je demande à tout lecteur sensé comment il est possible de s'attacher à l'étude des plantes en rejetant celle de la nomenclature. C'est comme si l'on vouloit se rendre savant dans une langue sans vouloir en apprendre les mots. Il est vrai que les noms sont arbitraires, que la connoissance des plantes ne tient point nécessairement à celle de la nomenclature, et qu'il est aisé de supposer qu'un homme intelligent pourroit être un excellent botaniste, quoiqu'il ne connût pas une seule plante par son nom; mais qu'un homme, seul, sans livre et sans aucun secours des lumières communiquées, parvienne à devenir de lui-même un très-médiocre botaniste, c'est une assertion ridicule à faire, et une entreprise impossible à exécuter. Il s'agit de savoir si trois cents ans d'études et d'observations doivent être perdus pour la botanique, si trois cents volumes de figures et de descriptions doivent être jetés au feu, si les connoissances acquises par tous les savants qui ont consacré leur bourse, leur vie et leurs veilles, à des voyages immenses, coûteux, pénibles et périlleux, doivent être inutiles à leurs successeurs, et si chacun, partant toujours de zéro pour son premier point, pourra parvenir de lui-même aux mêmes connoissances qu'une longue suite de recherches et d'études a répandues dans la masse du genre humain. Si cela n'est pas, et que la troisième et plus aimable partie de l'histoire naturelle mérite l'attention des curieux, qu'on me dise comment on s'y prendra pour faire usage des connoissances ci-devant acquises, si l'on ne commence par apprendre la langue des auteurs, et par savoir à quels objets se rapportent les noms employés par chacun d'eux. Admettre l'étude de la botanique, et rejeter celle de la nomenclature, c'est donc tomber dans la plus absurde contradiction.

FRAGMENS POUR UN DICTIONNAIRE DES TERMES D'USAGE EN BOTANIQUE.

ABORTIF. Qui ne parvient point à sa perfection.

ABRUPTE. On donne l'épithète d'*abrupte* aux feuilles pinnées, au sommet desquelles manque la foliole impaire terminale qu'elles ont ordinairement.

ABREUVOIRS, ou gouttières. Trous qui se forment dans le bois pourri des chicots, et qui, retenant l'eau des pluies, pourrissent enfin le reste du tronc.

ACAULIS, sans tige.

ACOTYLÉDONE, *sans cotylédons*. La plante ne développe point dans sa germination la feuille primordiale nommée *cotylédon*.

AGAMIE, au lieu de *Cryptogamie*. Sans étamines ni pistils.

AGRÉGÉES. Pédicellées naissantes; plusieurs ensemble d'un même point de la tige.

AIGRETTE. Touffe de filamens simples ou plumeux qui couronnent les semences dans plusieurs genres de composées et d'autres fleurs. L'aigrette est ou sessile, c'est-à-dire immédiatement attachée autour de l'embryon qui la porte, ou pédiculée, c'est-à-dire portée par un pied appelé en latin *stipes*, qui la tient élevée au-dessus de l'embryon. L'aigrette sert d'abord de calice au fleuron, ensuite elle le pousse et le chasse à mesure qu'il se fane, pour qu'il ne reste pas sous la semence et ne l'empêche pas de mûrir; elle garantit cette même semence nue de l'eau de la pluie qui pourroit la pourrir; et lorsque la semence est mûre, elle lui sert d'aile pour être portée et disséminée au loin par les vents.

AILÉE. Une feuille composée de deux folioles opposées sur le même pétiole s'appelle feuille ailée.

AISSELLE. Angle aigu ou droit, formé par une branche sur une autre branche, ou sur la tige, ou par une feuille sur une branche.

ALÉNÉ. Fait en alène.

ALTERNES. Feuilles qui se trouvent sur divers points de la tige à des distances à peu près égales.

AMANDE. Semence enfermée dans un noyau.

AMENTACÉE. Plante dont les fleurs sont disposées en chaton.

AMPLEXICAULE, dont la base embrasse la tige.

ANCIPITÉ. Ayant deux bords opposés plus ou moins tranchans.

ANDROGYNE. Qui porte des fleurs mâles et des fleurs femelles sur le même pied. Ces mots *androgyne* et *monoïque* signifient absolument la même chose: excepté que dans le premier on fait plus d'attention au différent sexe des fleurs; et dans le second, à leur assemblage sur le même individu.

ANGIOSPERME; à semences enveloppées. Ce terme d'angiosperme convient également aux fruits à capsule et aux fruits à baie.

ANTHÈRE. Capsule ou boîte portée par le filet de l'étamine, et qui, s'ouvrant au moment de la fécondation, répand la poussière prolifique.

Anthèse. Le temps où tous les organes d'une fleur sont dans leur parfait accroissement.

Anthologie. Discours sur les fleurs. C'est le titre d'un livre de Pontedera, dans lequel il combat de toute sa force le système sexuel qu'il eût sans doute adopté lui-même, si les écrits de Vaillant et de Linnæus avoient précédé le sien.

Aphrodites. M. Adanson donne ce nom à des animaux dont chaque individu reproduit son semblable par la génération, mais sans aucun acte extérieur de copulation ou de fécondation, tels que quelques pucerons, les conques, la plupart des vers sans sexe, les insectes qui se reproduisent sans génération, mais par la section d'une partie de leur corps. En ce sens, les plantes qui se multiplient par boutures et par caïeux peuvent être appelées aussi aphrodites. Cette irrégularité, si contraire à la marche ordinaire de la nature, offre bien des difficultés à la définition de l'espèce : est-ce qu'à proprement parler il n'existeroit point d'espèces dans la nature, mais seulement des individus ? Mais on peut douter, je crois, s'il est des plantes absolument *aphrodites*, c'est-à-dire qui n'ont réellement point de sexe et ne peuvent se multiplier par copulation. Au reste, il y a cette différence entre ces deux mots *aphrodite* et *asexe*, que le premier s'applique aux plantes qui, n'ayant point de sexe, ne laissent pas de multiplier, au lieu que l'autre ne convient qu'à celles qui sont neutres ou stériles, et incapables de reproduire leur semblable.

Aphylle. On pourroit dire effeuillé; mais *effeuillé* signifie dont on a ôté les feuilles, et *aphylle*, qui n'en a point.

Appendice. Toute partie qui, fixée à un organe quelconque, paraît additionnelle à la structure ordinaire de cet organe.

Arbre. Plante d'une grandeur considérable, qui n'a qu'un seul et principal tronc divisé en maîtresses branches.

Arbrisseau. Plante ligneuse de moindre taille que l'arbre, laquelle se divise ordinairement dès la racine en plusieurs tiges. Les arbres et les arbrisseaux poussent, en automne, des boutons dans les aisselles des feuilles, qui se développent dans le printemps et s'épanouissent en fleurs et en fruits; différence qui les distingue des sous-arbrisseaux.

Arille. Partie charnue qu'on rencontre dans quelques fruits, et qui n'est qu'une expansion du *cordon ombilical*. Voyez ce mot.

Articulé. Tige, racines, feuilles, siliques : se dit lorsque quelqu'une de ces parties de la plante se trouve coupée par des nœuds distribués de distance en distance.

Aubier. Nouveau bois qui se forme chaque année sur le corps ligneux.

Axillaire. Qui sort d'une aisselle.

Baccifère, dont le fruit est une baie.

Baie. Fruit charnu ou succulent à une ou plusieurs loges.

Balle. Calice dans les graminées.

Bifide. Divisé longitudinalement en deux parties séparées par un angle rentrant aigu.

Bifide diffère de *bilobé*, en ce qu'au lieu d'un angle aigu, celui-ci a un sinus obtus plus ou moins arrondi.

Bigéminées. Au nombre de quatre, deux à deux, sur un pédoncule commun.

Boulon. Groupe de fleurettes amassées en tête.

Bourgeon. Germe des feuilles et des branches.

Bouton. Germe des fleurs.

Bouton. 1° A bois ou à feuilles appelé vulgairement bourgeon, est celui qui ne doit produire que des feuilles et du bois. 2° Bouton à fleur et fruit, produit l'une et l'autre. 3° Mixte, donne des fleurs, des feuilles et du bois. Les boutons à fruit sont plus gros, plus courts, moins unis, moins pointus que les autres, et leurs écailles sont plus velues en dedans.

Bouture. Est une jeune branche que l'on coupe à certains arbres moelleux, tels que le figuier, le saule, le cognassier, laquelle reprend en terre sans racine. La réussite des boutures dépend plutôt de leur facilité à produire des racines, que de l'abondance de la moelle des branches; car l'oranger, le bouis, l'if et la sabine, qui ont peu de moelle, reprennent facilement de bouture.

Bractées ou Feuilles florales. Petites feuilles qui naissent avec les fleurs, et qui diffèrent toujours des feuilles de la plante.

Branches. Bras plians et élastiques du corps de l'arbre : ce sont elles qui lui donnent la figure; elles sont ou alternes, ou opposées, ou verticillées. Le bourgeon s'étend peu à peu en branches posées collatéralement et composées des mêmes parties de la tige; et l'on prétend que l'agitation des branches causées par le vent est aux arbres ce qu'est aux animaux l'impulsion du cœur. On distingue :

1° Les maîtresses branches, qui tiennent immédiatement au tronc, et d'où partent toutes les autres.

2° Les branches à bois, qui, étant les plus grosses et pleines de boutons plats, donnent la forme à un arbre fruitier, et doivent le conserver en partie.

3° Les branches à fruit sont plus foibles et ont des boutons ronds.

4° Les chiffonnes sont courtes et menues.

5° Les gourmandes sont grosses, droites et longues.

6° Les veules sont longues et ne promettent aucune fécondité.

7° La branche aoûtée est celle qui, après le mois d'août, a pris naissance, s'endurcit, et devient noirâtre.

8° Enfin, la branche de faux bois est grosse à l'endroit où elle devroit être menue, et ne donne aucune marque de fécondité.

Bulbe. Est une racine orbiculaire composée de plusieurs peaux ou tuniques emboîtées les unes dans les autres. Les bulbes sont plutôt des boutons sous terre que des racines, ils en ont eux-mêmes de véritables, généralement presque cylindriques et rameuses.

Calice. Enveloppe extérieure, ou soutien des autr s parties de la fleur, etc. Comme il y a des plantes qui n'ontpoint de calice, il y en a aussi dont le calice se métamorphose peu à peu en feuilles de la plante, et réciproquement il y en a dont les feuilles de la plante se changent en calice : c'est ce qui se voit dans la famille de quelques renoncules, comme l'anémone, la pulsatille, etc.

Calicule. Petites bractées environnant immédiatement la base externe d'un calice.

Campaniforme, ou Campanulée. (V. Cloche.)

Capillaires. On appelle feuilles capillaires, dans la famille des mousses, celles qui sont déliées comme des cheveux. C'est ce qu'on trouve souvent exprimé dans le *Synopsis* de Ray, et dans l'Histoire des mousses de Dillen, par le mot grec de *Trichodes*.

On donne aussi le nom de capillaires à une branche de la famille des fougères, qui porte comme elle sa fructification sur le dos des feuilles, et ne s'en distingue que par la stature des plantes qui la composent, beaucoup plus petites dans les capillaires que dans les fougères.

Caprification. Fécondation des fleurs femelles d'une sorte de figuier dioïque par la poussière des étamines de l'individu mâle appelé caprifiguier. Au moyen de cette opération de la nature, aidée en cela de l'industrie humaine, les figues ainsi fécondées grossissent, mûrissent, et donnent une récolte meilleure et plus abondante qu'on ne l'obtiendroit sans cela.

La merveille de cette opération consiste en ce que, dans le genre du figuier, les fleurs étant encloses dans le fruit, il n'y a que celles qui sont hermaphrodites ou androgynes qui semblent pouvoir être fécondées; car, quand les sexes sont tout-à-fait séparés, on ne voit pas comment la poussière des fleurs mâles pourroit pénétrer sa propre enveloppe et celle du fruit femelle jusqu'aux pistils qu'elle doit féconder. C'est un insecte qui se charge de ce transport : une sorte de moucheron particulière au caprifiguier y pond, y éclôt, s'y couvre de la poussière des étamines, la porte par l'œil de la figue à travers les écailles qui en garnissent l'entrée, jusque dans l'intérieur du fruit, et là, cette poussière, ne trouvant plus d'obstacle, se dépose sur l'organe destiné à la recevoir.

L'histoire de cette opération a été détaillée en premier lieu par Théophraste, le premier, le plus savant, ou, pour mieux dire, l'unique et vrai botaniste de l'antiquité; et, après lui, par Pline chez les anciens; chez les modernes par Jean Bauhin; puis par Tournefort sur les lieux mêmes; après lui, par Pontedera, et par tous les compilateurs de botanique et d'histoire naturelle, qui n'ont fait que transcrire la relation de Tournefort.

Capsulaires. Les plantes capsulaires sont celles dont le fruit est à capsules. Ray a fait de cette division sa dix-neuvième classe, *Herbæ vasculiferæ*.

Capsule. Péricarpe sec d'un fruit sec; car on ne donne point, par exemple, le nom de capsule à l'écorce de la grenade, quoique aussi sèche et dure que beaucoup d'autres capsules, parce qu'elle enveloppe un fruit mou.

Capuchon (*Calyptra*). Coiffe pointue qui couvre ordinairement l'urne des mousses. Le capuchon est d'abord adhérent à l'urne, mais ensuite il se détache et tombe quand elle approche de la maturité.

Caractères des plantes. Parties par lesquelles les végétaux se ressemblent ou diffèrent entre eux. Ils sont *classiques, génériques* et *spécifiques*, quand ils forment les classes, les genres et les espèces. Linnée a pris dans les étamines les caractères des classes, les pistils pour les ordres, l'examen de toutes les parties des organes reproductifs de la plante pour les genres, et toutes les parties visibles et palpables pour les espèces.

Caryophyllée. Fleur caryophyllée ou en œillet.

Casque. Lèvre supérieure des corolles labiées.

Caulinaire. Ce qui naît immédiatement sur la tige.

Cayeux. Bulbes par lesquelles plusieurs liliacées et autres plantes se reproduisent.

Chancissure. Assemblage de petits filamens produits par du fumier de mauvaise nature, ou par les racines de quelques plantes malades.

Chaton. Assemblage de fleurs mâles ou femelles spiralement attachées à un axe, ou réceptacle commun, autour duquel ces fleurs prennent la figure d'une queue de chat. Il y a plus d'arbres à chatons mâles qu'il n'y en a qui aient aussi des chatons femelles.

Chaume (*Culmus*). Nom particulier dont on distingue la tige des graminées de celles des autres plantes, et à qui l'on donne pour caractère propre d'être géniculée et fistuleuse, quoique beaucoup d'autres plantes aient ce même caractère, et que les laiches et divers gramens des Indes ne l'aient pas. On ajoute que le chaume n'est jamais rameux, ce qui néanmoins souffre encore exception dans l'*arundo calamagrostis*, et dans d'autres.

Chevauchantes. Feuilles pliées comme une gouttière aiguë, et appliquées les unes sur les autres, disposées de même que dans l'imbrication; elles sont convexes au lieu d'être angulées par le dos.

Chevelue. Racine chargée d'un grand nombre de fibres déliées.

Cime (en). Les pédoncules communes partant d'un même point ont leurs dernières divisions naissantes de points différens. Les fleurs sont élevées ordinairement sur un même plan. (Le sureau.)

Cirrhe. Filament au moyen duquel certaines plantes s'attachent à d'autres corps. (La vigne.)

Coiffe. Enveloppe mince et membraneuse qui recouvre l'urne dans laquelle sont renfermés les organes de la fructification des mousses.

Cloche. Fleurs en cloche, ou campaniformes.

Collerette ou **Involucre.** Enveloppe commune ou partielle des ombellifères, placée à une certaine distance du lieu où sont insérés les pétales des fleurs.

Collet. Petite couronne qui termine intérieurement la gaîne des feuilles des graminées.

Coloré. Les calices, les balles, les écailles, les enveloppes, les parties extérieures des plantes qui sont vertes ou grises, communément sont dites colorées lorsqu'elles ont une couleur plus éclatante et plus vive que leurs semblables; tels sont les calices de la circée, de la moutarde, de la carline, les enveloppes de l'astrantia : la corolle des ornithogales blancs et jaunes est verte en dessous, et colorée en dessus; les écailles du xéranthème sont si colorés qu'on les prendroit pour des pétales; et le calice du polygala, d'abord très-coloré, perd sa couleur peu à peu, et prend enfin celle d'un calice ordinaire.

Complète (Fleur). Quand elle a calice, corolle, étamines et pistil

Comprimé. Quand la largeur des côtés excède l'épaisseur.

Congénère. Qui est du même genre.

Conglobées. Feuilles ou fleurs ramassées en boule.

Conifères. Fleurs ou fruits en forme de cône (le pin). Le cône est un assemblage, arrondi ou ovoïdal, d'écailles coriaces ou ligneuses, imbriquées en tout sens d'une manière plus ou moins serrée autour d'un axe commun caché par elles.

Conjuguées. Deux folioles fixées au sommet d'un pétiole commun, ou sur deux points opposés du même pétiole.

Convolutée. Roulée en dedans par un côté; la feuille fait alors l'entonnoir.

Cordon ombilical dans les capillaires et fougères.

Cordon ombilical. La saillie que forme le réceptacle d'une graine qu'elle porte ou enveloppe en s'y attachant par un point qu'on nomme *hile*.

Cornet. Sorte de nectaire infundibuliforme.

Corolle. Partie de la fleur qui embrasse immédiatement les parties sexuelles de la plante. C'est un organe en lance, ou en tube (suivant que la corolle est monopétale ou polypétale), qui, étant placé en dedans du calice, naît immédiatement en dehors du point ou de la ligne d'insertion des étamines, ou bien les porte attachées par leurs bases à sa paroi interne. L'existence d'une corolle exige, suivant plusieurs botanistes, celle d'un calice. La corolle n'est jamais continue au bord même du calice.

Cortical. Qui appartient à l'écorce.

Corymbe. Disposition de fleur qui tient le milieu entre l'ombelle et la panicule; les pédicules sont gradués le long de la tige comme dans la panicule, et arrivent tous à la même hauteur, formant à leur sommet une surface plane.

Le corymbe diffère de l'ombelle en ce que les pédicules qui le forment, au lieu de partir du même centre, partent, à différentes hauteurs, de divers points sur le même axe.

Corymbifères. Ce mot sembleroit devoir désigner les plantes à fleurs en corymbe, comme celui d'*ombellifères* désigne les plantes à fleurs en parasol. Mais l'usage n'a pas autorisé cette analogie, l'acception dont je vais parler n'est pas même fort usitée; mais comme elle a été employée par Ray et par d'autres botanistes, il la faut connoître pour les entendre.

Les plantes *corymbifères* sont donc, dans la classe des composées et dans la section des discoïdes, celles qui portent leurs semences nues, c'est-à-dire sans aigrettes ni filets qui les couronnent; tels sont les bidens, les armoises, la tanaisie, etc. On observera que les demi-fleuronnées, à semences nues, comme la lampsane, l'hyoseris, la catanance, etc., ne s'appellent pas cependant corymbifères parce qu'elles ne sont pas du nombre des *discoïdes*.

Cosse. Péricarpe des fruits légumineux. La cosse est composée ordinairement de deux valvules, et quelquefois n'en a qu'une seule.

Cosson. Nouveau sarment qui croît sur la vigne après qu'elle est taillée.

Cotylédon. Foliole, ou partie de l'embryon, dans laquelle s'élaborent et se préparent les sucs nutritifs de la nouvelle plante.

Les cotylédons, autrement appelés feuilles séminales, sont les premières parties de la plante qui paroissent hors de la terre lorsqu'elle commence à végéter. Ces premières feuilles sont très-souvent d'une autre forme que celles qui les suivent, et qui sont les véritables feuilles de la plante. Car, pour l'ordinaire, les cotylédons ne tardent pas à se flétrir et à tomber peu après que la plante est levée, et qu'elle reçoit par d'autres parties une nourriture plus abondante que celle qu'elle tiroit par eux de la substance même de la semence.

Il y a des plantes qui n'ont qu'un cotylédon, et qui, pour cela, s'appellent monocotylédones, tels sont les palmiers, les liliacées, les graminées, et d'autres plantes; le plus grand nombre en ont deux, et s'appellent dicotylédones; si d'autres en ont davantage, elles s'appelleront polycotylédones. Les acotylédones, sont celles qui n'ont pas de cotylédons, telles que les fougères, les mousses, les champignons, et toutes les cryptogames.

Ces différences de la germination ont fourni à Ray, à d'autres botanistes, et en dernier lieu à MM. de Jussieu et Haller, la première ou plus grande division naturelle du règne végétal.

Mais, pour classer les plantes suivant cette méthode, il faut les examiner sortant de terre dans leur première germination, et jusque dans la semence même; ce qui est souvent fort difficile, surtout pour les plantes marines et aquatiques, et pour les arbres et plantes étrangères ou alpines qui refusent de germer et naître dans nos jardins.

Couronné. Fruit qui, provenant d'un ovaire infère, conserve à son sommet une partie ou la totalité du limbe du calice.

Crucifère ou **Cruciforme**, disposé en forme de croix. On donne spécialement le nom de crucifère à une famille de plantes dont le caractère est d'avoir des fleurs composées de quatre pétales disposées en croix, sur un calice composé d'autant de folioles, et, autour du pistil, six étamines, dont deux, égales entre elles, sont plus courtes que les quatre autres, et les divisent également.

Cryptogame, dont les organes sexuels sont cachés, douteux ou difficiles à connoître. On feroit mieux d'appeler les plantes de ce genre *agames*, puisqu'elles n'ont ni étamines ni pistils.

Culmifère. Plante dont la tige est un chaume. (Les graminées.)

Cunéiforme. Rétréci de haut en bas en angle aigu.

Cupules. Sortes de petites calottes ou coupes qui naissent le plus souvent sur plusieurs lichens et algues, et dans le creux desquelles on voit les semences naître et se former, surtout dans le genre appelé jadis hépatique des fontaines, et aujourdui marchantia.

Cylindrique. Ce qui est d'une forme allongée, de même grosseur dans sa longueur, et sans angles.

Cyme ou **Cymier.** Sorte d'ombelle, qui n'a rien de régulier, quoique tous ses rayons parlent du même centre; telles sont les fleurs de l'obier, du chèvrefeuille, etc.

DÉCOURANTE. Feuille dont les deux bords se prolongent avec saillie sur la tige au-dessous de son point détaché.

DÉHISCENCE. Manière dont une partie close de toutes parts s'ouvre.

DEMI-FLEURON. C'est le nom donné par Tournefort, dans les fleurs composées, aux fleurons échancrés qui garnissent le disque des lactucées, et à ceux qui forment le contour des radiées. Quoique ces deux sortes de demi-fleurons soient exactement de même figure, et pour cela confondues sous le même nom par les botanistes, ils diffèrent pourtant essentiellement en ce que les premiers ont toujours des étamines, et que les autres n'en ont jamais. Les demi-fleurons, de même que les fleurons, sont toujours supères, et portés par la semence, qui est portée à son tour par le disque, ou réceptacle de la fleur Le demi-fleuron est formé de deux parties, l'inférieure, qui est un tube ou cylindre très-court, et la supérieure, qui est plane, taillée en languette, et à qui l'on en donne le nom. (Voyez FLEURON, FLEUR.)

DENTÉ. Ce dont les bords offrent de petites et courtes saillies.

DIADELPHES. Etamines réunies en deux corps par leurs filets : un de ceux-ci pouvant être solitaire.

DIADELPHIE, signifie deux frères. *Voyez* la 17e classe du système.

DIÉCIE, ou DIOÉCIE, habitation séparée. On donne le nom de Diécie à une classe de plantes composées de toutes celles qui portent leurs fleurs mâles sur pied, et leurs fleurs femelles sur un autre pied.

DIGITÉ. Une feuille est digitée lorsque ses folioles partent toutes du sommet de son pétiole comme d'un centre commun. Telle est, par exemple, la feuille du marronnier d'Inde.

DIGYNE. Fleur ayant ou deux pistils, ou deux styles, ou deux stygmates sessiles.

DIOÏQUE. Toutes les plantes de la diécie sont dioïques.

DIPTÈRE. Ayant deux ailes.

DISPERME. Fruit renfermant deux graines, tantôt *opposées* l'une à côté de l'autre, ou *surposées* l'une au-dessus de l'autre.

DISQUE. Corps intermédiaire qui tient la fleur ou quelques-unes de ses parties élevées au-dessus du vrai réceptacle.

Quelquefois on appelle disque le réceptacle même, comme dans les composées ; alors on distingue la surface du réceptacle, ou le disque, du contour qui le borde, et qu'on nomme rayon.

Disque est aussi un corps charnu qui se trouve dans quelques genres de plantes au fond du calice, dessous l'embryon ; quelquefois les étamines sont attachées autour de ce disque.

DIVERGENS. Pédoncules qui ont un point d'insertion commun et s'écartent ensuite.

DODÉCAGYNE. Fleur ayant douze pistils, styles ou stigmates sessiles.

DORSIFÈRES. Feuilles qui portent sur leur dos les parties de la fructification. (Les fougères.)

DRAGEONS. Branches enracinées qui tiennent au pied d'un arbre, ou au tronc, dont on ne peut les arracher sans l'éclater.

DROUPE. Fruit charnu renfermant une seule noix. (Cerise, olive.)

DURÉE DES PLANTES exprimée par les signes suivans :

☉ Annuelle.	♃ Vivace.
♂ Bisannuelle.	♄ Ligneuse.

ÉCAILLES, ou PAILLETTES. Petites languettes paléacées, qui, dans plusieurs genres de fleurs composées, implantées sur le réceptacle, distinguent et séparent les fleurons : quand les paillettes sont de simples filets, on les appelle des poils ; mais quand elles ont quelque largeur, elles prennent le nom d'écailles.

Il est singulier dans le xéranthème à fleur double, que les écailles autour du disque s'allongent, se colorent, et prennent l'apparence de vrais demi-fleurons, au point de tromper à l'aspect quiconque n'y regarderoit pas de bien près.

On donne très-souvent le nom d'écailles aux calices des chatons et des cônes : on le donne aussi aux folioles des calices imbriqués des fleurs en tête, tels que les chardons, les jacées, et à celles des calices de substance sèche et scarieuse du xéranthème et de la catananche.

La tige des plantes dans quelques espèces est aussi chargée d'écailles : ce sont des rudimens coriaces de feuilles qui quelquefois en tiennent lieu, comme dans l'orobanche et le tussilage.

Enfin on appelle encore écailles les enveloppes imbriquées des balles de plusieurs liliacées, et les balles ou calices aplatis des schœnus, et d'autres graminacées.

ÉCHANCRÉ. Dont le sommet a un petit sinus ou angle rentrant.

ÉCORCE. Vêtement ou partie enveloppante du tronc et des branches d'un arbre. L'écorce est moyenne entre l'épiderme à l'extérieur, et le *liber* à l'intérieur; ces trois enveloppes se réunissent souvent dans l'usage vulgaire, sous le nom commun d'écorce.

ÉCUSSON. Petits tubercules ou petites concavités des lichens, dans le temps de leur fructification.

ÉDULE (*Edulis*), bon à manger. Ce mot est du nombre de ceux qu'il est à désirer qu'on fasse passer du latin dans la langue universelle de la botanique.

EMBRYON. Le jeune fruit qui renferme en petit la plante. Il est ou droit ou courbé, ou roulé en spirale. L'une de ses extrémités est formée par la *radicule* (principe d'une racine), l'autre est constitué par le *cotylédon*, dont la base interne donne naissance à la plumule. Nul embryon végétal ne peut exister sans cotylédon.

ÉNODÉ. Sans nœuds.

ENSIFORME. En forme d'épée.

ENTRE-NOEUDS. Ce sont, dans les chaumes des graminées, les intervalles qui séparent les nœuds d'où naissent les feuilles. Il y a quelques gramens, mais en bien petit nombre, dont le chaume, nu d'un bout à l'autre, est sans nœud, et, par conséquent sans entre-nœuds, tel, par exemple, que l'*aira cœrulea*.

ENVELOPPE. Espèce de calice qui contient plusieurs fleurs, comme dans le pied-de-veau, le figuier, les fleurs à fleurons. Les fleurs garnies d'une enveloppe ne sont pas pour cela dépourvues de calice.

ÉPERON. Protubérance en forme de cône droit ou recourbé, faite dans plusieurs sortes de fleurs par le prolongement du nectaire; tels sont les éperons des orchis, des linaires, des ancolies, des pieds-d'alouettes, de plusieurs géraniums et de beaucoup d'autres plantes.

ÉPI. Forme de bouquet dans laquelle les fleurs sont attachées autour d'un axe ou réceptacle commun formé par l'extrémité du chaume ou de la tige unique. Quand les fleurs sont pédiculées, pourvu que tous les pédicules soient simples et attachés immédiatement à l'axe, le bouquet s'appelle toujours épi; mais dans l'épi, rigoureusement pris, les fleurs sont sessiles.

ÉPIDERME (l'). Est la peau fine extérieure qui enveloppe les couches corticales; c'est une membrane très-fine, transparente, ordinairement sans couleur, élastique, et un peu poreuse.

ÉPIGYNE. Inséré sur le sommet de l'ovaire qui est alors infère.

ESPÈCE. Réunion de plusieurs variétés ou individus sous un caractère commun qui les distingue de toutes les autres plantes du même genre.

ÉTAMINES. Agens masculins de la fécondation : leur forme est ordinairement celle d'un filet qui supporte une tête appelée anthère ou sommet. Cette anthère est une espèce de capsule qui contient la poussière prolifique : cette poussière s'échappe, soit par explosion, soit par dilatation, et va s'introduire dans le stigmate pour être portée jusqu'aux ovaires qu'elle feconde. Les étamines varient par la forme et par le nombre.

ÉTENDARD. Pétale supérieur des fleurs légumineuses.

ÉTIOLÉE. Branche qui s'élève à une hauteur extraordinaire sans prendre de couleur ni de grosseur. L'étiolement est une maladie des plantes, causée par la privation de la lumière et de l'air; elles périssent avant de donner des fruits.

EXCRÉTION DES PLANTES. Dissipation de liqueurs superflues faite à l'aide de certains vaisseaux que l'on nomme *conduits excréteurs* ou *vaisseaux excrétoires*.

EXERT. Saillant au dehors de la partie contenante.

EXOTIQUE. Plante étrangère au climat qu'elle habite.

EXTRAXILLAIRE. Qui ne naît pas dans l'aisselle même des fleurs.

FAMILLE. Linnée a divisé tous les végétaux en sept familles : 1° les champignons; 2° les algues; 3° les mousses; 4° les fougères; 5° les graminées; 6° les palmiers; 7° les plantes. Une famille est une série de genres dont l'affinité réside dans l'ensemble des rapports tirés de toutes leurs parties, notamment de celles de leur fructification.

FANE. La fane d'une plante est l'assemblage des feuilles d'en-bas.

FASCICULÉES. Feuilles ramassées comme en paquet par le raccourcissement du ramoncule qui les porte.

FASTIGIÉS. (Rameaux ou fleurs), terminés à la même hauteur.

FÉCONDATION. Opération naturelle par laquelle les étamines portent, au moyen du pistil, jusqu'à l'ovaire le principe de vie nécessaire à la maturation des semences et à leur germination.

FEUILLES. Sont des organes nécessaires aux plantes pour pomper l'humidité de l'air pendant la nuit et faciliter la transpiration durant le jour : elles suppléent encore dans les végétaux au mouvement progressif et spontané des animaux, en donnant prise au vent pour agiter les plantes et les rendre plus robustes. Les plantes alpines, sans cesse battues du vent et des ouragans, sont toutes fortes et vigoureuses : au contraire, celles qu'on élève dans un jardin ont un air trop calme, y prospèrent moins, et souvent languissent et dégénèrent.

Fibreux. Dont la chair ou le péricarpe est rempli de filamens plus ou moins tenaces.

Filet. Pédicule qui soutient l'étamine. On donne aussi le nom de filet aux poils qu'on voit sur la surface des tiges, des feuilles, et même des fleurs de plusieurs plantes.

Filipendule. Qui pend comme un fil.

Fistuleux. Allongé, cylindrique et creux, mais clos par les deux bouts.

Fleur. Si je livrois mon imagination aux douces sensations que ce mot semble appeler, je pourrois faire un article agréable peut-être aux bergers, mais fort mauvais pour les botanistes : écartons donc un moment les vives couleurs, les odeurs suaves, les formes élégantes, pour chercher premièrement à bien connoître l'être organisé qui les rassemble. Rien ne paroît d'abord plus facile : qui est-ce qui croit avoir besoin qu'on lui apprenne ce que c'est qu'une fleur? Quand on ne me demande pas ce que c'est que le temps, disoit saint Augustin, je le sais fort bien ; je ne le sais plus quand on me le demande. On en pourroit dire autant de la fleur et peut-être de la beauté même, qui, comme elle, est la rapide proie du temps. En effet, tous les botanistes qui ont voulu donner jusqu'ici des définitions de la fleur ont échoué dans cette entreprise, et les plus illustres, tels que MM. Linnæus, Haller, Adanson, qui sentoient mieux la difficulté que les autres, n'ont pas même tenté de la surmonter, et ont laissé la fleur à définir. Le premier a bien donné dans sa *Philosophie botanique* les définitions de Jungins, de Ray, de Tournefort, de Pontedera, de Ludwig, mais sans en adopter aucune et sans en proposer de son chef.

Avant lui Pontedera avoit bien senti et bien exposé cette difficulté; mais il ne put résister à la tentation de la vaincre. Le lecteur pourra bientôt juger du succès. Disons maintenant en quoi cette difficulté consiste, sans néanmoins compter, si je tente à mon tour de lutter contre elle, de réussir mieux qu'on n'a fait jusqu'ici.

On me présente une rose, et l'on me dit : Voilà une fleur. C'est me la montrer, je l'avoue, mais ce n'est pas la définir, et cette inspection ne me suffira pas pour décider sur toute autre plante si ce que je vois est ou n'est pas la fleur; car il y a une multitude de végétaux qui n'ont, dans aucune de leurs parties, la couleur apparente que Ray, Tournefort, Jungins, font entrer dans la définition de la fleur, et qui pourtant portent des fleurs non moins réelles que celles du rosier, quoique bien moins apparentes.

On prend généralement pour la fleur la partie colorée de la fleur qui est la corolle, mais on s'y trompe aisément : il y a des bractées et d'autres organes autant et plus colorés que la fleur même et qui n'en font point partie, comme on le voit dans l'ormin, dans le blé-de-vache, dans plusieurs amaranthes et chenopodium ; il y a des multitudes de fleurs qui n'ont point du tout de corolle, d'autres qui l'ont sans couleur, si petite et si peu apparente, qu'il n'y a qu'une recherche bien soigneuse qui puisse l'y faire trouver. Lorsque les blés sont en fleur, y voit-on des pétales colorés? en voit-on dans les mousses, dans les graminées? en voit-on dans les chatons du noyer, du hêtre et du chêne, dans l'aune, dans le noisetier, dans le pin, et dans ces multitudes d'arbres et d'herbes qui n'ont que des fleurs à étamines? Ces fleurs néanmoins n'en portent pas moins le nom de fleur : l'essence de la fleur n'est donc pas dans la corolle.

Elle n'est pas non plus séparément dans aucune des autres parties constituantes de la fleur, puisqu'il n'y a aucune de ces parties qui ne manque à quelques espèces de fleurs : le calice manque, par exemple, à presque toute la famille des liliacées, et l'on ne dira pas qu'une tulipe ou un lis ne sont pas une fleur. S'il y a quelques parties plus essentielles que d'autres à une fleur, ce sont certainement le pistil et les étamines : or, dans toute la famille des cucurbitacées, et même dans toute la classe des monoïques, la moitié des fleurs sont sans pistil, l'autre moitié sans étamines, et cette privation n'empêche pas qu'on ne les nomme et qu'elles ne soient les unes et les autres de véritables fleurs. L'essence de la fleur ne consiste donc ni séparément dans quelques-unes de ses parties dites constituantes, ni même dans l'assemblage de toutes ces parties. En quoi donc consiste proprement cette essence? Voilà la question, voilà la difficulté, et voici la solution par laquelle Pontedera a tâché de s'en tirer.

La fleur, dit-il, est une partie de la plante, différente des autres par sa nature et par sa forme, toujours adhérente et utile à l'embryon, si la fleur a un pistil, et, si le pistil manque, ne tenant à nul embryon.

Cette définition pèche, ce me semble, en ce qu'elle embrasse trop; car, lorsque le pistil manque, la fleur n'ayant plus d'autres caractères que de différer des autres parties de la plante par sa nature et par sa forme, on pourra donner ce nom aux bractées, aux stipules, aux nectarium, aux épines, et à tout ce qui n'est ni feuilles ni branches; et quand la corolle est tombée et que le fruit approche de sa maturité, on pourroit encore donner le nom de fleur au calice et au réceptacle, quoique réellement il n'y ait alors plus de fleur. Si donc cette définition convient *omni*, elle ne convient pas *soli*, et manque par là d'une des deux principales conditions requises : elle laisse d'ailleurs un vide dans l'esprit, qui est le plus grand défaut qu'une définition puisse avoir; car, après avoir assigné l'usage de la fleur au profit de l'embryon quand elle y adhère, elle fait supposer totalement inutile celle qui n'y adhère pas, et cela remplit mal l'idée que le botaniste doit avoir du concours des parties et de leur emploi dans le jeu de la machine organique.

Je crois que le défaut général vint ici d'avoir considéré la fleur comme une substance absolue, tandis qu'elle n'est, ce me semble, qu'un être collectif et relatif; et d'avoir trop raffiné sur les idées, tandis qu'il falloit se borner à celle qui se présentoit naturellement. Selon cette idée, la fleur ne me paroît être que l'état passager des parties de la fructification durant la fécondation du germe : de là suit que, quand toutes les parties de la fructification seront réunies, il n'y aura qu'une fleur; quand elles seront séparées, il y en aura autant qu'il y a de parties essentielles à la fécondation; et, comme ces parties essentielles ne sont qu'au nombre de deux, savoir, le pistil et les étamines, il n'y aura par conséquent que deux fleurs, l'une mâle et l'autre femelle, qui soient nécessaires à la fructification. On en peut cependant supposer une troisième qui réuniroit les sexes séparés dans les deux autres; mais alors, si toutes ces fleurs étoient également fertiles, la troisième rendroit les deux autres superflues et pourroit seule suffire à l'œuvre, ou bien il y auroit réellement deux fécondations, et nous n'examinons ici la fleur que dans une.

La fleur n'est donc que le foyer et l'instrument de la fécondation : une seule suffit quand elle est hermaphrodite; quand elle n'est que mâle ou femelle, il en faut deux : savoir, une de chaque sexe; et si l'on fait entrer d'autres parties, comme le calice et la corolle, dans la composition de la fleur, ce ne peut être comme essentielles, mais seulement comme nutritives et conservatrices de celles qui le sont. Il y a des fleurs sans calice; il y en a sans corolle; il y en a même sans l'un et sans l'autre : mais il n'y en a point, et il n'y en sauroit avoir qui soient en même temps sans pistil et sans étamines.

La fleur est une partie locale et passagère de la plante qui précède la fécondation du germe, et dans laquelle ou par laquelle elle s'opère.

Je ne m'étendrai pas à justifier ici tous les termes de cette définition qui peut-être n'en vaut pas la peine; je dirai seulement que le mot *précède* m'y paroît essentiel, parce que le plus souvent la corolle s'ouvre et s'épanouit avant que les anthères s'ouvrent à leur tour; et, dans ce cas, il est incontestable que la fleur préexiste à l'œuvre de la fécondation. J'ajoute que cette fécondation s'opère *dans elle* ou *par elle*, parce que, dans les fleurs mâles des plantes androgynes et dioïques, il ne s'opère aucune fructification, et qu'elles n'en sont pas moins des fleurs pour cela.

Voilà, ce me semble, la notion la plus juste qu'on puisse se faire de la fleur, et la seule qui ne laisse aucune prise aux objections qui renversent toutes les autres définitions qu'on a tenté d'en donner jusqu'ici : il faut seulement ne pas prendre trop strictement le mot *durant*, que j'ai employé dans la mienne; car, même avant que la fécondation du germe soit commencée, on peut dire que la fleur existe aussitôt que les organes sexuels sont en évidence; c'est-à-dire aussitôt que la corolle est épanouie; et d'ordinaire les anthères ne s'ouvrent pas à la poussière séminale, dès l'instant que la corolle s'ouvre aux anthères. Cependant la fécondation ne peut commencer avant que les anthères soient ouvertes : de même l'œuvre de la fécondation s'achève souvent avant que la corolle se flétrisse et tombe; or, jusqu'à cette chute, on peut dire que la fleur existe encore. Il faut donc donner nécessairement un peu d'extension au mot *durant*, pour pouvoir dire que la fleur et l'œuvre de la fécondation commencent et finissent ensemble.

Comme généralement la fleur se fait remarquer par sa corolle, partie bien plus apparente que les autres par la vivacité de ses couleurs, c'est dans cette corolle aussi qu'on fait machinalement consister l'essence de la fleur, et les botanistes eux-mêmes ne sont pas toujours exempts de cette petite illusion, car souvent ils emploient le mot de fleur pour celui de *corolle*; mais ces petites impropriétés d'inadvertance importent peu quand elles ne changent rien aux idées qu'on a des choses quand on y pense. De là ces mots de fleurs monopétales, polypétales, de fleurs labiées, personnées, de fleurs régulières, irrégulières, etc., qu'on trouve fréquemment dans les livres même d'institution. Cette petite impropriété étoit non-seulement pardonnable, mais presque forcée à Tournefort et à ses contemporains, qui n'avoient pas encore le mot de corolle, et l'usage s'en est conservé depuis eux par l'habitude, sans grand inconvénient; mais il ne seroit pas permis à moi qui remarque cette incorrection de l'imiter ici; ainsi je renvoie au mot COROLLE à parler de ses formes diverses et de ses divisions.

Mais je dois parler ici des fleurs composées et simples, parce que c'est la fleur même et non la corolle qui se compose, comme on le va voir après l'exposition des parties de la fleur simple.

On divise cette fleur en complète et incomplète. La fleur complète est celle qui contient toutes les parties essentielles et concourantes à la fructification, et ces parties sont au nombre de quatre : deux essentielles, savoir, le pistil et l'étamine, ou les étamines; et deux accessoires ou concourantes, savoir, la corolle et le calice; à quoi l'on doit ajouter le disque ou réceptacle qui porte le tout.

La fleur est complète quand elle est composée de toutes ses parties; quand il lui en manque quelqu'une, elle est incomplète. Or, la fleur incomplète peut manquer non-seulement de corolle et de calice, mais même de pistil ou d'étamines; et, dans ce dernier cas, il y a toujours une autre fleur, soit sur le même individu, soit sur un différent, qui porte l'autre partie essentielle qui manque à celle-ci; de là la division en fleurs hermaphrodites, qui peuvent être complètes ou ne l'être pas, et en fleurs purement mâles ou femelles, qui sont toujours incomplètes.

La fleur hermaphrodite incomplète n'en est pas moins parfaite pour cela, puisqu'elle se suffit à elle-même pour opérer la fécondation; mais elle ne peut être appelée complète, puisqu'elle manque de quelqu'une des parties de celles qu'on appelle ainsi. Une rose, un œillet, sont, par exemple, des fleurs parfaites et complètes, parce qu'elles sont pourvues de toutes ces parties. Mais une tulipe, un lis, ne sont point des fleurs complètes, quoique parfaites, parce qu'elles n'ont point de calice; de même la jolie petite fleur appelée paronychia est parfaite comme hermaphrodite; mais elle est incomplète, parce que, malgré sa riante couleur, il lui manque une corolle.

Je pourrois, sans sortir encore de la section des fleurs simples, parler ici des fleurs régulières, et des fleurs appelées irrégulières. Mais, comme ceci se rapporte principalement à la corolle, il vaut mieux sur cet article renvoyer le lecteur à ce mot. Reste donc à parler des oppositions que peut souffrir ce nom de fleur simple.

Toute fleur d'où résulte une seule fructification est une fleur simple. Mais si d'une seule fleur résultent plusieurs fruits, cette fleur s'appellera composée, et cette pluralité n'a jamais lieu dans les fleurs qui n'ont qu'une corolle. Ainsi toute fleur composée a nécessairement non-seulement plusieurs pétales, mais plusieurs corolles; et, pour que la fleur soit réellement composée, et non pas une seule agrégation de plusieurs fleurs simples, il faut que quelqu'une des parties de la fructification soit commune à tous les fleurons composans, et manque à chacun d'eux en particulier.

Je prends, par exemple, une fleur de laiteron, et la voyant remplie de plusieurs petites fleurettes, je me demande si c'est une fleur composée. Pour savoir cela, j'examine toutes les parties de la fructification l'une après l'autre, et je trouve que chaque fleurette a des étamines, un pistil, une corolle, mais qu'il n'y a qu'un seul réceptacle en forme de disque qui les reçoit toutes, et qu'il n'y a qu'un seul grand calice qui les environne; d'où je conclus que la fleur est composée, puisque deux parties de la fructification, savoir, le calice et le réceptacle, sont communes à toutes et manquent à chacune en particulier.

Je prends ensuite une fleur de scabieuse où je distingue aussi plusieurs fleurettes; je l'examine de même, et je trouve que chacune d'elles est pourvue en son particulier de toutes les parties de la fructification, sans en excepter le calice et même le réceptacle, puisqu'on peut regarder comme tel le second calice qui sert de base à la semence. Je conclus donc que la scabieuse n'est point une fleur composée, quoiqu'elle rassemble comme elles plusieurs fleurettes sur un même disque et dans un même calice.

Comme ceci pourtant est sujet à dispute, surtout à cause du réceptacle, on tire des fleurettes mêmes un caractère plus sûr, qui convient à toutes celles qui constituent proprement une fleur composée et qui ne convient qu'à elles; c'est d'avoir cinq étamines réunies en tube ou cylindre par leurs anthères autour du style, et divisées par leurs cinq filets au bas de la corolle; toute fleur dont les fleurettes ont leurs anthères ainsi disposées est donc une fleur composée, et toute fleur où l'on ne voit aucune fleurette de cette espèce n'est point une fleur composée, et ne porte même au singulier qu'improprement le nom de fleur, puisqu'elle est réellement une agrégation de plusieurs fleurs.

Ces fleurettes partielles qui ont ainsi leurs anthères réunies, et dont l'assemblage forme une fleur véritablement composée, sont de deux espèces : les unes, qui sont régulières et tubulées, s'appellent proprement fleurons; les autres, qui sont échancrées et ne présentent par le haut qu'une languette plane et le plus souvent dentelée, s'appellent demi-fleurons; et des combinaisons de ces deux espèces dans la fleur totale résultent trois sortes principales de fleurs composées, savoir, celles qui ne sont garnies que de fleurons, celles qui ne sont garnies que de demi-fleurons, et celles qui sont mêlées des uns et des autres.

Les fleurs à fleurons ou fleurs fleuronnées se divisent encore en deux espèces, relativement à leur forme extérieure. Celles qui présentent une figure arrondie en manière de tête, et dont le calice approche de la forme hémisphérique, s'appellent fleurs en tête, *capitati :* tels sont, par exemple, les *chardons,* les *artichauts,* la *chaussetrape.*

Celles dont le réceptacle est plus aplati, en sorte que leurs fleurons forment avec le calice une figure à peu près cylindrique, s'appellent fleurs en disque, *discoïdei :* la *santoline*, par exemple, et *l'eupatoire*, offrent des fleurs en disque ou discoïdes.

Les fleurs à demi-fleurons s'appellent demi-fleuronnées, et leur figure extérieure ne varie pas assez régulièrement pour offrir une division semblable à la précédente. Le *salsifis*, la *scorsonnère*, le *pissenlit*, la *chicorée*, ont des fleurs demi-fleuronnées.

A l'égard des fleurs mixtes, les demi-fleurons ne s'y mêlent pas parmi les fleurons en confusion, sans ordre; mais les fleurons occupent le centre du disque, les demi-fleurons en garnissent la circonférence et forment une couronne à la fleur, et ces fleurs ainsi couronnées portent le nom de *fleurs radiées*. Les *reines-marguerites* et tous les *asters*, le *souci*, les *soleils*, la *poire-de-terre*, portent tous des fleurs radiées.

Toutes ces sections forment encore dans les fleurs composées, relativement au sexe des fleurons, d'autres divisions dont il sera parlé dans l'article *Fleuron*.

Les fleurs simples ont une autre sorte d'opposition dans celles qu'on appelle fleurs doubles ou pleines.

La fleur double est celle dont quelqu'une des parties est multipliée au-delà de son nombre naturel, mais sans que cette multiplication nuise à la fécondation du germe.

Les fleurs se doublent rarement par le calice, presque jamais par les étamines. Leur multiplication la plus commune se fait par la corolle. Les exemples les plus fréquens en sont dans les fleurs polypétales, comme œillets, anémones, renoncules; les fleurs monopétales doublent moins communément. Cependant on voit assez souvent des campanules, des primevères, des auricules, et surtout des jacinthes à fleur double.

Ce mot de fleur double ne marque pas dans le nombre des pétales une simple duplication, mais une multiplication quelconque. Soit que le nombre des pétales devienne double, triple, quadruple, etc., tant qu'ils ne multiplient pas au point d'étouffer la fructification, la fleur garde toujours le nom de fleur double; mais, lorsque les pétales trop multipliés font disparoître les étamines et avorter le germe, alors la fleur perd le nom de fleur double et prend celui de fleur pleine.

On voit par là que la fleur double est encore dans l'ordre de la nature, mais que la fleur pleine n'y est plus, et n'est qu'un véritable monstre.

Quoique la plus commune plénitude des fleurs se fasse par les pétales, il y en a néanmoins qui se remplissent par le calice, et nous en avons un exemple bien remarquable dans l'*immortelle*, appelée *xéranthème*. Cette fleur, qui paroît radiée et qui réellement est discoïde, porte ainsi que la *carline* un calice imbriqué, dont le rang intérieur a ses folioles longues et colorées; et cette fleur, quoique composée, double et multiplie tellement par ses brillantes folioles, qu'on les prendroit, garnissant la plus grande partie du disque, pour autant de demi-fleurons.

Ces fausses apparences abusent souvent les yeux de ceux qui ne sont pas botanistes; mais quiconque est initié dans l'intime structure des fleurs ne peut s'y tromper un moment. Une fleur demi-fleuronnée ressemble extérieurement à une fleur polypétale pleine; mais il y a toujours cette différence essentielle, que dans la première chaque demi-fleuron est une fleur parfaite qui a son embryon, son pistil et ses étamines; au lieu que, dans la fleur pleine, chaque pétale multiplié n'est toujours qu'un pétale qui ne porte aucune des parties essentielles à la fructification. Prenez l'un après l'autre les pétales d'une renoncule simple, ou double, ou pleine, vous ne trouverez dans aucun nulle autre chose que le pétale même; mais dans le pissenlit chaque demi-fleuron garni d'un style entouré d'étamines n'est pas un simple pétale, mais une véritable fleur.

On me présente une fleur de nymphéa jaune, et l'on me demande si c'est une composée ou une fleur double. Je réponds que ce n'est ni l'un ni l'autre. Ce n'est pas une composée, puisque les folioles qui l'entourent ne sont pas des demi-fleurons; et ce n'est pas une fleur double, parce que la duplication n'est l'état naturel d'aucune fleur, et que l'état naturel de la fleur de nymphéa jaune est d'avoir plusieurs enceintes de pétales autour de son embryon. Ainsi cette multiplicité n'empêche pas le nymphéa jaune d'être une fleur simple.

La constitution commune au plus grand nombre des fleurs est d'être hermaphrodites; et cette constitution paroît en effet la plus convenable au règne végétal, où les individus dépourvus de tout mouvement progressif et spontané ne peuvent s'aller chercher l'un l'autre quand les sexes sont séparés. Dans les arbres et les plantes où ils le sont, la nature, qui sait varier ses moyens, a pourvu à cet obstacle : mais il n'en est pas moins vrai généralement que des êtres immobiles doivent, pour perpétuer leur espèce, avoir en eux-mêmes tous les instrumens propres à cette fin.

Fleur mutilée. Est celle qui, pour l'ordinaire, par défaut de chaleur, perd ou ne produit point la corolle qu'elle devroit naturellement avoir. Quoique cette mutilation ne doive point faire espèce, les plantes où elle a lieu se distinguent néanmoins dans la nomenclature de celles de même espèce qui sont complètes, comme on peut le voir dans plusieurs espèces de *quamoclit*, de *cucubales*, de *tussilages*, de *campanules*, etc.

Fleurette. Petite fleur complète qui entre dans la structure d'une fleur agrégée.

Fleuron. Petite fleur incomplète qui entre dans la structure d'une fleur composée. (Voyez Fleur.)

Voici quelle est la structure naturelle des fleurons composans :

1. Corolle monopétale tubulée à cinq dents, supère.

2. Pistil allongé, terminé par deux stigmates réfléchis.

3. Cinq étamines dont les filets sont séparés par le bas, mais formant, par l'adhérence de leurs anthères, un tube autour du pistil.

4. Semence nue, allongée, ayant pour base le réceptacle commun, et servant elle-même, par son sommet, de réceptacle à la corolle.

5. Aigrette de poils ou d'écailles couronnant la semence, et figurant un calice à la base de la corolle. Cette aigrette pousse de bas en haut la corolle, la détache, et la fait tomber lorsqu'elle est flétrie, et que la semence accrue approche de sa maturité.

Cette structure commune et générale des fleurons souffre des exceptions dans plusieurs genres de composées, et ces différences constituent même des sections qui forment autant de branches dans cette nombreuse famille.

Celles de ces différences qui tiennent à la structure même des fleurons ont été ci-devant expliquées au mot *fleur*. J'ai maintenant à parler de celles qui ont rapport à la fécondation.

L'ordre commun des fleurons dont je viens de parler est d'être hermaphrodites, et ils se fécondent par eux-mêmes. Mais il y en a d'autres qui, ayant des étamines et n'ayant point de germe, portent le nom de mâles; d'autres qui ont un germe et n'ont point d'étamines s'appellent fleurons femelles; d'autres qui n'ont ni germe ni étamines, ou dont le germe imparfait avorte toujours, portent le nom de neutres.

Ces diverses espèces de fleurons ne sont pas indifféremment entremêlées dans les fleurs composées; mais leurs combinaisons méthodiques et régulières sont toujours relatives ou à la plus sûre fécondation, ou à la plus abondante fructification, ou à la plus pleine maturification des graines.

Foliole. Feuille partielle de la feuille composée. Chaque pièce d'un calice polyphylle est nommée foliole.

Follicule. Fruit géminé, provenant d'un seul pistil bipartible jusqu'à la base. Il n'appartient qu'aux *apocynées*.

Frangé. Ayant à ses bords des découpures très-fines.

Fructification. Ce mot se prend toujours dans un sens collectif, et comprend non-seulement l'œuvre de la fécondation du germe et de la maturification du fruit, mais l'assemblage de tous les instrumens naturels destinés à cette opération.

Fruit. Dernier produit de la végétation dans l'individu, contenant les semences qui doivent la renouveler par d'autres individus. La semence n'est ce dernier produit que quand elle est seule et nue. Quand elle ne l'est pas, elle n'est que partie du fruit.

Fruit. Ce mot a, dans la botanique, un sens beaucoup plus étendu que dans l'usage ordinaire. Dans les arbres, et même dans d'autres plantes, toutes les semences, ou leurs enveloppes bonnes à manger, portent en général le nom de fruit. Mais, en botanique, ce même nom s'applique plus généralement encore à tout ce qui résulte, après la fleur, de la fécondation du germe. Ainsi le fruit n'est proprement autre chose que l'ovaire fécondé, et cela, soit qu'il se mange ou ne se mange pas, soit que la semence soit déjà mûre ou qu'elle ne le soit pas encore.

Fusiforme. En forme de fuseau.

Gaine. Expansion de la partie inférieure d'une feuille, par laquelle celle-ci enveloppe la tige.

Gélatineux. De la consistance d'une gelée.

Géminées. Naissan deux ensemble du même lieu, ou rapprochées deux à deux.

Gemmation. Tout ce qui concerne le bourgeonnement des plantes vivaces et ligneuses.

Genre. Réunion de plusieurs espèces sous un caractère commun qui les distingue de toutes les autres plantes.

Germe, embryon, ovaire, fruit. Ces termes sont si près d'être synonymes, qu'avant d'en parler séparément dans leurs articles, je crois devoir les unir ici.

Le germe est le premier rudiment de la nouvelle plante, il devient embryon ou ovaire au moment de la fécondation, et ce même embryon devient fruit en mûrissant: voilà les différences exactes. Mais on n'y fait pas toujours attention dans l'usage, et l'on prend souvent ces mots l'un pour l'autre indifféremment.

Il y a deux sortes de germes bien distincts, l'un contenu dans la semence, lequel en se développant devient plante, et l'autre contenu dans la fleur, lequel par la fécondation devient fruit. On voit par quelle alternative perpétuelle chacun de ces deux germes se produit, et en est produit.

On peut encore donner le nom de germe aux rudimens des feuilles enfermés dans les bourgeons, et à ceux des fleurs enfermés dans les boutons.

Germination. Premier développement des parties de la plante contenue en petit dans le germe.

Quand on examine ce que devient une graine après qu'elle a été semée, on la voit se gonfler, augmenter de volume : sa tunique propre se déchire, ses lobes ou cotylédons sortent de leur berceau, s'écartent, livrent passage à la plantule, et l'on dit alors que la plante est dans l'état de *germination*. Le premier degré s'annonce ordinairement par l'apparition d'une espèce de petit bec nommé *radicule*. Ce petit bec se tourne vers la terre, produit de droite et de gauche des fibrilles latérales destinées à former le chevelu ou les ramifications de la racine dont la radicule est toujours le pivot. Après le développement de la radicule on voit paroître la plumule qui tient aux lobes de la semence jusqu'à ce qu'elle puisse recevoir des sucs par le moyen de ses racines. La plumule s'élève, quitte ses *cotylédons*, ou ne les conserve que sous la forme de feuilles séminales; et l'on voit toutes les parties de la plantule augmenter en hauteur par l'allongement des lames qui les composent, acquérir tous les jours un diamètre plus grand par l'épaississement de ces mêmes lames, et toutes ces parties prendre successivement la forme et la direction qui leur conviennent.

Si de la graine que vous avez sous les yeux il doit naître une herbe, vous ne verrez point de boutons aux aisselles de ses feuilles : s'il doit naître un arbre ou arbrisseau, la plumule deviendra une tige dont la consistance sera ligneuse.

Glabre. Lisse, sans duvet ni poils.

Glandes. Organes qui servent à la sécrétion des sucs de la plante.

Gloume. Elle est formée par les écailles ou paillettes qui environnent les organes sexuels des graminées.

Gomme. Excrétions qui suintent naturellement par des filtres destinés à cet usage.

Gousse. Fruit d'une plante légumineuse. La gousse, qui s'appelle aussi légume, est ordinairement composée de deux panneaux nommés cosses, aplatis ou convexes, collés l'un sur l'autre par deux sutures longitudinales, et qui renferment des semences attachées alternativement par la suture aux deux cosses, lesquelles se séparent par la maturité.

Graine. Partie du fruit renfermant l'embryon d'une nouvelle plante. La graine est regardée comme l'*œuf végétal*.

Grappe, *racemus*. Sorte d'épi dans lequel les fleurs ne sont ni sessiles ni toutes attachées à la râpe, mais à des pédicules partiels dans lesquels les pédicules principaux se divisent. La grappe n'est autre chose qu'une panicule dont les rameaux sont plus serrés, plus courts, et souvent plus gros que dans la panicule proprement dite.

Lorsque l'axe d'une panicule ou d'un épi pend en bas au lieu de s'élever vers le ciel, on lui donne alors le nom de grappe ; tel est l'épi du groseiller, telle est la grappe de la vigne.

Greffe. Opération par laquelle on force les sucs d'un arbre à passer par les couloirs d'un autre arbre ; d'où il résulte que les couloirs de ces deux plantes n'étant pas de même figure et dimension, ni placées exactement les uns vis-à-vis des autres, les sucs forcés de se subtiliser, en se divisant, donnent ensuite des fruits meilleurs et plus savoureux.

Greffer. Est engager l'œil ou le bourgeon d'une saine branche d'arbre dans l'écorce d'un autre arbre, avec les précautions nécessaires et dans la saison favorable ; en sorte que ce bourgeon reçoive le suc du second arbre, et s'en nourrisse comme il auroit fait de celui dont il a été détaché. On donne le nom de *greffe* à la portion qui s'unit, et de *sujet* à l'arbre auquel il s'unit.

Il y a diverses manières de greffer. La greffe par approche, en fente, en couronne, en flûte, en écusson.

Gymnosperme. A semences nues.

Hampe. Tige sans feuilles, destinée uniquement à tenir la fructification élevée au-dessus de la racine.

Héliotrope. Qui tourne le disque de sa fleur vers le soleil et le suit dans son cours.

Herbes. Plantes qui perdent leurs tiges tous les hivers

Hétérophylle. Qui porte des feuilles dissemblables les unes des autres.

Hexagynie. Six pistils.

Hexaptère. A six ailes.

Hile. Point par lequel une graine tient à la cavité du péricarpe.

Hirsute. Garni de poils durs.

Homomalles. Dirigées d'un même côté.

Humifuse. Étalée en tous sens sur la terre.

Hybride. Plante qui doit son origine à deux plantes différentes.

Hypocratériforme. En forme de coupe.

Imbriqué. Chargé de parties appliquées en recouvrement les unes sur les autres comme les tuiles d'un toit.

Incise. A bord découpé par des incisions aiguës.

Indéhiscence. Privation de la faculté de s'ouvrir.

Indigène. Qui croît naturellement dans le pays.

Infère, Supère. Quoique ces mots soient purement latins, on est obligé de les employer en françois dans le langage de la botanique, sous peine d'être diffus, lâche et louche, pour vouloir parler purement. La même nécessité doit être supposée, et la même excuse répétée dans tous les mots latins que je serai forcé de franciser ; car c'est ce que je ne ferai jamais que pour dire ce que je ne pourrois aussi bien faire entendre dans un françois plus correct.

Il y a dans les fleurs deux dispositions différentes du calice et de la corolle, par rapport au germe dont l'expression revient si souvent, qu'il faut absolument créer un mot pour elle. Quand le calice et la corolle portent sur le germe, la fleur est dite *supère*. Quand le germe porte sur le calice et la corolle, la fleur est dite *infère*. Quand de la corolle on transporte le mot au germe, il faut prendre toujours l'opposé. Si la corolle est infère, le germe est supère ; si la corolle est supère, le germe est infère : ainsi l'on a le choix de ces deux manières d'exprimer la même chose.

Comme il y a beaucoup plus de plantes où la fleur est infère que de celles où elle est supère, quand cette disposition n'est point exprimée, on doit toujours sous-entendre le premier cas, parce qu'il est le plus ordinaire ; et si la description ne parle point de la disposition relative de la corolle et du germe, il faut supposer la corolle *infère* : car si elle étoit *supère*, l'auteur de la description l'auroit expressément dit.

Infundibuliforme. En entonnoir.

Labié. Dont le limbe a deux incisions latérales principales qui le partagent en deux lames opposées, inégales, l'une supérieure et l'autre inférieure.

Lacinié. Découpé inégalement en lanières allongées.

Lacustral. Qui croît autour des lacs.

Lame. Partie supérieure d'un pétale onguiculé.

Lancéolé. En fer de lance.

Légume. Sorte de péricarpe composé de deux panneaux, dont les bords sont réunis par deux sutures longitudinales. Les semences sont attachées alternativement à ces deux valves par la suture supérieure, l'inférieure est nue. L'on appelle de ce nom en général le fruit des plantes légumineuses.

Légumineuses. (Voyez Fleurs, Plantes.)

Légumineuses. Plantes qui ont pour fruit une gousse.

Liber (le). Est composé de pellicules qui représentent les feuilles d'un livre ; elles touchent immédiatement au bois. Le liber se détache tous les ans des deux autres parties de l'écorce, et, s'unissant avec l'aubier, il produit sur la circonférence de l'arbre une nouvelle couche qui en augmente le diamètre.

Ligneux. Qui a la consistance de bois.

Liliacées. Fleurs qui portent le caractère du lis.

Limbe. Quand une corolle monopétale régulière s'évase et s'élargit par le haut, la partie qui forme cet évasement s'appelle le limbe, et se découpe ordinairement en quatre, cinq, ou plusieurs segmens. Diverses *campanules, primevères, liserons,* et autres fleurs monopétales offrent des exemples de ce limbe, qui est, à l'égard de la corolle, à peu près ce qu'est, à l'égard d'une cloche, la partie qu'on nomme le pavillon : le différent degré de l'angle, que forme le limbe avec le tube, est ce qui fait donner à la corolle le nom d'infundibuliforme, de campaniforme, ou d'hypocratériforme.

Lobes des semences sont deux corps réunis, aplatis d'un côté, convexes de l'autre : ils sont distincts dans les semences légumineuses.

Lobes des feuilles.

Loge. Cavité intérieure du fruit : il est à plusieurs loges quand il est partagé par des cloisons.

Lunulé. En forme de croissant.

Maillet. Branche de l'année à laquelle on laisse pour la replanter deux chicots du vieux bois saillans des deux côtés. Cette sorte de bouture se pratique seulement sur la vigne et même assez rarement.

Masque. Fleur en masque est une fleur monopétale irrégulière.

Les fleurs en masque imitent un mufle à deux lèvres.

Monécie ou **Monœcie.** Habitation commune aux deux sexes. On donne le nom de monœcie à une classe de plantes composée de toutes celles qui portent des fleurs mâles et des fleurs femelles sur le même pied.

Monoïques. Toutes les plantes de la monœcie sont monoïques. On appelle plantes monoïques celles dont les fleurs ne sont pas hermaphrodites, mais séparément mâles et femelles sur le même individu : ce mot, formé de celui de monœcie, vient du grec et signifie ici que les deux sexes occupent bien le même logis, mais sans habiter la même chambre. Le concombre, le melon et toutes les cucurbitacées sont des plantes monoïques.

MUFLE (fleur en). (Voyez MASQUE.)

NECTAIRE. Suivant Linnée, c'est une particule accessoire ou comme ajoutée, adnée à un des quatre principaux organes floraux; c'est un appendice de la corolle.

NERVURES Élévations filamenteuses qu'on rencontre sur les feuilles et les pétales.

NEUTRE. Sans étamine et sans pistil.

NOEUDS. Sont les articulations des tiges et des racines.

NOIX. Enveloppe ligneuse, ou osseuse de graines revêtues de leur tégument propre.

NOMENCLATURE. Art de joindre aux noms qu'on impose aux plantes l'idée de leur structure et de leur classification.

NOYAU. Semence osseuse qui renferme une amande.

NU. Dépourvu des vêtemens ordinaires à ses semblables.

On appelle graines nues, celles qui n'ont point de péricarpe; ombelles nues, celles qui n'ont point d'involucre; tiges nues, celles qui ne sont point garnies de feuilles, etc.

NUITS-DE-FER. *Noctes ferreæ.* Ce sont, en Suède, celles dont la froide température, arrêtant la végétation de plusieurs plantes, produit leur dépérissement insensible, leur pourriture, et enfin leur mort. Leurs premières atteintes avertissent de rentrer dans les serres les plantes étrangères qui périroient par ces sortes de froids.

(C'est aux premiers gels, assez communs au mois d'août dans les pays froids, qu'on donne ce nom, qui, dans des climats tempérés, ne peut pas être employé pour les mêmes jours.) H.

OBCLAVÉ. En massue renversée.

OBOVALE. En ovale renversé.

ŒIL. (Voyez OMBILIC.) Petite cavité qui se trouve en certains fruits à l'extrémité opposée au pédicule: dans les fruits infères ce sont les divisions du calice qui forment l'ombilic, comme le coing, la poire, la pomme, etc.; dans ceux qui sont supères, l'ombilic est la cicatrice laissée par l'insertion du pistil.

ŒILLETONS. Bourgeons qui sont à côté des racines des artichauts et d'autres plantes, et qu'on détache afin de multiplier ces plantes.

OFFICINAL Qui se vend dans les boutiques comme étant d'usage dans les arts.

OMBELLE. Assemblage de rayons qui, partant d'un même centre, divergent comme ceux d'un parasol. L'ombelle universelle porte sur la tige ou sur une branche; l'ombelle partielle sort d'un rayon de l'ombelle universelle.

OMBILIC. C'est, dans les baies et autres fruits mous infères, le réceptacle de la fleur dont, après qu'elle est tombée, la cicatrice reste sur le fruit, comme on peut le voir dans les *airelles.* Souvent le calice reste et couronne l'ombilic, qui s'appelle alors vulgairement *œil*: ainsi l'œil des poires et des pommes n'est autre chose que l'ombilic autour duquel le calice persistant s'est desséché.

ONGLE. Sorte de tache sur les pétales ou sur les feuilles, qui a souvent la figure d'un ongle, et d'autres figures différentes, comme on peut le voir aux fleurs des pavots, des roses, des anémones, des cistes, et aux feuilles des renoncules, des persicaires, etc.

ONGLET. Espèce de pointe crochue par laquelle le pétale de quelques corolles est fixé sur le calice ou sur le réceptacle; l'onglet des œillets est plus long que celui des roses.

OPERCULE. Petit couvercle qui ferme les urnes de quelques espèces de mousses.

OPPOSÉES. Les feuilles opposées sont juste au nombre de deux, placées, l'une vis-à-vis de l'autre, des deux côtés de la tige ou des branches. Les feuilles opposées peuvent être pédiculées ou sessiles; s'il y avoit plus de deux feuilles attachées à la même hauteur autour de la tige, alors cette pluralité dénatureroit l'opposition, et cette disposition des feuilles prendroit un nom différent. (Voyez VERTICILLÉ.)

OVAIRE. C'est le nom qu'on donne à l'embryon du fruit, ou c'est le fruit même avant la fécondation. Après la fécondation l'ovaire perd ce nom, et s'appelle simplement fruit, ou en particulier péricarpe, si la plante est angiosperme; semence ou graine, si la plante est gymnosperme.

PAILLETTE. Écaille membraneuse, sèche, dressée, pressant la base d'une fleur qu'elle enveloppe ou recouvre. (Les graminées.)

PALÉACÉ. Garni de paillettes, ou de la nature de la gloume.

PALMÉ. Ressemblant à une main ouverte.

PALMÉE. Une feuille est palmée lorsqu'au lieu d'être composée de plusieurs folioles, comme la feuille digitée, elle est seulement découpée en plusieurs lobes dirigés en rayons vers le sommet du pétiole, mais se réunissant avant d'y arriver.

Panicule. Épi rameux et pyramidal. Cette figure lui vient de ce que les rameaux du bas, étant les plus *larges*, forment entre eux un plus large espace, qui se rétrécit en montant, à mesure que ces rameaux deviennent plus *courts*, moins nombreux ; en sorte qu'une panicule parfaitement régulière se termineroit enfin par une fleur sessile.

Papilionacée. Corolle irrégulière à cinq pétales. Le supérieur, plus grand, s'appelle *étendard* : les deux latéraux *ailes* ; les deux inférieurs forment une petite nacelle qu'on appelle *carène*. Voyez la troisième des *Lettres élémentaires* où Rousseau décrit d'une manière précise les fleurs de ce genre.

Papyracé. Mince et sec comme du papier.

Parasites. Plantes qui naissent ou croissent sur d'autres plantes, et se nourrissent de leur substance. La cuscute, le gui, plusieurs mousses et lichens, sont des plantes parasites.

Parenchyme. Substance pulpeuse, ou tissu cellulaire, qui forme le corps de la feuille ou du pétale : il est couvert dans l'une et dans l'autre d'un épiderme.

Partielle. (Voyez Ombelle.)

Parties de la fructification. (Voyez Étamines, Pistil.)

Paucicradiée. Fleur ayant peu de rayons.

Pédicelle. Petit pédoncule propre de chaque fleur.

Pavillon. Synonyme d'étendard.

Pédicule. Base allongée, qui porte le fruit. On dit *pedunculus* en latin, mais je crois qu'il faut dire *pédicule* en françois : c'est l'ancien usage, et il n'y a aucune bonne raison pour le changer. *Pedunculus* sonne mieux en latin, et il évite l'équivoque du nom *pediculus ;* mais le mot *pédicule* est net, et plus doux en françois ; et, dans le choix des mots, il convient de consulter l'oreille, et d'avoir égard à l'accent de la langue.

L'adjectif *pédicule* me paroît nécessaire par opposition à l'autre adjectif *sessile*. La botanique est si embarrassée de termes, qu'on ne sauroit trop s'attacher à rendre clairs et courts ceux qui lui sont spécialement consacrés.

Le pédicule est le lien qui attache la fleur ou le fruit à la branche, ou à la tige. Sa substance est d'ordinaire plus solide que celle du fruit qu'il porte par un de ses bouts, et moins que celle du bois auquel il est attaché par l'autre. Pour l'ordinaire, quand le fruit est mûr, il se détache, et tombe avec son pédicule. Mais quelquefois, et surtout dans les plantes herbacées, le fruit tombe et le pédicule reste, comme on peut le voir dans le genre des *rumex*. On y peut remarquer encore une autre particularité ; c'est que les pédicules, qui tous sont verticillés autour de la tige, sont aussi tous articulés vers leur milieu. Il semble qu'en ce cas le fruit devroit se détacher à l'articulation, tomber avec une moitié du pédicule, et laisser l'autre moitié seulement attachée à la plante. Voilà néanmoins ce qui n'arrive pas. Le fruit se détache, et tombe seul. Le pédicule tout entier reste, et il faut une action expresse pour le diviser en deux au point de l'articulation.

Pédoncule. Support commun de plusieurs fleurs ou d'une fleur solitaire. En terme vulgaire, la queue d'une fleur ou d'un fruit.

Pénicillé. Glandes déliées, rapprochées à peu près comme les crins d'un pinceau.

Pentaptère. A cinq ailes.

Pentasperme. A cinq graines.

Pepin. Semence couverte d'une tunique épaisse et coriacée qui se trouve au centre de certains fruits.

Perfoliée. La feuille perfoliée est celle que la branche enfile, et qui entoure celle-ci de tous côtés.

Périanthe. Sorte de calice qui touche immédiatement la fleur ou le fruit.

Péricarpe. Partie du fruit. Tout fruit parfait est essentiellement composé de deux parties, le *péricarpe* et sa *graine*. Tout ce qui n'est pas partie intégrante de celle-ci appartient à celle-là.

Perruque. Nom donné par Vaillant aux racines garnies d'un chevelu touffu de fibrilles entrelacées comme des cheveux emmêlés.

Pétale. On donne le nom de pétale à chaque pièce entière de la corolle. Quand la corolle n'est que d'une seule pièce, il n'y a aussi qu'un pétale ; le *pétale* et *la corolle* ne font alors qu'une seule et même chose, et cette sorte de corolle se désigne par l'épithète de monopétale. Quand la corolle est de plusieurs pièces, ces pièces sont autant de pétales, et la corolle qu'elles composent se désigne par leur nombre tiré du grec, parce que le mot de pétale en vient aussi, et qu'il convient, quand on veut composer un mot, de tirer les deux racines de la même langue. Ainsi, les mots de monopétale, et dipétale, de tripétale, de tétrapétale, de pentapétale, et enfin de polypétale, indiquent une corolle d'une seule pièce, ou de deux, de trois, de quatre, de cinq, etc.; enfin, d'une multitude indéterminée de pièces.

Pétaloïde. Qui a des pétales. Ainsi la fleur *pétaloïde* est l'opposé de la fleur *apétale*.

Quelquefois ce mot entre comme seconde racine dans la composition d'un autre mot, dont la première racine est un nom de nombre : alors il signifie une corolle monopétale profondément divisée en autant de sections qu'en indique la première racine. Ainsi la corolle tripétaloïde est divisée en trois segmens ou demi-pétales, la pentapétaloïde en cinq, etc.

Pétiole. Base allongée qui porte la feuille. Le mot *pétiole* est opposé à *sessile*, à l'égard des feuilles, comme le mot *pédicule* l'est à l'égard des fleurs et des fruits. (Voyez Pédicule, Sessiles.)

Pinnatifide. Dont les côtés sont divisés en plusieurs lanières ou lobes par des incisions profondes qui n'atteignent point le milieu longitudinal, ou la nervure médiaire.

Pinnée. Une feuille ailée à plusieurs rangs s'appelle feuille pinnée.

Pistil. Organe femelle de la fleur qui surmonte le germe, et par lequel celui-ci reçoit l'intromission fécondante de la poussière des anthères : le pistil se prolonge ordinairement par un ou plusieurs styles, quelquefois aussi il est couronné immédiatement par un ou plusieurs stigmates, sans aucun style intermédiaire. Le stigmate reçoit la poussière prolifique du sommet des étamines, et la transmet par le pistil dans l'intérieur du germe, pour féconder l'ovaire. Suivant le système sexuel, la fécondation des plantes ne peut s'opérer que par le concours des deux sexes; et l'acte de la fructification n'est plus que celui de la génération. Les filets des étamines sont les vaisseaux spermatiques, les anthères sont les testicules, la poussière qu'elles répandent est la liqueur séminale, le stigmate devient la vulve, le style est la trompe ou le vagin, et le germe fait l'office d'utérus ou de matrice.

Pivotante. Racine qui a un tronc principal enfoncé perpendiculairement dans la terre.

Placenta. Réceptacle des semences. C'est le corps auquel elles sont immédiatement attachées. M. Linnæus n'admet point ce nom de *Placenta*, et emploie toujours celui de réceptacle. Ces mots rendent pourtant des idées fort différentes. Le réceptacle est la partie par où le fruit tient à la plante : le placenta est la partie par où les semences tiennent au péricarpe. Il est vrai que quand les semences sont nues, il n'y a point d'autre placenta que le réceptacle : mais toutes les fois que le fruit est angiosperme, le réceptacle et le placenta sont différens.

Les cloisons (*dissepimenta*) de toutes les capsules à plusieurs loges sont de véritables placentas, et dans des capsules uniloges il ne laisse pas d'y avoir souvent des placentas autres que le péricarpe.

Plante. Production végétale composée de deux parties principales, savoir : la racine par laquelle elle est attachée à la terre ou à un autre corps dont elle tire sa nourriture, et l'herbe par laquelle elle inspire et respire l'élément dans lequel elle vit. De tous les végétaux connus, la truffe est presque le seul qu'on puisse dire n'être pas plante.

Plantes. Végétaux disséminés sur la surface de la terre, pour la vêtir et la parer. Il n'y a point d'aspect aussi triste que celui de la terre nue; il n'y en a point d'aussi riant que celui des montagnes couronnées d'arbres, des rivières bordées de bocages, des plaines tapissées de verdure, et des vallons émaillés de fleurs.

On ne peut disconvenir que les plantes ne soient des corps organisés et vivans, qui se nourrissent et croissent par intussusception, et dont chaque partie possède en elle-même une vitalité isolée et indépendante des autres, puisqu'elles ont la faculté de se reproduire (*).

Poils ou Soies. Filets plus ou moins solides et fermes qui naissent sur certaines parties des plantes; ils sont carrés ou cylindriques, droits ou couchés, fourchés ou simples, subulés ou en hameçons; et ces diverses figures sont des caractères assez constans pour pouvoir servir à classer ces plantes. Voyez l'ouvrage de M. Guettard, intitulé *Observations sur les Plantes*.

Pollen. *Voyez* Poussière.

Polygamie. Pluralité d'habitation. Une classe

(*) Cet article ne paroît pas achevé, non plus que beaucoup d'autres, quoiqu'on ait rassemblé dans les trois paragraphes ci-dessus, qui composent celui-ci, trois morceaux de l'auteur, tous sur autant de chiffons. (*Note des éditeurs de Genève.*)

de plantes porte le nom de Polygamie, et renferme toutes celles qui ont des fleurs hermaphrodites sur un pied, et des fleurs d'un seul sexe, mâles ou femelles, sur un autre pied.

Ce mot de polygamie s'applique encore à plusieurs ordres de la classe des fleurs composées ; et alors on y attache une idée un peu différente.

Les fleurs composées peuvent toutes être regardées comme polygames, puisqu'elles renferment toutes plusieurs fleurons qui fructifient séparément, et qui par conséquent ont chacun sa propre habitation, et pour ainsi dire sa propre lignée. Toutes ces habitations séparées se conjoignent de différentes manières, et par là forment plusieurs sortes de combinaisons.

Quand tous les fleurons d'une fleur composée sont hermaphrodites, l'ordre qu'ils forment porte le nom de polygamie égale.

Quand tous ces fleurons composans ne sont pas hermaphrodites, ils forment entre eux, pour ainsi dire, une polygamie bâtarde, et cela de plusieurs façons.

1° *Polygamie superflue*, lorsque les fleurons du disque étant tous hermaphrodites fructifient, et que les fleurons du contour étant femelles fructifient aussi.

2° *Polygamie inutile*, quand les fleurons du disque étant tous hermaphrodites fructifient, et que ceux du contour sont neutres et ne fructifient point.

3° *Polygamie nécessaire*, quand les fleurons du disque étant mâles, et ceux du contour étant femelles, ils ont besoin les uns des autres pour fructifier.

4° *Polygamie séparée*, lorsque les fleurons composans sont divisés entre eux, soit un à un, soit plusieurs ensemble, par autant de calices partiels renfermés dans celui de toute la fleur.

On pourroit imaginer encore de nouvelles combinaisons, en supposant, par exemple, des fleurons mâles au contour, et des fleurons hermaphrodites ou femelles au disque ; mais cela n'arrive point.

POLYSPERME. Renfermant plusieurs graines.

POUSSIÈRE PROLIFIQUE. C'est une multitude de petits corps sphériques enfermés dans chaque anthère, et qui, lorsque celle-ci s'ouvre et les verse dans le stigmate, s'ouvrent à leur tour, imbibent ce même stigmate d'une humeur qui, pénétrant à travers le pistil, va féconder l'embryon du fruit.

PROLIFÈRE. Du disque de laquelle naissent une ou plusieurs fleurs. Si c'est un rameau feuillu, la fleur est dite *frondipare*.

PROVIN. Branche de vigne couchée et coudée en terre. Elle pousse des chevelus par les nœuds qui se trouvent enterrés. On coupe ensuite le bois qui tient au cep, et le bout opposé qui sort de terre devient un nouveau cep.

PUBESCENCE. Existence de poils.

PULPE. Substance molle et charnue de plusieurs fruits et racines.

RACINE. Partie de la plante par laquelle elle tient à la terre ou au corps qui la nourrit. Les plantes ainsi attachées par la racine à leur matrice ne peuvent avoir de mouvement local ; le sentiment leur seroit inutile, puisqu'elles ne peuvent chercher ce qui leur contient, ni fuir ce qui leur nuit : or la nature ne fait rien en vain.

RADICALES. Se dit des feuilles qui sont les plus près de la racine. Ce mot s'étend aussi aux tiges dans le même sens.

RADICULE. Racine naissante.

RADIÉE. (Voyez FLEUR.)

RÉCEPTACLE. Celles des parties de la fleur et du fruit qui sert de siége à toutes les autres, et par où leur sont transmis de la plante les sucs nutritifs qu'elles en doivent tirer.

Il se divise le plus généralement en réceptacle propre, qui ne soutient qu'une seule fleur et un seul fruit, et qui par conséquent n'appartient qu'aux plus simples, et en réceptacle commun, qui porte et reçoit plusieurs fleurs.

Quand la fleur est infère, c'est le même réceptacle qui porte toute la fructification. Mais quand la fleur est supère, le réceptacle propre est double ; et celui qui porte la fleur n'est pas le même que celui qui porte le fruit. Ceci s'entend de la construction la plus commune ; mais on peut proposer à ce sujet le problème suivant, dans la solution duquel la nature a mis une de ses plus ingénieuses inventions.

Quand la fleur est sur le fruit, comment se peut-il faire que la fleur et le fruit n'aient cependant qu'un seul et même réceptacle ?

Le réceptacle commun n'appartient proprement qu'aux fleurs composées, dont il porte et unit tous les fleurons en une fleur régulière ; en sorte que le retranchement de quelques-uns causeroit l'irrégularité de tous ; mais, outre les fleurs agrégées dont on peut dire à peu près la même chose, il y a d'autres sortes de réceptacles communs qui méritent encore le même nom, comme ayant le même usage : tels sont l'*ombelle*, l'*épi*, la *panicule*, le *thyrse*, la *cyme*, le *spadix*, dont on trouvera les articles chacun à sa place.

Recomposés. Feuille composée deux fois : elles ont : 1° un pétiole commun ; 2° des pétioles immédiats ; 3° des pétioles propres.

Régulières (Fleurs). Elles sont symétriques dans toutes leurs parties, comme les *crucifères*, les *liliacées*, etc.

Réniforme. De la figure d'un rein.

Résines. Excrétions épaisses, visqueuses inflammables, qui suintent par des filtres destinés à cet usage. Les gommes ne sont pas susceptibles de s'enflammer.

Réticulé. Marque de nervures en réseau.

Rosacée. Polypétale régulière comme est la rose.

Rosette. Fleur en rosette est une fleur monopétale dont le tube est nul ou très-court, et le limbe très-aplati.

Sagitté. En fer de flèche.

Saxatile. Qui croît sur les pierres à nu.

Semence. Germe ou rudiment simple d'une nouvelle plante, uni à une substance propre à sa conservation avant qu'elle germe, et qui la nourrit durant la première germination jusqu'à ce qu'elle puisse tirer son aliment immédiatement de la terre.

Sessile. Cet adjectif marque privation de réceptacle. Il indique que la feuille, la fleur ou le fruit auxquels on l'applique tiennent immédiatement à la plante, sans l'entremise d'aucun pétiole ou pédicule.

Sève. Liqueur limpide, sans couleur, sans saveur, sans odeur, qui ne sert qu'à l'accroissement du végétal.

Sexe. Ce mot a été étendu au règne végétal, et y est devenu familier depuis l'établissement du système sexuel.

Silique. Fruit composé de deux panneaux retenus par deux sutures longitudinales auxquelles les graines sont attachées des deux côtés.

La silique est ordinairement biloculaire, et partagée par une cloison à laquelle est attachée une partie des graines. Cependant cette cloison ne lui étant pas essentielle ne doit pas entrer dans sa définition, comme on peut le voir dans le *cléome*, dans la *chélidoine*, etc.

Sinué. Qui a un sinus ou une échancrure arrondie.

Solitaire. Une fleur solitaire est seule sur son pédicule.

Sous-Arbrisseau. Plante ligneuse, ou petit buisson moindre que l'arbrisseau, mais qui ne pousse point en automne de boutons à fleurs ou à fruits : tels sont le *thym*, le *romarin*, le *groseiller*, les *bruyères*, etc.

Soies. (Voyez **Poils.**)

Spadix, ou **Régime**, C'est le rameau floral dans la famille des palmiers ; il est le vrai réceptacle de la fructification, entouré d'un spathe qui lui sert de voile.

Spathe. Sorte de calice membraneux qui sert d'enveloppe aux fleurs avant leur épanouissement, et se déchire pour leur ouvrir le passage aux approches de la fécondation.

Le spathe est caractéristique dans la famille des palmiers et dans celle des liliacées.

Spirale. Ligne qui fait plusieurs tours en s'écartant du centre, ou en s'en approchant.

Stamineux. Dont les étamines sont très-longues.

Stigmate. Sommet du pistil, qui s'humecte au moment de la fécondation, pour que la poussière prolifique s'y attache.

Stipule. Sorte de foliole ou d'écaille, qui naît à la base du pétiole, du pédicule, ou de la branche. Les stipules sont ordinairement extérieures à la partie qu'elles accompagnent, et leur servent en quelque manière de console : mais quelquefois aussi elles naissent à côté, vis-à-vis, ou au-dedans même de l'angle d'insertion.

M. Adanson dit qu'il n'y a de vrais stipules que celles qui sont attachées aux tiges, comme dans les airelles, les apocins, les jujubiers, les titymales, les châtaigniers, les tilleuls, les mauves, les câpriers : elles tiennent lieu de feuilles dans les plantes qui ne les ont pas verticillées. Dans les plantes légumineuses la situation des stipules varie. Les rosiers n'en ont pas de vraies, mais seulement un prolongement en appendice de feuille, ou une extension du pétiole. Il y a aussi des stipules membraneuses comme dans l'espargoutte.

STOLONIFÈRE. Dont la tige pousse du pied comme de petites tiges latéryles, grêles et stériles.

STYLE. Partie du pistil qui tient le stigmate élevé au-dessus du germe.

SUBULÉ. En alène.

SUC NOURRICIER. Partie de la sève qui est propre à nourrir la plante.

SUPÈRE. (Voyez INFÈRE.)

SUPPORTS. *Fulcra*. Dix espèces, savoir, la stipule, la bractée, la vrille, l'épine, l'aiguillon, le pédicule, le pétiole, la hampe, la glande et l'écaille.

SURGEON. *Surculus*. Nom donné aux jeunes branches de l'œillet, etc., auxquelles on fait prendre racine en les buttant en terre lorsqu'elles tiennent encore à la tige : cette opération est une espèce de *marcotte*.

SYMPÉTALIQUES. Étamines qui réunissent les pétales de manière à donner à une corolle polypétale l'apparence de la monopétaléité. (Les malvacées.)

SYNONYMIE. Concordance de divers noms donnés par différens auteurs aux mêmes plantes.

La synonymie n'est point une étude oiseuse et inutile.

TALON. Oreillette qui se trouve à la base des feuilles d'orangers. C'est aussi l'endroit où tient l'œilleton qu'on détache d'un pied d'artichaut, et cet endroit a un peu de racine.

TERMINAL. Fleur terminale est celle qui vient au sommet de la tige, ou d'une branche.

TERNÉE. Une feuille ternée est composée de trois folioles attachées au même pétiole.

TÊTE. Fleur en tête ou capacitée est une fleur agrégée ou composée, dont les fleurons sont disposés sphériquement ou à peu près.

THYRSE. Épi rameux et cylindrique; ce terme n'est pas extrêmement usité, parce que les exemples n'en sont pas fréquens.

TIGE. Tronc de la plante d'où sortent toutes ses autres parties qui sont hors de terre ; elle a du rapport avec la côte en ce que celle-ci est quelquefois unique, et se ramifie comme elle, par exemple, dans la fougère : elle s'en distingue aussi en ce qu'uniforme dans son contour elle n'a ni face, ni dos, ni côté déterminés, au lieu que tout cela se trouve dans la côte.

Plusieurs plantes n'ont point de tige, d'autres n'ont qu'une tige nue et sans feuilles, qui pour cela change de nom. (Voyez HAMPE.)

La tige se ramifie en branches de différentes manières.

TOQUE. Figure de bonnet cylindrique avec une marge relevée en manière de chapeau. Le fruit du paliurus a la forme d'une toque.

TRACER. Courir horizontalement entre deux terres, comme fait le chiendent. Ainsi le mot *tracer* ne convient qu'aux racines. Quand on dit donc que le fraisier trace, on dit mal ; il rampe, et c'est autre chose.

TRACHÉES DES PLANTES. Sont, selon Malpighi, certains vaisseaux formés par les contours spiraux d'une lame mince, plate, et assez large, qui se roulant en contournant ainsi en tire-bourre, forme un tuyau étranglé, et comme divisé en sa longueur en plusieurs cellules, etc.

TRAINASSE, ou TRAINÉE. Longs filets qui, dans certaines plantes, rampent sur la terre, et qui, d'espace en espace, ont des articulations par lesquelles elles jettent en terre des radicules qui produisent de nouvelles plantes.

TRÉFLÉE. Feuille composée de trois folioles.

TRUFFE. Genre de plantes qui naissent, vivent, se reproduisent et meurent sous terre. Quelques botanistes voudroient qu'on fît de ce mot le substantif de ce qu'on appelle *racine tubéreuse*.

TUBERCULE. Excroissance en forme de bosse ou de grains de chapelets qu'on trouve sur les feuilles, les tiges et les racines.

TUBÉREUSE. Racine manifestement renflée et plus ou moins charnue.

TUNIQUES. Ce sont les peaux ou enveloppes concentriques des ognons.

TURION. Bourgeon radical des plantes vivaces. L'asperge que l'on mange est le *turion* de la plante.

ULIGINEUX. Marécageux, spongieux.

URCÉOLÉ. Renflé comme une petite outre.

URNE ou PYXIDULE. Petite capsule des mousses.

VALVE. Segment d'un péricarpe déhiscent.

VARIÉTÉ. Plante qui ne diffère de l'espèce que par certaines notes variables.

VÉGÉTAL. Corps organisé, doué de vie et privé de sentiment.

On ne me passera pas cette définition, je le sais. On veut que les minéraux vivent, que les végétaux sentent, et que la matière même informe soit douée de sentiment. Quoi qu'il en soit de cette nouvelle physique, jamais je n'ai pu, je ne pourrai jamais parler d'après les idées d'autrui, quand ces idées ne sont pas les miennes. J'ai souvent vu mort un arbre que je voyois auparavant plein de vie; mais la mort d'une pierre est une idée qui ne sauroit m'entrer dans l'esprit. Je vois un sentiment exquis dans mon chien, mais je n'en aperçois aucun dans un chou. Les paradoxes de Jean-Jacques sont fort célèbres. J'ose demander s'il en avança jamais d'aussi fou que celui que j'aurois à combattre si j'entrois ici dans cette discussion, et qui pourtant ne choque personne. Mais je m'arrête, et rentre dans mon sujet.

Puisque les végétaux naissent et vivent, ils se détruisent et meurent; c'est l'irrévocable loi à laquelle tout corps est soumis: par conséquent ils se reproduisent; mais comment se fait cette reproduction? En tout ce qui est soumis à nos sens dans le règne végétal, nous la voyons se faire par la voie de la fructification; et l'on peut présumer que cette loi de la nature est également suivie dans les parties du même règne, dont l'organisation échappe à nos yeux. *Je ne vois ni fleurs ni fruits dans les byssus*, dans les *conferva*, dans les *truffes;* mais je vois ces végétaux se perpétuer, et l'analogie sur laquelle je me fonde pour leur attribuer les mêmes moyens qu'aux autres de tendre à la même fin, cette analogie, dis-je, me paroît si sûre, que je ne puis lui refuser mon assentiment.

Il est vrai que la plupart des plantes ont d'autres manières de se reproduire, comme par caïeux, par boutures, par drageons enracinés. Mais ces moyens sont bien plutôt des supplémens que des principes d'institution, ils ne sont point communs à toutes; il n'y a que la fructification qui le soit, et qui, ne souffrant aucune exception dans celles qui nous sont bien connues, n'en laisse point supposer dans les autres substances végétales qui le sont moins.

Velu. Surface tapissée de poils.

Verticillé. Attache circulaire sur le même plan, et en nombre de plus de deux autour d'un axe commun.

Vivace. Qui vit plusieurs années; les arbres, les arbrisseaux, les sous-arbrisseaux, sont tous vivaces. Plusieurs herbes même le sont, mais seulement par leurs racines. Ainsi le chèvrefeuille et le houblon, tous deux vivaces, le sont différemment. Le premier conserve pendant l'hiver ses tiges, en sorte qu'elles bourgeonnent et fleurissent le printemps suivant, mais le houblon perd les siennes à la fin de chaque automne, et recommence toujours chaque année à en pousser de son pied de nouvelles.

Les plantes transportées hors de leur climat sont sujettes à varier sur cet article. Plusieurs plantes vivaces dans les pays chauds deviennent parmi nous annuelles, et ce n'est pas la seule altération qu'elles subissent dans nos jardins.

De sorte que la botanique exotique étudiée en Europe donne souvent de bien fausses observations.

Volve. Enveloppe radicale de toutes les espèces de champignons.

Vrilles ou **Mains.** Espèce de filets qui terminent les branches dans certaines plantes, et leur fournissent les moyens de s'attacher à d'autres corps. Les vrilles sont simples ou rameuses; elles prennent, étant libres, toutes sortes de directions, et lorsqu'elles s'accrochent à un corps étranger, elles l'embrassent en spirale.

Vulgaire. On désigne ordinairement ainsi l'espèce principale de chaque genre la plus anciennement connue dont il a tiré son nom, et qu'on regardoit d'abord comme une espèce unique.

Urne. Boîte ou capsule remplie de poussière, que portent la plupart des mousses en fleur. La construction la plus commune de ces urnes est d'être élevées au-dessus de la plante par un pédicule plus ou moins long, de porter à leur sommet une espèce de coiffe ou de capuchon pointu qui les couvre, adhérent d'abord à l'urne, mais qui s'en détache ensuite, et tombe lorsqu'elle est prête à s'ouvrir; de s'ouvrir ensuite aux deux tiers de leur hauteur, comme une boîte à savonnette, par un couvercle qui s'en détache et tombe à son tour après la chute de la coiffe; d'être doublement ciliée autour de sa jointure, afin que l'humidité ne puisse pénétrer dans l'intérieur de l'urne tant qu'elle est ouverte; enfin, de pencher et se courber en en-bas aux approches de la maturité pour verser à terre la poussière qu'elle contient.

L'opinion générale des botanistes sur cet article est que cette urne avec son pédicule est une étamine dont le pédicule est le filet, dont l'urne est l'anthère, et dont la poudre qu'elle contient et qu'elle verse est la poussière fécondante qui va fertiliser la fleur femelle : en conséquence de ce système on donne communément le nom d'anthère à la capsule dont nous parlons. Cependant, comme la fructification des mousses n'est pas jusqu'ici parfaitement connue, et qu'il n'est pas d'une certitude invincible que l'anthère dont nous parlons soit véritablement une anthère, je crois qu'en attendant une plus grande évidence, sans se presser d'adopter un nom si décisif, que de plus grandes lumières pourroient forcer ensuite d'abandonner, il vaut mieux conserver celui d'urne donné par Vaillant, et qui, quelque système qu'on adopte, peut subsister sans inconvénient.

Utricules. Sortes de petites outres percées par les deux bouts, et communiquant successivement de l'une à l'autre par leurs ouvertures, comme les aludels d'un alambic. Ces vaisseaux sont ordinairement pleins de séve. Ils occupent les espaces ou mailles ouvertes qui se trouvent entre les fibres longitudinales et le bois.

ÉCRITS SUR LA MUSIQUE.

NOTICE

SUR LES OUVRAGES DE MUSIQUE

COMPOSÉS PAR J. J. ROUSSEAU.

La liste des *OEuvres musicales* de Rousseau ne peut être mieux placée qu'en tête de la Collection de ses écrits théoriques sur un art qu'il aimoit avec passion, et qu'il a cultivé toute sa vie. Nous joindrons à cette liste les documens les plus propres à guider les amateurs ou artistes qui voudroient prendre connoissance de tout ce qu'il a composé en ce genre, ou même s'en procurer le Recueil complet.

Les OEuvres de musique, gravées et publiées à Paris, sont au nombre de quatre (*).

1° *Le Devin du Village*, intermède, partition *in-fol.* Paris, 1754 (**).

2° *Fragmens de Daphnis et Chloé*, opéra dont Corancez a fait les paroles, partition *in-fol.* Paris, 1779.

Ces fragmens se composent de l'esquisse du prologue, du premier acte tout entier, et de différens morceaux préparés pour le second acte.

3° *Six nouveaux airs du Devin du village*, partition *in-fol.* Paris, 1779.

4° *Les consolations des misères de ma vie*, ou Recueil d'airs, romances et duo, *in-fol.* Paris, 1781.

Cette collection, gravée avec le plus grand soin, comprend 95 morceaux de chant, duo, romances, pastourelles, etc., sur des paroles françoises ou italiennes.

De ces quatre OEuvres (***), les trois dernières n'ont été gravées qu'après la mort de leur auteur, et par les soins de M. Benoît, à qui furent confiés les manuscrits de cette espèce, trouvés dans les papiers de Rousseau, et qui les a tous déposés, conformément à ses intentions, à la Bibliothèque royale.

Mais parmi ces manuscrits se trouvent d'autres morceaux encore qu'on n'a pas jugé à propos de faire graver, soit parce qu'ils n'étoient pas terminés, soit parce qu'on a pensé qu'ils intéresseroient peu les amateurs.

Quoi qu'il en soit, ces morceaux non publiés sont :

1° Un nouvel air sur ces paroles du *Devin : Je vais revoir ma charmante maîtresse*, terminé quant au chant et à la partie de basse.

2° Trois airs, sur des paroles françoises, incomplets tant pour le chant que pour les accompagnemens.

3° Quatre duo pour clarinettes

4° Enfin quatre morceaux de musique d'église, en partition, et complets, savoir :

Salve Regina, composé en 1752.

Ecce sedes hic Tonantis, motet composé, en 1757, pour la dédicace de la chapelle de la Chevrette.

(Rousseau parle de ces deux morceaux au livre IX de ses *Confessions*, et nous apprend que le premier, composé pour mademoiselle Fel, fut chanté par elle au concert spirituel : quant au second, « le dépit, dit-il, fut mon Apol- « lon, et jamais musique plus étoffée ne sortit de mes « mains. La pompe du début répond aux paroles, et toute « la suite du motet est d'une beauté de chant qui frappa « tout le monde. »)

Principes persecuti sunt, motet, à voix seule en

(*) Nous n'y comprenons pas la musique faite en premier lieu pour accompagner la scène de Pygmalion, parce que Rousseau n'a fait que deux morceaux de cette musique. Voyez la note relative à cette scène, page 226 de ce volume. G. P.

(**) Une nouvelle édition de cette partition a été publiée en 1825, in-8°.

(***) Un passage du premier de ses *Dialogues* prouveroit qu'il en existe ou qu'il en a existé une cinquième. Il y déclare en effet qu'à son arrivée à Paris, en 1770, il chercha douze chansonnettes italiennes qu'il y avoit fait graver environ vingt ans auparavant, et *qui étoient de lui comme le* Devin du village, mais que *le recueil, les airs, les Planches, tout avoit disparu*. Nous ne pouvions espérer de retrouver en 1819 ce qui avoit échappé aux recherches de l'auteur en 1770, et nous n'avons pas même dû le tenter.

Quant aux *Consolations*, ou Recueil de Romances dont il vient d'être parlé, la partition *in-folio* est devenue rare et fort chère; mais le libraire Poinçot en a fait graver les parties de chant seulement en format *in-8°*, pour faire suite à son édition en 36 volumes. G. P.

rondeau, composé pour madame de Nadaillac, abbesse de Gomer-Fontaine.

Quomodò sedet sola, leçon de ténèbres, avec un répons, composé en 1772.

N. B. Parmi les romances et airs détachés que contient le Recueil gravé en 1781, et dont il a été parlé plus haut, nous avons choisi, pour les reproduire ici, cinq de ces petits morceaux, dont deux, universellement connus, sont encore dans toutes les bouches, et dont les trois autres, s'ils ont moins excité l'attention, n'ont pas été oubliés des amateurs de ce genre aimable, et qui en effet rappellent encore le talent et la manière de l'auteur du *Devin du village*. On les trouvera imprimés (chant et paroles) à la fin de ce volume, avec l'indication pour chacun d'eux du numéro qui lui correspond dans le grand Recueil, pour ceux des lecteurs qui voudroient en connoître les parties d'accompagnement.

PROJET

CONCERNANT DE NOUVEAUX SIGNES POUR LA MUSIQUE,

Lu par l'auteur à l'Académie des Sciences, le 22 août 1742.

Ce projet tend à rendre la musique plus commode à noter, plus aisée à apprendre, et beaucoup moins diffuse.

Il paroît étonnant que les signes de la musique étant restés aussi long-temps dans l'état d'imperfection où nous les voyons encore aujourd'hui, la difficulté de l'apprendre n'ait pas averti le public que c'étoit la faute des caractères, et non pas celle de l'art. Il est vrai qu'on a donné souvent des projets en ce genre; mais de tous ces projets, qui, sans avoir les avantages de la musique ordinaire, en avoient presque tous les inconvéniens, aucun que je sache n'a jusqu'ici touché le but, soit qu'une pratique trop superficielle ait fait échouer ceux qui l'ont voulu considérer théoriquement, soit que le génie étroit et borné des musiciens ordinaires les ait empêchés d'embrasser un plan général et raisonné, et de sentir les vrais inconvéniens de leur art, de la perfection actuelle duquel ils sont d'ailleurs pour l'ordinaire très-entêtés.

Cette quantité de lignes, de clefs, de transpositions, de dièzes, de bémols, de bécarres, de mesures simples et composées, de rondes, de blanches, de noires, de croches, de doubles, de triples croches, de pauses, de demi-pauses, de soupirs, de demi-soupirs, de quarts de soupir, etc., donne une foule de signes et de combinaisons, d'où résultent deux inconvéniens principaux, l'un d'occuper un trop grand volume, et l'autre de surcharger la mémoire des écoliers; de façon que, l'oreille étant formée, et les organes ayant acquis toute la facilité nécessaire long-temps avant qu'on ne soit en état de chanter à livre ouvert, il s'ensuit que la difficulté est toute dans l'observation des règles, et non dans l'exécution du chant.

Le moyen qui remédiera à l'un de ces inconvéniens remédiera aussi à l'autre; et dès qu'on aura inventé des signes équivalens, mais plus simples et en moindre quantité, ils auront par là même plus de précision, et pourront exprimer autant de choses en moins d'espace.

Il est avantageux outre cela que ces signes soient déjà connus, afin que l'attention soit moins partagée, et faciles à figurer, afin de rendre la musique plus commode.

Il faut pour cet effet considérer deux objets principaux chacun en particulier : le premier doit être l'expression de tous les sons possibles; et l'autre, celle de toutes les différentes durées, tant de sons que de leurs silences relatifs, ce qui comprend aussi la différence des mouvemens.

Comme la musique n'est qu'un enchaînement de sons qui se font entendre ou tous ensemble, ou successivement, il suffit que tous ces sons aient des expressions relatives qui leur assignent à chacun la place qu'il doit occuper par rapport à un certain son fondamental, pourvu que ce son soit nettement exprimé, et que la relation soit facile à connoître : avantages que n'a déjà point la musique ordinaire, où le son fondamental n'a nulle évidence particulière, et où tous les rapports de notes ont besoin d'être long-temps étudiés.

Prenant *ut* pour ce son fondamental, auquel tous les autres doivent se rapporter, et l'exprimant par le chiffre 1, nous aurons à sa suite l'expression des sept sons naturels, *ut, ré, mi, fa, sol, la, si*, par les sept chiffres, 1, 2, 3, 4, 5, 6, 7; de façon que tant que le chant roulera dans l'étendue de sept sons il suffira de les noter chacun par son chiffre correspondant, pour les exprimer tous sans équivoque.

Mais quand il est question de sortir de cette étendue pour passer dans d'autres octaves, alors cela forme une nouvelle difficulté.

Pour la résoudre, je me sers du plus simple de tous les signes, c'est-à-dire du point. Si je sors de l'octave par laquelle j'ai commencé, pour faire une note dans l'étendue de l'octave qui est au-dessus, et qui commence à l'*ut* d'en-haut, alors je mets un point au-dessus de cette note par laquelle je sors de mon octave ; et ce point une fois placé, c'est un indice que, non-seulement la note sur laquelle il est, mais encore toutes celles qui la suivront sans aucun signe qui le détruise, devront être prises dans l'étendue de cette octave supérieure où je suis entré.

Au contraire, si je veux passer à l'octave qui est au-dessous de celle où je me trouve, alors je mets le point sous la note par laquelle j'y entre. En un mot, quand le point est sur la note, vous passez dans l'octave supérieure; s'il est au-dessous, vous passez dans l'inférieure : et quand vous changeriez d'octave à chaque note, ou que vous voudriez monter ou descendre de deux ou trois octaves tout d'un coup ou successivement, la règle est toujours générale, et vous n'avez qu'à mettre autant de points au-dessous ou au-dessus que vous avez d'octaves à descendre ou à monter.

Ce n'est pas à dire qu'à chaque point vous montiez ou descendiez d'une octave, mais à chaque point vous passez dans une octave différente de celle où vous êtes par rapport au son fondamental *ut* d'en-bas, lequel ainsi se trouve bien dans la même octave en descendant diatoniquement, mais non pas en montant. Sur quoi il faut remarquer que je ne me sers du mot d'octave qu'abusivement, et pour ne pas multiplier inutilement les termes, parce que proprement cette étendue n'est composée que de sept notes, le 1 d'en haut qui commence une autre octave n'y étant pas compris.

Mais cet *ut*, qui, par la transposition, doit toujours être le nom de la tonique dans les tons majeurs et celui de la médiante dans les tons mineurs, peut, par conséquent, être pris sur chacune des douze cordes du système chromatique ; et, pour la désigner, il suffira de mettre à la marge le chiffre qui exprimeroit cette corde sur le clavier dans l'ordre naturel ; c'est-à-dire que le chiffre de la marge, qu'on peut appeler la clef, désigne la touche du clavier qui doit s'appeler *ut*, et par conséquent être tonique dans les tons majeurs, et médiante dans les mineurs. Mais, à le bien prendre, la connoissance de cette clef n'est que pour les instrumens, et ceux qui chantent n'ont pas besoin d'y faire attention.

Par cette méthode, les mêmes noms sont toujours conservés aux mêmes notes : c'est-à-dire que l'art de solfier toute musique possible consiste précisément à connoître sept caractères uniques et invariables, qui ne changent jamais ni de nom ni de position; ce qui me paroît plus facile que cette multitude de transpositions et de clefs qui, quoique ingénieusement inventées, n'en sont pas moins le supplice des commençans.

Une autre difficulté qui naît de l'étendue du clavier et des différentes octaves où le ton peut être pris, se résout avec la même aisance. On conçoit le clavier divisé par octaves depuis la première tonique : la plus basse octave s'appelle A, la seconde B, la troisième C, etc.; de façon qu'écrivant au commencement d'un air la lettre correspondante à l'octave dans laquelle se trouve la première note de cet air, sa position précise est connue, et les points vous conduisent ensuite partout sans équivoque. De là découle encore généralement et sans exception le moyen d'exprimer les rapports et tous les intervalles, tant en montant qu'en descendant, des reprises et des rondeaux, comme on le verra détaillé dans mon grand projet.

La corde du ton, le mode (car je le distingue aussi) et l'octave étant ainsi bien désignés, il faudra se servir de la transposition pour les instrumens comme pour la voix, ce qui n'aura nulle difficulté pour les musiciens instruits, comme ils doivent l'être, des tons et des intervalles naturels à chaque mode, et de la manière de les trouver sur les instrumens ; il en résultera au contraire cet avantage important, qu'il ne sera pas plus difficile de transporter toutes sortes d'airs un demi-ton ou un ton plus haut ou plus bas, suivant le besoin, que de les jouer sur leur ton naturel ; ou, s'il s'y trouve quelque peine, elle dépendra uniquement de l'instrument, et jamais de la note, qui, par le changement d'un seul signe, représentera le même air sur quelque ton que l'on veuille proposer : de sorte enfin qu'un orchestre entier, sur un simple avertissement du maître, exécuteroit sur-le-champ en *mi* ou en *sol* une pièce notée en *fa*, en *la*, en *si* bémol, ou en tout autre ton imaginable; chose impossible à pratiquer dans la musique ordinaire, et dont l'utilité se fait assez sentir à ceux qui fréquentent les concerts. En général, ce qu'on appelle chanter et exécuter au naturel est peut-être ce qu'il y a de plus mal imaginé dans la musique : car si les noms des notes ont quelque utilité réelle, ce ne peut être que pour exprimer certains rapports, certaines affections déterminées dans les progressions des sons. Or, dès que le ton change, les rapports des sons et la progression changeant aussi, la raison dit qu'il faut de même changer les noms des notes en les rapportant par analogie au nouveau ton; sans quoi l'on renverse le sens des noms, et l'on ôte aux mots le seul avantage qu'ils puissent avoir, qui est d'exciter d'autres idées avec celles des sons. Le passage du *mi* au *fa*, ou du *si* à l'*ut*, excite naturellement dans l'esprit du musicien l'idée du demi-ton. Cependant, si l'on est dans le ton de *si* ou dans celui de *mi*, l'intervalle du *si* à l'*ut*, ou du *mi* au *fa*, est toujours d'un ton, et jamais d'un demi-ton. Donc, au lieu de conserver des noms qui trompent l'esprit et qui choquent l'oreille exercée par une différente habitude, il est important de leur en appliquer d'autres dont le sens connu, au lieu d'être contradictoire, annonce les intervalles qu'ils doivent exprimer. Or, tous les rapports des sons du système diatonique se trouvent exprimés, dans le majeur, tant en montant qu'en descendant, dans l'octave comprise entre deux *ut*, suivant l'ordre naturel, et, dans le mineur, dans l'octave comprise entre deux *la*, suivant le même ordre en descendant seulement; car, en montant, le mode mineur est assujetti à des affections différentes qui présentent de nouvelles réflexions pour la théorie, lesquelles ne sont pas aujourd'hui de mon sujet, et qui ne font rien au système que je propose.

J'en appelle à l'expérience sur la peine qu'ont les écoliers à entonner, par les noms primitifs, des airs qu'ils chantent avec toute la facilité du monde au moyen de la transposition, pourvu, toujours, qu'ils aient acquis la longue et nécessaire habitude de lire les bémols et les dièses des clefs, qui font, avec leurs huit positions, quatre-vingts combinaisons inutiles et toutes retranchées par la méthode.

Il s'ensuit de là que les principes qu'on donne pour jouer des instrumens ne valent rien du tout; et je suis sûr qu'il n'y a pas un bon musicien qui, après avoir préludé dans le ton où il doit jouer, ne fasse plus d'attention dans son jeu au degré du ton où il se trouve, qu'au dièse ou au bémol qui l'affecte. Qu'on apprenne aux écoliers à bien connoître les deux modes et la disposition régulière des sons convenables à chacun, qu'on les exerce à préluder en majeur et en mineur sur tous les sons de l'instrument, chose qu'il faut toujours savoir, quelque méthode qu'on adopte; alors, qu'on leur mette ma musique entre les mains, j'ose répondre qu'elle ne les embarrassera pas un quart d'heure.

On seroit surpris si l'on faisoit attention à la quantité de livres et de préceptes qu'on a donnés sur la transposition; ces gammes, ces échelles, ces clefs supposées, font le fatras le plus ennuyeux qu'on puisse imaginer; et tout cela, faute d'avoir fait cette réflexion très-simple, que, dès que la corde fondamentale du ton est connue sur un clavier naturel comme tonique, c'est-à-dire comme *ut* ou *la*, elle détermine seule le rapport et le ton de toutes les autres notes, sans égard à l'ordre primitif.

Avant que de parler des changemens de ton, il faut expliquer les altérations accidentelles des sons qui s'y présentent à tout moment.

Le dièse s'exprime par une petite ligne qui croise la note en montant de gauche à droite. *Sol* diésé, par exemple, s'exprime ainsi 5, *fa* diésé, ainsi 4. Le bémol s'exprime aussi par une semblable ligne qui croise la note en descendant 7, 2; et ces signes, plus simples que ceux qui sont en usage, servent encore à montrer à l'œil le genre d'altération qu'ils causent.

Le bécarre n'a d'utilité que par le mauvais choix du dièse et du bémol; et, dès que les signes qui les expriment seront inhérens à la note, le bécarre deviendra entièrement superflu: je le retranche donc comme inutile; je le retranche encore comme équivoque, puisque les musiciens s'en servent souvent en deux sens absolument opposés, et laissent ainsi l'écolier dans une incertitude continuelle sur son véritable effet.

A l'égard des changemens de ton, soit pour passer du majeur au mineur, ou d'une tonique à une autre, il n'est question que d'exprimer la première note de ce changement, de manière à représenter ce qu'elle étoit dans le ton d'où l'on sort, et ce qu'elle est dans celui où l'on entre; ce que l'on fait par une double note séparée par une petite ligne horizontale comme dans les fractions: le chiffre qui est au-dessus exprime la note dans le ton d'où l'on sort, et celui de dessous représente la même note dans le ton où l'on entre; en un mot, le chiffre inférieur indique le nom de la note, et le chiffre supérieur sert à en trouver le ton.

Voilà pour exprimer tous les sons imaginables en quelque ton que l'on puisse être ou que l'on veuille entrer. Il faut passer à présent à la seconde partie, qui traite des valeurs des notes et de leurs mouvemens.

Les musiciens reconnoissent au moins quatorze mesures différentes dans la musique : mesures dont la distinction brouille l'esprit des écoliers pendant un temps infini. Or je soutiens que tous les mouvemens de ces différentes mesures se réduisent uniquement à deux; savoir, mouvement à deux temps, et mouvement à trois temps; et j'ose défier l'oreille la plus fine d'en trouver de naturels qu'on ne puisse exprimer avec toute la précision possible par l'une de ces deux mesures. Je commencerai donc par faire main basse sur tous ces chiffres bizarres, réservant seulement le deux et le trois, par lesquels, comme on verra tout-à-l'heure, j'exprimerai tous les mouvemens possibles. Or, afin que le chiffre qui annonce la mesure ne se confonde point avec ceux des notes, je l'en distingue en le faisant plus grand et en le séparant par une double ligne perpendiculaire.

Il s'agit à présent d'exprimer les temps, et les valeurs des notes qui les remplissent.

Un défaut considérable dans la musique est de représenter, comme valeurs absolues, des notes qui n'en ont que de relatives, ou du moins d'en mal appliquer les relations : car il est sûr que la durée des rondes, des blanches, noires, croches, etc., est déterminée, non par la qualité de la note, mais par celle de la mesure où elle se trouve : de là vient qu'une noire, dans une certaine mesure, passera beaucoup plus vite qu'une croche dans une autre; laquelle croche ne vaut cependant que la moitié de cette noire : et de là vient encore que les musiciens de province, trompés par ces faux rapports, donneront aux airs des mouvemens tout différens de ce qu'ils doivent être, en s'attachant scrupuleusement à la valeur absolue des notes, tandis qu'il faudra quelquefois passer une mesure à trois temps simples beaucoup plus vite qu'une autre à trois huit, ce qui dépend du caprice du compositeur, et de quoi les opéra présentent des exemples à chaque instant.

D'ailleurs la division sous-double des notes et de leurs valeurs, telle qu'elle est établie, ne suffit pas pour tous les cas; et si, par exemple, je veux passer trois notes égales dans un temps d'une mesure à deux, à trois ou à quatre, il faut, ou que le musicien le devine, ou que je l'en instruise par un signe étranger qui fait exception à la règle.

Enfin, c'est encore un autre inconvénient de ne point séparer les temps; il arrive de là que, dans le milieu d'une grande mesure, l'écolier ne sait où il en est, surtout lorsque, chantant le vocal, il trouve une quantité de croches et de doubles croches détachées, dont il faut qu'il fasse lui-même la distribution.

La séparation de chaque temps par une virgule remédie à tout cela avec beaucoup de simplicité. Chaque temps compris entre deux virgules contient une note ou plusieurs. S'il ne comprend qu'une note, c'est qu'elle remplit tout ce temps-là, et cela ne fait pas la moindre difficulté. Y a-t-il plusieurs notes comprises dans chaque temps, la chose n'est pas plus difficile : divisez ce temps en autant de parties égales qu'il comprend de notes, appliquez chacune de ces parties à chacune de ces notes, et passez-les de sorte que tous les temps soient égaux.

Les notes dont deux égales rempliront un temps s'appelleront des demis; celles dont il en faudra trois, des tiers; celles dont il en faudra quatre, des quarts, etc.

Mais lorsqu'un temps se trouve partagé de sorte que toutes les notes n'y sont pas d'égale valeur, pour représenter, par exemple, dans un seul temps une noire et deux croches, je considère ce temps comme divisé en deux parties égales, dont la noire fait la première, et les deux croches ensemble la seconde ; je les lie donc par une ligne droite que je place au-dessus ou au-dessous d'elles, et cette ligne marque que tout ce qu'elle embrasse ne représente qu'une seule note, laquelle doit être subdivisée en deux parties égales, ou en trois, ou en quatre, suivant le nombre des chiffres qu'elle couvre, etc.

Si l'on a une note qui remplisse seule une mesure entière, il suffit de la placer seule entre les deux lignes qui renferment la mesure ; et, par la même règle que je viens d'établir, cela signifie que cette note doit durer toute la mesure entière.

A l'égard des tenues, je me sers aussi du point pour les exprimer, mais d'une manière bien plus avantageuse que celle qui est en usage : car au lieu de lui faire valoir précisément la moitié de la note qui le précède, ce qui ne fait qu'un cas particulier, je lui donne, de même qu'aux notes, une valeur qui n'est déterminée que par la place qu'il occupe ; c'est-à-dire que, si le point remplit seul un temps ou une mesure, le son qui a précédé doit être aussi soutenu pendant tout ce temps ou toute cette mesure, et, si le point se trouve dans un temps avec d'autres notes, il fait nombre aussi bien qu'elles, et doit être compté pour un tiers ou pour un quart, suivant le nombre des notes que renferme ce temps-là, en y comprenant le point.

Au reste, il n'est pas à craindre, comme on le verra par les exemples, que ces points se confondent jamais avec ceux qui servent à changer d'octaves, ils en sont trop bien distingués par leur position pour avoir besoin de l'être par leur figure ; c'est pourquoi j'ai négligé de le faire, évitant avec soin de me servir de signes extraordinaires, qui distrairoient l'attention, et n'exprimeroient rien de plus que la simplicité des miens.

Les silences n'ont besoin que d'un seul signe. Le zéro paroît le plus convenable ; et les règles que j'ai établies à l'égard des notes étant toutes applicables à leurs silences relatifs, il s'ensuit que le zéro, par sa seule position et par les points qui le peuvent suivre, lesquels alors exprimeront des silences, suffit seul pour remplacer toutes les pauses, soupirs, demi-soupirs, et autres signes bizarres et superflus qui remplissent la musique ordinaire.

Voilà les principes généraux d'où découlent les règles pour toutes sortes d'expressions imaginables, sans qu'il puisse naître à cet égard aucune difficulté qui n'ait été prévue et qui ne soit résolue en conséquence de quelqu'un de ces principes.

Ce système renferme, sans contredit, des avantages essentiels par-dessus la méthode ordinaire.

En premier lieu, la musique sera du double et du triple plus aisée à apprendre.

1° Parce qu'elle contient beaucoup moins de signes.

2° Parce que ces signes sont plus simples.

3° Parce que, sans autre étude, les caractères mêmes des notes y représentent leurs intervalles et leurs rapports ; au lieu que ces rapports et ces intervalles sont très-difficiles à trouver, et demandent une grande habitude par la musique ordinaire.

4° Parce qu'un même caractère ne peut jamais avoir qu'un même nom ; au lieu que, dans le système ordinaire, chaque position peut avoir sept noms différens sur chaque clef, ce qui cause une confusion dont les écoliers ne se tirent qu'à force de temps, de peine, et d'opiniâtreté.

5° Parce que les temps y sont mieux distingués que dans la musique ordinaire, et que les valeurs des silences et des notes y sont déterminées d'une manière plus simple et plus générale.

6° Parce que, le mode étant toujours connu, il est toujours aisé de préluder et de se mettre au ton : ce qui n'arrive pas dans la musique ordinaire, où souvent les écoliers s'embarrassent ou chantent faux, faute de bien connoître le ton où ils doivent chanter.

En second lieu, la musique en est plus commode et plus aisée à noter, occupe moins de volume ; toute sorte de papier y est propre, et les caractères de l'imprimerie suffisant pour la noter, les compositeurs n'auront plus besoin de faire de si grands frais pour la gravure de leurs pièces, ni les particuliers pour les acquérir.

Enfin les compositeurs y trouveroient encore cet autre avantage non moins considérable, qu'outre la facilité de la note, leur harmonie et leurs accords seroient connus par la seule inspection des signes, et sans ces sauts d'une clef à l'autre qui demandent une habitude bien longue, et que plusieurs n'atteignent jamais parfaitement.

DISSERTATION

SUR

LA MUSIQUE MODERNE.

PRÉFACE.

S'il est vrai que les circonstances et les préjugés décident souvent du sort d'un ouvrage, jamais auteur n'a dû plus craindre que moi. Le public est aujourd'hui si indisposé contre tout ce qui s'appelle nouveauté, si rebuté de systèmes et de projets, surtout en fait de musique, qu'il n'est plus guère possible de lui rien offrir en ce genre, sans s'exposer à l'effet de ses premiers mouvemens, c'est-à-dire à se voir condamné sans être entendu.

D'ailleurs, il faudroit surmonter tant d'obstacles, réunis non par la raison, mais par l'habitude et les préjugés, bien plus forts qu'elle, qu'il ne paroit pas possible de forcer de si puissantes barrières. N'avoir que la raison pour soi, ce n'est pas combattre à armes égales, les préjugés sont presque toujours sûrs d'en triompher ; et je ne connois que le seul intérêt capable de les vaincre à son tour.

Je serois rassuré par cette dernière considération, si le public étoit toujours bien attentif à juger de ses vrais intérêts : mais il est pour l'ordinaire assez nonchalant pour en laisser la direction à gens qui en ont de tout opposés ; et il aime mieux se plaindre éternellement d'être mal servi, que de se donner des soins pour l'être mieux.

C'est précisément ce qui arrive dans la musique ; on se récrie sur la longueur des maîtres et sur la difficulté de l'art, et l'on rebute ceux qui proposent de l'éclaircir et de l'abréger. Tout le monde convient que les caractères de la musique sont dans un état d'imperfection peu proportionné aux progrès qu'on a faits dans les autres parties de cet art : cependant on se défend contre toute proposition de les réformer, comme contre un danger affreux. Imaginer d'autres signes que ceux dont s'est servi le divin Lulli est non-seulement la plus haute extravagance dont l'esprit humain soit capable, mais c'est encore une espèce de sacrilége. Lulli est un dieu dont le doigt est venu fixer à jamais l'état de ces sacrés caractères : bons ou mauvais, il n'importe ; il faut qu'ils soient éternisés par ses ouvrages. Il n'est plus permis d'y toucher sans se rendre criminel ; et il faudra, au pied de la lettre, que tous les jeunes gens qui apprendront désormais la musique payent un tribut de deux ou trois ans de peine au mérite de Lulli.

Si ce ne sont pas là les propres termes, c'est du moins le sens des objections que j'ai ouï faire cent fois contre tout projet qui tendroit à réformer cette partie de la musique. Quoi! faudra-t-il jeter au feu tous nos auteurs, tout renouveler? Lalande, Bernier, Corelli, tout cela seroit donc perdu pour nous? Où prendrions-nous de nouveaux Orphées pour nous en dédommager? et quels seroient les musiciens qui voudroient se résoudre à redevenir écoliers?

Je ne sais pas bien comment l'entendent ceux qui font ces objections ; mais il me semble qu'en les réduisant en maximes, et en détaillant un peu les conséquences, on en feroit des aphorismes fort singuliers, pour arrêter tout court le progrès des lettres et des beaux-arts.

D'ailleurs, ce raisonnement porte absolument à faux ; et l'établissement des nouveaux caractères, bien loin de détruire les anciens ouvrages, les conserveroit doublement par les nouvelles éditions qu'on en feroit, et par les anciennes, qui subsisteroient toujours. Quand on a traduit un auteur, je ne vois pas la nécessité de jeter l'original au feu. Ce n'est donc ni l'ouvrage en lui-même, ni les exemplaires qu'on risqueroit de perdre ; et remarquez surtout que, quelque avantageux que pût être un nouveau système, il ne détruiroit jamais l'ancien avec assez de rapidité pour en abolir tout d'un coup l'usage ; les livres en seroient usés avant que d'être inutiles, et quand ils ne serviroient que de ressource aux opiniâtres, on trouveroit toujours assez à les employer.

Je sais que les musiciens ne sont pas traitables sur ce chapitre. La musique pour eux n'est pas la science des sons, c'est celle des noires, des blanches, des doubles croches ; et dès que ces figures cesseroient d'affecter leurs yeux, ils ne croiroient jamais voir réellement de la musique. La crainte de redevenir écoliers, et surtout le train de cette habitude qu'ils prennent pour la science même, leur feront toujours regarder avec mépris ou avec effroi tout ce qu'on leur proposeroit en ce genre. Il ne faut donc pas compter sur leur approbation, il faut même compter sur toute leur résistance, dans l'établissement des nouveaux caractères, non pas comme bons ou comme mauvais en eux-mêmes, mais simplement comme nouveaux.

Je ne sais quel auroit été le sentiment particulier de Lulli sur ce point, mais je suis presque sûr qu'il étoit trop grand homme pour donner dans ces petitesses : Lulli auroit senti que sa science ne tenoit point à des caractères ; que ses sons ne cesseroient jamais d'être des sons divins, quelques signes qu'on employât pour les exprimer ; et qu'enfin c'étoit toujours un service important à rendre à son art et au progrès de ses ouvrages que de les publier dans une langue aussi énergique mais plus facile à entendre, et qui par là deviendroit plus universelle, dût-il en coûter l'abandon de quelques vieux exemplaires, dont assurément il n'auroit pas cru que le prix fût à comparer à la perfection générale de l'art.

Le malheur est que ce n'est pas à des Lulli que nous avons affaire. Il est plus aisé d'hériter de sa science que de son génie. Je ne sais pourquoi la musique n'est pas amie du raisonnement. Mais si ses élèves sont si scandalisés de voir un confrère réduire son art en principes, l'approfondir, et le traiter méthodiquement, à plus forte raison ne souffriroient-ils pas qu'on osât attaquer les parties mêmes de cet art.

Pour juger de la façon dont on y seroit reçu, on n'a qu'à se rappeler combien il a fallu d'années de lutte et d'opiniâtreté pour substituer l'usage du *si* à ces grossières nuances qui ne sont pas même encore abolies partout. On convenoit bien que l'échelle étoit composée de sept sons différens ; mais on ne pouvoit se persuader qu'il fût avantageux de leur donner à chacun un nom particulier, puisqu'on ne s'en étoit pas avisé jusque-là, et que la musique n'avoit pas laissé d'aller son train.

Toutes ces difficultés sont présentes à mon esprit avec toute la force qu'elles peuvent avoir dans celui des lecteurs : malgré cela, je ne saurois croire qu'elles puissent tenir contre les vérités de démonstration que j'ai à établir. Que tous les systèmes qu'on a proposés en ce genre aient échoué jusqu'ici, je n'en suis point étonné : même, à égalité d'avantages et de défauts, l'ancienne méthode devoit sans contredit l'emporter, puisque pour détruire un système établi il faut que celui qu'on veut substituer lui soit préférable, non-seulement en les considérant chacun en lui-même et par ce qu'il a de propre, mais encore en joignant au premier toutes les raisons d'ancienneté et tous les préjugés qui le fortifient.

C'est ce cas de préférence où le mien me paroît être, et où l'on reconnaîtra qu'il est en effet s'il conserve les avantages de la méthode ordinaire, s'il en sauve les inconvéniens, et enfin s'il résout les objections extérieures qu'on oppose à toute nouveauté de ce genre, indépendamment de ce qu'elle est en soi-même.

A l'égard des deux premiers points, ils seront discutés dans le corps de l'ouvrage, et l'on ne peut savoir à quoi s'en tenir qu'après l'avoir lu. Pour le troisième, rien n'est si simple à décider : il ne faut pour cela qu'exposer le but même de mon projet, et les effets qui doivent résulter de son exécution.

Le système que je propose roule sur deux objets principaux : l'un de noter la musique et toutes ses difficultés d'une manière plus simple, plus commode, et sous un moindre volume.

Le second et le plus considérable est de la rendre aussi aisée à apprendre qu'elle a été rebutante jusqu'à présent, d'en réduire les signes à un plus petit nombre, sans rien retrancher de l'expression, et d'en abréger les règles de façon à faire un jeu de la théorie, et à n'en rendre la pratique dépendante que de l'habitude des organes, sans que la difficulté de la note y puisse jamais entrer pour rien.

Il est aisé de justifier par l'expérience qu'on apprend la musique en deux et trois fois moins de temps par ma méthode que par la méthode ordinaire ; que les musiciens formés par elle seront plus sûrs que les autres à égalité de science ; et qu'enfin sa facilité est telle, que, quand on voudroit s'en tenir à la musique ordinaire, il faudroit toujours commencer par la mienne pour y parvenir plus sûrement et en moins de temps. Proposition qui, toute paradoxe qu'elle paroît, ne laisse pas d'être exactement vraie, tant par le fait que par la démonstration. Or, ces faits supposés vrais, toutes les objections tombent d'elles-mêmes et sans ressource. En premier lieu, la musique notée suivant l'ancien système ne sera point inutile, et il ne faudra point se tourmenter pour la jeter au feu, puisque les élèves de ma méthode parviendront à chanter à livre ouvert sur la musique ordinaire en moins de temps encore, y compris celui qu'ils auront donné à la mienne, qu'on ne le fait communément. Comme ils sauront donc également l'une et l'autre sans y avoir employé plus de temps, on ne pourra pas déjà dire à l'égard de ceux-là que l'ancienne musique est inutile.

Supposons des écoliers qui n'aient pas des années à sacrifier, et qui veuillent bien se contenter de savoir en sept ou huit mois de temps chanter à livre ouvert sur ma note, je dis que la musique ordinaire ne sera pas même perdue pour eux. A la vérité, au bout de ce temps-là ils ne la sauront pas exécuter à livre ouvert ; peut-être même ne la déchiffreront-ils pas sans peine : mais enfin ils la déchiffreront ; car, comme ils auront d'ailleurs l'habitude de la mesure et celle de l'intonation, il suffira de sacrifier cinq ou six leçons dans le septième mois à leur en expliquer les principes par ceux qui leur seront déjà connus, pour les mettre en état d'y parvenir aisément par eux-mêmes et sans le secours d'aucun maître; et, quand ils ne voudroient pas se donner ce soin, toujours seront-ils capables de traduire sur-le-champ toute sorte de musique par la leur, et par conséquent ils seroient en état d'en tirer parti même dans un temps où elle est encore indéchiffrable pour les écoliers ordinaires.

Les maîtres ne doivent pas craindre de redevenir écoliers : ma méthode est si simple qu'elle n'a besoin que d'être lue, et non pas étudiée; et j'ai lieu de croire que les difficultés qu'ils y trouveroient viendroient plus des dispositions de leur esprit que de l'obscurité du système, puisque des dames, à qui j'ai eu l'honneur de l'expliquer, ont chanté sur-le-champ, et à livre ouvert, de la musique notée suivant cette méthode, et ont elles-mêmes noté des airs fort correctement, tandis que des musiciens du premier ordre auroient peut-être affecté de n'y rien comprendre.

Les musiciens, je dis du moins le plus grand nombre, ne se piquent guère de juger des choses sans préjugés et sans passion; et communément ils les considèrent bien moins par ce qu'elles sont en elles-mêmes que par le rapport qu'elles peuvent avoir à leur intérêt. Il est vrai que, même en ce sens-là, ils n'auroient nul sujet de s'opposer au succès de mon système, puisque dès qu'il est publié ils en sont les maîtres aussi bien que moi; et que, la facilité qu'il introduit dans la musique devant naturellement lui donner un cours plus universel, ils n'en seront que plus occupés en contribuant à le répandre. Il est cependant très-probable qu'ils ne s'y livreront pas les premiers, et qu'il n'y a que le goût décidé du public qui puisse les engager à cultiver un système dont les avantages paroissent autant d'innovations dangereuses contre la difficulté de leur art.

Quand je parle des musiciens en général, je ne prétends point y confondre ceux d'entre ces messieurs qui font l'honneur de cet art par leur caractère et par leurs lumières. Il n'est que trop connu que ce qu'on appelle peuple domine toujours par le nombre dans toutes les sociétés et dans tous les états, mais il ne l'est pas moins qu'il y a partout des exceptions honorables; et tout ce qu'on pourroit dire en particulier contre la profession de la musique, c'est que le peuple y est peut-être un peu plus nombreux, et les exceptions plus rares.

Quoi qu'il en soit, quand on voudroit supposer et grossir tous les obstacles qui peuvent arrêter l'effet de mon projet, on ne sauroit nier ce fait plus clair que le jour, qu'il y a dans Paris deux et trois mille personnes qui, avec beaucoup de dispositions, n'apprendront jamais la musique par l'unique raison de sa longueur et de sa difficulté. Quand je n'aurois travaillé que pour ceux-là, voilà déjà une utilité sans réplique. Et qu'on ne dise pas que cette méthode ne leur servira de rien pour exécuter sur la musique ordinaire; car, outre que j'ai déjà répondu à cette objection, il sera d'autant moins nécessaire pour eux d'y avoir recours, qu'on aura soin de leur donner des éditions des meilleures pièces de musique de toute espèce et des recueils périodiques d'airs à chanter et de symphonie, en attendant que le système soit assez répandu pour en rendre l'usage universel.

Enfin, si l'on outroit assez la défiance pour s'imaginer que personne n'adopteroit mon système, je dis que, même dans ce cas-là, il seroit encore avantageux aux amateurs de l'art de le cultiver pour leur commodité particulière. Les exemples qu'on trouve notés à la fin de cet ouvrage feront assez comprendre les avantages de mes signes sur les signes ordinaires, soit pour la facilité, soit pour la précision. On peut avoir en cent occasions des airs à noter sans papier réglé; ma méthode vous en donne un moyen très-commode et très-simple. Voulez-vous envoyer en province des airs nouveaux, des scènes entières d'opéra; sans augmenter le volume de vos lettres, vous pouvez écrire sur la même feuille de très-longs morceaux de musique. Voulez-vous en composant peindre aux yeux le rapport de vos parties, le progrès de vos accords, et tout l'état de votre harmonie; la pratique de mon système satisfait à tout cela. Et je conclus enfin qu'à ne considérer ma méthode que comme cette langue particulière des prêtres égyptiens qui ne servoit qu'à traiter des sciences sublimes, elle seroit encore infiniment utile aux initiés dans la musique, avec cette différence, qu'au lieu d'être plus difficile elle seroit plus aisée que la langue ordinaire, et ne pourroit, par conséquent, être long-temps un mystère pour le public.

Il ne faut point regarder mon système comme un projet tendant à détruire les anciens caractères. Je veux croire que cette entreprise seroit chimérique; même avec la substitution la plus avantageuse; mais je crois aussi que la commodité des miens, et surtout leur extrême facilité, méritent toujours qu'on les cultive, indépendamment de ce que les autres pourront devenir.

Au reste, dans l'état d'imperfection où sont depuis si long-temps les signes de la musique, il n'est point extraordinaire que plusieurs personnes aient tenté de les refondre ou de les corriger. Il n'est pas même bien étonnant que plusieurs se soient rencontrés dans le choix des signes les plus naturels et les plus propres à cette substitution, tels que sont les chiffres. Cependant comme la plupart des hommes ne jugent guère des choses que sur le premier coup d'œil, il pourra très-bien arriver que, par cette unique raison de l'usage des mêmes caractères, on m'accusera de n'avoir fait que copier, et de donner ici un système renouvelé. J'avoue qu'il est aisé de sentir que c'est bien moins le genre des signes que la manière de les employer qui constitue la différence en fait de systèmes : autrement il faudroit dire, par exemple, que l'algèbre et la langue françoise ne sont que la même chose, parce qu'on s'y sert également des lettres de l'alphabet. Mais cette réflexion ne sera pas probablement celle qui l'emportera; et il paroît si heureux, par une seule objection, de m'ôter à la fois le mérite de l'invention, et de mettre sur mon compte les vices des autres systèmes, qu'il est des gens capables d'adopter cette critique uniquement à raison de sa commodité.

Quoiqu'un pareil reproche ne me fût pas tout-à-fait indifférent, j'y serois bien moins sensible qu'à ceux qui pourroient tomber directement sur mon système. Il importe beaucoup plus de savoir s'il est avantageux, que d'en bien connoître l'auteur; et quand on me refuseroit l'honneur de l'invention, je serois moins touché de cette injustice que du plaisir de le voir utile au public. La seule grâce que j'ai droit de lui demander, et que peu de gens m'accorderont, c'est de vouloir bien n'en juger qu'après avoir lu mon ouvrage et ceux qu'on m'accuseroit d'avoir copiés.

J'avois d'abord résolu de ne donner ici qu'un plan très-abrégé, et tel à peu près qu'il étoit contenu dans le mémoire que j'eus l'honneur de lire à l'Académie royale des Sciences, le 22 août 1742. J'ai réfléchi cependant qu'il falloit parler au public autrement qu'on ne parle à une académie, et qu'il y avoit bien des objections de toute espèce à prévenir. Pour répondre donc à celles que j'ai pu prévoir, il a fallu faire quelques additions qui ont mis mon ouvrage en l'état où le voilà. J'attendrai l'approbation du public pour en donner un autre qui contiendra les principes absolus de ma méthode tels qu'ils doivent être enseignés aux écoliers. J'y traiterai d'une nouvelle manière de chiffrer l'accompagnement de l'orgue et du clavecin entièrement différente de tout ce qui a paru jusqu'ici dans ce genre, et telle qu'avec quatre signes seulement je chiffre toute sorte de basses continues de manière à rendre la modulation et la basse fondamentale toujours parfaitement connues de l'accompagnateur, sans qu'il lui soit possible de s'y tromper. Suivant cette méthode, on peut, sans voir la basse figurée, accompagner très-juste par les chiffres seuls, qui, au lieu d'avoir rapport à cette basse figurée, l'ont directement à la fondamentale. Mais ce n'est pas ici le lieu d'en dire davantage sur cet article.

Immutat animus ad pristina.
LUCR.

Il paroît étonnant que les signes de la musique étant restés aussi longtemps dans l'état d'imperfection où nous les voyons encore aujourd'hui, la difficulté de l'apprendre n'ait pas averti le public que c'étoit la faute des caractères et non pas celle de l'art, ou que, s'en étant aperçu, on n'ait pas daigné y remédier. Il est vrai qu'on a donné souvent des projets de ce genre; mais, de tous ces projets, qui, sans avoir les avantages de la musique ordinaire, en avoient les inconvéniens, aucun, que je sache, n'a jusqu'ici touché le but, soit qu'une pratique trop superficielle ait fait échouer ceux qui l'ont voulu considérer théoriquement, soit que le génie étroit et borné des musiciens ordinaires les ait empêchés d'embrasser un plan général et raisonné, et de sentir les vrais défauts de leur art, de la perfection actuelle duquel ils sont, pour l'ordinaire, très-entêtés.

La musique a eu le sort des arts qui ne se perfectionnent que successivement : les inventeurs de ses caractères n'ont songé qu'à l'état où elle se trouvoit de leur temps, sans prévoir celui où elle pouvoit parvenir dans la suite. Il est arrivé de là que leur système s'est bientôt trouvé défectueux, et d'autant plus défectueux, que l'art s'est plus perfectionné : à mesure qu'on avançoit, on établissoit des règles pour remédier aux inconvéniens présens, et pour multiplier une expression trop bornée, qui ne pouvoit suffire aux nouvelles combinaisons dont on la chargeoit tous les jours. En un mot, les inventeurs en ce genre, comme dit M. Sauveur, n'ayant eu en vue que quelques propriétés des sons, et surtout la pratique du chant qui étoit en usage de leur temps, ils se sont contentés de faire, par rapport à cela, des systèmes de musique que d'autres ont peu à peu changés, à mesure que le goût de la musique changeoit. Or, il n'est pas possible qu'un système, fût-il d'ailleurs le meilleur du monde dans son origine, ne se charge à la fin d'embarras et de difficultés, par les changemens qu'on y fait et les chevilles qu'on y ajoute; et cela ne sauroit jamais faire qu'un tout fort embrouillé et fort mal assorti.

C'est le cas de la méthode que nous pratiquons aujourd'hui dans la musique, en exceptant cependant la simplicité du principe, qui ne s'y est jamais rencontrée : comme le fondement en est absolument mauvais, on ne l'a pas proprement gâté, on n'a fait que le rendre pire par les additions qu'on a été contraint d'y faire.

Il n'est pas aisé de savoir précisément en quel état était la musique quand Gui d'Arezze (1) s'avisa de supprimer tous les caractères qu'on y employoit, pour leur substituer les notes qui sont en usage aujourd'hui. Ce qu'il y a de vraisemblable, c'est que ces premiers caractères étoient les mêmes avec lesquels les anciens Grecs exprimoient cette musique merveilleuse, de laquelle, quoi qu'on en dise, la nôtre n'approchera jamais quant à ses effets; et ce qu'il y a de sûr, c'est que Gui rendit un fort mauvais service à la musique, et qu'il est fâcheux pour nous qu'il n'ait pas trouvé en son chemin des musiciens aussi indociles que ceux d'aujourd'hui.

Il n'est pas douteux que les lettres de l'alphabet des Grecs ne fussent en même temps les caractères de leur musique et les chiffres de leur arithmétique : de sorte qu'ils n'avoient besoin que d'une seule espèce de signes, en tout au nombre de vingt-quatre, pour exprimer toutes les variations du discours, tous les rapports des nombres, et toutes les combinaisons des sons; en quoi ils étoient bien plus sages ou plus heureux que nous, qui sommes contraints de travailler notre imagination sur une multitude de signes inutilement diversifiés.

Mais, pour ne m'arrêter qu'à ce qui regarde mon sujet, comment se peut-il qu'on ne s'aperçoive point de cette foule de difficultés que l'usage des notes a introduites dans la musique; ou que, s'en apercevant, on n'ait pas le courage d'en tenter le remède, d'essayer de la ramener à sa première simplicité, et, en un mot, de faire pour sa perfection ce que Gui d'Arezze a fait pour la gâter? car, en vérité, c'est le mot, et je le dis malgré moi.

J'ai voulu chercher les raisons dont cet auteur dut se servir pour faire abolir l'ancien système en faveur du sien, et je n'en ai jamais pu trouver d'autres que les deux suivantes : 1° Les notes sont plus apparentes que les chiffres : 2° et leur position exprime mieux à la vue la hauteur et l'abaissement des sons. Voilà donc les seuls principes sur lesquels notre Aretin bâtit un nouveau système de musique, anéantit toute celle qui étoit en usage depuis deux mille ans, et apprit aux hommes à chanter difficilement.

Pour trouver si Gui raisonnoit juste, même en admettant la vérité de ces deux propositions, la question se réduiroit à savoir si les yeux doivent être ménagés aux dépens de l'esprit, et si la perfection d'une méthode consiste à en rendre les signes plus sensibles en les rendant plus embarrassans, car c'est précisément le cas de la sienne.

Mais nous sommes dispensés d'entrer là-dessus en discussion, puisque ces deux propositions étant également fausses et ridicules, elles n'ont jamais pu servir de fondement qu'à un très-mauvais système.

En premier lieu, on voit d'abord que les notes de la musique remplissant beaucoup plus de place que les chiffres auxquels on les substitue, on peut, en faisant ces chiffres beaucoup plus gros, les rendre du moins aussi visibles que les notes, sans occuper plus de volume : on voit, de plus, que la musique notée ayant des points, des quarts de soupir, des lignes, des clefs, des dièses, et d'autres signes nécessaires autant et plus menus que les chiffres : c'est par ces signes-là, et non par la grosseur des notes, qu'il faut déterminer le point de vue.

En second lieu, Gui ne devoit pas faire sonner si haut l'utilité de la position des notes, puisque, sans parler de cette foule d'inconvéniens dont elle est la cause, l'avantage qu'elle procure se trouve déjà tout entier dans la musique naturelle, c'est-à-dire dans la musique par chiffres : on y voit du premier coup d'œil, de même qu'à l'autre, si un son est plus haut ou plus bas que celui qui le précède ou que celui qui le suit; avec cette différence seulement, que, dans la méthode des chiffres, l'intervalle

(1) Soit Gui d'Arezze, soit Jean de Mure, le nom de l'auteur ne fait rien au système ; et je ne parle du premier que parce qu'il est plus connu.

ou le rapport des deux sons qui le composent est précisément connu par la seule inspection, au lieu que, dans la musique ordinaire, vous connoissez à l'œil qu'il faut monter ou descendre, et vous ne connoissez rien de plus.

On ne sauroit croire quelle application, quelle persévérance, quelle adroite mécanique est nécessaire dans le système établi pour acquérir passablement la science des intervalles et des rapports : c'est l'ouvrage pénible d'une habitude toujours trop longue et jamais assez étendue, puisque après une pratique de quinze et vingt ans le musicien trouve encore des sauts qui l'embarrassent, non-seulement quant à l'intonation, mais encore quant à la connoissance de l'intervalle, surtout lorsqu'il est question de sauter d'une clef à l'autre. Cet article mérite d'être approfondi, et j'en parlerai plus au long.

Le système de Gui est tout-à-fait comparable, quant à son idée, à celui d'un homme qui, ayant fait réflexion que les chiffres n'ont rien dans leurs figures qui réponde à leurs différentes valeurs, proposeroit d'établir entre eux une certaine grosseur relative et proportionnelle aux nombres qu'ils expriment. Le deux, par exemple, seroit du double plus gros que l'unité, le trois de la moitié plus gros que le deux, et ainsi de suite. Les défenseurs de ce système ne manqueroient pas de vous prouver qu'il est très-avantageux dans l'arithmétique d'avoir sous les yeux des caractères uniformes qui, sans aucune différence par la figure, n'en auroient que par la grandeur, et peindroient en quelque sorte aux yeux les rapports dont ils seroient l'expression.

Au reste, cette connoissance oculaire des hauts, des bas et des intervalles, est si nécessaire dans la musique, qu'il n'y a personne qui ne sente le ridicule de certains projets qui ont été quelquefois donnés pour noter sur une seule ligne par les caractères les plus bizarres, les plus mal imaginés, et les moins analogues à leur signification; des queues tournées à droite, à gauche, en haut, en bas, et de biais, dans tous les sens, pour représenter des *ut*, des *re*, des *mi*, etc.; des têtes et des queues différemment situées pour répondre aux dénominations *pa*, *ra*, *ga*, *so*, *bo*, *lo*, *do*, ou d'autres signes tout aussi singulièrement appliqués. On sent d'abord que tout cela ne dit rien aux yeux et n'a nul rapport à ce qu'il doit signifier; et j'ose dire que les hommes ne trouveront jamais de caractères convenables ni naturels que les seuls chiffres pour exprimer les sons et tous leurs rapports. On en connoîtra mille fois les raisons dans le cours de cette lecture : en attendant, il suffit de remarquer que les chiffres étant l'expression qu'on a donnée aux nombres, et les nombres eux-mêmes étant les exposans de la génération des sons, rien n'est si naturel que l'expression des divers sons par les chiffres de l'arithmétique.

Il ne faut donc pas être surpris qu'on ait tenté quelquefois de ramener la musique à cette expression naturelle. Pour peu qu'on réfléchisse sur cet art, non en musicien, mais en philosophe, on en sent bientôt les défauts : l'on sent encore que ces défauts sont inhérens au fond même du système et dépendans uniquement du mauvais choix et non pas du mauvais usage de ses caractères; car, d'ailleurs, on ne sauroit disconvenir qu'une longue pratique, suppléant en cela au raisonnement, ne nous ait appris à les combiner de la manière la plus avantageuse qu'ils peuvent l'être.

Enfin le raisonnement nous mène encore jusqu'à connoître sensiblement que la musique dépendant des nombres, elle devroit avoir la même expression qu'eux; nécessité qui ne naît pas seulement d'une certaine convenance générale, mais du fond même des principes physiques de cet art.

Quand on est une fois parvenu là par une suite de raisonnemens bien fondés et bien conséquens, c'est alors qu'il faut quitter la philosophie pour redevenir musicien, et c'est justement ce que n'a fait aucun de ceux qui, jusqu'à présent, ont proposé des systèmes en ce genre. Les uns, partant quelquefois d'une théorie très-fine, n'ont jamais su venir à bout de la ramener à l'usage; et les autres, n'embrassant proprement que la mécanique de leur art, n'ont pu remonter jusqu'aux grands principes qu'ils ne connoissoient pas, et d'où cependant il faut nécessairement partir pour embrasser un système lié. Le défaut de pratique dans les uns, le défaut de théorie dans les autres, et peut-être, s'il faut le dire, le défaut de génie dans tous, ont fait que, jusqu'à présent, aucun des projets qu'on a publiés n'a remédié aux inconvéniens dans la musique ordinaire, en conservant ses avantages.

Ce n'est pas qu'il se trouve une grande difficulté dans l'expression des sons par les chiffres, puisqu'on pourroit toujours les représenter en nombre, ou par les degrés de leurs intervalles, ou par les rapports de leurs vibrations ; mais l'embarras d'employer une certaine multitude de chiffres sans ramener les inconvéniens de la musique ordinaire, et le besoin de fixer le genre et la progression des sons par rapport à tous les différens modes, demandent plus d'attention qu'il ne paroît d'abord ; car la question est proprement de trouver une méthode générale pour représenter, avec un très-petit nombre de caractères, tous les sons de la musique considérés dans chacun des vingt-quatre modes.

Mais la grande difficulté où tous les inventeurs de systèmes ont échoué, c'est celle de l'expression des différentes durées des silences et des sons : trompés par les fausses règles de la musique ordinaire, ils n'ont jamais pu s'élever au-dessus de l'idée des rondes, des noires et des croches ; ils se sont rendus les esclaves de cette mécanique, ils ont adopté les mauvaises relations qu'elle établit. Ainsi, pour donner aux notes des valeurs déterminées, il a fallu inventer de nouveaux signes, introduire dans chaque note une complication de figures par rapport à la durée et par rapport au son ; d'où s'ensuivant des inconvéniens que n'a pas la musique ordinaire, c'est avec raison que toutes ces méthodes sont tombées dans le décri. Mais enfin les défauts de cet art n'en subsistent pas moins, pour avoir été comparés avec des défauts plus grands ; et, quand on publieroit encore mille méthodes plus mauvaises, on en seroit toujours au même point de la question, et tout cela ne rendroit pas plus parfaite celle que nous pratiquons aujourd'hui.

Tout le monde, excepté les artistes, ne cesse de se plaindre de l'extrême longueur qu'exige l'étude de la musique avant que de la posséder passablement : mais, comme la musique est une des sciences sur lesquelles on a le moins réfléchi, soit que le plaisir qu'on y prend nuise au sang-froid nécessaire pour méditer, soit que ceux qui la pratiquent ne soient pas trop communément gens à réflexion, on ne s'est guère avisé jusqu'ici de rechercher les véritables causes de sa difficulté, et l'on a injustement taxé l'art même des défauts que l'artiste y avoit introduits.

On sent bien, à la vérité, que cette quantité de lignes, de clefs, de transpositions, de dièses, de bémols, de bécarres, de mesures simples et composées, de rondes, de blanches, de noires, de croches, de doubles, de triples croches, de pauses, de demi-pauses, de soupirs, de demi-soupirs, de quarts de soupirs, etc., donne une foule de signes et de combinaisons d'où résulte bien de l'embarras et bien des inconvéniens. Mais quels sont précisément ces inconvéniens? Naissent-ils directement de la musique elle-même, ou de la mauvaise manière de l'exprimer ? Sont-ils susceptibles de correction ? et quels sont les remèdes convenables qu'on y pourroit apporter? Il est rare qu'on pousse l'examen jusque-là; et, après avoir eu la patience pendant des années entières de s'emplir la tête de sons et la mémoire de verbiage, il arrive souvent qu'on est tout étonné de ne rien concevoir à tout cela, qu'on prend en dégoût la musique et le musicien, et qu'on laisse là l'un et l'autre, plus convaincu de l'ennuyeuse difficulté de cet art que de ses charmes si vantés.

J'entreprends de justifier la musique des torts dont on l'accuse, et de montrer qu'on peut, par des routes plus courtes et plus faciles, parvenir à la posséder plus parfaitement et avec plus d'intelligence que par la méthode ordinaire, afin que, si le public persiste à vouloir s'y tenir, il ne s'en prenne du moins qu'à lui-même des difficultés qu'il y trouvera.

Sans vouloir entrer ici dans le détail de tous les défauts du système établi, j'aurai cependant occasion de parler des plus considérables ; et il sera bon d'y remarquer toujours que ces inconvéniens étant des suites nécessaires du fond même de la méthode, il est absolument impossible de les corriger autrement que par une refonte générale, telle que je la propose : il reste à examiner si mon système remédie en effet à tous ces défauts sans en introduire d'équivalens, et c'est à cet examen que ce petit ouvrage est destiné.

En général, on peut réduire tous les vices de la musique ordinaire à trois classes principales.

La première est la multitude des signes et de leurs combinaisons, qui surcharge inutilement l'esprit et la mémoire des commençans; de façon que, l'oreille étant formée, et les organes ayant acquis toute la facilité nécessaire long-temps avant qu'on soit en état de chanter à livre ouvert, il s'ensuit que la difficulté est toute dans l'observation des règles, et nullement dans l'exécution du chant. La seconde est le défaut d'évidence dans le genre des intervalles exprimés sur la même ou sur différentes clefs; défaut d'une si grande étendue, que non-seulement il est la cause principale de la lenteur du progrès des écoliers, mais encore qu'il n'est point de musicien formé qui n'en soit quelquefois incommodé dans l'exécution. La troisième enfin est l'extrême diffusion des caractères et le trop grand volume qu'ils occupent; ce qui, joint à ces lignes et à ces portées si ennuyeuses à tracer, devient une source d'embarras de plus d'une espèce. Si le premier mérite des signes d'institution est d'être clairs, le second est d'être concis : quel jugement doit-on porter des notes de notre musique, à qui l'un et l'autre manquent ?

Il paroît d'abord assez difficile de trouver une méthode qui puisse remédier à tous ces inconvéniens à la fois. Comment donner plus d'évidence à nos signes, sans les augmenter en nombre? et comment les augmenter en nombre, sans les rendre d'un côté plus longs à apprendre, plus difficiles à retenir, et de l'autre plus étendus dans leur volume?

Cependant, à considérer la chose de près, on sent bientôt que tous ces défauts partent de la même source : savoir de la mauvaise institution des signes et de la quantité qu'il en a fallu établir pour suppléer à l'expression bornée et mal entendue qu'on leur a donnée en premier lieu; et il est démonstratif que dès qu'on aura inventé des signes équivalens, mais plus simples et en moindre quantité, ils auront par là même plus de précision, et pourront exprimer autant de choses en moins d'espace.

Il seroit avantageux, outre cela, que ces signes fussent déjà connus, afin que l'attention fût moins partagée, et faciles à figurer, afin de rendre la musique plus commode.

Voilà les vues que je me suis proposées en méditant le système que je présente au public. Comme je destine un autre ouvrage au détail de ma méthode, telle qu'elle doit être enseignée aux écoliers, on n'en trouvera ici qu'un plan général, qui suffira pour en donner la parfaite intelligence aux personnes qui cultivent actuellement la musique, et dans lequel j'espère, malgré sa brièveté, que la simplicité de mes principes ne donnera lieu ni à l'obscurité ni à l'équivoque.

Il faut d'abord considérer dans la musique deux objets principaux, chacun séparément : le premier doit être l'expression de tous les sons possibles; et l'autre, celle de toutes les différentes durées, tant des sons que de leurs silences relatifs, ce qui comprend aussi la différence des mouvemens.

Comme la musique n'est qu'un enchaînement de sons qui se font entendre, ou tous ensemble, ou successivement, il suffit que tous ces sons aient des expressions relatives qui leur assignent à chacun la place qu'il doit occuper par rapport à un certain son fondamental naturel ou arbitraire, pourvu que ce son fondamental soit nettement exprimé, et que la relation soit facile à connoître. Avantages que n'a déjà point la musique ordinaire, où le son fondamental n'a nulle évidence particulière, et où tous les rapports des notes ont besoin d'être long-temps étudiés.

Mais comment faut-il procéder pour déterminer ce son fondamental de la manière la plus avantageuse qu'il est possible? C'est d'abord une question qui mérite fort d'être examinée. On voit déjà qu'il n'est aucun son dans la nature qui contienne quelque propriété particulière et connue par laquelle on puisse le distinguer toutes les fois qu'on l'entendra. Vous ne sauriez décider sur un son unique que ce soit un *ut* plutôt qu'un *la* ou un *re*; et tant que vous l'entendrez seul vous n'y pouvez rien apercevoir qui vous doive engager à lui attribuer un nom plutôt qu'un autre. C'est ce qu'avoit déjà remarqué M. de Mairan. *Il n'y a, dit-il, dans la nature ni* ut *ni* sol, *qui soit quinte ou quarte par soi-même, parce que* ut, sol *ou* re *n'existent qu'hypothétiquement selon le son fondamental que l'on a adopté. La sensation de chacun des tons n'a rien en soi de propre à la place qu'il tient dans l'étendue du clavier, rien qui le distingue des autres pris séparément. Le* re *de l'Opéra pourroit être l'*ut *de chapelle, ou au* contraire : la même vitesse, la même fréquence de vibrations qui constitue l'un pourra servir, quand on voudra, à constituer l'autre ; ils ne diffèrent dans le sentiment qu'en qualité de plus haut ou de plus bas, comme huit vibrations, par exemple, diffèrent de neuf, et non pas d'une différence spécifique de sensation.

Voilà donc tous les sons imaginables réduits à la seule faculté d'exciter des sensations par les vibrations qui les produisent, et la propriété spécifique de chacun d'eux réduite au nombre particulier de ces vibrations, pendant un temps déterminé : or, comme il est impossible de compter ces vibrations, du moins d'une manière directe, il reste démontré qu'on ne peut trouver dans les sons aucune propriété spécifique par laquelle on les puisse reconnoître séparément, et à plus forte raison qu'il n'y a aucun d'eux qui mérite, par préférence, d'être distingué de tous les autres et de servir de fondement aux rapports qu'ils ont entre eux.

Il est vrai que M. Sauveur avoit proposé un moyen de déterminer un son fixe qui eût servi de base à tous les sons de l'échelle générale : mais ses raisonnemens même prouvent qu'il n'est point de son fixe dans la nature ; et l'artifice très-ingénieux et très-impraticable qu'il imagina pour en trouver un arbitraire prouve encore combien il y a loin des hypothèses, ou même, si l'on veut, des vérités de spéculation, aux simples règles de pratique.

Voyons cependant si, en épiant la nature de plus près, nous ne pourrons point nous dispenser de recourir à l'art pour établir un ou plusieurs sons fondamentaux qui puissent nous servir de principe de comparaison pour y rapporter tous les autres.

D'abord, comme nous ne travaillons que pour la pratique, dans la recherche des sons nous ne parlerons que de ceux qui composent le système tempéré, tel qu'il est universellement adopté, comptant pour rien ceux qui n'entrent point dans la pratique de notre musique, et considérant comme justes sans exception tous les accords qui résultent du tempérament. On verra bientôt que cette supposition, qui est la même qu'on admet dans la musique ordinaire, n'ôtera rien à la variété que le système tempéré introduit dans l'effet des différentes modulations.

En adoptant donc la suite de tous les sons du clavier, telle qu'elle est pratiquée sur les orgues et les clavecins, l'expérience m'apprend qu'un certain son auquel on a donné le nom d'*ut*, rendu par un tuyau long de seize pieds, ouvert, fait entendre assez distinctement, outre le son principal, deux autres sons plus foibles, l'un à la tierce majeure, et l'autre à la quinte (1), auxquels on a donné les noms de *mi* et de *sol*. J'écris à part ces trois noms ; et cherchant un tuyau à la quinte du premier qui rend le même son que je viens d'appeler *sol* ou son octave, j'en trouve un de dix pieds huit pouces de longueur, lequel, outre le son principal *sol*, en rend aussi deux autres, mais plus foiblement ; je les appelle *si* et *re*, et je trouve qu'ils sont précisément en même rapport avec le *sol*, que le *sol* et le *mi* l'étoient avec l'*ut* ; je les écris à la suite des autres, omettant comme inutile d'écrire le *sol* une seconde fois. Cherchant un troisième tuyau à l'unisson de la quinte *re*, je trouve qu'il rend encore deux autres sons, outre le son principal *re*, et toujours en même proportion que les précédens ; je les appelle *fa* et *la* (2), et je les écris encore à la suite des précédens. En continuant de même sur le *la* je trouverois encore deux autres sons : mais comme j'aperçois que la quinte est ce même *mi* qui a fait la tierce du premier son *ut*, je m'arrête là, pour ne pas redoubler inutilement mes expériences, et j'ai les sept noms suivans : répondant au premier son *ut* et aux six autres que j'ai trouvés de deux en deux :

Ut, mi, sol, si, re, fa, la.

Rapprochant ensuite tous ces sons par octaves dans les plus petits intervalles où je puis les placer, je les trouve rangés de cette sorte,

Ut, re, mi, fa, sol, la, si.

(1) C'est-à-dire à la douzième, qui est la réplique de la quinte, et à la dix-septième, qui est la duplique de la tierce majeure. L'octave et même plusieurs octaves s'entendent aussi assez distinctement, et s'entendroient bien mieux encore si l'oreille ne les confondoit quelquefois avec le son principal.

(2) Le *fa* qui fait la tierce majeure du *re*, se trouve, par conséquent, dièse dans cette progression ; et il faut avouer qu'il n'est pas aisé de développer l'origine du *fa* naturel considéré comme quatrième note du ton : mais il y auroit là-dessus des observations à faire qui nous mèneroient loin, et qui ne seroient pas propres à cet ouvrage. Au reste, nous devons d'autant moins nous arrêter à cette légère exception, qu'on peut démontrer que le *fa* naturel ne sauroit être traité dans le ton d'*ut* que comme dissonance ou préparation à la dissonance.

Et ces sept notes ainsi rangées indiquent ustement le progrès diatonique affecté au mode majeur par la nature même : or, comme le premier son *ut* a servi de principe et de base à tous les autres, nous le prendrons pour ce son fondamental que nous avions cherché, parce qu'il est bien réellement la source et l'origine d'où sont émanés tous ceux qui le suivent. Parcourir ainsi tous les sons de cette échelle, en commençant et finissant par le son fondamental, et en préférant toujours les premiers engendrés aux derniers, c'est ce qu'on appelle moduler dans le ton d'*ut* majeur, et c'est là proprement la gamme fondamentale, qu'on est convenu d'appeler naturelle préférablement aux autres, et qui sert de règle de comparaison pour y conformer les sons fondamentaux de tous les tons praticables. Au reste, il est bien évident qu'en prenant le son rendu par tout autre tuyau pour le son fondamental *ut*, nous serions parvenus par des sons différens à une progression toute semblable, et que par conséquent ce choix n'est que de pure convention et tout aussi arbitraire que celui d'un tel ou tel méridien pour déterminer les degrés de longitude.

Il suit de là que ce que nous avons fait en prenant *ut* pour base de notre opération, nous le pouvons faire de même en commençant par un des six sons qui le suivent, à notre choix, et qu'appelant *ut* ce nouveau son fondamental, nous arriverons à la même progression que ci-devant, et nous trouverons tout de nouveau,

Ut, re, mi, fa, sol, la, si,

avec cette unique différence, que ces derniers sons étant placés à l'égard de leur son fondamental de la même manière que les précédens l'étoient à l'égard du leur, et ces deux sons fondamentaux étant pris sur différens tuyaux, il s'ensuit que leurs sons correspondans sont aussi rendus par différens tuyaux, et que le premier *ut*, par exemple, n'étant pas le même que le second, le premier *re* n'est pas non plus le même que le second.

A présent l'un de ces deux tons étant pris pour le naturel, si vous voulez savoir ce que les différens sons du second sont à l'égard du premier, vous n'avez qu'à chercher à quel son naturel du premier ton se rapporte le fondamental du second, et le même rapport subsistera toujours entre les sons de même dénomination de l'un et de l'autre ton dans les octaves correspondantes. Supposant, par exemple, que l'*ut* du second ton soit un *sol* au naturel, c'est-à-dire à la quinte de l'*ut* naturel, le *re* du second ton sera sûrement un *la* naturel, c'est-à-dire la quinte du *re* naturel; le *mi* sera un *si*, le *fa* un *ut*, etc.; et alors on dira qu'on est au ton majeur de *sol*, c'est-à-dire qu'on a pris le *sol* naturel pour en faire le son fondamental d'un autre ton majeur.

Mais si, au lieu de m'arrêter en *la* dans l'expérience des trois sons rendus par chaque tuyau, j'avais continué ma progression de quinte en quinte jusqu'à me retrouver au premier *ut* d'où j'étois parti d'abord, ou à l'une de ses octaves, alors j'aurois passé par cinq nouveaux sons altérés des premiers, lesquels font avec eux la somme de douze sons différens renfermés dans l'étendue de l'octave, et faisant ensemble ce qu'on appelle les douze cordes du système chromatique.

Ces douze sons, répliqués à différentes octaves, font toute l'étendue de l'échelle générale, sans qu'il puisse jamais s'en présenter aucune autre, du moins dans le système tempéré, puisque après avoir parcouru de quinte en quinte tous les sons que les tuyaux faisoient entendre, je suis arrivé à la réplique du premier par lequel j'avois commencé, et que par conséquent, en poursuivant la même opération, je n'aurois jamais que les répliques, c'est-à-dire les octaves des sons précédens.

La méthode que la nature m'a indiquée, et que j'ai suivie pour trouver la génération de tous les sons pratiqués dans la musique, m'apprend donc en premier lieu, non pas à trouver un son fondamental proprement dit, qui n'existe point, mais à tirer d'un son établi par convention tous les mêmes avantages qu'il pourroit avoir s'il étoit réellement fondamental, c'est-à-dire à en faire réellement l'origine et le générateur de tous les autres sons qui sont en usage, et qui ne peuvent être qu'en conséquence de certains rapports déterminés qu'ils ont avec lui, comme les touches du clavier à l'égard du *C sol ut*.

Elle m'apprend, en second lieu, qu'après avoir déterminé le rapport de chacun de ces sons avec le fondamental, on peut à son tour le considérer comme fondamental lui-même, puisque, le tuyau qui le rend faisant entendre sa tierce majeure et sa quinte aussi bien que le fondamental, on trouve, en partant de ce son-là comme générateur, une gamme qui ne diffère en rien, quant à sa progression, de la gamme établie en premier lieu ; c'est-à-dire, en un mot, que chaque touche du clavier peut et doit même être considérée sous deux sens tout-à-fait différens. Suivant le premier, cette touche représente un son relatif au *C sol ut*, et qui, en cette qualité, s'appelle *re*, ou *mi*, ou *sol*, etc., selon qu'il est le second, le troisième, ou le cinquième degré de l'octave renfermée entre deux *ut* naturels. Suivant le second sens, elle est le fondement d'un ton majeur, et alors elle doit constamment porter le nom d'*ut* ; et toutes les autres touches ne devant être considérées que par les rapports qu'elles ont avec la fondamentale, c'est ce rapport qui détermine alors le nom qu'elles doivent porter, suivant le degré qu'elles occupent. Comme l'octave renferme douze sons, il faut indiquer celui qu'on choisit, et alors c'est un *la* ou un *re*, etc., naturel ; cela détermine le son : mais quand il faut le rendre fondamental et y fixer le ton, alors c'est constamment un *ut*, et cela détermine le progrès.

Il résulte de cette explication que chacun des douze sons de l'octave peut être fondamental ou relatif, suivant la manière dont il sera employé, avec cette distinction, que la disposition de l'*ut* naturel dans l'échelle des tons le rend fondamental naturellement, mais qu'il peut toujours devenir relatif à tout autre son que l'on voudra choisir pour fondamental ; au lieu que ces autres sons, naturellement relatifs à celui d'*ut*, ne deviennent fondamentaux que par une détermination particulière. Au reste, il est évident que c'est la nature même qui nous conduit à cette distinction de fondement et de rapports dans les sons. Chaque son peut être fondamental naturellement, puisqu'il fait entendre ses harmoniques, c'est-à-dire sa tierce majeure et sa quinte, qui sont les cordes essentielles du ton dont il est le fondement ; et chaque son peut encore être naturellement relatif, puisqu'il n'en est aucun qui ne soit une des harmoniques ou des cordes essentielles d'un autre son fondamental, et qui n'en puisse être engendré en cette qualité. On verra dans la suite pourquoi j'ai insisté sur ces observations.

Nous avons donc douze sons qui servent de fondemens ou de toniques aux douze tons majeurs pratiqués dans la musique, et qui, en cette qualité, sont parfaitement semblables quant aux modifications qui résultent de chacun d'eux, traité comme fondamental. A l'égard du mode mineur, il ne nous est point indiqué par la nature ; et comme nous ne trouvons aucun son qui en fasse entendre les harmoniques, nous pouvons concevoir qu'il n'a point de son fondamental absolu, et qu'il ne peut exister qu'en vertu du rapport qu'il a avec le mode majeur dont il est engendré, comme il est aisé de le faire voir [1].

Le premier objet que nous devons donc nous proposer dans l'institution de nos nouveaux signes, c'est d'en imaginer d'abord un qui désigne nettement, dans toutes les occasions, la corde fondamentale que l'on prétend établir, et le rapport qu'elle a avec la fondamentale de comparaison, c'est-à-dire avec l'*ut* naturel.

Supposons ce signe déjà choisi. La fondamentale étant déterminée, il s'agira d'exprimer tous les autres sons par le rapport qu'ils ont avec elle, car c'est elle seule qui en détermine le progrès et les altérations. Ce n'est pas, à la vérité, ce qu'on pratique dans la musique ordinaire, où les sons sont exprimés constamment par certains noms déterminés, qui ont un rapport direct aux touches des instrumens et à la gamme naturelle, sans égard au ton où l'on est, ni à la fondamentale qui le détermine. Mais comme il est ici question de ce qu'il convient le mieux de faire, et non pas de ce qu'on fait actuellement, est-on moins en droit de rejeter une mauvaise pratique, si je fais voir que celle que je lui substitue mérite la préférence, qu'on le seroit de quitter un mauvais guide pour un autre qui vous montreroit un chemin plus commode et plus court ? et ne se moqueroit-on pas du premier, s'il vouloit vous contraindre à le suivre toujours, par cette unique raison, qu'il vous égare depuis long-temps ?

Ces considérations nous mènent directement au choix des chiffres pour exprimer les sons de la musique, puisque les chiffres ne marquent

[1] Voyez M. Rameau, *Nouveau Système*, p. 21 ; et *Traité de l'Harmonie*, p. 12 et 13.

que des rapports, et que l'expression des sons n'est aussi que celle des rapports qu'ils ont entre eux. Aussi avons-nous déjà remarqué que les Grecs ne se servoient des lettres de leur alphabet à cet usage, que parce que ces lettres étoient en même temps les chiffres de leur arithmétique; au lieu que les caractères de notre alphabet, ne portant point communément avec eux les idées de nombre ni de rapports, ne seroient pas, à beaucoup près, si propres à les exprimer.

Il ne faut pas s'étonner après cela si l'on a tenté si souvent de substituer les chiffres aux notes de la musique; c'étoit assurément le service le plus important que l'on eût pu rendre à cet art, si ceux qui l'ont entrepris avoient eu la patience ou les lumières nécessaires pour embrasser un système général dans toute son étendue. Le grand nombre des tentatives qu'on a faites sur ce point fait voir qu'on sent depuis long-temps les défauts des caractères établis. Mais il faut voir encore qu'il est bien plus aisé de les apercevoir que de les corriger : faut-il conclure de là que la chose est impossible?

Nous voilà donc déjà déterminés sur le choix des caractères; il est question maintenant de réfléchir sur la meilleure manière de les appliquer. Il est sûr que cela demande quelque soin : car s'il n'étoit question que d'exprimer tous les sons par autant de chiffres différens, il n'y auroit pas là grande difficulté; mais aussi n'y auroit-il pas non plus grand mérite, et ce seroit ramener dans la musique une confusion encore pire que celle qui naît dans la position des notes.

Pour m'éloigner le moins qu'il est possible de l'esprit de la méthode ordinaire, je ferai d'abord attention qu'au clavier naturel, c'est-à-dire aux touches noires de l'orgue et du clavecin, réservant pour les autres des signes d'altération semblables à ceux qui se pratiquent communément; ou plutôt, pour me fixer par une idée plus universelle, je considérerai seulement le progrès et le rapport des sons affectés au mode majeur, faisant abstraction à la modulation et aux changemens de ton, bien sûr qu'en faisant régulièrement l'application de mes caractères, la fécondité de mon principe suffira à tout.

De plus, comme toute l'étendue du clavier n'est qu'une suite de plusieurs octaves redoublées, je me contenterai d'en considérer une à part, et je chercherai ensuite un moyen d'appliquer successivement à toutes les mêmes caractères que j'aurai affectés aux sons de celle-ci. Par là je me conformerai à la fois à l'usage, qui donne les mêmes noms aux notes correspondantes des différentes octaves; à mon oreille, qui se plaît à en confondre les sons; à la raison, qui me fait voir les mêmes rapports multipliés entre les nombres qui les expriment ; et enfin je corrigerai un des grands défauts de la musique ordinaire, qui est d'anéantir par une position vicieuse l'analogie et la ressemblance qui doit toujours se trouver entre les différentes octaves.

Il y a deux manières de considérer les sons et les rapports qu'ils ont entre eux : l'une, par leur génération, c'est-à-dire par les différentes longueurs des cordes ou des tuyaux qui les font entendre; et l'autre, par les intervalles qui les séparent du grave à l'aigu.

A l'égard de la première, elle ne sauroit être de nulle conséquence dans l'établissement de nos signes, soit parce qu'il faudroit de trop grands nombres pour les exprimer; soit enfin parce que de tels nombres ne sont de nul avantage pour la facilité de l'intonation, qui doit être ici notre grand objet.

Au contraire, la seconde manière de considérer les sons par leurs intervalles renferme un nombre infini d'utilités : c'est sur elle qu'est fondé le système de la position, tel qu'il est pratiqué actuellement. Il est vrai que, suivant ce système, les notes n'ayant rien en elles-mêmes, ni dans l'espace qui les sépare, qui vous indique clairement le genre de l'intervalle, il faut ânonner un temps infini avant que d'avoir acquis toute l'habitude nécessaire pour le reconnoître au premier coup d'œil. Mais comme ce défaut vient uniquement du mauvais choix des signes, on n'en peut rien conclure contre le principe sur lequel ils sont établis, et l'on verra bientôt comment au contraire on tire de ce principe tous les avantages qui peuvent rendre l'intonation aisée à apprendre et à pratiquer.

Prenant *ut* pour ce son fondamental auquel tous les autres doivent se rapporter, et l'exprimant par le chiffre 1, nous aurons à sa suite l'expression des sept chiffres 1, 2, 3, 4, 5, 6,

7; de façon que le chant roulera dans l'étendue de ces sept sons, il suffira de les noter chacun par son chiffre correspondant, pour les exprimer tous sans équivoque.

Il est évident que cette manière de noter conserve pleinement l'avantage si vanté de la position; car vous connoissez à l'œil, aussi clairement qu'il est possible, si un son est plus haut ou plus bas qu'un autre; vous voyez parfaitement qu'il faut monter pour aller de l'1 au 5, et qu'il faut descendre pour aller du 4 au 2 : cela ne souffre point la moindre réplique.

Mais je ne m'étendrai pas ici sur cet article, et je me contenterai de toucher, à la fin de cet ouvrage, les principales réflexions qui naissent de la comparaison des deux méthodes. Si l'on suit mon projet avec quelque attention, elles se présenteront d'elles-mêmes à chaque instant; et, en laissant à mes lecteurs le plaisir de me prévenir, j'espère me procurer la gloire d'avoir pensé comme eux.

Les sept premiers chiffres ainsi disposés marqueront, outre les degrés de leurs intervalles, celui que chaque son occupe à l'égard du son fondamental *ut*; de façon qu'il n'est aucun intervalle dont l'expression par chiffres ne vous présente un double rapport : le premier, entre les deux sons qui le composent; et le second, entre chacun d'eux et le son fondamental.

Soit donc établi que le chiffre 1 s'appellera toujours *ut*, 2 s'appellera toujours *re*, 3 toujours *mi*, etc., conformément à l'ordre suivant :

1,	2,	3,	4,	5,	6,	7.
Ut,	*re,*	*mi,*	*fa,*	*sol,*	*la,*	*si.*

Mais quand il est question de sortir de cette étendue pour passer dans d'autres octaves, alors cela forme une nouvelle difficulté; car il faut nécessairement multiplier les chiffres, ou suppléer à cela par quelque nouveau signe qui détermine l'octave où l'on chante; autrement l'*ut* d'en haut étant écrit 1 aussi bien que l'*ut* d'en bas, le musicien ne pourroit éviter de les confondre, et l'équivoque auroit lieu nécessairement.

C'est ici le cas où la position peut être admise avec tous les avantages qu'elle a dans la musique ordinaire, sans en conserver ni les embarras ni la difficulté. Établissons une ligne horizontale, sur laquelle nous disposerons toutes les notes renfermées dans la même octave, c'est-à-dire depuis et compris l'*ut* d'en bas jusqu'à celui d'en haut exclusivement. Faut-il passer dans l'octave qui commence l'*ut* d'en haut, nous placerons nos chiffres au-dessus de la ligne. Voulons-nous au contraire passer dans l'octave inférieure, laquelle commence en descendant par le *si* qui suit l'*ut* posé sur la ligne, alors nous les placerons au-dessous de la même ligne; c'est-à-dire que la position qu'on est contraint de changer à chaque degré dans la musique ordinaire, ne changera dans la mienne qu'à chaque octave, et aura par conséquent six fois moins de combinaisons. (*Voyez* la Planche, exemple 1.)

Après ce premier *ut*, je descends au *sol* de l'octave inférieure : je reviens à mon *ut*, et, après avoir fait le *mi* et le *sol* de la même octave, je passe à l'*ut* d'en haut, c'est-à-dire à l'*ut* qui commence l'octave supérieure : je redescends ensuite jusqu'au *sol* d'en bas, par lequel je reviens finir à mon premier *ut*.

Vous pouvez voir dans ces exemples (*voyez* la Planche, exemples 1 et 2) comment le progrès de la voix est toujours annoncé aux yeux, ou par les différentes valeurs des chiffres, s'ils sont de la même octave, ou par leurs différentes positions, si leurs octaves sont différentes.

Cette mécanique est si simple qu'on la conçoit du premier regard, et la pratique en est la chose du monde la plus aisée. Avec une seule ligne vous modulez dans l'étendue de trois octaves; et, s'il se trouvoit que vous voulussiez passer encore au-delà, ce qui n'arrivera guère dans une musique sage, vous avez toujours la liberté d'ajouter des lignes accidentelles en haut et en bas, comme dans la musique ordinaire : avec la différence que dans celle-ci il faut onze lignes pour trois octaves, tandis qu'il n'en faut qu'une dans la mienne, et que je puis exprimer l'étendue de cinq, six, et près de sept octaves, c'est-à-dire beaucoup plus que n'a d'étendue le grand clavier, avec trois lignes seulement.

Il ne faut pas confondre la position, telle que ma méthode l'adopte, avec celle qui se pratique dans la musique ordinaire : les principes en sont tout différens. La musique ordinaire n'a en vue que de vous indiquer des intervalles et de disposer en quelque façon vos organes par l'aspect du plus grand ou moindre éloignement des notes, sans s'embarrasser de distinguer assez bien le genre de ces intervalles, ni le degré de cet éloignement, pour en rendre la connoissance indépendante de l'habitude. Au contraire, la connoissance des intervalles, qui fait proprement le fond de la science du musicien, m'a paru un point si important, que j'ai cru en devoir faire l'objet essentiel de ma méthode. L'explication suivante montre comment on parvient, par mes caractères, à déterminer tous les intervalles possibles par leurs genres et par leurs noms, sans autre peine que celle de lire une fois ces remarques.

Nous distinguons d'abord les intervalles en directs et renversés, et les uns et les autres encore en simples et redoublés.

Je vais définir chacun de ces intervalles considéré dans mon système.

L'intervalle direct est celui qui est compris entre deux sons dont les chiffres sont d'accord avec le progrès, c'est-à-dire que le son le plus haut doit avoir aussi le plus grand chiffre, et le son le plus bas le chiffre le plus petit. (*Voyez* la Planche, exemple 3.)

L'intervalle renversé est celui dont le progrès est contrarié par les chiffres; c'est-à-dire que, si l'intervalle monte, le second chiffre est le plus petit; et si l'intervalle descend, le second chiffre est le plus grand. (*Voyez* la Planche, exemple 4.)

L'intervalle simple est celui qui ne passe pas l'étendue d'une octave. (*Voyez* la Planche, exemple 5.)

L'intervalle redoublé est celui qui passe l'étendue d'une octave. Il est toujours la réplique d'un intervalle simple. (*Voyez* exemple 6.)

Quand vous entrez d'une octave dans la suivante, c'est *à-dire que vous passez de la ligne* au-dessus ou au-dessous d'elle, ou *vice versâ*, l'intervalle est simple s'il est renversé, mais s'il est direct il sera toujours redoublé.

Cette courte explication suffit pour connoître à fond le genre de tout intervalle possible. Il faut à présent apprendre à en trouver le nombre sur-le-champ.

Tous les intervalles peuvent être considérés comme formés des trois premiers intervalles simples, qui sont la seconde, la tierce, la quarte, dont les complémens à l'octave sont la septième, la sixte, et la quinte; à quoi, si vous ajoutez cette octave elle-même, vous aurez tous les intervalles simples sans exception.

Pour trouver donc le nom de tout intervalle simple direct, il ne faut qu'ajouter l'unité à la différence des deux chiffres qui l'expriment. Soit, par exemple, cet intervalle, 1, 5; la différence des deux chiffres est 4, à quoi ajoutant l'unité vous avez 5, c'est-à-dire la quinte pour le nom de cet intervalle : il en seroit de même si vous aviez eu 2, 6, ou 7, 3, etc. Soit cet autre intervalle, 4, 5; la différence est 1, à quoi ajoutant l'unité, vous avez 2, c'est-à-dire une seconde pour le nom de cet intervalle. La règle est générale.

Si l'intervalle direct est redoublé, après avoir procédé comme ci-devant, il faut ajouter 7 pour chaque octave, et vous aurez encore très-exactement le nom de votre intervalle. Par exemple, vous voyez déjà que—1 $\overset{3}{-}$ est une tierce redoublée; ajoutez donc 7 à 3, et vous aurez 10, c'est-à-dire une dixième pour le nom de votre intervalle.

Si l'intervalle est renversé, prenez le complément du direct, c'est le nom de votre intervalle : ainsi, parce que la sixte est le complément de la tierce, et que cet intervalle—1 $\overset{3}{-}$ est une tierce renversée, je trouve que c'est une sixte; si de plus il est redoublé, ajoutez-y autant de fois 7 qu'il y a d'octaves. Avec ce peu de règles, dans quelque cas que vous soyez, vous pouvez nommer sur-le-champ, et sans le moindre embarras, quelque intervalle qu'on vous présente.

Voyons donc, sur ce que je viens d'expliquer, à quel point nous sommes parvenus dans l'art de solfier par la méthode que je propose.

D'abord, toutes les notes sont connues sans exception; il n'a pas fallu bien de la peine pour retenir les noms de sept caractères uniques, qui sont les seuls dont on ait à charger sa mémoire pour l'expression des sons; qu'on apprenne à les entonner juste en montant et en descendant diatoniquement et par intervalles, et nous voilà tout d'un coup débarrassés des difficultés de la position.

A le bien prendre, la connoissance des intervalles, par rapport à la nomination, n'est pas d'une nécessité absolue, pourvu qu'on connoisse bien le ton d'où l'on part, et qu'on sache trouver celui où l'on va. On peut entonner exactement l'*ut* et le *fa* sans savoir qu'on fait une quarte; et sûrement cela seroit toujours bien moins nécessaire par ma méthode que par la commune, où la connoissance nette et précise des notes ne peut suppléer à celle des intervalles ; au lieu que dans la mienne, quand l'intervalle seroit inconnu, les deux notes qui le composent seroient toujours évidentes, sans qu'on pût jamais s'y tromper, dans quelque ton et à quelque chef que l'on fût. Cependant tous les avantages se trouvent ici tellement réunis, qu'au moyen de trois ou quatre observations très-simples voilà mon écolier en état de nommer hardiment tout intervalle possible, soit sur la même partie, soit en sautant de l'une à l'autre, et d'en savoir plus à cet égard dans une heure d'application que des musiciens de dix et douze ans de pratique : car on doit remarquer que les opérations dont je viens de parler se font tout d'un coup par l'esprit et avec une rapidité bien éloignée des longues gradations indispensables dans la musique ordinaire pour arriver à la connoissance des intervalles, et qu'enfin les règles seroient toujours préférables à l'habitude, soit pour la certitude, soit pour la brièveté, quand même elles ne feroient que produire le même effet.

Mais ce n'est rien d'être parvenu jusqu'ici; il est d'autres objets à considérer et d'autres difficultés à surmonter.

Quand j'ai ci-devant affecté le nom d'*ut* au son fondamental de la gamme naturelle, je n'ai fait que me conformer à l'esprit de la première institution du nom des notes, et à l'usage général des musiciens; et, quand j'ai dit que la fondamentale de chaque ton avoit le même droit de porter le nom d'*ut* que ce premier son, à qui il n'est affecté par aucune propriété particulière, j'ai encore été autorisé par la pratique universelle de cette méthode qu'on appelle *transposition* dans la musique vocale.

Pour effacer tout scrupule qu'on pourroit concevoir à cet égard, il faut expliquer ma pensée avec un peu plus d'étendue. Le nom d'*ut* doit-il être nécessairement et toujours celui d'une touche fixe du clavier, ou doit-il au contraire être appliqué préférablement à la fondamentale de chaque ton? c'est la question qu'il s'agit de discuter.

A l'entendre énoncer de cette manière, on pourroit peut-être s'imaginer que ce n'est ici qu'une question de mots. Cependant elle influe trop dans la pratique pour être méprisée; il s'agit moins des noms en eux-mêmes que de déterminer les idées qu'on leur doit attacher, et sur lesquelles on n'a pas été trop bien d'accord jusqu'ici.

Demandez à une personne qui chante ce que c'est qu'un *ut*, elle vous dira que c'est le premier ton de la gamme : demandez la même chose à un joueur d'instrumens, il vous répondra que c'est une telle touche de son violon ou de son clavecin. Ils ont tous deux raison; ils s'accordent même en un sens, et s'accorderoient tout-à-fait, si l'un ne se représentoit pas cette gamme comme mobile, et l'autre cet *ut* comme invariable.

Puisque l'on est convenu d'un certain son à peu près fixe pour y régler la portée des voix et le diapason des instrumens, il faut que ce son ait nécessairement un nom, et un nom fixe comme le son qu'il exprime; donnons-lui le nom d'*ut*, j'y consens. Réglons ensuite sur ce nom-là tous ceux des différens sons de l'échelle générale, afin que nous puissions indiquer le rapport qu'ils ont avec lui et avec les différentes touches des instrumens : j'y consens encore, et jusque-là le symphoniste a raison.

Mais ces sons auxquels nous venons de donner des noms, et ces touches qui les font entendre, sont disposés de telle manière qu'ils ont entre eux et avec la touche *ut* certains rapports qui constituent proprement ce qu'on appelle ton ; et ce ton, dont *ut* est la fondamentale, est celui que font entendre les touches noires de l'orgue et du clavecin quand on les joue dans un certain ordre, sans qu'il soit possible d'employer toutes les mêmes touches pour quelque autre ton dont *ut* ne seroit pas la fondamentale, ni d'employer dans celui d'*ut* aucune des touches blanches du clavier, lesquelles n'ont même aucun nom propre, et en prennent de différens, s'appelant tantôt dièses et tantôt bémols, suivant les tons dans lesquels elles sont employées.

Or, quand on veut établir une autre fondamentale, il faut nécessairement faire un tel choix des sons qu'on veut employer, qu'ils aient avec elle précisément les mêmes rapports que le *re*, le *mi*, le *sol*, et tous les autres sons de la gamme naturelle, avoient avec l'*ut*. C'est le cas où le chanteur a droit de dire au symphoniste : Pourquoi ne vous servez-vous pas des mêmes noms pour exprimer les mêmes rapports? Au reste, je crois peu nécessaire de remarquer qu'il faudroit toujours déterminer la fondamentale par son nom naturel, et que c'est seulement après cette détermination qu'elle prendroit le nom d'*ut*.

Il est vrai qu'en affectant toujours les mêmes noms aux mêmes touches de l'instrument et aux mêmes notes de la musique, il semble d'abord qu'on établit un rapport plus direct entre cette note et cette touche, et que l'un excite plus aisément l'idée de l'autre qu'on ne feroit en cherchant toujours une égalité de rapports entre les chiffres des notes et le chiffre fondamental d'un côté, et de l'autre entre le son fondamental et les touches de l'instrument.

On peut voir que je ne tâche pas d'énerver la force de l'objection ; oserai-je me flatter à mon tour que les préjugés n'ôteront rien à celle de mes réponses?

D'abord je remarquerai que le rapport fixé par les mêmes noms entre les touches de l'instrument et les notes de la musique a bien des exceptions et des difficultés auxquelles on ne fait pas toujours assez d'attention.

Nous avons trois clefs dans la musique, et ces trois clefs ont huit positions ; ainsi, suivant ces différentes positions, voilà huit touches différentes pour la même position, et huit positions pour la même touche et pour chaque touche de l'instrument : il est certain que cette multiplication d'idées nuit à leur netteté ; il y a même bien des symphonistes qui ne les possèdent jamais toutes à un certain point, quoique toutes les huit clefs soient d'usage sur plusieurs instrumens.

Mais renfermons-nous dans l'examen de ce qui arrive sur une seule clef. On s'imagine que la même note doit toujours exprimer l'idée de la même touche, et cependant cela est très-faux ; car, par des accidens fort communs, causés par les dièses et les bémols, il arrive à tout moment, non-seulement que la note *si* devient la touche *ut*, que la note *mi* devient la touche *fa*, et réciproquement, mais encore qu'une note diésée à la clef, et diésée par accident, monte d'un ton tout entier; qu'un *fa* devient un *sol*, un *ut* un *re*, etc. ; et qu'au contraire, par un double bémol, un *mi* deviendra un *re*, un *si* un *la*, et ainsi des autres. Où en est donc la précision de nos idées? Quoi ! je vois un *sol*, et il faut que je touche un *la!* Est-ce là ce rapport si juste, si vanté, auquel on veut sacrifier celui de la modulation ?

Je ne nie pas cependant qu'il n'y ait quelque chose de très-ingénieux dans l'invention des accidens ajoutés à la clef pour indiquer, non pas les différens tons, car ils ne sont pas toujours connus par là, mais les différentes altérations qu'ils causent. Ils n'expliquent pas mal la théorie des progressions ; c'est dommage qu'ils fassent acheter si cher cet avantage par la peine qu'ils donnent dans la pratique du chant et des instrumens. Que me sert, à moi, de savoir qu'un tel demi-ton a changé de place, et que de là on l'a transporté là pour en faire une note sensible, une quatrième ou une sixième note, si d'ailleurs je ne puis venir à bout de l'exécuter sans me donner la torture, et s'il faut que je me souvienne exactement de ces cinq dièses ou de ces cinq bémols pour les appliquer à toutes les notes que je trouverai sur les mêmes positions ou à l'octave, et cela précisément dans le temps que l'exécution devient la plus embarrassante par la difficulté particulière de l'instrument? Mais ne nous imaginons pas que les musiciens se donnent cette peine dans la pratique ; ils suivent une autre route bien plus commode, et il n'y a pas un habile homme parmi eux qui, après avoir préludé dans le ton où il doit jouer, ne fasse plus d'attention au degré du ton où il se trouve et dont il connoît la progression, qu'au dièse ou au bémol qui l'affecte.

En général, ce qu'on appelle chanter et exécuter au naturel est peut-être ce qu'il y a de plus mal imaginé dans la musique ; car si les noms des notes ont quelque utilité réelle, ce ne peut être que pour exprimer certains rapports, certaines affections déterminées dans les progressions des sons. Or, dès que le ton change, les rapports des sons et la progression changeant aussi, la raison dit qu'il faut de même changer les noms des notes en les rapportant par analogie au nouveau ton, sans quoi l'on renverse le sens des noms, et l'on ôte aux mots le seul avantage qu'ils puissent avoir, qui est d'exciter d'autres idées avec celles des sons. Le passage du *mi* au *fa*, ou du *si* à l'*ut*, excite naturellement dans l'esprit du musicien l'idée du demi-ton. Cependant, si l'on est dans le ton de *si* ou dans celui de *mi*, l'intervalle du *si* à l'*ut* ou du *mi* au *fa* est toujours d'un ton et jamais d'un demi-ton : donc, au lieu de leur conserver des noms qui trompent l'esprit et qui choquent l'oreille exercée par une différente habitude, il est important de leur en appliquer d'autres dont le sens connu ne soit point contradictoire, et annonce les intervalles qu'ils doivent exprimer. Or, tous les rapports des sons du systême diatonique se trouvent exprimés, dans le majeur, tant en montant qu'en descendant, dans l'octave comprise entre deux *ut*, suivant l'ordre naturel; et, dans le mineur, dans l'octave comprise entre deux *la*, suivant le même ordre en descendant seulement; car, en montant, le mode mineur est assujetti à des affections différentes, qui présentent de nouvelles réflexions pour la théorie; lesquelles ne sont pas aujourd'hui de mon sujet, et qui ne font rien au systême que je propose.

Je ne disconviens pas qu'à l'égard des instrumens ma méthode ne s'écarte pas beaucoup de l'esprit de la méthode ordinaire; mais comme je ne crois pas la méthode ordinaire extrêmement estimable, et que je crois même d'en démontrer les défauts, il faudroit toujours, avant que de me condamner par là, se mettre en état de me convaincre, non pas de la différence, mais du désavantage de la mienne.

Continuons d'en expliquer la mécanique. Je reconnois dans la musique douze sons ou cordes originales, l'un desquels est le *C sol ut*, qui sert de fondement à la gamme naturelle : prendre un des autres sons pour fondamental, c'est lui attribuer toutes les propriétés de l'*ut*; c'est proprement transposer la gamme naturelle plus haut ou plus bas de tant de degrés. Pour déterminer ce son fondamental, je me sers du mot correspondant, c'est-à-dire du *sol*, du *re*, du *la*, etc., et je l'écris à la marge au haut de l'air que je veux noter : alors ce *sol* ou ce *re*, qu'on peut appeler la clef, devient *ut*; et, servant de fondement à un nouveau ton et à une nouvelle gamme, toutes les notes du clavier lui deviennent relatives, et ce n'est alors qu'en vertu du rapport qu'elles ont avec ce son fondamental qu'elles peuvent être employées.

C'est là, quoi qu'on en puisse dire, le vrai principe auquel il faut s'attacher dans la composition, dans le prélude et dans le chant; et si vous prétendez conserver aux notes leurs noms naturels, il faut nécessairement que vous les considériez tout à la fois sous une double relation, savoir, par rapport au *C sol ut* et à la gamme naturelle, et par rapport au son fondamental particulier, sur lequel vous êtes contraint d'en régler le progrès et les altérations. Il n'y a qu'un ignorant qui joue des dièses et des bémols sans penser au ton dans lequel il est; alors Dieu sait quelle justesse il peut y avoir dans son jeu.

Pour former donc un élève suivant ma méthode, je parle de l'instrument, car pour le chant, la chose est si aisée qu'il seroit superflu de s'y arrêter, il faut d'abord lui apprendre à connoître et à toucher par leur nom naturel, c'est-à-dire sur la clef *ut*, toutes les touches de son instrument. Ces premiers noms lui doivent servir de règle pour trouver ensuite les autres fondamentales, et toutes les modulations possibles des tons majeurs, auxquels seuls il suffit de faire attention, comme je l'expliquerai bientôt.

Je viens ensuite à la clef *sol*; et, après lui avoir fait toucher le *sol*, je l'avertis que ce *sol*, devenant la fondamentale du ton, doit alors s'appeler *ut*, et je lui fais parcourir sur cet *ut* toute la gamme naturelle en haut et en bas suivant l'étendue de son instrument : comme il y aura quelque différence dans la touche ou dans la disposition des doigts à cause du demi-ton transposé, je la lui ferai remarquer. Après l'avoir exercé quelque temps sur ces deux tons, je l'amènerai à la clef *re*; et, lui faisant appeler *ut* le *re* naturel, je lui fais recommencer sur cet *ut* une nouvelle gamme; et, parcourant ainsi toutes les fondamentales de quinte en quinte, il se trouvera enfin dans le cas d'avoir prélude en mode majeur sur les douze cordes du systême chromatique, et de connoître parfaitement le rapport et les affections différentes de toutes les touches de son instrument sur chacun de ces douze différens tons.

Alors je lui mets de la musique aisée entre les mains; la clef lui montre quelle touche doit prendre la dénomination d'*ut;* et comme il a appris à trouver le *mi* et le *sol*, etc., c'est-à-dire la tierce majeure et la quinte, etc., sur cette fondamentale, un 3 et un 5 sont bientôt pour lui des signes familiers; et si les mouvemens lui étoient connus, et que l'instrument n'eût pas ses difficultés particulières, il seroit dès lors en état d'exécuter à livre ouvert toute sorte de musique sur tous les tons et sur toutes les clefs. Mais avant que d'en dire davantage sur cet article, il faut achever d'expliquer la partie qui regarde l'expression des sons.

A l'égard du mode mineur, j'ai déjà remarqué que la nature ne nous l'avoit point enseigné directement. Peut-être vient-il d'une suite de la progression dont j'ai parlé dans l'expérience des tuyaux, où l'on trouve qu'à la quatrième quinte cet *ut*, qui avoit servi de fondement à l'opération, fait une tierce mineure avec le *la*, qui est alors le son fondamental. Peut-être est-ce aussi de là que naît cette grande correspondance entre le mode majeur *ut* et le mode mineur de sa sixième note, et réciproquement entre le mode mineur *la* et le mode majeur de sa médiante.

De plus, la progression des sons affectés au mode mineur est précisément la même qui se trouve dans l'octave comprise entre deux *la*, puisque, suivant M. Rameau, il est essentiel au mode mineur d'avoir sa tierce et sa sixte mineures, et qu'il n'y a que cette octave où, tous les autres sons étant ordonnés comme ils doivent l'être, la tierce et la sixte se trouvent mineures naturellement.

Prenant donc *la* pour le nom de la tonique de tons mineurs, et l'exprimant par le chiffre 6, je laisserai toujours à sa médiante *ut* le privilége d'être, non pas tonique, mais fondamentale caractéristique; je me conformerai en cela à la nature, qui ne nous fait point connoître de fondamentale proprement dite dans les tons mineurs, et je conserverai à la fois l'uniformité dans les noms des notes et dans les chiffres qui les expriment, et l'analogie qui se trouve entre les modes majeurs et mineurs pris sur les deux cordes *ut* et *la*.

Mais cet *ut* qui, par la transposition, doit toujours être le nom de la tonique dans les tons majeurs, et celui de la médiante dans les tons mineurs, peut, par conséquent, être pris sur chacune des douze cordes du système chromatique; et, pour la désigner, il suffira de mettre à la marge le nom de cette corde prise sur le clavier dans l'ordre naturel. On voit par là que si le chant est dans le ton d'*ut* majeur ou de *la* mineur, il faudra écrire *ut* à la marge; si le chant est dans le ton de *re* majeur ou de *si* mineur, il faut écrire *re* à la marge; pour le ton de *mi* majeur ou d'*ut* dièse mineur, on écrira *mi* à la marge, et ainsi de suite; c'est-à-dire que la note écrite à la marge, ou la clef, désigne précisément la touche du clavier qui doit s'appeler *ut*, et par conséquent être tonique dans le ton majeur, médiante dans le mineur, et fondamentale dans tous les deux : sur quoi l'on remarquera que j'ai toujours appelé cet *ut* fondamentale, et non pas tonique, parce qu'il ne l'est que dans les tons majeurs; mais qu'il sert également de fondement à la relation et au nom des notes, et même aux différentes octaves dans l'un et l'autre mode. Mais, à le bien prendre, la connoissance de cette clef n'est d'usage que pour les instrumens, et ceux qui chantent n'ont jamais besoin d'y faire attention.

Il suit de là que la même clef sous le même nom d'*ut* désigne cependant deux tons différens, savoir, le majeur dont elle est tonique, et le mineur dont elle est médiante, et dont par conséquent la tonique est une tierce au-dessous d'elle. Il suit encore que les mêmes noms des notes et les notes affectées de la même manière, du moins en descendant, servent également pour l'un et l'autre mode; de sorte que non-seulement on n'a pas besoin de faire une étude particulière des modes mineurs, mais que même on seroit à la rigueur dispensé de les connoître, les rapports exprimés par les mêmes chiffres n'étant point différens, quand la fondamentale est tonique, que quand elle est médiante : cependant, pour l'évidence du ton et pour la facilité du prélude, on écrira la clef tout simplement quand elle sera tonique; et quand elle sera médiante on ajoutera au-dessous d'elle une petite ligne horizontale. (*Voyez* la Planche, exemples 7 et 8.)

Il faut parler à présent des changemens de ton; mais comme les altérations accidentelles des sons s'y présentent souvent, et qu'elles ont toujours lieu, dans le mode mineur, en montant de la dominante à la tonique, je dois auparavant en expliquer les signes.

Le dièse s'exprime par une petite ligne oblique, qui croise la note en montant de gauche à droite : *sol* dièse, par exemple, s'exprime ainsi 5; *fa* dièse ainsi 4. Le bémol s'exprime aussi par une semblable ligne qui croise la note en descendant, 5, 7; et ces signes, plus simples que ceux qui sont en usage, servent encore à montrer à l'œil le genre d'altération qu'ils causent.

Pour le bécarre, il n'est devenu nécessaire que par le mauvais choix du dièse et du bémol, parce qu'étant des caractères séparés des notes qu'ils altèrent, s'il s'en trouve plusieurs de suite sous l'un ou l'autre de ces signes, on ne peut jamais distinguer celles qui doivent être affectées, de celles qui ne le doivent pas, sans se servir du bécarre. Mais comme, par mon système, le signe de l'altération, outre la simplicité de sa figure, a encore l'avantage d'être toujours inhérent à la note altérée, il est clair que toutes celles auxquelles on ne le verra point devront être exécutées au ton naturel qu'elles doivent avoir sur la fondamentale où l'on est. Je retranche donc le bécarre comme inutile; et je le retranche encore comme équivoque, puisqu'il est commun de le trouver employé en deux sens tout opposés; car les uns s'en servent pour ôter l'altération causée par les signes de la clef, et les autres, au contraire pour remettre la note au ton qu'elle doit avoir conformément à ces mêmes signes.

A l'égard des changemens de ton, soit pour passer du majeur au mineur, ou d'une tonique à une autre, il pourroit suffire de changer la clef; mais comme il est extrêmement avantageux de ne point rendre la connoissance de cette clef nécessaire à ceux qui chantent, et que d'ailleurs il faudroit une certaine habitude pour trouver facilement le rapport d'une clef à l'autre, voici la précaution qu'il y faut ajouter. Il n'est question que d'exprimer la première note de ce changement, de manière à représenter ce qu'elle étoit dans le ton d'où l'on sort, et ce qu'elle est dans celui où l'on entre. Pour cela j'écris d'abord cette première note entre deux doubles lignes perpendiculaires par le chiffre qui la représente dans le ton précédent, ajoutant au-dessus d'elle la clef ou le nom de la fondamentale du ton où l'on va entrer; j'écris ensuite cette même note par le chiffre qui l'exprime dans le ton qu'elle commence : de sorte qu'eu égard à la suite du chant, le premier chiffre indique le ton de la note, et le second sert à en trouver le nom.

Vous voyez (Pl., ex. 9.) non-seulement que du ton de *sol*, vous passez dans celui d'*ut*, mais que la note *fa* du ton précédent est la même que la note *ut* qui se trouve la première dans celui où vous entrez.

Dans cet autre exemple (*voyez* ex. 10.), la première note *ut* du premier changement seroit le *mi* bémol du mode précédent, et la première note *mi* du second changement seroit l'*ut* dièse du mode précédent; comparaison très-commode pour les voix et même pour les instrumens, lesquels ont de plus l'avantage du changement de clef. On y peut remarquer aussi que, dans les changemens de mode la fondamentale change toujours, quoique la tonique reste la même, ce qui dépend des règles que j'ai expliquées ci-devant.

Il reste dans l'étendue du clavier une difficulté dont il est temps de parler. Il ne suffit pas de connoître le progrès affecté à chaque mode, la fondamentale qui lui est propre, si cette fondamentale est tonique ou médiante, ni enfin de la savoir rapporter à la place qui lui convient dans l'étendue de la gamme naturelle; mais il faut encore savoir à quelle octave, et en un mot, à quelle touche précise du clavier elle doit appartenir.

Le grand clavier ordinaire a cinq octaves d'étendue; et je m'y bornerai pour cette explication, en remarquant seulement qu'on est toujours libre de le prolonger de part et d'autre tout aussi loin qu'on voudra, sans rendre la note plus diffuse ni plus incommode.

Supposons donc que je sois à la clef d'*ut*, c'est-à-dire au son d'*ut* majeur, ou de *la* mineur, qui constitue le clavier naturel. Le clavier se trouve alors disposé de sorte que, depuis le premier *ut* d'en bas jusqu'au dernier *ut* d'en haut, je trouve quatre octaves complètes, outre les deux portions qui restent en haut et en bas entre l'*ut* et le *fa*, qui terminent le clavier de part et d'autre.

J'appelle A la première octave comprise entre l'*ut* d'en bas et le suivant vers la droite, c'est-à-dire tout ce qui est renfermé entre 1 et 7 inclusivement. J'appelle B l'octave qui commence au second *ut*, comptant de même vers la droite; C, la troisième; D, la quatrième, etc., jusqu'à E, où commence une cinquième octave qu'on pousseroit plus haut si l'on vouloit. A l'égard de la portion d'en bas, qui commence au premier *fa* et se termine au premier *si*, comme elle est imparfaite, ne commençant point par la fondamentale, nous l'appellerons l'octave X; et cette lettre X servira, dans toutes sortes de tons, à désigner les notes qui resteront au bas du clavier au-dessous de la première tonique.

Supposons que je veuille noter un air à la clef d'*ut*, c'est-à-dire au ton d'*ut* majeur, ou de *la* mineur; j'écris *ut* au haut de la page à la marge, et je le rends médiante ou tonique, suivant que j'y ajoute ou non la petite ligne horizontale.

Sachant ainsi quelle corde doit être la fondamentale du ton, il n'est plus question que de trouver dans laquelle des cinq octaves roule davantage le chant que j'ai à exprimer, et d'en écrire la lettre au commencement de la ligne sur laquelle je place mes notes. Les deux espaces au-dessus et au-dessous représenteront les étages contigus, et serviront pour les notes qui peuvent excéder en haut ou en bas l'octave représentée par la lettre que j'ai mise au commencement de la ligne. J'ai déjà remarqué que si le chant se trouvoit assez bizarre pour passer cette étendue, on seroit toujours libre d'ajouter une ligne en haut ou en bas, ce qui peut quelquefois avoir lieu pour les instrumens.

Mais comme les octaves se comptent toujours d'une fondamentale à l'autre, et que ces fondamentales sont différentes, suivant les différens tons où l'on est, les octaves se prennent aussi sur différens degrés, et sont tantôt plus hautes ou plus basses, suivant que leur fondamentale est éloignée du *C sol ut* naturel.

Pour représenter clairement cette mécanique, j'ai joint ici (*voyez* la Planche) une table générale de tous les sons du clavier, ordonnés par rapport aux douze cordes du système chromatique prises successivement pour fondamentales.

On y voit d'une manière simple et sensible le progrès des différens sons par rapport au ton où l'on est. On verra aussi, par l'explication suivante, comment elle facilite la pratique des instrumens, au point de n'en faire qu'un jeu, non-seulement par rapport aux instrumens à touches marquées, comme le basson, le haut-bois, la flûte, la basse de viole, et le clavecin, mais encore à l'égard du violon, du violoncelle, et de toute autre espèce sans exception.

Cette table représente toute l'étendue du clavier, combiné sur les douze cordes : le clavier naturel, où l'*ut* conserve son propre nom, se trouve ici au sixième rang marqué par une étoile à chaque extrémité, et c'est à ce rang que tous les autres doivent se rapporter, comme au terme commun de comparaison. On voit qu'il s'étend depuis le *fa* d'en bas jusqu'à celui d'en haut, à la distance de cinq octaves, qui sont ce qu'on appelle le grand clavier.

J'ai déjà dit que l'intervalle compris depuis le premier 1 jusqu'au premier 7 qui le suit vers la droite s'appelle A; que l'intervalle compris depuis le second 1 jusqu'à l'autre 7 s'appelle l'octave B; l'autre, l'octave C, etc., jusqu'au cinquième 1, où commence l'octave E, que je n'ai portée ici que jusqu'au *fa*. A l'égard des quatre notes qui sont à la gauche du premier *ut*, j'ai dit encore qu'elles appartiennent à l'octave X, à laquelle je donne ainsi une lettre hors de rang pour exprimer que cette octave n'est pas complète, parce qu'il faudroit, pour parvenir jusqu'à l'*ut*, descendre plus bas que le clavier ne le permet.

Mais si je suis dans un autre ton, comme, par exemple, à la clef de *re*, alors ce *re* change de nom et devient *ut : c'est* pourquoi *l'octave A, comprise* depuis la première tonique jusqu'à sa septième note, est d'un degré plus élevée que l'octave correspondante du ton précédent; ce qu'il est aisé de voir par la table, puisque cet *ut* du troisième rang, c'est-à-dire de la clef de *re* correspond au *re* de la clef naturelle d'*ut*, sur lequel il tombe perpendiculairement; et, par la même raison, l'octave X y a plus de notes que la même octave de la clef d'*ut*, parce que les octaves, en s'élevant davantage, s'éloignent de la plus basse note du clavier.

Voilà pourquoi les octaves montent depuis la clef d'*ut* jusqu'à la clef de *mi*, et descendent depuis la même clef d'*ut* jusqu'à celle de *fa*; car ce *fa*, qui est la plus basse note du clavier, devient alors fondamentale, et commence, par conséquent, la première octave A.

Tout ce qui est donc compris entre les deux premières lignes obliques vers la gauche est toujours de l'octave A, mais à différens degrés, suivant le ton où l'on est. La même touche, par exemple, sera *ut* dans le ton majeur de *mi*, *re* dans celui de *re*, *mi* dans celui d'*ut*, *fa* dans celui de *si*, *sol* dans celui de *la*, *la* dans celui de *sol*, *si* dans celui de *fa*. C'est toujours la même touche, parce que c'est la même colonne; et c'est la même octave, parce que cette colonne est renfermée entre les mêmes lignes obliques. Donnons un exemple de la façon d'exprimer le ton, l'octave, et la touche, sans équivoque. (*Voyez* la Pl., exemple 11.)

Cet exemple est à la clef de *re*, il faut donc le rapporter au quatrième rang, répondant à la même clef; l'octave B, marquée sur la ligne, montre que l'intervalle supérieur, dans lequel commence le chant, répond à l'octave supérieure C : ainsi la note 5, marquée d'un *a* dans la table, est justement celle qui répond à la première de cet exemple. Ceci suffit pour faire entendre que dans chaque partie on doit mettre sur le commencement de la ligne la lettre correspondante à l'octave dans laquelle le chant de cette partie roule le plus, et que les espaces qui sont au-dessus et au-dessous seront pour les octaves supérieure et inférieure.

Les lignes horizontales servent à séparer, de demi-ton en demi-ton, les différentes fondamentales dont les noms sont écrits à la droite de la table.

Les lignes perpendiculaires montrent que toutes les notes traversées de la même ligne ne sont toujours qu'une même touche, dont le nom naturel, si elle en a un, se trouve au sixième rang, et les autres noms dans les autres rangs de la même colonne suivant les différens tons où l'on est. Ces lignes perpendiculaires sont de deux sortes; les unes noires, qui servent à montrer que les chiffres qu'elles joignent représentent une touche naturelle; et les autres ponctuées, qui sont pour les touches blanches ou altérées : de façon qu'en quelque ton que l'on soit on peut connoître sur-le-champ, par le moyen de cette table, quelles sont les notes qu'il faut altérer pour exécuter dans ce ton-là.

Les clefs que vous voyez au commencement servent à déterminer quelle note doit porter le nom d'*ut*, et à marquer le ton comme je l'ai déjà dit; il y en a cinq qui peuvent être doubles, parce que le bémol de la supérieure marqué *b*, et le dièse de l'inférieure marqué *d*, produisent le même effet [1]. Il ne sera pas mal cependant de s'en tenir aux dénominations que j'ai choisies, et qui, abstraction faite de toute autre raison, sont du moins préférables parce qu'elles sont les plus usitées.

Il est encore aisé, par le moyen de cette table, de marquer précisément l'étendue de chaque partie, tant vocale qu'instrumentale, et la place qu'elle occupera dans ces différentes octaves suivant le ton où l'on sera.

Je suis convaincu qu'en suivant exactement les principes que je viens d'expliquer, il n'est point de chant qu'on ne soit en état de solfier en très-peu de temps, et de trouver de même sur quelque instrument que ce soit, avec toute la facilité possible. Rappelons un peu en détail ce que j'ai dit sur cet article.

Au lieu de commencer d'abord à faire exécuter machinalement des airs à cet écolier, au lieu de lui faire toucher, tantôt des dièses, tantôt des bémols, sans qu'il puisse concevoir pourquoi il le fait, que le premier soin du maître soit de lui faire connoître à fond tous les sons de son instrument par rapport aux différens tons sur lesquels ils peuvent être pratiqués.

Pour cela, après lui avoir appris les noms naturels de toutes les touches de son instrument, il faut lui présenter un autre point de vue, et le rappeler à un principe général. Il connoît déjà tous les sons de l'octave suivant l'échelle naturelle, il est question à présent de

[1] Ce n'est qu'en vertu du tempérament que la même touche peut servir de dièse à l'une et de bémol à l'autre, puisque d'ailleurs personne n'ignore que la somme de deux demi-tons mineurs ne sauroit faire un ton.

lui en faire faire l'analyse. Supposons-le devant un clavecin. Le clavier est divisé en soixante-une touches : on lui explique que ces touches, prises successivement et sans distinction de blanches ni de noires, expriment des sons qui, de gauche à droite, vont en s'élevant de demi-ton en demi-ton. Prenant la touche *ut* pour fondement de notre opération, nous trouverons toutes les autres de l'échelle naturelle disposées à son égard de la manière suivante :

La deuxième note, *re*, à un ton d'intervalle vers la droite; c'est-à-dire, qu'il faut laisser une touche intermédiaire entre l'*ut* et le *re*, pour la division des deux demi-tons :

La troisième, *mi*, à un autre ton du *re*, et à deux tons de l'*ut*; de sorte qu'entre le *re* et le *mi* il faut encore une touche intermédiaire :

La quatrième, *fa*, à un demi-ton du *mi* et à deux tons et demi de l'*ut*; par conséquent le *fa* est la touche qui suit le *mi* immédiatement, sans en laisser aucune entre deux :

La cinquième, *sol*, à un ton du *fa*, et à trois tons et demi de l'*ut*; il faut laisser une touche intermédiaire :

La sixième, *la*, à un ton du *sol*, et à quatre tons et demi de l'*ut*; autre touche intermédiaire :

La septième, *si*, à un ton du *la*, et à cinq tons et demi de l'*ut*; autre touche intermédiaire :

La huitième, *ut* d'en haut, à demi-ton du *si*, et à six tons du premier *ut* dont elle est l'octave; par conséquent le *si* est contigu à l'*ut* qui le suit, sans touche intermédiaire.

En continuant ainsi tout le long du clavier, on n'y trouvera que la réplique des mêmes intervalles; et l'écolier se les rendra aisément familiers, de même que les chiffres qui les expriment et qui marquent leur distance de l'*ut* fondamental. On lui fera remarquer qu'il y a une touche intermédiaire entre chaque degré de l'octave, excepté entre le *mi* et le *fa* et entre le *si* et l'*ut* d'en haut, où l'on trouve deux intervalles de demi-ton chacun, qui ont leur position fixe dans l'échelle.

On observera aussi qu'à la clef d'*ut* toutes les touches noires sont justement celles qu'il faut prendre, et que toutes les blanches sont les intermédiaires qu'il faut laisser. On ne cherchera point à lui faire trouver du mystère dans cette distribution, et l'on lui dira seulement que, comme le clavier seroit trop étendu ou les touches trop petites si elles étoient toutes uniformes, et que d'ailleurs la clef d'*ut* est la plus usitée dans la musique, on a, pour plus de commodité, rejeté hors des intervalles les touches blanches, qui n'y sont que de peu d'usage. On se gardera bien aussi d'affecter un air savant en lui parlant des tons et des demi-tons majeurs et mineurs, des comma, du tempérament; tout cela est absolument inutile à la pratique, du moins pour ce temps-là : en un mot, pour peu qu'un maître ait d'esprit et qu'il possède son art, il a tant d'occasions de briller en instruisant, qu'il est inexcusable quand sa vanité est à pure perte pour le disciple.

Quand on trouvera que l'écolier possède assez bien son clavier naturel, on commencera alors à le lui faire transposer sur d'autres clefs, en choisissant d'abord celles où les sons naturels sont le moins altérés. Prenons, par exemple, la clef de *sol*.

Ce mot *sol*, direz-vous à l'écolier, écrit ainsi à la marge, signifie qu'il faut transporter au *sol* et à son octave le nom et toutes les propriétés de l'*ut* et de la gamme naturelle. Ensuite, après l'avoir exhorté à se rappeler la disposition des tons de cette gamme, vous l'inviterez à l'appliquer dans le même ordre au *sol* considéré comme fondamentale, c'est-à-dire comme un *ut*. D'abord il sera question de trouver le *re* : si l'écolier est bien conduit, il le trouvera de lui-même et touchera le *la* naturel, qui est précisément par rapport au *sol* dans la même situation que le *re* par rapport à l'*ut*; pour trouver le *mi* il touchera le *si*; pour trouver le *fa* il touchera l'*ut*; et vous lui ferez remarquer qu'effectivement ces deux dernières touches donnent un demi-ton d'intervalle, intermédiaire, de même que le *mi* et le *fa* dans l'échelle naturelle. En poursuivant de même, il touchera le *re* pour le *sol*, et le *mi* pour le *la*. Jusqu'ici il n'aura trouvé que des touches naturelles pour exprimer dans l'octave *sol* l'échelle de l'octave *ut*; de sorte que si vous poursuivez, et que vous demandiez le *si* sans rien ajouter, il est presque immanquable qu'il touchera le *fa* naturel. Alors vous l'arrêterez là, et vous lui demanderez s'il ne se souvient pas qu'entre le *la* et le *si* naturel il a trouvé un intervalle d'un ton et une touche intermédiaire : vous lui montrerez en même temps cet intervalle à la clef d'*ut;* et, revenant à celle de *sol*, vous lui placerez le doigt sur le *mi* naturel que vous nommerez *la* en demandant où est le *si*. Alors il se corrigera sûrement et touchera le *fa* dièse : peut-être touchera-t-il le *sol;* mais au lieu de vous impatienter il faut saisir cette occasion de lui expliquer si bien la règle des tons et des demi-tons par rapport à l'octave *ut*, et sans distinction de touches noires et blanches, qu'il ne soit plus dans le cas de pouvoir s'y tromper.

Alors il faut lui faire parcourir le clavier de haut en bas, et de bas en haut, en lui faisant nommer les touches conformément à ce nouveau ton : vous lui ferez aussi observer que la touche blanche qu'on y emploie y devient nécessaire pour constituer le demi-ton qui doit être entre le *si* et l'*ut* d'en haut, et qui seroit sans cela entre le *la* et le *si*, ce qui est contre l'ordre de la gamme. Vous aurez soin, surtout, de lui faire concevoir qu'à cette clef-là le *sol* naturel est réellement un *ut*, le *la* un *re*, le *si* un *mi*, etc. ; de sorte que ces noms et la position de leurs touches relatives lui deviennent aussi familières qu'à la clef d'*ut*, et que, tant qu'il est à la clef de *sol*, il n'envisage le clavier que par cette seconde exposition.

Quand on le trouvera suffisamment exercé, on le mettra à la clef de *re* avec les mêmes précautions; et on l'amènera aisément à y trouver de lui-même le *mi* et le *si* sur deux touches blanches : cette troisième clef achèvera de l'éclaircir sur la situation de tous les tons de l'échelle, relativement à quelque fondamentale que ce soit; et vraisemblablement il n'aura plus besoin d'explication pour trouver l'ordre des tons sur toutes les autres fondamentales.

Il ne sera donc plus question que de l'habitude, et il dépendra beaucoup du maître de contribuer à la former, s'il s'applique à faciliter à l'écolier la pratique de tous les intervalles par des remarques sur la position des doigts, qui lui rendent bientôt la mécanique familière.

Après cela, de courtes explications sur le mode mineur, sur les altérations qui lui sont propres, et sur celles qui naissent de la modulation dans le cours d'une même pièce. Un écolier bien conduit par cette méthode doit savoir à fond son clavier sur tous les tons dans moins de trois mois; donnons-lui-en six, au bout desquels nous partirons de là pour le mettre à l'exécution; et je soutiens que, s'il a d'ailleurs quelques connoissances des mouvemens, il jouera dès lors à livre ouvert les airs notés par mes caractères, ceux du moins qui ne demanderont pas une grande habitude dans le doigter. Qu'il mette six autres mois à se perfectionner la main et l'oreille, soit pour l'harmonie, soit pour la mesure, et voilà dans l'espace d'un an un musicien du premier ordre, pratiquant également toutes les clefs, connoissant les modes et tous les tons, toutes les cordes qui leur sont propres, toute la suite de la modulation, et transposant toute pièce de musique dans toutes sortes de tons avec la plus parfaite facilité.

C'est ce qui me paroît découler évidemment de la pratique de mon système, et que je suis prêt de confirmer non-seulement par des preuves de raisonnement, mais par l'expérience, aux yeux de quiconque en voudra voir l'effet.

Au reste, ce que j'ai dit du clavecin s'applique de même à *tout autre instrument*, avec quelques légères différences par rapport aux instrumens à manche, qui naissent des différentes altérations propres à chaque ton. Comme je n'écris ici que pour les maîtres à qui cela est connu, je n'en dirai que ce qui est absolument nécessaire pour mettre dans son jour une objection qu'on pourroit m'opposer, et pour en donner la solution.

C'est un fait d'expérience, que les différens tons de la musique ont tous certain caractère qui leur est propre, et qui les distingue chacun en particulier. L'*A mi la* majeur, par exemple, est brillant ; l'*F ut fa* est majestueux ; le *si* bémol majeur est tragique, le *fa* mineur est triste ; l'*ut* mineur est tendre ; et tous les autres tons ont de même, par préférence, je ne sais quelle aptitude à exciter tel ou tel sentiment, dont les habiles maîtres savent bien se prévaloir. Or, puisque la modulation est la même dans tous les tons majeurs, pourquoi un ton majeur exciteroit-il une passion plutôt qu'un autre ton majeur? pourquoi le même passage du *re* au *fa* produit-il des effets différens quand il est pris sur différentes fondamentales, puisque le rapport demeure le même?

pourquoi cet air joué en *A mi la* ne rend-il plus cette expression qu'il avoit en *G re sol?* Il n'est pas possible d'attribuer cette différence au changement de fondamentale, puisque, comme je l'ai dit, chacune de ces fondamentales, prise séparément, n'a rien en elle qui puisse exciter d'autre sentiment que celui du son haut ou bas qu'il fait entendre. Ce n'est point proprement par les sons que nous sommes touchés, c'est par les rapports qu'ils ont entre eux; et c'est uniquement par le choix de ces rapports charmans qu'une belle composition peut émouvoir le cœur en flattant l'oreille. Or, si le rapport d'un *ut* à un *sol*, ou d'un *re* à un *la*, est le même dans tous les tons, pourquoi produit-il différens effets?

Peut-être trouveroit-on des musiciens embarrassés d'en expliquer la raison; et elle seroit en effet très-inexplicable, si l'on admettoit à la rigueur cette identité de rapports dans les sons exprimés par les mêmes noms et représentés par les mêmes intervalles sur tous les tons.

Mais ces rapports ont entre eux de légères différences, suivant les cordes sur lesquelles ils sont pris; et ce sont ces différences, si petites en apparence, qui causent dans la musique cette variété d'expression, sensible à toute oreille délicate, et sensible à tel point, qu'il est peu de musiciens qui, en écoutant un concert, ne connoissent en quel ton l'on exécute actuellement.

Comparons, par exemple, le *C sol ut* mineur et le *D la re*; voilà deux modes mineurs desquels tous les sons sont exprimés par les mêmes intervalles et par les mêmes noms, chacun relativement à sa tonique: cependant l'affection n'est point la même, et il est incontestable que le *C sol ut* est plus touchant que le *D la re*. Pour en trouver la raison, il faut entrer dans une recherche assez longue dont voici à peu près le résultat. L'intervalle qui se trouve entre la tonique *re* et sa seconde note est un peu plus petit que celui qui se trouve entre la tonique du *C sol ut* et sa seconde note; au contraire, le demi-ton qui se trouve entre la seconde note et la médiante du *D la re* est un peu plus grand que celui qui est entre la seconde note et la médiante du *C sol ut*: de sorte que la tierce mineure restant à peu près égale de part et d'autre, elle est partagée dans le *C sol ut* en deux intervalles un peu plus inégaux que dans le *D la re*; ce qui rend l'intervalle du demi-ton plus petit de la même quantité dont celui du ton est plus grand.

On trouve aussi, par l'accord ordinaire du clavecin, le demi-ton compris entre le *sol* naturel et le *la* bémol un peu plus petit que celui qui est entre le *la* et le *si* bémol. Or, plus les deux sons qui forment un demi-ton se rapprochent, et plus le passage est tendre et touchant; c'est l'expérience qui nous l'apprend, et c'est, je crois, la véritable raison pour laquelle le mode mineur du *C sol ut* nous attendrit plus que celui du *D la re*. Que si cependant la diminution vient jusqu'à causer de l'altération à l'harmonie, et jeter de la dureté dans le chant, alors le sentiment se change en tristesse, et c'est l'effet que nous éprouvons dans l'*F ut fa* mineur.

En continuant nos recherches dans ce goût-là, peut-être parviendrons-nous à peu près à trouver par ces différences légères qui subsistent dans les rapports des sons et des intervalles, les raisons des différens sentimens excités par les divers tons de la musique. Mais si l'on vouloit aussi trouver la cause de ces différences, il faudroit entrer pour cela dans un détail dont mon sujet me dispense, et qu'on trouvera suffisamment expliqué dans les ouvrages de M. Rameau. Je me contenterai de dire ici en général que, comme il a fallu, pour éviter de multiplier les sons, faire servir les mêmes à plusieurs usages, on n'a pu y réussir qu'en les altérant un peu; ce qui fait qu'eu égard à leurs différens rapports, ils perdent quelque chose de la justesse qu'ils devroient avoir. Le *mi*, par exemple, considéré comme tierce majeure d'*ut*, n'est point à la rigueur le même *mi* qui doit faire la quinte du *la*; la différence est petite à la vérité, mais enfin elle existe, et, pour la faire évanouir, il a fallu *tempérer* un peu cette *quinte*: par ce moyen on n'a employé que le même son pour ces deux usages; mais de là vient aussi que le ton du *re* au *mi* n'est pas de la même espèce que celui de l'*ut* au *re*, et ainsi des autres.

On pourroit donc me reprocher que j'anéantis ces différences par mes nouveaux signes, et que par là même je détruis cette variété d'expression si avantageuse dans la musique. J'ai bien des choses à répondre à tout cela.

En premier lieu, le tempérament est un vrai défaut; c'est une altération que l'art a causée à l'harmonie, faute d'avoir pu mieux faire. Les harmoniques d'une corde ne nous donnent point de quinte tempérée, et la mécanique du tempérament introduit dans la modulation des tons si durs, par exemple le *re* et le *sol* dièses, qu'ils ne sont pas supportables à l'oreille. Ce ne seroit donc pas une faute que d'éviter ce défaut, et surtout dans les caractères de la musique, qui, ne participant pas au vice de l'instrument, devroient, du moins par leur signification, conserver toute la pureté de l'harmonie.

De plus, les altérations causées par les différens tons ne sont point pratiquées par les voix; l'on n'entonne point, par exemple, l'intervalle 4 5 autrement que l'on n'entonneroit celui-ci 5 6, quoique cet intervalle ne soit pas tout-à-fait le même; et l'on module en chantant avec la même justesse dans tous les tons, malgré les altérations particulières que l'imperfection des instrumens introduit dans ces différens tons, et à laquelle la voix ne se conforme jamais, à moins qu'elle n'y soit contrainte par l'unisson des instrumens.

La nature nous apprend à moduler sur tous les tons, précisément dans toute la justesse des intervalles; les voix, conduites par elle, le pratiquent exactement. Faut-il nous éloigner de ce qu'elle prescrit, pour nous assujettir à une pratique défectueuse? et faut-il sacrifier, non pas à l'avantage, mais au vice des instrumens, l'expression naturelle du plus parfait de tous? C'est ici qu'on doit se rappeler tout ce que j'ai dit ci-devant sur la génération des sons; et c'est par là qu'on se convaincra que l'usage de mes signes n'est qu'une expression très-fidèle et très-exacte des opérations de la nature.

En second lieu, dans les plus considérables instrumens, comme l'orgue, le clavecin et la viole, les touches étant fixées, les altérations différentes de chaque ton dépendent uniquement de l'accord, et elles sont également pratiquées par ceux qui en jouent, quoiqu'ils n'y pensent point. Il en est de même des flûtes, des hautbois, bassons et autres instrumens à trous; les dispositions des doigts sont fixées pour chaque son, et le seront de même par mes caractères, sans que les écoliers pratiquent moins le tempérament pour n'en pas connoître l'expression.

D'ailleurs, on ne sauroit me faire là-dessus aucune difficulté qui n'attaque en même temps la musique ordinaire, dans laquelle, bien loin que les petites différences des intervalles de même espèce soient indiquées par quelque marque, les différences spécifiques ne le sont même pas, puisque les tierces ou les sixtes majeures et mineures sont exprimées par les mêmes intervalles et les mêmes positions, au lieu que, dans mon système, les différens chiffres employés dans les intervalles de même dénomination font du moins connoître s'ils sont majeurs ou mineurs.

Enfin, pour trancher tout d'un coup cette difficulté, c'est au maître et à l'oreille à conduire l'écolier dans la pratique des différens tons et des altérations qui leur sont propres; la musique ordinaire ne donne point de règles pour cette pratique que je ne puisse appliquer à la mienne avec encore plus d'avantage; et les doigts de l'écolier seront bien plus heureusement conduits, en lui faisant pratiquer sur son violon les intervalles, avec les altérations qui leur sont propres dans chaque ton, en avançant ou reculant un peu le doigt, que par cette foule de dièses et de bémols qui, faisant de plus petits intervalles entre eux et ne contribuant point à former l'oreille, troublent l'écolier par des différences qui lui sont long-temps insensibles.

Si la perfection du système de musique consistoit à pouvoir exprimer une plus grande quantité de sons, il seroit aisé, en adoptant celui de M. Sauveur, de diviser toute l'étendue d'une seule octave en 3010 décamérides ou intervalles égaux, dont les sons seroient représentés par des notes différemment figurées; mais de quoi serviroient tous ces caractères, puisque la diversité des sons qu'ils exprimeroient ne seroit non plus à la portée de nos oreilles qu'à celle des organes de notre voix? Il n'est donc pas moins inutile qu'on apprenne à distinguer l'*ut* double dièse du *re* naturel, dès que nous sommes contraints de pratiquer sur ce même *re*, et qu'on ne se trouvera jamais dans le cas d'exprimer en note la différence qui doit s'y trouver, parce que ces deux sons ne peuvent être relatifs à la même modulation.

Tenons pour une maxime certaine que tous les sons d'un mode doivent toujours être considérés par le rapport qu'ils ont avec la fondamentale de ce mode-là; qu'ainsi les intervalles correspondans devroient être parfaitement égaux dans tous les tons de même espèce : aussi les considère-t-on comme tels dans la composition ; et s'ils ne le sont pas à la rigueur dans la pratique, les facteurs épuisent du moins toute leur habileté dans l'accord, pour en rendre la différence insensible.

Mais ce n'est pas ici le lieu de m'étendre davantage sur cet article. Si de l'aveu de la plus savante académie de l'Europe, mon système a des avantages marqués par-dessus la méthode ordinaire pour la musique vocale, il me semble que ces avantages sont bien plus considérables dans la partie instrumentale : du moins, j'exposerai les raisons que j'ai de le croire ainsi; c'est à l'expérience à confirmer leur solidité. Les musiciens ne manqueront pas de se récrier, et de dire qu'ils exécutent avec la plus grande facilité par la méthode ordinaire, et qu'ils font de leurs instrumens tout ce qu'on en peut faire par quelque méthode que ce soit. D'accord : je les admire en ce point, et il ne semble pas en effet qu'on puisse pousser l'exécution à un plus haut degré de perfection que celui où elle est aujourd'hui ; mais enfin quand on leur fera voir qu'avec moins de temps et de peine on peut parvenir plus sûrement à cette perfection, peut-être seront-ils contraints de convenir que les prodiges qu'ils opèrent ne sont pas tellement inséparables des barres, des noires et des croches, qu'on n'y puisse arriver par d'autres chemins. Proprement, j'entreprends de leur prouver qu'ils ont encore plus de mérite qu'ils ne pensoient, puisqu'ils suppléent par la force de leurs talents aux défauts de la méthode dont ils se servent.

Si l'on a bien compris la partie de mon système que je viens d'expliquer, on sentira qu'elle donne une méthode générale pour exprimer sans exception tous les sons usités dans la musique, non pas, à la vérité, d'une manière absolue, mais relativement à un son fondamental déterminé ; ce qui produit un avantage considérable en vous rendant toujours présens le ton de la pièce et la suite de la modulation. Il me reste maintenant à donner une autre méthode encore plus facile pour pouvoir noter tous ces mêmes sons de la même manière, sur un rang horizontal, sans avoir jamais besoin de lignes ni d'intervalles pour exprimer les différentes octaves.

Pour y suppléer donc, je me sers du plus simple de tous les signes, c'est-à-dire du point, et voici comment je le mets en usage. Si je sors de l'octave par laquelle j'ai commencé pour faire une note dans l'étendue de l'octave supérieure, et qui commence à l'*ut* d'en haut, alors je mets un point au-dessus de cette note par laquelle je sors de mon octave ; et, ce point une fois placé, c'est un avis que non-seulement la note sur laquelle il est, mais encore toutes celles qui la suivront sans aucun signe qui le détruise, devront être prises dans l'étendue de cette octave supérieure où je suis entré. Par exemple,

Ut c 1 3 5 $\dot{1}$ 3 5.

Le point que vous voyez sur le second *ut* marque que vous entrez là dans l'octave au-dessus de celle où vous avez commencé, et que, par conséquent, le 3 et le 5 qui suivent sont aussi de cette même octave supérieure, et ne sont point les mêmes que vous aviez entonnés auparavant.

Au contraire, si je veux sortir de l'octave où je me trouve pour passer à celle qui est au-dessous, alors je mets le point sous la note par laquelle j'y entre :

Ut d 5 3 1 $\underset{\cdot}{5}$ 3 1.

Ainsi, ce premier 5 étant le même que le dernier de l'exemple précédent, par le point que vous voyez ici sous le second 5 vous êtes averti que vous sortez de l'octave où vous étiez monté, pour rentrer dans celle par où vous aviez commencé précédemment.

En un mot, quand le point est sur la note, vous passez dans l'octave supérieure ; s'il est au-dessous vous passez dans l'inférieure : et, quand vous changeriez d'octave à chaque note, ou que vous voudriez monter ou descendre de deux ou trois octaves tout d'un coup ou successivement, la règle est toujours générale, et vous n'avez qu'à mettre autant de points au-dessous ou au-dessus que vous avez d'octaves à descendre ou à monter.

Ce n'est pas à dire qu'à chaque point vous montiez ou vous descendiez d'une octave ; mais, à chaque point, vous entrez dans une octave différente, dans un autre étage, soit en montant, soit en descendant, par rapport au son fondamental *ut*, lequel ainsi se trouve bien de la même octave en descendant diatoniquement, mais non pas en montant. Le point, dans cette façon de noter, équivaut aux lignes et aux intervalles de la précédente : tout ce qui est dans la même position appartient au même point, et vous n'avez besoin d'un autre point que lorsque vous passez dans une autre position, c'est-à-dire dans une autre octave. Sur quoi il faut remarquer que je ne me sers de ce mot d'octave qu'abusivement et pour ne pas multiplier inutilement les termes, parce que, proprement, l'étendue que je désigne par ce mot n'est remplie que d'un étage de sept notes, l'*ut* d'en haut n'y étant pas compris.

Voici une suite de notes qu'il sera aisé de solfier par les règles que je viens d'établir.

Sol d 1 $\underset{\cdot}{7}$ $\dot{1}$ 2 3 1 5 4 5 6 7 5 $\dot{1}$ $\underset{\cdot}{7}$ 6 5 4 3 2 4 $\dot{2}$ 1 $\underset{\cdot}{7}$ 6 5 3 4
d 5 $\underset{\cdot}{5}$ $\dot{1}$.

Et voici (V. Planche, exemple 12) le même exemple noté suivant la première méthode.

Dans une longue suite de chant, quoique les points vous conduisent toujours très-juste, ils ne vous font pourtant connoître l'octave où vous vous trouvez que relativement à ce qui a précédé : c'est pourquoi, afin de savoir précisément l'endroit du clavier où vous êtes, il faudroit aller en remontant jusqu'à la lettre qui est au commencement de l'air ; opération exacte à la vérité, mais, d'ailleurs, un peu trop longue. Pour m'en dispenser, je mets au commencement de chaque ligne la lettre de l'octave où se trouve, non pas la première note de cette ligne, mais la dernière de la ligne précédente, et cela afin que la règle des points n'ait pas d'exception.

EXEMPLE :

Fa d 1 $\underset{\cdot}{7}$ $\dot{1}$ 2 3 4 5 6 7 5 $\dot{1}$ $\underset{\cdot}{5}$ $\dot{2}$ $\underset{\cdot}{5}$ $\dot{3}$ 1 4 3 2 1 $\underset{\cdot}{7}$ 6 6 $\ddot{6}$ 6 4 6 4
e 4 2 $\underset{\cdot}{7}$ 5 6 4 5 1.

Ce d que j'ai mis au commencement de la seconde ligne marque que le *fa* qui finit la première est de la cinquième octave, de laquelle je sors pour rentrer dans la quatrième *d* par le point que vous voyez au-dessous du *si* de cette seconde ligne.

Rien n'est plus aisé que de trouver cette lettre correspondante à la dernière note d'une ligne, et en voici la méthode.

Comptez tous les points qui sont au-dessus des notes de cette ligne, comptez aussi ceux qui sont au-dessous : s'ils sont égaux en nombre avec les premiers, c'est une preuve que la dernière note de la ligne est dans la même octave que la première, et c'est le cas du premier exemple de la colonne précédente, où, après avoir trouvé trois points dessus et autant dessous, vous concluez qu'ils se détruisent les uns les autres, et que, par conséquent, la dernière note *fa* de la ligne est de la même octave *d* que la première note *ut* de la même ligne ; ce qui est toujours vrai, de quelque manière que les points soient rangés, pourvu qu'il y en ait autant dessus que dessous.

S'ils ne sont pas égaux en nombre, prenez leur différence ; comptez depuis la lettre qui est au commencement de la ligne et reculez d'autant de lettres vers l'*a*, si l'excès est au-dessous ; ou s'il est au-dessus, avancez au contraire d'autant de lettres dans l'alphabet que cette différence contient d'unités, et vous aurez exactement la lettre correspondante à la dernière note.

EXEMPLE :

Ut c 6 3 6 7 $\dot{1}$ 2 1 $\underset{\cdot}{7}$ 6 $\dot{1}$ $\underset{\cdot}{5}$ $\dot{1}$ 2 3 4 3 2 1 3 6 5 6 7 3 $\dot{1}$
e $\underset{\cdot}{2}$ $\underset{\cdot}{7}$ $\dot{1}$ 6 $\underset{\cdot}{7}$ 5 6 $\dot{1}$ 4 3 2 1 5 6 2 1 $\underset{\cdot}{7}$ 6 3 3 4 4 5 5 6 7 $\dot{1}$
d 2 $\underset{\cdot}{7}$ 5 6.

Dans la première ligne de cet exemple, qui commence à l'étage *c*, vous avez deux points au-dessous et quatre au-dessus, par conséquent deux d'excès, pour lesquels il faut ajouter à la lettre *c* autant de lettres, suivant l'ordre de l'alphabet, et vous aurez la lettre *e* correspondante à la dernière note de la même ligne.

Dans la seconde ligne vous avez au contraire un point d'excès au-dessous, c'est-à-dire qu'il faut, depuis la lettre *e* qui est au commencement de la ligne, reculer d'une lettre vers l'*a*, et vous aurez *d* pour la lettre correspondante à la dernière note de la seconde ligne.

Il faut de même observer de mettre la lettre de l'octave après chaque première et dernière note des reprises et des rondeaux, afin qu'en partant de là on sache toujours sûrement si l'on doit monter ou descendre pour reprendre ou pour recommencer. Tout cela s'éclaircira mieux par l'exemple suivant, dans lequel cette marque — est un signe de reprise.

Mi c 3 4 5 7 1 2 3 4 3 2 1 4 3 2 1 7 6 2 5 b ♮ 5 c 5 5 —
b ♮ 6 4 4 6 2 7 5 1 2 5 7 1 c.

La lettre *b*, que vous voyez après la dernière note de la première partie, vous apprend qu'il faut monter d'une sixte pour revenir au *mi* du commencement, puisqu'il est de l'octave supérieure *c*; et la lettre *c*, que vous voyez également après la première et la dernière note de la seconde partie, vous apprend qu'elles sont toutes deux de la même octave, et qu'il faut par conséquent monter d'une quinte pour revenir de la finale à la reprise.

Ces observations sont fort simples et fort aisées à retenir. Il faut avouer cependant que la méthode des points a quelques avantages de moins que celle de la position d'étage en étage que j'ai enseignée la première, et qui n'a jamais besoin de toutes ces différences de lettres: l'une et l'autre ont pourtant leur commodité; et, comme elles s'apprennent par les mêmes règles et qu'on peut les savoir toutes deux ensemble avec la même facilité qu'on a pour en apprendre une séparément, on les pratiquera chacune dans les occasions oùelle paroîtra plus convenable. Par exemple, rien ne sera si commode que la méthode des points pour ajouter l'air à des paroles déjà écrites; pour noter de petits airs, des morceaux *détachés*, et ceux qu'on veut envoyer en province; et, en général, pour la musique vocale. D'un autre côté, la méthode de position servira pour les partitions et les grandes pièces de musique, pour la musique instrumentale, et surtout pour commencer les écoliers, parce que la mécanique en est encore plus sensible que de l'autre manière, et qu'en partant de celle-ci déjà connue, l'autre se conçoit du premier instant. Les compositeurs s'en serviront aussi par préférence, à cause de la distinction oculaire des différentes octaves: ils sentiront en la pratiquant toute l'étendue de ses avantages, que j'ose dire tels pour l'évidence de l'harmonie, que, quand ma méthode n'auroit nul cours dans la pratique, il n'est point de compositeur qui ne dût l'employer pour son usage particulier et pour l'instruction de ses élèves

Voilà ce que j'avois à dire sur la première partie de mon système, qui regarde l'expression des sons: passons à la seconde, qui traite de leurs durées.

L'article dont je viens de parler n'est pas, à beaucoup près, aussi difficile que celui-ci, du moins dans la pratique, qui n'admet qu'un certain nombre de sons, dont les rapports sont fixés, et à peu près les mêmes dans tous les tons, au lieu que les différences qu'on peut introduire dans leurs durées peuvent varier presque à l'infini.

Il y a beaucoup d'apparence que l'établissement de la quantité dans la musique a d'abord été relatif à celle du langage, c'est-à-dire qu'on faisoit passer plus vite les sons par lesquels on exprimoit les syllabes brèves, et durer un peu plus long-temps ceux qu'on adaptoit aux longues. On poussa bientôt les choses plus loin, et l'on établit, à l'imitation de la poésie, une certaine régularité dans la durée des sons, par laquelle on les assujettissoit à des retours uniformes qu'on s'avisa de mesurer par des mouvemens égaux de la main et du pied, et d'où, à cause de cela, ils prirent le nom de mesures. L'analogie est visible à cet égard entre la musique et la poésie: les vers sont relatifs aux mesures, les pieds au temps, et les syllabes aux notes. Ce n'est pas assurément donner dans des absurdités que de trouver des rapports aussi naturels, pourvu qu'on n'aille pas, comme le P. Souhaitti, appliquer à l'une les signes de l'autre, et, à cause de ce qu'elles ont de semblable, confondre ce qu'elles ont de différent.

Ce n'est pas ici le lieu d'examiner en physicien d'où naît cette égalité merveilleuse que nous éprouvons dans nos mouvemens quand nous battons la mesure; pas un temps qui passe l'autre, pas la moindre différence dans leur durée successive, sans que nous ayons d'autre règle que notre oreille pour la déterminer: il y a lieu de conjecturer qu'un effet aussi singulier part du même principe qui nous fait entonner naturellement toutes les consonnances. Quoi qu'il en soit, il est clair que nous avons un sentiment sûr pour juger du rapport des mouvemens tout comme de celui des sons, et des organes toujours prêts à exprimer les uns et les autres selon les mêmes rapports; et il me suffit, pour ce que j'ai à dire, de remarquer le fait sans en rechercher la cause.

Les musiciens font de grandes distinctions dans ces mouvemens, non-seulement quant aux divers degrés de vitesse qu'ils peuvent avoir, mais aussi quant au genre même de la mesure, et tout cela n'est qu'une suite du mauvais principe par lequel ils ont fixé les différentes durées des sons; car pour trouver les rapports des uns aux autres, il a fallu établir un terme de comparaison, et il leur a plu de choisir pour ce terme une certaine quantité de durée qu'ils ont déterminée par une figure ronde : ils ont ensuite imaginé des notes de plusieurs autres figures, dont la valeur est fixée, par rapport à cette ronde, en proportion sous-double. Cette division seroit assez supportable, quoiqu'il s'en faille de beaucoup qu'elle n'ait l'universalité nécessaire, si le terme de comparaison, c'est-à-dire si la durée de la ronde étoit quelque chose d'un peu moins vague; mais la ronde va tantôt plus vite, tantôt plus lentement, suivant le mouvement de la mesure où l'on l'emploie : et l'on ne doit pas se flatter de donner quelque chose de plus précis en disant qu'une ronde est toujours l'expression de la durée d'une mesure à quatre, puisque, outre que la durée même de cette mesure n'a rien de déterminé, on voit communément en Italie des mesures à quatre et à deux contenir deux et quelquefois quatre rondes.

C'est pourtant ce qu'on suppose dans les chiffres des mesures doubles : le chiffre inférieur marque le nombre de notes d'une certaine valeur contenues dans une mesure à quatre temps, et le chiffre supérieur marque combien il faut de ces mêmes notes pour remplir une mesure de l'air que l'on va noter. Mais pourquoi ce rapport de tant de différentes mesures à celle de quatre temps qui leur est si peu semblable? ou pourquoi ce rapport de tant de différentes notes à une ronde dont la durée est si peu déterminée?

On diroit que les inventeurs de la musique ont pris à tâche de faire tout le contraire de ce qu'il falloit : d'un côté, ils ont négligé la distinction du son fondamental indiqué par la nature et si nécessaire pour servir de terme commun au rapport de tous les autres; et de l'autre, ils ont voulu établir une durée absolue et fondamentale sans pouvoir en déterminer la valeur.

Faut-il s'étonner si l'erreur du principe a tant causé de défauts dans les conséquences? défauts essentiels à la pratique, et tous propres à retarder long-temps les progrès des écoliers.

Les musiciens reconnoissent au moins quatorze mesures différentes, dont voici les signes : 2, 3, C,

$$\frac{2}{8},\ \frac{2}{4},\ \frac{3}{4},\ \frac{6}{4}\ \frac{9}{4},\ \frac{12}{4},\ \frac{3}{8},\ \frac{6}{8},\ \frac{9}{8},\ \frac{12}{8},\ \frac{3}{16},\ \frac{6}{16}.$$

Or, si ces signes sont institués pour déterminer autant de mouvemens différens en espèce, il y en a beaucoup trop, et s'ils le sont, outre cela, pour exprimer les différens degrés de vitesse de ces mouvemens, il n'y en pas assez. D'ailleurs, pourquoi se tourmenter si fort pour établir des signes qui ne servent à rien, puisque, indépendamment du genre de la mesure, on est presque toujours contraint d'ajouter un mot au commencement de l'air, qui détermine l'espèce et le degré de mouvement?

Cependant on ne sauroit contester que la diversité de ces mesures ne brouille les commençans pendant un temps infini, et que tout cela ne naisse de la fantaisie qu'on a de les vouloir rapporter à la mesure à quatre temps, ou d'en vouloir rapporter les notes à la valeur de la ronde.

Donner aux mouvemens et aux notes des rapports entièrement étrangers à la mesure où l'on les emploie, c'est proprement leur donner des valeurs absolues, en conservant l'embarras des relations : aussi voit-on suivre de là des équivoques terribles, qui sont autant de piéges à la précision de la musique et au goût du musicien. En effet, n'est-il pas évident qu'en déterminant la durée des rondes, blanches, noires, croches, etc., non par la qualité de la mesure où elles se rencontrent, mais par celle de la note même, vous trouvez à tout moment la relation en opposition avec le sens propre?

De là vient, par exemple, qu'une blanche, dans une certaine mesure, passera beaucoup plus vite qu'une noire dans une autre, laquelle noire ne vaut cependant que la moitié de cette blanche; et de là vient encore que les musiciens de province, trompés par ces faux rapports, donnent souvent aux airs des mouvemens tout différens de ce qu'ils doivent être, en s'attachant scrupuleusement à cette fausse relation, tandis qu'il faudra quelquefois passer une mesure à trois temps simples plus vite qu'une autre à trois huit; ce qui dépend du caprice des compositeurs, et dont les opéra présentent des exemples à chaque instant.

Il y auroit sur ce point bien d'autres remarques à faire, auxquelles je ne m'arrêterai pas. Quand on a imaginé, par exemple, la division sous-double des notes telle qu'elle est établie, apparemment qu'on n'a pas prévu tous les cas, ou bien l'on n'a pu les embrasser tous dans une règle générale; ainsi, quand il est question de faire la division d'une note ou d'un temps en trois parties égales dans une mesure à deux, à trois ou à quatre, il faut nécessairement que le musicien le devine, ou bien qu'on l'en avertisse par un signe étranger qui fait exception à la règle.

C'est en examinant les progrès de la musique que nous pourrons trouver le remède à ces défauts. Il y a deux cents ans que cet art étoit encore extrêmement grossier. Les rondes et les blanches étoient presque les seules notes qui y fussent employées, et l'on ne regardoit une croche qu'avec frayeur. Une musique aussi simple n'amenoit pas de grandes difficultés dans la pratique, et cela faisoit qu'on ne prenoit pas non plus grand soin pour lui donner de la précision dans les signes; on négligeoit la séparation des mesures, et l'on se contentoit de les exprimer par la figure des notes. A mesure que l'art se perfectionna et que les difficultés augmentèrent, on s'aperçut de l'embarras qu'il y avoit, dans une grande diversité de notes, de faire la distinction des mesures, et l'on commença à les séparer par des lignes perpendiculaires; on se mit ensuite à lier les croches pour faciliter les temps; et l'on s'en trouva si bien, que, depuis lors, les caractères de la musique sont toujours restés à peu près dans le même état.

Une partie des inconvéniens subsiste pourtant encore; la distinction des temps n'est pas toujours trop bien observée dans la musique instrumentale, et n'a point lieu du tout dans la vocale : il arrive de là qu'au milieu d'une grande mesure l'écolier ne sait où il en est, surtout lorsqu'il trouve une quantité de croches et de doubles-croches détachées, dont il faut qu'il fasse lui-même la distribution.

Une réflexion toute simple sur l'usage des lignes perpendiculaires pour la séparation des mesures, nous fournira un moyen assuré d'anéantir ces inconvéniens. Toutes les notes qui sont renfermées entre deux de ces lignes dont je viens de parler font justement la valeur d'une mesure : qu'elles soient en grande ou petite quantité, cela n'intéresse en rien la durée de cette mesure, qui est toujours la même; seulement se divise-t-elle en parties égales ou inégales, selon la valeur et le nombre des notes qu'elle renferme. Mais enfin, sans connoître précisément le nombre de ces notes, ni la valeur de chacune d'elles, on sait certainement qu'elles forment toutes ensemble une durée égale à celle de la mesure où elles se trouvent.

Séparons les temps par des virgules, comme nous séparons les mesures par des lignes, et raisonnons sur chacun de ces temps de la même manière que nous raisonnons sur chaque mesure : nous aurons un principe universel pour la durée et la quantité des notes, qui nous dispensera d'inventer de nouveaux signes pour la déterminer, et qui nous mettra à portée de diminuer de beaucoup le nombre des différentes mesures usitées dans la musique, sans rien ôter à la variété des mouvemens.

Quand une note seule est renfermée entre les deux lignes d'une mesure, c'est un signe que cette note remplit tous les temps de cette mesure et doit durer autant qu'elle : dans ce cas, la séparation des temps seroit inutile, on n'a qu'à soutenir le même son pendant toute la mesure. Quand la mesure est divisée en autant de notes égales qu'elle contient de temps, on pourroit encore se dispenser de les séparer; chaque note marque un temps, et chaque temps est rempli par une note : mais dans le cas que la mesure soit chargée de notes d'inégales valeurs, alors il faut nécessairement pratiquer la séparation des temps par des virgules; et nous la pratiquerons même dans le cas précédent, pour conserver dans nos signes la plus parfaite uniformité.

Chaque temps compris entre deux virgules, ou entre une virgule et une ligne perpendiculaire, renferme une note ou plusieurs. S'il ne contient qu'une note, on conçoit qu'elle remplit tout ce temps-là, rien n'est si simple : s'il en renferme plusieurs, la chose n'est pas plus difficile : divisez ce temps en autant de parties égales qu'il comprend de notes, appliquez chacune de ces parties à chacune de ces notes, et passez-les de sorte que tous les temps soient égaux.

EXEMPLE DU PREMIER CAS :

Re 3 || d 1,2,3 | 7,1,2 | 6,7,1 | 5,4,3 | 1,2,3 |

d 7,1,2 | 6,7,5 | 6 c.

EXEMPLE DU SECOND :

Ut 2 || c 17,12 | 32,31 | 54,56 | 76,75 | 14,55 | 1, c.

EXEMPLE DE TOUS LES DEUX :

Fa 3 || d 3,4,5 | 65,43,21 | 2,5,1 | 1,6,2 | 2,7,3 | 3.

d 1,4 | 4,32,34 | 2 | 3,4,5 | 65,43,21 | 2,5,12 |

d 71,6,23 | 12,7,34 | 23,1,45 | 34,2,56 | 45,

d 3,6 | 62,3,2 | 1, 567,121 | 717, 671,232 |

d 121,712,343 | 232,123,454 | 343,234,

d 565 | 454,32,34 | 2,5567,1 | 1217,6671,

d 2 | 2321,7712,3 | 3432,1123,4 | 4543,

d 2234,5 | 5654,3345,6671 | 12,3,2 | 1 d.

On voit dans les exemples précédens, que je conserve les cadences et les liaisons comme dans la musique ordinaire, et que, pour distinguer le chiffre qui marque la mesure d'avec ceux des notes, j'ai soin de le faire plus grand, et de l'en séparer par une double ligne perpendiculaire.

Avant que d'entrer dans un plus grand détail sur cette méthode, remarquons d'abord combien elle simplifie la pratique de la mesure en anéantissant tout d'un coup toutes les mesures doubles ; car, comme la division des notes est prise uniquement dans la valeur des temps et de la mesure où elles se trouvent, il est évident que ces notes n'ont plus besoin d'être comparées à aucune valeur extérieure pour fixer la leur ; ainsi la mesure étant uniquement déterminée par le nombre de ces temps, on la peut très-bien réduire à deux espèces : savoir, mesure à deux, et mesure à trois. A l'égard de la mesure à quatre, tout le monde convient qu'elle n'est que l'assemblage de deux mesures à deux temps : elle est traitée comme telle dans la composition, et l'on peut compter que ceux qui prétendroient lui trouver quelque propriété particulière s'en rapporteroient bien plus à leurs yeux qu'à leurs oreilles.

Que le nombre des temps d'une mesure naturelle, sensible et agréable à l'oreille, soit borné à trois, c'est un fait d'expérience que toutes les spéculations du monde ne détruisent pas : on auroit beau chercher de subtiles analogies entre les temps de la mesure et les harmoniques d'un son, on trouveroit aussitôt une sixième consonnance dans l'harmonie, qu'un mouvement à cinq temps dans la mesure ; et, quelle qu'en puisse être la raison, il est incontestable que le plaisir de l'oreille, et même sa sensibilité à la mesure, ne s'étend pas plus loin.

Tenons-nous-en donc à ces deux genres de mesures, à deux et à trois temps : chacun des temps de l'une et de l'autre peut de même être partagé en deux ou en trois parties égales, et quelquefois en quatre, six, huit, etc., par des subdivisions de celles-ci, mais jamais par d'autres nombres qui ne seroient pas multiples de deux ou de trois.

Or, qu'une mesure soit à deux ou à trois temps, et que la division de chacun de ces temps soit en deux ou en trois parties égales, ma méthode est toujours générale, et exprime tout avec la même facilité. On l'a déjà pu voir par le dernier exemple précédent, et l'on le verra encore par celui-ci, dans lequel chaque temps d'une mesure à deux, partagé en trois parties égales, exprime le mouvement de six-huit dans la musique ordinaire.

EXEMPLE :

Ut 2 || d, 361 | 176,656 | 731,712 | 176,2 | 217,

d 176 | 5,361 | 176,656 | 731,147 | 1,217 |

d 176,365 | 6.

Les notes dont deux égales rempliront un temps s'appelleront des demis; celles dont il en faudra trois, des tiers; celles dont il en faudra quatre, des quarts, etc.

Mais lorsqu'un temps se trouve partagé de sorte que toutes les notes n'y sont pas d'égale valeur, pour représenter, par exemple, dans un seul temps une noire et deux croches, je considère ce temps comme divisé en deux parties égales, dont la noire fait la première, et les deux croches ensemble la seconde. Je les lie donc par une ligne droite que je place au-dessus et au-dessous d'elles; et cette ligne marque que tout ce qu'elle embrasse ne représente qu'une seule note, laquelle doit être subdivisée ensuite en deux parties égales, ou en trois, ou en quatre, suivant le nombre des chiffres qu'elle couvre.

EXEMPLE :

Fa 2 | | d, 1765 | 67,121716 | 73, 176 12 | 3232,

d, 1767 | 2121,7657 | 321, 7 | 6.

La virgule qui se trouve avant la première note dans les deux exemples précédens désigne la fin du premier temps, et marque que le chant commence par le second.

Quand il se trouve dans un même temps des subdivisions d'inégalités, on peut alors se servir d'une seconde liaison : par exemple, pour exprimer un temps composé d'une noire, d'une croche et de deux doubles-croches, on s'y prendroit ainsi :

Sol 2 | | d 13,5121 | 72,5717 | 61,4676 | 5675

c 1231 | 46,1454 | 351343 24,7232 |

d 1434,55 | 1 d.

Vous voyez là que le second temps de la première mesure contient deux parties égales, équivalentes à deux noires, savoir : le 5 pour l'une et pour l'autre la somme des trois notes 1 2 1, qui sont sous la grande liaison : ces trois notes sont subdivisées en deux autres parties égales, équivalentes à deux croches dont l'une est le premier 1, et l'autre les deux notes 2 et 1 jointes par la seconde liaison, lesquelles sont ainsi chacune le quart de la valeur comprise sous la grande liaison, et le huitième du temps entier.

En général, pour exprimer régulièrement la valeur des notes, il faut s'attacher à la division de chaque temps par parties égales; ce qu'on peut toujours faire par la méthode que je viens d'enseigner, en y ajoutant l'usage du point dont je parlerai tout à l'heure, sans qu'il soit possible d'être arrêté par aucune exception. Il ne sera même jamais nécessaire, quelque bizarre que puisse être une musique, de mettre plus de deux liaisons sur aucune de ces notes, ni d'en accompagner aucune de plus de deux points, à moins qu'on ne voulût imaginer dans de grandes inégalités de valeurs des quintuples et des sextuples croches, dont la rapidité comparée n'est nullement à la portée des voix ni des instrumens, et dont à peine trouveroit-on d'exemple dans la plus grande débauche de cerveau de nos compositeurs.

A l'égard des tenues et des syncopes, je puis, comme dans la musique ordinaire, les exprimer avec des notes liées ensemble par une ligne courbe que nous appellerons liaison de tenue ou chapeau, pour la distinguer de la liaison de valeur dont je viens de parler, et qui se marque par une ligne droite. Je puis aussi employer le point au même usage, en lui donnant un sens plus universel et bien plus commode que dans la musique ordinaire; car, au lieu de lui faire valoir toujours la moitié de la note qui le précède, ce qui ne fait qu'un cas particulier, je lui donne de même qu'aux notes une valeur déterminée uniquement par la place qu'il occupe; c'est-à-dire que si le point remplit seul un temps ou une mesure, le son qui a précédé doit être aussi soutenu pendant tout ce temps ou toute cette mesure; et si le point se trouve dans un temps avec d'autres notes, il fait nombre aussi-bien qu'elles, et doit être *compté pour un tiers ou pour un quart*, suivant la quantité de notes que renferme ce temps-là, en y comprenant le point. En un mot, le point vaut autant, ou plus, ou moins, que la note qui l'a précédé, et dont il marque la tenue, suivant la place qu'il occupe dans le temps où il est employé.

EXEMPLE :

Ut 2 | | c, 1 | 54,•3 | •2,43 | •2,•1 | 55,•4 |

d 64,•2 | 5432,•1 | 75,1 | •,7 | 1.

Au reste, il n'est pas à craindre, comme on le voit par cet exemple, que ces points se confondent jamais avec ceux qui servent à changer d'octaves : ils en sont trop bien distingués par leur position pour avoir besoin de l'être par leur figure. C'est pourquoi j'ai négligé de le faire, évitant avec soin de me servir de signes extraordinaires qui distrairoient l'attention sans exprimer rien de plus que la simplicité des miens.

A l'égard du degré de mouvement, s'il n'est pas déterminé par les caractères de ma méthode, il est aisé d'y suppléer par un mot mis au commencement de l'air; et l'on peut d'autant moins tirer de là un argument contre mon système, que la musique ordinaire a besoin du même secours. Vous avez, par exemple, dans la mesure à trois temps simples cinq ou six mouvemens très-différens les uns des autres, et tous exprimés par une noire à chaque temps : ce n'est donc pas la *qualité* des notes qu'on emploie qui sert à déterminer le mouvement; et s'il se trouve des *maîtres* négligens qui s'en fient sur ce sujet au caractère de leur musique et au goût de ceux qui la liront, leur confiance se trouve si souvent punie par les mauvais mouvemens qu'on donne à leurs airs, qu'ils doivent assez sentir combien il est nécessaire d'avoir à cet égard des indications plus précises que la qualité des notes.

L'imperfection grossière de la musique sur l'article dont nous parlons seroit sensible pour quiconque auroit des yeux : mais les musiciens ne la voient point, et j'ose prédire hardiment qu'ils ne verront jamais rien de tout ce qui pourroit tendre à corriger les défauts de leur art. Elle n'avoit pas échappé à M. Sauveur, et il n'est pas nécessaire de méditer sur la musique autant qu'il l'avoit fait, pour sentir combien il seroit important de ne pas laisser aux mouvemens des différentes mesures une expression si vague, et de n'en pas abandonner la détermination à des goûts souvent si mauvais.

Le système singulier qu'il avoit proposé, et en général tout ce qu'il a donné sur l'acoustique, quoique assez chimérique selon ses vues, ne laissoit pas de renfermer d'excellentes choses qu'on auroit bien su mettre à profit dans tout autre art. Rien n'auroit été plus avantageux, par exemple, que l'usage de son échomètre général pour déterminer précisément la durée des mesures et des temps, et cela par la pratique du monde la plus aisée : il n'auroit été question que de fixer sur une mesure connue la longueur du pendule simple, qui auroit fait un tel nombre juste de vibrations pendant un temps, ou une mesure d'un mouvement de telle espèce. Un seul chiffre, mis au commencement d'un air, auroit exprimé tout cela; et, par son moyen, on auroit pu déterminer le mouvement avec autant de précision que l'auteur même : le pendule n'auroit été nécessaire que pour prendre une fois l'idée de chaque mouvement, après quoi, cette idée étant réveillée dans d'autres airs par les mêmes chiffres qui l'auroient fait naître et par les airs mêmes qu'on y auroit déjà chantés, une habitude assurée, acquise par une pratique aussi exacte, auroit bientôt tenu lieu de règle et rendu le pendule inutile.

Mais ces avantages mêmes, qui devenoient de vrais inconvéniens par la facilité qu'ils auroient donnée aux commençans de se passer de maîtres et de se former le goût par eux-mêmes, ont peut-être été cause que le projet n'a point été admis dans la pratique : il semble que si l'on proposoit de rendre l'art plus difficile, il y auroit des raisons pour être plutôt écouté.

Quoi qu'il en soit, en attendant que l'approbation du public me mette en droit de m'étendre davantage sur les moyens qu'il y auroit à prendre pour faciliter l'intelligence des mouvemens, de même que celle de bien d'autres parties de la musique sur lesquelles j'ai des remarques à proposer, je puis me borner ici aux expressions de la méthode ordinaire, qui, par des mots mis au commencement de chaque air, en indiquent assez bien le mouvement. Ces mots bien choisis doivent, je crois, dédommager et au-delà de ces doubles chiffres et de toutes ces différentes mesures qui, malgré leur nombre, laissent le mouvement indéterminé et n'apprennent rien aux écoliers : ainsi, en adoptant seulement le 2 et le 3 pour les signes de la mesure, j'ôte la confusion des caractères sans altérer la variété de l'expression.

Revenons à notre projet. On sait combien de figures étranges sont employées dans la musique pour exprimer les silences : il y en a autant que de différentes valeurs, et par conséquent autant que de figures différentes dans les notes relatives; on est même contraint de les employer à proportion en plus grande quantité, parce qu'il n'a pas plu à leurs inventeurs d'admettre le point après les silences de la même manière et au même usage qu'après les notes, et qu'ils ont mieux aimé multiplier des soupirs, des demi-soupirs, des quarts de soupir à la file les uns des autres, que d'établir entre des signes relatifs une analogie si naturelle.

Mais, comme dans ma méthode il n'est point nécessaire de donner des figures particulières aux notes pour en déterminer la valeur, on y est aussi dispensé de la même précaution pour les silences, et un seul signe suffit pour les exprimer tous sans confusion et sans équivoque. Il paroît assez indifférent dans cette unité de figure de choisir tel caractère qu'on voudra pour l'employer à cet usage. Le zéro a cependant quelque chose de si convenable à cet effet, tant par l'idée de privation qu'il porte communément avec lui, que par sa qualité de chiffre, et surtout par la simplicité de sa figure, que j'ai cru devoir le préférer. Je l'emploierai donc de la même manière et dans le même sens par rapport à la valeur, que les notes ordinaires, c'est-à-dire, que les chiffres 1, 2, 3, etc.; et les règles que j'ai établies à l'égard des notes étant toutes applicables à leurs silences relatifs, il s'ensuit que le zéro, par sa seule position et par les points qui le peuvent suivre, lesquels alors exprimeront des silences, suffit seul pour remplacer toutes les pauses, soupirs, demi-soupirs, et autres signes bizarres et superflus qui remplissent la musique ordinaire.

Exemple tiré des leçons de M. Montéclair :

Fa 2 = $\overset{4}{0}$ | d1|2|3,1|5|3|5,6|7,5|$\dot{1}$|$\overset{2}{0}$|·,$\underset{\cdot}{5}$|$\dot{1}$,07|

d 6,05|4,0321|$\underset{\cdot}{7}$0$\dot{1}$23|43,2·$\overline{1}$|1.

Les chiffres 4 et 2 placés ici sur des zéro marquent le nombre des mesures que l'on doit passer en silence.

Tels sont les principes généraux d'où découlent les règles pour toutes sortes d'expressions imaginables, sans qu'il puisse naître à cet égard aucune difficulté qui n'ait été prévue, et qui ne soit résolue en conséquence de quelques-uns de ces principes.

Je finirai par quelques observations qui naissent du parallèle des deux systèmes.

Les notes de la musique ordinaire sont-elles plus ou moins avantageuses que les chiffres qu'on leur substitue? C'est proprement le fond de la question.

Il est clair, d'abord, que les notes varient plus par leur seule position, que mes chiffres par leur figure et par leur position tout ensemble; qu'outre cela, il y en a de sept figures différentes, autant que j'admets de chiffres pour les exprimer; que les notes n'ont de signification et de force que par le secours de la clef, et que les variations des clefs donnent un grand nombre de sens tout différens aux notes posées de la même manière.

Il n'est pas moins évident que les rapports des notes et les intervalles de l'une à l'autre n'ont rien dans leur expression par la musique ordinaire qui en indique le genre, et qu'ils sont exprimés par des positions difficiles à retenir, et dont la connoissance dépend uniquement de l'habitude et d'une très-longue habitude : car quelle prise peut avoir l'esprit pour saisir juste, et du premier coup d'œil, un intervalle de sixte, de neuvième, de dixième, dans la musique ordinaire, à moins que la coutume n'ait familiarisé les yeux à lire tout d'un coup ces intervalles?

N'est-ce pas un défaut terrible dans la musique de ne pouvoir rien conserver, dans l'expression des octaves, de l'analogie qu'elles ont entre elles? Les octaves ne sont que les répliques des mêmes sons; cependant ces répliques se présentent sous des expressions absolument différentes de celles de leur premier terme. Tout est brouillé dans la position à la distance d'une seule octave; la réplique d'une note qui étoit sur une ligne se trouve dans un espace, celle qui étoit dans l'espace a sa réplique sur une ligne : montez-vous ou descendez-vous de deux octaves; autre différence toute contraire à la première; alors les répliques sont placées sur des lignes ou dans des espaces, comme leurs premiers termes. Ainsi la difficulté augmente en changeant d'objet, et l'on n'est jamais assuré de connoître au juste l'espèce d'un intervalle traversé par un si grand nombre de lignes; de sorte qu'il faut se faire, d'octave en octave, des règles particulières qui ne finissent point, et qui font, de l'étude des intervalles, le terme effrayant et très-rarement atteint de la science du musicien.

De là cet autre défaut presque aussi nuisible, de ne pouvoir distinguer l'intervalle simple dans l'intervalle redoublé : vous voyez une note posée entre la première et la seconde ligne, et une autre note posée sur la septième ligne ; pour connoître leur intervalle, vous décomptez de l'une à l'autre, et, après une longue et ennuyeuse opération, vous trouvez une douzième ; or, comme on voit aisément qu'elle passe l'octave, il faut recommencer une seconde recherche pour s'assurer enfin que c'est une quinte redoublée ; encore, pour déterminer l'espèce de cette quinte, faut-il bien faire attention aux signes de la clef qui peuvent la rendre juste ou fausse, suivant leur nombre et leur position.

Je sais que les musiciens se font communément des règles plus abrégées pour se faciliter l'habitude et la connoissance des intervalles ; mais ces règles mêmes prouvent le défaut des signes, en ce qu'il faut toujours compter les lignes des yeux, et en ce qu'on est contraint de fixer son imagination d'octave en octave pour sauter de là à *l'intervalle suivant,* ce qui s'appelle suppléer de génie au vice de l'expression.

D'ailleurs, quand, à force de pratique, on viendroit à bout de lire aisément tous les genres d'intervalles, de quoi vous servira cette connoissance, tant que vous n'aurez point de règle assurée pour en distinguer l'espèce ? Les tierces et sixtes majeures et mineures, les quintes et les quartes diminuées et superflues, et en général tous les intervalles de même nom, justes ou altérés, sont exprimés par la même position indépendamment de leur qualité ; ce qui fait que, suivant les différentes situations des demi-tons de l'octave, qui changent de place à chaque ton et à chaque clef, les intervalles changent aussi de qualité sans changer de nom ni de position : de là l'incertitude sur l'intonation et l'inutilité de l'habitude dans les cas où elle seroit le plus nécessaire.

La méthode qu'on a adoptée pour les instrumens est visiblement une dépendance de ces défauts, et le rapport direct qu'il a fallu établir entre les touches de l'instrument et la position des notes n'est qu'un méchant pis-aller pour suppléer à la science des intervalles et des *relations toniques*, sans laquelle on ne sauroit jamais être qu'un mauvais musicien.

Quelle doit être la grande attention du musicien dans l'exécution ? C'est, sans doute, d'entrer dans l'esprit du compositeur et de s'approprier ses idées pour les rendre avec toute la fidélité qu'exige le goût de la pièce ; or, l'idée du compositeur dans le choix des sons est toujours relative à la tonique ; et, par exemple, il n'emploiera point le *fa* dièse comme une telle touche du clavier, mais comme faisant un tel accord ou un tel intervalle avec sa fondamentale. Je dis donc que, si le musicien considère les sons par les mêmes rapports, il fera ses mêmes intervalles plus exacts, et exécutera avec plus de justesse qu'en rendant seulement des sons les uns après les autres, sans liaison et sans dépendance que celle de la position des notes qui sont devant ses yeux, et de ces foules de dièses et de bémols qu'il faut qu'il ait incessamment présens à l'esprit ; bien entendu qu'il observera toujours les modifications particulières à chaque ton, qui sont, comme je l'ai déjà dit, l'effet du tempérament, et dont la connoissance pratique, indépendante de tout système, ne peut s'acquérir que par l'oreille et par l'habitude.

Quand on prend une fois un mauvais principe, on s'enfile d'inconvéniens en inconvéniens, et souvent on voit évanouir les avantages mêmes qu'on s'étoit proposés. C'est ce qui arrive dans la pratique de la musique instrumentale ; les difficultés s'y présentent en foule. La quantité de positions différentes, de dièses, de bémols, de changemens de clefs, y sont des obstacles éternels aux progrès des musiciens ; et, après tout cela, il faut encore perdre, la moitié du temps, cet avantage si vanté du rapport direct de la touche à la note, puisqu'il arrive cent fois, par la force des signes d'altération simples ou redoublés, que les mêmes notes deviennent relatives à des touches toutes différentes de ce qu'elles représentent, comme on l'a pu remarquer ci-devant.

Voulez-vous, pour la commodité des voix, transposer la pièce un demi-ton ou un ton plus haut ou plus bas ; voulez-vous présenter à ce symphoniste de la musique notée sur une clef étrangère à son instrument, le voilà embarrassé, et souvent arrêté tout court, si la musique est un peu travaillée. Je crois, à la vérité, que les grands musiciens ne seront pas dans le cas ; mais je crois aussi que les grands musiciens ne le sont pas devenus sans peine, et c'est cette peine qu'il s'agit d'abréger. Parce qu'il ne sera pas tout-à-fait impossible d'arriver à la perfection par la route ordinaire, s'ensuit-il qu'il n'en soit point de plus facile ?

Supposons que je veuille transposer et exécuter en *B fa si* une pièce notée en *C sol ut*, à la clef de *sol* sur la première ligne ; voici tout ce que j'ai à faire : je quitte l'idée de la clef de *sol*, et je lui substitue celle de la clef d'*ut* sur la troisième ligne; ensuite j'y ajoute les idées des cinq dièses posés, le premier sur le *fa*, le second sur l'*ut*, le troisième sur le *sol*, le quatrième sur le *re*, et le cinquième sur le *la* ; à tout cela je joins enfin l'idée d'une octave au-dessus de cette clef d'*ut*, et il faut que je retienne continuellement toute cette complication d'idées pour l'appliquer à chaque note, sans quoi me voilà à tout instant hors de ton. Qu'on juge de la facilité de tout cela.

Les chiffres, employés de la manière que je le propose, produisent des effets absolument différens. Leur force est en eux-mêmes, et indépendante de tout autre signe. Leurs rapports sont connus par la seule inspection, et sans que l'habitude ait à y entrer pour rien ; l'intervalle simple est toujours évident dans l'intervalle redoublé : une leçon d'un quart d'heure doit mettre toute personne en état de solfier, ou du moins de nommer les notes dans quelque musique qu'on lui présente ; un autre quart d'heure suffit pour lui apprendre à nommer de même, et sans hésiter, tout intervalle possible, ce qui dépend, comme je l'ai déjà dit, de la connoissance distincte des intervalles, de leurs renversemens, et réciproquement du renversement de ceux-ci, qui revient aux premiers. Or, il me semble que l'habitude doit se former bien plus aisément quand l'esprit en a fait la moitié de l'ouvrage, et qu'il n'a lui-même plus rien à faire.

Non-seulement les intervalles sont connus par leur genre, dans mon système, mais ils le sont encore par leur espèce. Les tierces et les sixtes sont majeures ou mineures, vous en faites la distinction sans pouvoir vous y tromper; rien n'est si aisé que de savoir une fois que l'intervalle 2 4 est une tierce mineure ; l'intervalle 2 4, une sixte majeure ; l'intervalle 5 4, une sixte mineure ; l'intervalle 5 4, une tierce majeure, etc. ; les quartes et les tierces, les secondes, les quintes et les septièmes, justes, diminuées ou superflues, ne coûtent pas plus à connoître; les signes accidentels embarrassent encore moins; et l'intervalle naturel étant connu, il est si facile de déterminer ce même intervalle, altéré par un dièse ou par un bémol, par l'un et l'autre tout à la fois, ou par deux d'une même espèce, que ce seroit prolonger le discours inutilement que d'entrer dans ce détail.

Appliquez ma méthode aux instrumens, les avantages en seront frappans. Il n'est question que d'apprendre à former les sept sons de la gamme naturelle, et leurs différentes octaves sur un *ut* fondamental pris successivement sur les douze cordes (1) de l'échelle ; ou plutôt il n'est question que de savoir, sur un son donné, trouver une quinte, une quarte, une tierce majeure, etc., et les octaves de tout cela, c'est-à-dire, de posséder les connoissances qui doivent être le moins ignorées des musiciens, dans quelque système que ce soit. Après ces préliminaires si faciles à acquérir et si propres à former l'oreille, quelques mois donnés à l'habitude de la mesure mettent tout d'un coup l'écolier en état d'exécuter à livre ouvert, mais d'une exécution incomparablement plus intelligente et plus sûre que celle de nos symphonistes ordinaires. Toutes les clefs lui seront également familières; tous les tons auront pour lui la même facilité ; et, s'il s'y trouve quelque différence, elle ne dépendra jamais que de la difficulté particulière de l'instrument, et non d'une confusion de dièses, de bémols, et de positions différentes si fâcheuses pour les commençans.

Ajoutez à cela une connoissance parfaite des tons et de toute la modulation, suite nécessaire des principes de ma méthode; et surtout l'universalité des signes, qui rend, avec les mêmes

(1) Je dis les douze cordes, pour n'omettre aucune des difficultés possibles, puisqu'on pourroit se contenter des sept cordes naturelles, et qu'il est rare qu'on établisse la fondamentale d'un ton sur un des cinq sons altérés, excepté peut-être le *si* bémol. Il est vrai qu'on y parvient assez fréquemment par la suite de la modulation ; mais alors quoiqu'on ait changé de ton, la même fondamentale subsiste toujours, et le changement est amené par des altérations particulières.

notes, les mêmes airs dans tous les tons, par le changement d'un seul caractère; d'où résulte une facilité de transposer un air en tout autre ton, égale à celle de l'exécuter dans celui où il est noté : voilà ce que saura en très-peu de temps un symphoniste formé par ma méthode. Toute jeune personne, avec les talens et les dispositions ordinaires, et qui ne connoîtroit pas une note de musique, doit, conduite par ma méthode, être en état d'accompagner du clavecin, à livre ouvert, toute musique qui ne passera pas en difficulté celle de nos opéra, au bout de huit mois, et, au bout de dix, celle de nos cantates.

Or, si dans un si court espace on peut enseigner à la fois assez de musique et d'accompagnement pour exécuter à livre ouvert, à plus forte raison un maître de flûte ou de violon, qui n'aura que la note à joindre à la pratique de l'instrument, pourra-t-il former un élève dans le même temps par les mêmes principes.

Je ne dis rien du chant en particulier, parce qu'il ne me paroît pas possible de disputer la supériorité de mon système à cet égard, et que j'ai sur ce point des exemples à donner plus forts et *plus convaincans que tous les raisonnemens.* . . . . .

Après tous les avantages dont je viens de parler, il est permis de compter pour quelque chose le peu de volume qu'occupent mes caractères, comparé à la diffusion de l'autre musique, et la facilité de noter sans tout cet embarras de papier rayé, où, les cinq lignes de la portée ne suffisant presque jamais, il en faut ajouter d'autres à tout moment, qui se rencontrent quelquefois avec les portées voisines ou se mêlent avec les paroles, et causent une confusion à laquelle ma musique ne sera jamais exposée. Sans vouloir en établir le prix sur cet avantage, il ne laisse pas cependant d'avoir une influence à mériter de l'attention. Combien sera-t-il commode d'entretenir des correspondances de musique, sans augmenter le volume des lettres! Quel embarras n'évitera-t-on point, dans les symphonies et dans les partitions, de tourner la feuille à tout moment! Et quelle ressource d'amusement n'aura-t-on pas de pouvoir porter sur soi des livres et des recueils de musique, comme on en porte de belles-lettres, sans se surcharger par un poids ou par un volume embarrassant, et d'avoir, par exemple, à l'Opéra un extrait de la musique joint aux paroles, presque sans augmenter le prix ni la grosseur du livre? Ces considérations ne sont pas, je l'avoue, d'une grande importance; aussi, ne les donné-je que comme des accessoires; ce n'est, au reste, qu'un tissu de semblables bagatelles qui fait les agréments de la vie humaine; et rien ne seroit si misérable qu'elle, si l'on n'avoit jamais fait d'attention aux petits objets. . . . .

Je finirai mes remarques sur cet article en concluant qu'ayant retranché tout d'un coup par mes caractères les soixante-dix combinaisons que la différente position des clefs et des accidens produit dans la musique ordinaire; ayant établi un signe invariable et constant pour chaque son de l'octave dans tous les tons; ayant établi de même une position très-simple pour les différentes octaves; ayant fixé toute l'expression des sons par les intervalles propres au ton où l'on est; ayant conservé aux yeux la facilité de découvrir du premier regard si les sons montent ou descendent; ayant fixé le degré de ce progrès avec une évidence que n'a *point la musique ordinaire*; et, enfin, ayant abrégé de plus des trois quarts et le temps qu'il faut pour apprendre à solfier, et le volume des notes; il reste démontré que mes caractères sont préférables à ceux de la musique ordinaire.

Une seconde question qui n'est guère moins intéressante que la première, est de savoir si la division des temps que je substitue à celle des notes qui les remplissent est un principe général plus simple et plus avantageux que toutes ces différences de noms et de figures qu'on est contraint d'appliquer aux notes, conformément à la durée qu'on leur veut donner.

Un moyen sûr pour décider cela seroit d'examiner *à priori* si la valeur des notes est faite pour régler la longueur des temps, ou si ce n'est point, au contraire, par les temps mêmes de la mesure que la durée des notes doit être fixée. Dans le premier cas, la méthode ordinaire seroit incontestablement la meilleure, à moins qu'on ne regardât le retranchement de tant de figures comme une compensation suffisante d'une erreur de principe, d'où résulteroient de meilleurs effets. Mais, dans le second cas, si je rétablis également la cause et l'effet pris jusqu'ici l'un pour l'autre, et que par là je simplifie les règles et j'abrége la pratique, j'ai lieu d'espérer que cette partie de mon système, dans laquelle, au reste, on ne m'accusera d'avoir copié personne, ne paroîtra pas moins avantageuse que la précédente.

Je renvoie à l'ouvrage dont j'ai parlé bien des détails que je n'ai pu placer dans celui-ci. On y trouvera, outre la nouvelle méthode d'accompagnement dont j'ai parlé dans la préface, un moyen de reconnoître au premier coup d'œil les longues tirades de notes en montant ou en descendant, afin de n'avoir besoin de faire attention qu'à la première et à la dernière; l'expression de certaines mesures syncopées qui se trouvent quelquefois dans les mouvemens vifs à trois temps; une table de tous les mots propres à exprimer les différens degrés du mouvement; le moyen de trouver d'abord la plus haute et la plus basse note d'un air et de préluder en conséquence; enfin, d'autres règles particulières qui toutes ne sont toujours que des développemens des principes que j'ai proposés ici; et surtout un système de conduite, pour les maîtres qui enseigneront à chanter et à jouer des instruments, bien différent dans la méthode, et j'espère, dans le progrès, de celui dont on se sert aujourd'hui.

Si donc aux avantages généraux de mon système, si à tous ces retranchemens de signes et de combinaisons, si au développement précis de la théorie, on ajoute les utilités que ma méthode présente pour la pratique : ces embarras de lignes et de portées tous supprimés, la musique rendue si courte à apprendre, si facile à noter, occupant si peu de volume, exigeant moins de frais pour l'impression, et par conséquent coûtant moins à acquérir; une correspondance plus parfaite établie entre les différentes parties sans que les sauts d'une clef à l'autre soient plus difficiles que les mêmes intervalles pris sur la même clef; les accords et le progrès de l'harmonie offerts avec une évidence à laquelle les yeux ne peuvent se refuser; le ton nettement déterminé, toute la suite de la modulation exprimée, et le chemin que l'on a suivi, et le point où l'on est arrivé, et la distance où l'on est du ton principal, mais surtout l'extrême simplicité des principes jointe à la facilité des règles qui en découlent : peut-être trouvera-t-on dans tout cela de quoi justifier la confiance avec laquelle j'ose présenter ce projet au public.

—

MENUET DE DARDANUS.

Volez, plaisirs, volez; Amour, prête-leur tes char-
3 | d 3, 4 3, 2 3 | 4, •, 3 | 2, 3 2, 1 2 | 3, •,
mes, répare les alarmes qui nous ont trou - blés.
d 2 | 1, 21, 7 6 | 5, 4, 3 | 6, 5, i | 7 c ψ
Que ton empire est doux ! Viens, viens, nous voulons
c 5c, 4 3, 4 5 | 6 | 4 | 5 | i, 3 2,
tous se tir tes coups; enchaîne-nous; mais ne te sers
d 1 | 1, 3 2, 1 | 1, 3 2, 1 | 6 | 4 5, 6
que de ces chaînes dont les peines sont des bienfaits.
c 7, i 2 | 3 4, 5 6, 7 i | 4, 5, 7 | i d.

CARILLON MILANOIS
EN TRIO.

Ut — 1er Dessus. 3 — 2d. Dessus. — Basse.

Campana che sona da lut-to e da fes---
c • 3 | 6, 7, i | 7, 6, 5 | 6, 7, i | •, 2, 7 | i, 2, 3 |
Campana che
c • 0 | • | • | • | •, •, 3 | 6, 7, i |
b • 0 | • | • | • | • | • |

---------------------------- ta Fa
d 2, 1, 7 | i, 2, 3 | •, 2, 1 | •, 7, 0 | • | 4 |
sona da lut-to e da festa Fa
d 7, 6, 5 | 6, 7, i | •, 7, 6 | 6, 5, 0 | • | 2 |
Fa romper la tes- --
b 0 | • | • | •, •, 3 | 6, 7, i | 2, 3, 4 |

romper la tes------------- ta, Din di ra din di
d 4, 3, 2 | 3 | •4, 5, 3 | •, 2, 5 | 5, 4, 3 | 2,
romper la tes------------- ta, Din di ra din di
d 2, 1, 7 | i | •2, 3, 1 | •, 7, 3 | 3, 2, 1 | 7,
------------------------------ ta, don
b 5, 6, 7 | 1, 2, 3 | •, 2, 1 | 5, 5, 0 | • | 5,

ra din di, ra din don don don, dan di ra din
d 3, 4 | 5, 4, 3 | 2 | 3 | 4, • , 3 | 4, 3, 2 |
ra din di, ra din don don don, dan di ra din
c i, 2 | 3, 2, 1 | 7 | i | 2, •, 1 | 2, 1, 7 |
don don don don, dan di ra din
b •, •, | 5 | 5 | i | 6, •, 1 | 4, 2, 5 |

don don don.
d 3 | 3 | 3, •, d. ψ
don don don.
d i | 1 | 1, •, d. ψ
don don don don don don don.
b 1, 3, 5 | i, 5, 3 | 1, •, b. ψ

Campa-na che so - na da lut------ to e da fes-
d 5 | 5, 32, 34 | 5, 32, 34 | 5 | •, 4, 3 | 4,
Campa-na che so - na da lut------ to e da fes-
d 3 | 3, 17, i2 | 3, 17, i2 | 3 | •, 2, 1 | 2,
Fa romper la tes-
b 0 | • | • | •, •, 6 | 6, 6, 6 | 2,

-- ta, din di
d 2 1, 2 3 | 4, 2 1, 2 3 | 4 | •, 3, 2 | 3, 3, 3 | 3,
-- ta, din di
d 7 6, 7 i | 2, 7 6, 7 i | 2 | •, 1, 7 | i, 1, 1 | 1,
Fa romper la testa
c 2, 0 | • | •, •, 5, | 5, 5, 5 | i, 1, 0 | •,

ra din di ra din di ra din don, Fa romper la tes-
d 2, 1 | 7, i, 2 | 3, 2, 1 | 7, •, 3 | 3, 2, 3 | 4,
ra din di ra din di ra din don, Fa romper la tes-
d 7, 6 | 5, 6, 7 | i, 7, 6 | 5, •, i | 1, 7, i | 2,
don don don Fa romper la tes-
b 0, • | 3 | 3 | 3, •, 3 | 6, 7, i | 2,

----
d •, • | •5, 43, 42 | 3 | •4, 32, 31 | 2 |
----
d •, • | •3, 21, 27 | i | •2, 17, i6 | 7 |
----
b 3, 4 | 5, 6, 7 | 1, 2, 3 | 4, 5, 6 | 7, i, 2

---------------- ta, din di ra din di ra din di ra din
d •3, 21, 27 | i, 1, 3 | 3, 2, 1 | 7, i, 2 | 3, 2, 1
---------------- ta, din di ra din di ra din di ra din
c •i, 76, 75 | 6, 6, i | 1, 7, 6 | 5, 6, 7 | i, 7, 6
---------------- ta, don don
b 3, 4, 5 | 6, 6, 0 | • | 3 | 3 |

don don don dan di ra din don
d 7 | i | 2, •, 1 | 2, 1, 7 | i |
don don don dan di ra din don
c 5 | 6 | 7, •, 6 | 7, 6, 5 | 6
don don don dan di ra din don don don
b 3 | 6 | 4, •, 1 | 4, 2, 3 | 6, i, 3

don don.
d 1 | 1, •, d ||
don don
c 6 | 6, •, c ||
don don don don.
b 6, 3, 1 | 6, •, a ||

ARIETTE DES TALENS LYRIQUES.

VIVEMENT.

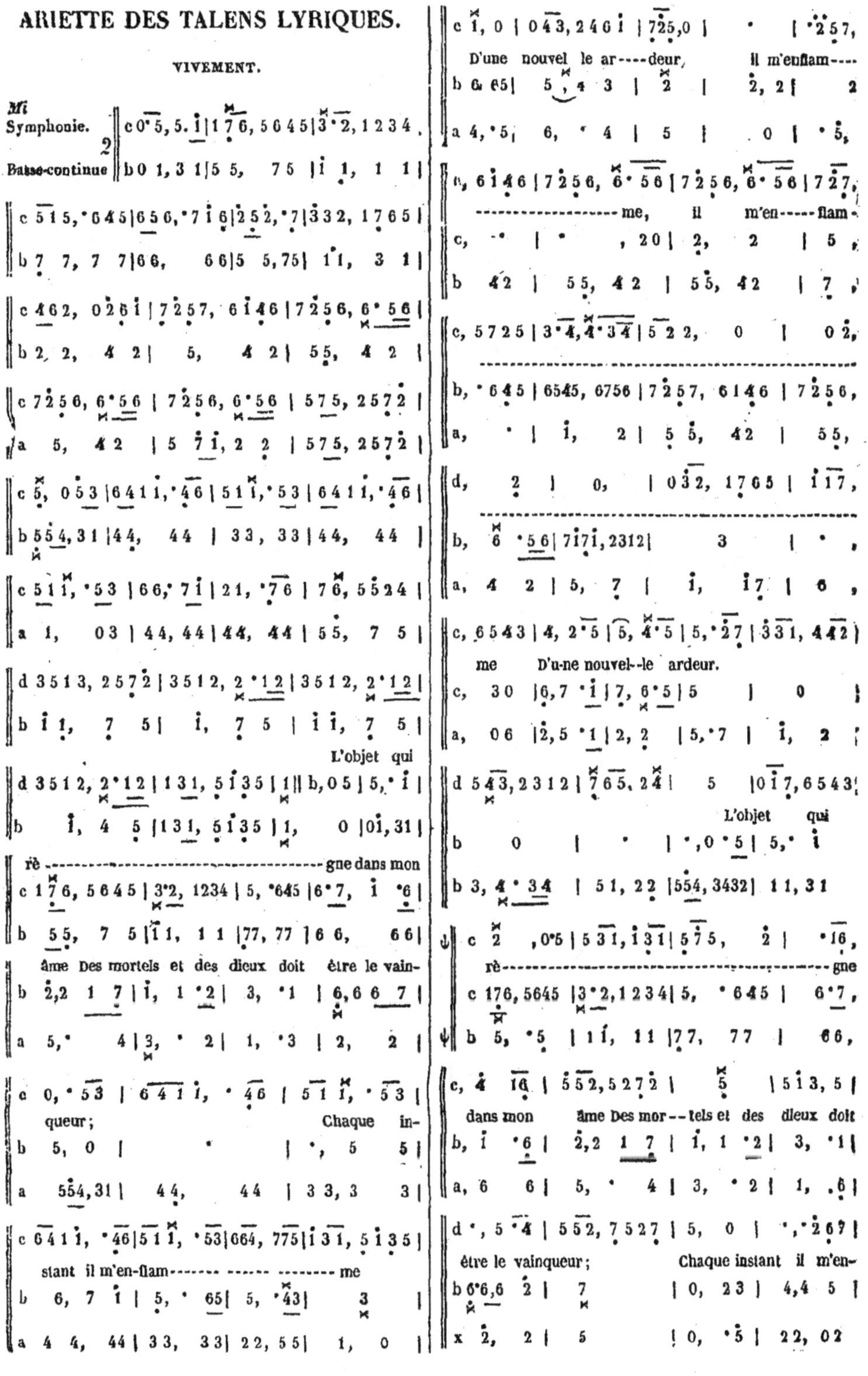
Mi
Symphonie.
Basse-continue
L'objet qui
rè------gne dans mon
âme Des mortels et des dieux doit être le vainqueur; Chaque in-
stant il m'en-flam------ ------ ------- me
D'une nouvel le ar----deur, il m'enflam----
----------------- me, il m'en-----flam-
me D'u-ne nouvel--le ardeur.
L'objet qui
rè------------------- gne
dans mon âme Des mor--tels et des dieux doit
être le vainqueur; Chaque instant il m'en-

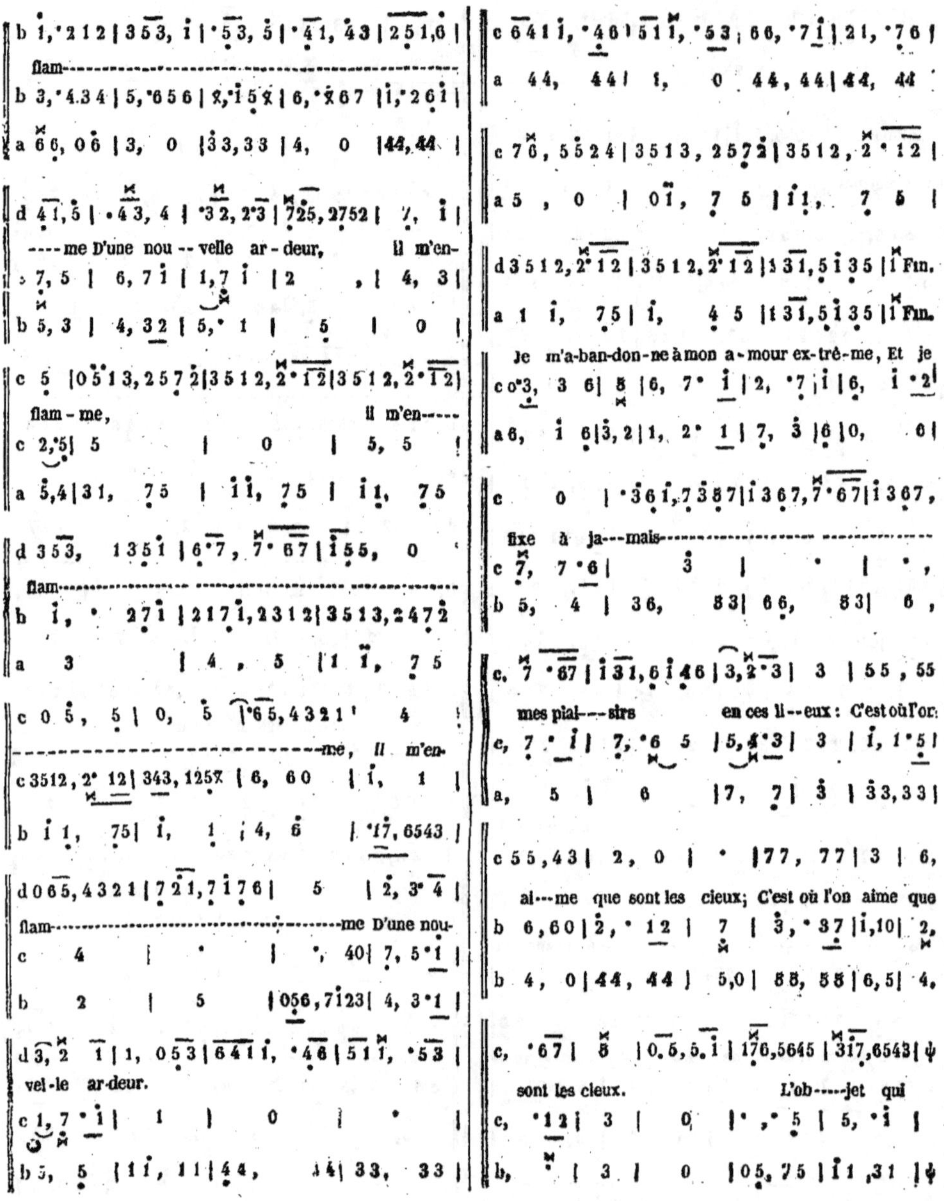
flam-
----me D'une nou--velle ar-deur, Il m'en-
flam-me, Il m'en-----
flam-
-me, Il m'en-
flam-me D'une nou-
vel-le ar-deur.
Fin.
Je m'a-ban-don-ne à mon a-mour ex-trê-me, Et je
fixe à ja---mais
mes pial---sirs en ces li--eux: C'est où l'on
ai---me que sont les cieux; C'est où l'on aime que
sont les cieux. L'ob-----jet qui

TABLE GÉNÉRALE DE TOUS LES TONS ET DE TOUTES LES CLEFS.

(En haut : X, A, B, C, D ; en bas : A, B, C, D, E.)

Clef	Cases
CLEF de *Fa*	1 ⁞ 2 ⁞ 3 4 ¦ 5 ⁞ 6 ⁞ 7/1 ⁞ 2 ⁞ 3 4 ¦ 5 ⁞ 6 ⁞ 7/1 ⁞ 2 ⁞ 3 4 ¦ 5 ⁞ 6 ⁞ 7/1 ⁞ 2 ⁞ 3 4 ¦ 5 ⁞ 6 ⁞ 7/1 ⁞ 2 ⁞ 3 4 ¦ 5 ⁞ 6 ⁞ 7/1
— de *Mi*	¦ 2 ¦ 3 4 ⁞ 5 ¦ 6 ¦ 7/1 ¦ 2 ¦ 3 4 ⁞ 5 ¦ 6 ¦ 7/1 ¦ 2 ¦ 3 4 ⁞ 5 ¦ 6 ¦ 7/1 ¦ 2 ¦ 3 4 ⁞ 5 ¦ 6 ¦ 7/1 ¦ 2 ¦ 3 4 ⁞ 5 ¦ 6 ¦ 7/1 ¦
— de *Mi* bémol	2 ⁞ 3 4 ¦ 5 ¦ 6 ⁞ 7/1 ¦ 2 ⁞ 3 4 ¦ 5 ¦ 6 ⁞ 7/1 ¦ 2 ⁞ 3 4 ¦ 5 ¦ 6 ⁞ 7/1 ¦ 2 ⁞ 3 4 ¦ 5 ¦ 6 ⁞ 7/1 ¦ 2 ⁞ 3 4 ¦ 5 ¦ 6 ⁞ 7/1 ¦ 2
— de *Ré*	¦ 3 4 ⁞ 5 ⁞ 6 ¦ 7/1 ⁞ 2 ¦ 3 4 ⁞ 5 ⁞ 6 ¦ 7/1 ⁞ 2 ¦ 3 4 ⁞ 5 ⁞ 6 ¦ 7/1 ⁞ 2 ¦ 3 4 ⁞ 5 ⁞ 6 ¦ 7/1 ⁞ 2 ¦ 3 4 ⁞ 5 ⁞ 6 ¦ 7/1 ⁞ 2 ¦
— d' *Ut* bémol	3 4 ¦ 5 ¦ 6 ¦ 7/1 ¦ 2 ¦ 3 4 ¦ 5 ¦ 6 ¦ 7/1 ¦ 2 ¦ 3 4 ¦ 5 ¦ 6 ¦ 7/1 ¦ 2 ¦ 3 4 ¦ 5 ¦ 6 ¦ 7/1 ¦ 2 ¦ 3 4 ¦ 5 ¦ 6 ¦ 7/1 ¦ 2 ¦ 3
— d' *Ut*	4 ⁞ 5 ⁞ 6 ⁞ 7/1 ⁞ 2 ⁞ 3 4 ⁞ 5 ⁞ 6 ⁞ 7/1 ⁞ 2 ⁞ 3 4 ⁞ 5 ⁞ 6 ⁞ 7/1 ⁞ 2 ⁞ 3 4 ⁞ 5 ⁞ 6 ⁞ 7/1 ⁞ 2 ⁞ 3 4 ⁞ 5 ⁞ 6 ⁞ 7/1 ⁞ 2 ⁞ 3 4
— de *Si*	¦ 5 ¦ 6 ¦ 7/1 ¦ 2 ¦ 3 4 ¦ 5 ¦ 6 ¦ 7/1 ¦ 2 ¦ 3 4 ¦ 5 ¦ 6 ¦ 7/1 ¦ 2 ¦ 3 4 ¦ 5 6 ¦ 7/1 ¦ 2 ¦ 3 4 ¦ 5 6 ¦ 7/1 ¦ 2 ¦ 3 4 ¦
— de *Si* bémol	5 ⁞ 6 ⁞ 7/1 ¦ 2 ⁞ 3 4 ¦ 5 ⁞ 6 ⁞ 7/1 ¦ 2 ⁞ 3 4 ¦ 5 ⁞ 6 ⁞ 7/1 ¦ 2 ⁞ 3 4 ¦ 5 ⁞ 6 ⁞ 7/1 ¦ 2 ⁞ 3 4 ¦ 5 ⁞ 6 ⁞ 7/1 ¦ 2 ⁞ 3 4 ⁞ 5
— de *La*	¦ 6 ¦ 7/1 ¦ 2 ¦ 3 4 ⁞ 5 ¦ 6 ¦ 7/1 ⁞ 2 ¦ 3 4 ⁞ 5 ¦ 6 ¦ 7/1 ⁞ 2 ¦ 3 4 ⁞ 5 ¦ 6 ¦ 7/1 ⁞ 2 ¦ 3 4 ⁞ 5 ¦ 6 ¦ 7/1 ⁞ 2 ¦ 3 4 ⁞ 5 ¦
— de *La* bémol	6 ⁞ 7/1 ⁞ 2 ¦ 3 4 ¦ 5 ¦ 6 ⁞ 7/1 ¦ 2 ¦ 3 4 ¦ 5 ¦ 6 ⁞ 7/1 ¦ 2 ¦ 3 4 ¦ 5 ¦ 6 ⁞ 7/1 ¦ 2 ¦ 3 4 ¦ 5 ¦ 6 ⁞ 7/1 ¦ 2 ¦ 3 4 ¦ 5 ¦ 6
— de *Sol*	¦ 7/1 ⁞ 2 ⁞ 3 4 ⁞ 5 ⁞ 6 ¦ 7/1 ⁞ 2 ⁞ 3 4 ⁞ 5 ⁞ 6 ¦ 7/1 ⁞ 2 ⁞ 3 4 ⁞ 5 ⁞ 6 ¦ 7/1 ⁞ 2 ⁞ 3 4 ⁞ 5 ⁞ 6 ¦ 7/1 ⁞ 2 ⁞ 3 4 ⁞ 5 ⁞ 6 ¦
— de *Fa*	7/1 ¦ 2 ¦ 3 4 ¦ 5 ¦ 6 ¦ 7/1 ¦ 2 ¦ 3 4 ¦ 5 ¦ 6 ¦ 7/1 ¦ 2 ¦ 3 4 ¦ 5 ¦ 6 ¦ 7/1 ¦ 2 ¦ 3 4 ¦ 5 ¦ 6 ¦ 7/1 ¦ 2 ¦ 3 4 ¦ 5 ¦ 6 ¦ 7

1er EXEMPLE. . . . .
2e — . . . .
3e — des Intervalles directs. . . . .
4e — des Intervalles renversés. . . . .
5e — des Intervalles simples. . . . .
6e — des Intervalles redoublés. . . . .
7e — pour le Mode Majeur de *Sol* . . . . *Sol* .
8e — pour le Mode Mineur de *Sol*. . . . . *Si* ♭.
9e — du passage d'un Ton à un autre. . . . . . . *Sol* .
10e — du passage du Majeur au Mineur, *et vice versâ*. *Si* .
11e — . . . . *Ré* ♭.
12e — transcrit par la première méthode. . . . . *Sol* ♯

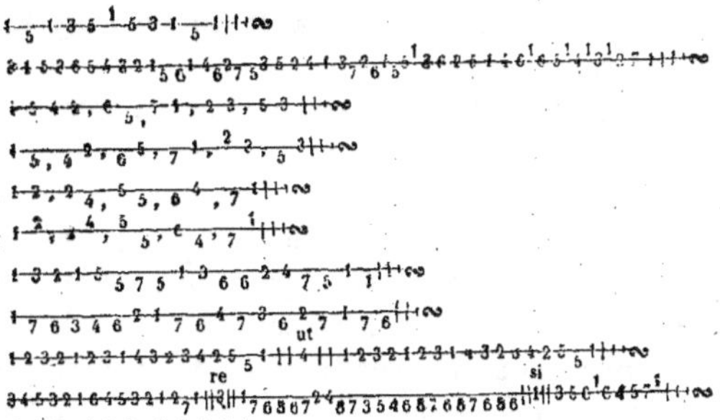

ESSAI

SUR

L'ORIGINE DES LANGUES (*),

OU IL EST PARLÉ

DE LA MÉLODIE ET DE L'IMITATION MUSICALE.

CHAPITRE PREMIER.

Des divers moyens de communiquer nos pensées.

La parole distingue l'homme entre les animaux : le langage distingue les nations entre elles; on ne connoît d'où est un homme qu'après qu'il a parlé. L'usage et le besoin font apprendre à chacun la langue de son pays; mais qu'est-ce qui fait que cette langue est celle de son pays et non pas d'un autre? Il faut bien remonter, pour le dire, à quelque raison qui tienne au local, et qui soit antérieure aux mœurs même : la parole, étant la première institution sociale, ne doit sa forme qu'à des causes naturelles.

Sitôt qu'un homme fut reconnu par un autre pour un être sentant, pensant, et semblable à lui, le désir ou le besoin de lui communiquer ses sentimens et ses pensées lui en fit chercher les moyens. Ces moyens ne peuvent se tirer que des sens, les seuls instrumens par lesquels un homme puisse agir sur un autre. Voilà donc l'institution des signes sensibles pour exprimer la pensée. Les inventeurs du langage ne firent pas ce raisonnement, mais l'instinct leur en suggéra la conséquence.

Les moyens généraux par lesquels nous pouvons agir sur les sens d'autrui se bornent à deux, savoir, le mouvement et la voix. L'action du mouvement est immédiate par le toucher ou médiate par le geste : la première, ayant pour terme la longueur du bras, ne peut se transmettre à distance; mais l'autre atteint aussi loin que le rayon visuel. Ainsi restent seulement la vue et l'ouïe pour organes passifs du langage entre des hommes dispersés.

(*) Une note de l'auteur, au livre IV de l'*Émile* (tome II, page 624), nous apprend qu'il avoit d'abord intitulé cet ouvrage : *Essai sur le principe de la mélodie.* G. P.

Quoique la langue du geste et celle de la voix soient également naturelles, toutefois la première est plus facile et dépend moins des conventions : car plus d'objets frappent nos yeux que nos oreilles, et les figures ont plus de variété que les sons; elles sont aussi plus expressives et disent plus en moins de temps. L'amour, dit-on, fut l'inventeur du dessin; il put inventer aussi la parole, mais moins heureusement. Peu content d'elle, il la dédaigne; il a des manières plus vives de s'exprimer. Que celle qui traçoit avec tant de plaisir l'ombre de son amant lui disoit de choses! Quels sons eût-elle employés pour rendre ce mouvement de baguette?

Nos gestes ne signifient rien que notre inquiétude naturelle; ce n'est pas de ceux-là que je veux parler. Il n'y a que les Européens qui gesticulent en parlant : on diroit que toute la force de leur langue est dans leurs bras; ils y ajoutent encore celle des poumons, et tout cela ne leur sert de guère. Quand un Franc s'est bien démené, s'est bien tourmenté le corps à dire beaucoup de paroles, un Turc ôte un moment la pipe de sa bouche, dit deux mots à demi-voix, et l'écrase d'une sentence.

Depuis que nous avons appris à gesticuler, nous avons oublié l'art des pantomimes, par la même raison qu'avec beaucoup de belles grammaires nous n'entendons plus les symboles des Égyptiens. Ce que les anciens disoient le plus vivement, ils ne l'exprimoient pas par des mots, mais par des signes; ils ne le disoient pas, ils le montroient.

Ouvrez l'histoire ancienne; vous la trouverez pleine de ces manières d'argumenter aux yeux, et jamais elles ne manquent de produire un effet plus assuré que tous les discours qu'on auroit pu mettre à la place. L'objet offert avant de parler ébranle l'imagination, excite la curiosité, tient l'esprit en suspens et dans l'attente de ce qu'on va dire. J'ai remarqué que les Italiens et les Provençaux, chez qui pour l'ordinaire le geste précède le discours, trouvent ainsi le moyen de se faire mieux écouter, et même avec plus de plaisir. Mais le langage le plus énergique est celui où le signe a tout dit avant qu'on parle. Tarquin, Thrasybule, abattant les têtes de pavots, Alexandre appliquant son cachet sur la bouche de son favori, Diogène se promenant devant Zénon, ne parloient-ils pas mieux qu'avec des mots? Quel circuit de paroles eût aussi bien exprimé les mêmes idées? Darius, engagé dans la Scythie avec son armée, reçoit de la part du roi des Scythes une grenouille, un oiseau, une souris, et cinq flèches : le héraut remet son présent en silence, et part. Cette terrible harangue fut entendue, et Darius n'eut plus grande hâte que de regagner son pays comme il put. Substituez une lettre à ces signes : plus elle sera menaçante, moins elle effraiera ; ce ne sera plus qu'une gasconnade dont Darius n'auroit fait que rire.

Quand le Lévite d'Éphraïm voulut venger la mort de sa femme, il n'écrivit point aux tribus d'Israël ; il divisa le corps en douze pièces, et les leur envoya. A cet horrible aspect, ils courent aux armes en criant tout d'une voix : *Non, jamais rien de tel n'est arrivé dans Israël, depuis le jour que nos pères sortirent d'Égypte jusqu'à ce jour!* Et la tribu de Benjamin fut exterminée (¹). De nos jours, l'affaire, tournée en plaidoyers, en discussions, peut-être en plaisanteries, eût traîné en longueur, et le plus horrible des crimes fût enfin demeuré impuni. Le roi Saül, revenant du labourage, dépeça de même les bœufs de sa charrue, et usa d'un signe semblable pour faire marcher Israël au secours de la ville de Jabès. Les prophètes des Juifs, les législateurs des Grecs, offrant souvent au peuple des objets sensibles, lui parloient mieux par ces objets qu'ils n'eussent fait par de longs discours; et la manière dont Athénée rapporte que l'orateur Hypéride fit absoudre la courtisane Phryné, sans alléguer un seul mot pour sa défense, est encore une éloquence muette, dont l'effet n'est pas rare dans tous les temps.

Ainsi l'on parle aux yeux bien mieux qu'aux oreilles. Il n'y a personne qui ne sente la vérité du jugement d'Horace à cet égard. On voit même que les discours les plus éloquens sont ceux on l'on enchâsse le plus d'images ; et les sons n'on jamais plus d'énergie que quand ils font l'effet des couleurs.

Mais lorsqu'il est question d'émouvoir le cœur et d'enflammer les passions, c'est tout autre chose. L'impression successive du discours, qui frappe à coups redoublés, vous donne bien une autre émotion que la présence de l'objet même, où d'un coup d'œil vous avez tout vu. Supposez une situation de douleur parfaitement connue ; en voyant la personne affligée vous serez difficilement ému jusqu'à pleurer : mais laissez-lui le temps de vous dire tout ce qu'elle sent, et bientôt vous allez fondre en larmes. Ce n'est qu'ainsi que les scènes de tragédie font leur effet (¹). La seule pantomime sans discours vous laissera presque tranquille; le discours sans geste vous arrachera des pleurs. Les passions ont leurs gestes, mais elles ont aussi leurs accens ; et ces accens qui nous font tressaillir, ces accens auxquels on ne peut dérober son organe, pénètrent par lui jusqu'au fond du cœur, y portent malgré nous les mouvemens qui les arrachent, et nous font sentir ce que nous entendons. Concluons que les signes visibles rendent l'imitation plus exacte, mais que l'intérêt s'excite mieux par les sons.

Ceci me fait penser que si nous n'avions jamais eu que des besoins physiques, nous aurions fort bien pu ne parler jamais, et nous entendre parfaitement par la seule langue du geste. Nous aurions pu établir des sociétés peu différentes de ce qu'elles sont aujourd'hui, ou qui même auroient marché mieux à leur but. Nous aurions pu instituer des lois, choisir des chefs, inventer des arts, établir le commerce, et faire, en un mot, presque autant de choses que nous en faisons par le secours de la parole. La langue épistolaire des salams (²) transmet, sans crainte des jaloux, les secrets de la galanterie orientale à travers les harems les mieux gardés. Les muets du grand-seigneur s'entendent entre eux, et entendent tout ce qu'on leur dit par signes, tout aussi bien qu'on peut le dire par le discours. Le sieur Pereyre (*), et

(¹) Il n'en resta que six cents hommes, sans femmes ni enfans.

(¹) J'ai dit ailleurs pourquoi les malheurs feints nous touchent bien plus que les véritables. Tel sanglote à la tragédie, qui n'eut de ses jours pitié d'aucun malheureux. L'invention du théâtre est admirable pour enorgueillir notre amour-propre de toutes les vertus que nous n'avons point.

(²) Les salams sont des multitudes de choses les plus communes, comme une orange, un ruban, du charbon, etc., dont l'envoi forme un sens connu de tous les amans dans le pays où cette langue est en usage.

(*) Son véritable nom étoit *Pereyra* (Jacob Rodriguez), Espagnol de naissance. Il fut appelé à Paris en 1760, reçut une pension du roi, et ouvrit la carrière au célèbre abbé de l'Epée. Buffon fut témoin de ses succès et en donne une haute idée dans son Histoire naturelle de l'Homme. Voyez l'article consacré au sens de l'ouïe. G. P.

ceux qui, comme lui, apprennent aux muets non-seulement à parler, mais à savoir ce qu'ils disent, sont bien forcés de leur apprendre auparavant une autre langue non moins compliquée, à l'aide de laquelle ils puissent leur faire entendre celle-là.

Chardin dit qu'aux Indes les facteurs se prenant la main l'un à l'autre, et modifiant leurs attouchemens d'une manière que personne ne peut apercevoir, traitent ainsi publiquement, mais en secret, toutes leurs affaires sans s'être dit un seul mot. Supposez ces facteurs aveugles, sourds et muets, ils ne s'entendront pas moins entre eux; ce qui montre que des deux sens par lesquels nous sommes actifs, un seul suffiroit pour nous former un langage.

Il paroît encore par les mêmes observations que l'invention de l'art de communiquer nos idées dépend moins des organes qui nous servent à cette communication, que d'une faculté propre à l'homme, qui lui fait employer ses organes à cet usage, et qui, si ceux-là lui manquoient, lui en feroient employer d'autres à la même fin. Donnez à l'homme une organisation tout aussi *grossière qu'il vous plaira* : sans doute il acquerra moins d'idées; mais pourvu seulement qu'il y ait entre lui et ses semblables quelque moyen de communication par lequel l'un puisse agir et l'autre sentir, ils parviendront à se communiquer enfin tout autant d'idées qu'ils en auront.

Les animaux ont pour cette communication une organisation plus que suffisante, et jamais aucun d'eux n'en a fait usage. Voilà, ce me semble, une différence bien caractéristique. Ceux d'entre eux qui travaillent et vivent en commun, les castors, les fourmis, les abeilles, ont quelque langue naturelle pour s'entre-communiquer, je n'en fais aucun doute. Il y a même lieu de croire que la langue des castors et celle des fourmis sont dans le geste et parlent seulement aux yeux. Quoi qu'il en soit, par cela même que les unes et les autres de ces langues sont naturelles, elles ne sont pas acquises; les animaux qui les parlent les ont en naissant : ils les ont tous, et partout la même; ils n'en changent point, ils n'y font pas le moindre progrès. La langue de convention n'appartient qu'à l'homme. Voilà pourquoi l'homme fait des progrès, soit en bien, soit en mal, et pourquoi les animaux n'en font point. Cette seule distinction paroît mener loin : on l'explique, dit-on, par la différence des organes. Je serois curieux de voir cette explication.

CHAPITRE II.

Que la première invention de la parole ne vient pas des besoins, mais des passions.

Il est donc à croire que les besoins dictèrent les premiers gestes, et que les passions arrachèrent les premières voix. En suivant avec ces distinctions la trace des faits, peut-être faudroit-il raisonner sur l'origine des langues tout autrement qu'on a fait jusqu'ici. Le génie des langues orientales, les plus anciennes qui nous soient connues, dément absolument la marche didactique qu'on imagine dans leur composition. Ces langues n'ont rien de méthodique et de raisonné; elles sont vives et figurées. On nous fait du langage des premiers hommes des langues de géomètres, et nous voyons que ce furent des langues de poètes.

Cela dut être. On ne commença pas par raisonner, mais par sentir. On prétend que les hommes inventèrent la parole pour exprimer leurs besoins : cette opinion me paroît insoutenable. L'effet naturel des premiers besoins fut d'écarter les hommes et non de les rapprocher. Il le falloit ainsi pour que l'espèce vînt à s'étendre, et que la terre se peuplât promptement; sans quoi le genre humain se fût entassé dans un coin du monde, et tout le reste fût demeuré désert.

De cela seul il suit avec évidence que l'origine des langues n'est point due aux premiers besoins des hommes; il seroit absurde que de la cause qui les écarte vînt le moyen qui les unit. D'où peut donc venir cette origine? Des besoins moraux, des passions. Toutes les passions rapprochent les hommes que la nécessité de chercher à vivre force à se fuir. Ce n'est ni la faim, ni la soif, mais l'amour, la haine, la pitié, la colère, qui leur ont arraché les premières voix. Les fruits ne se dérobent point à nos mains, on peut s'en nourrir sans parler; on poursuit en silence la proie dont on veut se repaître : mais pour émouvoir un jeune cœur, pour repousser un agresseur injuste, la nature dicte des accens, des cris, des plaintes. Voilà les plus anciens mots inventés, et voilà pourquoi les premières langues furent chantantes et passionnées avant d'être simples et méthodiques. Tout ceci n'est pas vrai sans distinction ; mais j'y reviendrai ci-après.

CHAPITRE III.

Que le premier langage dut être figuré.

Comme les premiers motifs qui firent parler l'homme furent des passions, ses premières expressions furent des tropes. Le langage figuré fut le premier à naître ; le sens propre fut trouvé le dernier. On n'appela les choses de leur vrai nom que quand on les vit sous leur véritable forme. D'abord on ne parla qu'en poésie ; on ne s'avisa de raisonner que longtemps après.

Or, je sens bien qu'ici le lecteur m'arrête, et me demande comment une expression peut être figurée avant d'avoir un sens propre ; puisque ce n'est que dans la translation du sens que consiste la figure. Je conviens de cela ; mais pour m'entendre il faut substituer l'idée que la passion nous présente au mot que nous transposons ; car on ne transpose les mots que parce qu'on transpose aussi les idées : autrement le langage figuré ne signifieroit rien. Je réponds donc par un exemple.

Un homme sauvage en rencontrant d'autres se sera d'abord effrayé. Sa frayeur lui aura fait voir ces hommes plus grands et plus forts que lui-même ; il leur aura donné le nom de *géans*. Après beaucoup d'expériences, il aura reconnu que ces prétendus géans n'étant ni plus grands ni plus forts que lui, leur stature ne convenoit point à l'idée qu'il avoit d'abord attachée au mot de géant. Il inventera donc un autre nom commun à eux et à lui, tel par exemple que le nom d'*homme*, et laissera celui de *géant* à l'objet faux qui l'avoit frappé durant son illusion. Voilà comment le mot figuré naît avant le mot propre, lorsque la passion nous fascine les yeux, et que la première idée qu'elle nous offre n'est pas celle de la vérité.

Ce que j'ai dit des mots et des noms est sans difficulté pour les tours de phrases. L'image illusoire offerte par la passion se montrant la première, le langage qui lui répondoit fut aussi le premier inventé ; il devint ensuite métaphorique, quand l'esprit éclairé, reconnoissant sa première erreur, n'en employa les expressions que dans les mêmes passions qui l'avoient produite.

CHAPITRE IV.

Des caractères distinctifs de la première langue, et des changements qu'elle dut éprouver.

Les simples sons sortent naturellement du gosier, la bouche est naturellement plus ou moins ouverte ; mais les modifications de la langue et du palais, qui font articuler, exigent de l'attention, de l'exercice ; on ne les fait point sans vouloir les faire ; tous les enfants ont besoin de les apprendre, et plusieurs n'y parviennent pas aisément. Dans toutes les langues, les exclamations les plus vives sont inarticulées ; les cris, les gémissemens sont de simples voix ; les muets, c'est-à-dire les sourds, ne poussent que des sons inarticulés. Le père Lamy ne conçoit pas même que les hommes en eussent pu jamais inventer d'autres, si Dieu ne leur eût expressément appris à parler. Les articulations sont en petit nombre ; les sons sont en nombre infini ; les accens qui les marquent peuvent se multiplier de même. Toutes les notes de la musique sont autant d'accens. Nous n'en avons, il est vrai, que trois ou quatre dans la parole ; mais les Chinois en ont beaucoup davantage : en revanche, ils ont moins de consonnes. A cette source de combinaisons, ajoutez celle des temps ou de la quantité, et vous aurez non-seulement plus de mots, mais plus de syllabes diversifiées que la plus riche des langues n'en a besoin.

Je ne doute point qu'indépendamment du vocabulaire et de la syntaxe, la première langue, si elle existoit encore, n'eût gardé des caractères originaux qui la distingueroient de toutes les autres. Non-seulement tous les tours de cette langue devoient être en images, en sentimens, en figures ; mais dans sa partie mécanique elle devroit répondre à son premier objet, et présenter aux sens, ainsi qu'à l'entendement, les impressions presque inévitables de la passion qui cherche à se communiquer.

Comme les voix naturelles sont inarticulées, les mots auroient peu d'articulations; quelques consonnes interposées, effaçant l'hiatus des voyelles, suffiroient pour les rendre coulantes et faciles à prononcer. En revanche les sons seroient très-variés, et la diversité des accens multiplieroit les mêmes voix; la quantité, le rhythme, seroient de nouvelles sources de combinaisons; en sorte que les voix, les sons, l'accent, le nombre, qui sont de la nature, laissant peu de chose à faire aux articulations, qui sont de convention, l'on chanteroit au lieu de parler; la plupart des mots radicaux seroient des sons imitatifs ou de l'accent des passions, ou de l'effet des objets sensibles : l'onomatopée (*) s'y feroit sentir continuellement.

Cette langue auroit beaucoup de synonymes pour exprimer le même être par ses différens rapports (¹); elle auroit peu d'adverbes et de noms abstraits pour exprimer ces mêmes rapports. Elle auroit beaucoup d'augmentatifs, de diminutifs, de mots composés, de particules explétives pour donner de la cadence aux périodes et de la rondeur aux phrases; elle auroit beaucoup d'irrégularités et d'anomalies; elle négligeroit l'analogie grammaticale pour s'attacher à l'euphonie, au nombre, à l'harmonie et à la beauté des sons. Au lieu d'argumens, elle auroit des sentences; elle persuaderoit sans convaincre, et peindroit sans raisonner; elle ressembleroit à la langue chinoise à certains égards; à la grecque, à d'autres; à l'arabe, à d'autres. Étendez ces idées dans toutes leurs branches, et vous trouverez que le Cratyle de Platon n'est pas si ridicule qu'il paroît l'être (**).

(¹) On dit que l'arabe a plus de mille mots différens pour dire un *chameau*, plus de cent pour dire un glaive, etc.

(*) Figure par laquelle un mot imite le son naturel de ce qu'il signifie; tels sont *glouglou*, *cliquetis*, *trictrac*, etc. G. P.

(**) C'est le titre d'un des plus intéressans dialogues de Platon. Le personnage qu'il y introduit, sous le nom de Cratyle, soutient que les noms ont une vérité inhérente, intrinsèque, telle enfin qu'il ne dépend pas de la volonté des hommes d'en changer la signification. Dans ce système le mot *soleil*, par exemple, exprimeroit tellement la nature de cet astre, que le consentement universel des hommes n'eût pu lui faire signifier *la terre*. Platon, ou Socrate que Platon fait parler dans le même dialogue, recherche d'abord et expose toutes les raisons à l'appui de ce système, puis finit par le combattre et en montrer l'insuffisance. Il condamne en définitif ce système dangereux qui tendroit à subs i uer l'étude des noms à celle des choses. G. P.

CHAPITRE V.

De l'Écriture.

Quiconque étudiera l'histoire et le progrès des langues verra que plus les voix deviennent monotones, plus les consonnes se multiplient, et qu'aux accens qui s'effacent, aux quantités qui s'égalisent, on supplée par des combinaisons grammaticales et par de nouvelles articulations; mais ce n'est qu'à force de temps que se font ces changemens. A mesure que les besoins croissent, que les affaires s'embrouillent, que les lumières s'étendent, le langage change de caractère; il devient plus juste et moins passionné; il substitue aux sentimens les idées; il ne parle plus au cœur, mais à la raison. Par là même l'accent s'éteint, l'articulation s'étend; la langue devient plus exacte, plus claire, mais plus traînante, plus sourde et plus froide. Ce progrès me paroît tout-à-fait naturel.

Un autre moyen de comparer les langues et de juger de leur ancienneté se tire de l'écriture, et cela en raison inverse de la perfection de cet art. Plus l'écriture est grossière, plus la langue est antique. La première manière d'écrire n'est pas de peindre les sons, mais les objets mêmes, soit directement, comme faisoient les Mexicains, soit par des figures allégoriques, comme firent autrefois les Égyptiens. Cet état répond à la langue passionnée, et suppose déjà quelque société et des besoins que les passions ont fait naître.

La seconde manière est de représenter les mots et les propositions par des caractères conventionnels; ce qui ne peut se faire que quand la langue est tout-à-fait formée et qu'un peuple entier est uni par des lois communes, car il y a déjà ici double convention : telle est l'écriture des Chinois; c'est là véritablement peindre les sons et parler aux yeux.

La troisième est de décomposer la voix parlante à un certain nombre de parties élémentaires, soit vocales, soit articulées, avec lesquelles on puisse former tous les mots et toutes les syllabes imaginables. Cette manière d'écrire, qui est la nôtre, a dû être imaginée par des peuples commerçans, qui, voyageant en plusieurs pays et ayant à parler plusieurs langues, furent forcés d'inventer des caractères qui pussent être communs à toutes. Ce n'est pas précisément peindre la parole, c'est l'analyser.

Ces trois manières d'écrire répondent assez exactement aux trois divers états sous lesquels on peut considérer les hommes rassemblés en nation. La peinture des objets convient aux peuples sauvages; les signes des mots et des propositions, aux peuples barbares, et l'alphabet, aux peuples policés.

Il ne faut donc pas penser que cette dernière invention soit une preuve de la haute antiquité du peuple inventeur. Au contraire, il est probable que le peuple qui l'a trouvée avoit en vue une communication plus facile avec d'autres peuples parlant d'autres langues, lesquels du moins étoient ses contemporains et pouvoient être plus anciens que lui. On ne peut pas dire la même chose des deux autres méthodes. J'avoue cependant que, si l'on s'en tient à l'histoire et aux faits connus, l'écriture par alphabet paroît remonter aussi haut qu'aucune autre. Mais il n'est pas surprenant que nous manquions de monumens des temps où l'on n'écrivoit pas.

Il est peu vraisemblable que les premiers qui s'avisèrent de résoudre la parole en signes élémentaires aient fait d'abord des divisions bien exactes. Quand ils s'aperçurent ensuite de l'insuffisance de leur analyse, les uns, comme les Grecs, multiplièrent les caractères de leur alphabet; les autres se contentèrent d'en varier le sens ou le son par des positions ou combinaisons différentes. Ainsi paroissent écrites les inscriptions des ruines de Tchelminar, dont Chardin nous a tracé des ectypes. On n'y distingue que deux figures ou caractères (1), mais de diverses grandeurs et posés en différens sens. Cette langue inconnue, et d'une antiquité presque effrayante, devoit pourtant être alors bien formée, à en juger par la perfection des arts qu'annonce la beauté des caractères (2) et les monumens admirables où se trouvent ces inscriptions. Je ne sais pourquoi l'on parle si peu de ces étonnantes ruines: quand j'en lis la description dans Chardin, je me crois transporté dans un autre monde. Il me semble que tout cela donne furieusement à penser.

L'art d'écrire ne tient point à celui de parler. Il tient à des besoins d'une autre nature, qui naissent plus tôt ou plus tard, selon des circonstances tout-à-fait indépendantes de la durée des peuples, et qui pourroient n'avoir jamais eu lieu chez des nations très-anciennes. On ignore durant combien de siècles l'art des hiéroglyphes fut peut-être la seule écriture des Égyptiens; et il est prouvé qu'une telle écriture peut suffire à un peuple policé, par l'exemple des Mexicains, qui en avoient une encore moins commode.

En comparant l'alphabet cophte à l'alphabet syriaque ou phénicien, on juge aisément que l'un vient de l'autre; et il ne seroit pas étonnant que ce dernier fût l'original, ni que le peuple le plus moderne eût à cet égard instruit le plus ancien. Il est clair aussi que l'alphabet grec vient de l'alphabet phénicien; l'on voit même qu'il en doit venir. Que Cadmus ou quelque autre l'ait apporté de Phénicie, toujours paroît-il certain que les Grecs ne l'allèrent pas chercher et que les Phéniciens l'apportèrent eux-mêmes; car, des peuples de l'Asie et de l'Afrique, ils furent les premiers et presque les seuls (1) qui commencèrent en Europe, et ils

(1) « Des gens s'étonnent, dit Chardin, que deux figures puissent faire tant de lettres : mais, pour moi, je ne vois pas là de quoi s'étonner si fort, puisque les lettres de notre alphabet, qui sont au nombre de vingt-trois, ne sont pourtant composées que de deux lignes, la droite et la circulaire; c'est-à-dire qu'avec un C et un I on fait toutes les lettres qui composent nos mots. »

(2) « Ce caractère paroît fort beau, et n'a rien de confus ni de barbare. L'on diroit que les lettres auroient été dorées; car il y en a plusieurs, et surtout des majuscules, où il paroît encore de l'or : et c'est assurément quelque chose d'admirable et d'inconcevable que l'air n'ait pu manger cette dorure durant tant de siècles. Du reste, ce n'est pas merveille qu'aucun de tous les savans du monde n'ait jamais rien compris à cette écriture, puisqu'elle n'approche en aucune manière d'aucune écriture qui soit venue à notre connoissance; au lieu que toutes les écritures connues aujourd'hui, excepté le chinois, ont beaucoup d'affinité entre elles et paroissent venir de la même source. Ce qu'il y a en ceci de plus merveilleux est que les Guèbres, qui sont les restes des anciens Perses, et qui en conservent et perpétuent la religion, non-seulement ne connoissent pas mieux ces caractères que nous, mais que leurs caractères n'y ressemblent pas plus que les nôtres. D'où il s'ensuit, ou que c'est un caractère de cabale, ce qui n'est pas vraisemblable, puisque ce caractère est le commun et naturel de l'édifice en tous endroits, et qu'il n'y en a pas d'autre du même ciseau, ou qu'il est d'une si grande antiquité que nous n'oserions presque le dire. » En effet, Chardin feroit présumer sur ce passage, que, du temps de Cyrus et des mages, ce caractère étoit déjà oublié, et tout aussi peu connu qu'aujourd'hui.

(1) Je compte les Carthaginois pour Phéniciens puisqu'ils étoient une colonie de Tyr.

vinrent bien plus tôt chez les Grecs que les Grecs n'allèrent chez eux : ce qui ne prouve nullement que le peuple grec ne soit pas aussi ancien que le peuple de Phénicie.

D'abord les Grecs n'adoptèrent pas seulement les caractères des Phéniciens, mais même la direction de leurs lignes de droite à gauche. Ensuite ils s'avisèrent d'écrire par sillons, c'est-à-dire en retournant de la gauche à la droite, puis de la droite à la gauche, alternativement [1]. Enfin ils écrivirent, comme nous faisons aujourd'hui, en recommençant toutes les lignes de gauche à droite. Ce progrès n'a rien que de naturel : l'écriture par sillons est, sans contredit, la plus commode à lire. Je suis même étonné qu'elle ne se soit pas établie avec l'impression ; mais étant difficile à écrire à la main, elle dut s'abolir quand les manuscrits se multiplièrent.

Mais bien que l'alphabet grec vienne de l'alphabet phénicien, il ne s'ensuit point que la langue grecque vienne de la phénicienne. Une de ces propositions ne tient point à l'autre, et il paroît que la langue grecque étoit déjà fort ancienne, que l'art d'écrire étoit récent et même imparfait chez les Grecs. Jusqu'au siége de Troie, ils n'eurent que seize lettres, si toutefois ils les eurent. On dit que Palamède en ajouta quatre, et Simonide les quatre autres. Tout cela est pris d'un peu loin. Au contraire, le latin, langue plus moderne, eut, presque dès sa naissance, un alphabet complet, dont cependant les premiers Romains ne se servoient guère, puisqu'ils commencèrent si tard d'écrire leur histoire, et que les lustres ne se marquoient qu'avec des clous.

Du reste, il n'y a pas une quantité de lettres ou élémens de la parole absolument déterminée ; les uns en ont plus, les autres moins, selon les langues et selon les diverses modifications qu'on donne aux voix et aux consonnes. Ceux qui ne comptent que cinq voyelles se trompent fort : les Grecs en écrivoient sept, les premiers Romains six [2] ; MM. de Port-Royal en comptent dix, M. Duclos dix-sept ; et je ne doute pas qu'on n'en trouvât beaucoup davantage, si l'habitude avoit rendu l'oreille plus sensible et la bouche plus exercée aux diverses modifications dont elles sont susceptibles. A proportion de la délicatesse de l'organe, on trouvera plus ou moins de modifications, entre l'*a* aigu et l'*o* grave, entre l'*i* et l'*e* ouvert, etc. C'est ce que chacun peut éprouver, en passant d'une voyelle à l'autre par une voix continue et nuancée ; car on peut fixer plus ou moins de ces nuances et les marquer par des caractères particuliers, selon qu'à force d'habitude on s'y est rendu plus ou moins sensible ; et cette habitude dépend des sortes de voix usitées dans le langage, auxquelles l'organe se forme insensiblement. La même chose peut se dire à peu près des lettres articulées ou consonnes. Mais la plupart des nations n'ont pas fait ainsi ; elles ont pris l'alphabet les unes des autres, et représenté, par les mêmes caractères, des voix et des articulations très-différentes : ce qui fait que, quelque exacte que soit l'orthographe, on lit toujours ridiculement une autre langue que la sienne, à moins qu'on n'y soit extrêmement exercé.

L'écriture, qui semble devoir fixer la langue, est précisément ce qui l'altère ; elle n'en change pas les mots, mais le génie ; elle substitue l'exactitude à l'expression. L'on rend ses sentimens quand on parle, et ses idées quand on écrit. En écrivant, on est forcé de prendre tous les mots dans leur acception commune ; mais celui qui parle varie les acceptions par les tons, il les détermine comme il lui plaît ; moins gêné pour être clair, il donne plus à la force ; et il n'est pas possible qu'une langue qu'on écrit garde long-temps la vivacité de celle qui n'est que parlée. On écrit les voix et non pas les sons : or, dans une langue accentuée, ce sont les sons, les accens, les inflexions de toute espèce qui font la plus grande énergie du langage, et rendent une phrase, d'ailleurs commune, propre seulement au lieu où elle est. Les moyens qu'on prend pour suppléer à celui-là étendent, allongent la langue écrite, et passant des livres dans le discours, énervent la parole même [1]. En disant tout comme on l'écriroit, on ne fait plus que lire en parlant.

(1) Voy. Pausanias, Arcad. Les Latins, dans les commencemens, écrivirent de même ; et de là, selon Marius Victorinus, est venu le mot de *versus*.

(2) *Vocales quas græcè septem, Romulus sex, usus posterior quinque commemorat ; Y velut græcâ rejectâ.* Mart. Capel., lib. III.

(1) Le meilleur de ces moyens, et qui n'auroit pas ce défaut, seroit la ponctuation, si on l'eût laissée moins imparfaite. Pour-

CHAPITRE VI.

S'il est probable qu'Homère ait su écrire.

Quoi qu'on nous dise de l'invention de l'alphabet grec, je la crois beaucoup plus moderne qu'on ne la fait, et je fonde principalement cette opinion sur le caractère de la langue. Il m'est venu bien souvent dans l'esprit de douter, non-seulement qu'Homère sût écrire, mais même qu'on écrivît de son temps. J'ai grand regret que ce doute soit si formellement démenti par l'histoire de Bellérophon dans l'*Iliade*; comme j'ai le malheur, aussi bien que le P. Hardouin, d'être un peu obstiné dans mes paradoxes, si j'étois moins ignorant, je serois bien tenté d'étendre mes doutes sur cette histoire même, et de l'accuser d'avoir été, sans beaucoup d'examen, interpolée par les compilateurs d'Homère. Non-seulement, dans le reste de l'*Iliade*, on voit peu de traces de cet art, mais j'ose avancer que toute l'*Odyssée* n'est qu'un tissu de bêtises et d'inepties qu'une lettre ou deux eussent réduit en fumée, au lieu qu'on rend ce poème raisonnable et même assez bien conduit, en supposant que ces héros aient ignoré l'écriture. Si l'*Iliade* eût été écrite, elle eût été beaucoup moins chantée, les rapsodes eussent été moins recherchés et se seroient moins multipliés. Aucun autre poète n'a été ainsi chanté, si ce n'est le Tasse à Venise? encore n'est-ce que par les gondoliers, qui ne sont pas grands lecteurs. La diversité des dialectes employés par Homère forme encore un préjugé très-fort. Les dialectes distingués par la parole se rapprochent et se confondent par l'écriture; tout se rapporte insensiblement à un modèle commun. Plus une nation lit et s'instruit, plus ses dialectes s'effacent; et enfin ils ne restent plus qu'en forme de jargon chez le peuple, qui lit peu et qui n'écrit point.

Or, ces deux poèmes étant postérieurs au siége de Troie, il n'est guère apparent que les Grecs qui firent ce siége connussent l'écriture, et que le poète qui le chanta ne la connût pas. Ces poèmes restèrent long-temps écrits seulement dans la mémoire des hommes; ils furent rassemblés par écrit assez tard et avec beaucoup de peine. Ce fut quand la Grèce commença d'abonder en livres et en poésie écrite, que tout le charme de celle d'Homère se fit sentir par comparaison. Les autres poètes écrivoient, Homère seul avoit chanté : et ces chants n'ont cessé d'être écoutés avec ravissement, que quand l'Europe s'est couverte de barbares qui se sont mêlés de juger ce qu'ils ne pouvoient sentir.

CHAPITRE VII.

De la Prosodie moderne.

Nous n'avons aucune idée d'une langue sonore et harmonieuse, qui parle autant par les sons que par les voix. Si l'on croit suppléer à l'accent par les accens, on se trompe; on n'invente les accens que quand l'accent est déjà perdu (1). Il y a plus; nous croyons avoir des

quoi, par exemple, n'avons nous pas de point vocatif? Le point interrogant, que nous avons, étoit beaucoup moins nécessaire; car, par la seule construction, on voit si l'on interroge ou si l'on n'interroge pas, au moins dans notre langue. *Venez-vous* et *vous venez* ne sont pas la même chose. Mais comment distinguer par écrit un homme qu'on nomme d'un homme qu'on appelle? C'est là vraiment une équivoque qu'eût levée le point vocatif. La même équivoque se trouve dans l'ironie, quand l'accent ne la fait pas sentir.

(1) Quelques savans prétendent, contre l'opinion commune et contre la preuve tirée de tous les anciens manuscrits, que les Grecs ont connu et pratiqué dans l'écriture les signes appelés accens, et ils fondent cette opinion sur deux passages que je vais transcrire l'un et l'autre, afin que le lecteur puisse juger de leur vrai sens.

Voici le premier, tiré de Cicéron, dans son Traité de l'Orateur, liv. III, n° 44.

« Hanc diligentiam subsequitur modus etiam et forma verbo- » rum, quod jam vereor ne huic Catulo videatur esse puerile. » Versus enim veteres illi in hâc solutâ oratione propemodum, » hoc est, numeros quosdam nobis esse adhibendos putaverunt. » Interspirationis enim non defatigationis nostræ, neque libra- » riorum notis, sed verborum et sententiarum modo, inter- » punctas clausulas in orationibus esse voluerunt; idque prin- » ceps Isocrates instituisse fertur, *ut inconditam* antiquorum » *dicendi consuetudinem*, delectationis atque aurium causâ » (quemadmodum scribit discipulus ejus Naucrates), numeris » adstringeret.

» Namque hæc duo musici, qui erant quondam iidem poetæ, » machinati ad voluptatem sunt, versum atque cantum, ut et » verborum numero, et vocum modo, delectatione vincerent » aurium satietatem. Hæc igitur duo, vocis dico moderationem, » et verborum conclusionem, quoad orationis severitas pati » possit, à poeticâ ad eloquentiam traducenda duxerunt. »

Voici le second, tiré d'Isidore, dans ses *Origines*, livre I, chapitre XX.

« Præterea quædam sententiarum notæ apud celeberrimos » auctores fuerunt, quasque antiqui ad distinctionem scriptu- » rarum carminibus et historiis apposuerunt. Nota est figura » propria in litteræ modum posita, ad demonstrandam unam- » quamque verbi sententiarumque ac versuum rationem. Notæ

accens dans notre langue, et nous n'en avons point : nos prétendus accens ne sont que des voyelles, ou des signes de quantité ; ils ne marquent aucune variété de sons. La preuve est que ces accens se rendent tous, ou par des temps inégaux, ou par des modifications des lèvres, de la langue, ou du palais, qui font la diversité des voix ; aucun par des modifications de la glotte, qui font la diversité des sons. Ainsi, quand notre circonflexe n'est pas une simple voix, il est une longue, ou il n'est rien. Voyons à présent ce qu'il étoit chez les Grecs.

Denys d'Halicarnasse dit que l'élévation du ton dans l'accent aigu et l'abaissement dans le grave étoient une quinte : ainsi l'accent prosodique étoit aussi musical, surtout le circonflexe, où la voix, après avoir monté d'une quinte, descendoit d'une autre quinte sur la même syllabe (1). On voit assez par ce passage et par ce qui s'y rapporte, que M. Duclos ne reconnoît point l'accent musical dans notre langue, mais seulement l'accent prosodique et l'accent vocal. On y ajoute un accent orthographique, qui ne change rien à la voix, ni au son, ni à la quantité, mais qui tantôt indique une lettre supprimée, comme le circonflexe, et tantôt fixe le sens équivoque d'un monosyllabe, tel que l'accent prétendu grave qui distingue *où* adverbe de lieu de *ou* particule disjonctive, et *à* pris pour article du même *a* pris pour verbe ; cet accent distingue à l'œil seulement ces monosyllabes, rien ne les distingue à la prononciation (2). Ainsi la définition de l'accent que les François ont généralement adoptée ne convient à aucun des accens de leur langue.

Je m'attends bien que plusieurs de leurs grammairiens, prévenus que les accens marquent élévation ou abaissement de voix, se récrieront encore ici au paradoxe ; et, faute de mettre assez de soins à l'expérience, ils croiront rendre par les modifications de la glotte ces mêmes accens qu'ils rendent uniquement en variant les ouvertures de la bouche ou les positions de la langue. Mais voici ce que j'ai à leur dire pour constater l'expérience et rendre ma preuve sans réplique.

Prenez exactement avec la voix l'unisson de quelque instrument de musique ; et, sur cet unisson, prononcez de suite tous les mots françois les plus diversement accentués que vous pourrez rassembler : comme il n'est pas ici question de l'accent oratoire, mais seulement de l'accent grammatical, il n'est pas même nécessaire que ces divers mots aient un sens suivi. Observez, en parlant ainsi, si vous ne marquez pas sur ce même son tous les accens aussi sensiblement, aussi nettement, que si vous prononciez sans gêne en variant votre ton de voix. Or, ce fait supposé, et il est incontestable, je dis que, puisque tous vos accens s'expriment sur le même ton, ils ne marquent donc pas des sons différens. Je n'imagine pas ce qu'on peut répondre à cela.

Toute langue où l'on peut mettre plusieurs airs de musique sur les mêmes paroles n'a point d'accent musical déterminé. Si l'accent étoit déterminé, l'air le seroit aussi ; dès que le chant est arbitraire, l'accent est compté pour rien.

Les langues modernes de l'Europe sont toutes du plus au moins dans le même cas. Je n'en excepte pas même l'italienne. La langue italienne, non plus que la françoise, n'est point par elle-même une langue musicale. La différence est seulement que l'une se prête à la musique, et que l'autre ne s'y prête pas.

Tout ceci mène à la confirmation de ce principe, que, par un progrès naturel, toutes les langues lettrées doivent changer de caractère, et perdre de la force en gagnant de la clarté, que, plus on s'attache à perfectionner la grammaire et la logique, plus on accélère ce progrès, et que, pour rendre bientôt une langue

» autem versibus apponuntur numero XXVI, quæ sunt nominibus infrà scriptis, etc. »

Pour moi, je vois là que du temps de Cicéron les bons copistes pratiquoient la séparation des mots et certains signes équivalens à notre ponctuation. J'y vois encore l'invention du nombre et de la déclamation de la prose, attribuée à Isocrate. Mais je n'y vois point du tout les signes écrits, les accens ; et quand je les y verrois, on n'en pourroit conclure qu'une chose que je ne dispute pas et qui rentre tout-à-fait dans mes principes, savoir, que, quand les Romains commencèrent à étudier le grec, les copistes, pour leur en indiquer la prononciation, inventèrent les signes des accens, des esprits, et de la prosodie ; mais il ne s'ensuivroit nullement que ces signes fussent en usage parmi les Grecs, qui n'en avoient aucun besoin.

(1) M. Duclos, *Remarques sur la grammaire générale raisonnée*, page 30.

(2) On pourroit croire que c'est par ce même accent que les Italiens distinguent, par exemple, *è* verbe de *e* conjonction ; mais le premier se distingue à l'oreille par un son plus fort et plus appuyé, ce qui rend vocal l'accent dont il est marqué : observation que le Buonmattei a eu tort de ne pas faire.

froide et monotone, il ne faut qu'établir des académies chez le peuple qui la parle.

On connoît les langues dérivées par la différence de l'orthographe à la prononciation. Plus les langues sont antiques et originales, moins il y a d'arbitraire dans la manière de les prononcer, par conséquent moins de complication de caractères pour déterminer cette prononciation. *Tous les signes prosodiques des anciens*, dit M. Duclos, *supposé que l'emploi en fût bien fixé*, *ne valoient pas encore l'usage*. Je dirai plus, ils y furent substitués. Les anciens Hébreux n'avoient ni points, ni accens; ils n'avoient pas même de voyelles. Quand les autres nations ont voulu se mêler de parler hébreu, et que les Juifs ont parlé d'autres langues, la leur a perdu son accent; il a fallu des points, des signes pour le régler; et cela a bien plus rétabli le sens des mots que la prononciation de la langue. Les Juifs de nos jours, parlant hébreu, ne seroient plus entendus de leurs ancêtres.

Pour savoir l'anglois, il faut l'apprendre deux fois; l'une à le lire, et l'autre à le parler. Si un Anglois lit à haute voix, et qu'un étranger jette les yeux sur le livre, l'étranger n'aperçoit aucun rapport entre ce qu'il voit et ce qu'il entend. Pourquoi cela? parce que l'Angleterre ayant été successivement conquise par divers peuples, les mots se sont toujours écrits de même, tandis que la manière de les prononcer a souvent changé. Il y a bien de la différence entre les signes qui déterminent le sens de l'écriture et ceux qui règlent la prononciation. Il seroit aisé de faire avec les seules consonnes une langue fort claire par écrit, mais qu'on ne sauroit parler. L'algèbre a quelque chose de cette langue-là. Quand une langue est plus claire par son orthographe que par sa prononciation, c'est un signe qu'elle est plus écrite que parlée: telle pouvoit être la langue savante des Égyptiens; telles sont pour nous les langues mortes. Dans celles qu'on charge de consonnes inutiles, l'écriture semble même avoir précédé la parole: et qui ne croiroit la polonoise dans ce cas-là? Si cela étoit, le polonois devroit être la plus froide de toutes les langues.

CHAPITRE VIII.

Différence générale et locale dans l'origine des langues.

Tout ce que j'ai dit jusqu'ici convient aux langues primitives en général, et aux progrès qui résultent de leur durée, mais n'explique ni leur origine, ni leurs différences. La principale cause qui les distingue est locale, elle vient des climats où elles naissent, et de la manière dont elles se forment; c'est à cette cause qu'il faut remonter pour concevoir la différence générale et caractéristique qu'on remarque entre les langues du midi et celles du nord. Le grand défaut des Européens est de philosopher toujours sur les origines des choses d'après ce qui se passe autour d'eux. Ils ne manquent point de nous montrer les premiers hommes, habitant une terre ingrate et rude, mourant de froid et de faim, empressés à se faire un couvert et des habits; ils ne voient partout que la neige et les glaces de l'Europe, sans songer que l'espèce humaine, ainsi que toutes les autres, a pris naissance dans les pays chauds, et que sur les deux tiers du globe l'hiver est à peine connu. Quand on veut étudier les hommes, il faut regarder près de soi; mais, pour étudier l'homme, il faut apprendre à porter sa vue au loin; il faut d'abord observer les différences, pour découvrir les propriétés.

Le genre humain, né dans les pays chauds, s'étend de là dans les pays froids; c'est dans ceux-ci qu'il se multiplie, et reflue ensuite dans les pays chauds. De cette action et réaction viennent les révolutions de la terre et l'agitation continuelle de ses habitans. Tâchons de suivre dans nos recherches l'ordre même de la nature. J'entre dans une longue digression sur un sujet si rebattu qu'il en est *trivial*, *mais auquel il faut toujours revenir*, malgré qu'on en ait, pour trouver l'origine des institutions humaines.

CHAPITRE IX.

Formation des langues méridionales.

Dans les premiers temps (¹), les hommes épars sur la face de la terre n'avoient de société

(¹) J'appelle les premiers temps ceux de la dispersion des

que celle de la famille, de lois que celles de la nature, de langue que le geste et quelques sons inarticulés.(1). Ils n'étoient liés par aucune idée de fraternité commune; et n'ayant aucun arbitre que la force, ils se croyoient ennemis les uns des autres. C'étoient leur foiblesse et leur ignorance qui leur donnoient cette opinion. Ne connoissant rien, ils craignoient tout; ils attaquoient pour se défendre. Un homme abandonné seul sur la face de la terre, à la merci du genre humain, devoit être un animal féroce. Il étoit prêt à faire aux autres tout le mal qu'il craignoit d'eux. La crainte et la foiblesse sont les sources de la cruauté.

Les affections sociales ne se développent en nous qu'avec nos lumières. La pitié, bien que naturelle au cœur de l'homme, resteroit éternellement inactive sans l'imagination qui la met en jeu. Comment nous laissons-nous émouvoir à la pitié? En nous transportant hors de nous-mêmes; en nous identifiant avec l'être souffrant. Nous ne souffrons qu'autant que nous jugeons qu'il souffre ; ce n'est pas dans nous, c'est dans lui que nous souffrons. Qu'on songe combien ce transport suppose de connoissances acquises. Comment imaginerois-je des maux dont je n'ai nulle idée? Comment souffrirois-je en voyant souffrir un autre, si je ne sais pas même qu'il souffre, si j'ignore ce qu'il y a de commun entre lui et moi? Celui qui n'a jamais réfléchi ne peut être ni clément, ni juste, ni pitoyable; il ne peut pas non plus être méchant et vindicatif. Celui qui n'imagine rien ne sent que lui-même; il est seul au milieu du genre humain.

La réflexion naît des idées comparées, et c'est la pluralité des idées qui porte à les comparer. Celui qui ne voit qu'un seul objet n'a point de comparaison à faire. Celui qui n'en voit qu'un petit nombre, et toujours les mêmes dès son enfance, ne les compare point encore, parce que l'habitude de les voir lui ôte l'attention nécessaire pour les examiner : mais à mesure qu'un objet nouveau nous frappe, nous voulons le connoître; dans ceux qui nous sont connus nous lui cherchons des rapports. C'est ainsi que nous apprenons à considérer ce qui est sous nos yeux, et que ce qui nous est étranger nous porte à l'examen de ce qui nous touche.

Appliquez ces idées aux premiers hommes, vous verrez la raison de leur barbarie. N'ayant jamais rien vu que ce qui étoit autour d'eux, cela même ils ne le connoissoient pas; ils ne se connoissoient pas eux-mêmes. Ils avoient l'idée d'un père, d'un fils, d'un frère, et non pas d'un homme. Leur cabane contenoit tous leurs semblables; un étranger, une bête, un monstre, étoient pour eux la même chose : hors eux et leur famille, l'univers entier ne leur étoit rien.

De là les contradictions apparentes qu'on voit entre les pères des nations: tant de naturel et tant d'inhumanité; des mœurs si féroces et des cœurs si tendres; tant d'amour pour leur famille, et d'aversion pour leur espèce. Tous leurs sentimens, concentrés entre leurs proches, en avoient plus d'énergie. Tout ce qu'ils connoissoient leur étoit cher. Ennemis du reste du monde, qu'ils ne voyoient point et qu'ils ignoroient, ils ne haïssoient que ce qu'ils ne pouvoient connoître.

Ces temps de barbarie étoient le siècle d'or, non parce que les hommes étoient unis, mais parce qu'ils étoient séparés. Chacun, dit-on, s'estimoit le maître de tout; cela peut être : mais nul ne connoissoit et ne désiroit que ce qui étoit sous sa main; ses besoins, loin de le rapprocher de ses semblables, l'en éloignoient. Les hommes, si l'on veut, s'attaquoient dans la rencontre, mais ils se rencontroient rarement. Partout régnoit l'état de guerre, et toute la terre étoit en paix.

Les premiers hommes furent chasseurs ou bergers, et non pas laboureurs; les premiers biens furent des troupeaux, et non pas des champs. Avant que la propriété de la terre fût partagée, nul ne pensoit à la cultiver. L'agriculture est un art qui demande des instrumens; semer pour recueillir est une précaution qui demande de la prévoyance. L'homme en société cherche à s'étendre; l'homme isolé se resserre. Hors de la portée où son œil peut voir et où son bras peut atteindre, il n'y a plus pour lui ni droit ni propriété. Quand le cyclope a roulé la

hommes, à quelque âge du genre humain qu'on veuille en fixer l'époque.

(1) Les véritables langues n'ont point une origine domestique, il n'y a qu'une convention plus générale et plus durable qui les puisse établir. Les sauvages de l'Amérique ne parlent presque jamais que hors de chez eux ; chacun garde le silence dans sa cabane, il parle par signes à sa famille; et ces signes sont peu fréquens, parce qu'un sauvage est moins inquiet, moins impatient qu'un Européen, qu'il n'a pas tant de besoins, et qu'il prend soin d'y pourvoir lui-même.

pierre à l'entrée de sa caverne, ses troupeaux et lui sont en sûreté. Mais qui garderoit les moissons de celui pour qui les lois ne veillent pas?

On me dira que Caïn fut laboureur, et que Noé planta la vigne. Pourquoi non? Ils étoient seuls; qu'avoient-ils à craindre? D'ailleurs ceci ne fait rien contre moi; j'ai dit ci-devant ce que j'entendois par les premiers temps. En devenant fugitif, Caïn fut bien forcé d'abandonner l'agriculture; la vie errante des descendans de Noé dut aussi la leur faire oublier. Il fallut peupler la terre avant de la cultiver: ces deux choses se font mal ensemble. Durant la première dispersion du genre humain, jusqu'à ce que la famille fût arrêtée, et que l'homme eût une habitation fixe, il n'y eut plus d'agriculture. Les peuples qui ne se fixent point ne sauroient cultiver la terre: tels furent autrefois les Nomades, tels furent les Arabes vivant sous des tentes, les Scythes dans leurs chariots; tels sont encore aujourd'hui les Tartares errans, et les sauvages de l'Amérique.

Généralement, chez tous les peuples dont l'origine nous est connue, on trouve les premiers barbares voraces et carnassiers plutôt qu'agriculteurs et granivores. Les Grecs nomment le premier qui leur apprit à labourer la terre, et il paroît qu'ils ne connurent cet art que fort tard. Mais quand ils ajoutent qu'avant Triptolème ils ne vivoient que de gland, ils disent une chose sans vraisemblance et que leur propre histoire dément: car ils mangeoient de la chair avant Triptolème, puisqu'il leur défendit d'en manger. On ne voit pas au reste qu'ils aient tenu grand compte de cette défense.

Dans les festins d'Homère on tue un bœuf pour régaler ses hôtes, comme on tueroit de nos jours un cochon de lait. En disant qu'Abraham servit un veau à *trois personnes*, qu'Eumée fit rôtir deux chevreaux pour le dîner d'Ulysse, et qu'autant en fit Rébecca pour celui de son mari, on peut juger quels terribles dévoreurs de viande étoient les hommes de ces temps-là. Pour concevoir les repas des anciens, on n'a qu'à voir aujourd'hui ceux des sauvages: j'ai failli dire ceux des Anglois.

Le premier gâteau qui fut mangé fut la communion du genre humain. Quand les hommes commencèrent à se fixer, ils défrichoient quelque peu de terre autour de leur cabane; c'étoit un jardin plutôt qu'un champ. Le peu de grain qu'on recueilloit se broyoit entre deux pierres; on en faisoit quelques gâteaux qu'on cuisoit sous la cendre, ou sur la braise, ou sur une pierre ardente, dont on ne mangeoit que dans les festins. Cet antique usage, qui fut consacré chez les Juifs par la Pâque, se conserve encore aujourd'hui dans la Perse et dans les Indes. On n'y mange que des pains sans levain, et ces pains en feuilles minces se cuisent et se consomment à chaque repas. On ne s'est avisé de faire fermenter le pain que quand il en a fallu davantage: car la fermentation se fait mal sur une petite quantité.

Je sais qu'on trouve déjà l'agriculture en grand dès le temps des patriarches. Le voisinage de l'Égypte avoit dû la porter de bonne heure en Palestine. Le livre de Job, le plus ancien peut-être de tous les livres qui existent, parle de la culture des champs; il compte cinq cents paires de bœufs parmi les richesses de Job: ce mot de paires montre ces bœufs accouplés pour le travail. Il est dit positivement que ces bœufs labouroient quand les Sabéens les enlevèrent, et l'on peut juger quelle étendue de pays devoient labourer cinq cents paires de bœufs.

Tout cela est vrai; mais ne confondons point les temps. L'âge patriarcal que nous connoissons est bien loin du premier âge. L'Écriture compte dix générations de l'un à l'autre dans ces siècles où les hommes vivoient long-temps. Qu'ont-ils fait durant ces dix générations? nous n'en savons rien. Vivant épars et presque sans société, à peine parloient-ils: comment pouvoient-ils écrire? et, dans l'uniformité de leur vie isolée, quels événemens nous auroient-ils transmis?

Adam parloit, Noé parloit; soit: Adam avoit été instruit par Dieu même. En se divisant, les enfans de Noé abandonnèrent l'agriculture; et la langue commune périt avec la première société. Cela seroit arrivé quand il n'y auroit jamais eu de tour de Babel. On a vu dans des îles désertes des solitaires oublier leur propre langue. Rarement, après plusieurs générations, des hommes hors de leurs pays conservent leur premier langage, même ayant des travaux communs et vivant entre eux en société.

Épars dans ce vaste désert du monde, les hommes retombèrent dans la stupide barbarie où ils se seroient trouvés s'ils étoient nés de la terre. En suivant ces idées si naturelles, il est aisé de concilier l'autorité de l'Écriture avec les monumens antiques, et l'on n'est pas réduit à traiter de fables des traditions aussi anciennes que les peuples qui nous les ont transmises.

Dans cet état d'abrutissement il falloit vivre. Les plus actifs, les plus robustes, ceux qui alloient toujours en avant, ne pouvoient vivre que de fruits et de chasse : ils devinrent donc chasseurs, violens, sanguinaires ; puis, avec le temps, guerriers, conquérans, usurpateurs. L'histoire a souillé ses monumens des crimes de ces premiers rois ; la guerre et les conquêtes ne sont que des chasses d'hommes. Après les avoir conquis, il ne leur manquoit que de les dévorer : c'est ce que leurs successeurs ont appris à faire.

Le plus grand nombre, moins actif et plus paisible, s'arrêta le plus tôt qu'il put, assembla du bétail, l'apprivoisa, le rendit docile à la voix de l'homme ; pour s'en nourrir, apprit à le garder, à le multiplier ; et ainsi commença la vie pastorale.

L'industrie humaine s'étend avec les besoins qui la font naître. Des trois manières de vivre possibles à l'homme, savoir la chasse, le soin des troupeaux, et l'agriculture, la première exerce le corps à la force, à l'adresse, à la course ; l'âme, au courage, à la ruse : elle endurcit l'homme et le rend féroce. Le pays des chasseurs n'est pas long-temps celui de la chasse (1). Il faut poursuivre au loin le gibier ; de là l'équitation. Il faut atteindre le même gibier qui fuit ; de là les armes légères, la fronde, la flèche, le javelot. L'art pastoral, père du repos et des passions oiseuses, est celui qui se suffit le plus à lui-même. Il fournit à l'homme, presque sans peine, la vie et le vêtement; il lui fournit même sa demeure. Les tentes des premiers bergers étoient faites de peaux de bêtes : le toit de l'arche et du tabernacle de Moïse n'étoit pas d'une autre étoffe. A l'égard de l'agriculture, plus lente à naître, elle tient à tous les arts ; elle amène la propriété, le gouvernement, les lois, et par degré, la misère et les crimes, inséparables pour notre espèce de la science du bien et du mal. Aussi les Grecs ne regardoient-ils pas seulement Triptolème comme l'inventeur d'un art utile, mais comme un instituteur et un sage, duquel ils tenoient leur première discipline et leurs premières lois. Au contraire, Moïse semble porter un jugement d'improbation sur l'agriculture, en lui donnant un méchant pour inventeur, et faisant rejeter de Dieu ses offrandes. On diroit que le premier laboureur annonçoit dans son caractère les mauvais effets de son art. L'auteur de la Genèse avoit vu plus loin qu'Hèrodote.

A la division précédente se rapportent les trois états de l'homme considéré par rapport à la société. Le sauvage est chasseur, le barbare est berger, l'homme civil est laboureur.

Soit donc qu'on recherche l'origine des arts, soit qu'on observe les premières mœurs, on voit que tout se rapporte dans son principe aux moyens de pourvoir à la subsistance ; et quant à ceux de ces moyens qui rassemblent les hommes, ils sont déterminés par le climat et par la nature du sol. C'est donc aussi par les mêmes causes qu'il faut expliquer la diversité des langues et l'opposition de leurs caractères.

Les climats doux, les pays gras et fertiles, ont été les premiers peuplés et les derniers où les nations se sont formées, parce que les hommes s'y pouvoient passer plus aisément les uns des autres, et que les besoins qui font naître la société s'y sont fait sentir plus tard.

Supposez un printemps perpétuel sur la terre; supposez partout de l'eau, du bétail, des pâturages; supposez les hommes, sortant des mains de la nature, une fois dispersés parmi tout cela, je n'imagine pas comment ils auroient jamais renoncé à leur liberté primitive, et quitté la vie isolée et pastorale, si convenable à leur indolence naturelle (1), pour s'imposer

(1) Le métier de chasseur n'est point favorable à la population. Cette observation, qu'on a faite quand les îles de Saint-Domingue et de la Tortue étoient habitées par les boucaniers, se confirme par l'état de l'Amérique septentrionale. On ne voit point que les pères d'aucune nation nombreuse aient été chasseurs par état; ils ont tous été agriculteurs ou bergers. La chasse doit donc être moins considérée ici comme ressource de subsistance, que comme un accessoire de l'état pastoral.

(1) Il est inconcevable à quel point l'homme est naturellement paresseux. On diroit qu'il ne vit que pour dormir, végéter, rester immobile ; à peine peut-il se résoudre à se donner les mouvemens nécessaires pour s'empêcher de mourir de faim. Rien ne maintient tant les sauvages dans l'amour de leur état

sans nécessité l'esclavage, les travaux, les misères inséparables de l'état social.

Celui qui voulut que l'homme fût sociable toucha du doigt l'axe du globe et l'inclina sur l'axe de l'univers. A ce léger mouvement, je vois changer la face de la terre et décider la vocation du genre humain : j'entends au loin les cris de joie d'une multitude insensée ; je vois édifier les palais et les villes ; je vois naître les arts, les lois, le commerce ; je vois les peuples se former, s'étendre, se dissoudre, se succéder comme les flots de la mer ; je vois les hommes, rassemblés sur quelques points de leur demeure pour s'y dévorer mutuellement, faire un affreux désert du reste du monde, digne monument de l'union sociale et de l'utilité des arts.

La terre nourrit les hommes ; mais quand les premiers besoins les ont dispersés, d'autres besoins les rassemblent, et c'est alors seulement qu'ils parlent et qu'ils font parler d'eux. Pour ne pas me trouver en contradiction avec moi-même, il faut me laisser le temps de m'expliquer.

Si l'on cherche en quels lieux sont nés les pères du genre humain, d'où sortirent les premières colonies, d'où vinrent les premières émigrations, vous ne nommerez pas les heureux climats de l'Asie-Mineure, ni de la Sicile, ni de l'Afrique, pas même de l'Égypte : vous nommerez les sables de la Chaldée, les rochers de la Phénicie. Vous trouverez la même chose dans tous les temps. La Chine a beau se peupler de Chinois, elle se peuple aussi de Tartares : les Scythes ont inondé l'Europe et l'Asie ; les montagnes de Suisse versent actuellement dans nos régions fertiles une colonie perpétuelle qui promet de ne point tarir.

Il est naturel, dit-on, que les habitans d'un pays ingrat le quittent pour en occuper un meilleur. Fort bien ; mais pourquoi ce meilleur pays, au lieu de fourmiller de ses propres habitans, fait-il place à d'autres ? Pour sortir d'un pays ingrat il y faut être : pourquoi donc tant d'hommes y naissent-ils par préférence ? On croiroit que les pays ingrats ne devroient se peupler que de l'excédant des pays fertiles, et nous voyons que c'est le contraire. La plupart des peuples latins se disoient aborigènes [1], tandis que la grande Grèce, beaucoup plus fertile, n'étoit peuplée que d'étrangers : tous les peuples grecs avouoient tirer leur origine de diverses colonies, hors celui dont le sol étoit le plus mauvais, savoir, le peuple attique, lequel se disoit autochthone ou né de lui-même. Enfin, sans percer la nuit des temps, les siècles modernes offrent une observation décisive ; car quel climat au monde est plus triste que celui qu'on nomma la fabrique du genre humain ?

Les associations d'hommes sont en grande partie l'ouvrage des accidens de la nature : les déluges particuliers, les mers extravasées, les éruptions des volcans, les grands tremblemens de terre, les incendies allumés par la foudre et qui détruisoient les forêts, tout ce qui dut effrayer et disperser les sauvages habitans d'un pays, dut ensuite les rassembler pour réparer en commun les pertes communes : les traditions des malheurs de la terre, si fréquens dans les anciens temps, montrent de quels instrumens se servit la Providence pour former les humains à se rapprocher. Depuis que les sociétés sont établies, ces grands accidens ont cessé ou sont devenus plus rares : il semble que cela doit encore être ; les mêmes malheurs qui rassemblèrent les hommes épars disperseroient ceux qui sont réunis.

Les révolutions des saisons sont une autre cause plus générale et plus permanente, qui dut produire le même effet dans les climats exposés à cette variété. Forcés de s'approvisionner pour l'hiver, voilà les habitans dans le cas de s'entr'aider, les voilà contraints d'établir entre eux *quelque sorte de convention*. Quand les courses deviennent impossibles, et que la rigueur du froid les arrête, l'ennui les lie autant que le besoin : les Lapons, ensevelis dans leurs glaces ; les Esquimaux, le plus sauvage de tous les peuples, se rassemblent l'hiver dans leurs cavernes, et l'été ne se connoissent plus. Augmentez d'un degré leur développement et

que cette délicieuse indolence. Les passions qui rendent l'homme inquiet, prévoyant, actif, ne naissent que dans la société. Ne rien faire est la première et la plus forte passion de l'homme après celle de se conserver. Si l'on y regardoit bien, l'on verroit que, même parmi nous, c'est pour parvenir au repos que chacun travaille ; c'est encore la paresse qui nous rend laborieux.

[1] Ces noms d'*autochthones* et d'*aborigènes* signifient seulement que les premiers habitans du pays étoient sauvages, sans sociétés, sans lois, sans traditions, et qu'ils peuplèrent avant de parler.

leurs lumières, les voilà réunis pour toujours.

L'estomac ni les intestins de l'homme ne sont pas faits pour digérer la chair crue : en général son goût ne la supporte pas. A l'exception peut-être des seuls Esquimaux dont je viens de parler, les sauvages mêmes grillent leurs viandes. A l'usage du feu, nécessaire pour les cuire, se joint le plaisir qu'il donne à la vue, et sa chaleur agréable au corps : l'aspect de la flamme, qui fait fuir les animaux, attire l'homme [1]. On se rassemble autour d'un foyer commun, on y fait des festins, on y danse : les doux liens de l'habitude y rapprochent insensiblement l'homme de ses semblables, et sur ce foyer rustique brûle le feu sacré qui porte au fond des cœurs le premier sentiment de l'humanité.

Dans les pays chauds, les sources et les rivières, inégalement dispersées, sont d'autres points de réunion d'autant plus nécessaires que les hommes peuvent moins se passer d'eau que de feu : les barbares surtout, qui vivent de leurs troupeaux, ont besoin d'abreuvoirs communs, et l'histoire des plus anciens temps nous apprend qu'en effet c'est là que commencèrent et leurs traités et leurs querelles [2]. La facilité des eaux peut retarder la société des habitans dans les lieux bien arrosés. Au contraire, dans les lieux arides il fallut concourir à creuser des puits, à tirer des canaux pour abreuver le bétail : on y voit des hommes associés de temps presque immémorial, car il falloit que le pays restât désert ou que le travail humain le rendît habitable. Mais le penchant que nous avons à tout rapporter à nos usages rend sur ceci quelques réflexions nécessaires.

Le premier état de la terre différoit beaucoup de celui où elle est aujourd'hui, qu'on la voit parée ou défigurée par la main des hommes. Les chaos, que les poëtes ont feint dans les élémens, régnoit dans ses productions. Dans ces temps reculés, où les révolutions étoient fréquentes, où mille accidens changeoient la nature du sol et les aspects du terrain, tout croissoit confusément, arbres, légumes, arbrisseaux, herbages : nulle espèce n'avoit le temps de s'emparer du terrain qui lui convenoit le mieux et d'y étouffer les autres : elles se séparoient lentement peu à peu ; et puis un bouleversement survenoit qui confondoit tout.

Il y a un tel rapport entre les besoins de l'homme et les productions de la terre, qu'il suffit qu'elle soit peuplée, et tout subsiste : mais avant que les hommes réunis missent par leurs travaux communs une balance entre ses productions, il falloit pour qu'elles subsistassent toutes que la nature se chargeât seule de l'équilibre que la main des hommes conserve aujourd'hui : elle maintenoit ou rétablissoit cet équilibre par des révolutions, comme ils le maintiennent ou rétablissent par leur inconstance. La guerre, qui ne régnoit pas encore entre eux, sembloit régner entre les élémens : les hommes ne brûloient point de villes, ne creusoient point de mines, n'abattoient point d'arbres, mais la nature allumoit des volcans, excitoit des tremblemens de terre, le feu du ciel consumoit des forêts. Un coup de foudre, un déluge, une exhalaison, faisoient alors en peu d'heures ce que cent mille bras d'hommes font aujourd'hui dans un siècle. Sans cela je ne vois pas comment le système eût pu subsister, et l'équilibre se maintenir. Dans les deux règnes organisés, les grandes espèces eussent, à la longue, absorbé les petites [1] : toute la terre n'eût bientôt été couverte que d'arbres et de bêtes féroces; à la fin tout eût péri.

Les eaux auroient perdu peu à peu la circulation qui vivifie la terre. Les montagnes se dé-

(1) Le feu fait grand plaisir aux animaux, ainsi qu'à l'homme, lorsqu'ils sont accoutumés à sa vue et qu'ils ont senti sa douce chaleur. Souvent même il ne leur seroit guère moins utile qu'à nous, au moins pour réchauffer leurs petits. Cependant on n'a jamais ouï dire qu'aucune bête, ni sauvage ni domestique, ait acquis assez d'industrie pour faire du feu, même à notre exemple. Voilà donc ces êtres raisonneurs qui forment, dit-on, devant l'homme une société fugitive, dont cependant l'intelligence n'a pu s'élever jusqu'à tirer d'un caillou des étincelles, et les recueillir, ou conserver au moins quelques feux abandonnés! Par ma foi, les philosophes se moquent de nous tout ouvertement. On voit bien par leurs écrits qu'en effet ils nous prennent pour des bêtes.

(2) Voyez l'exemple de l'un et de l'autre au chapitre XXI de la Genèse, entre Abraham et Abimelec, au sujet du puits du Serment.

(1) On prétend que, par une sorte d'action et de réaction naturelle, les diverses espèces du règne animal se maintiendroient d'elles-mêmes dans un balancement perpétuel qui leur tiendroit lieu d'équilibre. Quand l'espèce dévorante se sera, dit-on, trop multipliée aux dépens de l'espèce dévorée, alors, ne trouvant plus de subsistance, il faudra que la première diminue et laisse à la seconde le temps de se repeupler, jusqu'à ce que, fournissant de nouveau une subsistance abondante à l'autre, celle-ci diminue encore, tandis que l'espèce dévorante se repeuple de nouveau. Mais une telle oscillation ne me paroît point vraisemblable : car, dans ce système, il faut qu'il y ait un temps où l'espèce qui sert de proie augmente, et où celle qui s'en nourrit diminue; ce qui me semble contre toute raison.

gradent et s'abaissent, les fleuves charrient, la mer se comble et s'étend, tout tend insensiblement au niveau : la main des hommes retient cette pente et retarde ce progrès; sans eux il seroit plus rapide, et la terre seroit peut-être déjà sous les eaux. Avant le travail humain, les sources, mal distribuées, se répandoient plus inégalement, fertilisoient moins la terre, en abreuvoient plus difficilement les habitans. Les rivières étoient souvent inaccessibles, leurs bords escarpés ou marécageux : l'art humain ne les retenant point dans leurs lits, elles en sortoient fréquemment, s'extravasoient à droite ou à gauche, changeoient leurs directions et leurs cours, se partageoient en diverses branches; tantôt on les trouvoit à sec, tantôt des sables mouvans en défendoient l'approche; elles étoient comme n'existant pas, et l'on mouroit de soif au milieu des eaux.

Combien de pays arides ne sont habitables que par les saignées et par les canaux que les hommes ont tirés des fleuves! La Perse presque entière ne subsiste que par cet artifice : la Chine fourmille de peuple à l'aide de ses nombreux canaux; sans ceux des Pays-Bas, ils seroient inondés par les fleuves, comme ils le seroient par la mer sans leurs digues. L'Égypte, le plus fertile pays de la terre, n'est habitable que par le travail humain : dans les grandes plaines dépourvues de rivières et dont le sol n'a pas assez de pente, on n'a d'autre ressource que les puits. Si donc les premiers peuples dont il soit fait mention dans l'histoire n'habitoient pas dans les pays gras ou sur de faciles rivages, ce n'est pas que ces climats heureux fussent déserts; mais c'est que leurs nombreux habitans, pouvant se passer les uns des autres, vécurent plus long-temps isolés dans leurs familles et sans communication : mais dans les lieux arides où l'on ne pouvoit avoir de l'eau que par des puits, il fallut bien se réunir pour les creuser, ou du moins s'accorder pour leur usage. Telle dut être l'origine des sociétés et des langues dans les pays chauds.

Là se formèrent les premiers liens des familles; là furent les premiers rendez-vous des deux sexes. Les jeunes filles venoient chercher de l'eau pour le ménage, les jeunes hommes venoient abreuver leurs troupeaux. Là, des yeux accoutumés aux mêmes objets dès l'enfance commencèrent d'en voir de plus doux. Le cœur s'émut à ces nouveaux objets, un attrait inconnu le rendit moins sauvage, il sentit le plaisir de n'être pas seul. L'eau devint insensiblement plus nécessaire, le bétail eut soif plus souvent : on arrivoit en hâte, et l'on partoit à regret. Dans cet âge heureux où rien ne marquoit les heures, rien n'obligeoit à les compter; le temps n'avoit d'autre mesure que l'amusement et l'ennui. Sous de vieux chênes, vainqueurs des ans, une ardente jeunesse oublioit par degré sa férocité; on s'apprivoisoit peu à peu les uns avec les autres; en s'efforçant de se faire entendre, on apprit à s'expliquer. Là se firent les premières fêtes : les pieds bondissoient de joie, le geste empressé ne suffisoit plus, la voix l'accompagnoit d'accens passionnés; le plaisir et le désir, confondus ensemble, se faisoient sentir à la fois : là fut enfin le vrai berceau des peuples; et du pur cristal des fontaines sortirent les premiers feux de l'amour.

Quoi donc! avant ce temps les hommes naissoient-ils de la terre? les générations se succédoient-elles sans que les deux sexes fussent unis, et sans que personne s'entendit? Non : il y avoit des familles, mais il n'y avoit point de nations; il y avoit des langues domestiques, mais il n'y avoit point de langues populaires; il y avoit des mariages, mais il n'y avoit point d'amour. Chaque famille se suffisoit à elle-même et se perpétuoit par son seul sang : les enfans, nés des mêmes parens, croissoient ensemble, et trouvoient peu à peu des manières de s'expliquer entre eux : les sexes se distinguoient avec l'âge; le penchant naturel suffisoit pour les unir, l'instinct tenoit lieu de passion, l'habitude tenoit lieu de préférence; on devenoit mari et femme sans avoir cessé d'être frère *et sœur* (1). *Il n'y avoit là* rien d'assez animé pour dénouer la langue, rien qui pût arracher

(1) Il fallut bien que les premiers hommes épousassent leurs sœurs. Dans la simplicité des premières mœurs, cet usage se perpétua sans inconvénient tant que les familles restèrent isolées, et même après la réunion des plus anciens peuples; mais la loi qui l'abolit n'est pas moins sacrée pour être d'institution humaine. Ceux qui ne la regardent que par la liaison qu'elle forme entre les familles n'en voient pas le côté le plus important. Dans la familiarité que le commerce domestique établit nécessairement entre les deux sexes, du moment qu'une si sainte loi cesseroit de parler au cœur et d'en imposer aux sens, il n'y auroit plus d'honnêteté parmi les hommes, et les plus effroyables mœurs causeroient bientôt la destruction du genre humain.

assez fréquemment les accens des passions ardentes pour les tourner en institutions: et l'on en peut dire autant des besoins rares et peu pressans qui pouvoient porter quelques hommes à concourir à des travaux communs; l'un commençoit le bassin de la fontaine, et l'autre l'achevoit ensuite, souvent sans avoir eu besoin du moindre accord, et quelquefois même sans s'être vus. En un mot, dans les climats doux, dans les terrains fertiles, il fallut toute la vivacité des passions agréables pour commencer à faire parler les habitans: les premières langues, filles du plaisir et non du besoin, portèrent long-temps l'enseigne de leur père; leur accent séducteur ne s'effaça qu'avec les sentimens qui les avoient fait naître, lorsque de nouveaux besoins, introduits parmi les hommes, forcèrent chacun de ne songer qu'à lui-même et de retirer son cœur au dedans de lui.

CHAPITRE X.

Formation des langues du Nord.

A la longue tous hommes deviennent semblables, *mais l'ordre de leur progrès est différent*. Dans les climats méridionaux, où la nature est prodigue, les besoins naissent des passions; dans les pays froids, où elle est avare, les passions naissent des besoins, et les langues, tristes filles de la nécessité, se sentent de leur dure origine.

Quoique l'homme s'accoutume aux intempéries de l'air, au froid, au malaise, même à la faim, il y a pourtant un point où la nature succombe: en proie à ces cruelles épreuves, tout ce qui est débile périt; tout le reste se renforce; et il n'y a point de milieu entre la vigueur et la mort. Voilà d'où vient que les peuples septentrionaux sont si robustes: ce n'est pas d'abord le climat qui les a rendus tels, mais il n'a souffert que ceux qui l'étoient, et il n'est pas étonnant que les enfans gardent la bonne constitution de leurs pères.

On voit déjà que les hommes, plus robustes, doivent avoir des organes moins délicats; leurs voix doivent être plus âpres et plus fortes. D'ailleurs, quelle différence entre les inflexions touchantes qui viennent des mouvemens de l'âme aux cris qu'arrachent les besoins physiques! Dans ces affreux climats où tout est mort durant neuf mois de l'année, où le soleil n'échauffe l'air quelques semaines que pour apprendre aux habitants de quels biens ils sont privés et prolonger leur misère; dans ces lieux où la terre ne donne rien qu'à force de travail, et où la source de la vie semble être plus dans les bras que dans le cœur, les hommes, sans cesse occupés à pourvoir à leur subsistance, songeoient à peine à des liens plus doux: tout se bornoit à l'impulsion physique; l'occasion faisoit le choix, la facilité faisoit la préférence. L'oisiveté qui nourrit les passions fit place au travail qui les réprime; avant de songer à vivre heureux, il falloit songer à vivre. Le besoin mutuel unissant les hommes bien mieux que le sentiment n'auroit fait, la société ne se forma que par l'industrie: le continuel danger de périr ne permettoit pas de se borner à la langue du geste, et le premier mot ne fut pas chez eux, *aimez-moi*, mais *aidez-moi*.

Ces deux termes, quoique assez semblables, se prononcent d'un ton bien différent: on n'avoit rien à faire sentir, on avoit tout à faire entendre; il ne s'agissoit donc pas d'énergie, mais de clarté. A l'accent que le cœur ne fournissoit pas, on substitua des articulations fortes et sensibles; et s'il y eut dans la forme du langage quelque impression naturelle, cette impression contribuoit encore à sa dureté.

En effet, les hommes septentrionaux ne sont pas sans passions, mais ils en ont d'une autre espèce. Celles des pays chauds sont des passions voluptueuses, qui tiennent à l'amour et à la mollesse: la nature fait tant pour les habitans, qu'ils n'ont presque rien à faire; pourvu qu'un Asiatique ait des femmes et du repos, il est content. Mais dans le Nord, où les habitans consomment beaucoup sur un sol ingrat, des hommes soumis à tant de besoins sont faciles à irriter; tout ce qu'on fait autour d'eux les inquiète. Comme ils ne subsistent qu'avec peine, plus ils sont pauvres, plus ils tiennent au peu qu'ils ont; les approcher, c'est attenter à leur vie. De là leur vient ce tempérament irascible, si prompt à se tourner en fureur contre tout ce qui les blesse: ainsi leurs voix les plus naturelles sont celles de la colère et des menaces; et ces voix s'accompagnent toujours d'articulations fortes qui les rendent dures et bruyantes.

CHAPITRE XI.

Réflexions sur ces différences.

Voilà, selon mon opinion, les causes physiques les plus générales de la différence caractéristique des primitives langues. Celles du Midi durent être vives, sonores, accentuées, éloquentes, et souvent obscures à force d'énergie; celles du Nord durent être sourdes, rudes, articulées, criardes, monotones, claires à force de mots plutôt que par une bonne construction. Les langues modernes, cent fois mêlées et refondues, gardent encore quelque chose de ces différences : le françois, l'anglois, l'allemand, sont le langage privé des hommes qui s'entr'aident, qui raisonnent entre eux de sang-froid, ou de gens emportés qui se fâchent; mais les ministres des dieux annonçant les mystères sacrés, les sages donnant des lois au peuple, les chefs entraînant la multitude, doivent parler arabe ou persan (¹). Nos langues valent mieux écrites que parlées, et l'on nous lit avec plus de plaisir qu'on ne nous écoute. Au contraire, les langues orientales écrites perdent leur vie et leur chaleur : le sens n'est qu'à moitié dans les mots, toute sa force est dans les accens; juger du génie des Orientaux par leurs livres, c'est vouloir peindre un homme sur son cadavre.

Pour bien apprécier les actions des hommes, il faut les prendre dans tous leurs rapports, et c'est ce qu'on ne nous apprend point à faire : quand nous nous mettons à la place des autres, nous nous y mettons toujours tels que nous sommes modifiés, non tels qu'ils doivent l'être; et, quand nous pensons les juger sur la raison, nous ne faisons que comparer leurs préjugés aux nôtres. Tel, pour savoir lire un peu d'arabe, *sourit en feuilletant l'Alcoran, qui, s'il eût entendu* Mahomet l'annoncer en personne dans cette langue éloquente et cadencée, avec cette voix sonore et persuasive qui séduisoit l'oreille avant le cœur, et sans cesse animant ses sentences de l'accent de l'enthousiasme, se fût prosterné contre terre en criant : Grand prophète, envoyé de Dieu, menez-nous à la gloire, au martyre; nous voulons vaincre ou mourir pour vous. Le fanatisme nous paroît toujours risible, parce qu'il n'a point de voix parmi nous pour se faire entendre : nos fanatiques mêmes ne sont pas de vrais fanatiques : ce ne sont que des fripons ou des fous. Nos langues, au lieu d'inflexions pour des inspirés, n'ont que des cris pour des possédés du diable.

(¹) Le turc est une langue septentrionale.

CHAPITRE XII.

Origine de la musique, et ses rapports.

Avec les premières voix se formèrent les premières articulations ou les premiers sons, selon le genre de la passion qui dictoit les uns ou les autres. La colère arrache des cris menaçans, que la langue et le palais articulent : mais la voix de la tendresse est plus douce, c'est la glotte qui la modifie, et cette voix devient un son; seulement les accens en sont plus fréquens ou plus rares, les inflexions plus ou moins aiguës, selon le sentiment qui s'y joint. Ainsi la cadence et les sons naissent avec les syllabes : la passion fait parler tous les organes et pare la voix de tout leur éclat; ainsi les vers, les chants, la parole, ont une origine commune. Autour des fontaines dont j'ai parlé, les premiers discours furent les premières chansons : les retours périodiques et mesurés du rhythme, les inflexions mélodieuses des accens, firent naître la poésie et la musique avec la langue; ou plutôt tout cela n'étoit que la langue même pour ces heureux climats et ces heureux temps, où les seuls besoins pressans qui demandoient le concours d'autrui étoient ceux que le cœur faisoit naître.

Les premières histoires, les *premières harangues, les premières lois* furent en vers : la poésie fut trouvée avant la prose; cela devoit être, puisque les passions parlèrent avant la raison. Il en fut de même de la musique; il n'y eut d'abord point d'autre musique que la mélodie, ni d'autre mélodie que le son varié de la parole; les accens formoient le chant, les quantités formoient la mesure, et l'on parloit autant par les sons et par le rhythme que par les articulations et les voix. Dire et chanter étoient autrefois la même chose, dit Strabon; ce qui montre, ajoute-t-il, que la poésie est la source de l'éloquence [1]. Il falloit dire que l'une et l'autre eurent la même source, et ne furent d'abord que la même chose. Sur la manière dont se lièrent les premières sociétés, étoit-il étonnant qu'on mît en vers les premières histoires, et qu'on chantât les premières lois? étoit-il étonnant que les premiers grammairiens soumissent leur art à la musique, et fussent à la fois professeurs de l'un et de l'autre [2]?

Une langue qui n'a que des articulations et des voix n'a donc que la moitié de sa richesse : elle rend des idées, il est vrai; mais pour rendre des sentimens, des images, il lui faut encore un rhythme et des sons, c'est-à-dire une mélodie : voilà ce qu'avoit la langue grecque et ce qui manque à la nôtre.

Nous sommes toujours dans l'étonnement sur les effets prodigieux de l'éloquence, de la poésie et de la musique parmi les Grecs : ces effets ne s'arrangent point dans nos têtes, parce que nous n'en éprouvons plus de pareils; et tout ce que nous pouvons gagner sur nous, en les voyant si bien attestés, est de faire semblant de les croire par complaisance pour nos savans [3]. Burette, ayant traduit, comme il put, en notes de notre musique certains morceaux de musique grecque, eut la simplicité de faire exécuter ces morceaux à l'Académie des belles-lettres, et les académiciens eurent la patience de les écouter. J'admire cette expérience dans un pays dont la musique est indéchiffrable pour toute autre nation. Donnez un monologue d'opéra françois à exécuter par tels musiciens étrangers qu'il vous plaira, je vous défie d'y rien reconnoître : ce sont pourtant ces mêmes François qui prétendoient juger la mélodie d'une ode de Pindare mise en musique il y a deux mille ans!

J'ai lu qu'autrefois en Amérique les Indiens, voyant l'effet étonnant des armes à feu, ramassoient à terre des balles de mousquet; puis, les jetant avec la main en faisant un grand bruit de la bouche, ils étoient tout surpris de n'avoir tué personne. Nos orateurs, nos musiciens, nos savans ressemblent à ces Indiens. Le prodige n'est pas qu'avec notre musique nous ne fassions plus ce que faisoient les Grecs avec la leur; il seroit, au contraire, qu'avec des instrumens si différents on produisît les mêmes effets.

(1) Géogr., liv. I.

(2) « Archytas atque Aristoxenes etiam subjectam grammaticen musicæ putaverunt, et eosdem utriusque rei præceptores fuisse... Tum Eupolis, apud quem Prodamus et musicen et litteras docet. Et Maricas, qui est Hyperbolus, nihil se ex musicis scire nisi litteras confitetur. » Quintil., lib. I, cap. 10.

(3) Sans doute il faut faire en toute chose déduction de l'exagération grecque, mais c'est aussi trop donner au préjugé moderne que de pousser ces déductions jusqu'à faire évanouir toutes les différences. « Quand la musique des Grecs, dit l'abbé » Terrasson, du temps d'Amphion et d'Orphée, en étoit au point » où elle est aujourd'hui dans les villes les plus éloignées de la » capitale, c'est alors qu'elle suspendoit le cours des fleuves, » qu'elle attiroit les chênes, et qu'elle faisoit mouvoir les ro» chers. Aujourd'hui qu'elle est arrivée à un très-haut point de » perfection, on l'aime beaucoup, on en pénètre même les » beautés, mais elle laisse tout à sa place. Il en a été ainsi des » vers d'Homère, poète né dans les temps qui se ressentoient » encore de l'enfance de l'esprit humain, en comparaison de » ceux qui l'ont suivi. On s'est extasié sur ses vers, et l'on se » contente aujourd'hui de goûter et d'estimer ceux des bons » poètes. » On ne peut nier que l'abbé Terrasson n'eût quelquefois de la philosophie, mais ce n'est sûrement pas dans ce passage qu'il en a montré.

CHAPITRE XIII.

De la Mélodie.

L'homme est modifié par ses sens, personne n'en doute; mais, faute de distinguer les modifications, nous en confondons les causes; nous donnons trop et trop peu d'empire aux sensations; nous ne voyons pas que souvent elles ne nous affectent point seulement comme sensations, mais comme signes ou images, et que leurs effets moraux ont aussi des causes morales. Comme les sentimens qu'excite en nous la peinture ne viennent point des couleurs, l'empire que la musique a sur nos âmes n'est point l'ouvrage des sons. De belles couleurs bien nuancées plaisent à la vue, mais ce plaisir est purement de sensation. C'est le dessin, c'est l'imitation qui donne à ces couleurs de la vie et de l'âme : ce sont les passions qu'elles expriment qui viennent émouvoir les nôtres; ce sont les objets qu'elles représentent qui viennent nous affecter. L'intérêt et le sentiment ne tiennent point aux couleurs; les traits d'un tableau touchant nous touchent encore dans une estampe : ôtez ces traits dans le tableau, les couleurs ne feront plus rien.

La mélodie fait précisément dans la musique ce que fait le dessin dans la peinture; c'est elle qui marque les traits et les figures, dont les accords et les sons ne sont que les couleurs.

Mais, dira-t-on, la melodie n'est qu'une succession de sons. Sans doute; mais le dessin n'est aussi qu'un arrangement de couleurs. Un orateur se sert d'encre pour tracer ses écrits : est-ce à dire que l'encre soit une liqueur fort éloquente?

Supposez un pays où l'on n'auroit aucune idée du dessin, mais où beaucoup de gens, passant leur vie à combiner, mêler, nuer des couleurs, croiroient exceller en peinture. Ces gens-là raisonneroient de la nôtre précisément comme nous raisonnons de la musique des Grecs. Quand on leur parleroit de l'émotion que nous causent de beaux tableaux, et du charme de s'attendrir devant un sujet pathétique, leurs savans approfondiroient aussitôt la matière, compareroient leurs couleurs aux nôtres, examineroient si notre vert est plus tendre, ou notre rouge plus éclatant; ils chercheroient quels accords de couleurs peuvent faire pleurer, quels autres peuvent mettre en colère; les Burettes de ce pays-là rassembleroient sur des guenilles quelques lambeaux défigurés de nos tableaux; puis on se demanderoit avec surprise ce qu'il y a de si merveilleux dans ce coloris.

Que si, dans quelque nation voisine, on commençoit à former quelque trait, quelque ébauche de dessin, quelque figure encore imparfaite, tout cela passeroit pour du barbouillage, pour une peinture capricieuse et baroque; et l'on s'en tiendroit, pour conserver le goût, à ce beau simple, qui véritablement n'exprime rien, mais qui fait briller de belles nuances, de grandes plaques bien colorées, de longues dégradations de teintes sans aucun trait.

Enfin, peut-être, à force de progrès, on viendroit à l'expérience du prisme. Aussitôt quelque artiste célèbre établiroit là-dessus un beau système. Messieurs, leur diroit-il, pour bien philosopher, il faut remonter aux causes physiques. Voilà la décomposition de la lumière; voilà toutes les couleurs primitives; voilà leurs rapports, leurs proportions; voilà les vrais principes du plaisir que vous fait la peinture. Tous ces mots mystérieux de dessin, de représentation, de figure, sont une pure charlatanerie des peintres françois, qui, par leurs imitations, pensent donner je ne sais quels mouvemens à l'âme, tandis qu'on sait qu'il n'y a que des sensations. On vous dit des merveilles de leurs tableaux; mais voyez mes teintes.

Les peintres françois, continueroit-il, ont peut-être observé l'arc-en-ciel; ils ont pu recevoir de la nature quelque goût de nuance et quelque instinct de coloris. Moi, je vous ai montré les grands, les vrais principes de l'art. Que dis-je de l'art! de tous les arts, messieurs, de toutes les sciences. L'analyse des couleurs, le calcul des réfractions du prisme, vous donnent les seuls rapports exacts qui soient dans la nature, la règle de tous les rapports. Or, tout dans l'univers n'est que rapport. On sait donc tout quand on sait peindre; on sait tout quand on sait assortir des couleurs.

Que dirions-nous du peintre assez dépourvu de sentiment et de goût pour raisonner de la sorte, et borner stupidement au physique de son art le plaisir que nous fait la peinture? Que dirions-nous du musicien qui, plein de préjugés semblables, croiroit voir dans la seule harmonie la source des grands effets de la musique? Nous enverrions le premier mettre en couleur des boiseries, et nous condamnerions l'autre à faire des opéra françois.

Comme donc la peinture n'est pas l'art de combiner des couleurs d'une manière agréable à la vue, la musique n'est pas non plus l'art de combiner des sons d'une manière agréable à l'oreille. S'il n'y avoit que cela, l'une et l'autre seroient au nombre des sciences naturelles et non pas des beaux-arts. C'est l'imitation seule qui les élève à ce rang. Or, qu'est-ce qui fait de la peinture un art d'imitation? c'est le dessin. Qu'est-ce qui de la musique en fait un autre? c'est la mélodie.

CHAPITRE XIV.

De l'Harmonie.

La beauté des sons est de la nature; leur effet est purement physique; il résulte du concours des diverses particules d'air mises en mouvement par le corps sonore, et par toutes ses aliquotes, peut-être à l'infini : le tout ensemble donne une sensation agréable. Tous les hommes de l'univers prendront plaisir à écouter de beaux sons; mais si ce plaisir n'est animé par des inflexions mélodieuses qui leur soient familières, il ne sera point délicieux, il ne se changera point en volupté. Les plus beaux chants, à notre gré, toucheront toujours médiocrement une oreille qui n'y sera point accoutumée; c'est une langue dont il faut avoir le dictionnaire.

L'harmonie proprement dite est dans un cas bien moins favorable encore. N'ayant que des beautés de convention, elle ne flatte à nul égard les oreilles qui n'y sont pas exercées; il faut en avoir une longue habitude pour la sentir et pour la goûter. Les oreilles rustiques n'entendent que du bruit dans nos consonnances. Quand les proportions naturelles sont altérées, il n'est pas étonnant que le plaisir naturel n'existe plus.

Un son porte avec lui tous ses sons harmoniques concomitans, dans les rapports de force et d'intervalles qu'ils doivent avoir entre eux pour donner la plus parfaite harmonie de ce même son. Ajoutez-y la tierce ou la quinte, ou quelque autre consonnance; vous ne l'ajoutez pas, vous la redoublez; vous laissez le rapport d'intervalle, mais vous altérez celui de force. En renforçant une consonnance et non pas les autres, vous rompez la proportion; en voulant faire mieux que la nature, vous faites plus mal. Vos oreilles et votre goût sont gâtés par un art mal entendu. Naturellement il n'y a point d'autre harmonie que l'unisson.

M. Rameau prétend que les dessus d'une certaine simplicité suggèrent naturellement leurs basses, et qu'un homme ayant l'oreille juste et non exercée entonnera naturellement cette basse. C'est là un préjugé de musicien, démenti par toute expérience. Non-seulement celui qui n'aura jamais entendu ni basse, ni harmonie, ne trouvera de lui-même ni cette harmonie, ni cette basse; mais même elles lui déplairont si on les lui fait entendre, et il aimera beaucoup mieux le simple unisson.

Quand on calculeroit mille ans les rapports des sons et des lois de l'harmonie, comment fera-t-on jamais de cet art un art d'imitation? Où est le principe de cette imitation prétendue? De quoi l'harmonie est-elle signe? Et qu'y a-t-il de commun entre des accords et nos passions?

Qu'on fasse la même question sur la mélodie, la réponse vient d'elle-même : elle est d'avance dans l'esprit des lecteurs. La mélodie, en imitant les inflexions de la voix, exprime les plaintes, les cris de douleur ou de joie, les menaces, les gémissemens; tous les signes vocaux des passions sont de son ressort. Elle imite les accens des langues, et les tours affectés dans chaque idiome à certains mouvemens de l'âme : elle n'imite pas seulement, elle parle; et son langage inarticulé, mais vif, ardent, passionné, a cent fois plus d'énergie que la parole même. Voilà d'où naît la force des imitations musicales; voilà d'où naît l'empire du chant sur les cœurs sensibles. L'harmonie y peut concourir en certains systèmes, en liant la succession des sons par quelques lois de modulation; en rendant les intonations plus justes; en portant à l'oreille un témoignage assuré de cette justesse; en rapprochant et fixant à des intervalles consonnans et liés des inflexions inappréciables. Mais en donnant aussi des entraves à la mélodie, elle lui ôte l'énergie et l'expression; elle efface l'accent passionné pour y substituer l'intervalle harmonique; elle assujettit à deux seuls modes des chants qui devroient en avoir autant qu'il y a de tons oratoires; elle efface et détruit des multitudes de sons ou d'intervalles qui n'entrent pas dans son système; en un mot, elle sépare tellement le chant de la parole, que ces deux langages se combattent, se contrarient, s'ôtent mutuellement tout caractère de vérité, et ne se peuvent réunir sans absurdité dans un sujet pathétique. De là vient que le peuple trouve toujours ridicule qu'on exprime en chant les passions fortes et sérieuses; car il sait que dans nos langues ces passions n'ont point d'inflexions musicales, et que les hommes du Nord, non plus que les cygnes, ne meurent pas en chantant.

La seule harmonie est même insuffisante pour les expressions qui semblent dépendre uniquement d'elle. Le tonnerre, le murmure des eaux, les vents, les orages, sont mal rendus par de simples accords. Quoi qu'on fasse, le seul bruit ne dit rien à l'esprit; il faut que les objets parlent pour se faire entendre; il faut toujours, dans toute imitation, qu'une espèce de discours supplée à la voix de la nature. Le musicien qui veut rendre du bruit par du bruit se trompe; il ne connoît ni le foible ni le fort de son art, il en juge sans goût, sans lumières.

Apprenez-lui qu'il doit rendre du bruit par du chant; que, s'il faisoit coasser des grenouilles, il faudroit qu'il les fît chanter : car il ne suffit pas qu'il imite, il faut qu'il touche et qu'il plaise ; sans quoi sa maussade imitation n'est rien ; et, ne donnant d'intérêt à personne, elle ne fait nulle impression.

CHAPITRE XV.

Que nos plus vives sensations agissent souvent par des impressions morales.

Tant qu'on ne voudra considérer les sons que par l'ébranlement qu'ils excitent dans nos nerfs, on n'aura point de vrais principes de la musique et de son pouvoir sur les cœurs. Les sons, dans la mélodie, n'agissent pas seulement sur nous comme sons, mais comme signes de nos affections, de nos sentimens; c'est ainsi qu'ils excitent en nous les mouvemens qu'ils expriment, et dont nous y reconnoissons l'image. On aperçoit quelque chose de cet effet moral jusque dans les animaux. L'aboiement d'un chien en attire un autre. Si mon chat m'entend imiter un miaulement, à l'instant je le vois attentif, inquiet, agité. S'aperçoit-il que c'est moi qui contrefais la voix de son semblable, il se rassied et reste en repos. Pourquoi cette différence d'impression, puisqu'il n'y en a point dans l'ébranlement des fibres, et que lui-même y a d'abord été trompé?

Si le plus grand empire qu'ont sur nous nos sensations n'est pas dû à des causes morales, pourquoi donc sommes-nous si sensibles à des impressions qui sont nulles pour des barbares? Pourquoi nos plus touchantes musiques ne sont-elles qu'un vain bruit à l'oreille d'un Caraïbe? Ses nerfs sont-ils d'une autre nature que les nôtres? pourquoi ne sont-ils pas ébranlés de même? ou pourquoi ces mêmes ébranlemens affectent-ils tant les uns et si peu les autres?

On cite en preuve du pouvoir physique des sons la guérison des piqûres de tarentules. Cet exemple prouve tout le contraire. Il ne faut ni des sons absolus ni les mêmes airs pour guérir tous ceux qui sont piqués de cet insecte; il faut à chacun d'eux des airs d'une mélodie qui lui soit connue et des phrases qu'il comprenne. Il faut à l'Italien des airs italiens; au Turc, il faudroit des airs turcs. Chacun n'est affecté que des accens qui lui sont familiers; ses nerfs ne s'y prêtent qu'autant que son esprit les y dispose : il faut qu'il entende la langue qu'on lui parle, pour que ce qu'on lui dit puisse le mettre en mouvement. Les cantates de Bernier ont, dit-on, guéri de la fièvre un musicien françois; elles l'auroient donnée à un musicien de toute autre nation.

Dans les autres sens, et jusqu'au plus grossier de tous, on peut observer les mêmes différences. Qu'un homme, ayant la main posée et l'œil fixé sur le même objet, le croie successivement animé et inanimé, quoique les sens soient frappés de même, quel changement dans l'impression! La rondeur, la blancheur, la fermeté, la douce chaleur, la résistance élastique, le renflement successif, ne lui donnent plus qu'un toucher doux, mais insipide, s'il ne croit sentir un cœur plein de vie palpiter et battre sous tout cela.

Je ne connois qu'un sens aux affections duquel rien de moral ne se mêle : c'est le goût. Aussi la gourmandise n'est-elle jamais le vice dominant que des gens qui ne sentent rien.

Que celui donc qui veut philosopher sur la force des sensations commence par écarter des impressions purement sensuelles, les impressions intellectuelles et morales que nous recevons par la voie des sens, mais dont ils ne sont que les causes occasionnelles; qu'il évite l'erreur de donner aux objets sensibles un pouvoir qu'ils n'ont pas, ou qu'ils tiennent des affections de l'âme qu'ils nous représentent. Les couleurs et les sons peuvent beaucoup comme représentations et signes, peu de chose comme simples objets des sens. Des suites de sons ou d'accords m'amuseront un moment peut-être ; mais pour me charmer et m'attendrir, il faut que ces suites m'offrent quelque chose qui ne soit ni son ni accord, et qui me vienne émouvoir malgré moi. Les chants mêmes qui ne sont qu'agréables et ne disent rien lassent encore; car ce n'est pas tant l'oreille qui porte le plaisir au cœur, que le cœur qui le porte à l'oreille. Je crois qu'en développant mieux ces idées on se fût épargné bien de sots raisonnemens sur la musique ancienne. Mais dans ce siècle où l'on s'efforce de matérialiser toutes les opérations de l'âme, et d'ôter toute moralité aux sentimens humains, je suis trompé si la nouvelle philosophie ne devient aussi funeste au bon goût qu'à la vertu.

CHAPITRE XVI.

Fausse analogie entre les couleurs et les sons.

Il n'y a sortes d'absurdités auxquelles les observations physiques n'aient donné lieu dans la considération des beaux-arts. On a trouvé dans l'analyse du son les mêmes rapports que dans celle de la lumière. Aussitôt on a saisi vivement cette analogie, sans s'embarrasser de l'expérience et de la raison. L'esprit de système a tout confondu; et faute de savoir peindre aux oreilles, on s'est avisé de chanter aux yeux. J'ai vu ce fameux clavecin sur lequel on prétendoit faire de la musique avec des couleurs; c'étoit bien mal connoître les opérations de la nature, de ne pas voir que l'effet des couleurs est dans leur permanence, et celui des sons dans leur succession.

Toutes les richesses du coloris s'étalent à la fois sur la face de la terre; du premier coup d'œil tout est vu. Mais plus on regarde et plus on est enchanté; il ne faut plus qu'admirer et contempler sans cesse.

Il n'en est pas ainsi du son; la nature ne l'analyse point et n'en sépare point les harmoniques: elles les cache, au contraire, sous l'apparence de l'unisson; ou, si quelquefois elle les sépare dans le chant modulé de l'homme et dans le ramage de quelques oiseaux, c'est successivement, et l'un après l'autre; elle inspire des chants et non des accords, elle dicte de la mélodie et non de l'harmonie. Les couleurs sont la parure des êtres inanimés; toute matière est colorée: mais les sons annoncent le mouvement; la voix annonce un être sensible; il n'y a que des corps animés qui chantent. Ce n'est pas le flûteur automate qui joue de la flûte, c'est le mécanicien qui mesura le vent et fit mouvoir les doigts.

Ainsi chaque sens a son champ qui lui est propre. Le champ de la musique est le temps, celui de la peinture est l'espace. Multiplier les sons entendus à la fois, ou développer les couleurs l'une après l'autre, c'est changer leur économie, c'est mettre l'œil à la place de l'oreille, et l'oreille à la place de l'œil.

Vous dites: Comme chaque couleur est déterminée par l'angle de réfraction du rayon qui la donne, de même chaque son est déterminé par le nombre des vibrations du corps sonore, en un temps donné. Or, les rapports de ces angles et de ces nombres étant les mêmes, l'analogie est évidente. Soit; mais cette analogie est de raison, non de sensation; et ce n'est pas de cela qu'il s'agit. Premièrement l'angle de réfraction est sensible et mesurable, et non pas le nombre des vibrations. Les corps sonores, soumis à l'action de l'air, changent incessamment de dimensions et de sons. Les couleurs sont durables, les sons s'évanouissent, et l'on n'a jamais de certitude que ceux qui renaissent soient les mêmes que ceux qui sont éteints. De plus, chaque couleur est absolue, indépendante; au lieu que chaque son n'est pour nous que relatif, et ne se distingue que par comparaison. Un son n'a par lui-même aucun caractère absolu qui le fasse reconnoître: il est grave ou aigu, fort ou doux, par rapport à un autre; en lui-même il n'est rien de tout cela. Dans le système harmonique, un son quelconque n'est rien non plus naturellement; il n'est ni tonique, ni dominant, ni harmonique, ni fondamental, parce que toutes ces propriétés ne sont que des rapports, et que le système entier pouvant varier du grave à l'aigu, chaque son change d'ordre et de place dans le système, selon que le système change de degré. Mais les propriétés des couleurs ne consistent point en des rapports. Le jaune est jaune, indépendant du rouge et du bleu; partout il est sensible et reconnoissable; et sitôt qu'on aura fixé l'angle de réfraction qui le donne, on sera sûr d'avoir le même jaune dans tous les temps.

Les couleurs ne sont pas dans les corps colorés, mais dans la lumière; pour qu'on voie un objet, il faut qu'il soit éclairé. Les sons ont aussi besoin d'un mobile, et pour qu'ils existent il faut que le corps sonore soit ébranlé. C'est un autre avantage en faveur de la vue, car la perpétuelle émanation des astres est l'instrument naturel qui agit sur elle: au lieu que la nature seule engendre peu de sons; et à moins qu'on n'admette l'harmonie des sphères célestes, il faut des êtres vivans pour la produire.

On voit par là que la peinture est plus près de la nature, et que la musique tient plus à l'art humain. On sent aussi que l'une intéresse plus que l'autre, précisément parce qu'elle rapproche plus l'homme de l'homme et nous donne toujours quelque idée de nos semblables. La peinture est souvent morte et inanimée; elle vous peut transporter au fond d'un désert : mais sitôt que des signes vocaux frappent votre oreille, ils vous annoncent un être semblable à vous; ils sont, pour ainsi dire, les organes de l'âme; et, s'ils vous peignent aussi la solitude, ils vous disent que vous n'y êtes pas seul. Les oiseaux sifflent, l'homme seul chante; et l'on ne peut entendre ni chant, ni symphonie, sans se dire à l'instant : Un autre être sensible est ici.

C'est un des grands avantages du musicien, de pouvoir peindre les choses qu'on ne sauroit entendre, tandis qu'il est impossible au peintre de représenter celles qu'on ne sauroit voir; et le plus grand prodige d'un art qui n'agit que par le mouvement est d'en pouvoir former jusqu'à l'image du repos. Le sommeil, le calme de la nuit, la solitude, et le silence même, entrent dans les tableaux de la musique. On sait que le bruit peut produire l'effet du silence, et le silence l'effet du bruit, comme quand on s'endort à une lecture égale et monotone, et qu'on s'éveille à l'instant qu'elle cesse. Mais la musique agit plus intimement sur nous, en excitant par un sens des affections semblables à celles qu'on peut exciter par un autre; et, comme le rapport ne peut être sensible que l'impression ne soit forte, la peinture, dénuée de cette force, ne peut rendre à la musique les imitations que celle-ci tire d'elle. Que toute la nature soit endormie, celui qui la contemple ne dort pas, et l'art du musicien consiste à substituer à l'image insensible de l'objet celle des mouvemens que sa présence excite dans le cœur du contemplateur. Non-seulement il agitera la mer, animera les flammes d'un incendie, fera couler les ruisseaux, tomber la pluie et grossir les torrens; mais il peindra l'horreur d'un désert affreux, rembrunira les murs d'une prison souterraine, calmera la tempête, rendra l'air tranquille et serein, et répandra de l'orchestre une fraîcheur nouvelle sur les bocages. Il ne représentera pas directement ces choses, mais il excitera dans l'âme les mêmes sentimens qu'on éprouve en les voyant.

CHAPITRE XVII.

Erreur des musiciens nuisible à leur art.

Voyez comment tout nous ramène sans cesse aux effets moraux dont j'ai parlé, et combien les musiciens qui ne considèrent la puissance des sons que par l'action de l'air et l'ébranlement des fibres, sont loin de connoître en quoi réside la force de cet art. Plus ils le rapprochent des impressions purement physiques, plus ils l'éloignent de son origine, et plus ils lui ôtent aussi de sa primitive énergie. En quittant l'accent oral et s'attachant aux seules institutions harmoniques, la musique devient plus bruyante à l'oreille et moins douce au cœur. Elle a déjà cessé de parler, bientôt elle ne chantera plus; et alors avec tous ses accords et toute son harmonie elle ne fera plus aucun effet sur nous.

CHAPITRE XVIII.

Que le système musical des Grecs n'avoit aucun rapport au nôtre.

Comment ces changemens sont-ils arrivés? Par un changement naturel du caractère des langues. On sait que notre harmonie est une invention gothique. Ceux qui prétendent trouver le système des Grecs dans le nôtre se moquent de nous. Le système des Grecs n'avoit absolument d'harmonique dans notre sens que ce qu'il falloit pour fixer l'accord des instrumens sur des consonnances parfaites. Tous les peuples qui ont des instrumens à cordes sont forcés de les accorder par des consonnances; mais ceux qui n'en ont pas ont dans leurs chants des inflexions que nous nommons fausses parce qu'elles n'entrent pas dans notre système et que nous ne pouvons les noter. C'est ce qu'on a remarqué sur les chants des sauvages de l'Amérique, et c'est ce qu'on auroit dû remarquer aussi sur divers intervalles de la musique des Grecs, si l'on eût étudié cette musique avec moins de prévention pour la nôtre.

Les Grecs divisoient leur diagramme par tétracordes, comme nous divisons notre clavier par octaves ; et les mêmes divisions se répétoient exactement chez eux à chaque tétracorde, comme elles se répètent chez nous à chaque octave ; similitude qu'on n'eût pu conserver dans l'unité du mode harmonique et qu'on n'auroit pas même imaginée. Mais comme on passe par des intervalles moins grands quand on parle que quand on chante, il fut naturel qu'ils regardassent la répétition des tétracordes, dans leur mélodie orale, comme nous regardons la répétition des octaves dans notre mélodie harmonique.

Ils n'ont reconnu pour consonnances que celles que nous appelons consonnances parfaites ; ils ont rejeté de ce nombre les tierces et les sixtes. Pourquoi cela ? C'est que l'intervalle du ton mineur étant ignoré d'eux, ou du moins proscrit de la pratique, et leurs consonnances n'étant point tempérées, toutes leurs tierces majeures étoient trop fortes d'un comma, leurs tierces mineures trop foibles d'autant, et par conséquent leurs sixtes majeures et mineures réciproquement altérées de même. Qu'on s'imagine maintenant quelles notions d'harmonie on peut avoir et quels modes harmoniques on peut établir en bannissant les tierces et les sixtes du nombre des consonnances. Si les consonnances mêmes qu'ils admettoient leur eussent été connues par un vrai sentiment d'harmonie, ils les auroient au moins sous-entendues au-dessous de leurs chants, la consonnance tacite des marches fondamentales eût prêté son nom aux marches diatoniques qu'elles leur suggéroient. Loin d'avoir moins de consonnances que nous, ils en auroient eu davantage ; et, préoccupés, par exemple, de la basse *ut sol*, ils eussent donné le nom de consonnance à la seconde *ut re*.

Mais, dira-t-on, pourquoi donc des marches diatoniques? Par un instinct qui dans une langue accentuée et chantante nous porte à choisir les inflexions les plus commodes : car entre les modifications trop fortes qu'il faut donner à la glotte pour entonner continuellement les grands intervalles des consonnances, et la difficulté de régler l'intonation dans les rapports très-composés des moindres intervalles, l'organe prit un milieu et tomba naturellement sur des intervalles plus petits que les consonnances, et plus simples que les comma ; ce qui n'empêcha pas que de moindres intervalles n'eussent aussi leur emploi dans des genres plus pathétiques.

CHAPITRE XIX.

Comment la musique a dégénéré.

A mesure que la langue se perfectionnoit, la mélodie, en s'imposant de nouvelles règles, perdoit insensiblement de son ancienne énergie, et le calcul des intervalles fut substitué à la finesse des inflexions. C'est ainsi par exemple que la pratique du genre enharmonique s'abolit peu à peu. Quand les théâtres eurent pris une forme régulière, on n'y chantoit plus que sur des modes prescrits ; et, à mesure qu'on multiplioit les règles de l'imitation, la langue imitative s'affoiblissoit.

L'étude de la philosophie et le progrès du raisonnement, ayant perfectionné la grammaire, ôtèrent à la langue ce ton vif et passionné qui l'avoit d'abord rendue si chantante. Dès le temps de Ménalippide et de Philoxène, les symphonistes, qui d'abord étoient aux gages des poètes et n'exécutoient que sous eux, et pour ainsi dire à leur dictée, en devinrent indépendans ; et c'est de cette licence que se plaint si amèrement la Musique dans une comédie de Phérécrate, dont Plutarque nous a conservé le passage. Ainsi la mélodie, commençant à n'être plus si adhérente au discours, prit insensiblement une existence à part, et la musique devint plus indépendante des paroles. Alors aussi cessèrent peu à peu ces prodiges qu'elle avoit produits lorsqu'elle n'étoit que l'accent et l'harmonie de la poésie, et qu'elle lui donnoit sur les passions cet empire que la parole n'exerça plus dans la suite que sur la raison. Aussi, dès que la Grèce fut pleine de sophistes et de philosophes, n'y vit-on plus ni poètes ni musiciens célèbres. En cultivant l'art de convaincre on perdit celui d'émouvoir. Platon lui-même, jaloux d'Homère et d'Euripide, décria l'un et ne put imiter l'autre.

Bientôt la servitude ajouta son influence à celle de la philosophie. La Grèce aux fers perdit ce feu qui n'échauffe que les âmes libres, et ne trouva plus pour louer ses tyrans le ton dont elle avoit chanté ses héros. Le mélange des Romains affoiblit encore ce qui restoit au langage d'harmonie et d'accent. Le latin, langue plus sourde et moins musicale, fit tort à la musique en l'adoptant. Le chant employé dans la capitale altéra peu à peu celui des provinces; les théâtres de Rome nuisirent à ceux d'Athènes. Quand Néron remportoit des prix, la Grèce avoit cessé d'en mériter; et la même mélodie, partagée à deux langues, convint moins à l'une et à l'autre.

Enfin arriva la catastrophe qui détruisit les progrès de l'esprit humain, sans ôter les vices qui en étoient l'ouvrage. L'Europe, inondée de barbares et asservie par des ignorans, perdit à la fois ses sciences, ses arts, et l'instrument universel des uns et des autres, savoir, la langue harmonieuse perfectionnée. Ces hommes grossiers, que le Nord avoit engendrés, accoutumèrent insensiblement toutes les oreilles à la rudesse de leur organe; leur voix dure et dénuée d'accent étoit bruyante sans être sonore. L'empereur Julien comparoit le parler des Gaulois au coassement des grenouilles. Toutes leurs articulations étant aussi âpres que leurs voix étoient nasardes et sourdes, ils ne pouvoient donner qu'une sorte d'éclat à leur chant, qui étoit de renforcer le son des voyelles pour couvrir l'abondance et la dureté des consonnes.

Ce chant bruyant, joint à l'inflexibilité de l'organe, obligea ces nouveaux venus et les peuples subjugués qui les imitèrent de ralentir tous les sons pour les faire entendre. L'articulation pénible et les sons renforcés concoururent également à chasser de la mélodie tout sentiment de mesure et de rhythme. Comme ce qu'il y avoit de plus dur à prononcer étoit toujours le passage d'un son à l'autre, on n'avoit rien de mieux à faire que de s'arrêter sur chacun le plus qu'il étoit possible, de le renfler, de le faire éclater le plus qu'on pouvoit. Le chant ne fut bientôt plus qu'une suite ennuyeuse et lente de sons trainans et criés, sans douceur, sans mesure et sans grâce; et si quelques savans disoient qu'il falloit observer les longues et les brèves dans le chant latin, il est sûr au moins qu'on chanta les vers comme de la prose, et qu'il ne fut plus question de pieds, de rhythme, ni d'aucune espèce de chant mesuré.

Le chant, ainsi dépouillé de toute mélodie, et consistant uniquement dans la force et la durée des sons, dut suggérer enfin les moyens de le rendre plus sonore encore, à l'aide des consonnances. Plusieurs voix, traînant sans cesse à l'unisson des sons d'une durée illimitée, trouvèrent par hasard quelques accords qui, renforçant le bruit, le leur firent paroître agréable : et ainsi commença la pratique du discant et du contrepoint.

J'ignore combien de siècles les musiciens tournèrent autour des vaines questions que l'effet connu d'un principe ignoré leur fit agiter. Le plus infatigable lecteur ne supporteroit pas dans Jean de Muris le verbiage de huit ou dix grands chapitres, pour savoir, dans l'intervalle de l'octave coupée en deux consonnances, si c'est la quinte ou la quarte qui doit être au grave; et quatre cents ans après on trouve encore dans Bontempi des énumérations non moins ennuyeuses de toutes les basses qui doivent porter la sixte au lieu de la quinte. Cependant l'harmonie prit insensiblement la route que lui prescrit l'analyse, jusqu'à ce qu'enfin l'invention du mode mineur et des dissonances y eût introduit l'arbitraire dont elle est pleine, et que le seul préjugé nous empêche d'apercevoir (¹).

Le mélodie étant oubliée, et l'attention du

(¹) Rapportant toute l'harmonie à ce principe très-simple de la résonnance des cordes dans leurs aliquotes, M. Rameau fonde le mode mineur et la dissonance sur sa prétendue expérience qu'une corde sonore en mouvement fait vibrer d'autres cordes plus longues à sa douzième et à sa dix-septième majeure au grave. Ces cordes, selon lui, vibrent et frémissent dans toute leur longueur, mais elles ne résonnent pas. Voilà, ce me semble, une singulière physique; c'est comme si l'on disoit que le soleil luit et qu'on ne voit rien.

Ces cordes plus longues ne rendant que le son de la plus aiguë, parce qu'elles se divisent, vibrent, résonnent à son unisson, confondent leur son avec le sien, et paroissent n'en rendre aucun. L'erreur est d'avoir cru les voir vibrer dans toute leur longueur, et d'avoir mal observé les nœuds. Deux cordes sonores formant quelque intervalle harmonique peuvent faire entendre leur son fondamental au grave, même sans une troisième corde; c'est l'expérience connue et confirmée de M. Tartini : mais une corde seule n'a point d'autre son fondamental que le sien; elle ne fait point résonner ni vibrer ses multiples, mais seulement son unisson et ses aliquotes. Comme le son n'a d'autre cause que les vibrations du corps sonore, et qu'où la cause agit librement l'effet suit toujours, séparer les vibrations de la résonnance, c'est dire une absurdité.

musicien s'étant tournée entièrement vers l'harmonie, tout se dirigea peu à peu sur ce nouvel objet; les genres, les modes, la gamme, tout reçut des faces nouvelles : ce furent les successions harmoniques qui réglèrent la marche des parties. Cette marche ayant usurpé le nom de mélodie, on ne put méconnoître en effet dans cette nouvelle mélodie les traits de sa mère; et notre système musical étant ainsi devenu, par degrés, purement harmonique, il n'est pas étonnant que l'accent oral en ait souffert, et que la musique ait perdu pour nous presque toute son énergie.

Voilà comment le chant devint, par degrés, un art entièrement séparé de la parole, dont il tire son origine; comment les harmoniques des sons firent oublier les inflexions de la voix; et comment enfin, bornée à l'effet purement physique du concours des vibrations, la musique se trouva privée des effets moraux qu'elle avoit produits quand elle étoit doublement la voix de la nature.

CHAPITRE XX.

Rapport des langues au gouvernement.

Ces progrès ne sont ni fortuits, ni arbitraires; ils tiennent aux vicissitudes des choses. Les langues se forment naturellement sur les besoins des hommes, elles changent et s'altèrent selon les changemens de ces mêmes besoins. Dans les anciens temps, où la persuasion tenoit lieu de force publique, l'éloquence étoit nécessaire. A quoi serviroit-elle aujourd'hui, que la force publique supplée à la persuasion? L'on n'a besoin ni d'art ni de figure pour dire, *tel est mon plaisir*. Quels discours restent donc à faire au peuple assemblé? des sermons. Et qu'importe à ceux qui les font de persuader le peuple, puisque ce n'est pas lui qui nomme aux bénéfices? Les langues populaires nous sont devenues aussi parfaitement inutiles que l'éloquence. Les sociétés ont pris leur dernière forme : on n'y change plus rien qu'avec du canon et des écus; et comme on n'a plus rien à dire au peuple, sinon, *donnez de l'argent*, on le dit avec des placards au coin des rues, ou des soldats dans les maisons. Il ne faut assembler personne pour cela; au contraire, il faut tenir les sujets épars : c'est la première maxime de la politique moderne.

Il y a des langues favorables à la liberté; ce sont les langues sonores, prosodiques, harmonieuses, dont on distingue le discours de fort loin. Les nôtres sont faites pour le bourdonnement des divans. Nos prédicateurs se tourmentent, se mettent en sueur dans les temples, sans qu'on sache rien de ce qu'ils ont dit. Après s'être épuisés à crier pendant une heure, ils sortent de la chaire à demi morts. Assurément ce n'étoit pas la peine de prendre tant de fatigue.

Chez les anciens on se faisoit entendre aisément au peuple sur la place publique; on y parloit tout un jour sans s'incommoder. Les généraux haranguoient leurs troupes; on les entendoit, et ils ne s'épuisoient point. Les historiens modernes qui ont voulu mettre des harangues dans leurs histoires se sont fait moquer d'eux. Qu'on suppose un homme haranguant en françois le peuple de Paris dans la place Vendôme; qu'il crie à pleine tête, on entendra qu'il crie, on ne distinguera pas un mot. Hérodote lisoit son histoire aux peuples de la Grèce assemblés en plein air, et tout retentissoit d'applaudissemens. Aujourd'hui, l'académicien qui lit un mémoire, un jour d'assemblée publique, est à peine entendu au bout de la salle. Si les charlatans des places abondent moins en France qu'en Italie, ce n'est pas qu'en France ils soient moins écoutés, c'est seulement qu'on ne les entend pas si bien. M. d'Alembert croit qu'on pourroit débiter le récitatif françois à l'italienne; il faudroit donc le débiter à l'oreille, autrement on n'entendroit rien du tout. Or, je dis que toute langue avec laquelle on ne peut pas se faire entendre au peuple assemblé est une langue servile; il est impossible qu'un peuple demeure libre et qu'il parle cette langue-là.

Je finirai ces réflexions superficielles, mais qui peuvent en faire naître de plus profondes, par le passage qui me les a suggérées.

Ce seroit la matière d'un examen assez philosophique, que d'observer dans le fait, et de montrer par des exemples, combien le caractère, les mœurs et les intérêts d'un peuple influent sur sa langue (¹).

LETTRE

SUR

SUR LA MUSIQUE FRANÇOISE.

AVIS DE L'ÉDITEUR (1819).

Au livre VIII de ses *Confessions* (tome Iᵉʳ, page 200) Rousseau fait connoître les circonstances qui l'excitèrent à publier la Lettre qu'on va lire. Il y a peu de chose à ajouter aux documens qu'il nous donne lui-même sur ce point.

L'établissement à Paris d'une troupe de bouffons italiens date du mois d'août 1752. Leurs représentations avoient lieu dans la salle même de l'Opéra. Ils restèrent jusqu'en mars 1754. Leurs partisans, tout zélés, tout ardens qu'ils étoient, ne furent ni assez puissans, ni assez nombreux pour les soutenir plus long-temps. Dans cet intervalle de vingt mois, ils représentèrent douze comédies ou intermèdes dont voici les titres :

1. *La Serva Padrona,* musique de PERGOLÈSE.
2. *Il Giocatore,* musique de différens auteurs, mais dont les principaux morceaux étoient de ORLANDINI.
3. *Il Maestro di Musica*, de différens auteurs.
4. *La Finta Cameriera,* musique de ATELLA.
5. *La Donna Superba,* de différens auteurs.
6. *La Scaltra Governatrice,* musique de COCCHI.
7. *Il Cinese rimpatriato,* musique de SELLETTI.
8. *La Zingara,* musique de RINALDO de Capoue.
9. *Gli Artigiani arrichiti,* musique de LATILLA.
10. *Il Paratagio,* musique de JOMELLI.
11. *Bertoldo in Corte,* musique de CIAMPI.
12. *I Viaggiatori,* musique de LEO.

Tous les airs italiens cités par Rousseau dans sa Lettre sont tirés de ces pièces dont le succès ne fut pas égal, mais qui toutes firent connoître à notre nation un genre de musique dont elle n'avoit pas d'idée. Quelques-unes ont été gravées en partition. La première, la huitième et la onzième de la liste ci-dessus, sont à la Bibliothèque royale.

Le nombre des brochures publiées, tant en réponse à la Lettre de Rousseau, qu'à l'occasion de cette grande querelle, s'élève à plus de soixante. On en trouve la liste à la fin du second volume de l'*Histoire de l'Académie royale de Musique* (2 vol. in-8°, 1757, deuxième édition); encore, cette liste n'est-elle pas complète.

(¹) Remarques sur la Grammaire générale et raisonnée, par M. Duclos. page 2.

AVERTISSEMENT.

La querelle excitée l'année dernière à l'Opéra n'ayant abouti qu'à des injures, dites, d'un côté, avec beaucoup d'esprit, et, de l'autre, avec beaucoup d'animosité, je n'y voulus prendre aucune part; car cette espèce de guerre ne me convenoit en aucun sens, et je sentois bien que ce n'étoit pas le temps de ne dire que des raisons. Maintenant que les bouffons sont congédiés, ou près de l'être, et qu'il n'est plus question de cabales, je crois pouvoir hasarder mon sentiment; et je le dirai avec ma franchise ordinaire, sans craindre en cela d'offenser personne : il me semble même que, sur un pareil sujet, toute précaution seroit injurieuse pour les lecteurs; car j'avoue que j'aurois fort mauvaise opinion d'un peuple (¹) qui donneroit à des chansons une importance ridicule; qui feroit plus de cas de ses musiciens que de ses philosophes, et chez lequel il faudroit parler de musique avec plus de circonspection que des plus graves sujets de morale.

C'est par la raison que je viens d'exposer que, quoique quelques-uns m'accusent, à ce qu'on dit, d'avoir manqué de respect à la musique françoise dans ma première édition, le respect beaucoup plus grand et l'estime que je dois à la nation m'empêchent de rien changer, à cet égard, dans celle-ci.

Une chose presque incroyable, si elle regardoit tout autre que moi, c'est qu'on ose m'accuser d'avoir parlé de la langue avec mépris dans un ouvrage où il n'en peut être question que par rapport à la musique. Je n'ai pas changé là-dessus un seul mot dans cette édition; ainsi, en la parcourant de sang-froid, le lecteur pourra voir si cette accusation est juste. Il est vrai que, quoique nous ayons eu d'excellens poètes et même quelques musiciens qui n'étoient pas sans génie, je crois notre langue peu propre à la poésie, et point du tout à la musique. Je ne crains pas de m'en rapporter sur ce point aux poètes mêmes; car, quant aux musiciens, chacun sait qu'on peut se dispenser de les consulter sur toute affaire de raisonnement. En revanche, la langue françoise me paroît celle des philosophes et des sages (²) : elle semble faite pour être l'organe de la

(¹) De peur que mes lecteurs ne prennent les dernières lignes de cet alinéa pour une satire ajoutée après coup, je dois les avertir qu'elles sont tirées exactement de la première édition de cette Lettre : tout ce qui suit fut ajouté dans la seconde.

(²) C'est le sentiment de l'auteur de la Lettre sur les sourds

vérité et de la raison. Malheur à quiconque offense l'une ou l'autre dans des écrits qui la déshonorent! Quant à moi, le plus digne hommage que je croie pouvoir rendre à cette belle et sage langue dont j'ai le bonheur de faire usage, est de tâcher de ne la point avilir.

Quoique je ne veuille et ne doive point changer de ton avec le public, que je n'attende rien de lui, et que je me soucie tout aussi peu de ses satires que de ses éloges, je crois le respecter beaucoup plus que cette foule d'écrivains mercenaires et dangereux qui le flattent pour leur intérêt. Ce respect, il est vrai, ne consiste pas dans de vains ménagemens qui marquent l'opinion qu'on a de la foiblesse de ses lecteurs, mais à rendre hommage à leur jugement, en appuyant, par des raisons solides, le sentiment qu'on leur propose; et c'est ce que je me suis toujours efforcé de faire. Ainsi, de quelque sens qu'on veuille envisager les choses, en appréciant équitablement toutes les clameurs que cette lettre a excitées, j'ai bien peur qu'à la fin mon plus grand tort ne soit d'avoir raison; car je sais trop que celui-là ne me sera jamais pardonné.

Sunt verba et voces, prœtereaque nihil.

Vous souvenez-vous, monsieur, de l'histoire de cet enfant de Silésie dont parle M. de Fontenelle, et qui étoit né avec une dent d'or? Tous les docteurs de l'Allemagne s'épuisèrent d'abord en savantes dissertations pour expliquer comment on pouvoit naître avec une dent d'or: la dernière chose dont on s'avisa fut de vérifier le fait, et il se trouva que la dent n'étoit pas d'or. Pour éviter un semblable inconvénient, avant que de parler de l'excellence de notre musique, il seroit peut-être bon de s'assurer de son existence, et d'examiner d'abord, non pas si elle est d'or, mais si nous en avons une.

Les Allemands, les Espagnols et les Anglois ont long-temps prétendu posséder une musique propre à leur langue: en effet ils avoient des opéra nationaux qu'ils admiroient de très-bonne foi; et ils étoient bien persuadés qu'il y alloit de leur gloire à laisser abolir ces chefs-d'œuvre insupportables à toutes les oreilles, excepté les leurs. Enfin le plaisir l'a emporté chez eux sur la vanité, ou, du moins, ils s'en sont fait une mieux entendue de sacrifier au goût et à la raison des préjugés qui rendent souvent les nations ridicules par l'honneur même qu'elles y attachent.

Nous sommes encore en France, à l'égard de notre musique, dans les sentimens où ils étoient alors sur la leur: mais qui nous assurera que, pour avoir été plus opiniâtre, notre entêtement en soit mieux fondé? Ignorons-nous combien l'habitude des plus mauvaises choses peut fasciner nos sens en leur faveur [1], et com-

et les niuets, sentiment qu'il soutient très-bien dans l'addition à cet ouvrage, et qu'il prouve encore mieux par tous ses écrits.

[1] Les curieux seront peut-être bien aises de trouver ici le passage suivant, tiré d'un ancien partisan du Coin de la reine, et que je m'abstiens de traduire pour de fort bonnes raisons [*]:

« Et reversus est rex piissimus Carolus, et celebravit Romæ » pascha cum domno apostolico. Ecce orta est contentio per » dies festos Paschæ inter cantores Romanorum et Gallorum: » dicebant se Galli meliùs cantare et pulchriùs quàm Romani: » dicebant se Romani doctissimè cantilenas ecclesiasticas proferre, sicut docti fuerant à sancto Gregorio papâ; Gallos corruptè cantare, et cantilenam sanam destruendo dilacerare. » Quæ contentio ante domnum regem Carolum pervenit. Galli » verò, propter securitatem domni regis Caroli, valdè exprobrabant cantoribus romanis. Romani verò, propter auctoritatem magnæ doctrinæ, eos stultos, rusticos, et indoctos, velut » bruta animalia, affirmabant, et doctrinam sancti Gregorii » præferebant rusticitati eorum. Et cùm altercatio de neutrâ » parte finiret, ait domnus piissimus rex Carolus ad suos cantores: Dicite palàm, Quis purior est, et quis melior, aut fons » vivus, aut rivuli ejus longè decurrentes? Responderunt omnes » unâ voce, fontem, velut caput et originem, puriorem esse; » rivulos autem ejus quantò longius à fonte recesserint, tantò » turbulentos et sordibus ac immunditiis corruptos. Et ait domnus rex Carolus: Revertimini vos ad fontem sancti Gregorii, » quia manifestè corrupistis cantilenam ecclesiasticam. Mox » petiit domnus rex Carolus ab Adriano papâ cantores qui » Franciam corrigerent de cantu. At ille dedit ei Theodorum et » Benedictum, doctissimos cantores, qui à sancto Gregorio » eruditi fuerant, tribuitque Antiphonarios sancti Gregorii, » quos ipse notaverat notâ romanâ. Domnus verò rex Carolus, » revertens in Franciam misit unum cantorem in Metis civitate, » alterum in Suessonis civitate, præcipiens de omnibus civitatibus Franciæ magistros scholæ Antiphonarios eis ad corrigendum tradere, et ab eis discere cantare. Correcti sunt ergò » Antiphonarii Francorum, quos unusquisque pro suo arbitrio » vitiaverat, addens vel minuens; et omnes Franciæ cantores » didicerunt notam romanam quam nunc vocant notam franciscam: excepto quòd *tremulas* et *vinnulas*, sive collisibiles » vel secabiles voces in cantu non poterant perfectè exprimere » Franci, naturali voce barbaricâ frangentes in gutture voces, » quàm potiùs exprimentes. Majus autem magisterium cantandi » in Metis remansit; quantùmque magisterium romanum superat metense in arte cantandi, tantò superat metensis cantilena » cæteras scholas Gallorum. Similiter erudierunt romani cantores supra dictos cantores Francorum in arte organandi. Et » domnus rex Carolus iterùm à Româ artis grammaticæ et computatoriæ magistros secum adduxit in Franciam, et ubique » studium litterarum expandere jussit. Ante ipsum enim dom-

[*] Le morceau qui suit se retrouve cité dans le Dictionnaire de Musique, au mot *Plain-Chant*. Rousseau en donne une traduction, et fait connoître l'ouvrage d'où il est tiré. G. P.

bien le raisonnement et la réflexion sont nécessaires pour rectifier dans tous les beaux-arts l'approbation mal entendue que le peuple donne souvent aux productions du plus mauvais goût, et détruire le faux plaisir qu'il y prend? Ne seroit-il donc point à propos, pour bien juger de la musique françoise, indépendamment de ce qu'en pense la populace de tous les états, qu'on essayât une fois de la soumettre à la coupelle de la raison, et de voir si elle en soutiendra l'épreuve? *Concedo ipse hoc multis*, disoit Platon, *voluptate musicam judicandam; sed illam fermè musicam esse dico pulcherrimam, quæ optimos satisque eruditos delectet* (*).

Je n'ai pas dessein d'approfondir ici cet examen : ce n'est pas l'affaire d'une lettre, ni peut-être la mienne. Je voudrois seulement tâcher d'établir quelques principes sur lesquels, en attendant qu'on en trouve de meilleurs, les maîtres de l'art, ou plutôt les philosophes, pussent diriger leurs recherches : car, disoit autrefois un sage, c'est au poëte à faire de la poésie, et au musicien à faire de la musique : mais il n'appartient qu'au philosophe de bien parler de l'une et de l'autre.

Toute musique ne peut être composée que de ces trois choses : mélodie ou chant, harmonie ou accompagnement, mouvement ou mesure (1).

Quoique le chant tire son principal caractère de la mesure, comme il naît immédiatement de l'harmonie, et qu'il assujettit toujours l'accompagnement à sa marche, j'unirai ces deux parties dans un même article, puis je parlerai de la mesure séparément.

L'harmonie, ayant son principe dans la nature, est la même pour toutes les nations; ou si elle a quelques différences, elles sont introduites par celles de la mélodie : ainsi, c'est de la mélodie seulement qu'il faut tirer le caractère particulier d'une musique nationale, d'autant plus que ce caractère étant principalement donné par la langue, le chant proprement dit doit ressentir sa plus grande influence.

On peut concevoir les langues les plus propres à la musique les unes que les autres : on en peut concevoir qui ne le seroient point du tout. Telle en pourroit être une qui ne seroit composée que de sons mixtes, de syllabes muettes, sourdes ou nasales, peu de voyelles sonores, beaucoup de consonnes et d'articulations, et qui manqueroit encore d'autres conditions essentielles dont je parlerai dans l'article de la mesure. Cherchons, par curiosité, ce qui résulteroit de la musique appliquée à une telle langue.

Premièrement, le défaut d'éclat dans le son des voyelles obligeroit d'en donner beaucoup à celui des notes; et parce que la langue seroit sourde, la musique seroit criarde. En second lieu, la dureté et la fréquence des consonnes forceroient à exclure beaucoup de mots, à ne procéder sur les autres que par des intonations élémentaires; et la musique seroit insipide et monotone : sa marche seroit encore lente et ennuyeuse par la même raison; et quand on voudroit presser un peu le mouvement, sa vitesse ressembleroit à celle d'un corps dur et anguleux qui roule sur le pavé.

Comme une telle musique seroit dénuée de toute mélodie agréable, on tâcheroit d'y suppléer par des beautés factices et peu naturelles; on la chargeroit de modulations fréquentes et régulières, mais froides, sans grâces et sans expression; on inventeroit des fredons, des cadences, des ports-de-voix et d'autres agrémens postiches, qu'on prodigueroit dans le chant, et qui ne feroient que le rendre plus ridicule sans le rendre moins plat. La musique, avec toute cette maussade parure, resteroit languissante et sans expression; et ses images, dénuées de force et d'énergie, peindroient peu d'objets en beaucoup de notes, comme ces écritures gothiques dont les lignes, remplies de traits et de lettres figurées, ne contiennent que deux ou trois mots, et qui renferment très-peu de sens en un grand espace.

L'impossibilité d'inventer des chants agréables obligeroit les compositeurs à tourner tous leurs soins du côté de l'harmonie; et, faute de beautés réelles, ils y introduiroient des beautés de convention, qui n'auroient presque d'autre mérite que la difficulté vaincue : au lieu d'une

» num regem Carolum, in Galliâ nullum studium fuerat liberalium artium. »

(1) Quoiqu'on entende par *mesure* la détermination du nombre et du rapport des temps, et par *mouvement* celle du degré de vitesse, j'ai cru pouvoir ici confondre ces choses sous l'idée générale de modifications de la durée ou du temps.

(*) De Leg., lib. II. (Tome VIII, page 71, éd. des Deux-Ponts.) Ficin, dont Rousseau transcrit ici la traduction, après ces mots *voluptate musicam judicandam*, ajoute : *non tamen quorumcis hominum voluptate; sed illam*... etc. G. P.

bonne musique, ils imagineroient une musique savante; pour suppléer au chant, ils multiplieroient les accompagnemens, il leur en coûteroit moins de placer beaucoup de mauvaises parties les unes au-dessus des autres, que d'en faire une qui fût bonne. Pour ôter l'insipidité, ils augmenteroient la confusion; ils croiroient faire de la musique, et ils ne feroient que du bruit.

Un autre effet, qui résulteroit du défaut de mélodie, seroit que les musiciens, n'en ayant qu'une fausse idée, trouveroient partout une mélodie à leur manière : n'ayant pas de véritable chant, les parties de chant ne leur coûteroient rien à multiplier, parce qu'ils donneroient hardiment ce nom à ce qui n'en seroit pas, même jusqu'à la basse continue, à l'unisson de laquelle ils feroient sans façon réciter les basses-tailles; sauf à couvrir le tout d'une sorte d'accompagnement dont la prétendue mélodie n'auroit aucun rapport à celle de la partie vocale. Partout où ils verroient des notes ils trouveroient du chant, attendu qu'en effet leur chant ne seroit que des notes, *Voces, prœtereàque nihil.*

Passons maintenant à la mesure, dans le sentiment de laquelle consiste en grande partie la beauté et l'expression du chant. La mesure est à peu près à la mélodie ce que la syntaxe est au discours; c'est elle qui fait l'enchaînement des mots, qui distingue les phrases, et qui donne un sens, une liaison au tout. Toute musique dont on ne sent point la mesure ressemble, si la faute vient de celui qui l'exécute, à une écriture en chiffres, dont il faut nécessairement trouver la clef pour en démêler le sens; mais si en effet cette musique n'a pas de mesure sensible, ce n'est alors qu'une collection confuse de mots pris au hasard et écrits sans suite, auxquels le lecteur ne trouve aucun sens, parce que l'auteur n'y en a point mis.

J'ai dit que toute musique nationale tire son principal caractère de la langue qui lui est propre, et je dois ajouter que c'est principalement la prosodie de la langue qui constitue ce caractère. Comme la musique vocale a précédé de beaucoup l'instrumentale, celle-ci a toujours reçu de l'autre ses tours de chant et sa mesure: et les diverses mesures de la musique vocale n'ont pu naître que des diverses manières dont on pouvoit scander le discours et placer les brèves et les longues les unes à l'égard des autres; ce qui est très-évident dans la musique grecque, dont toutes les mesures n'étoient que les formules d'autant de rhythmes fournis par tous les arrangemens de syllabes longues ou brèves, et des pieds dont la langue et la poésie étoient susceptibles. De sorte que, quoiqu'on puisse très-bien distinguer dans le rhythme musical la mesure de la prosodie, la mesure du vers et la mesure du chant, il ne faut pas douter que la musique la plus agréable, ou du moins la mieux cadencée, ne soit celle où ces trois mesures concourent ensemble le plus parfaitement qu'il est possible.

Après ces éclaircissemens je reviens à mon hypothèse, et je suppose que la même langue dont je viens de parler eût une mauvaise prosodie, peu marquée, sans exactitude et sans précision, que les longues et les brèves n'eussent pas entre elles, en durées et en nombres, des rapports simples et propres à rendre le rhythme agréable, exact, régulier; qu'elle eût des longues plus ou moins longues les unes que les autres, des brèves plus ou moins brèves, des syllabes ni brèves ni longues, et que les différences des unes et des autres fussent indéterminées et presque incommensurables : il est clair que la musique nationale, étant contrainte de recevoir dans sa mesure les irrégularités de la prosodie, n'en auroit qu'un fort vague, inégale et très-peu sensible; que le récitatif se sentiroit surtout de cette irrégularité; qu'on ne sauroit presque comment y faire accorder les valeurs des notes et celles des syllabes; qu'on seroit contraint d'y changer de mesure à tout moment, et qu'on ne pourroit jamais y rendre les vers dans un rhythme exact et cadencé; que, même dans les airs mesurés, tous les mouvemens seroient peu naturels et sans précision; que, pour peu de lenteur qu'on joignît à ce défaut, l'idée de l'égalité des temps se perdroit entièrement dans l'esprit du chanteur et de l'auditeur; et qu'enfin la mesure n'étant plus sensible, ni ses retours égaux, elle ne seroit assujettie qu'au caprice du musicien, qui pourroit, à chaque instant, la presser ou ralentir à son gré, de sorte qu'il ne seroit pas possible dans un concert de se passer de quelqu'un qui la marquât à tous, selon la fantaisie ou la commodité d'un seul.

C'est ainsi que les acteurs contracteroient tellement l'habitude de s'asservir la mesure, qu'on les entendroit même l'altérer à dessein dans les morceaux où le compositeur seroit venu à bout de la rendre sensible. Marquer la mesure seroit une faute contre la composition, et la suivre en seroit une contre le goût du chant : les défauts passeroient pour des beautés, et les beautés pour des défauts; les vices seroient établis en règles; et, pour faire de la musique au goût de la nation, il ne faudroit que s'attacher avec soin à ce qui déplaît à tous les autres.

Aussi, avec quelque art que l'on cherchât à couvrir les défauts d'une pareille musique, il seroit impossible qu'elle plût jamais à d'autres oreilles qu'à celles des naturels du pays où elle seroit en usage : à force d'essuyer des reproches sur leur mauvais goût, à force d'entendre dans une langue plus favorable de la véritable musique, ils chercheroient à en rapprocher la leur, et ne feroient que lui ôter son caractère et la convenance qu'elle avoit avec la langue pour laquelle elle avoit été faite. S'ils vouloient dénaturer leur chant, ils le rendroient dur, baroque et presque inchantable; s'ils se contentoient de l'orner par d'autres accompagnemens que ceux qui lui sont propres, ils ne feroient que marquer mieux sa platitude par un contraste inévitable : ils ôteroient à leur musique la seule beauté dont elle étoit susceptible, en ôtant à toutes ses parties l'uniformité de caractère qui la faisoit être une; et en accoutumant les oreilles à dédaigner le chant pour n'écouter que la symphonie, ils parviendroient enfin à ne faire servir les voix que d'accompagnement à l'accompagnement.

Voilà par quel moyen la musique d'une telle nation se diviseroit en musique vocale et musique *instrumentale*; *voilà comment*, en donnant des caractères différens à ces deux espèces, on en feroit un tout monstrueux. La symphonie voudroit aller en mesure; et le chant ne pouvant souffrir aucune gêne, on entendroit souvent dans les mêmes morceaux les acteurs et l'orchestre se contrarier et se faire obstacle mutuellement : cette incertitude et le mélange des deux caractères introduiroient dans la manière d'accompagner une froideur et une lâcheté qui se tourneroient tellement en habitude, que les symphonistes ne pourroient pas, même en exécutant de bonne musique, lui laisser de la force et de l'énergie. En la jouant comme la leur, ils l'énerveroient entièrement; ils feroient fort les *doux*, doux les *fort*, et ne connoîtroient pas une des nuances de ces deux mots. Ces autres mots, *rinforzando*, *dolce* (¹), *risoluto*, *con gusto*, *spiritoso*, *sostenuto*, *con brio*, n'auroient pas même de synonymes dans leur langue, et celui d'*expression* n'y auroit aucun sens : ils substitueroient je ne sais combien de petits ornemens froids et maussades à la vigueur du coup d'archet. Quelque nombreux que fût l'orchestre, il ne feroit aucun effet, ou n'en feroit qu'un très-désagréable. Comme l'exécution seroit toujours lâche, et que les symphonistes aimeroient mieux jouer proprement que d'aller en mesure, ils ne seroient jamais ensemble : ils ne pourroient venir à bout de tirer un son net et juste, ni de rien exécuter dans son caractère; et les étrangers seroient tout surpris que, à quelques-uns près, un orchestre vanté comme le premier du monde seroit à peine digne des tréteaux d'une guinguette (²). Il devroit naturellement arriver que de tels musiciens prissent en haine la musique qui auroit mis leur honte en évidence; et bientôt, joignant la mauvaise volonté au mauvais goût, ils mettroient encore du dessein prémédité dans la ridicule exécution dont ils auroient bien pu se fier à leur maladresse.

D'après une autre supposition contraire à celle que je viens de faire, je pourrois déduire aisément toutes les qualités d'une véritable musique, faite pour émouvoir, pour imiter, pour plaire, et pour porter au cœur les plus douces impressions de l'harmonie et du chant; mais, comme ceci nous écarteroit trop de notre sujet et surtout des idées qui nous sont connues, j'aime mieux me borner à quelques observations sur la musique italienne, qui puissent nous aider à mieux juger de la nôtre.

(¹) Il n'y a peut-être pas quatre symphonistes françois qui sachent la différence de *piano* et *dolce*; et c'est fort inutilement qu'ils la sauroient, car qui d'entre eux seroit en état de la rendre?

(²) Comme on m'a assuré qu'il y avoit parmi les symphonistes de l'Opéra non-seulement de très-bons violons, ce que je confesse qu'ils sont presque tous pris séparément, mais de véritablement honnêtes gens, qui ne se prêtent point aux cabales de leurs confrères pour mal servir le public; je me hâte d'ajouter ici cette distinction, pour réparer, autant qu'il est en moi, le tort que je puis avoir vis-à-vis de ceux qui la méritent.

Si l'on demandoit laquelle de toutes les langues doit avoir une meilleure grammaire, je répondrois que c'est celle du peuple qui raisonne le mieux; et, si l'on demandoit lequel de tous les peuples doit avoir une meilleure musique, je dirois que c'est celui dont la langue y est la plus propre. C'est ce que j'ai déjà établi ci-devant, et que j'aurai occasion de confirmer dans la suite de cette lettre. Or, s'il y a en Europe une langue propre à la musique, c'est certainement l'italienne; car cette langue est douce, sonore, harmonieuse et accentuée plus qu'aucune autre, et ces quatre qualités sont précisément les plus convenables au chant.

Elle est douce, parce que les articulations y sont peu composées, que la rencontre des consonnes y est rare et sans rudesse, et qu'un très-grand nombre de syllabes n'y étant formées que de voyelles, les fréquentes élisions en rendent la prononciation plus coulante; elle est sonore, parce que la plupart des voyelles y sont éclatantes, qu'elle n'a pas de diphthongues composées, qu'elle a peu ou point de voyelles nasales, et que les articulations rares et faciles distinguent mieux le son des syllabes, qui en devient plus net et plus plein. A l'égard de l'harmonie, qui dépend du nombre et de la prosodie autant que des sons, l'avantage de la langue italienne est manifeste sur ce point; car il faut remarquer que ce qui rend une langue harmonieuse et véritablement pittoresque dépend moins de la force réelle de ses termes, que de la distance qu'il y a du doux au fort entre les sons qu'elle emploie, et du choix qu'on en peut faire pour les tableaux qu'on a à peindre. Ceci supposé, que ceux qui pensent que l'italien n'est que le langage de la douceur et de la tendresse prennent la peine de comparer entre elles ces deux strophes du Tasse :

Teneri sdegni, e placide et tranquille
Repulse, e cari vezzi, e liete paci,
Sorrisi, parolette, e dolci stille
Di pianto, e sospir tronchi, e molli bacci :
Fuse tai cose tutte, e poscia unille,
Ed al foco tempró di lente faci;
E ne formó quel si mirabil cinto
Di ch' ella aveva il bel fianco succinto

Chiama gli abitator dell' ombre eterne
Il rauco suon della tartarea tromba :
Treman le spaziose atre caverne,
E l'aer cieco a quel romor rimbomba;
Nè si stridendo mai dalle superne
Regioni del cielo il folgor piomba,
Nè si scossa giammai trema la terra
Quando i vapori in sen gravida serra.

Et s'ils désespèrent de rendre en françois la douce harmonie de l'une, qu'ils essaient d'exprimer la rauque dureté de l'autre. Il n'est pas besoin, pour juger de ceci, d'entendre la langue, il ne faut qu'avoir des oreilles et de la bonne foi. Au reste, vous observerez que cette dureté de la dernière strophe n'est point sourde, mais très-sonore, et qu'elle n'est que pour l'oreille et non pour la prononciation; car la langue n'articule pas moins facilement les *r* multipliées qui font la rudesse de cette strophe, que les *l* qui rendent la première si coulante. Au contraire, toutes les fois que nous voulons donner de la dureté à l'harmonie de notre langue, nous sommes forcés d'entasser des consonnes de toute espèce qui forment des articulations difficiles et rudes, ce qui retarde la marche du chant et contraint souvent la musique d'aller plus lentement, précisément quand le sens des paroles exigeroit le plus de vitesse.

Si je voulois m'étendre sur cet article, je pourrois peut-être vous faire voir encore que les inversions de la langue italienne sont beaucoup plus favorables à la bonne mélodie que l'ordre didactique de la nôtre, et qu'une phrase musicale se développe d'une manière plus agréable et plus intéressante, quand le sens du discours, long-temps suspendu, se résout sur le verbe avec la cadence, que quand il se développe à mesure, et laisse affoiblir ou satisfaire ainsi par degrés le désir de l'esprit, tandis que celui de l'oreille augmente en raison contraire jusqu'à la fin de la phrase. Je vous prouverois encore que l'art des suspensions et des mots entrecoupés, que l'heureuse constitution de la langue rend si familier à la musique italienne, est entièrement inconnu dans la nôtre, et que nous n'avons d'autre moyen pour y suppléer, que des silences qui ne sont jamais du chant, et qui, dans ces occasions, montrent plutôt la pauvreté de la musique que les ressources du musicien.

Il me resteroit à parler de l'accent; mais ce point important demande une si profonde discussion, qu'il vaut mieux la réserver à une meilleure main : je vais donc passer aux choses plus essentielles à mon objet, et tâcher d'examiner notre musique en elle-même.

Les Italiens prétendent que notre mélodie est plate et sans aucun chant, et toutes les nations [1] neutres confirment unanimement leur jugement sur ce point; de notre côté, nous accusons la leur d'être bizarre et baroque [2]. J'aime mieux croire que les uns ou les autres se trompent, que d'être réduit à dire que, dans des contrées où les sciences et tous les arts sont parvenus à un si haut degré, la musique seule est encore à naître.

Les moins prévenus d'entre nous [3] se contentent de dire que la musique italienne et la françoise sont toutes deux bonnes, chacune dans son genre, chacune pour la langue qui lui est propre : mais, outre que les autres nations ne conviennent pas de cette parité, il resteroit toujours à savoir laquelle des deux langues peut comporter le meilleur genre de musique en soi. Question fort agitée en France, mais qui ne le sera jamais ailleurs; question qui ne peut être décidée que par une oreille parfaitement neutre, et qui, par conséquent, devient tous les jours plus difficile à résoudre dans le seul pays où elle soit en problème. Voici sur ce sujet quelques expériences que chacun est maître de vérifier, et qui me paroissent pouvoir servir à cette solution, du moins quant à la mélodie, à laquelle seule se réduit presque toute la dispute.

J'ai pris dans les deux musiques des airs également estimés chacun dans son genre, et, les dépouillant les uns de leurs ports-de-voix et de leurs cadences éternelles, les autres des notes sous-entendues que le compositeur ne se donne point la peine d'écrire, et dont il se remet à l'intelligence du chanteur [4], je les ai solfiés exactement sur la note, sans aucun ornement, et sans rien fournir de moi-même au sens ni à la liaison de la phrase. Je ne vous dirai point quel a été dans mon esprit le résultat de cette comparaison, parce que j'ai le droit de vous proposer mes raisons et non pas mon autorité : je vous rends compte seulement des moyens que j'ai pris pour me déterminer, afin que, si vous les trouvez bons, vous puissiez les employer à votre tour. Je dois vous avertir seulement que cette expérience demande bien plus de précautions qu'il ne semble. La première et la plus difficile de toutes est d'être de bonne foi, et de se rendre également équitable dans le choix et dans le jugement. La seconde est que, pour tenter cet examen, il faut nécessairement être également versé dans les deux styles; autrement celui qui seroit le plus familier se présenteroit à chaque instant à l'esprit au préjudice de l'autre : et cette deuxième condition n'est guère plus facile que la première; car de tous ceux qui connoissent bien l'une et l'autre musique, nul ne balance sur le choix; et l'on a pu voir, par les plaisans barbouillages de ceux qui se sont mêlés d'attaquer l'italienne, quelle connoissance ils avoient d'elle et de l'art en général.

Je dois ajouter qu'il est essentiel d'aller bien exactement en mesure; mais je prévois que cet avertissement, superflu dans tout autre pays, sera fort inutile dans celui-ci, et cette seule omission entraîne nécessairement l'incompétence du jugement.

Avec toutes ces précautions, le caractère de chaque genre ne tarde pas à se déclarer, et alors il est bien difficile de ne pas revêtir les phrases des idées qui leur conviennent, et de n'y pas ajouter, du moins par l'esprit, les tours et les ornemens qu'on a la force de leur refuser par le chant. Il ne faut pas non plus s'en tenir à une seule épreuve, car un air peut plaire plus qu'un autre, sans que cela décide de la préférence du genre; et ce n'est qu'après un grand nombre d'essais qu'on peut établir un jugement raison-

[1] Il a été un temps, dit mylord Schaftesbury, où l'usage de parler françois avoit mis parmi nous la musique françoise à la mode. Mais bientôt la musique italienne, nous montrant la nature de plus près, nous dégoûta de l'autre, et nous la fit apercevoir aussi lourde, aussi plate, et aussi maussade qu'elle l'est en effet.

[2] Il me semble qu'on n'ose plus tant faire ce reproche à la mélodie italienne, depuis qu'elle s'est fait entendre parmi nous : c'est ainsi que cette musique admirable n'a qu'à se montrer telle qu'elle est, pour se justifier de tous les torts dont on l'accuse.

[3] Plusieurs condamnent l'exclusion totale que les amateurs de musique donnent sans balancer à la musique françoise; ces modérés conciliateurs ne voudroient pas de goûts exclusifs, comme si l'amour des bonnes choses devoit faire aimer les mauvaises.

[4] C'est donner toute faveur à la musique françoise, que de s'y prendre ainsi : car ces notes sous-entendues dans l'italienne ne sont pas moins de l'essence de la mélodie que celles qui sont sur le papier. Il s'agit moins de ce qui est écrit que de ce qui doit se chanter, et cette manière de noter doit seulement passer pour une sorte d'abréviation : au lieu que les cadences et les ports-de-voix du chant françois sont bien, si l'on veut, exigés par le goût, mais ne constituent point la mélodie et ne sont pas de son essence : c'est pour elle une sorte de fard qui couvre sa laideur sans la détruire, et qui ne la rend que plus ridicule aux oreilles sensibles.

nable: d'ailleurs, en s'ôtant la connoissance des paroles, on s'ôte celle de la partie la plus importante de la mélodie, qui est l'expression; et tout ce qu'on peut décider par cette voie, c'est si la modulation est bonne et si le chant a du naturel et de la beauté. Tout cela nous montre combien il est difficile de prendre assez de précautions contre les préjugés, et combien le raisonnement nous est nécessaire pour nous mettre en état de juger sainement des choses de goût.

J'ai fait une autre épreuve qui demande moins de précautions, et qui vous paroîtra peut-être plus décisive. J'ai donné à chanter à des Italiens les plus beaux airs de Lulli, et à des musiciens françois des airs de Leo et de Pergolèse; et j'ai remarqué que, quoique ceux-ci fussent fort éloignés de saisir le vrai goût de ces morceaux, ils en sentoient pourtant la mélodie, et en tiroient à leur manière des phrases de musique chantantes, agréables, et bien cadencées. Mais les Italiens, solfiant très-exactement nos airs les plus pathétiques, n'ont jamais pu y reconnoître ni phrases ni chant; ce n'étoit pas pour eux de la musique qui eût du sens, mais seulement des suites de notes placées sans choix, et comme au hasard; ils les chantoient précisément comme vous liriez des mots arabes écrits en caractères françois (¹).

Troisième expérience. J'ai vu à Venise un Arménien, homme d'esprit, qui n'avoit jamais entendu de musique, et devant lequel on exécuta, dans un même concert, un monologue françois qui commence par ce vers,

> Temple sacré, séjour tranquille....

et un air de Galuppi, qui commence par celui-ci,

> *Voi che languite senza speranza....*

L'un et l'autre furent chantés, médiocrement pour le françois et mal pour l'italien, par un homme accoutumé seulement à la musique françoise, et alors très-enthousiaste de celle de M. Rameau. Je remarquai dans l'Arménien, durant tout le chant françois, plus de surprise que de plaisir; mais tout le monde observa, dès les premières mesures de l'air italien, que son visage et ses yeux s'adoucissoient; il étoit enchanté, il prêtoit son âme aux impressions de la musique; et, quoiqu'il entendît peu la langue, les simples sons lui causoient un ravissement sensible. Dès ce moment on ne put plus lui faire écouter aucun air françois.

Mais, sans chercher ailleurs des exemples, n'avons-nous pas même parmi nous plusieurs personnes qui, ne connoissant que notre opéra, croyoient de bonne foi n'avoir aucun goût pour le chant, et n'ont été désabusées que par les intermèdes italiens. C'est précisément parce qu'ils n'aimoient que la véritable musique, qu'ils croyoient ne pas aimer la musique.

J'avoue que tant de faits m'ont rendu douteuse l'existence de notre mélodie, et m'ont fait soupçonner qu'elle pourroit bien n'être qu'une sorte de plain-chant modulé, qui n'a rien d'agréable en lui-même, qui ne plaît qu'à l'aide de quelques ornemens arbitraires, et seulement à ceux qui sont convenus de les trouver beaux. Aussi à peine notre musique est-elle supportable à nos propres oreilles, lorsqu'elle est exécutée par des voix médiocres qui manquent d'art pour la faire valoir. Il faut des Fel et des Jelyotte pour chanter la musique françoise; mais toute voix est bonne pour l'italienne, parce que les beautés du chant italien sont dans la musique même, au lieu que celles du chant françois, s'il en a, ne sont que dans l'art du chanteur (¹).

Trois choses me paroissent concourir à la perfection de la mélodie italienne. La première est la douceur de la langue, qui, rendant toutes les inflexions faciles, laisse au goût du musicien la liberté d'en faire un choix plus exquis, de varier davantage les combinaisons, et de donner à chaque acteur un tour de chant particu-

(¹) Nos musiciens prétendent tirer un grand avantage de cette différence: *Nous exécutons la musique italienne*, disent-ils avec leur fierté accoutumée, *et les Italiens ne peuvent exécuter la nôtre; donc notre musique vaut mieux que la leur*. Ils ne voient pas qu'ils devroient tirer une conséquence toute contraire, et dire, *donc les Italiens ont une mélodie, et nous n'en avons point.*

(¹) Au reste, c'est une erreur de croire qu'en général les chanteurs italiens aient moins de voix que les françois. Il faut au contraire qu'ils aient le timbre plus fort et plus harmonieux pour pouvoir se faire entendre sur les théâtres immenses de l'Italie, sans cesser de ménager les sons, comme le veut la musique italienne. Le chant françois exige tout l'effort des poumons, toute l'étendue de la voix. Plus fort, nous disent nos maîtres; enflez les sons, ouvrez la bouche, donnez toute votre voix. Plus doux, disent les maîtres italiens; ne forcez point, chantez sans gêne; rendez vos sons doux, flexibles et coulans; réservez les éclats pour ces moments rares et passagers où il faut surprendre et déchirer. Or, il me paroît que, dans la nécessité de se faire entendre, celui-là doit avoir plus de voix, qui peut se passer de crier.

lier, de même que chaque homme a son geste et son ton qui lui sont propres et qui le distinguent d'un autre homme.

La deuxième est la hardiesse des modulations, qui, quoique moins servilement préparées que les nôtres, se rendent plus agréables en se rendant plus sensibles, et, sans donner de la dureté au chant, ajoutent une vive énergie à l'expression. C'est par elle que le musicien, passant brusquement d'un ton ou d'un mode à un autre, et supprimant, quand il le faut, les transitions intermédiaires et scolastiques, sait exprimer les réticences, les interruptions, les discours entrecoupés, qui sont le langage des passions impétueuses, que le bouillant Métastase a employé si souvent, que les Porpora, les Galuppi, les Cocchi, les Jomelli, les Perez, les Terradeglias, ont su rendre avec succès, et que nos poètes lyriques connoissent aussi peu que nos musiciens.

Le troisième avantage, et celui qui prête à la mélodie son plus grand effet, est l'extrême précision de mesure qui s'y fait sentir dans les mouvemens les plus lents, ainsi que dans les plus gais, précision qui rend le chant animé et intéressant, les accompagnemens vifs et cadencés; qui multiplie réellement les chants, en faisant d'une même combinaison de sons autant de différentes mélodies qu'il y a de manières de les scander; qui porte au cœur tous les sentimens, et à l'esprit tous les tableaux; qui donne au musicien le moyen de mettre en air tous les caractères de paroles imaginables, plusieurs dont nous n'avons pas même l'idée (1); et qui rend tous les mouvemens propres à exprimer tous les caractères (2), ou un seul mouvement propre à contraster et changer de caractère au gré du compositeur.

Voilà, ce me semble, les sources d'où le chant italien tire ses charmes et son énergie; à quoi l'on peut ajouter une nouvelle et très-forte preuve de l'avantage de sa mélodie, en ce qu'elle n'exige pas, autant que la nôtre, de ces fréquens renversemens d'harmonie qui donnent à la basse continue le véritable chant d'un dessus. Ceux qui trouvent de si grandes beautés dans la mélodie françoise devroient bien nous dire à laquelle de ces choses elle en est redevable, ou nous montrer les avantages qu'elle a pour y suppléer.

Quand on commence à connoître la mélodie italienne, on ne lui trouve d'abord que des grâces, et on ne la croit propre qu'à exprimer des sentimens agréables; mais, pour peu qu'on étudie son caractère pathétique et tragique, on est bientôt surpris de la force que lui prête l'art des compositeurs dans les grands morceaux de musique. C'est à l'aide de ces modulations savantes, de cette harmonie simple et pure, de ces accompagnemens vifs et brillans, que ces chants divins déchirent ou ravissent l'âme, mettent le spectateur hors de lui-même, et lui arrachent, dans ses transports, des cris dont jamais nos tranquilles opéra ne furent honorés.

Comment le musicien vient-il à bout de produire ces grands effets? Est-ce à force de contraster les mouvements, de multiplier les accords, les notes, les parties? est-ce à force d'entasser desseins sur desseins, instrumens sur instrumens? Tout ce fatras, qui n'est qu'un mauvais supplément où le génie manque, étoufferoit le chant loin de l'animer, et détruiroit l'intérêt en partageant l'attention. Quelque harmonie que puissent faire ensemble plusieurs *parties toutes bien* chantantes, l'effet de ces beaux chants s'évanouit aussitôt qu'ils se font entendre à la fois, et il ne reste que celui d'une suite d'accords, qui, quoi qu'on puisse dire, est toujours froide quand la mélodie ne l'anime pas: de sorte que plus on entasse des chants mal à propos, et moins la musique est agréable et chantante, parce qu'il est impossible à l'oreille de se prêter au même instant à plusieurs mélodies, et que, l'une effaçant l'impression de l'autre, il ne résulte du tout que de la confusion et du bruit. Pour qu'une musique de-

(1) Pour ne pas sortir du genre comique, le seul connu à Paris, voyez les airs, « *Quando sciolto avrò il contratto, etc.* « Io ò un vespajo, etc. O questo o quello t'ai a risolvere, etc. « A un gusto da stordire, etc. Stizzoso mio, stizzoso, etc. Io « sono una donzella, etc. Quanti maestri, quanti dottori, etc I « sbirri già lo aspettano, etc. Ma dunque il testamento, etc. « Senti me, se brami stare, o che risa! che piacere! etc.; » tous caractères d'airs dont la musique françoise n'a pas les premiers éléments, et dont elle n'est pas en état d'exprimer un seul mot (*).

(2) Je me contenterai d'en citer un seul exemple, mais très-frappant; c'est l'air *Se pur d'un infelice*, etc., de la Fausse Suivante, air très-pathétique, sur un mouvement très-gai, auquel il n'a manqué qu'une voix pour le chanter, un orchestre pour l'accompagner, des oreilles pour l'entendre, et la seconde partie qu'il ne falloit pas supprimer.

(*) Voyez : *Notice* en tête de cette Lettre (ci-devant, page 522).

vienne intéressante, pour qu'elle porte à l'âme les sentimens qu'on y veut exciter, il faut que toutes les parties concourent à fortifier l'expression du sujet; que l'harmonie ne serve qu'à le rendre plus énergique; que l'accompagnement l'embellisse sans le couvrir ni le défigurer; que la basse, par une marche uniforme et simple, guide en quelque sorte celui qui chante et celui qui écoute, sans que ni l'un ni l'autre s'en aperçoive : il faut, en un mot, que le tout ensemble ne porte à la fois qu'une mélodie à l'oreille et qu'une idée à l'esprit.

Cette unité de mélodie me paroît une règle indispensable et non moins importante en musique que l'unité d'action dans une tragédie; car elle est fondée sur le même principe, et dirigée vers le même objet. Aussi tous les bons compositeurs italiens s'y conforment-ils avec un soin qui dégénère quelquefois en affectation; et pour peu qu'on y réfléchisse, on sent bientôt que c'est d'elle que leur musique tire son principal effet. C'est dans cette grande règle qu'il faut chercher la cause des fréquens accompagnemens à l'unisson qu'on remarque dans la musique italienne, et qui, fortifiant l'idée du chant, en rendent en même temps les sons plus moelleux, plus doux, et moins fatigans pour la voix. Ces unissons ne sont point praticables dans notre musique, si ce n'est sur quelques caractères d'airs choisis et tournés exprès pour cela : jamais un air pathétique françois ne seroit supportable accompagné de cette manière, parce que, la musique vocale et l'instrumentale ayant parmi nous des caractères différens, on ne peut, sans pécher contre la mélodie et le goût, appliquer à l'une les mêmes tours qui conviennent à l'autre; sans compter que, la mesure étant toujours vague et indéterminée, surtout dans les airs lents, les instrumens et la voix ne pourroient jamais s'accorder et ne marcheroient point assez de concert pour produire ensemble un effet agréable. Une beauté qui résulte encore de ces unissons, c'est de donner une expression plus sensible à la mélodie, tantôt en renforçant tout d'un coup les instrumens sur un passage, tantôt en les radoucissant, tantôt en leur donnant un trait de chant énergique et saillant que la voix n'auroit pu faire, et que l'auditeur, adroitement trompé, ne laisse pas de lui attribuer quand l'orchestre sait le faire sortir à propos. De là naît encore cette parfaite correspondance de la symphonie et du chant, qui fait que tous les traits qu'on admire dans l'une ne sont que des développemens de l'autre; de sorte que c'est toujours dans la partie vocale qu'il faut chercher la source de toutes les beautés de l'accompagnement : cet accompagnement est si bien un avec le chant, et si exactement relatif aux paroles, qu'il semble souvent déterminer le jeu et dicter à l'acteur le geste qu'il doit faire [1]; et tel qui n'auroit pu jouer le rôle sur les paroles seules le jouera très-juste sur la musique parce qu'elle fait bien sa fonction d'interprète.

Au reste, il s'en faut beaucoup que les accompagnemens italiens soient toujours à l'unisson de la voix. Il y a deux cas assez fréquens où le musicien les en sépare; l'un, quand la voix, roulant avec légèreté sur des cordes d'harmonie, fixe assez l'attention pour que l'accompagnement ne puisse la partager; encore alors donne-t-on tant de simplicité à cet accompagnement, que l'oreille, affectée seulement d'accords agréables, n'y sent aucun chant qui puisse la distraire : l'autre cas demande un peu plus de soin pour le faire entendre.

Quand le musicien saura son art, dit l'auteur de la Lettre sur les Sourds et les Muets, *les parties d'accompagnement concourront ou à fortifier l'expression de la partie chantante, ou à ajouter de nouvelles idées que le sujet demandoit, et que la partie chantante n'aura pu rendre.* Ce passage me paroît renfermer un précepte très-utile, et voici comment je pense qu'on doit l'entendre.

Si le chant est de nature à exiger quelques additions, ou, comme disoient nos anciens musiciens, quelques *diminutions* [2], qui ajoutent à l'expression ou à l'agrément, sans détruire en cela l'unité de mélodie, de sorte que l'oreille qui blâmeroit peut-être ces additions faites par la voix, les approuve dans l'accompa-

(1) On en trouve des exemples fréquens dans les intermèdes qui nous ont été donnés cette année, entre autres dans l'air *A un gusto da stodire*, du Maître de musique; dans celui *Son padrone*, de la Femme orgueilleuse, dans celui *Vi sto ben*, du Tracollo; dans celui *Tu non pensi; no, signora*, de la Bohémienne; et dans presque tous ceux qui demandent du jeu.

(2) On trouvera le mot *diminution* dans le quatrième volume de l'Encyclopédie.

gnement, et s'en laisse doucement affecter sans cesser pour cela d'être attentive au chant; alors l'habile musicien, en les ménageant à propos et les employant avec goût, embellira son sujet, et le rendra plus expressif sans le rendre moins un; et quoique l'accompagnement n'y soit pas exactement semblable à la partie chantante, l'un et l'autre ne feront pourtant qu'un chant et qu'une mélodie. Que si le sens des paroles comporte une idée accessoire que le chant n'aura pas pu rendre, le musicien l'enchâssera dans des silences ou dans des tenues, de manière qu'il puisse la présenter à l'auditeur sans le détourner de celle du chant. L'avantage seroit encore plus grand si cette idée accessoire pouvoit être rendue par un accompagnement contraint et continu, qui fît plutôt un *léger* murmure qu'un véritable chant, comme seroit le bruit d'une rivière ou le gazouillement des oiseaux; car alors le compositeur pourroit séparer tout-à-fait le chant de l'accompagnement; et destinant uniquement ce dernier à rendre l'idée accessoire, il disposera son chant de manière à donner des jours fréquens à l'orchestre, en observant avec soin que la symphonie soit toujours dominée par la partie chantante, ce qui dépend encore plus de l'art du compositeur que de l'exécution des instrumens; mais ceci demande une expérience consommée, pour éviter la duplicité de mélodie.

Voilà tout ce que la règle de l'unité peut accorder au goût du musicien pour parer le chant ou le rendre plus expressif, soit en embellissant le sujet principal, soit en y en ajoutant un autre qui lui reste assujetti : mais de faire chanter à part des violons d'un côté, de l'autre des flûtes, de l'autre des bassons, chacun sur un dessein particulier et presque sans rapport entre eux, et d'appeler tout ce chaos de la musique, c'est insulter également l'oreille et le jugement des auditeurs.

Une autre chose qui n'est pas moins contraire que la multiplication des parties à la règle que je viens d'établir, c'est l'abus ou plutôt l'usage des fugues, imitations, doubles desseins, et autres beautés arbitraires et de pure convention, qui n'ont presque de mérite que la difficulté vaincue, et qui toutes ont été inventées dans la naissance de l'art pour faire briller le savoir, en attendant qu'il fût question du génie. Je ne dis pas qu'il soit tout-à-fait impossible de conserver l'unité de mélodie dans une fugue, en conduisant habilement l'attention de l'auditeur d'une partie à l'autre à mesure que le sujet y passe; mais ce travail est si pénible, que presque personne n'y réussit, et si ingrat, qu'à peine le succès peut-il dédommager de la fatigue d'un tel ouvrage. Tout cela, n'aboutissant qu'à faire du bruit, ainsi que la plupart de nos chœurs si admirés [1], est également indigne d'occuper la plume d'un homme de génie et l'attention d'un homme de goût. A l'égard des contre-fugues, doubles fugues, fugues renversées, basses contraintes, et autres sottises difficiles que l'oreille ne peut souffrir et que la raison ne peut justifier, ce sont évidemment des restes de barbarie et de mauvais goût, qui ne subsistent, comme les portails de nos églises gothiques, que pour la honte de ceux qui ont eu la patience de les faire.

Il a été un temps où l'Italie étoit barbare : et, même après la renaissance des autres arts que l'Europe lui doit tous, la musique plus tardive n'y a point pris aisément cette pureté de goût qu'on y voit briller aujourd'hui; et l'on ne peut guère donner une plus mauvaise idée de ce qu'elle étoit alors, qu'en remarquant qu'il n'y a eu pendant long-temps qu'une même musique en France et en Italie [2], et que les musiciens des deux contrées communiquoient familièrement entre eux, non pourtant sans qu'on pût remarquer déjà dans les nôtres le germe de

[1] Les Italiens ne sont pas eux-mêmes tout-à-fait revenus de ce préjugé barbare. Ils se piquent encore d'avoir, dans leurs églises, de la musique bruyante; ils ont souvent des messes et des motets à quatre chœurs, chacun sur un dessein différent : mais les grands maîtres ne font que rire de tout ce fatras. Je me souviens que Terradeglias, me parlant de plusieurs motets de sa composition où il avoit mis des chœurs travaillés avec un grand soin, étoit honteux d'en avoir fait de si beaux, et s'en excusoit sur sa jeunesse. Autrefois, disoit-il, j'aimois à faire du bruit; à présent je tâche de faire de la musique.

[2] L'abbé du Bos se tourmente beaucoup pour faire honneur aux Pays-Bas du renouvellement de la musique, et cela pourroit s'admettre si l'on donnoit le nom de musique à un continuel remplissage d'accords; mais si l'harmonie n'est que la base commune, et que la mélodie seule constitue le caractère, non-seulement la musique moderne est née en Italie, mais il y a quelque apparence que, dans toutes nos langues vivantes, la musique italienne est la seule qui puisse réellement exister. Du temps d'Orlande et de Goudimel, on faisoit de l'harmonie et des sons; Lulli y a joint un peu de cadence; Corelli, Buononcini, Vinci et Pergolèse, sont les premiers qui aient fait de la musique.

cette jalousie qui est inséparable de l'infériorité. Lulli même, alarmé de l'arrivée de Corelli, se hâta de le faire chasser de France; ce qui lui fut d'autant plus aisé que Corelli étoit plus grand homme, et, par conséquent, moins courtisan que lui. Dans ces temps où la musique naissoit à peine, elle avoit en Italie cette ridicule emphase de science harmonique, ces pédantesques prétentions de doctrine qu'elle a chèrement conservées parmi nous, et par lesquelles on distingue aujourd'hui cette musique méthodique, compassée, mais sans génie, sans invention et sans goût, qu'on appelle à Paris *musique écrite* par excellence, et qui, tout au plus, n'est bonne, en effet, qu'à écrire, et jamais à exécuter.

Depuis même que les Italiens ont rendu l'harmonie plus pure, plus simple, et donné tous leurs soins à la perfection de la mélodie, je ne nie pas qu'il ne soit encore demeuré parmi eux quelques légères traces des fugues et desseins gothiques, et quelquefois de doubles et triples mélodies : c'est de quoi je pourrois citer plusieurs exemples dans les intermèdes qui nous sont connus, et entre autres le mauvais quatuor qui est à la fin de *la Femme orgueilleuse*. Mais outre que ces choses sortent du caractère établi, outre qu'on ne trouve jamais rien de semblable dans les tragédies, et qu'il n'est pas plus juste de juger l'opéra italien sur ces farces, que de juger notre théâtre françois sur l'*Impromptu de campagne*, ou *le Baron de la Crasse;* il faut aussi rendre justice à l'art avec lequel les compositeurs ont souvent évité, dans ces intermèdes, les piéges qui leur étoient tendus par les poètes, et ont fait tourner au profit de la règle des situations qui sembloient les forcer à l'enfreindre.

De toutes les parties de la musique, la plus difficile à traiter, sans sortir de l'unité de mélodie, est le duo; et cet article mérite de nous arrêter un moment. L'auteur de la lettre sur Omphale a déjà remarqué que les duo sont hors de la nature; car rien n'est moins naturel que de voir deux personnes se parler à la fois durant un certain temps, soit pour dire la même chose, soit pour se contredire, sans jamais s'écouter ni se répondre. Et quand cette supposition pourroit s'admettre en certains cas, il est bien certain que ce ne seroit jamais dans la tragédie, où cette indécence n'est convenable ni à la dignité des personnages qu'on y fait parler, ni à l'éducation qu'on leur suppose. Or, le meilleur moyen de sauver cette absurdité, c'est de traiter, le plus qu'il est possible, le duo en dialogue, et ce premier soin regarde le poète : ce qui regarde le musicien, c'est de trouver un chant convenable au sujet, et distribué de telle sorte que, chacun des interlocuteurs parlant alternativement, toute la suite du dialogue ne forme qu'une mélodie, qui, sans changer de sujet, ou du moins sans altérer le mouvement, passe dans son progrès d'une partie à l'autre sans cesser d'être une, et sans enjamber. Quand on joint ensemble les deux parties, ce qui doit se faire rarement et durer peu, il faut trouver un chant susceptible d'une marche par tierces ou par sixtes dans lequel la seconde partie fasse son effet sans distraire l'oreille de la première : il faut garder la dureté des dissonances, les sons perçans et renforcés, le *fortissimo* de l'orchestre, pour des instans de désordre et de transport où les acteurs, semblant s'oublier eux-mêmes, portent leur égarement dans l'âme de tout spectateur sensible, et lui font éprouver le pouvoir de l'harmonie sobrement ménagée. Mais ces instans doivent être rares et amenés avec art. Il faut, par une musique douce et affectueuse, avoir déjà disposé l'oreille et le cœur à l'émotion pour que l'un et l'autre se prêtent à ces ébranlemens violens : et il faut qu'ils passent avec la rapidité qui convient à notre foiblesse; car, quand l'agitation est trop forte, elle ne sauroit durer; et tout ce qui est au-delà de la nature ne touche plus.

En disant ce que les duo doivent être, j'ai dit précisément ce qu'ils sont dans les opéra italiens. Si quelqu'un a pu entendre sur un théâtre d'Italie un duo tragique chanté par deux bons acteurs, et accompagné par un véritable orchestre, sans en être attendri; s'il a pu d'un œil sec assister aux adieux de Mandane et d'Arbace, je le tiens digne de pleurer à ceux de Libye et d'Épaphus.

Mais, sans insister sur les duo tragiques, genre de musique dont on n'a pas même l'idée à Paris, je puis vous citer un duo comique qui est connu de tout le monde, et je le citerai hardiment comme un modele de chant, d'unité, de mélodie, de dialogue, et de goût, auquel, selon moi, rien ne manquera, quand il sera bien exécuté, que des auditeurs qui sachent l'entendre : c'est celui du premier acte de la Serva Padrona, *Lo conosco a quegl' occhietti*, etc. J'avoue que peu de musiciens françois sont en état d'en sentir les beautés ; et je dirois volontiers de Pergolèse, comme Cicéron disoit d'Homère, que c'est avoir déjà fait beaucoup de progrès dans l'art, que de se plaire à sa lecture.

J'espère, monsieur, que vous me pardonnerez la longueur de cet article en faveur de sa nouveauté et de l'importance de son objet : j'ai cru devoir m'étendre un peu sur une règle aussi essentielle que celle de l'unité de mélodie ; règle dont aucun théoricien, que je sache, n'a parlé jusqu'à ce jour, que les compositeurs italiens ont seuls sentie et pratiquée, sans se douter peut-être de son existence, et de laquelle dépendent la douceur du chant, la force de l'expression, et presque tout le charme de la bonne musique. Avant que de quitter ce sujet, il me reste à vous montrer qu'il en résulte de nouveaux avantages pour l'harmonie même, aux dépens de laquelle je semblois accorder tout l'avantage à la mélodie, et que l'expression du chant donne lieu à celle des accords en forçant le compositeur à les ménager.

Vous ressouvenez-vous, monsieur, d'avoir entendu quelquefois, dans les intermèdes qu'on nous a donnés cette année, le fils de l'entrepreneur italien, jeune enfant de dix ans au plus, accompagner quelquefois à l'Opéra ? Nous fûmes frappés, dès le premier jour, de l'effet que produisoit sous ses petits doigts l'accompagnement du clavecin ; et tout le spectacle s'aperçut, à son jeu précis et brillant, que ce n'étoit pas l'accompagnateur ordinaire. Je cherchai aussitôt les raisons de cette différence, car je ne doutois pas que le sieur Noblet ne fût bon harmoniste et n'accompagnât très-exactement : mais quelle fut ma surprise, en observant les mains du petit bon-homme, de voir qu'il ne remplissoit presque jamais les accords, qu'il supprimoit beaucoup de sons, et n'employoit très-souvent que deux doigts, dont l'un sonnoit presque toujours l'octave de la basse ! Quoi ! disois-je en moi-même, l'harmonie complète fait moins d'effet que l'harmonie mutilée, et nos accompagnateurs, en rendant tous les accords pleins, ne font qu'un bruit confus, tandis que celui-ci, avec moins de sons, fait plus d'harmonie, ou, du moins, rend son accompagnement plus sensible et plus agréable ! Ceci fut pour moi un problème inquiétant ; et j'en compris encore mieux toute l'importance, quand, après d'autres observations, je vis que les Italiens accompagnoient tous de la même manière que le petit bambin, et que, par conséquent, cette épargne dans leur accompagnement devoit tenir au même principe que celle qu'ils affectent dans leur partition.

Je comprenois bien que la basse, étant le fondement de toute l'harmonie, doit toujours dominer sur le reste, et que quand les autres parties l'étouffent ou la couvrent, il en résulte une confusion qui peut rendre l'harmonie plus sourde ; et je m'expliquois ainsi pourquoi les Italiens, si économes de leur main droite dans l'accompagnement, redoublent ordinairement à la gauche l'octave de la basse, pourquoi ils mettent tant de contre-basses dans leurs orchestres, et pourquoi ils font si souvent marcher leurs quintes (¹) avec la basse, au lieu de leur donner une autre partie, comme les François ne manquent jamais de faire. Mais ceci, qui pouvoit rendre raison de la netteté des accords, n'en rendoit pas de leur énergie, et je vis bientôt qu'il devoit y avoir quelque principe plus caché et plus fin de l'expression que je remarquois dans la simplicité de l'harmonie italienne, tandis que je trouvois la nôtre si composée, si froide et si languissante.

Je me souvins alors d'avoir lu dans quelque ouvrage de M. Rameau que chaque consonnance a son caractère particulier, c'est-à-dire une manière d'affecter l'âme qui *lui* est propre : que l'effet de la tierce n'est pas le même *que celui de la quinte, ni* l'effet de la quarte le même que celui de la sixte : de même les tierces et les sixtes mineures doivent produire des affections différentes de celles que produisent les tierces et les sixtes majeures. Et ces faits une fois accordés, il s'ensuit assez évidemment que

(¹) On peut remarquer à l'orchestre de notre Opéra que, dans la musique italienne, les quintes ne jouent presque jamais leur partie quand elle est à l'octave de la basse ; peut-être ne daigne-t-on pas même la copier en pareil cas. Ceux qui conduisent l'orchestre ignoreroient-ils que ce défaut de liaison entre la basse et le dessus rend l'harmonie trop sèche ?

les dissonances et tous les intervalles possibles seront aussi dans le même cas; expérience que la raison confirme, puisque toutes les fois que les rapports sont différens, l'impression ne sauroit être la même.

Or, me disois-je à moi-même en raisonnant d'après cette supposition, je vois clairement que deux consonnances ajoutées l'une à l'autre mal à propos, quoique selon les règles des accords, pourront, même en augmentant l'harmonie, affoiblir mutuellement leur effet, le combattre ou le partager. Si tout l'effet d'une quinte m'est nécessaire pour l'expression dont j'ai besoin, je peux risquer d'affoiblir cette expression par un troisième son, qui, divisant cette quinte en deux autres intervalles, en modifiera nécessairement l'effet par celui des deux tierces dans lesquelles je la résous ; et ces tierces mêmes, quoique le tout ensemble fasse une fort bonne harmonie, étant de différente espèce, peuvent encore nuire mutuellement à l'impression l'une de l'autre. De même si l'impression simultanée de la quinte et des deux tierces m'étoit nécessaire, j'affoiblirois et j'altérerois mal à propos cette impression en retranchant un des trois sons qui en forment l'accord. Ce raisonnement devient encore plus sensible appliqué à la dissonance. Supposons que j'aie besoin de toute la dureté du triton, ou de toute la fadeur de la fausse quinte, opposition, pour le dire en passant, qui prouve combien les divers renversemens des accords en peuvent changer l'effet : si dans une telle circonstance, au lieu de porter à l'oreille les deux uniques sons qui forment la dissonance, je m'avise de remplir l'accord de tous ceux qui lui conviennent, alors j'ajoute au triton la seconde et la sixte, et à la fausse quinte la sixte et la tierce, c'est-à-dire qu'introduisant dans chacun de ces accords une nouvelle dissonance, j'y introduis en même temps trois consonnances, qui doivent nécessairement en tempérer et affoiblir l'effet, en rendant un de ces accords moins fade et l'autre moins dur. C'est donc un principe certain et fondé dans la nature, que toute musique où l'harmonie est scrupuleusement remplie, tout accompagnement où tous les accords sont complets, doit faire beaucoup de bruit, mais avoir très-peu d'expression : ce qui est précisément le caractère de la musique françoise. Il est vrai qu'en ménageant les accords et les parties, le choix devient difficile et demande beaucoup d'expérience et de goût pour le faire toujours à propos ; mais s'il y a une règle pour aider au compositeur à se bien conduire en pareille occasion, c'est certainement celle de l'unité de mélodie que j'ai tâché d'établir, ce qui se rapporte au caractère de la musique italienne, et rend raison de la douceur du chant, jointe à la force d'expression qui y règne.

Il suit de tout ceci qu'après avoir bien étudié les règles élémentaires de l'harmonie, le musicien ne doit point se hâter de la prodiguer inconsidérément, ni se croire en état de composer parce qu'il sait remplir des accords, mais qu'il doit, avant que de mettre la main à l'œuvre, s'appliquer à l'étude beaucoup plus longue et plus difficile des impressions diverses que les consonnances, les dissonances et tous les accords font sur les oreilles sensibles, et se dire souvent à lui-même que le grand art du compositeur ne consiste pas moins à savoir discerner dans l'occasion les sons qu'on doit supprimer, que ceux dont il faut faire usage. C'est en étudiant et feuilletant sans cesse les chefs-d'œuvre de l'Italie qu'il apprendra à faire ce choix exquis, si la nature lui a donné assez de génie et de goût pour en sentir la nécessité. Car les difficultés de l'art ne se laissent apercevoir qu'à ceux qui sont faits pour les vaincre : et ceux-là ne s'aviseront pas de compter avec mépris les portées vides d'une partition ; mais voyant la facilité qu'un écolier auroit eue à les remplir, ils soupçonneront et chercheront les raisons de cette simplicité trompeuse, d'autant plus admirable qu'elle cache des prodiges sous une feinte négligence, et que l'*arte che tutto fa, nulla si scuopre.*

Voilà, à ce qu'il me semble, la cause des effets surprenans que produit l'harmonie de la musique italienne, quoique beaucoup moins chargée que la nôtre, qui en produit si peu : ce qui ne signifie pas qu'il ne faille jamais remplir l'harmonie, mais qu'il ne faut la remplir qu'avec choix et discernement. Ce n'est pas non plus à dire que pour ce choix le musicien soit obligé de faire tous ces raisonnemens, mais qu'il en doit sentir le résultat. C'est à lui d'avoir du génie et du goût pour trouver les choses d'effet; c'est au théoricien à en chercher les causes, et à dire pourquoi ce sont des choses d'effet.

Si vous jetez les yeux sur nos compositions modernes, surtout si vous les écoutez, vous reconnoîtrez bientôt que nos musiciens ont si mal compris tout ceci, que, s'efforçant d'arriver au même but, ils ont directement suivi la route opposée ; et, s'il m'est permis de vous dire naturellement ma pensée, je trouve que plus notre musique se perfectionne en apparence, et plus elle se gâte en effet. Il étoit peut-être nécessaire qu'elle vînt au point où elle est, pour accoutumer insensiblement nos oreilles à rejeter les préjugés de l'habitude, et à goûter d'autres airs que ceux dont nos nourrices nous ont endormis, mais je prévois que pour la porter au très-médiocre degré de bonté dont elle est susceptible, il faudra tôt ou tard commencer par redescendre ou remonter au point où Lulli l'avoit mise. Convenons que l'harmonie de ce célèbre musicien est plus pure et moins renversée, que ses basses sont plus naturelles et marchent plus rondement ; que son chant est mieux suivi, que ses accompagnemens, moins chargés, naissent mieux du sujet et en sortent moins ; que son récitatif est beaucoup moins maniéré, et par conséquent beaucoup meilleur que le nôtre; ce qui se confirme par le goût de l'exécution ; car l'ancien récitatif étoit rendu par les acteurs de ce temps-là tout autrement que nous ne faisons aujourd'hui. Il étoit plus vif et moins traînant ; on le chantoit moins et on le déclamoit davantage [1]. Les cadences, les ports-de-voix se sont multipliés dans le nôtre ; il est devenu encore plus languissant, et l'on n'y trouve presque plus rien qui le distingue de ce qu'il nous plaît d'appeler *air*.

Puisqu'il est question d'airs et de récitatifs, vous voulez bien, *monsieur*, que je termine cette lettre par quelques observations sur l'un et sur l'autre, qui deviendront peut-être des éclaircissemens utiles à la solution du problème dont il s'agit.

On peut juger de l'idée de nos musiciens sur la constitution d'un opéra, par la singularité de leur nomenclature. Ces grands morceaux de musique italienne qui ravissent, ces chefs-d'œuvre de génie qui arrachent des larmes, qui offrent les tableaux les plus frappans, qui peignent les situations les plus vives, et portent dans l'âme toutes les passions qu'ils expriment, les François les appellent des *ariettes*. Ils donnent le nom d'*airs* à ces insipides chansonnettes dont ils entremêlent les scènes de leurs opéra, et réservent celui de monologues par excellence à ces traînantes et ennuyeuses lamentations à qu'il il ne manque, pour assoupir tout le monde, que d'être chantées juste et sans cris.

Dans les opéra italiens tous les airs sont en situation et font partie des scènes. Tantôt c'est un père désespéré qui croit voir l'ombre d'un fils qu'il a fait mourir injustement lui reprocher sa cruauté ; tantôt c'est un prince débonnaire qui, forcé de donner un exemple de sévérité, demande aux dieux de lui ôter l'empire, ou de lui donner un cœur moins sensible. Ici c'est une mère tendre qui verse des larmes en retrouvant son fils qu'elle croyoit mort ; là c'est le langage de l'amour, non rempli de ce fade et puéril galimatias de *flammes* et de *chaînes*, mais tragique, vif, bouillant, entrecoupé, et tel qu'il convient aux passions impétueuses. C'est sur de telles paroles qu'il sied bien de déployer toutes les richesses d'une musique pleine de force et d'expression, et de renchérir sur l'énergie de la poésie par celle de l'harmonie et du chant. Au contraire, les paroles de nos ariettes, toujours détachées du sujet, ne sont qu'un misérable jargon emmiellé, qu'on est trop heureux de ne pas entendre ; c'est une collection faite au hasard du très-petit nombre de mots sonores que notre langue peut fournir, tournés et retournés de toutes les manières, excepté de celle qui *pourroit leur donner du sens*. C'est sur ces impertinens amphigouris que nos musiciens épuisent leur goût et leur savoir, et nos acteurs leurs gestes et leurs poumons : c'est à ces morceaux extravagans que nos femmes se pâment d'admiration. Et la preuve la plus marquée que la musique françoise ne sait ni peindre ni parler, c'est qu'elle ne peut développer le peu de beautés dont elle est susceptible que sur des paroles qui ne signifient rien. Cependant, à entendre les François parler de musique, on croi-

[1] Cela se prouve par la durée des opéra de Lulli, beaucoup plus grande aujourd'hui que de son temps, selon le rapport unanime de tous ceux qui les ont vus anciennement. Aussi toutes les fois qu'on redonne ces opéra est-on obligé d'y faire des retranchemens considérables.

roit que c'est dans leurs opéra qu'elle peint de grands tableaux et de grandes passions, et qu'on ne trouve que des ariettes dans les opéra italiens, où le nom même d'ariette et la ridicule chose qu'il exprime sont également inconnus. Il ne faut pas être surpris de la grossièreté de ces préjugés : la musique italienne n'a d'ennemis, même parmi nous, que ceux qui n'y connoissent rien ; et tous les François qui ont tenté de l'étudier dans le seul dessein de la critiquer en connoissance de cause ont bientôt été ses plus zélés admirateurs (¹).

Après les ariettes, qui font à Paris le triomphe du goût moderne, viennent les fameux monologues qu'on admire dans nos anciens opéra : sur quoi l'on doit remarquer que nos plus beaux airs sont toujours dans les monologues et jamais dans les scènes, parce que nos acteurs n'ayant aucun jeu muet, et la musique n'indiquant aucun geste et ne peignant aucune situation, celui qui garde le silence ne sait que faire de sa personne pendant que l'autre chante.

Le caractère traînant de la langue, le peu de flexibilité de nos voix, et le ton lamentable qui règne perpétuellement dans notre opéra, mettent presque tous les monologues françois sur un mouvement lent ; et comme la mesure ne s'y fait sentir ni dans le chant, ni dans la basse, ni dans l'accompagnement, rien n'est si traînant, si lâche, si languissant, que ces beaux monologues que tout le monde admire en bâillant : ils voudroient être tristes, et ne sont qu'ennuyeux ; ils voudroient toucher le cœur, et ne font qu'affliger les oreilles.

Les Italiens sont plus adroits dans leurs adagio : car, lorsque le chant est si lent qu'il seroit à craindre qu'il ne laissât affoiblir l'idée de la mesure, ils font marcher la basse par notes égales qui marquent le mouvement, et l'accompagnement le marque aussi par des subdivisions de notes, qui, soutenant la voix et l'oreille en mesure, ne rendent le chant que plus agréable et surtout plus énergique par cette précision. Mais la nature du chant françois interdit cette ressource à nos compositeurs : car, dès que l'acteur seroit forcé d'aller en mesure, il ne pourroit plus développer sa voix ni son jeu, traîner son chant, renfler, prolonger ses sons, ni crier à pleine tête, et par conséquent il ne seroit plus applaudi.

Mais ce qui prévient encore plus efficacement la monotonie et l'ennui dans les tragédies italiennes, c'est l'avantage de pouvoir exprimer tous les sentimens et peindre tous les caractères avec telle mesure et tel mouvement qu'il plaît au compositeur. Notre mélodie, qui ne dit rien par elle-même, tire toute son expression du mouvement qu'on lui donne ; elle est forcément triste sur une mesure lente, furieuse ou gaie sur un mouvement vif, grave sur un mouvement modéré : le chant n'y fait presque rien ; la mesure seule, ou, pour parler plus juste, le seul degré de vitesse, détermine le caractère. Mais la mélodie italienne trouve dans chaque mouvement des expressions pour tous les caractères, des tableaux pour tous les objets. Elle est, quand il plaît au musicien, triste sur un mouvement vif, gaie sur un mouvement lent, et, comme je l'ai déjà dit, elle change sur le même mouvement de caractère au gré du compositeur ; ce qui lui donne la facilité des contrastes, sans dépendre en cela du poète, et sans s'exposer à des contre-sens.

Voilà la source de cette prodigieuse variété que les grands maîtres d'Italie savent répandre dans leurs opéra, sans jamais sortir de la nature : variété qui prévient la monotonie, la langueur et l'ennui, et que les musiciens françois ne peuvent imiter, parce que leurs mouvemens sont donnés par le sens des paroles, et qu'ils sont forcés de s'y tenir, s'ils ne veulent tomber dans des contre-sens ridicules.

A l'égard du récitatif, dont il me reste à parler, il semble que, pour en bien juger, il faudroit une fois savoir précisément ce que c'est ; car jusqu'ici je ne sache pas que, de tous ceux qui en ont disputé, personne se soit avisé de le définir. Je ne sais, monsieur, quelle idée vous pouvez avoir de ce mot ; quant à moi, j'appelle récitatif une déclamation harmonieuse, c'est-à-dire une déclamation dont toutes les inflexions se font par intervalles harmoniques : d'où il suit que, comme chaque langue a une déclamation qui lui est propre, chaque langue doit aussi avoir son récitatif particulier ; ce qui n'empêche pas qu'on ne puisse très-bien comparer un ré-

(¹) C'est un préjugé peu favorable à la musique françoise, que ceux qui la méprisent le plus soient précisément ceux qui la connoissent le mieux ; car elle est aussi ridicule quand on l'examine, qu'insupportable quand on l'écoute.

citatif à un autre, pour savoir lequel des deux est le meilleur, ou celui qui se rapporte le mieux à son objet.

Le récitatif est nécessaire dans les drames lyriques, 1° pour lier l'action et rendre le spectacle un; 2° pour faire valoir les airs, dont la continuité deviendroit insupportable; 3° pour exprimer une multitude de choses qui ne peuvent ou ne doivent point être exprimées par la musique chantante et cadencée. La simple déclamation ne pouvoit convenir à tout cela dans un ouvrage lyrique, parce que la transition de la parole au chant, et surtout du chant à la parole, a une dureté à laquelle l'oreille se prête difficilement, et forme un contraste choquant qui détruit toute l'illusion, et par conséquent l'intérêt : car il y a une sorte de vraisemblance qu'il faut conserver, même à l'Opéra, en rendant le discours tellement uniforme, que le tout puisse être pris au moins pour une langue hypothétique. Joignez à cela que le secours des accords augmente l'énergie de la déclamation harmonieuse, et dédommage avantageusement de ce qu'elle a de moins naturel dans les intonations.

Il est évident, d'après ces idées, que le meilleur récitatif, dans quelque langue que ce soit, si elle a d'ailleurs les conditions nécessaires, est celui qui approche le plus de la parole; s'il y en avoit un qui en approchât tellement, en conservant l'harmonie qui lui convient, que l'oreille ou l'esprit pût s'y tromper, on devroit prononcer hardiment que celui-là auroit atteint toute la perfection dont aucun récitatif puisse être susceptible.

Examinons maintenant sur cette règle ce qu'on appelle en France récitatif; et dites-moi, je vous prie, quel rapport vous pouvez trouver entre ce récitatif et notre déclamation. Comment concevrez-vous jamais que la langue françoise, dont l'accent est si uni, si simple, si modeste, si peu chantant, soit bien rendu par les bruyantes et criardes intonations de ce récitatif, et qu'il y ait quelque rapport entre les douces inflexions de la parole et ces sons soutenus et renflés, ou plutôt ces cris éternels qui font le tissu de cette partie de notre musique encore plus même que des airs? Faites, par exemple, réciter à quelqu'un qui sache lire les quatre premiers vers de la fameuse reconnoissance d'Iphigénie; à peine reconnoîtrez-vous quelques légères inégalités, quelques foibles inflexions de voix, dans un récit tranquille qui n'a rien de vif ni de passionné, rien qui doive engager celle qui le fait à élever ou abaisser la voix. Faites ensuite réciter par une de nos actrices ces mêmes vers sur la note du musicien, et tâchez, si vous le pouvez, de supporter cette extravagante criaillerie qui passe à chaque instant de bas en haut et de haut en bas, parcourt sans sujet toute l'étendue de la voix, et suspend le récit hors de propos pour *filer de beaux sons* sur des syllabes qui ne signifient rien, et qui ne forment aucun repos dans le sens.

Qu'on joigne à cela les fredons, les cadences, les ports-de-voix qui reviennent à chaque instant, et qu'on me dise quelle analogie il peut y avoir entre la parole et toute cette maussade pretintaille, entre la déclamation et ce prétendu récitatif. Qu'on me montre au moins quelque côté par lequel on puisse raisonnablement vanter ce merveilleux récitatif françois dont l'invention fait la gloire de Lulli.

C'est une chose assez plaisante que d'entendre les partisans de la musique françoise se retrancher dans le caractère de la langue, et rejeter sur elle des défauts dont ils n'osent accuser leur idole, tandis qu'il est de toute évidence que le meilleur récitatif qui peut convenir à la langue françoise doit être opposé presque en tout à celui qui y est en usage; qu'il doit rouler entre de forts petits intervalles, n'élever ni n'abaisser beaucoup la voix; peu de sons soutenus, jamais d'éclats; encore moins de cris; rien surtout qui ressemble au chant; peu d'inégalité dans la durée ou valeur des notes, ainsi que dans leurs degrés. En un mot, le vrai récitatif françois, s'il peut y en avoir un, ne se trouvera que dans une route directement *contraire* à celle de Lulli *et de ses successeurs*; dans quelque route nouvelle qu'assurément les compositeurs françois si fiers de leur faux savoir, et par conséquent si éloignés de sentir et d'aimer le véritable, ne s'aviseront pas de chercher si tôt, et que probablement ils ne trouveront jamais.

Ce seroit ici le lieu de vous montrer, par l'exemple du récitatif italien, que toutes les conditions que j'ai supposées dans un bon récitatif peuvent en effet s'y trouver; qu'il peut avoir à la fois toute la vivacité de la déclamation et toute l'énergie de l'harmonie; qu'il peut marcher aussi rapidement que la parole, et être aussi mélodieux qu'un véritable chant; qu'il peut marquer toutes les inflexions dont les passions les plus véhémentes animent le discours, sans forcer la voix du chanteur, ni étourdir les oreilles de ceux qui écoutent. Je pourrois vous montrer comment, à l'aide d'une marche fondamentale particulière, on peut multiplier les modulations du récitatif d'une manière qui lui soit propre, et qui contribue à les distinguer des airs où, pour conserver les grâces de la mélodie, il faut changer de ton moins fréquemment; comment surtout, quand on veut donner à la passion le temps de déployer tous ses mouvemens, on peut, à l'aide d'une symphonie habilement ménagée, faire exprimer à l'orchestre, par des chants pathétiques et variés, ce que l'acteur ne doit que réciter : chef-d'œuvre de l'art du musicien, par lequel il sait, dans un *récitatif obligé* ([1]), joindre la mélodie la plus touchante à toute la véhémence de la déclamation, sans jamais confondre l'une avec l'autre : je pourrois vous déployer les beautés sans nombre de cet admirable récitatif, dont on fait en France tant de contes aussi absurdes que les jugemens qu'on s'y mêle d'en porter; comme si quelqu'un pouvoit prononcer sur un récitatif sans connoître à fond la langue à laquelle il est propre. Mais, pour entrer dans ces détails, il faudroit, pour ainsi dire, créer un nouveau dictionnaire, inventer à chaque instant des termes pour offrir aux lecteurs françois des idées inconnues parmi eux, et leur tenir des discours qui leur paroîtroient du galimatias. En un mot, pour en être compris, il faudroit leur parler un langage qu'ils entendissent, et par conséquent de sciences et d'arts de tout genre, excepté la seule musique. Je n'entrerai donc point sur cette matière dans un détail affecté qui ne serviroit de rien pour l'instruction des lecteurs, et sur lequel ils pourroient présumer que je ne dois qu'à leur ignorance en cette partie la force apparente de mes preuves.

([1]) J'avois espéré que le sieur Caffarelli nous donneroit, au concert spirituel, quelque morceau de grand récitatif et de chant pathétique, pour faire entendre une fois aux prétendus connoisseurs ce qu'ils jugent depuis si long-temps; mais, sur ses raisons pour n'en rien faire, j'ai trouvé qu'il connoissoit encore mieux que moi la portée de ses auditeurs.

Par la même raison je ne tenterai pas non plus le parallèle qui a été proposé cet hiver, dans un écrit adressé au petit Prophète et à ses adversaires, de deux morceaux de musique, l'un italien et l'autre françois, qui y sont indiqués. La scène italienne, confondue en Italie avec mille autres chefs-d'œuvre égaux ou supérieurs, étant peu connue à Paris, peu de gens pourroient suivre la comparaison, et il se trouveroit que je n'aurois parlé que pour le petit nombre de ceux qui savoient déjà ce que j'avois à leur dire. Mais, quant à la scène françoise, j'en crayonnerai volontiers l'analyse, avec d'autant plus de plaisir, qu'étant le morceau consacré dans la nation par les plus unanimes suffrages, je n'aurai pas à craindre qu'on m'accuse d'avoir mis de la partialité dans le choix, ni d'avoir voulu soustraire mon jugement à celui des lecteurs par un sujet peu connu.

Au reste, comme je ne puis examiner ce morceau sans en adopter le genre, au moins par hypothèse, c'est rendre à la musique françoise tout l'avantage que la raison m'a forcé de lui ôter dans le cours de cette lettre; c'est la juger sur ses propres règles : de sorte que quand cette scène seroit aussi parfaite qu'on le prétend, on n'en pourroit conclure autre chose, sinon que c'est de la musique françoise bien faite; ce qui n'empêcheroit pas que, le genre étant démontré mauvais, ce ne fût absolument de mauvaise musique. Il ne s'agit donc ici que de voir si l'on peut l'admettre pour bonne, au moins dans son genre.

Je vais pour cela tâcher d'analyser en peu de mots ce célèbre monologue d'Armide, *Enfin il est en ma puissance*, qui passe pour un chef-d'œuvre de déclamation, et que les maîtres donnent eux-mêmes pour le modèle le plus parfait du vrai récitatif françois (*).

Je remarque d'abord que M. Rameau l'a cité, avec raison, en exemple d'une modulation exacte et très-bien liée; mais cet éloge, appliqué au morceau dont il s'agit, devient une véritable satire, et M. Rameau lui-même se seroit bien gardé de mériter une semblable louange en pareil cas; car que peut-on penser de plus mal conçu que cette régularité scolastique dans

(*) On trouve ce monologue gravé avec sa basse continue et la basse fondamentale dans les *Élémens de musique* de d'Alembert, 1766, in-8°. G. P.

une scène où l'emportement, la tendresse, et le contraste des passions opposées, mettent l'actrice et les spectateurs dans la plus vive agitation? Armide furieuse vient poignarder son ennemi. A son aspect, elle hésite, elle se laisse attendrir, le poignard lui tombe des mains; elle oublie tous ses projets de vengeance, et n'oublie pas un seul instant sa modulation. Les réticences, les interruptions, les transitions intellectuelles que le poète offroit au musicien, n'ont pas été une fois saisies par celui-ci. L'héroïne finit par adorer celui qu'elle vouloit égorger au commencement; le musicien finit en *E si mi*, comme il avoit commencé, sans avoir jamais quitté les cordes les plus analogues au ton principal, sans avoir mis une seule fois dans la déclamation de l'actrice la moindre inflexion extraordinaire qui fît foi de l'agitation de son âme, sans avoir donné la moindre expression à l'harmonie : et je défie qui que ce soit d'assigner par la musique seule, soit dans le ton, soit dans la mélodie, soit dans la déclamation, soit dans l'accompagnement, aucune différence sensible entre le commencement et la fin de cette scène, par où le spectateur puisse juger du changement prodigieux qui s'est fait dans le cœur d'Armide.

Observez cette basse continue : que de croches! que de petites notes passagères pour courir après la succession harmonique! Est-ce ainsi que marche la basse d'un bon récitatif, où l'on ne doit entendre que de grosses notes, de loin en loin, le plus rarement qu'il est possible, et seulement pour empêcher la voix du récitant et l'oreille du spectateur de s'égarer?

Mais voyons comment sont rendus les beaux vers de ce monologue, qui peut passer en effet pour un chef-d'œuvre de poésie :

> Enfin il est en ma puissance....

Voilà un *trille* (1), et, qui pis est, un repos absolu dès le premier vers, tandis que le sens n'est achevé qu'au second. J'avoue que le poète eût peut-être mieux fait d'omettre ce second vers, et de laisser aux spectateurs le plaisir d'en lire le sens dans l'âme de l'actrice; mais puisqu'il l'a employé, c'étoit au musicien de le rendre.

> Ce fatal ennemi, ce superbe vainqueur.

Je pardonnerois peut-être au musicien d'avoir mis ce second vers dans un autre ton que le premier, s'il se permettoit un peu plus d'en changer dans les occasions nécessaires.

> Le charme du sommeil le livre à ma vengeance.

Les mots de *charme* et de *sommeil* ont été pour le musicien un piége inévitable; il a oublié la fureur d'Armide, pour faire ici un petit somme, dont il se réveillera au mot *percer*. Si vous croyez que c'est par hasard qu'il a employé des sons doux sur le premier hémistiche, vous n'avez qu'à écouter la basse : Lulli n'étoit pas homme à employer de ces dièses pour rien.

> Je vais percer son invincible cœur.

Que cette cadence finale est ridicule dans un mouvement aussi impétueux! Que ce trille est froid et de mauvaise grâce! Qu'il est mal placé sur une syllabe brève, dans un récitatif qui devroit voler, et au milieu d'un transport violent!

> Par lui tous mes captifs sont sortis d'esclavage :
> *Qu'il éprouve toute ma rage!*

On voit qu'il y a ici une adroite réticence du poète. Armide, après avoir dit qu'elle va percer l'invincible cœur de Renaud, sent dans le sien les premiers mouvemens de la pitié, ou plutôt de l'amour; elle cherche des raisons pour se raffermir, et cette transition intellectuelle amène fort bien ces deux vers, qui, sans cela, se lieroient mal avec les précédens, et deviendroient une répétition tout-à-fait superflue de ce qui n'est ignoré ni de l'actrice ni des spectateurs.

Voyons maintenant comment le musicien a exprimé cette marche secrète du cœur d'Armide. Il a bien vu qu'il falloit mettre un intervalle entre ces deux vers et les précédens, et il a fait un silence qu'il n'a rempli de rien, dans un moment où Armide avoit tant de choses à sentir, et, par conséquent, l'orchestre à exprimer. Après cette pause, il recommence exactement dans le même ton, sur le même accord, sur la même note par où il vient de finir, passe successivement par tous les sons de l'accord durant une mesure entière, et quitte enfin avec peine, dans un moment où cela

(1) Je suis contraint de franciser ce mot, pour exprimer le battement de gosier que les Italiens appellent ainsi, parce que, me trouvant à chaque instant dans la nécessité de me servir du mot de *cadence* dans une autre acception, il ne m'étoit pas possible d'éviter autrement des équivoques continuelles.

n'est plus nécessaire, le ton autour duquel il vient de tourner si mal à propos.

> Quel trouble me saisit? Qui me fait hésiter?

Autre silence, et puis c'est tout. Ce vers est dans le même ton, presque dans le même accord que le précédent. Pas une altération qui puisse indiquer le changement prodigieux qui se fait dans l'âme et dans les discours d'Armide. La tonique, il est vrai, devient dominante par un mouvement de basse. Eh dieux! il est bien question de tonique et de dominante dans un instant où toute liaison harmonique doit être interrompue, où tout doit peindre le désordre et l'agitation! D'ailleurs, une légère altération qui n'est que dans la basse peut donner plus d'énergie aux inflexions de la voix, mais jamais y suppléer. Dans ce vers, le cœur, les yeux, le visage, le geste d'Armide, tout est changé, hormis sa voix : elle parle plus bas, mais elle garde le même ton.

> Qu'est-ce qu'en sa faveur la pitié me veut dire?
> Frappons.

Comme ce vers peut être pris en deux sens différens, je ne veux pas chicaner Lulli pour n'avoir pas préféré celui que j'aurois choisi. Cependant il est incomparablement plus vif, plus animé, et fait mieux valoir ce qui suit. Armide, comme Lulli la fait parler, continue à s'attendrir en s'en demandant la cause à elle-même :

> Qu'est-ce qu'en sa faveur la pitié me veut dire?

Puis tout d'un coup elle revient à sa fureur par ce seul mot ;

> Frappons.

Armide, indignée, comme je la conçois, après avoir hésité, rejette avec précipitation sa vaine pitié, et prononce vivement et tout d'une haleine, en levant le poignard :

> Qu'est-ce qu'en sa faveur la pitié me veut dire?
> Frappons.

Peut-être Lulli lui-même a-t-il entendu ainsi ce vers, quoiqu'il l'ait rendu autrement : car sa note décide si peu la déclamation, qu'on lui peut donner sans risque le sens que l'on aime mieux.

> ..... Ciel! qui peut m'arrêter?
> Achevons.... Je frémis. Vengeons-nous.... Je soupire.

Voilà certainement le moment le plus violent de la scène ; c'est ici que se fait le plus grand combat dans le cœur d'Armide. Qui croiroit que le musicien a laissé toute cette agitation dans le même ton, sans la moindre transition intellectuelle, sans le moindre écart harmonique, d'une manière si insipide, avec une mélodie si peu caractérisée et une si inconcevable maladresse, qu'au lieu du dernier vers que dit le poète,

> Achevons. Je frémis.... Vengeons-nous.... Je soupire,

le musicien dit exactement celui-ci,

> Achevons, achevons. Vengeons-nous, vengeons-nous.

Les trilles font surtout un bel effet sur de telles paroles, et c'est une chose bien trouvée que la cadence parfaite sur le mot *soupire!*

> Est-ce ainsi que je dois me venger aujourd'hui?
> Ma colère s'éteint quand j'approche de lui.

Ces deux vers seroient bien déclamés s'il y avoit plus d'intervalle entre eux, et que le second ne finît pas par une cadence parfaite. Ces cadences parfaites sont toujours la mort de l'expression, surtout dans le récitatif françois, où elles tombent si lourdement.

> Plus je le vois, plus ma vengeance est vaine.

Toute personne qui sentira la véritable déclamation de ce vers jugera que le second hémistiche est à contre-sens ; la voix doit s'élever sur *ma vengeance*, et retomber doucement sur *vaine*.

> Mon bras tremblant se refuse à ma haine.

Mauvaise cadence parfaite, d'autant plus qu'elle est accompagnée d'un trille.

> Ah! quelle cruauté de lui ravir le jour!

Faites déclamer ce vers à mademoiselle Dumesnil, et vous trouverez que le mot *cruauté* sera le plus élevé, et que la voix ira toujours en baissant jusqu'à la fin du vers. Mais le moyen de ne pas faire poindre *le jour!* je reconnois là le musicien.

Je passe, pour abréger, le reste de cette scène, qui n'a plus rien d'intéressant ni de remarquable que les contre-sens ordinaires et des trilles continuels, et je finis par le vers qui la termine.

> Que, s'il se peut, je le haïsse.

Cette parenthèse, *s'il se peut*, me semble une épreuve suffisante du talent du musicien :

quand on la trouve sur le même ton, sur les mêmes notes que *je le haïsse*, il est bien difficile de ne pas sentir combien Lulli étoit peu capable de mettre de la musique sur les paroles du grand homme qu'il tenoit à ses gages.

A l'égard du petit air de guinguette qui est à la fin de ce monologue, je veux bien consentir à n'en rien dire; et s'il y a quelques amateurs de la musique françoise qui connoissent la scène italienne qu'on a mise en parallèle avec celle-ci, et surtout l'air impétueux, pathétique et tragique qui la termine, ils me sauront gré sans doute de ce silence.

Pour résumer en peu de mots mon sentiment sur le célèbre monologue, je dis que si on l'envisage comme du chant, on n'y trouve ni mesure, ni caractère, ni mélodie; si l'on veut que ce soit du récitatif, on n'y trouve ni naturel, ni expression : quelque nom qu'on veuille lui donner, on le trouve rempli de sons filés, de trilles et autres ornemens du chant, bien plus ridicules encore dans une pareille situation qu'ils ne le sont communément dans la musique françoise. La modulation en est régulière, mais puérile par cela même, scolastique, sans énergie, sans affection sensible. L'accompagnement s'y borne à la basse-continue, dans une situation où toutes les puissances de la musique doivent être déployées; et cette basse est plutôt celle qu'on feroit mettre à un écolier sous sa leçon de musique, que l'accompagnement d'une vive scène d'opéra, dont l'harmonie doit être choisie et appliquée avec un discernement exquis pour rendre la déclamation plus sensible et l'expression plus vive. En un mot, si l'on s'avisoit d'exécuter la musique de cette scène sans y joindre les paroles, sans crier, ni gesticuler, il ne seroit pas possible d'y rien démêler d'analogue à la situation qu'elle veut peindre et au sentiment qu'elle veut exprimer, et tout cela ne paroîtroit qu'une ennuyeuse suite de sons, modulée au hasard et seulement pour la faire durer.

Cependant ce monologue a toujours fait, et je ne doute pas qu'il ne fît encore un grand effet au théâtre, parce que les vers en sont admirables et la situation vive et intéressante. Mais, sans les bras et le jeu de l'actrice, je suis persuadé que personne n'en pourroit souffrir le récitatif, et qu'une pareille musique a grand besoin du secours des yeux pour être supportable aux oreilles.

Je crois avoir fait voir qu'il n'y a ni mesure, ni mélodie dans la musique françoise, parce que la langue n'est est pas susceptible; que le chant françois n'est qu'un aboiement continuel, insupportable à toute oreille non prévenue; que l'harmonie en est brute, sans expression, et sentant uniquement son remplissage d'écolier; que les airs françois ne sont point des airs; que le récitatif françois n'est point du récitatif. D'où je conclus que les François n'ont point de musique et n'en peuvent avoir (1), ou que, si jamais ils en ont une, ce sera tant pis pour eux.

Je suis, etc.

LETTRE
D'UN SYMPHONISTE
DE L'ACADÉMIE ROYALE DE MUSIQUE
A SES CAMARADES DE L'ORCHESTRE.

Enfin, mes chers camarades, nous triomphons; les bouffons sont renvoyés : nous allons briller de nouveau dans les symphonies de M. de Lulli; nous n'aurons plus si chaud à l'Opéra, ni tant de fatigue à l'orchestre. Convenez, messieurs, que c'étoit un métier pénible que celui de jouer cette chienne de musi-

(1) Je n'appelle pas avoir une musique, que d'emprunter celle d'une autre langue pour tâcher de l'appliquer à la sienne; et j'aimerois mieux que nous gardassions notre maussade et ridicule chant, que d'associer encore plus ridiculement la mélodie italienne à la langue françoise. Ce dégoûtant assemblage, qui peut-être fera désormais l'étude de nos musiciens, est trop monstrueux pour être admis, et le caractère de notre langue ne s'y prêtera jamais. Tout au plus *quelques pièces comiques pourront-elles* passer en faveur de la symphonie; mais je prédis hardiment que le genre tragique ne sera pas même tenté. On a applaudi, cet été, à l'Opéra Comique, l'ouvrage d'un homme de talent, qui paroît avoir écouté la bonne musique avec de bonnes oreilles, et qui en a traduit le genre en françois d'aussi près qu'il étoit possible : ses accompagnemens sont bien imités sans être copiés; et s'il n'a point fait de chant, c'est qu'il n'est pas possible d'en faire. Jeunes musiciens qui vous sentez du talent, continuez de mépriser en public la musique italienne, je sens bien que votre intérêt présent l'exige; mais hâtez-vous d'étudier en particulier cette langue et cette musique, si vous voulez pouvoir tourner un jour contre vos camarades le dédain que vous affectez aujourd'hui contre vos maitres.

que, où la mesure alloit sans miséricorde, et n'attendoit jamais que nous pussions la suivre. Pour moi, quand je me sentois observé par quelqu'un de ces maudits habitans du Coin de la reine, et qu'un reste de mauvaise honte m'obligeoit de jouer à peu près ce qui étoit sur ma partie, je me trouvois le plus embarrassé du monde; et, au bout d'une ligne ou deux, ne sachant plus où j'en étois, je feignois de compter des pauses, ou bien je me tirois d affaire en sortant pour aller pisser.

Vous ne sauriez croire quel tort nous a fait cette musique qui va si vite, ni jusqu'où s'étendoit déjà la réputation d'ignorance que quelques prétendus connoisseurs osoient nous donner. Pour ses quarante sous, le moindre polisson se croyoit en droit de murmurer lorsque nous jouions faux; ce qui troubloit très-fréquemment l'attention des spectateurs. Il n'y avoit pas jusqu'à certaines gens qu'on appelle, je crois, des philosophes, qui, sans le moindre respect pour une académie royale, n'eussent l'insolence de critiquer effrontément des personnes de notre sorte. Enfin j'ai vu le moment, qu'enfreignant sans pudeur nos antiques et respectables priviléges, on alloit obliger les officiers du roi à savoir la musique, et à jouer tout de bon de l'instrument pour lequel ils sont payés.

Hélas! qu'est devenu le temps heureux de notre gloire? Que sont devenus ces jours fortunés où, d'une voix unanime, nous passions, parmi les anciens de la chambre des comptes et les meilleurs bourgeois de la rue Saint-Denis, pour le premier orchestre de l'Europe; où l'on se pâmoit à cette célèbre ouverture d'Isis, à cette belle tempête d'Alcyone, à cette brillante logistille de Roland, et où le bruit de notre premier coup d'archet s'élevoit jusqu'au ciel avec les acclamations du parterre? Maintenant chacun se mêle impudemment de contrôler notre exécution; et, parce que nous ne jouons pas trop juste et que nous n'allons guère bien ensemble, on nous traite sans façon de racleurs de boyau, et l'on nous chasseroit volontiers du spectacle, si les sentinelles, qui sont ainsi que nous au service du roi, et par conséquent d'honnêtes gens et du bon parti, ne maintenoient un peu la subordination. Mais, mes chers camarades, qu'ai-je besoin, pour exciter votre juste colère, de vous rappeler notre antique splendeur, et les affronts qui nous en ont fait déchoir? Ils sont tous présens à votre mémoire, ces affronts cruels, et vous avez montré, par votre ardeur à en éteindre l'odieuse cause, combien vous êtes peu disposés à les endurer. Oui, messieurs, c'est cette dangereuse musique étrangère qui, sans autre secours que ses propres charmes, dans un pays où tout étoit contre elle, a failli détruire la nôtre qu'on joue si à son aise. C'est elle qui nous perd d'honneur, et c'est contre elle que nous devons tous rester unis jusqu'au dernier soupir.

Je me souviens qu'avertis du danger par les premiers succès de la *Serva Padrona*, et nous étant assemblés en secret pour chercher les moyens d'estropier cette musique enchanteresse, le plus qu'il seroit possible, l'un de nous, que j'ai reconnu depuis pour un faux frère (1), s'avisa de dire d'un ton moitié goguenard que nous n'avions que faire de tant délibérer, et qu'il falloit hardiment la jouer tout de notre mieux: jugez de ce qu'il en seroit arrivé si nous eussions eu la maladroite modestie de suivre cet avis, puisque tous nos soins, joints à nos grands talens pour laisser aux ouvrages que nous exécutons tout le mérite du plaisir qu'ils peuvent donner, ont eu peine à empêcher le public de sentir les beautés de la musique italienne livrée à nos archets. Nous avons donc écorché et cette musique et les oreilles des spectateurs avec une intrépidité sans exemple et capable de rebuter les plus déterminés bouffonnistes. Il est vrai que l'entreprise étoit hasardeuse, et que partout ailleurs la moitié de notre bande se seroit fait mettre vingt fois au cachot; mais nous connoissons

(1) Il y a quelques jours que, polissonnant avec lui à l'Opéra, comme nous avons tous accoutumé de faire, je surpris dans sa poche un papier qui contenoit cette scandaleuse épigramme:

> O Pergolèse inimitable,
> Quand notre orchestre impitoyable
> Te fait crier sous son lourd violon,
> Je crois qu'au rebours de la fable
> Marsyas écorche Apollon.

Ils sont comme cela deux ou trois dans l'orchestre qui s'avisent de blâmer vos cabales, qui osent publiquement approuver la musique italienne, et qui, sans égard pour le corps, veulent se mêler de faire leur devoir et d'être honnêtes gens; mais nous comptons les faire bientôt déguerpir à force d'avanies, et nous ne voulons souffrir que des camarades qui fassent cause commune avec nous.

nos droits, et nous en usons : c'est le public, s'il se plaint, qui sera mis au cachot.

Non contens de cela, nous avons joint l'intrigue à l'ignorance et à la mauvaise volonté : nous n'avons pas oublié de dire autant de mal des acteurs que nous en faisions à leur musique ; et le bruit du traitement qu'ils ont reçu de nous a opéré un très-bon effet en dégoûtant de venir à Paris, pour y recevoir des affronts, tous les bons sujets que Bambini a tâché d'attirer. Réunis par un puissant intérêt commun et par le désir de venger la gloire de notre archet, il ne nous a pas été difficile d'écraser de pauvres étrangers qui, ignorant les mystères de la boutique, n'avoient d'autres protecteurs que leurs talens, d'autres partisans que les oreilles sensibles et équitables, ni d'autre cabale que le plaisir qu'ils s'efforçoient de faire aux spectateurs. Ils ne savoient pas, les bonnes gens, que ce plaisir même aggravoit leur crime et accéléroit leur punition. Ils sont prêts à la recevoir enfin, sans même qu'ils s'en doutent ; car, pour qu'ils la sentent davantage, nous aurons la satisfaction de les voir congédiés brusquement sans être avertis ni payés, et sans qu'ils aient eu le temps de chercher quelque asile où il leur soit permis de plaire impunément au public.

Nous espérons aussi, pour la consolation des vrais citoyens, et surtout des gens de goût qui fréquentent notre théâtre, que les comédiens françois, délaissés de tout le monde et surchargés d'affronts, seront bientôt obligés à fermer le leur ; ce qui nous fera d'autant plus de plaisir que le Coin de la reine est composé de leurs plus ardens partisans, dignes admirateurs des farces de Corneille, Racine et Voltaire, ainsi que de celles des intermèdes. C'est ainsi que les étrangers, qui ont tous la grossièreté de rechercher la comédie françoise et l'opéra italien, ne trouvant plus à Paris que la comédie italienne et l'opéra françois, monumens précieux du goût de la nation, cesseront d'y accourir avec tant d'empressement ; ce qui sera un grand avantage pour le royaume, attendu qu'il y fera meilleur vivre, et que les loyers n'y seront plus si chers.

Tout ce que nous avons fait est quelque chose, et ce n'est pas encore assez. J'ai découvert un fait sur lequel il est bon que vous soyez tous prévenus, afin de concerter la conduite qu'il faut tenir en cette occasion : c'est que le sieur Bambini, encouragé par le succès de *la Bohémienne*, prépare un nouvel intermède qui pourroit bien paroître encore avant son départ. Je ne puis comprendre où diable il prend tant d'intermèdes, car nous assurions tous qu'il n'y en avoit que trois ou quatre dans toute l'Italie. Je crois, pour moi, que ces maudits intermèdes tombent du ciel tout faits par les anges, exprès pour nous faire damner.

Il s'agit donc, messieurs, de nous bien réunir dans ce moment pour empêcher que celui-ci ne soit mis au théâtre, ou du moins pour l'y faire tomber avec éclat, surtout s'il est bon, afin que les bouffons s'en aillent chargés de la haine publique, et que tout Paris apprenne, par cet exemple, à craindre notre autorité et à respecter nos décisions. Dans cette vue, je me suis adroitement insinué chez le sieur Bambini, sous prétexte d'amitié ; et, comme le bon-homme ne se défioit de rien, car il n'a pas seulement l'esprit de voir les tours que nous lui jouons, il m'a sans mystère montré son intermède. Le titre en est *l'Oiseleuse angloise*, et l'auteur de la musique est un certain *Jomelli*. Or, vous saurez que ce *Jomelli* est un de ces ignorans d'Italiens qui ne savent rien, et qui font, on ne sait comment, de la musique ravissante que nous avons quelquefois beaucoup de peine à défigurer. Pour en méditer à loisir les moyens, j'ai examiné la partition avec autant de soin qu'il m'a été possible : malheureusement je ne suis pas, non plus que les autres, fort habile à déchiffrer, mais j'en ai vu suffisamment pour connoître que cette symphonie semble faite exprès pour favoriser nos projets ; elle est fort coupée, fort variée, pleine de petits jours, de petites réponses de divers instrumens qui entrent les uns après les autres ; en un mot, elle demande une précision singulière dans l'exécution. Jugez de la facilité que nous aurons à brouiller tout cela sans affectation et d'un air tout-à-fait naturel : pour peu que nous voulions nous entendre, nous allons faire un charivari de tous les diables ; cela sera délicieux. Voici donc un projet de règlement que nous avons médité avec nos illustres chefs, et entre autres avec M. l'Abbé et M. Caraffe, qui en toute occasion ont si bien mérité du bon parti et fait tant de mal à la bonne musique.

I. On ne suivra point en cette occasion la méthode ordinaire, employée avec succès dans les autres intermèdes : mais avant que de mal parler de celui-ci on attendra de le connoître dans les répétitions. Si la musique en est médiocre, nous en parlerons avec admiration : nous affecterons tous unanimement de l'élever jusqu'aux nues, afin qu'on attende des prodiges et qu'on se trouve plus loin de compte à la première représentation. Si malheureusement la musique se trouve bonne, comme il n'y a que trop lieu de le craindre, nous en parlerons avec dédain, avec un mépris outré, comme de la plus misérable chose qui ait été faite ; notre jugement séduira les sots, qui ne se rétractent jamais que quand ils ont eu raison, et le plus grand nombre sera pour nous.

II. Il faudra jouer de notre mieux aux répétitions pour disculper les chefs, à qui l'on reprocheroit sans cela de n'avoir pas réitéré les répétitions jusqu'à ce que le tout allât bien. Ces répétitions ne seront pas pour cela à pure perte, car c'est là que nous concerterons entre nous les moyens d'être, aux représentations, le plus discordans qu'il sera possible.

III. L'accord se prendra, selon la règle, sur l'avis du premier violon, attendu qu'il est sourd.

IV. Les violons se distribueront en trois bandes, dont la première jouera un quart de ton trop haut, la deuxième un quart de ton trop bas, et la troisième jouera le plus juste qu'il lui sera possible. Cette cacophonie se pratiquera facilement, en haussant ou baissant subtilement le ton de l'instrument durant l'exécution. A l'égard des hautbois, il n'y a rien à leur dire, et d'eux-mêmes ils iront à souhait.

V. On en usera pour la mesure à peu près comme pour le ton : un tiers la suivra, un tiers l'anticipera, et un autre tiers ira après tous les autres. Dans toutes les entrées, les violons se garderont surtout d'être ensemble; mais partant successivement, et les uns après les autres, ils feront des manières de petites figures ou d'imitations qui produiront un très-grand effet. A l'égard des violoncelles, ils sont exhortés d'imiter l'exemple édifiant de l'un d'entre eux, qui se pique avec une juste fierté de n'avoir jamais accompagné un intermède italien dans le ton, et de jouer toujours majeur quand le mode est mineur, et mineur quand il est majeur.

VI. On aura grand soin d'adoucir les *fort* et de renforcer les *doux*, principalement sous le chant; il faudra surtout racler à tour de bras quand la Tonelli chantera, car il est surtout d'une grande importance d'empêcher qu'elle ne soit entendue.

VII. Une autre précaution qu'il ne faut pas oublier, c'est de forcer les seconds autant qu'il sera possible, et d'adoucir les premiers, afin qu'on n'entende partout que la mélodie du second dessus. Il faudra aussi engager Durand à ne pas se donner la peine de copier les parties de quintes toutes les fois qu'elles sont à l'octave de la basse, afin que ce défaut de liaison entre les basses et les dessus rende l'harmonie plus sèche.

VIII. On recommande aux jeunes racleurs de ne pas manquer de prendre l'octave, de miauler sur le chevalet, et de doubler et défigurer leur partie, surtout lorsqu'ils ne pourront pas jouer le simple, afin de donner le change sur leur maladresse, de barbouiller toute la musique, et de montrer qu'ils sont au-dessus des lois de tous les orchestres du monde.

IX. Comme le public pourroit à la fin s'impatienter de tout ce charivari, si nous nous apercevons qu'il nous observe de trop près, il faudra changer de méthode pour prévenir les caquets : alors tandis que trois ou quatre violons joueront comme ils savent, tous les autres se mettront à s'accorder durant les airs, et auront soin de racler de toute leur force et de faire un bruit de diable avec leurs cordes à vide, précisément dans les endroits les plus doux. Par ce moyen nous gâterons la plus belle musique sans qu'on ait rien à nous dire ; car encore faut-il bien s'accorder. Que si l'on nous reprenoit là-dessus, nous aurions le plus beau prétexte du monde de jouer aussi faux qu'il nous plairoit. Ainsi, soit qu'on nous permette d'accorder, soit qu'on nous en empêche, nous trouverons toujours le moyen de n'être jamais d'accord.

X. Nous continuerons de crier tous au scandale et à la profanation : nous nous plaindrons hautement qu'on déshonore le séjour des dieux par des bateleurs ; nous tâcherons de prouver que nos acteurs ne sont pas des bateleurs comme les autres, attendu qu'ils chantent et gesticulent tout au plus, mais qu'ils ne jouent point; que la petite Tonelli se sert de ses bras pour faire son rôle avec une intelligence et une gentillesse ignominieuse; au lieu que l'illustre mademoiselle Chevalier ne se sert des siens que pour aider à l'effort de ses poumons, ce qui est beaucoup plus décent; qu'au surplus il n'y a que le talent qui déroge, et que nos acteurs n'ont jamais dérogé. Nous ferons voir aussi que la musique italienne déshonore notre théâtre, par la raison qu'une Académie royale de Musique doit se soutenir avec la seule pompe de son titre et de son privilége, et qu'il n'est pas de sa dignité d'avoir besoin pour cela de bonne musique.

XI. La plus essentielle précaution que nous avons à prendre en cette occasion est de tenir nos délibérations secrètes : de si grands intérêts ne doivent point être exposés aux yeux d'un vulgaire stupide, qui s'imagine follement que nous sommes payés pour le servir. Les spectateurs sont d'une telle arrogance, que si cette lettre venoit à se divulguer par l'indiscrétion de quelqu'un de vous, ils se croiroient en droit d'observer de plus près notre conduite, ce qui ne laisseroit pas d'avoir son incommodité: car enfin, quelque supérieur qu'on puisse être au public, il n'est point agréable d'en essuyer les clabauderies.

Voilà, messieurs, quelques articles préliminaires sur lesquels il nous paroît convenable de se concerter d'avance : à l'égard des discours particuliers que nous tiendrons quand l'ouvrage en question sera en train, comme ils doivent être modifiés sur la manière dont on le recevra, il est à propos de réserver à ce temps-là d'en convenir. Chacun de nous, à quelques-uns près, s'est jusqu'ici comporté si convenablement à l'intérêt commun, qu'il n'y a pas d'apparence que nul se démente là-dessus au moment de couronner l'œuvre; et nous espérons que si l'on nous reproche de manquer de talent, ce ne sera pas au moins de celui de bien cabaler.

C'est ainsi qu'après avoir expulsé avec ignominie toute cette engeance italienne nous allons nous établir en tribunal redoutable; bientôt le succès ou du moins la chute des pièces dépendra de nous seuls; les auteurs, saisis d'une juste crainte, viendront en tremblant rendre hommage à l'archet qui peut les écorcher; et d'une bande de misérables racleurs, pour laquelle on nous prend maintenant, nous deviendrons un jour les juges suprêmes de l'Opéra françois, et les arbitres souverains de la chaconne et du rigaudon.

J'ai l'honneur d'être avec un très-profond respect, mes chers camarades, etc.

EXAMEN

DE DEUX PRINCIPES

AVANCÉS PAR M. RAMEAU,

Dans sa brochure intitulée : ERREURS SUR LA MUSIQUE, dans l'Encyclopédie.

AVERTISSEMENT.

Je jetai cet écrit sur le papier en 1755, lorsque parut la brochure de M. RAMEAU, et après avoir déclaré publiquement, sur la grande querelle que j'avois eue à soutenir, que je ne répondrois plus à mes adversaires. Content même d'avoir fait note de mes observations sur l'écrit de M. RAMEAU, je ne les publiai point ; et je ne les joins maintenant ici que parce qu'elles servent à l'éclaircissement de quelques articles de mon Dictionnaire, où la forme de l'ouvrage ne me permettoit pas d'entrer dans de plus longues discussions.

C'est toujours avec plaisir que je vois paroître de nouveaux écrits de M. Rameau. De quelque manière qu'ils soient accueillis du public, ils sont précieux aux amateurs de l'art, et je me fais honneur d'être de ceux qui tâchent d'en profiter. Quand cet illustre artiste relève mes fautes, il m'instruit, il m'honore, je lui dois des remercîmens; et comme, en renonçant aux querelles qui peuvent troubler ma tranquillité, je ne m'interdis point celles de pur amusement, je discuterai par occasion quelques points qu'il décide, bien sûr d'avoir toujours fait une chose utile, s'il en peut résulter de sa part de nouveaux éclaircissemens. C'est même entrer en cela dans les vues de ce grand musicien, qui dit qu'on ne peut contester les propositions qu'il avance, que pour lui fournir les moyens de les mettre dans un plus grand jour; d'où je conclus qu'il est bon qu'on les conteste.

Je suis au reste fort éloigné de vouloir défendre mes articles de l'Encyclopédie : personne à la vérité n'en devroit être plus content que M. Rameau qui les attaque; mais personne au monde n'en est plus mécontent que moi. Cependant, quand on sera instruit du temps où ils ont été faits, de celui que j'eus pour les faire, et de l'impuissance où j'ai toujours été de reprendre un travail une fois fini; quand on saura de plus que je n'eus point la présomption de me proposer pour celui-ci, mais que ce fut, pour ainsi dire, une tâche imposée par l'amitié, on lira peut-être avec quelque indulgence des articles que j'eus à peine le temps d'écrire dans l'espace qui m'étoit donné pour les méditer, et que je n'aurois point entrepris, si je n'avois consulté que le temps et mes forces.

Mais ceci est une justification envers le public, et pour un autre lieu. Revenons à M. Rameau, que j'ai beaucoup loué, et qui me fait un crime de ne l'avoir pas loué davantage. Si les lecteurs veulent bien jeter les yeux sur les articles qu'il attaque, tels que CHIFFRER, ACCORD, ACCOMPAGNEMENT, etc.; s'ils distinguent les vrais éloges que l'équité mesure aux talens, du vil encens que l'adulation prodigue à tout le monde; enfin s'ils sont instruits du poids que les procédés de M. Rameau vis-à-vis de moi ajoutent à la justice que j'aime à lui rendre, j'espère qu'en blâmant les fautes que j'ai pu faire dans l'exposition de ses principes ils seront contens au moins des hommages que j'ai rendus à l'auteur.

Je ne feindrai pas d'avouer que l'écrit intitulé, *Erreurs sur la Musique*, me paroît en effet fourmiller d'erreurs, et que je n'y vois rien de plus juste que le titre. Mais ces erreurs ne sont point dans les lumières de M. Rameau; elles n'ont leur source que dans son cœur : et quand la passion ne l'aveuglera pas, il jugera mieux que personne des bonnes règles de son art. Je ne m'attacherai donc point à relever un nombre de petites fautes qui disparoîtront avec sa haine; encore moins défendrai-je celles dont il m'accuse, et dont plusieurs en effet ne sauroient être niées. Il me fait un crime, par exemple, d'écrire pour être entendu; c'est un défaut qu'il impute à mon ignorance, et dont je suis peu tenté de la justifier. J'avoue avec plaisir que, faute de choses savantes, je suis réduit à n'en dire que de raisonnables; et je n'envie à personne le profond savoir qui n'engendre que des écrits inintelligibles.

Encore un coup, ce n'est point pour ma justification que j'écris; c'est pour le bien de la chose. Laissons toutes ces disputes personnelles qui ne font rien au progrès de l'art, ni à l'instruction du public. Il faut abandonner ces petites chicanes aux commençans qui veulent se faire un nom aux dépens des noms déjà connus, et qui, pour une erreur qu'ils corrigent, ne craignent pas d'en commettre cent. Mais ce qu'on ne sauroit examiner avec trop de soin, ce sont les principes de l'art même, dans lesquels la moindre erreur est une source d'égaremens, et où l'artiste ne peut se tromper en rien, que tous les efforts qu'il fait pour perfectionner l'art n'en éloignent la perfection.

Je remarque dans *les erreurs sur la musique* deux de ces principes importans. Le premier, qui a guidé M. Rameau dans tous ses écrits, et qui pis est dans toute sa musique, est que l'harmonie est l'unique fondement de l'art, que la mélodie en dérive, et que tous les grands effets de la musique naissent de la seule harmonie.

L'autre principe, nouvellement avancé par M. Rameau, et qu'il me reproche de n'avoir pas ajouté à ma définition de l'accompagnement, est que cet *accompagnement représente le corps sonore*. J'examinerai séparément ces deux principes. Commençons par le premier et le plus important, dont la vérité ou la fausseté démontrée doit servir en quelque manière de base à tout l'art musical.

Il faut d'abord remarquer que M. Rameau fait dériver toute l'harmonie de la résonnance du corps sonore; et il est certain que tout son est accompagné de trois autres sons harmoniques concomitans ou accessoires, qui forment avec lui un accord parfait, tierce majeure. En ce sens, l'harmonie est naturelle et inséparable de la mélodie et du chant, tel qu'il puisse être, puisque tout son porte avec lui son accord parfait. Mais, outre ces trois sons harmoniques, chaque son principal en donne beaucoup d'autres qui ne sont point harmoniques, et n'entrent point dans l'accord parfait. Telles sont toutes les aliquotes non réductibles par leurs octaves à quelqu'une de ces trois premières. Or, il y a une infinité de ces aliquotes qui peuvent échapper à nos sens, mais dont la résonnance est démontrée par induction, et n'est pas impossible à confirmer par expérience. L'art les a rejetées de l'harmonie, et voilà où il a commencé à substituer ses règles à celles de la nature.

Veut-on donner aux trois sons qui constituent l'accord parfait une prérogative particulière, parce qu'ils forment entre eux une sorte de proportion qu'il a plu aux anciens d'appeler harmonique, quoiqu'elle n'ait qu'une propriété de calcul? Je dis que cette propriété se trouve dans des rapports de sons qui ne sont nullement harmoniques. Si les trois sons représentés par les chiffres $\frac{1}{3}$ $\frac{1}{5}$ lesquels sont en proportion harmonique, forment un accord consonnant, les trois sons représentés par ces autres chiffres $\frac{1}{5}$ $\frac{1}{6}$ $\frac{1}{7}$ sont de même en proportion harmonique, et ne forment qu'un accord discordant. Vous pouvez diviser harmoniquement une tierce majeure, une tierce mineure, un ton majeur, un ton mineur, etc.; et jamais les sons donnés par ces divisions ne feront des accords consonnans. Ce n'est donc ni parce que les sons qui composent l'accord parfait résonnent avec le son principal, ni parce qu'ils répondent aux aliquotes de la corde entière, ni parce qu'ils sont en proportion harmonique, qu'ils ont été choisis exclusivement pour composer l'accord parfait, mais seulement parce que, dans l'ordre des intervalles, ils offrent les rapports les plus simples. Or, cette simplicité des rapports est une règle commune à l'harmonie et à la mélodie : règle dont celle-ci s'écarte pourtant en certains cas, jusqu'à rendre toute harmonie impraticable; ce qui prouve que la mélodie n'a point reçu la loi d'elle, et ne lui est point naturellement subordonnée.

Je n'ai parlé que de l'accord parfait majeur. Que sera-ce quand il faudra montrer la génération du mode mineur, de la dissonance, et les règles de la modulation ! A l'instant je perds la nature de vue, l'arbitraire perce de toutes parts, le plaisir même de l'oreille est l'ouvrage de l'habitude ; et de quel droit l'harmonie, qui ne peut se donner à elle-même un fondement naturel, voudroit-elle être celui de la mélodie, qui fit des prodiges deux mille ans avant qu'il fût question d'harmonie et d'accords?

Qu'une marche consonnante et régulière de basse fondamentale engendre des harmoniques qui procèdent diatoniquement et forment entre eux une sorte de chant, cela se connoît et peut s'admettre. On pourroit même renverser cette génération ; et comme, selon M. Rameau, chaque son n'a pas seulement la puissance d'ébranler ses aliquotes en-dessus, mais ses multiples en-dessous, le simple chant pourroit engendrer une sorte de basse, comme la basse engendre une sorte de chant ; et cette génération seroit aussi naturelle que celle du mode mineur. Mais je voudrois demander à M. Rameau deux choses : l'une, si ces sons ainsi engendrés sont ce qu'il appelle de la mélodie ; et l'autre, si c'est ainsi qu'il trouve la sienne, ou s'il pense même que jamais personne en ait trouvé de cette manière. Puissions-nous préserver nos oreilles de toute musique dont l'auteur commencera par établir une belle basse fondamentale, et, pour nous mener savamment de dissonance en dissonance, changera de ton ou de mode à chaque note, entassera sans cesse accords sur accords, sans songer aux accens d'une mélodie simple, naturelle et passionnée, qui ne tire pas son expression des progressions de la basse, mais des inflexions que le sentiment donne à la voix !

Non, ce n'est point là sans doute ce que M. Rameau veut qu'on fasse, encore moins ce qu'il fait lui-même. Il entend seulement que l'harmonie guide l'artiste sans qu'il y songe dans l'invention de sa mélodie, et que, toutes les fois qu'il fait un beau chant, il suit une harmonie régulière : ce qui doit être vrai par la liaison que l'art a mise entre ces deux parties dans tous les pays où l'harmonie a dirigé la marche des sons, les règles du chant, et l'accent musical ; car ce qu'on appelle chant prend alors une beauté de convention, laquelle n'est point absolue, mais relative au système harmonique, et à ce que, dans ce système, on estime plus que le chant.

Mais si la longue routine de nos successions harmoniques guide l'homme exercé et le compositeur de profession, quel fut le guide de ces ignorans qui n'avoient jamais entendu d'harmonie dans ces chants que la nature a dictés long-temps avant l'invention de l'art? Avoient-ils donc un sentiment d'harmonie antérieur à l'expérience? et si quelqu'un leur eût fait entendre la basse fondamentale de l'air qu'ils avoient composé, pense-t-on qu'aucun d'eux eût reconnu là son guide, et qu'il eût trouvé le moindre rapport entre cette basse et cet air?

Je dirai plus; à juger de la mélodie des Grecs par les trois ou quatre airs qui nous en restent, comme il est impossible d'ajuster sous ces airs une bonne basse fondamentale, il est impossible aussi que le sentiment de cette basse, d'autant plus régulière qu'elle est plus naturelle, leur ait suggéré ces mêmes airs. Cependant cette mélodie qui les transportoit étoit excellente à leurs oreilles, et l'on ne peut douter que la nôtre ne leur eût paru d'une barbarie insupportable: donc ils en jugeoient sur un autre principe que nous.

Les Grecs n'ont reconnu pour consonnances que celles que nous appelons consonnances parfaites; ils ont rejeté de ce nombre les tierces et les sixtes. Pourquoi cela? c'est que l'intervalle du ton mineur étant ignoré d'eux ou du moins proscrit de la pratique, et leurs consonnances n'étant point tempérées, toutes leurs tierces majeures étoient trop fortes d'un comma, et leurs tierces mineures trop foibles d'autant, et par conséquent leurs sixtes majeures et mineures altérées de même. Qu'on pense maintenant quelles notions d'harmonie on peut avoir, et quels modes harmoniques on peut établir en bannissant les tierces et les sixtes du nombre des consonnances. Si les consonnances mêmes qu'ils admettoient leur eussent été connues par un vrai sentiment d'harmonie, ils les eussent dû sentir ailleurs que dans la mélodie; ils les auroient, pour ainsi dire, sous-entendues au-dessous de leurs chants; la consonnance tacite des marches fondamentales leur eût fait donner ce nom aux marches diatoniques qu'elles engendroient; loin d'avoir eu moins de consonnances que nous, ils en auroient eu davantage; et préoccupés, par exemple, de la basse tacite *ut sol*, ils eussent donné le nom de consonnance à l'intervalle mélodieux d'*ut* à *re*.

« Quoique l'auteur d'un chant, dit M. Rameau, ne connoisse par les sons fondamentaux dont ce chant dérive, il ne puise pas » moins dans cette source unique de toutes nos » productions en musique. » Cette doctrine est sans doute fort savante, car il m'est impossible de l'entendre. Tâchons, s'il se peut, de m'expliquer ceci.

La plupart des hommes qui ne savent pas la musique, et qui n'ont pas appris combien il est beau de faire grand bruit, prennent tous leurs chants dans le *medium* de leur voix; et son diapason ne s'étend pas communément jusqu'à pouvoir en entonner la basse fondamentale quand même ils la sauroient. Ainsi, non-seulement cet ignorant qui compose un air n'a nulle notion de la basse fondamentale de cet air; il est même également hors d'état et d'exécuter cette basse lui-même, et de la reconnoître lorsqu'un autre l'exécute. Mais cette basse fondamentale qui lui a suggéré son chant, et qui n'est ni dans son entendement ni dans son organe, ni dans sa mémoire, où est-elle donc?

M. Rameau prétend qu'un ignorant entonnera naturellement les sons fondamentaux les plus sensibles, comme, par exemple, dans le ton d'*ut*, un *sol* sous un *re*, et un *ut* sous un *mi*. Puisqu'il dit en avoir fait l'expérience, je ne veux pas en ceci rejeter son autorité. Mais quels sujets a-t-il pris pour cette épreuve? Des gens qui, sans savoir la musique, avoient cent fois entendu de l'harmonie et des accords; de sorte que l'impression des intervalles harmoniques, et du progrès correspondant des parties dans les passages les plus fréquens, étoit restée dans leur oreille, et se trasmettoit à leur voix sans même qu'ils s'en doutassent. Le jeu des racleurs de guinguettes suffit seul pour exercer le peuple des environs de Paris à l'intonation des tierces et des quintes. J'ai fait ces mêmes expériences sur des hommes plus rustiques et dont l'oreille étoit juste; elles ne m'ont jamais rien donné de semblable. Ils n'ont entendu la basse qu'autant que je la leur soufflois; encore souvent ne pouvoient-ils la saisir: ils n'apercevoient jamais le moindre rapport entre deux sons différens entendus à la fois: cet ensemble même leur déplaisoit toujours, quelque juste que fût l'intervalle; leur oreille étoit choquée d'une tierce comme la nôtre l'est d'une dissonance; et je puis assurer qu'il n'y en avoit pas un pour qui la cadence rompue n'eût pu terminer un air tout aussi bien que la cadence parfaite, si l'unisson s'y fût trouvé de même.

Quoique le principe de l'harmonie soit naturel, comme il ne s'offre au sens que sous l'apparence de l'unisson, le sentiment qui le développe est acquis et factice, comme la plupart de ceux qu'on attribue à la nature; et c'est surtout en cette partie de la musique qu'il y a, comme dit très-bien M. d'Alembert, un art d'entendre comme un art d'exécuter. J'avoue que ces observations, quoique justes, rendent, à Paris, les expériences difficiles, car les oreilles ne s'y préviennent guère moins vite que les esprits : mais c'est un inconvénient inséparable des grandes villes, qu'il y faut toujours chercher la nature au loin.

Un autre exemple dont M. Rameau *attend tout*, et qui me semble à moi ne prouver rien, c'est l'intervalle des deux notes *ut fa* dièse, sous lequel appliquant différentes basses qui marquent différentes transitions harmoniques, il prétend montrer, par les diverses affections qui en naissent, que la force de ces affections dépend de l'harmonie et non du chant. Comment M. Rameau a-t-il pu se laisser abuser par ses yeux, par ses préjugés, au point de prendre tous ces divers passages pour un même chant, parce que c'est le même intervalle apparent, sans songer qu'un intervalle ne doit être censé le même, et surtout en mélodie, qu'autant qu'il a le même rapport au mode; ce qui n'a lieu dans aucun des passages qu'il cite? Ce sont bien sur le clavier les mêmes touches, et voilà ce qui trompe M. Rameau; mais ce sont réellement autant de mélodies différentes; car, non-seulement elles se présentent toutes à l'oreille sous des idées diverses, mais même leurs intervalles exacts diffèrent presque tous les uns des autres. Quel est le musicien qui dira qu'un triton et une fausse quinte, une septième diminuée et une sixte majeure, une tierce mineure et une seconde superflue, forment la même mélodie, parce que les intervalles qui les donnent sont les mêmes sur le clavier? Comme si l'oreille n'apprécioit pas toujours les intervalles selon leur justesse dans le mode, et ne corrigeoit par les erreurs du tempérament sur les rapports de la modulation! Quoique la basse détermine quelquefois avec plus de promptitude et d'énergie les changemens de ton, ces changemens ne laisseroient pourtant pas de se faire sans elle; et je n'ai jamais prétendu que l'accompagnement fût inutile à la mélodie, mais seulement qu'il lui devoit être subordonné. Quand tous ces passages de l'*ut* au *fa* dièse seroient exactement le même intervalle, employés dans leurs différentes places, ils n'en seroient pas moins autant de chants différens, étant pris ou supposés sur différentes cordes du mode, et composés de plus ou moins de degrés. Leur variété ne vient donc pas de l'harmonie, mais seulement de la modulation, qui appartient incontestablement à la mélodie.

Nous ne parlerons ici que de deux notes d'une durée indéterminée; mais deux notes d'une durée indéterminée ne suffisent pas pour constituer un chant, puisqu'elles ne marquent ni mode, ni phrase, ni commencement, ni fin. Qui est-ce qui peut imaginer un chant dépourvu de tout cela? A quoi pense M. Rameau de nous donner pour des accessoires de la mélodie, la mesure, la différence du haut et du bas; du doux et du fort, du vite et du lent; tandis que toutes ces choses ne sont que la mélodie elle-même, et que, si on les en séparoit, elle n'existeroit plus? La mélodie est un langage comme la parole : tout chant qui ne dit rien n'est rien, et celui-là seul peut dépendre de l'harmonie. Les sons aigus ou graves représentent les accens semblables dans les discours; les brèves et les longues, les quantités semblables dans la prosodie; la mesure égale et constante, le rhythme et les pieds des vers; les doux et les fort, la voix rémisse ou véhémente de l'orateur. Y a-t-il un homme au monde assez froid, assez dépourvu de sentiment, pour dire ou lire des choses passionnées sans jamais adoucir ni renforcer la voix? M. Rameau, pour comparer la mélodie à l'harmonie, commence par *dépouiller la première* de tout ce qui lui étant propre ne peut convenir à l'autre : il ne considère pas la mélodie comme un chant, mais comme un remplissage; il dit que ce remplissage naît de l'harmonie; et il a raison.

Qu'est-ce qu'une suite de sons indéterminés quant à la durée? Des sons isolés et dépourvus de tout effet commun, qu'on entend, qu'on saisit séparément les uns des autres, et qui, bien qu'engendrés par une succession harmonique, n'offrent aucun ensemble à l'oreille, et attendent, pour former une phrase et dire quelque chose, la liaison que la mesure leur donne. Qu'on présente au musicien une suite de notes de valeur indéterminée, il en va faire cinquante mélodies entièrement différentes, seulement par les diverses manières de les scander, d'en combiner et varier les mouvemens; preuve invincible que c'est à la mesure qu'il appartient de fixer toute mélodie. Que si la diversité d'harmonie qu'on peut donner à ces suites varie aussi leurs effets, c'est qu'elle en fait réellement encore autant de mélodies différentes, en donnant aux mêmes intervalles divers emplacemens dans l'échelle du mode; ce qui, comme je l'ai déjà dit, change entièrement les rapports des sons et le sens des phrases.

La raison pourquoi les anciens n'avoient point de musique purement instrumentale, c'est qu'ils n'avoient pas l'idée d'un chant sans mesure, ni d'une autre mesure que celle de la poésie; et la raison pourquoi les vers se chantoient toujours et jamais la prose, c'est que la prose n'avoit que la partie du chant qui dépend de l'intonation, au lieu que les vers avoient encore l'autre partie constitutive de la mélodie, savoir, le rhythme.

Jamais personne, pas même M. Rameau, n'a divisé la musique en mélodie, harmonie et mesure, mais en harmonie et mélodie; après quoi l'une et l'autre se considère par les sons et par les temps.

M. Rameau prétend que tout le charme, toute l'énergie de la musique est dans l'harmonie; que la mélodie n'y a qu'une part subordonnée, et ne donne à l'oreille qu'un léger et stérile agrément. Il faut l'entendre raisonner lui-même. Ses preuves perdroient trop à être rendues par un autre que lui.

Tout chœur de musique, dit-il, *qui est lent et dont la succession harmonique est bonne, plaît toujours sans le secours d'aucun dessein, ni d'une mélodie qui puisse affecter d'elle-même; et ce plaisir est tout autre que celui qu'on éprouve ordinairement d'un chant agréable ou simplement vif et gai.* (Ce parallèle d'un chœur lent et d'un air vif et gai me paroît assez plaisant.) *L'un se rapporte directement à l'âme* (notez bien que c'est le grand chœur à quatre parties); *l'autre ne passe pas le canal de l'oreille.* (C'est le chant, selon M. Rameau.) *J'en appelle encore à* l'Amour triomphe, *déjà cité plus d'une fois.* (Cela est vrai.) *Que l'on compare le plaisir qu'on éprouve à celui que cause un air, soit vocal, soit instrumental.* J'y consens. Qu'on me laisse choisir la voix et l'air, sans me restreindre au seul mouvement vif et gai, car cela n'est pas juste; et que M. Rameau vienne de son côté avec son chœur l'*Amour triomphe*, et tout ce terrible appareil d'instrumens et de voix : il aura beau se choisir des juges qu'on n'affecte qu'à force de bruit, et qui sont plus touchés d'un tambour que du rossignol, ils seront hommes enfin. Je n'en veux pas davantage pour leur faire sentir que les sons les plus capables d'affecter l'âme ne sont point ceux d'un chœur de musique.

L'harmonie est une cause purement physique; l'impression qu'elle produit reste dans le même ordre; des accords ne peuvent qu'imprimer aux nerfs un ébranlement passager et stérile, ils donneroient plutôt des vapeurs que des passions. Le plaisir qu'on prend à entendre un chœur lent, dépourvu de mélodie, est purement de sensation, et tourneroit bientôt à l'ennui, si l'on n'avoit soin de faire ce chœur très-court, surtout lorsqu'on y met toutes les voix dans leur *medium*. Mais si les voix sont rémisses et basses, il peut affecter l'âme sans le secours de l'harmonie; car une voix rémisse et lente est une expression naturelle de tristesse; un chœur à l'unisson pourroit faire le même effet.

Les plus beaux accords, ainsi que les plus belles couleurs, peuvent porter aux sens une impression agréable, et rien de plus; mais les accens de la voix passent jusqu'à l'âme, car ils sont l'expression naturelle des passions, et, en les peignant, ils les excitent. C'est par eux que la musique devient oratoire, éloquente, imitative; ils en forment le langage; c'est par eux qu'elle peint à l'imagination les objets, qu'elle porte au cœur les sentimens. La mélodie est dans la musique ce qu'est le dessin dans la peinture, l'harmonie n'y fait que l'effet des couleurs. C'est par le chant, non par les accords, que les sons ont de l'expression, du feu, de la vie; c'est le chant seul qui leur donne des effets moraux qui font toute l'énergie de la musique. En un mot, le seul physique de l'art se réduit à bien peu de chose, et l'harmonie ne passe pas au-delà.

Que s'il y a quelques mouvemens de l'âme qui semblent excités par la seule harmonie, comme l'ardeur des soldats par les instrumens militaires, c'est que tout grand bruit, tout bruit éclatant peut être bon pour cela, parce qu'il n'est question que d'une certaine agitation qui se transmet de l'oreille au cerveau, et que l'imagination, ébranlée ainsi, fait le reste. Encore cet effet dépend-il moins de l'harmonie que du rhythme ou de la mesure, qui est une des parties constitutives de la mélodie, comme je l'ai fait voir ci-dessus.

Je ne suivrai point M. Rameau dans les exemples qu'il tire de ses ouvrages pour illustrer son principe. J'avoue qu'il ne lui est pas difficile de montrer par cette voie l'infériorité de la mélodie; mais j'ai parlé de la musique et non de sa musique. Sans vouloir démentir les éloges qu'il se donne, je puis n'être pas de son avis sur tel ou tel morceau; et tous ces jugemens particuliers pour ou contre ne sont pas d'un grand avantage au progrès de l'art.

Après avoir établi, comme on a vu, le fait, vrai par rapport à nous, mais très-faux généralement parlant, que l'harmonie engendre la mélodie, M. Rameau finit sa dissertation dans ces termes : *Ainsi, toute musique étant comprise dans l'harmonie, on en doit conclure que ce n'est qu'à cette seule harmonie qu'on doit comparer quelque science que ce soit.* (Page 64.) J'avoue que je ne vois rien à répondre à cette merveilleuse conclusion.

Le second principe avancé par M. Rameau, et duquel il me reste à parler, est que *l'harmonie représente le corps sonore*. Il me reproche de n'avoir pas ajouté cette idée dans la définition de l'accompagnement. Il est à croire que si je l'y eusse ajoutée, il me l'eût reproché davantage, ou du moins avec plus de raison. Ce n'est pas sans répugnance que j'entre dans l'examen de cette addition qu'il exige : car, quoique le principe que je viens d'examiner ne soit pas en lui-même plus vrai que celui-ci, l'on doit beaucoup l'en distinguer, en ce que, si c'est une erreur, c'est au moins l'erreur d'un grand musicien qui s'égare à force de science. Mais ici je ne vois que des mots vides de sens, et je ne puis pas même supposer de la bonne foi dans l'auteur qui les ose donner au public comme un principe de l'art qu'il professe.

L'harmonie représente le corps sonore! Ce mot de *corps sonore* a un certain éclat scientifique; il annonce un physicien dans celui qui l'emploie ; mais en musique, que signifie-t-il? Le musicien ne considère pas le corps sonore en lui-même, il ne le considère qu'en action. Or, qu'est-ce que le corps sonore en action? c'est le son : l'harmonie représente donc le son. Mais l'harmonie accompagne le son : le son n'a donc pas besoin qu'on le représente puisqu'il est là. Si ce galimatias paroît risible, ce n'est pas ma faute assurément.

Mais ce n'est peut-être pas le son mélodieux que l'harmonie représente; c'est la collection des sons harmoniques qui l'accompagnent. Mais ces sons ne sont que l'harmonie elle-même : l'harmonie représente donc l'harmonie, et l'accompagnement l'accompagnement.

Si l'harmonie ne représente ni le son mélodieux, ni ses harmoniques, que représente-t-elle donc? Le son fondamental et ses harmoniques, dans lesquels est compris le son mélodieux. Le son fondamental et ses harmoniques sont donc ce que M. Rameau appelle le corps sonore. Soit; mais voyons.

Si l'harmonie doit représenter le corps sonore, la basse ne doit jamais contenir que des sons fondamentaux; car, à chaque renversement, le corps sonore ne rend point sur la basse l'harmonie renversée du son fondamental, mais l'harmonie directe du son renversé qui est à la basse, et qui, dans le corps sonore, devient ainsi fondamentale. Que M. Rameau prenne la peine de répondre à cette seule objection, mais qu'il y réponde clairement, et je lui donne gain de cause.

Jamais le son fondamental ni ses harmoniques, pris pour le corps sonore, ne donnent d'accord mineur; jamais ils ne donnent la dissonance : je parle dans le système de M. Rameau; l'harmonie et l'accompagnement sont pleins de tout cela, principalement dans sa pratique. Donc l'harmonie et l'accompagnement ne peuvent représenter le corps sonore.

Il faut qu'il y ait une différence inconcevable entre la manière de raisonner de cet auteur et la mienne; car voici les premières conséquences que son principe admis par supposition me suggère.

Si l'accompagnement représente le corps sonore, il ne doit rendre que les sons rendus par le corps sonore : or, ces sons ne forment que des accords parfaits; pourquoi donc hérisser l'accompagnement de dissonances?

Selon M. Rameau, les sons concomitans rendus par le corps sonore se bornent à deux, savoir, *la tierce majeure* et *la quinte*. Si l'accompagnement représente le corps sonore, il faut donc le simplifier.

L'instrument dont on accompagne est un corps sonore lui-même, dont chaque son est toujours accompagné de ses harmoniques naturels. Si donc l'accompagnement représente le corps sonore, on ne doit frapper que des unissons; car les harmoniques des harmoniques ne se trouvent point dans le corps sonore. En vérité, si ce principe que je combats m'étoit venu, et que je l'eusse trouvé solide, je m'en serois servi contre le système de M. Rameau, et je l'aurois cru renversé.

Mais donnons, s'il se peut, de la précision à ses idées, nous pourrons mieux en sentir la justesse ou la fausseté.

Pour concevoir son principe, il faut entendre que le corps sonore est représenté par la basse et son accompagnement, de façon que la basse fondamentale représente le son générateur, et l'accompagnement ses productions harmoniques. Or, comme les sons harmoniques sont produits par la basse fondamentale, la basse fondamentale, à son tour, est produite par le concours des sons harmoniques. Ceci n'est pas un principe de système, c'est un fait d'expérience connu dans l'Italie depuis longtemps.

Il ne s'agit donc plus que de voir quelles conditions sont requises dans l'accompagnement pour représenter exactement les productions harmoniques du corps sonore, et fournir par leur concours la basse fondamentale qui leur convient.

Il est évident que la première et la plus essentielle de ces conditions est de produire, à chaque accord, un son fondamental unique : car, si vous produisez deux sons fondamentaux, vous représentez deux corps sonores au lieu d'un; et vous avez duplicité d'harmonie, comme il a déjà été observé par M. Serre.

Or, l'accord parfait, tierce majeure, est le seul qui ne donne qu'un son fondamental; tout autre accord le multiplie. Ceci n'a besoin de démonstration pour aucun théoricien; et je me contenterai d'un exemple si simple, que, sans figure ni note, il puisse être entendu des lecteurs les moins versés en musique, pourvu que les termes leur en soient connus.

Dans l'expérience dont je viens de parler, on trouve que la tierce majeure produit pour son fondamental l'octave du son grave, et que la tierce mineure produit la dixième majeure; c'est-à-dire que cette tierce majeure *ut mi* vous donnera l'octave de l'*ut* pour son fondamental, et que cette tierce mineure *mi sol* vous donnera encore le même *ut* pour son fondamental. Ainsi tout cet accord entier *ut mi sol* ne vous donne qu'un son fondamental; car la quinte *ut sol*, qui donne l'unisson de sa note grave, peut être censée en donner l'octave : ou bien, en descendant ce *sol* à son octave, l'accord est un à la dernière rigueur; car le son fondamental de la sixte majeure *sol mi* est à la quinte du grave, et le son fondamental de la quarte *sol ut* est encore à la quinte du grave. De cette manière, l'harmonie est bien ordonnée et représente exactement le corps sonore. Mais, au lieu de diviser harmoniquement la quinte en mettant la tierce majeure au grave et la mineure à l'aigu, transposons cet ordre en la divisant arithmétiquement: nous aurons cet accord parfait tierce mineure, *ut mi* bémol *sol*, et, prenant d'autres notes pour plus de commodité, cet accord semblable, *la ut mi*.

Alors on trouve la dixième *fa* pour son fondamental de la tierce mineure *la ut*, et l'octave *ut* pour son fondamental de la tierce majeure *ut mi*. On ne sauroit donc frapper cet accord complet sans produire à la fois deux sons fondamentaux. Il y a pis encore; c'est qu'aucun de ces deux sons fondamentaux n'étant le vrai fondement de l'accord et du mode, il nous faut une troisième basse *la* qui donne ce fondement. Alors il est manifeste que l'accompagnement ne peut représenter le corps sonore qu'en prenant seulement les notes deux à deux; auquel cas on aura *la* pour basse engendrée sous la quinte *la mi*, *fa* sous la tierce mineure *la ut*, et *ut* sous la tierce majeure *ut mi*. Sitôt donc que vous ajouterez un troisième son, ou vous ferez un accord parfait majeur, ou vous aurez deux sons fondamentaux; et par conséquent la représentation du corps sonore disparoîtra.

Ce que je dis ici de l'accord parfait mineur doit s'entendre à plus forte raison de tout accord dissonant complet où les sons fondamentaux se multiplient par la composition de l'accord; et l'on ne doit pas oublier que tout cela n'est déduit que du principe même de M. Rameau, adopté par supposition. Si l'accompagnement devoit représenter le corps sonore, combien donc n'y devroit-on pas être circonspect dans le choix des sons et des dissonances, quoique régulières et bien sauvées! Voilà la première conséquence qu'il faudroit tirer de ce principe supposé vrai. La raison, l'oreille, l'expérience, la pratique de tous les peuples qui ont le plus de justesse et de sensibilité dans l'organe, tout suggéroit cette conséquence à M. Rameau. Il en tire pourtant une toute contraire; et, pour l'établir, il réclame les droits de la nature, mots qu'en qualité d'artiste il ne devroit jamais prononcer.

Il me fait un grand crime d'avoir dit qu'il falloit retrancher quelquefois des sons dans l'accompagnement, et un bien plus grand encore d'avoir compté la quinte parmi ces sons qu'il falloit retrancher dans l'occasion. « La » quinte, dit-il, qui est l'arc-boutant de l'har» monie, et qu'on doit par conséquent préférer » partout où elle doit être employée. » A la bonne heure, qu'on la préfère quand elle doit être employée : mais cela ne prouve pas qu'elle doive toujours l'être; au contraire, c'est justement parce qu'elle est trop harmonieuse et sonore qu'il la faut souvent retrancher, surtout dans les accords trop éloignés des cordes principales, de peur que l'idée du ton ne s'éloigne et ne s'éteigne, de peur que l'oreille incertaine ne partage son attention entre les deux sons qui forment la quinte, ou ne la donne précisément à celui qui est étranger à la mélodie, et qu'on doit le moins écouter. L'ellipse n'a pas moins d'usage dans l'harmonie que dans la grammaire; il ne s'agit pas toujours de tout dire, mais de se faire entendre suffisamment. Celui qui, dans un accompagnement écrit, voudroit sonner la quinte dans chaque accord où elle entre, feroit une harmonie insupportable; et M. Rameau lui-même s'est bien gardé d'en user ainsi.

Pour revenir au clavecin, j'interpelle tout homme dont une habitude invétérée n'a pas corrompu les organes; qu'il écoute, s'il peut, l'étrange et barbare accompagnement prescrit par M. Rameau, qu'il le compare avec l'accompagnement simple et harmonieux des Italiens; et, s'il refuse de juger par la raison, qu'il juge au moins par le sentiment entre eux et lui. Comment un homme de goût a-t-il pu jamais imaginer qu'il fallût remplir tous les accords pour représenter le corps sonore, qu'il fallût employer toutes les dissonances qu'on peut employer? Comment a-t-il pu faire un crime à Corelli de n'avoir pas chiffré toutes celles qui pouvoient entrer dans son accompagnement? Comment la plume ne lui tomboit-elle pas des mains à chaque faute qu'il reprochoit à ce grand harmoniste de n'avoir pas faite? Comment n'a-t-il pas senti que la confusion n'a jamais rien produit d'agréable, qu'une harmonie trop chargée est la mort de toute expression, et que c'est par cette raison que toute la musique sortie de son école n'est que du bruit sans effet? Comment ne se reproche-t-il pas à lui-même d'avoir fait hérisser les basses françoises de ces forêts de chiffres qui font mal aux oreilles seulement à les voir? Comment la force des beaux chants qu'on trouve quelquefois dans sa musique n'a-t-elle pas désarmé sa main paternelle quand il les gâtoit sur son clavecin?

Son système ne me paroît guère mieux fondé dans les principes de théorie que dans ceux de pratique. Toute sa génération harmonique se borne à des progressions d'accords parfaits majeurs; on n'y comprend plus rien sitôt qu'il s'agit du mode mineur et de la dissonance; et les vertus des nombres de Pythagore ne sont pas plus ténébreuses que les propriétés physiques qu'il prétend donner à de simples rapports.

M. Rameau dit que la résonnance d'une corde sonore met en mouvement une autre corde sonore triple ou quintuple de la première, et la fait frémir sensiblement dans sa totalité, quoiqu'elle ne résonne point. Voilà le fait sur lequel il établit les calculs qui lui servent à la production de la dissonance et du mode mineur. Examinons.

Qu'une corde vibrante, se divisant en ses aliquotes, les fasse vibrer, et résonner chacune en particulier de sorte que les vibrations plus fortes de la corde en produisent de plus foibles dans ses parties, ce phénomène se conçoit et n'a rien de contradictoire. Mais qu'une aliquote puisse émouvoir son tout en lui donnant des vibrations plus lentes et conséquemment *plus fortes* ('), qu'une force quelconque en produise une autre triple et une autre quintuple d'elle-même, c'est ce que l'observation dément et que la raison ne peut admettre. Si l'expérience de M. Rameau est vraie, il faut nécessairement que celle de M. Sauveur soit fausse. Car si une corde résonnante fait vibrer son triple et son quintuple, il s'ensuit que les nœuds de M. Sauveur ne pouvoient exister, que sur la résonnance d'une partie la corde entière ne pouvoit frémir, que les papiers blancs et rouges devoient également tomber, et qu'il faut rejeter sur ce fait le témoignage de toute l'Académie.

Que M. Rameau prenne la peine de nous expliquer ce que c'est qu'une corde sonore qui vibre et ne résonne pas. Voici certainement une nouvelle physique. Ce ne sont donc plus les vibrations du corps sonore qui produisent le son, et nous n'avons qu'à chercher une autre cause.

Au reste, je n'accuse point ici M. Rameau de mauvaise foi ; je conjecture même comment il a pu se tromper. Premièrement, dans une expérience fine et délicate, un homme à système voit souvent ce qu'il a envie de voir. De plus, la grande corde se divisant en parties égales entre elles et à la petite, on a vu frémir à la fois toutes ses parties, et l'on a pris cela pour le frémissement de la corde entière. On n'a point entendu de son ; cela est encore fort naturel : au lieu du son de la corde entière qu'on attendoit, on n'a eu que l'unisson de la plus petite partie, et on ne l'a pas distingué. Le fait important dont il falloit s'assurer, et dont dépendoit tout le reste, étoit qu'il n'existoit point de nœuds immobiles, et que, tandis qu'on n'entendoit que le son d'une partie, on voyoit frémir la corde dans la totalité ; ce qui est faux.

Quand cette expérience seroit vraie, les origines qu'en déduit M. Rameau ne seroient pas plus réelles : car l'harmonie ne consiste pas dans les rapports de vibrations, mais dans le concours des sons qui en résultent ; et si ces sons sont nuls, comment toutes les proportions du monde leur donneroient-elles une existence qu'ils n'ont pas ?

Il est temps de m'arrêter. Voilà jusqu'où l'examen des erreurs de M. Rameau peut importer à la science harmonique. Le reste n'intéresse ni les lecteurs ni moi-même. Armé par le droit d'une juste défense, j'avois à combattre deux principes de cet auteur, dont l'un a produit toute la mauvaise musique dont son école inonde le public depuis nombre d'années ; l'autre le mauvais accompagnement qu'on apprend par sa méthode. J'avois à montrer que son système harmonique est insuffisant, mal prouvé, fondé sur une fausse expérience. J'ai cru ces recherches intéressantes. J'ai dit mes raisons ; M. Rameau a dit ou dira les siennes : le public nous jugera. Si je finis si tôt cet écrit, ce n'est pas que la matière me manque ; mais j'en ai dit assez pour l'utilité de l'art et pour l'honneur de la vérité. Je ne crois pas avoir à défendre le mien contre les outrages de M. Rameau. Tant qu'il m'attaque en artiste, je me fais un devoir de lui répondre, et discute avec lui volontiers les points contestés : sitôt que l'homme se montre et m'attaque personnellement, je n'ai plus rien à lui dire, et ne vois en lui que le musicien.

(') Ce qui rend les vibrations plus lentes, c'est, ou plus de matière à mouvoir dans la corde, ou son plus grand écart de la ligne de repos.

LETTRE

A M. BURNEY,

SUR LA MUSIQUE,

AVEC FRAGMENS D'OBSERVATIONS SUR L'ALCESTE ITALIEN DE M. LE CHEVALIER GLUCK.

AVERTISSEMENT (*).

Les deux pièces qui suivent ne sont que des fragmens d'un ouvrage que M. Rousseau n'acheva point. Il donna son manuscrit, presque indéchiffrable, à M. Prévost, de l'Académie royale des Sciences et Belles-Lettres de Berlin, qui a bien voulu nous le remettre. Il y a joint la copie qu'il en fit lui-même sous les yeux de M. Rousseau, qui la corrigea de sa main, et distribua ces fragmens dans l'ordre où nous les donnons. M. Prévost, connu du public par une excellente traduction de l'ORESTE d'Euripide, a suppléé, dans les OBSERVATIONS SUR L'ALCESTE, quelques passages dont le sens étoit resté suspendu, et qui ne sembloient point se lier avec le reste du discours, nous avons fait écrire ces passages en italique : sans cette précaution, il auroit été difficile de les distinguer du texte de M. Rousseau.

LETTRE

A M. LE DOCTEUR BURNEY,

AUTEUR DE L'HISTOIRE GÉNÉRALE DE LA MUSIQUE.

Vous m'avez fait successivement, monsieur, plusieurs cadeaux précieux de vos écrits, chacun desquels méritoit bien un remercîment exprès. La presque absolue impossibilité d'écrire m'a jusqu'ici empêché de remplir ce devoir; mais le premier volume de votre histoire générale de la musique, en ranimant en moi un reste de zèle pour un art auquel le vôtre vous a fait employer tant de travaux, de temps, de voyages et de dépenses, m'excite à vous en marquer ma reconnaissance, en m'entretenant quelque temps avec vous du sujet favori de vos recherches, qui doit immortaliser votre nom chez les vrais amateurs de ce bel art.

Si j'avois eu le bonheur d'en conférer avec vous un peu à loisir, tandis qu'il me restoit quelques idées encore fraîches, j'aurois pu tirer des vôtres bien des instructions dont le public pourra profiter, mais qui seront perdues pour moi, désormais privé de mémoire et hors d'état de rien lire. Mais je puis du moins consigner ici sommairement quelques-uns des points sur lesquels j'aurois désiré vous consulter, afin que les artistes ne soient pas privés des éclaircissemens qu'ils leur vaudront de votre part; et, laissant bavarder sur la musique en belles phrases ceux qui, sans en savoir faire, ne laissent pas d'étonner le public de leurs savantes spéculations, je me bornerai à ce qui tient plus immédiatement à la pratique, qui ne donne pas une prise si commode aux oracles des beaux esprits, mais dont l'étude est seule utile aux véritables progrès de l'art.

1° Vous vous en êtes trop occupé, monsieur, pour n'avoir pas souvent remarqué combien notre manière d'écrire la musique est confuse, embrouillée, et souvent équivoque; *ce qui est une des causes qui rendent son* étude si longue et si difficile. Frappé de ces inconvéniens, j'avois imaginé, il y a une quarantaine d'années, une manière de l'écrire par chiffres, moins volumineuse, plus simple, et, selon moi, beaucoup plus claire. J'en lus le projet, en 1742, à l'Académie des Sciences, et je le proposai l'année suivante au public, dans une brochure que j'ai l'honneur de vous envoyer. Si vous prenez la peine de la parcourir, vous y verrez à quel point j'ai réduit le nombre et simplifié l'expression des signes. Comme il n'y a dans l'échelle que sept notes diatoniques, je n'ai non plus que sept caractères pour les exprimer. Toutes les autres, qui n'en sont *que les répliques*, s'y présentent à leur degré, mais toujours sous le signe primitif; les intervalles majeurs, mineurs, superflus et diminués, ne s'y confondent jamais de position, comme dans la musique ordinaire; mais chacun a son caractère inhérent et propre, qui, sans égard à la position ni à la clef, se présente au premier coup d'œil : je proscris le bécarre comme inutile : je n'ai jamais ni bémol ni dièse à la clef; enfin les accords, l'har

(*) Cet avertissement est des éditeurs de Genève. G. P.

monie et l'enchaînement des modulations, s'y montrent dans une partition avec une clarté qui ne laisse rien échapper à l'œil ; de sorte que la succession en est aussi claire aux regards du lecteur, que dans l'esprit du compositeur même.

Mais la partie la plus neuve et la plus utile de ce système, et celle cependant qu'on a le moins remarquée, est celle qui se rapporte aux valeurs des notes et à l'expression de la durée et des quantités dans le temps. C'est la grande simplicité de cette partie qui l'a empêchée de faire sensation. Je n'ai point de figures particulières pour les rondes, blanches, noires, croches, doubles croches, etc.; tout cela, ramené par la position seule à des aliquotes égales, présente à l'œil les divisions de la mesure et des temps, sans presque avoir besoin pour cela de signes propres. Le zéro seul suffit pour exprimer un silence quelconque ; le point, après une note ou un zéro, marque tous les prolongemens possibles d'un silence ou d'un son. Il peut représenter toutes sortes de valeurs ; ainsi les pauses, demi-pauses, soupirs, demi-soupirs, quarts de soupirs, etc., sont proscrits, ainsi que les diverses figures de notes. J'ai pris en tout le contre-pied de la note ordinaire ; elle représente les valeurs par des figures, et les intervalles par des positions ; moi, j'exprime les valeurs par la position seule, et les intervalles par des chiffres, etc.

Cette manière de noter n'a point été adoptée. Comment auroit-elle pu l'être? elle étoit nouvelle, et c'étoit moi qui la proposois. Mais ses défauts, que j'ai remarqués le premier, n'empêchent pas qu'elle n'ait de grands avantages sur l'autre, surtout pour la pratique de la composition, pour enseigner la musique à ceux qui ne la savent pas, et pour noter commodément, en petit volume, les airs qu'on entend et qu'on peut désirer de retenir. Je l'ai donc conservée pour mon usage, je l'ai perfectionnée en la pratiquant, et je l'emploie surtout à noter la basse sous un chant quelconque, parce que cette basse, écrite ainsi par une ligne de chiffres, m'épargne une portée, double mon espace, et fait que je suis obligé de tourner la moitié moins souvent.

2° En perfectionnant cette manière de noter, j'en ai trouvé une autre avec laquelle je l'ai combinée, et dont j'ai maintenant à vous rendre compte.

Dans les exemples que vous avez donnés du chant des Juifs, vous les avez, avec raison, notés de droite et de gauche. Cette direction des lignes est la plus ancienne, et elle est restée dans l'écriture orientale. Les Grecs eux-mêmes la suivirent d'abord ; ensuite ils imaginèrent d'écrire les lignes en sillons, c'est-à-dire alternativement de droite à gauche et de gauche à droite. Enfin la difficulté de lire et d'écrire dans les deux sens leur fit abandonner tout-à-fait l'ancienne direction, et ils écrivirent comme nous faisons aujourd'hui, uniquement de gauche à droite, revenant toujours à la gauche pour recommencer chaque ligne.

Cette marche a un inconvénient dans le saut que l'œil est forcé de faire de la fin de chaque ligne au commencement de la suivante, et du bas de chaque page au haut de celle qui suit. Cet inconvénient, que l'habitude nous rend insensible dans la lecture, se fait mieux sentir en lisant la musique, où, les lignes étant plus longues, l'œil a un plus grand saut à faire, et où la rapidité de ce saut fatigue à la longue, surtout dans les mouvemens vites ; en sorte qu'il arrive quelquefois dans un concerto que le symphoniste se trompe de portée, et que l'exécution est arrêtée.

J'ai pensé qu'on pourroit remédier à cet inconvénient et rendre la musique plus commode et moins fatigante à lire, en renouvelant pour elle la méthode d'écrire par sillons pratiquée par les anciens Grecs, et cela d'autant plus heureusement que cette méthode n'a pas pour la musique la même difficulté que pour l'écriture ; car la note est également facile à lire dans les deux sens, et l'on n'a pas plus de peine, par exemple, à lire le plain-chant des Juifs comme vous l'avez noté, que s'il étoit noté de gauche à droite comme le nôtre. C'est un fait d'expérience que chacun peut vérifier sur-le-champ, que qui chante à livre ouvert de gauche à droite chantera de même à livre ouvert de droite à gauche, sans y être aucunement préparé. Ainsi point d'embarras pour la pratique.

Pour m'assurer de cette méthode par l'expérience, prévoir toutes les objections, et lever toutes les difficultés, j'ai écrit de cette manière beaucoup de musique tant vocale qu'instrumentale, tant en parties séparées qu'en partition, m'attachant toujours à cette constante règle, de disposer tellement la succession des lignes et des pages, que l'œil n'eût jamais de saut à faire ni de droite à gauche ni de bas en haut, mais qu'il recommençât toujours la ligne ou la page suivante, même en tournant, du lieu même où finit la précédente : ce qui fait procéder alternativement la moitié de mes pages de bas en haut, comme la moitié de mes lignes de gauche à droite.

Je ne parlerai point des avantages de cette manière d'écrire la musique; il suffit d'exécuter une sonate notée de cette façon pour les sentir. A l'égard des objections, je n'en ai pu trouver qu'une seule, et seulement pour la musique vocale ; c'est la difficulté de lire les paroles écrites à rebours, difficulté qui revient de deux en deux lignes · et j'avoue que je ne vois nul autre moyen de la vaincre, que de s'exercer quelques jours à lire et écrire de cette façon, comme font les imprimeurs, habitude qui se contracte très-promptement. Mais quand on ne voudroit pas vaincre ce léger obstacle pour les parties de chant, les avantages resteroient toujours tout entiers sans aucun inconvénient pour les parties instrumentales et pour toute espèce de symphonies; et certainement, dans l'exécution d'une sonate ou d'un concerto, ces avantages sauveront toujours beaucoup de fatigue aux concertans et surtout à l'instrument principal.

5° Les deux façons de noter dont je viens de vous parler ayant chacune ses avantages, j'ai imaginé de les réunir dans une note combinée des deux, afin surtout d'épargner de la place et d'avoir à tourner moins souvent. Pour cela, je note en musique ordinaire, mais à la grecque, c'est-à-dire en sillons, les parties chantantes et obligées ; et quant à la basse, qui procède ordinairement par notes plus simples et moins figurées, je la note de même en sillons, mais par chiffres, dans les entre-lignes qui séparent les portées. De cette manière chaque accolade a une portée de moins, qui est celle de la basse ; et comme cette basse est écrite à la place où l'on met ordinairement les paroles, j'écris ces paroles au-dessus du chant au lieu de les mettre au-dessous, ce qui est indifférent en soi ; et empêche que les chiffres de la basse ne se confondent avec l'écriture. Quand il n'y a que deux parties, cette manière de noter épargne la moitié de la place.

4° Si j'avois été à portée de conférer avec vous avant la publication de votre premier volume, où vous donnez l'histoire de la musique ancienne, je vous aurois proposé, monsieur, d'y discuter quelques points concernant la musique des Grecs, desquels l'éclaircissement me paroît devoir jeter de grandes lumières sur la nature de cette musique, tant jugée et si peu connue, points qui néanmoins n'ont jamais excité de question chez nos érudits, parce qu'ils ne se sont pas même avisés d'y penser.

Je ne renouvelle point, parmi ces questions, celle qui regarde notre harmonie, demandant si elle a été connue et pratiquée des Grecs, parce que cette question me paroît n'en pouvoir faire une pour quiconque a quelque notion de l'art, et de ce qui nous reste, sur cette matière, dans les auteurs grecs ; il faut laisser chamailler là-dessus les érudits, et se contenter de rire. Vous avez mis, sous l'air antique d'une ode de Pindare, une fort bonne basse; mais je suis très-sûr qu'il n'y avoit pas une oreille grecque que cette basse n'eût écorchée au point de ne la pouvoir endurer.

Mais j'oserois demander 1° si la poésie grecque étoit susceptible d'être chantée de plusieurs manières, s'il étoit possible de faire plusieurs airs différens sur les mêmes paroles, et s'il y a quelque exemple que cela ait été pratiqué. 2° Quelle étoit la distinction caractéristique de la poésie lyrique, ou accompagnée, d'avec la poésie purement oratoire? Cette distinction ne consistoit-elle que dans le mètre et dans le style? ou consistoit-elle aussi dans le ton de la récitation? N'y avoit-il rien de chanté dans la poésie qui n'étoit pas lyrique? et y avoit-il quelque cas où l'on pratiquât, comme parmi nous, le rhythme cadencé sans aucune mélodie? Qu'est-ce que c'étoit proprement que la musique instrumentale des Grecs? Avoient-ils des symphonies proprement dites, composées sans aucunes paroles? Ils jouoient des airs qu'on ne chantoit pas, je sais cela ; mais n'y avoit-il pas originairement des paroles sur tous ces airs? et y en avoit-il quelqu'un qui n'eût point été chanté ni fait pour l'être? Vous sentez que cette question seroit bien ridicule si celui qui la fait croyoit qu'ils eussent des accompagnemens semblables aux nôtres, qui eussent fait des parties différentes de la vocale ; car, en pareil cas, ces accompagnemens auroient fait de la musique purement instrumentale. Il est vrai que leur note étoit différente pour les instrumens et pour les voix ; mais cela n'empêchoit pas, selon moi, que l'air noté des deux façons ne fût le même.

J'ignore si ces questions sont surperficielles ; mais je sais qu'elles ne sont pas oiseuses. Elles tiennent toutes par quelque côté à d'autres questions intéressantes : comme de savoir s'il n'y a qu'une musique, comme le prononcent magistralement nos docteurs, ou si peut-être, comme moi et quelques autres esprits vulgaires avons osé le penser, il y a essentiellement et nécessairement une musique propre à chaque langue, excepté pour les langues qui, n'ayant point d'accent et ne pouvant avoir de musique à elles, se servent comme elles peuvent de celle d'autrui, prétendant, à cause de cela, que ces musiques étrangères, qu'elles usurpent au préjudice de nos oreilles, ne sont à personne ou sont à *tous* : comme encore à l'éclaircissement de ce grand principe de *l'unité de mélodie*, suivi trop exactement par Pergolèse et par Léo pour n'avoir pas été connu d'eux ; suivi très-souvent encore, mais par instinct et sans le connoître, par les compositeurs italiens modernes ; suivi très-rarement par hasard par quelques compositeurs allemands, mais ni connu par aucun compositeur françois, ni suivi jamais dans aucune autre musique françoise que le seul *Devin du Village*, et proposé par l'auteur de la *Lettre sur la musique françoise* et du *Dictionnaire de musique*, sans avoir été ni compris, ni suivi, ni peut-être lu par personne ; principe dont la musique moderne s'écarte journellement de plus en plus, jusqu'à ce qu'enfin elle vienne à dégénérer en un tel charivari, que les oreilles ne pouvant plus la souffrir, les auteurs soient ramenés de force à ce principe si dédaigné, et à la marche de la nature.

Ceci, monsieur, me mèneroit à des discussions techniques qui vous ennuieroient peut-être par leur inutilité, et infailliblement par leur longueur. Cependant, comme il pourroit se trouver par hasard dans mes vieilles rêveries musicales quelques bonnes idées, je m'étois proposé d'en jeter quelques-unes dans les remarques que M. Gluck m'avoit prié de faire sur son opéra italien d'*Alceste* ; et j'avois commencé cette besogne quand il me retira son opéra, sans me demander mes remarques qui n'étoient que commencées, et dont l'indéchiffrable brouillon n'étoit pas en état de lui être remis. J'ai imaginé de transcrire ici ce fragment dans cette occasion et de vous l'envoyer, afin que, si vous avez la fantaisie d'y jeter les yeux, mes informes idées sur la musique lyrique puissent vous en suggérer de meilleures, dont le public profitera dans votre histoire de la musique moderne.

Je ne puis ni compléter cet extrait, ni donner à ses membres épars la liaison nécessaire, parce que je n'ai plus l'opéra sur lequel il a été fait. Ainsi je me borne à transcrire ici ce qui est fait. Comme l'opéra d'*Alceste* a été imprimé à Vienne, je suppose qu'il peut aisément passer sous vos yeux ; et au pis-aller il peut se trouver par-ci par-là dans ce fragment quelque idée générale qu'on peut entendre sans exemple et sans application. Ce qui me donne quelque confiance dans les jugemens que je portois ci-devant dans cet extrait, c'est qu'ils ont été presque tous confirmés depuis lors par le public dans l'*Alceste* françois que M. Gluck nous a donné, cette année, à l'Opéra, et où il a, avec raison, employé tant qu'il a pu la même musique de son *Alceste* italien.

FRAGMENS

D'OBSERVATIONS

SUR L'ALCESTE ITALIEN

DE M. LE CHEVALIER GLUCK.

L'examen de l'opéra d'Alceste de M. Gluck est trop au-dessus de mes forces, surtout dans l'état de dépérissement où sont, depuis plusieurs années, mes idées, ma mémoire, et toutes mes facultés, pour que j'eusse eu la présomption d'en faire de moi-même la pénible entreprise, qui d'ailleurs ne peut être bonne à rien ; mais M. Gluck m'en a si fort pressé, que je n'ai pu lui refuser cette complaisance, quoique aussi fatigante pour moi qu'inutile pour lui. Je ne suis plus capable de donner l'attention nécessaire à un ouvrage aussi travaillé. Toutes mes observations peuvent être fausses et mal fondées ; et, loin de les lui donner pour des règles, je les soumets à son jugement, sans vouloir en aucune façon les défendre : mais quand je me serois trompé dans toutes, ce qui restera toujours réel et vrai, c'est le témoignage qu'elles rendent à M. Gluck de ma déférence pour ses désirs, et de mon estime pour ses ouvrages.

En considérant d'abord la marche totale de cette pièce, j'y trouve une espèce de contre-sens général, en ce que le premier acte est le plus fort de musique, et le dernier le plus foible ; ce qui est directement contraire à la bonne gradation du drame, où l'intérêt doit toujours aller en se renforçant. Je conviens que le grand pathétique du premier acte seroit hors de place dans les suivans ; mais les forces de la musique ne sont pas exclusivement dans le pathétique, mais dans l'énergie de tous les sentimens, et dans la vivacité de tous les tableaux. Partout où l'intérêt est plus vif, la musique doit être plus animée, et ses ressources ne sont pas moindres dans les expressions brillantes et vives, que dans les gémissemens et les pleurs.

Je conviens qu'il y a plus ici de la faute du poëte que du musicien ; mais je n'en crois pas celui-ci tout-à-fait disculpé. Ceci demande un peu d'explication.

Je ne connois point d'opéra où les passions soient moins variées que dans l'*Alceste* : tout y roule presque sur deux seuls sentimens, l'affliction et l'effroi ; et ces deux sentimens, toujours prolongés, ont dû coûter des peines incroyables au musicien, pour ne pas tomber dans la plus lamentable monotonie. En général, plus il y a de chaleur dans les situations et dans les expressions, plus leur passage doit être prompt et rapide, sans quoi la force de l'émotion se ralentit dans les auditeurs ; et, quand la mesure est passée, l'acteur a beau continuer de se démener, le spectateur s'attiédit, se glace, et finit par s'impatienter.

Il résulte de ce défaut que l'intérêt, au lieu de s'échauffer par degrés dans la marche de la pièce, s'attiédit au contraire jusqu'au dénoûment, qui, n'en déplaise à Euripide lui-même, est froid, plat, et presque risible, à force de simplicité.

Si l'auteur du drame a cru sauver ce défaut par la petite fête qu'il a mise au second acte, il s'est trompé. Cette fête, mal placée, et ridiculement amenée, doit choquer à la représentation, parce qu'elle est contraire à toute vraisemblance et à toute bienséance, tant à cause de la promptitude avec laquelle elle se prépare et s'exécute, qu'à cause de l'absence de la reine, dont on ne se met point en peine, jusqu'à ce que le roi s'avise à la fin d'y penser (¹).

J'oserai dire que cet auteur, trop plein de son Euripide, n'a pas tiré de son sujet ce qu'il pouvoit lui fournir pour soutenir l'intérêt, varier la scène, et donner au musicien de l'étoffe pour de nouveaux caractères de musique. Il falloit faire mourir Alceste au second acte, et employer tout le troisième à préparer, par un nouvel intérêt, sa résurrection ; ce qui pouvoit amener un coup de théâtre aussi admirable et frappant que ce froid retour est insipide. Mais, sans m'arrêter à ce que l'auteur du drame auroit dû faire, je reviens ici à la musique.

Son auteur avoit donc à vaincre l'ennui de cette uniformité de passion, et à prévenir l'accablement qui devoit en être l'effet. Quel étoit le premier, le plus grand moyen qui se présentoit pour cela ? C'étoit de suppléer à ce que n'avoit pas fait l'auteur du drame, en graduant tellement sa marche, que la musique augmentât toujours de chaleur en avançant, et devînt enfin d'une véhémence qui transportât l'auditeur ; et il falloit tellement ménager ce progrès, que cette agitation finît ou changeât d'objet avant de jeter l'oreille et le cœur dans l'épuisement.

C'est ce que M. Gluck me paroît n'avoir pas fait, puisque son premier acte, aussi fort de musique que le second, l'est beaucoup plus que le troisième ; qu'ainsi la véhémence ne va point en croissant ; et, dès les deux premières scènes du second acte, l'auteur ayant épuisé toutes les forces de son art, ne peut plus dans la suite que soutenir foiblement des émotions du même genre, qu'il a trop tôt portées au plus haut degré.

L'objection se présente ici d'elle-même. C'é-

(¹) J'ai donné, pour mieux encadrer cette fête, et la rendre touchante et déchirante par sa gaîté même, une idée dont M. Gluck a profité dans son *Alceste* françois.

toit à l'auteur des paroles de renforcer, par une marche graduée, la chaleur et l'intérêt. Celui de la musique n'a pu rendre les affections de ses personnages que dans le même ordre et au même degré que le drame le lui présentoit : il eût fait des contre-sens, s'il eût donné à ses expressions d'autres nuances que celles qu'exigeoient de lui les paroles qu'il avoit à rendre. Voilà l'*objection* : voici ma réponse. M. Gluck sentira bientôt qu'entre tous les musiciens de l'Europe elle n'est faite que pour lui seul.

Trois choses concourent à produire les grands effets de la musique dramatique ; savoir, l'accent, l'harmonie et le rhythme. L'accent est déterminé par le poète, et le musicien ne peut guère, sans faire des contre-sens, s'écarter en cela, ni pour le choix ni pour la force, de la juste expression des paroles. Mais quant aux deux autres parties, qui ne sont pas de même inhérentes à la langue, il peut, jusqu'à certain point, les combiner à son gré, pour modifier et graduer l'intérêt, selon qu'il convient à la marche qu'il s'est prescrite. . . . . . .

. . . .

J'oserai même dire que le plaisir de l'oreille doit quelquefois l'emporter sur la vérité de l'expression ; car la musique ne sauroit aller au cœur que par le charme de la mélodie ; et s'il n'étoit question que de rendre l'accent de la passion, l'art de la déclamation suffiroit seul, et la musique, devenue inutile, seroit plutôt importune qu'agréable : voilà l'un des écueils que le compositeur, trop plein de son expression, doit éviter soigneusement. Il y a dans tous les bons opéra, et surtout dans ceux de M. Gluck, mille morceaux qui font couler des larmes par la musique, et qui ne donneroient qu'une émotion médiocre ou nulle, dépourvus de son secours, quelque bien déclamés qu'ils pussent être. . . . .

. . . .

Il suit de là que, sans altérer la vérité de l'expression, le musicien qui module longtemps dans les mêmes tons, et n'en change que rarement, est maître d'en varier les nuances par la combinaison des deux parties accessoires qu'il y fait concourir ; savoir, l'harmonie et le rhythme. Parlons d'abord de la première. J'en distingue de trois espèces : l'harmonie diatonique, la plus simple des trois, et peut-être la seule naturelle ; l'harmonie chromatique, qui consiste en de continuels changemens de ton par des successions fondamentales de quintes ; et enfin l'harmonie que j'appelle pathétique, qui consiste en des entrelacemens d'accords superflus et diminués, à la faveur desquels on parcourt des tons qui ont peu d'analogie entre eux : on affecte l'oreille d'intervalles déchirans, et l'âme d'idées rapides et vives, capables de la troubler.

L'harmonie diatonique n'est nulle part déplacée ; elle est propre à tous les caractères ; à l'aide du rhythme et de la mélodie, elle peut suffire à toutes les expressions : elle est nécessaire aux deux autres harmonies ; et toute musique où elle n'entreroit point ne pourroit jamais être qu'une musique détestable.

L'harmonie chromatique entre de même dans l'harmonie pathétique ; mais elle peut fort bien s'en passer, et rendre, quoiqu'à son défaut peut-être plus foiblement, les expressions les plus pathétiques. Ainsi, par la succession ménagée de ces trois harmonies, le musicien peut graduer et renforcer les sentimens de même genre que le poète a soutenus trop longtemps au même degré d'énergie.

Il a pour cela une seconde ressource dans la mélodie, et surtout dans sa cadence diversement scandée par le rhythme. Les mouvemens extrêmes de vitesse et de lenteur, les mesures contrastées, les valeurs inégales, mêlées de lenteur et de rapidité, tout cela peut de même se graduer pour soutenir et ranimer l'intérêt et l'attention. Enfin, l'on a le plus ou moins de bruit et d'éclat, l'harmonie plus ou moins pleine, les silences de l'orchestre, dont le perpétuel fracas seroit accablant pour l'oreille, quelque beaux qu'en pussent être les effets.

Quant au rhythme, en quoi consiste la plus grande force de la musique, il demande un grand art pour être heureusement traité dans la vocale. J'ai dit, et je le crois, que les tragédies grecques étoient de vrais opéra. La langue grecque, vraiment harmonieuse et musicale, avoit par elle-même un accent mélodieux ; il ne falloit qu'y joindre le rhythme pour rendre la déclamation musicale ; ainsi, non-seulement les tragédies, mais toutes les poésies, étoient nécessairement chantées. Les poètes disoient avec raison, *je chante*, au commencement de leurs poëmes; formule que les nôtres ont très-ridiculement conservée : mais nos langues modernes, production des peuples barbares, n'étant point naturellement musicales, pas même l'italienne, il faut, quand on veut leur appliquer la musique, prendre de grandes précautions pour rendre cette union supportable, et pour la rendre assez naturelle dans la musique imitative pour faire illusion au théâtre. Mais, de quelque façon qu'on s'y prenne, on ne parviendra jamais à persuader à l'auditeur que le chant qu'il entend n'est que de la parole; et si l'on y pouvoit parvenir, ce ne seroit jamais qu'en fortifiant une des grandes puissances de la musique, qui est le rhythme musical, bien différent pour nous du rhythme poétique, et qui ne peut même s'associer avec lui que très-rarement et très-imparfaitement.

C'est un grand et beau problème à résoudre, de déterminer jusqu'à quel point on peut faire chanter la langue et parler la musique. C'est d'une bonne solution de ce problème que dépend toute la théorie de la musique dramatique. L'instinct seul a conduit, sur ce point, les Italiens dans la pratique aussi bien qu'il étoit possible; et les défauts énormes de leurs opéra ne viennent pas d'un mauvais genre de musique, mais d'une mauvaise application d'un bon genre.

L'accent oral par lui-même a sans doute une grande force, mais c'est seulement dans la déclamation : cette force est indépendante de toute musique; et, avec cet accent seul, on peut faire entendre une bonne tragédie, mais non pas un bon opéra. Sitôt que la musique s'y mêle, il faut qu'elle s'arme de tous ses charmes pour subjuguer le cœur par l'oreille. Si elle n'y déploie toutes ses beautés, elle y sera importune, comme si l'on faisoit accompagner un orateur par des instrumens; mais en y mêlant ses richesses, il faut pourtant que ce soit avec un grand ménagement, afin de prévenir l'épuisement où jetteroit bientôt nos organes une longue action tout en musique.

De ces principes il suit qu'il faut varier dans un drame l'application de la musique, tantôt en laissant dominer l'accent de la langue et le rhythme poétique, et tantôt en faisant dominer la musique à son tour, et prodiguant toutes les richesses de la mélodie, de l'harmonie et du rhythme musical, pour frapper l'oreille et toucher le cœur par des charmes auxquels il ne puisse résister. Voilà les raisons de la division d'un opéra en récitatif simple, récitatif obligé, et airs.

Quand le discours, rapide dans sa marche, doit être simplement débité, c'est le cas de s'y livrer uniquement à l'accent de la déclamation; et quand la langue a un accent, il ne s'agit que de rendre cet accent appréciable, en le notant par des intervalles musicaux, en s'attachant fidèlement à la prosodie, au rhythme poétique et aux inflexions passionnées qu'exige le sens du discours. Voilà le récitatif simple, et ce récitatif doit être aussi près de la simple parole qu'il est possible : il ne doit tenir à la musique que parce que la musique est la langue de l'opéra, et que parler et chanter alternativement, comme on fait ici dans les opéra-comiques, c'est s'énoncer successivement dans deux langues différentes; ce qui rend toujours choquant et ridicule le passage de l'une à l'autre, et qu'il est souverainement absurde qu'au moment où l'on se passionne on change de voix pour dire une chanson. L'accompagnement de la basse est nécessaire dans le récitatif simple, non-seulement pour soutenir et guider l'acteur, mais aussi pour déterminer l'espèce des intervalles, et marquer avec précision les entrelacemens de modulation qui font tant d'effet dans un beau récitatif; mais loin qu'il soit nécessaire de rendre cet accompagnement éclatant, je voudrois au contraire qu'il ne se fît point remarquer, et qu'il produisît son effet sans qu'on y fît aucune attention. Ainsi je crois que les autres instrumens ne doivent point s'y mêler, quand ce ne seroit que pour laisser reposer tant les oreilles des auditeurs que l'orchestre, qu'on doit tout-à-fait oublier, et dont les rentrées bien ménagées font par là un plus grand effet; au lieu que, quand la symphonie règne tout le long de la pièce, elle a beau commencer par plaire, elle finit par accabler. Le récitatif ennuie sur les théâtres d'Italie, non-seulement parce qu'il est trop long, mais parce qu'il est mal chanté et plus mal placé. Des scènes vives, intéressantes, comme doivent toujours être celles d'un opéra, rendues avec chaleur, avec vérité, et soutenues d'un jeu naturel et animé, ne peuvent manquer d'émouvoir et de plaire, à la faveur de l'illusion : mais débitées froidement et platement par des castrats, comme des leçons d'écolier, elles ennuieront sans doute, et surtout quand elles seront trop longues; mais ce ne sera pas la faute du récitatif.

Dans les momens où le récitatif, moins récitant et plus passionné, prend un caractère plus touchant, on peut y placer avec succès un simple accompagnement de notes tenues, qui, par le concours de cette harmonie, donnent plus de douceur à l'expression. C'est le simple récitatif accompagné, qui, revenant par intervalles rares et bien choisis, contraste avec la sécheresse du récitatif nu, et produit un très-bon effet.

Enfin, quand la violence de la passion fait entrecouper la parole par des propos commencés et interrompus, tant à cause de la force des sentimens qui ne trouvent point de termes suffisans pour s'exprimer, qu'à cause de leur impétuosité qui les fait succéder en tumulte les uns aux autres, avec une rapidité sans suite et sans ordre, je crois que le mélange alternatif de la parole et de la symphonie peut seul exprimer une pareille situation. L'acteur livré tout entier à sa passion n'en doit trouver que l'accent. La mélodie trop peu appropriée à l'accent de la langue, et le rhythme musical qui ne s'y prête point du tout, affoibliroient, énerveroient toute l'expression en s'y mêlant; cependant ce rhythme et cette mélodie ont un grand charme pour l'oreille, et par elle une grande force sur le cœur. Que faire alors pour employer à la fois toutes ces espèces de forces? Faire exactement ce qu'on fait dans le récitatif obligé; donner à la parole tout l'accent possible et convenable à ce qu'elle exprime, et jeter dans des ritournelles de symphonie toute la mélodie, toute la cadence et le rhythme qui peuvent venir à l'appui. Le silence de l'acteur dit alors plus que ses paroles; et ces réticences bien placées, bien ménagées, et remplies d'un côté par la voix de l'orchestre, et d'un autre par le jeu muet d'un acteur qui sent et ce qu'il dit et ce qu'il ne peut dire; ces réticences, dis-je, font un effet supérieur à celui même de la déclamation, et l'on ne peut les ôter sans lui ôter la plus grande partie de sa force. Il n'y a point de bon acteur qui, dans ces momens violens, ne fasse de longues pauses; et ces pauses, remplies d'une expression analogue par une ritournelle mélodieuse et bien ménagée, ne doivent-elles pas devenir encore plus intéressantes que lorsqu'il y règne un silence absolu? Je n'en veux pour preuve que l'effet étonnant que ne manque jamais de produire tout récitatif obligé bien placé et bien traité.

Persuadé que la langue françoise, destituée de tout accent, n'est nullement propre à la musique et principalement au récitatif, j'ai imaginé un genre de drame, *dans lequel les paroles et la musique, au lieu de marcher ensemble, se font entendre successivement, et où la phrase parlée est en quelque sorte annoncée et préparée par la phrase musicale. La scène de Pygmalion est un exemple de ce genre de composition, qui n'a pas eu d'imitateurs. En perfectionnant cette méthode, on réuniroit le double avantage de soulager l'acteur par de fréquens repos, et d'offrir au spectateur françois l'espèce de mélodrame le plus convenable à sa langue. Cette réunion de l'art déclamatoire avec l'art musical ne produira qu'imparfaitement tous les effets du vrai récitatif, et les oreilles délicates s'apercevront toujours désagréablement du contraste qui règne entre le langage de l'acteur et celui de l'orchestre qui l'accompagne; mais un acteur sensible et intelligent, en rapprochant le ton de sa voix et l'accent de sa déclamation de ce qu'exprime le trait musical, mêle ces couleurs étrangères avec tant d'art, que le spectateur n'en peut discerner les nuances. Ainsi cette espèce d'ouvrage pourroit constituer un genre moyen entre la simple déclamation et le véritable mélodrame, dont il n'atteindra jamais la beauté. Au reste, quelques difficultés qu'offre la langue, elles ne sont pas insurmontables; l'auteur du* Dictionnaire de Musique (¹) *a invité les compositeurs françois à faire de nouveaux essais, et à introduire dans leurs opéra le récitatif obligé, qui, lorsqu'on l'emploie à propos, produit les plus grands effets.*

D'où naît le charme du récitatif obligé? qu'est-ce qui fait son énergie? L'accent oratoire et pathétique de l'acteur produiroit-il seul autant d'effet? Non, sans doute. Mais les traits alternatifs de symphonie, réveillant et soutenant le sentiment de la mesure, que le seul récitatif laisseroit éteindre, joignent à l'expres-

(¹) Dictionnaire de musique, article *Récitatif obligé*.

sion purement déclamatoire toute celle du rhythme musical qui la renforce. Je distingue ici le rhythme et la mesure, parce que ce sont en effet deux choses très-différentes : la mesure n'est qu'un retour périodique de temps égaux; le rhythme est la combinaison des valeurs ou quantités qui remplissent les mêmes temps, appropriée aux expressions qu'on veut rendre et aux passions qu'on veut exciter. Il peut y avoir mesure sans rhythme, mais il n'y a point de rhythme sans mesure... *C'est en approfondissant cette partie de son art, que le compositeur donne l'essor à son génie; toute la science des accords ne peut suffire à ses besoins.*

Il importe ici de remarquer, contre le préjugé de tous les musiciens, que l'harmonie par elle-même, ne pouvant parler qu'à l'oreille et n'imitant rien, ne peut avoir que de très-foibles effets. Quand elle entre avec succès dans la musique imitative, ce n'est jamais qu'en représentant, déterminant et renforçant les accens mélodieux, qui par eux-mêmes ne sont pas toujours assez déterminés sans le secours de l'accompagnement. Des intervalles absolus n'ont aucun caractère par eux-mêmes ; une seconde superflue et une tierce mineure, une septième mineure et une sixte superflue, une fausse quinte et un triton, sont le même intervalle, et ne prennent les affections qui les déterminent que par leur place dans la modulation ; et c'est à l'accompagnement de leur fixer cette place, qui resteroit souvent équivoque par le seul chant. Voilà quel est l'usage et l'effet de l'harmonie dans la musique imitative et théâtrale. C'est par les accens de la mélodie, c'est par la cadence du rhythme, que la musique, imitant les inflexions que donnent les passions à la voix humaine, peut pénétrer jusqu'au cœur et l'émouvoir par des sentimens; au lieu que la seule harmonie, n'imitant rien, ne peut donner qu'un plaisir de sensation. De simples accords peuvent flatter l'oreille, comme de belles couleurs flattent les yeux ; mais ni les uns ni les autres ne porteront jamais au cœur la moindre émotion, parce que ni les uns ni les autres n'imitent rien, si le dessin ne vient animer les couleurs, et si la mélodie ne vient animer les accords. Mais, au contraire, le dessin par lui-même peut, sans coloris, nous représenter des objets attendrissans; et la mélodie imitative peut de même nous émouvoir seule, sans le secours des accords. . . . . .

. . . .

Voilà ce qui rend toute la musique françoise si languissante et si fade, parce que dans leurs froides scènes, pleins de leurs sots préjugés et de leur science, qui, dans le fond, n'est qu'une ignorance véritable, puisqu'ils ne savent pas en quoi consistent les plus grandes beautés de leur art, les compositeurs françois ne cherchent que dans les accords les grands effets dont l'énergie n'est que dans le rhythme. M. Gluck sait mieux que moi que le rhythme sans harmonie agit bien plus puissamment sur l'âme que l'harmonie sans rhythme, lui qui, avec une harmonie à mon avis un peu monotone, ne laisse pas de produire de si grandes émotions, parce qu'il sent et qu'il emploie avec un art profond tous les prestiges de la mesure et de la quantité. Mais je l'exhorte à ne pas trop se prévenir pour la déclamation, et à penser toujours qu'un des défauts de la musique purement déclamatoire est de perdre une partie des ressources du rhythme, dont la plus grande force est dans les airs. . . . . .

. . . .

*J'ai rempli la partie la moins pénible de la tâche que je me suis imposée; une observation générale sur la marche de l'opéra d'*Alceste *m'a conduit à traiter cette question vraiment intéressante : Quelle est la liberté qu'on doit accorder au musicien qui travaille sur un poème dont il n'est pas l'auteur? J'ai distingué les trois parties de la musique imitative; et, en convenant que l'accent est déterminé par le poète, j'ai fait voir que l'harmonie, et surtout le rhythme, offroient au musicien des ressources dont il devoit profiter.*

Il faut entrer dans les détails : c'est une grande fatigue pour moi de suivre des partitions un peu chargées ; celle d'*Alceste* l'est beaucoup, et de plus très-embrouillée, pleine de fausses clefs, de fausses notes, de parties entassées confusément. . . . .

. . . .

. . . .

En examinant le drame d'*Alceste*, et la manière dont M. Gluck s'est cru obligé de le traiter, on a peine à comprendre comment il en a pu rendre la représentation supportable : non que ce drame, écrit sur le plan des tragédies grecques, ne brille de solides beautés, non que la musique n'en soit admirable, mais par les difficultés qu'il a fallu vaincre dans une si grande uniformité de caractères et d'expression, pour prévenir l'accablement et l'ennui, et soutenir jusqu'au bout l'intérêt et l'attention. . . . .

. . . .

L'ouverture, d'un seul morceau, d'une belle et simple ordonnance, y est bien et régulièrement dessinée : l'auteur a eu l'intention d'y préparer les spectateurs à la tristesse où il alloit les plonger dès le commencement du premier acte et dans tout le cours de la pièce ; et pour cela il a modulé son ouverture presque tout entière en mode mineur, et même avec affectation, puisqu'il n'y a, dans tout ce morceau, qui est assez long, que la première accolade de la page 4 et la première accolade relative à la page 9, qui soient en majeur. Il a d'ailleurs affecté les dissonances superflues et diminuées, et des sons soutenus et forcés dans le haut, pour exprimer les gémissemens et les plaintes. Tout cela est bon et bien entendu en soi, puisque l'*ouverture* ne doit être employée qu'à disposer le cœur du spectateur au genre d'intérêt par lequel on va l'émouvoir. Mais il en résulte trois inconvéniens : le premier, l'emploi d'un genre d'harmonie trop peu sonore pour une ouverture destinée à éveiller le spectateur, en remplissant son oreille et le préparant à l'attention ; l'autre, d'anticiper sur ce même genre d'harmonie qu'on sera forcé d'employer si long-temps, et qu'il faut par conséquent ménager très-sobrement pour prévenir la satiété ; et le troisième, d'anticiper aussi sur l'ordre des temps, en nous exprimant d'avance une douleur qui n'est pas encore sur la scène, et qu'y va seulement faire naître l'annonce du héraut public : et je ne crois pas qu'on doive marquer dans un ordre rétrograde ce qui est à venir comme déjà passé. Pour remédier à tout cela, j'aurois imaginé de composer l'ouverture de deux morceaux de caractères différens, mais tous deux traités dans une harmonie sonore et consonnante : le premier, portant dans les cœurs le sentiment d'une douce et tendre gaîté, eût représenté la félicité du règne d'Admète et les charmes de l'union conjugale ; le second, dans une mesure plus coupée, et par des mouvemens plus vifs et un phrasé plus interrompu, eût exprimé l'inquiétude du peuple sur la maladie d'Admète, et eût servi d'introduction très-naturelle au début de la pièce et à l'annonce du crieur. . . . .

. . . .

Page 12. Après les deux mots qui suivent ce mot *Udite*, je ferois cesser l'accompagnement jusqu'à la fin du récitatif. Cela exprimeroit mieux le silence du peuple écoutant le crieur ; et les spectateurs, curieux de bien entendre cette annonce, n'ont pas besoin de cet accompagnement ; la basse suffit toute seule, et l'entrée du chœur qui suit en feroit plus d'effet encore. Ce chœur alternatif avec les petits solo d'Évandre et d'Ismène me paroît un très-beau début et d'un bon caractère. La ritournelle de quatre mesures qui s'y reprend plusieurs fois est triste sans être sombre, et d'une simplicité exquise. Tout ce chœur seroit d'un très-bon ton, s'il ne s'y mêloit souvent, et dès la seconde mesure, des expressions trop pathétiques. Je n'aime guère non plus le coup de tonnerre de la page 14 ; c'est un trait joué sur le mot, et qui me paroît déplacé : mais j'aime fort la manière dont le même chœur, repris page 34, s'anime ensuite à l'idée du malheur prêt à le foudroyer. . . .

. . . .

E vuoi morire, o misera. Cette lugubre psalmodie est d'une simplicité sublime, et doit produire un grand effet. Mais la même tenue, répétée de la même manière sur ces autres paroles, *Altro non puoi raccogliere*, me paroît froide et presque plate. Il est naturel à la voix de s'élever un peu quand on parle plusieurs fois de suite à la même personne : si l'on eût donc fait monter la seconde fois cette même psalmodie seulement d'un semi-ton sur *dis*, c'est-à-dire, sur *mi* bémol, cela eût pu suffire pour la rendre plus naturelle et même plus énergique : mais je crois qu'il falloit un peu la varier de quelque manière. Au reste, il y a dans la huitième et dans la dixième mesure un triton qui n'est ni ne peut être sauvé, quoiqu'il paroisse l'être la deuxième fois par le second violon ; cela produit une succession d'accords qui n'ont pas un bon fondement et sont contre les règles. Je sais qu'on peut tout faire sur une tenue, surtout en pareil cas ; et ce n'est pas que je désapprouve le passage, quoique j'en marque l'irrégularité. . . . .

. . . .

(*Fin d'une observation sur le chœur* Fuggiamento, *dont le commencement est perdu.*)

Ce ne doit pas être une fuite de précipitation, comme devant l'ennemi, mais une fuite de consternation, qui, pour ainsi dire, doit être honteuse et clandestine, plutôt qu'éclatante et rapide. Si l'auteur eût voulû faire de la fin de ce chœur une exhortation à la joie, il n'eût pas pu mieux réussir. . . . .

. . . .

Après le chœur *Fuggiamo*, j'aurois fait taire entièrement tout l'orchestre, et déclamer le récitatif *Ove son* avec la simple basse. Mais, immédiatement après ces mots, *V'è chi t'ama a tal segno*, j'aurois fait commencer un récitatif obligé par une symphonie noble, éclatante, sublime, qui annonçât dignement le parti que va prendre Alceste, qui disposât l'auditeur à sentir toute l'énergie de ces mots, *Ah! vi son io*, trop peu annoncés par les deux mesures qui précèdent. Cette symphonie auroit offert l'image de ces deux vers, *Qui tolle alla mia mente luminare, si mostra*; la grande idée eût été soutenue avec le même éclat durant toutes les ritournelles de ce récitatif. J'aurois traité l'air qui suit, *Ombre, larve*, sur deux mouvemens contrastés; savoir, un allegro sombre et terrible jusqu'à ces mots, *Non voglio pietà*, et en adagio ou largo plein de tristesse et de douceur sur ceux-ci, *Se vi tolgo l'amato consorte*. M. Gluck, qui n'aime pas les rondeaux, me permettra de lui dire que c'étoit ici le cas d'en employer un bien heureusement, en faisant du reste de ce monologue la seconde partie de l'air, et reprenant seulement l'allegro pour finir. . . . .

. . . .

L'air *Eterni Dei* me paroît d'une grande beauté; j'aurois désiré seulement qu'on n'eût pas été obligé d'en varier les expressions par des mesures différentes. Deux, quand elles sont nécessaires, peuvent former des contrastes agréables; mais trois, c'est trop, et cela rompt l'unité. Les oppositions sont bien plus belles et font plus d'effet quand elles se font sans changer de mesure, et par les seules combinaisons de valeur et de quantité. La raison pourquoi il vaut mieux contraster sur le même mouvement que d'en changer est que pour produire l'illusion et l'intérêt, il faut cacher l'art autant qu'il est possible, et qu'aussitôt qu'on change le mouvement, l'art se décèle et se fait sentir. Par la même raison je voudrois que, dans un même air, l'on changeât de ton le moins qu'il est possible; qu'on se contentât autant qu'on pourroit de deux seules cadences, principale et dominante; et qu'on cherchât plutôt les effets dans un beau phrasé et dans les combinaisons mélodieuses, que dans une harmonie recherchée et des changemens de ton. . . . .

. . . .

. . . .

L'air *Io non chiedo, eterni Dei*, est, surtout dans son commencement, d'un chant exquis, comme sont presque tous ceux du même auteur. Mais où est dans cet air l'unité de dessein, de tableau, de caractère? Ce n'est point là, ce me semble, un air, mais une suite de plusieurs airs. Les enfans y mêlent leur chant à celui de leur mère; ce n'est pas ce que je désapprouve : mais on y change fréquemment de mesure, non pour contraster et alterner les deux parties d'un même motif, mais pour passer successivement par des chants absolument différens. On ne sauroit montrer dans ce morceau aucun dessein commun qui le lie et le fasse un : cependant c'est ce qui me paroît nécessaire pour constituer véritablement un air. L'auteur, après avoir modulé dans plusieurs tons, se croit néanmoins obligé de finir en *E la fa*, comme il a commencé. Il sent donc bien lui-même que le tout doit être traité sur un même dessein, et former unité. Cependant je ne puis la voir dans les différens membres de cet air, à moins qu'on ne veuille la trouver dans la répétition modifiée de l'allegro *Non comprende i mali miei*, par laquelle finit ce morceau; ce qui ne me paroît pas suffisant pour faire liaison entre tous les membres dont il est composé. J'avoue que le premier changement de mesure rend admirablement le sens et la ponctuation des paroles : mais il n'en est pas moins vrai qu'on pouvoit y parvenir aussi sans en changer; qu'en général ces changemens de mesure dans un même air doivent faire contraste et changer aussi le mouvement : et qu'enfin celui-ci amène deux fois de suite cadence sur la même dominante, sorte de monotonie qu'on doit éviter autant qu'il se peut. Je prendrai encore la liberté de dire que la dernière mesure de la page 27 me paroît d'une expression bien foible pour l'accent du mot qu'elle doit rendre. Cette quinte que le chant fait sur la basse, et la tierce mineure qui s'y joint, font à mon oreille un accord un peu languissant. J'aurois mieux aimé rendre le chant un peu plus animé, et substituer la sixte à la quinte, à peu près de la manière suivante, que je n'ai pas l'impertinence de donner comme une correction, mais que je propose seulement pour mieux expliquer mon idée.

(ici vient le chœur des prêtres d'Apollon.)

Le seul reproche que j'aie à faire à ce récitatif est qu'il est trop beau; mais, dans la place où il est, ce reproche en est un. Si l'auteur commence dès à présent à prodiguer l'enharmonique, que fera-t-il donc dans les situations déchirantes qui doivent suivre? Ce récitatif doit être touchant et pathétique, je le sais bien, mais non pas, ce me semble, à un si haut degré; parce qu'à mesure qu'on avance il faut se ménager des coups de force pour réveiller l'auditeur quand il commence à se lasser même des belles choses : cette gradation me paroît absolument nécessaire dans un opéra.

(Page 55.) Le récitatif du grand-prêtre est un bel exemple de l'effet du récitatif obligé : on ne peut mieux annoncer l'oracle et la majesté de celui qui va le rendre. La seule chose que j'y désirerois seroit une annonce qui fût plus brillante que terrible; car il me semble qu'Apollon ne doit ni paroître ni parler comme Jupiter. Par la même raison, je ne voudrois pas donner à ce dieu, qu'on nous représente sous la figure d'un beau jeune blondin, une voix de basse-taille. . . . .

(Page 59). *Dilegua il nero turbine*
Che freme al trono intorno,
O faretrato Apolline,
Col chiaro tuo splendor.

Tout ce chœur en rondeau pourroit être mieux : ces quatre vers doivent être d'abord chantés par le grand-prêtre, puis répétés entiers par le chœur, sans en excepter les deux derniers que l'auteur fait dire seul au grand-prêtre. Au contraire, le grand-prêtre doit dire seul les vers suivans :

Sai che, ramingo, esule,
T'accolse Admetto un dì.
Che del Anfriso al margine
Tu fosti il suo pastor.

Et le chœur, au lieu de ces vers qu'il ne doit pas répéter non plus que le grand-prêtre, doit reprendre les quatre premiers. Je trouve aussi que la réponse des deux premières mesures en espèce d'imitation n'a pas assez de gravité : j'aimerois mieux que tout le chœur fût syllabique.

Au reste, j'ai remarqué, avec grand plaisir, la manière également agréable, simple et savante, dont l'auteur passe du ton de la médiante à celui de la septième note du ton dans les trois dernières mesures de la page 59. . .
. . . .
et, après y avoir séjourné assez long-temps, revient par une marche analogue à son ton principal, en repassant derechef par la médiante dans la 2e, 3e et 4e mesure de la page 45 : mais ce que je n'ai pas trouvé si simple à beaucoup près, c'est le récitatif *Nume eterno*, page 52. .
. . . .

Je ne parlerai point de l'air de danse de la page 47, ni de tous ceux de cet ouvrage. J'ai dit, dans mon article *Opéra*, ce que je pensois des ballets coupant les pièces et suspendant la marche de l'intérêt; je n'ai pas changé de sentiment depuis lors sur cet article, mais il est très-possible que je me trompe. . . . . . .
. . . .

Je ne voudrois point d'accompagnement que la basse au récitatif d'Évandre, pages 20, 21 et 22. . . . .
. . . .

Je trouve encore le chœur, page 22, beaucoup trop pathétique, malgré les expressions douloureuses dont il est plein; mais les alternatives de la droite et de la gauche, et les réponses des divers instrumens, me paroissent devoir rendre cette musique très-intéressante au théâtre. . . . .

. . . .

Popoli di Tessaglia, page 24. Je citerai ce récitatif d'Alceste en exemple d'une modulation touchante et tendre, sans aller jusqu'au pathétique, si ce n'est tout à la fin. C'est par des renversemens d'une harmonie assez simple que M. Gluck produit ces beaux effets : il eût été le maître de se tenir long-temps dans la même route sans devenir languissant et froid ; mais on voit par le récitatif accompagné *Nume eterno*, de la page 52, qu'il ne tarde pas à prendre un autre vol. . . . .

. . . .

EXTRAIT

D'UNE

RÉPONSE DU PETIT FAISEUR (*)

A SON PRÊTE-NOM

SUR UN MORCEAU

DE L'ORPHÉE DE M. LE CHEVALIER GLUCK.

Quant au passage enharmonique d'Orphée de M. Gluck, que vous me dites avoir tant de peine à entonner et même à entendre, j'en sais bien la raison : c'est que vous ne pouvez rien sans moi, et qu'en quelque genre que ce puisse être, dépourvu de mon assistance, vous ne serez jamais qu'un ignorant. Vous sentez du moins la beauté de ce passage, et c'est déjà *quelque chose ; mais vous ignorez* ce qui la produit : je vais vous l'apprendre.

C'est que du même trait, et, qui plus est, du même accord, ce grand musicien a su tirer dans toute leur force les deux effets les plus contraires; savoir, la ravissante douceur du chant d'Orphée, et le *stridor* déchirant du cri des furies. Quel moyen a-t-il pris pour cela? Un moyen très-simple, comme sont toujours ceux qui produisent les grands effets. Si vous eussiez mieux médité l'article *Enharmonique* que je vous dictai jadis, vous auriez compris qu'il falloit chercher cette cause remarquable non simplement dans la nature des intervalles et dans la succession des accords, mais dans les idées qu'ils excitent, et dont les plus grands ou moindres rapports, si peu connus des musiciens, sont pourtant, sans qu'ils s'en doutent, la source de toutes les expressions qu'ils ne trouvent que par instinct.

Le morceau dont il s'agit est en *mi* bémol majeur ; et une chose digne d'être observée est que cet admirable morceau est, autant que je puis me le rappeler, tout entier dans le même ton, ou du moins si peu modulé que l'idée du ton principal ne s'efface pas un moment. Au reste, n'ayant plus ce morceau sous les yeux et ne m'en souvenant qu'imparfaitement, je n'en puis parler qu'avec doute.

D'abord ce *no* des furies, frappé et réitéré de temps à autre pour toute réponse, est une des plus sublimes inventions en ce genre que je connoisse ; et, si peut-être elle est due au poète, il faut convenir que le musicien l'a saisie de manière à se l'approprier. J'ai ouï dire que dans l'exécution de cet opéra l'on ne peut s'empêcher de frémir à chaque fois que ce terrible *no* se répète, quoiqu'il ne soit chanté qu'à l'unisson ou à l'octave, et sans sortir de son harmonie de l'accord parfait jusqu'au passage dont il s'agit. Mais, au moment qu'on s'y attend le moins, cette dominante diésée forme un glapissement affreux auquel l'oreille et le cœur ne peuvent tenir, tandis que dans le même instant le chant d'Orphée redouble de douceur et de charme; et ce qui met le comble à l'étonnement est qu'en terminant ce court passage on se retrouve dans le même ton par où l'on vient d'y entrer, sans qu'on puisse presque comprendre comment on a pu nous transporter si loin et nous ramener si proche avec *tant de force et de rapidité*.

Vous aurez peine à croire que toute cette magie s'opère par un passage tacite du mode majeur au mineur, et par le retour subit au majeur. Vous vous en convaincrez aisément sur le clavecin. Au moment que la basse qui sonnoit la dominante avec son accord, vient à frapper l'*ut* bémol, vous changez non de ton mais de mode, et passez en *mi* bémol tierce mineure :

(*) Voyez pour le sens de cette expression la note sur *Pygmalion*, page 220. G. P.

car non-seulement cet *ut*, qui est la sixième note du ton, prend le bémol qui appartient au mode mineur; mais l'accord précédent qu'il garde, à la fondamentale près, devient pour lui celui de septième diminuée sur le *re* naturel, et l'accord de septième diminuée sur le *re* appelle naturellement l'accord parfait mineur sur le *mi* bémol. Le chant d'Orphée, *Furie, larve*, appartenant également au majeur et au mineur, reste le même dans l'un et dans l'autre : mais aux mots *Ombre sdegnose*, il détermine tout-à-fait le mode mineur. C'est probablement pour n'avoir pas pris assez tôt l'idée de ce mode que vous avez eu peine à entonner juste ce trait dans son commencement. Mais il rentre en finissant en majeur : c'est dans cette nouvelle transition à la fin du mot *sdegnose* qu'est le grand effet de ce passage; et vous éprouverez que toute la difficulté de le chanter juste s'évanouit quand, en quittant le *la* bémol, on reprend à l'instant l'idée du mode majeur pour entonner le *sol* naturel qui en est la médiante.

Cette seconde superflue, ou septième diminuée, se suspend en passant alternativement et rapidement du majeur au mineur, et *vice versâ*, par l'alternation de la basse entre la dominante *si* bémol et la sixième note *ut* bémol; puis il se résout enfin tout-à-fait sur la tonique, dont la basse sonne la médiante *sol*, après avoir passé par la sous-dominante *la* bémol portant tierce mineure et triton, ce qui fait toujours le même accord de septième diminuée sur la note sensible *re*.

Passons maintenant au glapissement *no* des furies sur le *si* bécarre. Pourquoi ce *si* bécarre, et non pas *ut* bémol comme à la basse? Parce que ce nouveau son, quoique en vertu de l'enharmonique il entre dans l'accord précédent, n'est pourtant point dans le même ton, et en annonce un tout différent. Quel est ce ton annoncé par ce *si* bécarre? c'est le ton d'*ut* mineur, dont il devient note sensible. Ainsi l'âpre discordance du cri des furies vient de cette duplicité de ton qu'il fait sentir, gardant pourtant, ce qui est admirable, une étroite analogie entre les deux tons; car l'*ut* mineur, comme vous devez au moins savoir, est l'analogue correspondant du *mi* bémol majeur, qui est ici le ton principal.

Vous me ferez une objection. Toute cette beauté, me direz-vous, n'est qu'une beauté de convention et n'existe que sur le papier, puisque ce *si* bécarre n'est réellement que l'octave de l'*ut* bémol de la basse : car, comme il ne se résout point comme note sensible, mais disparoît ou redescend sur le *si* bémol dominante du ton, quand on le noteroit par *ut* bémol comme à la basse, le passage et son effet seroit le même absolument au jugement de l'oreille. Ainsi toute cette merveille enharmonique n'est que pour les yeux.

Cette objection, mon cher prête-nom, seroit solide si la division tempérée de l'orgue et du clavecin étoit la véritable division enharmonique, et si les intervalles ne se modifioient dans l'intonation de la voix sur les rapports dont la modulation donne l'idée, et non sur les altérations du tempérament. Quoiqu'il soit vrai que sur le clavecin le *si* bécarre est l'octave de l'*ut* bémol, il n'est pas vrai qu'entonnant chacun de ces deux sons, relativement au mode qui le donne, vous entonniez exactement ni l'unisson ni l'octave. Le *si* bécarre comme note sensible s'éloignera davantage du *si* bémol dominante, et s'approchera d'autant par excès de la tonique *ut* qu'appelle ce bécarre; et l'*ut* bémol, comme sixième note en mode mineur, s'éloignera moins de la dominante qu'elle quitte, qu'elle rappelle et sur laquelle elle va retomber. Ainsi le semi-ton que fait la basse en montant du *si* bémol à l'*ut* bémol est beaucoup moindre que celui que font les furies en montant du *si* bémol à son bécarre. La septième superflue que semblent faire ces deux sons surpasse même l'octave, et c'est par cet excès que se fait la discordance du cri des furies; car l'idée de note sensible jointe au bécarre porte naturellement la voix plus haut que l'octave de l'*ut* bémol; et cela est si vrai, que ce cri ne fait plus son effet sur le clavecin comme avec la voix, parce que le son de l'instrument ne se modifie pas de même.

Ceci, je le sais bien, est directement contraire aux calculs établis et à l'opinion commune, qui donne le nom de semi-ton mineur au passage d'une note à son dièse ou à son bémol, et de semi-ton majeur au passage d'une note au bémol supérieur ou au dièse inférieur. Mais dans ces dénominations on a eu plus d'égard à la différence du degré qu'au vrai rapport de l'intervalle, comme s'en convaincra bientôt tout homme qui aura de l'oreille et de la bonne foi. Et quant au calcul, je vous développerai quelque jour, mais à vous seul, une théorie plus naturelle, qui vous fera voir combien celle sur laquelle on a calculé les intervalles est à contre-sens.

Je finirai ces observations par une remarque qu'il ne faut pas omettre; c'est que tout l'effet du passage que je viens d'examiner lui vient de ce que le morceau dans lequel il se trouve est en mode majeur; car s'il eût été mineur, le chant d'Orphée restant le même eût été sans force et sans effet, l'intonation des furies par le bécarre eût été impossible et absurde, et il n'y auroit rien eu d'enharmonique dans le passage. Je parierois tout au monde qu'un François, ayant ce morceau à faire, l'eût traité en mode mineur. Il y auroit pu mettre d'autres beautés sans doute, mais aucune qui fût aussi simple et qui valût celle-là.

Voilà ce que ma mémoire a pu me suggérer sur ce passage et sur son explication. Ces grands effets se trouvent par le génie, qui est rare, et se sentent par l'organe sensitif, dont tant de gens sont privés; mais ils ne s'expliquent que par une étude réfléchie de l'art. Vous n'auriez pas besoin maintenant de mes analyses, si vous aviez un peu plus médité sur les réflexions que nous faisions jadis quand je vous dictois notre dictionnaire. Mais, avec un naturel très-vif, vous avez un esprit d'une lenteur inconcevable. Vous ne saisissez aucune idée que long-temps après qu'elle s'est présentée à vous, et vous ne voyez aujourd'hui que ce que vous avez regardé hier. Croyez-moi, mon cher prête-nom, ne nous brouillons jamais ensemble, car sans moi vous êtes nul. Je suis complaisant, vous le savez; je ne me refuse jamais au travail que vous désirez, quand vous vous donnez la peine de m'appeler et le temps de m'attendre: mais ne tentez jamais rien sans moi dans aucun genre, ne vous mêlez jamais de l'impromptu en quoi que ce soit, si vous ne voulez gâter en un instant, par votre ineptie, tout ce que j'ai fait jusqu'ici pour vous donner l'air d'un homme pensant.

SUR

LA MUSIQUE MILITAIRE.

Le luxe de musique qu'on étale aujourd'hui dans celle des régimens me paroît de mauvais goût. Je n'en trouve l'effet ni guerrier, ni grave, ni gai, ni sonore; et toutes ces marches, plutôt barbouillées que travaillées, produisent toujours une mauvaise exécution, moins par la faute des musiciens que par celle de la musique.

Il y avoit une distinction à faire, et qu'on n'a pas faite, entre les musiques convenables à la troupe en parade et celles qui lui conviennent en marchant, et qui sont proprement des marches. On joue alors des airs qui, n'ayant aucun rapport à la batterie des tambours, sont plus propres à troubler et interrompre la cadence du pas des soldats qu'à la soutenir.

Les autres symphonies sont faites pour tout le corps, et doivent plaire aux officiers : celles-ci sont plus faites pour les soldats, qu'il s'agit d'animer et de récréer en marchant, et qui aimeroient mieux des airs gais et bien cadencés qu'ils pussent retenir et y faire des chansons, que toutes ces musiques de haut appareil qui ne les égaient point du tout, et auxquelles ils *n'entendent rien*.

Je trouve encore qu'on a eu grand tort de supprimer les fifres, qui, perçant à travers les tambours, égaient beaucoup la marche. Il est vrai qu'ils étoient détestables et multipliés très-mal à propos dans les troupes françoises : un seul eût suffi dans la colonelle de chaque régiment; et alors on eût pu, sans grand frais, en choisir ou former un bon, comme j'en ai entendu d'excellens dans les troupes étrangères.

J'ai essayé de mettre mon idée en exemple dans le croquis ci-joint d'une marche adaptée à la batterie des gardes françoises.

Cette idée est que, dans l'alternation des tambours et de la musique, la cadence et la batterie ne soient point interrompues, et que le pas du soldat soit toujours également réglé. Elle est encore de lui faire entendre des airs d'une mélodie si simple qu'elle l'amuse, l'égaie, et l'excite lui-même à chanter; ce qui peut-être n'est pas à négliger pour un état si plein de fatigue et de misères.

J'ai fait deux petits airs de la plus grande simplicité ; l'un en mineur pour le fifre, l'autre en majeur pour la musique. Ces deux airs doivent se succéder alternativement, sans interruption de la mesure ; mais pour laisser plus de repos aux musiciens et plus de temps aux tambours, l'air du fifre sera répété au moins deux fois de suite avant que la musique reprenne le sien. Le fifre doit être seul parmi les tambours qui sont proches des instrumens, et il doit y avoir parmi les instrumens un seul tambour qui reprenne doucement la batterie sous la musique, de manière qu'il la guide et ne la couvre pas. Au moyen de ce tambour on ôteroit cette ferraille de cymbales qui fait un très-mauvais effet.

Il seroit à désirer que les tambours fussent accordés sur la tonique *sol*, et que celui de la musique fût accordé sur la dominante *re*. Alors l'alternation de la batterie feroit un effet plus agréable, et la musique en sortiroit mieux. Pour le fifre, il doit nécessairement être d'accord avec les autres instrumens.

L'auteur de ces petits airs ne présume pas qu'une musique aussi simple puisse être goûtée, quoique sa passion pour cet art l'engage à les proposer : si néanmoins on en vouloit faire l'essai, il avertit que cet essai ne doit pas être fait en place comme celui d'une symphonie ordinaire, mais en marchant, et dans la disposition qu'il vient de marquer. Ce n'est même qu'après une assez longue suite d'alternations qu'on peut juger si la marche est bien faite et produit bien son effet.

AIRS

POUR ÊTRE JOUÉS LA TROUPE MARCHANT.

Savoir : le mineur, par un seul fifre, avec le corps des tambours accordés, s'il se peut, au *sol*.

Et le majeur, alternativement par la musique, avec un seul tambour, battant à demi, et accordé, s'il se peut, au *re*. On aura soin que, dans les alternations du fifre et de la musique, la mesure ne s'interrompe jamais.

NOTA. Les airs sont faits de manière à pouvoir être un peu pressés ou ralentis sans les défigurer, selon qu'on veut marcher plus ou moins vite ; mais leur meilleur effet sera sur un mouvement modéré, et sans trop presser le pas.

AIR DE CLOCHES (*).

J'ai fait cet air en passant sur le Pont-Neuf, impatienté d'y voir mettre en carillon des airs qui semblent choisis exprès pour y mal aller. L'espèce de perfection qu'on a mise à l'exécution ne sert qu'à mieux faire sentir combien ceux qui choisissent ces airs connoissent peu le caractère convenable au sot instrument qu'ils emploient. Si l'on faisoit des airs pour des guimbardes, il faudroit leur donner un caractère convenable à la guimbarde. Mais en France on se plaît à dénaturer le caractère de chaque instrument. Aussi chacun peut entendre à quels abominables charivaris ils donnent le nom de musique.

(*) Cet air et la note qui le précède sont extraits du Recueil gravé et publié après la mort de Rousseau sous le titre de *Con-*

Je ne saurois faire entendre, en termes de carillonneur, quelle sorte d'ornement il faut donner aux notes marquées 〰 et ∧ ; mais chacun sent qu'il en faut un sensible, mais très-peu chargé.

LETTRE

A M. GRIMM,

AU SUJET DES REMARQUES AJOUTÉES A SA LETTRE SUR OMPHALE.

Picas quis docuit verba nostra conari (*)?

Je vous félicite, monsieur, de votre nouvelle gloire. Vous voilà en possession d'un honneur qu'Homère et Platon n'ont eu que long-temps après leur mort, et dont Boileau seul avoit joui de son vivant parmi nous : vous avez un commentateur. Les remarques sur votre lettre n'ont pas, il est vrai, le titre de commentaires; mais vous savez que les commentateurs suppriment les choses essentielles, et étendent celles qui n'en ont pas besoin; qu'ils ont la fureur d'interpréter tout ce qui est clair ; que leurs explications sont toujours plus obscures que le texte, et qu'il n'y a sorte de choses qu'ils n'aperçoivent dans leur auteur, excepté les grâces et la finesse.

Or, les remarques ne disent pas un mot d'Omphale, qui est le sujet de votre lettre : en revanche, elles s'étendent fort au long sur vos digressions un peu longues. Vous avez parlé du récitatif, et les remarques en font un sermon dont vos paroles sont le texte. Le récitatif françois est lent; *premier point*. Le récitatif françois est monotone ; *second point*. On a soin de suppléer à la définition qu'on prétend que vous deviez donner du récitatif italien. Après cela on définit le *récitatif* ou *la mélopée* des anciens. On définira bientôt l'ariette; et que ne définit-on point !

Grand commentaire sur ce que vous voudriez défendre à certaines gens d'écouter la musique des Pergolèse, des Buranelli, des Adolfati ; lequel commentaire prouve très-méthodiquement que vous avez raison de dire qu'on ne doit rien conclure contre le récitatif italien, de ce qu'il n'est pas écouté à l'Opéra.

Autre grand commentaire sur l'ariette, inventée à Bologne par le fameux Bernachi, mais mise en usage par d'autres, attendu que le fameux Bernachi n'étoit point compositeur, mais chanteur célèbre.

Second commentaire sur l'art d'écouter, que le commentateur prend pour l'art d'ouvrir les oreilles. Sur quoi il se plaint très-spirituellement de ce qu'on néglige l'art de comprendre.

Commentaire sur ce que vous avez dit de l'abus du geste : mais ici le commentateur prend la liberté de n'être pas de votre avis, parce que le geste est essentiel à la musique de Lulli.

Item, grand commentaire sur votre sensibilité pour les beaux-arts et pour les talens en tout genre. Vous avez élevé un temple au dieu du goût et des talens. Il faut en croire le commentateur quand il nous déclare que vos dieux ne sont point les siens. En le disant il l'a prouvé, et il peut bien être sûr qu'on ne le soupçonnera jamais de cette idolâtrie.

Passons à la clarté des interprétations : le

solations des misères de ma vie. Voyez la *Notice* sur ses Œuvres musicales, page 447 du présent volume. — On trouve dans le Dictionnaire de musique, au mot *Carillon*, un autre exemple de carillon composé selon les règles établies par lui-même pour les airs de cette espèce. G. P.

(*) PERS. prolog. v. 10. — Cette lettre a été imprimée sans nom d'auteur en 1752 (in-8° de 29 pages.) Voici quelle en fut l'occasion : L'opéra d'*Omphale*, paroles de Lamotte, musique de Destouches, représenté avec succès en 1701, fut repris en 1721, puis en 1733, puis pour la troisième fois en janvier 1752. C'est à l'occasion de cette nouvelle reprise que Grimm publia une brochure intitulée *Lettre sur Omphale*, in-8°, dans laquelle il fit une critique amère de la musique d'*Omphale*, et se récriant contre un succès si peu mérité, il saisit cette occasion pour faire l'éloge de la musique italienne. A cette lettre qui commença la querelle des deux musiques, et qui fit sensation, on répondit aussitôt par une autre brochure, intitulée *Remarques au sujet de la lettre de M. Grimm sur Omphale*, in-8° ; et c'est ce qui donna lieu à la lettre de Rousseau *au sujet des Remarques*.

Il est à observer que c'est le seul ouvrage de notre auteur qu'il ait publié sous le voile de l'anonyme, et le motif en paroîtra sensible après l'avoir lu. En opposition à Grimm, qui, dans sa lettre, fait un éloge magnifique de quelques ouvrages de Rameau, jusque-là qu'il appelle *divin* son *Pygmalion*, et qualifie cet opéra de *chef-d'œuvre de l'art*, Rousseau s'exprime sur le talent de ce compositeur avec autant de franchise que de liberté. Son jugement, équitable sans doute, n'en est pas moins très-sévère, et Rousseau, qui déjà avoit tant à se plaindre de Rameau, devoit craindre, en se nommant, que ce jugement ne parût dicté par un sentiment d'animosité personnelle. De plus, faisant alors répéter à l'Opéra son *Devin du village* qu'on devait représenter à la cour, il n'avoit garde d'exciter encore davantage la haine d'un homme qui avoit tant de moyens de lui nuire. G. P.

commentateur, qui a la charité de suppléer aux définitions qu'il assure que vous avez eu tort d'omettre, vous dicte celle-ci pour le récitatif italien. *Le récitatif italien, ferme dans sa marche, donne à chaque sentiment le temps à l'orchestre de lui faciliter ses transitions de tons, et par ce moyen évite les cadences finales, et ne connoît de repos qu'à la fin du récit. L'orchestre n'obscurcit point la déclamation de l'acteur par un tas d'accords, mais à chaque différentes expressions* (*) *il lui confirme le même sentiment par une nouvelle façon de l'exprimer. Voilà ce qui le rend susceptible de variété.* Pour vous dire franchement mon avis sur une définition si claire, je pense que l'auteur aura entendu par hasard quelque récitatif italien, coupé de ritournelles et de traits de symphonie, et il aura bonnement pris cela pour le caractère général du récitatif; ce qu'il y a de bien assuré dans tout ceci, c'est que l'auteur de cette définition, quel qu'il soit, n'a jamais su la musique.

Mais une autre définition qu'il faut entendre par curiosité, c'est celle de l'ariette. Je vais la transcrire bien exactement. *Le fameux Bernachi a placé le mineur entre deux majeurs, et a fait répéter le premier et principal motif de chant par différentes transitions de tons, afin que l'oreille saisisse mieux, par cette répétition, le caractère des pensées de la musique.* Vous riez : patience, vous n'êtes pas au bout; il faut encore, s'il vous plaît, essuyer la note. *Ce que j'ai dit mineur, n'est souvent que corrélation de ton. C'est à l'habileté du compositeur de chercher la corrélation relative au sujet, et qui entre le mieux dans le majeur. Le mineur ou corrélation change toujours de mouvement; c'est-à-dire que si le majeur est* C, *le mineur sera* ¦ *lent; et reprend le majeur* C; *c'est ce qui fait l'ombre au tableau.* Ne faisons point l'injure à l'auteur de croire qu'il ait tiré tout ce galimatias de sa tête. Je pense entrevoir ici la vérité. Ces passages auront été transcrits de quelque vieux livre italien, et traduits tant bien que mal par quelqu'un qui n'entendoit rien du tout à la musique, et pas grand'chose à l'italien.

Je consens à vous faire grâce de la suite à condition que vous conviendrez que les remarques sont de vrais commentaires. Jamais les Lexicocrassus et tous les savans en *us* n'en eurent le caractère mieux marqué. Ainsi je suppose la preuve faite.

J'ignore parfaitement qui est le commentateur, mais je ne le crois pas mal avec vous, car, selon moi, ce n'est pas sans quelque finesse à sa manière qu'il affecte de relever tant de jolis endroits de votre lettre. C'est une espèce de compère qui répète les sentences de Polichinelle, et qui ne feint de s'en moquer que pour les faire mieux entendre aux spectateurs. Je sais bien que vous n'avez pas l'air de Polichinelle; mais pour le compère, je vous le dis encore, je le soupçonne d'être de vos amis.

Permettez donc que je m'adresse à vous pour lui faire passer quelques avis dont je m'imagine qu'il doit faire usage, avant que d'insérer son commentaire dans votre lettre. Comme je pourrois bien, par contagion, m'appesantir un peu sur les remarques, pour éviter du moins la monotonie, je donnerai différens noms à leur auteur. Quand il prendra la peine d'expliquer au long pourquoi il vous fait l'honneur d'être de votre avis, je l'appellerai *le commentateur.* Quand il fera semblant de vous réfuter, ce sera *le compère*, et ce sera *le critique* toutes les fois qu'il aura raison ; mais je serai contraint d'être un peu sobre sur l'usage de ce dernier nom.

Qu'un commentateur soit obscur, diffus, languissant, c'est le droit du métier; mais il y a pourtant un certain point qu'il ne doit pas excéder. On ne sauroit permettre à Matanasius même de citer à propos de l'ariette, et Mainard qui s'aperçut le premier que le troisième vers devoit avoir un sens fini ou repos dans la stance; et la *Sophonisbe* du Trissino, modèle des trois unités; et Maigret qui le premier introduisit cette règle des trois unités dans la tragédie, et qui par conséquent en instruisit Sophocle, Euripide et Sénèque; et le fameux Bernachi dont ni vous, ni moi, ni bien d'autres n'avons entendu parler; ce qui ne doit pourtant pas vous surprendre; il y a comme cela tant de ces gens fameux que personne ne connoît, et qui passent leur vie à se célébrer les uns les autres, sans se faire connoître davantage! Quoi qu'il en soit, voilà les raisons claires pourquoi l'ariette italienne n'est point réduite à folâtrer éternellement comme la fran-

(*) C'est ainsi que, dans les *Remarques*, ces mots sont en effet écrits. G. P.

çoise autour d'un *lance, vole, chaîne, ramage;* raisons que le compère vous reproche de n'avoir pas dites, et qu'il a la bonté de dire à votre place.

Le compère prétend que parce que le genre bouffon est connu en Italie, il n'est pas vrai que M. Rameau en soit le créateur en France : cela est extrêmement plaisant; car s'il n'eût point existé de genre bouffon en Italie, il eût été fort ridicule de dire que M. Rameau en avoit créé un *en France*. Je n'examine point si le genre bouffon existe réellement dans la musique françoise. Ce que je sais très-bien, c'est qu'il doit nécessairement être autre que le genre bouffon de la musique italienne; une oie grasse ne vole point comme une hirondelle. A l'égard de la musique de Platée, que le critique vous reproche d'avoir traitée de sublime, appelez-la divine, s'il l'aime mieux, mais ne vous repentez jamais de l'avoir regardée comme le chef-d'œuvre de M. Rameau, et le plus excellent morceau de musique qui jusqu'ici ait été entendu sur notre théâtre. Il faudra, je l'avoue, vous passer de l'approbation de tous ceux qui n'ont point d'autres moyens pour apprécier un ouvrage que de compter les voix qui l'ont applaudi; mais vous n'en êtes pas à prendre votre parti sur cela.

Je voudrois demander à ce grand homme, qui prend la peine d'assigner les bornes du sublime, quelle épithète il donneroit à la première scène du Tartufe, surtout aux deux derniers vers :

> Allons, gaupe, marchons, etc.

et à ces autres vers de la même pièce :

> C'en est fait; je renonce à tous les gens de bien, etc.

Priez-le de vouloir décider si c'est là du sublime ou non. On lui en pourroit demander autant de la musique de la *Serva padrona*; mais il n'en a peut-être jamais entendu parler.

Le compère, qui prend la liberté de vous dire qu'Adolfati est mal placé dans votre citation de Pergolèse et de Buranello, trouvera bon que nous prenions la liberté de lui demander des raisons, ou du moins des raisonnemens, à lui qui ne veut passer aux autres que des propositions démontrées. Il peut n'avoir aucune connoissance des chefs-d'œuvre de cet auteur; mais l'ignorance n'excuse point un homme d'avoir mal dit, elle l'oblige seulement à se taire, surtout quand il est question de condamner publiquement un auteur vivant dont la carrière n'est que commencée. Il est vrai que cet Adolfati, qui n'a pas l'honneur d'agréer au compère, méprise très-cordialement les musiciens françois, mais il faut un peu le lui pardonner; le pauvre diable a passé par le bec de l'oie.

Il falloit absolument substituer Hasse à la place d'Adolfati, et cela par quatre raisons sans réplique : l'une que Hasse est votre compatriote; l'autre, qu'à l'âge de quarante-huit ans il avoit fait cinquante-quatre opéra; la troisième, qu'il est le seul étranger dont les Italiens exécutent la musique.

O le méchant Boileau de n'avoir pas encensé M. de Scudéri, M. le gouverneur de notre Dame-de-la-Garde, qui étoit son compatriote et son contemporain, qui faisoit tant de livres, et qui enchantoit tant d'honnêtes lecteurs! Et ce coupable philosophe, qui a osé admirer ses compatriotes, n'auroit-il point par malheur oublié le compère? Aussi n'a-t-il pas l'honneur d'être son philosophe, mais le vôtre; et je me serois bien douté que vous n'aviez pas tous deux les mêmes philosophes non plus que les mêmes dieux. Hasse est le seul étranger dont les Italiens adoptent la musique. Le compère, en citant Terradeglias, a donc oublié qu'il est Espagnol. Hasse est admiré par les Italiens; les Italiens admirent bien l'Arioste (1).

Et la quatrième raison? demandera le compère. Il sera bien fâché de l'avoir oubliée. C'est que votre nom commençant par un G, et ceux de Hasse et de Haendel par un H, la proximité des lettres initiales étoit pour vous une obligation de nommer ces deux auteurs. Je vous demande pardon d'avoir fourni cette arme contre vous; mais, à l'imitation du commentateur, je me réserve aussi le droit d'être quelquefois compère.

Le commentateur s'étend sur l'éloge de Pagin et de son *illustre maître*, et nous y applau-

(1) Je ne prétends point ici dire du mal de Hasse, qui réellement a beaucoup de mérite, de talent, et une fécondité prodigieuse, quoique très-éloigné, selon moi, d'être l'égal de Pergolèse. J'examine seulement les raisons sur lesquelles le compère s'ingère de prescrire à M. Grimm les auteurs qu'il doit nommer et ceux qu'il doit rejeter. Lequel des deux est le plus répréhensible, celui qui ne dit rien de Hasse, ou celui qui parle mal d'Adolfati?

dissons vous et moi de très-bon cœur. Il voudroit que vous eussiez dit jusqu'à quel point la nation ingrate envers un talent si sublime a osé l'humilier publiquement. Il falloit dire, *s'humilier publiquement*. Midas n'humilia point Apollon, et un cygne peut être hué par des oies sans être humilié.

Je veux être équitable, monsieur, et je ne suis pas moins prêt à donner à l'auteur des Remarques les éloges qui lui sont dus, qu'à lui proposer mes doutes. Par exemple, vous avez dit que le goût des arts étoit général en France, et il l'est beaucoup trop assurément. L'imbécile multitude des prétendus connoisseurs sans lumières engendre l'avide et méprisable multitude des artistes sans talent, et le génie demeure étouffé dans la foule des sots. Vous avez dit encore qu'en fait de goût la cour donne à la nation des modes, et les philosophes des lois. Le compère vous répond à cela par les magots de la Chine. Les vases *de fragile porcelaine*, les papiers des Indes, les estampes enluminées; voilà, selon lui, les lois données par les philosophes : quant aux modes que nous tenons de la cour, il n'en parle point. Vous dites que les philosophes donnent insensiblement du goût aux peuples, c'est-à-dire du discernement pour les grands talens, et de l'admiration pour ceux qui les possèdent. Le compère vous répond que la philosophie n'inspire pas les talens, et vous avertit gravement de ne pas confondre le goût avec la sécheresse du calcul. Ma foi, je le dis de très-bon cœur, le compère me paroît un homme admirable.

Laissez dire le compère; ne doutez pas qu'en effet nous ne soyons redevables aux philosophes de ces lumières agréables qui commencent à nous éclairer, et croyez que si la philosophie ne fait pas les grands artistes, l'argent les fait encore moins. Heureuse l'Italie, dont les habitans ont reçu de la nature ce goût exquis qui les rend sensibles aux charmes des beaux arts ! Plus heureuse la France d'acquérir ce même goût à force d'études et de connoissances, et de devoir à l'art de penser l'art plus précieux de sentir ! La philosophie, je le sais, n'engendre point le génie; mais si elle apprend aux nations à le connoître et à l'aimer, c'est lui donner un nouvel être non moins rare et non moins utile que celui qu'il tient de la nature.

Il assure qu'il n'y a point en Europe de nation plus attentive au spectacle que la françoise, et il convient que Paris est la seule ville où l'on soit contraint de poser des gardes dans les spectacles pour contenir la criaillerie des juges de Corneille, de Racine, de Quinault. Il dit dans un endroit, *que la musique n'a point reçu de nos jours d'augmentation en France du côté du goût*; et dans un autre, *que M. Rameau nous a enrichis de son propre goût*. Ce sont des raffinemens de l'art, monsieur, que ces contradictions-là ; c'est un moyen sûr de ne pas manquer la vérité dans les choses dont on veut raisonner sans y rien entendre.

Vous avez fini votre lettre par un trait de la plus grande beauté, et vous ne devez pas douter que celui qu'il regarde n'en ait senti la force et le vrai ; c'est à ces hommes-là, quand ils sont des hommes, qu'il appartient d'apprécier le sublime. N'oubliez pas, je vous prie, à ce sujet, un petit remercîment au compère; car dans cet endroit il s'est surpassé lui-même.

C'est encore par un trait d'habileté, qui mérite quelque compliment, que le commentateur ne dit pas un mot du sujet de votre lettre. Ces mystères sont pour lui lettres closes; croyez qu'il a eu de fort bonnes raisons pour n'en point parler. Vous nous avez appris, à tous tant que nous sommes, à faire l'analyse d'une pièce de musique; vous avez trouvé l'art d'exprimer les idées, les fautes, les contre-sens du musicien, en parodiant les paroles du poète. Vous avez fait un choix exquis de pièces de comparaison, vous avez parlé des *duo*, de l'ariette, du récitatif, en homme de goût, qui entend la musique, et qui sait réfléchir ; et, fuyant également l'air bêtement suffisant et la fourbe et maligne hypocrisie des écrits à la mode, vous avez eu la difficile modestie de ne juger que sur des raisons, et le courage de prononcer avec fermeté. Je me contente d'exposer ces choses; peut-être ne seront-elles louées de personne, mais à coup sûr beaucoup de gens en profiteront.

Quant à moi, qui vous dis librement ce que je pense à charge et à décharge, et à qui vos écrits donnent le droit d'être difficile avec vous, je voudrois premièrement que vous eussiez choisi un autre texte qu'Omphale ; cette misérable rapsodie n'étoit pas digne de vous occuper. Je voudrois encore que vous eussiez mieux fait sentir la différence qui caractérise les deux récitatifs; et la raison décisive qui assure la supériorité au récitatif italien : savoir le rapport plus grand de celui-ci à la déclamation italienne que du récitatif françois à la déclamation françoise. Proprement les François n'ont point de vrai récitatif ; ce qu'ils appellent ainsi n'est qu'une espèce de chant mêlé de cris, leurs airs ne sont à leur tour qu'une espèce de récitatif mêlé de chant et de cris; tout cela se confond, on ne sait ce que c'est que tout cela. Je crois pouvoir défier tout homme d'assigner dans la musique françoise aucune différence précise qui distingue ce qu'ils appellent récitatif de ce qu'ils appellent air. Car je ne pense pas que personne ose alléguer la mesure : la preuve qu'il n'y en a point dans la musique françoise, c'est qu'il y faut toujours quelqu'un pour marquer la mesure. Combien d'étrangers ce maudit bâton ne fait-il pas déserter de notre Opéra !

En remarquant très-bien la grande supériorité de l'ariette italienne, par la force et la variété des passions et des tableaux, vous auriez dû peut-être relever un ridicule contre-sens qu'on y trouve souvent, et qui est la seule chose que les musiciens françois en ont fidèlement copiée. C'est que les paroles roulant ordinairement sur une comparaison, dont la première partie de l'ariette fait le premier membre, et la seconde le second, quand le musicien reprend le rondeau pour finir sur la première partie, il nous offre un sens tout semblable à celui d'un discours exactement ponctué, qui finiroit par une virgule.

Mais revenons au pauvre compère qui se morfond peut-être à écouter, et ne point entendre.

La critique vous a donné un avis dont je vous conseille de faire votre profit : c'est d'être sobre sur les louanges dans un pays où elles sont si fort à la mode : *déchirer ou encenser, voilà le partage des âmes basses*. Soyez toujours prêt à rendre avec plaisir justice au mérite; c'en est assez pour vous, et c'en seroit beaucoup trop pour un homme ordinaire. Je ne vous dirai pas : Ne flattez jamais personne; si je vous en croyois capable, je ne vous dirois rien; mais je vous dirai de très-bon cœur : Vous méprisez trop les éloges pour qu'il vous soit permis d'en inquiéter les gens dignes de votre estime. Quant au critique, on peut croire, en lisant ses Remarques, que son prétendu détachement des louanges pourroit bien être un tour d'adresse pour tâcher de donner quelque valeur aux siennes, c'est-à-dire à celles qu'il donne, et l'on y voit du moins très-clairement qu'il n'est pas homme à s'en faire faute dans le besoin.

Le compère ne me paroît pas extrêmement content de votre temple, et comme il ne sauroit le voir que par dehors, il n'y a pas grand mal à cela; mais le critique vous y reproche des groupes singuliers, et je vous avoue que je suis de son avis. Je sais bien que cette singularité qu'il aura prise pour une maladresse est un arrangement très-méthodique et l'effet d'un système raisonné : mais c'est le système propre que je condamne. Vous admirez tous les talens, et c'est tant mieux pour eux et pour vous; mais vous les admirez tous également, et voilà ce que je ne puis vous passer. Vous prétendez qu'ils ont tous la même origine, et que le génie qui les engendre les ennoblit également. Mais les génies eux-mêmes, direz-vous qu'ils sont tous égaux? Il n'est pas temps d'entrer ici dans une longue dissertation à ce sujet; je voudrois au moins vous faire convenir qu'il y a bien des différences dans les parties requises, dans les difficultés à surmonter, et que le génie étroit qui fait un fort bel *adagio* est bien loin du puissant génie qui ose expliquer l'univers.

J'aime la musique peut-être autant que vous, mais je n'en aime pas moins le mot de Philippe qui faisoit honte à son fils de chanter si bien; il ne lui eût pas fait honte d'être aussi savant que son maître. Vous me citerez peut-être un roi qui joue de la flûte, et je vous répondrai que ce n'est pas sans peine qu'il s'est acquis le droit d'en jouer.

Donnez-moi seulement du goût et des organes, je vais danser comme Dupré, ou chanter comme Jelyotte. Joignez au goût de la science et de l'imagination, je ferai un opéra comme Rameau. Pour composer un roman passable, il faut encore une grande connoissance du cœur humain et des extravagances de l'amour. La dialectique, et c'est un talent comme les autres, est nécessaire avec tout cela pour dialoguer une bonne tragédie; ce ne sera point encore assez pour faire un livre de philosophie, si vous n'avez un esprit juste, élevé, pénétrant et exercé à la méditation. Le bon général doit être robuste, courageux, prudent, ferme, éloquent, prévoyant et fertile en ressources. Enfin, toutes ces qualités, je dis toutes sans exception, et par dessus toutes encore, une âme grande et sublime, maîtresse de ses passions, et une inouïe excellence de vertu; voilà les talens que celui qui gouverne un peuple est obligé d'avoir. Les talens ne sont donc pas égaux par leur nature: ils le sont beaucoup moins encore par leur objet. Tous les autres sont bons pour amuser, gâter ou désoler les hommes. Ce dernier seul est fait pour les rendre heureux. Cela décide la question, ce me semble.

Le critique vous avertit encore de ne point vous montrer partial, et il vous dit cela au sujet de Rameau. C'est un autre avis très-sage dont je le remercie pour vous. Ce sera aussi le sujet du dernier article de ma lettre; car je me fais un véritable plaisir de commenter votre commentateur.

Je voudrois d'abord tâcher de fixer à peu près l'idée qu'un homme raisonnable et impartial doit avoir des ouvrages de M. Rameau; car je compte pour rien les clabauderies des cabales pour et contre. Quant à moi, j'en pourrois mal juger par défaut de lumières; mais si la raison ne se trouve pas dans ce que j'en dirai, l'impartialité s'y trouvera sûrement, et ce sera toujours avoir fait le plus difficile.

Les ouvrages théoriques de M. Rameau ont ceci de fort singulier, qu'ils ont fait une grande fortune sans avoir été lus, et ils le seront bien moins désormais, depuis qu'un philosophe (1) a pris la peine d'écrire le sommaire de la doctrine de cet auteur. Il est bien sûr que cet abrégé anéantira les originaux, et avec un tel dédommagement on n'aura aucun sujet de les regretter. Ces différens ouvrages ne renferment rien de neuf ni d'utile, que le principe de la basse fondamentale (2); mais ce n'est pas peu de chose que d'avoir donné un principe, fût-il même arbitaire, à un art qui sembloit n'en point avoir, et d'en avoir tellemen facilité les règles, que l'étude de la composition, qui étoit autrefois une affaire de vingt années, est à présent celle de quelques mois. Les musiciens ont saisi avidement la découverte de M. Rameau, en affectant de la dédaigner. Les élèves se sont multipliés avec une rapidité étonnante; on n'a vu de tous côtés que petits compositeurs de deux jours, la plupart sans talent, qui faisoient les docteurs aux dépens de leur maître; et les services très-réels, très-grands et très-solides que M. Rameau a rendus à la musique, ont en même temps amené cet inconvénient, que la France s'est trouvée inondée de mauvaise musique et de mauvais musiciens, parce que chacun, croyant connoître toutes les finesses de l'art dès qu'il en a su les élémens, tous se sont mêlés de faire de l'harmonie, avant que l'oreille et l'expérience leur eussent appris à discerner la bonne.

A l'égard des opéra de M. Rameau, on leur a d'abord cette obligation, d'avoir les premiers élevé le théâtre de l'Opéra au-dessus des tréteaux du Pont-Neuf. Il a franchi hardiment le petit cercle de très-petite musique autour duquel nos petits musiciens tournoient sans cesse depuis la mort du grand Lulli; de sorte que quand on seroit assez injuste pour refuser des talens supérieurs à M. Rameau, on ne pourroit au moins disconvenir qu'il ne leur ait en quelque sorte ouvert la carrière, et qu'il n'ait mis les musiciens qui viendront après lui à portée de déployer impunément les leurs: ce qui assurément n'étoit pas une entreprise aisée. Il a senti les épines; ses successeurs cueilleront les roses.

On l'accuse assez légèrement, ce me semble, de n'avoir travaillé que sur de mauvaises paroles; d'ailleurs, pour que ce reproche eût le sens commun, il faudroit montrer qu'il été à portée d'en choisir de bonnes. Aimeroit on mieux qu'il n'eût rien fait du tout? Un reproche plus juste est de n'avoir pas toujours entendu celles dont il s'est chargé, d'avoir souvent mal saisi les idées du poète, ou de n'en avoir pas substitué de plus convenables, et d'avoir fait beaucoup de contre-sens. Ce n'est pas sa faute s'il a travaillé sur de mauvaises paroles; mais on peut douter s'il en eût fait valoir de meilleures. Il est certainement,

(1) M. d'Alembert.

(2) Ce n'est point par oubli que je ne dis rien ici du prétendu principe physique de l'harmonie.

du côté de l'esprit et de l'intelligence, fort au-dessous de Lulli, quoiqu'il lui soit presque toujours supérieur du côté de l'expression. M. Rameau n'eût pas plus fait le monologue de Roland ([1]) que Lulli celui de Dardanus.

Il faut reconnoître dans M. Rameau un très-grand talent, beaucoup de feu, une tête bien sonnante, une grande connoissance des renversemens harmoniques et de toutes les choses d'effet; beaucoup d'art pour s'approprier, dénaturer, orner, embellir les idées d'autrui, et retourner les siennes; assez peu de facilité pour en inventer de nouvelles; plus d'habileté que de fécondité, plus de savoir que de génie, ou du moins un génie étouffé par trop de savoir; mais toujours de la force et de l'élégance, et très-souvent du beau chant.

Son récitatif est moins naturel, mais beaucoup plus varié que celui de Lulli; admirable dans un petit nombre de scènes, mauvais presque partout ailleurs : ce qui est peut-être autant la faute du genre que la sienne; car c'est souvent pour avoir trop voulu s'asservir à la déclamation qu'il a rendu son chant baroque et ses transitions dures. S'il eût eu la force d'imaginer le vrai récitatif, et de le faire passer chez cette troupe moutonnière, je crois qu'il y eût pu exceller.

Il est le premier qui ait fait des symphonies et des accompagnemens travaillés, et il en a abusé. L'orchestre de l'Opéra ressembloit, avant lui, à une troupe de quinze-vingts attaquée de paralysie. Il les a un peu dégourdis. Ils assurent qu'ils ont actuellement de l'exécution ; mais je dis, moi, que ces gens-là n'auront jamais ni goût ni âme. Ce n'est encore rien d'être ensemble, de jouer fort ou doux, et de bien suivre un acteur. Renforcer, adoucir, appuyer, dérober des sons, selon que le bon goût ou l'expression l'exigent; prendre l'esprit d'un accompagnement, faire valoir et soutenir des voix, c'est l'art de tous les orchestres du monde, excepté celui de notre Opéra.

Je dis que M. Rameau a abusé de cet orchestre tel quel. Il a rendu ses accompagnemens si confus, si chargés, si fréquens, que la tête a peine à tenir au tintamarre continuel de divers instrumens pendant l'exécution de ses opéra, qu'on auroit tant de plaisir à entendre s'ils étourdissoient un peu moins les oreilles. Cela fait que l'orchestre, à force d'être sans cesse en jeu, ne saisit, ne frappe jamais, et manque presque toujours son effet.

Il faut qu'après une scène de récitatif un coup d'archet inattendu réveille le spectateur le plus distrait, et le force d'être attentif aux images que l'auteur va lui présenter, ou de se prêter aux sentimens qu'il veut exciter en lui. Voilà ce qu'un orchestre ne fera point, quand il ne cesse de racler.

Une autre raison plus forte contre les accompagnemens trop travaillés, c'est qu'ils font tout le contraire de ce qu'ils doivent faire. Au lieu de fixer plus agréablement l'attention du spectateur, ils la détruisent en la partageant. Avant qu'on me persuade que c'est une belle chose que trois ou quatre desseins entassés l'un sur l'autre par trois ou quatre espèces d'instrumens, il faudra qu'on me prouve que trois ou quatre actions sont nécessaires dans une comédie. Toutes ces belles finesses de l'art, ces imitations, ces doubles desseins, ces basses contraintes, ces contre-fugues, ne sont que des monstres difformes, des monumens du mauvais goût, qu'il faut reléguer dans les cloîtres comme dans leur dernier asile.

Pour revenir à M. Rameau, et finir cette digression, je pense que personne n'a mieux que lui saisi l'esprit des détails, personne n'a mieux su l'art des contrastes; mais en même temps personne n'a moins su donner à ses opéra cette unité si savante et si désirée; et il est peut-être le seul au monde qui n'ait pu venir à bout de faire un bon ouvrage de plusieurs beaux morceaux fort bien arrangés.

Et ungues
Exprimet, et molles imitabitur ære capillos;
Infelix operis summâ, quia ponere totum
Nesciet (*).

Voilà, monsieur, ce que je pense des ouvrages du célèbre M. Rameau, auquel il faudroit que la nation rendît bien des honneurs pour lui accorder ce qu'elle lui doit. Je sais fort bien que ce jugement ne contentera ni ses partisans ni ses ennemis; aussi n'ai-je voulu que le rendre équitable, et je vous le propose, non comme la règle du vôtre, mais comme un

([1]) Acte IV, scène II.

(*) Hor. de Art. poet., v. 32.

exemple de la sincérité avec laquelle il convient qu'un honnête homme parle des grands talens qu'il admire, et qu'il ne croit pas sans défaut.

J'approuve votre goût pour tout ce qui porte l'empreinte du génie; mais si vous en croyez l'avis d'un homme sincère et qui a quelque expérience, pour l'honneur des arts et la pureté de vos plaisirs, tenez-vous-en à l'admiration des ouvrages et ne désirez jamais d'en connoître les auteurs. Vous vivrez dans des sociétés où vous ne trouverez que cabales et enthousiastes, et dont tous les membres savent déjà très-décidément s'ils trouveront bons ou mauvais des ouvrages qui sont encore à faire : garantissez-vous de tout ce vil fanatisme comme d'un vice fatal au jugement et capable même de souiller le cœur à la longue. Que votre esprit reste toujours aussi libre que votre âme; souvenez-vous des justes railleries de Platon sur cet acteur que les vers d'un seul poète mettoient hors de lui, et qui n'étoit que glace à la lecture de tous les autres; et sachez qu'il n'y a point d'homme au monde, quelque génie qu'il puisse avoir, qui soit en droit d'asservir votre raison, pas même M. de Voltaire, le maître dans l'art d'écrire de tous les hommes vivans. En un mot, je veux vous voir parcourant la Henriade, quand le cœur vous palpitera et que vous vous sentirez touché, transporté d'admiration, oser vous écrier en versant des larmes : Non, grand homme, vous n'êtes point encore le rival d'Homère.

Pardonnez-moi, monsieur, un zèle peut-être indiscret, mais dicté par l'estime que ceux de vos écrits que j'ai vus m'ont inspiré pour vous. Le public les a jugés et applaudis, et y a reconnu avec plaisir l'homme d'esprit et de goût; quant à moi, j'ai cru, avec beaucoup plus de plaisir encore, y reconnoître le vrai philosophe et l'ami des hommes. Continuez donc d'aimer et de cultiver des talens qui vous sont chers et dont vous faites un bon usage; mais n'oubliez pas pourtant de jeter de temps en temps sur tout cela le coup d'œil du sage, et de rire quelquefois de tous ces jeux d'enfans.

Je suis, etc.

LETTRE

A M. L'ABBÉ RAYNAL,

AU SUJET D'UN NOUVEAU MODE DE MUSIQUE INVENTÉ PAR M. BLAINVILLE (*).

Paris, le 30 mai 1754, au sortir du concert.

Vous êtes bien aise, monsieur, vous, le panégyriste et l'ami des arts, de la tentative de M. Blainville pour l'introduction d'un nouveau mode dans notre musique. Pour moi, comme mon sentiment là-dessus ne fait rien à l'affaire, je passe immédiatement au jugement que vous me demandez sur la découverte même.

Autant que j'ai pu saisir les idées de M. Blainville durant la rapidité de l'exécution du morceau que nous venons d'entendre, je trouve que le mode qu'il nous propose n'a que deux cordes principales, au lieu de trois qu'ont chacun des deux modes usités. L'une de ces deux cordes est la tonique, l'autre est la quarte au-dessus de cette tonique; et cette quarte s'appellera, si l'on veut, *dominante*. L'auteur me paroît avoir eu de fort bonnes raisons pour préférer ici la quarte à la quinte; et celle de toutes ces raisons qui se présente la première, en parcourant sa gamme, est le danger de tomber dans les fausses relations.

Cette gamme est ordonnée de la manière suivante : il monte d'abord d'un semi-ton majeur de la tonique sur la seconde note, puis d'un ton sur la troisième; et montant encore d'un ton, il arrive à sa dominante, sur laquelle il établit le repos, ou, s'il m'est permis de parler ainsi, l'hémistiche du mode. Puis, recommençant sa marche un ton au-dessus de la dominante, il monte ensuite d'un semi-ton majeur, d'un ton, et encore d'un ton; et l'octave est parcourue selon cet ordre de notes, *mi, fa, sol, la, si, ut, re, mi*. Il redescend de même sans aucune altération.

Si vous procédez diatoniquement, soit en montant, soit en descendant de la dominante d'un mode mineur à l'octave de cette domi-

(*) Auteur d'un ouvrage intitulé *L'Esprit de l'Art musical, ou Réflexions sur la musique et ses différentes parties*, par C. J. C. Blainville, in-8° ; *Genève*, 1754. — Dans son *Dictionnaire de Musique*, au mot *Mode*, Rousseau donne une légère idée du nouveau mode dont il s'agit ici, et présente la formule de la gamme qui lui sert de base. G. P.

nante, sans dièses ni bémols accidentels, vous aurez précisément la gamme de M. Blainville : par où l'on voit, 1° que sa marche diatonique est directement opposée à la nôtre, où, partant de la tonique, on doit monter d'un ton, ou descendre d'un semi-ton; 2° qu'il a fallu substituer une autre harmonie à l'accord sensible usité dans nos modes, et qui se trouve exclus du sien; 3° trouver, pour cette nouvelle gamme, des accompagnemens différens de ceux que l'on emploie dans la règle de l'octave; 4° et par conséquent d'autres progressions de basse fondamentale que celles qui sont admises.

La gamme de son mode est précisément semblable au diagramme des Grecs; car si l'on commence par la corde *hypate* en montant, ou par la note en descendant, à parcourir diatoniquement deux tétracordes disjoints, on aura précisément la nouvelle gamme; c'est notre ancien mode plagal, qui subsiste encore dans le plain-chant. C'est proprement un mode mineur dont le diapason se prendroit non d'une tonique à son octave, en passant par la dominante, mais d'une dominante à son octave, en passant par la tonique; et, en effet, la tierce majeure que l'auteur est obligé de donner à sa finale, jointe à la manière d'y descendre par semi-ton, donne à cette tonique tout-à-fait l'air d'une dominante. Ainsi, si l'on pouvoit, de ce côté-là, disputer à M. Blainville le mérite de l'*invention*, on ne pourroit du moins lui disputer celui d'avoir osé braver en quelque chose la bonne opinion que notre siècle a de soi-même, et son mépris pour tous les autres âges en matière de sciences et de goût.

Mais ce qui paroît appartenir incontestablement à M. Blainville, c'est l'harmonie qu'il affecte à un mode institué dans des temps où nous avons tout lieu de croire qu'on ne connoissoit point l'harmonie, dans le sens que nous donnons aujourd'hui à ce mot. Personne ne lui disputera ni la science qui lui a suggéré de nouvelles progressions fondamentales, ni l'art avec lequel il l'a su mettre en œuvre pour ménager nos oreilles, bien plus délicates sur les choses nouvelles que sur les mauvaises choses.

Dès qu'on ne pourra plus lui reprocher de n'avoir pas trouvé ce qu'il nous propose, on lui reprochera de l'avoir trouvé. On conviendra que sa découverte est bonne s'il veut avouer qu'elle n'est pas de lui; s'il prouve qu'elle est de lui, on lui soutiendra qu'elle est mauvaise: et il ne sera pas le premier contre lequel les artistes auront argumenté de la sorte. On lui demandera sur quel fondement il prétend déroger aux lois établies, et en introduire d'autres de son autorité.

On lui reprochera de vouloir ramener à l'arbitraire les règles d'une science qu'on a fait tant d'efforts pour réduire en principes; d'enfreindre dans ses progressions la liaison harmonique, qui est la loi la plus générale et l'épreuve la plus sûre de toute bonne harmonie.

On lui demandera ce qu'il prétend substituer à l'accord sensible, dont son mode n'est nullement susceptible, pour annoncer les changemens de ton. Enfin on voudra savoir encore pourquoi, dans l'essai qu'il a donné au public, il a tellement entremêlé son mode avec les deux autres, qu'il n'y a qu'un très-petit nombre de connoisseurs dont l'oreille exercée et attentive ait démêlé ce qui appartient en propre à son nouveau système.

Ses réponses, je crois les prévoir à peu près. Il trouvera aisément en sa faveur des analogies du moins aussi bonnes que celles dont nous avons la bonté de nous contenter. Selon lui, le mode mineur n'aura pas de meilleurs fondemens que le sien. Il nous soutiendra que l'oreille est notre premier maître d'harmonie, et que, pourvu que celui-là soit content, la raison doit se borner à chercher pourquoi *il l'est*, et non à lui prouver qu'*il a tort de l'être*; qu'il ne cherche ni à introduire dans les choses l'arbitraire qui n'y est point, ni à dissimuler celui qu'il y trouve. Or, cet arbitraire est si constant, que, même dans la règle de l'octave, il y a une faute contre les règles; remarque qui ne sera pas, si l'on veut, de M. Blainville, mais que je prends sur mon compte.

Il dira encore que cette liaison harmonique qu'on lui objecte n'est rien moins qu'indispensable dans l'harmonie, et il ne sera pas embarrassé de le prouver.

Il s'excusera d'avoir entremêlé les trois modes, sur ce que nous sommes sans cesse dans le même cas avec les deux nôtres; sans compter que, par ce mélange adroit, il aura eu le plaisir, diroit Montaigne, de faire donner à nos modes des nasardes sur le nez du sien. Mais, quoi qu'il fasse, il faudra toujours qu'il ait tort, par deux raisons sans réplique : l'une, qu'il est inventeur; l'autre, qu'il a affaire à des musiciens.

Je suis, etc.

LETTRE

A M. LESAGE PÈRE, DE GENÈVE.

Sumite materiam vestris, qui scribitis, æquam Viribus.

Aux Eaux-vives (*), le 1er juillet au soir.

1. Le musicien qui, en 1720, disoit que la musique la plus simple étoit la plus belle, tenoit là, ce me semble, un étrange propos. J'aimerois autant qu'il eût dit que le meilleur comédien est celui qui fait le moins de gestes et parle le plus posément. A l'égard des roulemens de Lulli, je conviens qu'ils sont plats et de mauvais goût.

2. Je suis fort surpris qu'on retrouve dans le *Devin du village* les mêmes roulemens que dans l'opéra de *Roland :* il faut que n'y trouvant pas, moi, le moindre rapport, je m'aveugle étrangement sur ce point. Au reste, ce n'est pas une chose aisée de déterminer les cas où la musique comporte des roulemens, et ceux où elle n'en comporte point. Je me suis fait des règles pour distinguer ces cas, et j'ai soigneusement suivi ces règles dans la pratique. *Rem à me sæpè deliberatam et multùm agitatam requiris.*

3. Si la musique ne consiste qu'en de simples chansons, et ne plaît que par les sons physiques, il pourra arriver que des airs de province plairont autant ou plus que ceux de la cour : mais toutes les fois que la musique sera considérée comme un art d'imitation, ainsi que la poésie et la peinture, c'est à la ville, c'est à la cour, c'est partout où s'exercent aux arts agréables beaucoup d'hommes rassemblés, qu'on apprend à la cultiver. En général la meilleure musique est celle qui réunit le plaisir physique et le plaisir moral, c'est-à-dire l'agrément de l'oreille et l'intérêt du sentiment.

Alterius sic
Altera poscit opem res, et conjurat amicè.

4. Si Molière a consulté sa servante, c'est sans doute sur *le Médecin malgré lui*, sur les saillies de Nicole et la querelle de Sosie et de Cléanthis : mais à moins que la servante de Molière ne fût une personne fort extraordinaire, je parierois bien que ce grand homme ne la consultoit pas sur *le Misanthrope*, ni sur *le Tartufe*, ni sur la belle scène d'Alcmène et d'Amphitryon. Les musiciens ne doivent consulter les ignorans qu'avec le même discernement, d'autant plus que l'imitation musicale est plus détournée, moins immédiate, et demande plus de finesse de sentiment pour être aperçue, que celle de la comédie.

5. Quoique les principes de la beauté théâtrale n'aient été portés, ni par les modernes, ni même par Aristote, au degré de clarté dont ils sont susceptibles, ils sont faciles à établir. Ces principes me paroissent se réduire à deux : savoir, l'imitation et l'intérêt, qui s'appliquent également à la musique. Je ne dirois pas, de peur d'obscurité, que le beau consiste dans l'imitation du vrai, mais dans le vrai de l'imitation; c'est là, ce me semble, le sens du vers d'Horace et de celui de Boileau. Que l'imitation ne doive s'exercer que sur des objets utiles, c'est un bon précepte de morale, mais non pas une règle poétique : car il y a de très-belles pièces dont le sujet ne peut être d'aucune utilité. Tel est l'*OEdipe* de Sophocle.

6. Les mathématiciens ont très-bien expliqué

(*) Les Eaux-vives sont à la porte de Genève; ainsi la date de cette lettre doit être celle d'un voyage que fit Rousseau dans cette ville en 1754.

Le Genevois auquel cette lettre a été écrite est le père d'un savant illustre, *Georges-Louis* LESAGE, professeur de mathématiques, mort en 1803, et sur la vie et les écrits duquel M. P. Prévost a publié une *Notice* étendue et intéressante (*Genève*, 1805, in-8°). Le père de G. L. Lesage, mort en 1759, enseignoit lui-même avec distinction les mathématiques et la physique, et a publié divers ouvrages dont M. Prévost a donné la liste dans la Notice dont nous venons de parler. C'est dans cette même Notice (page 481) qu'a été imprimée la lettre de Rousseau au père Lesage que nous reproduisons ici, et qui paroît plutôt un fragment de lettre, car elle n'a point la forme épistolaire. La correspondance de Rousseau et ses autres ouvrages n'offrent d'ailleurs aucune autre trace des relations plus ou moins étroites qui ont pu exister entre le père Lesage et lui, sauf une Lettre à M. Moulton (du 4 juin 1763), terminée par ces mots : *Mille amitiés à M. Lesage.* Au surplus, le témoignage de M. Prévost, auteur de la Notice dont il s'agit, ne permet pas de douter de l'authenticité de cette Lettre ou fragment de Lettre qu'il nous donne comme émané de Rousseau même, et qui est remarquable d'ailleurs sous plus d'un rapport. G. P.

la partie de la musique qui est de leur compétence, savoir les rapports des sons, d'où dépend aussi le plaisir physique de l'harmonie et du chant. Les philosophes, de leur côté, ont fait voir que la musique, prise pour un des beaux-arts, a, comme eux, le principe de ses plus grands charmes dans celui de l'imitation.

7. Les musiciens ne sont point faits pour raisonner sur leur art : c'est à eux de trouver les choses, au philosophe de les expliquer.

8. Quoique l'abbé Du Bos ait parlé de musique en homme qui n'y entendoit rien, cela n'empêche pas qu'il n'y ait des règles pour juger d'une pièce de musique aussi bien que d'un poème ou d'un tableau. Que diroit-on d'un homme qui prétendroit juger de l'*Iliade* d'Homère ou de la *Phèdre* de Racine, ou du *Déluge* du Poussin comme d'une oille ou d'un jambon? Autant en feroit celui qui voudroit comparer les prestiges d'une musique ravissante, qui porte au cœur le trouble de toutes les passions et la volupté de tous les sentimens, avec la sensation grossière et purement physique du palais dans l'usage des alimens. Quelle différence pour les mouvemens de l'âme entre des hommes exercés et ceux qui ne le sont pas! Un Pergolèse, un Voltaire, un Titien, disposeront, pour ainsi dire, à leur gré des cœurs chez un peuple éclairé; mais le paysan insensible aux chefs-d'œuvre de ces grands hommes ne trouve rien de si beau que la *Bibliothèque bleue*, les enseignes à bière et le branle de son village.

9. Je crois donc qu'on peut très-bien disputer de musique, et même assigner, relativement au langage, les qualités qu'elle doit avoir pour être bonne et pour plaire; car quoiqu'on ne puisse expliquer les choses de goût qui ne sont que de pures sensations, le philosophe peut, sans témérité, entreprendre l'explication de celles qui modifient l'âme, et qui font partie du beau métaphysique. Je me garderai bien d'entrer dans la prétendue dispute de la musique simple et de la composée, jusqu'à ce que j'aie appris ce que signifient ces mots que je n'entends point. Je penserois, en attendant, que les sons et les mouvemens doivent être composés et modifiés par le musicien, comme les lignes et les couleurs par le peintre, selon les teintes et les nuances des objets qu'il veut rendre et des choses qu'il veut exprimer. Mais pour bien résoudre ces questions, qui ne laissent pas d'avoir leur difficulté,

Vacet oportet, Eutyche, à negotiis.
Ut liber animus sentiat vim carminis.

••••••••••

LETTRE

A M. PERDRIAU.

Paris, le 18 janvier 1756.

Je ne sais, monsieur, pourquoi je suis toujours si fort en arrière avec vous; car je m'occupe agréablement en vous écrivant. Mais ce n'est pas en cela seul que je m'aperçois combien le tempérament l'emporte souvent sur l'inclination, et l'habitude sur le plaisir même.

Je commence par ce qui m'a le plus touché dans votre lettre, après les témoignages d'amitié que vous m'y donnez, et qui me deviennent plus chers de jour en jour. C'est l'espèce de défiance où vous me paroissez être de vous-même à l'entrée de la nouvelle carrière qui se présente à vous. Je ne puis vous parler de vos études et de vos connoissances, parce que je ne suis rien moins que juge dans ces matières; mais j'oserai vous parler de l'instrument qui fait valoir tout cela, et dont je trouve que vous vous servez à merveille. Vous avez de la finesse dans l'esprit; c'est ce que j'ai remarqué chez beaucoup de nos compatriotes : mais vous y joignez le naturel plus rare qui lui donne des grâces. Je trouve dans toutes vos lettres une élégante simplicité qui va au cœur, rien de la sécheresse des lettres de pur bel esprit, et tout l'agrément qui manque souvent à celles où le sentiment seul s'épanche avec un ami. J'ai trouvé la même chose dans votre conversation; et moi, qui ne crains rien tant que les gens d'esprit, je me suis, sans y songer, attaché à vous par le tour du vôtre. Avec de telles dispositions, il ne faut point que vous vous embarrassiez des caprices de votre mémoire : vous aurez peu besoin de ses ressources pour figurer dans le monde littéraire. La lecture des anciens ne vous attachera point au fatras de l'érudition; vous y prendrez cet intérêt de l'âme, que la méthode et le compas ont chassé de nos écrits modernes. Si vous n'éclaircissez point quelque texte obscur, vous ferez sentir les vraies beautés de ceux qui s'entendent, et vous ferez dire à vos auditeurs qu'il vaut encore mieux imiter les anciens que les expliquer. Voilà, monsieur, ce que j'augure de vos talens, appliqués à l'étude des belles-lettres. Les inquiétudes que vous témoignez, et la manière dont vous les exprimez, m'apprennent que la seule faculté qui vous manque est le courage de mettre à profit celles que vous possédez. Il me seroit fort doux, et il ne vous seroit peut-être pas inutile en cette occasion, que la confiance que vous devez à ma sincérité vous en donnât un peu dans vos forces.

Je pense qu'il ne faut pas trop chercher de précision dans les mots *modus*, *numerus*, employés par Horace, non plus que dans tous les termes techniques qu'on trouve dans les poètes. Le seul endroit d'Horace, où il paroisse avoir choisi les termes propres, et qu'aussi les seuls ignorans entendent et expliquent, est le *sonante mistum*, etc., de la neuvième épode. Dans tout le reste, il prend vaguement un instrument pour la musique, le nombre pour la poésie, etc.; et c'est faute d'avoir fait cette réflexion très-simple que tant de commentateurs se sont si ridiculement tourmentés sur tout cela.

Quant au sens précis des deux mots en question, c'est dans Boëce et Martianus Capella (¹) qu'il faut le chercher; car ils sont, parmi les anciens, les seuls Latins dont les écrits sur la musique nous soient parvenus. Vous y trouverez que *numerus* est pris pour l'exécution du rhythme, c'est-à-dire, en fait de musique, pour la division régulière des temps et des valeurs. A l'égard du mot *modus*, il s'applique aux règles particulières de la mélodie, et surtout à celles qui constituent le mode ou le ton. Ainsi le mode, faisant sur les intervalles ou degrés des sons ce que faisoit le nombre sur la durée des temps, la marche du chant, selon le premier sens, procédoit *per acutum et grave*, et, selon le second, *per arsin et thesin*.

A propos de chant, j'oubliois depuis longtemps de vous parler d'une observation que j'ai faite sur celui des psaumes dans nos temples; chant dont je loue beaucoup l'antique simplicité, mais dont l'exécution est choquante aux oreilles délicates par un défaut facile à corriger. Ce défaut est que le chantre se trouvant fort éloigné de certaines parties du temple, et le son parcourant assez lentement ces grands intervalles, sa voix se fait à peine entendre aux extrémités, qu'il a déjà changé de ton et commencé d'autres notes; ce qui devient d'autant plus choquant en certains points que, ce son arrivant beaucoup plus tard encore d une extrémité à l'autre que du milieu où est le chantre, la masse d'air qui remplit le temple se trouve partagée à la fois en divers sons fort discordans qui enjambent sans cesse les uns sur les autres, et choquent fortement une oreille exercée; défaut que l'orgue même ne fait qu'augmenter, parce qu'au lieu d'être au milieu de l'édifice, comme le chantre, il ne donne le ton que d'une extrémité.

Or, le remède à cet inconvénient me paroît très-facile; car comme les rayons visuels se communiquent à l'instant de l'objet à l'œil, ou du moins avec une vitesse incomparablement plus grande que celle avec laquelle le son se transmet du corps sonore à l'oreille, il suffit de substituer l'un à l'autre pour avoir dans toute l'étendue du temple un chant simultané et parfaitement d'accord. Il ne faut pour cela que placer le chantre, ou quelqu'un chargé de cette partie de sa fonction, de manière qu'il soit à la vue de tout le monde, et qu'il se serve d'un bâton de mesure dont le mouvement s'aperçoive aisément de loin, tel, par exemple, qu'un rouleau de papier. Car alors, avec la précaution de prolonger assez la première note pour que l'intonation en soit partout entendue avant de continuer, tout le reste du chant marchera bien ensemble, et la discordance observée disparoîtra infailliblement. On pourroit même, au lieu d'un homme, employer un chronomètre, dont le mouvement seroit encore plus égal.

Il résulteroit de là deux autres avantages; l'un, que sans presque altérer le chant des psaumes on pourra lui donner un peu de rhythme ou de quantité, et y observer du moins les longues et les brèves les plus sensibles; l'autre, que ce qu'il y a de langueur et de monotonie pourra être relevé par une harmonie juste, mâle et majestueuse, en y ajoutant la basse et les

(¹) On peut, si l'on veut, ajouter saint Augustin.

parties selon la première intention de l'auteur, qui n'étoit pas un harmoniste à mépriser (*).

Voilà, monsieur, ce me semble, un usage important de l'*arsis* et *thesis*, et du nombre. Mais je n'en puis dire davantage, et le papier me manque plutôt que l'envie de m'entretenir avec vous. Bonjour, monsieur; je vous embrasse avec respect et de tout mon cœur.

LETTRE

A M. BALLIÈRE.

Motiers, le 28 janvier 1765.

Deux envois de M. Duchesne, qui ont demeuré très-long-temps en route, m'ont apporté, monsieur, l'un votre lettre et l'autre votre livre (**). Voilà ce qui m'a fait retarder si longtemps à vous remercier de l'une et de l'autre. Que ne donnerois-je pas pour avoir pu consulter votre ouvrage ou vos lumières il y a dix ou douze ans, lorsque je travaillois à rassembler les articles mal digérés que j'avois faits pour l'Encyclopédie! Aujourd'hui que cette collection est achevée, et que tout ce qui s'y rapporte est entièrement effacé de mon esprit, il n'est plus temps de reprendre cette longue et ennuyeuse besogne, malgré les erreurs et les fautes dont elle fourmille. J'ai pourtant le plaisir de sentir quelquefois que j'étois, pour ainsi dire, à la piste de vos découvertes, et qu'avec un peu plus d'étendue et de méditation, j'aurois pu peut-être en atteindre quelques-unes. Car, par exemple, j'ai très-bien vu que l'expérience qui sert de principe à M. Rameau n'est qu'une partie de celle des aliquotes, et que c'est de cette dernière, prise dans sa totalité, qu'il faut déduire le système de notre harmonie; mais je n'ai eu du reste que des demi-lueurs qui n'ont fait que m'égarer. Il est trop tard pour revenir maintenant sur mes pas, et il faut que mon ouvrage reste avec toutes ses fautes, ou qu'il soit refondu dans une seconde édition par une meilleure main. Plût à Dieu, monsieur, que cette main fût la vôtre! Vous trouveriez peut-être assez de bonnes recherches toutes faites pour vous épargner le travail du manœuvre, et vous laisser seulement celui de l'architecte et du théoricien.

Recevez, monsieur, je vous supplie, mes très-humbles salutations.

(*) Goudimel, voyez sur ce musicien la note de la page 141 du présent volume.

(**) Un exemplaire de la *Théorie de la Musique* (Paris, 1764, in-4°). — *Ballière de Laisement*, vice-directeur de l'Académie de Rouen, cultiva la musique, les lettres, la chimie, et mourut en 1804. Il a fait plusieurs opéra-comiques, représentés tant à Rouen qu'à Paris. G. P.

LETTRE

A M. DE LALANDE.

Mars 1768.

Vous n'êtes pas, monsieur, de ceux qui s'amusent à rendre aux infortunés des honneurs ironiques, et qui couronnent la victime qu'ils veulent sacrifier. Ainsi, tout ce que je conclus des louanges dont il vous plaît de m'accabler dans la lettre que vous m'avez fait la faveur de m'écrire, est que la générosité vous entraîne à outrer le respect que l'on doit à l'adversité. J'attribue à un sentiment aussi louable le compte avantageux que vous avez bien voulu rendre de mon Dictionnaire, et votre extrait me paroît fait avec beaucoup d'esprit, de méthode et d'art. Si cependant vous eussiez choisi moins scrupuleusement les endroits où la musique françoise est le plus maltraitée, je ne sais si cette réserve eût été nuisible à la chose, mais je crois qu'elle eût été favorable à l'auteur. J'aurois bien aussi quelquefois désiré un autre choix des articles que vous avez pris la peine d'extraire, quelques-uns de ces articles n'étant que de remplissage, d'autres extraits ou compilés de quelques auteurs, tandis que la plupart des articles importans m'appartiennent uniquement, et sont meilleurs en eux-mêmes, tels que *Accent*, *Consonnance*, *Dissonance*, *Expression*, *Goût*, *Harmonie*, *Intervalle*, *Licence*, *Opéra*, *Son*, *Tempérament*, *Unité de mélodie*, *Voix*, etc., et surtout l'article *Enharmonique*, dans lequel j'ose croire que ce genre difficile, et jusqu'à présent très-mal entendu, est mieux expliqué que dans aucun livre. Pardon, monsieur, de la liberté avec laquelle j'ose vous dire ma pensée ; je la soumets avec une pleine confiance à votre décision, qui n'exige pas de vous une nouvelle peine, puisque vous avez été appelé à lire le livre entier, ennui dont je vous fais à la fois mes remercîmens et mes excuses.

Je me souviens, monsieur, avec plaisir et reconnoissance, de la visite dont vous m'honorâtes à Montmorency, et du désir qu'elle me laissa de jouir quelquefois du même avantage. Je compte parmi les malheurs de ma vie celui de ne pouvoir cultiver une si bonne connoissance, et mériter peut-être un jour de votre part moins d'éloges et plus de bontés.

CHOIX DE ROMANCES

ET AIRS DÉTACHÉS,

MUSIQUE DE JEAN-JACQUES ROUSSEAU.

(Voyez l'observation (*) à la fin de la *Notice* mise en tête des *Ecrits sur la Musique*.)

LE ROSIER,

PAROLES DE DELEYRE.

(N° 31 du Recueil gravé in folio.)

Joyeux oiseaux, troupe amoureuse,
Ah ! par pitié ne chantez pas.
L'amant qui me rendoit heureuse
Est parti pour d'autres climats.

Pour les trésors du Nouveau-Monde
Il fuit l'amour, brave la mort.
Hélas ! pourquoi chercher sur l'onde
Le bonheur qu'il trouvoit au port !

Vous, passagères hirondelles,
Qui revenez chaque printemps,
Oiseaux sensibles et fidèles,
Ramenez-le-moi tous les ans.

(*) C'est à tort que, dans cette observation, nous avons renvoyé à la fin du volume pour trouver ces différents *Airs* dont la place étoit naturellement marquée à la suite des *Écrits sur Musique*.

AIR DE TROIS NOTES (*).

(N° 53 du Recueil gravé in folio.)

Hélas ! si je passe
Un jour sans te voir,
Je cherche ta trace
Dans mon désespoir.
Quand je l'ai perdue,
Je reste à pleurer ;
Mon âme éperdue
Est près d'expirer.

Le cœur me palpite
Quand j'entends ta voix ;
Tout mon sang s'agite
Dès que je te vois.
Ouvres-tu la bouche,
Les cieux vont s'ouvrir ;
Si ta main me touche,
Je me sens frémir.

(*) Tout dispose à croire que les paroles de cet air sont de Rousseau ; cependant on ne peut l'affirmer. G. P.

RONDEAU.

Composé pour M. de Grammont, qui a fourni les paroles (*).

(N° 6 du Recueil gravé in-folio.)

(*) Ce rondeau, composé pour une haute-contre, est dans le ton d'*ut* mineur. Il a été transposé ici pour la commodité de la voix.

ROMANCE DE ROGER.

Paroles de M. d'Ussieux.

(N° 5 du Recueil gravé in-folio.)

Bien se voit que de ma vie
Fleur se passe chaque jour.
Si n'aimez à votre tour,
Las! dans peu, gente Émilie,
Mourrai victime d'amour.

Ah ! si me pouviez entendre,
Si saviez qui m'amoindrit,
Que Roger d'amour périt,
Vous connois âme assez tendre,
Me pleureriez un petit.

Mais non, non, ne craignez mie,
Mon secret point ne dirai ;
Avec moi, quand finirai,
Vous le promets, belle amie,
Au tombeau l'emporterai.

ROMANCE D'ALEXIS.

Les paroles sont tirées d'un Prospectus de M. DE LA BORDE.

(N° 8 du Recueil gravé in-folio.)

Il frappe tout doucement,
Elle ouvrit la porte.
Ah ! dit-il, un seul moment
Écoutez mon tourment ;
De la tendresse la plus forte
Laissez-moi vous conter l'ardeur,
Et dans mon âme presque morte
Faites renaître le bonheur.

Vous ne pouvez pas entrer,
Lui répondit-elle ;
Vous me faites frissonner,
On peut nous écouter.
Non, non, je ne suis pas cruelle ;
Par tant d'amour vous me charmez ;
Mais voyez ma frayeur mortelle,
Et laissez-moi, si vous m'aimez.

Eh bien, je vous obéis.
O vous que j'adore,
Si vous aimez Alexis,
Tous ses maux sont finis.
Mais jurez-moi qu'avant l'aurore,
En menant paître vos moutons,
Nous nous dirons cent fois encore
Que pour toujours nous nous aimons.

La peur fit qu'elle jura
D'aller sur l'herbette.
Il prit sa main, la baisa,
Et puis s'en alla.
Le lendemain la bergerette
Voulut accomplir son serment ;
Hélas ! on dit que la pauvrette
Perdit beaucoup en s'acquittant.

DICTIONNAIRE
DE MUSIQUE.

Ut psallendi materiem discerent.
MARTIAN. CAP.

PRÉFACE.

La musique est, de tous les beaux-arts, celui dont le vocabulaire est le plus étendu, et pour lequel un dictionnaire est, par conséquent, le plus utile. Ainsi l'on ne doit pas mettre celui-ci au nombre de ces compilations ridicules que la mode ou plutôt la manie des dictionnaires multiplie de jour en jour. Si ce livre est bien fait, il est utile aux artistes; s'il est mauvais, ce n'est ni par le choix du sujet, ni par la forme de l'ouvrage. Ainsi l'on auroit tort de le rebuter sur son titre; il faut le lire pour en juger.

L'utilité du sujet n'établit pas, j'en conviens, celle du livre; elle me justifie seulement de l'avoir entrepris, et c'est aussi tout ce que je puis prétendre; car d'ailleurs je sens bien ce qui manque à l'exécution. C'est ici moins un dictionnaire en forme, qu'un recueil de matériaux pour un dictionnaire, qui n'attendent qu'une meilleure main pour être employés. Les fondemens de cet ouvrage furent jetés si à la hâte, il y a quinze ans, dans l'Encyclopédie, que, quand j'ai voulu le reprendre sous œuvre, je n'ai pu lui donner la solidité qu'il auroit eue, si j'avois eu plus de temps pour en diriger le plan et pour l'exécuter.

Je ne formai pas de moi-même cette entreprise; elle me fut proposée : on ajouta que le manuscrit entier de l'Encyclopédie devoit être complet avant qu'il en fût imprimé une seule ligne; on ne me donna que trois mois pour remplir ma tâche, et trois ans pouvoient me suffire à peine pour lire, extraire, comparer, et compiler les auteurs dont j'avois besoin : mais le zèle de l'amitié m'aveugla sur l'impossibilité du succès. Fidèle à ma parole, aux dépens de ma réputation, je fis vite et mal, ne pouvant bien faire en si peu de temps. Au bout de trois mois mon manuscrit entier fut écrit, mis au net, et livré. Je ne l'ai pas revu depuis. Si j'avois travaillé volume à volume comme les autres, cet essai, mieux digéré, eût pu rester dans l'état où je l'aurois mis. Je ne me repens pas d'avoir été exact, mais je me repens d'avoir été téméraire, et d'avoir plus promis que je ne pouvois exécuter.

Blessé de l'imperfection de mes articles, à mesure que les volumes de l'Encyclopédie paroissoient, je résolus de refondre le tout sur mon brouillon, et d'en faire à loisir un ouvrage à part traité avec plus de soin. J'étois, en recommençant ce travail, à portée de tous les secours nécessaires; vivant au milieu des artistes et des gens de lettres, je pouvois consulter les uns et les autres. M. l'abbé Sallier me fournissoit, de la Bibliothèque du Roi, les livres et manuscrits dont j'avois besoin, et souvent je tirois de ses entretiens des lumières plus sûres que de mes recherches. Je crois devoir à la mémoire de cet honnête et savant homme un tribut de reconnoissance que tous les gens de lettres qu'il a pu servir partageront sûrement avec moi.

Ma retraite à la campagne m'ôta toutes ces ressources au moment que je commençois d'en tirer parti. Ce n'est pas ici le lieu d'expliquer les raisons de cette retraite : on conçoit que, dans ma façon de penser, l'espoir de faire un bon livre sur la musique n'en étoit pas une pour me retenir. Éloigné des amusemens de la ville, je perdis bientôt les goûts qui s'y rapportoient; privé des communications qui pouvoient m'éclairer sur mon ancien objet, j'en perdis aussi toutes les vues; et soit que depuis ce temps l'art ou sa théorie aient fait des progrès, n'étant pas même à portée d'en rien savoir, je ne fus plus en état de les suivre. Convaincu cependant de l'utilité du travail que j'avois entrepris, je m'y remettois de temps à autre, mais toujours avec moins de succès, et toujours éprouvant que les difficultés d'un livre de cette espèce demandent pour les vaincre des lumières que je n'étois plus en état d'acquérir, et une chaleur d'intérêt que j'avois cessé d'y mettre. Enfin, désespérant d'être jamais à portée de mieux faire, et voulant quitter pour toujours des idées dont mon esprit s'éloigne de plus en plus, je me suis occupé, dans ces montagnes, à rassembler ce que j'avois fait à Paris et à Montmorency, et de cet amas indigeste est sortie l'espèce de dictionnaire qu'on voit ici.

Cet historique m'a paru nécessaire pour expliquer comment les circonstances m'ont forcé de donner en si mauvais état un livre que j'aurois pu mieux faire avec les secours dont je suis privé. Car j'ai toujours cru que le respect qu'on doit au public n'est pas de lui dire des fadeurs ; mais de ne lui rien dire que de vrai et d'utile, ou du moins qu'on ne juge tel ; de ne lui rien présenter sans y avoir donné tous les soins dont on est capable, et de croire qu'en faisant de son mieux, on ne fait jamais assez bien pour lui.

Je n'ai pas cru toutefois que l'état d'imperfection où j'étois forcé de laisser cet ouvrage dût m'empêcher de le publier, parce qu'un livre de cette espèce étant utile à l'art, il est infiniment plus aisé d'en faire un bon sur celui que je donne, que de commencer par tout créer. Les connoissances nécessaires pour cela ne sont peut-être pas fort grandes ; mais elles sont fort variées, et se trouvent rarement réunies dans la même tête. Ainsi mes compilations peuvent épargner beaucoup de travail à ceux qui sont en état d'y mettre l'ordre nécessaire ; et tel, marquant mes erreurs, peut faire un excellent livre, qui n'eût jamais rien fait de bon sans le mien.

J'avertis donc ceux qui ne veulent souffrir que des livres bien faits de ne pas entreprendre la lecture de celui-ci ; bientôt ils en seroient rebutés : mais pour ceux que le mal ne détourne pas du bien, ceux qui ne sont pas tellement occupés des fautes, qu'ils comptent pour rien ce qui les rachète ; ceux enfin qui voudront bien chercher ici de quoi compenser les miennes, y trouveront peut-être assez de bons articles pour tolérer les mauvais, et, dans les mauvais même, assez d'observations neuves et vraies pour valoir la peine d'être triées et choisies parmi le reste (*). Les musiciens lisent peu, et cependant je connois peu d'arts où la lecture et la réflexion soient plus nécessaires. J'ai pensé qu'un ouvrage de la forme de celui-ci seroit précisément celui qui leur convenoit, et que, pour le leur rendre aussi profitable qu'il étoit possible, il falloit moins y dire ce qu'ils savent que ce qu'ils auroient besoin d'apprendre.

Si les manœuvres et les croque-notes relèvent souvent ici des erreurs, j'espère que les vrais artistes et les hommes de génie y trouveront des vues utiles dont ils sauront bien tirer parti. Les meilleurs livres sont ceux que le vulgaire décrie, et dont les gens à talent profitent sans en parler.

Après avoir exposé les raisons de la médiocrité de l'ouvrage, et celles de l'utilité que j'estime qu'on peut en tirer, j'aurois maintenant à entrer dans le détail de l'ouvrage même, à donner un précis du plan que je me suis tracé, et de la manière dont j'ai tâché de le suivre. Mais à mesure que les idées qui s'y rapportent se sont effacées de mon esprit, le plan sur lequel je les arrangeois s'est de même effacé de ma mémoire. Mon premier projet étoit d'en traiter si relativement les articles, d'en lier si bien les suites par des renvois, que le tout, avec la commodité d'un dictionnaire, eût l'avantage d'un traité suivi : mais pour exécuter ce projet, il eût fallu me rendre sans cesse présentes toutes les parties de l'art, et n'en traiter aucune sans me rappeler les autres ; ce que le défaut de ressources et mon goût attiédi m'ont bientôt rendu impossible, et que j'eusse eu même bien de la peine à faire au milieu de mes premiers guides, et plein de ma première ferveur. Livré à moi seul, n'ayant plus ni savans ni livres à consulter ; forcé, par conséquent, de traiter chaque article en lui-même, et sans égard à ceux qui s'y rapportoient, pour éviter des lacunes j'ai dû faire bien des redites. Mais j'ai cru que dans un livre de l'espèce de celui-ci, c'étoit encore un moindre mal de commettre des fautes que de faire des omissions.

Je me suis donc attaché surtout à bien compléter le Vocabulaire, et non-seulement à n'omettre aucun terme technique, mais à passer plutôt quelquefois les limites de l'art, que de n'y pas toujours atteindre : et cela m'a mis dans la nécessité de parsemer souvent ce dictionnaire de mots italiens et de mots grecs : les uns, tellement consacrés par l'usage, qu'il faut les entendre même dans la pratique ; les autres, adoptés de même par les savans, et auxquels, vu la désuétude de ce qu'ils expriment, on n'a pas donné de synonymes en françois. J'ai tâché cepen-

(*) Dans une Lettre à de Lalande, du mois de mars 1768 (page 584 de ce volume), et dans le premier de ses *Dialogues*, Rousseau indique spécialement comme dignes d'une attention particulière et comme n'appartenant qu'à lui seul, les articles de ce Dictionnaire se rapportant aux mots *Accent*, *Consonnance*, *Dissonance*, *Expression*, *Fugue*, *Goût*, *Harmonie*, *Intervalle*, *Licence*, *Mode*, *Modulation*, *Opéra*, *Préparation*, *Récitatif*, *Son*, *Tempérament*, *Trio*, *Unité de mélodie*, *Voix*, et surtout l'article *Enharmonique*, dans lequel, dit-il, ce genre, jusqu'à présent très-mal entendu, est *mieux expliqué que dans aucun livre*. G. P.

dant de me renfermer dans ma règle, et d'éviter l'excès de Brossard, qui, donnant un dictionnaire françois, en fait le vocabulaire tout italien, et l'enfle de mots absolument étrangers à l'art qu'il traite. Car qui s'imaginera jamais que *la vierge, les apôtres, la messe, les morts,* soient des termes de musique, parce qu'il y a des musiques relatives à ce qu'ils expriment; que ces autres mots, *page, feuillet, quatre, cinq, gosier, raison, déjà,* soient aussi des termes techniques, parce qu'on s'en sert quelquefois en parlant de l'art?

Quant aux parties qui tiennent à l'art sans lui être essentielles, et qui ne sont pas absolument nécessaires à l'intelligence du reste, j'ai évité, autant que j'ai pu, d'y entrer. Telle est celle des instrumens de musique, partie vaste, et qui rempliroit seule un dictionnaire, surtout par rapport aux instrumens des anciens. M. Diderot s'étoit chargé de cette partie dans l'Encyclopédie; et comme elle n'entroit pas dans mon premier plan, je n'ai eu garde de l'y ajouter dans la suite, après avoir si bien senti la difficulté d'exécuter ce plan tel qu'il étoit.

J'ai traité la partie harmonique dans le système de la basse fondamentale, quoique ce système, imparfait et défectueux à tant d'égards, ne soit point, selon moi, celui de la nature et de la vérité, et qu'il en résulte un remplissage sourd et confus, plutôt qu'une bonne harmonie : mais c'est un système enfin; c'est le premier, et c'étoit le seul, jusqu'à celui de M. Tartini, où l'on ait lié par des principes ces multitudes de règles isolées qui sembloient toutes arbitraires, et qui faisoient de l'art harmonique une étude de mémoire plutôt que de raisonnement. Le système de M. Tartini quoique meilleur à mon avis, n'étant pas encore aussi généralement connu, et n'ayant pas, du moins en France, la même autorité que celui de M. Rameau, n'a pas dû lui être substitué dans un livre destiné principalement pour la nation françoise. Je me suis donc contenté d'exposer de mon mieux les principes de ce système dans un article de mon Dictionnaire; et du reste j'ai cru devoir cette déférence à la nation pour laquelle j'écrivois, de préférer son sentiment au mien sur le fond de la doctrine harmonique. Je n'ai pas dû cependant m'abstenir, dans l'occasion, des objections nécessaires à l'intelligence des articles que j'avois à traiter : c'eût été sacrifier l'utilité du livre au préjugé des lecteurs; c'eût été flatter sans instruire, et changer la déférence en lâcheté.

J'exhorte les artistes et les amateurs de lire ce livre sans défiance, et de le juger avec autant d'impartialité que j'en ai mis à l'écrire. Je les prie de considérer que, ne professant pas, je n'ai d'autre intérêt ici que celui de l'art : et, quand j'en aurois, je devrois naturellement appuyer en faveur de la musique françoise, où je puis tenir une place, contre l'italienne, où je ne puis être rien. Mais cherchant sincèrement le progrès d'un art que j'aimois passionnément, mon plaisir a fait taire ma vanité. Les premières habitudes m'ont long-temps attaché à la musique françoise, et j'en étois enthousiaste ouvertement. Des comparaisons attentives et impartiales m'ont entraîné vers la musique italienne, et je m'y suis livré avec la même bonne foi. Si quelquefois j'ai plaisanté, c'étoit pour répondre aux autres sur leur propre ton; mais je n'ai pas, comme eux, donné des bons mots pour toute preuve, et je n'ai plaisanté qu'après avoir raisonné. Maintenant que les malheurs et les maux m'ont enfin détaché d'un goût qui n'avoit pris sur moi que trop d'empire, je persiste, par le seul amour de la vérité, dans les jugemens que le seul amour de l'art m'avoit fait porter. Mais, dans un ouvrage comme celui-ci, consacré à la musique en général, je n'en connois qu'une, qui, n'étant d'aucun pays, est celle de tous; et je n'y suis jamais entré dans la querelle des deux musiques que quand il s'est agi d'éclaircir quelque point important au progrès commun. J'ai fait bien des fautes, sans doute, mais je suis assuré que la partialité ne m'en a pas fait commettre une seule. Si elle m'en fait imputer à tort par les lecteurs, qu'y puis-je faire? ce sont eux alors qui ne veulent pas que mon livre leur soit bon.

Si l'on a vu, dans d'autres ouvrages, quelques articles peu importans qui sont aussi dans celui-ci, ceux qui pourront faire cette remarque voudront bien se rappeler que, dès l'année 1750, le manuscrit est sorti de mes mains sans que je sache ce qu'il est devenu depuis ce temps-là. Je n'accuse personne d'avoir pris mes articles, mais il n'est pas juste que d'autres m'accusent d'avoir pris les leurs.

Motiers-Travers, le 20 décembre 1764.

AVERTISSEMENT.

Quand l'espèce grammaticale des mots pouvoit embarrasser quelque lecteur, on l'a désignée par les abréviations usitées : *v*, *n.*, VERBE NEUTRE; *s.*, *m.*, SUBSTANTIF MASCULIN, etc. On ne s'est pas asservi à cette spécification pour chaque article, parce que ce n'est pas ici un dictionnaire de langue. On a pris un soin plus nécessaire pour des mots qui ont plusieurs sens, en les distinguant par une lettre majuscule quand on les prend dans le sens technique, et par une petite lettre quand on les prend dans le sens du discours. Ainsi, ces mots, *air* et *Air mesure* et *Mesure*, *note* et *Note*, *temps* et *Temps*, *portée* et *Portée*, ne sont jamais équivoques, et le sens en est toujours déterminé par la manière de les écrire. Quelques autres sont plus embarrassans, comme *Ton*, qui a dans l'art deux acceptions toutes différentes. On a pris le parti de l'écrire en italique pour distinguer un intervalle, et en romain pour désigner une modulation. Au moyen de cette précaution, la phrase suivante, par exemple, n'a plus rien d'équivoque :

« Dans les Tons majeurs, l'intervalle de la Tonique à la Médiante est composé d'un *Ton* majeur et d'un *Ton* mineur (*). »

DICTIONNAIRE

DE MUSIQUE.

A

A *mi la*, A *la mi re*, ou simplement A, sixième son de la gamme diatonique et naturelle; lequel s'appelle autrement *la*. (Voyez Gamme.)

A battuta. (Voyez Mesuré.)

A livre ouvert, ou à l'ouverture du livre. (Voyez Livre.)

A tempo. (Voyez Mesuré.)

Académie de Musique. C'est ainsi qu'on appeloit autrefois en France, et qu'on appelle encore en Italie une assemblée de musiciens ou d'amateurs, à laquelle les François ont depuis donné le nom de *concert*. (Voyez Concert.)

Académie royale de Musique. C'est le titre que porte encore aujourd'hui l'Opéra de Paris. Je ne dirai rien ici de cet établissement célèbre, sinon que de toutes les académies du royaume et du monde, c'est assurément celle qui fait le plus de bruit. (Voyez Opéra.)

Accent. On appelle ainsi, selon l'acception la plus générale, toute modification de la voix parlante dans la durée ou dans le ton des syllabes et des mots dont le discours est composé; ce qui montre un rapport très-exact entre les deux usages des *accens* et les deux parties de la mélodie, savoir le rhythme et l'intonation. *Accentus*, dit le grammairien Sergius dans Donat, *quasi ad cantus*. Il y a autant d'*accens* différens qu'il y a de manières de modifier ainsi la voix; et il y a autant de genres d'*accens* qu'il y a de causes générales de ces modifications.

On distingue trois de ces genres dans le simple discours : savoir l'*accent* grammatical, qui renferme la règle des *accens* proprement dits, par lesquels le son des syllabes est grave ou aigu, et celle de la quantité, par laquelle chaque syllabe est brève ou longue; l'*accent* logique ou rationnel, que plusieurs confondent mal à propos avec le précédent : cette seconde sorte d'*accent*, indiquant le rapport, la connexion plus ou moins grande que les propositions et les idées ont entre elles, se marque en partie par la ponctuation; enfin l'*accent* pathétique ou oratoire, qui, par diverses inflexions de voix, par un ton plus ou moins élevé, par un parler plus vif ou plus lent, exprime les sentimens dont celui qui parle est agité, et les communique à ceux qui l'écoutent. L'étude de ces divers *accens* et de leurs effets dans la langue doit être la grande affaire du musicien; et Denys d'Halicarnasse regarde avec raison l'*accent* en général comme la semence de toute musique. Aussi devons-nous admettre pour une maxime incontestable que le plus ou moins d'*accent* est la vraie cause qui rend les langues plus ou moins musicales : car quel seroit le rapport de la musique au discours si les tons de la voix chantante n'imitoient les *accens* de la parole? D'où il suit que moins une langue a de pareils *accens*, plus la mélodie y doit être monotone, languissante et fade, à moins qu'elle ne cherche dans le bruit et la force des sons le charme qu'elle ne peut trouver dans leur variété.

(*) Tel est l'*Avertissement* mis en tête des deux éditions premières (in-4° et in-8°, 1768) de ce Dictionnaire, dans l'impression desquelles la règle qu'on annonce s'y être prescrite a été en effet rigoureusement suivie. Mais nous nous sommes bien convaincus qu'il ne résultoit autre chose de cette multiplication de majuscules qu'une bigarrure peu agréable à l'œil, et sans utilité réelle pour le lecteur, dont l'intelligence n'a jamais nul effort à faire pour distinguer le cas où les mots *note*, *temps*, *mesure*, etc., sont employés dans le sens technique, de celui où ils sont à prendre dans le sens communément adopté. Nous n'avons donc pas hésité à suivre, dans cette édition, et pour ce Dictionnaire comme pour tous les autres ouvrages dont elle se compose, l'usage généralement reçu relativement à l'emploi des majuscules. — Quant à la manière différente d'imprimer le mot *ton* suivant les deux acceptions qui lui sont propres dans l'art musical, on s'est conformé avec soin aux intentions de l'auteur, à la majuscule près qui n'a pas paru plus nécessaire pour ce mot-là que pour tous les autres. G. P.

Quant à l'*accent* pathétique et oratoire, qui est l'objet le plus immédiat de la musique imitative du théâtre, on ne doit pas opposer à la maxime que je viens d'établir que tous les hommes étant sujets aux mêmes passions doivent en avoir également le langage : car autre chose est l'*accent* universel de la nature, qui arrache à tout homme des cris inarticulés, et autre chose l'*accent* de la langue, qui engendre la mélodie particulière à une nation. La seule différence du plus ou moins d'imagination et de sensibilité qu'on remarque d'un peuple à l'autre en doit introduire une infinie dans l'idiome accentué, si j'ose parler ainsi. L'Allemand, par exemple, hausse également et fortement la voix dans la colère; il crie toujours sur le même ton. L'Italien, que mille mouvemens divers agitent rapidement et successivement dans le même cas, modifie sa voix de mille manières : le même fond de passion règne dans son âme; mais quelle variété d'expression dans ses *accens* et dans son langage ! Or, c'est à cette seule variété, quand le musicien sait l'imiter, qu'il doit l'énergie et la grâce de son chant.

Malheureusement tous ces *accens* divers, qui s'accordent parfaitement dans la bouche de l'orateur, ne sont pas si faciles à concilier sous la plume du musicien, déjà si gêné par les règles particulières de son art. On ne peut douter que la musique la plus parfaite ou du moins la plus expressive ne soit celle où tous les accens sont le plus exactement observés ; mais ce qui rend ce concours si difficile est que trop de règles dans cet art sont sujettes à se contrarier mutuellement, et se contrarient d'autant plus que la langue est moins musicale; car nulle ne l'est parfaitement : autrement ceux qui s'en servent chanteroient au lieu de parler.

Cette extrême difficulté de suivre à la fois les règles de tous les *accens* oblige donc souvent le compositeur à donner la préférence à l'une ou à l'autre, selon les divers genres de la musique qu'il traite. Ainsi les airs de danse exigent surtout un accent rhythmique et cadencé dont en chaque nation le caractère est déterminé par la langue. L'*accent* grammatical doit être le premier consulté dans le récitatif, pour rendre plus sensible l'articulation des mots, sujette à se perdre par la rapidité du débit dans la résonnance harmonique : mais l'*accent* passionné l'emporte à son tour dans les airs dramatiques; et tous deux y sont subordonnés, surtout dans la symphonie, à une troisième sorte d'*accent*, qu'on pourroit appeler musical, et qui est en quelque sorte déterminé par l'espèce de mélodie que le musicien veut approprier aux paroles.

En effet le premier et principal objet de toute musique est de plaire à l'oreille ; ainsi tout air doit avoir un chant agréable : voilà la première loi, qu'il n'est jamais permis d'enfreindre. L'on doit donc premièrement consulter la mélodie et l'*accent* musical dans le dessein d'un air quelconque ; ensuite, s'il est question d'un chant dramatique et imitatif, il faut chercher l'*accent* pathétique qui donne au sentiment son expression, et l'*accent* rationnel par lequel le musicien rend avec justesse les idées du poète ; car pour inspirer aux autres la chaleur dont nous sommes animés en leur parlant, il faut leur faire entendre ce que nous disons. L'*accent* grammatical est nécessaire par la même raison; et cette règle, pour être ici la dernière en ordre, n'est pas moins indispensable que les deux précédentes, puisque le sens des propositions et des phrases dépend absolument de celui des mots : mais le musicien qui sait sa langue a rarement besoin de songer à cet *accent;* il ne sauroit chanter son air sans s'apercevoir s'il parle bien ou mal, et il lui suffit de savoir qu'il doit toujours bien parler. Heureux toutefois quand une mélodie flexible et coulante ne cesse jamais de se prêter à ce qu'exige la langue ! Les musiciens françois ont en particulier des secours qui rendent sur ce point leurs erreurs impardonnables, et surtout le *Traité de la Prosodie françoise* de M. l'abbé d'Olivet, qu'ils devroient tous consulter. Ceux qui seront en état de s'élever plus haut pourront étudier la *Grammaire de Port-Royal*, et les savantes notes du philosophe qui l'a commentée; alors en appuyant l'usage sur les règles, et les règles sur les principes, ils seront toujours sûrs de ce qu'ils doivent faire dans l'emploi de l'*accent* grammatical de toute espèce.

Quant aux deux autres sortes d'*accens*, on peut moins les réduire en règles, et la pratique en demande moins d'étude et plus de talent.

On ne trouve point de sang-froid le langage

des passions, et c'est une vérité rebattue qu'il faut être ému soi-même pour émouvoir les autres. Rien ne peut donc suppléer, dans la recherche de l'*accent* pathétique, à ce génie qui réveille à volonté tous les sentimens ; et il n'y a d'autre art en cette partie que d'allumer en son propre cœur le feu qu'on veut porter dans celui des autres. (Voyez GÉNIE.) Est-il question de l'*accent* rationnel, l'art a tout aussi peu de prise pour le saisir, par la raison qu'on n'apprend point à entendre à des sourds. Il faut avouer aussi que cet *accent* est, moins que les autres, du ressort de la musique, parce qu'elle est bien plus le langage des sens que celui de l'esprit. Donnez donc au musicien beaucoup d'images ou de sentimens et peu de simples idées à rendre; car il n'y a que les passions qui chantent, l'entendement ne fait que parler.

ACCENT. Sorte d'agrément du chant françois, qui se notoit autrefois avec la musique, mais que les maîtres de goût du chant marquent aujourd'hui seulement avec du crayon jusqu'à ce que les écoliers sachent le placer d'eux-mêmes. L'*accent* ne se pratique que sur une syllabe longue, et sert de passage d'une note appuyée à une autre note non appuyée, placée sur le même degré; *il consiste* en un coup de gosier qui élève le son d'un degré, pour reprendre à l'instant sur la note suivante le même son d'où l'on est parti. Plusieurs donnoient le nom de *plainte* à *l'accent*. (Voyez le signe et l'effet de l'*accent*, *Planche* B, *figure* 13.)

ACCENS. Les poètes emploient souvent ce mot au pluriel pour signifier le chant même, et l'accompagnent ordinairement d'une épithète, comme *doux*, *tendres*, *tristes accens* : alors ce mot reprend exactement le sens de sa racine; car il vient de *canere*, *cantus*, d'où l'on a fait *accentus*, comme *concentus*.

ACCIDENT, ACCIDENTEL. On appelle *accidens* ou *signes accidentels* les bémols, dièses ou bécarres qui se trouvent par accident dans le courant d'un air, et qui par conséquent n'étant pas à la clef ne se rapportent pas au mode ou ton principal. (Voyez DIÈSE, BÉMOL, TON, MODE, CLEF TRANSPOSÉE.)

On appelle aussi *lignes accidentelles* celles qu'on ajoute au-dessus ou au-dessous de la portée pour placer les notes qui passent son étendue. (Voyez LIGNE, PORTÉE.)

ACCOLADE. Trait perpendiculaire aux lignes, tiré à la marge d'une partition, et par lequel on joint ensemble les portées de toutes les parties. Comme toutes ces parties doivent s'exécuter en même temps, on compte les lignes d'une partition, non par les portées, mais par les *accolades*, et tout ce qui est compris sous une *Accolade* ne forme qu'une seule ligne. (Voyez PARTITION.)

ACCOMPAGNATEUR. Celui qui dans un concert accompagne de l'orgue, du clavecin, ou de tout autre instrument d'accompagnement. (Voyez ACCOMPAGNEMENT.)

Il faut qu'un bon *accompagnateur* soit grand musicien, qu'il sache à fond l'harmonie, qu'il connoisse bien son clavier, qu'il ait l'oreille sensible, les doigts souples, et le goût sûr.

C'est à l'*accompagnateur* de donner le ton aux voix et le mouvement à l'orchestre. La première de ces fonctions exige qu'il ait toujours sous un doigt la note du chant pour la refrapper au besoin, et soutenir ou remettre la voix quand elle foiblit ou s'égare. La seconde exige qu'il marque la basse et son accompagnement par des coups fermes, égaux, détachés, et bien réglés à tous égards, afin de bien faire sentir la mesure aux concertans, surtout au commencement des airs.

On trouvera dans les trois articles suivans les détails qui peuvent manquer à celui-ci.

ACCOMPAGNEMENT. C'est l'exécution d'une harmonie complète et régulière sur un instrument propre à la rendre, tel que l'orgue, le clavecin, le téorbe, la guitare, etc. Nous prendrons ici le clavecin pour exemple, d'autant plus qu'il est presque le seul instrument qui soit demeuré en usage pour l'*accompagnement*.

On y a pour guide une des parties de la musique, qui est ordinairement la basse. On touche cette basse de la main gauche, et de la droite l'harmonie indiquée par la marche de la basse, par le chant des autres parties qui marchent en même temps, par la partition qu'on a devant les yeux, ou par les chiffres qu'on trouve ajoutés à la basse. Les Italiens méprisent les chiffres; la partition même leur est peu nécessaire; la promptitude et la finesse de leur oreille y supplée, et ils accompagnent fort bien sans tout cet appareil. Mais ce n'est qu'à leur disposition naturelle qu'ils sont redevables de cette facilité, et les autres peuples, qui ne sont pas nés comme eux pour la musique, trouvent à la pratique de l'*accompagnement* des obstacles presque insurmontables : il faut des huit et dix années pour y réussir passablement. Quelles sont donc les causes qui retardent ainsi l'avancement des élèves et embarrassent si longtemps les maîtres, si la seule difficulté de l'art ne fait point cela?

Il y en a deux principales : l'une dans la manière de chiffrer les basses; l'autre, dans la méthode de l'*accompagnement*. Parlons d'abord de la première.

Les signes dont on se sert pour chiffrer les basses sont en trop grand nombre: il y a si peu d'accords fondamentaux ! pourquoi faut-il tant de chiffres pour les exprimer? Ces mêmes signes sont équivoques, obscurs, insuffisans : par exemple, ils ne déterminent presque jamais l'espèce des intervalles qu'ils expriment, ou, qui pis est, ils en indiquent d'une autre espèce. On barre les uns, pour marquer des dièses; on en barre d'autres, pour marquer des bémols : les intervalles majeurs et les superflus, même les diminués, s'expriment souvent de la même manière : quand les chiffres sont doubles, ils sont trop confus; quand ils sont simples, ils n'offrent presque jamais que l'idée d'un seul intervalle; de sorte qu'on en a toujours plusieurs à sous-entendre et à déterminer.

Comment remédier à ces inconvéniens? Faudra-t-il multiplier les signes pour tout exprimer? mais on se plaint qu'il y en a déjà trop. Faudra-t-il les réduire? on laissera plus de choses à deviner à l'accompagnateur, qui n'est déjà que trop occupé; et dès qu'on fait tant que d'employer des chiffres, il faut qu'ils puissent tout dire. Que faire donc? Inventer de nouveaux signes, perfectionner le doigter, et faire des signes et du doigter deux moyens combinés qui concourent à soulager l'accompagnateur. C'est ce que M. Rameau a tenté avec beaucoup de sagacité dans sa Dissertation sur les différentes méthodes d'accompagnement. Nous exposerons aux mots *chiffres* et *doigter* les moyens qu'il propose. Passons aux méthodes.

Comme l'ancienne musique n'étoit pas si composée que la nôtre ni pour le chant ni pour l'harmonie, et qu'il n'y avoit guère d'autre basse que la fondamentale, tout l'*accompagnement* ne consistoit qu'en une suite d'accords parfaits, dans lesquels l'accompagnateur substituoit de temps en temps quelque sixte à la quinte, selon que l'oreille le conduisoit : ils n'en savoient pas davantage. Aujourd'hui qu'on a varié les modulations, renversé les parties, surchargé, peut-être gâté l'harmonie par des foules de dissonances, on est contraint de suivre d'autres règles. Campion imagina, dit-on, celle qu'on appelle règle de l'octave (voyez Règle de l'octave); et c'est par cette méthode que la plupart des maîtres enseignent encore aujourd'hui l'*accompagnement*.

Les accords sont déterminés par la règle de l'octave relativement au rang qu'occupent les notes de la basse et à la marche qu'elles suivent dans un ton donné. Ainsi le ton étant connu, la note de la basse-continue aussi connue, le rang de cette note dans le ton, le rang de la note qui la précède immédiatement, et le rang de la note qui la suit, on ne se trompera pas beaucoup en accompagnant par la règle de l'octave, si le compositeur a suivi l'harmonie la plus simple et la plus naturelle : mais c'est ce qu'on ne doit guère attendre de la musique d'aujourd'hui, si ce n'est peut-être en Italie, où l'harmonie paroît se simplifier à mesure qu'elle s'altère ailleurs. De plus, le moyen d'avoir toutes ces choses incessamment présentes? et, tandis que l'accompagnateur s'en instruit, que deviennent les doigts? A peine atteint-on un accord qu'il s'en offre un autre, et le moment de la réflexion est précisément celui de l'exécution. Il n'y a qu'une habitude consommée de musique, une expérience réfléchie, la facilité de lire une ligne de musique d'un coup d'œil, qui puissent aider en ce moment : encore les plus habiles se trompent-ils avec ce secours. Que de fautes échappent, durant l'exécution, à l'accompagnateur le mieux exercé!

Attendra-t-on, même pour accompagner, que l'oreille soit formée, qu'on sache lire aisément et rapidement toute musique, qu'on puisse débrouiller à livre ouvert une partition? Mais, en fût-on là, on auroit encore besoin d'une habitude du doigter fondée sur d'autres principes d'*accompagnement* que ceux qu'on a donnés jusqu'à M. Rameau.

Les maîtres zélés ont bien senti l'insuffisance

de leurs règles : pour y suppléer ils ont eu recours à l'énumération et à la description des consonnances dont chaque dissonance se prépare, s'accompagne, et se sauve dans tous les différens cas : détail prodigieux que la multitude des dissonances et de leurs combinaisons fait assez sentir, et dont la mémoire demeure accablée.

Plusieurs conseillent d'apprendre la composition avant de passer à l'*accompagnement* : comme si l'*accompagnement* n'étoit pas la composition même, à l'invention près, qu'il faut de plus au compositeur ! c'est comme si l'on proposoit de commencer par se faire orateur pour apprendre à lire. Combien de gens, au contraire, veulent qu'on commence par l'*accompagnement* à apprendre la composition ! et cet ordre est assurément plus raisonnable et plus naturel.

La marche de la basse, la règle de l'octave, la manière de préparer et sauver les dissonances, la *composition en général, tout* cela ne concourt guère qu'à montrer la succession d'un accord à un autre ; de sorte qu'à chaque accord, nouvel objet, nouveau sujet de réflexion. Quel travail continuel ! quand l'esprit sera-t-il *assez instruit, quand l'oreille sera-t-elle* assez exercée, pour que les doigts ne soient plus arrêtés ?

Telles sont les difficultés que M. Rameau s'est proposé d'aplanir par ses nouveaux chiffres et par ses nouvelles règles d'*accompagnement*.

Je tâcherai d'exposer en peu de mots les principes sur lesquels sa méthode est fondée.

Il n'y a dans l'harmonie que des consonnances et des dissonances ; il n'y a donc que des accords consonnans et des accords dissonans.

Chacun de ces accords est fondamentalement divisé par tierces. (C'est le système de M. Rameau.) L'accord consonnant est composé de trois notes ; comme *ut mi sol;* et le dissonant de quatre, comme *sol si re fa ;* laissant à part la supposition et la suspension, qui, à la place des notes, dont elles exigent le retranchement, en introduisent d'autres comme par licence ; mais l'*accompagnement* n'en porte toujours que quatre. (Voyez SUPPOSITION et SUSPENSION.)

Ou des accords consonnans se succèdent, ou des accords dissonans sont suivis d'autres accords dissonans, ou les consonnans et les dissonans sont entrelacés.

L'accord consonnant parfait ne convenant qu'à la tonique, la succession des accords consonnans fournit autant de toniques, et par conséquent autant de changemens de ton.

Les accords dissonans se succèdent ordinairement dans un même ton, si les sons n'y sont point altérés. La dissonance lie le sens harmonique, un accord y fait désirer l'autre, et sentir que la phrase n'est pas finie. Si le ton change dans cette succession, ce changement est toujours annoncé par une dièse ou par un bémol. Quant à la troisième succession, savoir l'entrelacement des accords consonnans et dissonans, M. Rameau la réduit à deux cas seulement ; et il prononce en général qu'un accord consonnant ne peut être immédiatement précédé d'aucun autre accord dissonant que celui de septième de la dominante-tonique, ou de celui de sixte-quinte de la sous-dominante, excepté dans la cadence rompue et dans les suspensions ; encore prétend-il qu'il n'y a pas d'exception quant au fond. Il me semble que l'accord parfait peut encore être précédé de l'accord de septième diminuée, et même de celui de sixte superflue; deux accords originaux, dont le dernier ne se renverse point.

Voilà donc trois textures différentes des phrases harmoniques : 1 des toniques qui se succèdent et forment autant de nouvelles modulations ; 2 des dissonances qui se succèdent ordinairement dans le même ton ; 3 enfin des consonnances et des dissonances qui s'entrelacent, et où la consonnance est, selon M. Rameau, nécessairement précédée de la septième de la dominante, ou de la sixte-quinte de la sous-dominante. Que reste-t-il donc à faire pour la facilité de l'*accompagnement*, sinon d'indiquer à l'accompagnateur quelle est celle de ces textures qui règne dans ce qu'il accompagne? Or, c'est ce que M. Rameau veut qu'on exécute avec des caractères de son invention.

Un seul signe peut aisément indiquer le ton, la tonique, et son accord.

De là se tire la connoissance des dièses et des bémols qui doivent entrer dans la composition des accords d'une tonique à une autre.

La succession fondamentale par tierces ou par quintes, tant en montant qu'en descendant, donne la première texture des phrases harmoniques, toute composée d'accords consonnans.

La succession fondamentale par quintes ou par tierces, en descendant, donne la seconde texture, composée d'accords dissonans, savoir des accords de septième; et cette succession donne une harmonie descendante.

L'harmonie ascendante est fournie par une succession de quintes en montant ou de quartes en descendant, accompagnées de la dissonance propre à cette succession, qui est la sixte-ajoutée; et c'est la troisième texture des phrases harmoniques. Cette dernière n'avoit jusqu'ici été observée par personne, pas même par M. Rameau, quoiqu'il en ait découvert le principe dans la cadence qu'il appelle *irrégulière*. Ainsi, par les règles ordinaires, l'harmonie, qui naît d'une succession de dissonances, descend toujours, quoique, selon les vrais principes et selon la raison, elle doive avoir en montant une progression tout aussi régulière qu'en descendant.

Les cadences fondamentales donnent la quatrième texture de phrases harmoniques, où les consonnances et les dissonances s'entrelacent.

Toutes ces textures peuvent être indiquées par des caractères simples, clairs, peu nombreux, qui puissent en même temps indiquer quand il le faut la dissonance en général; car l'espèce en est toujours déterminée par la texture même. On commence par s'exercer sur ces textures prises séparément; puis on les fait succéder les unes aux autres sur chaque ton et sur chaque mode successivement.

Avec ces précautions, M. Rameau prétend qu'on apprend plus d'accompagnement en six mois qu'on n'en apprenoit auparavant en six ans, et il a l'expérience pour lui. (Voyez CHIFFRES et DOIGTER.)

A l'égard de la manière d'accompagner avec intelligence, comme elle dépend plus de l'usage et du goût que des règles qu'on en peut donner, je me contenterai de faire ici quelques observations générales que ne doit ignorer aucun accompagnateur.

I. Quoique dans les principes de M. Rameau l'on doive toucher tous les sons de chaque accord, il faut bien se garder de prendre toujours cette règle à la lettre. Il y a des accords qui seroient insupportables avec tout ce remplissage. Dans la plupart des accords dissonans, surtout dans les accords par supposition, il y a quelque son à retrancher pour en diminuer la dureté: ce son est quelquefois la septième, quelquefois la quinte; quelquefois l'une et l'autre se retranchent. On retranche encore assez souvent la quinte ou l'octave de la basse dans les accords dissonans, pour éviter des octaves ou des quintes de suite qui peuvent faire un mauvais effet, surtout aux extrémités. Par la même raison, quand la note sensible est dans la basse, on ne la met pas dans l'*accompagnement;* et l'on double au lieu de cela la tierce ou la sixte de la main droite. On doit éviter aussi les intervalles de seconde, et d'avoir deux doigts joints, car cela fait une dissonance fort dure, qu'il faut garder pour quelques occasions où l'expression la demande. En général on doit penser en accompagnant que, quand M. Rameau veut qu'on remplisse tous les accords, il a bien plus d'égard à la mécanique des doigts et à son système particulier d'*accompagnement*, qu'à la pureté de l'harmonie. Au lieu du bruit confus que fait un pareil *accompagnement*, il faut chercher à le rendre agréable et sonore, et faire qu'il nourrisse et renforce la basse, au lieu de la couvrir et de l'étouffer.

Que si l'on demande comment ce retranchement de sons s'accorde avec la définition de l'*accompagnement* par une harmonie complète, je réponds que ces retranchemens ne sont, dans le vrai, qu'hypothétiques et seulement dans le système de M. Rameau; que, suivant la nature, ces accords, en apparence ainsi mutilés, ne sont pas moins complets que les autres, puisque les sons qu'on y suppose ici retranchés les rendroient choquans et souvent insupportables; qu'en effet les accords dissonans ne sont point remplis dans le système de M. Tartini comme dans celui de M. Rameau; que par conséquent des accords défectueux dans celui-ci sont complets dans l'autre; qu'enfin le bon goût dans l'exécution demandant qu'on s'écarte souvent de la règle générale, et l'*accompagnement* le plus régulier n'étant pas toujours le plus agréable, la définition doit dire la règle, et l'usage apprendre quand on s'en doit écarter.

II. On doit toujours proportionner le bruit de l'*accompagnement* au caractère de la musique et à celui des instrumens ou des voix que l'on doit accompagner. Ainsi dans un chœur on frappe de la main droite les accords pleins; de la gauche on redouble l'octave ou la quinte, quelquefois tout l'accord. On en doit faire autant dans le récitatif italien; car les sons de la basse, n'y étant pas soutenus, ne doivent se faire entendre qu'avec toute leur harmonie, et de manière à rappeler fortement et pour longtemps l'idée de la modulation. Au contraire, dans un air lent et doux, quand on n'a qu'une voix foible ou un seul instrument à accompagner, on retranche des sons, on arpége doucement, on prend le petit clavier. En un mot, on a toujours attention que l'*accompagnement*, qui n'est fait que pour soutenir et embellir le chant, ne le gâte et ne le couvre pas.

III. Quand on frappe les mêmes touches pour prolonger le son dans une note longue ou une tenue, que ce soit plutôt au commencement de la mesure ou du temps fort, que dans un autre moment : on ne doit rebattre qu'en marquant bien la mesure. Dans le récitatif italien, quelque durée que puisse avoir une note de basse, il ne faut jamais la frapper qu'une fois et fortement avec tout son accord; on refrappe seulement l'accord quand il change sur la même note : mais quand un accompagnement de violons règne sur le récitatif, alors il faut soutenir la basse et en arpéger l'accord.

IV. Quand on accompagne de la musique vocale, on doit par l'*accompagnement* soutenir la voix, la guider, lui donner le ton à toutes les rentrées, et l'y remettre quand elle détonne : l'accompagnateur, ayant toujours le chant sous les yeux et l'harmonie présente à l'esprit, est chargé spécialement d'empêcher que la voix ne s'égare. (Voyez ACCOMPAGNATEUR.)

V. On ne doit pas accompagner de la même manière la musique italienne et la françoise. Dans celle-ci, il faut soutenir les sons, les arpéger gracieusement et continuellement de bas en haut, remplir toujours l'harmonie autant qu'il se peut, jouer proprement la basse, en un mot se prêter à tout ce qu'exige le genre. Au contraire, en accompagnant de l'italien, il faut frapper simplement et détacher les notes de la basse, n'y faire ni trilles ni agrémens, lui conserver la marche égale et simple qui lui convient: l'*accompagnement* doit être plein, sec et sans arpéger, excepté le cas dont j'ai parlé numéro III, et quelques tenues ou points-d'orgue. On y peut sans scrupule retrancher des sons; mais alors il faut bien choisir ceux qu'on fait entendre, en sorte qu'ils se fondent dans l'harmonie et se marient bien avec la voix. Les Italiens ne veulent pas qu'on entende rien dans l'*accompagnement* ni dans la basse qui puisse distraire un moment l'oreille du chant; et leurs *accompagnemens* sont toujours dirigés sur ce principe, que le plaisir et l'attention s'évaporent en se partageant.

VI. Quoique l'*accompagnement* de l'orgue soit le même que celui du clavecin, le goût en est très-différent. Comme les sons de l'orgue sont soutenus, la marche en doit être plus liée et moins sautillante : il faut lever la main entière le moins qu'il se peut, glisser les doigts d'une touche à l'autre, sans ôter ceux qui, dans la place où ils sont, peuvent servir à l'accord où l'on passe. Rien n'est si désagréable que d'entendre hacher sur l'orgue cette espèce d'*accompagnement* sec, arpégé, qu'on est forcé de pratiquer sur le clavecin. (Voyez le mot DOIGTER.) En général, l'orgue, cet instrument si sonore et si majestueux, ne s'associe avec aucun autre, et ne fait qu'un mauvais effet dans l'*accompagnement*, si ce n'est tout au plus pour fortifier les rippienes et les chœurs.

M. Rameau, dans ses *Erreurs sur la musique*, vient d'établir ou du moins d'avancer un nouveau principe dont il me censure fort de n'avoir pas parlé dans l'Encyclopédie; savoir que l'*accompagnement représente le corps sonore*. Comme j'examine ce principe dans un autre écrit, je me dispenserai d'en parler dans cet article qui n'est déjà que trop long. Mes disputes avec M. Rameau sont les choses du monde les plus inutiles au progrès de l'art, et par conséquent au but de ce Dictionnaire.

ACCOMPAGNEMENT est encore toute partie de basse ou d'autre instrument, qui est composée sous un chant pour y faire harmonie. Ainsi un *solo* de violon s'accompagne du violoncelle ou du clavecin, et un *accompagnement* de flûte se marie fort bien avec la voix. L'harmonie de l'*accompagnement* ajoute à l'agrément du chant, en rendant les sons plus sûrs, leur effet plus doux, la modulation plus sensible, et portant à l'oreille un témoignage de justesse qui la flatte. Il y a même, par rapport aux voix, une forte raison de les faire toujours accompagner de quelque instrument, soit en partie, soit à l'unisson; car quoique plusieurs prétendent qu'en chantant la voix se modifie naturellement selon les lois du tempérament (voyez TEMPÉRAMENT), cependant l'expérience nous dit que les voix les plus justes et les mieux exercées ont bien de la peine à se maintenir long-temps dans la justesse du ton, quand rien ne les y soutient. A force de chanter on monte ou l'on descend insensiblement; et il est très-rare qu'on se trouve exactement en finissant dans le ton d'où l'on étoit parti. C'est pour empêcher ces variations que l'harmonie d'un instrument est employée; elle maintient la voix dans le même diapason, ou l'y rappelle aussitôt quand elle s'égare. La basse est de toutes les parties la plus propre à l'*accompagnement*, celle qui soutient le mieux la voix, et satisfait le plus l'oreille, parce qu'il n'y en a point dont les vibrations soient si fortes, si déterminantes, ni qui laisse moins d'équivoque dans le jugement de l'harmonie fondamentale.

ACCOMPAGNER, *v. a.* et *n.* C'est en général jouer les parties d'accompagnement dans l'exécution d'un morceau de musique; c'est plus particulièrement, sur un instrument convenable, frapper avec chaque note de la basse les accords qu'elle doit porter, et qui s'appellent l'accompagnement. J'ai suffisamment expliqué dans les précédens articles en quoi consiste cet accompagnement. J'ajouterai seulement que ce mot même avertit celui qui *accompagne* dans un concert qu'il n'est chargé que d'une partie accessoire, qu'il ne doit s'attacher qu'à en faire valoir d'autres, que sitôt qu'il a la moindre prétention pour lui-même, il gâte l'exécution, et impatiente à la fois les concertans et les auditeurs; plus il croit se faire admirer, plus il se rend ridicule; et sitôt qu'à force de bruit ou d'ornemens déplacés il détourne à soi l'attention due à la partie principale, tout ce qu'il montre de talent et d'exécution montre à la fois sa vanité et son mauvais goût. Pour *accompagner* avec intelligence et avec applaudissement, il ne faut songer qu'à soutenir et faire valoir les parties essentielles, et c'est exécuter fort habilement la sienne que d'en faire sentir l'effet sans la laisser remarquer.

ACCORD, *s. m.* Union de deux ou plusieurs sons rendus à la fois, et formant ensemble un tout harmonique.

L'harmonie naturelle produite par la résonnance d'un corps sonore est composée de trois sons différens, sans compter leurs octaves, lesquels forment entre eux l'*accord* le plus agréable et le plus parfait que l'on puisse entendre: d'où on l'appelle par excellence, *accord parfait*. Ainsi pour rendre complète l'harmonie, il faut que chaque *accord* soit au moins composé de trois sons. Aussi les musiciens trouvent-ils dans le trio la perfection harmonique, soit parce qu'ils y emploient les *accords* en entier, soit parce que, dans les occasions où ils ne les emploient pas en entier, ils ont l'art de donner le change à l'oreille, et de lui persuader le contraire, en lui présentant les sons principaux des *accords* de manière à lui faire oublier les autres. (Voyez TRIO.) Cependant l'octave du son principal produisant de nouveaux rapports et de nouvelles consonnances par les complémens des intervalles (voyez COMPLÉMENT), on ajoute ordinairement cette octave pour avoir l'ensemble de toutes les consonnances dans un même *accord*. (Voyez CONSONNANCE.) De plus, l'addition de la dissonance (voyez DISSONANCE) produisant un quatrième son ajouté à l'*accord* parfait, c'est une nécessité, si l'on veut remplir l'*accord*, d'avoir une quatrième partie pour exprimer cette dissonance. Ainsi la suite des *accords* ne peut être complète et liée qu'au moyen de quatre parties.

On divise les *accords* en parfaits et imparfaits. L'*accord* parfait est celui dont nous venons de parler, lequel est composé du son fondamental au grave, de sa tierce, de sa quinte et de son octave: il se subdivise en majeur ou mineur, selon l'espèce de sa tierce. (Voyez MAJEUR, MINEUR.) Quelques auteurs donnent aussi le nom de *parfaits* à tous les *accords*, même dissonans, dont le son fondamental est au grave. Les *accords* imparfaits sont ceux où règne la sixte au lieu de la quinte, et en général tous ceux où le son grave n'est pas le fondamental. Ces dénominations, qui ont été données avant que l'on connût la basse fondamentale, sont fort mal appliquées: celles d'*accords* directs ou renversés sont beaucoup plus convenable dans le même sens. (Voyez RENVERSEMENT.

Les *accords* se divisent encore en consonnans et dissonans. Les *accords* consonnans sont l'*accord* parfait et ses dérivés : tout autre *accord* est dissonant. Je vais donner une table des uns et des autres selon le système de M. Rameau.

TABLE DE TOUS LES ACCORDS

REÇUS DANS L'HARMONIE.

ACCORDS FONDAMENTAUX.

ACCORD PARFAIT, ET SES DÉRIVÉS.

Le son fondamental au grave.	Sa tierce au grave.	Sa quinte au grave.

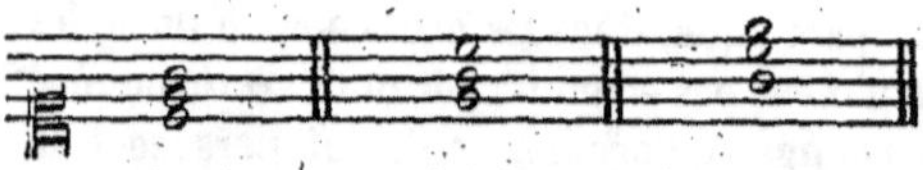

Accord parfait.	Accord de sixte.	Accord de sixte quarte.

Cet *accord* constitue le ton, et ne se fait que sur la tonique : sa tierce peut être majeure ou mineure, et c'est elle qui constitue le mode.

ACCORD SENSIBLE OU DOMINANT, ET SES DÉRIVÉS.

Le son fondamental au grave.	Sa tierce au grave.	Sa quinte au grave.	Sa septième au grave.

Accord sensible.	De fausse-quinte.	De petite-sixte majeure.	De triton.

Aucun des sons de cet *accord* ne peut s'altérer.

ACCORD DE SEPTIÈME, ET SES DÉRIVÉS.

Le son fondamental au grave.	Sa tierce au grave.	Sa quinte au grave.	Sa septième au grave.

Accord de septième.	De grande-sixte.	De petite-sixte mineure.	De seconde.

La tierce, la quinte et la septième peuvent s'altérer dans cet *accord*.

ACCORD DE SEPTIÈME DIMINUÉE, ET SES DÉRIVÉS.

Le son fondamental au grave.	Sa tierce au grave.	Sa quinte au grave.	Sa septième au grave.

Accord de septième diminuée.	De sixte majeure, et fausse-quinte.	De tierce mineure, et triton.	De seconde superflue.

Aucun des sons de cet *accord* ne peut s'altérer.

ACCORD DE SIXTE AJOUTÉE, ET SES DÉRIVÉS.

Le son fondamental au grave.	Sa tierce au grave.	Sa quinte au grave.	Sa sixte au grave.

Accord de sixte ajoutée.	De petite-sixte ajoutée.	De seconde ajoutée.	De septième ajoutée.

Je joins ici partout le mot *ajoutée* pour distinguer cet *accord* et ses renversés des productions semblables de l'*accord* de septième.

Ce dernier renversement de septième ajoutée n'est pas admis par M. Rameau ; parce que ce renversement forme un *accord* de septième, et que l'*accord* de septième est fondamental. Cette raison paroît peu solide. Il ne faudroit donc pas non plus admettre la grande-sixte comme un renversement, puisque, dans les propres principes de M. Rameau, ce même *accord* est souvent fondamental. Mais la pratique des plus grands musiciens, et la siennemême, dément l'exclusion qu'il voudroit établir.

ACCORD DE SIXTE SUPERFLUE.

Cet *accord* ne se renverse point, et aucun de ses sons ne peut s'altérer. Ce n'est proprement qu'un *accord* de petite-sixte majeure, diésée par accident, et dans lequel on substitue quelquefois la quinte à la quarte.

ACCORDS PAR SUPPOSITION.

(Voyez SUPPOSITION.)

ACCORD DE NEUVIÈME, ET SES DÉRIVÉS.

Le son supposé au grave.	Le son fondamental au grave.	Sa tierce au grave.	Sa septième au grave.

Accord de neuvième.	De septième, et sixte.	De sixte-quarte, et quinte.	De septième, et seconde.

C'est un *accord* de septième auquel on ajoute un cinquième son à la tierce au-dessous du fondamental.

On retranche ordinairement la septième, c'est-à-dire la quinte du son fondamental, qui est ici la note marquée en noir ; dans cet état l'*accord* de neuvième peut se renverser en retranchant encore de l'accompagnement l'octave de la note qu'on porte à la basse.

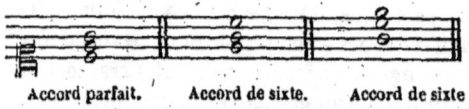

ACCORD DE QUINTE SUPERFLUE.

C'est l'*accord* sensible d'un ton mineur au-dessous duquel on fait entendre la médiante; ainsi c'est un véritable *accord* de neuvième; mais il ne se renverse point, à cause de la quarte diminuée que donneroit avec la note sensible le son supposé porté à l'aigu, laquelle quarte est un intervalle banni de l'harmonie.

ACCORD D'ONZIÈME, OU QUARTE.

Le son supposé au grave. Id. en retranchant deux sons. Le son fondamental au grave. Sa septième au grave.

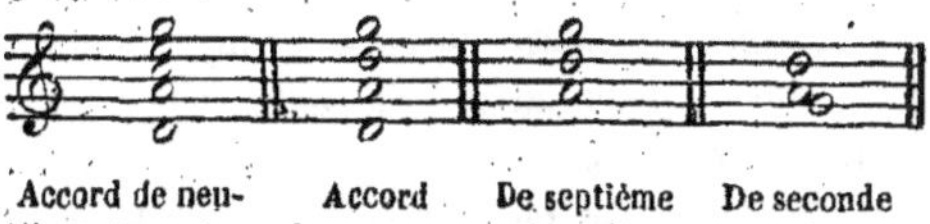

Accord de neuvième et quarte. Accord de quarte. De septième et quarte. De seconde et quinte.

C'est un accord de septième au-dessous duquel on ajoute un cinquième son à la quinte du fondamental. On ne frappe guère cet *accord* plein à cause de sa dureté; on en retranche ordinairement la neuvième et la septième, et pour le renverser, ce retranchement est indispensable.

ACCORD DE SEPTIÈME SUPERFLUE.

C'est l'*accord* dominant sous lequel la basse fait la tonique.

ACCORD DE SEPTIÈME SUPERFLUE, ET SIXTE MINEUR.

C'est l'*accord* de septième diminuée sur la note sensible, sous lequel la basse fait la tonique.

Ces deux derniers *accords* ne se renversent point, parce que la note sensible et la tonique s'entendroient ensemble dans les parties supérieures; ce qui ne peut se tolérer.

Quoique tous les *accords* soient pleins et complets dans cette table, comme il le falloit pour montrer tous leurs élémens, ce n'est pas à dire qu'il faille les employer tels; on ne le peut pas toujours et on le doit très-rarement. Quant aux sons qui doivent être préférés selon la place et l'usage des *accords*, c'est dans ce choix exquis et nécessaire que consiste le plus grand art du compositeur. (Voyez COMPOSITION, MÉLODIE, EFFET, EXPRESSION, etc.)

Nous parlerons, aux mots HARMONIE, BASSE-FONDAMENTALE, COMPOSITION, etc., de la manière d'employer tous ces *accords* pour en former une harmonie régulière. J'ajouterai seulement ici les observations suivantes.

I. C'est une grande erreur de penser que le choix des renversemens d'un même *accord* soit indifférent pour l'harmonie ou pour l'expression. Il n'y a pas un de ces renversemens qui n'ait son caractère propre. Tout le monde sent l'opposition qui se trouve entre la douceur de la fausse-quinte et l'aigreur du triton; et cependant l'un de ces intervalles est renversé de l'autre. Il en est de même de la septième diminuée et de la seconde superflue, de la seconde ordinaire et de la septième. Qui ne sait combien la quinte est plus sonore que la quarte? L'*accord* de grande-sixte et celui de petite-sixte mineure sont deux faces du même *accord* fondamental, mais de combien l'une n'est-elle pas plus harmonieuse que l'autre! L'*accord* de petite-sixte majeure, au contraire, n'est-il pas plus brillant que celui de la fausse-quinte? Et, pour ne parler que du plus simple de tous les *accords*, considérez la majesté de l'*accord* parfait, la douceur de l'*accord* de sixte, et la fadeur de celui de sixte-quarte, tous cependant composés des mêmes sons. En général, les intervalles superflus, les dièses dans le haut, sont propres par leur dureté à exprimer l'emportement, la colère et les passions aiguës : au contraire les bémols à l'aigu, et les intervalles diminués forment une harmonie plaintive qui attendrit le cœur. C'est une multitude d'observations semblables qui, lorsqu'un habile musicien sait s'en prévaloir, le rendent maître des affections de ceux qui l'écoutent.

II. Le choix des intervalles simples n'est guère moins important que celui des *accords* pour la place où l'on doit les employer. C'est par exemple, dans le bas qu'il faut placer les quintes et les octaves par préférence; dans le haut les tierces et les sixtes. Transposez cet ordre, vous gâterez l'harmonie en laissant les mêmes *accords*.

III. Enfin, l'on rend les *accords* plus harmonieux encore en les rapprochant par de petits intervalles plus convenables que les grands à la capacité de l'oreille. C'est ce qu'on appelle resserrer l'harmonie, et que si peu de musiciens savent pratiquer. Les bornes du diapason des voix sont une raison de plus pour resserrer les chœurs. On peut assurer qu'un chœur est mal fait lorsque les *accords* divergent, lorsque les parties crient, sortent de leur diapason, et sont si éloignées les unes des autres qu'elles semblent n'avoir plus de rapport entre elles.

On appelle encore *accord* l'état d'un instrument dont les sons fixes sont entre eux dans toute la justesse qu'ils doivent avoir. On dit en ce sens qu'un instrument est d'*accord*, qu'il n'est pas d'*accord*, qu'il garde ou ne garde pas son *accord*. La même expression s'emploie pour deux voix qui chantent ensemble, pour deux sons qui se font entendre à la fois, soit à l'unisson, soit en contre-parties.

Accord dissonant, Faux accord, Accord faux, sont autant de différentes choses qu'il ne faut pas confondre. *Accord dissonant* est celui qui contient quelque dissonance; *accord faux*, celui dont les sons sont mal accordés et ne gardent pas entre eux la justesse des intervalles; *faux accord*, celui qui choque l'oreille, parce qu'il est mal composé, et que les sons, quoique justes, n'y forment pas un tout harmonique.

Accorder des instrumens, c'est tendre ou lâcher les cordes, allonger ou raccourcir les tuyaux, augmenter ou diminuer la masse du corps sonore, jusqu'à ce que toutes les parties de l'instrument soient au ton qu'elles doivent avoir.

Pour *accorder* un instrument, il faut d'abord fixer un son qui serve aux autres de terme de comparaison. C'est ce qu'on appelle prendre ou donner le ton. (Voyez Ton.) Ce son est ordinairement l'*ut* pour l'orgue et le clavecin, le *la* pour le violon et la basse, qui ont ce *la* sur une corde à vide et dans un *medium* propre à être aisément saisi par l'oreille.

A l'égard des flûtes, hautbois, bassons et autres instrumens à vent, ils ont leur ton à peu près fixé, qu'on ne peut guère changer qu'en changeant quelque pièce de l'instrument. On peut encore les allonger un peu à l'emboîture des pièces, ce qui baisse le ton de quelque chose; mais il doit nécessairement résulter des tons faux de ces variations, parce que la juste proportion est rompue entre la longueur totale de l'instrument et les distances d'un trou à l'autre.

Quand le ton est déterminé, on y fait rapporter tous les autres sons de l'instrument, lesquels doivent être fixés par l'accord selon les intervalles qui leur conviennent. L'orgue et le clavecin s'*accordent* par quintes jusqu'à ce que la partition soit faite, et par octaves pour le reste du clavier : la basse et le violon, par quintes; la viole et la guitare, par quartes et par tierces, etc. En général on choisit toujours des intervalles consonnans et harmonieux, afin que l'oreille en saisisse plus aisément la justesse.

Cette justesse des intervalles ne peut, dans la pratique, s'observer à toute rigueur, et pour qu'ils puissent tous s'*accorder* entre eux, il faut que chacun en particulier souffre quelque altération. Chaque espèce d'intrument a pour cela ses règles particulières et sa méthode d'*accorder*. (Voyez Tempérament.)

On observe que les instrumens dont on tire le son par inspiration, comme la flûte et le hautbois, montent insensiblement quand on a joué quelque temps; ce qui vient, selon quelques-uns, de l'humidité qui, sortant de la bouche avec l'air, les renfle et les raccourcit; ou plutôt, suivant la doctrine de M. Euler, c'est que la chaleur et la réfraction que l'air reçoit pendant l'inspiration rendent ses vibrations plus fréquentes, diminuent son poids, et, augmentant ainsi le poids relatif de l'atmosphère, rendent le son un peu plus aigu.

Quoi qu'il en soit de la cause, il faut, en *accordant* avoir égard à l'effet prochain, et forcer un peu le vent quand on donne ou reçoit le ton sur ces instrumens; car, pour rester d'accord durant le concert, ils doivent être un peu trop bas en commençant.

Accordeur, *s. m.* On appelle *accordeurs* d'orgue ou de clavecin ceux qui vont dans les églises ou dans les maisons accommoder et accorder ces instrumens, et qui, pour l'ordinaire, en sont aussi les facteurs.

Acoustique, *s. f.* Doctrine ou théorie des sons. (Voyez Son.) Ce mot est de l'invention de M. Sauveur, et vient du grec ἀκούω, j'entends.

L'*acoustique* est proprement la partie théorique de la musique; c'est elle qui donne ou doit donner les raisons du plaisir que nous font l'harmonie et le chant, qui détermine les rapports des intervalles harmoniques, qui découvre les affections ou propriétés des cordes vibrantes, etc. (Voyez CORDES, HARMONIE.)

Acoustique est aussi quelquefois adjectif : on dit l'organe *acoustique*, un phénomène *acoustique*, etc.

ACTE, *s. m.* Partie d'un opéra séparée d'une autre dans la représentation par un espace appelé entr'acte. (Voyez ENTR'ACTE.)

L'unité de temps et de lieu doit être aussi rigoureusement observée dans un *acte* d'opéra que dans une tragédie entière du genre ordinaire, et même plus à certains égards; car le poète ne doit point donner à un acte d'opéra une durée hypothétique plus longue que celle qu'il a réellement, parce qu'on ne peut supposer que ce qui se passe sous nos yeux dure plus long-temps que nous ne le voyons durer en effet; mais il dépend du musicien de précipiter ou ralentir l'action jusqu'à un certain point, pour augmenter la vraisemblance ou l'intérêt; liberté qui l'oblige à bien étudier la gradation des passions théâtrales, le temps qu'il faut pour les développer, celui où le progrès est au plus haut point, et celui où il convient de s'arrêter pour prévenir l'inattention, la langueur, l'épuisement du spectateur. Il n'est pas non plus permis de changer de décoration et de faire sauter le théâtre d'un lieu à un autre au milieu d'un *acte*, même dans le genre merveilleux, parce qu'un pareil saut choque la raison, la vérité, la vraisemblance, et détruit l'illusion, que la première loi du théâtre est de favoriser en tout. Quand donc l'action est interrompue par de tels changemens, le musicien ne peut savoir ni comment il les doit marquer, ni ce qu'il doit faire de son orchestre pendant qu'ils durent, à moins d'y représenter le même chaos qui règne alors sur la scène.

Quelquefois le premier *acte* d'un opéra ne tient point à l'action principale et ne lui sert que d'introduction : alors il s'appelle *prologue*. (Voyez ce mot.) Comme le prologue ne fait pas partie de la pièce, on ne le compte point dans le nombre des *actes* qu'elle contient, et qui est souvent de cinq dans les opéra françois, mais toujours de trois dans les italiens. (Voyez OPÉRA.)

ACTE DE CADENCE est un mouvement dans une des parties, et surtout dans la basse, qui oblige toutes les autres parties à concourir à former une cadence ou à l'éviter expressément. (Voyez CADENCE, ÉVITER.)

ACTEUR, *s. m.* Chanteur qui fait un rôle dans la représentation d'un opéra. Outre toutes les qualités qui doivent lui être communes avec l'*acteur* dramatique, il doit en avoir beaucoup de particulières pour réussir dans son art. Ainsi il ne suffit pas qu'il ait un bel organe pour la parole, s'il ne l'a tout aussi beau pour le chant; car il n'y a pas une telle liaison entre la voix parlante et la voix chantante, que la beauté de l'une suppose toujours celle de l'autre. Si l'on pardonne à un acteur le défaut de quelque qualité qu'il a pu se flatter d'acquérir, on ne peut lui pardonner d'oser se destiner au théâtre, destitué des qualités naturelles qui y sont nécessaires, telles entre autres que la voix dans un chanteur. Mais par ce mot *voix*, j'entends moins la force du timbre que l'étendue, la justesse et la flexibilité. Je pense qu'un théâtre dont l'objet est d'émouvoir le cœur par les chants doit être interdit à ces voix dures et bruyantes qui ne font qu'étourdir les oreilles; et que, quelque peu de voix que puisse avoir un *acteur*, s'il l'a juste, touchante, facile, et suffisamment étendue, il en a tout autant qu'il faut : il saura toujours bien se faire entendre, s'il sait se faire écouter.

Avec une voix convenable, l'*acteur* doit l'avoir cultivée par l'art; et quand sa voix n'en auroit pas besoin, il en auroit besoin lui-même pour saisir et rendre avec intelligence la partie musicale de ses rôles. Rien n'est plus insupportable et plus dégoûtant que de voir un héros, dans les transports des passions les plus vives, contraint et gêné dans son rôle, peiner, et s'assujettir en écolier qui répète mal sa leçon; montrer, au lieu des combats de l'amour et de la vertu, ceux d'un mauvais chanteur avec la mesure et l'orchestre, et plus incertain sur le ton que sur le parti qu'il doit prendre. Il n'y a ni chaleur, ni grâce sans facilité, et l'*acteur* dont le rôle lui coûte ne le rendra jamais bien.

Il ne suffit pas à l'*acteur* d'opéra d'être un excellent chanteur, s'il n'est encore un excellent pantomime; car il ne doit pas seulement faire sentir ce qu'il dit lui-même, mais aussi ce qu'il laisse dire à la symphonie. L'orchestre ne rend pas un sentiment qui ne doive sortir de son âme; ses pas, ses regards, son geste, tout doit s'accorder sans cesse avec la musique, sans pourtant qu'il paroisse y songer; il doit intéresser toujours, même en gardant le silence, et quoique occupé d'un rôle difficile, s'il laisse un instant oublier le personnage pour s'occuper du chanteur, ce n'est qu'un musicien sur la scène, il n'est plus *acteur*. Tel excella dans les autres parties, qui s'est fait siffler pour avoir négligé celle-ci. Il n'y a point d'*acteur* à qui l'on ne puisse à cet égard donner le célèbre *Chassé* pour modèle. Cet excellent pantomime, en mettant toujours son art au-dessus de lui et s'efforçant toujours d'y exceller, s'est ainsi mis lui-même fort au-dessus de ses confrères : acteur unique et homme estimable, il laissera l'admiration et le regret de ses talens aux amateurs de son théâtre, et un souvenir honorable de sa personne à tous les honnêtes gens.

ADAGIO, *adv*. Ce mot écrit à la tête d'un air désigne le second, du lent au vite, des cinq principaux degrés de mouvemens distingués dans la musique italienne. (Voyez MOUVEMENT.) *Adagio* est un adverbe italien, qui signifie *à l'aise, posément*, et c'est aussi de cette manière qu'il faut battre la mesure des airs auxquels il s'applique.

Le mot *adagio* se prend quelquefois substantivement, et s'applique par métaphore aux morceaux de musique dont il détermine le mouvement : il en est de même des autres mots semblables. Ainsi l'on dira, un *adagio* de Tartini, un *andante* de S.-Martino, un *allegro* de Locatelli, etc.

AFFETTUOSO, *adj. pris adverbialement*. Ce mot écrit à la tête d'un air indique un mouvement moyen entre l'*andante* et l'*adagio*, et dans le caractère du chant une expression affectueuse et douce.

AGOGÉ. Conduite. Une des subdivisions de l'ancienne mélopée, laquelle donne les règles de la marche du chant par degrés alternativement conjoints ou disjoints, soit en montant, soit en descendant. (Voyez MÉLOPÉE.)

Martianus Capella donne, après Aristide Quintilien, au mot *agogé*, un autre sens que j'expose au mot TIRADE.

AGRÉMENS DU CHANT. On appelle ainsi dans la musique françoise certains tours de gosier et autres ornemens affectés aux notes qui sont dans telle ou telle position, selon les règles prescrites par le goût du chant. (Voyez GOUT DU CHANT.)

Les principaux de ces *agrémens* sont l'ACCENT, le COULÉ, le FLATTÉ, le MARTELLEMENT, la CADENCE PLEINE, la CADENCE BRISÉE, et le PORT-DE-VOIX. (Voyez ces articles chacun en son lieu, et la *Planche* B, *figure* 13.)

AIGU, *adj*. Se dit d'un son perçant ou élevé par rapport à quelque autre son. (Voyez SON.)

En ce sens le mot *aigu* est opposé au mot *grave*. Plus les vibrations du corps sonore sont fréquentes, plus le son est *aigu*.

Les sons considérés sous les rapports d'*aigus* et de *graves* sont le sujet de l'harmonie. (Voyez HARMONIE, ACCORD.)

AJOUTÉE, ou *acquise*, ou *surnuméraire*, *adj. pris substantivement*. C'étoit dans la musique grecque la corde ou le son qu'ils appeloient PROSLAMBANOMENOS. (Voyez ce mot.)

Sixte ajoutée est une sixte qu'on ajoute à l'accord parfait, et de laquelle cet accord ainsi augmenté prend le nom. (Voyez ACCORD et SIXTE.)

AIR. Chant qu'on adapte aux paroles d'une chanson ou d'une petite pièce de poésie propre à être chantée, et par extension l'on appelle *air* la chanson même.

Dans les opéra l'on donne le nom d'*airs* à tous les chants mesurés, pour les distinguer du récitatif, et généralement on appelle *air* tout morceau complet de musique vocale ou instrumentale formant un chant, soit que ce morceau fasse lui seul une pièce entière, soit qu'on puisse le détacher du tout dont il fait partie, et l'exécuter séparément.

Si le sujet ou le chant est partagé en deux parties, l'*air* s'appelle *duo*; si en trois, *trio*, etc.

Saumaise croit que ce mot vient du latin *æra*; et Burette est de son sentiment, quoique Ménage le combatte dans ses étymologies de la langue françoise.

Les Romains avoient leurs signes pour le rhythme ainsi que les Grecs avoient les leurs, et ces signes, tirés aussi de leurs caractères, se nommoient non-seulement *numerus*, mais encore *æra*, c'est-à-dire nombre, ou la marque du nombre : *numeri nota*, dit Nonnius Marcellus. C'est en ce sens que le mot *æra* se trouve employé dans ce vers de Lucile :

Hæc est ratio? Perversa æra! Summa subducta improbè!

Et Sextus Rufus s'en est servi de même.

Or, quoique ce mot ne se prît originairement que pour le nombre ou la mesure du chant, dans la suite on en fit le même usage qu'on avoit fait du mot *numerus*, et l'on se servit du mot *æra* pour désigner le chant même ; d'où est venu, selon les deux auteurs cités, le mot françois *air*, et l'italien *aria* pris dans le même sens.

Les Grecs avoient plusieurs sortes d'*airs* qu'ils appeloient *nomes* ou *chansons*. (Voyez CHANSON.) Les nomes avoient chacun leur caractère et leur usage, et plusieurs étoient propres à quelque instrument particulier, à peu près comme ce que nous appelons aujourd'hui *pièces* ou *sonates*.

La musique moderne a diverses espèces d'*airs* qui conviennent chacune à quelque espèce de danse dont ces airs portent le nom. (Voyez MENUET, GAVOTTE, MUSETTE, PASSE-PIED, etc.)

Les *airs* de nos opéra sont, pour ainsi dire, la toile ou le fond sur quoi se peignent les tableaux de la musique imitative ; la mélodie est le dessin ; l'harmonie est le coloris ; tous les objets pittoresques de la belle nature, tous les sentimens réfléchis du cœur humain sont les modèles que l'artiste imite ; l'attention, l'intérêt, le charme de l'oreille, et l'émotion du cœur, sont la fin de ces imitations. (Voyez IMITATION.) Un air savant et agréable, un *air trouvé par le génie et composé par le goût*, est le chef-d'œuvre de la musique ; c'est là que se développe une belle voix, que brille une belle symphonie ; c'est là que la passion vient insensiblement émouvoir l'âme par le sens. Après un bel *air* on est satisfait, l'oreille ne désire plus rien ; il reste dans l'imagination, on l'emporte avec soi, on le répète à volonté ; sans pouvoir en rendre une seule note, on l'exécute dans son cerveau tel qu'on l'entendit au spectacle ; on voit la scène, l'acteur, le théâtre ; on entend l'accompagnement, l'applaudissement ; le véritable amateur ne perd jamais les beaux *airs* qu'il entendit en sa vie ; il fait recommencer l'opéra quand il veut.

Les paroles des *airs* ne vont point toujours de suite, ne se débitent point comme celles du récitatif, quoique assez courtes pour l'ordinaire ; elles se coupent, se répètent, se transposent au gré du compositeur : elles ne font pas une narration qui passe ; elles peignent ou un tableau qu'il faut voir sous divers points de vue, ou un sentiment dans lequel le cœur se complaît, duquel il ne peut, pour ainsi dire, se détacher, et les différentes phrases de l'*air* ne sont qu'autant de manières d'envisager la même image. Voilà pourquoi le sujet doit être un. C'est par ces répétitions bien entendues, c'est par ces coups redoublés qu'une expression qui d'abord n'a pu vous émouvoir, vous ébranle enfin, vous agite, vous transporte hors de vous ; et c'est encore par le même principe que les roulades qui, dans les *airs* pathétiques, paroissent si déplacées, ne le sont pourtant pas toujours : le cœur, pressé d'un sentiment très-vif, l'exprime souvent par des sons inarticulés plus vivement que par des paroles. (Voyez NEUME.)

La forme des *airs* est de deux espèces. Les petits *airs* sont ordinairement composés de deux reprises qu'on chante chacune deux fois ; mais les grands *airs* d'opéra sont le plus souvent en rondeau. (Voyez RONDEAU.)

AL SEGNO. Ces mots écrits à la fin d'un *air* en rondeau, marquent qu'il faut reprendre la première partie non tout-à-fait au commencement, mais à l'endroit où est marqué le renvoi.

ALLA BREVE. Terme italien qui marque une sorte de mesure à deux temps fort vive, et qui se note pourtant avec une ronde ou semi-brève *par temps. Elle n'est plus guère d'usage* qu'en Italie, et seulement dans la musique d'église. Elle répond assez à ce qu'on appeloit en France du *gros-fa*.

ALLA ZOPPA. Terme italien qui annonce un mouvement contraint et syncopant entre deux temps sans syncoper entre deux mesures ; ce qui donne aux notes une marche inégale et comme boiteuse. C'est un avertissement que cette même marche continue ainsi jusqu'à la fin de l'air.

ALLEGRO, *adj. pris adverbialement.* Ce mot

italien, écrit à la tête d'un air, indique, du vite au lent, le second des cinq principaux degrés de mouvement distingués dans la musique italienne. *Allegro* signifie *gai* ; et c'est aussi l'indication d'un mouvement gai, le plus vif de tous après le *presto*. Mais il ne faut pas croire pour cela que ce mouvement ne soit propre qu'à des sujets gais ; il s'applique souvent à des transports de fureur, d'emportement et de désespoir, qui n'ont rien moins que de la gaîté. (Voyez MOUVEMENT.)

Le diminutf *allegretto* indique une gaîté plus modérée, un peu moins de vivacité dans la mesure.

ALLEMANDE, *s. f.* Sorte d'air ou de pièce de musique dont la mesure est à quatre temps et se bat gravement. Il paroît par son nom que ce caractère d'air nous est venu d'Allemagne, quoiqu'il n'y soit point connu du tout. L'*allemande* en sonate est partout vieillie, et à peine les musiciens s'en servent-ils aujourd'hui : ceux qui s'en servent encore lui donnent un mouvement plus gai.

ALLEMANDE est aussi l'air d'une danse fort commune en Suisse et en Allemagne. Cet air, ainsi que la danse, a beaucoup de gaîté ; il se bat à deux temps.

ALTUS. (Voyez HAUTE-CONTRE.)

AMATEUR. Celui qui, sans être musicien de profession, fait sa partie dans un concert pour son plaisir et par amour pour la musique.

On appelle encore *amateurs* ceux qui, sans savoir la musique ou du moins sans l'exercer, s'y connoissent, ou prétendent s'y connoître, et fréquentent les concerts.

Ce mot est traduit de l'italien *dilettante*.

AMBITUS. *s. m.* Nom qu'on donnoit autrefois à l'étendue de chaque ton ou mode du grave à l'aigu ; car quoique l'étendue d'un mode fût en quelque manière fixée à deux octaves, il y avoit des modes irréguliers dont l'*ambitus* excédoit cette étendue, et d'autres imparfaits où il n'y arrivoit pas.

Dans le plain-chant, ce mot est encore usité ; mais l'*ambitus* des modes parfaits n'y est que d'une octave : ceux qui la passent s'appellent *modes superflus ;* ceux qui n'y arrivent pas, *modes diminués*. (Voyez MODES, TONS DE L'ÉGLISE.)

AMOROSO. (Voyez TENDREMENT.)

ANACAMPTOS. Terme de la musique grecque, qui signifie une suite de notes rétrogades, ou procédant de l'aigu au grave ; c'est le contraire de l'*euthia*. Une des parties de l'ancienne mélopée portoit aussi le nom d'*anacamptosa*. (Voyez MÉLOPÉE.)

ANDANTE, *adj. pris substantivement*. Ce mot, écrit à la tête d'un air, désigne, du lent au vite, le troisième des cinq principaux degrés de mouvement distingués dans la musique italienne. *Andante* est le participe du verbe italien *andare*, aller. Il caractérise un mouvement marqué sans être gai, et qui répond à peu près à celui qu'on désigne en françois par le mot *gracieusement*. (Voyez MOUVEMENT.)

Le diminutif ANDANTINO indique un peu moins de gaîté dans la mesure ; ce qu'il faut bien remarquer, le diminutif *larghetto* signifiant tout le contraire. (Voyez LARGO.)

ANONNER, *v. n.* C'est déchiffrer avec peine et en hésitant la musique qu'on a sous les yeux.

ANTIENNE, *s. f.* En latin *antiphona*. Sorte de chant usité dans l'Église catholique.

Les *antiennes* ont été ainsi nommées, parce que dans leur origine on les chantoit à deux chœurs qui se répondoient alternativement, et l'on comprenoit sous ce titre les psaumes et les hymnes que l'on chantoit dans l'église. Ignace, disciple des apôtres, a été, selon Socrate, l'auteur de cette manière de chanter parmi les Grecs ; et Ambroise l'a introduite dans l'Église latine. Théodoret en attribue l'invention à Diodore et à Flavien.

Aujourd'hui la signification de ce terme est restreinte à certains passages courts tirés de l'Écriture, qui conviennent à la fête qu'on célèbre, et qui, précédant les psaumes et les cantiques, en règlent l'intonation.

L'on a aussi conservé le nom d'*antiennes* à quelques hymnes que l'on chante en l'honneur de la Vierge, telles que *Regina cœli, Salve, Regina, etc.*

ANTIPHONIE, *s. f.* Nom que donnoient les Grecs à cette espèce de symphonie qui s'exécutoit par diverses voix, ou par divers instrumens à l'octave ou à la double octave, par opposition à celle qui s'exécutoit au simple unisson, et qu'ils appeloient *homophonie*. (Voyez SYMPHONIE, HOMOPHONIE.)

Ce mot vient d'ἀντὶ, contre, et de φωνὴ, *voix*, comme qui diroit, *opposition de voix*.

ANTIPHONIER ou ANTIPHONAIRE, *s. m.* Livre qui contient en notes les antiennes et autres chants dont on use dans l'Église catholique.

APOTHETUS. Sorte de nome propre aux flûtes dans l'ancienne musique des Grecs.

APOTOME, *s. m.* Ce qui reste d'un ton majeur après qu'on en a retranché un *limma*, qui est un intervalle moindre d'un comma que le semi-ton majeur. Par conséquent l'*apotome* est d'un comma plus grand que le semi-ton moyen. (Voyez COMMA, SEMI-TON.)

Les Grecs, qui n'ignoroient pas que le ton majeur ne peut, par des divisions rationnelles, se partager en deux parties égales, le partageoient inégalement de plusieurs manières. (Voyez INTERVALLE.)

De l'une de ces divisions, inventée par Pythagore, ou plutôt par Philolaüs, son disciple, résultoit le dièse ou limma d'un côté, et de l'autre l'*apotome*, dont la raison est de 2048 à 2187.

La génération de cet *apotome* se trouve à la septième quinte *ut* dièse en commençant par *ut* naturel; car la quantité, dont cet *ut* dièse surpasse l'*ut* naturel le plus rapproché, est précisément le rapport que je viens de marquer.

Les anciens donnoient encore le même nom à d'autres intervalles; ils appeloient *apotome majeur* un petit intervalle, que M. Rameau appelle quart de ton enharmonique, lequel est formé de deux sons, en raison de 125 à 128.

Et ils appeloient *apotome mineur* l'intervalle de deux sons, en raison de 2025 à 2048, intervalle encore moins sensible à l'oreille que le précédent.

Jean de Muris et ses contemporains donnent partout le nom d'*apotome* au semi-ton mineur, et celui de dièse au semi-ton majeur.

APPRÉCIABLE, *adj.* Les sons *appréciables* sont ceux dont on peut trouver ou sentir l'unisson et calculer les intervalles. M. Euler donne un espace de huit octaves depuis le son le plus aigu jusqu'au son le plus grave *appréciables* à notre oreille; mais ces sons extrêmes n'étant guère agréables, on ne passe pas communément dans la pratique les bornes de cinq octaves, telles que les donne le clavier à ravalement. Il y a aussi un degré de force au-delà duquel le son ne peut plus *s'apprécier*. On ne sauroit *apprécier* le son d'une grosse cloche dans le clocher même; il faut en diminuer la force en s'éloignant, pour le distinguer. De même les sons d'une voix qui crie cessent d'être *appréciables*; c'est pourquoi ceux qui chantent fort sont sujets à chanter faux. A l'égard du bruit, il ne s'*apprécie* jamais, et c'est ce qui fait sa différence d'avec le son. (Voyez BRUIT et SON.)

APYCNI, *adj. plur.* Les anciens appeloient ainsi dans les genres épais trois des huit sons stables de leur système ou diagramme, lesquels ne touchoient d'aucun côté les intervalles serrés, savoir: la proslambanomène, la nète synnéménon, et la nète hyperboléon.

Ils appeloient aussi *apycnos* ou *non épais*, le genre diatonique, parce que dans les tétracordes de ce genre la somme des deux premiers intervalles étoit plus grande que le troisième. (Voyez ÉPAIS, GENRE, SON, TÉTRACORDE.)

ARBITRIO. (Voyez CADENZA.)

ARCO, *archet*, *s. m.* Ces mots italiens *con l'arco*, marquent qu'après avoir pincé les cordes il faut reprendre l'*archet* à l'endroit où ils sont écrits.

ARIETTE, *s. f.* Ce diminutif, venu de l'italien, signifie proprement *petit air*; mais le sens de ce mot est changé en France, et l'on y donne le nom d'*ariettes* à de grands morceaux de musique d'un mouvement pour l'ordinaire assez gai et marqué, qui se chantent avec des accompagnemens de symphonie, et qui sont communément en rondeau. (Voyez AIR, RONDEAU.)

ARIOSO, *adj. pris adverbialement.* Ce mot italien, à la tête d'un air, indique une manière de chant, soutenue, développée, et affectée aux grands airs.

ARISTOXÉNIENS. Secte qui eut pour chef Aristoxène de Tarente, disciple d'Aristote, et qui étoit opposée aux pythagoriciens sur la mesure des intervalles et sur la manière de déterminer les rapports des sons; de sorte que les *aristoxéniens* s'en rapportoient uniquement au jugement de l'oreille, et les pythagoriciens à la précision du calcul. (Voyez PYTHAGORICIENS.)

ARMER LA CLEF. C'est y mettre le nombre de dièses ou de bémols convenables au ton et au mode dans lequel on veut écrire de la musique. (Voyez BÉMOL, CLEF, DIÈSE.)

Arpéger, *v. n.* C'est faire une suite d'arpéges. (*Voyez l'article suivant.*)

Arpeggio, Arpége ou Arpégement, *s. m.* Manière de faire entendre successivement et rapidement les divers sons d'un accord, au lieu de les frapper tous à la fois.

Il y a des instrumens sur lesquels on ne peut former un accord plein qu'en arpégeant; tels sont le violon, le violoncelle, la viole, et tous ceux dont on joue avec l'archet; car la convexité du chevalet empêche que l'archet ne puisse appuyer à la fois sur toutes les cordes. Pour former donc des accords sur ces instrumens, on est contraint d'arpéger, et comme on ne peut tirer qu'autant de sons qu'il y a de cordes, l'*arpége* du violoncelle ou du violon ne sauroit être composé de plus de quatre sons. Il faut pour arpéger que les doigts soient arrangés chacun sur sa corde, et que l'*arpége* se tire d'un seul et grand coup d'archet qui commence fortement sur la plus grosse corde, et vienne finir en tournant et adoucissant sur la chanterelle. Si les doigts ne s'arrangeoient sur les cordes que successivement, ou qu'on donnât plusieurs coups d'archet, ce ne seroit plus arpéger, ce seroit passer très-vite plusieurs notes de suite.

Ce qu'on fait sur le violon par nécessité, on le pratique par goût sur le clavecin. Comme on ne peut tirer de cet instrument que des sons qui ne tiennent pas, on est obligé de les refrapper sur des notes de longue durée. Pour faire durer un accord plus long-temps, on le frappe en arpégeant, commençant par les sons bas, et observant que les doigts qui ont frappé les premiers ne quittent point leur touche que tout l'*arpége* ne soit achevé, afin que l'on puisse entendre à la fois tous les sons de l'accord. (Voyez Accompagnement.)

Arpeggio est un mot italien qu'on a francisé dans celui d'*arpége*. Il vient du mot *arpa*, à cause que c'est du jeu de la harpe qu'on a tiré l'idée de l'*arpégement*.

Arsis et Thésis. Termes de musique et de prosodie. Ces deux mots sont grecs. *Arsis* vient du verbe αἴρω, *tollo*, j'élève, et marque l'élévation de la voix ou de la main ; l'abaissement qui suit cette élévation est ce qu'on appelle θέσις, *depositio*, *remissio*.

Par rapport donc à la mesure, *per arsin* signifie *en levant*, ou *durant le premier temps*; *per thesin*, *en baissant*, ou *durant le dernier temps*. Sur quoi l'on doit observer que notre manière de marquer la mesure est contraire à celle des anciens; car nous frappons le premier temps et levons le dernier. Pour ôter toute équivoque, on peut dire qu'*arsis* indique le *temps fort* et *thesis* le *temps foible*. (Voyez Mesure, Temps, Battre la Mesure.)

Par rapport à la voix, on dit qu'un chant, un contre-point, une fugue, sont *per thesin*, quand les notes montent du grave à l'aigu; *per arsin*, quand elles descendent de l'aigu au grave. Fugue *per arsin et thesin* est celle qu'on appelle aujourd'hui fugue renversée ou contre-fugue, dans laquelle la réponse se fait en sens contraire, c'est-à-dire en descendant si la guide a monté, et en montant si la guide a descendu. (Voyez Fugue.)

Assai. Adverbe augmentatif qu'on trouve assez souvent joint au mot qui indique le mouvement d'un air. Ainsi *presto assai*, *largo assai*, signifient *fort vite*, *fort lent*. L'abbé Brossard a fait sur ce mot une de ses bévues ordinaires, en substituant à son vrai et unique sens celui d'*une sage médiocrité de lenteur* ou *de vitesse*. Il a cru qu'*assai* signifioit *assez*. Sur quoi l'on doit admirer la singulière idée qu'a eue cet auteur de préférer, pour son vocabulaire, à sa langue maternelle, une langue étrangère qu'il n'entendoit pas.

Aubade, *s. f.* Concert de nuit en plein air sous les fenêtres de quelqu'un. (Voyez Sérénade.)

Authentique ou Authente, *adj.* Quand l'octave se trouve divisée harmoniquement, comme dans cette proportion 6, 4, 3, c'est-à-dire quand la quinte est au grave, et la quarte à l'aigu, le mode ou le ton s'appelle *authentique* ou *authente;* à la différence du ton *plagal*, où l'octave est divisée arithmétiquement, comme dans cette proportion 4, 3, 2 ; ce qui met la quarte au grave et la quinte à l'aigu.

A cette explication adoptée par tous les auteurs, mais qui ne dit rien, j'ajouterai la suivante ; le lecteur pourra choisir.

Quand la finale d'un chant en est aussi la tonique, et que le chant ne descend pas jusqu'à la dominante au-dessous, le ton s'appelle *authentique;* mais si le chant descend ou finit à la dominante, le ton est *plagal*. Je prends ici ces mots de *tonique* et de *dominante* dans l'acception musicale.

Ces différences d'*authente* et de *plagal* ne s'observent plus que dans le plain-chant; et, soit qu'on place la finale au bas du diapason, ce qui rend le ton *authentique*, soit qu'on la place au milieu, ce qui le rend *plagal*, pourvu qu'au surplus la modulation soit régulière, la musique moderne admet tous les chants comme *authentiques* également, en quelque lieu du diapason que puisse tomber la finale. (Voyez MODE.)

Il y a dans les huit tons de l'Église romaine quatre tons *authentiques*, savoir, le premier, le troisième, le cinquième et le septième. (Voyez TON DE L'ÉGLISE.)

On appeloit autrefois *fugue authentique* celle dont le sujet procédoit en montant, mais cette dénomination n'est plus d'usage.

B.

B *fa si*, ou B *fa b mi*, ou simplement B. Nom du septième son de la gamme de l'Arétin, pour lequel les Italiens et les autres peuples de l'Europe répètent le B, disant B *mi* quand il est naturel, B *fa* quand il est bémol; mais les François l'appellent *si*. (Voyez SI.)

B *mol*. (Voyez BÉMOL.)

B *quarre*. (Voyez BÉQUARRE.)

BALLET, *s. m.* Action théâtrale qui se représente par la danse guidée par la musique. Ce mot vient du vieux françois *baller*, danser, chanter, se réjouir.

La musique d'un *ballet* doit avoir encore plus de cadence et d'accent que la musique vocale, parce qu'elle est chargée de signifier plus de choses, que c'est à elle seule d'inspirer au danseur la chaleur et l'expression que le chanteur peut tirer des paroles, et qu'il faut de plus qu'elle supplée, dans le langage de l'âme et des passions, tout ce que la danse ne peut dire aux yeux du spectateur.

Ballet est encore le nom qu'on donne en France à une bizarre sorte d'opéra, où la danse n'est guère mieux placée que dans les autres, et n'y fait pas un meilleur effet. Dans la plupart de ces *ballets* les actes forment autant de sujets différens, liés seulement entre eux par quelques rapports généraux étrangers à l'action, et que le spectateur n'apercevroit jamais si l'auteur n'avoit soin de l'en avertir dans le prologue.

Ces *ballets* contiennent d'autres *ballets* qu'on appelle autrement *divertissemens* ou *fêtes*. Ce sont des suites de danses qui se succèdent sans sujet ni liaison entre elles, ni avec l'action principale, et où les meilleurs danseurs ne savent vous dire autre chose sinon qu'ils dansent bien. Cette ordonnance, peu théâtrale, suffit pour un bal où chaque acteur a rempli son objet lorsqu'il s'est amusé lui-même, et où l'intérêt que le spectateur prend aux personnes le dispense d'en donner à la chose; mais ce défaut de sujet et de liaison ne doit jamais être souffert sur la scène, pas même dans la représentation d'un bal, où le tout doit être lié par quelque action secrète qui soutienne l'attention et donne de l'intérêt au spectateur. Cette adresse d'auteur n'est pas sans exemple, même à l'Opéra françois, et l'on en peut voir un très-agréable dans les *Fêtes vénitiennes*, acte du bal.

En général, toute danse qui ne peint rien qu'elle-même, et tout *ballet* qui n'est qu'un bal, doivent être bannis du théâtre lyrique. En effet l'action de la scène est toujours la représentation d'une autre action, et ce qu'on y voit n'est que l'image de ce qu'on y suppose; de sorte que ce ne doit jamais être un tel ou tel danseur qui se présente à vous, mais le personnage dont il est revêtu. Ainsi, quoique la danse de société puisse ne rien représenter qu'elle-même, la danse théâtrale doit nécessairement être l'imitation de quelque autre chose, de même que l'acteur chantant représente un homme qui parle, et la décoration d'autres lieux que ceux qu'elle occupe.

La pire sorte de *ballets* est celle qui roule sur des sujets allégoriques, et où par conséquent il n'y a qu'imitation d'imitation. Tout l'art de ces sortes de drame consiste à présenter sous des images sensibles des rapports purement intellectuels, et à faire penser au spectateur tout autre chose que ce qu'il voit, comme si, loin de l'attacher à la scène, c'étoit un mérite de l'en éloigner. Ce genre exige d'ailleurs tant de subtilité dans le dialogue, que le musicien se trouve dans un pays perdu parmi les pointes, les allusions et les épigrammes, tandis que le spectateur ne s'oublie pas un moment : comme qu'on fasse, il n'y aura jamais que le sentiment qui puisse amener celui-ci sur la scène et l'identifier pour ainsi dire avec les acteurs ; tout ce qui n'est qu'intellectuel l'arrache à la pièce et le rend à lui-même. Aussi voit-on que les peuples qui veulent et mettent le plus d'esprit au théâtre sont ceux qui se soucient le moins de l'illusion. Que fera donc le musicien sur des drames qui ne donnent aucune prise à son art? Si la musique ne peint que des sentimens ou des images, comment rendra-t-elle des idées purement métaphysiques, telles que les allégories, où l'esprit est sans cesse occupé du rapport des objets qu'on lui présente avec ceux qu'on veut lui rappeler?

Quand les compositeurs voudront réfléchir sur les vrais principes de leur art, ils mettront, avec plus de discernement dans le choix des drames dont ils se chargent, plus de vérité dans l'expression de leurs sujets ; et quand les paroles des opéra diront quelque chose, la musique apprendra bientôt à parler.

Barbare, *adj*. Mot barbare. (Voyez **Lydien.**)

Barcarolles, *s. f.* Sorte de chansons en langue vénitienne que chantent les gondoliers à Venise. Quoique les airs des *barcarolles* soient faits pour le peuple, et souvent composés par les gondoliers mêmes, ils ont tant de mélodie et un accent si agréable qu'il n'y a pas de musicien dans toute l'Italie qui ne se pique d'en savoir et d'en chanter. L'entrée gratuite qu'ont les gondoliers à tous les théâtres les met à portée de se former sans frais l'oreille et le goût, de sorte qu'ils composent et chantent leurs airs en gens qui, sans ignorer les finesses de la musique, ne veulent point altérer le genre simple et naturel de leurs *barcarolles*. Les paroles de ces chansons sont communément plus que naturelles, comme les conversations de ceux qui les chantent ; mais ceux à qui les peintures fidèles des mœurs du peuple peuvent plaire, et qui aiment d'ailleurs le dialecte vénitien, s'en passionnent facilement, séduits par la beauté des airs ; de sorte que plusieurs curieux en ont de très-amples recueils.

N'oublions pas de remarquer, à la gloire du Tasse, que la plupart des gondoliers savent par cœur une grande partie de son poëme de *la Jerusalem délivrée*, que plusieurs le savent tout entier, qu'ils passent les nuits d'été sur leurs barques à le chanter alternativement d'une barque à l'autre, que c'est assurément une belle *barcarolle* que le poëme du Tasse, qu'Homère seul eut avant lui l'honneur d'être ainsi chanté, et que nul autre poëme épique n'en a eu depuis un pareil.

Bardes. Sortes d'hommes très-singuliers, et très-respectés jadis dans les Gaules, lesquels étoient à la fois prêtres, prophètes, poëtes et musiciens.

Bochard fait dériver ce nom de *parat*, chanter ; et Camden convient avec Festus que *barde* signifie un chanteur, en celtique *bard*.

Baripycni, *adj*. Les anciens appeloient ainsi cinq des huit sons ou cordes stables de leur système ou diagramme ; savoir, l'hypaté-hypaton, l'hypaté-méson, la mèse, la paramèse, et la nété-diézeugménon. (Voyez **Pycni**, **Son**, **Tétracorde.**)

Baryton. Sorte de voix entre la taille et la basse. (Voyez **Concordant.**)

Baroque. Une musique *baroque* est celle dont l'harmonie est confuse, chargée de modulations et dissonances, le chant dur et peu naturel, l'intonation difficile et le mouvement contraint.

Il y a bien de l'apparence que ce terme vient du *baroco* des logiciens.

Barré. C. *barré*, sorte de mesure. (Voyez C.)

Barres. Traits tirés perpendiculairement à la fin de chaque mesure, sur les cinq lignes de la portée, pour séparer la mesure qui finit de celle qui recommence. Ainsi les notes contenues entre deux *barres* forment toujours une mesure complète, égale en valeur et en durée à chacune des autres mesures comprises entre deux autres *barres*, tant que le mouvement ne change pas ; mais comme il y a plusieurs sortes de mesures qui diffèrent considérablement en durée, les mêmes différences se trouvent dans les valeurs contenues entre deux *barres* de chacune de ces espèces de mesures. Ainsi, dans le grand triple, qui se marque par ce signe $\frac{3}{1}$, et qui se bat lentement, la somme des notes comprises entre deux *barres* doit faire une ronde et demie ; et dans le petit triple $\frac{3}{8}$, qui se bat vite, les deux *barres* n'enferment que trois croches ou leur valeur ; de sorte que huit fois la valeur contenue entre deux *barres* de cette dernière mesure ne font qu'une fois la valeur contenue entre deux *barres* de l'autre.

Le principal usage des *barres* est de distinguer les mesures et d'en indiquer le *frappé*, lequel se fait toujours sur la note qui suit immédiatement la *barre*. Elles servent aussi dans les partitions à montrer les mesures correspondantes dans chaque portée. (Voyez PARTITION.)

Il n'y a pas plus de cent ans qu'on s'est avisé de tirer des *barres*, de mesure en mesure. Auparavant la musique étoit simple; on n'y voyoit guère que des rondes, des blanches et des noires, peu de croches, presque jamais de doubles croches. Avec des divisions moins inégales, la mesure en étoit plus aisée à suivre. Cependant j'ai vu nos meilleurs musiciens embarrassés à bien exécuter l'ancienne musique d'Orlande et de Claudin. Ils se perdoient dans la mesure faute de *barres* auxquelles ils étoient accoutumés, et ne suivoient qu'avec peine des parties chantées autrefois couramment par les musiciens de Henri III et de Charles IX.

BAS, en musique, signifie la même chose que *grave*, et ce terme est opposé à *haut* ou *aigu*. On dit ainsi que le ton est trop *bas*, qu'on chante trop bas, qu'il faut renforcer les sons dans le bas. *Bas* signifie aussi quelquefois doucement, à demi-voix; et en ce sens il est opposé à *fort*. On dit *parler bas*, chanter ou psalmodier à *basse-voix*: il chantoit ou parloit si *bas* qu'on avoit peine à l'entendre.

Coulez si lentement, et murmurez si BAS,
Qu'Issé ne vous entende pas.
LA MOTTE.

Bas se dit encore dans la subdivision des dessus chantans, de celui des deux qui est au-dessous de l'autre; ou, pour mieux dire, *bas-dessus* est un dessus dont le diapason est au-dessous du *medium* ordinaire. (Voyez DESSUS.)

BASSE. Celle des quatre parties de la musique qui est au-dessous des autres, la plus basse de toutes; d'où lui vient le nom de *basse*. (Voyez PARTITION.)

La *basse* est la plus importante des parties, c'est sur elle que s'établit le corps de l'harmonie; aussi est-ce une maxime chez les musiciens que, quand la *basse* est bonne, rarement l'harmonie est mauvaise.

Il y a plusieurs sortes de *basses*. *Basse-fondamentale*, dont nous ferons un article ci-après.

Basse-continue, ainsi appelée parce qu'elle dure pendant toute la pièce; son principal usage, outre celui de régler l'harmonie, est de soutenir la voix et de conserver le ton. On prétend que c'est un *Ludovico Viana*, dont il en reste un traité, qui, vers le commencement du dernier siècle, la mit le premier en usage.

Basse-figurée, qui, au lieu d'une seule note, en partage la valeur en plusieurs autres notes sous un même accord. (Voyez HARMONIE-FIGURÉE.)

Basse-contrainte, dont le sujet ou le chant, borné à un petit nombre de mesures, comme quatre ou huit, recommence sans cesse, tandis que les parties supérieures poursuivent leur chant et leur harmonie, et les varient de différentes manières. Cette *basse* appartient originairement aux couplets de la chaconne; mais on ne s'y asservit plus aujourd'hui. La *basse-contrainte* descend diatoniquement ou chromatiquement et avec lenteur de la tonique ou de la dominante dans les tons mineurs, est admirable pour les morceaux pathétiques. Ces retours fréquens et périodiques affectent insensiblement l'âme, et la disposent à la langueur et à la tristesse. On en voit des exemples dans plusieurs scènes des opéra françois. Mais si ces *basses* font un bon effet à l'oreille, il en est rarement de même des chants qu'on leur adapte, et qui ne sont pour l'ordinaire qu'un véritable accompagnement. Outre les modulations dures et mal amenées qu'on y évite avec peine, ces chants, retournés de mille manières, et cependant monotones, produisent des renversemens peu harmonieux, et sont eux-mêmes assez peu chantans, en sorte que le dessus s'y ressent beaucoup de la contrainte de la *basse*.

Basse-chantante, est l'espèce de voix qui chante la partie de la basse. Il y a des *basses-récitantes* et des *basses-de-chœur*; des concordans ou *basses-tailles* qui tiennent le milieu entre la taille et la *basse*; des *basses* proprement dites, que l'usage fait encore appeler *basses-tailles*, et enfin des *basses-contre*, les plus graves de toutes les voix, qui chantent la *basse* sous la *basse* même, et qu'il ne faut pas confondre avec les *contre-basses*, qui sont des instrumens.

Basse-fondamentale, est celle qui n'est formée que des sons fondamentaux de l'harmonie; de sorte qu'au-dessous de chaque accord elle fait entendre le vrai son fondamental de cet accord, c'est-à-dire celui duquel il dérive par les règles de l'harmonie. Par où l'on voit que la *basse-fondamentale* ne peut avoir d'autre contexture que celle d'une succession régulière et fondamentale, sans quoi la marche des parties supérieures seroit mauvaise.

Pour bien entendre ceci, il faut savoir que, selon le système de M. Rameau, que j'ai suivi dans cet ouvrage, tout accord, quoique formé de plusieurs sons, n'en a qu'un qui lui soit fondamental, savoir, celui qui a produit cet accord et qui lui sert de *basse* dans l'ordre direct et naturel. Or, la basse qui règne sous toutes les autres parties n'exprime pas toujours les sons fondamentaux des accords : car entre tous les sons qui forment un accord, le compositeur peut porter à la *basse* celui qu'il croit préférable, eu égard à la marche de cette *basse*, au beau chant, et surtout à l'expression, comme je l'expliquerai dans la suite. Alors le vrai son fondamental, au lieu d'être à sa place naturelle qui est la *basse*, se transporte dans les autres parties, ou même ne s'exprime point du tout; un tel accord s'appelle accord renversé. Dans le fond, un accord renversé ne diffère point de l'accord direct qui l'a produit, car ce sont toujours les mêmes sons; mais ces sons formant des combinaisons différentes, on a long-temps pris toutes ces combinaisons pour autant d'accords fondamentaux, et on leur a donné différens noms qu'on peut voir au mot Accord, et qui ont achevé de les distinguer, comme si la différence des noms en produisoit réellement dans l'espèce.

M. Rameau a montré dans son *Traité de l'Harmonie*, et M. d'Alembert, dans ses *Élémens de Musique*, a fait voir encore plus clairement, que plusieurs de ces prétendus accords n'étoient que des renversemens d'un seul. Ainsi l'accord de sixte n'est qu'un accord parfait dont la tierce est transportée à la *basse;* en y portant la quinte, on aura l'accord de sixte-quarte. Voilà donc trois combinaisons d'un accord qui n'a que trois sons; ceux qui en ont quatre sont susceptibles de quatre combinaisons, chaque son pouvant être porté à la *basse*. Mais en portant au-dessous de celle-ci une autre *basse*, qui sous toutes les combinaisons d'un même accord présente toujours le son fondamental, il est évident qu'on réduit au tiers le nombre des accords consonnans, et au quart le nombre des dissonans. Ajoutez à cela tous les accords par supposition, qui se réduisent encore aux mêmes fondamentaux, vous trouverez l'harmonie simplifiée à un point qu'on n'eût jamais espéré dans l'état de confusion où étoient ses règles avant M. Rameau. C'est certainement, comme l'observe cet auteur, une chose étonnante qu'on ait pu pousser la pratique de cet art au point où elle est parvenue sans en connoître le fondement, et qu'on ait exactement trouvé toutes les règles, sans avoir découvert le principe qui les donne.

Après avoir dit ce qu'est la *basse-fondamentale* sous les accords, parlons maintenant de sa marche et de la manière dont elle lie ces accords entre eux. Les préceptes de l'art sur ce point peuvent se réduire aux six règles suivantes.

I. La *basse-fondamentale* ne doit jamais sonner d'autres notes que celles de la gamme du ton où l'on est, ou de celui où l'on veut passer : c'est la première et la plus indispensable de toutes ses règles.

II. Par la seconde, sa marche doit être tellement soumise aux lois de la modulation, qu'elle ne laisse jamais perdre l'idée d'un ton qu'en prenant celle d'un autre; c'est-à-dire que la *basse-fondamentale* ne doit jamais être errante ni laisser oublier un moment dans quel ton l'on est.

III. Par la troisième, elle est assujettie à la liaison des accords et à la préparation des dissonances; préparation qui n'est, comme je le ferai voir, qu'un des cas de la liaison, et qui par conséquent n'est jamais nécessaire quand la liaison peut exister sans elle. (Voyez Liaison, Préparer.)

IV. Par la quatrième, elle doit, après toute dissonance, suivre le progrès qui lui est prescrit par la nécessité de la sauver. (Voy. Sauver.)

V. Par la cinquième, qui n'est qu'une suite des précédentes, la *basse-fondamentale* ne doit marcher que par intervalles consonnans, si ce n'est seulement dans un acte de cadence rompue, ou après un accord de septième diminuée qu'elle monte diatoniquement : toute autre marche de la *basse-fondamentale* est mauvaise

VI. Enfin, par la sixième, la *basse-fondamentale* ou l'harmonie ne doit pas syncoper, mais marquer la mesure et et les temps par des changemens d'accords bien cadencés; en sorte, par exemple, que les dissonances qui doivent être préparées, le soient sur le temps foible, mais surtout que tous les repos se trouvent sur le temps fort. Cette sixième règle souffre une infinité d'exceptions; mais le compositeur doit pourtant y songer, s'il veut faire une musique où le mouvement soit bien marqué, et dont la mesure tombe avec grâce.

Partout où ces règles seront observées l'harmonie sera régulière et sans faute; ce qui n'empêchera pas que la musique n'en puisse être détestable. (Voyez COMPOSITION.)

Un mot d'éclaircissement sur la cinquième règle ne sera peut-être pas inutile. Qu'on retourne comme on voudra une *basse-fondamentale*, si elle est bien faite, on n'y trouvera jamais que ces deux choses, ou des accords parfaits sur des mouvemens consonnans, sans lesquels ces accords n'auroient point de liaison, ou des accords dissonans dans ces actes de cadence; en tout autre cas la dissonance ne sauroit être ni bien placée, ni bien sauvée.

Il suit de là que la *basse-fondamentale* ne peut marcher régulièrement que d'une de ces trois manières : 1° monter ou descendre de tierce ou de sixte; 2° de quarte ou de quinte; 3° monter diatoniquement au moyen de la dissonance qui forme la liaison, ou par licence sur un accord parfait. Quant à la descente diatonique, c'est une marche absolument interdite à la *basse-fondamentale*, ou tout au plus tolérée dans le cas de deux accords parfaits consécutifs, séparés par un repos exprimé ou sous-entendu : cette règle n'a point d'autre exception, et c'est pour n'avoir pas démêlé le vrai fondement de certains passages, que M. Rameau a fait descendre diatoniquement la *basse-fondamentale* sous des accords de septième; ce qui ne se peut en bonne harmonie. (Voyez CADENCE, DISSONANCE.)

La *basse-fondamentale*, qu'on n'ajoute que pour servir de preuve à l'harmonie, se retranche dans l'exécution, et souvent elle y feroit un fort mauvais effet; car elle est, comme dit très-bien M. Rameau, pour le jugement et non pour l'oreille. Elle produiroit tout au moins une monotonie très-ennuyeuse par les retours fréquens du même accord, qu'on déguise et qu'on varie plus agréablement en le combinant en différentes manières sur la basse-continue; sans compter que les divers renversemens d'harmonie fournissent mille moyens de prêter de nouvelles beautés au chant, et une nouvelle énergie à l'expression. (Voyez ACCORD, RENVERSEMENT.)

Si la *basse-fondamentale* ne sert pas à composer de bonne musique, me dira-t-on, si même on doit la retrancher dans l'exécution, à quoi donc est-elle utile? Je réponds qu'en premier lieu elle sert de règle aux écoliers, pour apprendre à former une harmonie régulière, et à donner à toutes les parties la marche diatonique et élémentaire qui leur est prescrite par cette *basse-fondamentale;* elle sert de plus, comme je l'ai déjà dit, à prouver si une harmonie déjà faite est bonne et régulière; car toute harmonie qui ne peut être soumise à une *basse-fondamentale* est régulièrement mauvaise : elle sert enfin à trouver une basse-continue sous un chant donné; quoiqu'à la vérité celui qui ne saura pas faire directement une basse-continue, ne fera guère mieux une *basse-fondamentale*, et bien moins encore saura-t-il transformer cette *basse-fondamentale* en une bonne basse-continue. Voici toutefois les principales règles que donne M. Rameau pour trouver la *basse-fondamentale* d'un chant donné.

I. S'assurer du ton et du mode par lesquels on commence, et de tous ceux par où l'on passe. Il y a aussi des règles pour cette recherche des tons, mais si longues, si vagues, si incomplètes, que l'oreille est formée à cet égard long-temps avant que les règles soient apprises, et que le stupide qui voudra tenter de les employer n'y gagnera que l'habitude d'aller toujours note à note, sans jamais savoir où il est.

II. Essayer successivement sous chaque note les cordes principales du ton, commençant par les plus analogues, et passant jusqu'aux plus éloignées, lorsque l'on s'y voit forcé.

III. Considérer si la corde choisie peut cadrer avec le dessus, dans ce qui précède et dans ce qui suit, par une bonne succession fondamentale, et quand cela ne se peut, revenir sur ses pas.

IV. Ne changer la note de *basse-fondamentale* que lorsqu'on a épuisé toutes les notes consécutives du dessus qui peuvent entrer dans son accord, ou que quelque note syncopant dans le chant peut recevoir deux ou plusieurs notes de basse, pour préparer des dissonances sauvées ensuite régulièrement.

V. Étudier l'entrelacement des phrases, les successions possibles de cadences, soit pleines, soit évitées, et surtout les repos, qui viennent ordinairement de quatre en quatre mesures ou de deux en deux, afin de les faire tomber toujours sur les cadences parfaites ou irrégulières.

VI. Enfin observer toutes les règles données ci-devant pour la composition de la *basse-fondamentale*. Voilà les principales observations à faire pour en trouver une sous un chant donné; car il y en a quelquefois plusieurs de trouvables : mais, quoi qu'on en puisse dire, si le chant a de l'accent et du caractère, il n'y a qu'une bonne *basse-fondamentale* qu'on lui puisse adapter.

Après avoir exposé sommairement la manière de composer une *basse-fondamentale*, il resteroit à donner les moyens de la transformer en basse-continue; et cela seroit facile s'il ne falloit regarder qu'à la marche diatonique et au beau chant de cette basse : mais ne croyons pas que la basse, qui est le guide et le soutien de l'harmonie, l'âme, et, pour ainsi dire, l'interprète du chant, se borne à des règles si simples; il y en a d'autres qui naissent d'un principe plus sûr et plus radical, principe fécond, mais caché, qui a été senti par tous les artistes de génie, sans avoir été développé par personne. Je pense en avoir jeté le germe dans ma Lettre sur la Musique françoise. J'en ai dit assez pour ceux qui m'entendent; je n'en dirois jamais assez pour les autres. (Voyez toutefois Unité de mélodie.)

Je ne parle point ici du système ingénieux de M. Serre, de Genève, ni de sa double *basse-fondamentale*, parce que les principes qu'il avoit entrevus avec une sagacité digne d'éloges ont été depuis développés par M. Tartini dans un ouvrage dont je rendrai compte avant la fin de celui-ci. (Voyez Système.)

Batard, *nothus*. C'est l'épithète donnée par quelques-uns au mode hypophrygien, qui a sa finale en *si*, et conséquemment sa quinte fausse, ce qui le retranche des modes authentiques; et au mode éolien, dont la finale est en *fa*, et la quarte superflue, ce qui l'ôte du nombre des modes plagaux.

Baton. Sorte de barre épaisse qui traverse perpendiculairement une ou plusieurs lignes de la portée, et qui, selon le nombre des lignes qu'il embrasse, exprime une plus grande ou moindre quantité de mesures qu'on doit passer en silence.

Anciennement il y avoit autant de sortes de *bâtons* que de différentes valeurs de notes, depuis la ronde, qui vaut une mesure, jusqu'à la maxime, qui en valoit huit, et dont la durée en silence s'évaluoit par un *bâton* qui, partant d'une ligne, traversoit trois espaces et alloit joindre la quatrième ligne.

Aujourd'hui le plus grand *bâton* est de quatre mesures : ce *bâton*, partant d'une ligne, traverse la suivante et va rejoindre la troisième. (*Planche* A, *figure* 12.) On le répète une fois, deux fois, autant de fois qu'il faut pour exprimer huit mesures, ou douze, ou tout autre multiple de quatre, et l'on ajoute ordinairement au-dessus un chiffre qui dispense de calculer la valeur de tous ces *bâtons*. Ainsi les signes couverts du chiffre 16 dans la même figure 12 indiquent un silence de seize mesures. Je ne vois pas trop à quoi bon ce double signe d'une même chose. Aussi les Italiens, à qui une plus grande pratique de la musique suggère toujours les premiers moyens d'en abréger les signes, commencent-ils à supprimer les *bâtons*, auxquels ils substituent le chiffre qui marque le nombre de mesures à compter. Mais une attention qu'il faut avoir alors est de ne pas confondre ces chiffres dans la portée avec d'autres chiffres semblables qui peuvent marquer l'espèce de la mesure employée. Ainsi, dans la figure 13, il faut bien distinguer le signe du *trois temps* d'avec le nombre des pauses à compter, de peur qu'au lieu de 31 mesures ou pauses, on en comptât 331.

Le plus petit *bâton* est de deux mesures, et traversant un seul espace, il s'étend seulement d'une ligne à sa voisine. (*Même planche, figure* 12.)

Les autres moindres silences, comme d'une mesure, d'une demi-mesure, d'un temps, d'un demi-temps, etc., s'expriment par les mots de *pause*, de *demi-pause*, de *soupir*, de *demi-soupir*, etc. (Voyez ces mots.) Il est aisé de comprendre qu'en combinant tous ces signes, on peut exprimer à volonté des silences d'une durée quelconque.

Il ne faut pas confondre avec les *bâtons* des silences d'autres *bâtons* précisément de même figure, qui, sous le nom de *pauses initiales*, servoient dans nos anciennes musiques à annoncer le mode, c'est-à-dire la mesure, et dont nous parlerons au mot Mode.

Baton de mesure, est un bâton fort court, ou même un rouleau de papier dont le maître de musique se sert dans un concert, pour régler le mouvement et marquer la mesure et le temps. (Voyez Battre la mesure.)

A l'Opéra de Paris il n'est pas question d'un rouleau de papier, mais d'un bon gros bâton de bois bien dur dont le maître frappe avec force pour être entendu de loin.

Battement, *s. m.* Agrément du chant françois, qui consiste à élever et à battre un trille sur une note qu'on a commencée uniment. Il y a cette différence de la cadence au *battement*, que la cadence commence par la note supérieure à celle sur laquelle elle est marquée; après quoi l'on bat alternativement cette note supérieure et la véritable : au lieu que le *battement* commence par le son même de la note qui le porte; après quoi l'on bat alternativement cette note et celle qui est au-dessus. Ainsi ces coups de gosier, *mi re mi re mi re ut ut* sont une cadence; et ceux-ci, *re mi re mi re mi re ut re mi*, sont un *battement*.

Battemens *au pluriel*. Lorsque deux sons forts et soutenus, comme ceux de l'orgue, sont mal d'accord et dissonnent entre eux à l'approche d'un intervalle consonnant, ils forment, par secousses plus ou moins fréquentes, des renflemens de son qui font à peu près à l'oreille l'effet des battemens du pouls au toucher; c'est pourquoi M. Sauveur leur a aussi donné le nom de *battemens*. Ces *battemens* deviennent d'autant plus fréquens que l'intervalle approche plus de la justesse; et lorsqu'il y parvient, ils se confondent avec les vibrations du son.

M. Serre prétend, dans ses *Essais sur les principes de l'harmonie*, que ces *battemens* produits par la concurrence de deux sons ne sont qu'une apparence acoustique, occasionnée par les vibrations coïncidentes de ces deux sons : ces *battemens*, selon lui, n'ont pas moins lieu lorsque l'intervalle est consonnant; mais, la rapidité avec laquelle ils se confondent alors ne permettant point à l'oreille de les distinguer, il en doit résulter, non la cessation absolue de ces *battemens*, mais une apparence de son grave et continu, une espèce de foible bourdon, tel précisément que celui qui résulte dans les expériences citées par M. Serre, et depuis détaillées par M. Tartini, du concours de deux sons aigus et consonnans. (On peut voir au mot Système que des dissonances les donnent aussi.) « Ce » qu'il y a de bien certain, continue M. Serre, » c'est que ces *battemens*, ces vibrations coïncidentes qui se suivent avec plus ou moins de » rapidité, sont exactement isochrones aux » vibrations que feroit réellement le son fondamental, si, par le moyen d'un troisième corps » sonore, on le faisoit actuellement résonner. »

Cette explication très-spécieuse n'est peut-être pas sans difficulté; car le rapport de deux sons n'est jamais plus composé que quand il approche de la simplicité qui en fait une consonnance, et jamais les vibrations ne doivent coïncider plus rarement que quand elles touchent presque à l'isochronisme. D'où il suivroit, ce me semble, que les *battemens* devroient se ralentir à mesure qu'ils s'accélèrent, puis se réunir tout d'un coup à l'instant que l'accord est juste.

L'observation des *battemens* est une bonne règle à consulter sur le meilleur système de tempérament. (Voyez Tempérament.) Car il est clair que de tous les tempéramens possibles celui qui laisse le moins de *battemens* dans l'orgue est celui que l'oreille et la nature préfèrent. Or c'est une expérience constante et reconnue de tous les facteurs, que les altérations des tierces majeures produisent des *battemens* plus sensibles et plus désagréables que celles des quintes. Ainsi la nature elle-même a choisi.

Batterie, *s. f.* Manière de frapper et répéter successivement sur diverses cordes d'un instrument les divers sons qui composent un accord, et de passer ainsi d'accord en accord par un même mouvement de notes. La *batterie* n'est qu'un arpége continué, mais dont toutes les notes sont détachées au lieu d'être liées comme dans l'arpége.

Batteur de mesure. Celui qui bat la mesure dans un concert. (Voyez l'article suivant.)

Battre la mesure. C'est en marquer les temps par des mouvemens de la main ou du pied, qui en règlent la durée, et par lesquels toutes les mesures semblables sont rendues parfaitement égales en valeur chronique, ou en temps dans l'exécution.

Il y a des mesures qui ne se battent qu'à un temps, d'autres à deux, à trois ou à quatre; ce qui est le plus grand nombre de temps marqués que puisse renfermer une mesure; encore une mesure à quatre temps peut-elle toujours se résoudre en deux mesures à deux temps. Dans toutes ces différentes mesures, le temps frappé est toujours sur la note qui suit la barre immédiatement; le temps levé est toujours celui qui la précède, à moins que la mesure ne soit à un seul temps, et même alors il faut toujours supposer le temps foible, puisqu'on ne sauroit frapper sans avoir levé.

Le degré de lenteur ou de vitesse qu'on donne à la mesure dépend de plusieurs choses: 1° de la valeur des notes qui composent la mesure. On voit bien qu'une mesure qui contient une ronde doit se *battre* plus posément et durer davantage que celle qui ne contient qu'une noire; 2° du mouvement indiqué par le mot françois ou italien qu'on trouve ordinairement à la tête de l'air *gai*, *vif*, *lent*, etc.; tous ces mots indiquent autant de modifications dans le mouvement d'une même sorte de mesure; 3° enfin du caractère de l'air même, qui, s'il est bien fait, en fera nécessairement sentir le vrai mouvement.

Les musiciens françois ne *battent* pas la *mesure* comme les Italiens. Ceux-ci, dans la mesure à quatre temps, frappent successivement les deux premiers temps, et lèvent les deux autres; ils frappent aussi les deux premiers dans la mesure à trois temps, et lèvent le troisième. Les François ne frappent jamais que le premier temps, et marquent les autres par différens mouvemens de la main à droite et à gauche. Cependant la musique françoise auroit beaucoup plus besoin que l'italienne d'une mesure bien marquée; car elle ne porte point sa cadence en elle-même; ses mouvemens n'ont aucune précision naturelle; on presse, on ralentit la mesure au gré du chanteur. Combien les oreilles ne sont-elles pas choquées à l'Opéra de Paris du bruit désagréable et continuel que fait avec son bâton celui qui *bat la mesure*, et que le petit Prophète compare plaisamment à un bûcheron qui coupe du bois! Mais c'est un mal inévitable : sans ce bruit on ne pourroit sentir la mesure; la musique par elle-même ne la marque pas : aussi les étrangers n'aperçoivent-ils point le mouvement de nos airs. Si l'on y fait attention, l'on trouvera que c'est ici l'une des différences spécifiques de la musique françoise à l'italienne. En Italie la mesure est l'âme de la musique; c'est la mesure bien sentie qui lui donne cet accent qui la rend si charmante; c'est la mesure aussi qui gouverne le musicien dans l'exécution. En France, au contraire, c'est le musicien qui gouverne la mesure; il l'énerve et la défigure sans scrupule. Que dis-je? le bon goût même consiste à ne la pas laisser sentir; précaution dont au reste elle n'a pas grand besoin. L'Opéra de Paris est le seul théâtre de l'Europe où l'on *batte la mesure* sans la suivre; partout ailleurs on la suit sans la *battre*.

Il règne là-dessus une erreur populaire qu'un peu de réflexion détruit aisément. On s'imagine qu'un auditeur ne *bat* par instinct la *mesure* d'un air qu'il entend que parce qu'il la sent vivement; et c'est, au contraire, parce qu'elle n'est pas assez sensible ou qu'il ne la sent pas assez, qu'il tâche, à force de mouvemens des mains et des pieds, de suppléer ce qui manque en ce point à son oreille. Pour peu qu'une musique donne prise à la cadence, on voit la plupart des François qui l'écoutent faire mille contorsions et un bruit terrible, pour aider la mesure à marcher ou leur oreille à la sentir. Substituez des Italiens ou des Allemands, vous n'entendrez pas le moindre bruit et ne verrez pas le moindre geste qui s'accorde avec la mesure. Seroit-ce peut-être que les Allemands, les Italiens, sont moins sensibles à la mesure que les François? Il y a tel de mes lecteurs qui ne se feroit guère presser pour le dire; mais dira-t-il aussi que les musiciens les plus habiles sont ceux qui sentent le moins la mesure? Il est incontestable que ce sont ceux qui la *bat-*

tent le moins; et quand, à force d'exercice, ils ont acquis l'habitude de la sentir continuellement, ils ne la *battent* plus du tout: c'est un fait d'expérience qui est sous les yeux de tout le monde. L'on pourra dire encore que les mêmes gens à qui je reproche de ne *battre la mesure* que parce qu'ils ne la sentent pas assez, ne la *battent* plus dans les airs où elle n'est point sensible; et je répondrai que c'est parce qu'alors ils ne la sentent point du tout. Il faut que l'oreille soit frappée au moins d'un foible sentiment de mesure pour que l'instinct cherche à le renforcer.

Les anciens, dit M. Burette, *battoient la mesure* en plusieurs façons: la plus ordinaire consistoit dans le mouvement du pied qui s'élevoit de terre et la frappoit alternativement selon la mesure des deux temps égaux ou inégaux. (Voyez RHYTHME.) C'étoit ordinairement la fonction du maître de musique appelé coryphée, κορυφαῖος, parce qu'il étoit placé au milieu du chœur des musiciens, et dans une situation élevée pour être plus facilement vu et entendu de toute la troupe. Ces batteurs de mesure se nommoient en grec ποδόκτυποι, et ποδόψοφοι, à cause du bruit de leurs pieds, σύντοναστοι, à cause de l'uniformité du geste, et, si l'on peut parler ainsi, de la monotonie du rhythme, qu'ils battoient toujours à deux temps. Ils s'appeloient en latin *pedarii*, *podarii*, *pedicularii*. Ils garnissoient ordinairement leurs pieds de certaines chaussures ou sandales de bois ou de fer, destinées à rendre la percussion rhythmique plus éclatante, nommées en grec κρούπεζια, κρουπαλα, κρούπεζα, et en latin, *pedicula*, *scabella* ou *scabilla*, à cause qu'elles ressembloient à de petits marchepieds ou de petites escabelles.

Ils *battoient la mesure*, non-seulement du pied, mais aussi de la main droite, dont ils réunissoient tous les doigts pour frapper dans le creux de la main gauche, et celui qui marquoit ainsi le rhythme s'appeloit *manuductor*. Outre ce claquement de mains et le bruit des sandales, les anciens avoient encore, pour *battre la mesure*, celui des coquilles, des écailles d'huîtres, et des ossemens d'animaux qu'on frappoit l'un contre l'autre, comme on fait aujourd'hui les castagnettes, le triangle, et autres pareils instrumens.

Tout ce bruit, si désagréable et si superflu parmi nous à cause de l'égalité constante de la mesure, ne l'étoit pas de même chez eux, où les fréquens changemens de pieds et de rhythmes exigeoient un accord plus difficile, et donnoient au bruit même une variété plus harmonieuse et plus piquante. Encore peut-on dire que l'usage de battre ainsi ne s'introduisit qu'à mesure que la mélodie devint plus languissante, et perdit de son accent et de son énergie. Plus on remonte, moins on trouve d'exemples de ces batteurs de mesures, et dans la musique de la plus haute antiquité l'on n'en trouve plus du tout.

BÉMOL ou B MOL, *s. m.* Caractère de musique auquel on donne à peu près la figure d'un *b*, et qui fait abaisser d'un semi-ton mineur la note à laquelle il est joint. (Voyez SEMI-TON.)

Gui d'Arezzo ayant autrefois donné des noms à six des notes de l'octave, desquelles il fit son célèbre hexacorde, laissa la septième sans autre nom que celui de la lettre *b*, qui lui est propre, comme le *c* à l'*ut*, le *d* au *re*, etc. Or, ce *b* se chantoit de deux manières; savoir, à un ton au-dessus du *la*, selon l'ordre naturel de la gamme, ou seulement à un semi-ton du même *la*, lorsqu'on vouloit conjoindre les tétracordes; car il n'étoit pas encore question de nos modes ou tons modernes. Dans le premier cas, le *si* sonnant assez durement à cause des trois tons consécutifs, on jugea qu'il faisoit à l'oreille un effet semblable à celui que les corps anguleux et durs font à la main; c'est pourquoi on l'appela b *dur* ou b *carre*, en italien b *quadro*. Dans le second cas, au contraire, on trouva que le *si* étoit extrêmement doux; c'est pourquoi on l'appela b *mol*; par la même analogie, on auroit pu l'appeler aussi b *rond*, en effet les Italiens le nomment quelquefois b *tondo*.

Il y a deux manières d'employer le *bémol*, l'une accidentelle, quand dans le cours du chant on le place à la gauche d'une note. Cette note est presque toujours la note sensible dans les tons majeurs, et quelquefois la sixième note dans les tons mineurs, quand la clef n'est pas correctement armée. Le *bémol* accidentel n'altère que la note qu'il touche et celles qui la rabattent immédiatement, ou tout au plus celles qui, dans la même mesure, se trouvent sur le même degré sans aucun signe contraire.

L'autre manière est d'employer le *bémol* à la clef, et alors il la modifie, il agit dans toute la suite de l'air et sur toutes les notes placées sur le même degré, à moins que ce *bémol* ne soit détruit accidentellement par quelque dièse ou bécarre, ou que la clef ne vienne à changer.

La position des *bémols* à la clef n'est pas arbitraire : en voici la raison ; ils sont destinés à changer *le lieu des semi-tons de l'échelle* ; or, ces deux semi-tons doivent toujours garder entre eux des intervalles prescrits ; savoir, celui d'une quarte d'un côté, et celui d'une quinte de l'autre. Ainsi la note *mi*, inférieure de son demi-ton, fait au grave la quinte du *si*, qui est son homologue dans l'autre semi-ton ; et à l'aigu la quarte du même *si*; et réciproquement la note *si* fait au grave la quarte du *mi*, et à l'aigu la quinte du même *mi*.

Si donc laissant, par exemple, le *si* naturel, on donnoit un *bémol* au *mi*, le semi-ton changeroit de lieu, et se trouveroit descendu d'un degré entre le *re* et le *mi bémol*. Or, dans cette position, l'on voit que les deux semi-tons ne garderoient plus entre eux la distance prescrite, car le *re*, qui seroit la note inférieure de l'un feroit au grave la sixte du *si*, son homologue dans l'autre, et à l'aigu, la tierce du même *si*, et ce *si* feroit au grave la tierce du *re*, et à l'aigu, la sixte du même *re*. Ainsi les deux semi-tons seroient trop voisins d'un côté, et trop éloignés de l'autre.

L'ordre des *bémols* ne doit donc pas commencer par *mi*, ni par aucune autre note de l'octave que par *si*, la seule qui n'a pas le même inconvénient ; car bien que le semi-ton y change de place, et, cessant d'être entre le *si* et l'*ut*, descende entre le *si bémol* et le *la*, toutefois l'ordre prescrit n'est point détruit ; le *la*, dans ce nouvel arrangement, se trouvant d'un côté à la quarte, et de l'autre à la quinte du *mi*, son homologue, et réciproquement.

La même raison qui fait placer le premier *bémol* sur le *si* fait mettre le second sur le *mi*, et ainsi de suite, en montant de quarte ou descendant de quinte jusqu'au *sol*, auquel on s'arrête ordinairement, parce que le *bémol* de l'*ut*, qu'on trouveroit ensuite, ne diffère point du *si* dans la pratique. Cela fait donc une suite de cinq *bémols* dans cet ordre :

1	2	3	4	5
Si	Mi	La	Re	Sol.

Toujours, par la même raison, l'on ne sauroit employer les derniers *bémols* à la clef sans employer aussi ceux qui les précèdent : ainsi le *bémol* du *mi* ne se pose qu'avec celui du *si*, celui du *la* qu'avec les deux précédens, et chacun des suivans qu'avec tous ceux qui le précèdent.

On trouvera dans l'article Clef une formule pour savoir tout d'un coup si un ton ou un mode donné doit porter des *bémols* à la clef, et combien.

Bémoliser, *v. a.* Marquer une note d'un *bémol*, ou armer la clef par *bémol*. *Bémolisez* ce *mi*. Il faut *bémoliser* la clef pour le ton de *fa*.

Béquarre ou B quarre (*), *s. m.* Caractère de musique qui s'écrit ainsi ♮, et qui, placé à la gauche d'une note, marque que cette note ayant été précédemment haussée par un dièse ou baissée par un *bémol*, doit être remise à son élévation naturelle ou diatonique.

Le *bécarre* fut inventé par Gui d'Arezzo. Cet auteur, qui donna des noms aux six premières notes de l'*octave*, n'en laissa point d'autre que la lettre *b* pour exprimer le *si* naturel : car chaque note avoit dès lors sa lettre correspondante ; et comme le chant diatonique de ce *si* est dur quand on y monte depuis le *fa*, il l'appela simplement b *dur*, b *carré* ou b *carre*, par une allusion dont j'ai parlé dans l'article précédent.

Le *bécarre* servit dans la suite à détruire l'effet du bémol antérieur sur la note qui suivoit le *bécarre* ; c'est que le bémol se plaçant ordinairement sur le *si*, le *bécarre*, qui venoit ensuite, ne produisoit, en détruisant ce bémol, que son effet naturel, qui étoit de représenter la note *si* sans altération. A la fin on s'en servit par extension, et, faute d'autre signe, pour détruire aussi l'effet du dièse ; et c'est ainsi qu'il s'emploie encore aujourd'hui. Le *bécarre* efface également le dièse ou le bémol qui l'ont précédé.

Il y a cependant une distinction à faire. Si le dièse ou le bémol étoient accidentels, ils sont

(*) On écrit actuellement *Bécarre*. G. P.

détruits sans retour par le *bécarre* dans toutes les notes qui le suivent médiatement ou immédiatement sur le même degré, jusqu'à ce qu'il s'y présente un nouveau bémol ou un nouveau dièse. Mais si le bémol ou le dièse sont à la clef, le *bécarre* ne les efface que pour la note qu'il précède immédiatement, ou tout au plus pour toutes celles qui suivent dans la même mesure et sur le même degré; et à chaque note altérée à la clef dont on veut détruire l'altération, il faut autant de nouveaux *bécarres*. Tout cela est assez mal entendu ; mais tel est l'usage.

Quelques-uns donnoient un autre sens au *bécarre*, et, lui accordant seulement le droit d'effacer les dièses ou bémols accidentels, lui ôtoient celui de rien changer à l'état de la clef; de sorte qu'en ce sens sur un *fa* diésé, ou sur un *si* bémolisé à la clef, le *bécarre* ne serviroit qu'à détruire un dièse accidentel sur ce *si*, ou un bémol sur ce *fa*, et signifieroit toujours le *fa* dièse ou le *si* bémol tel qu'il est à la clef.

D'autres enfin se servoient bien du *bécarre* pour effacer le bémol, même celui de la clef, mais jamais pour effacer le dièse ; c'est le bémol seulement qu'ils employoient dans ce dernier cas.

Le premier usage a tout-à-fait prévalu ; ceux-ci deviennent plus rares et s'abolissent de jour en jour : mais il est bon d'y faire attention en lisant d'anciennes musiques, sans quoi l'on se tromperoit souvent.

Bi. Syllabe dont quelques musiciens étrangers se servoient autrefois pour prononcer le son de la gamme que les François appellent *si*. (Voyez Si.)

Biscrome, *s. f.* Mot italien qui signifie *triples-croches*. Quand ce mot est écrit sous une suite de notes égales et de plus grande valeur que les triples-croches, il marque qu'il faut diviser en triples-croches les valeurs de toutes ces notes, selon la division réelle qui se trouve ordinairement faite au premier temps. C'est une invention des auteurs adoptée par les copistes, surtout dans les partitions, pour épargner le papier et la peine. (Voyez Crochet.)

Blanche, *s. f.* C'est le nom d'une note qui vaut deux noires ou la moitié d'une ronde. (Voyez l'article Notes; et la valeur de la *blanche*, Planche D, figure 9.)

Bourdon. Basse-continue qui résonne toujours sur le même ton, comme sont communément celles des airs appelés *musettes*. (Voyez Point d'orgue.)

Bourrée, *s. f.* Sorte d'air propre à une danse de même nom, que l'on croit venir d'Auvergne, et qui est encore en usage dans cette province. La *bourrée* est à deux temps gais, et commence par une noire avant le frappé. Elle doit avoir, comme la plupart des autres danses, deux parties et quatre mesures, ou un multiple de quatre à chacune. Dans ce caractère d'air on lie assez fréquemment la seconde moitié du premier temps et la première du second par une blanche syncopée.

Boutade, *s. f.* Ancienne sorte de petit ballet qu'on exécutoit ou qu'on paroissoit exécuter impromptu. Les musiciens ont aussi quelquefois donné ce nom aux pièces ou aux idées qu'ils exécutoient de même sur leurs instrumens, et qu'on appeloit autrement Caprice, Fantaisie. (Voyez ces mots.)

Brailler, *v. n.* C'est excéder le volume de sa voix et chanter tant qu'on a de force comme font au lutrin les marguilliers de village, et certains musiciens ailleurs.

Branle, *s. m.* Sorte de danse fort gaie, qui se danse en rond sur un air court et en rondeau, c'est-à-dire avec un même refrain à la fin de chaque couplet.

Bref. Adverbe qu'on trouve quelquefois écrit dans d'anciennes musiques au-dessus de la note qui finit une phrase ou un air, pour marquer que cette finale doit être coupée par un son bref et sec, au lieu de durer toute sa valeur. (Voyez Couper.) Ce mot est maintenant inutile depuis qu'on a un signe pour l'exprimer.

Brève, *s. f.* Note qui passe deux fois plus vite que celle qui la précède : ainsi la noire est *brève* après une blanche pointée, la croche après une noire pointée. On ne pourroit pas de même appeler *brève* une note qui vaudroit la moitié de la précédente : ainsi la noire n'est pas une *brève* après la blanche simple, ni la croche après la noire, à moins qu'il ne soit question de syncope.

C'est autre chose dans le plain-chant. Pour répondre exactement à la quantité des syllabes, la *brève* y vaut la moitié de la longue ;

de plus, la longue a quelquefois une queue pour la distinguer de la *brève* qui n'en a jamais; ce qui est précisément l'opposé de la musique, où la ronde, qui n'a point de queue, est double de la blanche qui en a une. (Voyez **Mesure, Valeur des notes.**)

Brève est aussi le nom que donnoient nos anciens musiciens, et que donnent encore aujourd'hui les Italiens à cette vieille figure de note que nous appelons *carrée*. Il y avoit deux sortes de *brèves* : savoir, la droite ou parfaite, qui se divise en trois parties égales et vaut trois rondes ou semi-brèves dans la mesure triple, et la *brève* altérée ou imparfaite, qui se divise en deux parties égales, et ne vaut que deux semi-brèves dans la mesure double. Cette dernière sorte de *brève* est celle qui s'indique par le signe du C barré ; et les Italiens nomment encore *alla breve* la mesure à deux temps fort vites, dont ils se servent dans les musiques *da capella*. (Voyez **Alla breve.**)

Broderies, Doubles, Fleurtis. Tout cela se dit en musique de plusieurs notes de goût que le musicien ajoute à sa partie dans l'exécution, pour varier un chant souvent répété, pour orner des passages trop simples, ou pour faire briller la légèreté de son gosier ou de ses doigts. Rien ne montre mieux le bon ou le mauvais goût d'un musicien que le choix et l'usage qu'il fait de ces ornemens. La vocale françoise est fort retenue sur les *broderies* ; elle le devient même davantage de jour en jour, et, si l'on excepte le célèbre Jelyotte et mademoiselle Fel, aucun acteur françois ne se hasarde plus au théâtre à faire des *doubles* ; car le chant françois, ayant pris un ton plus traînant et plus lamentable encore depuis quelques années, ne les comporte plus. Les Italiens s'y donnent carrière : c'est chez eux à qui en fera davantage, émulation qui mène toujours à en faire trop. Cependant l'accent de leur mélodie étant très-sensible, ils n'ont pas à craindre que le vrai chant disparoisse sous ces ornemens que l'auteur même y a souvent supposés.

A l'égard des instrumens, on fait ce qu'on veut dans un *solo*, mais jamais symphoniste qui *brode* ne fut souffert dans un bon orchestre.

Bruit, *s. m.* C'est en général toute émotion de l'air qui se rend sensible à l'organe auditif. Mais, en musique, le mot *bruit* est opposé au mot *son*, et s'entend de toute sensation de l'ouïe qui n'est pas sonore et appréciable. On peut supposer, pour expliquer la différence qui se trouve à cet égard entre le *bruit* et le *son*, que ce dernier n'est appréciable que par le concours de ses harmoniques, et que le *bruit* ne l'est point parce qu'il en est dépourvu. Mais outre que cette manière d'appréciation n'est pas facile à concevoir si l'émotion de l'air, causée par le son, fait vibrer avec une corde les aliquotes de cette corde, on ne voit pas pourquoi l'émotion de l'air causée par le *bruit*, ébranlant cette même corde, n'ébranleroit pas de même ses aliquotes. Je ne sache pas qu'on ait observé aucune propriété de l'air qui puisse faire soupçonner que l'agitation qui produit le son, et celle qui produit le *bruit* prolongé ne soient pas de même nature, et que l'action et réaction de l'air et du corps sonore, ou de l'air et du corps bruyant, se fassent par des lois différentes dans l'un et l'autre effet.

Ne pourroit-on pas conjecturer que le *bruit* n'est point d'une autre nature que le son ; qu'il n'est lui-même que la somme d'une multitude confuse de sons divers, qui se font entendre à la fois, et contrarient en quelque sorte mutuellement leurs ondulations? Tous les corps élastiques semblent être plus sonores à mesure que leur matière est plus homogène, que le degré de cohésion est plus égal partout, et que le corps n'est pas, pour ainsi dire, partagé en une multitude de petites masses qui, ayant des solidités différentes, résonnent conséquemment à différens tons.

Pourquoi le *bruit* ne seroit-il pas du son, puisqu'il en excite? car tout *bruit* fait résonner les cordes d'un clavecin, non quelques-unes, comme fait un son, mais toutes ensemble, parce qu'il n'y en a pas une qui ne trouve son unisson ou ses harmoniques. Pourquoi le *bruit* ne seroit-il pas du son, puisque avec des sons on fait du *bruit?* Touchez à la fois toutes les touches d'un clavier, vous produirez une sensation totale qui ne sera que du *bruit*, et qui ne prolongera son effet par la résonnance des cordes que comme tout autre *bruit* qui feroit résonner les mêmes cordes. Pourquoi le *bruit* ne seroit-il pas du son, puisqu'un son trop fort n'est plus qu'un véritable *bruit*, comme une voix qui crie à pleine tête, et surtout comme le son d'une grosse cloche qu'on entend dans le clocher même? car il est impossible de l'apprécier, si, sortant du clocher, on n'adoucit le son par l'éloignement.

Mais, me dira-t-on, d'où vient ce changement d'un son excessif en *bruit?* c'est que la violence des vibrations rend sensible la résonnance d'un si grand nombre d'aliquotes, que le mélange de tant de sons divers fait alors son effet ordinaire et n'est plus que du *bruit.* Ainsi les aliquotes qui résonnent ne sont pas seulement la moitié, le tiers, le quart, et toutes les consonnances, mais la septième partie, la neuvième, la centième, et plus encore; tout cela fait ensemble un effet semblable à celui de toutes les touches d'un clavecin frappées à la fois : et voilà comment le son devient *bruit.*

On donne aussi, par mépris, le nom de *bruit* à une musique étourdissante et confuse, où l'on entend plus de fracas que d'harmonie, et plus de clameurs que de chant : *Ce n'est que du* bruit ; *cet opéra fait beaucoup de* bruit *et d'effet.*

Bucoliasme. Ancienne chanson des bergers. (Voyez Chanson.)

C.

C. Cette lettre étoit, dans nos anciennes musiques, le signe de la prolation mineure imparfaite ; d'où la même lettre est restée parmi nous celui de la musique à quatre temps, laquelle renferme exactement les mêmes valeurs de notes. (Voyez Mode, Prolation.)

C barré. Signifie la mesure à quatre temps vites, ou à deux temps posés : il se marque en traversant le C de haut en bas par une ligne perpendiculaire à la portée.

C sol ut, C sol fa ut, ou simplement C. Caractère ou terme de musique qui indique la première note de la gamme, que nous appelons *ut.* (Voyez Gamme.) C'est aussi l'ancien signe d'une des trois clefs de la musique. (Voyez Clef.)

Cacophonie, *s. f.* Union discordante de plusieurs sons mal choisis ou mal accordés. Ce mot vient de κακός, mauvais, et de φωνή, *son.* Ainsi, c'est mal à propos que la plupart des musiciens prononcent *cacaphonie.* Peut-être feront-ils à la fin passer cette prononciation comme ils ont déjà fait passer celle de *colophane.*

Cadence, *s. f.* Terminaison d'une phrase harmonique sur un repos ou sur un accord parfait, ou, pour parler plus généralement, c'est tout passage d'un accord dissonant à un accord quelconque ; car on ne peut jamais sortir d'un accord dissonant que par un acte de *cadence.* Or, comme toute phrase harmonique est nécessairement liée par des dissonances exprimées ou sous-entendues, il s'ensuit que toute l'harmonie n'est proprement qu'une suite de *cadences.*

Ce qu'on appelle *acte de cadence* résulte toujours de deux sons fondamentaux, dont l'un annonce la *cadence,* et l'autre la termine.

Comme il n'y a point de dissonance sans *cadence,* il n'y a point non plus de *cadence* sans dissonance, exprimée ou sous-entendue ; car, pour faire sentir le repos, il faut que quelque chose d'antérieur le suspende, et ce quelque chose ne peut être que la dissonance ou le sentiment implicite de la dissonance : autrement les deux accords étant également parfaits, on pourroit se reposer sur le premier ; le second ne s'annonceroit point et ne seroit pas nécessaire. L'accord formé sur le premier son d'une *cadence* doit donc toujours être dissonant, c'est-à-dire porter ou supposer une dissonance.

A l'égard du second, il peut être consonnant ou dissonant selon qu'on veut établir ou éluder le repos. S'il est consonnant, la *cadence* est pleine ; s'il est dissonant, la *cadence* est évitée ou imitée.

On compte ordinairement quatre espèces de *cadence* : savoir, *cadence parfaite, cadence imparfaite* ou *irrégulière, cadence interrompue,* et *cadence rompue* : ce sont les dénominations que leur a données M. Rameau, et dont on verra ci-après les raisons.

I. Toutes les fois qu'après un accord de septième la basse-fondamentale descend de quinte sur un accord parfait, c'est une *cadence parfaite* pleine, qui procède toujours d'une dominante tonique à la tonique; mais si la *cadence parfaite* est évitée par une dissonance ajoutée à la seconde note, on peut commencer une seconde *cadence* en évitant la première sur cette seconde note, éviter derechef cette seconde *cadence,* et en commencer une troisième sur la troisième note, enfin continuer ainsi tant qu'on veut, en montant de quarte ou descendant de quinte sur toutes les cordes du ton, et cela forme une succession de *cadences parfaites évitées*. Dans cette succession, qui est sans contredit la plus harmonique, deux parties, savoir, celles qui font la septième et la quinte, descendent sur la tierce et l'octave de l'accord suivant, tandis que deux autres parties, savoir, celles qui font la tierce et l'octave, restent pour faire à leur tour la septième et la quinte, et descendent ensuite alternativement avec les deux autres. Ainsi une telle succession donne une harmonie descendante; elle ne doit jamais s'arrêter qu'à une dominante tonique pour tomber ensuite sur la tonique par une *cadence* pleine. (*Pl.* A, *fig.* 1.)

II. Si la basse fondamentale, au lieu de descendre de quinte après un accord de septième, descend seulement de tierce, la *cadence* s'appelle *interrompue* : celle-ci ne peut jamais être pleine; mais il faut nécessairement que la seconde note de cette *cadence* porte un autre accord dissonant. On peut de même continuer à descendre de tierce ou monter de sixte par des accords de septième; ce qui fait une deuxième succession de *cadences* évitées, mais bien moins parfaite que la précédente : car la septième, qui se sauve sur la tierce dans la *cadence parfaite*, se sauve ici sur l'octave, ce qui rend moins d'harmonie, et fait même sous-entendre deux octaves; de sorte que, pour les éviter, il faut retrancher la dissonance ou renverser l'harmonie.

Puisque la *cadence interrompue* ne peut jamais être pleine, il s'ensuit qu'une phrase ne peut finir par elle; mais il faut recourir à la *cadence parfaite* pour faire entendre l'accord dominant. (*Figure* 2.)

La *cadence interrompue* forme encore, par sa succession, une harmonie descendante; mais il n'y a qu'un seul son qui descende. Les trois autres restent en place pour descendre, chacun à son tour, dans une marche semblable. (*Même figure.*)

Quelques-uns prennent mal à propos pour une *cadence interrompue* un renversement de la *cadence parfaite*, où la basse, après un accord de septième, descend de tierce portant un accord de sixte : mais chacun voit qu'une telle marche, n'étant point fondamentale, ne peut constituer une *cadence* particulière.

III. *Cadence rompue* est celle où la basse-fondamentale, au lieu de monter de quarte après un accord de septième, comme dans la *cadence parfaite*, monte seulement d'un degré. Cette *cadence* s'évite le plus souvent par une septième sur la seconde note. Il est certain qu'on ne peut la faire pleine que par licence; car alors il y a nécessairement défaut de liaison. (Voyez *figure* 5.)

Une succession de *cadences rompues* évitées est encore descendante; trois sons y descendent, et l'octave reste seule pour préparer la dissonance; mais une telle succession est dure, mal modulée, et se pratique rarement.

IV. Quand la basse descend, par un intervalle de quinte, de la dominante sur la tonique, c'est, comme je l'ai dit, un acte de *cadence parfaite*.

Si au contraire la basse monte par quinte de la tonique à la dominante, c'est un acte de *cadence irrégulière* ou *imparfaite*. Pour l'annoncer, on ajoute une sixte majeure à l'accord de la tonique; d'où cet accord prend le nom de *sixte-ajoutée*. (Voyez ACCORD.) Cette sixte, qui fait dissonance sur la quinte, est aussi traitée comme dissonance sur la basse-fondamentale, et, comme telle, obligée de se sauver en montant diatoniquement sur la tierce de l'accord suivant.

La *cadence imparfaite* forme une opposition presque entière à la *cadence parfaite*. Dans le premier accord de l'une et de l'autre, on divise la quarte qui se trouve entre la quinte et l'octave par une dissonance qui y produit une nouvelle tierce, et cette dissonance doit aller se résoudre sur l'accord suivant par une marche fondamentale de quinte. Voilà ce que ces deux *cadences* ont de commun; voici maintenant ce qu'elles ont d'opposé.

Dans la *cadence parfaite*, le son ajouté se prend au haut de l'intervalle de quarte, auprès de l'octave, formant tierce avec la quinte, et produit une dissonance mineure qui se sauve en descendant, tandis que la basse-fondamentale monte de quarte ou descend de quinte de la dominante à la tonique, pour établir un repos parfait. Dans la *cadence imparfaite*, le son ajouté se prend au bas de l'intervalle de quarte auprès de la quinte, et, formant tierce avec l'octave, il produit une dissonance majeure qui se sauve en montant, tandis que la basse-fondamentale descend de quarte ou monte de quinte de la tonique à la dominante pour établir un repos imparfait.

M. Rameau, qui a le premier parlé de cette *cadence*, et qui en admet plusieurs renversemens, nous défend, dans son *Traité de l'Harmonie*, *page* 117, d'admettre celui où le son ajouté est au grave portant un accord de septième, et cela par une raison peu solide dont j'ai parlé au mot ACCORD. Il a pris cet accord de septième pour fondamental; de sorte qu'il fait sauver une septième par une autre septième, une dissonance par un dissonance pareille, par un mouvement semblable sur la basse-fondamentale. Si une telle manière de traiter les dissonances pouvoit se tolérer, il faudroit se boucher les oreilles et jeter les règles au feu. Mais l'harmonie, sous laquelle cet auteur a mis une si étrange basse-fondamentale, est visiblement renversée d'une *cadence imparfaite*, évitée par une septième ajoutée sur la seconde note. (Voyez *Planche* A, *fig.* 4.) Et cela est si vrai, que la basse-continue qui frappe la dissonance est nécessairement obligée de monter diatoniquement pour la sauver, sans quoi le passage ne vaudroit rien. J'avoue que dans le même ouvrage, *page* 272, M. Rameau donne un exemple semblable avec la vraie basse-fondamentale; mais puisqu'il improuve en termes formels le renversement qui résulte de cette basse, un tel passage ne sert qu'à montrer dans son livre une contradiction de plus, et bien que dans un ouvrage postérieur (*Génér. Harmon.*, *page* 186), le même auteur semble reconnoître le vrai fondement de ce passage, il en parle si obscurément, et dit encore si nettement que la septième est sauvée par une autre, qu'on voit bien qu'il ne fait ici qu'entrevoir, et qu'au fond il n'a pas changé d'opinion: de sorte qu'on est en droit de rétorquer contre lui le reproche qu'il fait à Masson de n'avoir pas su voir la *cadence imparfaite* dans un de ses renversemens.

La même *cadence imparfaite* se prend encore de la sous-dominante à la tonique. On peut aussi l'éviter, et lui donner de cette manière une succession de plusieurs notes, dont les accords formeront une harmonie ascendante, dans laquelle la sixte et l'octave montent sur la tierce et la quinte, de l'accord, tandis que la tierce et la quinte restent pour faire l'octave et préparer la sixte.

Nul auteur, que je sache, n'a parlé, jusqu'à M. Rameau, de cette ascension harmonique; lui-même ne la fait qu'entrevoir, et il est vrai qu'on ne pourroit pratiquer une longue suite de pareilles *cadences*, à cause des sixtes majeures qui éloigneroient la modulation, ni même en remplir, sans précaution, toute l'harmonie.

Après avoir exposé les règles et la constitution des diverses *cadences*, passons aux raisons que M. d'Alembert donne, d'après M. Rameau, de leurs dénominations.

La *cadence parfaite* consiste dans une marche de quinte en descendant; et, au contraire, l'*imparfaite* consiste dans une marche de quinte en montant: en voici la raison; quand je dis, *ut sol*, *sol* est déjà renfermé dans l'*ut*, puisque tout son, comme *ut*, porte avec lui sa douzième, dont sa quinte *sol* est l'octave; ainsi, quand on va d'*ut* à *sol*, c'est le son générateur qui passe à son produit, de manière pourtant que l'oreille désire toujours de revenir à ce premier générateur; au contraire, quand on dit *sol ut*, c'est le produit qui retourne au générateur; l'oreille est satisfaite et ne désire plus rien. De plus, dans cette marche *sol ut*, le *sol* se fait encore entendre dans *ut*; ainsi l'oreille entend à la fois le générateur et son produit: au lieu que dans la marche *ut sol*, l'oreille, qui, dans le premier son, avoit entendu *ut* et *sol*, n'entend plus, dans le second, que *sol* sans *ut*. Ainsi le repos ou la *cadence* de *sol* à *ut*, a plus de perfection que la *cadence* ou le repos d'*ut* à *sol*.

Il semble, continue M. d'Alembert, que dans les principes de M. Rameau on peut encore expliquer l'effet de la *cadence rompue* et de la *cadence interrompue*. Imaginons, pour cet effet, qu'après un accord de septième, *sol si re fa*, on monte diatoniquement par une *cadence rompue* à l'accord *la ut mi sol*; il est visible que cet accord est renversé de l'accord de sous-dominante *ut mi sol la*: ainsi la marche de *cadence rompue* équivaut à cette succession *sol si re fa*, *ut mi sol la*, qui n'est autre chose qu'une *cadence parfaite*, dans laquelle *ut*, au l'eu d'être traitée comme tonique, est rendue sous-dominante. Or, toute tonique, dit M. d'Alembert, peut toujours être rendue sous-dominante, en changeant de mode : j'ajouterai qu'elle peut même porter l'accord de sixte-ajoutée, sans en changer.

A l'égard de la *cadence interrompue*, qui consiste à descendre d'une dominante sur une autre par l'intervalle de tierce en cette sorte *sol si re fa, mi sol si re*, il semble qu'on peut encore l'expliquer. En effet, le second accord *mi sol si re*, est renversé de l'accord de sous-dominante *sol si re mi* : ainsi la *cadence interrompue* équivaut à cette succession, *sol si re fa, sol si re mi*, où la note *sol*, après avoir été traitée comme dominante, est rendue sous-dominante en changeant de mode; ce qui est permis et dépend du compositeur.

Ces explications sont ingénieuses, et montrent quel usage on peut faire du double emploi dans les passages qui semblent s'y rapporter le moins. Cependant l'intention de M. d'Alembert n'est sûrement pas qu'on s'en serve réellement dans ceux-ci pour la pratique, mais seulement pour l'intelligence du renversement. Par exemple, le double emploi de la *cadence interrompue* sauveroit la dissonance *fa* par la dissonance *mi*, ce qui est contraire aux règles, à l'esprit des règles, et surtout au jugement de l'oreille; car dans la sensation du second accord, *sol si re mi*, à la suite du premier, *sol si re fa*, l'oreille s'obstine plutôt à rejeter le *re* du nombre des consonnances, que d'admettre le *mi* pour dissonant. En général les commençans doivent savoir que le double emploi peut être admis sur un accord de septième à la suite d'un accord consonnant, mais que sitôt qu'un accord de septième en suit un semblable, le double emploi ne peut avoir lieu. Il est bon qu'ils sachent encore qu'on ne doit changer de ton par nul autre accord dissonant que le sensible; d'où il suit que dans la *cadence rompue* on ne peut supposer aucun changement de ton.

Il y a une autre espèce de *cadence*, que les musiciens ne regardent point comme telle, et qui, selon la définition, en est pourtant une véritable; c'est le passage de l'accord de septième diminuée sur la note sensible à l'accord de la tonique. Dans ce passage il ne se trouve aucune *liaison harmonique*, et c'est le second exemple de ce défaut dans ce qu'on appelle *cadence*. On pourroit regarder les transitions enharmoniques comme des manières d'éviter cette même *cadence*, de même qu'on évite la *cadence parfaite* d'une dominante à sa tonique par une transition chromatique : mais je me borne à expliquer ici les dénominations établies.

CADENCE est, en terme de chant, ce battement de gosier que les Italiens appellent *trillo*, que nous appelons autrement *tremblement*, et qui se fait ordinairement sur la pénultième note d'une phrase musicale, d'où sans doute il a pris le nom de *cadence*. On dit, *Cette actrice a une belle* cadence; *ce chanteur bat mal la* cadence, etc.

Il y a deux sortes de *cadences* : l'une est la *cadence pleine*; elle consiste à ne commencer le battement de voix qu'après en avoir appuyé la note supérieure; l'autre s'appelle *cadence brisée*, et l'on y fait le battement de voix sans aucune préparation. (Voyez l'exemple de l'une et de l'autre, *Pl.* B, *figure* 15.)

CADENCE (la) est une qualité de la bonne musique, qui donne à ceux qui l'exécutent ou qui l'écoutent un sentiment vif de la mesure, en sorte qu'ils la marquent et la sentent tomber à propos, sans qu'ils y pensent et comme par instinct. Cette qualité est surtout requise dans les airs à danser : *Ce menuet marque bien la* cadence; *cette chaconne manque de* cadence. La *cadence*, en ce sens étant une qualité, porte ordinairement l'article défini *la*; au lieu que la *cadence* harmonique porte, comme individuelle, l'article numérique : *Une* cadence *parfaite*; *trois* cadences *évitées*, etc.

Cadence signifie encore la conformité des pas du danseur avec la mesure marquée par l'instrument : *Il sort de* cadence; *il est bien en* cadence. Mais il faut observer que la *cadence* ne se marque pas toujours comme se bat la mesure. Ainsi le maître de musique marque le mouvement du menuet en frappant au commencement de chaque mesure; au lieu que le maître à danser ne bat que de deux en deux mesures, parce qu'il en faut autant pour former les quatre pas du menuet.

CADENCÉ, *adj.* Une musique bien *cadencée* est celle où la cadence est sensible, où le rhythme et l'harmonie concourent le plus parfaitement qu'il est possible à faire sentir le mouvement : car le choix des accords n'est pas indifférent pour marquer les temps de la mesure, et l'on ne doit pas pratiquer indifféremment la même harmonie sur le frappé et sur le levé. De même il ne suffit pas de partager les mesures en valeurs égales pour en faire sentir les retours égaux : mais le rhythme ne dépend pas moins de l'accent qu'on donne à la mélodie que des valeurs qu'on donne aux notes ; car on peut avoir des temps très-égaux en valeurs, et toutefois très-mal *cadencés* : ce n'est pas assez que l'égalité y soit, il faut encore qu'on la sente.

Cadenza, *s. f.* Mot italien, par lequel on indique un point d'orgue non écrit, et que l'auteur laisse à la volonté de celui qui exécute la partie principale, afin qu'il y fasse, relativement au caractère de l'air, les passages les plus convenables à sa voix, à son instrument ou à son goût.

Ce point d'orgue s'appele *cadenza*, parce qu'il se fait ordinairement sur la première note d'une cadence finale, et il s'appelle aussi *arbitrio* à cause de la liberté qu'on y laisse à l'exécutant de se livrer à ses idées et de suivre son propre goût. La musique françoise, surtout la vocale, qui est extrêmement servile, ne laisse au chanteur aucune pareille liberté, dont même il seroit fort embarrassé de faire usage.

Canarder, *v. n.* C'est, en jouant du hautbois, tirer un son nasillard et rauque, approchant du cri du canard ; c'est ce qui arrive aux commençans, et surtout dans le bas, pour ne pas serrer assez l'anche des lèvres. Il est aussi très-ordinaire à ceux qui chantent la haute-contre de *canarder;* parce que la haute-contre est une voix factice et forcée qui se sent toujours de la contrainte avec laquelle elle sort.

Canarie, *s. f.* Espèce de gigue dont l'air est d'un mouvement encore plus vif que celui de la gigue ordinaire : c'est pourquoi l'on le marque quelquefois par $\frac{6}{4}$: cette danse n'est plus en usage aujourd'hui. (Voyez Gigue.)

Canevas, *s. m.* C'est ainsi qu'on appelle, à l'Opéra de Paris, des paroles que le musicien ajuste aux notes d'un air à parodier. Sur ces paroles, qui ne signifient rien, le poëte en ajuste d'autres qui ne signifient pas grand'chose, où l'on ne trouve pour l'ordinaire pas plus d'esprit que de sens, où la prosodie françoise est ridiculement estropiée, et qu'on appelle encore avec grande raison des *canevas.*

Canon, *s. m.* C'étoit dans la musique ancienne une règle ou méthode pour déterminer les rapports des intervalles. L'on donnoit aussi le nom de *canon* à l'instrument par lequel on trouvoit ces rapports ; et Ptolomée a donné le même nom au livre que nous avons de lui sur les rapports de tous les intervalles harmoniques. En général, on appeloit *sectio canonis* la division du monocorde par tous ces intervalles, et *canon universalis* le monocorde ainsi divisé, ou la table qui le représentoit. (Voyez Monocorde.)

Canon, en musique moderne, est une sorte de fugue qu'on appelle *perpétuelle ;* parce que les parties, partant l'une après l'autre, répètent sans cesse le même chant.

Autrefois, dit Zarlin, on mettoit à la tête des fugues perpétuelles, qu'il appelle *fughe in conseguenza,* certains avertissemens qui marquoient comment il falloit chanter ces sortes de fugues ; et ces avertissemens, étant proprement les règles de ces fugues, s'intituloient *canoni,* règles, *canons.* De là, prenant le titre pour la chose, on a, par métonymie, nommé *canon* cette espèce de fugue.

Les *canons* les plus aisés à faire et les plus communs se prennent à l'unisson ou à l'octave, c'est-à-dire que chaque partie répète sur le même ton le chant de celle qui la précède. Pour composer cette espèce de *canon,* il ne faut qu'imaginer un chant à son gré, y ajouter en partition autant de parties qu'on veut, à voix égale, puis, de toutes ces parties chantées successivement, former un seul air ; tâchant que cette succession produise un tout agréable, soit dans l'harmonie, soit dans le chant.

Pour exécuter un tel *canon,* celui qui doit chanter le premier part seul, chantant de suite l'air entier, et le recommençant aussitôt sans interrompre la mesure. Dès que celui-ci a fini le premier couplet, qui doit servir de sujet perpétuel, et sur lequel le *canon* entier a été composé, le second entre, et commence ce même premier couplet, tandis que le premier entré poursuit le second : les autres partent de même successivement, dès que celui qui les précède est à la fin du même premier couplet ; en recommençant ainsi sans cesse, on ne trouve jamais de fin générale, et l'on poursuit le *canon* aussi long-temps qu'on veut.

L'on peut encore prendre une fugue perpétuelle à la quinte ou à la quarte, c'est-à-dire que chaque partie répétera le chant de la précédente une quinte ou une quarte plus haut ou plus bas. Il faut alors que le *canon* soit imaginé tout entier, *di prima intenzione*, comme disent les Italiens, et que l'on ajoute des bémols ou des dièses aux notes dont les degrés naturels ne rendroient pas exactement, à la quinte ou à la quarte, le chant de la partie précédente. On ne doit avoir égard ici à aucune modulation, mais seulement à l'identité du chant : ce qui rend la composition du *canon* plus difficile; car à chaque fois qu'une partie reprend la fugue elle entre dans un nouveau ton ; elle en change presque à chaque note, et, qui pis est, nulle partie ne se trouve à la fois dans le même ton qu'une autre ; ce qui fait que ces sortes de *canons*, d'ailleurs peu faciles à suivre, ne font jamais un effet agréable, quelque bonne qu'en soit l'harmonie, et quelque bien chantés qu'ils soient.

Il y a une troisième sorte de *canons*, très-rares, tant à cause de l'excessive difficulté, que parce que ordinairement dénués d'agrémens, ils n'ont d'autre mérite que d'avoir coûté beaucoup de peine à faire : c'est ce qu'on pourroit appeler *double canon renversé*, tant par l'inversion qu'on y met dans le chant des parties, que par celle qui se trouve entre les parties mêmes en les chantant. Il y a un tel artifice dans cette espèce de *canons*, que, soit qu'on chante les parties dans l'ordre naturel, soit qu'on renverse le papier pour les chanter dans un ordre rétrograde, en sorte que l'on commence par la fin, et que la basse devienne le dessus, on a toujours une bonne harmonie et un *canon* régulier. Voyez (*Planche* D, *fig.* 11) deux exemples de cette espèce de *canons* tirés de Bontempi, lequel donne aussi des règles pour les composer. Mais on trouvera le vrai principe de ces règles au mot SYSTÈME, dans l'exposition de celui de M. Tartini.

Pour faire un *canon* dont l'harmonie soit un peu variée, il faut que les parties ne se suivent pas trop promptement, que l'une n'entre que long-temps après l'autre. Quand elles se suivent si rapidement, comme à la pause ou demi-pause, on n'a pas le temps d'y faire passer plusieurs accords, et le *canon* ne peut manquer d'être monotone ; mais c'est un moyen de faire sans beaucoup de peine des *canons* à tant de parties qu'on veut ; car un *canon* de quatre mesures seulement sera déjà à huit parties, si elles se suivent à la demi-pause; et, à chaque mesure qu'on ajoutera, l'on gagnera encore deux parties.

L'empereur Charles VI, qui étoit un grand musicien et composoit très-bien, se plaisoit beaucoup à faire et chanter des *canons*. L'Italie est encore pleine de fort beaux *canons* qui ont été faits pour ce prince par les meilleurs maîtres de ce pays-là.

CANTABILE. Adjectif italien, qui signifie *chantable, commode à chanter*. Il se dit de tous les chants dont, en quelque mesure que ce soit, les intervalles ne sont pas trop grands ni les notes trop précipitées, de sorte qu'on peut les chanter aisément sans forcer ni gêner la voix. Le mot *cantabile* passe aussi peu à peu dans l'usage françois. On dit : *Parlez-moi du* cantabile; *un beau* cantabile *me plaît plus que tous vos airs d'exécution.*

CANTATE, *s. f.* Sorte de petit poëme lyrique, qui se chante avec des accompagnemens, et qui, bien que fait pour la chambre, doit recevoir du musicien la chaleur et les grâces de la musique imitative et théâtrale. Les *cantates* sont ordinairement composées de trois récitatifs et d'autant d'airs. Celles qui sont en récits, et les airs en maximes, sont toujours froides et mauvaises ; le musicien doit les rebuter. Les meilleures sont celles où, dans une situation vive et touchante, le principal personnage parle lui-même ; car nos *cantates* sont communément à voix seule. Il y en a pourtant quelques-unes à deux voix en forme de dialogue, et celles-là sont encore agréables quand on sait y introduire de l'intérêt. Mais comme il faut toujours un peu d'échafaudage pour faire une sorte d'exposition et mettre l'auditeur au fait, ce n'est pas sans raison que les *cantates* ont passé de mode, et qu'on leur a substitué, même dans les concerts, des scènes d'opéra.

La mode des *cantates* nous est venue d'Italie, comme on le voit par leur nom qui est italien; et c'est l'Italie aussi qui les a proscrites la première. Les *cantates* qu'on y fait aujourd'hui sont de véritables pièces dramatiques à plusieurs acteurs, qui ne diffèrent des opéra qu'en ce que ceux-ci se représentent au théâtre, et que les *cantates* ne s'exécutent qu'en concert : de sorte que la *cantate* est sur un sujet profane ce qu'est l'oratorio sur un sujet sacré.

Cantatille, *s. f.* diminutif de *cantate*, n'est en effet qu'une cantate fort courte, dont le sujet est lié par quelques vers de récitatif, en deux ou trois airs en rondeau pour l'ordinaire avec des accompagnemens de symphonie. Le genre de la *cantatille* vaut mieux encore que celui de la cantate, auquel on l'a substitué parmi nous. Mais, comme on n'y peut développer ni passions ni tableaux, et qu'elle n'est susceptible que de gentillesse, c'est une ressource pour les petits faiseurs de vers et pour les musiciens sans génie.

Cantique, *s. m.* Hymne que l'on chante en l'honneur de la Divinité.

Les premiers et les plus anciens *cantiques* furent composés à l'occasion de quelque événement mémorable, et doivent être comptés entre les plus anciens monumens historiques.

Ces *cantiques* étoient chantés par des chœurs de musique et souvent accompagnés de danses, comme il paroît par l'Écriture. La plus grande pièce qu'elle nous offre en ce genre, est le *Cantique des Cantiques*, ouvrage attribué à Salomon, et que quelques auteurs prétendent n'être que l'épithalame de son mariage avec la fille du roi d'Égypte. Mais les théologiens montrent sous cet emblème l'union de Jésus-Christ et de l'Église. Le sieur de Cahusac ne voyoit dans le *Cantique des Cantiques* qu'un opéra très-bien fait : les scènes, les récits, les duo, les chœurs, rien n'y manquoit selon lui, et il ne doutoit pas même que cet opéra n'eût été représenté.

Je ne sache pas qu'on ait conservé le nom de *cantique* à aucun des chants de l'Église romaine : si ce n'est le *Cantique* de Siméon, celui de Zacharie, et le *Magnificat*, appelé le *Cantique* de la Vierge. Mais parmi nous, on appelle *cantique* tout ce qui se chante dans nos temples, excepté les psaumes, qui conservent leur nom.

Les Grecs donnoient encore le nom de *cantiques* à certains monologues passionnés de leurs tragédies, qu'on chantoit sur le mode hypodorien, ou sur l'hypophrygien, comme nous l'apprend Aristote au dix-neuvième de ses problèmes.

Canto. Ce mot italien, écrit dans une partition sur la portée vide du premier violon, marque qu'il doit jouer à l'unisson sur la partie chantante.

Caprice, *s. m.* Sorte de pièce de musique libre, dans laquelle l'auteur, sans s'assujettir à aucun sujet, donne carrière à son génie et se livre à tout le feu de la composition. Le *caprice* de Rebel étoit estimé dans son temps. Aujourd'hui les *caprices* de Locatelli donnent de l'exercice à nos violons.

Caractères de musique. Ce sont les divers signes qu'on emploie pour représenter tous les sons de la mélodie, et toutes les valeurs des temps et de la mesure; de sorte qu'à l'aide de ces *caractères* on puisse lire et exécuter la musique exactement comme elle a été composée, et cette manière d'écrire s'appelle *noter*. (Voyez Notes.)

Il n'y a que les nations de l'Europe qui sachent écrire leur musique. Quoique dans les autres parties du monde chaque peuple ait aussi la sienne, il ne paroît pas qu'aucun d'eux ait poussé ses recherches jusqu'à des *caractères* pour la noter. Au moins est-il sûr que les Arabes ni les Chinois, les deux peuples étrangers qui ont le plus cultivé les lettres, n'ont ni l'un ni l'autre de pareils *caractères*. A la vérité les Persans donnent des noms de villes de leur pays ou des parties du corps humain aux quarante-huit sons de leur musique : ils disent, par exemple, pour donner l'intonation d'un air : *Allez de cette ville à celle-là*, ou *allez du doigt au coude* ; mais ils n'ont aucun signe propre pour exprimer sur le papier ces mêmes sons ; et, quant aux Chinois, on trouve dans le P. du Halde qu'ils furent étrangement surpris de voir les jésuites noter et lire sur cette même note tous les airs chinois qu'on leur faisoit entendre.

Les anciens Grecs se servoient pour *caractères* dans leur musique, ainsi que dans leur arithmétique, des lettres de leur alphabet : mais au lieu de leur donner dans la musique une valeur numéraire qui marquât les intervalles, ils se contentoient de les employer comme signes, les combinant en diverses manières, les mutilant, les accouplant, les couchant, les retournant différemment, selon les genres et les modes, comme on peut voir dans le recueil d'Alypius. Les Latins les imitèrent en se servant, à leur exemple, des lettres de l'alphabet; et il nous en reste encore la lettre jointe au nom de chaque note de notre échelle diatonique et naturelle.

Gui l'Arétin imagina les lignes, les portées, les signes particuliers, qui nous sont demeurés sous le nom de *notes*, et qui sont aujourd'hui la langue musicale et universelle de toute l'Europe. Comme ces derniers signes, quoique admis unanimement et perfectionnés depuis l'Arétin, ont encore de grands défauts, plusieurs ont tenté de leur substituer d'autres notes: de ce nombre ont été Parran, Souhaitti, Sauveur, Dumas et moi-même. Mais comme, au fond, tous ces systèmes, en corrigeant d'anciens défauts auxquels on est tout accoutumé, ne faisoient qu'en substituer d'autres dont l'habitude est encore à prendre, je pense que le public a très-sagement fait de laisser les choses comme elles sont, et de nous renvoyer, nous et nos systèmes, au pays des vaines spéculations.

Carillon. Sorte d'air fait pour être exécuté par plusieurs cloches accordées à différens tons. Comme on fait plutôt le *carillon* pour les cloches que les cloches pour le *carillon*, l'on n'y fait entrer qu'autant de sons divers qu'il y a de cloches. Il faut observer, de plus, que tous leurs sons ayant quelque permanence, chacun de ceux qu'on frappe doit faire harmonie avec celui qui le précède et avec celui qui le suit; assujettissement qui, dans un mouvement gai, doit s'étendre à toute une mesure et même au-delà, afin que les sons qui durent ensemble ne dissonent point à l'oreille. Il y a beaucoup d'autres observations à faire pour composer un bon *carillon*, et qui rendent ce travail plus pénible que satisfaisant; car c'est toujours une sotte musique que celle des cloches, quand même tous les sons en seroient exactement justes; ce qui n'arrive jamais. On trouvera (*Planche A, fig.* 14) l'exemple d'un *carillon* consonnant, composé pour être exécuté sur une pendule à neuf timbres, faite par M. Romilly, célèbre horloger. On conçoit que l'extrême gêne, à laquelle assujettissent le concours harmonique des sons voisins et le petit nombre des timbres, ne permet guère de mettre du chant dans un semblable air.

Cartelles. Grandes feuilles de peau d'âne préparées, sur lesquelles on entaille les traits des portées, pour pouvoir y noter tout ce qu'on veut en composant, et l'effacer ensuite avec une éponge; l'autre côté, qui n'a point de portées, peut servir à écrire et barbouiller, et s'efface de même, pourvu qu'on n'y laisse pas trop vieillir l'encre. Avec une *cartelle* un compositeur soigneux en a pour sa vie, et épargne bien des rames de papier réglé; mais il y a ceci d'incommode que la plume passe continuellement sur les lignes entaillées, gratte et s'émousse facilement. Les *cartelles* viennent toutes de Rome ou de Naples.

Castrato, *s. m.* Musicien qu'on a privé dans son enfance des organes de la génération, pour lui conserver la voix aiguë qui chante la partie appelée *dessus* ou *soprano*. Quelque peu de rapport qu'on aperçoive entre deux organes si différens, il est certain que la mutilation de l'un prévient et empêche dans l'autre cette mutation qui survient aux hommes à l'âge nubile, et qui baisse tout à coup leur voix d'une octave. Il se trouve en Italie des pères barbares qui, sacrifiant la nature à la fortune, livrent leurs enfans à cette opération, pour le plaisir des gens voluptueux et cruels qui osent rechercher le chant de ces malheureux. Laissons aux honnêtes femmes des grandes villes les ris modestes, l'air dédaigneux et les propos plaisans dont ils sont l'éternel objet; mais faisons entendre, s'il se peut, la voix de la pudeur et de l'humanité qui crie et s'élève contre cet infâme usage; et que les princes qui l'encouragent par leurs recherches, rougissent une fois de nuire en tant de façons à la conservation de l'espèce humaine.

Au reste, l'avantage de la voix se compense dans les *castrati* par beaucoup d'autres pertes. Ces hommes qui chantent si bien, mais sans chaleur et sans passion, sont sur le théâtre les plus maussades acteurs du monde; ils perdent leur voix de très-bonne heure, et prennent un embonpoint dégoûtant; ils parlent et prononcent plus mal que les vrais hommes, et il y a même des lettres, telles que l'*r*, qu'ils ne peuvent point prononcer du tout.

Quoique le mot *castrato* ne puisse offenser les

plus délicates oreilles, il n'en est pas de même de son synonyme françois; preuve évidente que ce qui rend les mots indécens et déshonnêtes dépend moins des idées qu'on leur attache, que de l'usage de la bonne compagnie, qui les tolère ou les proscrit à son gré.

On pourroit dire cependant que le mot italien s'admet comme représentant une profession, au lieu que le mot françois ne représente que la privation qui y est jointe.

CATABAUCALÈSE. Chanson des nourrices chez les anciens. (Voyez CHANSON.)

CATACOUSTIQUE, *s. f.* Science qui a pour objet les sons réfléchis, ou cette partie de l'acoustique qui considère les propriétés des échos. Ainsi la *catacoustique* est à l'acoustique ce que la catoptrique est à l'optique.

CATAPHONIQUE, *s. f.* Science des sons réfléchis, qu'on appelle aussi *catacoustique*. (Voyez *l'article précédent.*)

CAVATINE, *s. f.* Sorte d'air pour l'ordinaire assez court, qui n'a ni reprise, ni seconde partie, et qui se trouve souvent dans des récitatifs obligés. Ce changement subit du récitatif au chant mesuré, et le retour inattendu du chant mesuré au récitatif, produisent un effet admirable dans les grandes expressions; comme sont toujours celles du récitatif obligé.

Le mot *cavatina* est italien; et quoique je ne veuille pas, comme Brossard, expliquer dans un dictionnaire françois tous les mots techniques italiens, surtout lorsque ces mots ont des synonymes dans notre langue, je me crois pourtant obligé d'expliquer ceux de ces mêmes mots qu'on emploie dans la musique notée, parce qu'en exécutant cette musique, il convient d'entendre les termes qui s'y trouvent, et que l'auteur n'y a pas mis pour rien.

CENTONISER, *v. n.* Terme de plain-chant. C'est composer un chant de traits recueillis et arrangés pour la mélodie qu'on a en vue. Cette manière de composer n'est pas de l'invention des symphoniastes modernes, puisque, selon l'abbé Le Bœuf, saint Grégoire lui-même a *centonisé*.

CHACONNE, *s. f.* Sorte de pièce de musique faite pour la danse, dont la mesure est bien marquée et le mouvement modéré. Autrefois il y avoit des *chaconnes* à deux temps et à trois; mais on n'en fait plus qu'à trois. Ce sont pour l'ordinaire des chants qu'on appelle couplets, composés et variés en diverses manières sur une basse contrainte de quatre en quatre mesures, commençant presque toujours par le second temps pour prévenir l'interruption. On s'est affranchi peu à peu de cette contrainte de la basse, et l'on n'y a presque plus aucun égard.

La beauté de la *chaconne* consiste à trouver des chants qui marquent bien le mouvement; et, comme elle est souvent fort longue, à varier tellement les couplets qu'ils contrastent bien ensemble, et qu'ils réveillent sans cesse l'attention de l'auditeur. Pour cela, on passe et repasse à volonté du majeur au mineur, sans quitter pourtant beaucoup le ton principal; et du grave au gai, ou du tendre au vif, sans presser ni ralentir jamais la mesure.

La *chaconne* est née en Italie, et elle y étoit autrefois fort en usage, de même qu'en Espagne. On ne la connoît plus aujourd'hui qu'en France dans nos opéra.

CHANSON. Espèce de petit poëme lyrique fort court, qui roule ordinairement sur des sujets agréables, auquel on ajoute un air pour être chanté dans des occasions familières, comme à table, avec ses amis, avec sa maîtresse, et même seul, pour éloigner quelques instans l'ennui, si l'on est riche, et pour supporter plus doucement la misère et le travail, si l'on est pauvre.

L'usage des *chansons* semble être une suite naturelle de celui de la parole, et n'est en effet pas moins général; car partout où l'on parle, on chante. Il n'a fallu pour les imaginer que déployer ses organes, donner un tour agréable aux idées dont on aimoit à s'occuper, et fortifier par l'expression dont la voix est capable le sentiment qu'on vouloit rendre, ou l'image qu'on vouloit peindre. Aussi les anciens n'avoient-ils point encore l'art d'écrire, qu'ils avoient déjà des *chansons*. Leurs lois et leurs histoires, les louanges des dieux et des héros, furent chantées avant d'être écrites. Et de là vient, selon Aristote, que le même nom grec fut donné aux lois et aux *chansons*.

Toute la poésie lyrique n'étoit proprement que des *chansons* : mais je dois me borner ici à parler de celle qui portoit plus particulièrement ce nom, et qui en avoit mieux le caractère selon nos idées.

Commençons par les airs de table. Dans les premiers temps, dit M. de La Nauze, tous les convives, au rapport de Dicéarque, de Plutarque et d'Artémon, chantoient ensemble et d'une seule voix les louanges de la Divinité. Ainsi ces *chansons* étoient de véritables péans ou cantiques sacrés. Les dieux n'étoient point pour eux des trouble-fêtes, et ils ne dédaignoient pas de les admettre dans leurs plaisirs.

Dans la suite, les convives chantoient successivement, chacun à son tour, tenant une branche de myrte, qui passoit de la main de celui qui venoit de chanter à celui qui chantoit après lui. Enfin, quand la musique se perfectionna dans la Grèce, et qu'on employa la lyre dans les festins, il n'y eut plus, disent les auteurs déjà cités, que les habiles gens qui fussent en état de chanter à table, du moins en s'accompagnant de la lyre. Les autres, contraints de s'en tenir à la branche de myrte, donnèrent lieu à un proverbe grec, par lequel on disoit qu'un homme chantoit au myrte, quand on vouloit le taxer d'ignorance.

Ces *chansons* accompagnées de la lyre, et dont Terpandre fut l'inventeur, s'appellent *scolies*, mot qui signifie *oblique* ou *tortueux*, pour marquer, selon Plutarque, la difficulté de la *chanson*, ou, comme le veut Artémon, la situation irrégulière de ceux qui chantoient; car comme il falloit être habile pour chanter ainsi, chacun ne chantoit pas à son rang, mais seulement ceux qui savoient la musique, lesquels se trouvoient dispersés çà et là et placés obliquement l'un par rapport à l'autre.

Les sujets des scolies se tiroient non-seulement de l'amour et du vin, ou du plaisir en général, comme aujourd'hui, mais encore de l'histoire, de la guerre, et même de la morale. Telle est la *chanson* d'Aristote sur la mort d'Hermias, son ami et son allié, laquelle fit accuser son auteur d'impiété.

« O vertu! qui, malgré les difficultés que » vous présentez aux foibles mortels, êtes l'ob» jet charmant de leurs recherches! vertu pure » et aimable! ce fut toujours aux Grecs un » destin digne d'envie de mourir pour vous, et » de souffrir avec constance les maux les plus » affreux. Telles sont les semences d'immorta» lité que vous répandez dans tous les cœurs. » Les fruits en sont plus précieux que l'or, que » l'amitié des parens, que le sommeil le plus » tranquille. Pour vous le divin Hercule et les » fils de Léda supportèrent mille travaux, et » le succès de leurs exploits annonça votre » puissance. C'est par amour pour vous qu'A» chille et Ajax descendirent dans l'empire de » Pluton, et c'est en vue de votre céleste beauté » que le prince d'Atarne s'est aussi privé de la » lumière du soleil. Prince à jamais célèbre par » ses actions, les filles de mémoire chanteront » sa gloire toutes les fois qu'elles chanteront le » culte de Jupiter hospitalier, et le prix d'une » amitié durable et sincère. »

Toutes leurs *chansons* morales n'étoient pas si graves que celle-là. En voici une d'un goût différent, tirée d'Athénée :

« Le premier de tous les biens est la santé; » le second, la beauté; le troisième, les riches» ses amassées sans fraude; et le quatrième, la » jeunesse qu'on passe avec ses amis. »

Quant aux scolies qui roulent sur l'amour et le vin, on peut en juger par les soixante-dix odes d'Anacréon qui nous restent : mais, dans ces sortes de *chansons* mêmes, on voyoit encore briller cet amour de la patrie et de la liberté dont tous les Grecs étoient transportés.

« Du vin et de la santé, dit une de ces *chan*» *sons*, pour ma Clitagora et pour moi, avec le » secours des Thessaliens. » C'est qu'outre que Clitagora étoit Thessalienne, les Athéniens avoient autrefois reçu du secours des Thessaliens contre la tyrannie des Pisistratides.

Ils avoient aussi des *chansons* pour les diverses professions : telles étoient les *chansons* des bergers, dont une espèce, appelée *bucoliasme*, étoit le véritable chant de ceux qui conduisoient le bétail; et l'autre, qui est proprement la *pastorale*, en étoit l'agréable imitation : la *chanson* des moissonneurs, appelée *le lytierse*, du nom d'un fils de Midas, qui s'occupoit par goût à faire la moisson : la *chanson* des meuniers, appelée *hymée* ou *épiaulie;* comme celle-ci tirée de Plutarque, *Moulez, meule, moulez; car Pittacus, qui règne dans l'auguste Mitylène, aime à moudre;* parce que Pittacus étoit grand mangeur : la *chanson* des tisserands, qui s'appeloit *éline* : la *chanson yulé* des ouvriers en laine ; celle des nourrices, qui s'appeloit *catabaucalèse* ou *nunnie* : la *chanson* des amans, appelée *nomion* : celle des femmes, appelée *calyce; har-*

palice, celle des filles. Ces deux dernières, attendu le sexe, étoient aussi des *chansons* d'amour.

Pour des occasions particulières, ils avoient la *chanson* des noces, qui s'appeloit *hyménée*, *épithalame* : la *chanson* de *Datis*, pour des occasions joyeuses : les lamentations, l'*ialem*, et le *linos*, pour des occasions funèbres et tristes. Ce *linos* se chantoit aussi chez les Égyptiens, et s'appeloit par eux *maneros*, du nom d'un de leurs princes, au deuil duquel il avoit été chanté. Par un passage d'Euripide, cité par Athénée, on voit que le *linos* pouvoit aussi marquer la joie.

Enfin il y avoit encore des hymnes ou *chansons* en l'honneur des dieux et des héros; telles étoient les *iules* de Cérès et Proserpine, la *philelie* d'Apollon, les *upinges* de Diane, etc.

Ce genre passa des Grecs aux Latins, et plusieurs odes d'Horace sont des *chansons* galantes ou bachiques. Mais cette nation, plus guerrière que sensuelle, fit, durant très-longtemps, un médiocre usage de la musique et des *chansons*, et n'a jamais approché, sur ce point, des grâces de la volupté grecque. Il paroît que le chant resta toujours rude et grossier chez les Romains : ce qu'ils chantoient aux noces étoit plutôt des clameurs que des *chansons*, et il n'est guère à présumer que les *chansons* satiriques des soldats aux triomphes de leurs généraux eussent une mélodie fort agréable.

Les modernes ont aussi leurs chansons de différentes espèces, selon le génie et le goût de chaque nation. Mais les François l'emportent sur toute l'Europe dans l'art de les composer, sinon pour le tour et la mélodie des airs, au moins pour le sel, la grâce et la finesse des paroles; quoique, pour l'ordinaire, l'esprit et la satire s'y montrent bien mieux encore que le sentiment et la volupté. *Ils se sont plus à cet* amusement, et y ont excellé dans tous les temps, témoin les anciens troubadours. Cet heureux peuple est toujours gai, tournant tout en plaisanterie : les femmes y sont fort galantes, les hommes fort dissipés; et le pays produit d'excellent vin : le moyen de n'y pas chanter sans cesse? Nous avons encore d'anciennes *chansons* de Thibault, comte de Champagne, l'homme le plus galant de son siècle, mises en musique par Guillaume de Machault. Marot en fit beaucoup qui nous restent, et, grâce aux airs d'Orlande et de Claudin, nous en avons aussi plusieurs de la Pléiade de Charles IX. Je ne parlerai point des *chansons* plus modernes, par lesquelles les musiciens Lambert, du Bousset, La Garde et autres, ont acquis un nom, et dont on trouve autant de poètes qu'il y a de gens de plaisir parmi le peuple du monde qui s'y livre le plus, quoique non pas tous aussi célèbres que le comte de Coulanges et l'abbé de l'Attaignant. La Provence et le Languedoc n'ont point non plus dégénéré de leur premier talent; on voit toujours régner dans ces provinces un air de gaîté qui porte sans cesse leurs habitans au chant et à la danse : un Provençal menace, dit-on, son ennemi d'une *chanson*, comme un Italien menaceroit le sien d'un coup de stylet : chacun a ses armes. Les autres pays ont aussi leurs provinces chansonnières : en Angleterre, c'est l'Écosse; en Italie, c'est Venise. (Voyez Barcarolles.)

Nos *chansons* sont de plusieurs sortes; mais en général elles roulent ou sur l'amour, ou sur le vin, ou sur la satire. Les *chansons* d'amour sont les airs tendres qu'on appelle encore airs sérieux; les romances, dont le caractère est d'émouvoir l'âme insensiblement par le récit tendre et naïf de quelque histoire amoureuse et tragique; les *chansons* pastorales et rustiques, dont plusieurs sont faites pour danser, comme les musettes, les gavottes, les branles, etc.

Les *chansons* à boire sont assez communément des airs de basse ou des rondes de table : c'est avec beaucoup de raison qu'on en fait peu pour les dessus; car il n'y a pas une idée de débauche plus crapuleuse et plus vile que celle d'une femme ivre.

A l'égard des *chansons* satiriques, elles sont *comprises sous le nom* de vaudevilles, et lancent indifféremment leurs traits sur le vice et sur la vertu, en les rendant également ridicules; ce qui doit proscrire le vaudeville de la bouche des gens de bien.

Nous avons encore une espèce de *chanson* qu'on appelle parodie : ce sont des paroles qu'on ajuste comme on peut sur des airs de violon ou d'autres instrumens, et qu'on fait rimer tant bien que mal, sans avoir égard à la mesure des vers, ni au caractère de l'air, ni au sens des paroles, ni le plus souvent à l'honnêteté. (Voyez PARODIE.)

CHANT, *s. m.* Sorte de modification de la voix humaine, par laquelle on forme des sons variés et appréciables. Observons que pour donner à cette définition toute l'universalité qu'elle doit avoir, il ne faut pas seulement entendre par *sons appréciables* ceux qu'on peut assigner par les notes de notre musique, et rendre par les touches de notre clavier, mais tous ceux dont on peut trouver ou sentir l'unisson, et calculer les intervalles de quelque manière que ce soit.

Il est très-difficile de déterminer en quoi la voix qui forme la parole diffère de la voix qui forme le *chant*. Cette différence est sensible, mais on ne voit pas bien clairement en quoi elle consiste; et, quand on veut le chercher, on ne le trouve pas. M. Dodard a fait des observations anatomiques, à la faveur desquelles il croit, à la vérité, trouver dans les différentes situations du larynx la cause de ces deux sortes de voix; mais je ne sais si ces observations, ou les conséquences qu'il en tire, sont bien certaines. (Voyez VOIX.) Il semble ne manquer aux sons qui forment la parole que la permanence pour former un véritable *chant*; il paroît aussi que les diverses inflexions qu'on donne à la voix en parlant forment des intervalles qui ne sont point harmoniques, qui ne font pas partie de nos systèmes de musique, et qui, par conséquent, ne pouvant être exprimés en note, ne sont pas proprement du *chant* pour nous.

Le *chant* ne semble pas naturel à l'homme. Quoique les sauvages de l'Amérique chantent, parce qu'ils parlent, le vrai sauvage ne chanta jamais. Les muets ne chantent point; ils ne forment que des voix sans permanence, des mugissemens sourds que le besoin leur arrache: je douterois que le sieur Pereyre, avec tout son talent, pût jamais tirer d'eux aucun *chant* musical. Les enfans crient, pleurent, et ne chantent point. Les premières expressions de la nature n'ont rien en eux de mélodieux ni de sonore, et ils apprennent à chanter, comme à parler, à notre exemple. Le *chant* mélodieux et appréciable n'est qu'une imitation paisible et artificielle des accens de la voix parlante ou passionnée: on crie et l'on se plaint sans chanter; mais on imite en chantant les cris et les plaintes; et comme de toutes les imitations la plus intéressante est celle des passions humaines, de toutes les manières d'imiter, la plus agréable est le *chant*.

Chant, appliqué plus particulièrement à notre musique, en est la partie mélodieuse; celle qui résulte de la durée et de la succession des sons; celle d'où dépend toute l'expression, et à laquelle tout le reste est subordonné. (Voyez MUSIQUE, MÉLODIE.) Les *chants* agréables frappent d'abord, ils se gravent facilement dans la mémoire; mais ils sont souvent l'écueil des compositeurs, parce qu'il ne faut que du savoir pour entasser des accords, et qu'il faut du talent pour imaginer des *chants* gracieux. Il y a dans chaque nation des tours de *chant* triviaux et usés, dans lesquels les mauvais musiciens retombent sans cesse; il y en a de baroques, qu'on n'use jamais, parce que le public les rebute toujours. Inventer des *chants* nouveaux appartient à l'homme de génie; trouver de beaux *chants* appartient à l'homme de goût.

Enfin, dans son sens le plus resserré, *chant* se dit seulement de la musique vocale; et, dans celle qui est mêlée de symphonie, on appelle parties de *chant*, celles qui sont destinées pour les voix.

CHANT AMBROSIEN. Sorte de plain-chant dont l'invention est attribuée à saint Ambroise, archevêque de Milan. (Voyez PLAIN-CHANT.)

CHANT GRÉGORIEN. Sorte de plain-chant dont l'invention est attribuée à saint Grégoire, pape, et qui a été substitué ou préféré dans la plupart des églises au *chant* ambrosien. (Voyez PLAIN-CHANT.)

CHANT EN ISON, ou CHANT ÉGAL. On appelle ainsi un *chant* ou une psalmodie qui ne roule que sur deux sons, et ne forme par conséquent qu'un seul intervalle. Quelques ordres religieux n'ont dans leurs églises d'autre *chant* que le *chant en ison*.

CHANT SUR LE LIVRE. Plain-chant ou contrepoint à quatre parties, que les musiciens composent et chantent impromptu sur une seule: savoir, le livre de chœur qui est au lutrin; en sorte qu'excepté la partie notée, qu'on met ordinairement à la taille, les musiciens affectés aux trois autres parties n'ont que celle-là pour guide, et composent chacun la leur en chantant.

Le *chant sur le livre* demande beaucoup de science, d'habitude et d'oreille, dans ceux qui l'exécutent, d'autant plus qu'il n'est pas toujours aisé de rapporter les tons du plain-chant à ceux de notre musique. Cependant il y a des musiciens d'église si versés dans cette sorte de chant, qu'ils y commencent et poursuivent même des fugues, quand le sujet en peut comporter, sans confondre et croiser les parties, ni faire de faute dans l'harmonie.

Chanter, *v. n.* C'est, dans l'acception la plus générale, former avec la voix des sons variés et appréciables (voyez Chant) ; mais c'est plus communément faire diverses inflexions de voix, sonores, agréables à l'oreille, par des intervalles admis dans la musique, et dans les règles de la modulation.

On *chante* plus ou moins agréablement, à proportion qu'on a la voix plus ou moins agréable et sonore, l'oreille plus ou moins juste, l'organe plus ou moins flexible, le goût plus ou moins formé, et plus ou moins de pratique de l'art du *chant*. A quoi l'on doit ajouter, dans la musique imitative et théâtrale, le degré de sensibilité qui nous affecte plus ou moins des sentimens que nous avons à rendre. On a aussi plus ou moins de disposition à *chanter* selon le climat sous lequel on est né, et selon le plus ou moins d'accent de sa langue naturelle; car plus la langue est accentuée et par conséquent mélodieuse et *chantante*, plus aussi ceux qui la parlent ont naturellement de facilité à *chanter*.

On a fait un art du *chant;* c'est-à-dire que, des observations sur les voix qui *chantoient* le mieux, on a composé des règles pour faciliter et perfectionner l'usage de ce don naturel. (Voyez Maître a Chanter.) Mais il reste bien des découvertes à faire sur la manière la plus facile, la plus courte et la plus sûre d'acquérir cet art.

Chanterelle, *s. f.* Celle des cordes du violon et des instrumens semblables qui a le son le plus aigu. On dit d'une symphonie qu'elle ne quitte pas la *chanterelle*, lorsqu'elle ne roule qu'entre les sons de cette corde et ceux qui lui sont les plus voisins, comme sont presque toutes les parties de violon des opéra de Lulli et des symphonies de son temps.

Chanteur, musicien qui chante dans un concert.

Chantre, *s. m.* Ceux qui chantent au chœur dans les églises catholiques s'appellent *chantres*. On ne dit point *chanteur* à l'église, ni *chantre* dans un concert.

Chez les réformés on appelle *chantre* celui qui entonne et soutient le chant des psaumes dans le temple ; il est assis au-dessus de la chaire du ministre sur le devant; sa fonction exige une voix très-forte, capable de dominer sur celle de tout le peuple, et de se faire entendre jusqu'aux extrémités du temple. Quoiqu'il n'y ait ni prosodie ni mesure dans notre manière de chanter les psaumes, et que le chant en soit si lent qu'il est facile à chacun de le suivre, il me semble qu'il seroit nécessaire que le *chantre* marquât une sorte de mesure. La raison en est que le *chantre* se trouvant fort éloigné de certaines parties de l'église, et le son parcourant assez lentement ces grands intervalles, sa voix se fait à peine entendre aux extrémités, qu'il a déjà pris un autre ton et commencé d'autres notes; ce qui devient d'autant plus sensible en certains lieux, que le son arrivant encore beaucoup plus lentement d'une extrémité à l'autre que du milieu où est le *chantre*, la masse d'air qui remplit le temple se trouve partagée à la fois en divers sons fort discordans, qui enjambent sans cesse les uns sur les autres et choquent fortement une oreille exercée; défaut que l'orgue même ne fait qu'augmenter, parce qu'au lieu d'être au milieu de l'édifice comme le *chantre*, il ne donne le ton que d'une extrémité.

Or, le remède à cet inconvénient me paroît très-simple; car comme les rayons visuels se communiquent à l'instant de l'objet à l'œil, ou du moins avec une vitesse incomparablement plus grande que celle avec laquelle le son se transmet du corps sonore à l'oreille, il suffit de substituer l'un à l'autre pour avoir dans toute l'étendue du temple un chant bien simultané et parfaitement d'accord : il ne faut pour cela que placer le *chantre*, ou quelqu'un chargé de cette partie de sa fonction, de manière qu'il soit à la vue de tout le monde, et qu'il se serve d'un bâton de mesure dont le mouvement s'aperçoive aisément de loin, comme, par exemple, un rouleau de papier; car alors, avec la précaution de prolonger assez la première note pour que l'intonation en soit partout entendue avant qu'on poursuive, tout le reste du chant marchera bien ensemble, et la discordance dont je parle disparoîtra infailliblement. On pourroit même, au lieu d'un homme, employer un chronomètre dont le mouvement seroit encore plus égal dans une mesure si lente.

Il résulteroit de là deux autres avantages : l'un que, sans presque altérer le chant des psaumes, il seroit aisé d'y introduire un peu de prosodie, et d'y observer du moins les longues et les brèves les plus sensibles ; l'autre, que ce qu'il y a de monotonie et de langueur dans ce chant pourroit, selon la première intention de l'auteur, être effacé par la basse et les autres parties, dont l'harmonie est certainement la plus majestueuse et la plus sonore qu'il soit possible d'entendre.

Chapeau, *s. m.* Trait demi-circulaire, dont on couvre deux ou plusieurs notes, et qu'on appelle plus communément *liaison*. (Voyez **Liaison.**)

Chasse, *s. f.* On donne ce nom à certains airs ou à certaines fanfares de cors ou d'autres instrumens, qui réveillent, à ce qu'on dit, l'idée des tons que ces mêmes cors donnent à la chasse.

Chevrotter, *v. n.* C'est, au lieu de battre nettement et alternativement du gosier les deux sons qui forment la cadence ou le trille (*voyez ces mots*), en battre un seul à coups précipités, comme plusieurs doubles-croches détachées et à l'unisson, ce qui se fait en forçant du poumon l'air contre la glotte fermée, qui sert alors de soupape, en sorte qu'elle s'ouvre par secousses pour livrer passage à cet air, et se referme à chaque instant par une mécanique semblable à celle du tremblant de l'orgue. Le *chevrottement* est la désagréable ressource de ceux qui, n'ayant aucun trille, en cherchent l'imitation grossière ; mais l'oreille ne peut supporter cette substitution, et un seul *chevrottement* au milieu du plus beau chant du monde suffit pour le rendre insupportable et ridicule.

Chiffrer. C'est écrire sur les notes de la basse des chiffres ou autres caractères indiquant les accords que ces notes doivent porter, pour servir de guide à l'accompagnateur. (Voyez **Chiffres, Accord.**)

Chiffres. Caractères qu'on place au-dessus ou au-dessous des notes de la basse, pour indiquer les accords qu'elles doivent porter. Quoique parmi ces caractères il y en ait plusieurs qui ne sont pas des *chiffres*, on leur en a généralement donné le nom, parce que c'est la sorte de signes qui s'y présente le plus fréquemment.

Comme chaque accord est composé de plusieurs sons, s'il avoit fallu exprimer chacun de ces sons par un *chiffre*, on auroit tellement multiplié et embrouillé les *chiffres*, que l'accompagnateur n'auroit jamais eu le temps de les lire au moment de l'exécution. On s'est donc appliqué, autant qu'on a pu, à caractériser chaque accord par un seul *chiffre;* de sorte que ce *chiffre* peut suffire pour indiquer, relativement à la basse, l'espèce de l'accord, et par conséquent tous les sons qui doivent le composer. Il y a même un accord qui se trouve chiffré en ne le chiffrant point ; car, selon la précision des *chiffres*, toute note qui n'est point chiffrée, ou ne porte aucun accord, ou porte l'accord parfait.

Le *chiffre* qui indique chaque accord est ordinairement celui qui répond au nom de l'accord : ainsi l'accord de seconde se chiffre 2 ; celui de septième, 7 ; celui de sixte, 6, etc. Il y a des accords qui portent un double nom, et qu'on exprime aussi par un double *chiffre* : tels sont les accords de sixte-quarte et de sixte-quinte, de septième et sixte, etc. Quelquefois même on en met trois, ce qui rentre dans l'inconvénient qu'on vouloit éviter : mais comme la composition des *chiffres* est venue du temps et du hasard, plutôt que d'une étude réfléchie, il n'est pas étonnant qu'il s'y trouve des fautes et des contradictions.

Voici une table de tous les *chiffres* pratiqués dans l'accompagnement ; sur quoi l'on observera qu'il y a plusieurs accords qui se chiffrent diversement en différens pays, ou dans le même pays par différens auteurs, ou quelquefois par le même. Nous donnons toutes ces manières, afin que chacun, pour chiffrer, puisse choisir celle qui lui paroîtra la plus claire, et pour accompagner, rapporter chaque *chiffre* à l'accord qui lui convient, selon la manière de chiffrer de l'auteur.

TABLE GÉNÉRALE

DE TOUS LES CHIFFRES DE L'ACCOMPAGNEMENT.

Nota. On a ajouté une étoile à ceux qui sont plus usités en France aujourd'hui.

CHIFFRES.	NOMS DES ACCORDS.
*	Accord parfait.
8	Idem.
5	Idem.
3	Idem.
5 3	Idem.
3♭	Accord parfait, tierce mineure.
♭3	Idem.
*♭	Idem.
5 ♭	Idem.
3♯	Accord parfait, tierce majeure.
♯3	Idem.
*♯	Idem.
5 ♮	Idem.
3♯	Accord parfait, tierce naturelle.
♮3	Idem.
*♮	Idem.
5 ♮	Idem.
6 3	Accord de sixte.
*6	Idem.

Les différentes sixtes, dans cet accord, se marquent par un accident au chiffre, comme les tierces dans l'accord parfait.

CHIFFRES.	NOMS DES ACCORDS.
*6 4	Accord de sixte-quarte.
6	Idem.
7 5 3	Accord de septième.
7 5	Idem.
7 3	Idem.
*7	Idem.
*7 ♯	Septième avec tierce majeure.
*7 ♭	Avec tierce mineure.
*7 ♮	Avec tierce naturelle.
7♭	Accord de septième mineure.
*♭7	Idem.
7♯	Accord de septième majeure.
*♯7	Idem.
7♮	De septième naturelle
*♮7	Idem.
*7 5	Septième avec la quinte fausse.
7 5♭	Idem.
*7	Septième diminuée.
7♭	Idem.
♭7	Idem.
7♭ 5	Idem.
7♭ 5♭	Idem.
♭7 5	Idem.
♭7 ♭5	Idem.
7♭ 5♭ 3	Idem.
	etc.
*♯7	Septième superflue.
7♯	Idem.
7	Idem.
7 2	Idem.
7♯ 4 2	Idem.
♯7 5 4 2	Idem.
	etc.
7♯ 6♭	Septième superflue avec sixte mineure.
*X7 ♭6	Idem.
X7 6♭ 2	Idem.
X7 ♭6 4	Idem.
	etc.
*7 2	Septième et seconde.
*6 5	*Grande sixte.*
6	Idem.
*5	Fausse-quinte.
5♭	Idem
♭5	Idem.
6 ♭5	Idem.
6 5	Idem.
6 5	Fausse quinte et sixte majeure.

CHIFFRES.	NOMS DES ACCORDS.
*X 6 5	Fausse quinte et sixte majeure.
X 6 ♭ 5	Idem.
6 ♯ 5 ♭	Idem.
4 3	Petite sixte.
6 4 3	Idem.
*6	Idem.
6	Idem.
♯ 6	Idem.
X 6	Idem majeure.
X 6 4 3	Idem.
	etc.
*X 6	Petite sixte superflue.
X 6 4 3	Idem.
♯6.	Idem.
X 6 5 3	Idem, avec la quinte.
X 6 5	Idem.
6 4 3	Petite sixte, avec la quarte superflue.
6 X 4 3	Idem.
6 *X 4	Idem.
X 4 3	Idem.
*2	Accord de seconde.
4 2	Idem.
6 2	Idem.
*5 2	Seconde et quinte.
6 4	Triton.
6 4 X	Idem.
6 X 4	Idem.
6 4	Idem.
6 4 2	Idem.

CHIFFRES.	NOMS DES ACCORDS.
4 2	Triton.
4 X 2	Idem.
X 4 2	Idem.
4 X	Idem.
*X 4	Idem.
4	Idem.
4 X 3 ♭	Triton avec tierce mineure.
*4 ♭	Idem.
6 4 3 ♭	Idem.
*X 4 ♭	Idem.
*X 2	Seconde superflue.
X 4 X 2	Idem.
4 2	Idem.
6 4 2	Idem.
	etc.
*9	Accord de neuvième.
9 5	Idem.
9 3	Idem.
*9 7	Neuvième avec la septième.
9 7 5	Idem.
*4	Quarte ou onzième.
5 4	Idem.
*4 9	Quarte et neuvième.
*4 7	Septième et quarte.
*X 5	Quinte superflue.
5 X	Idem.
X 5 9	Idem.
X 5 9 7	Idem.
*X 5 ♭ 4	Quinte superflue et quarte.
5 X 4 ♭	Idem.

CHIFFRES.	NOMS DES ACCORDS.
*7 6	. . . Septième et sixte.
*9 6	. . . Neuvième et sixte.

Quelques auteurs avoient introduit l'usage de couvrir d'un trait toutes les notes de la basse qui passoient sous un même accord ; c'est ainsi que les jolies cantates de M. Clérambault sont chiffrées : mais cette invention étoit trop commode pour durer ; elle montroit aussi trop clairement à l'œil toutes les syncopes d'harmonie. Aujourd'hui, quand on soutient le même accord sous quatre différentes notes de basse, ce sont quatre *chiffres* différens qu'on leur fait porter, de sorte que l'accompagnateur, induit en erreur, se hâte de chercher l'accord même qu'il a sous la main. Mais c'est la mode en France de charger les basses d'une confusion de *chiffres* inutiles : on chiffre tout, jusqu'aux accords les plus évidens, et celui qui met le plus de *chiffres* croit être le plus savant. Une basse ainsi hérissée de *chiffres* triviaux rebute l'accompagnateur, et lui fait souvent négliger les *chiffres* nécessaires. L'auteur doit supposer, ce me semble, que l'accompagnateur sait les élémens de l'accompagnement, qu'il sait placer une sixte sur une médiante, une fausse-quinte sur une note sensible, une septième sur une dominante, etc. Il ne doit donc pas chiffrer des accords de cette évidence, à moins qu'il ne faille annoncer un changement de ton. Les *chiffres* ne sont faits que pour déterminer le choix de l'harmonie dans les cas douteux, ou le choix des sons dans les accords qu'on ne doit pas remplir : du reste, c'est très-bien fait d'avoir des basses chiffrées exprès pour les écoliers. Il faut que les *chiffres* montrent à ceux-ci l'application des règles : pour les maîtres, il suffit d'indiquer les exceptions.

M. Rameau, dans sa Dissertation sur les différentes méthodes d'accompagnement, a trouvé un grand nombre de défauts dans les *chiffres* établis. Il a fait voir qu'ils sont trop nombreux et pourtant insuffisans, obscurs, équivoques ; qu'ils multiplient inutilement les accords, et qu'ils n'en montrent en aucune manière la liaison.

Tous ces défauts viennent d'avoir voulu rapporter les *chiffres* aux notes arbitraires de la basse-continue, au lieu de les rapporter immédiatement à l'harmonie fondamentale. La basse-continue fait sans doute une partie de l'harmonie, mais elle n'en fait pas le fondement ; cette harmonie est indépendante des notes de cette basse, et elle a son progrès déterminé, auquel la basse même doit assujettir sa marche. En faisant dépendre les accords et les *chiffres* qui les annoncent des notes de la basse et de leurs différentes marches, on ne montre que des combinaisons de l'harmonie, au lieu d'en montrer la base, on multiplie à l'infini le petit nombre des accords fondamentaux, et l'on force en quelque sorte l'accompagnateur de perdre de vue à chaque instant la véritable succession harmonique.

Après avoir fait de très-bonnes observations sur la mécanique des doigts dans la pratique de l'accompagnement, M. Rameau propose de substituer à nos *chiffres* d'autres *chiffres* beaucoup plus simples, qui rendent cet accompagnement tout-à-fait indépendant de la basse-continue ; de sorte que, sans égard à cette basse et même sans la voir, on accompagneroit sur les *chiffres* seuls avec plus de précision qu'on ne peut faire par la méthode établie avec le concours de la basse et des *chiffres*.

Les *chiffres* inventés par M. Rameau indiquent deux choses : 1° l'harmonie fondamentale dans les accords parfaits, qui n'ont aucune succession nécessaire, mais qui constatent toujours le ton ; 2° la succession harmonique déterminée par la marche régulière des doigts dans les accords dissonans.

Tout cela se fait au moyen de sept *chiffres* seulement. I. Une lettre de la gamme indique le ton, la tonique et son accord : si l'on passe d'un accord parfait à un autre, on change de ton ; c'est l'affaire d'une nouvelle lettre. II. Pour passer de la tonique à un accord dissonant, M. Rameau n'admet que six manières, à chacune desquelles il assigne un caractère particulier ; savoir :

1. Un X pour l'accord sensible ; pour la septième diminuée, il suffit d'ajouter un bémol sous cet X.

2. Un 2 pour l'accord de seconde sur la tonique.

3. Un 7 pour son accord de septième.

4 Cette abréviation *aj*. pour sa sixte ajoutée.

5. Ces deux *chiffres* $\frac{3}{4}$ relatifs à cette tonique pour l'accord qu'il appelle de tierce-quarte, et qui revient à l'accord de neuvième sur la seconde note.

6. Enfin ce *chiffre* 4 pour l'accord de quarte et quinte sur la dominante.

III. Un accord dissonant est suivi d'un accord parfait ou d'un autre accord dissonant : dans le premier cas, l'accord s'indique par une lettre ; le second se rapporte à la mécanique des doigts. (Voyez Doigter.) C'est un doigt qui doit descendre diatoniquement, ou deux, ou trois. On indique cela par autant de points l'un sur l'autre, qu'il faut descendre de doigts. Les doigts qui doivent descendre par préférence sont indiqués par la mécanique ; les dièses ou bémols qu'ils doivent faire sont connus par le ton ou substitués dans les *chiffres* aux points correspondans ; ou bien, dans le chromatique et l'enharmonique, on marque une petite ligne inclinée en descendant ou en montant depuis la ligne d'une note connue, pour marquer qu'elle doit descendre ou monter d'un semiton. Ainsi tout est prévu, et ce petit nombre de signes suffit pour exprimer toute bonne harmonie possible.

On sent bien qu'il faut supposer ici que toute dissonance se sauve en descendant ; car s'il y en avoit qui se dussent sauver en montant, s'il y avoit des marches de doigts ascendantes dans des accords dissonans, les points de M. Rameau seroient insuffisans pour exprimer cela.

Quelque simple que soit cette méthode, quelque favorable qu'elle paroisse pour la pratique, elle n'a point eu de cours : peut-être a-t-on cru que les *chiffres* de M. Rameau ne corrigeroient un défaut que pour en substituer un autre ; car s'il simplifie les signes, s'il diminue le nombre des accords, non-seulement il n'exprime point encore la véritable harmonie fondamentale, mais il rend de plus ces signes tellement dépendans les uns des autres, que si l'on vient à s'égarer ou à se distraire un instant, à prendre un doigt pour un autre, on est perdu sans ressource, les points ne signifient plus rien, plus de moyen de se remettre jusqu'à un nouvel accord parfait. Mais avec tant de raisons de préférence, n'a-t il point fallu d'autres objections encore pour faire rejeter la méthode de M. Rameau ? Elle étoit nouvelle ; elle étoit proposée par un homme supérieur en génie à tous ses rivaux : voilà sa condamnation.

Choeur, *s. m.* Morceau d'harmonie complète à quatre parties ou plus, chanté à la fois par toutes les voix et joué par tout l'orchestre. On cherche dans les *chœurs* un bruit agréable et harmonieux, qui charme et remplisse l'oreille. Un beau *chœur* est le chef-d'œuvre d'un commençant, et c'est par ce genre d'ouvrage qu'il se montre suffisamment instruit de toutes les règles de l'harmonie. Les François passent en France pour réussir mieux dans cette partie qu'aucune autre nation de l'Europe.

Le *chœur*, dans la musique françoise, s'appelle quelquefois *grand-chœur*, par opposition au *petit-chœur*, qui est seulement composé de trois parties ; savoir, deux dessus, et la haute-contre qui leur sert de basse. On fait de temps en temps entendre séparément ce *petit-chœur*, dont la douceur contraste agréablement avec la bruyante harmonie du grand.

On appelle encore *petit-chœur*, à l'Opéra de Paris, un certain nombre des meilleurs instrumens de chaque genre, qui forment comme un petit orchestre particulier autour du clavecin et de celui qui bat la mesure. Ce *petit-chœur* est destiné pour les accompagnemens qui demandent le plus de délicatesse et de précision.

Il y a des musiques à deux ou plusieurs *chœurs* qui répondent et chantent quelquefois tous ensemble : on en peut voir un exemple dans l'opéra de *Jephté*. Mais cette pluralité de *chœurs* simultanés, qui se pratique assez souvent en Italie, est peu usitée en France : on trouve qu'elle ne fait pas un bien grand effet, que la composition n'en est pas fort facile, et qu'il faut un trop grand nombre de musiciens pour l'exécuter.

Chorion. Nome de la musique grecque, qui se chantoit en l'honneur de la mère des dieux, et qui, dit-on, fut inventé par Olympe Phrygien.

Choriste, *s. m.* Chanteur non récitant, et qui ne chante que dans les chœurs.

On appelle aussi choristes les chantres d'église qui chantent au chœur : *une antienne à deux choristes*.

Quelques musiciens étrangers donnent encore le nom de *choriste* à un petit instrument destiné à donner le ton pour accorder les autres. (Voyez Ton.)

Chorus. Faire *chorus*, c'est répéter en chœur à l'unisson ce qui vient d'être chanté à voix seule.

Chreses ou Chresis. Une des parties de l'ancienne mélopée qui apprend au compositeur à mettre un tel arrangement dans la suite diatonique des sons, qu'il en résulte une bonne modulation et une mélodie agréable. Cette partie s'applique à différentes successions de sons, appelées par les anciens *agoge*, *euthia*, *anacamptos*. (Voyez Tirade.)

Chromatique, *adj. pris quelquefois substantivement*. Genre de musique qui procède par plusieurs semi-tons consécutifs. Ce mot vient du grec χρῶμα qui signifie *couleur*, soit parce que les Grecs marquoient ce genre par des caractères rouges ou diversement colorés ; soit, disent les auteurs, parce que le genre *chromatique* est moyen entre les deux autres, comme la couleur est moyenne entre le blanc et le noir ; ou, selon d'autres, parce que ce genre varie et embellit le diatonique par ses semi-tons, qui font dans la musique le même effet que la variété des couleurs fait dans la peinture.

Boëce attribue à Timothée de Milet l'invention du genre *chromatique;* mais Athénée la donne à Épigonus.

Aristoxène divise ce genre en trois espèces, qu'il appelle *molle*, *hémiolion*, et *tonicum*, dont on trouvera les rapports (*Pl.* M, *fig.* 5, nº A), le tétracorde étant supposé divisé en 60 parties égales.

Ptolomée ne divise ce même genre qu'en deux espèces, *molle* ou *anticum*, qui procède par de plus petits intervalles, et *intensum*, dont les intervalles sont plus grands. (*Même figure*, nº B.)

Aujourd'hui le genre *chromatique* consiste à donner une telle marche à la basse-fondamentale, que les parties de l'harmonie, ou du moins quelques-unes, puissent procéder par semi-tons tant en montant qu'en descendant ; ce qui se trouve plus fréquemment dans le mode mineur, à cause des altérations auxquelles la sixième et la septième notes y sont sujettes par la nature même du mode.

Les semi-tons successifs pratiqués dans le *chromatique* ne sont pas tous du même genre, mais presque alternativement mineurs et majeurs, c'est-à-dire *chromatiques* et *diatoniques* ; car l'intervalle d'un *ton* mineur contient un semi-ton mineur ou *chromatique*, et un semi-ton majeur ou diatonique, mesure que le tempérament rend commune à tous les tons, de sorte qu'on ne peut procéder par deux semi-tons mineurs conjoints et successifs sans entrer dans l'enharmonique ; mais deux semi-tons majeurs se suivent deux fois dans l'ordre *chromatique* de la gamme.

La route élémentaire de la basse-fondamentale pour engendrer le *chromatique* ascendant est de descendre de tierce, et remonter de quarte alternativement, tous les accords portant la tierce majeure. Si la basse-fondamentale procède de dominante en dominante par des cadences parfaites évitées, elle engendre le *chromatique* descendant. Pour produire à la fois l'un et l'autre, on entrelace la cadence parfaite et l'interrompue en les évitant.

Comme à chaque note on change de ton dans le *chromatique*, il faut borner et régler ces successions de peur de s'égarer. On se souviendra pour cela que l'espace le plus convenable pour les mouvemens *chromatiques* est entre la dominante et la tonique en montant, et entre la tonique et la dominante en descendant. Dans le mode majeur on peut encore descendre chromatiquement de la dominante sur la seconde note. Ce passage est fort commun en Italie, et, malgré sa beauté, commence à l'être un peu trop parmi nous.

Le genre *chromatique* est admirable pour exprimer la douleur et l'affliction ; ses sons renforcés en montant arrachent l'âme. Il n'est pas moins énergique en descendant ; on croit alors entendre de vrais gémissemens. Chargé de son harmonie, ce même genre devient propre à tout, mais son remplissage, en étouffant le chant, lui ôte une partie de son expression : et c'est alors au caractère du mouvement à lui rendre ce dont le prive la plénitude de son harmonie. Au reste, plus ce genre a d'énergie, moins il doit être prodigué : semblable à ces mets délicats dont l'abondance dégoûte bientôt, autant il charme sobrement ménagé, autant devient-il rebutant quand on le prodigue.

Chronomètre, *s. m.* Nom générique des instrumens qui servent à mesurer le temps. Ce mot est composé de χρόνος, *temps*, et de μέτρον, *mesure*.

On dit, en ce sens, que les montres, les horloges, sont des *chronomètres*.

Il y a néanmoins quelques instrumens qu'on a appelés en particulier *chronomètres*, et nommément un que M. Sauveur décrit dans ses *Principes d'acoustique* : c'étoit un pendule particulier qu'il destinoit à déterminer exactement les mouvemens en musique. L'Affilard, dans ses *Principes dédiés aux dames religieuses*, avoit mis à la tête de tous les airs des chiffres qui exprimoient le nombre des vibrations de ce pendule pendant la durée de chaque mesure.

Il y a une trentaine d'années qu'on vit paroître le projet d'un instrument semblable sous le nom de métromètre, qui battoit la mesure tout seul ; mais il n'a réussi ni dans un temps ni dans l'autre. Plusieurs prétendent cependant qu'il seroit fort à souhaiter qu'on eût un tel instrument pour fixer avec précision le temps de chaque mesure dans une pièce de musique : on conserveroit par ce moyen plus facilement le vrai mouvement des airs, sans lequel ils perdent leur caractère, et qu'on ne peut connoître après la mort des auteurs que par une espèce de tradition, fort sujette à s'éteindre ou à s'altérer. On se plaint déjà que nous avons oublié les mouvemens d'un grand nombre d'airs, et il est à croire qu'on les a ralentis tous. Si l'on eût pris la précaution dont je parle, et à laquelle on ne voit pas d'inconvénient, on auroit aujourd'hui le plaisir d'entendre ces mêmes airs tels que l'auteur les faisoit exécuter.

A cela les connoisseurs en musique ne demeurent pas sans réponse. Ils objecteront, dit M. Diderot (*Mémoires sur différens sujets de mathématiques*), contre tout *chronomètre* en général, qu'il n'y a peut-être pas dans un air deux mesures qui soient exactement de la même durée, deux choses contribuant nécessairement à ralentir les unes et à précipiter les autres, le goût et l'harmonie dans les pièces à plusieurs parties, le goût et le pressentiment de l'harmonie dans les *solo*. Un musicien qui sait son art n'a pas joué quatre mesures d'un air qu'il en saisit le caractère, et qu'il s'y abandonne ; il n'y a que le plaisir de l'harmonie qui le suspende. Il veut ici, que les accords soient frappés, là, qu'ils soient dérobés ; c'est-à-dire qu'il chante ou joue plus ou moins lentement d'une mesure à l'autre, et même d'un temps et d'un quart de temps à celui qui le suit.

A la vérité cette objection, qui est d'une grande force pour la musique françoise, n'en auroit aucune pour l'italienne, soumise irrémissiblement à la plus exacte mesure : rien même ne montre mieux l'opposition parfaite de ces deux musiques, puisque ce qui est beauté dans l'une seroit dans l'autre le plus grand défaut. Si la musique italienne tire son énergie de cet asservissement à la rigueur de la mesure, la françoise cherche la sienne à maîtriser à son gré cette même mesure, à la presser, à la ralentir, selon que l'exige le goût du chant ou le degré de flexibilité des organes du chanteur.

Mais, quand on admettroit l'utilité d'un *chronomètre*, il faut toujours, continue M. Diderot, commencer par rejeter tous ceux qu'on a proposés jusqu'à présent, parce qu'on y a fait du musicien et du *chronomètre* deux machines distinctes, dont l'une ne peut jamais bien assujettir l'autre : cela n'a presque pas besoin d'être prouvé ; il n'est pas possible que le musicien ait pendant toute sa pièce l'œil au mouvement, et l'oreille au bruit du pendule ; et, s'il s'oublie un instant, adieu le frein qu'on a prétendu lui donner.

J'ajouterai que, quelque instrument qu'on pût trouver pour régler la durée de la mesure, il seroit impossible, quand même l'exécution en seroit de la dernière facilité, qu'il eût jamais lieu dans la pratique. Les musiciens, gens confians, et faisant, comme bien d'autres, de leur propre goût la règle du bon, ne l'adopteroient jamais ; ils laisseroient le *chronomètre*, et ne s'en rapporteroient qu'à eux du vrai caractère et du vrai mouvement des airs. Ainsi le seul bon *chronomètre* que l'on puisse avoir, c'est un habile musicien qui ait du goût, qui ait bien lu la musique qu'il doit faire exécuter, et qui sache en battre la mesure. Machine pour machine, il vaut mieux s'en tenir à celle-ci.

CIRCONVOLUTION, *s. f.* Terme de plain-chant. C'est une sorte de périélèse qui se fait en insérant entre la pénultième et la dernière note de l'intonation d'une pièce de chant trois autres notes ; savoir, une au-dessus, et deux au-dessous de la dernière note, lesquelles se lient avec elle, et forment un contour de tierce avant que d'y arriver ; comme si vous avez ces trois notes, *mi*, *fa*, *mi*, pour terminer l'intonation, vous y interpolerez par circonvolution ces trois autres, *fa*, *re*, *re*, et vous aurez alors votre intonation terminée de cette sorte, *mi*, *fa*, *fa*, *re*, *re*, *mi*, etc. (Voyez Périélèse.)

Citharistique, *s. f.* Genre de musique et de poésie approprié à l'accompagnement de la cithare. Ce genre, dont Amphion, fils de Jupiter et d'Antiope, fut l'inventeur, prit depuis le nom de lyrique.

Clavier, *s. m.* Portée générale, ou somme des sons de tout le système qui résulte de la position relative des trois clefs. Cette position donne une étendue de douze lignes, et par conséquent de vingt-quatre degrés, ou de trois octaves et une quarte. Tout ce qui excède en haut ou en bas cet espace ne peut se noter qu'à l'aide d'une ou plusieurs lignes postiches ou accidentelles, ajoutées aux cinq qui composent la portée d'une clef. Voyez (*Pl.* A, *fig.* 5) l'étendue générale du *clavier*.

Les notes ou touches diatoniques du *clavier*, lesquelles sont toujours constantes, s'expriment par des lettres de l'alphabet, à la différence des notes de la gamme, qui, étant mobiles et relatives à la modulation, portent des noms qui expriment ces rapports. (Voyez Gamme et Solfier.)

Chaque octave du *clavier* comprend treize sons : sept diatoniques et cinq chromatiques, représentés sur le *clavier* instrumental par autant de touches. (Voyez *Pl.* I, *fig.* 1.) Autrefois ces treize touches répondoient à quinze cordes; savoir, une de plus entre le *re* dièse et le *mi* naturel, l'autre entre le *sol* dièse et le *la*; et ces deux cordes qui formoient des intervalles enharmoniques, et qu'on faisoit sonner à volonté au moyen de deux touches brisées, furent regardées alors comme la perfection du système; mais, en vertu de nos règles de modulation, ces deux ont été retranchées, parce qu'il en auroit fallu mettre partout. (Voyez Clef, Portée.)

Clef, *s. f.* Caractère de musique qui se met au commencement d'une portée, pour déterminer le degré d'élévation de cette portée dans le clavier général, et indiquer les noms de toutes les notes qu'elle contient dans la ligne de cette *clef*.

Anciennement on appeloit *clefs* les lettres par lesquelles on désignoit les sons de la gamme. Ainsi la lettre A étoit la *clef* de la note *la*; C, la *clef* d'*ut*; E, la *clef* de *mi*, etc. A mesure que le système s'étendit, on sentit l'embarras et l'inutilité de cette multitude de *clefs*. Gui d'Arezzo, qui les avoit inventées, marquoit une lettre ou *clef* au commencement de chacune des lignes de la portée; car il ne plaçoit point encore de notes dans les espaces. Dans la suite on ne marqua plus qu'une des sept *clefs* au commencement d'une des lignes seulement, et celle-là suffisoit pour fixer la position de toutes les autres selon l'ordre naturel. Enfin, de ces sept lignes ou *clefs*, on en choisit quatre qu'on nomma *claves signatæ* ou *clefs marquées*, parce qu'on se contentoit d'en marquer une sur une des lignes, pour donner l'intelligence de toutes les autres; encore en retrancha-t-on bientôt une des quatre, savoir, le gamma dont on s'étoit servi pour désigner le *sol* d'en bas, c'est-à-dire l'hipoproslambanomène ajoutée au système des Grecs.

En effet Kircher prétend que si l'on est au fait des anciennes écritures, et qu'on examine bien la figure de nos *clefs*, on trouvera qu'elles se rapportent chacune à la lettre un peu défigurée de la note qu'elle représente. Ainsi la *clef* de *sol* étoit originairement un G, la *clef* d'*ut* un C, et la *clef* de *fa* une F.

Nous avons donc trois *clefs* à la quinte l'une de l'autre : la *clef* d'F *ut fa*, ou de *fa*, qui est la plus basse; la *clef* d'*ut* ou de C *sol ut*, qui est une quinte au-dessus de la première; et la *clef* de *sol* ou de G *re sol*, qui est une quinte au-dessus de celle d'*ut*, dans l'ordre marqué *Pl.* A, *fig.* 5. Sur quoi l'on doit remarquer que, par un reste de l'ancien usage, la *clef* se pose toujours sur une ligne et jamais dans un espace. On doit savoir aussi que la *clef* de *fa* se fait de trois manières différentes : l'une dans la musique imprimée; une autre dans la musique écrite ou gravée; et la dernière dans le plain-chant. Voyez ces trois figures (*Pl. M*, *fig.* 8).

En ajoutant quatre lignes au-dessus de la *clef* de *sol*, et trois lignes au-dessous de la *clef* de *fa*, ce qui donne de part et d'autre la plus grande étendue de lignes stables, on voit que le système total des notes, qu'on peut placer sur les degrés relatifs à ces *clefs*, se monte à vingt-quatre, c'est-à-dire trois octaves et une quarte, depuis le *fa* qui se trouve au-dessous de la première ligne, jusqu'au *si* qui se trouve au-dessus de la dernière, et tout cela forme ensemble ce qu'on appelle *le clavier général;* par où l'on peut juger que cette étendue a fait long-temps celle du système. Aujourd'hui qu'il acquiert sans cesse de nouveaux degrés, tant à l'aigu qu'au grave, on marque ces degrés sur des lignes postiches, qu'on ajoute en haut ou en bas selon le besoin.

Au lieu de joindre ensemble toutes les lignes, comme j'ai fait (*Pl.* A, *fig.* 5) pour marquer le rapport des *clefs,* on les sépare de cinq en cinq, parce que c'est à peu près aux degrés compris dans cet espace qu'est bornée l'étendue d'une voix commune. Cette collection de cinq lignes s'appelle *portée,* et l'on y met une *clef* pour déterminer le nom des notes, le lieu des semi-tons, et montrer quelle place la portée occupe dans le clavier.

De quelque manière qu'on prenne dans le clavier cinq lignes consécutives, on y trouve une *clef* comprise et quelquefois deux; auquel cas on en retranche une comme inutile. L'usage a même prescrit celle des deux qu'il faut retrancher, et celle qu'il faut poser; ce qui a fixé aussi le nombre des positions assignées à chaque *clef.*

Si je fais une portée des cinq premières lignes du clavier, en commençant par le bas, j'y trouve la *clef* de *fa* sur la quatrième ligne: voilà donc une position de *clef,* et cette position appartient évidemment aux notes les plus graves; aussi est-elle celle de la *clef* de basse.

Si je veux gagner une tierce dans le haut, il faut ajouter une ligne au-dessus; il en faut donc retrancher une au-dessous, autrement la portée auroit plus de cinq lignes. Alors la *clef* de *fa* se trouve transportée de la quatrième ligne à la troisième, et la *clef* d'*ut* se trouve aussi sur la cinquième; mais comme deux *clefs* sont inutiles, on retranche ici celle d'*ut.* On voit que la portée de cette *clef* est d'une tierce plus élevée que la précédente.

En abandonnant encore une ligne en bas pour en gagner une en haut, on a une troisième portée où la *clef* de *fa* se trouveroit sur la deuxième ligne, et celle d'*ut* sur la quatrième. Ici l'on abandonne la *clef* de *fa,* et l'on prend celle d'*ut.* On a encore gagné une tierce à l'aigu, et on l'a perdue au grave.

En continuant ainsi de ligne en ligne, on passe successivement par quatre positions différentes de la *clef* d'*ut.* Arrivant à celle de *sol,* on la trouve posée sur la deuxième ligne, et puis sur la première; cette position embrasse les cinq plus hautes lignes, et donne le diapason le plus aigu que l'on puisse établir par les *clefs.*

On peut voir (*Pl.* A, *fig.* 6) cette succession des *clefs* du grave à l'aigu; ce qui fait en tout huit portées, *clefs* ou positions de *clefs* différentes.

De quelque caractère que puisse être une voix ou un instrument, pourvu que son étendue n'excède pas à l'aigu ou au grave celle du clavier général, on peut dans ce nombre lui trouver une portée et une *clef* convenables, et il y en a en effet de déterminées pour toutes les parties de la musique. (Voyez Parties.) Si l'étendue d'une partie est fort grande, que le nombre de lignes qu'il faudroit ajouter au-dessus ou au-dessous devienne incommode, alors on change la *clef* dans le courant de l'air. On voit clairement par la figure quelle *clef* il faudroit prendre pour élever ou baisser la portée, de quelque *clef* qu'elle soit armée actuellement.

On voit aussi que pour rapporter une *clef* à l'autre il faut les rapporter toutes deux sur le clavier général, au moyen duquel on voit ce que chaque note de l'une des *clefs* est à l'égard de l'autre. C'est par cet exercice réitéré qu'on prend l'habitude de lire aisément les partitions.

Il suit de cette mécanique qu'on peut placer telle note qu'on voudra de la gamme sur une ligne ou sur un espace quelconque de la portée, puisqu'on a le choix de huit différentes positions, nombre des notes de l'octave. Ainsi l'on pourroit noter un air entier sur la même ligne, en changeant la *clef* à chaque degré. La figure 7 montre par la suite des *clefs* la suite des notes *re, fa, la, ut, mi, sol, si, re,* montant de tierce en tierce, et toutes placées sur la même ligne. La figure suivante 8 représente sur la suite des mêmes *clefs* la note *ut,* qui paroît descendre de tierce en tierce sur toutes les lignes de la portée et au-delà, et qui cependant, au moyen des changemens de *clefs,* garde toujours l'unisson. C'est sur des exemples semblables qu'on doit s'exercer pour connoître au premier coup d'œil le jeu de toutes les *clefs*.

Il y a deux de leurs positions, savoir la *clef* de *sol* sur la première ligne, et la *clef* de *fa* sur la troisième, dont l'usage paroît s'abolir de jour en jour. La première peut sembler moins nécessaire, puisqu'elle ne rend qu'une position toute semblable à celle de *fa* sur la quatrième ligne, dont elle diffère pourtant de deux octaves. Pour la *clef* de *fa*, il est évident qu'en l'ôtant tout-à-fait de la troisième ligne, on n'aura plus de position équivalente, et que la composition du clavier, qui est complète aujourd'hui, deviendra par là défectueuse.

Clef transposée. On appelle ainsi toute *clef* armée de dièses ou de bémols. Ces signes y servent à changer le lieu des deux semi-tons de l'octave, comme je l'ai expliqué au mot *bémol*, et à établir l'ordre naturel de la gamme sur quelque degré de l'échelle qu'on veuille choisir.

La nécessité de ces altérations naît de la similitude des modes dans tous les tons; car comme il n'y a qu'une formule pour le mode majeur, il faut que tous les degrés de ce mode se trouvent ordonnés de la même façon sur leur tonique; ce qui ne peut se faire qu'à l'aide des dièses ou des bémols. Il en est de même du mode mineur; mais, comme la même combinaison qui donne la formule pour un ton majeur la donne aussi pour un ton mineur sur une autre tonique (voyez Mode), il s'ensuit que pour les vingt-quatre modes il suffit de douze combinaisons; or, si avec la gamme naturelle on compte six modifications par dièses, et cinq par bémols, ou six par bémols, et cinq par dièses, on trouvera ces douze combinaisons auxquelles se bornent toutes les variétés possibles de tons et de modes dans le système établi.

J'explique aux mots *dièse* et *bémol* l'ordre selon lequel ils doivent être placés à la *clef*. Mais pour transposer tout d'un coup la *clef* convenablement à un *ton ou mode quelconque, voici* une formule générale, trouvée par M. de Boisgelou, conseiller au Grand-Conseil, et qu'il a bien voulu me communiquer.

Prenant l'*ut* naturel pour terme de comparaison, nous appellerons intervalles mineurs la quarte *ut fa*, et tous les intervalles du même *ut* à une note bémolisée quelconque; tout autre intervalle est majeur. Remarquez qu'on ne doit pas prendre par dièse la note supérieure d'un intervalle majeur, parce qu'alors on feroit un intervalle superflu : mais il faut chercher la même chose par bémol, ce qui donnera un intervalle mineur. Ainsi l'on ne composera pas en *la* dièse, parce que la sixte *ut la*, étant majeure naturellement, deviendroit superflue par ce dièse; mais on prendra la note *si* bémol, qui donne la même touche par un intervalle mineur; ce qui rentre dans la règle.

On trouvera (*Pl.* N, *fig.* 5) une table des douze sons de l'octave divisée par intervalles majeurs et mineurs, sur laquelle on transposera la *clef* de la manière suivante, selon le ton et le mode où l'on veut composer.

Ayant pris une de ces douze notes pour tonique ou fondamentale, il faut voir d'abord si l'intervalle qu'elle fait avec *ut* est majeur ou mineur : s'il est majeur, il faut des dièses; s'il est mineur, il faut des bémols. Si cette note est l'*ut* lui-même, l'intervalle est nul, et il ne faut ni bémol ni dièse.

Pour déterminer à présent combien il faut de dièses ou de bémols, soit *a* le nombre qui exprime l'intervalle d'*ut* à la note en question. La formule par dièse sera $\frac{\overline{a-1} \times 2}{7}$, et le reste donnera le nombre des dièses qu'il faut mettre à la *clef*. La formule par bémol sera $\frac{\overline{a-1} \times 5}{7}$, et le reste sera le nombre des bémols qu'il faut mettre à la *clef*.

Je veux, par exemple, composer en *la*, mode majeur. Je vois d'abord qu'il faut des dièses, parce que *la* fait un intervalle majeur avec *ut*. L'intervalle est une sixte dont le nombre est 6; j'en retranche 1, je multiplie le reste 5 par 2, et du produit 10 rejetant 7 autant de fois qu'il se peut, j'ai le reste 3, *qui marque le nombre de dièses dont il faut armer la clef* pour le ton majeur de *la*.

Que si je veux prendre *fa*, mode majeur, je vois, par la table, que l'intervalle est mineur, et qu'il faut par conséquent des bémols. Je retranche donc 1 du nombre 4 de l'intervalle; je multiplie par cinq le reste 3, et du produit 15 rejetant 7 autant de fois qu'il se peut, j'ai 1 de reste : c'est un bémol qu'il faut mettre à la *clef*.

On voit par là que le nombre des dièses ou des bémols de la *clef* ne peut jamais passer six, puisqu'ils doivent être le reste d'une division par sept.

Pour les tons mineurs il faut appliquer la même formule des tons majeurs, non sur la tonique, mais sur la note qui est une tierce mineure au-dessus de cette même tonique sur sa médiante.

Ainsi, pour composer en *si*, mode mineur, je transposerai la *clef* comme pour le ton majeur de *re*. Pour *fa* dièse mineur, je la transposerai comme pour *la* majeur, etc.

Les musiciens ne déterminent les transpositions qu'à force de pratique, ou en tâtonnant; mais la règle que je donne est démontrée générale et sans exception.

Comarchios. Sorte de nome pour les flûtes dans l'ancienne musique des Grecs.

Comma, *s. m.* Petit intervalle qui se trouve dans quelques cas entre deux sons produits sous le même nom par des progressions différentes.

On distingue trois espèces de *comma* : 1° Le mineur, dont la raison est de 2025 à 2048; ce qui est la quantité dont le *si* dièse, quatrième quinte de *sol* dièse, pris comme tierce majeure de *mi*, est surpassé par l'*ut* naturel qui lui correspond. Ce *comma* est la différence du semi-ton majeur au semi-ton moyen.

2° Le *comma* majeur est celui qui se trouve entre le *mi* produit par la progression triple comme quatrième quinte, en commençant par *ut*, et le même *mi*, ou sa réplique, considéré comme tierce majeure de ce même *ut*. La raison en est de 80 à 81. C'est le *comma* ordinaire, et il est la différence du ton majeur au ton mineur.

3° Enfin le *comma* maxime, qu'on appelle *comma* de Pythagore, a son rapport de 524288 à 531441, et il est l'excès du *si* dièse, produit par la progression triple comme douzième quinte de l'*ut* sur le même *ut* élevé par ses octaves au degré correspondant.

Les musiciens entendent par *comma* la huitième ou la neuvième partie d'un ton, la moitié de ce qu'ils appellent un quart de ton. Mais on peut assurer qu'ils ne savent ce qu'ils veulent dire en s'exprimant ainsi, puisque, pour des oreilles comme les nôtres, un si petit intervalle n'est appréciable que pour le calcul. (Voyez **Intervalle.**)

Compair, *adj. corrélatif de lui-même.* Les tons *compairs*, dans le plain-chant, sont l'authente, et le plagal qui lui correspond. Ainsi le premier ton est *compair* avec le second, le troisième avec le quatrième, et ainsi de suite : chaque ton pair est *compair* avec l'impair qui le précède. (Voyez **Tons de l'Église.**)

Complément d'un intervalle est la quantité qui lui manque pour arriver à l'octave : ainsi la seconde et la septième, la tierce et la sixte, la quarte et la quinte, sont *complémens* l'une de l'autre. Quand il n'est question que d'un intervalle, *complément* et *renversement* sont la même chose. Quant aux espèces, le juste est *complément* du juste; le majeur du mineur, le superflu du diminué, et réciproquement. (Voyez **Intervalle.**)

Composé, *adj.* Ce mot a trois sens en musique; deux par rapport aux intervalles, et un par rapport à la mesure.

I. Tout intervalle qui passe l'étendue de l'octave est un intervalle *composé*, parce qu'en retranchant l'octave on simplifie l'intervalle sans le changer. Ainsi la neuvième, la dixième, la douzième, sont des intervalles *composés* : le premier, de la seconde et de l'octave; le deuxième, de la tierce et de l'octave; le troisième, de la quinte et de l'octave, etc.

II. Tout intervalle qu'on peut diviser musicalement en deux intervalles peut encore être considéré comme *composé*. Ainsi la quinte est *composée* de deux tierces, la tierce de deux secondes, la seconde majeure de deux semi-tons; mais le semi-ton n'est point *composé*, parce qu'on ne peut plus le diviser ni sur le clavier ni par notes. C'est le sens du discours qui, des deux précédentes acceptions, doit déterminer celle selon laquelle un intervalle est dit *composé*.

III. On appelle *mesures composées* toutes celles qui sont désignées par deux chiffres. (Voyez **Mesure.**)

Composer, *v. a.* Inventer de la musique nouvelle selon les règles de l'art.

Compositeur, *s. m.* Celui qui compose de la musique, ou qui sait les règles de la composition.

Voyez au mot COMPOSITION l'exposé des connoissances nécessaires pour savoir composer. Ce n'est pas encore assez pour former un vrai *compositeur* : toute la science possible ne suffit point sans le génie qui la met en œuvre. Quelque effort que l'on puisse faire, quelque acquis que l'on puisse avoir, il faut être né pour cet art, autrement on n'y fera jamais rien que de médiocre. Il en est du *compositeur* comme du poète : si la nature en naissant ne l'a formé tel ;

S'il n'a reçu du ciel l'influence secrète,
Pour lui Phébus est sourd, et Pégase est rétif.

Ce que j'entends par génie n'est point ce goût bizarre et capricieux qui sème partout le baroque et le difficile, qui ne sait orner l'harmonie qu'à force de dissonances, de contrastes et de bruit ; c'est ce feu intérieur qui brûle, qui tourmente le *compositeur* malgré lui, qui lui inspire incessamment des chants nouveaux et toujours agréables, des expressions vives, naturelles, et qui vont au cœur ; une harmonie pure, touchante, majestueuse, qui renforce et pare le chant sans l'étouffer. C'est ce divin guide qui a conduit Corelli, Vinci, Perez, Rinaldo, Jomelli, Durante, plus savant qu'eux tous, dans le sanctuaire de l'harmonie ; Leo, Pergolèse, Hasse, Terradéglias, Galuppi, dans celui du bon goût et de l'expression.

COMPOSITION, *s. f.* C'est l'art d'inventer et d'écrire des chants, de les accompagner d'une harmonie convenable, de faire, en un mot, une pièce complète de musique avec toutes ses parties.

La connoissance de l'harmonie et de ses règles est le fondement de la *composition*. Sans doute, il faut savoir remplir des accords, préparer, sauver des dissonances, trouver des basses fondamentales, et posséder toutes les autres petites connoissances élémentaires ; mais avec les seules règles de l'harmonie, on n'est pas plus près de savoir la *composition* qu'on ne l'est d'être un orateur avec celles de la grammaire. Je ne dirai point qu'il faut, outre cela, bien connoître la portée et le caractère des voix et des instrumens, les chants qui sont de facile ou difficile exécution, ce qui fait de l'effet et ce qui n'en fait pas ; sentir le caractère des différentes mesures, celui des différentes modulations, pour appliquer toujours l'une et l'autre à propos ; savoir toutes les règles particulières établies par convention, par goût, par caprice, ou par pédanterie, comme les fugues, les imitations, les sujets contraints, etc. Toutes ces choses ne sont encore que des préparatifs à la *composition* : mais il faut trouver en soi-même la source des beaux chants, de la grande harmonie, les tableaux, l'expression ; être enfin capable de saisir ou de former l'ordonnance de tout un ouvrage, d'en suivre les convenances de toute espèce, et de se remplir de l'esprit du poète, sans s'amuser à courir après les mots. C'est avec raison que nos musiciens ont donné le nom de paroles aux poëmes qu'ils mettent en chant. On voit bien, par leur manière de les rendre, que ce ne sont en effet pour eux que des paroles. Il semble, surtout depuis quelques années, que les règles des accords aient fait oublier ou négliger toutes les autres, et que l'harmonie n'ait acquis plus de facilité qu'aux dépens de l'art en général. Tous nos artistes savent le remplissage, à peine en avons-nous qui sachent la *composition*.

Au reste, quoique les règles fondamentales du contre-point soient toujours les mêmes, elles ont plus ou moins de rigueur selon le nombre des parties, car à mesure qu'il y a plus de parties, la *composition* devient plus difficile, et les règles sont moins sévères. La *composition* à deux parties s'appelle *duo*, quand les deux parties chantent également, c'est-à-dire quand le sujet se trouve partagé entre elles : que si le sujet est dans une partie seulement, et que l'autre ne fasse qu'accompagner, on appelle alors la première *récit* ou *solo* ; et l'autre, *accompagnement*, ou *basse-continue*, si c'est une basse. Il en est de même du *trio* ou de la *composition* à trois parties, du *quatuor*, du *quinque*, etc. (Voyez ces mots.)

On donne aussi le nom de *compositions* aux pièces mêmes de musique faites dans les règles de la *composition* : c'est pourquoi les *duo*, *trio*, *quatuor*, dont je viens de parler, s'appellent des *compositions*.

On compose ou pour les voix seulement, ou pour les instrumens, ou pour les instrumens et les voix. Le plain-chant et les chansons sont les seules *compositions* qui ne soient que pour les voix, encore y joint-on souvent quelque instrument pour les soutenir. Les *compositions* instrumentales sont pour un chœur d'orchestre ;

et alors elles s'appellent *symphonies, concerts;* ou pour quelque espèce particulière d'instrument, et elles s'appellent *pièces, sonates.* (Voyez ces mots.)

Quant aux *compositions* destinées pour les voix et pour les instrumens, elles se divisent communément en deux espèces principales; savoir, musique latine ou musique d'église, et musique françoise. Les musiques destinées pour l'église, soit psaumes, hymnes, antiennes, répons, portent en *général le* nom de *motets.* (Voyez Motet.) La musique françoise se divise encore en musique de théâtre, comme nos opéra, et en musique de chambre, comme nos cantates ou cantatilles. (Voyez Cantate, Opéra.)

Généralement la *composition* latine passe pour demander plus de science et de règles, et la françoise plus de génie et de goût.

Dans une *composition* l'auteur a pour sujet le son physiquement considéré, et pour objet le seul plaisir de l'oreille; ou bien il s'élève à la musique imitative, et cherche à émouvoir ses auditeurs par des effets moraux. Au premier égard, il suffit qu'il cherche de beaux sons et des accords agréables; mais au second il doit considérer la musique par ses rapports aux accens de la voix humaine, et par les conformités possibles entre les sons harmoniquement combinés et les objets imitables. On trouvera dans l'article *opéra* quelques idées sur les moyens d'élever et d'ennoblir l'art, en faisant de la musique une langue plus éloquente que le discours même.

Concert, *s. m.* Assemblée de musiciens qui exécutent des pièces de musique vocale et instrumentale. On ne se sert guère du mot de *concert* que pour une assemblée d'au moins sept ou huit musiciens, et pour une musique à plusieurs parties. Quant aux anciens, comme ils ne connoissoient pas le contre-point, leurs *concerts* ne s'exécutoient qu'à l'unisson ou à l'octave; et ils en avoient rarement ailleurs qu'aux théâtres et dans les temples.

Concert spirituel. *Concert* qui tient lieu de spectacle public à Paris durant les temps où les autres spectacles sont fermés. Il est établi au château des Tuileries, les concertans y sont très-nombreux et la salle est fort bien décorée: on y exécute des motets, des symphonies, et l'on se donne aussi le plaisir d'y défigurer de temps en temps quelques airs italiens.

Concertant, *adj.* Parties *concertantes* sont, selon l'abbé Brossard, celles qui ont quelque chose à réciter dans une pièce ou dans un *concert;* et ce mot sert à les distinguer des parties qui ne sont que de chœur.

Il est vieilli dans ce sens, s'il l'a jamais eu. L'on dit aujourd'hui parties récitantes, mais on se sert de celui de *concertant* en parlant du nombre de musiciens qui exécutent dans un *concert,* et l'on dira: *Nous étions vingt-cinq* concertans; *une assemblée de huit à dix* concertans.

Concerto, *s. m.* Mot italien francisé, qui signifie généralement une symphonie faite pour être exécutée par tout un orchestre; mais on appelle plus particulièrement *concerto* une pièce faite pour quelque instrument particulier, qui joue seul de temps en temps avec un simple accompagnement, après un commencement en grand orchestre; et la pièce continue ainsi toujours alternativement entre le même instrument récitant et l'orchestre en chœur. Quant aux *concerto* où tout se joue en rippieno, et où nul instrument ne récite, les François les appellent quelquefois *trio,* et les Italiens *sinfonie.*

Concordant, ou *basse-taille,* ou *baryton;* celle des parties de la musique qui tient le milieu entre la taille et la basse. Le nom de *concordant* n'est guère en usage que dans les musiques d'église, non plus que la partie qu'il désigne; partout ailleurs cette partie s'appelle basse-taille et se confond avec la basse. Le *concordant* est probablement la partie qu'en Italie on appelle *tenor.* (Voyez Parties.)

Concours, *s. m.* Assemblée de musiciens et de connoisseurs autorisés, dans laquelle une place vacante de maître de musique ou d'organiste est emportée, à la pluralité des suffrages, par celui qui a fait le meilleur motet, ou qui s'est distingué par la meilleure exécution.

Le *concours* étoit en usage autrefois dans la plupart des cathédrales; mais, dans ces temps malheureux où l'esprit d'intrigue s'est emparé de tous les états, il est naturel que le *concours* s'abolisse insensiblement, et qu'on lui substitue des moyens plus aisés de donner à la faveur ou à l'intérêt le prix qu'on doit au talent et au mérite.

Conjoint, *adj.* Tétracorde *conjoint* est, dans l'ancienne musique, celui dont la corde la plus grave est à l'unisson de la corde la plus aiguë du tétracorde qui est immédiatement au-dessous de lui, ou dont la corde la plus aiguë est à l'unisson de la plus grave du tétracorde qui est immédiatement au-dessus de lui. Ainsi, dans le système des Grecs, tous les cinq tétracordes sont *conjoints* par quelque côté : savoir, 1° le tétracorde méson *conjoint* au trétracorde hypaton; 2° le tétracorde synnéménon *conjoint* au tétracorde méson ; 3° le tétracorde hyperboléon *conjoint* au tétracorde diézeugménon : et comme le tétracorde auquel un autre étoit *conjoint* lui étoit *conjoint* réciproquement, cela eût fait en tout six tétracordes, c'est-à-dire plus qu'il n'y en avoit dans le système, si le tétracorde méson, étant *conjoint* par ses deux extrémités, n'eût été pris deux fois pour une.

Parmi nous, *conjoint* se dit d'un intervalle ou degré. On appelle degrés *conjoints* ceux qui sont tellement disposés entre eux que le son le plus aigu du degré inférieur se trouve à l'unisson du son le plus grave du degré supérieur. Il faut de plus qu'aucun des degrés *conjoints* ne puisse être partagé en d'autres degrés plus petits, mais qu'ils soient eux-mêmes les plus petits qu'il soit possible, savoir ceux d'une seconde. Ainsi ces deux intervalles, *ut re*, et *re mi*, sont *conjoints;* mais *ut re* et *fa sol* ne le sont pas, faute de la première condition; *ut mi* et *mi sol* ne le sont pas non plus, faute de la seconde.

Marche par degrés *conjoints* signifie la même chose que marche diatonique. (Voyez Degré diatonique.)

Conjointes, *s. f.* Tétracorde des *conjointes*. (Voyez Synnéménon.)

Connexe, *adj.* Terme de plain-chant. (Voyez Mixte.)

Consonnance, *s. f.* C'est, selon l'étymologie du mot, l'effet de deux ou plusieurs sons entendus à la fois; mais on restreint communément la signification de ce terme aux intervalles formés par deux sons dont l'accord plaît à l'oreille, et c'est en ce sens que j'en parlerai dans cet article.

De cette infinité d'intervalles qui peuvent diviser les sons, il n'y en a qu'un très-petit nombre qui fassent des *consonnances;* tous les autres choquent l'oreille, et sont appelés pour cela *dissonances*. Ce n'est pas que plusieurs de celles-ci ne soient employées dans l'harmonie; mais elles ne le sont qu'avec des précautions, dont les *consonnances*, toujours agréables par elles-mêmes, n'ont pas également besoin.

Les Grecs n'admettoient que cinq *consonnances;* savoir, l'octave, la quinte, la douzième, qui est la réplique de la quinte, la quarte, et l'onzième, qui est sa réplique. Nous y ajoutons les tierces et les sixtes majeures et mineures, les octaves doubles et triples, et, en un mot, les diverses répliques de tout cela sans exception, selon toute l'étendue du système.

On distingue les *consonnances* en parfaites ou justes, dont l'intervalle ne varie point, et en imparfaites, qui peuvent être majeures ou mineures. Les *consonnances* parfaites sont l'octave, la quinte et la quarte; les imparfaites sont les tierces et les sixtes.

Les *consonnances* se divisent encore en simples et composées. Il n'y a de *consonnances* simples que la tierce et la quarte : car la quinte, par exemple, est composée de deux tierces; la sixte est composée de tierce et de quarte, etc.

Le caractère physique des *consonnances* se tire de leur production dans un même son, ou, si l'on veut, du frémissement des cordes. De deux cordes bien d'accord formant entre elles un intervalle d'octave ou de douzième qui est l'octave de la quinte, ou de dix-septième majeure qui est la double octave de la tierce majeure, si l'on fait sonner la plus grave, l'autre frémit et résonne. A l'égard de la sixte majeure et mineure, de la tierce mineure, de la quinte et de la tierce majeure simples, qui toutes sont des combinaisons et des renversemens des précédentes *consonnances*, elles se trouvent non directement, mais entre les diverses cordes qui frémissent au même son.

Si je touche la corde *ut*, les cordes montées à son octave *ut*, à la quinte *sol* de cette octave, à la tierce *mi* de la double octave, même aux octaves de tout cela, frémiront toutes et résonneront à la fois; et quand la première corde seroit seule, on distingueroit encore tous ces sons dans sa résonnance. Voilà donc l'octave, la tierce majeure et la quinte directes. Les autres *consonnances* se trouvent aussi par combinaisons : savoir la tierce mineure, du *mi* au *sol*;

la sixte mineure, du même *mi* à l'*ut* d'en haut; la quarte, du *sol* à ce même *ut*; et la sixte majeure, du même *sol* au *mi* qui est au-dessus de lui.

Telle est la génération de toutes les *consonnances*. Il s'agiroit de rendre raison des phénomènes.

Premièrement, le frémissement des cordes s'explique par l'action de l'air et le concours des vibrations. (Voyez UNISSON.) 2° Que le son d'une corde soit toujours accompagné de ses harmoniques (voyez ce mot), cela paroît une propriété du son qui dépend de sa nature, qui en est inséparable, et qu'on ne sauroit expliquer qu'avec des hypothèses qui ne sont pas sans difficulté. La plus ingénieuse qu'on ait jusqu'à présent imaginée sur cette matière est sans contredit celle de M. de Mairan, dont M. Rameau dit avoir fait son profit.

3° A l'égard du plaisir que les *consonnances* font à l'oreille à l'exclusion de tout autre intervalle, on en voit clairement la source dans leur génération. Les *consonnances* naissent toutes de l'accord parfait, produit par un son unique, et réciproquement l'accord parfait se forme par l'assemblage des *consonnances*. Il est donc naturel que l'harmonie de cet accord se communique à ses parties, que chacune d'elles y participe, et que tout autre intervalle qui ne fait pas partie de cet accord n'y participe pas. Or, la nature, qui a doué les objets de chaque sens de qualités propres à le flatter, a voulu qu'un son quelconque fût toujours accompagné d'autres sons agréables, comme elle a voulu qu'un rayon de lumière fût toujours formé des plus belles couleurs. Que si l'on presse la question, et qu'on demande encore d'où naît le plaisir que cause l'accord parfait à l'oreille, tandis qu'elle est choquée du concours de tout autre son, que pourroit-on répondre à cela, sinon de demander à son tour pourquoi le vert plutôt que le gris réjouit la vue, et pourquoi le parfum de la rose enchante, tandis que l'odeur du pavot déplaît?

Ce n'est pas que les physiciens n'aient expliqué tout cela; et que n'expliquent-ils point? Mais que toutes ces explications sont conjecturales, et qu'on leur trouve peu de solidité quand on les examine de près! Le lecteur en jugera par l'exposé des principales, que je vais tâcher de faire en peu de mots.

Ils disent donc que la sensation du son étant produite par les vibrations du corps sonore propagées jusqu'au tympan par celles que l'air reçoit de ce même corps, lorsque deux sons se font entendre ensemble, l'oreille est affectée à la fois de leurs diverses vibrations. Si ces vibrations sont isochrones, c'est-à-dire qu'elles s'accordent à commencer et finir en même temps, ce concours forme l'unisson; et l'oreille, qui saisit l'accord de ces retours égaux et bien concordans, en est agréablement affectée. Si les vibrations d'un des deux sons sont doubles en durée de celles de l'autre, durant chaque vibration du plus grave, l'aigu en fera précisément deux; et à la troisième ils partiront ensemble. Ainsi, de deux en deux, chaque vibration impaire de l'aigu concourra avec chaque vibration du grave; et cette fréquente concordance qui constitue l'octave, selon eux moins douce que l'unisson, le sera plus qu'aucune autre *consonnance*. Après vient la quinte, dont l'un des sons fait deux vibrations, tandis que l'autre en fait trois; de sorte qu'ils ne s'accordent qu'à chaque troisième vibration de l'aigu; ensuite la double octave, dont l'un des sons fait quatre vibrations pendant que l'autre n'en fait qu'une, s'accordant seulement à chaque quatrième vibration de l'aigu. Pour la quarte, les vibrations se répondent de quatre en quatre à l'aigu, et de trois en trois au grave: celles de la tierce majeure sont comme 4 et 5; de la sixte majeure, comme 3 et 5; de la tierce mineure, comme 5 et 6; et de la sixte mineure, comme 5 et 8. Au-delà de ces nombres il n'y a plus que leurs multiples qui produisent des *consonnances*, c'est-à-dire des octaves de celles-ci; tout le reste est dissonant.

D'autres, trouvant l'octave plus agréable que l'unisson, et la quinte plus agréable que l'octave, en donnent pour raison que les retours égaux des vibrations dans l'unisson, et leur concours trop fréquent dans l'octave, confondent, identifient les sons, et empêchent l'oreille d'en apercevoir la diversité. Pour qu'elle puisse avec plaisir comparer les sons, il faut bien, disent-ils, que les vibrations s'accordent par intervalles, mais non pas qu'elles se confondent trop souvent; autrement, au lieu de deux sons, on croiroit n'en entendre qu'un, et l'oreille perdroit le plaisir de la comparaison. C'est ainsi que du même principe on déduit à son gré le pour et le contre, selon qu'on juge que les expériences l'exigent.

Mais premièrement toute cette explication n'est, comme on voit, fondée que sur le plaisir qu'on prétend que reçoit l'âme par l'organe de l'ouïe du concours des vibrations ; ce qui, dans le fond, n'est déjà qu'une pure supposition. De plus il faut supposer encore, pour autoriser ce système, que la première vibration de chacun des deux corps sonores commence exactement avec celle de l'autre; car de quelque peu que l'une précédât, elles ne concourroient plus dans le rapport déterminé, peut-être même ne concourroient-elles jamais, et par conséquent l'intervalle sensible devroit changer, la *consonnance* n'existeroit plus, ou ne seroit plus la même. Enfin il faut supposer que les diverses vibrations des deux sons d'une *consonnance* frappent l'organe sans confusion, et transmettent au cerveau la sensation de l'accord sans se nuire mutuellement : chose difficile à concevoir et dont j'aurai occasion de parler ailleurs.

Mais, sans disputer sur tant de suppositions, voyons ce qui doit s'ensuivre de ce système. Les vibrations ou les sons de la dernière *consonnance*, qui est la tierce mineure, sont comme 5 et 6, et l'accord en est fort agréable. Que doit-il naturellement résulter de deux autres sons dont les vibrations seroient entre elles comme 6 et 7? une *consonnance* un peu moins harmonieuse, à la vérité, mais encore assez agréable, à cause de la petite différence des raisons; car elles ne diffèrent que d'un trente-sixième. Mais qu'on me dise comment il se peut faire que deux sons, dont l'un fait cinq vibrations pendant que l'autre en fait six, produisent une *consonnance* agréable, et que deux sons, dont l'un fait six vibrations pendant que l'autre en fait sept, produisent une dissonance aussi dure. Quoi! dans l'un de ces rapports, les vibrations s'accordent de six en six, et mon oreille est charmée ; dans l'autre elles s'accordent de sept en sept, et mon oreille est écorchée! Je demande encore comment il se fait qu'après cette première dissonance la dureté des autres n'augmente pas en raison de la composition des rapports : pourquoi, par exemple la dissonance qui résulte du rapport de 89 à 90 n'est pas beaucoup plus choquante que celle qui résulte du rapport de 12 à 13. Si le retour plus ou moins fréquent du concours des vibrations étoit la cause du degré de plaisir ou de peine que me font les accords, l'effet seroit proportionné à cette cause, et je n'y trouve aucune proportion. Donc ce plaisir et cette peine ne viennent point de là.

Il reste encore à faire attention aux altérations dont une *consonnance* est susceptible sans cesser d'être agréable à l'oreille, quoique ces altérations dérangent entièrement le concours périodique des vibrations, et que ce concours même devienne plus rare à mesure que l'altération est moindre. Il reste à considérer que l'accord de l'orgue et du clavecin ne devroit offrir à l'oreille qu'une cacophonie d'autant plus horrible que ces instrumens seroient accordés avec plus de soin ; puisque, excepté l'octave, il ne s'y trouve aucune *consonnance* dans son rapport exact.

Dira-t-on qu'un rapport approché est supposé tout-à-fait exact, qu'il est reçu pour tel par l'oreille, et qu'elle supplée par instinct ce qui manque à la justesse de l'accord? je demande alors pourquoi cette inégalité de jugement et d'appréciation par laquelle elle admet des rapports plus ou moins rapprochés, et en rejette d'autres selon la diverse nature des *consonnances*. Dans l'unisson, par exemple, l'oreille ne supplée rien ; il est juste ou faux, point de milieu. De même encore dans l'octave, si l'intervalle n'est exact, l'oreille est choquée, elle n'admet point d'approximation. Pourquoi en admet-elle plus dans la quinte, et moins dans la tierce majeure? Une explication vague, sans preuve, et contraire au principe qu'on veut établir, ne rend point raison de ces différences.

Le philosophe qui nous a donné des principes d'acoustique, laissant à part tous ces concours de vibrations, et renouvelant sur ce point le système de Descartes, rend raison du plaisir que les *consonnances* font à l'oreille par la simplicité des rapports qui sont entre les sons qui les forment. Selon cet auteur et selon Descartes, le plaisir diminue à mesure que ces rapports deviennent plus composés; et quand l'esprit ne les saisit plus, ce sont de véritables dissonances : ainsi c'est une opération de l'esprit qu'ils prennent pour le principe du sentiment de l'harmonie. D'ailleurs, quoique cette hypothèse s'accorde avec le résultat des premières divisions harmoniques, et qu'elle s'étende même à d'autres phénomènes qu'on remarque dans les beaux-arts, comme elle est sujette aux mêmes objections que la précédente, il n'est pas possible à la raison de s'en contenter.

Celle de toutes qui paroît la plus satisfaisante a pour auteur M. Estève, de la Société royale de Montpellier. Voici là-dessus comment il raisonne.

Le sentiment du son est inséparable de celui de ses harmoniques ; et puisque tout son porte avec soi ses harmoniques ou plutôt son accompagnement, ce même accompagnement est dans l'ordre de nos organes. Il y a dans le son le plus simple une gradation de sons qui sont et plus foibles et plus aigus, qui adoucissent par nuances le son principal, et le font perdre dans la grande vitesse des sons les plus hauts. Voilà ce que c'est qu'un son, l'accompagnement lui est essentiel, en fait la douceur et la mélodie. Ainsi toutes les fois que cet adoucissement, cet accompagnement, ces harmoniques, seront renforcés et mieux développés, les sons seront plus mélodieux, les nuances mieux soutenues. C'est une perfection, et l'âme y doit être sensible.

Or les *consonnances* ont cette propriété que les harmoniques de chacun des deux sons concourant avec les harmoniques de l'autre, ces harmoniques se soutiennent mutuellement, deviennent plus sensibles, durent plus longtemps, et rendent ainsi plus agréable l'accord des sons qui les donnent.

Pour rendre plus claire l'application de ce principe, M. Estève a dressé deux tables, l'une des *consonnances*, et l'autre des dissonances qui sont dans l'ordre de la gamme ; et ces tables sont tellement disposées, qu'on voit dans chacune le concours ou l'opposition des harmoniques des deux sons qui forment chaque intervalle.

Par la table des *consonnances*, on voit que l'accord de l'octave conserve presque tous ses harmoniques, et c'est la raison de l'identité qu'on suppose dans la pratique de l'harmonie entre les deux sons de l'octave ; on voit que l'accord de la quinte ne conserve que trois harmoniques, que la quarte n'en conserve que deux, qu'enfin les *consonnances* imparfaites n'en conservent qu'un, excepté la sixte majeure qui en porte deux.

Par la table des dissonances, on voit qu'elles ne se conservent aucun harmonique, excepté la seule septième mineure, qui conserve son quatrième harmonique, savoir la tierce majeure de la troisième octave du son aigu.

De ces observations l'auteur conclut que plus entre deux sons il y aura d'harmoniques concourans, plus l'accord en sera agréable ; et voilà les *consonnances* parfaites : plus il y aura d'harmoniques détruits, moins l'âme sera satisfaite de ces accords ; voilà les *consonnances* imparfaites : que s'il arrive qu'aucun harmonique ne soit conservé, les sons seront privés de leur douceur et de leur mélodie ; ils seront aigres et comme décharnés, l'âme s'y refusera ; et au lieu de l'adoucissement qu'elle éprouvoit dans les *consonnances*, ne trouvant partout qu'une rudesse soutenue, elle éprouvera un sentiment d'inquiétude désagréable qui est l'effet de la dissonance.

Cette hypothèse est sans contredit la plus simple, la plus naturelle, la plus heureuse de toutes ; mais elle laisse pourtant encore quelque chose à désirer pour le contentement de l'esprit, puisque les causes qu'elle assigne ne sont pas toujours proportionnelles aux différences des effets ; que, par exemple, elle confond dans la même catégorie la tierce mineure et la septième mineure, comme réduites également à un seul harmonique, quoique l'une soit consonnante, l'autre dissonante, et que l'effet à l'oreille en soit très-différent.

A l'égard du principe d'harmonie imaginé par M. Sauveur, et qu'il faisoit consister dans les battemens, comme il n'est en nulle façon soutenable, et qu'il n'a été adopté de personne, je ne m'y arrêterai pas ici, et il suffira de renvoyer le lecteur à ce que j'en ai dit au mot Battement.

Consonnant, *adj*. Un intervalle *consonnant* est celui qui donne une consonnance ou qui en produit l'effet, ce qui arrive en certains cas aux dissonances par la force de la modulation. Un accord *consonnant* est celui qui n'est composé que de consonnances.

Contra, *s. m.* Nom qu'on donnoit autrefois à la partie qu'on appeloit plus communément *altus*, et qu'aujourd'hui nous nommons *haute-contre*. (Voyez Haute-Contre.)

Contraint, *adj.* Ce mot s'applique, soit à l'harmonie, soit au chant, soit à la valeur des notes, quand par la nature du dessein on s'est assujetti à une loi d'uniformité dans quelqu'une de ces trois parties. (Voyez Basse-Contrainte.)

Contraste, *s. m.* Opposition de caractères. Il y a *contraste* dans une pièce de musique lorsque le mouvement passe du lent au vite, ou du vite au lent; lorsque le diapason de la mélodie passe du grave à l'aigu, ou de l'aigu au grave; lorsque le chant passe du doux au fort, ou du fort au doux; lorsque l'accompagnement passe du simple au figuré, ou du figuré au simple: enfin, lorsque l'harmonie a des jours et des pleins alternatifs : et le *contraste* le plus parfait est celui qui réunit à la fois toutes ces oppositions.

Il est très-ordinaire aux compositeurs qui manquent d'invention d'abuser du *contraste*, et d'y chercher, pour nourrir l'attention, les ressources que leur génie ne leur fournit pas. Mais le *contraste*, employé à propos et sobrement ménagé, produit des effets admirables.

Contra-tenor. Nom donné dans les commencemens du contre-point à la partie qu'on a depuis nommée *tenor* ou *taille*. (Voyez Taille.)

Contre-chant, *s. m.* Nom donné par Gerson, et par d'autres à ce qu'on appeloit alors plus communément *déchant* ou *contre-point*. (Voyez ces mots.)

Contre-danse. Air d'une sorte de danse de même nom, qui s'exécute à quatre, à six et à huit personnes, et qu'on danse ordinairement dans les bals après les menuets, comme étant plus gaie et occupant plus de monde. Les airs des *contre-danses* sont le plus souvent à deux temps : ils doivent être bien cadencés, brillans et gais, et avoir cependant beaucoup de simplicité; car, comme on les reprend très-souvent, ils deviendroient insupportables s'ils étoient chargés. En tout genre les choses les plus simples sont celles dont on se lasse le moins.

Contre-fugue ou Fugue-renversée, *s. f.* Sorte de fugue dont la marche est contraire à celle d'une autre fugue qu'on a établie auparavant dans le même morceau. Ainsi, quand la fugue s'est fait entendre en montant de la tonique à la dominante, ou de la dominante à la tonique, la *contre-fugue* doit se faire entendre en descendant de la dominante à la tonique, ou de la tonique à la dominante, *et vice versâ* : du reste, ses règles sont entièrement semblables à celles de la fugue. (Voyez Fugue.)

Contre-harmonique, *adj.* Nom d'une sorte de proportion. (Voyez Proportion.)

Contre-partie, *s. f.* Ce terme ne s'emploie en musique que pour signifier une des deux parties d'un duo considérée relativement à l'autre.

Contre-point, *s. m.* C'est à peu près la même chose que *composition*; si ce n'est que *composition* peut se dire des chants, et d'une seule partie, et que *contre-point* ne se dit que de l'harmonie, et d'une *composition* à deux ou plusieurs parties différentes.

Ce mot de *contre-point* vient de ce qu'anciennement les notes ou signes des sons étoient de simples points, et qu'en composant à plusieurs parties, on plaçoit ainsi ces points l'un sur l'autre, ou l'un contre l'autre.

Aujourd'hui le nom de *contre-point* s'applique spécialement aux parties ajoutées sur un sujet donné, pris ordinairement du plain-chant. Le sujet peut être à la taille ou à quelque autre partie supérieure; et l'on dit alors que le *contre-point* est sous le sujet : mais il est ordinairement à la basse, ce qui met le sujet sous le *contre-point*. Quand le *contre-point* est syllabique ou note sur note, on l'appelle *contre-point simple*; *contre-point figuré*, quand il s'y trouve différentes figures ou valeurs de notes, et qu'on y fait des desseins, des fugues, des imitations : on sent bien que tout cela ne peut se faire qu'à l'aide de la mesure, et que ce plain-chant devient alors de véritable musique. Une composition faite et exécutée ainsi sur-le-champ, et sans préparation sur un sujet donné, s'appelle *chant sur le livre*, parce qu'alors chacun compose impromptu sa partie ou son chant sur le livre du chœur. (Voyez Chant sur le livre.)

On a long-temps disputé si les anciens avoient connu le *contre-point* : mais par tout ce qui nous reste de leur musique et de leurs écrits, principalement par les règles de pratique d'Aristoxène, livre troisième, on voit clairement qu'ils n'en eurent jamais la moindre notion.

Contre-sens, *s. m.* Vice dans lequel tombe le musicien, quand il rend une autre pensée que celle qu'il doit rendre. La musique, dit M. d'Alembert, n'étant et ne devant être qu'une traduction des paroles qu'on met en chant, il est visible qu'on y peut tomber dans des *contre-sens;* et ils n'y sont guère plus faciles à éviter que dans une véritable traduction. *Contre-sens* dans l'expression, quand la musique est triste au lieu d'être gaie, gaie au lieu d'être triste, légère au lieu d'être grave, grave au lieu d'être légère, etc. *Contre-sens* dans la prosodie, lorsqu'on est bref sur des syllabes longues, long sur des syllabes brèves, qu'on n'observe pas l'accent de la langue, etc. *Contre-sens* dans la déclamation, lorsqu'on y exprime par les mêmes modulations des sentimens opposés ou différens, lorsqu'on y rend moins les sentimens que les mots, lorsqu'on s'y appesantit sur des détails sur lesquels on doit glisser, lorsque les répétitions sont entassées hors de propos. *Contre-sens* dans la ponctuation, lorsque la phrase de musique se termine par une cadence parfaite dans les endroits où le sens est suspendu, ou forme un repos imparfait quand le sens est achevé. Je parle ici des *contre-sens* pris dans la rigueur du mot; mais le manque d'expression est peut-être le plus énorme de tous. J'aime encore mieux que la musique dise autre chose que ce qu'elle doit dire, que de parler et ne rien dire du tout.

Contre-temps, *s. m.* Mesure à *contre-temps* est celle où l'on pause sur le temps foible, où l'on glisse sur le temps fort, et où le chant semble être en contre-sens avec la mesure. (Voyez Syncope.)

Copiste, *s. m.* Celui qui fait profession de copier de la musique.

Quelque progrès qu'ait fait l'art typographique, on n'a jamais pu l'appliquer à la musique avec autant de succès qu'à l'écriture, soit parce que les goûts de l'esprit étant plus constans que ceux de l'oreille, on s'ennuie moins vite des mêmes livres que des mêmes chansons; soit par les difficultés particulières que la combinaison des notes et des lignes ajoute à l'impression de la musique : car si l'on imprime premièrement les portées et ensuite les notes, il est impossible de donner à leurs positions relatives la justesse nécessaire; et si le caractère de chaque note tient à une portion de la portée, comme dans notre musique imprimée, les lignes s'ajustent si mal entre elles, il faut une si prodigieuse quantité de caractères, et le tout fait un si vilain effet à l'œil, qu'on a quitté cette manière avec raison pour lui substituer la gravure. Mais, outre que la gravure elle-même n'est pas exempte d'inconvéniens, elle a toujours celui de multiplier trop ou trop peu les exemplaires ou les parties, de mettre en partition ce que les uns voudroient en parties séparées, ou en parties séparées ce que d'autres voudroient en partition, et de n'offrir guère aux curieux que de la musique déjà vieille qui court dans les mains de tout le monde.

Enfin il est sûr qu'en Italie, le pays de la terre où l'on fait le plus de musique, on a proscrit depuis long-temps la note imprimée sans que l'usage de la gravure ait pu s'y établir : d'où je conclus qu'au jugement des experts celui de la simple *copie* est le plus commode.

Il est plus important que la musique soit nettement et correctement copiée que la simple écriture, parce que celui qui lit et médite dans son cabinet aperçoit, corrige aisément les fautes qui sont dans son livre, et que rien ne l'empêche de suspendre sa lecture ou de la recommencer : mais, dans un concert, où chacun ne voit que sa partie, et où la rapidité et la continuité de l'exécution ne laissent le temps de revenir sur aucune faute, elles sont toutes irréparables : souvent un morceau sublime est estropié, l'exécution est interrompue ou même arrêtée, tout va de travers, partout manquent l'ensemble et l'effet, l'auditeur est rebuté, et l'auteur déshonoré, par la seule faute du *copiste.*

De plus, l'intelligence d'une musique difficile dépend beaucoup de la manière dont elle est copiée; car, outre la netteté de la note, il y a divers moyens de présenter plus clairement au lecteur les idées qu'on veut lui peindre et qu'il doit rendre. On trouve souvent la copie d'un homme plus lisible que celle d'un autre, qui pourtant note plus agréablement; c'est que l'un ne veut que plaire aux yeux, et que l'autre est plus attentif aux soins utiles. Le plus habile *copiste* est celui dont la musique s'exécute avec le plus de facilité, sans que le musicien même devine pourquoi. Tout cela m'a persuadé que ce n'étoit pas faire un article inutile que d'exposer un peu en détail le devoir et les soins d'un bon *copiste* : tout ce qui tend à faciliter l'exécution n'est point indifférent à la perfection d'un art dont elle est toujours le plus grand écueil. Je sens combien je vais me nuire à moi-même, si l'on compare mon travail à mes règles; mais je n'ignore pas que celui qui cherche l'utilité publique doit avoir oublié la sienne. Homme de lettres, j'ai dit de mon état tout le mal que j'en pense; je n'ai fait que de la musique françoise, et n'aime que l'italienne; j'ai montré toutes les misères de la société, quand j'étois heureux par elle : mauvais *copiste*, j'expose ici ce que font les bons. O vérité! mon intérêt ne fut jamais rien devant toi; qu'il ne souille en rien le culte que je t'ai voué.

Je suppose d'abord que le *copiste* est pourvu de toutes les connoissances nécessaires à sa profession. Je lui suppose de plus les talens qu'elle exige pour être exercée supérieurement. Quels sont ces talens, et quelles sont ces connoissances? Sans en parler expressément, c'est de quoi cet article pourra donner une suffisante idée. Tout ce que j'oserai dire ici, c'est que tel compositeur qui se croit un fort habile homme, est bien loin d'en savoir assez pour copier correctement la composition d'autrui.

Comme la musique écrite, surtout en partition, est faite pour être lue de loin par les concertans, la première chose que doit faire le *copiste* est d'employer les matériaux les plus convenables pour rendre sa note bien lisible et bien nette. Ainsi il doit choisir de beau papier fort, blanc, médiocrement fin, et qui ne perce point : on préfère celui qui n'a pas besoin de laver, parce que le lavage avec l'alun lui ôte un peu de sa blancheur. L'encre doit être très-noire, sans être luisante ni gommée; la réglure fine, égale et bien marquée, mais non pas noire comme la note; il faut, au contraire, que les lignes soient un peu pâles, afin que les croches, doubles-croches, les soupirs, demi-soupirs, et autres petits signes ne se confondent pas avec elles, et que la note sorte mieux. Loin que la pâleur des lignes empêche de lire la musique à une certaine distance, elle aide au contraire à la netteté; et quand même la ligne échapperoit un moment à la vue, la position des notes l'indique assez le plus souvent. Les régleurs ne rendent que du travail mal fait; si le *copiste* veut se faire honneur, il doit régler son papier lui-même.

Il y a deux formats de papier réglé : l'un pour la musique françoise, dont la longueur est de bas en haut; l'autre pour la musique italienne, dont la longueur est dans le sens des lignes. On peut employer pour les deux le même papier en le coupant et réglant en sens contraire; mais, quand on l'achète réglé, il faut renverser les noms chez les papetiers de Paris; demander du papier à l'italienne quand on le veut à la françoise, et à la françoise quand on le veut à l'italienne : ce *quiproquo* importe peu dès qu'on en est prévenu.

Pour copier une partition, il faut compter les portées qu'enferme l'accolade, et choisir du papier qui ait, par page, le même nombre de portées, ou un multiple de ce nombre, afin de ne perdre aucune portée, ou d'en perdre le moins qu'il est possible, quand le multiple n'est pas exact.

Le papier à l'italienne est ordinairement à dix portées, ce qui divise chaque page en deux accolades de cinq portées chacune pour les airs ordinaires; savoir, deux portées pour les deux dessus de violon, une pour la quinte, une pour le chant et une pour la basse. Quand on a des duo ou des parties de flûtes, de hautbois, de cors, de trompettes, alors, à ce nombre de portées on ne peut plus mettre qu'une accolade par page, à moins qu'on ne trouve le moyen de supprimer quelque portée inutile, comme celle de la quinte, quand elle marche sans cesse avec la basse.

Voici maintenant les observations qu'on doit faire pour bien distribuer la partition : 1° Quelque nombre de parties de symphonie qu'on puisse avoir, il faut toujours que les parties de violon, comme les principales, occupent le haut de l'accolade où les yeux se portent plus aisément; ceux qui les mettent au-dessous de toutes les autres et immédiatement sur la quinte pour la commodité de l'accompagnateur, se trompent; sans compter qu'il est ridicule de voir dans une partition les parties de violon au-dessous, par exemple, de celles des cors qui sont beaucoup plus basses. 2° Dans toute la longueur de chaque morceau, l'on ne doit jamais rien changer au nombre des portées, afin que chaque partie ait toujours la sienne au même lieu : il vaut mieux laisser des portées vides, ou, s'il le faut absolument, en charger quelqu'une de deux parties, que d'étendre ou resserrer l'accolade inégalement. Cette règle n'est que pour la musique italienne ; car l'usage de la gravure a rendu les compositeurs français plus attentifs à l'économie de l'espace qu'à la commodité de l'exécution. 3° Ce n'est qu'à toute extrémité qu'on doit mettre deux parties sur une même portée ; c'est surtout ce qu'on doit éviter pour les parties de violon ; car, outre que la confusion y seroit à craindre, il y auroit équivoque avec la double-corde ; il faut aussi regarder si jamais les parties ne se croisent, ce qu'on ne pourroit guère écrire sur la même portée d'une manière nette et lisible. 4° Les clefs une fois écrites et correctement armées ne doivent plus se répéter non plus que le signe de la mesure, si ce n'est dans la musique françoise, quand, les accolades étant inégales, chacun ne pourroit plus reconnoître sa partie ; mais, dans les parties séparées, on doit répéter la clef au commencement de chaque portée, ne fût-ce que pour marquer le commencement de la ligne au défaut de l'accolade.

Le nombre des portées ainsi fixé, il faut faire la division des mesures, et ces mesures doivent être toutes égales en espace comme en durée, pour mesurer en quelque sorte le temps au compas et guider la voix par les yeux. Cet espace doit être assez étendu dans chaque mesure pour recevoir toutes les notes qui peuvent y entrer, selon sa plus grande subdivision. On ne sauroit croire combien ce soin jette de clarté sur une partition, et dans quel embarras on se jette en le négligeant. Si l'on sert une mesure sur une ronde, comment placer les seize doubles-croches que contient peut-être une autre partie dans la même mesure? Si l'on se règle sur la partie vocale, comment fixer l'espace des ritournelles? En un mot, si l'on ne regarde qu'aux divisions d'une des parties, comment y rapporter les divisions souvent contraires des autres parties?

Ce n'est pas assez de diviser l'air en mesures égales ; il faut aussi diviser les mesures en temps égaux. Si dans chaque partie on proportionne ainsi l'espace à la durée, toutes les parties et toutes les notes simultanées de chaque partie se correspondront avec une justesse qui fera plaisir aux yeux, et facilitera beaucoup la lecture d'une partition. Si, par exemple, on partage une mesure à quatre temps en quatre espaces bien égaux entre eux et dans chaque partie, qu'on étende les noires, qu'on rapproche les croches, qu'on resserre les doubles-croches à proportion et chacune dans son espace, sans qu'on ait besoin de regarder une partie en copiant l'autre, toutes les notes correspondantes se trouveront plus exactement perpendiculaires, que si on les eût confrontées en les écrivant ; et l'on remarquera dans le tout la plus exacte proportion, soit entre les diverses mesures d'une même partie, soit entre les diverses parties d'une même mesure.

A l'exactitude des rapports il faut joindre, autant qu'il se peut, la netteté des signes. Par exemple on n'écrira jamais de notes inutiles, mais sitôt qu'on s'aperçoit que deux parties se réunissent et marchent à l'unisson, l'on doit renvoyer de l'une à l'autre lorsqu'elles sont voisines et sur la même clef. A l'égard de la quinte, sitôt qu'elle marche à l'octave de la basse, il faut aussi l'y envoyer. La même attention de ne pas inutilement multiplier les signes doit empêcher d'écrire pour la symphonie les *piano* aux entrées du chant, et les *forte* quand il cesse ; partout ailleurs il les faut écrire exactement sous le premier violon et sous la basse, et cela suffit dans une partition, où toutes les parties peuvent et doivent se régler sur ces deux-là.

Enfin le devoir du *copiste* écrivant une partition est de corriger toutes les fausses notes qui peuvent se trouver dans son original. Je n'entends pas par fausses notes les fautes de l'ouvrage, mais celles de la copie qui lui sert d'original. La perfection de la sienne est de rendre fidèlement les idées de l'auteur : bonnes ou mauvaises, ce n'est pas son affaire ; car il n'est pas auteur ni correcteur, mais *copiste*. Il est bien vrai que si l'auteur a mis par mégarde une note pour une autre, il doit la corriger ; mais si ce même auteur a fait par ignorance une faute de composition, il la doit laisser. Qu'il compose mieux lui-même, s'il veut ou s'il peut, à la bonne heure ; mais sitôt qu'il copie, il doit respecter son original. On voit par là qu'il ne suffit pas au *copiste* d'être bon harmoniste et de bien savoir la composition, mais qu'il doit de plus être exercé dans les divers styles, reconnoître un auteur par sa manière, et savoir bien distinguer ce qu'il a fait de ce qu'il n'a pas fait. Il y a de plus une sorte de critique propre à restituer un passage par la comparaison d'un autre, à remettre un *fort* ou un *doux* où il a été oublié, à détacher des phrases liées mal à propos, à restituer même des mesures omises; ce qui n'est pas sans exemple, même dans des partitions. Sans doute, il faut du savoir et du goût pour rétablir un texte dans toute sa pureté : l'on me dira que peu de *copistes* le font; je répondrai que tous le devroient faire.

Avant de finir ce qui regarde les partitions, je dois dire comment on y rassemble des parties séparées; travail embarrassant pour bien des *copistes*, mais facile et simple quand on s'y prend avec méthode.

Pour cela, il faut d'abord compter avec soin les mesures dans toutes les parties, pour s'assurer qu'elles sont correctes; ensuite on pose toutes les parties l'une sur l'autre, en commençant par la basse, et la couvrant successivement des autres parties dans le même ordre qu'elles doivent avoir sur la partition. On fait l'accolade d'autant de portées qu'on a de parties; on la divise en mesures égales, puis mettant toutes ces parties ainsi rangées devant soi et à sa gauche, on copie d'abord la première ligne de la première partie, que je suppose être le premier violon; on y fait une légère marque en crayon à l'endroit où l'on s'arrête; puis on la transporte renversée à sa droite. On copie de même la première ligne du second violon, renvoyant au premier partout où ils marchent à l'unisson; puis, faisant une marque comme ci-devant, on renverse la partie sur la précédente à sa droite; et ainsi de toutes les parties l'une après l'autre. Quand on est à la basse, on parcourt des yeux toute l'accolade pour vérifier si l'harmonie est bonne, si le tout est bien d'accord, et si l'on ne s'est point trompé. Cette première ligne faite, on prend ensemble toutes les parties qu'on a renversées l'une sur l'autre à sa droite, on les renverse derechef à sa gauche, et elles se retrouvent ainsi dans le même ordre et dans la même situation où elles étoient quand on a commencé : on recommence la seconde accolade à la petite marque en crayon, l'on fait une autre marque à la fin de la seconde ligne, et l'on poursuit comme ci-devant, jusqu'à ce que le tout soit fait.

J'aurai peu de choses à dire sur la manière de tirer une partition en parties séparées; car c'est l'opération la plus simple de l'art, et il suffira d'y faire les observations suivantes : 1° Il faut tellement comparer la longueur des morceaux à ce que peut contenir une page, qu'on ne soit jamais obligé de tourner sur un même morceau dans les parties instrumentales, à moins qu'il n'y ait beaucoup de mesures à compter qui en laissent le temps. Cette règle oblige de commencer à la page *verso* tous les morceaux qui remplissent plus d'une page; et il n'y en a guère qui en remplissent plus de deux. 2° Les *doux* et les *fort* doivent être écrits avec la plus grande exactitude sur toutes les parties, même ceux où rentre et cesse le chant, qui ne sont pas pour l'ordinaire écrits sur la partition. 3° On ne doit point couper une mesure d'une ligne à l'autre, mais tâcher qu'il y ait toujours une barre à la fin de chaque portée. 4° Toutes les lignes postiches qui excèdent, en haut ou en bas, les cinq de la portée, ne doivent point être continues, mais séparées à chaque note, de peur que le musicien, venant à les confondre avec celles de la portée, ne se trompe de note et ne sache plus où il est. Cette règle n'est pas moins nécessaire dans les partitions, et n'est suivie par aucun *copiste* françois. 5° Les parties de hautbois, qu'on tire sur les parties de violon pour un grand orchestre, ne doivent pas être exactement copiées comme elles sont dans l'original; mais, outre l'étendue que cet instrument a de moins que le violon, outre les *doux*, qu'il ne peut faire de même, outre l'agilité qui lui manque, ou qui lui va mal dans certaines vitesses, la force du hautbois doit être ménagée, pour marquer mieux les notes principales, et donner plus d'accent à la musique. Si j'avois à juger du goût d'un symphoniste sans l'entendre, je lui donnerois à tirer sur la partie de violon la partie de hautbois : tout *copiste* doit savoir le faire. 6° Quelquefois les parties de cors et de trompettes ne sont pas notées sur le même ton que le reste de l'air; il faut les transporter au ton, ou bien, si on les copie telles qu'elles sont, il faut écrire au haut le nom de la véritable tonique. *Corni in D sol re, corni in E la fa*, etc. 7° Il ne faut point bigarrer la partie de quinte ou de viola de la clef de basse et de la sienne, mais transporter à la clef de viola tous les endroits où elle marche avec la basse ; et il y a là-dessus encore une autre attention à faire, c'est de ne jamais laisser monter la viola au-dessus des parties de violon ; de sorte que, quand la basse monte trop haut, il n'en faut pas prendre l'octave, mais l'unisson, afin que la viola ne sorte jamais du *medium* qui lui convient. 8° La partie vocale ne se doit copier qu'en partition avec la basse, afin que le chanteur se puisse accompagner lui-même, et n'ait pas la peine ni de tenir sa partie à la main, ni de compter ses pauses : dans les duo ou trio, chaque partie de chant doit contenir, outre la basse, sa contre-partie ; et quand on copie un récitatif obligé, il faut pour chaque partie d'instrument ajouter la partie du chant à la sienne, pour le guider au défaut de la mesure. 9° Enfin, dans les parties vocales, il faut avoir soin de lier ou détacher les croches, afin que le chanteur voie clairement celles qui appartiennent à chaque syllabe. Les partitions qui sortent des mains des compositeurs sont sur ce point très-équivoques, et le chanteur ne sait la plupart du temps comment distribuer la note sur la parole. Le *copiste* versé dans la prosodie, et qui connoît également l'accent du discours et celui du chant, détermine le partage des notes et prévient l'indécision du chanteur. Les paroles doivent être écrites bien exactement sous les notes, et correctes quant aux accens et à l'orthographe ; mais on n'y doit mettre ni points ni virgules, les répétitions fréquentes et irrégulières rendant la ponctuation grammaticale impossible ; c'est à la musique à ponctuer les paroles : le *copiste* ne doit pas s'en mêler ; car ce seroit ajouter des signes que le compositeur s'est chargé de rendre inutiles.

Je m'arrête pour ne pas étendre à l'excès cet article : j'en ai dit trop pour tout *copiste* instruit qui a une bonne main et le goût de son métier ; je n'en dirois jamais assez pour les autres. J'ajouterai seulement un mot en finissant : il y a bien des intermédiaires entre ce que le compositeur imagine et ce qu'entendent les auditeurs. C'est au *copiste* de rapprocher ces deux termes le plus qu'il est possible, d'indiquer avec clarté tout ce qu'on doit faire pour que la musique exécutée rende exactement à l'oreille du compositeur ce qui s'est peint dans sa tête en la composant.

CORDE SONORE. Toute corde tendue dont on peut tirer du son. De peur de m'égarer dans cet article, j'y transcrirai en partie celui de M. d'Alembert, et n'y ajouterai du mien que ce qui lui donne un rapport plus immédiat au son et à la musique.

« Si une corde tendue est frappée en quel- » qu'un de ses points par une puissance quel- » conque, elle s'éloignera jusqu'à une certaine » distance de la situation qu'elle avoit étant en » repos, reviendra ensuite et fera des vibra- » tions en vertu de l'élasticité que sa tension » lui donne, comme en fait un pendule qu'on » tire de son aplomb. Qui si, de plus, la ma- » tière de cette *corde* est elle-même assez élas- » tique ou assez homogène pour que le même » mouvement se communique à toutes ses par- » ties, en frémissant elle rendra du son, et sa » résonnance accompagnera toujours ses vibra- » tions. Les géomètres ont trouvé les lois de ces » vibrations, et les musiciens celles des sons » qui en résultent.

» On savoit depuis long-temps, par l'expé- » rience et par des raisonnemens assez vagues, » que toutes choses d'ailleurs égales, plus une » *corde* étoit tendue, plus ses vibrations étoient » promptes ; qu'à tension égale, les *cordes* fai- » soient leurs vibrations plus ou moins promp- » tement en même raison qu'elles étoient moins » ou plus longues, c'est-à-dire que la raison des » longueurs étoit toujours inverse de celle du » nombre des vibrations. M. Taylor, célèbre » géomètre anglois, est le premier qui ait dé- » montré les lois des vibrations des *cordes* avec » quelque exactitude, dans son savant ouvrage » intitulé : *Methodus incrementorum directa et* » *inversa*, 1715 ; et ces mêmes lois ont été dé- » montrées encore depuis par M. Jean Ber- » noulli, dans le second tome des *Mémoires de* » *l'Académie impériale de Pétersbourg*. » De la formule qui résulte de ces lois, et qu'on peut trouver dans l'Encyclopédie, article *Corde*, je tire les trois corollaires suivans, qui servent de principes à la théorie de la musique.

I. Si deux *cordes* de même matière sont égales en longueur et en grosseur, les nombres de leurs vibrations en temps égaux seront comme les racines des nombres qui expriment le rapport des tensions des *cordes*.

II. Si les tensions et les longueurs sont égales, les nombres des vibrations en temps égaux seront en raison inverse de la grosseur ou du diamètre des *cordes*.

III. Si les tensions et les grosseurs sont égales, les nombres des vibrations en temps égaux seront en raison inverse des longueurs.

Pour l'intelligence de ces théorèmes je crois devoir avertir que la tension des *cordes* ne se représente pas par les poids tendans, mais par les racines de ces mêmes poids; ainsi les vibrations étant entre elles comme les racines carrées des tensions, les poids tendans sont entre eux comme les cubes des vibrations, etc.

Des lois des vibrations des *cordes* se déduisent celles des sons qui résultent de ces mêmes vibrations dans la *corde sonore*. Plus une *corde* fait de vibrations dans un temps donné, plus le son qu'elle rend est aigu; moins elle fait de vibrations, plus le son est grave; en sorte que les sons suivant entre eux les rapports des vibrations, leurs intervalles s'expriment par les mêmes rapports : ce qui soumet toute la musique au calcul.

On voit par les théorèmes précédens qu'il y a trois moyens de changer le son d'une *corde*; savoir, en changeant le diamètre, c'est-à-dire la grosseur de la *corde*, ou sa longueur, ou sa tension. Ce que ces altérations produisent successivement sur une même *corde*, on peut le produire à la fois sur diverses *cordes*, en leur donnant différens degrés de grosseur, de longueur, ou de tension. Cette méthode combinée est celle qu'on met en usage dans la fabrique, l'accord et le jeu du clavecin, du violon, de la basse, de la guitare et autres pareils instrumens composés de *cordes* de différentes grosseurs et différemment tendues, lesquelles ont par conséquent des sons différens. De plus, dans les uns, comme le clavecin, ces *cordes* ont différentes longueurs fixes par lesquelles les sons se varient encore; et dans les autres, comme le violon, les *cordes*, quoique égales en longueur fixe, se raccourcissent ou s'allongent à volonté sous les doigts du joueur, et ces doigts avancés ou reculés sur le manche font alors la fonction de chevalets mobiles, qui donnent à la *corde* ébranlée par l'archet autant de sons divers que de diverses longueurs. A l'égard des rapports des sons et de leurs intervalles relativement aux longueurs des *cordes* et à leurs vibrations, *voyez* SON, INTERVALLE, CONSONNANCE.

La *corde sonore*, outre le son principal qui résulte de toute sa longueur, rend d'autres sons accessoires moins sensibles, et ces sons semblent prouver que cette *corde* ne vibre pas seulement dans toute sa longueur, mais fait vibrer aussi ses aliquotes chacune en particulier selon la loi de leurs dimensions.

A quoi je dois ajouter que cette propriété qui sert ou doit servir de fondement à toute l'harmonie, et que plusieurs attribuent, non à la *corde sonore*, mais à l'air frappé du son, n'est pas particulière aux *cordes* seulement, mais se trouve dans tous les corps sonores. (Voyez CORPS SONORE, HARMONIQUE.)

Une autre propriété non moins surprenante de la *corde sonore*, et qui tient à la précédente, est que si le chevalet qui la divise n'appuie que légèrement et laisse un peu de communication aux vibrations d'une partie à l'autre, alors, au lieu du son total de chaque partie ou de l'une des deux, on n'entendra que le son de la plus grande aliquote commune aux deux parties. (Voyez SONS HARMONIQUES.)

Le mot de *corde* se prend figurément en composition pour les sons fondamentaux du mode, et l'on appelle souvent *corde d'harmonie* les notes de basse qui, à la faveur de certaines dissonances, prolongent la phrase, varient et entrelacent la modulation.

CORDE-A-JOUER ou CORDE-A-VIDE. (Voyez VIDE.)

CORDES MOBILES. (Voyez MOBILE.)

CORDES STABLES. (Voyez STABLE.)

CORPS-DE-VOIX, *s. m.* Les voix ont divers degrés de force ainsi que d'étendue. Le nombre de ces degrés que chacune embrasse porte le nom de *corps-de-voix*, quand il s'agit de force, et de *volume*, quand il s'agit d'étendue. (Voyez VOLUME.) Ainsi de deux voix semblables formant le même son, celle qui remplit le mieux l'oreille et se fait entendre de plus loin est dite avoir plus de *corps*. En Italie, les premières qualités qu'on recherche dans les voix sont la justesse et la flexibilité ; mais en France on exige un bon *corps-de-voix*.

CORPS SONORE, *s. m.* On appelle ainsi tout *corps* qui rend ou peut rendre immédiatement du son. Il ne suit pas de cette définition que tout instrument de musique soit un *corps sonore;* on ne doit donner ce nom qu'à la partie de l'instrument qui sonne elle-même, et sans laquelle il n'y auroit point de son. Ainsi, dans un violoncelle ou dans un violon, chaque corde est un *corps sonore;* mais la caisse de l'instrument, qui ne fait que répercuter et réfléchir le son, n'est point le *corps sonore* et n'en fait point partie. On doit avoir cet article présent à l'esprit toutes les fois qu'il sera parlé du *corps sonore* dans cet ouvrage.

CORYPHÉE, *s. m.* Celui qui conduisoit le chœur dans les spectacles des Grecs et battoit la mesure dans leur musique. (Voyez BATTRE LA MESURE.)

COULÉ, *participe pris substantivement.* Le *coulé* se fait lorsqu'au lieu de marquer en chantant chaque note d'un coup de gosier, ou d'un coup d'archet sur les instrumens à corde, ou d'un coup de langue sur les instrumens à vent, on passe deux ou plusieurs notes sous la même articulation en prolongeant la même inspiration, ou en continuant de tirer ou de pousser le même coup d'archet sur toutes les notes couvertes d'un *coulé*. Il y a des instrumens, tels que le clavecin, le tympanon, etc., sur lesquels le *coulé* paroît presque impossible à pratiquer ; et cependant on vient à bout de l'y faire sentir par un toucher doux et lié, très-difficile à décrire, et que l'écolier apprend plus aisément de l'exemple du maître que de ses discours. Le *coulé* se marque par une liaison qui couvre toutes les notes qu'il doit embrasser.

COUPER, *v. a.* On coupe une note lorsqu'au lieu de la soutenir durant toute sa valeur, on se contente de la frapper au moment qu'elle commence, passant en silence le reste de sa durée. Ce mot ne s'emploie que pour les notes qui ont une certaine longueur : on se sert du mot *détacher* pour celles qui passent plus vite.

COUPLET. Nom qu'on donne dans les vaudevilles et autres chansons à cette partie du poëme qu'on appelle *strophe* dans les odes. Comme tous les *couplets* sont composés sur la même mesure de vers, on les chante aussi sur le même air : ce qui fait estropier souvent l'accent et la prosodie, parce que deux vers françois n'en sont pas moins dans la même mesure, quoique les longues et brèves n'y soient pas dans les mêmes endroits.

COUPLET se dit aussi des doubles et variations qu'on fait sur un même air, en le reprenant plusieurs fois avec de nouveaux changemens, mais toujours sans défigurer le fond de l'air ; comme dans les *Folies d'Espagne* et dans de vieilles chaconnes. Chaque fois qu'on reprend ainsi l'air en le variant différemment, on fait un nouveau *couplet*. (Voy. VARIATIONS.)

COURANTE, *s. f.* Air propre à une espèce de danse, ainsi nommée à cause des allées et des venues dont elle est remplie plus qu'aucune autre. Cet air est ordinairement d'une mesure à trois temps graves, et se note en triple de blanches avec deux reprises. Il n'est plus en usage, non plus que la danse dont il porte le nom.

COURONNE, *s. f.* Espèce de C renversé avec un point dans le milieu, qui se fait ainsi : 𝄐.

Quand la *couronne*, qu'on appelle aussi *point de repos*, est à la fois dans toutes les parties sur la note correspondante, c'est le signe d'un repos général ; on doit y suspendre la mesure, et souvent même on peut finir par cette note. Ordinairement la partie principale y fait à sa volonté quelque passage, que les Italiens appellent *cadenza*, pendant que toutes les autres prolongent et soutiennent le son qui leur est marqué, ou même s'arrêtent tout-à-fait. Mais si la *couronne* est sur la note finale d'une seule partie, alors on l'appelle en françois *point d'orgue*, et elle marque qu'il faut continuer le son de cette note jusqu'à ce que les autres parties arrivent à leur conclusion naturelle. On s'en sert aussi dans les canons pour marquer l'endroit où toutes les parties peuvent s'arrêter quand on veut finir. (Voyez REPOS, CANO POINT D'ORGUE.)

CRIER. C'est forcer tellement la voix en chantant que les sons n'en soient plus appréciables, et ressemblent plus à des cris qu'à du chant. La musique françoise veut être *criée* : c'est en cela que consiste sa plus grande expression.

CROCHE, *s. f.* Note de musique qui ne vaut en durée que le quart d'une blanche ou la moitié d'une noire. Il faut par conséquent huit *croches* pour une ronde ou pour une mesure à quatre temps. (Voyez MESURE, VALEUR DES NOTES.)

On peut voir (*Planche* D, *figure* 9) comment se fait la *croche*, soit seule ou chantée seule sur une syllabe, soit liée avec d'autres *croches* quand on en passe plusieurs dans un même temps en jouant, ou sur une même syllabe en chantant. Elles se lient ordinairement de quatre en quatre dans les mesures à quatre temps et à deux, de trois en trois dans les mesures à six-huit, selon la division des temps, et de six en six dans la mesure à trois temps, selon la division des mesures.

Le nom de *croche* a été donné à cette espèce de note à cause de l'espèce de crochet qui la distingue.

CROCHET. Signe d'abréviation dans la note. C'est un petit trait en travers sur la queue d'une blanche ou d'une noire, pour marquer sa division en croches, gagner de la place, et prévenir la confusion. Ce *crochet* désigne par conséquent quatre croches au lieu d'une blanche, ou deux au lieu d'une noire, comme on voit *planche* D, à l'exemple A de la *figure* 10, où les trois portées accolées signifient exactement la même chose. La ronde, n'ayant point de queue, ne peut porter de *crochet;* mais on en peut cependant faire aussi huit croches par abréviation, en la divisant en deux blanches ou quatre noires, auxquelles on ajoute des *crochets*. Le copiste doit soigneusement distinguer la figure du *crochet*, qui n'est qu'une abréviation, de celle de la croche, qui marque une valeur réelle.

CROME, *s. f.* Ce pluriel italien signifie *croches*. Quand ce mot se trouve écrit sous des notes noires, blanches ou rondes, il signifie la même chose que signifieroit le crochet, et marque qu'il faut diviser chaque note en croches, selon sa valeur. (Voyez CROCHET.)

CROQUE-NOTE ou CROQUE-SOL, *s. m.* Nom qu'on donne par dérision à ces musiciens ineptes qui, versés dans la combinaison des notes, et en état de rendre à livre ouvert les compositions les plus difficiles, exécutent au surplus sans sentiment, sans expression, sans goût. Un *croque-sol*, rendant plutôt les sons que les phrases, lit la musique la plus énergique sans y rien comprendre, comme un maître d'école pourroit lire un chef-d'œuvre d'éloquence écrit avec les caractères de sa langue dans une langue qu'il n'entendroit pas.

D

D. Cette lettre signifie la même chose dans la musique françoise que P dans l'italienne, c'est-à-dire *doux*. Les Italiens l'emploient aussi quelquefois de même pour le mot *dolce*, et ce mot *dolce* n'est pas seulement opposé à *fort*, mais à *rude*.

D. C. (Voyez DA CAPO.)

D *la re*, D *sol re*, ou simplement D. Deuxième note de la gamme naturelle ou diatonique, laquelle s'appelle autrement *re*. (Voyez GAMME.)

DA CAPO. Ces deux mots italiens se trouvent fréquemment écrits à la fin des airs en rondeau, quelquefois tout au long, et souvent en abrégé par ces deux lettres, D. *C.* Ils marquent qu'ayant fini la seconde partie de l'air, il en faut reprendre le commencement jusqu'au point final. Quelquefois il ne faut pas reprendre tout-à-fait au commencement, mais à un lieu marqué d'un renvoi. Alors, au lieu de ces mots *da capo*, on trouve écrits ceux-ci, *Al segno*.

DACTYLIQUE, *adj*. Nom qu'on donnoit, dans l'ancienne musique, à cette espèce de rhythme dont la mesure se partageoit en deux temps égaux. (Voyez RHYTHME.)

On appeloit aussi *dactylique* une sorte de nome où ce rhythme étoit fréquemment employé, tel que le nome harmathias et le nome orthien.

Julius Pollux révoque en doute si le *dactylique* étoit une sorte d'instrument ou une forme de chant, doute qui se confirme par ce qu'en dit Aristide Quintilien dans son second livre, et qu'on ne peut résoudre qu'en supposant que le mot *dactylique* signifioit à la fois un instrument et un air, comme parmi nous les mots *musette* et *tambourin*.

DÉBIT, s. *m*. Récitation précipitée. (Voyez l'article suivant.)

DÉBITER, *v. a. pris en sens neutre*. C'est presser à dessein le mouvement du chant, et le rendre d'une manière approchante de la rapidité de la parole; sens qui n'a lieu, non plus que le mot, que dans la musique françoise. On défigure toujours les airs en les *débitant*, parce que la mélodie, l'expression, la grâce, y dépendent toujours de la précision du mouvement, et que presser le mouvement c'est le détruire. On défigure encore le récitatif françois en le *débitant*, parce qu'alors il en devient plus rude, et fait mieux sentir l'opposition choquante qu'il y a parmi nous entre l'accent musical et celui du discours. A l'égard du récitatif italien, qui n'est qu'un parler harmonieux, vouloir le *débiter*, ce seroit vouloir parler plus vite que la parole, et par conséquent bredouiller; de sorte qu'en quelque sens que ce soit, le mot *débit* ne signifie qu'une chose barbare, qui doit être proscrite de la musique.

Décaméride, *s. f.* C'est le nom de l'un des élémens du système de M. Sauveur, qu'on peut voir dans les Mémoires de l'Académie des Sciences, année 1701.

Pour former un système général qui fournisse le meilleur tempérament, et qu'on puisse ajuster à tous les systèmes, cet auteur, après avoir divisé l'octave en 43 parties, qu'il appelle *mérides*, et subdivisé chaque méride en 7 parties, qu'il appelle *eptamérides*, divise encore chaque *eptaméride* en 10 autres parties, auxquelles il donne le nom de *décamérides*. L'octave se trouve ainsi divisée en 3010 parties égales, par lesquelles on peut exprimer sans erreur sensible les rapports de tous les intervalles de la musique.

Ce mot est formé de δέκα, dix, et de μερὶς, partie.

Déchant ou **Discant**, *s. m.* Terme ancien par lequel on désignoit ce qu'on a depuis appelé contre-point. (Voyez Contre-point.)

Déclamation, *s. f.* C'est, en musique, l'art de rendre par les inflexions et le nombre de la mélodie, l'accent grammatical et l'accent oratoire. (Voyez Accent, Récitatif.)

Déduction, *s. f.* Suite de notes montant diatoniquement ou par degrés conjoints. Ce terme n'est guère en usage que dans le plain-chant.

Degré, *s. m.* Différence de position ou d'élévation qui se trouve entre deux notes placées dans une même portée. Sur la même ligne ou dans le même espace, elles sont au même *degré;* et elles y seroient encore, quand même l'une des deux seroit haussée ou baissée d'un semi-ton par un dièse ou par un bémol : au contraire elles pourroient être à l'unisson, quoique posées sur différens *degrés*, comme l'*ut* bémol et le *si* naturel, le *fa* dièse et le *sol* bémol, etc.

Si deux notes se suivent diatoniquement, de sorte que l'une étant sur une ligne, l'autre soit dans l'espace voisin, l'intervalle est d'un *degré;* de deux, si elles sont à la tierce; de trois, si elles sont à la quarte; de sept, si elles sont à l'octave, etc.

Ainsi, en ôtant 1 du nombre exprimé par le nom de l'intervalle, on a toujours le nombre des *degrés* diatoniques qui séparent les deux notes.

Ces *degrés* diatoniques ou simplement *degrés*, sont encore appelés *degrés conjoints*, par opposition aux *degrés disjoints*, qui sont composés de plusieurs *degrés* conjoints. Par exemple, l'intervalle de seconde est un *degré* conjoint, mais celui de tierce est un *degré* disjoint, composé de deux *degrés* conjoints, et ainsi des autres. (V. Conjoint, Disjoint, Intervalle.)

Démancher, *v. n.* C'est sur les instrumens à manche, tels que le violoncelle, le violon, etc., ôter la main gauche de sa position naturelle pour l'avancer sur une position plus haute ou plus à l'aigu. (Voyez Position.) Le compositeur doit connoître l'étendue qu'a l'instrument sans *démancher*, afin que quand il passe cette étendue et qu'il *démanche*, cela se fasse d'une manière praticable.

Demi-jeu, a demi-jeu, ou simplement **a demi**. Terme de musique instrumentale qui répond à l'italien *sotto voce*, ou *mezza voce*, ou *mezzo forte*, et qui indique une manière de jouer qui tienne le milieu entre le *fort* et le *doux*.

Demi-mesure, *s. f.* Espace de temps qui dure la moitié d'une mesure. Il n'y a proprement de *demi-mesure* que dans les mesures dont les temps sont en nombre pair; car dans la mesure à trois temps, la première *demi-mesure* commence avec le temps fort, et la seconde à contre-temps, ce qui les rend inégales.

Demi-pause, *s. f.* Caractère de musique qui se fait comme il est marqué dans la *figure* 9 de la *Planche* D, et qui marque un silence, dont la durée doit être égale à celle d'une demi-mesure à quatre temps, ou d'une blanche. Comme il y a des mesures de différentes valeurs, et que celle de la *demi-pause* ne varie point, elle n'équivaut à la moitié d'une mesure que quand la mesure entière vaut une ronde ; à la différence de la pause entière, qui vaut toujours exactement une mesure grande ou petite. (Voyez PAUSE.)

DEMI-SOUPIR. Caractère de musique qui se fait comme il est marqué dans la *figure* 9 de la *Planche* D, et qui marque un silence dont la durée est égale à celle d'une croche ou de la moitié d'un soupir. (Voyez SOUPIR.)

DEMI-TEMPS. Valeur qui dure exactement la moitié d'un temps. Il faut appliquer au *demi-temps* par rapport au temps ce que j'ai dit ci-devant de la demi-mesure par rapport à la mesure.

DEMI-TON. Intervalle de musique valant à peu près la moitié d'un ton, et qu'on appelle plus communément *semi-ton*. (Voy. SEMI-TON.)

DESCENDRE, *v. n.* C'est baisser la voix, *vocem remittere ;* c'est faire succéder les sons de l'aigu au grave, ou du haut au bas. Cela se présente à l'œil par notre manière de noter.

DESSEIN, *s. m.* C'est l'invention et la conduite du sujet, la disposition de chaque partie et l'ordonnance générale du tout.

Ce n'est pas assez de faire de beaux chants et une bonne harmonie, il faut lier tout cela par un sujet principal, auquel se rapportent toutes les parties de l'ouvrage, et par lequel il soit *un*. Cette unité doit régner dans le chant, dans le mouvement, dans le caractère, dans l'harmonie, dans la modulation : il faut que tout cela se rapporte à une idée commune qui le réunisse. La difficulté est d'associer ces préceptes avec une élégante variété, sans laquelle tout devient ennuyeux. Sans doute le musicien, aussi bien que le poète et le peintre, peut tout oser en faveur de cette variété charmante, pourvu que, sous prétexte de contraster, on ne nous donne pas pour des ouvrages bien dessinés des musiques toutes hachées, composées de petits morceaux étranglés, et de caractères si opposés, que l'assemblage en fasse un tout monstrueux :

> .... *Non ut placidis coeant immitia, non ut*
> *Serpentes avibus geminentur, tigribus agni.*

C'est donc dans une distribution bien entendue, dans une juste proportion entre toutes les parties, que consiste la perfection du *dessein*, et c'est surtout en ce point que l'immortel Pergolèse a montré son jugement, son goût, et a laissé si loin derrière lui tous ses rivaux. Son *Stabat Mater*, son *Orfeo*, sa *Serva Padrona*, sont, dans trois genres différens, trois chefs-d'œuvre de *dessein* également parfaits.

Cette idée du *dessein* général d'un ouvrage s'applique aussi en particulier à chaque morceau qui le compose. Ainsi l'on dessine un air, un duo, un chœur, etc. Pour cela, après avoir imaginé son sujet, on le distribue, selon les règles d'une bonne modulation, dans toutes les parties où il doit être entendu, avec une telle proportion qu'il ne s'efface point de l'esprit des auditeurs, et qu'il ne se représente pourtant jamais à leur oreille qu'avec les grâces de la nouveauté. C'est une faute de *dessein* de laisser oublier son sujet ; c'en est une plus grande de le poursuivre jusqu'à l'ennui.

DESSINER, *v. a.* Faire le dessein d'une pièce ou d'un morceau de musique. (Voy. DESSEIN.) *Ce compositeur* dessine *bien ses ouvrages ; voilà un chœur fort mal* dessiné.

DESSUS, *s. m.* La plus aiguë des parties de la musique, celle qui règne au-dessus de toutes les autres. C'est dans ce sens qu'on dit dans la musique instrumentale, *dessus* de violon, *dessus* de flûte ou de hautbois, et en général *dessus* de symphonie.

Dans la musique vocale, le *dessus* s'exécute par des voix de femmes, d'enfans, et encore par des *castrati*, dont la voix, par des rapports difficiles à concevoir, gagne une octave en haut, et en perd une en bas, au moyen de cette mutilation.

Le *dessus* se divise ordinairement en premier et second, et quelquefois même en trois. La partie vocale qui exécute le second *dessus* s'appelle *bas-dessus*, et l'on fait aussi des récits à voix seule pour cette partie. Un beau *bas-dessus* plein et sonore n'est pas moins estimé en Italie que les voix claires et aiguës ; mais on n'en fait aucun cas en France. Cependant, par *un caprice de la mode, j'ai vu fort* applaudir à l'Opéra de Paris une demoiselle Gondré, qui en effet avoit un fort beau *bas-dessus*.

DÉTACHÉ, *participe pris substantivement*. Genre d'exécution par lequel, au lieu de soutenir les notes durant toute leur valeur, on les sépare par des silences pris sur cette même va-

-leur. Le *détaché*, tout-à-fait bref et sec, se marque sur les notes par des points allongés.

Détonner, *v. n.* C'est sortir de l'intonation, c'est altérer mal à propos la justesse des intervalles, et par conséquent chanter faux. Il y a des musiciens dont l'oreille est si juste qu'ils ne *détonnent* jamais ; mais ceux-là sont rares. Beaucoup d'autres ne *détonnent* point par une raison contraire ; car pour sortir du ton il faudroit y être entré. Chanter sans clavecin, crier, forcer sa voix en haut ou en bas, et avoir plus d'égard au volume qu'à la justesse, sont des moyens presque sûrs de se gâter l'oreille et de *détonner*.

Diacommatique, *adj.* Nom donné par M. Serre à une espèce de quatrième genre, qui consiste en certaines transitions harmoniques, par lesquelles la même note restant en apparence sur le même degré, monte ou descend d'un comma, en passant d'un accord à un autre avec lequel elle paroît faire liaison.

Par exemple, sur ce passage de basse $\overset{32}{\textit{fa}}$ $\overset{27}{\textit{re}}$ dans le mode majeur d'*ut*, le $\overset{80}{\textit{la}}$, tierce majeure de la première note, reste pour devenir quinte de *re* : or la quinte juste de $\overset{27}{\textit{re}}$ ou de $\overset{54}{\textit{re}}$, n'est pas $\overset{80}{\textit{la}}$, mais $\overset{81}{\textit{la}}$; ainsi le musicien qui entonne le *la* doit naturellement lui donner les deux intonations consécutives $\overset{80}{\textit{la}}$ $\overset{81}{\textit{la}}$, lesquelles diffèrent d'un comma.

De même, dans la Folie d'Espagne, au troisième temps de la troisième mesure : on peut y concevoir que la tonique $\overset{80}{\textit{re}}$ monte d'un comma pour former la seconde $\overset{81}{\textit{re}}$ du mode majeur d'*ut*, lequel se déclare dans la mesure suivante et se trouve ainsi subitement amené par ce paralogisme musical, par ce double emploi du *re*.

Lors encore que, pour passer brusquement du mode mineur de *la* en celui d'*ut* majeur, on change l'accord de septième diminuée *sol* dièse, *si, re, fa*, en accord de simple septième *sol*, *si, re, fa*, le mouvement chromatique du *sol* dièse au *sol* naturel est bien plus sensible, mais il n'est pas le seul ; le *re* monte aussi d'un mouvement diacommatique de $\overset{80}{\textit{re}}$ à $\overset{81}{\textit{re}}$, quoique la note le suppose permanent sur le même degré.

On trouvera quantité d'exemples de ce genre *diacommatique*, particulièrement lorsque la modulation passe subitement du majeur au mineur, ou du mineur au majeur. C'est surtout dans l'adagio, ajoute M. Serre, que les grands maîtres, quoique guidés uniquement par le sentiment, font usage de ce genre de transitions, si propre à donner à la modulation une apparence d'indécision, dont l'oreille et le sentiment éprouvent souvent des effets qui ne sont point équivoques.

Diacoustique, *s. f.* C'est la recherche des *propriétés du son réfracté en passant à travers* différens milieux, c'est-à-dire d'un plus dense dans un plus rare, et au contraire. Comme les rayons visuels se dirigent plus aisément que les sons par des lignes sur certains points, aussi les expériences de la *diacoustique* sont-elles infiniment plus difficiles que celles de la dioptrique. (Voyez Son.)

Ce mot est formé du grec διὰ, *par*, et ἀκούω, *j'entends*.

Diagramme, *s. m.* C'étoit, dans la musique ancienne, la table ou le modèle qui présentoit à l'œil l'étendue générale de tous les sons d'un système, ou ce que nous appelons aujourd'hui *échelle, gamme, clavier*. (Voyez ces mots.)

Dialogue, *s. m.* Composition à deux voix ou deux instrumens qui se répondent l'un à l'autre, et qui souvent se réunissent. La plupart des scènes d'opéra sont, en ce sens, des *dialogues*, et les *duo* italiens en sont toujours : mais ce mot s'applique plus précisément à l'orgue ; c'est sur cet instrument qu'un organiste joue des *dialogues*, en se répondant avec différens jeux ou sur différens claviers.

Diapason, *s. m.* Terme de l'ancienne musique par lequel les Grecs exprimoient l'intervalle ou la consonnance de l'octave. (Voyez Octave.)

Les facteurs d'instrumens de musique nomment aujourd'hui *diapasons* certaines tables où sont marquées les mesures de ces instrumens et de toutes leurs parties.

On appelle encore *diapason* l'étendue convenable à une voix ou à un instrument. Ainsi, quand une voix se force, on dit qu'elle sort du *diapason*, et l'on dit la même chose d'un instrument dont les cordes sont trop lâches ou trop tendues, qui ne rend que peu de son, ou qui rend un son désagréable, parce que le ton en est trop haut ou trop bas.

Ce mot est formé de διὰ, *par*, et πασῶν, *toutes;* parce que l'octave embrasse toutes les notes du système parfait.

Diapente, *s. f.* Nom donné par les Grecs à l'intervalle que nous appelons quinte, et qui est la seconde des consonnances. (Voyez Consonnance, Intervalle, Quinte.)

Ce mot est formé de διὰ, *par*, et πέντε, *cinq*, parce qu'en parcourant cet intervalle diatoniquement on prononce cinq différens sons.

Diapenter, *en latin* Diapentissare, *v. n.* Mot barbare employé par Muris et par nos anciens musiciens. (Voyez Quinter.)

Diaphonie, *s. f.* Nom donné par les Grecs à tout intervalle ou accord dissonant, parce que les deux sons, se choquant mutuellement, se divisent, pour ainsi dire, et font sentir désagréablement leur différence. Gui Arétin donne aussi le nom de *diaphonie* à ce qu'on a depuis appelé *discant*, à cause des deux parties qu'on y distingue.

Diaptose, intercidence ou petite chute, *s. f.* C'est, dans le plain-chant, une sorte de périélèse ou de passage qui se fait sur la dernière note d'un chant, ordinairement après un grand intervalle en montant. Alors, pour assurer la justesse de cette finale, on la marque deux fois, en séparant cette répétition par une troisième note, que l'on baisse d'un degré en manière de note sensible, comme *ut si ut*, ou *mi, re, mi*.

Diaschisma, *s. m.* C'est, dans la musique ancienne, un intervalle faisant la moitié du semi-ton mineur. Le rapport en est de 24 à $\sqrt[2]{600}$, et par conséquent irrationnel.

Diastème, *s. m.* Ce mot, dans la musique ancienne, signifie proprement *intervalle*, et c'est le nom que donnoient les Grecs à l'intervalle simple, par opposition à l'intervalle composé, qu'ils appeloient *système*. (Voyez Intervalle, Système.)

Diatessaron. Nom que donnoient les Grecs à l'intervalle que nous appelons *quarte*, et qui est la troisième des consonnances. (Voyez Consonnance, Intervalle, Quarte.)

Ce mot est composé de διὰ, *par*, et du génitif de τεσσαρες, *quatre;* parce qu'en parcourant diatoniquement cet intervalle, on prononce quatre différens tons.

Diatesseroner, *en latin* Diatesseronare, *v. n.* Mot barbare employé par Muris et par nos anciens musiciens. (Voyez Quarter.)

Diatonique, *adj.* Le genre *diatonique* est celui des trois qui procède par tons et semi-tons majeurs, selon la division naturelle de la gamme, c'est-à-dire celui dont le moindre intervalle est d'un degré conjoint; ce qui n'empêche pas que les parties ne puissent procéder par de plus grands intervalles, pourvu qu'ils soient tous pris sur des degrés *diatoniques*.

Ce mot vient du grec διὰ, *par*, et de τόνος, *ton*, c'est-à-dire passant d'un ton à un autre.

Le genre *diatonique* des Grecs résultoit de l'une des trois règles principales qu'ils avoient établies pour l'accord des tétracordes. Ce genre se divisoit en plusieurs espèces, selon les divers rapports dans lesquels se pouvoit diviser l'intervalle qui le déterminoit; car cet intervalle ne pouvoit se resserrer au-delà d'un certain point sans changer de genre. Ces diverses espèces du même genre sont appelées χρομας, *couleurs*, par Ptolomée, qui en distingue six; mais la seule en usage dans la pratique étoit celle qu'il appelle *diatonique-ditonique*, dont le tétracorde étoit composé d'un semi-ton foible et de deux tons majeurs. Aristoxène divise ce même genre en deux espèces seulement; savoir, le *diatonique tendre* ou *mol*, et le *syntonique* ou *dur*. Ce dernier revient au *diatonique* de Ptolomée. (Voyez les rapports de l'un et de l'autre, *Planche* M, *figure* 5.)

Le genre *diatonique* moderne résulte de la marche consonnante de la basse sur les cordes d'un même mode, comme on peut le voir par la *figure* 7 de la *planche* K. Les rapports en ont été fixés par l'usage des mêmes cordes en divers tons; de sorte que si l'harmonie a d'abord engendré l'échelle *diatonique*, c'est la modulation qui l'a modifiée; et cette échelle, telle que nous l'avons aujourd'hui, n'est exacte ni quant au chant ni quant à l'harmonie, mais seulement quant au moyen d'employer les mêmes sons à divers usages.

Le genre *diatonique* est sans contredit le plus naturel des trois, puisqu'il est le seul qu'on peut employer sans changer de ton; aussi l'intonation en est-elle incomparablement plus aisée que celle des deux autres, et l'on ne peut guère douter que les premiers chants n'aient été trouvés dans ce genre : mais il faut remarquer que, selon les lois de la modulation, qui permet et qui prescrit même le passage d'un ton et d'un mode à l'autre, nous n'avons presque point, dans notre musique, de *diatonique* bien pur. Chaque ton particulier est bien, si l'on veut, dans le genre *diatonique;* mais, on ne sauroit passer de l'un à l'autre sans quelque transition chromatique, au moins sous entendue dans l'harmonie. Le *diatonique* pur, dans lequel aucun des sons n'est altéré ni par la clef ni accidentellement, est appelé par Zarlin *diatono-diatonique*, et il en donne pour exemple le plain-chant de l'église. Si la clef est armée d'un bémol, pour lors c'est, selon lui, le *diatonique mol,* qu'il ne faut pas confondre avec celui d'Aristoxène. (Voyez Mol.) A l'égard de la transposition par dièse, cet auteur n'en parle point, et l'on ne la pratiquoit pas encore de son temps. Sans doute il lui auroit donné le nom de *diatonique dur*, quand même il en auroit résulté un mode mineur, comme celui d'*E la mi* : car dans ces temps où l'on n'avoit point encore les notions harmoniques de ce que nous appelons tons et modes, et où l'on avoit déjà perdu les autres notions que les anciens attachoient aux mêmes mots, on regardoit plus aux altérations particulières des notes qu'aux rapports généraux qui en résultoient. (Voyez Transposition.)

Sons ou Cordes diatoniques. Euclide distingue sous ce nom, parmi les sons mobiles, ceux qui ne participent point du genre épais, même dans le chromatique et l'enharmonique. Ces sons, dans chaque genre, sont au nombre de cinq : savoir, le troisième de chaque tétracorde; et ce sont les mêmes que d'autres auteurs appellent *apycni*. (Voyez Apycni, Genre, Tétracorde.)

Diazeuxis *s. f.* Mot grec qui signifie *division, séparation, disjonction.* C'est ainsi qu'on appeloit, dans l'ancienne musique, le ton qui séparoit deux tétracordes disjoints, et qui, ajouté à l'un des deux, en formoit la *diapente.* C'est notre *ton* majeur, dont le rapport est de 8 à 9, et qui est en effet la différence de la quinte à la quarte.

La *diazeuxis* se trouvoit, dans leur musique, entre la mèse et la paramèse, c'est-à-dire entre le son le plus aigu du second tétracorde et le plus grave du troisième, ou bien entre la nète synnéménon et la paramèse hyperboléon, c'est-à-dire entre le troisième et le quatrième tétracorde, selon que la disjonction se faisoit dans l'un ou dans l'autre lieu; car elle ne pouvoit se pratiquer à la fois dans tous les deux.

Les cordes homologues des deux tétracordes entre lesquels il y avoit *diazeuxis* sonnoient la quinte, au lieu qu'elles sonnoient la quarte quand ils étoient conjoints.

Diéser *v. a.* C'est armer la clef de dièses, pour changer l'ordre et le lieu des semi-tons majeurs, ou donner à quelque note un dièse accidentel, soit pour le chant, soit pour la modulation. (Voyez Dièse.)

Diésis, *s. m.* C'est, selon le vieux Bacchius, le plus petit intervalle de l'ancienne musique. Zarlin dit que Philolaüs, pythagoricien, donna le nom de *diésis* au limma : mais il ajoute peu après que le *diésis* de Pythagore est la différence du limma et de l'apotome. Pour Aristoxène, il divisoit sans beaucoup de façons le *ton* en deux parties égales, ou en trois, ou en quatre. De cette dernière division résultoit le *dièse* enharmonique mineur ou quart-de-ton; de la seconde, le *dièse* mineur chromatique ou le tiers d'un ton; et de la troisième, le *dièse* majeur, qui faisoit juste un demi-ton.

Dièse ou Diésis chez les modernes n'est pas proprement, comme chez les anciens, un intervalle de musique, mais un signe de cet intervalle, qui marque qu'il faut élever le son de la note devant laquelle il se trouve au-dessus de celui qu'elle devroit avoir naturellement, sans cependant la faire changer de degré ni même de nom. Or, comme cette élévation se peut faire du moins de trois manières dans les genres établis, il y a trois sortes de *dièses*, savoir :

1° Le *dièse* enharmonique mineur ou simple *dièse*, qui se figure par une croix de Saint-André, ainsi ×. Selon tous nos musiciens qui suivent la pratique d'Aristoxène, il élève la note d'un quart-de-ton; mais il n'est proprement que l'excès du semi-ton majeur sur le semi-ton mineur. Ainsi du *mi* naturel au *fa* bémol il y a un *dièse* enharmonique, dont le rapport est de 125 à 128.

2° Le *dièse* chromatique, double *dièse* ou

dièse ordinaire, marqué par une double croix ✻, élève la note d'un semi-ton mineur. Cet intervalle est égal à celui du bémol, c'est-à-dire la différence du semi-ton majeur au ton mineur; ainsi, pour monter d'un ton depuis le *mi* naturel, il faut passer au *fa dièse*. Le rapport de ce *dièse* est de 24 à 25. (Voyez sur cet article une remarque essentielle au mot SEMI-TON.)

5° Le *dièse* enharmonique majeur ou triple *dièse*, marqué par une croix triple ✻, élève, selon les aristoxéniens, la note d'environ trois quarts de ton. Zarlin dit qu'il l'élève d'un semi-ton mineur; ce qui ne sauroit s'entendre de notre semi-ton; puisqu'alors ce *dièse* ne différeroit en rien de notre *dièse* chromatique.

De ces trois *dièses*, dont les intervalles étoient tous pratiqués dans la musique ancienne, il n'y a plus que le chromatique qui soit en usage dans la nôtre, l'intonation des *dièses* enharmoniques étant pour nous d'une difficulté presque insurmontable, et leur usage étant d'ailleurs aboli par notre système tempéré.

Le *dièse*, de même que le bémol, se place toujours à gauche devant la note qui le doit porter; et devant ou après le chiffre, il signifie la même chose que devant une note. (Voyez CHIFFRES.) Les *dièses*, qu'on mêle parmi les chiffres de la basse-continue, ne sont souvent que de simples croix, comme le *dièse* enharmonique; mais cela ne sauroit causer d'équivoque, puisque celui-ci n'est plus en usage.

Il y a deux manières d'employer le *dièse*: l'une accidentelle, quand, dans le cours du chant, on le place à la gauche d'une note. Cette note, dans les modes majeurs, se trouve le plus communément la quatrième du ton; dans les modes mineurs, il faut le plus souvent deux *dièses* accidentels, surtout en montant, savoir, un sur la sixième note, et un autre sur la septième. Le *dièse* accidentel n'altère que la note qui le suit immédiatement, ou tout au plus celles qui, dans la même mesure, se trouvent sur le même degré, et quelquefois à l'octave, sans aucun signe contraire.

L'autre manière est d'employer le *dièse* à la clef, et alors il agit dans toute la suite de l'air, et sur toutes les notes qui sont placées sur le même degré où est le *dièse*, à moins qu'il ne soit contrarié par quelque bémol ou bécarre, ou bien que la clef ne change.

La position des *dièses* à la clef n'est pas arbitraire, non plus que celle des bémols; autrement les deux semi-tons de l'octave seroient sujets à se trouver entre eux hors des intervalles prescrits. Il faut donc appliquer aux *dièses* un raisonnement semblable à celui que nous avons fait au bémol; et l'on trouvera que l'ordre des *dièses* qui convient à la clef est celui des notes suivantes, en commençant par *fa* et montant successivement de quinte, ou descendant de quarte jusqu'au *la*, auquel on s'arrête ordinairement, parce que le *dièse* du *mi*, qui le suivroit, ne diffère point du *fa* sur nos claviers.

ORDRE DES DIÈSES A LA CLEF.

Fa, ut, sol, re, la, etc.

Il faut remarquer qu'on ne sauroit employer un *dièse* à la clef sans employer aussi ceux qui le précèdent : ainsi le *dièse* de l'*ut* ne se pose qu'avec celui du *fa*, celui du *sol* qu'avec les deux précédens, etc.

J'ai donné au mot CLEF TRANSPOSÉE une formule pour trouver tout d'un coup si un ton ou mode doit porter des *dièses* à la clef, et combien.

Voilà l'acception du mot *dièse*, et son usage dans la pratique. Le plus ancien manuscrit où j'en aie vu le signe employé est celui de Jean de Muris; ce qui me fait croire qu'il pourroit bien être de son invention : mais il ne paroît avoir, dans ses exemples, que l'effet du bécarre; aussi cet auteur donne-t-il toujours le nom de *diésis* au semi-ton majeur.

On appelle *dièses*, dans les calculs harmoniques, certains intervalles plus grands qu'un comma et moindres qu'un semi-ton, qui font la différence d'autres intervalles engendrés par les progressions et rapports des consonnances. Il y a trois de ces *dièses* : 1° le *dièse majeur*, qui est la différence du semi-ton majeur au semi-ton mineur, et dont le rapport est de 125 à 128; 2° le *dièse mineur*, qui est la différence du semi-ton mineur au *dièse majeur*, et en rapport de 3072 à 3125; 3° et le *dièse maxime*, en rapport de 243 à 250, qui est la différence du ton mineur au semi-ton maxime. (Voyez SEMI-TON.)

Il faut avouer que tant d'acceptions diverses

du même mot dans le même art ne sont guère propres qu'à causer de fréquentes équivoques, et à produire un embrouillement continuel.

Diezeugménon, *génit. fémin. plur.* Tétracorde *diezeugménon* ou des *séparées*, est le nom que donnoient les Grecs à leur troisième tétracorde quand il étoit disjoint d'avec le second. (Voyez **Tétracorde**.)

Diminué, *adj.* Intervalle *diminué* est tout intervalle mineur dont on retranche un semi-ton par un dièse à la note inférieure, ou par un bémol à la supérieure. A l'égard des intervalles justes que forment les consonnances parfaites, lorsqu'on les diminue d'un semi-ton, l'on ne doit point les appeler *diminués*, mais *faux*, quoiqu'on dise quelquefois mal à propos *quarte diminuée*, au lieu de dire fausse-quarte, et *octave diminuée*, au lieu de dire fausse-octave.

Diminution, *s. f.* Vieux mot qui signifioit la division d'une note longue, comme une ronde ou une blanche, en plusieurs autres notes de moindre valeur. On entendoit encore par ce mot tous les fredons et autres passages qu'on a depuis appelés *roulemens* ou *roulades*. (Voyez ces mots.)

Dioxie, *s. f.* C'est, au rapport de Nicomaque, un nom que les anciens donnoient quelquefois à la consonnance de la quinte, qu'ils appeloient plus communément *diapente*. (Voyez **Diapente**.)

Direct, *adj.* Un intervalle *direct* est celui qui fait un harmonique quelconque sur le son fondamental qui le produit : ainsi la quinte, la tierce majeure, l'octave, et leurs répliques sont rigoureusement les seuls intervalles *directs*. Mais, par extension, l'on appelle encore intervalles *directs* tous les autres, tant consonnans que dissonans, que fait chaque partie avec le son fondamental pratique, qui est ou doit être au-dessous d'elle : ainsi la tierce mineure est un intervalle *direct* sur un accord en tierce mineure, et de même la septième ou la sixte ajoutée sur les accords qui portent leur nom.

Accord direct est celui qui a le son fondamental au grave, et dont les parties sont distribuées, non pas selon leur ordre le plus naturel, mais selon leur ordre le plus rapproché. Ainsi l'accord parfait *direct* n'est pas octave, quinte, et tierce ; mais tierce, quinte, et octave.

Discant ou **Déchant**, *s. m.* C'étoit, dans nos anciennes musiques, cette espèce de contre-point que composoient sur-le-champ les parties supérieures en chantant impromptu sur le tenor ou la basse ; ce qui fait juger de la lenteur avec laquelle devoit marcher la musique pour pouvoir être exécutée de cette manière par des musiciens aussi peu habiles que ceux de ce temps-là. *Discantat*, dit Jean de Muris, *qui simul cum uno vel pluribus dulciter cantat, ut ex distinctis sonis sonus unus fiat, non unitate simplicitatis, sed dulcis concordisque mixtionis unione.* Après avoir expliqué ce qu'il entend par consonnances et le choix qu'il convient d'en faire entre elles, il reprend aigrement les chanteurs de son temps qui les pratiquoient presque indifféremment. « De quel front, dit-» il, si nos règles sont bonnes, osent *déchanter* ou composer le *discant* ceux qui n'enten-» dent rien au choix des accords, qui ne se » doutent pas même de ceux qui sont plus ou » moins concordans, qui ne savent ni desquels » il faut s'abstenir, ni desquels on doit user le » plus fréquemment, ni dans quels lieux il les » faut employer, ni rien de ce qu'exige la pra-» tique de l'art bien entendu ? S'ils rencontrent, » c'est par hasard : leurs voix errent sans rè-» gle sur le tenor : qu'elles s'accordent, si » Dieu le veut ; ils jettent leurs sons à l'aven-» ture, comme la pierre que lance au but une » main maladroite, et qui de cent fois le tou-» che à peine une. » Le bon magister Muris apostrophe ensuite ces corrupteurs de la pure et simple harmonie, dont son siècle abondoit ainsi que le nôtre. *Heu! proh dolor! His temporibus aliqui suum defectum inepto proverbio colorare moliuntur. Iste est, inquiunt, novus discantandi modus, novis scilicet uti consonantiis. Offendunt ii intellectum eorum qui tales defectus agnoscunt, offendunt sensum ; nam inducere cùm deberent delectationem, adducunt tristitiam. O incongruum proverbium! ô mala coloratio! irrationabilis excusatio! ô magnus abusus, magna ruditas, magna bestialitas, ut asinus sumatur pro homine, capra pro leone, ovis pro pisce, serpens pro salmone! Sic enim concordiæ confunduntur cum discordiis, ut nullatenùs una distinguatur ab aliâ. O! si antiqui periti musicæ doctores tales audissent discantatores, quid dixissent? quid fecissent? Sic* *discantantem increparent, et dicerent : Non hunc discantum quo uteris de me sumis. Non tuum cantum unum et concordantem cum me facis. De quo te intromittis? Mihi non congruis, mihi adversarius, scandalum tu mihi es; ô utinam taceres! Non concordas, sed deliras et discordas.*

Discordant, *adj.* On appelle ainsi tout instrument dont on joue et qui n'est pas d'accord, toute voix qui chante faux, toute partie qui ne s'accorde pas avec les autres. Une intonation qui n'est pas juste fait un ton *faux*. Une suite de tons *faux* fait un chant *discordant* : c'est la différence de ces deux mots.

Disdiapason, *s. m.* Nom que donnoient les Grecs à l'intervalle que nous appelons *double octave*.

Le *disdiapason* est à peu près la plus grande étendue que puissent parcourir les voix humaines sans se forcer : il y en a même assez peu qui l'entonnent bien pleinement. C'est pourquoi les Grecs avoient borné chacun de leurs modes à cette étendue, et lui donnoient le nom de système parfait. (Voyez Mode, Genre, Système.)

Disjoint, *adj.* Les Grecs donnoient le nom relatif de *disjoints* à deux tétracordes qui se suivoient immédiatement, lorsque la corde la plus grave de l'aigu étoit un *ton* au-dessus de la plus aiguë du grave, au lieu d'être la même. Ainsi les deux tétracordes hypaton et diezeugménon étoient *disjoints*, et les deux tétracordes symnéménon et hyperboléon l'étoient aussi. (Voyez Tétracorde.)

On donne parmi nous le nom de *disjoints* aux intervalles qui ne se suivent pas immédiatement, mais sont séparés par un autre intervalle. Ainsi ces deux intervalles *ut mi* et *sol si* sont *disjoints*. Les degrés qui ne sont pas conjoints, mais qui sont composés de deux ou plusieurs degrés conjoints, s'appellent aussi degrés *disjoints*. Ainsi chacun des deux intervalles dont je viens de parler forme un degré *disjoint*.

Disjonction. C'étoit, dans l'ancienne musique, l'espace qui séparoit la mèse de la paramèse, ou en général un tétracorde du tétracorde voisin, lorsqu'ils n'étoient pas conjoints. Cet espace étoit d'un *ton*, et s'appeloit en grec *diazeuxis*.

Dissonance, *s. f.* Tout son qui forme avec un autre accord désagréable à l'oreille, ou mieux tout intervalle qui n'est pas consonnant. Or, comme il n'y a point d'autres consonnances que celles que forment entre eux et avec le fondamental les sons de l'accord parfait, il s'ensuit que tout autre intervalle est une véritable *dissonance;* même les anciens comptoient pour telles les tierces et les sixtes qu'ils retranchoient des accords consonnans.

Le terme de *dissonance* vient de deux mots, l'un grec, l'autre latin, qui signifient *sonner à double*. En effet, ce qui rend la *dissonance* désagréable est que les sons qui la forment, loin de s'unir à l'oreille, se repoussent pour ainsi dire, et sont entendus par elle comme deux sons distincts, quoique frappés à la fois.

On donne le nom de *dissonance* tantôt à l'intervalle et tantôt à chacun des deux sons qui le forment. Mais quoique deux sons dissonent entre eux, le nom de *dissonance* se donne plus spécialement à celui des deux qui est étranger à l'accord.

Il y a une infinité de *dissonances* possibles; mais comme, dans la musique, on exclut tous les intervalles que le système reçu ne fournit pas, elles se réduisent à un petit nombre; encore pour la pratique ne doit-on choisir parmi celles-là que celles qui conviennent au genre et au mode, et enfin exclure même de ces dernières celles qui ne peuvent s'employer selon les règles prescrites. Quelles sont ces règles? ont-elles quelque fondement naturel, ou sont-elles purement arbitraires? Voilà ce que je me propose d'examiner dans cet article.

Le principe physique de l'harmonie se tire de la production de l'accord parfait par la résonnance d'un son quelconque; toutes les consonnances en naissent, et c'est la nature même qui les fournit. Il n'en va pas ainsi de la *dissonance*, du moins telle que nous la pratiquons. Nous trouvons bien, si l'on veut, sa génération dans les progressions des intervalles consonnans et dans leurs différences, mais nous n'apercevons pas de raison physique qui nous autorise à l'introduire dans le corps même de l'harmonie. Le P. Mersenne se contente de montrer la génération par le calcul et les divers rapports des *dissonances*, tant de celles qui sont rejetées, que de celles qui sont admises; mais il ne dit rien du droit de les employer. M. Rameau dit en termes formels que la *dissonance* n'est pas naturelle à l'harmonie, et qu'elle n'y peut être employée que par le secours de l'art; cependant, dans un autre ouvrage, il essaie d'en trouver le principe dans les rapports des nombres et les proportions harmonique et arithmétique; comme s'il y avoit quelque identité entre les propriétés de la quantité abstraite et les sensations de l'ouïe : mais après avoir bien épuisé des analogies, après bien des métamorphoses de ces diverses proportions les unes dans les autres, après bien des opérations et d'inutiles calculs, il finit par établir, sur de légères convenances, la *dissonance* qu'il s'est tant donné de peine à chercher. Ainsi, parce que dans l'ordre des sons harmoniques la proportion arithmétique lui donne, par les longueurs des cordes, une tierce mineure au grave (remarquez qu'elle la donne à l'aigu par le calcul des vibrations), il ajoute au grave de la sous-dominante une nouvelle tierce mineure. La proportion harmonique lui donne une tierce mineure à l'aigu (elle la donneroit au grave par les vibrations), et il ajoute à l'aigu de la dominante une nouvelle tierce mineure. Ces tierces ainsi ajoutées ne font point, il est vrai, de proportions avec les rapports précédens; les rapports mêmes qu'elles devroient avoir se trouvent altérés : mais n'importe; M. Rameau fait tout valoir pour le mieux; la proportion lui sert pour introduire la *dissonance*, et le défaut de proportion pour la faire sentir.

L'illustre géomètre qui a daigné interpréter au public le système de M. Rameau ayant supprimé tous ces vains calculs, je suivrai son exemple, ou plutôt je transcrirai ce qu'il dit de la *dissonance*; et M. Rameau me devra des remercîmens d'avoir tiré cette explication des *Élémens de musique*, plutôt que de ses propres écrits.

Supposant qu'on connoisse les cordes essentielles du ton selon le système de M. Rameau, savoir, dans le ton d'*ut*, la tonique *ut*, la dominante *sol*, et la sous-dominante *fa*, on doit savoir aussi que ce même ton d'*ut* a les deux cordes *ut* et *sol* communes avec le ton de *sol*, et les deux cordes *ut* et *fa* communes avec le ton de *fa*. Par conséquent cette marche de basse *ut sol* peut appartenir au ton d'*ut* ou au ton de *sol*, comme la marche de basse *fa ut* ou *ut fa* peut appartenir au ton d'*ut* ou au ton de *fa*. Donc quand on passe d'*ut* à *fa* ou à *sol* dans une basse-fondamentale, on ignore encore jusque-là dans quel ton l'on est; il seroit pourtant avantageux de le savoir, et de pouvoir par quelque moyen distinguer le générateur de ses quintes.

On obtiendra cet avantage en joignant ensemble les sons *sol* et *fa* dans une même harmonie, c'est-à-dire en joignant à l'harmonie *sol si re* de la quinte *sol* l'autre quinte *fa*, en cette manière, *sol si re fa;* ce *fa* ajouté étant la septième de *sol* fait *dissonance;* c'est pour cette raison que l'accord *sol si re fa* est appelé accord dissonant ou accord de septième : il sert à distinguer la quinte *sol* du générateur *ut*, qui porte toujours sans mélange et sans altération l'accord parfait *ut mi sol ut*, donné par la nature même. (Voyez Accord, Consonnance, Harmonie.) Par là on voit que quand on passe d'*ut* à *sol*, on passe en même temps d'*ut* à *fa*, parce que le *fa* se trouve compris dans l'accord de *sol*, et le ton d'*ut* se trouve par ce moyen entièrement déterminé, parce qu'il n'y a que ce ton seul auquel les sons *fa* et *sol* appartiennent à la fois.

Voyons maintenant, continue M. d'Alembert, ce que nous ajouterons à l'harmonie *fa la ut* de la quinte *fa* au-dessous du générateur, pour distinguer cette harmonie de celle de ce même générateur. Il semble d'abord que l'on doive y ajouter l'autre quinte *sol*, afin que le générateur *ut* passant à *fa* passe en même temps à *sol*, et que le ton soit déterminé par là; mais cette introduction de *sol* dans l'accord *fa la ut* donneroit deux secondes de suite, *fa sol, sol la*, c'est-à-dire deux *dissonances* dont l'union seroit trop désagréable à l'oreille : inconvénient qu'il faut éviter; car si, pour distinguer le ton, nous altérons l'harmonie de cette quinte *fa*, il ne faut l'altérer que le moins qu'il est possible.

C'est pourquoi, au lieu de *sol*, nous prendrons sa quinte *re*, qui est le son qui en approche le plus; et nous aurons pour la sous-dominante *fa* l'accord *fa la ut re*, qu'on appelle accord de grande-sixte ou sixte-ajoutée.

On peut remarquer ici l'analogie qui s'observe entre l'accord de la dominante *sol* et celui de la sous-dominante *fa*.

La dominante *sol*, en montant au-dessus du générateur, a un accord tout composé de tierces en montant depuis *sol; sol si re fa*. Or la sous-dominante *fa* étant au-dessous du générateur *ut*, on trouvera, en descendant d'*ut* vers *fa* par tierces, *ut la fa re*, qui contient les mêmes sons que l'accord *fa la ut re* donne à la sous-dominante *fa*.

On voit de plus que l'altération de l'harmonie des deux quintes ne consiste que dans la tierce mineure *re fa* ou *fa re*, ajoutée de part et d'autre à l'harmonie de ces deux quintes.

Cette explication est d'autant plus ingénieuse qu'elle montre à la fois l'origine, l'usage, la marche de la *dissonance*, son rapport intime avec le ton, et le moyen de déterminer réciproquement l'un par l'autre. Le défaut que j'y trouve, mais défaut essentiel qui fait tout crouler, c'est l'emploi d'une corde étrangère au ton, comme corde essentielle du ton, et cela par une fausse analogie qui, servant de base au système de M. Rameau, le détruit en s'évanouissant.

Je parle de cette quinte au-dessous de la tonique, de cette sous-dominante, entre laquelle et la tonique on n'aperçoit pas la moindre liaison qui puisse autoriser l'emploi de cette sous-dominante, non-seulement comme corde essentielle du ton, mais même en quelque qualité que ce puisse être. En effet qu'y a-t-il de commun entre la résonnance, le frémissement des unissons d'*ut*, et le son de sa quinte en-dessous? Ce n'est point parce que la corde entière est un *fa* que ses aliquotes résonnent au son d'*ut*, mais parce qu'elle est un multiple de la corde *ut;* et il n'y a aucun des multiples de ce même *ut* qui ne donne un semblable phénomène. Prenez le septuple, il frémira et résonnera dans ses parties ainsi que le triple : est-ce à dire que le son de ce septuple ou ses octaves soient des cordes essentielles du ton? tant s'en faut, puisqu'il ne forme pas même avec la tonique un rapport commensurable en notes.

Je sais que M. Rameau a prétendu *qu'au son* d'une corde quelconque une autre corde à sa douzième en dessous frémissoit sans résonner ; mais outre que c'est un étrange phénomène en acoustique qu'une corde sonore qui vibre et ne résonne pas, il est maintenant reconnu que cette prétendue expérience est une erreur, que la corde grave frémit parce qu'elle se partage, et qu'elle paroît ne pas résonner parce qu'elle ne rend dans ses parties que l'unisson de l'aigu, qui ne se distingue pas aisément.

Que M. Rameau nous dise donc qu'il prend la quinte en-dessous, parce qu'il trouve la quinte en dessus, et que ce jeu des quintes lui paroît commode pour établir son système, on pourra le féliciter d'une ingénieuse invention; mais qu'il ne l'autorise point d'une expérience chimérique, qu'il ne se tourmente point à chercher dans les renversemens des proportions harmonique et arithmétique les fondemens de l'harmonie, ni à prendre les propriétés des nombres pour celles des sons.

Remarquez encore que si la contre-génération qu'il suppose pouvoit avoir lieu, l'accord de la sous-dominante *fa* ne devroit point porter une tierce majeure, mais mineure, parce que le *la* bémol est l'harmonique véritable qui lui est assigné par ce renversement $\overset{1}{ut}\ \overset{\frac{1}{3}}{fa}\ \overset{\frac{1}{5}}{la\flat}$. De sorte qu'à ce compte la gamme du mode majeur devroit avoir naturellement la sixte mineure ; mais elle a la majeure, comme quatrième ou comme quinte de la seconde note : ainsi voilà encore une contradiction.

Enfin remarquez que la quatrième note donnée par la série des aliquotes, d'où naît le vrai diatonique naturel, n'est point l'octave de la prétendue sous-dominante dans le rapport de 4 à 3, mais une autre quatrième note toute différente dans le rapport de 11 à 8, ainsi que tout théoricien doit l'apercevoir au premier coup d'œil.

J'en appelle maintenant à l'expérience et à l'oreille des musiciens. Qu'on écoute combien la cadence imparfaite de la sous-dominante à la tonique est dure et sauvage en comparaison de cette même cadence dans sa place naturelle, qui est de la tonique à la dominante. Dans le premier cas peut-on dire que l'oreille *ne désire plus rien après l'accord de la tonique?* n'attend-on pas, malgré qu'on en ait, une suite ou une fin? or qu'est-ce qu'une tonique après laquelle l'oreille désire quelque chose? peut-on la regarder comme une véritable tonique, et n'est-on pas alors réellement dans le ton de *fa*, tandis qu'on pense être dans celui d'*ut?* Qu'on observe combien l'intonation diatonique et successive de la quatrième note et de la note sensible, tant en montant qu'en descendant, paroît étrangère au mode et même pénible à la voix. Si la longue habitude y accoutume l'oreille et la voix du musicien, la difficulté des commençans à entonner cette note doit lui montrer assez combien elle est peu naturelle. On attribue cette difficulté aux trois *tons* consécutifs; ne devroit-on pas voir que ces trois *tons* consécutifs, de même que la note qui les introduit, donnent une modulation barbare qui n'a nul fondement dans la nature? Elle avoit assurément mieux guidé les Grecs lorsqu'elle leur fit arrêter leur tétracorde précisément au *mi* de notre échelle, c'est-à-dire à la note qui précède cette quatrième : ils aimèrent mieux prendre cette quatrième en dessous, et ils trouvèrent ainsi avec leur seule oreille ce que toute notre théorie harmonique n'a pu encore nous faire apercevoir.

Si le témoignage de l'oreille et celui de la raison se réunissent, au moins dans le système donné, pour rejeter la prétendue sous-dominante non-seulement du nombre des cordes essentielles du ton, mais du nombre des sons qui peuvent entrer dans l'échelle du mode, que devient toute cette théorie des *dissonances?* que devient l'explication du mode mineur? que devient tout le système de M. Rameau?

N'apercevant donc ni dans la physique ni dans le calcul la véritable génération de la *dissonance*, je lui cherchois une origine purement mécanique; et c'est de la manière suivante que je tâchois de l'expliquer dans l'Encyclopédie, sans m'écarter du système pratique de M. Rameau.

Je suppose la nécessité de la *dissonance* reconnue. (Voy. HARMONIE et CADENCE.) Il s'agit de voir où l'on doit prendre cette *dissonance* et comment il faut l'employer.

Si l'on compare successivement tous les sons de l'échelle diatonique avec le son fondamental dans chacun des deux modes, on n'y trouvera pour toute *dissonance* que la seconde et la septième, qui n'est qu'une seconde renversée, et qui fait réellement seconde avec l'octave. Que la septième soit renversée de la seconde, et non la seconde de la septième, c'est ce qui est évident par l'expression des rapports; car celui de la seconde 8, 9, étant plus simple que celui de la septième 9, 16, l'intervalle qu'il représente n'est pas par conséquent l'engendré, mais le générateur.

Je sais bien que d'autres intervalles altérés peuvent devenir dissonans; mais si la seconde ne s'y trouve pas exprimée ou sous-entendue, ce sont seulement des accidens de modulation auxquels l'harmonie n'a aucun égard, et ces *dissonances* ne sont point alors traitées comme telles. Ainsi c'est une chose certaine qu'où il n'y a point de seconde il n'y a point de *dissonance;* et la seconde est proprement la seule *dissonance* qu'on puisse employer.

Pour réduire toutes les consonnances à leur moindre espace ne sortons point des bornes de l'octave, elles y sont toutes contenues dans l'accord parfait. Prenons donc cet accord parfait, *sol si re sol*, et voyons en quel lieu de cet accord, que je ne suppose encore dans aucun ton, nous pourrions placer une *dissonance,* c'est-à-dire une seconde, pour la rendre le moins choquante à l'oreille qu'il est possible. Sur le *la* entre le *sol* et le *si* elle feroit une seconde avec l'un et avec l'autre, et par conséquent dissoneroit doublement. Il en seroit de même entre le *si* et le *re*, comme entre tout intervalle de tierce : reste l'intervalle de quarte entre le *re* et le *sol*. Ici l'on peut introduire un son de deux manières : 1° on peut ajouter la note *fa*, qui fera seconde avec le *sol* et tierce avec le *re ;* 2° ou la note *mi*, qui fera seconde avec le *re* et tierce avec le *sol*. Il est évident qu'on aura de chacune de ces deux manières la *dissonance* la moins dure qu'on puisse trouver; car elle ne dissonera qu'avec un seul ton, et elle engendrera une nouvelle tierce, qui, aussi-bien que les deux précédentes, contribuera à la douceur de l'accord total. D'un côté nous aurons l'accord de septième, et de l'autre celui de sixte-ajoutée, les deux seuls accords dissonans admis dans le système de la basse-fondamentale.

Il ne suffit pas de faire entendre la *dissonance*, il faut la résoudre : vous ne choquez d'abord l'oreille que pour la flatter ensuite plus agréablement. Voilà deux sons joints : d'un côté la quinte et la sixte, de l'autre la septième et l'octave : tant qu'ils feront ainsi la seconde, ils resteront dissonans; mais que les parties qui les font entendre s'éloignent d'un degré, que l'une monte ou que l'autre descende diatoniquement, votre seconde de part et d'autre sera devenue une tierce; c'est-à-dire une des plus agréables consonnances. Ainsi après *sol fa* vous aurez *sol mi* ou *fa la;* et après *re mi, mi ut* ou *re fa:* c'est ce qu'on appelle sauver la *dissonance.*

Reste à déterminer lequel des deux sons joints doit monter ou descendre, et lequel doit rester en place : mais le motif de détermination saute aux yeux. Que la quinte ou l'octave restent comme cordes principales, que la sixte monte et que la septième descende, comme sons accessoires, comme *dissonances.* De plus, si, des deux sons joints, c'est à celui qui a le moins de chemin à faire de marcher par préférence, le *fa* descendra encore sur le *mi* après la septième, et le *mi* de l'accord de sixte-ajoutée montera sur le *fa;* car il n'y a point d'autre marche plus courte pour sauver la *dissonance.*

Voyons maintenant quelle marche doit faire le son fondamental relativement au mouvement assigné à la *dissonance.* Puisque l'un des deux sons joints reste en place, il doit faire liaison dans l'accord suivant. L'intervalle que doit former la basse-fondamentale en quittant l'accord, doit donc être déterminé sur ces deux conditions : 1° que l'octave du son fondamental précédent puisse rester en place après l'accord de septième, la quinte après l'accord de sixte-ajoutée ; 2° que le son sur lequel se résout la *dissonance* soit un des harmoniques de celui auquel passe la basse-fondamentale. Or le meilleur mouvement de la basse étant par intervalle de quinte, si elle descend de quinte dans le premier cas, ou qu'elle monte de quinte dans le second, toutes les conditions seront parfaitement remplies, comme il est évident par la seule inspection de l'exemple, *Planche* A, *figure* 9.

De là on tire un moyen de connoître à quelle corde du ton chacun de ces deux accords convient le mieux. Quelles sont dans chaque ton les deux cordes les plus essentielles? c'est la tonique et la dominante. Comment la basse peut-elle marcher en descendant de quinte sur deux cordes essentielles du ton? c'est en passant de la dominante à la tonique : donc la dominante est la corde à laquelle convient le mieux l'accord de septième. Comment la basse en montant de quinte peut-elle marcher sur deux cordes essentielles du ton? c'est en passant de la tonique à la dominante : donc la tonique est la corde à laquelle convient l'accord de sixte-ajoutée. Voilà pourquoi, dans l'exemple, j'ai donné un dièse au *fa* de l'accord qui suit celui-là ; car le *re* étant dominante tonique, doit porter la tierce majeure. La basse peut avoir d'autres marches; mais ce sont là les plus parfaites, et les deux principales cadences. (Voy. CADENCE.)

Si l'on compare ces deux *dissonances* avec le son fondamental, on trouve que celle qui descend est une septième mineure, et celle qui monte une sixte majeure, d'où l'on tire cette nouvelle règle, que les *dissonances* majeures doivent monter et les mineures descendre; car en général un intervalle majeur a moins de chemin à faire en montant, et un intervalle mineur en descendant; et en général aussi, dans les marches diatoniques, les moindres intervalles sont à préférer.

Quand l'accord de septième porte tierce majeure, cette tierce fait avec la septième une autre *dissonance*, qui est la fausse quinte, ou, par renversement, le triton. Cette tierce vis-à-vis de la septième s'appelle encore *dissonance* majeure, et il lui est prescrit de monter, mais c'est en qualité de note sensible; et sans la seconde, cette prétendue *dissonance* n'existeroit point ou ne seroit point traitée comme telle.

Une observation qu'il ne faut pas oublier est, que les deux seules notes de l'échelle qui ne se trouvent point dans les harmoniques des deux cordes principales *ut* et *sol*, sont précisément celles qui s'y trouvent introduites par la *dissonance*, et achèvent par ce moyen la gamme diatonique, qui sans cela seroit imparfaite : ce qui explique comment le *fa* et le *la*, quoique étrangers au mode, se trouvent dans son échelle, et pourquoi leur intonation, toujours rude malgré l'habitude, éloigne l'idée du ton principal.

Il faut remarquer encore que ces deux *dissonances*, savoir, la sixte majeure et la septième mineure, ne diffèrent que d'un semi-ton, et différeroient encore moins si les intervalles étoient bien justes. A l'aide de cette observation l'on peut tirer du principe de la résonnance une origine très-approchée de l'une et de l'autre, comme je vais le montrer.

Les harmoniques qui accompagnent un son quelconque ne se bornent pas à ceux qui composent l'accord parfait : il y en a une infinité d'autres moins sensibles à mesure qu'ils deviennent plus aigus et leurs rapports plus composés, et ces rapports sont exprimés par la série naturelle des aliquotes $\frac{1}{2}\frac{1}{3}\frac{1}{4}\frac{1}{5}\frac{1}{6}\frac{1}{7}$, etc. Les six premiers termes de cette série donnent les sons qui composent l'accord parfait et ses répliques ; le septième en est exclus : cependant ce septième terme entre comme eux dans la résonnance totale du son générateur, quoique moins sensiblement ; mais il n'y entre point comme consonnance ; il y entre donc comme *dissonance*, et cette *dissonance* est donnée par la nature. Reste à voir son rapport avec celles dont je viens de parler.

Or, ce rapport est intermédiaire entre l'un et l'autre, et fort rapproché de tous deux ; car le rapport de la sixte majeure est $\frac{3}{5}$, et celui de la septième mineure $\frac{9}{16}$. Ces deux rapports réduits aux mêmes termes sont $\frac{48}{80}$ et $\frac{45}{80}$.

Le rapport de l'aliquote $\frac{1}{7}$ rapproché au simple par ses octaves est $\frac{4}{7}$, et ce rapport réduit au même terme avec les précédens, se trouve intermédiaire entre les deux de cette manière $\frac{226}{162}\ \frac{320}{560}\ \frac{315}{560}$, où l'on voit que ce rapport moyen ne diffère de la sixte majeure que d'un $\frac{1}{35}$ ou à peu près deux comma, et de la septième mineure que d'un $\frac{1}{112}$, qui est beaucoup moins qu'un comma. Pour employer les mêmes sons dans le genre diatonique et dans divers modes, il a fallu les altérer ; mais cette altération n'est pas assez grande pour nous faire perdre la trace de leur origine.

J'ai fait voir, au mot CADENCE, comment l'introduction de ces deux principales *dissonances*, la septième et la sixte-ajoutée, donne le moyen de lier une suite d'harmonie en la faisant monter ou descendre à volonté par l'entrelacement des *dissonances*.

Je ne parle point ici de la préparation de la *dissonance*, moins parce qu'elle a trop d'exceptions pour en faire une règle générale, que parce que ce n'en est pas ici le lieu. (Voyez PRÉPARER.) A l'égard des *dissonances* par supposition ou par suspension, *voyez* aussi ces deux mots. Enfin je ne dis rien non plus de la septième diminuée, accord singulier dont j'aurai occasion de parler au mot ENHARMONIQUE.

Quoique cette manière de concevoir la *dissonance* en donne une idée assez nette, comme cette idée n'est point tirée du fond de l'harmonie, mais de certaines convenances entre les parties, je suis bien éloigné d'en faire plus de cas qu'elle ne mérite, et je ne l'ai jamais donnée que pour ce qu'elle valoit ; mais on avoit jusqu'ici raisonné si mal sur la *dissonance*, que je ne crois pas avoir fait en cela pis que les autres. M. Tartini est le premier, et jusqu'à présent le seul qui ait déduit une théorie des *dissonances* des vrais principes de l'harmonie. Pour éviter d'inutiles répétitions, je renvoie là-dessus au mot SYSTÈME, où j'ai fait l'exposition du sien. Je m'abstiendrai de juger s'il a trouvé ou non celui de la nature ; mais je dois remarquer au moins que les principes de cet auteur paroissent avoir dans leurs conséquences cette universalité et cette connexion qu'on ne trouve guère que dans ceux qui mènent à la vérité.

Encore une observation avant de finir cet article. Tout intervalle commensurable est réellement consonnant ; il n'y a de vraiment dissonans que ceux dont les rapports sont irrationnels ; car il n'y a que ceux-là auxquels on ne puisse assigner aucun son fondamental commun. Mais passé le point où les harmoniques naturels sont encore sensibles, cette consonnance des intervalles commensurables ne s'admet plus que par induction. Alors ces intervalles font bien partie du système harmonique, puisqu'ils sont dans l'ordre de sa génération naturelle et se rapportent au son fondamental commun ; mais ils ne peuvent être admis comme consonnans par l'oreille, parce qu'elle ne les aperçoit point dans l'harmonie naturelle du corps sonore. D'ailleurs plus l'intervalle se compose, plus il s'élève à l'aigu du son fondamental : ce qui se prouve par la génération réciproque du son fondamental et des intervalles supérieurs. (Voyez le système de M. Tartini.) Or, quand la distance du son fondamental au plus aigu de l'intervalle générateur ou engendré excède l'étendue du système musical ou appréciable, tout ce qui est au-delà de cette étendue devant être censé nul, un tel intervalle n'a point de fondement sensible, et doit être rejeté de la pratique, ou seulement admis comme dissonant. Voilà, non le système de M. Rameau, ni celui de M. Tartini, ni le mien, mais le texte de la nature, qu'au reste je n'entreprends pas d'expliquer.

DISSONANCE MAJEURE est celle qui se sauve en montant. Cette *dissonance* n'est telle que relativement à la *dissonance* mineure; car elle fait tierce ou sixte majeure sur le vrai son fondamental, et n'est autre que la note sensible dans un accord dominant, ou la sixte-ajoutée dans son accord.

DISSONANCE MINEURE est celle qui se sauve en descendant : c'est toujours la *dissonance* proprement dite, c'est-à-dire la septième du vrai son fondamental.

La *dissonance majeure* est aussi celle qui se forme par un intervalle superflu, et la *dissonance mineure* est celle qui se forme par un intervalle diminué. Ces diverses acceptions viennent de ce que le mot même de *dissonance* est équivoque, et signifie quelquefois un intervalle et quelquefois un simple son.

DISSONANT, *partic.* (Voyez DISSONER.)

DISSONER, *v. n.* Il n'y a que les sons qui *dissonent*, et un son *dissone* quand il forme dissonance avec un autre son. On ne dit pas qu'un intervalle *dissone*, on dit qu'il est dissonant.

DITHYRAMBE, *s. m.* Sorte de chanson grecque en l'honneur de Bacchus, laquelle se chantoit sur le mode phrygien, et se sentoit du feu et de la gaîté qu'inspire le dieu auquel elle étoit consacrée. Il ne faut pas demander si nos littérateurs modernes, toujours sages et compassés, se sont récriés sur la fougue et le désordre des *dithyrambes.* C'est fort mal fait sans doute de s'enivrer, surtout en l'honneur de la divinité; mais j'aimerois mieux encore être ivre moi-même que de n'avoir que ce sot bon sens qui mesure sur la froide raison tous les discours d'un homme échauffé par le vin.

DITON, *s. m.* C'est, dans la musique grecque, un intervalle composé de deux tons, c'est-à-dire une tierce majeure. (Voyez INTERVALLE, TIERCE.)

DIVERTISSEMENT, *s. m.* C'est le nom qu'on donne à certains recueils de danses et de chansons qu'il est de règle à Paris d'insérer dans chaque acte d'un opéra, soit ballet, soit tragédie; *divertissement* importun dont l'auteur a soin de couper l'action dans quelque moment intéressant, et que les acteurs assis et les spectateurs debout ont la patience de voir et d'entendre.

DIX-HUITIÈME, *s. f.* Intervalle qui comprend dix-sept degrés conjoints, et par conséquent dix-huit sons diatoniques, en comptant les deux extrêmes. C'est la double-octave de la quarte. (Voyez QUARTE.)

DIXIÈME, *s. f.* Intervalle qui comprend neuf degrés conjoints, et par conséquent dix sons diatoniques, en comptant les deux qui le forment. C'est l'octave de la tierce ou la tierce de l'octave; et la *dixième* est majeure ou mineure, comme l'intervalle simple dont elle est la réplique. (Voyez TIERCE.)

DIX-NEUVIÈME, *s. f.* Intervalle qui comprend dix-huit degrés conjoints, et par conséquent dix-neuf sons diatoniques, en comptant les deux extrêmes. C'est la double-octave de la quinte. (Voyez QUINTE.)

DIX-SEPTIÈME, *s. f.* Intervalle qui comprend seize degrés conjoints, et par conséquent dix-sept sons diatoniques, en comptant les deux extrêmes. C'est la double octave de la tierce; et la dix-septième est majeure ou mineure comme elle.

Toute corde sonore rend avec le son principal celui de sa *dix-septième* majeure, plutôt que celui de sa tierce simple ou de sa dixième, parce que cette dix-septième est produite par une aliquote de la corde entière, savoir, la cinquième partie; au lieu que les $\frac{4}{5}$ que donneroit la tierce, ni les $\frac{2}{5}$ que donneroit la dixième, ne sont pas une aliquote de cette même corde. (Voyez SON, INTERVALLE, HARMONIE.)

DO. Syllabe que les Italiens substituent en solfiant à celle d'*ut*, dont ils trouvent le son trop lourd. Le même motif a fait entreprendre à plusieurs personnes, et entre autres à M. Sauveur, de changer les noms de toutes les syllabes de notre gamme; mais l'ancien usage a toujours prévalu parmi nous. C'est peut-être un avantage; il est bon de s'accoutumer à solfier par des syllabes sourdes, quand on n'en a guère de plus sonores à leur substituer dans le chant.

DODÉCACORDE. C'est le titre donné par Henri Glaréan à un gros livre de sa composition, dans lequel, ajoutant quatre nouveaux tons aux huit usités de son temps, et qui restent encore aujourd'hui dans le chant ecclésiastique romain, il pense avoir rétabli dans leur pureté les douze modes d'Aristoxène, qui cependant en avoit treize; mais cette prétention a été réfutée par J. B. Doni, dans son *Traité des Genres et des Modes.*

Doigter, *v. n.* C'est faire marcher d'une manière convenable et régulière les doigts sur quelque instrument, et principalement sur l'orgue ou le clavecin, pour en jouer le plus facilement et le plus nettement qu'il est possible.

Sur les instrumens à manche, tels que le violon et le violoncelle, la plus grande règle du *doigter* consiste dans les diverses positions de la main gauche sur le manche; c'est par là que les mêmes passages peuvent devenir faciles ou difficiles, selon les positions et selon les cordes sur lesquelles on peut prendre ces passages; c'est quand un symphoniste est parvenu à passer rapidement, avec justesse et précision, par toutes ces différentes positions, qu'on dit qu'il possède bien son manche. (Voyez Position.)

Sur l'orgue ou le clavecin, le *doigter* est autre chose. Il y a deux manières de jouer sur ces instrumens: savoir, l'accompagnement et les pièces. Pour jouer des pièces, on a égard à la facilité de l'exécution et à la bonne grâce de la main. Comme il y a un nombre excessif de passages possibles dont la plupart demandent une manière particulière de faire marcher les doigts, et que d'ailleurs chaque pays et chaque maître a sa règle, il faudroit sur cette partie des détails que cet ouvrage ne comporte pas, et sur lesquels l'habitude et la commodité tiennent lieu de règles, quand une fois on a la main bien posée. Les préceptes généraux qu'on peut donner sont: 1° de placer les deux mains sur le clavier, de manière qu'on n'ait rien de gêné dans l'attitude: ce qui oblige d'exclure communément le pouce de la main droite, parce que les deux pouces posés sur le clavier, et principalement sur les touches blanches, donneroient aux bras une situation contrainte et de mauvaise grâce. Il faut observer aussi que les coudes soient un peu plus élevés que le niveau du clavier, afin que la main tombe comme d'elle-même sur les touches: ce qui dépend de la hauteur du siége; 2° de tenir le poignet à peu près à la hauteur du clavier, c'est-à-dire au niveau du coude; les doigts écartés de la largeur des touches, et un peu recourbés sur elles, pour être prêts à tomber sur des touches différentes; 5° de ne point porter successivement le même doigt sur deux touches consécutives, mais d'employer tous les doigts de chaque main. Ajoutez à ces observations les règles suivantes, que je donne avec confiance, parce que je les tiens de M. Duphli, excellent maître de clavecin, et qui possède surtout la perfection du *doigter*.

Cette perfection consiste en général dans un mouvement doux, léger et régulier.

Le mouvement des doigts se prend à leur racine, c'est-à-dire à la jointure qui les attache à la main.

Il faut que les doigts soient courbés naturellement, et que chaque doigt ait son mouvement propre indépendant des autres doigts. Il faut que les doigts tombent sur les touches et non qu'ils les frappent, et, de plus, qu'ils coulent de l'une à l'autre en se succédant, c'est-à-dire qu'il ne faut quitter une touche qu'après en avoir pris une autre. Ceci regarde particulièrement le jeu françois.

Pour continuer un roulement, il faut s'accoutumer à passer le pouce par-dessous tel doigt que ce soit, et à passer tel autre doigt par-dessus le pouce. Cette manière est excellente, surtout quand il se rencontre des dièses ou des bémols; alors faites en sorte que le pouce se trouve sur la touche qui précède le dièse ou le bémol, ou placez-le immédiatement après: par ce moyen vous vous procurerez autant de doigts de suite que vous aurez de notes à faire.

Évitez autant qu'il se pourra de toucher du pouce ou du cinquième doigt une touche blanche, surtout dans les roulemens de vitesse.

Souvent on exécute un même roulement avec les deux mains, dont les doigts se succèdent pour lors consécutivement. Dans ces roulemens les mains passent l'une sur l'autre, mais il faut observer que le son de la première touche sur laquelle passe une des mains soit aussi lié au son précédent que s'ils étoient touchés de la même main.

Dans le genre de musique harmonieux et lié, il est bon de s'accoutumer à substituer un doigt à la place d'un autre sans relever la touche: cette manière donne des facilités pour l'exécution et prolonge la durée des sons.

Pour l'accompagnement, le *doigter* de la main

gauche est le même que pour les pièces, parce qu'il faut toujours que cette main joue les basses qu'on doit accompagner : ainsi les règles de M. Duphli y servent également pour cette partie, excepté dans les occasions où l'on veut augmenter le bruit au moyen de l'octave, qu'on embrasse du pouce et du petit doigt; car alors, au lieu de *doigter*, la main entière se transporte d'une touche à l'autre. Quant à la main droite, son *doigter* consiste dans l'arrangement des doigts et dans les marches qu'on leur donne pour faire entendre les accords et leur succession : de sorte que quiconque entend bien la mécanique des doigts en cette partie possède l'art de l'accompagnement. M. Rameau a fort bien expliqué cette mécanique dans sa *Dissertation sur l'accompagnement;* et je crois ne pouvoir mieux faire que de donner ici un précis de la partie de cette dissertation qui regarde le *doigter.*

Tout accord peut s'arranger par tierces. L'accord parfait, c'est-à-dire l'accord d'une tonique ainsi arrangé sur le clavier, est formé par trois touches qui doivent être frappées du second, du quatrième et du cinquième doigt. Dans cette situation c'est le doigt le plus bas, c'est-à-dire le second qui touche la tonique; dans les deux autres faces, il se trouve toujours un doigt au moins au-dessous de cette même tonique : il faut le placer à la quarte. Quant au troisième doigt, qui se trouve au-dessus et au-dessous des deux autres, il faut le placer à la tierce de son voisin.

Une règle générale pour la succession des accords est qu'il doit y avoir liaison entre eux, c'est-à-dire que quelqu'un des sons de l'accord précédent doit être prolongé sur l'accord suivant et entrer dans son harmonie. C'est de cette règle que se tire toute la mécanique du *doigter*.

Puisque pour passer régulièrement d'un accord à un autre il faut que quelque doigt reste en place, il est évident qu'il n'y a que quatre manières de succession régulière entre deux accords parfaits; savoir, la basse-fondamentale montant ou descendant de tierce ou de quinte.

Quand la basse procède par tierces, deux doigts restent en place; en montant, ceux qui formoient la tierce et la quinte restent pour former l'octave et la tierce, tandis que celui qui formoit l'octave descend sur la quinte; en descendant, les doigts qui formoient l'octave et la tierce restent pour former la tierce et la quinte, tandis que celui qui faisoit la quinte monte sur l'octave.

Quand la basse procède par quinte, un doigt seul reste en place et les deux autres marchent : en montant, c'est la quinte qui reste pour faire l'octave, tandis que l'octave et la tierce descendent sur la tierce et sur la quinte; en descendant, l'octave reste pour faire la quinte, tandis que la tierce et la quinte montent sur l'octave et sur la tierce. Dans toutes ces successions les deux mains ont toujours un mouvement contraire.

En s'exerçant ainsi sur divers endroits du clavier, on se familiarise bientôt au jeu des doigts sur chacune de ces marches, et les suites d'accords parfaits ne peuvent plus embarrasser.

Pour les dissonances, il faut d'abord remarquer que tout accord dissonant complet occupe les quatre doigts, lesquels peuvent être arrangés tous par tierces, ou trois par tierces, et l'autre joint à quelqu'un des premiers faisant avec lui un intervalle de seconde. Dans le premier cas, c'est le plus bas des doigts, c'est-à-dire l'index qui sonne le son fondamental de l'accord; dans le second cas, c'est le supérieur des deux doigts joints. Sur cette observation l'on connoît aisément le doigt qui fait la dissonance, et qui par conséquent doit descendre pour la sauver.

Selon les différens accords consonnans ou dissonans qui suivent un accord dissonant, il faut faire descendre un doigt seul, ou deux, ou trois. A la suite d'un accord dissonant, l'accord parfait qui le sauve se trouve aisément sous les doigts. Dans une suite d'accords dissonans, quand un doigt seul descend, comme dans la cadence interrompue, c'est toujours celui qui a fait la dissonance, c'est-à-dire l'inférieur des deux joints, ou le supérieur de tous, s'ils sont arrangés par tierces. Faut-il faire descendre deux doigts, comme dans la cadence parfaite, ajoutez à celui dont je viens de parler son voisin au-dessous, et, s'il n'en a point, le supérieur de tous : ce sont les deux doigts qui doivent descendre. Faut-il en faire descendre trois, comme dans la cadence rompue, conservez le fondamental sur sa touche, et faites descendre les trois autres.

La suite de toutes ces différentes successions bien étudiée vous montre le jeu des doigts dans toutes les phrases possibles : et comme c'est des cadences parfaites que se tire la succession la plus commune des phrases harmoniques, c'est aussi à celles-là qu'il faut s'exercer davantage; on y trouvera toujours deux doigts marchant et s'arrêtant alternativement. Si les deux doigts d'en haut descendent sur un accord où les deux inférieurs restent en place, dans l'accord suivant les deux supérieurs restent, et les deux inférieurs descendent à leur tour; ou bien ce sont les deux doigts extrêmes qui font le même jeu avec les deux moyens.

On peut trouver encore une succession harmonique ascendante par dissonances, à la faveur de la sixte-ajoutée : mais cette succession, moins commune que celle dont je viens de parler, est plus difficile à ménager, moins prolongée, et les accords se remplissent rarement de tous leurs sons. Toutefois la marche des doigts auroit encore ici ses règles; et en supposant un entrelacement de cadences imparfaites, on y trouveroit toujours, ou les quatre doigts par tierces ou deux doigts joints : dans le premier cas, ce seroit aux deux inférieurs à monter, et ensuite aux deux supérieurs alternativement; dans le second, le supérieur des deux doigts joints doit monter avec celui qui est au-dessus de lui, et, s'il n'y en a point, avec le plus bas de tous, etc.

On n'imagine pas jusqu'à quel point l'étude du *doigter*, prise de cette manière, peut faciliter la pratique de l'accompagnement. Après un peu d'exercice, les doigts prennent insensiblement l'habitude de marcher comme d'eux-mêmes; ils préviennent l'esprit et accompagnent avec une facilité qui a de quoi surprendre. Mais il faut convenir que l'avantage de cette méthode n'est pas sans inconvénient, car, sans parler des octaves et des quintes de suite qu'on y rencontre à tout moment, il résulte de tout ce remplissage une harmonie brute et dure dont l'oreille est étrangement choquée, surtout dans les accords par supposition.

Les maîtres enseignent d'autres manières de *doigter*, fondées sur les mêmes principes, sujettes, il est vrai, à plus d'exceptions, mais par lesquelles, retranchant des sons, on gêne moins la main par trop d'extension, l'on évite les octaves et les quintes de suite, et l'on rend une harmonie, non pas aussi pleine, mais plus pure plus agréable

DOLCE. (Voyez D.)

DOMINANT, *adj*. Accord *dominant* ou sensible est celui qui se pratique sur la dominante du ton, et qui annonce la cadence parfaite. Tout accord parfait majeur devient *dominant* sitôt qu'on lui ajoute la septième mineure.

DOMINANTE, *s. f.* C'est des trois notes essentielles du ton celle qui est une quinte au-dessus de la tonique. La tonique et la *dominante* déterminent le ton; elles y sont chacune la fondamentale d'un accord particulier; au lieu que la médiante, qui constitue le mode, n'a point d'accord à elle, et fait seulement partie de celui de la tonique.

M. Rameau donne généralement le nom de *dominante* à toute note qui porte un accord de septième, et distingue celle qui porte l'accord sensible par le nom de *dominante-tonique;* mais, à cause de la longueur du mot, cette addition n'est pas adoptée des artistes; ils continuent d'appeler simplement *dominante* la quinte de la tonique, et ils n'appellent pas *dominantes*, mais *fondamentales*, les autres notes portant accord de septième; ce qui suffit pour s'expliquer, et prévient la confusion.

DOMINANTE. Dans le plain-chant est la note que l'on rebat le plus souvent, à quelque degré que l'on soit de la tonique. Il y a dans le plain-chant *dominante* et *tonique*, mais point de médiante.

DORIEN, *adj*. Le mode *dorien* étoit un des plus anciens de la musique des Grecs, et c'étoit le plus grave ou le plus bas de ceux qu'on a depuis appelés authentiques.

Le caractère de ce mode étoit sérieux et grave, mais d'une gravité tempérée; ce qui le rendoit propre pour la guerre et pour les sujets de religion.

Platon regarde la majesté du mode *dorien* comme très-propre à conserver les bonnes mœurs; et c'est pour cela qu'il en permet l'usage dans sa République.

Il s'appeloit *dorien*, parce que c'étoit chez les peuples de ce nom qu'il avoit été d'abord en usage. On attribue l'invention de ce mode à Thamiris de Thrace, qui, ayant eu le malheur de défier les Muses et d'être vaincu, fut privé par elles de la lyre et des yeux.

DOUBLE, *adj*. Intervalles *doubles* ou *redoublés* sont tous ceux qui excèdent l'étendue de l'octave. En ce sens, la dixième est *double* de la tierce; et la douzième, *double* de la quinte. Quelques-uns donnent aussi le nom d'intervalles *doubles* à ceux qui sont composés de deux intervalles égaux, comme la fausse-quinte qui est composée de deux tierces mineures.

DOUBLE, *s. m.* On appelle *doubles* des airs d'un chant simple en lui-même, qu'on figure et qu'on double par l'addition de plusieurs notes qui varient et ornent le chant sans le gâter : c'est ce que les Italiens appellent *variazioni.* (Voyez VARIATIONS.)

Il y a cette différence des doubles aux broderies ou fleurtis, que ceux-ci sont à la liberté du musicien, qu'il peut les faire ou les quitter quand il lui plait pour reprendre le simple. Mais le *double* ne se quitte point et sitôt qu'on l'a commencé, il faut le poursuivre jusqu'à la fin de l'air.

DOUBLE est encore un mot employé à l'Opéra de Paris pour désigner les acteurs en sous-ordre qui remplacent les premiers acteurs dans les rôles que ceux-ci quittent par maladie ou par air, ou lorsqu'un opéra est sur ses fins et qu'on en prépare un autre. Il faut avoir entendu un opéra en *doubles* pour concevoir ce que c'est qu'un tel spectacle, et quelle doit être la patience de ceux qui veulent bien le fréquenter en cet état. Tout le zèle des bons citoyens françois bien pourvus d'oreilles à l'épreuve suffit à peine pour tenir à ce détestable charivari.

DOUBLER, *v. a. Doubler* un air, c'est y faire des doubles; *doubler* un rôle, c'est y remplacer l'acteur principal. (Voyez DOUBLE.)

DOUBLE-CORDE, *s. f.* Manière de jeu sur le violon, laquelle consiste à toucher deux cordes la fois faisant deux parties différentes. *La* double-corde *fait souvent beaucoup d'effet. Il est difficile de jouer très-juste sur la* double corde.

DOUBLE-CROCHE, *s. f.* Note de musique qui ne vaut que le quart d'une noire, ou la moitié d'une croche. Il faut par conséquent seize *doubles-croches* pour une ronde ou pour une mesure à quatre temps. (Voyez MESURE, VALEUR DES NOTES.)

On peut voir la figure de la *double-croche* liée ou détachée dans la figure 9 de la Planche D. Elle s'appelle *double-croche* à cause du double-crochet qu'elle porte à sa queue, et qu'il faut pourtant bien distinguer du double crochet proprement dit, qui fait le sujet de l'article suivant.

DOUBLE-CROCHET, *s. m.* Signe d'abréviation qui marque la division des notes en doubles-croches, comme le simple crochet marque leur division en croches simples. (Voyez CROCHET.) Voyez aussi la figure et l'effet du double-crochet, figure 10 de la Planche D, à l'exemple B.

DOUBLE-EMPLOI, *s. m.* Nom donné par M. Rameau aux deux différentes manières dont on peut considérer et traiter l'accord de sous-dominante; savoir, comme accord fondamental de sixte-ajoutée, ou comme accord de grande-sixte, renversé d'un accord fondamental de septième. En effet, ces deux accords portent exactement les mêmes notes, se chiffrent de même, s'emploient sur les mêmes cordes du ton; de sorte que souvent on ne peut discerner celui que l'auteur a voulu employer qu'à l'aide de l'accord suivant qui le sauve, et qui est différent dans l'un et dans l'autre cas.

Pour faire ce discernement, on considère le progrès diatonique des deux notes qui font la quinte et la sixte, et qui, formant entre elles un intervalle de seconde, sont l'une ou l'autre la dissonance de l'accord. Or ce progrès est déterminé par le mouvement de la basse. Si donc de ces deux notes la supérieure est dissonante, elle montera d'un degré dans l'accord suivant; l'inférieure restera en place, et l'accord sera une sixte-ajoutée. Si c'est l'inférieure qui est dissonante, elle descendra dans l'accord suivant; la supérieure restera en place, et l'accord sera celui de grande-sixte. Voyez les deux cas du *double-emploi*, Planche D, figure 12.

A l'égard du compositeur, l'usage qu'il peut faire du *double-emploi* est de considérer l'accord qui le comporte sous une face pour y entrer, et sous l'autre pour en sortir; de sorte qu'y étant arrivé comme à un accord de sixte-ajoutée, il le sauve comme un accord de grande-sixte, et réciproquement.

M. d'Alembert a fait voir qu'un des principaux usages du *double-emploi* est de pouvoir porter la succession diatonique de la gamme jusqu'à l'octave sans changer de mode, du moins en montant; car en descendant on en change. On trouvera (*Pl.* D, *fig.* 13) l'exemple de cette gamme et de sa basse-fondamentale. Il est évident, selon le système de M. Rameau, que toute la succession harmonique qui en résulte est dans le même ton; car on n'y emploie à la rigueur que les trois accords, de la tonique, de la dominante, et de la sous-dominante : ce dernier donnant par le *double-emploi* celui de septième de la seconde note, qui s'emploie sur la sixième.

A l'égard de ce qu'ajoute M. d'Alembert dans ses *Élémens de Musique*, page 80, et qu'il répète dans l'*Encyclopédie*, article *Double-emploi*; savoir que l'accord de septième *re fa la ut*, quand même on le regarderoit comme renversé de *fa la ut re*, ne peut être suivi de l'accord *ut mi sol ut*, je ne puis être de son avis sur ce point.

La preuve qu'il en donne est que la dissonance *ut* du premier accord ne peut être sauvée dans le second ; et cela est vrai puisqu'elle reste en place : mais dans cet accord de septième *re fa la ut* renversé de cet accord *fa la ut re* de sixte-ajoutée, ce n'est point *ut*, mais *re* qui est la dissonance ; laquelle par conséquent doit être sauvée en montant sur *mi*, comme elle fait réellement dans l'accord suivant; tellement que cette marche est forcée dans la basse même, qui de *re* ne pourroit sans faute retourner à *ut*, mais doit monter à *mi* pour sauver la dissonance.

M. d'Alembert fait voir ensuite que cet accord *re fa la ut*, précédé et suivi de celui de la tonique, ne peut s'autoriser par le *double-emploi*; et cela est encore très-vrai, puisque cet accord, quoique chiffré d'un 7, n'est traité comme accord de septième ni quand on y entre ni quand on en sort, ou du moins qu'il n'est point nécessaire de le traiter comme tel, mais simplement comme un renversement de la sixte-ajoutée, dont la dissonance est à la basse : sur quoi l'on ne doit pas oublier que cette dissonance ne se prépare jamais. Ainsi, quoique dans un tel passage il ne soit pas question du *double-emploi*, que l'accord de septième n'y soit qu'apparent et impossible à sauver dans les règles, cela n'empêche pas que le passage ne soit bon et régulier, comme je viens de le prouver aux théoriciens, et comme je vais le prouver aux artistes par un exemple de ce passage, qui sûrement ne sera condamné d'aucun d'eux, ni justifié par aucune autre basse-fondamentale que la mienne. (Voyez *Planche* D, *figure* 14.)

J'avoue que ce renversement de l'accord de sixte-ajoutée, qui transporte la dissonance à la basse, a été blâmé par M. Rameau; cet auteur, prenant pour fondamental l'accord de septième qui en résulte, a mieux aimé faire descendre diatoniquement la basse-fondamentale, et sauver une septième par une autre septième, que d'expliquer cette septième par un renversement. J'avois relevé cette erreur et beaucoup d'autres dans des papiers qui depuis long-temps avoient passé dans les mains de M. d'Alembert, quand il fit ses *Élémens de Musique*; de sorte que ce n'est pas son sentiment que j'attaque, c'est le mien que je défends.

Au reste, on ne sauroit user avec trop de réserve du *double-emploi*; et les plus grands maîtres sont les plus sobres à s'en servir.

Double-fugue, *s. f.* On fait une *double-fugue*, lorsqu'à la suite d'une fugue déjà annoncée on annonce une autre fugue d'un dessein tout différent ; et il faut que cette seconde fugue ait sa réponse et ses rentrées ainsi que la première : ce qui ne peut guère se pratiquer qu'à quatre parties. (Voyez Fugue.) On peut avec plus de parties faire entendre à la fois un plus grand nombre encore de différentes fugues ; mais la confusion est toujours à craindre, et c'est alors le chef-d'œuvre de l'art de les bien traiter. Pour cela il faut, dit M. Rameau, observer autant qu'il est possible de ne les faire entrer que l'une après l'autre ; surtout la première fois, que leur progression soit renversée, qu'elles soient caractérisées différemment, et que, si elles ne peuvent être entendues ensemble, au moins une portion de l'une s'entende avec une portion de l'autre. Mais ces exercices pénibles sont plus faits pour les écoliers que pour les maîtres : ce sont les semelles de plomb qu'on attache aux pieds des jeunes coureurs, pour les faire courir plus légèrement quand ils en sont délivrés.

Double-octave, *s. f.* Intervalle composé de deux octaves, qu'on appelle autrement *quinzième*, et que les Grecs appeloient *disdiapason*.

La *double-octave* est en raison doublée de l'octave simple, et c'est le seul intervalle qui ne change pas de nom en se composant avec lui-même.

Double-triple. Ancien nom de la triple de blanches ou de la mesure à trois pour deux, laquelle se bat à trois temps, et contient une blanche pour chaque temps. Cette mesure n'est plus en usage qu'en France, où même elle commence à s'abolir.

Doux, *adj. pris adverbialement.* Ce mot en musique est opposé à *fort*, et s'écrit au-dessus des portées pour la musique françoise, et au-dessous pour l'italienne, dans les endroits où l'on veut faire diminuer le bruit, tempérer et radoucir l'éclat et la véhémence du son, comme dans les échos et dans les parties d'accompagnement. Les Italiens écrivent *dolce*, et plus communément *piano* dans le même sens; mais leurs puristes en musique soutiennent que ces deux mots ne sont pas synonymes, et que c'est par abus que plusieurs auteurs les emploient comme tels. Ils disent que *piano* signifie simplement une modération de son, une diminution de bruit; mais que *dolce* indique, outre cela, une manière de jouer *più soave*, plus douce, plus liée, et répondant à peu près au mot *louré* des François.

Le *doux* a trois nuances qu'il faut bien distinguer; savoir, le *demi-jeu*, le *doux* et le *très-doux*. Quelque voisines que paroissent être ces trois nuances, un orchestre entendu les rend très-sensibles et très-distinctes.

Douzième, *s. f.* Intervalle composé de onze degrés conjoints, c'est-à-dire de douze sons diatoniques en comptant les deux extrêmes: c'est l'octave de la quinte. (Voyez Quinte.)

Toute corde sonore rend avec le son principal celui de la *douzième*, plutôt que celui de la quinte, parce que cette *douzième* est produite par une aliquote de la corde entière qui est le tiers; au lieu que les deux tiers, qui donneroient la quinte, ne sont pas une aliquote de cette même corde.

Dramatique, *adj.* Cette épithète se donne à la musique imitative, propre aux pièces de théâtre qui se chantent, comme les opéra. On l'appelle aussi musique lyrique. (Voyez Imitation.)

Duo, *s. m.* Ce nom se donne en général à toute musique à deux parties, mais on en restreint aujourd'hui le sens à deux parties récitantes, vocales ou instrumentales, à l'exclusion des simples accompagnemens qui ne sont comptés pour rien. Ainsi l'on appelle *duo* une musique à deux voix, quoiqu'il y ait une troisième partie pour la basse-continue, et d'autres pour la symphonie. En un mot, pour constituer un *duo* il faut deux parties principales, entre lesquelles le chant soit également distribué.

Les règles du *duo*, et en général de la musique à deux parties, sont les plus rigoureuses pour l'harmonie : on y défend plusieurs passages, plusieurs mouvemens qui seroient permis à un plus grand nombre de parties; car tel passage ou tel accord, qui plaît à la faveur d'un troisième ou d'un quatrième son, sans eux choqueroit l'oreille. D'ailleurs on ne seroit pas pardonnable de mal choisir, n'ayant que deux sons à prendre dans chaque accord. Ces règles étoient encore bien plus sévères autrefois; mais on s'est relâché sur tout cela dans ces derniers temps, où tout le monde s'est mis à composer.

On peut envisager le *duo* sous deux aspects; savoir, simplement comme un chant à deux parties, tel, par exemple, que le premier verset du *Stabat* de Pergolèse, *duo* le plus parfait et le plus touchant qui soit sorti de la plume d'aucun musicien; ou comme partie de la musique imitative et théâtrale, tels que sont les *duo* des scènes d'opéra. Dans l'un et dans l'autre cas, le *duo* est de toutes les sortes de musique celle qui demande le plus de goût, de choix, et la plus difficile à traiter sans sortir de l'unité de mélodie. On me permettra de faire ici quelques observations sur le *duo* dramatique, dont les difficultés praticulières se joignent à celles qui sont communes à tous les *duo*.

L'auteur de la lettre sur l'opéra d'*Omphale* a sensément remarqué que les *duo* sont hors de la nature dans la musique imitative; car rien n'est moins naturel que de voir deux personnes se parler à la fois durant un certain temps, soit pour dire la même chose, soit pour se contredire, sans jamais s'écouter ni se répondre; et quand cette supposition pourroit s'admettre en certains cas, ce ne seroit pas du moins dans la tragédie, où cette indécence n'est convenable ni à la dignité des personnages qu'on y fait parler, ni à l'éducation qu'on leur suppose. Il n'y a donc que les transports d'une passion violente qui puissent porter deux interlocuteurs héroïques à s'interrompre l'un et l'autre, à parler tous deux à la fois; et même, en pareil cas, il est très-ridicule que ces discours simultanés soient prolongés de manière à faire une suite chacun de leur côté.

Le premier moyen de sauver cette absurdité

est donc de ne placer les *duo* que dans des situations vives et touchantes, où l'agitation des interlocuteurs les jette dans une sorte de délire capable de faire oublier aux spectateurs et à eux-mêmes ces bienséances théâtrales, qui renforcent l'illusion dans les scènes froides, et la détruisent dans la chaleur des passions. Le second moyen est de traiter le plus qu'il est possible le *duo* en dialogue. Ce dialogue ne doit pas être phrasé, et divisé en grandes périodes comme celui du récitatif, mais formé d'interrogations, de réponses, d'exclamations vives et courtes, qui donnent occasion à la mélodie de passer alternativement et rapidement d'une partie à l'autre, sans cesser de former une suite que l'oreille puisse saisir. Une troisième attention est de ne pas prendre indifféremment pour sujets toutes les passions violentes, mais seulement celles qui sont susceptibles de la mélodie douce et un peu contrastée, convenable au *duo*, pour en rendre le chant accentué et l'harmonie agréable. La fureur, l'emportement, marchent trop vite; on ne distingue rien, on n'entend qu'un aboiement confus, et le *duo* ne fait point d'effet. D'ailleurs ce retour perpétuel d'injures, d'insultes, conviendroit mieux à des bouviers qu'à des héros, et cela ressemble tout-à-fait aux fanfaronnades de gens qui veulent se faire plus de peur que de mal. Bien moins encore faut-il employer ces propos doucereux d'*appas*, de *chaînes*, de *flammes*, jargon plat et froid que la passion ne connut jamais, et dont la bonne musique n'a pas plus besoin que la bonne poésie. L'instant d'une séparation, celui où l'un des deux amans va à la mort ou dans les bras d'un autre, le retour sincère d'un infidèle, le touchant combat d'une mère et d'un fils, voulant mourir l'un pour l'autre; tous ces momens d'affliction où l'on ne laisse pas de verser des larmes délicieuses : voilà les vrais sujets qu'il faut traiter en *duo* avec cette simplicité de paroles qui convient au langage du cœur. Tous ceux qui ont fréquenté les théâtres lyriques savent combien ce seul mot *addio* peut exciter d'attendrissement et d'émotion dans tout un spectacle. Mais sitôt qu'un trait d'esprit ou un tour phrasé se laisse apercevoir, à l'instant le charme est détruit, et il faut s'ennuyer ou rire.

Voilà quelques-unes des observations qui regardent le poète. A l'égard du musicien, c'est à lui de trouver un chant convenable au sujet, et distribué de telle sorte que, chacun des interlocuteurs parlant à son tour, toute la suite du dialogue ne forme qu'une mélodie, qui, sans changer de sujet, ou du moins sans altérer le mouvement, passe dans son progrès d'une partie à l'autre, sans cesser d'être une et sans enjamber. Les *duo* qui font le plus d'effet sont ceux des voix égales, parce que l'harmonie en est plus rapprochée; et entre les voix égales celles qui font le plus d'effet sont les dessus, parce que leur diapason plus aigu se rend plus distinct, et que le son en est plus touchant. Aussi les *duo* de cette espèce sont-ils les seuls employés par les Italiens dans leurs tragédies; et je ne doute pas que l'usage des castrati dans les rôles d'hommes ne soit dû en partie à cette observation. Mais quoiqu'il doive y avoir égalité entre les voix, et unité dans la mélodie, ce n'est pas à dire que les deux parties doivent être exactement semblables dans leur tour de chant; car, outré la diversité des styles qui leur convient, il est très-rare que la situation des deux acteurs soit si parfaitement la même qu'ils doivent exprimer leurs sentimens de la même manière : ainsi le musicien doit varier leur accent, et donner à chacun des deux le caractère qui peint le mieux l'état de son âme, surtout dans le récit alternatif.

Quand on joint ensemble les deux parties (ce qui doit se faire rarement et durer peu), il faut trouver un chant susceptible d'une marche par tierces ou par sixtes, dans lequel la seconde partie fasse son effet sans distraire de la première. (Voyez UNITÉ DE MÉLODIE.) Il faut garder la dureté des dissonances, les sons perçans et renforcés, le *fortissimo* de l'orchestre pour des instans de désordre et de transports où les acteurs, semblant s'oublier eux-mêmes, portent leur égarement dans l'âme de tout spectateur sensible, et lui font éprouver le pouvoir de l'harmonie sobrement ménagée : mais ces instans doivent être rares, courts, et amenés avec art. Il faut, par une musique douce et affectueuse, avoir déjà disposé l'oreille et le cœur à l'émotion, pour que l'une et l'autre se prêtent à ces ébranlemens violens, et il faut qu'ils passent avec la rapidité qui convient à notre foiblesse : car quand l'agitation est trop forte, elle ne peut durer, et tout ce qui est au-delà de la nature ne touche plus.

Comme je ne me flatte pas d'avoir pu me faire entendre partout assez clairement dans cet article, je crois devoir y joindre un exemple sur lequel le lecteur comparant mes idées pourra les concevoir plus aisément : il est tiré de l'*Olympiade* de M. Metastasio : les curieux feront bien de chercher dans la musique du même opéra, par Pergolèse, comment ce premier musicien de son temps et du nôtre a traité ce *duo* dont voici le sujet.

Mégaclès, s'étant engagé à combattre pour son ami dans des jeux où le prix du vainqueur doit être la belle Aristée, retrouve dans cette même Aristée la maîtresse qu'il adore. Charmée du combat qu'il va soutenir et qu'elle attribue à son amour pour elle, Aristée lui dit à ce sujet les choses les plus tendres, auxquelles il répond non moins tendrement, mais avec le désespoir secret de ne pouvoir retirer sa parole, ni se dispenser de faire, aux dépens de tout son bonheur, celui d'un ami auquel il doit la vie. Aristée, alarmée de la douleur qu'elle lit dans ses yeux, et que confirment ses discours équivoques et interrompus, lui témoigne son inquiétude; et Mégaclès, ne pouvant plus supporter à la fois son désespoir et le trouble de sa maîtresse, part sans s'expliquer, et la laisse en proie aux plus vives craintes. C'est dans cette situation qu'ils chantent le *duo* suivant :

MÉGACLÈS.

Mia vita....... addio.
Ne' giorni tuoi felici,
Ricordati di me.

ARISTÉE.

Perchè cosi mi dici,
Anima mia, perchè?

MÉGACLÈS.

Taci, bell' idol mio.

ARISTÉE.

Parla, mio dolce amor.

ENSEMBLE.

MÉGACLÈS. Ah! che parlando, } oh Dio!
ARISTÉE. Ah! che tacendo, }
Tu mi traffigi il cor!

ARISTÉE, *à part*.

Veggio languir chi adoro,
Ne intendo il suo languir!

MÉGACLÈS, *à part*.

Di gelosia mi moro,
E non lo posso dir!

ENSEMBLE.

Chi mai provò di questo
Affanno più funesto,
Più barbaro dolor?

Bien que tout ce dialogue semble n'être qu'une suite de la scène, ce qui le rassemble en un seul *duo*, c'est l'unité de dessein par laquelle le musicien en réunit toutes les parties, selon l'intention du poète.

A l'égard des *duo* bouffons qu'on emploie dans les intermèdes et autres opéra-comiques, ils ne sont pas communément à voix égales, mais entre basse et dessus. S'ils n'ont pas le pathétique des *duo* tragiques, en revanche ils sont susceptibles d'une variété plus piquante, d'accens plus différens et de caractères plus marqués. Toute la gentillesse de la coquetterie, toute la charge des rôles à manteaux, tout le contraste des sottises de notre sexe et de la ruse de l'autre, enfin toutes les idées accessoires dont le sujet est susceptible; ces choses peuvent concourir toutes à jeter de l'agrément et de l'intérêt dans ces *duo*, dont les règles sont d'ailleurs les mêmes que des précédens en ce qui regarde le dialogue et l'unité de mélodie. Pour trouver un *duo* comique parfait à mon gré dans toutes ses parties, je ne quitterai point l'auteur immortel qui m'a fourni les deux autres exemples; mais je citerai le premier *duo* de la *Serva padrona*, *Lo conosco a queg l'occhietti*, etc., et je le citerai hardiment comme un modèle de chant agréable, d'unité de mélodie, d'harmonie simple, brillante et pure, d'accent, de dialogue et de goût, auquel rien ne peut manquer, quand il sera bien rendu, que des auditeurs qui sachent l'entendre et l'estimer ce qu'il vaut.

DUPLICATION, *s. f.* Terme de plain-chant. L'intonation par *duplication* se fait par une sorte de périélèse, en doublant la pénultième note du mot qui termine l'intonation : ce qui n'a lieu que lorsque cette pénultième note est immédiatement au-dessous de la dernière. Alors la *duplication* sert à la marquer davantage, en manière de note sensible.

DUR, *adj.* On appelle ainsi tout ce qui blesse l'oreille par son âpreté. Il y a des voix *dures* et glapissantes, des instrumens aigres et *durs*, des compositions *dures*. La *dureté* du bécarre lui fit donner autrefois le nom de B *dur*. Il y a des intervalles *durs* dans la mélodie; tel est le progrès diatonique des trois tons, soit en montant, soit en descendant, et telles sont en général toutes les fausses relations. Il y a dans l'harmonie des accords *durs*, tels que sont le triton, la quinte superflue, et en général toutes les dissonances majeures. La *dureté* prodiguée révolte l'oreille et rend une musique désagréable; mais, ménagée avec art, elle sert au clair-obscur, et ajoute à l'expression.

E.

E *si mi*, E *la mi*, ou simplement E. Troisième son de la gamme de l'Arétin, que l'on appelle autrement *mi*. (Voyez GAMME.)

ECBOLÉ, ou *élévation*. C'étoit, dans les plus anciennes musiques grecques, une altération du genre enharmonique, lorsqu'une corde étoit accidentellement élevée de cinq dièses au-dessus de son accord ordinaire.

ÉCHELLE, *s. f.* C'est le nom qu'on a donné à la succession diatonique des sept notes, *ut re mi fa sol la si* de la gamme notée, parce que ces notes se trouvent rangées en manière d'échelons sur les portées de notre musique.

Cette énumération de tous les sons diatoniques de notre système, rangés par ordre, que nous appelons *échelle*, les Grecs dans le leur l'appeloient tétracorde, parce qu'en effet leur *échelle* n'étoit composée que de quatre sons qu'ils répétoient de tétracorde en tétracorde, comme nous faisons d'octave en octave. (Voyez TÉTRACORDE.)

Saint Grégoire fut, dit-on, le premier qui changea les tétracordes anciens en un eptacorde ou système de sept notes, au bout desquelles commençant une autre octave, on trouve des sons semblables répétés dans le même ordre. Cette découverte est très-belle; et il semblera singulier que les Grecs, qui voyoient fort bien les propriétés de l'octave, aient cru, malgré cela, devoir rester attachés à leurs tétracordes. Grégoire exprima ces sept notes avec les sept premières lettres de l'alphabet latin. Gui Arétin donna des noms aux six premières, mais il négligea d'en donner un à la septième, qu'en France on a depuis appelée *si*, et qui n'a point encore d'autre nom que *B mi* chez la plupart des peuples de l'Europe.

Il ne faut pas croire que les rapports des tons et semi-tons dont l'*échelle* est composée soient des choses purement arbitraires, et qu'on eût pu par d'autres divisions tout aussi bonnes donner aux sons de cette *échelle* un ordre et des rapports différens. Notre système diatonique est le meilleur à certains égards, parce qu'il est engendré par les consonnances et par les différences qui sont entre elles. « Que » l'on ait entendu plusieurs fois, dit M. Sau- » veur, l'accord de la quinte et celui de la » quarte, on est porté naturellement à imagi- » ner la différence qui est entre eux; elle s'u- » nit et se lie avec eux dans notre esprit, et » participe à leur agrément : voilà le ton ma- » jeur. Il en va de même du ton mineur, qui est » la différence de la tierce mineure à la quarte; » et du semi-ton majeur, qui est celle de la » même quarte à la tierce majeure. » Or, le ton majeur, le ton mineur, et le semi-ton majeur, voilà les degrés diatoniques dont notre *échelle* est composée selon les rapports suivans.

	Ton majeur		Ton mineur		Semi-ton majeur		Ton majeur		Ton mineur		Ton majeur		Semi-ton majeur	
ut		*re*		*mi*		*fa*		*sol*		*la*		*si*		*ut.*
	$\frac{8}{9}$		$\frac{9}{10}$		$\frac{15}{16}$		$\frac{8}{9}$		$\frac{9}{10}$		$\frac{8}{9}$		$\frac{15}{16}$	

Pour faire la preuve de ce calcul, il faut composer tous les rapports compris entre deux termes consonnans, et l'on trouvera que leur produit donne exactement le rapport de la consonnance; et si l'on réunit tous les termes de l'*échelle*, on trouvera le rapport total en raison sous-double, c'est-à-dire comme 1 est à 2; ce qui est en effet le rapport exact des deux termes extrêmes, c'est-à-dire de l'*ut* à son octave.

L'*échelle* qu'on vient de voir est celle qu'on nomme naturelle ou diatonique; mais les modernes, divisant ses degrés en d'autres intervalles plus petits, en ont tiré une autre *échelle*, qu'ils ont appelée *échelle* semi-tonique ou chromatique, parce qu'elle procède par semi-tons.

Pour former cette *échelle* on n'a fait que partager en deux intervalles égaux, ou supposés tels, chacun des cinq tons entiers de l'octave, sans distinguer le ton majeur du ton mineur ; ce qui, avec les deux semi-tons majeurs qui s'y trouvoient déjà, fait une succession de douze semi-tons sur treize sons consécutifs d'une octave à l'autre.

L'usage de cette *échelle* est de donner les moyens de moduler sur telle note qu'on veut choisir pour fondamentale, et de pouvoir, non-seulement faire sur cette note un intervalle quelconque, mais y établir une *échelle* diatonique semblable à *l'échelle* diatonique de *l'ut*. Tant qu'on s'est contenté d'avoir pour tonique une note de la gamme prise à volonté, sans s'embarrasser si les sons par lesquels devoit passer la modulation étoient avec cette note et entre eux dans les rapports convenables, l'*échelle* semi-tonique étoit peu nécessaire ; quelque *fa* dièse, quelque *si* bémol, composoient ce qu'on appeloit les *feintes* de la musique : c'étoit seulement deux touches à ajouter au clavier diatonique. Mais, depuis qu'on a cru sentir la nécessité d'établir entre les divers tons une similitude parfaite, il a fallu trouver des moyens de transporter les mêmes chants et les mêmes intervalles plus haut ou plus bas, selon le ton que l'on choisissoit. L'*échelle* chromatique est donc devenue d'une nécessité indispensable ; et c'est par son moyen qu'on porte un chant sur tel degré du clavier que l'on veut choisir, et qu'on le rend exactement sur cette nouvelle position, tel qu'il peut avoir été imaginé pour une autre.

Ces cinq sons ajoutés ne forment pas dans la musique de nouveaux degrés, mais ils se marquent tous sur le degré le plus voisin par un bémol, si le degré est plus haut; par un dièse, s'il est plus bas : et la note prend toujours le nom du degré sur lequel elle est placée. (Voyez Bémol et Dièse.)

Pour assigner maintenant les rapports de ces nouveaux intervalles, il faut savoir que les deux parties, ou semi-tons qui composent le ton majeur, sont dans les rapports de 15 à 16 et de 128 à 135, et que les deux qui composent aussi le ton mineur sont dans les rapports de 15 à 16, et de 24 à 25 : de sorte qu'en divisant toute l'octave selon l'*échelle* semi-tonique, on en a tous les termes dans les rapports exprimés dans la *Planche* L, *figure* 1.

Mais il faut remarquer que cette division, tirée de M. Malcolm, paroît à bien des égards manquer de justesse. Premièrement, les semi-tons, qui doivent être mineurs, y sont majeurs, et celui du *sol* dièse au *la*, qui doit être majeur, y est mineur. En second lieu, plusieurs tierces majeures, comme celle du *la* à l'*ut* dièse et du *mi* au *sol* dièse, y sont trop fortes d'un comma ; ce qui doit les rendre insupportables : enfin le semi-ton moyen y étant substitué au semi-ton maxime, donne des intervalles faux partout où il est employé. Sur quoi l'on ne doit pas oublier que ce semi-ton moyen est plus grand que le majeur même, c'est-à-dire moyen entre le maxime et le majeur. (Voyez Semi-Ton.)

Une division meilleure et plus naturelle seroit donc de partager le ton majeur en deux semi-tons, l'un mineur de 24 à 25, et l'autre maxime de 25 à 27, laissant le ton mineur divisé en deux semi-tons, l'un majeur et l'autre mineur, comme dans la table ci-dessus.

Il y a encore deux autres *échelles* semi-toniques, qui viennent de deux autres manières de diviser l'octave par semi-tons.

La première se fait en prenant une moyenne harmonique ou arithmétique entre les deux termes du ton majeur, et une autre entre ceux du ton mineur, qui divise l'un et l'autre ton en deux semi-tons presque égaux : ainsi le ton majeur $\frac{8}{9}$ est divisé en $\frac{16}{17}$ et $\frac{17}{18}$ arithmétiquement, les nombres représentant les longueurs des cordes; mais quand ils représentent les vibrations, les longueurs des cordes sont réciproques et en proportion harmonique comme $1\ \frac{16}{17}\ \frac{8}{9}$; ce qui met le plus grand semi-ton au grave.

De la même manière le ton mineur $\frac{9}{10}$ se divise arithmétiquement en deux semi-tons $\frac{18}{19}$ et $\frac{19}{20}$, ou réciproquement $1\ \frac{18}{19}\ \frac{9}{10}$: mais cette dernière division n'est pas harmonique.

Toute l'octave ainsi calculée donne les rapports exprimés dans la *Planche* L, *figure* 2.

M. Salmon rapporte, dans les *Transactions philosophiques*, qu'il a fait devant la Société royale une expérience de cette *échelle* sur des cordes divisées exactement selon ces proportions, et qu'elles furent parfaitement d'accord avec d'autres instrumens touchés par les meilleures mains. M. Malcolm ajoute qu'ayant calculé et comparé ces rapports, il en trouva un plus grand nombre de faux dans cette *échelle* que dans la précédente; mais que les erreurs étoient considérablement moindres; ce qui fait compensation.

Enfin l'autre *échelle* semi-tonique est celle des aristoxéniens, dont le P. Mersenne a traité fort au long, et que M. Rameau a tenté de renouveler dans ces derniers temps. Elle consiste à diviser géométriquement l'octave par onze moyennes proportionnelles en douze semitons parfaitement égaux. Comme les rapports n'en sont pas rationnels, je ne donnerai point ici ces rapports, qu'on ne peut exprimer que par la formule même, ou par les logarithmes des termes de la progression entre les extrêmes 1 et 2. (Voyez TEMPÉRAMENT.)

Comme au genre diatonique et au chromatique les harmonistes en ajoutent un troisième, savoir l'enharmonique, ce troisième genre doit avoir aussi son *échelle*, du moins par supposition; car, quoique les intervalles vraiment enharmoniques n'existent point dans notre clavier, il est certain que tout passage enharmonique les suppose, et que l'esprit, corrigeant sur ce point la sensation de l'oreille, ne passe alors d'une idée à l'autre qu'à la faveur de cet intervalle sous-entendu. Si chaque ton étoit exactement composé de deux semi-tons mineurs, tout intervalle enharmonique seroit nul, et ce genre n'existeroit pas; mais comme un ton mineur même contient plus de deux semitons mineurs, le complément de la somme de ces deux semi-tons au ton, c'est-à-dire l'espace qui reste entre le dièse de la note inférieure et le bémol de la supérieure, est précisément l'intervalle enharmonique, appelé communément quart-de-ton. Ce quart-de-ton est de deux espèces; savoir, l'enharmonique majeur et l'enharmonique mineur, dont on trouvera les rapports au mot QUART-DE-TON.

Cette explication doit suffire à tout lecteur, pour concevoir aisément l'*échelle* enharmonique que j'ai calculée et insérée dans la *Planche* L, *fig*. 5. Ceux qui chercheront de plus grands éclaircissemens sur ce point pourront lire le mot ENHARMONIQUE.

ÉCHO, *s. m.* Son renvoyé ou réfléchi par un corps solide, et qui par là se répète et se renouvelle à l'oreille. Ce mot vient du grec ἦχος, son.

On appelle aussi *écho* le lieu où la répétition se fait entendre.

On distingue les *échos* pris en ce sens en deux espèces; savoir :

1° L'*écho simple*, qui ne répète la voix qu'une fois, et 2° l'*écho double* ou *multiplié*, qui répète les mêmes sons deux ou plusieurs fois.

Dans les *échos* simples, il y en a de toniques, c'est-à-dire qui ne répètent que le son musical et soutenu; et d'autres syllabiques, qui répètent aussi la voix parlante.

On peut tirer parti des *échos* multiples pour former des accords et de l'harmonie avec une seule voix, en faisant entre la voix et l'*écho* une espèce de canon dont la mesure doit être réglée sur le temps qui s'écoule entre les sons prononcés et les mêmes sons répétés. Cette manière de faire un concert à soi tout seul devroit, si le chanteur étoit habile et l'*écho* vigoureux, paroître étonnante et presque magique aux auditeurs non prévenus.

Le nom d'*écho* se transporte en musique à ces sortes d'airs ou de pièces dans lesquelles, à l'imitation de l'*écho*, l'on répète de temps en temps et fort doux un certain nombre de notes. C'est sur l'orgue qu'on emploie le plus communément cette manière de jouer, à cause de la facilité qu'on a de faire des *échos* sur le positif; on peut aussi faire des échos sur le clavecin au moyen du petit clavier.

L'abbé Brossard dit qu'on se sert quelquefois du mot *écho* en la place de celui de *doux* ou *piano*, pour marquer qu'il faut adoucir la voix ou le son de l'instrument, comme pour faire un *écho*. Cet usage ne subsiste plus.

ÉCHOMÈTRE, *s. m.* Espèce d'échelle graduée, ou de règle divisée en plusieurs parties, dont on se sert pour mesurer la durée ou longueur des sons, pour déterminer leurs valeurs diverses, et même les rapports de leurs intervalles.

Ce mot vient du grec ἦχος, *son*, et de μέτρον, *mesure*.

Je n'entreprendrai pas la description de cette machine, parce qu'on n'en fera jamais aucun usage, et qu'il n'y a de bon *échomètre* qu'une oreille sensible et une longue habitude de la musique. Ceux qui voudront en savoir là-dessus davantage peuvent consulter le Mémoire de M. Sauveur, inséré dans ceux de l'Académie des Sciences, année 1701 : ils y trouveront deux échelles de cette espèce, l'une de M. Sauveur, et l'autre de M. Loulié. (Voyez aussi l'article CHRONOMÈTRE.)

ÉCLYSE, *s. f.* Abaissement. C'étoit, dans les plus anciennes musiques grecques, une altération dans le genre enharmonique, lorsqu'une corde étoit accidentellement abaissée de trois dièses au-dessous de son accord ordinaire. Ainsi l'*éclyse* étoit le contraire du *spondéasme*.

ECMÈLE, *adj.* Les sons *ecmèles* étoient, chez les Grecs, ceux de la voix inappréciable ou parlante, qui ne peut fournir de mélodie, par opposition aux sons *emmèles* ou musicaux.

EFFET, *s. m.* Impression agréable et forte que produit une excellente musique sur l'oreille et l'esprit des écoutans : ainsi le seul mot *effet* signifie en musique un grand et bel *effet* : et non-seulement on dira d'un ouvrage qu'il fait de l'*effet*, mais on y distinguera, sous le nom de *choses d'effet*, toutes celles où la sensation produite paroît supérieure aux moyens employés pour l'exciter.

Une longue pratique peut apprendre à connoître sur le papier les choses d'*effet*; mais il n'y a que le génie qui les trouve. C'est le défaut des mauvais compositeurs et de tous les commençans d'entasser parties sur parties, instrumens sur instrumens, pour trouver l'*effet* qui les fuit, et d'ouvrir, comme disoit un ancien, une grande bouche pour souffler dans une petite flûte. Vous diriez, à voir leurs partitions si chargées, si hérissées, qu'ils vont vous surprendre par des *effets* prodigieux; et si vous êtes surpris en écoutant tout cela, c'est d'entendre une petite musique maigre, chétive, confuse, sans *effet*, et plus propre à étourdir les oreilles qu'à les remplir. Au contraire, l'œil cherche sur les partitions des grands maîtres ces *effets* sublimes et ravissans que produit leur musique exécutée. C'est que les menus détails sont ignorés ou dédaignés du vrai génie, qu'il ne vous amuse point par des foules d'objets petits et puérils, mais qu'il vous émeut par de grands *effets*, et que la force et la simplicité réunies forment toujours son caractère.

ÉGAL, *adj.* Nom donné par les Grecs au système d'Aristoxène, parce que cet auteur divisoit généralement chacun de ses tétracordes en trente parties égales, dont il assignoit ensuite un certain nombre à chacune des trois divisions du tétracorde, selon le genre et l'espèce du genre qu'il vouloit établir. (Voyez GENRE, SYSTÈME.)

ÉLÉGIE. Sorte de nome pour les flûtes, inventé, dit-on, par Sacadas, Argien.

ÉLÉVATION, *s. f. Arsis.* L'*élévation* de la main ou du pied, en battant la mesure, sert à marquer le temps foible, et s'appelle proprement *levé* : c'étoit le contraire chez les anciens. L'*élévation* de la voix en chantant, c'est le mouvement par lequel on la porte à l'aigu.

ÉLINE. Nom donné par les Grecs à la chanson des tisserands. (Voyez CHANSON.)

EMMÈLE, *adj.* Les sons *emmèles* étoient chez les Grecs ceux de la voix distincte, chantante et appréciable, qui peuvent donner une mélodie.

ENDÉMATIE, *s. f.* C'étoit l'air d'une sorte de danse particulière aux Argiens.

ENHARMONIQUE, *adj. pris subst.* Un des trois genres de la musique des Grecs, appelé aussi très-fréquemment *harmonie* par Aristoxène et ses sectateurs.

Ce genre résultoit d'une division particulière du tétracorde, selon laquelle l'intervalle qui se trouve entre le lichanos ou la troisième corde, et la mèse ou la quatrième, étant d'un diton ou d'une tierce majeure, il ne restoit, pour achever le tétracorde au grave, qu'un semi-ton à partager en deux intervalles, savoir, de l'hypate à la parhypate, et de la parhypate au lichanos. Nous expliquerons au mot *genre* comment se faisoit cette division.

Le genre *enharmonique* étoit le plus doux des trois, au rapport d'Aristide Quintilien : il passoit pour très-ancien, et la plupart des auteurs en attribuoient l'invention à Olympe, Phrygien. Mais son tétracorde, ou plutôt son diatessaron de ce genre, ne contenoit que trois cordes, qui formoient entre elles deux intervalles incomposés : le premier d'un semi-ton, et l'autre d'une tierce majeure; et de ces deux seuls intervalles, répétés de tétracorde en tétracorde, résultoit alors tout le genre *enharmonique*. Ce ne fut qu'après Olympe qu'on s'avisa d'insérer, à l'imitation des autres genres, une quatrième corde entre les deux premières, pour faire la division dont je viens de parler. On en trouvera les rapports selon les systèmes de Ptolomée et d'Aristoxène. (*Pl.* M, *figure* 5.)

Ce genre si merveilleux, si admiré des anciens, et, selon quelques-uns, le premier trouvé des trois, ne demeura pas long-temps en vigueur : son extrême difficulté le fit bientôt abandonner à mesure que l'art gagnoit des combinaisons en perdant de l'énergie, et qu'on suppléoit à la finesse de l'oreille par l'agilité des doigts. Aussi Plutarque reprend-il vivement les musiciens de son temps d'avoir perdu le plus beau des trois genres, et d'oser dire que les intervalles n'en sont pas sensibles; comme si tout ce qui échappe à leurs sens grossiers, ajoute ce philosophe, devoit être hors de la nature.

Nous avons aujourd'hui une sorte de genre *enharmonique* entièrement différent de celui des Grecs : il consiste, comme les deux autres, dans une progression particulière de l'harmonie, qui engendre dans la marche des parties des intervalles *enharmoniques*, en employant à la fois ou successivement entre deux notes qui sont à un ton l'une de l'autre le bémol de la supérieure et le dièse de l'inférieure. Mais quoique, selon la rigueur des rapports, ce dièse et ce bémol dussent former un intervalle entre eux (voyez ÉCHELLE et QUART-DE-TON), cet intervalle se trouve nul au moyen du tempérament, qui, dans le système établi, fait servir le même son à deux usages; ce qui n'empêche pas qu'un tel passage ne produise, par la force de la modulation et de l'harmonie, une partie de l'effet qu'on cherche dans les transitions *enharmoniques*.

Comme ce genre est assez peu connu, et que nos auteurs se sont contentés d'en donner quelques notions trop succinctes, je crois devoir l'expliquer ici un peu plus au long.

Il faut remarquer d'abord que l'accord de septième diminuée est le seul sur lequel on puisse pratiquer des passages vraiment *enharmoniques*, et cela en vertu de cette propriété singulière qu'il a de diviser l'octave entière en quatre intervalles égaux. Qu'on prenne dans les quatre sons qui composent cet accord celui qu'on voudra pour fondamental, on trouvera toujours également que les trois autres sons forment sur celui-ci un accord de septième diminuée. Or le son fondamental de l'accord de septième diminuée est toujours une note sensible, de sorte que, sans rien changer à cet accord, on peut, par une manière de double ou de quadruple emploi, le faire servir successivement sur quatre différentes fondamentales, c'est-à dire sur quatre différentes notes sensibles.

Il suit de là que ce même accord, sans rien changer ni à l'accompagnement ni à la basse, peut porter quatre noms différens, et par conséquent se chiffrer de quatre différentes manières; savoir, d'un 7 ♭ sous le nom de septième diminuée ; d'un $\frac{6}{5}$ × sous le nom de sixte majeure et fausse-quinte ; d'un × $\frac{4}{3}$ sous le nom de tierce mineure et triton ; et enfin d'un × 2 sous le nom de seconde superflue. Bien entendu que la clef doit être censée armée différemment, selon les tons où l'on est supposé être.

Voilà donc quatre manières de sortir d'un accord de septième diminuée, en se supposant successivement dans quatre accords différens ; car la marche fondamentale et naturelle du son qui porte un accord de septième diminuée, est de se résoudre sur la tonique du mode mineur, dont il est la note sensible.

Imaginons maintenant l'accord de septième diminuée, sur *ut* dièse note sensible. Si je prends la tierce *mi* pour fondamentale, elle deviendra note sensible à son tour, et annoncera par conséquent le mode mineur de *fa;* or cet *ut* dièse reste bien dans l'accord de *mi* note sensible, mais c'est en qualité de *re* bémol, c'est-à-dire de sixième note du ton, et de septième diminuée de la note sensible : ainsi cet *ut* dièse qui, comme note sensible, étoit obligé de monter dans le ton de *re*, devenu *re* bémol dans le ton de *fa*, est obligé de descendre comme septième diminuée : voilà une transition *enharmonique*. Si au lieu de la tierce, on prend, dans le même accord d'*ut* dièse, la fausse-quinte *sol* pour nouvelle note sensible, l'*ut* dièse deviendra encore *re* bémol, en qualité de quatrième note : autre passage *enharmonique*. Enfin, si l'on prend pour note sensible la septième diminuée elle-même, au lieu de *si* bémol, il faudra nécessairement la considérer comme *la* dièse ; ce qui fait un troisième passage *enharmonique* sur le même accord.

A la faveur de ces quatre différentes manières d'envisager successivement le même accord, on passe d'un ton à un autre qui en paroît fort éloigné; on donne aux parties des progrès différens de celui qu'elles auroient dû avoir en premier lieu, et ces passages ménagés à propos sont capables, non-seulement de surprendre, mais de ravir l'auditeur, quand ils sont bien rendus.

Une autre source de variété dans le même genre se tire des différentes manières dont on peut résoudre l'accord qui l'annonce; car, quoique la modulation la plus naturelle soit de passer de l'accord de septième diminuée sur la note sensible à celui de la tonique en mode mineur, on peut, en substituant la tierce majeure à la mineure, rendre le mode majeur, et même y ajouter la septième pour changer cette tonique en dominante, et passer ainsi dans un autre ton. A la faveur de ces diverses combinaisons réunies, on peut sortir de l'accord en douze manières; mais de ces douze, il n'y en a que neuf qui, donnant la conversion du dièse en bémol ou réciproquement, soient véritablement *enharmoniques*, parce que dans les trois autres on ne change point de note sensible; encore dans ces neuf diverses modulations n'y a-t-il que trois diverses notes sensibles, chacune desquelles se résout par trois passages différens; de sorte qu'à bien prendre la chose, on ne trouve sur chaque note sensible que trois vrais passages *enharmoniques* possibles, tous les autres n'étant point réellement *enharmoniques*, ou se rapportant à quelqu'un des trois premiers. (Voyez *Planche* L, *figure* 4, un exemple de tous ces passages.)

A l'imitation des modulations du genre diatonique, on a plusieurs fois essayé de faire des morceaux entiers dans le genre *enharmonique*, et, pour donner une sorte de règle aux marches fondamentales de ce genre, on l'a divisé en *diatonique-enharmonique*, qui procède par une succession de semi-tons majeurs, et en *chromatique-enharmonique*, qui procède par une succession de semi-tons mineurs.

Le chant de la première espèce est *diatonique*, parce que les semi-tons y sont majeurs; et il est *enharmonique*, parce que deux semitons majeurs de suite forment un ton trop fort d'un intervalle *enharmonique*. Pour former cette espèce de chant, il faut faire une basse qui descende de quarte et monte de tierce majeure alternativement. Une partie du trio des Parques de l'opéra d'*Hippolyte* est dans ce genre; mais il n'a jamais pu être exécuté à l'Opéra de Paris, quoique M. Rameau assure qu'il l'avoit été ailleurs par des musiciens de bonne volonté, et que l'effet en fut surprenant.

Le chant de la seconde espèce est *chromatique*, parce qu'il procède par semi-tons mineurs; il est *enharmonique*, parce que les deux semitons mineurs consécutifs forment un ton trop foible d'un intervalle *enharmonique*. Pour former cette espèce de chant, il faut faire une basse-fondamentale qui descende de tierce mineure et monte de tierce majeure alternativement. M. Rameau nous apprend qu'il avoit fait dans ce genre de musique un tremblement de terre dans l'opéra des *Indes galantes;* mais qu'il fut si mal servi qu'il fut obligé de le changer en musique commune. (Voyez les *Élémens de Musique* de M. d'Alembert, pages 91, 92, 93 et 166.)

Malgré les exemples cités et l'autorité de M. Rameau, je crois devoir avertir les jeunes artistes que l'*enharmonique-diatonique* et l'*enharmonique-chromatique* me paroissent tous deux à rejeter comme genres; et je ne puis croire qu'une musique modulée de cette manière, même avec la plus parfaite exécution, puisse jamais rien valoir. Mes raisons sont que les passages brusques d'une idée à une autre idée extrêmement éloignée y sont si fréquens, qu'il n'est pas possible à l'esprit de suivre ces transitions avec autant de rapidité que la musique les présente; que l'oreille n'a pas le temps d'apercevoir le rapport très-secret et très-composé des modulations, ni de sous-entendre les intervalles supposés; qu'on ne trouve plus dans de pareilles successions ombre de ton ni de mode; qu'il est également impossible de retenir celui d'où l'on sort, ni de prévoir celui où l'on va; et qu'au milieu de tout cela l'on ne sait plus du tout où l'on est. L'*enharmonique* n'est qu'un passage inattendu dont l'étonnante impression se fait fortement et dure long-temps; passage que par conséquent on ne doit pas trop brusquement ni trop souvent répéter, de peur que l'idée de la modulation ne se trouble et ne se perde entièrement; car sitôt qu'on n'entend que des accords isolés qui n'ont plus de rapport sensible et de fondement commun, l'harmonie n'a plus aussi d'union ni de suite apparente, et l'effet qui en résulte n'est qu'un vain bruit sans liaison et sans agrément. Si M. Rameau, moins occupé de calculs inutiles, eût mieux étudié la métaphysique de son art, il est à croire que le feu naturel de ce savant artiste eût produit des prodiges, dont le germe étoit dans son génie, mais que ses préjugés ont toujours étouffé.

Je ne crois pas même que les simples transitions *enharmoniques* puissent jamais bien réussir ni dans les chœurs ni dans les airs, parce que chacun de ces morceaux forme un tout où doit régner l'unité, et dont les parties doivent avoir entre elles une liaison plus sensible que ce genre ne peut la marquer.

Quel est donc le vrai lieu de l'*enharmonique?* c'est, selon moi, le récitatif obligé. C'est dans une scène sublime et pathétique où la voix doit multiplier et varier les inflexions musicales à l'imitation de l'accent grammatical, oratoire, et souvent inappréciable ; c'est, dis-je, dans une telle scène que les transitions *enharmoniques* sont bien placées, quand on sait les ménager pour les grandes expressions, et les affermir, pour ainsi dire, par des traits de symphonie qui suspendent la parole et renforcent l'expression. Les Italiens, qui font un usage admirable de ce genre, ne l'emploient que de cette manière. On peut voir dans le premier récitatif de l'*Orphée* de Pergolèse un exemple frappant et simple des effets que ce grand musicien sut tirer de l'*enharmonique*, et comment, loin de faire une modulation dure, ces transitions, devenues naturelles et faciles à entonner, donnent une douceur énergique à toute la déclamation.

J'ai déjà dit que notre genre *enharmonique* est entièrement différent de celui des anciens; j'ajouterai que, quoique nous n'ayons point comme eux d'intervalles *enharmoniques* à entonner, cela n'empêche pas que l'*enharmonique* moderne ne soit d'une exécution plus difficile que le leur. Chez les Grecs, les intervalles *enharmoniques*, purement mélodieux, ne demandoient ni dans le chanteur ni dans l'écoutant aucun changement d'idées, mais seulement une grande délicatesse d'organe; au lieu qu'à cette même délicatesse il faut joindre encore, dans notre musique, une connoissance exacte et un sentiment exquis des métamorphoses harmoniques les plus brusques et les moins naturelles. car si l'on n'entend pas la phrase, on ne sauroit donner aux mots le ton qui leur convient, ni chanter juste dans un système harmonieux, si l'on ne sent l'harmonie.

Ensemble, *adv. souvent pris substantivement.* Je ne m'arrêterai pas à l'explication de ce mot pris pour le rapport convenable de toutes les parties d'un ouvrage entre elles et avec le tout, parce que c'est un sens qu'on lui donne rarement en musique. Ce n'est guère qu'à l'exécution que ce terme s'applique, lorsque les concertans sont si parfaitement d'accord, soit pour l'intonation, soit pour la mesure, qu'ils semblent être tous animés d'un même esprit, et que l'exécution rend fidèlement à l'oreille tout ce que l'œil voit sur la partition.

L'*ensemble* ne dépend pas seulement de l'habileté avec laquelle chacun lit sa partie, mais de l'intelligence avec laquelle il en sent le caractère particulier et la liaison avec le tout; soit pour phraser avec exactitude, soit pour suivre la précision des mouvemens, soit pour saisir le moment et les nuances des *fort* et des *doux*, soit enfin pour ajouter aux ornemens marqués ceux qui sont si nécessairement supposés par l'auteur, qu'il n'est permis à personne de les omettre. Les musiciens ont beau être habiles, il n'y a d'*ensemble* qu'autant qu'ils ont l'intelligence de la musique qu'ils exécutent, et qu'ils s'entendent entre eux : car il seroit impossible de mettre un parfait *ensemble* dans un concert de sourds, ni dans une musique dont le style seroit parfaitement étranger à ceux qui l'exécutent. Ce sont surtout les maîtres de musique, conducteurs et chefs d'orchestre, qui doivent guider, ou retenir, ou presser les musiciens pour mettre partout l'*ensemble* ; et c'est ce que fait toujours un bon premier violon par une certaine charge d'exécution qui en imprime fortement le caractère dans toutes les oreilles. La voix récitante est assujettie à la basse et à la mesure; le premier violon doit écouter et suivre la voix ; la symphonie doit écouter et suivre le premier violon : enfin le clavecin, qu'on suppose tenu par le compositeur, doit être le véritable et premier guide de tout.

En général, plus le style, les périodes, les

phrases, la mélodie et l'harmonie ont un caractère, plus l'*ensemble* est facile à saisir, parce que la même idée imprimée vivement dans tous les esprits préside à toute l'exécution. Au contraire, quand la musique ne dit rien, et qu'on n'y sent qu'une suite de notes sans liaison, il n'y a point de tout auquel chacun rapporte sa partie, et l'exécution va toujours mal. Voilà pourquoi la musique françoise n'est jamais *ensemble*.

Entonner, *v. a.* C'est, dans l'exécution d'un chant, former avec justesse les sons et les intervalles qui sont marqués; ce qui ne peut guère se faire qu'à l'aide d'une idée commune à laquelle doivent se rapporter ces sons et ces intervalles; savoir, celle du ton et du mode où ils sont employés; d'où vient peut-être le mot *entonner :* on peut aussi l'attribuer à la marche diatonique, marche qui paroît la plus commode et la plus naturelle à la voix. Il y a plus de difficulté à *entonner* des intervalles plus grands ou plus petits, parce qu'alors la glotte se modifie par des rapports trop grands dans le premier cas, ou trop composés dans le second.

Entonner est encore commencer le chant d'une hymne, d'un psaume, d'une antienne, pour donner le ton à tout le chœur. Dans l'Église catholique, c'est, par exemple, l'officiant qui *entonne* le *Te Deum;* dans nos temples, c'est le chantre qui *entonne* les psaumes.

Entr'acte, *s. m.* Espace de temps qui s'écoule entre la fin d'un acte d'opéra et le commencement de l'acte suivant, et durant lequel la représentation est suspendue, tandis que l'action est supposée se continuer ailleurs. L'orchestre remplit cet espace en France par l'exécution d'une symphonie qui porte aussi le nom d'*entr'acte*.

Il ne paroît pas que les Grecs aient jamais divisé leurs drames par actes, ni par conséquent connu les *entr'actes*.

La représentation n'étoit point suspendue sur leurs théâtres depuis le commencement de la pièce jusqu'à la fin. Ce furent les Romains qui, moins épris du spectacle, commencèrent les premiers à le partager en plusieurs parties, dont les intervalles offroient du relâche à l'attention des spectateurs; et cet usage s'est continué parmi nous.

Puisque l'*entr'acte* est fait pour suspendre l'attention et reposer l'esprit du spectateur, le théâtre doit rester vide, et les intermèdes dont on le remplissoit autrefois formoient une interruption de très-mauvais goût, qui ne pouvoit manquer de nuire à la pièce en faisant perdre le fil de l'action. Cependant Molière lui-même ne vit point cette vérité si simple, et les *entr'actes* de sa dernière pièce étoient remplis par des intermèdes. Les François, dont les spectacles ont plus de raison que de chaleur, et qui n'aiment pas qu'on les tienne long-temps en silence, ont depuis lors réduit les *entr'actes* à la simplicité qu'ils doivent avoir, et il est à désirer, pour la perfection des théâtres, qu'en cela leur exemple soit suivi partout.

Les Italiens, qu'un sentiment exquis guide souvent mieux que le raisonnement, ont proscrit la danse de l'action dramatique (voyez Opéra); mais, par une inconséquence qui naît de la trop grande durée qu'ils veulent donner au spectacle, ils remplissent leurs *entr'actes* des ballets qu'ils bannissent de la pièce; et s'ils évitent l'absurdité de la double imitation, ils donnent dans celle de la transposition de scène, et promenant ainsi le spectateur d'objet en objet, lui font oublier l'action principale, perdre l'intérêt, et pour lui donner le plaisir des yeux, lui ôtent celui du cœur. Ils commencent pourtant à sentir le défaut de ce monstrueux assemblage, et après avoir déjà presque chassé les intermèdes des *entr'actes*, sans doute ils ne tarderont pas d'en chasser encore la danse, et de la réserver, comme il convient, pour en faire un spectacle brillant et isolé à la fin de la grande pièce.

Mais quoique le théâtre reste vide dans l'*entr'acte*, ce n'est pas à dire que la musique doive être interrompue; car à l'Opéra, où elle fait une partie de l'existence des choses, le sens de l'ouïe doit avoir une telle liaison avec celui de la vue, que tant qu'on voit le lieu de la scène on entende l'harmonie qui en est supposée inséparable, afin que son concours ne paroisse ensuite étranger ni nouveau sous le chant des acteurs.

La difficulté qui se présente à ce sujet est de savoir ce que le musicien doit dicter à l'orchestre quand il ne se passe plus rien sur la scène : car si la symphonie, ainsi que toute la musique dramatique, n'est qu'une imitation continuelle, que doit-elle dire quand personne ne parle? que doit-elle faire quand il n'y a plus d'action? Je réponds à cela que, quoique le théâtre soit vide, le cœur des spectateurs ne l'est pas; il a dû leur rester une forte impression de ce qu'ils viennent de voir et d'entendre. C'est à l'orchestre à nourrir et soutenir cette impression durant l'*entr'acte*, afin que le spectateur ne se trouve pas au début de l'acte suivant aussi froid qu'il l'étoit au commencement de la pièce, et que l'intérêt soit, pour ainsi dire, lié dans son âme comme les évènemens le sont dans l'action représentée. Voilà comment le musicien ne cesse jamais d'avoir un objet d'imitation ou dans la situation des personnages, ou dans celle des spectateurs. Ceux-ci, n'entendant jamais sortir de l'orchestre que l'expression des sentimens qu'ils éprouvent, s'identifient, pour ainsi dire, avec ce qu'ils entendent; et leur état est d'autant plus délicieux qu'il règne un accord plus parfait entre ce qui frappe leurs sens et ce qui touche leur cœur.

L'habile musicien tire encore de son orchestre un autre avantage pour donner à la représentation tout l'effet qu'elle peut avoir, en amenant par degré le spectateur oisif à la situation d'âme la plus favorable à l'effet des scènes qu'il va voir dans l'acte suivant.

La durée de l'*entr'acte* n'a pas de mesure fixe, mais elle est supposée plus ou moins grande à proportion du temps qu'exige la partie de l'action qui se passe derrière le théâtre. Cependant cette durée doit avoir des bornes de supposition relativement à la durée hypothétique de l'action totale, et des bornes réelles relatives à la durée de la représentation.

Ce n'est pas ici le lieu d'examiner si la règle des vingt-quatre heures a un fondement suffisant, et s'il n'est jamais permis de l'enfreindre; mais si l'on veut donner à la durée supposée d'un *entr'acte* des bornes tirées de la nature des choses, je ne vois point qu'on en puisse trouver d'autres que celles du temps durant lequel il ne se fait aucun changement sensible et régulier dans la nature, comme il ne s'en fait point d'apparent sur la scène durant l'*entr'acte*; or, ce temps est, dans sa plus grande étendue, à peu près de douze heures, qui font la durée moyenne d'un jour ou d'une nuit: passé cet espace, il n'y a plus de possibilité ni d'illusion dans la durée supposée de l'*entr'acte*.

Quant à la durée réelle, elle doit être, comme je l'ai dit, proportionnée à la durée totale de la représentation, et à la durée partielle et relative de ce qui se passe derrière le théâtre. Mais il y a d'autres bornes tirées de la fin générale qu'on se propose, savoir la mesure de l'attention: car on doit bien se garder de faire durer l'*entr'acte* jusqu'à laisser le spectateur tomber dans l'engourdissement et approcher de l'ennui. Cette mesure n'a pas, au reste, une telle précision par elle-même, que le musicien qui a du feu, du génie et de l'âme, ne puisse, à l'aide de son orchestre, l'étendre beaucoup plus qu'un autre.

Je ne doute pas même qu'il n'y ait des moyens d'abuser le spectateur sur la durée effective de l'*entr'acte*, en la lui faisant estimer plus ou moins grande par la manière d'entrelacer les caractères de la symphonie. Mais il est temps de finir cet article, qui n'est déjà que trop long.

Entrée, *s. f.* Air de symphonie par lequel débute un ballet.

Entrée se dit encore à l'Opéra d'un acte entier dans les opéra-ballets dont chaque acte forme un sujet séparé; l'*entrée* de Vertumne dans les *Élémens;* l'*entrée* des Incas dans *les Indes galantes*.

Enfin *entrée* se dit aussi du moment où chaque partie qui en suit une autre commence à se faire entendre.

Éolien, *adj.* Le ton ou mode *éolien* étoit un des cinq modes moyens ou principaux de la musique grecque, et sa corde fondamentale étoit immédiatement au-dessus de celle du mode phrygien. (Voyez Mode.)

Le mode *éolien* étoit grave, au rapport de Lasus. *Je chante*, dit-il, *Cérès et sa fille Mélibée, épouse de Pluton, sur le mode* éolien, *rempli de gravité*.

Le nom d'*éolien* que portoit ce mode ne lui venoit pas des îles Éoliennes, mais de l'Éolie, contrée de l'Asie Mineure, où il fut premièrement en usage.

Épais, *adj.* Genre *épais*, dense, ou *serré*, πυκνός est, selon la définition d'Aristoxène, celui où, dans chaque tétracorde, la somme des deux premiers intervalles est moindre que le troisième. Ainsi le genre enharmonique est *épais*, parce que les deux premiers intervalles, qui sont chacun d'un quart de ton, ne forment ensemble qu'un semi-ton ; somme beaucoup moindre que le troisième intervalle, qui est une tierce majeure. Le chromatique est aussi un genre *épais* ; car ses deux premiers intervalles ne forment qu'un ton moindre encore que la tierce mineure qui suit. Mais le genre diatonique n'est point *épais*, puisque ses deux premiers intervalles forment un ton et demi, somme plus grande que le ton qui suit. (Voyez **Genre**, **Tétracorde**.)

De ce mot πυκνὸς comme radical, sont composés les termes *apycni*, *baripycni*, *mesopycni*, *oxipycni*, dont on trouvera les articles chacun à sa place.

Cette dénomination n'est point en usage dans la musique moderne.

Épiaulie. Nom que donnoient les Grecs à la chanson des meuniers, appelée autrement *Hymée*. (Voyez **Chanson**.)

Le mot burlesque *piauler* ne tireroit-il point d'ici son étymologie ? Le piaulement d'une femme ou d'un enfant, qui pleure et se lamente long-temps sur le même ton, ressemble assez à la chanson d'un moulin, et, par métaphore, à celle d'un meunier.

Épilène. Chanson des vendangeurs, laquelle s'accompagnoit de la flûte. (Voyez *Athénée*, livre V.)

Épinicion. Chant de victoire, par lequel on célébroit chez les Grecs le triomphe des vainqueurs.

Épisynaphe, *s. f.* C'est, au rapport de Bacchius, la conjonction des trois tétracordes consécutifs, comme sont les tétracordes *hypaton*, *meson* et *synneménon*. (Voyez **Système**, **Tétracorde**.)

Épithalame, *s. m.* Chant nuptial, qui se chantoit autrefois à la porte des nouveaux époux, pour leur souhaiter une heureuse union. De telles chansons ne sont guère en usage parmi nous ; car on sait bien que c'est peine perdue. Quand on en fait pour ses amis et familiers, on substitue ordinairement à ces vœux honnêtes et simples quelques pensées équivoques et obscènes, plus conformes au goût du siècle.

Épitrite. Nom d'un des rhythmes de la musique grecque, duquel les temps étoient en raison sesquitierce, ou de 5 à 4. Ce rhythme étoit représenté par le pied que les poëtes et grammairiens appellent aussi *épitrite* ; pied composé de quatre syllabes, dont les deux premières sont en effet aux deux dernières dans la raison de 5 à 4. (Voyez **Rhythme**.)

Épode, *s. f.* Chant du troisième couplet, qui, dans les odes, terminoit ce que les Grecs appeloient *la période*, laquelle étoit composée de trois couplets ; savoir, la *strophe*, l'*antistrophe*, et l'*épode*. On attribue à Archiloque l'invention de l'*épode*.

Eptacorde, *s. m.* Lyre ou cithare à sept cordes, comme, au dire de plusieurs, étoit celle de Mercure.

Les Grecs donnoient aussi le nom d'*eptacorde* à un système de musique formé de sept sons, tel qu'est aujourd'hui notre gamme. L'*eptacorde* synneménon, qu'on appeloit autrement *lyre de Terpandre*, étoit composé des sons exprimés par ces lettres de la gamme, E, F, G, *a*, *b*, *c*, *d*. L'*eptacorde* de Philaloüs substituoit le bécarre au bémol, et peut s'exprimer ainsi, E, F, G, *a*, 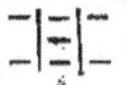 *c*, *d*. Il en rapportoit chaque corde à une des planètes, l'hypate à Saturne, la parhypate à Jupiter, et ainsi de suite.

Eptamérides, *s. f.* Nom donné par M. Sauveur à l'un des intervalles de son système exposé dans les mémoires de l'Académie, année 1701.

Cet auteur divise d'abord l'octave en 43 parties ou *mérides* ; puis chacune de celles-ci en 7 *eptamérides* ; de sorte que l'octave entière comprend 301 *eptamérides*, qu'il subdivise encore. (Voyez **Décaméride**.)

Ce mot est formé de ἑπτὰ sept, et de μερὶς partie.

Eptaphone, *s. m.* Nom d'un portique de la ville d'Olympie, dans lequel on avait ménagé un écho qui répétoit la voix sept fois de suite. Il y a grande apparence que l'écho se trouva là par hasard, et qu'ensuite les Grecs, grands charlatans, en firent honneur à l'art de l'architecte.

Équisonnance, *s. f.* Nom par lequel les anciens distinguoient des autres consonnances celles de l'octave et de la double-octave, les seules qui fassent paraphonie. Comme on a aussi quelquefois besoin de la même distinction dans la musique moderne, on peut l'employer avec d'autant moins de scrupule, que la sensation de l'octave se confond très-souvent à l'oreille avec celle de l'unisson.

Espace, *s. m.* Intervalle blanc, ou distance qui se trouve dans la portée entre une ligne et celle qui la suit immédiatement au-dessus ou au-dessous. Il y a quatre *espaces* dans les cinq lignes, et il y a de plus deux *espaces*, l'un au-dessus, l'autre au-dessous de la portée entière : l'on borne, quand il le faut, ces deux *espaces* indéfinis par des lignes postiches ajoutées en haut ou en bas, lesquelles augmentent l'étendue de la portée et fournissent de nouveaux *espaces*. Chacun de ces *espaces* divise l'intervalle des deux lignes qui le terminent en deux degrés diatoniques; savoir, un de la ligne inférieure à l'*espace*, et l'autre de l'*espace* à la ligne supérieure. (Voyez Portée.)

Étendue, *s. f.* Différence de deux sons donnés qui en ont d'intermédiaires, ou somme de tous les intervalles compris entre les deux extrêmes. Ainsi la plus grande *étendue* possible, ou celle qui comprend toutes les autres, est celle du plus grave au plus aigu de tous les sons sensibles ou appréciables. Selon les expériences de M. Euler, toute cette *étendue* forme un intervalle d'environ huit octaves, entre un son qui fait 30 vibrations par seconde, et un autre qui en fait 7552 dans le même temps.

Il n'y a point d'*étendue* en musique entre les deux termes de laquelle on ne puisse insérer une infinité de sons intermédiaires qui la partagent en une infinité d'intervalles; d'où il suit que l'*étendue* sonore ou musicale est divisible à l'infini, comme celle du temps et du lieu. (Voy. Intervalle.)

Eudromé. Nom de l'air que jouoient les hautbois aux jeux Sthéniens, institués dans Argos en l'honneur de Jupiter. Hiérax, Argien, étoit l'inventeur de cet air.

Éviter, *v. a.* *Éviter* une cadence, c'est ajouter une dissonance à l'accord final, pour changer le mode ou prolonger la phrase. (Voyez Cadence.)

Évité, *part.* Cadence *évitée.* (Voyez Cadence.)

Évovaé, *s. m.* Mot barbare formé de six voyelles qui marquent les syllabes des deux mots, *seculorum amen*, et qui n'est d'usage que dans le plain-chant. C'est sur les lettres de ce mot qu'on trouve indiquées dans les psautiers et antiphonaires des églises catholiques les notes par lesquelles, dans chaque ton et dans les diverses modifications du ton, il faut terminer les versets des psaumes ou des cantiques.

L'*Évovaé* commence toujours par la dominante du ton de l'antienne qui le précède, et finit toujours par la finale.

Euthia, *s. f.* Terme de la musique grecque, qui signifie une suite de notes procédant du grave à l'aigu. L'*euthia* étoit une des parties de l'ancienne mélopée.

Exacorde, *s. m.* Instrument à six cordes, ou système composé de six sons, tel que l'*exacorde* de Gui d'Arezzo.

Exécutant, *part. pris subst.* Musicien qui exécute sa partie dans un concert; c'est la même chose que concertant. (Voyez Concertant.) Voyez aussi les deux mots qui suivent.

Exécuter, *v. a.* *Exécuter* une pièce de musique, c'est chanter et jouer toutes les parties qu'elle contient, tant vocales qu'instrumentales, dans l'ensemble qu'elles doivent avoir, et la rendre telle qu'elle est notée sur la partition.

Comme la musique est faite pour être entendue, on n'en peut bien juger que par l'exécution. Telle partition paroît admirable sur le papier, qu'on ne peut entendre *exécuter* sans dégoût; et telle autre n'offre aux yeux qu'une apparence simple et commune, dont l'exécution ravit par des effets inattendus. Les petits compositeurs, attentifs à donner de la symétrie et du jeu à toutes les parties, paroissent ordinairement les plus habiles gens du monde, tant qu'on ne juge de leurs ouvrages que par les yeux. Aussi ont-ils souvent l'adresse de mettre tant d'instrumens divers, tant de parties dans leur musique, qu'on ne puisse rassembler que très-difficilement tous les sujets nécessaires pour l'*exécuter*.

Exécution, *s. f.* L'action d'exécuter une pièce de musique.

Comme la musique est ordinairement composée de plusieurs parties dont le rapport exact, soit pour l'intonation, soit pour la mesure, est extrêmement difficile à observer, et dont l'esprit dépend plus du goût que des signes, rien n'est si rare qu'une bonne *exécution*.

C'est peu de lire la musique exactement sur la note, il faut entrer dans toutes les idées du compositeur, sentir et rendre le feu de l'expression, avoir surtout l'oreille juste et toujours attentive pour écouter et suivre l'ensemble. Il faut, en particulier dans la musique françoise, que la partie principale sache presser ou ralentir le mouvement selon que l'exigent le goût du chant, le volume de voix, et le développement des bras du chanteur; il faut, par conséquent, que toutes les autres parties soient, sans relâche, attentives à bien suivre celle-là. Aussi l'ensemble de l'Opéra de Paris, où la musique n'a point d'autre mesure que celle du geste, seroit-il, à mon avis, ce qu'il y a de plus admirable en fait d'*exécution*.

« Si les François, dit Saint-Évremont, par » leur commerce avec les Italiens, sont parve- » nus à composer plus hardiment, les Italiens » ont aussi gagné au commerce des François, » en ce qu'ils ont appris d'eux à rendre leur » *exécution* plus agréable, plus touchante et » plus parfaite. » Le lecteur se passera bien, je crois, de mon commentaire sur ce passage. Je dirai seulement que les François croient toute la terre occupée de leur musique, et qu'au contraire, dans les trois quarts de l'Italie, les musiciens ne savent pas même qu'il existe une musique françoise différente de la leur.

On appelle encore *exécution* la facilité de lire et d'exécuter une partie instrumentale; et l'on dit, par exemple, d'un symphoniste, qu'il a beaucoup d'*exécution*, lorsqu'il exécute correctement, sans hésiter et à la première vue, les choses les plus difficiles; l'*exécution* prise en ce sens dépend surtout de deux choses : premièrement, d'une habitude parfaite de la touche et du doigter de son instrument; en second lieu, d'une grande habitude de lire la musique et de phraser en la regardant : car tant qu'on ne voit que des notes isolées, on hésite toujours à les prononcer : on n'acquiert la grande facilité de l'*exécution* qu'en les unissant par le sens commun qu'elles doivent former, et en mettant la chose à la place du signe. C'est ainsi que la mémoire du lecteur ne l'aide pas moins que ses yeux, et qu'il liroit avec peine une langue inconnue, quoique écrite avec les mêmes caractères, et composée des mêmes mots qu'il lit couramment dans la sienne.

Expression, *s. f.* Qualité par laquelle le musicien sent vivement et rend avec énergie toutes les idées qu'il doit rendre, et tous les sentimens qu'il doit exprimer. Il y a une *expression* de composition et une d'exécution, et c'est de leur concours que résulte l'effet musical le plus puissant et le plus agréable.

Pour donner de l'*expression* à ses ouvrages, le compositeur doit saisir et comparer tous les rapports qui peuvent se trouver entre les traits de son objet et les productions de son art; il doit connoître ou sentir l'effet de tous les caractères, afin de porter exactement celui qu'il choisit au degré qui lui convient; car, comme un bon peintre ne donne pas la même lumière à tous ses sujets, l'habile musicien ne donnera pas non plus la même énergie à tous ses sentimens, ni la même force à tous ses tableaux, et placera chaque partie au lieu qui convient, moins pour la faire valoir seule que pour donner un plus grand effet au tout.

Après avoir bien vu ce qu'il doit dire, il cherche comment il le dira; et voici où commence l'application des préceptes de l'art, qui est comme la langue particulière dans laquelle le musicien veut se faire entendre.

La mélodie, l'harmonie, le mouvement, le choix des instrumens et des voix sont les élémens du langage musical; et la mélodie, par son rapport immédiat avec l'accent grammatical et oratoire, est celui qui donne le caractère à tous les autres. Ainsi c'est toujours du chant que se doit tirer la principale *expression*, tant dans la musique instrumentale que dans la vocale.

Ce qu'on cherche donc à rendre par la mélodie, c'est le ton dont s'expriment les sentimens qu'on veut représenter; et l'on doit bien se garder d'imiter en cela la déclamation théâtrale, qui n'est elle-même qu'une imitation, mais la voix de la nature parlant sans affectation et sans art. Ainsi le musicien cherchera d'abord un genre de mélodie qui lui fournisse les inflexions musicales les plus convenables au sens des paroles, en subordonnant toujours l'*expression* des mots à celle de la pensée, et celle-ci même à la situation de l'âme de l'interlocuteur : car, quand on est fortement affecté, tous les discours que l'on tient prennent, pour ainsi dire, la teinte du sentiment général qui domine en nous, et l'on ne querelle point ce qu'on aime du ton dont on querelle un indifférent.

La parole est diversement accentuée selon les diverses passions qui l'inspirent, tantôt aiguë et véhémente, tantôt rémisse et lâche, tantôt variée et impétueuse, tantôt égale et tranquille dans ses inflexions. De là le musicien tire les différences des modes de chant qu'il emploie et des lieux divers dans lesquels il maintient la voix, la faisant procéder dans le bas par de petits intervalles pour exprimer les langueurs de la tristesse et de l'abattement, lui arrachant dans le haut les sons aigus de l'emportement et de la douleur, et l'entraînant rapidement, par tous les intervalles de son diapason, dans l'agitation du désespoir ou l'égarement des passions contrastées. Surtout il faut bien observer que le charme de la musique ne consiste pas seulement dans l'imitation, mais dans une imitation agréable; et que la déclamation même, pour faire un si grand effet, doit être subordonnée à la mélodie; de sorte qu'on ne peut peindre le sentiment sans lui donner ce charme secret qui en est inséparable, ni toucher le cœur si l'on ne plaît à l'oreille. Et ceci est encore très-conforme à la nature, qui donne au ton des personnes sensibles je ne sais quelles inflexions touchantes et délicieuses que n'eut jamais celui des gens qui ne sentent rien. N'allez donc pas prendre le baroque pour l'expressif, ni la dureté pour de l'énergie, ni donner un tableau hideux des passions que vous voulez rendre, ni faire, en un mot, comme à l'Opéra françois, où le ton passionné ressemble aux cris de la colique, bien plus qu'aux transports de l'amour.

Le plaisir physique qui résulte de l'harmonie augmente à son tour le plaisir moral de l'imitation, en joignant les sensations agréables des accords à l'*expression* de la mélodie par le même principe dont je viens de parler. Mais l'harmonie fait plus encore: elle renforce l'*expression* même, en donnant plus de justesse et de précision aux intervalles mélodieux; elle anime leur caractère, et, marquant exactement leur place dans l'ordre de la modulation, elle rappelle ce qui précède, annonce ce qui doit suivre, et lie ainsi les phrases dans le chant, comme les idées se lient dans le discours. L'harmonie, envisagée de cette manière, fournit au compositeur de grands moyens d'*expression*, qui lui échappent quand il ne cherche l'*expression* que dans la seule harmonie; car alors, au lieu d'animer l'accent, il l'étouffe par ses accords, et tous les intervalles, confondus dans un continuel remplissage, n'offrent à l'oreille qu'une suite de sons fondamentaux qui n'ont rien de touchant ni d'agréable, et dont l'effet s'arrête au cerveau.

Que fera donc l'harmoniste pour concourir à l'*expression* de la mélodie et lui donner plus d'effet? il évitera soigneusement de couvrir le son principal dans la combinaison des accords; il subordonnera tous ses accompagnemens à la partie chantante; il en aiguisera l'énergie par le concours des autres parties; il renforcera l'effet de certains passages par des accords sensibles; il en dérobera d'autres par supposition ou par suspension, en les comptant pour rien sur la basse; il fera sortir les *expressions* fortes par des dissonances majeures; il réservera les mineures pour des sentimens plus doux; tantôt il liera toutes ces parties par des sons continus et coulés; tantôt il les fera contraster sur le chant par des notes piquées; tantôt il frappera l'oreille par des accords pleins; tantôt il renforcera l'accent par le choix d'un seul intervalle: partout il rendra présent et sensible l'enchaînement des modulations, et fera servir la basse et son harmonie à déterminer le lieu de chaque passage dans le mode, afin qu'on n'entende jamais un intervalle ou un trait de chant sans sentir en même temps son rapport avec le tout.

A l'égard du rhythme, jadis si puissant pour donner de la force, de la variété, de l'agrément à l'harmonie poétique; si nos langues, moins accentuées et moins prosodiques, ont perdu le charme qui en résultoit, notre musique en substitue un autre plus indépendant du discours dans l'égalité de la mesure, et dans les diverses combinaisons de ses temps, soit à la fois dans le tout, soit séparément dans chaque partie. Les quantités de la langue sont presque perdues sous celles des notes; et la musique, au lieu de parler avec la parole, emprunte en quelque sorte de la mesure un langage à part. La force de l'*expression* consiste, en cette partie, à réunir ces deux langages le plus qu'il est possible, et à faire que, si la mesure et le rhythme ne parlent pas de la même manière, ils disent au moins les mêmes choses.

La gaîté qui donne de la vivacité à tous nos mouvemens en doit donner de même à la mesure; la tristesse resserre le cœur, ralentit les mouvemens, et la même langueur se fait sentir dans les chants qu'elle inspire; mais quand la douleur est vive ou qu'il se passe dans l'âme de grands combats, la parole est inégale; elle marche alternativement avec la lenteur du spondée et avec la rapidité du pyrrhique, et souvent s'arrête tout court comme dans le récitatif obligé : c'est pour cela que les musiques les plus expressives, ou du moins les plus passionnées, sont communément celles où les temps, quoique égaux entre eux, sont le plus inégalement divisés; au lieu que l'image du sommeil, du repos, de la paix de l'âme, se peint volontiers avec des notes égales, qui ne marchent ni vite, ni lentement.

Une observation que le compositeur ne doit pas négliger, c'est que, plus l'harmonie est recherchée, moins le mouvement doit être vif, afin que l'esprit ait le temps de saisir la marche des dissonances et le rapide enchaînement des modulations; il n'y a que le dernier emportement des passions qui permette d'allier la rapidité de la mesure et la dureté des accords. Alors quand la tête est perdue, et qu'à force d'agitation l'acteur semble ne savoir plus ce qu'il dit, ce désordre énergique et terrible peut se porter ainsi jusqu'à l'âme du spectateur, et le mettre de même hors de lui. Mais si vous n'êtes bouillant et sublime, vous ne serez que baroque et froid; jetez vos auditeurs dans le délire, ou gardez-vous d'y tomber : car celui qui perd la raison n'est jamais qu'un insensé aux yeux de ceux qui la conservent, et les fous n'intéressent plus.

Quoique la plus grande force de l'*expression* se tire de la combinaison des sons, la qualité de leur timbre n'est pas indifférente pour le même effet. Il y a des voix fortes et sonores qui en imposent par leur étoffe; d'autres légères et flexibles, bonnes pour les choses d'exécution; d'autres sensibles et délicates, qui vont au cœur par des chants doux et pathétiques. En général, les dessus et toutes les voix aiguës sont plus propres pour exprimer la tendresse et la douceur, les basses et concordans pour l'emportement et la colère ; mais les Italiens ont banni les basses de leurs tragédies, comme une partie dont le chant est trop rude pour le genre héroïque, et leur ont substitué les tailles ou tenor, dont le chant a le même caractère avec un effet plus agréable. Ils emploient ces mêmes basses plus convenablement dans le comique pour les rôles à manteaux, et généralement pour tous les caractères de charge.

Les instrumens ont aussi des *expressions* très-différentes selon que le son en est fort ou foible, que le timbre en est aigre ou doux, que le diapason en est grave ou aigu, et qu'on en peut tirer des sons en plus grande ou moindre quantité. La flûte est tendre, le hautbois gai, la trompette guerrière, le cor sonore, majestueux, propre aux grandes *expressions*. Mais il n'y a point d'instrument dont on tire une *expression* plus variée et plus universelle que le violon. Cet instrument admirable fait le fond de tous les orchestres, et suffit au grand compositeur pour en tirer tous les effets que les mauvais musiciens cherchent inutilement dans l'alliage d'une multitude d'instrumens divers. Le compositeur doit connoître le manche du violon pour doigter ses airs, pour disposer ses arpéges, pour savoir l'effet des cordes-à-vide , et pour employer et choisir ses tons selon les divers caractères qu'ils ont sur cet instrument.

Vainement le compositeur saura-t-il animer son ouvrage, si la chaleur qui doit y régner ne passe à ceux qui l'exécutent. Le chanteur qui ne voit que des notes dans sa partie n'est point en état de saisir l'*expression* du compositeur, ni d'en donner une à ce qu'il chante, s'il n'en a bien saisi le sens. Il faut entendre ce qu'on lit pour le faire entendre aux autres, et il ne suffit pas d'être sensible en général, si l'on ne l'est en particulier à l'énergie de la langue qu'on parle. Commencez donc par bien connoître le caractère du chant que vous avez à rendre, son rapport au sens des paroles, la distinction de ses phrases, l'accent qu'il a par lui-même, celui qu'il suppose dans la voix de l'exécutant, l'énergie que le compositeur a donnée au poète, et celle que vous pouvez donner à votre tour au compositeur; alors livrez vos organes à toute la chaleur que ces considérations vous auront inspirée; faites ce que vous feriez si vous étiez à la fois le poète, le compositeur, l'acteur et le chanteur : et vous aurez toute l'*expression* qu'il vous est possible de donner à l'ouvrage que vous avez à rendre. De cette manière il arrivera naturellement que vous mettrez de la délicatesse et des ornemens dans les chants qui ne sont qu'élégans et gracieux, du piquant et du feu dans ceux qui sont animés et gais, des gémissemens et des plaintes dans ceux qui sont tendres et pathétiques, et toute l'agitation du *forte-piano* dans l'emportement des passions violentes. Partout où l'on réunira fortement l'accent musical à l'accent oratoire, partout où la mesure se fera vivement sentir et servira de guide aux accens du chant, partout où l'accompagnement et la voix sauront tellement accorder et unir leurs effets, qu'il n'en résulte qu'une mélodie, et que l'auditeur trompé attribue à la voix les passages dont l'orchestre l'embellit; enfin partout où les ornemens, sobrement ménagés, porteront témoignage de la facilité du chanteur, sans couvrir et défigurer le chant, l'*expression* sera douce, agréable et forte, l'oreille sera charmée et le cœur ému; le physique et le moral concourront à la fois au plaisir des écoutans, et il régnera un tel accord entre la parole et le chant que le tout semblera n'être qu'une langue délicieuse, qui sait tout dire et plaît toujours.

EXTENSION, *s. f.*, est, selon Aristoxène, une des quatre parties de la mélopée, qui consiste à soutenir long-temps certains sons, et au-delà même de leur quantité grammaticale. Nous appelons aujourd'hui tenues les sons ainsi soutenus. (Voyez TENUE.)

F.

F *ut fa*, F *fa ut*, ou simplement F. Quatrième son de la gamme diatonique et naturelle, lequel s'appelle autrement *fa*. (Voyez GAMME.)

C'est aussi le nom de la plus basse des trois clefs de la musique. (Voyez CLEF.)

FACE, *s. f.* Combinaison, ou des sons d'un accord, en commençant par un de ces sons et prenant les autres selon leur suite naturelle, ou des touches du clavier qui forment le même accord. D'où il suit qu'un accord peut avoir autant de *faces* qu'il y a de sons qui le composent; car chacun peut être le premier à son tour.

L'accord parfait *ut mi sol* a trois *faces*. Par la première, tous les doigts sont rangés par tierces, et la tonique est sous l'index; par la seconde, *mi sol ut*, il y a une quarte entre les deux derniers doigts, et la tonique est sous le dernier; par la troisième, *ut sol mi*, la quarte est entre l'index et le quatrième, et la tonique est sous celui-ci. (Voyez RENVERSEMENT.)

Comme les accords dissonans ont ordinairement quatre sons, ils ont aussi quatre *faces*, qu'on peut trouver avec la même facilité. (Voyez DOIGTER.)

FACTEUR, *s. m.* Ouvrier qui fait des orgues ou des clavecins.

FANFARE, *s. f.* Sorte d'air militaire, pour l'ordinaire court et brillant, qui s'exécute par des trompettes, et qu'on imite sur d'autres instrumens. La *fanfare* est communément à deux dessus de trompettes accompagnées de tymbales; et, bien exécutée, elle a quelque chose de martial et de gai qui convient fort à son usage. De toutes les troupes de l'Europe, les allemandes sont celles qui ont les meilleurs instrumens militaires: aussi leurs marches et *fanfares* font-elles un effet admirable. C'est une chose à remarquer que dans tout le royaume de France il n'y a pas une seule trompette qui sonne juste, et la nation la plus guerrière de l'Europe a les instrumens militaires les plus discordans; ce qui n'est pas sans inconvénient. Durant les dernières guerres, les paysans de Bohême, d'Autriche et de Bavière, tous musiciens nés, ne pouvant croire que les troupes réglées eussent des instrumens si faux et si détestables, prirent tous ces vieux corps pour de nouvelles levées qu'ils commencèrent à mépriser; et l'on ne sauroit dire à combien de braves gens des tons faux ont coûté la vie: tant il est vrai que, dans l'appareil de la guerre, il ne faut rien négliger de ce qui frappe les sens!

FANTAISIE, *s. f.* Pièce de musique instrumentale qu'on exécute en la composant. Il y a cette différence du *caprice* à la *fantaisie*, que le caprice est un recueil d'idées singulières et disparates que rassemble une imagination échauffée, et qu'on peut même composer à loisir; au lieu que la *fantaisie* peut être une pièce très-régulière, qui ne diffère des autres qu'en ce qu'on l'invente en l'exécutant et qu'elle n'existe plus sitôt qu'elle est achevée. Ainsi le caprice est dans l'espèce et l'assortiment des idées, et la *fantaisie* dans leur promptitude à se présenter. Il suit de là qu'un caprice peut fort bien s'écrire, mais jamais une *fantaisie*; car sitôt qu'elle est écrite ou répétée, ce n'est plus une *fantaisie*, c'est une pièce ordinaire.

FAUCET. (Voyez FAUSSET.)

FAUSSE-QUARTE. (Voyez QUARTE.)

FAUSSE-QUINTE, *s.f.* Intervalle dissonant, appelé par les Grecs *hemi-diapente*, dont les deux termes sont distans de quatre degrés diatoniques, ainsi que ceux de la quinte juste, mais dont l'intervalle est moindre d'un semi-ton; celui de la quinte étant de deux tons majeurs, d'un ton mineur, et d'un semi-ton majeur, et celui de la *fausse-quinte* seulement d'un ton majeur, d'un ton mineur, et de deux semi-tons majeurs. Si, sur nos claviers ordinaires, on divise l'octave en deux parties égales, on aura d'un côté la *fausse-quinte*, comme *si fa*, et de l'autre le triton, comme *fa si* : mais ces deux intervalles, égaux en ce sens, ne le sont ni quant au nombre des degrés, puisque le triton n'en a que trois, ni dans la précision des rapports, celui de la *fausse-quinte* étant de 45 à 64, et celui du triton de 32 à 45.

L'accord de *fausse-quinte* est renversé de l'accord dominant, en mettant la note sensible au grave. Voyez au mot ACCORD comment celui-là s'accompagne.

Il faut bien distinguer la *fausse-quinte* dissonance, de la *quinte-fausse* réputée consonnance, et qui n'est altérée que par accident. (Voyez QUINTE.)

FAUSSE-RELATION, *s. f.* Intervalle diminué ou superflu. (Voyez RELATION.)

FAUSSET, *s. m.* C'est cette espèce de voix par laquelle un homme, sortant à l'aigu du diapason de sa voix naturelle, imite celle de la femme. Un homme fait à peu près, quand il chante le *fausset*, ce que fait un tuyau d'orgue quand il octavie. (Voyez OCTAVIER.)

Si ce mot vient du françois *faux* opposé à *juste*, il faut l'écrire comme je fais ici, en suivant l'orthographe de l'Encyclopédie : mais s'il vient, comme je le crois, du latin *faux*, *faucis*, la gorge, il falloit, au lieu des deux *ss* qu'on a substituées, laisser le *c* que j'y avois mis : *faucet*.

FAUX, *adj.* et *adv.* Ce mot est opposé à *juste*. On chante *faux*, quand on n'entonne pas les intervalles dans leur justesse, qu'on forme des sons trop haut ou trop bas.

Il y a des voix *fausses*, des cordes *fausses*, des instrumens *faux*. Quant aux voix, on prétend que le défaut est dans l'oreille et non dans la glotte : cependant j'ai vu des gens qui chantoient très-*faux*, et qui accordoient un instrument très-juste. La fausseté de leur voix n'avoit donc pas sa cause dans leur oreille. Pour les instrumens, quand les tons en sont *faux*, c'est que l'instrument est mal construit, que les tuyaux en sont mal proportionnés, ou les cordes fausses, ou qu'elles ne sont pas d'accord; que celui qui en joue touche *faux*, ou qu'il modifie mal le vent ou les lèvres.

FAUX-ACCORD. Accord discordant, soit parce qu'il contient des dissonances proprement dites, soit parce que les consonnances n'en sont pas justes. (Voyez ACCORD-FAUX.)

FAUX-BOURDON, *s. m.* Musique à plusieurs parties, mais simple et sans mesure, dont les notes sont presque toutes égales, et dont l'harmonie est toujours syllabique. C'est la psalmodie des catholiques romains chantée à plusieurs parties. Le chant de nos psaumes à quatre parties peut aussi passer pour une espèce de *faux-bourdon*, mais qui procède avec beaucoup de lenteur et de gravité.

FEINTE, *s. f.* Altération d'une note ou d'un intervalle par un dièse ou par un bémol. C'est proprement le nom commun et générique du dièse et du bémol accidentels. Ce mot n'est plus en usage; mais on ne lui en a point substitué. La crainte d'employer des tours surannés énerve tous les jours notre langue; la crainte d'employer de vieux mots l'appauvrit tous les jours : ses plus grands ennemis seront toujours les puristes.

On appeloit aussi *feintes* les touches chromatiques du clavier, que nous appelons aujourd'hui touches blanches, et qu'autrefois on faisoit noires, parce que nos grossiers ancêtres n'avoient pas songé à faire le clavier noir, pour donner de l'éclat à la main des femmes. On appelle encore aujourd'hui *feintes coupées* celles de ces touches qui sont brisées pour suppléer au ravalement.

FÊTE, *s. f.* Divertissement de chant et de danse qu'on introduit dans un acte d'opéra, et qui interrompt et suspend toujours l'action.

Ces *fêtes* ne sont amusantes qu'autant que l'opéra même est ennuyeux. Dans un drame intéressant et bien conduit, il seroit impossible de les supporter.

La différence qu'on assigne à l'opéra entre les mots de *fête* et de *divertissement*, est que le premier s'applique plus particulièrement aux tragédies, et le second aux ballets.

Fi. Syllabe avec laquelle quelques musiciens solfient le *fa* dièse, comme ils solfient par *ma* le *mi* bémol; ce qui paroît assez bien entendu. (Voyez Solfier.)

Figuré. Cet adjectif s'applique aux notes ou à l'harmonie : aux notes, comme dans ce mot, *basse-figurée*, pour exprimer une basse dont les notes portant accord sont subdivisées en plusieurs autres notes de moindre valeur (voyez Basse-Figurée); à l'harmonie, quand on emploie, par supposition et dans une marche diatonique, d'autres notes que celles qui forment l'accord. (Voyez Harmonie-Figurée et Supposition.)

Figurer, *v. a.* C'est passer plusieurs notes pour une; c'est faire des doubles, des variations; c'est ajouter des notes au chant de quelque manière que ce soit; enfin c'est donner aux sons harmonieux une figure de mélodie, en les liant par d'autres sons intermédiaires. (Voyez Double, Fleurtis, Harmonie-figurée.)

Filer un son, c'est, en chantant, ménager sa voix, en sorte qu'on puisse le prolonger long-temps sans reprendre haleine. Il y a deux manières de *filer* un son : la première, en le soutenant toujours également; ce qui se fait pour l'ordinaire sur les tenues où l'accompagnement travaille : la seconde, en le renforçant; ce qui est plus usité dans les passages et roulades. La première manière demande plus de justesse, et les Italiens la préfèrent; la seconde a plus d'éclat, et plaît davantage aux François.

Fin, *s. f.* Ce mot se place quelquefois sur la finale de la première partie d'un rondeau, pour marquer qu'ayant repris cette première partie, c'est sur cette finale qu'on doit s'arrêter et finir. (Voyez Rondeau.)

On n'emploie plus guère ce mot à cet usage, les François lui ayant substitué le point final, à l'exemple des Italiens. (Voyez Point-final.)

Finale, *s. f.* Principale corde du mode qu'on appelle aussi tonique, et sur laquelle l'air ou la pièce doit finir. (Voyez Mode.)

Quand on compose à plusieurs parties, et surtout des chœurs, il faut toujours que la basse tombe en finissant sur la note même de la *finale*. Les autres parties peuvent s'arrêter sur sa tierce ou sur sa quinte. Autrefois c'étoit une règle de donner toujours à la fin d'une pièce la tierce majeure à la *finale*, même en mode mineur; mais cet usage a été trouvé de mauvais goût et tout-à-fait abandonné.

Fixe, *adj.* Cordes ou sons *fixes* ou stables. (Voyez Son, Stable.)

Flatté, *s. m.* Agrément du chant françois, difficile à définir, mais dont on comprendra suffisamment l'effet par un exemple. (Voyez *Planche* B, *figure* 13, *au mot* Flatté.)

Fleurtis, *s. m.* Sorte de contre-point figuré, lequel n'est point syllabique ou note sur note. C'est aussi l'assemblage de divers agrémens dont on orne un chant trop simple. Ce mot a vieilli en tout sens. (Voyez Broderies, Doubles, Variations, Passages.)

Foible, *adj.* Temps *foible.* (Voyez Temps.)

Fondamental, *adj.* Son *fondamental* est celui qui sert de fondement à l'accord (voyez Accord), ou au ton (voyez Tonique). Basse-*fondamentale* est celle qui sert de fondement à l'harmonie. (Voyez Basse-fondamentale.) Accord *fondamental* est celui dont la basse est *fondamentale*, et dont les sons sont arrangés selon l'ordre de leur génération : mais comme cet ordre écarte extrêmement les parties, on les rapproche par des combinaisons ou renversemens; et, pourvu que la basse reste la même, l'accord ne laisse pas pour cela de porter le nom de *fondamental*; tel est, par exemple, cet accord *ut mi sol*, renfermé dans un intervalle de quinte : au lieu que dans l'ordre de sa génération *ut sol mi*, il comprend une dixième et même une dix-septième, puisque l'*ut fondamental* n'est pas la quinte de *sol*, mais l'octave de cette quinte.

Force, *s. f.* Qualité du son, appelée aussi quelquefois *intensité*, qui le rend plus sensible et le fait entendre de plus loin. Les vibrations plus ou moins fréquentes du corps sonore sont ce qui rend le son aigu ou grave; leur plus grand ou moindre écart de la ligne de repos est ce qui le rend fort ou foible; quand cet écart est trop grand et qu'on force l'instrument ou la voix (voyez FORCER), le son devient bruit, et cesse d'être appréciable.

FORCER la voix, c'est excéder en haut ou en bas son diapason, ou son volume, à force d'haleine; c'est crier au lieu de chanter. Toute voix qu'on *force* perd sa justesse : cela arrive même aux instrumens où l'on force l'archet ou le vent; et voilà pourquoi les François chantent rarement juste.

FORLANE, *s. f.* Air d'une danse du même nom, commune à Venise, surtout parmi les gondoliers. Sa mesure est à $\frac{6}{8}$; elle se bat gaîment, et la danse est aussi fort gaie. On l'appelle *forlane* parce qu'elle a pris naissance dans le Frioul, dont les habitans s'appellent *Forlans*.

FORT, *adv*. Ce mot s'écrit dans les parties, pour marquer qu'il faut forcer le son avec véhémence, mais sans le hausser; chanter à pleine voix, tirer de l'instrument beaucoup de son : ou bien il s'emploie pour détruire l'effet du mot *doux* employé précédemment.

Les Italiens ont encore le superlatif *fortissimo*, dont on n'a guère besoin dans la musique françoise, car on y chante ordinairement *très-fort*.

FORT, *adj*. Temps *fort*. (Voyez TEMPS.)

FORTE-PIANO. Substantif italien composé, et que les musiciens devroient franciser, comme les peintres ont francisé celui de *chiaro-scuro*, en adoptant l'idée qu'il exprime. Le *forte-piano* est l'art d'adoucir et renforcer les sons dans la mélodie imitative, comme on fait dans la parole qu'elle doit imiter. Non-seulement quand on parle avec chaleur on ne s'exprime point toujours sur le même ton, mais on ne parle pas toujours avec le même degré de force. La musique, en imitant la variété des accens et des tons, doit donc imiter aussi les degrés intenses ou rémisses de la parole, et parler tantôt doux, tantôt fort, tantôt à demi-voix; et voilà ce qu'indique en général le mot *forte-piano*.

FRAGMENS. On appelle ainsi à l'Opéra de Paris le choix de trois ou quatre actes de ballet, qu'on tire de divers opéra, et qu'on rassemble, quoiqu'ils n'aient aucun rapport entre eux, pour être représentés successivement le même jour, et remplir, avec leurs entr'actes, la durée d'un spectacle ordinaire. Il n'y a qu'un homme sans goût qui puisse imaginer un pareil ramassis, et qu'un théâtre sans intérêt où l'on puisse le supporter.

FRAPPÉ, *adj. pris subst.* C'est le temps où l'on baisse la main ou le pied, et où l'on frappe pour marquer la mesure. (Voyez THÉSIS.) On ne frappe ordinairement du pied que le premier temps de chaque mesure; mais ceux qui coupent en deux la mesure frappent aussi le troisième. En battant de la main la mesure, les François ne frappent jamais que le premier temps, et marquent les autres par divers mouvemens de main : mais les Italiens frappent les deux premiers de la mesure à trois, et lèvent le troisième; ils frappent de même les deux premiers de la mesure à quatre, et lèvent les deux autres. Ces mouvemens sont plus simples et semblent plus commodes.

FREDON, *s. m.* Vieux mot qui signifie un passage rapide et presque toujours diatonique de plusieurs notes sur la même syllabe ; c'est à peu près ce que l'on a depuis appelé *roulade*, avec cette différence que la roulade dure davantage et s'écrit, au lieu que le *fredon* n'est qu'une courte addition de goût, ou, comme on disoit autrefois, *diminution* que le chanteur fait sur quelque note.

FREDONNER, *v. n.* et *a.* Faire des *fredons*. Ce mot est vieux, et ne s'emploie plus qu'en dérision.

FUGUE, *s. f.* Pièce ou morceau de musique où l'on traite, selon certaines règles d'harmonie et de modulation, un chant appelé *sujet*, en le faisant passer successivement et alternativement d'une partie à une autre.

Voici les principales règles de la *fugue*, dont les unes lui sont propres, et les autres communes avec l'imitation.

I. Le sujet procède de la tonique à la dominante, ou de la dominante à la tonique, en montant ou en descendant.

II. Toute *fugue* a sa réponse dans la partie qui suit immédiatement celle qui a commencé.

III. Cette réponse doit rendre le sujet à la quarte ou à la quinte, et par mouvement semblable, le plus exactement qu'il est possible; procédant de la dominante à la tonique, quand le sujet s'est annoncé de la tonique à la dominante, et *vice versâ*. Une partie peut aussi reprendre le même sujet à l'octave ou à l'unisson de la précédente ; mais alors c'est répétition plutôt qu'une véritable réponse.

IV. Comme l'octave se divise en deux parties inégales, dont l'une comprend quatre degrés en montant de la tonique à la dominante, et l'autre seulement trois en continuant de monter de la dominante à la tonique, cela oblige d'avoir égard à cette différence dans l'expression du sujet, et de faire quelque changement dans la réponse, pour ne pas quitter les cordes essentielles du mode. C'est autre chose quand on se propose de changer de ton; alors l'exactitude même de la réponse prise sur une autre corde produit les altérations propres à ce changement.

V. Il faut que la fugue soit dessinée de telle sorte que la réponse puisse entrer avant la fin du premier chant, afin qu'on entende en partie l'une et l'autre à la fois, que par cette anticipation le sujet se lie pour ainsi dire à lui-même, et que l'art du compositeur se montre dans ce concours. C'est se moquer que de donner pour *fugue* un chant qu'on ne fait que promener d'une partie à l'autre, sans autre gêne que de l'accompagner ensuite à sa volonté : cela mérite tout au plus le nom d'imitation. (Voyez IMITATION.)

Outre ces règles, qui sont fondamentales, pour réussir dans ce genre de composition, il y en a d'autres qui, pour n'être que de goût, n'en sont pas moins essentielles. Les *fugues*, en général, rendent la musique plus bruyante qu'agréable : c'est pourquoi elles conviennent mieux dans les chœurs que partout ailleurs. Or, comme le principal mérite est de fixer toujours l'oreille sur le chant principal ou sujet, qu'on fait pour cela passer incessamment de partie en partie, et de modulation en modulation, le compositeur doit mettre tous ses soins à rendre toujours ce chant bien distinct, ou à empêcher qu'il ne soit étouffé ou confondu parmi les autres parties. Il y a pour cela deux moyens. L'un dans le mouvement qu'il faut sans cesse contraster : de sorte que, si la marche de la *fugue* est précipitée, les autres parties procèdent posément par des notes longues; et, au contraire, si la *fugue* marche gravement, que les accompagnemens travaillent davantage. Le second moyen est d'écarter l'harmonie, de peur que les autres parties, s'approchant trop de celle qui chante le sujet, ne se confondent avec elle, et ne l'empêchent de se faire entendre assez nettement ; en sorte que ce qui seroit un vice partout ailleurs devient ic une beauté.

Unité de mélodie ; voilà la grande règle com mune qu'il faut souvent pratiquer par des moyens différens. Il faut choisir les accords, les intervalles, afin qu'un certain son, et non pas un autre, fasse l'effet principal : *unité de mélodie.*

Il faut quelquefois mettre en jeu des instrumens ou des voix d'espèce différente, afin que la partie qui doit dominer se distingue plus aisément : *unité de mélodie.* Une autre attention non moins nécessaire est, dans les divers enchaînemens de modulations qu'amène la marche et le progrès de la *fugue*, de faire que toutes ces modulations se correspondent à la fois dans toutes les parties, de lier le tout dans son progrès par une exacte conformité de ton, de peur qu'une partie étant dans un ton et l'autre dans une autre, l'harmonie entière ne soit dans aucun, et ne présente plus d'effet simple à l'oreille, ni d'idée simple à l'esprit : *unité de mélodie.* En un mot, dans toute *fugue*, la confusion de mélodie et de modulation est en même temps ce qu'il y de plus à craindre et de plus difficile à éviter ; et le plaisir que donne ce genre de musique étant toujours médiocre, on peut dire qu'une belle *fugue* est l'ingrat chef-d'œuvre d'un bon harmoniste.

Il y a encore plusieurs autres manières de *fugues ;* comme les *fugues perpétuelles*, appelées *canons*, les *doubles fugues*, les *contre-fugues*, ou *fugues renversées*, qu'on peut voir chacune à son mot, et qui servent plus à étaler l'art des compositeurs qu'à flatter l'oreille des écoutans.

Fugue, du latin *fuga, fuite ;* parce que les parties, partant ainsi successivement, semblent se fuir et se poursuivre l'une l'autre.

FUGUE RENVERSÉE. C'est une *fugue* dont la réponse se fait par mouvement contraire à celui du sujet. (Voyez CONTRE-FUGUE.)

FUSÉE, *s.f.* Trait rapide et continu qui monte et descend pour joindre diatoniquement deux notes à un grand intervalle l'une de l'autre. (Voyez *Pl.* C, *fig.*4.) A moins que la *fusée* ne soit notée, il faut, pour l'exécuter, qu'une des deux notes extrêmes ait une durée sur laquelle on puisse passer la *fusée* sans altérer la mesure.

G.

G *re sol*, G *sol re ut*, ou simplement G. Cinquième son de la gamme diatonique, lequel s'appelle simplement *sol*. (Voyez GAMME.)

C'est aussi le nom de la plus haute des trois clefs de la musique. (Voyez CLEF.)

GAI, *adv*. Ce mot, écrit au-dessus d'un air ou d'un morceau de musique, indique un mouvement moyen entre le vite et le modéré; il répond au mot italien *allegro*, employé pour le même usage. (Voyez ALLEGRO.)

Ce mot peut s'entendre aussi du caractère d'une musique, indépendamment du mouvement.

GAILLARDE, *s. f.* Air à trois temps gais d'une danse du même nom. On la nommoit autrefois *romanesque*, parce qu'elle nous est venue, dit-on, de Rome, ou du moins d'Italie.

Cette danse est hors d'usage depuis longtemps. Il en est résulté seulement un pas appelé *pas de gaillarde*.

GAMME, GAMM'UT, ou GAMMA-UT. Table ou échelle inventée par Gui l'Arétin, sur laquelle on apprend à nommer et à entonner juste les degrés de l'octave par les six notes de musique, *ut re mi fa sol la*, suivant toutes les dispositions qu'on peut leur donner; ce qui s'appelle *solfier*. (Voyez ce mot.)

La *gamme* a été nommée aussi *main harmonique*, parce que Gui employa d'abord la figure d'une main, sur les doigts de laquelle il rangea ses notes, pour montrer les rapports de ses hexacordes avec les cinq tétracordes des Grecs. Cette main a été en usage pour apprendre à nommer les notes jusqu'à l'invention du *si*, qui a aboli chez nous les muances, et par conséquent la *main* harmonique qui sert à les expliquer.

Gui l'Arétin, ayant, selon l'opinion commune, ajouté au diagramme des Grecs un tétracorde à l'aigu, et une corde au grave, ou plutôt, selon Meibomius, ayant, par ces additions, rétabli ce diagramme dans son ancienne étendue, il appela cette corde grave *hypoproslambanoménos*, et la marqua par le Γ des Grecs; et comme cette lettre se trouva ainsi à la tête de l'échelle, en plaçant dans le haut les sons graves, selon la méthode des anciens, elle a fait donner à cette échelle le nom barbare de *gamme*.

Cette *gamme* donc, dans toute son étendue, étoit composée de vingt cordes ou notes, c'est-à-dire de deux octaves et d'une sixte majeure. Ces cordes étoient représentées par des lettres et par des syllabes. Les lettres désignoient invariablement chacune une corde déterminée de l'échelle, comme elles font encore aujourd'hui; mais comme il n'y avoit d'abord que six lettres, enfin que sept, et qu'il falloit recommencer d'octave en octave, on distinguoit ces octaves par les figures des lettres. La première octave se marquoit par des lettres capitales de cette manière : Γ. A. B., etc.; la seconde, par des caractères courans : *g. a. b.*; et pour la sixte surnuméraire, on employoit des lettres doubles *gg. aa. bb.*, etc.

Quant aux syllabes, elles ne représentoient que les noms qu'il falloit donner aux notes en les chantant. Or, comme il n'y avoit que six noms pour sept notes, c'étoit une nécessité qu'au moins un même nom fût donné à deux différentes notes ; ce qui se fit de manière que ces deux notes *mi fa* ou *la fa*, tombassent sur les semi-tons : par conséquent, dès qu'il se présentoit un dièse ou un bémol qui amenoit un nouveau semi-ton, c'étoit encore des noms à changer; ce qui faisoit donner le même nom à différentes notes, et différens noms à la même note, selon le progrès du chant; et ces changemens de nom s'appeloient *muances*.

On apprenoit donc ces muances par la *gamme*. A la gauche de chaque degré, on voyoit une lettre qui indiquoit la corde précise appartenant à ce degré; à la droite dans les cases, on trouvoit les différens noms que cette même note devoit porter en montant ou en descendant par bécarre ou par bémol, selon le progrès.

Les difficultés de cette méthode ont fait faire en divers temps plusieurs changemens à la *gamme*. La *figure* 10, *Planche* A, représente cette *gamme* telle qu'elle est actuellement usitée en Italie. C'est à peu près la même chose en Espagne et en Portugal, si ce n'est qu'on trouve quelquefois à la dernière place la colonne du bécarre, qui est ici la première, ou quelque autre différence aussi peu importante.

Pour se servir de cette échelle, si l'on veut chanter au naturel, on applique *ut* à Γ de la première colonne, le long de laquelle on monte jusqu'au *la;* après quoi, passant à droite dans la colonne du *b* naturel, on nomme *fa;* on monte au *la* de la même colonne, puis on retourne dans la précédente à *mi*, et ainsi de suite; ou bien on peut commencer par *ut* au C de la seconde colonne; arrivé au *la*, passer à *mi* dans la première colonne, puis repasser dans l'autre colonne au *fa*. Par ce moyen l'une de ces transitions forme toujours un semi-ton, savoir *la fa*; et l'autre toujours un ton, savoir, *la mi*. Par bémol, on peut commencer à l'*ut* en *c* ou *f*, et faire les transitions de la même manière, etc.

En descendant par bécarre on quitte l'*ut* de la colonne du milieu pour passer au *mi* de celle par bécarre, ou au *fa* de celle par bémol; puis descendant jusqu'à l'*ut* de cette nouvelle colonne, on en sort par *fa* de gauche à droite, par *mi* de droite à gauche, etc.

Les Anglois n'emploient pas toutes ces syllabes, mais seulement les quatre premières, *ut re mi fa*, changeant ainsi de colonne de quatre en quatre notes, ou de trois en trois par une méthode semblable à celle que je viens d'expliquer, si ce n'est qu'au lieu de *la fa* et de *la mi*, il faut muer par *fa ut*, et par *mi ut*.

Les Allemands n'ont point d'autre *gamme* que les lettres initiales qui marquent les sons fixes dans les autres *gammes*, et ils solfient même avec ces lettres de la manière qu'on pourra voir au mot SOLFIER.

La *gamme* françoise, autrement dite *gamme* du *si*, lève les embarras de toutes ces transitions. Elle consiste en une simple échelle de six degrés sur deux colonnes, outre celle des lettres. (Voyez *Planche* A, *fig.* 11.) La première colonne à gauche est pour chanter par bémol, c'est-à-dire avec un bémol à la clef; la seconde, pour chanter au naturel. Voilà tout le mystère de la *gamme* françoise, qui n'a guère plus de difficulté que d'utilité, attendu que toute autre altération qu'un bémol la met à l'instant hors d'usage. Les autres *gammes* n'ont par-dessus celle-là que l'avantage d'avoir aussi une colonne pour le bécarre, c'est-à-dire pour un dièse à la clef; mais sitôt qu'on y met plus d'un dièse ou d'un bémol (ce qui ne se faisoit jamais autrefois), toutes ces *gammes* sont également inutiles.

Aujourd'hui que les musiciens françois chantent tout au naturel, ils n'ont que faire de *gamme*. C *sol ut*, *ut*, et C, ne sont pour eux que la même chose. Mais, dans le système de Gui, *ut* est une chose, et C en est une autre fort différente; et quand il a donné à chaque note une syllabe et une lettre, il n'a pas prétendu en faire des synonymes; ce qui eût été doubler inutilement les noms et les embarras.

GAVOTTE, *s. f.* Sorte de danse dont l'air est à deux temps, et se coupe en deux reprises, dont chacune commence avec le second temps et finit sur le premier. Le mouvement de la *gavotte* est ordinairement gracieux, souvent gai, quelquefois aussi tendre et lent. Elle marque ses phrases et ses repos de deux en deux mesures.

GÉNIE, *s. m.* Ne cherche point, jeune artiste, ce que c'est que le *génie*. En as-tu, tu le sens en toi-même. N'en as-tu pas, tu ne le connoîtras jamais. Le *génie* du musicien soumet l'univers entier à son art; il peint tous les tableaux par des sons; il fait parler le silence même; il rend les idées par des sentimens, les sentimens par des accens; et les passions qu'il exprime, il les excite au fond des cœurs : la volupté, par lui, prend de nouveaux charmes; la douleur qu'il fait gémir arrache des cris; il brûle sans cesse et ne se consume jamais : il exprime avec chaleur les frimas et les glaces; même en peignant les horreurs de la mort, il porte dans l'âme ce sentiment de vie qui ne l'abandonne point, et qu'il communique aux cœurs faits pour le sentir : mais, hélas! il ne sait rien dire à ceux où son germe n'est pas, et ses prodiges sont peu sensibles à qui ne les peut imiter. Veux-tu donc savoir si quelque étincelle de ce feu dévorant t'anime, cours, vole à Naples écouter les chefs-d'œuvre de *Leo*, de *Durante*, de *Jomelli*, de *Pergolèse*. Si tes yeux s'emplissent de larmes, si tu sens ton cœur palpiter, si des tressaillemens t'agitent, si l'oppression te suffoque dans tes transports, prends le Métastase et travaille, son *génie* échauffera le tien, tu créeras à son exemple : c'est là ce que fait le *génie*, et d'autres yeux te rendront bientôt les pleurs que les maîtres t'ont fait verser. Mais si les charmes de ce grand art te laissent tranquille, si tu n'as ni délire, ni ravissement, si tu ne trouves que beau ce qui transporte, oses-tu demander ce qu'est le *génie?* homme vulgaire, ne profane point ce nom sublime. Que t'importeroit de le connoître ? tu ne saurois le sentir : fais de la musique françoise.

GENRE, *s. m.* Division et disposition du tétracorde, considéré dans les intervalles des quatre sons qui le composent. On conçoit que cette définition, qui est celle d'Euclide, n'est applicable qu'à la musique grecque, dont j'ai à parler en premier lieu.

La bonne constitution de l'accord du tétracorde, c'est-à-dire l'établissement d'un *genre* régulier, dépendoit des trois règles suivantes, que je tire d'Aristoxène.

La première étoit que les deux cordes extrêmes du tétracorde devoient toujours rester immobiles, afin que leur intervalle fût toujours celui d'une quarte juste ou du diatessaron. Quant aux deux cordes moyennes, elles varioient à la vérité; mais l'intervalle du lichanos à la mèse ne devoit jamais passer deux *tons*, ni diminuer au-delà d'un *ton ;* de sorte qu'on avoit précisément l'espace d'un *ton* pour varier l'accord du lichanos : et c'est la seconde règle. La troisième étoit que l'intervalle de la parhypate, ou seconde corde à l'hypate, n'excédât jamais celui de la même parhypate au lichanos.

Comme en général cet accord pouvoit se diversifier de trois façons, cela constituoit trois principaux *genres;* savoir, le diatonique, le chromatique et l'enharmonique. Ces deux derniers *genres*, où les deux premiers intervalles faisoient toujours ensemble une somme moindre que le troisième intervalle, s'appeloient, à cause de cela, *genres épais ou serrés.* (Voyez ÉPAIS.)

Dans le diatonique, la modulation procédoit par un semi-ton, un *ton*, et un autre *ton*, *si*, *ut*, *re*, *mi ;* et comme on y passoit par deux *tons* consécutifs, de là lui venoit le nom de *diatonique.* Le chromatique procédoit successivement par deux semi-*tons* et *un hémi-diton* ou une tierce mineure, *si*, *ut*, *ut* dièse, *mi ;* cette modulation tenoit le milieu entre celles du diatonique et de l'enharmonique, y faisant, pour ainsi dire, sentir diverses nuances de sons, de même qu'entre deux couleurs principales on introduit plusieurs nuances intermédiaires; et de là vient qu'on appeloit ce *genre* chromatique ou coloré. Dans l'enharmonique, la modulation procédoit par deux quarts de *ton* en divisant, selon la doctrine d'Aristoxène, le semi-ton majeur en deux parties égales, et un diton ou une tierce majeure, comme *si*, *si* dièse enharmonique, *ut*, et *mi;* ou bien, selon les pythagoriciens, en divisant le semi-ton majeur en deux intervalles inégaux, qui formoient, l'un le semi-ton mineur, c'est-à-dire notre dièse ordinaire, et l'autre le complément de ce même semi-ton mineur au semi-ton majeur, et ensuite le diton, comme ci-devant, *si*, *si* dièse ordinaire, *ut*, *mi*. Dans le premier cas, les deux intervalles égaux du *si* à l'*ut* étoient tous deux enharmoniques ou d'un quart de *ton ;* dans le second cas, il n'y avoit d'enharmonique que le passage du *si* dièse à l'*ut*, c'est-à-dire la différence du semi-ton mineur au semi-ton majeur, laquelle est le dièse appelé *de Pythagore*, et le véritable intervalle enharmonique donné par la nature.

Comme donc cette modulation, dit M. Burette, se tenoit d'abord très-serrée, ne parcourant que de petits intervalles, des intervalles presque insensibles, on la nommoit *enharmonique*, comme qui diroit *bien jointe,* bien assemblée, *probè coagmentata.*

Outre ces *genres* principaux, il y en avoit d'autres qui résultoient tous des divers partages du tétracorde, ou de façons de l'accorder différentes de celles dont je viens de parler. Aristoxène subdivise le *genre* diatonique en syntonique et diatonique mol (voyez DIATONIQUE), et le *genre* chromatique en mol, hémolien et tonique (voyez CHROMATIQUE), dont il donne les différences comme je les rapporte à leurs articles. Aristide Quintilien fait mention de plusieurs autres *genres* particuliers, et il en compte six qu'il donne pour très-anciens; savoir, le lydien, le dorien, le phrygien, l'ionien, le mixolydien, et le syntonolydien. Ces six *genres*, qu'il ne faut pas confondre avec les tons *ou modes de mêmes noms,* différoient par leurs degrés ainsi que par leur accord; les uns n'arrivoient pas à l'octave, les autres l'atteignoient, les autres la passoient, en sorte qu'ils participoient à la fois du *genre* et du mode. On en peut voir le détail dans le *Musicien grec.*

En général le diatonique se divise en autant d'espèces qu'on peut assigner d'intervalles différens entre le semi-ton et le *ton;*

Le chromatique, en autant d'espèces qu'on

peut assigner d'intervalles entre le semi-ton et le dièse enharmonique.

Quant à l'enharmonique, il ne se subdivise point.

Indépendamment de toutes ces subdivisions, il y avoit encore un *genre* commun dans lequel on n'employoit que des sons stables qui appartiennent à tous les *genres*, et un *genre* mixte qui participoit du caractère de deux *genres* ou de tous les trois. Or, il faut bien remarquer que dans ce mélange des *genres*, qui étoit très-rare, on n'employoit pas pour cela plus de quatre cordes, mais on les tendoit ou relâchoit diversement durant une même pièce; ce qui ne paroît pas trop facile à pratiquer. Je soupçonne que peut-être un tétracorde étoit accordé dans un *genre*, et un autre dans un autre; mais les auteurs ne s'expliquent pas clairement là-dessus.

On lit dans Aristoxène (Liv. I, Part. II) que jusqu'au temps d'Alexandre, le diatonique et le chromatique étoient négligés des anciens musiciens, et qu'ils ne s'exerçoient que dans le *genre* enharmonique, comme le seul digne de leur habileté; mais ce *genre* étoit entièrement abandonné du temps de Plutarque, et le chromatique aussi fut oublié, même avant Macrobe.

L'étude des écrits des anciens, plus que le progrès de notre musique, nous a rendu ces idées perdues chez leurs successeurs. Nous avons comme eux le *genre* diatonique, le chromatique et l'enharmonique, mais sans aucunes divisions, et nous considérons ces *genres* sous des idées fort différentes de celles qu'ils en avoient : c'étoient pour eux autant de manières particulières de conduire le chant sur certaines cordes prescrites ; pour nous, ce sont autant de manières de conduire le corps entier de l'harmonie, qui forcent les parties à suivre les intervalles prescrits par ces *genres;* de sorte que le *genre* appartient encore plus à l'harmonie qui l'engendre, qu'à la mélodie qui le fait sentir.

Il faut encore observer que, dans notre musique, les *genres* sont presque toujours mixtes, c'est-à-dire que le diatonique entre pour beaucoup dans le chromatique, et que l'un et l'autre sont nécessairement mêlés à l'enharmonique. Une pièce de musique tout entière dans un seul *genre* seroit très-difficile à conduire et ne seroit pas supportable ; car dans le diatonique, il seroit impossible de changer de ton; dans le chromatique, on seroit forcé de changer de ton à chaque note ; et dans l'enharmonique il n'y auroit absolument aucune sorte de liaison. Tout cela vient encore des règles de l'harmonie, qui assujettissent la succession des accords à certaines règles incompatibles avec une continuelle succession enharmonique ou chromatique, et aussi de celles de la mélodie, qui n'en sauroit tirer de beaux chants. Il n'en étoit pas de même des *genres* des anciens : comme les tétracordes étoient également complets, quoique divisés différemment dans chacun des trois systèmes, si dans la mélodie ordinaire un *genre* eût emprunté d'un autre d'autres sons que ceux qui se trouvoient nécessairement communs entre eux, le tétracorde auroit eu plus de quatre cordes, et toutes les règles de leur musique auroient été confondues.

M. Serre, de Genève, a fait la distinction d'un quatrième *genre*, duquel j'ai parlé dans son article. (Voyez DIACOMMATIQUE.)

GIGUE, *s. f.* Air d'une danse de même nom, dont la mesure est à six-huit et d'un mouvement assez gai. Les opéra françois contiennent beaucoup de *gigues*, et les *gigues* de Corelli ont été long-temps célèbres : mais ces airs sont entièrement passés de mode ; on n'en fait plus du tout en Italie, et l'on n'en fait plus guère en France.

GOUT, *s. m.* De tous les dons naturels le *goût* est celui qui se sent le mieux et qui s'explique le moins : il ne seroit pas ce qu'il est, si l'on pouvoit le définir, car il juge des objets sur lesquels le jugement n'a plus de prise, et sert, si j'ose parler ainsi, de lunette à la raison.

Il y a, dans la mélodie, des chants plus agréables que d'autres, quoique également bien modulés; il y a, dans l'harmonie, des choses d'effet et des choses sans effet, toutes également régulières; il y a dans l'entrelacement des morceaux un art exquis de faire valoir les uns par les autres, qui tient à quelque chose de plus fin que la loi des contrastes; il y a dans l'exécution du même morceau des manières différentes de le rendre, sans jamais sortir de son caractère : de ces manières, les unes plaisent plus que les autres, et, loin de les pouvoir soumettre aux règles, on ne peut pas même les déterminer. Lecteur, rendez-moi raison de ces différences, et je vous dirai ce que c'est que le *goût*.

Chaque homme a un *goût* particulier par lequel il donne aux choses qu'il appelle belles et bonnes un ordre qui n'appartient qu'à lui. L'un est plus touché des morceaux pathétiques; l'autre aime mieux les airs gais : une voix douce et flexible chargera ses chants d'ornemens agréables; une voix sensible et forte animera les siens des accens de la passion : l'un cherchera la simplicité dans la mélodie; l'autre fera cas des traits recherchés : et tous deux appelleront élégance le *goût* qu'ils auront préféré. Cette diversité vient, tantôt de la différente disposition des organes, dont le *goût* enseigne à tirer parti, tantôt du caractère particulier de chaque homme, qui le rend plus sensible à un plaisir ou à un défaut qu'à un autre, tantôt de la diversité d'âge ou de sexe, qui tourne les désirs vers des objets différens; dans tous ces cas, chacun n'ayant que son *goût* à opposer à celui d'un autre, il est évident qu'il n'en faut point disputer.

Mais il y a aussi un *goût* général sur lequel tous les gens bien organisés s'accordent; et c'est celui-ci seulement auquel on peut donner absolument le nom de *goût*. Faites entendre un concert à des oreilles suffisamment exercées et à des hommes suffisamment instruits, le plus grand nombre s'accordera, pour l'ordinaire, sur le jugement des morceaux et sur l'ordre de préférence qui leur convient. Demandez à chacun raison de son jugement; il y a des choses sur lesquelles ils la rendront d'un avis presque unanime : ces choses sont celles qui se trouvent soumises aux règles; et ce jugement commun est alors celui de l'artiste ou du connoisseur : mais de ces choses qu'ils s'accordent à trouver bonnes ou mauvaises, il y en a sur lesquelles ils ne pourront autoriser leur jugement par aucune raison solide et commune à tous; et ce dernier jugement appartient à l'homme de *goût*. Que si l'unanimité parfaite ne s'y trouve pas, c'est que tous ne sont pas également bien organisés; que tous ne sont pas gens de *goût*, et que les préjugés de l'habitude ou de l'éducation changent souvent, par des conventions arbitraires, l'ordre des beautés naturelles. Quant à ce *goût*, on en peut disputer, parce qu'il n'y en a qu'un qui soit le vrai : mais je ne vois guère d'autre moyen de terminer la dispute que celui de compter les voix, quand on ne convient pas même de celle de la nature. Voilà donc ce qui doit décider de la préférence entre la musique françoise et l'italienne.

Au reste, le génie crée, mais le *goût* choisit; et souvent un génie trop abondant a besoin d'un censeur sévère qui l'empêche d'abuser de ses richesses. Sans *goût* on peut faire de grandes choses; mais c'est lui qui les rend intéressantes. C'est le *goût* qui fait saisir au compositeur les idées du poète; c'est le *goût* qui fait saisir à l'exécutant les idées du compositeur; c'est le *goût* qui fournit à l'un et à l'autre tout ce qui peut orner et faire valoir leur sujet; et c'est le *goût* qui donne à l'auditeur le sentiment de toutes ces convenances. Cependant le *goût* n'est point la sensibilité : on peut avoir beaucoup de *goût* avec une âme froide; et tel homme transporté de choses vraiment passionnées est peu touché des gracieuses. Il semble que le *goût* s'attache plus volontiers aux petites expressions, et la sensibilité aux grandes.

Gout-du-chant. C'est ainsi qu'on appelle en France l'art de chanter ou de jouer les notes avec les agrémens qui leur conviennent, pour couvrir un peu la fadeur du chant françois. On trouve à Paris plusieurs maîtres de *goût-du-chant*, et ce *goût* a plusieurs termes qui lui sont propres; on trouvera les principaux au mot Agrémens.

Le *goût-du-chant* consiste aussi beaucoup à donner artificiellement à la voix du chanteur le timbre, bon ou mauvais, de quelque acteur ou actrice à la mode; tantôt il consiste à nasillonner, tantôt à canarder, tantôt à chevrotter, tantôt à glapir : mais tout cela sont des grâces passagères qui changent sans cesse avec leurs auteurs.

Grave ou Gravement. Adverbe qui marque lenteur dans le mouvement, et de plus une certaine gravité dans l'exécution.

Grave, *adj.*, est opposé à *aigu*. Plus les vibrations du corps sonore sont lentes, plus le son est *grave*. (Voyez Son, Gravité.)

Gravité, *s. f.* C'est cette modification du son par laquelle on le considère comme *grave* ou *bas* par rapport à d'autres sons qu'on appelle *hauts* ou *aigus*. Il n'y avoit point dans la langue françoise de corrélatif à ce mot; car celui d'*acuité* n'a pu passer.

La *gravité* des sons dépend de la grosseur, longueur, tension des cordes, de la longueur et du diamètre des tuyaux, et en général du volume et de la masse des corps sonores; plus ils ont de tout cela, plus leur *gravité* est grande : mais il n'y a point de *gravité* absolue, et nul son n'est grave ou aigu que par comparaison.

Gros-fa. Certaines vieilles musiques d'église, en notes carrées, rondes, ou blanches, s'appeloient jadis du *gros-fa*.

Groupe, *s. m.* Selon l'abbé Brossard, quatre notes égales et diatoniques, dont la première et la troisième sont sur le même degré, forment un *groupe*. Quand la deuxième descend et que la quatrième monte, c'est *groupe ascendant;* quand la deuxième monte et que la quatrième descend, c'est *groupe descendant* : et il ajoute que ce nom a été donné à ces notes à cause de la figure qu'elles forment ensemble.

Je ne me souviens pas d'avoir jamais ouï employer ce mot, en parlant, dans le sens que lui donne l'abbé Brossard, ni même de l'avoir lu dans le même sens ailleurs que dans son dictionnaire.

Guide, *s. f.* C'est la partie qui entre la première dans une fugue et annonce le sujet. (Voyez **Fugue**.) Ce mot, commun en Italie, est peu usité en France dans le même sens.

Guidon. *s. m.* Petit signe de musique, lequel se met à l'extrémité de chaque portée sur le degré où sera placée la note qui doit commencer la portée suivante : si cette première note est accompagnée accidentellement d'un dièse, d'un bémol, ou d'un bécarre, il convient d'en accompagner aussi le *guidon*.

On ne se sert plus de *guidons* en Italie, surtout dans les partitions, où chaque portée ayant toujours dans l'accolade sa place fixe, on ne sauroit guère se tromper en passant de l'une à l'autre. Mais les *guidons* sont nécessaires dans les partitions françoises, parce que, d'une ligne à l'autre, les accolades embrassant plus ou moins de portées, vous laissent dans une continuelle incertitude de la portée correspondante à celle que vous avez quittée.

Gymnopédie, *s. f.* Air ou nome sur lequel dansoient à nu les jeunes Lacédémoniennes.

H.

Harmatias. Nom d'un nome dactylique de la musique grecque, inventé par le premier Olympe, Phrygien.

Harmonie, *s. f.* Le sens que donnoient les Grecs à ce mot dans leur musique est d'autant moins facile à déterminer, qu'étant originairement un nom propre, il n'a point de racines par lesquelles on puisse le décomposer pour en tirer l'étymologie. Dans les anciens traités qui nous restent, l'*harmonie* paroît être la partie qui a pour objet la succession convenable des sons, en tant qu'ils sont aigus ou graves, par opposition aux deux autres parties appelées *rhythmica* et *metrica*, qui se rapportent au temps et à la mesure; ce qui laisse à cette convenance une idée vague et indéterminée qu'on ne peut fixer que par une étude expresse de toutes les règles de l'art; et encore, après cela, l'*harmonie* sera-t-elle fort difficile à distinguer de la mélodie, à moins qu'on n'ajoute à cette dernière les idées de rhythme et de mesure, sans lesquelles, en effet, nulle mélodie ne peut avoir un caractère déterminé; au lieu que l'*harmonie* a le sien par elle-même indépendamment de toute autre quantité. (Voyez **Mélodie**.)

On voit, par un passage de Nicomaque et par d'autres, qu'ils donnoient aussi quelquefois le nom d'*harmonie* à la consonnance de l'octave, et aux concerts de voix et d'instrumens qui s'exécutoient à l'octave, et qu'ils appeloient plus communément *anthiphonie*.

Harmonie, selon les modernes, est une succession d'accords selon les lois de la modulation. Long-temps cette *harmonie* n'eut d'autres principes que des règles presque arbitraires ou fondées uniquement sur l'approbation d'une oreille exercée, qui jugeoit de la bonne ou mauvaise succession des consonnances, et dont on mettoit ensuite les décisions en calcul. Mais le P. Mersenne et M. Sauveur ayant trouvé que tout son, bien que simple en apparence, étoit toujours accompagné d'autres sons moins sensibles qui formoient avec lui l'accord parfait majeur, M. Rameau est parti de cette expérience, et en a fait la base de son système harmonique, dont il a rempli beaucoup de livres, et qu'enfin M. d'Alembert a pris la peine d'expliquer au public.

M. Tartini, partant d'une autre expérience plus neuve, plus délicate, et non moins certaine, est parvenu à des conclusions assez semblables par un chemin tout opposé. M. Rameau fait engendrer les dessus par la basse; M. Tartini fait engendrer la basse par les dessus : celui-ci tire l'*harmonie* de la mélodie, et le premier fait tout le contraire. Pour décider de laquelle des deux écoles doivent sortir les meilleurs ouvrages, il ne faut que savoir lequel doit être fait pour l'autre, du chant ou de l'accompagnement. On trouvera au mot SYSTÈME un court exposé de celui de M. Tartini. Je continue à parler ici dans celui de M. Rameau, que j'ai suivi dans tout cet ouvrage, comme le seul admis dans le pays où j'écris.

Je dois pourtant déclarer que ce système, quelque ingénieux qu'il soit, n'est rien moins que fondé sur la nature, comme il le répète sans cesse; qu'il n'est établi que sur des analogies et des convenances qu'un homme inventif peut renverser demain par d'autres plus naturelles; qu'enfin des expériences dont il le déduit, l'une est reconnue fausse, et l'autre ne fournit point les conséquences qu'il en tire. En effet, quand cet auteur a voulu décorer du titre de *démonstration* les raisonnemens sur lesquels il établit sa théorie, tout le monde s'est moqué de lui; l'Académie a hautement désapprouvé cette qualification obreptice; et M. Estève, de la Société royale de Montpellier, lui a fait voir qu'à commencer par cette proposition, que, dans la loi de la nature, les octaves des sons les représentent et peuvent se prendre pour eux, il n'y avoit rien du tout qui fût démontré, ni même solidement établi dans sa prétendue démonstration. Je reviens à son système.

Le principe physique de la résonnance nous offre les accords isolés et solitaires; il n'en établit pas la succession. Une succession régulière est pourtant nécessaire. Un dictionnaire de mots choisis n'est pas une harangue, ni un recueil de bons accords une pièce de musique : il faut un sens, il faut de la liaison dans la musique *ainsi* que dans le langage; il faut que quelque chose de ce qui précède se transmette à ce qui suit, pour que le tout fasse un ensemble et puisse être appelé véritablement un.

Or la sensation composée qui résulte d'un accord parfait se résout dans la sensation absolue de chacun des sons qui le composent, et dans la sensation comparée de chacun des intervalles que ces mêmes sons forment entre eux : il n'y a rien au-delà de sensible dans cet accord; d'où il suit que ce n'est que par le rapport des sons et par l'analogie des intervalles qu'on peut établir la liaison dont il s'agit, et c'est là le vrai et l'unique principe d'où découlent toutes les lois de l'*harmonie* et de la modulation. Si donc toute l'*harmonie* n'étoit formée que par une succession d'accords parfaits majeurs, il suffiroit d'y procéder par intervalles semblables à ceux qui composent un tel accord; car alors, quelque son de l'accord précédent se prolongeant nécessairement dans le suivant, tous les accords se trouveroient suffisamment liés, et l'*harmonie* seroit une au moins en ce sens.

Mais, outre que de telles successions excluroient toute mélodie en excluant le genre diatonique qui en fait la base, elles n'iroient point au vrai but de l'art; puisque la musique, étant un discours, doit avoir comme lui ses périodes, ses phrases, ses suspensions, ses repos, sa ponctuation de toute espèce, et que l'uniformité des marches harmoniques n'offriroit rien de tout cela. Les marches diatoniques exigeoient que les accords majeurs et mineurs fussent entremêlés, et l'on a senti la nécessité des dissonances pour marquer les phrases et les repos. Or, la succession liée des accords parfaits majeurs ne donne ni l'accord parfait mineur, ni la dissonance, ni aucune espèce de phrase, et la ponctuation s'y trouve tout-à-fait en défaut.

M. Rameau, voulant absolument, dans son système, tirer de la nature toute notre *harmonie*, a eu recours pour cet effet à une autre expérience de son invention, de laquelle j'ai parlé ci-devant, et qui est renversée de la première : il a prétendu qu'un son quelconque fournissoit dans ses multiples un accord parfait mineur au grave, dont il étoit la dominante ou quinte, comme il en fournit un majeur dans ses aliquotes, dont il est la tonique ou fondamentale. Il a avancé, comme un fait assuré, qu'une corde sonore faisoit vibrer dans leur totalité, sans pourtant les faire résonner, deux autres cordes plus graves, l'une à sa douzième majeure, et l'autre à sa dix-septième; et de ce fait, joint au précédent, il a déduit fort ingénieusement, non-seulement l'introduction du mode mineur et de la dissonance dans l'*harmonie*, mais les règles de la phrase harmonique et de toute la modulation, telles qu'on les trouve aux mots Accord, Accompagnement, Basse-fondamentale, Cadence, Dissonance, Modulation.

Mais premièrement l'expérience est fausse : il est reconnu que les cordes accordées au-dessous du son fondamental ne frémissent point en entier à ce son fondamental, mais qu'elles se divisent pour en rendre seulement l'unisson, lequel conséquemment n'a point d'harmoniques en dessous : il est reconnu de plus que la *propriété qu'ont les cordes de se diviser n'est* point particulière à celles qui sont accordées à la douzième et à la dix-septième en dessous du son principal, mais qu'elle est commune à tous ses multiples; d'où il suit que, les *intervalles de douzième et de dix-septième* en dessous n'étant pas uniques en leur manière, on n'en peut rien conclure en faveur de l'accord parfait mineur qu'ils représentent.

Quand on supposeroit la vérité de cette expérience, cela ne lèveroit pas à beaucoup près les difficultés. Si, comme le prétend M. Rameau, toute l'*harmonie* est dérivée de la résonnance du corps sonore, il n'en dérive donc point des seules vibrations du corps sonore qui ne résonne pas. En effet, c'est une étrange théorie de tirer de ce qui ne résonne pas les principes de l'*harmonie;* et c'est une étrange physique de faire vibrer et non résonner le corps sonore, comme si le son lui-même étoit autre chose que l'air ébranlé par ces vibrations. D'ailleurs le corps sonore ne donne pas seulement, outre le son principal, les sons qui composent avec lui l'accord parfait, mais une infinité d'autres sons, formés par toutes les aliquotes du corps sonore, lesquels n'entrent point dans cet accord parfait. Pourquoi les premiers sont-ils consonnans, et pourquoi les autres ne le sont-ils pas, puisqu'ils sont tous également donnés par la nature?

Tout son donne un accord vraiment parfait, puisqu'il est formé de tous ses harmoniques, et que c'est par eux qu'il est un son : cependant ces harmoniques ne s'entendent pas, et l'on ne distingue qu'un son simple, à moins qu'il ne soit extrêmement fort; d'où il suit que la seule bonne *harmonie* est l'unisson, et qu'aussitôt qu'on distingue les consonnances, la proportion naturelle étant altérée, l'*harmonie* a perdu sa pureté.

Cette altération se fait alors de deux manières. Premièrement, en faisant sonner certains harmoniques, et non pas les autres, on change le rapport de force qui doit régner entre eux tous, pour produire la sensation d'un son unique, et l'unité de la nature est détruite. On produit, en doublant ces harmoniques, un effet semblable à celui qu'on produiroit en étouffant tous les autres; car alors il ne faut pas douter qu'avec le son générateur on n'entendît ceux des harmoniques qu'on auroit laissés; au lieu qu'en les laissant tous, ils s'entre-détruisent, et concourent ensemble à produire et renforcer la sensation unique du son principal. C'est le même effet que donne le plein jeu de l'orgue, lorsque, ôtant successivement les registres, on laisse avec le principal la doublette et la quinte; car alors cette quinte et cette tierce, qui restoient confondues, se distinguent séparément et désagréablement.

De plus, les harmoniques qu'on fait sonner ont eux-mêmes d'autres harmoniques, lesquels ne le sont pas du son fondamental : c'est par ces harmoniques ajoutés que celui qui les produit se distingue encore plus durement; et ces mêmes harmoniques qui font ainsi sentir l'accord n'entrent point dans son *harmonie*. Voilà pourquoi les consonnances les plus parfaites déplaisent naturellement aux oreilles peu faites à les entendre, et je ne doute pas que l'octave elle-même ne déplût comme les autres, si le mélange des voix d'hommes et de femmes n'en donnoit l'habitude dès l'enfance.

C'est encore pis dans la dissonance, puisque, non-seulement les harmoniques du son qui la donnent, mais ce son lui-même n'entre point dans le système harmonieux du son fondamental; ce qui fait que la dissonance se distingue toujours d'une manière choquante parmi tous les autres sons.

Chaque touche d'un orgue, dans le plein-jeu, donne un accord parfait tierce majeure, qu'on ne distingue pas du son fondamental, à moins qu'on ne soit d'une attention extrême et qu'on ne tire successivement les jeux ; mais ces sons harmoniques ne se confondent avec le principal qu'à la faveur du grand bruit et d'un arrangement de registres par lequel les tuyaux qui font résonner le son fondamental couvrent de leur force ceux qui donnent ses harmoniques. Or, on n'observe point et on ne sauroit observer cette proportion continuelle dans un concert, puisque, attendu le renversement de l'*harmonie*, il faudroit que cette plus grande force passât à chaque instant d'une partie à une autre ; ce qui n'est pas praticable, et défigureroit toute la mélodie.

Quand on joue de l'orgue, chaque touche de la basse fait sonner l'accord parfait majeur ; mais parce que cette basse n'est pas toujours fondamentale, et qu'on module souvent en accord parfait mineur, cet accord parfait majeur est rarement celui que frappe la main droite ; de sorte qu'on entend la tierce mineure avec la majeure, la quinte avec le triton, la septième superflue avec l'octave, et mille autres cacophonies, dont nos oreilles sont peu choquées, parce que l'habitude les rend accommodantes ; mais il n'est point à présumer qu'il en fût ainsi d'une oreille naturellement juste, et qu'on mettroit pour la première fois à l'épreuve de cette *harmonie*.

M. Rameau prétend que les dessus d'une certaine simplicité suggèrent naturellement leur basse, et qu'un homme, ayant l'oreille juste et non exercée, entonnera naturellement cette basse. C'est là un préjugé de musicien démenti par toute expérience. Non-seulement celui qui n'aura jamais entendu ni basse ni *harmonie* ne trouvera de lui-même ni cette *harmonie* ni cette basse, mais elles lui déplairont si on les lui fait entendre, et il aimera beaucoup mieux le simple unisson.

Quand on songe que, de tous les peuples de la terre, qui tous ont une musique et un chant, les Européens sont les seuls qui aient une *harmonie*, des accords, et qui trouvent ce mélange agréable ; quand on songe que le monde a duré tant de siècles, sans que, de toutes les nations qui ont cultivé les beaux-arts, aucune ait connu cette *harmonie ;* qu'aucun animal, qu'aucun oiseau, qu'aucun être dans la nature ne produit d'autre accord que l'unisson, ni d'autre musique que la mélodie ; que les langues orientales, si sonores, si musicales ; que les oreilles grecques, si délicates, si sensibles, exercées avec tant d'art, n'ont jamais guidé ces peuples voluptueux et passionnés vers notre *harmonie ;* que sans elle leur musique avoit des effets si prodigieux ; qu'avec elle la nôtre en a de si foibles ; qu'enfin il étoit réservé à des peuples du Nord, dont les organes durs et grossiers sont plus touchés de l'éclat et du bruit des voix que de la douceur des accens et de la mélodie des inflexions, de faire cette grande découverte et de la donner pour principe à toutes les règles de l'art ; quand, dis-je, on fait attention à tout cela, il est bien difficile de ne pas soupçonner que toute notre *harmonie* n'est qu'une invention gothique et barbare, dont nous ne nous fussions jamais avisés si nous eussions été plus sensibles aux véritables beautés de l'art et à la musique vraiment naturelle.

M. Rameau prétend cependant que l'*harmonie* est la source des plus grandes beautés de la musique ; mais ce sentiment est contredit par les faits et par la raison. Par les faits ; puisque tous les grands effets de la musique ont cessé, et qu'elle a perdu son énergie et sa force depuis l'invention du contre-point : à quoi j'ajoute que les beautés purement harmoniques sont des beautés savantes, qui ne transportent que des gens versés dans l'art ; au lieu que les véritables beautés de la musique étant de la nature, sont et doivent être également sensibles à tous les hommes savans et ignorans.

Par la raison ; puisque l'*harmonie* ne fournit aucun principe d'imitation par lequel la musique, formant des images ou exprimant des sentimens, se puisse élever au genre dramatique ou imitatif, qui est la partie de l'art la plus noble, et la seule énergique, tout ce qui ne tient qu'au physique des sons étant très-borné dans le plaisir qu'il nous donne, et n'ayant que très-peu de pouvoir sur le cœur humain. (Voyez Mélodie.)

Harmonie. Genre de musique. Les anciens ont souvent donné ce nom au genre appelé plus communément *genre enharmonique*. (Voyez Enharmonique.)

Harmonie directe, est celle où la basse est fondamentale, et où les parties supérieures conservent l'ordre direct entre elles et avec cette basse. **Harmonie renversée**, est celle où le son générateur ou fondamental est dans quelqu'une des parties supérieures, et où quelque autre son de l'accord est transporté à la basse au-dessous des autres. (Voyez Direct, Renversé.)

Harmonie figurée, est celle où l'on fait passer plusieurs notes sur un accord. On *figure* l'*harmonie* par degrés conjoints ou disjoints. Lorsqu'on figure par degrés conjoints, on emploie nécessairement d'autres notes que celles qui forment l'accord; des notes qui ne sonnent point sur la basse, et sont comptées pour rien dans l'*harmonie* : ces notes intermédiaires ne doivent pas se montrer au commencement des temps, principalement des temps forts, si ce n'est comme coulés, ports-de-voix, ou lorsqu'on fait la première note du temps brève pour appuyer la seconde. Mais, quand on figure par degrés disjoints, on ne peut absolument employer que les notes qui forment l'accord, soit consonnant, soit dissonant. L'*harmonie* se *figure* encore par des sons suspendus ou supposés. (Voyez Supposition, Suspension.)

Harmonieux, *adj*. Tout ce qui fait de l'effet dans l'harmonie, et même quelquefois tout ce qui est sonore et remplit l'oreille dans les voix, dans les instrumens, dans la simple mélodie.

Harmonique, *adj*. Ce qui appartient à l'harmonie, comme les divisions *harmoniques* du monocorde, la proportion *harmonique*, le canon *harmonique*, etc.

Harmoniques, *s. des deux genres*. On appelle ainsi tous les sons concomitans ou accessoires qui, par le principe de la résonnance, accompagnent un son quelconque et le rendent appréciable : ainsi toutes les aliquotes d'une corde sonore en donnent les *harmoniques*. Ce mot s'emploie au masculin quand on sous-entend le mot *son*, et au féminin quand on sous-entend le mot *corde*.

Sons harmoniques. (Voyez Son.)

Harmoniste, *s. m*. Musicien savant dans l'harmonie : *C'est un bon* harmoniste; *Durante est le plus grand* harmoniste *de l'Italie, c'est-à-dire du monde*.

Harmonomètre, *s. m*. Instrument propre à mesurer les rapports harmoniques. Si l'on pouvoit observer et suivre à l'oreille et à l'œil les ventres, les nœuds et toutes les divisions d'une corde sonore en vibration, l'on auroit un *harmonomètre* naturel très-exact; mais nos sens trop grossiers ne pouvant suffire à ces observations, on y supplée par un monocorde que l'on divise à volonté par des chevalets mobiles; et c'est le meilleur *harmonomètre* naturel que l'on ait trouvé jusqu'ici. (Voyez Monocorde.)

Harpalice. Sorte de chanson propre aux filles parmi les anciens Grecs. (Voy. Chanson.)

Haut, *adj*. Ce mot signifie la même chose qu'*aigu*, et ce terme est opposé à *bas*. C'est ainsi qu'on dira que le ton est trop *haut*, qu'il faut monter l'instrument plus *haut*.

Haut s'emploie aussi quelquefois improprement pour *fort; Chantez plus* haut, *on ne vous entend pas*.

Les anciens donnoient à l'ordre des sons une dénomination tout opposée à la nôtre; ils plaçoient en *haut* les sons graves, et en bas les sons aigus : ce qu'il importe de remarquer pour entendre plusieurs de leurs passages.

Haut est encore, dans celles des quatre parties de la musique qui se subdivisent, l'épithète qui distingue la plus élevée ou la plus aiguë. Haute-contre, Haute-taille, Haut-dessus. (Voyez ces mots.)

Haut-dessus, *s. m*. C'est, quand les dessus chantans se subdivisent, la partie supérieure. Dans les parties instrumentales on dit toujours *premier dessus* et *second dessus;* mais dans le vocal on dit quelquefois *haut-dessus* et *bas-dessus*.

Haute-contre, Altus ou **Contra**. Celle des quatre parties de la musique qui appartient aux voix d'homme les plus aiguës ou les plus hautes, par opposition à la *basse-contre*, qui est pour les plus graves ou les plus basses. (Voyez Parties.)

Dans la musique italienne, cette partie, qu'ils appellent *contr'alto*, et qui répond à la *haute-contre*, est presque toujours chantée par des *bas-dessus*, soit femmes, soit castrati. En effet, la *haute-contre* en voix d'homme n'est point naturelle ; il faut la forcer pour la porter à ce diapason ; quoi qu'on fasse, elle a toujours de l'aigreur, et rarement de la justesse.

Haute-taille, Tenor, est cette partie de la musique qu'on appelle aussi simplement *taille*.

Quand la taille se subdivise en deux autres parties, l'inférieure prend le nom de *basse-taille* ou concordant, et la supérieure s'appelle *haute-taille*.

Hémi. Mot grec fort usité dans la musique, et qui signifie *demi* ou *moitié*. (Voyez Semi.)

Hémiditon. C'étoit, dans la musique grecque, l'intervalle de tierce majeure, diminuée d'un semi-ton, c'est-à-dire la tierce mineure. L'*hémiditon* n'est point, comme on pourroit croire, la moitié du diton ou le *ton* : mais c'est le diton moins la moitié d'un *ton;* ce qui est tout différent.

Hémiole. Mot grec qui signifie l'*entier et demi*, et qu'on a consacré en quelque sorte à la musique : il exprime le rapport de deux quantités dont l'une est à l'autre comme 15 à 10, ou comme 3 à 2 : on l'appelle autrement *rapport sesquialtère*.

C'est de ce rapport que naît la consonnance appelée *diapente* ou quinte; et l'ancien rhythme sesquialtère en naissoit aussi.

Les anciens auteurs italiens donnent encore le nom d'*hémiole* ou *hémiolie* à cette espèce de mesure triple dont chaque temps est une noire. Si cette noire est sans queue, la mesure s'appelle *hemiola maggiore*, parce qu'elle se bat plus lentement et qu'il faut deux noires à queue pour chaque temps. Si chaque temps ne contient qu'une noire à queue, la mesure se bat du double plus vite, et s'appelle *hemiolia minore*.

Hemiolien, *adj*. C'est le nom que donne Aristoxène à l'une des trois espèces du genre chromatique, dont il explique les divisions. Le tétracorde 30 y est partagé en trois intervalles, dont les deux premiers, égaux entre eux, sont chacun la sixième partie, et dont le troisième est les deux tiers. $5 + 5 + 20 = 30$.

Heptacorde, Heptaméride, Heptaphone, Hexacorde, etc. (Voyez Eptacorde, Eptaméride, Eptaphone, etc.)

Hermosménon. (Voyez Moeurs.)

Hexarmonien, *adj*. Nome, ou chant d'une mélodie efféminée et lâche, comme Aristophane le reproche à Philoxène son auteur.

Homophonie, *s. f.* C'étoit, dans la musique grecque, cette espèce de symphonie qui se faisoit à l'unisson, par opposition à l'antiphonie qui s'exécutoit à l'octave. Ce mot vient de ὁμὸς, pareil, et de φωνὴ, son.

Hymée. Chanson des meuniers chez les anciens Grecs, autrement dite *épiaulie*. (V. ce mot.)

Hyménée. Chanson des noces chez les anciens Grecs, autrement dite *épithalame*. (Voy. Épithalame.)

Hymne, *s. f.* Chant en l'honneur des dieux ou des héros. Il y a cette différence entre l'*hymne* et le cantique, que celui-ci se rapporte plus communément aux actions, et l'*hymne* aux personnes. Les premiers chants de toutes les nations ont été des cantiques ou des *hymnes*. Orphée et Linus passoient, chez les Grecs, pour auteurs des premières *hymnes;* et il nous reste parmi les poésies d'Homère un recueil d'*hymnes* en l'honneur des dieux.

Hypate, *adj*. Épithète par laquelle les Grecs distinguoient le tétracorde le plus bas, et la plus basse corde de chacun des deux plus bas tétracordes; ce qui pour eux étoit tout le contraire, car ils suivoient dans leurs dénominations un ordre rétrograde au nôtre, et plaçoient en haut le grave que nous plaçons en bas. Ce choix est arbitraire, puisque les idées attachées aux mots *aigu* et *grave* n'ont aucune liaison naturelle avec les idées attachées aux mots *haut* et *bas*.

On appeloit donc *tétracorde hypaton*, ou des *hypates*, celui qui étoit le plus grave de tous et immédiatement au-dessus de la *proslambanomène*, ou plus basse corde du mode; et la première corde du tétracorde qui suivoit immédiatement celle-là s'appeloit *hypate-hypaton*, c'est-à-dire, comme le traduisoient les Latins, la *principale* du tétracorde des *principales*. Le tétracorde immédiatement suivant du grave à l'aigu s'appeloit *tétracorde-méson*, ou des moyennes, et la plus grave corde s'appeloit *hypate-méson*, c'est-à-dire la principale des moyennes.

Nicomaque le Gérasénien prétend que ce mot d'*hypate*, *principale*, *élevée* ou *suprême*, a été donné à la plus grave des cordes du diapason, *par allusion à Saturne*, qui des sept planètes est la plus éloignée de nous. On se doutera bien par là que ce Nicomaque étoit pythagoricien.

Hypate-Hypaton. C'étoit la plus basse corde du plus bas tétracorde des Grecs; et d'un ton plus haut que la proslambanomène. (Voyez l'article précédent.)

Hypate-méson. C'étoit la plus basse corde du second tétracorde, laquelle étoit aussi la plus aiguë du premier, parce que ces deux tétracordes étoient conjoints. (Voyez Hypate.)

Hypatoïdes. Sons graves. (Voyez Lepsis.)

Hyperboléien, *adj.* Nome ou chant de même caractère que l'hexarmonien. (Voyez Hexarmonien.)

Hyperboléon. Le tétracorde *hyperboléon* étoit le plus aigu des cinq tétracordes du système des Grecs.

Ce mot est le génitif du substantif pluriel ὑπερβόλαι, *sommets, extrémités;* les sons les plus aigus étant à l'extrémité des autres.

Hyper-diazeuxis. Disjonction de deux tétracordes séparés par l'intervalle d'une octave, comme étoient le tétracorde des hypates et celui des hyperbolées.

Hyper-dorien. Mode de la musique grecque, autrement appelé *mixo-lydien*, duquel la fondamentale ou tonique étoit une quarte au-dessus de celle du mode dorien. (Voyez Mode.)

On attribue à Pythoclide l'invention du mode *hyper-dorien.*

Hyper-éolien. Le pénultième à l'aigu des quinze modes de la musique des Grecs, et duquel la fondamentale ou tonique étoit une quarte au-dessus de celle du mode éolien. (Voyez Mode.)

Le mode *hyper-éolien*, non plus que l'hyper-lydien qui le suit, n'étoient pas si anciens que les autres : Aristoxène n'en fait aucune mention ; et Ptolomée, qui n'en admettoit que sept, n'y comprenoit pas ces deux-là.

Hyper-iastien, ou *mixo-lydien aigu.* C'est le nom qu'Euclide et plusieurs anciens donnent au mode appelé plus communément *hyper-ionien.*

Hyper-ionien. Mode de la musique grecque, appelé aussi par quelques-uns hyper-iastien, ou *mixo-lydien aigu*, lequel avoit sa fondamentale une quarte au-dessus de celle du mode ionien. Le mode ionien est le douzième en ordre du grave à l'aigu, selon le dénombrement d'Alypius. (Voyez Mode.)

Hyper-lydien. Le plus aigu des quinze modes de la musique des Grecs, duquel la fondamentale étoit une quarte au-dessus de celle du mode lydien. Ce mode, non plus que son voisin l'hyper-éolien, n'étoit pas si ancien que les treize autres; et Aristoxène, qui les nomme tous, ne fait aucune mention de ces deux-là. (Voyez Mode.)

Hyper-mixo-lydien. Un des modes de la musique grecque, autrement appelé *hyper-phrygien.* (Voyez ce mot.)

Hyper-phrygien, appelé aussi par Euclide *hyper-mixo-lydien*, est le plus aigu des treize modes d'Aristoxène, faisant le diapason ou l'octave avec l'hypo-dorien, le plus grave de tous. (Voyez Mode.)

Hypo-diazeuxis est, selon le vieux Bacchius, l'intervalle de quinte qui se trouve entre deux tétracordes séparés par une disjonction, et de plus par un troisième tétracorde intermédiaire. Ainsi il y a *hypo-diazeuxis* entre les tétracordes hypaton et diézeugménon, et entre les tétracordes synnéménon et hyperboléon. (Voyez Tétracorde.)

Hypo-dorien. Le plus grave de tous les modes de l'ancienne musique. Euclide dit que c'est *le plus élevé*; mais le vrai sens de cette expression est expliqué au mot *hypate.*

Le mode *hypo-dorien* a sa fondamentale une quarte au-dessous de celle du mode dorien ; il fut inventé, dit-on, par Philoxène. Ce mode est affectueux, mais gai, alliant la douceur à la majesté.

Hypo-éolien. Mode de l'ancienne musique, appelé aussi par Euclide *hypo-lydien grave.* Ce mode a sa fondamentale une quarte au-dessous de celle du mode éolien. (Voyez Mode.)

Hypo-iastien. (Voyez Hypo-ionien.)

Hypo-ionien. Le second des modes de l'ancienne musique, en commençant par le grave. Euclide l'appelle aussi *hypo-iastien* et *hypo-phrygien grave.* Sa fondamentale est une quarte au-dessous de celle du mode lydien. (Voy. Mode.)

Hypo-lydien. Le cinquième mode de l'ancienne musique, en commençant par le grave. Euclide l'appelle aussi *hypo-iastien* et *hypo-phrygien grave.* Sa fondamentale est une quarte au-dessous de celle du mode lydien. (Voyez Mode.)

Euclide distingue deux modes *hypo-lydiens*; savoir, l'aigu, qui est celui de cet article, et le grave, qui est le même que l'hypo-éolien.

Le mode *hypo-lydien* étoit propre aux chants funèbres, aux méditations sublimes et divines : quelques-uns en attribuent l'invention à Polymneste de Colophon, d'autres à Damon l'Athénien.

Hypo-mixo-lydien. Mode ajouté par Gui d'Arezzo à ceux de l'ancienne musique : c'est proprement le plagal du mode mixo-lydien, et sa fondamentale est la même que celle du mode dorien. (Voyez Mode.)

Hypo-phrygien. Un des modes de l'ancienne musique dérivé du mode phrygien, dont la fondamentale étoit une quarte au-dessus de la sienne.

Euclide parle encore d'un autre mode hypophrygien au grave de celui-ci; c'est celui qu'on appelle plus correctement hypo-ionien. (Voyez ce mot.)

Le caractère du mode *hypo-phrygien* étoit calme, paisible, et propre à tempérer la véhémence du phrygien : il fut inventé, dit-on, par Damon, l'ami de Pythias et l'élève de Socrate.

Hypo-proslambanoménos. Nom d'une corde ajoutée, à ce qu'on prétend, par Gui d'Arezzo un ton plus bas que la proslambanomène des Grecs; c'est-à-dire au-dessous de tout le système. L'auteur de cette nouvelle corde l'exprima par la lettre Γ de l'alphabet grec, et de là nous est venu le nom de la *gamme*.

Hyporchema. Sorte de cantique sur lequel on dansoit aux fêtes des dieux.

Hypo-synaphe est, dans la musique des Grecs, la disjonction des deux tétracordes séparés par l'interposition d'un troisième tétracorde conjoint avec chacun des deux; en sorte que les cordes homologues de deux tétracordes disjoints par *hypo-synaphe* ont entre elles cinq tons ou une septième mineure d'intervalle : tels sont les deux tétracordes *hypathon* et *synnéménon*.

I.

Ialème. Sorte de chant funèbre jadis en usage parmi les Grecs, comme le *linos* chez le même peuple, et le *manéros* chez les Égyptiens. (Voyez Chanson.)

Iambique, *adj.* Il y avoit dans la musique des anciens deux sortes de vers *ïambiques*, dont on ne faisoit que réciter les uns au son des instrumens, au lieu que les autres se chantoient. On ne comprend pas bien quel effet devoit produire l'accompagnement des instrumens sur une simple récitation, et tout ce qu'on en peut conclure raisonnablement, c'est que la plus simple manière de prononcer la poésie grecque, ou du moins l'*ïambique*, se faisoit par des sons appréciables, harmoniques, et tenoit encore beaucoup de l'intonation du chant.

Iastien. Nom donné par Aristoxène et Alypius au mode que les autres auteurs appellent plus communément *ionien*. (Voyez Mode.)

Jeu, *s. m.* L'action de jouer d'un instrument. (Voyez Jouer.) On dit *plein-jeu*, *demi-jeu*, selon la manière plus forte ou plus douce de tirer les sons de l'instrument.

Imitation, *s. f.* La musique dramatique ou théâtrale concourt à l'*imitation*, ainsi que la poésie et la peinture : c'est à ce principe commun que se rapportent tous les beaux-arts, comme l'a montré M. Le Batteux. Mais cette *imitation* n'a pas pour tous la même étendue. Tout ce que l'imagination peut se représenter est du ressort de la poésie. La peinture, qui n'offre point ses tableaux à l'imagination, mais au sens et à un seul sens, ne peint que les objets soumis à la vue. La musique sembleroit avoir les mêmes bornes par rapport à l'ouïe; cependant elle peint tout, même les objets qui ne sont que visibles : par un prestige presque inconcevable elle semble mettre l'œil dans l'oreille; et la plus grande merveille d'un art qui n'agit que par le mouvement, est d'en pouvoir former jusqu'à l'image du repos. La nuit, le sommeil, la solitude et le silence entrent dans le nombre des grands tableaux de la musique. On sait que le bruit peut produire l'effet du silence, et le silence l'effet du bruit; comme quand on s'endort à une lecture égale et monotone, et qu'on s'éveille à l'instant qu'elle cesse. Mais la musique agit plus intimement sur nous en excitant, par un sens, des affections semblables à celles qu'on peut exciter par un autre; et, comme le rapport ne peut être sensible que l'impression ne soit forte, la peinture dénuée de cette force ne peut rendre à la musique les *imitations* que celle-ci tire d'elle. Que toute la nature soit endormie, celui qui la contemple ne dort pas, et l'art du musicien consiste à substituer à l'image insensible de l'objet celle des mouvemens que sa présence excite dans le cœur du contemplateur : non-seulement il agitera la mer, animera la flamme d'un incendie, fera couler les ruisseaux, tomber la pluie et grossir les torrens ; mais il peindra l'horreur d'un désert affreux, rembrunira les murs d'une prison souterraine, calmera la tempête, rendra l'air tranquille et serein, et répandra de l'orchestre une fraîcheur nouvelle sur les bocages : il ne représentera pas directement ces choses, mais il excitera dans l'âme les mêmes mouvemens qu'on éprouve en les voyant.

J'ai dit au mot Harmonie qu'on ne tire d'elle aucun principe qui mène à l'*imitation* musicale, puisqu'il n'y a aucun rapport entre des accords et les objets qu'on veut peindre, ou les passions qu'on veut exprimer. Je ferai voir au mot Mélodie quel est ce principe que l'harmonie ne fournit pas, et quels traits donnés par la nature sont employés par la musique pour représenter ces objets et ces passions.

Imitation, dans son sens technique, est l'emploi d'un même chant, ou d'un chant semblable dans plusieurs parties qui le font entendre l'un après l'autre, à l'unisson, à la quinte, à la quarte, à la tierce, ou à quelque autre intervalle que ce soit. L'*imitation* est toujours bien prise, même en changeant plusieurs notes, pourvu que ce même chant se reconnoisse toujours et qu'on ne s'écarte point des lois d'une bonne modulation. Souvent, pour rendre l'*imitation* plus sensible, on la fait précéder de silences ou de notes longues, qui semblent laisser éteindre le chant au moment que l'*imitation* le ranime. On traite l'*imitation* comme on veut ; on l'abandonne, on la reprend, on en commence un autre à volonté ; en un mot, les règles en sont aussi relâchées que celles de la fugue sont sévères : c'est pourquoi les grands maîtres la dédaignent, et toute *imitation* trop affectée décèle presque toujours un écolier en composition.

Imparfait, *adj*. Ce mot a plusieurs sens en musique. Un accord *imparfait* est, par opposition à l'accord parfait, celui qui porte une sixte ou une dissonance ; et, par opposition à l'accord plein, c'est celui qui n'a pas tous les sons qui lui conviennent et qui doivent le rendre complet. (Voyez Accord.)

Le temps ou mode *imparfait* étoit, dans nos anciennes musiques, celui de la division double. (Voyez Mode.)

Une cadence *imparfaite* est celle qu'on appelle autrement cadence irrégulière. (Voyez Cadence.)

Une consonnance *imparfaite* est celle qui peut être majeure ou mineure, comme la tierce ou la sixte. (Voyez Consonnance.)

On appelle, dans le plain-chant, *modes imparfaits* ceux qui sont défectueux en haut ou en bas, et restent en-deçà d'un des deux termes qu'ils doivent atteindre.

Improviser, *v. n.* C'est faire et chanter impromptu des chansons, airs et paroles, qu'on accompagne communément d'une guitare ou autre pareil instrument. Il n'y a rien de plus commun en Italie que de voir deux masques se rencontrer, se défier, s'attaquer, se riposter ainsi par des couplets sur le même air, avec une vivacité de dialogue, de chant, d'accompagnement, dont il faut avoir été témoin pour la comprendre.

Le mot *improvisar* est purement italien ; mais comme il se rapporte à la musique, j'ai été contraint de le franciser pour faire entendre ce qu'il signifie.

Incomposé, *adj*. Un intervalle *incomposé* est celui qui ne peut se résoudre en intervalles plus petits, et n'a point d'autre élément que lui-même ; tel, par exemple, que le dièse enharmonique, le comma, même le semi-ton.

Chez les Grecs, les intervalles *incomposés* étoient différens dans les trois genres, selon la manière d'accorder les tétracordes. Dans le diatonique le semi-ton et chacun des deux tons qui le suivent étoient des intervalles *incomposés*. La tierce mineure qui se trouve entre la troisième et la quatrième corde dans le genre chromatique, et la tierce majeure qui se trouve entre les mêmes cordes dans le genre enharmonique, étoient aussi des intervalles *incomposés*. En ce sens, il n'y a dans le système moderne qu'un seul intervalle *incomposé*, savoir, le semi-ton. (Voyez Semi-Ton.)

Inharmonique, *adj*. *Relation inharmonique*, est, selon M. Savérien, un terme de musique, et il renvoie, pour l'expliquer, au mot *Relation*, auquel il n'en parle pas. Ce terme de musique ne m'est point connu.

Instrument, *s. m.* Terme générique sous lequel on comprend tous les corps artificiels qui peuvent rendre et varier les sons à l'imitation de la voix. Tous les corps capables d'agiter l'air par quelque choc, et d'exciter ensuite, par leurs vibrations, dans cet air agité, des ondulations assez fréquentes, peuvent donner du son; et tous les corps capables d'accélérer ou retarder ces ondulations peuvent varier les sons. (Voyez SON.)

Il y a trois manières de rendre des sons sur des *instrumens;* savoir, par les vibrations des cordes, par celles de certains corps élastiques, et par la collision de l'air enfermé dans des tuyaux. J'ai parlé, au mot MUSIQUE, de l'invention de ces *instrumens*.

Il se divisent généralement en *instrumens* à cordes, *instrumens* à vent, *instrumens* de percussion. Les *instrumens* à cordes, chez les anciens, étoient en grand nombre; les plus connus sont les suivans : *lyra, psalterium, trigonium, sambuca, cithara, pectis, magas, barbiton, testudo, epigonium, simmicium, epandoron*, etc. On touchoit tous ces *instrumens* avec les doigts, ou avec le *plectrum*, espèce d'archet.

Pour leurs principaux *instrumens* à vent, ils avoient ceux appelés *tibia, fistula, tuba, cornu, lituus*, etc.

Les *instrumens* de percussion étoient ceux qu'ils nommoient *tympanum, cymbalum, crepitaculum, tintinnabulum, crotalum*, etc. Mais plusieurs de ceux-ci ne varioient point les sons.

On ne trouvera point ici des articles pour ces *instrumens* ni pour ceux de la musique moderne, dont le nombre est excessif. La partie instrumentale, dont un autre s'étoit chargé, n'étant pas d'abord entrée dans le plan de mon travail pour l'Encyclopédie, m'a rebuté, par l'étendue des connoissances qu'elle exige, de la remettre dans celui-ci.

INSTRUMENTAL. Qui appartient au jeu des instrumens; *tour de chant* instrumental; *musique* instrumentale.

INTENSE, *adj*. Les sons *intenses* sont ceux qui ont le plus de force, qui s'entendent de plus loin : ce sont aussi ceux qui étant rendus par des cordes fort tendues, vibrent par là même plus fortement. Ce mot est latin, ainsi que celui de *rémisse*, qui lui est opposé : mais dans les écrits de musique théorique on est obligé de franciser l'un et l'autre.

INTERCIDENCE, *s. f.* Terme de plain-chant. (Voyez DIAPTOSE.)

INTERMÈDE, *s. m.* Pièce de musique et de danse qu'on insère à l'Opéra, et quelquefois à la Comédie, entre les actes d'une grande pièce, pour égayer et reposer en quelque sorte l'esprit du spectateur, attristé par le tragique et tendu sur les grands intérêts.

Il y a des *intermèdes* qui sont de véritables drames comiques ou burlesques, lesquels, coupant ainsi l'intérêt par un intérêt tout différent, ballottent et tiraillent, pour ainsi dire, l'attention du spectateur en sens contraire, et d'une manière très-opposée au bon goût et à la raison. Comme la danse en Italie n'entre point et ne doit point entrer dans la constitution du drame lyrique, on est forcé, pour l'admettre sur le théâtre, de l'employer hors-d'œuvre et détachée de la pièce. Ce n'est pas cela que je blâme; au contraire, je pense qu'il convient d'effacer, par un ballet agréable, les impressions tristes laissées par la représentation d'un grand opéra, et j'approuve fort que ce ballet fasse un sujet particulier qui n'appartienne point à la pièce; mais ce que je n'approuve pas, c'est qu'on coupe les actes par de semblables ballets qui, divisant ainsi l'action et détruisant l'intérêt, font, pour ainsi dire, de chaque acte une pièce nouvelle.

INTERVALLE, *s. m.* Différence d'un son à un autre entre le grave et l'aigu; c'est tout l'espace que l'un des deux auroit à parcourir pour arriver à l'unisson de l'autre. La différence qu'il y a de l'*intervalle* à l'*étendue* est que l'*intervalle* est considéré comme indivisé, et l'étendue comme divisée. Dans l'*intervalle*, on ne considère que les deux termes; dans l'étendue, on en suppose d'intermédiaires. L'étendue forme un système; mais l'*intervalle* peut être incomposé.

A prendre ce mot dans son sens le plus général, il est évident qu'il y a une infinité d'*intervalles;* mais, comme en musique on borne le nombre des sons à ceux qui composent un certain système, on borne aussi par là le nombre des *intervalles* à ceux que ces sons peuvent former entre eux : de sorte qu'en combinant deux à deux tous les sons d'un système quelconque, on aura tous les *intervalles* possibles dans ce même système; sur quoi il restera à réduire sous la même espèce tous ceux qui se trouveront égaux.

Les anciens divisoient les *intervalles* de leur musique en *intervalles* simples ou incomposés, qu'ils appeloient *diastèmes*, et en *intervalles* composés, qu'ils appeloient *systèmes*. (Voyez ces mots.) Les *intervalles*, dit Aristoxène, diffèrent entre eux en cinq manières : 1° En étendue; un grand *intervalle* diffère ainsi d'un plus petit; 2° En résonnance ou en accord; c'est ainsi qu'un *intervalle* consonnant diffère d'un dissonant; 3° En quantité; comme un *intervalle* simple diffère d'un *intervalle* composé; 4° En genre; c'est ainsi que les *intervalles* diatoniques, chromatiques, enharmoniques, diffèrent entre eux; 5° En nature de rapport; comme l'*intervalle* dont la raison peut s'exprimer en nombres diffère d'un *intervalle* irrationnel. Disons quelques mots de toutes ces différences.

I. Le moindre de tous les *intervalles*, selon Bacchius et Gaudence, est le dièse enharmonique. Le plus grand, à le prendre à l'extrémité grave du mode hypo-dorien jusqu'à l'extrémité aiguë de l'hypo-mixo-lydien, seroit de trois octaves complètes; mais comme il y a une quinte à retrancher, ou même une sixte, selon un passage d'Adraste, cité par Meibomius, reste la quarte par-dessus le dis-diapason, c'est-à-dire la dix-huitième, pour le plus grand *intervalle* du diagramme des Grecs.

II. Les Grecs divisoient, comme nous, les *intervalles* en consonnans et dissonans; mais leurs divisions n'étoient pas les mêmes que les nôtres. (Voy. CONSONNANCE.) Ils subdivisoient encore les *intervalles* consonnans en deux espèces, sans y compter l'unisson, qu'ils appeloient *homophonie*, ou parité de sons, et dont l'*intervalle* est nul. La première espèce étoit l'*antiphonie*, ou opposition des sons, qui se faisoit à l'octave ou à la double octave, et qui n'étoit proprement qu'une réplique du même son, mais pourtant avec opposition du grave à l'aigu. La seconde espèce étoit la *paraphonie*, ou distinction de sons, sous laquelle on comprenoit toute consonnance autre que l'octave et ses répliques, tous les *intervalles*, dit Théon de Smyrne, qui ne sont ni dissonans ni unisson.

III. Quand les Grecs parlent de leurs diastèmes ou *intervalles* simples, il ne faut pas prendre ce terme à toute rigueur : car le diésis même n'étoit pas, selon eux, exempt de composition; mais il faut toujours le rapporter au genre auquel l'*intervalle* s'applique. Par exemple, le semi-ton est un *intervalle* simple dans le genre chromatique et dans le diatonique, composé dans l'enharmonique. Le *ton* est composé dans le chromatique, et simple dans le diatonique; et le diton même, ou la tierce majeure, qui est un *intervalle* composé dans le diatonique, est incomposé dans l'enharmonique. Ainsi ce qui est système dans un genre peut être diastème dans un autre, et réciproquement.

IV. Sur les genres, divisez successivement le même tétracorde selon le genre diatonique, selon le chromatique, et selon l'enharmonique, vous aurez trois accords différens, lesquels, comparés entre eux, au lieu de trois *intervalles*, vous en donneront neuf, outre les combinaisons et compositions qu'on en peut faire, et les différences de tous ces *intervalles* qui en produiront des multitudes d'autres. Si vous comparez, par exemple, le premier *intervalle* de chaque tétracorde dans l'enharmonique et dans le chromatique mol d'Aristoxène, vous aurez d'un côté un quart ou $\frac{3}{12}$ de ton, de l'autre un tiers ou $\frac{4}{12}$, et les deux cordes aiguës feront entre elles un *intervalle* qui sera la différence des deux précédens, ou la douzième partie d'un ton.

V. Passant maintenant aux rapports, cet article me mène à une petite digression.

Les aristoxéniens prétendoient avoir bien simplifié la musique par leurs divisions égales des *intervalles*, et se moquoient fort de tous les calculs de Pythagore. Il me semble cependant que cette prétendue simplicité n'étoit guère que dans les mots, et que si les pythagoriciens avoient un peu mieux entendu leur maître et la musique, ils auroient bientôt fermé la bouche à leurs adversaires.

Pythagore n'avoit pas imaginé le rapport des sons qu'il calcula le premier; guidé par l'expérience, il ne fit que prendre note de ses observations. Aristoxène, incommodé de tous ces calculs, bâtit dans sa tête un système tout différent; et comme s'il eût pu changer la nature à son gré, pour avoir simplifié les mots, il crut avoir simplifié les choses, au lieu qu'il fit réellement le contraire.

Comme les rapports des consonnances étoient simples et faciles à exprimer, ces deux philosophes étoient d'accord là-dessus : ils l'étoient même sur les premières dissonances; car ils convenoient également que le *ton* étoit la différence de la quarte à la quinte : mais comment déterminer déjà cette différence autrement que par le calcul? Aristoxène partoit pourtant de là pour n'en point vouloir, et sur ce *ton*, dont il se vantoit d'ignorer le rapport, il bâtissoit toute sa doctrine musicale. Qu'y avoit-il de plus aisé que de lui montrer la fausseté de ses opérations et la justesse de celles de Pythagore? mais, auroit-il dit, je prends toujours des doubles, ou des moitiés, ou des tiers; cela est plus simple et plus tôt fait que vos comma, vos limma, vos apotomes. Je l'avoue, eût répondu Pythagore; mais dites-moi, je vous prie, comment vous les prenez, ces doubles, ces moitiés, ces tiers. L'autre eût répliqué qu'il les entonnoit naturellement, ou qu'il les prenoit sur son monocorde. Eh bien! eût dit Pythagore, entonnez-moi juste le quart d'un ton. Si l'autre eût été assez charlatan pour le faire, Pythagore eût ajouté : Mais est-il bien divisé votre monocorde? montrez-moi, je vous prie, de quelle méthode vous vous êtes servi pour y prendre le quart ou le tiers d'un ton. Je ne saurois voir, en pareil cas, ce qu'Aristoxène eût pu répondre : car, de dire que l'instrument avoit été accordé sur la voix, outre que c'eût été tomber dans le cercle, cela ne pouvoit convenir aux aristoxéniens, puisqu'ils avouoient tous avec leur chef qu'il falloit exercer longtemps la voix sur un instrument de la dernière justesse pour venir à bout de bien entonner les *intervalles* du chromatique mol et du genre enharmonique.

Or, puisqu'il faut des calculs non moins composés, et même des opérations géométriques plus difficiles pour mesurer les tiers et les quarts de ton d'Aristoxène que pour assigner les rapports de Pythagore, c'est avec raison que Nicomaque, Boëce, et plusieurs autres théoriciens préféroient les rapports justes et harmoniques de leur maître aux divisions du système aristoxénien, qui n'étoient pas plus simples, et qui ne donnoient aucun *in[tervalle]* dans la justesse de sa génération.

Il faut remarquer que ces raisonnemens qui convenoient à la musique des Grecs ne conviendroient pas également à la nôtre, parce que tous les sons de notre système s'accordent par des consonnances; ce qui ne pouvoit se faire dans le leur que pour le seul genre diatonique.

Il s'ensuit de tout ceci qu'Aristoxène distinguoit avec raison les *intervalles* en rationnels et irrationnels; puisque, bien qu'ils fussent tous rationnels dans le système de Pythagore, la plupart des dissonances étoient irrationnelles dans le sien.

Dans la musique moderne on considère aussi les *intervalles* de plusieurs manières; savoir, ou généralement comme l'espace ou la distance quelconque de deux sons donnés, ou seulement comme celles de ces distances qui peuvent se noter, ou enfin comme celles qui se marquent sur des degrés différens. Selon le premier sens, toute raison numérique, comme est le comma, ou sourde, comme est le dièse d'Aristoxène, peut exprimer un *intervalle*. Le second sens s'applique aux seuls *intervalles* reçus dans le système de notre musique, dont le moindre est le semi-ton mineur, exprimé sur le même degré par un dièse ou par un bémol. (Voyez SEMI-TON.) La troisième acception suppose quelque différence de position, c'est-à-dire un ou plusieurs degrés entre les deux sons qui forment l'*intervalle*. C'est à cette dernière acception que le mot est fixé dans la pratique, de sorte que deux *intervalles* égaux, tels que sont la fausse-quinte et le triton, portent pourtant des noms différens, si l'un a plus de degrés que l'autre.

Nous divisons, comme faisoient les anciens, les *intervalles* en consonnans et dissonans. Les consonnances sont parfaites ou imparfaites. (Voyez CONSONNANCE.) Les dissonances sont telles par leur nature, ou le deviennent par accident. Il n'y a que deux *intervalles* dissonans par leur nature; savoir, la seconde, et la septième, en y comprenant leurs octaves ou répliques; encore ces deux peuvent-ils se réduire à un seul; mais toutes les consonnances peuvent devenir dissonantes par accident. (Voyez DISSONANCE.)

De plus, tout *intervalle* est simple ou redoublé. L'*intervalle* simple est celui qui est contenu dans les bornes de l'octave : tout *intervalle* qui excède cette étendue est redoublé, c'est-à-dire composé d'une ou plusieurs octaves, et de l'*intervalle* simple dont il est la réplique.

Les *intervalles* simples se divisent encore en directs et renversés. Prenez pour direct un *intervalle* simple quelconque, son complément à l'octave est toujours renversé de celui-là, et réciproquement.

Il n'y a que six espèces d'*intervalles* simples, dont trois sont complémens des trois autres à l'octave, et par conséquent aussi leurs renversés. Si vous prenez d'abord les moindres *intervalles*, vous aurez pour directs la seconde, la tierce et la quarte ; pour renversés, la septième, la sixte et la quinte : que ceux-ci soient directs, les autres seront renversés; tout est réciproque.

Pour trouver le nom d'un *intervalle* quelconque il ne faut qu'ajouter l'unité au nombre des degrés qu'il contient : ainsi l'*intervalle* d'un degré donnera la *seconde* ; de deux, la tierce; de trois, la quarte ; de sept, l'octave ; de neuf, la dixième ; etc. Mais ce n'est pas assez pour bien déterminer un *intervalle;* car sous le même nom il peut être majeur ou mineur, juste ou faux, diminué ou superflu.

Les consonnances imparfaites et les deux dissonances naturelles peuvent être majeures ou mineures; ce qui, sans changer le degré, fait dans l'*intervalle* la différence d'un semi-ton. Que si d'un *intervalle* mineur on ôte encore un semi-ton, cet *intervalle* devient diminué. Si l'on augmente d'un semi-ton un *intervalle* majeur, il devient superflu.

Les consonnances parfaites sont invariables par leur nature : quand leur *intervalle* est ce qu'il doit être, elles s'appellent *justes ;* que si l'on altère cet *intervalle* d'un semi-ton, la consonnance s'appelle *fausse*, et devient dissonance; *superflue*, si le semi-ton est ajouté ; *diminuée*, s'il est retranché. On donne mal à propos le nom de fausse-quinte à la quinte diminuée ; c'est prendre le genre pour l'espèce : la quinte superflue est tout aussi fausse que la diminuée, et l'est même davantage à tous égards.

On trouvera (*Planche C, fig.* 2) une table de tous les *intervalles* simples praticables dans la musique, avec leurs noms, leurs degrés, leurs valeurs, et leurs rapports.

Il faut remarquer sur cette table que l'*intervalle* appelé par les harmonistes *septième superflue,* n'est qu'une septième majeure avec un accompagnement particulier ; la véritable septième superflue, telle qu'elle est marquée dans la table, n'ayant pas lieu dans l'harmonie, ou n'y ayant lieu que successivement comme transition enharmonique, jamais rigoureusement dans le même accord.

On observera aussi que la plupart de ces rapports peuvent se déterminer de plusieurs manières : j'ai préféré la plus simple, et celle qui donne les moindres nombres.

Pour composer ou redoubler un de ces *intervalles* simples, il suffit d'y ajouter l'octave autant de fois que l'on veut; et pour avoir le nom de ce nouvel *intervalle*, il faut au nom de l'*intervalle* simple ajouter autant de fois sept qu'il contient d'octaves. Réciproquement, pour connoître le simple d'un *intervalle* redoublé dont *on a le nom*, il ne faut qu'en rejeter sept autant de fois qu'on le peut ; le reste donnera le nom de l'*intervalle* simple qui l'a produit. Voulez-vous une quinte redoublée, c'est-à-dire l'octave de la quinte, ou la quinte de l'octave ; à 5 ajoutez 7, vous aurez 12 : la quinte redoublée est donc une douzième. Pour trouver le simple d'une douzième, rejetez 7 du nombre 12 autant de fois que vous le pourrez, le reste 5 vous indique une quinte. A l'égard du rapport, il ne faut que doubler le conséquent, ou prendre la moitié de l'antécédent de la raison simple autant de fois qu'on ajoute d'octaves, et l'on aura la raison de l'*intervalle* redoublé. Ainsi, 2, 3 étant la raison de la quinte, 1, 3 ou 2, 6 sera celle de la douzième, etc. Sur quoi l'on observera qu'en terme de musique, composer ou redoubler un *intervalle*, ce n'est pas l'ajouter à lui-même, c'est y ajouter une octave ; le tripler, c'est en ajouter deux, etc.

Je dois avertir ici que tous les *intervalles* exprimés dans ce dictionnaire par les noms des notes doivent toujours se compter du grave à l'aigu ; en sorte que cet *intervalle*, *ut*, *si*, n'est pas une seconde, mais une septième ; et *si ut* n'est pas une septième, mais une seconde.

Intonation, *s. f.* Action d'entonner. (Voy. Entonner.) L'*intonation* peut être juste ou fausse, trop haute ou trop basse, trop forte ou trop foible; et alors le mot *intonation*, accompagné d'une épithète, s'entend de la manière d'entonner.

Inverse. (Voyez **Renversé.**)

Ionien ou **Ionique**, *adj.* Le mode *ionien* étoit, en comptant du grave à l'aigu, le second des cinq modes moyens de la musique des Grecs. Ce mode s'appeloit aussi *iastien*, et Euclide l'appelle encore *phrygien grave.* (Voyez **Mode.**)

Jouer des instrumens, c'est exécuter sur ces instrumens des airs de musique, surtout ceux qui leur sont propres, ou les chants notés pour eux. On dit *jouer du violon, de la basse, du hautbois, de la flûte ; toucher le clavecin, l'orgue ; sonner de la trompette ; donner du cor ; pincer la guitare*, etc. Mais l'affectation de ces termes propres tient de la pédanterie : le mot *jouer* devient générique, et gagne insensiblement pour toutes sortes d'instrumens.

Jour. *Corde à jour.* (Voyez **Vide.**)

Irrégulier, *adj.* On appelle dans le plain-chant modes *irréguliers* ceux dont l'étendue est trop grande, ou qui ont quelque autre irrégularité.

On nommoit autrefois cadence *irrégulière* celle qui ne tomboit pas sur une des cordes essentielles du ton ; mais M. Rameau a donné ce nom à une cadence particulière dans laquelle la basse-fondamentale monte de quinte ou descend de quarte après un accord de sixte-ajoutée. (Voyez **Cadence.**)

Ison. Chant en *ison.* (Voyez **Chant.**)

Jule, *s. f.* Nom d'une sorte d'hymne ou chanson parmi les Grecs en l'honneur de Cérès ou de Proserpine. (Voyez **Chanson.**)

Juste, *adj.* Cette épithète se donne généralement aux intervalles dont les sons sont exactement dans le rapport qu'ils doivent avoir, et aux voix qui entonnent toujours ces intervalles dans leur justesse ; mais elle s'applique spécialement aux consonnances parfaites. Les imparfaites peuvent être majeures ou mineures ; les parfaites ne sont que justes : dès qu'on les altère d'un semi-ton elles deviennent fausses, et par conséquent dissonances. (Voyez **Intervalle.**)

Juste est aussi quelquefois adverbe. *Chanter juste, jouer juste.*

L.

La. Nom de la sixième note de notre gamme inventée par Gui l'Arétin. (Voyez **Gamme, Solfier.**)

Large, *adj.* Nom d'une sorte de note dans nos vieilles musiques, de laquelle on augmentoit la valeur en tirant plusieurs traits non-seulement par les côtés, mais par le milieu de la note, ce que Muris blâme avec force comme une horrible innovation.

Larghetto (Voyez **Largo.**)

Largo, *adv.* Ce mot écrit à la tête d'un air, indique un mouvement plus lent que l'*adagio*, et le dernier de tous en lenteur. Il marque qu'il faut filer de longs sons, étendre les temps et la mesure, etc.

Le diminutif *larghetto* annonce un mouvement un peu moins lent que le *largo*, plus que l'*andante*, et très-approchant de l'*andantino.*

Légèrement, *adv.* Ce mot indique un mouvement encore plus vif que le *gai*, un mouvement moyen entre le gai et le vite ; il répond à peu près à l'italien *vivace.*

Lemme, *s. m.* Silence ou pause d'un temps bref dans le rhythme catalectique. (Voyez **Rhythme.**)

Lentement, *adv.* Ce mot répond à l'italien *largo*, et marque un mouvement lent ; son superlatif, *très-lentement*, marque le plus tardif de tous les mouvemens.

Lepsis. Nom grec d'une des trois parties de l'ancienne mélopée, appelée aussi quelquefois *euthia*, par laquelle le compositeur discerne s'il doit placer son chant dans le système des sons bas, qu'ils appellent *hypathoïdes*, dans celui des sons aigus, qu'ils appellent *néthoïdes*, ou dans celui des sons moyens, qu'ils appellent *mésoïdes.* (Voyez **Mélopée.**)

Levé, *adj. pris substantivement.* C'est le temps de la mesure où on lève la main ou le pied ; c'est un temps *qui suit et précède* le frappé ; c'est par conséquent toujours un temps foible. Les temps levés sont, à deux temps, le second ; à trois, le troisième ; à quatre, le second et le quatrième. (Voyez **Arsis.**)

Liaison, *s. f.* Il y a *liaison* d'harmonie et *liaison* de chant.

La *liaison* a lieu dans l'harmonie lorsque cette harmonie procède par un tel progrès de sons fondamentaux, que quelques-uns des sons qui accompagnoient celui qu'on quitte, demeurent et accompagnent encore celui où l'on passe : il y a *liaison* dans les accords de la tonique et de la dominante, puisque le même son fait la quinte de la première, et l'octave de la seconde : il y a *liaison* dans les accords de la tonique et de la sous-dominante, attendu que le même son sert de quinte à l'une et d'octave à l'autre : enfin il y a *liaison* dans les accords dissonans toutes les fois que la dissonance est préparée, puisque cette préparation elle-même n'est autre chose que la *liaison*. (Voyez Préparer.)

La *liaison* dans le chant a lieu toutes les fois qu'on passe deux ou plusieurs notes sous un seul coup d'archet ou de gosier, et se marque par un trait recourbé dont on couvre les notes qui doivent être liées ensemble.

Dans le plain-chant on appelle *liaison* une suite de plusieurs notes passées sur la même syllabe, parce que sur le papier elles sont ordinairement attachées ou liées ensemble.

Quelques-uns nomment aussi *liaison* ce qu'on nomme plus proprement syncope. (Voyez Syncope.)

Licence, *s. f.* Liberté que prend le compositeur, et qui semble contraire aux règles, quoiqu'elle soit dans le principe des règles ; car voilà ce qui distingue les *licences* des fautes. Par exemple, c'est une règle en composition de ne point monter de la tierce mineure ou de la sixte mineure à l'octave. Cette règle dérive de la loi de la liaison harmonique, et de celle de la préparation. Quand donc on monte de la tierce mineure ou de la sixte mineure à l'octave, en sorte qu'il y ait pourtant liaison entre les deux accords, ou que la dissonance y soit préparée, on prend une *licence ;* mais s'il n'y a ni liaison ni préparation, l'on fait une faute. De même c'est une règle de ne pas faire deux quintes justes de suite entre les mêmes parties, surtout par mouvement semblable; le principe de cette règle est dans la loi de l'unité du mode. Toutes les fois donc qu'on peut faire ces deux quintes sans faire sentir deux modes à la fois, il y a *licence*, mais il n'y a point de faute. Cette explication étoit nécessaire parce que les musiciens n'ont aucune idée bien nette de ce mot de *licence*.

Comme la plupart des règles de l'harmonie sont fondées sur des principes arbitraires, et changent par l'usage et le goût des compositeurs, il arrive de là que ces règles varient, sont sujettes à la mode, et que ce qui est *licence* en un temps ne l'est pas dans un autre. Il y a deux ou trois siècles qu'il n'étoit pas permis de faire deux tierces de suite, surtout de la même espèce ; maintenant on fait des morceaux entiers tout par tierces. Nos anciens ne permettoient pas d'entonner diatoniquement trois tons consécutifs; aujourd'hui nous en entonnons, sans scrupule et sans peine, autant que la modulation le permet. Il en est de même des fausses relations, de l'harmonie syncopée, et de mille autres accidens de composition, qui d'abord furent des fautes, puis des *licences*, et n'ont plus rien d'irrégulier aujourd'hui.

Lichanos, *s. m.* C'est le nom que portoit parmi les Grecs la troisième corde de chacun de leurs deux premiers tétracordes, parce que cette troisième corde se touchoit de l'index, qu'ils appeloient *lichanos*.

La troisième corde à l'aigu du plus bas tétracorde, qui étoit celui des hypates, s'appeloit autrefois *lichanos-hypaton*, quelquefois *hypatondiatonos*, *enharmonios*, ou *chromatiké*, selon le genre. Celle du second tétracorde, ou du tétracorde des moyennes, s'appeloit *lichanos-méson*, ou *mésondiatonos*, etc.

Liées, *adj.* On appelle *notes liées* deux ou plusieurs notes qu'on passe d'un seul coup d'archet sur le violon ou le violoncelle, ou d'un seul coup de langue sur la flûte et le hautbois, en un mot toutes les notes qui sont sous une même liaison.

Ligature, *s. f.* C'étoit, dans nos anciennes musiques, l'union par un trait de deux ou plusieurs notes passées, ou diatoniquement, ou par degrés disjoints sur une même syllabe. La figure de ces notes, qui étoit carrée, donnoit beaucoup de facilité pour les lier ainsi : ce qu'on ne sauroit faire aujourd'hui qu'au moyen du chapeau, à cause de la rondeur de nos notes.

La valeur des notes qui composoient la *ligature* varioit beaucoup selon qu'elles montoient ou descendoient, selon qu'elles étoient différemment liées, selon qu'elles étoient à queue ou sans queue, selon que ces queues étoient placées à droite ou à gauche, ascendantes ou descendantes, enfin selon un nombre infini de règles si parfaitement oubliées à présent, qu'il n'y a peut-être pas en Europe un seul musicien qui soit en état de déchiffrer des musiques de quelque antiquité.

Ligne, *s. f.* Les *lignes* de musique sont ces traits horizontaux et parallèles qui composent la portée, et sur lesquels, ou dans les espaces qui les séparent, on place les notes selon leurs degrés. La portée du plain-chant n'est que de quatre *lignes ;* celle de la musique a cinq *lignes* stables et continues, outre les *lignes* postiches qu'on ajoute de temps en temps au-dessus ou au-dessous de la portée pour les notes qui passent son étendue.

Les *lignes*, soit dans le plain-chant, soit dans la musique, se comptent en commençant par la plus basse. Cette plus basse est la première ; la plus haute est la quatrième dans le plain-chant, la cinquième dans la musique. (Voyez Portée.)

Limma, *s. m.* Intervalle de la musique grecque, lequel est moindre d'un comma que le semi-ton majeur, et, retranché d'un ton majeur, laisse pour reste l'apotome.

Le rapport du *limma* est de 243 à 256 ; et sa génération se trouve, en commençant par *ut*, à la cinquième quinte *si ;* car alors la quantité dont ce *si* est surpassé par l'*ut* voisin est précisément dans le rapport que je viens d'établir.

Philolaüs et tous les pythagoriciens faisoient du *limma* un intervalle diatonique qui répondoit à notre semi-ton majeur : car, mettant deux tons majeurs consécutifs, il ne leur restoit que cet intervalle pour achever la quarte juste ou le tétracorde ; en sorte que, selon eux, l'intervalle du *mi* au *fa* eût été moindre que celui du *fa* à son dièse. Notre échelle chromatique donne tout le contraire.

Linos, *s. m.* Sorte de chant rustique chez les anciens Grecs : ils avoient aussi un chant funèbre du même nom, qui revient à ce que les Latins ont appelé *nœnia*. Les uns disent que le *linos* fut inventé en Égypte ; d'autres en attribuent l'invention à Linus, Eubéen.

Livre ouvert, a livre ouvert, ou a l'ouverture du livre, *adv.* Chanter ou jouer *à livre ouvert*, c'est exécuter toute musique qu'on vous présente en jetant les yeux dessus. Tous les musiciens se piquent d'exécuter *à livre ouvert ;* mais il y en a peu qui, dans cette exécution, prennent bien l'esprit de l'ouvrage, et qui, s'ils ne font pas de fautes sur la note, ne fassent pas du moins des contre-sens dans l'expression. (Voyez Expression.)

Longue, *s. f.* C'est, dans nos anciennes musiques, une note carrée avec une queue à droite, ainsi . Elle vaut ordinairement quatre mesures à deux temps, c'est-à-dire deux brèves ; quelquefois elle en vaut trois, selon le mode. (Voyez Mode.)

Muris et ses contemporains avoient des *longues* de trois espèces ; savoir, la parfaite, l'imparfaite, et la double. La *longue parfaite* a, du côté droit, une queue descendante, ou . Elle vaut trois temps parfaits, et s'appelle parfaite elle-même, à cause, dit Muris, de son rapport numérique avec la Trinité. La *longue imparfaite* se figure comme la parfaite, et ne se distingue que par le mode : on l'appelle imparfaite, parce qu'elle ne peut marcher seule et qu'elle doit toujours être précédée ou suivie d'une brève. La *longue* double contient deux temps égaux imparfaits ; elle se figure comme la *longue* simple, mais avec une double largeur, . Muris cite Aristote pour prouver que cette note n'est pas du plain-chant.

Aujourd'hui le mot *longue* est le corrélatif du mot *brève*. (Voyez Brève.) Ainsi toute note qui précède une brève est une *longue*.

Loure, *s. f.* Sorte de danse dont l'air est assez lent, et se marque ordinairement par la mesure à $\frac{6}{4}$. Quand chaque temps porte trois notes, on pointe la première, et l'on fait brève celle du milieu. *Loure* est le nom d'un ancien instrument semblable à une musette, sur lequel on jouoit l'air de la danse dont il s'agit.

Lourer, *v. a.* et *n.* C'est nourrir les sons avec douceur, et marquer la première note de chaque temps plus sensiblement que la seconde, quoique de même valeur.

Luthier, *s. m.* Ouvrier qui fait des violons, des violoncelles, et autres instrumens semblables. Ce nom, qui signifie *facteur de luths*, est demeuré par synecdoque à cette sorte d'ouvriers parce que autrefois le luth étoit l'instrument le plus commun et dont il se faisoit le plus.

Lutrin, *s. m.* Pupitre de chœur sur lequel on met les livres de chant dans les églises catholiques.

Lychanos. (Voyez **Lichanos.**)

Lydien, *adj.* Nom d'un des modes de la musique des Grecs, lequel occupoit le milieu entre l'éolien et l'hyper-dorien. On l'appeloit aussi quelquefois mode barbare, parce qu'il portoit le nom d'un peuple asiatique.

Euclide distingue deux modes *lydiens;* celui-ci proprement dit, et un autre qu'il appelle *lydien grave*, et qui est le même que le mode éolien, du moins quant à sa fondamentale. (Voyez **Mode.**)

Le caractère du mode *lydien* étoit animé, piquant, triste cependant, pathétique et propre à la mollesse; c'est pourquoi Platon le bannit de sa *République*. C'est sur ce mode qu'Orphée apprivoisoit, dit-on, les bêtes mêmes, et qu'Amphion bâtit les murs de Thèbes. Il fut inventé, les uns disent par cet Amphion, fils de Jupiter et d'Antiope; d'autres, par Olympe, Mysien, disciple de Marsyas; d'autres enfin, par Mélampides; et Pindare dit qu'il fut employé pour la première fois aux noces de Niobé.

Lyrique, *adj.* Qui appartient à la lyre. Cette épithète se donnoit autrefois à la poésie faite pour être chantée et accompagnée de la lyre ou cithare par le chanteur, comme les odes et autres chansons, à la différence de la poésie dramatique ou théâtrale, qui s'accompagnoit avec des flûtes par d'autres que le chanteur: mais aujourd'hui elle s'applique au contraire à la fade poésie de nos opéra, et par extension, à la musique dramatique et imitative du théâtre. (Voyez **Imitation.**)

Lytierse, chanson des moissonneurs chez les anciens Grecs. (Voyez **Chanson.**)

M.

Ma. Syllabe avec laquelle quelques musiciens solfient le *mi* bémol comme ils solfient par le *fi* le *fa* dièse. (Voyez **Solfier.**)

Machicotage, *s. m.* C'est ainsi qu'on appelle, dans le plain-chant, certaines additions et compositions de notes qui remplissent, par une marche diatonique, les intervalles de tierces et autres. Le nom de cette manière de chant vient de celui des ecclésiastiques appelés *machicots*, qui l'exécutoient autrefois après les enfans de chœur.

Madrigal. Sorte de pièce de musique travaillée et savante, qui étoit fort à la mode en Italie au seizième siècle, et même au commencement du précédent. Les *madrigaux* se composoient ordinairement, pour la vocale, à cinq ou six parties, toutes obligées, à cause des fugues et desseins dont ces pièces étoient remplies: mais les organistes composoient et exécutoient des *madrigaux* sur l'orgue; et l'on prétend même que ce fut sur cet instrument que le *madrigal* fut inventé. Ce genre de contre-point, qui étoit assujetti à des lois très-rigoureuses, portoit le nom de *style madrigalesque.* Plusieurs auteurs, pour y avoir excellé, ont immortalisé leurs noms dans les fastes de l'art: tels furent entre autres, *Luca Marentio, Luigi Prenestino, Pomponio Nenna, Tomasso Pecci*, et surtout le fameux prince de *Venosa*, dont les *madrigaux*, pleins de science et de goût, étoient admirés par tous les maîtres, et chantés par toutes les dames.

Magadiser, *v. n.* C'étoit, dans la musique grecque, chanter à l'octave, comme faisoient naturellement les voix de femmes et d'hommes mêlés ensemble; ainsi les chants *magadisés* étoient toujours des antiphonies. Ce mot vient de *magas*, chevalet d'instrument, et par extension, instrument à cordes doubles, montées à l'octave l'une de l'autre, au moyen d'un chevalet, comme aujourd'hui nos clavecins.

Magasin. Hôtel de la dépendance de l'Opéra de Paris, où logent les directeurs et d'autres personnes attachées à l'Opéra, et dans lequel est un petit théâtre, appelé aussi *magasin* ou *théâtre du magasin*, sur lequel se font les premières répétitions. C'est l'*odéum* de la musique françoise. (Voyez **Odéum.**)

Majeur, *adj.* Les intervalles susceptibles de variations sont appelés *majeurs*, quand ils sont aussi grands qu'ils peuvent l'être sans devenir faux.

Les intervalles appelés parfaits, tels que l'octave, la quinte et la quarte, ne varient point et ne sont que *justes;* sitôt qu'on les altère, ils sont *faux*. Les autres intervalles peuvent, sans changer de nom et sans cesser d'être justes, varier d'une certaine différence; quand cette différence peut être ôtée, ils sont *ma-*

jeurs : mineurs, quand elle peut être ajoutée.

Ces intervalles variables sont au nombre de cinq ; savoir, le semi-ton, le ton, la tierce, la sixte et la septième. A l'égard du ton et du semi-ton, leur différence du *majeur* au mineur ne sauroit s'exprimer en notes, mais en nombres seulement. Le semi-ton *majeur* est l'intervalle d'une seconde mineure, comme de *si* à *ut*, ou de *mi* à *fa*, et son rapport est de 15 à 16. Le ton *majeur* est la différence de la quarte à la quinte, et son rapport est de 8 à 9.

Les trois autres intervalles, savoir, la tierce, la sixte et la septième, diffèrent toujours d'un semi-ton du *majeur* au mineur, et ces différences peuvent se noter. Ainsi la tierce mineure a un ton et demi, et la tierce *majeure* deux tons.

Il y a quelques autres plus petits intervalles, comme le dièse et le comma, qu'on distingue en moindres, mineurs, moyens, *majeurs*, et maximes ; mais, comme ces intervalles ne peuvent s'exprimer qu'en nombre, ces distinctions sont inutiles dans la pratique.

Majeur se dit aussi du mode, lorsque la tierce de la tonique est *majeure*, et alors souvent le mot *mode* ne fait que se sous-entendre. *Préluder en* majeur, *passer du* majeur *au mineur*, etc. (Voyez Mode.)

Main harmonique. C'est le nom que donna l'Arétin à la gamme qu'il inventa pour montrer le rapport de ses hexacordes, de ses six lettres et de ses six syllabes, avec les cinq tétracordes des Grecs. Il représenta cette gamme sous la figure d'une main gauche, sur les doigts de laquelle étoient marqués tous les sons de la gamme, tant par les lettres correspondantes, que par les syllabes qu'il y avoit jointes en passant, par la règle des muances, d'un tétracorde ou d'un doigt à l'autre, selon le lieu où se trouvoient les deux semi-tons de l'octave par le bécarre ou par le bémol, c'est-à-dire selon que les tétracordes étoient conjoints ou disjoints. (Voyez Gamme, Muances, Solfier.)

Maître a chanter. Musicien qui enseigne à lire la musique vocale et à chanter sur la note.

Les fonctions du *maître à chanter* se rapportent à deux objets principaux. Le premier, qui regarde la culture de la voix, est d'en tirer tout ce qu'elle peut donner en fait de chant, soit par l'étendue, soit par la justesse, soit par le timbre, soit par la légèreté, soit par l'art de renforcer et radoucir les sons, et d'apprendre à les ménager et modifier avec tout l'art possible. (Voyez Chant, Voix.)

Le second objet regarde l'étude des signes, c'est-à-dire l'art de lire la note sur le papier, et l'habitude de la déchiffrer avec tant de facilité, qu'à l'ouverture du livre on soit en état de chanter toute sorte de musique (Voyez Note, Solfier.)

Une troisième partie des fonctions de *maître à chanter* regarde la connoissance de la langue, surtout des accens, de la quantité et de la meilleure manière de prononcer ; parce que les défauts de la prononciation sont beaucoup plus sensibles dans le chant que dans la parole, et qu'une vocale bien faite ne doit être qu'une manière plus énergique et plus agréable de marquer la prosodie et les accens. (Voyez Accent.)

Maître de chapelle. (Voyez Maître de musique.)

Maître de musique. Musicien gagé pour composer de la musique et la faire exécuter. C'est le *maître de musique* qui bat la mesure et dirige les musiciens : il doit savoir la composition, quoiqu'il ne compose pas toujours la musique qu'il fait exécuter. A l'Opéra de Paris, par exemple, l'emploi de battre la mesure est un office particulier ; au lieu que la musique des opéra est composée par quiconque en a le talent et la volonté. En Italie, celui qui a composé un opéra en dirige toujours l'exécution, non en battant la mesure, mais au clavecin. Ainsi l'emploi de *maître de musique* n'a guère lieu que dans les églises ; aussi ne dit-on point en Italie *maître de musique*, mais *maître de chapelle* : dénomination qui commence à passer aussi en France.

Marche, *s. f.* Air militaire qui se joue par des instrumens de guerre, et marque le mètre et la cadence des tambours, laquelle est proprement la *marche*.

Chardin dit qu'en Perse, quand on veut abattre des maisons, aplanir un terrain, ou faire quelque autre ouvrage expéditif qui demande une multitude de bras, on assemble les habitans de tout un quartier, qu'ils travaillent au son des instrumens, et qu'ainsi l'ouvrage se fait avec beaucoup plus de zèle et de promptitude que si les instrumens n'y étoient pas.

Le maréchal de Saxe a montré dans ses *Rêveries* que l'effet des tambours ne se bornoit pas non plus à un vain bruit sans utilité, mais que, selon que le mouvement en étoit plus vif ou plus lent, ils portoient naturellement le soldat à presser ou ralentir son pas : on peut dire aussi que les airs de *marches* doivent avoir différens caractères, selon les occasions où on les emploie; et c'est ce qu'on a dû sentir jusqu'à certain point quand on les a distingués et diversifiés, l'un pour la générale, l'autre pour la *marche*, l'autre pour la charge; etc. Mais il s'en faut bien qu'on ait mis à profit ce principe autant qu'il auroit pu l'être; on s'est borné jusqu'ici à composer des airs qui fissent bien sentir le mètre et la batterie des tambours : encore fort souvent les airs des *marches* remplissent-ils assez mal cet objet. Les troupes françoises ayant peu d'instrumens militaires pour l'infanterie, hors les fifres et les tambours, ont aussi fort peu de *marches*, et la plupart très-mal faites : mais il y en a d'admirables dans les troupes allemandes.

Pour exemple de l'accord de l'air et de la *marche*, je donnerai (*Planche* C, *figure* 5) la première partie de celle des mousquetaires du roi de France.

Il n'y a dans les troupes que l'infanterie et la cavalerie légère qui aient des *marches*. Les timbales de la cavalerie n'ont point de *marche* réglée; les trompettes n'ont qu'un ton presque uniforme, et des fanfares. (Voyez Fanfare.)

Marcher, *v. n.* Ce terme s'emploie figurément en musique, et se dit de la succession des sons ou des accords qui se suivent dans certain ordre. *La basse et le dessus* marchent *par mouvemens contraires.* Marche *de basse;* marcher *à contre-temps.*

Martellement, *s. m.* Sorte d'agrément du chant françois. Lorsque descendant diatoniquement d'une note sur une autre par un trille, on appuie avec force le son de la première note sur la seconde, tombant ensuite sur cette seconde note par un seul coup de gosier on appelle cela faire un *martellement.* (Voyez *Planche* B, *figure* 15.)

Maxime, *adj.* On appelle intervalle *maxime* celui qui est plus grand que le majeur de la même espèce, et qui ne peut se noter; car s'il pouvoit se noter, il ne s'appelleroit pas *maxime*, mais *superflu*.

Le semi-ton *maxime* fait la différence du semi-ton mineur au ton majeur, et son rapport est de 25 à 27. Il y auroit entre l'*ut* dièse et *re* un semi-ton de cette espèce, si tous les semitons n'étoient pas rendus égaux ou supposés tels par le tempérament.

Le dièse *maxime* est la différence du ton mineur au semi-ton *maxime*, en rapport de 243 à 250.

Enfin le comma *maxime*, ou comma de Pythagore, est la quantité dont diffèrent entre eux les deux termes les plus voisins d'une progression par quintes, et d'une progression par octaves, c'est-à-dire l'excès de la douzième quinte *si* dièse sur la septième octave *ut;* et cet excès, dans le rapport de 524288 à 531441, est la différence que le tempérament fait évanouir.

Maxime, *s. f.* C'est une note faite en carré-long horizontal avec une queue au côté droit, de cette manière ꟷ, laquelle vaut huit mesures à deux temps, c'est-à-dire deux longues, et quelquefois trois, selon le mode. (Voyez Mode.) Cette sorte de note n'est plus d'usage depuis qu'on sépare les mesures par des barres, et qu'on marque avec des liaisons les tenues ou continuités des sons. (Voyez Barres, Mesure.)

Médiante, *s. f.* C'est la corde ou la note qui partage en deux tierces l'intervalle de quinte qui se trouve entre la tonique et la dominante. L'une de ces tierces est majeure, l'autre mineure; et c'est leur position relative qui détermine le mode. Quand la tierce majeure est au grave, c'est-à-dire entre la médiante et la tonique, le mode est majeur; quand la tierce majeure est à l'aigu et la mineure au grave, le mode est mineur. (Voyez Mode, Tonique, Dominante.)

Médiation, *s. f.* Partage de chaque verset d'un psaume en deux parties, l'une psalmodiée ou chantée par un côté du chœur, et l'autre par l'autre, dans les églises catholiques.

Medium, *s. m.* Lieu de la voix également distant de ses deux extrémités au grave et à l'aigu.

Le haut est plus éclatant, mais il est presque toujours forcé; le bas est grave et majestueux, mais il est plus sourd. Un beau *medium*, auquel on suppose une certaine latitude, donne les sons les mieux nourris, les plus mélodieux, et remplit le plus agréablement l'oreille. (Voyez SON.)

MÉLANGE, *s. m.* Une des parties de l'ancienne mélopée, appelée *agogé* par les Grecs, laquelle consiste à savoir entrelacer et mêler à propos les modes et les genres. (Voyez MÉLOPÉE.)

MÉLODIE, *s. f.* Succession de sons tellement ordonnés selon les lois du rhythme et de la modulation, qu'elle forme un sens agréable à l'oreille; la *mélodie* vocale s'appelle chant, et l'instrumentale, symphonie.

L'idée du rhythme entre nécessairement dans celle de la *mélodie*; un chant n'est un chant qu'autant qu'il est mesuré; la même succession de sons peut recevoir autant de caractères, autant de mélodies différentes qu'on peut la scander différemment; et le seul changement de valeur des notes peut défigurer cette même succession au point de la rendre méconnoissable. Ainsi la *mélodie* n'est rien par elle-même; c'est la mesure qui la détermine, et il n'y a point de chant sans le temps. On ne doit donc pas comparer la *mélodie* avec l'harmonie, abstraction faite de la mesure dans toutes les deux; car elle est essentielle à l'une et non pas à l'autre.

La *mélodie* se rapporte à deux principes différens, selon la manière dont on la considère. Prise par les rapports des sons et par les règles du mode, elle a son principe dans l'harmonie, puisque c'est une analyse harmonique qui donne les degrés de la gamme, les cordes du mode, et les lois de la modulation, uniques élémens du chant. Selon ce principe, toute la force de la *mélodie* se borne à flatter l'oreille par des sons agréables, comme on peut flatter la vue par d'agréables accords de couleur; mais prise pour un art d'imitation par lequel on peut affecter l'esprit de diverses images, émouvoir le cœur de divers sentimens, exciter et calmer les passions, opérer, en un mot, des effets moraux qui passent l'empire immédiat des sens, il lui faut chercher un autre principe: car on ne voit aucune prise par laquelle la seule harmonie, et tout ce qui vient d'elle, puisse nous affecter ainsi.

Quel est ce second principe? il est dans la nature ainsi que le premier; mais pour l'y découvrir il faut une observation plus fine, quoique plus simple, et plus de sensibilité dans l'observateur. Ce principe est le même qui fait varier le ton de la voix quand on parle, selon les choses qu'on dit et les mouvemens qu'on éprouve en les disant. C'est l'accent des langues qui détermine la *mélodie* de chaque nation; c'est l'accent qui fait qu'on parle en chantant, et qu'on parle avec plus ou moins d'énergie, selon que la langue a plus ou moins d'accent. Celle dont l'accent est plus marqué doit donner une *mélodie* plus vive et plus passionnée; celle qui n'a que peu ou point d'accent ne peut avoir qu'une *mélodie* languissante et froide, sans caractère et sans expression. Voilà les vrais principes; tant qu'on en sortira et qu'on voudra parler du pouvoir de la musique sur le cœur humain, on parlera sans s'entendre, on ne saura ce qu'on dira.

Si la musique ne peint que par la *mélodie*, et tire d'elle toute sa force, il s'ensuit que toute musique qui ne chante pas, quelque harmonieuse qu'elle puisse être, n'est point une musique imitative, et, ne pouvant ni toucher ni peindre avec ses beaux accords, lasse bientôt les oreilles, et laisse toujours le cœur froid. Il suit encore que, malgré la diversité des parties que l'harmonie a introduites, et dont on abuse tant aujourd'hui, sitôt que deux mélodies se font entendre à la fois, elles s'effacent l'une l'autre et demeurent de nul effet, quelque belles qu'elles puissent être chacune séparément: d'où l'on peut juger avec quel goût les compositeurs françois ont introduit à leur Opéra l'usage de faire servir un air d'accompagnement à un chœur ou à un autre air; ce qui est comme si on s'avisoit de réciter deux discours à la fois, pour donner plus de force à leur éloquence. *(Voyez* UNITÉ DE MÉLODIE.)

MÉLODIEUX, *adj.* Qui donne de la mélodie. *Mélodieux*, dans l'usage, se dit des sons agréables, des voix sonores, des chants doux et gracieux, etc.

MÉLOPÉE, *s. f.* C'étoit, dans l'ancienne musique, l'usage régulier de toutes les parties harmoniques, c'est-à-dire l'art ou les règles de la composition du chant, desquelles la pratique et l'effet s'appeloit *mélodie*.

Les anciens avoient diverses règles pour la manière de conduire le chant par degrés conjoints, disjoints, ou mêlés, en montant ou en descendant. On en trouve plusieurs dans Aristoxène, lesquelles dépendent toutes de ce principe, que, dans tout système harmonique, le troisième ou le quatrième son après le fondamental en doit toujours frapper la quarte ou la quinte, selon que les tétracordes sont conjoints ou disjoints; différence qui rend un mode authentique ou plagal au gré du compositeur. C'est le recueil de toutes ces règles qui s'appelle *mélopée*.

La *mélopée* est composée de trois parties : savoir, la *prise*, *lepsis*, qui enseigne au musicien en quel lieu de la voix il doit établir son diapason; le *mélange*, *mixis*, selon lequel il entrelace ou mêle à propos les genres et les modes; et l'*usage*, *chresès*, qui se subdivise en trois autres parties. La première, appelée *euthia*, guide la marche du chant, laquelle est, ou directe du grave à l'aigu, ou renversée de l'aigu au grave, ou mixte, c'est-à-dire composée de l'une et de l'autre. La deuxième, appelée *agogé*, marche alternativement par degrés disjoints en montant, et conjoints en descendant, ou au contraire. La troisième, appelée *petteïa*, par laquelle il discerne et choisit les sons qu'il faut rejeter, ceux qu'il faut admettre, et ceux qu'il faut employer le plus fréquemment.

Aristide Quintilien divise toute la *mélopée* en trois espèces qui se rapportent à autant de modes, en prenant ce dernier nom dans un nouveau sens. La première espèce étoit l'*hypatoïde*, appelée ainsi de la corde hypate, la principale ou la plus basse, parce que le chant, régnant seulement sur les sons graves, ne s'éloignoit pas de cette corde, et ce chant étoit approprié au mode tragique. La seconde espèce étoit la *mésoïde*, de *mèse*, la corde du milieu, parce que le chant régnoit sur les sons moyens, et celle-ci répondoit au mode nomique, consacré à Apollon. La troisième s'appeloit *nétoïde*, de *nète*, la dernière corde ou la plus haute; son chant ne s'étendoit que sur les sons aigus, et constituoit le mode dithyrambique ou bachique. Ces modes en avoient d'autres qui leur étoient subordonnés, et varioient la *mélopée*; tels que l'érotique ou l'amoureux, le comique, l'encômiaque, destiné aux louanges.

Tous ces modes, étant propres à exciter ou calmer certaines passions, influoient beaucoup sur les mœurs; et, par rapport à cette influence, la *mélopée* se partageoit encore en trois genres; savoir : 1° le *systaltique*, ou celui qui inspiroit les passions tendres et affectueuses, les passions tristes et capables de resserrer le cœur, suivant le sens du mot grec; 2° le *diastaltique*, ou celui qui étoit propre à l'épanouir, en excitant la joie, le courage, la magnanimité, les grands sentimens; 3° l'*euchastique*, qui tenoit le milieu entre les deux autres, qui ramenoit l'âme à un état tranquille. La première espèce de *mélopée* convenoit aux poésies amoureuses, aux plaintes, aux regrets, et autres expressions semblables. La seconde étoit propre aux tragédies, aux chants de guerre, aux sujets héroïques; la troisième, aux hymnes, aux louanges, aux instructions.

MÉLOS, *s. m.* Douceur du chant. Il est difficile de distinguer dans les auteurs grecs le sens du mot *mélos* du sens du mot *mélodie*. Platon, dans son Protagoras, met le *mélos* dans le simple discours, et semble entendre par là le chant de la parole. Le *mélos* paroît être ce par quoi la *mélodie* est agréable. Ce mot vient de μέλι, *miel*.

MENUET, *s. m.* Air d'une danse de même nom, que l'abbé Brossard dit nous venir du Poitou. Selon lui, cette danse est fort gaie, et son mouvement est fort vite; mais, au contraire, le caractère du *menuet* est une élégante et noble simplicité; le mouvement en est plus modéré que vite, et l'on peut dire que le moins gai de tous les genres de danses usités dans nos bals est le *menuet*. C'est autre chose sur le théâtre.

La mesure du *menuet* est à trois temps légers, qu'on remarque par le 3 simple, ou par le $\frac{3}{4}$, ou par le $\frac{3}{8}$. Le nombre des mesures de l'air dans chacune de ses reprises doit être quatre ou un multiple de quatre, parce qu'il en faut autant pour achever le pas du *menuet*; et le soin du musicien doit être de faire sentir cette division par des chutes bien marquées, pour aider l'oreille du danseur et le maintenir en cadence.

MÈSE, *s. f.* Nom de la corde la plus aiguë du

second tétracorde des Grecs. (Voyez Méson.)

Mèse signifie *moyenne*, et ce nom fut donné à cette corde, non, comme dit l'abbé Brossard, parce qu'elle est commune ou mitoyenne entre les deux octaves de l'ancien système, car elle portoit ce nom bien avant que le système eût acquis cette étendue, mais parce qu'elle formoit précisément le milieu entre les deux premiers tétracordes dont ce système avoit d'abord été composé.

Mésoïde, *s. f.* Sorte de mélopée dont les chants rouloient sur les cordes moyennes, lesquelles s'appeloient aussi *mésoïdes* de la mèse ou du tétracorde méson.

Mésoïdes. Sons moyens, ou pris dans le médium du système. (Voyez Mélopée.)

Méson. Nom donné par les Grecs à leur second tétracorde, en commençant à compter du grave; et c'est aussi le nom par lequel on distingue chacune de ses quatre cordes de celles qui leur correspondent dans les autres tétracordes : ainsi, dans celui dont je parle, la première corde s'appelle *hypate-méson;* la seconde, *parhypate-méson;* la troisième, *lychanos-méson*, ou *méson-diatonos*, et la quatrième, *mèse*. (Voyez Système.)

Méson est le génitif pluriel de *mèse*, *moyenne*, parce que le tétracorde *méson* occupe le milieu entre le premier et le troisième, ou plutôt parce que la corde *mèse* donne son nom à ce tétracorde dont elle forme l'extrémité aiguë. (Voyez *Planche* H, *figure* 2.)

Mésopycni, *adj.* Les anciens appeloient ainsi, dans les genres épais, le second son de chaque tétracorde. Ainsi les sons *mésopycni* étoient cinq en nombre. (Voyez Son, Système, Tétracorde.)

Mesure, *s. f.* Division de la durée ou du temps en plusieurs parties égales, assez longues pour que l'oreille en puisse saisir et subdiviser la quantité, et assez courtes pour que l'idée de l'une ne s'efface pas avant le retour de l'autre, et *qu'on en sente l'égalité.*

Chacune de ces parties égales s'appelle aussi *mesure:* elles se subdivisent en d'autres aliquotes qu'on appelle temps, et qui se marquent par des mouvemens égaux de la main ou du pied. (Voyez Battre la mesure.) La durée égale de chaque temps ou de chaque *mesure* est remplie par plusieurs notes qui passent plus ou moins vite en proportion de leur nombre, et auxquelles on donne diverses figures pour marquer leurs différentes durées. (Voyez Valeur des notes.)

Plusieurs, considérant le progrès de notre musique, pensent que la *mesure* est de nouvelle invention, parce qu'un temps elle a été négligée; mais au contraire, non-seulement les anciens pratiquoient la *mesure*, ils lui avoient même donné des règles très-sévères et fondées sur des principes que la nôtre n'a plus. En effet, chanter sans *mesure* n'est pas chanter; et le sentiment de la *mesure* n'étant pas moins naturel que celui de l'intonation, l'invention de ces deux choses n'a pu se faire séparément.

La *mesure* des Grecs tenoit à leur langue : c'étoit la poésie qui l'avoit donnée à la musique; les *mesures* de l'une répondoient aux pieds de l'autre : on n'auroit pas pu mesurer de la prose en musique. Chez nous c'est le contraire : le peu de prosodie de nos langues fait que dans nos chants la valeur des notes détermine la quantité des syllabes; c'est sur la mélodie qu'on est forcé de scander le discours; on n'aperçoit pas même si ce qu'on chante est vers ou prose : nos poésies n'ayant plus de pieds, nos vocales n'ont plus de *mesure;* le chant guide et la parole obéit.

La *mesure* tomba dans l'oubli, quoique l'intonation fût toujours cultivée, lorsque, après les victoires des Barbares, les langues changèrent de caractère et perdirent leur harmonie. Il n'est pas étonnant que le mètre qui servoit à exprimer la *mesure* de la poésie fût négligé dans des temps où on ne la sentoit plus, et où l'on chantoit moins de vers que de prose. Les peuples ne connoissoient guère alors d'autre amusement que les cérémonies de l'église, ni d'autre musique que celle de l'office; et comme cette musique n'exigeoit pas la régularité du rhythme, cette partie fut enfin tout-à-fait oubliée. Gui nota sa musique avec des points qui n'exprimoient pas des quantités différentes, et l'invention des notes fut certainement postérieure à cet auteur.

On attribue communément cette invention des diverses valeurs des notes à Jean de Muris, vers l'an 1330; mais le P. Mersenne le nie avec raison, et il faut n'avoir jamais lu les écrits de ce chanoine pour soutenir une opinion qu'ils démentent si clairement. Non-seulement il compare les valeurs que les notes avoient avant lui à celles qu'on leur donnoit de son temps, et dont il ne se donne point pour l'auteur, mais même il parle de la *mesure*, et dit que les modernes, c'est-à-dire ses contemporains, la ralentissent beaucoup, *et moderni nunc morosâ multùm utuntur mensurâ :* ce qui suppose évidemment que la *mesure*, et par conséquent les valeurs des notes, étoient connues et usitées avant lui. Ceux qui voudront rechercher plus en détail l'état où étoit cette partie de la musique du temps de cet auteur, pourront consulter son traité manuscrit intitulé, *Speculum Musicæ*, qui est à la Bibliothèque du roi de France, numéro 7207, pages 280 et suivantes.

Les premiers qui donnèrent aux notes quelques règles de quantité s'attachèrent plus aux valeurs ou durées relatives de ces notes qu'à la *mesure* même ou au caractère du mouvement; de sorte qu'avant la distinction des différentes *mesures* il y avoit des notes au moins de cinq valeurs différentes; savoir, la maxime, la longue, la brève, la semi-brève et la minime, que l'on peut voir à leurs mots. Ce qu'il y a de certain, c'est qu'on trouve toutes ces différentes valeurs et même davantage dans les manuscrits de Machault, sans y trouver jamais aucun signe de *mesure*.

Dans la suite, les rapports en valeur d'une de ces notes à l'autre dépendirent du temps, de la prolation du mode. Par le mode on déterminoit le rapport de la maxime à la longue, ou de la longue à la brève; par le temps, celui de la longue à la brève, ou de la brève à la semi-brève; et par la prolation, celui de la brève à la semi-brève, ou de la semi-brève à la minime. (Voyez Mode, Prolation, Temps.) En général toutes ces différentes modifications se peuvent rapporter à la *mesure* double ou à la mesure triple, c'est-à-dire à la division de chaque valeur entière en deux ou trois temps égaux.

Cette manière d'exprimer le temps ou la mesure des notes changea entièrement durant le cours du dernier siècle. Dès qu'on eut pris l'habitude de renfermer chaque *mesure* entre deux barres, il fallut nécessairement proscrire toutes les espèces de notes qui renfermoient plusieurs *mesures*. La *mesure* en devint plus claire, les partitions mieux ordonnées, et l'exécution plus facile; ce qui étoit fort nécessaire pour compenser les difficultés que la musique acquéroit en devenant chaque jour plus composée. J'ai vu d'excellens musiciens fort embarrassés d'exécuter bien en *mesure* des trio d'Orlande et de Claudin, compositeurs du temps de Henri III.

Jusque-là la raison triple avoit passé pour la plus parfaite : mais la double prit enfin l'ascendant, et le C, ou la *mesure* à quatre temps fut prise pour la base de toutes les autres. Or, la *mesure* à quatre temps se résout toujours en *mesure* à deux temps; ainsi c'est proprement à la *mesure* double qu'on fait rapporter toutes les autres, du moins quant aux valeurs des notes et aux signes des *mesures*.

Au lieu donc des maximes, longues, brèves, semi-brèves, etc., on substitua les rondes, blanches, noires, croches, doubles et triples-croches, etc., qui toutes furent prises en division sous-double; de sorte que chaque espèce de note valoit précisément la moitié de la précédente. Division manifestement insuffisante, puisque ayant conservé la *mesure* triple aussi bien que la double ou quadruple, et chaque temps pouvant être divisé comme chaque *mesure* en raison sous-double ou sous-triple à la volonté du compositeur, il falloit assigner, ou plutôt conserver aux notes des divisions répondantes à ces deux raisons.

Les musiciens sentirent bientôt le défaut; mais, au lieu d'établir une nouvelle division, ils tâchèrent de suppléer à cela par quelque signe étranger : ainsi, ne pouvant diviser une blanche en trois parties égales, ils se sont contentés d'écrire trois noires, ajoutant le chiffre 3 sur celle du milieu. Ce chiffre même leur a enfin paru trop incommode, et, pour tendre des piéges plus sûrs à ceux qui ont à lire leur musique, ils prennent le parti de supprimer le 3 ou même le 6; en sorte que, pour savoir si la division est double ou triple, on n'a d'autre parti à prendre que celui de compter les notes ou de deviner.

Quoiqu'il n'y ait dans notre musique que deux sortes de *mesures*, on y a fait tant de divisions, qu'on en peut compter au moins de seize espèces, dont voici les signes :

2 ou ₵ $\frac{2}{4}$ $\frac{6}{4}$ $\frac{6}{8}$ $\frac{6}{16}$ 3. $\frac{3}{2}$ $\frac{3}{4}$ $\frac{9}{4}$ $\frac{3}{8}$ $\frac{9}{8}$ $\frac{3}{16}$ C. $\frac{12}{4}$ $\frac{12}{8}$ $\frac{12}{16}$

(Voyez les exemples *Planche* B, *fig*. 1.)

De toutes ces *mesures* il y en a trois qu'on

appelle simples, parce qu'elles n'ont qu'un seul chiffre ou signe; savoir le 2 ou ₵, le 3, et le C, ou quatre temps. Toutes les autres, qu'on appelle doubles, tirent leur dénomination et leurs signes de cette dernière ou de la note ronde qui la remplit; en voici la règle :

Le chiffre inférieur marque un nombre de notes de valeur égale, faisant ensemble la durée d'une ronde ou d'une *mesure* à quatre temps.

Le chiffre supérieur montre combien il faut de ces mêmes notes pour remplir chaque *mesure* de l'air qu'on va noter.

Par cette règle on voit qu'il faut trois blanches pour remplir une *mesure* au signe $\frac{3}{2}$, deux noires pour celle au signe $\frac{2}{4}$; trois croches pour celle au signe $\frac{3}{8}$, etc. Tout cet embarras de chiffres est mal entendu; car pourquoi ce rapport de tant de différentes *mesures* à celle de quatre temps, qui leur est si peu semblable? ou pourquoi ce rapport de tant de diverses notes à une ronde, dont la durée est si peu déterminée? Si tous ces signes sont institués pour marquer autant de différentes sortes de *mesures*, il y en a beaucoup trop; et s'ils le sont pour exprimer les divers degrés de mouvement, il n'y en a pas assez, puisque indépendamment de l'esprit de *mesure* et de la division des temps, on est presque toujours contraint d'ajouter un mot au commencement de l'air pour déterminer le temps.

Il n'y a réellement que deux sortes de *mesures* dans notre musique; savoir, à deux et trois temps égaux. Mais comme chaque temps, ainsi que chaque *mesure*, peut se diviser en deux ou en trois parties égales, cela fait une subdivision qui donne quatre espèces de *mesures* en tout; nous n'en avons pas davantage.

On pourroit cependant en ajouter une cinquième, en combinant les deux premières en une *mesure* à deux temps inégaux, l'un composé de deux notes, et l'autre de trois. On peut trouver dans cette *mesure* des chants très-bien cadencés, qu'il seroit impossible de noter par les *mesures* usitées. J'en donne un exemple dans la Planche B, figure 10. Le sieur Adolfati fit à Gênes, en 1750, un essai de cette *mesure* en grand orchestre, dans l'air *Se la sorte mi condanna* de son opéra d'*Arianne*. Ce morceau fit de l'effet et fut applaudi. Malgré cela je n'apprends pas que cet exemple ait été suivi.

Mesuré, *part.* Ce mot répond à l'italien *a tempo* ou *a batuta*, et s'emploie, sortant d'un récitatif, pour marquer le lieu où l'on doit commencer à chanter en *mesure*.

Métrique, *adj.* La *musique métrique*, selon Aristide Quintilien, est la partie de la musique en général qui a pour objet les lettres, les syllabes, les pieds, les vers et le poëme; et il y a cette différence entre la *métrique* et la *rhythmique*, que la première ne s'occupe que de la forme des vers, et la seconde, de celle des pieds qui les composent : ce qui peut même s'appliquer à la prose. D'où il suit que les langues modernes peuvent encore avoir une *musique métrique*, puisqu'elles ont une poésie; mais non pas une *musique rhythmique*, puisque leur poésie n'a plus de pieds. (Voyez Rhythme.)

Mezza-voce. (Voyez Sotto-voce.)

Mezzo-forte. (Voyez Sotto-voce.)

Mi. La troisième des six syllabes inventées par Gui l'Arétin pour nommer ou solfier les notes, lorsqu'on ne joint pas la parole au chant. (Voyez E si mi, Gamme.)

Mineur, *adj.* Nom que portent certains intervalles, quand ils sont aussi petits qu'ils peuvent l'être sans devenir faux. (Voyez Majeur, Intervalle.)

Mineur se dit aussi du mode, lorsque la tierce de la tonique est *mineure*. (Voyez Mode.)

Minime, *adj.* On appelle intervalle *minime* ou *moindre* celui qui est plus petit que le mineur de même espèce, et qui ne peut se noter; car s'il pouvoit se noter il ne s'appelleroit pas *minime*, mais *diminué*.

Le semi-ton *minime* est la différence du semi-ton maxime au semi-ton moyen, dans le rapport de 125 à 128. (Voyez Semi-ton.)

Minime, *s. f.* par rapport à la durée ou au temps, est dans nos anciennes musiques la note aujourd'hui que nous appelons blanche. (Voyez Valeur des notes.)

Mixis, *s. f. mélange.* Une des parties de l'ancienne mélopée, par laquelle le compositeur apprend à bien combiner les intervalles et à bien distribuer les genres et les modes selon le caractère du chant qu'il s'est proposé de faire. (Voyez Mélopée.)

Mixo-lydien, *adj.* Nom d'un des modes de l'ancienne musique, appelé autrement *hyper-*

dorien. (Voyez ce mot.) Le mode *mixo-lydien* étoit le plus aigu des sept auxquels Ptolomée avoit réduit tous ceux de la musique des Grecs. (Voyez Mode.)

Ce mode est affectueux, passionné, convenable aux grands mouvemens, et par cela même à la tragédie. Aristoxène assure que Sapho en fut l'inventrice ; mais Plutarque dit que d'anciennes tables attribuent cette invention à Pytoclide ; il dit aussi que les Argiens mirent à l'amende le premier qui s'en étoit servi, et qui avoit *introduit* dans la musique l'usage des sept cordes, c'est-à-dire une tonique sur la septième corde.

Mixte, *adj*. On appelle modes *mixtes* ou connexes dans le plain-chant, les chants dont l'étendue excède leur octave et entre d'un mode dans l'autre, participant ainsi de l'authente et du plagal. Ce mélange ne se fait que des modes compairs, comme du premier ton avec le second, du troisième avec le quatrième, en un mot du plagal avec son authente, et réciproquement.

Mobile, *adj*. On appeloit *cordes mobiles* ou *sons mobiles*, dans la musique grecque, les deux cordes moyennes de chaque *tétracorde*, parce qu'elles s'accordoient différemment selon les genres, à la différence des deux cordes extrêmes, qui, ne variant jamais, s'appeloient cordes stables. (Voyez Tétracorde, Genre, Son.)

Mode, *s. m.* Disposition régulière du chant et de l'accompagnement relativement à certains sons principaux sur lesquels une pièce de musique est constituée, et qui s'appellent les cordes essentielles du *mode*.

Le *mode* diffère du ton en ce que celui-ci n'indique que la corde ou le lieu du système qui doit servir de base au chant, et le *mode* détermine la tierce et modifie toute l'échelle sur ce son fondamental.

Nos *modes* ne sont fondés sur aucun caractère de sentiment, comme ceux des anciens ; mais uniquement sur notre système harmonique. Les cordes essentielles au *mode* sont au nombre de trois, et forment ensemble un accord parfait. 1° La tonique, qui est la corde fondamentale du ton et du *mode* (Voyez Ton et Tonique) ; 2° la dominante à la quinte de la tonique (Voyez Dominante) ; 3° enfin la médiante, qui constitue proprement le *mode*, et qui est à la tierce de cette même tonique. (Voy. Médiante.) Comme cette tierce peut être de deux espèces, il y a aussi deux *modes* différens. Quand la médiante fait tierce majeure avec la tonique, le *mode* est majeur ; il est mineur, quand la tierce est mineure.

Le *mode* majeur est engendré immédiatement par la résonnance du corps sonore qui rend la tierce majeure du son fondamental ; mais le *mode* mineur n'est point donné par la nature, il ne se trouve que par analogie et renversement. Cela est vrai dans le système de M. Tartini, ainsi que dans celui de M. Rameau.

Ce dernier auteur, dans ses divers ouvrages successifs, a expliqué cette origine du *mode* mineur de différentes manières, dont aucune n'a contenté son interprète M. d'Alembert. C'est pourquoi M. d'Alembert fonde cette même origine sur un autre principe, que je ne puis mieux exposer qu'en transcrivant les propres termes de ce grand géomètre.

« Dans le chant *ut mi sol*, qui constitue le » *mode* majeur, les sons *mi* et *sol* sont tels que » le son principal *ut* les fait résonner tous deux ; » mais le second son *mi* ne fait point résonner » *sol*, qui n'est que sa tierce mineure.

» Or, imaginons qu'au lieu de ce son *mi* on » place entre les sons *ut* et *sol* un autre son » qui ait, ainsi que le son *ut*, la propriété » de faire résonner *sol*, et qui soit pourtant » différent d'*ut* ; ce son qu'on cherche doit être » tel qu'il ait pour dix-septième majeure le son » *sol* ou l'une des octaves de *sol* : par conséquent le son cherché doit être à la dix-septième majeure au-dessous de *sol*, ou, ce qui » revient au même, à la tierce majeure au-dessous de ce même son *sol*. Or, le son *mi* » étant à la tierce mineure au-dessous de *sol*, » et la tierce majeure étant d'un semi-ton plus » grande que la tierce mineure, il s'ensuit que » le son qu'on cherche sera d'un semi-ton plus » bas que le *mi*, et sera par conséquent *mi* » bémol.

» Ce nouvel arrangement *ut*, *mi* bémol, *sol*, » dans lequel les sons *ut* et *mi* bémol font l'un » et l'autre résonner *sol* sans que *ut* fasse résonner *mi* bémol, n'est pas à la vérité aussi » parfait que le premier arrangement *ut*, *mi*, » *sol*, parce que dans celui-ci les deux sons *mi*

» et *sol* sont l'un et l'autre engendrés par le » son principal *ut*, au lieu que dans l'autre le » son *mi* bémol n'est pas engendré par le son » *ut* : mais cet arrangement *ut*, *mi* bémol, *sol*, » est aussi dicté par la nature, quoique moins » immédiatement que le premier; et en effet » l'expérience prouve que l'oreille s'en ac- » commode à peu près aussi bien.

» Dans ce chant *ut*, *mi* bémol, *sol*, *ut*, il est » évident que la tierce d'*ut* à *mi* bémol est mi- » neure ; et telle est l'origine du genre ou *mode* » appelé *mineur*. » *Élémens de Musique, pag.* 22.

Le *mode* une fois déterminé, tous les sons de la gamme prennent un nom relatif au fondamental, et propre à la place qu'ils occupent dans ce *mode*-là. Voici les noms de toutes les notes relativement à leur *mode*, en prenant l'octave d'*ut* pour exemple du *mode* majeur, et celle de *la* pour exemple du *mode* mineur.

Majeur :	*Ut*	*Re*	*Mi*	*Fa*	*Sol*	*La*	*Si*	*Ut.*
Mineur :	*La*	*Si*	*Ut*	*Re*	*Mi*	*Fa*	*Sol*	*La.*
	Tonique.	Seconde note.	Médiante.	Quatrième note, ou Sous-dominante.	Dominante.	Sixième note, ou Sous-dominante.	Septième note.	Octave.

Il faut remarquer que quand la septième note n'est qu'à un semi-ton de l'octave, c'est-à-dire quand elle fait la tierce majeure de la dominante, comme le *si* naturel en majeur, ou le *sol* dièse en mineur, alors cette septième note s'appelle note sensible, parce qu'elle annonce la tonique et fait sentir le ton.

Non-seulement chaque degré prend le nom qui lui convient, mais chaque intervalle est déterminé relativement au *mode*. Voici les règles établies pour cela :

1° La seconde note doit faire sur la tonique une seconde majeure; la quatrième et la dominante une quarte et une quinte justes, et cela également dans les deux *modes*.

2° Dans le *mode* majeur la médiante ou tierce, la sixte et la septième de la tonique doivent toujours être majeures, c'est le caractère du *mode*. Par la même raison, ces trois intervalles doivent être mineurs dans le mode mineur : cependant, comme il faut qu'on y aperçoive aussi la note sensible, ce qui ne peut se faire sans fausse relation, tandis que la sixième note reste mineure, cela cause des exceptions auxquelles on a égard dans le cours de l'harmonie et du chant : mais il faut toujours que la clef avec ses transpositions donne tous les intervalles déterminés par rapport à la tonique selon l'espèce du *mode*. On trouvera au mot Clef une règle générale pour cela.

Comme toutes les cordes naturelles de l'octave d'*ut* donnent relativement à cette tonique tous les intervalles prescrits pour le *mode* majeur, et qu'il en est de même de l'octave de *la* pour le mode mineur, l'exemple précédent, que je n'ai proposé que pour les noms des notes, doit servir aussi de formule pour la règle des intervalles dans chaque *mode*.

Cette règle n'est point, comme on pourroit le croire, établie sur des principes purement arbitraires : elle a son fondement dans la génération harmonique, au moins jusqu'à un certain point. Si vous donnez l'accord parfait majeur à la tonique, à la dominante et à la sous-dominante, vous aurez tous les sons de l'échelle diatonique pour le *mode* majeur : pour avoir celle du *mode* mineur, laissant toujours la tierce majeure à la dominante, donnez la tierce mineure aux deux autres accords; telle est l'analogie du *mode*.

Comme ce mélange d'accords majeurs et mineurs introduit en *mode* mineur une fausse relation entre la sixième note et la note sensible, on donne quelquefois, pour éviter cette fausse relation, la tierce majeure à la quatrième note en montant, ou la tierce mineure à la dominante en descendant, surtout par renversement, mais ce sont alors des exceptions.

Il n'y a proprement que deux *modes*, comme on vient de le voir : mais comme il y a douze sons fondamentaux qui donnent autant de tons dans le système, et que chacun de ces tons est susceptible du *mode* majeur et du *mode* mineur, on peut composer en vingt-quatre *modes* ou manières; *maneries*, disoient nos vieux auteurs en leur latin. Il y en a même trente-quatre possibles dans la manière de noter; mais dans la pratique on en exclut dix, qui ne sont au fond que la répétition de dix autres, sous des relations beaucoup plus difficiles, où toutes les cordes changeroient de noms, et où l'on auroit peine à se reconnoître : tels sont les *modes* majeurs sur les notes diésées, et les *modes* mineurs sur les bémols. Ainsi, au lieu de composer en *sol* dièse tierce majeure, vous composerez en *la* bémol qui donne les mêmes touches, et au lieu de composer en *re* bémol mineur, vous prendrez *ut* dièse par la même raison; savoir, pour éviter d'un côté un F double dièse, qui deviendroit un G naturel; et de l'autre un B double bémol, qui deviendroit un A naturel.

On ne reste pas toujours dans le ton ni dans le *mode* par lequel on a commencé un air; mais, soit pour l'expression, soit pour la variété, on change de ton et de *mode*, selon l'analogie harmonique, revenant pourtant toujours à celui qu'on a fait entendre le premier; ce qui s'appelle *moduler*.

De là naît une nouvelle distinction du *mode* en *principal* et *relatif*; le principal est celui par lequel commence et finit la pièce; les relatifs sont ceux qu'on entrelace avec le principal dans le courant de la modulation. (Voyez MODULATION.)

Le sieur de Blainville, savant musicien de Paris, proposa, en 1751, l'essai d'un troisième *mode*, qu'il appelle *mode mixte*, parce qu'il participe à la modulation des deux autres, ou plutôt qu'il en est composé; mélange que l'auteur ne regarde point comme un inconvénient, mais plutôt comme un avantage et une source de variété et de liberté dans les chants et dans l'harmonie.

Ce nouveau *mode* n'étant point donné par l'analyse de trois accords comme les deux autres, ne se détermine pas comme eux par des harmoniques essentiels au *mode*, mais par une gamme entière qui lui est propre, tant en montant qu'en descendant; en sorte que dans nos deux *modes* la gamme est donnée par les accords, et que dans le *mode* mixte, les accords sont donnés par la gamme.

La formule de cette gamme est dans la succession ascendante et descendante des notes suivantes :

Mi Fa Sol La Si Ut Re Mi;

dont la différence essentielle est, quant à la mélodie, dans la position des deux semi-tons, dont le premier se trouve entre la tonique et la seconde note, et l'autre entre la cinquième et la sixième; et, quant à l'harmonie, en ce qu'il porte sur sa tonique la tierce mineure en commençant; et majeure en finissant, comme on peut le voir (*Pl.* L, *fig.* 5) dans l'accompagnement de cette gamme, tant en montant qu'en descendant, tel qu'il a été donné par l'auteur, et exécuté au concert spirituel le 30 mai 1751.

On objecte au sieur de Blainville que son *mode* n'a ni accord, ni corde essentielle, ni cadence qui lui soit propre, et le distingue suffisamment des *modes* majeur ou mineur. Il répond à cela que la différence de son *mode* est moins dans l'harmonie que dans la mélodie, et moins dans le *mode* même que dans la modulation; qu'il est distingué dans son commencement du *mode* majeur par sa tierce mineure, et dans sa fin du *mode* mineur par sa cadence plagale : à quoi l'on réplique qu'une modulation qui n'est pas exclusive ne suffit pas pour établir un *mode*; que la sienne est inévitable dans les deux autres *modes*, surtout dans le mineur : et quant à sa cadence plagale, qu'elle a lieu nécessairement dans le même *mode* mineur toutes les fois qu'on passe de l'accord de la tonique à celui de la dominante, comme cela se pratiquoit jadis, même sur les finales, dans les *modes* plagaux et dans le ton du quart; d'où l'on conclut que son *mode* mixte est moins une espèce particulière qu'une dénomination nouvelle à des manières d'entrelacer et combiner les *modes* majeur et mineur, aussi anciennes que l'harmonie, pratiquées de tous les temps : et cela paroît si vrai, que, même en commençant sa gamme, l'auteur n'ose donner ni la quinte ni la sixte à sa tonique, de peur de déterminer une tonique en *mode* mineur par la première, ou une médiante en *mode* majeur par la seconde : il laisse l'équivoque en ne remplissant pas son accord.

Mais, quelque objection qu'on puisse faire contre le *mode* mixte, dont on rejette plutôt le nom que la pratique, cela n'empêchera pas que la manière dont l'auteur l'établit et le traite ne le fasse connoître pour un homme d'esprit et pour un musicien très-versé dans les principes de son art.

Les anciens diffèrent prodigieusement entre eux sur les définitions, les divisions et les noms de leurs tons ou *modes* : obscurs sur toutes les parties de leur musique, ils sont presque inintelligibles sur celle-ci. Tous conviennent à la vérité qu'un *mode* est un certain système ou une constitution de sons, et il paroît que cette constitution n'est autre chose en elle-même qu'une certaine octave remplie de tous les sons intermédiaires, selon le genre. Euclide et Ptolomée semblent la faire consister dans les diverses positions des deux semi-tons de l'octave, relativement à la corde principale du *mode*, comme on le voit encore aujourd'hui dans les huit tons du plain-chant; mais le plus grand nombre paroît mettre cette différence uniquement dans le lieu qu'occupe le diapason du *mode* dans le système général, c'est-à-dire en ce que la base ou corde principale du *mode* est plus aiguë ou plus grave étant prise en divers lieux du système, toutes les cordes de la série gardant toujours un même rapport avec la fondamentale, et par conséquent changeant d'accord à chaque *mode* pour conserver l'analogie de ce rapport : telle est la différence des tons de notre musique.

Selon le premier sens, il n'y auroit que sept *modes* possibles dans le système diatonique; et, en effet, Ptolomée n'en admet pas davantage : car il n'y a que sept manières de varier la position de deux semi-tons relativement au son fondamental; en gardant toujours entre ces deux semi-tons l'intervalle prescrit. Selon le second sens il y auroit autant de *modes possibles* que des sons, c'est-à-dire une infinité; mais si l'on se renferme de même dans le système diatonique, on n'y en trouvera non plus que sept, à moins qu'on ne veuille prendre pour de nouveaux *modes* ceux qu'on établiroit à l'octave des premiers.

En combinant ensemble ces deux manières, on n'a encore besoin que de sept *modes*; car si l'on prend ces *modes* en divers lieux du système, on trouve en même temps les sons fondamentaux distingués du grave à l'aigu; et les deux semi-tons différemment situés relativement au son principal.

Mais outre ces *modes* on en peut former plusieurs autres, en prenant dans la même série et sur le même son fondamental différens sons pour les cordes essentielles du *mode* : par exemple, quand on prend pour dominante la quinte de son principal, le *mode* est authentique; il est plagal si l'on choisit la quarte; et ce sont proprement deux *modes* différens sur la même fondamentale. Or, comme pour constituer un *mode* agréable, il faut, disent les Grecs, que la quarte et la quinte soient justes, ou du moins une des deux, il est évident qu'on n'a dans l'étendue de l'octave que cinq sons fondamentaux sur chacun desquels on puisse établir un *mode* anthentique et un plagal. Outre ces dix *modes* on en trouve encore deux, l'un authentique, qui ne peut fournir de plagal, parce que sa quarte fait le triton; l'autre plagal, qui ne peut fournir d'authentique, parce que sa quinte est fausse. C'est peut-être ainsi qu'il faut entendre un passage de Plutarque où la musique se plaint que Phrynis l'a corrompue en voulant tirer de cinq cordes, ou plutôt de sept, douze harmonies différentes.

Voilà donc douze *modes* possibles dans l'étendue d'une octave ou de deux tétracordes disjoints : que si l'on vient à conjoindre les deux tétracordes, c'est-à-dire à donner un bémol à la septième en retranchant l'octave; ou si l'on divise les *tons* entiers par les intervalles chromatiques, pour y introduire de nouveaux *modes* intermédiaires; ou si, ayant seulement égard aux différences du grave à l'aigu, on place d'autres *modes* à l'octave des précédens : tout cela fournira divers moyens de multiplier le nombre des *modes* beaucoup au-delà de douze. Et ce sont là les seules manières d'expliquer les divers nombres de *modes* admis ou rejetés par les anciens en divers temps.

L'ancienne musique ayant d'abord été renfermée dans les bornes étroites du tétracorde, du pentacorde, de l'hexacorde, de l'eptacorde et de l'octacorde, on n'y admit premièrement que trois *modes* dont les fondamentales étoient à un *ton* de distance l'une de l'autre : le plus grave des trois s'appeloit le *dorien*; le *phrygien* tenoit le milieu; le plus aigu étoit le *lydien*. En partageant chacun de ces *tons* en deux intervalles, on fit place à deux autres *modes*, l'ionien et l'éolien, dont le premier fut inséré entre le dorien et le phrygien, et le second entre le phrygien et le lydien.

Dans la suite, le système s'étant étendu à l'aigu et au grave, les musiciens établirent de part et d'autre de nouveaux *modes*, qui tiroient leur dénomination des cinq premiers, en y joignant la préposition *hyper*, *sur*, pour ceux d'en-haut, et la préposition *hypo*, *sous*, pour ceux d'en bas. Ainsi le *mode* lydien étoit suivi de l'hyper-dorien, de l'hyper-ionien, de l'hyper-phrygien, de l'hyper-éolien, et de l'hyper-lydien en montant; et après le *mode* dorien venoient l'hypo-lydien, l'hypo-éolien, l'hypo-phrygien, l'hypo-ionien, et l'hypo-dorien en descendant. On trouve le dénombrement de ces quinze *modes* dans Alypius, auteur grec. Voyez (*Planche* E) leur ordre et leurs intervalles exprimés par les noms des notes de notre musique. Mais il faut remarquer que l'hypo-dorien étoit le seul *mode* qu'on exécutoit dans toute son étendue : à mesure que les autres s'élevoient, on en retranchoit des sons à l'aigu pour ne pas excéder la portée de la voix. Cette observation sert à l'intelligence de quelques passages des anciens par lesquels ils semblent dire que les *modes* les plus graves avoient un chant plus aigu; ce qui étoit vrai en ce que ces chants s'élevoient davantage au-dessus de la tonique. Pour n'avoir pas connu cela, le *Doni* s'est furieusement embarrassé dans ces apparentes contradictions.

De tous ces *modes* Platon en rejetoit plusieurs, comme capables d'altérer les mœurs. *Aristoxène, au rapport d'Euclide, en admettoit* seulement treize, supprimant les deux plus élevés, savoir : l'hyper-éolien et l'hyper-lydien; mais *dans l'ouvrage qui nous reste d'Aristoxène* il en nomme seulement six, sur lesquels il rapporte les divers sentimens qui régnoient déjà de son temps.

Enfin Ptolomée réduisoit le nombre de ces *modes* à sept, disant que les *modes* n'étoient pas introduits dans le dessein de varier les chants selon le grave et l'aigu, car il est évident qu'on auroit pu les multiplier fort au-delà de quinze, mais plutôt afin de faciliter le passage d'un *mode* à l'autre par des intervalles consonnans et faciles à entonner.

Il renfermoit donc tous les *modes* dans l'espace d'une octave dont le *mode* dorien faisoit comme le centre; en sorte que le mixo-lydien étoit une quarte au-dessus, et l'hypo-dorien une quarte au-dessous; le phrygien, une quinte au-dessus de l'hypo-dorien; l'hypo-phrygien, une quarte au-dessous du phrygien; et le lydien, une quinte au-dessus de l'hypo-phrygien : d'où il paroît qu'à compter de l'hypo-dorien, qui est le *mode* le plus bas, il y avoit jusqu'à l'hypo-phrygien l'intervalle d'un *ton;* de l'hypo-phrygien à l'hypo-lydien, un autre *ton;* de l'hypo-lydien au dorien, un semi-*ton;* de celui-ci au phrygien, un *ton;* du phrygien au lydien, encore un *ton;* et du lydien au mixo-lydien, un semi-*ton* : ce qui fait l'étendue d'une septième, en cet ordre :

1 . . . . *Fa* . . . . mixo-lydien.
2 . . . . *Mi* . . . . lydien.
3 . . . . *Re* . . . . phrygien.
4 . . . . *Ut* . . . . dorien.
5 . . . . *Si.* . . . . hypo-lydien.
6 . . . . *La* . . . . hypo-phrygien.
7 . . . . *Sol* . . . . hypo-dorien.

Ptolomée retranchoit tous les autres *modes*, prétendant qu'on n'en pouvoit placer un plus grand nombre dans le système diatonique d'une octave, toutes les cordes qui la composoient se trouvant employées. Ce sont ces sept *modes* de Ptolomée, qui, en y joignant l'hypo-mixo-lydien, ajouté, dit-on, par l'Arétin, font aujourd'hui les huit tons du plain-chant. (Voyez TONS DE L'ÉGLISE.)

Telle est la notion la plus claire qu'on peut tirer des tons ou *modes* de l'ancienne musique, en tant qu'on les regardoit comme ne différant entre eux que du grave à l'aigu : mais ils avoient encore d'autres différences qui les caractérisoient *plus particulièrement, quant* à l'expression; elles se tiroient du genre de poésie qu'on mettoit en musique, de l'espèce d'instrument qui devoit l'accompagner, du rhythme ou de la cadence qu'on y observoit, de l'usage où étoient certains chants parmi certains peuples, et d'où sont venus originairement les noms des principaux *modes*, le dorien, le phrygien, le lydien, l'ionien, l'éolien.

Il y avoit encore d'autres sortes de *modes* qu'on auroit pu mieux appeler *styles* ou *genres* de composition; tels étoient le *mode* tragique destiné pour le théâtre, le *mode* nomique consacré à Apollon, le dithyrambique à Bacchus, etc. (Voyez STYLE et MÉLOPÉE.)

Dans nos anciennes musiques, on appeloit aussi *modes*, par rapport à la mesure ou au temps, certaines manières de fixer la valeur relative de toutes les notes par un signe général : le *mode* étoit à peu près alors ce qu'est aujourd'hui la mesure; il se marquoit de même après la clef, d'abord par des cercles ou demi-cercles ponctués ou sans points suivis des chiffres 2 ou 3 différemment combinés, à quoi l'on ajouta ou substitua dans la suite des lignes perpendiculaires différentes, selon le *mode*, en nombre et en longueur; et c'est de cet antique usage que nous est resté celui du C et du C barré. (Voyez PROLATION.)

Il y avoit en ce sens deux sortes de *modes :* le majeur, qui se rapportoit à la note maxime; et le mineur, qui étoit pour la longue : l'un et l'autre se divisoit en parfait et imparfait.

Le *mode* majeur parfait se marquoit avec trois lignes ou bâtons qui remplissoient chacun trois espaces de la portée, et trois autres qui n'en remplissoient que deux; sous ce *mode* la maxime valoit trois longues. (Voyez *Planche* B, *figure* 2.)

Le *mode* majeur imparfait étoit marqué par deux lignes qui traversoient chacune trois espaces, et deux autres qui n'en traversoient que deux; et alors la maxime ne valoit que deux longues. (*Figure* 3.)

Le *mode* mineur parfait étoit marqué par une seule ligne qui traversoit trois espaces, et la longue valoit trois brèves. (*Figure* 4.)

Le *mode* mineur imparfait étoit marqué par une ligne qui ne traversoit que deux espaces, et la longue n'y valoit que deux brèves. (*Figure* 5.)

L'abbé Brossard a mêlé mal à propos les cercles et demi-cercles avec les figures de ces *modes*. Ces signes réunis n'avoient jamais lieu dans les *modes* simples, mais seulement quand les mesures étoient doubles ou conjointes.

Tout cela n'est plus en usage depuis longtemps; mais il faut nécessairement entendre ces signes pour savoir déchiffrer les anciennes musiques : en quoi les plus savans musiciens sont souvent fort embarrassés.

MODÉRÉ, *adj.* Ce mot indique un mouvement moyen entre le lent et le gai; il répond à l'italien *andante*. (Voyez ANDANTE.)

MODULATION, *s. f.* C'est proprement la manière d'établir et traiter le mode; mais ce mot se prend plus communément aujourd'hui pour l'art de conduire l'harmonie et le chant successivement dans plusieurs modes d'une manière agréable à l'oreille et conforme aux règles.

Si le mode est produit par l'harmonie, c'est d'elle aussi que naissent les lois de la *modulation*. Ces lois sont simples à concevoir, mais difficiles à bien observer. Voici en quoi elles consistent.

Pour bien moduler dans un même ton, il faut, 1° en parcourir tous les sons avec un beau chant, en rebattant plus souvent les cordes essentielles et s'y appuyant davantage, c'est-à-dire que l'accord sensible et l'accord de la tonique doivent s'y rencontrer fréquemment, mais sous différentes faces et par différentes routes pour prévenir la monotonie; 2° n'établir de cadences ou de repos que sur ces deux accords, ou tout au plus sur celui de la sous-dominante; 3° enfin n'altérer jamais aucun des sons du mode; car on ne peut, sans le quitter, faire entendre un dièse ou un bémol qui ne lui appartienne pas, ou en retrancher quelqu'un qui lui appartienne.

Mais, pour passer d'un ton à un autre, il faut consulter l'analogie, avoir égard au rapport des toniques et à la quantité des cordes communes aux deux tons.

Partons d'abord du mode majeur : soit que l'on considère la quinte de la tonique comme ayant avec elle le plus simple de tous les rapports après celui de l'octave, soit qu'on la considère comme le premier des sons qui entrent dans la résonnance de cette même tonique, on trouvera toujours que cette quinte, qui est la dominante du ton, est la corde sur laquelle on peut établir la *modulation* la plus analogue à celle du ton principal.

Cette dominante, qui faisoit partie de l'accord parfait de cette première tonique, fait aussi partie du sien propre, dont elle est le son fondamental. Il y a donc liaison entre ces deux accords. De plus, cette même dominante portant, ainsi que la tonique, un accord parfait majeur par le principe de la résonnance, ces deux accords ne diffèrent entre eux que par la dissonance, qui, de la tonique passant à la dominante, est la sixte-ajoutée, et, de la dominante repassant à la tonique, est la septième. Or ces deux accords, ainsi distingués par la dissonance qui convient à chacun, forment, par les sons qui les composent rangés en ordre, précisément l'octave ou échelle diatonique que nous appelons gamme, laquelle détermine le ton.

Cette même gamme de la tonique forme, altérée seulement par un dièse, la gamme du ton de la dominante : ce qui montre la grande analogie de ces deux tons, et donne la facilité de passer de l'un à l'autre au moyen d'une seule altération. Le ton de la dominante est donc le premier qui se présente après celui de la tonique dans l'ordre des *modulations*.

La même simplicité de rapport que nous trouvons entre une tonique et sa dominante se trouve aussi entre la même tonique et sa sous-dominante ; car la quinte que la dominante fait à l'aigu avec cette tonique, la sous-dominante la fait au grave : mais cette sous-dominante n'est quinte de la tonique que par renversement ; elle est directement quarte en plaçant cette tonique au grave, comme elle doit être ; ce qui établit la gradation des rapports : car en ce sens la quarte, dont le rapport est de 3 à 4, suit immédiatement la quinte, dont le rapport est de 2 à 3. Que si cette sous-dominante n'entre pas de même dans l'accord de la tonique, en revanche la tonique entre dans le sien. Car soit *ut mi sol* l'accord de la tonique, celui de la sous-dominante sera *fa la ut;* ainsi c'est l'*ut* qui fait ici liaison, et les deux autres sons de ce nouvel accord sont précisément les deux dissonances des précédens. D'ailleurs il ne faut pas altérer plus de sons pour ce nouveau ton que pour celui de la dominante ; ce sont dans l'une et dans l'autre toutes les mêmes cordes du ton principal, à un près. Donnez un bémol à la note sensible *si*, et toutes les notes du ton d'*ut* serviront à celui de *fa*. Le ton de la sous-dominante n'est donc guère moins analogue au ton principal que celui de la dominante.

On doit remarquer encore qu'après s'être servi de la première *modulation* pour passer d'un ton principal *ut* à celui de sa dominante *sol*, on est obligé d'employer la seconde pour revenir au ton principal : car si *sol* est dominante du ton d'*ut*, *ut* est sous-dominante du ton de *sol;* ainsi l'une de ces *modulations* n'est pas moins nécessaire que l'autre.

Le troisième son qui entre dans l'accord de la tonique est celui de sa tierce ou médiante, et c'est aussi le plus simple des rapports après les deux précédens $\frac{2}{3}$ $\frac{3}{4}$ $\frac{4}{5}$. Voilà donc une nouvelle *modulation* qui se présente, et d'autant plus analogue que deux des sons de la tonique principale entrent aussi dans l'accord mineur de sa médiante ; car le premier accord étant *ut mi sol*, celui-ci sera *mi sol si*, où l'on voit que *mi* et *sol* sont communs.

Mais ce qui éloigne un peu cette *modulation*, c'est la quantité de sons qu'il y faut altérer, même pour le mode mineur, qui convient le mieux à ce *mi*. J'ai donné ci-devant la formule de l'échelle pour les deux modes : or, appliquant cette formule à *mi* mode mineur, on n'y trouve à la vérité que le quatrième son *fa* altéré par un dièse en descendant ; mais, en montant, on en trouve encore deux autres, savoir, la principale tonique *ut*, et sa seconde note *re*, qui devient ici note sensible : il est certain que l'altération de tant de sons, et surtout de la tonique, éloigne le mode et affoiblit l'analogie.

Si l'on renverse la tierce comme on a renversé la quinte, et qu'on prenne cette tierce au-dessous de la tonique sur la sixième note *la*, qu'on devroit appeler aussi sous-médiante ou médiante en-dessous, on formera sur ce *la* une *modulation* plus analogue au ton principal que n'étoit celle de *mi;* car l'accord parfait de cette sous-médiante étant *la ut mi*, on y retrouve, comme dans celui de la médiante, deux des sons qui entrent dans l'accord de la tonique, savoir, *ut* et *mi;* et de plus, l'échelle de ce nouveau ton étant composée, du moins en descendant, des mêmes sons que celle du ton principal, et n'ayant que deux sons altérés en montant, c'est-à-dire un de moins que l'échelle de la médiante, il s'ensuit que la *modulation* de la sixième note est préférable à celle de cette médiante, d'autant plus que la tonique principale y fait une des cordes essentielles du mode, ce qui est plus propre à rapprocher l'idée de la *modulation*. Le *mi* peut venir ensuite.

Voilà donc quatre cordes, *mi fa sol la*, sur chacune desquelles on peut moduler en sortant du ton majeur d'*ut*. Restent le *re* et le *si*, les deux harmoniques de la dominante. Ce dernier, comme note sensible, ne peut devenir tonique par aucune bonne *modulation*, du moins immédiatement : ce seroit appliquer brusquement au même son des idées trop opposées et lui donner une harmonie trop éloignée de la principale. Pour la seconde note *re*, on peut encore, à la faveur d'une marche consonnante de la basse-fondamentale, y moduler une tierce mineure, pourvu qu'on n'y reste qu'un instant, afin qu'on n'ait pas le temps d'oublier la *modulation* de l'*ut*, qui lui-même y est altéré; autrement il faudroit, au lieu de revenir immédiatement en *ut*, passer par d'autres tons intermédiaires, où il seroit dangereux de s'égarer.

En suivant les mêmes analogies, on modulera dans l'ordre suivant, pour sortir d'un ton mineur : la médiante premièrement, ensuite la dominante, la sous-dominante et la sous-médiante ou sixième note. Le mode de chacun de ces tons accessoires est déterminé par sa médiante prise dans l'échelle du ton principal. Par exemple, sortant d'un ton majeur *ut* pour moduler sur sa médiante, on fait mineur le mode de cette médiante, parce que la dominante *sol* du ton principal fait tierce mineure sur cette médiante *mi* : au contraire, sortant d'un ton mineur *la*, on module sur sa médiante *ut* un mode majeur, parce que la dominante *mi*, du ton d'où l'on sort, fait tierce majeure sur la tonique de celui où l'on entre, etc.

Ces règles renfermées dans une formule générale, sont que les modes de la dominante et de la sous-dominante soient semblables à celui de la tonique, et que la médiante et la sixième note portent le mode opposé. Il faut remarquer cependant qu'en vertu du droit qu'on a de passer du majeur au mineur, et réciproquement, dans un même ton, on peut aussi changer l'ordre du mode d'un ton à l'autre; mais en s'éloignant ainsi de la *modulation* naturelle il faut songer au retour ; car c'est une règle générale que tout morceau de musique doit finir dans le ton par lequel il a commencé.

J'ai rassemblé dans deux exemples fort courts tous les tons dans lesquels on peut passer immédiatement; le premier, en sortant du mode majeur, et l'autre, en sortant du mode mineur. Chaque note indique une *modulation*, et la valeur des notes dans chaque exemple indique aussi la durée relative convenable à chacun de ces modes selon son rapport avec le ton principal. (Voyez *Planche* B, *figures* 6 et 7.)

Ces modulations immédiates fournissent les moyens de passer par les mêmes règles dans des tons plus éloignés, et de revenir ensuite au ton principal, qu'il ne faut jamais perdre de vue. Mais il ne suffit pas de connoître les routes qu'on doit suivre, il faut savoir aussi comment y entrer. Voici le sommaire des préceptes qu'on peut donner en cette partie.

Dans la mélodie, il ne faut, pour annoncer la *modulation* qu'on a choisie, que faire entendre les altérations qu'elle produit dans les sons du ton d'où l'on sort, pour les rendre propres au ton où l'on entre. Est-on en *ut* majeur, il ne faut que sonner un *fa* dièse pour annoncer le ton de la dominante, ou un *si* bémol pour annoncer le ton de la sous-dominante. Parcourez ensuite les cordes essentielles du ton où vous entrez; s'il est bien choisi, votre *modulation* sera toujours bonne et régulière.

Dans l'harmonie, il y a un peu plus de difficulté : car comme il faut que le changement de ton se fasse en même temps dans toutes les parties, on doit prendre garde à l'harmonie et au chant, pour éviter de suivre à la fois deux différentes *modulations*. Huyghens a fort bien remarqué que la proscription des deux quintes consécutives a cette règle pour principe : en effet, on ne peut guère former entre deux parties plusieurs quintes justes de suite sans moduler en deux tons différens.

Pour annoncer un ton, plusieurs prétendent qu'il suffit de former l'accord parfait de sa tonique, et cela est indispensable pour donner le mode; mais il est certain que le ton ne peut être bien déterminé que par l'accord sensible ou dominant : il faut donc faire entendre cet accord en commençant la nouvelle *modulation*. La bonne règle seroit que la septième ou dissonance mineure y fût toujours préparée, au moins la première fois qu'on la fait entendre; mais cette règle n'est pas praticable dans toutes les *modulations* permises; et pourvu que la basse-fondamentale marche par intervalles consonnans, qu'on observe la liaison harmonique, l'analogie du mode, et qu'on évite les fausses relations, la *modulation* est toujours bonne. Les compositeurs donnent pour une autre règle de ne changer de ton qu'après une cadence parfaite; mais cette règle est inutile, et personne ne s'y assujettit.

Toutes les manières possibles de passer d'un ton dans un autre se réduisent à cinq pour le mode majeur, et à quatre pour le mode mineur; lesquelles on trouvera énoncées par une basse-fondamentale pour chaque *modulation* dans la *Planche* B, *fig*. 8. S'il y a quelque autre *modulation* qui ne revienne à aucune de ces neuf, à moins que cette *modulation* ne soit exharmonique, elle est mauvaise infailliblement. (Voyez **Enharmonique**.)

Moduler, *v. n.* C'est composer ou préluder, soit par écrit, soit sur un instrument, soit avec la voix, en suivant les règles de la *modulation*. (Voyez **Modulation**.)

Moeurs, *s. f.* Partie considérable de la musique des Grecs, appelée par eux *hermosmenon*, laquelle consistoit à connoître et choisir le bienséant en chaque genre, et ne leur permettoit pas de donner à chaque sentiment, à chaque objet, à chaque caractère toutes les formes dont il étoit susceptible, mais les obligeoit de se borner à ce qui étoit convenable au sujet, à l'occasion, aux personnes, aux circonstances. Les *mœurs* consistoient encore à tellement accorder et proportionner dans une pièce toutes les parties de la musique, le mode, le temps, le rhythme, la mélodie, et même les changemens, qu'on sentît dans le tout une certaine conformité qui n'y laissât point de disparate, et le rendît parfaitement un. Cette seule partie, dont l'idée n'est pas même connue dans notre musique, montre à quel point de perfection devoit être porté un art où l'on avoit même réduit en règles ce qui est honnête, convenable et bienséant.

Moindre, *adj.* (Voyez **Minime**.)

Mol, *adj.* Épithète que donnent Aristoxène et Ptolomée à une espèce du genre diatonique et à une espèce du genre chromatique dont j'ai parlé au mot **Genre**.

Pour la musique moderne, le mot *mol* n'y est employé que dans la composition du mot *bémol* ou B *mol*, par opposition au mot *bécarre*, qui jadis s'appeloit aussi B *dur*.

Zarlin cependant appelle diatonique *mol* une espèce du genre diatonique dont j'ai parlé ci-devant. (Voyez **Diatonique**.)

Monocorde, *s. m.* Instrument ayant une seule corde qu'on divise à volonté par des chevalets mobiles, lequel sert à trouver les rapports des intervalles et toutes les divisions du canon harmonique. Comme la partie des instrumens n'entre point dans mon plan, je ne parlerai pas plus long-temps de celui-ci.

Monodie, *s. f.* Chant à voix seule, par opposition à ce que les anciens appeloient *chorodies*, ou musiques exécutées par le chœur.

Monologue, *s. m.* Scène d'opéra où l'acteur est seul et ne parle qu'avec lui-même. C'est dans les *monologues* que se déploient toutes les forces de la musique; le musicien pouvant s'y livrer à toute l'ardeur de son génie, sans être gêné dans la longueur de ses morceaux par la présence d'un interlocuteur. Ces récitatifs obligés, qui font un si grand effet dans les opéra italiens, n'ont lieu que dans les *monologues*.

Monotonie, *s. f.* C'est, au propre, une psalmodie ou un chant qui marche toujours sur le même ton; mais ce mot ne s'emploie guère que dans le figuré.

Monter, *v. n.* C'est faire succéder les sons du bas en haut, c'est-à-dire du grave à l'aigu. Cela se présente à l'œil par notre manière de noter.

Motif, *s. m.* Ce mot, francisé de l'italien *motivo*, n'est guère employé dans le sens technique que par les compositeurs: il signifie l'idée primitive et principale sur laquelle le compositeur détermine son sujet et arrange son dessein; c'est le *motif* qui, pour ainsi dire, lui met la plume à la main pour jeter sur le papier telle chose et non pas telle autre. Dans ce sens le *motif* principal doit être toujours présent à l'esprit du compositeur, et il doit faire en sorte qu'il le soit aussi toujours à l'esprit des auditeurs. On dit qu'un auteur bat la campagne lorsqu'il perd son *motif* de vue, et qu'il coud des accords ou des chants qu'aucun sens commun n'unit entre eux.

Outre ce *motif*, qui n'est que l'idée principale de la pièce, il y a des *motifs* particuliers, qui sont les idées déterminantes de la modulation, des entrelacemens, des textures harmoniques; et sur ces idées que l'on pressent dans l'exécution, l'on juge si l'auteur a bien suivi ses *motifs*, ou s'il a pris le change, comme il arrive souvent à ceux qui procèdent note après note, et qui manquent de savoir ou d'invention. C'est dans cette acception qu'on dit *motif* de fugue, *motif* de cadence, *motif* de changement de mode, etc.

Mottet, *s. m.* Ce mot signifioit anciennement une composition fort recherchée, enrichie de toutes les beautés de l'art, et cela sur une période fort courte: d'où lui vient, selon quelques-uns, le nom de *mottet*, comme si ce n'étoit qu'un mot.

Aujourd'hui l'on donne le nom de *mottet* à

toute pièce de musique faite sur des paroles latines à l'usage de l'Église romaine, comme psaumes, hymnes, antiennes, répons, etc. Et tout cela s'appelle en général musique latine.

Les François réussissent mieux dans ce genre de musique que dans la françoise, la langue étant moins défavorable; mais ils y recherchent trop de travail, et, comme le leur a reproché l'abbé du Bos, ils jouent trop sur le mot. En général la musique latine n'a pas assez de gravité pour l'usage auquel elle est destinée; on n'y doit point rechercher l'*imitation*, comme dans la musique théâtrale : les chants sacrés ne doivent point représenter le tumulte des passions humaines, mais seulement la majesté de celui à qui ils s'adressent, et l'égalité d'âme de ceux qui les prononcent. Quoi que puissent dire les paroles, toute autre expression dans le chant est un contre-sens. Il faut n'avoir, je ne dis pas aucune piété, mais je dis aucun goût, pour préférer dans les églises la musique au plain-chant.

Les musiciens du treizième et du quatorzième siècle donnoient le nom de *mottetus* à la partie que nous nommons aujourd'hui *haute-contre*. Ce nom et d'autres aussi étranges causent souvent bien de l'embarras à ceux qui s'appliquent à déchiffrer les anciens manuscrits de musique, laquelle ne s'écrivoit pas en partition comme à présent.

Mouvement, *s. m.* Degré de vitesse ou de lenteur que donne à la mesure le caractère de la pièce qu'on exécute. Chaque espèce de mesure a un *mouvement* qui lui est le plus propre, et qu'on désigne en italien par ces mots *tempo giusto*. Mais outre celui-là il y a cinq principales modifications de *mouvement* qui, dans l'ordre du lent au vite, s'expriment par les mots *largo, adagio, andante, allegro, presto;* et ces mots se rendent en françois par les suivans, *lent, modéré, gracieux, gai, vite.* Il faut cependant observer que, le *mouvement* ayant toujours beaucoup moins de précision dans la musique françoise, les mots qui le désignent y ont un sens beaucoup plus vague que dans la musique italienne.

Chacun de ces degrés se subdivise et se modifie encore en d'autres, dans lesquels il faut distinguer ceux qui n'indiquent que le degré de vitesse ou de lenteur, comme *larghetto, andantino, allegretto, prestissimo,* et ceux qui marquent de plus le caractère et l'expression de l'air, comme *agitato, vivace, gustoso, con brio*, etc. Les premiers peuvent être saisis et rendus par tous les musiciens, mais il n'y a que ceux qui ont du sentiment et du goût qui sentent et rendent les autres.

Quoique généralement les *mouvemens* lents conviennent aux passions tristes, et les *mouvemens* animés aux passions gaies, il y a pourtant souvent des modifications par lesquelles une passion parle sur le ton d'une autre; il est vrai toutefois que la gaîté ne s'exprime guère avec lenteur; mais souvent les douleurs les plus vives ont le langage le plus emporté.

Mouvement est encore la marche ou le progrès des sons du grave à l'aigu, ou de l'aigu au grave : ainsi quand on dit qu'il faut, autant qu'on le peut, faire marcher la basse et le dessus par *mouvemens contraires,* cela signifie que l'une des parties doit monter tandis que l'autre descend. *Mouvement semblable,* c'est quand les deux parties marchent en même sens. Quelques-uns appellent *mouvement oblique* celui où l'une des parties reste en place tandis que l'autre monte ou descend.

Le savant Jérôme Mei, à l'imitation d'Aristoxène, distingue généralement dans la voix humaine deux sortes de *mouvement* : savoir, celui de la voix parlante, qu'il appelle *mouvement continu*, et qui ne se fixe qu'au moment qu'on se tait; et celui de la voix chantante, qui marche par intervalles déterminés, et qu'il appelle *mouvement diastématique* ou *intervallatif*.

Muances, *s. f.* On appelle ainsi les diverses manières d'appliquer aux notes les syllabes de la gamme selon les diverses positions des deux semi-tons de l'octave, et selon les différentes routes pour y arriver. Comme l'Arétin n'inventa que six de ces syllabes, et qu'il y a sept notes à nommer dans une octave, il falloit nécessairement répéter le nom de quelque note; cela fit qu'on nomma toujours *mi fa* ou *fa la* les deux notes entre lesquelles se trouvoit un des semi-tons. Ces noms déterminoient en même temps ceux des notes les plus voisines, soit en montant soit en descendant. Or, comme les deux semi-tons sont sujets à changer de place dans la modulation, et qu'il y a dans la musique une multitude de manières différentes de leur appliquer les six mêmes syllabes, ces manières s'appeloient *muances*, parce que ces manières y changeoient incessamment de noms. (Voyez GAMME.)

Dans le siècle dernier on ajouta en France la syllabe *si* aux six premières de la gamme de l'Arétin. Par ce moyen la septième note de l'échelle se trouvant nommée, les *muances* devinrent inutiles et furent proscrites de la musique françoise; mais chez toutes les autres nations, où, selon l'esprit du métier, les musiciens prennent toujours leur vieille routine pour la perfection de l'art, on n'a point adopté le *si*: et il y a apparence qu'en Italie, en Espagne, en Allemagne, en Angleterre, les *muances* serviront long-temps encore à la désolation des commençans.

MUANCES, dans la musique ancienne. (Voyez MUTATIONS.)

MUSETTE, *s. f.* Sorte d'air convenable à l'instrument de ce nom, dont la mesure est à deux ou trois temps, le caractère naïf et doux, le mouvement un peu lent, portant une basse pour l'ordinaire en tenue ou point d'orgue, telle que la peut faire une *musette*, et qu'on appelle à cause de cela basse de *musette*. Sur ces airs on forme des danses d'un caractère convenable, et qui portent aussi le nom de *musettes*.

MUSICAL, *adj.* Appartenant à la musique. (Voyez MUSIQUE.)

MUSICALEMENT, *adv.* D'une manière musicale, dans les règles de la musique. (Voyez MUSIQUE.

MUSICIEN, *s. m.* Ce nom se donne également à celui qui compose la musique et à celui qui l'exécute. Le premier s'appelle aussi *compositeur*. (Voyez ce mot.)

Les anciens musiciens étoient des poëtes, des philosophes, des orateurs du premier ordre; tels étoient Orphée, Terpandre, Stésichore, etc. Aussi Boëce ne veut-il pas honorer du nom de *musicien* celui qui pratique seulement la musique par le ministère servile des doigts et de la voix, mais celui qui possède cette science par le raisonnement et la spéculation; et il semble de plus que pour s'élever aux grandes expressions de la musique oratoire et imitative, il faudroit avoir fait une étude particulière des passions humaines et du langage de la nature. Cependant les *musiciens* de nos jours, bornés pour la plupart à la pratique des notes et de quelques tours de chant, ne seront guère offensés, je pense, quand on ne les tiendra pas pour de grands philosophes.

MUSIQUE, *s. f.* Art de combiner les sons d'une manière agréable à l'oreille. Cet art devient une science, et même très-profonde, quand on veut trouver les principes de ces combinaisons et les raisons des affections qu'elles nous causent. Aristide Quintilien définit la *musique* l'art du beau et de la décence dans les voix et dans les mouvemens. Il n'est pas étonnant qu'avec des définitions si vagues et si générales les anciens aient donné une étendue prodigieuse à l'art qu'ils définissoient ainsi.

On suppose communément que le mot de *musique* vient de *musa*, parce qu'on croit que les muses ont inventé cet art; mais Kircher, d'après Diodore, fait venir ce nom d'un mot égyptien, prétendant que c'est en Égypte que la musique a commencé à se rétablir après le déluge, et qu'on en reçut la première idée du son que rendoient les roseaux qui croissent sur les bords du Nil quand le vent souffloit dans leurs tuyaux. Quoi qu'il en soit de l'étymologie du nom, l'origine de l'art est certainement plus près de l'homme, et si la parole n'a pas commencé par du chant, il est sûr au moins qu'on chante partout où l'on parle.

La *musique* se divise naturellement en *musique théorique* ou *spéculative*, et en *musique pratique*.

La *musique* spéculative est, si l'on peut parler ainsi, la connoissance de la matière musicale, c'est-à-dire, des différens rapports du grave à l'aigu, du vite au lent, de l'aigre au doux, du fort au foible, dont les sons sont susceptibles; rapports qui, comprenant toutes les combinaisons possibles de la musique et des sons, semblent comprendre aussi toutes les causes des impressions que peut faire leur succession sur l'oreille et sur l'âme.

La *musique* pratique est l'art d'appliquer et mettre en usage les principes de la spéculative, c'est-à-dire de conduire et disposer les sons par rapport à la consonnance, à la durée, à la succession, de telle sorte que le tout produise sur l'oreille l'effet qu'on s'est proposé; c'est cet art qu'on appelle *composition*. (Voyez ce mot.) A l'égard de la production actuelle des sons par les voix ou par les instrumens, qu'on appelle *exécution*, c'est la partie purement mécanique et opérative, qui, supposant seulement la faculté d'entonner juste les intervalles, de marquer juste les durées, de donner aux sons le degré prescrit dans le ton et la valeur prescrite dans le temps, ne demande en rigueur d'autre connoissance que celle des caractères de la *musique*, et l'habitude de les exprimer.

La *musique* spéculative se divise en deux parties; savoir, la connoissance du rapport des sons ou de leurs intervalles, et celle de leurs durées relatives, c'est-à-dire de la mesure et du temps.

La première est proprement celle que les anciens ont appelée *musique harmonique* : elle enseigne en quoi consiste la nature du chant, et marque ce qui est consonnant, dissonant, agréable ou déplaisant dans la modulation; elle fait connoître en un mot les diverses manières dont les sons affectent l'oreille par leur timbre, par leur force, par leurs intervalles, ce qui s'applique également à leur accord et à leur succession.

La seconde a été appelée *rhythmique*, parce qu'elle traite des sons eu égard au temps et à la quantité : elle contient l'explication du *rhythme*, du *mètre*, des mesures longues et courtes, vives et lentes, des temps et des diverses parties dans lesquelles on les divise pour y appliquer la succession des sons.

La *musique pratique* se divise aussi en deux parties qui répondent aux deux précédentes.

Celle qui répond à la *musique harmonique*, et que les anciens appeloient *mélopée*, contient les règles pour combiner et varier les intervalles consonnans et dissonans d'une manière agréable et harmonieuse. (Voyez MÉLOPÉE.)

La seconde, qui répond à la *musique rhythmique*, et qu'ils appeloient *rhythmopée*, contient les règles pour l'application des temps, des pieds, des mesures, en un mot, pour la pratique du rhythme. (Voyez RHYTHME.)

Porphyre donne une autre division de la *musique*, en tant qu'elle a pour objet le mouvement muet ou sonore, et, sans la distinguer en spéculative et pratique, il y trouve les six parties suivantes : la *rhythmique*, pour les mouvemens de la danse; la *métrique*, pour la cadence et le nombre des vers; l'*organique*, pour la pratique des instrumens; la *poétique*, pour les tons et l'accent de la poésie; l'*hypocritique*, pour les attitudes des pantomimes; et l'*harmonique*, pour le chant.

La *musique* se divise aujourd'hui plus simplement en *mélodie* et en *harmonie* ; car la rhythmique n'est plus rien pour nous, et la métrique est très-peu de chose, attendu que nos vers dans le chant prennent presque uniquement leur mesure de la *musique*, et perdent le peu qu'ils en ont par eux-mêmes.

Par la mélodie on dirige la succession des sons de manière à produire des chants agréables, (Voyez MÉLODIE, CHANT, MODULATION.)

L'harmonie consiste à unir à chacun des sons d'une succession régulière deux ou plusieurs autres sons qui, frappant l'oreille en même temps, la flattent par leur concours. (Voyez HARMONIE.)

On pourroit et l'on devroit peut-être encore diviser la *musique* en *naturelle* et *imitative*. La première, bornée au seul physique des sons et n'agissant que sur le sens, ne porte point ses impressions jusqu'au cœur, et ne peut donner que des sensations plus ou moins agréables : telle est la musique des chansons, des hymnes, des cantiques, de tous les chants qui ne sont que des combinaisons de sons mélodieux, et en général toute musique qui n'est qu'harmonieuse.

La seconde par des inflexions vives, accentuées, et pour ainsi dire parlantes, exprime toutes les passions, peint tous les tableaux, rend tous les objets, soumet la nature entière à ses savantes imitations, et porte ainsi jusqu'au cœur de l'homme des sentimens propres à l'émouvoir. Cette musique vraiment lyrique et théâtrale étoit celle des anciens poëmes, et c'est de nos jours celle qu'on s'efforce d'appliquer aux drames qu'on exécute en chant sur nos théâtres. Ce n'est que dans cette *musique*, et non dans l'harmonique ou naturelle, qu'on doit chercher la raison des effets prodigieux qu'elle a produits autrefois. Tant qu'on cherchera des effets moraux dans le seul physique des sons, on ne les y trouvera point, et l'on raisonnera sans s'entendre.

Les anciens écrivains diffèrent beaucoup entre eux sur la nature, l'objet, l'étendue et les parties de la *musique*. En général ils donnoient à ce mot un sens beaucoup plus étendu que celui qui lui reste aujourd'hui : non-seulement sous le nom de *musique* ils comprenoient, comme on vient de le voir, la danse, le geste, la poésie, mais même la collection de toutes les sciences. Hermès définit la *musique* la connoissance de l'ordre de toutes choses; c'étoit aussi la doctrine de l'école de Pythagore et de celle de Platon, qui enseignoient que tout dans l'univers étoit *musique*. Selon Hésychius, les Athéniens donnoient à tous les arts le nom de *musique;* et tout cela n'est plus étonnant depuis qu'un musicien moderne a trouvé dans la *musique* le principe de tous les rapports et le fondement de toutes les sciences.

De là toutes ces *musiques* sublimes dont nous parlent les philosophes; *musique* divine, *musique* des hommes, *musique* céleste, *musique* terrestre, *musique* active, *musique* contemplative, *musique* énonciative, intellective, oratoire, etc.

C'est sous ces vastes idées qu'il faut entendre plusieurs passages des anciens sur la *musique*, qui seroient inintelligibles dans le sens que nous donnons aujourd'hui à ce mot.

Il paroît que la *musique* a été l'un des premiers arts : on le trouve mêlé parmi les plus anciens monumens du genre humain. Il est très-vraisemblable aussi que la *musique* vocale a été trouvée avant l'instrumentale, si même il y a jamais eu parmi les anciens une *musique* vraiment instrumentale, c'est-à-dire faite uniquement pour les instrumens. Non-seulement les hommes, avant d'avoir trouvé aucun instrument, ont dû faire des observations sur les différens ton de leur voix, mais ils ont dû apprendre de bonne heure, par le concert naturel des oiseaux, à modifier leur voix et leur gosier d'une manière agréable et mélodieuse; après cela les instrumens à vent ont dû être les premiers inventés. Diodore et d'autres auteurs en attribuent l'invention à l'observation du sifflement des vents dans les roseaux ou autres tuyaux des plantes. C'est aussi le sentiment de Lucrèce :

At liquidas avium voces imitarier ore
Antè fuit multò, quàm lœvia carmina cantu
Concelebrare homines possent, aurésque juvare.
Et Zephyri cava per calamorum sibila primùm
Agrestes docuere cavas inflare cicutas.

A l'égard des autres sortes d'instrumens, les cordes sonores sont si communes que les hommes en ont dû observer de bonne heure les différens tons, ce qui a donné naissance aux instrumens à cordes. (Voyez CORDE.)

Les instrumens qu'on bat pour en tirer du son, comme les tambours et les timbales, doivent leur origine au bruit sourd que rendent les corps creux quand on les frappe.

Il est difficile de sortir de ces généralités pour constater quelque fait sur l'invention de la *musique* réduite en art. Sans remonter au-delà du *déluge*, plusieurs anciens attribuent cette invention à Mercure, aussi bien que celle de la lyre; d'autres veulent que les Grecs en soient redevables à Cadmus, qui, en se sauvant de la cour du roi de Phénicie, amena en Grèce la musicienne Hermione ou Harmonie; d'où il s'ensuivroit que cet art étoit connu en Phénicie avant Cadmus. Dans un endroit du dialogue de Plutarque sur la *musique*, Lysias dit que c'est Amphion qui l'a inventée; dans un autre, Sotérique dit que c'est Apollon; dans un autre encore, il semble en faire honneur à Olympe : on ne s'accorde guère sur tout cela, et c'est ce *qui n'importe pas beaucoup non plus*. A ces premiers inventeurs succédèrent Chiron, Démodocus, Hermès, Orphée, qui, selon quelques-uns, inventa la lyre, après ceux-là vint Phœmius, puis Terpandre, contemporain de Lycurgue, et qui donna des règles à la *musique* : quelques personnes lui attribuent l'invention des premiers modes. Enfin l'on ajoute Thalès et Thamiris qu'on dit avoir été l'inventeur de la *musique* instrumentale.

Ces grands musiciens vivoient la plupart avant Homère : d'autres plus modernes sont Lasus d'Hermione, Melnippides, Philoxène, Timothée, Phrynnis, Épigonius, Lysandre, Simmicus et Diodore, qui tous ont considérablement perfectionné la *musique*.

Lasus est, à ce qu'on prétend, le premier qui ait écrit sur cet art du temps de Darius Hystaspes. Épigonius inventa l'instrument de quarante cordes qui portoit son nom; Simmicus inventa aussi un instrument de trente-cinq cordes, appelé *simmicium*.

Diodore perfectionna la flûte et y ajouta de nouveaux trous, et Timothée la lyre, en y ajoutant une nouvelle corde; ce qui le fit mettre à l'amende par les Lacédémoniens.

Comme les anciens auteurs s'expliquent fort obscurément sur les inventeurs des instrumens de *musique*, ils sont aussi fort obscurs sur les instrumens mêmes : à peine en connoissons-nous autre chose que les noms. (Voyez INSTRUMENT.)

La *musique* étoit dans la plus grande estime chez divers peuples de l'antiquité, et principalement chez les Grecs, et cette estime étoit proportionnée à la puissance et aux effets surprenans qu'ils attribuoient à cet art. Leurs auteurs ne croient pas nous en donner une trop grande idée en nous disant qu'elle étoit en usage dans le ciel, et qu'elle faisoit l'amusement principal des dieux et des âmes des bienheureux. Platon ne craint pas de dire qu'on ne peut faire de changement dans la *musique* qui n'en soit un dans la constitution de l'état, et il prétend qu'on peut assigner les sons capables de faire naître la bassesse de l'âme, l'insolence, et les vertus contraires. Aristote, qui semble n'avoir écrit sa politique que pour opposer ses sentimens à ceux de Platon, est pourtant d'accord avec lui touchant la puissance de la *musique* sur les mœurs. Le judicieux Polybe nous dit que la *musique* étoit nécessaire pour adoucir les mœurs des Arcades, qui habitoient un pays où l'air est triste et froid ; que ceux de Cynète, qui négligèrent la *musique*, surpassèrent en cruauté tous les Grecs, et qu'il n'y a point de ville où l'on ait tant vu de crimes. Athénée nous assure qu'autrefois toutes les lois divines et humaines, les exhortations à la vertu, la connoissance de ce qui concernoit les dieux et les héros, les vies et les actions des hommes illustres étoient écrites en vers et chantées publiquement par des chœurs au son des instrumens ; et nous voyons par nos livres sacrés que tels étoient, dès les premiers temps, les usages des Israélites. On n'avoit point trouvé de moyen plus efficace pour graver dans l'esprit des hommes les principes de la morale et l'amour de la vertu ; ou plutôt tout cela n'étoit point l'effet d'un moyen prémédité, mais de la grandeur des sentimens et de l'élévation des idées qui cherchoient, par des accens proportionnés, à se faire un langage digne d'elles.

La *musique* faisoit partie de l'étude des anciens pythagoriciens : ils s'en servoient pour exciter le cœur à des actions louables, et pour s'enflammer de l'amour de la vertu. Selon ces philosophes, notre âme n'étoit pour ainsi dire formée que d'harmonie, et ils croyoient rétablir, par le moyen de l'harmonie sensuelle, l'harmonie intellectuelle et primitive des facultés de l'âme, c'est-à-dire celle qui, selon eux, existoit en elle avant qu'elle animât nos corps, et lorsqu'elle habitoit les cieux.

La *musique* est déchue aujourd'hui de ce dégré de puissance et de majesté au point de nous faire douter de la vérité des merveilles qu'elle opéroit autrefois, quoique attestées par les plus judicieux historiens et par les plus graves philosophes de l'antiquité. Cependant on retrouve dans l'histoire moderne quelques faits semblables. Si Timothée excitoit les fureurs d'Alexandre par le mode phrygien, et les calmoit par le mode lydien, une *musique* plus moderne renchérissoit encore en excitant, dit-on, dans Eric, roi de Danemarck, une telle fureur qu'il tuoit ses meilleurs domestiques : sans doute ces malheureux étoient moins sensibles que leur prince à la *musique*, autrement il eût pu courir la moitié du danger. D'Aubigny rapporte une autre histoire pareille à celle de Timothée : il dit que, sous Henri III, le musicien Claudin, jouant aux noces du duc de Joyeuse sur le mode phrygien, anima, non le roi, mais un courtisan qui s'oublia jusqu'à mettre la main aux armes en présence de son souverain ; mais le musicien se hâta de le calmer en prenant le mode hypo-phrygien : cela est dit avec autant d'assurance que si le musicien Claudin avoit pu savoir exactement en quoi consistoit le mode phrygien et le mode hypo-phrygien.

Si notre *musique* a peu de pouvoir sur les affections de l'âme, en revanche elle est capable d'agir physiquement sur les corps ; témoin l'histoire de la tarentule, trop connue pour en parler ici ; témoin ce chevalier gascon dont parle Boyle, lequel, au son d'une cornemuse, ne pouvoit retenir son urine ; à quoi il faut ajouter ce que raconte le même auteur de ces femmes qui fondoient en larmes lorsqu'elles entendoient un certain ton dont le reste des auditeurs n'étoit point affecté ; et je connois à Paris une femme de condition, laquelle ne peut écouter quelque *musique* que ce soit sans être saisie d'un rire involontaire et convulsif. On lit aussi dans l'*Histoire de l'Académie des Sciences* de Paris qu'un musicien fut guéri d'une violente fièvre par un concert qu'on fit dans sa chambre.

Les sons agissent même sur les corps inanimés, comme on le voit par le frémissement et la résonnance d'un corps sonore au son d'un autre avec lequel il est accordé dans certain rapport. Morhoff fait mention d'un certain Petter, Hollandois, qui brisoit un verre au son de sa voix. Kircher parle d'une grande pierre qui frémissoit au son d'un certain tuyau d'orgue. Le P. Mersenne parle aussi d'une sorte de carreau que le jeu d'orgue ébranloit comme auroit pu faire un tremblement de terre. Boyle ajoute que les stalles tremblent souvent au son des orgues; qu'il les a senties frémir sous sa main au son de l'orgue ou de la voix, et qu'on l'a assuré que celles qui étoient bien faites trembloient toutes à quelque ton déterminé. Tout le monde a ouï parler du fameux pilier d'une église de Reims, qui s'ébranle sensiblement au son d'une certaine cloche, tandis que les autres piliers restent immobiles; mais ce qui ravit au son l'honneur du merveilleux est que ce même pilier s'ébranle également quand on a ôté le batail de la cloche.

Tous ces exemples, dont la plupart appartiennent plus au son qu'à la *musique*, et dont la physique peut donner quelque explication, ne nous rendent point plus intelligibles ni plus croyables les effets merveilleux et presque divins que les anciens attribuent à la *musique*. Plusieurs auteurs se sont tourmentés pour tâcher d'en rendre raison : Wallis les attribue en partie à la nouveauté de l'art, et les rejette en partie sur l'exagération des auteurs; d'autres en font honneur seulement à la poésie; d'autres supposent que les Grecs, plus sensibles que nous par la constitution de leur climat ou par leur manière de vivre, pouvoient être émus de choses qui ne nous auroient nullement touchés.

M. Burette, même en adoptant tous ces faits, prétend qu'ils ne prouvent point la perfection de la *musique* qui les a produits; il n'y voit rien que de mauvais racleurs de village n'aient pu faire, selon lui, tout aussi bien que les premiers musiciens du monde.

La plupart de ces sentimens sont fondés sur la persuasion où nous sommes de l'excellence de notre *musique*, et sur le mépris que nous avons pour celle des anciens. Mais ce mépris est-il lui-même aussi bien fondé que nous le prétendons? c'est ce qui a été examiné bien des fois, et qui, vu l'obscurité de la matière et l'insuffisance des juges, auroit grand besoin de l'être mieux. De tous ceux qui se sont mêlés jusqu'ici de cet examen, Vossius, dans son traité *de Viribus cantûs et rhythmi*, paroît être celui qui a le mieux discuté la question et le plus approché de la vérité. J'ai jeté là-dessus quelques idées dans un autre écrit non public encore, où mes idées seront mieux placées que dans cet ouvrage, qui n'est pas fait pour arrêter le lecteur à discuter mes opinions.

On a beaucoup souhaité de voir quelques fragmens de *musique* ancienne. Le P. Kircher et M. Burette ont travaillé là-dessus à contenter la curiosité du public : pour le mettre plus à portée de profiter de leurs soins, j'ai transcrit dans la *Planche* C deux morceaux de *musique* grecque, traduits en notes modernes par ces auteurs. Mais qui osera juger de l'ancienne *musique* sur de tels échantillons? Je les suppose fidèles, je veux même que ceux qui voudroient en juger connoissent suffisamment le génie et l'accent de la langue grecque; qu'ils réfléchissent qu'un Italien est juge incompétent d'un air françois, qu'un François n'entend rien du tout à la mélodie italienne; puis qu'ils comparent les temps et les lieux, et qu'ils prononcent s'ils l'osent.

Pour mettre le lecteur à portée de juger des divers accens musicaux des peuples, j'ai transcrit aussi dans la *Planche* un air chinois tiré du P. du Halde, un air persan tiré du chevalier Chardin, et deux chansons des sauvages de l'Amérique, tirées du P. Mersenne. On trouvera dans tous ces morceaux une conformité de modulation avec notre musique, qui pourra faire admirer aux uns la bonté et l'universalité de nos règles, et peut-être rendre suspecte à d'autres l'intelligence ou la fidélité de ceux qui nous ont transmis ces airs.

J'ai ajouté dans la même *Planche* le célèbre *ranz des vaches*, cet air si chéri des Suisses qu'il fut défendu, sous peine de mort, de le jouer dans leurs troupes, parce qu'il faisoit fondre en larmes, déserter ou mourir ceux qui l'entendoient, tant il excitoit en eux l'ardent désir de revoir leur pays. On chercheroit en vain dans cet air les accens énergiques capables de produire de si étonnans effets : ces effets, qui n'ont aucun lieu sur les étrangers, ne viennent que de l'habitude, des souvenirs, de mille circonstances qui, retracées par cet air à ceux qui l'entendent, et leur rappelant leur pays, leurs anciens plaisirs, leur jeunesse et toutes leurs façons de vivre, excitent en eux une douleur amère d'avoir perdu tout cela. La *musique* alors n'agit point précisément comme *musique*, mais comme signe mémoratif. Cet air, quoique toujours le même, ne produit plus aujourd'hui les mêmes effets qu'il produisoit ci-devant sur les Suisses, parce que, ayant perdu le goût de leur première simplicité, ils ne la regrettent plus quand on la leur rappelle : tant il est vrai que ce n'est pas dans leur action physique qu'il faut chercher les plus grands effets des sons sur le cœur humain !

La manière dont les anciens notoient leur *musique* étoit établie sur un fondement très-simple, qui étoit le rapport des chiffres, c'est-à-dire par les lettres de leur alphabet ; mais, au lieu de se borner sur cette idée à un petit nombre de caractères faciles à retenir, ils se perdirent dans des multitudes de signes différens dont ils embrouillèrent gratuitement leur *musique ;* en sorte qu'ils avoient autant de manières de noter que de genres et de modes. Boëce prit dans l'alphabet latin des caractères correspondans à ceux des Grecs : le pape Grégoire perfectionna sa méthode. En 1024, Gui d'Arezzo, bénédictin, introduisit l'usage des portées (voyez PORTÉE), sur les lignes desquelles il marqua les notes en forme de points (voyez NOTES), désignant par leur position l'élévation ou l'abaissement de la voix. Kircher cependant prétend que cette invention est antérieure à Gui ; et, en effet, je n'ai pas vu dans les écrits de ce moine qu'il se l'attribue : mais il inventa la gamme, et appliqua aux notes de son hexacorde les noms tirés de l'hymne de saint Jean-Baptiste, qu'elles conservent encore aujourd'hui (voyez *Planche* G, *figure* 2) ; enfin cet homme né pour la *musique* inventa différens instrumens appelés *polyplectra*, tels que le clavecin, l'épinette, la vielle, etc. (Voyez GAMME.)

Les caractères de la *musique* ont, selon l'opinion commune, reçu leur dernière augmentation considérable en 1330, temps où l'on dit que Jean de Muris, appelé mal à propos par quelques-uns *Jean de Meurs* ou *de Muriâ*, docteur de Paris, quoique Gesner le fasse Anglois, inventa les différentes figures des notes qui désignent la durée ou la quantité, et que nous appelons aujourd'hui rondes, blanches, noires, etc. Mais ce sentiment, bien que très-commun, me paroît peu fondé, à en juger par son traité de musique, intitulé *Speculum Musicæ*, que j'ai eu le courage de lire presque entier pour y constater l'invention que l'on attribue à cet auteur. Au reste, ce grand musicien a eu, comme le roi des poètes, l'honneur d'être réclamé par divers peuples ; car les Italiens le prétendent aussi de leur nation, trompés apparemment par une fraude ou une erreur de Bortempi qui le dit *Perugino* au lieu de *Parigino*.

Lasus est ou paroît être, comme il est dit ci-dessus, le premier qui ait écrit sur la *musique :* mais son ouvrage est perdu, aussi bien que plusieurs autres livres des Grecs et des Romains sur la même matière. Aristoxène, disciple d'Aristote et chef de secte en *musique*, est le plus ancien auteur qui nous reste sur cette science ; après lui vient Euclide d'Alexandrie : Aristide Quintilien écrivoit après Cicéron ; Alypius vient ensuite ; puis Gaudentius, Nicomaque et Bacchius.

Marc Meibomius nous a donné une belle édition de ces sept auteurs grecs, avec la traduction latine et des notes.

Plutarque a écrit un dialogue sur la *musique*. Ptolomée, célèbre mathématicien, écrivit en grec les principes de l'harmonie vers le temps de l'empereur Antonin : cet auteur garde un milieu entre les pythagoriciens et les aristoxéniens. Long-temps après, Manuel Bryennius écrivit aussi sur le même sujet.

Parmi les Latins, Boëce a écrit du temps de Théodoric, et non loin du même temps, Martianus, Cassiodore, et saint Augustin.

Les modernes sont en grand nombre ; les plus connus sont, Zarlin, Salinas, Valgulio, Galilée, Mei, Doni, Kircher, Mersenne, Parran, Perrault, Wallis, Descartes, Holder, Mengoli, Malcolm, Burette, Valloti, enfin M. Tartini, dont le livre est plein de profondeur, de génie, de longueurs et d'obscurité ; et M. Rameau, dont les écrits ont ceci de singulier, qu'ils ont fait une grande fortune sans avoir été lus de personne. Cette lecture est d'ailleurs devenue absolument superflue depuis que M. d'Alembert a pris la peine d'expliquer au public le système de la basse fondamentale, la seule chose utile et intelligible qu'on trouve dans les écrits de ce musicien.

Mutations ou Muances, μεταβολαῖ. On appeloit ainsi dans la *musique* ancienne généralement tous les passages d'un ordre ou d'un sujet de chant à un autre. Aristoxène définit la *mutation* une espèce de passion dans l'ordre de la mélodie ; Bacchius, un changement de sujet, ou la transposition du semblable dans un lieu dissemblable ; Aristide Quintilien, une variation dans le système proposé et dans le caractère de la voix ; Martianus Capella, une transition de la voix dans un autre ordre de sons.

Toutes ces définitions obscures et trop générales ont besoin d'être éclaircies par les divisions ; mais les auteurs ne s'accordent pas mieux sur ces divisions que sur la définition même. Cependant on recueille à peu près que toutes ces *mutations* pouvoient se réduire à cinq espèces principales : 1° *mutation* dans le genre, lorsque le chant passoit, par exemple, du diatonique au chromatique ou à l'enharmonique, et réciproquement ; 2° dans le système, lorsque la modulation unissoit deux tétracordes disjoints ou en séparoit deux conjoints ; ce qui revient au passage du bécarre au bémol, et réciproquement ; 3° dans le mode, quand on passoit, par exemple, du dorien au phrygien ou au lydien, et réciproquement, etc. ; 4° dans le rhythme, quand on passoit du vite au lent, ou d'une mesure à une autre ; 5° enfin dans la mélopée, lorsqu'on interrompoit un chant grave, sérieux, magnifique, par un chant enjoué, gai, impétueux, etc.

N.

Naturel, *adj.* Ce mot en musique a plusieurs sens. 1° Musique *naturelle* est celle que forme la voix humaine par opposition à la musique artificielle qui s'exécute avec des instrumens. 2° On dit qu'un chant est *naturel*, quand il est aisé, doux, gracieux, facile ; qu'une harmonie est *naturelle*, quand elle a peu de renversemens, de dissonances, qu'elle est produite par les cordes essentielles et *naturelles* du mode. 3° *Naturel* se dit encore de tout chant qui n'est ni forcé ni baroque ; qui ne va ni trop haut ni trop bas, ni trop vite ni trop lentement. 4° Enfin la signification la plus commune de ce mot, et la seule dont l'abbé Brossard n'a point parlé, s'applique aux tons ou modes dont les sons se tirent de la gamme ordinaire sans aucune altération : de sorte qu'un mode *naturel* est celui où l'on n'emploie ni dièse ni bémol. Dans le sens exact il n'y auroit qu'un seul ton *naturel*, qui seroit celui d'*ut* ou de C tierce majeure ; mais on étend le nom de *naturels* à tous les tons dont les cordes essentielles, ne portant ni dièses ni bémols, permettent qu'on n'arme la clef ni de l'un ni de l'autre ; tels sont les modes majeurs de *G* et de *F*, les modes mineurs d'*A* et de *D*, etc. (Voyez Clefs transposées, Modes, Transpositions.)

Les Italiens notent toujours leur récitatif au *naturel*, les changemens de tons y étant si fréquens et les modulations si serrées que, de quelque manière qu'on armât la clef pour un mode, on n'épargneroit ni dièses ni bémols pour les autres, et l'on se jetteroit pour la suite de la modulation dans des confusions de signes très-embarrassantes, lorsque les notes altérées à la clef par un signe se trouveroient altérées par le signe contraire accidentellement. (Voyez Récitatif.)

Solfier au *naturel*. C'est solfier par les noms *naturels* des sons de la gamme ordinaire, sans égard au ton où l'on est. (Voyez Solfier.)

Nète, *s. f.* C'étoit, dans la musique grecque, la quatrième corde ou la plus aiguë de chacun des trois tétracordes qui suivoient les deux premiers du grave à l'aigu.

Quand le troisième tétracorde étoit conjoint avec le second, c'étoit le tétracorde synnéménon, et sa *nète* s'appeloit *nète-synnéménon*.

Ce troisième tétracorde portoit le nom de diézeugménon quand il étoit disjoint ou séparé du second par l'intervalle d'un *ton*, et sa *nète* s'appeloit *nète-diézeugménon*.

Enfin le quatrième tétracorde portant toujours le nom d'hyperboléon, sa *nète* s'appeloit aussi toujours *nète-hyperboléon*.

A l'égard des deux premiers tétracordes, comme ils étoient toujours conjoints, ils n'avoient point de *nète* ni l'un ni l'autre ; la quatrième corde du premier, étant toujours la première du second, s'appeloit hypate-méson ; et la quatrième corde du second, formant le milieu du système, s'appeloit mèse.

Nète, dit Boëce, *quasi neate, id est inferior;* car les anciens, dans leurs diagrammes, mettoient en haut les sons graves, et en bas les sons aigus.

Nétoïdes. Sons aigus. (Voyez **Lepsis.**)

Neume, *s. f.* Terme de plain-chant. La *neume* est une espèce de courte récapitulation du chant d'un mode, laquelle se fait à la fin d'une antienne par une simple variété de sons et sans y joindre aucunes paroles. Les catholiques autorisent ce singulier usage sur un passage de saint Augustin, qui dit que, ne pouvant trouver des paroles dignes de plaire à Dieu, l'on fait bien de lui adresser des chants confus de jubilation : Car à qui convient une telle jubi-» lation sans paroles, si ce n'est à l'Être inef-» fable? et comment célébrer cet Être ineffa-» ble, lorsqu'on ne peut ni se taire, ni rien » trouver dans ses transports qui les exprime, » si ce n'est des sons inarticulés? »

Neuvième, *s. f.* Octave de la seconde. Cet intervalle porte le nom de *neuvième*, parce qu'il faut former neuf sons consécutifs pour arriver diatoniquement d'un de ces deux termes à l'autre. La *neuvième* est majeure ou mineure, comme la seconde dont elle est la réplique. (Voyez **Seconde.**)

Il y a un accord par supposition qui s'appelle accord de *neuvième*, pour le distinguer de l'accord de seconde qui se prépare, s'accompagne, et se sauve différemment. L'accord de *neuvième* est formé par un son mis à la basse une tierce au-dessous de l'accord de septième; ce qui fait que la septième elle-même fait *neuvième* sur ce nouveau son. La *neuvième* s'accompagne par conséquent de tierce, de quinte, et quelquefois de septième. La quatrième note du ton est généralement celle sur laquelle cet accord convient le mieux, mais on la peut placer partout dans les entrelacemens harmoniques. La basse doit toujours arriver en montant à la note qui porte *neuvième;* la partie qui fait la *neuvième* doit syncoper, et sauve cette *neuvième* comme une septième en descendant diatoniquement d'un degré sur l'octave, si la basse reste en place ; ou sur la tierce, si la basse descend de tierce. (Voyez **Accord, Supposition, Syncope.**)

En mode mineur l'accord sensible sur la médiante perd le nom d'accord de *neuvième* et prend celui de quinte superflue. (Voyez **Quinte superflue.**)

Niglarien, *adj.* Nom d'un nome ou chant d'une mélodie efféminée et molle, comme Aristophane le reproche à Philoxène son auteur.

Noels. Sortes d'airs destinés à certains cantiques que le peuple chante aux fêtes de Noël. Les airs des *Noëls* doivent avoir un caractère champêtre et pastoral convenable à la simplicité des paroles, et à celle des bergers qu'on suppose les avoir chantés en allant rendre hommage à l'enfant Jésus dans la crèche.

Noeuds. On appelle *nœuds* les points fixes dans lesquels une corde sonore mise en vibration se divise en aliquotes vibrantes qui rendent un autre son que celui de la corde entière. Par exemple, si de deux cordes, dont l'une sera triple de l'autre, on fait sonner la plus petite, la grande répondra, non par le son qu'elle a comme corde entière, mais par l'unisson de la plus petite, parce qu'alors cette grande corde, au lieu de vibrer dans sa totalité, se divise, et ne vibre que par chacun de ses tiers. Les points immobiles qui sont les divisions et qui tiennent en quelque sorte lieu de chevalets, sont ce que M. Sauveur a nommé les *nœuds;* et il a nommé *ventre* les points milieux de chaque aliquote où la vibration est la plus grande, et où la corde s'écarte le plus de la ligne de repos.

Si, au lieu de faire sonner une autre corde plus petite, on divise la grande au point d'une de ses aliquotes par un obstacle léger qui la gêne sans l'assujettir, le même cas arrivera encore en faisant sonner une des deux parties ; car alors les deux résonneront à l'unisson de la petite, et l'on verra les mêmes *nœuds* et les mêmes *ventres* que ci-devant.

Si la petite partie n'est pas aliquote immédiate de la grande, mais qu'elles aient seulement une aliquote commune, alors elles se diviseront toutes deux selon cette aliquote commune, et l'on verra des *nœuds* et des *ventres*, même dans la petite partie.

Si les deux parties sont incommensurables, c'est-à-dire qu'elles n'aient aucune aliquote commune, alors il n'y aura aucune résonnance, ou il n'y aura que celle de la petite partie, à moins qu'on ne frappe assez fort pour forcer l'obstacle et faire résonner la corde entière.

M. Sauveur trouva le moyen de montrer ces *ventres* et ces *nœuds* à l'Académie d'une manière très-sensible en mettant sur la corde des papiers de deux couleurs, l'une aux divisions des *nœuds*, et l'autre au milieu des *ventres*, car alors au son de l'aliquote on voyoit toujours tomber les papiers des *ventres*, et ceux des *nœuds* rester en place. (Voyez *Pl.* M. *figure* 6.)

NOIRE, *subst. fém.* Note de musique qui se fait ainsi  ou ainsi , et qui vaut deux croches ou la moitié d'une blanche. Dans nos anciennes musiques, on se servoit de plusieurs sortes de *noires*, *noire* à queue, *noire* carrée, *noire* en losange. Ces deux dernières espèces sont demeurées dans le plain-chant; mais dans la musique on ne se sert plus que de la *noire* à queue (Voyez VALEUR DES NOTES.)

NOME *s. m.* Tout chant déterminé par des règles qu'il n'étoit pas permis d'enfreindre portoit chez les Grecs le nom de *nome*.

Les *nomes* empruntoient leur dénomination, 1° ou de certains peuples, *nome* éolien, *nome* lydien; 2° ou de la nature du rhythme, *nome* orthien, *nome* dactylique, *nome* trochaïque; 3° ou de leurs inventeurs, *nome* hiéracien, *nome* polymnestan ; 4° ou de leurs sujets, *nome* pythien, *nome* comique; 5° ou enfin de leur mode, *nome* hypatoïde, ou grave, *nome* nétoïde, ou aigu, etc.

Il y avoit des *nomes* bipartites qui se chantoient sur deux modes; il y avoit même un nome appelé tripartite, duquel Sacadas ou Conas fut l'inventeur, et qui se chantoit sur trois modes, savoir, le dorien, le phrygien et le lydien. (Voyez CHANSON, MODE.)

NOMION. Sorte de chanson d'amour chez les Grecs. (Voyez CHANSON.)

NOMIQUE, *adj.* Le mode *nomique*, ou le genre de style musical qui portoit ce nom, étoit consacré, chez les Grecs, à Apollon, dieu des vers et des chansons, et l'on tâchoit d'en rendre les chants brillants et dignes du dieu auquel ils étoient consacrés. (Voyez MODE, MÉLOPÉE, STYLE.)

NOMS des notes. (Voyez SOLFIER.)

NOTES, *s. f.* Signes ou caractères dont on se sert pour noter, c'est-à-dire pour écrire la musique.

Les Grecs se servoient des lettres de leur alphabet pour noter leur musique. Or, comme ils avoient vingt-quatre lettres, et que leur plus grand système, qui dans un même mode n'étoit que deux octaves, n'excédoit pas le nombre de seize sons, il sembleroit que l'alphabet devoit être plus que suffisant pour les exprimer, puisque leur musique n'étant autre chose que leur poésie notée, le rhythme étoit suffisamment déterminé par le mètre, sans qu'il fût besoin pour cela de valeurs absolues et de signes propres à la musique ; car, bien que par surabondance ils eussent aussi des caractères pour marquer les divers pieds, il est certain que la musique vocale n'en avoit aucun besoin ; et la musique instrumentale n'étant qu'une musique vocale jouée par des instrumens, n'en avoit pas besoin non plus lorsque les paroles étoient écrites ou que le symphoniste les savoit par cœur.

Mais il faut remarquer, en premier lieu, que les deux mêmes sons étant tantôt à l'extrémité et tantôt au milieu du troisième tétracorde, selon le lieu où se faisoit la disjonction (voyez ce mot), on donnoit à chacun de ces sons des noms et des signes qui marquoient ces diverses situations; secondement, que ces seize sons n'étoient pas tous les mêmes dans les trois genres, qu'il y en avoit de communs aux trois, et de propres à chacun, et qu'il falloit, par conséquent, des *notes* pour exprimer ces différences ; troisièmement, que la musique se notoit pour les instrumens autrement que pour les voix, comme nous avons encore aujourd'hui pour certains instrumens à cordes, une tablature qui ne ressemble en rien à celle de la musique ordinaire; enfin que les anciens ayant jusqu'à quinze modes différens, selon le dénombrement d'Alypius (Voyez MODE), il fallut approprier des caractères à chaque mode, comme on le voit dans les tables du même auteur. Toutes ces modifications exigeoient des multitudes de signes auxquels les vingt-quatre lettres étoient bien éloignées de suffire : de là la nécessité d'employer les mêmes lettres pour plusieurs sortes de *notes;* ce qui les obligea de donner à ces lettres différentes situations, de les accoupler, de les mutiler, de les allonger en divers sens. Par exemple, la lettre *pi*, écrite de toutes ces manières Π, Ц, ⊨, ᒣ, Γ, exprimoit cinq différentes *notes*. En combinant toutes les modifications qu'exigeoient ces diverses circonstances, on trouve jusqu'à 1620 différentes *notes*; nombre prodigieux, qui devoit rendre l'étude de la musique de la plus grande difficulté. Aussi l'étoit-elle, selon Platon, qui veut que les jeunes gens se contentent de donner deux ou trois ans à la musique, seulement pour en apprendre les rudimens. Cependant les Grecs n'avoient pas un si grand nombre de caractères, mais la même *note* avoit quelquefois différentes significations selon les occasions : ainsi le même caractère qui marque la proslambanomène du mode lydien marque la parhypate-méson du mode hypoiastien, l'hypate-méson de l'hypo-phrygien, le lychanos-hypaton de l'hypo-lydien, la parhypate-hypaton de l'iastien, et l'hypate-hypaton du phrygien. Quelquefois aussi la *note* change, quoique le son reste le même; comme, par exemple, la proslambanomène de l'hypo-phrygien, laquelle a un même signe dans les modes hyper-phrygien, hyper-dorien, phrygien, dorien, hypo-phrygien, et hypo-dorien, et un autre même signe dans les modes lydien et hypo-lydien.

On trouvera (*Pl.* H, *fig.* 1) la table des *notes* du genre diatonique dans le mode lydien, qui étoit le plus usité; ces *notes*, ayant été préférées à celles des autres modes par Bacchius, suffisent pour entendre tous les exemples qu'il donne dans son ouvrage; et, la musique des Grecs n'étant plus en usage, cette table suffit aussi pour désabuser le public, qui croit leur manière de noter tellement perdue que cette musique nous seroit maintenant impossible à déchiffrer. Nous la pourrions déchiffrer tout aussi exactement que les Grecs mêmes auroient pu faire; mais la phraser, l'accentuer, l'entendre, la juger, voilà ce qui n'est plus possible à personne et qui ne le deviendra jamais. En toute musique, ainsi qu'en toute langue, déchiffrer et lire sont deux choses très-différentes.

Les Latins, qui, à l'imitation des Grecs, notèrent aussi la musique avec les lettres de leur alphabet, retranchèrent beaucoup de cette quantité de *notes*; le genre enharmonique ayant tout-à-fait cessé d'être pratiqué, et plusieurs modes n'étant plus en usage, il paroît que Boëce établit l'usage de quinze lettres seulement; et Grégoire, évêque de Rome, considérant que les rapports des sons sont les mêmes dans chaque octave, réduisit encore ces quinze *notes* aux sept premières lettres de l'alphabet, que l'on répétoit en diverses formes d'une octave à l'autre.

Enfin, dans le onzième siècle, un bénédictin d'Arezzo, nommé Gui, substitua à ces lettres des points posés sur différentes lignes parallèles, à chacune desquelles une lettre servoit de clef. Dans la suite on grossit ces points; on s'avisa d'en poser aussi dans les espaces compris entre ces lignes, et l'on multiplia, selon le besoin, ces lignes et ces espaces. (Voyez Portée.) A l'égard des noms donnés aux *notes*, voyez Solfier.

Les *notes* n'eurent, durant un certain temps, d'autre usage que de marquer les degrés et les différences de l'intonation. Elles étoient toutes, quant à la durée, d'égale valeur, et ne recevoient, à cet égard, d'autres différences que celles des syllabes longues et brèves sur lesquelles on les chantoit : c'est à peu près dans cet état qu'est demeuré le plain-chant des catholiques jusqu'à ce jour; et la musique des psaumes, chez les protestans, est plus imparfaite encore, puisqu'on n'y distingue pas même dans l'usage les longues des brèves, ou les rondes des blanches, quoiqu'on y ait conservé ces deux figures.

Cette indistinction de figure dura, selon l'opinion commune, jusqu'en 1330, que Jean de Muris, docteur et chanoine de Paris, donna, à ce qu'on prétend, différentes figures aux *notes*, pour marquer les rapports de durée qu'elles devoient avoir entre elles : il inventa aussi certains signes de mesures, appelés modes ou prolations, pour déterminer, dans le cours d'un chant, si le rapport des longues aux brèves seroit double ou triple, etc. Plusieurs de ces figures ne subsistent plus; on leur en a substitué d'autres en différens temps. (Voyez Mesure, Temps, Valeur des notes. Voyez aussi, au mot Musique, ce que j'ai dit de cette opinion.)

Pour lire la musique écrite par nos *notes*, et la rendre exactement, il y a huit choses à considérer : savoir, 1° la clef et sa position ; 2° les dièses ou bémols qui peuvent l'accompagner ; 3° le lieu ou la position de chaque *note ;* 4° son intervalle, c'est-à-dire son rapport à celle qui précède, ou à la tonique, ou à quelque *note* dont on ait le ton ; 5° sa figure, qui détermine sa valeur ; 6° le temps où elle se trouve et la place qu'elle occupe ; 7° le dièse, bémol, ou bécarre accidentel qui peut la précéder ; 8° l'espèce de la mesure et le caractère du mouvement : et tout cela sans compter ni la parole ou la syllabe à laquelle appartient chaque *note,* ni l'accent ou l'expression convenable au sentiment ou à la pensée. Une seule de ces huit observations omise peut faire détonner ou chanter hors de mesure.

La musique a eu le sort des arts qui ne se perfectionnent que lentement. Les inventeurs des *notes* n'ont songé qu'à l'état où elle se trouvoit de leur temps, sans songer à celui où elle pouvoit parvenir, et dans la suite leurs signes se sont trouvés d'autant plus défectueux que l'art s'est plus perfectionné. A mesure qu'on avançoit on établissoit de nouvelles règles pour remédier aux inconvéniens présens ; en multipliant les signes on a multiplié les difficultés, et, à force d'additions et de chevilles, on a tiré d'un principe assez simple un système fort embrouillé et fort mal assorti.

On peut en réduire les défauts à trois principaux. Le premier est dans la multitude des signes et de leurs combinaisons, qui surchargent tellement l'esprit et la mémoire des commençans, que l'oreille est formée et les organes ont acquis l'habitude et la facilité nécessaires long-temps avant qu'on soit en état de chanter à livre ouvert ; d'où il suit que la difficulté est toute dans l'attention aux règles, et nullement dans l'exécution du chant. Le second est le peu d'évidence dans l'espèce des intervalles, majeurs, mineurs, diminués, superflus, tous indistinctement confondus dans les mêmes positions ; défaut d'une telle influence, que non-seulement il est la principale cause de la lenteur du progrès des écoliers, mais encore qu'il n'est aucun musicien formé qui n'en soit incommodé dans l'exécution. Le troisième est l'extrême diffusion des caractères et le trop grand volume qu'ils occupent ; ce qui, joint à ces lignes, à ces portées si incommodes à tracer, devient une source d'embarras de plus d'une espèce. Si le premier avantage des signes d'institution est d'être clairs, le second est d'être concis : quel jugement doit-on porter d'un ordre de signes à qui l'un et l'autre manquent ?

Les musiciens, il est vrai, ne voient point du tout cela ; l'usage habitue à tout : la musique pour eux n'est point la science des sons, c'est celle des noires, des blanches, des croches, etc. ; dès que ces figures cesseroient de frapper leurs yeux, ils ne croiroient plus voir de la musique : d'ailleurs ce qu'ils ont appris difficilement, pourquoi le rendroient-ils facile aux autres ? Ce n'est donc pas le musicien qu'il faut consulter ici, mais l'homme qui sait la musique, et qui a réfléchi sur cet art.

Il n'y a pas deux avis dans cette dernière classe sur les défauts de notre *note ;* mais ces défauts sont plus aisés à connoître qu'à corriger. Plusieurs ont tenté jusqu'à présent cette correction sans succès. Le public, sans discuter beaucoup l'avantage des signes qu'on lui propose, s'en tient à ceux qu'il trouve établis, et préférera toujours une mauvaise manière de savoir à une meilleure d'apprendre.

Ainsi de ce qu'un nouveau système est rebuté, cela ne prouve autre chose sinon que l'auteur est venu trop tard ; et l'on peut toujours discuter et comparer les deux systèmes, sans égard en ce point au jugement du public.

Toutes les manières de *noter* qui n'ont pas eu pour première loi l'évidence des intervalles ne me paroissent pas valoir la peine d'être relevées. Je ne m'arrêterai donc point à celle de M. Sauveur, qu'on peut voir dans les Mémoires de l'Académie des sciences, année 1721, ni à celle de M. Demaux, donnée quelques années après : dans ces deux systèmes, les intervalles étant exprimés par des signes tout-à-fait arbitraires, et sans aucun vrai rapport à la chose représentée, échappent aux yeux les plus attentifs, et ne peuvent se placer que dans la mémoire ; car que font des têtes différemment figurées, et des queues différemment dirigées, aux intervalles qu'elles doivent exprimer ? de tels signes n'ont rien en eux qui doive les faire préférer à d'autres ; la netteté de la figure et le peu de place qu'elle occupe sont des avantages qu'on peut trouver dans un système tout différent : le hasard a pu donner les premiers signes, mais il faut un choix plus propre à la chose dans ceux qu'on veut leur substituer. Ceux qu'on a proposés, en 1743, dans un petit ouvrage intitulé : *Dissertation sur la Musique moderne*, ayant cet avantage, leur simplicité m'invite à en exposer le système abrégé dans cet article.

Les caractères de la musique ont un double objet; savoir, de représenter les sons, 1° selon leurs divers intervalles du grave à l'aigu, ce qui constitue le chant et l'harmonie; 2° et selon leurs durées relatives du vite au lent, ce qui détermine le temps et la mesure.

Pour le premier point, de quelque manière que l'on retourne et combine la musique écrite et régulière, on n'y trouvera jamais que des combinaisons des sept *notes* de la gamme portées à diverses octaves, ou transposées sur différens degrés selon le ton et le mode qu'on aura choisis. L'auteur exprime ces sept sons par les sept premiers chiffres; de sorte que le chiffre 1 forme la *note ut*, le 2, la *note re*, le 3, la *note mi*, etc.; et il les traverse d'une ligne horizontale, comme on voit dans la *Planche* F, *fig.* 1.

Il écrit au-dessus de la ligne des *notes* qui, continuant de monter, se trouveroient dans l'octave supérieure; ainsi l'*ut* qui suivroit immédiatement le *si* en montant d'un semi-ton, doit être au-dessus de la ligne de cette manière —7$\overset{1}{—}$; et de même les *notes* qui appartiennent à l'octave aiguë, dont cet *ut* est le commencement, doivent toutes être au-dessus de la même ligne. Si l'on entroit dans une troisième octave à l'aigu, il ne faudroit qu'en traverser les *notes* par une seconde ligne accidentelle au-dessus de la première. Voulez-vous au contraire descendre dans les octaves inférieures à celle de la ligne principale? écrivez immédiatement au-dessous de cette ligne les *notes* de l'octave qui la suit en descendant : si vous descendez encore d'une octave, ajoutez une ligne au-dessous, comme vous en avez mis une au-dessus pour monter, etc. Au moyen de trois lignes seulement vous pouvez parcourir l'étendue de cinq octaves; ce qu'on ne sauroit faire dans la musique ordinaire à moins de 18 lignes.

On peut même se passer de tirer aucune ligne. On place toutes les *notes* horizontalement sur le même rang; si l'on trouve une *note* qui passe, en montant, le *si* de l'octave où l'on est, c'est-à-dire qui entre dans l'octave supérieure, on met un point sur cette *note* : ce point suffit pour toutes les *notes* suivantes qui demeurent sans interruption dans l'octave où l'on est entré. Que si l'on redescend d'une octave à l'autre, c'est l'affaire d'un autre point sous la *note* par laquelle on y rentre, etc. On voit dans l'exemple suivant le progrès de deux octaves tant en montant qu'en descendant, notées de cette manière :

1 2 3 4 5 6 7 $\dot{1}$ 2 3 4 5 6 7 $\dot{1}$ $\underset{\cdot}{7}$ 6 5 4 3 2 1 $\underset{\cdot}{7}$ 6 5 4 3 2 1.

La première manière de *noter* avec des lignes convient pour les musiques fort travaillées et fort difficiles, pour les grandes partitions, etc. La seconde avec des points est propre aux musiques plus simples et aux petits airs; mais rien n'empêche qu'on ne puisse à sa volonté l'employer à la place de l'autre, et l'auteur s'en est servi pour transcrire la fameuse ariette *l'Objet qui règne dans mon âme,* qu'on trouve *notée* en partition par les chiffres de cet auteur à la fin de son ouvrage.

Par cette méthode tous les intervalles deviennent d'une évidence dont rien n'approche; les octaves portent toujours le même chiffre; les intervalles simples se reconnoissent toujours dans leurs doubles ou composés : on reconnoît d'abord dans la dixième —1$\overset{3}{—}$ ou 13, que c'est l'octave de la tierce majeure: les intervalles majeurs ne peuvent jamais se confondre avec les mineurs; 2 4 sera éternellement une tierce mineure; 4 6 éternellement une tierce majeure; la position ne fait rien à cela.

Après avoir ainsi réduit toute l'étendue du clavier sous un beaucoup moindre volume avec des signes beaucoup plus clairs, on passe aux transpositions.

Il n'y a que deux modes dans notre musique. *Qu'est-ce que chanter ou jouer en re majeur?* c'est transporter l'échelle ou la gamme d'*ut* un ton plus haut, et la placer sur *re*, comme tonique ou fondamentale; tous les rapports qui appartenoient à l'*ut* passent au *re* par cette transposition. C'est pour exprimer ce système de rapports haussé ou baissé qu'il a tant fallu d'altérations de dièses ou de bémols à la clef. L'auteur du nouveau système supprime tout d'un coup tous ces embarras : le seul mot *re* mis en tête et à la marge, avertit que la pièce est en *re* majeur; et comme alors le *re* prend tous les rapports qu'avoit l'*ut*, il en prend aussi le signe et le nom, il se marque avec le chiffre 1, et toute son octave suit par les chiffres 2, 3, 4, etc., comme ci-devant : le *re* de la marge lui sert de clef, c'est la touche *re* ou D du clavier naturel : mais ce même *re* devenu tonique sous le nom d'*ut* devient aussi la fondamentale du mode.

Mais cette fondamentale, qui est tonique dans les tons majeurs, n'est que médiante dans les tons mineurs; la tonique, qui prend le nom de *la*, se trouvant alors une tierce mineure au-dessous de cette fondamentale : cette distinction se fait par une petite ligne horizontale qu'on tire sous la clef. *Re* sans cette ligne désigne le mode majeur de *re;* mais *re* souligné désigne le mode mineur de *si* dont ce *re* est médiante. Au reste cette distinction, qui ne sert qu'à déterminer nettement le ton par la clef, n'est pas plus nécessaire dans le nouveau système que dans la *note* ordinaire où elle n'a pas lieu; ainsi quand on n'y auroit aucun égard on n'en solfieroit pas moins exactement.

Au lieu des noms mêmes des *notes* on pourroit se servir pour clefs des lettres de la gamme qui leur répondent; C pour *ut*, D pour *re*, etc. (Voyez GAMME.)

Les musiciens affectent beaucoup de mépris pour la méthode des transpositions, sans doute parce qu'elle rend l'art trop facile. L'auteur fait voir que ce mépris est mal fondé; que c'est leur méthode qu'il faut mépriser, puisqu'elle est pénible en pure perte, et que les transpositions, dont il montre les avantages, sont, même sans qu'ils y songent, la véritable règle que suivent tous les grands musiciens et les bons compositeurs. (Voyez TRANSPOSITION.)

Le ton, le mode, et tous leurs rapports bien déterminés, il ne suffit pas de faire connoître toutes les *notes* de chaque octave, ni le passage d'une octave à l'autre par des signes précis et clairs; il faut encore indiquer le lieu du clavier qu'occupent ces octaves. Si j'ai d'abord un *sol* à entonner, il faut savoir lequel; car il y en a cinq dans le clavier, les uns hauts, les autres moyens, les autres bas, selon les différentes octaves Ces octaves ont chacune leur lettre, et l'une de ces lettres mise sur la ligne qui sert de portée marque à quelle octave appartient cette ligne, et conséquemment les octaves qui sont au-dessus et au-dessous. Il faut voir la figure qui est à la fin du livre et l'explication qu'en donne l'auteur, pour se mettre en cette partie au fait de son système, qui est des plus simples.

Il reste, pour l'expression de tous les sons possibles, dans notre système musical, à rendre les altérations accidentelles amenées par la modulation; ce qui se fait bien aisément. Le dièse se forme en traversant la *note* d'un trait montant de gauche à droite de cette manière; *fa* dièse 4, *ut* dièse 1. On remarque le bémol par un semblable trait descendant; *si* bémol 7, *mi* bémol 3. A l'égard du becarre, l'auteur le supprime comme un signe inutile dans son système.

Cette partie ainsi remplie, il faut venir au temps ou à la mesure. D'abord l'auteur fait main-basse sur cette foule de différentes mesures dont on a si mal à propos chargé la musique. Il n'en connoît que deux, comme les anciens; savoir, mesure à deux temps, et mesure à trois temps. Les temps de chacune de ces mesures peuvent, à leur tour, être divisés en deux parties égales ou en trois. De ces règles combinées il tire des expressions exactes pour tous les mouvemens possibles.

On rapporte dans la musique ordinaire les diverses valeurs des *notes* à celle d'une *note* particulière, qui est la ronde; ce qui fait que la valeur de cette ronde variant continuellement, les *notes* qu'on lui compare n'ont point de valeur fixe. L'auteur s'y prend autrement : il ne détermine les valeurs des *notes* que sur la sorte de mesure dans laquelle elles sont employées et sur le temps qu'elles y occupent; ce qui le dispense d'avoir, pour ces valeurs, aucun signe particulier autre que la place qu'elles tiennent. Une *note* seule entre deux barres remplit toute une mesure. Dans la mesure à deux temps, deux *notes* remplissant la mesure forment chacune un temps. Trois *notes* font la même chose dans la mesure à trois temps. S'il y a quatre notes dans une mesure à deux temps, ou six dans une mesure à trois, c'est que chaque temps est divisé en deux parties égales : on passe donc deux *notes* pour un temps; on en passe trois quand il y a six *notes* dans l'une et neuf dans l'autre. En un mot, quand il n'y a nul signe d'inégalité, les *notes* sont égales, leur nombre se distribue dans une mesure, selon le nombre des temps et l'espèce de la mesure : pour rendre cette distribution plus aisée on sépare, si l'on veut, les temps par des virgules; de sorte qu'en lisant la musique, on voit clairement la valeur des *notes*, sans qu'il faille pour cela leur donner aucune figure particulière. (Voyez *Planche* F, *figure* 2.)

Les divisions inégales se marquent avec la même facilité. Ces inégalités ne sont jamais que les subdivisions qu'on ramène à l'égalité par un trait dont on couvre deux ou plusieurs *notes*. Par exemple, si un temps contient une croche et deux doubles-croches, un trait en ligne droite, au-dessus et au-dessous des deux doubles-croches, montrera qu'elles ne font ensemble qu'une quantité égale à la précédente, et par conséquent qu'une croche. Ainsi le temps entier se retrouve divisé en deux parties égales; savoir, la *note* seule et le trait qui en comprend deux. Il y a encore des subdivisions d'inégalité qui peuvent exiger deux traits; comme si une croche pointée étoit suivie de deux triples-croches, alors il faudroit premièrement un trait sur les deux *notes* qui représentent les triples-croches, ce qui les rendroit ensemble égales au point; puis un second trait qui, couvrant le trait précédent et le point, rendroit tout ce qu'il couvre égal à la croche. Mais quelque vitesse que puissent avoir les *notes*, ces traits ne sont jamais nécessaires que quand les valeurs sont inégales; et quelque inégalité qu'il puisse y avoir, on n'aura jamais besoin de plus de deux traits, surtout en séparant les temps par des virgules, comme on verra dans l'exemple ci-après.

L'auteur du nouveau système emploie aussi le point, mais autrement que dans la musique ordinaire; dans celle-ci, le point vaut la moitié de la *note* qui le précède; dans la sienne, le point, qui marque aussi le prolongement de la *note* précédente, n'a point d'autre valeur que celle de la place qu'il occupe : si le point remplit un temps, il vaut un temps; s'il remplit une mesure, il vaut une mesure; s'il est dans un temps avec une autre *note*, il vaut la moitié de ce temps. En un mot, le point se compte pour une *note*, se mesure comme les *notes*, et pour marquer des tenues ou des syncopes, on peut employer plusieurs points de suite, de valeurs égales ou inégales, selon celle des temps ou des mesures que ces points ont à remplir.

Tous les silences n'ont besoin que d'un seul caractère; c'est le zéro. Le zéro s'emploie comme les *notes*, et comme le point; le point se marque après un zéro pour prolonger un silence, comme après une note pour prolonger un son. Voyez un exemple de tout cela. (*Planche* F, *figure* 3.)

Tel est le précis de ce nouveau système. Nous ne suivrons point l'auteur dans le détail de ces règles, ni dans la comparaison qu'il fait des caractères en usage avec les siens : on s'attend bien qu'il met tout l'avantage de son côté; mais ce préjugé ne détournera point tout lecteur impartial d'examiner les raisons de cet auteur dans son livre même; comme cet auteur est celui de ce dictionnaire, il n'en peut dire davantage dans cet article, sans s'écarter de la fonction qu'il doit faire ici. Voyez (*Planche* F, *figure* 4) un air noté par ces nouveaux caractères : mais il sera dificile de tout déchiffrer bien exactement sans recourir au livre même, parce qu'un article de ce dictionnaire ne doit pas être un livre, et que, dans l'explication des caractères d'un art aussi compliqué, il est impossible de tout dire en peu de mots.

NOTE SENSIBLE, est celle qui est une tierce majeure au-dessus de la dominante, ou un semi-ton au-dessous de la tonique. Le *si* est *note sensible* dans le ton d'*ut*, le *sol* dièse dans le ton de *la*.

On l'appelle *note sensible*, parce qu'elle fait sentir le ton et la tonique, sur laquelle, après l'accord dominant, la *note sensible*, prenant le chemin le plus court, est obligée de monter : ce qui fait que quelques-uns traitent cette *note sensible* de dissonance majeure, faute de voir que la dissonance étant un rapport, ne peut être constituée que par deux *notes*.

Je ne dis pas que la *note sensible* est la septième *note* du ton, parce qu'en mode mineur cette septième *note* n'est *note sensible* qu'en montant; car, en descendant, elle est à un ton de la tonique et à une tierce mineure de la dominante. (Voyez MODE, TONIQUE, DOMINANTE.)

NOTE DE GOUT. Il y en a de deux espèces; les unes qui appartiennent à la mélodie, mais non pas à l'harmonie; en sorte que, quoiqu'elles entrent dans la mesure, elles n'entrent pas dans l'accord : celles-là se notent en plein. Les autres *notes de goût*, n'entrant ni dans l'harmonie ni dans la mélodie, se marquent seulement avec de petites *notes* qui ne se comptent pas dans la mesure, et dont la durée très-rapide se prend sur la *note* qui précède ou sur celle qui suit. Voyez dans la *Planche* F, *figure* 5, un exemple des *notes de goût* des deux espèces.

Noter, *v. a.* C'est écrire de la musique avec les caractères destinés à cet usage, et appelés *notes*. (Voyez **Notes**.)

Il y a, dans la manière de *noter* la musique, une élégance de copie, qui consiste moins dans la beauté de la note, que dans une certaine exactitude à placer convenablement tous les signes, et qui rend la musique ainsi *notée* bien plus facile à exécuter : c'est ce qui a été expliqué au mot **Copiste**.

Nourrir les sons, c'est non-seulement leur donner du timbre sur l'instrument, mais aussi les soutenir exactement durant toute leur valeur, au lieu de les laisser éteindre avant que cette valeur soit écoulée, comme on fait souvent. Il y a des musiques qui veulent des sons *nourris*, d'autres les veulent détachés, et marqués seulement du bout de l'archet.

Nunnie, *s. f.* C'étoit chez les Grecs la chanson particulière aux nourrices. (Voyez **Chanson**.)

O.

O. Cette lettre capitale, formée en cercle ou double CƆ, est dans nos musiques anciennes, le signe de ce qu'on appeloit temps parfait, c'est-à-dire de la mesure triple ou à trois temps, à la différence du temps imparfait ou de la mesure double qu'on marquoit par un C simple, ou un O tronqué à droite ou à gauche, C ou Ɔ.

Ce temps parfait se marquoit quelquefois par un O simple, quelquefois par un O pointé en dedans de cette manière ʘ, ou par un O barré ainsi ⦶. (Voyez **Temps**.)

Obligé, *adj.* On appelle *partie obligée* celle qui récite quelquefois, celle qu'on ne sauroit retrancher sans gâter l'harmonie ou le chant ; ce qui la distingue des parties de remplissage, qui ne sont ajoutées que pour une grande perfection d'harmonie, mais par le retranchement desquelles la pièce n'est point mutilée. Ceux qui sont aux parties de remplissage peuvent s'arrêter quand ils veulent, et la musique n'en va pas moins ; mais celui qui est chargé d'une *partie obligée* ne peut la quitter un moment sans faire manquer l'exécution.

Brossard dit qu'*obligé* se prend aussi pour contraint ou assujetti. Je ne sache pas que ce mot ait aujourd'hui un pareil sens en musique. (Voyez **Contraint**.)

Octacorde, *s. m.* Instrument ou système de musique composé de huit sons ou de sept degrés. L'*octacorde*, ou la lyre de Pythagore, comprenoit les huit sons exprimés par ces lettres *E. F. G. a.* ¯|¯|¯ *c. d. e.*, c'est-à-dire deux tétracordes disjoints.

Octave, *s. f.* La première des consonnances dans l'ordre de leur génération. L'*octave* est la plus parfaite des consonnances ; elle est, après l'unisson, celui de tous les accords dont le rapport est le plus simple ; l'unisson est en raison d'égalité, c'est-à-dire comme 1 est à 1 : l'*octave* est en raison double, c'est-à-dire comme 1 est à 2 ; les harmoniques des deux sons dans l'un et dans l'autre s'accordent tous sans exception, ce qui n'a lieu dans aucun autre intervalle. Enfin ces deux accords ont tant de conformité qu'ils se confondent souvent dans la mélodie, et que, dans l'harmonie même, on les prend presque indifféremment l'un pour l'autre.

Cet intervalle s'appelle *octave*, parce que pour marcher diatoniquement d'un de ces termes à l'autre il faut passer par sept degrés, et faire entendre huit sons différens.

Voici les propriétés qui distinguent si singulièrement l'*octave* de tous les autres intervalles :

1. L'*octave* renferme entre ses bornes tous les sons primitifs et originaux ; ainsi, après avoir établi un système ou une suite de sons dans l'étendue d'une *octave*, si l'on veut prolonger cette suite, il faut nécessairement reprendre le même ordre dans une seconde *octave* par une série semblable, et de même pour une troisième et pour une quatrième *octave*, où l'on ne trouvera jamais aucun son qui ne soit la réplique de quelqu'un des premiers. Une telle série est appelée échelle de musique

dans sa première *octave*, et réplique dans toutes les autres. (Voyez ÉCHELLE, RÉPLIQUE.) C'est en vertu de cette propriété de l'*octave* qu'elle a été appelée *diapason* par les Grecs. (Voyez DIAPASON.)

II. L'*octave* embrasse encore toutes les consonnances et toutes leurs différences, c'est-à-dire tous les intervalles simples tant consonnans que dissonans, et par conséquent toute l'harmonie. Établissons toutes les consonnances sur un même son fondamental, nous aurons la table suivante :

$$\frac{120}{120}\quad\frac{100}{120}\quad\frac{96}{120}\quad\frac{90}{120}\quad\frac{80}{120}\quad\frac{75}{120}\quad\frac{72}{120}\quad\frac{60}{120}$$

qui revient à celle-ci :

$$1.\ \frac{6}{6}\quad\frac{4}{5}\quad\frac{3}{4}\quad\frac{2}{3}\quad\frac{5}{8}\quad\frac{3}{5}\quad\frac{1}{2}$$

où l'on trouve toutes les consonnances dans cet ordre : la tierce mineure, la tierce majeure, la quarte, la quinte, la sixte mineure, la sixte majeure, et enfin l'*octave*. Par cette table on voit que les consonnances simples sont toutes contenues entre l'*octave* et l'unisson ; elles peuvent même être entendues toutes à la fois dans l'étendue d'une *octave* sans mélanges de dissonances. Frappez à la fois ces quatre sons *ut mi sol ut*, en montant du premier *ut* à son *octave*; ils formeront entre eux toutes les consonnances, excepté la sixte majeure, qui est composée, et ne formeront nul autre intervalle. Prenez deux de ces mêmes sons comme il vous plaira, l'intervalle en sera toujours consonnant. C'est de cette union de toutes les consonnances que l'accord qui les produit s'appelle *accord parfait*.

L'*octave* donnant toutes les consonnances donne par conséquent aussi toutes leurs différences, et par elles tous les intervalles simples de notre système musical, lesquels ne sont que ces différences mêmes. La différence de la tierce majeure à la tierce mineure donne le semi-ton mineur; la différence de la tierce majeure à la quarte donne le semi-ton majeur; la différence de la quarte à la quinte donne le ton majeur, et la différence de la quinte à la sixte majeure donne le ton mineur. Or, le semi-ton mineur, le semi-ton majeur, le ton mineur et le ton majeur, sont les seuls élémens de tous les intervalles de notre musique.

III. Tout son consonnant avec un des termes de l'*octave* consonne aussi avec l'autre; par conséquent tout son qui dissone avec l'un dissone avec l'autre.

IV. Enfin l'*octave* a encore cette propriété la plus singulière de toutes, de pouvoir être ajoutée à elle-même, triplée et multipliée à volonté, sans changer de nature, et sans que le produit cesse d'être une consonnance.

Cette multiplication de l'*octave*, de même que sa division, est cependant bornée à notre égard par la capacité de l'organe auditif; et un intervalle de huit *octaves* excède déjà cette capacité. (Voyez ÉTENDUE.) Les *octaves* mêmes perdent quelque chose de leur harmonie en se multipliant; et, passé une certaine mesure, tous les intervalles deviennent pour l'oreille moins faciles à saisir : une double *octave* commence déjà d'être moins agréable qu'une *octave* simple; une triple qu'une double; enfin à la cinquième *octave* l'extrême distance des sons ôte à la consonnance presque tout son agrément.

C'est de l'*octave* qu'on tire la génération ordonnée de tous les intervalles par des divisions et subdivisions harmoniques. Divisez harmoniquement l'*octave* 3. 6. par le nombre 4., vous aurez d'un côté la quarte 3. 4. et de l'autre la quinte 4. 6.

Divisez de même la quinte 10. 15. harmoniquement par le nombre 12., vous aurez la tierce mineure 10. 12. et la tierce majeure 12. 15.; enfin divisez la tierce majeure 72. 90. encore harmoniquement par le nombre 80., vous aurez le ton mineur 72. 80. ou 9. 10., et le ton majeur 80. 90. ou 8. 9., etc.

Il faut remarquer que ces divisions harmoniques donnent toujours deux intervalles inégaux, dont le moindre est au grave et le grand à l'aigu. Que si l'on fait les mêmes divisions selon la proportion arithmétique, on aura le moindre intervalle à l'aigu et le plus grand au grave. Ainsi l'*octave* 2. 4. partagée arithmétiquement, donnera d'abord la quinte 2. 3. au grave, puis la quarte 3. 4. à l'aigu. La quinte 4. 6. donnera premièrement la tierce majeure 4. 5., puis la tierce mineure 5. 6., et ainsi des autres. On auroit les mêmes rapports en sens contraires, si, au lieu de les prendre, comme e fais ici, par les vibrations, on les prenoit par les longueurs des cordes. Ces connoissances, au reste, sont peu utiles en elles-mêmes, mais elles sont nécessaires pour entendre les vieux auteurs.

Le système complet et rigoureux de l'*octave* est composé de trois *tons* majeurs, deux *tons* mineurs, et deux semi-tons majeurs. Le système tempéré est de cinq *tons* égaux et deux semi-tons formant entre eux autant de degrés diatoniques sur les sept sons de la gamme jusqu'à l'octave du premier. Mais comme chaque *ton* peut se partager en deux semi-tons, la même octave se divise aussi chromatiquement en douze intervalles d'un semi-ton chacun, dont les sept précédens gardent leur nom, et les cinq autres prennent chacun le nom du son diatonique le plus voisin, au-dessous par dièse et au-dessus par bémol. (Voyez ÉCHELLE.)

Je ne parle point ici des *octaves* diminuées ou superflues, parce que cet intervalle ne s'altère guère dans la mélodie, et jamais dans l'harmonie.

Il est défendu, dans la composition, de faire deux *octaves* de suite, entre différentes parties, surtout par mouvement semblable; mais cela est permis et même élégant fait à dessein et à propos dans toute la suite d'un air ou d'une période : c'est ainsi que dans plusieurs *concerto* toutes les parties reprennent par intervalles le rippiéno à l'*octave* ou à l'unisson.

Sur la règle de l'*octave* voyez RÈGLE.

OCTAVIER, *v. n.* Quand on force le vent dans un instrument à vent, le son monte aussitôt à l'octave; c'est ce qu'on appelle *octavier* : en renforçant ainsi l'inspiration, l'air renfermé dans le tuyau et contraint par l'air extérieur est obligé, pour céder à la vitesse des oscillations, de se partager en deux colonnes égales, ayant chacune la moitié de la longueur du tuyau; et c'est ainsi que chacune de ces moitiés sonne l'octave du ton. Une corde de violoncelle *octavie* par un principe semblable quand le coup d'archet est trop brusque ou trop voisin du chevalet. C'est un défaut dans l'orgue quand un tuyau *octavie*; cela vient de ce qu'il prend trop de vent.

ODE, *s. f.* Mot grec qui signifie *chant* ou *chanson*.

ODÉUM, *s. m.* C'étoit chez les anciens un lieu destiné à la répétition de la musique qui devoit être chantée sur le théâtre, comme est, à l'Opéra de Paris, le petit théâtre du magasin. (Voyez MAGASIN.)

On donnoit quelquefois le nom d'*odéum* à des bâtimens qui n'avoient point de rapport au théâtre. On lit dans Vitruve que Périclès fit bâtir à Athènes un *odéum* où l'on disputoit des prix de musique, et dans Pausanias, qu'Hérode l'Athénien fit construire un magnifique *odéum* pour le tombeau de sa femme.

Les écrivains ecclésiastiques désignent aussi quelquefois le chœur d'une église par le mot *odéum*.

ŒUVRE. Ce mot est masculin pour désigner un des ouvrages de musique d'un auteur. On dit le troisième *œuvre* de Corelli, le cinquième *œuvre* de Vivaldi, etc.; mais ces titres ne sont plus guère en usage : à mesure que la musique se perfectionne, elle perd ces noms pompeux par lesquels nos anciens s'imaginoient la glorifier.

ONZIÈME, *s. f.* Réplique ou octave de la quarte. Cet intervalle s'appelle *onzième* parce qu'il faut former *onze* sons diatoniques pour passer de l'un de ces termes à l'autre.

M. Rameau a voulu donner le nom d'*onzième* à l'accord qu'on appelle ordinairement quarte; mais comme cette dénomination n'est pas suivie, et que M. Rameau lui-même a continué de chiffrer le même accord d'un 4 et non pas d'un 11, il faut se conformer à l'usage. (Voyez ACCORD, QUARTE, SUPPOSITION.)

OPÉRA, *s. m.* Spectacle dramatique et lyrique où l'on s'efforce de réunir tous les charmes des beaux-arts dans la représentation d'une action passionnée, pour exciter, à l'aide des sensations agréables, l'*intérêt* et l'*illusion*.

Les parties constitutives d'un *opéra* sont : le poëme, la musique, et la décoration. Par la poésie on parle à l'esprit; par la musique, à l'oreille; par la peinture, aux yeux : et le tout doit se réunir pour émouvoir le cœur et y porter à la fois la même impression par divers organes. De ces trois parties, mon sujet ne me permet de considérer la première et la dernière que par le rapport qu'elles peuvent avoir avec la seconde : ainsi je passe immédiatement à celle-ci.

L'art de combiner agréablement les sons

peut être envisagé sous deux aspects très-différens. Considéré comme une institution de la nature, la musique borne son effet à la sensation et au plaisir physique qui résulte de la mélodie, de l'harmonie et du rhythme : telle est ordinairement la musique d'église; tels sont les airs à danser, et ceux des chansons. Mais comme partie essentielle de la scène lyrique, dont l'objet principal est l'imitation, la musique devient un des beaux-arts, capable de peindre tous les tableaux, d'exciter tous les sentimens, de lutter avec la poésie, de lui donner une force nouvelle, de l'embellir de nouveaux charmes, et d'en triompher en la couronnant.

Les sons de la voix parlante, n'étant ni soutenus ni harmoniques, sont inappréciables, et ne peuvent par conséquent s'allier agréablement avec ceux de la voix chantante et des instrumens, au moins dans nos langues, trop éloignées du caractère musical; car on ne sauroit entendre les passages des Grecs sur leur manière de réciter qu'en supposant leur langue tellement accentuée, que les inflexions du discours dans la déclamation soutenue formassent entre elles des intervalles musicaux et appréciables : ainsi l'on peut dire que leurs pièces de théâtre étoient des espèces d'*opéra;* et c'est pour cela même qu'il ne pouvoit y avoir d'*opéra* proprement dit parmi eux.

Par la difficulté d'unir le chant au discours dans nos langues, il est aisé de sentir que l'intervention de la musique, comme partie essentielle, doit donner au poëme lyrique un caractère différent de celui de la tragédie et de la comédie, et en faire une troisième espèce de drame, qui a ses règles particulières ; mais ces différences ne peuvent se déterminer sans une parfaite connoissance de la partie ajoutée, des moyens de l'unir à la parole, et de ses relations naturelles avec le cœur humain : détails qui appartiennent moins à l'artiste qu'au philosophe, et qu'il faut laisser à une plume faite pour éclairer tous les arts, pour montrer à ceux qui les professent les principes de leurs règles, et aux hommes de goût les sources de leurs plaisirs.

En me bornant donc sur ce sujet à quelques observations plus historiques que raisonnées, je remarquerai d'abord que les Grecs n'avoient pas au théâtre un genre lyrique ainsi que nous, et que ce qu'ils appeloient de ce nom ne ressembloit point au nôtre : comme ils avoient beaucoup d'accent dans leur langue et peu de fracas dans leurs concerts, toute leur poésie étoit musicale et toute leur musique déclamatoire; de sorte que leur chant n'étoit presque qu'un discours soutenu, et qu'ils chantoient réellement leurs vers, comme ils l'annoncent à la tête de leurs poëmes; ce qui, par imitation, a donné aux Latins, puis à nous, le ridicule usage de dire *je chante*, quand on ne chante point. Quant à ce qu'ils appeloient genre lyrique en particulier, c'étoit une poésie héroïque dont le style étoit pompeux et figuré, laquelle s'accompagnoit de la lyre ou cithare préférablement à tout autre instrument. Il est certain que les tragédies grecques se récitoient d'une manière très-semblable au chant, qu'elles s'accompagnoient d'instrumens, et qu'il y entroit des chœurs.

Mais si l'on veut pour cela que ce fussent des *opéra* semblables aux nôtres, il faut donc imaginer des *opéra* sans airs; car il me paroît prouvé que la musique grecque, sans en excepter même l'instrumentale, n'étoit qu'un véritable récitatif. Il est vrai que ce récitatif, qui réunissoit le charme des sons musicaux à toute l'harmonie de la poésie et à toute la force de la déclamation, devoit avoir beaucoup plus d'énergie que le récitatif moderne, qui ne peut guère ménager un de ces avantages qu'aux dépens des autres. Dans nos langues vivantes, qui se ressentent pour la plupart de la rudesse du climat dont elles sont originaires, l'application de la musique à la parole est beaucoup moins naturelle; une prosodie incertaine s'accorde mal avec la régularité de la mesure; des syllabes muettes et sourdes, des articulations dures, des sons peu éclatans et moins variés se prêtent difficilement à la mélodie; et une poésie cadencée uniquement par le nombre des syllabes prend une harmonie peu sensible dans le rhythme musical, et s'oppose sans cesse à la diversité des valeurs et des mouvemens. Voilà des difficultés qu'il fallut vaincre ou éluder dans l'invention du poëme lyrique : on tâcha donc, par un choix de mots, de tours et de vers, de se faire une langue propre; et cette langue, qu'on appela lyrique, fut riche ou pauvre à proportion de la douceur ou de la rudesse de celle dont elle étoit tirée.

Ayant en quelque sorte préparé la parole pour la musique, il fut ensuite question d'appliquer la musique à la parole, et de la lui rendre tellement propre sur la scène lyrique que le tout pût être pris pour un seul et même idiome ; ce qui produisit la nécessité de chanter toujours, pour paroître toujours parler, nécessité qui croît en raison de ce qu'une langue est peu musicale ; car moins la langue a de douceur et d'accent, plus le passage alternatif de la parole au chant et du chant à la parole y devient dur et choquant pour l'oreille. De là le besoin de substituer au discours en récit un discours en chant, qui pût l'imiter de si près qu'il n'y eût que la justesse des accords qui le distinguât de la parole. (Voyez RÉCITATIF.)

Cette manière d'unir au théâtre la musique à la poésie, qui, chez les Grecs, suffisoit pour l'intérêt et l'illusion, parce qu'elle étoit naturelle, par la raison contraire, ne pouvoit suffire chez nous pour la même fin. En écoutant un langage hypothétique et contraint, nous avons peine à concevoir ce qu'on veut nous dire ; avec beaucoup de bruit on nous donne peu d'émotion : de là naît la nécessité d'amener le plaisir physique au secours du moral, et de suppléer par l'attrait de l'harmonie à l'énergie de l'expression. Ainsi moins on sait toucher le cœur, plus il faut savoir flatter l'oreille, et nous sommes forcés de chercher dans la sensation le plaisir que le sentiment nous refuse. Voilà l'origine des airs, des chœurs, de la symphonie, et de cette mélodie enchanteresse dont la musique moderne s'embellit souvent aux dépens de la poésie, mais que l'homme de goût rebute au théâtre quand on le flatte sans l'émouvoir.

A la naissance de l'*opéra*, ses inventeurs, voulant éluder ce qu'avoit de peu naturel l'union de la musique au discours dans l'imitation de la vie humaine, s'avisèrent de transporter la scène aux cieux et dans les enfers ; et, faute de savoir faire parler les hommes, ils aimèrent mieux faire chanter les dieux et les diables que les héros et les bergers. Bientôt la magie et le merveilleux devinrent les fondemens du théâtre lyrique ; et, content de s'enrichir d'un nouveau genre, on ne songea pas même à rechercher si c'étoit bien celui-là qu'on avoit dû choisir. Pour soutenir une si forte illusion il fallut épuiser tout ce que l'art humain pouvoit imaginer de plus séduisant chez un peuple où le goût du plaisir et celui des beaux-arts régnoient à l'envi. Cette nation célèbre, à laquelle il ne reste de son ancienne grandeur que celle des idées dans les beaux-arts, prodigua son goût, ses lumières, pour donner à ce nouveau spectacle tout l'éclat dont il avoit besoin : on vit s'élever par toute l'Italie des théâtres égaux en étendue aux palais des rois, et en élégance aux monumens de l'antiquité dont elle étoit remplie ; on inventa pour les orner l'art de la perspective et de la décoration ; les artistes dans chaque genre y firent à l'envi briller leurs talens ; les machines les plus ingénieuses, les vols les plus hardis, les tempêtes, la foudre, l'éclair et tous les prestiges de la baguette furent employés à fasciner les yeux, tandis que des multitudes d'instrumens et de voix étonnoient les oreilles.

Avec tout cela l'action restoit toujours froide, et toutes les situations manquoient d'intérêt. Comme il n'y avoit point d'intrigue qu'on ne dénouât facilement à l'aide de quelque dieu, le spectateur, qui connoissoit tout le pouvoir du poète, se reposoit tranquillement sur lui du soin de tirer ses héros des plus grands dangers. Ainsi l'appareil étoit immense et produisoit peu d'effet, parce que l'imitation étoit toujours imparfaite et grossière, que l'action, prise hors de la nature, est sans intérêt pour nous, et que les sens se prêtent mal à l'illusion quand le cœur ne s'en mêle pas ; de sorte qu'à tout compter il eût été difficile d'ennuyer une assemblée à plus grands frais.

Ce spectacle, tout imparfait qu'il étoit, fit long-temps l'admiration des contemporains qui n'en connoissoient point de meilleur : ils se félicitoient même de la découverte d'un si beau genre ; voilà, disoient-ils, un nouveau principe joint à ceux d'Aristote ; voilà l'admiration ajoutée à la terreur et à la pitié. Ils ne voyoient pas que cette richesse apparente n'étoit au fond qu'un signe de stérilité, comme les fleurs qui couvrent les champs avant la moisson. C'étoit faute de savoir toucher qu'ils vouloient surprendre, et cette admiration prétendue n'étoit en effet qu'un étonnement puéril dont ils auroient dû rougir; un faux air de magnificence, de féerie et d'enchantement, leur en imposoit au point qu'ils ne parloient qu'avec enthousiasme et respect d'un théâtre qui ne méritoit que des huées; ils avoient de la meilleure foi du monde autant de vénération pour la scène même que pour les chimériques objets qu'on tâchoit d'y représenter : comme s'il y avoit plus de mérite à faire parler platement le roi des dieux que le dernier des mortels, et que les valets de Molière ne fussent pas préférables aux héros de Pradon !

Quoique les auteurs de ces premiers *opéra* n'eussent guère d'autre but que d'éblouir les yeux et d'étourdir les oreilles, il étoit difficile que le musicien ne fût jamais tenté de chercher à tirer de son art l'expression des sentimens répandus dans le poème. Les chansons des nymphes, les hymnes des prêtres, les cris des guerriers, les hurlemens infernaux, ne remplissoient pas tellement ces drames grossiers, qu'il ne s'y trouvât quelqu'un de ces instans d'intérêt et de situation où le spectateur ne demande qu'à s'attendrir. Bientôt on commença de sentir qu'indépendamment de la déclamation musicale, que souvent la langue comportoit mal, le choix du mouvement, de l'harmonie et des chants, n'étoit pas indifférent aux choses qu'on avoit à dire, et que par conséquent l'effet de la seule musique, borné jusque alors aux sens, pouvoit aller jusqu'au cœur. La mélodie, qui ne s'étoit d'abord séparée de la poésie que par nécessité, tira parti de cette indépendance pour se donner des beautés absolues et purement musicales; l'harmonie découverte ou perfectionnée lui ouvrit de nouvelles routes pour plaire et pour émouvoir; et la mesure, affranchie de la gêne du rhythme poétique, acquit aussi une sorte de cadence à part qu'elle ne tenoit que d'elle seule.

La musique, étant ainsi devenue un troisième art d'imitation, eut bientôt son langage, son expression, ses tableaux tout-à-fait indépendans de la poésie. La symphonie même apprit à parler sans le secours des paroles, et souvent il ne sortoit pas des sentimens moins vifs de l'orchestre que de la bouche des acteurs. C'est alors que, commençant à se dégoûter de tout le clinquant de la féerie, du puéril fracas des machines, et de la fantasque image des choses qu'on n'a jamais vues, on chercha dans l'imitation de la nature des tableaux plus intéressans et plus vrais. Jusque-là l'*opéra* avoit été constitué comme il pouvoit l'être : car quel meilleur usage pouvoit-on faire au théâtre d'une musique qui ne savoit rien peindre, que de l'employer à la représentation des choses qui ne pouvoient exister, et sur lesquelles personne n'étoit en état de comparer l'image à l'objet? Il est impossible de savoir si l'on est affecté par la peinture du merveilleux comme on le seroit par sa présence, au lieu que tout homme peut juger par lui-même si l'artiste a bien su faire parler aux passions leur langage, et si les objets de la nature sont bien imités. Aussi dès que la musique eut appris à peindre et à parler, les charmes du sentiment firent-ils bientôt négliger ceux de la baguette; le théâtre fut purgé du jargon de la mythologie; l'intérêt fut substitué au merveilleux; les machines des poètes et des charpentiers furent détruites, et le drame lyrique prit une forme plus noble et moins gigantesque : tout ce qui pouvoit émouvoir le cœur y fut employé avec succès; on n'eut plus besoin d'en imposer par des êtres de raison, ou plutôt de folie; et les dieux furent chassés de la scène quand on y sut représenter des hommes. Cette forme plus sage et plus régulière se trouva encore la plus propre à l'illusion : l'on sentit que le chef-d'œuvre de la musique étoit de se faire oublier elle-même; qu'en jetant le désordre et le trouble dans l'âme du spectateur, elle l'empêchoit de distinguer les chants tendres et pathétiques d'une héroïne gémissante, des vrais accents de la douleur; et qu'Achille en fureur pouvoit nous glacer d'effroi avec le même langage qui nous eût choqués dans sa bouche en tout autre temps.

Ces observations donnèrent lieu à une seconde réforme non moins importante que la première : on sentit qu'il ne falloit à l'*opéra* rien de froid et de raisonné, rien que le spectateur pût écouter assez tranquillement pour réfléchir sur l'absurdité de ce qu'il entendoit : et c'est en cela surtout que consiste la différence essentielle du drame lyrique à la simple tragédie. Toutes les délibérations politiques, tous les projets de conspiration, les expositions, les récits, les maximes sentencieuses, en un mot tout ce qui ne parle qu'à la raison fut banni du langage du cœur, avec les jeux d'esprit, les madrigaux, et tout ce qui n'est que des pensées : le ton même de la simple galanterie, qui cadre mal avec les grandes passions, fut à peine admis dans le remplissage des situations tragiques, dont il gâte presque toujours l'effet; car jamais on ne sent mieux que l'acteur chante que lorsqu'il dit une chanson.

L'énergie de tous les sentimens, la violence de toutes les passions, sont donc l'objet principal du drame lyrique; et l'illusion qui en fait le charme est toujours détruite aussitôt que l'auteur et l'acteur laissent un moment le spectateur à lui-même. Tels sont les principes sur lesquels l'*opéra* moderne est établi. Apostolo Zeno, le Corneille de l'Italie, son tendre élève, qui en est le Racine, ont ouvert et perfectionné cette nouvelle carrière : ils ont osé mettre les héros de l'histoire sur un théâtre qui sembloit ne convenir qu'aux fantômes de la fable; Cyrus, César, Caton même, ont paru sur la scène avec succès; et les spectateurs les plus révoltés d'entendre chanter de tels hommes, ont bientôt oublié qu'ils chantoient, subjugés et ravis par l'éclat d'une musique aussi pleine de noblesse et de dignité que d'enthousiasme et de feu. L'on suppose aisément que des sentimens si différens des nôtres doivent s'exprimer aussi sur un autre ton.

Ces nouveaux poëmes, que le génie avoit créés, et que lui seul pouvoit soutenir, écartèrent sans effort les mauvais musiciens qui n'avoient que la mécanique de leur art, et, privés du feu de l'invention et du don de l'imitation, faisoient des *opéra* comme ils auroient fait des sabots. A peine les cris des Bacchantes, les conjurations des sorciers et tous les chants qui n'étoient qu'un vain bruit furent-ils bannis du théâtre; à peine eut-on tenté de substituer à ce barbare fracas les accens de la colère, de la douleur, des menaces, de la tendresse, des pleurs, des gémissemens, et tous les mouvemens d'une âme agitée, que, forcés de donner des sentimens aux héros et un langage au cœur humain, les Vinci, les Léo, les Pergolèse, dédaignant la servile imitation de leurs prédécesseurs, et s'ouvrant une nouvelle carrière, la franchirent sur l'aile du génie, et se trouvèrent au but presque dès les premiers pas. Mais on ne peut marcher long-temps dans la route du bon goût sans monter ou descendre, et la perfection est un point où il est difficile de se maintenir. Après avoir essayé et senti ses forces, la musique, en état de marcher seule, commence à dédaigner la poésie qu'elle doit accompagner, et croit en valoir mieux en tirant d'elle-même les beautés qu'elle partageoit avec sa compagne. Elle se propose encore, il est vrai, de rendre les idées et les sentimens du poète ; mais elle prend en quelque sorte un autre langage; et quoique l'objet soit le même, le poète et le musicien, trop séparés dans leur travail, en offrent à la fois deux images ressemblantes, mais distinctes, qui se nuisent mutuellement. L'esprit, forcé de se partager, choisit et se fixe à une image plutôt qu'à l'autre. Alors le musicien, s'il a plus d'art que le poète, l'efface et le fait oublier : l'acteur, voyant que le spectateur sacrifie les paroles à la musique, sacrifie à son tour le geste et l'action théâtrale au chant et au brillant de la voix ; ce qui fait tout-à-fait oublier la pièce et change le spectacle en un véritable concert. Que si l'avantage, au contraire, se trouve du côté du poète, la musique à son tour deviendra presque indifférente, et le spectateur, trompé par le bruit, pourra prendre le change au point d'attribuer à un mauvais musicien le mérite d'un excellent poète, et de croire admirer des chefs-d'œuvre d'harmonie en admirant des poëmes bien composés.

Tels sont les défauts que la perfection absolue de la musique et son défaut d'application à la langue peuvent introduire dans les *opéra*, à proportion du concours de ces deux causes. Sur quoi l'on doit remarquer que les langues les plus propres à fléchir sous les lois de la mesure et de la mélodie sont celles où la duplicité dont je viens de parler est la moins apparente, parce que la musique se prêtant seulement aux idées de la poésie, celle-ci se prête à son tour aux inflexions de la mélodie, et que, quand la musique cesse d'observer le rhythme, l'accent et l'harmonie du vers, le vers se plie et s'asservit à la cadence de la mesure et à l'accent musical. Mais lorsque la langue n'a ni douceur ni flexibilité, l'âpreté de la poésie l'empêche de s'asservir au chant, la douceur même de la mélodie l'empêche de se prêter à la bonne récitation des vers, et l'on sent, dans l'union forcée de ces deux arts, une contrainte perpétuelle qui choque l'oreille, et détruit à la fois l'attrait de la mélodie et l'effet de la déclamation. Ce défaut est sans remède, et vouloir à toute force appliquer la musique à une langue qui n'est pas musicale, c'est lui donner plus de rudesse qu'elle n'en auroit sans cela.

Par ce que j'ai dit jusqu'ici, l'on a pu voir qu'il y a plus de rapport entre l'appareil des yeux ou de la décoration, et la musique ou l'appareil des oreilles, qu'il n'en paroît entre deux sens qui semblent n'avoir rien de commun, et qu'à certains égards l'*opéra*, constitué comme il est, n'est pas un tout aussi monstrueux qu'il paroît l'être. Nous avons vu que voulant offrir aux regards l'intérêt et les mouvemens qui manquoient à la musique, on avoit imaginé les grossiers prestiges des machines et des vols, et que jusqu'à ce qu'on sût nous émouvoir on s'étoit contenté de nous surprendre. Il est donc très-naturel que la musique, devenue passionnée et pathétique, ait renvoyé sur les théâtres des foires ces mauvais supplémens dont elle n'avoit plus besoin sur le sien. Alors l'*opéra*, purgé de tout ce merveilleux qui l'avilissoit, devint un spectacle également touchant et majestueux, digne de plaire aux gens de goût et d'intéresser les cœurs sensibles.

Il est certain qu'on auroit pu retrancher de la pompe du spectacle autant qu'on ajoutoit à l'intérêt de l'action; car plus on s'occupe des personnages, moins on est occupé des objets qui les entourent : mais il faut cependant que le lieu de la scène soit convenable aux acteurs qu'on y fait parler; et l'imitation de la nature, souvent plus difficile et toujours plus agréable que celle des êtres imaginaires, n'en devient que plus intéressante en devenant plus vraisemblable. Un beau palais, des jardins délicieux, de savantes ruines, plaisent encore plus à l'œil que la fantasque image du Tartare, de l'Olympe, du char du Soleil; image d'autant plus inférieure à celle que chacun se trace en lui-même, que, dans les objets chimériques, il n'en coûte rien à l'esprit d'aller au-delà du possible et de se faire des modèles au-dessus de toute imitation. De là vient que le merveilleux quoique déplacé dans la tragédie ne l'est pas dans le poème épique, où l'imagination, toujours industrieuse et dépensière, se charge de l'exécution, et en tire un tout autre parti que ne peut faire sur nos théâtres le talent du meilleur machiniste, et la magnificence du plus puissant roi.

Quoique la musique prise pour un art d'imitation ait encore plus de rapport à la poésie qu'à la peinture, celle-ci, de la manière qu'on l'emploie au théâtre, n'est pas aussi sujette que la poésie à faire avec la musique une double représentation du même objet; parce que l'une rend les sentimens des hommes, et l'autre seulement l'image du lieu où ils se trouvent, image qui renforce l'illusion et transporte le spectateur partout où l'acteur est supposé être. Mais ce transport d'un lieu à un autre doit avoir des règles et des bornes; il n'est permis de se prévaloir à cet égard de l'agilité de l'imagination qu'en consultant la loi de la vraisemblance; et, quoique le spectateur ne cherche qu'à se prêter à des fictions dont il tire tout son plaisir, il ne faut pas abuser de sa crédulité au point de lui en faire honte; en un mot, on doit songer qu'on parle à des cœurs sensibles, sans oublier qu'on parle à des gens raisonnables. Ce n'est pas que je voulusse transporter à l'*opéra* cette rigoureuse unité de lieu qu'on exige dans la tragédie, et à laquelle on ne peut guère s'asservir qu'aux dépens de l'action; de sorte qu'on n'est exact à quelque égard que pour être absurde à mille autres : ce seroit d'ailleurs s'ôter l'avantage des changemens de scènes, lesquelles se font valoir mutuellement; ce seroit s'exposer, par une vicieuse uniformité, à des oppositions mal conçues entre la scène qui reste toujours et les situations qui changent; ce seroit gâter l'un par l'autre l'effet de la musique et celui de la décoration, comme de faire entendre des symphonies voluptueuses parmi des rochers, ou des airs gais dans les palais des rois.

C'est donc avec raison qu'on a laissé subsister d'acte en acte les changemens de scène; et, pour qu'ils soient réguliers et admissibles, il suffit qu'on ait pu *naturellement* se rendre du lieu d'où l'on sort au lieu où l'on passe, dans l'intervalle de temps qui s'écoule ou que l'action suppose entre les deux actes : de sorte que comme l'unité de temps doit se renfermer à peu près dans la durée de vingt-quatre heures, l'unité de lieu doit se renfermer à peu près dans l'espace d'une journée de chemin. A l'égard des changemens de scène pratiqués quelquefois dans un même acte, ils me paroissent également contraires à l'illusion et à la raison, et devoir être absolument proscrits du théâtre.

Voilà comment le concours de l'acoustique et de la perspective peut perfectionner l'illusion, flatter les sens par des impressions diverses, mais analogues, et porter à l'âme un même intérêt avec un double plaisir. Ainsi ce seroit une grande erreur de penser que l'ordonnance du théâtre n'a rien de commun avec celle de la musique, si ce n'est la convenance générale qu'elles tirent du poème : c'est à l'imagination des deux artistes à déterminer entre eux ce que celle du poète a laissé à leur disposition, et à s'accorder si bien en cela que le spectateur sente toujours l'accord parfait de ce qu'il voit et de ce qu'il entend. Mais il faut avouer que la tâche du musicien est la plus grande. L'imitation de la peinture est toujours froide, parce qu'elle manque de cette succession d'idées et d'impressions qui échauffe l'âme par degrés, et que tout est dit au premier coup d'œil ; la puissance imitative de cet art, avec beaucoup d'objets apparens, se borne en effet à de très-foibles représentations. C'est un des grands avantages du musicien de pouvoir peindre les choses qu'on ne sauroit entendre, tandis qu'il est impossible au peintre de peindre celles qu'on ne sauroit voir; et le plus grand prodige d'un art qui n'a d'activité que par ses mouvemens est d'en pouvoir former jusqu'à l'image du repos. Le sommeil, le calme de la nuit, la solitude, et le silence même, entrent dans le nombre des tableaux de la musique : quelquefois le bruit produit l'effet du silence, et le silence l'effet du bruit, comme quand un homme s'endort à une lecture égale et monotone, et s'éveille à l'instant qu'on se tait : et il en est de même pour d'autres effets. Mais l'art a des substitutions plus fertiles et bien plus fines que celles-ci; il sait exciter par un sens des émotions semblables à celles qu'on peut exciter par un autre; et, comme le rapport ne peut être sensible que l'impression ne soit forte, la peinture, dénuée de cette force, rend difficilement à la musique les imitations que celle-ci tire d'elle. Que toute la nature soit endormie, celui qui la contemple ne dort pas; et l'art du musicien consiste à substituer à l'image insensible de l'objet celle des mouvemens que sa présence excite dans l'esprit du spectateur; il ne représente pas directement la chose, mais il réveille dans notre âme le même sentiment qu'on éprouve en la voyant.

Ainsi, bien que le peintre n'ait rien à tirer de la partition du musicien, l'habile musicien ne sortira pas sans fruit de l'atelier du peintre : non-seulement il agitera la mer à son gré, excitera les flammes d'un incendie, fera couler les ruisseaux, tomber la pluie, et grossir les torrens ; mais il augmentera l'horreur d'un désert affreux, rembrunira les murs d'une prison souterraine, calmera l'orage, rendra l'air tranquille, le ciel serein, et répandra de l'orchestre une fraîcheur nouvelle sur les bocages.

Nous venons de voir comment l'union des trois arts qui constituent la scène lyrique forme entre eux un tout très-bien lié. On a tenté d'y en introduire un quatrième, dont il me reste à parler.

Tous les mouvemens du corps ordonnés selon certaines lois pour affecter les regards par quelque action prennent en général le nom de gestes. Le geste se divise en deux espèces, dont l'une sert d'accompagnement à la parole, et l'autre de supplément. Le premier, naturel à tout homme qui parle, se modifie différemment, selon les hommes, les langues et les caractères. Le second est l'art de parler aux yeux sans le secours de l'écriture, par des mouvemens du corps devenus signes de convention. Comme ce geste est plus pénible, moins naturel pour nous que l'usage de la parole, et qu'elle le rend inutile, il l'exclut, et même en suppose la privation; c'est ce qu'on appelle art des pantomimes. A cet art ajoutez un choix d'attitudes agréables et de mouvemens cadencés, vous aurez ce que nous appelons la danse, qui ne mérite guère le nom d'art quand elle ne dit rien à l'esprit.

Ceci posé, il s'agit de savoir si, la danse étant un langage, et par conséquent pouvant être un art d'imitation, peut entrer avec les trois autres dans la marche de l'action lyrique, ou bien si elle peut interrompre et suspendre cette action sans gâter l'effet de l'unité de la pièce.

Or, je ne vois pas que ce dernier cas puisse

même faire une question : car chacun sent que tout l'intérêt d'une action suivie dépend de l'impression continue et redoublée que sa représentation fait sur nous ; que tous les objets qui suspendent ou partagent l'attention sont autant de contre-charmes qui détruisent celui de l'intérêt ; qu'en coupant le spectacle par d'autres spectacles qui lui sont étrangers, on divise le sujet principal en parties indépendantes qui n'ont rien de commun entre elles que le rapport général de la matière qui les compose, et qu'enfin plus les spectacles insérés seroient agréables, plus la mutilation du tout seroit difforme. De sorte qu'en supposant un *opéra* coupé par quelques divertissemens qu'on pût imaginer, s'ils laissoient oublier le sujet principal, le spectateur, à la fin de chaque fête, se trouveroit aussi peu ému qu'au commencement de la pièce ; et, pour l'émouvoir de nouveau et ranimer l'intérêt, ce seroit toujours à recommencer. Voilà pourquoi les Italiens ont enfin banni des entr'actes de leurs *opéra* ces intermèdes comiques qu'ils y avoient insérés ; genre de spectacle agréable, piquant, et bien pris dans la nature, mais si déplacé dans le milieu d'une action tragique, que les deux pièces se nuisoient mutuellement, et que l'une des deux ne pouvoit jamais intéresser qu'aux dépens de l'autre.

Reste donc à voir si la danse ne pouvant entrer dans la composition du genre lyrique comme ornement étranger, on ne l'y pourroit pas faire entrer comme partie constitutive, et faire concourir à l'action un art qui ne doit pas la suspendre. Mais comment admettre à la fois deux langages qui s'excluent mutuellement, et joindre l'art pantomime à la parole qui le rend superflu ? Le langage du geste, étant la ressource des muets ou des gens qui ne peuvent s'entendre, devient ridicule entre ceux qui parlent : on ne répond point à des mots par des gambades, ni au geste par des discours ; autrement, je ne vois point pourquoi celui qui entend le langage de l'autre ne lui répond pas sur le même ton. Supprimez donc la parole si vous voulez employer la danse : sitôt que vous introduisez la pantomime dans l'*opéra*, vous en devez bannir la poésie ; parce que de toutes les unités la plus nécesaire est celle du langage, et qu'il est absurde et ridicule de dire à la fois la même chose à la même personne, et de bouche et par écrit.

Les deux raisons que je viens d'alléguer se réunissent dans toute leur force pour bannir du drame lyrique les fêtes et les divertissemens qui non-seulement en suspendent l'action, mais ou ne disent rien, ou substituent brusquement au langage adopté un autre langage opposé, dont le contraste détruit la vraisemblance, affoiblit l'intérêt, et, soit dans la même action poursuivie, soit dans un épisode inséré, blesse également la raison. Ce seroit bien pis si ces fêtes n'offroient au spectateur que des sauts sans liaison et des danses sans objet, tissu gothique et barbare dans un genre d'ouvrage où tout doit être peinture et imitation.

Il faut avouer cependant que la danse est si avantageusement placée au théâtre que ce seroit le priver d'un de ses plus grands agrémens que de la retrancher tout-à-fait. Aussi, quoiqu'on ne doive point avilir une action tragique par des sauts et des entrechats, c'est terminer très-agréablement le spectacle que de donner un ballet après l'*opéra*, comme une petite pièce après la tragédie. Dans ce nouveau spectacle, qui ne tient point au précédent, on peut aussi faire choix d'une autre langue ; c'est une autre nation qui paroît sur la scène. L'art pantomime ou la danse devenant alors la langue de convention, la parole en doit être bannie à son tour, et la musique, restant le moyen de liaison, s'applique à la danse dans la petite pièce comme elle s'appliquoit dans la grande à la poésie. Mais avant d'employer cette langue nouvelle il faut la créer. Commencer par donner des ballets en action sans avoir préalablement établi la convention des gestes, c'est parler une langue à gens qui n'en ont pas le dictionnaire, et qui par conséquent ne l'entendront point.

Opéra, *s. m.* Est aussi un mot consacré pour distinguer les différens ouvrages d'un même auteur, selon l'ordre dans lequel ils ont été imprimés ou gravés, et qu'il marque ordinairement lui-même sur les titres par des chiffres. (Voyez Œuvre.) Ces deux mots sont principalement en usage pour les compositions de symphonie.

Oratoire. De l'italien *oratorio*. Espèce de drame en latin, ou en langue vulgaire, divisé par scènes, à l'imitation des pièces de théâtre, mais qui roule toujours sur des sujets sacrés, et qu'on met en musique pour être exécuté dans quelque église durant le carême ou en d'autres temps. Cet usage, assez commun en Italie, n'est point admis en France : la musique françoise est si peu propre au genre dramatique, que c'est bien assez qu'elle y montre son insuffisance au théâtre, sans l'y montrer encore à l'église.

Orchestre, *s. m.* On prononce *orquestre*. C'étoit chez les Grecs, la partie inférieure du théâtre; elle étoit faite en demi-cercle et garnie de siéges tout autour ; on l'appeloit *orchestre*, parce que c'étoit là que s'exécutoient les danses.

Chez eux l'*orchestre* faisoit une partie du théâtre ; à Rome, il en étoit séparé et rempli de siéges destinés pour les sénateurs, les magistrats, les vestales, et les autres personnes de distinction. A Paris, l'*orchestre* des Comédies françoise et italienne, et ce qu'on appelle ailleurs le *parquet*, est destiné en partie à un usage semblable.

Aujourd'hui ce mot s'applique plus particulièrement à la musique, et s'entend tantôt du lieu où se tiennent ceux qui jouent des instrumens, comme l'*orchestre* de l'Opéra, tantôt du lieu où se tiennent tous les musiciens en général, comme l'*orchestre* du concert spirituel au château des Tuileries; et tantôt de la collection de tous les symphonistes : c'est dans ce dernier sens que l'on dit de l'exécution de musique, que l'*orchestre* étoit bon ou mauvais, pour dire que les instrumens étoient bien ou mal joués.

Dans les musiques nombreuses en symphonistes, telles que celles des opéra, c'est un soin qui n'est pas à négliger que la bonne distribution de l'*orchestre*. On doit en grande partie à ce soin l'effet étonnant de la symphonie dans les opéra d'Italie. On porte la première attention sur la fabrique même de l'*orchestre*, c'est-à-dire de l'enceinte qui le contient ; on lui donne les proportions convenables pour que les symphonistes y soient le plus rassemblés et le mieux distribués qu'il est possible : on a soin d'en faire la caisse d'un bois léger et résonnant, comme le sapin ; de l'établir sur un vide avec des arcs-boutans, d'en écarter les spectateurs par un râteau placé dans le parterre à un pied ou deux de distance ; de sorte que le corps même de l'*orchestre* portant, pour ainsi dire, en l'air, et ne touchant presque à rien, vibre et résonne sans obstacle, et forme comme un grand instrument qui répond à tous les autres et en augmente l'effet.

A l'égard de la distribution intérieure, on a soin 1° que le nombre de chaque espèce d'instrument se proportionne à l'effet qu'ils doivent produire tous ensemble ; que, par exemple, les basses n'étouffent pas les dessus et n'en soient pas étouffées ; que les hautbois ne dominent par sur les violons, ni les seconds sur les premiers ; 2° que les instrumens de chaque espèce, excepté les basses, soient rassemblés entre eux pour qu'ils s'accordent mieux et marchent ensemble avec plus d'exactitude ; 3° que les basses soient dispersées autour des deux clavecins et par tout l'*orchestre*, parce que c'est la basse qui doit régler et soutenir toutes les autres parties, et que tous les musiciens doivent l'entendre également ; 4° que tous les symphonistes aient l'œil sur le maître à son clavecin, et le maître sur chacun d'eux ; que de même chaque violon soit vu de son premier et le voie : c'est pourquoi cet instrument étant et devant être le plus nombreux, doit être distribué sur deux lignes qui se regardent ; savoir, les premiers assis en face du théâtre, le dos tourné vers les spectateurs; les secondes vis-à-vis d'eux, le dos tourné vers le théâtre, etc.

Le premier *orchestre* de l'Europe pour le nombre et l'intelligence des symphonistes est celui de Naples; mais celui qui est le mieux distribué et forme l'ensemble le plus parfait est l'*orchestre* de l'Opéra du roi de Pologne à Dresde, dirigé par l'illustre Hasse. (*Ceci s'écrivoit en* 1754.) Voyez (*Pl.* G, *fig.* 1) la représentation de cet *orchestre*, où, sans s'attacher aux mesures qu'on n'a pas prises sur les lieux, ou pourra mieux juger à l'œil de la distribution totale, quon ne pourroit faire sur une longue description.

On a remarqué que de tous les *orchestres* de l'Europe, celui de l'Opéra de Paris, quoi qu'un des plus nombreux, étoit celui qui faisoit le moins d'effet. Les raisons en sont faciles à comprendre : premièrement, la mauvaise construction de l'*orchestre*, enfoncé dans la terre, et clos d'un enceinte de bois lourd, massif et chargé de fer, étouffe toute résonnance; 2° le mauvais choix des symphonistes, dont le plus grand nombre, reçu par faveur, sait à peine la musique, et n'a nulle intelligence de l'ensemble; 3° leur assommante habitude de racler, s'accorder, préluder continuellement à grand bruit, sans jamais pouvoir être d'accord; 4° le génie françois, qui est en général de négliger et dédaigner tout ce qui devient devoir journalier; 5° les mauvais instrumens des symphonistes, lesquels, restant sur le lieu, sont toujours des instrumens de rebut, destinés à mugir durant les représentations, et à pourrir dans les intervalles; 6° le mauvais emplacement du maître, qui, sur le devant du théâtre, et tout occupé des acteurs, ne peut veiller suffisamment sur son *orchestre*, et l'a derrière lui, au lieu de l'avoir sous ses yeux; 7° le bruit insupportable de son bâton qui couvre et amortit tout l'effet de la symphonie; 8° la mauvaise harmonie de leurs compositions, qui, n'étant jamais pure et choisie, ne fait entendre, au lieu de choses d'effet, qu'un remplissage sourd et confus; 9° pas assez de contrebasses et trop de violoncelles, dont les sons, traînés à leur manière, étouffent la mélodie et assomment le spectateur; 10° enfin le défaut de mesure, et le caractère indéterminé de la musique françoise, où c'est toujours l'acteur qui règle l'*orchestre*, au lieu que l'*orchestre* doit régler l'acteur, et où les dessus mènent la basse, au lieu que la basse doit mener les dessus.

Oreille, *s. f.* Ce mot s'emploie figurément en terme de musique. Avoir de l'*oreille*, c'est avoir l'ouïe sensible, fine et juste; en sorte que, soit pour l'intonation, soit pour la mesure, on soit choqué du moindre défaut, et qu'aussi l'on soit frappé des beautés de l'art quand on les entend. On a l'*oreille* fausse lorsqu'on chante constamment faux, lorsqu'on ne distingue point les intonations fausses des intonations justes, ou lorsqu'on n'est point sensible à la précision de la mesure, qu'on la bat inégale ou à contre-temps. Ainsi le mot *oreille* se prend toujours pour la finesse de la sensation ou pour le jugement du sens : dans cette acception, le mot *oreille* ne se prend jamais qu'au singulier et avec l'article partitif, *Avoir de l'oreille; Il a peu d'oreille.*

Organique, *adj. pris subst. au féminin.* C'étoit, chez les Grecs, cette partie de la musique qui s'exécutoit sur les instrumens, et cette partie avoit ses caractères, ses notes particulières, comme on le voit dans les tables de Bacchius et d'Alypius. (**Musique**, **Notes**.)

Organiser le chant, *v. a.* C'étoit, dans le commencement de l'invention du contre-point, insérer quelques tierces dans une suite de plain-chant à l'unisson; de sorte, par exemple, qu'une partie du chœur chantant ces quatre notes *ut re si ut*, l'autre partie chantoit en même temps ces quatre-ci *ut re re ut*. Il paroît par les exemples cités par l'abbé Le Beuf et par d'autres, que l'*organisation* ne se pratiquoit guère que sur la note sensible à l'approche de la finale; d'où il suit qu'on n'*organisoit* presque jamais que par une tierce mineure. Pour un accord si facile et si peu varié, les chantres qui *organisoient* ne laissoient pas d'être payés plus cher que les autres.

A l'égard de l'*organum triplum*, ou *quadruplum*, qui s'appeloit aussi *triplum*, ou *quadruplum* tout simplement, ce n'étoit autre chose que le même chant des parties *organisantes* entonné par des hautes-contre à l'octave des basses, et par des dessus à l'octave des tailles.

Orthien, *adj.* Le nom *orthien* dans la musique grecque étoit un nome dactylique, inventé, selon les uns, par l'ancien Olympus le Phrygien, et, selon d'autres, par le Mysien. C'est sur ce nome *orthien*, disent Hérodote et Aulu-Gelle, que chantoit Arion quand il se précipita dans la mer.

Ouverture, *s. f.* Pièce de symphonie qu'on s'efforce de rendre éclatante, imposante, harmonieuse, et qui sert de début aux opéra et autres drames lyriques d'une certaine étendue.

Les *ouvertures* des opéra françois sont presque toutes calquées sur celles de Lulli. Elles sont composées d'un morceau traînant appelé grave, qu'on joue ordinairement deux fois, et d'une reprise sautillante appelée gaie, laquelle est communément fuguée : plusieurs de ces reprises rentrent encore dans le grave en finissant.

Il a été un temps où les *ouvertures* françoises servoient de modèle dans toute l'Europe. Il n'y a pas soixante ans qu'on faisoit venir en Italie des *ouvertures* de France pour mettre à la tête des opéra : j'ai vu même plusieurs anciens opéra italiens notés avec une *ouverture* de Lulli à la tête. C'est de quoi les Italiens ne conviennent pas aujourd'hui que tout a si fort changé ; mais le fait ne laisse pas d'être très-certain.

La musique instrumentale ayant fait un progrès étonnant depuis une quarantaine d'années, les vieilles *ouvertures* faites pour des symphonistes qui savoient peu tirer parti de leurs instrumens ont bientôt été laissées aux François, et l'on s'est d'abord contenté d'en garder à peu près la disposition. Les Italiens n'ont pas même tardé de s'affranchir de cette gêne, et ils distribuent aujourd'hui leurs *ouvertures* d'une autre manière : ils débutent par un morceau saillant et vif, à deux ou à quatre temps; puis ils donnent un *andante* à demi-jeu, dans lequel ils tâchent de déployer toutes les grâces du beau chant, et ils finissent par un brillant *allegro*, ordinairement à trois temps.

La raison qu'ils donnent de cette distribution est que dans un spectacle nombreux où les spectateurs font beaucoup de bruit, il faut d'abord les porter au silence et fixer leur attention par un début éclatant qui les frappe. Ils disent que le grave de nos *ouvertures* n'est entendu ni écouté de personne, et que notre premier coup d'archet, que nous vantons avec tant d'emphase, moins bruyant que l'accord des instrumens qui le précède, et avec lequel il se confond, est plus propre à préparer l'auditeur à l'ennui qu'à l'attention. Ils ajoutent qu'après avoir rendu le spectateur attentif, il convient de l'intéresser avec moins de bruit par un chant agréable et flatteur qui le dispose à l'attendrissement qu'on tâchera bientôt de lui inspirer; et de terminer enfin l'*ouverture* par un morceau d'un autre caractère, qui, tranchant avec le commencement du drame, marque, en finissant avec bruit, le silence que l'acteur arrivé sur la scène exige du spectateur.

Notre vieille routine d'*ouvertures* a fait naître en France une plaisante idée. Plusieurs se sont imaginé qu'il y avoit une telle convenance entre la forme des *ouvertures* de Lulli et un opéra quelconque, qu'on ne sauroit la changer sans rompre l'accord du tout; de sorte que d'un début de symphonie qui seroit dans un autre goût, tel, par exemple, qu'une *ouverture* italienne, ils diront avec mépris que c'est une sonate et non pas une *ouverture* : comme si toute *ouverture* n'étoit pas une sonate !

Je sais bien qu'il seroit à désirer qu'il y eût un rapport propre et sensible entre le caractère d'une *ouverture* et celui de l'ouvrage qu'elle annonce ; mais au lieu de dire que toutes les *ouvertures* doivent être jetées au même moule, cela dit précisément le contraire. D'ailleurs, si nos musiciens manquent si souvent de saisir le vrai rapport de la musique aux paroles dans chaque morceau, comment saisiront-ils les rapports plus éloignés et plus fins entre l'ordonnance d'une *ouverture* et celle du corps entier de l'ouvrage? Quelques musiciens se sont imaginé bien saisir ces rapports en rassemblant d'avance dans l'*ouverture* tous les caractères exprimés dans la pièce, comme s'ils vouloient exprimer deux fois la même action, et que ce qui est à venir fût déjà passé. Ce n'est pas cela, l'*ouverture* la mieux entendue est celle qui dispose tellement les cœurs des spectateurs, qu'ils s'ouvrent sans effort à l'intérêt qu'on veut leur donner dès le commencement de la pièce : voilà le véritable effet que doit produire une bonne *ouverture*, voilà le plan sur lequel il la faut traiter.

Ouverture du livre, a l'ouverture du livre. (Voyez Livre.)

Oxypycni, *adj. plur*. C'est le nom que donnoient les anciens dans le genre épais au troisième son en montant de chaque tétracorde.

Ainsi les sons *oxypycni* étoient cinq en nombre. (Voyez Apycni, Épais, Système, Tétracorde.)

P.

P. Par abréviation signifie *piano*, c'est-à-dire *doux*. (Voyez Doux.)

Le double *pp* signifie *pianissimo*, c'est-à-dire *très-doux*.

Pantomime, *s. f*. Air sur lequel deux ou plusieurs danseurs exécutent en danse une action qui porte aussi le nom de *pantomime*. Les airs des *pantomimes* ont pour l'ordinaire un couplet principal qui revient souvent dans le cours de la pièce, et qui doit être simple, par la raison dite au mot *contre-danse;* mais ce couplet est entremêlé d'autres plus saillans, qui parlent, pour ainsi dire, et font image dans les situations où le danseur doit mettre une expression déterminée.

Papier réglé. On appelle ainsi le papier préparé avec les portées toutes tracées pour y noter la musique. (Voyez Portée.)

Il y a du *papier réglé* de deux espèces : savoir, celui dont le format est plus long que large, tel qu'on l'emploie communément en France; et celui dont le format est plus large que long; ce dernier est le seul dont on se serve en Italie. Cependant, par une bizarrerie dont j'ignore la cause, les papetiers de Paris appellent *papier réglé à la françoise* celui dont on se sert en Italie, et *papier réglé à l'italienne* celui qu'on préfère en France.

Le format plus large que long paroît plus commode, soit parce qu'un livre de cette forme se tient mieux ouvert sur un pupitre, soit parce que les portées étant plus longues, on en change moins fréquemment : or, c'est dans ces changemens que les musiciens sont sujets à prendre une portée pour l'autre, surtout dans les partitions. (Voyez Partition.)

Le *papier réglé* en usage en Italie est toujours de dix portées, ni plus ni moins; et cela fait juste deux lignes ou accolades dans les partitions ordinaires, où l'on a toujours cinq parties; savoir, deux dessus de violon, la *viola*, la partie chantante, et la basse. Cette division étant toujours la même, et chacun trouvant dans toutes les partitions sa partie semblablement placée, passe toujours d'une accolade à l'autre, sans embarras et sans risque de se méprendre. Mais dans les partitions françoises, où le nombre des portées n'est fixe et déterminé ni dans les pages ni dans les accolades, il faut toujours hésiter à la fin de chaque portée pour trouver dans l'accolade qui suit la portée correspondante à celle où l'on est; ce qui rend le musicien moins sûr, et l'exécution plus sujette à manquer.

Paradiazeuxis ou Disjonction prochaine, *s. f.* C'étoit, dans la musique grecque, au rapport du vieux Bacchius, l'intervalle d'un *ton* seulement entre les cordes de deux tétracordes, et telle est l'espèce de disjonction qui règne entre le tétracorde synnéménon et le tétracorde diézeugménon. (*Voyez ces mots.*)

Paramèse, *s. f.* C'étoit, dans la musique grecque, le nom de la première corde du tétracorde diézeugménon. Il faut se souvenir que le troisième tétracorde pouvoit être conjoint avec le second; alors sa première corde étoit la mèse ou la quatrième corde du second, c'est-à-dire que cette mèse étoit commune aux deux.

Mais quand ce troisième tétracorde étoit disjoint, il commençoit par la corde appelée *paramèse*, laquelle, au lieu de se confondre avec la mèse, se trouvoit alors un *ton* plus haut, et ce *ton* faisoit la disjonction ou distance entre la quatrième corde ou la plus aiguë du tétracorde méson, et la première ou la plus grave du tétracorde diézeugménon. (Voyez Système, Tétracorde.)

Paramèse signifie proche de la mèse; parce qu'en effet la *paramèse* n'en étoit qu'à un *ton* de distance, quoiqu'il y eût quelquefois une corde entre deux. (Voyez Trite.)

Paranète, *s. f.* C'est, dans la musique ancienne, le nom donné par plusieurs auteurs à la troisième corde de chacun des trois tétracordes synnéménon, diézeugménon et hyperboléon; corde que quelques-uns ne distinguoient que par le nom du genre où ces tétracordes étoient employés : ainsi la troisième corde du tétracorde hyperboléon, laquelle est appelée hyperboléon-diatonos par Aristoxène et Alypius, est appelée *paranète*-hyperboléon par Euclide, etc.

Paraphonie, *subst. fém.* C'est, dans la musique ancienne, cette espèce de consonnance qui ne résulte pas des mêmes sons, comme l'unisson, qu'on appelle *homophonie*, ni de la réplique des mêmes sons, comme l'octave, qu'on appelle *antiphonie*, mais des sons réellement différens, comme la quinte et la quarte, seules *paraphonies* admises dans cette musique : car pour la sixte et la tierce, les Grecs ne les mettoient pas au rang des *paraphonies*, ne les admettant pas même pour consonnances.

Parfait, *adj.* Ce mot, dans la musique, a plusieurs sens : joint au mot *accord*, il signifie un accord qui comprend toutes les consonnances sans aucune dissonance; joint au mot *cadence*, il exprime celle qui porte la note sensible, et de la dominante tombe sur la finale; joint au mot *consonnance*, il exprime un intervaile iuste et déterminé, qui ne peut être ni maieur ni mineur; ainsi l'octave, la quinte et la quarte sont des consonnances parfaites, et ce sont les seules : joint au mot *mode*, il s'applique à la mesure par une acception qui n'est plus connue, et qu'il faut expliquer pour l'intelligence des anciens auteurs.

Ils divisoient le temps ou le mode par rapport à la mesure en *parfait* ou *imparfait*, et prétendant que le nombre ternaire étoit plus parfait que le binaire, ce qu'ils prouvoient par la Trinité, ils appeloient temps ou mode *parfait* celui dont la mesure étoit à trois temps; et ils le marquoient par un O ou cercle, quelquefois seul, et quelquefois barré, Φ. Le temps ou mode *imparfait* formoit une mesure à deux temps, et se marquoit par un O tronqué ou un C, tantôt seul et tantôt barré. (Voyez Mesure, Mode, Prolation, Temps.)

Parhypate, *s. f.* Nom de la corde qui suit immédiatement l'hypate du grave à l'aigu. Il y avoit deux *parhypates* dans le diagramme des Grecs, savoir : la *parhypate-hypaton* et la *parhypate-méson*. Ce mot *parhypate* signifie *sous-principale*, ou *proche la principale*. (Voyez Hypate.)

Parodie, *s. f.* Air de symphonie dont on fait un air chantant en y ajustant des paroles. Dans une musique bien faite le chant est fait sur les paroles, et dans la *parodie* les paroles sont faites sur le chant : tous les couplets d'une chanson, excepté le premier, sont des espèces de *parodies;* et c'est pour l'ordinaire ce que l'on ne sent que trop à la manière dont la prosodie y est estropiée. (Voyez Chanson.)

Paroles, *s. f. plur.* C'est le nom qu'on donne au poëme que le compositeur met en musique, soit que ce poëme soit petit ou grand, soit que ce soit un drame ou une chanson. La mode est de dire d'un nouvel opéra que la musique est passable ou bonne, mais que les *paroles* en sont détestables ; on pourroit dire le contraire des vieux opéra de Lulli.

Partie, *s. f.* C'est le nom de chaque voix ou mélodie séparée, dont la réunion forme le concert. Pour constituer un accord il faut que deux sons au moins se fassent entendre à la fois, ce qu'une seule voix ne sauroit faire. Pour former en chantant une harmonie ou une suite d'accords, il faut donc plusieurs voix ; le chant qui appartient à chacune de ces voix s'appelle *partie*, et la collection de toutes les parties d'un même ouvrage écrites l'une au-dessous de l'autre, s'appelle partition. (Voyez Partition.)

Comme un accord complet est composé de quatre sons, il y a aussi dans la musique quatre *parties* principales, dont la plus aiguë s'appelle *dessus*, et se chante par des voix de femmes, d'enfans ou de *musici;* les trois autres sont : la *haute-contre*, la *taille* et la *basse*, qui toutes appartiennent à des voix d'hommes. On peut voir (*Planche* F, *fig.* 6) l'étendue de voix de chacune de ces *parties*, et la clef qui lui appartient. Les notes blanches montrent les sons pleins où chaque *partie* peut arriver tant en haut qu'en bas; et les croches qui suivent montrent les sons où la voix commenceroit à se forcer, et qu'elle ne doit former qu'en passant. Les voix italiennes excèdent presque toujours cette étendue dans le haut, surtout les dessus; mais la voix devient alors une espèce de *faucet*, et, avec quelque art que ce défaut se déguise, c'en est certainement un.

Quelqu'une ou chacune de ces *parties* se subdivise, quand on compose à plus de quatre *parties*. (Voyez Dessus, Taille, Basse.)

Dans la première invention du contre-point, il n'eut d'abord que deux *parties*, dont l'une s'appeloit *tenor*, et l'autre *discant;* ensuite on en ajouta une troisième qui prit le nom de *triplum;* et enfin une quatrième qu'on appela quelquefois *quadruplum*, et plus communément *motetus*. Ces *parties* se confondoient et enjamboient très-fréquemment les unes sur les autres; ce n'est que peu à peu qu'en s'étendant à l'aigu et au grave, elles ont pris avec des diapasons plus séparés et plus fixes les noms qu'elles ont aujourd'hui.

Il y a aussi des *parties* instrumentales. Il y a même des instrumens, comme l'orgue, le clavecin, la viole, qui peuvent faire plusieurs *parties* à la fois. On divise aussi la musique instrumentale en quatre *parties*, qui répondent à celles de la musique vocale, et qui s'appellent *dessus*, *quinte*, *taille* et *basse;* mais ordinairement le dessus se sépare en deux, et la quinte s'unit avec la taille sous le nom commun de *viole*. On trouvera aussi (*Planche* F, *fig.* 7) les clefs et l'étendue des quatre *parties* instrumentales : mais il faut remarquer que la plupart des instrumens n'ont pas dans le haut des bornes précises, et qu'on les peut faire démancher autant qu'on veut aux dépens des oreilles des auditeurs, au lieu que dans le bas ils ont un terme fixe qu'ils ne sauroient passer : ce terme est à la note que j'ai marquée, mais je n'ai marqué dans le haut que celle où l'on peut atteindre sans démancher.

Il y a des *parties* qui ne doivent être chantées que par une seule voix, ou jouées par un seul instrument, et celles-là s'appellent *parties récitantes*. D'autres parties s'exécutent par plusieurs personnes chantant ou jouant à l'unisson, et on les appelle *parties concertantes* ou *parties de chœur*.

On appelle encore *partie* le papier de musique sur lequel est écrite la *partie* séparée de chaque musicien : quelquefois plusieurs chantent ou jouent sur le même papier; mais quand ils ont chacun le leur, comme cela se pratique ordinairement dans les grandes musiques, alors, quoique en ce sens chaque concertant ait sa *partie*, ce n'est pas à dire dans l'autre sens qu'il y ait autant de *parties* que de concertans, attendu que la même *partie* est souvent doublée, triplée et multipliée à proportion du nombre total des exécutans.

PARTITION, *s. f.* Collection de toutes les parties d'une pièce de musique, où l'on voit, par la réunion des portées correspondantes, l'harmonie qu'elles forment entre elles. On écrit pour cela toutes les parties portée à portée, l'une au-dessous de l'autre, avec la clef qui convient à chacune, commençant par les plus aiguës, et plaçant la basse au-dessous du tout; on les arrange, comme j'ai dit au mot COPISTE, de manière que chaque mesure d'une portée soit placée perpendiculairement au-dessus et au-dessous de la mesure correspondante des autres parties, et enfermée dans les mêmes barres prolongées de l'une à l'autre, afin que l'on puisse voir d'un coup d'œil tout ce qui doit s'entendre à la fois.

Comme dans cette disposition une seule ligne de musique comprend autant de portées qu'il y a de parties, on embrasse toutes ces portées par un trait de plume qu'on appelle *accolade*, et qui se tire à la marge au commencement de cette ligne ainsi composée; puis on recommence, pour une nouvelle ligne, à tracer une nouvelle accolade qu'on remplit de la suite des mêmes portées écrites dans le même ordre.

Ainsi, quand on veut suivre une partie, après avoir parcouru la portée jusqu'au bout, on ne passe pas à celle qui est immédiatement au-dessous; mais on regarde quel rang la portée que l'on quitte occupe dans son accolade ; on va chercher dans l'accolade qui suit la portée correspondante, et l'on y trouve la suite de la même partie.

L'usage des *partitions* est indispensable pour composer. Il faut aussi que celui qui conduit un concert ait la *partition* sous les yeux pour voir si chacun suit sa partie, et remettre ceux qui peuvent manquer : elle est même utile à l'accompagnateur pour bien suivre l'harmonie; mais quant aux autres musiciens, on donne ordinairement à chacun sa partie séparée, étant inutile pour lui de voir celle qu'il n'exécute pas.

Il y a pourtant quelques cas où l'on joint dans une partie séparée d'autres parties en *partition* partielle, pour la commodité des exécutans : 1° dans les parties vocales, on note ordinairement la basse-continue en *partition* avec chaque partie récitante, soit pour éviter au chanteur la peine de compter ses pauses en suivant la basse, soit pour qu'il se puisse accompagner lui-même en répétant ou récitant sa partie; 2° les deux parties d'un duo chantant se notent en *partition* dans chaque partie séparée, afin que chaque chanteur ayant sous les yeux tout le dialogue, en saisisse mieux l'esprit, et s'accorde plus aisément avec sa contre-partie; 3° dans les parties instrumentales, on a soin, pour les récitatifs obligés, de noter toujours la partie chantante en *partition* avec celle de l'instrument, afin que, dans ces alternatives de chant non mesuré et de symphonie mesurée, le symphoniste prenne juste le temps des ritournelles sans emjamber et sans retarder.

PARTITION est encore, chez les facteurs d'orgue et de clavecin, une règle pour accorder l'instrument en commençant par une corde ou un tuyau de chaque touche dans l'étendue d'une octave ou un peu plus, prise vers le milieu du clavier, et sur cette octave ou *partition* l'on accorde après tout le reste. Voici comment on s'y prend pour former la *partition*.

Sur un son donné par un instrument dont je parlerai au mot *ton*, l'on accorde à l'unisson ou à l'octave le C *sol ut* qui appartient à la clef de ce nom, et qui se trouve au milieu du clavier ou à peu près; on accorde ensuite le *sol*, quinte aiguë de cet *ut;* puis le *re*, quinte aiguë de ce *sol;* après quoi l'on redescend à l'octave de ce *re*, à côté du premier *ut;* on remonte à la quinte *la*, puis encore à la quinte *mi*; on redescend à l'octave de ce *mi*, et l'on continue de même, montant de quinte en quinte, et redescendant à l'octave lorsqu'on avance trop à l'aigu. Quand on est parvenu au *sol* dièse, on s'arrête.

Alors on reprend le premier *ut*, et l'on accorde son octave aiguë, puis la quinte grave de cette octave *fa;* l'octave aiguë de ce *fa;* ensuite le *si* bémol, quinte de cette octave; enfin le *mi* bémol, quinte grave de ce *si* bémol; l'octave aiguë duquel *mi* bémol doit faire quinte juste ou à peu près avec le *la* bémol ou *sol* dièse précédemment accordé : quand cela arrive, la *partition* est juste; autrement elle est fausse, et cela vient de n'avoir pas bien suivi les règles expliquées au mot TEMPÉRAMENT. Voyez (*Planche* F, *figure* 8) la succession d'accords qui forme la *partition*.

La *partition* bien faite, l'accord du reste est très-facile, puisqu'il n'est plus question que d'unissons et d'octaves pour achever d'accorder tout le clavier.

PASSACAILLE, *s. f.* Espèce de chaconne dont le chant est plus tendre et le mouvement plus lent que dans les chaconnes ordinaires. (Voyez CHACONNE.) Les *passacailles* d'Armide et d'Issé sont célèbres dans l'opéra françois.

PASSAGE, *s. m.* Ornement dont on charge un trait de chant, pour l'ordinaire assez court, lequel est composé de plusieurs notes ou diminutions qui se chantent ou se jouent très-légèrement : c'est ce que les Italiens appellent aussi *passo*. Mais tout chanteur en Italie est obligé de savoir composer des *passi*, au lieu que la plupart des chanteurs françois ne s'écartent jamais de la note et ne font de *passages* que ceux qui sont écrits.

PASSE-PIED, *s. m.* Air d'une danse de même nom fort commune, dont la mesure est triple, se marque $\frac{3}{8}$, et se bat à un temps : le mouvement en est plus vif que celui du menuet, le caractère de l'air à peu près semblable, excepté que le *passe-pied* admet la syncope, et que le menuet ne l'admet pas : les mesures de chaque reprise y doivent entrer de même en nombre pairement pair; mais l'air du *passe-pied*, au lieu de commencer sur le *frappé* de la mesure, doit dans chaque reprise commencer sur la croche qui le précède.

PASTORALE, *s. f.* Opéra champêtre dont les personnages sont des bergers, et dont la musique doit être assortie à la simplicité de goût et de mœurs qu'on leur suppose.

Une *pastorale* est aussi une pièce de musique faite sur des paroles relatives à l'état *pastoral*, ou un chant qui imite celui des bergers, qui en a la douceur, la tendresse et le naturel : l'air d'une danse composée dans le même caractère s'appelle aussi *pastorale*.

PASTORELLE, *s. f.* Air italien dans le genre pastoral. Les airs françois appelés pastorales sont ordinairement à deux temps et dans le caractère de musette. Les *pastorelles* italiennes ont plus d'accent, plus de grâce, autant de douceur et moins de fadeur : leur mesure est toujours le six-huit.

PATHÉTIQUE, *adj.* Genre de musique dramatique et théâtrale, qui tend à peindre et à émouvoir les grandes passions, et plus particulièrement la douleur et la tristesse. Toute l'expression de la musique françoise, dans le genre *pathétique*, consiste dans les sons traînés, renforcés, glapissans, et dans une telle lenteur de mouvement que tout sentiment de la mesure y soit effacé. De là vient que les François croient que tout ce qui est lent est *pathétique*, et que tout ce qui est *pathétique* doit être lent : ils ont même des airs qui deviennent gais et badins, ou tendres et *pathétiques*, selon qu'on les chante vite ou lentement; tel est un air si connu dans tout Paris, auquel on donne le premier caractère, sur ces paroles, *Il y a trente ans que mon cotillon traîne*, etc.; et le second sur celles-ci, *Quoi! vous partez sans que rien vous arrête!* etc. C'est l'avantage de la mélodie françoise; elle sert à tout ce qu'on veut : *Fiet avis, et, cùm volet, arbor.*

Mais la musique italienne n'a pas le même avantage; chaque chant, chaque mélodie a son caractère tellement propre qu'il est impossible de l'en dépouiller; son *pathétique* d'accent et de mélodie se fait sentir en toute sorte de mesure, et même dans les mouvemens les plus vifs. Les airs françois changent de caractère selon qu'on presse ou qu'on ralentit le mouvement : chaque air italien a son mouvement tellement déterminé qu'on ne peut l'altérer sans anéantir la mélodie : l'air ainsi défiguré ne change pas son caractère, il le perd ; ce n'est plus du chant, ce n'est rien.

Si le caractère du *pathétique* n'est pas dans le mouvement, on ne peut pas dire non plus qu'il soit dans le genre, ni dans le mode, ni dans l'harmonie, puisqu'il y a des morceaux également *pathétiques* dans les trois genres, dans les deux modes, et dans toutes les harmonies imaginables. Le vrai *pathétique* est dans l'accent passionné, qui ne se détermine point par les règles, mais que le génie trouve et que le cœur sent, sans que l'art puisse en aucune manière en donner la loi.

Pate à régler, *s. f.* On appelle ainsi un petit instrument de cuivre, composé de cinq petites rainures également espacées, attachées à un manche commun, par lesquelles on trace à la fois sur le papier, et le long d'une règle, cinq lignes parallèles qui forment une portée. (Voyez Portée.)

Pavane, *s. f.* Air d'une danse ancienne du même nom, laquelle depuis long-temps n'est plus en usage. Ce nom de *pavane* lui fut donné parce que les figurans faisoient, en se regardant, une espèce de roue à la manière des paons ; l'homme se servoit, pour cette roue, de sa cape et de son épée qu'il gardoit dans cette danse, et c'est par allusion à la vanité de cette attitude qu'on a fait le verbe réciproque *se pavaner*.

Pause, *s. f.* Intervalle de temps qui, dans l'exécution, doit se passer en silence par la partie où la *pause* est marquée. (Voyez Tacet, Silence.)

Le nom de *pause* peut s'appliquer à des silences de différentes durées ; mais communément il s'entend d'une mesure pleine. Cette *pause* se marque par un demi-bâton qui, partant d'une des lignes intérieures de la portée, descend jusqu'à la moitié de l'espace compris entre cette ligne et la ligne qui est immédiatement au-dessous. Quand on a plusieurs *pauses* à marquer, alors on doit se servir des figures dont j'ai parlé au mot *bâton*, et qu'on trouve marquées *Planche* D, *figure* 9.

A l'égard de la *demi-pause*, qui vaut une blanche, ou la moitié d'une mesure à quatre temps, elle se marque comme la *pause* entière, avec cette différence que la *pause* tient à une ligne par le haut, et que la *demi-pause* y tient par le bas. Voyez, dans la même figure 9, la distinction de l'une et de l'autre.

Il faut remarquer que la *pause* vaut toujours une mesure juste, dans quelque espèce de mesure qu'on soit, au lieu que la *demi-pause* a une valeur fixe et invariable ; de sorte que, dans toute mesure qui vaut plus ou moins d'une ronde ou de deux blanches, on ne doit point se servir de la *demi-pause* pour marquer une demi-mesure, mais des autres silences qui en expriment la juste valeur.

Quant à cette autre espèce de *pauses* connues dans nos anciennes musiques sous le nom de *pauses initiales*, parce qu'elles se plaçoient après la clef, et qui servoient, non à exprimer des silences, mais à déterminer le mode, ce nom de *pauses* ne leur fut donné qu'abusivement : c'est pourquoi je renvoie sur cet article aux mots Baton et Mode.

Pauser, *v. n.* Appuyer sur une syllabe en chantant. On ne doit *pauser* que sur les syllabes longues, et l'on ne *pause* jamais sur les *e* muets.

Péan, *s. m.* Chant de victoire parmi les Grecs, en l'honneur des dieux et surtout d'Apollon.

Pentacorde, *s. m.* C'étoit chez les Grecs, tantôt un instrument à cinq cordes, et tantôt un ordre ou système formé de cinq sons ; c'est en ce dernier sens que la quinte ou diapente s'appeloit quelquefois *pentacorde*.

Pentatonon, *s. m.* C'étoit, dans la musique ancienne, le nom d'un intervalle que nous appelons aujourd'hui sixte-superflue. (Voyez Sixte.) Il est composé de quatre tons, d'un semi-ton majeur, et d'un semi-ton mineur : d'où lui vient le nom de *pentatonon*, qui signifie *cinq tons*.

Perfidie, *s. f.* Terme emprunté de la musique italienne, et qui signifie une certaine affectation de faire toujours la même chose, de poursuivre toujours le même dessein, de conserver le même mouvement, le même caractère de chant, les mêmes passages, les mêmes figures de notes (voyez DESSEIN, CHANT, MOUVEMENT); telles sont les basses-contraintes, comme celles des anciennes chaconnes, et une infinité de manières d'accompagnement contraint ou *perfidiè*, *perfidiato*, qui dépend du caprice des compositeurs.

Ce terme n'est point usité en France, et je ne sais s'il a jamais été écrit en ce sens ailleurs que dans le Dictionnaire de Brossard.

PÉRIÉLÈSE, *s. f.* Terme de plain-chant. C'est l'interposition d'une ou plusieurs notes dans l'intonation de certaines pièces de chant, pour en assurer la finale, et avertir le chœur que c'est à lui de reprendre et poursuivre ce qui suit.

La *périélèse* s'appelle autrement *cadence* ou *petite neume*, et se fait de trois manières, savoir : 1° par *circonvolution*, 2° par *intercidence* ou *diaptose*, 3° ou par simple *duplication*. (Voyez ces mots.)

PÉRIPHÉRÈS, *s. f.* Terme de la musique grecque, qui signifie une suite de notes tant ascendantes que descendantes, et qui reviennent, pour ainsi dire, sur elles-mêmes. La *périphérès* étoit formée de l'*anacamptos* et de l'*euthia*.

PETTEÏA, *s. f.* Mot grec qui n'a point de correspondant dans notre langue, et qui est le nom de la dernière des trois parties dans lesquelles on subdivise la mélopée. (Voyez MÉLOPÉE.)

La *petteïa* est, selon Aristide Quintilien, l'art de discerner les sons dont on doit faire ou ne pas faire usage, ceux qui doivent être plus ou moins fréquens, ceux par où l'on doit commencer et ceux par où l'on doit finir.

C'est la *petteïa* qui constitue les modes de la musique; elle détermine le compositeur dans le choix du genre de mélodie relatif au mouvement qu'il veut peindre ou exciter dans l'âme, selon les personnes et selon les occasions; en un mot la *petteïa*, partie de l'hermosménon qui regarde la mélodie, est à cet égard ce que les mœurs sont en poésie.

On ne voit pas ce qui a porté les anciens à lui donner ce nom, à moins qu'ils ne l'aient pris de πεττεία, leur jeu d'échecs, la *petteïa*, dans la musique, étant une règle pour combiner et arranger les sons, comme le jeu d'échecs en est une autre pour arranger les pièces appelées πεττοὶ, *calculi*.

PHILÉLIE, *s. f.* C'étoit chez les Grecs une sorte d'hymne ou de chanson en l'honneur d'Apollon. (Voyez CHANSON.)

PHONIQUE, *s. f.* Art de traiter et combiner les sons sur les principes de l'acoustique. (Voyez ACOUSTIQUE.)

PHRASE, *s. f.* Suite de chant ou d'harmonie qui forme sans interruption un sens plus ou moins achevé, et qui se termine sur un repos par une cadence plus ou moins parfaite.

Il y a deux espèces de *phrases* musicales. En mélodie, la *phrase* est constituée par le chant, c'est-à-dire par une suite de sons tellement disposés, soit par rapport au ton, soit par rapport au mouvement, qu'ils fassent un tout bien lié, lequel aille se résoudre sur une corde essentielle du mode où l'on est.

Dans l'harmonie, la *phrase* est une suite régulière d'accords tous liés entre eux par des dissonances exprimées ou sous-entendues, laquelle se résout sur une cadence absolue; et selon l'espèce de cette cadence, selon que le sens en est plus ou moins achevé, le repos est aussi plus ou moins parfait.

C'est dans l'invention des *phrases* musicales, dans leurs proportions, dans leur entrelacement, que consistent les véritables beautés de la musique : un compositeur qui ponctue et phrase bien est un homme d'esprit; un chanteur qui sent, marque bien ses *phrases* et leur accent, est un homme de goût; mais celui qui ne sait voir et rendre que les notes, les tons, les temps, les intervalles, sans entrer dans le sens des *phrases*, quelque sûr, quelque exact d'ailleurs qu'il puisse être, n'est qu'un croque-sol.

PHRYGIEN, *adj.* Le mode *phrygien* est un des quatre principaux et plus anciens modes de la musique des Grecs. Le caractère en étoit ardent, fier, impétueux, véhément, terrible : aussi étoit-ce, selon Athénée, sur le ton ou mode *phrygien* que l'on sonnoit les trompettes et autres instrumens militaires.

Ce mode, inventé, dit-on, par Marsyas, Phrygien, occupe le milieu entre le lydien et le dorien, et sa finale est à un *ton* de distance de celles de l'un et de l'autre.

PIÈCE, *s. f.* Ouvrage de musique d'une certaine étendue, quelquefois d'un seul morceau, et quelquefois de plusieurs, formant un ensemble et un tout fait pour être exécuté de suite : ainsi une ouverture est une *pièce*, quoique composée de trois morceaux, et un opéra même est une *pièce*, quoique divisé par actes. Mais, outre cette acception générique, le mot *pièce* en a une plus particulière dans la musique instrumentale, et seulement pour certains instrumens, tels que la viole et le clavecin ; par exemple, on ne dit point une *pièce de violon*, l'on dit *une sonate ;* et l'on ne dit guère une sonate de clavecin, l'on dit *une pièce.*

PIED, *s. m.* Mesure de temps ou de quantité, distribuée en deux ou plusieurs valeurs égales ou inégales. Il y avoit dans l'ancienne musique cette différence des temps aux *pieds*, que les temps étoient comme les points ou élémens indivisibles, et les *pieds* les premiers composés de ces élémens ; les *pieds*, à leur tour, étoient les élémens du mètre ou du rhythme.

Il y avoit des *pieds* simples, qui pouvoient seulement se diviser en temps ; et des composés, qui pouvoient se diviser en d'autres pieds, comme le choriambe, qui pouvoit se résoudre en un trochée et un ïambe ; l'ionique en un pyrrhique et un spondée, etc.

Il y avoit des *pieds* rhythmiques, dont les quantités relatives et déterminées étoient propres à établir des rapports agréables, comme égales, doubles, sesquialtères, sesquitierces, etc. ; et de non rhythmiques, entre lesquels les rapports étoient vagues, incertains, peu sensibles, tels, par exemple, qu'on en pourroit former des mots françois, qui, pour quelques syllabes brèves ou longues, en ont une infinité d'autres sans valeur déterminée, ou qui, brèves ou longues seulement dans les règles des grammairiens, ne sont senties comme telles ni par l'oreille des poètes, ni dans la pratique du peuple.

PINCÉ, *s. m.* Sorte d'agrément propre à certains instrumens, et surtout au clavecin : il se fait en battant alternativement le son de la note écrite avec le son de la note inférieure, et observant de commencer et finir par la note qui porte le *pincé*. Il y a cette différence du *pincé* au tremblement ou trille, que celui-ci se bat avec la note supérieure, et le *pincé* avec la note inférieure ; ainsi le trille sur *ut* se bat sur l'*ut* et sur le *re*, et le *pincé* sur le même *ut* se bat sur l'*ut* et sur le *si*. Le *pincé* est marqué, dans les pièces de Couperin, avec une petite croix fort semblable à celle avec laquelle on marque le trille dans la musique ordinaire. Voyez les signes de l'un et de l'autre à la tête des pièces de cet auteur.

PINCER, *v. a.* C'est employer les doigts au lieu de l'archet pour faire sonner les cordes d'un instrument. Il y a des instrumens à cordes qui n'ont point d'archet, et dont on ne joue qu'en les *pinçant ;* tels sont le sistre, le luth, la guitare : mais on pince aussi quelquefois ceux où l'on se sert ordinairement de l'archet, comme le violon et le violoncelle ; et cette manière de jouer, presque inconnue dans la musique françoise, se marque dans l'italienne par le mot *pizzicato*.

PIQUÉ, *adj. pris adverbialement.* Manière de jouer en pointant les notes et marquant fortement le pointé.

Notes *piquées* sont des suites de notes montant ou descendant diatoniquement, ou rebattues sur le même degré, sur chacune desquelles on met un point, quelquefois un peu allongé, pour indiquer qu'elles doivent être marquées égales par des coups de langue ou d'archet secs et détachés, sans retirer ou repousser l'archet, mais en le faisant passer en frappant et sautant sur la corde autant de fois qu'il y a de notes, dans le même sens qu'on a commencé.

PIZZICATO. Ce mot écrit dans les musiques italiennes avertit qu'il faut *pincer*. (Voyez PINCER.)

PLAGAL, *adj.* Ton ou mode *plagal*. Quand l'octave se trouve divisée arithmétiquement, suivant le langage ordinaire, c'est-à-dire quand la quarte est au grave et la quinte à l'aigu, on dit que le ton est *plagal*, pour le distinguer de l'authentique, où la quinte est au grave et la quarte à l'aigu.

Supposons l'octave *A a* divisée en deux parties par la dominante *E* ; si vous modulez entre les deux *la*, dans l'espace d'une octave, et que vous fassiez votre finale sur l'un de ces *la*, votre mode est *authentique ;* mais si, modulant de même entre ces deux *la*, vous faites votre finale sur la dominante *mi*, qui est intermédiaire, ou que, modulant de la dominante à son octave, vous fassiez la finale sur la tonique intermédiaire, dans ces deux cas le mode est *plagal*.

Voilà toute la différence, par laquelle on voit que tous les tons sont réellement authentiques, et que la distinction n'est que dans le diapason du chant et dans le choix de la note sur laquelle on s'arrête, qui est toujours la tonique dans l'authentique, et le plus souvent la dominante dans le *plagal*.

L'étendue des voix et la division des parties a fait disparoître ces distinctions dans la musique, et on ne les connoît plus que dans le plain-chant. On y compte quatre tons *plagaux* ou collatéraux ; savoir, *le second, le quatrième, le sixième* et le huitième ; tous ceux dont le nombre est pair. (Voyez TONS DE L'ÉGLISE.)

PLAIN-CHANT, *s. m.* C'est le nom qu'on donne dans l'Église romaine au chant ecclésiastique. Ce chant, tel qu'il subsiste encore aujourd'hui, est un reste bien défiguré, mais bien précieux, de l'ancienne musique grecque, laquelle, après avoir passé par les mains des barbares, n'a pu perdre encore toutes ses premières beautés : il lui en reste assez pour être de beaucoup préférable, même dans l'état où il est actuellement, et pour l'usage auquel il est destiné, à ces musiques efféminées et théâtrales, ou maussades et plates, qu'on y substitue en quelques églises, sans gravité, sans goût, sans convenance et sans respect pour le lieu qu'on ose ainsi profaner.

Le temps où les chrétiens commencèrent d'avoir des églises et d'y chanter des psaumes et d'autres hymnes fut celui où la musique avoit déjà perdu presque toute son ancienne énergie par un progrès dont j'ai exposé ailleurs les causes. Les chrétiens s'étant saisis de la musique dans l'état où ils la trouvèrent, lui ôtèrent encore la plus grande force qui lui étoit restée; savoir, celle du rhythme et du mètre, lorsque, des vers auxquels elle avoit toujours été appliquée, ils la transportèrent à la prose des livres sacrés, ou à je ne sais quelle barbare poésie, pire pour la musique que la prose même. Alors l'une des deux parties constitutives s'évanouit; et le chant, se traînant uniformément et sans aucune espèce de mesure, de notes en notes presque égales, perdit avec sa marche rhythmique et cadencée toute l'énergie qu'il en recevoit. Il n'y eut plus que quelques hymnes, dans lesquelles, avec la prosodie et la quantité des pieds conservés, on sentit encore un peu la cadence du vers; mais ce ne fut plus là le caractère général du *plain-chant*, dégénéré le plus souvent en une psalmodie toujours monotone, et quelquefois ridicule, sur une langue telle que la latine, beaucoup moins harmonieuse et accentuée que la langue grecque.

Malgré ces pertes si grandes, si essentielles, le *plain-chant*, conservé d'ailleurs par les prêtres dans son caractère primitif, ainsi que tout ce qui est extérieur et cérémonie dans leur église, offre encore aux connoisseurs de précieux fragmens de l'ancienne mélodie et de ses divers modes, autant qu'elle peut se faire sentir sans mesure et sans rhythme, et dans le seul genre diatonique, qu'on peut dire n'être dans sa pureté que le *plain-chant* : les divers modes y conservent leurs deux distinctions principales; l'une par la différence des fondamentales ou toniques, et l'autre par la différente position des deux semi-tons, selon le degré du système diatonique naturel où se trouve la fondamentale, et selon que le mode authentique ou plagal représente les deux tétracordes conjoints ou disjoints. (Voyez SYSTÈME, TÉTRACORDE, TONS DE L'ÉGLISE.)

Ces modes, tels qu'ils nous ont été transmis dans les anciens chants ecclésiastiques, y conservent une beauté de caractère et une variété d'affections bien sensibles aux connoisseurs non prévenus et qui ont conservé quelque jugement d'oreille pour les systèmes mélodieux établis sur des principes différens des nôtres : mais on peut dire qu'il n'y a rien de plus ridicule et de plus plat que ces *plains-chants* accommodés à la moderne, pretintaillés des ornemens de notre musique, et modulés sur les cordes de nos modes; comme si l'on pouvoit jamais marier notre système harmonique avec celui des modes anciens, qui est établi sur des principes tout différens! On doit savoir gré aux évêques, prévôts et chantres qui s'opposent à ce barbare mélange, et désirer, pour le progrès et la perfection d'un art qui n'est pas à beaucoup près au point où l'on croit l'avoir mis, que ces précieux restes de l'antiquité soient fidèlement transmis à ceux qui auront assez de talent et d'autorité pour en enrichir le système moderne. Loin qu'on doive porter notre musique dans le *plain-chant*, je suis persuadé qu'on gagneroit à transporter le *plain-chant* dans notre musique; mais il faudroit avoir pour cela beaucoup de goût, encore plus de savoir, et surtout être exempt de préjugés.

Le *plain-chant* ne se note que sur quatre lignes, et l'on n'y emploie que deux clefs, savoir la clef d'*ut* et la clef de *fa;* qu'une seule transposition, savoir un bémol; et que deux figures de notes, savoir la longue ou carrée, à laquelle on ajoute quelquefois une queue, et la brève qui est en losange.

Ambroise, archevêque de Milan, fut, à ce qu'on prétend, l'inventeur du *plain-chant;* c'est-à-dire qu'il donna le premier une forme et des règles au chant ecclésiastique pour l'approprier mieux à son objet, et le garantir de la barbarie et du dépérissement où tomboit de son temps la musique. Grégoire, pape, le perfectionna, et lui donna la forme qu'il conserve encore aujourd'hui à Rome et dans les autres églises où se pratique le chant romain. L'Église gallicane n'admit qu'en partie, avec beaucoup de peine et presque par force, le chant grégorien. L'extrait suivant d'un ouvrage du temps même, imprimé à Francfort en 1594, contient le détail d'une ancienne querelle sur le *plain-chant*, qui s'est renouvelée de nos jours sur la musique, mais qui n'a pas eu la même issue. Dieu fasse paix au grand Charlemagne!

« Le très-pieux roi Charles étant retourné » célébrer la pâque à Rome avec le seigneur » apostolique, il s'émut durant les fêtes une » querelle entre les chantres romains et les » chantres françois. Les François prétendaient » chanter mieux et plus agréablement que les » Romains; les Romains, se disant les plus » savans dans le chant ecclésiastique, qu'ils » avoient appris du pape saint Grégoire, accu- » soient les François de corrompre, écorcher » et défigurer le vrai chant. La dispute ayant » été portée devant le seigneur roi, les Fran- » çois, *qui se tenoient forts de son appui*, insul- » toient aux chantres romains; les Romains, » fiers de leur grand savoir, et comparant la » doctrine de saint Grégoire à la rusticité des » autres, les traitoient d'ignorans, de rustres, » de sots et de grosses bêtes : comme cette » altercation ne finissoit point, le très-pieux » roi Charles dit à ses chantres : Déclarez- » nous quelle est l'eau la plus pure et la meil- » leure, celle qu'on prend à la source vive d'une » fontaine, ou celle des rigoles qui n'en décou- » lent que de bien loin. Ils dirent tous que l'eau » de la source étoit la plus pure, et celle des » rigoles d'autant plus altérée et sale qu'elle » venoit de plus loin. Remontez donc, reprit le » seigneur roi Charles, à la fontaine de saint » Grégoire, dont vous avez évidemment cor- » rompu le chant. Ensuite le seigneur roi de- » manda au pape Adrien des chantres pour » corriger le chant françois, et le pape lui » donna Théodore et Benoist, deux chantres » très-savans et instruits par saint Grégoire » même; il lui donna aussi des antiphoniers de » saint Grégoire qu'il avoit notés lui-même en » note romaine. De ces deux chantres, le sei- » gneur roi Charles, de retour en France, en » envoya un à Metz, et l'autre à Soissons, or- » donnant à tous les maîtres de chant des villes » de France de leur donner à corriger les anti- » phoniers, et d'apprendre d'eux à chanter. » Ainsi furent corrigés les antiphoniers fran- » çois, que chacun avoit altérés par des addi- » tions et retranchemens à sa mode, et tous les » chantres de France apprirent le chant ro- » main, qu'ils appellent maintenant chant fran- » çois; mais quant aux sons tremblans, flattés, » battus, coupés dans le chant, les François ne » purent jamais bien les rendre, faisant plutôt » des chevrottemens que des roulemens, à » cause de la rudesse naturelle et barbare de » leur gosier. Du reste, la principale école de » chant demeura toujours à Metz; et autant le » chant romain surpasse celui de Metz, autant » le chant de Metz surpasse celui des autres » écoles françoises. Les chantres romains ap- » prirent de même aux chantres françois à s'ac- » compagner des instrumens; et le seigneur » roi Charles, ayant derechef amené avec soi » en France des maîtres de grammaire et de » calcul, ordonna qu'on établît partout *l'étude* » *des lettres, car avant ledit seigneur* roi l'on » n'avoit en France aucune connoissance des » arts libéraux. »

Ce passage est si curieux que nos lecteurs me sauront gré sans doute d'en transcrire ici l'original.

Et reversus est rex piissimus Carolus, et celebravit Romæ pascha cum domno apostolico. Ecce orta est contentio per dies festos paschæ inter cantores Romanorum et Gallorum : dicebant se Galli meliùs cantare et pulchriùs quàm Romani; dicebant se Romani doctissimè cantilenas ecclesiasticas proferre, sicut docti fuerant à sancto Gregorio papâ; Gallos corruptè cantare, et cantilenam sanam destruendo dilacerare. Quæ contentio antè domnum regem Carolum pervenit. Galli verò, propter securitatem domni regis Caroli, valdè exprobabant cantoribus romanis; Romani verò, propter auctoritatem magnæ doctrinæ, eos stultos, rusticos et indoctos velut bruta animalia affirmabant, et doctrinam sancti Gregorii præferebant rusticitati eorum : et cùm altercatio de neutrâ parte finiret, ait domnus piissimus rex Carolus ad suos cantores : Dicite palàm quis purior est et quis melior, aut fons vivus, aut rivuli ejus longè decurrentes? Responderunt omnes unâ voce fontem, velut caput et originem, puriorem esse, rivulos autem ejus quantò longiùs à fonte recesserint, tantò turbulentos et sordibus ac immunditiis corruptos; et ait domnus rex Carolus : Revertimini vos ad fontem sancti Gregorii, quia manifestè corrupistis cantilenam ecclesiasticam. Mox petiit domnus rex Carolus ab Adriano papâ cantores qui Franciam corrigerent de cantu : at ille dedit ei Theodorum et Benedictum, doctissimos cantores qui à sancto Gregorio eruditi fuerant; tribuitque antiphonarios sancti Gregorii, quos ipse notaverat notâ romanâ : domnus verò rex Carolus, revertens in Franciam, misit unum cantorem in Metis civitate, alterum in Suessonis civitate, præcipiens de omnibus civitatibus Franciæ magistros scholæ antiphonarios eis ad corrigendum tradere, et ab eis discere cantare. Correcti sunt ergò antiphonarii Francorum, quos unusquisque pro suo arbitrio vitiaverat, addens vel minuens; et omnes Franciæ cantores didicerunt notam romanam, quam nunc vocant notam franciscam; excepto quòd tremulas vel vinnulas, sive collisibiles vel secabiles voces in cantu non poterant perfectè exprimere Franci, naturali voce barbaricâ frangentes in gutture voces, quàm potiùs exprimentes. Majus autem magisterium cantandi in Metis remansit; quantùmque magisterium romanum superat Metense in arte cantandi, tantò superat Metensis cantilena cæteras scholas Gallorum. Similiter erudierunt romani cantores supradictos cantores Francorum in arte organandi; et domnus rex Carolus iterùm à Româ artis grammaticæ et computatoriæ magistros secum adduxit in Franciam, et ubique studium litterarum expandere jussit. Ante ipsum enim domnum regem Carolum in Galliâ nullum studium fuerat liberalium artium. *Vide Annal. et Histor. Francor. ab an.* 708 *ad an.* 990, *Scriptores coætaneos impr. Francofurti* 1594 (*), *sub vitâ Caroli Magni.*

PLAINTE, *s. f.* (Voyez ACCENT.)

PLEIN-CHANT. (Voyez PLAIN-CHANT.)

PLEIN-JEU, se dit du jeu de l'orgue lorsqu'on a mis tous les registres, et aussi lorsqu'on remplit toute l'harmonie; il se dit encore des instrumens d'archet lorsqu'on en tire tout le son qu'ils peuvent donner.

PLIQUE, *s. f.*, *plica*, sorte de ligature dans nos anciennes musiques. La *plique* étoit un signe de retardement ou de lenteur (*signum morositatis*, dit Muris) : elle se faisoit en passant d'un son à un autre, depuis le semi-ton jusqu'à la quinte, soit en montant, soit en descendant; et il y en avoit de quatre sortes : 1. la *plique* longue ascendante est une figure quadrangulaire avec un seul trait ascendant à droite, ou avec deux traits dont celui de la droite est le plus grand ; 2. la *plique* longue descendante a deux traits descendans, dont celui de la droite est le plus grand ; 3. la *plique* brève ascendante a le trait montant de la gauche plus long que celui de la droite ; 4. et la descendante a le trait descendant de la gauche plus grand que celui de la droite .

POINCT ou POINT, *s. m.* Ce mot en musique signifie plusieurs choses différentes.

Il y a dans nos vieilles musiques six sortes de *points*: savoir, *point* de perfection, *point* d'imperfection, *point* d'accroissement, *point* de division, *point* de translation, et *point* d'altération.

I. Le *point* de perfection appartient à la division ternaire, il rend parfaite toute note suivie d'une autre note moindre de la moitié par sa figure; alors, par la force du *point* intermédiaire, la note précédente vaut le triple au lieu du double de celle qui suit.

II. Le *point* d'imperfection placé à la gauche de la longue diminue sa valeur, quelquefois d'une ronde ou semi-brève, quelquefois de deux. Dans le premier cas, on met une ronde entre la longue et le *point*; dans le second, on met deux rondes à la droite de la longue.

III. Le *point* d'accroissement appartient à la division binaire; et entre deux notes égales, il fait valoir celle qui précède le double de celle qui suit.

IV. Le *point* de division se met avant une semi-brève suivie d'une brève dans le temps parfait : il ôte un temps à cette brève, et fait qu'elle ne vaut plus que deux rondes au lieu de trois.

V. Si une ronde entre deux *points* se trouve suivie de deux ou plusieurs brèves en temps imparfait, le second *point* transfère sa signification à la dernière de ces brèves, la rend parfaite, et la fait valoir trois temps : c'est le *point* de translation.

(*) C'est une collection publiée par André Duchesne, en 5 vol. *in-fol*. Le passage rapporté ici est tiré d'une vie de Charlemagne écrite par un moine (*à monacho cenobii Engolismensis*, Sainte-Éparchie), et qui fait partie du tome II. G. P.

VI. Un point entre deux rondes, placées elles-mêmes entre deux brèves ou carrées dans le temps parfait, ôte un temps à chacune de ces deux brèves; de sorte que chaque brève ne vaut plus que deux rondes au lieu de trois : c'est le *point* d'altération.

Ce même *point* devant une ronde suivie de deux autres rondes entre deux brèves ou carrées double la valeur de la dernière de ces rondes.

Comme ces anciennes divisions du temps en parfait et imparfait ne sont plus d'usage dans la musique, toutes ces significations du *point*, qui, à dire vrai, sont fort embrouillées, se sont abolies depuis long-temps.

Aujourd'hui le *point*, pris comme valeur de note, vaut toujours la moitié de celle qui le précède : ainsi après la ronde, le *point* vaut une blanche, après la blanche une noire, après la noire une croche, etc. Mais cette manière de fixer la valeur du *point* n'est sûrement pas la meilleure qu'on eût pu imaginer, et cause souvent bien des embarras inutiles.

POINT-D'ORGUE ou POINT-DE-REPOS est une espèce de *point* dont j'ai parlé au mot *couronne* : c'est relativement à cette espèce de point qu'on appelle généralement *point-d'orgue* ces sortes de chants, mesurés ou non mesurés, écrits ou non écrits, et toutes ces successions harmoniques qu'on fait passer sur une seule note de basse toujours prolongée. (Voyez CADENZA.)

Quand ce même point surmonté d'une couronne s'écrit sur la dernière note d'un air ou d'un morceau de musique, il s'appelle alors *point final*.

Enfin il y a encore une autre espèce de *points*, appelés *points détachés*, lesquels se placent immédiatement au-dessus ou au-dessous de la tête des notes; on en met presque toujours plusieurs de suite, et cela avertit que les notes ainsi ponctuées doivent être marquées par des coups de langue ou d'archet égaux, secs et détachés.

POINTER, *v. a.* C'est, au moyen du point, rendre alternativement longues et brèves des suites de notes naturellement égales, telles, par exemple, qu'une suite de croches : pour les *pointer* sur la note, on ajoute un point après la première, une double-croche sur la seconde, un point après la troisième, puis une double-croche, et ainsi de suite; de cette manière elles gardent de deux en deux la même valeur qu'elles avoient auparavant; mais cette valeur se distribue inégalement entre les deux croches, de sorte que la première ou longue en a les trois quarts, et la seconde ou brève l'autre quart. Pour les pointer dans l'exécution, on les passe inégales selon ces mêmes proportions, quand même elles seroient notées égales.

Dans la musique italienne, toutes les croches sont toujours égales, à moins qu'elles ne soient marquées *pointées* : mais dans la musique françoise, on ne fait les croches exactement égales que dans la mesure à quatre temps; dans toutes les autres, on les pointe toujours un peu, à moins qu'il ne soit écrit *croches égales*.

POLYCÉPHALE, *adj.* Sorte de nome pour les flûtes en l'honneur d'Apollon. Le nome *polycéphale* fut inventé, selon les uns, par le second Olympe, Phrygien, descendant du fils de Marsyas, et, selon d'autres, par Cratès, disciple de ce même Olympe.

POLYMNASTIE ou POLYMNASTIQUE, *adj.* Nome pour les flûtes, inventé, selon les uns, par une femme nommée Polymneste, et selon d'autres, par Polymnestus, fils de Mélès, Colophonien.

PONCTUER, *v. a.* C'est, en terme de composition, marquer les repos plus ou moins parfaits, et diviser tellement les phrases qu'on sente par la modulation et par les cadences leurs commencemens, leurs chutes, et leurs liaisons plus ou moins grandes, comme on sent tout cela dans le discours à l'aide de la ponctuation.

PORT-DE-VOIX, *s. m.* Agrément du chant, lequel se marque par une petite note, appelée en italien *appoggiatura*, et se pratique en montant diatoniquement d'une note à celle qui la suit par un coup de gosier dont l'effet est marqué dans la *Planche* B, *figure* 15.

PORT-DE-VOIX JETÉ, se fait, lorsque montant diatoniquement d'une note à sa tierce, on appuie la troisième note sur le son de la seconde, pour faire sentir seulement cette troisième note par un coup de gosier redoublé, tel qu'il est marqué *Planche* B, *figure* 15.

PORTÉE, *s. f.* La *portée* ou ligne de musique est composée de cinq lignes parallèles, sur lesquelles ou entre lesquelles les diverses positions des notes en marquent les intervalles ou degrés. La *portée* du plain-chant n'a que quatre lignes : elle en avoit d'abord huit, selon Kircher, marquées chacune d'une lettre de la gamme, de sorte qu'il n'y avoit qu'un degré conjoint d'une ligne à l'autre. Lorsqu'on doubla les degrés en plaçant aussi des notes dans les intervalles, la *portée* de huit lignes, réduites à quatre, se trouva de la même étendue qu'auparavant.

A ce nombre de cinq lignes dans la musique, et de quatre dans le plain-chant, on en ajoute de postiches ou accidentelles, quand cela est nécessaire et que les notes passent en haut ou en bas l'étendue de la *portée*. Cette étendue, dans une *portée* de musique, est en tout d'onze notes formant dix degrés diatoniques, et, dans le plain-chant, de neuf notes formant huit degrés. (Voyez CLEF, NOTES, LIGNES.)

POSITION, *s. f.* Lieu de la portée où est placée une note pour fixer le degré d'élévation du son qu'elle représente.

Les notes n'ont, par rapport aux lignes, que deux différentes *positions;* savoir, sur une ligne ou dans un espace, et ces *positions* sont toujours alternatives lorsqu'on marche diatoniquement : c'est ensuite le lieu qu'occupe la ligne même ou l'espace dans la portée et par rapport à la clef qui détermine la véritable *position* de la note dans un clavier général.

On appelle aussi *position* dans la mesure le temps qui se marque en frappant, en baissant, ou posant la main, et qu'on nomme plus communément le *frappé*. (Voyez THÉSIS.)

Enfin l'on appelle *position*, dans le jeu des instrumens à manche, le lieu où la main se pose sur le manche, selon le ton dans lequel ou veut jouer. Quand on a la main tout au haut du manche contre le sillet, en sorte que l'index pose à un ton de la corde-à-jour, c'est la *position* naturelle; quand on démanche, on compte les *positions* par les degrés diatoniques dont la main s'éloigne du sillet.

PRÉLUDE, *s. m.* Morceau de symphonie qui sert d'introduction et de préparation à une pièce de musique : ainsi les ouvertures d'opéra sont des *préludes ;* comme aussi les ritournelles, qui sont assez souvent au commencement des scènes et monologues.

Prélude est encore un trait de chant qui passe par les principales cordes du ton, pour l'annoncer, pour vérifier si l'instrument est d'accord, etc. (Voyez l'article suivant.)

PRÉLUDER, *v. n.* C'est en général chanter ou jouer quelque trait de fantaisie irrégulier et assez court, mais passant par les cordes essentielles du ton, soit pour l'établir, soit pour disposer sa voix ou bien poser sa main sur un instrument avant de commencer une pièce de musique.

Mais sur l'orgue et sur le clavecin l'art de *préluder* est plus considérable, c'est composer et jouer impromptu des pièces chargées de tout ce que la composition a de plus savant en dessein, en fugue, en imitation, en modulation et en harmonie : c'est surtout en *préludant* que les grands musiciens, exempts de cet extrême asservissement aux règles que l'œil des critiques leur impose sur le papier, font briller ces transitions savantes qui ravissent les auditeurs. C'est là qu'il ne suffit pas d'être bon compositeur, ni de bien posséder son clavier, ni d'avoir la main bonne et bien exercée, mais qu'il faut encore abonder de ce feu de génie et de cet esprit inventif qui font trouver et traiter sur-le-champ les sujets les plus favorables à l'harmonie et les plus flatteurs à l'oreille. C'est par ce grand art de *préluder* que brillent en France les excellens organistes, tels que sont maintenant les sieurs Calvière et Daquin, surpassés toutefois l'un et l'autre par M. le prince d'Ardore, ambassadeur de Naples, lequel, pour la vivacité de l'invention et la force de l'exécution, efface les plus illustres artistes, et fait à Paris l'admiration des connoisseurs.

PRÉPARATION, *s. f.* Acte de préparer la dissonance. (Voyez PRÉPARER.)

PRÉPARER, *v. a.* *Préparer* la dissonance, c'est la traiter dans l'harmonie de manière qu'à la faveur de ce qui précède elle soit moins dure à l'oreille qu'elle ne seroit sans cette précaution : selon cette définition toute dissonance veut être préparée. Mais lorsque, pour *préparer* une dissonance, on exige que le son qui la forme ait fait consonnance auparavant, alors il n'y a fondamentalement qu'une seule dissonance qui se *prépare*, savoir, la septième : encore cette préparation n'est-elle point nécessaire dans l'accord sensible, parce qu'alors la dissonance étant caractéristique et dans l'accord et dans le mode, est suffisamment annoncée, que l'oreille s'y attend, la reconnoît, et ne se trompe ni sur l'accord ni sur son progrès naturel : mais lorsque la septième se fait entendre sur un son fondamental qui n'est pas essentiel au mode, on doit la *préparer*, pour prévenir toute équivoque, pour empêcher que l'oreille de l'écoutant ne s'égare ; et, comme cet accord de septième se renverse et se combine de plusieurs manières, de là naissent aussi diverses manières apparentes de *préparer*, qui, dans le fond, reviennent pourtant toujours à la même.

Il faut considérer trois choses dans la pratique des dissonances : savoir, l'accord qui précède la dissonance, celui où elle se trouve, et celui qui la suit. La préparation ne regarde que les deux premiers ; pour le troisième, voyez Sauver.

Quand on veut *préparer* régulièrement une dissonance, il faut choisir pour arriver à son accord une telle marche de basse-fondamentale, que le son qui forme la dissonance soit un prolongement dans le temps fort d'une consonnance frappée sur le temps foible dans l'accord précédent; c'est ce qu'on appelle *syncoper*. (Voyez Syncope.)

De cette préparation résultent deux avantages : savoir, 1° qu'il y a nécessairement liaison harmonique entre les deux accords, puisque la dissonance elle-même forme cette liaison ; et 2° que cette dissonance n'étant que le prolongement d'un son consonnant devient beaucoup moins dure à l'oreille qu'elle ne le seroit sur un son nouvellement frappé: or c'est là tout ce qu'on cherche dans la préparation. (Voyez Cadence, Dissonance, Harmonie.)

On voit, par ce que je viens de dire, qu'il n'y a aucune partie destinée spécialement à *préparer* la dissonance que celle même qui la fait entendre : de sorte que si le dessus sonne la dissonance, c'est à lui de syncoper ; mais, si la dissonance est à la basse, il faut que la basse syncope. Quoiqu'il n'y ait rien là que de très-simple, les maîtres de composition ont furieusement embrouillé tout cela.

Il y a des dissonances qui ne se *préparent* jamais, telle est la sixte-ajoutée : d'autres qui se *préparent* fort rarement ; telle est la septième diminuée.

Presto, *adv.* Ce mot, écrit à la tête d'un morceau de musique, indique le plus prompt et le plus animé des cinq principaux mouvemens établis dans la musique italienne. *Presto* signifie *vite*. Quelquefois on marque un mouvement encore plus pressé par le superlatif *prestissimo*.

Prima intenzione. Mot technique italien, qui n'a point de correspondant en françois, et qui n'en a pas besoin, puisque l'idée que ce mot exprime n'est pas connue dans la musique françoise. Un air, un morceau *di prima intenzione*, est celui qui s'est formé tout d'un coup tout entier et avec toutes ses parties dans l'esprit du compositeur, comme Pallas sortit tout armée du cerveau de Jupiter. Les morceaux *di prima intenzione* sont de ces rares coups de génie, dont toutes les idées sont si étroitement liées qu'elles n'en font pour ainsi dire qu'une seule, et n'ont pu se présenter à l'esprit l'une sans l'autre ; ils sont semblables à ces périodes de Cicéron, longues, mais éloquentes, dont le sens, suspendu pendant toute leur durée, n'est déterminé qu'au dernier mot, et qui, par conséquent, n'ont formé qu'une seule pensée dans l'esprit de l'auteur. Il y a dans les arts des inventions produites par de pareils efforts de génie, et dont tous les raisonnemens, intimement unis l'un à l'autre, n'ont pu se faire successivement, mais se sont nécessairement offerts à l'esprit tout à la fois, puisque le premier, sans le dernier, n'auroit eu aucun sens : telle est, par exemple, l'invention de cette prodigieuse machine du métier à bas, qu'on peut regarder, dit le philosophe qui l'a décrite dans l'*Encyclopédie*, comme un seul et unique raisonnement dont la fabrication de l'ouvrage est la conclusion. Ces sortes d'opérations de l'entendement, qu'on explique à peine même par l'analyse, sont des prodiges pour la raison, et ne se conçoivent que par les génies capables de les produire ; l'effet en est toujours proportionné à l'effort de tête qu'ils ont coûté : et, dans la musique, les morceaux *di prima intenzione* sont les seuls qui puissent causer ces extases, ces ravissemens, ces élans de l'âme qui transportent les auditeurs hors d'eux-mêmes ; on les sent, on les devine à l'instant, les connoisseurs ne s'y trompent jamais. A la suite d'un de ces morceaux sublimes faites passer un de ces airs décousus, dont toutes les phrases ont été composées l'une après l'autre, ou ne sont qu'une même phrase promenée en différens tons, et dont l'accompagnement n'est qu'un remplissage fait après coup; avec quelque goût que ce dernier morceau soit composé, si le souvenir de l'autre vous laisse quelque attention à lui donner, ce ne sera que pour en être glacés, transis, impatientés : après un air *di prima intenzione*, toute autre musique est sans effet.

Prise. *Lepsis*. Une des parties de l'ancienne mélopée. (Voyez Mélopée.)

Progression, *s. f.* Proportion continue prolongée au-delà de trois termes. (Voyez Proportion.) Les suites d'intervalles égaux sont toutes en *progressions*, et c'est en identifiant les termes voisins des différentes *progressions* qu'on parvient à compléter l'échelle diatonique et chromatique au moyen du tempérament. (Voyez Tempérament.)

Prolation, *s. f.* C'est, dans nos anciennes musiques, une manière de déterminer la valeur des notes semi-brèves sur celle de la brève, ou des minimes sur celle de la semi-brève : cette *prolation* se marquoit après la clef, et quelquefois après le signe du mode, par un cercle ou un demi-cercle, ponctué ou non ponctué, selon les règles suivantes.

Considérant toujours la division sous-triple comme la plus excellente, ils divisoient la *prolation* en parfaite et imparfaite, et l'une et l'autre en majeure et mineure, de même que pour le mode.

La *prolation* parfaite étoit pour la mesure ternaire, et se marquoit par un point dans le cercle, quand elle étoit majeure, c'est-à-dire quand elle indiquoit le rapport de la brève à la semi-brève, ou par un point dans un demi-cercle, quand elle étoit mineure, c'est-à-dire quand elle indiquoit le rapport de la semi-brève à la minime. (Voyez *Pl.* B, *fig.* 9 et 11.)

La *prolation* imparfaite étoit pour la mesure binaire, et se marquoit, comme le temps, par un simple cercle, quand elle étoit majeure, ou par un demi-cercle, quand elle étoit mineure; *même Planche*, *figures* 10 et 12.

Depuis on ajouta quelques autres signes à la *prolation* parfaite; outre le cercle et le demi-cercle on se servit du chiffre $\frac{3}{1}$ pour exprimer la valeur de trois rondes ou semi-brèves, pour celle de la brève ou carrée; et du chiffre $\frac{3}{2}$ pour exprimer la valeur de trois minimes ou blanches, pour la ronde ou semi-brève.

Aujourd'hui toutes les *prolations* sont abolies; la division sous-double l'a emporté sur la sous-ternaire, et il faut avoir recours à des exceptions et à des signes particuliers pour exprimer le partage d'une note quelconque en trois autres notes égales. (Voy. Valeur des notes.)

On lit dans le *Dictionnaire de l'Académie* que *prolation* signifie *roulement*. Je n'ai point lu ailleurs ni ouï dire que ce mot ait jamais eu ce sens-là.

Prologue, *s. m.* Sorte de petit opéra qui précède le grand, l'annonce, et lui sert d'introduction. Comme le sujet des *prologues* est ordinairement élevé, merveilleux, ampoulé, magnifique et plein de louanges, la musique en doit être brillante, harmonieuse, et plus imposante que tendre et pathétique. On ne doit point épuiser sur le *prologue* les grands mouvemens qu'on veut exciter dans la pièce, et il faut que le musicien, sans être maussade et plat dans le début, sache pourtant s'y ménager de manière à se montrer encore intéressant et neuf dans le corps de l'ouvrage. Cette gradation n'est ni sentie ni rendue par la plupart des compositeurs; mais elle est pourtant nécessaire quoique difficile. Le mieux seroit de n'en avoir pas besoin, et de supprimer tout-à-fait les *prologues*, qui ne font guère qu'ennuyer et impatienter les spectateurs, ou nuire à l'intérêt de la pièce, en usant d'avance les moyens de plaire et d'intéresser. Aussi les opéra françois sont-ils les seuls où l'on ait conservé des *prologues*; encore ne les y souffre-t-on que parce qu'on n'ose murmurer contre les fadeurs dont ils sont pleins.

Proportion, *s. f.* Égalité entre deux rapports. Il y a quatre sortes de *proportions*; savoir, la *proportion* arithmétique, la géométrique, l'harmonique et la contre-harmonique. Il faut avoir l'idée de ces diverses *proportions* pour entendre les calculs dont les auteurs ont chargé la théorie de la musique.

Soient quatre termes ou quantités $a\ b\ c\ d$, si la différence du premier terme a au second b est égale à la différence du troisième c au quatrième d, ces quatre termes sont en *proportion* arithmétique : tels sont, par exemple, les nombres suivans, 2. 4 : 8. 10.

Que si, au lieu d'avoir égard à la différence,

on compare ces termes par la manière de contenir ou d'être contenus; si, par exemple, le premier *a* est au second *b* comme le troisième *c* est au quatrième *d*, la *proportion* est géométrique : telle est celle que forment ces quatre nombres 2 : 4 :: 8 : 16.

Dans le premier exemple, l'excès dont le premier terme 2 est surpassé par le second 4 est 2; et l'excès dont le troisième 8 est surpassé par le quatrième 10 est aussi 2. Ces quatre termes sont donc en *proportion* arithmétique.

Dans le second exemple, le premier terme 2 est la moitié du second 4, et le troisième terme 8 est aussi la moitié du quatrième 16. Ces quatre termes sont donc en *proportion* géométrique.

Une *proportion*, soit arithmétique, soit géométrique, est dite inverse ou réciproque, lorsque, après avoir comparé le premier terme au second, l'on compare, non le troisième au quatrième, comme dans la *proportion* directe, mais à rebours le quatrième au troisième, et que les rapports ainsi pris se trouvent égaux. Ces quatre nombres 2. 4 : 8. 6, sont en *proportion* arithmétique réciproque; et ces quatre 2 : 4 :: 6 : 3, sont en *proportion* géométrique réciproque.

Lorsque, dans une *proportion* directe, le second terme, ou le conséquent du premier rapport, est égal au premier terme, ou à l'antécédent du second rapport, ces deux termes, étant égaux, sont pris pour le même, et ne s'écrivent qu'une fois au lieu de deux : ainsi, dans cette *proportion* arithmétique 2. 4 : 4. 6, au lieu d'écrire deux fois le nombre 4, on ne l'écrit qu'une fois, et la *proportion* se pose ainsi, ÷ 2. 4. 6.

De même, dans cette *proportion* géométrique 2 : 4 :: 4 : 8, au lieu d'écrire 4 deux fois, on ne l'écrit qu'une, de cette manière, ∺ 2 : 4 : 8.

Lorsque le conséquent du premier rapport sert ainsi d'antécédent au second rapport, et que la *proportion* se pose avec trois termes, cette *proportion* s'appelle continue, parce qu'il n'y a plus entre les deux rapports qui la forment l'interruption qui s'y trouve quand on la pose en quatre termes.

Ces trois termes ÷ 2. 4. 6, sont donc en *proportion* arithmétique continue; et ces trois-ci, ∺ 2 : 4 : 8, sont en *proportion* géométrique continue.

Lorsqu'une *proportion* continue se prolonge, c'est-à-dire lorsqu'elle a plus de trois termes ou de deux rapports égaux, elle s'appelle *progression*.

Ainsi ces quatre termes 2, 4, 6, 8, forment une progression arithmétique, qu'on peut prolonger autant qu'on veut en ajoutant la différence au dernier terme.

Et ces quatre termes 2, 4, 8, 16 forment une progression géométrique, qu'on peut de même prolonger autant qu'on veut en doublant le dernier terme, ou, en général, en le multipliant par le quotient du second terme divisé par le premier, lequel quotient s'appelle *l'exposant* du rapport ou de la progression.

Lorsque trois termes sont tels que le premier est au troisième comme la différence du premier au second est à la différence du second au troisième, ces trois termes forment une sorte de *proportion* appelée *harmonique*, tels sont, par exemple, ces trois nombres 3, 4, 6 : car, comme le premier 3 est la moitié du troisième 6, de même l'excès 1 du second sur le premier est la moitié de l'excès 2 du troisième sur le second.

Enfin, lorsque trois termes sont tels que la différence du premier au second est à la différence du second au troisième, non comme le premier est au troisième, ainsi que dans la *proportion* harmonique, mais au contraire comme le troisième est au premier; alors ces trois termes forment entre eux une sorte de *proportion* appelée *proportion contre-harmonique :* ainsi ces trois nombres 3, 5, 6, sont en *proportion* contre-harmonique.

L'expérience a fait connoître que les rapports de trois cordes sonnant ensemble l'accord parfait tierce majeure formoient entre elles la sorte de *proportion* qu'à cause de cela on a nommée harmonique : mais c'est là une pure propriété de nombres qui n'a nulle affinité avec les sons, ni avec leur effet sur l'organe auditif; ainsi la *proportion* harmonique et la *proportion* contre-harmonique n'appartiennent pas plus à l'art que la *proportion* arithmétique, et la *proportion* géométrique, qui même y sont beaucoup plus utiles. Il faut toujours penser que les propriétés des quantités abstraites ne sont point des propriétés des sons, et ne pas chercher, à l'exemple des pythagoriciens, je ne sais quelles chimériques analogies entre choses de différente nature, qui n'ont entre elles que des rapports de convention.

Proprement, *adv.* Chanter ou jouer *proprement*, c'est exécuter la mélodie françoise avec les ornemens qui lui conviennent. Cette mélodie n'étant rien par la seule force des sons, et n'ayant par elle-même aucun caractère, n'en prend un que par les tournures affectées qu'on lui donne en l'exécutant. Ces tournures, enseignées par les maîtres de *goût du chant*, font ce qu'on appelle les agrémens du chant françois. (Voyez **Agrémens.**)

Propreté, *s. f.* Exécution du chant françois avec les ornemens qui lui sont propres, et qu'on appelle agrémens du chant. (Voyez **Agrémens.**)

Proslambanomenos. C'étoit, dans la musique ancienne, le son le plus grave de tout le système, un ton au-dessous de l'hypate-hypaton.

Son nom signifie *surnuméraire*, *acquise*, ou *ajoutée*, parce que la corde qui rend ce son-là fut ajoutée au-dessous de tous les tétracordes pour achever le diapason ou l'octave avec la mèse et le diapason ou la double octave avec la nète-hyperboléon, qui étoit la corde la plus aiguë de tout le système. (Voyez **Système.**)

Prosodiaque, *adj.* Le nome *prosodiaque* se chantoit en l'honneur de Mars, et fut, dit-on, inventé par Olympus.

Prosodie, *s. f.* Sorte de nome pour les flûtes, et propre aux cantiques que l'on chantoit chez les Grecs à l'entrée des sacrifices. Plutarque attribue l'invention des *prosodies* à Clonas, de Tégée selon les Arcadiens, et de Thèbes selon les Béotiens.

Protésis, *s. f.* Pause d'un temps long dans la musique ancienne, à la différence du *lemme*, qui étoit la pause d'un temps bref.

Psalmodier, *v. n.* C'est chez les catholiques chanter ou réciter les psaumes et l'office d'une manière particulière, qui tient le milieu entre le chant et la parole : c'est du chant, parce que la voix est soutenue ; c'est de la parole, parce qu'on garde presque toujours le même ton.

Pycni, Pycnoi. (Voyez **Epais.**)

Pythagoriciens, *sub. masc. plur.* Nom d'une des deux sectes dans lesquelles se divisoient les théoriciens dans la musique grecque : elle portoit le nom de Pythagore, son chef, comme l'autre secte portoit le nom d'Aristoxène. (Voyez **Aristoxéniens.**)

Les *pythagoriciens* fixoient tous les intervalles tant consonnans que dissonans par le calcul des rapports ; les aristoxéniens, au contraire, disoient s'en tenir au jugement de l'oreille. Mais au fond leur dispute n'étoit qu'une dispute de mots, et, sous des dénominations plus simples, les moitiés ou les quarts de *ton* des aristoxéniens, ou ne signifioient rien, ou n'exigeoient pas de calculs moins composés que ceux des limma, des comma, des apotomes fixés par les *pythagoriciens* : en proposant, par exemple, de prendre la moitié d'un *ton*, que proposoit un aristoxénien, rien sur quoi l'oreille pût porter un jugement fixe ; ou il ne savoit ce qu'il vouloit dire, ou il proposoit de trouver une moyenne proportionnelle entre 8 et 9 : or cette moyenne proportionnelle est la racine carrée de 72, et cette racine carrée est un nombre irrationnel. Il n'y avoit aucun autre moyen possible d'assigner cette moitié de *ton* que par la géométrie, et cette méthode géométrique n'étoit pas plus simple que les rapports de nombre à nombre calculés par les *pythagoriciens*. La simplicité des aristoxéniens n'étoit donc qu'apparente ; c'étoit une simplicité semblable à celle du système de M. de Boisgelou, dont il sera parlé ci-après. (Voyez **Intervalle, Système.**)

Q.

Quadruple-croche, *s. f.* Note de musique valant le quart d'une croche ou la moitié d'une double-croche. Il faut soixante-quatre *quadruples-croches* pour une mesure à quatre temps, mais on remplit rarement une mesure et même un temps de cette espèce de notes. (Voyez **Valeur des notes.**)

La *quadruple-croche* est presque toujours liée avec d'autres notes de pareille ou de différente valeur, et se figure ainsi 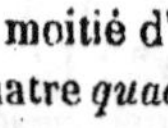 ou 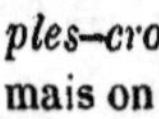 ; elle tire son nom des quatre traits ou crochets qu'elle porte.

QUANTITÉ. Ce mot, en musique, de même qu'en prosodie, ne signifie pas le nombre des notes ou des syllabes, mais la durée relative qu'elles doivent avoir. La *quantité* produit le rhythme, comme l'accent produit l'intonation : du rhythme et de l'intonation résulte la mélodie. (Voyez MÉLODIE.)

QUARRÉ, *adj*. On appeloit autrefois B *quarré* ou B *dur*, le signe qu'on appelle aujourd'hui *bécarre*. (Voyez B.)

QUARRÉE ou BRÈVE, *adj. pris substantivement*. Sorte de note faite ainsi ⊟, et qui tire son nom de sa figure. Dans nos anciennes musiques elle valoit tantôt trois rondes ou semi-brèves, et tantôt deux, selon que la prolation étoit parfaite ou imparfaite. (Voyez PROLATION.)

Maintenant la *quarrée* vaut toujours deux rondes, mais on l'emploie assez rarement.

QUART-DE-SOUPIR, *s. m.* Valeur de silence qui, dans la musique italienne, se figure ainsi Y; dans la françoise ainsi ╕, et qui marque, comme le porte son nom, la quatrième partie d'un soupir, c'est-à-dire l'équivalent d'une double-croche. (Voyez SOUPIR, VALEUR DES NOTES.)

QUART-DE-TON, *s. m.* Intervalle introduit dans le genre enharmonique par Aristoxène, et duquel la raison est sourde. (Voy. ÉCHELLE, ENHARMONIQUE, INTERVALLE, PYTHAGORICIENS.)

Nous n'avons ni dans l'oreille ni dans les calculs harmoniques aucun principe qui nous puisse fournir l'intervalle exact d'un *quart-de-ton;* et quand on considère quelles opérations géométriques sont nécessaires pour le déterminer sur le monocorde, on est bien tenté de soupçonner qu'on n'a peut-être jamais entonné et qu'on n'entonnera peut-être jamais de *quart-de-ton* juste ni par la voix ni sur aucun instrument.

Les musiciens appellent aussi *quart-de-ton* l'intervalle qui, de deux notes à un *ton* l'une de l'autre, se trouve entre le bémol de la supérieure et le dièse de l'inférieure; intervalle que le tempérament fait évanouir, mais que le calcul peut déterminer.

Ce *quart-de-ton* est de deux espèces: savoir, l'enharmonique majeur, dans le rapport de 576 à 625, qui est le complément de deux semi-tons mineurs au *ton* majeur, et l'enharmonique mineur, dans la raison de 125 à 128, qui est le complément des deux mêmes semi-tons mineurs au *ton* mineur.

QUARTE, *s. f.* La troisième des consonnances dans l'ordre de leur génération. La *quarte* est une consonnance parfaite ; son rapport est de 3 à 4 ; elle est composée de trois degrés diatoniques formés par quatre sons, d'où lui vient le nom de *quarte;* son intervalle est de deux *tons* et demi, savoir, un *ton* majeur, un *ton* mineur, et un semi-ton majeur.

La *quarte* peut s'altérer de deux manières ; savoir, en diminuant son intervalle d'un semi-ton, et alors elle s'appelle *quarte diminuée* ou *fausse-quarte ;* ou en augmentant d'un semi-ton ce même intervalle, et alors elle s'appelle *quarte-superflue* ou *triton*, parce que l'intervalle en est de trois *tons* pleins : il n'est que de deux *tons*, c'est-à-dire d'un *ton* et deux semi-tons dans la *quarte-diminuée;* mais ce dernier intervalle est banni de l'harmonie, et pratiqué seulement dans le chant.

Il y a un accord qui porte le nom de *quarte*, ou *quarte* et *quinte;* quelques-uns l'appellent accord de onzième : c'est celui où, sous un accord de septième, on suppose à la basse un cinquième son, une quinte au-dessous du fondamental, car alors ce fondamental fait quinte, et sa septième fait onzième avec le son supposé. (Voyez SUPPOSITION.)

Un autre accord s'appelle *quarte-superflue* ou *triton*. C'est un accord sensible dont la dissonance est portée à la basse ; car alors la note sensible fait triton sur cette dissonance. (Voyez ACCORD.)

Deux *quartes* justes de suite sont permises en composition, même par mouvement semblable, pourvu qu'on y ajoute la sixte; mais ce sont des passages dont on ne doit pas abuser, et que la basse-fondamentale n'autorise pas extrêmement.

QUARTER, *v. n.* C'étoit, chez nos anciens musiciens, une manière de procéder dans le déchant ou contre-point plutôt par quartes que par quintes ; c'étoit ce qu'ils appeloient aussi par un mot latin plus barbare encore que le françois, *diatesseronare*.

QUATORZIÈME, *s. f.* Réplique ou octave de la septième. Cet intervalle s'appelle *quatorzième*, parce qu'il faut former quatorze sons pour passer diatoniquement d'un de ses termes à l'autre.

Quatuor, *s. m.* C'est le nom qu'on donne aux morceaux de musique vocale ou instrumentale qui sont à quatre parties récitantes. (Voyez Partie.) Il n'y a point de vrais *quatuor*, ou ils ne valent rien. Il faut que dans un bon *quatuor* les parties soient presque toujours alternatives, parce que dans tout accord il n'y a que deux parties tout au plus qui fassent chant et que l'oreille puisse distinguer à la fois; les deux autres ne sont qu'un pur remplissage, et l'on ne doit point mettre de remplissage dans un *quatuor*.

Queue, *s. f.* On distingue dans les notes la tête et la *queue;* la tête est le corps même de la note, la *queue* est ce trait perpendiculaire qui tient à la tête et qui monte ou descend indifféremment à travers la portée. Dans le plain-chant la plupart des notes n'ont pas de *queue;* mais dans la musique il n'y a que la ronde qui n'en ait point. Autrefois la brève ou carrée n'en avoit pas non plus, mais les différentes positions de la *queue* servoient à distinguer les valeurs des autres notes, et surtout de la plique. (Voyez Plique.)

Aujourd'hui la *queue* ajoutée aux notes du plain-chant prolonge leur durée : elle l'abrége, au contraire, dans la musique, puisqu'une blanche ne vaut que la moitié d'une ronde.

Quinque, *s. m.* Nom qu'on donne aux morceaux de musique vocale ou instrumentale qui sont à cinq parties récitantes. Puisqu'il n'y a pas de vrai *quatuor*, à plus forte raison n'y a-t-il pas de véritable *quinque*. L'un et l'autre de ces mots, quoique passés de la langue latine dans la françoise, se prononcent comme en latin.

Quinte, *s. f.* La seconde des consonnances dans l'ordre de leur génération. La *quinte* est une consonnance parfaite (voyez Consonnance); son rapport est de 2 à 3 : elle est composée de quatre degrés diatoniques, arrivant au cinquième son, d'où lui vient le nom de *quinte* : son intervalle est de trois *tons* et demi; savoir, deux *tons* majeurs, un *ton* mineur, et un semi-ton majeur.

La *quinte* peut s'altérer de deux manières, savoir, en diminuant son intervalle d'un semi-ton, et alors elle s'appelle *fausse-quinte*, et devroit s'appeler *quinte* diminuée; ou en augmentant d'un semi-ton le même intervalle, et alors elle s'appelle *quinte-superflue.* De sorte que la *quinte-superflue* a quatre *tons*, et la *fausse-quinte* trois seulement, comme le triton, dont elle ne diffère dans nos systèmes que par le nombre des degrés. (Voy. Fausse-quinte.)

Il y a deux accords qui portent le nom de *quinte:* savoir, l'accord de *quinte* et *sixte*, qu'on appelle aussi *grande-sixte* ou *sixte-ajoutée*, et l'accord de *quinte-superflue*.

Le premier de ces deux accords se considère en deux manières; savoir, comme un renversement de l'accord de septième, la tierce du son fondamental étant portée au grave; c'est l'accord de *grande-sixte* (voyez Sixte); ou bien comme un accord direct dont le son fondamental est au grave, et c'est alors l'accord de *sixte-ajoutée*. (Voyez Double-emploi.)

Le second se considère aussi de deux manières, l'une par les François, l'autre par les Italiens. Dans l'harmonie françoise, la *quinte-superflue* est l'accord dominant en mode mineur, au-dessous duquel on fait entendre la médiante qui fait *quinte-superflue* avec la note sensible. Dans l'harmonie italienne, la *quinte-superflue* ne se pratique que sur la tonique en mode majeur, lorsque, par accident, sa *quinte* est diésée, faisant alors tierce majeure sur la médiante, et par conséquent *quinte-superflue* sur la tonique. Le principe de cet accord, qui paroît sortir du mode, se trouvera dans l'exposition du système de M. Tartini. (Voy. Système.)

Il est défendu en composition de faire deux *quintes* de suite par mouvement semblable entre les mêmes parties; cela choqueroit l'oreille en formant une double modulation.

M. Rameau prétend rendre raison de cette règle par le défaut de liaison entre les accords : il se trompe. Premièrement, on peut former ces deux *quintes* et conserver la liaison harmonique. Secondement, avec cette liaison, les deux *quintes* sont encore mauvaises. Troisièmement, il faudroit, par le même principe, étendre, comme autrefois, la règle aux tierces majeures; ce qui n'est pas et ne doit pas être. Il n'appartient pas à nos hypothèses de contrarier le jugement de l'oreille, mais seulement d'en rendre raison.

Quinte-fausse est une *quinte* réputée juste dans l'harmonie, mais qui, par la force de la modulation, se trouve affoiblie d'un semi-ton; telle est ordinairement la *quinte* de l'accord de septième sur la seconde note du ton en mode majeur.

La *fausse-quinte* est une dissonance qu'il faut sauver, mais la *quinte-fausse* peut passer pour consonnance et être traitée comme telle quand on compose à quatre parties. (Voyez Fausse-Quinte.)

Quinte est aussi le nom qu'on donne en France à cette partie instrumentale de remplissage qu'en Italie on appelle *viola*. Le nom de cette partie a passé à l'instrument qui la joue.

Quinter, *v. n.* C'étoit, chez nos anciens musiciens, une manière de procéder dans le déchant ou contre-point plutôt par *quintes* que par quartes; c'est ce qu'ils appeloient aussi dans leur latin *diapentissare.* Muris s'étend fort au long sur les règles convenables pour *quinter* ou quarter à propos.

Quinzième, *s. f.* Intervalle de deux octaves. (Voyez Double-octave.)

R.

Rans-des-vaches. Air célèbre parmi les Suisses, et que leurs jeunes bouviers jouent sur la cornemuse en gardant le bétail dans les montagnes. Voyez l'air noté, *Planche* N; voyez aussi l'article Musique, où il est fait mention des étranges effets de cet air.

Ravalement. Le clavier ou système à *ravalement* est celui qui, au lieu de se borner à quatre octaves, comme le clavier ordinaire, s'étend à cinq, ajoutant une quinte au-dessous de l'*ut* d'en-bas, une quarte au-dessus de l'*ut* d'en-haut, et embrassant ainsi cinq octaves entre deux *fa*. Le mot *ravalement* vient des facteurs d'orgue et de clavecin, et il n'y a guère que ces instrumens sur lesquels on puisse embrasser cinq octaves. Les instrumens aigus passent même rarement l'*ut* d'en-haut sans jouer faux, et l'accord des basses ne leur permet point de passer l'*ut* d'en-bas.

Re. Syllabe par laquelle on solfie la seconde note de la gamme. Cette note, au naturel, s'exprime par la lettre D. (Voy. D et Gamme.)

Recherche, *s. f.* Espèce de prélude ou de fantaisie sur l'orgue ou sur le clavecin, dans laquelle le musicien affecte de rechercher et de rassembler les principaux traits d'harmonie et de chant qui viennent d'être exécutés, ou qui vont l'être dans un concert; cela se fait ordinairement sur-le-champ, sans préparation, et demande par conséquent beaucoup d'habileté.

Les Italiens appellent encore *recherches*, ou *cadences*, ces *arbitrii* ou points-d'orgue que le chanteur se donne la liberté de faire sur certaines notes de sa partie, suspendant la mesure, parcourant les diverses cordes du mode, et même en sortant quelquefois selon les idées de son génie et les routes de son gosier, tandis que tout l'accompagnement s'arrête jusqu'à ce qu'il lui plaise de finir.

Récit, *s. m.* Nom générique de tout ce qui se chante à voix seule; on dit: un *récit* de basse, un *récit* de haute-contre. Ce mot s'applique même en ce sens aux instrumens; on dit un *récit* de violon, de flûte, de hautbois. En un mot, *réciter* c'est chanter ou jouer seul une partie quelconque, par opposition au chœur et à la symphonie en général, où plusieurs chantent ou jouent la même partie à l'unisson.

On peut encore appeler *récit* la partie où règne le sujet principal, et dont toutes les autres ne sont que l'accompagnement. On a mis dans le Dictionnaire de l'Académie Françoise: *Les récits ne sont point assujettis à la mesure comme les airs.* Un *récit* est souvent un air, et par conséquent mesuré. L'Académie auroit-elle confondu le *récit* avec le *récitatif?*

Récitant, *partic.* Partie *récitante* est celle qui se chante par une seule voix, ou se joue par un seul instrument, par opposition aux parties de symphonie et de chœur qui sont exécutées à l'unisson par plusieurs concertans. (Voyez Récit.)

Récitation, *s. f.* Action de réciter la musique. (Voyez Réciter.)

Récitatif, *s. m.* Discours récité d'un ton musical et harmonieux. C'est une manière de chant qui approche beaucoup de la parole, une déclamation en musique, dans laquelle le musicien doit imiter, autant qu'il est possible, les inflexions de voix du déclamateur. Ce chant est nommé *récitatif*, parce qu'il s'applique à la narration, au récit, et qu'on s'en sert dans le dialogue dramatique. On a mis dans le Dictionnaire de l'Académie que le *récitatif* doit être débité : il y a des *récitatifs* qui doivent être débités, d'autres qui doivent être soutenus.

La perfection du *récitatif* dépend beaucoup du caractère de la langue ; plus la langue est accentuée et mélodieuse, plus le *récitatif* est naturel et approche du vrai discours : il n'est que l'accent noté dans une langue vraiment musicale ; mais, dans une langue pesante, sourde et sans accent, le *récitatif* n'est que du chant, des cris, de la psalmodie ; on n'y reconnoît plus la parole : ainsi le meilleur *récitatif* est celui où l'on chante le moins. Voilà, ce me semble, le seul vrai principe tiré de la nature de la chose sur lequel on doive se fonder pour juger du *récitatif*, et comparer celui d'une langue à celui d'une autre.

Chez les Grecs, toute la poésie étoit en *récitatif*, parce que, la langue étant mélodieuse, il suffisoit d'y ajouter la cadence du mètre et la récitation soutenue, pour rendre cette récitation tout-à-fait musicale ; d'où vient que ceux qui versifioient appeloient cela *chanter* : cet usage, passé ridiculement dans les autres langues, fait dire encore aux poëtes, *je chante*, lorsqu'ils ne font aucune sorte de chant. Les Grecs pouvoient chanter en parlant ; mais chez nous il faut parler ou chanter ; on ne sauroit faire à la fois l'un et l'autre. C'est cette distinction même qui nous a rendu le *récitatif* nécessaire. La musique domine trop dans nos airs, la poésie y est presque oubliée. Nos drames lyriques sont trop chantés pour pouvoir l'être toujours. Un opéra qui ne seroit qu'une suite d'airs ennuieroit presque autant qu'un seul air de la même étendue. Il faut couper et séparer les chants par de la parole ; mais il faut que cette parole soit modifiée par la musique. Les idées doivent changer, mais la langue doit rester la même. Cette langue une fois donnée, en changer dans le cours d'une pièce, seroit vouloir parler moitié françois, moitié allemand. Le passage du discours au chant, et réciproquement, est trop disparate ; il choque à la fois l'oreille et la vraisemblance : deux interlocuteurs doivent parler ou chanter ; ils ne sauroient faire alternativement l'un et l'autre. Or le *récitatif* est le moyen d'union du chant et de la parole ; c'est lui qui sépare et distingue les airs, qui repose l'oreille étonnée de celui qui précède, et la dispose à goûter celui qui suit ; enfin c'est à l'aide du *récitatif* que ce qui n'est que dialogue, récit, narration dans le drame, peut se rendre sans sortir de la langue donnée, et sans déplacer l'éloquence des airs.

On ne mesure point le *récitatif* en chantant cette mesure, qui caractérise les airs, gâteroit la déclamation récitative : c'est l'accent, soit grammatical, soit oratoire, qui doit seul diriger la lenteur ou la rapidité des sons, de même que leur élévation ou leur abaissement. Le compositeur, en notant le *récitatif* sur quelque mesure déterminée, n'a en vue que de fixer la correspondance de la basse-continue et du chant, et d'indiquer à peu près comment on doit marquer la quantité des syllabes, cadencer et scander les vers. Les Italiens ne se servent jamais pour leur *récitatif* que de la mesure à quatre temps ; mais les François entremêlent le leur de toute sorte de mesures.

Ces derniers arment aussi la clef de toutes sortes de transpositions, tant pour le *récitatif* que pour les airs : ce que ne font pas les Italiens ; mais ils notent toujours le *récitatif* au naturel : la quantité de modulations dont ils le chargent, et la promptitude des transitions faisant que la transposition convenable à un ton ne l'est plus à ceux dans lesquels on passe, multiplieroit trop les accidens sur les mêmes notes, et rendroit le *récitatif* presque impossible à suivre et très-difficile à noter.

En effet, c'est dans le *récitatif* qu'on doit faire usage des transitions harmoniques les plus recherchées, et des plus savantes modulations.

Les airs n'offrant qu'un sentiment, qu'une image, renfermés enfin dans quelque unité d'expression, ne permettent guère au compositeur de s'éloigner du ton principal ; et, s'il vouloit moduler beaucoup dans un si court espace, il n'offriroit que des phrases étranglées, entassées, et qui n'auroient ni liaison, ni goût, ni chant ; défaut très-ordinaire dans la musique françoise, et même dans l'allemande.

Mais dans le *récitatif*, où les expressions, les sentimens, les idées varient à chaque instant, on doit employer des modulations également variées, qui puissent représenter, par leurs contextures, les successions exprimées par le discours du récitant. Les inflexions de la voix parlante ne sont pas bornées aux intervalles musicaux; elles sont infinies et impossibles à déterminer. Ne pouvant donc les fixer avec une certaine précision, le musicien, pour suivre la parole, doit au moins les imiter le plus qu'il est possible; et afin de porter dans l'esprit des auditeurs l'idée des intervalles et des accens qu'il ne peut exprimer en notes, il a recours à des transitions qui les supposent : si, par exemple, l'intervalle du semi-ton majeur au mineur lui est nécessaire, il ne le notera pas, il ne sauroit; mais il vous en donnera l'idée à l'aide d'un passage enharmonique. Une marche de basse suffit souvent pour changer toutes les idées, et donner au *récitatif* l'accent et l'inflexion que l'acteur ne peut exécuter.

Au reste, comme il importe que l'auditeur soit attentif au *récitatif*, et non pas à la basse, qui doit faire son effet sans être écoutée, il suit de là que la basse doit rester sur la même note autant qu'il est possible; car c'est au moment qu'elle change de note et frappe une autre corde qu'elle se fait écouter. Ces momens, étant rares et bien choisis, n'usent point les grands effets; ils distraient moins fréquemment le spectateur, et le laissent plus aisément dans la persuasion qu'il n'entend que parler, quoique l'harmonie agisse continuellement sur son oreille. Rien ne marque un plus mauvais *récitatif* que ces basses perpétuellement sautillantes, qui courent de croche en croche après la succession harmonique, et font, sous la mélodie de la voix, une autre manière de mélodie fort plate et fort ennuyeuse. Le compositeur doit savoir prolonger et varier ses accords sur la même note de basse, et n'en changer qu'au moment où l'inflexion du *récitatif*, devenant plus vive, reçoit plus d'effet par ce changement de basse, et empêche l'auditeur de le remarquer.

Le *récitatif* ne doit servir qu'à lier la contexture du drame, à séparer et faire valoir les airs, à prévenir l'étourdissement que donneroit la continuité du grand bruit; mais, quelque éloquent que soit le dialogue, quelque énergique et savant que puisse être le *récitatif*, il ne doit durer qu'autant qu'il est nécessaire à son objet; parce que ce n'est point dans le *récitatif* qu'agit le charme de la musique, et que ce n'est cependant que pour déployer ce charme qu'est institué l'opéra. Or c'est en ceci qu'est le tort des Italiens, qui, par l'extrême longueur de leurs scènes, abusent du *récitatif*. Quelque beau qu'il soit en lui-même, il ennuie, parce qu'il dure trop, et que ce n'est pas pour entendre du *récitatif* que l'on va à l'Opéra. Démosthène parlant tout le jour ennuieroit à la fin; mais il ne s'ensuivroit pas de là que Démosthène fût un orateur ennuyeux. Ceux qui disent que les Italiens eux-mêmes trouvent leur *récitatif* mauvais, le disent bien gratuitement, puisqu'au contraire il n'y a point de partie dans la musique dont les connoisseurs fassent tant de cas et sur laquelle ils soient aussi difficiles; il suffit même d'exceller dans cette seule partie, fût-on médiocre dans toutes les autres, pour s'élever chez eux au rang des plus illustres artistes; et le célèbre *Porpora* ne s'est immortalisé que par là.

J'ajoute que, quoiqu'on ne cherche pas communément dans le *récitatif* la même énergie d'expression que dans les airs, elle s'y trouve pourtant quelquefois; et quand elle s'y trouve, elle y fait plus d'effet que dans les airs mêmes. Il y a peu de bons opéra où quelque grand morceau de *récitatif* n'excite l'admiration des connoisseurs, et l'intérêt dans tout le spectacle; l'effet de ces morceaux montre assez que le défaut qu'on impute au genre n'est que dans la manière de le traiter.

M. Tartini rapporte avoir entendu, en 1714, à l'Opéra d'Ancône, un morceau de *récitatif* d'une seule ligne, et sans autre accompagnement que la basse, faire un effet prodigieux, non-seulement sur les professeurs de l'art, mais sur tous les spectateurs. « C'étoit, dit-il, » au commencement du troisième acte. A chaque représentation un silence profond dans » tout le spectacle annonçoit les approches de » ce terrible morceau; on voyoit les visages » pâlir, on se sentoit frissonner, et l'on se regardoit l'un l'autre avec une sorte d'effroi : car ce » n'étoient ni des pleurs ni des plaintes; c'étoit un certain sentiment de rigueur âpre et » dédaigneuse qui troubloit l'âme, serroit le » cœur et glaçoit le sang. » Il faut transcrire le passage original : ces effets sont si peu connus sur nos théâtres que notre langue est peu exercée à les exprimer.

L'anno quatordecimo del secolo presente nel dramma che si rapresentava in Ancona, v'era su'l principio dell' atto terzo una riga di recitativo non accompagnato da altri stromenti che dal basso; per cui, tanto in noi professori, quanto negli ascoltanti, si destava una tale e tanta commozione di animo, che tutti si guardavano in faccia l'un l'altro, per la evidente mutazione di colore che si faceva in ciascheduno di noi. L'effetto non era di pianto (mi ricordo benissimo che le parole erano di sdegno), ma di un certo rigore e freddo nel sangue, che di fatto turbava l'animo. Tredeci volte si recitò il dramma, e sempre seguì l'effetto stesso universalmente; di che era segno palpabile il sommo previo silenzio, con cui l'uditorio tutto si apparecchiava a goderne l'effetto.

Récitatif accompagné est celui auquel, outre la basse-continue, on ajoute un accompagnement de violons. Cet accompagnement, qui ne peut guère être syllabique, vu la rapidité du débit, est ordinairement formé de longues notes soutenues sur des mesures entières; et l'on écrit pour cela sur toutes les parties de symphonie le mot *sostenuto*, principalement à la basse, qui, sans cela, ne frapperoit que des coups secs et détachés à chaque changement de note, comme dans le *récitatif* ordinaire; au lieu qu'il faut alors filer et soutenir les sons selon toute la valeur des notes. Quand l'accompagnement est mesuré, cela force de mesurer aussi le *récitatif*, lequel alors suit et accompagne en quelque sorte l'accompagnement.

Récitatif mesuré. Ces deux mots sont contradictoires: tout *récitatif* où l'on sent quelque autre mesure que celle des vers n'est plus du *récitatif*. Mais souvent un *récitatif* ordinaire se change tout d'un coup en chant, et prend de la mesure et de la mélodie; ce qui se marque en écrivant sur les parties *a tempo* ou *a battuta*. Ce contraste, ce changement bien ménagé produit des effets surprenans. Dans le cours d'un *récitatif* débité, une réflexion tendre et plaintive prend l'accent musical et se développe à l'instant par les plus douces inflexions du chant; puis, coupée de la même manière par quelque autre réflexion vive et impétueuse, elle s'interrompt brusquement pour reprendre à l'instant tout le débit de la parole. Ces morceaux courts et mesurés, accompagnés pour l'ordinaire de flûtes et de cors de chasse, ne sont pas rares dans les grands *récitatifs* italiens.

On mesure encore le *récitatif*, lorsque l'accompagnement dont on le charge, étant chantant et mesuré lui-même, oblige le *récitant* d'y conformer son débit. C'est moins alors un *récitatif mesuré* que, comme je l'ai dit plus haut, un *récitatif* accompagnant l'accompagnement.

Récitatif obligé. C'est celui qui, entremêlé de ritournelles et de traits de symphonie, *oblige* pour ainsi dire le récitant et l'orchestre l'un envers l'autre, en sorte qu'ils doivent être attentifs et s'attendre mutuellement. Ces passages alternatifs de récitatif et de mélodie revêtue de tout l'éclat de l'orchestre sont ce qu'il y a de plus touchant, de plus ravissant, de plus énergique dans toute la musique moderne. L'acteur, agité, transporté d'une passion qui ne lui permet pas de tout dire, s'interrompt, s'arrête, fait des réticences, durant lesquelles l'orchestre parle pour lui, et ces silences ainsi remplis affectent infiniment plus l'auditeur que si l'acteur disoit lui-même tout ce que la musique fait entendre. Jusqu'ici la musique françoise n'a su faire aucun usage du *récitatif obligé*. L'on a tâché d'en donner quelque idée dans une scène du *Devin du Village;* et il paroît que le public a trouvé qu'une situation vive ainsi traitée en devenoit plus intéressante. Que ne feroit point le *récitatif obligé* dans des scènes grandes et pathétiques, si l'on en peut tirer ce parti dans un genre rustique et badin!

Réciter, *v. a.* et *n.* C'est chanter ou jouer seul dans une musique, c'est exécuter un *récit*. (Voyez Récit.)

Réclame, *s. f.* C'est dans le plain-chant la partie du répons que l'on reprend après le verset. (Voyez Répons.)

Redoublé, *adj*. On appelle *intervalle redoublé* tout intervalle simple porté à son octave: ainsi la treizième, composée d'une sixte et de l'octave, est une *sixte redoublée:* et la quinzième, qui est une octave ajoutée à l'octave, est une *octave redoublée:* quand au lieu d'une octave on en ajoute deux, l'intervalle est triplé; quadruplé, quand on ajoute trois octaves. Tout intervalle dont le nom passe sept en nombre, est tout au moins *redoublé*. Pour trouver le simple d'un intervalle *redoublé* quelconque, rejetez sept autant de fois que vous le pourrez, du nom de cet intervalle, et le reste sera le nom de l'intervalle simple: de treize rejetez sept, il reste six; ainsi la treizième est une sixte *redoublée:* de quinze ôtez deux fois sept ou quatorze, il reste un; ainsi la quinzième est un unisson triplé, ou une octave *redoublée*.

Réciproquement, pour *redoubler* un intervalle simple quelconque, ajoutez-y sept, et vous aurez le nom du même intervalle *redoublé*. Pour tripler un intervalle simple, ajoutez-y quatorze, etc. (Voyez INTERVALLE.)

RÉDUCTION, *s. f.* Suite de notes descendant diatoniquement. Ce terme, non plus que son opposé, *déduction*, n'est guère en usage que dans le plain-chant.

REFRAIN. Terminaison de tous les couplets d'une chanson par les mêmes paroles et par le même chant, qui se dit ordinairement deux fois.

RÈGLE DE L'OCTAVE. Formule harmonique, publiée la première fois par le sieur Delaire, en 1700, laquelle détermine, sur la marche diatonique de la basse, l'accord convenable à chaque degré du ton, tant en mode majeur qu'en mode mineur, et tant en montant qu'en descendant.

On trouve, *Pl.* L, *fig.* 6, cette formule chiffrée sur l'octave du mode majeur, et *fig.* 7, sur l'octave du mode mineur.

Pourvu que le ton soit bien déterminé, on ne se trompera pas en accompagnant sur cette *règle*, tant que l'auteur sera resté dans l'harmonie simple et naturelle que comporte le mode : s'il sort de cette simplicité par des accords par supposition ou d'autres licences, c'est à lui d'en avertir par des chiffres convenables; ce qu'il doit faire aussi à chaque changement de ton : mais tout ce qui n'est point chiffré doit s'accompagner selon la *règle de l'octave*, et cette *règle* doit s'étudier sur la basse-fondamentale pour en bien comprendre le sens.

Il est cependant fâcheux qu'une formule destinée à la pratique des *règles* élémentaires de l'harmonie contienne une faute contre ces mêmes *règles;* c'est apprendre de bonne heure aux commençans à transgresser les lois qu'on leur donne : cette faute est dans l'accompagnement de la sixième note, dont l'accord, chiffré d'un 6, pèche contre les *règles;* car il ne s'y trouve aucune liaison, et la basse-fondamentale descend diatoniquement d'un accord parfait sur un autre accord parfait; licence trop grande pour pouvoir faire *règle.*

On pourroit faire qu'il y eût liaison en ajoutant une septième à l'accord parfait de la dominante; mais alors cette septième, devenue octave sur la note suivante, ne seroit point sauvée, et la basse-fondamentale, descendant diatoniquement sur un accord parfait, après un accord de septième, feroit une marche entièrement intolérable.

On pourroit aussi donner à cette sixième note l'accord de petite-sixte, dont la quarte feroit liaison; mais ce seroit fondamentalement un accord de septième avec une tierce mineure, où la dissonance ne seroit pas préparée; ce qui est encore contre les *règles*. (Voyez PRÉPARER.)

On pourroit chiffrer sixte-quarte sur cette sixième note, et ce seroit alors l'accord parfait de la seconde; mais je doute que les musiciens approuvassent un renversement aussi mal entendu que celui-là; renversement que l'oreille n'adopte point, et sur un accord qui éloigne trop l'idée de la modulation principale.

On pourroit changer l'accord de la dominante en lui donnant la sixte-quarte au lieu de la septième, et alors la sixte-simple iroit très-bien sur la sixième note qui suit; mais la sixte-quarte iroit très-mal sur la dominante, à moins qu'elle n'y fût suivie de l'accord parfait ou de la septième; ce qui ramèneroit la difficulté. Une *règle* qui sert non-seulement dans la pratique, mais de modèle pour la pratique, ne doit point se tirer de ces combinaisons théoriques, rejetées par l'oreille; et chaque note, surtout la dominante, y doit porter son accord propre, lorsqu'elle peut en avoir un.

Je tiens donc pour une chose certaine que nos *règles* sont mauvaises, ou que l'accord de sixte, dont on accompagne la sixième note en montant, est une faute qu'on doit corriger; et que pour accompagner régulièrement cette note comme il convient dans une formule, il n'y a qu'un seul accord à lui donner, savoir celui de septième, non une septième fondamentale, qui, ne pouvant dans cette marche se sauver que d'une autre septième, seroit une faute; mais une septième renversée d'un accord de sixte-ajoutée sur la tonique. Il est clair que l'accord de la tonique est le seul qu'on puisse insérer régulièrement entre l'accord parfait ou de septième sur la dominante, et le même accord sur la note sensible qui suit immédiatement. Je souhaite que les gens de l'art trouvent cette correction bonne; je suis sûr au moins qu'ils la trouveront régulière.

RÉGLER LE PAPIER. C'est marquer sur un

papier blanc les portées pour y noter la musique. (Voyez PAPIER RÉGLÉ.)

RÉGLEUR, *s. m.* Ouvrier qui fait profession de régler les papiers de musique. (Voyez COPISTE.)

RÉGLURE, *s. f.* Manière dont est réglé le papier. *Cette* réglure *est trop noire. Il y a plaisir de noter sur une réglure bien nette.* (Voyez PAPIER RÉGLÉ.)

RELATION, *s. f.* Rapport qu'ont entre eux les deux sons qui forment un intervalle, considéré par le genre de cet intervalle. La *relation* est *juste* quand l'intervalle est juste, majeur ou mineur; elle est *fausse* quand il est superflu ou diminué. (Voyez INTERVALLE.)

Parmi les *fausses relations* on ne considère comme telles dans l'harmonie que celles dont les deux sons ne peuvent entrer dans le même mode : ainsi le triton, qui dans la mélodie est une *fausse relation*, n'en est une dans l'harmonie que lorsqu'un des deux sons qui le forment est une corde étrangère au mode. La quarte diminuée, quoique bannie de l'harmonie, n'est pas toujours une *fausse relation*. Les octaves diminuée et superflue, étant non-seulement des intervalles bannis de l'harmonie, mais impraticables dans le même mode, sont toujours de *fausses relations;* il en est de même des tierces et des sixtes diminuée et superflue, quoique la dernière soit admise aujourd'hui.

Autrefois les *fausses relations* étoient toutes défendues; à présent elles sont presque toutes permises dans la mélodie, mais non dans l'harmonie : on peut pourtant les y faire entendre, pourvu qu'un des deux sons qui forment la *fausse relation* ne soit admis que comme note de goût, et non comme partie constitutive de l accord.

On appelle encore *relation enharmonique*, entre deux cordes qui sont à un *ton* d'intervalle, le rapport qui se trouve entre le dièse de l'inférieure et le bémol de la supérieure : c'est, par le tempérament, la même touche sur l'orgue et sur le clavecin; mais en rigueur ce n'est pas le même son, et il y a entre eux un intervalle enharmonique. (Voyez ENHARMONIQUE.)

REMISSE, *adj.* Les sons *remisses* sont ceux qui ont peu de force, ceux qui, étant fort graves, ne peuvent être rendus que par des cordes extrêmement lâches, ni entendus que de fort près. *Remisse* est l'opposé d'*intense;* et il y a cette différence entre *remisse* et *bas* ou *foible*, de même qu'entre *intense* et *haut* ou *fort*, que *bas* et *haut* se disent de la sensation que le son porte à l'oreille; au lieu qu'*intense* et *remisse* se rapportent plutôt à la cause qui le produit.

RENFORCER, *v. a. pris en sens neutre.* C'est passer du *doux* au *fort*, ou du *fort* au très-*fort*, non tout d'un coup, mais par une gradation continue, en renflant et augmentant les sons, soit sur une tenue, soit sur une suite de notes, jusqu'à ce qu'ayant atteint celle qui sert de terme au *renforcé*, l'on reprenne ensuite le jeu ordinaire. Les Italiens indiquent le *renforcé* dans leur musique par le mot *crescendo*, ou par le mot *rinforzando* indifféremment.

RENTRÉE, *s. f.* Retour du sujet, surtout après quelques pauses de silence, dans une fugue, une imitation, ou dans quelque autre dessein.

RENVERSÉ. En fait d'intervalles, *renversé* est opposé à *direct*. (Voyez DIRECT.) Et en fait d'accords, il est opposé à *fondamental*. (Voyez FONDAMENTAL.)

RENVERSEMENT, *s. m.* Changement d'ordre dans les sons qui composent les accords, et dans les parties qui composent l'harmonie; ce qui se fait en substituant à la basse, par des octaves, les sons qui doivent être au-dessus, ou aux extrémités ceux qui doivent occuper le milieu, et réciproquement.

Il est certain que dans tout accord il y a un ordre fondamental et naturel, qui est celui de la génération de l'accord même : mais les circonstances d'une succession, le goût, l'expression, le beau chant, la variété, le rapprochement de l'harmonie, obligent souvent le compositeur de changer cet ordre en renversant les accords, et par conséquent la disposition des parties.

Comme trois choses peuvent être ordonnées en six manières, et quatre choses en vingt-quatre manières, il semble d'abord qu'un accord parfait devroit être susceptible de six *renversemens*, et un accord dissonant de vingt-quatre; puisque celui-ci est composé de quatre sons, l'autre de trois, et que le *renversement* ne consiste qu'en des transpositions d'octaves. Mais il faut observer que dans l'harmonie on ne compte point pour des *renversemens* toutes les dispositions différentes des sons supérieurs tant que le même son demeure au grave : ainsi ces deux ordres de l'accord parfait *ut mi sol*, et *ut sol mi*, ne sont pris que pour un même *renversement*, et ne portent qu'un même nom, ce qui réduit à trois tous les *renversemens* de l'accord parfait, et à quatre tous ceux de l'accord dissonant, c'est-à-dire à autant de *renversemens* qu'il entre de différens sons dans l'accord ; car les répliques des mêmes sons ne sont ici comptées pour rien.

Toutes les fois donc que la basse-fondamentale se fait entendre dans la partie la plus grave, ou, si la basse-fondamentale est retranchée, toutes les fois que l'ordre naturel est gardé dans les accords, l'harmonie est directe. Dès que cet ordre est changé, ou que les sons fondamentaux, sans être au grave, se font entendre dans quelque autre partie, l'harmonie est *renversée*. *Renversement* de l'accord quand le son fondamental est transposé; *renversement* de l'harmonie quand le dessus ou quelque autre partie marche comme devroit faire la basse.

Partout où un accord direct sera bien placé, ses *renversemens* seront bien placés aussi quant à l'harmonie; car c'est toujours la même succession fondamentale : ainsi à chaque note de basse-fondamentale on est maître de disposer l'accord à sa volonté, et par conséquent de faire à tout moment des *renversemens* différens, pourvu qu'on ne change point la succession régulière et fondamentale, que les dissonances soient toujours préparées et sauvées par les parties qui les font entendre, que la note sensible monte toujours et qu'on évite les fausses relations trop dures dans une même partie. Voilà la clef de ces différences mystérieuses que mettent les compositeurs entre les accords où le dessus syncope, et ceux où la basse doit syncoper; comme, par exemple, entre la neuvième et la seconde : c'est que dans les premiers l'accord est direct et la dissonance dans le dessus ; dans les autres, l'accord est *renversé*, et la dissonance est à la basse.

A l'égard des accords par supposition, il faut plus de précaution pour les *renverser*. Comme le son qu'on ajoute à la basse est entièrement étranger à l'harmonie, souvent il n'y est souffert qu'à cause de son grand éloignement des autres sons, qui rend la dissonance moins dure : que si ce son ajouté vient à être transposé dans les parties supérieures, comme il l'est quelquefois ; si cette transposition n'est faite avec beaucoup d'art, elle y peut produire un très-mauvais effet ; et jamais cela ne sauroit se pratiquer heureusement sans retrancher quelque autre son de l'accord. Voyez au mot Accord les cas et le choix de ces retranchemens.

L'intelligence parfaite du *renversement* ne dépend que de l'étude et de l'art : le choix est autre chose; il faut de l'oreille et du goût, il y faut l'expérience des effets divers; et quoique le choix du *renversement* soit indifférent pour le fond de l'harmonie, il ne l'est pas pour l'effet et l'expression. Il est certain que la basse-fondamentale est faite pour soutenir l'harmonie et régner au-dessous d'elle. Toutes les fois donc qu'on change l'ordre et qu'on *renverse* l'harmonie, on doit avoir de bonnes raisons pour cela ; sans quoi l'on tombera dans le défaut de nos musiques récentes, où les dessus chantent quelquefois comme des basses, et les basses toujours comme des dessus, où tout est confus, *renversé*, mal ordonné, sans autre raison que de pervertir l'ordre établi et de gâter l'harmonie.

Sur l'orgue et le clavecin les divers *renversemens* d'un accord, autant qu'une seule main peut les faire, s'appellent *faces*. (Voyez Face.)

Renvoi, *s. m.* Signe figuré à volonté, placé communément au-dessus de la portée, lequel, correspondant à un autre signe semblable, marque qu'il faut, d'où est le second, retourner où est le premier, et de là suivre jusqu'à ce qu'on trouve le point final. (Voyez Point.)

Répercussion, *s. f.* Répétition fréquente des mêmes sons. C'est ce qui arrive dans toute modulation bien déterminée, où les cordes essentielles du mode, celles qui composent la triade harmonique, doivent être rebattues plus souvent qu'aucune des autres. Entre les trois cordes de cette triade, les deux extrêmes, c'est-à-dire la finale et la dominante, qui sont proprement la *répercussion* du ton, doivent être plus souvent rebattues que celle du milieu, qui n'est que la répercussion du mode. (Voyez Ton et Mode.)

Répétition, *s. f.* Essai que l'on fait en particulier d'une pièce de musique que l'on veut exécuter en public. Les *répétitions* sont nécessaires pour s'assurer que les copies sont exactes, pour que les acteurs puissent prévoir leurs parties, pour qu'ils se concertent et s'accordent bien ensemble, pour qu'ils saisissent l'esprit de l'ouvrage, et rendent fidèlement ce qu'ils ont à exprimer. Les *répétitions* servent au compositeur même pour juger de l'effet de sa pièce, et faire les changemens dont elle peut avoir besoin.

Réplique, *s. f.* Ce terme en musique signifie la même chose qu'*octave*. (Voyez Octave.) Quelquefois en composition l'on appelle aussi *réplique* l'unisson de la même note dans deux parties différentes. Il y a nécessairement des *répliques* à chaque accord dans toute musique à plus de quatre parties. (Voyez Unisson.)

Répons, *s. m.* Espèce d'antienne redoublée qu'on chante dans l'Église romaine après les leçons de matines ou les capitules, et qui finit en manière de rondeau par une reprise appelée *réclame*.

Le chant du *répons* doit être plus orné que celui d'une antienne ordinaire, sans sortir pourtant d'une mélodie mâle et grave, ni de celle qu'exige le mode qu'on a choisi. Il n'est cependant pas nécessaire que le verset d'un *répons* se termine par la note finale du mode; il suffit que cette finale termine le *répons* même.

Réponse, *s. f.* C'est, dans une fugue, la rentrée du sujet par une autre partie, après que la première l'a fait entendre; mais c'est surtout, dans une contre-fugue, la rentrée du sujet renversé de celui qu'on vient d'entendre. (Voyez Fugue, Contre-Fugue.)

Repos, *s. m.* C'est la terminaison de la phrase, sur laquelle terminaison le chant se repose plus ou moins parfaitement. Le *repos* ne peut s'établir que par une cadence pleine : si la cadence est évitée, il ne peut y avoir de vrai *repos;* car il est impossible à l'oreille de se reposer sur une dissonance. On voit par là qu'il y a précisément autant d'espèces de *repos* que de sortes de cadences pleines (Voyez Cadence); et ces différens *repos* produisent dans la musique l'effet de la ponctuation dans le discours.

Quelques-uns confondent mal à propos les *repos* avec les silences, quoique ces choses soient fort différentes. (Voyez Silence.)

Reprise, *s. f.* Toute partie d'un air, laquelle se répète deux fois, sans être écrite deux fois, s'appelle *reprise :* c'est en ce sens qu'on dit que la première *reprise* d'une ouverture est grave, et la seconde gaie. Quelquefois aussi l'on n'entend par *reprise* que la seconde partie d'un air : on dit ainsi que la *reprise* du joli menuet de *Dardanus* ne vaut rien du tout. Enfin *reprise* est encore chacune des parties d'un rondeau, qui souvent en a trois, et quelquefois davantage, dont on ne répète que la première.

Dans la note on appelle *reprise* un signe qui marque que l'on doit répéter la partie de l'air qui précède; ce qui évite la peine de la noter deux fois. En ce sens on distingue deux *reprises*, la grande et la petite. La grande *reprise* se figure, à l'italienne, par une double barre perpendiculaire avec deux points en dehors de chaque côté, ou, à la françoise, par deux barres perpendiculaires un peu plus écartées, qui traversent toute la portée, et entre lesquelles on insère un point dans chaque espace : mais cette seconde manière s'abolit peu à peu; car ne pouvant imiter tout-à-fait la musique italienne, nous en prenons du moins les mots et les signes; comme ces jeunes gens qui croient prendre le style de M. de Voltaire en suivant son orthographe.

Cette *reprise*, ainsi ponctuée à droite et à gauche, marque ordinairement qu'il faut recommencer deux fois, tant la partie qui précède que celle qui suit; c'est pourquoi on la trouve ordinairement vers le milieu des passepieds, menuets, gavottes, etc.

Lorsque la *reprise* a seulement des points à sa gauche, c'est pour la répétition de ce qui précède; et lorsqu'elle a des points à sa droite, c'est pour la répétition de ce qui suit. Il seroit du moins à souhaiter que cette convention, adoptée par quelques-uns, fût tout-à-fait établie; car elle me paroît fort commode. Voyez (*Planche* L, *fig.* 8) la figure de ces différentes *reprises*.

La petite *reprise* est, lorsque après une grande *reprise* on recommence encore quelques-unes des dernières mesures avant de finir. Il n'y a point de signes particuliers pour la petite *reprise;* mais on se sert ordinairement de quelque signe de renvoi figuré au-dessus de la portée. (Voyez Renvoi.)

Il faut observer que ceux qui notent correctement ont toujours soin que la dernière note d'une *reprise* se rapporte exactement, pour la mesure, et à celle qui commence la même *reprise*, et à celle qui commence la *reprise* qui suit, quand il y en a une. Que si le rapport de ces notes ne remplit pas exactement la mesure, après la note qui termine une *reprise*, on ajoute deux ou trois notes de ce qui doit être recommencé, jusqu'à ce qu'on ait suffisamment indiqué comment il faut remplir la mesure : or, comme à la fin d'une première partie on a premièrement la première partie à reprendre, puis la seconde partie à commencer, et que cela ne se fait pas toujours dans des temps ou parties de temps semblables, on est souvent obligé de noter deux fois la finale de la première *reprise*, l'une avant le signe de *reprise* avec les premières notes de la première partie, l'autre après le même signe pour commencer la seconde partie; alors on trace un demi-cercle ou chapeau depuis cette première finale jusqu'à sa répétition, pour marquer qu'à la seconde fois il faut passer comme nul tout ce qui est compris sous le demi-cercle. Il m'est impossible de rendre cette explication plus courte, plus claire, ni plus exacte; mais la *figure 9 de la planche* L suffira pour la faire entendre parfaitement.

Résonnance, *s.f.* Prolongement ou réflexion du son, soit par les vibrations continuées des cordes d'un instrument, soit par les parois d'un corps sonore, soit par la collision de l'air renfermé dans un instrument à vent. (Voyez Son, Musique, Instrument.)

Les voûtes elliptiques et paraboliques résonnent, c'est-à-dire réfléchissent le son. (Voyez Écho.)

Selon M. Dodard, le nez, la bouche, ni ses parties, comme le palais, la langue, les dents, les lèvres, ne contribuent en rien au ton de la voix ; mais leur effet est bien grand pour la *résonnance*. (Voyez Voix.) Un exemple bien sensible de cela se tire d'un instrument d'acier appelé trompe de Béarn ou guimbarde, lequel, si on le tient avec les doigts et qu'on frappe sur la languette, ne rendra aucun son; mais si, le tenant entre les dents, on frappe de même, il rendra un son qu'on varie en serrant plus ou moins, et qu'on entend d'assez loin, surtout dans le bas.

Dans les instrumens à cordes, tels que le clavecin, le violon, le violoncelle, le son vient uniquement de la corde ; mais la *résonnance* dépend de la caisse de l'instrument.

Resserrer l'harmonie. C'est rapprocher les parties les unes des autres dans les moindres intervalles qu'il est possible : ainsi, pour resserrer cet accord *ut sol mi*, qui comprend une dixième, il faut renverser ainsi *ut mi sol*, et alors il ne comprend qu'une quinte. (Voyez Accord, Renversement.)

Rester, *v. n. Rester* sur une syllabe, c'est la prolonger plus que n'exige la prosodie, comme on fait sous les roulades; et *rester* sur une note, c'est y faire une tenue, ou la prolonger jusqu'à ce que le sentiment de la mesure soit oublié.

Rhythme, *s. m.* C'est, dans sa définition la plus générale, la proportion qu'ont entre elles les parties d'un même tout : c'est, en musique, la différence du mouvement qui résulte de la vitesse ou de la lenteur, de la longueur ou de la brièveté des temps.

Aristide Quintilien divise le *rhythme* en trois espèces : savoir, le *rhythme* des corps immobiles, lequel résulte de la juste proportion de leurs parties, comme dans une statue bien faite ; le *rhythme* du mouvement local, comme, dans la danse, la démarche bien composée, les attitudes des pantomimes; et le *rhythme* des mouvemens de la voix ou de la durée relative des sons, dans une telle proportion, que soit qu'on frappe toujours la même corde, soit qu'on varie les sons du grave à l'aigu, l'on fasse toujours résulter de leur succession des effets agréables par la durée et la quantité. Cette dernière espèce de *rhythme* est la seule dont j'ai à parler ici.

Le *rhythme* appliqué à la voix peut encore s'entendre de la parole ou du chant. Dans le premier sens, c'est du *rhythme* que naissent le nombre et l'harmonie dans l'éloquence, la mesure et la cadence dans la poésie : dans le second, le *rhythme* s'applique proprement à la valeur des notes, et s'appelle aujourd'hui *mesure*. (Voyez Mesure.) C'est encore à cette seconde acception que doit se borner ce que j'ai à dire ici sur le *rhythme* des anciens.

Comme les syllabes de la langue grecque avoient une quantité et des valeurs plus sensibles, plus déterminées, que celles de notre langue, et que les vers qu'on chantoit étoient composés d'un certain nombre de pieds que formoient ces syllabes, longues ou brèves, différemment combinées, le *rhythme* du chant suivoit régulièrement la marche de ces pieds, et n'en étoit proprement que l'expression : il se divisoit, ainsi qu'eux, en deux temps, l'un frappé, l'autre levé; l'on en comptoit trois genres, même quatre, et plus, selon les divers rapports de ces temps; ces genres étoient l'*égal*, qu'ils appeloient aussi dactylique, où le *rhythme* étoit divisé en deux temps égaux; le *double*, trochaïque ou ïambique, dans lequel la durée de l'un des deux temps étoit double de celle de l'autre; le *sesquialtère*, qu'ils appeloient aussi *péonique*, dont la durée de l'un des deux temps étoit à celle de l'autre en rapport de 3 à 2; et enfin l'*épitrite*, moins usité, où le rapport des deux temps étoit de 3 à 4.

Les temps de ces *rhythmes* étoient susceptibles de plus ou moins de lenteur, par un plus grand ou moindre nombre de syllabes ou de notes longues ou brèves, selon le mouvement; et dans ce sens un temps pouvoit recevoir jusqu'à huit degrés différens de mouvement par le nombre des syllabes qui le composoient; mais les deux temps conservoient toujours entre eux le rapport déterminé par le genre du *rhythme*.

Outre cela le mouvement et la marche des syllabes, et par conséquent des temps et du *rhythme* qui en résultoit, étoit susceptible d'accélération et de ralentissement, à la volonté du poète, selon l'expression des paroles et le caractère des passions qu'il falloit exprimer : ainsi de ces deux moyens combinés naissoient des foules de modifications possibles dans le mouvement d'un même *rhythme*, qui n'avoient d'autres bornes que celles au-deçà ou au-delà desquelles l'oreille n'est plus à portée d'apercevoir les proportions.

Le *rhythme*, par rapport aux pieds qui entroient dans la poésie, se partageoit en trois autres genres : le *simple*, qui n'admettoit qu'une sorte de pieds; le *composé*, qui résultoit de deux ou plusieurs espèces de pieds; et le *mixte*, qui pouvoit se résoudre en deux ou plusieurs *rhythmes* égaux ou inégaux, selon les diverses combinaisons dont il étoit susceptible.

Une autre source de variété dans le *rhythme* étoit la différence des marches ou successions de ce même *rhythme*, selon l'entrelacement des différens vers. Le *rhythme* pouvoit être toujours uniforme, c'est-à-dire se battre à deux temps toujours égaux, comme dans les vers hexamètres, pentamètres, adoniens, anapestiques, etc.; ou toujours inégaux, comme dans les vers purs ïambiques; ou diversifié, c'est-à-dire mêlé de pieds égaux et d'inégaux, comme dans les scazons, les choriambiques, etc. : mais dans tous ces cas les *rhythmes*, même semblables ou égaux, pouvoient, comme je l'ai dit, être fort différens en vitesse selon la nature des pieds; ainsi de deux *rhythmes* de même genre, résultant l'un de deux spondées, l'autre de deux pyrrhiques, le premier auroit été double de l'autre en durée.

Les silences se trouvoient aussi dans le *rhythme* ancien, non pas, à la vérité, comme les nôtres, pour faire taire seulement quelqu'une des parties, ou pour donner certains caractères au chant, mais seulement pour remplir la mesure de ces vers appelés catalectiques, qui manquoient d'une syllabe : ainsi le silence ne pouvoit jamais se trouver qu'à la fin du vers, pour suppléer à cette syllabe.

A l'égard des tenues, ils les connoissoient sans doute, puisqu'ils avoient un mot pour les exprimer; la pratique en devoit cependant être fort rare parmi eux; du moins cela peut-il s'inférer de la nature de leur *rhythme*, qui n'étoit que l'expression de la mesure et de l'harmonie des vers. Il ne paroît pas non plus qu'ils pratiquassent les roulades, les syncopes, ni les points, à moins que les instrumens ne fissent quelque chose de semblable en accompagnant la voix; de quoi nous n'avons nul indice.

Vossius, dans son livre *de poëmatum Cantu, et viribus rhythmi*, relève beaucoup le *rhythme* ancien; et il lui attribue toute la force de l'ancienne musique : il dit qu'un *rhythme* détaché comme le nôtre, qui ne représente aucune image des choses, ne peut avoir aucun effet, et que les anciens nombres poétiques n'avoient été inventés que pour cette fin que nous négligeons; il ajoute que le langage et la poésie modernes sont peu propres pour la musique, et que nous n'aurons jamais de bonne musique vocale jusqu'à ce que nous fassions des vers favorables pour le chant; c'est-à-dire jusqu'à ce que nous réformions notre langage, et que nous lui donnions, à l'exemple des anciens, la quantité et les pieds mesurés, en proscrivant pour jamais l'invention barbare de la rime.

Nos vers, dit-il, sont précisément comme s'ils n'avoient qu'un seul pied; de sorte que nous n'avons dans notre poésie aucun *rhythme* véritable, et qu'en fabricant nos vers nous ne pensons qu'à y faire entrer un certain nombre de syllabes, sans presque nous embarrasser de quelle nature elles sont : ce n'est sûrement pas là de l'étoffe pour la musique.

Le *rhythme* est une partie essentielle de la musique, et surtout de l'imitative; sans lui la mélodie n'est rien, et par lui-même il est quelque chose, comme on le sent par l'effet des tambours. Mais d'où vient l'impression que font sur nous la mesure et la cadence? Quel est le principe par lequel ces retours, tantôt égaux et tantôt variés, affectent nos âmes, et peuvent y porter le sentiment des passions? Demandez-le au métaphysicien : tout ce que nous pouvons dire ici est que, comme la mélodie tire son caractère des accens de la langue, le *rhythme* tire le sien du caractère de la prosodie, et alors il agit comme image de la parole : à quoi nous ajouterons que certaines passions ont dans la nature un caractère *rhythmique* aussi bien qu'un caractère mélodieux, absolu, et indépendant de la langue; comme la tristesse, qui marche par temps égaux et lents, de même que par tons remisses et bas, la joie, par temps sautillans et vites, de même que par tons aigus et intenses : d'où je présume qu'on pourroit observer dans toutes les autres passions un caractère propre, mais plus difficile à saisir, à cause que la plupart de ces autres passions, étant composées, participent plus ou moins tant des précédentes que l'une de l'autre.

Rhythmique, *s. f.* Partie de l'art musical qui enseignoit à pratiquer les règles du mouvement et du *rhythme* selon les lois de la rhythmopée.

La *rhythmique*, pour le dire un peu plus en détail, consistoit à savoir choisir entre les trois modes établis par la rhythmopée le plus propre au caractère dont il s'agissoit, à connoître et posséder à fond toutes les sortes de rhythmes, à discerner et employer les plus convenables en chaque occasion, à les entrelacer de la manière à la fois la plus expressive et la plus agréable, et enfin à distinguer l'*arsis* et la *thésis* par la marche la plus sensible et la mieux cadencée.

Rhythmopée, ῥυθμοποιΐα, *s. f.* Partie de la science musicale qui prescrivoit à l'art rhythmique les lois du rhythme et de tout ce qui lui appartient. (Voyez Rhythme.) La *rhythmopée* étoit à la rhythmique ce qu'étoit la mélopée à la mélodie.

La *rhythmopée* avoit pour objet le mouvement ou le temps dont elle marquoit la mesure, les divisions, l'ordre et le mélange, soit pour émouvoir les passions, soit pour les changer, soit pour les calmer : elle renfermoit aussi la science des mouvemens muets, appelés *orchesis*, et en général de tous les mouvemens réguliers; mais elle se rapportoit principalement à la poésie, parce qu'alors la poésie régloit seule les mouvemens de la musique, et qu'il n'y avoit point de musique purement instrumentale qui eût un rhythme indépendant.

On sait que la *rhythmopée* se partageoit en trois modes ou tropes principaux, l'un bas et serré, un autre élevé et grand, et le moyen paisible et tranquille; mais du reste les anciens ne nous ont laissé que des préceptes fort généraux sur cette partie de leur musique, et ce qu'ils en ont dit se rapporte toujours aux vers ou aux paroles destinées pour le chant.

Rigaudon, *s. m.* Sorte de danse dont l'air se bat à deux temps, d'un mouvement gai, et se divise ordinairement en deux reprises phrasées de quatre en quatre mesures, et commençant par la dernière note du second temps.

On trouve *rigodon* dans le *Dictionnaire de l'Académie;* mais cette orthographe n'est pas usitée. J'ai ouï dire à un maître à danser que le nom de cette danse venoit de celui de l'inventeur, lequel s'appeloit *Rigaud*.

Rippieno, *s. m.* Mot italien qui se trouve assez fréquemment dans les musiques d'église, et qui équivaut au mot *chœur* ou *tous*.

Ritournelle, *s. f.* Trait de symphonie qui s'emploie en manière de prélude à la tête d'un air dont ordinairement il annonce le chant, ou à la fin, pour imiter et assurer la fin du même chant, ou dans le milieu, pour reposer la voix, pour renforcer l'expression, ou simplement pour embellir la pièce.

Dans les recueils ou partitions de vieilles musiques italiennes, les *ritournelles* sont souvent désignées par les mots *si suona*, qui signifient que l'instrument qui accompagne doit répéter ce que la voix a chanté.

Ritournelle vient de l'italien *ritornello*, et signifie *petit retour*. Aujourd'hui que la symphonie a pris un caractère plus brillant, et presque indépendant de la vocale, on ne s'en tient plus guère à de simples répétitions : aussi le mot *ritournelle* a-t-il vieilli.

Rolle, *s. m.* Le papier séparé qui contient la musique que doit exécuter un concertant et qui s'appelle *partie* dans un concert, s'appelle *rolle* à l'Opéra : ainsi l'on doit distribuer une *partie* à chaque musicien, et un *rolle* à chaque acteur.

Romance, *s. f.* Air sur lequel on chante un petit poème du même nom, divisé par couplets, duquel le sujet est pour l'ordinaire quelque histoire amoureuse, et souvent tragique. Comme la *romance* doit être écrite d'un style simple, touchant, et d'un goût un peu antique, l'air doit répondre au caractère des paroles; point d'ornement, rien de maniéré, une mélodie douce, naturelle, champêtre, et qui produise son effet par elle-même, indépendamment de la manière de la chanter : il n'est pas nécessaire que le chant soit piquant, il suffit qu'il soit naïf, qu'il n'offusque point la parole, qu'il la fasse bien entendre, et qu'il n'exige pas une grande étendue de voix. Une *romance* bien faite, n'ayant rien de saillant, n'affecte pas d'abord : mais chaque couplet ajoute quelque chose à l'effet des précédens, l'intérêt augmente insensiblement, et quelquefois on se trouve attendri jusqu'aux larmes, sans pouvoir dire où est le charme qui a produit cet effet. C'est une expérience certaine que tout accompagnement d'instrument affoiblit cette impression; il ne faut, pour le chant de la *romance*, qu'une voix juste, nette, qui prononce bien, et qui chante simplement.

Romanesque, *s. f.* Air à danser. (Voyez **Gaillarde**.)

Ronde, *adj. pris subst.* Note blanche et ronde, sans queue, laquelle vaut une mesure entière à quatre temps, c'est-à-dire deux blanches ou quatre noires. La *ronde* est de toutes les notes restées en usage celle qui a le plus de valeur; autrefois, au contraire, elle étoit celle qui en avoit le moins, et elle s'appeloit semi-brève. (Voyez **Semi-brève** et **Valeur des notes**.)

Ronde de table. Sorte de chanson à boire, et pour l'ordinaire mêlée de galanterie, composée de divers couplets qu'on chante à table chacun à son tour, et sur lesquels tous les convives font chorus en reprenant le refrain.

Rondeau, *s. m.* Sorte d'air à deux ou plusieurs reprises, et dont la forme est telle, qu'après avoir fini la seconde reprise on reprend la première; et ainsi de suite, revenant toujours et finissant par cette même première reprise par laquelle on a commencé. Pour cela on doit tellement conduire la modulation, que la fin de la première reprise convienne au commencement de toutes les autres, et que la fin de toutes les autres convienne au commencement de la première.

Les grands airs italiens et toutes nos ariettes sont en *rondeau*, de même que la plus grande partie des pièces de clavecin françoises.

Les routines sont des magasins de contre-sens pour ceux qui les suivent sans réflexion : telle est pour les musiciens celle des *rondeaux*. Il faut bien du discernement pour faire un choix de paroles qui leur soient propres. Il est ridicule de mettre en *rondeau* une pensée complète, divisée en deux membres, en reprenant la première incise et finissant par là. Il est ridicule de mettre en *rondeau* une comparaison dont l'application ne se fait que dans le second membre, en reprenant le premier et finissant par là. Enfin il est ridicule de mettre en *rondeau* une pensée générale, limitée par une exception relative à l'état de celui qui parle, en sorte qu'oubliant derechef l'exception qui se rapporte à lui, il finisse en reprenant la pensée générale.

Mais toutes les fois qu'un sentiment exprimé dans le premier membre amène une réflexion qui le renforce et l'appuie dans le second; toutes les fois qu'une description de l'état de celui qui parle, emplissant le premier membre, éclaircit une comparaison dans le second; toutes les fois qu'une affirmation dans le premier membre contient sa preuve et sa confirmation dans le second; toutes les fois enfin que le premier membre contient la proposition de faire une chose, et le second la raison de la proposition; dans ces divers cas et dans les semblables, le *rondeau* est toujours bien placé.

Roulade, *s. f.* Passage dans le chant de plusieurs notes sur une même syllabe.

La *roulade* n'est qu'une imitation de la mélodie instrumentale dans les occasions où, soit pour les grâces du chant, soit pour la vérité de l'image, soit pour la force de l'expression, il est à propos de suspendre le discours et de prolonger la mélodie; mais il faut de plus que la syllabe soit longue, que la voix en soit éclatante et propre à laisser au gosier la facilité d'entonner nettement et légèrement les notes de la *roulade* sans fatiguer l'organe du chanteur, ni par conséquent l'oreille des écoutans.

Les voyelles les plus favorables pour faire sortir la voix sont les *a;* ensuite les *o*, les *è* ouverts : l'*i* et l'*u* sont peu sonores; encore moins les diphthongues. Quant aux voyelles nasales, on n'y doit jamais faire de *roulades*. La langue italienne, pleine d'*o* et d'*a*, est beaucoup plus propre pour les inflexions de voix que n'est la françoise; aussi les musiciens italiens ne les épargnent-ils pas : au contraire, les François, obligés de composer presque toute leur musique syllabique, à cause des voyelles peu favorables, sont contraints de donner aux notes une marche lente et posée, ou de faire heurter les consonnes en faisant courir les syllabes, ce qui rend nécessairement le chant languissant ou dur. Je ne vois pas comment la musique françoise pourroit jamais surmonter cet inconvénient.

C'est un préjugé populaire de penser qu'une *roulade* soit toujours hors de place dans un chant triste et pathétique; au contraire, quand le cœur est le plus vivement ému, la voix trouve plus aisément des accens que l'esprit ne peut trouver des paroles, et de là vient l'usage des interjections dans toutes les langues. (Voy. **Neume.**) Ce n'est pas une moindre erreur de croire qu'une *roulade* est toujours bien placée sur une syllabe ou dans un mot qui la comporte, sans considérer si la situation du chanteur, si le sentiment qu'il doit éprouver, la comporte aussi.

La *roulade* est une invention de la musique moderne; il ne paroît pas que les anciens en aient fait aucun usage, ni jamais battu plus de deux notes sur la même syllabe. Cette différence est un effet de celle des deux musiques, dont l'une étoit asservie à la langue, et dont l'autre lui donne la loi.

Roulement, *s. m.* (Voyez **Roulade.**)

S.

S. Cette lettre, écrite seule dans la partie récitante d'un concerto, signifie *solo*, et alors elle est alternative avec le T, qui signifie *tutti*.

Sarabande, *s. f.* Air d'une danse grave, portant le même nom, laquelle paroît nous être venue d'Espagne, et se dansoit autrefois avec des castagnettes. Cette danse n'est plus en usage, si ce n'est dans quelques vieux opéra françois. L'air de la sarabande est à trois temps lents.

Saut, *s. m.* Tout passage d'un son à un autre par degrés disjoints est un *saut*. Il y a *saut régulier*, qui se fait toujours sur un intervalle consonnant, et *saut irrégulier*, qui se fait sur un intervalle dissonant. Cette distinction vient de ce que toutes les dissonances, excepté la seconde, qui n'est pas un *saut*, sont plus difficiles à entonner que les consonnances; observation nécessaire dans la mélodie pour composer des chants faciles et agréables.

Sauter, *v. n.* On fait *sauter* le ton, lorsque donnant trop de vent dans une flûte, ou dans un tuyau d'un instrument à vent, on force l'air à se diviser et à faire résonner, au lieu du ton plein de la flûte ou du tuyau, quelqu'un seulement de ses harmoniques. Quand le *saut* est d'une octave entière, cela s'appelle *octavier*. (Voyez **Octavier.**) Il est clair que, pour varier les sons de la trompette et du cor de chasse, il faut nécessairement *sauter*, et ce n'est encore qu'en *sautant* qu'on fait des octaves sur la flûte.

Sauver, *v. a.* *Sauver* une dissonance, c'est la résoudre, selon les règles, sur une consonnance de l'accord suivant. Il y a sur cela une marche prescrite et à la basse-fondamentale de l'accord dissonant et à la partie qui forme la dissonance.

Il n'y a aucune manière de *sauver* qui ne dérive d'un acte de cadence ; c'est donc par l'espèce de la cadence qu'on veut faire qu'est déterminé le mouvement de la basse-fondamentale. (Voyez CADENCE.) A l'égard de la partie qui forme la dissonance, elle ne doit ni rester en place, ni marcher par degrés disjoints, mais elle doit monter ou descendre diatoniquement selon la nature de la dissonance. Les maîtres disent que les dissonances majeures doivent monter, et les mineures descendre ; ce qui n'est pas sans exceptions, puisque, dans certaines cordes d'harmonie, une septième, bien que majeure, ne doit pas monter, mais descendre, si ce n'est dans l'accord appelé fort incorrectement accord de septième superflue. Il vaut donc mieux dire que la septième, et toute dissonance qui en dérive, doit descendre ; et que la sixte-ajoutée, et toute dissonance qui en dérive, doit monter : c'est là une règle vraiment générale et sans aucune exception ; il en est de même de la loi de *sauver* la dissonance. Il y a des dissonances qu'on ne peut préparer ; mais il n'y en a aucune qu'on ne doive *sauver*.

A l'égard de la note sensible appelée improprement dissonance majeure, si elle doit monter, c'est moins par la règle de *sauver* la dissonance, que par celle de la marche diatonique, et de préférer le plus court chemin ; et en effet il y a des cas, comme celui de la cadence interrompue, où cette note sensible ne monte point.

Dans les accords par supposition, un même accord fournit souvent deux dissonances, comme la septième et la neuvième, la neuvième et la quarte, etc. Alors ces dissonances ont dû se préparer et doivent se *sauver* toutes deux : c'est qu'il faut avoir égard à tout ce qui dissone, non-seulement sur la basse-fondamentale, mais aussi sur la basse-continue.

SCÈNE, *s. f.* On distingue en musique lyrique la *scène* du monologue, en ce qu'il n'y a qu'un seul acteur dans le monologue, et qu'il y a dans la *scène* au moins deux interlocuteurs : par conséquent dans le monologue le caractère du chant doit être un, du moins quant à la personne ; mais dans les *scènes* le chant doit avoir autant de caractères différens qu'il y a d'interlocuteurs. En effet, comme en parlant chacun garde toujours la même voix, le même accent, le même timbre, et communément le même style dans toutes les choses qu'il dit ; chaque acteur, dans les diverses passions qu'il exprime, doit toujours garder un caractère qui lui soit propre, et qui le distingue d'un autre acteur : la douleur d'un vieillard n'a pas le même ton que celle d'un jeune homme ; la colère d'une femme a d'autres accens que celle d'un guerrier ; un barbare ne dira point *je vous aime*, comme un galant de profession. Il faut donc rendre dans les *scènes* non-seulement le caractère de la passion qu'on veut peindre, mais celui de la personne qu'on fait parler : ce caractère s'indique en partie par la sorte de voix qu'on approprie à chaque rôle ; car le tour de chant d'une haute-contre est différent de celui d'une basse-taille ; on met plus de gravité dans les chants de bas-dessus, et plus de légèreté dans ceux des voix plus aiguës. Mais, outre ces différences, l'habile compositeur en trouve d'individuelles qui caractérisent ses personnages ; en sorte qu'on connoîtra bientôt, à l'accent particulier du récitatif et du chant, si c'est Mendane ou Émire, si c'est Olinte ou Alceste quon entend. Je conviens qu'il n'y a que les hommes de génie qui sentent et marquent ces différences ; mais je dis cependant que ce n'est qu'en les observant et d'autres semblables qu'on parvient à produire l'illusion.

SCHISMA, *s. m.* Petit intervalle qui vaut la moitié du comma, et dont par conséquent la raison est sourde, puisque pour l'exprimer en nombres il faudroit trouver une moyenne proportionnelle entre 80 et 81.

SCHOENION. Sorte de nome pour les flûtes dans l'ancienne musique des Grecs.

SCHOLIE ou SCOLIE, *s. f.* Sorte de chansons chez les anciens Grecs, dont les caractères étoient extrêmement diversifiés selon les sujets et les personnes. (Voyez CHANSON.)

SECONDE, *adj. pris substantiv.* Intervalle d'un degré conjoint. Ainsi les marches diatoniques se font toutes sur des intervalles de *seconde*.

Il y a quatre sortes de *secondes*. La première, appelée *seconde diminuée*, se fait sur un *ton* majeur, dont la note inférieure est rapprochée par un dièse, et la supérieure par un bémol ; tel est, par exemple, l'intervalle du *re* bémol à l'*ut* dièse. Le rapport de cette *seconde* est de 375 à 384 ; mais elle n'est d'aucun usage, si ce n'est dans le genre enharmonique ; encore l'intervalle s'y trouve-t-il nul en vertu du tempérament. A l'égard de l'intervalle d'une note à son dièse, que Brossard appelle *seconde diminuée*, ce n'est pas une *seconde*, c'est un unisson altéré.

La deuxième, qu'on appelle *seconde-mineure*, est constituée par le *semi-ton* majeur ; comme du *si* à l'*ut* ou du *mi* au *fa*. Son rapport est de 15 à 16.

La troisième est la *seconde-majeure*, laquelle forme l'intervalle d'un *ton*. Comme ce *ton* peut être majeur ou mineur, le rapport de cette seconde est de 8 à 9 dans le premier cas, et de 9 à 10 dans le second : mais cette différence s'évanouit dans notre musique.

Enfin la quatrième est la *seconde-superflue*, composée d'un *ton* majeur et d'un *semi-ton* mineur, comme du *fa* au *sol* dièse : son rapport est de 64 à 75.

Il y a dans l'harmonie deux accords qui portent le nom de *seconde* : le première s'appelle simplement accord de *seconde* : c'est un accord de septième renversée, dont la dissonance est à la basse, d'où il s'ensuit bien clairement qu'il faut que la basse syncope pour la préparer. (Voyez PRÉPARER.) Quand l'accord de septième est dominant, c'est-à-dire quand la tierce est majeure, l'accord de *seconde* s'appelle accord de triton, et la syncope n'est pas nécessaire, parce que la préparation ne l'est pas.

L'autre s'appelle accord de *seconde-superflue* ; c'est un accord renversé de celui de septième diminuée, dont la septième elle-même est portée à la basse : cet accord est également bon avec ou sans syncope. (Voyez SYNCOPE.)

SEMI. Mot emprunté du latin et qui signifie *demi* : on s'en sert en musique au lieu du *hemi* des Grecs, pour composer très-barbarement plusieurs mots techniques moitié grecs et moitié latins.

Ce mot, au-devant du mot grec de quelque intervalle que ce soit, signifie toujours une diminution, *non pas de la moitié de cet intervalle*, mais seulement d'un *semi-ton* mineur ; ainsi *semi-diton* est la tierce mineure, *semi-diapente* est la fausse-quinte, *semi-diatessaron* la quarte diminuée, etc.

SEMI-BRÈVE, *s. f.* C'est, dans nos anciennes musiques, une valeur de note ou de mesure de temps, qui comprend l'espace de deux minimes ou blanches, c'est-à-dire la moitié d'une brève. La *semi-brève* s'appelle maintenant ronde, parce qu'elle a cette figure, mais autrefois elle étoit en losange.

Anciennement la *semi-brève* se divisoit en majeure et mineure. La majeure vaut deux tiers de la brève parfaite, et la mineure vaut l'autre tiers de la même brève : ainsi la *semi-brève* majeure en contient deux mineures.

La *semi-brève*, avant qu'on eût inventé la minime, étant la note de moindre valeur, ne se subdivisoit plus : cette indivisibilité, disoit-on, est en quelque manière indiquée par sa figure en losange, terminée en haut, en bas, et des deux côtés par des points : or, Muris prouve, par l'autorité d'Aristote et d'Euclide, que le point est indivisible ; d'où il conclut que la *semi-brève* enfermée entre quatre points est indivisible comme eux.

SEMI-TON, *s. m.* C'est le moindre de tous les intervalles admis dans la musique moderne : il vaut à peu près la moitié d'un *ton*.

Il y a plusieurs espèces de *semi-tons* : on en peut distinguer deux dans la pratique ; le *semi-ton* majeur et le *semi-ton* mineur : trois autres sont connus dans les calculs harmoniques ; savoir : le *semi-ton* maxime, le minime et le moyen.

Le *semi-ton* majeur est la différence de la tierce majeure à la quarte, comme *mi fa* ; son rapport est de 15 à 16, et il forme le plus petit de tous les intervalles diatoniques.

Le *semi-ton* mineur est la différence de la tierce majeure à la tierce mineure ; il se marque sur le même degré par un dièse ou par un bémol, il ne forme qu'un intervalle chromatique, et son rapport est de 24 à 25.

Quoiqu'on mette de la différence entre ces deux *semi-tons* par la manière de les noter, il n'y en a pourtant aucune sur l'orgue et le clavecin, et le même *semi-ton* est tantôt majeur et tantôt mineur, tantôt diatonique et tantôt chromatique, selon le mode où l'on est. Cependant on appelle, dans la pratique, *semi-tons* mineurs, ceux qui, se marquant par bémol ou par dièse, ne changent point le degré, et *semi-tons* majeurs ceux qui forment un intervalle de seconde.

Quant aux trois autres *semi-tons* admis seulement dans la théorie, le *semi-ton* maxime est la différence du *ton* majeur au *semi-ton* mineur, et son rapport est de 25 à 27. Le *semi-ton* moyen est la différence du *semi-ton* majeur au *ton* majeur, et son rapport est de 128 à 135. Enfin le *semi-ton* minime est la différence du *semi-ton* maxime au *semi-ton* moyen, et son rapport est de 25 à 128.

De tous ces intervalles il n'y a que le *semi-ton* majeur qui, en qualité de seconde, soit quelquefois admis dans l'harmonie.

Semi-tonique, *adj.* Échelle *semi-tonique* ou *chromatique*. (Voyez Échelle.)

Sensibilité, *s. f.* Disposition de l'âme qui *inspire au compositeur les idées vives dont il* a besoin, à l'exécutant la vive expression de ces mêmes idées, et à l'auditeur la vive impression des beautés et des défauts de la musique qu'on lui fait entendre. (Voyez Gout.)

Sensible, *adj. Accord sensible* est celui qu'on appelle autrement *accord dominant*. (Voy. Accord.) Il se pratique uniquement sur la dominante du ton; de là lui vient le nom d'*accord dominant*, et il porte toujours la note *sensible* pour tierce de cette dominante; d'où lui vient le nom d'*accord sensible*. (Voyez Accord.) A l'égard de la *note sensible*, voyez Note.

Septième, *adj. pris subst.* Intervalle dissonant renversé de la seconde, et appelé par les Grecs *heptachordon*, parce qu'il est formé de sept sons ou de six degrés diatoniques. Il y en a de quatre sortes.

La première est la *septième mineure*, composée de quatre *tons*, trois majeurs et un mineur, et de deux *semi-tons* majeurs comme de *mi* à *re;* et chromatiquement de dix *semi-tons*, dont six majeurs et quatre mineurs. Son rapport est de 5 à 9.

La deuxième est la *septième majeure*, composée diatoniquement de cinq *tons*, trois majeurs et deux mineurs, et d'un *semi-ton* majeur; de sorte qu'il ne faut plus qu'un *semi-ton* majeur pour faire une octave, comme d'*ut* à *si;* et chromatiquement d'onze *semi-tons*, dont six majeurs et cinq mineurs. Son rapport est de 8 à 15.

La troisième est la *septième diminuée :* elle est composée de trois *tons*, deux mineurs et un majeur; et de trois *semi-tons* majeurs, comme de l'*ut* dièse au *si* bémol. Son rapport est de 75 à 128.

La quatrième est la *septième superflue :* elle est composée de cinq *tons*, trois mineurs et deux majeurs, un *semi-ton* majeur et un *semi-ton* mineur, comme du *si* bémol au *la* dièse, de sorte qu'il ne lui manque qu'un comma pour faire une octave. Son rapport est de 81 à 160. Mais cette dernière espèce n'est point usitée en musique, si ce n'est dans quelques transitions enharmoniques.

Il y a trois accords de *septième*.

Le premier est fondamental, et porte simplement le nom de *septième;* mais quand la tierce est majeure et la *septième* mineure, il s'appelle accord sensible ou dominant. Il se compose de la tierce, de la quinte et de la septième.

Le second est encore fondamental, et s'appelle accord de *septième diminuée;* il est composé de la tierce mineure, de la fausse-quinte et de la *septième diminuée*, dont il prend le nom, c'est-à-dire de trois tierces mineures consécutives, et c'est le seul accord qui soit ainsi formé d'intervalles égaux; il ne se fait que sur la note sensible. (Voyez Enharmonique.)

Le troisième s'appelle accord de *septième superflue :* c'est un accord par supposition formé par l'accord dominant, au-dessous duquel la basse fait entendre la tonique.

Il y a encore un accord de *septième-et-sixte*, qui n'est qu'un renversement de l'accord de neuvième : il ne se pratique guère que dans les points-d'orgue, à cause de sa dureté. (Voyez Accord.)

Sérénade, *s. f.* Concert qui se donne la nuit sous les fenêtres de quelqu'un. Il n'est ordinairement composé que de musique instrumentale; quelquefois cependant on y ajoute des voix. On appelle aussi *sérénades* les pièces que l'on compose ou que l'on exécute dans ces occasions. La mode des *sérénades* est passée depuis longtemps, ou ne dure plus que parmi le peuple; et c'est grand dommage : le silence de la nuit, qui bannit toute distraction, fait mieux valoir la musique et la rend plus délicieuse.

Ce mot, italien d'origine, vient sans doute de *sereno*, ou du latin *serum*, le soir. Quand le concert se fait sur le matin ou l'aube du jour, il s'appelle *aubade*.

Serré, *adj.* Les intervalles *serrés* dans les genres épais de la musique grecque sont le premier et le second de chaque tétracorde. (Voyez Épais.)

Sesqui. Particule souvent employée par nos anciens musiciens, dans la composition des mots servant à exprimer différentes sortes de mesures.

Ils appeloient donc *sesqui-altères* les mesures dont la principale note valoit une moitié en sus de plus que sa valeur ordinaire, c'est-à-dire trois des notes dont elle n'auroit autrement valu que deux ; ce qui avoit lieu dans toutes les mesures triples, soit dans les majeures, où la brève même sans points valoit trois semi-brèves, soit dans les mineures, où la semi-brève valoit trois minimes, etc.

Ils appeloient encore *sesqui-octave* le triple, marqué par ce signe C $\frac{9}{8}$.

Double *sesqui-quarte*, le triple marqué C $\frac{9}{4}$, et ainsi des autres. *Sesqui-diton* ou *hemi-diton*, dans la musique grecque, est l'intervalle d'une tierce majeure diminuée d'un semi-ton, c'est-à-dire une tierce mineure.

Sextuple, *adj*. Nom donné assez improprement aux mesures à deux temps, composées de six notes égales, trois pour chaque temps : ces sortes de mesures ont été appelées encore plus mal à propos par quelques-uns *mesures à six temps*.

On peut compter cinq espèces de ces mesures *sextuples*, c'est-à-dire autant qu'il y a de différentes valeurs de notes, depuis celle qui est composée de six rondes ou semi-brèves, appelée en France *triple de six pour un*, et qui s'exprime par ce chiffre $\frac{6}{1}$, jusqu'à celle appelée *triple de six pour seize*, composée de six doubles-croches seulement, et qui se marque ainsi $\frac{6}{16}$.

La plupart de ces distinctions sont abolies; et en effet elles sont assez inutiles, puisque toutes ces différentes figures de notes sont moins des mesures différentes que des modifications de mouvemens dans la même espèce de mesure; ce qui se marque encore mieux avec un seul mot écrit à la tête de l'air, qu'avec tout ce fatras de chiffres et de notes, qui ne servent qu'à embrouiller un art déjà assez difficile en lui-même. (Voyez Double, Triple, Temps, Mesure, Valeur des notes.)

Si. Une des sept syllabes dont on se sert en France pour solfier les notes. Gui l'Arétin, en composant sa gamme, n'inventa que six de ces syllabes, parce qu'il ne fit que changer en hexacordes les tétracordes des Grecs, quoiqu'au fond sa gamme fût, ainsi que la nôtre, composée de sept notes. Il arriva de là que, pour nommer la septième, il falloit à chaque instant changer les noms des autres et les nommer de diverses manières ; embarras que nous n'avons plus depuis l'invention du *si*, sur la gamme duquel un musicien, nommé *de Nivers*, fit, au commencement du siècle, un ouvrage exprès.

Brossard, et ceux qui l'ont suivi, attribuent l'invention du *si* à un autre musicien nommé *Le Maire*, entre le milieu et la fin du dernier siècle ; d'autres en font honneur à un certain *Van-der-Putten;* d'autres remontent jusqu'à Jean de Muris, vers l'an 1330 ; et le cardinal Bona dit que dès l'onzième siècle, qui étoit celui de l'Arétin, Éricius Dupuis ajouta une note aux six de Gui, pour éviter les difficultés des nuances et faciliter l'étude du chant.

Mais, sans s'arrêter à l'invention d'Éricius Dupuis, morte sans doute avec lui, ou sur laquelle Bona, plus récent de cinq siècles, a pu se tromper, il est même aisé de prouver que l'invention du *si* est de beaucoup postérieure à Jean de Muris, dans les écrits duquel l'on ne voit rien de semblable. A l'égard de Van-der-Putten, je n'en puis rien dire, parce que je ne le connois point. Reste Le Maire, en faveur duquel les voix semblent se réunir. Si l'invention consiste à avoir introduit dans la pratique l'usage de cette syllabe *si*, je ne vois pas beaucoup de raisons pour lui en disputer l'honneur; mais si le véritable inventeur est celui qui a vu le premier la nécessité d'une septième syllabe et qui en a ajouté une en conséquence, il ne faut pas avoir fait beaucoup de recherches pour voir que Le Maire ne mérite nullement ce titre; car on trouve, en plusieurs endroits des écrits du P. Mersenne, la nécessité de cette septième syllabe, pour éviter les nuances; et il témoigne que plusieurs avoient inventé ou mis en pratique cette septième syllabe à peu près dans le même temps, et entre autres Gilles Grand-Jean, maître écrivain de Sens; mais que les uns nommoient cette syllabe *ci*, d'autres *di*, d'autres *ni*, d'autres *si*, d'autres *za*, etc. Même avant le P. Mersenne, on trouve dans un ouvrage de Banchieri, moine olivétan, imprimé en 1614, et intitulé *Cartella di musica*, l'addition de la même septième syllabe ; il l'appelle *bi* par bécarre, *ba* par bémol, et il assure que cette addition a été fort approuvée à Rome : de sorte que toute la prétendue invention de Le Maire consiste tout au plus à avoir écrit ou prononcé *si*, au lieu d'écrire ou prononcer *bi* ou *ba*, *ni* ou *di*; et voilà avec quoi un homme est immortalisé. Du reste l'usage du *si* n'est connu qu'en France, et, malgré ce qu'en dit le moine Banchieri, il ne s'est pas même conservé en Italie.

SICILIENNE, *s. f.* Sorte d'air à danser, dans la mesure à six-quatre ou six-huit, d'un mouvement beaucoup plus lent, mais encore plus marqué que celui de la gigue.

SIGNES, *s. m.* Ce sont, en général, tous les divers caractères dont on se sert pour noter la musique : mais ce mot s'entend plus particulièrement des dièses, bémols, bécarres, points, reprises, pauses, guidons, et autres petits caractères détachés, qui, sans être de véritables notes, sont des modifications des notes et de la manière de les exécuter.

SILENCES, *s. m.* Signes répondant aux diverses valeurs des notes, lesquels, mis à la place de ces notes, marquent que tout le temps de leur valeur doit être passé en silence.

Quoiqu'il y ait dix valeurs de notes différentes depuis la maxime jusqu'à la quadruple croche, il n'y a cependant que neuf caractères différens pour les *silences;* car celui qui doit correspondre à la maxime a toujours manqué, et, pour en exprimer la durée, on double le bâton de quatre mesures équivalant à la longue.

Ces divers *silences* sont donc, 1° le bâton de quatre mesures, qui vaut une longue; 2° le bâton de deux mesures, qui vaut une brève ou carrée ; 3° la pause, qui vaut une semi-brève ou ronde ; 4° la demi-pause, qui vaut une minime ou blanche; 5° le soupir, qui vaut une noire ; 6° le demi-soupir, qui vaut une croche ; 7° le quart-de-soupir, qui vaut une double-croche ; 8° le demi-quart-de-soupir, qui vaut une triple-croche ; 9° et enfin le seizième-de-soupir, qui vaut une quadruple-croche. Voyez les figures de tous ces *silences*, *Planche* D, *figure* 9.

Il faut remarquer que le point n'a pas lieu parmi les *silences* comme parmi les notes ; car bien qu'une noire et un soupir soient d'égale valeur, il n'est pas d'usage de pointer le soupir pour exprimer la valeur d'une noire pointée; mais on doit, après le soupir, écrire encore un demi-soupir : cependant comme quelques-uns pointent aussi les *silences*, il faut que l'exécutant soit prêt à tout.

SIMPLE, *s. m.* Dans les doubles et dans les variations, le premier couplet ou l'air original, tel qu'il est d'abord noté, s'appelle le *simple*. (Voyez DOUBLE, VARIATIONS.)

SIXTE, *s. f.* La seconde des deux consonnances imparfaites, appelée par les Grecs *hexacorde*, parce que son intervalle est formé de six sons ou de cinq degrés diatoniques. La *sixte* est bien une consonnance naturelle, mais seulement par combinaison; car il n'y a point dans l'ordre des consonnances de *sixte* simple et directe.

A ne considérer les *sixtes* que par leurs intervalles, on en trouve de quatre sortes : deux consonnantes et deux dissonantes.

Les consonnantes sont, 1° la *sixte mineure*, composée de trois *tons* et deux semi-tons majeurs, comme *mi ut*; son rapport est de 5 à 8 : 2° la *sixte majeure*, composée de quatre tons et un semi-ton majeur, comme *sol mi;* son rapport est de 3 à 5.

Les *sixtes* dissonantes sont, 1° la *sixte diminuée* composée de deux tons et trois semi-tons majeurs, comme *ut* dièse, *la* bémol, et dont le rapport est de 125 à 192 ; 2° la *sixte-superflue*, composée de quatre *tons*, un semi-ton majeur et un semi-ton mineur, comme *si* bémol et *sol* dièse. Le rapport de cette *sixte* est de 72 à 125.

Ces deux derniers intervalles ne s'emploient jamais dans la mélodie, et la *sixte-diminuée* ne s'emploie point non plus dans l'harmonie.

Il y a sept accords qui portent le nom de *sixte* : le premier s'appelle simplement accord de *sixte;* c'est l'accord parfait, dont la tierce est portée à la basse : sa place est sur la médiante du ton, ou sur la note sensible, ou sur la sixième note.

Le second s'appelle accord de *sixte-quarte;* c'est encore l'accord parfait, dont la quinte est portée à la basse; il ne se fait guère que sur la dominante ou sur la tonique.

Le troisième est appelé accord de *petite-sixte;* c'est un accord de septième, dont la quinte est portée à la basse. La *petite-sixte* se met ordinairement sur la seconde note du ton, ou sur la sixième.

La quatrième est l'accord de *sixte-et-quinte* ou *grande-sixte*; c'est encore un accord de septième, mais dont la tierce est portée à la basse. Si l'accord fondamental est dominant, alors l'accord de *grande-sixte* perd ce nom et s'appelle accord de *fausse-quinte*. (Voyez FAUSSE-QUINTE.) La *grande-sixte* ne se met communément que sur la quatrième note du ton.

Le cinquième est l'accord de *sixte-ajoutée*; accord fondamental, composé, ainsi que celui de *grande-sixte*, de tierce, de quinte, *sixte*-majeure, et qui se place de même sur la tonique ou sur la quatrième note. On ne peut donc distinguer ces deux accords que par la manière de les sauver; car si la quinte descend et que la *sixte* reste, c'est l'accord de *grande-sixte*, et la basse fait une cadence parfaite; mais si la quinte reste et que la *sixte* monte, c'est l'accord de *sixte-ajoutée*, et la basse-fondamentale fait une cadence irrégulière; or, comme après avoir frappé cet accord on est maître de le sauver de l'une de ces deux manières, cela tient l'auditeur en suspens sur le vrai fondement de l'accord jusqu'à ce que la suite l'ait déterminé; et c'est cette liberté de choisir que M. Rameau appelle *double-emploi*. (Voyez DOUBLE-EMPLOI.)

Le sixième accord est celui de *sixte-majeure* et *fausse-quinte*, lequel n'est autre chose qu'un accord de *petite-sixte* en mode mineur, dans lequel la *fausse-quinte* est substituée à la quarte : c'est, pour m'exprimer autrement, un accord de *septième diminuée*, dans lequel la tierce est portée à la basse : il ne se place que sur la seconde note du ton.

Enfin le septième accord de *sixte* est celui de *sixte-superflue*; c'est une espèce de *petite-sixte* qui ne se pratique jamais que sur la sixième note d'un ton mineur descendant sur la dominante; comme alors la sixte de cette sixième note est naturellement majeure, on la rend quelquefois superflue en y ajoutant encore un dièse : alors cette *sixte-superflue* devient un accord original, lequel ne se renverse point. (Voyez ACCORD.)

SOL. La cinquième des six syllabes inventées par l'Arétin pour prononcer les notes de la gamme. Le *sol* naturel répond à la lettre G. (Voyez GAMME.)

SOLFIER, *v. n.* C'est, en entonnant des sons, prononcer en même temps les syllabes de la gamme qui leur correspondent. Cet exercice est celui par lequel on fait toujours commencer ceux qui apprennent la musique, afin que l'idée de ces différentes syllabes s'unissant dans leur esprit à celle des intervalles qui s'y rapportent, ces syllabes leur aident à se rappeler ces intervalles.

Aristide Quintilien nous apprend que les Grecs avoient pour *solfier* quatre syllabes ou dénominations des notes qu'ils répétoient à chaque tétracorde, comme nous en répétons sept à chaque octave; ces quatre syllabes étoient les suivantes : *te, ta, thè, tho*. La première répondoit au premier son ou à l'hypate du premier tétracorde et des suivans; la seconde, à la parhypate; la troisième, au lichanos; la quatrième, à la nète, et ainsi de suite en recommençant : manière de *solfier* qui, nous montrant clairement que leur modulation étoit renfermée dans l'étendue du tétracorde, et que les sons homologues, gardant et les mêmes rapports et les mêmes noms d'un tétracorde à l'autre, étoient censés répétés de quarte en quarte, comme chez nous d'octave en octave, prouve en même temps que leur génération harmonique n'avoit aucun rapport à la nôtre, et s'établissoit sur des principes tout différens.

Gui d'Arezzo, ayant substitué son hexacorde au tétracorde ancien, substitua aussi, pour le solfier, six autres syllabes aux quatre que les Grecs employoient autrefois; ces six syllabes sont les suivantes : *ut re mi fa sol la*, tirées, comme chacun sait, de l'hymne de saint Jean-Baptiste. Mais chacun ne sait pas que l'air de cette hymne, tel qu'on le chante aujourd'hui dans l'Église romaine, n'est pas exactement celui dont l'Arétin tira ses syllabes, puisque les sons qui les portent dans cette hymne ne sont pas ceux qui les portent dans sa gamme. On trouve dans un ancien manuscrit conservé dans la bibliothèque du chapitre de Sens, cette hymne, telle probablement qu'on la chantoit du temps de l'Arétin, et dans laquelle chacune des six syllabes est exactement appliquée au son correspondant de la gamme, comme on peut le voir (*Planche* G, *fig.* 2) où j'ai transcrit cette hymne en notes de plain-chant.

Il paroît que l'usage des six syllabes de Gui

ne s'étendit pas bien promptement hors de l'Italie, puisque Muris témoigne avoir entendu employer dans Paris les syllabes *pro to do no tu a*, au lieu de celles-là ; mais enfin celles de Gui l'emportèrent, et furent admises généralement en France comme dans le reste de l'Europe. Il n'y a plus aujourd'hui que l'Allemagne où l'on *solfie* seulement par les lettres de la gamme, et non par les syllabes : en sorte que la note qu'en *solfiant* nous appelons *la*, ils l'appellent A ; celle que nous appelons *ut*, ils l'appellent C ; pour les notes dièses ils ajoutent un *s* à la lettre et prononcent cet *s*, *is* ; en sorte, par exemple, que pour *solfier re* dièse, ils prononcent *dis*. Ils ont aussi ajouté la lettre H pour ôter l'équivoque du *si*, qui n'est B qu'étant bémol ; lorsqu'il est bécarre, il est H : ils ne connoissent, en *solfiant*, de bémol que celui-là seul ; au lieu du bémol de toute autre note, ils prennent le dièse de celle qui est au-dessous ; ainsi pour *la* bémol ils *solfient G s*, pour *mi* bémol *D s*, etc. Cette manière de *solfier* est si dure et si embrouillée, qu'il faut être Allemand pour s'en servir et devenir toutefois grand musicien.

Depuis l'établissement de la gamme de l'Arétin on a essayé en différens temps de substituer d'autres syllabes aux siennes. Comme la voix des trois premières est assez sourde, M. Sauveur, en changeant de manière de noter, avoit aussi changé celle de *solfier*, et il nommoit les huit notes de l'octave par les huit syllabes suivantes, *pa ra ga da so bo lo do*. Ces noms n'ont pas plus passé que les notes ; mais pour la syllabe *do*, elle étoit antérieure à M. Sauveur ; les Italiens l'ont toujours employée au lieu d'*ut* pour *solfier*, quoiqu'ils nomment *ut* et non pas *do* dans la gamme. Quant à l'addition du *si*, voyez SI.

A l'égard des notes altérées par dièse ou par bémol, elles portent le nom de la note au naturel, et cela cause dans la manière de *solfier* bien des embarras auxquels M. de Boisgelou s'est proposé de remédier en ajoutant cinq notes pour compléter le système chromatique et donner un nom particulier à chaque note. Ces noms avec les anciens sont, en tout, au nombre de douze, autant qu'il y a de cordes dans ce système ; savoir, *ut de re ma mi fa si sol be la sa si* : au moyen des ces cinq notes ajoutées, et des noms qu'elles portent, tous les bémols et les dièses sont anéantis, comme on le pourra voir au mot SYSTÈME dans l'exposition de celui de M. de Boisgelou.

Il y a diverses manières de *solfier* ; savoir, par muances, par transposition, et au naturel. (Voy. MUANCES, NATUREL, et TRANSPOSITION.) La première méthode est la plus ancienne ; la seconde est la meilleure ; la troisième est la plus commune en France. Plusieurs nations ont gardé dans les muances l'ancienne nomenclature des six syllabes de l'Arétin. D'autres en ont encore retranché, comme les Anglois, qui *solfient* sur ces quatre syllabes seulement, *mi fa sol la*. Les François, au contraire, ont ajouté une syllabe pour renfermer sous des noms différens tous les sept sons diatoniques de l'octave.

Les inconvéniens de la méthode de l'Arétin sont considérables ; car, faute d'avoir rendu complète la gamme de l'octave, les syllabes de cette gamme ne signifient ni des touches fixes du clavier, ni des degrés du ton, ni même des intervalles déterminés. Par les muances, *la fa* peut former un intervalle de tierce majeure en descendant, ou de tierce mineure en montant, ou de semi-ton encore en montant, comme il est aisé de voir par la gamme, etc. (Voyez GAMME, MUANCES.) C'est encore pis par la méthode angloise : on trouve à chaque instant différens intervalles qu'on ne peut exprimer que par les mêmes syllabes, et les mêmes noms des notes y reviennent à toutes les quartes, comme parmi les Grecs ; au lieu de n'y revenir qu'à toutes les octaves, selon le système moderne.

La manière de *solfier* établie en France par l'addition du *si*, vaut assurément mieux que tout cela ; car la gamme se trouvant complète, les muances deviennent inutiles, et l'analogie des octaves est parfaitement observée : mais les musiciens ont encore gâté cette méthode par la bizarre imagination de rendre les noms des notes toujours fixes et déterminés sur les touches du clavier, en sorte que ces touches ont toutes un double nom, tandis que les degrés d'un ton transposé n'en ont point ; défaut qui charge inutilement la mémoire de tous les dièses ou bémols de la clef, qui ôte aux noms des notes l'expression des intervalles qui leur sont propres, et qui efface enfin autant qu'il est possible toutes les traces de la modulation.

U[illegible] re ne sont point ou ne doivent point être telle ou telle touche du clavier, mais telle ou telle corde du ton. Quant aux touches fixes, c'est par des lettres de l'alphabet qu'elles s'expriment. La touche que vous appelez *ut*, je l'appelle C; celle que vous appelez *re*, je l'appelle D. Ce ne sont pas des signes que j'invente, ce sont des signes tout établis, par lesquels je détermine très-nettement la fondamentale d'un ton: mais, ce ton une fois déterminé, ditesmoi de grâce à votre tour comment vous nommez la tonique que je nomme *ut*, et la seconde note que je nomme *re*, et la médiante que je nomme *mi ?* car ces noms relatifs au ton et au mode sont essentiels pour la détermination des idées et pour la justesse des intonations. Qu'on y réfléchisse bien, et l'on trouvera que ce que les musiciens françois appellent *solfier au naturel* est tout-à-fait hors de la nature. Cette méthode est inconnue chez toute autre nation, et sûrement ne fera jamais fortune dans aucune : chacun doit sentir, au contraire, que rien n'est plus naturel que de *solfier* par transposition lorsque le mode est transposé.

On a en Italie un recueil de leçons à *solfier*, appelées *solfeggi;* ce recueil, composé par le célèbre Léo, pour l'usage des commençans, est très-estimé.

Solo, *adj. pris substant.* Ce mot italien s'est francisé dans la musique, et s'applique à une pièce ou à un morceau qui se chante à voix seule, ou qui se joue sur un seul instrument avec un simple accompagnement de basse ou de clavecin; et c'est ce qui distingue le *solo* du *récit*, qui peut être accompagné de tout l'orchestre. Dans les pièces appelées *concerto*, on écrit toujours le mot *solo* sur la partie principale, quand elle récite.

Son, *s. m.* Quand l'agitation communiquée à l'air par la collision d'un corps frappé par un autre parvient jusqu'à l'organe auditif, elle y produit une sensation qu'on appelle *bruit*. (Voyez Bruit.) Mais *il y a un bruit résonnant* et appréciable qu'on appelle *son*. Les recherches sur le *son* absolu appartiennent au physicien : le musicien n'examine que le *son* relatif : il l'examine seulement par ses modifications sensibles; et c'est selon cette dernière idée que nous l'envisageons dans cet article.

Il y a trois objets principaux à considérer dans le *son* : le ton, la force et le timbre; sous chacun de ces rapports le son se conçoit comme modifiable, 1° du grave à l'aigu; 2° du fort au faible; 3° de l'aigre au doux, ou du sourd à l'éclatant, et réciproquement.

Je suppose d'abord, quelle que soit la nature du *son*, que son véhicule n'est autre chose que l'air même, premièrement, parce que l'air est le seul corps intermédiaire de l'existence duquel on soit parfaitement assuré, entre le corps sonore et l'organe auditif, qu'il ne faut pas multiplier les êtres sans nécessité, que l'air suffit pour expliquer la formation du *son*; et de plus parce que l'expérience nous apprend qu'un corps sonore ne rend pas de *son* dans un lieu tout-à-fait privé d'air. Si l'on veut imaginer un autre fluide, on peut aisément lui appliquer tout ce que je dis de l'air dans cet article.

La résonnance du son, ou, pour mieux dire, sa permanence et son prolongement ne peut naître que de la durée de l'agitation de l'air; tant que cette agitation dure, l'air ébranlé vient sans cesse frapper l'organe auditif et prolonge ainsi la sensation du *son :* mais il n'y a point de manière plus simple de concevoir cette durée qu'en supposant dans l'air des vibrations qui se succèdent, et qui renouvellent ainsi à chaque instant l'impression; de plus cette agitation de l'air, de quelque espèce qu'elle soit, ne peut être produite que par une agitation semblable dans les parties du corps sonore : or c'est un fait certain que les parties du corps sonore éprouvent de telles vibrations. Si l'on touche le corps d'un violoncelle dans le temps qu'on en tire du *son*, on le sent frémir sous la main : et l'on voit bien sensiblement durer les vibrations de la corde jusqu'à ce que le *son* s'éteigne. Il en est de même d'une cloche qu'on fait sonner en la frappant du batail; on la sent, ou la voit même frémir, et l'on voit sautiller les grains de sable qu'on jette sur la surface. Si la corde se détend ou que la cloche se fende, plus de frémissement, plus de *son*. Si donc cette cloche ni cette corde ne peuvent communiquer à l'air que les mouvemens qu'elles ont elles-mêmes, on ne sauroit douter que le *son* produit par les vibrations du corps sonore ne se propage par des vibrations semblables que ce corps communique à l'air.

Tout ceci supposé, examinons premièrement ce qui constitue le rapport des *sons* du grave à l'aigu.

I. Théon de Smyrne dit que Lazus d'Hermione, de même que le pythagoricien Hyppase de Métapont, pour calculer les rapports des consonnances, s'étoient servis de deux vases semblables et résonnans à l'unisson; que laissant vide l'un des deux, et remplissant l'autre jusqu'au quart, la percussion de l'un et de l'autre avoit fait entendre la consonnance de la quarte; que remplissant ensuite le second jusqu'au tiers, puis jusqu'à la moitié, la percussion des deux avoit produit la consonnance de la quinte, puis de l'octave.

Pythagore, au rapport de Nicomaque et de Censorin, s'y étoit pris d'une autre manière pour calculer les mêmes rapports: il suspendit, disent-ils, aux mêmes cordes sonores différens poids, et détermina les rapports des divers *sons* sur ceux qu'il trouva entre les poids tendans : mais les calculs de Pythagore sont trop justes pour avoir été faits de cette manière, puisque chacun sait aujourd'hui, sur les expériences de Vincent Galilée, que les *sons* sont entre eux, non comme les poids tendans, mais en raison sous-double de ces mêmes poids.

Enfin l'on inventa le monocorde, appelé par les anciens *canon harmonicus*, parce qu'il donnoit la règle des divisions harmoniques. Il faut en expliquer le principe.

Deux cordes de même métal égales et également tendues forment un unisson parfait en tous sens : si les longueurs sont inégales, la plus courte donnera un *son* plus aigu, et fera aussi plus de vibrations dans un temps donné; d'où l'on conclut que la différence des *sons* du grave à l'aigu ne procède que de celle des vibrations faites dans un même espace de temps par les cordes ou corps sonores qui les font entendre; ainsi l'on exprime les rapports des *sons* par les nombres des vibrations qui les donnent.

On sait encore, par des expériences non moins certaines, que les vibrations des cordes, toutes choses d'ailleurs égales, sont toujours réciproques aux longueurs : ainsi, une corde double d'une autre ne fera, dans le même temps, que la moitié du nombre des vibrations de celle-ci, et le rapport des *sons* qu'elles feront entendre s'appelle *octave*. Si les cordes sont comme 2 et 3, les vibrations seront comme 2 et 3 : et le rapport des *sons* s'appellera *quinte*, etc. (Voyez INTERVALLE.)

On voit par là qu'avec des chevalets mobiles il est aisé de former sur une seule corde des divisions qui donnent des *sons* dans tous les rapports possibles, soit entre eux, soit avec la corde entière : c'est le monocorde dont je viens de parler. (Voyez MONOCORDE.)

On peut rendre des *sons* aigus ou graves par d'autres moyens. Deux cordes de longueur égale ne forment pas toujours l'unisson; car si l'une est plus grosse ou moins tendue que l'autre, elle fera moins de vibrations en temps égaux, et conséquemment donnera un *son* plus grave. (Voyez CORDE.)

Il est aisé d'expliquer sur ces principes la construction des instrumens à cordes, tels que le clavecin, le tympanon, et le jeu des violons et basses qui, par différens accourcissemens des cordes sous les doigts ou chevalets mobiles, produit la diversité des *sons* qu'on tire de ces instrumens. Il faut raisonner de même pour les instrumens à vent; les plus longs forment des *sons* plus graves, si le vent est égal. Les trous, comme dans les flûtes et hautbois, servent à les raccourcir pour rendre les *sons* plus aigus : en donnant plus de vent on les fait octavier, et les *sons* deviennent plus aigus encore; la colonne d'air forme alors le corps sonore, et les divers tons de la trompette et du cor de chasse ont les mêmes principes que les *sons* harmoniques du violoncelle et du violon, etc. (Voyez SONS HARMONIQUES.)

Si l'on fait résonner avec quelque force une des grosses cordes d'une viole ou d'un violoncelle, en passant l'archet un peu plus près du chevalet qu'à l'ordinaire, on entendra distinctement, pour peu qu'on ait l'oreille exercée et attentive, outre le *son* de la corde entière, au moins celui de son octave, celui de l'octave de sa quinte, et celui de la double octave de sa tierce; on verra même frémir et l'on entendra résonner toutes les cordes montées à l'unisson de ces *sons*-là : ces *sons* accessoires accompagnent toujours un *son* principal quelconque; mais quand ce *son* principal est aigu, les autres y sont moins sensibles : on appelle ceux-ci les harmoniques du *son* principal; c'est par eux, selon M. Rameau, que tout *son* est appréciable, et c'est en eux que lui et M. Tartini ont cherché le principe de toute harmonie, mais par des routes directement contraires. (Voyez HARMONIE, SYSTÈME.)

Une difficulté qui reste à expliquer dans la théorie du *son* est de savoir comment deux ou plusieurs *sons* peuvent se faire entendre à la fois. Lorsqu'on entend, par exemple, les deux *sons* de la quinte, dont l'un fait deux vibrations tandis que l'autre en fait trois, on ne conçoit pas bien comment la même masse d'air peut fournir dans un même temps ces différens nombres de vibrations distincts l'un de l'autre, et bien moins encore lorsqu'il se fait ensemble plus de deux *sons* et qu'ils sont tous dissonans entre eux. Mengoli et les autres se tirent d'affaire par des comparaisons : il en est, disent-ils, comme de deux pierres qu'on jette à la fois dans l'eau, et dont les différens cercles qu'elles produisent se croisent sans se confondre. M. de Mairan donne une explication plus philosophique : l'air, selon lui, est divisé en particules de diverses grandeurs, dont chacune est capable d'un ton particulier, et n'est susceptible d'aucun autre; de sorte qu'à chaque *son* qui se forme, les particules d'air qui lui sont analogues s'ébranlent seules, elles et leurs harmoniques, tandis que toutes les autres restent tranquilles jusqu'à ce qu'elles soient émues à leur tour par les *sons* qui leur correspondent; de sorte qu'on entend à la fois deux *sons*, comme on voit à la fois deux couleurs, parce qu'étant produits par différentes parties ils affectent l'organe en différens points.

Ce système est ingénieux; mais l'imagination se prête avec peine à l'infinité de particules d'air différentes en grandeur et en mobilité, qui devroient être répandues dans chaque point de l'espace, pour être toujours prêtes au besoin à rendre en tout lieu l'infinité de tous les *sons* possibles : quand elles sont une fois arrivées au tympan de l'oreille, on conçoit encore moins comment, en le frappant plusieurs ensemble, elles peuvent y produire un ébranlement capable d'envoyer au cerveau la sensation de chacune en particulier. Il semble qu'on a éloigné la difficulté plutôt que de la résoudre : on allègue en vain l'exemple de la lumière dont les rayons se croisent dans un point sans confondre les objets; car, outre qu'une difficulté n'en résout pas une autre, la parité n'est pas exacte, puisque l'objet est vu sans exciter dans l'air un mouvement semblable à celui qu'y doit exciter le corps sonore pour être ouï. Mengoli sembloit vouloir prévenir cette objection en disant que les masses d'air, chargées, pour ainsi dire, de différens *sons*, ne frappent le tympan que successivement, alternativement, et chacune à son tour, sans trop songer à quoi il occuperoit celles qui sont obligées d'attendre que les premières aient achevé leur office, ou sans expliquer comment l'oreille, frappée de tant de coups successifs, peut distinguer ceux qui appartiennent à chaque *son*.

A l'égard des harmoniques qui accompagnent un *son* quelconque, ils offrent moins une nouvelle difficulté qu'un nouveau cas de la précédente; car sitôt qu'on expliquera comment plusieurs *sons* peuvent être entendus à la fois, on expliquera facilement le phénomène des harmoniques. En effet, supposons qu'un *son* mette en mouvement les particules d'air susceptibles du même *son*, et les particules susceptibles de *sons* plus aigus à l'infini; de ces diverses particules, il y en aura dont les vibrations, commençant et finissant exactement avec celles du corps sonore, seront sans cesse aidées et renouvelées par les siennes; ces particules seront celles qui donneront l'unisson : vient ensuite l'octave, dont deux vibrations s'accordant avec une du *son* principal, en sont aidées et renforcées seulement de deux en deux; par conséquent l'octave sera sensible, mais moins que l'unisson : vient ensuite la douzième ou l'octave de la quinte, qui fait trois vibrations précises pendant que le *son* fondamental en fait une; ainsi ne recevant un nouveau coup qu'à chaque troisième vibration, la douzième sera moins sensible que l'octave, qui reçoit ce nouveau coup dès la seconde. En suivant cette même gradation, l'on trouve le concours des vibrations plus tardif, les coups moins renouvelés, et par conséquent les harmoniques toujours moins sensibles, jusqu'à ce que les rapports se composent au point que l'idée du concours trop rare s'efface, et que, les vibrations ayant le temps de s'éteindre avant d'être renouvelées, l'harmonique ne s'étend plus du tout. Enfin quand le rapport cesse d'être rationnel, les vibrations ne concourent jamais; celles du *son* plus aigu, toujours contrariées, sont bientôt étouffées par celles de la corde, et ce *son* aigu est absolument dissonant et nul : telle est la raison pourquoi les premières harmoniques s'entendent, et pourquoi tous les autres *sons* ne s'entendent pas. Mais en voilà trop sur la première qualité du *son*, passons aux deux autres.

II. La force du *son* dépend de celle des vibrations du corps sonore; plus ces vibrations sont grandes et fortes, plus le *son* est fort et vigoureux et s'entend de loin. Quand la corde est assez tendue, et qu'on ne force pas trop la voix ou l'instrument, les vibrations restent toujours isochrones, et par conséquent le ton demeure le même, soit qu'on renfle ou qu'on affoiblisse le *son;* mais en râclant trop fort l'archet, en relâchant trop la corde, en soufflant ou criant trop, on peut faire perdre aux vibrations l'isochronisme nécessaire pour l'identité du *son;* et c'est une des raisons pourquoi, dans la musique françoise, où le premier mérite est de bien crier, on est plus sujet à chanter faux que dans l'italienne, où la voix se modère avec plus de douceur.

La vitesse du *son*, qui sembleroit dépendre de sa force, n'en dépend point. Cette vitesse est toujours égale et constante, si elle n'est accélérée ou retardée par le vent; c'est-à-dire que le *son*, fort ou foible, s'étendra toujours uniformément, et qu'il fera toujours dans deux secondes le double du chemin qu'il aura fait dans une. Au rapport de Halley et de Flamsteed, le *son* parcourt en Angleterre 1070 pieds de France en une seconde, et au Pérou 174 toises, selon M. de La Condamine; le P. Mersenne et Gassendi ont assuré que le vent favorable ou contraire n'accéléroit ni ne retardoit le *son :* depuis les expériences que Derham et l'Académie des Sciences ont faites sur ce sujet, cela passe pour une erreur.

Sans ralentir sa marche, le *son* s'affoiblit en s'étendant; et cet affoiblissement, si la propagation est libre, qu'elle ne soit gênée par aucun obstacle ni ralentie par le vent, suit ordinairement la raison du carré des distances.

III. Quant à la différence qui se trouve encore entre les *sons* par la qualité du timbre, il est évident qu'elle ne tient ni au degré d'élévation, ni même à celui de force. Un hautbois aura beau se mettre à l'unisson d'une flûte, il aura beau radoucir le *son* au même degré, le *son* de la flûte aura toujours je ne sais quoi de moelleux et de doux, celui du hautbois, je ne sais quoi de rude et d'aigre, qui empêchera que l'oreille ne les confonde, sans parler de la diversité du timbre des voix. (Voyez Voix.) Il n'y a pas un instrument qui n'ait le sien particulier, qui n'est point celui de l'autre, et l'orgue seul a une vingtaine de jeux tous de timbre différent : cependant personne, que je sache, n'a examiné le *son* dans cette partie, laquelle, aussi bien que les autres, se trouvera peut-être avoir ses difficultés; car la qualité du timbre ne peut dépendre ni du nombre des vibrations, qui fait le degré du grave à l'aigu, ni de la grandeur ou de la force de ces mêmes vibrations, qui fait le degré du fort au foible. Il faudra donc trouver dans le corps sonore une troisième cause différente de ces deux pour expliquer cette troisième qualité du *son* et ses différences; ce qui peut-être n'est pas trop aisé.

Les trois qualités principales dont je viens de parler entrent toutes, quoiqu'en différentes proportions, dans l'objet de la musique, qui est le *son* en général.

En effet le compositeur ne considère pas seulement si les *sons* qu'il emploie doivent être hauts ou bas, graves ou aigus, mais s'ils doivent être forts ou foibles, aigres ou doux, sourds ou éclatans, et il les distribue à différens instrumens, à diverses voix, en récit ou en chœurs, aux extrémités ou dans le *medium* des instrumens ou des voix, avec des *doux* ou des *fort*, selon les convenances de tout cela.

Mais il est vrai que c'est uniquement dans la comparaison des *sons* du grave à l'aigu que consiste toute la science harmonique; de sorte que, comme le nombre des *sons* est infini, l'on peut dire dans le même sens que cette science est infinie dans son objet. On ne conçoit point de bornes précises à l'étendue des *sons* du grave à l'aigu, et quelque petit que puisse être l'intervalle qui est entre deux *sons*, on le concevra toujours divisible par un troisième *son* : mais la nature et l'art ont limité cette infinité dans la pratique de la musique. On trouve bientôt dans les instrumens les bornes des *sons* praticables, tant au grave qu'à l'aigu : allongez ou-

raccourcissez jusqu'à un certain point une corde sonore, elle n'aura plus de *son*. L'on ne peut pas non plus augmenter ou diminuer à volonté la capacité d'une flûte ou d'un tuyau d'orgue, ni sa longueur; il y a des bornes passé lesquelles ni l'un ni l'autre ne résonne plus. L'inspiration a aussi sa mesure et ses lois; trop foible, elle ne rend point de *son*; trop forte, elle ne produit qu'un cri perçant qu'il est impossible d'apprécier. Enfin il est constaté par mille expériences que tous les *sons* sensibles sont renfermés dans une certaine latitude, passé laquelle, ou trop graves ou trop aigus, ils ne sont plus aperçus ou deviennent inappréciables à l'oreille. M. Euler en a même en quelque sorte fixé les limites, et, selon ses observations rapportées par M. Diderot dans ses *Principes d'Acoustique*, tous les *sons* sensibles sont compris entre les nombres 30 et 7552; c'est-à-dire que, selon ce grand géomètre, le *son* le plus grave appréciable à notre oreille fait 30 vibrations par seconde, et le plus aigu 7552 vibrations dans le même temps; intervalle qui renferme à peu près 8 octaves.

D'un autre côté l'on voit, par la génération harmonique des *sons*, qu'il n'y en a, dans leur infinité possible, qu'un très-petit nombre qui puissent être admis dans le système harmonieux; car tous ceux qui ne forment pas des consonnances avec les *sons* fondamentaux, ou qui ne naissent pas médiatement ou immédiatement des différences de ces consonnances, doivent être proscrits du système. Voilà pourquoi, quelque parfait qu'on suppose aujourd'hui le nôtre, il est pourtant borné à douze *sons* seulement dans l'étendue d'une octave, desquels douze toutes les autres octaves ne contiennent que des répliques. Que si l'on veut compter toutes ces répliques pour autant de *sons* différens, en les multipliant par le nombre des octaves auquel est bornée l'étendue des *sons* appréciables, on trouvera 96 en tout pour le plus grand nombre des *sons* praticables dans notre musique sur un même *son* fondamental.

On ne pourroit pas évaluer avec la même précision le nombre des *sons* praticables dans l'ancienne musique : car les Grecs formoient, pour ainsi dire, autant de systèmes de musique qu'ils avoient de manières différentes d'accorder leurs tétracordes. Il paroît, par la lecture de leurs traités de musique, que le nombre de ces manières étoit grand et peut-être indéterminé; or, chaque accord particulier changeoit les *sons* de la moitié du système, c'est-à-dire des deux cordes mobiles de chaque tétracorde : ainsi l'on voit bien ce qu'ils avoient de *sons* dans une seule manière d'accords, mais on ne peut calculer au juste combien ce nombre se multiplioit dans tous les changemens de genre et de mode qui introduisoient de nouveaux *sons*.

Par rapport à leurs tétracordes, ils distinguoient les *sons* en deux classes générales; savoir, les *sons* stables et fixes dont l'accord ne changeoit jamais, et les *sons* mobiles dont l'accord changeoit avec l'espèce du genre : les premiers étoient huit en tout; savoir, les deux extrêmes de chaque tétracorde et la corde proslambanomène; les accords étoient aussi tout au moins au nombre de huit, quelquefois de neuf ou de dix, parce que deux *sons* voisins quelquefois se confondoient en un, et quelquefois se séparoient.

Ils divisoient derechef, dans les genres épais, les *sons* stables en deux espèces, dont l'une contenoit trois *sons*, appelés *apycni* ou *non-serrés*, parce qu'ils ne formoient au grave ni semi-tons ni moindres intervalles; ces trois *sons apycni* étoient la proslambanomène, la nète-synnéménon, et la nète-hyperboléon. L'autre espèce portoit le nom de *sons barypycni* ou *sons serrés*, parce qu'ils formoient le grave des petits intervalles : les *sons barypycni* étoient au nombre de cinq; savoir, l'hypate-hypaton, l'hypate-méson, la mèse, la paramèse et la nète-diézeugménon.

Les *sons* mobiles se subdivisoient pareillement en *sons mésopycni* ou moyens dans le serré, lesquels étoient aussi cinq en nombre; savoir, le second, en montant, de chaque tétracorde; et en cinq autres *sons*, appelés *oxipycni* ou sur-aigus, qui étoient le troisième, en montant, de chaque tétracorde. (Voyez TÉTRACORDE.)

A l'égard des douze *sons* du système moderne, l'accord n'en change jamais et ils sont tous immobiles. Brossard prétend qu'ils sont tous mobiles, fondé sur ce qu'ils peuvent être altérés par dièse ou bémol : mais autre chose est de changer de corde, et autre chose de changer l'accord d'une corde.

SON FIXE, *s. m.* Pour avoir ce qu'on appelle un son *fixe*, il faudroit s'assurer que ce *son* seroit toujours le même dans tous les temps et dans tous les lieux : or, il ne faut pas croire qu'il suffise pour cela d'avoir un tuyau, par exemple, d'une longueur déterminée ; car, premièrement, le tuyau restant toujours le même, la pesanteur de l'air ne restera pas pour cela toujours la même, le *son* changera et deviendra plus grave ou plus aigu, selon que l'air deviendra plus léger ou plus pesant ; par la même raison, le *son* du même tuyau changera encore avec la colonne de l'atmosphère, selon que ce même tuyau sera porté plus haut ou plus bas dans les montagnes ou dans les vallées.

En second lieu, ce même tuyau, quelle qu'en soit la matière, sera sujet aux variations que le chaud ou le froid cause dans les dimensions de tous les corps ; le tuyau se raccourcissant ou s'allongeant, deviendra proportionnellement plus aigu ou plus grave, et de ces deux causes combinées vient la difficulté d'avoir un *son fixe*, et presque l'impossibilité de s'assurer du même *son* dans deux lieux en même temps, ni dans deux temps en même lieu.

Si l'on pouvoit compter exactement les vibrations que fait un *son* dans un temps donné, l'on pourroit, par le même nombre des vibrations, s'assurer de l'identité du *son* ; mais ce calcul étant impossible, on ne peut s'assurer de cette identité du *son* que par celle des instrumens qui le donnent ; savoir, le tuyau, quant à ses dimensions, et l'air, quant à sa pesanteur. M. Sauveur proposa pour cela des moyens qui ne réussirent pas à l'expérience. M. Diderot en a proposé depuis de plus praticables et qui consistent à graduer un tuyau d'une longueur suffisante pour que les divisions y soient justes et sensibles, en le composant de deux parties mobiles par lesquelles on puisse l'allonger et l'accourcir selon les dimensions proportionnelles aux altérations de l'air, indiquées par le thermomètre quant à la température, et par le baromètre quant à la pesanteur. Voyez là-dessus les *Principes d'Acoustique* de cet auteur.

SON FONDAMENTAL. (Voyez FONDAMENTAL.)

SONS FLUTÉS. (Voyez SONS HARMONIQUES.)

SONS HARMONIQUES ou SONS FLUTÉS. Espèce singulière de *sons* qu'on tire de certains instrumens, tels que le violon et le violoncelle, par un mouvement particulier de l'archet qu'on approche davantage du chevalet, et en posant légèrement le doigt sur certaines divisions de la corde. Ces *sons* sont fort différens, pour le timbre et pour le ton, de ce qu'ils seroient si l'on appuyoit tout-à-fait le doigt. Quant au ton, par exemple, ils donneront la quinte quand ils donneroient la tierce, la tierce quand ils donneroient la sixte, etc. Quant aux timbres, ils sont beaucoup plus doux que ceux qu'on tire pleins de la même division, en faisant porter la corde sur le manche ; et c'est à cause de cette douceur qu'on les appelle *sons flûtés*. Il faut, pour en bien juger, avoir entendu M. Mondonville tirer sur son violon, ou M. Bertaud sur son violoncelle, des suites de ces beaux *sons*. En glissant légèrement le doigt de l'aigu au grave depuis le milieu d'une corde qu'on touche en même temps de l'archet en la manière susdite, on entend distinctement une succession de *sons harmoniques* du grave à l'aigu, qui étonne fort ceux qui n'en connoissent pas la théorie.

Le principe sur lequel cette théorie est fondée est qu'une corde étant divisée en deux parties commensurables entre elles, et par conséquent avec la corde entière, si l'obstacle qu'on met au point de division n'empêche qu'imparfaitement la communication des vibrations d'une partie à l'autre, toutes les fois qu'on fera sonner la corde dans cet état, elle rendra, non le *son* de la corde entière, ni celui de sa grande partie, mais celui de la plus petite partie, si elle mesure exactement l'autre, ou, si elle ne la mesure pas, le *son* de la plus grande aliquote commune à ces deux parties.

Qu'on divise une corde 6 en deux parties 4 et 2, le *son harmonique* résonnera par la longueur de la petite partie 2, qui est aliquote de la grande partie 4 ; mais si la corde 5 est divisée par 2 et 3, alors, comme la petite partie ne mesure pas la grande, le *son harmonique* ne résonnera que selon la moitié 1 de cette même petite partie, laquelle moitié est la plus grande commune mesure des deux parties 3 et 2, et de toute la corde 5.

Au moyen de cette loi tirée de l'observation et conforme aux expériences faites par M. Sauveur à l'Académie des Sciences, tout le merveilleux disparoît ; avec un calcul très-simple, on assigne pour chaque degré le *son harmonique* qui lui répond. Quant au doigt glissé le long de la corde, il ne donne qu'une suite de *sons harmoniques* qui se succèdent rapidement dans l'ordre qu'ils doivent avoir selon celui des divisions sur lesquelles on passe successivement le doigt, et les points qui ne forment pas des divisions exactes, ou qui en forment de trop composées, ne donnent aucun *son* sensible ou appréciable.

On trouvera, *Planche* G, *figure* 5, une table des *sons harmoniques*, qui peut en faciliter la recherche à ceux qui désirent de les pratiquer. La première colonne indique les *sons* que rendroient les divisions de l'instrument touchées en plein, et la seconde colonne montre les *sons flûtés* correspondans quand la corde est touchée harmoniquement.

Après la première octave, c'est-à-dire depuis le milieu de la corde en avançant vers le chevalet, on trouve les mêmes *sons harmoniques* dans le même ordre, sur les mêmes divisions de l'octave aiguë, c'est-à-dire la dix-neuvième sur la dixième mineure, la dix-septième sur la dixième majeure, etc.

Je n'ai fait, dans cette table, aucune mention des *sons harmoniques* relatifs à la seconde et à la septième : premièrement, parce que les divisions qui les forment n'ayant entre elles que des aliquotes fort petites, en rendroient les *sons* trop aigus pour être agréables, et trop difficiles à tirer par le coup d'archet; et de plus parce qu'il faudroit entrer dans des sous-divisions trop étendues, et qui ne peuvent s'admettre dans la pratique; car le *son harmonique* du *ton* majeur seroit la vingt-troisième, ou la triple octave de la seconde, et l'harmonique du *ton* mineur seroit la vingt-quatrième, ou la triple octave de la tierce mineure : mais quelle est l'oreille assez fine et la main assez juste pour distinguer et toucher à sa volonté un *ton* majeur ou un *ton* mineur?

Tout le jeu de la trompette marine est en *sons harmoniques*; ce qui fait qu'on n'en tire pas aisément toutes sortes de *sons*.

Sonate, *s. f.* Pièce de musique instrumentale composée de trois ou quatre morceaux consécutifs de caractères différens. La *sonate* est à peu près pour les instrumens ce qu'est la cantate pour la voix.

La *sonate* est faite ordinairement pour un seul instrument qui récite accompagné d'une basse-continue; et dans une telle composition on s'attache à tout ce qu'il y a de plus favorable pour faire briller l'instrument pour lequel on travaille, soit par le tour des chants, soit par le choix des sons qui conviennent le mieux à cette espèce d'instrument, soit par la hardiesse de l'exécution. Il y a aussi des *sonates* en trio, que les Italiens appellent plus communément *sinfonie;* mais quand elles passent trois parties, ou qu'il y en a quelqu'une récitante, elles prennent le nom de concerto. (Voyez Concerto.)

Il y a plusieurs sortes de *sonates*. Les Italiens les réduisent à deux espèces principales : l'une, qu'ils appellent *sonate da camera*, *sonates* de chambre, lesquelles sont composées de plusieurs airs familiers ou à danser, tels à peu près que ces recueils qu'on appelle en France des *suites;* l'autre espèce est appelée *sonate da chiesa*, *sonates* d'église, dans la composition desquelles il doit entrer plus de recherche, de travail, d'harmonie, et des chants plus convenables à la dignité du lieu. De quelque espèce que soient les *sonates*, elles commencent d'ordinaire par un adagio, et après avoir passé par deux ou trois mouvemens différens, finissent par un allegro ou un presto.

Aujourd'hui que les instrumens sont la partie la plus importante de la musique, les *sonates* sont extrêmement à la mode, de même que toute espèce de symphonie; le vocal n'en est guère que l'accessoire, et le chant accompagne l'accompagnement. Nous tenons ce mauvais goût de ceux qui, voulant introduire le tour de la musique italienne dans une langue qui n'en est pas susceptible, nous ont obligés de chercher à faire avec les instrumens ce qu'il nous est impossible de faire avec nos voix. J'ose prédire qu'un goût si peu naturel ne durera pas. La musique purement harmonique est peu de chose : pour plaire constamment, et prévenir l'ennui, elle doit s'élever au rang des arts d'imitation, mais son imitation n'est pas toujours immédiate comme celle de la poésie et de la peinture; la parole est le moyen par lequel la musique détermine le plus souvent l'objet dont elle nous offre l'image, et c'est par les sons touchans de la voix humaine que cette image éveille au fond du cœur le sentiment qu'elle doit y produire. Qui ne sent combien la pure symphonie, dans laquelle on ne cherche qu'à faire briller l'instrument, est loin de cette énergie? Toutes les folies du violon de M. Mondonville m'attendriront-elles comme deux sons de la voix de mademoiselle Le Maure? La symphonie anime le chant et ajoute à son expression, mais elle n'y supplée pas. Pour savoir ce que veulent dire tous ces fatras de *sonates* dont on est accablé, il faudroit faire comme ce peintre grossier, qui étoit obligé d'écrire au-dessous de ses figures, *C'est un arbre, c'est un homme, c'est un cheval.* Je n'oublierai jamais la saillie du célèbre Fontenelle, qui, se trouvant excédé de ces éternelles symphonies, s'écria tout haut dans un transport d'impatience : *Sonate, que me veux-tu?*

SONNER, *v. a.* et *n.* On dit en composition qu'une note *sonne* sur la basse, lorsqu'elle entre dans l'accord et fait harmonie ; à la différence des notes qui ne sont que de goût, et ne servent qu'à figurer, lesquelles ne *sonnent* point : on dit aussi *sonner* une note, un accord, pour dire, frapper ou faire entendre le son, l'harmonie de cette note ou de cet accord.

SONORE, *adj.* Qui rend du son. *Un métal sonore*; de là, *corps sonore.* (Voyez CORPS SONORE.)

Sonore se dit particulièrement et par excellence de tout ce qui rend des sons moelleux, forts, nets, justes et bien timbrés : *une cloche sonore; une voix sonore,* etc.

SOTTO-VOCE, *adv.* Ce mot italien marque, dans les lieux où il est écrit, qu'il ne faut chanter qu'à demi-voix, ou jouer qu'à demi-jeu : *mezzo-forte* et *mezza-voce* signifient la même chose.

SOUPIR. Silence équivalant à une noire, et qui se marque par un trait courbe approchant de la figure du 7 de chiffre, mais tourné en sens contraire, en cette sorte ⌐. (Voyez SILENCE, NOTES.)

SOURDINE, *s. f.* Petit instrument de cuivre ou d'argent, qu'on applique au chevalet du violon ou du violoncelle, pour rendre les sons plus sourds et plus foibles, en interceptant et gênant la vibration du corps entier de l'instrument. La *sourdine*, en affoiblissant les sons, change leur timbre et leur donne un caractère extrêmement attendrissant et triste. Les musiciens françois, qui pensent qu'un jeu doux produit le même effet que la *sourdine*, et qui n'aiment pas l'embarras de la placer et déplacer, ne s'en servent point; mais on en fait usage avec un grand effet dans tous les orchestres d'Italie, et c'est parce qu'on trouve souvent ce mot *sordini* écrit dans les symphonies, que j'en ai dû faire un article.

Il y a des *sourdines* aussi pour les cors de chasse, pour le clavecin, etc.

SOUS-DOMINANTE ou SOUDOMINANTE. Nom donné par M. Rameau, à la quatrième note du ton, laquelle est par conséquent au même intervalle de la tonique en descendant, qu'est la dominante en montant : cette dénomination vient de l'affinité que cet auteur trouve par renversement entre le mode mineur de la *sous-dominante*, et le mode majeur de la tonique. (Voyez HARMONIE.) Voyez aussi l'article qui suit.

SOUS-MÉDIANTE ou SOUMÉDIANTE. C'est aussi, dans le vocabulaire de M. Rameau, le nom de la sixième note du ton; mais cette *sous-médiante*, devant être au même intervalle de la tonique en dessous, qu'en est la médiante en dessus, doit faire tierce majeure sous cette tonique, et par conséquent tierce mineure sous la sous-dominante, et c'est sur cette analogie que le même M. Rameau établit le principe du mode mineur; mais il s'ensuivroit de là que le mode majeur d'une tonique, et le mode mineur de sa sous-dominante, devroient avoir une grande affinité; ce qui n'est pas, puisqu'au contraire il est très-rare qu'on passe d'un de ces deux modes à l'autre, et que l'échelle presque entière est altérée par une telle modulation.

Je puis me tromper dans l'acception des deux mots précédens, n'ayant pas sous les yeux, en écrivant cet article, les écrits de M. Rameau. Peut-être entend-il simplement, par *sous-dominante*, la note qui est un degré au-dessous de la dominante, et par *sous-médiante*, la note qui est un degré au-dessous de la médiante. Ce qui me tient en suspens entre ces deux sens, est que, dans l'un et dans l'autre, la sous-dominante est la même note *fa* pour le ton d'*ut* : mais il n'en seroit pas ainsi de la *sous-médiante*; elle seroit *la* dans le premier sens, et *re* dans le second. Le lecteur pourra vérifier lequel des deux est celui de M. Rameau; ce qu'il y a de sûr, est que celui que je donne est préférable pour l'usage de la composition.

Soutenir, *v. a. pris en sens neut.* C'est faire exactement durer les sons toute leur valeur sans les laisser éteindre avant la fin, comme font très-souvent les musiciens, et surtout les symphonistes.

Spiccato, *adj.* Mot italien, lequel, écrit sur la musique, indique des sons secs et bien détachés.

Spondaula, *s. m.* C'étoit, chez les anciens, un joueur de flûte ou autre semblable instrument, qui, pendant qu'on offroit le sacrifice, jouoit à l'oreille du prêtre quelque air convenable pour l'empêcher de rien écouter qui pût le distraire.

Ce mot est formé du grec σπενδις, *libation*, et αὐλὸς, *flûte*.

Spondéasme, *s. m.* C'étoit, dans les plus anciennes musiques grecques, une altération dans le genre harmonique, lorsqu'une corde étoit accidentellement élevée de trois dièses au-dessus de son accord ordinaire; de sorte que le *spondéasme* étoit précisément le contraire de l'*éclyse*.

Stables, *adj.* Sons ou cordes *stables* : c'étoient, outre la corde proslambanomène, les deux extrêmes de chaque tétracorde, desquels extrêmes sonnant ensemble le diatessaron ou la quarte, l'accord ne changeoit jamais comme faisoit celui des cordes du milieu, qu'on tendoit ou relâchoit suivant les genres, et qu'on appeloit pour cela *sons* ou *cordes mobiles*.

Style, *s. m.* Caractère distinctif de composition ou d'exécution. Ce caractère varie beaucoup selon les pays, le goût des peuples, le génie des auteurs : selon les matières, les lieux, les temps, les sujets, les expressions, etc.

On dit en France le *style* de Lully, de Rameau, de Mondonville, etc.; en Allemagne, on dit le *style* de Hasse, de Gluck, de Graun; en Italie, on dit le *style* de Léo, de Pergolèse, de Jomelli, de Buranello. Le *style* des musiques d'église n'est pas le même que celui des musiques pour le théâtre ou pour la chambre. Le *style* des compositions allemandes est sautillant, coupé, mais harmonieux. Le *style* des compositions françoises est fade, plat ou dur, mal cadencé, monotone; celui des compositions italiennes est fleuri, piquant, énergique.

Style dramatique ou imitatif, est un *style* propre à exciter ou peindre les passions : *style* d'église, est un *style* sérieux, majestueux, grave; *style* de motet, où l'artiste affecte de se montrer tel, et plutôt classique et savant qu'énergique ou affectueux; *style* hyporchématique, propre à la joie, au plaisir, à la danse, et plein de mouvemens vifs, gais et bien marqués : *style* symphonique ou instrumental. Comme chaque instrument a sa touche, son doigter, son caractère particulier, il a aussi son *style*. *Style* mélismatique ou naturel, et qui se présente le premier aux gens qui n'ont point appris : *style* de fantaisie, peu lié, plein d'idées, libre de toute contrainte; *style* choraïque ou dansant, lequel se divise en autant de branches différentes qu'il y a de caractères dans la danse, etc.

Les anciens avoient aussi leurs *styles* différens. (Voyez **Mode**, **Mélopée**.)

Sujet, *s. m.* Terme de composition : c'est la partie principale du dessein, l'idée qui sert de fondement à toutes les autres. (Voyez **Dessein**.) Toutes les autres parties ne demandent que de l'art et du travail; celle-ci seule dépend du génie, et c'est en elle que consiste l'invention.

Les principaux *sujets* en musique produisent des rondeaux, des imitations, des figures, etc. (Voyez ces mots.) Un compositeur stérile et froid, après avoir avec peine trouvé quelque mince *sujet*, ne fait que le retourner et le promener de modulation en modulation; mais l'artiste qui a de la chaleur et de l'imagination sait, sans laisser oublier son *sujet*, lui donner un air neuf chaque fois qu'il le représente.

Suite, *s. f.* (Voyez **Sonate**.)

Super-sus, *s. m.* Nom qu'on donnoit jadis aux dessus quand ils étoient très-aigus.

Supposition, *s. f.* Ce mot a deux sens en musique.

1° Lorsque plusieurs notes montent ou descendent *diatoniquement dans une* partie sur une même note d'une autre partie, alors ces notes diatoniques ne sauroient toutes faire harmonie, ni entrer à la fois dans le même accord : il y en a donc qu'on y compte pour rien, et ce sont ces notes étrangères à l'harmonie qu'on appelle notes par *supposition*.

La règle générale est, quand les notes sont égales, que toutes celles qui frappent sur le temps fort portent harmonie ; celles qui passent sur le temps foible sont des notes de *supposition*, qui ne sont mises que pour le chant et pour former des degrés conjoints. Remarquez que, par *temps fort* et *temps foible*, j'entends moins ici les principaux temps de la mesure que les parties mêmes de chaque temps : ainsi, s'il y a deux notes égales dans un même temps, c'est la première qui porte harmonie, la seconde est de *supposition* : si le temps est composé de quatre notes égales, la première et la troisième portent harmonie, la seconde et la quatrième sont des notes de *supposition*, etc.

Quelquefois on pervertit cet ordre, on passe la première note par *supposition*, et l'on fait porter la seconde; mais alors la valeur de cette seconde note est ordinairement augmentée par un point aux dépens de la première.

Tout ceci suppose toujours une marche diatonique, par degrés conjoints; car quand les degrés sont disjoints il n'y a point de *supposition*, et toutes les notes doivent entrer dans l'accord.

2° On appelle accords par *supposition* ceux où la basse-continue *ajoute* ou suppose un nouveau son au-dessous de la basse-fondamentale; ce qui fait que de tels accords excèdent toujours l'étendue de l'octave.

Les dissonances des accords par *supposition* doivent toujours être préparées par des syncopes, et sauvées en descendant diatoniquement sur des sons d'un accord sous lequel la même basse *supposée* puisse tenir comme basse-fondamentale, ou du moins comme basse-continue ; ce qui fait que les accords par *supposition*, bien examinés, peuvent tous passer pour de pures suspensions. (Voyez SUSPENSION.)

Il y a trois sortes d'accords par *supposition* : tous sont des accords de septième. La première, quand le son ajouté est une tierce au-dessous du son fondamental ; tel est l'accord de neuvième : si l'accord de neuvième est formé par la médiante ajoutée au-dessous de l'accord sensible en mode mineur, alors l'accord prend le nom de quinte superflue. La seconde espèce est quand le son supposé est une quinte au-dessous du fondamental, comme dans l'accord de quarte ou onzième : si l'accord est sensible et qu'on suppose la tonique, l'accord prend le nom de septième superflue. La troisième espèce est celle où le son supposé est au-dessous d'un accord de septième diminuée ; s'il est une tierce au-dessous, c'est-à-dire que le son supposé soit la dominante, l'accord s'appelle accord de seconde mineure et tierce majeure ; il est fort peu usité : si le son ajouté est une quinte au-dessous, ou que ce son soit la médiante, l'accord s'appelle accord de quarte et quinte superflue; et s'il est une septième au-dessous, c'est-à-dire la tonique elle-même, l'accord prend le nom de sixte mineure et septième superflue. A l'égard des renversemens de ces divers accords, où le son supposé se transporte dans les parties supérieures, n'étant admis que par licence, ils ne doivent être pratiqués qu'avec choix et circonspection. L'on trouvera au mot ACCORD tous ceux qui peuvent se tolérer.

SURAIGUES. Tétracorde des *suraiguës* ajouté par l'Arétin. (Voyez SYSTÈME.)

SURNUMÉRAIRE ou AJOUTÉE, *s. f.* C'étoit le nom de la plus basse corde du système des Grecs; ils l'appeloient en leur langue proslambanoménos. (Voyez ce mot.)

SUSPENSION, *s. f.* Il y a *suspension* dans tout accord sur la basse duquel on soutient un ou plusieurs sons de l'accord précédent avant que de passer à ceux qui lui appartiennent ; comme si, la basse passant de la tonique à la dominante, je prolonge encore quelques instans sur cette dominante l'accord de la tonique qui la précède avant de le résoudre sur le sien, c'est une *suspension*.

Il y a des *suspensions* qui se chiffrent et entrent dans l'harmonie : quand elles sont dissonantes, ce sont toujours des accords par supposition. (Voy. SUPPOSITION.) D'autres *suspensions* ne sont que de goût; mais, de quelque nature qu'elles soient, on doit toujours les assujettir aux trois règles suivantes.

I. La *suspension* doit toujours se faire sur le frappé de la mesure, ou du moins sur un temps fort.

II. Elle doit toujours se résoudre diatoniquement, soit en montant, soit en descendant, c'est-à-dire que chaque partie qui a suspendu ne doit ensuite monter ou descendre que d'un degré pour arriver à l'accord naturel de la note de basse qui a porté la *suspension*.

III. Toute *suspension* chiffrée doit se sauver en descendant, excepté la seule note sensible qui se sauve en montant.

Moyennant ces précautions, il n'y a point de *suspension* qu'on ne puisse pratiquer avec succès, parce qu'alors l'oreille, présentant sur la basse la marche des parties, suppose d'avance l'accord qui suit. Mais c'est au goût seul qu'il appartient de choisir et distribuer à propos les *suspensions* dans le chant et dans l'harmonie.

Syllabe, *s. f.* Ce nom a été donné par quelques anciens, et, entre autres, par Nicomaque, à la consonnance de la quarte, qu'ils appeloient communément diatessaron : ce qui prouve encore par l'étymologie qu'ils regardoient le tétracorde ainsi que nous regardons l'octave, comme comprenant tous les sons radicaux ou composans.

Symphoniaste, *s. m.* Compositeur de plain-chant. Ce terme est devenu technique depuis qu'il a été employé par M. l'abbé Le Beuf.

Symphonie, *s. f.* Ce mot, formé du grec σὺν, *avec*, et φωνή, *son*, signifie, dans la musique ancienne, cette union des sons qui forme un concert. C'est un sentiment reçu, et, je crois démontré, que les Grecs ne connoissoient pas l'harmonie dans le sens que nous donnons aujourd'hui à ce mot : ainsi leur *symphonie* ne formoit pas des accords, mais elle résultoit du concours de plusieurs voix ou de plusieurs instrumens, ou d'instrumens mêlés aux voix chantant ou jouant la même partie : cela se faisoit de deux manières : ou tout concertoit à l'unisson, et alors la symphonie s'appeloit plus particulièrement *homophonie ;* ou la moitié des concertans étoit à l'octave ou même à la double octave de l'autre, et cela se nommoit *antiphonie.* On trouve la preuve de ces distinctions dans les problèmes d'Aristote, section 19.

Aujourd'hui le mot de *symphonie* s'applique à toute musique instrumentale, tant des pièces qui ne sont destinées que pour les instrumens, comme les sonates et les concerto, que de celles où les instrumens se trouvent mêlés avec les voix, comme dans nos opéra et dans plusieurs autres sortes de musique : on distingue la musique vocale en musique sans *symphonie*, qui n'a d'autre accompagnement que la basse-continue; et musique avec *symphonie*, qui a au moins un dessus d'instrumens, violons, flûtes ou hautbois: on dit d'une pièce qu'elle est en grande *symphonie*, quand, outre la basse et les dessus, elle a encore deux autres parties instrumentales, savoir taille et quinte de violon. La musique de la chapelle du roi, celle de plusieurs églises, et celle des opéra sont presque toujours en grande *symphonie*.

Synaphe, *s. f.* Conjonction de deux tétracordes, ou, plus précisément, résonnance de quarte ou diatessaron, qui se fait entre les cordes homologues de deux tétracordes conjoints: ainsi il y a trois *synaphes* dans le système des Grecs : l'une entre le tétracorde des hypates et celui des mèses; l'autre, entre le tétracorde des mèses et celui des conjointes; et la troisième, entre le tétracorde des disjointes et celui des hyperbolées. (Voyez **Système**, **Tétracorde**.)

Synaulie, *s. f.* Concert de plusieurs musiciens, qui, dans la musique ancienne, jouoient et se répondoient alternativement sur des flûtes, sans aucun mélange de voix.

M. Malcolm, qui doute que les anciens eussent une musique composée uniquement pour les instrumens, ne laisse pas de citer cette *synaulie* après Athénée; et il a raison, car ces *synaulies* n'étoient autre chose qu'une musique vocale jouée par des instrumens.

Syncope, *s. f.* Prolongement sur le temps fort d'un son commencé sur le temps foible ; ainsi toute note et toute suite de notes *syncopées* est une marche à contre-temps.

Il faut remarquer que la *syncope* n'existe pas moins dans l'harmonie, quoique le son qui la forme, au lieu d'être continu, soit refrappé par deux ou plusieurs notes, pourvu que la disposition de ces notes qui répètent le même son soit conforme à la définition.

La *syncope* a ses usages dans la mélodie pour l'expression et le goût du chant; mais sa principale utilité est dans l'harmonie pour la pratique des dissonances. La première partie de la *syncope* sert à la préparation : la dissonance se frappe sur la seconde ; et, dans une succession de dissonances, la première partie de la *syncope* suivante sert en même temps à sauver la dissonance qui précède, et à préparer celle qui suit.

Syncope, de σὺν, *avec*, et de κόπτω, *je coupe*, je bats; parce que la *syncope* retranche de chaque temps, heurtant, pour ainsi dire, l'un avec l'autre. M. Rameau veut que ce mot vienne du choc des sons qui s'entre-heurtent en quelque sorte dans la dissonance ; mais les *syncopes* sont antérieures à notre harmonie, et il y a souvent des *syncopes* sans dissonances.

Synnéménon, *gén. plur. fém.* Tétracorde *synnéménon* ou des conjointes. C'est le nom que donnoient les Grecs à leur troisième tétracorde, quand il étoit conjoint avec le second et divisé d'avec le quatrième. Quand au contraire il étoit conjoint au quatrième et divisé du second, ce même tétracorde prenoit le nom de *diézeugménon* ou des divisés. Voyez ce mot. (Voyez aussi Tétracorde, Système.)

Synnéménon diatonos étoit, dans l'ancienne musique, la troisième corde du tétracorde *synnéménon* dans le genre diatonique ; et comme cette troisième corde étoit la même que la seconde corde du tétracorde des disjointes, elle portoit aussi dans ce tétracorde le nom de *trite diézeugménon*. (Voyez Trite, Système, Tétracorde.)

Cette même corde dans les deux autres genres portoit le nom du genre où elle étoit employée, mais alors elle ne se confondoit pas avec la trite diézeugménon. (Voyez Genre.)

Syntonique ou dur, *adj.* C'est l'épithète par laquelle Aristoxène distingue celle des deux espèces du genre diatonique ordinaire, dont le tétracorde est divisé en un semi-*ton* et deux *tons* égaux ; au lieu que dans le diatonique mol, après le semi-*ton*, le premier intervalle est de trois-quarts de *ton*, et le second de cinq. (Voyez Genre, Tétracorde.)

Outre le genre *syntonique* d'Aristoxène, appelé aussi *diatono-diatonique,* Ptolomée en établit un autre par lequel il divise le tétracorde en trois intervalles : le premier, d'un semi-ton majeur ; le second, d'un *ton* majeur, et le troisième, d'un *ton* mineur. Ce diatonique dur ou *syntonique* de Ptolomée nous est resté ; et c'est aussi la diatonique unique de Dydime ; à cette différence près, que Dydime ayant mis ce *ton* mineur au grave, et le *ton* majeur à l'aigu, Ptolomée renversa cet ordre.

On verra d'un coup d'œil la différence de ces deux genres *syntoniques* par les rapports des intervalles qui composent le tétracorde dans l'un et dans l'autre.

Syntonique d'Aristoxène, $\frac{3}{20} + \frac{6}{20} + \frac{6}{20} = \frac{3}{4}$

Syntonique de Ptolomée, $\frac{15}{16} + \frac{8}{9} + \frac{9}{10} = \frac{3}{4}$

Il y avoit d'autres *syntoniques* encore ; et l'on en comptoit quatre espèces principales ; savoir, l'ancien, le réformé, le tempéré et l'égal : mais c'est perdre son temps et abuser de celui du lecteur que de le promener par toutes ces divisions.

Syntono-lydien, *adj.* Nom d'un des modes de l'ancienne musique. Platon dit que les modes mixo-lydien et syntono-lydien sont propres aux larmes.

On voit dans le premier livre d'Aristide Quintilien une liste des divers modes, qu'il ne faut pas confondre avec les tons qui portent le même nom, et dont j'ai parlé sous le mot *mode,* pour me conformer à l'usage moderne, introduit fort mal à propos par Glaréan. Les modes étoient des manières différentes de varier l'ordre des intervalles. Les tons différoient, comme aujourd'hui, par leurs cordes fondamentales. C'est dans le premier sens qu'il faut entendre le mode syntono-lydien, dont parle Platon, et duquel nous n'avons, au reste, aucune explication.

Système, *s. m.* Ce mot, ayant plusieurs acceptions dont je ne puis parler que successivement, me forcera d'en faire un très-long article.

Pour commencer par le sens propre et technique, je dirai d'abord qu'on donne le nom de *système* à tout intervalle composé ou conçu comme composé d'autres intervalles plus petits, lesquels, considérés comme les élémens du *système*, s'appellent *diastème*. (Voyez Diastème.)

Il y a une infinité d'intervalles différens, et par conséquent aussi une infinité de *systèmes* possibles. Pour me borner ici à quelque chose de réel, je parlerai seulement des *systèmes* harmoniques, c'est-à-dire de ceux dont les élémens sont ou des consonnances, ou des différences des consonnances, ou des différences de ces différences. (Voyez Intervalle.)

Les anciens divisoient les *systèmes* en généraux et particuliers : ils appeloient *système particulier* tout composé d'au moins deux intervalles; tels que sont ou peuvent être conçues l'octave, la quinte, la quarte, la sixte, et même la tierce. J'ai parlé des *systèmes* particuliers au mot INTERVALLE.

Les *systèmes* généraux, qu'ils appeloient plus communément *diagrammes*, étoient formés par la somme de tous les *systèmes* particuliers, et comprenoient par conséquent tous les sons employés dans la musique. Je me borne ici à l'examen de leur *système* dans le genre diatonique, les différences du chromatique et de l'enharmonique étant suffisamment expliquées à leurs mots.

On doit juger de l'état des progrès de l'ancien *système* par ceux des instrumens destinés à l'exécution ; car ces instrumens accompagnant à l'unisson les voix, et jouant tout ce qu'elles chantoient, devoient former autant de sons différens qu'il en entroit dans le *système* : or les cordes de ces premiers instrumens se touchoient toujours à vide; il y falloit donc autant de cordes que le *système* renfermoit de sons ; et c'est ainsi que, dès l'origine de la musique, on peut, sur le nombre des cordes de l'instrument, déterminer le nombre des sons du *système*. Tout le *système* des Grecs ne fut donc d'abord composé que de quatre sons tout au plus, qui formoient l'accord de leur lyre ou cithare : ces quatre sons, selon quelques-uns, étoient par degrés conjoints; selon d'autres ils n'étoient pas diatoniques, mais les deux extrêmes sonnoient l'octave, et les deux moyens la partageoient en une quarte de chaque côté et un *ton* dans le milieu, de la manière suivante :

Ut — trite-diézeugménon.
Sol — lichanos-méson.
Fa — parhypate-méson.
Ut — parhypate-hypaton.

C'est ce que Boëce appelle le tétracorde de Mercure, quoique Diodore avance que la lyre de Mercure n'avoit que trois cordes. Ce *système* ne demeura pas long-temps borné à si peu de sons; Chorèbe, fils d'Athis, roi de Lydie, y ajouta une cinquième corde; Hyagnis, une sixième; Terpandre, une septième, pour égaler le nombre des planètes; et enfin Lichaon de Samos, la huitième.

Voilà ce que dit Boëce : mais Pline dit que Terpandre, ayant ajouté trois cordes aux quatre anciennes, joua le premier de la cithare à sept cordes; que Simonide y en joignit une huitième, et Timothée une neuvième. Nicomaque le Gérasénien attribue cette huitième corde à Pythagore, la neuvième à Théophraste de Piérie, puis une dixième à Hystiée de Colophon, et une onzième à Timothée de Milet. Phérécrate, dans Plutarque, fait faire au *système* un progrès plus rapide : il donne douze cordes à la cithare de Ménalippide, et autant à celle de Timothée. Et comme Phérécrate étoit contemporain de ces musiciens, en supposant qu'il a dit en effet ce que Plutarque lui fait dire, son témoignage est d'un grand poids sur un fait qu'il avoit sous les yeux.

Mais comment s'assurer de la vérité parmi tant de contradictions, soit dans la doctrine des auteurs, soit dans l'ordre des faits qu'ils rapportent? Par exemple, le tétracorde de Mercure donne évidemment l'octave ou le diapason : comment donc s'est-il pu faire qu'après l'addition de trois cordes, tout le diagramme se soit trouvé diminué d'un degré et réduit à un intervalle de septième? c'est pourtant ce que font entendre la plupart des auteurs, et entre autres, Nicomaque, qui dit que Pythagore trouvant tout le *système* composé seulement de deux tétracordes conjoints, qui formoient entre leurs extrémités un intervalle dissonant, il le rendit consonnant en divisant ces deux tétracordes par l'intervalle d'un ton, ce qui produisit l'octave.

Quoi qu'il en soit, c'est du moins une chose certaine que le *système* des Grecs s'étendit insensiblement tant en haut qu'en bas, et qu'il atteignit et passa même l'étendue du dis-diapason ou de la double octave ; étendues qu'ils appelèrent *systema perfectum, maximum, immutatum*, le grand *système*, le *système* parfait, immuable par excellence : à cause qu'entre ses extrémités, qui formoient entre elles une consonnance parfaite, étoient contenues toutes les consonnances simples, doubles, directes et renversées, tous les *systèmes* particuliers, et, selon eux, les plus grands intervalles qui puissent avoir lieu dans la mélodie.

Ce *système* entier étoit composé de quatre tétracordes, trois conjoints et un disjoint, et d'un *ton* de plus, qui fut ajouté au-dessous du tout pour achever la double octave; d'où la corde qui le formoit prit le nom de *proslambanomène* ou d'*ajoutée*. Cela n'auroit dû, ce semble, produire que quinze sons dans le genre diatonique ; il y en avoit pourtant seize ; c'est que la disjonction se faisant sentir, tantôt entre le second et le troisième tétracorde, tantôt entre le troisième et le quatrième, il arrivoit dans le premier cas, qu'après le son *la* le plus aigu du second tétracorde, suivoit en montant le *si* naturel, qui commençoit le troisième tétracorde, ou bien, dans le second cas, que ce même son *la* commençant lui-même le troisième tétracorde, étoit immédiatement suivi du *si* bémol ; car le premier degré de chaque tétracorde dans le genre diatonique étoit toujours d'un semi-ton : cette différence produisoit donc un seizième de son, à cause du *si* qu'on avoit naturel d'un côté et bémol de l'autre. Les seize sons étoient représentés par dix-huit noms : c'est-à-dire que l'*ut* et le *re* étant ou les sons aigus ou les sons moyens du troisième tétracorde, selon ces deux cas de disjonction, l'on donnoit à chacun de ces deux sons un nom qui déterminoit sa position.

Mais comme le son fondamental varioit selon le mode, il s'ensuivoit pour le lieu qu'occupoit chaque mode dans le *système* total une différence du grave à l'aigu qui multiplioit beaucoup les sons ; car si les divers modes avoient plusieurs sons communs, ils en avoient aussi de particuliers à chacun ou à quelques-uns seulement : ainsi dans le seul genre diatonique, l'étendue de tous les sons admis dans les quinze modes dénombrés par Alypius est de trois octaves ; et, comme la différence du son fondamental de chaque mode à celui de son voisin étoit seulement d'un semi-ton, il est évident que tout cet espace gradué de semi-ton en semi-ton produisoit, dans le diagramme général, la quantité de 54 sons pratiqués dans la musique ancienne ; que si, déduisant toutes les répliques des mêmes sons, on se renferme dans les bornes d'une octave, on la trouvera divisée chromatiquement en douze sons différens, comme dans la musique moderne : ce qui est manifeste par l'inspection des tables mises par Meibomius à la tête de l'ouvrage d'Alypius. Ces remarques sont nécessaires pour guérir l'erreur de ceux qui croient, sur la foi de quelques modernes, que la musique ancienne n'étoit composée en tout que de seize sons.

On trouvera (*Planche* H, *figure* 2) une table du *système* général des Grecs pris dans un seul mode et dans le genre diatonique. A l'égard des genres enharmonique et chromatique, les tétracordes s'y trouvoient bien divisés selon d'autres proportions ; mais comme ils contenoient toujours également quatre sons et trois intervalles consécutifs, de même que le genre diatonique, ces sons portoient chacun dans leur genre le même nom qui leur correspondoit dans celui-ci ; c'est pourquoi je ne donne point de tables particulières pour chacun de ces genres : les curieux pourront consulter celles que Meibomius a mises à la tête de l'ouvrage d'Aristoxène : on y en trouvera six ; une pour le genre enharmonique, trois pour le chromatique et deux pour le diatonique, selon les dispositions de chacun de ces genres dans le *système* aristoxénien.

Tel fut, dans sa perfection, le *système* général des Grecs, lequel demeura à peu près dans cet état jusqu'à l'onzième siècle, temps où Gui d'Arezzo y fit des changemens considérables : il ajouta dans le bas une nouvelle corde qu'il appela *hypoproslambanomène*, ou *sous-ajoutée*, et dans le haut un cinquième tétracorde, qu'il appela le tétracorde des sur-aiguës : outre cela, il inventa, dit-on, le bémol, nécessaire pour distinguer la deuxième corde d'un tétracorde conjoint d'avec la première corde du même tétracorde disjoint ; c'est-à-dire qu'il fixa cette double signification de la lettre B, que saint Grégoire, avant lui, avoit déjà assignée à la note *si* ; car, puisqu'il est certain que les Grecs avoient depuis long-temps ces mêmes conjonctions et disjonctions de tétracordes, et par conséquent des signes pour en exprimer chaque degré dans ces deux différens cas, il s'ensuit que ce n'étoit pas un nouveau son introduit dans le *système* par Gui, mais seulement un nouveau nom qu'il donnoit à ce son, réduisant ainsi à un même degré ce qui en faisoit deux chez les Grecs. Il faut dire aussi de ces hexacordes substitués à leurs tétracordes que ce fut moins un changement au *système* qu'à la méthode, et que tout celui qui en résultoit étoit une autre manière de solfier les mêmes sons. (Voyez Gamme, Muance, Solfier.)

On conçoit aisément que l'invention du contre-point, à quelque auteur qu'elle soit due, dut bientôt reculer encore les bornes de ce *système*. Quatre parties doivent avoir plus d'étendue qu'une seule. Le *système* fut fixé à quatre octaves, et c'est l'étendue du clavier de toutes les anciennes orgues. Mais on s'est enfin trouvé gêné par des limites, quelque espace qu'elles pussent contenir ; on les a franchies, on s'est étendu en haut et en bas ; on a fait des claviers à ravalement ; on a démanché sans cesse ; on a forcé les voix ; et enfin l'on s'est tant donné de carrière à cet égard, que le *système* moderne n'a plus d'autres bornes dans le haut que le chevalet du violon. Comme on ne peut pas de même démancher pour descendre, la plus basse corde des basses ordinaires ne passe pas encore le C *sol ut* : mais on trouvera également le moyen de gagner de ce côté-là en baissant le ton du *système* général : c'est même ce qu'on a déjà commencé de faire ; et je tiens pour certain qu'en France le ton de l'Opéra est plus bas aujourd'hui qu'il ne l'étoit du temps de Lulli : au contraire, celui de la musique instrumentale est monté comme en Italie, et ces différences commencent même à devenir assez sensibles pour qu'on s'en aperçoive dans la pratique.

Voyez (*Planche* 1, *figure* 1) une table générale du grand clavier à ravalement, et de tous les sons qui y sont contenus dans l'étendue de cinq octaves.

SYSTÈME est encore, ou une méthode de calcul pour déterminer les rapports des sons admis dans la musique, ou un ordre de signes établis pour les exprimer : c'est dans le premier sens que les anciens distinguoient le *système* pythagoricien et le *système* aristoxénien. (Voyez ces mots.) C'est dans le second que nous distinguons aujourd'hui le *système* de Gui, le *système* de Sauveur, de Démos, du P. Souhaitti, etc., desquels il a été parlé au mot *note*.

Il faut remarquer que quelques-uns de ces *systèmes* portent ce nom dans l'une et dans l'autre acception, comme celui de M. Sauveur, qui donne à la fois des règles pour déterminer les rapports des sons, et des notes pour les exprimer, comme on peut le voir dans les Mémoires de cet auteur, répandus dans ceux de l'Académie des Sciences. (Voyez aussi les mots MÉRIDE, EPTAMÉRIDE, DÉCAMÉRIDE.)

Tel est encore un autre *système* plus nouveau, lequel étant demeuré manuscrit, et destiné peut-être à n'être jamais vu du public en entier, vaut la peine que nous en donnions ici l'extrait, qui nous a été communiqué par l'auteur, M. Roualle de Boisgelou, conseiller au Grand-Conseil, déjà cité dans quelques articles de ce dictionnaire(*).

Il s'agit premièrement de déterminer le rapport exact des sons dans le genre diatonique et dans le chromatique ; ce qui se faisant d'une manière uniforme pour tous les tons, fait par conséquent évanouir le tempérament.

Tout le *système* de M. de Boisgelou est sommairement renfermé dans les quatre formules que je vais transcrire, après avoir rappelé au lecteur les règles établies en divers endroits de ce dictionnaire sur la manière de comparer et composer les intervalles ou les rapports qui les expriment. On se souviendra donc,

1. Que, pour ajouter un intervalle à un autre, il faut en composer les rapports : ainsi, par exemple, ajoutant la quinte $\frac{2}{3}$ à la quarte $\frac{3}{4}$, on a $\frac{6}{12}$ ou $\frac{1}{2}$; savoir l'octave ;

2. Que, pour ajouter un intervalle à lui-même, il ne faut qu'en doubler le rapport : ainsi, pour ajouter une quinte à une autre quinte, il ne faut qu'élever le rapport de la quinte à sa seconde puissance $\frac{2^2}{3^2} = \frac{4}{9}$;

5. Que, pour rapprocher ou simplifier un intervalle redoublé, tel que celui $\frac{4}{9}$, il suffit d'ajouter le petit nombre à lui-même une ou plusieurs fois, c'est-à-dire d'abaisser les octaves jusqu'à ce que les deux termes, étant aussi rapprochés qu'il est possible, donnent un intervalle simple : ainsi de $\frac{4}{9}$, faisant $\frac{8}{9}$, on a pour le produit de la quinte redoublée le rapport du *ton* majeur.

J'ajouterai que dans ce dictionnaire j'ai toujours exprimé les rapports des intervalles par ceux des vibrations, au lieu que M. de Boisge-

(*) M. de Boisgelou, disent les auteurs du *Dictionnaire des Musiciens* (art. *Boisgelou*), est l'auteur d'une théorie musicale dont le but étoit de trouver entre les intervalles, en y appliquant le calcul, des rapports qui fussent symétriques. Rousseau, ajoutent les mêmes auteurs, a dénaturé le système de M. de Boisgelou parce qu'il ne l'entendoit pas ; mais il a été rétabli depuis par M. Surremain-Missery, qui est arrivé aux mêmes résultats par des voies différentes, et en a étendu les applications théoriques. Voyez dans le même Dictionnaire l'article *Surremain-Missery*. — Le célèbre Dionis du Séjour fut à la fois l'élève et l'ami de M. de Boisgelou. G. P.

l'ou les exprime par les longueurs des cordes; ce qui rend ses expressions inverses des miennes : ainsi le rapport de la quinte par les vibrations étant $\frac{2}{3}$, est $\frac{3}{2}$ par les longueurs des cordes. Mais on va voir que ce rapport n'est qu'approché dans le *système* de M. de Boisgelou.

Voici maintenant les quatre formules de cet auteur avec leurs explications

FORMULES.

A. $12s - 7r \pm t = 0$.
B. $12x - 5t \pm r = 0$
C. $7s - 4r \pm x = 0$.
D. $7x - 4t \pm s = 0$.

EXPLICATION.

Rapport de l'octave. . . . . . $2 : 1$.
Rapport de la quinte. . . . . $n : 1$.
Rapport de la quarte. . . . . . $2 : n$.

Rapport de l'intervalle qui vient de quinte $n^r : 2^s$.
Rapport de l'intervalle qui vient de quarte $2^s : n^r$.

r. Nombre de quintes ou de quartes de l'intervalle.
s. Nombre d'octaves combinées de l'intervalle.
t. Nombre de semi-tons de l'intervalle.
x. Gradation diatonique de l'intervalle, c'est-à-dire nombre des secondes diatoniques majeures et mineures de l'intervalle.
$x \pm 1$. Gradation des termes d'où l'intervalle tire son nom.

Le premier cas de chaque formule a lieu lorsque l'intervalle vient de quintes.

Le second cas de chaque formule a lieu lorsque l'intervalle vient de quartes.

Pour rendre ceci plus clair par des exemples, commençons par donner des noms à chacune des douze touches du clavier.

Ces noms, dans l'arrangement du clavier proposé par M. de Boisgelou (*Planche* I, *figure* 5), sont les suivans :

Ut de re ma mi fa fi sol be la sa si.

Tout intervalle est formé par la progression de quintes ou par celles de quartes ramenées à l'octave : par exemple, l'intervalle *si ut* est formé par cette progression de 5 quartes *si mi la re sol ut*; ou par cette progression de 7 quintes *si fi de be ma sa fa ut.*

De même l'intervalle *fa la* est formé par cette progression de 4 quintes *fa ut sol re la*, ou par cette progression de 8 quartes *fa sa ma be de fi si mi la.*

De ce que le rapport de tout intervalle qui vient de quintes est $n^r : 2^s$, et que celui qui vient de quartes est $2^s : n^r$, il s'ensuit qu'on a pour le rapport de l'intervalle *si ut*, quand il vient de quartes, cette proportion de $2^s : n^r :: 2^3 : n^5$. Et si l'intervalle *si ut* vient de quintes, on a cette proportion $n^r : 2^s :: n^7 : 2^4$. Voici comment on prouve cette analogie.

Le nombre de quartes, d'où vient l'intervalle *si ut*, étant de 5, le rapport de cet intervalle est de $2^5 : n^5$, puisque le rapport de la quarte est de $2 : n$.

Mais ce rapport $2^5 : n^5$ désigneroit un intervalle de 2^5 semi-tons, puisque chaque quarte a 5 semi-tons, et que cet intervalle a 5 quartes : ainsi l'octave n'ayant que 12 semi tons, l'intervalle *si ut* passeroit deux octaves.

Donc, pour que l'intervalle *si ut* soit moindre que l'octave, il faut diminuer ce rapport $2^5 : n^5$ de deux octaves, c'est-à-dire du rapport de $2 : 1$; ce qui se fait par un rapport composé du rapport direct $2^5 : n^5$, et du rapport $1 : 2^2$, inverse de celui $2^2 : 1$, en cette sorte : $2^5 \times 1 : n^5 \times 2^2 :: 2^2 : 2^2 n^5 :: 2^3 : n^5$.

Or, l'intervalle *si ut* venant de quartes, son rapport, comme il a été dit ci-devant, est $2^s : n^r$; donc $2^s : n^r :: 2^3 : n^5$, donc $s = 5$, et $r = 5$.

Ainsi réduisant les lettres du second cas de chaque formule aux nombres correspondans, on a pour C, $7s - 4r - x = 21 - 20 - 1 = 0$, et pour D, $7x - 4t - s = 7 - 4 - 3 = 0$.

Lorsque le même intervalle *si ut* vient de quintes, il donne cette proportion $n^r : 2 :: n^7 : 2^4$: ainsi l'on a $r = 7$, $s = 4$, et par conséquent, pour A de la première formule, $12\frac{s}{1} - 7r \pm t = 48 - 49 + 1 = 0$; et pour B, $12x - 5t \pm r = 12 - 5 - 7 = 0$.

De même l'intervalle *fa la* venant de quinte, donne cette proportion $n^r : 2^s :: n^4 : 2^2$, et par conséquent on a $r = 4$ et $s = 2$. Le même intervalle venant de quartes, donne cette proportion $2^s : n^r :: 2^5 : n^8$, etc. Il seroit trop long d'expliquer ici comment on peut trouver les rapports et tout ce qui regarde les intervalles par le moyen des formules. Ce sera mettre un lecteur attentif sur la route que de lui donner les valeurs de n et de ses puissances.

Valeurs des puissances de n :

$n^4 = 5$, c'est un fait d'expérience,
Donc $n^8 = 25$. $n^{12} = 125$, etc.

Valeurs précises des trois premières puissances de n :

$$n = \sqrt[4]{5},\ n^2 = \sqrt{5},\ n^3 = \sqrt[8]{125}.$$

Valeurs approchées des trois premières puissances de n :

$$n = \frac{3}{2},\ n^3 = \frac{3^2}{2^3},\ n^3 = \frac{3^3}{2^3}$$

Donc le rapport $\frac{1}{2}$, qu'on a cru jusqu'ici être celui de la quinte juste, n'est qu'un rapport d'approximation, et donne une quinte trop forte; et de là le véritable principe du tempérament, qu'on ne peut appeler ainsi que par abus, puisque la quinte doit être foible pour être juste.

REMARQUES SUR LES INTERVALLES.

Un intervalle d'un nombre donné de semi-tons a toujours deux rapports différens; l'un comme venant de quintes, et l'autre comme venant de quartes. La somme des deux valeurs de r dans ces deux rapports égale 12, et la somme des deux valeurs de s égale 7. Celui des deux rapports de quintes ou de quartes, dans lequel r est le plus petit, est l'intervalle diatonique, l'autre est l'intervalle chromatique : ainsi l'intervalle *si ut*, qui a ces deux rapports $2^3 : n^5$ et $n^7 : 2^4$, est un intervalle diatonique comme venant de quartes, et son rapport est $2^3 : n^5$; mais ce même intervalle *si ut* est chromatique comme venant de quintes, et son rapport est $n^7 : 2^4$, parce que dans le premier cas $r = 5$ est moindre que $r = 7$ du second cas.

Au contraire, l'intervalle *fa la*, qui a ces deux rapports $n^4 : 2^2$ et $2^5 : n^8$, est diatonique dans le premier cas où il vient de quintes, et chromatique dans le second où il vient de quartes.

L'intervalle *si ut*, diatonique, est une seconde mineure; l'intervalle *si ut*, chromatique, ou plutôt l'intervalle *si si* dièse (car alors *ut* est pris pour *si* dièse) est un unisson superflu.

L'intervalle *fa la*, diatonique, est une tierce majeure; l'intervalle *fa la*, chromatique, ou plutôt l'intervalle *mi* dièse *la* (car alors *fa* est pris comme *mi* dièse), est une quarte diminuée; ainsi des autres.

Il est évident 1° qu'à chaque intervalle diatonique correspond un intervalle chromatique d'un même nombre de semi-tons, *et vice versâ*. Ces deux intervalles de même nombre de semi-tons, l'un diatonique et l'autre chromatique, sont appelés intervalles correspondans.

2° Que quand la valeur de r est égale à un de ces nombres 0, 1, 2, 3, 4, 5, 6, l'intervalle est diatonique, soit que cet intervalle vienne de quintes ou de quartes; mais que si r est égal à un de ces nombres 6, 7, 8, 9, 10, 11, 12, l'intervalle est chromatique.

3° Que lorsque $r = 6$, l'intervalle est en même temps diatonique et chromatique, soit qu'il vienne de quintes ou de quartes; tels sont les deux intervalles *fa si*, appelé triton, et *si fa*, appelé fausse-quinte; le triton *fa si* est dans le rapport $n : 2^3$, et vient de six quintes; la fausse-quinte *si fa* est dans le rapport $2^4 : n^6$, et vient de six quartes : où l'on voit que dans les deux cas on a $r = 6$: ainsi le triton, comme intervalle diatonique, est une quarte majeure; et, comme intervalle chromatique, une quarte superflue : la fausse-quinte *si fa*, comme intervalle diatonique, est une quinte mineure; comme intervalle chromatique, une quinte diminuée. Il n'y a que ces deux intervalles et leurs répliques qui soient dans le cas d'être en même temps diatoniques et chromatiques.

Les intervalles diatoniques de même nom, *et conséquemment de même gradation*, se divisent en majeurs et mineurs. Les intervalles chromatiques se divisent en diminués et superflus. A chaque intervalle diatonique mineur correspond un intervalle chromatique superflu, et à chaque intervalle diatonique majeur correspond un intervalle chromatique diminué.

Tout intervalle, en montant, qui vient de quintes, est majeur ou diminué, selon que cet intervalle est diatonique ou chromatique, et réciproquement tout intervalle majeur ou diminué vient de quintes.

Tout intervalle en montant, qui vient de quartes, est mineur ou superflu, selon que cet intervalle est diatonique ou chromatique; et *vice versâ*, tout intervalle mineur ou superflu vient de quartes.

Ce seroit le contraire si l'intervalle étoit pris en descendant.

De deux intervalles correspondans, c'est-à-dire l'un diatonique et l'autre chromatique, et qui par conséquent viennent l'un de quintes et l'autre de quartes, le plus grand est celui qui vient de quartes, et il surpasse celui qui vient de quintes, quant à la gradation, d'une unité, et, quant à l'intonation, d'un intervalle dont le rapport est $2^7 : n^{12}$; c'est-à-dire 128, 125. Cet intervalle est la seconde diminuée, appelée communément grand comma ou quart-de-ton; et voilà la porte ouverte au genre enharmonique.

Pour achever de mettre les lecteurs sur la voie des formules propres à perfectionner la théorie de la musique, je transcrirai (*Planche* I, *figure* 4) les deux tables de progressions dressées par M. de Boisgelou, par lesquelles on voit d'un coup d'œil les rapports de chaque intervalle et les puissances des termes de ces rapports selon le nombre de quartes ou de quintes qui les composent.

On voit, dans ces formules, que les semi-tons sont réellement les intervalles primitifs et élémentaires qui composent tous les autres; ce qui a engagé l'auteur à faire, pour ce même *système*, un changement considérable dans les caractères, en divisant chromatiquement la portée par intervalles ou degrés égaux et tous d'un semi-ton; au lieu que, dans la musique ordinaire, chacun de ces degrés est tantôt un comma, tantôt un semi-ton, tantôt un *ton*, et tantôt un *ton* et demi; ce qui laisse à l'œil l'équivoque et à l'esprit le doute de l'intervalle, puisque, les degrés étant les mêmes, les intervalles sont tantôt les mêmes et tantôt différens.

Pour cette réforme, il suffit de faire la portée de dix lignes au lieu de cinq, et d'assigner à chaque position une des douze notes du clavier chromatique, ci-devant indiqué, selon l'ordre de ces notes, lesquelles, restant ainsi toujours les mêmes, déterminent leurs intervalles avec la dernière précision, et rendent absolument inutiles tous les dièses, bémols ou bécarres, dans quelque ton qu'on puisse être, et tant à la clef qu'accidentellement. (Voyez la *Planche* I, où vous trouverez, *figure* 6, l'échelle chromatique sans dièse ni bémol, et *figure* 7, l'échelle diatonique). Pour peu qu'on s'exerce sur cette nouvelle manière de noter et de lire la musique, on sera surpris de la netteté, de la simplicité qu'elle donne à la note, et de la facilité qu'elle apporte dans l'exécution, sans qu'il soit possible d'y voir aucun autre inconvénient que de remplir un peu plus d'espace sur le papier, et peut-être de papilloter un peu aux yeux dans les vitesses par la multitude des lignes, surtout dans la symphonie.

Mais comme ce *système* de notes est absolument chromatique, il me paroît que c'est un inconvénient d'y laisser subsister les dénominations des degrés diatoniques, et que, selon M. de Boisgelou, *ut re* ne devroit pas être une seconde, mais une tierce, ni *ut mi* une tierce, mais une quinte; ni *ut ut* une octave, mais une douzième, puisque chaque semi-ton formant réellement un degré sur la note, devroit en prendre aussi la dénomination; alors $x + 1$ étant toujours égal à t dans les formules de cet auteur, ces formules se trouveroient extrêmement simplifiées. Du reste, ce *système* me paroît également profond et avantageux; il seroit à désirer qu'il fût développé et publié par l'auteur, ou par quelque habile théoricien.

SYSTÈME, enfin, est l'assemblage des règles de l'harmonie, tirées de quelques principes communs qui les rassemblent, qui forment leur liaison, desquels elles découlent, et par lesquels on en rend raison.

Jusqu'à notre siècle l'harmonie, née successivement et comme par hasard, n'a eu que des règles éparses, établies par l'oreille, confirmées par l'usage, et qui paroissoient absolument arbitraires. M. Rameau est le premier qui, par le *système* de la basse-fondamentale, a donné des principes à ces règles. Son *système*, sur lequel ce dictionnaire a été composé, s'y trouvant suffisamment développé dans les principaux articles, ne sera point exposé dans celui-ci, qui n'est déjà que trop long, et que ces répétitions superflues allongeroient encore à l'excès : d'ailleurs l'objet de cet ouvrage ne m'oblige pas d'exposer tous les *systèmes*, mais seulement de bien expliquer ce que c'est qu'un *système*, et d'éclaircir au besoin cette explication par des exemples. Ceux qui voudront voir le *système* de M. Rameau, si obscur, si diffus dans ses écrits, exposé avec une clarté dont on ne l'auroit pas cru susceptible, pourront recourir aux *Élémens de Musique* de M. d'Alembert.

M. Serre, de Genève, ayant trouvé les principes de M. Rameau insuffisans à bien des égards, imagina un autre *système* sur le sien, dans lequel il prétend montrer que toute l'harmonie porte sur une double basse-fondamentale; et comme cet auteur, ayant voyagé en Italie, n'ignoroit pas les expériences de M. Tartini, il en composa, en les joignant avec celles de M. Rameau, un *système* mixte, qu'il fit imprimer à Paris en 1753, sous ce titre, *Essais sur les principes de l'Harmonie* (*), etc. La facilité que chacun a de consulter cet ouvrage, et l'avantage qu'on trouve à le lire en entier, me dispensent aussi d'en rendre compte au public.

Il n'en est pas de même de celui de l'illustre M. Tartini, dont il me reste à parler, lequel étant écrit en langue étrangère, souvent profond et toujours diffus, n'est à portée d'être consulté que de peu de gens, dont même la plupart sont rebutés par l'obscurité du livre avant d'en pouvoir sentir les beautés. Je ferai le plus brièvement qu'il me sera possible l'extrait de ce nouveau *système*, qui, s'il n'est pas celui de la nature, est au moins, de tous ceux qu'on a publiés jusqu'ici, celui dont le principe est le plus simple, et duquel toutes les lois de l'harmonie paroissent naître le moins arbitrairement.

SYSTÈME DE M. TARTINI.

Il y a trois manières de calculer les rapports des sons.

I. En coupant sur le monocorde la corde entière en ses parties par des chevalets mobiles, les vibrations ou les sons seront en raison inverse des longueurs de la corde et de ses parties.

II. En tendant, par des poids inégaux, des cordes égales, les sons seront comme les racines carrées des poids.

III. En tendant, par des poids égaux, des cordes égales en grosseur et inégales en longueur, ou égales en longueur et inégales en grosseur, les sons seront en raison inverse des racines carrées de la dimension où se trouve la différence.

En général, les sons sont toujours entre eux en raison inverse des racines cubiques des corps sonores. Or, les sons des cordes s'altèrent de trois manières : savoir, en altérant, ou la grosseur, c'est-à-dire le diamètre de la grosseur, ou la longueur, ou la tension : si tout cela est égal, les cordes sont à l'unisson ; si l'une de ces choses seulement est altérée, les sons suivent en raison inverse les rapports des altérations; si deux ou toutes les trois sont altérées, les sons sont en raison inverse comme les racines des rapports composés des altérations. Tels sont les principes de tous les phénomènes qu'on observe en comparant les rapports des sons et ceux des dimensions des corps sonores.

Ceci compris, ayant mis les registres convenables, touchez sur l'orgue la pédale qui rend la plus basse note marquée dans la *Planche* I, *figure* 7, toutes les autres notes marquées au-dessus résonneront en même temps, et cependant vous n'entendrez que le son le plus grave.

Les sons de cette série confondus dans le son grave formeront dans leurs rapports la suite naturelle des fractions $\frac{1}{1}\frac{1}{2}\frac{1}{3}\frac{1}{4}\frac{1}{5}\frac{1}{6}$, etc., laquelle suite est en progression harmonique.

Cette même série sera celle de cordes égales tendues par des poids qui seroient comme les carrés $\frac{1}{1}\frac{1}{4}\frac{1}{9}\frac{1}{16}\frac{1}{25}\frac{1}{36}$, etc., des mêmes fractions susdites.

Et les sons que rendroient ces cordes sont les mêmes exprimés en notes dans l'exemple.

Ainsi donc tous les sons qui sont en progression harmonique depuis l'unité se réunissent pour n'en former qu'un sensible à l'oreille,

(*) M. Serre a réclamé contre ces assertions dans une Lettre aux éditeurs de Genève, où il assure n'avoir jamais été en Italie, et n'avoir eu aucune connoissance ni des expériences, ni de la théorie musicale de M. Tartini avant l'année 1756. Cette lettre de M. Serre a été insérée dans le tome II du *Supplément* de l'édition de Genève. On y apprend qu'indépendamment de ses *Essais*, il a publié des *Observations sur le principe de l'harmonie*, imprimées à Genève en 1762, et que la seconde partie de cet ouvrage est consacrée à l'*Analyse critique du Traité de musique* de M. Tartini. G. P.

et tout le *système* harmonique se trouve dans l'unité.

Il n'y a dans un son quelconque que ses aliquotes qu'il fasse résonner, parce que dans toute autre fraction, comme seroit celle-ci $\frac{3}{5}$, il se trouve après la division de la corde en parties égales, un reste dont les vibrations heurtent, arrêtent les vibrations des parties égales, et en sont réciproquement heurtées ; de sorte que, des deux sons qui en résulteroient, le plus foible est détruit par le choc de tous les autres.

Or, les aliquotes étant toutes comprises dans la série des fractions $\frac{1}{1}\ \frac{1}{2}\ \frac{1}{3}\ \frac{1}{4}$, etc., ci-devant donnée, chacune de ces aliquotes est ce que M. Tartini appelle unité ou monade harmonique, du concours desquelles résulte un son : ainsi, toute l'harmonie étant nécessairement comprise entre la monade ou l'unité composante et le son plein ou l'unité composée, il s'ensuit que l'harmonie a, des deux côtés, l'unité pour terme, et consiste essentiellement dans l'unité.

L'expérience suivante, qui sert de principe à toute l'harmonie artificielle, met encore cette vérité dans un plus grand jour.

Toutes les fois que deux sons forts, justes et soutenus, se font entendre au même instant, il résulte de leur choc un troisième son, plus ou moins sensible, à proportion de la simplicité du rapport des deux premiers et de la finesse d'oreilles des écoutans.

Pour rendre cette expérience aussi sensible qu'il est possible, il faut placer deux hautbois bien d'accord à quelques pas d'intervalle, et se mettre entre deux à égale distance de l'un et de l'autre; à défaut de hautbois on peut prendre deux violons, qui, bien que le son en soit moins fort, peuvent, en touchant avec force et justesse, suffire pour faire distinguer le troisième son.

La production de ce troisième son par chacune de nos consonnances est telle que la montre la table (*Pl.* I, *fig.* 8), et l'on peut la poursuivre au-delà des consonnances par tous les intervalles représentés par les aliquotes de l'unité.

L'octave n'en donne aucun, et c'est le seul intervalle excepté.

La quinte donne l'unisson du son grave, unisson qu'avec de l'attention l'on ne laisse pas de distinguer.

Les troisièmes sons produits par les autres intervalles sont tous au grave.

La quarte donne l'octave du son aigu.

La tierce majeure donne l'octave du son grave; et la sixte mineure, qui est renversée, donne la double octave du son aigu.

La tierce mineure donne la dixième majeure du son grave ; mais la sixte majeure, qui en est renversée, ne donne que la dixième majeure du son aigu.

Le *ton* majeur donne la quinzième ou double octave du son grave.

Le *ton* mineur donne la dix-septième, ou la double octave de la tierce majeure du son aigu.

Le *semi-ton* majeur donne la vingt-deuxième, ou triple-octave du son aigu.

Enfin le *semi-ton* mineur donne la vingt-sixième du son grave.

On voit, par la comparaison des quatre derniers intervalles, qu'un changement peu sensible dans l'intervalle change très-sensiblement le son produit ou fondamental : ainsi, dans le *ton* majeur, rapprochez l'intervalle en abaissant le ton supérieur, ou élevant l'inférieur seulement d'un $\frac{80}{81}$, aussitôt le son produit descendra d'un ton. Faites la même opération sur le *semi-ton* majeur, et le son produit descendra d'une quinte.

Quoique la production du troisième son ne se borne pas à ces intervalles, nos notes n'en pouvant exprimer de plus composé, il est pour le présent inutile d'aller au-delà de ceux-ci.

On voit dans la suite régulière des consonnances qui composent cette table qu'elles se rapportent toutes à une basse commune, et produisent toutes exactement le même troisième son.

Voilà donc, par ce nouveau phénomène, une démonstration physique de l'unité du principe de l'harmonie.

Dans les sciences physico-mathématiques, telles que la musique, les démonstrations doivent bien être géométriques, mais déduites physiquement de la chose démontrée : c'est alors seulement que l'union du calcul à la physique fournit, dans les vérités établies sur l'expérience et démontrées géométriquement, les vrais principes de l'art ; autrement la géométrie seule donnera des théorèmes certains, mais sans usages dans la pratique ; la physique donnera des faits particuliers, mais isolés, sans liaison entre eux et sans aucune loi générale.

Le principe physique de l'harmonie est un, comme nous venons de le voir, et se résout dans la proportion harmonique : or ces deux propriétés conviennent au cercle ; car nous verrons bientôt qu'on y retrouve les deux unités extrêmes de la monade et du son ; et quant à la proportion harmonique, elle s'y trouve aussi, puisque dans quelque point C (*Planche* I, *figure* 9) que l'on coupe inégalement le diamètre A B, le carré de l'ordonnée C D sera moyen proportionnel harmonique entre les deux rectangles des parties A C et C B du diamètre par le rayon, propriété qui suffit pour établir la nature harmonique du cercle : car bien que les ordonnées soient moyennes géométriques entre les parties du diamètre, les carrés de ces ordonnées étant moyens harmoniques entre les rectangles, leurs rapports représentent d'autant plus exactement ceux des cordes sonores, que les rapports de ces cordes ou des poids tendans sont aussi comme les carrés, tandis que les sons sont comme les racines.

Maintenant, du diamètre A B (*Planche* I, *figure* 10), divisé selon la série des fractions $\frac{1}{1}\,\frac{1}{2}\,\frac{1}{3}\,\frac{1}{4}\,\frac{1}{5}\,\frac{1}{6}$, lesquelles sont en progression harmonique, soient tirées les ordonnées C, CC ; G, GG ; c, cc ; e, ee ; et g, gg.

Le diamètre représente une corde sonore qui, divisée en mêmes raisons, donne les sons indiqués dans l'exemple O de la même *Planche*, *figure* 11.

Pour éviter les fractions, donnons 60 parties au diamètre, les sections contiendront ces nombres entiers $BC = \frac{1}{2} = 30$, $BG = \frac{1}{3} = 20$; $Bc = \frac{1}{4} = 15$, $Be = \frac{1}{5} = 12$; $Bg = \frac{1}{6} = 10$.

Des points où les ordonnées coupent le cercle tirons de part et d'autre des cordes aux deux extrémités du diamètre ; la somme du carré de chaque corde et du carré de la corde correspondante, que j'appelle son complément, sera toujours égale au carré du diamètre ; les carrés des cordes seront entre eux comme les abscisses correspondantes, par conséquent aussi en progression harmonique, et représenteront de même l'exemple O, à l'exception du premier son.

Les carrés des complémens de ces mêmes cordes seront entre eux comme les complémens des abscisses au diamètre, par conséquent dans les raisons suivantes :

$$\overline{A\,C}^2 = \tfrac{1}{2} = 30.$$
$$\overline{A\,G}^2 = \tfrac{2}{3} = 40.$$
$$\overline{A\,c}^2 = \tfrac{3}{4} = 45.$$
$$\overline{A\,e}^2 = \tfrac{4}{5} = 48.$$
$$\overline{A\,g}^2 = \tfrac{5}{6} = 50.$$

et représenteront les sons de l'exemple P ; sur lequel on doit remarquer en passant que cet exemple, comparé au suivant Q et au précédent O, donne le fondement naturel de la règle des mouvemens contraires.

Les carrés des ordonnées seront au carré 5600 du diamètre dans les raisons suivantes :

$$\overline{A\,B}^2 = 1 = 5600.$$
$$\overline{G,\,C\,C}^2 = \tfrac{1}{4} = 900.$$
$$\overline{G,\,G\,G}^2 = \tfrac{2}{9} = 800.$$
$$\overline{c,\,c\,c}^2 = \tfrac{5}{16} = 675.$$
$$\overline{e,\,e\,e}^2 = \tfrac{4}{25} = 576.$$
$$\overline{g,\,g\,g}^2 = \tfrac{5}{56} = 500.$$

et représenteront les sons de l'exemple Q.

Or cette dernière série, qui n'a point d'homologue dans les divisions du diamètre, et sans laquelle on ne sauroit pourtant compléter le *système* harmonique, montre la nécessité de chercher dans les propriétés du cercle les vrais fondemens du *système*, qu'on ne peut trouver, ni dans la ligne droite, ni dans les seuls nombres abstraits.

Je passe à dessein toutes les autres propositions de M. Tartini sur la nature arithmétique, harmonique et géométrique du cercle, de même que sur les bornes de la série harmonique donnée par la raison sextuple, parce que ses preuves, énoncées seulement en chiffres, n'établissent aucune démonstration générale ;

que, de plus, comparant souvent des grandeurs hétérogènes, il trouve des proportions où l'on ne sauroit même voir de rapport : ainsi, quand il croit prouver que le carré d'une ligne est moyen proportionnel d'une telle raison, il ne prouve autre chose sinon que tel nombre est moyen proportionnel entre deux tels autres nombres; car les surfaces et les nombres abstraits n'étant point de même nature, ne peuvent se comparer. M. Tartini sent cette difficulté, et s'efforce de la prévenir : on peut voir ses raisonnemens dans son livre.

Cette théorie établie, il s'agit maintenant d'en déduire les faits donnés, et les règles de l'art harmonique.

L'octave, qui n'engendre aucun son fondamental n'étant point essentielle à l'harmonie, peut être retranchée des parties constitutives de l'accord : ainsi l'accord, réduit à sa plus grande simplicité, doit être considéré sans elle; alors il est composé seulement de ces trois termes $1\ \frac{1}{3}\ \frac{1}{5}$, lesquels sont en proportion harmonique, et où les deux monades $\frac{1}{3}\ \frac{1}{5}$ sont les seuls vrais élémens de l'unité sonore, qui porte le nom d'accord parfait; car la fraction $\frac{1}{4}$ est élément de l'octave $\frac{1}{2}$, et la fraction $\frac{1}{6}$ est octave de la monade $\frac{1}{3}$.

Cet accord parfait, $1\ \frac{1}{3}\ \frac{1}{5}$, produit par une seule corde et dont les termes sont en proportion harmonique, est la loi générale de la nature, qui sert de base à toute la science des sons, loi que la physique peut tenter d'expliquer, mais dont l'explication est inutile aux règles de l'harmonie.

Les calculs des cordes et des poids tendans servent à donner en nombre les rapports des sons, qu'on ne peut considérer comme des quantités qu'à la faveur de ces calculs.

Le troisième son, engendré par le concours de deux autres, est comme le produit de leurs quantités; et quand, dans une catégorie commune, ce troisième son se trouve toujours le même, quoique engendré par des intervalles différens, c'est que les produits des générateurs sont égaux entre eux.

Ceci se déduit manifestement des propositions précédentes.

Quel est, par exemple, le troisième son qui résulte de CB et de GB (*Pl.* I, *fig.* 10)? c'est l'unisson de CB. Pourquoi? parce que, dans les deux proportions harmoniques dont les carrés des deux ordonnées C, CC, et G, GG, sont moyens proportionnels, les sommes des extrêmes sont égales entre elles, et par conséquent produisent le même son commun CB, ou C, CC.

En effet la somme des deux rectangles de BC par C, CC, et de AC par C, CC est égale à la somme des deux rectangles de BG par C, CC, et de GA par C, CC; car chacune de ces deux sommes est égale à deux fois le carré du rayon : d'où il suit que le son C, CC ou CB, doit être commun aux deux cordes; or ce son est précisément la note Q de l'exemple O.

Quelques ordonnées que vous puissiez prendre dans le cercle pour les comparer deux à deux, ou même trois à trois, elles engendreront toujours le même troisième son représenté par la note Q, parce que les rectangles des deux parties du diamètre par le rayon donneront toujours des sommes égales.

Mais l'octave XQ n'engendre que des harmoniques à l'aigu, et point de son fondamental, parce qu'on ne peut élever d'ordonnée sur l'extrémité du diamètre, et que par conséquent le diamètre et le rayon ne sauroient, dans leurs proportions harmoniques, avoir aucun produit commun.

Au lieu de diviser harmoniquement le diamètre par les fractions $\frac{1}{2}\ \frac{1}{3}\ \frac{1}{4}\ \frac{1}{5}\ \frac{1}{6}$, qui donnent le *système* naturel de l'accord majeur, si on le divise arithmétiquement en six parties égales, on aura le *système* de l'accord majeur renversé, et ce renversement donne exactement l'accord mineur; car (*Pl.* I, *fig.* 12) une de ces parties donnera la dix-neuvième, c'est-à-dire la double octave de la quinte; deux donneront la douzième ou l'octave de la quinte; trois donneront l'octave; quatre, la quinte; et cinq, la tierce mineure.

Mais sitôt qu'unissant deux de ces sons, on cherchera le troisième son qu'ils engendrent, ces deux sons simultanés, au lieu du son C (*figure* 1^{3}), ne produiront jamais pour fondamentale que le son Eb; ce qui prouve que ni l'accord mineur ni son mode ne sont donnés par la nature; que si l'on fait consonner deux ou plusieurs intervalles de l'accord mineur, les sons fondamentaux se multiplieront, et, relativement à ces sons, on entendra plusieurs accords majeurs à la fois, sans aucun accord mineur.

Ainsi, par expérience faite en présence de huit célèbres professeurs de musique, deux hautbois et un violon sonnant ensemble les notes blanches marquées dans la portée A (*Pl.* G, *fig.* 5) on entendoit distinctement les sons marqués en noir dans la même figure, savoir, ceux qui sont marqués à part dans la portée B pour les intervalles qui sont au-dessus, et ceux marqués dans la portée C, aussi pour les intervalles qui sont au-dessus.

En jugeant de l'horrible cacophonie qui devoit résulter de cet ensemble, on doit conclure que toute musique en mode mineur seroit insupportable à l'oreille si les intervalles étoient assez justes et les instrumens assez forts pour rendre les sons engendrés aussi sensibles que les générateurs.

On me permettra de remarquer, en passant, que l'inverse des deux modes, marquée dans la figure 15, ne se borne pas à l'accord fondamental qui les constitue, mais qu'on peut l'étendre à toute la suite d'un chant et d'une harmonie qui, notée en sens direct dans le mode majeur, lorsqu'on renverse le papier et qu'on met des clefs à la fin des lignes devenues le commencement, présente à rebours une autre suite de chant et d'harmonie en mode mineur, exactement inverse de la première, où les basses deviennent les dessus, et *vice versâ*. C'est ici la clef de la manière de composer ces doubles canons dont j'ai parlé au mot CANON. M. Serre, ci-devant cité, lequel a très-bien exposé dans son livre cette curiosité harmonique, annonce une symphonie de cette espèce composée par M. de Morambert, qui avoit dû la faire graver : c'étoit mieux fait assurément que de la faire exécuter; une composition de cette nature doit être meilleure à présenter aux yeux qu'aux oreilles.

Nous venons de voir que de la division harmonique du diamètre résulte le mode majeur, et de la division arithmétique le mode mineur : c'est d'ailleurs un fait connu de tous les théoriciens que les rapports de l'accord mineur se trouvent dans la division arithmétique de la quinte; pour trouver le premier fondement du mode mineur dans le *système* harmonique, il suffit donc de montrer dans ce *système* la division arithmétique dans la quinte.

Tout le *système* harmonique est fondé sur la raison double, rapport de la corde entière a son octave, ou du diamètre au rayon, et sur la raison sesquialtère, qui donne le premier son harmonique ou fondamental auquel se rapportent tous les autres.

Or si (*Pl.* I, *fig.* 11), dans la raison double, on compare successivement la deuxième note G, et la troisième F de la série P au son fondamental Q, et à son octave grave, qui est la corde entière, on trouvera que la première est moyenne harmonique, et la seconde moyenne arithmétique entre ces deux termes.

De même, si dans la raison sesquialtère on compare successivement la quatrième note *e*, et la cinquième *e b* de la même série à la corde entière et à sa quinte G, on trouvera que la quatrième *e* est moyenne harmonique, et la cinquième *e b* moyenne arithmétique entre les deux termes de cette quinte : donc le mode mineur étant fondé sur la division arithmétique de la quinte, et la note *e b*, prise dans la série des complémens du *système* harmonique, donnant cette division, le mode mineur est fondé sur cette note dans le *système* harmonique.

Après avoir trouvé toutes les consonnances dans la division harmonique du diamètre donnée par l'exemple O, le mode majeur dans l'ordre direct de ces consonnances, le mode mineur de leur ordre rétrograde, et dans leurs complémens représentés par l'exemple P, il nous reste à examiner le troisième exemple Q, qui exprime en notes les rapports des carrés des ordonnées, et qui donne le *système* des dissonances.

Si l'on joint par accords simultanés, c'est-à-dire par consonnances, les intervalles successifs de l'exemple O, comme on a fait dans la *fig.* 8, *même Planche*, l'on trouvera que carrer les ordonnées c'est doubler l'intervalle qu'elles représentent : ainsi ajoutant un troisième son qui représente le carré, ce son ajouté doublera toujours l'intervalle de la consonnance, comme on le voit *fig.* 4 de la *Planche* G.

Ainsi (*Pl.* I, *fig.* 11) la première note K de l'exemple Q double l'octave, premier intervalle de l'exemple O; la deuxième note L double la quinte, second intervalle; la troisième note M double la quarte, troisième intervalle, etc.; et c'est ce doublement d'intervalles qu'exprime la *fig.* 4 de la *Planche* G.

Laissant à part l'octave du premier intervalle, qui, n'engendrant aucun son fondamental, ne doit point passer pour harmonique, la note ajoutée L forme, avec les deux qui sont au-dessous d'elles, une proportion continue géométrique en raison sesquialtère; et les suivantes, doublant toujours les intervalles, forment aussi toujours des proportions géométriques.

Mais les proportions et progressions harmonique et arithmétique qui constituent le *système* consonnant majeur et mineur, sont opposées par leur nature à la progression géométrique, puisque celle-ci résulte essentiellement des mêmes rapports, et les autres de rapports toujours différens; donc, si les deux proportions harmonique et arithmétique sont consonnantes, la proportion géométrique sera dissonante nécessairement, et par conséquent le *système* qui résulte de l'exemple Q sera le *système* des dissonances : mais ce *système*, tiré des carrés des ordonnées, est lié aux deux précédens, tirés des carrés des cordes; donc le *système* dissonant est lié de même au *système* universel harmonique.

Il suit de là, 1° que tout accord sera dissonant lorsqu'il contiendra deux intervalles semblables autres que l'octave, soit que ces deux intervalles se trouvent conjoints ou séparés dans l'accord; 2° que de ces deux intervalles, celui qui appartiendra au *système* harmonique ou arithmétique sera consonnant, et l'autre dissonant : ainsi dans les deux exemples S. T. d'accords dissonans (*Pl.* G, *fig.* 6), les intervalles G C et *c e* sont consonnans, et les intervalles C F et *e g* dissonans.

En rapportant maintenant chaque terme de la série dissonante au son fondamental ou engendré C de la série harmonique, on trouvera que les dissonances qui résulteront de ce rapport seront les suivantes, et les seules directes qu'on puisse établir sur le *système* harmonique.

I. La première est la neuvième ou double quinte L (*fig.* 4).

II. La seconde est l'onzième, qu'il ne faut pas confondre avec la simple quarte, attendu que la première quarte ou quarte simple G C, étant dans le *système* harmonique particulier, est consonnante; ce que n'est pas la deuxième quarte ou onzième C M, étrangère à ce même *système*.

III. La troisième est la douzième ou quinte superflue que M. Tartini appelle *accord de nouvelle invention*, ou parce qu'il en a le premier trouvé le principe, ou parce que l'accord sensible sur la médiante en mode mineur, que nous appelons quinte superflue, n'a jamais été admis en Italie à cause de son horrible dureté. Voyez (*Pl.* K, *fig.* 5) la pratique de cet accord à la françoise, et (*fig.* 5) la pratique du même accord à l'italienne.

Avant que d'achever l'énumération commencée, je dois remarquer que la même distinction des deux quartes, consonnante et dissonante, que j'ai faite ci-devant, se doit entendre de même des deux tierces majeures de cet accord et des deux tierces mineures de l'accord suivant.

IV. La quatrième et dernière dissonance donnée par la série est la quatorzième H (*Pl.* G, *fig.* 4), c'est-à-dire l'octave de la septième; quatorzième qu'on ne réduit au simple que par licence et selon le droit qu'on s'est attribué dans l'usage de confondre indifféremment les octaves.

Si le *système* dissonant se déduit du *système* harmonique, les règles de préparer et sauver les dissonances ne s'en déduisent pas moins, et l'on voit, dans la série harmonique et consonnante, la préparation de tous les sons de la série arithmétique; en effet, comparant les trois séries O P Q, on trouve toujours dans la progression successive des sons de la série O, non-seulement, comme on vient de voir, les raisons simples, qui, doublées, donnent les sons de la série Q, mais encore les mêmes intervalles que forment entre eux les sons des deux P et Q, de sorte que la série O prépare toujours antérieurement ce que donnent ensuite les deux séries P et Q.

Ainsi le premier intervalle de la série O est celui de la corde à vide à son octave, et l'octave est aussi l'intervalle ou accord que donne le premier son de la série Q, comparé au premier son de la série P.

De même le second intervalle de la série O (comptant toujours de la corde entière) est une douzième; l'intervalle ou accord du second son de la série Q, comparé au second son de la série P, est aussi une douzième; le troisième, de part et d'autre, est une double octave, et ainsi de suite.

De plus, si l'on compare la série P à la corde entière (*Planche* K, *figure* 6), on trouvera exactement les mêmes intervalles que donne antérieurement la série O, savoir, octave, quinte, quarte, tierce majeure, et tierce mineure.

D'où il suit que la série harmonique particulière donne avec précision non-seulement l'exemplaire et le modèle des deux séries arithmétique et géométrique, qu'elle engendre et qui complètent avec elle le système harmonique universel, mais aussi prescrit à l'une l'ordre de ses sons, et prépare à l'autre l'emploi de ses dissonances.

Cette préparation, donnée par la série harmonique, est exactement la même qui est établie dans la pratique, car la neuvième, doublée de la quinte, se prépare aussi par un mouvement de quinte; l'onzième, doublée de la quarte, se prépare par un mouvement de quarte; la douzième ou quinte superflue, doublée de la tierce majeure, se prépare par un mouvement de tierce majeure; enfin la quatorzième ou la fausse-quinte, doublée de la tierce mineure, se prépare aussi par un mouvement de tierce mineure.

Il est vrai qu'il ne faut pas chercher ces préparations dans des marches appelées fondamentales dans le système de M. Rameau, mais qui ne sont pas telles dans celui de M. Tartini; et il est vrai encore qu'on prépare les mêmes dissonances de beaucoup d'autres manières, soit par des renversemens d'harmonie, soit par des basses substituées; mais tout découle toujours du même principe, et ce n'est pas ici le lieu d'entrer dans le détail des règles.

Celle de résoudre et sauver les dissonances naît du même principe que leur préparation; car comme chaque dissonance est préparée par le rapport antécédent du *système* harmonique, de même elle est sauvée par le rapport conséquent du même *système*.

Ainsi, dans la série harmonique, le rapport $\frac{2}{3}$ ou le progrès de quinte étant celui dont la neuvième est préparée et doublée, le rapport suivant $\frac{3}{4}$ ou progrès de quarte, est celui dont cette même neuvième doit être sauvée : la neuvième doit donc descendre d'un degré pour venir chercher dans la série harmonique l'unisson de ce deuxième progrès, et par conséquent l'octave du son fondamental. (*Pl.* G, *fig.* 7.)

En suivant la même méthode, on trouvera que l'onzième F doit descendre de même d'un degré sur l'unisson E de la série harmonique selon le rapport correspondant $\frac{4}{5}$, que la douzième ou quinte superflue G dièse doit redescendre sur le même G naturel selon le rapport $\frac{5}{6}$; où l'on voit la raison, jusqu'ici tout-à-fait ignorée, pourquoi la basse doit monter pour préparer les dissonances, et pourquoi le dessus doit descendre pour les sauver : on peut remarquer aussi que la septième, qui, dans le système de M. Rameau, est la première et presque l'unique dissonance, est la dernière en rang dans celui de M. Tartini; tant il faut que ces deux auteurs soient opposés en toute chose!

Si l'on a bien compris les générations et analogies des trois ordres ou systèmes, tous fondés sur le premier, donné par la nature, et tous représentés par les parties du cercle ou par leurs puissances, on trouvera, 1° que le *système* harmonique particulier, qui donne le mode majeur, est produit par la division sextuple en progression harmonique du diamètre ou de la corde entière, considérée comme l'unité; 2° que le *système* arithmétique, d'où résulte le mode mineur, est produit par la série arithmétique des complémens, prenant le moindre terme pour l'unité, et l'élevant de terme en terme jusqu'à la raison sextuple, qui donne enfin le diamètre ou la corde entière; 3° que le *système* géométrique ou dissonant est aussi tiré du *système* harmonique particulier, en doublant la raison de chaque intervalle; d'où il *suit que le système harmonique du mode* majeur, le seul immédiatement donné par la nature, sert de principe et de fondement aux deux autres.

Par ce qui a été dit jusqu'ici, on voit que le *système* harmonique n'est point composé de parties qui se réunissent pour former un tout, mais qu'au contraire, c'est de la division du tout ou de l'unité intégrale que se tirent les parties; que l'accord ne se forme point des sons, mais qu'il les donne; et qu'enfin partout où le système harmonique a lieu, l'harmonie ne dérive point de la mélodie, mais la mélodie de l'harmonie.

Les élémens de la mélodie diatonique sont contenus dans les degrés successifs de l'échelle ou octave commune du mode majeur commençant par C, de laquelle se tire aussi l'échelle du mode mineur commençant par A.

Cette échelle, n'étant pas exactement dans l'ordre des aliquotes, n'est pas non plus celle que donnent les divisions naturelles des cors, trompettes marines, et autres instrumens semblables, comme on peut le voir dans la *figure* 1 de la *planche* K par la comparaison de ces deux échelles, comparaison qui montre en même temps la cause des tons faux donnés par ces instrumens : cependant l'échelle commune, pour n'être pas d'accord avec la série des aliquotes, n'en a pas moins une origine physique et naturelle qu'il faut développer.

La portion de la première série O (*Pl.* I, *fig.* 10), qui détermine le *système* harmonique, est la sesquialtère ou quinte C G, c'est-à-dire l'octave harmoniquement divisée : or les deux termes qui correspondent à ceux-là dans la série P des complémens (*figure* 11), sont les notes G F ; ces deux cordes sont moyennes, l'une harmonique, et l'autre arithmétique, entre la corde entière et sa moitié, ou entre le diamètre et le rayon ; et ces deux moyennes G et F, se rapportant toutes deux à la même fondamentale, déterminent le ton et même le mode, puisque la proportion harmonique y domine et qu'elles paroissent avant la génération du mode mineur : n'ayant donc d'autre loi que celle qui est déterminée par la série harmonique dont elles dérivent, elles doivent en porter l'une et l'autre le caractère, savoir, l'accord parfait majeur, composé de tierce majeure et de quinte.

Si donc on rapporte et range successivement selon l'ordre le plus rapproché les notes qui constituent ces trois accords, on aura très-exactement, tant en notes musicales qu'en rapports numériques, l'octave ou échelle diatonique ordinaire rigoureusement établie.

En notes, la chose est évidente par la seule opération.

En rapports numériques, cela se prouve presque aussi facilement : car supposant 360 pour la longueur de la corde entière, ces trois notes C, G, F, seront comme 180, 240, 270 ; leurs accords seront comme dans la *figure* 8, *Planche* G, et l'échelle entière qui s'en déduit sera dans les rapports marqués *Planche* K, *figure* 2, où l'on voit que tous les intervalles sont justes, excepté l'accord parfait D F A, dans lequel la quinte D A est foible d'un comma, de même que la tierce mineure D F, à cause du *ton* mineur D E ; mais dans tout *système* ce défaut ou l'équivalent est inévitable.

Quant aux autres altérations que la nécessité d'employer les mêmes touches en divers tons introduit dans notre échelle, voyez TEMPÉRAMENT.

L'échelle une fois établie, le principal usage des trois notes C, G, F, dont elle est tirée, est la formation des cadences, qui, donnant un progrès de notes fondamentales de l'une à l'autre, sont la base de toute la modulation : G étant moyen harmonique, et F moyen arithmétique entre les deux termes de l'octave, le passage du moyen à l'extrême forme une cadence qui tire son nom du moyen qui la produit : G C est donc une cadence harmonique, F C une cadence arithmétique ; et l'on appelle cadence mixte celle qui, du moyen arithmétique passant au moyen harmonique, se compose des deux avant de se résoudre sur l'extrême. (*Planche* K, *figure* 4.)

De ces trois cadences, l'harmonique est la principale et la première en ordre, son effet est d'une harmonie mâle, forte et terminant un sens absolu ; l'arithmétique est foible, douce, et laisse encore quelque chose à désirer ; la cadence mixte suspend le sens et produit à peu près l'effet du point interrogatif et admiratif.

De la succession naturelle de ces trois cadences, telle qu'on la voit *même Planche*, *figure* 7, résulte exactement la basse-fondamentale de l'échelle, et de leurs divers entrelacemens se tire la manière de traiter un ton quelconque, et d'y moduler une suite de chants ; car chaque note de la cadence est supposée porter l'accord parfait, comme il a été dit ci-devant.

A l'égard de ce qu'on appelle la *règle de l'octave* (Voyez ce mot), il est évident que, quand même on admettroit l'harmonie qu'elle indique pour pure et régulière, comme on ne la trouve qu'à force d'art et de déductions, elle ne peut jamais être proposée en qualité de principe et de loi générale.

Les compositeurs du quinzième siècle, excellens harmonistes, pour la plupart, employoient toute l'échelle comme basse-fondamentale d'autant d'accords parfaits qu'elle avoit de notes excepté la septième, à cause de la quinte fausse; et cette harmonie bien conduite eût fait un fort grand effet si l'accord parfait sur la médiante n'eût été rendu trop dur par ses deux fausses relations avec l'accord qui le précède et avec celui qui le suit. Pour rendre cette suite d'accords parfaits aussi pure et douce qu'il est possible, il faut la réduire à cette autre basse-fondamentale (*figure* 8) qui fournit avec la précédente une nouvelle source de variétés.

Comme on trouve dans cette formule deux accords parfaits en tierce mineure, savoir D et A, il est bon de chercher l'analogie que doivent avoir entre eux les tons majeurs et mineurs dans une modulation régulière.

Considérons (*Pl.* I, *fig.* 11) la note *e b* de l'exemple P unie aux deux notes correspondantes des exemples O et Q : prise pour fondamentale, elle se trouve ainsi base ou fondement d'un accord en tierce majeure; mais prise pour moyen arithmétique entre la corde entière et sa quinte, comme dans l'exemple X (*fig.* 15), elle se trouve alors médiante ou seconde base du mode mineur; ainsi cette même note considérée sous deux rapports différens, et tous deux déduits du *système*, donne deux harmonies; d'où il suit que l'échelle du mode majeur est d'une tierce mineure au-dessus de l'échelle analogue du mode mineur : ainsi le mode mineur analogue à l'échelle d'*ut* est celui de *la*, et le mode mineur analogue à celui de *fa* est celui de *re* : or, *la* et *re* donnent exactement dans la basse-fondamentale de l'échelle diatonique, les deux accords mineurs analogues aux deux tons d'*ut* et de *fa* déterminés par les deux cadences harmoniques d'*ut* à *fa* et de *sol* à *ut* ; la basse-fondamentale où l'on fait entrer ces deux accords est donc aussi régulière et plus variée que la précédente, qui ne renferme que l'harmonie du mode majeur.

A l'égard des deux dernières dissonances N et R de l'exemple Q, comme elles sortent du genre diatonique, nous n'en parlerons que ci-après.

L'origine de la mesure, des périodes, des phrases et de tout rhythme musical, se trouve aussi dans la génération des cadences, dans leur suite naturelle et dans leurs diverses combinaisons. Premièrement, le moyen étant homogène à son extrême, les deux membres d'une cadence doivent, dans leur première simplicité, être de même nature et de valeurs égales ; par conséquent les huit notes qui forment les quatre cadences, basse-fondamentale de l'échelle, sont égales entre elles, et formant aussi quatre mesures égales, une pour chaque cadence, le tout donne un sens complet et une période harmonique : de plus, comme tout le *système* harmonique est fondé sur la raison double et sur la sesquialtère, qui, à cause de l'octave, se confond avec la raison triple, de même toute mesure bonne et sensible se résout en celle à deux temps ou en celle à trois; tout ce qui est au-delà, souvent tenté et toujours sans succès, ne pouvant produire aucun bon effet.

Des divers fondemens d'harmonie donnés par les trois sortes de cadences et des diverses manières de les entrelacer, naît la variété des sens, des phrases, et de toute la mélodie, dont l'habile musicien exprime toute celle des phrases du discours, et ponctue les sons aussi correctement que le grammairien les paroles. De la mesure donnée par les cadences résulte aussi l'exacte expression de la prosodie et du rhythme; car comme la syllabe brève s'appuie sur la longue, de même la note qui prépare la cadence en levant s'appuie et pose sur la note qui la résout en frappant; ce qui divise les temps en forts et en foibles, comme les syllabes en longues et en brèves : cela montre comment on peut, même en observant les quantités, renverser la prosodie, et tout mesurer à contre-temps, *lorsqu'on frappe les syllabes brèves et qu'on* lève les longues, quoiqu'on croie observer leurs durées relatives et leurs valeurs musicales.

L'usage des notes dissonantes par degrés conjoints dans les temps foibles de la mesure se déduit aussi des principes établis ci-dessus; car supposons l'échelle diatonique et mesurée, marquée *figure* 9, *Planche* K, il est évident que la note soutenue ou rebattue dans la basse X, au lieu des notes de la basse Z, n'est ainsi tolérée que parce que, revenant toujours dans les temps forts, elle échappe aisément à notre attention dans les temps foibles, et que les cadences dont elle tient lieu n'en sont pas moins supposées; ce qui ne pourroit être si les notes dissonantes changeoient de lieu et se frappoient sur les temps forts.

Voyons maintenant quels sons peuvent être ajoutés ou substitués à ceux de l'échelle diatonique pour la formation des genres chromatique et enharmonique.

En insérant dans leur ordre naturel les sons donnés par la série des dissonances, on aura premièrement la note *sol* dièse N (*Pl.* I, *fig.* 11), qui donne le genre chromatique et le passage régulier du ton majeur d'*ut* à son mineur correspondant *la*. (Voyez *Planche* K, *figure* 10.)

Puis on a la note R ou *si* bémol, laquelle, avec celle dont je viens de parler, donne le genre enharmonique (*figure* 11).

Quoique, eu égard au diatonique, tout le *système* harmonique soit, comme on a vu, renfermé dans la raison sextuple, cependant les divisions ne sont pas tellement bornées à cette étendue qu'entre la dix-neuvième ou triple quinte $\frac{1}{6}$, et la vingt-deuxième ou quadruple octave $\frac{1}{8}$, on ne puisse encore insérer une moyenne harmonique $\frac{1}{7}$, prise dans l'ordre des aliquotes, donnée d'ailleurs par la nature dans les cors de chasse et trompettes marines, et d'une intonation très-facile sur le violon.

Ce terme $\frac{1}{7}$ qui divise harmoniquement l'intervalle de la quarte *sol ut* ou $\frac{6}{8}$, ne forme pas avec le *sol* une tierce mineure juste, dont le rapport seroit $\frac{5}{6}$, mais un intervalle un peu moindre, dont le rapport est $\frac{6}{7}$; de sorte qu'on ne sauroit exactement l'exprimer en note, car le *la* dièse est déjà trop fort : nous le représenterons par la note *si* précédée du signe |?, un peu différent du bémol ordinaire.

L'échelle augmentée, ou, comme disoient les Grecs, le genre épaissi de ces trois nouveaux sons placés dans leur rang, sera donc comme l'exemple 12, *Planche* K, le tout pour le même ton, ou du moins pour les tons naturellement analogues.

De ces trois sons ajoutés, dont, comme le fait voir M. Tartini, le premier constitue le genre chromatique, et le troisième l'enharmonique, le *sol* dièse et le *si* bémol sont dans l'ordre des dissonances; mais le *si* |? ne laisse pas d'être consonnant, quoiqu'il n'appartienne pas au genre diatonique, étant hors de la progression sextuple qui renferme et détermine ce genre; car, puisqu'il est immédiatement donné par la série harmonique des aliquotes, puisqu'il est moyen harmonique entre la quinte et l'octave du son fondamental, il s'ensuit qu'il est consonnant comme eux, et n'a pas besoin d'être ni préparé ni sauvé; c'est aussi ce que l'oreille confirme parfaitement dans l'emploi régulier de cette espèce de septième.

A l'aide de ce nouveau son, la basse de l'échelle diatonique retourne exactement sur elle-même, en descendant, selon la nature du cercle qui la représente; et la quatorzième ou septième redoublée se trouve alors sauvée régulièrement par cette note sur la basse-tonique ou fondamentale, comme toutes les autres dissonances.

Voulez-vous, des principes ci-devant posés, déduire les règles de la modulation? prenez les trois tons majeurs relatifs, *ut*, *sol*, *fa*, et les trois tons mineurs analogues, *la*, *mi*, *re*; vous aurez six toniques, et ce sont les seules sur lesquelles on puisse moduler en sortant du ton principal; modulation qu'on entrelace à son choix, selon le caractère du chant et l'expression des paroles : non cependant qu'entre ces modulations il n'y en ait de préférables à d'autres; même ces préférences, trouvées d'abord par le sentiment, ont aussi leurs raisons dans les principes, et leurs exceptions, soit dans les impressions diverses que veut faire le compositeur, soit dans la liaison plus ou moins grande qu'il veut donner à ses phrases. Par exemple, la plus naturelle et la plus agréable de toutes les modulations en mode majeur est celle qui passe de la tonique *ut* au ton de sa dominante *sol*; parce que le mode majeur étant fondé sur les divisions harmoniques, et la dominante divisant l'octave harmoniquement, le passage du premier terme au moyen est le plus naturel : au contraire, dans le mode mineur *la*, fondé sur la proportion arithmétique, le passage au ton de la quatrième note *re*, qui divise l'octave arithmétiquement, est beaucoup plus naturel que le passage au ton *mi* de la dominante, qui divise harmoniquement la même octave; et si l'on y regarde attentivement, on trouvera que les modulations plus ou moins agréables dépendent toutes des plus grands ou moindres rapports établis dans ce *système*.

Examinons maintenant les accords ou intervalles particuliers au mode mineur, qui se déduisent des sons ajoutés à l'échelle. (*Planche* I, *figure* 12.)

L'analogie entre les deux modes donne les trois accords marqués *figure* 14 de la *Planche* K, dont tous les sons ont été trouvés consonnans dans l'établissement du mode majeur. Il n'y a que le son ajouté *g* ✕ dont la consonnance puisse être disputée.

Il faut remarquer d'abord que cet accord ne se résout point en l'accord dissonant de septième diminuée, qui auroit *sol* dièse pour base, parce que, outre la septième diminuée *sol* dièse et *fa* naturel, il s'y trouve encore une tierce diminuée *sol* dièse et *si* bémol, qui rompt toute proportion; ce que l'expérience confirme par l'insurmontable rudesse de cet accord : au contraire, outre que cet arrangement de sixte superflue plaît à l'oreille et se résout très-harmonieusement, M. Tartini prétend que l'intervalle est réellement bon, régulier et même consonnant : 1° parce que cette sixte est à très-peu près quatrième harmonique aux trois notes B*b*, *d*, *f*, représentées par les fractions $\frac{1}{4}$ $\frac{1}{5}$ $\frac{1}{6}$, dont $\frac{1}{7}$ est la quatrième proportionnelle harmonique exacte; 2° parce que cette même sixte est à très-peu près moyenne harmonique de la quarte *fa*, *si* bémol, formée par la quinte du son fondamental et par son octave. Que si l'on emploie en cette occasion la note marquée *sol* dièse plutôt que la note marquée *la* bémol, qui semble être le vrai moyen harmonique, c'est non-seulement que cette division nous rejetteroit fort loin du mode, mais encore que cette même note *la* bémol n'est moyenne harmonique qu'en apparence, attendu que la quarte *fa*, *si* bémol, est altérée et trop foible d'un comma : de sorte que *sol* dièse, qui a un moindre rapport à *fa*, approche plus du vrai moyen harmonique que *la* bémol, qui a un plus grand rapport au même *fa*.

Au reste, on doit observer que tous les sons de cet accord qui se réunissent ainsi en une harmonie régulière et simultanée, sont exactement les quatre mêmes sons fournis ci-devant dans la série dissonante Q par les complémens des divisions de la sextuple harmonique; ce qui forme, en quelque manière, le cercle harmonieux, et confirme la liaison de toutes les parties du *système*.

A l'aide de cette sixte et de tous les autres sons que la proportion harmonique et l'analogie fournissent dans le mode mineur, on a un moyen facile de prolonger et varier assez longtemps l'harmonie sans sortir du mode, ni même employer aucune véritable dissonance, comme on peut le voir dans l'exemple de contre-point donné par M. Tartini, et dans lequel il prétend n'avoir employé aucune dissonance, si ce n'est la quarte-et-quinte finale.

Cette même sixte-superflue a encore des usages plus importans et plus fins dans les modulations détournées par des passages enharmoniques, en ce qu'elle peut se prendre indifféremment dans la pratique pour la septième bémolisée par le signe ♭, de laquelle cette sixte diésée diffère très-peu dans le calcul et point du tout sur le clavier : alors cette septième ou cette sixte, toujours consonnante, mais marquée tantôt par dièse et tantôt par bémol, selon le ton d'où l'on sort et celui où l'on entre, produit dans l'harmonie d'apparentes et subites métamorphoses, dont, quoique régulières dans ce *système*, le compositeur auroit bien de la peine à rendre raison dans tout autre, comme on peut le voir dans les exemples I, II, III, de la *Planche* M, surtout dans celui marqué +, où le *fa*, pris pour naturel, et formant une septième apparente qu'on ne sauve point, n'est au fond qu'une sixte superflue formée par un *mi* dièse sur le *sol* de la basse; ce qui rentre dans la rigueur des règles. Mais il est superflu de s'étendre sur ces finesses de l'art, qui n'échappent pas aux grands harmonistes, et dont les autres ne feroient qu'abuser en les employant mal à propos. Il suffit d'avoir montré que tout se tient par quelque côté, et que le vrai *système* de la nature mène aux plus cachés détours de l'art. •

T.

T. Cette lettre s'écrit quelquefois dans les partitions pour désigner la partie de la taille, lorsque cette taille prend la place de la basse et qu'elle est écrite sur la même portée, la basse gardant le tacet.

Quelquefois, dans les parties de symphonie, le T signifie *tous* ou *tutti*, et est opposé à la lettre S, ou au mot *seul* ou *solo*, qui alors doit nécessairement avoir été écrit auparavant dans la même partie.

TA. L'une des quatre syllabes avec lesquelles les Grecs solfioient leur musique. (Voyez SOLFIER.)

TABLATURE. Ce mot signifioit autrefois la totalité des signes de la musique; de sorte que qui connoissoit bien la note et pouvoit chanter à livre ouvert, étoit dit savoir la *tablature*.

Aujourd'hui le mot *tablature* se restreint à une certaine manière de noter par lettres, qu'on emploie pour les instrumens à cordes qui se touchent avec les doigts, tels que le luth, la guitare, le cistre, et autrefois le téorbe et la viole.

Pour noter en *tablature* on tire autant de lignes parallèles que l'instrument a de cordes; on écrit ensuite sur ces lignes des lettres de l'alphabet qui indiquent les diverses positions des doigts sur la corde, de semi-ton en semi-ton : la lettre *a* indique la corde à vide, *b* indique la première position, *c* la seconde, *d* la troisième, etc.

A l'égard des valeurs des notes, on les marque par des notes ordinaires de valeurs semblables, toutes placées sur une même ligne, parce que ces notes ne servent qu'à marquer la valeur et non le degré : quand les valeurs sont toujours semblables, c'est-à-dire que la manière de scander les notes est la même dans toutes les mesures, on se contente de la marquer dans la première, et l'on suit.

Voilà tout le mystère de la *tablature*, lequel achèvera de s'éclaircir par l'inspection de la *figure* 4, *Planche* M, où j'ai noté le premier couplet des *Folies d'Espagne* en *tablature* pour la guitare.

Comme les instrumens pour lesquels on employoit la *tablature* sont la plupart hors d'usage, et que, pour ceux dont on joue encore, on a trouvé la note ordinaire plus commode, la *tablature* est presque entièrement abandonnée, ou ne sert qu'aux premières leçons des écoliers.

TABLEAU. Ce mot s'emploie souvent en musique pour désigner la réunion de plusieurs objets formant un tout peint par la musique imitative : *Le* tableau *de cet air est bien dessiné; ce chœur fait* tableau; *cet opéra est plein de* tableaux *admirables*.

TACET. Mot latin qu'on emploie dans la musique pour indiquer le silence d'une partie. Quand, dans le cours d'un morceau de musique, on veut marquer un silence d'un certain temps, on l'écrit avec des *bâtons* ou des *pauses* (voyez ces mots); mais quand quelque partie doit garder le silence durant un morceau entier, on exprime cela par le mot *tacet* écrit dans cette partie au-dessus du nom de l'air ou des premières notes du chant.

TAILLE, anciennement TENOR. La seconde des quatre parties de la musique, en comptant du grave à l'aigu. C'est la partie qui convient le mieux à la voix d'homme la plus commune; ce qui fait qu'on l'appelle aussi *voix humaine* par excellence.

La *taille* se divise quelquefois en deux autres parties : l'une plus élevée, qu'on appelle *première* ou *haute-taille*; l'autre plus basse, qu'on appelle *basse* ou *basse-taille* : cette dernière est en quelque manière une partie mitoyenne ou commune entre la *taille* et la basse, et s'appelle aussi, à cause de cela, *concordant*. (Voyez PARTIES.)

On n'emploie presque aucun rôle de *taille* dans les opéra françois; au contraire, les Italiens préfèrent dans les leurs le *tenor* à la basse, comme une voix plus flexible, aussi sonore, et beaucoup moins dure.

TAMBOURIN, sorte de danse fort à la mode aujourd'hui sur les théâtres françois. L'air en est très-gai et se bat à deux temps vifs. Il doit être sautillant et bien cadencé, à l'imitation du flûtet des Provençaux; et la basse doit refrapper la même note, à l'imitation du *tambourin* ou *galoubé*, dont celui qui joue du flûtet s'accompagne ordinairement.

TASTO SOLO. Ces deux mots italiens écrits dans une basse-continue, et d'ordinaire sous quelque point-d'orgue, marquent que l'accompagnateur ne doit faire aucun accord de la main droite, mais seulement frapper de la gauche la note marquée, et tout au plus son octave sans y rien ajouter, attendu qu'il lui seroit presque impossible de deviner et suivre la tournure d'harmonie ou les notes de goût que le compositeur fait passer sur la basse pendant ce temps-là.

TÉ. L'une des quatre syllabes par lesquelles les Grecs solfioient la musique. (Voyez SOLFIER.)

TEMPÉRAMENT. Opération par laquelle, au moyen d'une légère altération dans les intervalles, faisant évanouir la différence de deux sons voisins, on les confond en un, qui, sans choquer l'oreille, forme les intervalles respectifs de l'un et de l'autre. Par cette opération l'on simplifie l'échelle en diminuant le nombre des sons nécessaires. Sans le *tempérament*, au lieu de douze sons seulement que contient l'octave, il en faudroit plus de soixante pour moduler dans tous les tons.

Sur l'orgue, sur le clavecin, sur tout autre instrument à clavier, il n'y a et il ne peut guère y avoir d'intervalle parfaitement d'accord que la seule octave. La raison en est que trois tierces majeures ou quatre tierces mineures devant faire une octave juste, celles-ci la passent, et les autres n'y arrivent pas; car $\frac{5}{4} \times \frac{5}{4} \times \frac{5}{4} = \frac{125}{64} < \frac{128}{64} = \frac{2}{1}$; et $\frac{6}{5} \times \frac{6}{5} \times \frac{6}{5} \times \frac{6}{5} = \frac{1296}{625} > \frac{1296}{648} = \frac{2}{1}$: ainsi l'on est contraint de renforcer les tierces majeures et d'affoiblir les mineures pour que les octaves et tous les autres intervalles se correspondent exactement, et que les mêmes touches puissent être employées sous leurs divers rapports. Dans un moment je dirai comment cela se fait.

Cette nécessité ne se fit pas sentir tout d'un coup; on ne la reconnut qu'en perfectionnant le système musical. Pythagore, qui trouva le premier les rapports des intervalles harmoniques, prétendoit que ces rapports fussent observés dans toute la rigueur mathématique, sans rien accorder à la tolérance de l'oreille : cette sévérité pouvoit être bonne pour son temps, où toute l'étendue du système se bornoit encore à un si petit nombre de cordes; mais comme la plupart des instrumens des anciens étoient composés de cordes qui se touchoient à vide, et qu'il leur falloit par conséquent une corde pour chaque son, à mesure que le système s'étendit, ils s'aperçurent que la règle de Pythagore, en trop multipliant les cordes, empêchoit d'en tirer les usages convenables.

Aristoxène, disciple d'Aristote, voyant combien l'exactitude des calculs nuisoit aux progrès de la musique et à la facilité de l'exécution, prit tout d'un coup l'autre extrémité : abandonnant presque entièrement le calcul, il s'en remit au seul jugement de l'oreille, et rejeta comme inutile tout ce que Pythagore avoit établi.

Cela forma dans la musique deux sectes, qui ont long-temps divisé les Grecs, l'une des aristoxéniens, qui étoient les musiciens de pratique; l'autre des pythagoriciens, qui étoient les philosophes. (Voyez ARISTOXÉNIENS et PYTHAGORICIENS.)

Dans la suite, Ptolomée et Dydyme, trouvant avec raison que Pythagore et Aristoxène avoient donné dans deux excès également vicieux, et consultant à la fois le sens et la raison, travaillèrent chacun de leur côté à la réforme de l'ancien système diatonique : mais comme ils ne s'éloignèrent pas des principes établis pour la division du tétracorde, et que, reconnoissant enfin la différence du *ton* majeur et du *ton* mineur, ils n'osèrent toucher à celui-ci pour le partager comme l'autre par une corde chromatique en deux parties réputées égales, le système demeura encore long-temps dans un état d'imperfection qui ne permettoit pas d'apercevoir le vrai principe du *tempérament*.

Enfin vint Gui d'Arezzo, qui refondit en quelque manière la musique, et inventa, dit-on, le clavecin. Or, il est certain que cet instrument n'a pu exister, non plus que l'orgue, que l'on n'ait en même temps trouvé le *tempérament*, sans lequel il est impossible au moins que la première invention ait de beaucoup précédé la seconde : c'est à peu près tout ce que nous en savons.

Mais quoique la nécessité du *tempérament* soit connue depuis long-temps, il n'en est pas de même de la meilleure règle à suivre pour le déterminer. Le siècle dernier, qui fut le siècle des découvertes en tout genre, est le premier qui nous ait donné des lumières bien nettes sur ce chapitre. Le P. Mersenne et M. Loulié ont fait des calculs; M. Sauveur a trouvé des divisions qui fournissent tous les *tempéramens* possibles; enfin M. Rameau, après tous les autres, a cru développer le premier la veritable théorie du *tempérament*, et a même prétendu sur cette théorie établir comme neuve une pratique très-ancienne dont je parlerai dans un moment.

J'ai dit qu'il s'agissoit, pour tempérer les sons du clavier, de renforcer les tierces majeures, d'affoiblir les mineures, et de distribuer ces altérations de manière à les rendre le moins sensibles qu'il étoit possible : il faut pour cela répartir sur l'accord de l'instrument, et cet accord se fait ordinairement par quintes ; c'est donc par son effet sur les quintes que nous avons à considérer le *tempérament*.

Si l'on accorde bien juste quatre quintes de suite, comme *ut sol re la mi*, on trouvera que cette quatrième quinte *mi* fera, avec l'*ut* d'où l'on est parti, une tierce majeure discordante, et de beaucoup trop forte ; et en effet ce *mi*, produit comme quinte de *la*, n'est pas le même son qui doit faire la tierce majeure d'*ut*. En voici la preuve.

Le rapport de la quinte est $\frac{2}{3}$ ou $\frac{1}{3}$, à cause des octaves 1 et 2 prises l'une pour l'autre indifféremment : ainsi la succession des quintes, formant une progression triple, donnera *ut* 1, *sol* 3, *re* 9, *la* 27, et *mi* 81.

Considérons à présent ce *mi* comme tierce majeure d'*ut ;* son rapport est $\frac{4}{5}$ ou $\frac{1}{5}$, 4 n'étant que la double octave de 1 : si d'octave en octave nous rapprochons ce *mi* du précédent, nous trouverons *mi* 5, *mi* 10, *mi* 20, *mi* 40 et *mi* 80 ; ainsi la quinte de *la* étant *mi* 81, et la tierce majeure d'*ut* étant *mi* 80, ces deux *mi* ne sont pas le même, et leur rapport est $\frac{80}{81}$, qui fait présisément le comma majeur.

Que si nous poursuivons la progression des quintes jusqu'à la douzième puissance, qui arrive au *si* dièse, nous trouverons que ce *si* excède l'*ut* dont il devroit faire l'unisson, et qu'il est avec lui dans le rapport de 531441 à 524288, rapport qui donne le comma de Pythagore : de sorte que par le calcul précédent le *si* dièse devroit excéder l'*ut* de trois comma majeurs ; et par celui-ci il l'excède seulement du comma de Pythagore.

Mais il faut que le même son *mi*, qui fait la quinte de *la*, serve encore à faire la tierce majeure d'*ut ;* il faut que le même *si* dièse, qui forme la douzième quinte de ce même *ut*, en fasse aussi l'octave ; et il faut enfin que ces différens accords concourent à constituer le système général sans multiplier les cordes. Voilà ce qui s'exécute au moyen du *tempérament*.

Pour cela, 1° on commence par l'*ut* du milieu du clavier, et l'on affoiblit les quatre premières quintes en montant jusqu'à ce que la quatrième *mi* fasse la tierce majeure bien juste avec le premier son *ut* ; ce qu'on appelle la première preuve. 2° En continuant d'accorder par quintes, dès qu'on est arrivé sur les dièses, on renforce un peu les quintes, quoique les tierces en souffrent ; et, quand on est arrivé au *sol* dièse, on s'arrête : ce *sol* dièse doit faire avec le *mi* une tierce majeure juste ou du moins souffrable ; c'est la seconde preuve. 3° On reprend l'*ut* et l'on accorde les quintes au grave, savoir, *fa*, *si* bémol, etc., foibles d'abord, puis les renforçant par degrés, c'est-à-dire affoiblissant les sons jusqu'à ce qu'on soit parvenu au *re* bémol, lequel, pris comme *ut* dièse, doit se trouver d'accord et faire quinte avec le *sol* dièse auquel on s'étoit ci-devant arrêté ; c'est la troisième preuve. Les dernières quintes se trouveront un peu fortes, de même que les tierces majeures ; c'est ce qui rend les tons majeurs de *si* bémol et de *mi* bémol sombres et même un peu durs : mais cette dureté sera supportable si la partition est bien faite ; et d'ailleurs ces tierces, par leur situation, sont moins employées que les premières, et ne doivent l'être que par choix.

Les organistes et les facteurs regardent ce *tempérament* comme le plus parfait que l'on puisse employer ; en effet, les tons naturels jouissent par cette méthode de toute la pureté de l'harmonie, et les tons transposés, qui forment des modulations moins fréquentes, offrent de grandes ressources au musicien, quand il a besoin d'expressions plus marquées : car il est bon d'observer, dit M. Rameau, que nous recevons des impressions différentes des intervalles à proportion de leurs différentes altérations : par exemple, la tierce majeure, qui nous excite naturellement à la joie, nous imprime jusqu'à des idées de fureur, quand elle est trop forte, et sa tierce mineure, qui nous porte à la tendresse et à la douceur, nous attriste lorsqu'elle est trop foible.

Les habiles musiciens, continue le même auteur, savent profiter à propos de ces différens effets des intervalles, et font valoir, par l'expression qu'ils en tirent, l'altération qu'on y pourroit condamner.

Mais, dans sa *Génération harmonique*, le même M. Rameau tient un tout autre langage. Il se reproche sa condescendance pour l'usage actuel; et, détruisant tout ce qu'il avoit établi auparavant, il donne une formule d'onze moyennes proportionnelles entre les deux termes de l'octave, sur laquelle formule il veut qu'on règle toute la succession du système chromatique; de sorte que ce système résultant de douze semi-tons parfaitement égaux, c'est une nécessité que tous les intervalles semblables qui en seront formés soient aussi parfaitement égaux entre eux.

Pour la pratique, prenez, dit-il, telle touche du clavecin qu'il vous plaira ; accordez-en d'abord la quinte juste, puis diminuez-la si peu que rien ; procédez ainsi d'une quinte à l'autre, toujours en montant, c'est-à-dire du grave à l'aigu, jusqu'à la dernière dont le son aigu aura été le grave de la première ; vous pouvez être certain que le clavecin sera bien d'accord.

Cette méthode, que nous propose aujourd'hui M. Rameau, avoit déjà été proposée et abandonnée par le fameux Couperin : on la trouve aussi tout au long dans le P. Mersenne, qui en fait auteur un nommé Gallé, et qui a même pris la peine de calculer les onze moyennes proportionnelles dont M. Rameau nous donne la formule algébrique.

Malgré l'air scientifique de cette formule, il ne paroît pas que la pratique qui en résulte ait été jusqu'ici goûtée des musiciens ni des facteurs : les premiers ne peuvent se résoudre à se priver de l'énergique variété qu'ils trouvent dans les diverses affections des sons qu'occasionne le *tempérament* établi. M. Rameau leur dit en vain qu'ils se trompent, que la variété se trouve dans l'entrelacement des modes ou dans les divers degrés des toniques, et nullement dans l'altération des intervalles; le musicien répond que l'un n'exclut pas l'autre, qu'il ne se tient pas convaincu par une assertion, et que les diverses affections des tons ne sont nullement proportionnelles aux différens degrés de leurs finales : car, disent-ils, quoiqu'il n'y ait qu'un semi-ton de distance entre la finale de *re* et celle de *mi* bémol, comme entre la finale de *la* et celle de *si* bémol, cependant la même musique nous affectera très-différemment en A *la mi re* qu'en B *fa*, et en D *sol re* qu'en E *la fa* ; et l'oreille attentive du musicien ne s'y trompera jamais, quand même le ton général seroit haussé ou baissé d'un semi-ton et plus : preuve évidente que la variété vient d'ailleurs que de la simple différente élévation de la tonique.

A l'égard des facteurs, ils trouvent qu'un clavecin accordé de cette manière n'est point aussi bien d'accord que l'assure M. Rameau : les tierces majeures leur paroissent dures et choquantes; et quand on leur dit qu'ils n'ont qu'à se faire à l'altération des tierces comme ils s'étoient faits ci-devant à celles des quintes, ils répliquent qu'ils ne conçoivent pas comment l'orgue pourra se faire à supprimer les battemens qu'on y entend par cette manière de l'accorder, ou comment l'oreille cessera d'en être offensée : puisque par la nature des consonnances la quinte peut être plus altérée que la tierce sans choquer l'oreille et sans faire de battemens, n'est-il pas convenable de jeter l'altération du côté où elle est le moins choquante, et de laisser plus justes, par préférence, les intervalles qu'on ne peut altérer sans les rendre discordans?

Le P. Mersenne assuroit qu'on disoit de son temps que les premiers qui pratiquèrent sur le clavier les semi-tons qu'on appelle *feintes*, accordèrent d'abord toutes les quintes à peu près selon l'accord égal proposé par M. Rameau ; mais que leur oreille ne pouvant souffrir la discordance des tierces majeures nécessairement trop fortes, ils tempérèrent l'accord en affoiblissant les premières quintes pour baisser les tierces majeures. Il paroît donc que s'accoutumer à cette manière d'accord n'est pas pour une oreille exercée et sensible une habitude aisée à prendre.

Au reste, je ne puis m'empêcher de rappeler ici ce que j'ai dit au mot CONSONNANCE sur la raison du plaisir que les consonnances font à l'oreille, tirée de la simplicité des rapports. Le rapport d'une quinte tempérée, selon la méthode de M. Rameau, est celui-ci :

$$\frac{\sqrt[4]{80^{3}} + \sqrt[4]{81}}{120};$$

ce rapport cependant plaît à l'oreille ; je demande si c'est par sa simplicité.

Temps. Mesure du son, quant à la durée.

Une succession de sons, quelque bien dirigée qu'elle puisse être dans sa marche, dans ses degrés du grave à l'aigu ou de l'aigu au grave, ne produit, pour ainsi dire, que des effets indéterminés : ce sont les durées relatives et proportionnelles de ces mêmes sons qui fixent le vrai caractère d'une musique, et lui donnent sa plus grande énergie. Le *temps* est l'âme du chant ; les airs dont la mesure est lente nous attristent naturellement ; mais un air gai, vif et bien cadencé, nous excite à la joie, et à peine les pieds peuvent-ils se retenir de danser. Otez la mesure, détruisez la proportion des *temps*, les mêmes airs que cette proportion vous rendoit agréables, restés sans charme et sans force, deviendront incapables de plaire et d'intéresser. Le *temps*, au contraire, a sa force en lui-même ; elle dépend de lui seul, et peut subsister sans la diversité des sons. Le tambour nous en offre un exemple, grossier toutefois et très-imparfait, parce que le son ne s'y peut soutenir.

On considère le *temps* en musique, ou par rapport au mouvement général d'un air, et, dans ce sens, on dit qu'il est lent ou vite (voyez Mesure, Mouvement) ; ou selon les parties aliquotes de chaque mesure, parties qui se marquent par des mouvemens de la main ou du pied, et qu'on appelle particulièrement des *temps* ; ou enfin selon la valeur propre de chaque note. (Voyez Valeur des notes.)

J'ai suffisamment parlé, au mot Rhythme, des *temps* de la musique grecque ; il me reste à parler ici des *temps* de la musique moderne.

Nos anciens musiciens ne reconnoissoient que deux espèces de mesure ou de *temps ;* l'une à trois *temps,* qu'ils appeloient mesure parfaite ; l'autre à deux, qu'ils traitoient de mesure imparfaite, et ils appeloient *temps, modes* ou *prolations,* les signes qu'ils ajoutoient à la clef pour déterminer l'une ou l'autre de ces mesures : ces signes ne servoient pas à cet unique usage, comme ils font aujourd'hui, mais ils fixoient aussi la valeur relative des notes, comme on a déjà pu voir aux mots Mode et Prolation, par rapport à la maxime, à la longue et à la semi-brève. A l'égard de la brève, la manière de la diviser étoit ce qu'ils appeloient plus précisément *temps,* et ce *temps* étoit parfait ou imparfait.

Quand le *temps* étoit parfait, la brève ou carrée valoit trois rondes ou semi-brèves, et ils indiquoient cela par un cercle entier, barré ou non barré, et quelquefois encore par ce chiffre composé $\frac{3}{1}$.

Quand le *temps* étoit imparfait, la brève ne valoit que deux rondes ; et cela se marquoit par un demi-cercle ou C : quelquefois ils tournoient le C à rebours, et cela marquoit une diminution de moitié sur la valeur de chaque note. Nous indiquons aujourd'hui la même chose en barrant le C. Quelques-uns ont aussi appelé *temps mineur* cette mesure du C barré où les notes ne durent que la moitié de leur valeur ordinaire, et *temps majeur* celle du C plein ou de la mesure ordinaire à quatre *temps.*

Nous avons bien retenu la mesure triple des anciens de même que la double ; mais, par la plus étrange bizarrerie, de leurs deux manières de diviser les notes, nous n'avons retenu que la sous-double, quoique nous n'ayons pas moins besoin de l'autre ; de sorte que, pour diviser une mesure ou un *temps* en trois parties égales, les signes nous manquent, et à peine sait-on comment s'y prendre : il faut recourir au chiffre 3 et à d'autres expédiens qui montrent l'insuffisance des signes. (Voyez Triple.)

Nous avons ajouté aux anciennes musiques une combinaison de *temps,* qui est la mesure à quatre ; mais, comme elle se peut toujours résoudre en deux mesures à deux, on peut dire que nous n'avons absolument que deux *temps* et trois *temps* pour parties aliquotes de toutes nos différentes mesures.

Il y a autant de différentes valeurs de *temps* qu'il y a de sortes de mesures et de modifications de mouvement ; mais quand une fois la mesure et le mouvement sont déterminés, toutes les mesures doivent être parfaitement égales, et tous les *temps* de chaque mesure parfaitement égaux entre eux : or, pour rendre sensible cette égalité, on frappe chaque mesure et l'on marque chaque *temps* par un mouvement de la main ou du pied, et sur ces mouvemens on règle exactement les différentes valeurs des notes selon le caractère de la mesure. C'est une chose étonnante de voir avec quelle précision l'on vient à bout, à l'aide d'un peu d'habitude, de marquer et de suivre tous les *temps* avec une si parfaite égalité qu'il n'y a point de pendule qui surpasse en justesse la main ou le pied d'un bon musicien, et qu'enfin le sentiment seul de cette égalité suffit pour le guider, et supplée à tout mouvement sensible; en sorte que dans un concert chacun suit la même mesure avec la dernière précision, sans qu'un autre la marque et sans la marquer soi-même.

Des divers *temps* d'une mesure, il y en a de plus sensibles, de plus marqués que d'autres, quoique de valeurs égales : le *temps* qui marque davantage s'appelle *temps fort;* celui qui marque moins s'appelle *temps foible* : c'est ce que M. Rameau, dans son *Traité d'Harmonie*, appelle *temps bon* et *temps mauvais*. Les *temps* forts sont, le premier dans la mesure à deux *temps;* le premier et le troisième dans les mesures à trois et quatre : à l'égard du second *temps*, il est toujours foible dans toutes les mesures, et il en est de même du quatrième dans la mesure à quatre *temps*.

Si l'on subdivise chaque *temps* en deux autres parties égales qu'on peut encore appeler *temps* ou *demi-temps*, on aura derechef *temps fort* pour la première moitié, *temps foible* pour la seconde; et il n'y a point de partie d'un *temps* qu'on ne puisse subdiviser de la même manière. Toute note qui commence sur le *temps foible* et finit sur le *temps fort* est une note à *contre-temps;* et parce qu'elle heurte et choque en quelque façon la mesure, on l'appelle *syncope*. (Voyez SYNCOPE.)

Ces observations sont nécessaires pour apprendre à bien traiter les dissonances : car toute dissonance bien préparée doit l'être sur le *temps foible* et frappé sur le *temps fort;* excepté cependant dans des suites de cadences évitées, où cette règle, quoique applicable à la première dissonance, ne l'est pas également aux autres. (Voyez DISSONANCE, PRÉPARER.)

TENDREMENT. Cet adverbe écrit à la tête d'un air indique un mouvement lent et doux, des sons filés gracieusement et animés d'une expression tendre et touchante : les Italiens se servent du mot *amoroso* pour exprimer à peu près la même chose; mais le caractère de l'*amoroso* a plus d'accent, et respire je ne sais quoi de moins fade et de plus passionné.

TENEDIUS. Sorte de nome pour les flûtes dans l'ancienne musique des Grecs.

TENEUR, *s. f.* Terme de plain-chant qui marque dans la psalmodie la partie qui règne depuis la fin de l'intonation jusqu'à la médiation, et depuis la médiation jusqu'à la terminaison. Cette *teneur*, qu'on peut appeler la dominante de la psalmodie, est presque toujours sur le même ton.

TENOR. (Voyez TAILLE.) Dans les commencemens du contre-point on donnoit le nom de *tenor* à la partie la plus basse.

TENUE, *s. f.* Son soutenu par une partie durant deux ou plusieurs mesures, tandis que d'autres parties travaillent. (Voyez MESURE, TRAVAILLER.) Il arrive quelquefois, mais rarement, que toutes les parties font des *tenues* à la fois; et alors il ne faut pas que la *tenue* soit si longue que le sentiment de la mesure s'y laisse oublier.

TÊTE. La tête ou le corps d'une note est cette partie qui en détermine la position, et à laquelle tient la queue quand elle en a une. (Voyez QUEUE.)

Avant l'invention de l'imprimerie, les notes n'avoient que des *têtes* noires; car la plupart des notes étant carrées, il eût été trop long de les faire blanches en écrivant : dans l'impression l'on forma des *têtes* de notes blanches, c'est-à-dire vides dans le milieu : aujourd'hui, les unes et les autres sont en usage; et, tout le reste égal, une *tête* blanche marque toujours une valeur double de celle d'une *tête* noire. (Voyez NOTES, VALEUR DES NOTES.)

TÉTRACORDE, *s. m.* C'étoit, dans la musique ancienne, un ordre ou système particulier de sons dont les cordes extrêmes sonnoient la quarte : ce système s'appeloit *tétracorde*, parce que les sons qui le composoient étoient ordinairement au nombre de quatre; ce qui pourtant n'étoit pas toujours vrai.

Nicomaque, au rapport de Boëce, dit que la musique, dans sa première simplicité, n'avoit que quatre sons, ou cordes, dont les deux extrêmes sonnoient le diapason entre elles, tandis que les deux moyennes, distantes d'un ton l'une de l'autre, sonnoient chacune la quarte avec l'extrême dont elle étoit la plus proche, et la quinte avec celle dont elle étoit la plus éloignée; il appelle cela le *tétracorde* de

Mercure, du nom de celui qu'on en disoit l'inventeur.

Boëce dit encore qu'après l'addition de trois cordes faites par différens auteurs, Lychaon, Samien, en ajouta une huitième, qu'il plaça entre la trite et la paramèse, qui étoient auparavant la même corde; ce qui rendit l'octacorde complet et composé de deux *tétracordes* disjoints, de conjoints qu'ils étoient auparavant dans l'eptacorde.

J'ai consulté l'ouvrage de Nicomaque, et il me semble qu'il ne dit point cela; il dit au contraire que Pythagore ayant remarqué que bien que le son moyen des deux *tétracordes* conjoints sonnât la consonnance de la quarte avec chacun des extrêmes, ces extrêmes comparés entre eux étoient toutefois dissonans : il inséra entre les deux *tétracordes* une huitième corde, qui, les divisant par un *ton* d'intervalle, substitua le diapason ou l'octave à la septième entre leurs extrêmes, et produisit encore une nouvelle consonnance entre chacune des deux cordes moyennes et l'extrême qui lui étoit opposée.

Sur la manière dont se fit cette addition, Nicomaque et Boëce sont tous deux également embrouillés; et, non contens de se contredire entre eux, chacun d'eux se contredit encore lui-même. (Voyez Système, Trite, Paramèse.)

Si l'on avoit égard à ce que disent Boëce et d'autres plus anciens écrivains, on ne pourroit donner de bornes fixes à l'étendue du *tétracorde;* mais, soit que l'on compte ou que l'on pèse les voix, on trouvera que la définition la plus exacte est celle du vieux Bacchius, et c'est aussi celle que j'ai préférée.

En effet cet intervalle de quarte est essentiel au *tétracorde;* c'est pourquoi les sons extrêmes qui forment cet intervalle sont appelés *immuables* ou *fixes* par les anciens, au lieu qu'ils appellent *mobiles* ou *changeans* les sons moyens, parce qu'ils peuvent s'accorder de plusieurs manières.

Au contraire, le nombre de quatre cordes, d'où le *tétracorde* a pris son nom, lui est si peu essentiel, qu'on voit, dans l'ancienne musique, des *tétracordes* qui n'en avoient que trois; tels furent, durant un temps, les *tétracordes* enharmoniques; tel étoit, selon Meibomius, le second *tétracorde* du système ancien avant qu'on y eût inséré une nouvelle corde.

Quant au premier *tétracorde*, il étoit certainement complet avant Pythagore, ainsi qu'on le voit dans le pythagoricien Nicomaque; ce qui n'empêche pas M. Rameau d'affirmer que, selon le rapport unanime, Pythagore trouva le *ton*, le diton, le semi-ton, et que du tout il forma le *tétracorde* diatonique (notez que cela feroit un pentacorde) : au lieu de dire que Pythagore trouva seulement les raisons de ces intervalles, lesquels, selon un rapport plus unanime, étoient connus long-temps avant lui.

Les *tétracordes* ne restèrent pas long-temps bornés au nombre de deux; il s'en forma bientôt un troisième, puis un quatrième; nombre auquel le système des Grecs demeura fixé.

Tous ces *tétracordes* étoient conjoints, c'est-à-dire que la dernière corde du premier servoit toujours de première corde au second, et ainsi de suite, excepté un seul lieu à l'aigu ou au grave du troisième *tétracorde*, où il y avoit *disjonction*, laquelle (voyez ce mot) mettoit un ton d'intervalle entre la plus haute corde du *tétracorde* inférieur et la plus basse du *tétracorde* supérieur. (Voyez Synaphe, Diazeuxis.) Or, comme cette disjonction du troisième *tétracorde* se faisoit tantôt avec le second, tantôt avec le quatrième, cela fit approprier à ce troisième *tétracorde* un nom particulier pour chacun de ces deux cas; de sorte que, quoiqu'il n'y eût proprement que quatre *tétracordes*, il y avoit pourtant cinq dénominations. (Voyez *Planche* H, *figure* 2.)

Voici les noms de ces *tétracordes :* le plus grave des quatre, et qui se trouvoit placé un *ton* au-dessus de la corde proslambanomène, s'appeloit le *tétracorde hypaton*, ou des principales; le second en montant, lequel étoit toujours conjoint au premier, s'appeloit le *tétracorde méson*, ou des moyennes; le troisième, quand il étoit conjoint au second et séparé du quatrième, s'appeloit le *tétracorde synnéménon*, ou des conjointes; mais quand il étoit séparé du second et conjoint au quatrième, alors ce troisième *tétracorde* prenoit le nom de *diézeugménon*, ou des divisées; enfin le quatrième s'appeloit le *tétracorde hyperboléon*, ou des excellentes. L'Arétin ajouta à ce système un cinquième *tétracorde*, que Meibomius prétend qu'il ne fit que rétablir. Quoi qu'il en soit, les systèmes particuliers des *tétracordes* firent enfin place à celui de l'octave, qui les fournit tous.

Les deux cordes extrêmes de chacun de ces *tétracordes* étoient appelées *immuables*, parce que leur accord ne changeoit jamais; mais ils contenoient aussi chacun deux cordes moyennes, qui, bien qu'accordées semblablement dans tous les *tétracordes*, étoient pourtant sujettes, comme je l'ai dit dit, à être haussées ou baissées selon le genre, et même selon l'espèce du genre, ce qui se faisoit dans tous les *tétracordes* également; c'est pour cela que ces cordes étoient appelées *mobiles*.

Il y avoit six espèces principales d'accord, selon les aristoxéniens, savoir, deux pour le genre diatonique, trois pour le chromatique, et une seulement pour l'enharmonique. (Voyez ces mots.) Ptolomée réduit ces six espèces à cinq. (Voyez *Planche* M, *figure* 5.)

Ces diverses espèces, ramenées à la pratique la plus commune, n'en formoient que trois, une par genre.

I. L'accord diatonique ordinaire du *tétracorde* formoit trois intervalles, dont le premier étoit toujours d'un semi-ton, et les deux autres d'un *ton* chacun, de cette manière : *mi, fa, sol, la*.

Pour le genre chromatique, il fallut baisser d'un semi-ton la troisième corde, et l'on avoit deux semi-tons consécutifs, puis une tierce mineure : *mi, fa* dièse, *la*.

Enfin, pour le genre enharmonique, il falloit baisser les deux cordes du milieu jusqu'à ce qu'on eût deux quarts-de-ton consécutifs, puis une tierce majeure : *mi, mi* demi-dièse, *fa, la*; ce qui donne entre le *mi* dièse et le *fa* un véritable intervalle enharmonique.

Les cordes semblables, quoiqu'elles se solfiassent par les mêmes syllabes, ne portoient pas les mêmes noms dans tous les *tétracordes*, mais elles avoient dans les *tétracordes* graves des dénominations différentes de celles qu'elles avoient dans les *tétracordes* aigus. On trouvera toutes ces différentes dénominations dans la *figure* 2 de la *planche* H.

Les cordes homologues, considérées comme telles, portoient des noms génériques qui exprimoient le rapport de leur position dans leurs *tétracordes* respectifs; ainsi l'on donnoit le nom de *barypycni* aux premiers sons de l'intervalle serré, c'est-à-dire au son le plus grave de chaque *tétracorde*, de *mesopycni* aux seconds ou moyens, d'*oxypycni* aux troisièmes ou aigus, et d'*apycni* à ceux qui ne touchoient d'aucun côté aux intervalles serrés. (Voyez SYSTÈME.)

Cette division du système des Grecs par *tétracordes* semblables, comme nous divisons le nôtre par octaves sembablement divisées, prouve, ce me semble, que ce système n'avoit été produit par aucun sentiment d'harmonie. mais qu'ils avoient tâché d'y rendre par des intervalles plus serrés les inflexions de voix que leur langue sonore et harmonieuse donnoit à leur récitation soutenue, et surtout à celle de leur poésie, qui d'abord fut un véritable chant; de sorte que la musique n'étoit alors que l'accent de la parole, et ne devint un art séparé qu'après un long trait de temps. Quoi qu'il en soit, il est certain qu'ils bornoient leurs divisions primitives à quatre cordes, dont toutes les autres n'étoient que les répliques, et qu'ils ne regardoient tous les autres *tétracordes* que comme autant de répétitions du premier.

D'où je conclus qu'il n'y a pas plus d'analogie entre leur système et le nôtre qu'entre un *tétracorde* et une octave, et que la marche fondamentale à notre mode, que nous donnons pour base à leur système, ne s'y rapporte en aucune façon :

1° Parce qu'un *tétracorde* formoit pour eux un tout aussi complet que le forme pour nous une octave;

2° Parce qu'ils n'avoient que quatre syllabes pour solfier, au lieu que nous en avons sept;

3° Parce que leurs *tétracordes* étoient conjoints ou disjoints à volonté; ce qui marquoit leur entière indépendance respective;

4° Enfin parce que les divisions y étoient exactement semblables dans chaque genre, et se pratiquoient dans le même mode; ce qui ne pouvoit se faire dans nos idées par aucune *modulation véritablement harmonique*.

TÉTRADIAPASON. C'est le nom grec de la quadruple octave, qu'on appelle aussi vingt-neuvième. Les Grecs ne connoissoient que le nom de cet intervalle; car leur système de musique n'y arrivoit pas. (Voyez SYSTÈME.)

TÉTRATONON. C'est le nom grec d'un intervalle de quatre *tons*, qu'on appelle aujourd'hui *quinte-superflue*. (Voyez QUINTE.)

TEXTE. C'est le poëme, ou ce sont les paroles

qu'on met en musique. Mais ce mot est vieilli dans ce sens, et l'on ne dit plus le *texte* chez les musiciens; on dit les paroles. (Voyez PAROLES.)

THE. L'une des quatre syllabes dont les Grecs se servoient pour solfier. (Voyez SOLFIER.)

THÉSIS, *s. f.* Abaissement ou position. C'est ainsi qu'on appeloit autrefois le temps fort ou le frappé de la mesure.

THO. L'une des quatre syllabes dont les Grecs se servoient pour solfier. (Voyez SOLFIER.)

TIERCE. La dernière des consonnances simples et directes dans l'ordre de leur génération, et la première des deux consonnances imparfaites. (Voy. CONSONNANCE.) Comme les Grecs ne l'admettoient pas pour consonnante, elle n'avoit point parmi eux de nom générique, mais elle prenoit seulement le nom de l'intervalle plus ou moins grand dont elle étoit formée : nous l'appelons *tierce*, parce que son intervalle est toujours composé de deux degrés ou de trois sons diatoniques. A ne considérer les *tierces* que dans ce dernier sens, c'est-à-dire par leurs degrés, on en trouve de quatre sortes, deux consonnantes et deux dissonantes.

Les consonnantes sont : 1° la *tierce majeure*, que les Grecs appeloient *diton*, composée de deux *tons*, comme d'*ut* à *mi;* son rapport est de 4 à 5 : 2° la *tierce mineure*, appelée par les Grecs *hemiditon*, et composée d'un *ton* et demi, comme *mi sol;* son rapport est de 5 à 6.

Les *tierces* dissonantes sont : 1° la *tierce* diminuée, composée de deux semi-tons majeurs, comme *si re* bémol, dont le rapport est de 125 à 144; 2° la *tierce* superflue, composée de deux *tons* et demi, comme *fa la* dièse; son rapport est de 96 à 125.

Ce dernier intervalle, ne pouvant avoir lieu dans un même mode, ne s'emploie jamais ni dans l'harmonie ni dans la mélodie. Les Italiens pratiquent quelquefois, dans le chant, la *tierce* diminuée; mais elle n'a lieu dans aucune harmonie, et voilà pourquoi l'accord de sixte superflue ne se renverse pas.

Les *tierces* consonnantes sont l'âme de l'harmonie, surtout la *tierce* majeure, qui est sonore et brillante : la *tierce* mineure est plus tendre et plus triste; elle a beaucoup de douceur quand l'intervalle en est redoublé, c'est-à-dire qu'elle fait la dixième. En général, les *tierces* veulent être portées dans le haut : dans le bas, elles sont sourdes et peu harmonieuses; c'est pourquoi jamais *duo* de basses n'a fait un bon effet.

Nos anciens musiciens avoient sur les *tierces* des lois presque aussi sévères que sur les quintes; il étoit défendu d'en faire deux de suite, même d'espèces différentes, surtout par mouvemens semblables : aujourd'hui, qu'on a généralisé par les bonnes lois du mode les règles particulières des accords, on fait sans faute, par mouvemens semblables ou contraires, par degrés conjoints ou disjoints, autant de *tierces* majeures ou mineures consécutives que la modulation en peut comporter, et l'on a des *duo* fort agréables qui, du commencement à la fin, ne procèdent que par *tierces.*

Quoique la *tierce* entre dans la plupart des accords, elle ne donne son nom à aucun, si ce n'est à celui que quelques-uns appellent accord de *tierce-quarte*, et que nous connoissons plus communément sous le nom de petite-sixte. (Voyez ACCORD, SIXTE.)

TIERCE *de Picardie.* Les musiciens appellent ainsi, par plaisanterie, la *tierce* majeure donnée, au lieu de la mineure, à la finale d'un morceau composé en mode mineur. Comme l'accord parfait majeur est plus harmonieux que le mineur, on se faisoit autrefois une loi de finir toujours sur ce premier; mais cette finale, bien qu'harmonieuse, avoit quelque chose de niais et de mal-chantant qui l'a fait abandonner : on finit toujours aujourd'hui par l'accord qui convient au mode de la pièce, si ce n'est lorsqu'on veut passer du mineur au majeur; car alors la finale du premier mode porte élégamment la *tierce* majeure pour annoncer le second.

Tierce de Picardie, parce que l'usage de cette finale est resté plus long-temps dans la musique d'église, et par conséquent en Picardie, où il y a musique dans un grand nombre de cathédrales et d'autres églises.

TIMBRE. On appelle ainsi, par métaphore, cette qualité du son par laquelle il est aigre ou doux, sourd ou éclatant, sec ou moelleux. Les sons doux ont ordinairement peu d'éclat, comme ceux de la flûte et du luth; les sons éclatans sont sujets à l'aigreur, comme ceux de la vielle ou du hautbois : il y a même des instrumens, tels que le clavecin, qui sont à la fois sourds et aigres ; et c'est le plus mauvais *timbre* : le beau *timbre* est celui qui réunit la douceur à l'éclat ; tel est le *timbre* du violon. (Voyez SON.)

TIRADE, *s. f.* Lorsque deux notes sont séparées par un intervalle disjoint, et qu'on remplit cet intervalle de toutes ses notes diatoniques, cela s'appelle une *tirade*. La *tirade* diffère de la fusée, en ce que les sons intermédiaires qui lient les deux extrémités de la fusée sont très-rapides, et ne sont pas sensibles dans la mesure, au lieu que ceux de la *tirade*, ayant une valeur sensible, peuvent être lents et même inégaux.

Les anciens nommoient en grec ἀγωγή, et en latin *ductus*, ce que nous appelons aujourd'hui *tirade;* et ils en distinguoient de trois sortes : 1° si les sons se suivoient en montant, ils appeloient cela εὐθεῖα, *ductus rectus;* 2° s'ils se suivoient en descendant, c'étoit ἀνακάμπτουσα, *ductus revertens;* 3° que si, après avoir monté par bémol, ils redescendoient par bécarre, ou réciproquement, cela s'appeloit περιφερής, *ductus circumcurrens.* (Voyez EUTHIA, ANACAMPTOS, PÉRIPHÉRÈS.)

On auroit beaucoup à faire aujourd'hui, que la musique est si travaillée, si l'on vouloit donner des noms à tous ces différens passages.

TON. Ce mot a plusieurs sens en musique.

1° Il se prend d'abord pour un intervalle qui caractérise le système et le genre diatonique : dans cette acception il y a deux sortes de *tons;* savoir, le *ton majeur*, dont le rapport est de 8 à 9, et qui résulte de la différence de la quarte à la quinte ; et le *ton mineur*, dont le rapport est de 9 à 10, et qui résulte de la différence de la tierce mineure à la quarte.

La génération du *ton* majeur et celle du *ton* mineur se trouvent *également à la deuxième* quinte *re* commençant par *ut;* car la quantité dont ce *re* surpasse l'octave du premier *ut* est justement dans le rapport de 8 à 9, et celle dont ce même *re* est surpassé par *mi*, tierce majeure de cette octave, est dans le rapport de 9 à 10.

2° On appelle *ton* le degré d'élévation que prennent les voix, ou sur lequel sont montés les instrumens pour exécuter la musique ; c'est en ce sens qu'on dit dans un concert, que le *ton* est trop haut ou trop bas : dans les églises il y a le *ton* du chœur pour le plain-chant. Il y a, pour la musique, *ton* de chapelle et *ton* d'opéra. Ce dernier n'a rien de fixe ; mais en France il est ordinairement plus bas que l'autre.

3° On donne encore le même nom à un instrument qui sert à donner le *ton* de l'accord à tout un orchestre : cet instrument, que quelques-uns appellent aussi choriste, est un sifflet, qui, au moyen d'une espèce de piston gradué, par lequel on allonge ou raccourcit le tuyau à volonté, donne toujours à peu près le même son sous la même division ; mais cet à peu près, qui dépend des variations de l'air, empêche qu'on ne puisse s'assurer d'un son fixe qui soit toujours exactement le même. Peut-être, depuis qu'il existe de la musique, n'a-t-on jamais concerté deux fois sur le même *ton*. M. Diderot a donné, dans ses *Principes d'acoustique*, les moyens de fixer le *ton* avec beaucoup plus de précision, en remédiant aux effets des variations de l'air.

4° Enfin *ton* se prend pour une règle de modulation relative à une note ou corde principale, qu'on appelle *tonique*. (Voy. TONIQUE.)

Sur les *tons* des anciens, voyez MODE.

Comme notre système moderne est composé de douze cordes ou sons différens, chacun de ces sons peut servir de fondement à un *ton*, c'est-à-dire en être la tonique : ce sont déjà douze *tons;* et comme le mode majeur et le mode mineur sont applicables à chaque *ton*, ce sont vingt-quatre modulations dont notre musique est susceptible sur ces douze *tons*. (Voyez MODULATION.)

Ces *tons* diffèrent entre eux par les divers degrés d'élévation entre le grave et l'aigu qu'occupent les toniques : ils diffèrent encore par les diverses altérations des sons et des *intervalles, produites en chaque ton* par le tempérament ; de sorte que, sur un clavecin bien d'accord, une oreille exercée reconnoît sans peine un *ton* quelconque dont on lui fait entendre la modulation ; et ces tons se reconnoissent également sur des clavecins accordés plus haut ou plus bas les uns que les autres : ce qui montre que cette connoissance vient du moins autant des diverses modifications que chaque *ton* reçoit de l'accord total, que du degré d'élévation que la tonique occupe dans le clavier.

De là naît une source de variétés et de beautés dans la modulation; de là naît une diversité et une énergie admirable dans l'expression; de là naît enfin la faculté d'exciter des sentimens différens avec des accords semblables frappés en différens *tons* : faut-il du majestueux, du grave, l'F *ut fa*, et les *tons* majeurs par bémol, l'exprimeront noblement. Faut-il du gai, du brillant, prenez A *mi la*, D *la re*, les *tons* majeurs par dièse. Faut-il du touchant, du tendre, prenez les *tons* mineurs par bémol. C *sol ut* mineur porte la tendresse dans l'âme; F *ut fa* mineur va jusqu'au lugubre et à la douleur : en un mot chaque *ton*, chaque mode a son expression propre qu'il faut savoir connoître, et c'est là un des moyens qui rendent un habile compositeur maître en quelque manière des affections de ceux qui l'écoutent; c'est une espèce d'équivalent aux modes anciens, quoique fort éloigné de leur variété et de leur énergie.

C'est pourtant de cette agréable et riche diversité que M. Rameau voudroit priver la musique, en ramenant une égalité et une monotonie entière dans l'harmonie de chaque mode, par sa règle du tempérament, règle déjà si souvent proposée et abandonnée avant lui; selon cet auteur, toute l'harmonie en seroit plus parfaite. Il est certain cependant qu'on ne peut rien gagner en ceci d'un côté qu'on ne perde autant de l'autre; et quand on supposeroit (ce qui n'est pas) que l'harmonie en général en seroit plus pure, cela dédommageroit-il de ce qu'on y perdroit du côté de l'expression? (Voyez TEMPÉRAMENT.)

TON DU QUART. C'est ainsi que les organistes et musiciens d'église ont appelé le plagal du mode mineur qui s'arrête et finit sur la dominante au lieu de tomber sur la tonique : ce nom de *ton du quart* lui vient de ce que telle est spécialement la modulation du quatrième *ton* dans le plain-chant.

TONS DE L'ÉGLISE. Ce sont des manières de moduler le plain-chant sur telle ou telle finale prise dans le nombre prescrit, en suivant certaines règles admises dans toutes les églises où l'on pratique le chant grégorien.

On compte huit *tons* réguliers, dont quatre authentiques ou principaux, et quatre plagaux ou collatéraux. On appelle *tons* authentiques ceux où la tonique occupe à peu près le plus bas degré du chant; mais si le chant descend jusqu'à trois degrés plus bas que la tonique, alors le *ton* est plagal.

Les quatre *tons* authentiques ont leurs finales à un degré l'une de l'autre selon l'ordre de ces quatre notes, *re mi fa sol* : ainsi le premier de ces *tons* répondant au mode dorien des Grecs, le second répond au phrygien, le troisième à l'éolien (et non pas au lydien, comme disent les symphoniastes), et le dernier au mixo-lydien. C'est saint Miroclet, évêque de Milan, ou, selon d'autres, saint Ambroise, qui, vers l'an 370, choisit ces quatre *tons* pour en composer le chant de l'église de Milan; et c'est, à ce qu'on dit, le choix et l'approbation de ces deux évêques qui ont fait donner à ces quatre *tons* le nom d'authentiques.

Comme les sons employés dans ces quatre *tons* n'occupoient pas tout le disdiapason ou les quinze cordes de l'ancien système, saint Grégoire forma le projet de les employer tous par l'addition de quatre nouveaux *tons*, qu'on appelle plagaux, lesquels ayant les mêmes diapasons que les précédens, mais leur finale plus élevée d'une quarte, reviennent proprement à l'hyper-dorien, à l'hyper-phrygien, à l'hyper-éolien, et à l'hyper-mixo-lydien; d'autres attribuent à Gui d'Arezzo l'invention de ce dernier.

C'est de là que les quatre *tons* authentiques ont chacun un plagal pour collatéral ou supplément, de sorte qu'après le premier *ton*, qui est authentique, vient le second *ton*, qui est son plagal; le troisième authentique, le quatrième plagal, et ainsi de suite; ce qui fait que les modes ou *tons* authentiques s'appellent aussi impairs, et les plagaux pairs, eu égard à leur place dans l'ordre des *tons*.

Le discernement des *tons* authentiques ou plagaux est indispensable à celui qui donne le *ton* du chœur; car si le chant est dans un *ton* plagal, il doit prendre la finale à peu près dans le *medium* de la voix; et si le *ton* est authentique, il doit la prendre dans le bas; faute de cette observation, on expose les voix à se forcer ou à n'être pas entendues.

Il y a encore des *tons* qu'on appelle *mixtes*, c'est-à-dire mêlés de l'authente et du plagal, ou qui sont en partie principaux et en partie collatéraux; on les appelle aussi *tons* ou modes communs; en ces cas, le nom numéral ou la dénomination du *ton* se prend de celui des deux qui domine ou qui se fait sentir le plus, surtout à la fin de la pièce.

Quelquefois on fait dans un *ton* des transpositions à la quinte; ainsi, au lieu de *re* dans le premier *ton*, l'on aura *la* pour finale, *si* pour *mi*, *ut* pour *fa*, et ainsi de suite : mais si l'ordre et la modulation ne changent pas, le *ton* ne change pas non plus, quoique, pour la commodité des voix, la finale soit transposée. Ce sont des observations à faire pour le chantre ou l'organiste qui donne l'intonation.

Pour approprier, autant qu'il est possible, l'étendue de tous ces *tons* à celle d'une seule voix, les organistes ont cherché les *tons* de la musique les plus correspondans à ceux-là. Voici ceux qu'ils ont établis :

Premier ton. .	*Re* mineur.
Second ton. .	*Sol* mineur.
Troisième ton.	*La* mineur ou *sol*.
Quatrième ton.	*La* mineur, finissant sur la dominante.
Cinquième ton.	*Ut* majeur ou *re*.
Sixième ton. .	*Fa* majeur.
Septième ton.	*Re* majeur.
Huitième ton.	*Sol* majeur, en faisant sentir le ton d'*ut*.

On auroit pu réduire ces huit *tons* encore à une moindre étendue en mettant à l'unisson la plus haute note de chaque *ton*; ou, si l'on veut, celle qu'on rebat le plus, et qui s'appelle, en terme de plain-chant, *dominante* : mais comme on n'a pas trouvé que l'étendue de tous ces *tons* ainsi réglés excédât celle de la voix humaine, on n'a pas jugé à propos de diminuer encore cette étendue par des transpositions plus difficiles et moins harmonieuses que celles qui sont en usage.

Au reste, les *tons de l'Église* ne sont point asservis aux lois des *tons* de la musique; il n'y est point question de médiante ni de note sensible, le mode y est peu déterminé, et on y laisse les semi-tons où ils se trouvent dans l'ordre naturel de l'échelle, pourvu seulement qu'ils ne produisent ni triton ni fausse quinte sur la tonique.

Tonique, *s. f.* Nom de la corde principale sur laquelle le ton est établi. Tous les airs finissent communément par cette note, surtout à la basse; c'est l'espèce de tierce que porte la *tonique*, qui détermine le mode; ainsi l'on peut composer dans les deux modes sur la même *tonique*. Enfin les musiciens reconnoissent cette propriété dans la *tonique*, que l'accord parfait n'appartient rigoureusement qu'à elle seule : lorsqu'on frappe cet accord sur une autre note, ou quelque dissonance est sous-entendue, ou cette note devient *tonique* pour le moment.

Par la méthode des transpositions, la *tonique* porte le nom d'*ut* en mode majeur, et de *la* en mode mineur. (Voyez Ton, Mode, Gamme, Solfier, Transposition, Clef transposée.)

Tonique est aussi le nom donné par Aristoxène à l'une des trois espèces de genre chromatique dont il explique les divisions, et qui est le chromatique ordinaire des Grecs, procédant par deux semi-tons consécutifs, puis une tierce mineure. (Voyez Genre.)

Tonique est quelquefois adjectif; on dit corde *tonique*, note *tonique*, accord *tonique*, écho *tonique*, etc.

Tous, et en italien **Tutti**. Ce mot s'écrit souvent dans les parties de symphonie d'un concerto, après cet autre mot *seul* ou *solo* qui marque un récit, et où reprend tout l'orchestre.

Trait. Terme de plain-chant, marquant la psalmodie d'un psaume, ou de quelque verset de psaume, traînée ou allongée sur un air lugubre qu'on substitue en quelques occasions aux chants joyeux de l'*alleluia* et des proses. Le chant des *traits* doit être composé dans le second ou dans le huitième ton; les autres n'y sont pas propres.

Trait, *tractus*, est aussi le nom d'une ancienne figure de note appelée autrement *plique*. (Voyez Plique.)

Transition, *s. f.* C'est, dans le chant, une manière d'adoucir le saut d'un intervalle disjoint en insérant des sons diatoniques entre ceux qui forment cet intervalle.

La *transition* est proprement une tirade non notée; quelquefois aussi elle n'est qu'un port-de-voix, quand il s'agit seulement de rendre plus doux le passage d'un degré diatonique : ainsi pour passer de l'*ut* au *re* avec plus de douceur, la *transition* se prend sur l'*ut*.

Transition, dans l'harmonie, est une marche fondamentale propre à changer de genre ou de ton d'une manière sensible, régulière, et quelquefois par des intermédiaires ; ainsi, dans le genre diatonique, quand la basse marche de manière à exiger dans les parties le passage d'un semi-ton mineur, c'est une *transition* chromatique (voyez **Chromatique**); que si l'on passe d'un ton dans un autre à la faveur d'un accord de septième diminuée, c'est une *transition* enharmonique. (Voyez **Enharmonique.**)

Translation. C'est, dans nos vieilles musiques, le transport de la signification d'un point à une note séparée par d'autres notes de ce même point. (Voyez **Point.**)

Transposer, *v. a.* et *n.* Ce mot a plusieurs sens en musique.

On *transpose* en exécutant, lorsqu'on transpose une pièce de musique dans un autre ton que celui où elle est écrite. (Voyez **Transposition.**)

On *transpose* en écrivant lorsqu'on note une pièce de musique dans un autre ton que celui où elle a été composée ; ce qui oblige non-seulement à changer la position de toutes les notes dans le même rapport, mais encore à armer la clef différemment selon les règles prescrites à l'article *clef transposée.*

Enfin l'on *transpose* en solfiant, lorsque sans avoir égard au nom naturel des notes, on leur en donne de relatifs au ton, au mode dans lequel on chante. (Voyez **Solfier.**)

Transposition. Changement par lequel on transporte un air ou une pièce de musique d'un ton à un autre.

Comme il n'y a que deux modes dans notre musique, composer en tel ou tel ton n'est autre chose que fixer sur telle ou telle tonique celui de ces deux modes qu'on a choisi; mais comme l'ordre des sons ne se trouve pas naturellement disposé sur toutes les toniques, comme il devroit l'être pour y pouvoir établir un même mode, on corrige ces différences par le moyen des dièses ou des bémols dont on arme la clef, et qui transportent les deux semi-tons de la place où ils étoient à celle où ils doivent être pour le mode et le ton dont il s'agit. (Voy. **Clef transposée.**)

Quand on veut donc transposer dans un ton un air composé dans un autre, il s'agit premièrement d'en élever ou abaisser la tonique et toutes les notes d'un ou plusieurs degrés, selon le ton que l'on a choisi, puis d'armer la clef comme l'exige l'analogie de ce nouveau ton : tout cela est égal pour les voix, car en appelant toujours *ut* la tonique du mode majeur et *la* celle du mode mineur, elles suivent toutes les affections de ce mode, sans même y songer. (Voyez **Solfier.**) Mais ce n'est pas pour un symphoniste une attention légère de jouer dans un ton ce qui est noté dans un autre; car, quoiqu'il se guide par les notes qu'il a sous les yeux, il faut que ses doigts en sonnent de toutes différentes, et qu'il les altère tout différemment selon la différente manière dont la clef doit être armée pour le ton noté et pour le ton transposé; de sorte que souvent il doit faire des dièses où il voit des bémols, *et vice versâ*, etc.

C'est, ce me semble, un grand avantage du système de l'auteur de ce dictionnaire de rendre la musique notée également propre à tous les tons en changeant une seule lettre ; cela fait qu'en quelque ton qu'on transpose, les instrumens qui exécutent n'ont d'autre difficulté que celle de jouer la note, sans avoir jamais l'embarras de la *transposition.* (Voyez **Notes.**)

Travailler, *v. n.* On dit qu'une partie *travaille*, quand elle fait beaucoup de notes et de diminutions, tandis que d'autres parties font des tenues et marchent plus posément.

Treizième. Intervalle qui forme l'octave de la sixte ou la sixte de l'octave : cet intervalle s'appelle *treizième*, parce qu'il est formé de douze degrés diatoniques, c'est-à-dire de treize sons.

Tremblement, *s. m.* Agrément du chant que les Italiens appellent *trillo*, et qu'on désigne plus souvent en françois par le mot *cadence.* (Voyez **Cadence.**)

On employoit aussi jadis le terme de *tremblement*, en italien *tremolo*, pour avertir ceux qui jouoient des instrumens à archet, de battre plusieurs fois la note du même coup d'archet, comme pour imiter le *tremblant* de l'orgue. Le nom ni la chose ne sont plus en usage aujourd'hui.

Triade harmonique, *s. f.* Ce terme en musique a deux sens différens : dans le calcul, c'est la proportion harmonique ; dans la pratique, c'est l'accord parfait majeur qui résulte de cette même proportion, et qui est composé d'un son fondamental, de sa tierce majeure et de sa quinte.

Triade, parce qu'elle est composée de trois termes.

Harmonique, parce qu'elle est dans la proportion harmonique, et qu'elle est la source de toute harmonie.

TRIÉMITON. C'est le nom que donnoient les Grecs à l'intervalle que nous appelons tierce mineure ; ils l'appeloient aussi quelquefois *hémiditon*. (Voyez HÉMI ou SEMI.)

TRILLE ou TREMBLEMENT. (Voy. CADENCE.)

TRIMÈLES. Sorte de nome pour les flûtes dans l'ancienne musique des Grecs.

TRIMÈRES. Nome qui s'exécutoit en trois modes consécutifs, savoir, le phrygien, le dorien et le lydien. Les uns attribuent l'invention de ce nome composé à Sacadas, Argien, et d'autres à Clonas Thégéate.

TRIO. En Italien *terzetto*. Musique à trois parties principales ou récitantes. Cette espèce de composition passe pour la plus excellente, et doit être aussi la plus régulière de toutes. Outre les règles générales du contre-point, il y en a pour le *trio* de plus rigoureuses, dont la parfaite observation tend à produire la plus agréable de toutes les harmonies : ces règles découlent toutes de ce principe, que l'accord parfait étant composé de trois sons différens, il faut dans chaque accord, pour remplir l'harmonie, distribuer ces trois sons, autant qu'il se peut, aux trois parties du *trio*. A l'égard des dissonances, comme on ne les doit jamais doubler, et que leur accord est composé de plus de trois sons, c'est encore une plus grande nécessité de les diversifier, et de bien choisir, outre la dissonance, les sons qui doivent par préférence l'accompagner.

De là ces diverses règles de ne passer aucun accord sans y faire entendre la tierce ou la sixte, par conséquent de frapper à la fois la quinte et l'octave, ou la quarte et la quinte, de ne pratiquer l'octave qu'avec beaucoup de précaution, et de n'en jamais sonner deux de suite, même entre différentes parties ; d'éviter la quarte autant qu'il se peut; car toutes les parties d'un *trio*, prises deux à deux, doivent former des *duo* parfaits : de là, en un mot, toutes ces petites règles de détail qu'on pratique même sans les avoir apprises, quand on en sait bien le principe.

Comme toutes ces règles sont incompatibles avec l'unité de mélodie, et qu'on n'entendit jamais *trio* régulier et harmonieux avoir un chant déterminé et sensible dans l'exécution, il s'ensuit que le *trio* rigoureux est un mauvais genre de musique : aussi ces règles si sévères sont-elles depuis long-temps abolies en Italie, où l'on ne reconnoît jamais pour bonne une musique qui ne chante point, quelque harmonieuse d'ailleurs qu'elle puisse être, et quelque peine qu'elle ait coûté à composer.

On doit se rappeler ici ce que j'ai dit au mot *duo*. Ces mots *duo* et *trio* s'entendent seulement de parties principales et obligées, et l'on n'y comprend ni les accompagnemens ni les remplissages : de sorte qu'une musique à quatre ou cinq parties peut n'être pourtant qu'un *trio*.

Les François, qui aiment beaucoup la multiplication des parties, attendu qu'ils trouvent plus aisément des accords que des chants, non contens des difficultés du *trio* ordinaire, ont encore imaginé ce qu'ils appellent *double-trio*, dont les parties sont doublées et toutes obligées; ils ont un *double-trio* du sieur Duché, qui passe pour un chef-d'œuvre d'harmonie.

TRIPLE, *adj*. Genre de mesure dans laquelle les mesures, les temps ou les aliquotes des temps, se divisent en trois parties égales.

On peut réduire à deux classes générales ce nombre infini de mesures *triples*, dont Bononcini, Lorenzo Penna et Brossard après eux, ont surchargé, l'un son *Musico pratico*, l'autre ses *Alberi musicali*, et le troisième son *Dictionnaire ;* ces deux classes sont la mesure ternaire ou à trois temps, et la mesure binaire, dont les temps sont divisés en raison sous-triple.

Nos anciens musiciens regardoient la mesure à trois temps comme beaucoup plus excellente que la binaire, et lui donnoient, à cause de cela, le nom de *mode parfait*. Nous avons expliqué aux mots MODE, TEMPS, PROLATION, les différens signes dont ils se servoient pour indiquer ces mesures selon les diverses valeurs des notes qui les remplissoient ; mais, quelles que fussent ces notes, dès que la mesure étoit *triple*, ou parfaite, il y avoit toujours une espèce de note qui, même sans point, remplissoit exactement une mesure, et se subdivisoit en trois autres notes égales, une pour chaque temps : ainsi, dans la *triple parfaite*, la brève ou carrée valoit, non deux, mais trois semi-brèves ou rondes; et ainsi des autres espèces de mesures *triples* : il y avoit pourtant un cas d'exception; c'étoit lorsque cette brève étoit immédiatement précédée ou suivie d'une semi-brève; car alors les deux ensemble ne faisant qu'une mesure juste, dont la semi-brève valoit un temps, c'étoit une nécessité que la brève n'en valût que deux, et ainsi des autres mesures.

C'est ainsi que se formoient les temps de la mesure *triple* : mais quant aux subdivisions de ces mêmes temps, elles se faisoient toujours selon la raison sous-double; et je ne connois point d'ancienne musique où les temps soient divisés en raison *sous-triple*.

Les modernes ont aussi plusieurs mesures à trois temps, de différentes valeurs, dont la plus simple se marque par un *trois*, et se remplit d'une blanche pointée, faisant une noire pour chaque temps; toutes les autres sont des mesures appelées doubles, à cause que leur signe est composé de deux chiffres. (Voy. MESURE.)

La seconde espèce de *triple* est celle qui se rapporte, non au nombre des temps de la mesure, mais à la division de chaque temps en raison *sous-triple* : cette mesure est, comme je viens de le dire, de moderne invention, et se subdivise en deux espèces, mesure à deux temps, et mesure à trois temps, dont celles-ci peuvent être considérées comme des mesures doublement *triples;* savoir, 1° par les trois temps de la mesure, et 2° par les trois parties égales de chaque temps; les *triples* de cette dernière espèce s'expriment toutes en mesures doubles.

Voici une récapitulation de toutes les mesures *triples* en usage aujourd'hui. Celles que j'ai marquées d'une étoile ne sont plus guère usitées.

I. *Triples* de la deuxième espèce, c'est-à-dire dont la mesure est à trois temps, et chaque temps divisé en raison sous-double.

*3	*3	3	3	3	*3
	1	2	4	8	16

II. *Triples* de la deuxième espèce, c'est-à-dire dont la mesure est à deux temps, et chaque temps divisé en raison *sous-triple*.

*6	6	6	12	*12
2	4	8	8	16

Ces deux dernières mesures se battent à quatre temps.

III. *Triples* composées, c'est-à-dire dont la mesure est à trois temps, et chaque temps encore divisé en trois parties égales.

*9	9	*9
4	8	16

Toutes ces mesures *triples* se réduisent encore plus simplement à trois espèces, en ne comptant pour telles que celles qui se battent à trois temps; savoir, la *triple* de blanches, qui contient une blanche par temps, et se marque ainsi $\frac{3}{2}$.

La *triple* de noires, qui contient une noire par temps, et se marque ainsi $\frac{3}{4}$.

Et la *triple* de croches, qui contient une croche par temps, ou une noire pointée par mesure, et se marque ainsi $\frac{3}{8}$.

Voyez au commencement de la *Planche* B des exemples de ces diverses mesures *triples*.

TRIPLÉ, *adj*. Un intervalle *triplé* est celui qui est porté à la triple octave. (Voy. INTERVALLE.)

TRIPLUM. C'est le nom qu'on donnoit à la partie la plus aiguë dans les commencemens du contre-point.

TRITE, *s. f.* C'étoit en comptant de l'aigu au grave, comme faisoient les anciens, la troisième corde du tétracorde, c'est-à-dire la seconde du grave à l'aigu. Comme il y avoit cinq différens tétracordes, il avoit dû y avoir autant de *trites*, mais ce nom n'étoit en usage que dans les trois tétracordes aigus. Pour les deux graves, voyez PARHYPATE.

Ainsi il y avoit *trite* hyperboléon, *trite* diézeugménon, et *trite* synnéménon. (Voyez SYSTÈME, TÉTRACORDE.)

Boëce dit que, le système n'étant encore composé que de deux tétracordes conjoints, on donna le nom de *trite* à la cinquième corde qu'on appeloit aussi *paramèse ;* c'est-à-dire à la seconde corde en montant du second tétracorde : mais que Lychaon, Samien, ayant inséré une nouvelle corde entre la sixième, ou *paranète*, et la *trite*, celle-ci garda le seul nom de *trite* et perdit celui de *paramèse*, qui fut donné à cette nouvelle corde. Ce n'est pas là tout-à-fait ce que dit Boëce; mais c'est ainsi qu'il faut l'expliquer pour l'entendre.

TRITON. Intervalle dissonant composé de trois tons, deux majeurs et un mineur, et qu'on peut appeler *quarte superflue*. (Voy. QUARTE.) Cet intervalle est égal, sur le clavier, à celui de la fausse quinte; cependant les rapports numériques n'en sont pas égaux, celui du *triton* n'étant que de 32 à 45; ce qui vient de ce qu'aux intervalles égaux de part et d'autre le *triton* n'a de plus qu'un *ton* majeur, au lieu de deux semi-tons majeurs qu'a la fausse-quinte. (Voyez FAUSSE-QUINTE.)

Mais la plus considérable différence de la fausse-quinte et du *triton* est que celui-ci est une dissonance majeure, que les parties sauvent en s'éloignant, et l'autre une dissonance mineure, que les parties sauvent en s'approchant.

L'accord du *triton* n'est qu'un renversement de l'accord sensible dont la dissonance est portée à la basse; d'où il suit que cet accord ne doit se placer que sur la quatrième note du ton, qu'il doit s'accompagner de seconde et de sixte, et se sauver de la sixte. (Voyez SAUVER.)

U. V.

V. Cette lettre majuscule sert à indiquer les parties du violon; et quand elle est double W, elle marque que le premier et le second sont à l'unisson.

VALEUR DES NOTES. Outre la position des notes, qui en marquent le ton, elles ont toutes quelque figure déterminée qui en marque la durée ou le temps, c'est-à-dire qui détermine la *valeur* de la note.

C'est à Jean de Muris qu'on attribue l'invention de ces figures, vers l'an 1330 : car les Grecs n'avoient point d'autre *valeur de notes* que la quantité des syllabes; ce qui seul prouveroit qu'ils n'avoient pas de musique purement instrumentale. Cependant le P. Mersenne, qui avoit lu les ouvrages de Muris, assure n'y avoir rien vu qui pût confirmer cette opinion; et après en avoir lu moi-même la plus grande partie, je n'ai pas été plus heureux que lui : de plus, l'examen des manuscrits du quatorzième siècle, qui sont à la bibliothèque du roi, ne porte point à juger que les diverses figures de notes qu'on y trouve fussent de si nouvelle institution : enfin c'est une chose difficile à croire que durant trois cents ans et plus, qui se sont écoulés entre Gui l'Arétin et Jean de Muris, la musique ait été totalement privée du rhythme et de la mesure, qui en font l'âme et le principal agrément.

Quoi qu'il en soit, il est certain que les différentes *valeurs des notes* sont de fort ancienne invention. J'en trouve, dès les premiers temps, de cinq sortes de figures, sans compter la ligature et le point; ces cinq sont, la maxime, la longue, la brève, la semi-brève et la minime. (*Pl. D, fig.* 8.) Toutes ces différentes notes sont noires dans le manuscrit de Guillaume de Machault; ce n'est que depuis l'invention de l'imprimerie qu'on s'est avisé de les faire blanches, et, ajoutant de nouvelles notes, de distinguer les *valeurs* par la couleur aussi bien que par la figure.

Les notes, quoique figurées de même, n'avoient pas toujours la même *valeur*; quelquefois la maxime valoit deux longues, ou la longue deux brèves; quelquefois elle en valoit trois : cela dépendoit du mode. (Voyez MODE.) Il en étoit de même de la brève par rapport à la semi-brève; et cela dépendoit du temps (voyez TEMPS); de même enfin de la semi-brève par rapport à la minime; et cela dépendoit de la prolation. (Voyez PROLATION.)

Il y avoit donc longue double, longue parfaite, longue imparfaite, brève parfaite, brève altérée, semi-brève majeure, et semi-brève mineure; sept différentes *valeurs* auxquelles répondent quatre figures seulement, sans compter la maxime ni la minime, notes de plus moderne invention (*voyez ces divers mots*). Il y avoit encore beaucoup d'autres manières de modifier les différentes *valeurs* de ces *notes*, par le point, par la ligature, et par la position de la queue. (Voyez LIGATURE, PLIQUE, POINT.)

Les figures qu'on ajouta dans la suite à ces cinq ou six premières furent la noire, la croche, la double-croche, la triple et même la quadruple-croche, ce qui feroit onze figures en tout : mais dès qu'on eut pris l'usage de séparer les mesures par des barres, on abandonna toutes les figures de notes qui valoient plusieurs mesures, comme la maxime, qui en valoit huit, la longue, qui en valoit quatre, et la brève, ou carrée, qui en valoit deux.

La semi-brève ou ronde, qui vaut une mesure entière, est la plus longue *valeur de notes* demeurée en usage, et sur laquelle on a déterminé les *valeurs* de toutes les autres *notes;* et comme la mesure binaire, qui avoit passé long-temps pour moins parfaite que la ternaire, prit enfin le dessus et servit de base à toutes les autres mesures, de même la division sous-double l'emporta sur la sous-triple, qui avoit aussi passé pour plus parfaite ; la ronde ne valut plus quelquefois trois blanches mais deux seulement ; la blanche deux noires, la noire deux croches, et ainsi de suite jusqu'à la quadruple-croche, si ce n'est dans les cas d'exception où la division sous-triple fut conservée et indiquée par le chiffre 3 placé au-dessus ou au-dessous des notes. (*Voyez Pl.* D, *fig.* 8 *et* 9, *les* valeurs *et les figures de toutes ces différentes espèces de notes.*)

Les ligatures furent aussi abolies en même temps, du moins quant aux changemens qu'elles produisoient dans les *valeurs des notes;* les queues, de quelque manière qu'elles fussent placées, n'eurent plus qu'un sens fixe et toujours le même ; et enfin la signification du point fut aussi toujours bornée à la moitié de la note qui est immédiatement avant lui. Tel est l'état où les figures des notes ont été mises, quant à la *valeur*, et où elles sont actuellement. Les silences équivalens sont expliqués à l'article SILENCE.

L'auteur de la Dissertation sur la musique moderne trouve tout cela fort mal imaginé. J'ai dit au mot NOTE quelques-unes des raisons qu'il allègue.

VARIATIONS. On entend sous ce nom toutes les manières de broder et doubler un air, soit par des diminutions, soit par des passages ou autres agrémens qui ornent et figurent cet air. A quelque degré qu'on multiplie et charge les *variations*, il faut toujours qu'à travers ces broderies on reconnoisse le fond de l'air que l'on appelle le *simple,* et il faut en même temps que le caractère de chaque *variation* soit marqué par des différences qui soutiennent l'attention et préviennent l'ennui.

Les symphonistes font souvent des *variations* impromptu ou supposées telles ; mais plus souvent on les note. Les divers couplets des *Folies d'Espagne* sont autant de *variations* notées ; on en trouve souvent aussi dans les chaconnes françoises, et dans de petits airs italiens pour le violon et le violoncelle. Tout Paris est allé admirer, au concert spirituel, les *variations* des sieurs Guignon et Mondonville, et plus récemment des sieurs Guignon et Graviniés, sur des airs du Pont-Neuf, qui n'avoient d'autre mérite que d'être ainsi *variés* par les plus habiles violons de France.

VAUDEVILLE. Sorte de chanson à couplets, qui roule ordinairement sur des sujets badins ou satiriques. On fait remonter l'origine de ce petit poëme jusqu'au règne de Charlemagne ; mais, selon la plus commune opinion, il fut inventé par un certain Basselin, foulon de Vire, en Normandie, et comme, pour danser sur ces chants, on s'assembloit dans le Val-de-Vire, ils furent appelés, dit-on, Vaux-de-Vire, puis, par corruption, *vaudevilles.*

L'air des *vaudevilles* est communément peu musical : comme on n'y fait attention qu'aux paroles, l'air ne sert qu'à rendre la récitation un peu plus appuyée ; du reste on n'y sent, pour l'ordinaire, ni goût, ni chant, ni mesure. Le *vaudeville* appartient exclusivement aux François, et ils en ont de très-piquans et de très-plaisans.

VENTRE. Point du milieu de la vibration d'une corde sonore, où, par cette vibration, elle s'écarte le plus de la ligne de repos. (Voyez NOEUD.)

VIBRATION, *s. f.* Le corps sonore en action sort de son état de repos par des ébranlemens légers, mais sensibles, fréquens et successifs, dont chacun s'appelle une *vibration :* ces *vibrations*, communiquées à l'air, portent à l'oreille, par ce véhicule, la sensation du son, et ce son est grave ou aigu selon que les *vibrations* sont plus ou moins fréquentes dans le même temps. (Voyez SON.)

VICARIER, *v. n.* Mot familier par lequel les musiciens d'église expriment ce que font ceux d'entre eux qui courent de ville en ville, et de cathédrale en cathédrale, pour attraper quelques rétributions, et vivre aux dépens des maîtres de musique qui sont sur leur route.

VIDE. Corde-à-*vide*, ou corde-à-*jour ;* c'est sur les instrumens à manche, tels que la viole ou le violon, le son que l'on tire de la corde dans toute sa longueur, depuis le sillet jusqu'au chevalet, sans y placer aucun doigt.

Le son des *cordes-à-vide* est non-seulement plus grave, mais plus résonnant et plus plein que quand on y pose quelque doigt; ce qui vient de la mollesse du doigt qui gêne et intercepte le jeu des vibrations : cette différence fait que les bons joueurs de violon évitent de toucher les *cordes-à-vide*, pour ôter cette inégalité de timbre qui fait un mauvais effet quand elle n'est pas dispensée à propos. Cette manière d'exécuter exige des positions recherchées, qui augmentent la difficulté du jeu; mais aussi quand on en a une fois acquis l'habitude, on est vraiment maître de son instrument; et, dans les tons les plus difficiles, l'exécution marche alors comme dans les plus aisés.

VIF, *vivement*, en italien *vivace :* ce mot marque un mouvement gai, prompt, animé, une exécution hardie et pleine de feu.

VILLANELLE, *s. f.* Sorte de danse rustique, dont l'air doit être gai, marqué d'une mesure très-sensible : le fond de cet air est ordinairement un couplet assez simple, sur lequel on fait ensuite des doubles ou variations. (Voyez DOUBLE, VARIATIONS.)

VIOLE, *s. f.* C'est ainsi qu'on appelle, dans la musique italienne, cette partie de remplissage qu'on appelle, dans la musique françoise, quinte ou taille ; car les François doublent souvent cette partie, c'est-à-dire en font deux pour une; ce que ne font jamais les Italiens. La *viole* sert à lier les dessus aux basses, et à remplir d'une manière harmonieuse le trop grand vide qui resteroit entre deux ; c'est pourquoi la *viole* est toujours nécessaire pour l'accord du tout, même quand elle ne fait que jouer la basse à l'octave, comme il arrive souvent dans la musique italienne.

VIOLON. Symphoniste qui joue du *violon* dans un orchestre. Les *violons* se divisent ordinairement en premiers, qui jouent le premier dessus ; et seconds, qui jouent le second dessus : chacune des deux parties a son chef ou guide, qui s'appelle aussi le premier; savoir, le premier des premiers, et le premier des seconds. Le premier des premiers *violons* s'appelle aussi *premier violon* tout court; il est le chef de tout l'orchestre; c'est lui qui donne l'accord, qui guide tous les symphonistes, qui les remet quand ils manquent, et sur lequel ils doivent tous se régler.

VIRGULE. C'est ainsi que nos anciens musiciens appeloient cette partie de la note qu'on a depuis appelée la queue. (Voyez QUEUE.)

VITE, en italien *presto*. Ce mot, à la tête d'un air, indique le plus prompt de tous les mouvemens; et il n'a après lui que son superlatif *prestissimo* ou *presto assai, très-vite.*

VIVACE. Voyez VIF.

UNISSON, *s. m.* Union de deux sons qui sont au même degré, dont l'un n'est ni plus grave ni plus aigu que l'autre, et dont l'intervalle, étant nul, ne donne qu'un rapport d'égalité.

Si deux cordes sont de même matière, égales en longueur, en grosseur, et également tendues, elles seront à l'*unisson :* mais il est faux de dire que deux sons à l'*unisson* se confondent si parfaitement, et aient une telle identité que l'oreille ne puisse les distinguer; car ils peuvent différer de beaucoup quant au timbre et quant au degré de force; une cloche peut être à l'*unisson* d'une corde de guitare, une vielle à l'*unisson* d'une flûte, et l'on ne confondra point les sons.

Le zéro n'est pas un nombre, ni l'*unisson* un intervalle; mais l'*unisson* est à la série des intervalles ce qu'est le zéro à la série des nombres; c'est le terme d'où ils partent, c'est le point de leur commencement.

Ce qui constitue l'*unisson*, c'est l'égalité du nombre des vibrations faites en temps égaux par deux sons : dès qu'il y a inégalité entre les nombres de ces vibrations, il y a intervalle entre les sons qui les donnent. (Voyez CORDE, VIBRATION.)

On s'est beaucoup tourmenté pour savoir si l'*unisson* étoit une consonnance : Aristote prétend que non; Muris assure que si, et le P. Mersenne se range à ce dernier avis. Comme cela dépend de la définition du mot *consonnance*, je ne vois pas quelle dispute il peut y avoir là-dessus : si l'on n'entend par ce mot *consonnance* qu'une union de deux sons agréable à l'oreille, l'*unisson* sera consonnance assurément; mais si l'on y ajoute de plus une différence du grave à l'aigu, il est clair qu'il ne le sera pas.

Une question plus importante est de savoir

quel est le plus agréable à l'oreille de l'*unisson* ou d'un intervalle consonnant, tel, par exemple, que l'octave ou la quinte : tous ceux qui ont l'oreille exercée à l'harmonie préfèrent l'accord des consonnances à l'identité de l'*unisson;* mais tous ceux qui, sans habitude de l'harmonie, n'ont, si j'ose parler ainsi, nul préjugé dans l'oreille, portent un jugement contraire: l'*unisson* seul plaît, ou, tout au plus, l'octave; tout autre intervalle leur paroît discordant : d'où il s'ensuivroit, ce me semble, que l'harmonie la plus naturelle, et par conséquent la meilleure, est à l'*unisson*. (Voyez HARMONIE.)

C'est une observation connue de tous les musiciens que celle du frémissement et de la résonnance d'une corde au son d'une autre corde montée à l'*unisson* de la première, ou même à son octave, ou même à l'octave de sa quinte, etc.

Voici comme on explique ce phénomène :

Le son d'une corde A met l'air en mouvement; si une autre corde B se trouve dans la sphère du mouvement de cet air, il agira sur elle. Chaque corde n'est susceptible, dans un temps donné, que d'un certain nombre de vibrations; si les vibrations dont la corde B est susceptible sont égales en nombre à celles de la corde A, l'air ébranlé par l'une agissant sur l'autre, et la trouvant disposée à un mouvement semblable à celui qu'il a reçu, le lui communique; les deux cordes marchant ainsi de pas égal, toutes les impulsions que l'air reçoit de la corde A, et qu'il communique à la corde B, sont coïncidentes avec les vibrations de cette corde, et par conséquent augmenteront son mouvement, loin de le contrarier : ce mouvement, ainsi successivement augmenté, ira bientôt jusqu'à un frémissement sensible; alors la corde B rendra du son; car toute corde sonore qui frémit, sonne, et ce son sera nécessairement à l'*unisson* de celui de la corde A.

Par la même raison, l'octave aiguë frémira et résonnera aussi, mais moins fortement que l'*unisson;* parce que la coïncidence des vibrations et par conséquent l'impulsion de l'air y est moins fréquente de la moitié; elle l'est encore moins dans la douzième ou quinte redoublée, et moins dans la dix-septième ou tierce majeure triplée, dernière des consonnances qui frémisse et résonne sensiblement et directement; car quant à la tierce mineure et aux sixtes, elles ne résonnent que par combinaison.

Toutes les fois que les nombres des vibrations dont deux cordes sont susceptibles en temps égal sont commensurables, on ne peut douter que le son de l'une ne communique à l'autre quelque ébranlement par l'aliquote commune; mais cet ébranlement n'étant plus sensible au-delà des quatre accords précédens, il est compté pour rien dans tout le reste. (Voyez CONSONNANCE.)

Il paroît, par cette explication, qu'un son n'en fait jamais résonner un autre qu'en vertu de quelque *unisson;* car un son quelconque donne toujours l'*unisson* de ses aliquotes : mais comme il ne sauroit donner l'*unisson* de ses multiples, il s'ensuit qu'une corde sonore en mouvement n'en peut jamais faire résonner ni frémir une plus grave qu'elle. Sur quoi l'on peut juger de la vérité de l'expérience dont M. Rameau tire l'origine du mode mineur.

UNISSONI. Ce mot italien, écrit tout au long ou en abrégé dans une partition sur la portée vide du second violon, marque qu'il doit jouer à l'unisson sur la partie du premier; et ce même mot, écrit sur la portée vide du premier violon, marque qu'il doit jouer à l'unisson sur la partie du chant.

UNITÉ DE MÉLODIE. Tous les beaux-arts ont quelque *unité* d'objet, source du plaisir qu'ils donnent à l'esprit; car l'attention partagée ne se repose nulle part, et quand deux objets nous occupent, c'est une preuve qu'aucun des deux ne nous satisfait. Il y a dans la musique une *unité* successive qui se rapporte au sujet, et par laquelle toutes les parties bien liées composent un seul tout, dont on aperçoit l'ensemble et tous les rapports.

Mais il y a une autre *unité* d'objet plus fine, plus simultanée, et d'ou naît, sans qu'on y songe, l'énergie de la musique et la force de ses expressions.

Lorsque j'entends chanter nos psaumes à quatre parties, je commence toujours par être saisi, ravi de cette harmonie pleine et nerveuse; et les premiers accords, quand ils sont entonnés bien juste, m'émeuvent jusqu'à frissonner; mais à peine en ai-je écouté la suite pendant quelques minutes, que mon attention se relâche, le bruit m'étourdit peu à peu ; bientôt il me lasse, et je suis enfin ennuyé de n'entendre que des accords.

Cet effet ne m'arrive point quand j'entends de bonne musique moderne, quoique l'harmonie en soit moins vigoureuse ; et je me souviens qu'à l'Opéra de Venise, loin qu'un bel air bien exécuté m'ait jamais ennuyé, je lui donnois, quelque long qu'il fût, une attention toujours nouvelle, et l'écoutois avec plus d'intérêt à la fin qu'au commencement.

Cette différence vient de celle du caractère des deux musiques, dont l'une n'est seulement qu'une suite d'accords, et l'autre est une suite de chant : or le plaisir de l'harmonie n'est qu'un plaisir de pure sensation, et la jouissance des sens est toujours courte, la satiété et l'ennui la suivent de près ; mais le plaisir de la mélodie et du chant est un plaisir d'intérêt et de sentiment qui parle au cœur, et que l'artiste peut toujours soutenir et renouveler à force de génie.

La musique doit donc nécessairement chanter pour toucher, pour plaire, pour soutenir l'intérêt et l'attention. Mais comment, dans nos systèmes d'accords et d'harmonie, la musique s'y prendra-t-elle pour chanter? si chaque partie a son chant propre, tous ces chants, entendus à la fois, se détruiront mutuellement et ne feront plus de chant ; si toutes les parties font le même chant, l'on n'aura plus d'harmonie, et le concert sera tout à l'unisson.

La manière dont un instinct musical, un certain sentiment sourd du génie a levé cette difficulté sans la voir, et en a même tiré avantage, est bien remarquable : l'harmonie, qui devroit étouffer la mélodie, l'anime, la renforce, la détermine : les diverses parties, sans se confondre, concourent au même effet ; et, quoique chacune d'elles paroisse avoir son chant propre, de toutes ses parties on n'entend sortir qu'un seul et même chant. C'est là ce que j'appelle *unité de mélodie*.

Voici comment l'harmonie concourt elle-même à cette *unité*, loin d'y nuire. Ce sont nos modes qui caractérisent nos chants, et nos modes sont fondés sur notre harmonie : toutes les fois donc que l'harmonie renforce ou détermine le sentiment du mode ou de la modulation, elle ajoute à l'expression du chant, pourvu qu'elle ne le couvre pas.

L'art du compositeur est donc, relativement à l'*unité de mélodie*, 1° quand le mode n'est pas assez déterminé par le chant, de le déterminer mieux par l'harmonie ; 2° de choisir et tourner ses accords de manière que le son le plus saillant soit toujours celui qui chante, et que celui qui le fait le mieux sortir soit à la basse ; 3° d'ajouter à l'énergie de chaque passage par des accords durs, si l'expression est dure, et doux, si l'expression est douce ; 4° d'avoir égard dans la tournure de l'accompagnement au *forte-piano* de la mélodie ; 5° enfin de faire en sorte que le chant des autres parties, loin de contrarier celui de la partie principale, le soutienne, le seconde, et lui donne un plus vif accent.

M. Rameau, pour prouver que l'énergie de la musique vient toute de l'harmonie, donne l'exemple d'un même intervalle, qu'il appelle un même chant, lequel prend des caractères tout différens selon les diverses manières de l'accompagner. M. Rameau n'a pas vu qu'il prouvoit tout le contraire de ce qu'il vouloit prouver ; car dans tous les exemples qu'il donne, l'accompagnement de la basse ne sert qu'à déterminer le chant : un simple intervalle n'est point un chant, il ne devient chant que quand il a sa place assignée dans le mode ; et la basse, en déterminant le mode et le lieu du mode qu'occupe cet intervalle, détermine alors cet intervalle à être tel ou tel chant ; de sorte que si, par ce qui précède l'intervalle dans la même partie, on détermine bien le lieu qu'il a dans sa modulation, je soutiens qu'il aura son effet sans aucune basse : ainsi l'harmonie n'agit, dans cette occasion, qu'en déterminant la mélodie à être telle ou telle, et c'est purement comme mélodie que l'intervalle a différentes expressions selon le lieu du mode où il est employé.

L'*unité de mélodie* exige bien qu'on n'entende jamais deux mélodies à la fois, mais non pas que la mélodie ne passe jamais d'une partie à l'autre ; au contraire, il y a souvent de l'élégance et du goût à ménager à propos ce passage, même du chant à l'accompagnement, pourvu que la parole soit toujours entendue : il y a même des harmonies savantes et bien ménagées, où la mélodie, sans être dans aucune partie, résulte seulement de l'effet du tout, on en trouvera (*Pl.* M, *fig.* 7) un exemple, qui, bien que grossier, suffit pour faire entendre ce que je veux dire.

Il faudroit un traité pour montrer en détail l'application de ce principe aux *duo, trio, quatuor*, aux chœurs, aux pièces de symphonie; les hommes de génie en découvriront suffisamment l'étendue et l'usage, et leurs ouvrages en instruiront les autres. Je conclus donc, et je dis que du principe que je viens d'établir il s'ensuit, premièrement, que toute musique qui ne chante point est ennuyeuse, quelque harmonie qu'elle puisse avoir; secondement, que toute musique où l'on distingue plusieurs chants simultanés est mauvaise, et qu'il en résulte le même effet que de deux ou plusieurs discours prononcés à la fois sur le même ton. Par ce jugement, qui n'admet nulle exception, l'on voit ce qu'on doit penser de ces merveilleuses musiques où un air sert d'accompagnement à un autre air.

C'est dans ce principe de l'*unité* de mélodie, que les Italiens ont senti et suivi sans le connoître, mais que les François n'ont ni connu ni suivi, c'est, dis-je, dans ce grand principe que consiste la différence essentielle des deux musiques; et c'est, je crois, ce qu'en dira tout juge impartial qui voudra donner à l'une et à l'autre la même attention, si toutefois la chose est possible.

Lorsque j'eus découvert ce principe, je voulus, avant de le proposer, en essayer l'application par moi-même : cet essai produisit le *Devin du village;* après le succès, j'en parlai dans ma *Lettre sur la Musique françoise*. C'est aux maîtres de l'art à juger si le principe est bon, et si j'ai bien suivi les règles qui en découlent.

Univoque, *adj*. Les consonnances *univoques* sont l'octave et ses répliques, parce que toutes portent le même nom. Ptolomée fut le premier qui les appela ainsi.

Vocal, *adj*. Qui appartient au chant des voix : tour de chant *vocal;* musique *vocale*.

Vocale. On prend quelquefois substantivement cet adjectif pour exprimer la partie de la musique qui s'exécute par des voix : *Les symphonies d'un tel opéra sont assez bien faites; mais la* vocale *est mauvaise*.

Voix, *s. f.* La somme de tous les sons qu'un homme peut, en parlant, en chantant, en criant, tirer de son organe, forme ce qu'on appelle sa *voix;* et les qualités de cette *voix* dépendent aussi de celles des sons qui la forment. Ainsi l'on doit d'abord appliquer à la *voix* tout ce que j'ai dit du son en général. (Voyez Son.)

Les physiciens distinguent dans l'homme différentes sortes de *voix;* ou, si l'on veut, ils considèrent la même voix sous différentes faces :

1° Comme un simple son, tel que le cri des enfans;

2° Comme un son articulé, tel qu'il est dans la parole;

3° Dans le chant, qui ajoute à la parole la modulation et la variété des tons;

4° Dans la déclamation, qui paroît dépendre d'une nouvelle modification dans le son et dans la substance même de la *voix*, modification différente de celle du chant et de celle de la parole, puisqu'elle peut s'unir à l'une et à l'autre, ou en être retranchée.

On peut voir dans l'Encyclopédie, à l'article *Déclamation des anciens*, d'où ces divisions sont tirées, l'explication que donne M. Duclos de ces différentes sortes de *voix*. Je me contenterai de transcrire ici ce qu'il dit de la voix chantante ou musicale, la seule qui se rapporte à mon sujet.

« Les anciens musiciens ont établi, après » Aristoxène, 1° que la *voix* de chant passe » d'un degré d'élévation ou d'abaissement à un » autre degré, c'est-à-dire d'un ton à l'autre, » par saut, sans parcourir l'intervalle qui les » sépare; au lieu que celle du discours s'élève » et s'abaisse par un mouvement continu; » 2° que la *voix* de chant se soutient sur le » même ton, considéré comme un point indi- » visible, ce qui n'arrive pas dans la simple » prononciation.

» Cette marche par sauts et avec des repos » est en effet celle de la *voix* de chant : mais » n'y a-t-il rien de plus dans le chant? Il y a eu » une déclamation tragique qui admettoit le » passage par saut d'un ton à l'autre, et le re- » pos sur un ton : on remarque la même chose » dans certains orateurs : cependant cette dé- » clamation est encore différente de la *voix* de » chant.

» M. Dodard, qui joignoit à l'esprit de dis-

» cussion et de recherche la plus grande connoissance de la physique, de l'anatomie, et » du jeu des parties du corps humain, avoit » particulièrement porté son attention sur » les organes de la *voix*. Il observe, 1° que » tel homme, dont la *voix* de parole est déplaisante, a le chant très-agréable, et au » contraire; 2° que si nous n'avons pas entendu chanter quelqu'un, quelque connoissance que nous ayons de sa *voix* de parole, » nous ne le reconnoîtrons pas à sa *voix* de » chant.

» M. Dodard, en continuant ses recherches, » découvrit que dans la *voix* de chant il y a, de » plus que dans celle de la parole, un mouvement de tout le larynx, c'est-à-dire de la » partie de la trachée-artère qui forme comme » un nouveau canal qui se termine à la glotte, » qui en enveloppe et soutient les muscles. La » différence entre les deux *voix* vient donc de » celle qu'il y a entre le larynx assis et en repos » sur ses attaches, dans la parole, et ce même » larynx suspendu sur ses attaches, en action, » et mû par un balancement de haut en bas et » de bas en haut. Ce balancement peut se comparer au mouvement des oiseaux qui planent, » ou des poissons qui se soutiennent à la même » place contre le fil de l'eau : quoique les ailes » des uns et les nageoires des autres paroissent » immobiles à l'œil, elles font de continuelles » vibrations, mais si courtes et si promptes » qu'elles sont imperceptibles.

» Le balancement du larynx produit, dans » la *voix* de chant, une espèce d'ondulation qui » n'est pas dans la simple parole. L'ondulation » soutenue et modérée dans les belles *voix* se » fait trop sentir dans les *voix* chevrotantes ou » foibles. Cette ondulation ne doit pas se confondre avec les cadences et les roulemens, » qui se font par des mouvemens très-prompts » et très-délicats de l'ouverture de la glotte, et » qui sont composés de l'intervalle d'un ton ou » d'un demi-ton.

» La *voix*, soit du chant, soit de la parole, » vient tout entière de la glotte pour le son et » pour le ton; mais l'ondulation vient entièrement du balancement de tout le larynx; elle » ne fait point partie de la *voix*, mais elle en » affecte la totalité

» Il résulte de ce qui vient d'être exposé que » la *voix* de chant consiste dans la marche par » sauts d'un ton à un autre, dans le séjour sur » les tons, et dans cette ondulation du larynx » qui affecte la totalité et la substance même » du son. »

Quoique cette explication soit très-nette et très-philosophique, elle laisse, à mon avis, quelque chose à désirer, et ce caractère d'ondulation donné par le balancement du larynx à la *voix* de chant ne me paroît pas lui être plus essentiel que la marche par sauts, et le séjour sur les tons, qui, de l'aveu de M. Duclos, ne sont pas pour cette *voix* des caractères spécifiques.

Car, premièrement, on peut à volonté donner ou ôter à la *voix* cette ondulation quand on chante, et l'on n'en chante pas moins quand on file un son tout uni sans aucune espèce d'ondulation; secondement, les sons des instrumens ne diffèrent en aucune sorte de ceux de la *voix* chantante, quant à leur nature de sons musicaux, et n'ont rien par eux-mêmes de cette ondulation; troisièmement, cette ondulation se forme dans le ton et non dans le timbre : la preuve en est que, sur le violon et sur d'autres instrumens, on imite cette ondulation, non par aucun balancement semblable au mouvement supposé du larynx, mais par un balancement du doigt sur la corde, laquelle ainsi raccourcie et rallongée alternativement et presque imperceptiblement, rend deux sons alternatifs à mesure que le doigt se recule ou s'avance. Ainsi l'ondulation, quoi qu'en dise M. Dodard, ne consiste pas dans un balancement très-léger du même son, mais dans l'alternation plus ou moins fréquente de deux sons très-voisins; et quand les sons sont trop éloignés et que les secousses alternatives sont trop rudes, alors l'ondulation devient chevrotement.

Je penserois que le vrai caractère distinctif de la *voix* de chant est de former des sons appréciables dont on peut prendre ou sentir l'unisson, et de passer de l'un à l'autre par des intervalles harmoniques et commensurables; au lieu que, dans la *voix* parlante, ou les sons ne sont pas assez soutenus, et, pour ainsi dire, assez uns pour pouvoir être appréciés, ou les intervalles qui les séparent ne sont point assez harmoniques, ni leurs rapports assez simples.

Les observations qu'a faites M. Dodard sur les différences de la *voix* de parole et de la *voix* de chant dans le même homme, loin de contrarier cette explication, la confirment : car, comme il y a des langues plus ou moins harmonieuses, dont les accens sont plus ou moins musicaux, on remarque aussi dans ces langues que les *voix* de parole et de chant se rapprochent ou s'éloignent dans la même proportion : ainsi comme la langue italienne est plus musicale que la françoise, la parole s'y éloigne moins du chant ; et il est plus aisé d'y reconnoître au chant l'homme qu'on a entendu parler. Dans une langue qui seroit tout harmonieuse, comme étoit au commencement la langue grecque, la différence de la *voix* de parole à la *voix* de chant seroit nulle ; on n'auroit que la même *voix* pour parler et pour chanter : peut-être est-ce encore aujourd'hui le cas des Chinois.

En voilà trop peut-être sur les différens genres de *voix* : je reviens à la *voix* de chant, et je m'y bornerai dans le reste de cet article.

Chaque individu a sa *voix* particulière qui se distingue de toute autre *voix* par quelque différence propre, comme un visage se distingue d'un autre ; mais il y a aussi de ces différences qui sont communes à plusieurs, et qui, formant autant d'espèces de *voix*, demandent pour chacune une dénomination particulière.

Le caractère le plus général qui distingue les *voix* n'est pas celui qui se tire de leur timbre ou de leur volume, mais du degré qu'occupe ce volume dans le système général des sons.

On distingue donc généralement les *voix* en deux classes; savoir, les *voix* aiguës, et les *voix* graves. La différence commune des unes aux autres est à peu près d'une octave ; ce qui fait que les *voix* aiguës chantent réellement à l'octave des *voix* graves, quand elles semblent chanter à l'unisson.

Les *voix* graves sont les plus ordinaires aux hommes faits; les voix aiguës sont celles des femmes : les eunuques et les enfans ont aussi à peu près le même diapason de *voix* que les femmes, tous les hommes en peuvent même approcher en chantant le faucet : mais, de toutes les *voix* aiguës, il faut convenir, malgré la prévention des Italiens pour les castrati, qu'il n'y en a point d'espèce comparable à celle des femmes ni pour l'étendue ni pour la beauté du timbre. La voix des enfans a peu de consistance, et n'a point de bas ; celle des eunuques, au contraire, n'a d'éclat que dans le haut : et pour le faucet, c'est le plus désagréable de tous les timbres de la *voix* humaine : il suffit, pour en convenir, d'écouter à Paris les chœurs du concert spirituel, et d'en comparer les dessus avec ceux de l'Opéra.

Tous ces différens diapasons réunis et mis en ordre forment une étendue générale d'à peu près trois octaves, qu'on a divisées en quatre parties, dont trois, appelées *haute-contre*, *taille* et *basse*, appartiennent aux *voix* graves; et la quatrième seulement, qu'on appelle *dessus*, est assignée aux voix aiguës : sur quoi voici quelques remarques qui se présentent.

I. Selon la portée des *voix* ordinaires, qu'on peut fixer à peu près à une dixième majeure, en mettant deux degrés d'intervalle entre chaque espèce de *voix* et celle qui la suit, ce qui est toute la différence qu'on peut leur donner, le système général des *voix* humaines dans les deux sexes, qu'on fait passer trois octaves, ne devroit enfermer que deux octaves et deux tons : c'étoit en effet à cette étendue que se bornèrent les quatre parties de la musique long-temps après l'invention du contre-point, comme on le voit dans les compositions du quatorzième siècle, où la même clef, sur quatre positions successives, de ligne en ligne, sert pour la basse qu'ils appeloient *tenor*, pour la taille qu'ils appeloient *contratenor*, pour la haute-contre, qu'ils appeloient *mottetus*, et pour le dessus, qu'ils appeloient *triplum*. Cette distribution devoit rendre, à la vérité, la composition plus difficile, mais en même temps l'harmonie plus serrée et plus agréable.

II. Pour pousser le système vocal à l'étendue de trois octaves avec la gradation dont je viens de parler, il faudroit six parties au lieu de quatre ; et rien ne seroit plus naturel que cette division, non par rapport à l'harmonie, qui ne comporte pas tant de sons différens, mais par rapport aux *voix*, qui sont actuellement assez mal distribuées : en effet, pourquoi trois parties dans les *voix* d'hommes et une seulement dans les *voix* de femmes, si la totalité de celles-ci renferme une aussi grande étendue que la totalité des autres? Qu'on mesure l'intervalle des sons les plus aigus des *voix* féminines les plus aiguës aux sons les plus graves des *voix* féminines les plus graves, qu'on fasse la même chose pour les *voix* d'hommes ; et non-seulement on n'y trouvera pas une différence suffisante pour établir trois parties d'un côté et une seule de l'autre, mais cette différence même, s'il y en a, se réduira à très-peu de chose. Pour juger sainement de cela, il ne faut pas se borner à l'examen des choses telles qu'elles sont, mais voir encore ce qu'elles pourroient être, et considérer que l'usage contribue beaucoup à former les *voix* sur le caractère qu'on veut leur donner. En France, où l'on veut des basses, des hautes-contre, et où l'on ne fait aucun cas des bas-dessus, les *voix* d'hommes prennent différens caractères, et les *voix* de femmes n'en gardent qu'un seul : mais en Italie, où l'on fait autant de cas d'un beau bas-dessus que de la voix la plus aiguë, il se trouve parmi les femmes de très-belles *voix* graves qu'ils appellent *contr'alti*, et de très-belles *voix* aiguës qu'ils appellent *soprani* : au contraire, en *voix* d'hommes récitantes, ils n'ont que des *tenori* : de sorte que s'il n'y a qu'un caractère de *voix* de femmes dans nos opéra, dans les leurs il n'y a qu'un caractère de *voix* d'hommes.

A l'égard des chœurs, si généralement les parties en sont distribuées en Italie comme en France, c'est un usage universel, mais arbitraire, qui n'a point de fondement naturel. D'ailleurs n'admire-t-on pas en plusieurs lieux, et singulièrement à Venise, de très-belles musiques à grand chœur, exécutées uniquement par de jeunes filles ?

III. Le trop grand éloignement des *voix* entre elles, qui leur fait à toutes excéder leur portée, oblige souvent d'en subdiviser plusieurs ; c'est ainsi qu'on divise les basses en basses-contre et basses-tailles ; les tailles en hautes-tailles et concordans, les dessus en premiers et seconds ; mais dans tout cela on n'aperçoit rien de fixe, rien de réglé sur quelque principe. L'esprit général des compositeurs françois est toujours de forcer les *voix* pour les faire crier plutôt que chanter : c'est pour cela qu'on paroît aujourd'hui se borner aux basses et hautes-contre, qui sont dans les deux extrêmes. A l'égard de la taille, partie si naturelle à l'homme qu'on l'appelle *voix humaine* par excellence, elle est déjà bannie de nos opéra, où l'on ne veut rien de naturel ; et, par la même raison, elle ne tardera pas à l'être de toute la musique françoise.

On distingue encore les *voix* par beaucoup d'autres différences que celles du grave à l'aigu. Il y a des *voix* fortes dont les sons sont forts et bruyans ; des *voix* douces dont les sons sont doux et flûtés ; de grandes *voix* qui ont beaucoup d'étendue ; de belles *voix* dont les sons sont pleins, justes et harmonieux : il y a aussi le contraire de tout cela. Il y a des *voix* dures et pesantes ; il y a des *voix* flexibles et légères ; il y en a dont les beaux sons sont inégalement distribués, aux unes dans le haut, à d'autres dans le *medium*, à d'autres dans le bas ; il y a aussi des *voix* égales, qui font sentir le même timbre dans toute leur étendue. C'est au compositeur à tirer parti de chaque *voix* par ce que son caractère a de plus avantageux. En Italie, où chaque fois qu'on remet au théâtre un opéra c'est toujours de nouvelle musique, les compositeurs ont toujours grand soin d'approprier tous les rôles aux *voix* qui les doivent chanter. Mais en France, où la même musique dure des siècles, il faut que chaque rôle serve toujours à toutes les *voix* de même espèce ; et c'est peut-être une des raisons pourquoi le chant françois, loin d'acquérir aucune perfection, devient de jour en jour plus traînant et plus lourd.

La *voix* la plus étendue, la plus flexible, la plus douce, la plus harmonieuse qui peut-être ait jamais existé, paroît avoir été celle du chevalier Balthazar Ferri, Pérousin, dans le siècle dernier, chanteur unique et prodigieux, que s'arrachoient tour à tour les souverains de l'Europe, qui fut comblé de biens et d'honneurs durant sa vie, et dont toutes les muses d'Italie célébrèrent à l'envi les talens et la gloire après sa mort. Tous les écrits faits à la louange de ce musicien célèbre respirent le ravissement, l'enthousiasme, et l'accord de tous ses contemporains montre qu'un talent si parfait et si rare étoit même au-dessus de l'envie. Rien, disent-ils, ne peut exprimer l'éclat de sa *voix* ni les grâces de son chant : il avoit au plus haut degré tous les caractères de perfection dans tous les genres ; il étoit gai, fier, grave, tendre à sa volonté, et les cœurs se fondoient à son pathétique. Parmi l'infinité de tours de force qu'il faisoit de sa *voix*, je n'en citerai qu'un seul : il montoit et redescendoit tout d'une haleine deux octaves pleines par un trille continuel marqué sur tous les degrés chromatiques, avec tant de justesse, quoique sans accompagnement, que si l'on venoit à frapper brusquement cet accompagnement sous la note où il se trouvoit, soit bémol, soit dièse, on sentoit à l'instant l'accord d'une justesse à surprendre tous les auditeurs.

On appelle encore *voix* les parties vocales et récitantes pour lesquelles une pièce de musique est composée; ainsi l'on dit un mottet à *voix* seule, au lieu de dire un mottet en récit; une cantate à deux *voix*, au lieu de dire une cantate en duo ou à deux parties, etc. (Voyez Duo, Trio, etc.)

Volte, *s. f.* Sorte d'air à trois temps propre à une danse du même nom, laquelle est composée de beaucoup de tours et retours, d'où lui est venu le nom de *volte :* cette danse étoit une espèce de gaillarde, et n'est plus en usage depuis long-temps.

Volume. Le *volume* d'une voix est l'étendue ou l'intervalle qui est entre le son le plus aigu et le son le plus grave qu'elle peut rendre. Le *volume* des voix les plus ordinaires est d'environ huit à neuf tons; les plus grandes voix ne passent guère les deux octaves en sons bien justes et bien pleins.

Upinge. Sorte de chanson consacrée à Diane parmi les Grecs. (Voyez Chanson.)

Ut. La première des six syllabes de la gamme de l'Arétin, laquelle répond à la lettre C.

Par la méthode des transpositions on appelle toujours *ut* la tonique des modes majeurs et la médiante des modes mineurs. (Voyez Gamme, Transposition.)

Les Italiens, trouvant cette syllabe *ut* trop sourde, lui substituent, en solfiant, la syllabe *do*.

Z.

Za. Syllabe par laquelle on distingue, dans le plain-chant, le *si* bémol du *si* naturel, auquel on laisse le nom de *si*.

FIN DU TROISIÈME VOLUME.

AVIS AU RELIEUR.

Placer ici la feuille des planches de musique.

A.

Cadences parfaites évitées.

Fig. 1.

Cadences interrompues évitées.

Fig. 2.

Cadence rompue.
Pleine sans liaison A. Évitée avec liaison B.

Fig. 3.

Renversement de la Sixte ajoutée.

Fig. 4.

B. F. de M. Rameau. Véritable B. F.

Clavier.

Fig. 5.

Clef de sol ou de G, ré, sol.
Clef d'ut ou de C, sol, ut.
Clef de fa ou d'F, ut, fa.

Positions et rapports des clefs.

Fig. 6.

Notes ascendantes de tierce en tierce.

Fig. 7.

Notes à l'unisson.

Fig. 8.

Fig. 9.

Fig. 12.

Fig. 13.

Bâtons de quatre mesures. Bâton de deux mesures. Trente-une mesures à compter.

Carillon consonnant à neuf timbres.

Fig. 14.

GAMME FRANÇOISE.

Fig. 11.

E	si	mi
D	la	ré
C	sol	ut
B	fa	si
A	mi	la
G	ré	sol
F	ut	fa

GAMME ITALIENNE.

Fig. 10.

	bécarre.	naturel.	bémol.
e e	la	mi	
d d	sol	ré	la
c c	fa	ut	sol
b b	mi		
b b			fa
a a	ré	la	mi
g	ut	sol	ré
f		fa	ut
e	la	mi	
d	sol	ré	la
c	fa	ut	sol
b	mi		fa
a	ré	la	mi
G	ut	sol	ré
F		fa	ut
E	la	mi	
D	sol	ré	
C	fa	ut	
B	mi		
A	ré		
F	ut		

Procédés de E. Duvergèr.

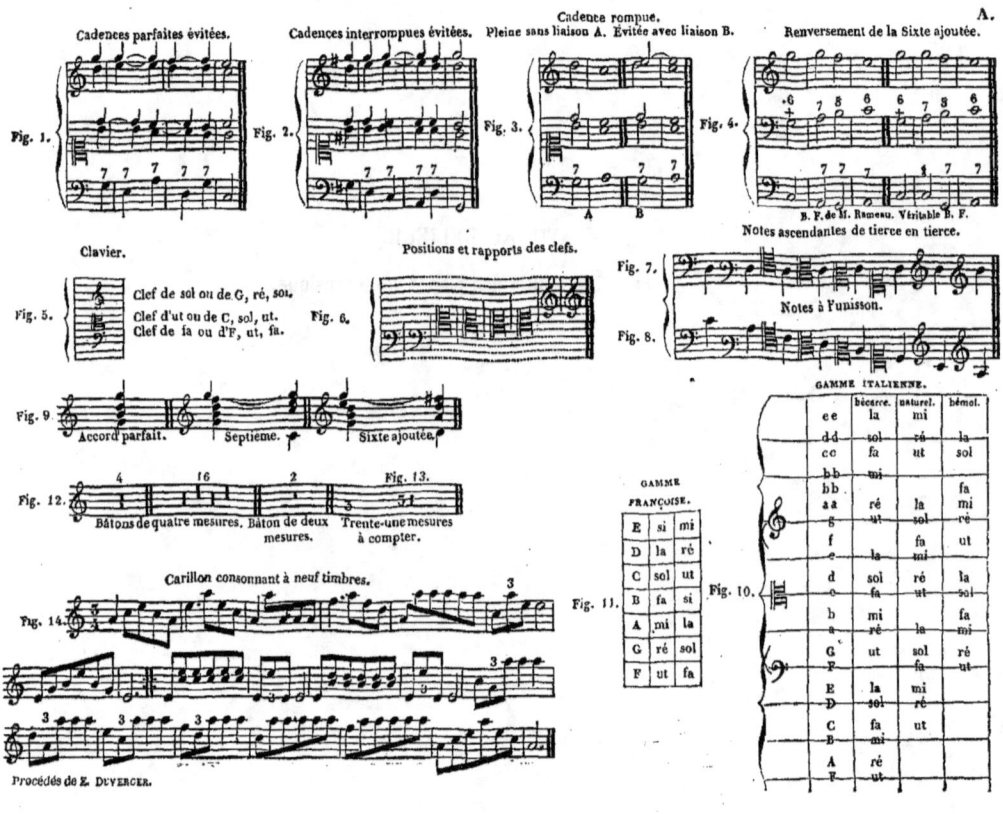

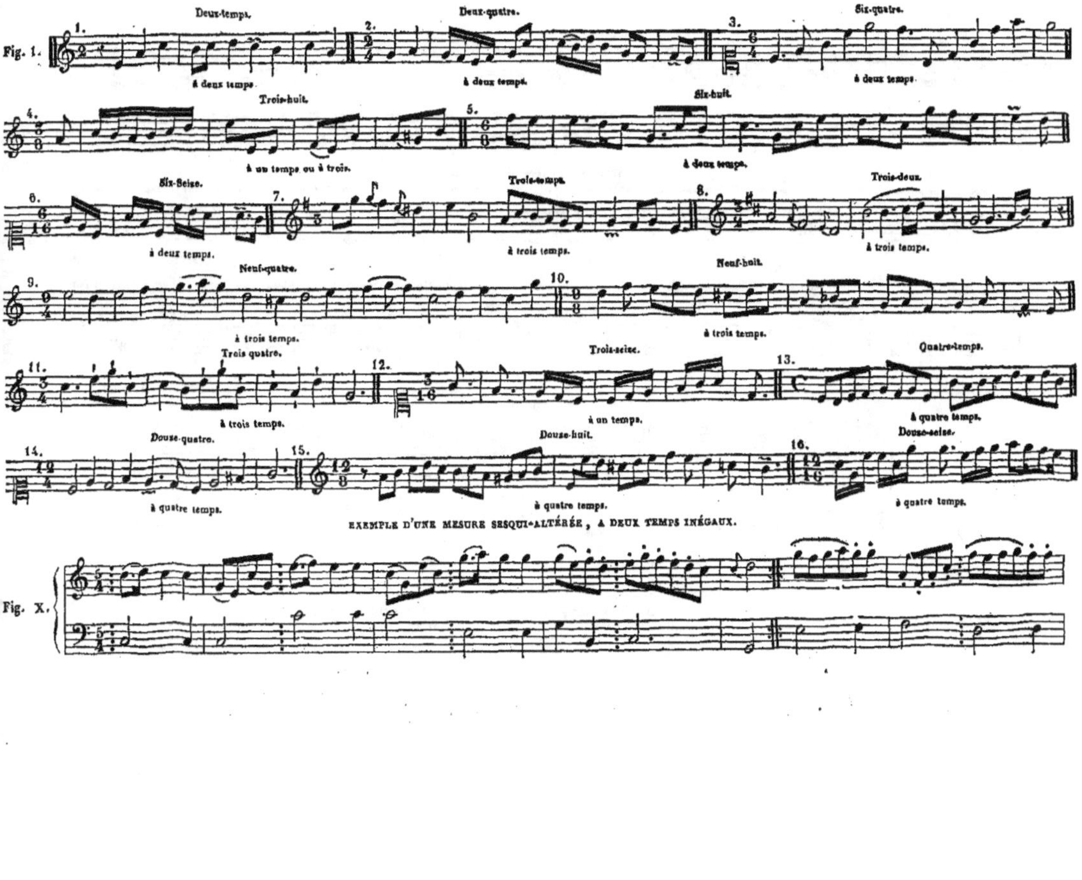
Fig. 1.
1.
Deux-temps.
à deux temps
2.
Deux-quatre.
à deux temps.
3.
Six-quatre.
à deux temps.
4.
Trois-huit.
à un temps ou à trois.
5.
Six-huit.
à deux temps.
6.
Six-Seize.
à deux temps.
7.
Trois-temps.
à trois temps.
8.
Trois-deux.
à trois temps.
9.
Neuf-quatre.
à trois temps.
10.
Neuf-huit.
à trois temps.
11.
Trois quatre.
à trois temps.
12.
Trois-seize.
à un temps.
13.
Quatre-temps.
à quatre temps.
14.
Douze-quatre.
à quatre temps.
15.
Douze-huit.
à quatre temps.
16.
Douze-seize.
à quatre temps.
EXEMPLE D'UNE MESURE SESQUI-ALTÉRÉE, A DEUX TEMPS INÉGAUX.
Fig. X.

(Suite du Tableau B.)

MAJEUR.

Ton de la { Dominante A. / Sixième note B. / Médiante C. / Sous-dominante D. / Seconde note E. }

MINEUR.

Ton de la { Médiante F. / Dominante G. / Sous-dominante H. / Sixième note I. / *Idem* K. }

ODE DE PINDARE. — PREMIER MORCEAU DE MUSIQUE ANCIENNE.

Fig. 1.

HYMNE A NEMESIS. — SECOND MORCEAU DE MUSIQUE ANCIENNE.

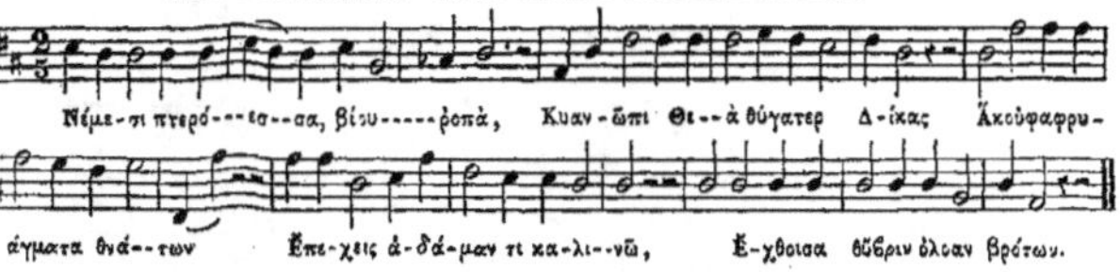

MARCHE DES MOUSQUETAIRES DU ROI DE FRANCE.

Fig. 3.

Fig. 4.

C

Fig. 2.

TABLE

DE TOUS LES INTERVALLES SIMPLES PRATICABLES DANS LA MUSIQUE.

INTERVALLE exprimé en Notes.	NOMS de l'intervalle.	DEGRÉS qu'il contient.	VALEUR en Tons et Semi-Tons.	RAPPORT en Nombres.
Ut ♯ — ré ♭.	Seconde diminuée.	1	0	375 — 384.
Si — ut.	Seconde mineure.	1	1 Semi-Ton.	15 — 16.
Ut — ré.	Seconde majeure.	1	1 Ton.	8 — 9.
Ut — ré ♯.	Seconde superflue.	1	1 ½ Ton.	64 — 75.
Si — ré ♭.	Tierce diminuée.	2	1 Ton.	125 — 144.
Mi — sol.	Tierce mineure.	2	1 ½ Ton.	5 — 6.
Ut — mi.	Tierce majeure.	2	2 Tons.	4 — 5.
Fa — la ♯.	Tierce superflue.	2	2 ½ Tons.	96 — 125.
Ut ♯ — fa.	Quarte diminuée.	3	2 Tons.	75 — 96.
Ut — fa.	Quarte juste.	3	2 ½ Tons.	3 — 4.
Ut — fa ♯.	Quarte superfl. dite Triton.	3	3 Tons.	32 — 45.
Fa ♯ — ut.	Quinte dimin. dite fausse-quinte.	4	3 Tons.	45 — 64.
Ut — sol.	Quinte juste.	4	3 ½ Tons.	2 — 3.
Ut — sol ♯.	Quinte superflue.	4	4 Tons.	16 — 25.
La ♯ — fa.	Sixte diminuée.	5	3 ½ Tons.	125 — 192.
Mi — ut.	Sixte mineure.	5	4 Tons.	5 — 8.
Sol — mi.	Sixte majeure.	5	4 ½ Tons.	3 — 5.
Ré ♭ — si.	Sixte superflue.	5	5 Tons.	72 — 125.
Ré ♯ — ut.	Septième diminuée.	6	4 ½ Tons.	75 — 128.
Mi — ré.	Septième mineure.	6	5 Tons.	5 — 9.
Ut — si.	Septième majeure.	6	5 ½ Tons.	8 — 15.
Sol ♭ — fa ♯.	Septième superflue.	6	6 Tons.	81 — 160.
Ut — ut.	Octave.	7	6 Tons.	1 — 2.

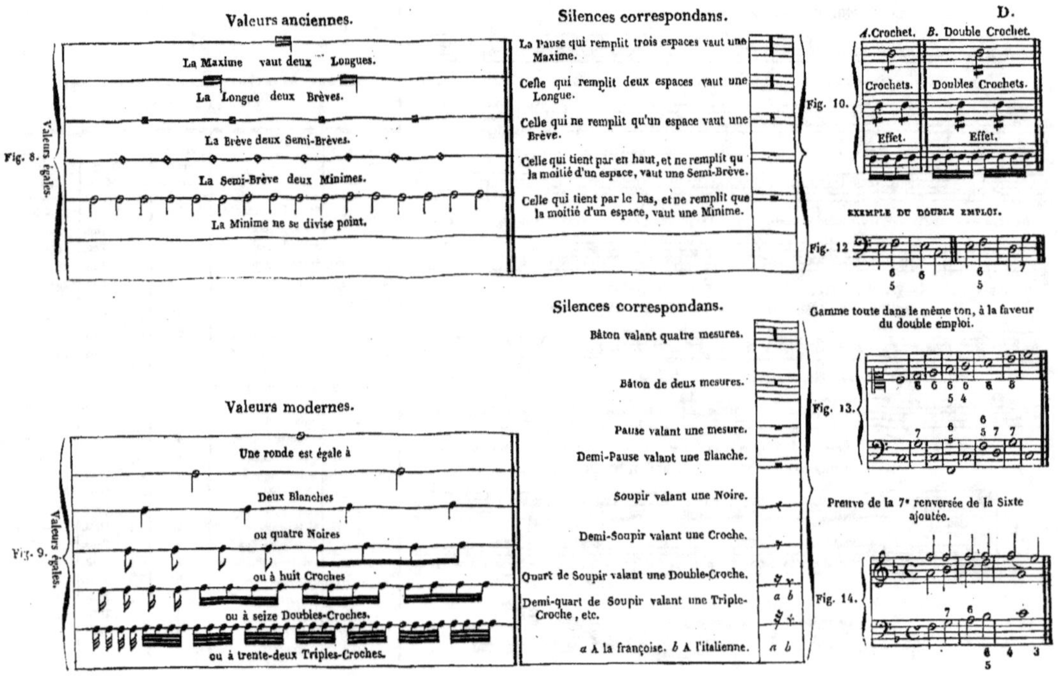
D.
Valeurs anciennes.
La Maxime vaut deux Longues.
La Longue deux Brèves.
La Brève deux Semi-Brèves.
La Semi-Brève deux Minimes.
La Minime ne se divise point.
Fig. 8.
Valeurs égales.
Silences correspondans.
La Pause qui remplit trois espaces vaut une Maxime.
Celle qui remplit deux espaces vaut une Longue.
Celle qui ne remplit qu'un espace vaut une Brève.
Celle qui tient par en haut, et ne remplit qu la moitié d'un espace, vaut une Semi-Brève.
Celle qui tient par le bas, et ne remplit que la moitié d'un espace, vaut une Minime.
A.Crochet. B. Double Crochet.
Crochets. Doubles Crochets.
Effet. Effet.
Fig. 10.
EXEMPLE DU DOUBLE EMPLOI.
Fig. 12
Silences correspondans.
Bâton valant quatre mesures.
Bâton de deux mesures.
Pause valant une mesure.
Demi-Pause valant une Blanche.
Soupir valant une Noire.
Demi-Soupir valant une Croche.
Quart de Soupir valant une Double-Croche.
Demi-quart de Soupir valant une Triple-Croche, etc.
a A la françoise. b A l'italienne.
Valeurs modernes.
Une ronde est égale à
Deux Blanches
ou quatre Noires
ou à huit Croches
ou à seize Doubles-Croches.
ou à trente-deux Triples-Croches.
Fig. 9.
Valeurs égales.
Gamme toute dans le même ton, à la faveur du double emploi.
Fig. 13.
Preuve de la 7e renversée de la Sixte ajoutée.
Fig. 14.

(Suite du Tableau D.)

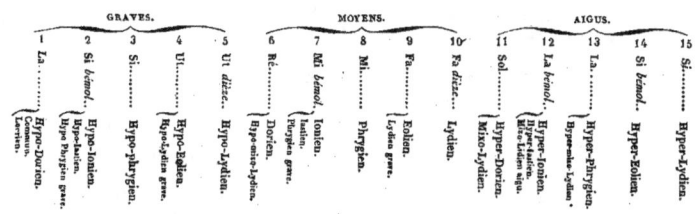

DOUBLE CANON RENVERSÉ. AUTRE DOUBLE CANON RENVERSÉ.

Fig. 11.

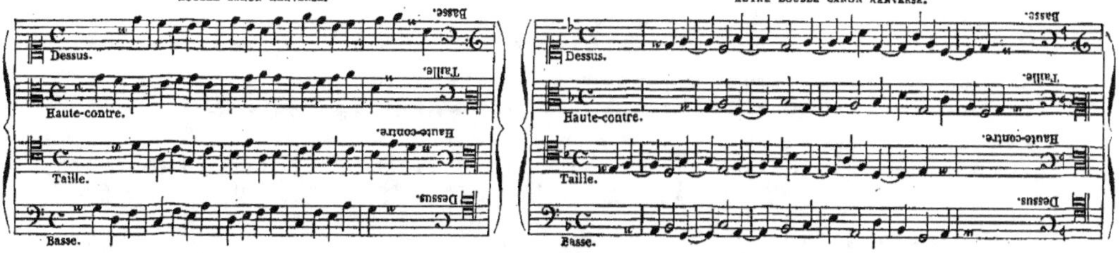

E.

TABLE GÉNÉRALE

DE TOUS LES MODES DE LA MUSIQUE ANCIENNE.

N. B. Comme les Auteurs ont donné divers noms à la plupart de ces Modes, les noms moins usités ont été mis en plus petits caractères.

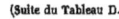

	N°	Note	Mode	Autres noms
GRAVES.	1	La........	Hypo-Dorien.	Commun. Locrien.
	2	Si *bémol*..	Hypo-Ionien.	Hypo-Iastien. Hypo Phrygien grave.
	3	Si........	Hypo-phrygien.	
	4	Ut........	Hypo-Eolien.	Hypo-Lydien grave.
	5	Ut *dièze*...	Hypo-Lydien.	
MOYENS.	6	Ré........	Dorien.	Hypo-mixo-Lydien.
	7	Mi *bémol*..	Ionien.	Iastien. Phrygien grave.
	8	Mi........	Phrygien.	
	9	Fa........	Eolien.	Lydien grave.
	10	Fa *dièze*...	Lydien.	
AIGUS.	11	Sol........	Hyper-Dorien.	Mixo-Lydien.
	12	La *bémol*..	Hyper-Ionien.	Hyper-Iastien. Mixo-Lidien aigu.
	13	La........	Hyper-Phrygien.	Hyper-mixo-Lydien *
	14	Si *bémol*..	Hyper-Eolien.	
	15	Si........	Hyper-Lydien.	

* Je place ici le Mode HYPER-MIXO-LYDIEN, le trouvant ainsi noté dans mes cahiers sous la citation d'Euclide; mais la véritable place de ce Mode doit être, ce me semble, un semi-ton au-dessus de l'Hyper-Lydien: ainsi je pense qu'Euclide s'est trompé ou que je l'ai mal transcrit.

NOUVEAUX CARACTÈRES DE MUSIQUE.

F.

DISTRIBUTION DE L'ORCHESTRE DE L'OPÉRA DE DRESDE,

dirigée par le sieur HASSE.

Fig. 1.

RENVOI DES CHIFFRES.

1 Clavecin du maître de chapelle.
2 Clavecin d'accompagnement.
3 Violoncelles.
4 Contrebasses.
5 Premiers violons.
6 Seconds violons, ayant le dos tourné vers le théâtre.
7 Hautbois, de même.
8 Flûtes, de même.
a Tailles, de même.
b Bassons.
c Cors de chasse.
d Une tribune de chaque côté pour les timbales et trompettes.

HYMNE DE SAINT JEAN,

Telle qu'elle se chantait anciennement, tirée du manuscrit de Sens.

Fig. 2.

Fig. 4.

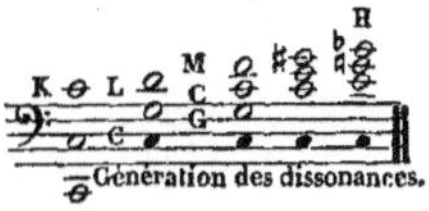

Fig. 5.

Fig. 3.

TABLE DES SONS HARMONIQUES,

SENSIBLES ET APPRÉCIABLES SUR LE VIOLONCELLE.

La corde à vide	donne	L'Unisson.
La Tierce mineure		La Dix-septième, ou la double octave de la même Tierce majeure.
La Tierce majeure		La Dix-neuvième, ou la double Octave de la Quinte.
La Quarte		La double Octave.
La Quinte		La Douzième, ou l'Octave de la même Quinte.
La Sixte mineure		La triple Octave.
La Sixte majeure		La Dix-septième majeure ou la double Octave de la Tierce.
L'Octave		L'Octave.

Système général des Dissonances.

Fig. 7.

Fig. 6.

Fig. 8.

NOTES DE L'ANCIENNE MUSIQUE GRECQUE.

Fig. 1. GENRE DIATONIQUE, MODE LYDIEN.

N. B. La première note est pour la Musique vocale, la seconde pour l'instrumentale.

NOMS MODERNES.	NOMS ANCIENS.	NOTES.	EXPLICATIONS.
La	Proslambanomene.	7 ⊢	Zéta imparfait et Tau couché.
Si	Hypaté hypaton.	Ꞁ Γ	Gamma à rebours et Gamma droit.
Ut	Parhypaté hypaton.	B L	Béta imparfait et Gamma renversé.
Ré	Hypaton diatonos.	Φ F	Phi et Digamma.
Mi	Hypaté meson.	C C	Sigma et Sigma.
Fa	Parhypaté meson.	P ◡	Rho et Sigma couché.
Sol	Meson diatonos.	M Ꞃ	Mu et Pi prolongé.
La	Mesé.	I ≺	Iota et Lambda couché.
Si ♭	Trité Synnemenon.	Θ V	Théta et Lambda renversé.
Si ♮	Paramesé.	Z ⊐	Zéta et Pi couché.
* Ut	Synnemenon diatonos.	Γ N	Gamma et Nu.
* Ré	Neté Synnemenon.	Ʊ Z	Oméga renversé et Zéta.
* Ut	Trité Diezeugmenon.	E ꟷI	Eta et Pi renversé et prolongé.
* Ré	Diezeugmenon Diatonos.	comme la	Neté Synnemenon, qui est la même corde.
Mi	Neté Diezeugmenon.	⊖ Ϧ	Phi couché et Eta courant prolongé.
Fa	Trité hyperboléon.	ʎ /	Upsilon renversé et Alpha tronqué à droite.
Sol	Hyperboléon Diatonos.	M Ꞃ́	Mu et Pi prolongé surmonté d'un accent.
La	Neté hyperboléon.	I ≺́	Iota et Lambda couché surmonté d'un accent.

REMARQUES.

Quoique la corde diatonos du Tétracorde Synnemenon et la Trité du Tétracorde Diezeugmenon sient des notes différentes, elles ne sont que la même corde ou deux cordes à l'unisson. Il en est de même des deux cordes Synnemenon et Diezeugmenon Diatonos; aussi ces deux-ci portent-elles les mêmes notes. Il faut remarquer aussi que la mesé et la neté hyperboléon portent la même note pour le vocal quoiqu'elles soient à l'octave l'une de l'autre : apparemment qu'on avoit dans la pratique quelqu'autre moyen de les désigner.

Les curieux qui voudront connoître les notes de tous les Genres et de tous les Modes pourront consulter dans Meibomius les tables d'Alipius et de Bacchius.

*

DIAGRAMME GÉNÉRAL DU SYSTÈME DES GRECS POUR LE GENRE DIATONIQUE.

Fig. 2.

NOMS MODERNES.	NOMS ANCIENS.	
La....	Neté hyperboléon.........	Tétracorde hyperboléon.
Sol....	Hyperboléon diatonos.....	
Fa....	Trité hyperboléon.........	
Mi....	Neté Diezeugmenon.........	Synaphe ou conjonction.
Ré.....	Diezeugmenon diatonos. / Neté Synnemenon.......	Tétracorde diezeugmenon.
Ut.....	Synnemenon diatonos.... / Trité Synnemenon.......	
Si.....	Paramesé.....................	
Si ♭...	Trité Synnemenon..........	Diezeuxis ou disjonction.
La.....	Mesé...........................	
Sol....	Meson diatonos.............	Tétracorde meson.
Fa.....	Parhypaté meson...........	
Mi.....	Hypaté meson..............	Synaphe ou conjonction.
Ré.....	Hypaton diatonos...........	Tétracorde hypaton.
Ut.....	Parhypaté hypaton..........	
Si.....	Hypaté hypaton.............	
La....	Proslambanomenos.	

TÉTRACORDE SYNNEMENON.

ECHELLE GÉNÉRALE DU SYSTÈME MODERNE SUR LE GRAND CLAVIER A RAVALLEMENT.

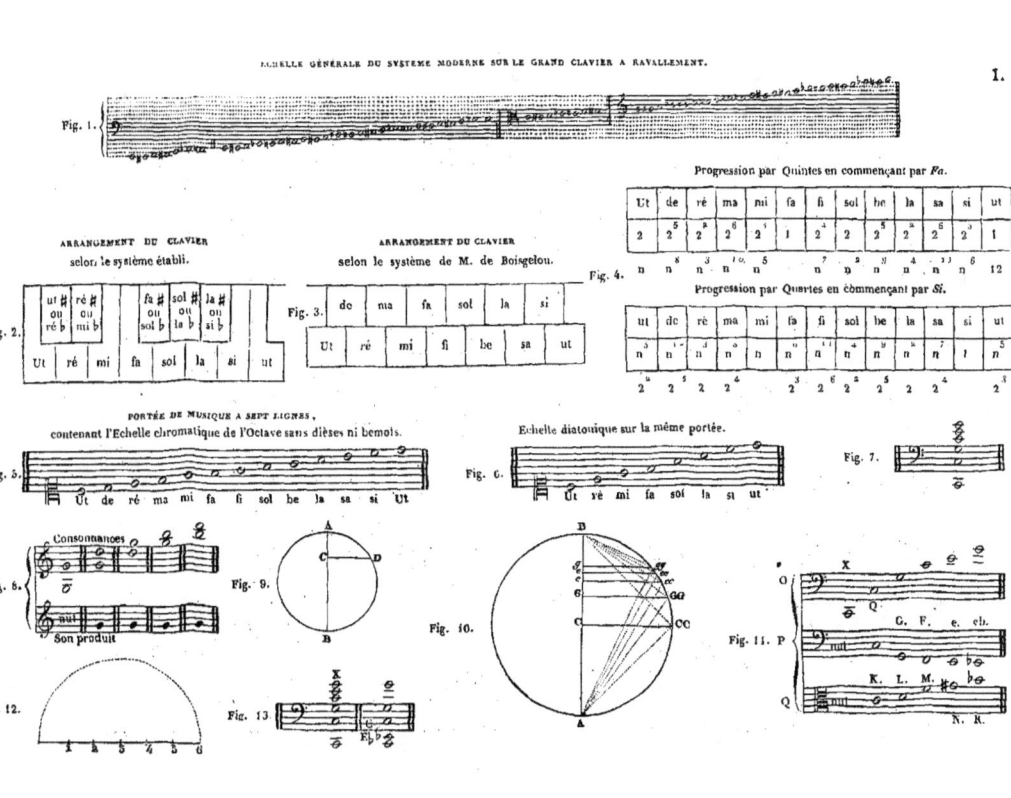

Fig. 1.

ARRANGEMENT DU CLAVIER selon le système établi.

Fig. 2.
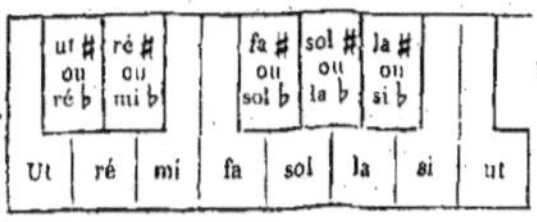

ARRANGEMENT DU CLAVIER selon le système de M. de Boisgelou.

Fig. 3.
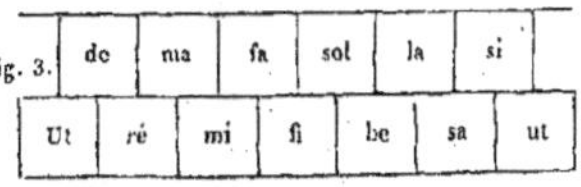

Fig. 4.

Progression par Quintes en commençant par *Fa*.

Ut	de	ré	ma	mi	fa	fi	sol	be	la	sa	si	ut
2	2^5	2^2	2^6	2^1	1	2^4	2	2^5	2^2	2^6	2^3	1
n	n^8	n^3	n^{10}	n^5		n^7	n^2	n^9	n^4	n^{11}	n^6	12

Progression par Quartes en commençant par *Si*.

ut	de	ré	ma	mi	fa	fi	sol	be	la	sa	si	ut
n^5	n^{10}	n^3	n^8	n	n^6	n^{11}	n^4	n^9	n^2	n^7	1	n^5
2^2	2^5	2	2^4		2^3	2^6	2^2	2^5	2	2^4		2^3

PORTÉE DE MUSIQUE A SEPT LIGNES, contenant l'Echelle chromatique de l'Octave sans dièses ni bemols.

Fig. 5.
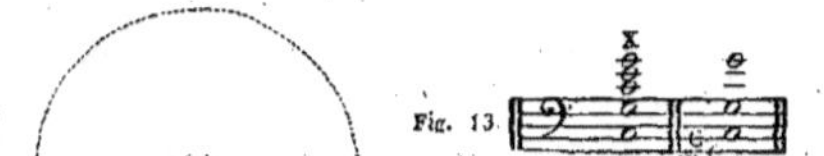

Echelle diatonique sur la même portée.

Fig. 6.

Fig. 7.
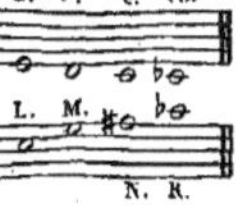

Fig. 8.

Fig. 9.

Fig. 10.

Fig. 11.

Fig. 12.

Fig. 13.

K.
Echelle diatonique.
Echelle des aliquotes.
Fig. 1.
Emploi de la quinte superflue.
A la Françoise.
Fig. 3.
A l'Italienne rinforz.
Fig. 5.
Ton majeur
Ton mineur.
Semi-ton majeur.
Ton majeur.
Ton mineur.
Ton majeur.
Semi-ton majeur.
Fig. 2.
180
160
144
135
120
108
96
90
Fig. 4.
Cadence harmonique.
Cadence arithmétique.
Cadence mixte.
Fig. 6.
Basse fondamentale et régulière de l'Echelle diatonique ascendante par la succession naturelle des trois cadences.
Fig. 7.
Basse fondamentale des harmonistes du XVe siècle corrigee
Fig. 8.
Echelle diatonique mesurée.
Fig. 9.
X
Z
Genre épaissi.
Fig. 12.
Basse fondamentale qui retourne exactement sur elle-même au moyen de la Septième aliquote ajoutée à l'Echelle diatonique
Fig. 13.
Tétracorde Chromatique.
Fig. 10.
Tétracorde Enharmonique.
Fig. 11.
Fig. 14.

Première échelle chromatique tirée de M. Malcolm.

Fig. 1.

	Majeur.	Moyen.	Majeur.	Mineur.	Majeur.	Moyen.	Majeur.	Majeur.	Mineur.	Majeur.	Moyen.	Majeur.
Ut	ut♯	ré	mi♭	mi	fa	fa♯	sol	sol♯	la	si♭	si	ut
	15/16	128/135	15/16	24/25	15/16	128/135	15/16	15/16	24/25	15/16	128/135	15/16

Deuxième échelle chromatique tirée du même.

Fig. 2.

	16/17	17/18	18/19	19/20	15/16	16/17	17/18	18/19	19/20	16/17	17/18	15/16
Ut	ut♯	ré	mi♭	mi	fa	fa♯	sol	sol♯	la	si♭	si	ut

Gamme et Accompagnement du mode mixte de M. Blainville.

Fig. 5.

ÉCHELLE ENHARMONIQUE.

Fig. 3.

Ut	ut♯	ré♭	ré	ré♯	mi♭	mi	mi♯	fa	fa♯	sol♭	sol	sol♯	la♭	la	la♯	si♭	si	si♯	ut
	24/25	876/625	24/25	24/25	125/128	24/25	24/25	125/128	24/25	576/625	24/25	24/25	125/128	24/25	24/25	576/625	24/25	24/25	125/128

Douze manières de sortir d'un accord de septième diminuée, où sont comprises les trois transitions enharmoniques et leurs combinaisons.

Fig. 4.

Règle de l'Octave.

Fig. 6.

Fig. 7.

Reprises.

Fig. 8.

Fig. 9.

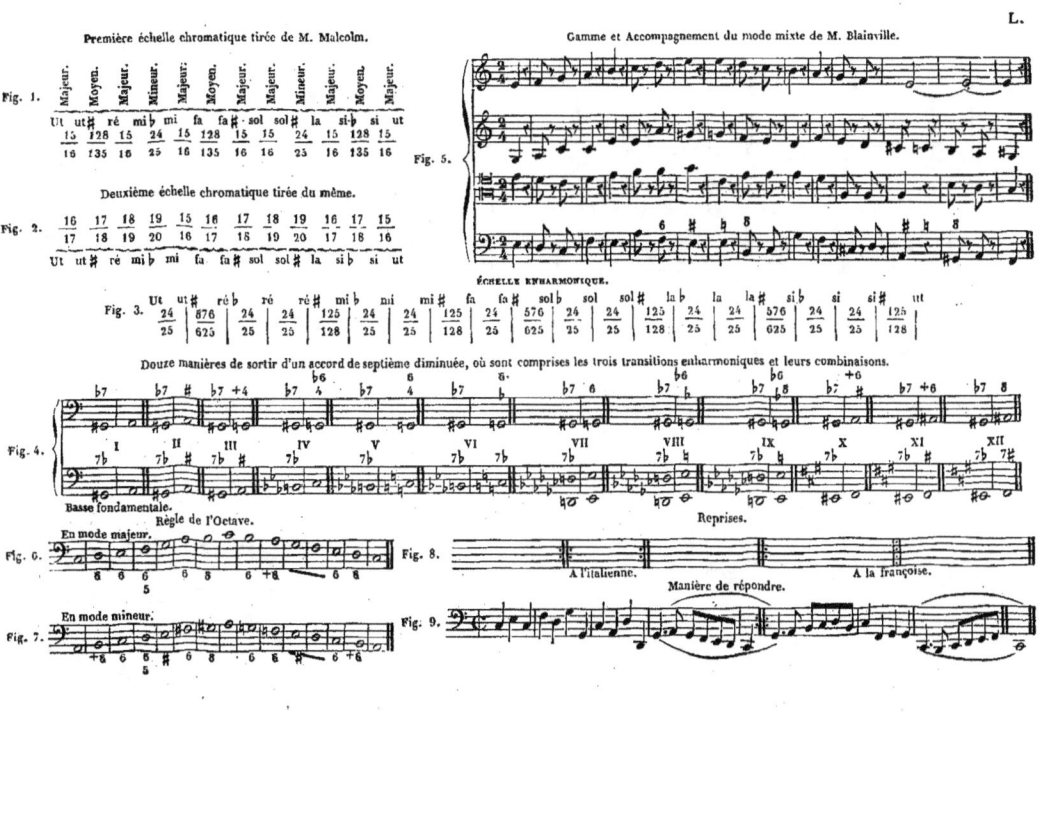

CHIFFRES ÉQUIVOQUES ET MODULATIONS DÉTOURNÉES.

Fig. 1.
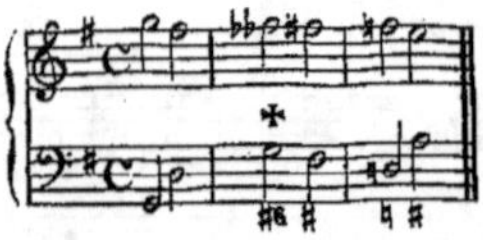

Fig. 2. Corrigé.

Fig. 3. Corrigé.

Fig. 8. TROIS DIVERSES FIGURES DE LA CLEF DE FA.

Dans la musique imprimée.

Dans la musique écrite ou gravée.

Dans le plaint-chant.

PREMIER COUPLET DES FOLIES D'ESPAGNE, NOTÉ EN TABLATURE POUR LA GUITARRE.

Fig. 4.
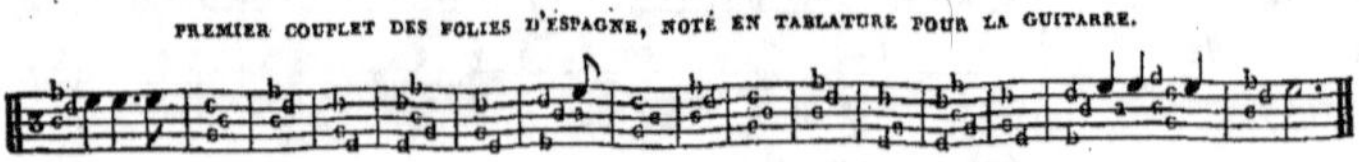

GENRES DE LA MUSIQUE ANCIENNE.

Nº A. SELON ARISTOXÈNE.

Le Tétracorde étant supposé divisé en 60 parties égales.

Fig. 5.

DIATONIQUE.		CHROMATIQUE.		ENHARMONIQUE.
Tendre ou mol.	12 + 18 + 30 = 60	Mol.	8 + 8 + 44 = 60	6 + 6 + 48 = 60
Syntonique ou dur.	12 + 24 + 24 = 60	Hemiolien	9 + 9 + 42 = 60	
		Tonique.	2 + 12 + 36 = 60	

Nº B. SELON PTOLOMÉE.

Le Tétracorde étant représenté par le rapport de ses deux termes.

DIATONIQUE.		CHROMATIQUE.		ENHARMONIQUE.
Diatonique.	$\frac{256}{243} \times \frac{9}{8} \times \frac{9}{8} = \frac{4}{3}$	Mol.	$\frac{28}{27} \times \frac{15}{14} \times \frac{6}{5} = \frac{4}{3}$	$\frac{46}{45} \times \frac{24}{23} \times \frac{5}{4} = \frac{4}{3}$
		Intense ou Syntonique.	$\frac{22}{21} \times \frac{12}{11} \times \frac{7}{6} = \frac{4}{3}$	

Chant tiré de l'Harmonie.

Fig. 7.

Corde sonore en vibration par ses aliquotes au son de l'une d'entre elles.

Fig. 6.

A. Nœuds où étoient les petits papiers d'une couleur.

B. Ventre où étoient les petits papiers d'une autre couleur.

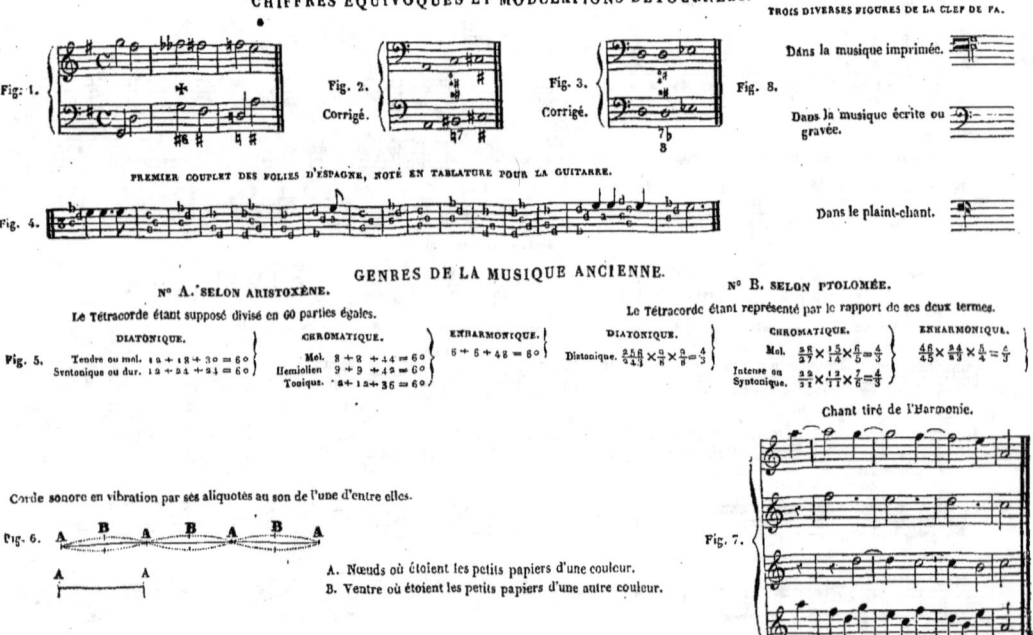

Air chinois.

Chanson des Sauvages du Canada.

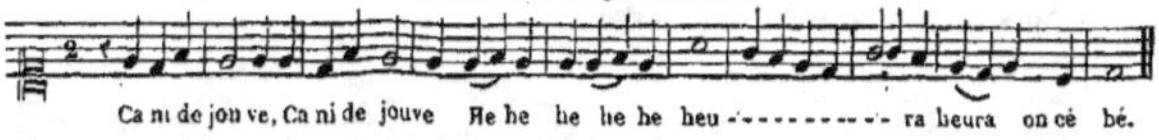
Ca ni de jou ve, Ca ni de jouve He he he he he heu - - - - - - - - - - - ra heura on cé bé.

Danse canadienne.

Air Suisse appelé le Ranz des Vaches.

Cornemuse
Adagio
Adagio
Allegro
Adagio
Allegro
Adagio

Chanson persane.

Der deste da ri tchoub nar - - - - - es tou mia et bou y ar - -
- - Dun ia ne da red ath ebar semboul biar beraichaemen.

TRADUCTION

DES PAROLES PERSANES.

Votre teint est vermeil comme la fleur de Grenade,
Votre parler un parfum dont je suis l'inséparable ami ;
Le monde n'a rien de stable, tout y passe.
Refrain. Apportez des fleurs de senteur pour ranimer le cœur de mon Roi.

TABLE DES INTERVALLES

POUR LA FORMULE DES CLEFS TRANSPOSÉES.

Fig. 5.

Espèce de l'intervalle		Mineur	Majeur	Mineur	Majeur	Mineur	Majeur	Majeur	Mineur	Majeur	Mineur	Majeur	
Notes qui le donnent	Ut,	ré♭,	ré,	mi♭,	mi,	fa,	fa♯,	sol,	la♭,	la	si♭,	si,	ut.
Nom de l'intervalle	Terme de comparaison	Seconde	Seconde	Tierce	Tierce	Quarte	Quarte	Quinte	Sixte	Sixte	Septième	Septième	

AIRS POUR ÊTRE JOUÉS LA TROUPE MARCHANT.

PREMIER AIR POUR LE FIFRE.

Quand le fifre reprend une seconde fois de suite son air, il doit en commençant substituer un *ré* au premier *sol*, comme ci-dessus.

SECOND AIR POUR LA MUSIQUE.

Point de petites flûtes parce qu'elles ne sont jamais justes.

(Suite du Tableau O.)

N. B. Les notes plus petites que les autres dans la partie des Clarinettes doivent être jouées très doux ; pour peu qu'elles sortent trop elles couvrent le chant principal. Il vaut mieux les supprimer et prendre l'unisson du premier Hautbois.

Procédés de E. Duverger.

TABLE

DES MATIÈRES CONTENUES DANS CE VOLUME.

Pages.

LETTRES ÉCRITES DE LA MONTAGNE.

Tableau de la Constitution de Genève. . . . 1
Avertissement. 5

PREMIÈRE PARTIE.

Lettre première 5
État de la question par rapport à l'auteur. Si elle est de la compétence des tribunaux civils. Manière injuste de la résoudre.
Lettre II. 17
De la religion de Genève. Principes de la réformation. L'auteur entame la discussion des miracles.
Lettre III. 25
Continuation du même sujet (*les miracles*). Court examen de quelques autres accusations.
Lettre IV. 38
L'auteur se suppose coupable ; il compare la procédure à la loi.
Lettre V. 45
Continuation du même sujet. Jurisprudence tirée des procédures faites en cas semblables. But de l'auteur en publiant la Profession de foi.
Lettre VI. 62
S'il est vrai que l'auteur attaque les gouvernemens. Courte analyse de son livre. La procédure faite à Genève est sans exemple, et n'a été suivie en aucun pays.

SECONDE PARTIE.

Lettre VII. 67
État présent du Gouvernement de Genève, fixé par l'édit de la médiation.
Lettre VIII. 78
Esprit de l'édit de la médiation. Contre-poids qu'il donne à la puissance aristocratique. Entreprise du petit Conseil d'anéantir ce contre-poids par voie de fait. Examen des inconvéniens allégués. Système des édits sur les emprisonnemens.
Lettre IX. 94
Manière de raisonner de l'auteur des Lettres écrites de la campagne. Son vrai but dans cet écrit. Choix de ses exemples. Caractère de la bourgeoisie de Genève. Preuve par les faits. Conclusion.
Vision de Pierre de la Montagne, dit le Voyant. 109
Lettre à M. d'Alembert, sur son article Genève, dans le septième volume de l'Encyclopédie, et particulièrement sur le Projet d'établir un théâtre de comédie dans cette ville. . . . 113

Pages.

MÉLANGES.

Réponse à une lettre anonyme. 178
De l'imitation théâtrale. 183
Narcisse, ou l'Amant de lui-même, comédie. . . 192
Les Prisonniers de guerre, comédie. 211
Pygmalion, scène lyrique. 220
L'Engagement téméraire, comédie. 224
Les Muses galantes, ballet. 239
Le Devin du village, intermède. 248
La Découverte du nouveau monde, tragédie. . . 254
Fragmens d'Iphis, tragédie. 262
Fragmens de Lucrèce, tragédie 265
Projet pour l'éducation de M. de Sainte-Marie. 269
Réponse au Mémoire anonyme intitulé : Si le monde que nous habitons est une sphère. . . 278
Mémoire à Mgr le gouverneur de Savoie. . . . 283
Mémoire remis à M. Boudet. 285
Notes en réfutation du Livre de l'Esprit, d'Helvétius. 287
Le Persifleur. 292
La Reine Fantasque, conte. 296
Traduction du premier Livre de l'Histoire de Tacite. 304
Traduction de l'Apocolokintosis de Sénèque, sur la mort de l'empereur Claude. . . . 330
Traduction de l'ode de Jean Puthod, sur le mariage de Charles-Emmanuel, roi de Sardaigne, et d'Élisabeth de Lorraine. 337
Olinde et Sophronie. 339
Le Lévite d'Éphraïm. 344
Lettres à Sara. 353

POÉSIES.

Avertissement. 357
Le Verger des Charmettes. . . . . ibid.
Épitre à M. Bordes. 359
Épitre à M. Parisot. 361
Épitre à M. de l'Étang. 364
Fragment d'une Épitre à M. Bordes. 365
Imitation libre d'une Chanson Italienne de Métastase. . . . . ibid.
L'Allée de Sylvie. 367
Énigme. 368
Virelai à madame la baronne de Warens. . . ibid.
Vers pour madame de Fleurieu. . . . . . . ibid.
Vers à mademoiselle Théodore. 369
Épitaphe de deux amans qui se sont tués à Saint-Étienne en Forez, au mois de juin 1770. . ibid.
Strophes ajoutées au Siècle Pastoral, idylle de Gresset. . . . . ibid.
Vers sur la femme. . . . . ibid

FIN DE LA TABLE DU TROISIÈME VOLUME.

www.ingramcontent.com/pod-product-compliance
Lightning Source LLC
Chambersburg PA
CBHW070856300426
44113CB00008B/861
9782012756915